台灣政治社會變遷史

戴天昭——著

▲社寮島出土的太古碑文　　　　▲台灣先住民圖

▲台灣原住民圖

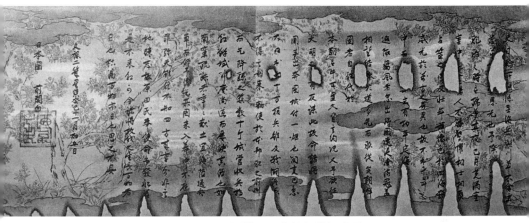

▲ 1593 年豐臣秀吉的台灣招諭圖

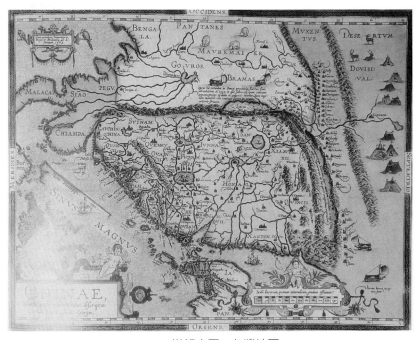

▲ 16 世紀中國、台灣地圖

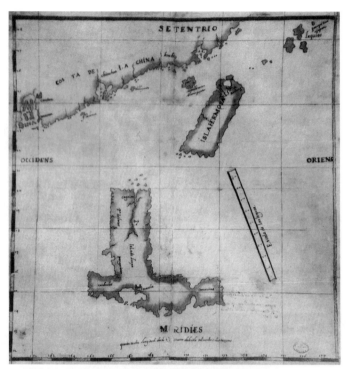

▲ 16 世紀台灣古圖

▲ 命令占領台灣的東印度巴城總督
　顧恩（Jan Pieterszoon Coen）

▲澎湖島住民抵抗荷蘭人入侵

▲荷蘭東印度公司的開始與發展——「熱蘭遮城」

▲熱蘭遮城（安平城堡）

▲ 17 世紀荷蘭人建立的赤崁城（台南城內紅毛樓）

▲西班牙文獻指出荷人占據台灣破壞西、中的貿易關係

▲ 1626 年西班牙人占領台灣北部地圖

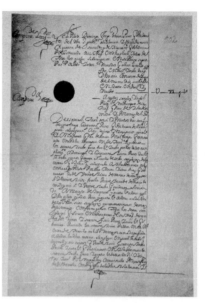

▲ 1628 年西班牙治台文獻

▲ 1628 年濱田彌兵衛綁架荷蘭台灣長官訥茨

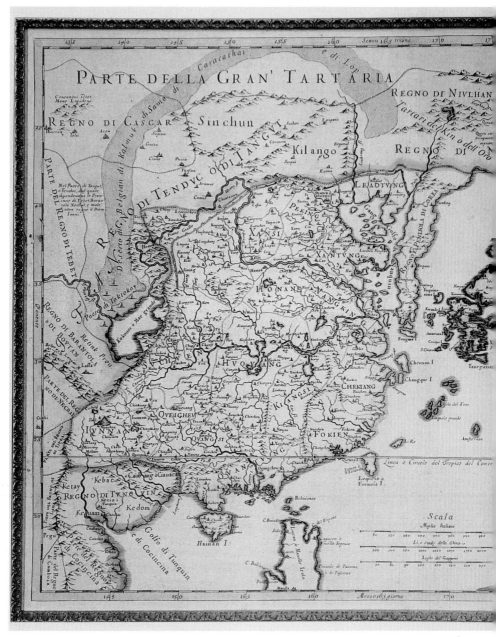

▲ 17 世紀中國、台灣地理位置的古圖

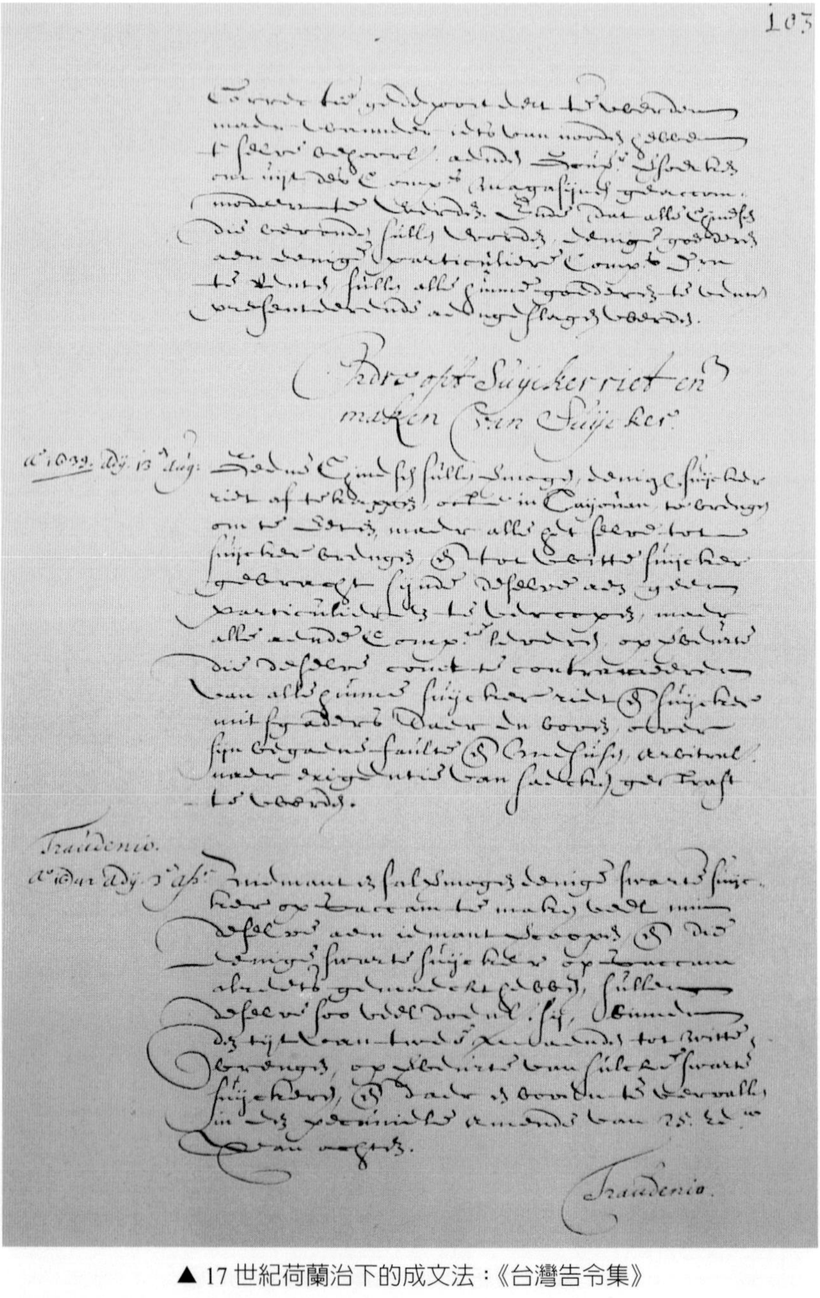


▲ 17 世紀荷蘭治下的成文法：《台灣告令集》

▲ 17世紀有關台灣荷文檔案原文

▲ 17 世紀荷蘭人筆下的台灣原住民

▲ 17 世紀社寮島出土的台灣原住民石洞文字

▶ 17世紀荷蘭治下的原住民狩獵圖

▶ 17世紀荷蘭治下的台灣平埔族圖

**B. EXTRACT DAGREGISTER GEHOUDEN OP DE KUST VAN CHINA**, 24 februari tot 5 maart 1631.
VOC 1102, fo. 577-578.

**EXTRACT DAGREGISTER GEHOUDEN OP HET KANTOOR TAIWAN**, 6 maart tot 4 oktober 1631.
VOC 1102, fo. 583-597

[fo. 577] Anno 1631 adii 24en februwarij arriveert uyt Anhay een joncxken met eenige coopmanschappen ende advijsen van Sr. Traudenius hoe dat den mandorijn aldaer hem van landt op een joncke hadde doen gaen ende verbooden dat niemant met d'onse eenige conversatie soude houden, waerdoor den handel weder bijnae t'eenemael geslooten was ende de coopluyden niet als bij nacht derfden aff ende aen boort comen. Alles ter oorsacke (soo voornoemde Traudenius uyt Iquan verstaen hadde) den oppercoopman Compostel[1] aldaer in eenige bijnae heylige ende groote plaetse hadde geweest, deselve overal besichticht ende in een pallaquin door de stadt in 't openbaer was gedragen met eenige andere dingen meer, bij hem ten hoochsten qualick geduydt.

25 ditto. Compt den titock[2] in Amoy, dies ons Liloya terstondt dede aenseggen met de jachten een weynich buyten de eylanden te moeten vertrecken ofte ten minsten op een ander plaetse verdrijven omme hem bij den totoicq buyten opspraeke te houden; waeromme wat verder affdreven, soodat weynich coopluyden aen boordt quaemen ende negotie tragen voortganck hadde, alles uyt de compste van de toitocq ontstaende. Intrum staet de negotie hier ende in Anhay bijnae stille, dat ons veel in 't affvaerdigen in de cargasoenen van Beverwijck sal verhinderen.

27 ditto. Compt de joncque Tancoya uyt Teyouan, sijnde heel harde weder. Hadde 's morgens ontrent de zuythoeck van dese riéviere een schip gesien voor de wint affloopende daer door de stive coelte niet bij comen conde, dat presumeren een onser schepen uyt Japan geweest is. De Heere geve sulcx waer is ende Compagnies standt weder aldaer in voorige termen mach zijn.

28 ditto. Quamen eenige coopluyden van Hatingh[3] met sijde ende suycker aff, maer uyt Amoy vernaemen niets.

Maert primo. Ditto is de heer gouverneur Putmans van de tolcken aengedient alsdat Iquan met sijn broeder Zizia in questie was geweest over 't negotieren van de onse in Anhay, willende voorn. Zisia sulcx niet gedoogen ende dat alle sijne joncquen gereet dede maecken omme hier in de riviere te comen onder schijn dezelve tegens Tousay[4], die weder eenige macht gecregen heeft, te gebruycken; maer wierdt bij veele gepresumeert dat wel iets tegens ons mocht voornemen, sijnne E. derhalven waerschouwende wel op sijn hoede te sijn, want Iquan (alhoewel onse natie eenichsints toegedaen is) was soo weynich te

---

1. *Jacob Compostel.* 1630 opperkoopman op Ternate en de kust van China. December 1633 naar nederland gezonden. 1636 lid van de Raad van Justitie te Batavia. 1637 als gezant naar Bantam. 1638 ter kuste van Coromandel en op Ceylon, 1640 in Atjeh. Interrogatorium, VOC 1102, 564.
2. *Titocq,* is toitocq of toutocq, zie noot A 32.
3. *Haiting* of Hayting, is Hai Ch'eng, aan de monding van de Chiu-lung Chiang.
4. *Tousai,* is Toutsailack, zie noot A 40.

▲荷蘭治台文獻《熱蘭遮城日誌》

熱蘭遮城日誌荷文檔案手寫原貌．右上角可以看到葉碼 577．即 folio 577．

▲荷蘭治台文獻《熱蘭遮城日誌》

▲對原住民佈教最成功的尤紐斯牧師
（Robertus Junius）

▲新港語《馬太福音》

▲《被遺誤的福爾摩沙》：原住民宗教
崇拜所（公廨，1675 年）

▲教育原住民最力的戈拉韋斯
（Daniel Gravius）牧師

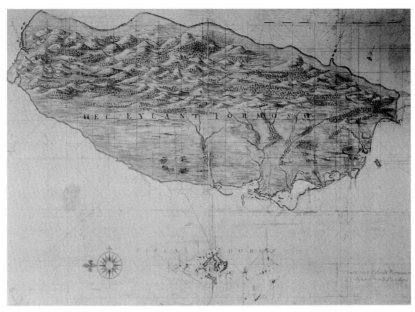

▲ 17 世紀荷人約翰・芬伯翁（Johannes Vingboons）繪製之台灣地圖

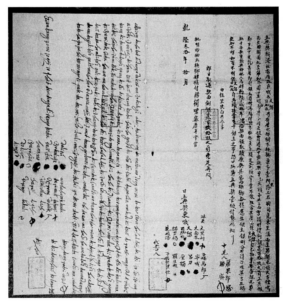

▲新港文書

▶鄭成功肖像

▶鄭成功征台圖

▲荷蘭降服鄭成功圖

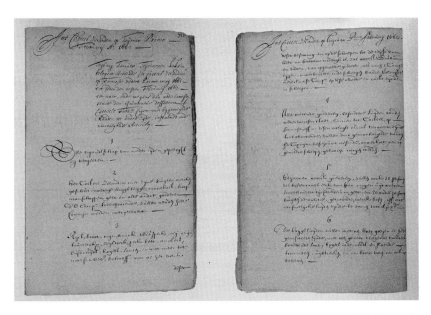

▲1662年，鄭成功與荷蘭的締和條約（荷人十八條：一、二），荷蘭海牙國家
　檔案館藏

▲荷蘭失守台灣時的東印度總督約翰‧瑪茲克（Joan Maetsuyker）

▲致力開發台灣的陳永華

▲台南鄭成功祠

▲滅鄭施琅像

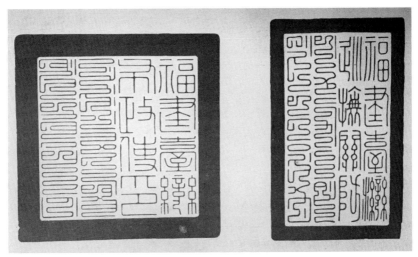

▲巡撫（右）及布政使印（左）

▲巡撫銜督辦台灣事務前直隸提督關
防

▲總辦全台糧台捐借事務前貴州布政
司關防

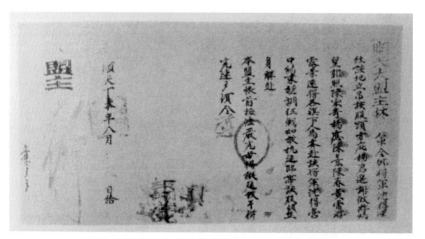

▲順天大盟主林爽文軍令（抗清最長、最激烈之亂）

▲18世紀原住民狩獵圖

▲ 1874 年「牡丹社事件」西鄉從道都督（中央軍服者）征台與蕃社頭目合影

▶「牡丹社事件」清朝欽差大使沈葆楨
到台督辦軍務、處理善後，是良吏

▲ 1884 年清法戰爭時台灣司令官劉銘傳　　　▲ 指揮台灣民兵抗法軍的林朝棟
　　1886 年出任首任台灣巡撫（良吏）

▶ 法國孤拔提督之墓

▲清法戰爭之遺址

▲清統治下之台灣省廳

▲簽訂馬關條約的日方代表伊藤博文　▲簽訂馬關條約的清方代表李鴻章

▲代表清國割讓台灣的李經方　▲首任日本台灣總督樺山資紀

▲台灣民主國的主導者丘逢甲　▲台灣民主國總統唐景崧

▲台灣民主國首腦劉永福

▶台灣民主國國旗

▶台灣民主國國璽

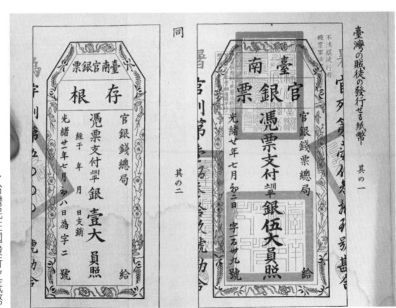

▶台灣民主國發行之紙幣

▲引日軍入台北城驅逐暴動搶劫的清
　軍——辜顯榮

▲台灣近代化基礎建設的功勞者
　——後藤新平

▲台灣總督府

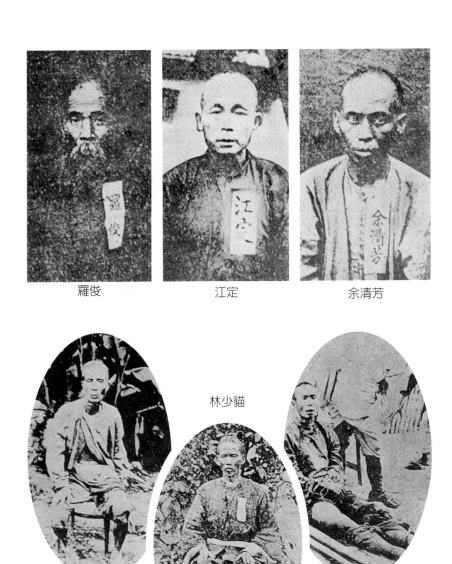

羅俊　　　　　江定　　　　　余清芳

林少貓

簡水壽　　　　　　　　　　黃傳枝

▲台灣抗日民族英雄

▲「理蕃」促進台灣原住民近代化的　　▲「霧社事件」的最高指揮者──
　佐久間左馬太總督　　　　　　　　　莫那‧魯道（圖中）

▲霧社之「人止關」　　　　　　　　▲日本治下議會運動領袖、戰後
　　　　　　　　　　　　　　　　　　抗國府先鋒──林獻堂

▲台灣民族主義共產黨員謝雪紅　　　▲台灣民族主義抗日領袖蔣渭水

▲開羅會議（左起蔣介石、羅斯福、邱吉爾、宋美齡）
蔣介石‧二二八元凶

▲二二八殺人魔
陳儀

▲二二八劊子手
彭孟緝

▲白色恐怖頭子、前總
統蔣經國

▲自由主義者
雷震

▲台灣民主運動先鋒
郭國基

▲台灣民主運動先鋒
郭雨新

▲台灣獨立運動指導者
彭明敏

▲台灣民主之父、李登輝前總統

▲台灣獨立運動指導者
王育德

▲台灣獨立運動推動者
黃昭堂

▲台灣獨立運動推動者
辜寬敏

▲台灣永遠之友
鳥居民

▲台灣永遠之友
宋重陽（宗像隆幸）

▲台灣民主運動鬥士
林義雄

▶ 1980 年 2 月 28 日，美麗島事件林義雄、方素敏痛悼家門遽變（60 歲林
母與 7 歲孿生女兒遭國府特務慘殺，9 歲女兒被刺 6 刀重傷後獲救）

▲台灣民主運動女鬥士
呂秀蓮前副總統

▲台灣民主運動女鬥士
陳菊

▲ 1989 年爭取言論自
由的烈士——鄭南榕

▶1990年解散「萬年國代」的野百合學運

▲ 2014 年「反服貿」的太陽花學運

▲台灣不義之子
陳水扁前總統

▲傾中賣台、黨國之子
馬英九前總統

▲台灣首任民選女總統──蔡英文

翻拍處理／邱國楨

# 序　文　　彭明敏

　　戴天昭先生是長住日本體制外的善良學者，數十年來他孜孜不倦的耕耘，認真研究有關台海內外課題，不鳴則已，一鳴驚人。所拓展的都是學術水準的巨作，經典級的作品，自從 1968 年代起，關於台灣的法律地位、台灣對外關係史所發表研究成果，尤其《台灣戰後國際政治史研究》中文版是學生學者們都不可缺的典籍，在學界占有重要的地位。過去他的著作都以日文發表，然後翻譯為中文，對國際學術性的貢獻極大。

　　過去十多年，他的研究方向專為台灣內外的歷史發展。此新著《台灣政治社會變遷史》是他花了十四年完成的畢生之作，原稿一字一字用手寫，奔走於台灣日本之間搜獵資料，從史前原住民社會開始、大航海時代台灣被荷蘭統治、鄭成功政權社會政治結構、清帝國下的台灣、日本帝國統治下的台灣、國民黨政府占領下台灣以及與美國的關係，直到蔣經國、李登輝、蔡英文的輪替等等。

　　第二次世界大戰後，台灣的內外政治和社會情勢，複雜怪奇，媒體又不中立客觀，很難把握每一事件的真相，戴先生長住日本，但台灣意識深烈，對每一事件都有強烈意見，未必與所有讀者相同，此為民主社會普遍現象，不必太介意。洋洋百萬字，這是一部完整的台灣歷史綜合書，極為難得，可讀性高，與坊間亂雜隨便的所謂「台灣史」迥然不同，對於一般讀者和專業學者，

都是寶貴的貢獻。對於戴天昭先生不顧世俗反應，熱心爲學究而學究，爲著作而著作的精神，熱情不尋常的台灣人，感覺無限驕傲。

# 目次

## 第一章
## 台灣史前文化與原住民族羣的社會探討

# 第二章
# 近代大航海時代列強的角逐與荷西的占領統治台灣

## 第三章
# 鄭氏台・澎政權的樹立及其政治社會的結構

## 第四章
# 清帝國治下的台灣政治沿革與社會變遷

## 第五章
## 日清戰爭和台灣割讓日本

# 第六章
# 反對台灣割讓與台灣民主國存亡始末

# 第七章
# 日本殖民統治權的確立及後藤新平治台的經綸

### 第九章
# 日本統治下之台灣人非暴力政治運動

# 第十章

# 台灣原住民族對日本帝國進行全心靈的最後搏鬥
## ——「霧社事件」的經緯始末

# 第十一章
# 日本統治下的台灣國際環境與南進政策的急速展開

# 第十二章
# 日本的敗戰與國府占領台澎群島

# 第十三章
# 國府亡命台灣與美國的遠東政策

## 第十四章
# 從〈上海公報〉、〈日中和平友好條約〉等探視台灣的國際政治

## 第十五章
## 蔣經國的主政與李登輝的登場

# 第十八章
# 附論釣魚台列嶼（尖閣諸島）之法律地位及其歸屬

# 凡例

1. 除文獻出版年月之外，本書標記之年月日均統一以西曆爲準，惟在必要時或不明之處，方才使用陰曆。
2. 「 」內之引用文句多爲筆者自資料直譯，然依狀況，偶有摘述或潤飾之處，中文文獻除部分無法入手者外，均以原文列入。
3. 參考文獻都盡可能使用原文或初版，若使用複刻版時，則省略原先文本的刊行日期。
4. 漢文文獻目錄係以台灣語音之羅馬字順序排列，索引部分則以中文筆劃順序排列。
5. 文中對中華人民共和國之稱謂，有時以「中共」表之，有時以「中國」書之，主要僅係反映當時的時代潮流，別無他意。
6. 文中稱「國府」者，爲戰後占領統治台灣之「中華民國」政府（國民政府）的略稱。但由於國府的台灣化（特別是李登輝政權上台以後），「國府」「國民黨政權」漸漸在實質上轉化爲「台灣政權」，此點亦一併指出。

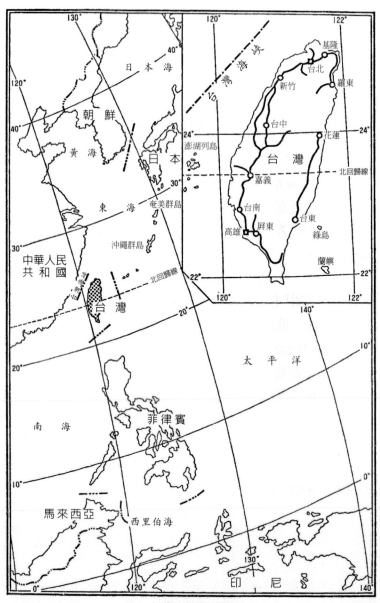

台灣之地理位置

# 前言

　　筆者於二〇〇五年九月，在尊稱為學界「大哥」的大畠英樹教授（現為早稻田名譽教授）之鼓勵下完成了第四部拙著《台灣法律地位的歷史考察》（《台湾法的地位の史的研究》）一書。隨後，筆者翻閱過去的拙著，覺得在有生之年，仍有需要再奮力為後進與國人撰寫本書，亦即《台灣政治社會變遷史》，以便能提供台灣大眾重新回顧台灣諸方面的史實及探討台灣未來的前景。基於此點，筆者乃不辭「老牛」慢步拖車的笑柄，再度歷經 14 年的歲月，終於完成本書。敬請諸賢達、方家鞭撻指正為幸。

　　本書整體的論述共計有 18 章，最後第十八章是附論〈釣魚台列嶼的主權歸屬〉。筆者之特別提及此問題，是因為認為釣魚台列嶼的主權歸屬，也是將來最終解決台灣問題的一個很重要的歷史焦點；所以本書一併提起，可讓國人評論探討。另本書的各章節，或有部分是從過去的拙著，適宜的抽出、增補，再根據新書的方針加以論述，此點也請讀者、方家理解體諒。

　　其次，本書之完成，筆者特別要銘記的是高齡恩師彭明敏教授（當年筆者留日時，是由彭教授撰文寫推薦信的。）在百忙中勞心幫筆者看稿，並給予本書添序。筆者除深感榮幸之外，更要向恩師致上最深厚的謝意。

　　接著，本書能付梓出版不用多言，有勞前衛出版社社長林文欽及其同仁；特別是楊佩穎小姐幫筆者校正、統一章節並增補新

資料等等。林社長有如前拙著各部譯本，負責出版作業的種種細節，為本書發行費盡心力，筆者謹在此再度表達衷心的感念。

再則，雖是往事，筆者在此仍要重新感謝啟蒙、指引筆者學問之路的已故神川彥松教授（日本國際政治學會首任理事長）、田中直吉教授（日本國際政治學會第三任理事長）、中村哲教授（台北帝國大學即今日的台大教授、法政大學總長兼理事長），以及東大古島和雄、衛藤瀋吉等諸位教授。同時也要感謝筆者學界「大哥」大畠英樹教授的長年鞭撻與關照（他因為去年身體不適，動了心臟大手術，所以這次未克為本書撰寫序文，實在十分遺憾。）和好友連根藤博士介紹的李明峻教授（現任職中興大學日韓總合研究中心資深研究員）長期翻譯拙著，並在祖國台灣出版（李教授首部譯本《台灣國際政治史》，於1997年5月，榮獲「巫永福評論獎」，使筆者感受到祖國台灣無限的溫暖，特此銘記再度致謝）。

另外，請讀者見諒筆者記載一段私事，亦即當年父親過世時，筆者的心友游來乾、游信平叔姪立即起稿寫信、送到總統官邸向前總統李登輝陳情申訴，終獲解決筆者入境的問題；否則，筆者就無法回國參加父親的告別式。迄今，筆者仍十分感謝他們叔姪，也永不忘李總統的厚情（這段往事，已告知陳儀深教授）。

最後，也是私事，請容筆者再次借此一記：對長年受國府壓制，卻始終默默無條件給予筆者物心兩方面支援的兄弟姐妹，特別是長兄天賜（已故）；和對於為了一介政治學徒的良心，長年辛勞操持家務、犧牲學業上進的機會，而無怨無悔的吾妻萩原起代子（曾在東京都立高校任職），亦都在此附筆表示歉意與感謝。

二〇一九年三月　戴天昭識於高雄左營自宅

# 台灣史前文化與
# 原住民族群的社會探討

# 第一節　台灣上古史前文化與台灣・澎湖群島的發現

## 一、台灣的地理變遷與上古黎明期的史前文化

　　台灣是由台灣本島及澎湖群島所組成，位置大致在東經 119 度 18 分到 123 度 45 分、北緯 21 度 45 分到 26 度之間。台灣島東部瀕臨太平洋，東北有琉球列島散布其間；北部與日本、韓國隔海相望；西部則有台灣海峽橫亙，與中國華南一帶相對，西北正當進出黃海的門戶；正南則爲一衣帶水的巴士海峽，與菲律賓群島遙相呼應，是控管南中國海的重鎮。

　　台灣島爲單調的紡錘形狀，南北之間最長距離爲 380 公里，東西之間最寬處爲 144 公里，面積 35,750 平方公里，與日本的九州約略相同。台灣近海周圍有將近 23 個附屬島嶼（包含日本主張領有權的釣魚台在內），除其中少數一、兩個島嶼之外，全是伴隨台灣島而形成的火山島。

　　澎湖位於台灣本島西面，因爲是由 64 個小島組成的島嶼群，故稱爲澎湖群島。該群島面積僅有 126 平方公里，與其他台灣附屬島嶼同爲火山島。無論就面積或地質結構而言，澎湖群島當然亦屬於台灣的附屬島嶼。①

　　從地形來說，台灣本島由中央山脈縱貫南北，而分爲西部平原，中央山岳地帶，東部谷地等三部分。其中，山岳地帶約占全島面積的三分之二，而都市、村落則分布於較廣闊的西部平原。東部谷地多以斷崖峭壁濱臨太平洋，交通困難向來開發落後，所以被稱爲「山後」或「後山」。又台灣本島與澎湖群島的大約中

央地帶，有北緯23.5度的「北回歸線」橫貫東西（本島嘉義附近），把台灣分為南北二部分，其南屬於熱帶，其北則屬於亞熱帶。因此，從氣候上來說，台灣經年溫暖，堪稱「常夏之綠島」。②

　　依考古學者的研究指出，台灣從距今一萬五千多年前（或稱三到五萬年）的舊石器時代晚期開始，就已經有人類居住了。此乃根據諸如：1. 1968年宋文薰、林朝棨教授等發掘的台東縣長濱鄉樟原村（八仙洞）遺址，亦即「長濱文化遺址」。此遺址是台灣最重要的先陶文化遺址，且年代最早，規模最大之洞穴遺址。出土的遺物，下層屬晚期的舊石器文化。有石核器、石片器、刮削器、尖器、細小石器、骨角器、骨針等。上層屬新石器時代文化。有打製石斧、矛鏃、彩陶、素面陶等。年代約距今二萬至三千年前③；2. 1970年台南縣左鎮鄉菜寮村菜寮溪發現的「左鎮人頭骨」化石。此化石有左、右顬頂骨，共三片。經多位學者專家會同鑑定其為二、三萬年前人類頭骨，是台灣首次發現最早的人類化石（菜寮溪遺址於1931年由陳春木氏發現，經由日人學者早坂一郎教授研究報導；再經多位日人學者的發掘、調查，乃獲得現今的成果））。而此遺址雖無發現跟人類相關的任何遺物；但陸續出土犀牛、猛獁象、花鹿等20多種珍貴脊椎動物化石，無脊椎動物化石30多種，以及樹木和植物花粉化石。對台灣的地質形成和地理變遷，提供寶貴的科學資料與證據④；3. 1985年由劉益昌教授等發掘的苗栗縣三義鄉（鯉魚潭水庫內）「伯公瓏遺址」。此遺址是同屬於舊石器時代晚期的最重要網形文化遺址。出土的遺物有大型的砍器與小型的石片器等。其年代目前尚未測出，不過從文化遺物相貌而言，與中國廣西新州地區舊石器時代晚期出土遺物相似，劉教授推測應屬舊石器時代晚期無疑；等等經考古學者營營研鑽所獲知的重要學術成果。而這個時期正是第四冰河期晚期，由於海水下降，今

日的台灣海峽是陸地，人類可以輕易的隨狩獵的動物由中國大陸的華南來到台灣的各地區，進而在台灣定居。⑤

　　然而，就上述出土的遺物情形來看，當時的人類可能是一種短期定居的小型聚落或隊群。主要的經濟活動是原始的採集、狩獵、漁撈。尚不知農耕或飼養動物及製造陶器等。之後冰河消退，海水面逐漸上昇，距今一萬年前左右的全新世初期，台灣海峽形成，結果造成華南和台灣之間的交通斷絕。於是或因長期的孤立，導致台灣文化發展遲滯的現象，因此，一直延續距今五千多年前此時期的文化才消失。台灣也開始逐步地演變進入新石器時代的南島系民族文化。⑥

## 二、台灣新石器時代的史前文化

　　上古黎明期的台灣舊石器時代史前文化，雖覺得相當遙遠而模糊，但進入新石器時代，歷經日人、台灣考古學者的不斷努力，大體上已經可以分劃出其時空的架構，讓一般讀者（包括筆者）也能清晰地瞭解我們「先祖」的歷史文化及其演變進展。在此，筆者主要參照劉益昌、宋文薰等教授的著作，簡要或直接將其引述如下：

### ㈠　新石器時代早期的史前文化

　　依據考古學家的推測，這個階段的文化年代，大約距今7,000 — 5,000 年之間，以「大坌坑文化」為主（今新北市八里區埤頭里，大坌坑遺址是大坌坑文化的命名遺址。該遺址於 1958 年由盛清沂氏發現、報導。之後經由劉斌雄、張光直、連照美、劉益昌等諸氏的發掘、調查，獲悉此多文化層的遺址，實際上也是研究南島語系民族祖先型文化的關鍵遺址）。⑦從遺址的大小及文化層堆積型態得知，人類

已經是定居的小型聚落。其主要分布在河邊或海邊，湖岸的階地。出土的文物，陶器稱爲粗繩、紋陶；特徵是手製。大坌坑文化的陶器外表擁有豐富的刻畫紋裝飾，石器則器型簡單，數量不多，只有打製石斧、磨製石斧、石錛、網墜有槽石棒等少量工具。[8]考古學者研究指出，大坌坑文化與中國福建、廣東二省沿海的早期新石器時代文化有密切的關連，可能屬於同一個文化的不同類型。不過劉益昌教授認爲應當是從華南舊石器時代晚期文化經過新石器時代最早階段發展而來。[9]又從出土石製生產工具如石鋤、石斧等推知當時的人類已進入刀耕火種的遊耕階段；但是張直光教授指出狩獵、漁撈和採集才是主要的生產活動。[10]對於這個階段的人類社會組織及其運作方式，考古學界尚未探討，僅從由陶器紋飾的變化與美感，推估表示當時的人類已經有相當高的藝術水準。[11]

## ㈡　新石器時代中期的史前文化

這個年代距今約 4,500 — 3,000 年之間，台灣各地都有其不同型態的代表性文化。北部以訊塘埔類型與圓山文化早期、中部以牛罵頭文化、南部以牛稠子文化、東部以繩紋紅陶文化各爲其代表的遺存。而此階段的遺址規模已較前期爲大，文化層堆積較厚且連續，顯示當時聚落的規模較大，占居時間長久，已是長期定居性聚落，屬於部落社會。從遺址中出土的工具，可知農業已相當發達，稻米、小米等種子作物已是當時的重要農作物。不過狩獵、漁撈仍占重要的地位；飼養的動物除了狗以外，似乎未見其他種類。[12]

至於當時人類的社會組織、儀式行爲及精神生活等方面，目前所知較少。其中，圓山文化遺址發現的大型砥石，當是聚落內

公共使用的財產，也許顯示已有社會組織，以處理較為複雜的人際關係；另外，由圓山文化和牛稠子文化遺址出土的文物，也可知當時人類的喪葬儀式及其對於來生的觀念。⑬

### ㈢ 新石器時代晚期的史前文化

此時期的文化類型逐漸複雜，一般劃分作圓山文化晚期、芝山岩文化、植物園文化、營埔文化、大湖文化、鳳鼻頭文化、卑南文化、麒麟文化、花岡山文化等等，年代大約距今 3,500 — 2,000 年前之間。這個時代的陶器出現精美的彩陶、黑陶，器型也有很大的變化，種類增加，並出現少量三足器。平原地區持續中期以農業為主的生業型態，但狩獵漁撈仍具重要地位。

在這個階段，聚落、遺址範圍都加大，出土的遺物很豐富。除了平原地區以外，聚落亦有往中央山脈較高的台地或山地地區移動的趨勢。可能是因為人口增多所導致的土地資源爭奪，族羣之間已有小型的戰爭，而發生獵頭及聚落圍牆的現象。不過聚落之間，雖偶有衝突爭奪，但是各族羣之間的往來與交際關係十分密切。此外，若由喪葬遺物的多寡精粗來判斷，則當時已有繁複的社會組織和階級的區隔（筆者）。⑭

## 三、金屬器與金石並用時代的史前文化

進入史前文化的最後期，因為年代較晚，距今約 2,000 — 400 年之間，遺址數量多，文化內涵又複雜，迄今考古學家對出土的遺址，仍未能完全瞭解命名。現在經釐清命名的有十三行文化、大邱文化、蔦松文化、龜山文化、北葉文化、靜浦文化等。至於所謂金屬器時代，根據目前的資料，十三行文化是同時代唯一具有煉鐵技術的文化（青銅冶鑄則無所聞），其餘的史

前文化，目前都只發現使用鐵器而已。⑮

　　這時期的人類生活已和近代歷史文獻或民族誌所記載的台灣各原住民族相同；由於工具、武器的進步，聚落數量及人口持續增加。聚落範圍因應環境而有大小不同，其中有如排灣族的多社聯盟（後述）近似於酋邦的型態出現。農業不但是平原地區的主要生業型態，同時也是丘陵山地地區的主要生活方式；部分以狩獵為主要生計的族羣，繼續向更深的山區遷移以追尋資源，因此甚至高達海拔 2,950 公尺左右的山區，已發現有人類的遺址。⑯

　　再者，這個階段不但如上期已有繁複的社會組織和喪葬儀禮，同時更有繁複的族羣關係與交換網絡，甚至往海外地區延伸，如十三行遺址出現來自東南亞、中國等地區的文化遺物。而經歷此時期多樣性的文化進展，劉益昌教授指出：「台灣各個原住民族羣的祖型文化大致在此時出現，也就是說這些史前文化的晚期逐漸發展為各個族羣。」⑰

## 四、鹿野忠雄——台灣史前文化的七個層序

　　鹿野教授是當年日本最精銳的新進學者，1945 年 7 月中旬，赴北婆羅洲進行民族學研究後，不幸地罹難失蹤。其所提出的台灣史前「七個文化層」論述（遺稿），就筆者的淺見（不敢越俎代庖），認為值得一般讀者參閱。茲摘要引述如下（譯文：宋文薰教授）：

　　㈠繩紋陶器文化層——這是山繩紋或撚絲紋陶器所代表的假定的文化層，如在台灣有普遍的最古的文化層存在，我們則須考慮到此一文化層。附有繩紋的陶器，雖普遍地見於中國大陸、法屬印度支那以及其他南方地域，但如上述的考察為準確，則此一文化層是從亞洲大陸直接傳入，而非來自南方島嶼

者。因此可說，台灣先史文化的基層爲大陸文化。伴著此一文化層的石器，可推想爲打製石斧，其他的現在還不能說定。扁平偏鋒石斧的某一部分也許屬於此文化層。這一文化層當爲純粹的新石器時代文化，而不伴有金屬器，但在現在未能指出其年代。

(二)網紋陶器文化層——這恐爲自華中傳入台灣，而幾乎波及於全島。但似乎並未傳到東海岸的平地，在該地方尚未發現有此種陶器。網紋陶器，從圓山貝塚一直到台南附近均可見到；在彰化曾掘得二個全形器；此外，山地即 Mahebo 社出土之陶器又是同型的。現在的布農、鄒兩族所用陶器亦屬此一型式，我們當把它視爲這一文化層的陶器傳留到現在者。其年代或可早至春秋戰國以前，但傳入台灣的年代，我們必得考慮之爲比較遲晚。

伴著網紋陶器文化層的石器，或爲打製石斧、扁平偏鋒石斧、石鏃〔原文誤植作「石鐘」〕、石刀、石鑿等。此外，頗像櫛紋的一種刷紋以及平行線交叉的印紋等，或許也是伴著此一文化層的，但仍有待將來的研究。

(三)黑陶文化層——似以華北山東省爲其分布中心的黑陶文化，被認爲華北新石器時代文化，其年代又被認爲西元前1,300—2,500 年之古遠。台灣的黑陶，即使也是屬於此一系統，要是遽爾推定台灣與大陸者的年代爲相同，恐亦陷於錯誤。筆者以爲，將其年代擬於較之遲緩爲妥。而且，黑陶的傳入時期，是否在純石器時代，亦不明；或作爲金石併用文化而與他種文化混合傳入亦未可知。黑陶文化在台灣似亦未波及東海岸，而在西海岸頗爲常見，尤以南部最甚，而出土於貝塚。伴著此一文化的石器，可能爲石刀、偏鋒石斧等。

㈣有段石斧文化層——亦與上述者相同，殆未波及東海岸，而在西海岸頗有特色；但與上一文化層相反，在台灣北部興盛而在南部微弱；圓山貝塚爲其代表遺址。這一文化層特有的陶器之性質，未明；也許白色陶器爲屬於此一文化者。併用金屬器的可能性比上述者更爲濃厚。代表此一文化的石器，爲扁平、柱狀兩種有段石斧及石鏃等。此外，有肩石斧、匙形石斧可能亦屬於此一文化。其傳入的起源地，或爲福建。

㈤原東山文化層——以法屬印度支那的安南清化州東山其遺址爲其代表遺址的所謂東山文化。台灣的印度支那系文化，其中殆不見有漢文化的混入，故可推定台灣者屬於原東山文化。

東山文化的年代被視爲西元前後，而本文所謂的原東山文化晚期之年代，當比它早若干。若認爲，這種文化被導入於台灣時，除了青銅器以外還有少量鐵器隨著新石器同時混入，當甚妥當。

台灣的原東山文化之特徵遺物，有排灣族祖傳的古代匕首的青銅柄、苗栗及圓山出土之青銅片等。此外，附有十字紋的青銅鈴、附有中空柄的鐵製匕首等，也許亦爲屬於此一文化者。

㈥巨石文化層——這一文化當它傳入於台灣時，亦大致可知其已爲混有青銅器和鐵器的金石併用文化，而僅見於東海岸以及南部。代表遺物有獨石、石牆、岩棺以及石臼、石杵、石皿等。目前我們把台灣者視爲，與法屬印度支那尤其與東埔寨相連繫，當甚妥當。而關於其中的獨石，似經 Louang-prabang 地方而與阿薩姆以及印度方面有關。而其年代即在西元前後。

㈦菲律賓鐵器文化層——因筆者曾在菲島做過實物的比較研究，故此一文化層之設定，當無疑義。台灣東海岸諸遺址出

土陶器中的兩三種，在其質料上，與菲律賓鐵器時代者完全一致或頗相似。如紅陶亦可認爲是從菲島所傳入者（但東海岸以外的地方的紅陶，當有分別研究的必要）。某種玻璃製手鐲，亦可視爲如此。此外，阿美、卑南兩族所保有古代傳下的倒鈎槍恐亦是。東海岸掘得的金製品，很清楚地表示著受過菲島金文化的影響。其傳入年代，可視爲在西元600—900年左右。在台灣，此一文化的傳入與分布，大略限於東海岸，而在南北兩端亦可見其影響的波及。

以上之推定，僅爲一種假定，隨著今後研究的進行，想須有許多補正之處。總之，筆者以爲，台灣先史文化的基層是中國大陸的文化，此種文化曾分數次波及台灣。其上，爲印度支那之混有青銅器、鐵器等之金石併用文化。而最上層，則爲從菲島傳入之鐵器文化（不伴有青銅器）。[18]

有關台灣史前文化亦存有大陸性的論考、在日人學者金關丈夫、國分直一《台灣考古誌》（卷三）中，例舉 1.石茶刀、2.石鎌、3.有孔磨製石鏃、4.磨製有柄石鏃、5.磨製有孔石斧等爲例，也有詳細的說明。[19]不過在文化特質方面，衛惠林教授則指出：「台灣土著諸族屬於東南亞文化圈中印度奈西安文化羣，他們保持著印度奈西安系統的多數原始文化特質，而孤立於中國、印度與回教文化之外。其重要特質如下：一、燒墾與輪休，二、鍬耕，三、鹿獵與野猪獵，四、獸骨懸掛，五、手網與魚筌捕魚，六、弓箭，七、腰刀，八、木杵臼，九、矮牆茅屋，十、腰掛紡織，十一、貝飾，十二、拔毛，十三、缺齒或涅齒，十四、剋木，十五、籐竹編簍，十六、編蓆，十七、口琴，十八、弓琴，十九、鼻笛，二十、輪舞，二一、獵頭與骷髏崇拜，二二、親族外婚，二三、

老人政治，二四、年齡組織，二五、男子會所，二六、多靈魂觀，二七、鳥占與夢卜，二八、室內蹲葬，二九、紋身，三十、幾何形花紋，三一、親子連名，三二、雙杯與並口 。此等文化特質，均代表大多數土著族共有的特質，亦爲東南亞文化系統中印度奈西安文化之古老特質。」[20]

## 五、台灣・澎湖群島的發現與歷史文獻的記載

　　台灣如上所述，早在舊石器時代晚期，即二、三萬年前起，就有人類棲息居住。而五千多年前此時期的文化消失，台灣進入新石器時代的南方蒙古系民族的文化期。亦即紀元前二、三千年前，台灣現今的原住民（包括平埔族），陸續由歐亞大陸或南洋群島渡海來台。而從前述地理位置觀之，台灣由於和中國、南洋群島乃至琉球群島、日本列島等相鄰接，因此不難想像這些國度在遠古史前皆曾藉著海流、風向之便而與台灣有所接觸，但這些島嶼的發現，以及最早的文獻記載，大概是以中國爲嚆矢。

　　然而，關於「台灣係於何時爲中國大陸所知」這個問題（筆者另書已有提及，本文僅略加詳盡闡明），研究者往往囿於政治意圖的考量，將史料追溯至二千五百年前，春秋戰國時代的《尚書》〈禹貢篇〉所云：「島夷卉服，朔筐織貝，厥包橘柚錫貢，沿於江海，達於淮泗。」所指的島夷爲台灣。或以《山海經・海內南經》「點涅其面，體畫爲鱗采」的雕題國，以及《前漢書》卷二十八地理志卷第八篇「會稽（浙江）海外，有東鯷人，分爲二十餘國」的東鯷爲台灣。或是主張《三國志》〈四十七卷吳志孫權傳〉中所謂的黃龍二年（西元230年）「孫權派衛溫、諸葛直，將甲士萬人浮海求夷洲，得數千人而還」，即是攻打台灣。[21]但單就一言兩語，或天方夜譚的敘述，譬如俘虜的人口而言，杜正勝院士指

出，直到十七世紀中葉，荷蘭人所登錄台灣最大村社的人口很少超過千人，何來那麼多的俘虜？[22]因此由於其失卻學術的嚴謹性，這些說法至今仍未形成定論。

不過，就人種、風俗習慣等民族學的研究而言，劉宋‧范曄《後漢書》〈倭傳〉中的註解，北宋‧李昉等撰《太平御覽》卷七百八十，沈瑩（三國時代吳國丹陽太守）《臨海水土志》（此文獻可推測在三世紀）等古籍中所載的「夷州」，或許就是今日的台灣亦未可知。

《臨海水土志》記載：「夷州在臨海郡東南，去郡二千里，土地無雪霜，草木不死，四面是山。」此點地理描述有似台灣。又「此夷各號為王，分畫土地，人民各自別異。」也有像台灣原住民的社會型態。至於「人皆髡頭，穿耳，女人不穿耳」，「能作細布，亦作斑文」，「取生魚肉雜貯大器中以滷之，歷日月乃啖食之，以為上餚」，「戰得頭，著首還，於中庭建一大材，……桂之歷年不下，彰示其功」，「食女以嫁，皆缺去前上一齒」等等，確實也都十分類似台灣原住民的風俗習慣與文化特徵。然則，中國南方、中南半島和南洋群島的原始社會也都有類似的記載。而台灣的原住民族羣也正如下述，都源流於該等地區，因此我們不能不抱持保留的態度。[23]尤其文中所述：「其地亦出銅鉄」，則應屬南洋群島或中南半島也未可知。因為此等地區盛產銅鉄，原住民也具有煉鉄製銅的技術。而西元前後（距今2,000年前），台灣進入金屬器時代（前述），考古學家證實台灣北部的「十三行文化遺址」，有煉鉄的遺坑，但對青銅冶鑄則一無所聞。[24]

事實上，徵諸各項文獻，有關古代台灣資料十分稀少，再加上這方面的研究仍十分落後，因此至今尚無法正確掌握其真貌。不過在時序進入中世紀以後，除備受爭議的《隋書》〈流求傳〉外，

其他尚有南宋‧樓鑰的《攻媿集》、南宋‧趙汝适的《諸蕃志》、《宋史》〈外國傳〉的流求國、元‧汪大淵的《島夷志略》、《元史》〈瑠求傳〉、明‧陳第的〈東番記〉、明‧張燮的《東西洋考》、明‧何喬遠的《閩書》等記載文獻不斷出現，逐漸釋明台灣和澎湖群島的情況，使得台灣的對外關係漸漸為人所知。

　　首先，依《隋書》〈流求傳〉所載，隋煬帝曾於大業3年（西元607年）派遣羽騎尉朱寬出海求訪異俗，結果朱寬抵達流求國，並俘虜一人而回。翌年，煬帝再遣朱寬出使勸降該國，但因朱寬無功而返，使得煬帝憤而於大業6年（西元610年）派武賁中郎將陳稜率兵征伐流求，「進至其都，焚其宮室，擄其男女數千人，載軍實而還。」（但七世紀時的原住民怎麼有國都、宮室、軍實和那麼多的村社人口？杜正勝院士指出，除非虛報，實難令人信服。）這個結果，在《隋書》〈東夷列傳〉亦留有對流求國的詳細記載。然而，這個流求國究竟係指今日何處？關於這個問題，目前學者的見解大致有台灣以及琉球兩種說法。若如大多數學者主張的，《隋書》所指的流求即是今日的台灣，則此不僅是台灣對外關係史的第一頁，同時也必須說是台灣悲慘歷史的開端。[25]

　　附帶一提，關於隋王朝遠征台灣一事，蔣政權時代的國府和大陸的中國共產黨政權，往往主張：最早發現並「先占」（occupation）領有台灣的是中國大陸的王朝；因此宣稱「台灣自古以來就是中國的固有領土」。但對此諸點，筆者另書依據近世確立的國際法，給予糾正，駁斥其政治謬論。[26]

　　但自隋代以後，歷經唐、五代、北宋以迄南宋的五個世紀之間，並無任何文獻記載關於台灣的事蹟。直到南宋‧樓鑰《攻媿集》卷88〈汪大猷行狀〉，還有周必大《文忠集》卷67〈汪大猷神道碑〉中，才首次提到澎湖群島。據該等文獻記載，南宋乾道

7 (1171) 年4月，澎湖島受到鄰國毗舍耶 (菲律賓) 原住民的襲擊與掠奪，統御泉州的汪大猷乃率兵保護當地居民，之後更派水師屯駐，以阻彼等侵略。

其後，南宋‧理宗寶慶元 (1225) 年，趙汝适的《諸蕃志》才又約略提到台灣。該書記載當時台灣除和三嶼 (呂宋島) 略有貿易關係外，幾乎全未與外界接觸。值得一提的是，《諸蕃志》〈毗舍耶〉一節中再次介紹澎湖島。依《諸蕃志》的記載，該島隸屬於福建省晉江縣，但因常遭鄰國毗舍耶 (菲律賓) 原住民掠奪殺戮而苦不堪言。㉗

關於毗舍耶是否即是台灣，過去學界也多有爭論。不過日人學者和田清的論述 (《東亞史論叢》，生活社，昭和17年，514-8頁)，十分清楚的說明「毗舍耶」是菲律賓的「毗舍耶」，而不是台灣。最近杜正勝院士也提及十七世紀的荷蘭資料顯示，台灣西部平埔族並不是海上民族，而且畏懼海洋。因此怎麼有可能如《諸蕃志》所述，用竹筏，而不是駕船舶，竟能渡過台灣海峽搶劫澎湖及泉州近海的村落。㉘

如是，以此為開端，澎湖島在元代更被詳細認知。依汪大淵《島夷志略》(1350年序) 所述，澎湖分為三十六島，順風時自泉州出發二晝夜可達。該島有草無木，土地貧瘠，無法耕稻。移民在此結茅而居。氣候恆暖，風俗淳樸，長壽者眾。移民們造酒製鹽，漁業農牧並行，工業繁盛。元代於至元年間 (1264-94年) 設巡檢司，徵收鹽稅。

據稱汪大淵曾經渡海來台，並對台灣的原住民有如下的記載：「男子、婦人拳髮，以花布為衫。煮海水為鹽，釀蔗漿為酒。知番主酋長之尊，有父子骨肉之義。他國之人倘有所犯，則生割其肉以啖之，取其頭懸木竿。」對此，以台灣平埔族的文化來比

對，恐怕除了「有父子骨肉之義」與對敵人「取其頭懸木竿」之外，其他若不是傳聞誤導，就是以漢人的文化思惟所想像的結果。職是，杜院士質疑汪大淵是否接觸過台灣原住民？㉙而筆者倒是根本就懷疑其是否眞的親自來過台灣？

另一方面，依《元史》〈瑠求（台灣）傳〉記載，元世祖至元 29（1292）年 3 月，海舡副萬戶楊祥曾奉上諭招撫台灣，但爲該地原住民所拒。當時楊祥雖曾試圖以武力加以征服，但終告失敗而歸。其後，在成宗元貞 3（1297）年 9 月，福建平章政事高興再度遠征台灣，但除俘獲原住民 130 餘人外，並無實績可言。

元蒙古帝國之後，明洪武 5（1372）年正月，明太祖命楊載出使前代已廣爲人知的流求，但他因聽信謠傳台灣爲「食人島」，因而避開台灣轉向沖繩，並偕沖繩使臣歸國。自此以降，流求(琉球)之名遂正式指沖繩諸島之謂。總之，沖繩此後便以流求(琉球)之名與明朝通好。又根據清・顧祖禹《讀史方輿紀要》，明洪武 5 年授命湯信國經略海上，他以澎湖島民叛服無常爲由，建議將所有住民撤回大陸。結果，洪武 21（1388）年強制撤離全部澎湖島民，並廢止巡檢司，使得澎湖島成爲廢墟。嗣後明朝將澎湖島棄置近兩個世紀之久，期間澎湖群島形同沒有主權國家管轄的無人島，而成爲倭寇或海盜的巢穴。㉚

誠如上述，可知十二世紀末葉，中國大陸南宋王朝確實在澎湖群島建立了「先占」，並獲得對該群島的原始「領域權原」（territorial title）。同時也讓此統治的權原延續至明代王朝。但不可思議的，與澎湖近在咫尺的台灣，大陸王朝雖有如前述，偶而有所接觸，卻一直未曾有過任何文獻，鈎勒台灣的眞實面貌。直至近世 1603 年 1 月 19 日，有位博學多才、膽量包天的探險家陳第，隨福建水師沈有容將軍追擊海盜（倭寇）來到今日的安平，當年

返國後，將其見聞所及，寫下一篇〈東番記〉，台灣的地理、人文才正確的描畫敘述。由於該文獻頗具學術價值，被譽爲台灣原住民族的第一篇民族誌（方豪教授是發掘正本之第一人，並有最詳盡的論考），所以將其全文別述如下。

「東番夷人不知所自始，居彭湖外洋海島中；起魍港、加老灣，歷大員、堯港、打狗嶼、小淡水、雙溪口、加哩林、沙巴里、大幫坑，皆其居也。斷續凡千餘里，種類甚蕃。別爲社，社或千人、或五六百，無酋長，子女多者衆雄之，聽其號令。性好勇，喜鬭，無事晝夜習走，足蹋皮厚數分，履荊刺如平地，速不後奔馬，能終日不息；縱之，度可數百里。鄰社有隙則興兵，期而後戰，疾力相殺傷，次日即解怨，往來如初，不相讐。所斬首，剔肉存骨，懸其門；其門懸骷髏多者，稱壯士。地暖，冬夏不衣，婦女結草裙，微蔽下體而已。無揖讓拜跪禮。無曆日文字，計月圓爲一月、十月爲一年，久則忘之，故率不紀歲，艾耆老髦，問之弗知也。交易，結繩以識。無水田，治畬種禾，山花開則耕，禾熟，拔其穗，粒米比中華稍長，且甘香。採苦草，雜米釀，間有佳者，豪飲能一斗。時燕會，則置大罍團坐，各酌以竹筒，不設肴；樂起跳舞，口亦烏烏若歌曲。男子剪髮，留數寸，披垂；女子則否。男子穿耳，女子斷齒，以爲飾也（女子年十五、六斷去唇兩旁二齒）。地多竹，大數拱，長十丈。伐竹搆屋，茨以茅，廣長數雉。族又共屋，一區稍大，曰公廨；少壯未娶者，曹居之。議事必於公廨，調發易也。娶則視女子可室者，遣人遺瑪瑙珠雙，女子不受則已；受，夜造其家，不呼門，彈口琴挑之。口琴薄鐵所製，齧而鼓之，錚錚有聲。女聞，納宿，未明徑去，不見女父母。自是宵來晨去必

以星，累歲月不改。迨產子女，婦始往壻家迎壻，如親迎，壻始見女父母，遂家其家，養女父母終身，其本父母不得子也。故生女喜倍男，為女可繼嗣，男不足著代故也。妻喪復娶；夫喪不復嫁，號為鬼殘，終莫之醮。家有死者，擊鼓哭，置尸於地，環熅以烈火，乾，露置屋內，不棺；屋壞重建，坎屋基下，立而埋之，不封，屋又覆其上，屋不建，尸不埋。然竹楹茅茨，多可十餘稔，故終歸之土不祭。當其耕時，不言不殺，男婦雜作山野，默默如也；道路以目，少者背立，長者過，不問答；即華人侮之，不怒，禾熟復初。謂不如是，則天不祐、神不福，將凶歉，不獲有年也。女子健作；女常勞，男常逸。盜賊之禁嚴，有則戮於社，故夜門不閉，禾積場，無敢竊。器有牀，無几案，席地坐。穀有大小豆、有胡麻，又有薏仁，食之已瘴癘；無麥。蔬有葱、有薑、有番薯、有蹲鴟，無他菜。菓有椰、有毛柿、有佛手柑、有甘蔗。畜有貓、有狗、有豕、有雞，無馬、驢、牛、羊、鵝、鴨。獸有虎、有熊，有豹、有鹿。鳥有雉、有鴉、有鳩、有雀。山最宜鹿，儦儦俟俟，千百為群。人精用鏢；鏢竹棅、鐵鏃，長五尺有咫，銛甚；出入攜自隨，試鹿鹿斃、試虎虎斃。居常，禁不許私捕鹿；冬，鹿群出，則約百十人即之，窮追既及，合圍衷之，鏢發命中，獲若丘陵，社社無不飽鹿者。取其餘肉，離而臘之，鹿舌、鹿鞭（鹿陽也）、鹿筋亦臘，鹿皮角委積充棟。鹿子善擾，馴之，與人相狎。習篤嗜鹿，剖其腸中新咽草將糞未糞者，名百草膏，旨食之不饜；華人見，輒嘔。食豕不食雞，蓄雞任自生長，惟拔其尾飾旗。射雉亦只拔其尾。見華食雞雉輒嘔，夫孰知正味乎？又惡在口有同嗜也？居島中，不能舟；酷畏海，捕魚則於溪澗，故老死不與他夷相往來。永樂初，鄭內監航海諭諸夷，東番獨遠竄不聽

約；於是家貽一銅鈴使頸之，蓋狗之也，至今猶傳爲寶。始皆聚居濱海，嘉靖末，遭倭焚掠，廼避居山。倭鳥銃長技，東番獨恃鏢，故弗格。居山後，始通中國，今則日盛，漳、泉之惠民、充龍、烈嶼諸澳，往往譯其語，與貿易；以瑪瑙、磁器、布、鹽、銅簪環之類，易其鹿脯皮角；間遺之故衣，喜藏之，或見華人一著，旋復脫去，得布亦藏之。不冠不履，裸以出入，自以爲易簡云。

野史氏曰：異哉東番！從烈嶼諸澳乘北風航海，一晝夜至彭湖，又一晝夜至加老灣，近矣。廼有不日不月、不官不長，裸體結繩之民，不亦異乎！且其在海而不漁，雜居而不嬲，男女易位，居癢共處；窮年捕鹿，鹿亦不竭。合其諸島，庶幾中國一縣，相生相養，至今曆日書契無而不闕，抑何異也！南倭北虜，皆有文字，類鳥跡古篆，意其初有達人制之耶？而此獨無，何也？然飽食嬉遊，于于衎衎，又惡用達人爲？其無懷、葛天之民乎！自通中國，頗有悅好，奸人又以濫惡之物欺之，彼亦漸悟，恐淳朴日散矣。萬曆壬寅冬，倭復據其島，夷及商、漁交病。浯嶼沈將軍往勦，余適有觀海之興，與俱。倭破，收泊大員，夷目大彌勒輩率數十人叩謁，獻鹿饋酒，喜爲除害也。予親覩其人與事，歸語溫陵陳志齋先生，謂不可無記，故掇其大略。」[31]

總之，自此以後，中國有關台灣的記載，幾乎都以陳第的〈東番記〉爲藍本。諸如張燮《東西洋考》(1617,1618 年序) 卷五〈東番記〉，大抵抄錄陳第的著作，只增補幾則原住民的習俗而已。又何喬遠《閩書》(1619,1629,1631 年序) 〈島夷志〉所收的「東番」，更是一字不漏的，抄寫引用陳第的〈東番記〉。而周嬰〈東

蕃記〉(崇禎年間成文)，雖略有增補，亦都本乎陳第的記載。不過，此等文獻典籍的陸續問世，也讓台灣便以「東番」或「東蕃」之名爲大陸所知。除台灣南部的魍港、台員、大員 (圖)、打狗之外，北部的雞籠、淡水等地均見所載。於是，台員、大員及其後的台灣便逐漸取代昔日的「流求」，而成爲全島的名稱。[32] 據此等記載顯示，台灣在明代之後已廣爲中國大陸所知，並保有一定程度的接觸，但台灣並未被大陸的王朝收爲版圖，反而被來自遙遠歐洲的荷蘭人所占領。

# 第二節　台灣原住民族的分類及其源流

## 一、台灣高山原住民族的學術分類

　　1624 年 9 月，荷蘭在法理上獲得先占、統治台灣南部一帶之後，台灣正式步入有史時代。不久，1626 年 5 月，西班牙也成功地占領台灣北部區域，與荷蘭分庭抗禮，各自殖民統治台灣南北，並開始接觸擁有原始主權的台灣原住民族。惟荷、西治台期間，彼等雖與現今我們所稱謂的平埔民族，有過密切的關連接觸 (包括武力衝突和鎮壓)，也有豐富的各種檔案資料、記錄 (詳後述)，只不過彼等除了對各部落、村社冠有其族名、地理位置之外，卻未曾進行有系統的研究，而給予更深入的瞭解。

　　荷、西離台之後，台灣再經歷鄭氏、清朝二百多年的殖民統治，但是有關台灣原住民族的記錄，若與荷、西兩國相比，實可稱寥寥無幾。文獻上大概只有如下所舉的幾冊而已。

　　(一)郁永河《裨海紀遊》(1697 年)，卷上，收了台郡十二首竹枝詞；卷下，收了二十四首土番竹枝詞。其中〈土番竹枝詞〉記

載了多數西拉雅族的風土習俗。㉝

　　㈡周鐘瑄《諸羅縣志》(1717年)，卷八〈番俗〉，對岸裡、掃束、烏牛難、阿里史、樸仔籬、大武郡、牛罵、沙轆、水裏、後壠、竹塹、南嵌、龜崙、霄裏、坑子、內幽、噍吧哖、茅匏等，台灣中部諸社，類分狀貌、服飾、飲食、廬舍、器物、雜俗、方言，概括的記述其風氣習俗。㉞

　　㈢黃叔璥（首任巡台御史）〈番俗六考〉〈番俗雜記〉（《台海使槎錄》，1724年，卷五、六、七、八所收）。在〈番俗六考〉中，他分七項分述番俗：居處、飲食、衣飾、婚嫁、喪葬、器用、番歌附載等，每一項均有相當正確難得的記錄，又依當時政治上南北二路理番同知所轄，分原住民為北路諸羅番：一，新港、目加溜灣（一名灣裏）、蕭壠、麻豆、卓猴。二，諸羅山、哆囉嘓（一作倒咯嘓）、打貓。三，大武郡、貓兒干（一作麻芝干）、西螺、東螺、他里霧、猴悶、斗六（一名柴裏）、二林、南社、阿束、大突、眉裏、馬芝遴。四，大傑巔、大武壠、噍吧年、木岡、茅匏頭社（即大年咩）、加拔（一作茄茇）、霄裏、夢明明（自頭社以下皆生番）。五，內優（一作內幽，附大武壠納餉）、壠社、屯社、綱社、美壠（自壠社以下俱生番）。六，南投、北投、貓羅、半線、柴仔阬、水裏。七、阿里山五社（踏枋、鹿堵、唣羅婆、盧麻產、干仔務）、奇冷岸、大龜佛、水沙連思麻丹、木武郡赤嘴（一名刺嘴籠）、麻咄目靠、挽鱗倒咯、狎裏蟬、巒蠻、干那霧。八，大肚、牛罵、沙轆、貓霧捒（一作麻霧捒）、岸裏、阿里史、樸仔離、掃捒、烏牛難。九，崩山八社（大甲東社、大甲西社、宛里、南日、貓盂、房裏、雙寮、吞霄）、後壠、新港仔、貓裏、加至閣、中港仔（以上四社俱附後壠納餉）、竹塹礁、磱巴。十，南嵌、坑仔、霄里、龜崙（以上三社附南嵌納餉）、澹水、內北投、麻少翁、武嘮（俗作勝；非）灣、大浪泵、擺接、雞柔（以上六社附澹水納餉）、

大雞籠、山朝、金包裏（以上二社附雞籠納餉）、蛤仔難、哆囉滿（俗作嘴，非；附蛤仔難納餉）、八里分、外北投、大屯、里末、峯仔嶼、雷裏、八芝連、大加臘、木喜巴壟、奇武卒、秀朗、里族、答答悠、麻（一作毛）、里郎吼、奇里岸、眩眩、小雞籠。

南路鳳山番：一，上澹水（一名大木連）、下澹水（一名麻里麻崙）、阿猴、搭樓、茄藤（一名奢連）、放縤（一名阿加）、武洛（一名大澤機，一名尖山仔）、力力；二，傀儡番：北葉安、心武里（北葉分出）、山豬毛、加蚌（一作泵）、加務朗、勃朗（一名錫干）、施（一作系）汝臘、山里老（一名山里留）、加少山、七齒岸（一云即施汝臘，未知孰是）、加六堂、礁嘮其難（一名陳那加勿）、陳阿修（一名八絲力；以上熟番）、加走山、礁網曷氏、系率臘、毛系系、望仔立、加籠雅、無朗逸、山里目、佳者惹葉、擺律、柯覓、則加則加單（以上新附番）；三，瑯嶠十八社：謝必益、豬嘮鍊（一名地藍松）、小麻利（一名貓籠逸，一名貓蘭）、施那格、貓裏踏、寶力、牡丹、蒙率、拔蟯、龍鸞、貓仔、上懷、下懷、龜仔律竹、猴洞、大龜文（或云傀儡）、柯律等。㉟

據學界李亦園教授指出：「除去部分爲高山族外（北路諸羅番五及七，南路傀儡番及瑯嶠），關於平埔族的部分，與今日的分類法有許多相合的地方，例如北路諸羅番九及北路諸羅番十與道卡斯族及凱達加蘭族完全相合，其他如北路諸羅番一大致爲西拉雅族，北路諸羅番四大致爲四社番或 Taivoran 亞族。」因此，李教授稱讚：「黃氏在三百年前即有此卓見，實爲吾人所欽佩。」㊱

㈣六十七《番社采風圖考》（1744 年），描畫敘述初期台灣原住民的社會文化。㊲杜正勝撰《番社采風圖題解──以台灣歷史初期平埔族之社會文化爲中心》，中央研究院歷史語言研究所，民國 87 年，有詳盡的論考。

㈤朱景英《海東札記》(1748 年)，卷四、記社屬。對各地番社及原住民的風土習俗有簡略地記載。[38]

㈥《安平縣雜記》(1895 年，著者不明)〈調查四番社一切俗尚情形詳底〉，是對新歸順南部四番社的文獻記錄。[39]

至於對原住民族羣的特性認識，則含糊地統稱為「番」，並依其漢化影響的深淺程度，餉稅關係與所處地理位置，而有「土番」、「野番」；「生番」(未服教化者)、「熟番」(內附輸餉者)，「平埔番」、「山番」(高山番) 等之分。此外，尚有「化番」(介於生、熟番兩者之間)、「化外之民」(迴避責任的外交用詞) 的稱謂。但此種分類根本不具學術性內涵，更談不上任何族屬的研究。對台灣原住民族之有系統的學術性研究，不用多言，實始自日人來台的先驅學者。彼等留下龐大的寶貴文獻資料，並奠定了今日我們研究台灣原住民族的最重要基礎。

1894 年 7 月，朝鮮半島發生日清 (甲午) 戰爭。戰事發展是清國意外地屢戰屢敗，結果被迫於 1895 年 4 月 17 日，締結日清講和條約 (馬關條約)，清國將台灣、澎湖群島割讓給日本 (後述)。其後，日本為了鞏固新領土的政治基盤，除武力鎮壓台灣人的抵抗之外，針對未歸順的原住民族也極力設法招撫，因此對渠等族羣的研究，不單止於學者個人的選擇，也是日人重要國策之一。

日人最早來台的人類‧民族學者，是伊能嘉矩、森丑之助、鳥居龍藏等人。伊能嘉矩於 1985 年 11 月隨軍來台，翌年 7 月，開始在台北地方進行平埔族的調查。他在短短三年之內，先後發表了 40 多篇的平埔族調查報告；另外，伊能也是有史以來第一位對台灣原住民族加以分類的學者。他在 1898 (明治 31) 年把所謂高山原住民族分為 Ataiyal (泰雅)，Vonum (布農)，Tso'o (鄒)，Tsarisen (澤利先)，Payowan (排灣)，Pyuma (卑南)，Amis

（阿美）及 Peipo（平埔）等八族，把平埔族分成八小族羣。翌
（1899）年伊能又將平埔族擴大分爲十小羣，亦即 Tao（馬卡道）、
Siraiya（西拉雅）、Lloa、、Poavosa（貓霧捒）、Arikun、Vupuran（費
佛朗）、Pazzehe（巴則海）、Taokas（道卡斯）、Ketaganan（凱達格蘭）、
Kuvarawan（噶瑪蘭）等。1900（明治33）年伊能嘉矩和粟野傳之
丞受總督府民政長官之託，花了半年多的時間，依據風俗習慣語
言等之觀察調查，共同發表《台灣蕃人事情》的著作。而此書再
度確認伊能嘉矩對原住民族的上述分類，也就是八族、十小羣（平
埔族）的分類法。⑩

　　另方面，鳥居龍藏博士是傑出的人類學者。他於 1896 年 7
月來台後，即著手調查泰雅、布農、阿美、卑南及平埔族等。次
年 10 月，他花了二個月的時間調查紅頭嶼（蘭嶼）的原住民族，
並命名爲 Yami（雅美）。之後他繼續調查台灣東部的排灣族以及
南北各地的原住民族。根據四次的探險調查，他撰寫了紅頭嶼、
排灣、魯凱、畢南（卑南）、阿眉、阿里山、布農、黥面、埔里社
及平埔等九部報告，各部分成總說、地理編、體質編、言語編、
雜事編等。1902 年鳥居出版《紅頭嶼土俗調查報告書》，成爲台
灣原住民族的第一本民族誌。1910 年他又用法文發表一篇台灣
原住民人類學圖誌 *"Etudes Anthropologiques: Les Aborigènes de
Formose."* 建立一個新分類，將台灣高山原住民族分爲九族，即
Atayal, Bunun, Nitaka, Sao, Tsalisien, Paiwan, Payuma, Ami, Yami。
比伊能・粟野的分類，增加了日月潭水社 Sao（邵）族和蘭嶼之
Yami（雅美），並把鄒族改爲新高（Nitaka）族。邵族原被認爲係
平埔族，鳥居博士則列之爲高山族，這是戰前唯一將邵族列爲高
山族者。至此，有關台灣原住民族的分類法（包括平埔族），由伊
能・粟野・鳥居三氏的努力已具雛型並建立了其後各家有關台灣

原住民族分類的張本。[41]

　　1911年台灣總督府番務課編印了一本英文報告書，大體根據伊能·粟野分類，及鳥居分類略加修正，增加賽夏 (Saisiat) 族，刪除了 Sao，建立了最初的九分法。1912年被稱爲「日本番通」的森丑之助氏建議殖民政府將澤利先、排灣、卑南三族合爲一族，改爲六分法。賽夏族編爲平地，初未列入，後來再列入，成爲七分法，是即日治時代一直採用之爲官方分類 (戰後國民黨占據台灣，亦繼承此分類法，斯後又改用九分法)。[42]

　　在此前後，台灣總督府制定「臨時台灣舊慣調查會規則」(1901年10月25日)，對台灣和清國的法制、經濟等慣習進行廣泛研究調查。此項研究調查的成果，包括印行《蕃族調查報告書》全八冊、《蕃族慣習調查報告書》全八冊、《蕃族圖譜》全二冊、《台灣蕃族志》第一卷等浩瀚文獻，這些報告書中載有全族的分類者爲小島由道氏 (大正4年) 的報告，分土著族爲八族：從泰雅族 (タイヤル) 裡分出セーダッカ族，將賽夏族 (サイセット) 認爲是山地族，布農、鄒、阿美、雅美四族照舊，將薩利森、排灣、卑南三族總括稱爲排灣族。[43]

　　1935年台北帝大土俗·人類學研究室移川子之藏教授及宮本延人、馬淵東一，根據多次調查族羣系統的資料，發表一部《台灣高砂族系統所屬の研究》巨著，分台灣原住民爲九族，即 1. Atayal 族、2. Saisiat 族、3. Bunun 族、4. Tsaou 族、5. Rukai 族、6. Paiwan 族、7. Panapanayan 族、8. Pangtsah 族、9. Yami 族。其與上述1911年台灣總督府「番務課」的英文報告所不同者，是改稱 Tsalisien 爲 Rukai，Puyuma 爲 Panapanayan，Ami 爲 Pangtsah。其最大貢獻是對族以下的族羣，予以清楚而完全的分類。[44]另外對此部巨著的具體內容，劉斌雄教授有如下精確簡要

的介紹：

「《台灣高砂族系統所屬的研究》是以各社的口傳，尤其是
所傳承的系譜知識爲線索，探討土著氏族、部落的遷移、分歧、
混淆的過程，重構泰雅、賽夏、布農、鄒、魯凱、排灣、卑南、
阿美、雅美九族以遷移爲中心之歷史的大著。該書分成二卷，
即由本篇及資料篇二部所構成，資料篇收錄 309 條系譜及四張
系統別部落分布圖所成。在本篇，首先探討系譜傳承對系統識
別上的意義，部族或部落的血緣及地緣關係，氏族制、姓名制、
家名制的存在及其功能，發祥地傳說中以高山、平地或海岸爲
故地和海外傳來說等三種類型及自故地向外發展的過程，分成
離心的及向心的兩種說明。本文分成九章，根據上述的大綱，
族別的細述各社間或特定地域內的分派、遷移的統屬關係。該
書根據實地調查所收集的龐大的系譜資料及有關的神話傳說而
有系統的敍述以外，對布農、鄒的氏族制度的闡明，大中小各
級的組織及其功能，有關狩獵、耕作、祭祀、外婚諸規定的詳
細說明，實是對台灣土著社會組織研究的一大貢獻。」 [45]

1936 年，淺井惠倫教授在他關於蘭嶼雅美族語的著作裡，
嘗試將除平埔族以外的台灣山地族語言之分類；如下：

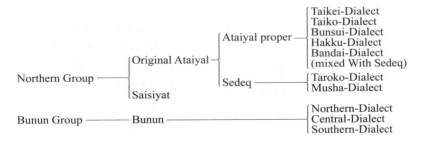

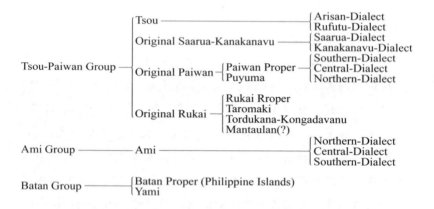

這一分類法，與上述移川氏的分類法，頗爲相似，所不同者，一是將 Puyuma（即 Panapanayan）列爲 Paiwan 族之一亞族，二是將 Yami 族與 Bantan 族及 Tsaou 族與 Paiwan 族，列在一起。㊻

最後在 1939 年，鹿野忠雄教授根據種族、語言、文化之廣泛基礎上，提出更嶄新的複級八族分類法。其分類表如下：

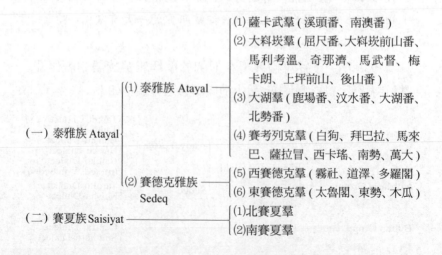

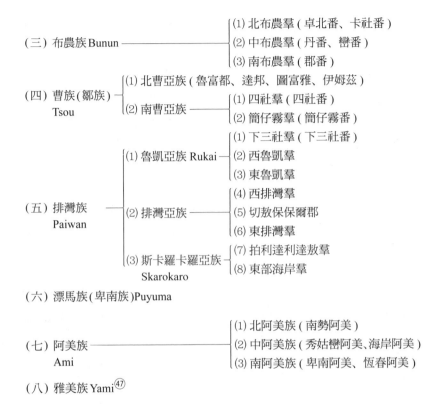

(六) 漂馬族 (卑南族) Puyuma

(七) 阿美族 ─────┬─ (1) 北阿美族 ( 南勢阿美 )
Ami　　　　　├─ (2) 中阿美族 ( 秀姑巒阿美、海岸阿美 )
　　　　　　　└─ (3) 南阿美族 ( 卑南阿美、恆春阿美 )

(八) 雅美族 Yami[47]

　　以上是日人學者，精心地對台灣高山原住民族所做的學術性分類經緯。此項辛苦的工作，戰後留給台灣斯界學者承擔。1954年台灣大學衛惠林教授重新提出了一個新的分類法。此分類法大抵繼承鹿野教授的見解，但也提出幾項修正與增補。茲將衛教授的分類表及其本人的注釋引述如下：

　　㈠北部諸族（Northern tribes）──以埔里花蓮線以北之北部山地為分布範圍，以紋面、織貝、祖靈崇拜等為共同文化特質：

Ⅰ 泰雅亞族 Atayal
- ①泰雅亞族 Atayal
  - a. Sekolea 羣
  - b. Tseole 羣
- ②賽德克亞族 Sedek
  - a. 東 Sedek 羣
  - b. 西 Sedek 羣

Ⅱ 賽夏族 Saisiat
- a. Shai Rakus 羣或 Saisirat 羣
- b. Shai Mahahjobon 羣或 Sasijat 羣

㈡中部諸族（Central tribes）──以父系外婚氏族及男用皮帽、皮套袖套褲、革鞋、爲其共同文化特徵。

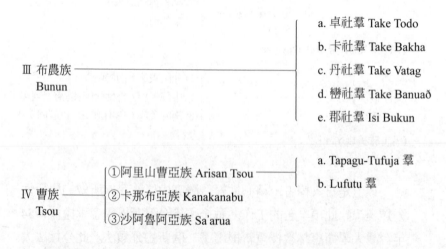

Ⅲ 布農族 Bunun
- a. 卓社羣 Take Todo
- b. 卡社羣 Take Bakha
- c. 丹社羣 Take Vatag
- d. 巒社羣 Take Banuað
- e. 郡社羣 Isi Bukun

Ⅳ 曹族 Tsou
- ①阿里山曹亞族 Arisan Tsou
  - a. Tapagu-Tufuja 羣
  - b. Lufutu 羣
- ②卡那布亞族 Kanakanabu
- ③沙阿魯阿亞族 Sa'arua

㈢南部諸族（Southern tribes）──以貴族階級及貴族之土地特權、並系宗族、蛇崇拜、太陽崇拜、喪服飾、琉璃珠、花環頭飾、木石雕刻尤其祖先像柱、里芋之栽培、燻製爲共同文化特質：

V 魯凱族 Rukai
- a. 下三社羣 Torokuka-Kongatawaa-Oponohu
- b. 魯凱羣 Rukai
- c. 大南社羣 Taromak

VI 排灣族 Paiwan
- a. Raval 羣
- b. Butsul 羣
- c. Pariðaliðao
- d. Pakarokaro 羣

㈣東部諸族（Eastern tribes）──以母系親族、年齡組織、部落會所、燒疤紋身、風箏為共同文化特質：

VII 卑南族 Puyuma
- a. 卑南社羣（卑南社、檳榔社）
- b. 知本社羣（知本、射馬干、利家、初鹿、塔馬拉口、萬橋、阿里擺等七社）

VIII 阿美族
- a. 北部羣（南勢阿美）
- b. 中部羣（秀姑巒及海岸阿美）
- c. 南部羣（卑南及恆春阿美）

㈤蘭嶼羣──以漁團組織、棕櫚布、銀飾、土偶、木笠、銀頭盔、短甲冑式背心、水芋栽培、拼板龍舟、魚鉤、魚網為文化特質。

IX 雅美族──（西岸 Imurod 等三社北岸一社，Iraralai 東岸 Irarumilk 等二社）

此分類的第一級單位是地緣文化類型為基礎；第二級單位為自然民族羣，有種族、語言、文化的三重基礎；第三級單位為第二級之次級單位，其性質大體相同；第四級單位為方言羣與社羣。為說明此分類之性質，可以提出以下三個事實作為複證：㈠地理關係——各族大體各據一個毗連的生活空間。同族分布在隔離地區，只是後期現象。㈡歷史關係——各土著族間與羣間的關係，大抵皆有親族羣與部落羣的起源傳說與移住傳說可以佐證，其我羣彼羣之認識相當清晰。㈢社會關係——各族羣內皆可以找出其獨特的社會組織形態，在較小的單位內，並能找出若干實際社會關係，如部落同盟、祭團、獵團等組織關係。⑱

## 二、台灣原住民族的源流

台灣原住民族的源流問題，過去有北來說、台灣說、西來說及南來說等諸說。北來說是由德人學者李斯（Ludwig Riess）於1897 年首先提出來的。他根據荷蘭人的資料指出，原定居於台灣南部平地的瑯嶠族與古琉球人是同種族。他們在六世紀後半，忽被由海上來台的馬來人殲滅，只有少數部族逃入山中。⑲1938年日人學者幣原坦博士（曾任台北帝大總長）列舉《台灣蕃政志》（302 頁）瑯嶠平埔族老頭目陳阿三的談話記錄，以及日本函館船員文助漂流東台灣的記錄文獻《漂流台灣チョプラン島之記》等為佐證，呼應李斯的主張。⑳但此說或可證實台灣原住民族的多元性，譬如已經絕滅的小黑人奈格利多種（Negritos）之傳說，㉑並不能推論到古代琉球民族，即是現今台灣南島系原住民族的源流。

台灣說是近年由語言學者布拉斯特（Robert Blust）所提出的。他在 1985 年發表一篇文章〈南島民族的祖居地：語言學的觀點〉，

認爲南島民族的起源地應該是在台灣，由台灣開始擴散出去。因
爲台灣地區的語言占整個南島語系的四大分支的三支，所以最
有可能是原始的居留地。這個學說受到考古學家貝爾悟得（Peter
Bellwood）的贊同。他在 1991 年 7 月，撰文支持並進一步提出南
島語族七階段擴張說。亦即：南島民族的起源地是在亞洲東南部
的農業中心地帶，與南島民族可能有親屬關係的侗傣語族也是在
此發源。南島民族分七個階段擴散：1. 西元前 4,000 年從亞洲東
南部遷到台灣；2. 西元前 3,000 年從台灣開始擴散到菲律賓半島；
3. 西元前 2,500 年前到婆羅洲、蘇拉威西爪哇、帝汶；4. 西元前
1,200 年前到馬利安群島、蘇門答臘、新幾內亞、斐濟、東加；5. 西
元前 200 年到麥克羅尼西亞東部、玻利尼西亞中區；6. 西元 300
至 400 年到夏威夷、復活島；7. 西元 700 至 800 年到馬達加斯加、
紐西蘭。[52]

　　語言學家李壬癸院士也贊同台灣說。他認爲南島民族與侗傣
族分開，大約是 6,500 年前由亞洲大陸遷到台灣時開始的。他指出，
6,500 年前最早一批到台灣的族羣包括泰雅、鄒、賽夏、巴則海、
洪雅等族；其餘排灣、卑南、魯凱等族大約在 5,000 年前，噶瑪
蘭族大約在 3,000 年前，猴猴族不超過千年等等。換言之，所有
南島系民族都是由最早來台的泰雅等族擴散出去的，較晚來台的
族羣是擴散出去，繞了幾圈又來到台灣的。但對此主張斯界學者
潘英提出如下的四點質疑並論斷其令人難以置信。亦即：1. 在台
灣短短時光裡，泰雅等族如何把非南島系語言變成南島系語言？
2. 人口稀少的泰雅等族，究有何術可在太平洋、印度洋各島廣
泛擴散人口，短短一千多年便擴散完畢，並演化衍生而成爲數
億人口的大民族？3. 整個南島民族既是由台灣原住民族擴散出
去、爲何他們在台灣島上竟數千年來都聚居在一小地方，直到二、

三百年前才擴散各地？又他們在台灣的人口之少爲何與其擴散出去衍生的人口根本不成比例？4. 較晚來台灣的族羣，有何證據是擴散出去，又來到台灣？顯然的，台灣說雖然新穎，但矛盾之處尚多，很難令人相信。(53)

事實上，北來說和台灣說都不受學界的重視。眞正受學界重視的是西來說和南來說。而根據前述考古學界研究的成果，台灣原住民族的源流，來自中國大陸和南洋群島二系列的路線，應屬合理的推論。不過，如潘英氏指出，南來說比較單純，因爲主張此說的日人學者，不論南島系民族來台的原因和路線，是否一如他們所說，都相信台灣原住民族全部，至少主要者來自南洋群島，則相當一致。至於西來說則較爲複雜，以凌純聲教授爲代表的大陸起源說外，旁支甚多。主流派凌教授認爲：「台灣土著並非如鳥居氏所說新入的馬來系，而是在古代與原來廣義的苗族爲同一民族居於中國大陸長江以南，屬於同系的越濮（或越獠）民族，今稱之印度尼西安或馬來族。越濮民族在大陸東南沿海者，古稱百越；散西南山地者則稱百濮。台灣土著系屬百越，很早即離大陸，遷入台灣孤島，後來與外隔絕，故能保存其固有的語言文化；其留在大陸之越濮，則與南下漢藏系文化的漢、泰、苗、傜、藏、緬諸族混合，有的完全漢化，有的雖習用其語言，然仍保有許多東南亞古文化的特質。」(54)但其旁支，則再雜以氐羌及中南半島的苗傜系血統，也不否認有南島系民族加入。(55)

綜言之，現在學界不論主張台灣原住民族的西來說或南來說，均一致認爲台灣原住民族，都屬於南方蒙古人種之原馬來人（Proto Malay）系統，其語言同屬於馬來泡利奈利安（Malaio-Polynesian）語族中的印度奈西安亞族（Indonesian）；其文化屬於東南亞文化圈或印度奈西安文化系統（Indonesian Cultural System），而

孤立於中國、印度與回教文化之外。至於台灣原住民族何時渡台一事，今日學界通說則較傾向於日人學者移川子之藏教授如下的敘述：

「今日在台灣被視爲原住民的諸民族之間，不乏證明存在某種更早期先住民族的口頭傳承。自史前時代起，在本島即有近二十種的先住民族。以目前的原住民（高砂族）而言，他們亦非於同一時期渡海來台，其中有些是順著從南向北流的黑潮或颱風來到本島海岸，也有自馬來諸島漂流渡台者，或者如同紅頭嶼（今之蘭嶼）的雅美族（現稱達悟族），乃是從菲律賓經由巴丹列島來台。無論如何，台灣原住民種族上屬於南洋印度尼西亞以及馬來系已無庸置疑，但他們並不屬於近代的馬來人。」⑤⑥

又經濟學者周憲文教授從經濟史的觀點，解釋台灣原住民族自馬來由大陸到台灣的過程，其見解十分獨特嶄新，頗得注視。茲引述如下：

「台灣先住民中的一部分（如蘭嶼的 Yami 族），不論由體格語言習慣用具來說，都偏於南來型的，其由南方遷來，似已定論；至於此外一些先住民，其所以體格語言偏於南來，習慣用具偏於西來，則因他們自馬來由陸上到台灣，這不像我們今天的遷居，是有一定的目標。當年他們祇是逐野獸而行（有時還被野獸所逐），而且沿途不但要與野獸爲敵，更得與其他土著鬪爭。因此，他們由馬來出發，偶然到達台灣，可能是經過好多世代的。在這長期的經過中間，他們的生活（主要是習慣與用具），

自然要受其他地方與其他土著的影響。比方説甲民族與乙土著偶在某地相遇，立即發生死活的鬪爭；幸而勝，殺其人，取其物，這是必然的現象。結果，他們的習慣與用具，自然發生變化。至於體格與語言；前者（體格）不易變化，毋待申叙；後者(語言)則因當時他們的『生產工具』尚不足以『飼畜奴隸』(即當時尚在遊獵時代，奴隸對他們是沒有用的)，故在平時，與其他土著固無往來，即戰勝亦無俘虜，所以語言就少變化（進化是有的)。」[57]

# 第三節　台灣原住民族的社會型態及其人文分布

## 一、台灣高山原住民族的社會組織與體制

大凡人類的原始時代，其生存之道，必須仰賴大自然的賜予，過著狩獵、漁撈和農耕園林生活。此種人類原始經濟的活動，終究不是單靠一個人就幹得了的，所以自然就不能不有集團生活。這種集團生活最初是以同一血緣的氏族爲起點，逐漸擴大形成較爲複雜，而有「社會體」的部落組織。此乃循著人類進化大道之自然攝理。台灣原住民族亦復如是。

按日人民族學者的研究，台灣高山原住民族的部落，經過分布與變遷的結果，除了原有的部落以外，還有以部落爲中心的復合部落產生。而此復合部落，又由其組織的不同，分別爲：1.復成部落——不以地域爲標準，惟以團結爲能事，故稱之爲團結組織；2.聯合部落——雖不以鬪爭爲目的，但有若干地域的性質，故稱其爲黨派組織。[58]

　　台灣高山原住民族除排灣 (Paiwan) 族、魯凱族以外，一般
通行「團結組織」。據民族學者鈴木作太郎的研究，在行「團結
組織」的各族，他們的根本精神是「平等、同權、民主、共和」。
申言之，台灣高山原住民族的社會通制：1. 他們各人都是平等、
同權、沒有貴賤、貧富、門閥這些身分的階級與個人的差別；
2. 在祭祀或狩獵等社會團體上，雖亦有其首領，但此首領，只
在特定事項（如祭祀或狩獵）上可以指揮他們。對於重大事件，頭
目不能獨斷孤行；未經社民會議通過，頭目不但無權宣戰或媾和，
也無權更改或廢止習慣。且此頭目或其他團體的首領，概由族衆
的推戴，經選舉而產生。他們確實生息在平等自主的天地，實現
了民主共和的理想；3. 在實行「黨派組織」的排灣族、魯凱族其
「頭人」及統治機關的人員，多屬世襲。「頭人」掌握專制君主的
實權，土地爲其所有，人民爲其所屬；因此，人民必須供其使役，
且須納租進貢。但是台灣原住民族中，有此特殊現象，恐是因征
服的結果而生的例外。因爲在其他的族羣，如鄒族與泰雅族的「頭
人」雖也屬世襲，但都無專制首領的權力。人民也無義務負擔爲
頭目或首領等一家利益的租役。他們不論在公、私都享有平等同
權與自由無拘的生活。⑤

　　其次，我們再來探討台灣原住民族統治機構的社會體制。形
式上台灣原住民族，各族羣都有首長與議會之設。關於首長，這
在實行專制主義，亦即實行黨派組織的聯合部落（排灣族、魯凱族），
則以「頭人」爲首長；惟此首長的本質，是專制君主，而非統治
體的機關，乃是統治體的主體。而實行民主主義，亦即實行團結
組織的復成部落（其他各族），他們的首長是統治機關；此機關的
構成有如下的兩種制度：1. 合議制：此合議體爲首長的執行機關；
例如阿美族通常都由老人中選任若干元老，以爲當統治體的總

轄；2. 總統制：也有設置單獨的首長，以為執行機關的。阿美族以外諸族，都是如此。不過，此一首長，或由世襲（鄒族），或由推戴公選；各族的選任方法，並不盡同，又其權限也不一致，但都非統治體的主體，而只為統治體的機關。

　　另與首長並立的議會，各族羣都有其固有民會制度。實行民主主義的各族，故毋論；就是實行專制主義的，亦無例外。遇有重要事件，「頭人」無不附議民會，並遵照民會的決議；此即專制主義下的民會，也與民主主義的民會一樣，具有議事機關的性質。在此意義上，就是實行專制主義的聯合部落，其專制的程度，亦不如後世封建社會之甚。這只是說與實行民主主義的復成部落比較起來，首長的權限較為廣泛而已。⑥對台灣原住民族的社會體制，周憲文教授有如下的評論：

　　　「儘管說台灣的先住民族有傾向於平等民主與傾向於專制君主之分，更儘管前者係屬多數，後者僅屬少數，但此祇是比較之言。說明白些，我人如以台灣先住民的所謂專制君主，以與後世『文明社會』的封建獨裁一加比較，則前者還是平等民主的。他們不但在形式上是有『民會』的組織，而此『民會』在實際上也有很大的權力，這是後世文明社會的封建獨裁所不可想像的。」⑥

## 二、台灣高山原住民族各族羣的人文特色與分布概況

　　台灣原住民族的分類經緯，已如上述。現在再來探討各族羣的人文習俗及其分布遷移的概況。不過，在此應該向讀者說明，隨著時代的變遷，現今各族羣的自我意識高揚，因此迄今已獲政府正名的族羣，共計有十六族、再加「平埔原住民」（即

被註記為「熟蕃」或「平埔」之族羣）等。所以筆者也依照這分類來
做記述。

## (一)　泰雅族（Atayal, Taiyal, Tayal）

　　泰雅族的領域自東經 121° 至 121°48′，北緯 23°55′ 至
24°58′。分布於台灣北部的純粹山地民（Bergvolker），以北港溪上
游 Pinsebukan（裂石）為發祥地。居處的高度最高者達到 1,941 公尺，
其人口有近半數居於 1,000 公尺乃至 1,500 公尺之間。因位於北部，
而有「北番」之稱，又因他們臉部施有刺黥，故被稱為「黥面番」
或「王字頭番」。但黥面是成年美麗及個人成就的標識。男子要
有刺黥，必須有獵首的經驗。獵首稱出草，即殺人取其首級，而
保存其頭骨。台灣原住民族，不論於平地者或高山者，過去都有
獵首之風。女子則必須善於機織，始有紋面的資格。現分屬於南
投縣埔里以北之仁愛鄉，台中縣（台中市）和平鄉，苗栗縣泰安鄉、
南庄鄉，竹縣尖石鄉、五峰鄉，桃園縣（桃園市）復興鄉，台北
縣（新北市）烏來鄉，宜蘭縣大同鄉、南澳鄉等。此族本來是原
住民的第二大族，可是 2004 年太魯閣（Torok, Truku）族及賽德克
（Sedeq, Sajeq）族分出獨立之後，成為人數第三多的原住民族，總
人口數約 82,100 人（2008 年）。斯界學者大致認為泰雅族是來台
最早的原住民族，其年代大約在五、六千年前，分別由中國大陸
南部及中南半島移居來台。本族為父系社會。社會組織屬於團結
組織，其體制「頭人」或「頭目」雖也屬世襲，但一般頭目選自
最有能力與人望者。在他們的社會中，每個人都處於平等地位，
沒貴賤、貧富及門閥的人為階級發生。頭人僅能在有關祭祀或狩
獵之事上指揮社眾，有關社會之共同事務，頭目無獨斷之權，必
須依照社眾的協議來決定。又宗教上，泰雅族相信靈魂的存在，

並有崇拜祖先之觀念。祭祀之團體稱爲「qutux gaga」，gaga 除了有慣習之意思以外，也含有祭祀之意；qutux 除了爲數量詞之一以外，也有共同之意。故「qutux gaga」是共同祭祀之意，簡稱爲祭團。泰雅族的 gaga 是屬於血緣團體，它即是泰雅族傳統信仰的核心組織，也是在泰雅族的社會組織裡，最爲重要的單位。[62]

順便一提的是，原住民族移入台灣之後，大多住過海濱或平地；但爲什麼仍有泰雅族般的多數族羣，最後竟選擇環境較爲惡劣的山地，做爲他們的居處？對此，移川子之藏教授認爲原馬來系統的台灣原住民族，並非於同一時期渡海來台 (前述)，先來者與後來者之間或有文化程度的差異。結果，基於優勝劣敗的自然法則，先來的高山族羣 (生番)，受後來文化較高的平埔族 (熟番) 的壓迫，不得不逐漸退居高山地區；因爲逐獸追尋獵場，而將其活動範圍擴及山岳地帶。[63]

中研院陳奇祿院士則認爲：

「台灣土著入居於山地間，其原因正和東南亞各地的山地民族一樣，因爲他們從事山地耕作，也即我國文獻上之所謂刀耕火種。山耕適合於山坡地，所以也許台灣高山族在到達台灣的時候，便擇居於山區，也未可知。

另一個可能的理由也許是爲了迴避瘧疾的侵害。瘧蚊爲瘧疾的媒介。瘧蚊的分布很少高於海拔一千公尺。低於此高度的土著村落，大多遠離溪流，顯然有違於一般選定居地的原則，但是卻可能因爲經驗而求遠離瘧害有關。」[64]

兩者的推論，都甚合乎情理，應可置信。

## ㈡　賽夏族（Saisiyat）

　　賽夏族的領域由東經約 120°55′ 至 121°10′，北緯則約 24°30′ 至 24°40′。分布在泰雅族住地西南沿邊之加裏山與五指山區，其垂直分布在 500 公尺至 1,000 公尺之間。人口總數約 5,700 人（2008 年）。現分屬於苗栗縣南庄鄉、獅潭鄉，新竹縣五峰鄉。以大霸尖山地 Papakwaka 爲發祥地。此族被認爲是與泰雅族來台最早的一族。可能由華中經由華南、南方島嶼於四、五千年前移居台灣。賽夏族也有紋面的習俗，據傳是因爲害怕被泰雅族人殺害，乃模仿泰雅族人紋面以自保。此族的社會組織屬於團結組織，頭目選自最有勢力與能力者擔任。其體制是屬於民主、自由、無階級制度。此族是父系社會，最大的特色，就是嬰兒一出生，就有成人同等的公民權。另宗教儀式的「矮靈祭」嚴肅隆重，頗負盛名。⑥⑤

## ㈢　布農族（Bunun）

　　此族分布地區遼濶而分散，北起霧社以南之干卓萬社，南達旗山以北，西與賽夏族和阿里山曹（鄒）族爲鄰，東達中央山脈之麓及太麻里一帶之東海岸，爲原住民諸族中活動力最強，移動率最大的典型山地民。總人口數約 49,800 人。其中大約有半數分布於 1,000 至 1,500 公尺的高度，聚落的最高度達到 2,306 公尺。雖屬典型的山地民，卻以台灣西部山麓平原邊緣的 Lamongan 地方爲其發祥地。現分屬於南投縣之仁愛鄉、信義鄉，高雄縣（高雄市）之桃源鄉、那瑪夏鄉，台東縣之海端鄉、延平鄉，花蓮縣之萬榮鄉、卓溪鄉。布農族大約於五千年前由華中經由華南、南方島嶼移住台灣，是父系社會。布農族以農耕及狩獵爲主，農事祭儀特別繁複，因而發明出自己的「行事曆」和「原始字畫」，

這是他族所沒有的。又「射耳祭」是該族最大的祭典，限男性參加，凡六、七歲以下，可以走路、講話的男孩子都要參加。但最為世人所熟悉的是著名的「八部合音」——〈祈禱小米豐收歌〉。該族的社會組織屬於團結組織；其體制「頭人」或為世襲或為公選，並以老人統治為原則。但其政治型態則為民主主義的無貴賤、階級與個人的差別。凡事多採協議方式。[66]

## (四) 鄒族 (Tsou, Cou)

鄒族又稱曹族，其域在東經 120°30′ 至 120°40′，北緯 23°10′ 至 23°38′ 之間。迄至 2014 年 6 月 26 日，被分為南北兩部。北鄒包括鹿株 (Lufutu)、伊姆茲 (Imuts)、特富野 (Tufuya) 及達那 (Tapangu) 等四社；以阿里山區為中心，占有曾文溪上游及陳有蘭溪左岸楠下腳萬台地之一部。南鄒包括拉阿魯哇 (Hla'alua, La'roa, Saaroa, 即「四社羣」)和卡那卡那富(Kanakanabu, 即「簡仔霧群」)二社，大多居住在下淡水溪上游，荖濃溪及楠梓仙溪流域。其垂直分布 500 公尺至 2,000 公尺之間；北鄒人口約 4,600 人，南鄒人口約 1,000 人 (2008 年)。主要分布在嘉義縣阿里山鄉，高雄市桃源區高中里、桃源里以及那瑪夏區瑪雅里。以玉山為發祥地，稱玉山為 Patangkwannu。大約於五、六千年前 (或有認為三、四千年前)，由華南及中南半島，渡海來台。鄒族為一父系社會，身材較高大，獵首之風極盛。此族屬團結組織，社會體制「頭目」雖屬世襲，但無專制首領的權力，族人都一律平等，並無階級制度。該族擅長打獵，揉皮的技術相當高明，族人盛裝時都喜歡戴皮帽，後垂長長的帝雉羽毛。此外，有一首著名歌曲〈高山青〉，描述「阿里山的少年壯如山，阿里山的姑娘美如水」。又南鄒兩個部族和北鄒四個部族在語言和習俗方面，雖然有一些類似點，

但大部分是大異其趣的。因此，在日治時期已有學者對兩者歸類為一個種族「鄒」，是否適當曾提出疑問。此外，拉阿魯哇社和卡那卡那富社互相指對方是同族，然而兩者之間同樣地也有很大的差異。結果，2014 年 6 月 26 日，政府終於核定拉阿魯哇族及卡那卡那富族為原住民族第 15 族及第 16 族。[67]

## (五)　排灣族 (Paiwan)

排灣族地域在北緯 22°45′ 至 23°36′，東經 120°40′ 至 121°10′ 之間。

分布區域，北起大武山地，南達恆春，西起隘寮至枋寮一線，東至太麻里以南之海岸的銳角三角形地區，其垂直分布自 500 公尺至 2,000 公尺。現分屬於屏東縣之三地門、霧台、瑪家、泰武、來義、春日、獅子、牡丹、滿州等鄉，台東縣台東市、達仁鄉、金峰鄉、太麻里鄉、大武郡鄉等。以大武山 (Kavorogag) 為發祥地，人口總數約 84,900 人 (2008 年)，為台灣原住民第二大族羣，大約於二、三千年前由中南半島渡海來台。1874 年日本征台的「牡丹社事件」，主角便是牡丹鄉的排灣族人。男子善木雕，女子則在織繡方面表現其藝術才能。排灣族的社會組織如前述，是屬於較例外的黨派組織。社會體制有嚴格的統治階級與被統治階級，大致可分為頭目、貴族、士族及平民四個階級。頭目對外有代表權，對內有完全的權利統轄其族民；而土地為其所有，人民為其所屬，因此，族民必須供其使役，且須納租進貢。族禮有分貴賤，紋章、服飾都有分別。頭目及其統治機關的人員也多屬世襲。是長嗣繼承 (不分男女) 的雙系社會。「五年祭祀」(Maravuk) 或稱「竹竿祭」的祖靈祭是排灣族的一大特色。[68]

### ㈥　魯凱族 (Rekai Rukai)

魯凱族可分為 1. 西魯凱羣，亦稱「魯凱本羣」或「隘寮羣」；2. 東魯凱羣，亦稱「大南羣」；3. 下三社羣，亦稱「濁口羣」等三大亞羣。居於阿里山、玉山以南，大武山以北之山地，下淡水溪上游之濁水溪、隘寮溪及大南溪流域。其垂直分布，在 500 公尺至 2,000 公尺之間。現分屬於屏東縣霧台鄉、三地門鄉、瑪家鄉，高雄市茂林區，台東縣卑南鄉、太麻里鄉、金峰鄉，台東市等。人口約 13,900 人 (2016 年 6 月)。以中央山地之 Kaliala 山為發祥地。大約於二、三千年前由中南半島渡海來台。魯凱族原被認為是排灣族的亞族之一。但在語言及文化習俗上與排灣族有不少的相差點。例如，大都不舉行排灣族特徵之一的五年祭祀，非長嗣繼承制 (不論男女) 而是父系長男繼承制等等。惟此族的社會組織與體制，具有最濃厚的排灣特色。亦即屬於黨派組織。其社會體制有統治 (貴族) 與被統治 (平民) 的階級。另外，魯凱族和排灣族的創世始祖傳說，都與百步蛇有關。所以對百步蛇的崇拜，在魯凱族裝飾藝術與圖騰中，百步蛇圖紋為貴族頭目的象徵和專用。而百合花在魯凱族的社會，也是重要的象徵物，男性佩戴代表勇武善獵，女性代表貞潔。[69]

### ㈦　卑南族 (Puyuma)

主要分布在台東縣卑南溪以南，知本溪以北的海岸區域，即台東縱谷南方的平原上。人口約 11,600 人 (2008 年)，集中在台東市及台東縣的卑南鄉。以 Panapanayan 或稱 Ruvoa'an 的台東海岸為發祥地。約於二千多年前由中南半島經由南洋群島，移入台灣。清代末年至日治初期發展成八個主要部落，故又被稱為「八

社番」。卑南族是母系社會，依年齡之長幼分爲五個社會階級。
男子從小施以嚴格訓練，通過考驗升級 bangsavan（成年）五年之
後，才能結婚，女子擅長刺繡，人形舞蹈紋是此族特有圖案。社
會組織屬於團結組織，其體制頭目雖屬世襲，並有年齡階級制，
但社會地位一律平等，頭目也能爲社民信賴，並非專制獨裁。⑦

## (八) 阿美族（Amis）

其分布南起台東縣之太麻里鄉，北至花蓮縣的新城鄉，即台
東縣海岸區的十一個鄉鎮，花蓮縣的秀姑巒溪與海岸的十二個鄉
鎮，都以阿美族爲主要住民。人口約 176,200 人（2008 年）。日人
學者認爲阿美族可能係由繁多的系統混雜而成。此族的發祥地皆
在台灣東海岸區域或海外地區。似可推定在距今二千年前，由中
南半島經由南洋群島渡海來台。阿美族是重視年齡階級的母系社
會，家系和家產由女嗣繼承，婚姻也以招贅婚爲主。不過在社會
生活和部落政治上，卻仍是以男性爲中心。其社會組織屬於團
結組織，社會體制是實行民主主義，同權、平等。「頭目」是公
選沒世襲。社會地位是以武功或特技來決定，並無任何階級的差
別。⑦

## (九) 達悟族（Tao, Tau, Yami）

定居於蘭嶼島上之濱海地區，現在編爲台東縣蘭嶼鄉。原
爲鳥居龍藏博士命名爲雅美（Yami）族。1995 年，一群旅台的雅
美青年成立「達悟同鄉會」，遂慢慢地更名爲現今使用的族名。
蘭嶼島位於台灣東南海中，東經 121°30′ 至東經 121°36′，北緯
22°5′，面積 45.7 平方公里。與南方菲律賓的巴丹群島（Batans
Island），距離約 110 公里。因隔離於孤島上，故仍純粹地保持其

部族固有文化的面目，形成特殊的海洋文化。此族約於一千年前由巴丹群島移入蘭嶼 (紅頭嶼)。人口總數 3,500 人 (2008 年)。是台灣原住民族羣中的唯一漁獵民族。拼板龍舟、飛魚祭、穴居屋是達悟文化的最大特色。尤其是拼板龍舟造形獨特，用色及圖案之美，都顯現他們的藝術天分。另達悟族也是台灣原住民中唯一具有打造金銀工藝文化習俗的一族，材料及製造技術都是日治時代引進的。社會組織屬於團結組織，其體制雖為「長老制」，但族民都自由、平等。個人以其獨有之能力，在多方面的社會政治中，獲得個人聲望與地位。又本族是父系社會。[72]

## (十) 邵族 (Sao, Thao)

邵族原被認為係平埔族，鳥居龍藏博士則列之為高山族，這是戰前唯一將邵族列為高山族者 (前述，另鹿野忠雄教授也有此意，但未克分類使其獨立)。此族多數居住於日月潭畔德化社，少數移居南投縣水里鄉，人口約 700 人(2008 年)，是台灣最袖珍的族羣。經過多年的爭議 (陳奇祿院士等力推之)，民進黨執政後的 2001 年 8 月 8 日，獲得正名成為原住民族第十族。祖靈是邵族的信仰核心，為了供奉祖靈，該族每一戶都有「公媽籃」，裡面裝有祖先留下來的衣服和飾物，作為祖靈的代表。邵族祭祀最高祖靈和氏族祖靈的執行者是女祭司 (一般稱為「神生媽」)，也是此族的文化特色。邵族的祖先，相傳係嘉義大埔的鄒族 40 餘人，至南投巒大山狩獵，為追逐一頭白鹿而發現了日月潭的樂土。後來回原鄉召喚了族人 24 戶，男女 80 餘人前來定居，此為邵族繁衍之始。但邵族究竟原為鄒族的一支，或屬布農、平埔族，迄今尚無定論。本族因為在清代就歸化清政府，故在族羣分類上被界定為「歸化番」或簡稱為「化番」。西元 1934 年，日月潭水力發電工程完工，

濁水溪上游的河水被引入，湖面擴大，旅遊業興起，邵族文化成為重要觀光資源，尤以「杵音之舞」聞名於世。本族的社會組織屬於團結組織，其體制頭目雖屬世襲，但社民一律平等同權。⑦

## (士)　噶瑪蘭族 (Kavalan)

噶瑪蘭族西人作 Cabanan，荷人稱 Cabalan 或 Cabelang，即舊志上所謂「蛤仔難」(宜蘭舊名)或噶瑪蘭三十六社。大致分布於宜蘭縣境，其在宜蘭濁水溪之南者稱為東勢番，居於北者稱為西勢番。但因長期受漢人大量遷移的壓迫與侵占，導致留在宜蘭的族人已不多，且散居各處。自 1840 年左右，部分噶瑪蘭人開始陸續南遷至花東沿海地區。由於遷移者是以加禮宛社為主，因此形成了另一支俗稱「加禮宛族」的支系。但光緒年間 (1878 年)，滿清政府企圖打開通往後山的孔道，欲經加禮宛以進入奇萊平原 (今花蓮港附近地區)，加禮宛六社族人奮起抵抗，卻遭到前所未有的重創，此即「加禮宛事件」。事件平定後滿清政府用「勒遷以分其勢」的做法，強制遷移加禮宛六社。於是噶瑪蘭族人又再次被流放至花東縱谷，最後在漢化與阿美族化的過程中幾乎消失。現以花蓮縣豐濱鄉的新社村，是僅存較具規模的噶瑪蘭部落，台東長濱鄉也有部分的族人。2008 年的統計，總人口只有 1,200 人。此族原被分類為平埔族之一族。但其族羣的意識強烈，2002 年12 月 25 日，獲得正名為原住民族的第十一族。現仍保有完整的族語，並編印噶瑪蘭語辭典及語法等，做為學校鄉土教學的教材。此族約於二千年前後，由中南半島經由南洋群島渡海來台。其習俗是母系社會，巫師全為女性行招贅婚制，子女從母居，夫從妻居，男子長大出贅，女子承繼家產。社會組織屬於團結組織，其體制屬於民主主義的平等、無階級制，頭目也以推舉

的方式產生。⑭

## ㈢ 太魯閣族 (Truku, Taroko)

本族原被分類爲泰雅族中之賽德克亞族羣。而賽德克亞族再分爲三個方言羣，即太魯閣羣、德古塔雅或稱霧社羣 (Tgdaya) 與道澤羣 (Tauda)，其中太魯閣羣人數最多。三、四百年前，太魯閣族羣由南投山區 (現今仁愛鄉) 先後大舉遷往花蓮，各自發展不同的文化習俗之後 (語言上本來就與泰雅族羣有相當的差異)，自1970 年代初期，即一再向政府提出變更其獨立的族名爲太魯閣族。2004 年 1 月 14 日，雖有甚多爭議，終於獲得政府認定其爲原住民族的第十二族。現今主要分布於花蓮縣秀林鄉、萬榮鄉、卓溪鄉等。總人口數約 24,300 人 (2008 年)，以濁水溪最上游白石山 (Bunohon) 爲發祥地。該族如上述，是最早來台的原住民族之一。是父系社會，民族性剽悍勇猛，日治期間，1914 年曾發生過「太魯閣之役」的強烈抗日運動 (後述)。其社會組織屬於團結組織，社會體制則屬於民主主義的平等、同權、無專制的統治機構或階級。⑮

## ㈣ 撒奇萊雅 (Sakizaya)

撒奇萊雅在西班牙的文獻稱爲 Saquiraya；荷蘭的文獻則寫成 Sakirays 或 Saccareya；清代文獻譯爲「筠郎耶」及「巾老耶」。撒奇萊雅在清代有六個主要部落，即 Dagubuwan (竹窩宛)、Navaguwan、Chibaugan (飽干)、Damasaiidan、Duabun (大笨) 與 Balik (或稱 Bazik)。

本族在民族分類上，原被歸納爲阿美族南勢羣的一支。在清代屬於「歸化社」的遺民。該社在阿美族分布地域的最北端，它

的語言最特殊，而且在民族意識上與阿美族也有相當明顯地差異。因此 2007 年 1 月 17 日，政府正式認定其爲台灣原住民族第十三族，人口總數約 8,000 人 (2008 年)。現分布於花蓮市、花蓮縣壽豐鄉、豐濱鄉、瑞穗鄉、鳳林鎮等一帶。又歸化社原稱 Sakor，光緒 4 年 (1878 年) 間曾反抗清政府，歸順後奉令更改爲此名。據說社名乃源自其移住 Sisakoray (茄苳樹叢生之地) 而來。撒奇萊雅族與阿美族相似，也是重視年齡階級的母系社會，婚姻也以招贅婚爲主。但社會生活和部落政治，仍是以男性爲中心。社會組織屬於團結組織，社會體制是實行民主主義，平等、同權。長老與頭目多是公選，並無世襲。該族似也可推定在距今約二千年前，由中南半島經由南洋群島渡海來台。⑦⑥

## ㈤　賽德克族 (Sedeq, Sediq, Seediq)

本族如上文所述，在早期的民族調查分類裡，是屬於泰雅族的亞族。而賽德克亞族有三羣包括霧社或稱德古塔雅 (Tgdaya)、道澤 (Tauda) 與太魯閣 (Truku)。三羣的祖居地皆爲現今的南投縣仁愛鄉境內，都以中央山脈濁水溪最上游的白石山 (Bunuhon) 爲發祥地。三、四百年前，各羣都有族人先後向宜蘭、花蓮縣境內東遷移住。形成現今的東、西賽德克亞族的情況。其中東遷最多的是太魯閣族羣。2004 年 1 月，東部的太魯閣族羣獲政府正名爲原住民第十二族。但期間，東、西兩族羣爭議不休。結果，經過西部族羣 (以霧社羣爲中心) 的努力爭取，2008 年 4 月 23 日，終於也獲得政府同意正名獨立爲「賽德克族」。此族現分布於南投縣仁愛鄉、花蓮縣秀林鄉、萬榮鄉、卓溪鄉。總人口數約 12,000 人 (2008 年)。與太魯閣族同樣，約於五、六千年前分別由中國大陸南部及中南半島移住台灣，是父系社會。社會組織

屬於團結組織。社會體制則是民主主義的平等、同權、無專制的統治機關或階級。西元 1930 年 10 月，霧社羣因不堪日警長期奴役與歧視，在馬赫坡社頭目莫那‧魯道的策動下，發起一場驚天動地的強烈抗日運動，參加抗日的霧社族人，犧牲了人口的大半（後述）。⑦⑦

## (宝) 拉阿魯哇族 (Hláalua, Lároa, Saaroa)

本族在日治時期，被分類為鄒族的亞族，即南鄒族之一。2014 年 6 月 26 日，經族人努力爭取後，被政府核定為原住民第十五族。

由排剪 (Paiciana)、美壠 (Vilanganʉ)、塔蠟 (Talicia)、雁爾 (Hlihlara) 四個社組成，又稱「四社羣」。主要聚居在高雄市桃源區高中里、桃源里以及那瑪夏區瑪雅里。拉阿魯哇為自稱，其意不可考。目前人數約 407 人 (2019)，相傳族人原居地在東方 Hlasʉnga，曾與矮人共同生活；矮人視「聖貝 (takiarʉ)」為太祖（貝神）居住之所，每年舉行大祭以求境內平安、農獵豐收、族人興盛。族人離開原居地時，矮人贈以一甕聖貝，族人亦如矮人般舉行「聖貝祭 (miatungusu)」。祭儀最重要的部分是「聖貝薦酒」儀式：將聖貝浸在酒裡，察其顏色變化，如果變成紅色則表示太祖酩酊之狀，意味祭典圓滿成功，是台灣唯一以「貝殼」為神的原住民族。大約於五、六千年前（也有認為或是三、四千年前），由華南及中南半島渡海來台。美壠社的祖先離開 Hlasʉnga 時，從矮人那兒分得 12 顆聖具，此後就按照矮人的方式，舉行聖貝祭，以求貝神的庇佑，作物豐收、狩獵豐厚，更能讓族人平安、旺盛。聖杯共有 12 個，祂們各有自己的名稱，分別為「勇猛神」、「狩獵神」、「健康神」、「食物神」、「驅魔神」、「勤勞神」、「平安神」、「驅懶神」、「狀

元神」、「守護神」、「聰明神」及「風雨神」等。又拉阿魯哇族的組織，以父系親族為中心，但並沒有強烈的氏族組織。口碑的傳說也幾乎沒有提及各氏族的起源和其他相關的情形。不過，本族的社會體制，「頭目」(kapitanʉ) 是地位最高的領導人，擁有絕對的權力，並且為世襲制。惟遇有重大事件或議題，例如：與其他部族宣戰、重要祭典及族人觸犯重大犯罪之刑等，則須經大家共同決議後，才可以執行。所以也屬於民主主義的體制，無獨裁專制的統治。此外，本族有男女分工制及年齡分工制，但這並不是非平等的階級制。⑱

## ㈥　卡那卡那富族 (kanakanavu, 漢語稱「簡仔霧社」)

本族在日治時期，被分類為鄒族的亞族，即南鄒族之一。2014 年 6 月 26 日，與拉阿魯哇族同時被政府正式核定，通過「正名」成為原住民族第十六個族羣。本族有達卡努瓦 (Rancurunga 或稱 Lantsuluga) 和 Tacukura (或稱 Tatsukula) 二社。大約於五、六千年前 (或是三、四千年前) 由華南及中南半島渡海來台。據族人口碑傳說，卡那卡那富族的祖先，原是從 Natsunga (從荖濃溪看過去，在東方很遙遠的地方) 直接遷入楠梓仙溪域居住的。現多分布於高雄市那瑪夏區內，在高雄的東北側，坐落於玉山山脈的西段，屬於楠梓仙溪的中游區域。又本族位處海拔高度約在 600 至 900 公尺之間，最低溫冬季偶爾在 10℃ 以下，夏季約在 20℃ 左右。惟日夜溫差較大，以海拔較高之達卡努瓦里為甚；雨量方面，因為季節不同而有極大之差異，冬季較為乾旱，主要降雨在 5 至 9 月的梅雨季和夏季期間。但如遇有颱風或西南氣流常有豪大雨，曾多次導致道路坍方交通中斷。部落周遭山谷因水氣充足濕度較高，清晨或傍晚經常雲霧繚繞，故清代形容本部落是在

霧山，稱之為干仔霧或簡仔霧。本族現大部分居住於達卡努瓦里及瑪雅里，人口約有 500 人左右。社會組織以父系為主。曾有世襲的頭目，但是自從分離之後，各社都是推選頭目一人及副頭目一人，由他們總攬統籌社務，但無絕對的權力，社會並無階級制度。所以社會組織屬於團結組織，社會體制是民主主義平等同權，無獨裁專制的統治。又「米貢祭」和「河祭」是本族特有的歲時祭儀。「米貢祭」源自於古時候，一名卡那卡那富男子因為飢餓，跑到野外挖掘山藥，意外挖到地神 (támuuna) 的大洞，地神拿出小米做的餅款待，男子嘗了幾口深感美味，於是向地神要了小米、大豆及樹豆等種子回到部落，讓族人耕種免於挨餓。此後居民為感謝地神，每年固定舉辦祭典報恩。進行儀式之前，頭目與各家族長老會視收成狀況，拿出釀酒、年糕、魚、山豬肉及蜂蜜等供品，祭祀之後，再由族人以歌舞表達喜悅之情，而各家族也會在歌舞後，互訪祝賀。至於「河祭」(kaisisicakura，神祇為「támunaulan 河神」) 更是國內唯一針對河流祭祀的原住民祭典。[79]

## 三、台灣平埔族的分類與分布概況

台灣原住民族除上述被正名的十六族以外，當然還有多數已經漢化或與漢族雜居，少數尚維持其聚落，在文化已失去其原始形態的平埔族。而對這些部族的學術性分類，最早始自前述日人來台的先驅學者伊能嘉矩。他於 1895 年 11 月來台之後，在短短的三年，即先後發表了 40 多篇的平埔族調查報告。1898 年他把高山原住民分為七族，把平埔族分為八部族 (或稱群)。翌 (1899) 年伊能又將平埔族擴大為十部族，隔年亦即 1900 年 1 月，伊能和栗野傳之丞受台灣總督府民政長官之託 (前述)，曾實地踏查，把台灣西部 (未及於東部) 的平埔族再度確認分為如下的十部族，

並列其分布的地域。

1. Tao（馬卡道）——以鳳山爲中心，自東港至打狗，蕃諸寮一帶。

2. Siraya（西拉雅）——以台南爲中心，至噍吧哖一帶。

3. Lloa（魯羅阿）——以嘉義爲中心，自哆囉嘓至斗六、西螺一帶。

4. Poavosa（貓霧捒）——以鹿港爲中心，自東螺至北斗一帶。

5. Arikun（阿里坤）——以彰化爲中心，自南投至葫蘆墩一帶。

6. Vupuran（費佛郎）——大肚溪北之平原至牛罵頭一帶。

7. Pazzehe（巴則海）——葫蘆墩至東勢角一帶。

8. Taokas（道卡斯）——苗栗、後壠、新竹一帶。

9. Ketaganan（凱達格蘭）——以台北平原爲中心，分布於南崁、滬尾、基隆、三貂一帶。

10. Kuvarawan（噶瑪蘭）——以宜蘭平原爲中心，分布於頭圍、蘇澳一帶。[80]

　　稍後，伊能氏又著《台灣番政志》（明治 37 年、1904 年）一書，對平埔族的分類再加以修正，分平埔族爲 1. Ketagalan, 2. Kavarawan, 3. Taokas, 4. Pazzehe, 5. Vupuran, 6. Poavosa, 7. Arikun, 8. Lloa, 9. Siraiya, 10. Makattao 等十部族。[81]

　　至此，有關平埔族的分類，大致已描畫出其輪廓與面貌。惟伊能・粟野的時代，平埔族已經大多漢化，各部族的個體及文化之殘存者已極有限，要從田野工作獲得生動而明確的資料，實已十分難求。更何況嗣後平埔族漢化的速度銳增，田野調查工作更困難。因此斯界後起之學人，大多不得不依據伊能嘉矩的資料（雖不完整，但仍較可靠），作爲其研究的基礎，而給予修正或稍加增

補而已。

1927（昭和 2）年，移川子之藏教授雖將平埔族也分為十部族，卻把伊能氏所分之 Arikun 及 Lloa 兩部族合併為 Hoanya，改 Makattao 為 Tao，又增 Sao 一族，故其分類與分布的地域也略有出入。亦即：(部族名原為日文)

1. Ketagalan（凱達格蘭）──台北平原：新社、社寮島、金包里、錫口、水返脚、北投、淡水、擺接社、南崁、新竹、宜蘭──哆囉、美遠社、里漏社等。

2. Kavalan（噶瑪蘭）──宜蘭平原：噶瑪蘭（蛤仔難）。花蓮港：加禮宛、竹林、武暖、瑤高、七結、新社、水蓮。

3. Taokas（道卡斯）──新竹平野：後壠、新港、竹塹社、大甲、通霄、苑里、賽夏道（譯音：筆者）。

4. Pazeh（巴則海、巴宰）──台中平原：鯉里潭、大肚庄等。

5. Papora（巴布拉、拍瀑拉）──沙轆、龍目井、大肚。

6. Babuza（猫霧捒）──彰化、員林、社頭、西螺等。

7. Sao（邵）──水社、頭社等。

8. Hoanya（和安雅・洪雅）──南投、諸羅（嘉義）、斗六、打猫、他里霧。

9. Sirya（西拉雅）──新港社、卓猴社、加溜灣、大武壠社、大傑顛社、吉貝要、崗子林等、蕭壠、麻豆、大目降、新市街、早仙埔。

10. Tao（馬卡道）──高雄平原：搭樓、阿猴、荖濃、萬金庄、老埤庄、水底寮、大庄、公埔。[82]

繼移川教授之後，語言學者小川尚義教授於 1935 年從語言學上，把 Tao 部族列入 Siraya 部族中，所以較移川教授之分類少一部族。1944 年小川教授又提出新分類，即自 Ketagalan 部族中

分出 Luilanq 部族，並置 Sao 部族於常用語族一羣中。結果，仍
維持了九分法。茲錄各部族於下，並附述其分布地區的概要。

1. 凱達加蘭族 Ketagalan（分布基隆、淡水一帶。）

2. 雷朗族 Luilang（分布台北盆地西部及南部，以及桃園一帶。）

3. 噶瑪蘭族 Kavalan（居地以宜蘭縣為主、部分移居東海岸花蓮
　縣境。）

4. 道卡斯族 Taokas（分布於新竹、苗栗二縣。）

5. 巴則海族 Pazeh（分布於台中縣豐原鎮，東勢鄉一帶。部分移
　居南投縣埔里鎮。）

6. 巴布拉族 Papora（分布於台中縣大肚溪以北，清水鎮附近海岸。
　部分移居南投縣埔里鎮。）

7. 貓霧拺族 Babuza（分布於濁水溪以北，大肚溪以南區域。部分
　移居南投縣埔里鎮。）

8. 和安雅族（洪雅）Hoanya（分布於彰化、雲林、嘉義三縣。）

9. 西拉雅族 Siraya（分布於台南、高雄，屏東三縣，部分移居台
　東縣。）[83]

顯然地，就大體而論，小川教授與移川教授之分類實相差無
幾。但是要從幾乎已成死語的平埔族原語中，去尋回各部族的歸
屬，其辛苦與抱負，已足夠令人敬佩。嗣後，1953 年馬淵東一
教授根據伊能、栗野和小川教授之研究資料，重新給予平埔族的
歷史檢視與分類；而其分類法雖然依照小川教授的原議，但其對
諸先進的修正、補述之功績，實也不能被漠視。[84]

以上，即是日人學者對台灣平埔族所做的分類經緯。當今隨
著時代的演進，原來頗受爭議的邵族以及族羣意識強烈的噶瑪蘭
族，已獲正名獨立（前述）。現在普遍被認定的平埔族部族，約可
歸納分類為八部族（大凡依日人學者的分類）。茲再按李亦園與張耀

錡兩教授的研究資料，將各部族的分布區域，引述如下：

1. 凱達加蘭族 (Ketagalan)：原指分布於基隆、淡水，以及台北附近之平埔族，但自小川尚義教授從該族中分出雷朗族後，Ketagalan 一名則專指分布於基隆、淡水海岸一帶之平埔族，此外並有一部分分布於宜蘭縣境。此一族與下述之雷朗族，亦即舊志上的所謂淡水十八社。其重要部落有大小鷄籠、金包里、三貂等社。

2. 雷朗族 (Luilang)：小川尚義教授從語言上的研究，認為居於台北盆地及其附近的平埔族應別於 Ketagalan 族，而自成為一族，並以其主要部落雷朗社為族名。里族、賦勝灣、擺接、大浪泵等社亦為此族之重要部落。

3. 道卡斯族 (Taokas)：道卡斯族分布於新竹、苗栗二縣海岸平地，在伊能嘉矩時代曾被認為與高山羣賽夏族同屬於一族羣。主要部落有竹塹社、日南社及日北社、房裡社、眩眩社、大甲東社及大甲西社（大甲社一名崩山社，大甲西社一名德化社）、雙寮社、苑里社、吞霄社、貓盂（一名興隆）社、後壠社、新港（仔）社、貓裏社、加志閣社、中港社等。

4. 巴則海族 (Pazeh)：巴則海族即伊能嘉矩氏之所謂 Pazzehe 族，分布於——舊台中縣境，以豐原區、東勢區一帶為中心，北至大安溪，南達大肚溪的地域。主要部落有岸裏、烏牛欄、樸子離、阿里史等社。

5. 巴布拉族 (Papora)：巴布拉族即伊能嘉矩所謂 Vupuran 族。分布於台中縣大甲溪以南，大肚溪以北一帶海岸區域。主要部落有沙轆、牛罵、大肚、水裏等社。

6. 貓霧捒族 (Babuza)：即伊能嘉矩氏所謂 Poavosa 族，分布於彰化縣大肚溪以南，濁水溪以北海岸區域。主要部

落有貓霧揀、半線、東西螺、二林、阿束、馬芝遴、眉裏、
柴仔坑等社。

7. 洪雅族 (Hoanya)：分布於台中市霧峰區以南，台南市新
營區以北之平地，其位置約占巴布薩族住區之東邊及南
邊一帶。洪雅族包括伊能嘉矩及粟野傳之丞兩人之所謂
「ホアニヤ」(Hoanya)，「アリクン」(Arikun)，「ロッア」(Lloa)
等三羣。其所屬部落約略如下：

郡哆囉嘓社、諸羅山社、他里霧社、斗六門 (一名柴裡)
社、貓兒干 (一名麻芝干) 社、大武郡社、北投社、貓羅社、
打貓社、(貓兒干) 南社、大突社、南投社、萬斗六社等。

8. 西拉雅族 (Siraya) 住區約在台南市麻豆區附近以南，至
台東縣林邊鄉附近一帶之平地及山麓。其中有一支所謂
四社熟番 (Taivuan) 者，則分布於善化、玉井兩鄉爲中心
之地區。西拉雅族除四社熟番外又可分爲兩大支族——
西拉雅 (Siraya) 及馬卡道 (Makatao 或 Makatau)，雖其言語
稍有不同，但與四社熟番同屬一語種之方言，故據小川
尚義教授之說，在此編爲同族。馬卡道族支族係伊能嘉
矩氏之所謂的「タッオ」或「マカタツオ」(Makattao)，
西拉雅支是他所謂的「シライヤ」(Siraiya) 也。西拉雅
族之所屬部落約略如下：

新港 (一名赤嵌) 社、目加溜灣 (一名灣裡) 社、大目降 (一
名木岡) 社、太武隴 (分頭及二社) 社、蕭壠 (一名歐汪) 社、
麻豆社、上淡水 (一名大木連) 社、阿猴社、放索 (一名
阿加) 社、下淡水 (一名麻里麻崙) 社、塔樓社、茄藤 (一
名奢連) 社、武洛 (一名大澤機) 社、力力社、卓港社、大
傑嶺社、噍吧哖社、芋匏社，以及茄拔社、霄裡社、芒

仔芒社等。[85]

據張耀錡教授的研究：

「平埔族各部族分布在上述各地方之外，因受漢族之壓迫亦有流浪於外鄉或退居山地者。其中除流入漢族城市及他族部落者外大部分集中於埔里盆地及本島東部，亦一部分流入噶瑪蘭平野。西部平埔族之移住噶瑪蘭者，有拍宰海族之岸裡社、阿里史社及烏牛蘭社；洪雅族之北投社；巴布薩族阿束社及東螺社；道卡斯族之大甲社及吞霄社；拍瀑拉族之牛罵社；凱達格蘭族之馬賽社等。移往埔里盆地者，有洪雅族之北投社、南投社、貓羅社、斗六門社、貓兒干社、大突社、大武郡社；拍宰海族之阿里史社、烏牛欄社、葫蘆墩社、麻薯舊社、社寮角社、山頂社、大湳社、水底寮社及大馬僯社；巴布薩族之東螺社、阿束社、眉裡社、馬芝遴社、二林社、柴仔坑社及半線社；拍瀑拉族之水裡社及大肚社；道卡斯族之日南社、房里社及吞霄社。移住花蓮及台東之卡瓦蘭族有加禮遠社。尚有西部平埔族之移住台東方面者以西拉雅族之四社熟番，馬卡道支族，西拉雅支族為主，亦有少數他種族參雜其中。」[86]

其次，有關平埔族渡台時期與地點，則依系統有異。渠等最早來台者應有二千年以上之歷史，最遲者恐亦不少於千年之間。同一系統中渡台的時期亦與高山原住民族相似，各羣可能有數百年前後之差異。因此，造成其系統與文化之複雜性。又早期的平埔族渡台後，原先大都住在台灣西部及宜蘭濱海地區的沖積平原。後來如前述，因受漢人的壓迫，才有少數避居東部與丘陵地帶。至於平埔族的人口總數，自荷治至日治期間的統計，大約維

持在五、六萬人左右。現今依據林修澈教授等人的調查研究，目前台灣平埔族人口在 15 萬到 20 萬人之間，應該是可靠的。[87]

此外，平埔族的生育文化及其社會結構，基本上與高山原住民族相似。不過，親系法則較傾向母系社會，宗教信仰大多崇拜祖靈。社會組織是屬於團結組織，其體制是實行民主主義。根據荷蘭文獻記載，渠等每個村社都是獨立自主的，村社無特別尊貴或有權威的人士。他們的「民會」組織，在談論各種發生的事情，最卑微的人和最高貴的人，同樣有表決權。這是相當徹底的原始民主制，我們現代社會恐怕還比不上。[88]

最後在此引述杜正勝院士，關於平埔族漢化悲慘歷程的評論，作爲本章的結尾。

清同治十年 (1884) 陳培桂編纂《淡水廳志》，發現乾隆二十九年以前 (1764) 方誌所載平埔族的社會與文化，「類多耳所未聞，目所未睹」，遂感歎「風俗之移也，十年一小變，二十年一大變。」對平埔族而言，其文化流失之快速與劇烈是可以十年做單位計的。到十九世紀下半葉，他們不但「半從漢俗，即諳通番語者十亦不過二、三耳」而且「生齒漸衰，村墟零落」(頁 306)，正面臨著滅種的危機。這個轉變過程，非出於台灣社會內在自發的力量，而是外力衝擊和改造的結果。

閩粵的漢人移民挾其經濟力量，在中國行政體制的掩護下，加上絕對的人口優勢，終於「鳩占鵲巢」(借用康熙晚年北路參將阮蔡文語)，成爲台灣的新主人。原來在山前山後平原地帶的平埔族乃淪爲少數民族，終於被同化而成爲「漢人」。這個過程雖然偶有流血衝突，基本上沒有大規模的族羣屠殺或鎮壓，但也不能歸美於所謂「王道」的教化。平埔族漢化是一個

痛苦的歷程，像噶瑪蘭三十六社化番，以漁海營生，不知耕作，「所有餘埔，漢人斗酒尺布即騙得一紙贌字。又不識漢字，所有贌約即係漢人自書，但以指頭點墨爲識，眞僞莫辨」(《噶瑪蘭廳志》頁232)。此雖晚到十九世紀初，但一兩百年來台灣西部平埔族的命運基本上也是這個模式。政治、經濟以至文化上弱肉強食的苦難，透過比較客觀公正的強者之筆，今日讀來猶令人觸目驚心。⑧⑨

## 第一章註

① 改造社《日本地理大系——台灣篇》，昭和5年，229頁參照。
台灣省文獻委員會編．刊《增修台灣省通志稿》卷一，土地志地理篇，第二冊(下)，民國55年，357-73頁參照。
② 同上《日本地理大系——台灣篇》，255-6頁參照。
台灣省文獻委員會編．刊《增修台灣省通志稿》卷一，土地志氣候篇，2頁參照。
③ 台灣省文獻委員會編《台灣史》，眾文圖書公司，民國98年版，1-3頁。
宋文薰等《台灣地區重要考古遺址初步評估：第一階段研究報告》，中國民族學會，1992年，241-2頁。
④ 台南縣立文化中心《台南縣左鎭菜寮溪化石研究專輯》，同文化中心，1991年，35-8頁。
⑤ 劉益昌《台灣的史前文化與遺址》，台灣省文獻委員會，民國85年，23-4頁。
⑥ 同上，26頁。
⑦ 前揭《台灣地區重要考古遺址初步評估：第一階段研究報告》，27-8頁。
⑧ 前揭《台灣的史前文化與遺址》，30-2頁。
⑨ 同上，32-3頁。
⑩ 同上，33頁。
⑪ 同上，35頁。

⑫ 同上，35-41 頁參照。

⑬ 同上，41-3 頁參照。

⑭ 同上，43-7 頁參照。

⑮ 同上，62 頁。

⑯ 同上，同頁。

⑰ 同上，62-3 頁。關於台灣的考古誌，請參閱劉益昌《住民志・考古篇》(《台灣全志》卷三)，國史館台灣文獻館，2011 年，有詳盡的論述。

⑱ 鹿野忠雄《東南亞細亞民族學先史學研究》第二卷，矢島書房，昭和 21 年，南天書局復刻版，176-81。同書宋文薰節譯《台灣考古學民族學概觀》，台灣省文獻委員會，民國 44 年，110-6 頁 (以下註宋譯)。

⑲ 金關丈夫・國分直一著／譚繼山譯《台灣考古誌》，武陵出版有限公司，1990 年，164-174，263-8 頁參照。

⑳ 衛惠林〈台灣土著族的源流與分類〉(《台灣文化論集》㈠，中華文化出版事業委員會，民國 43 年，32-3 頁)。

㉑ 伊能嘉矩《台灣文化志》上卷，刀江書院，昭和 3 年，1-5 頁參照。

㉒ 杜正勝〈揭開鴻濛：關於台灣古代史的一些思考〉(《福爾摩沙——十七世紀的台灣・荷蘭與東亞》，國立故宮博物院，民國 92 年，132 頁)。

㉓ 戴天昭《台灣國際政治史研究》，法政大學，1971 年，2-3 頁，(注)，參照。同書李明峻譯《台灣國際政治史》，前衛出版社，1996 年，3-4 頁參照 (以下註李譯)。

㉔ 前揭《台灣的史前文化與遺址》，62 頁參照。

㉕ 前揭《台灣國際政治史研究》，3-4 頁，(注)，(李譯：4 頁) 參照。

㉖ 戴天昭《台灣法的地位の史的研究》，行人社，2005 年，10-11 頁。同書李明峻譯《台灣法律地位的歷史考察》，前衛出版社，2010 年，25-6 頁 (以下註李譯)。

㉗ 同上，5 頁 (李譯：20 頁)。

㉘ 前揭〈揭開鴻濛：關於台灣古代史的一些思考〉，138 頁。

㉙ 同上，138-9 頁。

汪大淵〈島夷誌略〉(趙汝适《諸蕃志》，台灣銀行復刻版，民國 50 年，75-6 頁)。

前揭《台灣法的地位の史的研究》，6 頁 (李譯：20-1 頁)。

㉛ 方豪〈陳第東番記考證〉(《國立台灣大學文學史哲學報》第七期，國立台灣大學出版委員會，民國 45 年，41-76 頁、附錄正本所收)。

陳第〈東番記〉(沈有容編《閩海贈言》，台灣銀行經濟研究室，民國 48 年復刻版，24-7 頁所收)。

㉜ 前揭〈揭開鴻濛：關於台灣古代史的一些思考〉，141 頁參照。
　　前揭《台灣法的地位の史的研究》，6 頁（李譯，21 頁）。

㉝ 林礽乾等總編輯《台灣文化事典》，師大人文中心，2004 年，585-6 頁參照。
　　郁永河《裨海紀遊》，台灣銀行經濟研究室，民國 48 年復刻版，14-5 頁，42-5 頁。

㉞ 周鍾瑄《諸羅縣志》第二冊，台灣銀行，民國 51 年複刻版，153-78 頁。

㉟ 黃叔璥《台灣使槎錄》，台灣銀行，民國 46 年複刻版，94-160 頁。
　　梁志輝‧鐘幼蘭《台灣原住民史──平埔族史篇（中）》，台灣省文獻委員會，11-30 頁參照。

㊱ 李亦園《台灣土著民族的社會與文化》，聯經出版公司，1982 年，2002 年，50-1 頁。

㊲ 六十七《番社采風圖考》，台灣銀行經濟研究室，民國 51 年復刻版，1-19 頁參照。

㊳ 朱景英《海東札記》，台灣銀行經濟研究室，民國 47 年復刻版，57-63 頁參照。

㊴ 台灣經濟研究室編撰《安平縣雜記》，同室，民國 48 年復刻版，55-70 頁參照。

㊵ 伊能嘉矩‧粟野傳之丞《台灣蕃人事情》，台灣總督府民政部文書課，明治 33 年，草風館復刻版，平成 12 年，100-13 頁參照。
　　葉春榮〈平埔族的人類學研究〉（徐正光‧黃應貴主編《人類學在台灣的發展》，中央研究院民族學研究所，民國 89，91 年，94-5 頁參照）。
　　森口雄稔編著《伊能嘉矩の台灣踏查日記》，台灣風物雜誌社，1992 年，385 頁參照。
　　馬淵東一〈高砂族の分類──學史的回顧〉（《民族學研究》，第 18 卷第 12 號，台灣研究特集，3 頁參照）。

㊶ 劉斌雄〈日本學人之高山族研究〉（黃應貴主編《台灣土著社會文化研究論文集》，聯經出版公司，1986，2005 年，71-3 頁參照）。
　　前揭《東南亞細亞民族學先史學研究》第二卷，188-9 頁（宋譯：123 頁）參照。
　　鳥居龍藏著／楊南郡譯註《探險台灣：鳥居龍藏的台灣人類學之旅》，遠流出版公司，1996 年，50-68 頁參照。

㊷ 同上《東南亞細亞民族學先史學研究》第二卷，189-90 頁。（宋譯：123-5 頁）參照。

㊸ 同上，190 頁（宋譯：125 頁）參照。

前揭〈日本學人之高山族研究〉，75-7 頁參照。
㊹ 前揭〈台灣土著族的源流與分類〉，37 頁。
㊺ 前揭〈日本學人之高山族研究〉，79 頁。
㊻ 前揭《東南亞細亞民族學先史學研究》第二卷，191-2 頁（宋譯：126-7 頁）參照。
周憲文〈台灣之先住民〉（台灣銀行經濟研究室《台灣之原始經濟》，台灣銀行，民國 48 年，5 頁所收）。
㊼ 同上，《東南亞細亞民族學先史學研究》第二卷，194-5 頁：（宋譯：134-6 頁）。
㊽ 前揭〈台灣土著族的源流與分類〉，42-5 頁。
㊾ リース著／吉田藤吉譯《台灣島史》，富山房，明治 31 年，28 頁。
㊿ 幣原坦《南方文化の建設へ》，富山房，昭和 13 年，36-44 頁參照。
(51) 關於小黑人的傳說，衛惠林教授有如下的敘述：「台灣曾有許多已經絕滅的先住民族，如小黑人——奈格利多種（Negritos），曾在台灣有廣大的分布，清代文獻有很清楚的記載。台灣土著各族除雅美族外幾皆有小矮人之傳說，其名稱不同，泰雅族傳說中日辛古茲 Singutsu，辛辛 Singsing，齊苦伊 Tsikuitsikui；賽夏族有矮靈祭 Pasta'ai，其對象稱爲 Ta?'ai 的矮人；布農族傳說中曰薩都索 Sadoso；曹族傳說中曰薩由茲 Sajutsu；曹系沙阿魯阿族傳說曰卡渥烏阿 Kavovua；排灣族傳說曰古魯爾 Ngurur。各傳說中所傳其種族文化特質是身材矮小，行動敏捷，膚色暗黑，毛髮卷縮，用弓矢，善游泳善巫術，有疤痕紋身之俗，住岩洞，架獨木橋，大體上與奈格利多種族相一致。由菲律濱群島現在尙爲奈格利多之住地中心，則台灣之曾有其分布亦甚自然。
前揭〈台灣土著族的源流與分類〉，35 頁。
另李壬癸院士也有較詳細的記述。
李壬癸《台灣南島民族的族羣與遷徙》，前衛出版社，2011 年，157-90 頁參照。
(52) 同上《台灣南島民族的族羣與遷徙》，64-6 頁。
(53) 潘英編著《台灣原住民族的歷史源流》，台原出版社 1998，200 年，164-6 頁。
(54) 凌純聲〈古代閩越與台灣土著族〉（中華文化出版事業委員會，《台灣文化論集》(一)，同會，民國 43 年，3 頁。）
(55) 前揭《台灣原住民族的歷史源流》，159-161 頁參照。
(56) 增田福太郎《南方民族の婚姻》，ダイヤモンド社，昭和 17 年，4-5 頁。
(57) 前揭〈台灣之先住民〉，8 頁。

⑱ 周憲文〈台灣之原始經濟〉(台灣銀行經濟研究室《台灣之原始經濟》, 台灣銀行, 民國 48 年, 21-2 頁參照)。

鈴木作太郎《台灣の蕃族研究》, 台灣史籍刊行會, 昭和 7 年, 7-9 頁參照。

⑲ 同上〈台灣之原始經濟〉, 23 頁。

⑳ 同上, 24 頁。

㉑ 同上, 29 頁。

㉒ 前揭《東南亞細亞民族學先史學研究》第二卷, 195-9 頁 (宋譯:136-9 頁) 參照。

台灣總督府臨時舊慣調查會／中央研究院民族學院研究所編譯《番族慣習調查報告書》第一卷泰雅族, 同所, 9、18、231-234 頁參照。

台灣總督府警務局理蕃課《高砂族調查書》⑸, 同課, 昭和 13 年, 474、485-6、496 頁參照。

達西烏拉彎‧畢馬 (田哲益)《台灣的原住民泰雅族》, 台原出版社, 2001 年, 9-20、50-6 頁參照。

達莫‧拿答弗‧撒萬‧葛斯阿門 (根志優)《台灣原住民歷史變遷——泰雅族》台灣原住民出版社, 2008 年, 18-20、28、146 頁參照。

㉓ 移川子之藏、宮本延人、馬淵東一《台灣高砂族系統所屬の研究》, 台北帝大土俗人種學研究室, 昭和 10 年 (南天書局復刻), 12-3 頁。同書楊南郡譯註《台灣原住民族系統所屬之研究》, 原住民委員會‧南天書局, 2011 年, 12-3 頁參照。

㉔ 陳奇祿《台灣土著文化研究》, 聯經出版公司, 1992 年, 2003 年, 5-6 頁。

㉕ 台灣總督府臨時舊慣調查會／中央研究院民族學研究所編譯《番族慣習調查報告書》第三卷賽夏族, 同所, 民國 87 年, 5-9、73、132 頁參照。

藤崎濟之助《台灣の蕃族》, 國史刊行會, 昭和 5 年, 11 年版, 46、77 頁參照。

㉖ 台灣總督府臨時舊慣調查會／中央研究院民族學院研究所編譯《番族慣習調查報告書》第六冊布農族 (前篇), 中研院民族所, 民國 90 年, 13、27 頁參照。

前揭《東南亞細亞民族學先史學研究》第二卷, 202-4 頁 (宋譯:140-1 頁) 參照。

達西烏拉彎‧畢馬 (田哲益)《台灣的原住民布農族》, 台原出版社, 2003 年, 37、96-9 頁參照。

㉗ 前揭《台灣高砂族系統所屬の研究》, 177-207 頁參照。同書楊南郡譯註,

215-54 頁參照。

台灣總督府臨時台灣舊慣調查會／中央研究院民族學研究所編譯《番族慣習調查報告書》第四卷鄒族，中研院民族所，民國 90 年，5-12 頁、187-201 頁參照。

同上《東南亞細亞民族學先史學研究》第二卷，205-7 頁（宋譯:143-4 頁）參照。

達西烏拉彎‧畢馬（田哲益）《台灣的原住民鄒族》，台原出版社，2003 年，23-5、46-52 頁參照。

前揭《台灣の蕃族》，51 頁參照。

⑱ 台灣總督府臨時台灣舊慣調查會／中央研究院民族學研究所編譯《番族慣習調查報告書》第五卷排灣族‧第四冊，5-21 頁參照。

同上《東南亞細亞民族學先史學研究》第二卷，208-9 頁（宋譯:144-5 頁）參照。

前揭《高砂族調查書》⑸，475-7、485-6 頁參照。

達西烏拉彎‧畢馬（田哲益）《台灣的原住民排灣族》，台原出版社，民國 91 年，45-67、104-27 頁參照。

⑲ 前揭《台灣高砂族系統所屬の研究》，229-31 頁參照。

同書楊南郡譯註，281-4 頁參照。

台邦‧撒沙勒《魯凱族好茶部落歷史研究》，國史館，原住民族委員會、國史館台灣文獻館，民國 105 年，8-12 頁、78-106 頁參照。

同上《東南亞細亞民族學先史學研究》第二卷，209-10 頁（宋譯:145-6 頁）參照。

達西烏拉彎‧畢馬（田哲益）《台灣的原住民魯凱族》，台原出版社，2002 年，10-4、91-6、157-61頁參照。

⑳ 台灣總督府臨時台灣舊慣調查會／中央研究院民族學研究所編譯《番族慣習調查報告書》第二卷阿美‧卑南族，中研院民族所，民國 89 年，217、355-60 頁參照。

同上《東南亞細亞民族學先史學研究》第二卷,213-4 頁（宋譯:148 頁）參照。

前揭《台灣文化事典》，430-1 頁參照。

㉑ 達西烏拉彎‧畢馬（田哲益）《台灣的原住民阿美族》，台原出版社，2001 年，76-80頁參照。

王嵩山《阿里山鄒族的歷史與政治》，稻鄉出版社，民國 89 年，47-51 頁參照。

同上《東南亞細亞民族學先史學研究》第二卷，214-5 頁（宋譯:149-50 頁）

參照。

前揭《台灣の蕃族》，52、79、82頁參照。

㊟陳婉真《台灣尪仔》，前衛出版社，2006，2010年，38頁參照。

同上《東南亞細亞民族學先史學研究》第二卷，216頁（宋譯:150頁）參照。

達西烏拉彎・畢馬（田哲益）《台灣的原住民達悟族》，台原出版社，2002年，41-58頁參照。

㊟同上《台灣尪仔》，22頁參照。

前揭《台灣土著文化研究》，227-38、271-5頁參照。

前揭《台灣の蕃族》，27-30頁參照。

前揭《台灣文化事典》，492-3頁參照。

㊟許雪姬等撰著《台灣歷史辭典》，行政院文建會，2004，2006年版，1258頁參照。

潘英編著《台灣平埔族史》，南天書局，1996，2006年版，216-9頁參照。

同上《台灣文化事典》，1018-9頁參照。

《台灣尪仔》，50頁參照。

詹素娟・張素玢著《台灣原住民史——平埔族史篇（北）》，台灣省文獻委員會，民國90年，82-6頁。

㊟林修澈《賽德克族正名》，行政院原住民族委員會，2007年，80-2、84、86頁參照。

前揭《台灣高砂族系統所屬の研究》，77-8、80-1頁參照。

㊟康培德《殖民接觸與帝國邊陲：花蓮地區原住民十七至十九世紀的歷史變遷》，稻鄉出版社，民國90年，38-9頁參照。

潘繼道《清代台灣後山平埔族移民之研究》，稻鄉出版社，民國90年，38-9頁參照。

台灣總督府臨時台灣舊慣調查會／中央研究院民族學研究所編譯《蕃族慣習調查報告書》第一冊阿美族南勢蕃・阿美族馬蘭社・卑南族卑南社，中研院民族所，民國96年，9-17頁參照。

前揭《台灣南島民族的族羣與遷徙》，84-5頁參照。

前揭《台灣高砂族系統所屬の研究》，491、502-6頁參照。

〈自由時報〉，2007年1月17日參照。

王佳涵《撒奇萊雅族裔揉雜交錯的認同想像》，東台灣研究會，民國99年，18-24頁參照。

劉秀美《火神眷顧的未來：撒奇萊雅族口傳故事》，中國口傳文學學會，2012年，5-6頁參照。

⑦ 前揭《賽德克族正名》, 80-4 頁參照。

前揭《台灣高砂族系統所屬の研究》, 77-9 頁參照。

同書楊南郡譯註, 87-90 頁參照。

⑱ 同上《台灣高砂族系統所屬の研究》, 212-25 頁參照。

同書楊南郡譯註, 260-77 頁參照。

中央研究院民族學研究所編譯／台灣總督府臨時台灣舊慣調查會《蕃族慣習調查報告書》第三冊, 鄒族─阿里山蕃、四社蕃、簡仔霧蕃, 中研院民族所, 民國 104 年, 117-21 頁參照。

陳逸君・劉還月《挺立在風雨中的內優社羣》, 國史館台灣文獻館, 2011, 63、80-6、105-8 頁參照。

〈自由時報〉, 2017 年 2 月 18 日參照。

⑲ 同上《台灣高砂族系統所屬の研究》, 209-10 頁參照。

同書楊南郡譯註, 256-7 頁參照。

同上《蕃族調查報告書》第三冊, 169、173 頁參照。

〈自由時報〉, 2014 年 10 月 11 日參照。

陳英杰、周如萍《卡那卡那富部落史》, 國史館、原住民族委員會、台灣文獻館, 民國 105 年, 5-8、260-1、281-6、290-5 頁參照。

⑳ 前揭《台灣蕃人事情》, 108-9 頁參照。

㉑ 伊能嘉矩《台灣蕃政志》卷全, 台灣總督府民政部殖產局, 明治 37 年, 295-305 頁參照。

溫吉編譯《台灣番政志》㈠, 台灣省文獻委員會, 民國 46 年, 309-15 頁參照。

㉒ 移川子之藏〈台灣の土俗・人種〉《日本地理大系──台灣篇》322-3 頁。

㉓ 李亦園《台灣土著民族的社會與文化》, 聯經出版公司, 1982 年, 2-3 頁。

㉔ 前揭〈高砂族の分類──學史的回顧〉, 8-11 頁參照。

㉕ 張耀錡纂修《台灣省通志稿》卷八同胄志第三冊（第十三篇平埔族）, 台灣省文獻委員會, 民國 54 年, 531-2 頁參照。

前揭《台灣土著民族的社會與文化》, 52-3 頁參照。

㉖ 同上《台灣省通志稿》卷八同胄志第三冊, 532 頁, 註。

㉗ 林修澈等《平埔族的分布與人口》, 行政院原住民族委員會, 民國 91 年, 2-3、156-8 頁參照。

㉘ 杜正勝《番社采風圖題解──以台灣歷史初期平埔族之社會文化爲中心》, 中央研究院歷史語言研究所, 民國 87 年, 30 頁參照。

㉙ 同上, 37 頁。

# 第二章

## 近代大航海時代列強的
## 角逐與荷西的占領統治台灣

# 第一節　西力東漸與荷蘭對台灣西南部的「先占」

## 一、日西交涉與兩國的台灣占領計劃

　　如前章所述，台灣雖甚早即爲中國大陸所知，但與外界的接觸卻十分稀少。惟自十六世紀以後，由於歐洲人的東來，使得位於南中國海樞紐的台灣，自然成爲國際政治矚目的焦點。葡萄牙人在 1511 年攻略麻六甲之後，接著北上抵達中國的廣東，並取得澳門爲根據地。其後，他們在 1540 年前後得知日本列島的存在，從此該國商船即年年北航，持續著對日貿易關係。當其北行途中，於海上遠眺綠蔭蔥蘢的台灣島時，不禁脫口而出：「Ilha Formosa（即美麗之島）。」① 葡萄牙人根據中國人的傳聞所知，將台灣以小琉球（Lequeo Pequeno）之名稱之，並將其明記於地圖、海圖之上。② 爾後，台灣因有葡人的命名與介紹，廣爲歐洲各國所認識。當時，歐洲各國船舶航經東亞時，常爲躲避暴風雨或取水而停靠台灣島。不久之後，列強開始認識到這個島嶼的重要性，從而萌生占領台灣的野心。

　　當時日本適值戰國時代落幕，進入豐臣秀吉治下的短暫太平盛世。秀吉以平定戰亂的餘威，亟思對外擴張。首先，他出兵侵略對岸的朝鮮半島，並與明軍長期對壘，其次則試圖招諭南方的琉球、台灣以及菲律賓。1591 年 9 月，秀吉派遣原田孫七郎至菲律賓要求該地入貢。兩年後的 1593 年，秀吉因長谷川宗仁法眼的獻策，命原田喜右衛門策劃招撫台灣事宜。③

　　顯然，在當時日西間使節往返頻繁之際（西國船貨被沒收、教

士被處刑），馬尼拉政廳於聽到此種傳聞時，自不免將招撫台灣想爲日本遠征菲律賓的第一步，從而深感畏懼，心驚不已。

1597年6月19日，馬尼拉總督古佐曼（Don Francisco Tello de Guzoman）召開軍事會議，提議應先發制人以資對抗，主張搶在日本之前占領台灣。同月22日，古佐曼總督再次召開軍事會議，強調該案須刻不容緩地決斷實行，但因馬尼拉的兵力不足而取消計劃。在此一期間，由於秀吉和原田喜右衛門相繼去世，馬尼拉政廳得以暫時喘息，於是征台主張亦不再有其必要。④

秀吉之死使日本經略台灣的計劃一時冰消瓦解。但進入江戶時代之後，台日間的經濟關係日益緊密，特別是爲了避開明朝嚴格的海禁政策，使得日中貿易往往在台灣秘密進行，因而更加凸顯台灣的重要性。爲此，原本在對外政策上採取消極姿態的江戶幕府，亦深感有必要掌控這個貿易據點，因而德川家康乃沿襲秀吉的遺策，於1609年命令薩摩藩的島津家久在征伐琉球之際，亦同時密令長崎的有馬晴信嘗試占領台灣。⑤

同年春天，有馬晴信遣部下千千石采女到台灣，千千石采女確曾在台灣沿岸進行探險，並派出陸戰隊登陸屯駐，但因遭遇原住民的攻擊而敗走。當時，千千石采女曾將若干擒獲的俘虜獻予幕府將軍德川家康。家康對彼等十分禮遇，並於日後悉數遣送回台。⑥

在其後的1615年，德川家康爲因應國內要求恢復日中貿易之聲浪，再次命令長崎代官（約爲今之市長）村山等安嘗試占領台灣，以做爲突破對中貿易僵局的第一步。⑦村山於翌年5月14日，完成遠征準備，以其次子秋安爲總指揮官，率領軍艦13艘、兵士二、三千人赴台。然而，該遠征軍卻在琉球海域驟遇颱風，艦隊爲之四散，僅一船勉強開抵目的地，但其後遭原住民攻擊而全

軍覆沒。⑧至此，由於兩度征台均告鎩羽而歸，使得家康終於放棄占領台灣的野心，轉而致力於原先標榜的和平外交，避免再與外國衝突。(以上節引自拙著《台灣國際政治史研究》，法政大學出版局，1971年，8-12頁；同書李明峻譯《台灣國際政治史》，前衛出版社，1996年，10-5頁)

## 二、荷蘭對台灣西南部的「先占」

　　長久以來，荷蘭一直滿足於擔任西、葡與中歐諸國間仲介貿易的角色。但自荷蘭於1582年脫離西班牙統治之後，不得不放棄原有的仲介貿易，轉而致力於開拓東洋貿易。1602年，荷蘭在阿姆斯特丹創設「聯合東印度公司」，並以印尼的巴達維亞作為經營東洋的本部，全力開拓東亞 (特別日本與中國) 市場。⑨

　　1604年6月，荷蘭艦隊司令官韋麻郎 (W. V. Warwyk) 率艦隊自巴塔尼 (Patani) 出發，準備航向中國大陸與明朝交涉，但途中於廣東沿岸附近突遭颱風所襲，而於8月8日，意外漂抵澎湖。⑩在當地中國商人李錦、潘秀等的建議下，他決定占領該島，以展開與明廷的貿易交涉。然而此舉遭到明朝的強烈反對，福建總兵施德政更派遣把總沈有容率大群兵艦前往，要求荷蘭退出澎湖。韋麻郎忖知不敵，乃於該年12月15日，黯然返航巴塔尼。⑪

　　1619年7月，荷英兩國締結攻守同盟，於台灣海峽和馬尼拉附近佈署艦隊，襲擊西葡兩國的商船和前往馬尼拉的中國商船，以妨害彼等在此地區的通商行為。馬尼拉政廳由於深受其苦，乃向西班牙政府提出建議，要求占領台灣西岸要港以資對抗。⑫1620年，荷蘭東印度公司巴達維亞新總督科恩 (J. P. Coen) 到任，當他發現上述馬尼拉政廳的動向，乃指示務必占領台灣以先發制

人，並於 1622 年 4 月任命雷約茨（C. Reijersen）爲司令官，率艦隊向南海出發，令其攻擊葡萄牙的根據地澳門，以及占領台灣、澎湖等地。⑬

雷約茨司令銜命率 8 艘軍艦出動，於同年 6 月 21 日，抵達澳門外港。他在與荷英聯合艦隊中的兩艘荷艦會合之後，於 24 日開始攻擊澳門。然而，由於葡軍堅守陣地，荷艦屢被擊退，終於在 29 日被迫撤離，轉而向澎湖進發。7 月 11 日，荷軍登陸白河（媽宮灣），攻占該島。⑭

在占領澎湖之後，雷約茨再依總督訓令，於同月 27 日，親率兩艘軍艦前往台灣探險。他在測量台灣西部海岸之後，先在大員（即今之安平港）建立橋頭堡，但由於該港水淺，不利大船出入，故乃於 8 月 1 日，決定折返澎湖，先在該島西南角建築要塞。爲此，被強制參與構築要塞的該地男子，在要塞完成之際，竟有 1,300 人慘遭餓死。⑮

一方面，明朝對荷蘭再度占領澎湖一事，並未坐視不管，立即由福建官憲強硬要求荷蘭撤離。期間，幾經交涉之後，1624 年 2 月 8 日，守備王夢熊突然率 50 艘中國船艦出現於澎湖群島北端，一時戰雲密布，情勢告急。雷約茨爲對抗中國的攻擊，於同年 4 月底下令破壞大員要塞，並將該地守軍撤返澎湖。⑯

當此時，新任巴達維亞總督卡本蒂爾（P. de Carpentier）正好到任。由於雷約茨此前曾數度向東印度公司申請解職，卡本蒂爾乃於同年 5 月 4 日的參事官會議中，重新任命宋克（M. Sonck）爲司令官，同時訓令他務必堅持一貫的強硬態度。可是，此項訓令係卡本蒂爾總督在不明現狀下所發出，當新司令官宋克於 8 月 2 日抵達澎湖時，形勢完全超乎其想像之外，全體不過 800 餘名的荷蘭軍，正面對總數在萬人以上且不斷增援的中國軍隊。宋克

深知無法與敵交戰，乃與明軍主將俞咨皋交涉，雙方達成下列三項協議：1.荷蘭從澎湖撤退；2.明朝不反對荷蘭占領台灣；3.保障荷蘭與明朝的通商。8月26日，荷蘭燒毀澎湖要塞，並於9月上旬進入大員，占領台灣西南部，開始實施殖民統治。[⑰]

　　此為荷蘭占領台灣的經緯。如《中華叢報（Chinese Repository）》所記載，亦為日後許多學者所言，當時明朝之所以不反對荷蘭占領台灣，係因明朝自始即不視台灣為其主權所及範圍，[⑱]因此上述協議絕非意味明朝將台灣割讓給荷蘭。(以上節引自《台灣國際政治史研究》，15-8頁；李譯，15-8頁。)

# 第二節　西班牙占領台灣北部及其統治始末

## 一、西班牙征台的經過以及荷蘭的反應

　　荷蘭占領台灣之目的，如上述主要是要做為與中國大陸通商的中繼地。但同時也是要妨礙馬尼拉的對中與對日貿易，因此西班牙為謀求其在此地域的安全，亦訓令馬尼拉政廳設法占領台灣。[⑲]

　　於是，馬尼拉總督斯爾瓦(J. de Silva)籌劃將荷蘭人驅離台灣，決定派遣瓦提斯（A. C. de Valdés）率軍艦2艘、帆船12艘，載著三連步兵（200名），出發攻占台灣北端。1626年5月10日，瓦提斯率艦隊繞過台灣東岸，於洩底灣（澳底）上陸，並將其東北角海岬命名為聖地牙哥（Santiago，即今之三貂角）。其後，瓦提斯再偵察附近一帶，發現北方更有良港，乃率艦隊進入雞籠（即今之基隆）。他將該港命名為Santisima Trinidad，登陸雄踞港前的社寮島（今和平島），並於其西南端建聖薩爾瓦多城（San Salvador）。

此外，西班牙也於社寮島東方山丘設置堡壘，統制港內通行，意圖掌控與日本、中國大陸的貿易。[20]

在此期間，斯爾瓦總督因故辭職，改由塔佛拉 (J. N. de Tavora) 接任總督。新總督對於將荷蘭驅離台灣一事，擁有不遜於斯爾瓦的決心。1626 年 7 月，他於就任初期即派補給船支援台灣遠征軍，但卻於途中遭遇暴風失敗而返。[21]翌年 8 月，他排除一部分人的強烈反對，親率艦隊前往邀戰，嘗試將荷蘭人驅離台灣。然而，或許是天運不佳，艦隊再於呂宋島西南端波傑多岬 (Cape Bojeador) 遭逢颱風，使其不得不鎩羽而歸。[22]隨後，占領基隆的西班牙人於 1628 年進入淡水，於當地建聖多明哥 (San Domingo) 城，並招撫附近的原住民，鞏固其在台灣北部的「先占」統治。[23]

毋庸置疑地，對於西班牙人占領台灣北部一事，荷蘭人當然不會坐視不管。1629 年 8、9 月，荷蘭派軍攻擊台灣北部，但由於西班牙人防禦堅固而被擊退。其後，荷蘭為了專心解決與日本的紛爭 (後述)，同時亦忙於在印度及南洋和葡萄牙交戰，使得兵力一時無法分撥，再加上要壓制台灣南部原住民的叛離，因此只好暫緩對台灣北部的攻擊。[24] (以上節引自《台灣國際政治史研究》，22-3 頁；李譯；21-3 頁。)

## 二、招撫原住民與統治權的建立

西班牙占據北部台灣初期，首要的措施，當然在於築城建堡，防範荷人的襲擊。其次，為了擴張並確立其政治基盤，仍需招撫附近的原住民，而給予教化。當西班牙人如上述，於 1626 年 5 月登陸洩底灣，進駐社寮島時，島上既有 1,500 戶住民，因被砲聲震害，逃避山中。遺留的食糧被西班牙軍搶奪而去，因

而感到非常憤怒，時想乘機報復，神父馬丁尼茲（Bartolomé Martinez）為從中疏通彼此間感情，乃先學習語言，或贈物，並時常向他們勸告，他們敵視的態度終於轉變為友誼可靠。嗣後，馬丁尼茲神父陸續在社寮島及該島對岸的中國人社區建立教堂，對原住民與漢人盡力的傳道佈教。㉕

　　1627 年西班牙人開始向台灣西北部淡水方面擴張政治版圖。當時淡水河地區的居民夾河分為兩派，互爭勢力。其中有一派的頭目要求西班牙人援助。其時因菲律賓補給船隻不來，中國人亦不來航，西人食糧常缺，雞籠城守將瓦提斯，想利用此機會展開有利的局面，即派 Antonio de Vera 帶兵 20 名往赴淡水。頭目接連一、二個月間甚為歡迎西班牙人，致使 Vera 因被過度款待而生懷疑，曾要求雞籠增派兵若干名。果然，懷有惡意的頭目秘密與對岸頭目言和，一日誘西班牙人打獵，乘其不備，襲殺 Vera 及兵士 7 名。其他倖存者倉惶駕小舟逃至雞籠，報告事變。㉖

　　時適馬尼拉派來的補給船 Nuestra Señora del Rosario 號抵達雞籠，船上載有 Lázaro de Torres 隊長及 60 名士兵，於是雞籠駐軍守將遂派 Lázaro de Torres 隊長帶著 100 名士兵到淡水尋仇。當地住民很快地離開聚落，西班牙人進入住民的穀倉搶米，米糧塞滿一艘軍船和四艘大舢舨。最後西班牙軍隊帶著大量食物並奪其小舟而還。但經過此次衝突，西班牙決定將淡水完全置於其勢力之下。於是 1628 年雞籠守將瓦提斯派遣軍隊占領淡水，並在此地建造聖多明哥城寨、駐紮守兵（前述）。神父馬丁尼茲也隨軍來到此地，準備向附近村落傳教。然在未見結果之前，他於 1629 年 8 月 1 日，與其他 8 人同乘一小船赴雞籠途中，不幸因波浪覆沒，溺斃水中，結束其熱忱的傳教生涯。㉗

　　續馬丁尼茲神父之後，1631 年耶士基維（Jacint Esquivel）

神父來台致力於傳教工作。他首先感化 Taparri（即金包里）和 Camauri（即瑪陵坑）的村民歸化天主教，並於兩地建立教堂。稍後也在淡水附近散拿（Senar）村落，教化不願歸順的村民，並在該地建立教堂，舉行盛大的慶典，更進入北投一帶傳教。

　　另耶士基維神父在淡水過著苦行生活，並努力學習言語，於數月間，編成一部豐富的《淡水語辭彙》(*Vocabulario de la lengua de los Indios Tanchui en la Isla Hermosa*)，又譯有《淡水語教理書》(*Doctrina Cristiana en la lengua de los Indios Tanchui en la Isla Hermosa*)，僅他一人，所留下的業績，即如此顯耀輝煌。㉘

　　1632 年 3 月，由 80 餘人組成的一個西班牙探險隊伍，溯淡水河而上，順武勝灣發現現在的台北平原，再進入另一水流，發現基馬遜（Kimazon）河（即今基隆河），始知依此航行，經里招古（Lichoco）可以到達雞籠。經此次探查，西人乃開闢雞籠通台北之陸路，沿途的原住民，包括基巴亞（Kipatao，即內北投）里招古（即里族）、卡馬古（Camoco，即大浪泵）、毛白（Maupeh，即大稻埕）等社相繼就撫，新店溪一帶的布羅灣（Pulawan，即武勝灣）、三貂角之卡起那灣（Kakinaoan，即三貂社）等諸社也皆歸順。㉙

　　在此同時，西班牙人也開始注意台灣東海岸地區。在蛤仔難（Gabaran 噶瑪蘭，即今宜蘭）當時有 40 個以上的部落，住民秉性剽悍。但因此地居於台、菲間往來的要衝，且相傳有金、銀等礦石與米穀、鳥獸、魚貝之利，西班牙人早即垂涎。1632 年 3 月，有一船自雞籠出帆向馬尼拉航行，不幸漂至其地，50 個船員（其中有西班牙人、中國人、日本人等）均遭殺害。於是西班牙人決心加以討伐，乃派西班牙士兵 30 名及若干 Cagayan 土著兵前往燒毀其七村落，殺害住民約 11、12 名。但剽悍的原住民據深山險要，堅強不屈。1634 年羅明勒（Alonso Garcia Romero）任雞籠守將，再

興問罪之師，遣西班牙士兵 200 名、土番兵 400 名討伐其地，有
相當戰果，並留若干兵士駐紮其地後凱旋。此次遠征，使東北
海岸地區置於西班牙勢力之下，神父 Garcia 即入其地開始傳教，
並獲有多數受洗者。於是北部台灣以及東部的一部分，均歸屬於
西班牙勢力下，宣教師們的活動範圍也因而擴大。[30]

據稱 1636 年時有一千名住民信仰天主教，還有許多村落希
望能有傳教士前往，這可視為西人治台的巔峯。然而隨後，因為
政治、經濟的因素，如下述西人逐漸將台灣忘卻，終被荷人輕易
地征服，走入歷史。

## 三、荷西決戰與荷蘭獲得台灣全島主權

當馬尼拉政廳占領台灣之初，西班牙人預計中國商船可能多
數航來雞籠貿易，同時也希望冷卻已久的日菲關係（自 1628 年西
班牙人在暹羅湄南河發生燒毀日本船事件後，日本對馬尼拉政廳之感情極
度惡化），能以此港為媒介，再度復活起來。然而，事與願違，最
接近中國的淡水雖已開港，但中國商船仍寥寥無幾。再加上日本
於 1635 年發布海外渡航禁令，使得雞籠做為貿易中繼港的價值
大減，西人占領台灣之目的，已失其大半。且雞籠氣候不順，移
民與駐留的士兵因罹患風土病而死亡者頗眾，故自 1633 年有多
數自由移民，紛紛回歸馬尼拉，西人據台的熱情，日漸冷淡。[31]

1635 年 6 月，柯奎拉（S. H. de Corcuera）被任命為馬尼拉總督。
他從在日本的傳教士得到情報，知道對日貿易的希望已落空，認
為占領台灣徒增馬尼拉政廳的經濟負擔，已屬不必要。乃決意專
心征服菲律賓諸島，而將台灣守備兵員減少，導致西班牙的台灣
統治力相當薄弱。

1636 年淡水散拿（Senar）村民發生叛變，他們不但殺了神父、

燒毀村莊和教堂，同時也向淡水堡壘附近的西班牙士兵偷襲，西人士兵 12 名及一些工人、婦女、小孩死亡，其他的人逃入淡水堡壘，死屍散在原地十二天，西班牙人不敢前去處理，因為「我們人數如此少，而敵人如此多」。[32]

儘管如此，柯奎拉總督仍無意守護台灣，1638 年他再下令破壞淡水的聖多明哥城，並精簡雞籠港一帶的堡壘，最後甚至縮小聖薩爾瓦多城的防備。如此，於 1640 年左右，雞籠城只留有西班牙兵 50 人、Pampang 土人士兵 30 人、奴隸 200 人、中國兵 130 人，獨守主城及堡壘一所而已。[33]

1641 年，西班牙斷絕與葡萄牙的政治同盟，荷蘭認為必須把握此一大好時機，乃再度決心要將西班牙勢力趕出台灣。荷蘭的台灣長官確認能占領基隆的可能性之後，即向西班牙駐軍招降，但遭到西班牙雞籠守將波特里奧（G. Portillo）斷然拒絕。[34]波特里奧立將事態急報馬尼拉政廳，並請求援軍馳赴增援，但由於柯奎拉總督幾乎不關心台灣問題，因此僅同意補充火藥 2 樽、青年 4 人、土民 10 人、士官 2 人和水手若干人。此舉使得守軍士氣大為低落，也導致敵軍更易進行攻擊。[35]

此時，荷軍已準備大舉攻占雞籠。1642 年 8 月 17 日，荷軍艦隊司令官哈勞樹（H. Harousé）率戰艦 5 艘及帆船數艘殺奔雞籠，兵員共計為 690 人。[36]同月 21 日，荷軍於社寮島東北角登陸，攻擊聖薩爾瓦多城。當時，西班牙守軍不過百人，加上 Pampanga 原住民傭兵 150 人和城內居民 80 人，在奮勇堅守 6 日之後，終於寡不敵眾。1642 年 8 月 26 日，西班牙雞籠守將波特里奧被迫投降，而與荷蘭締結和約。條約內容如下：

一、城主與士兵均解除武裝，出城至修道院（當時社寮島上有

聖多明尼奧教堂和聖法蘭西斯教堂）放置武器。

二、個人除攜帶一至二包衣物外，不得搬走任何物品。

三、傳教士亦只能攜帶衣物出城。

四、在其他命令下達之前，所有人等均宿泊於修道院。

五、所有人等（計446人）均送往大員，並在接獲進一步命令之前滯留當地，等待巴達維亞總督決定關於釋放西班牙士兵之補償金問題。[37]

如此一來，西班牙遂結束其對台灣北部長達16年的占領。

此時，從荷蘭所使用的文字（如釋放西班牙士兵是否要求補償金問題等），即知是依據國際法上所謂的「征服」(conquest/subjugation)，[38]而使其成為台灣唯一的統治者。

# 第三節　荷蘭征服全台擴大殖民統治範圍

## 一、環繞台灣問題的紛爭及其對策

1624年9月上旬，放棄澎湖入據台灣之後，荷蘭先在大員（安平）北端高地構築城堡，取名奧倫治 (Orangien) 或稱一鯤身島城堡，1627年改稱為熱蘭遮城 (Zeelandia)。翌 (1625) 年1月，首任台灣長官宋克親赴大員對岸的新港社，與附近的原住民結好，用15匹坎甘布 (Cangan) 換取赤嵌 (Sakam or Saccam) 一帶地區（即今台南市），並建設新市街命名為普羅民遮 (Provintia)，準備和日本、中國大陸進行貿易。[39]但在此之前，日本早已派遣商船前往赤嵌，與當地中國人或原住民進行貿易。於是，宋克為管制日本人的貿易，乃對所有台灣輸出的貨品，要求一律課徵

10% 關稅。[40]

對於此一措施，日本人以其較荷蘭人更早在此從事貿易為由，拒絕支付該項關稅。於是，宋克即扣押日本人買入的生絲 15 擔（約合 900 公斤）以儆效尤，兩國間的爭端遂起。巴達維亞總督唯恐此事影響平戶荷蘭商館的貿易，乃下令暫時停徵前項關稅，但亦認為茲事體大，故決定派遣新任台灣長官訥茨 (P. Nuijts) 為特使，前往日本處理相關事宜。[41]

1627 年 6 月下旬，訥茨抵達大員上任，此時，大員港內停泊著兩艘被扣留的日本船，船長濱田彌兵衛向訥茨陳情，表明其在荷蘭干涉之下，停留一年無法卸貨與裝載的困境。然而，訥茨對其陳情十分冷淡，隨後在不置可否的情況下，即自行出發前往日本。濱田在憤恨之餘決心報復，乃勸誘新港社原住民理加 (Dijcka) 等 16 人共同駕船前往日本，並早於訥茨之前抵達長崎，向船主長崎代官末次平藏控訴荷蘭人的暴行，且呈報新港社原住民係專程前來將台灣獻給日本。[42]

接獲此項報告之後，末次向幕府提出控訴，並慫恿閣老對荷蘭採取強硬態度。結果，同年 12 月 3 日，訥茨一行被斥退，只得悻悻然返回台灣。[43]

在此情形下，未能完成特使任務的訥茨，認為此次失敗全係末次平藏與濱田策動的結果，從而對其深感憤恨。半年後的 1628 年 5 月 27 日，末次再以濱田為船長，派遣兩艘船進入大員。於是訥茨將濱田予以拘捕，並告知扣押船貨至其歸航時為止。[44]

6 月 29 日，處於窮途末路的濱田以非常的決心和覺悟，與船員幹部 10 餘人要求會見訥茨，佯稱要交涉歸國事宜。然而，當訥茨以評議會決議予以拒絕時，濱田突然乘隙挾持訥茨，以此威嚇荷蘭殖民當局，要求再度展開交涉。結果，荷蘭殖民當局全

面承認濱田的要求：即 1. 雙方交換 5 名人質；2. 釋放新港社人，並交還沒收物品；3. 賠償日本人因停止貿易所蒙受的損失。在上述要求均被履行之後，濱田於 7 月 11 日率隊與荷船艾拉慕斯(The Erasmus) 號同航，離開大員前往長崎。⑤

　　此即史上著名的「濱田彌兵衛事件」。之後，荷蘭在平戶的貿易被禁止，1632 年 9 月，巴達維亞總督史培克斯（J. Specx）以訥茨為事件責任者，將其送往日本謝罪。幕府對此措施十分滿意，立即釋放荷蘭人員和船舶，並解除對荷蘭商館的封鎖。⑥如此一來，長年紛擾的爭端遂獲解決，但訥茨則被拘禁於平戶。直至 1636 年 6 月，訥茨才在荷蘭商館館長前往江戶之際，由其提出赦免請求而獲日方允可，於該年 10 月離開平戶。⑦

　　日荷紛爭原本雖有日本對荷蘭「台灣先占」表示異議的意味，但因最終被解釋成當事者間的個人糾紛，並未發展成國家間的交涉。所以，荷蘭在近代國際法上，最先取得對台灣的主權，仍屬不爭的事實。

　　另方面荷蘭人獲取台灣之後，也急需解決在東海海域經常出沒的中國海盜問題。自始荷蘭當局對中國海盜集團並沒採取全面對決的方策，而是用「分而治之」的策略，以擁護一方打擊另一方做為處理的手段。荷蘭人最先結託東海梟雄李旦，安置其部下鄭芝龍在台灣，再拉攏廈門總兵俞咨皐（前述）的部屬許心素控制出入中國大陸的海口要道福建，聯合荷蘭人壟斷東海海域貿易市場。可是 1625 年 8 月，李旦客死於日本平戶，其計畫就落空了。不久之後，荷蘭人再度想和許心素結盟，但許心素卻被明朝所招撫的鄭芝龍擊敗（1628 年），於是荷蘭人再和鄭芝龍締結友好關係，但或有時也支持鄭的敵對者。然而在此期間，鄭芝龍先後擊潰海盜李魁奇、鐘斌、劉香等集團，成為台灣海峽一帶的真正霸

主。尤其1633年10月22日，台灣長官普杜曼(H. Putmans)與劉香、李國助(李旦之子)的聯合艦隊，在圍頭灣被鄭芝龍無情的打敗後，一向採取強硬手段的普杜曼長官，爲了能獲中國商品，不得不透過大員商館中國人通譯Hambuan穿針引線，向鄭芝龍妥協，並允許其船隻進入大員從事貿易。[48]

　　就這樣荷蘭人先後解決了日荷間的貿易摩擦，以及中國海盜問題。而在北部的西班牙人也正忙於擴大淡水通台北平原一帶的勢力，和出征蛤仔難台灣東海岸地區（前述），無力對荷蘭人形成重大的威脅，於是，自1635年起，荷人遂能全心全力地投入治理台灣內部的事務。

## 二、武力征服南北各地伸展勢力範圍

　　荷人占領台灣初期的十餘年間，由上述各種理由，其勢力範圍一直停滯於大員一帶。但自1635年後半年起，荷蘭當局決意集中兵力，大肆征伐台灣各地，並加強其殖民統治的權威。茲依年代順序，簡要地敘述較具歷史性的事件（因爲本書並非荷人治台專輯），暢明其征討的流程。

### (一)　對新港社威壓安撫

　　荷人入據台灣時，最先接觸的原住民（或稱平埔族），是新港社人。1623年3月，當雷約茨司令官預備撤離澎湖，初到台江南部港口，築造臨時堡壘時，新港社村民曾取竹協助荷蘭人推行工事。後來受居住同地附近中國移民的煽動，殺害3名前往取竹的荷人；因此受到荷人猛烈炮火的攻擊，4人死亡，6人重傷，遂儋於荷人的武力，與之言和。[49]1625年1月，如前述荷蘭台灣首任長官宋克親赴新港社交涉其出讓赤嵌地區，建築新市街

時，新港社人接受荷人的要求，而遷居於新市附近的社內。自此
以後，荷人與新港社的關係漸深。

　　1627 年 7 月，荷蘭當局派遣甘迪紐斯（G. Candidus）傳教士
至新港社學習新港語——即西拉雅語，對同社村民開始佈教，並
迫令同社村民廢除崇拜偶像等舊慣習俗。對此，同社村民甚感
不滿，因而發生上述理迦等 16 人隨同濱田彌兵衛渡日的事件。
1628 年 5 月 27 日，理迦等 10 人（途中 5 人死亡）再隨濱田歸台。
但被荷蘭當局以叛逆罪拘捕投獄。後因有 4 人脫獄，1629 年 1 月，
荷人率兵至新港社搜查，焚毀理迦等 11 人住宅，勒令同社緝捕
逃犯。同社族人大為恐慌，舉社逃入山中。傳教士甘迪紐斯於混
亂中，也撤回大員。台灣長官訥茨為顧慮全局，乃下令處罰全社
村民捐獻荷人住宅一幢、豬 30 頭、各戶米一把，而准其歸社。
翌年 1 月，甘迪紐斯再前往佈教，漸漸回復同社村民的信賴，教
化也有相當的成就。嗣後，新港社人竟成為荷人最親密的夥伴，
荷人每次出征，都有該社村民隨從。⑤⓪

## ㈡　大軍壓境麻豆訂立交出主權的協約

　　麻豆（今台南市麻豆區）是大員附近最強大的村社，反抗荷人
也最激烈。1629 年 7 月 13 日，台灣長官訥茨帶一部隊往麻豆社，
搜捕中國海盜未果。訥茨先回城，而此一部隊在回程渡河時，52
名士兵全部中伏，被麻豆社人殺害。對此，荷人想加以教訓報復，
以便樹立在台灣的權威。於是 1630 年 12 月 29 日，後任台灣長
官普杜曼派一部隊，並帶同一隊新港戰士，準備經水路自魍港征
伐麻豆社。然而遭遇北風，不能到達魍港，因此，懲罰麻豆社並
沒成功。1634 年 4 月，麻豆社與蕭壠社（今台南市佳里區）發生爭鬥。
新港人助蕭壠對抗麻豆，卻遭麻豆人殺害 63 人，荷人認為這是

一個機會，更痛感要膺懲麻豆社之意。⑤

　　1635 年 11 月 23 日，普杜曼長官得到新港人的協助，率領荷兵 500 名，分作 7 隊，進攻麻豆社。麻豆人經過短暫抵抗後逃入山中，荷人大肆搜捕，共抓獲未及逃離的老幼 26 人，交給新港人處死。又縱火焚毀全社家屋，並破壞了許多檳榔樹和椰子樹。同年 12 月 3 日，麻豆社頭人 Tavoris 等 4 人，攜帶檳榔和椰子樹苗來到熱蘭遮城投誠，28 日與普杜曼長官訂下歸服協約。其要旨如下：

1. 收集被殺害荷人之頭骨、武器和衣物，交給尤紐斯(Junius)牧師。
2. 麻豆社所有領有地域，完全讓渡荷蘭。
3. 今後不再對荷人及其同盟者作戰，服從荷蘭統治。
4. 如果長官與他村作戰，應為荷人之友軍而參戰。
5. 對在魍港燒製石灰及從商的中國人，不能加以危害。同時要幫助荷人捉捕「海盜」和「逃犯」，並引渡給荷人。
6. 接獲警吏通知時，應迅速到新港或城內集合待命。
7. 承認殺害荷人之罪，每逢事件發生之日，應攜大公豬、母豬到長官公所謝罪，以示友好。⑤

　　毋庸置疑的，此協約若從法理上觀之，可認其為完全被「征服」的降書。但當年的原住民，是否能認識到此種涵義，諒可想而知。總之，斯後凡被荷人征服或歸順的各村社，都被荷人迫簽類似的協約書，並舉行呈獻數株檳榔和椰子幼苗的嚴肅儀式，表示渠等成為荷蘭的庶民，也願意服從荷蘭人的統治。

## ㈢　征伐傀儡 (Taccarejangh) 社慴服下淡水溪一帶諸社

　　Taccarejangh 社位於大員東南方十二、三哩處，是下淡水溪

附近最大村社之一。據中村孝志教授的論述，似可推測其爲傀儡社，亦即阿猴、現今屏東市。對該社，荷人曾屢次招撫，但仍慓悍不馴，時有殺害出入此地的荷人。職是，在鎭壓麻豆社之後，同年（1635 年）12 月 25 日，普杜曼長官又親率荷兵五百名及新港各社四、五百人，由大員啓程，長驅攻入傀儡社，擊斃 9 人，全社村民逃散，普杜曼下令放火焚毀全村，包括糧藏豐富的穀倉。⑤

經過這次的焚殺，附近的村社大起畏懼。翌（1636）年 2 月 4 日，傀儡社相率下淡水（Tamsuij）、大木蓮（Tapouliangh, 即今屏東縣萬丹鄉社上村）、塔樓（Swatalauw, 即今屏東縣里港鄉塔樓村）等諸社頭人，携帶 17 隻豬到大員投降。普杜曼令他們簽署與麻豆人一樣的歸順協約。稍後，放綟社（屏東林邊鄉水利村）七個村落亦就撫。荷人的狩獵區域擴大至南方十四、五哩，下淡水溪一帶了。⑤

### （四） 討伐蕭壠社、恫嚇大武壠，西南部諸社全服

傀儡社（Taccarejangh）被征服後，1636 年 1 月 8 日，普杜曼長官又挾勝利餘威，帶兵攻進蕭壠社，因爲該社村民亦曾殺害荷人。毋庸贅言地，荷蘭大軍驅入該社，住民恐懼萬分。爲了避免被殺戮毀村，該社住民乃縛獻頭人及殺害荷人的 7 名幫凶，向荷人投降。普杜曼允許他們歸順，但命令他們簽署與麻豆社一樣的協約，並讓新港人當場刺死該 7 名的凶犯。隨後，同月 11 日，普杜曼再移師大武壠（Tevoran, 即今台南市善化區），警告該社不得肇事反叛，同時接受該社熱誠慇懃「款待」。13 日普杜曼班師返抵大員。⑤自此以後，附近村社望風披靡，先後藉由尤紐斯牧師向荷蘭當局輸誠。於是，1636 年 2 月 22 日，台南以北的諸羅山

（Tilaossen 或 Laos' 嘉義）、哆囉嘓（Dorko 台南市東山區東山村）、蕭壠、
目加溜灣（台南市安定區）、新港等 15 社及以南的大木連（Tapouliang
屏東縣萬丹鄉社上村）、阿猴（屏東市）、塔樓、放緃等 13 社，計 28
社的代表集合於新港社，接受長官普杜曼的訓誡之後，獲賞禮
袍、權杖，舉行折草儀式，宣誓相互和平並服從荷蘭的統治。[56]

## (五)　血腥剿蕩小琉球，伏服南端瑯嶠社

小琉球位於下淡水溪口西南方，即今之琉球嶼。1622 年 10
月，荷船金獅子號（t Gouden Leeuw Eiland）因遇逆風，寄椗於小琉
球，派若干船員登岸去取鮮水，而這些船員卻一去不返。嗣後荷
人獲知這些船員全部遇害，被島上的村民吃掉。因之荷人命名小
琉球爲「金獅子島」。當時的小琉球，人稱 Lamey。

1633 年 11 月，荷蘭當局命令布魯恩（c. Bruyn）率艦 2 艘、
另 4 艘戎克船，配上荷兵 300 名以及新港社和蕭壠社人出征小琉
球，但因不諳地勢，無功而返。[57] 1636 年 4 月 16 日，荷蘭當局
再決議攻伐小琉球，同月 21 日，荷軍登陸該島，雙方戰鬥開始。
但因爲小琉球人頑強抵抗，不肯投降，軍事行動竟長達三個月之
久。其結果，發生荷人治台史上最卑劣，也是最可泣的「小琉球
慘案」。荷人文獻《巴達維亞城日記》，1636 年 11 月 26 日條有
如下的大要記載：

　　「布德曼士長官於五月、六月及七月間，率引隊伍約計百
　　人與同數之新港人及若干放緃人，將小琉球島之殺人者，圍堵
　　於其隱藏場所及洞窟，而以饑餓、放火及其他方法，迫其出來，
　　殺戮其三百人以上，又俘捕男女及兒童計五百五十四人，其中
　　男子繫鎖於台窩灣（安平），從事勞役，女子與兒童配置於新

港，充分予以報復，其大部分已告死亡，又以寬嚴兩種手段將好殺之人逐出該島，又將自投我方手中之一百三十五人及以武器加以強制之五十六人，令其分乘上述五艘之士希布船及也哈多船，送至本地。從上述事，該地可除起生存者及死亡者計達千人以上，我方因此博得聲名與同盟者及中國人之滿意，此中國人從事農耕，與該島拉美人（Lameijess）不斷交戰。」⑱

（關於小琉球慘案，曹永和院士有詳盡的論考專文，請閱《台灣早期歷史研究續集》，202-29 頁）

經此次恐怖的屠殺，台灣南部村社陸續到大員歸順。同年（1636 年）後半，台灣最南端的 17 個琅𤩐（即今恆春）村社、傀儡（阿猴，即屏東市）地方東邊的 8 社以及諸羅山以北的 5 社，合計達 57 社都伏服於荷蘭的統治，不敢反抗。⑲

## ㈥　北伸中部進軍虎尾壟 (Favorlangh 或 VaVorlangh) 社地區

虎尾壟社位於北港溪上游，距貓兒干（Batsikan 或 Vassikangh，今雲林縣崙背鄉）社不遠，近濁水溪之處。1636 年以後，荷人的勢力由諸羅山繼續向北伸展。因此中部一帶的打貓（Davole）、貓兒干以及虎尾壟等諸社的經濟生活受到很大威脅。結果，雙方時常發生衝突，原住民的襲擊或加害中國商人與荷人。期間，1637 年 10 月與 1638 年 11 月，荷人曾有一次武力征伐，但都未見成果。直至 1641 年第六任台灣長官托拉德紐斯（P. Traudenius）抵任，才開始著手第三次征討的事宜。

1641 年 11 月 20 日，托拉德紐斯長官引率荷兵 400 名、中國舢舨船 300 艘，由大員起程，大舉往征上述諸社。23 日抵達笨港（今北港），上岸後用舢舨船在海岸建造防禦堡壘，留下一些

軍糧、士兵在船中看守，長官則親自引率大軍開赴敵地。是日黃昏，尤紐斯牧師亦率新港社等 1,400 名的武裝原住民，由陸路前來會師。25 日開始攻擊打貓社，該社住民勇敢迎戰，終敵不住荷人的強烈火器，遺屍 30 人，潰敗逃入山中。荷人進村後，焚其住宅及穀倉等數百所，又砍倒所有果樹。26 日，**繼續前進占領貓兒干社**。同社住民儸其兵威，不敢反抗，推舉長老一名、頭人二人，至軍前誠懇投降。托拉德紐斯遂准其歸順，嚴禁士兵縱火焚燒民房。翌 (27) 日晨，大軍直趨虎尾壠社。同社住民為避荷人銳鋒，早已逃亡一空。荷軍乃連續兩天焚毀數百民房及千餘所的粟倉。期間，即 28 日接受前來議和的長老懇切哀求，托拉德紐斯命令荷軍留下二、三區（約 50 戶）的民房，並嚴諭該長老，於 20 天內與打貓、二休（Gielim，今彰化縣二林鎮）和貓兒干的代表，同攜荷人 3 人之首級，和凶手一起到大員締結歸服協約，如不奉命，將再出兵毀滅全社。同年 12 月 2 日，荷軍撤回大員。次年 2 月 14 日，虎尾壠與附近諸社的 5 名代表來到大員，荷人命其簽署大致與麻豆社類似的協約「降書」。如是，荷人的勢力又延伸到台灣的中西部平原。⑥

## (七)　探查金鑛遠征東路大巴六九社（Tamalakau 或 Tammaloccau）

　　荷人對台灣東部的擴張始於 1636 年代後半。因為當年與荷人結好的南部瑯嶠社頭人，告知台東卑南覓社產金，乃引起荷人的覬覦。於是 1637 年 2 月以後，台灣長官布爾夫（J. V. der Burch）數次命令中尉尤里安森（J. Jeuriaensen）探查傳聞的產金地方。更於 1638 年 1 月末，再命上尉林戈（J. van Linga）率兵 130 人往卑南方面探險，得知傳聞的產金地是在更北約 3 日半行程的花蓮、里漏（Linjnauw，今花蓮縣吉安鄉化仁村）地帶。

林戈看出產金地的情報，無法在短期內取得，遂委任副商務員韋瑞林（M. Wesselingh）駐在卑南，繼續從事情報的蒐集。爾後，韋瑞林就以卑南為立足點，冒險往花蓮方面去探查，一面與諸村社締結友好協約，並得知產金地是靠近在西班牙勢力之下的立霧（Takkili）溪口，但他卻在 1641 年 9 月，被大巴六九社（Tamalakau 或 Tammalaccau 位於卑南覓北部，即今台東縣卑南鄉太平村）和呂家蒙（Nicabon）社之人謀害，因此使協助荷人的卑南覓社為之動搖，幾名滯留在知本（Tipol）的荷人亦大感不安，惶惶退回大員，荷人的探金事業遂告中斷。[61]

翌年（1642 年）1 月 11 日，鎮壓中部法沃蘭之後，托拉德紐斯長官立即率軍計 353 人開赴台東，決意懲罰大巴六九社人。同月 12 日，荷軍乘船抵達瑯嶠，隨後上岸陸行，22 日到達卑南覓。24 日發動攻擊，並勒令卑南覓全村住民隨軍出征，途中雖遭遇到大巴六九社人的伏擊，死 1 人、傷 5 人。但武力懸殊，大巴六九社人棄屍 27 人，並帶負傷者多人潰敗而去。荷人大軍進占全村，將所有房屋燒毀，並下令以後不得重建，否則將再予以重罰。26 日，荷軍繼續向北推進，企圖探明金礦。但當 2 月 4 日，走到水連尾以北地區時，發現地勢險阻，大軍行動不便，且已進入西班牙的勢力圈內；因而確信應在打倒西班牙、占據北部台灣後，再慢慢從北方著手進行調查，遂決定由原路返回大員。同年 2 月 12 日，當荷軍抵達卑南覓時，大巴六九社的代表趕來向托拉德紐斯長官求和，並說明韋瑞林及其隨兵，是侮辱同社婦女被殺，懇求赦罪。長官准其歸順。2 月 14 日，荷軍離去卑南覓，23 日安抵大員，結束此次荷人的台灣東征。[62]

## (八) 攻略北部諸社，打通南北道路

荷蘭於 1642 年 8 月 26 日，成功地驅逐西班牙人離台後，立即派兵駐守雞籠 (50 人)、淡水 (80 人)，並修築城堡，鞏固其統治基盤。然而過去受西人統治的各地原住民大都拒不服從，經常反抗。據 1644 年 1 月 15 日，大員評議會議長的報告：淡水荷蘭守兵出擊附近的 Sotmior 社，卻遭到伏擊，損失 70 人，其中荷兵 21 人，不得不撤還。如此這般，台灣北部的統治仍十分不穩固。於是同年 9 月 5 日，台灣長官卡隆(F. Caron) 訓令上尉蒙恩(P. Boon)率領 7 艘船隻，載軍 300 人及 60 名中國人，遠征北部雞籠、淡水、噶瑪蘭，俾將這些地區完全納入荷蘭支配之下。此外，並命令此隊伍達到目的後，開通從雞籠到大員的道路，以武力屈服途中的各村社；同時製作沿途詳細地圖。[63]

蒙恩接獲長官的訓令，率艦隊於 9 月 6 日從大員出發，10 日抵達雞籠，再往噶瑪蘭方面征伐，迫使 44 個村落歸順。10 月 1 日回到雞籠，並於數日間整頓、肅清淡水附近的治安之後，乃開始執行其第二道的訓令。亦即 10 月 12 日，蒙恩上尉率軍經由陸路，往南長征。而其行程所經過詳情，在《熱蘭遮城日誌》有詳盡的記載。[64] 又《巴達維亞日記》也有如下的簡略敘述：

「上尉彼得爾・蒙恩 (Pieter Boon) 於十月十二日，由淡水出發，預先以引港船通知其抵達多列那布 (Rolenap)，而率引全軍隊經由華武壠及笨港 (Poncan) 河，於同月二十九日抵達彼地 (村上原註：即台窩灣)。依據其報告，在淡水與八仙溪 (Patieutie) 山間各村共計九村落，自願歸順，土番答應以皮件納貢。

　　由於自淡水同行之通譯逃走，在八仙溪 (Patieutie) 山下柯達王 (Quataong) 之地，因言語不通，遭受襲擊數次，結果僅將藏有多數土人槍及弓箭之波多爾 (Bodor) 及最近加以鎮壓之有中國海盜滯在之八叟瓦 (Passoua) 兩村落，予以燒毀而已。彼等雖於叢林放火試圖妨礙，而別無顯明抵抗。我等在該地附近原擬另有所為，而因天氣不佳，兵士患病不得已中止征服，以待他日機會。長官計劃今後由該地出兵，而以為事屬容易，長官又對於我等獲知素不知識之上列地方及東北地方，為之欣慰，以為不數年可以征服台灣平野，且可令山地逐漸歸順云。由於測量師馬克斯·蘇德爾姆夫德 (Marcus Stormhcet) 縱酒，未能繪製北方及通過地方狀況之地圖，此項地圖，須延至下次方能發送，因此對該測量師馬克斯之過失，加以懲罰。」[65]

　　若依日人學者土田滋及中村孝志教授的考證，此次遠征的 Quataong（即 Quataongh，別名 Tackamaha）地區，大抵來說，包括了大肚溪、大甲溪之間的水裡、沙轆、牛罵等，亦即後來之 Papora，其東面的烏牛欄、樸仔籬等，亦即後來的 Pazehhe，南面的阿束、貓霧捒等，亦即後來的 Babuz (Favorlang)，以及以大武郡為南界的南投、北投、貓羅等，亦即後來的 Hoanya 等，涵蓋台灣中部的廣大區域。[66]

　　但如上述，該區域的村社並不順服，南北交通仍有阻礙。於是為了確實開闢南北通道，並教化 Quataong 諸村社，卡隆長官乃再令上席商務員雪察爾 (C. Caesar) 與斯汀 (H. Steen)，再偕蒙恩上尉等帶領精兵 210 名，前往討伐綏撫。他們一行於 1645 年 1 月 22 日出發。部隊在進行中一度被同社的村民追入狹路，幾至敗絕，幸由別路迂迴敵後，焚毀數村，斬殺數人，同社村民始

告投降。於是再向大武郡（Tavacul）進攻，共計破壞 13 個村落，擊斃 126 人，並生擒一至十歲兒童 16 人，於 2 月 16 日凱旋大員。經過此次討伐北部至中部沿岸未歸順的原住民始全部屈服。爾後，大員至淡水、雞籠間的陸路，始暢通無阻。[67] 荷蘭也名符其實地完全征服占領全台，自此以後台灣也正式步入有史的里程碑。

# 第四節　荷人治台的政治體制及其生養教化的社會型態

## 一、建立聯邦式的「地方會議」（Landdagh），實施長老（頭人）分權政治體制

如前所述，1636 年 2 月 22 日，普杜曼長官召集台南以北的諸羅山、新港等 15 社和以南的大木連、阿猴、放緤等 13 社，計 28 社的代表，集合於新港社（赤嵌）舉行第一次「領邦會議」（Rijktag, Rijcxdach），各社折草宣誓和平共處、相互結盟，並服從長官的統治。隨後 1641 年 4 月 11 日，新港、大目降（台南市新化區）、目加溜灣、蕭壠、麻豆、大武壠等北部 6 社的頭人 22 人，放緤、大木連、麻里麻崙（Verrovorongh, 屏東縣萬丹鄉社中村）、茄苳（Cattia, 屏東縣佳冬鄉佳冬村）、傀儡（阿猴）、Sorriau、力力社（Netnee）、Pandandel 等南部八社的頭人 20 人，總計 14 社的代表 42 人，在首席商務員維特（G. de Wildt）、上尉林戈以及居住在台灣的中國人領袖與 30 艘中國商船船主的列席陪同下，被帶領引見新任長官托拉德紐斯，舉行第二次領邦會議，報告各村社狀況，並重新宣誓各社和平共處，爭執由長官仲裁解決，而獲贈禮袍、白銀的權杖。自此以來，則分區召開類似這般的集會，稱之為台灣「地

方會議」。[68]

　　然則，所謂「地方會議」，實即當時歐洲封建政體下「等級會議」的一種型態。其基本概念，簡言之，是「等級團體不單對領主表達服從而已，還要以人際間的結合 (Personen-verband)，在與領主相互誓約的基礎上，建立一個特別的共同體；他們因此和不參與地方政治事務的『屬民』(Untertanen) 截然不同。而由於領主的宣誓，也確立了必須遵守自古相傳的權利與自由約定的這種意識。」[69]惟當年的原住民根本不理解這種涵義。只不過渠等與荷人訂立了協約之後，幾乎都能信守諾言，鮮少背叛；相對地，荷人對脫離控制、不願受驅使的村社，亦未曾動用干戈，強求歸順。這是實不可思議而奇妙的現象，卻也無意中吻合了歐洲封建文明的政治理念。總之，這且擱置不論，以下先來探討有關「地方會議」的形貌與概要。

　　在荷人征服台灣全島的過程中，為使行政上便利起見，先後把其勢力所及的範圍劃分為四個地方會議區。即北部地方會議區（大員以北）、南部地方會議區（大員以南）、卑南地方會議區（台東）和淡水地方會議區（北部台灣），並規定每個會議區每年在 3 月至 4 月間，要舉行一次地方會議，各村落的代表向長官報告統治的狀況。不過，除了南、北兩地區，卑南、淡水由於離大員較遠，(後來) 荷人統治力量不足，地方會議無法如期每年進行。

　　另一方面，長官命令各村落選出一名至四名最有能的長老（通常為頭人），由其任命為該村落的首長，並賦予部分司法行政權，讓其能依照舊慣，處理社內的事務。同時，發給銀飾藤杖一把，上鑲有聯合東印度公司 (V. O. C) 的徽章，做為權力的象徵。因此，村社的活動多以長老為中心，乃再加設長老評議會，做為原住民的咨詢機構。但為輔導和監督區內的行政事務，長官

向每個會議區派駐政務員（politijcken）和傳教士。政務員負責區內的行政事務，所有發生的事情，長老都須向政務員報告並服從命令。傳教士負責宗教事務，原則上不理民政，但有時亦以傳教士兼任政務員。在十七世紀中葉，荷人對台灣原住民實施地方分權統治，於殖民史上尚可稱為寬大、人道（雖有小琉球慘案之恨）。倘若從 1650 年荷人治台最盛期，四會議區的戶口調查統計：村落 315、戶數 15,249、人口 68,657 的資料觀之，可知荷人治台絕不單是靠其強大的武力，或傳教士的獻身教化，其中一定有特異的因素，驅使原住民馴服。

茲將有關四會議區的地理位置以及原住民村社的分布，也粗略概括地摘要說明如下：

1. 北部地方議會區——以大員為中心，位於西北方海岸的區域。亦即今台南市以北，台中市以南的區域。主要的村社包括：新港社、目加溜灣社、大目降社、大武壠社、蕭壠社、麻豆社、諸羅山社、二林社、阿束社、牛罵社、樸子籠社、貓霧捒社、貓羅社、大武郡社、貓兒干社、打貓社、他里霧社等等。[70]

2. 南部地方會議區——位於二層行溪以南，瑯嶠以北的廣大區域。主要村社包括：大木連社、阿猴社、Vorrovorongh 一帶（下淡水溪流域）、塔樓、放緣社和瑯嶠 17 社等等。[71]

3. 卑南地方會議區——位於東海岸南部，即現今台東、花蓮東部一帶的地方。主要村社包括卑南附近 23 村、卑南北部 11 村、太麻里峽谷村社等等。[72]

4. 淡水地方會議區——位於大甲溪以北，三貂社以南的廣

大區域。主要村社包括：麻少翁社、北投社、錫口社、峰仔峙社、金包裏社、武勝灣社、秀朗社、擺接社、八里岔社、岔社、Tibona、竹塹社、大甲社、日南社、房裏社、瑪陵坑社、三貂社以及噶瑪蘭 45 社等等。[73]

## 二、教化導入識字世界，勵農揮別原始經濟

荷人為了統治原住民，除了動用武力以外，還把傳教士與行政組織結合為一體，利用傳教士的力量來彌補其武力的不足。職是，荷人占據台灣之後，1627 年 7 月，隨即派遣傳教士甘迪紐斯（G. Candidius）至新港社，學習當地的新港語（西拉雅語），對同社開始佈教。1629 年因為前述「理迦事件」發生，混亂中甘迪紐斯撤回大員，傳教事業一度中斷。是年第二位傳教士尤紐斯（R. Junius）抵達台灣。翌（1630）年 1 月，事件獲得解決，台灣長官乃令兩人前往新港社繼續佈教。由於他們兩人通力合作，漸漸獲得村民信賴，教化事業也有相當的成就。

1636 年 2 月，上述第一次舉行原住民歸順典禮之後，荷人在新港開設第一所學校，召集少年 70 人，教授羅馬字，授以基督教理。之後，附近大目降、目加溜灣、蕭壠、麻豆等社，也陸續建立學校，並在蕭壠、麻豆修建宏偉壯觀的教堂。依據 1639 年底之巡視報告，就學兒童人數，新港社 45 名、目加溜灣社 87 名、蕭壠社 130 名、麻豆社 140 名、大目降社 38 名；各社受洗禮人數，新港 1,047 人中全員洗禮、目加溜灣 1,000 人中 261 人、蕭壠 2,600 人中 282 人、麻豆 3,000 人中 215 人、大目降 1,000 人中 209 人。又 1636 年於北部諸羅山、南部傀儡（Taccarejangh）、放緯、瑯瑀等社，開闢傳教途徑；1637 年於放緯、1638 年於大木連即上淡水社開設學校。如是，歸順之番社日漸增加，為從事

教化而配置牧師及學校教員，又於南北數處派駐政務員，任取締及收稅，荷人治台甫告就緒。[74]

1647年，為使教化更深入，荷人下令各社的成年男女分成5至10組，男子在每日雞鳴後清晨，女子在下午四時後，舉行一小時的祈禱儀式，並教授基督教教義。稍後，1657年荷人更進一步決定在麻豆興辦原住民教師學校，以培養原住民教員。據同年10月5日，大員教會評議會決議錄，學生選自10至14歲原住民少年，招生人數30名，採取集中住宿，統一供給膳食、被服的辦法，進行強化訓練等等。但此案因為1661年4月，鄭成功進攻台灣，終未被正式採納或實施。[75]

總之，荷人煞費如此苦心，推行傳教與教育，其成果當然是相當可觀。根據荷治末期1659年10月18日，法倫丁（J. Valentijn）在台灣中南部巡視時所做的報告指出，在新港社舉行祈禱儀式，能夠清楚回答教理的，男子有443人，女子有447人，兒童有166人；目加溜灣社，男子有134人，女子有185人，兒童有93人；蕭壠社，男子有240人，女子有276人，兒童有181人；麻豆社，男子有278人，女子有319人，兒童有113人（其他中部16社省略）。另外，在推行教化和傳教之地區約有80%的原住民接受基督教的教育，其中40%的原住民對基督教教義的理解能力相當高。[76]

惟荷人推行教化的地區是以現今的台南為中心，往北部的嘉義至彰化為止，往南則沿下淡水溪下游至恆春一帶。而南部地區則因為氣候條件惡劣，又加上瘟疫流行，使傳教師視為畏途，竟採輪流方式派往。結果，傳教士素質參差不齊，致使教績難有成效。至於北部的淡水、雞籠地區，卻遲至1655年始派馬修士（M. Massius）前往佈教；至1662年鄭成功征服台灣為止，有無成就，

因為尚未見到任何資料，不難想像可能沒有什麼教績。東部地區，荷人自始至終不曾派一人前往傳教。

此外，荷人的傳教士一方面佈教，一方面從事研究工作，並撰寫了許多有關原住民語言的教科書和語言學。其中最負盛名的著作有哈巴特(J. Happartius)所寫的《Favorlang 辭典》，戈拉韋斯(D. Gravius)用西拉雅語所編譯的《馬太福音傳》和《基督教要理》，以及尤紐斯所編寫的各種教義書。這些語言到了今日雖都成為不再使用的死語，但是這些書籍的學術價值很高，可認定其為台灣無價的文化遺產。[77]

另方面，荷人在學校教授學童羅馬拼音法。因此，很多原住民都學會了用羅馬文字拼寫他們的語言，形成獨特的文化。即使在清朝時代，被稱為「教冊」或「教冊仔」(閩南語教師的譯寫)的書生在抄寫田地契約時，仍然使用羅馬拼音來抄寫，直到 19 世紀初才未再被人使用。而這些文書，被稱為「新港文書」，[78]成為後人研究的課題。荷人教育影響之深，實非吾人筆墨可以述盡。倘若時空能倒轉，再讓荷人多治理台灣 20 年；筆者相信，現今已被強者消滅的平埔族原住民，他們的子孫一定能用自己的文字，自己的思維，寫下他們祖先或可歌、或可泣的歷史詩曲，並能傲然屹立於今日的台灣。

其次，荷人入台之初，傳教士甘迪紐斯對原住民的原始耕種有如下的描述：

「居民主要的工作，是耕種旱田，而播植旱稻。土地很多，良好而肥沃，故祇要耕種，則此七個村莊，再可以養活十萬人。然他們在自己的需要以外，絕對不再耕種。故每年所產祇能滿足他們的需要。婦女，主要的是耕種土地。他們不用馬、

牛和犁，普通是用鶴嘴耕鋤，故要耗費很多的時間。播種的稻，成長以後，就密生於一個一定的場所，他們不得不進行移植，這是一相當勞苦的工作。稻成熟以後，他們不用鐮刀刈割收穫，而祇是用小刀似的器具，割取穗部。割稻以後，他們並不脫粒除殼，祇是攜走，以後則舂取每日所需要的分量。」[79]

從此傳述，可知原住民的生業實在甚為幼稚，幾乎近於最原始的狀態。他們不用牲畜，不用農具，只用原始粗笨的鶴嘴，攪耕土表。而其生產是任令米穀自然生長，也不耕作其需要以上的分量。因此，一旦遇到蟲害或其他天災，收穫無望時，就要遭遇到非常的困難。結果，原住民因為需從漢人方面接受米、鹽的供給，不得不聽從漢人的驅使從事苛酷的勞動。荷人領台之後，在新港社活動的傳教師尤紐斯特別注意到此事，乃做為教化的一個方策，極力獎勵當地原住民進行定居性的農業，亦即從事稻作做為生業。

1637 年 1 月 31 日，台灣長官及評議會決議准許新港及附近的中國人向尤紐斯借貸耕種費用現金 400 里耳（real）。顯然地，這就可證實尤紐斯牧師如何鼓勵原住民努力稻作的一面。[80]但不久，尤紐斯等人的努力，亦獲得酬報。1641 年在尤紐斯向台灣長官托拉德紐斯報告台灣的原住民有幸福的稻穀收穫。長官對於這一年的良好情況，也感到甚為欣慰。

毋庸多言地，荷人對於農耕的獎勵，並不局限於大員附近。1638 年 3 月在南部大木蓮（屏東縣萬丹鄉社上村）開辦學校時，尤紐斯牧師等陪同長官巴格（J. van der Burch 或 Vanden Burg）前往該地視察教化，同時亦巡視稻田的狀況，共同討論將來的統治方針。[81]1641 年 5 月，韋瑞林商務員奉命迂迴南部台灣到達東海

岸的卑南覓(台東)，向同地居民發出獎勵稻作的命令。是年9月，韋瑞林在大巴六九社遇害。翌年（1642年）1月，長官托拉德紐斯率大軍征伐，同社降（前述）。歸途長官沿路亦命令卑南覓、放縤、大木蓮等諸社的居民，努力從事稻作。[82]

1648年左右，荷人從蕭壠、麻豆的居民，收到相當量的稻穀。同年8月29日，荷人為要購進米穀，向蕭壠送出1,000里耳（real）及綻布（Cangans）數匹。9月20日，住在麻豆的傳教士漢姆普羅克（A. Hambroeck）從54戶中，每戶收稻穀1,600束，精製後獲米8擔，共計800斤。當局因該項米穀皆係獲自原住民部落，故甚為喜悅。[83]

由於蕭壠、新港、大目降、目加溜灣等社的原住民，對耕作已相當熟悉。教化該地區的傳教士格拉維斯（D. Gravius）乃依據當局1649年4月30日的決議，購入121頭耕牛，先後出售給蕭壠30頭、新港7頭，其餘也高價出售給其他部落的原住民。[84]格拉維斯實把耕牛推廣及於原住民之最大功勞者。自1650年起，原住民開墾耕地，不但已經用牛，甚至也知道用鋤和車以相輔。他們正式脫離了原始的農耕世界，同時也不再被嘲謔為「蒙昧的原住民」了。

## 三、漢人的移墾及其對原住民社會的影響

荷人占領台灣之後，發覺原住民的農耕技術，幾乎近於原始狀態，生產能力極低。所以為了開發台灣的產業，特別是米穀，因為當時東印度公司中的荷人、原住民及船舶中的主要食糧，都是米，荷人為購米頗費苦心。亦即如此，荷人乃積極鼓勵華南漢人前來移墾。而時逢明朝末期，大陸連年戰亂，人民生活困苦，饑餓甚劇，閩粵一帶的居民遂陸續流寓來台。據荷人的文獻，約

在 1634 年時，已有相當多數的貧窮農民，在荷人當局的保護下，從事農業的工作。當時，與荷人有交易而在南海上具有勢力的商人蘇鳴崗（Bencon），嘗爲農業的關係，從中國大陸運送農民到台灣。不久，在 1637 年 1 月 15 日及 16 日，由大員長官布爾夫送到巴達維亞的報告書中有如下的記載：

> 「赤嵌及其附近各地之米作，頗見熱心推行，諸如：林亨萬（Hamhuan）、Cambingh、Jaumo 及居住當地之中國頭人蘇鳴崗（Bencongh）等有資格中國人，各選定 20 毛亨（morgen）（一毛亨爲 8.516 平方公尺）之大區域數所，將在此種稻，預計在三、四年間，可蒙神明庇佑，從該地收取米糧一千拉士德以上。假如每拉德支付 50 里耳（real），在公司及印度領地將成爲良好事業，事屬至善，無需再對其他國王或領主求米，不易陷於饑餓之危險。」[85]

誠然，荷人對台灣的開發，並不局限於稻米的耕作。其他諸如蔗糖、捕鹿、撈魚（特別是鰡魚、俗稱烏魚）、開礦等等，都是荷人極期待能擴大發展。因此，漢人的大舉移住，是十分歡迎的。結果，據荷蘭當局的資料報告，1641 年大約已有 10,000 至 11,000 名的大陸移民來台從事蔗作以及各種行業。其中，譬如文獻記載，1638 年由於漢人使用陷阱、罠等工具大量濫捕鹿類，年間捕獲量竟高達 15 萬隻（通常 7-10 萬隻），台灣的鹿類幾乎面臨到絕種的地步。於是在此種情況下，荷蘭當局決議採取保護的措施，限制漢人的濫捕並實施發給獵狩許可證，每年也取得相當的稅收。例如 1638 年 10 月至 1639 年 5 月之間的總收入就有 1,998 里耳。[86]

　　1644 年 8 月 10 日，新任的台灣長官卡隆 (F. Caron)，對於農業的獎勵，較前任長官更見努力，尤其注意甘蔗的栽培，以求砂糖的增產。按 1644 年的報告，在赤嵌獲砂糖 3,014 擔，米的收穫也良好。1647 年 9 月，荷人測量赤嵌附近開墾的稻田有 4,056 morgen（1 morgen＝0.97 公頃），蔗田 1,469 morgen，藍田 51 morgen。這一時期的耕地，連年皆有顯著的增加。翌（1648）年，中國大陸烽火連綿，疾疫、饑饉甚劇，台灣的移民驟然增加至 20,000 人（待瘟疫、饑饉稍緩，約有 8,000 人返回大陸），並皆從事農業，故農產品總收入從 1646 年的 120,000 guilder，增加到 1648 年的 200,000 guilder，可見推動台灣的農業，使之益見隆盛。[87]

　　接著，1650 年以後，台灣因有連續的地震和蝗災，穀物及果實大受損害，產額減少。1652 年又有郭懷一 (Fayet) 之亂（後述），因而勞動力似見減少。翌（1653）年台灣的南北惡疫流行，老幼死亡者無數，稻田不能耕種，原住民陷於饑餓之苦。縱使如此不利的狀況，荷人在 1652 年至 1653 年的收支，仍有盈餘獲利 338,917 florijn。至此荷人之占有台灣，單憑藉當地的收入，大體上可維持，並有利潤。[88]

　　又有關礦產的開探，1642 年荷人驅逐北部西班牙人後，探金的活動繞過台灣北部赴東岸，數次派遣遠征隊，花大量費用，努力進行探查。惟僅得若干砂金及知道產地是在深山溪谷，未至成功地步。不過基隆的煤和淡水的硫磺則有相當的成就。特別是硫磺用椰子油精製後，輸至中國、越南、柬埔寨等多戰區，得到相當可觀的利潤。[89]

　　除此之外，台灣沿海一帶鯔漁（俗稱烏魚）業的開發和漁場的拓展，也是荷人財富來源之一。鯔魚除食用外，特別是牠的鯇（烏魚子）味道鮮美，頗為一般民眾所喜愛，需求量很大。荷人因

爲對烏魚與烏魚子課稅，所以只要豐收的話，便可豐富當局的財政。1657－1658 年的捕魚期，捕獲烏魚共計 400,000 尾，烏魚子 300 擔輸至中國大陸，獲得極高利潤。其他如帝王魚、鯊魚、鯊魚油、牡蠣、蝦等海鮮，產量亦相當豐富，銷售到中國大陸，也替荷人帶來相當的利潤。[90]

　　總之，荷人在 1656 年，稻田增至 6,516 morgen，蔗田增加至 1,837 morgen，其他田地爲 49 morgen，共計 8,403 morgen。如情形都很正常，則農產物應當是相對地增加。實際上，在 1658 年，砂糖的產額增加至 173 萬斤。其中有 60 萬斤輸出至日本，80 萬斤輸出至波斯，而其餘 33 萬斤送到巴達維亞，荷人獲巨大的利潤，則不用多言。到了荷蘭時代的末期，台灣的漢人移民達到 35,000 人左右。耕作的面積也達到 13,000 morgen。[91] 台灣對荷人而言，眞可算是取之不盡，挖之不枯的金礦山脈。莫怪 1622 年，荷人由於自己的怠慢而失去台灣，竟要嚴懲當時的台灣長官揆一（F. Coyett），可知其後悔莫及之深恨了。

　　以上是漢人的移墾與開發台灣的輪廓大要。現在再就荷人統治移民的手法，以及開發對原住民的影響，亦來加以探討。首先，荷人獎勵漢人移墾之後，漢人的人口漸增。荷人一方面在行政上保護移民從事農耕或商業活動；一方面在法律上將他們規範入荷人社會，要求共同遵守自 1629 年以來開始逐漸公布的《台灣告令集》（台灣最初的律令，但並未施行於原住民社會）。諸如荷人當局一再頒布告令，禁止漢人居民以竹材和茅草搭蓋房屋；並限定必須以磚材重建、在屋頂上覆蓋瓦片。禁止漢人在私宅持有火器、禁止任何人教習漢人使用火器、禁止出售武器給原住民等等。[92]

　　不過，政令、法律雖有種種明文的規定或限制，實際上的行政管理，荷人主要是利用漢族移民中的有力人物進行統制約束。

這些有力人物被稱作長老；或稱為「僑長」(Cabessa)，亦即僑居於台灣的漢人首領。由於荷人把漢族移民集中在若干特定區域居住（最初依照赤嵌所屬耕地劃分為4區，後來赤嵌耕地進一步擴展，再被分為14個農場區），長老對居住區的移民實行管理的同時，也獲得參加「市參議會」。該參議會的「市政法庭」自1644年以來，成立一個由4名荷人、3名漢人組成的7人委員會，每週開會二次，審理包括當局的員工、自由市民和漢人居民的小事件，經長官和評議會承認後處理之。這個7人委員會有點類似荷人在4個地方會議區設置的原住民長老會咨詢機關。當然這些長老也負有義務向荷人當局，報告區域內的一切大小事件。例如郭懷一事件前夕，就有7名長老向荷蘭當局報告即將發生的消息。[93]

再者，荷人努力開發台灣，不用說是為謀取殖民地更豐富的利益。但為了確保台灣的安全，諸如海上船艦的維持、陸上軍隊的駐留、城堡的修築以及遠征等等，都需大筆的經費。因此，荷人對生產力較低的原住民，除了納貢與服徭役之外，並不再有多求。然而下述的村社贌稅，雖或不是荷人的原意，卻埋下原住民重重被剝削的惡政。至於對活動力與生產力較高的漢人移民，則自7歲以上一律要求繳納居住稅（人頭稅）、米作什一稅、造酒稅、市場稅、豚屠宰稅、衡量稅（海關稅）、捕魚稅（烏魚除外），以及向原住民所進行的鹿皮等貨物收購所課的贌社稅等等。荷人對移民的徵稅，實亦可稱之為誅求無厭。故平時若無特別的災害，漢人仍可容忍過日，因為畢竟比及大陸的生活，還是較好一些。可是自1650年至1653年之間，台灣連續發生大地震和蝗災，穀物大受損害，惡疾又流行，民生潦倒，移民實苦不堪言。但如前述，荷人於1652至1653年的收支猶有大幅的盈餘，可見其「掠奪經濟」之一斑。是故，1652年9月，在移民領袖郭懷一誘導之下，

台灣史上發生第一次慘烈的「一揆」(農民)之亂。有關郭懷一之亂，荷蘭文獻《熱蘭遮城日誌》(江樹生教授譯註) 如有下詳細的記載：

「總督府從 Verburch 的這同一封信，署期 1652 年 10 月 30 日，驚悉該島上的中國農夫發動叛變的消息。長官閣下報告說，1652 年 9 月 7 日中午，有七個頭家自動來那城堡裡通報長官閣下說，他們那些〔十個〕頭家當中的一個，即住在赤崁的阿姆斯特丹農區的頭家郭懷一 (又稱郭官懷一 Gouqua Fay-it 或稱懷一 Fayet) 和他的跟隨者計畫要發起暴動。這些密謀者預定今晚就要執行他們的計畫了。Verburch 聽了，驚慌失措起來，因為他從未察覺中國移民有任何敵意。他立刻下令緊急準備防禦熱蘭遮城堡的一切措施。同時派人去赤崁通報這消息給代理法官及駐在普羅岷西亞要塞附近的人。他們接報，立刻騎馬去那阿姆斯特丹農區。在那裡，他們看見很多已經武裝要打鬥的中國農夫。赤崁的信差於半夜抵達熱蘭遮城堡，證實中國人要暴動的傳說是真實的，而且已經開始了。於是在隨後的夜裡幾個鐘頭中，很多住在市鎮的人都帶著他們的財物逃進城堡裡來避難了。

1652 年 9 月 8 日，天亮時，那些中國人反叛者向普羅岷西亞出發，一邊走一邊喊著『殺死，殺死荷蘭狗』的行軍口號。大部分的歐洲人已經逃入公司在赤崁的那個大馬廄裡避難。有八個〔歐洲〕人和人數不詳的為公司工作的亞洲人，其中一個是女人，未能及時逃走，都被叛亂者打死。那些中國人隨即去圍攻那馬廄。那裡面有 26 個人，包括女人和小孩，固守著。同時，有 150 個槍手被派，由中尉 Hans Pieter Tschiffelij 指揮，從熱蘭遮城渡往普羅岷西亞。他辛苦地登陸以後，就擊退那些

估計四千人的叛亂者。同日，Verburch 也向新港、蕭壠、麻豆、大目降各社以及南區各社的福爾摩沙盟友求援。他們應命派出六百多戰士來，使他感到安慰。在福爾摩沙這些援軍的協助下，Tschiffelij 遂得於 9 月 9 日去攻擊那些中國人叛亂者。他認爲，去進攻距離普羅岷西亞五荷里處的山谷裡的敵方軍營是不智之舉，因此將軍隊和他們的盟友固守在那附近。隔日，在人數上佔優勢的叛亂者冒險出擊。但是他們遭受慘重的敗績，因爲五千多中國人在那戰鬥中死亡。9 月 11 日，公司的軍隊發射四排步槍，把那些叛亂者打跑。隨後那些福爾摩沙的戰士就行動起來了。他們趕去追殺敵人，估計砍下兩千顆中國人的頭。兩天後，於 9 月 13 日，公司的軍隊開始撤回普羅岷西亞。這總計持續了十二天的敵對行爲，於死了三、四千個叛亂者之後，終於 9 月 19 日結束。郭懷一也在那些被殺死的人當中，他在逃亡途中，被一個赤崁來的福爾摩沙人用箭射倒。

有六個俘虜，其中有三個叛亂的領袖 Sincko Swartbaen、Lau-Eecko 和 T'Sieko，直到在刑架上死去都沒有招認半句話。其餘三個人，在刑求之後招認說，有一支國姓爺派來的中國的作戰艦隊，將於近期內來福爾摩沙征服大員及福爾摩沙全島。據他們說，郭懷一告訴過跟隨他的人說，他們不必害怕福爾摩沙的原住民，因爲已經跟他們說好要站在中國人這一邊了。雖然公司的主管們並不完全相信這逼供的招認，卻也決定，要爲這可能來攻擊的艦隊預作準備。並爲萬全起見，要令那艘載著貴重貨物停泊在澎湖灣的歸國大船 Delft 號，離開澎湖航來大員。」[94]

另據甘爲霖牧師（W. Campbell），譯自荷蘭文獻《荷人治下的

福爾摩莎》著作，當時郭懷一等人計畫在中秋之夜（1652 年 9 月 8 日），遍請荷蘭長官與要人參加宴會，乘其酒醉不備之際盡殺之，並攻占熱蘭遮城驅逐所有荷人。不料這項計畫被鄰村的另一首領叫普仔（Pauw）和郭懷一之弟反對，將此消息告知長官富爾堡（N. Verburgh），荷人乃得防患於先。而該文獻指出此次戰役，漢人死傷人數男人有 4,000 人，婦孺也共有 5,000 人被殺或被擄，戰況之激烈與慘狀，可想而知。[95]但此事件雖被迅速的鎮壓下來，卻也加深荷漢間的鴻溝，終於導致鄭成功在當地移民的協助下，能夠毫無阻礙地登陸大員，成功的將荷人驅離台灣。

末了，就漢人移墾對原住民社會的衝擊與影響，也來檢視一下。前文已述及，由於原住民的農耕技術，仍然停滯在半原始狀態，荷人為了開發台灣的產業，特別是米穀，乃積極的獎勵華南的漢人前來移墾，並大量的規劃「王田」（因為所有的土地都屬國有）租供給他們耕種開發。結果，漢人利用此制度，不斷地用欺瞞或強奪式的將原住民的土地占為己有。因此，雙方的爭端頻發不止，可是，最後受虧的不用說，還是那些「蒙昧」的原住民了。

然而，漢人移殖的結果，原住民最受貽害的卻是下述，荷人為了增加公司的收入，將原住民各村社的「村社商業承包稅」（俗稱「贌社」）委託給漢人承辦後，更加深了他們層層被剝削欺凌的機會。最後導致渠等的生存，無法維護，只得背井離鄉，遠遷他地。茲簡約地就「贌社」的經緯，引述於下，也做為本章的結尾。

1644 年荷人「為增加公司收入及地方會議時，要實現對各村落頭人之諾言起見，決定在主要各村落笨港（Ponckan）河南部全體，在一定條件之下，令中國人或荷蘭人（非公司使用人）之最高標價者包攬商業。大武壠 140 勒阿爾、哆囉嘓 140 勒阿爾（以下略）。上列金額先收半數，其餘半數於包辦期滿時繳納。」[96]此

即所謂的「贌社」制度及其淵源。

　　唯不用說，這些承包的商人，他們都是當地有財力的漢人或荷蘭人，方能「就官承餉」。因此，贌社的人雖被稱做「社商」，但有時也被尊稱爲「頭家」。而此制度從統治者的角度來論，實既方便又易舉。相反地，若從純樸無知的被統治者原住民來說，則其所受的貽害，眞是不可言喻了。因爲村社之稅額既以銀錢標價，而原住民仍然停留在以物易物的自然經濟，不知使用貨幣，遂提供「社商」有重重剝削的機會。《東印度事務報告》1647 年云，承租者獲公司賜給一種銀質佩章，上刻該村社之名以作爲出入的通行證，無證的漢人不得在該村活動，更不允許任何貿易。他們買原住民的鹿皮、鹿脯，賣給他們麻布、鹽、狩獵用的鐵器，珊瑚和各種什貨不但能以此支付租金，而且可以攫取厚利。[97]

　　研究台灣原住民族的學者潘英氏也指出：「這一荼毒平埔族達一世紀以上的制度，顯然與荷人的間接統治、收稅方便及需要鹿皮有關。而平埔族人賴以衣食之鹿群，因此一制度被殺戮殆盡，無疑的亦爲日後平埔族人不得不遠遷求生之一重要因素。」[98]

第二章註

① 在所謂的大發現時代，西葡兩國的航海者向世界四處探險，當其發現陸地時，經常發出「福爾摩沙」的歡呼。目前在歐洲、亞洲、非洲、南北美洲，共有 12 個地方名爲福爾摩沙，但其中以台灣最爲有名。參照矢內原忠雄《帝國主義下の台灣》，岩波書店，昭和九年，2-3 頁。

② 岩生成一〈豐臣秀吉の台灣島招諭計劃〉（台北帝國大學文政學部《史學科研究年報》第七輯，台灣三省堂，昭和 17 年，79 頁）。

　　其後，西班牙的瓜雷（Francisco Gualle）於 1582 年 3 月自墨西哥的阿卡

波可（Acapulco）港出帆，經菲律賓至媽港。同年 7 月 24 日，瓜雷再自該港出發，先向東南再轉南南東方向，通過台灣附近。他在航海日記上記述如下：「我等向東南東航行 150 哩，經過稱爲 Os Baixos dos Pescadores 的砂礁，再航向被稱爲琉球群島入口的 As Ilha Fermosas 諸島東岸。此爲「美麗島」之意。該島的存在係從漳州一位名叫 Santy 的中國人處得知。他說該島位於 21 度 4 分 3 之處，水深約 30 噚。然而，吾等並未望見該島，唯由緯度和水深判斷，應已到達該處。

我們通過美麗島的所在，再向東及東微北航行 260 哩。依前述中國人所言，此地稱爲 Island Lequeos，島嶼爲數甚多，頗富良灣。此地住民一如呂宋所見，顏面及身體均有如菲律賓米賽揚人般的刺青，並穿著與其相同的服飾。Santy 更說此地盛產黃金，島民常以扁舟載運鹿皮、砂金及工藝品至中國海岸交易。他保證所言不虛，並以曾經九次前往該島載運商品到中國沿岸爲證。我在媽港及中國沿岸進行調查，證實 Santy 所言爲眞，從而確信此事。這些島嶼的東北端應在北緯 29 度的位置。」中村孝志〈台湾におけるオランダ人の探金事業〉（天理大學人文學會《天理大學學報》第一卷第一號，天理大學，昭和 24 年 5 月，274-5 頁）。

③ 辻善之助《增訂海外交通史話》，內外書籍株式會社，昭和 17 年版，432-6 頁。

前揭〈豐臣秀吉の台灣島招諭計劃〉，90-1 頁。

④ 同上〈豐臣秀吉の台灣島招諭計劃〉，104-11 頁。

モルガ著／神吉敬三・箭內健次譯《フィリピン諸島誌》，岩波書局，1966 年，119 頁。

⑤ 同上〈豐臣秀吉の台灣島招諭計劃〉，112-3 頁。

⑥ 幸田成友《日歐通交史》，岩波書局，昭和 17 年，307 頁。

尾崎秀眞〈台灣古代史的研究〉（前揭《東洋》台灣特輯號，43 頁）。

前揭《增訂海外交通史話》，540-1 頁。

⑦ 岩生成一〈長崎代官村山等安的台灣遠征和遣明使〉（《史學科研究年報》第一輯，330-9 頁）。

⑧ 同上，309-18 頁。

此外，依黎斯所言，村山等安在 1615 至 1616 年間共派出 3 至 4,000 名士兵到台灣，且曾一度在該地獲得根據地之後，卻因沒有後援而失敗撤退。前揭（第一章）《台灣島史》，58 頁。

李光縉〈卻西番記〉（沈有容《閩海贈言》，台灣銀行復刻版，民國 48 年，35-8 頁）。

此外，在韋麻郎的航海日誌中，記載著當時交涉的結果。明朝表示若能

在中國領域外發現適宜良港，將派遣商船前往從事貿易，同時願借予帆船和兵員，由其帶往東南高地探險。然而，由於未能發現良港，只得作罷離去。據村上直次郎博士的研究指出，此處所謂東南高地，即今日的台灣。

村上直次郎〈ゼーランヂャ築城史話〉(台灣文化三百年紀念會《台灣文化史說》，台南州共榮會台南支會，昭和 10 年改版，34 頁)。

⑨ 植田捷雄《東洋外交史概說》，日光書院，昭和 24 年，16-7 頁。

⑩ 廖漢臣〈韋麻郎入據澎湖考〉(《台灣文獻》創刊號，台灣省文獻委員會，民國 38 年，26 頁)。

W. Campbell, Formosa under the Dutch. London, 1903 (Reprinted by Ch'eng-wen Publishing Co., Taipei, 1967)，p.26.

⑪ 台灣文獻叢刊第 154 種《明季荷蘭人侵據澎湖殘檔》，台灣銀行，民國 51 年，59-60 頁。

張燮〈東西洋考〉(前揭《諸蕃志》，103-5 頁)。

小川琢治《台灣諸島誌》，東京地學協會，明治 29 年，316-8 頁。

⑫ 曹永和〈荷蘭與西班牙占據時期的台灣〉(前揭《台灣文化論集》㈠，108 頁)。

⑬ 村上直次郎《抄譯バタヴィア城日誌》上卷，日蘭交通史料研究會，昭和 12 年，序說，10-2 頁。

村上直次郎《出島蘭館日誌》上卷，文明協會，昭和 13 年，序說，13 頁。

⑭ 同上，序說，12-3 頁。

前揭〈ゼーランヂャ築城史話〉，38-9 頁。

A. R. Colquhoun, J. H. Stewart-Lockhart, "A Sketch of Formosa." *China Review*, Vol. XIII, July 1884 to June 1885, p.162.

*Chinese Repository*, Vol. II, May 1833 to April 1834, Canton, "Formosa." p.409.

⑮ James W. Davidson, *"The Island of Formosa Past and Present."* N. Y., 1903, p.11.

*Chinese Repository*, Vol. II, p.409.

Camille Imbault-Huart, *L'ile Formose: Histoire et Description*. Paris, 1893, pp.13-4.

連雅堂《台灣通史》上冊，台灣通史社，大正 9 年，卷一，14 頁。

⑯ 前揭〈ゼーランヂャ築城史話〉，47-8 頁。

前揭《抄譯バタヴィア城日誌》上卷，序說，28 頁。

⑰ 同上《抄譯バタヴィア城日誌》上卷，54-61 頁。

前揭《明季荷蘭人侵據澎湖殘檔》，61 頁。

W. Campbell, op. cit,　pp.34-5.

A. R. Colquboun, J. H. Stewart-Lockhart, loc. cit., p.163.

⑱ Camille Imbault-Huart, op. cit., p.19.

*Chinese Repository*, Vol II, p.409.

James W. Davidson, op. cit., p.12.

Oskar Nachod, *Die Benziehungen der Niederländischen Ostindischen Kompagnie zu Japan im Siebzehnten Jahrhundert Berlin.* 1897. 富永牧太譯《十七世紀日蘭交涉史》，養德社，昭和 31 年，125 頁。

⑲ 奈良靜馬《西班牙古文書を通じて見たる日本と比律賓》，大日本雄弁會，講談社，昭和 17 年，237-8 頁。

早在 1619 年已有一位道明會士 Batolomé Martinez 提議占領台灣。José Eugenio Borao Mateo, etc., *Spaniards in Taiwan.* Vol.1, 1582-1641, SMC Publishing Inc., Taipei, 2001, p.40.

⑳ Ibid., pp.71-2.

James W. Davidson, op. cit., p.19.

前揭《南方文化の建設へ》，136 頁。

村上直次郎譯・中村孝志校注《バタヴィア城日誌》(I)，平凡社，昭和 45 年，附錄，339-48 頁。

㉑ 前揭《西班牙古文書を通じて見たる日本と比律賓》，239 頁。

㉒ 同上，239-40 頁。

José Eugenio Borao Mateo, etc., op. cit., p.100.

A. R. Colquhoun, J. H. Stewart-Lockhart, loc. cit., p.166.

㉓ 前揭《南方文化の建設へ》，136 頁。

前揭〈荷蘭與西班牙占據時期的台灣〉，110 頁。

㉔ 前揭《出島蘭館日誌》上卷，序說，76 頁。

㉕ 中村孝志著／吳密察・翁佳音・許賢瑤等編譯《荷蘭時代台灣史研究》下卷社會・文化，稻鄉出版社，民國 90 年，146-8 頁。

㉖ 同上，148 頁。

José Eugenio Borao Mateo, etc., op. cit., pp.131-2.

㉗ Ibid., p.132.

同上，148-9 頁。

陳宗仁《雞籠山與淡水洋：東亞海域與台灣早期史研究 1400-1700》，聯經出版公司，民國 94 年，219 頁參照。

㉘ 前揭《荷蘭時代台灣史研究》下卷，150-2 頁參照。

㉙ 伊能嘉矩《台灣蕃政志》卷全，前揭（第一章），53、57 頁。

㉚ 前揭《荷蘭時代台灣史研究》下卷，154-5 頁。

㉛ 幣原坦《南方文化の建設へ》，前揭（第一章），138-9 頁。

㉜ José Eugenio Borao Mateo, etc., op. cit., pp.243-4.
前揭《雞籠山與淡水洋：東亞海域與台灣早期史研究 1400-1700》，
221-2 頁。

㉝ 程紹剛譯註《荷蘭人在福爾摩莎》，聯經出版公司，2000 年，227 頁，註 6。
前揭《南方文化の建設へ》，139 頁參照。
前揭《荷蘭時代台灣史研究》下卷，166-7 頁。

㉞ 前揭《出島蘭館日誌》上卷，序說，77 頁。

㉟ W. Campbell, op. cit., pp.495-6.
前揭《南方文化の建設へ》，143 頁。

㊱ 同上，144 頁。
前揭〈荷蘭與西班牙占據時期的台灣〉，111 頁。

㊲ 同上《南方文化の建設へ》，145-55 頁。
José Eugenio Borao Mateo, etc., *Spaniards in Taiwan*. Vol.II, 1642-1682,
SMC Publishing Inc., Taipei, 2002, pp.379-83.

㊳ 太壽堂鼎《領土歸屬的國際法》，東信堂，1998 年，10 頁。
栗林忠男《現代國際法》，慶應義塾大學出版會，2001 年，232-4 頁。

㊴ 前揭《抄譯バタヴィア城日誌》上卷，62 頁。
村上直次郎〈蘭人的蕃社教化〉（前揭《台灣文化史說》，95 頁）。

㊵ W. Campbell, op. cit., p.37.
同上〈蘭人的蕃社教化〉，97 頁。
前揭《十七世紀日蘭交涉史》，125 頁。
永積洋子譯《平戶荷蘭商館日記》第一輯，岩波書店，昭和 44 年，序說，
3 頁。

㊶ 前揭《抄譯バタヴィア城日誌》中卷，序說，2-3 頁。
前揭《日歐通交史》，308-10 頁。

㊷ 村上直次郎《長崎荷蘭商館日記》第一輯，岩波書店，昭和 31 年，
12-3 頁。
同上《抄譯バタヴィア城日誌》中卷，序說，7-8 頁。
前揭《十七世紀日蘭交涉史》127-9 頁。

㊸ 同上《抄譯バタヴィア城日誌》中卷，序說，8-9 頁。

同上《十七世紀日蘭交涉史》，131-3 頁。

前揭《平戶荷蘭商館日記》第一輯，29-32、108-24 頁。

前揭《增訂海外交通史話》，556-8 頁。

㊹ 前揭《長崎荷蘭商館日記》第一輯，14 頁。

同上《平戶荷蘭商館日記》第一輯，序說，5 頁。

同上《增訂海外交通史話》，558-9 頁。

㊺ W. Campbell, op. cit., pp.42-8

同上《抄譯バタヴィア城日誌》中卷，序說，104 頁。

同上《平戶荷蘭商館日記》第一輯，序說，5 頁。

前揭《日歐通交史》，315-7 頁。

㊻ 同上《平戶荷蘭商館日記》第二輯，409-13 頁。

㊼ 同上，序說，2-3 頁。

前揭《抄譯バタヴィア城日誌》中卷，序說，17-9 頁。

㊽ 中村孝志《荷蘭時代台灣史研究》上卷概說‧產業，稻鄉出版社，民國 86 年，34 頁。

永積洋子稿／許賢瑤譯〈荷蘭的台灣貿易〉上，下（《台灣風物》第 43 卷第一期，台灣風物雜誌社，1993 年 3 月，15-35 頁，同第 43 卷第三期，1993 年 9 月，49-52 頁參照）。

楊彥杰《荷據時代台灣史》，聯經出版公司，2000 年，51-60 頁參照。

㊾ 村上直次郎譯‧中村孝志校注《バタヴィア城日誌》⑴，平凡社，昭和 45 年，44-5 頁。

㊿ 莊松林〈荷蘭之台灣統治〉（《台灣文獻》第十卷第三期，台灣省文獻委員會，民國 48 年，6-7 頁所收）。

51 曹永和《台灣早期歷史研究續集》，聯經出版公司，2000 年，204 頁。

52 前揭《バタヴィア城日誌》⑴，235-8 頁。

村上直次郎譯註《抄譯バタヴィア城日誌》（上，中卷），日蘭交通史料研究會，昭和 12 年。

同書郭輝譯《巴達維亞城日記》第一冊，台灣省文獻委員會，民國 59 年，150-2 頁。

53 同上《バタヴィア城日誌》⑴，238 頁。

同上《巴達維亞城日記》第一冊，152-3 頁。

54 前揭〈荷蘭之台灣統治〉，17 頁。

康培德《台灣原住民史政策篇㈠荷西明鄭時期》，國史館台灣文獻館，民國 94 年，65 頁。

(55) 前揭《バタヴィア城日誌》(1)，239 頁。
前揭《巴達維亞城日記》第一冊，153 頁。
(56) 前揭《荷蘭時代台灣史研究》下卷，40-1 頁。
前揭《台灣原住民史政策篇(一)荷西明鄭時期》，65 頁。
(57) 前揭《台灣早期歷史研究續集》，204-5 頁。
(58) 前揭《バタヴィア城日誌》(I)，279-80 頁。
前揭《巴達維亞城日記》第一冊，180-1 頁。
(59) 前揭《荷蘭時代台灣史研究》下卷，41 頁。
(60) 前揭《バタヴィア城日誌》(2)，185-7 頁；同書郭譯，347-9 頁。
前揭《台灣原住民史政策篇(一)荷西明鄭時期》，67 頁參照。
前揭〈荷蘭之台灣統治〉，8-10 頁參照。
(61) 前揭《荷蘭時代台灣史研究》下卷，50-1 頁。
(62) 前揭《バタヴィア城日誌》(2)，216-20 頁；同書郭譯 370-4 頁。
前揭〈荷蘭之台灣統治〉，22 頁參照。
(63) 同上《バタヴィア城日誌》(2)，237、284-5 頁。
同上《巴達維亞城日記》第二冊，379-80、417 頁。
(64) 江樹生譯註《熱蘭遮城日誌》第二冊，台南市政府，民國 88 年，355-69 頁。
(65) 同上《バタヴィア城日誌》(2)，285、310-1 頁。
同上《巴達維亞城日記》第二冊，417-9、438-9 頁。
(66) 前揭《荷蘭時代台灣史研究》下卷，73 頁圖 D, 86 頁。
(67) 前揭《バタヴィア城日誌》(2)，342、349 頁。
同上《巴達維亞城日記》第二冊，464 頁。
前揭〈荷蘭之台灣統治〉，15 頁。
(68) 前揭《熱蘭遮城日誌》第二冊，1-3 頁。
前揭《荷蘭時代台灣史研究》下卷，41 頁。
(69) 鄭維中《荷蘭時代的台灣社會》，前衛出版社，2004 年，25-6 頁參照。
(70) 前揭《台灣原住民史政策篇(一)荷西明鄭時期》，121-8 頁。
前揭《荷蘭時代台灣史研究》下卷，47-8 頁。
前揭〈荷蘭之台灣統治〉，5-6 頁參照。
(71) 同上《荷蘭時代台灣史研究》下卷，44、49-50 頁參照。
同上〈荷蘭之台灣統治〉，16-7 頁參照。
同上《台灣原住民史政策篇(一)荷西明鄭時期》，129-42 頁。
(72) 同上《台灣原住民史政策篇(一)荷西明鄭時期》，144-6 頁。

同上《荷蘭時代台灣史研究》下卷，44、50-2 頁。

同上〈荷蘭之台灣統治〉，20-3 頁參照。

⑦ 同上《荷蘭時代台灣史研究》下卷，44、52-4 頁。

同上〈荷蘭之台灣統治〉，12-4 頁參照。

同上《台灣原住民史政策篇㈠荷西明鄭時期》，142-4 頁。

⑭ 村上直次郎〈蘭人の蕃社教化〉(台南州共榮社《台灣文化史說》，同會，昭和 10 年改版，106-9 頁所收)。

前揭《バタヴィア城日誌》⑵，序說，15 頁。

前揭《巴達維亞城日記》第二冊，序說 231-2 頁。

⑮ 前揭《荷據時代台灣史》，114-7 頁參照。

同上〈蘭人の蕃社教化〉，112、119 頁。

⑯ 前揭《荷蘭時代台灣史研究》上卷，35-6 頁。

前揭《バタヴィア城日誌》⑶，昭和 50 年，附錄一四, 380-406 頁參照。

同書程大學譯《巴達維亞城日記》第三冊，台灣省文獻委員會，民國 79 年，附錄一四, 368-95 頁參照。

⑰ 同上《荷蘭時代台灣史研究》上卷，36 頁。

⑱ 村上直次郎〈台灣蕃語文書〉(前揭《台灣文化史說》，122-62 頁所收參照)。

⑲ 前揭《荷蘭時代台灣史研究》上卷，48 頁。

⑳ W. Campbell, op. cit., p.155.

㉑ Ibid., pp. 163-4.

㉒ 前揭《バタヴィア城日誌》⑵，220 頁。

前揭《巴達維亞城日記》第二冊，373-4 頁。

㉓ 前揭《荷蘭時代台灣史研究》上卷，64-5 頁。

㉔ W. Campbell, op. cit., pp.248-9.

㉕ 前揭《バタヴィア城日誌》⑴，292、299 頁。

前揭《巴達維亞城日記》第一冊，188、193 頁。

㉖ 前揭《荷蘭時代台灣史研究》上卷，37 頁。

同上《バタヴィア城日誌》⑵，附錄㈡之⑵，404-8 頁。

㉗ 同上《荷蘭時代台灣史研究》上卷，37, 63 頁參照。

㉘ 同上，66-7 頁。

㉙ 同上，37-8 頁參照。

㉚ 同上，38 頁。

㉛ 同上，68 頁參照。

㉜ 韓家寶・鄭維中譯著《荷蘭時代台灣告令集・婚姻與洗禮登錄簿》，曹

永和文教基金會，2005 年，51、54 頁參照。

㉝ 同上，49 頁圖表 I、57-9 頁參照。

前揭《バタヴィア城日誌》⑵，297 頁參照。

同書郭譯，428 頁參照。

㉞ 前揭《熱蘭遮城日誌》第三冊，285-6 頁。

㉟ W. Campbell, op. cit., pp.63-4.

Dapper 著／施博爾・黃典權譯〈郭懷一事件〉(《台灣風物》，第 26 卷第三期，台灣風物雜誌社，民國 65 年，69-71 頁參照)。

㊱ 前揭《バタヴィア城日誌》⑵，292-3 頁。同書郭譯，423-4 頁。

㊲ 杜正勝《番社采風圖題解——以台灣歷史初期平埔族之社會文化為中心》，前揭 (第一章)，32 頁。

㊳ 潘英編著《台灣平埔族史》，前揭 (第一章)，86 頁。

# 第三章

# 鄭氏台・澎政權的
# 樹立及其政治社會的結構

# 第一節　鄭清抗爭與荷蘭退出台灣

## 一、南明的沒落和鄭成功的崛起

　　鄭芝龍（一官）生於福建泉州府南安縣石井，年輕時曾任台灣荷蘭商館的通譯。①其後，芝龍繼承海盜顏思齊的組織成為頭目，②從而稱雄台灣海峽。當時，日益傾頹的明朝深知難以鎮壓，乃於 1628 年加以招撫，授與海防遊擊的官職。其後，鄭芝龍專職討伐海盜的任務（實際上是藉朝廷之名，擊敗競爭對手），累昇至三省總戎大將軍。③

　　在此之前，芝龍由於曾住平戶的因緣，與當地日本婦人田川氏結婚，生下二子。其後，芝龍因從事海盜而發達，即於 1630 年派船前往平戶迎接妻子，但田川氏因剛產下次子不便遠航，僅讓長子福松（森）單獨隨船前往。福松即是日後建立台灣鄭氏政權的英雄鄭成功。④

　　福松前往中國之後，明朝正因新興清國的壓迫與內亂，逐日走向滅亡之道。在福松 21 歲那年（1644 年），鄭芝龍迎唐王聿鍵於福州即位，改元隆武。福松隨父入朝，受封忠孝伯，官拜御營中軍都督、招討大將軍，賜國姓朱，賞駙馬待遇，並改名成功。其後，福松本應名為朱成功，但因畏僭姓之虞，遂終生不稱朱姓，僅用鄭成功之名，不過一般仍稱他為國姓爺（Koxinga）。⑤

　　1646 年 8 月，隆武帝被清軍捕獲，芝龍再為利害所動，不聽成功之諫，逕行引軍降清，終於被清將博洛貝勒強脅北行。此時，成功十分憤慨，乃於廈門附近的南澳舉兵，決心挽回明朝頹勢。他遣使遠赴廣東朝覲桂王・肇慶帝（其後改稱永曆帝），奉其

爲正朔，受封漳國公；之後，又晉封常爲人所熟知「延平王」或「延平郡王」。1650 年 8 月，鄭成功擊敗擁魯王稱帝的鄭彩、鄭連兄弟，占領金門、廈門，逐步經略華南沿海各地，從而鞏固自己的勢力。⑥

1658 年，鄭成功決意恢復明朝江山，故乃整備水師與各地鄉勇 28 萬，號稱 80 萬大軍，由海路揮軍北上攻進揚子江，進而包圍金陵（南京）。但終被清軍擊敗，喪失大量船艦及勇將猛卒，狼狽逃歸廈門。⑦

回天一擊受挫之餘，已完全無法在大陸立足的鄭成功，爲期待再起時機，只有設法先在海外尋得安全根據地，其後再徐圖恢復實力。因此，他將注意力轉向台灣。⑧1659 年 2 月，有位暗通鄭成功、在台灣擔任荷蘭通譯名爲何斌（Pinker）者，因爲背負債務遂攜海圖逃返廈門。他向鄭成功進言：「台灣沃野千里，霸王之地，北方的雞籠（基隆）、淡水硝磺有焉。橫絕大海，肆通外國，十年生聚，十年教養，國富兵強，進可攻退可守，足以和清廷對抗。」他並指陳原住民不堪荷蘭惡政，強調台灣目前民心離反，驅逐荷蘭此其時也。於是，鄭成功乃決意攻打台灣。⑨（以上節引自拙著《台灣國際政治史研究》，前揭〈第一章〉，32-4 頁；同書李譯，31-3 頁。）

## 二、荷蘭被迫退出台灣

1659 年，鄭成功在金陵（南京）遭到毀滅性的打擊，因而被清軍逐離中國大陸，故其攻打台灣的風聲甚盛。台灣長官揆一(F. Coyett) 除增強熱蘭遮城的防備之外，亦向巴達維亞本部報告事態緊迫，但本部並不相信此種預測，反而主張縮減熱蘭遮城的守備。⑩雖然如此，巴達維亞本部仍於 1660 年 7 月 16 日任楊范德

蘭（J. V. Laan）爲司令官，率 12 艘船艦載 1,453 名人員（其中 600 名士兵）往赴台灣增援。同年 9 月，楊范德蘭所率艦隊抵達台灣。鄭成功在得知此事之後，一度決定中止攻台計畫。職是，楊范德蘭否定鄭成功可能攻台之說，不顧台灣評議會的反對，留下 600 名沒軍官率領的士兵，逕自於 1661 年 2 月率艦離台。[11]

趁荷蘭艦隊離開台灣海峽之後，鄭成功隨即於同年 4 月 30 日上午 10 時，親率 25,000 大軍由澎湖急襲台灣。同時，出乎荷蘭意料之外地，鄭成功並不從熱蘭遮城水道進攻，而在何斌引導下，由鹿耳門（Lakjemuyse），乘漲潮直至 Smeerdorp「禾寮港」（翁佳音教授推論舊地名應是「下寮港」或「蚵寮港」，亦即今天台南市永康區內）某處登陸，毫無阻礙地抵達普羅民遮城附近。[12] 其時，不堪荷蘭惡政的台灣住民大喜，紛紛以小船、牛車協助鄭軍登陸進軍。[13]

如此一來，荷蘭守軍因突然面對避開熱蘭遮城登陸的鄭軍而倉皇失措，結果迅即陷入被包圍的窘境。由於熱蘭遮城與普羅民遮城被截斷，兩城遂陷入孤立的態勢。不久，普羅民遮城於 5 月 4 日陷落，鄭軍乃傾全力集中攻擊熱蘭遮城，並勸誘荷軍投降。然而，揆一長官宣示將戰至最後一兵一卒，堅拒向鄭軍投降。[14]

與此同時，深懷不滿的楊范德蘭在返回巴達維亞之後，仍不斷否定鄭成功攻台之說，並彈劾揆一長官怠職。巴達維亞總督瑪茲克（J. Maetsuyker）聽信楊范德蘭之言，乃將揆一免職，另派克連克（H. Klenke）前往接替。[15] 1661 年 6 月 21 日，克連克由巴達維亞出發，於 7 月 30 日抵達台灣。他原本打算僚氣十足地進入熱蘭遮城，卻見城上戰旗高掛，敵艦密布海面。結果，克連克在大驚之餘，僅傳達巴達維亞總督的更替任命信函，隨即找藉口慌忙逃離台灣。他在途中前往基隆，將當地守軍及住民 170 人接走，

再繞經長崎返回巴達維亞。⑯

　　接獲鄭軍來襲急報的巴達維亞總督，十分懊惱先前的判斷錯誤，乃迅速編成援台艦隊，由卡烏（J. Caeuw）率艦 10 艘、兵員 725 人，於 1661 年 8 月 10 日抵達台灣。此時，熱蘭遮城守軍大喜過望，立即迎入卡烏援軍，召開對鄭作戰計畫，並決議進行反擊。然而，由於鄭軍勢大，荷軍雖數度嘗試突圍，但並未成功。⑰正當卡烏戰意全失，思尋離台藉口之際，沒想到卻接獲清國提議共同對鄭作戰的請求。於是，他便假意熱心地要求擔任與對岸交涉的任務，而於同年 12 月 30 日，率 2 艘戰艦由台灣出發，但當他抵達澎湖附近海域時卻調帆轉舵，將所負任務拋諸腦後，倉惶逃回巴達維亞。⑱

　　卡烏逃離台灣，使荷蘭守軍的士氣與補給大受影響。此後，與鄭軍內通者、投降者不斷增加。1662 年 2 月 1 日，荷軍正式向鄭軍請降，結束長達九個月的持久對峙戰。⑲雙方於同月 10 日，締結如下和約（條約計漢文 16 條、荷文 18 條。可惜漢文原本完全遺失，現存的原本是荷文翻譯）：

　　一、荷蘭人攜走必要的糧食與彈藥。
　　二、荷蘭人攜走一定的金錢和私有財產。
　　三、荷蘭人在撤退時可奏樂，並攜實彈武器。
　　四、交換俘虜。
　　五、鄭成功交還奪取的荷蘭船舶。
　　六、東印度公司在台灣的城寨、財產讓與鄭成功。
　　七、所有政府公文均攜回巴達維亞。⑳

　　如是，38 年間搾取、壓迫台灣人的荷蘭殖民當局，終於在 1662 年完全從台灣撤離。其後，荷蘭人雖曾與清國締結軍事同盟，嘗試從鄭氏手中奪回台灣，但結果終歸於失敗。㉑（以上節

引自《台灣國際政治史研究》34-42 頁，李譯，33-41 頁。）

另外，在此附帶一提的是，據歐陽泰（Tonio Andrade）著／鄭維中譯《福爾摩沙如何變成台灣府？》（遠流出版公司，2007 年）一書的記載，引導鄭成功攻略台灣的何斌（廷斌），隨後不但未獲得鄭成功的寵信，反而被暴怒丟到「草寮」去。茲引其論述如下：

> 「不過，何廷斌沒有一直受到鄭成功寵信。他曾經說取下台灣易如反掌，結果卻很麻煩，惹得鄭成功氣惱。其中一點也與糧食有關。鄭成功總是爲養活他的大軍竭盡心力，何廷斌把台灣說得好像五穀豐登，事實並非如此。某個荷蘭人從鄭軍士兵口中得知：『他們在對岸本來日子過得比這樣好太多，在這裡根本沒有鹿肉可吃，豬肉也找不著。他們被迫只能食用原住民的米糧，可是因爲不夠吃，只能煮成薄粥，這樣缺糧的情況都要怪罪何廷斌。他現在，住在一座小草寮，什麼大權也沒有。』鄭成功應該還有更不高興的問題。何廷斌向他保證如果西南季風吹起，荷蘭人就沒辦法獲得巴達維亞的支援，因爲求救船無法逆風航行回去。但荷蘭人卻求救成功，獲得救援艦隊的支持。當鄭成功望見救援艦隊來航，臉色翻白。他褫奪何廷斌的官爵，把他丟到小草寮裡去，還命令他不要再出現在他眼前。其他人敢去探望他，死罪論處。」那何廷斌的下場如何呢？該書又稱：「最後一場談判，也是荷蘭人向鄭成功繳出城堡時，何廷斌又回來擔任通事的職務：『何廷斌這個大叛徒無賴國賊，看來並無多少權位，夾雜在一般人裡面，只不過是個通事。』這是他最後一次在公司檔案裡出現時的面貌。」[22]

對這段論述，斯界翁佳音教授的研究，雖然亦稱鄭成功攻台

後期，何斌與鄭成功的關係不佳，被外放他地。但「到了鄭經時代，何斌還是充當與英、荷交涉的重要人物。」㉓（何斌的生卒年不詳）

## 附錄 （引自楊彥杰《荷據時代台灣史》，316 頁）

### 巴城總督一覽表

| 任職時間 | 原　　名 | 漢譯名 |
|---|---|---|
| 1609-1614 | Piter Both | 彼得·伯斯 |
| 1614-1615 | Gerard Reynst | 格拉德·雷因斯特 |
| 1616-1618 | Laurens Reaal | 勞倫斯·里亞爾 |
| 1618-1623 | Jan Piterzoon Coen | 燕·彼德爾森·格恩 |
| 1623-1627 | Pieter de Carptntier | 彼得·德·卡本特 |
| 1627-1629 | Jan Pieterzoon Coen | 燕·彼得爾森·格恩 |
| 1629-1632 | Jacques Specx | 雅克·史佩克斯 |
| 1632-1635 | Hendrick Brouwer | 亨德里克·布勞威爾 |
| 1636-1645 | Anthonio van Diemen | 安東尼·樊·第蒙 |
| 1645-1650 | Comelis van de Lijn | 科尼利斯·樊·德·利英 |
| 1650-1653 | Carel Reniers | 卡爾·雷爾茲 |
| 1653-1678 | Joan Maetsuyker | 約翰·瑪茲克 |

### 台灣長官一覽表

| 任職時間 | 原　　名 | 漢譯名 |
|---|---|---|
| 1624-1625 | Martinus Sonck | 馬爾登·宋克 |
| 1625-1626 | Gerard Frederikzoon de With | 哲拉·弗里弟里茲·德·韋特 |
| 1627-1629 | Piter Nuyts（Nuijts） | 彼得·訥茨 |
| 1629-1636 | Hans Putmans | 漢斯·普特曼斯 |

| 1636-1640 | Johan van der Burch (Burg) | 約幹・樊・德・伯格 |
|---|---|---|
| 1641-1643 | Paulus Traudenius | 保魯斯・特羅登紐斯 |
| 1643-1644 | Maximiliaen le Maire | 馬克西米利安・勒・麥爾 |
| 1644-1646 | Francois Caron | 蘭索斯・卡朗 |
| 1646-1650 | Pieter Antoniszoon Overwater | 彼得・安東尼・奧弗特・華特 |
| 1650-1653 | Nicolaes Verburch | 古拉斯・費爾堡 |
| 1653-1656 | Cornelis Caesar | 康納利斯・卡薩 |
| 1656-1662 | Frederick Coijet（Coyett） | 弗里第里克・揆一 |

# 第二節　鄭王朝的沿革及其政治社會組織

## 一、鄭成功「藩主」王國的建立

1661 年 5 月 4 日，鄭成功攻陷普羅民遮城之後，如上述雖多次繼續圍攻熱蘭遮城，並招降荷軍議和，可是台灣長官揆一奮勇守城，誓死不從。當其時鄭軍也缺糧甚嚴重，於是同年 5 月 22 日，鄭成功決意採取「圍困俟其自降」的策略，派提督馬信帶領所屬的士兵，駐守城下，阻斷所有通往熱蘭遮城的陸路，圍困該城。隨後鄭成功分發各部隊前往駐地，開始屯墾。[24]

同年 5 月 29 日（陰曆 5 月 2 日），鄭軍第二批部隊：前衛鎮劉俊、遊兵鎮陳瑞、英兵鎮胡靖、智武鎮顏望忠、殿兵鎮陳璋等六鎮，統船 20 隻到達台灣。鄭成功乃即刻重新分派黃安爲管虎衛右鎮，提督蔡文管左衛鎮事，又令協將洪羽暫管禮武鎮。如此，軍事部署既定，鄭成功爲劃分行政區域，遂於同日改赤崁（嵌）地方爲東都明京，並設一府二縣、一鎮、一安撫司。亦即以普羅民遮城

爲承天府（今台南市）任楊朝棟爲府尹；再以新港溪爲界，南至
恆春屬萬年縣(縣治今左營)，任祝敬爲縣事；北至基隆謂天興縣(縣
治今佳里)，任莊文烈爲縣事。而熱蘭遮城(一鯤身島)雖仍未攻克，
但爲紀念鄭氏泉州安平故里，改稱爲安平鎮，澎湖則設安撫司。
其次，爲治理庶政，再命府尹查報所屬田園冊籍，以做徵租納銀
之據。此實鄭王朝施政管轄台灣的第一步，也是台灣設置郡縣之
始。㉕

　　依照 5 月 29 日的行政規劃，同年 6 月 14 日（永曆 15 年 5 月
18 日），鄭成功正式宣布開國奠基，並爲隨來數萬文武官兵之安
屯、衙門之設立、村莊之創置、房屋之建造、田園之分配，以及
經商捕魚等等諸事，乃重新發布其計八項治國條款（亦即律令），
同時強調違者將加懲處。茲錄其令諭及條文如下：

　　「東都明京，開國立家，可爲萬世不拔基業。本藩已手闢
　草昧，與爾文武各官及各鎮大小將領官兵家眷，聿來胥宇，總
　必創建田宅等項，以遺子孫。計但一勞永逸，當以己力經營，
　不准混侵土民及百姓現耕物業。茲將條款開列於後，咸使遵依。
　如有違越，法在必究。著戶官刻板頒行。特諭。

　　一、承天府安平鎮，本藩暫建都於此，文武各官及總鎮大
　小將領家眷暫住於此。隨人多少圈地，永爲世業，以佃以漁及
　經商取一時之利；但不許混圈土民及百姓現耕田地。

　　一、各處地方或田或地，文武各官隨意選擇創置莊屋，盡
　其力量，永爲世業；但不許紛爭及混圈土民及百姓現耕田地。

　　一、本藩閱覽形勝，建都之處，文武各官及總鎮大小將領，
　設立衙門，亦准圈地創置莊屋，永爲世業；但不許混圈土民及
　百姓現耕田地。

一、文武各官圈地之處，所有山林及陂池，具圖來獻，本藩薄定賦稅，便屬其人掌管；須自照管愛惜，不可斧斤不時，竭澤而漁，庶後來永享無疆之利。

一、各鎮及大小將領官兵派撥汛地，准就彼處擇地起蓋房屋，開闢田地，盡其力量，永爲世業，以佃以漁及經商；但不許混圈土民及百姓現耕田地

一、各鎮及大小將領派撥汛地，其處有山林陂池，具啓報聞，本藩即行給賞；須自照管愛惜，不可斧斤不時，竭澤而漁，使後來永享無疆之利。

一、沿海各澳，除現在網位、罟位，本藩委官徵稅外，其餘分與文武各官及總鎮大小將領前去照管，不許混取，候定賦稅。

一、文武各官開闢田地，必先赴本藩報明畝數而後開墾。至於百姓必開畝數報明承天府，方准開墾。如有先墾而後報，及少報而墾多者，察出定將田地沒官，仍行從重究處。」

此令既發，鄭成功立刻遣發各部隊，前往，駐地屯墾，並預發6個月的俸銀爲開墾費。㉖

綜觀這八項條款，鄭氏雖再三美其名提示：「不許混圈土民及百姓現耕田地」的文句；似乎明白地要維護原住民及先來移墾的漢人既得利益。不過，前文已述，荷人所施行的「王田制」，實僅止於形式上的所有權，原住民各社區的土地，仍然爲渠等族羣所共有。但是依鄭氏這八條款所發展而成的土地制度，亦即「官田」、「文武官田」、「營盤田」（下述），卻意味著廣泛地建立土地私有制的事實，嚴重侵犯了原住民的土地權益。

職是，「八條款」發表後不久，即同年7月（陰曆），駐赤嵌

一帶的鄭軍管事楊高，因爲橫暴「凌削」大肚番原住民，侵占渠等的土地，遂引起頭目阿德狗讓的不滿，怒斬楊高，率衆衝殺左先鋒鎭營。鄭成功命楊祖往征，惟其鋒甚熾，楊祖中標槍戰死。再令黃安、陳瑞二鎭圍剿，黃安設伏誘戰，遂斬阿德狗讓，事方息。㉗即此，可證實「八條款」云云，只不過是一片謊言虛語，根本無眞意要維護原住民的利益。

這姑且不論，1662 年 2 月 10 日，荷軍正式降伏，簽署和約，退出台灣。鄭成功乃祭山川神祇，又將台灣全島改稱東都，自居安平鎭熱蘭遮城（後改稱赤崁城）內執政。未幾（《台灣外記》等文獻記載的時日是永曆 15 年 12 月 6 日，即陽曆 1662 年 1 月 25 日。但應有差誤，只是筆者無法對照），鄭成功處理斬殺汙吏府尹楊朝棟、知縣祝敬、斗給陳伍等示衆；並令黃安監守安平鎭、周全斌總督承天府南北路之後，自領何斌、馬信、楊祥、蕭拱宸等親信，帶統手、強兵計 1,100 人，從新港、目加溜灣經由蕭壠、麻豆、大目降、大武壠、他里霧、半線等各處巡視，探查原住民各部落的地形情勢。翌日，鄭成功召集諸提鎭、參軍議事。他向諸將說明，大凡治家治國，以食爲先；所以，糧食的供給是當務之急。他舉昨日巡視的結果，認爲台灣的土地肥沃，若採「寓兵於農」之策，定能餉無匱，兵多糧足。至於如何實施，鄭成功告知諸將：

> 「今台灣乃開創之地，雖僻處海濱，安敢忘戰？暫爾散兵，非爲安逸。初創之地，留勇衛、侍衛二旅，以守安平鎭、承天二處。其餘諸鎭，按鎭分地，按地開墾，日以什一者瞭望，相連接應，輪流迭更，是無閑丁，亦無逸民。插竹爲社，斬茅爲屋；圍生牛教之以犁，使野無曠土，而軍有餘糧。其火兵則無貼田，如正丁出伍，貼田補入可也。照三年開墾，然後定其上、

中、下則，以立賦稅。但此三年內，收成者藉十分之三，以供
正用。農隙，則訓以武事。有警，則荷戈以戰；無警，則負耒
以耕。」[28]

鄭成功的提議，諸將承服。於是分派虎衛、左先鋒、援勦後、
後衝、智武、英兵六鎮屯北路新港仔、竹塹一帶；中衝、左衝、
前衝、義武、遊兵五鎮屯南路鳳山觀音山一帶，各給六個月俸銀
為開墾費。又招沿海一帶為清吏逼遷流離者，東渡以助台灣的開
墾。[29]

「寓兵於農」的政策既定，鄭成功乃強奪原住民各社的土地，
分發給水陸諸提鎮，並令各搬家眷至東部（據陳紹馨教授的研究，
隨鄭成功來台的三萬軍人與官吏當中十有五、六是單身漢）。[30]如是，「藩
主」王國的基盤，以承天府為中心，漸次向南北各地推進。即使
鄭成功於 1662 年 6 月 23 日，不幸地猝死於熱病。其繼承者鄭經，
由於有陳永華這位能幹的行政長官的輔助，結果，依此方法開墾
之「營盤田」，其數全台計 40 有餘。而後人為留念其功績，乃採
為庄名，例如新營、柳營、左鎮、仁武、左營、前鎮等等。[31]

其次，鄭王國勢力的推展，固然以「營盤田」為主，但八條
款中的鄭氏宗黨及文武諸官，與有力庶士所招佃開墾的所謂文武
官田，或稱私田，以及獲自荷人之王田，而改為官田者，也可視
為鄭王朝重要的基幹。其區域的分布實遍及全台各地。[32]鄭成功
之被尊奉為「開山聖王」或「開山王」，其意味即在此。

## 二、鄭經「東寧」王國的重建

鄭成功攻略台灣之後，挾戰勝之餘威，意圖招撫華南移民頗
眾的呂宋島，但卻在 1662 年 6 月 23 日（永曆 16 年 5 月 8 日），不

幸感染熱病遽然急逝，享年僅 39 歲，結束波瀾萬丈的一生，征討呂宋之議，終未能實現。[33]

鄭成功自崛起海上，東征北伐，其潔癖自律與嚴刑峻法的態度，部屬都十分畏懼。諸如前述承天府尹楊朝棟、天興縣知祝敬、斗給陳伍，即因合謀在配給鎮兵的糧餉作弊，而遭砍殺。部將吳豪也因搶奪人民銀兩、藏匿糧食之罪被斬等等。鄭成功的心腹馬信進言諫說：「立國之初，宜用寬典」，但鄭成功答以：「此知其一，不知其二。立國之初，法貴於嚴，庶不至流弊。俾後之守者，自易治耳。」不接納。[34]

正當其時，鄭成功接閱尚書唐顯悅奏文，內有世子鄭經在廈門和幼弟的乳母陳氏私通之事，大發雷霆，立刻差都世黃毓帶四個桶去廈門斬殺鄭經、奶母、嬰兒和董夫人（因治家不嚴）。惟事被駐守金門的堂兄鄭泰等諸將所阻，遂發生金廈與東都對抗的局面。[35] 不久，鄭成功猝死，東部諸將推鄭成功五弟鄭襲（名森），權護「招討大將軍印」稱為「護理」，並通知廈門（思明）鄭經。

接獲鄭成功死訊，鄭經立即於同年 6 月 29 日（陰曆 5 月 14 日），在廈門繼位，自立為「嗣封世子」（世藩），仍奉「永曆」年號。但在東都，鄭襲的心腹蔡雲、李應清、曹從龍、張驥等人，密謀黃昭、蕭拱宸諸將，提出鄭經不肖亂倫、抗父命，不當立。又假先藩之遺言，擁鄭襲為東都之主。同年 7 月 16 日（陰曆 6 月 2 日），鄭經接獲右虎衛黃安密告，大驚。即刻以周全斌為五軍都督、陳永華為諮議參軍、馮錫範為侍衛，整軍準備東渡以靖內難。其間清軍靖南王耿繼茂、總督李率泰得知成功之喪，遣使持書入思明（廈門）議撫。鄭經同意談判，但終告無成。[36]

一方面，鄭經將金、廈各島的軍事防衛佈署之後，同年 11 月 16 日（陰曆 10 月 6 日），率舟師向台灣出發，翌（17）日午時抵

達澎湖進入娘媽宮（馬公）。18 日令禮官鄭斌先往台灣布告招撫，但黃昭、蕭拱宸二將拒不從命。於是 11 月 26 日（陰曆 10 月 16 日；《小腆紀年》記陰曆 11 月 1 日），鄭經命舟師出發攻略台灣平亂。翌（27）日（《小腆紀年》記陰曆 11 月 3 日，即陽曆 12 月 13 日），周全斌乘霧帶軍由鹿耳門禾寮港登陸，殺黃昭，擒拿蕭拱宸、曹從龍、張驥及李應清等斬之，蔡雲自縊，其餘釋放不究，東都乃定。[37]

1662 年 11 月（陰曆），鄭經同周全斌帶兵往南、北路各地巡視，所到之處強毀原住民祠堂、威壓招撫。翌（1663）年 1 月（陰曆），鄭經重新布置統領顏望忠守安平鎮，勇衛黃安守承天府及南北二路的地方軍務。同年 2 月 18 日（陰曆 1 月 11 日），他強帶其叔鄭襲和周全斌、陳永華、馮錫範等大軍回廈門。[38]

當鄭經肅清內亂，搜查叛將黃昭的軍營時，發現其駐金門伯父鄭泰與黃昭密函，鄭泰要黃昭「擁襲拒經」。待鄭經回廈門後，鄭泰猜此事已洩，所以稱疾不敢來廈門迎接。於是鄭經與陳永華、周全斌、洪旭等計議，於 1663 年 7 月 12 日（陰曆 6 月 8 日），假稱鄭經決意攜眷東渡，要委其金廈兩島「總制」，誘其來廈門參見世藩鄭經議事，遂逮之。7 月 14 日（陰曆 6 月 10 日），鄭泰自縊身亡（被禁和自縊日期，各文獻略有出入，筆者採張菼氏的論考）。其弟鳴駿聞訊，與鄭泰之子纘緒盜公帑銀 180 餘萬兩，率親信文武官員 400 餘名、船 180 餘艘、兵 7,300 餘名，投奔清靖南王耿繼茂軍下。[39]

毋庸贅言，此次事變使鄭氏在金廈的兵力大為削弱。不久，荷清間經過迂迴曲折的交涉，終於聯手結盟，在 1663 年 11 月 19 日至 21 日間，連續三晝夜猛攻鄭軍的防線，成功占領金廈兩島。[40]鄭經損失大部分的精兵勇將，狼狽地退守至最後的據點銅山。可是銅山兵單守弱，群情惶惑，鄭經知終難久持，決意率同

七千殘部和家眷撤退東都。

　　1664 年 4 月 2 日（陰曆 3 月 7 日），鄭經進到澎湖，與洪旭踏勘諸島後，留戴捷、薛進思、林陞等人駐守媽祖宮（或稱娘媽宮即馬公），命多設砲壘，嚴加防範。4 月 5 日（陰曆 3 月 10 日），鄭經順利轉抵東都，於是以陳永華治理國政，繼承鄭成功「寓兵於農」的政策，將原住民的土地分配給新來的諸鎮將領，屯墾開拓。又在承天府起蓋房屋，安插諸宗親及官員鄉紳等。如此，內外政事漸趨安定，百業也興，軍民都得以安息。同年 8 月（陰曆），鄭經遂改東都為東寧，將天興、萬年二縣升為州，另設南路、北路和澎湖三個安撫司。自此，世人稱之為東寧王國，但鄭經並未自稱是東寧國主，多以「招討大將軍世子」或「世藩」自稱。㊶

　　隨後，1665 年 5 月 29 日（陰曆 4 月 15 日），清「靖海將軍」施琅（原為鄭成功部將，極富機智。由於獲罪鄭成功，投降清軍被重用。成功大怒滅其族，施琅恨入骨髓，常尋隙探鄭軍動向，以圖報復）率舟師大舉東征，但至澎湖港，颶風大作，船艦漂散，船隻損失慘重，不得不撤回廈門。從此，清朝不敢言戰，陸續撤去沿岸戌兵，焚毀戰艦，調施琅、周全斌至京服官，東寧乃得偏安無事。㊷

## 三、鄭王朝的政制及其社會組織

　　1654 年 7 月（陰曆），鄭成功被南明永曆帝晉封為延平王（或稱延平郡王），雖辭不受，但世人仍稱之。而實際上，鄭成功在其王國的領域裡，為了統治施政的需要，稍後於 1655 年 2 月（陰曆），在中央行政的官職上，完全仿照南明的王制，設立六官：吏、戶、禮、兵、刑、工等。以參軍潘賡鐘管吏官事，張玉為吏官左都事；忠振伯洪旭管戶官事，林調鼎為戶官左都事，參軍吳慎為戶官右都事，楊英、陳中出征時加都事銜以行；參軍鄭擎柱

管禮官事，呂純爲禮官左都事；都督張光啓管兵官事，黃璋兵官左都事，李胤爲兵官右都事；都督程應璠管刑官事，楊秉樞爲刑官左都事，蔡政加刑官都事銜，張義爲刑知事；理海澄縣事參軍馮澄世管工官事，李贊元爲工官左都事，范斌、謝維爲工官都事。又六官以下，以常壽寧爲察言司、鄭愈爲承宣司、葉亨爲承宣知事、鄧會爲正審理、張一彬爲副審理。命參軍林其昌理海澄縣事。㊸

待攻略台灣之後，前文已述及，鄭成功改稱台灣爲東都、赤嵌城（熱蘭遮城）爲安平鎭、赤嵌樓（普羅民遮城）爲承天府，以做爲行政機關；而中央官職，仍維持六官制。地方組織，北路一帶設天興縣，南路一帶設萬年縣，各置知縣，澎湖設安撫司。以周全斌總督南北二路。布「寓兵於農」的屯田制，以興農足食爲施政的大方針；並招收沿海閩、粵的移民，積極鼓勵墾荒。

鄭成功過世之後，諸如上述，鄭經雖粉碎了王位繼承的陰謀，但結果反而受荷清聯軍的攻擊，盡失大陸沿岸的根據地，慘敗退守台灣、澎湖。於是鄭經決意開發台灣的土地和產業，以奠定新基，再圖來日。1664 年 8 月（陰曆），鄭經改東都爲東寧，升格天興、萬年二縣爲州。另設南、北路及澎湖安撫司各一；即一府、二州、三司爲東寧王國的行政區劃。又依南明舊制，中央設吏官（洪磊）、戶官（楊英）、禮官（鄭斌）、刑官（柯平）、工官（楊賢），各名曰協理；不設兵官，以陳繩武爲贊畫兵部；六官之下仍置六科都事、都吏及察言、承宣二司、中書舍人本科等官。㊹

至於地方官制方面，承天府設府尹，掌一府政事。天興、萬年州有知州；澎湖及南、北路有安撫使。同時鄭經舉陳永華掌理國政，永華乃分承天府爲東安、西定、寧南、鎭北等四坊。坊置簽首，管理民事。另制近郊爲 24 里，即文賢里、仁和里、永寧

里、新昌里、仁德里，依仁里、崇德里、長治里、維新里、歸仁里、長興里、永康里、永豐里、開化里、新化里、永定里、善化里、感化里等。里置總理，下轄諸社，社置鄉長，施行鄉治，爲地方行政機關。此外，陳永華爲防止不良份子潛伏與滋生事端，故嚴整社會組織，在各地推行保甲制度。亦即定 10 戶爲牌，牌有牌長；10 牌爲甲，甲有甲首；10 甲爲保，保有保長，掌理戶籍之事。凡人民之遷徙、職業、婚嫁、生死，均需報備總理。[45]

　　誠然，在陳永華精密設計的規劃下，這個東寧王國之行政體系，實堪稱上下、職責分明，爲政者若能勵精圖治，社會的維安，國家的拓展，當必大有可爲。事實上，陳永華掌權的期間，台灣的吏治，深根厚植，國泰民安。

# 第三節　鄭王朝的沒落及清國占領台灣

## 一、陳永華構築東寧王國的盛治

　　東寧王朝在陳永華有能的治理下，政治日趨安定，社會欣欣向榮。他本著「十年生長、十年教養、十年成聚，三十年直可與中原相甲乙」的建國理念，日夜孜孜，不惜勞苦。尤其自他被授任勇衛（鄭軍精兵）之後，親往南北各地，相度地勢，復頒「寓兵於農」的屯田制度，促諸鎮努力開墾，增加生產。又議築圍柵，設衙署，嚴禁賭博。教民取土燒瓦，往山伐木造廬舍，以定民居。除此之外，修鹽埕增加鹽的產量並提高其品質。更鼓勵種蔗製糖，豐富稅收，拓展貿易。如是，王國開闢漸漸就緒，乃力勸鄭經興建聖廟（孔廟）、設學校以收人才。1666 年正月（陰曆），台灣首座聖廟落成，旁置台灣首學「明倫堂」，開始教學，實施

科舉，培養後代人才。⁴⁶

　　唯不用說，陳永華對東寧王國最大的貢獻，或可舉其貿易立國的經綸。爲籌措龐大的軍事資金，軍火武器，單單要靠台灣島內的開發和產業是絕對不可能的。幸好，鄭氏王朝是由海上崛起的軍事集團（海盜集團）；渠等擁有強力海上戰隊及船艦，所以儘管鄭經飽受荷清聯軍的攻擊，盡失大陸沿岸島嶼的根據地。但是鄭軍集團仍有能力控制台灣海峽與東海一帶，繼續聯合同夥，進行跟大陸秘密貿易；並以台灣爲中心，展開廣泛的多邊國際貿易。

　　推動對外貿易，東寧王國與日本的交易是最重要的商業。從文獻資料上，可知每年平均近 10 艘以上的東寧商船，由台灣或經由東南亞各地到達長崎進行貿易。其中，台灣對日貿易以鹿皮、砂糖、藥材、絲織類爲主；以換回日本的銅、鉛、兵器、盔甲、錢幣等。台灣輸入大量的日本銅，主要是鄭氏在製造武器上的需要，部分也要轉賣至東南亞各國。⁴⁷

　　除了日本以外，對東南亞的貿易也居十分重要的地位。東寧商船團隊在東南亞的停泊地點包括暹羅、東京（越南河內）、廣南、占城、柬埔寨、瑜陀耶、大泥、麻六甲、柔佛、萬丹、咬留巴、呂宋等。其中暹羅爲最主要的貿易地點，因爲當時暹羅採開放政策，加上本身物產豐富，例如稻米是世界產量第一，其他如沉香、蘇木、象牙、硝石、鉛等，都是東寧所要的軍需品（米糧、硝石）或可轉口獲利的貨物。⁴⁸

　　另一方面，歐洲東來較遲的列強英國，早在荷蘭統治台灣期間，即存有占領台灣的念頭。因此，當鄭氏從荷蘭人手中奪得台灣之後，期待能與日本、中國發展貿易的英國，接獲東寧王國招致外商到台灣貿易的信函，於 1670 年 6 月 23 日，首次派遣英國船平克（Bantam Pink）號和帕爾（Sloop Pearl）號到台灣，與東寧開

展貿易。[49]隨著此次貿易的成功，英國即不斷派遣商船到台灣。由於貿易量繼續增大，鄭英間更於 1672 年 10 月 13 日，締結貿易條約。該條約的主要內容為保障英國的對台貿易，但英方須按進口物品的 3% 繳納關稅，以及售予鄭氏所訂購的軍需用品。[50]

然而，雙方的交易因為東寧握有專賣壟斷權，使得英方獲利不大，所以鄭英貿易逐漸降低。嗣後 1673 年趁三藩之亂，鄭經進攻大陸，英國再次認為有好機會，遂於 1675 年 7 月 9 日，派遣翔鷹（Fling Eagle）號至大員，船中載有槍砲火藥，使得鄭氏大為喜悅，立即修改鄭英間的貿易協定，允許英國人在鄭氏勢力範圍內從事貿易活動。同年 11 月，英國正式在台灣開設商館。[51]唯未久出師大陸的鄭軍慘敗，全部撤回，台灣的社會動盪混亂，鄭英間的交涉也自然消滅。

綜言之，陳永華的廣泛多邊國際貿易，據說每年所獲盈利計數十萬金，其不但有力地撐住了東寧王國，且亦確實讓移民的生活水準大為提升。清代對台灣的風土習俗及原住民研究的第一人者，黃叔璥有如下的記載：「洋販之利歸於台灣，故尚奢侈、競綺麗、重珍旨，彼此相傚；即傭夫、販豎不安其常，由來久矣。」[52]倘若鄭氏王朝能落實台灣，則今日我們的家園，諒必是南國之極樂天堂了。

## 二、鄭政權對原住民的高壓政策

荷人治台期間對原住民，除了要求納貢、服徭役之外，最貽害原住民的惡政，即是所謂的「贌社」（第二章已述及）。另外，荷人雖啟蒙原住民進入識字的文明世界，更努力改善渠等半原始的農耕生業。可是這也相對地破壞他們的習俗，強迫更改他們的宗教信仰。因此，當鄭成功於 1661 年 4 月 30 日，襲擊荷人進入

禾寮港時，不但漢人住民大喜，紛紛以小舟、牛車協助鄭軍登陸；
附近一帶的原住民頭目，據鄭成功隨身部將楊英的記載，也於同
年5月4日（陰曆4月6日），相繼表達歡迎，前至鄭軍陣營歸順。
同樣的記事，亦見諸於荷蘭文獻《巴達維城日記》。該文獻不僅
指出原住民歡迎新統治者，迅速地恢復其原有宗教儀式，甚至還
殘殺一名荷人，圍繞著首級慶祝。[53]

　　可是未幾，隨著鄭氏安置解決所帶來的大批移民（鄭成功首
先率士兵二萬五千、家眷五千人；後來鄭經又率約七千士兵及家眷，合計
約三萬七千人。另外由閩粵沿岸各島也前後招來不少流寓移民，總數不下
四萬人。而荷蘭時代末期，台灣的人口估計約十萬人，人口之暴增可想而
知），特別是糧食問題，鄭氏與原住民的互動，就起了極大的變
化，從友誼變仇恨了。因為鄭氏為了解決此難題，其所採取的「寓
兵於農」及讓宗親高官們大量屯墾的政策，畢竟無法避免侵占強
奪原住民的土地，殃禍危及渠等之生存。因此，早在1661年7
月（陰曆），即有大肚番之變（前述），從此原住民的抵抗與動亂，
不斷地加強增大。而鄭氏的鎮壓討伐，真是心狠手辣，其殘酷實
無言可喻。茲分述如下：

　　1664年12月（陰曆），北路呵狗讓原住民造反，鄭經遣勇衛
黃安平復（呵狗讓的正確位置，現今已無法考證）。與此同時，鄭經
親自率軍三千往內山征討斗尾龍岸番（據伊能嘉矩的考證，即今泰
雅族接近彰化北港溪上游之阿蘭社原住民。但新近據翁佳音教授的考證，
斗尾龍岸番應即是荷蘭文獻的 Abouanghost 或稱 Aboan Tarranoggan，亦即
Pazehhe 族清代文獻岸裏大社的主幹），可是，無功而返。郁永河的《裨
海紀遊》有如下的記載。

　　「斗尾龍岸番皆偉岸多力，既盡文身，復盡文面，窮奇極

怪，狀同魔鬼。常出外焚掠殺人，土番聞其出，皆號哭遠避。鄭經親統三千眾往勦，既深入，不見一人；時亭午酷暑，將士皆渴，競取所植甘蔗啖之。劉國軒守半線，率數百人後至；見鄭經馬上啖蔗，大呼曰：『誰使主君至此？令後軍速退』。既而曰：『事急矣，退亦莫及，令三軍速刈草爲營，亂動者斬』。言未畢，四面火發，文面五六百人奮勇跳戰，互有殺傷；餘皆竄匿深山，竟不能滅，僅燬其巢而歸。至今崩山、大甲、半線諸社，慮其出擾，猶甚患之。」[54]

　　1665 年鄭將參軍林圯帶領部將至斗六門（今雲林斗六）拓墾。林圯初至此地，即築柵以居，日與番戰；1668 年逐漸拓展，侵入水沙連（今南投竹山鎮）與當地原住民發生衝突，遭夜襲身亡。嗣後水沙連社原住民退出，居民合葬之，以時祭祀，名其地爲「林圯埔」。[55]

　　稍後 1670 年，北路諸羅番社之沙轆（今沙鹿）原住民，發起叛亂。劉國軒率軍征伐，幾乎將該地的居民，趕盡殺絕。前述〈番俗六考〉的文獻，有如下可悲的記載：「沙轆番原有數百人，爲最盛；後爲劉國軒殺戮殆盡，只餘六人，潛匿海口；今生齒又百餘人。」[56]

　　除此之外，另南路鳳山傀儡番，依據伊能嘉矩的考證，即澤利先（Tsalisien）原住民，亦即嗣後改稱爲現今魯凱（Rukai）族原住民，其時日雖不明，經常據險頑強反抗，鄭氏屢次攻擊，均未能平服。〈番俗六考〉有如下的記載：「番貧莫如傀儡，而負嵎蟠踞，自昔爲然。紅毛、僞鄭屢思剿除，居高負險，數戰不利，率皆中止。」[57]

　　再者，鄭氏理番法制上繼承荷蘭，除了施行「贌社」徵取「贌

稅」之外，對原住民的納貢、服徭役也十分嚴酷。鄭氏不肖麾下，
不但藉勢剝削欺壓原住民，更常加以不近人道的過重徭役。因此，
鄭氏治台日久，尤其是政權的末期，原住民的反抗也日趨強烈。
1682 年 3 月 (陰曆，《台灣外記》書 5 月)，由於鄭氏對原住民的奴
役過甚，遂引起了鄭氏時期最大規模的「番變」。

　　究其起因是當時有消息傳出清朝海壇總兵林賢，將率舟師攻
雞籠，乃命左武衛何祐爲北路總督，率重兵駐守。時值北風盛發，
船不能往，因而差原住民運送軍需。不論男女老幼，沿途均須供
役，以致失時耕作，原住民饑腹趨公，情已不堪。卻又遭督運
鞭撻，遂相率殺各社通事，搶奪糧餉，新港仔 (今苗栗縣後龍鎮)、
竹塹(今新竹市)等社皆呼應。鄭克塽令左協理陳絳、宣毅前鎮葉明、
右武衛左協廖進等督兵往征。此時原住民所用的武器，只有鏢槍
竹弓而已。遂運用游擊戰，於夜間如蛇行，偷襲鄭營；一聞進剿，
則各攜家眷遁入深山，鄭軍束手無策。吏官洪磊向克塽進言，稱
國家正處於非常時期，不宜多事，主張派人招撫。克塽乃遣各社
通事往招，並令葉明等進駐谷口，撫剿並用。隨後，原住民也因
爲無糧可食，請降，事方平息。惟據伊能嘉矩的考證，其中有一
部落不願受撫，堅守山谷，繼續反抗。此部落即今日北部的賽夏
(Saisiett 或 Saisiyat) 族人。⑧

　　綜觀上述，鄭氏理番實無一可稱善之處。亦因此，其統治的
「番社」，若與荷蘭時期相比，相差甚遠，大凡只有 46 社。前述
荷治時期歸順的「番社」，最高在 1650 年達 315 社。即使荷治後
期，其控制力顯然式微，但尚有 160 社左右歸順服從，不曾背叛
廝殺。兩者相比，可見其功過如何！

## 三、清國三藩之動亂及東寧王國的沒落

　　東寧在陳永華的大經綸之下，儼然建立了最初的獨立王國。只是其爲政者並未安於現狀，不斷地高喊「反攻大陸」（反清復明）。1673 年，華南發生吳三桂、耿精忠、尚可喜等的三藩之亂。鄭氏利用此一良機，與三藩暗通款曲，再度出兵大陸占領廈門，並攻占漳州、泉州、潮州一帶，一時聲勢大振。但不久之後，由於耿精忠和尚之信（尚可喜之子）再度降清，再加上吳三桂死亡及其徒衆潰敗，而鄭軍亦於 1676 年大敗於清將康親王，結果泉州等地再度喪失。1680 年，由於在大陸的最後據點廈門亦被攻陷，使得鄭軍不得不仍舊退回台灣。[59]

　　在此之前，清國曾屢次以寬大的條件試圖招撫鄭經，但均爲大陸反攻派馮錫範等所阻。[60]然而，此次清國趁鄭軍大陸敗北之際，於 1680 年 8 月（陰曆）再遣貝子・賴塔爲使，表明台灣本非中國領土，盼其與日本、朝鮮同樣成爲獨立國家，而以不再侵犯中國爲讓步條件，呼籲進行和平交涉。清國表示：

> 「自海上用兵以來，朝廷屢下招撫之令，而議終不成，皆由於封疆諸臣，執泥削髮登岸，彼此齟齬。台灣本非中國版籍，足下父子自闢荊榛，且睠懷勝國，未嘗如吳三桂之僭妄。本朝亦何惜海外一彈丸地，不聽田橫壯士逍遙其間乎？今三藩殄滅，中外一家，豪傑識時，必不復思噓已灰之焰，毒瘡痍之民。若能保境息兵，則從此不必登岸、不必薙髮、不必易衣冠，稱臣入貢可也；不稱臣、不入貢，亦可也。以台灣爲箕子之朝鮮，爲徐市之日本，於世無患、於人無爭，而沿海生靈，永息塗炭。惟足下圖之！」[61]

　　對於此等條件，鄭經幾乎都可接受，但因堅持保有海澄一地做貿易據點，以致交涉無法完成。於是，清朝決意擊滅鄭氏，下令閩浙總督姚啓聖及福建巡撫萬正色準備侵攻台灣。[62]（以上節引自《台灣國際政治史研究》前揭〈第一章〉，43-4頁，李譯，41-2頁。）

　　奉清廷之命，姚啓聖又實施從前對付鄭成功的海禁辦法：遷徙海濱的居民，建築界牆守望，添設砲台，嚴密稽查防範；遂使沿岸居民再受往日流離之苦。他又在漳州設立「修來館」，以金錢利祿收買鄭氏將士。凡來投誠者，文武官吏則皆保證其官職，士兵則要加入清軍，或要復員歸其自由；一般人若辮髮者賞銀50兩，不辮髮者20兩。此項誘降的策略，果然奏效，鄭氏的將士陸續出現背叛，投降清軍。[63]

　　另一方面，鄭氏財政的歲收，原本既有田賦、丁銀（人頭稅，原住民也要繳交，稱之為「番餉」）、社港稅（贌稅）、鹽稅、魚稅、蔗稅、出入港稅、街市店厝稅等等。但自鄭經西征後，軍費大增，財政日漸惡化。因此，陸續在正稅之外，再加上大餉、大米、雜餉、月米、櫓槳、棕、麻、油、鐵、釘、灰、鵝毛、草束等諸稅。眞是苛歛誅求達至極點。[64]

　　儘管民不聊生，百姓困苦萬千；可是鄭經拒絕和平協商，卻亦未專心國事。他原即厭於親政，自西征慘敗返台之後，更倦怠理事。恰當其時，其所倚重的陳永華，也因遭受敗軍馮錫範、劉國軒等諸將的排擠，中計自釋勇衛鎮的兵權，導致東寧失去治國的棟樑。不久，陳永華憂鬱成疾，於1680年病逝。陳永華一死，政治實權就落入「反攻大陸」派馮錫範和劉國軒手中。而鄭經也將政務全交其母董國太和長子鄭克𡒉處理，自己在洲仔尾建大宅邸和大庭園，多置佞臣孌妾，日夜淫樂。1681年3月17日，鄭經終因病而逝，享年僅40歲。[65]

　　鄭經死後，王位原應由長子監國鄭克𡒉繼任。鄭克𡒉是陳永華的女婿，年雖僅 18 歲，卻英明果斷，實有作爲的青年。但馮錫範忌甚，謀另立鄭經次子克塽。克塽僅 12 歲爲其女婿。馮錫範乃散布謠言，說克𡒉是螟蛉子，不該繼承王位。董國太聽信謠言，遂令克𡒉易位，馮錫範即於 1681 年 3 月 19 日（陰曆 1 月 30 日），無端刺殺之。隨後，代之而立的克塽，因爲年幼不能親政，鄭經之弟聰掛名爲輔政公，但實權則落入馮錫範及劉國軒手中。[66] 然鄭氏政權因爲威令盡失，且居民亦因重稅而屢生怨懟，鄭氏政權日益分崩離析。於是，清國利用此一良機，命水師提督施琅領兵攻台。[67]

　　施琅原爲鄭成功部將，極富機智，鄭氏水軍之編成原即依其所定方案。然而，由於施琅屢與鄭成功意見相左，終至獲罪，僅以身兔。施琅其後投降清軍，且獲大用。鄭成功對此大怒，擒其父兄，滅其族。施琅遂對鄭氏恨入骨髓，常尋隙探鄭軍動向，以圖復仇良機。[68] 1683 年 7 月，施琅率艦隊兩百餘艘，兵員兩萬餘，首先攻擊台灣門戶——澎湖。此時，澎湖守將劉國軒爲鄭軍名將，但兵員艦隊均係新編，不僅訓練不足且寡不敵衆。經過一週的大激戰之後，鄭軍完全潰不成軍，劉國軒死命突圍，逃歸台灣。[69]

　　鄭軍大將劉國軒的戰敗，使得台灣上下大驚失色，鄭克塽慌忙召集文武官員，協議戰守之策。當時，建威中鎮黃良驥認爲澎湖既失、台灣已危，主張應攻打呂宋另建基業。提督中鎮洪邦柱贊同此議，並表示願與黃良驥共爲前鋒。在經激烈爭辯之後，馮錫範決定出兵奪取呂宋；他先令鄭明同、黃良驥、洪邦柱、姚玉等人爲前隊先鋒，再命何祐爲淡水守備。然而，劉國軒及其他許多將官則認爲大勢已去，主張不如投降施琅，且人民亦對遠征呂宋深感驚惶與懷疑，結果此事反而造成全台紛擾不安。至此，馮

錫範只得放棄進攻呂宋的念頭，改勸克塽投降清國。[70] 9 月 13 日，
鄭氏無條件投降清國。施琅大軍於 10 月 3 日，由鹿耳門登陸，
兵不血刃即占領台灣，[71] 結束鄭氏三代 23 年的台灣統治。（以上
節引自《台灣國際政治史研究》，44-6 頁；李譯，42-3 頁。）

　　關於對鄭氏統治台灣的歷史意義，筆者另書《台灣法的地位
の史的研究》（前揭〈第一章〉），有如下的評論，茲引述之：

　　「曾是明王朝領土的澎湖群島，隨著明王朝的消滅，最後
　　從鄭彩兄弟手中，爲鄭成功所征服領有。鄭成功對於澎湖群島
　　的確保，在政治上有極爲重大的意義。亦即，過去一向分離的
　　台澎兩地主權，因鄭氏政權而統合爲一，使兩地成爲生命共同
　　體，爾後的命運休戚與共。鄭氏三代 23 年的統治，樹立台澎
　　的國家主權，從更宏觀的視野來看，不僅在東洋史，亦在世界
　　史上，寫下珍貴的一頁。」（同書，37 頁；李譯，50 頁。）

　　另方面，清國雖占領台灣，但當初出兵台灣並無意將其納入
版圖。因此，在順利消滅鄭氏政權之後，清國即按照其既定的方
針，除基於軍事目的而留下澎湖住民之外，下令將台灣漢人移民
全數遣返大陸原籍，明白表示要放棄該島。[72]

　　施琅在得知此事之後，深表震驚，立即草就《恭陳台灣棄留
疏》上奏康熙帝，指陳台灣是防衛南海不可或缺的外廓。並強調
台灣實肥饒之區，險阻之域；若放棄台灣，不僅無法維持澎湖，
亦難期待大陸沿岸各省的安全。加之，鄭氏既靖，內地溢設之官
兵，盡可陸續汰減，以之分駐台澎兩處。只要通共計兵一萬名，
施行三年輪調班兵制，兼採寓兵於農之政策，則可無添兵增餉之
費，即足以固守。施琅的奏疏，確實有力地影響了清廷中樞的爭

議；同時也決定了當年台灣全體住民之未來命運。茲將此重要文獻全文附錄於下：

　　太子少保、靖海將軍、靖海侯、兼管福建水師提督事務、臣施琅謹題。爲恭陳台灣棄留之利害、祈睿裁事：竊照台灣地方，北連吳會，南接粵嶠，延袤數千里，山川峻峭，港道迂迴，乃江、浙、閩、粵四省之左護；隔離澎湖一大洋，水道三更餘遙。查明季設水澎標於金門所，出汛至澎湖而止，水道亦有七更餘遙。台灣一地，原屬化外，土番雜處，未入版圖也。然其時中國之民潛至、生聚於其間者，已不下萬人。鄭芝龍爲海寇時，以爲巢穴。及崇禎元年，鄭芝龍就撫，將此地稅與紅毛爲互市之所。紅毛遂聯絡土番，招納內地人民，成一海外之國，漸作邊患。至順治十八年，爲海逆鄭成功所攻破，盤踞其地，糾集亡命，挾誘士番，荼毒海疆，窺伺南北，侵犯江、浙。傳及其孫克塽，六十餘年，無時不仰厪宸衷。

　　臣奉旨征討，親歷其地，備見野沃土膏，物產利薄，耕桑並耦，魚鹽滋生，滿山皆屬茂樹，遍處俱植修竹。硫磺、水藤、糖蔗、鹿皮，以及一切日用之需，無所不有。向之所少者布帛耳，茲則木棉盛出，經織不乏。且舟帆四達，絲縷踵至，餉禁雖嚴，終難杜絕。實肥饒之區，險阻之域。逆孽乃一旦凜天威，懷聖德，納土歸命；此誠天以未闢之方輿，資皇上東南之保障，永絕邊海之禍患，豈人力所能致？

　　夫地方既入版圖，土番、人民，均屬赤子。善後之計，尤宜周詳。此地若棄爲荒陬，復置度外，則今台灣人居稠密，戶口繁息，農工商賈，各遂其生，一行徒棄，安土重遷，失業流離，殊費經營，實非長策。況以有限之船，渡無限之民，非閩

數年難以報竣。使渡載不盡，苟且塞責，則該地之深山窮谷，
竄伏潛匿者，實繁有徒，和同土番，從而嘯聚，假以內地之逃
軍閃民，急則走險，糾黨爲祟，造船製器，剽掠濱海；此所謂
藉寇兵而齎盜糧，固昭然較著者。甚至此地原爲紅毛住處，無
時不在涎貪，亦必乘隙以圖。一爲紅毛所有，則彼性狡黠，所
到之處，善能鼓惑人心。重以夾板船隻，精壯堅大，從來乃海
外所不敵。未有土地可以托足，尚無伎倆；若以此既得數千里
之膏腴復付依泊，必合黨夥竊窺邊場，迫近門庭。此乃種禍後
來，沿海諸省，斷難晏然無慮。至時復，動師遠征，兩涉大洋，
波濤不測，恐未易再建成效。如僅守澎湖，而棄台灣，則澎湖
孤懸汪洋之中，土地單薄，界於台灣，遠隔金廈，豈不受制於
彼而能一朝居哉？是守台灣則所以固澎湖。台灣、澎湖，一守
兼之。沿邊水師，汛防嚴密，各相犄角，聲氣關通，應援易及，
可以寧息。況昔日鄭逆所以得負抗逋誅者，以台灣爲老窠，以
澎湖爲門戶，四通八達，游移肆虐，任其所之。我之舟師，往
來有阻。今地方既爲我得，在在官兵，星羅碁布，風期順利，
片帆可至，雖有奸萌，不敢復發。臣業與部臣蘇拜、撫臣金鋐
等會議之中。部臣、撫臣未履其地，去留未敢進決；臣閱歷周
詳，不敢遽議輕棄者也。

　　伏思皇上建極以來，仁風遐揚，宜聲遠播，四海賓貢，萬
國咸寧；日月所照，霜露所墜，凡有血氣，莫不臣服。以斯方
拓之土，奚難設守，以爲東南數省之藩籬？且海氛既靖，內地
溢設之官兵，盡可陸續汰減，以之分防台灣、澎湖兩處。台灣
設總兵一員、水師副將一員、陸師參將二員，兵八千名；澎湖
設水師副將一員，兵二千名。通共計兵一萬名，足以固守。又
無添兵增餉之費。其防守總兵、副、參、遊等官，定以三年或

二年轉陞內地，無致久任，永為成例。在我皇上優爵重祿，推心置腹，大小將弁，誰不勉勵竭忠？然當此地方初闢，該地正賦、雜餉，殊宜蠲豁。見在一萬之兵食，權行全給。三年後開徵，可以佐需。抑亦寓兵於農，亦能濟用，可以減省，無庸盡資內地之轉輸也。

　　蓋籌天下之形勢，必求萬全。台灣一地，雖屬多島，實關四省之要害。勿謂被中耕種，猶能少資兵食，固當議留；即為不毛荒壤，必藉內地輓運，亦斷斷乎其不可棄。惟去留之際，利害攸係，恐有知而不言。如我朝兵力，比於前代，何等強盛，當時封疆大臣，無經國遠猷，矢志圖賊，狃於目前苟安為計，劃遷五省邊地以避寇患，致賊勢愈熾而民生顛沛。往事不臧，禍延及今，重遺朝廷宵旰之憂。臣仰荷洪恩，天高地厚，行年六十有餘，衰老浮生，頻慮報稱末由。熟審該地形勢，而不敢不言。蓋臣今日知而不言，至於後來，萬或滋蔓難圖，竊恐皇上責臣以緘默之罪，又焉所自逭？故當此地方削平，定計去留，莫敢擔承，臣思棄之必釀成大禍，留之誠永固邊圉。會議之際，臣雖諄諄極道，難盡其詞。在部臣、撫臣等耳目未經，又不能盡悉其概，是以臣于會議具疏之外，不避冒瀆，以其利害自行詳細披陳。但事關朝廷封疆重大，棄留出自乾斷外，台灣地圖一張，附馬塘遞進御覽。緣係條議台灣去留事宜，貼黃難盡，伏乞皇上睿鑒施行（康熙二十二年十二月二十二日）。[73]

　　1684 年 5 月 27 日（康熙 23 年 4 月 14 日），經過八個月的爭議，留台之疏，終獲批准，清廷正式將台灣收入版圖。並著命於赤嵌設台灣府，附郭為台灣縣（包括澎湖群島），鳳山為鳳山縣，諸羅為諸羅縣，隸屬福建省分巡台廈兵備道管轄。又依施琅之議，設

總兵一員，抽調福建、廣東兩省水、陸各營兵丁，計 10 營，兵一萬名，分駐於台灣（水、陸 8 營、兵 8 千名）、澎湖（水師 2 營、兵 2 千名）兩地。[74]

接著，順便一提，施琅平定台灣，亦受到清廷破格優遇。1683 年 10 月 29 日（康熙 22 年 9 月 10 日），清廷下旨吏、兵二部加授施琅爲靖海將軍，封靖海侯，世襲罔替，以示酬庸。此外，施琅利用職權在台灣強占鄭氏官產與廣大田園，曾設立 10 所施侯租館，掌理收租事務。其名下的產業，直至日治時代，雖歷經其子孫多次的變賣，僅存四所租館，但田園的面積，仍保有約三千甲的土地。由此觀之，可想像當其全盛時期，施侯擁有的田園有多麼龐大。清割讓台灣之後，業主施家，因爲未獲取日人國籍，該筆的租田，遂被日人徵收，編入爲日本官方的租田。[75]

### 第二章註

① 村上直次郎《長崎オランダ商館日記》第一輯，岩波書店，昭和 31 年，370 頁。

② 趙爾巽等撰《清史稿》下冊，香港文學研究社復刻版，民國 49 年，列傳十一，鄭成功，979 頁。

鄭亦鄒〈鄭成功傳〉（台灣文獻叢刊第六七種《鄭成功傳》，台灣銀行，民國 49 年，1 頁）。

川口長孺《台灣鄭氏紀要》，台灣銀行復刻版，民國 47 年，3 頁。

③ 廖漢臣〈鄭芝龍考〉下（《台灣文獻》第十一卷第三期，台灣省文獻委員會，民國 49 年，6-12 頁）。

④ 同上，1-3 頁。

同上〈鄭芝龍考〉上（《台灣文獻》第十卷第四期，台灣省文獻委員會，民國 48 年，68-70 頁）。

前揭《台灣鄭氏紀要》，7-8 頁。

張荽《鄭成功紀事編年》，台灣銀行，民國 54 年，10 頁。

⑤ 徐鼐《小腆紀年附考》，光緒丙戌，卷十，52-3、55-6 頁。

夏琳《海紀輯要》，台灣銀行復刻版，民國 47 年，1-2 頁。

黃宗羲《賜姓始末》，台灣銀行復刻版，民國 47 年，12 頁。

黃玉齊〈明永曆帝封朱成功爲延平王考〉（前揭《台灣文物論集》，87-8 頁）。

⑥ 同上《海紀輯要》，3-12 頁。

前揭〈鄭成功傳〉，5 頁。

楊陸榮《三藩紀事本末》卷四，康熙丁酉，4-17 頁。

前揭《清史稿》下冊，列傳十一，鄭成功，979-80 頁。

⑦ 同上《三藩紀事本末》卷四，18-9 頁。

同上《清史稿》下冊，列傳十一，鄭成功，980 頁。

石原道博《明末清初日本乞師の研究》，富山房，昭和 20 年，395-403 頁。

夏琳《閩海紀要》，台灣銀行復刻版，民國 47 年，20-5 頁。

⑧ 楊英《從征實錄》，台灣銀行復刻版，民國 47 年，184-5 頁。

沈雲《台灣鄭氏始末》，台灣銀行復刻版，民國 47 年，50 頁。

前揭《海紀輯要》，27 頁。

⑨ 前揭《小腆紀年附考》卷二十，7-8 頁。

前揭《台灣鄭氏紀要》，49 頁。

江日昇《台灣外記》第二冊，台灣銀行復刻版，民國 49 年，190-2 頁。

Coyett Et. Socii, *'t-Verwaerloos de Formosa*. 1675. 和蘭大守コーエット著／谷河梅人譯編《閑卻されたる台灣》，台灣日日新報社，昭和 5 年，59-64 頁。

シー‧イ‧エス著／會南生譯〈等閑に附せられたるフォルモサ〉（前揭《台灣社會經濟史全集》第八分冊，27-35 頁）。

⑩ 同上《閑卻されたる台灣》，44-6、67-73、80-3 頁。

江樹生譯註《熱蘭遮城日誌》第三冊，台南市政府文化局，民國 92 年版，285-6 頁。

前揭《南方文化の建設へ》，198-9、202-4 頁。

W. Campbell, *Formosa under the Dutch,* op. cit., pp.63-4.

Geo Phillips, loc. cit., pp.125-7.

高拱乾《台灣府志》第三冊，台灣銀行復刻版，民國 49 年，218 頁。

⑪ 同上《閑卻されたる台灣》，102-5 頁。

A. R. Colquhoun, J. H. Stewart-Lockhart, loc. cit., p.173.

⑫ 翁佳音《荷蘭時代台灣史的連續性問題》，稻鄉出版社，民國 97 年，

209-20 頁參照。

楊英《從征實錄》，台灣銀行復刻版，民國 47 年，186 頁。

村上直次郎譯注・中村孝志校注《バタヴィア城日誌》3，前揭〈第二章〉，16、224 頁。同書程大學譯，222、277-8 頁。

Philippus Danië Meij Van Meijensteen 著／江樹生譯注《梅氏日記：荷蘭土地測量師看鄭成功》，漢聲雜誌社，2003 年，21 頁。

⑬ 前揭《從征實錄》，186 頁。

前揭〈等閑に附せられたるフォルモサ〉第二部，5 頁。

前揭《賜姓始末》，29 頁。

陳衍《台灣通記》第一冊，台灣銀行復刻版，民國 50 年，51-3 頁。

⑭ W. Campbell, op. cit., pp.66-9.

同上《從征實錄》，187 頁。

前揭《梅氏日記：荷蘭土地測量師看鄭成功》，34-45 頁參照。

前揭《台灣外記》第二冊，195-6 頁。

阮旻錫《海上見聞錄》，台灣銀行復刻版，民國 47 年，37 頁。

⑮ 前揭《閑卻されたる台灣》，139-41 頁。

歐陽泰（Tonio Andrade）著／鄭維中譯《福爾摩沙如何變成台灣府》，遠流出版公司，2007 年，424-7 頁參照。

⑯ 同上《閑卻されたる台灣》，147-50 頁。

前揭《台灣文化の建設へ》，219 頁。

⑰ 同上《閑卻されたる台灣》，151-7 頁。

同上《南方文化の建設へ》，220-1 頁。

前揭《梅氏日記：荷蘭土地測量師看鄭成功》，55-9 頁參照。

⑱ 同上《閑卻されたる台灣》，157-66 頁。

同上《南方文化の建設へ》，221-2 頁。

⑲ 同上《閑卻されたる台灣》，168-74 頁。

前揭《台灣外記》第二冊，204-5 頁。

前揭《鄭成功紀事編年》，139-44 頁。

W. Campbell, op. cit., pp.73-3.

⑳ Ibid., pp.455-6.

James W. Davidson, *The Island of Formosa Past and Present,* op. cit., p.45.

同上《閑卻されたる台灣》，174-8 頁。

石守謙主編《福爾摩沙——十七世紀的台灣・荷蘭與東亞》，台灣國立故宮博物院，民國 92 年，99-104 頁。

㉑ 拙著《台灣國際政治史研究》，前揭（第一章），38-42 頁；李譯，36-41 頁參照。

㉒ 前揭《福爾摩沙如何變成台灣府》，433、436 頁。
前揭《梅氏日記》亦有類似的記載，但不盡同（56、76 頁參照）。

㉓ 許雪姬等撰著《台灣歷史辭典》，前揭（第一章），334 頁。

㉔ 前揭《從征實錄》，188 頁。

㉕ 同上，188-9 頁。
江日昇《台灣外記》第二冊，台灣銀行復刻版，民國 49 年, 197 頁參照。
黎仁纂修《台灣省通志稿》卷九革命志驅荷篇，台灣省文獻委員會，民國 43 年，205 頁參照。
黃典權〈鄭成功〉（鄭氏宗親會編《鄭成功復台三百週年紀念專輯》，同會，民國 50 年，171 頁所收參照）。

㉖ 前揭《從征實錄》，189-90 頁。

㉗ 同上，191 頁。
前揭《台灣外記》第二冊，204 頁。
徐鼐《小腆紀年》第五冊，台灣銀行復刻版，民國 51 年，954 頁。

㉘ 同上《台灣外記》第二冊，205-7 頁。

㉙ 張菼《鄭成功紀事編年》，台灣銀行，民國 54 年，138 頁。

㉚ 阮旻錫《海上見聞錄》，台灣銀行復刻版，民國 47 年，39 頁參照。
陳紹馨《台灣的人口變遷與社會變遷》，聯經出版公司，1979 年，454-5 頁。

㉛ 前揭《台灣省通志稿》卷九革命志驅荷篇，212-4 頁參照。

㉜ 郭海鳴〈清代以前台灣土地之開墾〉（台灣省文獻委員會《台灣文獻》第九卷第二期，同會，民國 47 年，49-51 頁參照）。

㉝ 拙著《台灣國際政治史研究》，前揭〈第一章〉，38-9 頁；李譯，36-7 頁。

㉞ 前揭《台灣外記》第二冊，205、208 頁。

㉟ 同上，210-1 頁。

㊱ 同上，211-7 頁參照。
前揭《鄭成功紀事編年》，147-50 頁參照。

㊲ 同上《台灣外記》第二冊，217-221 頁參照。
同上《鄭成功紀事編年》，151-2 頁參照。
前揭《小腆紀年》第五冊，966-8 頁參照。

㊳ 同上《台灣外記》第二冊，223 頁。
夏琳《閩海紀要》，台灣銀行復刻版，民國 47 年，32-3 頁。

㊴ 同上《台灣外記》第二冊，223-6 頁參照。

同上《閩海紀要》，33-4 頁參照。

張菼《鄭經鄭克塽紀事》，台灣銀行經濟研究室，民國 55 年，16-8 頁，注 參照。

㊵ 前揭《台灣國際政治史研究》，40-1 頁；李譯，38-40 頁。

㊶ 前揭《台灣外記》第二冊，227-33 頁參照。

前揭《小腆紀年》第五冊，969-70 頁參照。

前揭《鄭經鄭克塽紀事》，21-9 頁參照。

伊能嘉矩《台灣文化志》上卷，前揭〈第一章〉，106-7 頁參照。

夏琳《海紀輯要》，台灣銀行復刻版，民國 47 年，34-6 頁參照。

㊷ 同上《台灣外記》第二冊，234-5 頁參照。

同上《鄭經鄭克塽紀事》，39 頁參照。

同上《海紀輯要》，36-7 頁參照。

㊸ 前揭《鄭成功紀事編年》，63、77-8 頁。

前揭《閩海紀要》，13 頁參照。

㊹ 前揭《海紀輯要》，44 頁。

㊺ 郭海鳴‧王世慶編纂《台灣省通志稿》卷三政事志行政篇，台灣省文獻委員會，民國 46 年，190-1 頁參照。

前揭《鄭經鄭克塽紀事》，41 頁參照。

㊻ 前揭《台灣外記》第二冊，235-6 頁。

㊼ 曹永和《台灣早期歷史研究續集》，前揭〈第二章〉，128-9 頁參照。

戴寶村《台灣政治史》，國立編譯館，2006 年，62-3 頁參照。

㊽ 同上《台灣政治史》，65 頁。

㊾ W. Campbell, op. cit., pp.500-2.

岩生成一編纂《十七世紀台灣英國貿易史料》，台灣銀行，民國 48 年，25-9、54-7、133-40、189-95 頁參照。

㊿ 賴永祥〈台灣鄭氏與英國通商關係史〉（台灣省文獻委員會《台灣文獻》第十六卷第二期，同會，民國 54 年，6-7 頁所收)。

㈤ H. B. Morse, *The Chronicles of the East India Company Trading to China*, 1635-1834. Vol. I, Oxford at the Clareadon Press, 1926, p.44.

M. Pask-Smith, *Western Barbarian in Japan and Formosa in Tokugawa Days*, 1603-1868. J. L. Thompson & Co., Kobe, 1930, pp.86-8, 95-6.

㉒ 王育德《台灣——苦悶するその歷史》，弘文堂，昭和 39 年, 52 頁參照。

黃叔璥《台海使槎錄》，前揭〈第一章〉，38 頁。

(53) 潘英編著《台灣平埔族史》，前揭〈第一章〉，93 頁參照。
(54) 伊能嘉矩《台灣文化志》下卷，前揭〈第一章〉，822-4 頁參照。
伊能嘉矩《台灣蕃政志》卷全，前揭〈第一章〉，71 頁。
前揭《台灣外記》第二冊，233 頁參照。
郁永河《裨海紀遊》，前揭〈第一章〉，56 頁。
翁佳音〈被遺忘的台灣原住民史——Quat（大肚番王）初考〉（《台灣風物》42 卷 4 期，1992 年 12 月 31 日號，154 註、178 頁參照）。
(55) 連橫《台灣通史》第五冊，台灣銀行，民國 51 年，757 頁。
前揭《台灣歷史辭典》，463 頁參照。
(56) 前揭《台海使槎錄》，128 頁。
(57) 同上，155 頁。
前揭《台灣番政志》卷全，69 頁參照。
(58) 江日昇《台灣外記》第三冊，前揭，398-9 頁。
前揭《台海使槎錄》，133 頁參照。
同上《台灣番政志》卷全，69-71 頁參照。
前揭《台灣政治史》，60-1 頁參照。
(59) 前揭《小腆紀年坿考》，卷二十，39-42 頁。
前揭《台灣鄭氏始末》，61-74 頁。
前揭《清史稿》下冊，列傳十一，鄭成功，980 頁。
黃玉齊〈明延平王世子鄭經光復閩粵〉（《台灣文獻》第十六卷第二期，民國 54 年，97-131 頁）。
(60) 前揭《台灣省通志稿》卷九・革命志拒清篇，23-4 頁。
(61) 前揭《小腆紀年坿考》卷二十，42 頁。
(62) 同上《小腆紀年坿考》卷二十，43 頁。
前揭《台灣省通志稿》卷九・革命志拒清篇，25 頁。
前揭《鄭清和議始末》，33 頁。
(63) 方家慧《台灣史話》，台灣省文獻委員會，民國 53 年，120-1 頁參照。
伊藤潔《台灣——四百年の歷史と展望》，中央公論社，1993 年，35-6 頁參照。
(64) 前揭《台灣政治史》，53-6 頁參照。
(65) 稻垣孫兵衛《鄭成功》，台灣經世新報社，昭和 4 年，555-7 頁。
前揭《台灣文化志》上卷，116 頁。
前揭《台灣史話》，122-3 頁參照。
(66) 前揭《鄭經鄭克塽紀事》，141 頁參照。

　　黃玉齊《明延平王三世》，海峽學術出版社，2004 年，6-11 頁參照。

⑥⑦ 前揭《鄭成功》，559-69 頁。

　　前揭《台灣文化志》上卷，120-2 頁。

　　前揭《三藩紀事本末》，卷四，26 頁。

　　黃玉齊〈明延平王三世〉（《台灣文獻》第十七卷第二期，98-102 頁）。

⑥⑧ 前揭《鄭成功傳》，9 頁。

　　金成前〈施琅黃梧降清對明鄭之影響〉（《台灣文獻》第十七卷第三期，民國55年，151-4 頁）。

⑥⑨ 施琅《靖海紀事》，台灣銀行復刻版，民國 47 年，26-36 頁。

　　前揭《台灣鄭氏始末》，77-8 頁。

　　前揭《鄭成功》，580-5 頁。

⑦⑩ 前揭《明末清初日本乞師の研究》，227-8 頁。

　　前揭《台灣文化志》上卷，146-7 頁。

　　黃玉齊〈鄭克塽〉（《台灣文獻》第十七卷第三期，128-9 頁）。

　　郭廷以《台灣史事概說》，正中書局，民國 47 年，72-3 頁。

⑦⑪ 前揭《靖海紀事》，44-5 頁。

　　前揭《賜姓始末》，44-6 頁。

　　前揭《台灣鄭氏紀事》，71-3 頁。

　　前揭《海上見聞錄》，60-2 頁。

⑦⑫ 前揭《台灣文化志》上卷，173-4 頁。

　　前揭《台灣史事概說》，92 頁。

⑦⑬ 施琅《靖海紀事》，台灣銀行復刻版，民國 47 年，59-62 頁。

　　同上《台灣文化志》上卷，174-6 頁。

⑦⑭ 同上《台灣文化志》上卷，177 頁。

⑦⑮ 同上，189-90 頁。

# 第四章

## 清帝國治下的
## 台灣政治沿革與社會變遷

# 第一節　清帝國的台灣隔離政策與台灣行政區域的沿革

## 一、清帝國治台的基本理念及其殖民政治型態

　　清帝國雖然消滅鄭氏政權，但基本上並無意領有台灣。基於此點，在往後二百餘年的台灣統治中，並未將台灣和中國大陸同等對待，常以「化外之地」、「化外之民」的看法，而採取蔑視、隔離這塊土地和人民的政策。

　　清帝國決定領有台灣之後，先將其視為危險的移民撤回大陸。據施琅於 1685 年 10 月 26 日（康熙 24 年 9 月 29 日），上康熙帝的〈壞地初闢疏〉裡，指出：「自臣去歲奉旨蕩平，偽藩、偽文武官員、丁卒與各省難民相率還籍，近有其半。」①另首任台灣知府蔣毓英《台灣府志》，亦記載：「鄭氏時台灣人口男丁有 21,320 人，清接收後『底定存冊』僅餘 12,724 人，減少了 40%；田園數量也由原來的 30,053 甲，減為 18,454 甲，減少了 38% 之多）」②。此舉使台灣一時陷入「人去業荒」的狀態。可是清廷仍在台灣施行「台灣編查流寓則例」，對留下的移住民加以種種限制；尤其甚者，對於所謂的「獨身無職者」採行「逐回過海」的強制措施，毫不容情地將彼等遣返大陸原籍地。又清廷雖然訂定到台灣的渡航新規定，但設置三道禁令，嚴格限制渡航者。亦即，1. 渡航到台灣者必須先接受原籍地「分巡台廈兵備道（台灣廈門的軍事行政管轄機關）」的審查，且須經「台灣海防同知（台灣海岸守備隊司令官）」審議，得到許可者才可渡台。對違反這道手續的偷渡者施行嚴厲的懲罰。2. 台灣渡航者禁止家族同行，但不

禁止對已經渡台者的接眷行爲。3.認爲粵地（廣東東北部）屬海賊巢穴，居民陋習難改，禁止渡航到台灣（客家人較閩南人移民台灣的時間晚、人數少的主要因素在此）。③

　　毋庸贅言地，清廷這種漠視移民的人權，毫無人道不准家眷同行的禁令，當然使台灣人口男女性別比例上，形成極端的男多女少，無產遊民也特多的動盪社會。此種畸形的社會現象，可由下列藍鼎元的二本文獻，見其端倪。

　　其一，《東征集》卷六（1721 年，康熙 60 年）〈紀十八重溪示諸將弁〉：

　　　「十八重溪在哆囉嘓之東，去諸羅邑治五十里，乃一溪曲折繞道、跋涉十八重，間有一二支流附入，非十八條溪水橫流而過也。其中爲大埔莊，土頗寬曠，旁附以溪背、員潭、崁下、北勢、楓樹岡等小村落。未亂時，人烟差盛，今居民七十九家，計二百五十七人，多潮籍，無土著，或有漳泉人雜其間，猶未及十分之一也。中有女眷者一人，年六十以上者六人，十六以下者無一人。皆丁壯力農，無妻室，無老者幼稺。其田共三十二甲，視內地三百六十餘畝。」④

　　其二，《平台紀略》附錄（1723 年，雍正元年）〈經理台灣疏〉：

　　　「統計台灣一府，惟中路台邑所屬，有夫妻子女之人民。自北路諸羅、彰化以上，淡水、鷄籠山後千有餘里，通共婦女不及數百人；南路鳳山、新園、瑯璚以下四五百里，婦女亦不及數百人。合各府各縣之傾側無賴，羣聚至數百萬人，無父母妻子宗族之繫累，似不可不爲籌畫者也。」⑤

　　可是，對中國大陸深感絕望，閩、粵兩省希望來台者，大有不能遏止之勢。況且福建沿岸是所謂沉降海岸，彎彎曲曲，港口很多。台灣西岸多淺灘，便於上岸。所以禁者自禁，來者自來。惟渡禁一久，弊病叢生。王必昌《重修台灣縣志》卷二（1752 年，乾隆 17 年），有如下悲慘的記載：

　　「按內地窮民，在台營生者數十萬，囊鮮餘積，旋歸無日；其父母妻子，俯仰乏資，急欲赴台就養。格於例禁，羣賄船戶，冒頂水手姓名掛驗。女眷則用小漁船夜載出口，私上大船。抵台復有漁船乘夜接載，名曰灌水。一經汛口覺察，奸梢照律問遣，固刑當其罪；而杖逐回籍之愚民，室廬拋棄，器物一空矣。更有客頭串同習水積匪，用濕漏小船，收載數百人，擠入艙中，將艙蓋封頂，不使上下；乘黑夜出洋，偶值風濤，盡入魚腹。比到岸，恐人知覺，遇有沙汕，輒趕騙離船，名曰放生。沙汕斷頭，距岸尚遠，行至深處，全身陷入泥淖中，名曰種芋。或潮流適漲，隨波漂溺，名曰餼魚。在奸梢惟利是嗜，何有天良；在窮民迫於饑寒，罔顧行險。相率陷阱，言之痛心！」⑥

　　誠然，此項渡台禁令與限制，由於客觀情勢的需要，有過多次的更改，時張時弛，大概不下七八次。大約說起來，初列版圖時，宣示嚴禁，這是第一次的厲禁；康熙 58 年重禁偷渡，這是第二次的厲禁；雍正 7 年，再申嚴禁，這是第三次的厲禁；雍正 10 年，不但開禁，並且解除搬眷限制，這是第一次的開放；乾隆 5 年又限期嚴禁，這是第四次的厲禁；乾隆 9 年解禁，這是第二次的開放；乾隆 13 年復禁，這是第五次的厲禁；乾隆 25 年復

開禁，嘉慶以後，一直循例，沒有多大的更改。不過實際上移民很多，渡台者日衆，情勢已經演變到不是禁令所能控制，也不是汛口所能防備。清代末年，禁令只成具文，經由沈葆楨的奏請〈台灣後山亟須耕墾，請開舊禁〉，1875 年 2 月 15 日（光緒元年一月十日），清廷明諭「一切規制，自宜因時變通」，正式詔除移民渡台及各種禁令。⑦

　　一方面，衆所周知，清帝國最初軍隊的主力，是由滿人組成的八旗軍。嗣後，滿人在征服大陸明王朝的過程中，爲了更有効控制廣大多數的漢人異民族，乃將漢籍的降兵及在被其征服的土地，招募士兵共編爲綠營，正式建立清帝國八旗、綠營的軍制。這項軍制，八旗雖多集中駐紮各要區，綠營被分散遍戍各處所，但除非有戰爭或特定要事，經常皆爲定居，不予調動。⑧可是清領台之初，對於孤懸海外的台灣，視爲危險化外的邊區，不敢掉以輕心；亦即憂慮軍隊和官吏落地生根，衍生叛亂。因此，放棄在大陸所推行的綠營兵制，不讓「台人守台」，而採用施琅如下的建議：「台灣設總兵一員、水師副將一員、陸師參將二員，兵八千名；澎湖設水師副將一員，兵二千名。通共計兵一萬名，足以固守。又無添兵增餉之費。其防守總兵、副、參、遊等官，定以三年或二年轉陞內地，無致久任，永爲定例。」實施對台特有的三年輪替「班兵制」。於是從閩、粵二省的 50 餘營中抽調兵丁，合計萬人，分駐台澎兩地（前述）。

　　爾後，台灣班兵數額迭有增減，諸如 1728 年（雍正 6 年），藍鼎元〈台灣水陸兵防疏〉中，記述：「全台駐防官兵七千餘名，水、陸屯戈可云周密。」⑨但 1829 年（道光 9 年），姚瑩〈台灣班兵議（上）〉，謂：「台澎一鎭，水、陸十六營，額兵一萬四千六百五十有六，自督、撫兩院，水、陸二提，漳州、汀州、

建寧、福寧、海壇、金門六鎮，福州、興化、延平、閩安、邵武五協五十八營抽撥更戍，多者七、八百人，少者百數十人。」[10]

據劉妮玲的研究，終清治台兩百多年中，有相當時期的班兵人數維持在 14,000 名左右。不過 1869 年（同治 8 年），班兵之腐化已極，經裁兵之後，全台水陸兵額實存 7,292 名。到了光緒初年，繼續裁兵，最後只賸四千餘名。迨劉銘傳撫台之時，班兵之制也就名存實亡了。有關清各年代對台班兵之增減及營屯的更改，許雪姬《清代台灣的綠營》，第一篇第二章〈營制的更改〉，有詳盡的論述，請參閱。[11]

再者，原先調台的班兵不僅要年力壯健、技藝精熟，更要誠實安分且有身家，但是眷屬要留在原籍，作為人質。「其父母妻子皆在內地，懼於顯戮，不敢有異心也。」「設有變，父母妻子先為戮矣，豈有他哉。」故「百餘年來有叛民而無叛兵」。[12]

其次，班兵之缺額嚴禁在台募補，班兵來台後若有死傷、逃亡，必須由其原營派遣同額兵丁頂補，若任令招募台人補額，難免逐漸走上「台人守台」之途。而班兵抵台後分派駐防時，一方面要同營之兵分散四處，另一方面又令漳、泉兵分籍駐紮，務期使漳人守泉庄，泉人守漳庄；如此同營之兵自不能私相聯絡，同籍之兵民也難以聲氣相通，不僅難以通同造反，更因不同籍貫之兵民錯雜相維，彼此抗衡，而有利於清廷之控制。[13]

只是，如此萬般防範措施的班兵制，實際上並未見嚴格執行，反而產生不少的流弊。清軍機處檔案有如下的記載：

「歷來起配赴台班兵積弊甚多，如內地各營抽撥班兵，向來俱將本營老弱無能及技藝平常者挑往充數，更有曾在台戍守與彼地民番熟識，別有營生，情願過台者，頂替現應換班兵名

又復前往。至於班兵配執軍器，例應將本營原配槍械堅固者配執赴台，營員向存私心，輒將鏽敝器械配往，希冀調台之後可以動項修理。」⑭

　　除了上述積弊之外，綠營本身自乾隆開始，已經腐敗。嘉、道以還，更趨廢弛，幾已不能任戰，紀律渙散，徒以擾民。而綠營的薪水比起八旗本已偏低，生活困苦，非得兼營他業難以養贍家口。更何況調台的班兵，復須負擔額外往返駐地的大筆開支(雖有津貼，但杯水車薪，幫助有限)，於是戍兵只好賺錢補貼。或做些賣放人口偷渡等違法失職的勾當、甚至放高利貸、走私、盜劫勒索，無所不為。又因為不許家眷偕來，精神上孤獨寂寞，而問題叢生。諸如酗酒、聚賭、爭娼、出入鴉片館、鬥毆，真是無法無天。

　　針對這些班兵不法的行為，1833 年 4 月 1 日 (道光 13 年 2 月 12 日)，姚瑩曾有下記〈台灣營務亟宜整頓〉的奏呈：

> 「台灣一鎮設班兵一萬四千有奇，到台灣即住宿娼家，以聚賭為事，攬載違禁貨物，欺虐平民。官若查拏，輒鼓噪欲變，甚至械鬥殺人不服地方官申理，不聽本管官鈐束，違禁犯法，無所不為，而水提、金門二標尤甚。又有身列行伍，不事訓練，操演時，本地別有習武匪徒，專為受僱代替，設有奸宄滋事，即依附為其凶黨，種種積弊尤為可惡！」⑮

　　顯見，清廷對班兵的腐敗橫暴，也知之甚詳，並訂有所謂「懲治班兵條例」。但都不認真執行這些條款，因為處罰條款都是連坐式的，一兵有罪，其長官上司皆有罪；故寧可替兵丁隱瞞，少有提出糾舉，甚至文職官員派人前來提人問訊，還加以維護。⑯終

究，清廷還是在防範嘩變的首要考量之下，寧願放任班兵延續敗壞，欺壓台灣的住民，嚴重地干擾台灣政治社會的穩定安寧。

另方面，台灣自歸清版圖後，如前述，初隸屬於福建巡撫，由台廈兵備道統轄。因此，兵備道在台灣為一中央行政機關，包括文治武備兩政，其分支之文治機關，由知府統轄全台；武備機關，由總兵管轄另設按司獄，歸道衙直轄。府治由一海防同知及三知縣統轄，軍區計分五管區，由水師副將及南北兩參將負責警備。而行政區劃分為市、庄、社；軍管區分為汛塘。又置下級行政組織，以總理、地保、番頭人為自治主體，施行自治警察。此外教育機關有府學、縣學、分歸府縣管轄，間接受道台節制。⑰

這項行政治權的規制，原無可厚非。但清廷的慣例，當地人不得回原籍任官職，台灣隸屬福建省，依照行政任官制度上迴避的規定，被派到台灣的文官必須是出身在福建以外五百里地的人。這些人是既不懂閩南語也不諳客家話的「外省人」；他們執行公務或則要靠翻譯，更有委任本地的胥吏或差役。⑱

職是，赴台任職的外省「正印」官員，據乾隆 20 年（1755）的《台灣府志》所載，其俸薪與養廉合計數目如下：

| 台灣道（正四品） | 俸薪 | 105.396 兩 | 養廉 | 1,600 兩 |
|---|---|---|---|---|
| 台灣知府（從四品） | 俸薪 | 105.396 兩 | 養廉 | 1,600 兩 |
| 知縣（正七品） | 俸薪均 | 45 兩 | 養廉則台灣縣 | 1,000 兩 |
| | | | 其他縣 | 800 兩 |
| 同知（正五品）（淡水廳） | 俸薪 | 80 兩 | 養廉 | 500 兩 |
| 通判（正六品）（澎湖廳） | 俸薪 | 60 兩 | 養廉 | 500 兩 |

雖不算少，但事實上，由於許多費用均須由官員自己支付，如「官之室家賴之，親戚故舊賴之，僕從賴之，而且以延幕友，以賜胥役，以供奉上司，以送迎賓客僚友，而又有歲時不可知之費」。其數甚鉅，官員果廉潔自守，將不勝虧累。⑲

加之，所謂官員，除正印官之外，尚包括佐貳與雜職。如縣丞（正八品）、主簿（正九品）、巡檢（從九品）、典史（未入流）等，其職務則於知縣、同知、通判正印官之下，分擔徵糧、捕盜、戶口、監獄等各事。他們的待遇，遠比正印官為少。復以其多非正途出身，升遷不易，不少人終生居此一職。待遇不足，再加缺乏希望與鼓勵，自易趨向枉法歛財的道路。⑳

至於官員的任期，雖規定三年，期滿即可升官回大陸任用。但據統計，自乾隆到同治五朝，知府任期在一年以下者，約占54%，同知、通判約占45%，知縣約占36%。此亦較閩省與全國為短。這種知府逾半數，廳縣近半數，逾三分之一任期都不及一年的情況下，可以說，連大概的情況還沒有弄清楚，就要離去了。㉑這當然會構成被派到台灣的官員，自然而然地，導致他們大多苟且偷安，荒廢政務，只想搜括金錢，儘早轉任回大陸。亦因此，官吏間有句「三年官二年滿」，民間有句「衙門八字開，無錢勿免來」的俗語，對當時官場的風氣及貪汙賄賂的橫行，有淋漓盡致的諷刺。

事實上，台灣吏治之不良，久為人所詬病。對此，伊能嘉矩曾有廣徵諸文獻，清晰暢達的說明。㉒台灣史界，新近也有多人研究（如呂實強、許雪姬教授等）；所以筆者在此不擬再贅述，僅列舉下面文獻，供讀者參酌（伊能氏多有提及）。

其一，周鐘瑄《諸羅縣志》（1717 年，康熙 56 年）：「胥役各處

所有，台屬爲盛，有室家者十之二三，謹愿者十不得一二焉。皆遊棍，望風夤緣而入也。一衙門而數百衆，一皂快而十數幫，非舞文撞歲，見事生風，欺官以腥民之膏血，何以飽其蹊壑乎！吏書之勢，艷於紳士，皂快之燄，烈於吏書。上官胥役視僚屬如烏有，又安怪其以愚民爲魚肉也。」[23]

其二，藍鼎元《東征集》(1721 年，康熙 60 年)〈論台中時事書〉：「爾者台地各官，多以五日京兆，不肯盡心竭力，任地方安危之寄，高守不敢思歸，又以戰船賠累，惟無米之炊是急，心灰氣隳，以脫然廢棄爲幸，何能得有餘力，整頓地方？」[24]

其三，藍鼎元《平台紀略》(1723 年，雍正元年)，附錄〈與吳觀察論治台灣事宜書〉(1724 年，甲辰，雍正 2 年)：「台中胥役比內地更熾。一名皂快，數十幫丁。一票之差，索錢六七十貫、或百餘貫不等。吏胥權勢，甚於鄉紳；皂快烜赫，甚於風憲，由來久矣。近或稍爲斂戢，亦未可知。宜留心訪察，懲創一二，以儆其餘。至本衙門胥役，善窺伺本官意旨，招搖撞歲，見事風生，尤不可不防也。」[25]

其四，徐宗幹《斯未信齋文集》〈答王素園同年書〉：「海外情形，另有一紙書，可以得其大概。各省吏治之壞，至閩而極；閩中吏治之壞，至台灣而極。然猶是民也、猶是官也，豈其無可治之民、無可用之官而卒至束手無策者？一言以蔽之曰：窮而已矣。搶擄之罪，生死未定，尚在後日；號寒啼饑，目前別無恒業，流至海外，更無家可戀，不能坐守餓斃，只可鋌而走險。是民以窮而不能治，聽之愈頑、殺之愈悍；此治民之難也。」[26]

其五，徐宗幹《斯未信齋文編》〈致兆松厓廉訪書〉：「各處爲害者，不外盜賊，訟師、蠹役三項。而台屬尤甚者，則三者合而爲一。胥役勾通匪徒爲盜窩，及事主報官，又與訟師代爲捏告。

愚民無知，訟累經年，贓物絲毫未能到手，又添出許多費用。卒之盜匪、訟棍逍遙事外，在官羈押受累者，皆被牽好人居多。於是，胥役既分盜贓，又得訟費，是失事者固冤無可伸，而未失事者亦不知禍從何來。」㉗

此外，清廷為防止定居的移民叛亂，亦發布各種嚴格的管制。如禁私入番境、禁娶番婦（所謂封山令）、禁軍器及私藏寸鐵、私造旗幟、禁私運米出洋販賣、禁私煎硝磺、禁販賣鐵、竹等等。就其中「封山令」，表面上是保護原住民的權益，禁止移住民進入原住民的居住地以及限制通婚，但實際上是為防止移住民和原住民相互結合。對於觸犯這個法令者，施以鞭打百下並拘役三年。再如清政府為防止移住民私藏武器，不但禁止鐵和鐵製品輸入台灣，甚至連鑄造都加以限制。尤其甚者，農具的製造都必須經過政府的許可，連所使用的原物料——鐵，都嚴格限定只能由漳州輸入。茲就嚴申鐵禁，引述如下：

「台灣不產鐵斤。民間鐵鍋，每年給照赴漳州採買二萬七千口，其鐵釘、菜刀、農具，全台酌定鐵店二十七戶，由地方官取結具詳藩司，給照就台收買廢鍋舊鐵及台灣道廠造船用剩餘鐵，在城市打造。近年鐵鍋既不按年請買，道廠餘鐵亦多積存，顯有私鐵透漏情事，應如所奏。責令台灣口員，實力稽查；獲有私販，究出偷運出口的地方，將內地口員分別是否故縱，革職治罪；販賣接運之犯，從重究治；班兵夾帶，加等問擬；台灣口員失察，嚴參議處。其原有鐵店二十七戶，應令悉移府廳各縣城中，責成文武官員，稽查嚴擎私造軍器，照律治罪，不准在鄉市及沿山沿海地方私開一鋪、私設一廠，其影射私開，及肩挑小鑪，沿鄉打造者，亦照私販例計鐵科罪，如鐵

數不及百斤者，照律仗一百枷號二個月刺字逐水，以上有犯，
房屋船隻貨物器具，概行入官。」⑱

　　儘管實施如此嚴苛的限制及禁令，但對中國大陸深感絕望而
偷渡來台者，仍然源源不絕。他們有些是透過向腐敗的官僚賄賂，
有些則冒著生命危險渡過洶湧的台灣海峽，陸續湧入台灣這塊新
天地。結果，台灣人口 1811 年達到 195 萬人，到清末的 1892 年
更增加到近 255 萬人。⑲

　　然而，清政府對台灣的侮蔑隔離政策，以及其腐敗橫行的殖
民地統治，當然會受到台灣移住民的強烈反感及抵抗。依《中華
叢報》（1833 年）雜誌的記載，「政府官員脫離本國監督，恣意妄
為，對移住民苛斂誅求，使得不堪負荷的貧弱移民，為償還負債
而委身官吏為奴。對於當局的不法行為，以單身為主的移住民團
結抗爭，尋求自保。官吏的壓迫是種種叛亂的主要原因。」⑳俗
諺以「三年一小反、五年一大亂」來形容台灣住民層出不窮的抗
爭事件，此點將在下節加以說明論及。茲在此附錄清代分巡台澎
兵備道（台廈道附）及台灣掛印總兵官人物表如下，以供參閱（引
自：王詩琅纂修《台灣省通志稿》卷七，人物志第三冊，台灣省文獻委員會，
民國 51 年，128-44 頁）。

## 表一　清代分巡台澎兵備道（台廈道附）人物表

| 姓名 | 籍貫 | 出身與前歷 | 任期 | 雜考 |
|------|------|-----------|------|------|
| 周昌 | 奉天 | 進士。 | 康熙 23 年任，25 年解任。 | |
| 王效宗 | 正白旗漢軍 | | 康熙 26 年任。 | |

| 高拱乾 | 陝西榆林衞 | 廕生。 | 康熙 31 年任。 | 秩滿陞浙江按察使。有傳（宦績）。 |
|---|---|---|---|---|
| 常光裕 | 浙江 | | 康熙 36 年任。 | |
| 王之麟 | 鑲黃旗 | 貢生。 | 康熙 38 — 43 年。 | 調補湖北糧道。 |
| 王敏政 | 正黃旗 | | 康熙 44 年任。 | 有傳（宦績）。 |
| 陳璸 | 廣東海康 | 甲戌進士，古田台灣令四川督學。 | 康熙 45 — 54 年。 | 有傳（宦績）。 |
| 梁文科 | 正白旗 | 舉人。 | 康熙 54 — 57 年。 | 陞廣東按察使。 |
| 梁文煊 | 正白旗漢軍 | 監生。 | 康熙 57 — 60 年。 | 朱一貴之變被議。 |
| 陶範 | 江南吳縣 | | 康熙 59 年。 | |
| 陳大輦 | 湖廣江廈 | 進士。 | 康熙 61 年—雍正 2 年。 | 有傳（宦績）。 |
| 吳昌祚 | 正廣旗漢軍 | 監生。 | 雍正 2 年— 6 年。 | 陞山東按察使。 |
| 孫國璽 | 正白旗 | 進士。 | 雍正 6 年— 7 年。 | 調本省鹽驛道。 |
| 劉藩長 | 山西拱桐 | 貢生。 | 雍正 7 年— 9 年。 | 丁憂，尋陞福建按察使。 |
| 倪象愷 | 四川榮縣 | 舉人、台灣知府。 | 雍正 8 年 — 10 年。 | 有傳（宦績）。 |
| 張嗣昌 | 山西浮山 | 貢生，漳洲府知府。 | 雍正 10 年 11 月 18 日任，13 年 10 月 18 日俸滿。 | 調補四川鹽驛道，歷任福建按察使、布政使。福建總督郝玉麟奏：張嗣昌爲人謹愼和平，才具練達。治漳時，化導有力，曾經卓異。 |
| 尹士俍 | 山東濟寧州 | 監生，淡水同知，台灣知府。 | 雍正 13 年。 | 調補湖北鄖襄道。 |

| 鄂善 | 滿洲藍旗 | 監生。 | 乾隆 4 年—5 年。 | 調補福建延建邵道。 |
|---|---|---|---|---|
| 劉良璧 | 湖南衡陽 | 雍正甲辰進士，台灣知府。 | 乾隆 5 年。 | 乾隆 3 年知台灣府事，任內修台灣府志。後轉福建糧驛道，卒於家。 |
| 莊年 | 江南長州縣 | 由監生保舉。 | 乾隆 8 年 7 月。 | 乾隆 6 年授淡水同知，調補建寧府知府。 |
| 書成 | 滿洲鑲黃旗 | 監生。 | 乾隆 13 — 14 年。 | 有傳（宦績）。 |
| 金溶 | 順天大興 | 雍正庚戌進士。 | 乾隆 15 年。 | 15 年 7 月兼攝府篆。丁母憂去。後擢陝西按察使，布政使。42 年卒。 |
| 挹穆齊圖 | 蒙古鑲藍旗 | | 乾隆 17 年任。 | 始兼提督學政。 |
| 德文 | 滿洲正白旗 | 刑部筆帖式。 | 乾隆 20 年 10 月。 | |
| 楊景素 | 江蘇 | 監生。 | 乾隆 23 年 4 月。 | |
| 覺羅四明 | 滿洲正藍旗 | 內閣中書。 | 乾隆 26 年 4 月。 | |
| 余文儀 | 浙江諸暨 | 丁巳進士，台灣知府。 | 乾隆 29 年 8 月—11 月。 | 有傳（宦績）。 |
| 蔣允焄 | 貴州貴陽 | 丁巳進士，台灣知府。 | 乾隆 29 年 12 月—30 年 4 月護任，34 年 2 月—36 年任。 | 36 年改海防汀漳道，40 年遷按察使。台南流傳故事甚多。 |
| 奇寵格 | 滿洲鑲白旗 | 丙午舉人。 | 乾隆 30 年 4 月—31 年 6 月，36 年復任 3 年俸滿。 | 有傳（宦績）。 |
| 張珽 | 陝西涇陽人 | 戊午舉人。 | 乾隆 31 年 10 月。 | 有傳（宦績）。 |

| 碩善 | 滿洲鑲藍旗 | 由筆帖式陞工部郎中。 | 乾隆 39 年 4 月。 | |
|---|---|---|---|---|
| 馮廷丞 | 山西代州 | 壬申舉人，由廩生累陞刑部郎中。 | 乾隆 40 年 6 月。 | 陞江西按察使。 |
| 蔣元樞 | 江蘇常熟 | 乾隆己卯舉人。 | 乾隆 41 年 12 月以知府護任。 | 任內重建木城，創增砲台，設澎湖西嶼燈台，護理學政，建樹甚多。 |
| 張棟 | 陝西三原 | 例貢生。 | 乾隆 42 年 12 月護任。 | |
| 俞成 | 浙江臨安 | 乙丑進士。 | 乾隆 45 年 5 月任。 | 46 年 11 月以書役橫行，朋比為奸，成漫無覺察，革職。 |
| 蘇泰 | 江蘇元和 | 例貢生。 | 乾隆 46 年 12 月以知府護任。 | |
| 穆和蘭 | 滿洲正黃旗 | 丁卯舉人。 | 乾隆 47 年 2 月任。 | 有傳（宦績）。 |
| 楊廷樺 | 順天大興 | 丁丑進士。 | 乾隆 47 年 11 月。 | 陞山東按察使。 |
| 孫景燧 | 浙江海鹽 | 辛丑進士。 | 乾隆 49 年正月以知府護任。 | |
| 黃鍾傑 | 雲南昆明 | 乙酉拔貢。 | 乾隆 53 年任。 | 有傳（宦績）。 |
| 張鴻年 | | | | 乾隆 53 年林爽文變起，為礮所擊墜馬死。 |
| 楊廷理 | 廣西馬平 | 丁酉拔貢，台灣知府。 | 乾隆 53 年 3 月護任，56 年 5 月署，6 月實陞。 | 有傳（宦績）。 |
| 劉大懿 | 山西洪洞 | 丁酉舉人，輸餉議敘任刑部員外郎， | 乾隆 60 年 7 月任，8 月加按察使銜。 | 移甘肅甘涼道，甘肅、福建、山東按察使，署山東布政使，刑部奉天 |

| | | 陞郎中，福建鹽道。 | | 司員外郎，總辦秋審，充寶源局監督，誥授通議大夫。子師陞南澳海防同知。 |
|---|---|---|---|---|
| 季學錦 | 江蘇昭文 | 己丑翰林，福建鹽道。 | 嘉慶2年2月—3年12月。 | 卒於官。 |
| 遇昌 | 滿洲鑲白旗 | 生員，台灣知府。 | 嘉慶3年12月護任，4年3月陞任，8月加按察使銜，7年5月回任，10年8月卸。 | 陞江都按察使。 |
| 慶保 | 滿洲鑲黃旗 | | 嘉慶6年3月署任，10年10月任，11年3月加按察使銜。 | 7年5月回泉州府任，禦海寇蔡牽功，12年陞福建按察使，後官至閩浙總督。能詩。任中署知府。 |
| 清華 | 滿洲鑲紅旗 | 官學生，台灣海防同知，汀漳龍道。 | 嘉慶12年7月任。 | 嘗署台灣知府。 |
| 張志緒 | 浙江餘姚 | 乙卯進士。 | 嘉慶13年。 | |
| 麋奇瑜 | | | 嘉慶17年任，20年卸。 | 陞福建按察使。 |
| 汪楠 | 安徽旌德 | 監生，平潭同知署龍岩知州，台灣知府。 | 嘉慶23年。 | 以疾卒於官。 |
| 葉世倬 | | | 嘉慶25年。 | 陞福建巡撫。 |
| 胡承珙 | | | 道光元年。 | 遷延建邵道。 |
| 孔昭虔 | 山東曲阜 | 嘉慶辛酉進士。 | 道光4年。 | 陞陝西按察使。 |

| 劉重麟 | 陝西朝邑 | 貢生，江西督糧道。 | 道光7年。 | |
|---|---|---|---|---|
| 平慶 | | | 道光10年。 | 13年張丙叛案，有虧職守，革職，官聲尚好，以六部主事用。 |
| 劉鴻翺 | | | 道光13年。 | |
| 周凱 | 浙江富陽 | 辛未進士。 | 道光17年。 | 有傳（宦績）。 |
| 沈汝翰 | | | 道光17年。 | |
| 姚瑩 | 安徽桐城 | 嘉慶戊進士。 | 道光18年。 | 有傳（宦績）。 |
| 熊一本 | 安徽六安州 | 嘉慶甲辰進士，台灣知府。 | 道光23年任，27年12月再任。 | |
| 徐宗幹 | 江蘇通州 | 嘉慶庚辰進士。 | 道光28年4月。 | 咸豐4年陞福建按察使。同治元年福建巡撫，著有《斯未信齋文集》。 |
| 裕鐸 | 滿洲鑲藍旗 | 工部筆帖式。 | 咸豐4年4月8日。 | |
| 孔昭慈 | 山東曲阜 | 道光癸未進士。 | 咸豐8年3月。 | 字雲鶴，嘗任知府，同治元年，戴潮春變，陷彰化，自殺。 |
| 洪毓琛 | 山東清源 | 道光辛未進士，台灣知府。 | 同治元年3月。 | 爲政慈惠，有「洪菩薩」之稱。2年6月卒於任。建有專祠。 |
| 陳懋烈 | 湖北蘄州 | 道光甲午舉人。 | 同治2年6月任。 | |
| 丁曰健 | 安徽懷寧 | 道光乙未舉人，淡水同知。 | 同治2年12月再任。 | 戴潮春亂平台有功。因詆林文察構怨。輯《治台必告錄》八卷。 |

| 吳大廷 | 湖南沅陵 | 咸豐乙卯順天舉人。 | 同治5年10月任。 | 任內興學校，修武備，飭吏治，睦官僚；政績頗著。 |
|---|---|---|---|---|
| 梁元桂 | 廣東恩平 | 咸豐2年進士。 | 同治7年2月任。 | |
| 黎兆棠 | 廣東順德 | 咸豐癸未進士。 | 同治8年9月任。 | 字召民。 |
| 定保 | 滿洲正藍旗 | 咸豐己未進士。 | 同治10年4月任。 | |
| 周懋琦 | 安徽績溪 | 學事主事，台灣府知府。 | 同治11年7月至11月任，光緒3年6月再任。 | |
| 潘駿章 | 安徽涇縣 | 監生。 | 同治11年11月。 | |
| 夏献綸 | 江西新建 | 監生，例貢。 | 同治12年2月。 | 五年病故任所。 |
| 張夢元 | 直隸天津 | 咸豐辛亥順天舉人。 | 光緒5年7月任。 | |
| 劉璈 | 湖南臨湘 | 附生。 | 光緒7年8月任。 | 有傳（宦績）。 |
| 陳鳴志 | 湖南新寧 | 同治5年貢生。 | 光緒11年5月任。 | |
| 唐景崧 | 廣西灌陽 | 同治乙丑進士。 | 光緒13年4月任。 | 有傳（宦績）。 |
| 唐贊袞 | 湖南善化 | | 光緒18年以知府署任。 | 有傳（宦績）。 |
| 顧肇熙 | 江南蘇州 | | 光緒18年5月以後。 | 號緝熙，嘗任職吉林。 |
| 陳文騄 | 順天大興 | 進士，甲戌翰林，新設台灣府知府。 | 光緒19年。 | 乙未割台，請假內渡，5月25日自安平出發。 |
| 賴鶴年 | | | | |

## 表二　清代台灣掛印總兵官人物表

| 姓名 | 籍貫 | 出身 | 任期 | 經歷 | 備註 |
|------|------|------|------|------|------|
| 楊文魁 | 奉天 | 正黃旗、參領。 | 康熙23年任。 | 陞本旗副都統。 | 周府志，劉府志作遼東人。 |
| 殷化行 | 陝西西安府咸寧 | 武進士。 | 康熙27年任。 | 調湖廣襄陽鎮。 | 蔣通志作殷化行。 |
| 穆維雍 | 奉天錦縣 | 鑲黃旗參領。 | 康熙34年任。 | 就任不久，同年擢入典禁軍。 | 周府志，劉府志作遼東人。 |
| 王國興 | 甘肅寧夏 | 行伍。 | 康熙34年任。 | | |
| 王萬揮 | 陝西會寧 | 行伍。 | 康熙36年任。 | 陞本省陸路提督。 | 蔣通志，周府志作王萬祥。 |
| 張玉麟 | 陝西榆林衛 | 世襲阿達哈哈番。 | 康熙37年任。 | 前任浙江溫州鎮總兵官，秩滿改調福寧鎮。 | |
| 李友臣 | 陝西安定 | 行伍。 | 康熙41年任。 | 前任福寧鎮總兵官，後調漳州鎮。 | |
| 王傑 | 遼東直隸易州 | 正白旗廩生。 | 康熙44年任。 | 卒於官。 | |
| 王元 | 福建晉江 | 行伍。 | 康熙46年任。 | 由汀州鎮總兵官調補。卒於官。 | |
| 崔相國 | 河南汝寧府 | 行伍。 | 康熙47年任。 | | |
| 姚堂 | 山東人福建籍 | | 康熙51年任。 | 陞廣東提督。 | 號肯菴。 |

| 歐陽凱 | 福建漳浦 | | 康熙57年至60年。 | 功加左都督，朱一貴之亂殉難。 | 有傳（殉國）。 |
|---|---|---|---|---|---|
| 陳策 | 福建泉州 | | 康熙60年任。 | 卒於官。 | 有傳（武功）。 |
| 藍廷珍 | 漳浦 | 行伍。 | 康熙60年任。 | 陞本省水師提督。 | 有傳（武功）。 |
| 馬俊才 | | | | 康熙60年剿捕朱一貴，在南路春牛埔力戰墜馬被殺，贈太子太保，諡忠烈。 | |
| 林亮 | 福建漳浦 | 行伍。 | 雍正2年任。 | 調任浙江定海鎮。 | |
| 陳倫烱 | 福建同安 | 廕生，侍衞台協副將。 | 雍正4年任。 | 雍正6年調廣東瓊州鎮。 | |
| 王郡 | 陝西乾州 | 行伍。 | 雍正6年任。 | 陞閩省水師提督。 | |
| 呂瑞麟 | 福建莆田 | 行伍。 | 雍正9年任。 | 雍正11年調金門鎮。 | |
| 馬驥 | 甘肅寧夏 | 行伍。 | 乾隆元年任。 | 台灣北路副將，海壇總兵。由台灣調福寧鎮汀州鎮總兵。 | |
| 章隆 | 福建福州 | 行伍，澎湖副將，福寧鎮總兵。 | 乾隆3年任。 | 乾隆5年調廣東左翼鎮。 | |
| 何勉 | 福建福州 | 行伍。 | 乾隆5年任。 | | 始築大營盤城，以資捍禦。 |

| 張天駿 | 浙江杭州 | 行政。 | 乾隆8年5月任。 | 陞本省水師提督。 | |
| 施必功 | 福建 | 鑾儀衛。 | 乾隆11年5月以台協副將署。 | 陞江南狼山總兵官。誥授振威將軍，晉授榮祿大夫。 | 字朝采，號實甫。康熙辛未生，乾隆癸酉卒。 |
| 陳汝鍵 | 福建龍溪 | 藍翎尉衛，世襲騎都尉。 | 乾隆11年7月任。 | | |
| 蕭琭 | 四川閬中 | 武進士。 | 乾隆12年12月任。 | 卒於官。 | |
| 朱光正 | 瑞安 | 行伍。 | 乾隆13年7月署。 | | |
| 馬龍圖 | | 興化協副將。 | 乾隆13年閏7月署。 | | |
| 薛瓀 | 高密 | 世襲。 | 乾隆13年10月任。 | 卒於官。 | |
| 沈廷耀 | 福建詔安 | 行伍，台協副將。 | 乾隆14年6月署。 | | |
| 李有用 | 四川 | 行伍。 | 乾隆14年11月任。 | 15年赴浙江迎駕，16年4月回任。尋升水師提督。 | |
| 林君陞 | 福建同安 | 行伍。 | 乾隆15年10月任。 | 陞水師提督。 | |
| 馬負書 | 漢軍鑲黃旗 | 武狀元。 | 乾隆16年11月任。 | 陞福建水師提督。 | |
| 陳林每 | 莆田籍福建台灣人 | 行伍，台協左營遊擊。 | 乾隆17年2月任。 | | |
| 馬大用 | 懷寧 | 武進士。 | 乾隆18年7月任。 | 陞水師提督。 | 蔣通志作馬負大用四字名。 |

| 馬龍圖 | 潮陽 | 行伍。 | 乾隆 21 年 7 月任。 | 陞水師提督。 | 蔣通志作馬負圖。 |
|---|---|---|---|---|---|
| 林洛 | 福建晉江 | 行伍。 | 乾隆 24 年 8 月任。 | | |
| 甘國寶 | 古田 | 武進士。 | 乾隆 25 年正月任,乾隆 26 年 3 月卸,乾隆 31 年 11 月再任。 | 陞水師提督。 | |
| 斐鏡 | | 台協副將。 | 乾隆 26 年 3 月署。 | | |
| 游金輅 | 湖南辰溪 | 行伍。 | 乾隆 26 年 4 月任。 | | |
| 王巍 | 江南亳州 | | 乾隆 32 年 12 月任。 | 次年晉京仍回本任,後以黃教之亂事去職。 | |
| 龔宣 | | 澎協副將。 | 乾隆 33 年 3 月署。 | | |
| 葉相德 | 浙江歸安 | 武進士。 | 乾隆 34 年正月任。 | 調赴雲南征剿。 | |
| 戴廷棟 | 貴州 | 功加。 | 乾隆 34 年 4 月署。 | | |
| 章紳 | 直隸天津 | 武進士。 | 乾隆 34 年 9 月任。 | | 蔣通志作直隸人,35 年任。 |
| 何思和 | 福建侯官 | | 乾隆 37 年 12 月任。 | 卒於官。 | |
| 金蟾桂 | 江南蘇州 | 武進士,台協副將。 | 乾隆 38 年 9 月署,47 年 9 月任。 | 以議去。 | |

| 顏鳴嘷 | 廣東嘉應州 | 武進士。 | 乾隆 39 年 3 月任。 | | 善行書，在台灣其遺墨尚多。 |
|---|---|---|---|---|---|
| 董果 | 直隸 | 武進士。 | 乾隆 42 年 5 月任。 | 建寧府總兵。 | |
| 張繼勳 | 羅源 | 行伍。 | 乾隆 45 年 11 月任。 | | |
| 鄭瑞 | | 台協副將。 | 乾隆 47 年 5 月署。 | | |
| 孫猛 | 鑲白旗滿洲人 | 世襲。 | 乾隆 47 年 12 月任。 | 卒於官。 | |
| 柴大紀 | 浙江 | 武進士。 | 乾隆 48 年 9 月任。 | 51 年晉京，仍回本任，後以議去。 | |
| 陸廷桂 | | | 乾隆 51 年 3 月任。 | 尋調回。 | |
| 普吉保 | 正黃旗滿洲人 | 侍衛。 | 乾隆 53 年 2 月任。 | 尋調回。 | |
| 奎林 | 鑲黃旗滿洲人 | 伊犁將軍。 | 乾隆 53 年任，56 年卸。 | 52 年陞西藏大臣紅旗都統。 | |
| 哈當阿 | 正黃旗蒙古人 | 參領，水師提督。 | 乾隆 56 年兼管 | 嘉慶 4 年回提督任。 | |
| 愛新泰 | 正白旗滿洲人 | 健銳營前鋒。 | 嘉慶 4 年 9 月任。 | 軍功加提督都騎尉，世襲，以勞瘁歿滬尾。 | 台灣采訪冊都騎尉作雲騎尉。 |
| 許松年 | | | 護任。 | 愛新泰出征，松年護任。 | |
| 武隆阿 | 正黃旗長白滿洲人 | | 嘉慶 12 年任，22 年卸。 | | 字駿亭，善草書，在台灣其遺墨尚多。 |

| 張世昌 | 浙江 | | | 嘉慶 12 年 追剿蔡牽船至黑水洋，陣亡。追封伯爵，諡忠烈。 | |
|---|---|---|---|---|---|
| 音登額 | 正藍旗滿洲人 | | 嘉慶 25 年任。 | | |
| 明保 | 正白旗漢軍 | | 道光 4 年任。 | | |
| 蔡萬齡 | 江南上海 | | 道光 4 年 10 月 任，5、6、7 年尙在任。 | | |
| 趙裕福 | | 副將。 | 道光 5 年署。 | | |
| 劉廷斌 | 四川溫江 | | 道光 7 年任。 | 12 年陞 任廣東提督。以張丙亂事離職，後被議。 | |
| 陳化成 | | | 道光 9 年 前署任。 | | |
| 張琴 | | | 道 光 14、15 年任。 | | |
| 達洪阿 | | | 道光 19 年任。 | 道光 21 年 8 月英船犯台，擊沉其兵船，22 年，復於彰汀交界欲入口，不得逞，後誘之進土地公港，擊沉其船，擒殺甚衆。賞太子 | |

| | | | | 太保。南京條約成，受誣收審。 | |
|---|---|---|---|---|---|
| 葉長春 | | 北路協副將。 | 道光25年署任。 | | |
| 武攀鳳 | | | 道光26年任。 | 後告病。任中諸多廢弛。被參。 | |
| 呂恒安 | | | 道光29、30年任。 | | |
| 恒裕 | | | 咸豐元年4月任。 | | |
| 邵(佚名) | | | 咸豐4年署，6年任。 | | |
| 林向榮 | 福建同安 | | 咸豐11年至同治元年任。 | 戴潮春變，率軍解嘉義圍。進駐斗六門，被圍，援絕，仰藥自殺。子妻死。 | |
| 吳逢源 | 福建同安 | 水師提督。 | 同治2年署。 | | |
| 曾玉明 | 福建晉江 | 行伍。 | 同治2年任。 | | |
| 曾元福 | 福建晉江 | 行伍。 | 同治6年任。 | | |
| 劉明燈 | | | 同治7年任。 | | |
| 張(佚名) | | | 光緒2年任。 | | |
| 吳光亮 | 廣東 | | 光緒元年，在任多年，後嘗再任。 | | |

| 奇東博 | | | | |
|---|---|---|---|---|
| 楊再元 | | 光緒初。 | | |
| 孫(佚名) | | 光緒 13 年前後。 | | |
| 萬道生 | | 光緒 18、19年。 | | 按道生當係萬鎮之字，或非萬鎮。 |

## 二、清帝國台灣行政區域建置沿革及其政治機構

清代地方行政制度爲四級制，省下爲道，道下爲府（州），府（州）下爲縣廳，州分爲直隸州與普通州，直隸州與府同，廳與縣同。清正式將台灣收入版圖，至 1895 年（光緒 21 年）割台，其間凡 212 年，行政區域變遷可分爲建府及建省二時期。建府時期即自康熙 23 年（1684 年）至光緒 12 年（1886 年），此間隸屬福建省;建省時期，即自光緒 13 年（1887 年）至光緒 21 年（1895 年）。前後共計經五次之變遷。對此演變的經緯，伊能嘉矩在其鉅著《台灣文化志》上卷，第三篇文治武備沿革，第一章文治之規制，第二款文治設施之變遷裡，可說已有詳盡的論考。又台灣省文獻委員會《台灣省通志稿》卷三，政事志行政篇，對府縣轄境也有完整的補述記載，所以筆者不必另多贅言。茲亦參照各文獻，主要仍是依據以上兩書的論著，分別引述如下：

### ㈠ 府初期：康熙 23 年（1684 年）至康熙 61 年（1722 年）

1684 年 5 月 27 日（康熙 23 年 4 月 14 日），清廷依施琅之奏議，詔令這初歸版圖的台灣建一府三縣，隸屬福建省分巡台廈兵備道。行政區域乃大體沿襲鄭氏王朝的舊制。亦即於全台設一台灣

府，府下將鄭氏時期的天興州改為諸羅縣，萬年州分為台灣縣和鳳山縣，澎湖則置巡檢，附屬台灣縣。又台灣縣為府附郭，其初疆域東西廣五十里，南北袤四十里，東南以紅毛藔溪與鳳山縣交界，北以新港溪南之上游一帶及蔦松溪下游以南與諸羅縣交界。轄東安、寧南、鎮北、西定等四坊，及永康里、長興里、新豐里、保大西里、保大東里、歸仁南里、歸仁北里、崇德里、仁和里、仁德南里、仁德北里、文賢里、效忠里、廣儲東里、廣儲西里、大目降庄、武定里，而澎湖諸島澳亦在所轄（時澎湖稱三十六島分為九澳），縣治設於東安坊（今台南市）。鳳山縣居其南，自台灣縣界而南，至沙馬磯頭（即今恆春鎮西南岬），袤四百九十五里，自海岸而東，至山下打狗仔港，廣五十里。轄仁壽、維新、長治、嘉祥、依仁、新昌、永寧、港東、港西等九里，喜樹仔、土墼堤二保，興隆、半屏山、赤山、大竹橋、小竹橋、鳳山等六庄及安平鎮，並平埔熟番八社，山豬毛歸化生番五社，傀儡山歸化生番二十七社，琅𤩝歸化生番十八社，卑南覓歸化生番六十五社。縣治設於興隆莊（今左營區）。諸羅居其北，自蔦松新港東北至雞籠山後，袤二千三百十五里。轄開化、善化、新化、安定四縣里，赤山、茅港尾、佳里興、善化里東、善化里西、新化里東、新化里西、安定里東、安定里西等九保，及諸羅山、外九、大奎壁、舊嘓、新嘓、下加冬、打貓、他里霧、半線等九庄，社九十有五。縣治設於諸羅（今嘉義市）。期間自康熙 23 年至康熙 61 年凡 39 年。[31]

　　以上為清初對台灣疆域所標示之地名。但此似不過為清代當路所知有關台灣地理上知識之概括而已。實際上，政化所及，係在西海岸之平原。南限於下淡水溪岸，北不逾乎嘉義以北。至如南部琅𤩝（恆春）及山後一帶（台東）「番」界，則如同內山，完

全視爲化外之域。郁永河《裨海紀遊》，載康熙 36 年（1697 年）
之台灣光景云：「海外初闢，規模草創，城郭未築，官署悉無垣
牆，惟編竹爲籬，蔽內外而已。」「三縣所隸，不過山外沿海平地，
其深山野番，不與外通，外人不能入，無由知其概。」此實可謂
已把握入清當初管轄區域之概況。再則，清領台以後，近 20 年
間，鳳山、諸羅二縣都無縣署，知縣都在府治內執行政務。

　　另建府初期，地方政治機構之區劃如下表：

| 府 | 縣 | 下級官司 | |
|---|---|---|---|
| 台灣知府 | 台灣知縣 | 台灣縣丞 | 康熙 23 年新設 |
| | | 新港巡檢 | 康熙 23 年新設 |
| | | 澎湖巡檢 | 康熙 23 年新設 |
| | 鳳山知縣 | 淡水巡檢 | 康熙 23 年卜地大崑麓，而設於下淡水東港，後移於赤山莊。 |
| | 諸羅知縣 | 佳里興巡檢 | 康熙 23 年新設 |

㉜

## (二) 建府第二期：雍正元年 (1723 年) 至乾隆 52 年 (1787 年)

　　康熙 60 年（1721 年）5 月，台灣發生朱一貴事件（後述），7
日而全台淪陷。事平後，有更張內治之議。而如膺任其善後籌謀
之台灣鎮總兵幕僚藍鼎元，以開擴疆域爲第一要義，提倡於台灣
北部之半線（即彰化）添設縣治，其所議要旨如下：

　　「欲爲謀善後之策，非添兵設官、經營措置不可也。以愚
　管見，劃諸羅縣地而兩之。於半線以上，另設一縣，管轄六百
　里。雖錢糧無多，而合之番餉，歲微銀九千餘兩。草萊一闢，
　貢賦日增，數年間巍然大邑也。半線縣治，設守備一營，兵

五百。淡水八里岔設巡檢一員，佐半線縣令之所不及。羅漢門素為賊藪，于內門設千總一員，兵三百。下淡水新園設守備一營，兵五百。郎嬌極南僻遠，為逸盜竄伏之區，亦設千總一員，兵三百，駐箚其地。使千餘里幅員聲息相通。又擇實心任事之員，為台民培元氣。寇亂、風災、大兵、大疫而後，民之憔悴極矣。然土沃而出產多，但勿加之刻剝，二三年可復其故。惟化導整齊之。均賦役，平獄訟，設義學，興教化，獎孝弟力田之彥，行保甲民兵之法，聽開墾以盡地力，建城池以資守禦，此亦尋常設施耳。而以實心行實政，自覺月異而歲不同。一年而民氣可靜，二年而疆圉可固，三年而禮讓可興；而生番化為熟番，熟番化為人民；而全台不久安長治，吾不信也。顧或謂台灣海外，不宜闢地聚民，是亦有說。但今民人已數百萬，不能盡驅回籍，必當因其勢而利導約束之，使歸善良，則多多益善。從來疆域既開，有日闢，無日蹙，氣運使然。即欲委而棄之，必有從而取之。如澎湖、南澳皆為海外荒陬，明初江夏侯周德興皆嘗遷其民而墟其地，其後皆為賊窠，閩廣罷敝。及設兵戍守，迄今皆為重鎮。台灣古無人知，明中葉乃知之，而島彝盜賊，後先竊踞，至為邊患。比設郡縣，遂成樂郊。由此觀之，可見有地不可無人。經營疆理，則為戶口貢賦之區；廢置空虛，則為盜賊禍亂之所。台灣山高土肥，最利墾闢。利之所在，人所必趨。不歸之民，則歸之番、歸之賊。即使內賊不生，野番不作，又恐寇自外來，將有日本、荷蘭之患，不可不早為綢繆者也。」[33]

　　藍鼎元之建議獲巡台御史吳達禮採納。雍正元年（1723 年）8月，吳代奏曰：「諸羅縣北半線地方，民番雜處，請分設知縣一，

典史一，其淡水係海岸要口，形勢遼闊，請增設捕盜同知一。」清廷容議，雍正元年，除原有台灣、鳳山、諸羅（乾隆52年改稱嘉義）三縣外，於原諸羅縣內，增設彰化一縣及淡水一廳。台灣縣（附郭）東至羅漢門庄內門，西至海，南至二贊行溪與鳳山縣交界（初至依仁里交界僅十里雍正12年改）北至新港溪與諸羅縣交界（溪南有新港社新化里原屬諸羅，雍正12年改溪南屬台灣，溪北屬諸羅。）廣六十八里，袤四十里。除原轄四坊十六里一庄外，增轄原鳳山縣屬之新昌里、永寧里、依仁里、永豐里、士墼埕堡、羅漢門庄及大傑嶺社，亦原諸羅縣屬之新化里（一半）及卓猴、新港二社，計四坊二十一里一保二庄五十三街三社（詳見乾隆25年《續修台灣府志》卷二坊里社街）縣治仍設於東安坊（今台南市）。鳳山縣，東至港西旂尾溪，西至打鼓港，南至沙馬磯頭，北至二贊行溪與台灣縣交界，廣六十五里，袤百四十五里。轄長治一圖里、長治二圖里、維新里、仁壽里、嘉祥里、文賢里、淡水港東里、淡水港西里，及興隆莊、觀音山庄、半屏山庄、赤山庄、大竹橋庄、小竹橋庄、鳳山庄等計八里八庄十六街，並一百二十二社（詳見乾隆25年《續修台灣府志》卷二坊里社街）。縣治初仍設於興隆庄，乾隆53年移於大竹橋莊下陂頭街（今鳳山）。諸羅縣，東至大武巒山，西至大海，南至新港溪與台灣縣交界，北至虎尾溪與彰化縣交界，廣五十一里，袤一百三十里。初轄四里九保十七庄，至乾隆25年新增三十九保一庄四十一街並轄有三十三社（詳見乾隆25年《續修台灣府志》卷二坊里社街），縣治仍設於諸羅山（今嘉義市）。彰化縣，東至南北投大山，西至大海，南至虎尾溪與諸羅縣交界、北至大甲溪與淡水廳交界，廣四十里、袤九十里，縣治設於半線（今彰化市），初轄十保管一百一十庄，至乾隆25年新分及加增共一十六保一百三十二庄，並五十一社（詳見乾隆25年《續

修台灣府志》卷二坊里社街)。淡水廳，東至南山，西至大海，南至大甲溪，北至大鷄籠城 (今基隆市)。廣十七里、表四百八十四里。廳治設於竹塹 (今新竹市)。初轄二保管三十五庄，至乾隆 25 年分爲一百三十二庄八街，並轄有七十社 (詳見乾隆 25 年《續修台灣府志》卷二坊里社街)。雍正 5 年更將分巡台廈道與廈門分離，改爲分巡台灣道 (乾隆 53 年復改爲分巡台灣兵備道) 專統台灣及澎湖。並新設澎湖一廳，東至東吉嶼，西至草嶼，南至南嶼，北至目嶼，其實際所轄及四邊各島，廳治設於大山嶼。轄有東西、嵵裡、林投、奎壁、鼎灣、瓦硐、海鎮、赤嵌、通梁、吉貝、西嶼、網垵、水垵等，統計十有三澳，分爲一街八十二社 (詳見光緒 18 年纂修之《澎湖廳志》卷之二澳社街市)。此期行政區域分爲一府四縣二廳。 [34]

自雍正元年至乾隆 52 年之地方分治區劃如下表：

| 府 | 廳縣 | 下級官司 | |
|---|---|---|---|
| 台灣知府 | 台灣知縣 | 台灣縣丞 | 雍正 9 年遷移羅漢門。 |
| | | 新港巡檢 | 乾隆 26 年遷移斗六門。 |
| | | 澎湖巡檢 | 雍正 5 年改設通判。 |
| | | 羅漢門縣丞 | 雍正 9 年自台灣縣治移此。 |
| | 鳳山知縣 | 淡水巡檢 | 雍正 9 年在嵌頂改建。 |
| | | 萬丹縣丞 | 雍正 9 年新設，乾隆 26 年遷移阿里港。 |
| | | 阿里港縣丞 | 乾隆 26 年自萬丹移此，乾隆 50 年移下淡水。 |
| | 諸羅知縣 (乾隆 52 年改稱嘉義縣) | 佳里興巡檢 | 雍正 9 年移鹽水港，乾隆 53 年移大武壠。 |
| | | 笨港縣丞 | 雍正 9 年新設。 |
| | | 斗六門巡檢 | 乾隆 26 年自新港移此。 |

| 彰化知縣 | 鹿港巡檢 | 雍正 9 年新設。 |
|---|---|---|
| | 貓霧捒巡檢 (犁頭店) | 雍正 9 年新設。 |
| | 南投縣丞 | 乾隆 24 年新設。 |
| 淡水同知 | 竹塹巡檢 | 雍正 9 年新設（原在沙轆，後移竹塹）。 |
| | 八里坌巡檢 | 雍正 9 年新設，乾隆 15 年移新庄。 |
| | 新庄巡檢 | 乾隆 15 年自八里坌移此。 |
| 澎湖通判 | | |

㉟

## ㈢　建府第三期：乾隆 53 年 (1788 年) 至同治 13 年 (1874 年)

　　乾隆 51 年（1786 年）11 月，台灣發生史上抗清最激烈的林爽文事件（後述）。期間，因爲林爽文的餘黨有北竄至淡水東北角「番地」之虞，爲斷其路，清廷乃命台灣知府楊廷理嚴加防範。至此，台灣當局始知有三貂、蛤仔難之地名，並瞭解有漳州人吳沙等移民，已久居三貂，且與蛤仔難「番」人建立良好關係。林案事平後，爲善後之一策，淡水同知徐夢麟向台灣知府楊廷理上陳吳沙可用，以及蛤仔難（噶瑪蘭）「番」易行招撫。此事雖由楊知府轉稟福建巡撫徐嗣曾，但以經費不足，地屬界外，恐啓開「番」怨，故未被接納。㊱

　　隨後嘉慶 11 年（1806 年），橫行於中國東南沿海大海寇蔡牽來犯烏石港（今宜蘭頭城鎮），覬覦搶占蛤仔難地區，爲吳化（吳沙之姪）等率眾拒退。次年其黨徒朱濆之船隊停泊於蘇澳，也企圖奪取該地爲據點，但被南澳總兵王得祿和知府楊廷理擊退。經此過程，楊知府乃再向清廷力爭開拓蛤仔難地區，設官以治，惟

仍難獲允許。嗣後，復幾經查勘奏請，嘉慶 14 年 (1809 年) 正月，清廷終於諭令蛤仔難地區；不可置之化外，應審議設官，另立廳、縣。詔令曰：

「蛤仔難北境居民，見已聚至六萬餘人，且於盜匪窺伺之時，能知協力備禦，幫同殺賊，實爲深明大義，自應收入版圖，豈可置之化外？況其地又膏腴，素爲賊匪覬覦，若不官爲經理，妥協防守，設竟爲賊匪佔踞，豈不成其巢穴，更爲台灣添肘腋之患乎？著該督、撫等熟籌定議，應如何設官經理，安立廳、縣，或用文職，或駐武營，隨宜斟酌，期於經久盡善爲要。」[37]

於是，嘉慶 15 年 (1810 年) 4 月，閩浙總督方維甸到台灣，經詳審查明，奏請收噶瑪蘭入版圖。翌嘉慶 16 年 (1811 年)，清廷正式將蛤仔難 (噶瑪蘭) 收爲版圖。嘉慶 17 年 (1812 年) 8 月，除原台灣、鳳山、嘉義、彰化四縣及淡水、澎湖二廳外，劃淡水廳之東北部增設噶瑪蘭一廳。東至過嶺仔以海爲界，西至枕頭山後大坡山與內山生番界，南至零工圍山與生番界，北至三貂遠望坑與淡水廳交界，東南至蘇澳過山大南澳界，西南至叭哩沙喃與額刺王字生番界，東北至泖鼻山與淡水洋面界，西北至宰牛礐內山與淡水界。轄十二堡，分二十五街九十七庄三十七社 (詳見咸豐 2 年纂修之《噶瑪蘭廳志》卷之二城市鄉庄)。廳治置於五圍 (即本城堡宜蘭街)。[38]

自乾隆 53 年至同治 13 年之地方分治區劃如下表：

| 府 | 廳縣 | 下級官司 | |
|---|---|---|---|
| 台灣知府 | 台灣知縣 | 羅漢門縣丞<br>羅漢門巡檢<br>大武壠巡檢<br>(灣裡) | 乾隆 54 年改爲巡檢。<br>道光 15 年改自縣丞。<br>乾隆 53 年移自佳里興。 |
| | 鳳山知縣 | 下淡水縣丞<br>(阿猴)<br>淡水巡檢<br>興隆巡檢<br>(舊城)<br>枋藔巡檢 | 乾隆 53 年移自阿里港。<br><br>乾隆 53 年移往興隆。<br>乾隆 53 年移自下淡水，同治<br>12 年移往枋藔。<br>同治 12 年移自興隆。 |
| | 嘉義知縣 | 笨港縣丞<br>斗六門巡檢<br>(校按：似當作乾隆末葉)<br>斗六門縣丞 | <br>道光 15 年改爲縣丞。<br><br>道光 15 年改自巡檢。 |
| | 彰化知縣 | 南投縣丞<br>鹿港巡檢<br>貓霧捒巡檢 | <br>嘉慶 14 年移往大甲。<br> |
| | 淡水同知 | 竹塹巡檢<br>新莊巡檢<br>新莊縣丞<br><br>艋舺縣丞<br><br>大甲巡檢 | <br>乾隆 55 年改爲縣丞。<br>乾隆 55 年改自巡檢，嘉慶 14 年<br>移往艋舺。<br>嘉慶 14 年移自新莊，光緒元年<br>裁撤。<br>嘉慶 14 年移自鹿港。 |
| | 澎湖通判 | | |
| | 噶瑪蘭通判 | 頭圍縣丞<br>羅東縣丞 | 嘉慶 17 年新設。<br>嘉慶 17 年新設，光緒元年裁撤。 |

㊴

## (四)　建府後期：光緒元年 (1875 年) 至光緒 10 年 (1884 年)

嘉慶 16 年 (1811 年) 台灣增設噶瑪蘭廳之後，直至同治 13 年 (1874 年)，60 餘年間台灣縣廳未見增減。1871 年 12 月，台灣南部海岸發生原住民殺害琉球人的慘案，即所謂牡丹社事件 (後述)。日本藉由此事件，於 1874 年 (同治 13 年) 5 月，西鄉從道引率日本遠征軍，相續在琅𤩝一帶登陸，順利地構築陣地。在此同時，清廷任命沈葆楨爲欽差辦理台灣等處海防兼理各國事務大臣，處理與日本談判事務。

1874 年 10 月 31 日，日清談判成功，和平解決此次爭端。事平後，日本撤軍，清廷乃令沈葆楨著手辦理善後，力圖自強，以期未雨綢繆，有備無患。於是 1874 年 (同治 13 年) 11 月 15 日，沈葆楨上〈請移駐巡撫摺〉，以專責成，以經久遠事，然尤以開山撫番爲要務 (詳後述)。此項建議獲清廷折衷接受，決定福建巡撫每年，夏、秋兩季在本省，春、冬兩季在台灣 (後來在台南、台北設置行署)。

旋未久，沈葆楨親自巡視南路琅𤩝「番」地，即日軍侵犯駐軍故址，並與分巡台灣兵備道夏獻綸、營務處督辦劉璈等，共同會商之後，於同治 13 年 12 月 23 日，上奏〈請琅𤩝築城設官摺〉，謂爲海防與內治之必要，建議在琅𤩝一帶，增設恆春縣。光緒元年正月 12 日 (1875 年 2 月 15 日)，此議獲准，遂新設恆春縣，附屬台灣府。[40]縣界西以率芒溪與鳳山縣爲界，東以八磘灣與新設卑南廳交界，管轄宣化、德和、至厚、仁壽、興文、咸昌、善餘、嘉禾、治平、永靖、安定、長樂、泰慶等 13 里又 39 社，縣治設於猴洞 (今恆春鎮)。同年六月，沈葆楨奏請改駐南北路同知，乃改南路理番同知爲南路撫民理番同知，在東部台灣新設卑南廳，

改北路理番同知爲中路撫民理番同知，新設埔裏社廳，均屬台灣府。卑南廳界，南自八磘灣，北至東澳溪南。管轄南鄉、新鄉、奉鄉、蓮鄉、廣鄉、並189社。廳治設於寶桑（即南鄉卑南街）。埔裏社廳即分割彰化縣轄，西限火焰山，南至濁水溪上游，北至北港溪上游，東接內山一帶。管轄埔里社堡、北港溪堡、五城堡、集集堡、並12社。廳治設於埔裏社（今埔里鎮）。⑪

　　至於台灣北部，闢壤日多，人民益衆，但由於治理官員人手不足，致使地方事務十分紛亂。沈葆楨考察台北今昔，深感：土壤之日闢不同、口岸之歧出不同、民人之生聚不同、駕馭之難周不同、政教之難齊不同，且「台南騷動之時，即有潛窺台北之患」，「海防洋務，瞬息萬變，恐州牧尙不足以當之」，更何況開山撫番之後，闢地日廣，政令難周。於是光緒元年6月18日（1875年7月20日），又上奏〈台北擬建一府三縣摺〉，稱「故就今日台北形勢策之，非區三縣而分治之，則無以專其責成；非設如府以統轄之，則無以挈其綱領。」⑫清廷於光緒元年12月20日諭內閣曰：「著照軍機大臣等所議，准其於福建台北艋舺地方，添設知府一缺，名爲『台北府』，仍隸於台灣兵備道。附府添設知縣一缺，名爲『淡水縣』。其竹塹地方，原設淡水廳同知即行裁汰，改設新竹縣知縣一缺。並於噶瑪蘭舊治，添設宜蘭縣知縣一缺；即改噶瑪蘭廳通判爲台北府分防通判，移紮鷄籠地方。」⑬

　　如是，新建台北一府，乃分轄三縣、一廳，府治卜定於艋舺附近（屬於大加蚋堡，即台北城），以新設之淡水縣爲附廓，改淡水廳設新竹縣，改噶瑪蘭廳設宜蘭縣，又置基隆廳爲分府。淡水縣界，南以桃澗堡土牛溝與新竹縣交界，東北以南港溪與基隆廳交界。管轄大加臘堡、芝蘭一堡、芝蘭二堡、芝蘭三堡、八里坌堡、擺接堡、興直堡、文山堡、桃澗堡、海山堡，縣治設於台北。新

竹縣南至大甲溪，北至桃澗堡土牛溝。管轄竹北一堡、竹北二堡、竹南一堡、竹南二堡、竹南三堡、竹南四堡、並三十八社。縣治仍舊置於新竹。宜蘭縣，西北至遠望坑，南至東澳溪，管轄區域仍舊。縣治照舊設於宜蘭。基隆廳，西南至南港溪、東南至遠望坑。管轄基隆堡、金包里堡、三貂堡、石碇堡。廳治設於基隆。光緒元年又改以曾文溪為台灣、嘉義二縣界，台灣至是由一府增為二府，轄八縣四廳。㊹

　　自光緒元年至光緒 10 年之地方分治區劃如下表：

| 府 | 廳縣 | 下級官司 |
|---|---|---|
| 台灣知府 | 台灣知縣 | 羅漢門巡檢<br>大武壠巡檢 |
| | 鳳山知縣 | 下淡水縣丞<br>枋藔巡檢 |
| | 嘉義知縣 | 笨港縣丞<br>斗六縣丞　光緒 12 年裁撤 |
| | 彰化知縣 | 南投縣丞<br>貓霧捒巡檢 |
| | 恆春知縣 | |
| | 澎湖通判 | |
| | 卑南同知 | |
| | 埔裏社同知 | |
| | 淡水知縣 | |
| | 新竹知縣 | 新竹巡檢　光緒元年由竹塹巡檢改稱。<br>大甲巡檢 |
| | 宜蘭知縣 | 頭圍縣丞 |
| | 基隆通判 | |

㊺

## ㈤ 台灣建省始末

1884 年 6 月 23 日，因爲爭奪安南的利權，法清兩國發生所謂「北黎的暗襲事件」。雙方雖經多次協商，可是對賠款一事未能合意。同年 8 月 5 日，法清戰爭終於爆發。不久，戰火波及台灣，法軍首先強襲雞籠、滬尾，後又攻陷占據澎湖 (後述)。1885 年 (光緒 11 年) 6 月 9 日，法清和議成立，法軍退出台澎。事後，清廷充分認知台灣地位的重要性，大力籌議辦理善後事宜。對此，欽差大臣督辦福建軍務左宗棠力主台灣建省。於是，清廷開始愼重考慮台灣建省的可行性及必要性。1885 年 8 月 17 日，清廷下旨軍機大臣、總理各國事務大臣、六部九卿，會同各省督撫，就左宗棠建請將福建巡撫改爲台灣巡撫，妥議具奏。同年 10 月 12 日 (光緒 11 年 9 月 5 日)，軍機大臣醇親王等奏請，改福建巡撫爲台灣巡撫，福建巡撫事由閩浙總督兼管，改任劉銘傳爲首任台灣巡撫。[46]

嗣後，1887 年 10 月 3 日 (光緒 13 年 8 月 17 日)，劉銘傳與閩浙總督楊昌濬會同上〈台灣郡縣添改撤裁摺〉，奏請改設地方制度，其要旨如下：

「查彰化橋孜圖 (即橋仔頭) 地方，山環水複，中開平原，氣象宏開，又當全台適中之地，擬照前撫臣岑毓英原議，建立省城。分彰化東北之境，設首府曰台灣府，附郭首縣曰台灣縣。將原有之台灣府、縣改爲台南府、安平縣。嘉義之東，彰化之南，自濁水溪始，石圭溪止，截長補短，方長約百餘里，擬添設一縣，曰雲林縣。新竹苗栗街一帶，扼內山之衝，東連大湖，沿山新墾荒地甚多，擬分新竹西南各境，添設一縣，曰苗栗縣。

合原有之彰化縣及埔裏社通判，四縣一廳，均隸台灣府屬。其
鹿港同知一缺，應即撤裁。淡水之北，東抵三貂嶺，番社紛歧，
距城過遠；基隆為台北第一門戶，通商建埠，交涉紛繁，現值
開採煤礦，修造鐵路，商民麕集，尤賴撫綏，擬分淡水東北四
保之地，撥歸基隆廳管轄，將原設通判改為撫民理事同知，以
重事權，此前路添改之大略也。後山形勢，北以蘇澳為總隘，
南以埤南為要區，控扼中權，厥惟水尾。其地與擬設之雲林縣
東西相直，聲氣未通。現開路百八十餘里，自丹社嶺、集集街
徑達彰化。將來省城建立，中路前後脈絡，呼吸相通，實為台
東鎖鑰；擬添設直隸州知州一員，曰台東直隸州，左界宜蘭，
右界恆春，計長五百里，寬三、四十里、十餘里不等，統歸該
州管轄，仍隸於台灣兵備道，其埤南廳舊治，擬改設直隸州同
知一員；水尾迆北，為花蓮港，所墾熟田約數千畝，其外海口
水深數丈，稽查商舶，彈壓民、番，擬請添設直隸州判一員，
常川駐紮，均隸台東直隸州。此後路添改之大略也。」[47]

　　這項添設廳縣的建議，於 1887 年 10 月 24 日（光緒 13 年 9 月
8 日），獲清廷採納准許。至此，台灣行政區域劃分為三府及一直
隸州。中路曰台灣府，為省會首府，南路改舊台灣府曰台南府，
北路即原設台北府，升卑南廳曰台東直隸州，各府下設十一縣三
廳。台灣府置台灣、彰化、雲林、苗栗四縣及埔里社一廳。台北
府置淡水、新竹、宜蘭三縣及基隆一廳。台南府置安平（改舊台灣縣）
嘉義、鳳山、恆春四縣及澎湖一廳。其疆域，台灣府轄附郭台灣
縣，東至原有埔裏社廳界，南以濁水溪上游與雲林縣為界，以大
肚溪與彰化縣為界，西以貓羅堡同安嶺與彰化縣為界，北以大甲
溪與苗栗縣為界。彰化縣，南以西螺溪與雲林縣為界，北及東至

台灣縣界，縣治仍舊設於彰化。雲林縣，西南以牛稠溪及石龜溪上游與嘉義縣爲界，東以濁水溪上游與埔裏社廳爲界，北以西螺溪與彰化縣爲界，縣治初設於林圯埔 (今竹山鎮)，後因地利不宜，於光緒 19 年移設於斗六 (今斗六鎮)。苗栗縣，南以大甲溪上游與埔裏社廳爲界，下游至台灣縣界，北以中港溪與新竹縣爲界，縣治設於維新庄 (今苗栗鎮)。埔裏社廳，西南至雲林縣界，西至台灣縣界，北至苗栗縣界，廳治仍舊設於埔裏社。台北府則除改以草嶺頂爲基隆、宜蘭廳縣界，並以中港與中港上游之南港溪爲新竹、苗栗二縣界外，均如原有疆域，廳縣治亦仍舊。台南府轄，各廳縣疆界亦仍舊，台東直隸州，亦與舊卑南廳同，州治移於奉鄉水尾 (因水尾州城未建知州暫駐卑南)。

光緒 20 年 (1984 年)，台灣巡撫邵友濂，又於淡水縣海山堡沿山一帶增置一廳，名曰南雅廳，隸台北府，廳治設於大料崁 (今大溪鎮)，是年因朝鮮事變引起日清戰爭，致台灣割讓，未見施行。至省城初擬置於台灣縣橋子頭，光緒 15 年 (1889) 8 月興工築城，但在其未竣工前，光緒 17 (1891) 年 4 月，巡撫劉銘傳因病去職，同 18 年 (1892 年) 後任巡撫邵友濂，乃移省會於台北。[48] 從此，台灣的政治中心，逐漸由南部移至北部。

自光緒 11 年至光緒 21 年此段期間之地方分治區劃如下表：

| 府 | 廳縣 | 下級官司 | |
|---|---|---|---|
| 台灣知府 | 台灣知縣 | 南投縣丞 | 光緒 13 年移於鹿港。 |
| | | 葫蘆墩巡檢 | 光緒 13 年新設。 |
| | 彰化知縣 | 貓霧捒巡檢 | |
| | | 鹿港縣丞 | 光緒 13 年移自南投。 |

| | 雲林知縣 | |
|---|---|---|
| | 苗栗知縣 | |
| | 埔裏社通判 | |
| 台北知府 | 淡水知縣 | |
| | 新竹知縣 | |
| | 宜蘭知縣 | |
| | 基隆同知 | |
| | 南雅通判 | |
| 台南知府 | 安平知縣 | 羅漢門巡檢　光緒 13 年移八罩。<br>大武壠巡檢 |
| | 鳳山知縣 | 下淡水縣丞<br>枋藔巡檢 |
| | 嘉義知縣 | 笨港縣丞 |
| | 恆春知縣 | |
| | 澎湖通判 | 八罩巡檢　　光緒 13 年移自羅漢門。 |
| 台東直隸州知州 | | 卑南州同<br>花蓮港州判 |

㊾

# 第二節　台灣移民抗清運動及其分類械鬥

## 一、台灣移民抗清運動意識型態和重大事件史實的梗概

　　前面已經提及，清廷對台灣侮蔑隔離政策和其腐敗橫行的殖民地統治，當然會受到台灣住民的強烈反彈與抵抗。結果，清廷二百多年的台灣統治，即如俗諺所謂「三年一小反，五年一大亂」，台灣住民的抗爭事件，層出不窮。因此，伊能嘉矩道出：「清

二百餘年間統治的泰半，都在對付匪徒之起事。」⑤此點其用語，誠甚不妥（另對各事件的記載評語及其史觀，實也有多項讓人爭議之處。畢竟當年他也是日人統治者之一），惟放寬心胸，如王育德教授將其語意修正爲：「清朝兩百餘年的統治，實際上就是對移民叛亂的鎮壓和漫無計劃綏撫工作的歷史。」⑤，來引述，諒或可讓讀者理解接受。

又筆者原不想在此對台灣移民的抗清運動（或稱之爲「抗官事件」、「民變」），另做任何意識型態或政治理論上的言論。只是新進學人翁仕杰〈清代台灣漢人民變的理念型分析〉的論稿，所分析歸納出來的下列諸點，筆者深感其立論簡明，邏輯平易不生澀，值得介紹給讀者做爲參考。茲引述如下：

「以台灣傳統民變這個歷史個體而言，其成員的內容主要有兩類人，在大型民變中羣眾包含移墾農民（以佃農爲主）和羅漢腳（無產遊民）；小型民變（騷動性質較強者）則以羅漢腳爲主。

在領導人身分角色主要是移墾社會的地方領袖，包含土豪、會黨盟主、幫派頭目等等幾類人。

發生地區由鄉村聚落開始，沿途蔓延，一路攻向駐軍所在地，最後攻下縣城、府城。

發生的原因多數爲官吏兵員藉其職權，欺壓百姓，加重稅額，或索取規費，或以人民違法的理由彈壓人民，造成民怨，而激發人民的不滿而發動民變。

組織型態以私人結盟和民間會黨爲領導中心，鬆散地組織附從的羣眾，缺乏正式的編制型態和一貫的指揮系統，領導者往往無法約束民變成員的行爲，有效地建立團體紀律。

羣眾以偶發零散的方式自動加入民變的行列，在各個不同

的地方豎旗響應，再逐漸滙集起來。

　　事件發展的模式爲領袖揭竿豎旗，表明發動民變的決心，號召心有同感的成員追隨他的領導，然後以武力暴動的方式，殺害官僚兵員，占據官府，宣稱建立新的政權，形成新的統治團體。

　　其目的在於否定既存的統治權威，建立新政權以取而代之，改革原先統治體制，重新分配政治利益。

　　爲了贏取人民的支持，民變領袖會以改變被統治者的痛苦處境爲訴求，尤其以反抗官僚特權，推翻腐敗的統治體制爲號召，以維護被統治者的生存機會，恢復理想的傳統生活型態，構成民變領袖卡理斯瑪支配的正當性基礎。

　　行動模式屬於情感性行爲與傳統性行爲的類型，缺乏理性的思考，目的與手段之間往往不能一致，持續性與徹底性不足，也沒有完整的行動計劃和整套的改革思想，最後又回到傳統模式。

　　但由於體制內存在嚴重的統治者與被統治者的利益矛盾，人民不堪重稅、規費、貪污、脅迫等官僚特權壓迫，基於自我保護或宣洩怨恨的心理，不再接受統治體制的支配，進而以實際的行動否定既存的統治權威，造成政治秩序的危機。

　　統治威權（政權擁有者）基於政權專有的維護，宣稱其傳統支配的正當性，將民變行動者視爲違反國法的行爲，一方面派兵鎮壓平亂，一方面號召義民起而抵抗。一旦逮捕嫌犯後，即處予死刑、抄家滅族、沒收家產，做爲民變行爲的懲罰，並警告人民不得參與民變，以確保其統治秩序的穩定。」[52]

　　關於台灣抗清運動的研鑽，除了戰前日人學者之外，近年來

台灣史界，亦有多人發表專題論著。所以對大小事變的經緯，已可窺知其概貌。1987 年，許雪姬教授已整理出一份台灣民衆抗清運動年表（包括原住民）。按該年表的記載，清領期間，台灣共計發生 154 次的大小動亂，平均每 1.36 年就有一次，頻率很高。又新近 2006 年，戴寶村教授根據張菼、劉妮玲、許達然等諸氏的研究資料（略），也整理出一份年表。該年表記載，清治期間，台灣大小事變，計有 143 次，但原住民之抗爭除外。其中以清官方標準認定的有 70 餘件之多。㊿

　　至於事變的分類與特性的歸納，筆者認爲大體上可如王育德教授所指出的：以林爽文事變爲分水嶺，分爲前後兩期。前期是較屬於政治性的反清運動，後期則多具有經濟上的濃厚意義。㊿現在徵諸各文獻，筆者亦依年代的順序，選擇幾件較具代表性的事例，簡要的記述如下：

## ㈠　吳球·朱祐龍事變

　　吳球是諸羅縣新港（今台南市新營）東田尾之住民。家境富有，平素愛好武術，頗得人緣，爲地方豪傑人物。時與當地自稱爲明室後裔的朱祐龍（一作朱友龍）交往甚密，共組秘密會盟，心存反清異志。1696 年 7 月 29 日（康熙 35 年 7 月 1 日），吳球家因中元節而設盂蘭盆會，大宴親朋。是夜適逢吳球的妹婿陳櫃時爲鳳山縣糧吏，因爲侵吞官穀，事發前來求助。於是吳球乘機決意起事，遂於宴會中言清吏暴狀，鼓動群情激憤，約定結盟反清，並推朱祐龍爲國師，以復明爲口號。會後，陳櫃匿居吳球家宅，且夕計畫，招募群衆，附者日多。

　　其時，吳球之黨中有余金聲者，與新化里保長林盛爲好友，乃招林盛參加；林盛佯諾之，乘夜密赴台灣府告變。知府靳治揚

接報，爲先發制人，急派駐梨佳興里之北路參將陳貴，率兵前往圍捕。吳球獲悉後，乃於同年 8 月 5 日 (陰曆 7 月 8 日)，集合部衆，持械列陣以待，並號召各路同志起兵呼應，但諸人皆有疑懼，終未獲得響應。陳貴兵至後，吳球力戰不敵被擒；陳榀、余金聲等人也被捕押送台灣府，經拷問後，皆仗斃。獨朱祐龍竟不知去向。[55]隨後，台灣總兵王國興命某士官率兵百人，前往南路下淡水一帶搜捕，但才二個月，士兵皆罹瘴氣病亡，遂作罷。[56]

## ㈡ 劉却事變

劉却爲諸羅縣人。擔任臭祐庄 (今台南縣白河鎮附近) 管事。家有積蓄，平時酷好拳棒，地方的「羅漢脚仔」，來投效者甚衆，有「大哥」的氣勢。劉却因爲不滿清廷的腐敗無能，乃暗中打造兵器，計畫起事反清。1702 年 1 月 14 日 (康熙 40 年 12 月 7 日)，劉却以恢復前朝鄭氏政權爲號召，從臭祐庄揭竿起義，攻打下茄苳附近營汛，再進兵襲擊茅港尾 (今台南縣下營)，清汛兵潰散。附近熟番亦乘機變亂，搶劫民家，劉却退屯急水溪。時清北路參將白通隆聞訊，立率兵防禦；台灣鎮道亦派兩標兵力往援。同年 1 月 9 日 (陰曆 12 月 12 日)，清軍集結兵力，大戰於急水溪，劉却的義軍潰敗，黨徒被殺甚衆。劉却走匿深山，晝伏夜出，藏其形跡。但康熙 42 年 (1703 年) 2 月 (陰曆)，於笨港之秀才庄，被清兵所擒，押至府城，斬首於市，其長子亦被仗殺，妻孥皆處流刑，事方平。[57]

## ㈢ 朱一貴事變

1721 年 (康熙 60 年) 台灣發生史上第一件大型抗清運動──朱一貴事變。朱一貴是福建漳州府長泰縣人。1713 年(康熙 52 年)

一貴26歲時，爲窮困所迫，隻身渡海來台。起初，他在台廈兵
備道衙門充當守衛（轅役），被革職後，在母頂（即大武汀庄，今高
雄市林邊鄉）幫傭種田度日。後來一貴就在大武汀一帶養鴨爲生，
逐漸發跡。據說朱一貴飼鴨，能操縱使之編隊出入，村民皆奇異，
稱之爲「鴨母王」。朱一貴生性任俠，爲人慷慨好義，富組織力，
故能廣結善緣，三教九流的人，都是他鴨母寮的座上賓。這些人
士每與朱一貴相聚時，皆痛談明亡國之恨及當代政治的敗壞。[58]

1721年3月（陰曆），鳳山知縣出缺，由台灣知府王珍兼任。
王珍性極偷閑，耽於淫樂，將政務委任次子，父子狼狽蠻橫貪
暴，只顧苛斂誅求，民怨四起。例如，當時台灣田賦每石穀折算
三錢徵收，而王珍次子在鳳山收糧，每石穀要徵收七錢二分，爲
原來的2.4倍，民衆當然怨怒。後來，鳳山地方因地震海嘯，海
水倒灌，百姓爲了祈福求安，合夥請戲班謝神，王珍說這是拜
把結盟，有違法令拏捕40多人，重打嚴罰；又濫捕入山伐木者
二百餘人，稱渠等違禁不法，除遭酷刑之外，還都被要求給錢才
肯放人。此外，對耕牛，每頭要課銀三錢的牛稅，每座糖磨鋪要
銀七兩二錢方許開鋪，又向砍藤人強求抽分。[59]

如是這般，百姓含怨，民心大失。1721年5月14日（康熙
60年4月19日），朱一貴遂在羅漢門（今高雄市內門區）集合李勇、
吳外、鄭定瑞、王玉全、陳印等52人，於黃殿家中，焚表結盟，
各募數百部衆，決意起事。並奉朱一貴爲首領，以打倒貪官汙吏，
反清復明爲口號，立旗幟書「大元帥朱」。當日，乘夜攻占岡山
清軍駐區，展開大規模的激烈反清運動。[60]

同年5月16日（陰曆4月21日），南路下淡水（屏東一帶）之
粵民領袖杜君英（廣東潮州府海陽縣人，1707年，即康熙47年來台，
是下淡水檳榔林，今屏東縣內埔鄉一帶粵籍客家人的領袖）聞一貴起事，

亦率數百人蜂起呼應。並派楊來、顏子京等人，前來會見朱一貴，商量共同合作，攻占府城。一貴隨即應允，且與楊來等人結盟拜把。於是杜君英率眾先破下淡水清軍駐地，續於 5 月 22 日（陰曆 4 月 27 日，丁巳），與朱一貴軍隊在赤山合攻清軍來拒的主力周應龍部隊。結果，清軍大敗，周應龍逃回台灣府治。朱一貴率隊尾追清兵，杜君英等人則往攻南路營，占據鳳山縣治（今高雄市左營）。5 月 26 日（陰曆 5 月 1 日），朱、杜數萬聯軍合力進攻府城。清軍兵單無援，守將總兵歐陽凱等人皆戰死，府城陷落。民軍杜君英進占總兵官署，朱一貴則入駐台廈道署。兩人同開府庫，將庫銀、倉穀散給各幹部。稍早，台灣分巡兵備道梁文煊、知府王珍、海防同知王禮、台灣知縣吳觀域、諸羅知縣朱夔等等文武官員，紛紛避居澎湖。5 月 28 日（陰曆 5 月 3 日），眾人擁立朱一貴為「義王」（或稱「中興王」），建國號大明，年號「永和」；發布反清復明的文告，恢復明朝的服裝髮式，並大封其部屬。當朱一貴等圍攻府治時，北路賴池、張岳、鄭惟晃等人，也豎旗聚眾，5 月 28 日，招來七、八千人，圍攻諸羅北路營（今台南市佳里鎮佳里興），清參將羅萬倉應戰身亡，諸羅縣治陷落。至此，全台三縣除北路邊陲之淡水以外，盡入民軍手中。[61]

可是，新體制不到一星期，為了利權和搶奪婦女問題，就發生內訌，血濺赤崁樓。亦即，杜君英進入台灣府後，原欲立其子杜會山為王，但多數的將領反對，仍擁朱一貴。因此，杜君英心中不滿，常不服號令。同年 6 月 2 日（陰曆 5 月 8 日），杜君英搶來七位婦女，其中有一位恰好是朱一貴部將吳外的戚屬。一貴派人去責問，要求釋回；但杜君英不但不允（當年婦女是貴重的戰利品），反而收縛來人欲殺之。一貴忍無可忍，遂整兵圍攻，杜君英敗走，帶著他粵籍數萬人的部屬北走虎尾溪，至貓兒干（今雲

林縣崙背鄉）屯駐，沿途搶掠仇殺無數的閩民，竟成了流寇。[62]

民軍的內訌，當然大大地削弱自己陣營與抗清力量。尤其杜君英的搶劫敗壞，更激起了公憤，各地紛紛發起「擁清倒朱」的「義民」組織。其中，下淡水一帶定居的粵籍客民侯觀德、李直三等人，在同年6月4日（陰曆5月10日），聯合附近大小村庄組織「義民」，指揮部設於萬丹，旗號「大清」，分列七營，有一萬二千餘人，駐守下淡水溪，對抗新政權。同年7月13日（陰6月19日），朱一貴派遣陳福壽、劉國基等人，率軍數萬前往征討，大戰於下淡水溪。結果，朱軍慘敗，幾乎被殲滅。[63]

一方面，全台淪陷消息，清廷在1721年5月31日（康熙60年5月6日）才接獲。閩浙總督覺羅滿保聞變，急馳駐廈門，召集福建水師提督施世驃（施琅之子）與南澳鎮總兵藍廷珍等會商對策，決定派兵一萬二千餘名，大小船隻600餘艘，舵工水手六千餘名，入台平亂。1721年7月7日（康熙60年癸卯，即6月13日），全軍自澎湖出發；7月10日（丙午，6月16日）黎明，清軍抵鹿耳門，隨即攻取砲台，朱軍守將蘇天威力戰不敵，退至安平鎮城與鄭定瑞列陣迎敵。但到了午後，安平也被藍廷珍率員攻下。11日，朱一貴派遣八千援兵反攻安平，被清軍拒敗。7月13日（己酉，6月19日），朱一貴再集數萬兵，駕牛車，列盾為陣，復取安平，大戰於二鯤身，可是仍不敵清軍強烈的砲火，終歸失敗，只能退守東都府治。[64]

朱一貴退保府治之後，乃與諸將商討戰守之計。部將王玉全曰：「東都之險，在於安平。安平已失，無險可據。不如退守諸羅，扼財賦之區，用民番之眾，表裏山河，猶無害也。」但江國論主張乘清軍戰勝而驕之時，出其不意，從西港仔襲擊之。於是一貴容議，命江國論帶兵再度反攻。然而，朱軍的動向，被清軍

偵知，藍廷珍乃先發制人，於 7 月 15 日（陰曆 6 月 21 日，辛亥），率水師 5,500 餘人，夜向西港仔出發。翌日黎明，在竿寮鄉登陸，兵分前鋒、左右兩翼、中軍三路，直搗台南府治。是日，雙方遭遇激戰至夜晚，朱軍終於不敵，節節敗退。7 月 17 日（陰曆 6 月 23 日，癸丑），清軍攻陷木柵仔朱軍據點，再追殺朱軍至蔦松溪。至此，朱一貴知大勢已去，率部眾數萬人退出府治，北走駐守大穆降（今台南市新化區）。⑥⑤

一方面，清廷收復台灣府治之後，提督施世驃、總兵藍廷珍再分遣大軍擴清南、北二路。於是參將王萬化、林政等率兵南下，一路剿撫各地民兵徒眾，順利收復鳳山縣治。北路遊擊林秀、薛有成等人，亦於 7 月 22 日（陰曆 6 月 28 日，戊午），率軍進攻大穆降。朱一貴雖全力拒戰，慘敗；黨眾投降或散去者，十有八九。一貴率殘眾數千人走灣裏溪，清軍緊追至茅港尾、鐵線橋，收復鹽水港。朱一貴被迫不得不走下茄苳。7 月 28 日（閏 6 月 5 日，甲子），朱一貴帶領僅存千人黨眾，窘竄溝尾庄（今台南市佳里區附近）索食。鄉民楊雄、楊旭等人佯以盛意款待。迨 7 月 30 日（閏 6 月 7 日，丙寅）深夜（一貴殘眾僅存 400 人），楊雄等人設計將朱一貴擒拿，縛綁於牛車，解送至施世驃軍前受審。旋被押送京師，聽候正法。⑥⑥

朱一貴被擒後，清軍迅速恢復控制全台，但搜捕朱案餘黨則費時將近二年之久。其間，重要人犯杜君英父子等人，經流竄各地，潛匿羅漢門之後，清軍始終難以捉捕。職是，藍廷珍乃出奇策，收買優遇杜君英出降的親信，命其前赴羅漢門會晤杜君英，佯稱出降即可獲恩赦免罪。杜君英父子中計，1721 年 9 月中旬（陰曆），出山歸順之後，雖頗受寬待。但未久，於同年 12 月 5 日（陰曆 10 月 17 日，甲戌），杜君英等人被遣送至廈門，再轉押至京師，

與朱一貴對質受審。朱一貴、吳外等人被判凌遲（分屍）處殺；杜君英等人以就撫從寬，斬於市井。於是，此一反清運動遂被鎮壓綏平。[67]

當朱一貴事變落幕之後，清廷處理善後的首務，即是對「台灣府文職官員，平日並不愛民，但知圖利苛索；及盜賊一發，又首先帶領家口，棄城退回澎湖，殊屬可惡！」的台廈道梁文煊、同知王禮、台灣縣知吳觀械、諸羅縣知朱夔、水師遊擊張彥賢等人，押回台灣，斬市正法。而罪魁禍首的台灣知府王珍雖已病故，仍將其「屍棺剖梟」示眾。[68]

其次，清廷以「台疆僻處天外，民間疾苦，無由上達。」乃於1722年（康熙61年），特設巡台御史，滿漢各一員，歲奉差到台巡視，監督吏治。同時清初原為要避免城郭成為叛軍堡壘，台灣府、縣治都不准建城。惟朱一貴起事之際，見府縣治動輒淪陷，事平後，福建陸路提督姚堂及藍廷元反覆陳述：「築城鑿濠，台中第一急務，當星速舉行者也。」「夫設兵本以衛民，而兵在城內，民在城外，彼蚩蚩者不知居重取輕之意，謂出力築城衛兵，而置室家婦子於外，以當蹂躪，夜半賊來，呼城內求救，無及矣。論理宜包羅民居為是。」雍正元年（1723年）清廷容議，開始在台灣府、縣創建木柵以代城垣。[69]

此外，事變收拾告一段落之後，清廷深感山區邊界，難以治理，欲將「台、鳳、諸三縣山中居民，盡行驅逐，房舍盡行拆毀，各山口俱用巨木塞斷，不許一人出入。山外以十里為界，凡附山十里內民家，俱令遷移他處；田地俱置荒蕪。自北路起，至南路止，築土牆高五、六尺，深挖濠塹，永為定界。越界者以盜賊論。如此則奸民無窩頓之處，而野番不能出為害矣。」[70]惟對此主張，藍鼎元亦上書力爭：「欲為謀善後之策，非添兵設官，經營措置

不可也。以愚管見，劃諸羅縣地而兩之。於半線以上，另設一縣，管六百里。(中略) 淡水八里岔設巡檢一員，佐半線縣令之不及。(中略) 顧或謂台灣海外，不宜闢地聚民，是亦有說。但今民已數百萬，不能盡驅回籍，必當因其勢而利導約束之，使歸善良，則多多益善。從來疆域既開，有日闢，無日蹙，氣勇使然。即欲委而棄之，必有從而取之。(中略) 由此觀之，可見有地不可無人。經營疆理，則為戶口貢賦之區；廢置空虛，則為盜賊禍亂之所。」對此陳述，亦獲清廷容納，遷民之議遂作罷。雍正元年(1723 年)，除原有台灣、鳳山、諸羅三縣外，於原諸羅縣內，增設彰化一縣及淡水一廳 (前述)。

　　另方面，朱一貴事變亦引起了閩粵對立，加深了分類械鬥的悲劇。如前所述，一貴起事後，粵籍杜君英率眾響應，全力合攻台灣府治。然而事成後，卻因利權與爭奪婦女的問題，反目成仇。其間，杜君英敗走猫兒干，沿途搶劫、仇殺甚多的閩民，竟成流寇。又下淡水溪粵籍客民侯觀德、李直三等人，樹立大清義民旗幟，助清平亂，大敗朱軍，此實可稱台灣首次最大規模的分類械鬥。再者，朱一貴部將江國論進取諸羅打貓干 (今嘉義縣民雄) 時，竟無辜殺死客民七、八百人。[71] 凡此諸項分化對立的互相殘殺，的確埋下長期根深蒂固的閩、粵紛爭。

　　以上是朱一貴事變的始末梗概。吾人可知當年其對台灣政治社會影響之鉅，更有讓人深思警惕之處。

## (四)　林爽文事變

　　林爽文是福建漳州府平和縣人。父親林勸，因貧不聊生，於1773 年 (乾隆 38 年) 帶妻子渡台，移居彰化縣之大里杙 (今台中市大里區)，是年林爽文 17 歲。來台後，林爽文當傭工、趕牛車，

也當過縣衙捕役。後來從事土地開墾，頗有成就。林爽文平日為人重情義，交友甚廣，時常庇護官府所要拿辦的械鬥份子，可稱之為「地方豪傑」。1783 年（乾隆 48 年）有漳州人嚴煙來台宣傳秘密結社的「天地會」，林爽文率眾加入此會，並成為該會的領袖。⑫

1786 年 7 月 28 日（乾隆 51 年 7 月 4 日），台灣諸羅縣天地會之黨員楊光勳，因為與其弟楊媽世不睦，互結黨派相爭，引起社會不安。台灣道永福乃派兵捕獲，斬光勳等而逐媽世，以此解決兄弟的爭端。但天地會的黨眾不滿官方的處置，紛紛反抗，逃往大里杙投靠林爽文，並促其率眾抗官。彰化縣境，風雲驟呈不穩。⑬

1787 年 1 月 5 日（乾隆 51 年 11 月 16 日），台灣鎮總兵柴大紀接獲彰化知縣俞峻的報告與請求，乃派鎮標中營遊擊耿世文帶兵 300 名，會同北路營副將赫生額前往搜捕；另台灣道永福也派知府孫景燧前往督察。1787 年 1 月 14 日（乾隆 51 年 11 月 25 日），知縣俞峻和北路營副將赫生額、游擊耿世文等領兵至大墩（今台中市南屯），嚴飭莊人擒拿會黨逃犯及林爽文來獻，若違抗則燒庄剿洗，並先焚數小村以恐嚇之。大墩距大里杙僅七里，無辜婦孺，號泣於道。林爽文見此光景，遂於 1787 年 1 月 16 日（乾隆 51 年 11 月 27 日），決意舉事。夜半，集結會黨及庄眾千餘人，出其不意，襲擊大墩營盤，斬殺赫生額、耿世文、俞峻等清官。同年 1 月 18 日（11 月 29 日），繼續南下攻占彰化縣城，知府孫景燧、海防同知劉亨基等文武官員均被殺。占據彰化城之後，林爽文在軍師董喜的策劃之下，被推為大盟主，建年號稱「順天」，以彰化縣署為盟主府，大封會內兄弟為元帥、將軍、都督等職。⑭

既分官設職，林爽文的勢力急速擴大。他聽取軍師董喜之

議，命王作、李同等北上，於 1787 年 1 月 19 日（乾隆 51 年 12 月 1 日），攻陷竹塹（今新竹市，淡水廳治）。而林爽文則親自率領數萬部眾南下，除鹿港之外，連續攻下彰化附近的據點；如烏日、田中央、南投、北投、斗六門、古坑（雲林縣境）等地。並於 1787 年 1 月 24 日（乾隆 51 年 12 月 6 日），攻陷北路重鎮諸羅縣城，知縣董啓埏、守備郝輝龍等文武官員幾被殺盡。翌 25 日（陰曆 7 日）林爽文乘勝揮軍南下，直迫府城。惟行至鹽埕橋（今台南市永康區鹽行村），被總兵柴大紀率部所阻，退駐大穆降（今台南市新化區）。1787 年 1 月 30 日至 31 日（乾隆 51 年 12 月 12 日至 13 日），林爽文復率眾攻打鹽水橋，但連戰連敗，林爽文手臂受傷，乃暫退屯大穆降。⑦⑤

同時，南路鳳山天地會黨首莊大田，亦於 1787 年 1 月 31 日（乾隆 51 年 12 月 13 日），自立為「南路輔國大元帥」，其下置「副元帥」、「定南將軍」、「開南先鋒」、「輔國將軍」等爵位；率眾數千人響應，即日攻下鳳山縣治。知縣湯大奎、典史史謙、教諭葉夢苓、訓導陳龍得等均先後被斬殺。莊大田本是漳州府平和縣人，1742 年（乾隆 7 年）隨父莊二來台，住諸羅縣。父死後遷居鳳山縣，篤加港（今高雄市小港）。莊大田勤於耕種，家道日漸富有。鄉里有急，輒周恤之，以是義俠聞南路，各地人物俱來附，亦可稱地方角頭「大哥」。⑦⑥ 既入天地會，與林爽文亦有互通訊息。因此，莊大田攻陷鳳山之後，爽文遂遣人邀約莊大田合攻府城。於是，1787 年 2 月 7 日（乾隆 51 年 12 月 20 日），民軍南北，合計數萬人，發動圍攻府城。可是，南下的林爽文總是無法突破總兵柴大紀所據守的鹽埕橋據點；而北上的莊大田也遭受到台灣道永福與同知楊廷理等所率鄉勇義民的強烈抵抗，同樣不能改進府城。期間，1787 年 2 月 16 日（乾隆 51 年 12 月 29 日），莊大田遣其部屬往下

淡水招募粵民抗清。但粵民不從，反而殺大田部眾，更招募壯丁
8,000餘人，推曾中立爲主，對抗閩籍的民軍。不幸的閩粵械鬥
又重生。於是，舉事以來，勢如破竹的民軍首次遭遇到挫折，同
時也提升了清軍守城的戰意。⑦

　　一方面，台灣民變的消息傳到對岸之後，閩浙總督常青，即
於乾隆52年（1787年）正月（陰曆），調集水陸大軍近萬人。命
水師提督黃仕簡率金門、銅山水師2,000，由廈門出發渡鹿耳門；
陸路提督任承恩領軍2,000，由蚶江口渡鹿港；海壇鎮總兵郝壯
猷領兵1,800人，由閩安出發渡八里盆，後至鹿耳門；又調各地
兵員2,600人，以備接應。1787年2月21日(乾隆52年1月4日)，
水師提督黃仕簡率援軍2,300名至台灣府。未幾，海壇鎮總兵郝
壯猷等亦領兵1,700名繼至。2月23日（陰曆1月6日），陸路提
督任承恩等所領的清兵2,000名至鹿港。稍後，同年3月13日(陰
曆1月24日)，閩安協副將徐鼎士亦帶兵1,800人抵淡水(八里盆)，
駐艋舺（今台北市）。⑦⑧

　　大軍壓境，清廷十分盼望能迅速獲得報捷的佳音。然而援軍
抵台後，清軍的戰績，除了總兵柴大紀北上，於1787年4月10
日(乾隆52年2月23日)，收復諸羅縣治(實該歸功於泉籍義民的內應)
及總兵郝壯猷（初慘敗，得力於同知楊廷理的奧援）亦於同日，克復
鳳山縣治之外，實少有戰績可言。尤其是北路，提督任承恩抵達
鹿港之後，旋帶兵移駐彰化縣治（時鹿港泉籍義民領袖林湊，糾集泉
籍的義民，焚殺漳州人，自力克服縣治）；但因爲怯懼民軍，竟按兵
不動，不敢出擊近在咫尺的林爽文大本營大里杙，失去清軍全盤
機動性的運作。⑦⑨

　　清廷對黃仕簡與任承恩的「互相觀望，遷延時日」，懦弱無
能，表示十分震怒，決定陣前換將。乾隆52年（1787年）2月（陰

曆），清廷詔命閩浙總督常青為將軍，以藍元枚（藍鼎元之孫）為水師提督，總兵柴大紀有功暫署陸路提督。1787 年 4 月 26 日（乾隆 52 年 3 月 9 日），常青復帶兵 7,000 名，由鹿耳門進入府城。命藍元枚渡海守鹿港，柴大紀仍在諸羅，自己則屯守府城。時鳳山又陷（1787 年 4 月 25 日，乾隆 52 年 3 月 8 日），守將總兵郝壯猷逃回府城，常青乃將其軍前正法。並遵旨將黃仕簡、任承恩革職送京治罪。⑧⓪

另方面，莊大田再度攻陷鳳山之後，民軍士氣重振。莊大田遂又聯合北路會黨，號稱十萬大軍，於 1787 年 5 月 14 日（乾隆 52 年 3 月 27 日），再度猛攻府城。清將常青雖擁兵萬人，可是士氣低迷，遭到四面攻擊之後，漸感不支（倒是城內義民奮勇不倒）；幸好，莊大田手下大將莊錫舍，忽然率眾二千餘人臨陣倒戈，投向清軍。因此，民軍陣營大亂，莊大田慮有變，急收軍回南潭，北路林爽文之弟林永見狀亦撤軍，轉進大穆降，府城之圍始解。⑧①

莊錫舍是泉州府晉江縣人，住鳳山縣埤頭庄。林爽文起事，莊大田糾集漳州人，莊錫舍則招募泉州人響應，兩人勢力相差不大。但莊大田被推為領袖，發號施令，莊錫舍心懷不平。尤其是第二次攻陷鳳山，錫舍出力居多，所以自恃其功與大田不相上下。兩人之間漸生爭執，漳泉之分類，更加深了嫌隙。台灣道永福聞其相猜忌，遂囑其在道署任吏職的親戚勸降，錫舍允之；果然，在關鍵時刻，發生此次重大倒戈事態，誠漳、泉分類之罪過也。⑧②

如是，常青來台之後，知現有的兵力，仍不足鎮壓平亂，要求再增派援兵。於是自乾隆 52 年（1787 年）4 月下旬至 5 月（陰曆）以後，清廷又陸續添兵。總計台灣一地有將軍（常青、恆瑞）2 人，

提督 2 人，總兵 4 人，營兵三、四萬，義民無數。但從乾隆 52
年（1787 年）3 月至 10 月（陰曆）間，戰局依舊糾纏不下，毫無
進展。期間，諸羅反而屢受攻擊，受困近半載。因為林爽文認定
諸羅扼南、北之中，屏蔽府城，必欲重新奪之。後來乾隆帝聞奏
城內四萬義民誓死不降，感其忠義，乃於 1787 年 12 月 11 日（乾
隆 52 年 11 月 3 日），下詔改諸羅縣為嘉義縣，意即嘉忠懷義。[83]

　　清廷對平亂毫無好轉的局勢，既焦慮又憤慨。1787 年 8 月
3 日（乾隆 52 年 6 月 20 日），乾隆帝再當機立斷，決意舉陝甘總
督協辦大學士福康安赴台督辦軍務，「因思福康安年力富強，於
軍旅素為諳練，又能駕馭海蘭察等，若以之前往督辦，足資倚
任」。[84]

　　1787 年 10 月 3 日（乾隆 52 年 8 月 22 日），清廷正式授予福康
安帶有「欽差關防」，即以欽差協辦大學士陝甘總督辦理將軍事
務之官銜，命其領軍赴台征討逆賊林爽文。1787 年 12 月 7 日（乾
隆 52 年 10 月 28 日），福康安率領川、湘、黔、粵四省精兵猛將，
合計近萬人，戰船數百艘，自福建蚶江崇武澳（泉州府惠安縣）出
發，一晝夜順利齊達鹿港。1787 年 12 月 10 日（乾隆 52 年 11 月 2
日），福康安統領大軍登岸，當日駐紮馬芝遴（即鹿港市街）。同月
12 日（陰曆 11 月 4 日），清軍開始出擊，先勝林爽文於彰化八卦山。
12 月 14 日（陰曆 11 月 6 日），大軍抵元長庄（今雲林縣元長鄉），16
日（陰曆 8 日）黎明，下令攻占往諸羅據點崙仔頂及牛稠山。民
軍雖力阻，奈何此次面臨的對手是清軍最精銳、火力裝備最強大
的部隊；儘管民軍如何堅守，終不敵清軍的猛攻，節節敗退，死
傷慘重。當日，清軍即打通諸羅，直抵城下，解五月之圍。不用
說城內軍民皆歡聲如雷，迎接將軍福康安。[85]

　　不過稍後，為了迎接的禮儀，福康安指控柴大紀：「自以功

高拜爵賞，倥傯不其爽輨禮」；並稱其「為人狡詐，不可深信」。初，清廷不信，反直揭福康安之誣告，且斥其氣度之狹隘。然而，事平後，追究亂事根由，清廷接獲各方對柴大紀的指控，例如：「柴大紀自復任總兵以來，縱恣自大，且居官貪黷較之地方文職尤具」、「柴大紀縱兵內渡，防守乏人，以致刁民毫無顧忌，並聞有逆起事之時，柴因百姓怨恨不敢出禦」、「台灣戍兵多有賣放私回，以致缺額。其留營當差之兵，亦聽其在外營生，開賭窩娼、販賣私鹽；鎮將等令其每月繳錢，經年並不操演」、「前歲賊匪滋擾府時，柴大紀惟怯不敢出城，經永福等面加誚讓，始帶兵出城」、「柴大紀私令守兵渡回內地貿易，每月勒繳銀錢；又駐守諸羅時，係畏賊不出，並非實心守城」、「福康安在縣城時，面見柴大紀形貌並非勞瘁，馬匹亦皆臕壯，城中糧食並未斷絕；其接諭旨不肯出城一節，亦係義民不肯將伊放出，伊亦畏賊不敢出城」等等，並查出柴大紀在台二年半的任內，婪索金銀達五、六萬兩之多。職是，此次「台灣逆匪滋事，竟由柴大紀平日貪縱，廢弛營務牟利，釀成如此重案」。乾隆帝大怒，下旨革職拏問柴大紀，押回京師，於 1788 年 4 月 8 日（乾隆 53 年 3 月 3 日），抄家正法。[86]

　　總之，諸羅被解圍之後，林爽文慌忙地布置部眾分聚中林、大埔林、大埔尾三庄，列陣拒戰。而自己則回斗六門重鎮，負險布陣，準備迎戰。1787 年 12 月 28 日（乾隆 52 年 11 月 20 日），福康安發動清軍進擊中林、大埔林、大埔尾三庄。雙方戰至薄暮，民軍潰敗，被追殺 20 餘里，積屍遍野。翌（29）日（陰曆 21 日）福康安乘勝，一鼓作氣，攻入斗六門，林爽文不敵，死傷慘重，只好退至最後的堡壘大里杙。1788 年 1 月 1 日（乾隆 52 年 11 月 24 日），福康安率兵追至平台庄，距大里杙五里處駐紮，觀察敵營。同日薄暮，福康安命令海蘭察、普爾普帶領前鋒部隊，開始

進攻大里杙；林爽文亦下令部眾，向前迎敵。雙方一來一往，民軍背山列陣，清軍不敢冒進。如此，對峙至夜半，山上忽然鎗砲聲大發，火光四起。福康安遣人探虛實，至遲明，方知林爽文於夜半，發鎗砲以示死守，即乘勢帶同眷屬，遁入內山番地。於是清軍結營大里杙，獲大批武器、食糧、牛隻；福康安乃論功行賞，大慶功宴。[87]

　　大里杙最後的據點被破，林爽文攜眷與部眾五、六千人，越東南之山徑，逃竄至水沙連北港之番境埔裏社，後轉入集集埔。清軍大營也直追進濁水溪南岸之社寮（沙連堡），於 1788 年 1 月 11 日（乾隆 52 年 12 月 4 日），兵分二隊，前後夾攻，民軍死傷大半；林爽文失家眷，率殘部更遁東南走入內山，據小半天山（阿里山之支脈），決意死守。小半天在萬山之中，最險僻。清軍於 1788 年 1 月 25 日（陰曆 12 月 8 日），由西方大坪頂進攻，苦戰甚力。惟終獲「生番」支援，民軍前後被夾攻，幾被趕盡殺絕，林爽文窮蹙脫身，再逃匿水沙連。1788 年 2 月 10 日（乾隆 53 年 1 月 4 日），林爽文自知大勢已去，僅以身脫出淡水之中港老衢崎（竹南一堡，今苗栗縣），投其所善之義民領袖高振家，求其庇護，但高振不允，將爽文縛獻清軍。隨後，林爽文遭押送京師受審，被凌遲處死。至此，北路民軍除了少數殘餘，可謂均被逮捕、殺盡。[88]

　　又此次，清軍攻集集埔、小半天與下述攻莊大田於瑯嶠時，都得力「生番」之助。所以事平後，為賞其功，特於乾隆 53 年（1788 年）冬，安排一場戲劇性的台灣生番上京朝貢的趣事。《皇清職貢圖·卷三》，台灣生熟番圖附尾載：「乾隆 53 年福康安等追捕逆匪林爽文、莊大田，各生番協同擒剿，傾心歸順。是年冬，番社頭目華篤哇哨等 30 人來京朝貢；並記於此。」[89]

　　再說林爽文被捕之後，其殘存會黨，紛紛集結於林爽文之弟

林勇所據的大武壠隘口，準備徹底抗拒清軍。同時南路的莊大田也佈署其部眾鎮守南潭據點。1788 年 2 月 19 日（乾隆 53 年 1 月 13 日），福康安統領大軍南下，翌（20）日（陰曆 14 日）兵分三路直趨大武壠，林勇不敵，遂被攻復。2 月 22 日（陰曆 1 月 16 日），清軍陸續進攻十八重溪，逼近南潭莊大田的大本營。2 月 25 日（陰曆 1 月 19 日），將軍福康安、參贊海蘭察等率軍直破南潭，莊大田率眾數千向南奔竄，終入極南瑯𫞩之「番地」，潛伏尖山（今恆春興文里車城之北部）。1788 年 3 月 11 日（乾隆 53 年 2 月 4 日），福康安督促各軍集結風港；翌 12 日（陰曆 5 日）黎明，清軍分海陸二路，圍攻尖山。莊大田列陣於海，以死相拒；戰事自辰至午，民軍終無法防守，被殺 2,000 餘人，投海死者或被清水師擊斃者，難計其數。莊大田、母黃氏、弟大韭等凡 820 餘人，均被生擒。此外，各社「生番」縛獻清軍三百餘人，除莊大田等被押送府城之外，餘皆當地軍前斬首正法。未久，莊大田之弟大韭、大麥等「賊目」計 18 人，皆解京伏法。莊大田因傷重垂死，遂於 1788 年 4 月 9 日（乾隆 53 年 3 月 14 日），先戮於市，以首送京師。⑨⁰

至此，歷經一年三個月，清治時期台灣史上規模最大、影響最鉅的反抗運動，始被敉平。周璽《彰化縣志》稱：「是役也，台南北亘千餘里，巨兇糾惡與脅從者，眾且百萬，巢穴纍結，多在深林峻壑間，有人迹所未到者。」（同書，215 頁）對此事件清廷前後動用軍隊十餘萬人，並三易主帥。又所用的軍需各數，據文獻的記載：「乾隆 52 年台灣之用兵，本省先用 93 萬，鄰省撥 540 萬，又續撥 200 萬，又撥各省之米 210 萬石，本省之米 30 萬石，加以運腳，約共銀、米一千萬。」此項龐大軍需之支出，亦足以窺知事變之鉅及其抗爭的慘烈。⑨¹

惟這次動亂，民軍的主力是漳州人；反之，協助清軍的「義

民」，多是泉州人和客家人。顯示台灣社會自朱一貴事變以來，存有嚴重的分類問題。此現象實足令人傷心慘目的！事平後，清廷除令台灣各縣城改建磚石城垣（前多以竹木爲之），由福建巡撫徐嗣及福州將軍魁倫主其事。又令籍隸泉州之兵在漳州人村莊附近一帶防守，其隸屬漳州之兵即以防守泉州人各庄，彼此互相糾察牽制，可以杜漸防微。[92]但嗣後觀之，此項措施，仍未見預期之效果，事變一發，分類械鬥，即頻頻傳出。

## (五)　張丙事變

　　張丙是由福建漳州府南靖縣移民來台的第三代嘉義縣店仔口庄（今台南市白河區）住民，已經可以說是老土著的台灣人。張丙以販賣魚業爲生，甚有成就。平素做人慷慨，招納四方的兄弟，頗得地方人士尊重，可稱爲地方角頭。道光 12 年（1832 年）夏天，台灣發生旱災，稻穀歉收，各地皆禁米外流，店仔口由張丙倡導。時有米商陳壬癸者，在店仔口購米數百石，勾結生員吳贊及知縣邵用之，欲將米糧偷運出境謀利。但飢民甚多，有吳房、詹通等人謀議途中搶奪。不意事被識破，吳房遭逮捕解府處死。然而，張丙無緣無故，竟被誣告是首謀者，官方欲擒拿之。張丙聞訊，忿憤大怒，與來附的詹通等共謀抗官。時適值其友陳辨者，居北崙仔庄，與粵民械鬥，亦遭嘉義官兵追緝。張丙認爲嘉義官府偏袒不公，且專殺閩民，遂與陳辨等決意豎旗起事。[93]

　　1832 年 11 月 4 日（道光 12 年 10 月 1 日），張丙、陳辨等率民軍襲擊鹽水港佳里興巡檢署，殺教讀古嘉會及汛兵；攻下茄苳、北勢坡、八掌溪各汛。台灣知府呂志恒命嘉義知縣邵用之帶兵往剿，但邵知縣領軍至店仔口，即被張丙擒拏斬殺，報宿怨之仇。11 月 5 日（陰曆 10 月 2 日），知府呂志恒聞嘉令被圍，率營兵及

鄉勇 200 人前往支援，行至大排竹，遭受民軍伏擊，亦敗，被戕殺。[94]

至此，張丙自稱「開國大元帥」；建年號為「天運」，以「殺戮穢官」為標語，深獲各村庄居民的擁戴。於是同年 11 月 6 日(陰曆 10 月 3 日)，張丙率軍凡一萬五、六千人，攻打嘉義縣城。清守將總兵劉廷斌兵力單薄，大感不支，幸遇前福建浙江水師提督王得祿的警報，募義勇渡台來援，方得固守縣城。[95]

另一方面，南路鳳山縣有許成者，居觀音里，綽號「大肚」。響應張丙的舉事，於 1832 年 12 月 1 日（道光 12 年 10 月 10 日），豎旗觀音里之角宿庄，亦用「天運」之年號，以滅粵民，聲討貪官汙吏為辭，遏止運往府治之米糧，進軍鳳山縣城 (埤頭)，未幾陷羅漢門。[96] 與此同時，台灣知府王衍慶呼籲鳳山粵莊義民，舉兵入府聽調。粵庄「角頭」李受，遂立營頭，假義號，但藉口許成有「滅粵」之聲言，以自保為辭，不入府，卻猖狂地搶劫焚殺下淡水港東里及港西里 (二里居縣之半) 一帶之閩庄居民。受其貽害閩民的慘狀，盧德嘉《鳳山縣采訪冊》第三冊〈兵事〉(下)，有詳盡的敘述。事平後，迨道光 13 年 (1833 年) 正月 (陰曆)，閩浙總督程祖洛到台灣時，鳳山閩庄之遇難無歸者，男婦老少尚有 1,800 餘人，在府城撫卹，乃捐銀令紳士在阿里港各庄結草蓁俾棲之；可知當年閩民受粵匪殘害之酷，誠分類之痛也。[97]

再則，張丙起事之後，旋即邀其北路彰化熟友黃城者，共舉事抗官。黃城受約，於 1832 年 12 月 3 日 (道光 12 年 10 月 12 日)，亦在嘉、彰交界之林圯埔 (沙連堡，今竹塹)，另立旗幟，自稱「興漢大元帥」，年號用明朝「永曆」，攻陷彰化要衝斗六門。職此，台灣南、中、北一時風雲洶湧；然而，1832 年 12 月 22 日 (道光 12 年 11 月 11 日)，福建陸路提督馬濟勝率精兵二千抵鹿耳門進府

城，並開始發動攻擊鎮壓之後，各地民軍迅速的紛紛落敗潰散。道光12年12月上旬(陰曆)，張丙、陳辨、黃城及許成等先後被擒，遭分屍處死。粵匪流寇李受亦於同年12月上旬 (陰曆)，被誘捕與共犯二百餘名，均分別正法。至此，台灣各地動盪方平。⑨⑧

## ㈥ 戴潮春事變

戴潮春字萬生，原籍福建漳州府龍溪縣人。其祖父神保移住台灣後，定居彰化縣揀東堡四張犁庄 (今台中市北屯區)，家境富有。其父松江在衙門任「北路協署稿識」(武職人員的書吏)，爾後潮春繼承該職，可稱之為世家。其兄戴萬桂曾因與阿罩霧 (今台中市霧峯) 人爭奪田租，招集殷家大戶共結八卦會，立約有事相助。起初，戴潮春恐日後牽連，並未加入。後來因為北路協副將夏汝賢得知其家富有，羅織罪名欲加以勒索，潮春不從，遂卸職返家。時其兄已逝，為求自保，戴潮春乃招集八卦會舊黨，擴大結為天地會，並藉團練之名，自備鄉勇300名，隨官捕盜，深獲彰化知縣高鏡廷所倚重。當時適逢中國內地太平天國之亂尚未平定，台地人心惶惶，加以長年盜賊橫行，入天地會者日眾，據說入會者多至十餘萬人，戴潮春被舉為天地會會首。不過，天地會勢力擴大之後，因為會眾的成分錯綜複雜，逐漸發生會眾滋蔓，甚至打劫搶掠，破壞社會治安的現象。而戴潮春雖身為會首，已無力加以控制或遏止。⑨⑨

1862年4月7日(同治元年3月9日)，分巡台灣兵備道孔昭慈，聞知天地會滋蔓，恐懼其勢力坐大，乃親自率兵600至彰化欲行彈壓，並擒拿會黨總理洪某殺之。又檄淡水同知秋日覲，帶義勇林日成兵400、林奠國兵600，進駐東境要害之大墩 (今台中市)，以為南北進剿之計。天地會的黨眾聞訊，人人自危，抗官之念應

運而生。同年 4 月 5 日 (陰曆 3 月 17 日)，秋日覲偕北路協副將林得成、守備游紹芳帶兵千餘名至烏日庄，會眾負隅拒戰，旋被克。清軍乃進攻大墩，是時義勇林日成，突然反兵相向，清軍大敗，副將林得成被擒，秋日覲、游紹芳等均被殺。[100]

　　林日成是彰化縣四塊厝後厝庄 (今台中市霧峯四德村) 人，綽號戇虎晟，是當地強宗大戶的勇首，但與阿罩霧 (今台中市霧峯) 的大戶林家(林奠國、林文察)是世仇宿敵。所以當其倒戈戕官之後，義勇林奠國知事不可為，急速率兵勇歸鄉防守。於是，會眾聲勢大振，同日，戴潮春會同林日成率黨眾圍攻彰化縣城。時城內兵少，又有內應者，同年 4 月 18 日 (陰曆 3 月 20 日) 縣城遂陷。清文武官員皆被殺，前任副將夏汝賢受辱後憤死，台灣兵備道孔昭慈亦仰藥死亡。至此，戴潮春乃自稱「大元帥」(後稱東王)，大封其手下為副元帥、將軍、都督等，並設置六部尚書與內閣中書等官職，略具朝廷組織的模式。[101]

　　有如歷次大規模事變發生時一樣，戴潮春起事之後，台灣各地紛紛有人響應。北起淡水，南至鳳山，多數皆與戴氏互通聲息，或受冊封，或領令旗。重要的股首部將有小埔心 (今彰化縣埤頭鄉合興村) 巨族陳弄 (綽號啞狗弄)、茄投 (今台中市龍井區竹坑村) 陳鮄、水沙連股戶洪欉、關帝廳蕭金泉、嘉義牛朝山的嚴辦、淡水廳王九龍等等，彰化縣境列名股首者尤其多。不過，向清倒戈的林日成，並不屬於戴潮春天地會的系統。如前述，他本身是四塊厝後厝庄大宗族的「勇首」。殺秋日覲之後，林日成也自稱大元帥，與戴潮春同稱「千歲」，以示平起平坐，並自行封賞其黨夥為軍師、將軍等等。[102]

　　正因為派系與起事目的，自始就存有異志，所以攻陷彰化城之後，戴、林並未全心合力，乘勢南下攻略府城。實際上，戴、

林的軍事行動，自頭至尾，僅止於彰、嘉的中部一帶，尤其是集中在進攻阿罩霧而已（阿罩霧的林家也是戴潮春的世仇）。期間，又不幸地形成漳、泉對決，並加深械鬥的仇恨。例如林豪《東瀛紀事》，有如下的記載：

> 彰邑既陷，鹿港近在肘腋，人情危懼。時股首皆漳人，惟葉虎鞭、林大用以泉人預其間。漳人藉勢欺凌泉人，虎鞭積不能平。戴逆遣虎鞭攻鹿港，對曰：「鹿港乃泉人生聚之區，攻之是無泉人也」。戴逆怒，虎鞭負氣而出，退謂黃丕建曰：「以吾二人當日訂約，將聯和二屬，無相侵軼也；今城中漳人出入者不問，獨泉人搬徙皆遭刼殺，且約中禁無濫殺，而陸提兵皆泉人，無一免者；恐他日兄弟之約不堅，將復成分類之變耳」。

不久，林大用、葉虎鞭均「反正」，持白旗成為勇首。至於私鬥林日成的「紅軍」，為了報復世仇阿罩霧的林家，前後兩次全力圍攻阿罩霧，並掘毀林家祖先墳墓，焚屍毀骨，演成悲慘的械鬥。但亦因此，耗損財力、兵力，更失去攻占清營盤的大好良機，實在令人喟歎！⑩

一方面，台灣兵備道孔昭慈身亡的消息，傳入府城之後，原任知府洪毓琛乃奮勇代理分巡台灣兵備道之職，向英商德記洋行（Tekileh Co.,）借款 15 萬兩，成立籌防局，百計維持以顧大局。⑩同時亦於 1862 年 5 月 5 日（同治元年 4 月 7 日），命總兵林向榮帶兵三千出郡討賊，並以光復彰化城為目標。同年 7 月 6 日（陰曆 6 月 8 日），總兵林向榮進軍嘉義，解被困三個月的縣城。同年 7 月，林向榮再奉命進軍斗六門，但隨後被民軍圍困於此。同年 11 月 8 日（陰曆 9 月 17 日），因為糧盡無援，被戴潮春攻破，

總兵林向榮仰藥自殺。台灣水師副將王國忠、同知窗敬、斗六都司劉國標等 30 餘人皆被殺。[105]

另方面,清廷屢接台灣的告急求援,奈何閩浙一帶太平軍之亂仍未平定。雖先後派總兵曾玉明於 1862 年 6 月 9 日(同治元年 5 月 13 日),帶兵 600 抵鹿港、水師提督吳鴻源於同治元年(1862 年)12 月(陰曆),帶兵 3,000 入府城;副將曾元福於同治 2 年(1863 年)4 月(陰曆),復帶兵千名抵鹿港。此外還有參將林文明(林文察之弟),於同治元年 7 月(陰曆),帶在內地的台勇一千名回台支援,但因兵力猶然不足,無法扭轉大局。結果,歷時近二年,雙方一來一往,戰局一直僵持不下。[106]

迨 1863 年 10 月 21 日(同治 2 年 9 月 9 日),新任分巡台灣兵備道丁日健(曾任鳳山、嘉義知縣,後又任淡水同治,在台頗得人望)率其舊時部屬合計三千餘名,由福建五虎口抵淡水滬尾口登岸(同年陰曆 10 月,進駐竹塹);以及 1863 年 10 月 31 日(同治 2 年 9 月 19 日),福建陸路提督林文察帶精兵 400,由泉州抵嘉義麥寮登岸之後,整個局勢才有所改變。[107]亦即,丁日健自 1863 年 11 月 18 日(同治 2 年 10 月 8 日)起,至 1863 年 12 月 7 日(同治 2 年 10 月 27 日)之間,配合竹塹林占梅所帶領的粵民義勇三千,由北而南下,連續攻略大甲一帶的牛罵頭、福州厝、大肚、水師寮、茄投、海埔厝等民軍要隘;林文察則配合水師提督吳鴻元、副將曾元福所率領的清軍,從南向北,步步掃蕩南部各地的民軍,日日迫近戴潮春的大本營彰化縣城及斗六門重鎮。(戴潮春設行宮於此)。未幾,1863 年 12 月 13 日(同治 2 年 11 月 3 日),丁日健的大軍再度配合一直駐守鹿港的總兵曾玉明,終於克復久被民軍所占領的彰化縣城。戴潮春的部屬趙憨、陳鮒、陳在、盧江等人,開東門逃入四塊厝。翌日,林文察也由阿罩霧進駐市仔尾街。

⑩同年 11 月中旬（陰曆），清全軍合力圍攻戴潮春最後的據點斗六門。但連日苦戰，攻之不下。最後由林文察策畫斷民軍的糧道，並採取長圍之計。遂於 1863 年 12 月 28 日（同治 2 年 11 月 18 日）夜半，攻陷斗六門。⑩惟戴潮春在斗六門陷落之前，已携眷奔赴石榴班庄與會衆聚合。旋該庄被破之後，又竄至寶斗仔頂庄，投靠七十五（亦有謂七十二）庄之大戶張三顯，企圖潛入內山番地。可是，戴潮春爲張三顯所愚，於 1864 年 1 月 29 日（同治 2 年 12 月 21 日），被縛押至丁日健軍前，當場正法處死（另丁日健奏稱戴潮春於 1864 年 1 月 26 日〔同治 2 年 12 月 18 日〕，逃脫至芉蔡仔庄之後，被清軍生擒，隨即當地正法）。⑩

當彰化縣城、斗六門連續淪陷之後，戴潮春的殘餘，多湧進四塊厝林日成的營寨。同治 3 年（1864 年）正月（陰曆），陸路提督林文察督其弟副將林文明、遊擊王世清等軍，在「公義私仇」之驅策下，猛攻四塊厝。連戰數日，林日成之弟林狗母等人戰死，其黨餘亦多向清歸降。林日成自知不能逃脫，遂與妻妾引爆火藥自殺。⑪

如是，戴潮春與林日成雖先後被逮處死或自殺身亡，但會黨有力的股首，如陳弄、嚴辦、洪欉等人，仍各據一方，負隅抗拒，做最後的生死鬥。因此，清軍之肅清民變，實延續至擒斬陳弄（同治 3 年 4 月 19 日）、洪欉（同治 3 年 11 月）、嚴辦（同治 4 年 4 月）等人爲止，方告平息。⑫這件事變，如上所述，前後歷時三年，堪稱清治台期間史上，抗清運動最長久的一次。

最後，按劉妮玲的研究，戴案事變有一點具有社會史意義，而值得注意的一個現象，即婦女突出的地位，這是歷代民變事件中所少見的。例如，有祈雨屢見效，協守大甲的節婦林氏，有協助安定南路的婦人李氏。陳大戇反正後，其妻蔡圓甚勇敢，身佩

長刀親赴陣頭督戰，對抗戴潮春；大股首呂仔梓之妻「親臨陣鏖
戰，勇悍過男子」；陳弄「有妻妾數人，皆猛悍勝男子，與官兵戰，
無役不從，在陣頭指揮，勁不可抗」；嚴辦之妻也類似；「將軍」
王新婦被捕正法後，其母「尤悍潑，挺十八斤長刀作旋風舞，壯
士二十人不能近」，自刻「一品夫人」印佩掛胸前，聲稱為子報仇，
屢攻嘉義；「保駕將軍」鄭大柴戰死，其妻「為夫報仇，屢攻寶
斗街」。這諸多女將生不逢時，否則將增加許多樊梨花與穆桂英
（文筆謝國興教授）。[113]

## (七)　施九緞事變

　　施九緞別名施猴斷，原籍福建泉州府晉江縣，年輕時渡海來
台，居彰化縣秀水庄（二林堡浸水庄，即今彰化縣埔鹽鄉新水村附近），
後來出鹿港以搬運為業。施九緞平素為人豪爽好義，頗得人緣，
所以事業一路順風。未幾即成為鹿港一帶的富商與大地主。1885
年（光緒 11 年）台灣建省後，1886 年（光緒 12 年）首任台灣巡撫
劉銘傳大力進行各項的改革，但鑑於建設經費不足，乃奏請清丈
（即魚鱗冊），設置清賦局以丈量土地田賦，增加稅收。1887 年（光
緒 13 年），彰屬 13 堡均舉辦清丈，知縣蔡麟祥率巡檢吳雲孫等清
丈田畝，隨丈隨算，若有錯誤即改，所以民無怨言。[114]

　　稍後，蔡麟祥調他職，李嘉棠接任知縣，李氏悉變舊章，派
丈員赴各堡丈量，而各員多昧算田賦等則，不先計田之肥瘠，任
意填寫。一年之間，盡行丈完。又乘機向百姓大肆敲詐勒索，導
致民怨四起。然而，李嘉棠無視民怨，催各堡向領丈單，並要收
取丈費每甲銀 2 元。於是，各地民意沸騰，民間騷動。光緒 14
年（1888 年）8 月，貪官李嘉棠情急之下，發令將在案正法之犯
林武、林蕃薯二名，帶往北斗、西螺兩處釘死。又將未審結之簡

燦帶到鹿港大橋，一樣釘死，欲以極刑威嚇民衆，但民心更浮動。⑪⑤

　　1888 年 10 月 5 日（光緒 14 年 9 月 1 日），彰化地區民衆數百人聚集，以索焚丈單爲名，裂布爲旗，大書「官激民變」，並推施九緞爲首，前往彰化縣城抗議。時九緞已逾六十，下令不准搶劫財物，沿途不期而鄉民數千持械相隨，前至縣城。李嘉棠見城下人山人海，驚慌失色，緊閉城門，連電撫署告變求援。翌日，施九緞率衆占駐八卦山，上有炮壘，衆請開砲擊縣署。九緞認爲此擧恐傷及無辜而不許，縣城得不破。衆皆以九緞爲仁，稱之爲「公道大王」。同日，原駐彰化往嘉義防堵的（嘉義也發生騷動）武毅右營提督軍門朱煥明聞變，帶數十名士兵回援彰化，但途中被民衆截殺。事變逐漸擴大，民衆聚集愈多，圍城愈急。李嘉棠乃請教諭周長庚等人，前往平和厝王煥家議和，約三日內將丈單焚化爲緩兵之計。⑪⑥

　　一方面，巡撫劉銘傳聞警，立命當時正駐紮於淡水縣大料崁中路軍統領林朝棟赴彰化馳援。同時又命台灣鎮總兵萬國本及澎湖水師總兵吳宏洛等，亦帶精兵火速前往救援圍剿。同年 10 月 10 日（陰曆 9 月 6 日），林朝棟援軍抵達彰化，夜出其不意，攻復八卦山。施九緞率衆退至平和厝王煥庄中，彰化縣城之圍遂解。嗣後經接戰兩晝夜，民軍火力、物力均不足，潰敗四散。據說施九緞潛回至浸水庄，1890 年（光緒 16 年）罹病死亡，或說逃至泉州不知去向。但因其所爲是俠義公憤，民衆多甘心爲其掩護，因此，始終未被官府緝捕到案。另 1888 年 11 月 2 日（光緒 14 年 9 月 29 日），事趨平，劉銘傳查知李嘉棠之貪暴，將其撤職，以朱公純代之。又發示安民，除令捕施九緞、王煥、楊中成、李盤、施慶、許得龍等人之外，餘皆赦免不治，未見屠殺。同年 11 月

(陰曆)，劉銘傳復命布政使沈應奎、分巡台灣兵備道唐景崧與地方紳士蔡德芳、吳德功等人，商理一切善後事宜，更審彰縣之魚鱗冊 (丈單)，聽取人民的申訴，有誤必改，有失再丈，於是民心漸定。[117]而以這次事變爲終點，台灣自此以後，不再發生抗清運動。不久，日清戰爭勃發，台灣被割讓給日本，另一波新的強烈抗日運動，亦隨之展開。

## 二、台灣移民的分類械鬥

清治台期間，台灣移民不斷地發生族羣、出身地域的異同、姓別、甚至同姓宗親間的仇殺械鬥。清官吏名之爲「分類械鬥」，亦被稱爲「七、八年一小鬥，十餘年一大鬥」。在文獻的記錄裡，前後大小共計有 25 次以上，就中較大型的械鬥發生於彰化縣爲最多。

根據戴炎輝教授的研究，清代台灣之三大勢力爲泉州、漳州及粵民 (客家)。隨鄭氏渡台者多是泉民，從施琅征台者多是漳民。粵籍 (客家) 於台灣初入清朝版圖時，被禁止渡台；至康熙末年，因其禁漸弛而人漸增。泉、漳先至，故占海濱平原 (海口多泉，内山多漳)，而爲頭家 (田主)、佃戶或營商 (泉屬)；粵民後至，故多居附山地帶，且初時大率爲佃戶。換言之，原台灣縣 (台南地方)、鳳山縣、下淡水溪以北及原諸羅縣急水溪以南，大多爲泉、漳所佔墾。下淡水溪以南及急水溪以北至斗六，則閩、粵錯落。斗六以北，則客庄愈多。不過台北、宜蘭一帶地方，閩籍多而粵民微不足道。[118]至於各族羣的人口比例，按清代末期，《安平縣雜記》文獻的記載：

「台無土著。土著者，熟番與生番而已。其民人五方雜處。

漳、泉流寓者爲多，廣東之嘉應、潮州次之、餘若福建之興化府、福州府，全台合計兩府之人流寓台地者，不過萬人而已。外此，更寥寥無幾焉。計台之丁口，在二百萬左右，生熟土番不過二十分之一。隸漳、泉籍者，十分之七八。是曰閩籍；隸嘉應、潮州籍者，十分之二，是曰粵籍；其餘隸福建各府及外省籍者，百分中僅一分焉。」[119]

既如是，姑且不論原住民與移民間之械鬥；單就渡台移民本身而論，縱使閩、粵之間有風俗習慣的差異，或者出身地域有異同概念、姓別、宗親亦有意見的衝突；但怎會頻頻發生那麼多次的仇殺械鬥呢？對此，斯界的學者，大多歸納出以下三點，茲以戴炎輝教授的文筆爲主，引述介紹如下：

其一，械鬥之根本原因，主要在於各族羣爲經濟上之利益，尤其在清代農耕階段，以爭地搶水爲最。台灣從荷蘭時代到康熙中期（17世紀），跟移民的人數比較起來，土地還很廣濶，所以並沒什麼爭鬥。又由於人手不足，老移民很歡迎新來者，也肯加以照顧。至康熙末年、雍正年間（18世紀），隨著移民偷渡人數的激增，首先開發的台灣南部一帶，雖已開墾利盡，但尚可向北部及下淡水溪以南地方發展，故也罕有械鬥。及至嘉慶、道光（19世紀）以後，因爲渡台的禁令時有鬆弛，並鼓勵開墾；結果，諸羅（嘉義）以北一帶地方（包括彰化、新竹、淡水、台北、宜蘭），因窮山邊海闢盡；而後山之開墾勞而無功，遂挺而爭奪，動輒因細故而開始械鬥。

其二，有人謂台人之習尚：情浮易動、氣性剛強、復有好事輕生，導致動輒械鬥。尤其對粵民更抱有「佃田者，多內地依山之獷悍、無賴、下貧、觸法亡命。潮人尤多，厥名曰客，多者千人，

少亦數百，號曰客莊；朋比齊力，而自護小故，輒譁然以起，毆而殺人，毀匿其屍。」之偏見。惟戴炎輝教授認為此乃完全架空之說。即使如此亦因社會、政治環境所馴致。就台灣言，移民大率是失業而隻身渡台者，兼以教化未普及，闢地諸多糾紛，官又不能治；個人受屈，則勢必求援於同鄉，易於用武力解決。何況，如上文所述，官又不准其攜眷入台，其性不免粗暴。「在此情形，欲其帖然無事也難矣」。

其三，清吏貪汙無能，當械鬥醞釀之先，即不能予以開導，開始之後又不能予以制壓。而且因為收受賄賂，偏袒其中一方，結果人民不予信任，甚至無視文武官員之存在，自行以械鬥解決爭端。[120]

在另一方面，反亂與械鬥，常互相繼起。即有起於分類而變為叛亂者；亦有始於叛亂而變為分類者。一旦變成叛亂，清廷官吏就公開招募「義民」進行掃蕩。叛軍如果是福建人，義民就是客家人；叛軍如果是漳州幫，義民就是泉州幫或客家人；叛軍如果是三種移民混合而成，義民就是原住民。

義民的本質，是假借效勞政府的名義圖謀私利的敵對者，也不為過。可是，這樣的結果，不但讓親痛仇快，也必然削弱台灣人之力量，給予統治者更容易分化統治。到日治時代，分類械鬥完全絕跡。王育德教授指出：「分類械鬥是一種肆無忌憚的私鬥，只能存在於封建社會，在現代化的社會中沒有發生的餘地。即使發生，面對著強大的警察力量，也會被輕而易舉地鎮壓住，沒有人敢再搞私鬥。日本人不需要舊式的分化統治。交通的發達、經濟的發展和教育的普及，促使台灣人自覺到，自己在日本人面前屬於命運與共的單一共同體，自然養成去小異就大同的風氣。」[121]

現在略舉下面數例，說明分類械鬥之一斑。

## (一) 閩粵分類械鬥的伊始

1721 年 5 月 14 日（康熙 60 年 4 月 19 日），朱一貴在羅漢門豎旗起事之後，同年 5 月 16 日（陰曆 4 月 21 日），下淡水之粵民領袖杜君英亦率眾蜂起響應。同年 5 月 26 日（陰曆 5 月 1 日），朱杜聯手攻陷府城，眾人擁朱一貴為「義王」，但杜君英原欲立其子為王，遂引起爭執。未幾，杜君英搶奪民女，一貴要求釋放，不聽，終於兩軍干戈相向。同年 6 月 2 日（陰曆 5 月 8 日），杜君英敗走，帶著他粵籍數萬人的部屬北走虎尾溪，至猫兒干；沿途搶掠仇殺無數的閩民，竟成了流寇（前述）。此實台灣首次大規模的閩粵械鬥。

之後，為了報復粵民的仇殺，朱軍大將「國公」江國論，在占據打猫庄（今嘉義縣民雄鄉）之時，竟也無辜地殺害粵民七、八百人。[122]此外，朱一貴如上述，於同年 7 月 13 日（陰 6 月 19 日），派遣陳福壽、劉國基等率軍數萬（引自藍鼎元），企圖征服下淡水溪一帶粵民村庄。結果，反被粵民義軍打敗，殲滅殆盡。茲再引王必昌《重修台灣縣志》卷十五〈兵燹〉之記載（該文獻稱朱軍數千人攻打下淡水溪一帶粵民；與藍鼎元《平台紀略》所稱的數萬人有相當大的差距，但內容一致），對照上述的經緯，諒可讓讀者，得到更深刻的瞭解。

「自五月中賊黨既分閩、粵、屢相併殺。閩恒散處，粵悉萃居，勢常不敵。南路賴君奏等所糾大莊十三、小莊六十四，並稱客莊，肆毒閩人。而永定、武平、上杭各縣之人，復與粵合，諸泉、漳人多舉家被殺被辱者。六月十三日，漳、泉糾黨數千，

陸續分渡淡水，抵新圍、小赤山、萬丹、濫濫莊等處，圖併客莊。王師已入安平，不之知也。連日互鬪，各有勝負。十九日，客莊齊豎『大清』旗，漳泉賊黨不鬪自潰，疊遭截殺，群奔至淡水溪；溪濶水深，溺死無算，積屍填港。後至者踐屍以渡，生還僅數百人。」[123]

## (二)　漳泉最初之分類械鬪

自朱一貴事變以後，閩粵毗連聚居之處，常有閩粵械鬪。但未久，漳、泉二府閩人聚居之處，亦以爭利，而有漳泉械鬪。其械鬪初以彰化縣爲最，漸蔓延至台灣各地。乾隆47年（1782年）8月（陰曆），彰化縣莿桐脚庄三塊厝，漳州人演戲謝神。有人開設賭博，漳泉二籍的人，各自參加賭錢。因爲索換呆錢（民間私鑄的假錢），發生吵架，漳人黃璇糾集族人，毆殺泉人廖老。廖老庄中泉人憤慨而起，要代廖老復仇。於是，附近漳泉二庄黨同伐異，互相參加械鬪，焚庄殺人，戰火延燒各地。[124]1782年10月11日（乾隆47年9月5日），漳人在許國樑武舉的率領下，合兵攻進泉人半山等庄，肆行焚掠。該地泉人逃入內山躲藏，但於10月14日（陰曆9月8日），漳人搜出潘璉、高山、賴老、許白、許潛娘等，活活將他們殺死，又殺傷許正陽、唐陳、林王、郭洪等4人。後來，唐陳氏的親屬唐永等，先後到彰化縣署去控訴。知縣派差捕獲人犯，並傳許國樑出頭應訊；許國樑依靠武舉人的身分，置之不理。恰好1783年1月26日（乾隆47年12月24日），水師提督黃仕簡奉命到彰化緝拏偷渡犯黃秀，乃覆加會審，證實許國樑的罪行惡狀。1783年4月19日（乾隆48年3月18日），請旨把許國樑斬首，並嚴屬懲罰其他從犯。[125]這是台灣首次漳泉二籍移民的械鬪。嗣後，械鬪的區域擴大，漳泉雙方結黨自衛。迨

1786 年（乾隆 51 年），林爽文事變勃發，更可悲的漳泉械鬥，重
上銀幕。

### ㈢　閩屬漳泉、粵籍、原住民的長期分類械鬥

最典型的例子見於噶瑪蘭（今宜蘭縣）的開拓過程。1796 年
10 月 6 日（嘉慶元年 9 月 16 日），漳人吳沙召募漳籍千餘人，泉籍
兩百餘人，粵籍（客家人）數十人，進出噶瑪蘭三十六社番界烏
石港，築土圍開墾頭圍庄(今頭城鎮)。1797 年(嘉慶 2 年)吳沙死後，
他的姪兒吳化持續帶領三籍的移民開墾；漸開地至二圍、湯圍，
達到四圍。是時分配的土地，因爲漳人占絕大多數，分得頭圍至
四圍的廣大土地。泉人只分得二圍的菜園，每人一丈二尺。粵民
沒分地，僅由漳人供給衣食。泉、粵兩籍當然不滿，向官府控訴，
但官府不插嘴。⑫⑥

1799 年（嘉慶 4 年）泉人和粵民（時人至益眾）之間發生衝突，
泉人死傷甚眾，有意棄地而去。漳人乃加以挽留，每人另外分給
四分三厘的土地，自行栽種。三籍移民始得暫時相安無事。1802
年（嘉慶 7 年）三籍之民計 1,800 餘人，再合力攻進番界，獲五圍
之地，各籍公平分取所得。之後，泉人又自開溪洲一帶。1804
年（嘉慶 9 年）有彰化社番首潘賢文、大乳汗毛格犯法，懼捕，
率合岸裏、阿里史等八社千餘人，越內山逃至五圍，欲爭地。阿
里史眾強而鳥鎗多，漳人不敢鬥，乃陽和，分置諸番，並給予食
糧。阿里史番受騙眾喜，漸換買其鳥鎗幾盡，勢乃弱。因此，十
分悔恨漳人。⑫⑦

到了 1806 年（嘉慶 11 年），山前（台灣西部）發生漳泉械鬥。
泉人被打敗，逃入後山。噶瑪蘭的泉人收容他們，爲向漳人報一
箭之仇，乃糾合粵人和阿里史諸社進攻漳人。但因爲眾寡懸殊，

反被漳人打敗，泉人所分的土地盡被漳人占去，僅存溪洲一隅而已。職是，泉人的懷恨加深，雙方的械鬥，幾近一年方息。又阿里史諸社也被迫退出五圍，再由潘賢文番首率眾前往羅東，另闢新天地安居。然而，1809 年 (嘉慶 14 年)，漳泉又發生械鬥，漳人竟乘機襲擊阿里史諸社，強占羅東，迫使他們不得不退入深山高地。未久，漳泉再言和。泉人乃自溪洲沿海開墾至大湖，粵人也自東勢開墾至多瓜山一帶。這是，為了土地所引起的漢人械鬥，但終其局，還是原住民被驅逐，土地被侵占！⑫⑧

## (四) 台北泉州府異縣人「頂下郊拼」

清治時期，所謂「郊」者，即俗稱的行會。咸豐年代 (1851-1861 年) 居住台北頂郊者，係指遷艋舺 (今台北市區) 之泉州府晉江、惠安、南安三縣之移民。該三縣之移民，以龍山寺為中心，執商業之大權，市井鼎盛。而被稱下郊者，則指泉州府同安縣之移民，居住於艋舺市外之八甲庄 (今台北市萬華老松國小附近)。下郊之移民，確實常存有奪取頂郊地區商務之心，但終未能實現。1853 年 (咸豐 3 年)，頂下郊兩派因淡水河碼頭力伕口角，竟引發了同府異縣之械鬥，俗謂「頂下郊拼」。下郊人聯合漳州人與頂郊人交戰，但頂郊人眾勢盛，摧毀了下郊之八甲庄。下郊人被迫遷移至奎母卒 (今大稻埕地區)、大浪泵 (今台北市大同區) 地區居住，不得不另起市街。可是未幾，大稻埕之商務，竟然繁榮起來，而且遠超過了艋舺。⑫⑨

## (五) 宗姓間之械鬥

台灣的漢人，毋庸贅言地都是中國大陸來的移民；而且多是羅漢腳，所以起初並無強宗大族。迨至同治、光緒以後，移民繁

衍，族羣漸大，遂有宗姓間之械鬥。其中最典型，也是最大型的例子，則是發生於 1862 年（同治元年），彰化縣新店庄（今雲林縣崙背、二崙鄉之間）之廖、李、鐘三姓械鬥。時新店是農產物的集散地，人口稠密，布行油廠縱列南北，街路橫貫東西；全街劃分二區，一稱「頂店」，一稱「下店」。頂店是人丁昌盛，財富雄厚的鐘、李二姓所建（鐘、李有親戚關係），下店是較窮弱樸素的廖姓所建。因此，最初是爲迎神賽會，互爭意氣，再次是爲爭奪生意，互相結怨。鐘、李二姓，依靠族大人衆，常欺負廖姓，並放言：「有頂店，無下店；有新庄（鐘、李之住區），無七崁（廖姓之住區）」。於是雙方對立。這時候，有李龍溪的兒子縱馬去偷吃廖雀的稻子；廖雀的兒子就刀傷了那匹馬。李龍溪聽了他兒子的告訴，就把廖雀的兒子綁去，把他的雙眼挖出來，且碰見廖姓就欺負。廖雀忍無可忍，決意和李龍溪死拼，也把李龍溪的兒子綁去，施以同樣的慘刑。自此，三姓各聯合附近的宗親，互相殺傷，縱焚廬舍，綿亘將近三年之久，導致田園荒蕪，三姓均傾家蕩產，無一倖免者。[130]

# 第三節　清帝國的「理番」政策及原住民的抵抗

## 一、清帝國「理番」政策的沿革

清帝國領台後，如上述，即發布嚴格的「禁海封山令」；但其唯一的目的就是要防止移民和原住民相互結合發生叛變。因此，「治台」與「理番」表裡一致，自始並無一貫的政策。對原住民也完全視爲「化外之民」，採取蔑視、隔離，有事僅做權宜措施

的消極對策，或加以武力征伐。直至清治台近 190 年之際，由於發生與日本間的所謂「琉球事件」(1871 年)，才認眞思考積極經營台灣，並接受台灣特命大臣沈葆楨的建議，開始著手從事「開山撫番」的政策，亦因此受到原住民強烈的抵抗，發生甚多流血的武力衝突。下文將次第論及其經緯概要。

　　首先，清滅鄭據台之後，針對原住民的治理，大致沿襲鄭氏的制度。凡其轄下的原住民，統稱爲「土番」(平埔族)，惟歸順向官府納餉、服徭役者，則另稱之爲「熟番」。相對地非轄內的原住民 (高山族)，則稱其爲「野番」、「化外野番」或「生番」。依清首任台灣知府蔣敏英《台灣府志》(康熙 24 年，1685 年) 文獻的記載，諸如新港、蕭壠、目加溜灣、麻豆、哆咯國、大武壠、鳳山下淡水八社，皆是清朝轄下的原住民。這些清統治下的原住民，屬台灣府之「番戶」，共有 2,324 戶；府下各縣，台灣縣並無土番，鳳山縣 8 社就男女丁口數繳米，沒有編戶，其餘 4 社亦無編戶，因此 2,324 戶，皆屬諸羅縣「番戶」。[131]至於「野番」，該文獻亦有如下粗略地敘述，反映清朝當時有多少的接觸和認識。

　　「南路之傀儡山內有野番七十餘種，南覓社下通直腳宣 (註：花蓮七腳川)，與北路接壤，其內深林障蔽數百里，不見日色，非我騎擊之長，所可馳騁。北路之斗六門，自二重埔而進至於林驥 (註：林圮埔)，環溪層拱，有田可耕，爲野番南北之咽喉，路通哆囉滿、買豬抹、里沙晃等種，匪人每由此出入。半線以東，上接沙連三十八社，控弦持戟者二千餘人。二十四年 (原作爲 34 年爲誤) 秋，土官單六奉令至郡，今去而不可復問者，恃其險遠，謂非我所能至也。南嵌竹塹之間，山深水闊，

外番錯襍，亦草竊之淵藪（註：藪），淡水江，南北皆山，據
西來之門戶。雞籠山後，直接三朝（註：三貂）以上三十六社，
水陸之交，皆要害處也。」[132]

嗣後，康熙年代期間，如第三任道員高拱乾《台灣府志》（康
熙33年，1694年）、陳文達《鳳山縣志》（康熙59年，1720年）等文獻，
對高山原住民族，逐漸改稱爲「生番」、「歸化生番」或「生番歸
化」（納餉但不受統治）。可是，對渠等之實際環境與生態，仍然一
知半解，亦不想深入究明。[133]

其次，清繼承鄭氏之行政體制，對在其轄下歸順的「熟番」，
設置「土官」、「土目」、「頭目」，做爲番社的頭人，管理各社的
事務。但實際上，牛耳管理番社大小事務的，卻是清行政末端的
胥吏「通事」。這些「通事」，原負有傳達政令，並安撫調解漢番
衝突之責。然而，彼等大多是不屑無賴份子，僅知利用職權壓迫
欺凌純樸無知的原住民。康熙36年（1697年），來台採礦的郁永
河，目賭實狀，有如下的記述：「此輩皆內地犯法奸民，逃死匿
身於僻遠無人之地，謀充夥長通事，爲日既久，熟識番情，復解
番語，父死子繼，流毒無已。」[134]結果，毋庸置疑地，積怨日久，
自然而然地發生甚多的所謂「番害」與原住民的抵抗運動。

就大體而論，清初期對「理番」較具政策性，並有成就的，
或可推其繼續鄭氏漢文化的教育工作。據康熙35年（1696年），
高拱乾（第三任台廈道）《台灣府志》卷二〈社學〉的記載，康熙
23年（1684年），首任台灣知府蔣毓英，曾在台灣縣東安坊設
二所社學，另在鳳山縣土墼埕設立一所社學；康熙25年（1686年），
諸羅縣令樊維屏在諸羅縣新港社、目加溜灣社、蕭壠社、麻豆社
等設立四所社學；康熙28年（1689年），台廈道王效宗（第二任）

在台灣縣鎮北坊，設立一所社學。[135]之後，康熙 54 年 (1715 年)，諸羅知縣周鐘瑄，又在諸羅山社、打猫社、哆囉嘓社、大武壠社，建立四所社學，積極推動番社教育，延師以教育番童。[136]因為中國的傳統，地方官都以教化人民自任，尤其對非漢族的蠻夷，更覺責無旁貸。所以清初對漢文化的教化工作，實也獲有不少的成果。例如康熙 61 年 (1722 年)，巡台御史黃叔璥巡視南、北二路時，發現不少番童能背誦《四書》、《毛詩》，甚至《左傳》等漢籍。[137]

到了乾隆年間，原住民的社學，在台灣縣有 5 所 (後廢其 2 所)，鳳山縣有 8 所，諸羅縣有 11 所，彰化縣有 21 所，淡水廳有 6 所，共計達到 49 所之多。[138]不過嘉慶之後，社學逐漸衰落；至道光年間，因為平埔族的漢化或遷徙，許多平埔族人就近進入漢塾就讀，社學之制遂告中止。迨光緒 11 年 (1885 年) 台灣建省，巡撫劉銘傳以「撫番」為治台主要政策之一。為欲溝通漢「番」間之關係，光緒 16 年 (1890 年) 在台北城內，設立「番學堂」。招募北部屈尺、馬武督等地 10 歲至 17 歲「生番番童」30 人，入學就讀。除教以三字經、四書五經之外，亦教以種植、投醫施藥，特別是種植具有商業利益的經濟作物和開礦。但此類番學堂，劉銘傳去職之後，不到一、二年，即被裁撤停辦。[139]

此外，在文教習俗方面，乾隆 23 年 (1758 年)，清廷下令歸順的平埔族人，薙髮結辮以仿清俗，並賜予漢制的姓，包括潘、陳、劉、戴、李、王、錢、斛、蠻、林等等；同時強制改用漢名，藉以加速漢化，但此方面的成效，顯示不彰。因為平埔族的漢化，實可稱在台灣大環境變遷中，不知不覺而形成的，並不是由執政者強迫高壓就可促成。[140]

另一方面，本章第一節，已有提及，鄭氏投降清帝國之後，

其宗黨、文武官員、士卒及各省難民相率還籍者近半。又加上清
廷施行嚴格的「禁海封山令」，據高拱乾《台灣府志》卷五〈賦役志〉
的記載：「自康熙 22 年至 30 年只共新增 630 口。鄭時分屯 24 里
外南北各地之將弁兵民亦多撤退放棄其地，佳里興（鄭時開化里）
以北悉為平埔族部落，幾絕漢族之踪跡」[141]。所以清初除了例外
之「吞霄番事變」（康熙 38 年，1699 年，後述），鮮少有漢「番」的
衝突。惟未久台政弛廢，康熙 50 年(1711 年)前後，渡航之禁漸鬆，
閩、粵移民循合法管道，或者收買官員用不法偷渡的方式等等，
逐漸進入台灣。而且這些移民大多為農民，對於土地的需求日益
迫切，因此漢「番」（平埔族）的衝突、糾紛叢生。康熙 61 年（1722
年），朱一貴事變後，如前述，清廷為了避免漢、番的衝突，更
恐懼其相互結合，乃欲逕行驅逐山區邊界的居民。山外以十里為
界，自北路起，至南路止，築土牆高五、六尺，深挖壕塹，永為
定界。但經藍鼎元力爭，遷民之議作罷。僅採取 10 至數十里處，
立石劃界，挑挖深溝，築土做堆，使漢番各不得越界侵耕。後來，
這些土牆界線，則被稱為土牛紅線、土牛溝或土牛界。

　　然而，此項措施成果有限。1725 年(雍正 3 年)，清廷乃覆准：
「福建台灣各番鹿場閑曠地方，可以墾種者，令地方官曉諭，聽
各番租與民人耕種。」於是，「熟番地」出租給漢人時，以「佃批」
為證，遂成為「番大租權」的起源。[142]就這樣，漢人不啻增加了
侵占平埔族土地的機會，同時也更容易發生與「生番」衝突。因
此，1729 年（雍正 7 年），清廷又在「台灣南路、北路一帶山口，
生番、熟番分界勒石，界以外聽生番探捕」，並禁止「民人越界
墾地、搭寮、抽籐、吊鹿及私挾貨物，擅出界外」，失察之官員
均予以處罰。這項法令，對「生番」收到功効，漢番各安其業，
清廷亦努力招撫生番歸化。不過，乾隆元年(1736 年)，鑑於 1. 生

番獷野難馴，從前歸化之社，循又行凶擾害；欲加懲治，又慮抗拒生事；2.一經歸化，漢人得以出入，犯法之徒走匿其地，捕獲較難。遂於翌年5月（陰曆），聽各社生番自便，嚴飭通事等不必誘其來歸。⑭⑬自此，清廷採取完全隔離「生番」的政策，任其成為「化外之地」、「化外之民」。

迨1760年（乾隆25年），時渡台禁令全面遲緩，移民更大批湧入台灣，漢番（平埔族）間的糾紛加速擴大。為處理頻頻發生的漢番衝突事務，1766年（乾隆31年），閩浙總督蘇昌疏奏請特設南北二路理番同知，另行專管，以明責成。1766年12月29日（乾隆31年11月28日），清廷批准此項建議，全台分為南北二路，北路理番同知置於彰化，即舊淡水同知衙門，管轄淡水廳、彰化、諸羅二縣。南路理番同知，令台灣海防同知（在台南）兼理，以管轄台灣、鳳山二縣。⑭⑭

隨後，1786年（乾隆51年），台灣發生史上規模最大、影響最鉅的林爽文抗清運動（前述）。期間，林爽文避據內山，進占小半天山（阿里山之支脈）死守，尋雖被敗退擒拿。但事平後，清廷為了要防範生番與叛民再據山抗爭，征台主帥福康安，乃於1788年7月10日（乾隆53年6月7日），奏請在台設置屯防。南北二路熟番社，共設大屯4處，小屯8所，從93社熟番中，招募四千名充當屯丁，防守隘口。並將林爽文事變前後抄沒的土地，以及土牛界外未墾的荒埔，計8,800餘甲，分配給招募而來的每名屯丁二甲，充當糧餉，稱為贍養埔地，俾資久耕之計。同時重新用堅厚材料豎立界碑，禁止漢人侵占、典賣、佃耕屯地（此項明諭，後來仍徒屬具文）。福康安的建議，幾經修正（例如土地的分配，每名屯丁最後減為一甲二分左右），1790年12月16日（乾隆55年11月11日），獲清廷批准。1791年2月7日（乾隆56年正月6日），

由閩浙總督覺羅伍拉納，轉達台灣道，1791年3月4日（乾隆56年正月30日），再由台灣道傳達鎮總兵，正式施行。⑭

以上是概括地論及清廷初期的「理番」政策。在此特別要提起的是，當時清廷對「生番」（高山族），除了採取「立石」劃界、構築「土牛」和設隘防守，並聽各社自便，不予鼓勵歸化之外，實無一項任何具有統治者權威性的政策措施。但也因此，其後自乾隆、道光、咸豐、同治，凡190年間，雙方可稱相安無事，未見干戈。直至清末，以「琉球事件」（1874年，同治13年）為契機，如下述，清廷決意積極經營台灣，採納欽差辦理台灣大臣沈葆楨「開山撫番」的政策，雙方引起重大的利益衝突，才發生高山原住民的強烈抗爭運動。

1871年12月，琉球八重山群島漁民，於台灣南部海岸遇難。54名存活者全遭高士猾、牡丹社原住民殺害，遂引起所謂「台灣事件」，或稱「琉球事件」、「牡丹社事件」（後述）。1874年2月6日，日本政府決議出兵遠征台灣。1874年5月，日軍前後登陸瑯璠灣，進討牡丹社。1874年10月31日，由英國公使居間調停，事件獲得解決。

一方面，事件發生之後，清廷採納欽差辦理台灣等處防務大臣沈葆楨之建言，決意「開山撫番」，積極經營台灣。於是同治13年（1874年）7月（陰曆），在日軍尚未撤離台灣之前，即覆准沈葆楨開拓南、北二道路；光緒元年（1875年）正月（陰曆），復准其另拓台灣中部通道，進行改善全台交通運輸網。因為「開山撫番」的項目雖多（對於開山，沈葆楨訂應辦事項有十四，即屯兵衛、刊林木、焚草萊、通水道、定壤則、拓墾戶、給牛種、立村堡、設隘碉、致工商、設官吏、建城郭、設郵驛、置廨署。對於撫番，他同時也訂有十一項，即選土目、查番戶、定番業、通語言、禁仇殺、教耕稼、修道塗、

給茶鹽、易冠服、設番學、變風俗等），但是修築道路，暢達交通是基本、最主要的條件。茲將各道路開闢的情形，略述於下：

## ㈠　南路之開拓

南路的開闢，特別受到重視，分而兩條；一條由海防同知袁聞拆率領，計兵三營。袁染病後，由後補通判鮑復康接領，自鳳山之赤山庄（今屏東縣萬巒鄉）至卑南，計程 175 里；另一條由總兵張其光率領，由射簝而會於卑南，凡 240 里。南路自同治 13 年（1874 年）8 月（陰曆）興工，迄於同年 12 月（陰曆）完成。

## ㈡　中路之開拓

中路由總兵吳光亮率領，計兵三營。自彰化之林圯埔（竹山）至璞石閣（花蓮玉里），即所謂八通關古道，計長 265 里。自光緒元年（1875 年）正月（陰曆）興工，迄於同年 11 月（陰曆）完工。

## ㈢　北路之開拓

北路先由台灣道夏獻綸率領，後來再由提督羅大春負責，領兵 13 營。自噶瑪蘭之蘇澳至奇萊（今花蓮縣），計程 205 里，於同治 13 年（1874 年）11 月（陰曆）完工。[146]

職是，台灣自入光緒以後，南北、東西道路暢達。沿途各路亦設置碉堡，派屯營哨，安撫「良番」、平服「兇番」（後述），並招募漢人入山開墾。誠可稱清廷將台灣完全納入其帝國主權版圖之內。

不久，台灣建省，首任台灣巡撫劉銘傳積極繼承沈葆楨之「開山撫番」政策。光緒 12 年（1886 年）4 月（陰曆），劉銘傳奏請兼任撫墾大臣，並起用台灣豪紳林維源為幫辦大臣；設置「全

台撫墾局」於大料崁（今大溪），強力推動前、後山之開發。結果，大約在短短八個月期間，「後山南北兩路生番218社，番丁五萬餘人；前山各路生番260餘社，番丁三萬八千餘人，均各次第歸化，可墾田園數十萬畝」。[147]惟不用說，如此高壓激烈的招撫手段，必然會導致不良的後果。真如下述，光緒年間，「番變」之多，實堪稱頻頻不絕。

## 二、台灣原住民的抗清運動

清「理番」的沿革，上文已經提及。現在亦依年代的順序，就原住民的抗清運動，或稱「番變」，選擇以下幾件較具代表性的事例，加以說明。至於，有關規模較小，影響較輕微的所謂「番害」事件，請參閱溫振華《台灣原住民史政策篇（清治時代）》，32-6頁之年表、概說，筆者在此不再重述。

### ㈠ 吞霄「番社」事變

吞霄番社是分布於諸羅縣大甲、房裡二溪下游流域一帶，海岸北路蓬山八社平埔族之一。1699年（康熙38年），在地通事黃申者，贌社於此。因為其欺壓徵派無虛日，社民苦甚。1699年（康熙38年）2月（陰曆），適值社民捕鹿，黃申欲約計日先納錢、米，才允許出獵。土官卓个、卓霧、亞生等大為不滿，遂率眾殺黃申及其夥黨十多人。台灣鎮總兵張玉騏及分巡台廈兵備道王之齡聞變，原欲遣人招撫，但不得其門而入。乃派北路參將常泰率兩標官兵征討，並以南路新港、蕭壠、麻豆、目加溜灣等四社「熟番」為先鋒。但卓个等社民據險力守，結果，四社熟番死傷頗眾。同年8月（陰曆），清軍乃向尚未「內附」（歸化）的岸裏社番，贈品求援，前後歷經七個月，才獲平定。清軍死傷、罹瘴癘病亡者，

計數百人。[148]

## (二) 大甲「番社」事變

　　1731 年 (雍正 9 年) 12 月 (陰曆)，淡水廳大甲西社平埔族頭目林武力，不堪淡水同知張宏章，放縱漢民恣意侵占土地及凌虐原住民。乃結合東鄰樸仔籬等八社起事於彰化，進而抗官、焚燒搶劫。淡水同知張宏章率鄉勇前往鎮壓，但敗退脫陣。台灣鎮總兵呂瑞麟聞變，屢次率兵進擊，仍無法撫平。1732 年 (雍正 10 年) 5 月 (陰曆)，因分巡台廈道倪象愷表親誣殺效力的「良番」，倪氏處置不公。遂又引起大肚社、牛罵社、南方之沙轆社及北方之吞霄等十餘社參與大甲西社之變，圍攻彰化縣治。同年 6 月 (陰曆)，閩浙總督郝玉麟調總兵呂瑞麟回台灣府，彈壓南路。另命新任福建陸路提督 (原任台灣鎮總兵) 王郡率軍前往討伐。1732 年 8 月 23 日 (雍正 10 年 7 月 4 日)，王郡與巡察台灣御史覺羅栢修所率領的軍隊，合計 7,000 多人，由海路抵達鹿港，開始進擊反抗的平埔族各社。爾後，迄 1732 年 12 月 21 日 (雍正 10 年 11 月 5 日)，前後費時將近一年，始將各社鎮壓制服。頭目林武力及男女一千餘名的原住民被擒拿。其中有 80 名被斬首，包括最武勇的林武力。又事平後，清廷將大甲社改稱為「德化社」、沙轆社改為「遷善社」、牛罵社改為「感恩社」、貓盂社改為「興隆社」。此次事變，可稱為台灣平埔族史上規模最大、區域最廣、時間最長的抗清運動。但亦因此平埔族受到相當慘重的創傷，各部落日漸式微，終於被迫漢化，或遷徙他鄉。[149]

## (三) 排灣族內、外獅頭社之事變

　　1875 年 (光緒元年) 南路開山通行之後，為連繫鳳山至恆春

兩縣沿海要路之安全，欽差弁理台灣大臣沈葆楨命令淮軍二百分駐瑯璚、枋寮一帶。但清軍駐留附近屬於排灣族的內、外獅頭社，因為不滿開山土地被強占，乃時常出沒仇殺軍民。1875 年 (光緒元年) 2 月 (陰曆)，沈葆楨命令淮軍提督唐定奎率軍分三路征討。即一路自薊桐脚庄，二路自南勢湖庄 (嘉禾里)，三路自竹坑埔。惟甚多響應支援獅頭社之原住民，英勇奮戰，清軍死傷頗衆。1875 年 5 月 19 日 (光緒元年 4 月 15 日)，提督唐定奎親自督領各軍，進攻原住民各社。經過數度激烈戰鬥，清軍終於先後攻破其卡、龜紋、竹坑、本武、草山、內、外獅頭社等各社。並到處修築堡壘，據險扼要，繼續加以施壓各社。1875 年 (光緒元年) 5 月 (陰曆)，諸社力盡乞降，唐定奎允之。乃以龜紋社酋為總頭目，俾率各社。又約定將內、外獅頭社改稱為內、外永化社，竹坑社改稱為永平社，本武社改稱為永福社，草山社改稱為永安社。其他就撫各社，准其自新。此次事變，原住民的犧牲慘重，但清軍病殁陣亡者，也合計有 1,918 人之多。⑮⁰

## (四)　阿美族奇密社事變

1877 年 (光緒 3 年) 7 月 (陰曆)，在台東後山駐軍之統領吳光亮開水尾庄至大港口之橫斷道路。惟該山谷附近的阿美族奇密社 (Kivits) 不肯，殺總通事林東涯抵抗。同年 8 月 (陰曆)，吳光亮在璞石閣聞變，令營官林福喜率軍前往鎮壓。林福喜奉命進抵烏鴉立社，中伏敗退。於是，吳光亮緊急飛檄前山各軍，乞求支援。同年 12 月 (陰曆)，各路援軍齊集，吳光亮與北路統領孫開華督率各軍；南路撫民理番同知袁聞折亦調發後山中路歸附的各社「番人」，合力進攻。奇密社寡不敵衆，終於不支乞降。吳光亮允之，約以明春為期，各獻米一擔至營。1878 年 2 月 28 日 (光

緒 4 年 1 月 27 日），奇密社人依約前來，吳光亮乃關緊營門，令士兵鎗殺之，計 165 人中，僅 5 人倖免逃生。誠恥惡！⑮

## ㈤ 噶瑪蘭族加禮宛事變

1878 年 7 月 17 日（光緒 4 年 6 月 18 日），居住於台東蒼萊平原極北之加禮宛社（Kareiwan）原住民，因為不滿土棍陳輝煌（係噶瑪蘭社總理，曾隨提督羅大春開路有功，給以頂戴。惟連橫《台灣通史》第三冊，449 頁及伊能嘉矩《台灣文化志》下卷，843 頁，均稱係漢民陳文禮。筆者未能查出兩氏所引用的原典，諒有誤），倚勢侵占土地，欺詐取銀，乃密謀近鄰撒蒼萊雅族巾老耶社（即竹窩社）起事抗清。7 月 18 日（陰曆 6 月 19 日），兩族社人合力攻劫駐紮於鵲仔埔一帶的清軍。副將陳得勝率營兵鎮壓，未能制服；哨官參將楊王貴等中伏被殺，雙方戰鬥持續至同年 8 月（陰曆）。期間，1878 年 9 月 12 日（光緒 4 年 8 月 6 日），台灣道夏獻綸派宜蘭知縣邱峻南等，託噶瑪蘭族社頭目，勸諭加禮宛社收兵，未果。同年 9 月 5 日（陰曆 8 月 19 日），復有清哨官參將文毓麟及勇丁 9 人被殺。後山駐軍統領吳光亮，乃飛電北路統領總兵孫開華率軍來援。同年 9 月 25 日（陰曆 8 月 29 日），孫開華坐輪船抵達花蓮港登岸；所部各營亦於同年 9 月 28 日（陰曆 9 月 3 日）陸續到齊。同年 9 月 30 日（陰曆 9 月 5 日），清軍發動全面進攻加禮宛與巾老耶兩社。雙方激戰迄同年 10 月 3 日（陰曆 9 月 8 日），兩社的村落完全被攻毀燒盡，除 200 餘人被慘殺（據地方耆老的口述有 400 餘人遭殺戮）之外，還有千人左右的村民被趕盡殺絕，紛紛逃往花東海岸縱谷。隨後，清官方傳令招撫，聲明只要交出禍首，就可免罪。加禮宛社已無力反抗，頭目陳赤鹿，先後縛獻首凶姑乳斗玩及姑乳士敏 2 名正法，乃獲准予免罪，凡出面投案之社人，可回舊址搭寮造屋。但

該社的大部分土地，已遭官方抄收沒入。至於巾老耶社之住民，亦准其附入同族之七腳川、豆蘭、飽干、理留四社之內，蓋屋居住，事方平。其後爲表歸順之意，清廷勒令加禮宛社改爲佳落庄，巾老耶社改爲歸化社。⑫

## (六) 東勢角泰雅族「北勢羣」與「南勢羣」事變

泰雅族北勢羣分布在彰化縣東勢角大安溪上游一帶 (建省後屬台灣縣)。1884 年 (光緒 10 年) 前後，該地區因爲漢民的移墾，時常發生漢「番」衝突。1885 年 (光緒 11 年) 4 月 (陰曆)，中部統領林朝棟等五營兵力計二千，駐紮於罩蘭庄 (今苗栗縣卓蘭鎮)，以示聲威。1886 年 7 月 23 日 (光緒 12 年 6 月 22 日)，發生蘇魯 (即 Mesroh) 社原住民殺害罩蘭庄墾丁 4 人事件，遂引發清軍的征伐。於是蘇魯社聯合附近的馬那邦 (即 Maihagan) 等六社，共同共拒清軍。同年 9 月 10 日 (陰曆 8 月 13 日)，統領林朝棟兵分三路開始攻擊馬那邦、蘇魯等各社，相持迄同年 9 月上旬 (陰曆)，雙方各有傷亡，但清軍勢甚危迫。台灣巡撫劉銘傳接報，同年 10 月 7 日 (陰曆 9 月 10 日)，抵彰化之罩蘭，召集各路兵馬，合計 9 千 5 百人，前往支援圍剿。同年 10 月 15 日 (陰曆 9 月 18 日)，清軍步步迫近蘇魯社，雙方開始激烈的戰鬥。10 月 16 日 (陰曆 9 月 19 日)，清軍築砲台，大力轟炸蘇魯社，但馬那邦、武榮等原住民各社也冒死前來支援，雙方各有死傷。就這樣，戰鬥持續近一個月，清軍雖然在兵力武器方面占有絕對的優勢，不過，原住民拒險誓死護鄉，打遊擊戰，清傷亡及病殁慘重，約近千餘人。乃不得不託固守中立的老屋峨社 (即 Matoan) 頭目 Waiyo-mahon 從中斡旋，雙方於 1886 年 11 月 7 日 (光緒 12 年 10 月 12 日)，達成和解協議。劉銘傳遂於 11 月 8 日 (陰曆 10 月 13 日)，返回罩蘭，

清軍亦陸續撤離山區，各回駐所。⑬

　　另一方面，泰雅族南勢羣分布在東勢角南方大甲溪中游一帶。1886 年（光緒 12 年）起，亦經常發生漢番衝突。1887 年 7 月 12 日（光緒 13 年 5 月 22 日），該族羣的裏冷社（即 Kushia）殺害墾民二人。同年 9 月 27 日（8 月 11 日陰），復有同族羣的白茆社（即 Mepaseen），先後殺害佃民、防勇 9 人。中路統領林朝棟乃請調駐防彰化提督朱煥明率軍前來助伐。同年 10 月 1 日（陰曆 8 月 15 日），林朝棟與朱煥明的清軍，共計 2,500 人，兵分四路開始進攻兩社。惟此次的征討，原住民雖有多人死傷；可是對清軍而言，卻有更多所不利。據傳有七、八百人死傷與病殁者。因此，清軍乃密託居於中立的梢來社（即 Mesawurai）頭目 Yukan-taimo，斡旋各社，迨至同年 11 月 10 日（9 月 25 日陰），終於達成和解，清軍拔隊回防，事告平。⑭

## (七)　泰雅族大嵙崁事變

　　1886 年（光緒 12 年）2 月（陰曆），巡撫劉銘傳擬設全台撫墾總局於台北淡水縣大嵙崁（今大溪），乃令統領劉朝祐率軍 1,500 人，自大嵙崁溪之主流與其支流三角湧溪間之枕頭山，占領跨於角板山一帶之番界，並著手敷設隘線。對此，居地的角板山社（即 Keiziai）及竹頭角社（即 Kaaraa）見狀大為不滿，遂反抗欲妨礙其設隘。同年 8 月（陰曆），劉銘傳復命營官鄭有勤率軍一千人，先後征討附近諸社，強令渠等歸順。但原住民叛服無常，1887 年（光緒 13 年）9 月（陰曆），劉銘傳斷然下令，決行大舉討「番」。乃調澎湖水師總兵吳宏洛，使統率親兵及隘勇合計 23 營，約 11,500 人；全軍分三路進擊附近各社。可是，由於番地到處山險豁深，叢茂林密，清軍不易進入。而原住民竟可輕易出沒於其間，

巧加狙擊;尤其清軍罹瘴癘病患者續出，僅持四個月，兵勇戰死、
傷病者近泰半。於是，劉銘傳不得不改變強硬的態度，採取懷柔
之策，在勝負未決之際撤兵，僅留下所預定少數隘勇兵力，令通
事諭以就撫，與各社言和，事乃平。[155]

## ㈧ 排灣族呂家望社與西拉雅平埔族大庄社事變

花東中央縱谷，以大庄（今花蓮縣富里鄉東裡村）為中心，南
連新鄉，北及奉鄉，約40餘庄，有前山南部西拉雅平埔族所移
住之廣大部落。而排灣族呂家望社（Lokavon），則是居住於卑南
一帶最強悍的部落，被稱為「番王」。1888年（光緒14年），在大
庄包辦收租事務的清吏委員雷福海，因為其徵收極為嚴緊惡劣；
庄民請以穀粟替代銀錢不被接納，求寬限賣穀換銀之時日亦不允
許，甚至對所拘未納銀之婦女加以強暴侮辱。於是，激起大庄及
附近一帶阿美、排灣等諸族羣的憤慨怨恨。1888年8月2日（光
緒14年6月25日），以呂家望為首，大庄則推舉劉添汪、張少南、
陳士貞等掌司指揮，糾合各庄四千餘人，共同起事，抗殺委員雷
福海及其隨從；並進襲水尾營，殲殺清官兵，掠奪軍械、火藥。
隨後乘勝攻入卑南，進迫廳治，圍攻張兆連統領營。巡撫劉銘傳
接報，獲知情勢危急，檄駐台南府之台灣鎮總兵萬國本及澎湖水
師總兵吳宏洛等各督所部，或由陸路、或由水路相續率兵前往馳
援。並電請北洋大臣李鴻章，速派水師總兵丁汝昌率帶致遠、靖
海兩艘軍艦來台支援。如是，清軍在海、陸強大兵力掩護之下，
迄同年10月1日（陰曆8月26日），逐漸擊潰反抗的各族社。惟
時適逢前述，彰化縣施九緞事件勃發，清軍急檄調回援軍，不得
不招撫議和，遂未見厮殺，事變亦告落幕。然而，1889年（光緒
15年）2月（陰曆），大庄頭目劉添汪等4人，被統領張兆連誘捕，

遭斬殺。[156]

## (九) 泰雅族南澳羣老狗社事變

1889 年 9 月 25 日 (光緒 15 年 9 月 1 日)，副將劉朝帶率兵勇五百人，自宜蘭縣小坡塘坑 (羅東西南方) 入內山，企圖探尋開拓自蘇澳南下直達花蓮港之道路。然而，大隊行至凍死人坑 (光立嶺地方)，遭到泰雅族南澳羣老狗社 (即 Karaisan) 族人之不意襲擊，副將劉朝帶及其部屬，合計 273 人一併陣亡，餘皆被迫撤退下山。1890 年 2 月 16 日 (光緒 16 年 1 月 27 日)，巡撫劉銘傳親自進駐宜蘭之蘇澳，決意「膺懲」南澳羣諸社。於是調動澎湖鎮總兵吳宏洛統領各軍，馳抵蘇澳，督同宜蘭防軍統帶副將傅德柯進駐東澳。又令澳紳都司陳輝煌募土勇三百人作為嚮導，合同總兵竇如圍所率領之銘字三營向東澳前進。另飭提督李定明領兵三營、總兵蘇得勝亦率軍三營，自海乘輪抵南澳。同年 2 月 21 日 (陰曆 2 月 3 日) 各路隊伍到齊，吳宏洛乃督各軍至南澳，會商攻防事宜。2 月 24 日 (陰曆 2 月 6 日)，擁有絕大優勢的清軍開始發動總攻擊。但南澳地區山險路絕，清軍前後遭受逆襲。爾後，歷經兩個月的激戰，清軍陣殁病亡者達全軍之大半。劉銘傳雖向清廷奏稱剿平南澳諸社，各番亦皆乞降歸順。然則實飲恨收兵，僅留下勇營一部駐守北方澳，以任防患之務。[157]

綜觀上面所述，清廷迄割台，對「生番」(高山原住民) 的控制或統治，實可稱極為有限。而且，其所謂的「生番悔罪乞降」或「生番哭訴歸順」，亦大多為地方官員一時的方便、或權宜的陳述，並無實質的成効。對高山原住民族的控制，誠如下述，實迫清帝國割讓台灣給日本；日本帝國使用軍、警雙管齊下的強力彈壓與安撫，始獲得真正有效的統治權。

# 第四節　清治下台灣對外關係

　　關於清治下的台灣涉外始末，筆者在 1960 年代留日期間，已有多年的研究與論著的發表（大多收入於拙著《台灣國際政治史研究》，法政大學出版局，1971 年）。當年，筆者除努力收集坊間古書店的書籍之外，亦勤勉地參閱日本國會圖書館（包括各文庫）、東洋文庫（包括貴重的原文影帶）、美國文化中心以及東京各大學所藏有的相關文獻資料。爾後迄今，筆者的研究生涯，雖有長年的中斷；但在這領域裡，仍未見有後進較嶄新或更深入的論述。所以，有關「本節」的著墨，筆者不但未能加注新資料，更不得不將舊稿鉤勒其要旨，重新編纂。同時又考慮到篇幅的重複，對引註的原典或出處，除列舉幾冊較重要的文獻之外，其餘也一概省略不記。此點希望讀者能理解見諒！

## 一、鴉片戰爭與台灣

　　隨著新大陸、新航路的發現，使得歐洲的商業資本主義得到顯著的發展。十六世紀時，發現美洲大陸的西班牙和開拓出新航路的葡萄牙成為爭奪世界霸權的兩大強國之後，他們的勢力亦逐漸侵入東亞地區。十七世紀則是荷蘭、英國和法國三雄鼎立的時代。荷、英、法各於十七世紀初期成立東印度公司，相互競爭東方貿易。其後，荷英兩國開始向清國和日本提出通商要求。而原本除朝貢之外，禁止其他貿易的清國，終於在 1685 年（康熙 24 年），允許兩國進行海港貿易。自此以後，隨著清英談判的頻繁進行，到十七世紀末葉時，除當時的貿易中心廣東之外，廈門、寧波等港口，亦有大量的英國船隻出入。

十八世紀在歐洲是英國和法國爭霸世界的時代。長達一世紀的英法爭霸戰，結果勝利終歸英國。另一方面，在亞洲整個十八世紀正是日本閉關鎖國，大做太平美夢的時代，也是清國處於康熙、雍正、乾隆的最盛時期。因此，即使英國自十八世紀中葉起，事實上已壟斷對清貿易，但也無法使清國撤銷廣東的限制性貿易以及公行壟斷制度。

1793 年（乾隆 58 年），英國任命馬戛爾尼（Earl Macrtôney）為全權特使前往北京，要求清國在廣東之外再增設寧波、天津和北京為口岸，並割讓廣東或舟山附近一塊土地，改善貿易制度與建立邦交等。但是，由於此點「與天朝體制不合，亦於英咭利無益」，甚至是「變更定制之舉」，於是答覆稱：「難以得許」，結果終遭拒絕。

然而，時序進入十九世紀中葉，最早完成產業革命，並擁有支配七大海洋力量的英國，已成為世界唯一的霸主。於是，隨著英清貿易（尤其是鴉片）的發展，其結果必然會涉及清廷「天朝體制」的問題，進而導致兩國間的衝突。未久，藉由鴉片貿易的紛爭，英政府於 1840 年（道光 20 年）2 月 20 日，決定出兵清國。同年 5 月，英國以布瑞猛（J. J. G. Bremer）為司令官，由其與義律堂兄海軍少將喬治義律（Admiral G. Elliot）共同率領遠征隊，於 6 月初陸續開抵澳門海面。英軍組成包括 16 艘軍艦，4 艘裝甲汽船，1 艘陸軍用船，27 艘運輸船，以及 2 個步兵營，共計有士兵 4,000 人。於是，英清雙方即爆發大規模的戰爭。

一方面，戰爭進入決定性階段時，清廷亦積極防備英國艦隊侵台的企圖。閩浙總督特別命令台灣鎮道必須嚴加防範，並特別派遣提督王得祿至台灣，由其協助防衛事務。然而，在對於兵員調集的問題上，王得祿和當時的道台姚瑩意見相左。王得祿認為

清軍驕傲怠惰，不堪爲戰，因而提議以台灣鄉勇爲防衛主力，主張將其編入各營，實施正規軍事訓練，以從事防衛事宜，但姚瑩擔憂此舉將助長日後台灣人的叛亂，故而堅決反對台灣民兵接受正規軍事訓練。此點完全是姚瑩的偏見和蔑視，但卻可反映清國統治台灣殖民地的眞實面目。

稍後，戰爭隨即爆發，由於英國政府對遠征軍下達的訓令，基本上以清國北部的作戰爲主，進攻台灣並非作戰任務。所以，戰爭期間亦僅有偵察台灣情勢，並未發生任何軍事衝突。然而，1841 年(道光 21 年)10 月 4 日，出現在基隆港的嗵爾吥噠(Nerbudda)號，終於向該港炮台展開攻擊，引發兩軍武裝衝突的事態。結果，嗵爾吥噠號被守備軍炮火擊傷，並在撤離時觸礁破損，造成二百餘名船員中有一半溺死，一半成爲俘虜。1842 年(道光 22 年) 3 月 7 日，又有 3 艘英艦出現在彰化縣五汊港海面。清軍何來艦開炮示警，結果來艦並未還擊即向北駛去。其中一艘阿嗵(Ann)號卻與僚艦分離，於同月 12 日，進入淡彰交界處的大安港海面，被附近的漁船誘使其觸礁，清守軍乃趁此良機攻擊該艦，將 57 名船員全部俘虜。於是，兩艦的俘虜，先後被押解至台灣府（台南），經鎭道審問之後加以監禁。在此期間，閩浙總督怡良向台灣鎭道建議，以這批俘虜交換廈門鼓浪嶼的失地。但鎭道認爲「俘虜百人有余，欲不露行跡，平安送抵廈門，恐有困難之處」，因而拒絕總督的要求。惟至英清和談將要成立之時，這批俘虜已有 34 名病死，最後除 9 名軍官之外，其餘 139 名全遭屠殺。此事件成爲英清外交中的一個懸案，清國因此被迫追究台灣鎭道的責任。導致台灣鎭總兵達洪阿和台灣兵備道姚瑩被免職，並逮捕送到北京。

總之，鴉片戰爭的結果，清廷於 1842 年（道光 22 年）8 月

14 日，向英國表示屈服，全面接受英國的要求。同年 8 月 29 日，在停泊於長江的英艦柯瓦里斯（Cornwall）號上，英清間正式簽訂和約，此即南京條約（江寧條約）。

該條約全文共十三條，主要內容爲：1.開放五港；2.割讓香港；3.賠償損害及軍費；4.廢除壟斷；5.訂立適當關稅；6.往來地位平等；7.釋放俘虜等等。

自此以後，清國的天朝體制整個崩潰，終致淪爲半殖民地的地位；而台灣既然是清國的殖民地，其所受影響亦無可避免。尤其台灣重要的戰略位置和擁有豐富的資源，更加深列強覬覦的野心。從而，其後陸續引發占領該島和主權的疑義，台灣乃成爲紛擾不休的島嶼。⑱

## 二、早期的台美接觸

美國疆土拓展至太平洋海岸，係在 1840 年代以後。自此，美國企圖打開經夏威夷到中國的航海路線，期望能與中國進行貿易。但是，就創設太平洋航線而言，最關鍵的問題在於煤炭的補給。如欲創設該航線，即須考慮以日本、中國本土和台灣作爲煤炭補給地。其中，台灣的煤炭早就引起美國當局的注意。

1849 年 6 月 24 日，美國東方艦隊司令基星格（D. Geisinger）接獲本國政府的訓令，派遣「麒鰍」（The Dolphin）號軍艦到鷄籠（基隆）港，調查台灣的煤炭。在基隆港停泊兩日之間，奧格登（W. S. Ogden）艦長取得令人滿意的煤炭樣品後，返回美國。1850 年 3 月，美國駐廈門領事俾列利（C. W. Bradley）就創設中美航線問題，對廈門附近所能購入的煤炭資源進行調查。他將結果向國務卿克萊頓（J. M. Clayton）提出報告，說明台灣煤炭資源豐富，其品質與新堡出產的最高級產品相同。

隨後，美國初任駐日總領事哈利士 (T. Harris)，亦於 1854
年匯集有關台灣的各種資料和研究結果，向國務卿馬西 (W. L.
Marcy) 提交一份長篇報告書。該報告書指出台灣氣候溫暖，各
種物產豐富；地理位置正處於中國與日本附近，可成為極有價值
的遠東商務、物資中繼地和基督教的傳教據點。同時，該報告書
更指出清國在台灣的收入微少，再加上台灣西部有海盜出沒，造
成清國極大的損失，如果美國能夠接替清國統治台灣，將可給台
灣住民帶來幸福。因此主張美國應該買下台灣。

哈利士建議購買台灣一事，最後雖未被美國政府採納，但卻
促使美國對台灣進一步的關心。不久，1854 年 6 月，培利 (M. C.
Perry) 提督於締結美日和親條約，正欲離日之際，接到美國海軍
部的兩項訓令。其一為調查是否有美國人，在台灣海面遇難漂流
而遭監禁。其二則由於航向東方的美國及其他國家的船舶日益增
多，故有必要尋找煤炭的供給地，而目前有證據顯示台灣煤炭埋
藏量豐富，故令其對此進行調查。當時基隆蘊藏豐富的煤礦已為
國際知曉，因此美國考慮將琉球做為煤炭貯藏地，而以台灣為採
掘地，以補充航行途中所需的煤炭，如此即能開設美中航線。

培利提督接獲海軍部訓令之後，於同年 6 月 18 日，立即
決定派遣阿波特 (J. Abbot) 上校指揮「馬其頓」(The Macedonian)
號軍艦和辛克雷上尉 (Lieutenant Sinclair) 指揮的「供應」(The
Supply) 號補給艦馳往基隆，調查台灣的煤礦，同時也對一般情
勢進行調查。同年 7 月，兩艦先後駛入基隆港，進行各項調查任
務，並將其詳盡的記錄提交給培利提督。而根據此項調查的結果，
培利提督乃再三地向美國政府提議將台灣納為保護地，或者應占
領台灣。他指出：

「台灣的位置非常適合做爲美國在遠東的物產中繼地。若以台灣爲基點，可建立對中國、日本、琉球、中南半島、柬埔寨、暹羅、菲律賓及其他沿岸地帶之航路。不僅如此，隨著近年來汽輪的發展，台灣煤炭一定會對美國的東方貿易產生重要意義。如能占領台灣，即可控制清國南部一帶的沿海地區，亦可牽制東海上的船舶出入。該島對東亞的戰略價值，一如古巴島之控制美國佛羅里達南部沿岸和墨西哥灣的出入口。」

以上是美國在企圖稱霸太平洋地區時，培利提督所提出的太平洋構想，以及其對台灣所做的正確評價。同時，在培利本人監修的名著《美國艦隊的中國海及日本探險物語》中，再次提到其對台灣戰略地位的看法，也更讓台灣成爲列強虎視眈眈的目標。

當時，美國由於門羅主義的影響，以及國內正面臨奴隸存廢問題的討論，使得美國政府埋頭於內政問題而無暇顧及其他，而未接受培利提督占領台灣的建議，但此舉卻意外造成促使美國政府關心台灣的效果。其後，美國派駐遠東的官員繼承培利提督的見解，亦曾建議美國政府買下台灣。

1856 年 10 月 8 日，懸掛英國國旗但爲清人所有的船舶亞羅 (Lorcha Arrow) 號，在其自澳門駛入廣東之際，卻突然遭到清國官吏的臨檢。結果，不僅該船之英籍船員被逮捕，甚至英國國旗亦被從桅杆上降下，扔棄在甲板上。接獲此消息的英國領事帕克斯 (H. S. Parkes) 向清政府提出抗議，要求清方立即釋放船員和書面道歉，但遭清廷拒絕。10 月 23 日，英國以武力追究清國責任，不僅攻陷廣東附近之要塞，焚燒清國兵船，甚至占領市內部分街道。

幾乎在同一時期，法國傳教士司不德廉 (Piere Auguste

Chapdelame）亦在廣西遭清人殺害。法國政府向清政府提出抗議，要求其賠償損害，但清政府對此置之不理，於是惹怒法國決定採取行動。

另一方面，圍繞著條約修改問題，使得美國和清國的關係亦處於不穩定狀態，再加上 1856 年 11 月，清軍炮擊美艦聖查辛度（San Jacinto）號，使形勢進一步惡化。於是，英、美、法三國協議共同採取行動。

注視著情勢的發展，1857 年 3 月，美國駐清全權代表伯駕（P. Parker）和在台美國有力商人奈奇頓（G. Nye Jr.），再三向美國政府建議占領台灣，並連絡美國東洋艦隊司令奄師大郎（J. Armstrong）提督，著手準備占領台灣。此事爲初期台美關係發展的高峰。可是，同年 4 月 30 日和 5 月上旬，美國政府緊急下令制止這項行動，使得整個局勢改觀，伯駕被召回本國，奈奇頓則失望地離開台灣。美國政府之否決伯駕等人建議的主要理由，恰與前年培利提督所處的情景相同。此時，美國國內黑奴問題正處於激烈爭論時期，美國政府無法分心顧及台灣或其他外交問題。未幾，南北戰爭爆發（1861 － 1865 年），但戰爭一告終結，美國對海外的關心日益高漲。因此，亦再度注意到台灣問題。

1867 年 3 月，美國船隻羅妹號（The Rover）在由汕頭駛向牛莊的途中，因遇暴風而飄至台灣南部近海，據推測可能觸撞七星岩一帶礁石而沉沒。船長杭特（J. W. Hunt）夫婦及少數幾名船員雖得免溺死，但卻不幸受到當地原住民的襲擊，船員全部遭到殺害。接到消息之後，英艦科摩輪（The Cormorant）以及美國駐廈門領事李仙得（C. W. LeGendre）迅即開赴遇險地點，搜尋是否另有其他生還者，但亦因遭原住民攻擊而撤離現場。其後，李仙得向閩浙總督提出抗議，但清政府卻表示「原住民之地非屬清國版圖，

礙難用兵追究」，意圖藉此說法逃避責任。於是，美國政府派遣兩艘軍艦討伐原住民，但卻遭到原住民伏擊，被迫敗退而歸，登陸指揮官亦遇襲戰死。

至此，美國政府的態度幡然改變，憤慨地命令培利提督：「爲該島（台灣）的永久安全以及防止近海的危險，除將沿岸原住民驅入內地或讓有力盟國占領台灣之外，已無其他良策。」提出美國對台灣的基本構想。這個構想對於日本遠征台灣以及甲午戰爭後的台灣割讓，發揮直接或間接的影響。又以這個事件做爲開端，李仙得和十八蕃社大酋長卓杞篤（Tooketok）相識，雙方締結如下關於急難救助的「和親盟約」。其後，這項「和親盟約」經美國政府批准，成爲正式的國際條約。

　「經瑯璚東南十八蕃社首長篤杞俸之同意，與美國領事李仙得締結之條約，爲美國政府所同意。本條約規定：漂流船若有供給之需要時，必舉紅旗，送船員至海岸。於焉，迄海岸出現相同旗章爲止，不得登上陸地。漂流人不得進入山中與村落，但允其前往『尚康』（位南港東南岬）之『篤旁格内』（音譯，在儡仔角尖峰之西，爲東北季風時之安全運水場）上岸。若違反此條約者，則必覺悟將身陷危險。而因此受原住民迫害，不得請求政府保護，也不得歸罪於原住民。

　　　　　　　　　　一八六九年二月二十八日

　　　　　　　　　　美國領事　李仙得

　　　　　　　　　　證人　亞歷克斯・曼

　　　　　　　　　　通譯　皮克寧」

該條約締結後數年間，原住民嚴格遵守約定援救遇險船隻，

如有由其保護之船難者，均經瑯璚居民向清國報告。此等狀況在皮克寧的著作中均有記載。⑮⑨

## 三、一八七四年日本遠征台灣

1871 年 12 月，琉球八重山群島島民的漁船遭遇暴風，漂流到台灣南部海岸。他們因被當地原住民誤認為是清國人，結果全體 66 人中有 54 人遭高士猾社和牡丹社原住民殺害。

美國駐廈門領事李仙得接獲此情報後，即乘美國船到達台灣蕃社，與南部十八族頭目卓杞篤會見。他認為依據締結條約之規定，原住民必須被追究屠殺事件的責任。對於此點，卓杞篤回答道：「1867 年的條約中，僅約定救助白人的義務，但並不存在保護琉球人的條項」，從而否定其責任。在無可奈何之中，李仙得向美國駐清公使縷斐迪 (F.F.Low) 及清國政府建議懲罰涉案之原住民凶手，但因未受重視而不了了之。於是，李仙得大為憤慨，不但將清國政府及縷斐迪公使放任台灣原住民施暴之事，向本國政府提出報告，並進行自我辯解。此舉當然會導致他與縷斐迪公使彼此不容的狀態，但因美國總統格蘭特 (U. S. Grant) 承認他的功績，推舉他出任阿根廷公使，使得他決定歸國。1872 年 10 月，他由廈門出發返國，因航路之故途經橫濱港。

時適值美日雙方對琉球權益問題，正進行協商。美國駐日公使德朗 (C. D. de Long) 乃向日本外務卿副島種臣，暗示美國歡迎日本占領台灣。甚至明白的表示，如果日本出兵台灣，美國將給予各方面的協助。同時他建議副島引見即將歸國的李仙得，聽取其意見。1872 年 10 月 24 日，副島外務卿親自赴橫濱會見李仙得，並先後舉行兩次會談。會談中李仙得極力勸說日本出兵台灣。聽取李仙得意見之後，副島外務卿立即決定以年俸 12,000 日元聘

李仙得爲外務省二等出仕。同時，副島尚與他約定：如計劃中的北京之行成行，則他將擔任使節團之顧問；如出兵台灣，則由他擔任日軍之將官；如日本能永久占領台灣，則他將出任該島總督。

在此種條件下，李仙得連續提出五篇〈關於處理生蕃事務之日本政府意見備忘錄〉。分別暢述占領統治台灣的方策，並強調目下的國際情勢，對日本占領台灣有利。

1873 年 3 月 13 日，副島假祝賀清帝（同治帝）親政，以及交換〈日清修好條約〉的批准書爲名，與李仙得一同赴清國朝覲，但實際上其主要任務則是進行台灣事件之交涉。

副島於 4 月 20 日到達天津，30 日與大學士李鴻章交換〈日清修好條約〉之批准書，而於 5 月 7 日進入北京。在北京期間，副島的外交活動主要是以覲見問題爲中心，基本上未觸及台灣問題。他在晚年曾說道：「有意卻佯作無意，此乃我特有之外交方法。」6 月 21 日，在他即將歸國之時，突然派副使柳原前光拜訪總理衙門，與清國大臣毛昶熙、董恂進行會談。當時，清國口頭上稱「台灣蕃民乃化外之民，爲清國政教不及之處」，意圖藉此逃避責任。

於是，日本以此爲口實，解釋「清國對生蕃地區不主張領有權」。所以日本征台具有正當性之理由。1874 年 2 月 6 日，參議內務卿大久保利通與參議大藏卿大隈重信，主要實爲了要懷柔明治維新後，日本國內士族和「征韓論」派的不滿，兩人乃聯名向閣議提出所謂「台灣蕃地處分要略」，正式決定出兵台灣。同年 4 月 4 日，日本設立台灣蕃地事務局，由西鄉隆盛之弟、陸軍中將西鄉從道出任蕃地事務都督。次日，參議兼大藏卿大隈重信出任事務局長官。8 日，李仙得亦由外務省轉任台灣蕃地事務局准二等出仕。

又在此之前，日本政府準備遠征台灣，向美國太平洋郵船公司雇用紐約（The New York）號汽船。同時，經李仙得的從中斡旋，另雇用美國海軍少校克沙勒（Lient, Commander D. Cassel）和海軍上尉瓦生（Lieut J. R.Wasson），其薪資分別爲年俸 9,000 和 8,000 日圓。

然而，日本向台灣派兵的決定亦存在內外的壓力。一方面，日本政府內部長州藩出身的文武大臣幾乎都表反對；另一方面，在台灣有兩百餘間商社，一年貿易額達四億兩的英國，爲保護其本身的利益，透過各國駐日外交使節團，要求日本中止遠征行動。同時，由於美國顧問李仙得的活動過於醒目，使得清國政府屢次指責其爲美國之陰謀。於是，美國支持日本的態度有所改變，決定加入英國主張的「戰時中立」，使得日本政府在國際政治的舞台上陷入孤立。

美國的轉向對日本政府是一重大打擊，因爲李仙得、克沙勒和瓦生三人均爲征台骨幹，尤其李仙得更具有總參謀長之資格。同時，紐約號汽船爲日本搬運遠征必須品之唯一依靠。因此，日本政府不得不變更計劃，立即於閣議決定中止出兵，並致電長崎出兵部隊延期出發。但西鄉從道不服政府的指令，他於 1874 年 4 月 27 日及 5 月 27 日，先後強令遠征軍出發台灣，使日本政府亦只能無可奈何地承認既成事實。

1874 年 5 月 7 日至 22 日，3,500 百名日本遠征軍相繼在瑯璚登陸，並順利地構築陣地。在美國人翻譯官詹森和社寮酋長彌亞的幫助之下，日軍完成對附近地形和蕃情的偵察。其後，同月 22 日，由於在天險石門的遭遇戰中，十八蕃社的主力所在——牡丹社酋長阿綠父子戰死，使得部分原住民屈服於日軍的武力之下，周勝束、小麻里、蚊蟀、龍蘭、加釘等社由彌亞酋長作仲介，於 25 日相繼向西鄉都督投降。

　　另外，牡丹諸社亦深知無法與日軍展開正面作戰，因此全體陸續退入山中，準備扼守天然屏障，阻止日軍之進擊。5月30日，西鄉於瑯璚本營召集軍官舉行軍事會議，決定於6月3日從三面大舉進攻牡丹諸社。亦即，中軍由佐久間參謀任司令官，從石門口進攻；左翼軍由谷干城參軍率領，從風港口進軍；右翼軍由赤松則良參軍任指揮官，從竹社口進擊。

　　6月1日，中軍和左軍首先從本營出發，各自於四重溪和風港口安營紮寨。次日，日軍依計劃分為左、中、右三軍向牡丹諸社同時發動進攻。牡丹諸社雖拚全力抵抗，但終因寡不敵眾（且所持武器完全處於劣勢）而敗退。日軍攻入牡丹諸社村落之後，所經之處均付之一炬。至此，牡丹諸社全被征服，而於同年7、8月間相繼向日軍投降。

　　一方面，顢頇無能的清國政府，於1874年5月8日，正式接獲日本出兵台灣照會之後，慌張地詰問其出兵理由。同時，命令船政大臣沈葆楨：「帶領輪船兵弁，以巡閱為名，前往台灣一帶，密為籌辦。福建布政使潘霨早經陛辭出京，著即馳赴台灣，幫同沈葆楨將一切事宜妥為籌畫，會商文煜、李鶴年及提督羅大春等酌量情形，相機辦理。」5月29，日，沈葆楨正式被任命為欽差辦理台灣海防兼事務大臣，全權處理台灣事件。如此，日本出兵台灣不僅引起列強間的關注，而且已成為日清間公然的紛爭。

　　1874年8月1日，為了早日解決台灣出兵問題的紛爭，日本政府決定派遣大久保利通為全權代表前往清國會談。同年9月10日，李仙得擔任大久保全權大臣的隨員顧問，一同到達北京。9月14日，大久保在總理衙門與恭親王等進行第一次會談。此後至同年10月5日為止，雙方重覆進行四次會談，但均在台灣

蕃地的歸屬問題上受阻，會談面臨破裂。

惟當時日本方面，除了政府內部存有反對出兵聲音之外；在台灣亦正當酷暑季節，日軍因對氣候不適應及衛生設備不足，士兵中瘧疾患者不斷出現和死亡。征台部隊中戰死者僅爲 13 人，但病死者則高達 525 人。同時，國際局勢也對日本愈來愈不利。而且清國亦積極進行備戰，僅台南府守軍便增至一萬人。此外，有情報傳出李鴻章管轄下的精兵七、八千，廣東兵五、六千，漳州府兵五、六千，將再增派前往台灣。大久保在接獲此項情報之後，內心暗自決定要尋求和平的方法。

至於，清國方面，雖然緊急進行備戰，但終因不夠充分而難以應付戰爭之需。此時，西南地區的回民叛亂尚未被成功鎮壓，如再與日本交戰，則叛亂有可能進一步擴大。因此，清國方面也同樣著眼於和平解決事態。

在如此背景之下，面臨破裂的會談即在英國公使韋德 (T. F. Wade) 的居中調停後，情況急轉直下。經幾次交涉之後，雙方終於在 10 月 31 日談判成功。日本方面在勉強能保全「面子」的程度內，開出如下條件:1. 清政府必須承認日本出兵是「保民義舉」；2. 清國向被害者遺族支付撫恤金白銀 10 萬兩，另對收用日軍修建的道路和建築物，支付補償費白銀 40 萬兩，合計 50 萬兩等條件，而將此一問題解決。藉由此一事件的解決，等於是清國間接承認日本擁有琉球的主權，但清國亦能將台灣東南部領域置於自己主權之下，結果日清兩國在台灣事件上均是得失參半，而遭受損害的只有台灣住民。

同時，以該事件的解決爲契機，如前述清政府接受首位台灣特命大臣 (欽差辦理台灣海防兼理各國事務大臣) 沈葆楨的建議，開始積極經營隔離放置達 190 年的台灣。1875 年 2 月 15 日，清政

府正式全面廢止對台灣的渡航限制及封山令。此後，沈葆楨得以全力進行道路建設及行政區域的整理擴充、軍政改革、促進產業（開採煤礦）等等。沈葆楨雖然在任僅一年又半個月，但實為清政府最初在台灣的「良吏」。⑯

# 四、法清 （中法） 戰爭和台灣

## ㈠　法清戰爭的經緯

歷史上，法國和安南的接觸可追溯到十七世紀初期。布索米（F. Busomi）、卡伐諾（D. Carvalno）及羅茲（Alexandre de Rhodes）等傳教士甚早即已前往中南半島，但法國對安南的野心卻遲至英法七年戰爭（1756 — 63 年）以後才產生。當時，因為英國的存在，使得法國在印度的勢力被迫退出南亞大陸，而不得不將目光轉向印度以東，改以中南半島為根據地，暗圖重整旗鼓對抗英國。

恰當其時，安南發生內亂，正好提供法國入侵的良機。亦即法國透過傳教士百多祿（Pigneaux de Béhaine）的接洽，引介阮福映和法王路易十六（Louis XVI）於 1787 年 11 月 28 日，在凡爾賽宮締結法安攻守同盟條約。這個條約的主要內容是：法國提供武器、兵員協助阮福映復國；安南則讓渡金蘭港及崑崙島給法國，並給予通商特權。

旋在百多祿返回安南途中，法國國內發生大革命，使得此條約一時無法履行。但未久，百多祿自行召募極少數的法國軍官及歐洲義勇兵返回交趾支那（中南半島），迅速幫助阮福映恢復王位，並於 1802 年進攻北部，實現全體安南的統一。此時，阮福映即位稱嘉隆帝。

如此，法國雖暫時在安南站住陣腳，但當 1820 年嘉隆帝死

後，新王阮福晈（*明命帝*）及後續的阮福璇（*紹治帝*）、阮福嗣（*嗣德帝*）等諸帝，卻排斥法國人並迫害基督教徒和傳教士，終於導致法國在 1858 年以兩名西班牙傳教士被殺為口實，由拿破崙三世（Napoléon III）發表聲明，正式組成法西聯軍對安南發動侵略。

同年 9 月 1 日，法西聯軍攻擊金蘭港，戰爭於為爆發。結果戰爭持續達三年半之久。但長期的戰爭使安南財政出現困難，終於導致內亂的發生，迫使嗣德帝不得不於 1862 年 6 月 5 日，在西貢與法西兩國簽訂屈辱的和平條約。該和平條約規定：1. 交趾支那的邊和、嘉定、定祥三省及崑崙島割讓給法國；2. 承認基督教的傳教自由等等。

然而，嗣德帝在敉平內亂之後並無意履行條約，甚至向法國要求歸還交趾支那東部三省。對此，交趾支那司令官古蘭第（Grandiére）提督，乃於 1867 年 1 月，藉安南從事反法活動為由，出兵占領交趾支那的西部三省。至此，法國即確立其在交趾支那的支配權，將其命名為交趾支那殖民地，定西貢為首府。

惟占領西貢必然使法國將目光轉向東京灣一帶（*河內地區*），和中國西南（*特別是雲南*）。此乃因欲發展交趾支那的經濟，即須利用流經東京地區的紅河渠道，與中國西南地區進行貿易。基於此點，1873 年法國藉由貿易（*精鹽*）的紛爭，交趾支那總督杜普雷（Dupre）派遣安鄴（F. Garnier）帶兵前往河內，於同年 11 月 19 日，攻占河內要塞。接著，到 12 月 10 日為止，先後又攻占海東、臨邊、南奠等諸鎮。

處於困境的嗣德帝只有向長毛之亂的餘眾——當時半官半盜駐屯於廣西的黑旗軍首領劉永福求援。劉永福乃順紅河而下，於 12 月 21 日，擊敗法軍，安鄴本人亦中彈陣亡。由於安鄴戰死使法安關係更形緊迫。但是，經過交涉的結果，1874 年 3 月 15 日，

雙方簽訂法安和平同盟條約 (法安條約)。該條約共有 22 項條款，其主要內容如下：1. 法國承認安南的獨立；2. 安南若處於內憂外患之際，法國應給予支援；3. 安南的外交事務須受法國監督；4. 安南承認法國兼併交趾支那六州等等。此條約明確表示安南成爲法國的保護國，但安南君臣簽訂時，是否眞正理解該條約的意義，則頗值得懷疑。

由於安南自古 (在漢朝時代) 即被視爲中國的藩屬，因而法國於 1875 年 5 月 25 日，由駐北京法國代理公使路傑超 (M. de Rochechouart)，將該條約的內容通告清國政府，並進一步要求清國召回越境侵入東京地區的軍隊，以及在雲南開設口岸作爲紅河渠道貿易路線的入口。

對於此點，同年 6 月 15 日，清國總理衙門恭親王奕訢於答覆路傑超時表示：雲南不對外國開放口岸；安南自古即爲中國藩屬；目前駐屯安南之中國軍隊，係應安南王之要求而前往等。結果，隨著法安間紛爭的激化，法清間的緊張關係亦環繞著宗主權問題而日益升高。

一方面，安南雖成爲法國的保護國，但嗣德帝卻極力想擺脫其束縛。1876 年和 1880 年，他兩次仿照舊例向北京派出朝貢使節。此外，在 1878 年安南內亂時，嗣德帝在法清兩國中選擇由清國協助平亂。至此，法國無法忍受嗣德帝的反覆無常，決意再以武力強制其履行 1874 年的法安條約。

1881 年 10 月，弗雷西內 (M. de Freycinet) 內閣以兩名居住東京的法國商人 (即庫旦 Courtin 和比列洛伊 Villeroy) 遭黑旗軍襲擊爲口實，要求安南王驅逐黑旗軍，但未獲安南王理會。於是，1882 年 4 月 26 日，交趾支那總督比雷爾 (Myre de Vilers) 命令海軍上校李維業(Henri L. Rivière)率領 450 名遠征軍前往攻擊並占領河內。

其時嗣德帝亦再次求助於黑旗軍，阻止法軍進一步的攻勢。兩軍遂在紅河兩岸紮營，形成對峙的局面。

1883 年 5 月 19 日，李維業在本國援軍到來之前，與黑旗軍開戰，在寡不敵眾之下大敗戰死。李維業曾在四年前平定新喀里多尼亞的叛亂，成為法國人心目中的英雄偶像，他的陣亡使法國國民的情感愈加狂熱，而不再考慮東京的作戰對手是安南或是清國。

此後，法國的態度即益趨明顯，首先派遣阿爾蒙（M. Jules Harmand）為東京理事官（1883 年 6 月 7 日），接著分別任命布耶（Bouet）、孤拔（Admiral A. A. P. Courbet）為陸、海軍指揮官，糾集兵員準備攻占順化府。在此戰雲密布的危機之中，嗣德帝卻突然病死，安南發生政變。法國趁著安南國內政治混亂之際，於 8 月 18 日到 21 日發動三天的猛攻，一舉攻占順化的入口要塞——順安。至此，安南新王不得不屈服於法軍的武力，而於同年 8 月 25 日，在順化府與法國簽訂新保護條約。

當然，此條約除再確認 1874 年法安條約以外，更大幅擴張條約的內容，從而確立法國對安南的宗主權。然而，先前擁立協和帝的輔政大臣阮文祥、兵部大臣尊室說極力反對該條約，主張與法國抗戰到底。同年 11 月 29 日，他們毒死協和帝，擁立阮福昊（建福帝）繼位，以圖驅逐外國勢力。同時，法國茹費理內閣亦採取強硬方針，決意再次攻打東京。

另一方面，清國在獲知法安簽訂新保護條約，安南承認法國的宗主權之後，立即於同年 11 月中旬由恭親王和曾紀澤相繼向法國政府提出異議，要求修改條約。同時，他們聲明：清國希望和法國維持和平關係，但警告法國若有意與清軍發生衝突，其結果將難以避免發展為全面戰爭。對此，法國採取強硬的態度，認

爲已無妥協的餘地，勢必與之一戰。

　　1884 年 2 月，法國任命米路將軍（Général Millot），接替孤拔提督出任新司令官。同年 3 月 12 日，法軍攻占紅河三角洲地區最堅固的要塞──北寧，清軍巡撫及提督逃到諒山，黑旗軍亦敗退至太原。接著，法軍於同月 19 日再攻下太原，4 月 12 日又占領山西西北的興化鎮。至此，東京一帶全爲法軍占領。

　　由於東京戰役的結果，使得安南不完全屈服於法國。1884 年 5 月，法國派巴特納（Jules Patenôtre）到順化，與安南全權代表戶部尙書范愼遹會談。同年 6 月 6 日，兩國締結最後的法安保護條約，安南完全成爲法國的保護國。

　　清帝對於在東京敗北十分震怒，恭親王亦因此而不得不引咎辭退總理衙門職位。不過，清廷亦只有任命主和派的李鴻章與法國全權代表福祿諾（F. E. Fournier）談判，以收拾戰敗的局面。

　　又國際上，對於法清兩國在安南發生的紛爭，列強（特別是英、德兩國）衡量自國的利害關係，玩弄外交權術，以激化法清間的衝突。當時，英法間正因埃及問題而陷入緊張關係。所以，英國即對清國表示好意，並慫恿西班牙干涉安南紛爭，以妨礙法國攻略安南。在此情形下，清國主戰派的態度乃日益強硬，主張不惜對法一戰。

　　可是，德國方面，自普法戰爭以後，俾斯麥爲欲使法國的銳鋒，不再指向德國，故在政策上鼓勵其在歐洲以外發展殖民地。於是，俾斯麥乃利用 1878 年的柏林會議，透過法國伐利耶（Saint-Vallier）大使慫恿法國政府占領東京。

　　在遠東方面，日本很早就想出兵朝鮮，而法清有關安南問題的紛爭，正好提供日本絕佳的機會。日法間雖因利害關係而表示要相互合作，但隨著法清關係的日益緊張，日本基於外交權謀亦

不得不向清國表明中立的態度。最後，日法結盟雖然未能實現，但毋庸贅言地，日法間的合作關係卻因而日益緊密。

　　如上所述，環繞著法清間的安南紛爭，當時李鴻章亦深悉列強除以「門羅主義」為外交基軸，且實際利害關係較少的美國之外，每個國家都希望法清開戰。但是，在此一階段中，由於狄特林（G. Detering）的居中奔走，使李鴻章和福祿諾於 1884 年 5 月 11 日，在天津締結所謂「李・福祿諾協定」（中法簡明條約）。

　　該條約最主要的內容是第二款：「中國南界既經法國與以實在憑據，不虞有侵占繞越之事，中國約明將所駐北圻各防營即行調回邊界，並於法、越所有已定與未定各條約，均概置不問」。此項條款，很明顯地是清國聲明放棄對安南的所有宗主權，今後一概置之不問不理。於是當時清國的左宗棠、彭玉麟等強硬派痛斥此約喪權辱國，而在英國的聲援下主張繼續戰鬥。

　　正巧，同年 6 月 23 日，發生所謂「北黎的暗襲」（Guetapens de Bac-Le）事件，法軍死傷頗眾，使法國輿論一時譁然。同年 7 月 12 日，新任駐清公使巴特納根據本國訓令，向總理衙門發出最後通牒，指其若未於一週內承認李・福祿諾協定及二億五千萬法郎的賠款，法國將立即自行奪物質性保證。對於此項最後通牒，7 月 28 日，兩江總督曾國基和巴特納在上海重新進行談判。結果，雙方對賠款一事未能達成合意。法國乃以 8 月 2 日為期限督促答覆，但清廷並不予以理會。8 月 5 日（光緒 10 年 6 月 15 日），法清戰爭終於爆發。

## ㈡　法國侵攻台灣

　　由於法國未能尋獲解決法清安南問題的途徑，因此法國輿論主張占領瓊州、台灣或舟山群島中之一，向清國施加壓力以圖交

易。但瓊州、舟山兩地均與英國的勢力範圍相近，為了防範兩國發生意外的衝突，台灣遂成為法軍進攻占領的對象。至於占領台灣的企圖，最初可能是基於取得台灣北部的煤炭以及關稅等為其動機。然而，若從台法間的交涉加以考察，則其背景亦含有極深的歷史意涵。總之，藉由安南法清衝突為契機，法國終於正式嘗試占領台灣。

既然計劃要占領台灣，首先當須調查台灣的防務狀況。為此，在前述1884年3月，對北寧一帶的攻擊之後，法國即派遣巡洋艦波塔（Volta）號前往基隆。1884年4月13日（光緒10年3月18日），該艦帶著任務出現基隆港，以採購日常生活用品（即糧食、煤炭）為口實，與清國基隆當局交涉，並乘機派三名將校上陸登上山峰，製作附近一帶的港灣地圖。他們並在要求進入砲台要塞時，與清國守備兵發生磨擦。翌日，該艦福祿諾艦長即將一份備忘錄送交基隆廳通判梁純夫，內容是不但要求清軍道歉，並且脅迫其須供給煤炭，否則法艦將砲擊基隆要塞。對此，梁通判只有屈服於法軍的強硬態度，全面接受法國方面的要求。事後，福祿諾艦長於同月15日離開基隆。

再則，隨著安南紛爭的擴大，當然亦使清國政府對法國艦隊產生警戒。1883年11月，軍機處向沿岸各省發出增強防衛的訓令。同年12月，由於提防日本和法國聯合攻擊台灣，清廷乃命兩江總督左宗棠負責台灣增兵事宜。1884年6月23日，上述北黎事件爆發，法清兩國緊張狀態升高。同年6月26日，奉敕入京的劉銘傳立即被任命為福建巡撫銜督辦台灣軍務大臣，賦予其統領台灣軍政之大權。

同年7月16日，劉銘傳在上海購買武器之後，隨即前往基隆視察軍事要塞，並於同月20日抵達台北。在此，劉銘傳分析

當時的形勢和台灣的防務實態，從而決定調整歷來偏重台灣南部的軍事部署，將大本營設於台北，同時將全島防務體制分成幾個區域，明訂各自職責所在。亦即從曾文溪到恆春的南路由台灣兵備道劉璈負責，曾文溪以北到大甲溪的中路由台灣鎮總兵萬國本擔綱，從大甲溪到蘇澳的北路由提督曹志忠銜命，後山（東部台灣）一帶（後路）由副將張兆連主掌，澎湖諸島（前路）由水師副將周善初統率。接著，他更在淡水港設地雷及水雷，在打狗港建要塞，在媽宮港用鐵鏈構築障礙。此外，他在台北、台灣（台南）二府設軍需補給中心，在後路設海上轉運局，負責軍用物資的調度。

其次，劉銘傳亦號召台灣本島人協助防務，向當地士紳募集大量資金，在全島設置「團練」和「漁團」訓練民兵。當時，台灣人雖不喜清國的統治，但對於膚色不同的「西仔」（西洋人，在此指法國人）前來侵略，亦以保衛鄉里的心情，全面協助清軍防衛。在此種情況下，原本派閥分裂、各自為政的清軍，遂得以具備與法軍對抗的能力。

又正值劉銘傳被任命為台灣總指揮官的時日，法國方面也正巧於同日（6月26日），任命孤拔提督為新整編的遠東艦隊總司令。當8月3日，巴特納和曾國荃會談決裂之後，茹費理首相立即派孤拔提督指揮艦隊前往台灣，命其占領基隆煤礦。4日，利士比提督率加利索尼耶（La Galissonnière）號和羅丹（Le Lutin）號進入基隆港，與停泊在同港的巡洋艦維拉（Villars）合流，共同擬訂作戰計劃。同日，法軍作成勸降書呈遞清國守備司令蘇得勝、曹志忠，要求在20小時（第二天早上8點前）內交出基隆要塞。此舉當然遭到清軍的拒絕。5日，法國艦隊按計劃攻占並破壞基隆砲台，再從大沙灣派陸戰隊四百餘人登陸，完全控制砲台要塞。

法清戰爭正式揭幕。劉銘傳在滬尾接到報告之後，立即下令破壞基隆煤礦。清軍往坑內注水、燒掉貯藏的 15,000 噸煤，迫使法國放棄占領基隆煤礦的計劃。6 日，法軍再派 200 名陸戰隊搶灘，以期占領基隆市街，但被劉銘傳擊退，死傷頗重。

由於清軍頑強抵抗，使利士比提督認為想以少數兵力占領基隆煤礦已無可能，乃向孤拔提督報告：「該地是如此崎嶇多山，果真欲加以占領，勢非大軍莫辦。」職此，孤拔提督不得不向本國政府要求增派二千援軍。同時，在援軍到來之前，他不再做任何冒險行動，僅對基隆港做長期封鎖。

對於法國攻打台灣一事，總理衙門以會談交涉尚在進行，法國未經事先預告即採取軍事行動，實屬違反萬國公法之舉，故向法國提出抗議，並要求列強「秉公評理」。但此時法國已認為談判徒勞無功，決心以兵力迫清國就範。8 月 21 日，福祿諾公使宣告會談決裂，離開北京。22 日，在福州沿海待機的孤拔提督接獲本國海軍部長的攻擊命令，隨即於 23 日率艦隊進入福州港，並發砲擊沉清軍艦隊，破壞造船局。

至此，清國方面乃於 1884 年 8 月 26 日（光緒 10 年 7 月 6 日），對法宣戰。惟法國卻因於處理歐洲政治情勢，以及慮及埃及紛爭和利用遠東地區的中立港等問題，因而決定採取不宣戰的立場，繼續其所謂的「智慧型破壞」政策。

一方面襲擊福州之後，孤拔提督為完成占領基隆的任務，乃於 9 月 2 日，親自前往基隆調查。結果，他向本國政府做出如下建議，主張占基隆的非現實性，反而提議進攻華北一帶。他說：「由於出產煤炭的緣故，基隆的占領也許是件有利的事，但這始終是一個不能展開大軍事行動的根據地。如果政府有意攫取台灣島，則澎湖島的港灣會是一個較佳的軍事根據地；但為著征服台

灣全島，必須有比現在多上三倍的兵力。如果政府無此意圖，則以在中國北部採取行動較為有利。」

若從戰略或者政略上看，孤拔提督的提案都極具見地，但是由於本國政府堅持占領基隆，使孤拔不得已下令進攻台灣。1884年 10 月 1 日，孤拔提督率領自安南馳援的 2,250 名士兵，將艦隊分成二小隊。一小隊由利士比提督統領攻打滬尾，另一支小隊由其親自指揮強襲基隆。

作戰的經過，簡言之，法國等於在毫無抵抗的情況下占領基隆市街。隨後，法軍曾數次為奪取煤礦區，而試圖占領要衝獅球嶺，但都被守衛清軍（特別是林朝棟率領之台灣民兵）阻止，終未能達成目的。至於滬尾方面，法軍由於兵員調動和天候等問題，使登陸作戰遲至同月 8 日才得以進行。此時，劉銘傳為免台北陷入危機，已自基隆率大軍馳赴援助，結果大敗法軍取得勝利。此役使法軍在台灣的軍事行動變成相當慎重，直到翌（1885）年初非洲外籍兵團來援之前，兩軍相互對峙，未再進行任何戰鬥。

當基隆、滬尾攻防戰處於膠著狀態時，孤拔提督為使艦隊得以自由行動，乃向本國政府建議取消當時所採取的「報復行動狀態」（L'état de représailles），改為正式向清國宣戰。對此，巴黎政府只同意對台灣沿岸實行「和平封鎖」（blocus pacifique），除此之外未同意其他事項。於是，1884 年 10 月 20 日，孤拔提督在旗艦巴雅德（Bayard）號發出封鎖台灣西北沿岸的宣言。

依此宣言，法國的船舶檢閱權最初只限於沿岸一帶，但同年11 月 22 日，重新宣布擴大到距岸 5 海浬的海上。1885 年 1 月 7 日，法國更進一步實施嚴密封鎖，宣布將封鎖線延長到台灣東部。由此觀之，法國政府當時的確極力避免宣戰，堅持所謂的「和平封鎖」政策。

　　總之，封鎖台灣使清國更難對台灣進行人、物兩方面的支援。此外，台灣本島的對外貿易基本上亦處於停頓狀態，使得台灣物價受其影響而高騰。台灣兵備道劉璈要請各國領事干涉法國的封鎖，但因茲事體大，故未能得到各國領事滿意的回答。

　　不過，國際間對於法國的封鎖台灣，特別是與台灣保有最大通商關係的英國，表示十分不滿。英國於 1884 年 11 月，向法國政府發出聲明，認為法清間存在戰爭狀態，禁止法艦在香港裝運煤炭及修補船艦。而日本原先儘管有日法連橫之動向，但由於法國攻台期間的拖長，使日本懷疑台灣封鎖策略背後是否隱藏著更深的野心，危及其國家利益。職是，法國封鎖台灣雖然使清國軍需補給困難，但同時亦導致列強的反感和懷疑，故法國亦未必全然獲利。何況，在英國的聲援下，清國繼續進行秘密運補，使得封鎖本身對台灣戰局而言，實際上已難造成重大影響。

　　在台灣的長期攻防戰中，由於台灣各種熱帶病和風土病的猖獗，使法國愈來愈陷入不利的境地。此點單從病患死者人數觀之，即可一目瞭然。例如，1884 年 10 月 10 日至 12 月 23 日期間，病死者 160 人，病患者 480 人。結果，侵台法軍可用之兵竟不足千人。

　　未幾，法國政府開始感到占領台灣之困難，乃再自駐非軍團抽調 2 個大隊（約千人左右）前往台灣增援。1885 年 1 月，增援部隊相繼開抵台灣。然而，清國方面除整編當地台灣民兵之外，亦自 1885 年初起不斷從大陸增援，使清軍從最初的 5,000 人增為 30,000 人。至此，總數僅 3,000 人的法軍無論如何勇猛，已不可能在台灣取得決定性的勝利。

　　法國政府在明瞭此種嚴峻的現實之後，決定選擇適當時期從台灣撤兵。但為彌補因而造成的不利影響，故決意在撤兵之前發

動最後攻擊，以收戰果。此外，爲交換從基隆撤退的損失，法國決定占領澎湖群島。

　　基於此項戰略的改變，自 1885 年 3 月 3 日到 7 日之間，雙方展開大規模的正式戰鬥。在名將杜茜（Duchesne）的指揮下，法軍首先攻擊守備要塞獅球嶺的台灣民兵──林朝棟軍及清軍。在占領該地之後，法軍再沿五堵、六堵、七堵，直接進擊滬尾盆地，台北府城面臨存亡危機。但法軍亦考慮其補給問題，結果決定放棄繼續追擊，使得台北府城因而脫離危機狀態。此次作戰乃法清雙方在台灣攻防以來最激烈的一次。清國方面陣亡 1,500 人，而法國方面亦有 180 人戰死。

　　由於基隆一帶的攻勢已達預期效果，孤拔提督乃著手計劃下一個行動，亦即攻占澎湖群島。該島的戰鬥發生於 1885 年 3 月 29 日到 31 日之間，清國守軍因無準備而毫無戰意，故除兩次小規模的衝突之外，幾乎是不戰而敗。守將通判鄭膺杰未經交戰，即乘坐戎克船逃回台灣府（台南）。

　　如此，孤拔提督輕易占領澎湖諸島，法國方面一時爲勝利而欣喜。然而，幾乎與此同時，安南的法軍卻在諒山大敗，使戰情再次告急。同年 4 月 2 日，孤拔提督接獲本國急電，要求其立即增援東京，並自台灣撤出。接獲緊急命令的孤拔提督，立即著手計劃撤兵台灣事宜。旋卻再接到本國政府的訓令，指出因停戰及議和的協約草案已經成立，要求其解除對台灣的封鎖，但在正式條約成立之前，仍應繼續兵留台灣。因此，至法清和約正式簽定爲止，孤拔提督一直占領著台灣東北一帶和澎湖群島。

## (三) 法清議和及其對台之影響

　　正當法清戰爭各有勝負之際，雙方突然宣告停戰及和議協約

的成立。究其原因何在？查當時國際上英法兩國正因埃及問題相互對立，因此遠東衝突有發展成兩國戰爭的危險性。其次，德國雖然表示善意的態度，但若回顧歐洲普法戰爭的前例，使法國亦不得不注意德國的動向。至於法國期待的日法連橫，結果卻由於日本的準備不足以及相互猜疑牽制，終究未能成功。最後，再慮及國內日益升高的反戰情緒，使得茹費理內閣終於決定對戰爭打下休止符，轉爲傾向和平的態度。

另一方面，清廷自京城甲申政變以來，即十分擔心日本出兵朝鮮。同時，清軍雖在諒山取得勝利，但是法國艦隊仍擁有絕對的海上優勢，再加上華北因米穀禁運產生糧荒，使北京政府大感威脅。最令北京政府憂慮的是，一旦戰事擴及大陸本土，則內亂將有乘外患再起之虞。因此，主政的李鴻章表示：「當藉諒山一勝之威與締和約，則法人必不再妄求」；從而一心期待儘速與法國議和。

於是，法清兩國因各自國內外的情勢而日益傾向議和，甚至在此之前（1885年1月以來）即透過總稅務司赫德（Robert Hart）的周旋，私下秘密進行停戰會談。如此，1885年6月9日（光緒11年4月27日），李鴻章與法國全權代表巴特納在天津簽署和約〈中法越南條約〉。該條約主要是確認「李・福祿諾協定」的內容，其規定大體上同前一致。就此條約的結果而言，法國雖然放棄對清國要求巨額賠款，但是清國方面亦放棄傳統上對安南的宗主權，承認法國對安南的保護權。更重要的是，法國取得對清國南部數省的通商、鐵道特權，爲其後染指華南一帶奠定基礎。

又當法清和議談判中，法國再三要求取得基隆、淡水兩港及礦區經營權；並接受孤拔提督的提議，著手準備在澎湖媽宮（馬公）港，建立東洋第一堡壘的軍港。但前者遭清廷拒絕，後者因

和約的成立，未能實現，孤拔提督本人則在講和條約正式成立的
兩天之前（即 1885 年 6 月 11 日下午 9 時 40 分），因患赤痢而病逝於
其寄以厚望的媽宮（停泊在該港的 Bayard 艦上）。但自此以後，法
國即主張對台灣、澎湖群島的優先權，並對其寄予極大的關心。
如後所述，在日清戰爭結束之後，法國以出兵台灣的關係，參與
三國干涉，脅制日本，使得台灣領有權產生疑義。[161]

　　再者，法清戰爭的結果，近代台灣人的民族意識高漲，也導
致清政府重視台灣的重要性和價值，重新開始著手經營台灣，於
1885 年 10 月 12 日，將台灣升格為行省。同時，任命戰時統括
台灣軍政的劉銘傳為首任台灣巡撫（1886 年 1 月 16 日），希望其進
行各項改革。

　　劉銘傳是清政府中「洋務運動者」，他的出身原為運私鹽的
土匪，但其後努力學習，而成為滿腹經綸、文武雙全的傑出政治
家。他被授命為首任巡撫之後，除了增強軍備之外如前所述，對
台灣的治理，以開山撫番為急務。因此，為了配合開山撫番的政
策，首先，他認為從來過分寬廣的行政區域，應該重新調整。他
奏稱：「防務為治台要領，轄境太廣，則耳目難周；控制太寬，
則聲氣多阻」。於是，他將原分為二府、八縣、四廳的行政區域，
重新劃分為三府，一直隸州，下轄十一縣、三廳；同時將省會預
定於彰化橋孜圖（今台中市）。

　　其次，台灣的財政經費，向來由福建協助。因此，為了自給
自足，1886 年 5 月 21 日（光緒 12 年 4 月 18 日），劉銘傳乃奏請清
丈，設置清賦局，以丈量土地田賦，增加稅收。同年 6 月 9 日（陰
曆 5 月 8 日），提議獲准，乃分令進行戶口編查、保甲編制以及各
種清丈改賦工作。其時，造報男女共計有 320 餘萬人。雖編查未
詳，或可稱台灣首次戶口普查。據稱，這是滿清治台期間，台灣

人口最多的一次。總之，僅歷時三載，清丈改賦的結果，不但確實鞏固賦源，並且實徵銀額顯然大增。年額徵銀總計達 67 萬餘兩，比較舊額溢出銀 48 萬 8 千餘兩，除補水平餘銀 128,242 兩之外，實計正額溢出銀 36 萬餘兩。此項改革，不能不說是一大成果。[162]

接著，劉銘傳認為鐵路的修築，可加速台灣建省發展的一大動力。所以，1887 年 4 月 13 日(光緒 13 年 3 月 20 日)，他又奏上〈擬修鐵路創辦商務摺〉，而於同年 5 月 20 日 (陰曆 4 月 28 日)，獲允准。他指出：鐵路的建造不僅有益於商務、台灣海防、建省和橋工，將來亦可獲得大筆收入，充實各項建設經費。[163]

起初，劉銘傳擬興築的鐵路，是始自基隆以迄台南府城，全長六百餘里。但實際施工之後，發現工程艱鉅，加上經費不足，因此，自 1887 年 (光緒 13 年) 6 月 (陰曆) 起，至 1893 年 (光緒 19 年) 8 月 (陰曆) 止，歷經六年多的歲月，才完成基隆至新竹間的鐵道。隨後即由繼任的巡撫邵友濂奏准停辦。職是，鐵路的全長僅 106.7 公里，動用的經費達 129 萬 5,960 兩。鐵路的實際營運，北線由台北至基隆分設六站，自 1891 年 (光緒 17 年) 10 月 (陰曆) 起開始運輸；南線由台北至新竹段分設十站自 1893 年 (光緒 19 年) 11 月 (陰曆) 通車。[164]

再則，劉銘傳的「理番」政策，即如上述，採取高壓強硬的態度，頻頻調兵征伐。結果，在短短的期間內，後山南北二路生番五萬餘人，前山各路生番三萬八千餘人，均各次第歸化，掠取可墾田園數十萬畝。可是，亦因此激起甚多的「番變」。此外，劉銘傳還開拓以新式汽船為主的交通網、開辦電信郵政、硫磺樟腦專賣、振興開礦製茶等產業，導入新式的教育。

劉銘傳的政績被評價為台灣近代化的嚆矢。可惜，其施政誠

然有操之過急；但最大原因是清政府的封建體質過於牢固，台灣
官民亦因循苟且，積重難返，使其改革滯礙難行。結果，台灣的
洋務革新運動，亦和中國大陸一樣走向失敗的命運。1891 年 5
月 5 日，劉銘傳正式辭去台灣巡撫，同年 6 月 4 日，將公務委託
代理巡撫沈應奎，其後失意地離開台灣。

　　1891 年 11 月 25 日，湖南巡撫邵友濂正式成爲台灣第二任
巡撫。邵友濂上任不久，即以予民休養生息爲由，將劉銘傳的新
政幾乎全部廢止。邵友濂任內只有一件重要作爲，就是中止原訂
的省城建設，決定改以台北爲新省城。自此之後，台灣的政治中
心逐漸由南部移到北部。至於邵友濂任內唯一的新政，則是設立
通誌局，纂修《台灣通志》。

　　1892 年(光緒 18 年)6 月(陰曆)，邵友濂接受台北知府陳文騄、
淡水知縣葉意深的建議，委派布政使唐景崧、分巡台灣兵備道顧
肇熙主持修纂的事宜。該項修志事業至 1895 年（光緒 21 年）3 月
(陰曆)，通志之大部分已成稿。此間約歷二年十個月，其經費則
高達 16 萬 7,880 兩。修志事業於邵氏離職後仍繼續，直至日清
戰爭爆發，日軍占領澎湖群島，修志遂告中止。現在，除搜拾得
《台灣通志》之未完稿及《澎湖廳志》、鳳山縣、雲林縣、台東州
四采訪冊，並《苗栗縣志》一本之外，餘皆消失，實在可惜。而
這項修志，也許可稱邵友濂任中唯一的政績。⑯

　　1894 年 10 月中旬，正當日清戰爭如火如荼之際，邵友濂察
覺到台灣的危險，乃以生病爲由，辭去台灣巡撫，但幸運地再次
復職成爲湖南巡撫，之後更被任命爲對日和談的全權代表。台灣
巡撫的空缺由布政使唐景崧繼任，結果唐景崧遭遇台灣割讓日本
的難題，意外地被捲入歷史的狂濤。

# 第四章註

① 施琅《靖海紀事》，前揭〈第三章〉，67 頁。

② 蔣毓英《台灣府志》，台灣省文獻委員會複刻版，民國 82 年，77、80 頁。

③ 陳紹馨纂修《台灣省通志稿》卷二，人民志人口篇，台灣省文獻委員會，民國 53 年，120 頁參照。

　　王育德《台灣──苦悶するその歷史》，前揭〈第三章〉，58-9 頁。同書黃國彥譯《台灣・苦悶的歷史》，前衛出版社，1999 年，68-9 頁。

④ 藍鼎元《東征集》，台灣銀行復刻版，民國 47 年，83 頁。

　　伊能嘉矩《台灣文化志》中卷，前揭〈第一章〉，777 頁；同書，國史館台灣文獻館編譯《台灣文化志》中卷，台灣書房，2011 年修訂版，458 頁。

⑤ 藍鼎元《平台紀略》，台灣銀行復刻版，民國 47 年，67 頁。

⑥ 王必昌《重修台灣縣志》第一冊，台灣銀行復刻版，民國 50 年，68-9 頁。

⑦ 台灣省文獻委員會編《台灣史》，前揭〈第一章〉，290-5 頁參照。

　　王詩琅著／張良澤編《清廷台灣棄留之議──台灣史論》，海峽學術出版社，2003 年，11 頁。

　　台灣銀行經濟研究室編輯《清德宗實錄選輯》第一冊，台灣銀行，民國 53 年，2 頁。

⑧ 台灣省文獻委員會編纂《台灣近代史政治篇》，同會，民國 84 年，28 頁。

⑨ 前揭《台灣文化志》上卷，351 頁；同書譯本，236 頁。

　　前揭《平台紀略》，71 頁。

⑩ 姚瑩《東槎紀略》，台灣銀行復刻版，民國 46 年，93 頁。

⑪ 劉妮玲《清代台灣民變研究》，台灣師範大學歷史研究所，民國 72 年，58 頁。

　　許雪姬《清代台灣的綠營》，中央研究院近代研究所，1987 年，15-38 頁。

⑫ 前揭《東槎紀略》，94、104 頁

⑬ 余光弘《清代的班兵與移民》，稻鄉出版社，民國 87 年，61 頁。

⑭ 前揭《清代台灣民變研究》，64 頁。

⑮ 台灣銀行經濟研究室編輯《清宣宗實錄選輯》第一冊，台灣銀行復刻版，民國 53 年，132 頁。

⑯ 前揭《清代台灣的綠營》，365-8 頁。

⑰ 台灣省文獻委員會編纂《台灣省通志稿》卷三，政事志行政篇，同會，民國 46 年，192-3 頁。

⑱ 許極燉《台灣近代發展史》，前衛出版社，1996 年，61 頁。

⑲ 前揭《台灣近代史政治篇》，26 頁。

⑳ 同上，27 頁。

㉑ 同上，30 頁。

㉒ 前揭《台灣文化志》上卷，392-4、444-67 頁參照。
同書譯本，257-8、285-97 頁參照。

㉓ 周鐘瑄《諸羅縣志》第二冊，前揭〈第一章〉，150 頁。

㉔ 前揭《東征集》，73 頁。

㉕ 前揭《平台紀略》，50 頁。

㉖ 丁日健《治台必告錄》第三冊，台灣銀行復刻版，民國 48 年，349 頁。

㉗ 徐宗幹《斯未信齋文編》，台灣銀行復刻版，民國 49 年，61 頁。

㉘ 張世賢《晚清治台政策》1874-1895，海峽學術出版社，2009 年版，
101-2 頁。

㉙ 前揭《台灣省通志稿》卷二，人民志人口篇，164-5 頁參照。

㉚ 戴天昭《台灣法的地位の史的研究》，前揭〈第一章〉，53 頁；同書李
明峻譯《台灣法律地位的歷史考察》，63 頁。

㉛ 前揭《台灣省通志稿》卷三，政事志行政篇，3 頁。

㉜ 前揭《台灣文化志》上卷，252-8 頁；譯本，181-5。
郁永河《裨海紀遊》，前揭〈第一章〉，11 頁。

㉝ 同上《台灣文化志》上卷，258-60 頁；譯本，185-6 頁。
前揭《平台紀略》，31-2 頁。

㉞ 前揭《台灣省通志稿》卷三，政事志行政篇，4-5 頁。

㉟ 前揭《台灣文化志》上卷，269-70 頁；譯本，191 頁。

㊱ 陳淑均《噶瑪蘭廳志》第四冊，台灣銀行，民國 52 年，365 頁。

㊲ 同上，368 頁。

㊳ 前揭《台灣省通志稿》卷三，政事志行政篇，5-6 頁。

㊴ 前揭《台灣文化志》上卷，293-5 頁；譯本，204-5 頁。

㊵ 張世賢〈沈葆楨治台政策〉(《台灣風物》第 25 卷第 4 期，台灣風物雜誌社，民
國 64 年，46 頁)。
前揭《清德宗實錄選輯》第一冊，3 頁。
同上《台灣文化志》上卷，295-6 頁；譯本，205-6 頁。

㊶ 前揭《台灣省通志稿》卷三，政事志行政篇，6 頁。

㊷ 前揭《晚清治台政策》1874-1895，202 頁。
前揭《台灣文化志》上卷，298-301 頁；譯本，207-9 頁。

㊸ 同上《晚清治台政策》1874-1895，202-3 頁。

　　前揭《清德宗實錄選輯》第一冊，19 頁。

㊹ 前揭《台灣省通志稿》卷三，政事志行政篇，6-7 頁。

㊺ 前揭《台灣文化志》上卷，303-4 頁；譯本，210 頁。

㊻ 國立故宮博物院／洪安全總編輯《清宮台灣巡撫史料》上，國立故宮博物院，民國 95 年，385 頁。

　　葉振輝《劉銘傳傳》，台灣省文獻委員會，民國 87 年，49-50 頁。

㊼ 台灣銀行經濟研究室《劉壯肅公奏議》第二冊，台灣銀行，民國 47 年，284-7 頁。

　　前揭《台灣文化志》上卷，304-6 頁；譯本，210-2 頁。

㊽ 前揭《台灣省通志稿》卷三，政事志行政篇，7-8 頁。

㊾ 前揭《台灣文化志》上卷，313-4 頁；譯本，215 頁。

㊿ 同上，751 頁；譯本，450 頁。

51 前揭《台灣——苦悶するその歷史》，69 頁；譯本，80 頁。

52 翁仕杰〈清代台灣漢人民變的理念分析〉(台灣風物編輯委員會《台灣風物》第 40 卷第一期，台灣風物雜誌社，1990 年 3 月，20-2 頁)。

53 戴寶村《台灣政治史》，前揭〈第三章〉，127-36 頁。

54 前揭《台灣——苦悶するその歷史》，70 頁；譯本，82 頁。

55 前揭《諸羅縣志》第二冊，278-9 頁。

　　前揭《台灣文化志》上卷，788-9 頁；譯本，468 頁。

　　林礽乾等總編輯《台灣文化事典》，前揭〈第一章〉。

　　連橫《台灣通史》第五冊，前揭〈第三章〉，773-4 頁。

56 前揭《裨海紀遊》，17 頁。

57 前揭《諸羅縣志》第二冊，280-1 頁。

　　前揭《台灣文化志》上卷，789-90 頁；譯本，468-9 頁。

　　前揭《台灣通史》第五冊，774-5 頁。

58 前揭《平台紀略》，1 頁。

　　前揭《台灣文化志》上卷，792-3 頁；譯本，470 頁。

59 同上《平台紀略》，1 頁。

　　謝國興《官逼民反：清代台灣三大民變》，自立晚報文化出版部，1993 年，18-9 頁。

60 同上《平台紀略》，2 頁。

　　前揭《台灣文化志》上卷，793 頁；譯本，471 頁。

61 同上《平台紀略》，2-7 頁。

同上《台灣文化志》上卷，頁 793-4；譯本，471 頁。

前揭《台灣通史》第五冊，776-9 頁。

前揭《官逼民反：清代台灣三大民變》，26-31 頁參照。

⑥² 同上《平台紀略》，9-10 頁。

同上《台灣通史》第五冊，779-80 頁。

⑥³ 同上《平台紀略》，20 頁。

同上《台灣通史》第五冊，783 頁。

⑥⁴ 前揭《平台紀略》，8-9、11-4 頁。

同上《台灣通史》第五冊，780 頁。

⑥⁵ 同上《平台紀略》，14-6 頁。

同上《台灣通史》第五冊，780-1 頁。

⑥⁶ 同上《平台紀略》，18-9 頁。

同上《台灣通史》第五冊，782 頁。

⑥⁷ 同上《平台紀略》，22-4 頁。

同上《台灣通史》第五冊，783-4 頁。

⑥⁸ 台灣銀行經濟研究室編輯《清聖祖實錄選輯》，台灣銀行，民國 52 年，174頁。

同上《平台紀略》，25 頁。

⑥⁹ 前揭《東征集》卷三，27、29 頁。

前揭《台灣文化志》上卷，588-92 頁；譯本，362-3 頁。

⑦⁰ 同上《東征集》卷三，40 頁。

⑦¹ 前揭《官逼民反：清代台灣三大民變》，38 頁。

⑦² 周璽《彰化縣志》，台灣銀行，民國 51 年，363-4 頁。

台灣銀行經濟研究室編輯《平台紀事本末》，台灣銀行，民國 47 年，1-2 頁參照。

前揭《台灣文化志》上卷，819-20 頁；譯本，485-6 頁。

前揭《台灣通史》第五冊，819-20 頁參照。

⑦³ 台灣銀行經濟研究室編輯《清高宗實錄選輯》第二冊，台灣銀行，民國 53 年，310-1 頁。

同上《台灣文化志》上卷，820 頁；譯本，486 頁。

同上《彰化縣志》，364 頁。

⑦⁴ 前揭《平台紀事本末》，5-6 頁。

同上《清高宗實錄選輯》第二冊，325 頁。

同上《彰化縣志》，364-5 頁。

⑦⑤ 同上《平台紀事本末》，6-9 頁。

　　同上《清高宗實錄選輯》第二冊，315 頁。

⑦⑥ 盧德嘉《鳳山縣采訪冊》第三冊，台灣銀行，民國 49 年，393 頁。

　　同上《平台紀事本末》，9-10 頁。

⑦⑦ 同上《鳳山縣采訪冊》第三冊，394、398-9 頁。

　　同上《平台紀事本末》，11-2 頁。

　　前揭《彰化縣志》，367-8 頁。

⑦⑧ 同上《平台紀事本末》，15-7 頁。

⑦⑨ 於梨華〈林爽文革命研究〉（台灣省文獻委員會《文獻專刊》第四卷第三、四期，民國 42 年，30 頁所收）。

　　同上《平台紀事本末》，18-21 頁。

　　前揭《彰化縣志》，368-9 頁。

⑧⓪ 台灣銀行經濟研究室編輯《欽定平定台灣紀略》第一冊，台灣銀行，民國 50 年，3-4 頁。

　　同上《平台紀事本末》，28 頁。

　　同上《彰化縣志》，369 頁。

⑧① 前揭《鳳山縣采訪冊》第三冊，401-3 頁。

　　同上《平台紀事本末》，28-9 頁。

⑧② 同上《鳳山縣采訪冊》第三冊，403 頁。

　　同上《平台紀事本末》，30 頁。

⑧③ 前揭《台灣文化志》上卷，822-3 頁；譯本，487-8 頁。

　　前揭《官逼民反：清代台灣三大民變》，75 頁。

⑧④ 前揭《清高宗實錄選輯》第三冊，406-7 頁。

⑧⑤ 同上《清高宗實錄選輯》第三冊，440、493、496、500-2 頁。

　　前揭《欽定平定台灣紀略》第一冊，20-1 頁。

　　前揭《平台紀事本末》，54-6 頁。

⑧⑥ 前揭〈林爽文革命研究〉，34-5 頁。

　　同上《清高宗實錄選輯》第三冊，534-5、538-40、565-6 頁。

　　同上《平台紀事本末》，66-7 頁。

⑧⑦ 前揭《欽定平定台灣紀略》第一冊，23-4 頁。

　　前揭《彰化縣志》，374 頁。

　　同上《平台紀事本末》，57-9 頁。

⑧⑧ 前揭《台灣文化志》上卷，824-5 頁；譯本，489 頁。

　　同上《彰化縣志》，374-5 頁。

同上《平台紀事本末》，60-1頁。

⑧⑨ 林衡立〈清乾隆年台灣生番朝貢考〉（前揭《文獻專刊》第四卷，第三、四期，21-6頁參照）。

⑨⓪ 前揭《欽定平定台灣紀略》第六冊，879-82頁。

前揭《平台紀事本末》，62-6頁。

⑨① 前揭《台灣文化志》上卷，827頁；譯本，491頁。

⑨② 前揭《台灣省通志稿》卷九‧革命志拒清篇，116頁。

⑨③ 周凱《內自訟齋文選》，台灣銀行，民國49年，32-3頁。

前揭《台灣省通史》第五冊，867-8頁。

⑨④ 同上《內自訟齋文選》，33-4頁。

台灣銀行經濟研究室編輯《清宣宗實錄選輯》第一冊，台灣銀行，民國53年，88頁。

前揭《清代台灣民變史研究》，96-7頁。

⑨⑤ 同上《清宣宗實錄選輯》第一冊，95頁。

前揭《台灣通史》第五冊，868-9頁。

同上《內自訟齋文選》，34-5頁。

⑨⑥ 前揭《台灣文化志》上卷，861頁；譯本，512頁。

同上《內自訟齋文選》，36頁。

⑨⑦ 同上《鳳山縣采訪冊》第三冊，427-31頁。

同上《內自訟齋文選》，41-2頁。

⑨⑧ 前揭《清宣宗實錄選輯》第一冊，96、99、107、114-5、118、120頁參照。

同上《內自訟齋文選》，38-42頁。

前揭《台灣通史》第五冊，870-1頁。

關於張丙事變，前揭《清代台灣民變史研究》，93-122頁，有詳盡的論述。

⑨⑨ 林豪《東瀛紀事》，台灣銀行復刻版，民國46年，1-2頁。

吳德功《戴施兩案紀略》，台灣銀行復刻版，民國48年，3-4頁。

前揭《清代台灣民變史研究》，142頁。

⑩⓪ 同上《東瀛紀事》，3-4頁。

同上《戴施兩案紀略》，5頁。

⑩① 同上《東瀛紀事》，4-6頁。

同上《戴施兩案紀略》，6-8頁。

⑩② 同上《東瀛紀事》，6-7頁。

前揭《官逼民反：清代台灣三大民變》，99-100頁。

⑩③ 同上《東瀛紀事》，12頁。

同上《官逼民反：清代台灣三大民變》，100-3 頁參照。

⑭ 前揭《台灣文化志》上卷，872 頁；譯本，518 頁。

⑮ 前揭《東瀛紀事》，25-7 頁。

前揭《戴施兩案紀略》，19-20、23-4、28-30 頁。

⑯ 同上《戴施兩案紀略》，15、33、38 頁參照。

前揭《清代台灣的綠營》，120 頁。

⑰ 前揭《治台必告錄》第三冊，423、425、438 頁。

⑱ 前揭《戴施兩案紀略》，46 頁。

前揭《東瀛紀事》，39 頁。

同上《治台必告錄》第三冊，440-1 頁。

⑲ 同上《戴施兩案紀略》，48 頁。

同上《東瀛紀事》，45 頁。

同上《治台必告錄》第三冊，445-6 頁。

⑳ 同上《東瀛紀事》，45 頁。

同上《治台必告錄》第三冊，454 頁。

前揭《台灣文化志》上卷，873-4 頁；譯本，519 頁參照。

⑪ 同上《東瀛紀事》，47 頁。

前揭《戴施兩案紀略》，49 頁。

⑫ 同上《戴施兩案紀略》，52-4 頁。

⑬ 前揭《清代台灣民變史研究》，149 頁。

前揭《官逼民反：清代台灣三大民變》，112 頁。

⑭ 前揭《戴施兩案紀略》，97 頁。

前揭《台灣通史》第五冊，877-8 頁。

⑮ 陳衍《台灣通紀》第二冊，台灣銀行，民國 58 年，229-30 頁。

同上《戴施兩案紀略》，97-8 頁。

⑯ 同上《戴施兩案紀略》，98-9、100、109-110、111 頁。

前揭《台灣通史》第五冊，879 頁。

⑰ 同上《戴施兩案紀略》，101-7 頁。

同上《台灣通史》第五冊，880-2 頁。

台灣銀行經濟研究室編輯《台灣通志》第四冊，台灣銀行，民國 51 年，880-2 頁。

⑱ 戴炎輝《清代台灣之鄉治》，聯經出版公司，1979 年，296-8 頁。

⑲ 台灣銀行經濟研究室編輯《安平縣雜記》，前揭〈第一章〉，23 頁。

⑳ 前揭《清代台灣之鄉治》，298-301 頁。

⑿ 前揭《台灣——苦悶するその歷史》，74頁；譯本，87頁。

⑿ 前揭《官逼民反：清代台灣三大民變》，38頁。

⒀ 前揭《重修台灣縣志》第四冊，558頁。

⒁ 許雪姬等撰著《台灣歷史辭典》，前揭〈第一章〉，1026頁。

　　方家慧《台灣史話》，前揭〈第三章〉，168頁。

⒂ 同上《台灣史話》，168-9頁。

　　前揭《彰化縣志》，363頁。

⒃ 前揭《東槎紀略》，70-1頁。

　　前揭《噶瑪蘭廳志》，372頁（本文獻〈噶瑪蘭原始〉，乃採自《東槎紀略》卷三中之文獻）。

⒄ 同上《東槎紀略》，71頁。

⒅ 同上《東槎紀略》，71-2頁。

　　前揭《台灣文化志》上卷，934-5頁；譯本，553頁。

⒆ 台灣省文獻委員會編《台灣史》，前揭〈第一章〉，423-4頁。

⒇ 同上，170-2頁。

(131) 前揭《台灣府志》，77-9頁。

(132) 同上，131頁。

(133) 溫振華《台灣原住民史——政策篇（清治時期）》，國史館台灣文獻館，民國96年，7-9頁參照。

(134) 前揭《清代台灣之鄉治》，371-93頁參照。

　　前揭《裨海紀遊》，37頁。

(135) 高拱乾《台灣府志》（第一冊），台灣銀行復刻版，民國49年，32-3頁。

(136) 前揭《諸羅縣志》，79-80頁。

(137) 杜正勝《番社采風圖題解——以台灣歷史初期平埔族之社會文化爲中心》

　　前揭〈第一章〉35頁參照。

　　前揭《台灣史》，381-2頁。

(138) 同上《台灣史》，382-4頁。

(139) 同上，389頁。

(140) 前揭《台灣文化志》下卷，610-1、658-9頁；譯本，345、373頁。

(141) 高拱乾《台灣府志》第二冊，台灣銀行復刻版，民國49年，113頁。

(142) 伊能嘉矩《台灣番政志》卷全，前揭〈第一章〉，89頁。

(143) 前揭《晚清治台政策》1874-1895，63頁。

(144) 前揭《台灣番政志》卷全，102-4頁。

　　前揭《彰化縣志》，393-5頁。

⑭⑤同上《台灣番政志》卷全，325-50 頁參照。

　　前揭《台灣原住民史——政策篇 *(清治時期)*》，56-9 頁參照。

⑭⑥前揭《晚清治台政策》1874-1895，133-4 頁。

　　前揭《台灣原住民史——政策篇 *(清治時期)*》，100-5 頁參照。

⑭⑦洪安全總編輯《清宮台灣巡撫史料》上，國立故宮博物院，民國 95 年，53 頁。

　　前揭《台灣番政志》卷全，278-81 頁。

⑭⑧前揭《諸羅縣志》第二冊，279 頁。

　　前揭《台灣文化志》下卷，825-6 頁；譯本，461-2 頁。

⑭⑨同上《台灣文化志》下卷，832-4 頁；譯本，465-7 頁。

　　前揭《台灣通史》第三冊，424-5 頁。

⑮⓪前揭《台灣通史》第三冊，447-8 頁。

　　前揭《台灣文化志》下卷，836-8 頁；譯本，468-9 頁。

⑮①同上《台灣通史》第三冊，448 頁。

　　同上《台灣文化志》下卷，844-5 頁；譯本，472-3 頁。

⑮②吳贊誠《吳光祿使閩奏編選錄》，台灣銀行復刻版，民國 55 年，17-30 頁參照。

　　前揭《台灣原住民史——政策篇 *(清治時期)*》，116-7 頁。

⑮③前揭《劉壯肅公奏議》第二冊，209-14 頁參照。

　　前揭《台灣文化志》下卷，845-6 頁；譯本，473-4 頁參照。

　　前揭《台灣通史》第三冊，450-1 頁參照。

⑮④同上《劉壯肅公奏議》第二冊，222-3 頁參照。

　　同上《台灣文化志》下卷，847 頁；譯本，474 頁參照。

　　同上《台灣通史》第三冊，453 頁參照。

⑮⑤同上《台灣文化志》下卷，848 頁；譯本，475 頁。

⑮⑥前揭《劉壯肅公奏議》第二冊，224-30 頁。

　　同上《台灣文化志》下卷，850-2 頁；譯本，476-7 頁參照。

⑮⑦同上《劉壯肅公奏議》第二冊，234-41 頁。

　　同上《台灣文化志》下卷，852-3 頁；譯本，477-8 頁參照。

⑮⑧故宮博物院《籌辦夷務始末》道光朝，北平，民國 19 年。

　　中國史學會主編《鴉片戰爭》全七冊，神州國光出版社，1954 年。

　　中華民國開國五十年文獻編纂委員會《列強侵略》㈠㈡，正中書局，民國 53 年。

　　蔣廷黻編《近代中國外交資料輯要》上卷，商務印書館，民國 47 年。

佐佐木正哉編《鴉片戰爭前中英交涉文書》，巖南堂書店，昭和 42 年。

姚瑩《東溟奏稿》，台灣銀行復刻版，民國 48 年。

姚瑩《中復堂選集》，台灣銀行復刻版，民國 49 年。

矢野仁一《アヘン戦争と香港》，弘文堂，昭和 14 年。

H. B. Morse, The International Relations of the Chinese Empire. Vol. I, Shanghai, Kelly and Walsh, 1910.

⑮ U.S. Dept. of State, National Archives: Diplomatic Despatches, China, 1843-1906, Microfilm, 131 Rolls.〔東洋文庫藏〕

U.S. Dept. of State, National Archives: Consular despatches, Amoy, 1844-1906. Microfilm, 15 Rolls, Hong Kong, 1844-1906. 21 Rolls, Macao, 1848-1869. 2 Rolls.〔東洋文庫藏〕

Francis L. Hawks, Narrative of the Expedition of American Squadron to the China Seas and Japan. Vol. I, Washington, Beverley Tucker, Senate Printer, 1856.

Tyler Dennett, Americans in Eastern Asia. Barnes & Nobel, N.Y., 1963.

James W. Davidson, *The Island of Formosa Past and Present*, N. Y., 1903.

Payson J. Treat, Diplomatic Relations Between the United States and Japan, 1853-1895. Vol. I, Standford Univ. Press, 1938 Reprinted by Gloucester, Mass. Peter Smith, 1963.

Sophia Su-fei Yen, *Taiwan in China's Foreign Relations*, 1836-1874. The Shoe String Press, Inc., 1965.

Harold d. Langley, "Gideon Nye and the Formosa Annexation Scheme." Pacific Historical Review, Nov, 1965, Vol. XXXIV, No.4.

故宮博物院《籌辦夷務始末》同治期，北平，民國 19 年。

黃嘉謨《甲午戰前之台灣煤務》，中央研究院近代史研究所，民國 50 年。

庄司万太郎〈米國人の台灣領有計劃〉（台北帝國大學文政學部《史學科研究年報》第一輯，1943 年 5 月號）。

⑯ 外務省編纂《日本外交文書》第七卷，日本外交文書頒布會，昭和 30 年。

落合泰藏《明治七年生蕃討伐回憶錄》，大正 9 年。

西鄉都督樺山總督紀念事業出版委員會《西鄉都督と樺山總督》，台灣日新報社，昭和 11 年。

國會圖書館憲政資料室藏《石室秘稿》，番號 291892，〈征韓論と台灣事件〉。

德富豬一郎《台灣役始末篇》，近世日本國民史刊行會，昭和 36 年。

庄司万太郎〈明治七年征台の役に於けるル・ジャンドル將軍の活躍〉(台北帝國大學文政學部《史學科研究年報》第二輯，1935 年)。

英修道〈1874 年台灣蕃社事件〉《法學研究》第二十四卷九・十合併號，昭和 26 年 10 月)。

故宮博物院《籌辦夷務始末》同治朝，北平，民國 19 年。

世續等修《大清穆宗毅皇帝實錄》，大滿州帝國國務院，康德四年。

台灣文獻叢刊第三八種《同治甲戌日兵侵台始末》第一冊，台灣銀行，民國 48 年。

姚錫光《東方兵事紀略》，光緒丁酉 (1897 年)，武昌。

王元穉《甲戌公牘鈔存》，台灣銀行復刻版，民國 48 年。

林修澈《牡丹社事件》，原住民族委員會，民國 106 年。

Edward H. House, *The Japanese Expedition to Formosa*. Tokyo, 1875.

Payson J. Treat, Diplomatic Relations Between the United States and Japan, 1853-1895. Vol. I, op. cit.

Leonard Gordon, "Japan's Abortive Colonial Venture in Taiwan, 1874." The Journal of Modern History, Vol. XXXVII, No.2, June 1965.

Sophia Su-Fei Yen, Taiwan in China's Foreign Relations, 1836-1874. op. cit.

⑯ 故宮博物院編《清光緒朝中法交涉史料》，民國 21 年。

中國史學會主編《中法戰爭》，全七冊，上海人民出版社，1961 年。

李鴻章撰，吳汝綸《李文忠公全集》，光緒 31 年。

中華民國開國五十年文獻編纂委員會《列強侵略》㈡，前揭

劉銘傳〈劉壯肅公奏議〉，光緒 32 年。

劉璈《巡台退思錄》，全三冊，台灣銀行，民國 47 年。

羅香林輯校《劉永福歷史章》，正中書局，民國 46 年。

台灣文獻叢刊第一九二種《法軍侵台檔》，台灣銀行，民國 53 年。

Henri Cordier, Historire des Reiations de la Chine avec les Puissances Occidentales, 1860-1900. Tome II, Paris, 1902, Republished by Chēng-wen Publishing Co., 1966.

Emest Ragot, Le Blocus de L'ile de Formose., Imprimerie A. Mellottée, Paris, 1903.

H. B. Morse, The International Relations of the Chinese Empire. op. cit., Vol. II.

Stephen H. Roberts, History of French Colonial Policy, 1870-1925. 深沢正策譯《仏領植民地》，西東社，昭和 18 年。

Thomas E. Ennis, French Policy and Development in Indochina. Chicago Univ. Press ,1936. 大岩誠譯《印度支那——フランスの政策とその發展》, 生活社, 昭和 16 年。

岩村成允《安南通史》, 富山房, 昭和 16 年。

中島宗《印度支那民族誌》, 滿鐵東亞經濟調查局, 昭和 18 年。

田保橋潔《增訂近代日本外國關係史》, 刀江書院, 昭和 18 年。

神川彥松《近代國際政治史》下卷 I、實業之日本社, 昭和 24 年。

René Coppin, Souvenirs Tonkin: La Guerre franco-chinoise et Formose, 1884-1885. 季茉莉 (Julie Couderc) 譯註《北圻回憶錄:清法戰爭與福爾摩沙, 1884-1885》, 國立台灣歷史博物館, 2013 年。

⑯ 前揭《劉壯肅公奏議》第三冊, 303-4、320 頁。

前揭《台灣通史》第一冊, 156 頁;第二冊, 176-8 頁。

葉振輝《劉銘傳傳》, 台灣省文獻委員會, 民國 87 年, 114-24 頁參照。

⑯ 同上《劉壯肅公奏議》第二冊, 268-73 頁。

同上《劉銘傳傳》, 151 頁。

⑯ 同上《劉銘傳傳》, 154-9 頁參照。

⑯ 前揭《台灣文化志》中卷, 510-28 頁;譯本, 310-8 頁參照。

前揭《台灣近代發展史》, 149 頁。

# 第五章

# 日清戰爭和
# 台灣割讓日本

# 第一節 日清戰爭的經緯

## 一、日清對朝鮮交涉的沿革

日本和台灣之間雖自大航海時代即有所接觸，但日本真正對台灣抱持深切關心，當是明治維新以後之事。此乃因日本眼見清國國力衰退，爲免於自身受到歐美列強的壓迫，乃考慮必須靠對外發展來增強國力。此種思想的先驅者首推島津齊彬。他以如下論點闡述此中經綸：

> 「清國衰弱至此乃夢寐難思之事。清國國土廣大，人口眾多，應不乏忠臣義士。然鴉片戰爭以後，政治依然混亂，內有長毛亂，外受英法侵略，割地乞和，皇帝遭難，所受恥辱莫此爲甚。吾國界乎該國東鄰，爲防英法之侵略，應制其機先，取清國一省，以爲進出東亞大陸之根據地，對內增進日本勢力，對外揚武威於世界。若此，則縱以英法之強大亦當不致侵略與干涉吾國。……吾國首要著手之事，即爲防禦外敵侵略，取台灣、福建兩地，以除日本之外患也。」①

此一思想爲稍後的西鄉隆盛、副島種臣等人所繼承，形成所謂「對外積極論」的勢力，其結果是出現征韓論之爭，並成爲征台之役的遠因。但是，此次征伐台灣之役，如前章所述，日本因受到列強的干涉，終究未能如願。日本只能勉強保住顏面，向清國收取些微賠款，結束此一事件。

但是，在征台之役二十年後，日本由於國力已大幅增長，故

當再與清國在朝鮮發生衝突時，日本即決意發動對清戰爭。結果，與世界預期相反地，日本打敗大清帝國，成為東亞的新興帝國，並取得長年以來夢寐以求的南進基地——台灣。在此，茲先將近代日清對韓交涉的沿革，概略地闡述如下：

蓋日本自明治維新以來，除對台灣之外，亦屢想向對岸朝鮮伸展勢力。因此，有上述的所謂「征韓論」(1873 年)。1875 年 9 月 20 日，日本為使朝鮮開國，派遣軍艦雲揚號在朝鮮首都入口，重要要塞地帶之江華島水域，展開挑撥性的示威航行。對此，該島砲台守軍乃發砲攻擊，日艦立即回擊應戰。翌 (21) 日，日艦攻毀、占領該處砲台要塞，旋於 9 月 28 日，返回長崎。②

該事件被稱之為「雲揚號事件」或「江華島事件」。對此事件，日本認為是可迫使朝鮮開國的良機，乃採取強硬的態度，於翌年 (1876 年) 1 月 6 日，派遣陸軍中將兼參議黑田清隆為特命全權大使 (副使井上馨) 率領艦隊前往朝鮮談判。是時，正值朝鮮國內的發生大院君 (韓王生父) 和閔氏一族 (王妃外戚) 的內鬥；清廷認為開戰對朝鮮不利，力勸韓廷息事求和。結果韓廷在強大日軍武力威脅之下，不得不接受日本的要求，於 1876 年 2 月 27 日，簽下〈日鮮修好條規〉或稱〈江華條約〉。該條約共計有十二款，其中最重要的即是第一款「朝鮮國自立之邦，保有與日本平等之權」及第二款「日本國政府，自今十五個月後，隨時派使臣到朝鮮國京城，得親接禮曹判書，商業交際事務，該使臣駐留久暫，共任時宜」。由此二條款，即可排斥清國對朝鮮的宗屬關係，又可使日本進出朝鮮，對韓廷施行無限的影響力。③

1882 年 7 月 23 日朝鮮國內因為財政窮乏，內政腐敗，發生軍隊鬧餉問題。攝政大院君李昰應乘機發動兵變，入犯王宮，殺害韓王李熙外戚閔氏一族諸大臣。亂事波及日本使館，公館被焚，

日人士官及公館職員，計 12 人先後被殺。公使花房義質脫險乘英艦於 7 月 29 日，返抵長崎。大院君復秉政權。④

　　日本政府接聞花房公使的報告，內閣召開緊急會議，決定對韓採取強硬方針。同年 8 月 16 日，日本復派花房公使帶領陸海大軍集結濟物浦、仁川，準備向朝鮮開戰。8 月 20 日，日本全軍約二千名，陸續由仁川進駐漢城，包圍王宮。並由花房公使直接謁見國王，親自呈交七條款的議和書，限三日內回答。對此，大院君拒不回應，反而向進駐馬山浦的清軍代表道員馬建忠求援，請其火速帶兵入漢城牽制日本。⑤

　　8 月 23 日，花房公使察知大院君的意向，遂依照日本政府的訓令，率全軍退出漢城，同日黃昏轉駐仁川，以示決裂。亦即表明日本即將向朝鮮開戰報復。其時由廣東水師提督吳長慶及北洋水師提督丁汝昌所率領的清軍約四千名，亦前後進駐漢城。爲避免日清間的軍事衝突，道員馬建忠力勸大院君與日言和。然而，大院君以清國大兵可恃拒之甚堅。至此，清國爲保持宗主國的威嚴，馬建忠、吳長慶、丁汝昌三人乃於 1882 年 8 月 26 日（光緒 8 年 7 月 13 日），設計誘擒大院君李昰應，將其護送至天津拘禁。一面清軍亦殲除亂黨，歸政韓王，所謂的「壬午軍亂」遂平。隨後，復由馬建忠的周旋，朝鮮派使赴仁川就日使花房談判。同年 8 月 30 日，會談成立，雙方簽署〈濟物浦條約〉（六條）、〈日鮮修好條規續約〉（二條）。濟物浦條約第一條至第三條規定朝鮮負責懲凶，優葬受害日本官吏，並給卹五萬圓。第四條規定賠償日本受害損失及兵費 50 萬圓。第五條可說是最重要的條款，規定今後日本得可駐兵警衛以護使館。從此，奠定了日本在朝鮮的駐兵權。⑥

　　惟壬午軍亂以後，清國駐防朝鮮慶軍營務處幫辦袁世凱對朝

鮮政治均從事干涉，以與日本對抗。時如上述，閔氏一族方依賴
清國秉握政權（閔氏一族被稱爲守舊派），只得順從清國的意向，事
事採取排日政策。因此，引發國內改革派（親日派）與日本的反
感嫉視。1884 年 12 月 4 日（光緒 10 年 10 月 17 日），日本駐韓竹
添進一郎公使勾結改革派金玉均、洪永植、朴泳孝（駙馬）、徐光
範、徐載弼等人，利用新郵政局落成舉行慶祝爲詞，邀請各國公
使及朝鮮高官宴會（蓋當時洪英植被任命爲新設郵政局總局長），準備
發動政變，刺殺朝鮮高官。但當晚爆炸計畫及放火別宮之策均失
敗，未能殺害朝鮮高官。於是，金玉鈞、朴泳孝乃於夜半遽入宮
內，告知國王謂清兵縱火爲亂請速移宮，並召日使帶兵入衛。翌
日天明，聞變前來參內的重臣，尹泰駿、李祖淵、韓圭稷、閔台鎬、
趙寧夏、柳載賢等人，均遭刺殺。當日中午金玉均等人另組親日
新內閣，總攬政權。不過，新政權僅維持三日，即被駐漢城袁世
凱所帶領的清軍鎮壓撫平（當時日軍僅一中隊約 300 人；清軍則擁有
三營 1,500 人）。12 月 7 日，日本使館被焚（或說自燒），日人死傷
頗眾（約 30 人），竹添公使率眾出走仁川。史上稱此次事變爲「甲
申政變」或「甲申事變」。日清在朝鮮首次發生小規模的軍事衝
突。⑦

　　日本政府接獲政變經緯，認爲日清衝突，其責任在於清國。
同年 12 月 30 日，日本派遣井上馨外務卿爲全權特使，率領陸軍
中將高島鞆之助陸軍二個大隊（2,000 名）、海軍少將樺山資紀所
轄的七艘軍艦及隨員 62 名，登陸仁川。1885 年 1 月 3 日，井上
特使帶兵入漢城與朝鮮約期議事。其時，清廷雖亦派北洋會辦
吳大澂前往會商，但井上以吳所奉諭旨無全權字樣，謝絕與議。
1885 年 1 月 4 日，日韓開始談判，同月 9 日（光緒 10 年 11 月 24 日），
朝鮮在日本軍隊威壓之下，不得不順從日本之要求，簽下〈漢城

條約〉（五款）。該條約除向日本謝罪之外，賠償日本商民損失 11 萬圓，支付 2 萬圓修建日本使館，並建築衛兵營舍等等。約成之後，井上全權即行歸國，但進駐朝鮮之日清兩軍，持對峙的局面。日清交涉則有待於李鴻章與伊藤博文在天津談判。⑧

　　1885 年 3 月 14 日，爲處理「甲申事變」之善後，並避免日清在朝鮮的武力衝突，日本派遣參議兼宮內卿伊藤博文爲全權大使（副使參議兼農商務卿西鄉從道）抵達天津與清國全權大使李鴻章會談。同年 4 月 3 日（光緒 11 年 2 月 18 日），李和伊藤在天津舉行首次正式會談；日公使榎本武揚、清北洋會辦吳大澂均在座。其時，清國方與法國開戰（前述法清戰爭），深恐日人乘機挑釁，勾結法國擴大戰事。所以李鴻章力謀和局；而日本方面則因軍備未及充實，倘若談判能有所獲，亦不願干戈相向。如是，經過六次談判之後，雙方終於達成和議。1885 年 4 月 18 日（光緒 11 年 3 月 4 日），日清簽署〈天津條約〉（三條）。約中規定：1. 兩國駐兵限四個月撤退；2. 兩國均勿派員教練朝兵；3. 朝鮮若有重大變亂事件，兩國或一國派兵應先行文知照，事定後撤回不再留防。⑨

　　就〈天津條約〉的得失，日本學界大多認爲第三款的約定，使日本獲得對朝鮮的同等監護權，這是日本的勝利。王芸生、王信忠、黃正銘教授等亦指出：「天津條約純取相互原則，中國對朝宗主權等於放棄，復規定兩國有同等派兵權，派兵之前互相知照，已種甲午衝突之根，爲李氏對日外交一重大錯誤。」⑩未久，如下述，朝鮮國內發生「東學黨」之亂，日清依據〈天津條約〉第三款的約定，先後各自出兵，後來爲朝鮮內政改革與撤留問題，逐引爆日清甲午戰爭。

## 二、朝鮮東學黨動亂之事實真相

自甲申政變以後，韓廷閔氏一族腐化更甚，民怨沸騰。而政事亦如已往，萬般均受清國駐韓總理袁世凱操弄，朝鮮改革派（親日派）與日本政府痛恨至極。時 1894 年 2 月（明治 27 年、光緒 20 年），歲次甲午，朝鮮國內發生東學黨之亂。所謂「東學黨」一般認爲帶有宗教色彩，主張排外，有類似清國庚子之義和團。但其實不然，根據現代朝鮮學界的研究，東學黨既非要實現類似東方式的宗教，亦非一般土匪暴徒，企圖掠奪財產的幫派。東學黨的眞正宗旨與目的，即是要求政府「斥倭洋」（排斥外國侵略勢力）、「輔國安民」（徹底改革弊政）。⑪

東學黨的教祖名叫崔濟愚（1824 年生），是出自代代儒家名門博學之士。他研究內外經典，參考儒教、佛教、仙教及基督教的各種教義，並注視觀察朝鮮民間習俗，建立及修身立世的誠、敬、信東學三教義學說。換言之，其所創設的東學教義，亦即以「人性主義」、「人本主義」爲主是也。當這「東學」教義，開始布教之後，其信徒急速地增加，遍及朝鮮全國各地。但後來因爲教主批評時政，並宣稱「當代儒教已無法拯救我國民族危機」時，遂引起韓廷的警戒（當年儒教是朝鮮的國教），認爲東學黨是「愚弄無知人民的邪教」，除禁止其布教之外，並擒拿教主崔濟愚，於朝鮮李太王元年（1863 年）3 月 2 日（或稱 3 月 10 日），在大邱斬首示衆。⑫

教主被慘殺，黨徒被嚴厲取締之後，東學黨一時低迷凋落。旋經由第二代教主崔時亨不屈不撓的領導，未久，東學黨的勢力再次復興強大。1892 年 12 月，第二代教主崔時亨呼籲黨徒集會於全羅道參禮都會所，向朝廷申訴初代教主的枉罪，形成一股強

大的政治運動潮流。此項運動於 1893 年 3 月 29 日，繼續前進王宮（景福宮）光化門前。黨徒跪拜三天三夜，向國王李太王直接申訴。雖然此項訴求未被朝廷接納，反而又受到彈壓；但是東學黨的運動，已形成一股不能制止的政治力量。[13] 爾後，如下述，東學黨的勢力，結合農民抗官抗暴運動，武力蜂起遂應運而生。

1894 年 2 月 15 日，全羅道古阜郡由於郡守趙秉用向農民苛歛誅求，激起了農民騷動，此即東學黨之亂的發端。同年 3 月，韓廷派遣長興府使李容泰爲按覈使前往古阜郡巡察鎮壓。因爲該按覈使亂拘東學黨徒，並殺害其家屬，遂引起了東學黨蜂起。1894 年 4 月末，東學黨領袖全琫準、孫和中、金開南等人，集合了三千餘名群眾，開始向古阜郡衙襲擊，奪取軍器米糧分配給民眾。朝鮮各地人民接聞古阜郡起義的消息，紛紛揭竿響應，東學黨勢力日益增大。[14]

隨著東學黨勢力的迅速擴張，全羅道觀察使金文鉉，終於認識事態的重大與危機。他於同年 5 月 11 日，派遣李庚鎬率兵二千前往古阜郡鎮壓東學黨叛軍。但雙方迎戰，官軍不堪一擊，陸續敗退至井邑、成平、長城。未幾，東學軍的勢力便完全伸展控制全羅、忠清、慶尙三道，並占領南鮮要衝全羅道首邑全州。至此，韓廷乃驚慌失措，狼狽周章。高宗王立刻任命嚴世永爲三南招討使，帶領最後精兵江華鎗砲隊四百名及漢城、平壤監營兵二千前往全州與東學軍談判議和。嚴世永抵達全州後，爲緩和東學軍的感情，旋將全羅道觀察使金文鉉流放巨濟島；貪官古阜郡守趙秉用則被捕投獄，並任命金鶴鎮爲新全羅道觀察使。對此，東學黨另提 12 條件要求，稱之爲「全州和約」。因爲該約被嚴世永無條件地接受，東學軍乃於同年 6 月 11 日退出全州，同時分散各部隊回歸全羅道各地。[15]

如是，亂事平靜，社會恢復正常。但另方面，稍早，朝鮮政府爲盡速鎮壓東學軍，卻於同年 6 月 3 日，透過駐韓清國總幫袁世凱，正式向清國乞師求援。結果，韓廷此項事事倚重清國的作爲，遂引發日本的不滿。尤其幾乎與此同時，親日派的領袖金玉均，據說被李鴻章之子李經方誘騙至上海租界，遭行刺身亡。其遺體被遣回朝鮮之後，竟慘遭韓廷分屍八段在各地示衆，更激起了日本輿論加深對清國及韓廷的憎恨！日本決意出兵朝鮮，欲與清國一決雌雄，以洩其長年在朝鮮所受的屈辱不滿。⑯

## 三、日清出兵朝鮮與列強的觀望

1894 年 6 月 3 日（光緒 20 年 4 月 30 日），韓廷一面與東學軍言和，一面卻暗中經由袁世凱正式向清國乞師求援。其照會要旨如下：

> 「案照敝邦全羅道所轄之泰仁、古阜等縣，民習凶悍，性情險譎，素稱難治。近月來，附串東學教匪，聚衆萬餘人，攻陷縣邑十數處。今又北竄陷全州省治。前經遣練軍前往剿撫，該匪竟敢拚死拒戰，致練馬敗挫，失去礮械多件。（中略）查壬午、甲申敝邦兩次內亂，咸賴中朝兵士代爲戡定。茲擬援案，請煩貴總理迅速電懇北洋大臣，酌遣數隊速來代剿，並可使敝邦各兵將隨習軍務，爲將來捍衛之計。一俟悍匪挫殄，即請撤回，自不敢續請留防，致天兵久勞於外也。」⑰

時日本適逢伊藤博文第二次內閣發生政治抗爭。同年 6 月 2 日，伊藤內閣不得不總辭、解散國會。因此，清廷亦即北洋大臣李鴻章、駐韓總幫袁世凱、駐日公使汪鳳藻等人，均誤認爲日本

政府將無暇積極派兵朝鮮。所以朝鮮的乞援，對清國而言，不失爲伸展其勢力的「一大良機」。⑱

於是，李鴻章立即奏派直隸提督葉志超、太原鎮總兵聶士成率蘆榆防兵四營，合計 2,465 人往援。同年 6 月 6 日（光緒 20 年 5 月 3 日），聶士成率前鋒 800 人天津出發，由海道東渡，6 月 10 日（陰曆 5 月 7 日），登陸牙山港。越二日，葉志超亦由山海關率本隊抵達牙山港，合屯該港一帶。稍後，同年 6 月 25 日，清軍後續部隊約 400 名又抵牙山港。至此，清軍進駐牙山一帶的軍力約有 2,800 人。清軍能如此迅速地調動軍隊，實因同年 5 月中旬，李鴻章爲紀念北洋艦隊創建十周年，方舉行全國陸海聯合大演習之故也。至於清軍爲何選擇離首邑漢城値 150 里之牙山進駐，而不據京城門戶之仁川？此乃當時如上述，清廷誤判日本將不致出大兵；而東學黨之亂，盡在南鮮之全羅、忠清、慶尚三道，故清軍既以「戡亂」援韓，自然趨駐近南之牙山。從而，錯失先占漢城一帶之要衝。⑲

李鴻章既發兵朝鮮，乃電告駐日公使汪鳳藻，根據天津條約知照日本外務省。同年 6 月 7 日（光緒 20 年 5 月 4 日），汪鳳藻駐日公使轉述清廷電文，稱清國已出兵朝鮮。但其電文中有「本大臣覽其情詞迫切，派兵援助，乃我朝保護屬邦舊例」等語。對此，日本外相陸奧宗光亦於同日復文，稱日本政府從未承認朝鮮爲清國之屬邦。同時電訓北京臨時代理公使小村壽太郎，向總理衙門照會，稱日本亦依據天津條約，「現在朝鮮既有重大變亂事件，故日本亦照約即將出兵。」⑳ 6 月 9 日（光緒 20 年 5 月 6 日），總理衙門復行文小村壽太郎公使略謂：「我朝以朝鮮王請救，派兵前往，此照撫綏藩服成例，亂定之後，立即班師，貴國似可不必特發重兵。且朝鮮王初未向貴國請兵，故貴國之兵不必入其內地，

以我國兵鼓行而前，如與貴國兵遇彼此言語不通，軍律互異，或恐別有意外。請貴大臣電奏貴國朝廷，以免別滋事端。」㉑

　　然而，日本政府早在同年 6 月 2 日，接獲清國即將出兵朝鮮時，伊藤總理立刻召開內閣緊急會議，並派人邀請軍參謀總長熾仁親王及參謀次長川上陸軍中將臨席。會中除提議解散國會之外，更暗中議決出兵朝鮮（此事一直守秘，從未公開）。同日，伊藤總理復携此閣議，火速上奏明治天皇，竟獲當面裁可執行。㉒6 月 5 日，日本軍部奉勅令成立戰時最高統帥指揮所大本營。其成員包括幕僚長・參謀總長陸軍大將熾仁親王、陸軍參謀次長陸軍中將川上操六、海軍軍令部長海軍中將牟倉之助（7 月 17 日，由海軍中將樺山資紀取代）、陸軍大臣大山巖、海軍大臣西鄉從道等人。㉓日清戰爭，已迫在眼前。職是，當日本政府接到 6 月 9 日的清國照會（可稱之爲警告照會）時，日本完全漠視不理。6 月 12 日（陰曆 5 月 9 日），僅給予如下的答覆：

　　「本國歷來未承認朝鮮爲貴國之藩屬。此次派兵前往，一係照日朝兩國在濟物浦所定之約；一係照日清兩國在天津所定之約辦理。來文所稱派兵之數本國自有權衡；我兵入朝鮮內地，亦無定限。至謂或有意外之事一節，本國軍律森嚴，斷不礙及華兵；惟望貴國統將亦共留意。」㉔

　　意想不到的日本強硬出兵態度，確實讓清廷錯愕不已。但是隨後日本的軍事行動，更使李鴻章、袁世凱等人，狼狽周章。同年 6 月 5 日（陰曆 5 月 2 日），駐朝鮮日本公使大島圭介（適請假回國）受命急速乘八重山號軍艦率領參謀本部數名人員、護衛警察官 20 名和海軍陸戰隊 60 名等，由橫須賀港出發，趕回漢城公館。

6月9日（陰曆5月6日），大島公使一行抵仁川。10日清晨5時，會合仁川日本海軍陸戰隊420名，冒雨行軍直趨漢城。同日黃昏公使一行入公館，日軍則寄宿日人民間家屋。可是，星夜帶兵奔回漢城公館之後，大島公使卻發現漢城平靜無事，東學黨亦如上述，已自動退散各地。因此，大島公使乃電告本國政府，希望後續由大島義昌少將所率領的混成旅團，合計八千餘人的大軍，暫時屯駐仁川，不必進入漢城。另大島公使又錯會本國政府的訓令，竟暗中私自與袁世凱，於同年6月15日，達成雙方撤軍的協議，再三向本國政府提議撤兵的事宜。對此，日本外務大臣陸奧宗光十分費解。後查知會錯意之事，乃急令大島公使採取強硬的態度，不可與清國言和。㉕

同年6月15日，日本閣議決定要求朝鮮改革內政，並邀請清國共同參加。16日，日本外務大臣陸奧召喚清國駐日公使汪鳳藻論及此事。17日（光緒20年5月14日），正式照會清國，其文要旨如下：1.日清兩軍合同平亂；2.兩國派員整理改革韓政及稅務；3.兩國派員教練韓軍，使其自能靖亂。對此，清廷於6月21日（陰曆5月18日），照會日本，其大意云：⑴朝鮮之亂已平，兩國不必再有會剿之議；⑵朝鮮內政改革，應由韓廷自力為之。清國尚不干預內政，日本最初認朝鮮為自主之國，更無干預其內政之權；⑶根據天津條約，事定後軍隊應該撤回，不再留防。然陸奧外相立即於22日，再度行文照會清國，強調：「清國既不容日本剿定朝鮮變亂及辦理善後，日本斷不能撤現駐朝鮮之兵。」㉖

陸奧外相在其遺著《蹇蹇錄》裡，稱這是日本政府第一次向清國宣示絕交的公文書。亦即宣示日本不惜與清國一戰的決心。同（22）日，陸奧外相即刻訓令大島公使調動仁川駐軍，急速進

兵漢城。㉗

日本既已下定決心欲與清廷斷交，並調動大軍進駐京城。大島公使乃於6月26日（陰曆5月23日），直接謁見韓王，提出以下二項日本的質疑：1.朝鮮是否願意接受日本的勸告，實行內政改革？2.韓廷是否容認自己是清廷的保護屬國？對此二項的質疑，大島公使限定韓廷於三日內，亦即6月29日為止，給予答覆。並手交日本對朝鮮內政的26條款改革案。㉘

可是，對日本的質疑，韓廷終未給予日本滿意的答覆。期間，清廷因為對朝鮮仍無用兵的決心，李鴻章乃託請駐清俄國公使喀西尼（A. P. Cassini）居間調停。接獲清國的託請，俄國外交部隨即命駐日公使希圖羅弗（M. Hitorovo），於同年6月25日，會晤陸奧外相，向日本發出勸告，希望日、清兩國均自朝鮮撤兵。對此，陸奧外相表示，若清國承納兩國共同負責改革韓政；或清國不欲與日本協同，日本獨自實行時，清國直接、間接不加妨害，則日本可同意撤兵。陸奧外相並向俄公使保證：1.日本在朝鮮決無他意，僅希望其能確立獨立和平自主；2.日本對清國決不為攻擊性的挑戰，萬一今後，日清間發生不幸的軍事衝突，日本一定是居於防衛被動地位。㉙

7月2日，日本正式向俄國照會，言明於平定朝鮮內亂之後，有自朝鮮撤兵之意。俄國對此表示滿意，但於7月21日，向日本政府遞交備忘錄，指出「日本若侵略朝鮮，其所締結任何條約，俄國政府都將不予承認。」隨後，俄國認為日本既無意撤兵，就不再介入日清間的糾紛。㉚不過，俄國也與當時歐美各國相同地，認為雙方即使發生戰爭；最後勝利應屬清國，整個遠東局勢將不致發生顯著的變化。因此，認為將來兩國紛爭，仍可以普通的外交手段解決。然而，俄國所抱持的如此態度，卻讓李鴻章大失所

望。㉛

一方面，與此同時，清廷亦向其他列強要求出面居中調停。由於英國考慮日清衝突對遠東政治，特別是通商影響重大（當時英占清對外貿易有 65%），英政府乃在同年 6 月 20 日，通知日本駐英公使青木周藏，表示英國有意出面仲裁日清間的糾紛。同時命令駐清公使歐格納（N. R. O'conor）出面調停，希望兩國速開協議，避免衝突。駐日英代理公使巴傑特（R. S. Paget）亦受命拜訪陸奧外相，向其提出清國方面的會談條件。㉜

7 月 9 日（陰曆 6 月 7 日），由歐格納公使的周旋，日駐清代理公使小村壽太郎奉命赴總署會商，慶親王奕劻等仍主張「亟先同撤兵，並先訂期宣布，再商韓事」，逐無結果而散。歐格納雖再度努力，然清國除答以撤兵後可商量一語外，不允讓步。㉝嗣後，英國外交部長金柏利（J. W. Kimberley）試圖由歐美列強進行聯合調停，號召各國共同行動。但 7 月 13 日止，先後遭到美國的拒絕（美國依據「美朝條約」，已於 7 月 9 日發表聲明，勸告日清撤兵及尊重朝鮮獨立），而德國（在政治上並無任何利害關係）和法國（除華南以外無利害關係）、俄國亦表示不欲參加，使得此案終歸失敗。㉞

各國的調解既無成效，7 月 14 日（陰曆 6 月 12 日），日本駐清代理公使小村遂遵守本國政府的訓令，向清國總署照會如下強烈最後通牒（陸奧外相稱之為日本政府第二次絕交宣言）：

> 「查朝鮮屢有變亂之事，從其內治紛亂而來。我政府因念今俾該國能更正內治，絕變亂於未萌，莫善於日、清兩國，戮力同心者，緣兩國之於該國所有關係，原常喫緊也。乃將此意提出清國政府，詎料清國政府定然不依，惟望撤兵。我政府實

深詫異，近聞駐京英國大臣顧念睦誼，甚願日清兩國言歸於好，出力調停等語。但清國政府仍惟主撤兵之言，其於我政府之意，毫無可依之情形。推以上所開，總而言之，清國政府有意滋事也，則非好事而何乎？嗣後因此即有不測之變，我政府不任其責。」[35]

同 7 月 14 日，陸奧外相另電駐朝鮮公使大島稱英國之仲裁已失敗，今後對韓應採取既定的斷然措施。於是 7 月 20 日（陰曆 6 月 8 日），大島公使乃向韓廷提出最後通牒，其要旨即：1. 朝鮮下令撤退清軍；2. 朝鮮宣言廢棄所有韓清諸條約。並限於三日內（即 7 月 22 日）議定確復，否則日本將自有決意從事。方是時，清駐韓總辦袁世凱察知情勢危急，已於 7 月 19 日（陰曆 6 月 17 日），登輪回國。韓廷束手無策，雖日本設限期日已到，仍未做出任何答覆。於是，7 月 23 日，拂曉三時，大島公使待城門開啟後，率兵入王宮，擄韓王李熙，令高齡 80 歲的大院君李昰應主持國政，以親日派金弘集為總理，排斥閔氏一族，凡仇日者均被驅逐。7 月 25 日，新政權宣布廢棄韓清一切條約；朝鮮為自主之國，不再朝貢，並詔請日兵驅逐牙山清軍。[36]日清開戰，已迫近眉睫。

## 四、日清開戰始末

法理上（事實是形式上），日軍既獲得韓廷的詔請，要驅逐牙山清軍，日本駐漢城之軍隊，遂準備向牙山移動。然日軍尚未移師至牙山，日清雙方戰艦，竟意外地在牙山港附近海上，發生戰鬥。亦即 7 月 25 日（陰曆 6 月 23 日），在牙山港附近豐島西北海上，清艦濟遠號、廣乙號及操江號正護送清國所租用運兵船高陞號（掛英旗載約有 1,200 人之清軍），準備登陸牙山港之際，卻遭遇到日本

聯合艦隊吉野、浪速、秋津州等三艦的截擊。清艦濟遠號中彈損傷，逃回威海衛；操江號帶 20 萬兩軍餉投降被擄，廣乙號及高陞號則被擊沉，清全軍覆沒。[37]至此，日清雖未宣戰，但日清海戰已揭其序幕。

　　另一方面，7 月 29 日（陰曆 6 月 27 日），前進牙山由大島義昌少將所率領的日軍，開始攻擊牙山要衝成歡，陸上戰爭亦正式開啓。清成歡守將總兵聶士成雖極力抵抗，仍不堪日軍一擊，隨即敗退至光州，死傷近 500 人。時清軍主將直隷提督葉志超不敢與日軍一戰，盡棄牙山，乘夜慌忙地率約 2,500 人之殘軍脫出光州，向北逃遁。又因恐與日軍遭遇，遂繞王京之東，循清州、涉漢江，經堤川等地，再渡大同江，行軍近一個月，始抵平壤與清大軍會合（葉志超部隊於陰曆 7 月 21 日，聶士成部隊於陰曆 7 月 28 日抵平壤）。惟棄戰逃遁至平壤的葉志超，竟向清廷謊報成歡之戰殺敵千餘人（日軍實際死 32 人、負傷 50 人），沿途亦隨時擊潰日軍；鋪張電李鴻章入告，且論功奏（褒）保員弁數百人，獲嘉獎，並賞軍士銀二萬兩。未幾，復被受命為駐平壤一帶的清軍統領。是時，清入駐平壤之軍合計 35 營，兵力一萬四千餘人。初，雖頗受朝鮮人民歡迎，爭獻茶漿餉清軍。可是，清軍不但不擇險布陣，反而只知分道爭利，日夜置酒高會；並四處搶掠民間財物，殺丁壯，姦淫婦女，朝人既失望、更恨之入骨。[38]

　　總之，日清海陸兩方已開戰，李鴻章遂於 7 月 30 日（陰曆 6 月 28 日），向駐清各國公使聲稱：「日清開戰，其全責在於日本。」31 日（陰曆 6 月 29 日），清廷向小林臨時駐清公使通告對日斷交。8 月 1 日（陰曆 7 月 1 日），日清雙方同時正式宣布開戰。茲將雙方宣戰要旨，引述如下：

## 1. 清廷對日宣戰上諭（光緒 20 年 7 月 1 日，即 1894 年 8 月 1 日）

「朝鮮爲我大清藩屬二百餘年，歲修職貢，爲中外所知。近十數年來，該國時多內亂，朝廷字小爲懷，疊次派兵前往戡定，並派員駐紮該國都城，隨時保護。我朝撫綏藩服，其國內政事，向令自理，日本與朝鮮立約，係屬與國，更無以重兵欺壓，彈令革政之理。朝鮮百姓及中國商民，日加驚擾，是以添兵前往保護，距行至中途，突有倭船多隻，乘我不備，在牙山口外海面開砲轟擊，傷我運船，變詐情形，殊非意料所及。該國不遵條約，不守公法，任意鴟張，專行詭計，釁開自彼，公論昭然，用特布告天下，俾曉然於朝廷辦理此事，實已仁至義盡。著李鴻章嚴飭派出各軍，迅速進剿，厚集雄師，陸續進發，以拯韓民於塗炭。」

## 2. 日皇對清宣戰詔書（明治 27 年 8 月 1 日，即 1894 年 8 月 1 日）

「朕即位以來，於茲二十有餘年，求文明之化於平和之治。幸列國之交際，逐年益加親善。距料清國之於朝鮮事件，對我出於殊違鄰交有失信義之舉。朝鮮乃帝國首先啓發使就與列國爲伍之獨立國，而清國每稱朝鮮爲屬邦，干涉其內政。於其內亂藉口於拯救屬邦，而出兵於朝鮮。朕依明治 15 年條約，出兵備變，更使朝鮮永免禍亂。帝國於是勸朝鮮以釐革其秕政，內堅治安之基，外全獨立國之權義。朝鮮雖已允諾，清國始終暗中百計妨礙，更派大兵於韓土，要擊我艦於韓海，狂妄已極。清國之計，惟在使朝鮮治安之基無所歸。查朝鮮因帝國率先使之獨立國爲伍而獲得之地位，與爲此表示之條約，均置之

不顧，以損害帝國之權利利益，使東洋平和永無保障。事既至此，朕雖始終與平和相始終，以宣揚帝國之光榮於中外，亦不得不公然宣戰，以全帝國之光榮。」㊴

日清宣戰之後，清陸軍精兵 35 營（或稱 29 營）一萬四千餘人皆集結於平壤。但如上述，將官庸懦，士氣敗壞，四出搶掠殺居民丁壯，漁婦女，夜夜置酒高歌，不知擇險分屯。同年 9 月 15 日（陰曆 8 月 15 日），由野津道貫中將所率領的日本第五師團，在補給不足（日軍口糧、彈藥只有三日分），統一指揮困難之下，發動對清軍攻擊。然而，激戰僅一日，在實際的勝負未決之前，清軍總統領葉志超完全失去戰意，竟舉白旗求安全退卻，惟遭日軍拒絕。16 日夜半，清軍盡棄陣地，在混亂中退卻至安州（平壤北第一巨鎮），導致人員傷亡、物資損失慘重。結果，不用多說，日軍大獲全勝（日軍死亡 195 人，負傷 438 人），更震驚世界列強各國。㊵此役，姚錫光《東方兵事紀略》有如下的記載，茲略引述之。

「十五日，北面倭兵兩枝復進踞城北山頂數座，諸將始慮後路將絕。是夕，志超將冒圍北歸，寶貴不從（寶貴應志超遁去，以親兵守之），而自扼元武門山頂。十六日遲明，城北倭兵分兩道來撲，辰刻竟破我外層東壘。未幾，倭人礮隊繼至，專注我牡丹台排轟（牡丹台據全城形勝），遂陷。志超乃偏於城上插白旗，乞緩兵，城中擾攘甚。志超之插白旗也，有倭官來議，志超乞歸路，倭人不允，而兵亦未入城，其城北之兵仍屯牡丹山上，拒我之吭。是夜，志超率諸將弁兵棄平壤北走，倭人要於山隘，槍礮排轟，我潰兵回旋不得出，以避彈故，圍集愈緊，死亡愈眾，其受傷未殊之卒縱橫傴臥，求死不得，哀號之聲，慘不可

聞。加以人馬騰藉，相踩死者至二千餘人，擄於倭者亦數百人，而將領死者蓋鮮。平壤軍儲甚厚，凡大小礮 40 尊，快礮並毛瑟槍萬數十桿，妹將弁私財、軍事糧餉（凡有金幣 12 箱，金沙 14 箱，鑲銀約及 10 萬兩），軍資、器具、公文、密電，盡委之而去。」[41]

又在平壤尚未失守的 9 月 12 日（陰曆 8 月 13 日），清廷為了要增援朝鮮的清軍，李鴻章命令北洋艦隊海軍提督丁汝昌，率領戰艦 12 艘、炮艇 2 艘、魚雷艇 4 艘，護送商輪 5 艘運送銘軍 12 營，登陸鴨綠江口往援。9 月 15 日（陰曆 8 月 16 日），午夜，北洋艦隊自大連灣出發，16 日午刻抵大東溝（鴨綠江口安東縣地），徹夜渡兵登岸。17 日辰刻，丁汝昌促卸兵，並令全軍備午刻起椗，將歸旅順。但回程在黃海正當午天，與由伊藤祐亨中將所率領的日本聯合艦隊戰艦 12 艘相遇。激戰 5 小時，清國戰艦 5 艘被擊沉，其餘全部重創，人員死亡千餘人，傷者 400 餘名，落荒而逃。日軍則只有旗艦松島號受損，其餘各艦完整無傷，人員死亡 60 人、傷者 103 人（入院後死亡 2 人）。[42] 誠可稱大獲全勝，世界列強再次為之震驚。至此，戰爭的趨勢，經平壤及黃海之役，清國即將乞降的圖象，已逐漸明顯地浮現。

再則，平壤陷落之後，日軍將第五師團（師團長野津道貫中將）及第三師團（師團長桂太郎中將）共編制為第一軍。司令官由山縣有朋大將擔任，準備由平壤繼續向北推進，決意渡過鴨綠江，進攻清國東北。9 月 25 日，日本先鋒部隊第十旅團（旅團長立見尚友少將）由平壤開始出發北進。清軍聞訊，盡棄平壤以北的陣地，包括邊界最險要的義州。因此，日軍毫無受阻向北推進，十分順暢地抵達韓清境界鴨綠江口一帶。是時，清軍駐鴨綠江一帶統帥

已由宋慶取代葉志超。駐軍以九連城爲中心，有黑龍江將軍依克
唐阿所部鎮邊等軍 12 營；總統軍宋慶所部毅軍 9 營；聶士成所
部蘆防軍 4 營；呂本元、孫顯寅等所部盛軍 18 營；劉盛休所部
銘軍 12 營；江自康所部准軍 5 營；其他奉軍、盛軍、練軍等 12
營；總計約 70 餘營，人員約 24,000 餘人，可稱兵力雄厚。但將
帥仍蹈平壤覆轍，無及時布置，經日軍一擊，即敗退不可遏。10
月 24 日，日軍從鴨綠江上游渡河搶灘成功。25 日(陰曆 9 月 27 日)
夜，日軍架橋渡大軍 (第三師團)，清軍竟不覺。於是，日軍猛烈
地攻占要衝虎山。清軍驚慌棄守九連城，統帥宋慶率軍北走，退
至鳳凰城。鳳凰城爲盛京東南孔道，城垣高整，是清國東邊道駐
地。時跟隨宋慶奔赴該城的軍力，仍十分雄厚。惟宋慶以該城不
能守，10 月 29 日 (陰曆 10 月 1 日)，又不戰而棄城，日軍遂於 31
日 (陰曆 10 月 3 日) 進占該城。11 月 1 日 (陰曆 10 月 4 日)，宋慶
部隊被調回增援旅順重要軍港基地。東北一帶的守防遂交由聶士
成、呂本元、孫顯寅等人，分擔指揮。[43]

　　一方面，當日本第一軍決意渡鴨綠江進攻清國東北之後，日
本大本營乃於 9 月 25 日，重新編制成立第二軍，任命大山巖大
將爲司令官，其下有第一、第二師團及混成第 12 旅團，準備直
接向清國本土盛京登陸攻擊。10 月 24 日 (陰曆 9 月 26 日)，第一
師團 (師團長山地元治中將) 獲得聯合艦隊的緊密掩護，其先鋒部
隊毫無受阻地登陸盛京省東南岸花園河口，建立進軍基地，隨時
可襲擊金州重鎮及大連灣、旅順等重要港口。另與此同時，日本
聯合艦隊亦開始封鎖渤海和黃海。日本陸海兩軍已連手開始準備
進攻上述要衝與港口。[44]

　　10 月 28 日，日本第一師團前進占領貔子窩 (即鼻子窩)，並
迫近重鎮金州。金州是遼東灣沿海第一大都會，要害堅固。11

月6日（陰曆10月9日），第一師團發動攻擊金州。然意想不到僅一日，即攻下該城。7日，同樣輕易的攻占大連灣軍港。時清守軍雖有三千餘人，但多不敢交戰，留下龐大的軍資，棄城逃往旅順。因此，日軍僅死傷10餘人，即占領該地。⑤

　　攻陷大連灣之後，日軍重新集結兵力，準備攻略旅順要港。11月17日，日軍開始向旅順口前進。時駐旅順的清軍約有二萬人，只是有如烏合之眾。各軍不但不思極力守戰，反而將糧台、現銀移避，準備逃亡。就中，營務處道員龔照璵以金州陷，旅順陸道絕，大懼，乘魚雷艇逃渡煙台，赴天津；李鴻章盛怒斥之，旋復回旅順。惟主帥龔照璵之逃亡，使旅順軍民人心惶惶，船隖工匠羣搶庫銀，分黨道掠，旅順在日軍攻擊之前，已大亂滋擾，無法維持治安秩序。11月21日（陰10月24日），日軍海陸開始發動總攻擊，作戰不足一日，清軍即自行潰退，混亂中死傷慘重（死傷七千餘人）。22日，旅順港遂完全被日軍掃蕩占領。⑥此役，前記《東方兵事紀略》亦有如下的評述：

　　「我旅順之防，經營凡十有六年，糜鉅金數千萬，船隖、礮台、軍儲冠北洋，乃不能一日守。門戶洞開，竟以資敵。自是畿甸震驚，陪都撼擾，而復蓋以南遂遍罹鋒鏑矣。」⑦

　　旅順攻略前後，在鳳凰城日第一軍繼續向西北挺進。未幾，於11月18日（陰曆10月21日），占領岫巖；12月13日（陰曆11月17日），攻略海城；1895年1月10日（光緒20年12月15日），進據蓋平；1895年3月4日（光緒21年2月8日），陷牛莊；1895年3月7日（陰曆2月11日），入駐營口；3月9日（2月13日），奪取田莊台等遼東各地要衝。就中，海城多次的攻防戰，日軍僅

約六千人的兵力；而清軍則有兩將軍、一巡撫、一提督、一藩司；共百餘營、六萬餘人。但仍無法戰勝日軍，反而慘敗，誠可嘆！[48]

隨後，日本依據事實上已占有該土地肥沃，礦產豐富，具有天然良港之遼東半島為由，在日清和議中要求割讓該半島以及台澎兩地。因此，如下述，引起俄、德、法三國之干涉，迫使日本放棄遼東半島，種下日俄戰爭的遠因。

總之，日本一方面攻占遼東半島，一方面又於1894年12月，開始策畫將兵力移往攻略山東威海衛，準備殲滅敗殘之清北洋艦隊以及占領台澎群島，做為即將來臨的和議籌碼。[49]於是，1895年1月30日（光緒21年1月5日），大山司令官所率領的日本第二軍開始攻擊、登陸山東榮城灣（距威海衛僅10餘里）。同年2月1日（光緒21年1月7日），占領威海衛市區。2月2日，日軍完成掃蕩殘餘的清軍，並占據全部軍港要塞砲台。[50]

當日本聯合艦隊完成掩護陸軍進占威海衛之後，同年2月3日，開始駛進清軍北洋艦隊潛伏的港灣基地。亦即劉公島與日島之間的要塞基地，探尋敵艦的位置動向。同日午前10時，日艦第二遊擊隊（扶桑、比叡、金剛、高雄等艦）進入港灣後，即受到劉公島與日島清軍要塞砲台的猛攻。其中高雄艦雖著彈一發並無大礙，全艦於正午12時折回海灣，將敵情報告旗艦（松島號）伊東司令官。接獲敵情狀況之後，伊東司令官乃於2月5日，派遣第二、第三水雷艇隊於拂曉三時，潛入劉公島港灣襲擊北洋艦隊，當日成功的擊沉清旗艦定遠號。6日清晨4時，日第一艇隊水雷艇3艘（司令餅原平二少佐），再次潛入劉公島要塞，擊沉清艦來遠、威遠及運輸船1艘，毫無損傷的折回灣外。2月7日，日本艦隊及日軍占領的砲台，集中攻擊日島和劉公島要塞砲台，並追

擊、殲滅駛逃的 12 艘水雷艇。2 月 8 日，日艦與日軍繼續猛轟劉公島及日島之砲台陣地，清軍損失慘重。9 日（光緒 21 年 1 月 15 日），日軍陸上砲台又擊沉清艦靖遠號，日艦隊遂完全控制劉公島與日島灣之出入口，清軍無法逃亡。[51]

職此，清軍陣營開始慌亂，右翼總兵劉步蟾舉槍自盡。2 月 11 日（陰曆 1 月 17 日），日軍水陸復強烈地砲擊劉公島和日島，島上清軍愈惶恐。清士兵鬧譁變，要求提督丁汝昌投降保命。12 日（陰曆 1 月 18 日），丁汝昌與諸將及西員計事，議沉船、燬砲台，徒手降敵。但諸將不從，因為恐沉船投降，將取怒日軍。於是，營務處道員牛昶炳乃代丁汝昌做最後的決議，由英員浩威作降書；並於同日黎明，派廣丙管帶程璧光秉鎮兵艇，懸白旗，前往陰山口，向日軍艦隊司令官伊東中將乞降。是日，夜四更許，提督丁汝昌與統領張文宣相繼仰藥自殺。2 月 14 日（光緒 21 年 1 月 20 日），計九條之降伏規約成立。2 月 16 日，署名調印。如是，聯合艦隊於 2 月 17 日（陰曆 1 月 23 日），正式駛入劉公島、日島海灣，接收清殘餘艦隊計 11 艘。即鎮遠鐵艦 1，清遠、廣丙、平遠兵輪 3，鎮中、蚊雷艇 6 等。以及劉公島、日島各砲台軍資、器械等，完成降伏手續。[52]號稱東亞最強的清北洋艦隊，就此隨即消滅！清廷不但痛感海陸慘敗，更驚懼日軍即將直衝京師，對日和議已刻不容緩！

其次，日本大本營已於 1894 年 8 月，決定在冬季期間，調動一部分兵力，占領南方台灣。然而鑒於遼東的作戰及殲滅北洋艦隊太過耗費時日，且有人強調冬季仍可進行直隸平原決戰，以致喪失貫徹南方作戰的時機。[53]不過，當北洋艦隊降伏，山東威海衛、劉公島占領之後，日本大本營乃於 1895 年 2 月 20 日，命令聯合艦隊伊東司令官，籌組南方派遣艦隊（計有松島、橋立、嚴

島、千代田、浪速、高千穗、秋津洲、和泉、附屬供給艦、病院船等 11 艘），
準備攻擊占領澎湖群島。同年 3 月 15 日，艦隊出征準備完成，
大本營遂下令陸軍混成支隊司令官比志島義輝大佐，率領步兵
三大隊、山砲一中隊、騎兵五騎（按此編制，總人數計 5,500 人、馬
匹 30 匹），自佐世保乘艦出發，經由沖繩八重山列島、與那國島，
朝台灣南端前進澎湖群島。3 月 20 日，下午 3 時，艦隊抵達將
軍澳，21 日準備登陸澎湖馬公港。但由於氣候惡劣，風浪甚大，
不得不延至 3 月 23 日，迨風平浪靜之後，才開始進軍登陸。方
是時，澎湖清駐防兵力約有五千餘人，鎮署總兵周振邦。戰爭自
23 日（陰曆 2 月 27 日）上午 9 時 30 分起，至翌日正午止，馬公
城就完全被日軍占領；清軍敗退至圓頂半島及漁翁島防守。然而，
總兵周振邦與清吏多人卻乘漁船逃回台灣。3 月 25 日，駐守圓
頂半島的定海衛隊營管帶郭潤馨（郭以下有軍官 12 名、士兵 576 人），
遂派人向日軍照會乞降，日軍允之。另退守漁翁島的清軍亦自爆
砲台，悉數竄逃。3 月 26 日，聯合艦隊司令官伊東中將發布在
馬公成立澎湖群島民政廳，並任命海軍少將田中綱常爲長官，執
行民政事務。至此澎湖群島完全收入日軍統制管理。[54]

在此順便一提，當日軍遠征澎湖群島時，比志島支隊不幸發
生霍亂疫症，支隊總人數 6,194 人中，患霍亂及赤痢、傷寒病患
者總數爲 1,945 人，而病亡者竟高達 1,257 人（日軍征澎湖的戰死
者，僅 3 人；負傷者也只有 25 人——筆者統計）。爲立碑紀念戰士亡魂，
同年 5 月下旬，完成一大墓墳，此即澎湖「千人塚」之由來。[55]

# 第二節　日清和議及台灣割讓

## 一、日清和議經緯

上已述及，在日清正式開戰之前，李鴻章已於 1894 年 6 月至 7 月間，先後囑請列強各國出面調停。但日本戰意已決，而清國又不肯退讓，戰爭遂無可避免的爆發。1894 年 8 月 1 日（陰曆 7 月 1 日），日清正式宣戰。同年 9 月 15 日，日本第一軍開始攻擊駐平壤的清軍，16 日，清軍棄陣地逃鴨綠江邊界，傷亡慘重。與此同時，9 月 17 日，清北洋艦隊在黃海遭遇日本聯合艦隊，激戰 5 小時，清艦幾乎全滅，重傷殘艦落荒逃回旅順。接著日軍攻渡鴨綠江，進占九連、鳳凰城。同年 11 月 6 日，日本第二軍攻下遼東金州。7 日，輕易地攻取大連灣；同日，頤和園鐘鼓齊鳴，清廷慶祝慈禧 61 大壽。11 月 21 日，日軍海陸連手攻擊旅順重要軍港。作戰不足一日，清軍自行敗退；22 日，旅順港完全被日軍占領（前述）。

至此，戰事之勝負形勢，基本上業已決定。深受西太后（慈禧）所信任的北洋大臣、直隸總督、實際掌理總理衙門外交事務的李鴻章，明察清國除了向日乞和以外，實無力再與日本一搏乾坤。於是，李鴻章慌忙地再度求助於列強，希望各國出面斡旋議和事宜。此時，與清國在貿易上最有利害關係的英國乃於 1894 年 10 月 11 日，以賠償對日戰費及列強保朝鮮獨立等條件為基礎，再次要求由列強聯合調停以恢復和平。但美國以嚴守中立，德國以對連戰連勝的日本而言，此案根本不可能成功，而遭到反對。⑤⑥俄國雖認為與英國採取一致步調較為有利，而對英國的和

平調停案表示興趣，卻因亞歷山大三世（Alexander Ⅲ）重傷陷入
彌留狀態，使國內專注於王位繼承問題，導致其態度也轉趨消
極。[57]因此，英國的聯合調停案終究未能成功。

　　然而，當英國在 10 月提出的聯合調停案失敗之後，美國國
務卿克蘭蕭（W. Q. Gresham）於 11 月 6 日，以總統克利夫蘭（Grover
Cleveland）名義訓令兩國駐在公使，決定向日清兩國正式提出和
平建議。其中在給駐日特命全權公使唐恩（E. Dun）的訓令中，
特別強調美國對兩交戰國完全是公正且友好的態度，提醒日本若
繼續無限制地占領清國領土，終將招致與清國有利害關係之各國
的干涉，其結果將對日本造成不利。[58]

　　日本在接獲美國的建議之後，雖認為和談早晚終將進行，但
此時仍以美國最值得信賴，故乃於同月 17 日，向唐恩公使遞交
如下覆函。亦即，「對於美國出面斡旋一事，日本政府非常感謝，
若清國政府有意向日本提出和平談判，屆時日本希望透過美國
公使為之。」[59]以此表明接受美國的調停。另一方面，清國在接
獲美國的建議後，經多次討論的結果，終於決定倚賴美國單獨
調停。11 月 22 日，總理衙門覆函美國駐清公使田貝（C. Denby），
以朝鮮獨立及賠償一定數額之戰費為基本條件，懇請美國斡旋議
和交涉。[60]對此，日本政府回答道：「若清國任命具有相當資格
的全權委員出席，則日本政府將在兩國全權代表會合時，宣布日
本對結束戰爭的條件。」[61]

　　其後不久，清國決定派遣天津海關稅務司德國人狄特林（G.
Detring）前往日本。12 月 16 日，狄特林攜同李鴻章給伊藤首相
的照會以及李氏個人私函到神戶。他透過兵庫縣知事（即縣長）
求見伊藤首相，但是日本以其並非正式使節為由，拒絕安排其與
首相會面，狄特林被迫只得黯然返國。[62]

　　緊接著在翌 (1895) 年 1 月 5 日，清國正式任命戶部左侍郎張蔭桓、湖南巡撫邵友濂二人爲議和全權委員。1 月 31 日，兩全權代表抵達廣島。2 月 1 日，兩人與日本全權委員伊藤、陸奧會合，並互換全權委任狀。但是，清國代表的委任狀與美國公使事先交付者不符，造成代表未獲完全授權的問題。[63]日本方面在查閱相關文件之後，決定退還清國代表的委任狀，並拒絕進行會談。[64]事實上，日本拒絕會談的理由是清國全權代表地位太低，以及國內輿論認爲議和時機尚未成熟。更重要的是，雙方在同年 1 月正式展開威海衛攻防戰，若能以攻陷威海衛爲結束戰局的契機，則議和將對日本更爲有利。[65]清國無奈地召回代表，並依照日本的希望，任命重臣李鴻章爲全權代表。[66]日本對李鴻章表示特別的敬意，並爲其將談判地點從廣島移到距清國較近的下關 (又名馬關)。[67]

　　3 月 19 日，李鴻章自天津出發，而伊藤和陸奧等人則自宇品 (位於廣島) 前來，雙方幾乎同時到達下關。翌 (20) 日，雙方展開第一回會談，李鴻章首先要求立即停戰。[68]伊藤則主張日本停戰的條件是：「由日本占領大沽、天津、山海關，且以上各地的清軍應將所有武器、軍需品繳交日軍。」李氏表示若接受此項條件，等於是將北京拱手交由日軍占領，但在反對未果的情況下，只有將此問題請示國內，敬候北京的訓示。[69]

　　之後，日清共舉行六次會談，期間亦發生李鴻章被日本暴徒襲擊的事件；但終於在 1895 年 4 月 17 日 (光緒 21 年 3 月 2 日)，雙方達成協議 (有關會談的經過，等等，請參閱拙著《台灣國際政治史研究》，213-20 頁；李明峻譯本，208-15 頁。筆者有較詳盡的論述)。日本全權代表伊藤博文、陸奧宗光，清國全權代表李鴻章、李經方會同於春帆樓，簽署日清講和條約 (馬關條約)。[70]在日清講和條

約中，關於割讓台灣一事規定於第二條第二項、第三項及第五條。
條文內容如下：⑦

　　第二條

　　清國將管理下開地方之權，並將該地方所有堡壘軍器工廠
及一切屬公物件永遠讓與日本。

　　一、（省略）。

　　二、台灣全島及所有附屬各島嶼。

　　三、澎湖群島即英國格林尼次東經百十九度起至百二十度
止，及北緯二十三度起至二十四度之間諸島嶼。

　　第五條

　　本約批准互換之後，限二年之內，日本准清國讓與地方之
人民，願遷居讓與地方之外者，任便變賣所有產業退去界外，
但限滿之後尚未遷徙者，酌宜視為日本臣民。

　　又台灣一省應於本約批准互換後，兩國立即各派大員至台
灣，限於本約批准互換後兩個月內交接清楚。

## 二、俄德法三國對馬關條約的干涉

　　當目睹甲午戰爭發展為日本大勝的局勢時，列強才重新認
識到事態的重大。特別是俄國的態度，隨著新帝尼古拉二世
（Nicholas Ⅱ）的繼位，更表現出顯著的變化。原本尼古拉二世對
俄國的遠東政策即抱持不滿，⑦因此在清國最初派代表至神戶交
涉講和之日（即 1895 年 2 月 1 日），他即召集要員舉行對應遠東問
題的特別內閣會議。結果，該會議決定如下結論：1. 增加艦隊；
2. 為維持朝鮮獨立，應採集體行動對日本施壓。此事不僅應與英
國步調一致，甚至須嘗試與法國協商；3. 若能協議由列強共同保

證朝鮮獨立時，再重新檢討此一問題。[73]

1895 年 4 月 1 日，日本首先向清國遞交包括割讓遼東半島及台灣、澎湖群島的和約草案。清國立即將和約草案告知列強，以求彼等出面干涉。4 月 8 日，俄國非正式地向英、法、德各國提議對日共同干涉。如後所述，德國因考慮歐洲局勢而率先表示贊同。法國亦基於與俄國的同盟關係，再注意到德國的動向，從而表明願與俄國共同行動。由於此種國際情勢的變化，使俄國更堅定干涉的意圖。在 4 月 11 日的特別內閣會議上，俄國決定如下兩點：1.「友善地勸告日本放棄占領南滿」，如遭拒絕，俄國聲明保留自由行動的權利；2.將此項勸告通知列強及清國。[74]4 月 16 日，俄國更召集御前會議，由俄皇尼古拉二世承認上述決議案。[75]於是，俄國即扮演「清國援助者的角色」，決定為滿洲不惜與日本一戰。

另一方面，隨著戰局的推移，德國亦改變其旁觀的態度。德國最初的動機在於向東亞發展以及取得根據地。其後，在考慮到歐洲政治情勢之後，德國決定與俄國合作進行聯合干涉。如此，對於俄國 4 月 8 日的共同干涉案，德皇凱塞爾（Cazar W. Ⅱ）命駐俄大使特別強調「即使英國最後並未參加，德國都將無條件參加」。[76]在此種情況下，俄國更堅定其干涉的決心，同時在某種意義上亦大為制約法國的行動。

法國當然期望英國參加共同干涉，但是英國於 4 月 8 日的內閣會議中決定：「英國在東亞的利益尚未被侵害到足以正當化此項共同干涉的程度」，從而拒絕俄國的提議。[77]

接獲此項情報之後，法國雖有所躊躇，但前述德國的露骨政策使法國深感危機，為防止法俄關係疏離，迫使法國亦不得不參加共同干涉。[78]當時，法國為建設西伯利亞鐵路出資 40 億法郎，

基於此項利害關係，俄國以對日干涉而向遠東發展，事實上亦符合法國的利益。此點成爲法國參加共同干涉的消極要因。[79] 但在德國隆重舉行普法戰爭 25 周年勝利紀念的前夜，與德國採取共同行動，對法國無疑是痛苦的選擇。[80]

於是，在日清兩國全權代表簽署馬關條約當日 (1895 年 4 月 17 日)，羅巴諾夫外相正式向德、法、英各國提議共同干涉，表示如果日本拒絕放棄遼東半島，將考慮採取軍事措施，並主張屆時將先切斷日本列島和大陸日軍的海上交通。[81]

凱塞爾皇帝於 17 日接獲聖彼得堡送往東京的訓令副本後，隨即命令在南中國海的德國海軍和俄國海軍合作。[82] 如前所述，法國雖有些猶豫，但略經曲折之後終究答允此舉。惟英國仍舊採取拒絕的態度。18 日，俄國駐清公使立即依本國政府訓令，要求清國政府延後批准和約。[83] 4 月 23 日，俄、德、法三國公使在東京正式向日本外務省外務次官林董提出抗議。其中，俄國的抗議文如下：

> 「俄國皇帝陛下的政府，對於日清和約中有關遼東半島割讓日本之條項，認爲不僅可能危及清國的首都，更會使朝鮮的獨立有名無實，從而恐將成爲將來遠東永久和平的障礙，因此再次向日本政府表示誠摯之友誼，在此忠告貴國放棄領有遼東半島。」[84]

此外，法國亦以「不失友誼的勸告體裁」，鄭重表示相同的意見。惟有德國以率直的言辭加以威嚇，故而使其被認爲是三國干涉的主謀。[85] (以上節引自拙著《台灣國際政史研究》，221-7 頁；李譯本，215-21 頁)。

　　方是時，伊藤總理及陸奧外相均不在東京。當接獲林董外務
次官的電告之後，4月24日，伊藤總理在廣島大本營召開緊急
御前會議。伊藤總理提出三策：1.斷然拒絕；2.召請列國公議；
3.接受勸告交還遼東。對第一策，軍部表示陸海精兵都已調往
遼東半島及澎湖諸島。今日，對於三國的聯軍，實無力再戰。結
果，御前會議，日皇同意採取第二策。25日，伊藤總理往播州
舞子會晤陸奧外相（在當地療病中），兩人再慎重酌相之後，乃重
新決定應分開對三國讓步，對清國則一步也不讓。惟在馬關條約
互換期間，日本仍需做最後的外交努力，探尋二、三大國之助，
以牽制三國干涉之勢力。如是，4月25日，日本外務省電令駐
俄公使西德二郎向俄國請求，對此次勸告再加考慮，其意蓋欲確
知俄國用意之深淺，以決定日本的態度。駐英日使加藤高明訪問
英外相，希望獲知英國之助力可至如何程度。駐美日使栗野，請
美勸俄考慮反對之意，並促清國批准原約。旋西德二郎公使等電
復，稱俄國不允撤回前議，並已採取軍事行動（4月27日電）。英
仍持不干涉政策，不允武力助日（4月29日電）。美政府謂嚴守中
立，惟已勸清國從速簽約（4月29日電）。至此，日本已盡最後的
外交努力；深知三國的干涉，日本無力可為。[86]

　　同年5月2日，因三國干涉而獲得奧援的清國（特別是屬於
光緒帝一派的軍機處），一度嘗試反對和約，結果遭到日本強硬威
嚇，再加上美國出面勸告，只得下令批准簽約。但是，在芝罘進
行最後批准換文時，由於俄、德、法（特別是俄國）三國的態度強硬，
命其東洋艦隊集結於芝罘外海，終於迫使日本屈服。[87]5月4日，
日本閣議決定向三國政府表示「日本政府基於俄、德、法三國的
友誼忠告，約定放棄遼東半島的永久領有。」[88]5月5日，林董
次官令駐俄、德、法三國公使提出接受忠告的覺書；並於5月7日，

同意清國方面所提延後五天交換批准書的要求。但是，對日本政府的回應表示滿意的俄、德兩國，此時卻反而於 5 月 8 日「勸告」清國政府必須於期限內完成換文，使得清國只得應允遵辦。⑧

三國干涉還遼一事，交織著各國的利害關係，經過迂迴曲折的變化，而終於成功。1895 年（明治 28 年）5 月 8 日（光緒 21 年 4 月 14 日），依照日清馬關條約第十一條的規定，日本派遣內閣書記長官伊藤已代治爲全權辦理大臣，清國則派遣伍廷芳、聯芳二人爲換約全權大臣，在事先約定的清國芝罘（煙台），完成交換日清講和條約批准書。⑨職此，就國際法而言，台灣、澎湖群島的主權，在 1895 年 5 月 8 日，正式歸屬日本帝國。

## 三、三國干涉中的台灣問題和台灣領有權的疑義

以日清戰爭爲契機，列強除美、俄兩國之外，德、法、英等國家均對台灣深具野心。再加上清國亦在列強間居中慫恿；使得台灣的國際形勢更爲微妙。然而，列強的動向絕非事出偶然，其背後尚有深刻的歷史背景。

回顧台灣的對外關係史，該島嶼自十六世紀即在東亞的國際政治史上占有重要的一頁。進入十九世紀後半以來，由於產業資本主義的勃興，使得歐美列強更積極從事第二次東進。此時，位於南中國海要衝的台灣自然再次成爲列強侵略的目標。特別是當領有台灣的清國呈現其衰弱的一面時，列強對台灣的野心即更爲露骨。

如前所述，十九世紀有世界霸主之稱的英國，其與台灣的關係可追溯到鄭氏政權時代。其後，歷經鴉片戰爭和樟腦戰爭等多次紛爭，英國對台灣的野心即日益加深，清國對此亦深懷警戒。

繼英國之後，意圖染指台灣的是美國和法國。美國和法國分

別利用「羅妹號事件」和「法清戰爭」遠征台灣，其原因當然是兩國很早即對台灣抱有野心之故。

德國覬覦台灣在歐美列強中算是較晚的，但其對台灣的野心並不遜於他國。德國早在 1859 年即曾試圖以台灣爲其東亞的立足點，而派遣著名地質學者李希霍芬前來台灣，考察淡水河兩岸的地質。[91]1860 年，德國又派軍艦亞伯（Elbe）號前來探測台灣的港灣，並曾與原住民發生武裝衝突。[92]經過此次事件，德國國內即熱烈討論占領台灣的問題。其後，德國政府曾多次派遣探險隊前來台灣，但因與丹麥發生戰爭（1864 年），而不得不暫時中止對台灣的野心。[93]1867 年，德國駐清公使巴蘭德（H. V. Brandt）再度向本國政府建議殖民台灣的計劃。[94]

雖然如此，到日清戰爭發生爲止，列強占領台灣的企圖並未能實現。但當日清戰爭爆發之後，列強即暗中期待利用此次良機達成宿願。1894 年 10 月 5 日，英國〈倫敦時報〉由於察覺到日本有占領台灣的意圖，乃懷著不安的心情加以揭露。[95]

此項報導的結果，引發列強對台灣更形關注。幾乎與此同時，法國外相阿諾得（G. Hanotaux）明言反對日本要求割讓台灣。並表現出必要時，將不惜出兵的強硬態度。[96]德皇凱塞爾則在 11 月 17 日，向霍漢洛（C. Hohenlohe）首相表示，「面對遠東危機之際，德國因應列強行動所應採取之策，即是必須占領法國一向覬覦的台灣。」同月 23 日，駐清德國公使史茲凡伯格（S. Schweinsberg）提議，「若日清戰爭的結果，使列強有機會占領清國土地時，德國爲獲得在遠東的商業根據地，應占領膠州灣或澎湖群島。」[97]

1895 年 2 月初，德國政府再度熱烈討論在遠東取得海軍及商業根據地的問題。此時，德國討論的焦點是膠州灣、台灣澎湖群島及舟山群島。但是，馬歇爾（F. Marschall）外相認爲若英清間

不存在秘密約定，則德國應努力取得舟山群島。[98]

　　同月下旬，英國金柏利（J. W. Kimberley）外相得知日本將要求割讓台灣澎湖群島，乃先後兩次要求海軍部及陸軍部情報局評估此等島嶼的戰略價值。結果，海軍部和陸軍部情報局都認為：「在戰略上只要台灣不落入歐洲列強（即法國與德國）之手，絕不致造成英國的威脅。」最後，因為金柏利外相判斷法、德將不致於干涉台灣問題，乃決定不反對日本占領台灣。[99]

　　不久，日清馬關條約成立，台灣即依和約規定被割讓給日本。對日本抱有強烈反感並與台灣有深切關係的兩江總督張之洞，乃策動唐景崧巡撫及台灣士紳，於 4 月 20 日，向英駐淡水代理領事霍普金斯（L. C. Hopkins），面交懇請英國對台灣實施信託統治的備忘錄。[100]但由於英國已決心不介入台灣問題，並且意圖拉攏日本為同盟國，因此當然拒絕此項請求。可是，此後卻不斷傳出英國將占領台灣之說。使得英政府不得不於 5 月 11 日，訓令駐日代理公使書記官拉瑟（Lausir）向日本表明：「最近雖有傳聞，英國欲占台灣一事，但此點全屬子虛烏有，英國決無意占領台灣。」[101]

　　俄國的東亞政策起源較晚。在 19 世紀中葉之前，俄國尚無特別值得一書的事蹟。尼古拉一世（Nicholas I）時（1847 年），因任命穆拉比耶夫（Muraviev）伯爵為東部西伯利亞總督，使得俄國在遠東的膨脹政策日益蓬勃。[102]1860 年，穆拉比耶夫與清國締結北京條約，獲得烏蘇里江東岸土地，在此開設海參崴（Uladivostok）港。此地名之俄文原意是「東方的命令」，充分表現其雄大的野心。[103]但是，當時俄羅斯政府主要關心重點仍在歐洲，對外政策主要著眼於巴爾幹半島及中亞一帶，所以穆拉比耶夫無法發揮其雄圖大志。

　　然而，自 1877─78 年的俄土戰爭之後，俄國經巴爾幹半島向地中海發展的戰略受挫，而藉由中亞突進印度洋的嘗試亦為英國所阻，使得俄國重新考慮從遠東進出太平洋的計劃，而開始積極進行西伯利亞鐵路的建設。1891 年 2 月 12 日，俄羅斯政府決定建設自莫斯科到海參崴全長 5,542 英里的西伯利亞鐵路。同年 3 月 17 日，俄皇以特別敕書表明建造鐵路的決心。[104] 不過西伯利亞鐵路預定在 12 年後方始完成，此點意味著俄國的遠東政策在 1903 年之前將無變化，亦即俄國此時只希望維持遠東的現狀。[105] 因此，當日清兩國在朝鮮發生衝突，俄國受清廷之託，而於 1894 年 6 月 25 日，勸告日本共同撤兵。但其周旋並未盡力，且對同年 7 月 9 日，由英國所提議的五國聯合調停案也加以拒絕（前述）。

　　隨後，日清於 8 月 1 日宣戰，戰況出乎意料。日軍連戰連勝，1895 年 2 月初，和議已實質進行。日本計畫占領台灣的風聲，亦早有所聞。對此，俄國在遠東的利益主要是在滿洲，與台灣並無深入關係，故對台灣割讓自始即不甚在意。此點可由 1895 年 2 月 14 日，駐日俄國公使希圖羅夫「我國對割讓台灣並無異議」的發言中看出。在日本占領澎湖群島之前，張之洞曾託清國駐俄公使許景澄提出「以台灣鐵路、礦業、商務等換取俄國保護台灣」的要求，[106] 但並未收到許公使的回音。其後，在三國干涉過程中，張之洞再提出以割讓新疆南路數城或北路數城以取得俄國的援助，但結果亦未能成功。[107]

　　一方面，日清戰爭勃發之後，法國對台灣的情勢十分關心。1895 年 3 月上旬，法國派遣 2 艘巡洋艦到澎湖群島的媽宮（馬公），通報通判劉步悌、副將林副善，告知日本不久將派艦攻打澎湖一事。法國甚至進一步表示，清國可暫時將台灣交與法國，避開日本的侵

攻，待將來事態和緩之後，再由法國將台灣交還清國。換言之，法國提議暫時租借台灣。此事迅即呈報台灣防務幫辦劉永福。可是，劉永福正因安南事件痛恨法國，故斷然拒絕法國的提議。[108]

　　未幾，如上述，日本南方派遣艦隊載著比志島大佐所率領的陸軍混成支隊，砲擊、占領澎湖群島（3月23日至26日）。然而，縱使日軍已占領澎湖群島，法國對台灣仍未死心。1895年4月中旬，法國向俄國表示不惜以武力迫使日本撤出澎湖群島。[109]而清廷在邀請英、俄出面保護台灣失敗之後，急遽地改變其態度，轉向法國求援。時正逢欽差大使王之春訪問歐洲，張之洞乃於4月23日（陰曆3月29日），電託王欽差與法國交涉此事。[110]結果，法國雖一度亦有意出兵，但為製造出兵口實，要求應先締結法清密約。[111]此時由於法國保護領地馬達加斯加島發生叛亂，使得法國不得不中止出兵台灣的計畫。最後，法國只得派傑納爾（A. Gérard）駐清公使謝絕清國的要求。[112]

　　職是，法國試圖阻止日本占領台灣終歸失敗。但在三國干涉進行的當口，法國突然於1895年5月4日，拋出限制澎湖群島軍備及禁建要塞的提案。法國駐德大使向德馬歇爾外相表示：「在目前三國干涉計畫中，俄國雖遂其志，但若日本無限制地領有澎湖群島，則德國和法國將一無所獲」，因而提議「應規定澎湖群島的中立化及禁止建設要塞，或是要求日本為獲得澎湖群島一事付出代價」。對於此點，馬歇爾外相認為在共同干涉終結之後再提出新問題是否為時太晚？更重要的是，「目前已陷入困境的日本政府，可能由此導致政權變化。」故而表明反對之意。[113]至此，俄國即調整法國的情緒及德國的意見，而於5月17日，提出如下草案。亦即：

「要求保障澎湖群島及台灣航路之航行自由。約定不在澎湖群島新建任何防禦工事，並聲明不將其讓渡給任何第三國。法國代表爲此案之發議者，但其他二國代表亦支持法國之主張。」

此草案基本上取得德國政府的贊同，而於 5 月 23 日，再稍加修改之後，由三國代表共同向日本政府提出。其要旨爲「台灣海峽的航行完全自由，此應爲日本占領澎湖群島的當然結果，並希望日本政府不將此等島嶼讓與第三國。」⑭

接獲俄、法、德三國的要求之後，日本立即進行多次討論，最後被迫於同年 7 月 19 日，聲明台灣海峽爲各國公共航路，並宣言不將台灣及澎湖群島讓渡他國。聲明內容如下：

「帝國政府承認台灣海峽爲各國公共航路，並宣言此海峽非日本國所專有或管轄。

帝國政府向各國保證不將台灣及澎湖群島讓予他國。」⑮

其次，隨著俄、德、法三國對台灣問題進行干涉，領有菲律賓而隔巴士海峽與台灣澎湖群島一衣帶水相鄰的西班牙，亦因十分擔心日本勢力南侵，而提起太平洋諸島領土問題，建議限制日本領有台灣，或要求占領台灣一部分作爲代償，意圖參加聯合干涉行動。⑯但是，此舉卻遭到德國的強烈反對。西班牙乃於同年 6 月，派駐日代理公使卡弗 (Don Jóse de la Ricay Calvo)，直接與西園寺暫時代理外相會商兩國領土界線問題。結果，兩國商定以巴士海峽爲境界線，並於同年 8 月 7 日，由兩國代表共同發表宣言。宣言內容如下：

「日本國天皇陛下之政府及西班牙國皇帝陛下之政府，希望增進兩國現存友誼，明定兩國在太平洋西岸的版圖，相信此舉有助於達成此一希望。因此，日本國天皇陛下文部大臣暫時代理外務侯爵西園寺公望及西班牙國陛下特命全權公使卡羅受兩國政府委任，協議決定以下宣言。

第一、宣布以通過巴士海峽可航行海面的中央緯度平行線，為日本國及西班牙太平洋西岸版圖的境界線；

第二、西班牙政府宣言不領有此境界線以北及以東諸島；

第三、日本政府宣言不領有此境界線以南及東南諸島。」[117]

德國著名史學家瓦茲（Albrecht Wirth）指出，由於該國境條約之締結，使得紅頭嶼（Botel Tobago）被確認為台灣的附屬島嶼，而西班牙從未對其施行統治權的巴士（Bashi）群島，亦因此正式納入菲律賓版圖。[118]

此外，就俄、法、德三國干涉的結果，日本政府被迫聲明台灣海峽為各國公共航路，並宣布不將台灣及澎湖群島讓與他國。當時，日本國內輿論批評該宣言使日本對台灣的領有權出現瑕疵。[119]第九屆帝國議會貴族院即對此提出疑問，谷干城、二條基弘等 30 多名貴族院議員提出「台灣及澎湖群島的質問主旨書」。其內容大致如下：

「既然日本已割取台灣及澎湖群島，其海與陸之領有自始即須完整無缺。領海有否通航自由、領土是否讓與他國等，均應屬帝國主權。政府向俄、德、法宣布不讓渡他國及自由通航一事是否屬實？若果屬實，則政府自身是否仍相信此種領有權

並無瑕疵？」[120]

對此，日本政府以如下的答覆，請求議員們理解。亦即：

> 「吾國完全領有台灣島及澎湖群島之陸地及領海，只是政府認爲其領海之外爲萬國公共航路。政府基於此種理解，故而向俄、法、德三國政府做出上述宣言。
>
> 帝國政府將來要永遠領有台灣島、澎湖群島，並無意將其讓與他國，是以向前述三國政府宣示將永久保有之意。
>
> 基於上述理由，政府並不認爲上述宣言將使帝國對台灣之領有權出現瑕疵。」[121]

上述答辯實際上並不能算是回答。從國際慣例來看，既然發布「領土不割讓」聲明，卻又主張其主權不受限制，此點在法理上無法成立，所以此宣言事實上使日本領有台灣的行爲上受到俄、德、法三國的制約。但重要的是，當時台灣、澎湖群島雖爲日本新取得的領土，其時尚未受到列強的正式承認。因此，此宣言在法理上即使有所瑕疵，仍可視爲是使列強承認日本對台灣澎湖群島領有權的手段。換言之，該宣言反而具有列強承認日本對台灣、澎湖群島領有權的效果。相同地，上述日本和西班牙間的兩國境界線宣言，即與台灣的領有相關，日本只是向全世界公布其對線南領土不抱野心，[122]但不因此使其台灣領有權受到限制。就此而言，日本領有台灣、澎湖群島一事，在法理上並無任何瑕疵或缺陷。亦即，日本因日清戰爭的結果，透過日清議和的馬關條約，正式自清國割讓取得台灣及澎湖群島，其後再經三國干涉與日西界約，取得列強的承認。此點在後來的華盛頓會議中再度

獲得證實（以上節引自拙著《國際政治史研究》，237-47 頁、261-5 頁；李譯本，230-40 頁、253-7 頁）。

## 第五章註

① 王芸生著／長野勳・波多野乾一譯編《日本外交六十年史》，前揭，83-4頁。

② 申國柱《近代朝鮮外交史研究》，有信堂，1966年，31頁。
外務省編纂《日本外交年表竝主要文書》上，原書房，昭和40年，年表，頁 79。

③ 同上《近代朝鮮外交史研究》，43-57 頁參照。
同上《日本外交年表竝主要文書》上，年表，80-1頁；文書，65-6頁。

④ 田中直吉〈日鮮關係の一斷面──京城壬午の變〉(日本國際政治學會編《日本外交史研究明治時代》有信堂，昭和32年，69-75頁所收參照)。
同上《近代朝鮮外交史研究》，139-53 頁參照。
中華民國開國五十年文獻編纂委員會《列強侵略》㈢，前揭〈第四章〉，127-31 頁參照。

⑤ 同上〈日鮮關係の一斷面──京城壬午の變〉，79-80頁。
同上《近代朝鮮外交史研究》，174-86 頁參照。

⑥ 同上〈日鮮關係の一斷面──京城壬午の變〉，80-2頁。
同上《近代朝鮮外交史研究》，192-205 頁參照。
前揭《列強侵略》㈢，132-9 頁參照。
前揭《日本外交年表竝主要文書》上，文書，90-1 頁。

⑦ 田中直吉〈朝鮮をめぐる國際葛藤の一幕──京城甲申の變〉(《法學志林》，第55卷第二號，法政大學，昭和32年，29-40頁所收參照。)
同上《近代朝鮮外交史研究》，238-52 頁參照。
同上《列強侵略》㈢，159-65 頁參照。
中國史學會主編《中日戰爭》㈠，上海人民出版社，1961年，396-402，419-29 頁；同書㈡，479-96 頁參照。

⑧ 同上〈朝鮮をめぐる國際葛藤の一幕──京城甲申の變〉，46-56頁參照。
同上《近代朝鮮外交史研究》，272-9 頁。

同上，《中日戰爭》（一），464-5 頁。

前揭《日本外交年表竝主要文書》上，文書，101 頁。

⑨ 同上《近代朝鮮外交史研究》，280-4 頁。

同上，《中日戰爭》（一），489-539 頁參照。

同上《日本外交年表竝主要文書》上，文書，103-4 頁。

同上〈朝鮮をめぐる國際葛藤の一幕——京城甲申の變〉，61-71 頁參照。

⑩ 黃正銘《中國外交史》，國立政治大學出版委員會，民國 48 年，161 頁。

同上〈朝鮮をめぐる國際葛藤の一幕——京城甲申の變〉，72 頁。

⑪ 前揭《近代朝鮮外交史研究》，292 頁。

⑫ 同上，307-9 頁。

田保橋潔《日清戰役外交史の研究》，東洋文庫，昭和 26 年，49-50 頁
參照。

⑬ 同上《近代朝鮮外交史研究》，309-16 頁參照。

同上《日清戰役外交史の研究》，51-63 頁參照。

⑭ 同上《近代朝鮮外交史研究》，318-23 頁參照。

同上《日清戰役外交史の研究》，65-8 頁參照。

⑮ 同上《近代朝鮮外交史研究》，323-5 頁參照。

同上《日清戰役外交史の研究》，65-80 頁參照。

⑯ 同上《日清戰役外交史の研究》，24-40 頁參照。

博文館編《日清戰爭實記》第一編，同館，明治 28 年，14-20 頁參照。

⑰ 蔣廷黻編《近代中國外交史資料輯要》中卷，商務印書館，民國 23 年，
493-4 頁。

外務省編纂《日本外交文書》明治年間追補第一冊，日本國際連合協會，
昭和 38 年，510-1 頁。

中國史學會主編《中日戰爭》第二冊，上海人民出版社，1961 年，547 頁。

⑱ 陸奧宗光《蹇蹇錄》，岩波書店，昭和 16 年，6-7 頁。

前揭《日清戰役外交史の研究》，90 頁。

⑲ 姚錫光《東方兵事紀略》，武昌，光緒丁酉（1897 年），援朝篇第二，
51-2 頁。

同上《日清戰役外交史の研究》，91-3 頁。

⑳ 前揭《日本外交文書》明治年間追補第一冊，510-2 頁。

㉑ 前揭《東方兵事紀略》，45-6 頁。

㉒ 前揭《蹇蹇錄》，3-4 頁。

㉓ 前揭《日清戰役外交史の研究》，108-9 頁。

㉔ 前揭《日本外交文書》明治年間追補第一冊，516 頁。

前揭《東方兵事紀略》，46 頁。

㉕ 前揭《日清戰役外交史の研究》，119-31 頁參照。

前揭《近代朝鮮外交史研究》，339 頁。

前揭《列強侵略》㈢，248 頁參照。

㉖ 前揭《日本外交文書》明治年間追補第一冊，517-37 頁參照。

同上《列強侵略》㈢，248-51 頁參照。

前揭《蹇蹇錄》，23-5 頁。

㉗ 同上《蹇蹇錄》，25 頁。

窪田文三《支那外交通史》，三省堂，昭和 3 年，320 頁。

㉘ 同上《支那外交通史》，321 頁。

前揭《近代朝鮮外交史研究》，340 頁。

㉙ 前揭《蹇蹇錄》，48-9 頁。

㉚ 同上，51-3 頁。

前揭《支那外交通史》，323-4 頁。

㉛ 鹿島守之助《日本外交政策の史的考察》，鹿島研究所出版會，昭和 33 年，第五版，18 頁。

㉜ 信夫清三郎《日清戰爭》，福田書房，昭和 9 年，昭和 45 年增補版 (南窓社)，308 頁。

前揭《支那外交通史》，324-5 頁。

㉝ 前揭《中國外交史》，168 頁。

前揭《蹇蹇錄》，56 頁。

前揭《中日戰爭》㈡，593-4 頁。

㉞ 前揭《日清戰役外交史の研究》，230-2 頁。

㉟ 前揭《蹇蹇錄》，57 頁。

前揭《列強侵略》㈢，265 頁。

前揭《中日戰爭》㈡，618 頁。

㊱ 前揭《近代朝鮮外交史研究》，342-3 頁。

前揭《支那外交通史》，325-6 頁。

前揭《中國外交史》，169 頁。

㊲ 前揭《日清戰爭實記》第二編，1-7 頁參照。

前揭《東方兵事紀略》，196-8 頁參照。

前揭《列強侵略》㈢，277 頁參照。

㊳ 同上《日清戰爭實記》第二編，22-32 頁參照。

同上《東方兵事紀略》，59-64 頁參照。
同上《列強侵略》㈢，278-9 頁參照。
㊴ 前揭《日本外交年表竝主要文書》上，154 頁。
同上《列強侵略》㈢，280-2 頁。
㊵ 前揭《日清戰爭實記》第五編，1-35 頁參照。
㊶ 前揭《東方兵事紀略》，70-4 頁。
㊷ 同上，200-7 頁參照。
前揭《日清戰爭實記》第五編，36-48 頁；第六編，5-13 頁參照。
㊸ 前揭《東方兵事紀略》，77-83 頁參照。
同上《日清戰爭實記》第九編，5-10 頁參照。
㊹ 同上《東方兵事紀略》，115-6 頁。
同上《日清戰爭實記》第九編，13-28 頁參照。
㊺ 同上《東方兵事紀略》，118-21 頁參照。
同上《日清戰爭實記》第十編，3-10 頁；第十一編，2-3 頁參照。
㊻ 同上《東方兵事紀略》，121-8 頁參照。
同上《日清戰爭實記》第十一編，22-7 頁參照。
㊼ 同上《東方兵事紀略》，128 頁。
㊽ 同上，129-56 頁參照。
前揭《日清戰爭實記》第十三編，1-22 頁；第十六編，9-16 頁；第十七編，12-9 頁；第十九編，16-30 頁；第二十一編，1-9 頁；第二十二編，3-9 頁；第二十三編，19-34 頁；第二十四編，1-12 頁；第二十五編，1-7、12-21 頁參照。
㊾ 春畝公追頌會《伊藤博文傳》下卷，統正社，昭和 15 年初版，昭和 19 年三版，133-8 頁參照。
㊿ 前揭《日清戰爭實記》第十九編，31 頁；第二十編，18-37 頁參照。
(51) 同上，第十九編，37-42 頁；第二十編，1-10 頁參照。
(52) 同上，第二十編，11-8 頁；第二十一編，9-22 頁參照。
前揭《東方兵事紀略》，215-6 頁參照。
前揭《日清戰役外交史の研究》，359-61 頁參照。
(53) 舊參謀本部編纂《日清戰爭》，德間書店，昭和 41 年，312 頁。
(54) 同上，312-6 頁。
前揭《日清戰爭實記》第二十五編，27-38 頁參照。
(55) 杉山靖憲《台灣名勝舊蹟誌》，台灣總督府，大正 5 年，614-5 頁。
台灣總督府警務局《台灣總督府警察沿革誌》㈡上卷，台灣總督府，昭

和 13 年，17-9 頁；同書蔡伯壎譯《中譯本 (I)》，國立台灣歷史博物館，2008 年，70-4 頁。

(56) 立作太郎博士論行委員會編《立博士外交史論文集》，日本評論社，昭和 21 年，339-40 頁。
衣斐釮吉《遼東還付の由來及眞相》，外交時報社，大正 4 年, 158-9 頁。

(57) Andrew Malozemoff, *Russian Far Eastern Policy*, 1881~1904. University of California Press, 1958. pp.58-9.

(58) Payson J. Treat, *Diplomatic Relations Between the United States and Japan*, 1853~1895. Vol. II. op. cit., p.496.
前揭《日米外交史》，56 頁。

(59) Ibid., p.493.
同上，58 頁。

(60) Ibid., pp.501-2.
同上，同頁。

(61) Ibid., p.502.
阿部光藏〈日清講和と三國干涉〉（日本國際政治學會編《日本外交史研究》日清・日露戰爭，有斐閣，昭和 37 年，53 頁）。

(62) 前揭《伊藤博文傳》下卷，152-3 頁。
前揭《蹇蹇錄》，145-7 頁。

(63) 前揭《中日戰爭》第七冊，490-1 頁。
Hosea Ballou Morse, The International Relations of the Chinese Empire. op. cit., Vol. III, pp.41~2.

(64) Payson J. Treat, op. cit., Vol. II, pp.513-7.
前揭《蹇蹇錄》，174-80 頁。
前揭《日本外交文書》明治年間追補第一冊，564 頁。

(65) John W. Foster, Diplomatic Memoirs. Vol. II, Houghton Mifflin Co., 1910. p.117.
前揭《日清戰役外交史の研究》，429-30 頁。
前揭《日本外交文書》明治年間追補第一冊，565 頁。

(66) Payson J. Treat, op. cit., Vol. II, pp.518-23.
世續等修《大清德宗景皇帝實錄》，第七帙第六冊，大滿州帝國國務院，康德 4 年，卷三百六十，甲午 6 頁。
前揭《伊藤博文傳》下卷，161-3 頁。
故宮博物院編《清光緒朝中日交涉史料》，文海出版社復刻版，民國 21

年，卷三三，50 頁，2692，附件一，「授李鴻章爲日議和頭等全權大臣」。

⑥⑦ 前揭《伊藤博文傳》下卷，163 頁。

小松綠《明治外交秘話》，原書房，昭和 41 年，111 頁。

⑥⑧ 前揭《蹇蹇錄》，188 頁。

⑥⑨ John W. Foster, op. cit., Vol. II, p.129.

前揭《日本外交文書》明治年間追補第一冊，567 頁。

⑦⑩ Ibid., p.146.

前揭《蹇蹇錄》，222 頁。

⑦① 外務省編纂《日本外交文書》，第二十八卷第二冊，日本國際連合協會，昭和 28 年，363-4 頁。

前揭《清光緒朝中日交涉史料》，卷三十八，18-9 頁，2984，「欽差大臣李鴻章奏中日會議和約已成摺」（光緒 21 年 3 月 26 日）。

⑦② Andrew Malozemoff, op. cit., p.59.

⑦③ Krasny Archiv, "First Steps of Russian Imperialism in Far East, 1888~1903." The Chinese Social and Political Science Review, Vol. X VIII, No.2, July, 1943. pp.251~60. Minutes of a meeting of the Special Committee held on February I (January 20), 1895.

ベ・ア・ロマノフ著・ロシア問題研究所譯《露西亞帝國滿州侵略史》，ナウカ社，昭和 9 年，66-8 頁。

⑦④ Ibid., pp.265~72. Minutes of the Meeting of the Special Committee, held March 30 (April 11), 1895.

同上《露西亞帝國滿州侵略史》，71-3 頁。

⑦⑤ ウイッテ著・ロシア問題研究所譯《ウイッテ回想記・日露戰爭と露西亞革命》上卷，ロシア問題研究所，昭和 5 年，50-2 頁。

由於羅巴諾夫外相立場的動搖，使得 4 月 11 日的會議記錄在四天後才呈交尼古拉二世。然而，俄皇事先因不知會議結果，已在前一天就有關法國的對日態度做成裁決，指示「不反對馬關條約，但須要求報酬以作爲代價」。因此，俄皇在接獲會議記錄後深感困擾，而爲「聽取與會者的意見」，特別召開御前會議。結果，俄皇因 1. 由事件當時的文書，證實維德所提爲有力論點；2. 若此事成功，可使日本退出滿洲和朝鮮，俄國可在改訂黑龍江國境、敷設橫貫滿洲的西伯利亞鐵路等條件下，增大將來瓜分中國時的機會，從而同意此項冒險。

同上《露西亞帝國滿州侵略史》，73-8 頁。

⑦⑥ Grosse Politik, Band 9, Nr.2237, s.265.

⑦ 前揭《立博士外交史論文集》，343 頁。

⑱ William L. Langer, The Diplomacy of Imperialism, 1890-1902. Vol.I, Alfred A. Knopf, 1935, p.185.

⑲ 前揭〈日清講和と三國干涉〉，65 頁。

⑳ 神川彥松《近代國際政治史》下卷Ⅱ，前揭，68 頁。
丁名楠等共著《帝國主義侵華史》，第一卷，前揭，312 頁。

㉑ Grosse Politik, Band 9, Nr.2243, s.269.

㉒ 大竹博吉譯《獨帝と露帝の往復書翰》，ロシア問題研究所，昭和 4 年，10-1 頁。

㉓ 矢野仁一《日清役後支那外交史》，東方文化學院京都研究所，昭和 12 年，99 頁。

㉔ 前揭《蹇蹇錄》，226 頁。
前揭《日本外交文書》明治年間追補第一冊，612 頁。

㉕ 德國公使在備忘錄中記載：「日本若與三國交戰將毫無勝算，所以不得不接受三國的勸告。」然而，此內容僅爲該公使忠實傳述本國訓令之言，而非他個人獨斷的意見。
Baron Rosen, Forty Years of Diplomacy. Vol. I, Alfred, A. Knopf, N.Y., 1922, p.138.
王光祈譯〈三國干涉還遼秘聞〉(前揭《列強侵略》㈢、507-11 頁有詳述)。

㉖ 前揭《蹇蹇錄》，226-42 頁參照。
前揭《日清役後支那外交史》，132-8 頁。

㉗ Hosea Ballou Morse, op. cit., Vol.III, p. 47.
John W. Foster, op. cit., Vol.II, p.151.

㉘ 伊藤博文編《機密日清戰爭》，原書房，昭和 42 年，312 頁。
前揭《蹇蹇錄》，242 頁。

㉙ 前揭《日清戰役外交史の研究》，544 頁。

㉚ 同上，533-54 頁參照。

㉛ 春山行夫《台灣風物誌》，生活社，昭和 17 年，303-4 頁。
ヘディン著，高山洋吉譯《リヒトホーフェン傳》，慶應書房，昭和 16 年，11、114 頁。
李希霍芬自淡水上陸，觀察附近一帶地質，而提出「台灣北岸之山脈結構」報告，並發表於 1860 年的德國地質學雜誌。此爲研究台灣地質的嚆矢。

㉜ Albrecht Wirth, 周學普譯《台灣之歷史》，前揭，57 頁。

Robert Swinhoe, H. B. Morse, "General Description of the Island of Formosa." Chinese and Japanese repository, Vol.II, April 1, 1865. pp.170-1.

⑨ ルードウィヒ・リース著，吉國藤吉譯《台灣島史》，前揭，151 頁。
同上《台灣之歷史》，57-8 頁。

⑨ E・M・ジューコフ等共著，相田重夫等共譯《極東國際政治史》上卷，平凡社，昭和 32 年，130 頁。

⑨ 草野茂松等編《蘇峰文選》，民友社，大正 5 年七版，311 頁。
英國之所以對日本的據台野心深感不安，並因列強中只有英國在台設有領事館，當時英國幾乎獨占台灣對外貿易。
F. Q. Quo, "British Diplomacy and the Cession of Formosa, 1849~95." Modern Asia Studies, Vol.II, No.2, April 1968. p.144.

⑨ 王光祈譯〈干涉還遼之德方記錄〉（前揭《列強侵略》㈡，483 頁所收參照。）
前揭《立博士外交史論文集》，363 頁。

⑨ Grosse Politik, Band 9, Nr.2221, s.248.

⑨ Grosse Politik, Band 9, Nr.2222, ss.248-50.

⑨ F. Q. Quo, loc. cit., p.148, note 21.

⑩ The Foreign Office Records, F.O.46/458, pp.101,111. Memorandum drawn up by the Deputation of Notables at the Interview between Governor Tang and Acting Consul Hopkins in the Governor's Yamen, at Taipeh, on the 20th April 1895.

⑩ 前揭《機密日清戰爭》，408 頁。

⑩ 藤清太郎《露國の東亞政策》，岩波書店，昭和 8 年，7-10 頁。
前揭《極東國際政治史》上卷，38-9 頁。

⑩ 同上《露國の東亞政策》，10-1 頁。
同上《極東國際政治史》上卷，40 頁。

⑩ Prince A. Lobano-Rostovsky, Russia and Asia. The Macmillan Co., N.Y., 1993. pp.217-8.

⑩ Anbrew Malozemoff, op. cit., p.52.

⑩ 王彥威編《清季外交史料》，民國 21 年，卷一〇七，20-1 頁、「署江督張之洞奏押款保台如以爲可當遵旨再電釁許兩使電」（光緒 21 年 2 月 13 日）。

⑩ 張之洞《張文襄公全集》，北平，民國 17 年，卷七十八，電奏六，「致總署」（光緒 21 年 4 月 2 日辰刻），卷一四五，電牘二十四，「致俄京許欽差」（光緒 21 年 4 月 25、26 日），「許欽差來電」（4 月 27 日甲刻）。

⑩ 伊能嘉矩《台灣文化志》下卷，990-1 頁。

⑩ Krasny Archiv, op. cit., pp. 263-4. The most Devoted Note of the Minister of Foreign Affair, April 2/14, 1895.

⑩ 前揭《張文襄公全集》，卷一四四，電牘二十三，「致巴黎王欽差」（光緒 21 年 3 月 29 日卯刻）。

前揭《清季外交史料》，卷一一〇、23-4 頁，「署江督張之洞致總署台灣民變正合西例可冀西洋各國動聽電」（附旨二件）、（4 月 13 日）。

⑪ 翁同龢《翁文恭公日記》，民國 14 年影印（國會圖書館，幣原平和文庫藏），三十四冊，乙末 36-7 頁，4 月 10 日（陽曆 5 月 4 日）。

參照前揭《大清德宗景皇帝實錄》，第七帙第七冊，卷三百六十五、壬子 9 頁，卷三百六十六，癸亥 10 頁。

參照前揭《日支外交六十年史》第三卷，291-2 頁。

⑫ 吳德功〈讓台記〉（台灣文獻叢刊第五十七種《割台三記》，台灣銀行復刻版，民國 48 年，35 頁所收）。

前揭《台灣文化志》下卷，991 頁。

前揭《清季外交史料》，卷一一二，頁「總署與法使商保台事問答筆錄」（光緒 21 年 4 月 17 日）。

⑬ Grosse Politik, Band 9, Nr.2260, s.284. ss.290-2.

⑭ Ibid., Nr.2275, s.300.

⑮ 前揭《機密日清戰爭》，438-44 頁。

⑯ Grosse Politik, Band 9, Nr.2269, ss.292-3.

⑰ 前揭《日本外交文書》第二十八卷第一冊，296-8 頁。

⑱ 前揭〈台灣之歷史〉，83 頁。

⑲ 例如，眾議員尾崎行雄即於第九屆帝國議會中批評政府。他說：「據我等所聞，關於帝國因戰勝而得之台灣及澎湖島海域，竟與他國締約允諾自由交通之權。此事究係因何發生？我國歸還遼東時未附帶任何條件，何以反而對取得之領土要附加束縛我國權利之條件？此種不利於帝國利益及體面之事，竊以為不應為外務省所為。」

內閣官報局《第九回帝國議會眾議院議事速記錄》，明治 28-9 年，第十八號，明治 29 年 2 月，241 頁。

⑳ 內閣官報局《第九回帝國議會貴族院議事速記錄》，明治 28-9 年，第十號，明治 29 年 2 月，133 頁。

㉑ 同上，第三十五號，明治 29 年 3 月，403 頁。

㉒ 入江寅次《明治南進史稿》，井田書店，昭和 18 年，298 頁。

# 第六章

## 反對台灣割讓與
## 台灣民主國存亡始末

# 第一節 反對割台運動的經緯

## 一、清廷內部對和議與割台的葛藤

關於日本取得台灣導致列強發生齟齬一事，已如前述。但清廷內部在同一時期對割讓台灣，卻亦因此產生許多曲折的過程。自日清開戰到割讓遼東半島、台澎的和約成立，清廷內部的意見對立，並非在講和問題之後才發生。追其根源，實可溯及更早的光緒帝派與西太后（孝欽皇太后）派的權力鬥爭。[1]

蓋如周知，清末 50 年的最高權力者爲西太后。她打破慣例，把年僅四歲的外甥載湉（幼名）立爲光緒帝，其目的不外是主幼便於垂簾聽政。因此，即使 13 年後（1887 年），光緒帝親政，政治權力依舊仍然操在西太后手中。凡國家的重要政令，甚至人事行政都得仰乞太后的懿旨裁決。然而，隨著光緒帝的成長，推動皇帝主政的勢力亦逐漸培育出來；其核心人物是軍機大臣戶部尙書翁同龢（國師）、禮部尙書李鴻藻。一方面，深獲西太后寵信的是李鴻章；他投入巨款創建並統率北洋艦隊，既是大學士、又任北洋大臣、直隸總督，擁有軍、政、外交的絕大權力。光緒帝親政以後，帝黨與后黨的關係，逐漸惡化，政策方面亦事事對立衝突。[2]

日清兩國在朝鮮紛爭激化之時，光緒帝以下，翁同龢、李鴻藻等人均主張對日開戰。可是李鴻章、軍機大臣徐用儀（兼吏部左侍郎、總理衙門大臣）、孫毓汶（兼任兵部尙書、總理衙門大臣）等主和派的人，卻因爲對戰事無勝利的把握；而且開戰恐將影響西太后 6 旬還曆（1894 年 11 月 7 日、陰曆 10 月 10 日）的大慶，所以

極力避戰，以求列強調停。結果，主戰論者受到主和論者的牽制，直至列強調解失敗，日清艦隊在牙山附近豐島海域發生遭遇戰（1894 年 7 月 25 日），並於成歡、牙山發生戰鬥（1894 年 7 月 29 日），清廷才於 1894 年 8 月 1 日（光緒 20 年 7 月 1 日）正式向日本宣戰（前述）。其時，掌理財政的翁同龢曾停止支付西太后宮殿頤和園的興建費，將此款項移轉爲戰費的使用。總之，有如范文瀾的論述：「帝黨主張開戰是爲了透過戰爭削弱后黨之勢力，而后黨主張和平，則是意圖保存自己之勢力。」③

　　一方面，隨著戰爭的推移，由李鴻章所率領的北洋陸、海兩軍均慘敗塗地；導致李鴻章北洋大臣及直隸總督之位被革職留任，促使光緒帝派的勢力略有增長。不過，李鴻章仍保留文華殿大學士，而主和派的首要人物徐用儀、孫毓汶則依然留任軍機大臣，且所兼的要職亦未被變動。因此，主和派在背後有最高權力者西太后的撐腰之下，其勢力未嘗動搖。④

　　不久，由李鴻章主導的日清和議，經美國從中斡旋，開始在日本下關春帆樓談判。1895 年 4 月 17 日（光緒 21 年 3 月 23 日），如上述，日清馬關和約成立，李鴻章於翌日歸國。其時，俄、德法三國已起而干涉，清廷對於和約應否批准，議論紛紛。主戰派光緒帝的親信侍讀學士文廷式（帝妃之兄）、翰林院編修黃紹箕以及丁立鈞等人，乃首先發起反對整個講和條約，並奏請光緒帝廢除該約，停止批准。隨後，各地向清廷上奏反對者達 140 件，連署人數達數千人。包括都察院御史、內閣大學士、六部（吏、戶、禮、兵、刑、工）中堅官吏、地方舉人，以及多達半數以上的巡撫與總督。是時，適值會試之年，康有爲約集當時在京準備參加會試的 18 省舉人 1,200 名召開大會。後來由參加大會的 603 人聯名上奏，主張廢除講和條約，並要求對時政的根本改革，這就是

有名的「公車上書」(舉人赴北京會試,謂之公車)。⑤

　　綜觀反對和約的基調,大致稱遼東靠近北京,若割予日本,無異自斷咽喉;且奉天為皇祖之陵,割讓遼東乃攸關社稷存亡。而台灣不但物產豐富,也是華南七省門戶,若將之割讓,必陷華南一帶於險境。尤有甚者,日本為蕞爾小國,遽予割讓領土,則日後對列強將無所處置。鑒於俄、法、英等國,正分別窺視滿州、廣西、西藏、廣東的現狀,割讓領土,徒使清國遭到瓜分的災難。此外,龐大的對日賠款,將陷國家財政於癱瘓,使國家衰敗。是則,與其講和割地賠款,毋寧將賠款之一部分移用於國防,繼續進行持久戰,以待小國日本疲憊。⑥

　　相對於講和反對者的主張,和約派尤其是實際領導北洋陸海軍隊跟日本作戰的李鴻章而言,他深知清國已無力再對抗日本。倘若戰爭繼續進行,已布好陣勢的日軍,將直衝京城,屆時清王朝本身恐將不保。因此,儘管講和條約割地賠款,也只有忍受。特別是三國干涉還遼之後,「區區小島台灣」,怎可「自我屢翻」,以誤京畿之安全、國家之大計?事實上,那些反對講和慷慨激昂者,大抵都只是書生之輩,或沒實際參與戰爭,意見多迂闊之流的地方督撫而已。所以這些反對意見,除具有向執政者譴責之意,對中央的決策,實亦起不了太大的作用。最後,割台賠款的和議,縱使帝黨、包括光緒帝本人,亦都默認批准捺印。⑦

　　另一方面,從日清戰爭開始,清官憲之中,最關心台灣且給予種種支援者,實僅南洋大臣、署兩江總督張之洞一人。張之洞與台灣巡撫唐景崧是師徒關係,所以對台灣的關心有其個人感情的一面。同時身負華南防備責任的南洋大臣,對台灣地理位置的重要性,也較具深刻的認識。因此,早在 1894 年 11 月 14 日 (光緒 20 年 10 月 17 日),風聞法國有意調停日清兩國爭端時,日本即

有要求割讓台灣之事。張之洞乃立刻電詢北洋大臣李鴻章，確認傳聞的眞僞，並強調萬不可放棄台灣。其電文要旨如下：

「傳聞法國調停，倭索台灣並費千萬等語，不知確否？竊謂台灣萬不可棄，從此爲倭傳翼北自遼、南至粵，永無安枕；且中國水師、運船，終年受其挾制，何以再圖自強？台灣每年出產二百萬，所失更不可數計；不如不爭高麗，倭亦不能獨吞也。鄙意與其失地，賠費求和於倭，不如設法乞援於英、俄，餌以商務利益。英、俄本強我，雖喫虧於英、俄而不屈於倭，中國大局尚無礙，兵威亦尚未損，猶可再圖自強雪恥之策；似與古語『遠交近攻』之義相合。總之，與倭和而不能索地最妥。如必索地，則無他事中國如何喫虧，總勝於棄台灣與倭矣。」⑧

同樣的電文（含義較具體），在 1895 年 2 月 28 日（光緒 21 年 2 月 4 日），當李鴻章自天津準備出發前往日本和談之時，張之洞再電李鴻章，除了強調台灣地位之重要和物產豐富之外，並重新提出「遠交近攻」的「權宜救急」之策。其要旨即：「竊謂此時正可就外洋豔羨之意，另設一權宜救急之法，似可與英公使、外部商之，即向英借款二、三千萬，以台灣作保；台灣既以保借款，英必不肯任倭人盜踞，英自必以兵輪保衛台灣，台防可紓。如照此辦法，英尚不肯爲我保台灣，則更有一策：除借巨款外，並許英在台灣開鑛一、二十年。此乃於英國有大益之事，必肯保台灣矣。總之，英遠倭近，所謂『遠交近攻』，此理確然不易。」⑨

不過，越二日，李鴻章於同年 3 月 2 日（光緒 21 年 2 月 6 日），上京秘密謁見西太后時，卻獲准「議以遼東或台灣予之；如不肯，

則兩處均予。」對此，反對派的軍機大臣翁同龢於同日日記中稱：「並與李鴻章晤談至深夜。李氏言及割地之事，余強日並無割台之理。」惟最後仍以「宗社爲重，邊徼爲輕」，台灣被割讓的命運就此決定，再也無法挽回。⑩隨後，和議簽定，台灣被割讓，張之洞雖仍屢次嘗試與英、俄、法等國周旋，尋求台灣之保護，但終歸失敗（前述）。

## 二、台灣內部對割讓的反應

日清在朝鮮的爭議喫緊，戰爭即將爆發之際，清廷因爲 1874 年「琉球事件」，日本曾藉口出兵台灣，所以深恐日本再次乘機進窺台灣。乃於 1894 年 7 月 24 日（光緒 20 年 6 月 22 日），電令廣東南澳鎮總兵劉永福和福建水師提督楊岐珍迅速帶兵渡台，會商邵友濂巡撫，布置台灣的防務。時台灣的兵力，因爲邵友濂巡撫屢將其撤回大陸，在台灣的兵力大爲減弱，約僅有 20 營左右。⑪

同年 8 月（陰曆 7 月），劉永福率廣勇 2 營至台南；其後在廣東更增募 4 營成 6 營，仍稱黑旗軍。另同年 9 月（陰曆 8 月），楊岐珍亦率所部 10 營至台北，皆新募未練之兵。與此同時，邵巡撫任命北部富紳林維源爲會辦，另募團練 2 營；又命台灣士紳丘逢甲招集義勇，據說約有 30 營左右，以助防務。於是，邵巡撫重新部署提督張兆連統 13 營駐基隆守砲台；道員林朝棟統台勇守獅球嶺，以固台北之隘；提督李本清統 7 營駐滬尾，後以廖得勝代之；台灣主事丘逢甲率新募土勇駐守新竹、彰化；而台南悉委劉永福調度。至於澎湖則由總兵周鎮邦率練勇 8 營駐防；復命候補知府朱上泮以 4 營協守。⑫

然而，由於巡撫邵友濂不諳軍事，屢與布政使唐景崧發生爭

執，又聞援韓諸將潰敗，鳳凰城、九連諸城相繼不守，慮兵禍
將及台灣，大懼，徘徊思去。清廷察知此事，體諒其意，遂於
1894 年 10 月 13 日（光緒 20 年 9 月 15 日），下旨調邵友濂署湖南
巡撫，布政使唐景崧接任台灣巡撫。⑬

　　唐景崧署台灣巡撫之後，清軍北方戰事節節敗退。1895 年 2
月 17 日，北洋艦隊覆滅，威海衛、劉公島失陷。日軍有直衝京
畿之勢，清廷無力再戰，決意求和。時如上述，割台之議已有風
聞，唐景崧乃於 1895 年 3 月 2 日（陰曆 2 月 6 日），電告清廷表達
台民的驚憤。

　　「近日海外紛傳，倭必攻台；又聞將開和議，倭必索台。
明知謠傳無據，朝廷亦斷不肯許人，無如台民驚憤，浮議譁
然，深恐視台如漢之珠厓（崖）者；百端諭解，莫釋羣疑。」⑭
（事實上，當日西太后密下懿旨，允准李鴻章割讓台灣。）

　　1895 年 3 月 19 日（光緒 21 年 2 月 23 日），清講和代表自天
津出發，到達日本下關。20 日，日清雙方正式展開第一次會談。
李鴻章向日方代表伊藤博文首相提出停戰的要求，但被伊藤拒
絕。蓋因此時日本已派遣南方聯合艦隊，載搭陸軍比志島義輝大
佐所率領的混成支隊步兵三營，前往澎湖，準備搶先占領澎湖，
造成既成事實，以做為講和對台要求割讓談判的資本。3 月 23 日，
日軍登陸澎湖，迄 26 日完全占領該島。期間 3 月 24 日，伊藤在
第三次會談時，才告知李鴻章，日軍已開始向台灣方面展開作戰
之事。然而，在第三次會談當晚，李鴻章自春帆樓返回旅館途中，
突然受到日本暴徒暗襲，身負重傷。日本深感歉意，並提出相當
的讓步。亦即 3 月 28 日，經由日本內閣會議，允諾李氏最初所

提無條件停戰的要求，3月30日，簽定停戰協約，但聲明停戰區不包括台澎。⑮

　　當日軍攻占澎湖及停戰協定不包括台澎地區的消息傳開後，台灣士紳馬上於1895年4月1日（陰3月7日），向唐景崧巡撫及台灣首富清國二品官太僕卿林維源提出抗議，表示「停戰不在列，洋行得信喧傳，台民憤駭。謂北停戰，台獨不停，是任倭以全力攻台；台民何辜，致遭岐視？」並稱「戰則俱戰，停則俱停。」⑯

　　對此，清廷辯稱：「況停戰並無多日，彼兵之在奉天與游弋津沽各海口者依然不減，並非他處盡撤，而全力攻台也。朝廷注念該處孤懸海外，援應維艱，宵旰憂虞，自去歲至今，無時少釋。」同時命令唐景崧「將以上所諭，剴切宣示，激勵將士，開導紳民，敵愾同仇，力圖捍禦。」⑰

　　儘管如此隱瞞實情，欺騙台民，但日本在講和談判中要求割讓台灣的消息，頻頻透過洋行傳出。驚愕不已的唐景崧向清廷詢問原委真相，清廷卻避而不答。1895年4月17日，唐巡撫由素與他保持密切聯絡的南洋大臣張之洞的通報，得知當日已簽定和約，且含有台灣被割讓的條款。唐巡撫的苦惱，真是不言可諭。⑱

　　一方面，台灣士紳義勇軍統領丘逢甲等人，亦得知台灣被割讓之後，於次日（18日），拜會唐巡撫託其向清廷，代奏一封台人堅決主張抗戰的電文，其意如下：

　　「和議割台，全台震駭。自聞警以來，台民慨輸餉械，不
　顧身家，無負朝廷列聖深仁厚澤。二百餘年，所以養人心，正
　士氣，爲我皇上今日之用，何忍棄之？全台非澎湖之比，何至

不能一戰，臣等桑梓之地，義興存亡，願與撫臣，誓死守禦。設戰而不勝，請俟臣等死後再言割地，皇上亦可上對祖宗，下對百姓。如日酋來收台灣，台民惟有開仗。」[19]

在此順便一提，丘逢甲出生於台灣府苗栗縣銅羅灣 (1864年月11日28生)，長大後移居彰化縣，祖籍廣東鎮平。年少時既擅長詩文。光緒3年14歲，受知於台撫兼學使丁日昌，童子試全台第一名，年亦最幼，被贈譽為「東寧才子」。光緒13年 (1887年)，師事台灣道唐景崧，專攻舉子業。光緒14年 (1888年) 赴福州應鄉試，中式31名舉人。光緒15年 (1889年) 赴北京會試，中式81名進士，被欽點工部主事虞衡司 (時年26歲)。惟未上任前，即辭官返台，致力於教育工作，擔任台中宏文書院、嘉義羅山書院、台南崇文書院主講。日清戰爭爆發後，即被唐景崧推薦任台南義勇軍統領，時年31歲。旋如下述，其對「台灣民主國」的創立，是最大原動力之一。[20]

總之，台灣士紳向清廷抗議後之4月19日，唐巡撫正式從總理衙門的來電中，獲得割讓台灣的消息。該電文稱：「割台係萬不得已之舉；台灣雖重，比之京師則台灣為輕；倘敵人乘勝直攻大沽，則京師危在旦夕。又台灣孤懸海外，終久不能守。」並稱：「百姓願內渡者聽之，兩年內不內渡者，作為日本人，改衣冠。」同時命令唐巡撫出示曉諭，謂：「交割時須極力保護，並諭百姓切勿滋生事端。」對此電文，時任刑部主事的俞明震 (唐巡撫心腹之一) 酷評：「總署令喻台民不可滋生事端，並無一語『撫卹』；故台灣紳民，均憤恨願入英籍。」[21]

據黃昭堂教授的研究，此總署致唐景崧的割台電文，僅見於俞明震〈台灣八日記〉的節錄電文裡，其他清文獻均未見收

錄。㉒筆者猜：諒恐後人指責、酷評，而不敢收錄。

就這樣，割台全面曝光，台灣上下階層皆悲憤莫名。4月20日，台人為反對割台而罷工、罷市，民眾甚至企圖攻占財務局。在此種情況下，中部、北部有力士紳再訪唐巡撫，強硬抗議割讓台灣，同時請求英代理領事霍普金斯在台灣實施信託統治。此點已於前述。至此，唐巡撫已感受到生命危險，暗中準備撤回清國。同日，他除了委請霍普金斯把政府的不動產轉賣給英商，並希望將其私人財產60萬兩大銀運往大陸。但結果，因為受民眾監視，英商不敢購置政府的不動產；其私人的財物，亦暫時無法偷運。㉓

4月21日，台灣士紳再三拜訪唐巡撫，指責台灣人被出賣，並迫其禁止官吏及家屬離台；所有財物、武器均不得運出台灣，必須留下供抗日之用。滬尾砲台的軍隊更揚言，無論英國或其他外國船隻，如有偷運財物出境的嫌疑，都將開火射擊。即使巡撫自己要逃走，也要開砲攔阻。這也許是因為此時，外面已風聞巡撫將攜帶私財逃亡的消息所致。不過，唯一的例外，就是允許80歲高齡的巡撫母親，可逕行內渡。㉔

然而，4月22日（陰曆3月28日），當唐景崧的侍衛要護送唐母行李出城時，卻被什長李文奎（或稱魁）十餘名黨徒，誤以為是官吏要將財物運出而發生衝突。暴亂的黨首李文奎竟然率眾襲擊撫署，除了殺害中軍方元良之外，另殺傷計30餘名的衙門侍衛及無辜的市民。可是，對此事變，唐巡撫不僅不敢議處，反而安撫李文奎，並將其加昇為充營官，另募緝捕一營至基隆方面駐屯。㉕

事變的發生，唐巡撫雖於即日電奏總署，但並未將實情全奏，僅稱：「亂民已起，本日午刻省城搶劫，砍斃撫標中軍方良

元，鎗斃平民十餘人。」又於 4 月 25 日 (陰曆 4 月 1 日)，電稱：「(3月) 28 日，竟在市中搶劫，中軍方良元出往鎮壓，倉卒被戕，亂民闖入臣署，親兵閉門抵抗，臣與刑部主事俞明震、縣丞彭恒祖親出喝散，提臣楊岐珍亦率部彈壓。」另外，在這些電文中，唐巡撫竟亦悲傷地嗟嘆：「臣恐為軍民刼留，無死所矣！」㉖至此，巡撫的權威盡失，軍隊亂紀，城中的居民更惶惶不安。在這種幾近於無政府、無秩序的情況下，外國政府甚至只好以自己的武力來保護僑民。㉗

　　正當台灣開始動盪，近乎絕望之際，4 月 23 日，如上述，俄、德、法三國公使在東京正式向日本政府提出反對日本割取遼東半島的抗議書。此項消息，不僅使清國民心大振，誤以為已得到國際上奧援，主張毀約再戰的聲浪升高。同時在台灣也認為三國干涉是個大好的轉機。因此，4 月 27 日 (陰曆 4 月 3 日)，台灣士紳更引用「國際公法」反對割讓，強請唐巡撫向清廷代奏如下的血書。

　　「萬民誓不服倭，割亦死、拒亦死，寧先死於亂民手、不願死於倭人手。現聞各國阻緩換約，皇太后、皇上及眾廷臣倘不乘此將『割地』一條刪除，則是安心棄我台民，台民已矣！朝廷失人心，何以治天下？查『公法會通』第二百八十六章有云：『割地須商居民能順從與否？』又云：『民必順從，方得視為易主』等語；務求廢約，請諸國公議，派兵輪相助。並求皇上一言，以慰眾志而遏亂萌。迫切萬分，哀號待命。」㉘

　　不過，相對於台灣士紳如此悲憤填胸、慷慨激昂之情；唐景崧同日別件奏呈，卻再三表明自己被「刼留」的不滿，並譴稱：「愚民惟知留臣與劉永福在此，即可為民作主，不至亂生。劉永福亦

慨慷自任；臣雖知不可為，而屆時為民刦留，不能自主，有死而已！」㉙

又唐巡撫代台灣士紳致電總署的翌日，台籍京官戶部主事葉題雁、翰林院庶吉士李清琦、台灣安平縣舉人汪春源、嘉義縣舉人羅秀惠、淡水縣舉人黃宗鼎等人，亦聯名向都察院，遞呈堅決反對割台的壯烈聲明。其要旨如下：

「今者聞朝廷割棄台地以與倭人，而全台赤子誓不與倭人俱生，勢必至矢亡援絕，數千百萬生靈盡歸糜爛而後已。但以議者必謂統籌大局，則京畿為重，海疆為輕故也。不知棄此數千百萬生靈於仇讐之手，則天下人心必將瓦解，此後誰肯為皇上出力乎！大局必有不可問者，不止京畿已也。

夫以全台之地使之戰而陷，全台之民使之戰而亡，為皇上赤子，雖肝腦塗地而無所悔。或謂朝廷不忍台民罹於鋒鏑，為此萬不得已之舉。然倭人仇視吾民，此後必遭荼毒。與其生為降虜，不如死為義民。或又謂徙民內地尚可生全。然祖宗墳墓，豈忍捨之而去？田園廬舍，誰能舍，誰能挈之而奔？縱使子身內渡，而數千里戶口又將何地以處之？此台民所以萬死不願一生者也。

職等生長海濱，極知台民忠勇可用。統計全台防勇一百二十餘營，義勇番丁五、六十營，軍火糧械可支半年，倭人未必遽能逞志。但求朝廷勿棄以予敵，則台地軍民必能舍死忘生，為國効命。」㉚

如是，三國干涉在台灣確實也激起了一些波浪。但在同年5月5日，日本正式向俄、德、法三國公使，提出接受放棄遼東半

島之後，5 月 8 日，日清兩國在俄、德的勸告下，完成交換和約批准書。從此，不只清官憲，清廷本身亦無權再置喙台灣之事務。台灣的紳民，最後也覺悟到萬事唯有反求諸己。於是，「台灣民主國」遂「應運而生」。台人尋求獨立的苦難，亦隨之展開。

# 第二節　台灣民主國的創立及其潰滅

## 一、台灣民主國創立過程

　　三國干涉的結果，並沒有改變台灣被割讓的命運。台灣士紳以丘逢甲為首，乃決意尋求獨立自主，期能自救。早在 1895 年 4 月 19 日（光緒 21 年 3 月 25 日），亦即當李鴻章與伊藤博文等人，簽署日清講和條約(馬關條約)的第二日，丘逢甲與進士二人、舉人三人、以及萬華的富豪、中南部的士紳等共二百餘人，曾集會於萬華，討論台灣被割讓的對策。其時眾人主張，清廷既然拋棄台灣，今後台人要對誰忠誠，應該由台人自己來決定。㉛

　　這種主張不久就具現在上述 4 月 27 日，丘逢甲等士紳向清廷所發出的「血書」電文裡，「依據國際法上之規定，領土割讓須得住民同意」，從而反對台灣被割讓。其時，士紳間既有探討台灣之獨立，以及敦請各國保護的事宜。如是，在丘逢甲的再三努力之下，據霍普金斯英國淡水代理領事向北京歐格納公使的報告，5 月上旬，在新竹一帶獨立運動已大有進展，同時眾人亦都推舉丘逢甲為獨立運動的領導人。㉜

　　1895 年 5 月 15 日（陰曆 4 月 21 日），在愍惠列強干涉台灣完全絕望之後，唐巡撫終於與台灣士紳達成一項協議，發布一篇〈台民布告〉，表明台民之獨立意圖，誓死不願拱手讓台；並積極

地呼籲海外各國若承認台灣之獨立，且援助防衛台灣，則一切金礦、煤礦以及可墾田、可建屋之地，均願租借。茲錄其要旨如下：

「查全台前後山二千餘里，生靈千萬，打牲防番，家有火器，敢戰之士，一呼百萬。又有防軍四萬人，豈甘俯首事仇？今已無天可籲，無人肯援，台民惟有自主，推擁賢者權攝台政。事平之後，當再請命中朝，作何辦理。倘日本具有天良，不忍相強，台民亦願全和局，與以利益。惟台灣土地政令非他人所能干預，設以干戈從事，台民惟集萬眾禦之。願人人戰死而失台，決不願拱手而讓台。並再布告海外各國，如有認台灣自主，公同衛助，所有台灣金礦、煤礦以及可墾田、可建屋之地，一概租與開闢，均霑利益。台民欲盡棄田里，則內渡後無家可歸，欲隱忍偷生，實無顏以對天下。因此槌胸泣血，萬眾一心，誓同死守。」[33]

5月15日，台灣民眾又以「全台紳民」名義，向總理衙門、北洋大臣、閩浙總督、福建藩台及全台官憲發出如下「獨立建國」通電：

「敬稟者：台灣屬倭，萬民不服，迭請唐撫院代奏台民下情而事難挽回。如赤子之失父母，悲慘曷極。伏查台灣為朝廷棄地，百姓無依，惟有死守，據為島國，遙戴皇靈，為南洋屏藩。惟須有人統率，眾議堅留唐撫台仍理台事，並留防務幫辦劉永福鎮守台南。」[34]

5月16日（陰曆4月22日），唐巡撫下令，凡官吏、將士欲

內渡者，須於 5 月 27 日（陰曆 5 月 4 日）前啓程。若逾時求去者，將以軍法論處。惟願留職任用者，其薪水將加倍。5 月 20 日，清廷接獲台灣要獨立的訊息之後，因爲深恐唐景崧，以「一隅誤大局」，並要向各國表明清廷與台灣自主無關。乃下令唐巡撫「著即開缺來京陛見」，同時亦命令在台大小文武各官內渡。於是，省會道府縣官，相繼納印去；包括布政使顧肇熙、台灣鎮總兵萬國本、台灣道陳文騄，甚至爲防衛台灣而來的福建提督楊岐珍也率兵內渡去了。㉟

　　正當台灣上下焦躁混亂之際，5 月 19 日，引頸以待的法國軍艦終於來台訪問，不過只是一艘巡洋艦美檔（Beautemps Beaupré）號而已。5 月 21 日（陰曆 4 月 27 日），二名法國軍官上陸拜訪唐巡撫，進行會談。其時法國軍官告訴唐巡撫，指清國若欲收回領土極爲困難，但欲保護台灣人民則較容易。因此，建議唐巡撫「台灣必須獨立，必須擁有自主權。」㊱對法國軍官的鼓舞，唐巡撫、陳季同等人燃起了新希望。同日，陳季同及台灣士紳丘逢甲、林朝棟、陳儒林等人，集結台北紳商，同赴巡撫衙門向唐景崧上表獻賀，敦請其就任大總統。㊲5 月 23 日（陰曆 4 月 29 日），台人遂發表〈台灣民主國獨立宣言〉，並預告將於 5 月 25 日（陰曆 5 月 2 日）上午九時，舉行唐景崧總統就任儀式。其宣言大意如下：

「照得日本欺凌中國，索台灣一島，台民兩次電奏，勢難挽回。知倭奴不日，即將攻入。吾等如甘受，則吾土吾鄉將歸夷狄所有。如不甘受，防備不足，恐難持久。雖屢與列強折衝，無人肯援，台民惟有自主。台民願人人戰死而失台，決不願拱手而讓台。現今，台民公議自立爲民主之國。國務決定由公民

公選官吏運作。爲達此計劃且抵抗倭奴侵略，新政府機構中樞必須有人主持，以確保鄉里的安全。巡撫承宣布政使唐景崧，夙爲人敬仰，故大會決定推舉爲台灣民主國總統。總統之官印業已刻成，將於5月初二日巳時（陽5月25日上午九時），由全台灣紳民恭獻。當日拂曉，士農工商務必齊集籌防局，舉行隆重嚴肅地開國典禮。乞勿遲誤！

全台人民公告」[38]

　　5月24日，獨立宣言與英文譯本送交在台各國領事館。同時又附上一封以台灣紳民名義發出的書簡，再度表明台灣即將成爲共和國，必然促進與列國貿易、加強國家緊密化。希望各國能給予台灣民主國的承認。[39]5月25日，按照預先的通知，台灣紳民如期地舉行獨立儀式。據稱當天代表們先於營盤頂集合後，由樂隊爲前導，進行慶祝大遊行。遊行的路線經由北皮寮、龍山寺、新店頭、舊街、直街仔、草店尾、祖師廟、新起店，過了河溝由西門城到撫台街。遊行的行列依次是，藍地黃虎旗、旗牌執事、四腳亭（置放總統印，由秀才擔扛）、大鑼、地方代表、進士、舉人、士紳。[40]如是，隊伍至巡撫衙門之後，台灣士紳以丘逢甲爲首、林朝棟、陳儒林及陳季同等人，將鑴有「台灣民主國總統之印」的金印及藍地黃虎旗呈獻唐景崧。其時唐巡撫著清官服出，遙向北方清廷行九叩禮，旋受任，大聲而哭。[41]

　　就這樣，唐景崧戲劇性的上任台灣民主國總統；亞洲第一個採取共和制的國家正式誕生。但爲表明不敢違背清廷，年號定爲「永清」。於是，台灣首府之台北，就變成台灣民主國的首都。當日，巡撫衙門懸掛「藍地黃虎」的新國旗，基隆砲台亦升掛新旗，並發出21響禮砲。[42]又唐景崧行過上任總統儀式之後，正式以

「台灣民主國總統」的名義，以及使用「永清」的年號，首次向全台人民發表如下的文告：

> 「照得日本欺凌中國，大肆要求。此次馬關議款，於賠償兵費之外，復索台灣一島。台民忠義，不肯俯首事仇。屢次懇求代奏免割，而中國欲昭大信，未允改約。全台士民不勝悲憤。當此無天可籲，無主可依，台民公議自立為民主之國。以為事關軍國，須人主持中壼。於 4 月 22 日，士民公集本衙門，遞呈請余暫統政事。經余再三推讓，復於 4 月 27 日相率環籲。5 月 2 日，公同刊刻印信。文曰：台灣民主國總統之印。換用國旗藍地黃虎，捧送前來。竊見眾志已堅，群情難拂，不得已為保民起見，俯如所請，允暫視事。即日議定改台灣為民主之國。國中新政悉歸議院，即先公舉議員，詳定律例章程，務以簡易惟是。台灣疆土承　大清經營締造二百餘年，今須自立為國，感念　列聖舊恩，仍恭奉正朔遙作屏藩，氣脈相通，無異中土，照常嚴備，不可稍涉疏虞。民間有假立名號，聚眾滋事，藉端仇殺者，照匪類治罪。從此台灣清內政、結外援、廣利源、除陋習。鐵路兵輪次第籌辦，富強可致，雄峙東南，未嘗非台民之幸也。
>
> 　　　　　　　　　　特此曉諭全台知之。
> 　　　　　　　　　　永清元年 5 月初 2 日」[43]

　　此外，唐總統亦於同日，暗中致電總署，說明台灣自主的經緯，並強調嗣後仍「遵奉正朔，遙作屏藩。待事稍定能脫身，即內渡跪拜請罪。」其電文如下：

「4月26日奉電旨，臣景崧欽遵開缺，應即起程入京陛見。
惟臣先行，民斷不容，各官亦無一保全，只可臣暫留此，先令
各官陸續內渡，臣則相機自處。台民聞割台後望有轉機，未敢
妄動；今已絕望，公議自立爲民主之國。於五月初二日，齊集
衙署，捧送印旗前來；印文曰『台灣民主國總統之印』、旗爲
『藍地黃虎』，強臣暫留保民理事，臣堅辭不獲。伏思倭人不日
到台，台民必拒；若礮台仍用黃旗開仗，恐爲倭人藉口，牽涉
中國。不得已允暫視事，將旗發給各礮台暫換；印暫收存，專
爲交涉各國之用。一面布告外國，並商結外援。嗣後台灣總統
均由民舉，遵奉正朔，遙作屏藩。俟事稍定，臣能脫身，即奔
赴宮門，席藁請罪。昧死上聞。」[44]

5月27日（陰曆5月4日），唐總統復向清各省致電，重新說
明自主原委，並乞憫相助。其電文如下。

「日本索割台灣一島，台民忠義；誓不服倭；屢次請爲代
奏籲求免割，未克挽回。全台紳民，不勝悲憤；因公議自立爲
民主之國。適崧奉旨內渡，摒當起程。台民聞知，於五月初二
擁集衙署，捧送印旗，印文曰『台灣民主國總統之印』、旗爲『藍
地黃虎』，強崧暫留保民禦敵。堅辭弗獲，不得已允暫主。一
面電奏，一面布告各國，商結外援，圖復台灣。總統由民公舉，
遵奉正朔，遙作屏藩。能否久支，未可逆料，惟乞憫而助之！
事起倉卒，迫不自由，想蒙亮鑒！」[45]

## 二、台灣民主國的制度及其政府機構

台灣民主國成立之後，如上述，其年號訂爲「永清」，以光

緒 21 年（1895 年）爲永清元年，並制定「藍地黃虎」的圖案爲
國旗。同時又以台灣首府台北爲首都，台灣巡撫衙門爲總統府（即
今台北中山堂）。據黃昭堂教授的研究，雖諸多文獻記載台灣民主
國制有憲法，但顯然由於缺乏足以證明確實有「台灣民主國憲法」
文獻的存在，因此被論定爲未曾制定憲法。所謂「台灣民主國憲
法」，黃教授認爲應該是當時促使台灣民主國成立的人士，其所
制定的一些建國方針或理念，而被後世的研究者，「視同憲法」
而已。⑯

其次，台灣民主國既然採取總統制，法理上唐景崧就任總
統，當然會選擇或設定某人爲其副手，這是毋庸置疑地。但論者
之間，對副總統一職，卻出現了設有副總統職位，並由台灣士紳
丘逢甲就任，以及未設有副總統職位之兩種說法。此點，黃教授
認爲台灣民主國的成立，丘逢甲出力最多；像他這樣重要的人物，
若未能被重用，實令人難以置信。從策略上觀點而論，起用進士
及第，在北京曾授任爲工部主事的當地士紳丘逢甲爲副總統，對
即將立足於台灣的「台灣民主國」政府，實屬必要。更何況丘氏
具有至少能組織十營以上的民軍實力。再加上私底下丘氏與唐巡
撫之間是「師徒關係」，二人平素亦十分親密。而且，唐巡撫既
然要伺機內渡，選擇推動台灣獨立最力的丘逢甲爲其副手、分擔
職責，亦是合乎情理。職此，黃教授確信丘逢甲曾被任命爲副總
統這個重要的職位。⑰筆者也十分同感。

如是，台灣民主國總統與副總統既定，唐總統旋即循清國舊
制，決定政府主要機構人事如下。亦即：副總統兼義勇軍統領丘
逢甲；台灣承宣布政使總理內務衙門督辦，即內務大臣俞明震（出
身順天府宛平縣，原任刑部主事）；台灣總理各國事務衙門督辦，即
外務大臣陳季同（出身閩縣，曾任清駐巴黎使館陸軍武官，原任副將）；

台灣軍務衙門督辦，即國防大臣李秉瑞；台灣民主國大將軍，即南部總指揮官劉永福（原任幫辦台灣防務兼廣東南澳鎮總兵）；國會（採一院制）議長林維源（台灣首富，清二品官太僕寺卿，原任會辦，統領台北團練。不過，議長一職，林氏固辭，於 5 月 26 日，渡海遁赴廈門）；副議長白其祥（台北市街董事）等等。此外，台灣道員姚文棟爲遊說使，赴北京陳述台灣民主國成立的情形。綜觀上述，唐總統的重要人事安排，除劉永福之外，丘逢甲與唐總統有「師徒」的親密關係；俞明震、陳季同、李秉瑞三人，則均是唐總統在巡撫任內，特聘渡海來台的親近心腹。加之，在制度上因爲規定政府各部門事務，最後須經總統批准，所以唐總統的權限，實可稱至高無二。⑱

一方面，台灣民主國的中央制度，雖然採取總統制，但在地方行政區域上，則完全沿襲清朝的制度。除了已被日軍占領的澎湖島之外，全台仍分爲三府（台灣知府黎景嵩、台北知府俞鴻、台南知府忠滿）、三廳、一直隸州、十一縣。地方首長無分文武，不但官職名稱不變，凡繼續留任者，薪水可加倍支付。然而，實際上全台地方首長留任者，據統計只有五人，亦有稱二人而已。所以，新政府的地方首長，幾乎可稱全都被新任命者。⑲

再則，台灣民主國未見有司法制度的規定，亦未見規範立法機關與行政機關的關係。唐總統雖然公布「詳定律令章程，務歸簡易」，但議會議長懸空無人，議會是否有過實際召開運作，都成謎團。⑳惟平實而論，台灣民主國的成立，誠亦太匆促。更何況大敵臨前，時、空上都無法容許新政權，對制度上的確立做更多或更有效的權衡，此天命也。

總而言之，台灣民主國燃眉之急，並非要建構權能分工的行政體系；而是要如何部署現有的兵力，以便與精強的日軍相對抗。

因此，也就無暇再顧及那些較次要的行政事務了。在此，附帶將台灣民主國的軍隊防務情形，略述於下：

台灣民主國成立之際，全台兵力約有 150 營（包括民軍），人員約 5 萬人。但隨後 5 月 26 日（陰曆 5 月 3 日）至 5 月 30 日（陰曆 5 月 7 日）間，台灣防務幫辦福建水師提督楊岐珍率部 12 營（守北的主力）撤回大陸；台灣鎮總兵萬國本（守台南）亦率部 4 營撤回清國。[51]結果，在台實際軍力，據日方參謀總部的推計，約在 3 萬 3 千人左右(可能不包括民軍)。一語蔽之，在軍備落後、軍火不足，更加上來台清軍素質不良，軍紀敗壞；欲與軍隊嚴謹、軍備精良的日軍一戰，其勝負實不言可喻。這姑且不論，當時唐總統將台灣防務，劃成區域責任制，派置各地駐守負任的人員如下。

1.基隆一帶：提督張兆連、基隆通判孫道義；2.獅球嶺：胡永勝；3.淡水一帶：候補總兵廖得勝、海壇協將余致廷；4.台北一帶：唐景崧、丘逢甲於南崁、台北之間巡迴守備；5.桃園一帶：提督余得勝；6.新竹一帶：吳湯興；7.台中一帶：候補道楊汝翼、林朝棟；8.台南一帶：劉永福；9.東港一帶：吳光忠；10.台東一帶：胡傳。[52]

至於最重要的糧餉籌措，根據《台海思慟錄》、《台灣通史》等書的記載，「台灣民主國」成立之前，全台歲入正雜各款，計銀 370 餘萬兩，而「藩」庫尚存 60 餘萬兩。然自軍興以後，糧餉浩繁，1895 年 5 月 10 日（光緒 21 年 4 月 16 日），唐景崧電請飭撥二百萬兩，備購餉械。因戶部無款可撥，清廷電諭南洋大臣張之洞設法籌撥一百萬兩，劃交駐滬援台轉運局，以資接濟。惟該筆款項，因路途遙遠，並未解到。因此，由於糧餉猶感不足，司道乃建議向民間籌借，唐景崧亦以為捨此之外，別無善策。遂訂定息借民款簡明章程四條，指派候補知府羅建祥、程祖福會同各

府、州、縣切實勸募，並由布政使司行文合知會。根據《台灣通史》的記載，勸募結果計：「林維源首捐一百萬兩，息借民間公款二十萬兩，而富商巨室傾資助軍者，為數亦多。」據此概算，除存滬撥款而外，存台庫銀，合計當有一百七八十萬兩。而當時兵勇百營，每月需銀三十萬兩，以此計之，糧餉約可支持半年之久（文體：黃秀政教授）。⑤③

## 三、台灣接收和抗日運動的展開

由於三國干涉已迫使日本不得不歸還遼東半島，因此，日本非常擔心台灣問題再引起列強的干涉，故乃在日清馬關條約批准換書之後，立即於 5 月 10 日，任命海軍大將樺山資紀為台灣總督兼軍務司令官，以台灣移交全權委員的身分緊急前往台灣，依條約第五條的規定進行接收。5 月 12 日，陸奧外相經日本駐美公使通告清國政府：「樺山總督擔任台灣移交全權代表，將於二周內派往當地，望貴國告明對造全權委員等銜名。」此外，伊藤博文首相亦向李鴻章拍發相同內容的電文。⑤④

對於此點，李鴻章曾試圖利用三國干涉的機會，將台灣問題與遼東半島一同列入談判，但遭到福士達顧問的反對。⑤⑤為此，李鴻章先於 5 月 15 日，覆電日本：「目下台灣內亂加劇，應與奉天省放棄問題同議。商請樺山大將延期出發。」⑤⑥以此試探日本的反應。但是，5 月 17 日，伊藤首相回電稱：「台灣已於馬關條約割與日本，故此事無須與清國政府協議。清國政府只須將行政事務及官有物移交日本全權大臣即可。」⑤⑦極力反對李氏的主張。

李氏不得已訓令總理衙門履行割台事宜。5 月 20 日，清國透過美國公使通告日本，表示已任命李經方為全權委員。⑤⑧5 月 22 日，伊藤首相勸稱：「清國全權如擔心生命安危，可先來日本

會合，由日本以軍艦護送至台灣。」李鴻章當然婉轉加以拒絕，並提議「可否於台灣外海或澎湖群島的任一港口會合？」[59]

23日，伊藤首相與樺山大將商議之後，覆電清國政府曰：「雙方於淡水會合。……望李經方代表直航淡水。」其後，再經數次電文往返敲定地點，李經方遂於5月30日，由福士達陪同赴台。[60]

6月1日，李經方和福士達一行安全抵達台灣淡水外海，但在聽取摩斯（H. B. Morse）海關稅務司報告島內混亂情況之後，認為如果自己貿然上陸，恐有遭台灣住民殺害之虞，因而不願在陸上舉行交接儀式。[61]

於是，他接受福士達的建議，轉而向日本提議在海上舉行交接儀式。日本方面全權代表樺山大將亦接獲伊藤首相不一定非要上陸交接的指示，故乃立即贊同李經方的提案。李氏聞知之後，因難題頓解而大喜過望。[62]

翌（2）日，李經方與隨員盧永銘、陶大均換乘停泊三貂角（在基隆港東南2海浬）的樺山大將旗艦橫濱丸，與日本方面全權代表樺山總督及隨員水野公使、島村外務書記官、翻譯官仁禮敬之等會見，形式上完成台灣的交接談判，並在接收證書上簽字。[63]以下即接收證書之全文：

「大清國皇帝陛下及大日本國皇帝陛下，爲依據下關講和條約第五條第二項規定割讓台灣省，大清國皇帝陛下特派二品頂戴前出使大臣李經方，大日本國皇帝陛下特派台灣總督海軍大將從二位勳一等子爵樺山資紀各爲全權委員，各全權委員在基隆會同執行下列事項：

日清兩帝國全權委員，依光緒21年3月23日，即明治

28 年 4 月 17 日，在下關締結之講和條約第五條第二項，由清國永遠割讓與日本國之台灣全島及其附屬諸島並澎湖群島，即英國格林尼次東經 119 度至 120 度止，及北緯 23 度起至 24 度間諸島嶼之管理主權，並別冊所示各該地方所有堡壘軍器工廠及一切屬公物件均皆清楚。爲此，兩帝國全權委員願立文據，即行署名蓋印，以昭確實。

大清帝國欽差全權委員二品頂戴前出使大臣

李經方　押印

大日本帝國全權委員台灣總督海軍大將從二位勳一等子爵

樺山資紀　押印

光緒 21 年 5 月 10 日，明治 28 年 6 月 2 日，訂於基隆，繕分兩份。

台灣全島及所有附屬各島嶼並澎湖群島，所有堡壘軍器工廠及屬公物件清單；

一、台灣全島、澎湖群島之各海口及各府縣所有堡壘軍器工廠及屬公物件；

二、台灣至福建海底電纜應如何辦理之處，俟兩國政府隨後商定。」[64]

職此，日本即完成接收台灣的法定程序。但另一方面，台灣住民的反對和台灣民主國的成立，使得日本終究不得不使用武力完成占領。在此之前，日本近衛師團早於 5 月 22 日，接到占領台灣的命令，並陸續自遼東半島出發踏上征台之途。29 日，近衛師團如期到達台灣三貂角近海。樺山總督立即向師團長北白川宮下達如下敵前登陸指令：

「本官預定以台灣府（台北）為駐地。貴員與常備艦隊司令官協議之後，著即展開登陸行動。首先攻略基隆，進而占領台灣府，但須注意加強蘇澳方面的警戒。」[65]

接獲此項訓令的北白川師團長，立即於 5 月 29 日（陰曆 5 月 6 日）下午 2 時 50 分，下令其部屬在三貂灣西方的澳底鹽藔（舊社東方）海灘登陸；並輕易地擊退由曾喜照所駐守的兩營新募土勇，揭開日本統治全台的序幕。澳底一帶，原先是由水師提督楊岐珍的部屬防守，但此時楊提督的部隊已撤離內渡。因此，新募的土勇，毫無實戰的經驗，不堪日軍一擊，即驚慌地潰退。[66] 30 日，日軍向要衝三貂嶺方面前進。5 月 31 日（陰曆 5 月 8 日），日軍前鋒偵察小隊（隊長久世為次郎少尉）行至粗（楚）坑時，與吳國華所率領的廣勇 700 人及唐總統所派出的營官知縣包幹臣所帶領的 300 名軍隊遭遇。日軍原被擊退（士官一名被擊斃），後因民主國兩軍爭奪日兵屍首以便邀功，竟發生內鬨，先後自我撤離要衝三貂嶺。結果，日軍於 6 月 1 日（陰曆 5 月 9 日），毫無受阻的越過三貂嶺，攻占九份，進迫台灣北部據點瑞芳。[67]

是時，瑞芳的守備薄弱，僅有簡溪水麾下民軍一營與張兆連提督手下紹良所率領的二哨擔任防守而已。瑞芳一告急，統領提督張兆連與廣勇吳國華均從基隆率所部計三千人前往馳援。又俞明震亦獲唐總統之命，率親兵 60 名前往督戰。惟日軍配備精良，訓練有素，部隊十分猛勇，台灣守軍除佈署於瑞芳山巔的劉燕砲隊，能給予日軍些許威脅之外，當日（6 月 1 日）戰至黃昏，民主國全軍潰敗，退出瑞芳。6 月 2 日（陰曆 5 月 10 日），天明雙方再戰；結果，統領張兆連奮戰重傷，全軍又慘敗，傷亡甚多，殘餘皆倉惶逃往基隆地區。是日，下午二時，日本近衛師團長能久親王率

總部兵員相繼進駐瑞芳，並與諸將領商討攻占基隆事宜。[68]

6月3日（陰曆5月11日），日軍約定海上由司令官東鄉少將所率領的常備艦隊（旗艦松島、千代田、浪速、高千穗、大島等），砲擊基隆港的社藔砲台及仙洞砲台，以掩護陸軍近衛師團從背部登山攻占該等砲台及基隆市街。其時，基隆守軍為提督張兆連所統率的七營和廣勇吳國華所帶約七百人等，合計約三千人。然而，如前述，瑞芳告急時張提督馳援受重傷，基隆守軍無法統一指揮作戰。因此，基隆砲台與市區的防衛戰，約經數小時激戰之後，砲台的守軍都司陳華廷、遊擊陳學才、守備莊長勝均不支後退，基隆市區遂於下午二時許，被日軍所奪。不過，日軍向要衝獅球嶺進攻時，卻遭遇到當地砲台守軍的英勇抵抗。日軍雖集中全火力猛攻，然戰至近黃昏，仍無法攻陷。最後，日軍乘隙從砲台右翼衝進，守軍才慌忙逃脫。時刻正值午後5時5分。對防守砲台的士兵，日軍亦不惜給予莫大的讚嘆！[69]

如此，日軍攻陷基隆之後，在海上指揮作戰的樺山總督，命令海軍人員掃除港內的水雷及障礙物。該項任務於6月6日午後5時順利完成。於是，日軍乃陸續搬運各項軍需人馬登陸。樺山總督亦乘橫濱丸帶同水野民政局長等諸官吏登陸基隆港，隨即在港內稅關樓上，設置台灣總督府臨時辦公室，同時亦決定此後基隆港為陸海軍之根據地。[70]

一方面，日軍進攻基隆時，內務大臣俞明震亦率其所帶的少數親兵參戰，但受傷被抬往獅球嶺要衝。隨後受基隆士紳之託，與基隆廳同知方祖蔭等人，乘火車入城，前往總統府，懇求唐總統親征，死守八堵。但唐總統答以：「大事已去，奈何？」而未動身。[71]不過，當日軍迫近獅球嶺時，唐總統於是日午刻，命令黃翼德率領護衛營赴八堵阻敵。然而，黃翼德帶軍乘火車至八

堵，卻未讓士兵下車就折回台北。並向唐總統報稱：「獅球嶺已失，大雨不能紮營；且敵懸60萬金購總統頭，故趁火車急馳回城，防內亂。」旋俞明震察明此事，怒斥其欺瞞，但唐總統不敢詰問。是夜（6月3日，陰曆5月11日），黃翼德部屬，竟要求發放軍餉，引起騷動。幸好，有盧嘉植所率領的東莞勇百人固守金庫，騷亂才未及擴大。[72]

6月4日（陰曆5月12日）黎明，俞明震、方越亭、熊瑞圖（唐總統的幕僚）等人，往勸唐總統退守新竹，就林朝棟、劉永福以圖再舉。但唐總統默然不語，其護衛親信吳覲庭（滬尾守備）竟舉槍指向熊瑞圖曰：「大人五天不睡，諸軍亦宜歇息；誰多言者，手槍擊之！」至此，俞明震已知唐總統欲逃脫的心意，留下如下的字條：「公心迹，可告無罪；惟既不退守新竹，公宜自為計，不可貽笑天下。電奏本今已帶出，心酸不忍多寫。負公知遇，此恨千古！」而自己也決意逃亡。傍晚，在搶奪、刼殺混亂中（下述），俞明震偃小船至滬尾，6月7日（陰曆5月15日），四更夜半時，上「駕時」輪船，隻身脫險逃回廈門。[73]

又當基隆失守，曾經抗命兵變的李文奎（魁），亦於是日急回台北。6月4日，李文奎（魁）帶其所部緝捕營士兵，開始搶庫奪銀。總統府的護衛兵，不但不敢鎮壓，更參加刼奪，城中秩序大亂。李文奎（魁）乘機闖入總統府，求見唐總統，厲聲大呼：「基隆既失，獅球嶺亡在旦夕；大帥非親到八堵督戰，士兵誰肯用力？請速起身！今非安就總統府之時也。」唐總統見其來意不善，恐有意外，急速迴避。[74]至此，唐總統知大勢已去，無法維持大局（連自身都難保），乃支付五萬兩給予隨身的親衛隊，獲得只帶同親信數十名（包括外務大臣陳季同），趁夜變裝潛逃至滬尾英商達弋拉斯洋行（Douglas Steamship & Co.,）藏匿。[75]

　　據稱是日，唐總統電催丘逢甲、林朝棟、楊汝翼等人，帶兵赴援。6月5日（陰曆5月13日），再電曰：「千急急赴援！」那時丘逢甲雖然駐紮於台北近旁的南崁，卻未馳援。[76]可是，對這些應援電文，李祖基教授抱持懷疑的態度，並考證諸文獻，認為「唐總統既已決定內渡，在極端危急的情況下，他心裡當然明白曝露身分，對他而言將意味著什麼。因此，很難想像這時他會不顧生命危險，多次電召丘逢甲等人赴援。而且事實上，自6月4日（陰曆5月12日）凌晨起，台北、基隆、滬尾的電報系統已遭唐總統貼身保鏢吳覲庭破壞。所以，唐景崧的『電召』一事，不但從主觀上來說已沒必要，而且在客觀上也是不可能的。」[77]此點，筆者十分贊同李教授的論述。

　　然而，在論述中，李教授認為淡水（滬尾）海關稅務代理摩斯，對唐總統出脫後的行蹤完全一無所知。甚至連唐總統於6月6日（陰曆5月14日），午前8時30分，乘英輪阿瑟（Arthur, 時懸掛德旗）號出走廈門的消息，也是事後有人秘密告知才獲悉的。[78]關於這點，李教授大概忽略了參考 H. B. Morse, *"A Short live Republic Formosa, May 24the to June 3rd. 1895."* 的論稿。因為在該稿文裡，摩斯有明白詳盡的記載，由於淡水砲台守軍，察知唐總統即將乘阿瑟輪出逃，所以要求其付給高額的釋放金，亦算是分發給渠等守軍每人的月薪。當時，唐總統曾付給了45,000兩（約5,000英鎊），但士兵仍嫌不足，要求再給付5,000兩（約500英鎊）；否則，將擊沉該輪。陷入困境的唐總統，先後秘密的派遣陳季同外務大臣（6月5日晚九時）及其侄兒（在陳季同之後）會見摩斯，懇求其援助。摩斯因為與唐總統私交甚篤，而且早先也曾向唐總統約定，萬一有緊急危險之事，其將全力保護唐總統及其家屬。職此，當摩斯會見唐總統之侄兒（變裝入見），被告知唐總統「確

實」變裝潛伏在阿瑟輪，並陷入困境時；他毫不猶豫地將保管於
稅關的公款 4,500 兩及其私財 500 兩，合計 5,000 兩供出，遣人
與守軍司領官（統領）交涉。結果，6 月 6 日凌晨 3 時，守備軍
切斷港內水雷電線，並取下所有砲台的衝擊機（僅留下最後一門）
之後，摩斯將五千兩的贖金交給司令官。凌晨 4 時，摩斯安心滿
意地取得最後一門的衝擊機。就這樣，阿瑟輪在午前 8 時 30 分，
確認潮流安全可行之後，急速駛出滬尾港口，遠離台灣。[79]如是，
李教授稱摩斯對唐景崧逃出台北之後的下落，一無所知，實屬錯
誤！容筆者在此將其訂正。

　　再則，當基隆、獅球嶺相繼淪陷之後，敗兵於 6 月 4 日（陰
曆 5 月 12 日）傍晚，大量湧入台北城內。隨後，敗兵聞知唐總統
已逃脫，乃憤怒縱火焚燒總統府，搶劫行人，姦淫婦女，甚至無
故地縱火民屋，其野蠻可惡，真是禽獸不如！而清兵為了搶劫官
署的庫銀，亦相互殘殺。僅為搶奪留存於布政使司庫的銀幣，死
者竟達四百多人。最後，來自大陸的清兵，甚至向台灣當地的
義勇軍開火，積屍遍地。台北城內，人心惶惶，有如人間活地
獄。[80]

　　很諷刺地，對陷入混亂無政府狀態的台北而言，市民生存
的唯一之路，竟是請日軍早日入城維持秩序。亦即此時，萬華、
大稻埕的富商李春生（貿易商、台灣次富）、士紳李秉鈞、吳聯元、
陳舜臣、陳春生、白其祥等人，集會商議，意圖鎮壓「匪徒士
兵」，但苦無良策。最後乃決定派遣在萬華經營雜貨店（商號瑞昌
成）的辜顯榮（彰化縣鹿港出生、時年 29 歲），前往基隆請求日軍早
日入城，以維持治安。[81]

　　1895 年 6 月 6 日凌晨三時，辜顯榮隻身前往基隆（因為上層
階級的士紳，害怕途中遭遇匪徒的威脅搶殺。又考慮萬一台灣軍反攻時，

自己的立場亦會導致不利。因此，無人敢與辜氏同往）。[82]途中行至水返腳（即今汐止），遇見日軍參謀少佐松川敏胤，向其說明欲前往基隆的事由，得到松川參謀的許可，發給其至基隆的通行證，順利地抵達基隆。隨後，辜氏向近衛師團部的吳姓通譯員說明自己的來意，即被二名憲兵帶往橫濱丸（旗艦）會見水野民政局長等人。是時，辜顯榮將其所携帶而來的簡短懇求日軍進城的字條，或稱嘆願書呈上，告知台北城內混亂無秩序，守軍全逃；並稱自己願為日軍効勞當嚮導，前往鎮壓。對辜氏的言行，初日方恐有詐。但經過嚴屬的審問，又在此時日軍意外的接獲外國通訊員漢森（Hansen）的電報，稱：「現清兵已悉數逃竄，無抗拒貴軍者，請速進兵前來鎮撫。」終於獲得信任。於是同日下午，樺山總督立即電令駐水返腳的第一聯隊長小島政利大佐，率軍前進台北城。其時，辜顯榮亦伴同師團英語通譯佐野友三郎與北京語通譯小川甚五郎折回水返腳，再度會見松川參謀。[83]

另一方面，居住於台北大稻埕的歐美外商人士，當時雖受到駐屯於滬尾英水兵 30 名及德水兵 25 名，計 55 名士兵的保護，但仍感到十分危險不安。因此，渠等商議討論的結果，亦決定以美國紐約電信通訊員禮密德松（James W. Davidson、其後為美國駐台第一位領事）、德國商人奧里（R. N. Ohly）及英商湯姆森（G. M. T. Thomson）等三人為代表，出城向日軍說明台北的形勢及實況，並引導日軍儘速入城。[84]

如此，禮密德松一行共 6 人，即令馬來人 1 名、漢人 2 名，於 6 月 6 日正午，自台北出發，沿鐵路向基隆方面前進。傍晚到達水返腳附近，遇見日軍步哨兵，被阻停下。卻意外地受到其說十分流利英語的訊問："To what port are you going, gentlemen?"（據井出季和太的考證，該日軍哨兵乃是童話老師久留島武彥）旋經禮密德

松等人的說明與告急，駐軍第一聯隊長小島大佐認爲洋人的報告與辜氏的前言完全相符合。乃給予禮密德松一行用完晚餐之後，立即遵守樺山總督的電令，率其聯隊五百名的士兵，由辜顯榮、禮密德松等人爲嚮導，沿鐵道直指台北城，開始進軍。[85]

　　6月7日凌晨3時，日軍部隊順利無阻的抵達台北城北門附近。但是，爲了避免深夜引起民眾的恐慌與衝突，日軍聽取辜顯榮的獻言，未立即入城。一份由佐野友三郎起稿的告諭，讓辜氏將其帶進萬華與大稻埕一帶到處張貼，說明日軍即將於午前6時30分進城的原委，並希望居民不用擔心驚慌。[86] 天明，日軍準備進城，然而城門仍閉，其狀不易破，正躊躇不前時，有一位婦人陳法（時年45歲），冒險持竹梯供日軍登牆開門入城。就這樣，日軍得到一部分台灣紳民的協助，小島大佐的先發部隊遂於上午9時，兵不血刃地占領了台北城。[87]

　　日軍占領台北以後，滬尾守衛軍聞風潰散。6月8日，日軍步兵第一旅團長川村景明少將命令其所屬的部隊繼續攻占滬尾。是日傍晚，其所轄的騎兵小隊（隊長坊城俊延少尉）在毫無受阻的情況下，進入滬尾市區，並占領當地的砲台。於是，坊城少尉聯絡停泊在港外待機的軍艦浪速，讓其所載運的步兵第二中隊（隊長中西千馬少佐）快速登陸露營。9日午前9時30分，中西第二中隊順利地進駐滬尾市區。[88] 6月10日，遊弋於港外之浪速、高千穗二艘軍艦，隨即清除滬尾港內外的地雷、水雷。確認港內外安全無虞之後，樺山總督命令步兵福島安正大佐（大本營參謀）設立民政廳，處理各種善後事務。尤其是遣返當時棄械投誠，大量湧入港內的清殘留兵員。6月13日，樺山總督發布「敗兵遣反諭示」，聲明凡投誠的清兵，特以寬典赦免死罪，並准予免費搭載送返福州。惟限於6月30日前，務必向台北、基隆、滬尾

等地日本官方申請報備。職此，稍有資力者，自力賃船歸國，餘皆使其無償搭乘輪船遣返清國。迄 6 月 18 日，大致完成遣回近三千的清軍殘留兵員。⑧⑨

至此，台灣民主國守北的軍隊，完全潰滅；而與此同時，台灣民主國的要員和清吏，亦相繼逃亡清國。據張明正教授的考證，提倡台灣民主國最力的丘逢甲，稍後亦於同年 7 月 26 日（陰曆 6 月 5 日），自台中塗葛堀港搭船帶同其家屬及麾下統領謝道隆等三、四十人，挾軍餉十萬兩（連橫），逃亡至對岸泉州，再轉往原籍故里鎮平。⑨⑩

一方面，駐紮於基隆的近衛師團長北白川宮（能久親王）接獲小島聯隊未損一兵一卒，進入台北城之後，亦於 6 月 10 日，從基隆出發，沿鐵路行軍至水返脚，當晚借宿於茶商蘇樹森之家。11 日，順利抵達台北城，設師團司令部於布政署。6 月 14 日，樺山總督率同參謀長大島久直少將、水野民政局長以及所屬文武官員，於下午一時，自基隆乘火車直趨台北城。但火車行至水返脚，卻意外地故障脫軌。因此，被延誤數小時之後，才於薄暮 6 時，在細雨濛濛中抵達台北城，受日軍與台北市民之歡呼迎接。當日，樺山總督決定設總督府於舊巡撫衙門，亦即台灣民主國的總統府，今日的台北中山堂，並與幕僚著手籌備開府典禮。⑨⑪

1895 年 6 月 17 日，下午 3 時，日軍在總督府中庭舉行開府閱兵儀式，並發出 21 響禮砲。下午 4 時，又於總督府內舉行始政儀式，以後年年逐以此日，為「台灣始政紀念日」。如此，開府及始政典禮告成之後，繼續大開祝宴。到會者日方有陸海軍官 400 名，文官 150 餘名；來賓有英、德領事等西洋人 24 名，台灣士紳 83 名。樺山總督致下列的簡短式辭：

　　「近衛師團長殿下，内外來賓諸君，今我國以戰勝，得台灣全島及澎湖列島，歸帝國版圖，爲浴皇化之地。資紀叨蒙聖明眷遇，拜受綏撫本島大任，來剿討殘留清兵。茲舉開廳式，資紀從今，夙夜勵身，保居民之安寧，進其幸福，以奉答聖恩。」⑨2

　　當樺山總督在台北舉行始政典禮時，如上述，日本軍力之所及者，僅限於北台灣之瑞芳、基隆、滬尾及台北市區一帶而已。距離路線較遠（例如宜蘭日軍於6月21日，始占該城）及台北以南各地，均不受其控制。然而，此舉實亦可稱日本在台灣正式地展開其長達半世紀統治的第一步。在這段期間，台灣民主國的台北政府，雖然輕易地被打垮，可是在台灣南部劉永福的黑旗軍，儼然形成一股強大對抗的勢力，繼承台灣民主國的命脈。日軍真正要遭受的苦難，才將開始而已。茲將台灣南部的動態簡略的記述如下：

　　自唐景崧離開台灣逃到廈門之後，台灣頓失重心，乃由台南士紳爲首，籌思對策。結果，由生員李清泉赴鳳山懇請其時駐紮該地的劉永福將軍擔任人民主宰，劉永福答應移駐台南近郊設有砲台的安平，並於6月13日抵達台南。同月26日，士紳們呈上「民主國總統」的官印，劉永福予以接受，但發布如下的文告，表明「願與台共存亡」，並呼籲紳民合作，共赴國難：

　　「日本要盟、全台竟割；此誠亘古未有之奇變。台灣之人髮指眥裂，誓共存亡，而爲自主之國。本幫辦則以越南爲鑒，迄今思之，追悔無窮。頃順輿情，移駐南部。本幫辦亦猶人也，無尺寸長，有忠義氣，任勞任怨，無詐無虞。如何戰事，一擔

肩膺；凡有軍需，紳民力任。誓師慨慷，定能上感天神；慘澹經營，何難徐銷敵焰。」⑬

職是，台南雖未設有如同台北的政府組織，卻仍以台灣民主國之名，由七位士紳組成執行委員會，並於台南府的府學（今孔子廟）組織與台北不同的議院。推薦舉人許獻琛、貢生徐元焯、生員林馨山、稟生謝鵬翀、陳鳳昌等人擔任議員，共舉許獻琛爲議長。此外，由於缺乏軍需品，乃設糧台以調度糧食、軍費，由郎中（正五品官）陳鳴鏘擔任此責；陳鳴鏘並兼任籌防局局長，進士許南英則繼續擔任原已存在的籌防局統領，負起防衛台南的重任。隨後，因爲新政府財政上發生困難，乃印刷大量郵票（郵票上面印有「台灣民主國士擔帋」字樣，並搭配「老虎」圖案的素描，象徵台灣民主國的制度）和銀票（紙幣），甚至發行公債，以求紓解財政上的困境。⑭如此，南部反抗軍的士氣大振；其強烈反抗的程度，實遠超日軍原先所預料或想像的。

當時，日軍夙知劉永福驍勇善戰，及見其以台南爲中心據點，南北調兵布防，甚感憂慮。台灣總督樺山資紀曾託英國台南領事哈士德（R. W. Hurst），寄書劉永福，殷勤致詞，勸其率領所部離台，願以將禮相送，云：「曩者欽差全權大臣李經方與本總督相會於基隆，完清本島並澎湖列島授受之約。本總督乃開府台北，撫綏民庶，整理政務，凡百之事，將就其緒。乃聞足下尚據台南，漫弄干戈，會此全局奠定之運，獨以無援之孤軍把守邊陬之城池，大勢之不可爲，不待智者而可知矣。足下才雄名高，能明事理，精通萬國公法；然而背戾大清國皇帝之聖旨，徒學頑遇之爲，本總督竊爲足下惜焉！若能體大清國皇帝聖旨之所在，束戢兵戈，使民庶安堵，則本總督特奏大日本國皇帝，待以將禮，

送還清國，各部將卒亦當宥恕其罪，遣回原籍（按此書於光緒21年7月4日，即1895年8月23日午刻由英國兵輪寄到台南，背書日期爲明治28年6月25日）。」對此，劉永福回信答稱：「今四月，我大清國皇帝不忍生靈塗炭，乃復大度包容，重修舊好。乃貴國不體我皇上愛民至意，占據台北，縱容兵卒，殺戮焚擄，無所不至，且有准借婦女之示。嗟嗟！生民何辜，遭此荼毒！台灣隸我中國二百餘年矣。先皇帝締造之初，不知若何經營、若何教養，始得化蠻夷之俗爲禮義之鄉。余奉命駐防台灣，當與台灣共存亡；一旦委而棄之，將何以對我先帝於地下？將在外，君命有所不受。余豈懵然學古人爲哉？況台南百姓遮道攀轅，涕泣請命；余既不敢忘效死勿去之心，又何忍視黎庶沉淪之苦？爰整甲兵，保此人民，成敗利鈍，在所不計。台南一隅，雖屬褊小，而余所部數十營，均係臨陣敢死之士，兼有義民數萬衆，飲血枕戈，誓死前敵。」[95]嚴辭告以將抗戰到底。其後，如下述，日軍的南進深深陷入苦境。

## 四、日軍南進與台灣民主國的潰滅

近衛師團自1895年6月7日，進占台北城之後，復傳出唐總統逃亡的消息；原駐守中部的林朝棟帶兵至新竹聞訊，認爲台灣民主國已無望，乃於6月11日（陰曆5月19日），解散其所率領的義勇，自己則匆匆內渡清國。另丘逢甲有如前述，得知唐總統出亡，自己亦消聲匿跡。未久，帶其親信逃回故里。但丘、林所屬的部分義勇，連同新竹、苗栗等地之居民，在同年6月11日，集結於新竹共同推舉苗栗的生員吳湯興（與丘逢甲同爲苗栗銅鑼灣出身的士紳），統領義勇、民軍，以收復台北首都爲誓，繼續抗戰。[96]

期間，近衛師團雖未敢輕意向南推進，卻亦於 6 月 12 日，派遣偵察隊，分探龜崙嶺、桃仔園、大嵙崁、中壢、大湖口、新竹等各地消息。是時，防守大嵙崁、龜崙嶺一帶的總兵余清勝，一聞日軍進駐台北，立即於 6 月 13 日，與日軍偵察員同道往台北；向日軍提出屯兵隘勇名簿、屯隘配置圖、砲墩位置，並詳記兵器彈藥等之數目簿冊，要求保護回歸清國。日軍鑑其誠，以將官之禮送之。然其部屬大多不從，尤其是大嵙崁的武生員江國輝、三角湧的樟腦製造業者蘇力及地主王振輝等人，紛紛起而領導地方鄉勇，加入抗日的行列。[97]

6 月 19 日，日軍阪井重季（大佐）支隊長奉令率步兵一大隊、騎兵一小隊，配以新式機關砲隊，從台北出發，向南推進。時新竹總兵提督衛吳光亮、新楚軍統領副將楊載雲，共有士兵二千人；另有練勇數百人，屯於紅毛田西邊，新社附近。此外，三角湧黃曉潭、蘇力、蘇俊、頭份徐驤、吳湯興。北埔姜紹祖、安平鎮胡嘉猷（通稱胡阿錦、原清國五品武官）、黃娘盛、龍潭陂黃藐二，大嵙崁江國輝、簡玉和、吳建邦、樹林王振輝、蔡國樑、邦埤黃細霧、十一份李蓋發、咸菜硼夏阿賢、鐘統、王阿火、陳少埤、簡生才、傅德生、詹清地、陳紹年等義民軍的領導人，均各擁有練勇及民兵，誓對日強烈抗戰。未幾，6 月 21 日，日軍先遣部隊經龜崙嶺、桃仔園抵達中壢。途中只有略受抵抗，及至安平鎮、楊梅壢、崩坡、大湖口各處，則皆受猛烈的阻擊，死傷甚眾。時抗拒於安平鎮、楊梅壢者為胡嘉猷所統率的民軍；抗戰於大湖口、榜寮庄各地者為姜紹祖、鐘石妹所率引之民軍及吳湯興之練勇。[98]

然而，日軍阪井支隊長，不顧死傷，衝過抗戰軍各陣線，擇高地安置新式機關砲，急遽猛攻新竹城。新竹知縣王國瑞、遊擊廖榕勝，從北門脫出，總兵吳光亮與吳湯興、吳鎮洸、陳澄元則

向南退卻。姜紹祖、鐘石妹、徐驤等人，亦於大湖口、榜寮庄猛烈抗戰後，即轉進退入北埔、樹杞林各地。尋新竹城內文武官員及守軍等，也都全部退盡。日軍遂於6月22日，從東門架雲梯，攀登入城，占據新竹。[99]

不過，新竹雖為日軍所占，民軍則在台北和新竹間，開始展開抗日的游擊戰。如此一來，交通網包括鐵路被破壞，電線被割斷；見日軍勢寡即偷襲，日軍占上風，則遠遁深林。因此，使得日軍困惑萬千，甚至亦阻擋了日本台北當局，無法與前線的日軍取得連繫、互通訊息。十分苦惱的日軍，於6月28日，重新對游擊戰主力部隊所在的安平鎮展開攻擊，但被徐驤、胡嘉猷等人擊退。樺山總督深感以目前的兵力，不足以占領北部，於是向日本大本營申請一個混成旅團前來增援。7月1日，日軍加派部隊再度攻擊安平鎮，但仍然無法突破民軍的防線。至此，樺山總督暫時放棄從南部進行登陸作戰的計畫，改令近衛師團的第二批部隊自基隆登陸。[100]

一方面，撤退到新竹以南的吳湯興，以及新竹北埔的大地主姜紹祖，加上原屬林朝棟部隊的傅德陞等人，為了奪回新竹，曾先後發動三次包圍攻擊、當地的居民也都與其呼應配合，使得日軍深陷困境。第一次的攻擊是在占領新竹三天後的6月25日發動。這天，姜紹祖、傅德陞、徐驤等所率領的義民軍約300名，首先襲擊設在牛埔山到客仔山山麓的日軍下士哨，迫近西門外的客仔；別動隊約300名，則從十八尖山窺伺南門。日軍對此立即猛烈反擊，進行激烈作戰。第一次攻擊，由於日軍猛烈反擊，是從7月9日夜到翌日的傍晚進行。9日夜，負責占領南門的徐驤與傅德陞，率約700名義民軍，負責占領十八尖山、虎頭山與東門二處的姜紹祖，率約600名義民軍，負責占領田密、水仙嶺、

金山面、西門三處的吳火亮，率所謂新楚軍約 600 名正規軍，一齊進軍牛埔、客仔山，自 10 日早晨以大砲四門砲擊、攻略新竹城。惟日軍雖受到出奇不意的攻擊，仍鎮定立即應戰反擊；經過激烈作戰後、擊敗民軍。而此次戰鬥，姜紹祖所率部隊被日軍完全包圍。結果，姜紹祖以下 115 名投降，但據說當年才 22 歲的台灣優秀民軍領導人，在投降後飲恨自殺身亡。第三次的攻擊是從 7 月 22 日夜到 8 月 5 日進行。吳湯興所率領的義民軍，在 22 日夜進軍客仔山，攻占日軍山頂的哨舍。翌日拂曉，又和欲奪回哨舍的日軍進行激烈作戰。另傅愛生所率領的義民軍，在 23 日與 24 日兩天，前後三次向十八尖山出擊。如是，台灣民軍雖終究無法攻下新竹，但亦足夠讓日軍痛感不能再低估台灣人的抗戰 (文體：向山寬夫教授)。[101]

　　另方面，日本近衛師團的第二批部隊，即近衛步兵第二旅團 (團長山根信成少將) 亦於 7 月 2 日至 6 日，順利登陸基隆。旋在 7 月 8 日，陸續集結台北，並奉命以第二旅團步兵第三聯隊為基幹編成山根混成支隊，壓制台北至新竹間各地抗日軍，同時準備向南推進。於是 7 月 12 日，山根支隊遂受命開始出發向新竹以東之大料崁、以及三角湧一帶的抗日軍發動攻擊。可是，7 月 13 日，南進的山根支隊卻意外地在二甲九庄、烏泥堀庄、福德坑庄、尾重橋等地，遭遇到民軍的頑強抵抗。在這幾個寒村裡，日軍消耗掉的子彈數量，高達一萬八千餘發，超過北部最大激戰地基隆攻防戰的消耗量，為瑞芳戰的三倍。14 日，日軍又於大料崁近邊尾寮庄一帶，遭遇到消耗同等子彈數量的激烈抵抗。同日在龍潭陂附近的戰鬥，日軍更投入步兵一大隊、砲兵一中隊、工兵二小隊、騎兵一小隊的兵力；不僅砲擊，甚至焚燒村落，後因守軍黃娘盛與胡嘉猷不支敗退，戰事才暫告一段落；此役日軍死傷 12

名之多。[102]

　　當日軍正在中北部陷於苦戰時，北部的民軍，亦於 7 月 13 日，勇敢地企圖收復台北和桃仔園市街，迫使日軍疲於奔命。職此，樺山總督感受到：「土民之桀猾且頑迷，非立即嚴加懲罰，將來必無綏撫懷柔之途。」乃決意分二期鎮壓掃蕩台北至新竹間的民軍。同時再向日本大本營申請增援一個半師團的兵力，渡台幫助鎮壓、征討。[103]於是大本營立即自守備奉天旅順的第二師團（師團長乃木希典中將）及日本本土抽調增援部隊，再加上臼砲隊、工兵隊、要塞砲兵隊、憲兵隊等，將其編制擴大至與軍司令部相同，並因此於 8 月 20 日，任命高島鞆之助中將為副總督。[104]

　　旋自 7 月 22 日起，至 8 月 30 日結束的二期日軍北部掃蕩的軍事作戰，帶給台灣住民極大的災難。在連續數日殘酷無情的掃蕩中，被日軍燒掉的民家高達數千，被屠殺者也達到數百人。就這樣，台北至新竹間的抵抗運動，暫時全部屏息。但是，日軍這種殘暴的行為，雖使住民畏縮，亦激起住民對日軍的更大憎惡與仇恨！[105]

　　近衛師團完成新竹以北的掃蕩之後，1895 年 8 月 3 日，重新集結於新竹，準備繼續南進（稍早，7 月 29 日，師團長北白川宮能久親王，即自台北乘火車南下，7 月 31 日傍晚抵達新竹）。另一方面，駐旅順第二師團屬下混成第四旅團，亦於 8 月 6 日，自基隆登陸後，負責鎮守新竹以北地區的任務。於是 8 月 6 日，近衛師團遂以苗栗、彰化為目標，開始南進。沿途日軍在隘寮坡、金山面庄、水仙嶺、水尾溝、柑林溝等各村落，遭受抵抗，但並無大礙。8 月 8 日，日軍常備艦隊以艦砲掩護近衛師團，開始發動總攻擊。時駐守水仙崙抗日軍有七千名左右，但仍不敵被迫轉進於尖筆山。9 日，日軍乘勢攻占尖筆山，進駐中港。休息三日，12 日起

向苗栗進攻。先攻占後壠、田寮等處，而後指向苗栗。苗栗方面
有副將李惟義所統率之黑旗軍，台灣知府黎景嵩新募之新楚軍，
分屯在苗栗，通霄，大甲，彰化各地，另有彰化知縣羅士勛所率
之防軍營，及吳湯興，陳老松等之義勇民軍，兵力頗不薄弱。13
日，日軍川村少將與山根少將，分率兵隊，一從後壠窺苗栗西
北，一由頭份進追苗栗東面。殊不知苗栗並無何等抵抗，一舉手
14日即爲日軍所得。⑩⑥

可是，日軍占領苗栗以後，因爲對地理不熟悉，加上疫病蔓
延，且遇上豪雨季節，大安溪及大甲溪潰堤，行軍補給十分困
難。不得不自8月13日起，一連休息九日。8月21日，山根支
隊受命，由山路進攻葫蘆墩，小島聯隊與川村支隊同日會師大甲
街。22日，北白川師團長發後壠，由海岸線經白沙墩，至通霄
宿民家楊江火住宅。23日，發通霄，經苑里、房裡，抵大甲宿
文昌廟。在此集參謀及幕僚，計劃對台中、彰化之作戰策略。此時，
山根支隊已攻陷葫蘆墩，進至潭仔墘。於是，日軍遂決議將師團
分爲左右兩縱隊，並預定於8月26日，左縱隊由陸路攻擊台中；
右縱隊(師團本隊)沿海岸道路，涉過大肚溪，向彰化城發動攻擊。
如是，8月26日，左縱隊向台中挺進，途中在頭家厝庄及三十
張犂庄附近，雖遭遇到民軍的抵抗；卻於27日，輕易地占據台
中城。⑩⑦

不過，日軍左縱隊，雖一舉攻下了台中城，但右縱隊在彰
化，則受到台灣守軍的猛烈抵抗。蓋其時，彰化守軍有在來之屯
兵一營，知府黎景嵩所招募之新楚軍一營，吳彭年所率台南增援
兵一營，以外有吳湯興、徐驤、李惟義等，從苗栗帶來之民兵，
練勇若干。此外徐學仁營長屯兵一營於彰化北方茄苳腳附近，構
成防禦陣地。大肚溪亦派兵屯守，以防日軍偷渡。要塞八卦山安

置若干舊式大砲，營長沈福山統率福字軍一營把守。彰化城內配置練勇一營，及新楚軍若干。吳彭年率領增援軍，往來各地為總指揮。吳湯興、徐驤兩人，以必死決心，引率敗殘民軍，協守八卦山，歸李惟義指揮。其他軍隊，置在各城門及城牆上，以備日軍來攻，8月26日，又得台南劉永福新增援七星軍，及鎮海中軍副營4營來到（文體：黃旺成）。至此，彰化守軍共計有12營、約四千餘人，士氣亦甚高揚。[108]

　　8月28日清晨，日軍右縱隊，比預定較遲（因為途中處處受阻，遇到抵抗），以步兵6個大隊半、砲兵4中隊、騎兵、機關砲、工兵各2中隊，開始渡過大肚溪，進攻八卦山要衝之外圍茉光寮。七星軍迎戰，不敵敗退。於是，日軍從東方迫近八卦山。時茉光寮之友軍既已退卻，八卦山失守外防線，遂被日軍重重包圍。守山的吳湯興等人，雖奮勇迎戰，終仍不守。八卦山失守，彰化城內一舉一動，歷歷可觀，故不攻自破。敗軍即從西南兩門脫出，或奔鹿港，或走經北斗、西螺，向嘉義退去。結果，日軍大獲全勝，而民軍則損失慘重。戰鬥中，日軍擄獲的武器有新舊大砲約40門，步槍1,200支，砲彈約2,000發，子彈高達200,000發。台灣守軍陣亡近千人，且損失了多位英勇的將領。例如民軍指揮吳湯興與姜紹祖都在這一役戰死，從台南來援的吳彭年與湯仁貴也在此役喪生。台灣知府黎景嵩、彰化縣知縣羅樹勳、雲林縣知縣羅汝澤則從鹿港經海路逃亡大陸。[109]

　　如此，日軍既攻克中部要衝彰化，29日，乃乘勢占領鹿港。8月30日，近衛師團復以騎兵、步兵各一大隊進入雲林地區。9月1日，幾乎在未受抵抗下，占領雲林的斗六與他里霧，2日，更占領遠在嘉義西方約25公里的大埔林。然而9月3日，占領他里霧與大埔林的日軍，遭受到簡義所率領的五百民軍襲擊；適

逢劉永福派副將楊泗洪帶兵來援（原爲救彰化而來），加上徐驤也
率領將台南蕃薯藔所招募的民軍前來會師。結果，在三方共同
作戰之下，台灣民軍大敗日軍，迫使其於 9 月 10 日，撤退至北
斗溪北岸。此役日軍陣亡 2 名、負傷者有 3 名；抗日軍則約有
130 名陣亡犧牲，副將台南鎮總兵楊泗洪亦不幸中彈殉職。[110]旋
因爲稍早（8 月 29 日）日軍下令停止南進休養，戰事才未繼續擴
大。樺山總督之下令日軍停戰休養，是因爲當時近衛師團自登陸
台灣以來，已轉戰各地近三個月，軍隊除勞累不堪之外，軍中
病疫更甚嚴重。事實上，該師團到達彰化時，整個師團健康之
人，竟不過總數的五分之一。定員 270 人的步兵中隊多則 120 人，
少則僅餘 30 人。山根少將、中岡中佐、緒方參謀等皆成不歸之
客。[111]其慘狀可想而知。

正當日軍休養期間，受命台灣副總督之高島鞆之助中將，於
9 月 1 日自東京出發，11 日到達台北。9 月 16 日，樺山總督將
第四師團的一部分、第二師團及近衛師團編成南征軍，由高島中
將全權指揮。[112]於是，高島副總督在偵察敵情之後，9 月 17 日，
擬定三面夾攻抗日大本營——台南的作戰計劃。該計劃的主旨如
下：

「近衛師團揮軍嘉義，軍司令部與混成第四旅團（由伏見宮
貞愛親王率領）同一時間自布袋嘴附近登陸。第二師團（由乃木
希典中將率領）主力與艦隊協同作戰，在枋寮附近登陸，以陸
海兩軍攻略鳳山及打狗。其次，近衛師團、第二師團主力與混
成第四旅團三面夾攻台南，艦隊則砲擊安平。作戰日期約在 9
月下旬。」[113]

　　另方面，在日軍準備南進時，台灣抗日軍亦在嘉義以北及各地，布置防守的陣容如下。亦即:守備王得標所統率七星軍七營，據守林杞埔、堯平厝、西螺街等地;都司蕭三發所統率福字中軍二營，左軍二營，遊勝軍二營，台南防軍前營，鎮海前軍，翊安軍等，駐紮七星軍後方，以至嘉義;統領參將劉步高，統率嘉義防軍四營，駐紮嘉義;蔡慶元統頒慶字營一營，駐紮北港街，兼監視西方海岸。以外西螺街，土庫街，各有義勇軍不少。至於台南外圍之軍事陣容:總兵譚少宗，統領福字先鋒軍二營，駐紮東石港及布袋嘴;提督陳羅之，統領翊安軍三營，駐紮曾文溪下流學甲寮;軍務總辦劉永福，直轄福字遊勝軍三營、福字中軍三營、台南防軍先鋒營、鎮標中營、道標中營、右翼練營、台灣五段團練營，駐紮在台南及附近茅港尾等處;游擊李英之，統領鎮海中軍三營，永字防軍營，道標衛隊營，駐紮台南西南方喜樹庄;劉永福子知府劉成良，統領福字軍二營、福字右軍二營、砲勇二隊、水勇一隊，駐紮打狗附近;都司邱啓標，統領台南防軍營二營、福字右軍後營，駐紮鳳山南方鳳鼻頭;副將吳光忠，統領忠字防軍營三營、恒興營，駐紮東港及枋寮。以上抗日軍兵力，計六十餘營，人數有二萬六千名左右 (文體：黃旺成)。⑭

　　同年 10 月 5 日，決議陸路南進的近衛師團長能久親王，引率砲兵四中隊、機關砲三隊及各種部隊合計 4,200 人，開始向目標嘉義推進。⑮日軍首先經北斗，再猛向西螺進攻。守防軍阻擋不住，漸次後退。蕭三發派台南防軍前營，駐油家庄，以監視莿桐巷，頂麻園方面之動向。統領守備王得標，與民軍統領徐驤，共同統率官軍，堅據牛厄灣北端，以防守斗六街。日軍來時，徐驤奮勇戰死，蕭三發、王得標敗退台南。嘉義防軍後營長簡成功，將赴援斗六街，至石龜溪庄，聞同街失守，乃退守內林庄。其後

大莆林，他霧里（斗南），土庫，前後皆爲日軍所攻占。10月8日，赴援大莆林不及之林武朵營長，大林莆林南方之觀音亭，收集敗兵，退守湖底庄，又爲日軍所追擊。右營長黃有章在打貓（民雄）街，聞悉各路敗戰情報，即退入嘉義。嘉義城內，僅有防軍二營。知縣孫育萬、參將劉步高，猶收集殘兵，堅守不退。迨至東北西三面，被日軍包圍時，劉步高以下將領皆退出城外，孫知縣尚率殘兵四百名，奮勇做最後之抵抗。然於9日，交戰僅數小時，嘉義城即告淪陷（文體：黃旺成）。[116]此次嘉義的攻防戰，是日軍登陸台灣以後，最大規模的戰鬥。日軍因爲遭受到各地民軍的頑強抵抗，竟憤怒地沿途屠殺（包括俘虜及無辜的住民），並將抗戰最激烈的西螺和土庫兩街，放火燒盡，以爲報復。[117]

嘉義攻略之後，日軍由伏見宮貞愛親王所率領的混成第四旅團，於10月10日，從基隆到達布袋嘴開始登陸。11日，乃木希典中將亦按照預定計劃，率領其第二師團，在艦砲射擊掩護下，陸續登陸枋寮，完成三面包圍台南的陣勢。此時，嘉南地區的抗日主力爲嘉義18堡聯合義勇，以及鳳山南部六堆聯合義勇。兩方的義勇都接受劉永福的指揮，共同推舉生員沈芳徽爲盟主，林崑崗爲敵前總指揮。[118]

職是，從10月11日至20日，嘉義18堡的聯合義勇，迎戰南下的近衛師團和混成第四旅團。各地的抵抗雖無法阻擋裝備精良、訓練有素的日軍挺進；但10月19日至20日，18堡聯合義勇盤據於麻豆街及蕭壠街，做最後與最激烈的抵抗。結果，敵前總指揮林崑崗奮戰而死。民軍除死亡三百人之外（日軍僅死10人），一般住民亦傷亡無數。而且，麻豆街更遭受到日軍報復性的燒夷殆盡。[119]

其次，乃木第二師團在枋寮登陸時，當地衛戍的清軍，未經

抵抗即潰散。而駐紮在東港與打狗的部隊，受日艦砲擊之後，亦驚慌地不戰敗走。要衝打狗砲台的統領劉成良，竟然奉義父劉永福之命，棄守逃往台南。可是，隨後由陸路北進的日軍，則先後在茄苳脚、頭溝水庄和鳳山附近，遭遇到六堆聯合義勇的頑強抵抗。尤其是在茄苳脚及頭溝水庄，連婦女也挺身奮勇抗戰，日軍備受困苦。惟義勇軍的抵抗，終不能給予日軍多大的打擊，10月16日，日軍兵不血刃地進入要衝鳳山城。10月19日，抵阿公店，20日晨到達二層行溪庄，逼近台南。[120]

　　一方面，在日軍逐漸包圍台南，各項調動更見頻繁之際，劉永福由於察知清國的軍援及列強的干涉，已經絕望，其內心也開始產生動搖。10月8日，他召請駐台南英國領事哈士德，向其表露對日軍投降之意。於是，經哈士德的建議與協助，劉永福就在9日，託請領事哈士德前往澎湖島，分別向樺山總督及有地品之允艦隊司令官遞送如下的書簡：以1.不處罰任何台灣人；2.優遇所屬清國士兵，並將彼等遣送反回大陸本土等，爲投降條件。[121]

　　對此，有地司令官表示無法立即答允所提條件，但日本艦隊將於10月12日赴安平，其時劉永福或其使節可直接至旗艦吉野丸會談。12日，吉野旗艦依約直抵安平，但劉永福因深感疑懼而躊躇未往，結果會談並未舉行。[122]隨後，劉永福再託佛格森(D. Ferguson)、班特（Edward Band）兩傳教士赴安平，探詢解決事態之可能性，但均無所獲。[123]

　　10月12日，劉永福另派哈斯汀（Hasting）和亞里斯頓（Smith Alliston）兩名英國人赴嘉義，向近衛師團長北白川宮遞交書簡。他在書簡中強調，迄今抵抗日軍的都是台灣人，若能將其所屬部隊遣返大陸，則他將立即撤退部隊離開台灣。[124]

　　然而，日本依然不承認附帶條件的投降，表示將繼續推進攻打台南。劉永福乃脅迫稱：若日本不答允要求，將退至內山(蕃地)作戰到底。但是，日本方面完全不加理會。同月 17 日，高島司令官下令向台南發動總攻擊。[125]

　　至此，劉永福知問題解決不易，乃於 10 月 19 日，偽稱視察砲台防備，率親衛隊赴安平，而於是夜秘密乘英國船鐵爾士 (The Thales) 號，帶同台中府知府黎景嵩、安平縣知縣忠滿等人逃回廈門。日軍聞訊派「八重山」艦追趕，首先於安平港外海、後復於廈門外趕上搜查，但因劉永福變裝藏於船長艙中，躲過搜索，終未被發現。[126]

　　劉永福逃回廈門之後，台南城內之清兵十分徬徨，於是開始劫掠施暴。此時，商人們乃請居住當地的英國傳教士巴克禮 (Thomas Barclay) 和佛格森引導日軍入城鎮壓混亂。[127] 巴克禮等人於 20 日夜赴日本軍營，會見第二師團長乃木希典，向其說明台南的狀況，敦促日軍立即入城。10 月 21 日，日軍在他們的引導下，不戰而占領台南。[128] 又日軍進駐台南時，其艦上陸戰隊亦於當日清晨登陸安平，占據砲台；並接受當地 5,000 多名清軍的投降。數日後，日軍陸續將這些降兵送回清國。[129]

　　因而，台灣民主國自 1895 年 5 月 25 日成立以來，只不過維持 148 日，就完全崩潰覆滅。未久，占領台南的十天後，即 1895 年 11 月 1 日，日軍再由海陸二路分兵攻占台灣南端的恆春。因為當時清國的殘兵約二百名，依舊在恆春、蒼黃、射麻里等地，進行微弱的抵抗。至於占領台東與花蓮港的東部地區，是在約半年後的 1896 年 5 月迄 7 月間才進行。期間，日軍因為獲得三百餘名的卑南社與馬蘭拗社原住民的協力，經同年 5 月 31 日及 6 月 1 日，在台東西方約 25 公里的新開園，前後二次攻擊副統領

劉德標（安徽人）所率領的清殘兵二百餘名和李阿隆所率領的台灣民軍約千名，將渠等驅逐至山區。爾後，7月15日，清殘軍二百名，悉數攜械來歸順，日軍遂不戰而占領花蓮港，完成攻略東部台灣的任務。[130]

　　總之，日軍在占領台南、恆春之後，其軍事行動乃暫告一段落。1895年11月18日，樺山總督向日本大本營報告台灣全島「平定」，並改編台灣的軍制，讓遠征歷年的近衛師團於11月22日以前，返回日本本國（是時近衛師團長北白宮能久親王，已因罹患瘧疾，在1895年10月28日，病歿於台南，享年49。其遺體隨即被送回日本，同年11月11日，以盛大國葬之禮安置於豐島岡。後來其英靈被奉祀在台灣神社，即今台北圓山大飯店，成爲該神社的主神）。[131]可是，1895年12月28日起至1896年1月上旬，在台灣北部由胡嘉猷、林李成、林大北、林維新、許紹文、蘇力、陳秋菊、徐祿、詹振、簡大獅等人所領導的抗日軍，前後包圍宜蘭、襲擊頂雙溪和瑞芳的日本守備軍，並嘗試攻略台北城；占據錫口、士林、三角湧等地，日軍備受困苦。因此，雖稱台灣全島已平定，日本大本營仍不得不再派遣混成第七旅團前來台灣增援、參加鎮壓（1896年1月13日抵達基隆）。結果，此次台灣北部的動亂，抗日軍不僅犧牲了數千名，民間婦女被凌辱，家屋亦被燒毀近萬戶。其時，日軍對台灣住民殘暴的報復，抱有正義感並站在人道主義精神下的總督府高等法院院長高野孟矩有如下悲慘的記述：

　　「本年一月，討伐台北、宜蘭附近土匪之際，未能詳細區別良民與土匪之分，以致數千人民慘遭殺戮，多數民宅及財產無故被燒毀，這般的慘狀，或親見、或耳聞，民心仍不得安穩。土匪殘部趁此機會，散播種種流言，或說日本人欲趁此機會殺

盡台灣居民，民政的施行，終究只是欲讓我人民安於其所；或
說日本人決意奪盡我輩所有財產，並欲將我人民爲其奴隸、供
其使喚；或說日本人將全面逮捕婦人、少女，並送往日本內
地以供玩弄、侮辱。此外，尚放出許多煽動民心的流言。然
而，伴隨著流言的傳布，不幸地也發生以下事實：如日本軍人
心儀台灣民婦，且極爲癡情，竟率兵火燒民宅，殺害其夫及家
族，甚至禍及鄰人；又如有軍伕及其他下等日本人，假借戰勝
威風，無故凌虐支那人，犯下毆打、掠奪財物家畜，或姦淫婦
女等令人髮指的行爲。更有甚者，憲兵、巡查對待支那人與內
地人的態度相差懸殊，甚至毫無顧忌地任意逮捕、拷問支那人
民。」[132]

　　綜言之，日軍於 1896 年 2 月中旬，好不容易才將反抗軍完
全鎮壓。隨後，同年 4 月，日本政府將設置在京都的大本營解散，
終結戰爭狀態。又此次日軍爲占領台灣，前後共投入陸軍二個師
團約五萬人，軍屬和軍伕 26,000 餘人，軍馬 9,400 匹。陸軍占當
時日本兵力的三分之一；海軍則動員大半的聯合艦隊。此外日軍
戰死病故者達 4,804 人，傷者近三萬人。[133]至於台灣方面，有如
後述，台灣人的武裝抵抗，直至 1902 年仍執拗地進行。結果，
占領作戰中遭日軍遺棄戰場的台人屍體即達 8,000 多具，自 1897
年至 1902 年間處死 3,112 人，槍殺和因戒嚴處置捕殺 7,516 人，
再加上 1896 年因平亂而殺害 7,000 人（推定數字），台灣人在這次
統治權交替過程共犧牲 25,000 到 30,000 人左右。向山寬夫教授
指出，上述數字顯示台灣人如何激烈地抵抗日軍的占領。[134]
　　另外，關於台灣民主國的成立雖有各種議論，但在十九世紀
末的古老亞洲率先採取共和制一事，最值得吾人大書特書。如前

所述，雖然台灣民主國或是一時激情民族主義下的產物，但無論其結果如何，其成立本身在歷史上即具有充分的意義。

最後，在此引述翁佳音教授所整理出來的乙未（1895 年）抗日領導者之職位，及其出身一覽表如下，以供讀者參照。

## 淡水河以北 (1895.5.3 − 6.3)

| 領導者 | 職位、出身 | 備　註 |
|---|---|---|
| 唐景崧 | 台灣巡撫，民主國總統。 | 日軍未進台北城前內渡。 |
| 俞明震 | 原刑部主事，任民主國內務督導。 | 令守軍援瑞芳，並親身督陣，受傷潛返大陸。 |
| 張兆連 | 北部防軍統領，率准勇。 | 守基隆，參與瑞芳、基隆之役。 |
| 吳國華 | 本粵洋盜，廣勇統領。 | 守瑞芳、參與獅球嶺、小粗坑、瑞芳之役，與台勇不合，後南潰，所部在新竹為台人截殺。 |
| 曾喜照 | 記名提督。 | 所部由屯丁、練勇編成，守澳底，潰敗後參與三貂角、瑞芳之役。 |
| 簡溪水（淡） | 頂雙溪人、淡水營弁。 | 參與小粗坑、瑞芳之役，乙未後又加入簡大獅之部。 |
| 徐邦道 | 記名總兵。 | 率銘軍參與三貂角之役，後戰歿於九份。 |

## 淡水河以南，新竹以北 (1895.6.19 − 8.3)

| 王國瑞 | 廣東人，新竹知縣。 | 曾請棟軍留守新竹。日軍未抵新竹城即逃。 |
|---|---|---|
| 余清勝 | 記名簡放提督。 | 守大料崁，迎降。 |
| 楊載雲 | 湖北人，副將，新楚軍統領。 | 奉黎知府令往援新竹，戰歿於頭份。 |

| 傅德陞 | 棟軍。 | 林朝棟逃亡後，所部在新竹附近抗日。 |
|---|---|---|
| 鍾石妹 | 竹北豪商，承辦隘務。 | 在石牌埔、水仙崙等地抗日，1897 年 5 月歸降任樹杞林辦務署參事。 |
| 王振輝 (赤牛) | 樹林富豪，民團首。 | 乙未失利後曾內渡後又返台。 |
| 黃鏡源 | 三角湧生員。 | 乙未時率眾抵抗，後又往來廈門求援數次。 |
| 翁景新 | 三角湧富豪。 | 乙未率族抗日，翌年又參與攻台北城之役，事敗入山死之。 |
| 蘇力 | 三角湧樟腦業者。 | 與子蘇根銓在分水嶺之白匏湖山拒日，敗後內渡，其後又返台，病卒。 |
| 陳小稗 | 同上。 | 與蘇力有姻親關係，募義民千餘人，與日軍戰於隆恩埔、二甲九等地，乙未 11 月又與陳秋菊等會攻台北城，12 月被日軍所殺。 |
| 黃曉潭 (源鑑) | 大料崁增貢生，又為墾首。 | 乙未時率眾自烏塗掘出拒日軍，後內渡。 |
| 江國輝 | 大料崁武秀才，忠義局統領。 | 與大料崁總理呂建邦、耆老廖運潘等募兵千餘人抗日，後為日人所捕殺。 |
| 簡阿牛 (愚) | 大料崁人，累世以樟腦為業。 | 腦丁皆莫不畏服；乙未時嘯聚黨徒、托名回復，「頑強構亂」。 |
| 林維給 | 桃園人，(徒) 父為恩為邑庠生。 | 乙未與文糾眾拒日，為日軍焚其宅，兩人俱死。 |
| 詹永和 | 桃園龜山鄉人，業農，精拳術。 | 傾產充武器糧食，集同志 80 餘人，拒日軍於龍壽山尾，戰歿。 |
| 黃世霧 | 桃園龜山鄉人，茶商、家富饒。 | 乙未時被推為義勇首領，拒日於龜山、牛角坡等地，反退入山。 |
| 陳光海 | 頭份總理。 | 乙未號召鄉人組田賦軍抗日。 |
| 姜紹祖 | 北埔庠生，北埔墾戶首姜秀鑾曾孫。 | 率庄民、隘丁、佃丁作戰，戰歿於新竹。 |

| 吳湯興 | 苗栗生員。 | 與生員邱國霖等率練勇抗日。 |
|---|---|---|
| 徐驤 | 頭份生員。 | 後轉戰各地。 |
| 胡嘉猷 | 安平鎮人清五品官。本淡水縣吏，有相當資產之地主。 | 1896 年初復率眾抗日，後內渡。 |
| 邱振安 | 龍潭陂總理。 | 乙未之役後又抗日，被補罰。 |

## 新竹以南彰化以北 (1895.8.6 - 8.28)

| 黎景嵩 | 候補同知，代台灣知府。 | 集台、彰、雲、苗四縣富會議，並令四知縣募勇，組新楚軍，八卦山之役時內渡。 |
|---|---|---|
| 吳彭年 | 黑旗前敵正統領縣丞，劉永福部。 | 率黑旗兵，副將李惟義，管帶袁錦清等人率黑旗兵來援，戰歿於八卦山。 |
| 徐驤<br>吳湯興 | 同上。 | 徐驤後又至南部募兵，吳則戰歿於八卦山。 |
| 陳瑞昌 | 葫蘆墩人，招募土勇抗日。 | 當地紳富林振芳助槍械，後歸順任台中辦務署參事。林振芳則與霧峯林家有宗族關係。 |
| 林大春 | 揀東堡莊豪、組有國姓會。 | 與賴寮設國姓會，集子弟千人拒戰成於頭家厝。 |
| 許肇清 | 鹿港武進士。 | 與武生許夢元率練勇赴援八卦山，未戰而急奔回，後內渡。 |

## 彰化以南至台南 (1895.8.5 - 10.21)

| 劉永福 | 台灣民主國大將軍。 | 日軍未入台南前內渡。 |
|---|---|---|
| 楊泗洪 | 黑旗軍副將。 | 領福字軍包圍日軍於大莆林，戰死。 |
| 王德標 | 守備黑旗軍都司。 | 率七星軍，守戰西螺，大莆林等地。 |

| | | |
|---|---|---|
| 蕭三發 | 都司。 | 代楊泗洪繼續領導，與日軍戰於大莆林，戰歿。 |
| 孫育萬 | 嘉義知縣。 | 與武舉人參將劉步陞、生員楊錫九死於嘉義之役。 |
| 徐驤 | 同上。 | 戰於斗六街一常，後與總兵柏正材俱戰歿於曾文溪附近。 |
| 簡大肚（成功）、簡義（宜，名精華） | 雲林地方第一豪族在清已非常有勢力，製糖為業，施九緞之亂時曾率勇平之，後曾開碾米廠累世農家，義勇團首，匪首，所部練勇多土匪。 | 1896年又抗日，後歸順。按《瀛海偕亡記》將簡大肚與簡義視為父子，但另據《雲林沿革史》有「簡大肚」者，乙未時亦參加抗日，與簡大肚不知是否同一人？若是，則簡成功與簡義似非父子關係，存疑之。上之「出身、職位」欄，以簡義為主。 |
| 黃丑（榮邦） | 匪首，中坤庄土豪，義勇團首，以武術聞名。 | 其女為柯鐵之妾。與廖三聘等人攻日軍於西螺溪，後被捕殺。 |
| 林義成（苗生） | 匪首。 | 與都司王德標，拒日軍於他里霧（與南部林少貓，非同一人）。 |
| 廖三聘 | 西螺民團首。 | 與黃丑據西螺街抗日。按廖三聘與廖景琛未知是否同一人，後者在乙未時亦在西螺街抗日，翌年任西螺街長，但1902年被騙殺。 |
| 陳愍番 | 海豐崙頭人。 | 1896年後又抗日。 |
| 林崑崗（碧玉） | 生員、設教鄉中，或言為武秀才。 | 鐵線橋之役，共率鄉里子弟數百人持綿牌刀與日軍塵戰，陣歿，子亦繼續抗日。 |
| 沈芳徽 | 生員、豪農、糖商。 | 與林崑岡等拒日軍於蕭壠附近，後歸降。 |
| 侯（西）庚 | 東石糖廍業主。 | 拒日軍於鹽水港、內貝庄等地，後內渡廈門，數年後返台，所營糖廠亦日人所併。 |

| 翁煌南 | 鹽水港生員、地主。 | 援記名總兵譚少宗於鹽水港街，後歸順。抗日時舉鹽水港街教師葉瑞西為義勇團隊長。 |
|---|---|---|
| 曾春華 | 安平縣人，舉人蔡國琳門生。 | 與丁南金一起抗日，戰歿。 |

## 台南以南 (1895.10.19-11)

| 吳光忠 | 副將。 | 守東港，不戰而逃。 |
|---|---|---|
| 劉成良 | 知州。 | 率福字軍守打狗砲台，後退台南。 |
| 蕭光明 | 屏東左堆總理。 | 推舉人李向榮為大總理抗日與日軍戰於茄冬腳；戰歿。李向榮則內渡，死於內地。 |
| 邱鳳揚 | 屏東前堆總理。 | 率部拒日軍於火燒庄。 |
| 鍾發春 | 恆春內埔人，秀才。 | 邱鳳揚任大總理，鍾任參謀，俱率眾拒日軍於火燒庄、美濃等地。 |
| 鄭（忠）清 | 鳳山綠林豪，清武官。 | 乙未時阻日軍二層行溪附近。1896 後仍抗日，後內渡。 |

## 乙未抗日台灣民眾領導者出身：

| 文武進士舉人 | 許肇清、李向榮 |
|---|---|
| 文武生員 | 黃鏡源、黃曉潭、江國輝、林為恩、姜紹祖、吳湯興、徐驤、林崑岡、沈芳徵、翁煌南、曾春華、鍾春發 |
| 富有資產者（地主、茶商、樟腦、商、糖商） | 鍾石妹、王振輝、翁景新、蘇力、陳小埤、黃世霧、胡嘉猷、陳瑞昌、林大春、簡義、侯（西）庚 |
| 總理、耆老、頭人民團首 | 陳光海、邱振安、陳憨番、邱鳳揚、蕭光明、王振輝、廖三聘。 |
| 匪首 | 黃丑、林義成、鄭清 |
| 其他 | 簡溪水（營弁） |

## 第六章 註

① 黃昭堂《台灣民主國の研究》，東京大學出版會，1970 年，20-1 頁；同書廖爲智譯《台灣民主國研究》，前衛出版社，2006 年，21-2 頁。

② 同上，21 頁。廖譯本，22-3 頁。
　田保橋潔《日清戰役外交史の研究》，前揭（第五章），267-8 頁。

③ 同上《台灣民主國の研究》，22 頁；廖譯本 23-4 頁。
　同上《日清戰役外交史の研究》，268-9，272 頁。
　范文瀾《中國近代史》上編第一分冊，人民出版社，1953 年，275 頁。

④ 同上《台灣民主國の研究》，22 頁；廖譯本，24-5 頁。

⑤ 同上，23-4 頁；譯本，25-8 頁參照。
　黃秀政〈割讓與抗拒〉（台灣省文獻委員會《台灣近代史政治篇》，同委員會，民國 84 年，177-80 頁所收參照）。

⑥ 同上《台灣民主國の研究》，23-4 頁；譯本，27 頁。

⑦ 同上，24-6 頁；譯本，28-30 頁參照。

⑧ 張之洞《張文襄公全集》，前揭（第五章），卷一三九，電牘十八，〈致天津李中堂〉（光緒 20 年 10 月 17 日申刻）。

⑨ 同上，卷七十七，電奏五，〈致總署〉（光緒 21 年 2 月 4 日亥刻）。
　中國史學會主編《中日戰爭》㈢，前揭（第五章），483 頁。

⑩ 同上《張文襄公全集》，卷一四三，電牘二，〈汪委員來電〉（光緒 21 年 2 月 9 日甲刻到）。
　李鴻章撰·吳汝綸編《李文忠公全集》，光緒 31 年，電稿，〈軍機處王大臣、慶邸等公奏摺〉（光緒 21 年 2 月 7 日）中所提「宗社爲重，邊徼爲輕」一事，即是指台灣。
　翁同龢《翁文恭公日記》，民國 14 年影印（國會圖書館，平原平和文庫藏），第三十四冊，乙未 15 頁，光緒 21 年 2 月 6 日。

⑪ 世續等修《大清德宗景皇帝實錄》，前揭（第五章），卷 343，22 日（丁卯）諭〈軍機大臣等〉，11 頁。

⑫ 連橫《台灣通史》第一冊，前揭（第三章），89 頁參照。
　姚錫光《東方兵事紀略》，前揭（第五章），272-4 頁參照。
　丘逢甲《嶺雲海日樓詩鈔》第三冊，台灣銀行，民國 49 年，395 頁參照。

⑬ 同上《東方兵事紀略》，274 頁參照。
　前揭《大清德宗景皇帝實錄》，卷 349，9 頁。

⑭ 故宮博物院編《清光緒朝中日交涉史料》，前揭（第五章），2733，〈署台

灣巡撫唐景崧來電〉（光緒 21 年 2 月初 6 日）。

前揭《中日戰爭》㈢，488 頁。

⑮ 伊藤博邦監修・平塚篤編《伊藤博文秘錄》，春秋社，昭和 4 年，222 頁。

John W. Foster, Diplomatic Memoirs. po. cit., Vol.II, pp.105, 132-6.

Hosea Ballou Morse, The International Relations of the Chinese Empire. op. cit., Vol. II, pp.4-5.

前揭《日清戰役外交史の研究》，478-81 頁。

前揭《蹇蹇錄》，199-200 頁。

前揭《大清德宗景皇帝實錄》，第七帙第六冊，卷三百六十二，辛未，26 頁。

⑯ 俞明震〈台灣八日記〉，台灣唐維卿中丞電奏稿，3 月 7 日（陽 4 月 1 日）（台灣銀行經濟研究室《割台三記》，台灣銀行，民國 48 年，16 頁所收）。

台灣銀行經濟研究室《清季外交史料選輯》第三冊，台灣銀行，民國 53 年 248-9 頁。

⑰ 前揭《清光緒朝中日交涉史料》，2934〈軍機處電寄唐景崧諭旨〉（光緒 21 年 3 月 8 日）。

前揭《中日戰爭》㈢，573 頁。

⑱ 前揭《台灣民主國の研究》，49-50 頁；譯本，50-1 頁。

⑲ 王彥威編《清季外交史料》，民國 21 年，卷一〇九，5 頁，〈台灣唐景崧致軍務處台民呈稱願效死勿割地電〉。

⑳ 丘逢甲《嶺雲海日樓詩鈔》第三冊，台灣銀行復刻版，民國 49 年，367-410 頁參照。

江山淵〈丘逢甲傳〉（前揭《列強侵略》㈢，617-24 頁所收參照）。

曾迺碩〈乙未之役丘逢甲事蹟考證〉（台灣省文獻委員會編纂《台灣文獻》第七卷、第三・四期，民國 45 年，65-7 頁所收參照）。

㉑ 前揭〈台灣八日記〉，20-1 頁。

㉒ 前揭《台灣民主國の研究》，62 頁，註，譯本，51 頁，註。

㉓ The Foreign Office Records, Relating to China and Japan. M. S. ,op. cit., F.O.46/485, pp.89-94. Report to N.R.O'Conor from L. C. Hopkins, Tamsui, 20th April, 1895.

Ibid., p.95, 100, Report to N.R.O'Conor from L. C. Hopkins, Tamsui, 20th April, 1895. Interview with Governor and Deputation of Notable.

H. B. Morse, Letter-books, 1886~1907. MS., 5Vols.（deposited at Houghton Library, Harvard University），Vol. 3, p.131. Report to Robert [Hart], 23th April

1895.

㉔ 吳密察《台灣近代史研究》，稻鄉出版社，民國 80 年，95 年再版，13 頁。

前揭《台灣民主國の研究》，52 頁；譯本，53-4 頁。

㉕ 前揭《東方兵事紀略》，277-9 頁參照。

H. B. Morse, Letter-Books, 1886~1903. 5Vols, M. S., op. cit., Vol. III, p.131.

The Foreign Office Records, F.O. 46/458, pp.102~5, Report to N.R. O'Conor from L. C. Hopkins, Tamsui, 24th April, 1895, Attack on Governor Yamen Circumstances of.

㉖ 左舜生選輯《中國近百年史資料續編》，中華書局印行，民國 47 年，314-5 頁。

前揭〈台灣八日記〉，21-2 頁。

㉗ James W. Davidson, *The Island of Formosa Past and Present.* op. cit., p.305.

㉘ 前揭〈台灣八日記〉，23 頁。

前揭《清季外交史料》卷 110，14 頁。

㉙ 同上前揭〈台灣八日記〉，24 頁。

㉚ 前揭《清光緒朝中日交涉史料》，3032，附件一，〈戶部主事葉題雁等呈文〉，光緒 21 年 4 月 4 日 (陽曆 4 月 28 日)。

㉛ 前揭《台灣民主國の研究》，133 頁；譯本，135 頁。

㉜ 同上，134 頁；譯本，135-6 頁。

The Foreign Office Records, op. cit., pp.119-23. Report to N.R. O'Conor from L. C. Hopkins, Tamsui, May 10, 1895.

㉝ 蔡爾康‧林樂知等編著《中東戰紀本末》，上篇卷四，上海廣學會，光緒 22 年，「台灣自主文牘」〈台民布告〉，58-60 頁。

中華民國開國五十年文獻編纂委員會《列強侵略》㈢，前揭〈第四章〉，593-4 頁。

㉞ 前揭《清光緒朝中日交涉史料》，卷四十四，27 頁，3203，〈署南洋大臣張之洞來電〉(4 月 22 日)。

王芸生著‧長野勳‧波多野乾一譯編《日本外交六十年史》，前揭 (第五章)，295 頁。

㉟ 前揭《大清德宗景皇帝實錄》，卷 366，26 日 (丁卯)〈諭軍機大臣等〉。

前揭《台灣民主國の研究》，57 頁；譯本，61-4 頁。

㊱ The Foreign Office Records, op. cit., F.O.46/458, p.136, Report to N.R. O'Conor from L. C. Hopkins, Tamsui, 24th May 1895.

James W. Davidson, op. cit., p.248.

前揭《張文襄公全集》，卷一四五，電牘二四，「唐撫台來電」（光緒 21 年 4 月 27 日，29 日）。

㊲ 吳功德〈讓台記〉（前揭《割台三記》，34-5 頁所收）。

㊳ The Foreign Office Records, F.O. 46/458, pp.140-1, 146-7. Report to N.R.O'Conor from L. C. Hopkins, Tamsui, 30th May, 1895. Reporting occurrence at Tamsui up to 30 May.

James W. Davidson, op. cit., pp.279-80.

W. G. Goddard, Formosa, A Study in chinese History. Macmillan Co., 1966. pp.143-4.

前揭《台灣民主國の研究》，60 頁；譯本，67-8 頁參照。

㊴ The Foreign Office Records, op. cit., F.O. 46/458, pp.148-9.

㊵ 前揭《台灣近代史研究》，49 頁。

㊶ 前揭〈讓台記〉，35 頁所收參照。

前揭〈丘逢甲傳〉，400 頁。

㊷ J. W. Davidson, op. cit., p.282.

㊸ 前揭《中東戰紀本末》，卷四，朝警記十二，台灣自主文牘，59-60 頁。

前揭《日支外交六十年史》，299-300 頁。

㊹ 前揭《張文襄公全集》，卷 146，電牘 25，「唐撫台致總署電」（光緒 21 年 5 月初二日未刻到）。

㊺ 同上，卷 146，電牘 25，「唐撫台來電」（並致各省。5 月初 4 日丑刻到）。

㊻ 前揭《台灣民主國の研究》，157-8 頁；譯本，160 頁。

㊼ 同上，158-9 頁；譯本，160-3 頁。

前揭〈乙未之役丘逢甲事蹟考證〉，66 頁參照。

徐博東 · 黃志平《丘逢甲傳》，海峽學術出版社，2003 年修訂本，88-9 頁，註參照。

㊽ 許世楷《日本統治下の台灣——抵抗と弾壓》，東京大學出版會，1972 年，35-9 頁；同書李明峻 · 賴郁君譯《日本統治下的台灣》，玉山社，2005 年，64-72 頁參照。

前揭《台灣民主國の研究》，159-60 頁；譯本，163-5 頁。

㊾ 同上《台灣民主國の研究》，160-2 頁；譯本，165-6 頁。

㊿ 同上，163-4 頁；譯本，167-70 頁。

(51) 前揭《東方兵事紀略》，283 頁。

(52) 毛一波〈台灣乙未抗日始末〉（林熊祥等著《台灣文化論集》㈡，中華文化出版事業委員會，民國 43 年，191 頁所收）。

㊜ 前揭〈割讓與抗拒〉，195 頁。

㊴ 伊藤博文編《台灣資料》，秘書類纂刊行會，昭和 11 年，434-9 頁。
台灣總督府警務局《台灣總督府警察沿革誌》㈡上，前揭（第五章），
27-9、33 頁。
外務省編纂《日本外交文書》第二十八卷第二冊，前揭（第五章），557-8 頁。

㊵ John W. Foster, op. cit., Vol. II, pp.153-4.
前揭《李文忠公全集》，電稿，寄譯署（光緒 21 年 4 月 19 日酉刻）。

㊶ 前揭《日本外交文書》第二十八卷第二冊，560-2 頁。
前揭《清光緒朝中日交涉史料》，卷四十四，22 頁、3192，「大學士李
鴻章來電」（4 月 19 日）。

㊷ 同上《日本外交文書》第二十八卷第二冊，563-4 頁。

㊸ 前揭《李文忠公全集》，電稿，寄譯署（光緒 21 年 4 月 24 日己刻）。
同上《日本外交文書》第二十八卷第二冊，564-5 頁。

㊹ 前揭《台灣資料》，6 頁。

㊺ 同上，7 頁。
John W. Foster, op. cit., Vol. II, pp.155-8.
由於李鴻章的哀求，使福士達再背負割讓台灣的任務。然而，正如其所
諷刺地指出的，此次任務與其說是擔任顧問，毋寧說是李經方的保鑣。
因為當時在任命李經方之際，台灣住民上下均生動亂，不但向清政府抗
議割讓，且已自行宣布獨立，正處於怨恨李鴻章父子出賣台灣的高峰。
因此，李鴻章十分擔憂此行或將引起不測，故無論如何均拜託福士達與
李經方同行。結果，福士達雖極不情願但仍答允此事，從而背負此項不
名譽的罵名。

㊻ Ibid., p.159.
H. B. Morse, "A Short lived Republic Formosa, May 24th to June 3rd, 1895."
（Samuel Couling, ed., The New China Review, Vol. I, 1919. Literature House Ltd., Taipei,
1964, p.23.）

㊼〈台灣征討圖繪〉第一編《風俗畫報》第九十八號，東陽堂，明治 28 年，
3 頁）。
博文館編《日清戰爭實記》第三十一編，前揭（第五章），4 頁。

㊽ John W. Foster, op. cit., Vol. II, p.159.
前揭《台灣文化志》下卷，427-38 頁。
同上《日清戰爭實記》第三十一編，3-9 頁。
同上《台灣征討圖繪》第一編，18-9 頁。

㉞ 同上《台灣文化志》下卷，925-6 頁。

　　前揭《台灣資料》，18-9 頁。

㉟ 參謀本部編纂《明治二十七・八年日清戰史》第七卷，東京印刷株式會社，明治40年，11 頁 (本文獻以下稱《日清戰史》第七卷)。

㊱ 同上，13-4 頁參照。

　　前揭〈台灣八日記〉，7 頁。

　　前揭《東方兵事紀略》，283-4 頁 (台灣篇上第九卷，7-11 頁)。

㊲ 前揭《日清戰史》第七卷，24 頁。

　　同上〈台灣八日記〉，8 頁。

　　同上《東方兵事紀略》，285-7 頁。

㊳ 松本正純《近衛師團台灣征討史》，長谷川書店，明治 29 年，23-4 頁。

　　黃旺成纂《台灣省通志稿》卷九・革命志抗日篇，台灣省文獻委員會，民國 43 年，11 頁。

　　前揭《日清戰爭實記》第 31 編，11-6、27-30 頁參照。

　　同上〈台灣八日記〉，9-11 頁參照。

㊴ 同上《日清戰爭實記》第 31 編，8 頁。

　　前揭《日清戰史》第七卷，40-5 頁參照。

　　前揭《台灣民主國の研究》74 頁，譯本，76 頁。

　　方家慧《台灣史話》，前揭 (第三章)，225 頁參照。

㊵ 同上《日清戰爭實記》第 31 編，28 頁參照。

㊵ 同上《日清戰史》第七卷，46 頁。

㊶ 前揭〈台灣八日記〉，11-2 頁。

㊷ 同上，12 頁。

　　前揭《東方兵事紀略》，292 頁 (台灣篇上第九卷，11 頁)。

㊸ 前揭〈台灣八日記〉，13-4 頁。

㊹ 前揭《台灣省通志稿》卷九・革命志抗日篇，13 頁。

　　前揭《台灣通史》第一冊，96 頁參照。

㊺ James W. Davidson, op. cit., p.301.

㊻ 前揭〈讓台記〉，39 頁。

㊼ 李祖基《台灣歷史研究》，海峽學術出版社，2008 年，391-4 頁參照。

㊽ 同上，392 頁。

㊾ H. B. Morse, "A Short lived Republic Formosa, May 24th to June 3rd, 1895." op. cit., pp.31-5.

㊿ 前揭《東方兵事紀略》卷五，台灣篇上第九，11-2 頁。

前揭〈台灣八日記〉，13 頁。

羅惇融〈割台記〉前揭《列強侵略》㈢，538-9 頁。

James W. Davidson, op. cit., pp.300-5.

⑧ 辜顯榮翁傳記編纂會《辜顯榮翁傳》，台灣日日新報社，昭和 14 年，11-2 頁參照。

井出季和太《興味の台灣史話》，萬報社，昭和 10 年，84 頁。

⑧ James W. Davidson, op. cit., p.305.

⑧ 前揭《辜顯榮翁傳》，15-6 頁。

前揭《興味の台灣史話》，78-80，85 頁。

前揭《日清戰史》第七卷，47 頁參照。

⑧ James W. Davidson, op. cit., pp.305-6.

⑧ Ibid., p.306.

井出季和太《南進台灣史攷》，誠美書閣，昭和 18 年，252-6 頁。

⑧ 前揭《辜顯榮翁傳》，16 頁。

⑧ 前揭《日清戰史》第七卷，48 頁。

前揭《興味の台灣史話》，86-7 頁。

前揭《台灣總督府警察沿革誌》㈡上，70 頁；譯本，上卷 I，146-7 頁。

⑧ 同上《日清戰史》第七卷，48-9 頁。

⑧ 同上，49-50 頁。

前揭《台灣總督府警察沿革誌》㈡上，71 頁；譯本，上卷 I，148-9 頁。

⑨ 前揭《嶺雲海日樓詩鈔》第三冊，397-8 頁參照。

前揭《台灣歷史研究》，396 頁參照。

前揭《台灣通史》第六冊，1034 頁參照。

丘念台《嶺海微飆》，中華日報社，民國 51 年，41 頁參照。

前揭《丘逢甲傳》，106-7 頁參照。

⑨ 前揭《日清戰爭實記》第 32 編，11-2 頁。

前揭《興味の台灣史話》，88-9 頁。

⑨ 同上《日清戰爭實記》第 32 編，18-9 頁。

同上《興味の台灣史話》，89 頁。

前揭《台灣省通志稿》卷九‧革命志抗日篇，16-7 頁。

⑨ 羅香林輯校《劉永福歷史草》，正中書局，民國 46 年，246-50 頁參照。

前揭《台灣通史》第六冊，1046 頁。

前揭《台灣總督府警察沿革誌》㈡上，126 頁參照。

⑨ 前揭〈讓台記〉，51 頁。

前揭《台灣民主國の研究》，165-6頁，譯本，170-4頁。

⑨⑤ 前揭《日清戰史》第七卷，附錄第百十「樺山總督より劉永福に與へし書」；附錄第百十一「劉永福より樺山總督に答へし書」。

前揭《中日戰爭》㈥，427-9頁。

⑨⑥ 前揭〈讓台記〉，42-3頁。

前揭《日本統治下の台灣──抵抗と彈壓》，49頁；譯本，82頁。

⑨⑦ 同上《日本統治下の台灣──抵抗と彈壓》，50頁；譯本，83-4頁。

前揭《台灣省通志稿》第九卷・革命志抗日篇，17頁。

⑨⑧ 向山寬夫《日本統治下における台灣民族運動史》，中央經濟研究所，昭和62年（1987年），84-5頁；同書楊鴻儒・陳蒼杰・沈永嘉等譯《日本統治下的台灣民族運動史》上，福祿壽興業股份有限公司，1999年，100頁。

同上《台灣省通志稿》第九卷・革命志抗日篇，18頁。

⑨⑨ 同上《台灣省通志稿》第九卷，同18頁。

前揭《日清戰史》第七卷，57-9頁。

⑩⑩ 前揭《日本統治下における台灣民族運動史》，85-6頁；譯本，上，100-1頁。

前揭《日本統治下の台灣──抵抗と彈壓》，50頁；譯本，83頁。

同上《日清戰史》第七卷，63-70頁。

⑩① 同上《日清戰史》第七卷，70-6頁參照。

洪棄生《瀛海偕亡記》，台灣銀行復刻版，民國48年，9-10頁。

同上《日本統治下における台灣民族運動史》，86-7頁；譯本，101-2頁。

⑩② 同上《日清戰史》第七卷，83-100頁參照。

前揭《台灣民主國の研究》，79頁；譯本，82頁。

⑩③ 同上《日清戰史》第七卷，101-8、201-2頁參照。

⑩④ 同上，202-3頁。

⑩⑤ 同上《日清戰史》第七卷，111-23頁參照。

前揭《台灣民主國の研究》，80頁；譯本，83-4頁。

⑩⑥ 同上《日清戰史》第七卷，136-59頁參照。

前揭《台灣省通志稿》第九卷・革命志抗日篇，21頁。

前揭（第五章）《台灣總督府警察沿革誌》㈡上卷，97-8頁；譯本⑴，186-8頁。

⑩⑦ 同上《日清戰史》第七卷，167-8、172頁。

同上《台灣省通志稿》第九卷・革命志抗日篇，21-2頁。

⑩⑧ 同上《台灣省通志稿》第九卷・革命志抗日篇，22頁。

⑩ 同上，同頁。

同上《日清戰史》第七卷，167-92 頁參照。

前揭《瀛海偕亡記》，12-5 頁參照。

前揭《台灣民主國の研究》，81-2 頁；譯本，85 頁。

⑩ 前揭《日本統治下の台灣——抵抗と彈壓》52 頁；譯本，86 頁。

前揭《日本統治下における台灣民族運動史》，93-4 頁；譯本，110-1 頁。

⑪ 台灣憲兵隊《台灣憲兵隊史》，三協社，昭和 7 年，7 頁。

同書譯本，總堅譯王洛林《台灣憲兵隊史》(上)，海峽學術出版社，
2001 年，8 頁。

⑫ 前揭《日清戰史》第七卷，208-9 頁。

⑬ 同上，210 頁。

⑭ 前揭《台灣省通志稿》第九卷‧革命志抗日篇，23 頁。

⑮ 前揭《日清戰史》第七卷，246 頁。

⑯ 前揭《台灣總督府警察沿革誌》㈡上，116-24 頁；譯本，上卷 I, 216-8 頁。

前揭《台灣省通志稿》第九卷‧革命志抗日篇，24 頁。

前揭《日本統治下における台灣民族運動史》，96-8 頁；譯本，112-5 頁。

⑰ 前揭《日清戰史》第七卷，231-3 頁。

同上《台灣總督府警察沿革誌》㈡上，118-9 頁；譯本，上卷 I, 220 頁。

⑱ 前揭《日本統治下の台灣——抵抗と彈壓》，53 頁；譯本，87 頁。

前揭《日本統治下における台灣民族運動史》，99-100 頁；譯本，117 頁。

⑲ 前揭《日清戰史》第七卷，310-21 頁參照。

⑳ 同上，286-98，409-11 頁參照。

前揭《台灣總督府警察沿革誌》㈡上，132-9 頁；譯本，上卷 I, 240-9 頁。

㉑ The Foreign Office Records, F.O. 46-458, pp.62-4, Report to N.R. O'Conor
from R. W. Hurst, Tainan, 17 October, 1895. Ineffectual attempt at Surrender
by Liu.

前揭《日清戰史》第七卷，附錄第一一四「劉永福より樺山總督に送り
し請和書」。

前揭《近衛師團台灣征討史》，285 ～ 6 頁。

㉒ Ibid., pp.65-7.

易順鼎《魂南記》，台灣銀行復刻版，民國 54 年，附錄㈡，73-5 頁。

㉓ Edward Band, Barclay of Formosa. Christian Literature Society, Ginza
Tokyo, 1936. p.94.

㉔ The Foreign Office Records, F.O.46/458, Report to N.R. O'Conor from R.

W. Hurst, Tainan, 31 October, 1895, p.70. To of opinion that his attempts to bring about an arrangement between Liu and the Japanese contributed to the final surrender.

㉕ 前揭《日清戰史》第七卷，附錄百十七，「劉永福より高島司令官の覆書答へし書」。302-3、414頁。

前揭《台灣征討圖繪》第五編，8頁。

㉖ 井出季和太《南進台灣史攷》，誠美書閣，昭和18年，275-89頁。

藤崎 之助《台灣全誌》，中文館書店，昭和3年，821-3頁。

前揭《劉永福歷史草》，261-8頁。

前揭《台灣征討圖繪》第五篇，11-2頁。

前揭《魂南記》，17頁。

㉗ Edward Band, op.cit., pp.96-7.

㉘ 前揭《台灣總督府警察沿革誌》(二)上，148-9頁；譯本，上卷 I，263-4頁。

The Foreign Office Records, F.O. 46/458, Thomas Barclay Report to R. W. Hurst, Tainanfu, 22nd October, 1895.

前揭《南進台灣史攷》，291-3頁。

㉙ 前揭《日清戰史》第七卷，336，415頁。

前揭《台灣征討圖繪》第五篇，14-5頁。

㉚ 前揭《日本統治下における台灣民族運動史》，105-6頁；譯本，124-5頁。

前揭《南進台灣史攷》，305-6頁參照。

㉛ 同上《日本統治下における台灣民族運動史》，同105-6頁；譯本，123-5頁。

前揭《台灣總督府警察沿革誌》(二)上，152-4頁；譯本，上卷 I，270-2頁。

㉜ 前揭《日本統治下の台灣──抵抗と彈壓》，75-84、89頁；譯本，115-26、133-4頁。

㉝ 同上《日清戰史》第七卷，附錄第百八，「台灣討伐參與人馬概數」。

㉞ 向山寬夫《台灣における日本統治と戰後內外情勢》，東京，昭和38年，12頁。

前揭《日本統治下における台灣民族運動史》，107-8頁；譯本，126-7頁。

㉟ 翁佳音《台灣漢人武裝抗日史研究(1895-1902)》，稻鄉出版社，民國96年，61-70頁。

第七章

# 日本殖民統治權的
# 確立及後藤新平治台的經綸

# 第一節 台灣總督專權制度的確立和日本臣民國籍的選擇

## 一、台灣總督專權制度確立的經緯

1895 年（明治 28 年）6 月 2 日，日本政府完成割讓台灣及澎湖群島的法定程序（政府批准與換文）與事務手續（割讓地接收證書的署名蓋章）之後，同年 6 月 13 日，天皇批准伊藤博文內閣在中央設立主管台灣的「台灣事務局」，並裁示伊藤首相應該出任事務局總裁。14 日，勅令第 74 號，正式明令成立台灣事務局。同月 18 日，伊藤首相與參謀總長川上操六被任命爲正副總裁，以及內閣書記官長伊東代治與代表內閣各省（部）的內務次官末松謙澄、大藏省次官田尻稻次郎、外務省通商局長原敬、遞信省通信局長田健治郎、陸軍次官兒玉源太郎、海軍次官山本權兵衛等人爲委員；迅速對台灣的統治機構進行調查、立案。此外，法國人顧問米歇爾·魯蒙（於 1895 年 4 月 23 日）與英國人顧問孟迪休·卡克特（於 1895 年 7 月 24 日）亦先後提出有關統治台灣的意見書。①

其時，外務省通商局長原敬提出「台灣和內地，在制度上雖稍有差異，但勿視爲殖民地之類爲宜」。因此，建議台灣總督應採取文官制。惟該案在外國殖民地並無前例，再加上把領有台灣視爲自己功績而企圖擴大政治勢力的陸軍，強烈地主張武官總督制；遂導致使主張文官總督制的遞信省通信局田健治郎、海軍次官山本、內閣書記官長伊東、外務省通商局長原敬，和主張武官總督制的內務省次官末松、大藏省次官田尻、陸軍次官兒玉、副

總裁川上，針鋒相對，贊成與反對四比四，難以取決。最後，在明治天皇的勅裁下，才決定採用武官總督制。②

　　一方面，日本政府在決定台灣總督為武官制之前，內閣對於總督的人選條件，已提出必須具有中將或上將的職位。所以，伊藤首相決意欲任命樺山資紀中將為台灣總督時，乃於1895年5月10日，將其晉升為海軍大將，同時授命其為首任台灣總督兼軍務司令官，並代表日本做為接收台灣的全權委員（前述）。茲在此順便簡要的介紹樺山總督的經歷，諒也可說明其被提拔重用為首任台灣總督的原委。

　　樺山資紀是1837年（天保八年）11月，出生於九州南端的鹿兒島城下二本松町。前述琉球事件（1871年12月）發生時，樺山任職於熊本鎮台鹿兒島分營長（時年36歲），上京報告整個事件的經過，也因此使得他對台灣特別關心。1873年（明治6年）8月23日，為了要探查台灣的實情，他首次渡台入淡水。隨後在台灣滯留近3個月半，在蘇澳一帶陸續探查蕃地。同年12月10日，他自打狗（高雄）乘輪經香港，再轉上海。旋於1874年（明治7年）3月9日，復乘日艦春日號再入打狗，前後在台南北各地收集蕃地情資。同年5月26日，奔赴瑯璚，會時正值出征台灣的西鄉提督，並被任命為日本遠征軍大本營的參謀職務。1878年他以陸軍大佐的軍階被任命為近衛師團參謀長；1881年受命兼任首都警視總監。1883年他晉升為陸軍少將，並擔任海軍大輔（次長）。其後，他受命改變軍種，晉升為海軍中將。1890年升任海軍大臣，除役後，擔任樞密院顧問官。1894年日清戰爭爆發，他復歸現役軍人，受命擔任海軍軍令部長（參謀長）；活躍於軍中。1895年5月8日，如上述，日清和議批准交換後，法理上台灣已正式成為日本的領土。伊藤首相因為重視樺山對台灣

的豐富知識與經驗，遂立即於 5 月 10 日，將其晉升為海軍大將，同時任命其為首任台灣總督兼軍務司令官，並代表日本政府做為接收台灣的全權委員。③

職是，為順利無阻地完成日本接收台灣的法定手續，並著手強力有效的統治台灣，伊藤首相還對首相樺山總督交付一道「赴任政治大綱訓令」。這個訓令對接收台灣澎湖群島、總督府行政組織要項及台灣的對外關係等等都有具體的指示，最重要的一點是：「本大臣賦予貴官重任，此大綱專意奉行詔命，供貴官執行重任時參考。為免貴官遇事掣肘，將來若生緊急事項，倘無暇電稟政府，貴官依本訓令臨機專行，其後報告始末可也。」④亦即，明記總督的權限包括：對於台灣諸事的應對，在情況緊急的場合，總督不必向本國政府請示，可以臨機應變處置，待事後再行報告。

同年 10 月 7 日，日本政府又以軍令（日令）發布「台灣總督府法院制」，其第三條規定：「總督府法院設院長一人、審判官四人、書記官四人，各分院設審判官書記一至二人。院長、審判官由總督於總督府高等官中選任，書記官由同判任官中選任。」⑤將法官的任免權亦歸於總督一人，等於賦予總督司法大權。

1896 年 2 月中旬，日軍占領台灣告一段落，位於京都的大本營亦將解散。於是，日本政府為了解除對台灣軍政統治，準備發布民政法律，遂於 3 月 31 日第九屆帝國議會（眾議院及貴族院），通過法律第六十三號「有關對台法令施行之法律」（通稱「六三法」），並於同年 4 月 1 日開始實施。「六三法」的內容如下：⑥

第一條　台灣總督就其管轄區域內，得發布有法律效力之命令。

第二條　前條命令由台灣總督府評議會做成決議，經拓殖
　　　　務大臣呈請敕裁。
　　　　台灣總督府評議會組織以敕令定之。
第三條　台灣總督於臨時緊急的場合，得不經前條第一項
　　　　手續，而遂依本法第一條直接發布命令。
第四條　依前條發布之命令，發布後直接呈請敕裁，並向
　　　　總督府評議會報告。敕裁後效力等同總督直接的
　　　　命令。
第五條　現行法律及將來發布之法律，其全部或一部須在
　　　　台灣施行者，以敕令定之。
第六條　此法律自施行日起滿三年，其效力自動消失。

　　事實上，「六三法」的主旨是基於先前「政治大綱」賦予總
督的「緊急專行權」。台灣總督府民政局長水野遵以政府委員身分，
向帝國議會說明，要爲台灣施政帶來好結果，該等法案有其必要
性。他說：

　　「自去年六月派遣台灣總督以來，割讓後戰事仍持續進行，
　　至去年十一月才全部平定，但今年一月又發生土匪作亂情事。
　　因此，依現今台灣的狀況而言，終究無法施行和內地相同的法
　　律，現今戰亂中的行政施行，是以所謂台灣總督發布軍事命令
　　實施行政處分，至少在今後短暫期間，對於人情風土不一樣的
　　人民，且土匪亂賊頻發之地，應有必要發布具法律效力的命
　　令。」⑦

　　於是，台灣總督得依「六三法」第一條發布代替法律的命令，

這樣委任的命令稱為「律令」(法域限定台灣地區)，而發布律令時須依第二條規定呈請「敕裁」。但面臨緊急情況而無暇呈請敕裁時，該法第三條再賦予不經程序即可發布緊急律令之權。換言之，台灣總督在必要時可依自己的意思制定法律。也因此，其後台灣總督以「六三法」做後盾，陸續發布特別命令(如最早在同年5月1日，樺山總督發布第一號律令「台灣總督府法院條例」，⑧將根據先前日令的司法權加以法律化)，使其如「土皇帝」般地掌握軍事(初期的武官總督及後期的武官總督均有此權限)、行政、立法、司法及財政大權，剝奪台灣人的權利和自由，施行嚴苛的殖民地統治。

當然，這種律令制定權是違憲的，帝國議會經常認為此點是個問題，而學者及政治家之間也不斷喧囂地議論著。⑨然而，原本僅賦予三年期限的「六三法」，之後卻再三延長實施期限，直到1906年(明治39年)4月11日，經第二十二屆貴族院及眾議院的討論，通過法律第三十一號「對台法令施行相關法律修正案」(通稱「三一法」)。「三一法」的內容如下：⑩

第一條　在台灣要求制定法律事項，得依台灣總督的命令為之。

第二條　前條命令經主務大臣請示敕裁。

第三條　台灣總督於臨時緊急場合，得依第一條發布命令。前項命令發布後，直接呈請敕裁，若得敕裁通過，台灣總督即公布該命令，使生效力。

第四條　現行法律及將來發布法律之全部或一部，若欲在台灣施行者，以敕令定之。

第五條　第一條的命令及依第四條在台灣施行的法律，不得相違背特別以台灣為施行目標而制定的法律及

敕令。

第六條　台灣總督發布之律令仍有其效力。

附　則

本法於明治四十年一月一日起實施，其效力迄明治四十四年十二月三十一日。

　　就此而言，較「六三法」稍有進步的是，「三一法」第五條明定台灣總督制定的律令不得抵觸本國法律敕令，對台灣總督的立法權算是稍有制約，但其他部分基本上和「六三法」相同（隨著「三一法」的施行，總督府設置律令審議會代替原有的評議會，並增加法曹相關人士為成員，但實質運作並無改變），總督的權限絲毫沒有動搖。雖然「三一法」也同樣規定有五年的期限，但屆滿時還是壓制輿論反對的聲浪，再三延長施行的期限。

　　1918 年，第一次世界大戰結束。然而，大戰期間由美國總統威爾遜（W. Wilson）提倡的民族自決原則，強烈衝擊台灣人的民族解放運動，緊接著展開台灣議會設置運動（下述）。1919 年3 月，朝鮮發生「獨立萬歲事件」，迫使日本政府表示要修正殖民地支配體制；同年 10 月，日本將施政責任者由武官總督換成文官總督。1921 年（大正 10 年）3 月 15 日，第四十四屆帝國議會通過修正「三一法」的法律第三號（通稱「法三號」），其第一條大幅削減總督權限。亦即，台灣原則上也施行本國日本的法律。然而，最重要的緊急律令權卻仍舊沒有改變。順帶一提的是，到五十年的殖民統治結束為止，台灣總督的緊急律令權一直都沒有修正過。

　　以下是「法三號」的全文：⑪

第一條　現行法律及將來發布的法律之全部或一部，其在
　　　　台灣之施行以敕令定之。

　　　　於前項場合，關於官廳或公署之職權、法律上的
　　　　期間或其他事項，因台灣特殊情事而有必要設置
　　　　特例者，以敕令另定之。

第二條　在台灣有需要以法律規定施行之事項，依前條規
　　　　定有其困難，而有必要因應台灣特殊情事時，得
　　　　以台灣總督之命令規定之。

第三條　前條命令經主務大臣呈請敕裁。

第四條　於臨時緊急的場合，台灣總督不必依前條規定，
　　　　可直接發布第二條之命令。

　　　　依前條規定所發布之命令，於發布後須立即呈請
　　　　敕裁。若敕裁未通過，台灣總督須立即公布該法
　　　　令將歸無效。

第五條　台灣總督依本法發布之命令，不得違反在台灣實
　　　　施之法律及敕令。

　附　則

本法於大正十一年一月一日起施行。

台灣總督依明治二十九年法律第六十三號及明治三十九年
法律第三十一號發布命令，在本法施行期間仍有效者，在其期
間內依前例實施。

　　在日本五十年的殖民統治期間，台灣總督發布律令的件數合
計 466 件。其中，依據「六三法」者有 174 件（每年平均 13.6 件），
依據「三一法」者有 124 件（每年平均 8.2 件），依據「法三號」
者有 168 件（每年平均 7 件）。這些數字顯示逐年累積的律令趨於

完備，再加上內地法的適用增加，使得發布律令的必要性減少。

　　最能充分使用律令制定權的是第四任武官總督兒玉源太郎和後藤新平的組合（1898 年 2 月—1906 年 4 月），他們確立台灣殖民地統治的基礎。在赴任的最初兩年內，他們共制定 57 件律令。[12] 其中，1898 年 11 月 5 日發布的第二十四號律令：「匪徒刑罰令」，對所有台灣人的抗日運動都處以極刑，是世界殖民地統治史中最酷苛的案例。後藤新平自己即曾告白道：從 1898 年赴任到 1902 年的五年內，總督府共殺戮的「匪徒」多達 11,950 人。[13] 以下是「匪徒刑罰令」的全文：[14]

　　第一條　無論何種目的，糾眾以暴行或脅迫達到其目的者，均治以匪徒之罪，並依以下區別論處：
　　　　　　1. 首魁及教唆者處死刑。
　　　　　　2. 參與謀議並指揮行動者處死刑。
　　　　　　3. 附和隨從且參與行動者處有期徒刑，重度懲役。
　　第二條　前條第三項之匪徒，如有下列行為者亦處死刑：
　　　　　　1. 抵抗官吏及軍隊。
　　　　　　2. 放火燒毀或破壞建築物、火車、船舶、橋樑。
　　　　　　3. 放火燒毀山林田野之竹木穀物或堆積之柴草等其他物件。
　　　　　　4. 毀壞鐵道或其標識燈台、浮標，致使往來之火車、船舶發生危險。
　　　　　　5. 毀壞郵便電信及電話相關物件，或用其他方法妨害其交通。
　　　　　　6. 殺傷他人及強暴婦女。
　　　　　　7. 擄人或掠奪財物。

第三條　前條罪行之未遂者仍處以本刑。

第四條　資助兵器彈藥、船舶、金錢、食物，或提供聚會
　　　　場所及其他行為幫助匪徒者，處死刑或無期徒
　　　　刑。

第五條　藏匿、隱避匪徒或意圖使匪徒脫罪者，處有期徒
　　　　刑或重度懲役。

第六條　觸犯本令者若自首，依情況給予減刑或免刑。減
　　　　免本刑者須附帶五年以下的監視。

第七條　本令所罰行為如發生於本令實施前，其犯案仍依
　　　　本令處斷。

附　則

本令自發布日起實施。

（以上節引自拙著《台灣法的地位の史的研究》，108-15頁；李譯本，
118-24頁。）


爰將台灣總督府的政治機構（隨著時代與統治業務的擴充，總督
府的政治機構也有所改變），以及歷代總督的氏名、任期與其民政長
官的年表引述如下。

# 1.　明治 31 年（1898 年）總督府政治機構⑮

台灣總督府

- 總督官房〔秘書課、文書課、統計課、外事課、臨時戶口調查部〕
- 參事官室
- 海軍幕僚
- 陸軍部〔參謀部、副官部、經理部、軍醫部、法官部〕
- 民政部
  - 財務局〔主計課、稅務課、金融課、會計課、收稅官吏出張所、稅務員養成所〕
  - 通信局〔庶務課、監理課、工務課、海事課、測候所、燈台、通信事務練習所〕
  - 殖產局〔庶務課、農務課、糖務課、林務課、鑛物課、商工課、權度課、移民課、林野整理課、園藝試驗場、檢糖所、博物館、米穀檢查所、茶樹栽培試驗場、糖業試驗場、農事試驗場、種畜場、台灣帽子檢查所、林業試驗所、樹苗養成所、糖業講習所、林業講習所、熱帶纖維植物苗園、移民指導所、水產試驗所、水產試驗船、砂防造林八卦山作業所、蔗苗養成所、養蠶所〕
  - 土木局〔庶務課、土木課、營繕課、木材防腐工場〕
  - 警察本署〔警務課、保安課、衛生課、理蕃課〕
  - 地方部〔地方課、地理課〕
  - 法務部〔民刑課、監獄課〕
  - 學務課〔學務課、編修課、工業講習所〕

## 2. 昭和 10 年（1935 年）總督府政治機構⑯

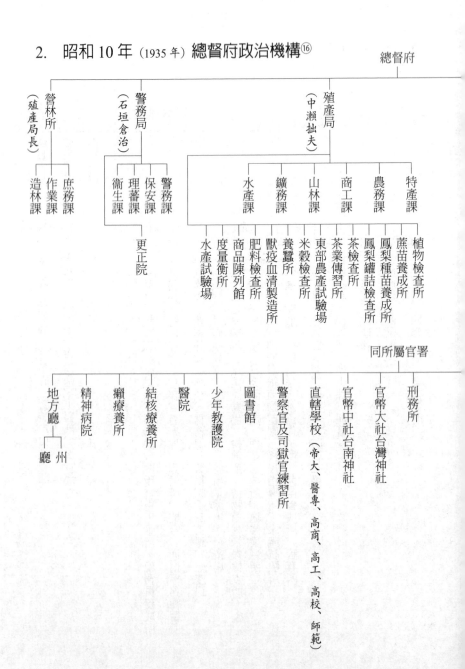

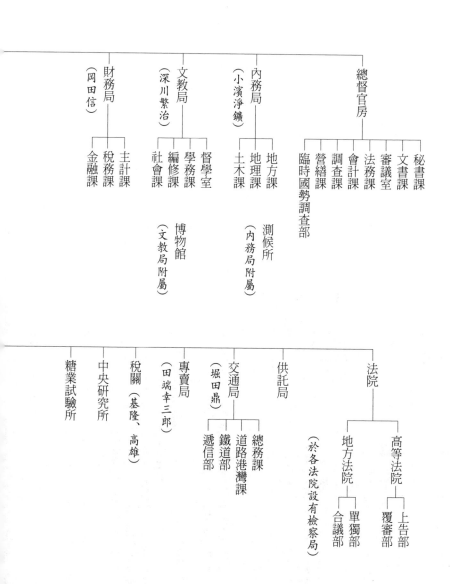

總督官房
　秘書課
　文書課
　審議室
　法務課
　會計課
　調查課
　營繕課
　臨時國勢調查部

內務局
（小濱淨鑛）
　地方課
　地理課
　土木課
　　測候所
　　（內務局附屬）

文教局
（深川繁治）
　督學室
　學務課
　編修課
　社會課
　　博物館
　　（文教局附屬）

財務局
（岡田信）
　主計課
　稅務課
　金融課

法院
　高等法院
　　上告部
　　覆審部
　地方法院
　　單獨部
　　合議部
　（於各法院設有檢察局）

供託局

交通局
（堀田鼎）
　總務課
　道路港灣課
　鐵道部
　遞信部

專賣局
（田端幸三郎）

稅關（基隆、高雄）

中央研究所

糖業試驗所

## 3. 總督府末日（1945年）時之政治機構⑰

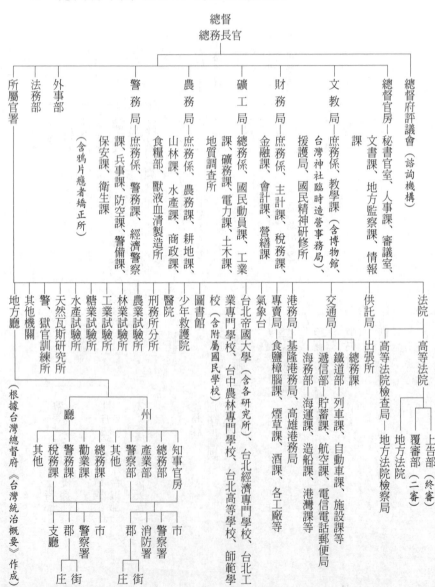

## 4. 日治時期台灣島地方行政區域沿革表 (1895－1945年, 凡51年) [18]

| 台灣總督府 | | | | | | | | |
|---|---|---|---|---|---|---|---|---|
| 置縣時期 | | | | | 置廳時期 | | 置州時期 | |
| 1895年6月 日本明治28年6月 | 1895年8月 日本明治28年8月 | 1986年4月 日本明治29年4月 | 1897年6月 日本明治30年6月 | 1898年6月 日本明治31年6月 | 1901年11月 日本明治34年11月 | 1909年10月 日本明治42年10月 | 1920年10月 日本大正9年10月 | 1926年7月 日本大正15年7月 |
| 台北縣 | 台北縣 | 台北縣 | 台北縣 | 台北縣 | 台北廳 | 台北廳 | 台北州 | 台北州 |
| 台灣縣 | 台灣民政支部 | 台中縣 | 宜蘭廳 | 宜蘭廳 | 基隆廳 | 宜蘭廳 | 新竹州 | 新竹州 |
| 台南縣 | 台南民政支部 | 台南縣 | 新竹縣 | 台中縣 | 深坑廳 | 桃園廳 | 台中州 | 台中州 |
| 澎湖島廳 | 澎湖島廳 | 澎湖島廳 | 台中縣 | 台南縣 | 宜蘭廳 | 新竹廳 | 台南州 | 台南州 |
| 三縣一島廳 | 一縣二民政支部一島廳 | 三縣一島廳 | 嘉義縣 | 恆春廳 (明治卅四年五月增設) | 桃園廳 | 台中廳 | 高雄州 | 高雄州 |
| | | | 台南縣 | 台東廳 | 新竹廳 | 南投廳 | 台東廳 | 台東廳 |
| | | | 鳳山縣 | 澎湖廳 | 苗栗廳 | 嘉義廳 | 花蓮港廳 | 花蓮港廳 |
| | | | 台東廳 | 三縣四廳 | 台中廳 | 台南廳 | 五州二廳 | 澎湖廳 |
| | | | 澎湖廳 | | 彰化廳 | 阿猴廳 | | 五州三廳 |
| | | | 六縣三廳 | | 南投廳 | 台東廳 | | |
| | | | | | 斗六廳 | 花蓮港廳 | | |
| | | | | | 嘉義廳 | 澎湖廳 | | |
| | | | | | 鹽水港廳 | 十二廳 | | |
| | | | | | 台南廳 | | | |
| | | | | | 蕃薯藔廳 | | | |
| | | | | | 鳳山廳 | | | |
| | | | | | 阿猴廳 | | | |
| | | | | | 恆春廳 | | | |
| | | | | | 台東廳 | | | |
| | | | | | 澎湖廳 | | | |
| | | | | | 二十廳 | | | |

## 5. 歷代總督的一覽表⑲

### (1) 初期武官總督表

| 任 | 總督 | | 年齡 | 出身 | 軍籍(任內晉升) | 民政長官 ※ | |
|---|---|---|---|---|---|---|---|
| 1 | 樺山資紀 | 1895.5.10 | 58 | 鹿兒島 | 海軍大將 | 水野　遵 1、2 | 1895.5.21 |
| 2 | 桂　太郎 | 1896.6.2 | 49 | 山口 | 陸軍中將 | 水野　遵 2 | 留任 |
| 3 | 乃木希典 | 1896.10.14 | 47 | 山口 | 陸軍中將 | 水野　遵 2 | 留任 |
| | | | | | | 曾根靜夫 2 | 1897.7.20 |
| 4 | 兒玉源太郎 | 1898.2.26 | 47 | 山口 | 陸軍中將 (大將) | 後藤新平 2、3 | 1898.3.2 |
| 5 | 佐久間左馬太 | 1906.4.11 | 62 | 山口 | 陸軍大將 | 後藤新平 3 | 留任 |
| | | | | | | 祝辰巳 3 | 1906.11.13 |
| | | | | | | | 1908.5.22 |
| | | | | | | 大島久滿次 3 | 1908.5.30 |
| | | | | | | (宮尾舜治) 3 | 1910.7.27 |
| | | | | | | 內田嘉吉 3 | 1910.8.22 |
| 6 | 安東眞美 | 1915.4.30 | 62 | 長野 | 陸軍大將 | 內田嘉吉 3 | 留任 |
| | | | | | | 下村　宏 3 | 1915.10.20 |
| 7 | 明石元二郎 | 1918.6.6 | 55 | 福岡 | 陸軍中將 (大將) | 下村　宏 3 | 留任 |
| | | 1919.10.26 | | | | | |

## (2)　文官總督表

| 任 | 總督 | | 年齡 | 出身 | 黨派 | 總務長官 | 在職期間 | 台灣軍司令 | |
|---|---|---|---|---|---|---|---|---|---|
| | | | | | | | | 明石元二郎 | 1919.8.20 |
| 8 | 田　健治郎 | 1919.10.29 | 65 | 兵庫 | 政友會系 | 下村　宏 | 留任 | 柴　五郎 | 1919.11.1 |
| | | | | | | 賀來佐賀太郎 | 1921.7.11 | 福田雅太郎 | 1921.5.3 |
| | | | | | | | | 鈴木莊六 | 1923.8.7 |
| 9 | 內田嘉吉 | 1923.9.6 | 58 | 東京 | 政友會系 | 賀來佐賀太郎 | 留任 | | |
| 10 | 伊澤多喜男 | 1924.9.1 | 56 | 長野 | 憲政會系 | 後藤文夫 | 1924.9.22 | 菅野尚一 | 1924.8.20 |
| 11 | 上山滿之進 | 1926.7.16 | 58 | 山口 | 憲政會系 | 後藤文夫 | 留任 | 田中國重 | 1926.7.28 |
| 12 | 川村竹治 | 1928.6.15 | 58 | 秋田 | 政友會系 | 河原田稼吉 | 1928.6.26 | | |
| | | | | | | | | 菱刈　隆 | 1928.8.10 |
| 13 | 石塚英藏 | 1929.7.30 | 64 | 福島 | 民政黨系 | 人見次郎 | 1929.8.3 | | |
| | | | | | | | | 渡邊錠太郎 | 1930.6.2 |
| 14 | 太田政弘 | 1931.1.16 | 61 | 山形 | 民政黨系 | 高橋守雄 | 1931.1.17 | | |
| | | | | | | 木下　信 | 1931.4.15 | 眞崎甚三郎 | 1931.8.1 |
| | | | | | | 平塚廣義 | 1932.1.13 | 阿部信行 | 1932.1.9 |
| 15 | 南弘 | 1932.3.2 | 64 | 富山 | 政友會系 | 平塚廣義 | 留任 | | |
| 16 | 中川健藏 | 1932.5.27 | 58 | 新潟 | 民政黨系 | 平塚廣義 | 留任 | 松井石根 | 1933.8.1 |
| | | | | | | | | 寺內壽一 | 1934.8.1 |
| | | | | | | | | 柳川平助 | 1935.12.2 |
| | | | | | | | | 畑　俊六 | 1936.8.1 |

## (3)　後期武官總督表

| 任 | 總督 | 在職期間 | 年齡 | 出身 | 軍籍 | 總務長官 | 在職期間 | 軍司令官 | 在職期間 |
|---|---|---|---|---|---|---|---|---|---|
| 17 | 小林躋造 | 1936.9.2 | 60 | 廣島 | 預備役海軍大將 | 森岡二朗 | 1936.9.2 | | |
| | | | | | | | | 古莊幹郎 | 1937.8.1 |
| | | | | | | | | 兒玉友雄 | 1937.9.8 |
| | | | | | | | | 牛島實常 | 1939.8.1 |
| 18 | 長谷川　清 | 1940.11.27 | 57 | 福井 | 海軍大將 | 齋藤　樹 | 1940.11.27 | 本間雅晴 | 1940.12.15 |
| | | | | | | | | 安藤利吉 | 1942.4.13 |
| 19 | 安藤利吉 | 1944.12.30 | 60 | 宮城 | 陸軍大將 | 成田一郎 | 1945.1.6 | (十方面軍) | 1944.9.22 |

## 二、台灣住民國籍的選擇

日清和約第五條中，規定「本約批准互換之後，限二年之內，日本准清國讓與地方之人民，願遷居讓與地方之外者，任便變賣所有產業退去界外，但限滿之後尚未遷徙者，酌宜視爲日本臣民」，給予台灣人兩年的國籍選擇猶豫期間，台灣人可以自由選擇繼續做台灣住民取得日本國籍，或處分私有財產離開台灣。這個條文是在 1895 年 4 月 1 日第四次議和談判中，由日方遞交全權代表李經方的和約草案中所提出。

在國際法中，領土割讓等國家領域的變動（主權變更）時，國籍的喪失及取得將成爲問題，但一般是該住民取得領域繼承國的國籍。[20]因此，日本設定兩年期限給予台灣住民國籍選擇權，可說是極爲文明且人道的做法。然而，從當時台灣住民反對割讓並以武力抵抗來看，日本政府爲盡可能柔化抵抗與平穩領有，當然會容許反對割讓的人士自由離開台灣。

不過，台灣住民抗日運動的激烈超乎日本的想像。雖然到 1895 年 10 月 21 日，日軍占領台南時，台灣民主國有組織的抵抗暫告一段落。但如下述，台灣人零散的抵抗（即所謂「土匪」的擾亂）一直沒有間斷，仍在台灣各地陸續地發生。因此，總督府事務當局乃向總督提出以下三點處理台灣人民事務的方針，徵求總督的裁奪。亦即 1. 將本地民全數驅逐島外；2. 對本地民強制施行我日本帝國法律，並消滅本地民之原有習慣風俗，全面使之日本化；3. 對本地民之習慣風俗，任其改良，政府不加以干涉，且法律亦視本地民之情況而設定之。[21]

結果，總督府慎重調查與討論後，認爲第一項放逐主義有悖正理公道，有害人民之既得居住權，且間接剝奪其所有財，理應

絕不能採用。何況將數百萬本地民悉數放逐於島外，代之由內地
移民本島，徒釀島內紛擾而難獲成效。第二項混合主義則藉戰後
之餘威，以武力予以強迫施行，雖似可獲得成効且理論上應爲可
行，但參照海外各國殖民史而論，亦屬極其艱難之舉，如急於施
行必多勞而終於無功。況本島之本地民，向來在無規律之支那(清
國)政府統治下，今我政府遽然以周延繁雜之法律加以約束，實
有不妥者自不待言。是以不得不採取第三項放任主義，即訂遠程
目標，以徐緩步伐推進，始於放任而終於混化之方針。[22]

於是，日本政府爲宣撫台灣住民執拗的武力抵抗，在國籍選
擇期限屆滿前的 1896 年 11 月 18 日，發布「台灣及澎湖群島住
民退去條規 (日令第 35 號)」。其內容爲：

第一條　台灣及澎湖群島住民欲居本地之外者，無論是累
　　　　世居住或是一時居留者，應於明治 30 年 5 月 8
　　　　日前向台灣總督府的地方官廳提出申報，並登記
　　　　籍貫、姓名、年齡、居住地、不動產，其攜帶的
　　　　家族亦同。

第二條　年幼的戶主及外出旅行者得由監護人、管理人或
　　　　代理人代爲提出退去申報。

第三條　雖然曾從事土匪擾亂及抵抗官兵者，一旦歸順投
　　　　降繳交武器，准予離開台灣本島。

第四條　離開台灣者所攜帶的財物免除關稅。[23]

隨後，選擇國籍期限屆滿前的 1897 年 (明治 30 年) 3 月 19 日，
總督爲使轄下各廳辦理程序一致，乃發布如下「台灣住民身分資
格辦理程序」的六條訓令。[24]

第一條 於明治二十八年五月八日前，在台灣及澎湖列島
內，有一定住所者爲台灣住民。

第二條 於明治三十年五月八日前，未離去台灣總督府管
轄區域外之台灣住民，依據下關條約第五條第一
項之規定視爲日本帝國臣民。

至前項日期前，欲爲日本帝國臣民，預先提出申
請者，應予受理。

第三條 爲旅行而現在未居住於台灣總督府管轄區域內之
台灣住民，欲在明治三十年五月八日入籍爲日本
帝國臣民者，准用前條第一項，視爲日本帝國臣
民。

適用前項規定者，應預先加以調查之。

第四條 戶主爲日本帝國臣民時，其家屬亦爲日本帝國臣
民，戶主不爲日本帝國臣民時，其家屬亦不爲日
本帝國臣民。但明治三十年五月八日前，分戶並
另立戶主者不在此限。

第五條 不爲日本帝國臣民之台灣住民，由戶籍簿除名，
另製名簿謄錄其戶籍存檔。

第六條 不爲日本帝國臣民之台灣住民，其持有之不動產
之處理，另行訓示之。

就在此種情況下，根據日清和約（馬關條約）第五條及日令
第 35 號，在 1897 年 5 月 8 日這天起，沒有離開台灣及澎湖的台
灣住民，自動成爲日本帝國的國民。同時，未選擇成爲日本國民
的住民並非一定要在期限內離開，但必須期間內登錄申報，以便
將來離開或是移居外國人雜居區域。此時，日本要求其不動產的

所有權必須移轉給日本國國民。

　　按當時台灣人口推斷約有 300 萬（移住民 255 萬、原住民 45 萬）。據台灣總督府警務局《台灣總督府警察沿革》的資料記載，其時從台灣離開的人數為 5,460 人，而依井出季和太《台灣治績志》的資料顯示，其人數總計為 6,375 人。[25] 這兩個都是可信度很高的資料，儘管兩者的數字並不相同，但總之，離開的人數意外地稀少。當然，這兩個數字並不意味著台灣住民喜歡選擇日本國籍。事實上，這是因為對祖先的土地、墳墓與自己的生活基礎都在此，已經與大陸沒有任何淵源關係的台灣人而言，這是不得已的。

　　然而，雖然是不得已成為日本國民，但經過 50 年殖民地統治，台灣人並沒有接受和日本人相同的教育，也沒有享受和日本人相同的權利。特別是在參政權方面，矢內原忠雄教授（其後擔任東京大學校長）在其不朽的著作《帝國主義下的台灣》中提到：「在台灣的資本主義化過程中，日本的大資本家占有獨占的支配地位，教育也對內地（日本）人較為有利。雖然不能不承認台灣人的生產力、富裕及文化水準均較日本領有台灣前有顯著的進步，但具有政治性關係的住民參政權，台灣住民幾乎趨近於零。就台灣總督極端專制這一點而言，台灣在世界殖民地中屬於稀有的例子。」[26] 從而對於這種差別待遇提出強烈批判。

# 第二節　後台灣民主國之民眾武裝抗日運動與總督府鎮撫策略

## 一、統治初期總督府鎮壓台灣民眾武力抗爭的方策

　　台灣首任總督樺山資紀，憑藉著日本強大武力征服全台告一

段落之後，於 1896 年（明治 29 年）6 月 2 日，卸任榮歸日本，再被任命樞密顧問官。旋在同年 9 月，第二次松方正義內閣時，被任命爲內相。後來又在 1898 年（明治 31 年），第二次山縣有朋內閣時擔任文相之職。㉗繼樺山總督的第二任陸軍中將桂太郎，亦是由伊藤博文內閣所任命的。他於 1896 年（明治 29 年）6 月 9 日，與伊藤博文首相（兼台灣事務局總裁）、西鄉從道海軍大臣、後藤新平衛生局長等人，搭乘吉野軍艦，從武豐港出發，同月 12 日下午抵基隆。13 日，上陸後改乘特別列車，在文武百官歡呼之下，於同日午前 9 時 45 分抵台北，進總督府蒞任。6 月 17 日，在伊藤首相等人見證下，舉行台灣首次「始政紀念日」。次日，他向總督府官員訓示其十項施政方針。㉘

桂總督自蒞任以來，與伊藤首相等人，於 6 月 16 日，巡視北部台北、新竹等處。同月 20 日，復與伊藤首相等人巡視島內。21 日，再由海路至打狗（高雄）上陸，亦視察南部各地。6 月 23 日，經澎湖往廈門，次日前往長崎。同年 7 月 2 日，乃經由馬關上京，與中央接洽要務。㉙

桂太郎出生於長州（山口縣），跟隨在山縣有朋首相之下，是山縣首相之心腹。他從軍之後，曾參加過鳥羽及伏見的戰爭，打敗了德川幕府，對明治維新有貢獻。1870 年留學德國，1885 年晉升陸軍少將，翌年擔任陸軍次官兼軍務局長；其後，參與日清戰爭，並晉升爲陸軍中將。惟桂太郎授命第二任台灣總督之後，未久，因爲受到國內政治紛爭，僅四個半月就辭去總督的職位。㉚而事實上，桂太郎擔任總督的期間，其滯留在台灣的時間，就如上述，亦不曾超過十天（即 1896 年 6 月 13 日迄 6 月 23 日）。所以名義上雖是台灣第二任總督，對台灣的政務實未有任何功過可議之處。儘管在其赴台的第三天，即發生所謂「雲林大屠殺」事件

(下述)，但此事件實不能歸咎於桂總督本人。總之，桂總督的任職中，他根據巡視全台所得的體驗，提出幾項對台重要施政方針。其計劃案之要旨，對於華南及南洋最爲關心 (即所謂「北守南進」政策)。他指稱：「對台灣的經營不應僅侷限於台灣境內，而應擴大爲對外進取的確實政策」，並提出具體方針是「從與廈門的密切往來開始，使福建一帶成爲日本的潛在勢力範圍」。同時，他又表示：「今日若欲以台灣爲立足之地，從廈門港將我國勢力注入華南，使華南一帶將來成爲類似朝鮮半島的狀態，其要旨就是立即採取緊急切實的措施。」最後，他的結論是：「台灣的地理形勢不單是對華南，也是將來向南洋群島伸展羽翼的適宜地點。目前從廈門往南洋出外營生者即達 10 萬之眾，而南洋貿易又多米穀、雜貨，將來以台灣爲根據地，向南洋伸張政商勢力並非難事。」[31]

面對該政策，桂總督列舉具體方案有六，即㈠整備行政機關;㈡增設警察機關;㈢擴張衛生行政及鴉片之取締;㈣擴張航路;㈤開通鐵路、公路;㈥修築港灣等。關於第一項行政機關，以爲現行之三縣廳制度，交通不便，各地情形有所不同，故應擴張至七縣一廳。關於第二項警察機關，以爲沿岸警備等在省內治安維持上，現在之憲兵二千人，巡查一千二百人，合計三千二百人之警察力量不足，故應增加憲兵一千五百人，警察二千三百人，各爲三千五百人。關於㈢、㈣、㈤、㈥在此簡略。[32] 結果，桂總督的治台長遠政策與其提出的具體方案，如後述，均先後被日本政府與後代總督加以實現。

台灣第三任的總督是乃木希典陸軍中將，他於 1896 年 (明治 29 年) 10 月 14 日上任。他有如前述，不但參加過日清戰爭，擔任守備奉天旅順的第二師團長，而且還於 1895 年 8 月，奉命

率其第二師團參加台灣南部攻略戰。隨後，被任命台灣南部守備隊司令官。乃木中將就任台灣總督的前後，在台灣各地仍頻頻發生武裝抗日游擊戰。例如，1896 年 4 月，陳秋菊、林火旺攻擊文山堡、宜蘭。1896 年 6 月 13 日夜，盤據大平頂的簡義、柯鐵等人，下山襲擊斗六的日人商店。14 日，聚集在大平頂的千餘人抗日軍合祭天地，公推簡義爲「九千歲」，柯鐵等 17 人爲「十七大王」，定年號「天運」，將大平頂改稱爲「鐵國山」，並向全島發出抗日檄文。同年 6 月 16 日，日本雲林支廳長松村雄之進，率軍前來討伐，濫稱「雲林轄內素無良民」。旋即對雲林各村落展開報復行動，共燒毀 4,295 戶民家，無數的居民亦慘遭殺戮。史上稱此事件爲「雲林大屠殺」。由於死傷慘重，引起國際輿論撻伐；因此，日本當局將松村雲林支廳長懲戒免職，褫奪位階勳章的處分。同時日本天皇、皇后捐出三千日圓，總督府亦提撥二萬日圓，給雲林支廳作爲撫恤金。1896 年 10 月，詹振、陳豬英率眾復襲擊南港、錫口（松山）和大料崁溪一帶；同年 11 月，鄭吉生在鳳山、柯鐵在雲林蜂起。1897 年初，盧錦春、簡大獅出擊金包里、淡水和士林。同年 5 月 8 日，台灣人選擇國籍的最後期限已到。台灣人心動搖，陳秋菊、詹振、徐祿等人乃聯合採取行動，各率領其麾下抗日軍約六百人，於同日凌晨三點襲擊台北，雙方展開一場激戰。歷經三小時的戰鬥之後，抗日軍包含詹振在內，約有 170 人戰死，不得不鳴金撤退。[33]

　　正如是，乃木總督蒞任之後，於 1897 年 5 月 27 日，爲確立台灣政令迅速上通下達，並安撫本土台民，總督府評議會乃以第 152 號勅令，通過前任桂總督所提出的地方行政官廳擴充案，以及乃木總督所提出的增置下級行政機關案。而將台北、台中、台南三縣之外，增設新竹、嘉義、鳳山三縣，更將宜蘭、台東、澎

湖三支廳，升格爲廳，全台共置六縣三廳。此外，又在縣、廳之下，設置辦務署（一般行政機關）、警察署與撫墾署（掌管「理番」）。各縣、廳與辦務署均設諮詢機關，以台民擔任機關參事。同年6月，以府令第21號，定辦務署之位置及名稱，全台指定86處，同年7月1日以後迄至9月間，逐次開設。同月又以府令第23號，定警察署之名稱、位置及管轄區域，除外國人雜居地之大稻埕、安平外，於陸上設80署，水上設4署。各署員額，比較前年7月，警部增加20人，共爲250人；巡查增加1,713人，共爲3,100人。自此，台灣日漸形成強而有力的警察國家。另同年6月，復以勅令第157號，在辦務署之下，設置街、庄、社等地方組織，強化統制，其首長大多由台民出任。[34]其次，爲加強鎮壓抗日民衆，乃木總督除如此既述，將警察總數提升至3,100人之外，亦於1897年9月，將憲兵員額攀升至3,400多人，此總數即與桂總督所提出的增強憲警兵力案相近。[35]

　　然而，台灣總督府的初期行政機能十分混亂。除了官吏貪瀆、紀律敗壞，軍警與行政官廳也常有嫌隙，甚至軍警之間亦互相排斥，時常發生衝突。結果，鎮壓台民的抗日運動，其效果大爲減少，徒勞無功。有鑑於此，乃木總督爲了調和行政官廳與軍、憲、警三者之間的衝突，期能達成有效的加速掃蕩匪徒。乃依據楠瀨參謀所提出意見，籌畫有如東印度所施行「拉嶉生」法之所謂三段警備制，將各旅團（共有三旅團）管下，各分三等區域。其一等區域爲山門危險地帶，由憲兵及軍隊擔任警備；二等區域爲中間不穩地帶，由憲兵和警察擔任警備；三等區域之村落都市等安全地帶，由警察獨力警備。於是1897年6月26日，總督府以民政局長名義，對各地方機關行文，發布此項計畫。同年10月31日，該計畫在台北縣以府令第53號，編定其管轄區域，開

始施行。但其他各縣廳之管轄區域不易解決，至次年 3 月始見施行。[36]

不過，儘管乃木總督實施了三段警備制，可是在其任內對總督府內部的傾軋，以及對抗日武裝民眾的鎮壓，幾乎都未見成效。不久，乃木總督對自己的職責，未能達到如期的願望，亦受到國內輿論的譴責，再加上遭遇到揭發貪官汙吏的硬漢台灣高等法院院長高野孟矩被解職一事（因為受到中央政府莫大的壓力），終於厭倦政壇，在 1898 年（明治 31 年）2 月 26 日，辭去總督一職，離開台灣。[37]

繼乃木之後擔任第四任總督的是兒玉源太郎陸軍中將（任內升大將）。自 1898 年（明治 31 年）2 月 26 日起到 1906 年（明治 39 年）4 月 11 日，兒玉總共擔任八年多的台灣總督，並同時兼任多項繁忙的中央政府要職。從 1900 年（明治 33 年）12 月到 1902 年（明治 35 年）3 月，兒玉歷任第四次伊藤內閣和第一次桂內閣的陸相。特別是 1903 年（明治 36 年）7 月，兒玉更兼任桂內閣的內務、陸軍、文部（9 月解任）大臣。同年 12 月，由於日俄關係惡化，兒玉免除內相（內務大臣）職務，而就任參謀本部次長。1904 年（明治 37 年）日俄戰爭爆發時，兒玉立即擔任滿洲軍總參謀長帶兵出征。1905 年（明治 38 年），兒玉擔任遼東守備軍司令官處理臨時事務，復員後成為參謀本部次長。直到 1906 年 4 月授命為參謀總長，才免除台灣總督職務。[38] 因而，在兒玉總督兼任各職務期間，台灣施政實際上是由後藤民政長官施行。中村哲教授（後來法政大學校長）評論這段期間的情事時指出：「後藤新平是實際上的台灣總督，背負統治台灣的責任。」[39]

後藤新平由學徒苦學成為醫師，他常秉持著高深的見識，從年輕時就參與政府單位的醫療行政。1890 年（明治 23 年）留學歸

國後，後藤擔任內務省衛生局長。任職期間捲入「相馬事件」遭到收押，但其後判決無罪。當時乃日清戰爭剛剛結束，後藤以臨時陸軍檢疫事務官長的身分被派遣到廣島，正巧當時的檢疫部長是兒玉源太郎。後藤順利完成高達 20 萬歸國士兵的檢疫工作，防止士兵將遠征前線的疾病帶回國內。同年，隨著檢疫部的廢除，後藤恢復原職而再任衛生局長。在任職期間，由於受到內相芳川顯正的囑託，後藤提出「台灣鴉片制度意見書」，對於鴉片漸禁政策及專賣制度，均有詳細的敘述。其後，台灣的鴉片制度即依後藤的主張實施（後藤的鴉片政策不僅要改善鴉片的毒害，還使其成為總督府的大財源）。

1896（明治 29）年 4 月，後藤兼任台灣總督府衛生顧問。1898 年 3 月，由於與兒玉總督的前述淵源，時年僅 42 歲的後藤，被推舉為兒玉總督的民政長官。1906 年 4 月，台灣總督換成佐久間左馬太，但後藤仍繼續擔任佐久間總督的民政長官，直到半年後的同年 11 月 13 日才卸任。[40]

然而，在兒玉、後藤以前的樺山資紀、桂太郎、乃木希典等三任總督，他們的台灣統治是以法國在阿爾及利亞的殖民地政策（同化政策）為模範，但實際上僅只於過渡性的治安行政，並沒有明確的殖民地政策。

可是後藤新平的台灣統治，卻有鮮明而強烈的殖民地政策，所以在實行上堅決果斷。後藤反對法國在阿爾及利亞採行的同化主義，不希望採用給予新領土住民憲法上的保障與平等的參政權，而直言無諱地明白指出對台統治是當成風俗、習慣、人情、歷史、人種不同的民族。因此，後藤新平的論斷縱使存有差別待遇，且有時近於「鐵血無情」，也是為政者的職責。[41]

在被推舉為民政長官之前，後藤曾應財政大臣井上馨的要

求，提出殖民地統治論：「台灣統治救急案」。其中，後藤指出：
「就台灣內部而言，土匪作亂尚未鎮壓，生蕃所居區域尚未確立，
惡疫瘴癘並未除去，各地存在很多土語、蕃語，造成施政的困難。
欠缺良好的港口，交通未能便利」等，表示台灣尚存在諸多問題。
就此而言，解決這些問題絕對不能操之過急，必須要尋求適當的
方案，特別是必須在生物學的基礎上精進。

關於殖民地政策的指導原理，後藤指出：「若不針對各項問
題、就各個事體進行研究，將無法事前宣示一定的政策。因為政
策必須要因時依地尋求適應的方法。何況要移風易俗，改造中國
民族的性格並非易事。就世界上的歷史事實而言，不能不說尚存
在許多未解決的問題。關於諸般問題，宜詳加調查研究，然後才
能訂立一定的政策。因此，鑑於今日科學的進步，此殖民地經營
必須建立生物學的基礎。何謂生物學的基礎？亦即，增進科學
的生活，凡殖產、興業、衛生、教育、交通、警察等，皆以此
為基礎展開，如此才能在生存競爭的場合，實現適者生存的理
論。」[42]


這般生物學的政治觀十分重要，後藤喜歡用「鯛魚的眼睛和
比目魚的眼睛」做譬喻。他說：


「比目魚的眼睛不可能改為鯛魚的眼睛。鯛魚的眼睛端正
地長在魚頭的兩側，而比目魚則長在魚頭的同一邊。說來可笑，
鯛魚眼睛生在魚頭兩邊是無法替換的，而比目魚兩個眼睛長在
魚頭的同一側，是有其生物學上的必要。因此，魚類並不是所
有的眼睛都必須長在魚頭的兩邊，這樣的做法是行不通的。此
點在政治上也極為重要。

現存的社會習慣和制度都有相當的存在理由，都是因為長久以來的必要性而形成。若不去辨明這些理由，就隨便在未開發的國度，實施文明國家的文化和制度，即稱為文明的逆政。這樣的做法是絕對不行的。

因此，吾等統治台灣的時候，必先對該島的舊慣制度好好進行科學調查，然後才順應民情施行政治。若不能理解這點，直接將日本內地法治輸入台灣實施，就如同將比目魚的眼睛突然換成鯛魚的眼睛，採取這種做法的人士根本不瞭解真正的政治。」⑷

如此一來，後藤到台灣赴任後立即發表「台灣統治大綱」(以下簡稱「統治大綱」)，以做為兒玉總督的施政方策。後藤以「統治大綱」為本，逐步實現他的政治理念，確立台灣統治的經營基礎。「台灣統治大綱」的內容為：

第一、不要預先提出一定的施政方針，而是經研究之後才訂定。前述研究的基礎必須置於科學，特別是生物學之上。

第二、應謀求文武官員的調和。

第三、雖然統治的政務繁複，必須先集中處理眼前的問題，但卻不得閒置長久未來所需的持續調查。依照此一方針，有必要從事地籍、人籍的調查。但是由於眼前政務多忙且人口容易移動等原因，人籍的調查可於日後進行，目前應先從土地調查著手。

第四、應研究台灣和本國在法制上的關係。

第五、宗教是利用人性的弱點，此點在殖民政策上具有

重要的意義。然而，由於台灣並未存在強有力的宗
教，因此需要以衛生上的設備完全取代宗教。

第六、對警察機關、司法機關的組織必須以特別法為之，
針對殖產的獎勵、交通機關的改善，亦有必要講求
特殊的方法。

第七、應進行對土匪的鎮壓及生蕃的討伐。但鎮壓土匪必
須用最迅速的方法，對生蕃的討伐則訂定長久的
計劃。

第八、對於民族或是種族的自覺，必須採取適當的處
理。[44]

　事實上，兒玉、後藤就任時的台灣情勢，正是台灣人武力抗
日最盛的時期。這個意料之外的困難使得日本朝野甚為失望，導
致台灣放棄論及一億圓將台灣賣給法國等論點的公然討論。[45]

　後藤主張「鎮壓土匪必須用最迅速的方法」，其策略是首先
廢止前任乃木總督的「三段警備」制，排除以軍隊鎮壓土匪的方
式，而改以警察力為中心（後來台灣成為強力的警察國家）。同時重
新整頓地方制度，將施行迄今的六縣三廳再改劃為台北、台中、
台南三縣，和宜蘭、台東、澎湖三廳。並將縣廳之下警察署與撫
墾署裁撤、合併於辦務署，大量減少地方官署和官員的數目（共
計裁員 1,080 人）。[46]其次，後藤接納總督府事務官阿川光裕（專管
鴉片事務，是後藤的恩師）與白井新太郎的建議，會見辜顯榮，針
對處理抗日游擊軍問題來獻策。基於二人會見的結果，後藤乃於
1898 年（明治 31 年）8 月 31 日，制定發布律令第 21 號的「保甲
條例」[47]這是對清朝以來在台灣施行保甲制度的活用，將台灣人
分屬「保」（10 甲）及其下的「甲」（10 戶），而當中有破壞治安

者出現時，對所屬的各保各甲採取負連帶責任的連坐制。這項條例對取締土匪發揮極大的威力，而且對上意下達的分配任務亦發揮極大的效果。

同年 11 月 5 日，後藤更制定發布前述的「匪徒刑罰令」。這項條例對所有台灣人的抗日運動施以極刑，被評論為「秋霜烈日」般的殘酷內容。順帶一提的是，這個法令發布後僅僅五年之間，被處以死刑的人數高達 2,998 人。[48]

同時，日本政府在執拗地對抵抗運動採取殘酷手段之外，另一方面也採用「招降政策」(如「匪徒刑罰令」第六條的規定) 及「懷柔政策」(如「饗老會」或「揚文會」等) 的合併手段。結果到 1906 年 4 月兒玉、後藤時代終了時，台灣幾乎已沒有大規模的組織叛亂，而到 1915 (大正 4 年) 4 月的「西來庵事件」(下述) 為止，台灣人的武裝抗日即劃下句點。[49]

## 二、後台灣民主國總督府鎮壓與招撫抗日武裝集團的始末大要

在乃木總督時代的台灣人武裝抗日事件，有如上面簡略所述，以 1897 年 5 月 8 日，陳秋菊、詹振、徐祿等人襲擊台北為最高潮；隨後就進入兒玉、後藤「七縱七擒」之招撫與徹底消滅抵抗者的時期。以下依台灣北、中、南部及年代的次序，將較重大的事件，簡要地敘述如下：

### (一) 兒玉、後藤的招降與消滅北部抗日集團的概要

當兒玉總督與後藤民政長官到台蒞任時，台灣北部的抗日軍，在宜蘭有以林火旺、林小花、林朝俊等人為首的集團；在文山堡有陳秋菊、徐祿、鄭文流等人之集團；北山東部則有盧錦春、

李養等人之集團；至於北山西部以簡大獅、林清秀、劉簡全等集團之勢力較大。這些集團雖已失去了當初以推翻日本統治為最高政治目標之氣概，但仍能盤踞山區險要，進行「敵來我退，敵退我進」的游擊戰術，繼續與日軍抗戰。[50]

至此，後藤新平認為單靠武力要迅速制服「土匪」實屬困難，乃聽取前述台灣總督府事務官阿川光裕和白井新太郎的建議，下令各地方官吏，開始向抗日軍勸誘招降。蓋過去所以不能充分舉掃蕩之功，一在不審「匪」情，不瞭解其系統、姓名及其情偽。於是後藤另開招降「土匪」之門，許以安堵授產之便宜，以期經七縱七擒，終於制彼等於死命。[51]

結果，1898年（明治31年）7月11日，在宜蘭廳長西鄉菊次郎的極力勸誘下，林火旺、林小花及林朝俊等人，決意向日方投降，並於12日，提出部下的名冊與嘆願書，要求「如能歸順，希望能夠不咎既往，並給予部下謀生工作。」對此，日方接受其要求，乃於同年7月28日，在民政長官後藤、第八憲兵隊隊長林忠夫、第一旅參謀長生井等人的見證下，林火旺帶同林小花、林朝俊率其部下三百餘名下山，集結於礁溪公園，舉行所謂的「歸順」儀式。隨後，同年8月14日，總督府即派給林火旺等人，開發自礁溪至坪林尾的道路工作，以應緊急謀生之道。[52]爾後，直至1900年（明治33年）7月，雙方相安無事。但同年7月11日，林火旺之義弟施矮九在得仔坑隘藔供職監督，向隘勇施暴且不服勸阻，為之日警將其逮捕時，卻遭到林火旺的部下數名，攜帶武器予以強力奪回。7月19日，日本當局下令追捕林火旺等人。林火旺知情，遁入深山，消聲匿跡。然於1901年（明治34年）3月31日，終被日警捉拿到案，同年5月4日，被處以死刑。[53]

繼林火旺之後，在文山堡的陳秋菊等集團，經台北縣知事村

上義雄、深坑辦務署長谷信敬及通譯谷信近等人之再三勸誘下，終於在 1898 年 8 月 9 日晚達成協議，決定於 10 日，在水箏淒坑口舉行歸順儀式。其時陳秋菊將交出投降者的名冊(共計 1,335 人)，但是總督府亦須預先支付二萬日圓，俾資陳秋菊等人，開拓由頭圍為起點、經坪尾至景尾的道路工程（為籌募此鉅款，後藤長官於 8 月 9 日深夜，親自造訪當時大倉組台北支店長賀田金三郎邸宅，向其請求設法借調）。同時，日本當局更承諾在此項工程修竣之後，會將郵遞事務全部委由陳秋菊等人管理。⑭

　　陳秋菊歸順之後，積極與日人合作，後藤民政長官大喜，除頒授其「紳章」之外，另給予製造樟腦的利權。他用其部下從事工作，並掃蕩附近不肯順從的「土匪」。總督對他日益信任，兩三年之間，一躍而成購置良田千畝的富豪。他以女人和鴉片排遣心悶，對設立學校和闢建道路則不惜贈鉅款。1922 年(大正 11 年) 8 月 22 日，他壽終正寢，享年 67。⑮

　　一方面，盤據在北山東部的盧錦春、李養集團，見林火旺、陳秋菊等集團相繼歸順，渠等也有意投誠。但盧錦春原本是綠林出身，在投降前卻想先撈一筆錢財，因而開始在其勢力範圍內的村庄，逼迫交出更多額的「保庄費」；甚至還擴及在陳秋菊的勢力範圍內文山堡搶劫，遂引發與陳秋菊衝突。後來經過日本官憲的仲裁調停，雙方始終止爭鬥。1898 年 8 月 23 日，盧錦春帶同部下何水龍等 12 人，前往台北拜見縣知事村上，正式提出投誠意願陳情書（共 900 人），並辦理歸順之手續。對此，日本當局照例先給與一些資金，讓其帶領部下從事於水返腳（汐止）至宜蘭間之道路開闢工程。⑯

　　北山東部之盧錦春歸順之後，在通譯谷信近的勸誘下，西部的簡大獅、林清秀、劉簡全等集團，亦於同年 8 月 23 日，與日

方達成協議，提出歸順請願書；同年9月10日，在後藤長官等
人的見證下，於士林芝山巖舉行隆重的歸順典禮。簡大獅、林清
秀、劉簡全等三人，代表北山西部六百名的投誠者，正式提出
歸順「誓約書」，並答應將對其部下善盡監督之責，禁止其部下
攜帶武器到處遊蕩等等。而後藤長官則當場給予簡大獅等人三萬
圓，委以開拓從士林到金包里的道路工程。另簡大獅歸順後三日，
即9月13日，王貓研、林豹成等較小的集團亦向日本當局投誠。
至此，台灣北部一帶的大小「匪徒」全來歸順。台北縣轄之治安
頓時好轉，以往「土匪」橫行之地區，日人文武官員已可單獨旅
行，警察亦能確實掌握到各地治安之大小狀況。[57]

又總督府任用歸順的「匪徒」修築各地道路、橋樑，同時並
利用「保田制度」的免費勞役（公工），使村民參加道路工程。結
果，自1898年到1902年間，修築了橫跨全島2,400多公里的道
路，與連接道路的3,200多座橋樑。這不僅讓日本當局更容易討
伐抗日軍，並奠定了台灣交通和產業發展的基礎。[58]

就這樣，台灣北部的治安，日趨安定。但是歸順者的部分
「匪首」，如簡大獅等人，一方面因為對日人當局仍存有猜疑，一
方面投誠後，並未能在日本統治體制內得到特別優遇，乃又萌生
「東山再起」之念頭。不久，1898年歲末，簡大獅先後召集已投
降的徐祿、盧錦春，以及尚未投降的陳匏者（陳秋菊之弟）、詹番
等人，秘謀捲土重來，並預定於1898年12月11日，揭竿起事。
但是，日本當局事先已得到情報，乃於12月10日深夜，組成以
軍憲為主的北山討伐隊，前往簡大獅所盤踞的燒庚藔庄，並於
11日8時30分發動攻擊。而受到突如其來的襲擊，簡大獅陣營
雖倉惶奮力抵抗，惟不及一小時的戰鬥，燒庚藔即被占領。簡大
獅的部屬有48人被擊斃，餘則四散逃竄。簡大獅亦乘晨霧，喬

裝行商脫出包圍陣線。未幾，自淡水潛逃至對岸廈門。⑤⑨

　　簡大獅潛入廈門之後，藏匿於漳州府龍溪縣城內揚莩巷街黃心忠處，改名簡清巧。但終被艋舺辦務支署探知，1900 年（明治 33 年）3 月 11 日，該署派遣巡查 5 人，與清國官憲 20 餘人聯手逮捕簡大獅及其部下 3 人，一併押回台灣淡水。同年 3 月 22 日，在台北地方法院受審，宣判死刑，同月 29 日被處以絞刑。⑥⓪

　　當簡大獅被捕，在廈門廳接受審訊時，曾留下如下的口供，讀來令人感慨萬千！

　　「我簡大獅係台灣清國之民。皇上不得已以台地割畀日人。日人無禮，屢次查家尋釁，且被姦淫妻女，我妻死之，我妹死之，我嫂與母死之，一家十餘口，僅存子姪數人，又被殺死。

　　因念此仇不共戴天。曾聚眾萬餘，以與日人為難。然仇者皆係日人，並未毒及清人。故日人雖目我為土匪，而清人則應目我為義民。況自台灣歸日，大小官員內渡一空，無一人敢出首創義。惟我一介小民，猶能聚眾萬餘，血戰百次，自謂無負於清。

　　去年大勢既敗，逃竄至漳，猶是歸化清朝，願為子民。漳州道府既為清朝官員，理應保護清朝百姓。然今事已至此，空言無補。惟望開恩，將予杖斃。生為大清之民，死作大清之鬼，猶感大德，千萬勿交日人，死亦不能瞑目。」（摘自一九五八年七月，中華書局發行，阿英編《甲午中日戰爭文學集》所錄：〈簡大獅慘死憤言〉）（王育德）

　　對簡大獅的慘死憤言，王育德教授有如下的評述：

「簡大獅抗日的直接動機在於欲昭雪骨肉的恥辱，境遇很淒慘。他把日本人視爲不共戴天的仇敵，是很理所當然的，而日本人把他這個復仇者殺死也是不得已的。問題是他依靠的滿清。而這是由於簡大獅致命的認識不足。」[61]

此外，參與簡大獅計謀的盧錦春，稍早也於 1899 年（明治 32 年）7 月 24 日，被日警逮捕拘禁。同年 11 月 15 日，由台北地方法院審理判處死刑；再上訴覆審法院，同年 12 月 15 日，審理結果仍處死刑。[62]至此，台灣北部武裝抗日集團，幾乎完全被鎮壓、消滅殆盡。

## ㈡ 對中南部武裝抗日集團的欺瞞誘降與徹底討伐

繼台灣民主國防衛戰之後，台灣中部地區仍持續在各地進行武力抗日游擊戰。尤其自上述「雲林大屠殺」（1896 年 6 月 16 日）以來，更使廣泛住民加深對日軍殘酷討伐的怨恨，紛紛加入抗日武裝集團的行列，蜂擁起義。1896 年 6 月 28 日，簡義、柯鐵所率領的抗日游擊隊，攻占林圯埔。29 日，襲擊集集街殺死 13 名駐地日本憲兵，同時又向南投猛攻。30 日，攻略斗六與莿桐巷。7 月 2 日，復襲擊南投、占領大埔林、他里霧。7 月 3 日，進攻台中。4 日，侵擊並占領北斗、員林、永靖、蕃婆等地。7 月 8 日，攻入鹿港市街之一角，對日軍防禦設施放火，也導致協助日軍的部分保甲壯丁團，高舉叛旗，加入抗日軍隊伍。此役，日軍共有 80 名陣亡，167 名負傷。抗日游擊隊堪稱獲得一大勝利。向山寬夫教授稱：「這時期武力抗日運動的大勝利，會永遠留在台灣人的記憶裡。」惟隨後總督府立刻派遣特別編成的討伐隊，進行救援與鎮壓，抗日游擊隊畢竟無法對抗，相繼敗退。又抗日軍英勇

襲擊鹿港時，亦犧牲遺留下近百餘具的屍體、並被俘虜 7 人、負傷者更不計其數。至於其他各地的傷亡人數，因爲日方資料未有記載，所以不詳，應該也不少。[63]

　　一方面，在 1896 年（明治 29 年）11 月 19 日，經由辜顯榮的盡力協助下，日本當局成功地招降了鐵國山抗日集團大首領簡義。但是鐵國山之抗日軍卻另擁戴柯鐵爲新領袖（柯鐵自稱「奉天征倭鎮守台灣鐵國山總督各路義勇」），繼續反抗日本當局。於是，同年 12 月 12 日起，日軍對鐵國山開始展開大規模的討伐。然而，在柯鐵的指揮下，據守鐵國山的游擊隊，於 13 日的初戰，包圍攻擊日軍之偵察隊，殺死日軍 19 名。之後據守建立在山中各處的堡壘，向在砲兵支援下激烈攻擊的討伐軍，進行頑強的抵抗。可是，死守鐵國山至 12 月 26 日，終無法抗拒日軍的猛攻，而棄守陣地。翌日，撤軍至新根據地林內觸口山。不過，戰事仍斷斷續續延至 1897 年（明治 30 年）1 月中旬，日軍再付出計 120 名陣亡者，才完全征服占領該地。如是，日軍遂在鐵國山附近的崁頭厝構築兵營，駐屯步兵一大隊，並把其中一小隊配置在山頂守備。[64]

　　鐵國山被日軍制壓之後，中部雲林一帶暫無擾亂。但 1897 年歲末，潛伏在中部的各抗日武裝集團，包括黃國鎮（1897 年 1 月，黃國鎮將嘉義東堡的 49 庄納入其勢力範圍，自稱皇帝，定年號爲「大靖」）、陳水仙、柯鐵等人，重新集結兵力於林內觸口山，雲林地區又陸續發生騷動。同年 12 月 11 日，總督府不得不再三派遣討伐隊，攻擊據守在觸口山的抗日武裝集團。經過一番激戰，好不容易才將抗日軍逐出觸口山，占領該地。而此次戰鬥，日軍有 6 名負傷，抗日軍則有 12 名陣亡、25 名被俘、負傷者約有 60 名左右，據說柯鐵亦受傷。[65] 從此，抗日武裝集團大多潛入深山，台灣中部一帶不再有較大規模性的騷亂。

時序進入兒玉、後藤時代（自 1898 年 2 月 26 日起）。後藤有如前述，自赴台蒞任之後，因爲全力傾注於招撫與消滅北部的抗日武裝集團，故對中南部的動亂，未能全力以赴。可是當北部的抗日武裝集團，完全被招撫或消滅之後，後藤收集中南部各方面情資，經過研判的結果，兒玉總督乃決定以 1898 年 11 月 12 日爲期，對中南部抗日武裝集團，再展開大規模的討伐行動，並訂定討伐相關之方策。就中，總督府經由討伐台灣北部的經驗，乃規範日軍在討伐之際，必須遵守以下三則，亦即 1. 討伐期間不論其爲「土匪」之房屋與否禁止燒毀；2. 對於參與或協助抗日軍的嫌犯，均須聽取辦務署參事、地方總理及街庄長的意見，才能判定其眞僞；3. 對於參與或協助抗日軍的嫌犯，必須先移交給警察或憲兵，再移送法院審判論罪。[66]然而，此項命令終究未能被第一線的討伐軍嚴格遵守，如下述，燒毀民房、虐殺無辜，仍頻頻傳出。

概言之，總督府依照計畫，自 1898 年（明治 31 年）11 月 12 日起，開始以台中縣轄下的雲林地區爲中心，沿著鹿港、員林一線以南進行討伐，再逐漸向台南縣轄下的嘉義地區前進。台中縣轄下的討伐，因爲先前已有殘酷的「雲林大屠殺」以及「觸口山戰鬥」，所以抗日游擊隊，幾乎無力再與日軍正面搏鬥。亦因此，台中縣的討伐，於 11 月 23 日就結束。抗日軍的陣亡人數，據日方的統計有 228 人，被逮捕的有 324 人，而民間房屋則未見被燒毀。[67]

不過，台南縣的討伐，因爲該縣腹地深、人口眾多，而且抗日武裝集團亦相當活躍，以致日軍無法如期達成其討伐的行程。結果自 1898 年 11 月 27 日迄 12 月 14 日，日軍始達成其從嘉義前進至曾文溪左岸的第一次大規模討伐行動。隨後，自 12 月 20

日到 27 日，才又從蕃薯藔前進到下淡水溪右岸，繼續其第二次
大規模的討伐行動。討伐期間，抗日集團大多採取游擊戰，鮮少
與日軍正面對決。惟 12 月 20 日，在阿公店（岡山）附近，抗日
游擊隊英勇地直撲日軍，當晚更對討伐軍進行奇襲，使日軍吃盡
苦頭。但亦因此，阿公店的住民，遭受到日軍最殘酷非人道的虐
待行為，引起了所謂「阿公店事件」。國際輿論大舉譴責日本當
局的人道問題，使總督府不得不下令台南縣知事，以一萬圓的額
度處理善後的問題。總之，這次台南縣的討伐，抗日軍被殺害
者有 2,053 人，被逮捕、俘虜者有 1,845 人，歸順者有 1,229 人，
負傷者不計其數。此外，有 1,437 支步槍被沒收；而儘管總督府
先前一再指示「不論其為土匪之房屋與否禁止燒毀」，可是，仍
有 2,783 戶全毀、3,030 戶半毀，合計有民房 5,813 戶被燒毀。至
於家財的燒失、禽畜之死亡走失，其損失總金額估計高達三萬
八千餘圓。[68]

　　若是，南部地區的討伐，日軍因為在下淡水溪右岸，遭遇到
抗日隊的強烈抵抗，軍事行動未能順利推進至下淡水溪左岸。於
是，從各地逃亡而來的抗日集團，陸續加入左岸的抗日隊，強化
了該地的抗日活動。1898 年 12 月 27 日，林少貓率領旗下約 250
人及潮州民眾數十人襲擊阿緱的憲兵駐屯所，這是下述南部地區
最大規模抗日潮州前哨戰。亦即 28 日，林少貓和萬巒庄長林天
福合作，以萬巒庄粵族為中心，並集合鳳山厝庄等閩族，以及萬
金等熟番或平埔番等多數住民，組成約千餘人的抗日軍，同時公
推林天福為總指揮，於當日午前五時進攻潮州。突來的大軍襲擊，
潮州辦務署署長被殺，憲兵駐屯所被包圍。日本當局聞訊，雖多
次派軍增援，但都被抗日軍擊退；包圍長達 81 小時之久，潮州
幾乎陷入被殲滅狀態。直至 12 月 30 日傍晚，鳳山守備隊所派遣

的支援部隊，衝入潮州，雙方經過一番激戰，抗日軍陣亡 80 多人，負傷者亦衆，始不支敗退。31 日，日軍開始討伐潮州附近的 30 多個村庄，各村庄不敢反抗，並主動懸賞三百圓緝捕林天福，以表達對日本當局的恭順。而總督府亦基於過去的考量，除下令討伐不能太過殘酷之外，更於 1899 年(明治 32 年)1 月 14 日，電令台南縣知事會同高井旅團及石川憲兵隊長前往潮州，召集當地耆老，給予諭慰並對罹難者的家屬提供糧食及救濟金，竭盡一切措施以謀人心之穩定。⑥⑨

另一方面，兒玉、後藤在討伐中南部抗日集團之際，亦決定採取與北部同樣「七擒七縱」之招降策略。在雲林一帶以柯鐵、嘉義方面以後大埔之黃國鎮、林添丁、及前大埔之阮振、鳳山地區則以林少貓等人爲招撫的第一對象。結果，在 1898 年（明治 31 年）之內，台中縣共有 923 人投降；台南縣則因正逢剛開始討伐中，所以鮮少有人歸降，計只有 279 人而已。然而, 1899 年(明治 32 年) 經過日軍大規模的討伐與強力的誘勸之下，台南縣之歸順者總數竟攀升至 2108 人之多。⑦⑩ 其中上述抗日集團的重要領導人，也都率衆先後接受招撫。不過，一方面日本當局在計謀上，也幾乎完全接受這些「匪首」的無理（或稱無知）的要求，給予他們維持一些特權，並在數月間發放其部下每人每月之一定授產資金（實際上是生活費）。例如，1898 年 12 月 9 日，柯鐵向日方提出的歸順條件，有以下十條：

　　第一條：雲林，斗六，及其附近，另設一治民局；由台灣
　　　　　　人主理，用一日本官監理。有命盜劫案，聽民
　　　　　　家向該局告訴。或由民家自捕盜賊，解送該局；
　　　　　　由主理官查察實情治罪。後由監理官伸詳督憲，

庶免誤殺良民。

第二條：前清國無兵防守。今歸日本，設兵防守之所，一
　　　　概將兵退歸大營；將大坪頂山還於柯鐵，以爲
　　　　住所。

第三條：柯鐵，張呂赤，賴福來，黃才等，聽準調理自
　　　　己兵事，保護人民；如日本官吏要交談事情，只
　　　　用文字相見，不得面決。

第四條：柯鐵等前所有定收九一稅金，依準抽收，給發
　　　　兵費。

第五條：柯鐵等所有軍兵，目的定在保國；恐有軍兵與
　　　　日本軍兵途中相遇，不得挾怨生端，致失和氣。

第六條：柯鐵等議和之後，調兵在山保民，誓不爲非，
　　　　恐有挾前怨，揑詞向日本官告訴；務要訴狀繳
　　　　交治民局，由主理官查實，不得陰遣軍兵圍擄，
　　　　再生不測之事。

第七條：雲林界內，民家准用軍械，以自防夜間盜賊。

第八條：雲林界內，恐有愚頑之人，不聽勸化，准柯鐵
　　　　等聯庄格除；庶免有匪徒橫行，干累柯鐵等之
　　　　名，庶地方可得盡平。

第九條：前有犯罪之人，從今議和投誠之後，恐依案再
　　　　訴前非；均歸治民局主理設法，不得由日本怨
　　　　限毒打，以成招認，致之多殺生靈。

第十條：議和之後，柯鐵等有沾大皇帝之至仁至德；能
　　　　保護雲林界內，久得地方安靜。三年之滿，再
　　　　議條規。

　　以上柯鐵猶如戰勝者所提出的條件，最初均遭到日方當局的拒絕。但 1899 年（明治 32 年）3 月 23 日，日本當局終於接受柯鐵的要求（表面上稱在無條件之下，准其投誠歸順），招降始告成立。⑦在此附帶一提，柯鐵歸順之後，旋即感受到日本當局的監視與包圍的壓力。遂於同年 10 月 26 日，復帶兵脫出苦苓脚庄居處，移住於打貓頂堡竿蓁籠之岩窟中，繼續抗日；1900 年（明治 33 年）2 月 9 日病逝。簡水壽繼承其地位，並以桶頭爲基地，但這個集團已分裂，失去了昔日的威風。⑦

　　再如林少貓在 1899 年 5 月 12 日歸順時，亦提出十項要求。初，同樣遭到日本當局強烈的拒絕，然最後除修飾一些文句，亦獲全面應允。茲將其十項要求引述如下：

一、少貓居住於鳳山後壁林一帶。

二、後壁林墾地免除納稅。

三、少貓所在地官吏不得往來。

四、部下犯罪，可提訴於少貓，官吏不得擅便搜捕。

五、如少貓所住地域內有土匪，少貓自己逮捕交官。

六、如少貓之黨外出，攜帶軍器，遭官逮捕，有少貓保證即釋放。

七、少貓從前之債權，及被奪物件，准許少貓收回。

八、少貓族黨被繫者，以少貓之請求，當即釋放。

九、官推誠待少貓，少貓改過報公。

十、官給少貓授産金二千元。⑦

　　其他，諸如阮振、黃國鎮、林添丁等人的歸順條件，也大同小異。總之，日本官憲之慨然答允這些「土匪」有如勝利者的條

件，實只不過「爲馴服無識土匪之暫行權謀手段，倘若由此獲得歸順之實效，則所列條件終歸徒具空文而已。」(台南縣知事磯貝靜藏答稱總督府之文) ⑭

這種誘騙、欺瞞的兩手策略，雖然確實讓台灣中南部因此得到短暫的和平；但毋庸置疑地，日本當局從此也能掌控抗日集團的據點、動向與名冊人員的效果。對於原被視爲「神出鬼沒」的「土匪」而言，暴露其行蹤，無疑就是末路一途。未久，日本當局就是利用這些手上所掌握的情資，對再度反叛的「土匪」，發動迅速且精確的殲滅性討伐。

1901 年 (明治 34 年) 5 月開始，由於雙方的互相猜忌，中南部抗日集團又連續發生騷亂。特別是同年 11 月 23 日，黃茂松與翁德清所發動襲擊樸仔腳 (朴子) 辦務支署爲契機 (支署長與郵局局長以下，日方被殺 11 名)，日本當局乃決心再次對中南部的「土匪」，進行大規模的徹底討伐。於是同年 11 月 27 日，兒玉總督授意警視總長大島久滿次與第三旅團長西島義助陸軍少將，在嘉義和有關官警召開會議，決定根絕各地包括歸順在內的抗日集團勢力，並訂於同年 12 月 2 日起實施。⑮

於是，1901 年 12 月 3 日拂曉，日軍按照計畫對後大埔的黃國鎮、凍仔腳的林添丁、前大埔的阮振、口霄里的張添壽等集團，展開先制襲擊。但僅殺害了張添壽與官田的胡細漢、麒麟的蘇盛、前大埔的葉尙和等人而已；黃國鎮、林添丁、阮振等重要「匪首」，均被成功逃脫。翌日，討伐軍又殺害了大客望族的陳向義和陳曉峰父子。12 月 10 日，殺死黃茂松與翁德清。其後，日軍持續進行搜索、討伐。12 月 16 日，黃國鎮的父母以及兩名幼子在山區遭射殺。黃國鎮本人亦於 1902 年 (明治 35 年) 3 月 9 日，被討伐隊射殺。此外，1902 年 1 月 24 日，簡施王所率領抗日隊，全部

被消滅。4月7日夜晚，林添丁入睡時遭暗殺身亡。4月15日，阮振及其子阮萬來、阮俊秀一起被逮捕，翌日在店仔口支廳遭斬殺。如是，討伐和搜索在5月中旬，才暫告一段落。嘉義和台南一帶，凡被視爲抗日份子的人士，悉數被屠殺殆盡。⑯

　　至於，因敗退而潛伏在雲林山區地帶的抗日集團，由於糧道被絕而陷入困境，以致有人被迫、亦有被騙，先後再度向日軍投降。但日本當局已策定在舉行所謂投誠儀式典禮中，不准攜帶武器，然後藉口投降者至今仍未將所有武器交給官憲爲由，宣告要將全員拘留，並令待命的警官緝捕在場的投降者。結果，不用多言，此種欺瞞的手段，當然引起投降者群情激憤；可是也只能以赤手空拳抵抗，最後就都慘遭虐殺，變成永不會再引發問題的屍體。這種卑鄙陰毒事例，即是發生於1902年5月25日，在斗六廳有張大猷、劉榮、鍾佑、廖璟琛、張水清等78人；在林圯埔廳有63人；嵌頭厝支廳有38人；西螺支廳有31人；他里霧支廳有25人；林內派出所有40人，總共達275人全遭慘殺，眞是天理何在！若此，1902年8月31日，日本當局乃宣稱雲林一帶的抗日集團完全被掃蕩消滅，結束所有的搜索與討伐行動。雲林地區的治安，亦確實日漸恢復平靜安寧。⑰

　　當前舉雲林、嘉義、台南一帶的抗日隊首領全部被消滅之後，在南部剩下最具有勢力的，就只有盤踞於鳳山後壁林一帶林少貓一人而已。林少貓自投誠以來，因爲被授予如上述的一些特權，乃致力於開墾後壁林，至1901年爲止，共開墾水田140甲，並修圳埤、闢道路、創製砂糖、釀酒之業、兼營漁撈、開設藥鋪等等。這些產業每年都爲他帶來的一萬多日圓的收入。因此，他完全看不出有任何叛變之意。而總督府在討伐南台灣期間，對林少貓也是採取懷柔政策，特別將林少貓居住地後壁林一帶，

排除在搜索區域之外。不過，南部討伐順利地結束之後，大島警視總長對林少貓仍不放心，決意討伐林少貓，並將此事與後藤民政長官協議，向在東京的兒玉總督報告。於是，1902 年 5 月 21 日，總督府命令第三旅團移動部隊執行對林少貓的討伐計畫。5 月 25 日，警視總長大島和總督府幕僚村岡、大野兩參謀，連同台南、鳳山、阿猴、蕃薯蔡四廳長以及山田第三旅團長，在台南進行協議；預定於 5 月 30 日，兵分二路，一向後壁林包圍林少貓堡壘住宅，先由警察誘其出面，襲擊暗殺之，若失敗再加派軍隊攻擊；一自溪州庄襲擊桿葉樹庄的林少貓別邸基地，以絕其後援。⑦⑧

　　5 月 30 日午前 8 時，鳳山廳的警官隊暗殺林少貓的行動失敗。於是在溪州庄方面的軍隊從正午 12 時起，開始三面包圍攻擊桿葉樹庄別邸。這時該庄的「匪徒」約有 40 名，雖與日軍且戰且逃，但迄下午 4 時 40 分，全遭捕殺。驗屍的結果，死者大多為林少貓之一族，包括其妻妾及其弟林筆等人；另其長子林雄受傷被俘，是夜傷重死亡。至於後壁林方面的攻擊則因為數日來多雨，道路崎嶇難行，軍隊部署困難重重，所以迨至下午 2 時半才開始發動攻擊。砲兵隊猛轟林宅堡壘，以掩護軍隊前進。時林少貓已有戒備，率領其部下百多人頑強應戰約 3 小時，終不敵日軍的猛攻，在下午 5 時棄守，從庄西門口逃脫。當天在後壁林被射殺的「匪徒」約有 90 人；日軍戰死一名，負傷 3 人。日軍的討伐搜索至夜晚 9 時方止。可是，無法確認林少貓是否已被捕殺或逃亡。翌日午後 5 時半，經日軍搜索的結果，發現林宅附近計有 41 名男子、25 名婦女與 10 名幼童遭射殺。林少貓則換裝扮成「苦力」(工人)，陳屍於西門口外約三百公尺之水田中，身上還帶著先前日本當局所頒給的歸順證一張及歸順條件書一紙，誠

可悲！⑦

再則，殲滅林少貓集團之後，日本官憲仍持續在鳳山、阿猴兩廳內搜索尚在逃竄的「殘匪」。結果，從 5 月 30 日起至 6 月 4 日止，鳳山廳內即有 234 人、阿猴廳有 76 人遭逮捕殺害。6 月 7 日，曾擔任襲擊潮州總指揮，其後投誠日本當局的林天福亦被誘騙遭射殺。7 月 3 日，曾為總督府効力招降林少貓的溪州富農楊實，同樣被捕遇害。搜索虐殺的行動，直至 8 月 23 日，才宣告終結。6 月 28 日，為確認南部討伐的實況（亦即成果），兒玉總督帶同文武高官 12 人，經海路自安平抵達台南。7 月 9 日，自台南起程至嘉義，接著巡視鹽水港、鳳山、阿猴各廳，除視察搜匪狀況，並兼宣撫民情。巡轅達一個月，7 月 27 日，自台南經陸路回府。⑧從此，後台灣民主國的武裝集團，在兒玉、後藤的任內完全被消滅。除了山地原住民區域以外，總督府在台灣正式建立了其有效且強力的統治。茲在此附帶引述翁佳音教授所整理出來的，後台灣民主國武裝抗日領導人之姓名、出身及其事略一覽表，⑧介紹如下，請讀者參照。

## 1.　北部（台北、宜蘭、新竹以北）抗日領導者出身

| 領導者 | 出身 | 備註 |
|---|---|---|
| 許邵文 | 金包里武生員。 | 率部二千餘人，攻金包里屯兵處，後渡大陸。 |
| 簡大獅 | 宜蘭人，漳籍，父為小農，僱傭為生。乙未投林火旺，任頭目。 | 出沒於淡水、士林之間。1898 年 9 月歸降，同年 12 月內渡，1900 年被清官遣送返台，處死刑。 |
| 盧錦春（阿爺、野） | 漳人，清末來台經營茶、石炭。 | 活躍於大屯山、士林一帶後被捕殺。 |

| 林李成 | 泉籍，三紹堡生員，有資產，於金瓜石採金礦。 | 乙未時傍觀，後被誣告而抗日活躍於宜蘭等地，1895年12月末以後，與林大北攻頂雙溪及瑞芳等地。 |
|---|---|---|
| 林清秀 | 有資產，乙未時任義勇軍首。 | 活躍於宜蘭、台北一帶，後歸降從事道路修築工程。 |
| 林火旺 | 宜蘭頭圍人，任俠抑強扶弱，乙未任哨長。 | 活躍於宜蘭，歸降後業農並從事地方地方公共事業。1900年被捕處死。 |
| 林大北 | 宜蘭人，乙未任義勇軍統領。 | 參加1895年末包圍宜蘭之役，後歸降業農。 |
| 林維新 | 宜蘭頭圍生員，豪農、書塾教師。 | 乙未時傍觀，後來參加包圍宜蘭城，內渡，後應日人而歸降回台。 |
| 徐祿 | 宜蘭頭圍人，率壯丁入基隆九份採金，乙未任連勝右營營官。 | 參加包圍宜蘭城，歸降，後內渡。 |
| 王秋達 | 九份金礦業者，乙未時任營官。 | 與林李成參與北部之抗日。 |
| 鄭文流 | 文山堡豪族，業農，經營製茶等。 | 歸降。業農、樟腦製造。 |
| 陳秋菊 | 泉籍，居深坑，父業茶，清代任庄總理，中法戰役時招募義勇，為四品武官。 | 先抗日，歸降後，從事開墾有成，另一抗日者陳苞（捷陞）為其族弟。 |
| 詹振 | 松山五分埔人，業農。 | 參加圍攻台北城，1897年戰歿（一說至羅東經商），其弟詹番為前清「土匪」，亦為抗日領導者。 |
| 胡阿錦 | 地主。 | 1896年圍攻台北城之領導者，後內渡。 |

| 陳豬英 | 三角湧樟腦商業者蘇力部下，本身亦樟腦製造業者。 | 其部下林炎爲當地富豪。與王貓研在三角湧一帶抵抗。 |
|---|---|---|
| 林成祖 | 清末來台，爲清官所捕，乙未脫獄，爲「土匪」頭目。 | 曾攻板橋，於三角湧被捕殺。 |

## 2. 中部 (苗栗、台中、彰化、雲林)

| 詹阿瑞 | 苗栗罩蘭莊人，似爲隘丁首。 | 活躍於罩蘭附近，並於1901年2月率二百名部衆圍攻台中，後戰歿。其妹亦率女性軍隊助戰。 |
|---|---|---|
| 簡義 | 豪農。 | 1896年6月，與柯鐵一起抗日，是爲著名的「雲林事件」，同年12月歸降。 |
| 柯鐵 | 大坪頂庄人，製紙業，父祖累代爲「匪魁」，衆敬之。 | 簡義歸降後，他仍在大坪頂抗日，據地稱鐵國山，與簡大獅、林少貓被稱抗日「三猛」，後病死。 |
| 張呂赤 | 斗六街人，有文才，清時任哨官。 | 曾歸降，後內渡。 |
| 張大猷 | 與張呂赤同爲富商家族，經營布業，乙未時曾任哨官。 | 歸降，後被誘殺。 |
| 陳水仙 (達) | 山坪頂土豪，素以設書塾教授兒童。 | 後歸降任東勢坑庄區長。 |
| 陳文晃 | 斗六堡溪邊厝人，製糖爲業，曾任前清哨官，子亦製糖及業農。 | 與簡義同抗日，後歸降。 |
| 黃貓選 | 打貓北堡雙溪口人，業醫。 | 曾因謀抗日被捕，後投柯鐵，1897被處決。 |

| 曾越 | 斗六堡厝庄人，業醫精蘭書。 | 後被殺。 |
| 林新慶 | 溪洲堡芎蕉腳庄人。 | 以父被日人冤殺而散財報仇，1898 年後歸降任該庄總理。 |
| 蔡知 | 斗六堡大北勢人，無賴。 | 被捕殺或戰死。 |
| 簡大吐 | 他里霧堡庵古坑人，無賴。 | |
| 賴福來 | 打貓東堡崁頭厝人，無賴。 | |
| 劉德杓 | 安徽人，台東統領。 | 1896 年至鐵國山，任陳水仙之參謀。 |

## 3.　南部（雲林以南）

| 黃國鎮 | 父為布商，曾經營雜貨店。 | 活躍於溫水溪一帶，曾歸順助日人討伐，後被殺。 |
| 林添丁 | 製紙業職工。 | 活躍於溫水溪一帶，後被殺。 |
| 陳發 | 清時為「土匪」，擁眾數百。 | 所部為附近村庄之人，一部分為敗兵，發死後由蔡愛繼承，活躍於番仔山。 |
| 胡細漢 | 業農。 | 活躍於番仔山。 |
| 田庭 | 赤山堡水流東人，民間宗教人物。 | 活躍於番仔山、十八重溪，後被殺。 |
| 陳向義 | 店仔口豪農，累世經營糖廓雜貨店商。 | 1902 年被誅。 |
| 阮振 | 業鋪商，頗有資產。 | 活躍十八重溪地方，1902 年被殺。 |
| 黃臭　魏開 | 業農。 | 活躍於鳳山地方下淡水溪右岸。 |

| 張添壽 | 蕭里庄業農，讀書人，有產，地方有名望。 | 活躍於十八重溪地方，與阮振有連絡，後被殺。 |
|---|---|---|
| 方大憨 | 蕭壠草寮人，綠林豪，務農。 | 後被捕殺。 |
| 翁輝煌<br>(長庚、大臭) | 乙未自漳州來台，漁行商，業農 | |
| 鄭吉生 | 綠林豪。 | 活躍於東港、鳳山附近，後戰歿。 |
| 林少貓 | 鄭吉生部，經營米店於魚肉市場有影響力。 | 後被殺。 |
| 吳萬興 | 土匪，林少貓部。 | 活躍於鳳山，清武秀才黃朝威助之，被捕殺。 |
| 鄭(忠)清 | 清武官。 | 乙未曾抗日，後歸降任土庫庄民總理，再抗日，後內渡。 |
| 林天福 | 四溝水庄人，以染布為業，有資產。 | 1898 年 12 月與林少貓不約而同攻潮州辦務署，又圍恆春城，後被殺。 |

# 第三節　後藤新平建立統治台灣的各項基礎及其治績

## 一、地籍土地調查與其制度改革

　　後藤長官遂行鎮壓「土匪」的同時，亦根據其統治大綱，進行各項事業的調查。首先，後藤著手於地籍、土地之調查。因為這是把握稅源，確立徵稅的基礎。換言之，亦就是建立台灣財政政策的最重要根本。日本領台之時，清代之原有魚鱗圖冊大都毀於兵燹；即間有存者，亦多殘缺。因此，對業戶姓名、田畝等則、

賦額多寡、徵稅根據，皆無法可考。1896 年（明治 29 年）8 月，日本議會不得已而發布「台灣地賦規則三條」，以爲嘗試之舉。其第一條「地賦依舊慣徵收之」；第二條「如有逋賦者，科以五倍賦之罰金」；第三條「本規則之施行細則，以府令定之」。結果，徵收金額竟達 752,698 圓之多。⑧²

可是，此實過渡時期之辦法，究非良策。更何況當時台灣之土地權利，從來極爲雜亂，地租之徵收基準極不確定。此乃肇因於清朝時代「大小租權」之舊慣弊政。所謂「大小租權」是清代閩粵移民來台，最初向官府申請開墾官地，或霸耕原住民之土地者（大多爲官吏豪族），獲得官方執照後，即被稱爲墾首或業戶，亦即大租戶。而繼大租戶之開墾權，投資從事實際的墾荒者，則稱之爲墾戶或地東，亦即小租戶。隨後，小租戶也會時常將土地再轉讓租貸給自己的佃戶。佃戶於田園農產成熟時，納小租於地東（小租戶），地東納大租於業戶（大租戶），業戶則向官府繳納地租。這樣，清代的台灣土地制度，是帶有封建的性質。然而大租權與土地並無直接關係，僅保有大租收納的權利。因此，大租權與小租權可以單獨出讓。結果，同一土地，誰爲大租戶？誰爲小租戶？互不相識；土地的權利關係，不但紛亂，且欠明確。大租權雖以土地爲根據，然實際上只是大租收納的權利；因此，既非物權，也非債權，或可說是一種特別的財產權。至於小租權是隨現實的土地管理而移轉，所以雖爲物，但亦非完全的所有權，因其具有繳納大租的義務，故可視爲一種附帶負擔的所有權。像這樣權利關係的紊亂及性質的含糊，使大租戶與小租戶，究竟誰爲業主，又誰爲納稅義務者，不甚明瞭。⑧³

當然，這種土地權利的不明確，也就是不動產權移轉方式的不明確。再如對於任意開墾的土地，其權利的曖昧不清，更都是

妨礙田賦征收和土地權利的私法移轉。職此，對於土地，制定單一而明白的所有權，確定納稅及交易，這是資本主義近代政府在任何殖民地所首先要著手的事業。[84]於是，後藤長官在「匪患」尚未絕跡之時，即決心要先處理土地調查之工作。1898 年（明治31 年）7 月 17 日，後藤發布律令第 13 號「台灣地籍規則」（四條）。其第一條：土地之種類名稱分爲，一、水田、旱田（園）、房屋基地、鹽田、礦泉地、養魚池；二、山林、原野、池沼、牧場；三、祠廟基地、宗祠基地、墓地、鐵道用地、公園地、練兵場、射擊場、砲台用地、燈台用地、餘水溝道；四、道路、溝渠；五、河川堤防；六、雜地。第二條：地方廳須備土地清冊（原名土地台帳）及地圖，登錄關於土地事項。第三條：土地清冊之謄本或閱覽，得於該管地方廳請求之。[85]17 日，後藤復發布律令第 14 號「台灣土地調查規則」（十條）。規定丈量之尺度、地積之單位名稱。尺度準用度量衡法之規定，以其一丈三尺爲一戈，每 25 戈平方爲一甲。甲之十分之一曰分，百分之一曰釐，千分之一曰毫，萬分之一曰絲（第二、三條）。並規定土地之業主、境界、種類，由地方土地調查委員會查定之。對其查定不服者，得聲明於高等土地調查委員會，受其裁決，但查定後經過 60 日者則不得聲明不服（第五條）。[86]

同年 9 月 1 日，後藤另以勅令公布「臨時台灣土地調查局組織章程」，設置土地調查局。當初，後藤長官自任局長，中村是公任次長，後來中村接任局長。旋即展開地籍調查。進行三角精密的測量地形和丈量田畝，並決定地力和生產額，做成土地地形台帳等等各項事業。起初，爲愼重計，後藤選擇先由台北縣之石碇、文化、擺接等三堡爲實驗地區，因此，使用之人員並不多。迨實驗順利成功之後，1900 年（明治 33 年）8 月 1 日，後藤乃大

力擴充調查局的機能，增加局員至 800 餘名，分數十班，派遣至台灣各地，進行上述的各項調查工作。[87]

這項世紀艱鉅的事業，迄 1904 年（明治 37 年）3 月，耗時近 6 年，花費 523 萬餘圓；從事人員達 167 萬餘人次，實際人數最多時有 1,356 人才告完成。其調查地籍面積有 777,850 甲，土地計 1,647,374 筆。繪就的庄圖 37,869 張、土地台帳（即魚鱗冊）9,610 冊、地租名冊 3,253 冊、大租名冊 2,371 冊。可謂達成土地權所屬之確定、土地種目之區分及地形之明確。而由此次調查所繪之堡圖（郡圖）積計，始確悉台灣之全面積和海岸線的總長等。此外，這項調查工作的結果，發現了很多未登記的土地──隱田。測量前被認為只有 366,987 甲的土地（井出季和太《台灣治績志》，稱 361,417 甲），測量後實際上卻有近倍的 777,850 甲（鶴見祐輔《後藤新平》卷二，稱 633,065 甲）土地。[88]

完成土地調查之後，總督府於 1903 年（明治 36 年）12 月 5 日，發布律令第 9 號「大租權確定事項」（計 14 條）。一面承認大租權，同時規定即日起，不許再重新設定。[89]1904 年（明治 37 年）5 月 20 日，總督府發布律令第 6 號「大租權整理案由」（計 10 條），強制收購大租權，並由官方對各該大租權人或其繼承者發給補償金。[90]據統計應領補償金之大租權者有 36,000 千人，補償金總額為 3,779,479 圓。不過，總督府僅給現款 107,000 圓，及 400 餘萬日圓之公債證書而已。自此以後，封建遺制的大租權完全被消滅。總督府也將收購的土地分配讓渡給小租戶，並確定小租戶為業主和徵稅的對象。[91]

地租權的對象既確定，1904 年（明治 37 年）11 月 10 日，後藤長官遂發布律令第 12 號「台灣地租規則」（計 15 條），制定地租的稅則。其第一條將地目分為五種：1. 田、畑（園）、養魚

池；2. 建物基地、鹽田、礦泉地、池沼、山林、原野、牧場；3. 祠
廟基地、墳墓地、鐵道用地、公園地、練兵場、射擊場、砲台用
地、燈台用地；4. 道路、鐵路線路、溝渠、汙水路、河川、堤防；
5. 雜種地等。第六條將田園分十等則，養魚池分七等則，各課以
不同的稅金等等。其「附則」規定上述的地租，將於本年（1904 年）
下半期開始徵收。結果，從來地租年額約 90 萬圓，自施行此規
則以來，竟激增了三倍多，即近三百萬餘圓。⑨

　　而這土地調查和土地調查制度的確立，其效用實不止於地租
的增收。竹越與三郎氏（曾二度來台視察，親眼見證後藤長官的土地
調查事業）在其著作《台灣統治志》裡，有如下的記述：「內使田
制安全，外使資本家可以安心投資於田園，故其效果是無限的。」
矢內原忠雄教授根據竹越氏的見解，更直言無諱的指出：「這樣，
土地調查促使台灣資本主義化，此乃日本資本征服台灣的必要前
提或基礎工程。」⑨

## 二、台灣舊慣調查及首次台灣人口普查

　　後藤民政長官有如前述，曾毫無顧忌的指稱：日本對台灣
是當成風俗、習慣、人情、歷史、人種不同的民族統治。因此，
為了要有效的統治台灣這異民族，就必須去熟悉瞭解渠等之舊
慣風俗。於是，1900 年（明治 33 年）10 月 30 日，後藤成立台灣
慣習研究會。1901 年（明治 34 年）10 月 25 日，發布勅令第 196
號「臨時台灣舊慣調查會規則」，開始對台灣和清國法制及農、
工、商、經濟之舊慣進行廣泛的研究調查，後藤本人則兼任會
長之職。惟依該會組織，實際上擔任調查事務者是，岡松參太
郎（京都帝大著名教授）任第一部長，主辦法制調查事項；愛久澤
直哉任第二部長，主辦農、工、商、經濟事項（未幾，改由宮尾舜

治接任，後再改由持地大三郎擔任）。此外，第一部門行政科的調查，於 1903 年（明治 36 年）10 月，另聘請京都帝大織田萬教授主持該項的研究工作。如此，研究事業逐步完成，除了動用甚多人員之外，調查會所花費的總支出，高達 91 萬餘圓。不過，此一研究調查的成果，包括印行：《臨時台灣舊慣調查會第一部調查第一回報告》全三冊（明治 36 年，1903 年）、同《第二回報告書》全四冊（明治 39 — 40 年，1906 — 7 年）、同《第二部經濟資料調查報告》全二冊（明治 38 年，1905 年）、同《台灣私法》全 13 冊（明治 43 年，1910 年）、同《清國行政法》全七冊（明治 43 年—大正 3 年，1910 年— 1914 年）、同《蕃族調查報告書》全七冊、《蕃族慣習調查報告書》全四卷、《蕃族圖譜》全二冊、《台灣蕃族志》第一卷（大正 2 年— 6 年，1913 年— 1917 年）等浩瀚文獻。[94]毋庸諱言地，這些調查文獻，在政治上當然是提供日本當局最好的統治情資；但在文化上，迄今這些文獻仍然具有不朽的學術價值，亦是台灣重要的文化遺產。

續台灣舊慣的調查，後藤長官從保安上的考慮，並爲了確認台灣人口的動態與人力資源，乃於 1903 年（明治 36 年）5 月 20 日，制定「戶口調查規程」。後來經過數次的修訂，1905 年（明治 38 年）5 月 29 日，後藤長官以勅令第 175 號「臨時台灣戶口調查部官制」，設置戶口調查部，以掌理一切有關戶口調查事務。同年 6 月，發布訓令第 128 號，設置戶口調查評議員會，以爲諮詢機關，審議有關戶口調查之重要事務。6 月 8 日，復以府令第 39 號「戶口調查規則」及其他各種訓令，就戶口調查事務之範圍、內容、實施方法等各項，予以詳細規定。並爲聯絡統一戶口調查事務起見，在總督府召開地方官、警務課長、總務課長等各項會議，以期戶調事務順利推行。而在地方委員部，

爲事務上之準備起見，令警察人員開始戶口調查簿之整理等等。
未幾，以「府令第 55 號」發布自 1905 年 10 月 1 日起，至 10
月 3 日止，全台開始正式舉行戶口普查工作 (稍前日本本國原擬有
計畫實施人口普查，但由於日俄戰爭，不得不延後，只有台灣先付諸施
行)。[95]

這次的調查，除基隆、宜蘭及深坑方面由於下雨，又蕃薯
蓉廳之一部由於番害，故各費 4 日之外，其他各地，俱照預定
三日內調查完畢。調查事業總共動員了監督委員 842 人，監督
補助委員 1,339 人，調查委員 5,224 人，合計達 7,405 人。調查
總經費爲 185,840 圓。所調查的戶口，居住數有 487,352；戶數
有 585,195；人口有 3,039,751 人。至於各族羣的人口構成與比例，
則台灣本島人約 2,980,000 (97.81%)，其中閩南系約 2,490,000
人 (82%)、客家系約 400,000 人 (13%)、平地原住民約 47,000
人 (1.5%)、山地原住民約 36,000 人 (1.2%)。日本人約 57,000
人 (1.9%)，其他包含中國人在內的外國人約一萬人 (0.3%)。不過，
這個統計數字並不包括行政區域外的所謂「蕃界」生番。又完
成人口普查之後，總督府於 1905 年 12 月 26 日，公布府令第 9
號「戶口規則」，聲明由 1906 年 (明治 39 年) 1 月 15 日起開始
實施。該項規則明令將廢除原有地方機關所備之戶籍，代之以
警察所製的戶口調查簿；並將登記戶口之異動，期能掌握確立
有關人口動靜之國勢調查基礎，控制台灣人力資源的動態。[96]
爾後，1915 年 (大正 4 年)、1925 年 (大正 14 年)、昭和 7 年 (1932
年)、昭和 8 年 (1933 年)、昭和 9 年 (1934 年)，總督府又連續實
施戶口調查。結果，如下列各圖表所示，每次調查人口都有大
幅增長。[97]

㈠　1905 年（明治 38 年）10 月首次台灣戶口調查各廳的人口
一覽表

| 廳 | 住居數 | 所帶數 | 現在人口 |
|---|---|---|---|
| 台北 | 39,968 | 55,538 | 290,200 |
| 基隆 | 17,884 | 22,962 | 115,472 |
| 宜蘭 | 18,385 | 21,417 | 112,719 |
| 深坑 | 6,696 | 8,902 | 46,024 |
| 桃園 | 25,121 | 31,996 | 204,779 |
| 新竹 | 27,393 | 31,389 | 170,538 |
| 苗栗 | 21,285 | 26,061 | 146,775 |
| 台中 | 32,480 | 38,140 | 207,355 |
| 彰化 | 47,769 | 52,869 | 281,399 |
| 南投 | 11,879 | 13,857 | 71,819 |
| 斗六 | 37,403 | 43,639 | 215,037 |
| 嘉義 | 33,602 | 41,306 | 198,888 |
| 鹽水港 | 45,705 | 53,250 | 271,464 |
| 台南 | 33,436 | 41,581 | 192,379 |
| 蕃薯藔 | 8,595 | 9,763 | 48,554 |
| 鳳山 | 29,192 | 36,999 | 178,306 |
| 阿緱 | 29,919 | 31,491 | 163,047 |
| 恆春 | 2,983 | 3,416 | 19,446 |
| 台東 | 9,080 | 9,327 | 49,223 |
| 澎湖 | 8,578 | 11,392 | 56,327 |
| 計 | 487,353 | 585,195 | 3,039,751 |

## ㈡　日本領台以來不同年代的戶口調查及其人口成長一覽表

| | 昭和 5 年<br>(1930年) | 大正 14 年<br>(1925年) | 大正 9 年<br>(1920年) | 大正 4 年<br>(1915年) | 明治 38 年<br>(1905年) |
|---|---|---|---|---|---|
| 現在人口 | 4,592,537 | 3,993,408 | 3,655,308 | 3,479,922 | 3,039,751 |
| 常住人口 | 4,640,820 | 4,036,133 | 3,697,208 | 3,498,210 | 3,047,391 |
| 浮動人口 | | | | | |
| 一時不在 | 134,831 | 109,411 | 90,808 | 49,850 | 28,099 |
| 一時現在 | 86,548 | 66,686 | 48,908 | 31,562 | 20,459 |
| 住　　　家 | 805,551 | — | 593,323 | 553,859 | 486,489 |
| 住 居 數 | | | | | |
| 舟　　　筏 | 36 | — | 429 | 471 | 777 |
| 其　　　他 | 210 | — | 2,456 | 1,036 | 87 |
| 　　　計 | 805,797 | — | 596,208 | 555,366 | 487,353 |
| 普　　　通 | 805,797 | 724,705 | 683,738 | 651,988 | 582,211 |
| 世 帶 數 | | | | | |
| 住　　　家 | 2,664 | 1,821 | 1,487 | 1,501 | 2,984 |
| 　　　計 | 808,461 | 726,526 | 685,225 | 653,489 | 585,195 |

## ㈢　1934 年 (昭和 9 年) 末台灣戶口調查一覽表

| | 男 | 女 | 計 | 比例 |
|---|---|---|---|---|
| 內地人 | 138,816 | 124,148 | 262,964 | 5.06 |
| 朝鮮人 | 470 | 846 | 1,316 | 0.03 |
| 本島人 | 2,484,771 | 2,397,517 | 4,882,288 | 93.98 |
| ┌ 福建 | 2,006,883 | 1,935,256 | 3,942,139 | 75.88 |
| ｜ 廣東 | 374,237 | 359,673 | 733,910 | 14.13 |
| 內 ｜ 其他 | 122 | 88 | 210 | 0 |
| ｜ 熟蕃 | 29,125 | 28,432 | 57,557 | 1.11 |
| └ 生蕃 | 74,404 | 74,068 | 148,472 | 2.86 |
| 中華民國人 | 31,926 | 16,267 | 48,193 | |
| 其他外人 | 115 | 104 | 219 | 0.93 |
| 總計 | 2,656,098 | 2,538,882 | 5,194,980 | 100.00 |

## 三、建立「台灣銀行」獨立金融機構及整備各項產業基礎之交通網措施

　　台灣的貨幣制度，在清朝時代極其混亂錯雜；貨幣的種類多達一百數十種。日本領台之初，由於軍費的需要，輸入大量的日本銀行鈔票、一圓銀幣及輔助幣在台灣流通使用，致使通貨更加複雜。[98]為了要使台灣貨幣統一，納入與日本同一制度，並促進產業的開發振興；日本政府乃考慮台灣的特殊財政情形，遂於1897 年（明治 30 年）3 月 9 日，發布「台灣總督府特別會計規則」，以台灣財政獨立為目的，賦予台灣總督府財政大權。同年 3 月30 日，台灣總督府發布律令第 38 號「台灣銀行法」，準備開設台灣獨立金融機關。1899 年（明治 32 年）6 月 12 日，後藤長官依據此法令設立台灣銀行，資本額為五百萬圓（五分之一由中央政府及皇室出資，其他的股份是從民間公募）。同年 9 月 26 日，該行開始營業，首任的董事長（頭取）是大藏省次官添田壽一，他曾為台灣銀行的設立盡了最大的力量。台灣銀行本身不僅擁有貨幣發行權，同時還可代行日本國庫業務，但最重要的是台灣銀行被許可發行公債，以調度為整備台灣諸產業的資金籌措。[99]

　　台灣銀行成立之後，後藤即大力改革台灣幣制；首先發行五圓以上無記名式票據，後改發行票面額一圓以上銀幣之銀行券。旋因為發覺有弊端，乃改另發行一圓金券，收回原有之銀行券。至 1910 年（明治 43 年）總督府完成幣制改革，台灣與日本國內之金本位採取統一之制度。[100]

　　此外，度量衡制度在商業交易過程中，往往與幣制具有連帶關係。日本領台初期，台灣之度量衡制度一如貨幣，種類繁多，十分混亂弊害叢生。後藤遂於 1900 年（明治 33 年）11 月 8 日，

公布律令第 20 號「台灣度量衡條例」(計 17 條)，將之改正爲日本國內式，並禁止使用舊式度量衡。此項措施，實有助推行商品交易和經濟之發展。⑩

　　建立強力的財政金融機構之後，後藤隨即著手展開產業開發基礎的交通網建設；包括鐵道建設、道路修築、港灣整修、郵政通信網的整備等等。如周知，台灣的交通網，在劉銘傳時代，雖然修築了從基隆到新竹間的一百公里 (62 哩) 鐵道，而且還有基隆、淡水、安平、打狗等良港。可是，由鐵道鋪設技術並不成熟，曲線過多、斜度過急時須下車推行、機關車僅 25 噸、軌道 36 磅、橋樑亦多是木造，實在十分危險。所以日本領台之後，即有增建改築的研議。惟因抗日動亂不斷，財政上也無力顧及，遂徵募委託日本本國資本家設立民間台灣鐵道會社 (社長安場保和正是後藤長官的岳父)，經營管理並增建台灣縱貫鐵路。然而台灣鐵路的經營十分艱難，結果，未能達成初期的願望。迨兒玉、後藤上任，因爲後藤長官在其施政方針，宣稱統治台灣三大事業，即是興建縱貫鐵路、修築港口及土地調查。所以 1899 年 (明治 32 年) 總督府決意收回民營的鐵路權，恢復原來的官營。而民營的鐵道會社也自願放棄其經營權，於是同年第 13 回帝國議會開會時，後藤長官乃提三千萬圓建設縱貫鐵道的預算請求。可是，這項請求被削減 120 萬圓，終以 2,880 萬圓達成協議。同年 3 月 31 日，後藤即刻制定「臨時台灣鐵道敷設部官制」，自任敷設部部長；同時聘請剛從日本國鐵退休的著名技師長谷川謹介爲技師長 (總工程師)，負責鐵道的計劃、改良、建設等重要工作。稍後，11 月 8 日，總督府復發布「鐵道部官制」，後藤充任鐵道部部長，但長谷川技師長仍然是實際上的負責人。⑩

　　就這樣，自 1899 年 5 月起，北部開始著手改良在來線；南

部則以高雄（打狗）為起點的鐵路鋪設，亦於 9 月逐漸北進，至 1900 年（明治 33 年）10 月 31 日，到達台南。隨後，1904 年（明治 37 年）2 月，南部經台南、灣裡、新營庄、嘉義、他里霧迄至斗六的工程竣工，並繼續向濁水溪方面推進。而北部以基隆為基點，改良既設線之後，更推進完成自新竹、竹南、苗栗、三叉（三義）間的新路線，且繼續著手進行三叉、大安間的工程。惟時值日俄戰爭正酣，在南北縱貫線尚未接通的時候，由於軍事上的需求，遂以輕便臨時新線，火速接通中間部分；迨戰爭結束，臨時新線拆除重建。1908 年（明治 41 年）4 月 20 日，後藤長官離台轉任滿鐵總裁之後，台灣南北鐵路縱貫線終告完成。全長 247 哩，比預期提早二年以上竣工開通。其時，基隆至高雄間所需的時間約 15 小時。除了促使南北產業物流暢通之外，更促使台灣南北住民緊密交流，揮去昔日南北異鄉他處的感覺，無形中助長了台灣人的共同意識。[103]

其次，修築全台道路與貫穿台灣南北縱貫線鐵路的建設，是開發台灣產業最重要的交通雙輪。後藤在道路的建設方面，巧妙地驅使投誠的抗日軍及利用保甲制度，強命各戶提供無償勞役，收到預期以上的成果（前述）。在 1906 年（明治 39 年）11 月 13 日，後藤辭去民政長官之時，路面寬度在 1.82 公尺以上的道路比 1899 年時多了三倍；且路線的總長達到了 6,388 公里，其中路寬在 7.27 公尺以上的道路也增加了一倍。[104]

至於港灣的修築擴建，後藤雖列入其統治台灣三大事業之一，並抱有很遠大的計劃。可惜，由於財力不足，屢次向帝國議會請求預算，但大多未能成立。因此，除了修築基隆港一部分工程之外，其他諸如高雄、安平、淡水港，均無經費可整修或擴建。[105]

## 四、振興各種產業特別是將製糖業近代化

　　後藤長官進行交通網的基礎整備同時，對振興各種產業亦全力以赴。譬如 1905 年（明治 38 年），在新店龜山建設了台灣第一座水力發電所，供給台北市街所需之電力。礦產方面，從 1897 年（明治 30 年）的一萬三千圓生產額，到了 1905 年（明治 38 年）的時候，增加到 244 萬圓之多。此外，如下述的三大剝削專賣事業：鴉片（鴉片並非產業，是著眼於財源的事業）、樟腦、食鹽等，都有驚人的財政收入成長。但其中最值得一提的，就是台灣製糖業的發達與近代化。而且，此項事業的發展亦是最能代表日本資本侵占台灣住民的土地及獨占台灣產業最明顯的例證。

　　台灣砂糖，本書第二章已有提及，在荷蘭治下的 1658 年，已有 173 萬斤的產額，其中有 60 萬斤輸出至日本。鄭氏時代更加獎勵增產，砂糖的產額高達 30 萬擔（300 萬斤）。清末，英、法天津條約的締結，促使安平、打狗（高雄）、淡水、基隆開港。英、美、澳等商人乃相繼來打狗設立商社，購買大量的砂糖輸出日本。1880 年（明治 13 年）因爲空前豐收，台灣對日輸出的砂糖竟高達 106 萬擔。隨後，台糖因爲受到世界甜菜糖價下降的影響，糖業亦日漸衰微；不過，清末台糖的年產額，仍保有約 80 萬擔。[106]

　　日本的產糖地，向以琉球及奄美大島爲主，次爲九州、四國及本州等地。1894 年（明治 27 年）日本砂糖消費量爲 400 萬擔，而生產額則僅 80 萬擔，大部分有賴於輸入。故在日本領台之時，日本政府最注目的台灣產業，即是台灣砂糖。[107]1898 年 3 月，後藤長官上任，他接受殖產課技師山田熙的建議，計劃將製糖工廠現代化。因爲那時候的工廠，是以牛作動力的石臼式原始糖廍，所製作的種類大部分爲不均質的黑糖。於是，1901 年（明治 34 年）

2月20日，後藤長官禮聘留美的新渡戶稻造農學博士爲台灣總督府技師。同年5月，任民政部殖產課長，更於11月修正官制時，署理殖產局長；對台灣各種產業，尤其砂糖加以調查研究。[108]

1901年9月，新渡戶提出「糖業改良意見書」。該「意見書」分析日本領台後糖業衰退有六大原因，譬如，兵荒馬亂、課稅苛重、糖商壟斷等等，但這些都可從政策上加以改善。至於其對糖業改良的具體方案有七，1. 改良甘蔗品種；2. 培養法的改良；3. 灌溉之設備；4. 改既成田園爲蔗園；5. 蔗園適地的新墾獎勵；6. 製糖方法之改良；7. 壓搾法之改良等等。此外，新渡戶又力陳金融機關的協助、及政府權力的積極介入、多加補助與獎勵的必要性。[109]

總督府採納新渡戶的建議，就可能實施事項，逐第進行。1902年（明治35年）6月14日，後藤長官發布律令第5號「台灣糖業獎勵規則」（計14條），其主要的內容可總括爲資本家企業的保護。例如其第一條，對於甘蔗苗費或肥料費、開墾費、灌溉或排水費、製糖機械器具費，均發給獎勵金或發給實物。第二條，對於消費一定數量原料的製糖業，給予補助金。第三條，對於因耕作甘蔗而開墾官有地者，無償借給之；全部墾成以後，且無償贈與之。第五條，對於因耕作甘蔗而實施灌溉或排水工程者，無償借予官有地。[110]

事實上，這些寬大的獎勵條款，早在1899年（明治32年）12月，後藤長官上京之際，既與三井物產專務理事益田孝，在談論設立「台灣製糖株式會社」時（初原擬定資本金50萬圓，後來經由元老井上馨伯爵的斡旋，再由糖商鈴木藤三郎集資50萬圓，合計100萬圓，於1900年即明治33年6月13日，正式創立「台灣製糖株式會社」。當年在日本這是超級的大會社），公然答允的承諾，而且也獲得兒玉

總督的准許。⑪結果，具有新式機械設備的大型製糖會社，逐漸興起。

於是，為了進一步使蔗糖原料能獲得安全供給，後藤長官又在 1905 年 (明治 38 年) 6 月，發布府令第 38 號「製糖場取締規則」。其第一條及第三條，規定凡欲設立 (或改變原來計劃) 全部或一部應用新式機械的製糖者，須得政府的許可，並限定原料採取區域及其外流。此項府令的效果，據矢內原忠雄教授的研究指出：1. 未經政府許可，不能在其區域內設立過去的糖廍或其他新式製糖場，此即製糖獨占；2. 區域內的甘蔗，未經政府許可，不得運至區域之外，亦不得用作砂糖以外的製造原料，此即原料獨占；3. 製糖場得以相當代價，在每年度的製糖期內 (至翌年 5 月 31 日止)，全部收購區域內的甘蔗；但對於過剩或失去採收時期的原料，須照知事或廳長的指示，負賠償之責 (買收義務)；4. 甘蔗的耕植，耕作者可自由選擇，但價格則由製糖會社獨占決定。如此的制度，毋待說明，目的就是要使新式製糖場容易設立或擴充。⑫

後藤長官如此盡力勸誘對台灣糖業的投資，未久，日俄戰爭結束，日本的經濟大為好轉，所以對台糖事業的投資，頓形增加。除了已設立的台灣製糖株式會社之外(台灣最先設立的新式糖廠，是位於台南廳橋仔頭，在 1902 年即明治 35 年 1 月竣工開始營業)，先後有新興製糖 (1903 年，資本金 24 萬圓，陳中和)、鹽水港製糖 (1904 年，資本金 30 萬圓，王雪農)、明治製糖 (1906 年，資本金 500 萬圓)、大日本製糖 (1907 年，2,700 萬圓)、帝國製糖 (1910 年，500 萬圓)、林本源製糖等等。其中如新興、鹽水港、林本源製糖雖是由台灣民族資本設立，但畢竟無法與日本資本糖業分庭抗禮，終被日本本國的資本合併消滅。而台灣本地舊有的糖廍更無法獲得生存，

亦由衰退步入歷史之一頁。另一方面有如上述，總督府爲了要擁護日本資本家企業在台灣順利投資製糖事業，乃大力介入強制收購台灣人耕種的土地，或以「官有地」的名目強占轉讓，這些都是引起不斷爭議的問題。就中，最爲明顯的例證，是有一位日本實業家愛久澤直哉利用彰化廳長小松吉久的權限，將其治理下的土地約三千甲，在一夜之間就全買下來了。⑬

　　總之，台灣的製糖業從 1902 年的三萬噸產量，到兒玉、後藤時代末期增加了近倍的六萬噸。1937 年時，突破了一百萬噸，第二次大戰時甚至達到 160 萬噸的最高生產額。這些業績實可歸功於後藤的強力糖業政策，但也剝奪了不少台灣人民的土地權益。另一方面，台灣糖業的發達，亦帶給台灣意想不到的巨大農、工、商綜合性企業。亦即糖廠本身爲了確保原料的甘蔗及其利潤，當然會努力擴張「私有蔗園」和「蔗園自營」。結果，蔗園無限度的擴大，肥料、酒精、冰糖製造等工業副業，甚至運輸交通的「私鐵」、「海運」經營，遂應運而生。龐大的糖業王國，一轉身就變成獨占台灣農、工、商各項企業的混合怪獸。⑭

## 五、剝削專賣事業的制定及財政獨立

　　台灣的專賣制度，不外在於增加總督府的財政收入。台灣總督府的預算，前面已提及是獨立於中央政府財政預算之外的。領台初期，日本政府對台灣的特別會計，預定以每年漸減的方式提供補助金，一直到 1908 年爲止；補助總金額上限爲三千萬圓。所以，爲了要使台灣的財政盡速獨立，後藤長官上任之後，即如上述，大肆土地調查、積極開發各種產業，同時爲了增加歲收，乃接踵地實施鴉片（下述）、食鹽（1899 年即明治 32 年 4 月 26 日，公布律令第 7 號「台灣食鹽專賣規則」）、樟腦（1899 年 6 月 22 日，公布

律令第 15 號「台灣樟腦及樟油專賣規則」)、菸草 (1905 年即明治 38 年
3 月 30 日，公布律令第一號「台灣菸草專賣規則」) 等四項剝削性的專
賣制度。⑪茲在此，僅將最重要的鴉片專賣制度，略述如下。

　　關於台灣的鴉片問題，早在日本領台之時，即有鴉片嚴禁論
和漸禁論之爭議。對此，1895 年 (明治 28 年) 12 月 14 日，時任
內務省衛生局長的後藤新平，受內相芳川顯正的囑託，提出「台
灣鴉片制度意見書」，就鴉片「嚴禁論」(第一案) 及「漸禁論」(第
二案) 均有詳細的敘述。⑪對嚴禁論後藤稱：「倘使嚴禁鴉片，恐
將遭台灣島民大反抗，終不免土寇蜂起生事。是以，須經常駐兩
個師團以上的兵力，且也可能犧牲半數以上兵員之性命，此豈為
適宜之施政乎？」而對漸禁論後藤則稱：「依日本國內現行的制
度，在台灣島內設置鴉片特許藥鋪，藥用鴉片以外之買賣一律禁
止。一方面，對鴉片中毒者給予特定發行之簿摺，准其隨時向鴉
片特許藥鋪購買鴉片。當今鴉片每年輸入稅高達 80 萬圓，可知
其需求量之巨。然若將之以專賣，以禁止稅之意可將其增收三倍，
則年收應在 240 萬圓以上。此金額可充為台灣地區殖民衛生上所
需之資金，則可轉有害健康之禍源，成為增進國民之福祉。」⑪

　　後藤衛生局長的漸禁論，受到軍醫總監石黑忠悳的奧援，台
灣事務局委員會討論後藤的意見之後，伊藤博文總裁乃決定實施
第二方案的漸禁論。於是 1896 年 (明治 29 年) 2 月 15 日，通知
樺山總督，關於台灣的鴉片政策將要採取後藤衛生局長的第二方
案。旋後藤於 1896 年 3 月 23 日，經由內務大臣芳川顯正，向伊
藤總裁提出「台灣鴉片制度施行意見書」。其內容分四章，㈠鴉
片行政機關；㈡鴉片行政警察施行方法；㈢鴉片則政；㈣附言等。
這施行意見書，對官制及員額的配置，調查方法之細目，諭告文
之要件，執照購買簿格式等等，都有頗周詳的規定。台灣的鴉片

制度藍圖，就在後藤衛生局長的規劃下完成。[118]一方面，由這項鴉片政策為契機，後藤於同年 4 月 24 日，授命兼任台灣總督府衛生顧問，造就其自內務行政轉進統治台灣殖民地之機緣。未久，他就被兒玉總督提拔為台灣民政局長之重任了。[119]

鴉片制度確立之後，台灣第三任總督乃木希典乃於 1897 年（明治 30 年）1 月 21 日，以律令第二號「台灣鴉片令」及府令第 6 號（同年 3 月 4 日）訂定鴉片令施行規則（計 14 條）。其要旨為 1. 鴉片煙膏為官府專賣；2. 禁止含有鴉片或鴉片成分之成藥進口；3. 鴉片煙膏限定被認為有癮者，方得發給執照，特准其購買吸食；4. 鴉片關係製造業者均須持有特准執照；5. 得特准購用鴉片煙膏者及鴉片營業者，均須繳納特准費；6. 關於鴉片之犯罪，除適用一般刑法外，特在本令設處罰之規定等等。[120]

鴉片專賣制度實施的結果，其營收年年除了 1901 年及 1902 年之外，都有驚人安定的高額數目。此點，若與下表的地租收入相比較，則不言可諭了。

台灣特別會計中鴉片與地租收入比較 (日圓) [121]

| 年度 | 鴉片收入 | | 地租收入 | | 經常歲入 c | 補充金 |
|------|------|------|------|------|------|------|
| | 金額 a | a/c*100% | 金額 b | b/c*100% | | |
| 1897（明治 30 年）| 1,640,210 | 30.9 | 835,650 | 15.7 | 5,315,879 | 5,959,048 |
| 1898（明治 31 年）| 3,467,339 | 46.3 | 782,058 | 10.4 | 7,493,650 | 3,984,540 |
| 1899（明治 32 年）| 4,249,577 | 41.8 | 841,955 | 8.3 | 10,158,651 | 3,000,000 |
| 1900（明治 33 年）| 4,234,979 | 32.4 | 912,922 | 7.0 | 13,062,520 | 2,598,611 |
| 1901（明治 34 年）| 2,804,894 | 23.9 | 869,003 | 7.4 | 11,714,647 | 2,386,689 |
| 1902（明治 35 年）| 3,008,488 | 25.3 | 897,219 | 7.6 | 11,876,853 | 2,459,763 |
| 1903（明治 36 年）| 3,620,335 | 29.2 | 922,232 | 7.4 | 12,396,007 | 2,459,763 |
| 1904（明治 37 年）| 3,714,012 | 23.0 | 1,955,770 | 12.1 | 16,170,335 | |
| 1905（明治 38 年）| 4,205,830 | 19.4 | 2,975,735 | 13.7 | 21,699,928 | |

| | | | | | |
|---|---|---|---|---|---|
| 1906（明治39年） | 4,433,862 | 17.3 | 2,983,551 | 11.6 | 25,656,672 |
| 1907（明治40年） | 4,468,514 | 15.5 | 3,006,195 | 10.4 | 28,850,117 |
| 1908（明治41年） | 4,611,913 | 17.2 | 3,041,746 | 11.3 | 26,832,437 |
| 1909（明治42年） | 4,667,399 | 15.2 | 3,078,912 | 10.1 | 30,606,087 |
| 1910（明治43年） | 4,674,343 | 11.3 | 3,108,712 | 7.5 | 41,364,163 |
| 1911（明治44年） | 5,501,548 | 13.0 | 3,123,771 | 7.4 | 42,393,795 |
| 1912（明治45年） | 5,262,685 | 12.4 | 3,105,239 | 7.3 | 42,530,920 |
| 1913（大正2年） | 5,289,595 | 13.8 | 3,073,513 | 8.0 | 38,330,994 |

　　如此這般，後藤長官的專賣政策完全實施之後，台灣總督府的財政到了1904年（明治37年）就認爲不再需要中央政府的補助。從1905年（明治38年）開始，台灣的財政在沒有補助金的情況下，已能獨立自主了。茲再將伊藤潔（劉明修）教授自《明治大正財政史》第19卷中，所整理出來的「台灣年度別各種專賣收入」[122]一覽表引述如下。

## 台灣年度別各種專賣收入

| 年度 | 鴉片 | 食鹽 | 樟腦 | 煙草 |
|---|---|---|---|---|
| 1897（明治30年） | 1,640,210 | | | |
| 1898（明治31年） | 3,467,337 | | | |
| 1899（明治32年） | 4,249,577 | 270,827 | 917,877 | |
| 1900（明治33年） | 4,234,979 | 358,333 | 3,752,267 | |
| 1901（明治34年） | 2,804,894 | 510,202 | 3,253,391 | |
| 1902（明治35年） | 3,008,488 | 672,815 | 2,528,802 | |
| 1903（明治36年） | 3,620,335 | 472,851 | 2,258,217 | |
| 1904（明治37年） | 3,714,012 | 557,875 | 3,605,884 | |
| 1905（明治38年） | 4,205,830 | 667,369 | 4,235,860 | 1,496,022 |
| 1906（明治39年） | 4,433,862 | 711,488 | 4,865,226 | 3,044,593 |

| 1907（明治 40 年） | 4,468,514 | 754,414 | 7,221,853 | 3,500,852 |
| 1908（明治 41 年） | 4,611,913 | 692,624 | 2,400,012 | 3,380,270 |
| 1909（明治 42 年） | 4,667,399 | 824,694 | 4,427,822 | 3,712,702 |
| 1910（明治 43 年） | 4,674,343 | 821,209 | 5,529,558 | 4,009,346 |
| 1911（明治 44 年） | 5,501,548 | 884,499 | 4,856,350 | 4,416,846 |
| 1912（明治 45 年） | 5,262,685 | 759,482 | 5,814,689 | 4,523,831 |
| 1913（大正 2 年） | 5,289,595 | 800,993 | 5,093,490 | 4,719,108 |

　　藉此圖表及上述圖表，可窺知台灣財政的獨立，實如何由專賣制度剝削台灣人民的血淚錢而成立的。就中，鴉片的專賣，在1903 年以後，台灣總督府實際上已完全鎮壓了台灣抗日軍，台灣的社會亦日趨安定；但爲了彌補總督府的赤字財政，後藤長官居然仍延續此項毒害台民之健康，吸收不道德的金錢政策，而且也不曾將此項金錢完全用之於其所承諾的：「充爲台灣地區殖民衛生上所需之資金，成爲增進國民之福祉。」此點，後藤本人雖也有表明是件遺憾的事，但絕不能否認這是他治台最大的汙點。應該受到最強烈的譴責！

　　附帶一提地，後藤以鴉片政策的功績，於 1902 年（明治 35 年）12 月，獲得光彩的勳二等旭日章。但當初兒玉總督上奏賞勳局，請求其贈予後藤時，該局的橫田香苗書記官質疑並極力反對說：「怎可將這麼榮譽的勳章，贈給販賣毒品的人呢？」後來經過兒玉總督親自向其強辯稱：「後藤發明將毒品製成良藥販賣，給中毒的支那人恢復健康（鬼話──筆者）。」橫田書記官終於理解兒玉總督的言外之意；亦即，後藤的鴉片政策，讓台灣總督府的赤字財政獲得莫大改善。於是，橫田書記官乃上奏天皇贈賜後藤勳二等旭日章。⑫

　　不過，平心而論，筆者另書已有提及，今日台灣擁有世界級的衛生水準，絕對是後藤新平的餘蔭。後藤在擔任日本衛生局長兼台灣總督府衛生顧問任內的 1896 年（上述），即於台灣各地設置「公醫」，普及療養和衛生知識。1897 年後藤設置台北醫院附屬醫學講習所，做爲振興醫學教育的場所。1899 年 2 月，後藤設置台灣風土病及傳染病（鼠疫、霍亂、傷寒、瘧疾）調查委員會。3 月 21 日，後藤以敕令第 59 號設置總督府立醫學校（後藤早在 1896 年就提議在台設立醫學校）。在建立台灣醫學校的同時，後藤也在台灣各地建設總督府立醫院。又爲提升公共衛生，後藤更改建市區的上下水道，重視環境衛生。如此一來，後藤確立台灣文明社會的醫療制度，改善公共衛生，並將疾病完全撲滅。[124]

　　綜觀後藤在台的施政，其構想既大膽且精密。而其執行諸政策的魄力，縱使鬼神亦無能阻擋。事實上，後藤爲經營台灣，也曾努力在日本各地招聘了許多「一時之選」的優秀人才。這些人才有時是半強求、有時是強奪的。譬如財務局有祝辰己、土地調查局及專賣局中村是公、殖產局及糖務局有新渡戶稻造、土木局有長尾半平、鐵道局有長谷川謹介、醫院及醫學校有高木友枝、舊慣調查有岡松參太郎、稅關長有中村純九郎和宮尾舜治等等。[125]說後藤因爲是得到這些優秀人才的輔助，在其幕後出力才獲得名留青史，一點兒也不爲過。凡此種種，台灣在後藤新平的大力經營之下，奠定了統治基礎。嗣後，再經過其繼承者不斷地努力，台灣的發展，著實年年有驚人的進步。最後，不管台灣人是否樂意，台灣已自然而然地走向近代文明社會的道路去了。

## 第七章註

① 春畝公追頌會《伊藤博文傳》下卷，統正社，昭和 15 年，245-6 頁。
　　伊藤博文編《台灣資料》，前揭（第六章），78-109, 399-409 頁參照。
　　山辺健太郎編《現代史資料 (22)——台灣(一)》，みすず書房，1971 年，
　　xvi-xvii。
　　向山寬夫《日本統治下における台灣民族運動史》，前揭(第六章)，120 頁；
　　同書譯本（上），141 頁參照。
② 同上《日本統治下における台灣民族運動史》，同頁。
　　田健治郎傳記編纂會《田健治郎傳記》，同會，昭和 7 年，90-1 頁。
③ 西鄉都督樺山總督紀念事業出版委員會《西鄉都督と樺山總督》，前揭
　　（第四章），59-70 頁。
④ 外務省編纂《日本外交文書》第二十八卷第二冊，日本國際連合協會，
　　昭和 28 年，553-6 頁。
⑤ 前揭《台灣資料》，234-6 頁。
　　藤崎濟之助《台灣全誌》，前揭（第六章），850 頁。
⑥ 參照外務省條約局法規課《台灣ニ施行スベキ法令ニ關スル法律(六三法、
　　三一法及び法三號)の議事錄》，同課，昭和 41 年，1-28 頁。
⑦ 同上，3 頁。
⑧ 同條例第一條、第四條並第七條規定，台灣總督擁有對各法院的監督權，
　　判官及檢察官的任命權。外務省條約局法規課《律令總覽》，「外地法制
　　誌」第三部之二，同課，昭和 35 年，130 頁。
⑨ 前揭《台灣全誌》，787 頁。
　　有關「六三法」的討論，參照中村哲〈殖民地法——法體制確立期〉(《日
　　本近代法發達史》第五卷，勁草書房，1958 年，175-206 頁)。
⑩ 前揭《台灣ニ施行スベキ法令ニ關スル法律 (六三法、三一法及び法三號)
　　の議事錄》，221-69 頁。
⑪ 前揭《台灣ニ施行スベキ法令ニ關スル法律 (六三法、三一法及び法三號)
　　の議事錄》，399-547 頁。
⑫ 黃昭堂《台灣總督府》，株式會社教育社，1981 年，229 頁；同書黃英
　　哲譯《台灣總督府》，前衛出版社，2002 年，223 頁。
⑬ 中村哲解題・後藤新平著《日本植民政策一斑・日本膨脹論》，日本評
　　論社，昭和 19 年，64 頁。
⑭ 前揭《律令總覽》，「外地法制誌」第三部之二，167 頁。

⑮ 東鄉實・佐藤四郎共著《台灣植民發達史》，晃文館，大正 5 年，43-4 頁。

⑯ 台灣總督官房調查課《施政四十年の台灣》，台灣時報發行所，昭和 10 年，38-9 頁。

⑰ 前揭《台灣總督府》，236-7 頁；黃譯本，229 頁。

⑱ 台灣省文獻委員會編纂《台灣省通志稿》卷三，政事志行政篇，前揭（第四章），36-7 頁。

⑲ 前揭《台灣總督府》60 頁、108-9 頁、172 頁；譯本，72 頁、114-5 頁、165 頁。

⑳ 栗林忠男《現代國際法》，慶應義塾大學出版會，2001 年，206 頁。

㉑ 台灣總督府警務局《台灣總督府警察沿革誌》㈡上，前揭（第五章），647-8 頁；譯本（Ⅲ），7 頁。

㉒ 同上，648 頁；譯本（Ⅲ），7-8 頁。

㉓ 同上，649-50 頁；譯本（Ⅲ），10 頁。

㉔ 同上，653-4 頁；譯本（Ⅲ），15-6 頁。

㉕ 同上，666-8 頁；譯本（Ⅲ），34-6 頁。
　　井出季和太《台灣治績志》，台灣日日新報社，昭和 12 年，266 頁。

㉖ 矢內原忠雄《帝國主義下の台灣》，岩波書店，1929 年，254 頁。

㉗ 前揭《西鄉都督と樺山總督》，71-2 頁。

㉘ 前揭《台灣治績志》，253-5 頁；同書郭光編譯《日據下之台政》㈠，台灣省文獻委員會，民國 45 年，272-4 頁。
　　井出季和太《南進台灣史攷》，前揭（第六章），313-4 頁。

㉙ 同上《台灣治績志》，255 頁；譯本㈠，274-5 頁。
　　同上《南進台灣史攷》，313 頁。

㉚ 高濱三郎《台灣統治概要》，新行社，昭和 11 年，73-4 頁。
　　前揭《台灣總督府》，62-3 頁；譯本，74-5 頁。

㉛ 德富猪一郎編《公爵桂太郎傳》乾卷，故桂公爵紀念事業會，大正 6 年，707-12 頁。
　　鶴見祐輔《後藤新平》卷二，後藤新平伯傳記編纂會，昭和 12 年，413-7 頁。

㉜ 前揭《台灣治績志》，255-7 頁；譯本，275-6 頁。

㉝ 許世楷《日本統治下の台灣——抵抗と弾壓》，前揭（第六章），92-3、120-2 頁；譯本，137-9、174-7 頁參照。
　　前揭《台灣總督府警察沿革誌》㈡上，432-6 頁；譯本，Ⅱ，254-61 頁參照。
　　前揭《台灣治績志》，275 頁；譯本㈠，294-5 頁參照。

㉞ 同上《台灣治績志》, 271-2 頁；譯本㈠, 291 頁。

㉟ 同上, 275 頁；譯本㈠, 295 頁。

　　台灣憲兵隊《台灣憲兵隊史》, 前揭 (第六章), 26 頁；譯本 (上), 32 頁參照。

㊱ 前揭《台灣治績志》, 頁 275-6；譯本㈠, 295-6 頁。

　　前揭《台灣總督府警察沿革誌》㈡上, 279 頁。

　　前揭《台灣統治概要》, 85-7 頁。

㊲ 鷲巢敦哉《台灣統治回顧談》, 台灣警察協會, 昭和 18 年, 84-93 頁參照。

㊳ 兒玉總督的年譜, 參照宿利重一《兒玉源太郎》, 對胸舍, 昭和 13 年, 18-46 頁。

㊴ 前揭《日本殖民政策一斑・日本膨脹論》, 26 頁。

㊵ 同上, 18-25 頁。

　　前揭《台灣總督府》, 74-5 頁。

㊶ 前揭《帝國主義下の台灣》, 235 頁。

　　前揭《日本殖民政策一斑・日本膨脹論》, 5-8 頁。

㊷ 前揭《後藤新平》卷二, 37-8 頁。

㊸ 同上, 399 頁。

㊹ 前揭《日本殖民政策一斑・日本膨脹論》, 10-1 頁。

㊺ 同上, 8、47 頁。

㊻ 前揭《後藤新平》卷二, 92-8 頁。

　　前揭《台灣治績志》, 302 頁；譯本, 324 頁。

㊼ 同上《後藤新平》卷二, 98-105 頁參照。

　　辜顯榮翁傳記編纂會《辜顯榮翁傳》, 前揭 (第六章), 51-3 頁參照。

　　前揭《律令總覽》,「外地法制誌」第三部之二, 79 頁。

　　武內貞義《台灣》上, 台灣日日新報社, 昭和 2 年改訂版, 159-60 頁。

㊽ 前揭《日本殖民政策一斑・日本膨脹論》, 64 頁。

㊾ 前揭《後藤新平》卷二, 378-85 頁。

㊿ 前揭《日本統治下の台灣——抵抗と彈壓》, 109 頁；譯本, 160 頁。

51 前揭《台灣憲兵隊史》, 44 頁；譯本 (上), 51 頁。

52 前揭《後藤新平》卷二, 129-37 頁。

　　前揭《台灣總督府警察沿革誌》㈡上, 335-40 頁；譯本Ⅱ, 116-9 頁。

　　前揭《日本統治下の台灣——抵抗と彈壓》, 110-1 頁；譯本, 160-2 頁。

53 同上《台灣總督府警察沿革誌》㈡上, 356-7 頁；譯本Ⅱ, 142-3 頁。

　　前揭《台灣憲兵隊史》, 189-90 頁；譯本 (上), 205-8 頁。

54 黃潘萬〈陳秋菊抗日事跡採訪記〉(台灣省文獻委員會《台灣文獻》第十卷第四期,

同會，民國48年，57頁參照）。
前揭《後藤新平》卷二，138-42頁。
同上《台灣總督府警察沿革誌》㈡上，340-3頁；譯本Ⅱ，120-4頁。
(55) 同上〈陳秋菊抗日事跡採訪記〉，58-61頁。
王育德《台灣——苦悶するその歷史》，前揭（第三章），110頁；譯本，124頁。
(56) 前揭《台灣總督府警察沿革誌》㈡上，343-7頁；357頁；譯本Ⅱ，128-9、143頁。
(57) 前揭《後藤新平》卷二，144-6頁參照。
同上，347-52頁；譯本Ⅱ，130-6頁。
(58) 前揭《日本統治下の台灣——抵抗と弾壓》，113頁；譯本，165-6頁。
(59) 同上，114-5頁；譯本，166-7頁。
同上《台灣總督府警察沿革誌》㈡上，352-3頁；譯本上（Ⅱ），136-8頁。
前揭《台灣憲兵隊史》，176-84頁；譯本（上），194-202頁。
(60) 同上《台灣總督府警察沿革誌》㈡上，353-4頁；譯本上（Ⅱ），138頁。
(61) 前揭《台灣——苦悶するその歷史》，109-110頁；譯本，123頁。
(62) 前揭《台灣總督府警察沿革誌》㈡上，357頁；譯本上（Ⅱ），143頁。
(63) 同上，372-5頁；譯本上（Ⅱ），164-70頁參照。
前揭《日本統治下における台灣民族運動史》，179頁；譯本上，207-8頁。
(64) 前揭《台灣憲兵隊史》，213-9頁；譯本（下），235-41頁。
前揭《台灣總督府警察沿革誌》㈡上，435-7頁；譯本，上（Ⅱ），261-3頁。
同上《日本統治下における台灣民族運動史》，180-1頁；譯本上，209-10頁。
(65) 同上《台灣憲兵隊史》，238-40頁；譯本（下），263-4頁。
同上《日本統治下における台灣民族運動史》，183頁；譯本（上），212頁。
(66) 前揭《台灣總督府警察沿革誌》㈡上，390-1頁；譯本上（Ⅱ），191-4頁。
(67) 前揭《日本統治下の台灣——抵抗と弾壓》，132-3頁；譯本，190-2頁參照。
(68) 同上，132-4頁；譯本，191-3頁。
前揭《台灣總督府警察沿革誌》㈡上，508-12頁；譯本上（Ⅱ），370-6頁。
(69) 前揭《台灣總督府警察沿革誌》㈡上，512-6頁；譯本，376-82頁。
前揭《日本統治下の台灣——抵抗と弾壓》，134-5頁；譯本，194-5頁。
前揭《日本統治下における台灣民族運動史》，201頁；譯本（上），234頁。
(70) 同上《台灣總督府警察沿革誌》㈡上，396、520頁；譯本，上（Ⅱ），200、389頁。

⑦ 同上，440-2 頁；譯本上（Ⅱ），267-71 頁。

黃旺成纂《台灣省通志稿》卷九‧革命志抗日篇，前揭（第六章），54-5 頁。

⑦ 同上《台灣省通志稿》卷九‧革命志抗日篇，55-6 頁。

⑦ 同上，73 頁。

前揭《台灣總督府警察沿革誌》㈡上，527 頁；譯本上（Ⅱ），400 頁。

⑦ 同上《台灣總督府警察沿革誌》㈡上，528 頁；譯本上（Ⅱ），400 頁。

⑦ 同上，585-65 頁；譯本上（Ⅱ），445-55 頁參照。

前揭《日本統治下における台灣民族運動史》，279-80 頁；譯本上，323-4 頁。

⑦ 同上《台灣總督府警察沿革誌》㈡上，567-600 頁參照；譯本上（Ⅱ），454-505 頁參照。

同上《日本統治下における台灣民族運動史》，281-6 頁；譯本上，324-31 頁參照。

前揭《日本統治下の台灣——抵抗と弾壓》，147-8 頁；譯本，210-1 頁參照。

⑦ 同上《日本統治下の台灣——抵抗と弾壓》，148-50 頁；譯本，211-4 頁參照。

前揭《台灣憲兵隊史》，477-80 頁；譯本（下），521-4 頁參照。

⑦ 同上《台灣憲兵隊史》，480-1 頁；譯本（下），524-6 頁。

前揭《日本統治下の台灣——抵抗と弾壓》，150-1 頁；譯本，214-5 頁。

前揭《台灣總督府警察沿革誌》㈡上，614-9 頁；譯本上（Ⅱ），527-34 頁。

⑦ 同上《台灣憲兵隊史》，481-4 頁；譯本（下），526-9 頁。

同上《台灣總督府警察沿革誌》㈡上，624-31 頁；譯本上（Ⅱ），543-53 頁參照。

⑧ 同上《台灣總督府警察沿革誌》㈡上，631-8 頁；譯本上（Ⅱ），554-63 頁。

⑧ 翁佳音《台灣漢人武裝抗日史研究》(1895-1902)，稻鄉出版社，民國96年，82-8 頁。

⑧ 程家穎《台灣土地制度考查報告書》，台灣銀行，民國 52 年，23-3 頁。

⑧ 竹越與三郎《台灣統治志》，博文館，明治 38 年，195-205 頁參照。

前揭《台灣治績志》，371-2 頁；譯本，390-1 頁參照。

⑧ 前揭《帝國主義下の台灣》，21 頁；譯本，16 頁。。

⑧ 前揭《律令總覽》，101 頁。

⑧ 同上，102 頁。

前揭《台灣土地制度考查報告書》，26-8 頁。

⑧ 前揭《台灣統治志》，205-7 頁參照。

前揭《後藤新平》卷二，248-51 頁參照。
⑧⑧ 同上《台灣治績志》，371-2 頁；譯本㈠，391-2 頁。
　　台灣省文獻委員會編《台灣史》，前揭（第一章），517 頁。
　　同上《後藤新平》卷二，251-4 頁參照。
⑧⑨ 前揭《律令總覽》，104-5 頁。
⑨⓪ 同上，105-6 頁。
⑨① 前揭《後藤新平》卷二，253-4 頁。
　　前揭《台灣治績志》，372 頁；譯本㈠，391 頁。
⑨② 同上《台灣治績志》，373 頁；譯本㈠，392 頁。
　　同上《後藤新平》卷二，254 頁參照。
　　前揭《律令總覽》，187-9 頁。
⑨③ 前揭《台灣統治志》，214 頁。
　　前揭《帝國主義下の台灣》，23 頁；譯本，18 頁。
⑨④ 前揭《台灣治績志》，413-6 頁；譯本㈠，433-7 頁參照。
⑨⑤ 同上，323-4 頁；譯本㈠，345-6 頁參照。
⑨⑥ 武內貞義《台灣》上，台灣日日新報社，昭和 2 年改訂版，57-60 頁。
　　台灣總督府官房文書課《台灣統治總覽》，同課，明治 41 年，43-8 頁參
　　照。
　　前揭《台灣治績志》，323-4 頁；譯本㈠，346-7 頁。
　　前揭《施政四十年の台灣》，17-9 頁參照。
⑨⑦ 同上《施政四十年の台灣》，19-21 頁。
⑨⑧ 前揭《帝國主義下の台灣》，39 頁；譯本，32 頁。
⑨⑨ 前揭《後藤新平》卷二，208-13 頁。
　　台灣銀行《台灣銀行二十年誌》，東京印刷株式會社，大正 8 年，14-29
　　頁。
⑩⓪ 前揭《台灣治績志》，385-7 頁；譯本㈠，404-6 頁。
⑩① 前揭《律令總覽》，484-5 頁。
　　前揭《帝國主義下の台灣》，38-9 頁；譯本，31-2 頁。
⑩② 前揭《台灣統治志》，418-9 頁。
　　前揭《後藤新平》卷二，229-31 頁。
⑩③ 同上《台灣統治志》，419-20 頁參照。
　　同上《後藤新平》卷二，230-7 頁參照。
⑩④ 前揭《台灣總督府》，81 頁；譯本，88 頁。
⑩⑤ 前揭《後藤新平》卷二，239-46 頁參照。

前揭《台灣治績志》，364-5 頁；譯本㈠，383-4 頁參照。

⑩ 前揭《帝國主義下の台灣》，274 頁；譯本，242 頁。

伊藤重郎《台灣製糖株式會社史》，台灣製糖株式會社，昭和 14 年，55-60 頁。

⑩ 同上《帝國主義下の台灣》，274-5 頁；譯本，242-3 頁。

⑩ 前揭《台灣治績志》，394-5 頁；譯本㈠，413 頁。

⑩ 同上，395 頁；譯本㈠，413-4 頁。

前揭《帝國主義下の台灣》，275-8 頁；譯本，243-6 頁。

⑩ 前揭《律令總覽》，409-10 頁。

⑪ 前揭《台灣製糖株式會社史》，69-81 頁參照。

⑫ 前揭《台灣治績志》，397 頁；譯本㈠，416 頁。

前揭《帝國主義下の台灣》，279-80 頁；譯本，247-8 頁。

⑬ 前揭《台灣總督府》，82-3 頁；譯本，89-90 頁。

⑭ 前揭《帝國主義下の台灣》，293-9 頁；譯本，258-64 頁參照。

⑮ 前揭《台灣治績志》，380-5 頁；譯本㈠，399-404 頁參照。

前揭《律令總覽》，371-2 頁、377-8 頁、380-2 頁。

⑯ 前揭《日本殖民政策一斑‧日本膨脹論》，24 頁。

⑰ 劉明修（伊藤潔）《台灣統治と阿片問題》，山川出版社，1983 年，52-5 頁；同書李明峻譯《台灣統治與鴉片問題》，前衛出版社，2008 年，61-7 頁參照。

前揭《後藤新平》卷一，880-4 頁。

⑱ 同上《台灣統治と阿片問題》，55-9 頁；譯本，61-72 頁參照。

前揭《台灣治績志》，243 頁；譯本㈠，259-60 頁。

⑲ 澤田謙《後藤新平傳》，大日本雄辯會講談社，昭和 18 年，152-3 頁。

⑳ 前揭《律令總覽》，55-6 頁。

前揭《台灣治績志》，283-4 頁；譯本㈠，303 頁。

前揭《台灣統治と阿片問題》，77-8 頁；譯本，90-2 頁參照。

㉑ 同上《台灣統治と阿片問題》，107 頁；譯本，124 頁。

㉒ 同上，107 頁；譯本，126 頁。

㉓ 前揭《後藤新平》卷二，261-3 頁。

㉔ 拙著《台灣法的地位の史的研究》前揭（第一章），122 頁；譯本，132 頁。

前揭《後藤新平》卷二，361-71 頁。

前揭《施政四十年の台灣》，26-33 頁。

㉕ 前揭《後藤新平傳》，170-5 頁參照。

# 第八章

## 史上日本完全征服台灣原住民族及漢人武力抗爭的終結

# 第一節 日本領台初期對山地原住民族的 「理蕃」政策

## 一、領台初期對山地原住民族的綏撫政策

本書第一章第二節已有提及，日本割讓台灣之後，日本人類民族學者，如森丑之助（1895 年 9 月隨軍來台）、伊能嘉矩（1895 年 11 月隨軍渡台）、鳥居龍藏（1896 年 7 月登台）等人，先後來台開始探查研究原住民族的動態與風俗習慣。針對這項研究，雖或可稱是由學者個人的選擇，但實際上也是日人重要國策之一。至於日本初任台灣總督樺山資紀（海軍大將），亦如本書第七章第一節所述，早在 1873 年 8 月，為了要探查台灣的行政與「蕃地」的實情，他走遍了台灣南北，接觸了各地的「蕃社」，滯留台灣將近三個半月，並於 1874 年 5 月，奔赴瑯璚（恆春）會合日本征台遠征軍；受命為大本營參謀之要職。樺山大將的這種經歷，才是台灣割讓給日本之後，隨即被任命為台灣總督的重要理由之一。職此，這位日本難得的「台灣蕃地通」總督，於 1895 年 5 月 27 日，乘橫濱丸抵琉球中城灣時，他會合正由旅順轉往台灣的近衛師團，召集文武官員上橫濱丸，發布其「台灣施政方針」，並首次提及治理原住民的理念。樺山總督宣稱：「台灣為帝國之新版圖，乃未浴我皇化之地，加之有割據東部之蒙昧頑愚之蕃族。故今後臨斯土者，須以愛育撫字為旨，使悅歸於我皇覆載之仁，而亦須恩威並行，使所在人民，不生狎侮之心。」[1]

同年 8 月 25 日，在台日軍正大力討伐抗日軍之際，樺山總督為了避免前線的士兵，與原住民族發生不必要的衝突，乃發布

　　如下的「綏撫」訓令。他指出：「隨著戰鬥區域的擴大，我軍前線的斥候與哨兵，難免和生蕃接觸，發生衝突。生蕃賦性雖極蒙昧愚魯，然猶存固有之風。一令其心懷惡感，則日後無法挽回。二百年來他們仇視支那人，敢反抗，可做殷鑑。若欲拓殖本島，必先制服生蕃，現在就已到了這個時際。倘使生蕃視日本人如同支那人，則本島的拓殖事業，勢必大受阻礙。故本總督欲以綏撫為主，以期後日收其效果。仰各官員善體此意，訓戒部屬；不得有誤接觸生蕃之事。」②

　　未幾，台灣總督府首任民政局長水野遵（出生於1850年，是尾張地方的武士。1871年赴清國留學。1873年6月，奉命乘春日艦至台灣偵察近海情況之後，即在北京會見樺山資紀，對其報告日本決意征台之事。1874年3月9日，他又與樺山資紀乘春日艦登陸打狗，參與調查台灣各地區的情況，並至瑯璚、柴城偵察蕃情地勢，繪製地圖。同年5月，日本出兵征伐牡丹社，他和樺山急赴瑯璚會晤西鄉從道都督，被任命為翻譯官。1895年5月，台灣割讓日本之後，他授命為接收台灣的「辦理公使」，旋在樺山總督的推薦之下，於5月21日，膺命首任總督府民政局長。水野的經歷，當年實也可稱日本少數「蕃地通」之一）③，在其向總督提出「台灣行政一斑」的建議書中，對蕃民的撫育政策乃有如下具體地分析和論述。他稱：「台灣將來事業在乎番地，欲在番地興起事業，須先使番民服從我政府，使彼生活得所，脫離野蠻之境遇。而欲令之番民服從，須用威力，同時兼行撫育。夫番民常事殺戮，以襲擊中國人為能事，實因中國官民以譎詐欺騙番民所致。番民原雖有猜疑之念，多存復仇之心，動易生紛爭，故須常備以兵力，然亦有保信守約之天性。觀其對西洋人以親友相待，足以知之。故撫育如得其法，則使其服從當非難事。倘設置如從前政府所實行撫墾局之類。時召集其酋長等，饗以酒食，與以布

帛，器皿，從旁加以諄諄教訓，當可得其好意，對於樟樹之砍
伐，樟腦之製造，山林之經管，土地之開墾，道路之開鑿等，當
可期望其交涉之圓滿也。而一面給以一定之土地，設法使其從事
耕耘，當能逐漸感化成為良民。」④（郭輝譯）

　　毋用多言，日本領台初期對山地原住民族會採取這麼溫和的
「懷柔」政策，實不外因為當時總督府專注於鎮壓平地台灣抗日
軍，根本就無暇顧及，更無力征服渠等山岳地帶的族人。職是，
為了綏撫北部強悍的大嵙崁泰雅族人，1895 年 9 月 4 日，橋口
殖產部長及台北縣田中知事帶同通譯前往大嵙崁，於同月 9 日，
在崙頂上山麓，約見角板山族人男女 17 人及篠竹社（奇那之社）
族人男女 5 名。其時，日方極盡友善，贈與兩社族人酒、食品、
菸草、布織等禮物，加以籠絡。但同時也不忘宣布日本已領有台
灣開始施政，並給予一張文書為證，再贈送一頭牛為紀念。9 月
10 日，角板山族人三名（男子二名、女子一名）及篠竹社族人二名，
合計五名，自願下山到台北總督府謁見樺山總督。總督接訊大喜，
特設宴款待，又給予豐盛的禮物，送其歸山。這是日人領台後，
官方與台灣高山原住民族，首次戲劇性的接觸。⑤ 10 月，總督
府發布第十號訓令「警察官服務須知」。第九條不但明文規定：「凡
對蕃地族人，應殷勤相待，懇切加以撫恤。」更要求警察官亦務
必以「撫育」族人，為其職責之一。⑥

　　一方面，如前所述，樺山總督消滅「台灣民主國」之後，於
1895 年 11 月 18 日，向本國大本營報告「全島歸於平定」（事實
上仍未平定）。因此，1896 年（明治 29 年）3 月 31 日，日本帝國議
會通過所謂「六三法」，賦予台灣總督立法權，並附以三年有效
的期限。於是，自 1896 年 4 月 1 日起，台灣「軍政」時期結束，
總督府正式施行民政（但猶處在軍政體制下）。而 4 月 1 日，日本

內閣亦接納樺山總督「開山撫蕃」的建議書；即對理蕃政策，參酌清朝劉銘傳「撫墾局」的制度，在全島重要蕃地，設置的12所的「撫墾署」，以綏撫籠絡（贈送酒肉禮物等）的方策，治理蕃政。乃又發布第93號勅令「台灣總督府撫墾署官制」（共八條），允許總督府施行撫墾署官制。於是，依據該勅令，同年5月23日，總督府發布第12號府令，正式規範撫墾署的名稱位置，並自同年6月28日起，至8月3日止，共在全島設置11所撫墾署。茲將其名稱、位置與管轄區域，引述如下：⑦

| 名稱 | 位置 | 管轄區域 | 明治29年（1896年）開署月日 |
|---|---|---|---|
| 叭哩沙撫墾署 | 叭哩沙 | 宜蘭支廳管內 | 7月9日 |
| 大料崁撫墾署 | 大料崁 | 台北縣直轄管內 | 6月30日 |
| 五指山撫墾署 | 五指山 | 基隆、淡水兩廳管內 | 6月28日 |
| 南庄撫墾署 | 南庄 | 新竹廳管內 | 7月18日 |
| 林杞埔撫墾署 | 林杞埔 | 新竹廳管內雲林、嘉義兩支廳管內 | 7月27日 |
| 太湖撫墾署 | 太湖 | 苗栗支廳管內 | 7月7日 |
| 東勢撫墾署 | 東勢角 | 台中縣直轄管內及鹿港支廳管內 | 7月15日 |
| 恆春撫墾署 | 恆春 | 恆春支廳管內 | 8月1日 |
| 埔里社撫墾署 | 埔里社 | 埔里社支廳管內 | 7月23日 |
| 蕃薯藔撫墾署 | 蕃薯藔 | 台南縣直轄管內及鳳山支廳管內 | 8月3日 |
| 台東撫墾署 | 台東 | 台東支廳管內 | 6月29日 |

以上是日本領台初期，對高山原住民族所採取的「綏撫」政策梗概。這項政策，大體上為桂太郎、乃木希典兩總督所繼承。不過，這政策對於根本反對日本統治，或對日本統治力量未甚明瞭的「族人」而言，仍無效果。例如1896年（明治29年）11月，花蓮港泰雅族之太魯閣羣，因為駐屯新城之日本守備隊13名，觸犯了渠等之禁忌慣習，全員乃遭到襲擊殺戮。1897年（明治30

年）1月10日，台東撫墾署派遣花蓮港守備隊約二中隊和徵募平
地阿美族南勢羣族人600名，以及停泊在澎湖島之軍艦葛城號，
前往花蓮討伐。然而，太魯閣族人據險堅守，討伐軍不但無法入
侵，而且死傷病亡者甚衆。職此，2月至3月，總督府復調動駐
基隆之步兵二大隊及駐台北之砲工兵一小隊，前往花蓮增援討
伐。可是，這次的死傷卻更慘重。5月，日本當局不得不飲恨收
兵。⑧稍後，1898年（明治31年）8月，台北縣下五指山地方的
泰雅族「馬以巴拉伊」社族人，因爲前年殺害日本巡查，及當年
又殺傷撫墾署員，總督府乃派步、工兵混合大隊前往討伐，燒毀
所有的茅屋，並強迫其歸順。但「蕃情」仍不穩定。⑨其他，所
謂較小的「蕃害」，各地仍頻頻傳出。據統計，1896年被殺傷者
有79人；1897年有166人；1898年有691人；1899年有681人等。
⑩真是傷透日本當局的腦筋。

## 二、兒玉、後藤的「強壓」理蕃政策

　　諸如前述，初期的日本理蕃政策，因爲未收到功效，所以兒
玉源太郎總督與後藤新平民政長官於1898年（明治31年）2月上
任後，同年6月2日，立即公布勅令第108號，改正總督府與地
方官制，撤除被詬病的撫墾署，並將該署的業務，歸予新設辦務
署內之第三課掌管。⑪未久，1900年（明治33年）2月，兒玉總
督蒞臨殖產協議會關於理蕃政策，決意改取「強硬討伐」方針。
他指稱：「平地各種事業，今已漸趨就緒，蕃地的拓殖，急須進
行。而棲息山地的蕃人，頑蠢難馭，野性有如禽獸。若饗之以酒
食，加以撫慰誘導，時間長久以後自亦不無成效。然而現下急需
經營新領土，再不容許這種緩慢的姑息手段，而必須銳意速進，
根絕這一阻擾前途的障礙。」⑫

於是同年 8 月，日本官憲對居住在台北縣下泰雅族之大嵙崁羣、大豹羣及馬武督羣等族人，因為他們放火襲擊附近的腦寮，殺害數百人，掠奪所有的樟腦製品、器具，並趕盡千餘人的員工；乃立即調動守備軍一中隊及警察隊，聯合前往圍剿。可是，泰雅族人十分英勇的抵抗，日軍警傷亡甚多，守備軍中隊長亦殉職。至此，總督府不得不飲恨收兵，下令嚴加設置隘勇線，封鎖「蕃界」而作罷。⑬

1902 年（明治 35 年），新竹廳下的南庄支廳管轄內賽夏族人，南獅里興社頭目「日阿拐」，因為不滿有人企圖在其勢力範圍內開墾山場；且製腦者中，亦有人怠納其「山工銀」（依灶數支給的和蕃金）。遂糾合附近族羣（賽夏族和泰雅族）及潛伏在桃仔園、新竹、苗栗三廳下的「匪徒殘黨」（漢人），計 800 餘人，於 7 月 6 日，襲擊南庄支廳。7 日拂曉復攻擊大南、風尾及大河東的隘勇監督所，乘著暴風雨之際，切斷隘寮間之電話連絡線，並襲擊日方軍營。日軍為此激烈的抗日事件，設定「日阿拐居宅攻擊計劃案」，從同年 8 月 2 日至 9 日，投入步兵 5 中隊、山砲 2 門、臼砲 4 門、工兵 1 中隊，前往鎮壓圍剿。但事變延續至 9 月 1 日，日軍好不容易才達成任務，陸續歸隊。惟憲兵隊仍留在南庄，繼續壓迫族人投降，10 月 20 日和 12 月 6 日，日本當局對投誠的族人，分別舉行「歸順典禮」。但在歸順典禮中，有泰雅族鹿場社頭目薛大老等 39 人遭到暗算，集體被屠殺。日阿拐雖未遇害，卻於亡命中病死山內。又事變之後，日阿拐等人所開墾的耕地 88 甲，均遭官憲沒收充公。自此，南庄賽夏族人的勢力，日漸式微，槍械被沒收，最後只有臣服於日人強權之下。⑭

再則，南庄事變之後，有些「殘匪」（漢人）逃往苗栗廳下大湖支廳管轄的泰雅族馬那邦社，受到該社族人的庇護，繼續反

抗日本官憲，襲擊附近的腦寮。職此，同年 10 月，日當局再派遣約二大隊的兵力，加以討伐。11 月上旬，日軍征服馬那邦社，占領該社大半的土地並消滅殘餘的「土匪」。[15]同年 5、6 月間，宜蘭廳南澳羣及溪頭羣經常潛越隘勇線出草（馘首），並襲擊附近的腦寮。10 月 28 日，當局乃利用從來有仇敵關係的太魯閣族人，兵分二路；一從山路約千餘人攻擊燒夷其大小部落，一從海岸線約二百名，亦攻陷南澳羣的其他一部落，於 12 月 13 日，凱旋回歸。[16]此外，同年 11 月，恆春廳之排灣族「那魯馬拉義」社，因為不服日本的統治，時常殺害附近的村民，日警乃帶同歸順的族人前往討伐，燒毀全社的茅屋，迫其歸順。[17]

如此這般，兒玉、後藤對不馴服的原住民族，雖然改採強壓的武力手段，但其成效不彰。而當時，即 1902 年 5 月底如上述，日本當局已殲滅漢人最後抗日游擊隊的首領林少貓，台灣平地的鎮壓工作，終告一段落。所以，兒玉、後藤急欲全力重新改革「蕃政」，以便開發山地。於是，以南庄事件為契機，持地六三郎參事官奉命去實地考察北部一帶的「蕃情」。隨後，他復參酌美國駐台領事所提供的美國對印第安人政策，於 1902 年 12 月，向兒玉總督提出一份「關於蕃政問題的意見書」。該意見書的主要內容分為：1.緒言；2.蕃人之身分；3.蕃地之處分；4.蕃政之沿革；5.蕃政之現況；6.理蕃政策；7.行政機關及其經費；8.決策要點。[18]

據藤井志津枝教授的研究，持地參事官認為在日本帝國主權眼中，「只見蕃地，不見蕃人」。蕃地的意義完全在於經濟上或財政上的利益。所以「蕃人」不需當人看待，也不可當作宣揚國威或皇民化的對象。總督府當務之急，是如何排除「蕃害」，促進「蕃地」利源的開發，從經濟與財政上增進國家利益。至於「蕃政」的策略，因為北部「蕃地」的利用價值高，應該先從征服北部泰

雅族著手。又爲顧及事情的輕重緩急，以及各地的「蕃情」因素，再加上財政經費的限制，原則上必須採取「南守北進」政策。而所謂「南守北進」就是對南部「蕃地」暫採「撫育」政策；而於利源所在，又影響政治威信的北部「蕃地」泰雅族，必須採取緊急的「討伐」措施。總之，持地的「理蕃」政策施行要旨，可歸納爲以下幾點；即 1. 撫育政策是南北「兩蕃」都應一律實行的，但只限於宗教、教育及授產三方面，其經費由專利官辦的「換蕃」（以物易物）來籌措；2.「攻蕃」政策是武力討伐的策略，爲使隘勇線負起爲國家利益奮鬥的使命，必須改善警察和隘勇的待遇，並且還需另定論功行賞辦法，以鼓勵前往討伐「兇蕃」；3. 山麓接壤地區的治安和「防蕃」，可由該庄的保甲壯丁擔任；4.「蕃地」事業爲大企業者共同均霑，依照地形加以區分，互不侵犯，以免發生不必要的糾紛；5. 企業者爲獲得「蕃地」事業的安全保障，應該負擔若干「防蕃費」，並且在各專利事業區域，開闢山地道路；6. 經費，除了由企業者負擔以外，當時每年的預算 30 萬圓，森林收入 12 萬圓，其他在警察經費中，減少普通行政區域的經費，將之改爲「蕃地」警備費。最後持地認爲當前牽涉「蕃地」的機關太多，建議調整官制，達成「蕃政」的統一。[19]

　　1903 年（明治 36 年）3 月，經過「蕃地事務委員會」的研討，兒玉、後藤大致採納持地參事官的「建議書」，決定如下共三條的「理蕃大綱」。第一條，理蕃事務統一歸納於單一行政機構，以避免從前分別管轄之重複混亂；第二條，確立對「北蕃」（賽夏、泰雅族）以威壓、對南蕃（阿美、布農、雅美、鄒、排灣、卑南、魯凱等族）以撫綏爲主的施政方針；第三條，對「北蕃」推進隘勇線，加以包圍壓迫，並建立嚴密周全的「防蕃」設施。[20]

　　基於「理蕃大綱」第一條，1903 年 4 月 4 日，總督府以訓

令第 62 號，修改「總督府官房和民政部警察本署及各局分課規程」，將從前屬殖產局拓殖課主管的有關「蕃人蕃地」事務，以及「高等警察掛」的有關取締「蕃人」業務，轉移到新設立的警察本署「蕃務掛」由警察本署長專管。同時，總督府又公布訓令第 63 號，修改「各廳事務分課規程」，將從前屬於總務課的「蕃人蕃地」事務，移轉到警務課。並且以秘密訓令通知殖產局長，有關森林原野及礦山事務中涉及「蕃人」、「蕃地」事項，必須先取得警察本署長之同意。旋又以訓令第 64 號，通知專賣局，有關樟腦製造專利的許可或取消，必須先徵求警察本署長和地方廳長的意見才能實行。㉑

如此，「理蕃大綱」既定，管轄機構的行政也見統一改善，可是，其時正值日俄風雲緊急，1903 年 12 月，兒玉總督被調任兼參謀本部次長。旋日俄戰爭爆發(1904 年，即明治 37 年 2 月 10 日)，兒玉授命擔任滿州軍總參謀長帶兵出征。1905 年（明治 38 年）兒玉擔任遼東守備軍司令官，復員後成為參謀本部次長。1906 年（明治 39 年）4 月，被任命為參謀總長，卸下台灣總督之職務。而在兒玉總督兼任各職務期間，台灣各方面的施政，包括「蕃務」，實際上都是由後藤長官負責（前述）。但在日俄戰爭前後，台灣各項重要事業的開發推進，縱使雄才大略如後藤，實也無暇再顧及「蕃務」。因此，「理蕃」一事，在後藤長官任內後半，雖亦有幾次小型的征伐事件，例如 1903 年及 1904 年，對阿緱廳下之「拉巴爾社」，曾有二次的討伐行動；1905 年 3 月 24 日，台中廳下警察部隊 250 名，兵分三路突擊東勢角南勢羣「沙瓦萊伊社」(因為屢次反抗，不服政令)，燒夷全社茅屋，卒使其歸順等。㉒

然而，當時「蕃害」仍層出不窮，討伐並不收效。據總督府的統計，1902 年受「蕃害」的死者，一般住民（漢人）311 人，

傷者 121 名；1903 年一般住民死者 229 人，傷者 60 名；1904 年
日人（警察、官吏、家眷）死者 128 人、一般住民 153 人；受傷者
日人 52 名、一般住民 61 名；1905 年日人警察、官員死者 139 人、
一般住民 188 人；受傷者日人 47 名、一般住民 28 名。[23] 由這些
統計的數字，可知後藤在「理蕃」方面，因為時際的關係，未能
達到其所望的治理效果，實僅有推進幾道隘勇線而已。未久，如
上述，1906 年 4 月 11 日，兒玉奉命出任日軍參謀總長離台，卸
下總督的職務。後藤亦於同年 11 月 13 日，免除民政長官的職位，
出任滿鐵總裁。台灣的「理蕃事業」，遂交由繼任的佐久間左馬
太總督推行完成。

# 第二節　佐久間總督前期「理蕃五年計劃」的經緯

## 一、佐久間總督的蒞任與「理蕃」政策的變動

　　台灣第五任的總督佐久間左馬太，出生於 1844 年（弘化元年）
10 月 10 日，是毛利藩武士岡村孫七的次男。幼名岡村直矩，14
歲的時候，做了比他少四歲同藩武士佐久間竹之丞的養子。僅做
了兩個月養子之後，其病弱的養父即去世，他就繼承了佐久間家
的家督，年少時跟隨著名的大村益次郎學習西洋兵術。1864 年
（元治元年），佐久間 21 歲時，首次參與日本國史上聞名的「蛤御
門事變」之役。事變後的 9 月 23 日，他進入騎兵學校受訓，同
年 10 月 5 日退校。1866 年（慶應 2 年），他參加征討幕府軍，任
後龜山隊長，擊敗幕府軍。1867 年（慶應 3 年）11 月，升任長州
藩中隊補助長官，入江戶參與江戶上野、奧州白河、會津等戰役；

1868 年（明治元年）12 月 1 日，凱旋回山口。1872 年（明治 5 年）
4 月 8 日，任陸軍大尉；同年 11 月 26 日，晉升陸軍少佐。1874
年（明治 7 年）4 月 5 日，再晉升陸軍中佐，並以「台灣蕃地事務
都督參謀」官位，隨從西鄉從道率軍征台。6 月，在馳名的石門
「牡丹社之役」，佐久間率軍擊敗最頑強的牡丹社，並殺死該社頭
目阿祿父子。因此，被族人稱爲「鬼佐久間」，即「蕃人之剋星」。
1881 年（明治 14 年）2 月 7 日，晉升陸軍少將，任仙台鎮台司令；
1886 年（明治 19 年）12 月 23 日，晉升陸軍中將；1888 年（明治
21 年）5 月 14 日，被任命第二師團長。1895 年（明治 28 年）日清
戰爭時，第二師團參與山東地區各地戰役，攻占威海衛。1896
年（明治 29 年）5 月 10 日，返國後，任近衛師團長；1898 年（明
治 31 年）9 月 28 日，晉升陸軍大將。1902 年（明治 35 年）10 月
29 日，編入預備役。1904 年（明治 37 年）5 月 1 日，出任東京
衛戍總督。1906 年（明治 39 年）4 月 11 日，出任台灣總督；5 月
23 日抵基隆，同日即赴總督府涖任。[24] 由上述的經歷可知佐久
間總督不曾入閣擔任其他政務，所以他是一位純粹的軍人，亦被
譏爲不諳政治的武夫。但他確實是台灣原住民族的「剋星」、「鐵
血」的總督。

　　佐久間總督涖任後，繼續留用後藤新平擔任民政長官。可是，
七個月後，也就是 1906 年 11 月 13 日，後藤爲了要協助兒玉參
謀總長實現其滿州政策，辭掉了民政長官，就任滿鐵總裁去了。
後藤離職前，他安排了其部屬祝辰巳擔任佐久間總督的第二任民
政長官。祝辰巳歷任總督府財務局長、專賣局長、殖產局長等
職。他是位清廉有能力的官僚，但 1908 年（明治 41 年）5 月 25 日，
不幸病故，享年僅 41 歲。同年 5 月 30 日，佐久間總督親自任命
大島久滿次警視總長爲其第三任的民政長官。採用的理由，除了

大島是勅任級的老幹部之外，也有酬勞其任職警視總長時，對殲滅游擊隊所建立的功勳之意。同時也想借用他平定漢人的經驗，來鎮壓原住民。據說此項人事，因爲未徵求時任台灣顧問後藤新平的意見，因此，後藤十分不悅。[25]

　　惟大島上任民政長官不久，即先後發生了一些令人疑惑的貪汙事件。首先是台灣的富豪林本源家，爲了圖謀製糖會社創立的方便，送了大量的賄款給大島的賄賂事件。其次是，大島牽涉到阿里山國有林放領問題的集體貪汙事件。結果，大島終於被迫不得不在1910年(明治43年)7月27日，辭去民政長官的職務。據說，這也是受到後藤新平派反擊所致的。[26]

　　大島去職之後，民政長官一職暫由宮尾舜治殖產局長（兼彩票局及專賣局長）代理。8月22日，正式任命內田嘉吉爲民政長官。內田長官1890年畢業於東京帝大法科，他雖不是出身總督府，卻與後藤新平的人事脈絡有相當關連。他曾是滿鐵創立委員之一，所以才會被滿鐵總裁後藤所認識。第二次桂太郎內閣成立時，後藤擔任遞相，他則在後藤之下擔任管船局長。1910年，後藤在拓殖局擔任副總裁（總裁由首相兼任）時，內田又兼任拓殖局的一個部長職位。也就是由於這段因緣，內田才被任命爲台灣總督府的民政長官。[27]

　　一方面，佐久間總督對民政長官的人事，並不拘於派系之別。他欣然接受後藤的安排，並且在其任內，一直重用了內田民政長官，讓其全力推行各種殖民地的政策與建設。但也這樣，佐久間總督在其「理蕃事業」方面，更能發揮其軍事專才，集中全精力爲帝國效命。總之，佐久間甫上任，1906年6月4日，初次接見當時的蕃務課長賀來倉太時，就對其訓示稱：「余此次拜奉明治天皇之命有二大事；一即食糧問題，一即理蕃問題。」隨後，

他採納並重用總督官房秘書官兼警察本署蕃務課長大津麟平的建議，實行推進隘勇線的所謂「甘諾」圍堵政策。這項政策捨棄兒玉、後藤成效不彰的「威壓、懷柔」並行的策略，改成「威壓爲主，懷柔爲副」的更強硬作爲。在有事之際，倘若警察隘勇力有未逮，總督府會隨時增派軍隊給予支援、鎮壓。不過，自 1907 年 1 月 6 日開始的「五年理蕃計劃」（後世稱爲「前期理蕃事業」），其「理蕃大綱」仍然是以「北蕃」爲主，只是這回先以引誘方式，使「族人」甘心承諾在其境內設置隘勇線，這稱爲「甘諾」政策。而等到警備線完成後，即以武力制壓，使其不敢再騷擾抵抗。換言之，就是促使「北蕃」自動從隘勇線外遷居轉入線內，以利控制統御。至於對「南蕃」，仍採取逐漸「撫育」政策，所不同的是，這回確實的在「蕃社」內設置「撫蕃官吏駐在所」，特別是選在該「蕃社」中勢力最大的頭目所在地，由警察從事撫育，並暗中偵察「蕃社」的內情，以達成「撫蕃」的任務。[28]

　　另方面，佐久間總督的前期「理蕃」五年計劃，極注重在台灣深山內部開闢四通八達的交通網。因此，佐久間總督根據由蕃務課長賀來倉太所提出「蕃地經營方針實施計劃書」，準備在「北蕃」地區，以武裝的警力，開發十條包圍「蕃地」隘勇線和一條經中央山脈而貫通南北約達 70 里的縱貫隘勇線；在「南蕃」地區則以授產生業撫育方式，驅使「族人」從事開闢修補山徑小路。[29]

## 二、佐久間前期五年理蕃事業的實行梗概

　　1907 年（明治 40 年）1 月 6 日，總督府通過「五年理蕃計劃」的決議。於是，佐久間總督依照此項決議，除了在一般預算中「蕃界所屬費用」之外，再加上 50 萬圓的經費，開始實行其「理蕃」

大業，著手「甘諾」政策的隘勇線推進。茲依年代的次序，略敘其經過概要如下：

㈠1907 年 4 月 27 日，為保護新竹廳下北勢蕃方面製腦的起見，以警隊 400 人，自馬那邦山經由司馬限山，至洗水坑隘勇監督所，延長隘勇線 3.5 里，於 5 月 21 日竣工。稍後，同年 9 月 25 日至 10 月 24 日，自司馬限山經洗水坑山至汶水溪，再延長隘勇線 6.5 里。㉚

㈡1907 年 3 月 14 日，大嵙崁蕃六大社，向日本當局歸順。同月 28 日和 29 日，大豹蕃 11 社亦歸順。5 月 5 日，當局計劃由深坑廳林望眼隘勇監督所起，經插天山北側延伸到桃園廳枕頭山阿母坪，而在此地銜接已設的隘勇線。於是桃園廳出動 700 人，深坑廳出動 450 人，開始從桃園、深坑兩端同時築線。然而隘勇線的推進剛開始，「族人」發覺其規模宏大，影響族人的生計。乃形成北部深坑、桃園、新竹各廳的「大嵙崁前山蕃」、「大豹蕃」、「大嵙崁後山蕃」和「馬里可萬蕃」等聯合起來抗日的局面。其時，藏匿在「馬武督蕃」的十數名漢人抗日份子，亦乘機加入抗日行動。對此，日本當局桃園隊在角板山西側的枕頭山與「漢蕃武裝抗日隊」發生激戰。結果，日方有桃園廳警務課長以下死傷頗多，與族人苦戰 40 餘天，始占領枕頭山，而距離最後的目標插天山尚有 7 里左右。但日方死傷已達兩百餘人，精練之隘勇死傷殆盡，無法補充。不得已，乃請求台中、南投二廳警察隊以及軍隊計 300 名救援。至 7 月 9 日，因為日本當局仍無法完全鎮壓，只好採取安撫妥協的手段，幾乎全面接受「族人」所提出的十一條要求，其內容包括承認土地和地上樹木所有權、樟腦事業的補償、隘勇線內外的開墾權、賠償此次打仗的損失、頭目津貼的給

與以及婦女的保護等等。而日方只保留一條要求變更隘勇路線而已。於是，和議達成，「族人」復示歸順，並自願充當嚮導隘勇。8月19日，計費時107日，工費12萬6千餘圓，日警隊陣亡75人，負傷191人，始完成深坑到桃園長達11里的新隘勇線。[31]

㈢當日警在推進插天山隘勇線之際，隔鄰的新竹泰雅族「馬利古灣社」族人，也前來枕頭山助陣反抗。日本當局乃令新竹廳出其不意，於5月11日，展開「新竹廳馬福社方面隘勇線前進」行動，以700名的兵力迅速占領馬福社後之六畜山稜線，使支援枕頭山的馬利古灣社族人，聞訊撤退。6月30日，經過「族人」幾度頑強的抵抗，日方陣亡巡查以下9人，負傷警部以下15人，費時51日，「馬福社方面隘勇線」終告完成。[32]

㈣除上述「北蕃」隘勇線推進所引起的征伐之外，1907年6月16日和17日，對「南蕃」恆春廳下枋山支廳管內排灣族草埔後社之水坑族人，因為同年1月中，出草馘首路人（漢民），以及5月中，殺害日警二名。日當局乃以警部以下763人，另帶同歸順族人百餘名，兵分四路前往討伐，燒盡該社茅屋並殺傷11名族人。不過，日方亦陣亡1名，負傷9人。9月23日，水坑社族人終於被迫至牡丹路蕃務官吏駐在所懇求投誠；9月28日，在同族各社百餘人見證之下，舉行歸順典禮。[33]

㈤1907年5月，為了要討伐花蓮港支廳管內之太魯閣羣「偉里」等社（前年7月31日，襲擊殺害花蓮支廳長以下日人25名），日當局於花蓮港「蕃界」三里外，新設隘勇線。[34]同年7月1日，當局請南清艦隊中之「浪速」、「秋津洲」兩艦，由海山砲擊、轟炸「偉里」等各社；警察隊則在海岸堵截逃走之族人而射殺之。次日，警察隊按照原定計劃，督率南勢羣7社阿美族「順蕃」五百餘人，突擊「偉里」等各社，將二社六部落全予燒夷，踩踏

摧毀其耕地，並殺死 21 名族人。不過，日方也陣亡 2 名隘勇、負傷 2 名；參加討伐之「順蕃」則陣亡 8 名，負傷 7 名。[35]

　　㈥由於日本領台後，樟腦權利收歸官營，新征服的「蕃地」也屬官有，不像清領時代，漢人隘勇可兼營煮腦和開墾之利。因此，讓不少從前一直擔任隘勇至今的漢民忿恨不平。而居住於山腳地區，從事開墾或製腦謀生的墾民，隘勇新線一旦完成，自己辛勤經營的田園事業，恐將全歸日人所有。基於這樣「漢」、「蕃」共同利害關係之下，遂在 1907 年 10 月 7 日，爆發了桃園廳「大嵙崁漢蕃騷擾事件」。這股漢蕃聯合抗日的成員，合計約有四百名，兵分三路出其不意，襲擊角板山隘勇監督所附近一帶的警備設施並殺害日警、日人職員計 20 名，情勢十分危急。其時漢人首領還豎起「去日復清」、「大谷王」等旗幟，揚言要破壞鐵路、襲擊台北城。桃園廳接獲此項訊息，立即徵調在警察官訓練所受訓的百餘名學員，火速前往馳援；復緊急從全島各廳調動共 364 名警察、750 名隘勇，組織討伐隊於 11 月 4 日，前往鎮壓。此外，日當局更派遣三中隊軍隊，分別駐紮於大嵙崁、阿姆坪及水流東等地，以鎮撫民心。未幾，大約經過一個多月的討伐，「漢蕃抗日隊」紛紛不支、敗退逃竄或投降，各地逐漸恢復平靜。日本當局乃於同年 12 月 14 日，解散部隊。是役，日方共計戰死 45 名，負傷 19 名。隨後，日方除增設二里多的隘勇線，並在要衝設置電流鐵絲網。同時勒令大嵙崁前山族人繳出所有槍枝，移入隘勇線內居住，以防再生「蕃變」。[36]

　　㈦在「大嵙崁漢蕃騷擾事件」尚未結束之前，1907 年 11 月 14 日拂曉，新竹廳下北埔支廳管內隘線，又發生了「漢蕃北埔暴動事件」。暴動發生的背景是，被日本當局強行徵調去討伐「族人」的漢民「隘勇」，不斷地死傷；而且待遇也比日人相差甚多，

因此，時常發生不滿。恰當其時，新竹廳下北埔支廳月眉庄，有位對日本統治不滿的青年蔡清琳（當年 27 歲、曾被日人投獄二次），乃藉此良機，煽動漢人隘勇，勾結隘勇線內的賽夏族「大隘社」與「十八兒社」族人，聯合驅逐日本人。蔡清琳自稱是「聯合復中興總裁」，並虛構清軍即將登陸台灣攻打新竹，呼籲「漢蕃」合作，驅逐日本人。如是，11 月 14 日拂曉，蔡清琳集合隘勇等 92 人，帶同賽夏族人襲擊北埔支廳，先後殺害日人包括北埔渡邊龜作支廳長、郵便局長、警察人員、官吏人員及其家屬等，共計 57 人，傷者 6 人。接獲此項不幸消息，新竹廳立即下令警部帶領 30 餘名警察隊，前往北埔支廳救援。台灣總督府亦即刻下令派遣步兵一中隊及警察官練習所受訓的 120 名學員，火速前往馳援。11 月 15 日下午 5 時，新竹廳警察隊恢復占領北埔街。抗日隊則聚集在頭重埔庄，計劃向新竹轉進。但同夜抗日隊得知台北派遣的軍隊與警察前來圍剿，乃經大坪庄火速退却至樹杞林。16 日，日軍警向樹杞林方面開始搜索圍捕抗日份子。11 月 18 日午前，日軍恢復占領大坪庄及隘勇線全部，並逮捕抗日份子，奪回其刼掠的物品。19 日，經由庄民的協力再捕獲數名抗日份子。至此，事變完全被鎮壓。而首謀蔡清琳逃亡山地後因其虛構清軍征台之事敗露，被其同夥及族人射殺身亡。其他的抗日份子，先後被日軍警射殺的有 23 人，自殺者 7 人，被賽夏族人殺死 7 人，投降或被捕者有 50 人。在偵辦中病死 5 人，審訊結束，被起訴的 9 人均判處死刑，餘都受到不起訴處分被釋放。至於參與暴動，而被逮捕的賽夏族人計 24 名。因為基於「蕃政」上的考慮，僅給予訓誡及罰金的寬大處分。[37]

　　㈧1908 年（明治 41 年）1 月 29 日，由於去年 4 月，日方推進司馬限山隘勇線及 9 月推進洗水坑隘勇線時，苗栗廳下之北勢

羣（除了武營社以外）及汶水羣計 15 社，均十分合作，未曾反對妨害，使工事能順利完成，乃准許其歸順。同年 4 月 23 日，為了要機先制服宜蘭廳下南澳羣，日警組織 1,500 名的討伐隊，開始進行「宜蘭大南澳方面隘勇線前進」行動。隘勇線從烏帽山順沿大南澳左岸而下，迄至東海岸，全長約 10 餘里。此次行動，與「敵蕃」僅交戰數次，日方陣亡 11 人傷者 34 人，至 6 月 21 日竣工。新得的地域約 10 方里（藏有豐富製腦原料），隘勇線的延長有 14 里多，並圍以通電鐵絲網。[38]

㈨ 1908 年 5 月，為阻止去年受日方軍艦砲擊懲罰的太魯閣「偉里」等社南進，乃提前招撫收服同台東廳下太魯閣羣之一部「巴多壠社」，使無後顧之憂。旋即於 5 月 21 日起，自木瓜社內銅文蘭蕃務官吏駐在所，溯上木瓜溪至「霧義魯」溪合流點，新設「巴多壠」隘勇線三里多，順利地在 6 月 12 日竣工。這條隘勇線的延伸開闢，可望將來壓制太魯閣羣及建設自該方面迄至南投廳下埔里社之橫斷公路的基礎工作。[39]

㈩巴多壠隘勇線完成之後，為壓制新竹廳下汶水溪方面一帶的泰雅族霞喀羅羣，日警以千名，並徵調泰雅族樹杞林支廳 7 社 136 人與北埔支廳賽夏族大隘社族人 15 名、南庄支廳 4 社族人 65 名，民夫 216 人，推動「新竹廳鹿場方面隘勇線前進」。該線自鵝公髻鹿場兩山間，經由假里山，向苗栗廳管內之汶水溪前進。1908 年 6 月 20 日，首先由新竹方面動工，迄 8 月 18 日終結。另 8 月 3 日，復自苗栗方面開始作業，迄 8 月 21 日完成。路線開闢過程「蕃情」十分平穩，僅在新竹廳方面遭遇到零星的伏擊，死傷 5 名的民夫而已。然而這次隘勇線的推進，共延伸約 17 里（新竹 14 里、苗栗 3 里），新得的地域面積有 13 方里，預估可獲得許多開墾地林產物和製腦原料將近百萬斤，可稱是一大收穫。[40]

㈡ 1908 年 11 月 4 日，桃園廳大嵙崁線外前山群，以角板山社為首之 11 社，計 63 戶、461 人，在角板山隘勇監督所，向日警繳出 58 把槍枝、子彈 591 發及雜品等表示歸順。12 月 16 日，宜蘭廳下南澳羣全數計 12 社因被隘勇線封鎖，斷絕海鹽供應，也交出 166 顆頭顱、220 把槍枝，向日警投降，獲得假（暫允）歸順。㊶ 與此同時，12 月 17 日，日警又接受阿緱廳管內之「撒摸海」社及「美多亞」社之歸順，讓二社族人交出 32 把槍枝及 6 千斤的薯榔。㊷

另方面，12 月 13 日，台東廳下花蓮港支廳轄內南勢羣阿美族之「七腳川社」族人隘勇 19 名，因為不滿在勤務上的差別待遇（被調離家鄉往他處駐防），竟殺害該社的長老頭目及日警，勾結鄰近泰雅族的木瓜社及太魯閣羣的「巴特蘭」社等反叛，襲擊附近隘勇警備線，日人稱之為「花蓮港蕃變」。12 月 14 日，花蓮港支廳長接獲消息，立即帶同數名警員並請求駐屯花蓮港的陸軍一小隊前往馳援，但情勢危急萬分，無法控制。12 月 15 日，總督府聞訊，乃發電密告台東廳長，稱當局即派遣第一守備隊步兵一中隊、基隆要塞山砲一小隊、第二守備隊步兵二中隊、砲兵一小隊、機關鎗隊一分隊等前往鎮壓，並決意消滅「七腳川社」。16 日午前 9 時，日軍增援部隊抵達花蓮港，隨之展開反擊圍剿。可是，反抗的「族人」，退避深山林內，日軍的搜索行動十分困難，不能收到預期的效果。鑑於長期滯留山中，對日本軍警都甚不利。因此，日本當局計劃重新開闢從既設的「偉利」隘勇線南端，經七腳川、涉木瓜溪，再自銅文蘭沿山嶺，迄鯉魚尾，全長計七里多的隘勇線，並圍以電線網。這項計劃自 1908 年 12 月 26 日起，開始建設，迄至 1909 年（明治 42 年）2 月 27 日完成。自此，潛逃深山的族人，無法獲得民生食品的補給，窘困飢餓難

堪，最後只有下山歸順，土地被沒收、鎗彈全數繳交；同時還得忍受日方嚴屬處分，將渠等悉數強行分遣至隘勇線內的他社，從事農耕。又此次事變日方陣亡 27 人、負傷 21 人。然而，以該事變爲契機，總督府從 1909 年起，開始策劃本國移民來東台灣開發。未久，於 1910 年（明治 43 年）12 月底，自德島、新潟、秋田、千葉等四縣及北海道地區，共招募 61 戶、口數 295 人，移民至「七脚川社」開墾。1911 年（明治 44 年）8 月，總督府以府令第 56 號，將「七脚川社」地名，改稱爲「吉野村」。㊸

　　㈢1908 年 12 月，爲了建立將來發展經營蕃地的重要基礎，日本當局決意著手推動首要之一的「南投廳下霧社方面隘勇線」。該線計劃自萬大社（泰雅族賽考列克羣之一）濁水溪岸起，經眉溪、溯無名雙溪口，穿越山嶺後再回溯眉溪源頭，隨後分二路，一至「哈嘮嘮咖濃汗」，一自北港溪岸連接現在線（田口原第三號隘寮），然後沿霧社道澤（陶茲阿）羣（泰雅族西賽德克羣之一）右側，占據該地的要害設置砲壘以壓制附近的「蕃社」。這條隘勇線全長有 9 里多，以日警、隘勇 589 人和民夫 660 人，在 12 月 17 日起，開始動土，至 1909 年 2 月 25 日竣工。當隘勇線推進時，雖然有受到道澤羣的阻擾，但總算十分順利地完成。可是，3 月 2 日起，附近各地的泰雅族羣，包括白狗羣、馬來巴羣、土魯閣羣等族人，卻忽然聯手襲擊北港溪隘勇線合水分遣所，並殺害日警一名及隘勇 10 名。職此，日當局認爲有需要再延長北港溪左岸之隘勇線。於是，復組織警部以下 528 人及民夫 480 人，自 3 月 15 日起，開始討伐各地族羣，經過幾番苦戰，終使渠等屈服；5 月 21 日，方解散部隊。而此次的征伐，日警戰死 11 人，負傷 16 人。不過，從此日方完全控制該地區險要，使族人前後不得不棄械歸順。隨後，日本當局順利地再將隘勇線全長延伸至 12 里多。所得的土

地有 14 方里，製腦的原料約有 290 萬斤。[44]

㈢自 1908 年 12 月，至 1909 年 2 月 18 日，在台東廳長森尾指揮下，當局以日警 215 人及隘勇 149 人，組織討伐隊，由大津蕃務總長和陸軍參督率領，前往討伐花蓮港支廳管阿美族中之「基咖索灣」羣，並在該方面延長隘勇線 7 里多，圍以電絲網，壓制該族羣。[45] 未幾，在 1909 年 4 月 26 日至 5 月 30 日，台東廳下排灣族太麻里羣之「柴塱驛」族人，因爲前後二次殺害日警 6 人，森尾台東廳長乃再次帶領日警 169 人、駐卑南步兵一中隊，以及阿緱廳日警 78 人，前往討伐。這次討伐除砲擊該社，懲處所有犯人之外，更沒收 21 把槍枝，強迫其歸順。[46]

㈣1909 年 7 月，爲了要壓制新竹廳下泰雅族尖石前山方面的美卡蘭（梅花）、加拉排（嘉樂）、麥樹仁（尖石），以及五峰的塔口難（竹林）等四社，日本當局開始展開「新竹廳內灣及上坪兩隘勇線前進」行動。7 月 25 日，先由新竹廳以 927 人的兵力，攻擊那羅溪南側的內橫屏山制高點，但兩天後即遭受反擊。至 8 月 3 日，爆發長達 6 小時的激戰，雙方僵持不下。旋日方漸感戰事不利，急向苗栗廳請求增兵前往解圍。至此，日方認爲使「族人」集中一處戰鬥，對戰事十分不利。於是，8 月 13 日，乃另由桃園廳組織一支前進隊，以日警、隘勇 1,047 人及民夫 120 人，自桃園廳下帽盒山方面前進攻擊。然而此方面的戰鬥，仍然十分激烈吃緊，不得不再調宜蘭廳下的警力與自台北急發步兵一中隊，前往馳援。隨後，經過幾番激鬥，新竹廳於 9 月 10 日，桃園廳隊於 9 月 20 日，始確實占領兩隘勇線的目的地，完成延長 9 里多的隘勇線。惟這次討伐，新竹隊陣亡警部以下 15 人，負傷 44 人；桃園隊陣亡巡查以下 55 人，負傷 124 人，可謂損失慘重。[47]

　　以上是佐久間總督實行前期「五年理蕃計劃」的大略概要。在此期間，延長隘勇線總共有 124 里（約 490 公里），所得的土地面積，達 211 方里多。族人被包圍在隘勇線內的約有 6,800 多人。[48]

# 第三節　佐久間總督後期「五年理蕃計劃」的經緯以及其實行征伐的始末大要

## 一、佐久間總督後期「五年理蕃計劃」的經緯

　　從上所述，佐久間總督前期「五年理蕃事業」，雖然也有相當不少的成就。但是，不歸順的族羣仍然甚多。而且隘勇線愈往深山推進，即愈遭遇到前所未有的頑強抵抗。職此，佐久間總督對前期的「理蕃」計劃，痛感必須加以大幅修改。遂採納總督秘書官齊藤參吉所提出的「理蕃」建言（1908 年 5 月），決意放眼更遠大的帝國將來利益，暫不視眼前經濟上的製腦等小利。對「理蕃」將採取如平定「土匪」（平地漢人）般的強烈軍事行動，徹底消滅、鎮壓反抗的「族人」，以期提升帝國在政治上的威信，並取信於世界列強。[49]

　　基於這樣要徹底討伐平定山岳地帶原住民族的反抗，佐久間總督重新策劃以 1910 年（明治 43 年）為始的第二次「理蕃五年計劃」或稱「後期五年理蕃計劃」。乃於 1909 年向帝國議會提出自 1910 年（明治 43 年）度至 1914 年（明治 47 年、後來年號改變，即大正 3 年）度之「理蕃」事業預算經費。其金額高達 1,540 萬圓（井出季和太稱 1,624 萬圓）之巨額，竟獲得帝國議會的支持，順利地通過。而且，又例外的一次發出五年經費，可知日本國內民情，

如何關心台灣的「理蕃」事業。⑤

　　如是，1909 年 10 月 25 日，爲了進行下年度大規模的「理蕃」計劃，總督府首先以勅令第 270 號，公布「台灣總督府官制」改革。重點即在民政部新設「蕃務本署」，由蕃務總長任蕃務本署長，依總督及民政長官的指示，主掌和指揮署內各課事務。亦即在警政制度上，將平地的普通警察和「蕃地」的蕃務警察完全分開，各自負責不同的職務。⑤其次，爲廓清「蕃地」的實況，自 1909 年 10 月起，日軍參謀本部也開始派遣測量班赴各地測量地形和繪製「蕃地」地圖，準備全面征服「族人」和將來開拓「蕃地」之用。⑤此外，日本當局一年準備十萬顆的子彈，命令「蕃地」的警備人員練習射擊，並獎勵在「蕃地」勤務的警察官吏，學習「土語」(漢人方言) 和「蕃語」。同時爲了早日達成學習「蕃語」陸續出版各族語言集。除了這些措施以外，日本當局更決定採用日人充當隘勇伍長，率領其部下的漢人隘勇，以防漢人怠工，或與「族人」互通聲息聯合抗日。⑤

## 二、實行討伐鎮壓的始末大要

　　經過一番周全的準備，佐久間總督自 1910 年 5 月起，在推進隘勇線與開闢山路的同時，決行大規模的討伐桃園廳下之「交岸」羣、新竹廳下之「馬力觀」、「卡納奇」兩羣、台中廳下之北勢羣、南投廳下之「斯卡瑤」、「薩馬拉」兩羣，以及東部「太魯閣」群等等。爰將較重大的討伐，依年代的順序，引述如下：

### (一) 泰雅族「交岸」(Gaogan) 羣方面之討伐與隘勇線之推進

　　「交岸」羣是「北蕃」最兇猛泰雅族中，勢力最大而且人口

最多之一大部落。有 17 社，戶數 380 餘，人口千餘人，蟠踞於大嵙崁溪左右兩岸。1910 年 1 月 29 日深夜，該族羣襲擊宜蘭廳下叭哩沙支廳九苟湖蕃務官吏駐在所，殺傷日警及其家屬共 11 名（死者 8 名、傷者 3 名）。[54]同年 4 月 7 日，「交岸」羣族人為阻止叭哩沙支廳圓山至卑雅南的道路工程，又結隊襲擊公路開鑿人員，殺害隘勇民夫 8 名；8 日，復槍傷 3 名日警。接著，5 月 2 日，約有 20 名的「交岸」羣族人，再度襲擊台北廳下新店支廳管內南勢溪上游第 24 號腦藔，腦丁 3 名及女子 2 名遭馘首，器物被劫一空，不得不歇業下山。[55]不但如此，交岸羣族人與新竹廳下同族「奇那之」、「馬利古灣」族人相交結，或脅迫桃園廳下之歸順族人，或與宜蘭廳下之歸順族人相往來，誘其參加抗日行列。[56]至此，佐久間總督認為對該「交岸」羣，必須給予最初當頭一棒的懲罰。乃於 5 月 9 日，與大津蕃務總長及小松宜蘭廳長聯議後，總督府決定推動「嵙崁芃芃山方面隘勇線」之圍剿行動。並任命宜蘭廳長小松為前進隊長，同廳警務課長金子為副隊長，計劃自 5 月 21 日起，至 7 月 29 日止，即在 70 天之內，完成第一期作業，將對「交岸」羣發動徹底的征伐。[57]

　　1910 年 5 月 14 日，大津蕃務總長對台北、桃園、台中、南投等四廳，發出非常召集令，遣發警部以下 684 人之警察人員（其中隘勇 600 人），前往宜蘭廳。並任命中田理蕃課長，代理本署長赴現場督理前進事務。5 月 19 日，中田總指揮官代理在宜蘭召集「南澳」和「溪頭」兩羣族人，勸其不得蠢動響應。並命兩羣族人，組成二支「別動隊」，由警部中間市之助等日警率領指揮。[58]

　　5 月 20 日，討伐軍正式編成五部隊及一輸送部隊，兵員總計 2,372 人。比原先預定編制人員 1,814 人，多出 558 人。[59]總

之，前進部隊決定於 5 月 21 日起，由宜蘭廳、桃園廳及新竹廳三方面開始行動。「交岸」方面之各部隊則於 5 月 22 日拂曉，經過「巴公」社，攀沿絕壁險要「芃芃山」（5,600 餘尺）後陸續在高地要衝佈防。同日下午 6 時，輸送部隊本部遂設置於圓山一帶。23 日下午 3 時，宜蘭守備隊山中隊長以下 92 人，順利來到圓山本部，一路直至「巴眉」原野駐屯。隨後迄 5 月底日軍各部隊開始向「交岸」羣各社出擊，占領各地要害，頗有進展。然而，自 6 月上旬起，日方受到「交岸」羣各社英勇地反擊，死傷甚多，「蕃情」日趨險惡。同時日警所率領的「南澳」羣和「溪頭」羣「別動隊」族人，都無心作戰，紛紛求去或逃避，日方也無力加以強制挽留。至於漢人的隘勇、民夫，更是畏懼的棄職逃走，爭先下山。職此，佐久間總督 6 月 8 日下令再派遣駐屯台北之步兵第一聯隊第二大隊本部二中隊 224 人和尚在訓練中之掃蕩隊巡查 120 名，以及步兵一中隊 120 名，砲兵一小隊（山砲 2 門）馳往現地增援。⑥

　　旋在 6 月 10 日起，至同月 21 日止，雙方於各地發生激烈的戰鬥，日方損失慘重，陷入被包圍的窘境。《佐久間左馬太》傳記一書，有如下的記載：「6 月 17 日與 18 日間，糧道被斷，水源被奪，要吃無糧，要飲無水，眾皆疲勞而極為意氣沮喪。在重重包圍之下，電話線被切斷，罹患疾病者，也日以繼夜，而有陷入如此慘澹窮境的部隊。雖然也有實習中的巡查 130 名來支援，但是到底不能屈服那些兇蕃。勉強在 6 月 21 日午前二時的夜襲以後，才得開闢一條活路。」（譯文：藤井志津枝教授）又當佐久間總督在 6 月 21 日夜晚，上京途中於神戶接獲日軍陷入飢餓困戰的消息時，立即打電報到總督府憤怒地下令：「命小泉少將為宜蘭方面的軍隊指揮官。如有糧食缺乏報告時，軍人即以交岸蕃之

肉充飢，此旨傳達給大津總長，務必軍警協力合作，以達討伐之
目的。」⑥

　　因為日軍受到「交岸」羣的頑強抵抗，6 月 30 日，大津總
指揮官乃召集各部隊長，重新編制兵力。以五部隊、一輸送部隊、
一別動隊及一特別作業隊，人員總計 2,308 名，準備自 7 月 2 日
起，發動第二期的軍事行動。⑥於是自 7 月 2 日開始，日方的軍
事行動，從宜蘭、新竹、桃園各方面，不停的一波又一波推進。
結果，「交岸」羣在 7 月 13 日的交戰，失去生命線「詩那列古」
山腹要害之後，勢力日漸式微。未幾，宜蘭方面的日方部隊，又
占領「芃芃山」西方之據點「古呂社」。而桃園隊自角板山前進，
開鑿輸送路至「加威籠」的隘勇線，終於在 9 月 14 日完成。新
竹隊則稍後亦於 9 月 22 日，抵達「加威籠」會師。並占領最重
要的據點「巴崙山」(高 4,130 尺)，構築砲台，加以砲轟威嚇「交岸」
羣各社。由是，「交岸」羣各社深知此時已經難以再反抗，遂不
得不於 10 月 6 日，向日方表示願意繳械投降。對此，日方也表
示願意接受，但卻先安排 64 名「交岸」羣族人，在 10 月 12 日，
去「台北觀光」之後，才於 10 月 27 日午前 10 時，正式在「巴
崙山」日本討伐隊本部舉行歸順儀式。⑥

　　是役，日方軍警傷亡慘重。在「梅巴拉」社方面之前進隊，
死傷 11 人；宜蘭方面警察隊陣亡警部以下 71 人、負傷 63 人，
合計 133 人；軍隊陣亡將校以下 76 人、負傷 133 人，合計 209 人；
軍警總計死傷 342 人。新竹方面警察隊陣亡警部以下 36 人、負
傷巡查以下 61 人，合計 97 人；軍隊陣亡士兵 3 人、負傷 8 人，
合計 11 人；總計死傷 108 人。上列三廳軍隊死傷總計 465 人。
惟此次討伐，將宜蘭、桃園及新竹三廳的「蕃地」編入隘勇線內
的有 35 方里，並收繳槍枝共達 1,110 多把。「北蕃」最強悍的泰

雅族「交岸」羣，可謂徹底地被征服。[64]

## (二) 霧社方面等之討伐

霧社、萬大、白狗、土魯閣（多羅閣）、道澤（陶茲阿）等各族羣，均屬泰雅族。蟠踞於南投廳下埔里社支廳管內濁水溪上游峻嶺之中腰，共有 26 社，戶數 1,050、人口 4,200 餘。日本領台後，反叛無常，屢出至民庄擾亂，抗拒官憲。1910 年（明治 43 年）5 月，日軍攻擊「交岸」羣時，從霧社一帶的部分兵力，抽調到宜蘭方面赴援，遂乘機於 10 月下旬至 11 月初，襲擊附近腦寮等等。職此，久保通猷南投廳長請示總督，獲准以警部以下一千餘人之兵力，編成六部隊，另有砲隊與運輸隊，開始討伐行動。[65]

1910 年 12 月 15 日，久保討伐隊長帶兵抵達三角峰，遣派「道澤」羣頭目至「土魯閣」羣，命其召集各社頭目來會見。但是，該羣壯丁表示反抗，久保總隊長乃於 12 月 17 日，發動第一次攻擊，命令三角峰及立鷹兩砲台，於同日午前 7 時起，砲轟「土魯閣」羣之三社，燒毀其茅屋及穀倉等。族人見狀狼狽不堪，逃入溪谷。至 21 日正午，有「土魯閣」羣之「巴沙莫朗社」及「達里咖根社」頭目，各帶一壯丁，搖白旗前來日方陣營乞降。22 日起，該兩社族人即來到三角峰，暫行繳納槍械投誠。然而，其他族人仍不願歸順。因此，久保總隊長復於 1911 年（明治 44 年）1 月 23 日，對抵抗不願歸順繳槍的「巴籠」、「詩寶」、「刀岸」等三社，加以砲轟威嚇，終使其歸順繳交槍械。其他，對原本已歸順的萬大社，則說服其自動提繳武器，以防意外。至此，霧社方面所餘未解決之族羣，就只有「白狗」、「馬力巴」及「馬巴拉」等三部落而已。久保總隊長是以準備再發動第三次攻擊，討伐該三羣族人。但時值台中廳內，發生「蕃變」不得不收兵馳

往增援。遂於 3 月 25 日，解散討伐隊，留待日後再處理。惟此次討伐，日方雖有死傷 7 人，卻收繳槍枝計 1,210 把，並征服霧社、道澤、土魯閣等羣，且令霧社及萬大兩羣族人，將多年存積之髑髏 1,015 個收埋、摧毀首棚，誓改殺人馘首之陋習，其成果不少。⑥⑥

## (三) 北勢羣之討伐

分布在新竹、台中二州境界之大安溪上游之泰雅族北勢羣，即為古來以最兇猛聞名之一族。擁有 8 社，350 餘戶、人口 1,700 餘人之大部落。1911 年 (明治 44 年) 2 月，北勢羣聽聞其隣接之南勢羣「阿蘭」社等，遭受日警開始收繳鎗械，於是「蕃情」頓變。3 月 12 日，北勢羣突然包圍襲擊大湖支廳之司馬限隘勇線松永山第二遣所及該處的交換所。不過這次的襲擊當地被擊退，未有人員的損傷。但自 3 月 18 日至 21 日，該族人仍出沒各處，襲擊隘勇線監督所。至此，總督府乃對新竹廳長家永泰吉郎所提出的討伐計劃，予以照准。飭令於 4 月 4 日，迄 5 月 30 日之內，給予完成討伐。家永廳長受命之後，即以警視 1 名、警部 5 名、警部補 10 名、巡查 250 名、巡查補 14 名、隘勇 1,015 名、工手、工夫名 2 名、職工 30 名及民夫 540 名，組織討伐隊，編成 5 部隊 (戰鬥部隊 2、砲隊 2、守備隊 1)，依照計劃，於 4 月 4 日，開始發動攻擊。然而，日方各砲台計 24 門之大砲，雖向北勢羣各社全力猛轟，可是北勢羣族人，毫不畏懼的英勇抗戰，並利用熟悉險要的地形，進行游擊戰，日軍頗受重創。鑑於「兇蕃」難以征服，總督府對桃園廳發出緊急召集令，命該廳警部山田久次郎以下，帶同百名巡查急往新竹方面增援。4 月 24 日，日方傾全力占領要衝「二本松」台地，加強壓制。可是，族人隨後仍然不時

出沒，終不能如期達成任務。職是，日本當局不得不延長征伐日期，從 5 月 7 日起，展開第二期的軍事行動。嗣後，戰鬥再經過一個月，日方雖持續推進隘勇線，占據要害架設砲台，俯瞰北勢羣諸社，但仍未能迫使渠等完全屈服。旋因「南蕃」生變，遂於 6 月 28 日，解散討伐隊，暫停征伐，轉軍南下平亂。而此次戰鬥，日方陣亡警部 1 名、巡查 10 名、隘勇 16 名，負傷警部補 1 名、巡查 10 名、隘勇 22 名，占領的地域僅約有 4 方里，討伐並未收全功。[67]

## ㈣「南蕃」排灣族「多亞社」方面之討伐

「多亞」社為阿緱廳下阿里港支廳管內排灣族傀儡羣 22 社之一。蟠踞隘藔溪上游，背負大茅茅山，與「沙毛海」、「安巴卡」二社，結攻守同盟；又和「武大」、「上排灣」、「大茅茅」等社，牴角相倚，且通婚誼；而與六龜里支廳管內「拉巴爾」社等三社，亦遙遙互通聲氣。該社自清治時期，以「凶悍」聞名。日本領台後，因為不聽政令，藏匿「匪徒」(漢人)，又於 1903 年 1 月，勾結「沙毛海」族人，經常出草殺害日警及庄民多名。日本當局乃於 5 月，組織警部以下 560 名的兵力，前後三次猛攻兩社，殺傷其頭目以下 7 名，燒夷其茅屋，並禁止生活物品交換，遂令其屈服，繳械投誠。[68]

然而，日久忘卻往事，逐漸藐視日警，不服政令。1911 年(明治 44 年) 6 月，佐藤阿緱廳長計劃開鑿「多亞」社方面之道路，卻遭遇到阻擾。6 月 23 日，阿里港支廳長慶邦武奉命帶同警部西初太郎及巡查木下茂一，前往勸說，要求各社協力開道。但途中支廳長慶邦武等 3 人，竟被「多亞」社頭目「理麻里」及其族人暗算殺害馘首。接著「多亞」社及「沙毛海」社族人，又聯合

縱火搶劫日警駐在所之槍枝 3 挺、子彈 90 發，並切斷電話線，斬斷溪谷架橋，造反備戰。至此，總督府接獲消息，即於 7 月 10 日核准佐藤阿緱廳長之稟請，準備以 1,136 名的總兵力，編隊再度討伐「多亞」等諸社。同時總督府亦另對宜蘭、桃園兩廳，發出非常召集令，派遣警部 1 名、警部補 2 名、巡查 177 人，赴阿緱廳支援。就這樣，佐藤廳長與總督府派來之中田警視及荒卷蕃務課長等人計議，一面命保甲供出夫役，並決定於 7 月 14 日，編成討伐隊，佐藤廳長任總隊長。戰鬥部隊則分二部隊、總員計 290 名；砲兵隊總員 72 名；仲繼所總員 50 名；守備隊總員 177 名等。編成既定，7 月 15 日起，開始展開征伐。首先，日軍經由「都區文」社，向「多亞」社方面前進攻擊。隨後，日軍向「沙毛海」和「安巴卡」等各社，繼續攻擊，迄至 7 月 29 日，軍事討伐始告完成。於是，佐藤廳長解散部隊，進行處理善後工作。而日軍所到之處，都徹底燒夷茅屋、穀倉、踐踏耕地、破壞農作物、砍伐檳榔樹等，以示懲罰。9 月底，善後工作終告結束。各社先後繳交槍械，再度誓言歸順。自此以後三年，傀儡羣不曾生變，日方得以專力討伐「北蕃」，完成「理蕃」大業。⑥⑨

## ㈤　李崠山方面隘勇線之前進

　　新竹廳下樹圮林支廳管內泰雅族大嵙崁羣「馬利可灣」社，蟠踞在馬利可灣溪谷上游，與東北方之「交岸」羣，南方之「奇那濟」羣，脈絡相通，往往恃其險要地勢，逞強不順，並慫恿已歸順的「交岸」羣反抗背命。職此，家永泰吉郎新竹廳長於 1911 年（明治 44 年）6 月 12 日，稟請組織人員總計 2,157 人的討伐隊，推進「李崠山方面隘勇線前進」計劃，以達成征服該尚未歸順的「馬利可灣」社，以及「奇那濟」羣等族人。總督府審查

家永廳長之計劃後，6 月 23 日，核准其再增加若干人員，即合計 2,242 名，組織討伐隊，並支付 94,600 圓的預算經費，盼其能在 50 天之內完成任務。⑦

　　1911 年 8 月 2 日，日本當局將討伐隊編成以家永廳長爲本部隊長、外分五部隊，進駐合流山隘勇監督所爲其司令部，開始行動。2 日午前 10 時半，日本和田第三部隊順利地占領李崠山北方的重要高地，建立了砲台陣地。可是，當第二部隊欲擴張陣地至山腰時，卻遭遇到族人的頑強抵抗，日方負傷多人，陷入困境。時蕃務總長大津亦於開戰時入山，與擔任總指揮之佐久間總督同登「上野山」，觀察戰況不利後，立刻下令桃園廳長，即日召集 220 名巡查，火速馳援。8 日，日軍岡本第四部隊與田中第二部隊，聯手山麓攀登高壁前進，但受到族人最猛烈的反擊，展開白刃戰。日方太田警部補以下陣亡 15 人、負傷者亦甚多。就這樣，戰事延至 12 日，日方復從大湖方面，調動 100 名精銳的警力，加入陣營，終於建立了自李崠山下，至「八五山」社間之隘勇線。嗣後，各方面的日軍取得聯繫，戰事日漸順暢。8 月 23 日，日軍從「八五山」砲轟「奇那濟」及「宇老」等族羣，炸毀其茅屋，逼使渠等退出戰場，不敢再反抗。另方面，9 月 15 日，家永廳長發覺 6 月間所提出的「李崠山方面隘勇線前進」計劃，有修改的必要。乃向佐久間總督重新提出改變隘勇線的計劃。此項改變計劃，獲得認可之後，9 月 21 日，日軍再度展開第二期的隘勇線推進行動。當日，太田山砲台，即不停地猛向「奇那濟」羣及「馬利可灣」社砲轟；不過，兩羣族人亦十分英勇的展開游擊戰，雙方傷亡各不少。9 月 29 日拂曉，新竹廳之太田山、李崠山兩砲台，以及桃園廳之下巴隆山砲台，在暴風雨中，瘋狂地轟炸各地族人部落，並乘機於同日午前 7 時，占領李崠山之最高

峯「魯美」（海拔 6,468 尺），即今日所謂的「李崠山」。如是，在強力的砲火威脅之下，自 10 月 1 日起「馬利可灣」社和「奇那濟」羣族人，終於無法繼續抗戰，陸續向日方當局繳械投誠。10 月 31 日，日本當局在樹杞林支廳內，舉行解散部隊儀式。又此次戰鬥，日方陣亡警部以 79 人，負傷 65 人。然而，由於占領俯瞰尖石後山地區之制高點「李崠山」，隨後不但成為日本征伐西部「蕃地」的根據地，更促使總督府再推進 5 里 26 町之新隘勇線。⑦

## ㈥　北勢羣八社「羅布溝」方面隘勇線前進

泰雅族北勢羣八社，散布於新竹廳及台中廳下中央山脈支脈羅布溝山、雪山坑和晉牧井大山等稜線平坦處。就中，「羅布溝社」與「布永社」為八社中之大社，共有 135 戶、700 餘人。其他六社皆聽命於此兩社。由於「羅布溝社」與「布永社」族人，自 1911 年以來，不服官命，時時出草襲擊日警。因此，總督府決意征服該族羣，乃命令新竹廳長家永泰吉郎和枝德二台中廳長，共同組織聯合討伐隊，進行稱為「羅布溝方面隘勇線前進」計劃行動。於是，1912 年（明治 45 年）1 月 15 日，新竹廳奉命編制以家永廳長為本部隊長，其所屬的兵力分為三部隊、四砲隊、一救護班等，人員合計 2,055 人。台中廳之編制則以枝廳長為本部隊長，其所屬的兵力分為七部隊、一砲隊、一輸送部等，人員共計達 2,464 人。1 月 22 日，新竹、台中兩方面的前進部隊均奉命開始發動攻擊。但雙方的討伐隊，都遇到北勢羣各社的強烈抵抗。日方損失頗巨。直至 2 月 17 日，新竹隊奪取「羅布溝」山北方突出之角地，次日在北方眼鏡型高地，與台中隊取得聯絡會師，才達成所期目的。隨後，戰事漸平息，3 月 2 日，新竹討伐

隊在大湖支廳、台中討伐隊在台中公園舉行部隊解散儀式。此役，凡經歷40天之激戰，日方陣亡警部3人、警部補2人，巡查24人，隘勇75人，其他23人；負傷警部7人，巡查39人，巡查補1人，隘勇63人，其他23人，合計傷亡有260人。不過，經過這次征伐，日方也將北勢羣最頑強的「羅布溝」、「布永」兩社族人，驅入雪山坑方面之深山林內，從此已無力再反抗 (未久，即先後下山繳械歸順)。而其他六社則繳出所有的槍枝歸順，總督府終於完全征服了泰雅族北勢羣。日人稱在「理蕃」史上，此役應該給予「大書特筆」。⑫

## ㈦ 「白狗」「馬列巴」方面隘勇線前進

南投廳埔社支廳管內，泰雅族「白狗」羣，計有「馬卡那奇」、「迪美崙」、「馬斯杜巴旺」等三社，百餘戶，四百多人。「馬列巴」羣，計有六社，145戶、750餘人。該兩羣族人常與大甲溪上游的「斯卡瑤」、「薩拉茅」兩羣族人互通聲氣，屢屢下山出草。1911年日警討伐霧社羣時(前述)，白狗羣已有「馬斯杜巴旺」及「迪美崙」兩社歸順。然而另外的「馬卡那奇」社與「馬列巴」羣六社，仍然不服，且透過「斯卡瑤」社向宜蘭廳下「溪頭後山羣」族人，購買槍械，屢次狙殺日警隘勇。因此，總督府決定以武力，增闢自既設的隘勇線躑躅岡爲起點，經過「馬卡那奇」社高地，繞西北方稜線而抵達「薩拉茅」社的新隘勇線。此一行動稱爲「白狗、馬列巴方面隘勇線前進」計劃。⑬

1912年（明治45年）4月18日，總督府組織討伐隊，以南投廳長石橋亨爲總隊長，外分六部隊及砲隊、輸送隊、電話班、救護班等，總兵力合計1,896人。4月26日，軍事討伐正式發動，但立即受到「馬卡那奇」社族人的反擊。日方傷亡3人，輸送隊

也受到襲擊，陷入困境。27 日，日軍推進至北港溪源頭高山時，因為高山崎嶇缺水，白狗至「薩拉茅」間的橋樑亦多遭破壞，補給極為困難，乃急電總督府請求支援。總督府大津蕃務本署長接獲訊息，立即對宜蘭廳發出緊急召集令，派遣 230 名兵力，急往增援。可是隨後，日方仍然陷入苦戰。5 月 3 日，日方討伐隊長倉警部副隊長所率領的部隊，在北港溪源頭遭遇到襲擊，長倉警部以下 34 人陣亡，負傷者亦頗多。總督府聞訊，5 月 7 日，復自台中廳急派 70 名兵力，火速馳援。如是，戰事從 5 月 11 日至 20 日之間，逐漸平穩減弱。日軍以火砲轟炸最強烈反抗的「斯卡瑤」社，並開始收繳「馬力巴」及「白狗」羣族人之槍枝。6月 4 日，上列各社大致被征服，繳械完畢。6 月 5 日，日方遂在埔里社舉行解隊儀式，結束這次的討伐。[74]

## ㈧ 「馬利可灣」方面隘勇線前進

1912 年（大正元年）9 月，新竹廳下「奇那濟」、「馬利可灣」兩羣及「交岸」羣之一部，因為不滿其據守地日漸被壓縮（1911年 10 月，「李崠山」之役被收服、前述），乃於 9 月 11 日，反叛襲擊尖石山區各處隘勇線之分遣所，並圍攻占領焚毀「太田山」砲台。而「李崠山」砲台也被襲擊包圍，陷入孤立狀態。新竹廳長聞訊，於 12 日，一面急電總督府調兵支援；一面火速召集合計 413 名的兵力，馳往「李崠山」砲台方面增援。不過，9 月 14 日凌晨，強烈的颱風來襲，族人乘機攻陷李崠山附近的碉堡，李崠山砲台的情勢岌岌可危。與此同時，總督接電之後，立即發布緊急命令，派遣陸軍台北守備隊 230 人、人夫 300 人，趕往新竹廳下樹杞林支廳待命。另動員台中、桃園、宜蘭三廳警察、隘勇，合計 329人，於 9 月 14 日，冒暴風雨上山，15 日，方奪回李崠山附近的

碉堡，解除了李崠山砲台陷陣的危機。但雙方戰事仍僵持不下，
直至19日，日軍才擊退反叛的族人，修復隘勇線與砲台陣地。
此役，日人稱爲「新竹廳太田山方面蕃變」。日方陣亡警部補1名，
巡查8名、隘勇7名，死傷合計53名。此外，甚多槍枝彈藥被
奪。⑦

　　經由上述事變之後，總督府採納，家永新竹廳長於9月24
日所提出的建議，決意新設一條從李崠山頂順延南方支稜而下，
抵達馬利可灣溪畔，經過「宇老」、「麒李埔」、「夕不給」等社；
再右轉連結現有之太田山砲台隘勇線，以切斷「馬利可灣」與「奇
那濟」兩羣族人之聯繫，並壓縮族人之活動空間，促使渠等臣服
於日本統治之隘勇線。而此一行動稱爲「馬利可灣方面隘勇線前
進」。⑦

　　於是，1912年10月1日，日本當局在大津蕃務總長統督之
下，集結2,385員之兵力，由家永廳長編成七部隊後，再分割爲
左右兩翼隊。警視江口良三郎率引左翼隊，預定由李崠山監督所
直下東南方，至馬利可灣溪谿；右翼隊由警視永田綱明率領，預
定自太田山砲台直下西南方，至馬利可灣溪谿後，轉迴左岸占據
附近各社；隨後兩隊在此會合，協力壓制「馬利可灣」及「奇那
濟」兩羣族人。10月3日，日方依照計劃開始發動攻擊，但左
右兩翼隊立即陷入苦戰。自10月5日至10日，日方左右兩翼隊
共陣亡30人，負傷30人。職此，總督府緊急從宜蘭廳召集104
名、從南投廳召集126名，合計230名的兵力前往馳援。然而戰
事仍陷入僵持，日軍傷亡頗鉅。直至11月19日，日軍不斷地以
巨砲轟炸族人，占據烏來山之中腹；11月29日，復占領馬美山
南方高地，相繼建立砲台陣地，向「馬利可灣」各社猛烈轟炸，
戰事才日趨穩定。12月7日以後，族人雖仍有小型的狙擊行動，

但已無結隊來襲的兵力。至此，日軍各隊於要害建造據點、設置展望台、裝鐵絲網，兼行清野開路，終於在李峒山、馬美山、烏來山以及巴蘇高地等四處，增設防衛完善的制高點砲台，「馬利可灣」和「奇那濟」兩羣族人，已如甕中之鱉。12 月 17 日，計劃新設的隘勇線與監督所也順利地完成，日本當局乃解散全部的討伐隊。此役，日方著實損失慘重，計陣亡 210 人、負傷 334 人。不過，日方亦殺死 150 餘名的族人，並在「馬利可灣」及「奇那濟」兩羣族人之間，建立三角形突出線，分離兩羣族人，使其孤立。未幾，如下述兩羣族人已難逃日當局完全征服之厄運。[77]

## ㈨　泰雅族「奇那濟」羣方面之討伐及其追加行動

泰雅族大料崁之「奇那濟」羣，盤踞在北部「蕃界」最深山地區。亦即在大料崁溪上游之「泰雅崗」溪與「大啓仁」溪合流點上方之山腰海拔 4,000 — 5,000 尺之間。擁有 6 社、230 戶、口數 630 餘人，爲「北蕃」中最勇猛的族羣。該族羣不但常持反抗的態度，且屢屢煽動「交岸」、「馬利可灣」、「謝家羅」等附近族人出草，襲擊腦寮、隘線（前述）。而在北部族人中，也是唯一未曾繳交槍械之「特殊蕃社」。[78]

惟時序進入 1913 年（大正 2 年）之後佐久間總督決意將該族羣徹底征服，同時對環繞該羣附近，仍未完全歸順的各社族人，亦將加以懲處並追繳槍械。一方面，爲使討伐行動能更加速步伐，佐久間總督認爲大津蕃務署長的「甘諾」政策，太過緩慢姑息，不能徹底掃蕩平定「兇蕃」。乃於要大舉討伐之前的 6 月 13 日，將其免職，遺缺由內田嘉吉民政長官接任。從此，佐久間總督的後期五年理蕃事業，遂由總督親自率領軍警，到深山幽谷設立指揮中心，完全以武力圍剿征服反抗的各族羣。[79]

　　1913 年 6 月 24 日，佐久間總督在李崠山監督所設置討伐警察隊司令部，以民政長官兼任蕃務總長內田嘉吉爲總指揮官，開始擬定討伐「奇那濟」羣的用兵計劃。最後決定兵分新竹、桃園二隊。新竹隊以永田綱明警視任隊長，配備兵力 1,376 員，從「天打那」隘勇監督分遣所南方稜線啓程，攻占前方標高 6,055 尺高地。然後各部隊互相聯絡，再直薩克亞金溪對岸高崖上的「泰雅岡」社。桃園隊則以松山隆治警視爲隊長，配備兵力 1,042 員，從「烏來山」下坡至溪畔，渡「馬利可灣」溪後，攀爬對岸南方高地進迫「泰雅岡」社。而兩軍在合流點（即今秀巒地區）會師之後，立即合剿最頑強的「泰雅岡」社，並迫使「奇納濟」羣各社投誠繳交槍械。此一行動稱爲「奇那濟羣方面之討伐及其追加行動」。⑧⁰

　　如是，1913 年 6 月 26 日，日軍開始發動攻擊。新竹隊之先鋒，順利地占領「天打那」山脈前方之稜線。但桃園隊抵達馬利可灣溪左岸時，卻遭遇到狙擊，日警、隘勇、民夫死傷數人。27 日，據報襲擊桃園隊之首謀者爲「抬野夫」社之頭目。於是，松山桃園隊長命令烏來山砲台猛烈轟炸「抬野夫」社，以爲報復。⑧¹

　　與此同時，宜蘭廳下之溪頭羣及南溪羣突趁日警兵力空虛之際，準備舉事生變。佐久間總督接報，立即於 7 月 1 日，急令平岡茂少將率領步兵一聯隊與山砲兵、特設隊，赴宜蘭守備防變。7 月 4 日，龜山理平太副指揮官，因爲命令新竹隊速攻「泰雅崗」社，乃要求總督府增派隊伍，遂由新竹、桃園兩廳，合計再派遣 396 員兵力，急赴前進地支援。7 月 6 日，宜蘭方面「蕃情」忽然告急。佐久間總督獲訊，除勉勵軍警協力壓制族人之不測，其本身則於 7 日，帶同新任參謀長木下宇三郎，由台北出發，同日趕赴最前線，並在李崠山上設置軍司令部，親自指揮全軍戰

事。⑧

可是，佐久間總督剛上山，親自指揮全軍之7月8日，「奇那濟」蕃族人，獲得「霞咖羅」蕃族人之助，出其不意襲擊新竹隊，使該隊損失不少。職此，佐久間總督急命平岡司令派一支隊，向「魯莫安」前進，以衝擊「奇那濟」之側面。而內田總指揮官亦命新竹、桃園兩警察隊與軍隊行動保持相呼應。就這樣，在軍警合作之下，軍事行動逐漸順利地前進。7月15日，新竹隊自兩方高地向大料崁溪上游之合流點（即秀巒地區）長驅直下。桃園隊亦於同日，自東方高地向合流點疾馳推進，並占領該地區之要害。至此，「奇那濟」及「馬利可灣」兩蕃諸社，完全被包圍。7月17日，因為強烈颱風來襲，道路、吊橋毀壞，軍事行動暫時停止。但隨後，自7月25日起，即完全恢復運作。期間7月23日，由於大軍兵臨城下，「馬利可灣」蕃9社頭目等75人，至桃園隊駐在地（秀巒地區物資囤積所）前來表達歸順。松山隊長乃令其誓約，以7月25日為期，繳交槍械，並饗以酒食，遣其歸還。新竹隊永田隊長，亦於7月24日，召集「奇那濟」蕃諸社頭目至本部，諭令其繳械歸誠。7月27日，日軍支隊又攻占「斯幔庫斯」社。次日，復占據「馬卡葛恩」社，令其繳槍歸順。8月1日，新竹、桃園兩隊再編成二縱隊，直衝最強悍的「泰雅崗」社，逼其繳械投誠。至此，「奇那濟」方面之討伐，終告完成。此次戰役所沒收之槍械，新竹隊有135枝、桃園隊有132枝，「大啓仁」支隊有105枝，合計372枝。⑧

上述「奇那濟」方面討伐行動，原預定90日，而實際僅以50餘日即達成任務。因此，佐久間總督乃籌劃追加第二次行動，要求軍警乘勝征討仍未歸順的新竹廳下「霞咖羅」蕃、南投廳下之「詩卡瑤」蕃、「薩拉茅」蕃、「白狗」蕃，以及宜蘭廳下之「溪

頭後山」羣等。而第二次的征伐期間，預定自 7 月下旬起，迄 8 月之間完成。宜蘭、南投方面之討伐，由軍警協力推動，新竹方面則以警察隊獨力從事。各方面的征伐，總督嚴命務必達成占領各地之要害，懲罰「兇蕃」，收繳槍械，以期畢其功於一役。如此，宜蘭討伐支隊，以金子惠教警視任支隊長，兵力軍警合計 401 名；南投討伐支隊以警部齊藤透任支隊長，兵力軍警合計 452 名；新竹討伐隊則以永田綱明警視爲隊長，總兵力合計 3,384 名。8 月底，各地的討伐隊，雖受到族人強烈的抵抗。但總算如期地達成。於是，9 月 2 日，佐久間總督撤廢李崠山之軍司令部，偕同文武各官員，在烏來山砲台住一宿，次日取道馬利可灣溪畔，經角板山回府、警察隊司令部原亦置於李崠山，至 9 月 5 日，遂由龜山副指揮官予以解散。而此次討伐，日方警察隊陣亡 35 人、負傷 69 人，民夫戰、病死者 46 人，負傷 65 人；軍隊陣亡 17 人，負傷 13 人。以 70 日期間，橫跨四廳之大規模征伐而言，其損失的程度，實屬輕微。在討伐期間，取繳之槍枝槍械總計達 1,368 枝、彈藥 12,469 發，隊伍解散後，迄 9 月 30 日，扣押殘存槍械 285 枝、彈藥 415 發。但最大的成果是，自宜蘭廳濁水溪上游「魯毛安」附近，越過西南方之「比亞難」，經過南投廳下之「奇那濟」及「馬利可灣」兩羣之占有地，更向西方前進，跨過霞咖羅山，將新竹廳下「霞咖羅」羣之蟠踞地全部，約 45 方里的地域完全占領平定。從此，中央山脈以西的「北蕃」，幾乎無不在日本官憲控制之下。[84] 此外，這次征伐途中，因爲受到族人之強烈抵抗，日軍竟發出：「凡頑迷不悟的兇蕃，可不留一兵一卒，殺盡趕絕」的軍令。結果，連婦孺、甚至仍在哺乳的嬰兒，也慘遭殺戮。[85]真是天理何在！

## ㈩　太魯閣羣之大討伐

### 1.　廓清準備之探勘

　　太魯閣羣據北部中央山脈之天險，是「北蕃」最兇猛聞名泰雅族中之一大部落。擁有 97 社，1,600 餘戶、人口 9,000 餘人，其中壯丁約有 3,000 人，盤踞的區域分內外兩群。其居住靠近「達其利」溪及三棧溪海岸者，稱爲「外太魯閣」，靠近中央山脈之山地者稱爲「內太魯閣」。太魯閣羣不僅武勇且持有最多的槍械，從來就不聽日本官憲之命。而其控制的區域，包含北自宜蘭大濁水溪，南至花蓮港木瓜溪北岸，擁地的面積有 97 方里，所以日人稱其爲「一大敵國」。佐久間總督在後期「五年理蕃」事業的最終目標，就是要征服該太魯閣羣部落。[86]

　　於是，爲了要做好討伐的準備，佐久間總督在發動攻擊前，已先後五次派遣探勘隊，詳查該族羣的地勢與實察「蕃情」狀況。而其第一次即自 1911 年 8 月 22 日起，迄 9 月 6 日止。以小松吉久宜蘭廳長爲首，帶同隊員數人，探察該羣之「庫枯」社，並收服之，成果不少。第二次於 12 月 12 日，隊員以南投廳警部伊藤泰作以下 34 人及民夫 56 人、「土魯閣」（多羅閣）羣族人 25 人，編成搜查隊開始行動。但 12 月 15 日以後，由於菁萊主峯有「兇蕃」出沒，恐有危險，乃中止探索行動。第三次於 1913 年（大正 2 年）3 月 16 日，由埔里社出發，探勘合歡菁萊主峯方面，以蕃務本署調查課測圖股長野呂寧技師爲隊長，警察人員 68 人，隘勇、民夫等總計 286 人，編成探察隊，直向大山脈突進。惟 3 月 21 日，在露營地合歡山南方 10 公里之分水嶺上（標高一萬八百尺），遭遇大風雨，隊員、隘勇、民夫因爲飢寒交迫，凍死者近百餘人，

野呂隊長乃不得不下令中止探勘，急速下山。第四次自 1913 年
9 月至 11 月，舉行太魯閣討伐之準備探勘。探索的範圍包括合
歡山、能高山、「達其利溪」、「庫枯」方面及「巴多蘭」方面等
廣泛的地區。而此次探勘，除能高山方面有凍死 2 人和病患者計
有 76 人之外，餘皆順利地達成任務。第五次自 1914 年（大正 3
年）4 月 23 日至 5 月 5 日，探測南湖大山方面各地「蕃情」實況，
可說圓滿地完成任務。這一批探察的人員，於 5 月 7 日，返回台
北時，還帶領 179 名之族人來此觀光。⑧⑦

## 2. 討伐隊之編成與計劃

討伐太魯閣羣之目的，不用說是要剿平其全部族人及收繳其
所有之槍械彈藥。這項重大的任務，日本當局決定以警察隊為主
力，陸軍部隊則給予側面的支援。職是，這次警察隊之編成總數
達 36 隊之多。計有警視 5 人、警部 23 人、警部補 54 人、巡查 1,371
人、警手 491 人、隘勇 1,008 人、醫員等 45 人，總計 3,127 人，
附屬員工 4,840 人（包括日人 252 人）。而其行動編成計劃，分二
方面。第一為「達其利」方面討伐隊，第二為「巴多蘭」方面討
伐隊。警察隊總指揮官為民政長官內田嘉吉、副指揮官為警視總
長龜山里平太；警視永田綱明任「達其利」方面討伐隊長、警視
松山隆治任「巴多蘭」方面討伐隊長。至於軍隊之編成，則以佐
久間總督任司令官、參謀長木下宇三郎少將、第一守備隊司令平
岡茂少將、第二守備隊司令荻野末吉少將。全軍之兵力合計 3,108
人，約與警察隊相同。若軍警連同附屬工役等計算，總兵力達
11,075 人，竟超過太魯閣羣壯丁之 3 倍，也超過該羣人口之總
數。⑧⑧

根據佐久間總督的規劃，「達其利」方面的警察討伐隊，將

以「達其利」監督所爲起點，掃蕩該流域各族羣及三角錐山脚各地區，而與合歡山東下之陸軍部隊聯絡。「巴多蘭」方面警察討伐隊，則以「多莫南」監督所爲起點，與來自薝萊主山南峰方面之軍隊相策應，占據木瓜溪流域及掃蕩鎭壓居住於山脈之「巴多蘭」族羣。隨後軍警協力，覓尋適當地點進出三棧溪方面，和該方面的警察討伐隊聯絡會師。至於軍隊參加討伐的期間，預定約爲二個月。第一守備隊之 5 個中隊，自薝萊主山南峯附近，順沿木瓜溪而下，以討伐「巴多蘭」羣。第二守備隊步兵 12 個中隊，自合歡山附近，順沿「達其利」溪而下，以討伐內太魯閣羣。[89]

## 3. 討伐之展開

### (1) 警察隊之討伐

1914 年（大正 3 年）5 月 9 日，依照佐久間總督的規劃，警察討伐隊總指揮官內田嘉吉向警察兩討伐隊長發出行動命令，要求於 5 月 29 日前編成部隊。爾後各部隊將按照上述總督所規劃的討伐大綱，自 5 月 31 日午前起程，向所定的目標發動攻擊。[90] 於是，6 月 1 日至 3 日，討伐「達其利」方面之永田警察隊長，帶同 5,000 名的隊員，先進至近海岸之「達其利」方面外太魯閣羣「可羅」社，攻占其耕地之兩面高地布陣。隨後，或向新城山附近前進、或向棧溪方面「布拉丹」社附近、或向「高灣」社附近等地攻略、據守。但在進行防禦工事時，卻時遭族人來襲，就中「可羅」社的反抗最爲激烈。6 月 4 日，因爲仍遭到強烈的抵抗，日軍乃放火燒毀其茅屋、倉庫等，迫使該「可羅」社和其他四社，屈服歸順，繳交槍械等物。6 月 11 日，永田隊繼續西進，又占領「羅前」社上方 1,500 公尺高的耕地，修築防線。然自此以後，該隊受到莫大的抗拒，陷入苦戰。幸好，6 月 12 日，討伐「巴多蘭」

方面之松山警察隊，與軍隊取得聯絡，已無後顧之慮。故在北埔之警察隊司令部，得於 6 月 28 日，北移至較方便的新城。[91]

嗣後，迨至 6 月 29 日，繼續西進的永田隊先鋒川田部隊，正逢在「巴達干」社左方 8,890 尺高地（同日第二聯隊剛占據），修築幕舍之第二聯隊福原中尉之一小隊下急坡而來，得以在深山中互相交換情報。如此，三方面包圍內外太魯閣羣的態勢，乃告完成。7 月 3 日拂曉，永田隊之柏尾部隊及中川、寶兩分隊，渡「達其利」溪，進出「梨咖嚳」社，該社的頭目「羅新馬汗」乞降，並當嚮導帶日軍入外太魯閣羣，迫使該羣總頭目「哈羅故」等族人，歸順繳械。7 月 7 日，強烈的颱風來襲，日軍山嶺上的幕舍和討伐地域內各種房屋，均受摧毀，交通斷絕，病疫發生，且糧食缺乏，災情甚為慘重。但未幾，日方在軍警協力之下，內外太魯閣羣及「巴多蘭」羣族人，完全被征服，繳械投誠。[92]

另方面，從事討伐「巴多蘭」羣方面的日警松山討伐隊，在松山隊長的率領下，連同戰鬥員 1,700 人和民夫 2,400 人，於 1914 年 5 月 31 日午後 5 時，編成一大縱列隊；自花蓮港出發，沿途經過吉野村，抵達「達莫南」監督所附近，設置司令總部。6 月 1 日至 2 日，占據木瓜溪河一帶的高地要害，急修堡壘據守。[93]可是，要前進至「巴多蘭」羣的路程，十分崎嶇險惡。因此，討伐行動陷入苦戰。惟 6 月 6 日，松山隊雖遭遇到族人的強烈襲擊，並有所損失，然總算擊敗了「巴多蘭」羣最有力的總頭目，令其屈服歸順。爾後，日警討伐隊所推進的各地，均不受阻力，順利地征服族人，並扣繳其槍械。未幾，6 月 12 日，松山隊所屬的岡本部隊，在「巴多蘭」羣上方約一里餘的地點，首次與日軍鈴木聯隊之先鋒將校取得連絡；永田隊亦於同月底，相繼與日軍獲得相呼應。至此，討伐內外太魯閣羣及「巴多蘭」羣的

任務，可說如期的達成。但佐久間總督認爲此次的征伐，日軍仍
有餘力，遂將警察兩隊除留下必要的駐守部隊以外，決意乘勝的
威力，向「豆獅」與南方澳方面的族羣，進行討伐行動。[94]

## (2) 軍隊之討伐

　　佐久間總督上任以來，即以「理蕃」事業爲其天職。於是，
在後期五年「理蕃」事業的最後一年，他下定決心要完成討伐最
後的「北蕃」，亦即上述泰雅族之「內外太魯閣」及「巴多蘭」社羣。
其後，佐久間總督在編制軍警討伐隊之前，即於 1914 年 5 月 6
日，對陸軍部隊發出訓令，明言興師之意，並勉勵軍警合作，完
成此項艱鉅的「理蕃」事業。[95] 5 月 11 日，佐久間總督復向中
央岡陸軍大臣與長谷川參謀總長，報告太魯閣羣討伐需要軍隊
之事由，以及所要的兵力、預定行動的事項等等。[96] 5 月 13 日，
佐久間總督自任討伐隊軍司令官，由台北出發，15 日入埔里社，
設立軍司令部於追分。5 月 20 日，總督明令軍隊在合歡山及菁
萊山南峰附近集結兵力，先行討伐內太魯閣羣和「巴多蘭」羣，
收繳其槍械彈藥。同時規定合歡山與菁萊山以西（即後山）之聯
絡線，歸屬第二守備隊司令官及第一聯隊長管轄。[97]

　　如是，5 月 21 日，鈴木秀五郎第一聯隊長派遣 1 部隊占領
菁萊主山南峰。22 日，荻野第二守備隊司令官帶領步兵 6 中隊、
機關銃隊、衛生隊 2 小隊、作業隊、電話隊等，前往合歡山根據
地。[98] 5 月 26 日，佐久間總督以下幕僚，亦抵達合歡山根據地。
同日，山田少佐所帶領的步兵 2 中隊占領「卡里雅諾民」、山內
大尉帶領的步兵 1 中隊占領屛風山、北村大尉帶領的步兵一中隊
占領畢祿山南麓，形成對內太魯閣羣三面包圍的局勢。5 月 29 日，
日軍首次與內太魯閣羣交戰，日軍陣亡 2 名、負傷 2 名，這是此

次討伐最初的犧牲者。[99]

6月1日，第二守備隊之先鋒侵入「卡拉奧」社及「沙卡恨」社，燒毀族人的茅屋。6月2日，步兵第二聯隊第11中隊，在深水少佐的指揮下，經過一場激烈的戰鬥，於午前6時，占領「西拉奧卡夫尼」社。日軍陣亡4人、負傷5人；但族人也死傷40餘人。6月6日，鈴木聯隊之斥候隊，為了欲與松山警察隊取得連絡，而偵察「沙卡恨」社東方高地時，與族人30人遭遇，發生戰鬥，雙方各死傷12人。[100]

6月9日，佐久間總督將軍司令部推進至關原。11日，發出征伐內太魯閣蕃之軍令，命第二守備隊占領「西寶」、「開經」、「西拉奧卡夫尼」等三社一帶之高地，準備對內太魯閣蕃發動攻擊。[101]接獲總督之命，日軍第二守備隊自6月12日起至14日，三面圍攻並占領「庫巴揚」社。6月25日，荻野第二守備隊司令乃將司令部推進至饅頭山之山坡。[102]

然而，當6月26日，佐久間總督於午前9時，前往戰線視察時，卻在「西拉奧卡夫尼」社東北方斷崖處，發生墜崖受重傷的意外。墜崖時，曾一度昏迷，隨後又發高燒，所以被誤傳「危篤」（病危）。[103]總之，6月28日，第二守備隊開始對「豆獅」溪左岸之「內太魯閣」蕃發動總攻擊。29日，「內太魯閣」蕃主力各社，皆節節敗退。當日下午一時，日軍占領三角錐山西南方標高8,894尺之高地。至此，「內太魯閣」蕃，陷於日軍三面包圍之甕中，已無法、更無力再抵抗，乃相繼前來日本軍營繳械投降。職此，8月9日。佐久間總督發出命令，除留一部分軍隊以助松山警察隊之外，餘皆準備撤退。只有平岡部隊則受命越過合歡山，至南投廳下「詩卡瑤」社，進行軍事示威，然後歸返台北。8月10日，在「西拉奧卡夫尼」社，舉行對「多木古」等9社，「內

太魯閣」羣族人之歸順儀式，畫下征服該族羣的句點。[104]

(3) 「豆獅」及「南澳」羣方面之討伐

　　當「內太魯閣」羣為日軍第二守備隊追擊時，一部分不願歸順的族人，乃逃避至「無名溪」畔之「索娃沙慮」社，或深山林內從未歸順的「豆獅」羣，或與其相鄰的「南澳」羣（同為泰雅族）等地。因此，佐久間總督為徹底地要征服這批仍不願歸順的「兇蕃」，遂授意內田警察隊總指揮官，乘勝重新編成討伐隊，加以鎮壓征服。[105]

　　於是，1914 年 7 月 13 日，龜山副指揮官奉命編制「第二次討伐隊」。其編成的內容分為：①松山太魯閣羣討伐隊（隊長松山隆治），負責掃蕩平定殘餘的內外太魯閣羣族人；②永田南澳羣討伐隊（隊長永田綱明），負責討伐平定南澳羣及其附近諸社；③田丸支隊（隊長田丸直之）負責充任軍隊（平岡隊）之嚮導，並掃蕩「豆獅」羣，再向南澳羣方面前進。[106]

　　新討伐隊既編成，7 月 18 日，佐久間總督對討伐軍發布如下的命令，即：①警察隊之 7 個部隊前進大南澳方面，向大澳羣扣繳槍械；②警察隊之二個部隊自「內太魯閣」羣方面進入「豆獅」羣，押收其槍械；③警察隊之 3 個部隊替代第二守備隊，押收內太魯閣羣殘存的槍械。另一個部隊則赴新城，負責守備連絡線；④軍隊的主力支援警察隊扣押太魯閣羣及「豆獅」羣的槍械，但一部分的部隊將撤回等等。19 日，內田警察隊總指揮官，依照總督的軍令，對松山、永田兩隊長和田丸支隊，重新發出第二次行動命令，命其與軍隊協力掃蕩上述族羣，完成討伐的任務。[107]

　　如此，自 7 月 26 日起，松山隊開始發動討伐掃蕩殘餘的「內外太魯閣」羣及「豆獅」羣之行動。8 月 2 日，「豆獅」羣終於

被迫輸誠，繳出槍械。6日至9日，其餘太魯閣羣族人，亦陸續前來投誠，交出槍械。至此，松山隊完成所負的任務，遂於8月19日，將討伐部隊解散。[108]

另方面，永田南澳羣討伐隊於7月22日，由蘇澳上陸，23日，與新成部隊聯合。25日，該討伐隊自蘇澳出發，次日午後一時，全隊抵達「浪速」，在該地蕃務官吏駐在所內，設置討伐隊臨時事務所，27日，開始行動。又此次的討伐，因為稍早於7月19日，佐久間總督有訓示「盡可能的範圍內不動武，以和平的手段，致力收繳槍械」，所以討伐行動自始至終未見流血。不過，這實也藉由金子副隊長與小松宜蘭廳長等人之對南澳羣的誘導勸說；加上日軍亦於7月29日，占領了南澳羣要害，即該羣「古庫」社背後之高地俯瞰壓制，終使南澳羣各社，不得不相繼聽命，繳交槍械。8月10日，永田隊宣告任務完成，乃於蘇澳解散部隊。隨後，8月15日至18日，日當局並未發動一兵一卒，而將毗鄰於南澳羣的「溪頭」羣「馬腦揚」等諸社之槍械，予以收繳。[109]就這樣，對太魯閣羣的大討伐，可稱大功告成。佐久間總督的所謂「天職」，也大抵能如願以償了。

## (4) 討伐軍警之損失與討伐後之措施效果

在太魯閣羣討伐中，日方警察隊之損失較少。陣中死傷19人，作業中死傷23人，計死傷42人。而陸軍部隊之損失則較多，陣中死傷186人，行軍中由飲食傳染病疫死亡者有325人。但就出師萬餘人而言，其犧牲的程度並不算太大。倒是被征服太魯閣羣等族人，雖無明確的資料數字，其犧牲可斷定遠超過日方的。[110]

其次，上述太魯閣羣及「豆獅」等羣雖被平定，然因討伐大

動干戈，民心動盪不安，極須善後措施。總督府乃授意飯田章花蓮港廳長，於 8 月 23 日，編成合計 4,164 人的搜索隊，繼續討伐隊撤退後的工作，亦即開鑿「達其利」、「巴特蘭」兩方面及「內太魯閣」、「豆獅」間之公路。並架設橋樑、建造警察駐在機關之房舍、修理耐久之電話線、收繳殘餘槍械、招撫逃避之族人等等工作。未久，這項工作順利地完成，「蕃情」亦日趨安定，該搜索隊遂於 9 月 5 日解散。不過，總督府爲防萬一，命令在族人境界之「海鼠山」駐留一個步兵中隊。⑪

　　再則，這次太魯閣羣的討伐，前後自 1914 年 6 月 1 日開始，迄至佐久間總督回府（8 月 13 日），實僅只有 74 日。期間討伐隊戡定了「內外太魯閣」、「巴多蘭」及「豆獅」等諸羣，開拓占據了 97 方里餘地域，並將宜蘭廳下之「南澳」羣、「溪頭後山」羣中之「馬腦揚」等數社及花蓮港廳下之「七腳川」羣、「木瓜」羣（從未歸順）和南投廳下之「詩卡瑤」、「沙馬拉歐」兩羣等族人，所有的槍械收繳，迄 9 月 17 日，共計有 6,346 把。於是，同年 9 月 21 日，日本當局乃先後在新城及內太魯閣設置花蓮港廳之支廳。同時又在兩支廳內，重新配置 42 處之警察駐在所，以從事撫育、監督族人的工作。此外，這次討伐行動，有各種技術人員參加。他們雖各自爲研究專門事項工作，但對於日後的「蕃政」或措施，均有莫大的貢獻。例如，野呂、財津、齊藤等三技師之從事調查地形、測繪地圖；福留技師之調查鑛產；賀田技師之調查森林；稻垣博士之調查山地衛生；中井技師之調查樟樹分布狀況；羽鳥技師之研究恙蟲病等等是也。⑫

## ㈡ 「南蕃」槍械之收繳與討伐

　　佐久間總督之後期「五年理蕃」計劃中，早已安排預定在討

伐太魯閣羣之後，將以武力收繳「南蕃」各地的槍械。因此，佐久間總督在判斷舉事之難易度後，即使在征伐太魯閣羣兵馬倥傯期間，亦令南投廳下之布農族及鄒族（或稱曹族）、並嘉義廳下之同鄒族等族人，繳交槍械。所以，「北蕃」平定之後，槍械仍未被收繳的族人，就僅存阿緱及台東兩廳下之「南蕃」族羣而已。該兩廳下之族羣，即是布農、排灣二族和鄒族之一小部分。其中，布農族分布於阿緱廳下六龜里支廳管內之「施武」羣，計有「雁爾溪頭」等 5 社，人口 1,400 餘人；另分布於台東廳下里壠支廳管內，則有「網綱」社外 23 社，人口 2,900 餘人。至於排灣族之分布，阿緱廳下六龜里之支廳管內有「馬加」等 3 社，人口 800 餘人；阿里港支廳管內有「傀儡」羣「多亞歐」等 12 社，人口 5,700 餘人；「排灣」羣「萊」社等 7 社，人口有 4,000 餘人；枋寮支廳管內有「萃芒」羣「斯芒」等 6 社，人口 1,700 餘人；「排灣」羣「力奇力奇」等 2 社，人口 1,300 餘人；枋山支廳管內有「恆春上」羣「獅頭」社等 23 社，人口 3,300 餘人；「萃亡」羣與「馬郎」等 2 社，人口 300 餘人；恆春支廳管內「恆春下」羣「牡丹」社等 9 社，人口 1,800 餘人；台東廳直轄區「傀儡」羣「大南前」社等 4 社，人口 600 餘人；巴望衛支廳管內「太麻里」羣「大鳥萬」社等 61 社，人口 8,000 餘人；鄒族在阿緱廳下甲仙埔支廳管內「四社」羣「加尼」等 4 社，人口 300 餘人。合計布農族 29 社，人口 4,900 餘人；排灣族 176 社，人口 27,500 餘人（《理蕃誌稿》記 4,100 餘人，明顯有漏誤）；而鄒族計 5 社，人口 600 餘人，其性質向來溫馴，招撫不足為慮。可是，布農、排灣二族，其強悍僅次於「北蕃」。而且其盤踞疆域甚廣，因此所藏的槍械，自不易收繳。由是，總督府乃決定先從布農族開始收繳，次及排灣族；而若遇有反抗，就不得不以兵力相向，並決定從阿緱、台東

兩廳同時進行。⑬

　　1914年（大正3年）9月23日，佐久間總督任命警視總長龜山里平太爲指揮官，總督府永田綱明警視爲阿緱方面搜查隊長；總督府警視松山隆治任台東方面搜查隊長。即日，龜山指揮官對兩隊長發出行動命令。命兩隊對藏有最多槍械彈藥的布農族「施武」群爲收繳的首要對象。並要求各搜查隊務必於10月3日，出發根據地，對各社族人一面示以兵力、一面予以勸說繳交鎗械。又關於搜查隊的編成，總督府稍早已於8月1日，立案裁定。亦即對兩隊各編予兵力840名，兩隊兵力合計爲1,680名。⑭

　　10月3日，台東松山隊長命令該隊進入「大南」社後，其主力向新武路方面前進，沿途示以武力，向諸族人收繳槍械。結果，自10月4日至6日間，順利地收繳822把的槍械，其中「大南」社繳交100枝。但仍有部分不願繳交槍械的「大南」社族人，逃入山內抵抗，日軍遂發射12拇臼大砲及機關槍等加以轟炸、掃射。因此，飽受震驚的殘餘「大南」社族人，先後出山投降，向日警繳交槍械。迨至10月9日，復押收204把，日警可說達到預期搜查效果。⑮

　　然而，10月9日，阿緱廳永田隊準備收繳枋寮支廳管內排灣族「力奇力奇」社槍械時，該社族人突然蜂起，襲擊當地駐在所，殺害日警及其眷屬11人。並勾結巴塱衛支廳管內之「太麻里」羣族人，襲擊浸水營、姑仔崙兩警察官吏駐在所，再殺害日警及其眷屬7人，如此，「蕃情」突變，情勢甚爲危急。龜山指揮官接報，立刻命令松山隊長調派一分隊，火速前往馳援。⑯可是，各地「蕃情」卻連鎖性的爆發蜂起。龜山指揮官即便連續調動桃園等五廳派遣支援隊，由阿緱廳長另編成搜查隊，突入「力

奇力奇」社，占領其大小村落；但枋山支廳管內各社族人，幾乎
都附和「力奇力奇」社，抗拒交械，且復攻陷枋山支廳，縱火焚
燒枋山市街，迫使日軍焦頭爛額。而與此同時，阿里港支廳管內
以「武大」社為首，亦襲擊該支廳殺害脇田義一支廳長以下 10
餘名日警。此外，10 月 19 日，恆春支廳下之「四林格」、「竹社」、
「八瑤」、「高士佛」等各社族人，大舉襲擊牡丹社等六警察駐在所，
放火焚燒，且有轉衝墾丁寮方面之勢。⑪⑦

　　如此這般，各地的抗爭，雖無大型的軍事衝突，隨後亦相繼
被鎮壓。但原先預定 30 天內可完成的工作，竟延長迄至 1915 年
（大正 4 年）1 月 20 日，松山隊始先行解散。永田隊則於 3 月 7 日，
完成收繳最後「草埔後社」之槍械之後，方於 8 日解散所有的部
隊。總之，這次「南蕃」收繳槍械的行動，日警陣亡 73 人、病
歿 11 人，連同擾亂勃發當時之殉職者 23 人，合計 107 人。各方
面所收繳的槍械，計有 8,108 枝、槍身 2,268 把。從此，南北 1,200
方里的「蕃地」，日趨寧靜。佐久間總督的後期五年「理蕃」事業，
終告完成。⑪⑧

　　一方面，「理蕃」事業既告成，佐久間總督乃飭令內田民政
長官於 1915 年 1 月 20 日，宣示將來「理蕃」方針，並訓令各官員，
今後至少四、五年間，務必維持現狀，對下述各事項，更要努力
勵行。亦即：1. 在既設隘勇線之各種警備機關，應更為嚴加戒備；
2. 對族人必賞罰分明建立政府之威信；3. 蕃務官吏之紀律，務必
嚴守。確勿與族人婦女接近，以防生變；4. 對藏匿之槍械，繼續
搜查之；5. 嚴屬防查走私之武器與彈藥；6.「蕃地」之開發，須
順應「蕃情」，採取漸進主義；7.「漢蕃」之接觸，往往釀成禍根，
故對兩者關係，須嚴加注意等。至於將來應積極採取的「理蕃」
政策，可歸納為：1. 推行適應族人之簡易教育；2. 施以都市觀光

及其他社會教育；3.鼓勵適應族人之產業；4.改善物品交換制度；5.族人醫療設施之普及；6.對族人頭目給與津貼；7.借給狩獵用的槍械彈藥等。⑲

以上，佐久間總督所發布的「理蕃」政策，大體上都爲後任的總督繼承。直至1930年（昭和5年）「霧社事件」的發生，才略有修正。1915年5月1日，佐久間總督接獲東京電令，被告知依願免職；新任的總督由陸軍大將安東貞美繼任。5月3日佐久間總督由基隆港乘郵輪信濃丸回國。旋在東京帝國飯店，與安東新任總督辦完交接手續後，即返歸故里仙台度老。然返鄉不及三個月，卻因戰場之舊傷復發，1915年8月5日病逝，享年72。⑳

綜觀佐久馬總督在台9年餘的「理蕃」事業，雖然花費了鉅大的國家預算，但總算在短暫的期間內達成了史無前例，完全征服並控制台灣所有的原住民族。這可說是一個畫時代的創舉，也是一個奇蹟。筆者在此，並非要讚揚佐久間總督爲其日本帝國立下什麼汗馬功勞。惟其「理蕃」的結果，確實讓日後台灣經濟之發展，以及台灣原住民族的近代化（雖也有損及渠等之固有文化與傳統，然終究未採取強制的滅族政策），有正面的影響。在日人治台的人物傳中，佐久間總督或許僅是一介的武夫，但筆者願意評論，「他」佐久間左馬太實僅次於後藤新平的重要人物。

# 第四節　後林少貓之台灣人抗日運動及其武力抗戰的終結

就一般而論兒玉、後藤自於1902年5月，消滅林少貓抗日游擊集團之後，總督府的警察力，已可謂完全建立有效地統馭台

灣人。隨後，台灣人目睹日俄戰爭（1904 年 10 月迄 1905 年 9 月），除了驚嘆日本連戰連勝之餘，更領悟到台灣人不可能再以武力排除日本之統治。惟台灣人之間，仍有不識大局，也有無法忍受日人的暴政，被迫走上梁山（即官逼民反），前後自「北埔事件」(1907 年 11 月) 迄至「西來庵事件」(1915 年 6 月)，共計大小有 11 次的揭竿起事。而此一時期的抵抗運動，日人統稱之為「各地騷擾事件」或「各地陰謀事件」，因為各事件大多在起事前，即被發覺並遭檢舉。其中「土庫事件」及「苗栗事件」(即羅福星等事件)，是受中國大陸辛亥革命(1911 年武漢革命)的影響，連環式的爆發。這些所謂革命事件，誠屬幼稚，也有類似「唐吉訶德」式的英勇(如羅福星等事件)，然也別具一種特有的政治色彩。爰將此時期較重大的各案，略述如下：

# 一、北埔事件

北埔事件發生於 1907 年 11 月 15 日拂曉（本章第二節已略有提及，在此較詳細的引述），主謀者蔡清琳。他 1884 年（明治 17 年）出生於新竹廳下北埔支廳北一堡月眉庄，舉事當時，不過 27 歲。蔡自當地公學校畢業後，經歷律師之翻譯員、商店職員、公司職員等多項職業。他日語流利，富頓智，但不務正業。曾犯詐欺、偽造文書等罪，而有二度入獄前科。出獄後未有悔過，他仍游手好閒，煽惑他人醞釀事端，居間謀利為生。且常進出於陋巷之間，以日人陪酒女諸岡トシ為情婦，到處徘徊一再作奸犯科，經北埔支廳及新竹廳予以嚴厲飭誡，使其盡失社會信用，為鄉黨所不齒，遂陷入窮途困境。因此，蔡清琳對日人抱有仇恨之心，大有按捺不住之慨。適逢其時，佐久間總督在桃園廳進行對大嵙崁羣之討伐，引發台灣之隘勇以及被僱用賽夏族人之不滿。蔡清琳

見有機可乘，利用其先前為日人賀田組招募腦丁入山工作，而頗有腦丁、隘勇及賽夏族人所親近信賴；乃屢次潛入「蕃界」夥同其北埔支廳隘勇伍長之胞弟何麥榮與何麥賢等，煽動賽夏族人聯合組織抗日隊，並自稱為「聯合復中興總裁」；虛構清軍即將登陸台灣，進攻新竹。於是，1907年11月15日清晨，蔡清琳共集合92名的隘勇、腦丁等漢人，帶同24名賽夏族人，襲擊北埔支廳，殺死支廳長渡邊龜作以下57人、傷6人，幾乎殲滅了所有在駐的日本人。隨後，又準備向新竹進攻。⑫

　　北埔事件距離林少貓等被撲滅，已有近五年之久，所以突來的漢人暴動，尤其又是「漢蕃聯盟」，確實令日本當局受到莫大的衝擊。因此，接獲不幸消息之後，日本當局除了立即出動軍警馳援之外，大島久滿次警視總長亦親赴北埔，二次嚴重告誡當地住民，並限於三日內，務必與軍警協力，完成討伐暴徒。如是，事件於同年11月19日，完全被鎮壓。所有的黨徒，前後或被射殺、或被逮捕。而蔡清琳雖逃入山地「蕃區」，但因其虛構清軍征台之事敗露，遂被其同夥王阿義和賽夏族人頭目「萊大羅」等人射殺。結果，參與起事的隘勇等漢人，先後被日方軍警射殺的有23人、自殺者7人、被賽夏族人殺死7人、被捕者計50人，在偵辦中病死5人，審詢結束被起訴計9人，均判處死刑，餘41人無罪定讞。此外，參與暴動被逮捕的賽夏族人24名，因為基於「蕃政」上的考慮，僅給予訓誡及罰金的寬大處分。⑫

## 二、林圮埔事件

　　1912年（明治45年）3月23日清晨，南投廳下林圮埔支廳管內頂林庄警察派出所，發生被襲擊的事件。此事件的首謀者為劉乾，其導火線則為竹林採伐問題。劉乾居住於南投廳下沙連堡

羌仔蓉庄 13 番地。家道清貧，平日以卜筮、預斷人之禍福吉凶
爲生。自少素食不茹葷，禮佛敬神，鄉人多敬之。台灣改隸後，
曾於林圯埔守備隊及憲兵駐在所當苦力，所以稍通日語。1911
年（明治 44 年）7、8 月間，在南投廳沙連堡大鞍庄壯丁小屋休憩
時，遭受巡邏中之日警訊問，日警叱其看命賣卜爲謠言惑衆。命
其改業並沒收其所携帶之百年經、封冊硯等卜筮用之器具。爾後，
又屢遭警察之監視及叱責，劉乾被迫潛入大鞍山，結草庵於中水
堀，朝夕禮拜觀音，並受鄰近信徒之施捨，得以餬口。時常下山，
寄宿於信徒林逢之家，集衆宣傳佛法，插入反日言論，痛斥日人
持強奴役我同胞，聽者皆爲之感動（文體黃旺成）。[123]

一方面，南投廳大坑庄中心崙，有林啓禎者，通稱爲林慶
興，以農爲業，依其所有竹林，兼營製造紙業。同地方之竹林，
自清朝以來，並無所謂地主；庄民只繳少許稅金，皆得自由採伐，
賣以補助日常生活費用。及日本領台，總督府據土地調查結果，
竟全部編入官有林，更放領給日本大財閥三菱株式會社。因此，
庄民喪失自由採伐權利，乃向總督府提出陳情，但無結果。1910
年 4 月間，林啓禎照常在伐竹時，爲三菱日人巡視員發見，竟遭
毆打負重傷。庄民大嘩，爲林啓禎抱不平，林將被日人欺侮之事
告於劉乾。劉見時機已熟，乃與林密謀蜂起。經過一段準備期間，
劉、林二人，遂於 1912 年 3 月 22 日，召集庄民於林逢之家，劉
乾藉神佛指示，稱：「我前日參拜國姓爺廟，夢見三聖人對我指
點，命我爲皇帝義子，驅逐日人，救民於火。故你等須聽從我之
命令指揮，共成大業。事成之日，得地得官，皆從所欲。如有不
聽命者，余將施以法術，處以死地。」[124]

3 月 23 日拂曉，劉乾率領 13 名信徒前往襲擊距林圯埔約一
里半之頂林派出所，殺害正在熟睡中的 2 名日警，以及 1 名台籍

巡查補陳霖仔。隨後，劉乾復命數名信徒往攻林圯埔支廳，但途中行至大坑庄，忽遇林玉明者，問知一行底細，警告之曰：「你等若到林圯埔，必無一人可得生還。」信徒劉賜等一聞是言，皆大驚失色，各自潰亂遁入山中。劉乾聞訊，知事已失敗，乃潛入山中逃避。[125]

另方面，林圯埔支廳獲得警報，立刻派遣警察隊趕到頂林庄中心崙，大肆搜索民家，即日逮捕劉賜、蕭啓兩從犯。隨後南投廳警察隊及壯丁團，亦被派入山中搜索，迄至 3 月 30 日，共逮捕劉乾等 12 人，並現場斬殺 1 人。至此，搜捕告一段落。4 月 7 日，在林圯埔支廳開設臨時法庭；4 月 11 日及 12 日，開始審問公判。結果，劉乾以下被告 8 名，宣判死刑，無期徒刑 1 名、有期徒刑 15 年 3 名，1 名無罪定讞。被執死刑者，據說皆視死如歸，別無恐懼之狀。如首謀劉乾更索飲食，從容就死。[126]

## 三、土庫事件

嘉義廳打貓北堡大埤頭庄 975 番地出身的 30 歲（明治 15 年、1882 年生）黃朝與同鄉 55 歲的黃老鉗（安政 6 年、1859 年生），同是被僱作短工的勞動者。兩人意氣投合，素頗關心國事。1911 年中國辛亥革命成功，推翻滿清三百年帝業；黃朝聞訊大喜，與黃老鉗共謀，認為自己也能驅逐日人，成為「台灣王」。於是，黃朝乃利用村民對神佛之迷信，在 1912 年（明治 45 年）5 月 22 日，藉由玄天上帝勅令，宣稱百日後他將成為「台灣國王」。約經過一個月，至 6 月 24 日，黃朝召募了 15 名信徒，但其他多數村民尚存半疑，未即加入。故黃朝更告以神諭，謂：「如不信神，大地將陷落、水火之災將繼至，悔之莫及。而且近日中，中國將派兵百萬來援，台灣革命一定成功。」[127]

　　黃朝之假藉神意，籌謀革命的事情，宣傳到各方面。同庄甲長張龍，恐他日遺禍鄉里，故與保正張加高、區長張兵等商議，終於在 6 月 26 日，連同第二保正張萬來之子張各水密告於當地派出所，案情遂表面化。接獲情報，日巡查圓崎郡治，即刻命令黃老鉗解散該組織黨徒。復於 27 日，突檢黃老鉗家，帶回正在集會中的黃朝、張南、蘇定及黃老鉗之長女等 5 人，至派出所訊問。黃朝自覺事情嚴重，遂在圓崎巡查無提防下，將派出所料理台上的菜刀抽出，猛砍之。幸好，圓崎僅受輕傷，黃朝逃走不成，反被壓制，嚴加偵訊的結果，全案大白。司法警察乃大捕同黨 24 名信徒，押送至台南地方法院，由三岡法官擔任審判。不過，6 月 30 日，黃朝在獄中暴斃未及審判。同年 9 月 3 日，三岡法官宣告判刑。黃老鉗被判死刑，其他無期徒刑 2 名，有期徒刑 12 名，行政處分 1 名，餘不起訴處分，無罪定讞。事件告一段落。[128]

## 四、苗栗事件 (羅福星等事件)

　　1913 年 (大正 2 年)，在台灣中南部各地，因為受到中國大陸辛亥革命 (1911 年) 的刺激，以羅福星為首 (較具組織性)，前後又發生了五起抗日事件。日人視此諸事件為同一性質、時期亦相近，遂在檢舉逮捕嫌犯後，將其集中於新竹廳苗栗開設臨時法庭，審判各案，故總稱之為苗栗事件或羅福星事件。茲將各事件略述如下：

### (一) 羅福星事件

　　羅福星別名羅東亞，又稱羅國權。住新竹廳苗栗一堡牛欄湖庄。生於廣東省嘉應州鎮平縣高思鄉大地村，亦有稱出生於印

尼巴達維亞；母親是印尼的荷蘭後裔，所以貌似洋人。1903 年（明治 36 年）隨其祖父來台，曾就讀於苗栗公學校，未畢業。於 1906 年（明治 39 年），又同其祖父返粵。路經廈門，即加入中國同盟會。歸抵故鄉，任小學教員。後遍遊南洋各地。第一次中國革命時，曾參加革命軍，旋又返鄉里執教。⑫⑨

　　在國內及南洋各地，奔波過一時期之羅福星，對於革命運動，似乎頗有心得。1912 年（大正元年）12 月 18 日，他像「唐吉訶德」似的心頭一動，竟自告奮勇，隻身來台（妻兒留在中國），決意搞革命，驅逐日人，拯救台灣人於水火。不過，他卻自稱是奉「福建都督之命」與 12 位志士來台密謀革命。羅福星來台後，居無定所，常以台北大稻埕爲生活據點，台南館爲其慣宿旅社。他時常往來於台北、苗栗之間，宣傳抗日，召募同志。未久，他募得在台中國人黃光樞、江亮能及台灣人謝傳香、傅清風、黃員敬等人爲幹部同志。告之：「在本島的施政是蔑視虐待本島民，課以重稅、剝奪產業，使島民喪失生計之途，日益沉淪悲境。今再不覺醒，前途堪慮。尤其島民原本即是中國子民，絕無永久屈服於日本淫威之理。應糾合島內同志伺機各地起義，殺退日本人，將之驅逐於島外，以脫離此一悲境。」於是，以苗栗爲中心，極秘密地在新竹的通霄、後壠、樹杞林、桃園廳的咸菜硼、大料崁、三角湧及台北市內等地。召募以粵籍台灣人爲主的黨員，合計約有 235 人（筆者依據二次法庭，被起訴判決有罪的人計算。但羅本人在「自白書」裡，卻誇稱有 95,631 人之多）。羅福星把募集到的黨員，按地區分別組成爲革命會、華僑會、三點會、同盟會或革命黨等名稱，以暗號通信方式，來保持相互間的連絡；並在民眾間廣泛的批判總督政治、揭露秕政，宣傳共和制的好處，努力擴大黨勢。又依個人的財力，向黨員徵收 50 錢、一圓、八圓三階段的黨費。

但也不忘宣傳事成之日，各有好職、或大臣之分。由於羅福星如此慎重，並具有組織性的秘密結社，故日本當局很難捕捉發覺其「革命」陰謀。[130]事實上，羅福星事件之被探知，是由下述「關帝廟事件」以及 1913 年 10 月初，新竹廳大湖支廳失去六枝鎗械的搜查爲契機，才意外被發覺偵破的。[131]

於是，日警開始搜捕羅福星關連嫌犯，迄至 1913 年 11 月下旬，前後數次共檢舉逮捕 297 人。並於 11 月 26 日起，連日分十次，在苗栗設置臨時法庭審理。第一次江亮能等 14 人；第二次羅慶興等 14 人；接之黃員敬等 16 人；林李枝等 16 人；劉阿盛等 23 人；傅清風等 15 人；謝德香等 20 人；劉滿等 22 人；黃光樞等 32 人；黃管等 9 人。12 月 4 日，公判審理結束，檢查官受理 297 人中，不起訴者 128 人，起訴者 169 人，起訴判無罪者 32 人，有罪者 137 人。判死刑者爲江亮能、黃員敬、傅清風、謝德香、黃光樞外，缺席判決者羅福星等計 6 人，有期徒刑者 15 年 5 人，12 年 8 人，9 年 22 人，7 年 23 人，5 年 69 人，4 年半 2 人等。[132]

一方面，事件曝露當時，羅福星得到其忠實的黨徒邱義質（苗栗支廳巡查補）之通報與暗助，終能於 12 月 16 日，脫險逃亡至台北廳下淡水支廳芝蘭三堡下圭柔山庄 514 番地，李稻穗農民家中潛伏在此，他等待船隻，準備要密渡回國，待後日東山再起。豈料遭到李稻穗與保甲幹部的密告，而於 12 月 18 日下午 10 時，與周齊一起被日警逮捕歸案。其時，日警從羅福星身邊搜得手記二冊，一爲黨員名簿，一爲感想錄；另又搜得其他檄文等文件。[133]

逮捕首魁羅福星之後，日警依據黨員名簿，再度展開第二次的大檢舉。12 月 20 日深夜，台北廳下各支廳同時開始行動，以

期一網打盡革命黨。隨後，檢舉行動又擴展至南部一帶，直到1914 年(大正 3 年)2 月中爲止，以嫌犯被調詢者，共達 700 餘人。而即將下述之沈阿榮、張火爐等中部案件，亦同時被發覺。總之，自 1914 年 2 月 16 日起，日本當局再度在苗栗臨時法庭，開始第二次的審理。以羅福星同黨之嫌疑，被檢察官受理者 247 人，內149 人以證據不足，裁定不起訴處分。2 月 26 日，審理結束。28日，羅福星被判決死刑，其黨徒則分別被判 15 年到 4 年半的不同有期徒刑。至此羅福星事件結束。3 月 2 日，羅福星被押送至台北監獄絞首台，執行死刑，他從容就義 (當年 29 歲)，並在其「自白書」中，寫下「粉身碎骨，殺身成仁，將爲台灣人民之紀念人物。」又云；「今吾 12 志士，粉身碎骨，而事若不成吾等不再留名於世。但吾人一死，尚有 11 志士必爲我報仇也！」[⑭]其志誠可嘉，可惜亦太無知也。

## (二)　關帝廟事件

　　關帝廟之主謀者，是李阿齊又名李阿良。住台南廳關帝廟地方，但居無定所。自稱其父曾參加武裝抗日集團，爲日軍殺戮。李阿齊對殺父之日人，誓不共戴天，每思報復，常出入「蕃界」。1913 年 6 月間，他忽頻繁往來於關帝廟支廳五甲庄附近及大目降支廳茅草地區，從事召募抗日黨員。爲使一般人加入其黨團，他大肆宣傳，誇稱已在「蕃地」結合了七、八百名抗日同志。且現時北部台灣抗日軍已蜂起，日官憲正疲於奔命，吾等欲起事，怎可失此良機。又要藉迷信之力，謂山中有一神童，賜其一把靈劍，能知吉凶禍福；並指點其山中有清水、鹽水兩泉，得以方便煮飯。此回義舉，神人合作，當不愁驅逐日人之不成功。受李阿齊之宣傳，承諾參加起義者，在五甲庄有十餘名。而爲識別黨員，

這些參加者的頭髮，都剃留中心部分，成為月形。但因為日警先是在 5 月中，探聞新竹廳下後壠支廳，有組織革命黨之風聲，正在嚴密監視有可疑行動者，卻意外地在台南廳下關帝廟支廳管內，發覺有這種奇異現象，終於探知同支廳管內亦有革命黨。同年 7 月上旬，李阿齊頻頻進出五甲庄，最後在該庄公墓地，召集入黨者，約定陰曆 10 月間舉事，首由五甲庄發動，經關帝廟襲擊台南，殺盡日本人。同時為避免傍人注目，舉事之日，各帶鋤頭、畚箕為暗號，集結於指定地點。但此事已被發覺，日警開始進行檢舉，李阿齊聞風，先行藏匿，旋即被逮捕。1913 年 12 月 4 日，李阿齊與其 8 名黨徒，在苗栗臨時法庭，被起訴判刑（筆者未能查明其刑期。不過，依據律令第 24 號「匪徒刑罰令」第一條之罪，首謀李阿齊諒必被判死刑不誤！？）事件告一段落。然而，這事件搜查的結果，卻意外地揭發更大規模的羅福星事件。[135]

## ㈢　南投事件

陳阿榮居住於台中廳揀東上堡水底寮庄 233 番地。曾當過隘勇，是南投事件的首謀者。陳受中國辛亥革命之影響，企圖伺機在台灣中部起義，襲擊官衙，殺盡日人，進而與各地區之同志連繫，驅逐日人，脫離其統治。於是，自 1912 年陰曆 8 月起，他開始組織革命黨，策劃糾合同志。未久，於陰曆 10 月間，在東勢角庄自宅，先行勸誘相識之徐香入黨。後又在同庄地區及南投廳埔里社各地，共招募了 85 名黨員，擬俟時機成熟，即一舉突擊南投。結果，未起事前，就被發覺遭到檢舉逮捕。1914 年（大正 3 年）2 月 28 日，在苗栗臨時法庭的判決中，陳阿榮被判死刑，其黨徒有部分未被起訴，餘皆被判 15 年以下的有期徒刑；事件遂告落幕。[136]

## ㈣　大甲、大湖事件

在台中廳之大甲及新竹廳之大湖，所發生的抗日事件，其主謀者是張火爐。他居住於台中廳揀東下堡阿厝庄 342 番地。同樣亦因為受中國辛亥革命之刺激，妄想起義驅逐日人。1913 年陰曆 2 月，他開始組織革命黨，著手招募黨員。結果，他在台中廳大甲鎮鐵砧山腳庄及新竹廳罩蘭等地區，募集了黃炳貴、紀碼等 47 名黨員，準備待時機成熟，即從兩地同時起事。但事未成而曝光，被大甲支廳所探知，張火爐乃逃亡至花蓮港廳管內潛伏。後經該廳日警逮捕，將其押送審判途中，於 1914 年 (大正 3 年) 1 月 26 日，在打狗外海自船上投海自盡。而其他被檢舉的黨徒 90 餘人，則被送往苗栗臨時法庭審判。結果，於同年 2 月 28 日，有部分未被起訴外，餘皆被判 15 年以下的有期徒刑，事件遂告終結。[137]

## ㈤　東勢角事件

居住於台中廳苗栗三堡圳蓁庄之地理師賴來是本事件的首謀者。賴來於 1912 年間，與謝金石同夥密渡中國，在上海滯留數月，對辛亥革命有所見聞。1913 年，仍與謝金石潛渡回台後，即著手組織革命黨。計劃首先襲擊收藏多數槍械之東勢角支廳，奪取武器後，沿途招募同志，出葫蘆墩，次及大湖、苗栗，繼而攻擊台中，逐步占領全台。未幾，賴來前後招募了謝金石、詹墩、謝輝、詹勤、李文鳳、賴富、吳傳、羅枝、陳其等共 80 名同志。11 月 28 日，謝金石、謝輝、詹墩等首腦級幹部集合於賴來處，共謀決議於 1913 年 12 月 1 日夜，襲擊東勢角支廳，並商議其方法。[138]

於是，12月1日夜，如約謝金石、詹墩、詹勤等一夥數十人，集結於賴來之家。設祭壇，豎起二龍旗，供奉五色革命旗及陳列武器。焚燒金紙禮拜誓締盟後，下午10時各自整裝妥當，執槍枝、台灣刀、刀槍等自該處出發。經石壁坑庄、校栗埔庄、東勢角庄（土名下新），2日午前4時，抵達東勢角支廳東北角水圳邊，探悉支廳人員皆在睡夢中。賴來乃率眾吶喊一聲，衝入支廳辦公室，殺害值夜勤的佐佐木市兵衛、萩原政雄兩巡查及賴壎漢巡查補，並破壞電話機6架，奪取村田槍2枝。此時，在宿舍就寢中的竹內猛警部補，發覺有異變，帶同一名部下，伏於暗處。旋見攜槍之暴徒欲自後門出現，即予擊斃，事後判明此人即首魁賴來。接著，竹內警部補又發現3人自倉庫陰暗處出現，即向中間一人瞄準射擊，此人應聲倒斃，豈料被射殺者亦就是副首領詹墩。至此，革命黨徒自亂陣腳，落荒而逃。旋日方調動眾多警察官逮捕有關嫌疑犯48人。惟進行調查後，其中半數裁定不起訴，餘21人交由當時在苗栗設立之臨時法庭審理。1913年12月28日審理終結，29日宣告判決。結果，謝金石、謝輝、詹勤、李文鳳、賴富、張阿頭、謝水旺、詹朝枝、劉毛、劉頭、盧阿場、王金水、賴元（逃亡中缺席判決）等13人判死刑。餘皆被判15年以下的有期徒刑，僅劉阿苟一人判無罪。本事件遂告結束。[139]

以上是1913年發生於台灣中南部的抗日運動，日人統稱之為「苗栗事件」。這些事件，除了「東勢角事件」以外，如前述，均於事前即遭檢舉或撲滅。但儘管如此，「苗栗事件」確實也為日本帝國帶來不小的衝擊。在第31回帝國議會召開期間，1914年1月21日，眾議院議員小林勝民獲得金子圭介等63名同僚的支持，向政府提出一份名為「有關政府對新領土經營之主義方針

與台灣陰謀事件之責任及其善後對策之質詢」文書，在議會追究內閣的責任。對此質疑，2月24日，原敬內務大臣以書面作出如下的答覆：「1.對新領土之經營，盼新附之人民沐浴皇化，開拓富源，發達產業；2.台灣陰謀事件是受到中國革命之影響，即不明中國人及事理的部分島民等所計劃發動的。因此有部分已在臨時法庭完成審理，有部分仍在審理中。對完成審理者，依其罪行，科以相當之處罰。又今後宜當採取合適的對策，並嚴加重重警戒。」對此答詢，小林議員認為政府刻意將苗栗事件的起因，歸咎於辛亥革命之影響，而完全不反省惡政統治台灣的結果。於是，25日，小林議員立即再度提出同樣的質詢，並詰問：「當局不但不明白事件是由民心之不平不滿而發；更對此造成全島大動搖的事件，也無任何善後處理的方案。」針對小林議員第二次之質詢，原內務大臣在3月20日，再度答辯稱：「台灣陰謀事件是受到中國革命之影響，被虛構的迷思驅使所致。由審理的結果，真相已大白。台灣陰謀事件，不會為全島帶來重大動搖，盼今後之施政能基於台灣之實況，適切採行之。」這樣答辯並未改變其原本的態度。因此，小林議員於3月21日，第三次提出同樣的質詢。不過，這回政府不再做任何答辯了。⑭綜言之，「苗栗事件」著實也引發了日本政壇不少的風波。

## 五、六甲事件

　　苗栗事件結束，羅福星等人被處死後，台灣低迷的烏雲仍未散。各地風聲鶴唳，顯示無法預測的不祥事變即將再發。果然，1914年5月8日，嘉義廳下六甲支廳管內的南勢，發生了所謂六甲抗日事件。六甲事件之首腦是羅嗅頭，住嘉義廳店仔口支廳管內之南勢庄。家世頗富裕，至嗅頭時，家道漸次中落。羅嗅頭

幼習拳棒，稍識字並稍通日語，腦力聰明。惟 1913 年 8 月間，因爲強暴一名同庄黃姓美少女（17歲），而被告訴。雖和解成立，但被傳至店仔口支廳，擬處以行政告誡時，他携帶妻子避入六甲支廳之鳥嶺山內，輾轉各地。其時，在無意中，他認識了大甲支廳管內大坵園庄（中坑）住民陳條榮；兩人意氣投合，過從甚密，遂結生死緣。1914 年 4 月上旬，羅嗅頭移居下南勢庄之後方山中，建小屋二棟與妻同住，並闢其中一屋爲祭壇，奉仰神佛。平時誦經禮佛，並讀兵書，巧躲日警之監視。但羅對日人之仇恨不忘，時常暗中計劃如何推翻日本政府。某夜，偶占卜自身命運，神諭告知自己有帝王之份，乃加緊募集黨員，急於組織革命黨。恰當其時，有居住六甲支廳大坵園庄之羅獅，因爲竊盜金錢的罪嫌，被日警通緝中，與其弟羅陳逃至羅嗅頭處藏匿，兩兄弟就和羅嗅頭結盟，成爲其左右手。[141]

　　如此，羅嗅頭等人，開始積極招募附近村庄的居民，結爲革命同志。未久，便有數十人加入羅嗅頭的組織。羅自稱爲「台灣皇帝」，並占卜以 1914 年陰曆 7 月吉日，策劃蜂起，揭竿襲擊六甲支廳。可是，在約定起義時日未到之前，其黨員之一，竟於 5 月 5 日，在嘉義廳下店仔口支廳大埔派出所，偷竊村田槍 2 枝、子彈 5 發，爲之陰謀事件曝露。結果，6 日，該派出所大舉搜索南勢庄地區，雖未查出嫌犯，但羅嗅頭等人，認爲事已迫急，非先發制人不可。5 月 7 日夜半，羅緊急招集 10 餘名黨員，決議蜂起，前往進攻六甲支廳，順途先襲擊大坵園及王爺宮二派出所。然路經該兩派出所時，適值兩地警員皆不在，故均無所獲倒是沿途民眾，聞起義抗日事，自動踴躍參加者，有數十名，隊員合計達 80 名之多。於是，各持鎗、刀、棍、棒現成的傳統武器，一路向六甲支廳前進。[142]

一方面，六甲支廳早已接獲情報，急派警部補野田又雄率領巡查 5 人，於 5 月 8 日夜，趕到王爺宮造林地。時羅嗅頭革命隊亦前進至此地，雙方遭遇，即展開戰鬥；野田警部中彈二發，雖後送醫療仍不治。日警寡不敵眾，恐被切斷後路，乃撤至標高 303 尺處，扼守該高地。旋六甲支廳聞槍聲，推測事態嚴重，又命渡邊警部補另帶 5 名巡查赴援。混戰多時，抗日隊漸次不支；而日警各方面的援軍陸續趕至，羅嗅頭等驚慌地潰退至三腳方面的山岳地帶逃生。之後不久，抗日隊的潛伏地，先後陷入警察隊的重重包圍，羅嗅頭、羅陳、羅其才等，自知事已不可為，因不願被捕受辱，遂自殺身亡。另李岑等 8 名，因逮捕時反抗，而遭射殺。在參加者中，除羅獅、李松、林班、陳條榮、王朝枝等 5 人逃走外，大多被逮捕歸案。1914 年 12 月 4 日，日當局依據「匪徒刑罰令」，開審判庭於台南地方法院。迄 1915 年 (大正 4 年) 2 月 12 日，台南地方法院的最後判決，除一名被判無罪外，有 8 名宣告死刑 (含逃亡中 5 人)，無期徒刑 4 人，有期徒刑 10 人。除此之外，於檢舉逮捕時抵抗，經行政官逕行臨機處分者 15 人，為嫌疑而受調查者，全案共 106 人。但檢察官除上述判刑者外，一律裁定不起訴處分。至於逃亡者，不久因被日警探知潛伏所在，有的自殺、有的在逮捕後被處死。六甲事件遂告終結。[143]

# 六、西來庵事件 (噍吧哖事件)

《台灣總督府警察沿革誌》第二編上卷之資料裡，對「西來庵事件」，首先即有如下的記述：「1915 年 (大正 4 年) 6 月以後數月間，以余清芳、江定、羅俊為首領，糾合本島人數千，企圖驅逐內地人，欲使本島獨立，而發動之擾亂暴動事件，一般所稱西來庵事件或噍吧哖事件，係本島統治上應加特書之大事

件。」⑭可見該事件帶給日本當局何等的衝擊。又本事件的稱呼，或冠以首要人物余清芳的姓名，稱爲「余清芳事件」；或冠以策謀地點，台南西來庵的名稱，而稱爲「西來庵事件」；或冠以本案規模最大的戰場，以及案發後，日人集體屠殺無辜庄民，造成空前慘案的噍吧哖之地名，而稱爲「噍吧哖事件」。總之，這些都是代表全案的名稱。事實上，本案的範圍非常廣泛，包括台北、台中、南投、嘉義、台南、阿緱等各廳及其轄下各支廳。不過，「噍吧年之役」毋庸贅言地，確實是本案最高潮，也是本案最大的焦點。此外，所謂「噍吧年」，原本是「蕃社」名「Tapani」的近音譯字。亦即荷人所稱的 Dabale 或 Daubali。余案發生之際，此庄仍沿用「噍吧哖」的名稱。及至 1920 年（大正 9 年），日人復以「噍吧哖」(Tapani) 的近似音「玉井」(Tamai) 來稱呼該鄉。如今，我們又沿用日人名稱，卻稱將其唸成「ㄩˋㄐㄧㄥˇ」的北京音，或「giou jehn」的台語音。⑭茲分項將此事件的經緯，略述如下：

## (一) 事件主謀者之生平概要及各派系的組織

### 1. 首要人物的履歷簡要

(1)余清芳：別號余清風、余春清、徐清風，字滄浪，人皆以「余先生」稱之。父余蝦、母余洪氏好，從閩南遷來台灣阿緱廳轄內。余清芳就是於 1879 年（光緒 5 年、明治 12 年）11 月 16 日，在阿緱廳轄港西中里阿緱街出生的。爾後，他跟父母再遷移卜居於台南廳長治二圓里後鄉庄 547 番地。6、7 歲時，就讀私塾，修習漢文數年。因其有聞一知十的伶俐，父母與鄉親都寄予厚望（日人筆下的描述）。旋因爲父親早年去世，且家道清寒，故於 12、3 歲時輟學。爲幫助家計，傭於台南廳左營庄曾紹房的米店，嗣後

轉爲雜貨商林經潛的夥計，助理其生意，得微薪以奉養寡母。日本領台後，年方17、8歲時，既有結黨爭雄的「大哥」氣概（或稱其投身武裝抗日義民團體，但筆者查無事證）。1899年（明治32年）7月，余清芳20歲時，被任命爲台南廳下巡查補，勤務於阿公店支廳。惟因爲有詐欺取財的嫌疑，於1900年（明治33年）7月，被解職。迨至1902年（明治35年）雖復任鳳山廳巡查補，卻又因爲發生不當的行爲，1904年（明治37年）被解職，從此不再有機會進入宦途。隨後，余清芳輾轉於台南、五甲、林庄、舊城等地，經常出入齋堂，反日言行漸露；同時積極勸誘信徒，準備利用宗教的迷信，將來起事反日。[146]

　　一方面，日人對余清芳的行徑，十分厭惡，時時暗中注視其行動。1904年3月，阿公店支廳曾藉口他遊蕩無職，對他發出就業戒告。可是，余清芳仍浪跡各地，不務正業。1908年（明治41年）他加入鹽水港發起之秘密結社「二十八宿會」，並全力擴展其黨羽。然事被官憲探知，1909年（明治42年）1月1日，日警將他押送到台東「加路蘭浮浪者收容所」，加以管訓，時年30歲。管訓期間，余清芳謹愼勤勞，態度服從，遂於1911年（明治44年）10月，獲釋回鄉。其後，他或當保險勸誘員，或開酒類販賣店，努力開拓生計。最後，他於1914年（大正3年）3月，在台南市府東港街233番地，以「邱九」的名義，開辦「福春號」碾米廠。如此，藉由商業關係，余清芳能與各方面的人士接觸，重新出入以前的各齋堂，除了繼續宣傳反日思想以外，更努力糾合同志。就在這時候，他結識了大目降（今新化）世家，住台南廳帝仔街的台南廳參事蘇有志和原大潭庄區長鄭利記。蘇、鄭兩人都信神，均任台南廳西來庵董事；鄭信神較蘇尤篤，因而辭去區長職，以便專心辦理該庵的事務。余清芳自與蘇有志、鄭利記

兩人結識，更頻頻出入西來庵，常談及日本統治台灣情事，傾吐反日心情，蘇、鄭兩人均表贊同。不過，他倆只能暗中協助，未敢公然參加實際行動。[147]

爾後，余清芳反日工作，進展愈快。對參加者的信徒，他分發神符、呪文等物，謂此可以避彈護身，革命發生時，也可以此為入黨之證。又常扶乩，藉神示，宣告革命一定成功，並以此來糾合同志。未久，他見時機已漸告成熟，乃以大元帥的名義，在黨員多數出入的地方，發出如下的諭告文。其要旨，即「大明慈悲國奉旨本台征伐天下大元帥余，示諭三百萬民知悉。古今中華主國，四夷臣卿，邊界來朝，年年進貢。豈意日本小邦倭賊，背主欺君，拒獻貢禮；乙未五月，侵犯台疆，苦害生靈民不聊生言之痛心切骨。聖仙神佛，下凡傳道，門徒萬千，變化無窮。今年乙卯五月，倭賊到台二十有年已滿，氣數為終，天地不容，神人共怒。我朝大明，國運初興，本帥奉天舉義討賊，興兵罰罪，天兵到處，望風歸順，倒戈投降。本帥仁慈待人，憐恤性命，准人歸順。倘若抗拒，沉迷不悟，王師降臨，不分玉石，勿貽後悔。爾等有志願意投軍建功立業者，本帥收錄軍中效用，但願奮勇爭先，盡忠報國，恢復台灣論功封賞。爾等萬民各宜凜遵而行，勿違於天。」[148]

⑵羅俊：是西來庵事件三大首謀者之一。別號羅壁、羅秀、羅俊江、賴秀、賴乘等。其父來自大陸，1855 年（咸豐 5 年、安政 2 年）12 月 28 日，出生於嘉義縣他里霧堡五間厝社（今斗南虎尾附近）。幼就讀私塾，天資穎悟，其記憶之強，無人能比。及長，曾一度任教師，後轉而學醫。日人領台初期曾任保良局書記。然於 1900 年（明治 33 年），投身義民抗日行列，事敗密渡中國，歷遊華南各地，為時七載。及其潛返故鄉一看，家境大變，不僅三

子已死，妻亦改嫁。家產盡被姪輩霸占，且有被日警發覺逮捕的危險。乃於 1906 年（明治 39 年）6 月，飄然再渡中國遍遊廈門、漢口，遠及安南、暹羅等地，以行醫或看風水為業。後棲隱於福建天柱巖寺廟，持齋禮佛，過較寧靜的生活。但對於驅逐日人之事，時刻未嘗忘懷。[149]

1911 年 10 月 10 日，武漢起義（辛亥革命），清帝遜位，民國肇造。羅俊目中國革命，東望台灣，大感脾肉復生。正當其時，1914 年（大正 3 年）8 月，有台南人陳全發，密渡廈門尋訪羅俊，告以余清芳在台南，忙於籌備革命事情，並勸誘他返台共謀大事。羅俊內心大喜，為期慎重，乃於是年 9 月，派遣心腹鄭龍渡台，到他摯友住台中廳下員林支廳之賴冰處，告以計劃；獲得賴冰的同意，再經過他的斡旋，由舊知嘉義廳西螺堡新安庄賴成及住台中廳燕霧下堡黃厝庄賴楚，各出 50 圓，共一百圓作為返台的旅費。羅俊遂於是年 12 月 16 日，以齋友的名義，帶同精於符法的許振乾等四男二女，由廈門起程，於淡水登陸後，即往訪賴冰，並在該地會晤賴淵國、賴楚、賴宜、賴成等，他們皆贊同他的主張，願意參加推翻日本政府的革命行列。1915 年（大正 4 年）1 月 9 日，羅俊復往廈門，招募舊知李鏡成、王烏番等人，於 2 月 3 日，再渡返台灣。其時，羅俊又在台北市大稻埕勸誘林豹成等數人，加入革命工作。未幾，經張重三與李鏡成的居間安排，羅俊假名賴守，帶同志三名前往台南，秘密會見余清芳於福春碾米廠之深落一室。兩人對推翻日人的統治交換意見，志同道合，相見恨晚。於是，誓約締盟，待籌備周全，即南北同時起義，並約定由羅俊負責台北、台中一帶的工作；余清芳則負責南部各地區的事宜。[150]

⑶江定：是西來庵事件三大首腦之一。在武力方面，他是余

清芳最為得力的革命同志。歷代居住台南廳楠梓仙溪里竹頭崎庄之隘寮脚。出生於 1866 年（同治 5 年）月日不詳。江定生平富俠義心，在當地資望甚高；日本領台後，即在 1897 年（明治 30 年）被舉為區長，在職二年有餘。1899 年（明治 32 年）為職務上擊斃庄民張椪司，被噍吧哖憲兵緝捕，乘隙逃遁山中。官方經搜索未得，認為他已死亡。豈料 1900 年（明治 33 年），全台各地義民紛紛蜂起抗日，江定也率領四、五十人，在嘉義廳下後大埔方面與日軍打游擊戰。1901 年（明治 34 年）3 月 24 日，日軍在台南廳新化南里庄擊斃二嫌犯，命熟識江定之張牛鑑別屍體，張牛佯稱死者之一，即是江定無疑；由是，江定再度被認為已死亡，而停止搜索。其實，江定獲庄民的暗助，脫險與其長子江憐等，復退入後堀仔山中，擇最天險之石壁蔡要地，築草茅糾合甲仙埔隘勇及六甲方面之抗日殘黨，共數十名，以待機再作抗日之舉。嗣後，江定深居山中十餘年，所招募的同志愈聚愈多，有如山內王之概。1915 年（大正 4 年）余清芳準備起事，久聞江定大名，乃極思聯繫晤面。於是，得同志林吉的介紹，就約定在南庄興化蔡林吉的住宅會面。林吉備酒款待，兩人一見如舊，傾談之下，肝膽相照，各敘生平。江定立即贊成參加舉事，俟時機一到，當率所屬同志下山殺敵。不過，他以山居達十餘年，難免昧於外間的消息，故起事時，仍相約以余清芳為主，以江定居副。[51]

　　(4)游榮：別號余榮、榮華。住阿緱廳甲仙埔支廳楠梓仙溪東里大坵園庄 79 號，業農及腦丁、賣藥行商。游榮係「熟蕃」，十餘年前，曾卜居南投廳沙連堡內樹皮庄。所以，在該庄有不少親戚故知，李火見即是其知交之一。父名游清景（已故），兄弟 5 人，游榮為長子，據日人之調查游榮長相，身高約 5 尺 3 寸，膚色白，中等身材，剪頭髮，狀頗瀟灑、操泉州腔。游榮係余清芳的麾下

人物，利用行商之便及他在林圯埔方面的舊知關係，賣力勸募黨員。尤其再透過李火見，在南投廳下曾勸募數十人加盟，儼然成余案的一派；事發後，日人稱之為「員林事件」。游榮曾於 1915年 7 月 9 日，參加甲仙埔支廳之襲擊，繼在葡萄田與日警察隊對抗。另於 8 月 2 日，襲擊南庄派出所，並擔任火攻任務。旋於 8月 5、6 兩日，復參加噍吧哖襲擊之戰。游榮於 1916 年 (大正 5 年) 7 月 3 日，與江定等 37 人，同時被台南地方法院判決死刑，並於 9 月 13 日，被執行於台南監獄，享年 39 歲。噍吧哖之役後，游榮可能如江定等人晦蹤於深山，後受誘降，始下山者 (文體：程大學)。⑮

(5)李火見：出生於 1885 年 (光緒 11 年) 8 月 1 日，住南投廳沙連堡羌仔寮 258 號。僅係一腦丁且是文盲，但因才智勝眾人，被舉為腦長。其兄李火生，則略識文字，故兄弟所使役的腦丁為有 25 人，運腦役工亦有約 23 人。李火見亦是「熟蕃」，在腦丁間，因業務關係，稍有勢力。又如前述，他得到游榮的助力，終能在余案中扮演林圯埔廳下的主魁。所謂李火見的「員林事件」，起事前即被檢舉。1915 年 9 月 3 日，在台南開設的臨時法庭，判決李火見等 54 名均有罪。但都無被判死刑者，可能是因為未實際參加襲擊行動。⑯

(6)李王：居住於阿緱廳蕃薯藔支廳羅漢內門里木柵庄 1152號之一，年齡 60 歲。李王於 1914 年 9 月，自保甲書記陳水旺及鄭讚處，聞及余清芳與江定共圖革命事，乃馳往江定處，入黨加盟。爾後，他依余清芳之指示，招募黨員，分發所謂「神符」，以為同志的憑證，迄至 1915 年 4 月間，李王共募陳水旺、鄭讚、蕭武秀、蕭登瑞等 160 餘人，並徵收黨費 260 餘圓，交付給余清芳，構成五派之一的李王派。1915 年 6 月 21 日，其黨員之謝萬

金、方文秀兩人被檢舉，供出主謀者李王。台南廳立即通報阿緱廳將李王收押，並逮捕其他的黨徒。9月5日，台南臨時法庭判決李王有期徒刑15年，陳水旺、鄭讚、蕭武秀，各徒刑12年，其餘156人各處有期徒刑9年。因爲事發前被檢舉，故尚無被判死刑者。而事件發生於蕃薯藔支廳，日人遂稱之爲「蕃薯藔事件」。⑮

## 2. 各派系組織系統與特徵

西來庵事件，如前述，其波及的範圍甚廣，所以各地方又各自形成小組織，進行籌備，相機起事。不過，多半在準備未成熟前，就被日方當局偵破揭發。事後，日官方對各地方的小組織，各冠以專有名詞，如「員林事件」、「蕃薯藔事件」等。然而，這些案中的小案，其實，仍都是受余清芳所指使與掌握，組織系統應稱是一貫的。茲將程大學氏所整理出來的各派系圖表，引述如右圖。⑮

## (二) 西來庵事件的發覺及事變的經過

### 1. 事件的發覺及檢舉

正當余清芳等人的舉事，猶在醞釀中，日官憲有微聞蕃薯藔、甲仙埔、噍吧哖各支廳及台中員林附近，皆有陰謀事變之形勢。惟因事屬秘密，日官憲不論怎樣嚴密偵查，仍然難以掌握確切的證據。然而，在1915年5月22日，欲搭乘由基隆駛往廈門之日本「大仁丸」輪船，有乘客蘇東海者與二名華僑，日警以爲行踪可疑，扣押至基隆支廳盤問時，日警雖未查出任何線索，或得到任何口供。可是，蘇等被拘留後心急，乃擬將被捕秘密轉告

## 余清芳

| 首要人物 | 直系人物 | 特徵 |
|---|---|---|
| 一、余清芳（西來庵事件）「西來庵事件」爲策源地。 | 蘇有志、鄭利記、張重三、蘇登科、蘇東海 | 策劃革命及總指揮。 |
| 二、江定（南庄事件）南庄附近三十六庄爲其根據地。 | 陳石頭、石瑞、張旺、吳傳、劉福明、江保成、潘春香（阿里關）、羅文桃（蚊仔只）、王茂—潘妮（河表湖）、潘其連、潘丁春（十蚊仔只）、張犁 | 行動派，與余攜手襲擊甲仙埔支廳、大坵園及南庄派出所，唯吧哖支廳。令其部下襲擊阿里關、十張犁派出所、小林、河表湖分駐所、菁埔藔崗仔林派出所切斷各地警察專用電話。 |
| 三、李王（蕃薯藔蔡事件）轄內內埔、木柵、東勢埔、觀音亭、中埔、龍船各庄爲其活動範圍。 | 陳水旺（保甲書記）、鄭讚、蕭武秀、蕭登瑞、陳坤、李色、許戇猪等一六〇人 | 僅參與謀議，並贊同發起暴動，但均於未訴之行動之前即被檢舉逮捕。 |
| 四、羅俊（台中事件）台中、員林、台北爲其活動範圍。 | 賴宜、賴格、賴西、賴鍊、賴杏、黃倩、李象、賴冰、賴淵國、賴澤川、賴慈、吳火蔭、葉水龍、蕭寶、蕭囝、蕭波、蕭宋、蕭大成、蕭正柳、蕭旭、蕭諜、魏文進蕭貫世—謝成、李火生、黃木、謝朝宗、賴成、林元、李秋霖、魏字、林豹成、林潮波、黃南谷、李秋添、莊鐘、陳生、林水楷、陳查某、 | 此派以羅俊爲首領，本在中部擬與南部余、江互應舉事，詎料，被揭發於最早，羅俊等人，也被執刑於最早。 |
| 五、李火見（游榮）（員林事件）南投廳沙連堡林圯埔街、羌仔藔庄、初鄉庄、江西林庄、埔心仔庄、內樹皮庄等地爲其活動範圍。 | 李火見—李子龍、劉進來、柯有明、劉永、陳元、李海、劉冠世、柯壽木、四六、劉戇、劉阿成、陳揚、陳政、廖氏梅、劉英高、劉楓、蔡之、蔡義、劉牛—陳蘭、李來成、陳石頭—吳鎮興、陳盛、楊春壽、李日、—陳海—陳英、劉貫世、陳石秀 | 此派，係由江定分派之游榮爲幕後主持人，火生、火見二兄弟爲主力，招募黨員於林圯埔一帶，擬於革命軍北進之際，在林內迎接互應。 |

其同伴賴淵國等人。適值同監有一日人坂本憲 (29歲)，爲基隆堡田蓼港庄 78 號妓館業公會書記，因詐欺斂財被告事件，同被羈留於基隆支廳，即將出監，乃以 15 圓託其於被釋後，代爲投寄信件給予員林之賴淵國。其密函全文云：「啓者，通知見字祈即撥駕向阿冰兄之處云云，如貴地警官到處調查與弟有相識有無叫他，亦可言明有相識，在台南旅館相識，有二個月之久，不可亂說。如警官查問弟之年歲，亦說 29 歲。弟現在被基隆支廳所拘留，此公事甚然危險，不可亂說。如警官調查弟職業，亦可說明菜店瓦碴所（日警稱藥材商）。但其謝成之名甚然呆名，弟被謝成之名所害，餘無別陳。　五月 25 日 蘇東海㊞　　賴淵國先生」不料，該密函竟落入日警手中。日警截獲了這封信件後，以此作爲根據，嚴加追究，果然不出所料，正是余清芳、羅俊等人，計劃要發動革命，派他們前往中國大陸糾合同志。日警得此口供和線索，立即密報於各地警察，全台灣同時開始大搜捕，一時風聲鶴唳。⑯

　　余清芳得到日警大搜捕的消息，知道事機洩漏，西來庵不能居住下去。於是，立即携帶所募得軍資金二千餘圓，脫險入山。尋到江定與山中諸同志所聚之處從長計劃如何應付這新發展的局勢。一方面，在台中廳員林附近的羅俊、賴宜、莊鐘等 23 人，也巧妙地突破警戒線，走避入嘉義廳內，隱晦蹤跡。日警雖在全台布滿警戒網，仍無法逮捕余、羅、江等三主要首腦，焦急萬分。乃貼三人的照片或繪像懸賞，配布全台各地，務期緝獲而後已。未久，6 月中旬，台南廳警務課接獲密報，謂酷似羅俊者，携隨員二人，自半路竹（今路竹）火車站往大目降而去。於是，會同嘉義廳的警力，嚴密搜索的結果，得知彼等蹤跡。6 月 28 日及29 日夜，日警終於在嘉義廳東堡竹頭崎庄之尖山森林中，前後

逮捕莊鐘、羅俊、賴宜等三人。[157]

　　日警逮捕了羅俊之際，即竭盡全力，搜索余清芳及江定之行踪。可是，余、江兩人藏居之處，是跨越嘉義、台南、阿緱三廳交界的後堀仔山中。這地方山谷重疊，樹林翳鬱，非有本地人嚮導，外地人殊難得其徑而入。6月29日，台南、阿緱兩廳共派出警察隊270名入山搜查。然而附近部落居民，都袒護余江之黨員，對日警陽奉陰違；且連日豪雨，溪流氾濫妨礙交通，日警飽受阻礙，搜索數日，一無所獲。迨至7月6日，日警護架電話線的巡查隊，在台南廳噍吧哖支廳北寮庄牛港嶺山中，遭遇到抗日隊的襲擊，雙方開火，打了一仗，各有死傷，江定的兒子江憐，就在此役戰亡。抗日隊後來退入甲仙埔支廳大坵園庄方面，日警雖圍山追捕，終無所獲。[158]

## 2. 抗日隊的襲擊與噍吧哖的大屠殺

　　另方面，退卻至甲仙埔支廳管內的抗日隊，探悉該支廳的警員，殆已全部出動參與後堀仔方面的搜查，警備薄弱，於是決意乘機出擊。7月8日下午8時許，抗日隊兵分數路，開始出襲。首先之一隊襲擊十張犁警察派出所，斬殺巡查長澤珍太郎夫妻；其次之一隊襲擊大坵園警察派出所，斬殺藤田嘉一郎巡查補夫妻等人；再次之一隊襲擊阿里關派出所，殺害巡查服部藤五郎妻兒等3人；另一隊在蚊仔尺派出所，殺害警部補山內之妻及中島巡查；續之，又一隊在河表湖派出所，殺害巡查麻生美藏及其家眷2人；最後一隊在小林派出所，殺害巡查山口善六及日人等3人；合計殺死日人男女有34人。7月9日拂曉，余清芳復親自指揮一支抗日隊，直衝甲仙埔支廳辦公所。喊聲一起，抗日隊即衝入支廳內，斬殺巡查補劉食妹及莊安，又突進支廳內拘留所加

以破壞，並劫走拘留中之嫌犯 4 人；還劫取村田式步槍 3 枝，彈藥 500 發。同時其中的另一隊，則又衝入宿舍，斬殺巡查櫻木正輝及其妻女。此時，山崎警部和土田、丸山、山田巡查等 4 人，脫出宿舍之後，合力向抗日隊猛射，雙方遂展開一場戰鬥。結果，余清芳不敢戀戰，旋即向支廳後方小山撤退。此役，抗日隊的總人數，據估計約在 200 人，所以戰果，可說比預期還大。⑯

　　一方面，抗日隊襲擊甲仙埔支廳及其轄內各派出所的消息傳出之後，日本當局緊急萬分。阿緱廳即刻編成一隊，由今澤警部指揮，冒雷電豪雨於 7 月 10 日拂曉，由山杉林派出所出發，攻擊並收復抗日隊所占領的十張犁、大坵園等各派出所及甲仙埔支廳內各據點。12 日，岐部警部所率領的警察隊 30 人，自台北廳達甲仙埔。13 日拂曉，再由甲仙埔出發，上午 8 時，到達阿里關山麓時，遭遇到抗日隊的迎擊。經過一番苦戰，日警隊於下午 6 時，終將阿里關收復。15 日，日警隊續向小林前進，並在入口的高地架起山砲轟擊後，占領小林。16 日，日警隊再進軍收復馬卡增、鐵布鐵開、河表湖等各駐日所，並收拾遭殺害的人員屍首。而抗日隊，由於戰鬥員素乏訓練，武器火力懸殊，只有節節敗退，退入山中根據地。隨後，日警南北兩隊會合，總人數共計有 149 人，連日搜索深山林內，直至 7 月 30 日，但仍一無所獲。⑯

　　當日警正疲於搜查抗日「匪徒」之際，豈料 8 月 2 日深夜，余清芳竟然又招來近 300 名黨徒，襲擊台南廳噍吧哖支廳轄內的南庄警察派出所。日警部補吉田國之帶同 12 名的部屬奮力抵抗，可是寡不敵眾，旋即被殲滅。於是，余清芳與江定復又命其部屬以瓶裝石油點火，擲入派出所內，使所內起火延燒。因此，躲在派出所內的日方人員，皆在屋內燒死，逃出外面之人，不分男女

老少，一律遭竹槍刺殺，死者自吉田國之警部補以下，共計20名。⑯

　　南庄遭襲擊的消息，傳到噍吧哖支廳，支廳長立即下令召集附近各派出所人員50名，於8月4日清晨，正要趕往南庄之際，忽然傳來情報，謂大批「匪徒」攀山越谷，以排山倒海之勢往噍吧哖衝過來。為此，支廳長遽改變對策，先將居住街內之民眾三百餘人。集中收容於該地製糖工廠內。而有戰鬥能力的人，則參加防衛工作，藉以死守。4日深夜11時，福山大目降支廳長率領警察隊190名，抵達應援。當日夜間，抗日隊已渡過後堀仔溪上游，沿虎頭山麓進入噍吧哖北方的二、三部落。他們於5日早餐後的黎明5時，開始行動，利用虎頭山通往噍吧哖市街之數條間道，潛行至近街後，迅速進行攻擊。其時，虎頭山稜線各處，都有抗日隊密集，中央山頂則有人揮動白色大旗，並打鼓以助聲勢。每喊聲一起，即向前突進，其聲勢至為猛烈。上午8時，抗日隊的攻勢益加激烈。裸著上半身，腰帶神符的刀鎗隊，利用地上物及地形，英勇地迫近日警隊之掩堡。如此激烈的戰鬥，延續至當日下午6時半，雙方各有死傷，才暫告對峙，相安度夜。⑯

　　8月6日清晨5時20分，虎頭山麓抗日隊全線開始射擊，流彈達製糖工廠，使被收容者膽寒心驚。余清芳似決以這一天作為最後決戰，乃於上午9時，在虎頭山中央突出的山丘，揭起大旗指揮戰鬥。至上午11時許，抗日隊各路人馬齊到，已達千餘人，士氣旺盛。中央總指揮部亦開始發號前進，加緊迫近日方陣地，準備進行肉搏之戰。但瞬間抗日隊的旗幟，卻不知何故，竟反向山頂方面後退。及至下午2時，見東方村落起火，始知日軍第二守備隊，奉安東貞美總督之急令，已調動步兵二中隊和砲兵一小隊抵達噍吧哖馳援，並開始由背後砲轟抗日隊的陣地。至

此，戰局發生大變化，在武器精良、訓練有素的日軍警夾攻之下，抗日隊雖然奮勇力戰，終於不支。當日傍晚，抗日隊放棄陣地，分散逃入森林溪谷。據日方的統計，此次戰役，抗日隊所遺棄之屍體有 159 具；嗣後抵抗而被擊殺者有 150 人，被捕的不計其數。[163]

然而，日軍於獲勝後，仍窮追不捨，大肆搜索，其規模之大，組成人員每日都在六、七百人之譜，且分噍吧哖、大目降、竹頭崎等三方面進行。而且，搜查隊所至地方，放火燒屋、燒庄，幾乎見人影即開火，良民被誤殺者不計其數。還有高懸安撫招牌，倡言歸順者免死，以招呼在逃的民眾；迨庄民已大多數歸鄉後，乃以要分別善惡為辭，殺害甚多的無辜。因此，史上稱之為「噍吧哖大屠殺」。但因為日人深秘其事，故無從知其被害確實數字。結果，記載這段慘史的敘述，大都有失於傳聞逸事，甚至道聽塗說之嫌；或稱有萬人以上被屠殺，或稱至少有數千人被殺。不過，最近台灣省文獻委員會之程大學氏，根據日人最原始的檔案資料，加以研究推論的結果，認為：「噍吧哖的大屠殺確有其事，但集體屠殺幾萬人，或幾千人，則其可能性並不大。」[164]（國人研究「西來庵事件」，程大學氏是第一人者）筆者研讀程氏所記載的日方「搜查報告」資料，雖然僅有數則，亦認為風聞中的屠殺，應包括戰鬥中及搜索中被殺害的人數，而其總數大概不致超過千人。惟千人以當時該地區的人口計算，應可稱是趕盡殺絕的「大屠殺」慘案了。

### 3. 首魁余清芳的逮捕與江定的誘擒

再說余清芳自噍吧哖一敗，全隊潰散，便帶同生死不離之同志二百餘人。於 8 月 12 日夜半，脫出日軍警之包圍網。經過放

弄山，走出風櫃嘴山脚，在鹽水坑露宿後，取路後掘仔山，越過石壁寮的天險，終於到達四社寮溪畔。此時江定亦突圍率部下來會，二隊的黨員共有 300 人左右。余清芳登高遠望，見日軍警之搜查網，已擴展到蕃薯藔，而現在所處之地，亦已在被包圍的圈內。余清芳下山便與江定密議甚久，然後集合同志說：「現在我們已處在日軍包圍中，我們經此一戰，已無力抵抗。爲今之計，大家只好暫時分手，各自東西，以俟再起，後會有期。」於是，爲留作他日的紀念，在溪邊埋下一門大砲，揮淚而別。江定也帶其部屬下山而去。[165]

抗日隊解散後，余清芳身邊猶有誓同生死的同志 11 人不肯分離。一行經過土潭於大竹坑曠野一宿。8 月 15 日，越過台南、阿緱兩廳交界，抵達新藔溪。余命部下 3 人，出去徵取糧食，可是該 3 人，竟一去不返。此時，龜丹庄保甲壯丁 36 人，發現了余清芳等人行踪。然他們反被俘虜 6 人，後經點香向王爺發誓，僞稱願爲抗日同志，遂被釋放。該 6 名壯丁立即向噍吧哖支廳報告此項消息。這一報，就促成余清芳被捕落網。要之余等 8 人在流籐頂露宿四夜，僅靠蕃薯簽及竹筍充飢，後攀越三千尺深山，於 8 月 19 日，抵二會林坪。另方面，日警據保甲壯丁的急報後，猛烈窮追其行蹤，於 20 日，迫近僅距離一千公尺之內。不過，日警未敢採取遽然行動。21 日，余清芳等 8 人，自密林山中抵曾文溪支流，是夜 12 時，他們出現於芏萊庄（埠尿）渡船口，各背鎗枝泳渡對岸。適在該處設有芏萊庄保甲壯丁警戒所，余清芳等人一上岸，即以鎗口朝向保田壯丁，以防萬一。然保甲壯丁陳瑞盛等人受命在先，立即向余清芳一行，假裝投誠，並獻慇懃，先誘入芏萊庄，勸他們藏匿携帶的槍械。隨之，獻茶獻飯，俟他們用餐之際，保甲長召集所有的保甲壯丁，出其不意，向他們猛

撲加以逮捕。當時，正是 1915 年 8 月 22 日上午 2 時。接獲余清芳等人被捕的消息，噍吧哖支廳急派警察官至該地，同時押收直徑七分角蠟石製印（刻勅封大元帥余之印）一顆、私章（刻余清芳）二夥、手記及雙眼鏡各一、毛瑟鎗三支（其中一支爲五連發）、子彈 120 發、指揮刀一、劍二、台灣刀三、懷中錶一、衣類數件、赤旗（江定所用指揮旗）、問神用降筆器一、及其他有力證據文件數件等。⑯

一方面，日軍警自余清芳等人被捕，雖然認爲大患已除去大半，但另一半江定所引率的約三百名之抗日隊，仍然隱匿無踪，不知去向。所以，日官方不敢怠慢，除了在甲仙埔及噍吧哖兩支廳，增派若干警備員，並留駐步兵一個小隊於甲仙埔；而其餘大部分搜索隊，則於 9 月 7 日，自山地撤退。又這些部分留駐之警備員，仍繼續運用保甲壯丁團及高山原住民，執行警戒與搜索任務。⑯

此外，總督府對西來庵事件的審判，鑑於其重大性乃自 1915 年 5 月，即以府令第 50 號，在台南開設臨時法庭，派高田富藏、藤井乾助、渡邊啓太、大內信、宇野庄吉等 5 人，爲臨時法庭判官；手島兵次郎、土屋達太郎、早川彌三郎、松井榮堯、筒井清良等 5 人爲檢察官；準備適用「匪徒刑罰令」，來審理抗日「匪徒」。隨後，自 8 月 22 日，余清芳等人被捕，即迅速於 8 月 25 日，開始公判，至 10 月 30 日，連續草草地宣布全案審理結束。被告總計達 1,957 人，宣判的結果，余清芳、羅俊等以下 866 人死刑，有期徒刑 15 年至 9 年 453 人，行政處分 217 人，不起訴 303 人，無罪 86 人。毋庸贅言，西來庵事件的裁判，可說史上空前的例子。由於其所帶來的衝擊太大，在審判期間的 1915 年 10 月 20 日，民政長官內田嘉吉，即引咎辭職。迨審判

結束，日本國內興論，甚至國會亦議論紛紜，多所責難。嗣後，台灣總督安東貞美乃藉由大正天皇登基，同年 11 月 10 日，所頒布的大赦令，宣告除已被執死刑 95 名（包括余清芳、羅俊等人；余清芳於 1915 年 9 月 23 日，被執死刑，當年 37 歲）外，餘均減刑一等，死刑者才改判為無期徒刑，以免一死。[168]

　　其次，首魁余清芳於 1915 年 9 月 23 日，被處絞首刑後，日本當局以尚有江定及其部下數百名，退入阿緱廳轄內後堀仔溪、楠梓溪和台南廳轄內之羌黃溪方面，據險不屈。因此，日方搜索隊的編制，不僅未縮減反而加強。可是，該地方在廣袤十數里之深山中，搜索隊雖日夜疲於奔命，終不能發現其蹤跡。於是，日警在一籌莫展之下，不得不放棄正面搜索方策，改用誘降方式。這方策最初利用藏匿者的眷屬及其親朋同鄉入山尋找；或利用地方有信譽人士，代政府宣傳招降的「誠意」；但其效果不大，自 1916 年（大正 5 年）1 月 4 日起，至 1 月 16 日間，僅有 25 名出降，而且都不是重要份子。職此，日當局乃再換方式，密令平素他們相信的大紳士，以自動姿態，出為宣傳政府愛民之至誠，決無誘殺惡意，藉以安撫晦蹤者之疑心。例如台南廳士紳許廷光、辛西淮、阿緱廳參事藍高川、江德明及區長江亮等人，皆大效其勞。爾來，至 3 月 13 日，在阿緱廳投降的有 232 人，在台南廳投降的有 50 人。但江定等人，則仍渺無消息。[169]

　　3 月 16 日，許廷光、藍高川、江德明、蕃薯藔區長陳順和外二名、噍吧哖區長江寬，加上日官方台南、阿緱兩廳的警務課長、噍吧哖、六龜里、蕃薯藔三支廳長、譯員平野六郎等 13 人，在阿緱街聚會交換意見，對招降江定事有所討論，可是終無結論而解散。會後，許廷光、藍高川、江德明、陳順和等 4 人，換席繼續磋商，並獲致以下四項協定。亦即：⑴許廷光、藍高川、陳

順和等三人，願捐獻三千圓，充爲搜索費與成功後的賞金；⑵江
德明擔任魁首江定的搜查，勸誘歸順，倘不答應，則負責逮捕；
⑶魁首江定倘應允歸順時，則准其經營蕃產物交換，或其他的方
法，俾有糊口之生道；⑷倘不能使魁首江定歸順，而得以逮捕時，
願負責支付搜索費及獎金三千圓之半數。⑰

　　如是，經過江德明與陳順和的努力誘降，4 月 16 日，江定
終於答應接見已投降的舊屬石瑞，聽他說明投降下的情形。石瑞
即以事先由支廳長等日警所授的宣傳詞，詳細復述無遺。不過，
江定仍然懷疑，要求噍吧哖前區長張阿賽前來一談。石瑞向支廳
長報告後，支廳長乃對張阿賽面授機宜，派他和石瑞同道前往。
結果，經過張阿賽的一番苦勸，江定終於決意下山投降，遂獻出
隨身的刀槍子彈，跟他們到噍吧哖支廳自首。⑰

　　江定抵噍吧哖後，支廳長表面上予以懇切慰諭，並爲權宜
計，示意張阿賽暫時留住江定，嚴加監視。於是，隱匿在山中的
黨徒，見江定自由無事，乃接踵地出來自首。到了同年 5 月 1 日，
殘餘的黨徒全部被誘出。計台南廳有 43 名，阿緱廳有 227 名，
合計 270 名。至此，台灣總督府便改變態度，露出猙獰的眞面目，
認爲投降者不能享有前年 11 月 10 日，大正天皇登基的大赦恩典；
同時表示反判者雖屬自首投誠，但是國法不可不尊重，國家威嚴
更不可不保持。故於 5 月 18 日，恐風聲傳出，被誘降者再逃入
山中，乃以迅雷不及掩耳之勢，將他們一一逮捕。江定以下 13
名拘押於噍吧哖支廳，潘春香等 43 名，拘押於甲仙埔支廳，其
餘 221 人，則裁定「暫緩起訴」或不起訴之處分。據傳這些「不
起訴」的人，自被捕後都未見回家，全數爲日警所坑殺。⑰但筆
者不敢置信。

　　要之，逮捕歸案者，在台南、阿緱兩廳完成偵察後，5 月

19日，江定以下272人（前稱270人），移交台南地方法院檢察局，除前述暫緩起訴及裁定不起訴處分者外；被提起公訴的江定以下51人，台南地方法院於6月20日，開始審判。同年7月2日，宇野庄吉裁判長，宣判江定等37名死刑。此外，判有期徒刑15年者12名、判9年者2名。9月13日，江定等37名死刑者，在台南監獄絞首台執行。西來庵事件就在日本當局的背信中落幕。⑰

　　西來庵事件，台灣人的抗日隊只有舊式臼砲2門，但卻無砲彈（以小石頭混合鐵鍋的破片當作砲彈）。千餘名的抗日隊，其所擁有槍枝總共不足50把（大多是舊式的，其中也有從日警手中刼取而來的），子彈又甚缺乏。他們所使用的都是傳統的台灣刀、竹槍、棍棒等之類的原始武器。⑭可是，幾乎不能相信地，這些抗日隊的成員，他們99.9%雖是出身農民、傭工，目不識丁，且未受過任何有組織性的軍事訓練，竟能與約800名（筆者從文獻資料中，所整理出來的數字。當然不包括台灣人的保甲壯丁），訓練有素、裝備精良，配帶最新式槍枝、大砲的日軍警，周旋搏鬥足足近一年。其可歌可泣，諒不用筆者畫蛇添足了。這場戰役，或許也可稱是台灣人最無知，而又最無奈的蜂起；但在筆者所記述的台灣人武裝抗日史中，筆者敢斷言，這場戰鬥，也是最慘烈，而且又是最英勇的了。願後代生於斯土，長於斯土的台灣人，都能永遠緬懷追思這些先烈們！最後，附帶一言，自西來庵事件之後，台灣的社會，在時空上發生了很大的變化。從此，台灣漢人的抗日運動，轉趨非暴力的民族政治運動，不再發生任何武裝抗日事件了。

## 第八章註

① 台灣總督府警察本署《理蕃誌稿》第一編，台灣日日新報社，大正 7 年，1 頁。
　井出季和太《台灣治績志》，前揭（第七章），226-7 頁；同書郭輝編譯《日據下之台政》㈠（以下略稱譯本），224 頁。

② 同上《理蕃誌稿》第一編，2 頁。
　同上《台灣治績志》，239-40 頁；譯本，256-7 頁。

③ 西鄉都督樺山總督紀念事業出版委員會《西鄉都督と樺山總督》，前揭（第四章），61-5 頁參照。

④ 前揭《理蕃誌稿》第一編，3-4 頁。
　前揭《台灣治績志》，240-1 頁；譯本，257 頁。

⑤ 藤崎濟之助《台灣の蕃族》，國史刊行會，昭和 11 年版，542-3 頁。
　同上《理蕃誌稿》第一編，4-5 頁。

⑥ 同上《台灣の蕃族》，554 頁。
　同上《理蕃誌稿》第一編，5-6 頁。

⑦ 同上《台灣の蕃族》，565 頁。
　同上《理蕃誌稿》第一編，12 頁。

⑧ 同上《理蕃誌稿》第一編，34-5 頁。

⑨ 山邊健太郎編著《現代史資料 (22)──台灣(2)》，前揭（第七章），508 頁。

⑩ 同上，412 頁。

⑪ 藤井志津枝《日治時期台灣總督府理蕃政策》，文英堂，1997 年，81-8、97 頁參照。
　前揭《理蕃誌稿》第一編，97 頁。

⑫ 同上《理蕃誌稿》第一編，156 頁。

⑬ 同上，160-5 頁。

⑭ 前揭《日治時期台灣總督府理蕃政策》，131-4、144-9 頁參照。
　前揭《理蕃誌稿》第一編，175-6 頁參照。

⑮ 同上《理蕃誌稿》第一編，178 頁。

⑯ 前揭《現代史資料 (22)──台灣(2)》，508 頁。

⑰ 前揭《理蕃誌稿》第一編，178 頁。

⑱ 同上，179 頁。

⑲ 前揭《日治時期台灣總督府理蕃政策》，152-63 頁參照。
　前揭《理蕃誌稿》第一編，180-228 頁參照。

⑳ 持地六三郎《台灣殖民政策》，富山房，大正元年版，379 頁。
　　前揭《台灣治績志》，320 頁；譯本㈠，342 頁。
㉑ 前揭《理蕃誌稿》第二編，294-7 頁。
　　前揭《日治時期台灣總督府理蕃政策》，167-8 頁。
㉒ 前揭《現代史資料 (22)──台灣(2)》，508-9 頁。
　　前揭《台灣治績志》，320 頁；譯本㈠，341-2 頁。
㉓ 同上《現代史資料 (22)──台灣(2)》，412 頁。
㉔ 小森德治《佐久間左馬太》，台灣救濟團，昭和 8 年，847-63 頁參照。
㉕ 同上，822-3 頁。
　　黃昭堂《台灣總督府》，前揭，91-2 頁；同書黃英哲譯，98-9 頁。
㉖ 前揭《佐久間左馬太》，823-4 頁。
　　同上《台灣總督府》，92-3 頁；譯本，100 頁。
㉗ 同上《台灣總督府》，93-4 頁；譯本，101 頁。
㉘ 前揭《理蕃誌稿》第二編，481-2 頁。
　　前揭《日治時期台灣總督府理蕃政策》，212-3 頁。
㉙ 同上《理蕃誌稿》第二編，482-5 頁。
　　同上《日治時期台灣總督府理蕃政策》，214-5 頁參照。
㉚ 前揭《台灣治績志》，433 頁；譯本㈡，469 頁。
㉛ 同上，433-4 頁；譯本㈡，469-70 參照。
　　前揭《理蕃誌稿》第二編，頁 513、517-8、546-8 頁參照。
　　前揭《日治時期台灣總督府理蕃政策》，222-4 頁參照。
㉜ 同上《理蕃誌稿》第二編，548-9 頁。
　　同上《台灣治績志》，434 頁；譯本㈡，470 頁。
㉝ 前揭《佐久間左馬太》，56 頁。
　　同上《理蕃誌稿》第二編，554-5 頁。
㉞ 同上《理蕃誌稿》第二編，457 頁。
㉟ 同上，555 頁。
　　前揭《台灣治績志》，434 頁；譯本㈡，470 頁。
㊱ 根誌優《台灣原住民歷史變遷──泰雅族》，台灣原住民出版有限公司，
　　2008 年，235-6 頁。
　　前揭《理蕃誌稿》第二編，560-5 頁。
㊲ 同上《理蕃誌稿》第二編，567-9 頁。
　　秋澤烏川《台灣匪誌》，杉田書房，大正 12 年，63-76 頁參照。
㊳ 同上《理蕃誌稿》第二編，574-5、597-8 頁。

前揭《台灣治績志》, 435 頁；譯本㊁, 471 頁。

前揭《台灣原住民歷史變遷──泰雅族》, 236 頁。

㊴ 同上《理蕃誌稿》第二編, 605-6 頁。

同上《台灣治績志》, 435 頁；譯本㊁, 471 頁。

㊵ 同上《理蕃誌稿》第二編, 619 頁。

同上《台灣治績志》, 345 頁參照。

㊶ 同上《理蕃誌稿》第二編, 630-2 頁。

前揭《台灣原住民歷史變遷──泰雅族》, 237 頁。

㊷ 同上《理蕃誌稿》第二編, 634 頁。

㊸ 同上, 636-8、781-93、802、804 頁參照。

前揭《日治時期台灣總督府理蕃政策》, 226-7 頁參照。

㊹ 前揭《理蕃誌稿》第二編, 638-40 頁。

前揭《台灣治績志》, 436 頁；譯本㊁, 472 頁參照。

㊺ 同上《台灣治績志》, 436 頁；譯本㊁, 472-3 頁。

㊻ 前揭《佐久間左馬太》, 546-7 頁參照。

前揭《理蕃誌稿》第二編, 666-9 頁。

㊼ 同上《理蕃誌稿》第二編, 705-6 頁。

前揭《台灣原住民歷史變遷──泰雅族》, 239 頁參照。

㊽ 同上《理蕃誌稿》第三編（上卷）, 1 頁。

前揭《佐久間左馬太》, 551-2 頁。

㊾ 同上《理蕃誌稿》第二編, 607-19 頁參照。

㊿ 同上《理蕃誌稿》第三編（上卷）, 8-9 頁。

前揭《台灣治績志》, 437 頁；譯本㊁, 473 頁。

51 前揭《日治時期台灣總督府理蕃政策》, 229 頁。

52 同上, 242 頁。

53 同上, 247-8 頁。

54 前揭《理蕃誌稿》第三編上卷, 51-2 頁。

55 同上, 63-4、88 頁。

56 前揭《佐久間左馬太》, 564 頁。

57 同上, 564-6 頁。

前揭《理蕃誌稿》第三編下卷, 547-53 頁。

58 同上《理蕃誌稿》第三編下卷, 553-4 頁。

59 同上, 555-8 頁。

60 前揭《佐久間左馬太》, 569-70 頁。

前揭《理蕃誌稿》第三編下卷，561-6 頁參照。
(61) 同上《佐久間左馬太》，571-7 頁參照。
同上《理蕃誌稿》第三編下卷，567-89 頁參照。
前揭《日治時期台灣總督府理蕃政策》，256 頁。
(62) 同上《理蕃誌稿》第三編下卷，593-8 頁參照。
(63) 同上，598-647 頁參照。
前揭《佐久間左馬太》，579-80 頁。
(64) 前揭《台灣治績志》，439 頁；譯本㈡，475 頁參照。
前揭《理蕃誌稿》第三編下卷，674-5 頁。
(65) 同上《台灣治績志》，439-40 頁；譯本㈡，476 頁。
同上《理蕃誌稿》第三編下卷，頁 680-5 頁。
(66) 同上《台灣治績志》，439-41 頁；譯本㈡，476-7 頁。
同上《理蕃誌稿》第三編下卷，680-700 頁。
(67) 前揭《佐久間左馬太》，585-91 頁。
同上《理蕃誌稿》第三編下卷，702-19 頁參照。
(68) 同上《理蕃誌稿》第三編下卷，719-20 頁參照。
(69) 同上，719-41 頁參照。
(70) 前揭《佐久間左馬太》，592-6 頁。
前揭《理蕃誌稿》第三編下卷，741-6 頁參照。
(71) 同上《理蕃誌稿》第三編下卷，746-63 頁參照。
(72) 同上，781-818 頁參照。
前揭《佐久間左馬太》，600-8 頁。
(73) 前揭《理蕃誌稿》第三編下卷，818-9 頁。
前揭《台灣原住民歷史變遷——泰雅族》，252 頁。
(74) 同上《理蕃誌稿》第三編下卷，819-42 頁參照。
同上《台灣原住民歷史變遷——泰雅族》，252-3 頁參照。
(75) 同上《理蕃誌稿》第三編上卷，312-20 頁。
同上《台灣原住民歷史變遷——泰雅族》，253-4 頁。
(76) 同上《理蕃誌稿》第三編下卷，843 頁。
(77) 同上，842-67 頁參照。
前揭《台灣原住民歷史變遷——泰雅族》，254-5 頁參照。
(78) 前揭《理蕃誌稿》第三編下卷，871 頁。
前揭《台灣治績志》，447 頁；譯本㈡，484 頁。
(79) 前揭《佐久間左馬太》，609 頁。

前揭《日治時期台灣總督府理蕃政策》，258 頁參照。

⑧⓪ 前揭《理蕃誌稿》第三編下卷，871-7 頁。

前揭《台灣原住民歷史變遷——泰雅族》，256 頁。

⑧① 同上《理蕃誌稿》第三編下卷，877-8 頁。

⑧② 同上，878-9 頁。

前揭《佐久間左馬太》，616-7 頁。

⑧③ 同上《佐久間左馬太》，617-9 頁。

前揭《理蕃誌稿》第三編下卷，879-93 頁參照。

前揭《台灣治績志》，447-8 頁；譯本㈡，485-6 頁參照。

前揭《台灣原住民歷史變遷——泰雅族》，256-7 頁參照。

⑧④ 同上《理蕃誌稿》第三編下卷，894-916 頁參照。

同上《佐久間左馬太》，624-34 頁參照。

同上《台灣治績志》，448-9 頁；譯本㈡，486-7 頁參照。

同上《台灣原住民歷史變遷——泰雅族》，258-9 頁參照。

⑧⑤ 同上《佐久間左馬太》，637 頁。

⑧⑥ 同上，639-40 頁。

前揭《理蕃誌稿》第三編下卷，919 頁。

⑧⑦ 前揭《佐久間左馬太》，640-65 頁參照。

前揭《台灣治績志》，450-3 頁；譯本㈡，487-9 頁參照。

⑧⑧ 前揭《理蕃誌稿》第三編下卷，927-32 頁。

同上《台灣治績志》，453-4 頁；譯本㈡，490-1 頁。

鴻義章《太魯閣事件》，原住民族委員會，2016 年，118-2 頁參照。

⑧⑨ 同上《理蕃誌稿》第三編下卷，925、942-3 頁。

同上《台灣治績志》，453-4 頁；譯本㈡，490-1 頁。

⑨⓪ 同上《理蕃誌稿》第三編下卷，940-1 頁。

⑨① 同上，976-83 頁參照。

前揭《佐久間左馬太》，724-8 頁參照。

前揭《台灣治績志》，455 頁；譯本㈡，492-3 頁參照。

⑨② 楢崎太郎《太魯閣蕃討伐誌》，台南新報社，大正 3 年，122、129、134 頁參照。

前揭《理蕃誌稿》第三編下卷，988-93 頁參照。

同上《佐久間左馬太》，728-9、780-1 頁參照。

同上《台灣治績志》，455-6 頁；譯本㈡，493 頁參照。

⑨③ 同上《太魯閣蕃討伐誌》，91-2 頁。

同上《理蕃誌稿》第三編下卷，976 頁。

⑭ 前揭《台灣治績志》，456 頁；譯本㈡，493-4 頁。

⑮ 前揭《理蕃誌稿》第三編下卷，936-7 頁。

⑯ 同上，941-3 頁。

⑰ 前揭《佐久間左馬太》，751-4 頁。

　前揭《台灣治績志》，457 頁；譯本㈡，495 頁。

⑱ 前揭《太魯閣蕃討伐誌》，85 頁。

⑲ 同上，86-7 頁。

⑩⓪ 前揭《太魯閣蕃討伐誌》，99 頁。

　前揭《理蕃誌稿》第三編下卷，1021-2 頁。

⑩① 同上《理蕃誌稿》第三編下卷，1022 頁。

⑩② 同上，1024 頁。

⑩③ 前揭《佐久間左馬太》，773-9 頁參照。

　前揭《太魯閣蕃討伐誌》，119-20 頁。

⑩④ 同上《佐久間左馬太》，764-8 頁參照。

　前揭《理蕃誌稿》第三編下卷，1024-7 頁。

　前揭《台灣治績志》，458-9 頁；譯本㈡，496-7 頁。

⑩⑤ 同上《理蕃誌稿》第三編下卷，998 頁。

⑩⑥ 同上，994-6 頁。

⑩⑦ 前揭《佐久間左馬太》，763-72 頁。

　前揭《理蕃誌稿》第三編下卷，998-1000 頁。

⑩⑧ 同上《理蕃誌稿》第三編下卷，1003、1007-8 頁。

⑩⑨ 同上，1011-6 頁參照。

　前揭《台灣治績志》，456-7 頁；譯本㈡，494 頁參照。

⑪⓪ 前揭《佐久間左馬太》，788-9 頁。

　前揭《理蕃誌稿》第三編下卷，1033 頁。

⑪① 同上《理蕃誌稿》第三編下卷，1103-4 頁。

　前揭《台灣治績志》，461 頁；譯本㈡，498 頁參照。

⑪② 同上《理蕃誌稿》第三編下卷，1034-7 頁參照。

　同上《台灣治績志》，462 頁；譯本㈡，498-9 頁。

⑪③ 同上《理蕃誌稿》第三編下卷，1037-8 頁。

　同上《台灣治績志》，462-3 頁；譯本㈡，499-500 頁。

⑪④ 同上《理蕃誌稿》第三編下卷，1038-44 頁參照。

⑪⑤ 同上，1045-50 頁。

⑯ 前揭《台灣治績志》，463 頁；譯本㈡，500-1 頁。

　　前揭《理蕃誌稿》第三編下卷，1050-2、1065 頁參照。

⑰ 同上《台灣治績志》，464 頁；譯本㈡，501 頁。

　　同上《理蕃誌稿》第三編下卷，1068-70、1098、1103-8 頁參照。

⑱ 同上《台灣治績志》，464 頁；譯本㈡，501-2 頁。

　　同上《理蕃誌稿》，1130-8 頁。

⑲ 同上《台灣治績志》，465 頁；譯本㈡，502-3 頁。

　　前揭《佐久間左馬太》，791-5 頁。

⑳ 同上《佐久間左馬太》，815-21、863 頁。

㉑ 台灣總督府法務編纂《台灣匪亂小史》，同部，大正 9 年，23-5 頁。

　　台灣總督府警務局《台灣總督府警察沿革誌》㈡上卷，前揭（第五章），777-80 頁；譯本㈡Ⅲ，207-12 頁。

　　前揭《現代史資料 (21)──台灣㈠》，23-5 頁。

　　前揭《理蕃誌稿》第二編，567 頁。

㉒ 前揭《台灣匪誌》，79-81 頁。

　　前揭《台灣匪亂小史》，27 頁。

　　前揭《台灣總督府警察沿革誌》㈡上卷，786 頁；譯本㈡Ⅲ，220 頁。

㉓ 黃旺成纂《台灣省通志稿》卷九·革命志抗日篇，前揭（第六章），82 頁。

㉔ 同上《台灣匪誌》，82-7 頁參照。

　　同上《台灣總督府警察沿革誌》㈡上卷，786-7 頁；譯本㈡Ⅲ，221-2 頁。

　　同上《台灣省通志稿》卷九·革命志抗日篇，82-3 頁。

　　同上《台灣匪亂小史》，27-8 頁。

㉕ 同上《台灣匪誌》，88-91 頁。

　　同上《台灣總督府警察沿革誌》㈡上卷，787-9 頁；譯本㈡Ⅲ，222-4 頁。

　　同上《台灣匪亂小史》，28-9 頁。

㉖ 同上《台灣匪誌》，91-3 頁。

　　同上《台灣總督府警察沿革誌》㈡上卷，789-90 頁；譯本㈡Ⅲ，224-5 頁。

　　同上《台灣匪亂小史》，29 頁。

㉗ 同上《台灣匪誌》，94-8 頁。

　　同上《台灣總督府警察沿革誌》㈡上卷，790-1 頁；譯本㈡Ⅲ，225-6 頁。

　　同上《台灣匪亂小史》，30-1 頁。

㉘ 同上《台灣匪誌》，99-100 頁。

　　同上《台灣總督府警察沿革誌》㈡上卷，791-2 頁；譯本㈡Ⅲ，227-8 頁。

　　同上《台灣匪亂小史》，31-2 頁。

⑫ 莊金德・賀嗣章編譯《羅福星抗日革命案全檔》，台灣省文獻委員會，民國 54 年，359-60 頁。

同上《台灣匪誌》，109-10 頁。

同上《台灣總督府警察沿革誌》㈡上卷，797-8 頁；譯本㈡Ⅲ，235 頁。

同上《台灣匪亂小史》，36-7 頁。

林衍乾等總編輯《台灣文化事典》，前揭（第一章），1073 頁參照。

⑬ 向山寬夫《日本統治下における台灣民族運動史》，前揭（第六章），402-3 頁；譯本（上），463-4 頁參照。

同上《羅福星抗日革命案全檔》，41-2、360-1 頁參照。

同上《台灣總督府警察沿革誌》㈡上卷，798、801、803 頁；譯本㈡Ⅲ，235-6、240、242 頁參照。

同上《台灣匪誌》，110-7 頁。

同上《台灣匪亂小史》，37-8 頁參照。

⑬ 同上《台灣總督府警察沿革誌》㈡上卷，800-1 頁；譯本㈡Ⅲ，238-9 頁。

同上《台灣匪誌》，125-7 頁。

⑬ 前揭《羅福星抗日革命案全檔》，96-109 頁。

同上《台灣總督府警察沿革誌》㈡上卷，800-2 頁；譯本㈡Ⅲ，238-40 參照。

⑬ 同上《台灣總督府警察沿革誌》㈡上卷，801-2 頁；譯本㈡Ⅲ，239-41 頁。

前揭《台灣匪誌》，127-8 頁。

前揭《台灣匪亂小史》，41 頁。

⑬ 前揭《羅福星抗日革命案全檔》，349-59 頁。

同上《台灣總督府警察沿革誌》㈡上卷，797、802-3 頁；譯本㈡Ⅲ，234、241-2 頁參照。

同上《台灣匪誌》，129-48 頁參照。

⑬ 同上《台灣總督府警察沿革誌》㈡上卷，799-801 頁；譯本㈡Ⅲ，236-9 頁。

同上《台灣匪誌》，117-9、125-7 頁。

同上《羅福星抗日革命案全檔》，96 頁參照。

前揭《台灣省通志稿》卷九・革命志抗日篇，90、92 頁參照。

⑬ 同上《台灣總督府警察沿革誌》㈡上卷，799、803 頁；譯本㈡Ⅲ，237、242 頁。

前揭《台灣匪亂小史》，39 頁。

⑬ 同上《台灣總督府警察沿革誌》㈡上卷，799-800、803 頁；譯本㈡Ⅲ，237-8、242 頁。

⑬ 同上，810-1 頁；譯本㈡Ⅲ，252-3 頁。

⑬ 前揭《台灣總督府警察沿革誌》㈡上卷，811-3 頁；譯本㈡Ⅲ，253-6 頁。
　前揭《台灣匪亂小史》，40-1 頁參照。
⑭ 前揭《日本統治下における台灣民族運動史》，407 頁；譯本（上），469 頁。
⑭ 前揭《台灣總督府警察沿革誌》㈡上卷，813-4 頁；譯本㈡Ⅲ，256-7 頁。
　前揭《台灣匪亂小史》，50-1 頁。
　前揭《台灣匪誌》，150-3 頁。
⑭ 同上《台灣匪誌》，153-5 頁。
　同上《台灣匪亂小史》，51 頁。
　前揭《台灣省通志稿》卷九·革命志抗日篇，98-9 頁。
⑬ 同上《台灣匪誌》，155-7 頁參照。
　同上《台灣匪亂小史》，51-2 頁。
　前揭《台灣總督府警察沿革誌》㈡上卷，814-6 頁；譯本㈡Ⅲ，257-60
　頁參照。
⑭ 同上《台灣總督府警察沿革誌》㈡上卷，817 頁；譯本㈡Ⅲ，262 頁。
⑭ 王詩琅〈日本殖民地體制下的台灣〉(《台灣風物》第 27 卷第四期，民國 66 年，
　65 頁所收)。
　程大學編著《余清芳傳》，台灣省文獻委員會，民國 67 年，19-20 頁。
⑭ 前揭《台灣匪亂小史》，53 頁。
　前揭《台灣匪誌》，163-4 頁。
⑭ 同上《台灣匪誌》，164-6 頁。
⑭ 同上，201-5 頁。
　前揭《台灣總督府警察沿革誌》㈡上卷，818-20 頁；譯本㈡Ⅲ，253-5
　頁參照。
　前揭《台灣匪亂小史》，53-4 頁。
　前揭《台灣省通志稿》卷九·革命志抗日篇，104-5 頁。
⑭ 同上《台灣總督府警察沿革誌》㈡上卷，820 頁；譯本㈡Ⅲ，265 頁。
　前揭《台灣匪誌》，170-1 頁。
⑮ 同上《台灣總督府警察沿革誌》㈡上卷，820-1 頁；譯本㈡Ⅲ，265-6 頁參照。
　同上《台灣匪誌》，171-84 頁參照。
　前揭《台灣匪亂小史》，55-6 頁。
　前揭《台灣省通志稿》卷九·革命志抗日篇，102-3 頁。
⑮ 同上《台灣總督府警察沿革誌》㈡上卷，821-2 頁；譯本㈡Ⅲ，267 頁。
　同上《台灣匪誌》，167-8、184-93 頁參照。
　同上《台灣匪亂小史》，54、56 頁。

同上《台灣省通志稿》卷九・革命志抗日篇，101、103頁。

⑮ 前揭《余清芳傳》，12頁。

⑯ 同上，13、236-7頁參照。

⑭ 同上，16-7頁參照。

⑮ 同上，24-5頁。

⑯ 前揭《台灣總督府警察沿革誌》㈡上卷，822-3頁；譯本㈡Ⅲ，268-9頁。
　　前揭《台灣匪亂小史》，59-60頁。
　　前揭《余清芳傳》，43-6頁。

⑰ 同上《台灣總督府警察沿革誌》㈡上卷，823頁；譯本㈡Ⅲ，270頁。
　　同上《台灣匪亂小史》，60-1頁。
　　前揭《台灣匪誌》，207-10頁。
　　前揭《台灣省通志稿》卷九・革命志抗日篇，105頁。

⑱ 同上《台灣總督府警察沿革誌》㈡上卷，824-5頁；譯本㈡Ⅲ，271-2頁。
　　同上《台灣匪誌》，211-3頁。
　　同上《台灣匪亂小史》，62頁。
　　前揭〈日本殖民地體制下的台灣〉，69-70頁。

⑲ 同上《台灣總督府警察沿革誌》㈡上卷，825頁；譯本㈡Ⅲ，272-3頁。
　　同上《台灣匪誌》，213-6頁參照。
　　同上《台灣匪亂小史》，62-3頁。

⑳ 同上《台灣總督府警察沿革誌》㈡上卷，825-6頁；譯本㈡Ⅲ，273-4頁。
　　前揭〈日本殖民地體制下的台灣〉，70-1頁。

㉑ 同上，826頁；譯本㈡Ⅲ，274頁。
　　前揭《台灣匪誌》，218-21頁。
　　前揭《台灣匪亂小史》，63-4頁。

㉒ 前揭《台灣總督府警察沿革誌》㈡上卷，826-7頁；譯本㈡Ⅲ，274-6頁。

㉓ 同上，827-8頁；譯本㈡Ⅲ，276-7頁。

㉔ 前揭《余清芳傳》，62、80-2頁參照。

㉕ 前揭《台灣匪誌》，231-3頁。
　　前揭《台灣匪亂小史》，66-70頁。
　　前揭《台灣省通志稿》卷九・革命志抗日篇，108頁。

㉖ 同上《台灣匪誌》，234-7頁。
　　同上《台灣匪亂小史》，67頁。
　　前揭《余清芳傳》，77-8頁。

㉗ 前揭《台灣總督府警察沿革誌》㈡上卷，828頁；譯本㈡Ⅲ，277頁。

⑯ 同上，828-9 頁；譯本㈡Ⅲ，277 頁。

前揭《台灣匪誌》，253-5 頁參照。

前揭《台灣匪亂小史》，73-8 頁參照。

⑯ 前揭《台灣總督府警察沿革誌》㈡上卷，829-31 頁；譯本㈡Ⅲ，278-80 頁。

同上《台灣匪誌》，283-91 頁參照。

同上《台灣匪亂小史》，79-80 頁。

⑰ 同上《台灣總督府警察沿革誌》㈡上卷，831 頁；譯本㈡Ⅲ，280-1 頁。

同上《台灣匪誌》，291-3 頁參照。

同上《台灣匪亂小史》，80-1 頁。

前揭《余清芳傳》，96 頁。

前揭〈日本殖民地體制下的台灣〉，77-8 頁。

⑰ 同上《台灣總督府警察沿革誌》㈡上卷，831-2 頁；譯本㈡Ⅲ，281 頁。

同上《台灣匪誌》，293-5 頁。

同上《台灣匪亂小史》，81 頁。

同上《余清芳傳》，96-7 頁。

⑰ 同上《台灣匪誌》，295-6 頁。

同上《台灣匪亂小史》，81 頁。

同上《余清芳傳》，98-9 頁。

⑰ 前揭《台灣總督府警察沿革誌》㈡上卷，832 頁；譯本㈡Ⅲ，282 頁。

同上《台灣匪誌》，296、310-2 頁。

同上《台灣匪亂小史》，85 頁。

⑰ 同上《台灣匪亂小史》，65-6 頁。

向山寬夫《日本の台灣むかし話》，中央經濟研究所，1998 年，263 頁。

# 第九章

## 日本統治下之台灣人
## 非暴力政治運動

# 第一節　台灣民族政治運動的萌芽──台灣同化會的成立

## 一、台灣民族政治運動的胎動

如前所述，在對日武力抗爭遭到鎮壓慘殺的同時，台灣人之間也意識到，端想要仰賴武力來把外來統治者驅逐出去，已經是不可能之事。於是台灣有識人士（特別是當時資產階級的智識份子）開始認為應該尋求其他的途徑，以減輕台灣人所受的迫害與差別，才是明智之舉。職此，隨著時代的進展、經濟的開發及教育的普及等等社會因素，台灣人新的抗日民族政治運動，就應運而生了。

1907 年（明治40年）3 月，台中霧峯望族新台灣人年輕的領導者林獻堂，初次造訪日本東京（時年27歲，任霧峯區長）。同年秋間，由東京歸台途次，經橫濱大同學校林儒校長的介紹，於奈良市某旅社偶然與亡命中的梁啓超邂逅。是晚兩人傾談甚歡，林獻堂談到台灣人被迫害的苦境，並就台灣爭取自由的問題，有所請益。梁啓超乃對林獻堂做如下的勸說。

「三十年內，中國絕無能力可以救援你們，最好效愛爾蘭人之抗英。在初期愛人如暴動，小則以警察，大則以軍隊，終被壓殺無一倖存。後乃變計，勾結英朝野，漸得放鬆壓力，繼而獲得參政權，也就得與英人分庭抗禮了。你們何不效之？」①

這一席話，據當時擔任通譯甘得中（甘氏是林獻堂童年的摯友）之回憶指出，不但深深影響林獻堂之思想與行動，更間接地亦決定日後台人之政治運動，採取溫和、穩健路線。②

林獻堂自受到梁啓超的政治啓蒙之後，十分敬重梁氏，並邀其來台一遊。而後兩人可能時常有書信往來，但現在已無法覓到當時的信件或存稿。至 1911 年（明治 44 年）3 月下旬，突然接到梁氏渡台的電報，林獻堂等人立即至基隆碼頭迎接。此次，梁氏來台的目的，據說是欲籌募十萬金，辦兩報館，但似乎未能達成其所望。這姑且不論，梁氏來台滯留約二週，於同年 4 月 11 日，因為接到康有為的電召，不得不由基隆乘讚岐丸匆匆趕回橫濱。但在這短短的期間，其影響台灣知識份子對近代思想、國際情勢以及民族意識的發酵，實深且鉅。③

其後，1913 年（大正 2 年）5 月，林獻堂到北京訪問梁氏。是時，梁啓超回國組織進步黨，擔任袁世凱政權的司法總長。由梁氏的介紹認識中國重要的官員及政客。訪問梁氏之後，歸途順次（同年秋），林獻堂往東京，透過志向相投的前台中清水庄庄長王學潛（前清秀才）的介紹，和企圖在台灣謀取利益的原台灣總督府稅官吏佐藤源平、中西牛郎（文人、頗有漢學素養）、〈東京每日新聞〉副社長寺師平一等相識。林獻堂原希望透過這些人的管道與內相原敬會面，但由於無法如願，轉而會晤當時正賦閒在家的自由民權運動領袖板垣退助伯爵（明治時期的元勳）。④

據當時擔任翻譯的甘得中，在其〈獻堂先生與同化會〉的追思文所記，他與林氏初次會見板垣伯爵，針對林獻堂控訴台灣政治的嚴苛狀況，板垣伯爵即曰：「我自昔於日本帝國國是，則主張南進北守，尤必須日支提攜，進而團結亞洲各有色民族，方得以安固東洋永遠之和平，勿論為東洋大局應當如是，即為日本國

家將來安全計，也應如此（中略）。你們台人原是漢民族，與大陸人民情如手足。今爲日本臣民，與大和民族誼似同胞，君等處在兩民族之間，持有情誼之柄，用以溝通雙方意志，言歸於好作爲日支親善之橋樑。另有一事，須君等覺悟，台灣處於列強環同之中，支那既無海軍，台灣又孤懸海外，終必有被白人占據之一日，如緬越印度各民族食苦必多。今隸屬帝國，既是同文同種，猶同是孔子弟子，與日人相處，較爲輕鬆愉快。繼又曰：台灣總督政治，不足以佐百姓，反是爲虐，這是完全不對的。」林獻堂感激板垣伯爵的言行，當即邀請其來台視察，而伯爵亦欣然允諾。⑤

1914 年（大正 3 年）2 月 17 日，板垣伯爵一行蒞台，隨行有寺師橫關（東京每日新聞記者）、奧野（前代議士）、中西、佐藤等人。總督府待以元老之禮，19 日，官民聯合在鐵路飯店舉行盛大的歡迎會，參加者達五百餘人。板垣 21 日，由台北首途南下考察，在各地均有一場演說。綜合其講詞要旨，即對日台人說：「你們相處該和諧合作，爲帝國建設新台灣，示範亞洲各有色民族，使近者悅，遠者來，進而團結，以保東洋永遠之和平。欲達成這偉大目的，日本人要反省，切不可以征服者姿態面臨島民，當視島民如弟弟，愛之教之。台灣島民也應自覺，既已是日本臣民，與內地人就是同胞，當事之如兄，敬之重之，互相愛護合作。而欲達成上述的目的，只要日台間有連理心，即可輕而易舉，決非難事。」⑥

板垣的演說，著重在日中兩國之連携，對於善遇台人的說法，雖僅是輕描淡寫，日人聽之卻甚礙耳，心理更是不快。然而在台人，却是聞所未聞，頗爲感激，因此到處大博好評，本來預定月底離台，竟不得不展延至 3 月 6 日（3 月 1 日的演講聚集了千

餘名的聽眾)，始行返日。⑦

　　板垣返日後，決心創立「台灣同化會」。他回國後的 4 月，在〈台灣之急務〉文稿中，對其視察做出以下的結論：「三百餘萬新附人民，似對母國統治根本方針存有些疑慮，怏怏不樂，誠應同情之。」他指出，日本統治台灣已歷 20 年，但在法律上還不承認台灣人與日本人通婚。對台灣人的教育，也「只給予職業教育，而不給予文明國必備的高等教育。」連言論自由亦不予承認，遑論參政權。這些都是台灣人的要求，這些要求板垣認為是理所當然之事。最後，他認為日本對台灣的統治，應採取同文同種之同化主義。於是，7 月，板垣開始提倡設立「台灣同化會」，並重申「統治台灣之根本唯有採取同化主義」。⑧

## 二、台灣同化會的成立與消滅

　　一方面，板垣伯爵為設立同化會，亦徵得大隈重信首相之同意。板垣在 1898 年 6 月，曾與大隈合力一起組成第一次「隈板內閣」，兩人之間可稱是「老同志」。因為有大隈首相的助力，板垣收集了貴族院議長德川家達、眾議院議長奧繁三郎、東鄉平八郎元帥、川村景明元帥等等數十位知名人士的贊助文，編成「朝野名士對台灣同化意見書」。⑨同年晚秋，林獻堂復至東京拜訪板垣於芝區私邸時，板垣出示「台灣同化會設立趣書 (緣起)」及上述「朝野名士對台灣同化意見書」。表明日本朝野重視台灣與期望之殷切。同時又建議林獻堂拜訪這些名士，向他們請益、說明台灣的情況。於是，在板垣的安排下，林獻堂等人造訪了這些人士，大致陳述台灣下列嚴苛的諸情事。

　　　「自六三號法案通過後，對台灣所有立法，皆由總督律令

行使。台灣幾成爲總督府之台灣，疑似與日本帝國無涉。若現在之總督政治，雖經二十餘年之久，始終以警察爲政，既不足以佐百姓，徒使民畏，勿論爲台灣計，爲日本國家計，終非良策。雖於形而下之物質文明略有進步，無如形而上之精神化，落後如故。舉例説如初等教育，得就學者，尚在百分之二十餘，連一個中等學校亦無，較之美之於菲律賓，實相距甚遠。宣稱奉天皇陛下一視同仁之聖旨以爲政，其實僅教育一端既如是，其他庶政可以類推。最奇怪者，内地人自基隆上陸，直至屏東以南歸來之視察談，皆曰台灣統治成功大成功。其所指者，大約是對交通殖産興業與治安衛生等形而下之物質文明略有成就而已。試問台灣一朝有事，使現在島民，能與内地人，併肩與敵人一戰之能力與精神否耶，有則誠成功大成功矣；否則除虛榮之政治家之外，決不敢妄受這樣的贊美辭，反要三思四省才對耳。」⑩

　　林獻堂等人之遊説，得到日本中央很大的迴響。法相尾崎行雄、内閣秘書長江木翼及立憲同志會領袖島田三郎、河野廣中等人表示，待有機會訪問台灣，再做實地研究。對於同文同種的台灣統治，大木遠吉伯爵也承認一味模仿先進殖民諸國的做法，根本是錯誤的。因此，贊成廢止六三法。立憲國民黨黨魁犬養毅亦同情地表示：「日本國内官僚濫用職權，警察枉法妄爲，已爲世人所疾首蹙額，而於台灣想必更甚。日本之普選要求，不久將漸及台灣，雙方互勉繼續努力。至於委任立法乃因環境特殊，所採措施，今後應加檢討，撤銷歸還國會。」至於大隈首相，一見到林獻堂等人則曰：「板垣之同化會，其主旨將爲台灣別開新生面。台灣之總督政爲後藤新平所組織，根深蒂固，非大舉清掃，其

汙穢終難廓清。又在台之日本人，常常欺負你們，眞是了不得。同化會聞將往台灣開始活動，請你們協力，可免畏懼。若有什麼事，可直接來告我，不然則以電報或書信亦可。」⑪

　　隨著林獻堂等人的活動，日本議會及國內報章、雜誌也逐漸提及台灣統治問題。林獻堂等人乃於 11 月中旬，告別板垣返台，並相約將在近日內，在台灣展開同化會活動。林獻堂等人返台後至總督府拜訪民政長官內田嘉吉，告知近日內板垣將爲同化會一事訪台，請求惠予協助。對此，內田表示：「同化會之主旨好極了，正與本官所持方針吻合。唯政治如利刃，若使小孩玩弄，實危險千萬，君等爲地方先覺，請指導民眾無使近之，以防不測。」這番話，不用說，是等於對台人接近政治一事，發出警告。林獻堂等人，只好唯唯稱諾。⑫

　　11 月 22 日，板垣再度受邀蒞台。他一面鼓勵台灣和日本的有志之士，一面也向總督府提出請求，冀其同意爲該「同化事業」從事爲期 5 年、募款 150 萬日圓的活動，並於 12 月 13 日獲得認可。又該會幹部由板垣自任總裁，並以寺師平一、野津鎭武、樋脇盛苗爲理事；河合光雄、武藤親廣、石原秀雄、勝卓郎爲幹事；鈴木宗兵衛爲顧問兼會計監督。這些人士都屬退職官吏、退役軍人或浪人之類，但其中也不乏不瞭解台灣事務的人。⑬

　　1914 年（大正 3 年）12 月 20 日下午 2 時，在台北鐵路飯店舉行同化會創立儀式，參加者達 500 餘人。日本官方有高田殖產局長、石井覆審法院長、高橋土木局長、高木醫學校長、龜山警視總監、角通信局長等人，以來賓身分參加，場面相當隆重。大會開始由安田評議員致開會詞，板垣總裁闡明創立之宗旨；旋由總督府高田局長代表內田民政長官宣讀祝詞，並有在台日人具有代表性的人物木村匡發表對該會之希望。在台日人可說對該會之

成立，已極盡捧場之能事。21日，板垣一行蒞台中，假台中座(戲院) 舉行同化會講演會，各地前來聽講者甚眾，大會場所幾無立錐餘地。首先由林獻堂致開會辭，兼述同化會創立之趣旨及成立之經過。然後板垣登壇開口第一聲便說：此次同化會之創立，專為促進台人諸君之自覺云云，頗受聽眾良好印象。12月24日，復在台南公會堂舉行講演會。同化會乃在台中、台南先後成立。同化會成立之後，台灣各地參加的人數，瞬間即達到總數 3,198人之多，其中日人有 44 人。⑭

又台灣同化會章程 (定款) 計 17 條 (1914 年 7 月制定)，其中最重要的條文，即第三條：「本會以日人及台人(不分官民)組織之，務期互相親睦交際，以謀渾然同化，奉報一視同仁之皇猷 (天皇)為目的。」在日治此時期，能夠與特權階級的日人交往，當然不是那麼容易，亦不是一般普通老百姓所能參與的。所以這三千餘人的會員，可說是當時台灣社會的上流人物。實際上大部分的會員，都是區長、參事、保正等身膺榮職的士紳。⑮

然而，在台的日人，他們對於同化政策並不感興趣。初時他們懾於板垣的威望不得不敷衍一番；但後來，他們見到板垣認真起來，而且板垣周圍的人，每每出言攻訐總督府的官吏，大有責罵自己人，以取悅台人的言行，於是翻起臉來了。他們集會商議的結果，於12月26日，推派松村鶴吉郎與秋山善一兩人為代表，會見板垣，親手遞交「對台灣同化會意見書」，陳述以下反對的主要理由：「(前略)屬該幹部的閣下周圍人物，有種種不良風評(中略)；同化會幹部以同化美名，欲在本島籌集巨款飽其私囊，並無任何做事的誠意 (中略)。至於本島人呢？其已加入或擬欲入會者，其多數都稱入會便可立獲參政權;或說入會可被任用為高官;或說入會可和內地人結婚。此外，有的則謂入會可獲得各種營利

事業之經營權，宛如將同化會視爲擴充利權之機關。」因此，他們向板垣提出十項修改同化會的章程。就中最重要的第一項，聲明同化會的事業應完全避免涉及政治；專以對台人推行日語及矯正風俗，以謀取日台間之親睦爲目的。⑯

誠然，台人與日人之間，對於同化會可說是一種同床異夢的一場滑稽劇。而板垣周圍同化會的幹部，確實亦如傳聞中品行拙劣的人物居多。於是佐久間總督聽取在台日人的投訴後，擔心台灣同化會對台灣統治的影響。乃俟板垣返日（1914 年 12 月底），於翌 1915 年（大正 4 年）1 月 21 日，改變協助同化會的施政方針，命令廳長辭退評議員；23 日，又取消同化會徵收會費的許可。至 26 日，復以總督的名義，正式發布命令解散該會。其令文稱：「台灣同化會，經認爲妨害公安，命令其解散。」可是，對「妨害公安」之事實，總督却一字不提，僅極力對該會幹部之金錢關係做文章。據稱同化會所徵收的會費合計只有 4,660 餘圓，而同化會迄 1915 年 1 月間，所開銷的金額竟達三萬餘圓。甚至連板垣住宿鐵路飯店的一筆費用 700 餘圓，亦無法支付，致被向法院提出「支拂（付）命令」之請求。同化會解散以後，該會幹部曾以涉嫌詐欺罪被檢舉。原因是佐藤源平、寺師平一、山本實彥等人，假藉板垣之聲望，向板橋林本源家之秘書郭某遊說，以請託板垣爲他的主人（林熊徵）活動獲得勅封男爵，而索取運動費 5 萬圓。但此事發生在同化會解散以後，也是個人的問題，根本扯不上同化會。何況在豫審（一審），即 5 月 8 日，佐藤等人雖被判有罪；但在 8 月 16 日的覆審，以受領捐款爲當事者兩方同意之由，判決無罪。⑰

總而言之，一時聳動任台灣人耳目之台灣同化會，僅成立一個多月即被消滅。參與這次同化會的台灣人教職員、官吏以及學

生等，大多遭受革職或退學。然而，台灣同化會的設立，雖半途
即遇挫折，但其成立的過程，實已引發廣泛台灣人之間的民族覺
醒。此後，台灣人卻因而找出自己的新出路，對撤廢差別或伸張
權利的政治運動，遂應運而生。

## 第二節　啓發會、新民會的創立以及「六三法撤廢」與「台灣議會設置運動」

### 一、啓發會與新民會創立經緯

　　1914 年歐洲列強英、法、露（俄）受到新興德國世界殖民
地再分配的要求，終於在同年 8 月 1 日，爆發了第一次世界大
戰。⑱這次的大戰，不但使歐洲陷入長期的兵禍，更讓全世界的
政治、思想急速地轉變。尤其是 1917 年 11 月 7 日，在列寧領導
下所爆發的俄羅斯蘇維埃革命，及 1918 年 11 月 11 日德國發生
革命，向協約國投降，結束了有史以來最大的戰爭；全世界竟然
面臨意想不到地空前激烈的民族動亂。特別是 1918 年 1 月 8 日，
美國總統威爾遜（W. Wilson）在議會演說所發表的「十四條和平
原則」，其第五條提倡：「殖民地主權的決定，應該歸諸居住民自
己決定。」這項新殖民政策的「民族自決權」，隨後，在巴黎凡爾
賽和平會議裡（自 1919 年 1 月 18 日至 6 月 28 日），獲得參加會談各
國的採擇確認。⑲結果，大戰後世界各地的民主浪潮和自決運動，
當然亦激發了台灣人的民族意識，更給予民族解放運動強烈的刺
激。

　　一方面，台灣總督府雖然以迅雷不及掩耳的手段解散同化
會，但爾後台灣人留日學生年年增多，而林獻堂自 1916 年春起，

也因為治療胃疾及探視其留日的兒子，每年約停留東京二、三次，頻繁的與這些留學生接觸、聚會慷慨激昂地議論世事。1918 年夏，也就是威爾遜總統提出「民族自決權」之後不久，林獻堂在位於東京神田神保町中華第一樓（中國料理店），招待就讀專門學校以上的留學生，共約有林呈祿、蔡式穀、蔡培火、黃土水等 27 名，討論其所提出的議題:「台灣當如何努力？」其時，議論意見紛起，但最後決定要執行林獻堂的秘書施家本所提議：「六三法問題，束縛台灣人甚深，宜應速撤廢之。」於是，以留學生為中心，12 月 27 日，組織「啓發會」，並在啓發會名下，成立「六三法撤廢期成同盟會」，公推林獻堂為會長，由林獻堂指名林呈祿為幹事。日人稱啓發會之「撤廢六三法」運動，實為台灣人政治運動的濫觴。⑳

　　啓發會成立之初，頗受眾人所期待，但其成員雖只有百餘人，可是對展開運動的方法卻意見分歧，相當複雜。大約可分為激進與漸進二派。激進派被歸結為同化主義；而漸進派則被納為自治主義；而兩派固持自說絕不退讓。後來又因經費開支問題，林獻堂拒絕捐助 500 圓，引起激進派彭華英、羅萬俥等人的彈劾，發生不愉快事情，終使啓發會於次年無疾而終。㉑

　　在此必須一提的是，正當啓發會開始積極籌備時，亦即 1918 年 6 月 6 日，寺內正毅內閣更換安東貞美總督，任命陸軍中將明石元二郎為第七任台灣武官總督。而明石總督赴任之際，正是世界各地民族主義高揚的時期；所以很諷刺地剛上任的明石總督，鑑於國際情勢大環境的變化，遂於 7 月 22 日明白表示其將以同化主義作為對台的施政方針，不再與內地有任何差別。㉒結果，很明顯地明石總督的新同化政策確實也給予啓發會激進派甚大的影響。總之，啓發會雖然不幸夭折，但以東京旅日的學生

為中心，台灣人的民族意識，仍然持續高揚。茲又順道也將明石總督的生平履歷，簡要地介紹如下：

明石總督是福岡藩士明石助九郎之次男，出生於 1864 年（元治元年）8 月 1 日。1883 年（20 歲）畢業於陸軍士官學校，任陸軍少尉。1887 年（24 歲）入陸軍大學，任步兵中尉。1889 年（26 歲）陸軍大學畢業，任步兵第五聯隊附。1891 年（28 歲）任參謀本部第一局附、升任步兵大尉。1894 年（31 歲）2 月，赴德國留學；4 月被調回，任近衛師團參謀。1895 年（32 歲）5 月 29 日，隨近衛師團登陸三貂角；8 月，升任步兵少佐，帶兵轉戰台灣各地。1897 年（34 歲）2 月歸國；9 月 18 日，任海軍大學教官。1900 年（37 歲）10 月 31 日，晉升陸軍中佐。之後，經歷參謀本部員，駐法、俄、德武官。1903 年（40 歲）11 月 18 日，升任陸軍步兵大佐。1907 年（44 歲）10 月 4 日，晉升陸軍少將、任第 14 憲兵隊長。1908 年（45 歲）以朝鮮駐軍參謀長兼憲兵隊長的身分，積極參與併吞朝鮮的策謀。1912 年（49 歲）12 月 26 日，因併吞朝鮮有功，升任陸軍中將。1914 年（51 歲）4 月 17 日，轉任參謀次長。1915 年（52 歲）10 月 4 日，被任命第六師團長。1918 年（55 歲）6 月 6 日，被任命為台灣第七任總督；7 月 2 日，晉升為陸軍大將。1919 年隨著總督府軍、政分離的改制（原敬內閣），8 月 20 日，兼任台灣軍司令官。在位一年四個多月，主要政績有日月潭水力發電計劃的實施，以及台灣電力株式會社的設立。但於 1919 年 10 月 26 日（正確的時日是，10 月 24 日午前六時半），返國述職期間，不幸患大病，病歿於故鄉福岡，享年 56 歲。依其遺志，10 月 29 日，將遺體運到台灣。11 月 1 日黎明，靈柩乘商輪「亞米利加」丸，一路無事抵達基隆港。11 月 2 日，舉行隆重的總督府府葬。11 月 3 日，下葬於台北三板橋日本人墓地（今林森北路第 14 號公園）。

1999 年遷建於台北縣三芝鄉（新北市三芝區）福音山基督教墓地。在所有的台灣總督中，明石總督是唯一於任期中病殁，而且也是唯一把遺體埋在台灣總督，我們願意緬懷之！㉓

　　1919 年 3 月 1 日，日本統治下的朝鮮爆發所謂「萬歲事件」的獨立大暴動，該事件帶給日本相當大的衝擊。事件結束後，在東北舉辦的憲政會大會，加藤高明總裁表示：「未來朝鮮應有自治之權。」這樣的發言，毋庸置疑，當然亦強烈地衝擊住在東京的台灣人民族主義者，使他們切身感受到必須緊急組織民族運動的實踐團體。為此，在蔡惠如得知啓發會解散的原委之後，乃與林呈祿等人斡旋於激進派與漸進派之間，終於使雙方達成共識，重新創立「新民會」。該會成立於 1920 年（大正 9 年）1 月 11 日，場所是渋谷區蔡惠如的寓所，當日參加的人數約有 20 餘人。席上大家公推蔡惠如任會長，但蔡惠如極力謙辭，並列舉理由，強調會長非林獻堂莫屬。於是，乃決定由蔡氏負責敦請林獻堂充任會長，在林氏未接受會長之前，暫由蔡氏權充會長為條件，解決了會長問題。㉔

　　1920 年 3 月，新民會會員林呈祿、蔡培火、王敏川、鄭松筠、彭華英、蔡伯汾、陳炘、劉明朝、蔡玉麟等人，會合協商議決今後該會三項運動方針：第一、為增進台灣人的幸福，進行台灣統治的改革運動；第二、為擴大宣傳台灣人的主張，啓發島民及爭取同志，應發行機關雜誌；第三、謀求與中國同志取得連携。這三大方針的具體表現，在關於台灣統治改革方面，則以個人的資格，各自參加所謂「六三法」的撤廢運動及後述「台灣議會設置」請願運動。關於雜誌刊行方面，則由蔡惠如捐一千五百圓，又向時恰好來東京的御用紳士辜顯榮、林熊徵、顏雲年等人，募得五千餘圓，做為主要基金之後，在東京市麴町區飯田町設置

台灣青年雜誌社，推蔡培火爲編輯主任兼發行人（其他重要主編者爲：彭華英、林呈祿、林仲澍、吳三連、王敏川、徐慶祥、蔡玉麟、蔡式穀、石煥長、羅萬俥等人），刊行台灣人民族啓蒙運動機關雜誌《台灣青年》。至於連絡中國人，則由蔡惠如主持，派彭華英、林呈祿等人赴華，連絡容共時代的中國國民黨左右派人物，以期培養助長台灣人的民族運動。㉕

## 二、台灣首任文官總督的登場與《台灣青年》雜誌的創刊

正當東京留日學生醞釀著台灣民族政治運動之際，台灣總督明石元二郎於 1919 年（大正 8 年）10 月 26 日，病歿於故鄉福岡，享年 56 歲。原敬內閣遂於 10 月 29 日，任命其政友會所屬的前遞信大臣田健治郎男爵爲台灣第八任總督。田氏是年已 65 歲，實亦歷代台灣總督之最高齡者。又歷代的台灣總督，都須以陸、海軍大、中將以上軍階的人，才能被任命。但自 1918 年（大正 7年）9 月 29 日，原敬內閣誕生，原首相於 1919 年（大正 8 年）10月，發布勅令第 393 號，改正台灣總督府官制，重新規定總督一職，應由文官選任。這是日本帝國憲政史上，劃時代的創舉。也因此，時在原內閣具有副總理實力的田男爵才能被任命爲首任台灣文官總督。㉖茲在此將田總督的生平履歷，簡述如下：

田總督幼名梅之助，1855 年（安政 2 年）2 月 8 日，出生於丹波國氷上郡下小倉村（今兵庫縣內）。父田文平，字秀胤，原藩士，精通漢學。10 歲起，10 年間先後師事儒學者渡邊弟措、小島省齋，奠定深厚的漢學素養。自弱冠起，出任地方公職，歷任高知、神奈川、埼玉等縣之警務部長。1890 年（明治 23 年）4 月24 日，受知於時任遞信大臣後藤象二郎的拔擢，擔任遞信書記

官，成爲中央官僚之一員。1895 年（明治 28 年）6 月 18 日，台灣事務局創立，由總理兼任事務局總裁。當時任通信局長的田健治郎擔任了事務局的交通委員，與原敬通商局長等人，力主台灣宜採用文官總督制，遂與台灣有了特殊關係。其後，1900 年（明治 33 年）10 月 31 日，任遞信省總長官、敍高等官一等。1901 年 8 月 12 日，兵庫縣第三選舉區補缺選舉當選衆議院議員，1902 年 8 月 15 日，再獲連任。1906 年（明治 39 年）1 月 7 日，因貢獻卓著，獲勅選爲貴族院議員。1907 年（明治 40 年）9 月 21 日，因勳功列入華族，特授男爵。1916 年（大正 5 年）10 月 9 日，寺內正毅組閣，田氏被延攬出任遞信大臣。1919 年（大正 8 年）10 月 29 日，原敬組閣田氏膺任台灣總督。1923 年（大正 12 年）9 月 2 日，第二次山本權兵衛內閣成立，田總督被任命爲農商務大臣兼司法大臣，9 月 6 日，乃辭任總督。1926 年（大正 15 年）5 月 10 日，任樞密顧問官，5 月 15 日，辭任貴族院議員。1930 年（昭和 5 年）11 月 16 日，因腦充血病歿，享年 76 歲。[27]

　　當田氏被任命總督之前，原敬首相於 1919 年 10 月 27 日，委託政友會橫田千之助法制局長去田邸探詢，其是否願意接受就任台灣總督一職。據田氏同日「日記」（原文都是日式漢文）稱：「（午）後三時，橫田法制局長帶原首相之命來訪，切望予台灣總督就任受諾之事，情意懇到，則約以明可返答諾否而別。」但是同日「日記」又稱：「（午）後九時，訪平田東助子（山形縣出身的政界元老）于駿河台邸，關就任受諾之可否，叩其意見。就內地將來政局之趨移討究論談，結局，決受諾之適時宜。」可見田氏就任首位台灣文官總督的職務，在其受邀之日，即已有強烈的意願，並決定要受命渡台。所以，10 月 28 日上午 9 時半，形式上他雖去拜訪政界最元老之一的山縣有朋（山口縣出身，曾於 1889 年即明治 22 年

及 1898 年即明治 31 年二次組閣)，向其請益就任諾否之意見。然當
山縣答稱：「關此事，昨夜田中義一陸相來請予勸君之就任，然
予諾否共苦決答（中略，有關組織新黨之事宜）。希先聞君之意向如
何云云。」其時田氏則答說：「於平時新政黨組織至難之眞狀，一
朝際會風雲，其非必絕望之事由，述其計畫無俟機會之外（即除
等待機會之外無他）。」結果，「公亦領其意，遂決受任承諾之事。」
於是，28 日「(午) 後七時半，訪原首相於首相官邸，首相述總
督奏薦之意，求其受諾。予則答奉命之旨。首相語要急之事情，
告明奏薦，且奏請即日親任式之事。」如此，台灣首任文官總督
乃順利地內定。10 月 29 日，媒體諸新聞報導田氏出任台灣總督
之事。午後 1 時 50 分，田氏「應召命，小禮服著勳章本綬參內。
到侍從職，與正親町侍從長、德川同次長面談。俟少間而原首相
參內，則相伴而入御學問所。天皇口宣任台灣總督之旬，首相侍
立，奉宣旨授之。予拜受而禮拜，退出。」於是焉，台灣首任文
官總督，正式誕生。[28]

　　一方面，1919 年 11 月 5 日，田總督赴台蒞任之前，於午前
8 時半，拜訪山縣公告別，談及治台之根本。田總督告以「台灣
統治之大方針，要在漸次教化台灣人，廢社會的待遇差別，遂爲
純乎日本人，結局可及政治的平等待遇之事。」山縣公大贊同之。
同日中午，接受原首相的餞別宴會。會後，更入別室，田總督對
原首相提及二件要事。即：1.「予述教化台灣人爲純日本人之大
方針，叩首相之意見。首相答全然同意之旨。」2.「予關南洋占
領諸島委任統治之方法，問委托于台灣之可否。首相答於國際會
議結束之後，暫附於獨立管（官）廳統治之意。」[29] 由此，可知
田總督在上任當初，已堅決地抱定欲繼承明石總督的台灣同化
政策。所以，11 月 11 日，他由基隆抵台蒞任之後，即聽取其能

幹的下村宏總務長官（軍政時期的民政長官）意見，於 11 月 22 日，召開廳長會議，提出以下具體的重要施政新方針。亦即，任用台灣人擔任官吏、廢止被酷評的笞刑、准許日本人與台灣人通婚、普及日語、日人與台灣人共學、警察事務與一般事務分離、改正地方制度、勞動問題對策及其他產業問題。此外，亦推翻後藤新平的除醫學以外「台灣人不需要高等教育」的差別政策，設立了專門招收台灣人的高等專門學校。㉚

　　筆者綜觀田總督的施政，雖然他仍維持總督的專制，並立足於日本帝國本身的利益；但較諸前期各武官總督，他實在可稱是「開明」的專制總督了。另在此順便一提的是，那位能幹的下村總務長官，於 1921 年（大正 10 年）7 月 11 日，辭官之後，進入朝日新聞社，次年升為專務理事，1930 年（昭和 5 年）就任副社長。爾後，下村於 1937 年（昭和 12 年）就任貴族院議員，二次大戰結束前，在鈴木貫太郎內閣（1945 年 4 月 7 日）擔任國務大臣兼情報局總裁。他曾不顧軍部阻礙，冒險將昭和天皇向聯軍無條件投降的「玉音放送」，從皇宮安全地帶出。此事，使他名噪一時，亦決定了日本終戰命運。下村宏於 1957 年病歿。㉛

　　由於開明田文官總督與英明總務長官（筆者稱之）的出現，台灣人亦一時激起了相當大的期待。因此，在 1920 年 7 月，《台灣青年》月刊，即將刊行之際，新民會發布「雜誌發行趣意書」，宣稱：「如今我們台灣應時勢的要求，新的文官總督已經履任。尤其是田新文官總督就任以來，參酌我台灣的民意；對舊制度大大地一新其面目，偉大的經綸已逐漸實現。值此時刻，我島民宜奮鬥勉勵，積極協助新總督逐步改革新政，俾獲良果。亦即，我們應自動盡早剷除社會上、宗教上、藝術上、風俗上等諸多的陋習，及早發揮吾等之衆多優點才行。」㉜

　　除了發出這趣意書之外，蔡培火、林呈祿等人，亦連袂拜訪時正上京中的田總督，聲稱爲提高台灣的文化，才發刊本雜誌，絕不刊載涉及過激、或誹謗施政等可能紊亂治安的記事，且提示初號的原稿，懇求題字。田總督遂允予題「金聲玉振」四字，以示期待。㉝

　　這樣，1920 年 7 月 16 日，日人治下的台灣人政治運動首份機關誌《台灣青年》(月刊)，在東京問世了。這本創刊號的內容，幾乎都是對創刊有感之類的文章。但是日本人的投稿者，有大日本和平協會副會長阪谷芳郎男爵、東京帝國大學教授吉野作造、明治大學校長木下友三郎及教授泉哲、貴族院議員兼台灣與朝鮮留學生監督永田秀次郎、東京神學校校長植村正久、早稻田大學教授安部磯雄及大山郁夫、同志社大學校長海老名彈正、衆議院議員田川大吉郎、後藤朝太郎文學士等著名人物。㉞

　　可是，《台灣青年》與日本當局的蜜月期終究未能持久。在 1920 年 10 月發行的第一卷第四號的刊物中，因爲登載了蔡培火執筆的〈我島與吾輩〉乙文，觸犯了內務省忌諱，竟被禁止發行。嗣後雖然亦屢屢登載這一類不當的記事，但均能巧妙地維持其合法性，繼續刊行。茲將〈我島與吾輩〉的要旨引述如下：

　　「我們在過去，好像是無神經無思慮一般，缺乏進取的精神，計畫創造的風氣低迷沉滯，因而陷入了如今的境遇。我等痛感目前正是應該猛省大悟之秋了。台灣是帝國的台灣，同時也是我們台灣人的台灣。在風雨之前，應做未雨綢繆的準備。我等有時也可弄弄槍劍，當然現在並沒有這種自由，然而如斯的心理準備是絕對需要的。倘不能用眞劍，那麼不妨就用木刀，因爲只要有使用，其功能是一樣的。我們現在可以在自由的範

圍內，爲準備達成將來的眞實生活，一如既述，我等的智力須要聰敏、體力亦要加強鍛練充實。」㉟

　　《台灣青年》刊行之後，不僅旅日的台灣人留學生，島內台灣人知識份子，甚至居住在中國或東南亞各地的台灣人，也都熱衷地閱讀。對於台灣人民族意識高揚與民族運動的推動，實有莫大的貢獻。但是由於台灣總督府禁止將《台灣青年》輸入島（台灣）內外，加以經常受到日本內務省禁止發售或刪除內容的處分，因此發刊面臨資金上的困境。1922 年（大正 11 年）4 月 1 日，《台灣青年》改名爲《台灣》。1923 年（大正 12 年）4 月 15 日，編輯部又創刊大衆化白話文體裁的〈台灣民報〉（半月刊），《台灣》則改爲理論專集，仍繼續發行。不過，隨後雜誌社資金涸竭，乃由蔡培火、林呈祿策劃成立株式會社組織（股份有限公司）。奔走的結果，同年 6 月 24 日，在台中舉行資金 25,000 圓金額繳清的股份有限公司創立大會，議決將本社設置於東京市牛込區若松町，支局設於台北市太平町蔣渭水宅（後來遷移至奎府町二丁目）。1924 年（大正 13 年）6 月，〈台灣民報〉改爲週刊，隨之將《台灣》廢刊。1925 年（大正 14 年）8 月 31 日，台灣雜誌社改稱爲台灣民報社，1927 年（昭和 2 年）7 月，〈台灣民報〉正式成爲台灣民衆黨的機關誌，並被允許於島內發行。其時，〈台灣民報〉所發行的部數竟達二萬份以上。該報實已發展爲台灣社會運動全面性的指導機關誌。總之，1927 年 8 月，〈台灣民報〉將本社遷移到台灣。之後，1930 年（昭和 5 年）3 月 29 日，〈台灣民報〉改稱爲〈台灣新民報〉，仍維持週刊。1932 年（昭和 7 年）1 月 9 日，被當局批准發行日刊。4 月 15 日，發行日刊第一號。這是日治時代唯一由台灣人所辦的報紙，也是持續刊行最久的機關誌。然而，1941 年 2

月 11 日，迫於時勢與當局的壓力，〈台灣新民報〉不得不改稱爲〈興南新聞〉，報紙的影響力也日漸式微。迫至二次大戰爆發，日本投降之前年，即 1944 年（昭和 9 年）3 月 26 日，在台灣總督府的強迫下，全島六家報紙統合爲〈台灣新報〉，委由大阪每日新聞社派員經營。職是，〈台灣新民報〉自《台灣青年》起，至〈興南新聞〉止，連續 25 年間爲台灣人唯一的喉舌。但終於在 1944 年 3 月 27 日，刊登一篇沉痛的〈停刊之辭〉，而結束其四分之一世紀的歷史。[36]

另一方面，新民會在 1920 年 7 月 16 日，創辦《台灣青年》機關誌之後，復於 11 月 28 日，以該會成員及「台灣青年會」成員爲中心，再加上當時尚未加入新民會的林獻堂等二百餘人，在麴町區富士町教會，舉辦要求政府撤廢六三法案，並準備示威遊行。[37]而這次示威遊行，雖未克實現，然以此爲契機，12 月林獻堂終於答應接任新民會的會長，並重要明確地制定該會的章程（計 16 條），就中最重要的是第二條明文規定「本會專爲研討台灣所有應予革新之事項，以圖謀文化之向上爲目的。」對此，總督府有如下精確地分析與見解。亦即：「其後，新民會的指導者，鑑於新民會的創立趣旨，似要把它作爲純粹的研究團體，乃以學生會員另行成立『東京台灣青年會』，把一切表面上的活動，委由青年會推行。他們則躲在台灣內外的民族主義啓蒙運動及合法的政治活動的背後，成爲它的指揮團體，維持其長期存在。因此，自東京青年會成立後，新民會在表面上並沒有任何的活動。」[38]

誠如總督府的分析，隨後台人所創立的各種組織或團體，先後均被日官方取締或強迫解散，但唯有新民會，仍然屹立不動，直至 1937 年（昭和 12 年），因爲日本軍部之壓力漸強，始歸於自然消滅。[39]

如是，新民會的學生會員，乃另行組成「東京青年會」。揭示：「涵養愛鄉的心情，發揮自覺精神，促進台灣文化之開展」為綱領，推新民會於指導地位，爾後的各種運動，都以青年會的名義進行。[40]而新民會的幹部，一面與日本有識人士保持接觸，一面又和中國或朝鮮的民族主義者，相互聯繫提携，並且在北京、上海、廣東等地，成立台灣留學生的青年會，建立了台灣人海外社團的堅固基礎。在此再順便一提的是，當年參加台灣新民會的會員，除了先覺林獻堂、蔡惠如以外，其他的成員如黃呈聰、蔡式穀、連雅堂、林呈祿、羅萬俥、彭華英、郭國基、黃成旺、王敏川、吳三連、劉明朝、陳炘、蔡培火、謝春木等等（以下從略），都是爾後台灣政治運動或各行各界的傑出人物。[41]

## 三、台灣議會設置請願運動始末

新民會原先雖積極展開撤廢六三法運動，但隨後在 1920 年 12 月 15 日，發行的《台灣青年》第一卷第五號中，林呈祿發表一篇〈六三法問題之歸著點〉的論文。其要旨為：「總督的委任立法權，早晚須撤廢；而施行於台灣的法律，應該根據將來在帝國議會所達成的結論。在適當時期，衆議院選舉法也應該施行於台灣。也就是，由台灣住民中公選出來的代表應該參加帝國議會這是時間的問題。不過，若從實際上予以考察，我們也一如向來政府所抱之疑慮，對於擁有久遠歷史，特殊的民情、風俗、習慣、固有思想及文化的三百四十萬的現住民族，究竟可不可以利用和內地大和民族完全同一的制度施行統治，應該抱有疑問。如此講來，六三法問題的歸著點，如果純從法理上思考，其將來應該是撤廢台灣的特別統治，而在帝國議會中作同一立法。但是如果從實際上著眼，吾人寧可再進一層，使一種台灣特別情況下的特

別代議機關，從事於特別立法。」這就是說，六三法撤廢運動顯然否定了台灣的特殊性，而是肯定所謂內地延長主義（同化主義）之舉。因此，林呈祿提倡設置強調台灣特殊性的「台灣特別議會」，以作爲中止「六三法撤廢運動」的替代方案。結果，此項提議獲得大多數會衆的贊同。於是，以林獻堂爲首的台灣議會設置運動急速的展開。㊷

　　1920 年（大正 9 年）12 月底，林獻堂、蔡惠如相繼從島內、上海進入東京，和新民會幹部綿密商討的結果，決急遽向第 44 回帝國議會提出「台灣議會設置請願」，號召各方同志計 178 人簽名蓋章，經貴族院江原素六、衆議院田川大吉郎的介紹，於 1921 年（大正 10 年）1 月 30 日，向帝國議會提出第一次請願書。其要旨如下：

　　「謹按，大日本帝國是立憲法治國家，而台灣則歸屬於帝國版圖的一部分。因此，假使在台灣的統治上有必要認可特別制度，則在其範圍內須要準據於立憲法制的原則，是理所當然。但考察台灣的統治制度，在領台時，不但認爲有必要參酌台灣固有的文化制度和特殊民情風俗做特別立法，且因認爲統治之日尚淺，在不宜使之立刻遵從立憲政治的常軌情況下，帝國議會依明治 29 年（1896 年）第 63 號法律，授予台灣總督可以發行代替法律的命令權，使同一統治機關掌握了行政、立法二權。這不但是帝國治下三百六十萬新附民政所不能忍受的痛苦，實也是現代世界思潮所不能贊同的汙點。如今，台灣的諸行政外表看起來好像已上軌道，地方的秩序也井然有序，但內情却是官方獨行、民意未暢達。尤其是歐洲大戰後，道義思想勃興，促使環球人類極大覺醒，成立了國際聯盟，給予列強的

外交、內治的根本革新。因此，統治新領土台灣，務必參酌特殊情況，參考世界思潮，根據民心的趨向，迅速平等對待各種族，促使恢復立憲的常軌。換言之，相信目下的最大急務是，開設由台灣住民公選出的議員組織台灣議會，俾使台灣民眾能夠體會一視同仁的聖旨，均霑立憲政治的惠澤，以期做為真正善良國民，完成地理上、歷史上的特殊使命。如果能諒解請願人等的真意，而採擇設置台灣民選議會，付予施行於台灣的特別法律和台灣預算的議決權，期使能與帝國議會相提攜來圖謀台灣體制的健全發展，則這不單是台灣民眾的幸福，亦是日本帝國新領土統治史上輝煌完美的一大功績。此乃敢呈上請願的所以然。祈能給予充分的審查和討論！」（迄至第五次請願，只止於字句的修正，均用本要旨繼續請願）⑭

「台灣議會設置請願書」於 2 月 28 日呈上貴族院請願委員會。擔任受理請願的中村委員，要求台灣總督田健治郎到該委員會陳述意見。田總督乃稱：「本件在台灣統治上有頗為重大的關係。帝國統治台灣方針，不像英國讓殖民地設置獨立議會、制定法律、議定預算的所謂殖民地自治政策。而是當作正在施行帝國憲法的地方，和內地同樣處理、漸次提升其文化，最後使之與內地相同。但本件請願却希望在台灣設置議會，制定將施行於台灣的特別法律及台灣預算的議決權。這完全違背了帝國統治台灣的大方針，具有類似英國之澳洲或加拿大的獨立自治體。這樣請求，完全違背了帝國一向在台灣新領土所採用的方針，斷然不應容許。」結果，貴族院請願委員會，依田總督的意見，未及碰觸到請願內容，就決定不予採納。在眾議院方面，雖然 3 月 21 日，逕向請願委員會呈上請願書。但也經岡田委員指出：「『有關施行於台灣

法令的法律（所謂六三法）改正方案』，既已在本院通過，本請願與該法律具有根本上的矛盾，所以毫無審議的餘地。」職此，該請願委員會，在沒異議之下，決定不予採納。[44]

台灣人的第一次議會設置運動，雖然完全被拒於帝國議會之外，終無法達成目的。可是，期間由於林獻堂、蔡惠如、林呈祿、蔡培火等人的努力，亦獲得了部分中央政界及輿論界的鼓勵支持。而消息傳入島內，更使人心振奮。4月20日，為了繼續從事請願運動，林獻堂與蔡培火一同返台。在他們歸台之先，蔣渭水等人計畫舉行歡迎會，準備在林獻堂出身的台中以花車盛大迎接，其他地方也有各項企畫，但因為林家受到不明人士的恐嚇威脅，最後為安全起見，林獻堂乃辭退中止。[45]不過，林獻堂與蔡培火等人，仍馬不停蹄的巡迴島內，努力宣傳請願運動，並糾合利用夏季休假回台的學生，亦加入此行列。就這樣，1922年（大正11年）1月，上京的林獻堂，和從上海入京的蔡惠如，加上內地留學生及其他160餘人的署名，以總人數512名的連署，經貴族院江原素六、眾議員田川大吉郎及清瀨一郎的介紹，於2月16日，向第45回帝國議會提出第二次台灣議會設置請願書。同時將請願理由書，分發給貴、眾兩院議員及其他人士；訪問或招待政客、新聞記者等人，求其後援，進行周到的運動。惟2月27日，在眾議院審議的結果，仍未被採納。同年3月13日，在貴族院的審議，僅做了二、三個質問應答之後，即被決定不採納。[46]爾後，迄1934年（昭和9年）為止，年年不斷地向帝國議會提出共15次的請願書。但是，日本當局很清楚的瞭解，如果允許設立具有立法權與預算審核權的台灣議會，台灣將會變成一個獨立的自治體；這點日本當局是絕對不會允許的。所以，毋庸贅言，台灣人每次提出的請願書都被駁回，台灣議會的設置，終究未能

如願以償。⑰

　　一方面，台灣議會設置請願運動，不僅成為台灣人關切的重大問題，實也啟發台灣人的民族意識，並給予最好的政治教育。在這期間，隨著台灣內外諸情勢的推移與環境的變遷，經歷了許多波瀾和消長。總督府概觀其經過，將其分為下列三期，茲引述之。

　　第一期，即統一戰線時期的運動。係第一次（1921 年）至第七次（1926 年）為止。第一次及第二次請願運動以來（上述），積極準備調整陣容，在東京有台灣文化協會（後述），在中國蔡惠如一派的留學生團體積極支持，結成極有統制的統一戰線來發展運動。因此，對於總督府當局的告誡和取締，以及帝國議會請願委員會不予受理的態度毫無所屈，益加努力推展本運動，結成以達成運動為單一目標的「台灣議會期成同盟會」（後述）。一旦受到結社禁止命令，則假裝將之移設東京，終因這種反抗態度而引起治安警察法違反事件（後述）。但請願運動，歷年都遭到不採納或審議未了的處理。而支持本運動的統一戰線，也受到無政府主義或左派共產主義運動的影響，逐漸呈現動搖。

　　第二期，是戰線分裂時期的運動。即自第 8 次 1927 年（昭和 2 年）至第 11 次 1930 年（昭和 5 年）。此時期島內文化協會，在 1927 年 1 月，轉向無產階級運動，而東京台灣青年會也在共產主義影響下，投向社會科學研究，一致採取反對本運動，對運動的前途投下了一大暗影。儘管如此，請願運動的幹部反而強化宣傳，勸誘請願署名。因此，在第 8 次請願時，請願署名人數竟達 2,470 人，呈現了最高記錄。另一方面，島內文化協會與東京台灣社會科學研究會員的反對運動，也一年比一年顯著的尖銳化。於是，像往年的歡送、迎接活動不再出現。

　　第三期，也就是沒落期。自第 12 次 1931 年（昭和 6 年）至最後之第 15 次 1934 年（昭和 9 年）。此時期已經沒有輿論的支持，也未見有希望的運動。徒然拘泥於體面，只靠數名幹部的努力，繼續推進。惟時序進入 1934 年，始終是請願運動的最中心人物，林獻堂與蔡培火兩人，就本運動今後的事宜，做了數次慎重協議的結果；終於在第 15 次請願後，接受中川總督的勸告，決意從此停止活動，向多年來的諸同志請求諒解。台灣議會設置請願運動，就如此地結束。⑱

　　關於 15 次請願經過，總督府《警察沿革誌》㈡中卷，327-30 頁，有整理出如下的圖表（該圖表所記載的年月日，原為日曆；經許世楷教授修訂為西曆），茲引述之。

## 台灣議會設置請願經過表

| 請願次數 | 提出年月日 | 議會 | 介紹議員 | 連署人數 | 委員會上呈月日 | 摘要 |
|---|---|---|---|---|---|---|
| 第一次 | 1921.1.30 | 第四十四 | 貴 江原素六<br>眾 田川大吉郎 | 林獻堂以下<br>一百七十八名 | 貴 2.18<br>眾 3.21 | 貴族院田總督說明<br>貴眾兩院不採納 |
| 第二次 | 1922.2.16 | 第四十五 | 貴 江原素六<br>眾 田川大吉郎<br>眾 清瀨一郎 | 林獻堂以下<br>五百一十二名 | 貴 3.13<br>眾 2.27 | 貴族院賀來總務長官說明<br>眾議員田川說明<br>貴眾兩院不採納 |
| 第三次 | 1923.2.23 | 第四十六 | 貴 山脇玄<br>眾 田川大吉郎<br>眾 清瀨一郎 | 蔡惠如以下<br>二百七十八名 | 貴 3.12<br>眾 3.12、19 | 貴族院馬場法政局長說明<br>眾議員田川說明<br>貴眾兩院不採納 |
| 第四次 | 1924.1.30 | 第四十八 | 貴 山脇玄<br>眾 田川大吉郎<br>眾 清瀨一郎 | 林呈祿以下<br>七十一名 | | 一九二四年一月三十一日眾議院解散，貴族院停會不上議程 |
| 第五次 | 1924.7.5 | 第四十九 | 貴 山脇玄<br>眾 清瀨一郎<br>眾 神田正雄 | 蔡培火以下<br>二百三十三名 | 貴<br>眾 7.14、17 | 貴族院不上議程<br>眾議院清瀨、神田兩議員說明，審議未了 |

| 次 | 日期 | 議會 | 提案議員 | 請願人數 | 審議日期 | 審議結果 |
|---|---|---|---|---|---|---|
| 第六次 | 1925.2.17 | 第五十 | 貴 山脇玄<br>貴 渡邊暢<br>衆 清瀨一郎<br>衆 神田正雄 | 林獻堂以下<br>七百八十二名 | 貴<br>衆 3.9、16、18、20、23 | 族院不上議程衆議院清瀨、神田兩議員說明，審議未了 |
| 第七次 | 1926.2.9 | 第五十一 | 貴 渡邊暢<br>衆 清瀨一郎<br>衆 中野寅吉<br>衆 神田正雄 | 林獻堂以下<br>一千九百九十六名<br>林獻堂以下<br>二千零四名 | 貴<br>衆 3.1、10、17、19 | 貴族院不上議程衆議院清瀨、神田兩議員說明，黑金拓務局長說明，不採納 |
| 第八次 | 貴 1927.1.20<br>衆 1927.1.19 | 第五十二 | 貴 渡邊暢<br>衆 清瀨一郎<br>衆 神田正雄 | 林獻堂以下<br>二千四百七十名 | 貴<br>衆 1.31、2.21、28.7、3.14、18、23 | 貴族院不上議程衆議院清瀨、神田兩議員說明，審議未了 |
| 第九次 | 1928.4.25 | 第五十五 | 貴 渡邊暢<br>衆 清瀨一郎<br>衆 神田正雄 | 林獻堂以下<br>九百二十九名<br>林獻堂以下<br>二千零五十一名 | 貴<br>衆 5.4、6 | 貴族院不上議程衆議院神田議員說明，審議未了 |
| 第十次 | 貴 1929.2.18<br>衆 1929.2.16 | 第五十六 | 貴 渡邊暢<br>衆 神田正雄<br>衆 土井權太 | 林獻堂以下<br>一千九百三十二名 | 貴 3.22<br>衆 3.4、11、20 | 貴族院不採納衆議院神田議員說明審議未了 |
| 第十一次 | 貴 1930.5.2<br>衆 1930.4.28 | 第五十八 | 貴 渡邊暢<br>衆 田川大吉郎<br>衆 清瀨一郎 | 林獻堂以下<br>一千三百一十四名 | 貴<br>衆 4..28、5.6、12 | 衆議院五月十二日武富參與官說明，不採納 |
| 第十二次 | 1931.2.12 | 第五十九 | 貴 渡邊暢<br>衆 田川大吉郎<br>衆 清瀨一郎 | 蔡培火以下<br>一千三百八十二名 | 貴 3.9、13<br>衆 2.18、25、3.4、24 | 三月九日武富政府委員說明貴族院不採納衆議院審議未了 |
| 第十三次 | 1932.6.3 | 第六十二 | 貴 渡邊暢<br>衆 清瀨一郎<br>衆 清水留三郎 | 林獻堂以下<br>一千八百六十名<br>林獻堂以下<br>二千六百八十四名 | 貴 6.7<br>衆 6.6、10、13 | 堤政府委員說明，貴族院不採納六月六日堤政府委員說明衆議院審議未了 |
| 第十四次 | 貴 1933.1.31<br>衆 1933.2.6 | 第六十四 | 貴 渡邊暢<br>衆 清瀨一郎<br>衆 清水留三郎 | 林獻堂以下<br>一千四百九十一名<br>衆議院提出<br>一千八百五十九名 | 貴 2.20、3.6<br>衆 3.3、7、10 | 貴族院不採納衆議院清瀨議員說明，不採納 |

| 第十五次 | 貴 1934.2.6<br>眾 1934.3.15 | | 貴 渡邊暢<br>眾 清瀨一郎<br>眾 清水留三郎 | 林獻堂以下<br>一千一百七十名 | 貴 2.15<br>眾 3.25 | 生駒管理局長說明<br>貴族院不採納<br>眾議院不採納 |

此外，為方便讀者理解與參考，在此，亦順便將若林正丈教授所整理出來的「台灣民選議會設置請願運動關係者一覽表」[49]，一併記述如下。

## 附錄：台灣議會設置請願運動關係者一覽表

（若林正丈教授／楊佩穎譯・重新整理）

### 表格說明

| 姓名 | ① | ② | ③ | ④ | ⑤ | ⑥ |
|---|---|---|---|---|---|---|
| | ⑦ | ⑧ | ⑨ | ⑩ | ⑪ | |

①居住地　②出生年份　③職業　④學歷　⑤公職經驗　⑥台灣議會期成同盟會（台北）關係⑦台灣議會期成同盟會（東京）關係〔治警事件控訴審判決〕⑧上京請願委員經驗（括號內數字為擔任委員時的請願次數）　⑨台灣文化協會關係（至1927年1月）⑩1927年1月後的關係政治團體　⑪備考(○印：治警事件時被拘留、起訴。△印：台灣雜誌社、台灣民報社、台灣新民報社〈皆為公司〉職員。✕印：運動資金提供者。◎印：大東信託會社關係。※印：參與1934年9月2日決定中止請願運動會議者、其他)

| 蔣渭水 | 台北市 | 1888 | 醫師 | 台灣總督府醫學校（以下簡稱醫學校） | | 專務理事 |
|---|---|---|---|---|---|---|
| | 同上〔關四個月〕 | 三、五 | 專務理事 | 台灣民眾黨 | ○、△ | |

| | | | | | | |
|---|---|---|---|---|---|---|
| 石煥長 | 台北市 | 1891 | 醫師 | 東京醫專 | ⑤ | 主幹 |
| | 理事〔關三個月〕 | ⑧ | 有力會員 | ⑩ | ○ | |
| 周桃源 | 台北市 | 1897 | 醫師 | 醫學校 | ⑤ | 會員 |
| | 會員 | ⑧ | 理事 | ⑩ | ○ | |
| 許天送 | 台北市 | ② | 文化協會書記 | ④ | ⑤ | 會員 |
| | 會員 | ⑧ | 理事 | ⑩ | ○ | |
| 鄭耀東 | 台北市 | ② | 運送業 | ④ | ⑤ | 會員 |
| | 會員 | ⑧ | 會員 | ⑩ | ○ | |
| 陳世煌 | 台北市 | ② | 鐵工場事務員 | ④ | ⑤ | 會員 |
| | 會員 | ⑧ | 會員 | ⑩ | ○ | |
| 蘇壁輝 | 台北市 | ② | 貿易商 | ④ | ⑤ | 會員 |
| | 會員 | ⑧ | 理事 | ⑩ | ○、世界語者 | |
| 陳增全 | 台北市 | ② | 牙醫 | 東京齒專 | ⑤ | 會員 |
| | 會員 | ⑧ | 會員 | ⑩ | ⑪ | |
| 邱德金 | 基隆街 | 1893 | 醫師 | 醫學校 | ⑤ | 會員 |
| | 會員 | 六 | 有力會員 | 民眾黨 | ○、△、×、※ | |
| 林水來 | 大屯郡 | 1887 | 醫師 | 醫學校 | ⑤ | 會員 |
| | 會員 | ⑧ | 會員 | ⑩ | ⑪ | |
| 林資彬 | 大屯郡 | 1898 | 醫師 | 漢學教育 | 庄協議會員 | 會員 |
| | 會員 | ⑧ | 有力會員 | ⑩ | ○、△、× | |
| 林幼春 | 大屯郡 | 1880 | 地主 | 漢學教育 | 庄協議會員 | 專務理事 |
| | 專務理事〔關三個月〕 | ⑧ | 評議員 | ⑩ | ○、△ | |
| 林根生 | 大屯郡 | 1900 | 地主 | 日本大學 | ⑤ | 會員 |
| | 會員 | ⑧ | 會員 | ⑩ | × | |
| 林梅堂 | 大屯郡 | ② | 地主 | ④ | ⑤ | 會員 |
| | ⑦ | 六 | 會員 | ⑩ | △ | |

| | | | | | | |
|---|---|---|---|---|---|---|
| 王傑夫 | 大屯郡 | ② | 商業 | ④ | ⑤ | 會員 |
| | 會員 | ⑧ | 會員 | ⑩ | ⑪ | |
| 黃鴻源 | 大屯郡 | ② | 藥商 | ④ | ⑤ | 會員 |
| | 會員 | ⑧ | 會員 | ⑩ | ⑪ | |
| 林子瑾 | 台中市 | 1878 | 藥商 | 漢學教育 | 地方仕紳 | 會員 |
| | 會員 | ⑧ | 評議員 | ⑩ | ⑪ | |
| 林麗明 | 台中市 | 1899 | 醫師 | 台北醫專（醫學校改制） | 街協議會員、嘉南大圳常務委員 | 理事 |
| | 理事 | ⑧ | 理事 | ⑩ | ⑪ | |
| 陳英方 | 台中市 | ② | 醫師 | 台北醫專 | ⑤ | 會員 |
| | 會員 | ⑧ | 會員 | ⑩ | ⑪ | |
| 陳朔方 | 台中市 | 1900 | 醫師 | 醫學校 | ⑤ | 會員 |
| | 會員 | ⑧ | 會員 | ⑩ | ※ | |
| 林篤勳 | 彰化街 | 1883 | 醫師 | 醫學校 | ⑤ | 理事 |
| | 理事〔罰款100円〕 | ⑧ | 有力會員 | ⑩ | ○、△、× | |
| 賴　和 | 彰化街 | 1893 | 醫師 | 醫學校 | ⑤ | 會員 |
| | 會員 | ⑧ | 有力會員 | ⑩ | ○、作家，被稱爲「台灣的魯迅」 | |
| 吳清波 | 彰化街 | ② | 鞋商 | ④ | ⑤ | 會員 |
| | 會員〔無罪〕 | ⑧ | 有力會員 | ⑩ | ○ | |
| 許嘉種 | 彰化街 | 1883 | 地主 | 台南師範 | 公學校訓導、台灣舊慣調查會雇員、台中州通譯 | 會員 |
| | 會員 | ⑧ | 有力會員 | 民眾黨 | ○、△、※ | |
| 施至善 | 彰化街 | ② | 地主 | ④ | ⑤ | 會員 |
| | 會員 | ⑧ | 有力會員 | ⑩ | 後前往中國，與中共有共鳴，進入蘇聯 | |

| | | | | | | | |
|---|---|---|---|---|---|---|---|
| 李應章 | 北斗郡 | 1897 | 醫師 | 醫學校 | ⑤ | | 會員 |
| | 會員 | ⑧ | 理事 | 民眾黨 | ⑪二林事件（1925）指導者 | | |
| 林伯廷 | 北斗郡 | 1886 | 地主 | 漢學教育、公學校 | 地方仕紳 | ⑥理事 | |
| | 理事〔罰款100円〕 | ⑧ | 理事 | 民眾黨 | ○、※ | | |
| 蔡梅溪 | 大甲郡 | ② | 地主 | ④ | ⑤ | | 會員 |
| | 會員 | ⑧ | 會員 | ⑩ | ○ | | |
| 蔡年亨 | 大甲郡 | 1889 | 地主、外銷帽蓆 | 台灣總督府國語學校（以下簡稱國語學校） | 公學校訓導、清水街長、信用組合理事 | 理事 | |
| | 理事〔罰款100円〕 | 七 | 有力會員 | 民眾黨 | ○、△、※ | | |
| 蔡江松 | 大甲郡 | ② | 地主 | ④ | ⑤ | | 會員 |
| | 會員 | ⑧ | 會員 | ⑩ | ⑪ | | |
| 蔡炳曜 | 大甲郡 | ② | 台灣雜誌社社員 | ④ | ⑤ | | 會員 |
| | 會員 | ⑧ | 有力會員 | ⑩ | ⑪ | | |
| 蔡培火 | 台南市 | 1889 | 台灣雜誌社社員 | 國語學校、東京高師 | 公學校訓導（因參與台灣同化會參加遭免職） | 專務理事 | |
| | 專務理事〔關四個月〕 | 三、五、七、九、一二、一五 | 理事 | 民眾黨、台灣地方自治聯盟（以下簡稱自聯） | ○、△、※（召集者之一） | | |

| 陳逢源 | 台南市 | 1893 | 地主、台灣民報記者 | 國語學校 | ⑤ | 理事 |
| | 理事〔關三個月〕 | 三、七 | 理事 | 民眾黨、自聯 | ○、△、◎、※ | |
| 簡仁南 | 台南市 | ② | 醫師 | ④ | ⑤ | 理事 |
| | 理事 | ⑧ | 有力會員 | ⑩ | ⑪ | |
| 吳海水 | 台南市 | 1889 | 醫師 | 醫學校 | ⑤ | 會員 |
| | 會員〔無罪〕 | ⑧ | 有力會員 | ⑩ | ○、※ | |
| 莊海兒 | 台南市 | ② | 汽車司機 | ④ | ⑤ | 會員 |
| | 會員 | ⑧ | 會員 | ⑩ | ⑪ | |
| 陳端明 | 新營郡 | ② | ③ | ④ | ⑤ | 會員 |
| | 會員 | ② | 會員 | ⑩ | ⑪ | |
| 石錫勳 | 彰化街 | 1900 | 醫師、經營製粉會社 | 台北醫專 | ⑤ | 會員 |
| | 理事〔罰款100 円〕 | ⑧ | 有力會員 | ⑩ | ○ | |
| 吳鬧寅 | 岡山郡 | ② | 教員 | ④ | ⑤ | 會員 |
| | 會員 | ⑧ | 有力會員 | ⑩ | ⑪ | |
| 林呈祿 | 東京 | 1890 | 台灣雜誌社社員 | 國語學校、明大法科 | 台灣銀行雇員、公學校訓導、台北地方法院統計主務 | ⑥ |
| | 主幹〔關三個月〕 | ⑧ | 有力會員 | ⑩ | ○、△、※（召集者之一） | |
| 鄭松筠 | 東京 | 1891 | 律師 | 國語學校、明大法科 | 公學校訓導 | ⑥ |
| | 會員〔罰款100 円〕 | ⑧ | ⑨ | 自聯 | ○、※ | |

| 王敏川 | 彰化街 | 1887 | 台灣民報記者 | 早大法科 | ⑤ | ⑥ |
|---|---|---|---|---|---|---|
| | 會員〔無罪〕 | ⑧ | 有力會員 | 文化協會中央委員會委員長 | ○、△ | |
| 蔡式穀 | 台北市 | 1884 | 律師 | 國語學校、明大法科 | 公學校訓導 | ⑥ |
| | 理事〔罰款100円〕 | 六、九 | 有力會員 | 自聯 | ○、△、※ | |
| 蔡惠如 | 中國福州（出生於台中州清水街） | 1881 | 貿易商（本身是清水大地主、地方仕紳） | 漢學教育 | ⑤ | ⑥ |
| | 理事〔關兩個月〕 | 二 | 有力會員 | ⑩ | ○、× | |
| 劉青玉 | 台中 | ② | ③ | ④ | ⑤ | ⑥ |
| | 會員 | ⑧ | 有力會員 | ⑩ | ⑪ | |
| 謝廉清 | 台中 | ② | ③ | ④ | ⑤ | ⑥ |
| | 會員 | ⑧ | 有力會員 | ⑩ | ⑪ | |
| 陳滿盈 | 彰化街 | 1896 | ③ | 國語學校、明大政治經濟科 | ⑤ | ⑥ |
| | 會員 | ⑧ | 會員 | ⑩ | ⑪ | |
| 黃呈聰 | 彰化街 | 1886 | 地主 | 早大政治經濟科 | 線西庄長、台中州協議會員、信用組合長 | ⑥ |
| | 會員 | ⑧ | 有力會員 | ⑩ | △、※ | |
| 韓石泉 | 台南市 | 1897 | 醫師 | 醫學校 | ⑤ | ⑥ |
| | 會員〔無罪〕 | ⑧ | 有力會員 | 民眾黨 | ○、× | |
| 江萬里 | 台南 | ② | ③ | ④ | ⑤ | ⑥ |
| | 會員 | ⑧ | ⑨ | ⑩ | ⑪ | |

| | | | | | |
|---|---|---|---|---|---|
| 劉　虎 | 台南 | ② | ③ | ④ | ⑤ | ⑥ |
| | 會員 | ⑧ | ⑨ | ⑩ | ⑪ | |
| 蔡先於 | 台中 | ② | ③ | ④ | ⑤ | ⑥ |
| | 會員〔無罪〕 | ⑧ | ⑨ | 自聯 | ○、※ | |
| 劉歲和 | 高雄市 | 1898 | 貿易業 | 高雄中學夜間部 | ⑤ | ⑥ |
| | 會員 | ⑧ | ⑨ | ⑩ | ⑪ | |
| 謝文達 | 台中 | ② | ③ | ④ | ⑤ | ⑥ |
| | 會員 | ⑧ | 有力會員 | ⑩ | 台灣第一位飛機駕駛，後加入中國軍 | |
| 劉蘭亭 | 台北 | ② | ③ | ④ | ⑤ | 會員 |
| | ⑦ | ⑧ | 有力會員 | ⑩ | ⑪ | |
| 林階堂 | 大屯郡 | 1884 | 地主 | ④ | 庄長 | 會員 |
| | ⑦ | ⑧ | 有力會員 | ⑩ | 林獻堂之弟 | |
| 楊肇嘉 | 清水街 | 1892 | 地主 | 早大政治經濟科 | 公學校訓導、清水街長、農會役員、公共埤圳組合役員 | ⑥ |
| | ⑦ | 六 | 有力會員 | 自聯 | △、×、※ | |
| 楊振福 | 高雄市 | 1893 | 倉庫公司員工 | 國語學校 | ⑤ | ⑥ |
| | ⑦ | ⑧ | 理事 | ⑩ | ○、△、× | |
| 葉清耀 | 台中市 | 1886 | 律師 | 台中師範、明大法科 | 台中地方法院書記 | ⑥ |
| | ⑦ | ⑧ | 有力會員 | 自聯 | ⑪ | |
| 王鐘麟 | 台南 | ② | ③ | ④ | ⑤ | ⑥ |
| | ⑦ | 一○ | 有力會員 | 民眾黨 | ⑪ | |
| 吳三連 | 台南 | ② | ③ | ④ | ⑤ | ⑥ |
| | ⑦ | ⑧ | ⑨ | ⑩ | △ | |

| | | | | | | |
|---|---|---|---|---|---|---|
| 林獻堂 | 大屯郡 | 1881 | 地主 | 漢學教育 | 總督府評議會員、台中州協議會員 | ⑥ |
| | ⑦ | 一　、二、六 | 總理 | 自聯 | △、×、◎、※（召集者の一） | |
| 洪元煌 | 南投郡 | 1883 | 地主 | 公學校 | 庄協議會員、保甲連合會長 | ⑥ |
| | ⑦ | 五 | 理事 | 民眾黨、自聯 | △、※ | |
| 劉子恩 | 台南 | ② | ③ | ④ | ⑤ | ⑥ |
| | 會員 | ⑧ | ⑨ | ⑩ | ⑪ | |
| 曾圭角 | 新竹 | ② | ③ | ④ | ⑤ | ⑥ |
| | 理事 | ⑧ | ⑨ | ⑩ | ⑪ | |
| 連溫卿 | 台北市 | 1893 | 甫國公司書記 | 公學校 | ⑤ | ⑥ |
| | ⑦ | ⑧ | 理事 | 文化協會中央委員會委員長 | 世界語者、社會主義者、受山川均指導 | |
| 李山火 | ① | ② | ③ | ④ | 保正 | ⑥ |
| | ⑦ | 五 | ⑨ | ⑩ | ⑪ | |
| 葉榮鐘 | 鹿港街 | 1899 | ③ | 中大 | ⑤ | ⑥ |
| | ⑦ | 六 | ⑨ | 自聯 | ※、林獻堂秘書 | |
| 王受祿 | 台南市 | 1893 | 醫師 | 醫學校 | ⑤ | ⑥ |
| | ⑦ | 九、一〇 | ⑨ | 民眾黨 | × | |
| 呂靈石 | 台北市 | 1900 | 台灣民報社社員 | 明大法科 | ⑤ | ⑥ |
| | ⑦ | 一〇 | ⑨ | 自聯 | ※ | |
| 林柏壽 | 台北市 | 1895 | 地主、實業家 | 在東京、倫敦、巴黎留學 | ⑤ | ⑥ |
| | ⑦ | ⑧ | ⑨ | ⑩ | ×、林維源（板橋林本源家族長）四男 | |

| | | | | | | |
|---|---|---|---|---|---|---|
| 羅萬俥 | 台北市 | 1898 | 台灣新民報社役員 | 明大法科、賓州大學 | ⑤ | ⑥ |
| | ⑦ | ⑧ | ⑨ | ⑩ | △、×、※、埔里世家出身 | |
| 李瑞雲 | 東 | 1895 | 地主 | 同志社中學、早大政治經濟科 | ⑤ | ⑥ |
| | ⑦ | ⑧ | 理事 | ⑩ | △、× | |
| 陳　炘 | 台中市 | 1893 | 大東信託役員 | 慶應大理財科、哥倫比亞大學 | ⑤ | ⑥ |
| | ⑦ | ⑧ | ⑨ | 民眾黨 | ◎、×、※ | |
| 陳啓川 | 高雄市 | 1899 | 地主、實業家 | 慶應大經濟科 | 市協議會 | ⑥ |
| | ⑦ | ⑧ | ⑨ | ⑩ | △、×、南部富豪陳中和四男 | |
| 高再得 | 台南市 | ② | 醫師 | ④ | ⑤ | ⑥ |
| | ⑦ | ⑧ | 理事 | ⑩ | × | |
| 吳秋薇 | 台南市 | 1890 | 醫師 | 醫學校 | ⑤ | ⑥ |
| | ⑦ | ⑧ | ⑨ | ⑩ | ×、※ | |
| 楊　良 | 新竹 | 1882 | 製糖業 | 漢學教育 | ⑤ | ⑥ |
| | ⑦ | ⑧ | 有力會員 | 民眾黨 | △、× | |
| 楊金虎 | 高雄市 | 1898 | 醫師 | 台北醫專、日本醫專 | ⑤ | ⑥ |
| | ⑦ | ⑧ | ⑨ | 民眾黨 | △ | |
| 梁加升 | 台南 | 1899 | ③ | 廈門同文書院經濟專科 | ⑤ | ⑥ |
| | ⑦ | ⑧ | ⑨ | 民眾黨 | △ | |
| 林　糊 | 員林 | 1894 | 醫師 | 台北醫專 | 街協議會 | ⑥ |
| | ⑦ | ⑧ | 理事 | ⑩ | ※ | |

| 吳文龍 | 嘉義 | ② | ③ | ④ | ⑤ | ⑥ |
|---|---|---|---|---|---|---|
| | ⑦ | ⑧ | ⑨ | ⑩ | ※ | |
| 沈　榮 | 台南市 | 1904 | 律師 | 日大法科 | ⑤ | ⑥ |
| | ⑦ | ⑧ | ⑨ | ⑩ | ※ | |
| 莊垂勝 | 台中 | ② | ③ | ④ | ⑤ | ⑥ |
| | ⑦ | ⑧ | ⑨ | ⑩ | ※ | |
| 郭　發 | 彰化 | 1900 | 台灣民報記者 | 台北師範、早大政治經濟科 | 公學校訓導 | ⑥ |
| | ⑦ | ⑧ | ⑨ | ⑩ | ※ | |
| 楊基印 | 台中 | ② | ③ | ④ | ⑤ | ⑥ |
| | ⑦ | ⑧ | ⑨ | 自聯 | ※ | |
| 何景寮 | 高雄市 | 1903 | 台灣民報記者 | 台南商業、廈門大學、上海大學 | ⑤ | ⑥ |
| | ⑦ | ⑧ | ⑨ | 自聯 | ※ | |
| 黃朝清 | 台中市 | 1895 | 醫師 | 大成中學（東京）、慈惠醫大 | ⑤ | ⑥ |
| | ⑦ | ⑧ | ⑨ | 民眾黨、自聯 | △、◎、※ | |
| 張深鑐 | 台中市 | 1901 | 牙醫 | 大成中學、東京醫科齒科大 | ⑤ | ⑥ |
| | ⑦ | ⑧ | ⑨ | 自聯 | ※ | |
| 廖德聰 | 大屯郡 | 1891 | 實業家 | 國語學校 | 公學校訓導、庄役場助役 | ⑥ |
| | ⑦ | ⑧ | ⑨ | ⑩ | ※ | |
| 丁瑞圖 | 鹿港街 | 1894 | 實業家 | ④ | 彰化街役場職員、商工會役員 | ⑥ |
| | ⑦ | ⑧ | ⑨ | ⑩ | ※ | |

| 呂盤石 | ① | ② | ③ | ④ | ⑤ | ⑥ |
|---|---|---|---|---|---|---|
| | ⑦ | ⑧ | ⑨ | 自聯 | ※ | |
| 謝耀東 | ① | ② | ③ | ④ | ⑤ | ⑥ |
| | ⑦ | ⑧ | ⑨ | ⑩ | ※ | |
| 溫成龍 | ① | ② | ③ | ④ | ⑤ | ⑥ |
| | ⑦ | ⑧ | ⑨ | ⑩ | ※ | |

# 第三節　台灣文化協會創立的經緯

## 一、文化協會創立的始因

　　鑑於世界潮流，日本政府為了避免台灣民眾的極端不滿，1921 年（大正 10 年）6 月 1 日，發布了勅令第 241 號，明令在台設置官選的「台灣總督府評議會」，以及在各州、市、街、庄亦設置官選的「協議會」。「台灣總督府評議會」之組織章程，計六條。第一條規定該評議會，屬於台灣總督之監督、應其諮詢，開陳意見。第二條及第三條規定會長以台灣總督擔任，副會長由總務長官擔任之。而會員則由總督就台灣總督府內部高等官及居住台灣有學識經驗者任命之。會員的任期為二年，但總督認為有必要時，雖在任期中也得以解任。在這種規制下，所組成的評議會，其會員包括總督府官員 7 名、在台日人 9 名、台灣人 9 名，共計25 名。同年 6 月 11 日，總督府召開第一屆評議會。爾後，該章程於 1930 年 6 月，復以勅令第 128 號修正，始賦予評議會有「建議」之權限，而會員亦增加到 40 名。最初被任命為評議員的台灣人是林熊徵（台灣第一財閥林本源之第一房當家）、顏雲年（基隆街）、李延禧（台灣第二財主李春生之孫）、簡阿牛（新竹州）、辜顯榮（台

灣頭號御用紳士)、許廷光 (台南市)、黃欣 (台南市)、藍高川 (高雄州)、林獻堂 (台中州，當年41歲) 等 9 名。這些台籍的評議員，除了林獻堂以外，幾乎都是所謂的御用紳士。總督府評議會在田總督任內，事實上只有召開三次。而在三次的開會，被諮詢的竟是「決定有關道路規劃方針、有關民法施行之例外設置、有關義務教育實施及方法，和有關訴願制度之設置」等，幾乎是一些無關統治基本方針的技術性問題。⑤

在此情況下，以台北醫專的學生何禮棟、李應章、吳海水、楊克明、石錫勳、甘文芳、張梗、林麗明、丁瑞魚等進步份子為中心，因為受到六三法撤廢問題與台灣議會設置運動的影響，逐漸醞釀著組織文化團體，從事啓蒙運動的念頭。隨後，這批優秀的醫學生與台北大稻埕開設大安醫院的蔣渭水醫師 (宜蘭出身)接觸，並受其指導，乃於 1921 年 7 月 17 日，徵得林獻堂之贊同，起草〈台灣文化協會趣旨書〉及協會章程 (由蔣渭水與吳海水、林麗明三人起稿)。同年 8 月 18 日，蔣渭水帶同吳海水與林麗明到總督府會晤川崎卓吉警務局長，說明該會創立趣旨，求其諒解。於是，在蔣渭水居處設立事務所，寄發趣意書、章程草案，並添附會員章則到島內各地和在日本的留學生徵求入會。8 月 28 日，續對總督府各局長、各州知事、內務、警務兩部長、教育課長、市尹、郡守、警察署長、各郡警察課長、各中等學校長、在台主要日人及新聞雜誌社、日本主要報社及聞人，寄發附有會則案的文化協會創立計畫致詞書。同年 12 月 2 日，發起人蔣渭水外 17 名，於創立事務所 (蔣渭水宅) 會合協議，審議成立大會儀式的次序、期日、當日招待來賓的範圍及會則。經協商後，乃決定於同年 10 月 17 日，舉行成立大會，役員則推林獻堂為總理，並儘量廣募會員。結果，迄至創立總會，計募得 1,032 名的會員。茲

在此將文化協會的旨趣書大要，介紹如下：

> 「方今之文明，是以物質為萬能。思想則混沌險惡。近時
> 吾人正逢改革之秋也。回顧島內，新道德之建設未成，而舊道
> 德早已次第衰頹。因此，社會制度墜地，人心澆漓，人人唯利
> 是爭。興思及此，台灣之前途實堪寒心。於茲吾人大有所感，
> 乃決意糾合同志，組織台灣文化協會，以謀提高台灣文化。換
> 言之，就是要藉此來互相切磋道德之真髓，圖教育之振興，獎
> 勵體育，涵養藝術趣味，以期社會之穩健發達。」[51]

　　如是，台灣文化協會遂於 1921 年 10 月 17 日下午一時，在
台北大稻埕靜修女子學校舉行創立大會。會員總數 1,032 名，出
席會員 300 餘人，以總督府醫學專門學校、師範學校、商工學校、
工業學校學生占多數。宣布開會後，首由蔣渭水報告籌備的經
過，謂曾向川崎警務局長保證不從事政治活動，僅以文化啓蒙運
動為限。隨即公推林子瑾為主席，審議通過章程草案，並根據會
章規定，公推林獻堂為總理。是日，林獻堂適值服喪中，未能出
席，乃由洪元煌代表他致辭接受。然後選舉協理及理事，經臨時
動議，省略選舉手續，由總理指名楊吉臣（林獻堂之妹婿、親日派）
為協理，蔣渭水為專務理事，並發表理事 41 名及評議員 40 名之
名單，經大會一致通過。繼此，有祝賀演說，才於下午 3 時 10 分，
暫告結束。經過 10 分鐘休息之後，繼續舉行成立典禮。除創立
會出席者外，再有會員百餘人出席，並有日人來賓醫專校長堀內
次雄、高木友枝兩醫學博士、女子高等普通學校校長田川辰一、
北警察署長近藤滿夫、萬華分署長等 30 餘人列席。首先由吳海
水致開會詞，強調：「台灣島民是日本臣民，也是中國民族。因

此，我們所期望的，除了促進民族文化的提高，也願做日華親善的楔子。」隨後蔣渭水報告創立經過，並申述將來的抱負；洪元煌再代讀林獻堂的致詞，然後有高木博士及中外通信木村八生之祝辭，總理代理洪元煌致謝詞，下午 4 時 50 分，宣告禮成散會。於焉，多姿多彩，也將遭遇風風雨雨的台灣文化協會，正式誕生問世。[52]

## 二、文化協會的活動與組織陣容

台灣文化協會章程，其第二條雖規定「本會以助長台灣文化之發達為目的」，但其意圖很明顯地是在於喚起台灣人之民族自覺，啟蒙台灣人漸次達成民族自決的目標。因此，其第五條明定「本會發刊和、漢文之會報，頒布於各會員」，以期能自會報傳播各種社會新思維，以及政治理論的知識，甚至政治鬥爭的手段方法。於是文化協會創立一個月餘的 1921 年 11 月 28 日，發行創刊號，印刷 1,200 份，並依照出版規則向官方報備。然因載有一篇〈臨床講議〉，將「台灣」比喻做患者，註明籍貫「原籍中華民國福建省台灣道，現住所大日本帝國總督府」及另一篇〈苦悶之魂〉，敘述勞働者被資本家搾取剝削無法生存的狀態。這些均觸犯當局的忌諱，立即遭到禁止發行的處分，翌月經改訂始克發行。嗣後各號原稿，須預先受檢閱，且不能刊載時事；又屢受挑剔而遭行政處分，故截至第八號遂停止發行。迨 1923 年 10 月 17 日，在台南市召開第三次大會，乃不得不議決委託〈台灣民報〉刊行文化協會的會報。[53]

文化協會的啟蒙運動，除了發會報機關誌以外，其他重要的活動，實可歸納以下諸項：1. 在台灣較大的市鎮設置「讀報社」，備置十數種的台灣、日本及中國各種新聞雜誌，以期盡速傳達時

事的訊息，啓發民智。旋因為受到壓迫、資金缺乏，各地的讀報社或廢置或縮小，備放的報刊種類既少，利用者亦只有少數的會員而已；2. 舉辦各種文史（台灣、西洋史）、法律、衛生、經濟等講習會；3. 利用暑假開辦夏季學校，聘請一時之選的名人擔任講師。雖然前後只有三次，但參加的人員，合計有三百餘人，每次都超過預定的人數。在這些夏季講習會，大都涉及抨擊台灣人所受的差別待遇及總督府的暴政。這也是對青年學生啓發民族精神的具體行為；4. 舉辦文化演講會。文化協會最重視演講會的活動，因為對於民智較低的民眾，文書宣傳的效果，遠不及演講會。文化協會創立的初期，演講會尙不見多，僅限於主要都市舉辦。及至 1923 年（大正 12 年）5 月，會員黃呈聰、王敏川以台灣民報記者返台，歷訪全台各地勸募〈台灣民報〉購讀者，順便作巡迴演講，闡述民族主義，責難台灣統治，引起了熱烈的迴響與歡迎。自是文化協會頻繁地舉辦演講會。在都市每逢星期六、日便開定期演講會，地方則組織演講隊巡迴演講。結果，文化協會的演講會，不但傳播文化、啓蒙民智，更成為反抗日當局的急先鋒。倘若地方發生問題，農民、勞工與當局或資本家（特別是日本人）發生爭執衝突，演講會就成為示威遊行及集結民眾反抗當局的中心。也就是這樣，未久，文化協會竟成為台灣農民運動和勞工運動的先驅。[54]文化協會這項演講活動，從 1923 年到 1926 年之間，共計舉行 798 次，聽眾多達 295,981 人次，不過，自 1923 年 1 月 16 日起，專以取締集會、結社及大眾運動為目的之日本「治安警察法」（1900 年公布）也施於台灣後，演講會時常遭到干涉，曾被中止演講處分，計有 276 次，集會解散處分有 59 次之多；[55]5. 為補充講習會、演講會等活動之不足，文化協會先後又創辦電影的宣傳、組織劇團舉行文化演劇等之活動；6. 文化協會雖專

注於文化啓蒙工作，但是支持台灣議會設置運動，實亦其最重要使命之一。兩者之間可稱是一種唇齒相輔的關係。亦即文化協會的幹部或會員，在文化協會的名義下，是從事民族啓蒙運動；然而一方面，卻又以個人資格來參加台灣議會設置請願運動或其關連的各種活動。所以兩者表面上雖有區別，其內裡在下述文化協會分裂前，可說是一致的；7.文化協會另一個重要的活動，就是保持與島外留學生的連繫合作。文化協會爲島外留學生諸運動的母體及其據點；而島外留學生則將東京或中國各地新思潮注入文化協會，促使其不斷地轉向躍進，讓台灣社會運動蓬勃地展開。但卻也因此，終於導致文化協會的分裂與沒落。⑯

　　在此爰將當時台灣文化協會的組織陣容，亦即其主要幹部、會員，以及王詩琅氏的註解，一併引述，介紹如下。

## 台灣文化協會主要幹部及會員

| 原籍地 | 住址 | 學經歷 | 役員或普通會員別 | 職業 | 姓名 | 出生年月日 |
|---|---|---|---|---|---|---|
| 台中州大屯郡霧峯庄 | 與原籍地同 | 曾修漢學前台灣總督府評議會員 | 總理 | 地主 | 林獻堂 | 明治14年10月22日生 |
| 同上 | 同上 | 修漢學 | 協理 | 同上 | 林幼春（註一） | 明治13年1月10日生 |
| 台南市寶町 | 台南市港町 | 東京高等師範學校理科畢業 | 專務理事 | 無職 | 蔡培火（註二） | 明治22年5月22日生 |
| 台北州宜蘭郡宜蘭街 | 台北市太平町 | 台灣總督府醫學校畢業 | 理事 | 醫師 | 蔣渭水 | 明治21年2月8日生 |
| 台中州彰化郡彰化街 | 台北市下奎府町 | 早稻田大學法科畢業 | 同上 | 台灣民報記者 | 王敏川（註三） | 明治22年3月2日生 |
| 台南市東門町 | 與原籍地同 | 台灣總督府國語學校畢業 | 同上 | 同上 | 陳逢源（註四） | 明治26年1月3日生 |
| 新竹州新竹郡新竹街 | 台北市太平町 | 明治大學法科畢業 | 同上 | 律師 | 蔡式穀（註五） | 明治14年4月4日生 |

| 新竹州桃園郡大園庄 | 東京府下大久保町 | 同上 | 同上 | 台灣民報社專務取締役（常董） | 林呈祿（註六） | 明治23年6月27日生 |
| 台中州大甲郡清水街 | 福州、台中 | 修漢學 | 同上 | | 蔡惠如 | 明治14年8月25日生 |
| 同上 | 東京市小石川區武島町 | 東京京華商業學校畢業前清水街長 | 同上 | 地主早稻田大學學生 | 楊肇嘉（註七） | 明治25年10月23日生 |
| 台中州豐原郡豐原街 | 基隆市基隆 | 台灣總督府醫學校畢業 | 同上 | 醫師 | 邱德金 | 明治26年1月20日生 |
| 台北市永樂町 | 同原籍地 | 公學校畢業 | 同上 | 南國公司書記 | 別名連溫卿本名連嘴（註八） | 明治28年4月9日生 |
| 台中州北斗郡二林庄 | 同上 | 台灣總督府醫學校畢業 | 同上 | 醫師 | 李應章（註九） | 明治30年10月8日生 |
| 台中州南投郡草屯庄 | 同上 | 公學校畢業 | 同上 | 地主 | 洪元煌 | 明治16年8月28日生 |
| 台中州彰化郡彰化街 | 同上 | 台灣總督府醫學校畢業 | 同上 | 醫師 | 林篤勳 | 明治16年8月24日生 |
| 台中州彰化郡彰化街 | 與原籍地同 | 台灣總督府醫學校畢業 | 理事 | 醫師 | 賴和（註十） | 明治27年4月25日生 |
| 同上 | 同上 | 台南師範學校畢業 | 同上 | 地主 | 許嘉種 | 明治16年2月10日生 |
| 台中州大屯郡霧峯庄 | 同上 | 修漢學 | 同上 | 同上 | 林資彬 | 明治31年6月26日生 |
| 台中州豐原郡豐原街 | 台中市台中 | 明治大學法科畢業 | 同上 | 律師 | 鄭松筠 | 明治24年12月22日生 |
| 台中州大甲郡清水街 | 同原籍地 | 台灣總督府國語學校畢業 | 同上 | 地主 | 蔡年亨 | 明治22年6月13日生 |
| 台南市本町 | 同上 | 台灣總督府醫學校畢業 | 同上 | 醫師 | 韓石泉 | 明治30年3月16日生 |
| 同上 | 同上 | 同上 | 同上 | 同上 | 黃金火 | 明治28年11月8日生 |
| 台南市高砂町 | 台南市白金町 | 同上 | 同上 | 同上 | 王受祿 | 明治26年1月17日生 |
| 台南市末廣町 | 高雄市旗後 | 台灣總督府國語學校畢業 | 同上 | 倉庫會社職員 | 楊振福 | 明治27年9月10日生 |
| 台南市錦町 | 高雄旗山郡旗山街 | 台灣總督府醫學校畢業 | 同上 | 醫師 | 吳海水 | 明治22年5月6日生 |

| 台中州北斗郡北斗街 | 與原籍地同 | 修漢學 | 同上 | 地主 | 林伯廷 | 明治19年9月6日生 |
|---|---|---|---|---|---|---|
| 台中州彰化郡線西庄 | 與原籍地同 | 早稻田大學政治系畢業 | 同上 | | 黃呈聰（註十一） | 明治19年3月23日生 |
| 台中州彰化郡福興庄 | 台中州員林郡員林街 | 台灣總督府醫學校畢業 | 同上 | 醫師 | 林糊 | 明治27年8月3日生 |
| 台南市壽町 | 與原籍地同 | 帝國大學文科畢業 | 評議員 | 商業專門學校教授 | 林茂生（註十二） | 明治20年10月29日生 |
| 新竹州新竹郡新竹街 | 與原籍地同 | 修漢學 | 理事 | 雜貨商 | 楊良 | 明治25年5月15日生 |
| 同上 | 同上 | 台灣總督府國語學校半途退學 | 同上 | 同上 | 戴双喜 | 明治26年10月2日生 |
| 同上 | 同上 | 公學校畢業 | 評議員 | 木工 | 吳廷輝 | 明治24年2月16日生 |
| 台北州宜蘭郡宜蘭街 | 新嘉坡 | 東京醫學專門學校畢業 | 理事 | 醫師 | 石煥長（註十三） | 明治24年2月3日生 |
| 新竹州苗栗郡苑庄 | 台北市下奎府町 | 北京大學半途退學 | 會員 | 台灣民報記者 | 鄭明祿（註十四） | 明治34年11月1日生 |
| 高雄州屏東郡屏東街 | 與原籍地同 | 台北師範學校畢業 | 理事 | 洋雜貨商 | 洪石柱 | 明治34年6月21日生 |
| 新竹州新竹郡新竹街 | 與原籍地同 | 同上 | 會員 | 文化協會支部主事 | 林多桂（註十五） | 明治26年12月3日生 |
| 新竹州苗栗郡苗栗街 | 同上 | 公學校畢業 | 理事 | 地主 | 黃運元 | 明治28年9月7日生 |
| 台中州北斗郡沙山庄 | 台灣下奎府町 | 東京高等師範學校畢業 | 會員 | 台灣民報記者 | 謝春木（註十六） | 明治35年11月18日生 |
| 台中州彰化郡彰化街 | 與原籍地同 | 早稻田大學畢業 | 同上 | 同上 | 黃周（註十七） | 明治32年5月21日生 |
| 台中州豐原郡神岡庄 | 與原籍地同 | 公學校畢業 | 會員 | 地主 | 林碧梧 | 明治28年2月14日生 |
| 台中州豐原郡內埔庄 | 同上 | 日本大學半途退學 | 同上 | 地主家眷 | 張信義（註十八） | 明治39年1月28日生 |
| 台中州彰化郡彰化街 | 同上 | 台南商業學校半途退學 | 同上 | 裱褙師 | 吳石麟 | 明治35年1月29日生 |
| 台北市蓬萊町一一八號 | 台北市蓬萊町一八一號 | 公學校畢業 | 同上 | 日本電報通信派送伕 | 高兩貴（註十九） | 明治39年1月29日生 |

| 中國福建省泉州府晉江縣石溪鄉 | 台北市下奎府町 | 台北第三高等女學校半途退學 | 同上 | 無職 | 黃氏細娥（註二十） | 明治41年11月18日 |
|---|---|---|---|---|---|---|

註一： 林幼春，本名資修，號南強，台中阿罩霧庄人，台灣先覺之一，霧峯林家林文明後裔，台灣文化協會初期要角，博學多智，譽為該會之諸葛亮。善詩詞，首倡擊缽吟，後風行全台，其詩深含民族意識，富哲學味，推為日治時期屈指一二之大家。卒年六十，本省光復後，其子培英輯有「南強詩集」梓行。

註二： 蔡培火，原籍北港，後遷台南市，台灣反日政治、文化啟蒙運動右派重要角色。戰時於東京開餐館，旋赴滬。戰後，歷任中國國民黨台灣省黨部委員，行政院政務委員等。

註三： 王敏川，彰化人，曾任職台灣民報記者，留學東京時即參加台灣學生運動，返台後為各種文化啟蒙、政治運動之要角，晚年思想逐漸左傾，戰時中復被捕，戰前身故。戰後一度入祀忠烈祠，後撤銷。

註四： 陳逢源，台南市人，屬台灣政治運動右派。日治時期曾任台灣民報記者，台灣新民報經濟部長，大東信託會社重役等，本省光復後，任華南商業銀行常務董事、台北區合會公司董事長等，為實業界之重要人物。經濟專家且好吟詠，著作甚豐，日文有:《台灣經濟論》、《新支那と描く》等，中文有《煙雨樓詩集》。

註五： 蔡式穀，留學東京即參加文化啟蒙、政治運動，台灣文化協會初期之要角。長年業律師，戰後，任台灣省通志館，台灣省文獻委員會編纂、委員。

註六： 林呈祿，桃園縣大園人，早年曾任法院書記，後留學東京，即參加文化啟蒙、政治運動，初期要角，自「台灣青年」發刊即參與其事，長年任〈台灣民報〉、〈台灣新民報〉、〈台灣興南新聞〉幹部、主筆、主編等職，戰時中復任皇民奉公會文化部長，戰後，任東方出版社董事長，本省報界前輩，已故。

註七： 楊肇嘉，台中清水鎮人，台灣地方自治聯盟首要人物。日治時期曾任清水街長，戰時中居上海，返台後，曾任省民政廳長，著有《楊肇嘉回憶錄》。

註八： 連溫卿，本名連嘴，台北市人，屬台灣文化協會左派，為日本馬克斯主義思想系統之山川主義代表人物，亦為台灣世界語會

　　　代表人物。曾任職南國公司，戰後身故。

註九：　　李應章，中部二林人，醫師，別名李偉光，於二林事件後，遷
　　　　　居上海，執業醫師，戰後未返台，隨後，仍居原地，據云已亡
　　　　　故。

註十：　　賴和，號懶雲，彰化人，執業醫師，自台灣文化協會初期，即
　　　　　參與文化啓蒙運動。又為台灣新文學運動草創人物，善小說，又
　　　　　能舊詩，有台灣魯迅之譽，其作品民族色彩濃厚，充滿人道思
　　　　　想，水準甚高。戰時被捕，獲釋後去世。

註十一：　黃呈聰，彰化人，自留學東京，即參加文化啓蒙、政治運動。長
　　　　　年任職台灣民報記者，後任台灣新民報部長，戰後曾任台中大
　　　　　甲區署長，亦為白話文提倡人之一，已故。

註十二：　林茂生，台南市人，東京帝國大學文學部畢業，獲文學博士學
　　　　　位，自始即與台灣文化啓蒙運動保持不即不離之關係，長年任
　　　　　官方大專院校教授，戰後，曾兼任民報（台灣）社長，二二八事
　　　　　件時失踪。

註十三：　石煥長，宜蘭人，執業醫師，蔣渭水妻舅，後遷居上海仍執舊
　　　　　業，戰後仍未返台。

註十四：　鄭明祿，台中豐原人，北大畢業，屬台灣文化協會左派。日治時
　　　　　期曾任職台灣放送協會，戰後，歷任桃園縣政府教育科長，省
　　　　　立基隆中學校長，省立豐原商業職業學校校長，兼中國國民黨台
　　　　　中縣黨部副主任委員，已退休。

註十五：　林多桂，新竹人，日治時期曾任職台灣放送協會，戰後，任教
　　　　　台北市立女子中學，已退休。

註十六：　謝春木，彰化人，東京高等師範學校畢業，參加台灣政治運動
　　　　　後，咸認為蔣渭水繼承人，蔣渭水死後往大陸，從事政治活動，
　　　　　戰後，任中國駐日代表團團員，後投共，傳已死於北平。

註十七：　黃周，號醒民，彰化人，留學東京，即參加文化啓蒙、政治運
　　　　　動，長年任職台灣民報記者，台灣新民報文化部長等，戰後，
　　　　　任教彰化某中學，已故。

註十八：　張信義，台中縣后里人，屬台灣文化協會左派。戰後，曾任鄉
　　　　　長，後牽涉某案被捕判刑，已故。

註十九：　高兩貴，台北市人，台灣文化協會初期及外圍團體關係人物；後
　　　　　因職遷居台中，任職同盟通信社、台灣新聞經濟記者，戰後營
　　　　　商。

註二十： 黃氏細娥，台北市人，洪朝宗妻，後期台灣文化協會婦女部長。
戰後身故。

# 第四節　台灣議會期成同盟會的成立與治警事件

## 一、台灣議會期成同盟會成立的經緯

第二次台灣議會請願 (上述)，雖然仍被否決，但是台灣民眾
對返台的請願團，卻給予比總督更盛大的熱烈歡迎。有鑑於此，
田總督表面上儘管宣稱不打算干涉請願運動，實際上則認為該運
動最終目的，在於脫離日本帝國的統治。若任其發展或予以承認，
勢必促進台人之反抗情緒，所以在帝國議會一直表示反對態度，
同時也決定要加以取締。於是，1992 年 (大正 11 年) 8 月，總督
府乃採用台中州知事常吉德壽所發布的六項取締訓令，將其歸納
為以下五點取締壓制方針，並付諸實行。亦即：1. 對身為利權營
業者、學校教職員等，凡與此種運動有關係者，加以訓誡，求其
反省。如此，仍不肯就範者，則加以整肅；2. 利用街庄長會議保
甲會議，以及民眾集合的所有機會，設法使其理解當局的方針，
告誡島民不可妄動；3. 嚴重諭示，街庄長係負責促進公共團體發
展之公務員，不得與此種運動有所關係，倘仍強欲參加，應辭去
職務，始得任意行動；4. 一般職員對涉及台灣議會請願運動，以
及文化協會行動的態度，務求慎重，以免被其利用，或給予他們
攻擊的材料，此點務必特別注意；5. 台灣議會請願運動及文化協
會幹部在進行宣傳、演講時，要派遣精通方言的警察幹部列席，

一旦有妨礙治安的言行時，須採取相應的處分。⑤⑦

　　以上各項實行的結果，議會請願運動與文化協會的活動，均受到相當大的打擊。預定要舉行的各種群眾活動和宣傳請願運動，幾乎暫時息影無蹤，特別是原先支持請願運動的街庄長，態度都因而轉變。與此同時，為了阻擾議會請願運動，常吉知事於1922年秋天，組織了一個御用團體「向陽會」(是為公益會的前身)，並透過親日派林獻堂的妹婿楊吉臣(文化協會初任協理、彰化街長)，成功地讓林獻堂擔任「參與」一職。常吉知事更趁著林獻堂心意動搖之時，遂居中斡旋以林、楊為首的中部文化協會幹部，即林幼春、甘得中、李崇禮、洪元煌、林月汀、王學潛等8人，於9月29日，共訪田總督官邸，請教總督對請願運動的意見。田總督隨之訓諭：「一國中存在兩個帝國議會，這種事情非我帝國所能做的。因請願行動是憲法給國民的權利，請願的內容雖被認為礙難容許，並非不可請願。故雖不用職權來干涉請願，如若徵求愚意，則謂這種白費氣力的運動是無益的。用友誼來說，不外於請中止罷。」30日，林獻堂再次訪問總督，表明自己將退出請願運動。但聲稱其無能依照自己的意志來決定在京的學生及其同志中止請願運動。此點獲得田總督的諒解。又林獻堂辭退田總督之後，特將此事實告知蔣渭水，而於10月1日，返抵台中。好事者稱這次的會談為「八駿事件」，大概是寓意諷刺林獻堂等8人是8匹駿馬，受到伯樂田總督所賞識的意思。而林獻堂與楊吉臣的變節，被同志們責難為「犬羊禍」。犬是取林獻堂的「獻」字之偏旁，羊的台語發音與「楊」相同，所以犬羊指林、楊二人。⑤⑧

　　經歷「犬羊禍事件」之後，目睹總督府日趨嚴厲的壓制，讓蔣渭水覺悟到「非更加一層的決心去做不可」。於是，著手組織一個名為「新台灣聯盟」的政治結社。1922年10月17日，在

文化協會創立一週年紀念大會上，這項提議獲得 19 名成員的贊同，而以石煥長為主幹組成該聯盟。1923 年（大正 12 年）1 月，由於治安警察法在台灣延長實施，蔣渭水等人乃根據該法，將「新台灣聯盟」以政治結社，向當局呈報備案，成為台灣第一個被承認的政治結社。然而，由於該聯盟的成員全是文化協會的會員，加上不久之後，「台灣議會期成同盟會」成立，所以「新台灣聯盟」除了集會、討論研究之外，幾乎沒有獨立的活動。迨 1930 年（昭和 5 年）8 月，該聯盟以主席蔣渭水的名義，基於「新政治結社——台灣民眾黨儼然存在」的理由，自動向日本當局提解散申請。關於此間的經緯，後來蔣渭水在 1925 年（大正 14 年）8 月，〈台灣民報〉第 67 號，發表一篇〈五箇年中的我〉，有如下的記述：「到了（大正）11 年，什麼犬羊禍出現了。任三爺（林獻堂在其家系同輩中，常被稱老三）被困在犬羊城裡，形勢太壞了。我以為非更加一層的決心去做事不可了，遂組織『新台灣聯盟』。這是本島政治結社的嚆矢，而且也是全島唯一無二的政治結社。後來因為事多人少，不能彼此兼顧，致使這個政治結社全沒有活動的機會，這是我的一個大遺憾事啊！」[59]

其實，林獻堂退出請願運動的最大原因，是當年正遇大戰後，日本經濟蕭條的時期，股票價格一落千丈，台灣米價降落只有平時的一半。林獻堂因收入銳減，不得不以債養債；結果，對台灣銀行負有 20 餘萬圓的債務。這些債務大都是股票做抵押，而因股票貶值，總督府乃玩弄狡猾的「高等政策」，授意台銀嚴厲催討貸款，以致經苦思後，林獻堂不得不暫時聲明退出請願運動。關於此事《總督府警察沿革誌》（二）中卷（355 頁），有隱約的記述；稍後，東京〈讀賣新聞〉社論〈台灣官憲的非為〉（1923 年 3 月 7 日刊），則有如下赤裸裸的暴露與評論：「（前略）就中對

於中心人物林獻堂所採取的手段，特別陰險而惡辣。林氏對台灣銀行負有 20 餘萬圓的債務，但均提供充足的抵押品，且利息照納，從未拖欠。然而台灣銀行竟通知他：『如欲繼續台灣議會運動，請立即清還債務。』(下略)」⑥

　　不過，當時蔣渭水等人及東京新民會、台灣青年會會員，都對林獻堂態度的軟化 (或稱變節)，十分憤慨、不能諒解。支援請願運動的田川大吉郎代議士，也曾寄信來詢問其事的真偽。在這樣的情況下，林獻堂乃於 1922 年 11 月 16 日，派遣蔡培火到東京來說明原委。蔡培火抵京後，向主要的青年學生及田川代議士，說明當時的情況與苦境請求大家諒解。田川得知實情之後，乃鼓勵蔡培火說：「在本運動推行之初，已提醒林獻堂注意，不要以為一、二次請願就會成功，應繼續努力組織新運動團體，且應有非貫徹目的絕不停止的毅力。」並指導蔡培火關於將來運動的政策、方針等。蔡培火於 12 月 10 日歸台，立刻將田川代議士的勉勵告知蔣渭水等同志，經磋商後，乃決意著手第三次請願運動，同時準組織以設置台灣議會為直接目標的團體，此即「台灣議會期成同盟會」。經過一個多月的籌備，獲得發起人 41 名 (台灣島內 39 人，東京 2 人)，於 1923 年 (大正 12 年) 1 月 6 日，「台灣議會期成同盟會」以石煥長為主幹，依據治安警察法第一條規定，向台北市警察署提出政治結社組織豫屆 (事前聲請)。1 月 29 日，台北州警務部長佐藤邀請蔣渭水、石煥長到警務部談話，勸告自動撤回結社組織豫屆，停止組織工作。蔣渭水答稱：「此事本人不能自主，與同志相議，明日再來報告。」30 日，蔣、石兩人再度往警務部會見佐藤部長，表示同盟會的組織不便停止。同日提出正式結社組織屆 (正式報備) 於北警察署，同時發表訂於 2 月，假台北市江山樓餐館召開成立大會，並在日本基督教會召開創立

紀念政談大演說會。然而，不意三日後，即 2 月 2 日，石煥長接
到田總督如下的禁令書：「台灣議會期成同盟會，依據治安警察
法第八條第二項禁止之。」⑥

　　政治結社組織雖然被禁止，台灣議會期成同盟會的成員，仍
於同年 2 月 5 日集會，選出蔣渭水、蔡培火、陳逢源三人為設置
台灣議會請願委員。2 月 11 日，蔣渭水等抵達東京，受到新民
會及留學生們熱烈的歡迎，台籍飛行員謝文達駕駛飛機在東京
上空散發宣傳單。13 日，在神田區仲猿樂町日華學會召集會員
二百餘名，舉行請願準備會。16 日，蔣渭水、蔡培火、陳逢源、
林呈祿、鄭松筠、蔡惠如等 6 人，在牛込區若松町 138 號台灣雜
誌社，修改被禁止的期成同盟會會章，將本部所在地改為東京，
支部則設於台北及島內重要各處。同時選出居住於東京的林呈祿
為總幹事，並由其向早稻田警察署提出政治結社的組織申請。2
月 21 日，蔣渭水、蔡培火、陳逢源、蔡惠如、林呈祿、鄭松筠、
蔡式穀、蔡先於 8 人，在台灣雜誌社舉行台灣議會期成同盟會成
立典禮。席上正式選舉主幹林呈祿、專務理事蔡惠如、林呈祿、
蔣渭水、林幼春、蔡培火等 5 人，理事鄭松筠等以下 11 人，並
即日發出通知不在席的理事及會員。就這樣，在台灣被禁止的
該會，遂在東京再獲創立。2 月 23 日，蔡惠如以下 278 名連署，
以「議會期成同盟會」的名義，由蔣渭水等人向國會提出第三次
台灣議會設置請願書。結果，仍遭貴、眾兩院不採納，但請願運
動的盛況，更引起了台灣人民族意識的高揚。爾後，從 5 月起至
8 月間，期成同盟會幹部和東京留學生們一起在島內各處，舉行
由文化協會主辦的文化演講會，大大地促進了民眾對民族或政治
的自覺。不用諱言，這些都犯了當局的禁忌，更違背了總督府的
禁令。於是，日當局決意取締並消滅該會。⑥

## 二、內田嘉吉新總督的上任與治警事件

1923 年 9 月，日本第二次山本權兵衛內閣成立，田健治郎總督授命農商務大臣兼司法大臣。台灣總督之缺，在田大臣的推薦下，曾任台灣民政長官（1910 年 8 月至 1915 年 10 月）、官僚出身的貴族院議員內田嘉吉被任命為第二任文官總督。茲將內田總督的生平履歷，簡要的介紹如下：

內田 1866 年出生於東京府，1891 年畢業於東京帝大法科，旋任試用司法官，邁入仕途。歷任遞信省事務官，船舶司檢所司檢官、遞信省參事官、遞信大臣秘書官等，1901 年任遞信省管船局長兼高等海員審判所長。由於內田嘉吉曾是滿鐵創立委員之一，因此被滿鐵總裁後藤新平所認識。1910 年，後藤新平在殖民地的主管機關拓殖局擔任副總裁，內田嘉吉則在同時兼任該局第一部長職。1910 年 8 月，當總督府民政長官繼任人選產生爭議時，自拓殖局第一部長調赴台灣，任民政長官兼臨時糖務局長、土木部長、鐵道部長等職。1915 年 10 月，因與安東貞美總督理念不合而求去。內田嘉吉回日本之後，在後藤新平擔任會長的都市研究會中擔任副會長。1916 年，內田在遞信大臣田健治郎之下擔任次官，兩人關係密切。1918 年，內田嘉吉敕選為貴族院議員。1923 年 9 月，田健治郎辭去台灣總督一職之後，便以熟悉台灣事務為由，內田嘉吉在後藤新平及田健治郎的極力推薦下繼任台灣總督。內田嘉吉於 1923 年 9 月就任，但 1924 年 9 月，就因日本內閣改組而下台，歷時僅一年。在任中除發生所謂「治警事件」之外，沒有顯著的政績或興革。又內田嘉吉有志於南洋，1915 年創立南洋協會，擔任副會頭（長）。利用出國考察期間，大量搜購稀有圖書，其後人將多達一萬

六千冊圖書，捐贈予今之千代田圖書館，有《內田嘉吉文庫稀覯書集覽》（引自：前揭第一章《台灣文化事典》，103頁；同《台灣歷史辭典》，160頁參照）。

　　1923年10月15日，內田總督蒞台就任。16日，隨之發表施政方針，其大要如下：「此次奉命就任台灣總督，恰值帝都震災，舉國上自皇室，下至朝野，憂慮莫深於此。回顧本總督，曩曾輔佐久間大將，參與機務五年有餘，今復重來斯土，宛如回歸故山；尤其今日與衆官重會，不勝欣慰。台灣統治方針，夙已確立，有儼然不動者。最近在上任總督時代，釐革地方制度，設置評議會，實施民法、商法等，從來面目得以一新。繼此善爲特守，隨從時代之推移，雖常有伸縮，唯期毫不失墜前賢遺緒，進而更爲發揚其精華也。」表明其將延續田總督的同化主義政策，不容改變。11月1日至3日，內田總督在地方長官會議中，又表示：「仔細觀察本島民情，大致平穩無事。但無論表面如何平穩，若思想根源有誤，斷無法寬容假之。若撥弄偏激言詞，大放厥詞，擾亂人心，蠱惑民衆，實爲妨害安寧、紊亂次序，必須斷然處置。」於是，日本當局對「台灣議會期成同盟會」，違背總督的禁令、不聽制止的行爲，乃決定依「治安警察法」，加以取締檢舉。[63]

　　1923年12月16日清晨，台灣全島（澎湖、東台灣除外）在總督府警務局指揮下，對台灣議會運動者，展開一網打盡的大檢舉。當天被搜查並被扣押者41人；被搜查並被傳訊者11人；被搜查者12人；被傳訊者35人，共計99人。被扣押的41人中，有蔣渭水、蔡惠如、林呈祿、石煥長、林幼春、王敏川、蔡培火等29人，於12月22日，以違反台灣治安警察法的罪嫌，被解送台北地方法院檢查局，同時被拘置於台北監獄。1924年（大

正 13 年）1 月 7 日，台北地方法院三好一八檢查官對蔣渭水以下
17 人，提出預審請求；許嘉種以下 10 人，宣告不起訴處分，同
時將他們全部由台北監獄釋放。嗣後，如下表，經過第一審、抗
訴審、上告審後，1925 年（大正 14 年）2 月 20 日，判決定讞。
蔣渭水被判禁錮 4 個月，即日被收容於台北監獄。21 日，蔡惠
如被收容於台中監獄。同日，蔡培火、陳逢源被收容於台南監
獄。石煥長於 22 日，被收容於台北監獄。林呈祿在東京接到通
知，因爲當時林獻堂一行，正在東京作議會請願運動，他須在旁
照料，所以遲至 3 月 2 日，才被收容於台北監獄。林幼春因抱病
又吸食鴉片（持有牌照），原希望寬緩，但不堪警吏連日催促，乃
於 3 月 2 日，入台中監獄。當第三審上告判決，辯護諸律師都預
料到必遭駁回，所以被告等也早有覺悟。台北市的民眾，尤其是
智識青年，對蔣渭水早有計畫要動員群眾盛大地送他入獄。但這
消息爲警察探知，故在「上告棄却」宣布當天，就將蔣氏偷偷地
押去，致使群眾送行之舉不能實現。蔡惠如於 2 月 21 日，由清
水出發即有當地民眾多數跟其到清水車站。他由台中站步行到台
中醫院探望林幼春，群眾蝟集，而且越來越多，甚至沿途燃放鞭
炮，喊叫萬歲，表示同情與惜別。其他各處的情形也若此，民眾
對被判刑入獄的領導人，都給予溫暖地送行。爾來，議會請願運
動就由文化協會爲中心，繼續推進，迨至如後述，文化協會分
裂，台灣民眾黨創立，該黨遂爲實質的議會運動支持者。再則，
本件因爲情形特殊，一般被稱爲「治警事件」。審判的過程由貴
族院議員渡邊暢、花井卓藏與眾議院議員清瀨一郎等人，擔任辯
護，實足以引起日本中央政界注目。也因此，除了台灣民眾的
支援，這一因素發生很重要的功效。未久，除了石煥長之外（因
爲有他罪），其餘蔣渭水以下等人，都獲得減刑「假出獄」（假釋）

的恩典。⑥④

台灣議會期成同盟會關係治安警察法違反事件處刑始末一覽表

| 被告人氏名 | 第一審 | | 控訴審 | | 上告審 | 備考 |
|---|---|---|---|---|---|---|
| | 求刑 | 判決 | 求刑 | 判決 | 求刑 | |
| 蔣渭水 | 禁錮六月 | 無罪 | 禁錮五月 | 禁錮四月 | 放棄上訴 | 大正14年2月20日收監，5月10日假釋 |
| 蔡培火 | 同　六月 | 同 | 同　五月 | 同　四月 | 同 | 2月21日收監，5月10日假釋 |
| 蔡惠如 | 同　四月 | 同 | 同　四月 | 同　三月 | 同 | 2月21日收監，5月10日假釋 |
| 林呈祿 | 同　四月 | 同 | 同　四月 | 同　三月 | 同 | 3月2日收監，5月10日假釋 |
| 石煥長 | 同　四月 | 同 | 同　四月 | 同　三月 | 同 | 2月22日收監，6月16日假釋 |
| 林幼春 | 同　四月 | 同 | 同　四月 | 同　三月 | 同 | 3月2日收監，5月10日假釋 |
| 陳逢源 | 同　四月 | 同 | 同　四月 | 同　三月 | 同 | 2月21日收監，5月10日假釋 |
| 王敏川 | 同　三月 | 同 | 同　三月 | 無　罪 | | |
| 鄭松筠 | 罰金百圓 | 同 | 罰金百圓 | 罰金百圓 | 放棄上訴 | |
| 蔡年亨 | 同　百圓 | 同 | 同　百圓 | 同　百圓 | 同 | |
| 蔡式穀 | 同　百圓 | 同 | 同　百圓 | 同　百圓 | 同 | |
| 林篤勳 | 同　百圓 | 同 | 同　百圓 | 同　百圓 | 同 | |
| 石錫勳 | 同　百圓 | 同 | 同　百圓 | 同　百圓 | 同 | |
| 蔡先於 | 同　百圓 | 同 | 同　百圓 | 無　罪 | | |
| 林伯廷 | 同　百圓 | 同 | 同　百圓 | 罰金百圓 | 放棄上訴 | |
| 吳清波 | 同　百圓 | 同 | 同　百圓 | 無　罪 | | |
| 韓石泉 | 同　百圓 | 同 | 同　百圓 | 無　罪 | | |
| 吳海水 | 同　百圓 | 同 | 同　百圓 | 無　罪 | | |

# 第五節　台灣文化協會的分裂與台灣民眾黨的創立

## 一、台灣文化協會的分裂過程

自「治警事件」發生以來，議會設置請願運動，仍由文化協會繼續推進並未中止。而且林獻堂亦以此事件為契機，再度挺身走向第一線領導文化協會。同時，此次治警事件不但激發了台灣民眾對日人的敵愾心，更使青年學生的民族啟蒙運動，日趨激

烈。學生運動在各地崛起，青年會也相繼在各地成立。新思維、新思想掀起了一陣文化演講的熱潮，終使抗日民族運動不斷升華，並使其行動日漸尖銳化。可是這樣時潮的演變，未久，即導致日當局更強烈的取締，亦促使文化協會左右兩派的分裂。

1925 年（大正 14 年）隨著時代的推進，社會主義逐漸滲入台灣。帶有民族色彩或階級濃厚的農民鬥爭，如「二林事件」等，前仆後繼地在台灣發生。針對這些情勢的變化，文化協會於 1926 年（大正 5 年）5 月 15、16 兩日，在霧峯庄林獻堂宅舉行理事會時，理事洪元煌提出關於政治結社組織之動議。但却格於文化協會成立當時之趣旨，以及其後林獻堂與日本當局有覺書之約（即，文化協會爲非關政治之結社，倘有抵觸政治運動之行爲，願受「治警法」之處分），故不能立即使文化協會爲順應時勢而轉換方針。因此，僅以有志者會議的結果，約請各人提案，限於 7 月 20 日之前，交送給蔣渭水，俟其集齊印刷再分送於各人，另召集會議討論，並指名林獻堂、蔡培火、謝春木 3 名爲召集委員。8 月 29 日，台灣民報社的總會後，林獻堂、林幼春、蔡培火、蔡年亨、蔡惠如、蔣渭水、陳逢源、王敏川、謝春木、洪石柱、施玉善及連溫卿等人，集合討論本問題。但當時與會者，左右思想的對立，已經明顯化。基於各人主張、固執己說不讓，未達結論即告散會。⑥⑤

1926（大正 15 年）10 月 17 日，文化協會在新竹召開第六次總會。專務理事蔡培火倡修改舊有會則，以順應時勢。經大會多數贊同，即由林獻堂總理指名蔡培火、蔣渭水、連溫卿、謝春木等 8 人爲起草委員，從事起草新會則的工作。11 月 20、21 日，在霧峯林宅召開起草委員會。當時提出的草案有三：蔡培火案，主張採取理事制；蔣渭水與連溫卿都主張採取委員制；不過，蔣渭水則主張委員制上置總理制。由於議論紛紛，未獲表決而散，

乃各自期待明春理事會及臨時總會才決定。1927 年（昭和 2 年）1
月 2 日，在台中市榮町東華名產株式會社舉行理事會。是日，提
出討論的草案，有蔡培火的本部案（右派）、蔣渭水案（中間偏左）
及連溫卿案（左派）。蔣氏事先聲明其草案願做參考案，所以理事
會將蔡、連兩案作為主案提出討論。表決的結果，以 19 票對 12
票贊成以連案為基礎，逐條審議。審議中連溫卿指稱綱領以抽象
的「促進大眾文化之實現」為最佳；並加上明記以下要實行的十
項目。亦即：1.農村文化之向上；2.商工知識之增進；3.自治精
神之涵養；4.青年升學之獎勵；5.女權運動之提倡；6.婚姻制度
之改良；7.鴉片吸食之廢止；8.惡習迷信之打破；9.衛生思想之
普及；10.時間恪守之獎勵等。不過，隨後，蔡培火、陳逢源對
左派獨斷的審議情形甚為不滿。因之，憤而棄權退出，其餘右派
舊幹部看大勢已去，也相繼棄權退出。結果，理事會通過的草
案，雖是連、蔣兩案的折衷案，但案中委員制上置總理一節（蔣
案），卻遭否決，乃種下連、蔣兩人之間的磨擦，導致無法妥協
而分手。⑥⑥然而，另一方面，據林獻堂 1927 年 1 月 1 日的日記，
其時林獻堂似乎已有意將文化協會委由連溫卿、王敏川、鄭明祿
等左派人士來負責，所以並不固執堅持反對委員制或委員長的設
置。⑥⑦

　　總之，次日（3 日）下午二時起，文化協會在台中市公會堂
舉行歷史性的臨時大會。出席會員 133 人（連溫卿稱 190 人），屬
於連溫卿派的大甲、彰化以及由台北大批湧進會場的左翼青年占
大多數。他們以連溫卿為中心，占據坐席的中央，大有壓制全場
的氣勢。開會程序先由總理林獻堂致詞，繼由專務理事蔡培火報
告理事會之經過，然後推林獻堂為議長，進行議事。除對綱領、
章程加以字面上的修正外，均照原案通過，並決定將本部移至台

中。旋依據新章程選舉中央委員 30 名的結果，連溫卿直系 11 人
當選，其餘均係同派的支持者或同路人；資本民族自決主義者只
有林獻堂、蔡培火兩人而已。於是林獻堂、蔡培火，還有蔣渭水、
彭華英立刻表明辭意，但在新幹部的懇求下，林獻堂答應以不選
任委員長及留任到即將外遊時為止。就在這樣情勢的發展下，文
化協會終於分裂、轉為左翼團體，完全由連溫卿、王敏川一派掌
握實權；向來從事民族文化啟蒙運動的文化協會，竟一變而成為
階級鬥爭的激進團體。⑱

## 二、台灣民眾黨的創立

　　文化協會分裂以後，隨著時日的經過，蔣渭水、蔡培火等人，
認識到已不可能再與新文化協會妥協，乃準備積極籌備政治結社
的組織。1927 年（昭和 2 年）2 月 11、12 兩日，蔣渭水、蔡培火、
林呈祿、林幼春、蔡年亨等人，集合於林獻堂宅，舉行台灣民報
社的董監事會，並討論文化協會分裂後，台灣民報社對此新情勢
應有的認識及對付的態度。蔣渭水提出「台灣自治會」的具體組
織案，但當時恰逢日本當局正在檢舉無政府主義團體──「黑色
青年聯盟」，遂決定改日再議而散會。然而，蔣渭水回台北後，
卻即刻將綱領兩項目及政策 12 條等付印；隨之被日當局偵知，
認為該綱領嚴重違反日本「治台」的根本精神，乃於 2 月 17 日
將印刷品沒收，並禁止該會成立。該會綱領的二項目，其一稱：
「我們對於台灣統治上的主張是自治主義。」其二稱：「我們對於
台灣經濟上主張是為台灣人全體利益，尤其以合法手段擁護無產
階級利益。」同月 27 日，蔣渭水又把會名改為「台灣同盟會」，
綱領、政策則完全與被禁止的台灣自治會相同。可是，又被日當
局偵知，由台北州警務部長對蔣渭水警告，並禁止其活動。⑲

　「台灣同盟會」雖被禁止，蔣渭水、蔡培火擬喚起民眾關於新政治結社組織的輿論，乃透過林呈祿邀請東大經濟學部教授矢內原忠雄來台考察演講。3月23日，矢內原教授抵台。他一到台灣便與林獻堂、蔣渭水、蔡培火等人接觸，4月10日起，且由蔡培火導遊全島。依照屏東、台南、嘉義、彰化、台中、新竹及宜蘭的順序舉行演講會，以殖民地自治主義為中心，呼籲大眾。這個演講會在各地的盛況均達到極點，給予聽眾莫大的鼓勵與感動。矢內原教授於4月28日離台。由於矢內原教授來台演講的影響，蔣渭水、蔡培火等人，對於計劃中的組織政治結社提高信心，更顯著的積極化。又因林獻堂外遊計畫的日期也已迫近，必須在他出國以前對政治結社問題予以具體化。所以，5月3日，蔣渭水、蔡培火、謝春木等人，乃集合於林獻堂宅，協議將會名改為「解放協會」，改訂綱領為「期待實現台灣人全體的政治、經濟、社會解放」；從政策中削除「促進實現台灣自治」這個項目，決定以此做為原案來舉行組織商議會。於是，5月8日，在台中市榮町東華名產公司集合44名同志，開組織商議會，由蔣渭水說明綱領、政策案後，轉入審議。經葉榮鐘提議，會名改為「台政革新會」，綱領、政策逐條審議，頗多修改、訂正與增補後，推蔣渭水等16人為組織籌備委員會。5月10日，籌備就緒，以蔡培火為主幹，置辦事處於台北市奎府町2丁目26番地台灣民報社，提出結社申請書於台北警察署。20日，台北州通知蔡培火，指責「台政革新會」綱領依然表露殖民地自治主義，濫用「台灣人全體」、「解放」等字句，政策中提出撤廢保甲制度、主張公學校的併用日台語教學等，均為不妥當，而加以警告。29日，在台中市新富町聚美樓酒家舉行結黨大會。出席者68人，由彭華英司儀。首先由蔡培火報告部分綱領、政策曾受台北州指責警

告的情形，然後推選蔡式穀爲主席開始審議綱領。主席建議請
對「台灣人全體」、「解放」的字句再加以考慮，但全體對此建議
未予注意。蔡培火與蔣渭水商量的結果，提議將「解放」兩字刪
去，改爲「自由平等」，但遭黃旺成反對，表決的結果，出席者
68 人之中，贊成原案者達 50 人之多，遂照原案議決通過。其次
審議章程，關於結社的名稱有種種意見，最後決定採用王鐘麟所
提「台灣民黨」，於是醞釀半年的政治結社「台灣民黨」，終於創
立。5 月 31 日，以上述綱領、政策(16 項)，再加上會章(20 條)，「台
灣民黨」正式向日本當局提出結社申請書。然而，同年 6 月 3 日，
台北州召喚「台灣民黨」主幹蔡培火，依據治安警察法第八條第
二項規定，禁止該黨結社。[70]

　　其禁止理由稱：「台灣民黨雖標榜在不背馳帝國台灣統治之
根本方針下所組織，但觀其綱領、政策，尤其用解放台灣人全體
的政治、經濟、社會的標語，顯然有唆使民族反感、妨害內台和
睦，或懷抱民族自決主義之嫌，故對主事者懇示修正事宜。然而，
其後未做任何修正，在結黨典禮時才提出抗議。惟大會的形勢被
偏狹的民族感情所左右，徒然撥弄不穩言辭，結果雖經二、三幹
部斡旋，終未能修正原案，對於帝國的統治顯著地提升反抗的氣
勢。鑑於如上述的成立經過，而且對照考察其所標榜的綱領、政
策時，本會未來將被不純份子所左右是必然之勢。如果放任不管，
必將激發對於台灣島民福祉有害的民族感情，妨害穩妥的政治思
想發展，阻害帝國治台最重之內台和睦的促進，恐怕將會招來
統治上極爲可憂的後果。因此，在此時命令禁止，以防禍害於未
然。」[71]

　　台灣民黨於 1927 年 6 月 3 日，遭遇禁止之後，同月 7 日，
謝春木、蔡培火、彭華英、黃周等人，立即在台灣民報社樓上集合，

計議重新組織政治結社事宜。10 日，以蔡培火、邱德金、謝春木、彭華英、黃周、蔣渭水等人連名，發出「應否組織新政治結社討論會」的召集函。17 日下午 3 時到 6 時，假台中市榮町東華名產公司舉行政治結社的討論會。當日出席者有蔣渭水、洪元煌、黃旺成、謝春木、陳逢源、彭華英、葉榮鐘、黃三朋等多人。會議由洪元煌主持，首先報告台灣民黨被禁經過，然後就政治結社是否組織，請大家發表意見。黃三朋謂文協新幹部敵視吾人，必導致鷸蚌相爭漁人得利的局面，不如靜待時機為得策。但此種論調，幾乎無人顧及，結果，組織新結社的決議，獲得壓倒性的通過。可是，當蔡培火說明台灣民黨禁止的經緯與蔣渭水之關係，謂「蔣渭水如參加新結社，恐怕日政府不能容忍。」並說「排除蔣渭水參加雖於心不忍，但為了新結社能圓滿成立，應細心考慮」等話。不過，蔡培火的提言，遭到蔣氏一派的反駁，引起了激烈辯論。最後由陳逢源提議，請蔣渭水聲明以一普通黨員身分參加，並經大會採取表決成立，蔣氏問題才告一段落。接著有關應發表的聲明書、綱領、政策、黨章等，決定委任新推出的委員彭華英、陳逢源、黃旺成、謝春木、黃周等人負責研擬。於是，新黨之籌備遂告成立。6 月 24 日，以謝春木名義向日本當局提出「台灣民眾黨」政治結社組織申請書。⑦

　　7 月 10 日下午 3 時，台灣民眾黨於台中市新富町聚英樓舉行結黨大會。參加者共 62 名（或謂 63 名），大會由蔡式穀主持，謝春木報告新黨創立經過。隨後推選洪元煌為議長，黃周、黃旺成為書記，而進入討論。綱領無異議通過，政策的審議中關於「要求保甲制度之改革」，大多數主張廢除保甲制度，遂決定「改革」為「撤廢」；其他事項則無異議通過。此時，蔣渭水質問：「在組織籌備會所決定有關本人去留問題，以一普通黨員身分參加的聲

明，是否有此必要？」且問：「大會是否認爲本人的參加會影響黨的成立？」並說：「果眞如此，願退出並訴之於公論。」其時，蔡培火提出他與蔣渭水同爲黨之顧問，留在黨內。但是蔣渭水頗不以爲然，因而引起議論沸騰。後經蔡年亨、彭華英之斡旋，蔣渭水之去留問題，採擇黃旺成之提議，即「選出蔣渭水爲委員與否，應由黨員之自由判斷。萬一因此結社再被禁止，亦在所不惜。」其次，審議宣言案、原案以不加修改通過。然後推選創立委員黃周、彭華英、陳逢源、黃旺成、謝春木等爲任期一個月之臨時委員，而結束大會。[73]

如是，7月11日，復以謝春木爲主幹向日本當局正式提出組黨結社的申請書，並添附如下的宣言、綱領政策、黨章及黨員人數爲197人。茲將宣言、綱領及政策項目引述如下（黨章略）。[74]

## 台灣民衆黨宣言

在台灣的政治改革上成立政治結社的必要性一直爲我黨同志所認定。我們以前參加台灣民黨的組織也由此而來。該黨被認爲是民族主義團體而被禁止，令人甚爲遺憾。然則，在台灣社會裡仍然存在著成立政治結社之必要性，因此，新結社的成立乃爲理所當然，這就是我們計畫重新設立本黨之原因。我黨的目的只是爲提高本島住民的政治位置，安定其經濟基礎，改善其社會生活，如在綱領、政策裡所表示者。不但沒有民族鬥爭的目的，更認爲在此小地方如兄弟鬩牆相爭的情況並不能增進我們的幸福。但如果有人阻礙我們對政治地位的提高、威脅我們的經濟生活，阻止我們的社會生活之進步者，我們將以合法的手段堅持抗爭到底。

我黨實爲應時勢要求產生者。隨著社會的進步，時勢之要求，民眾之希望，使其向前邁進是爲理所當然。我黨經過多少苦難的鬥爭而今見其成立，與我黨持有相同意見者，請來參加我黨。

昭和二年〔一九二七年〕七月十日

台灣民眾黨

## 台灣民眾黨綱領

本黨以確立民本政治，建立合理的經濟組織，及改除社會制度之缺陷爲其綱領。

政策

甲、政治方面

一、要求州市街庄之自治機關由民選產生，並要求付與議決權，選舉法採用普通選舉制。

二、期望集會、結社、言論、出版自由的實現，要求即時許可台灣島內台灣人的新聞雜誌發行。

三、要求學制之改革：

甲、實施義務教育

乙、公學校教學應以日台語併用之

丙、公學校應以漢文科爲必修科目

丁、內台人的教育機會應均等

四、要求保甲制度之廢止。

五、要求警察制度之改善。

六、要求司法制度的改善及陪審制度的實施。

七、要求行政裁判法的實施。

　　八、要求廢除支那旅行券制度。

乙、經濟方面

　　一、要求稅制之改革及冗費之節約。

　　二、要求改革台灣金融制度及緊急設立農工金融機關。

　　三、擁護生產者的利權，廢除一切搾取機關及制度。

　　四、改革農會及水利組合。

　　五、改革專賣制度。

丙、社會方面

　　一、援助農民運動，勞動者運動及社會團體之發展。

　　二、確認男女平等之原則，援助女權運動，反對人身買賣。

昭和二年〔一九二七年〕七月十日

　　面對此次台灣民眾黨的政治結社，日本當局認為：「黨的指導勢力還是以蔣渭水派為中心的形勢相當顯著。雖不見溫和化，但綱領表面略為緩和。因有了避免受誤解為民族運動團體的宣言，若再予以禁止處分，恐使幹部潛入地下反抗當局施政，招來更多取締上的困擾。表面上既然稍見穩健化，並比起文化協會一派所主張的無產階級運動，有標榜右翼化的傾向，則作為民眾政治訓練之一階段，或可予以期待。」乃決定「在嚴格監視下承認其成立」，並將給予指導誘掖。⑦⑤

　　台灣民眾黨創立後，由臨時中央委員會領導，極力整備陣容。迄1927年9月15日止，已經成立台北、桃園、新竹、南投、嘉義、大甲、台南等七支部。9月16日，在台灣民報社舉行臨時中央委員會，彭華英代表臨時中央委員報告支部設置經過及黨員總數已達439人。於是，公推黃旺成為議長進行議事，選任中

央委員 20 名及中央常務委員 14 名如下。[76]

中央委員　二十名
台北　蔣渭水　謝賜福　吳清海　陳王錦塗
汐止　簡來成
新竹　黃旺成　楊　良　陳定錦　黃瀛豹
桃園　楊連樹　林阿鐘
大甲　吳准水
草屯　洪元煌　洪源福
台南　王受祿　盧丙丁　韓石泉　曾右章
嘉義　王鐘麟
中央常務委員　十四名
蔣渭水　簡來成　楊連樹　黃周　謝春木　彭華英　盧丙丁
黃旺成　吳准水　洪元煌　王鐘麟　王受祿　林伯廷　黃運
元
中央常務委員工作分配
組織部　（主任）　彭華英　韓石泉
總務部　（主任）　彭華英　楊連樹
財政部　（主任）　蔣渭水　王受祿　曾右章　楊良　林阿鐘
　　　　　　　　　陳宗惠　謝賜福
政務部　（主任）　謝春木　王鐘麟
社會部　（主任）　盧丙丁　林伯廷　洪元煌
宣傳部　（主任）　盧丙丁　簡來成　黃運元
調查部　（主任）　黃　周　黃旺成

## 第六節　台灣民眾黨的被禁解散及台灣地方自治聯盟的創立

### 一、結黨初期台灣民眾黨的活躍情況

　　台灣民眾黨成立之後，在 1927 年 9 月 16 日，舉行第一次中央委員會。其時，有鑑於綱領、政策若被黨員任意解釋，必將無所依據而亂黨之體制，故決議做成解釋書分發黨員。隨後在 10 月 28 日，民眾黨第一次中央常務委員會，決議通過蔣渭水提案（蔣案有要求台灣憲法之制定、消滅大資本家及採用社會主義等之激烈文句）。然而由於台中支部彭華英等人反對，認為蔣案必將影響黨之存在，恐有導致黨之分裂。乃於 11 月 6 日，在台北召開的第二次中央委員會，重新審理蔣案與彭華英所提出使用較溫和婉轉字句的新「綱領說明案」。結果，彭案獲得委員會及黨員大會之採擇，蔣案被撤廢。茲引述彭案的全文如下。⑦⑦

本黨之指導原理 (二次大會決定)

　　㈠、確立民本政治

　　　　說明：根據立憲政治之精神，反對總督專制政治，使司法、立法、行政三權完全分立，應予台灣人享有參政權。

　　㈡、建設合理的經濟組織

　　　　說明：提高農工階級之生活程度，使貧富平等。

　　㈢、改除社會制度之缺陷

　　　　說明：改革社會之陋習，實行男女平權，確立社會生

活之自由。

台灣民眾黨對階級問題的態度

(1)、全民運動與階級運動同時併行。

(2)、擁護農工階級即實行階級運勤。

(3)、扶助農工團體之發展，造成全民運動之中心勢力。

(4)、圖謀農工商學之聯合，造成全民運動之共同戰線。

(5)、本黨關切農工階級之利益，應加以合理的階級的調
　　　節，俾不致妨害全民運動之前進。

(6)、台灣各階級民眾集結在黨的領導下，實行全民之運動。


又第二次中央委員會，另推薦林獻堂、林幼春、蔡式穀、蔡培火等人為黨顧問。12 月 11 日，在台中支部事務所召集中央常務委員會，因謝春木、黃周兩人以台灣民報社務忙碌未能兼顧，擬欲辭去黨務，遂決定解除兩人之事務分擔；同時改選中央常務委員及各部主任。主幹由彭華央、政務部主任王鐘麟、組織部主任吳准水、社會部主任洪元煌、調查部主任許嘉種。黨臨時辦事處轉移到台北市日新町二丁目 10 番地，黨的辦事處與台灣民報完全分離。至此，黨的陣容漸見整頓。[78]

就這樣，台灣民眾黨成立初年，即依據其指導原理及對階級問題的基本態度，全力地進行各項活動。一方面抵抗日本當局，一方面與左翼新文化協會發生鬥爭、摩擦。茲分項引述其活躍的行動如下：

## ㈠ 致力勞工農民運動

台灣民眾黨在蔣渭水等人領導之下，依其「扶助農工團體之發展，造成全民運動之中心勢力」的信念，對於勞工及農民的組

織與指導特別用力。迄 1927 年末，已獲得勞工 21 團體、人數達三千餘人之支持。不過，在農民運動方面，當時已有全島性之台灣農民組合。該組合大多與左翼新文化協會相聯結，使民眾黨在此方面已無插足餘地，除宜蘭、新竹二地成立組織外，無甚發展。⑦⑨

## ㈡　反對總督府恢復評議會

台灣總督府評議會，是第一任文官總督田健治郎所創設的諮詢機關。這個評議會事實上只有召開三次，而且諮詢議題幾乎是一些無關統治基本方針的技術性問題。在政治上不但毫無實效，連裝飾品的價值都談不到。因此，自田總督於 1923 年去職，其後任內田嘉吉、伊澤多喜男兩總督都不加理睬，陷於休止狀態。不意上山滿之進第十任總督（1926 年 7 月 16 日蒞任）於 1927 年 9 月，卻擬將已停止四年的評議會重開，並任命了新會員。對此，民眾黨於同年 9 月 28 日，以政務部的名義，發表如下反對聲明書，油印約 6 百份，廣向日本和島內各官衙及與台灣有特殊關係的貴、眾兩院議員，大朝、大每以及其他有力的報社，著名勞動團體等寄發。⑧⓪

「台灣的專制政治家在今日尚依然施行十八世紀以前的獨裁政治，為避免專制的惡名，由官僚及御用紳士組織評議會充作假冒民意之機關，為掩飾現在及過去的惡政，企圖蒙蔽內外人士之耳目，其手段之拙劣可謂達於極點。田氏所創設的評議會，事實上消滅已達四年之久，此種虛偽不但無益於台灣民眾，且將貽禍於將來，不意此次竟見該會復活，非打破此偽裝的民意機關不可。

① 評議會會員並非民選，故不能代表民意，凡官選會員，直接間接均屬官僚御用工具，只能歌功頌德欺騙民眾，對一般民眾有害無益。

② 評議會並無一定決議權限，自豫算編成以至於律令、府令之制定，全然無權決議，如此無能無用之機關，如何有存在之價值。

③ 評議會廢置已達四年之久，於此可以證實總督府本身亦已認其為無用之物。而今予以復活，可謂自相矛盾，實屬朝令夕改、毫無定見之舉措，吾人詎能忍受為政者之玩弄乎。

　昭和二年九月廿八日　　　　　　臺灣民眾黨政務部」

　　茲在此順道將伊澤多喜男與上山滿之進兩總督的生平履歷，簡要的介紹如下：

　　第 10 任台灣文官總督伊澤多喜男，1924 年 9 月就任，1926 年 7 月卸任，歷時近二年。1869 年出生於長野縣，其父伊澤文谷為高遠藩藩士，其兄伊澤修二為貴族院議員，是台灣首任學務部部長，可謂官宦世家出身。1895 年東京帝大政治科畢業，高等文官試驗合格。歷任愛知等五縣參事官等職後，轉任警視廳部長。1907 年起任和歌山、愛媛、新潟等縣知事，1914 年任警視總監，1916 年起至 1941 年間敕選為貴族院議員。1924 年，同屬憲政會系的加藤高明組閣時，邀請伊澤多喜男入閣，因為其兄伊澤修二與台灣的淵源，伊澤多喜男主動要求擔任台灣總督，此要求被接受，遂於 1924 年 9 月就任。伊澤多喜男於 1926 年 7 月，回東京度假時，被推舉為東京市長，遂辭去台灣總督一職。1940 年被任命為樞密顧問官。戰後，被解職、放逐，1949 年因病逝

世，享年 80 歲（前揭《台灣文化事典》，323-4 頁；前揭《台灣歷史辭典》，279 頁參照）。

　　第 11 任台灣文官總督上山滿之進，1926 年 7 月就任，1928 年 6 月卸任，歷時近 2 年。1869 年出生於山口縣，1895 年畢業於東京帝大法科，同年高等文官考試及格，分發擔任青森縣參事官。歷任內閣法制局參事官、行政裁判所判定官、農商務省山林局長、熊本縣知事等，1914 年出任大隈重信內閣之農商務省次官。1918 年起至 1935 年間爲貴族院議員，屬研究會官僚派。1926 年 7 月，第十任台灣總督伊澤多喜男辭職，推薦舊識上山滿之進接任爲第 11 任台灣總督，繼續留用伊澤多喜男拔擢的後藤文夫爲總務長官。1928 年 3 月，上山總督創立台北帝國大學，以幣原坦爲台北帝大總長，設文政、理農兩部。1928 年 5 月 14 日，正在訪問台中的久邇宮邦彥親王遭到朝鮮青年趙明河的襲擊，上山總督與後藤文夫總務長官因此於同年 6 月，自請辭職獲准。1935 年後任樞密顧問官（前揭《台灣文化事典》，40-1 頁；前揭《台灣歷史辭典》，73 頁參照）。

## ㈢　地方自治制度改革運動

　　台灣民眾黨政策的第一項，即要求地方自治制度之改革。緣此該黨自成立以來，對此問題極表關切。1927 年 12 月 10 日，中央常務委員會決議推行地方自治制度改革運動，並推舉 11 名委員對各支部發出監視市、街、庄協議會之開會狀況。1928 年（昭和 3 年）2 月 13 日，委員蔡式穀、謝春木、洪元煌、彭華英等 8 人，訪問上山總督，由蔡式穀領導質問上山總督，對地方自治改革的意見。14 日，蔡式穀、謝春木、洪元煌、彭華英、王鐘麟等 5 人，又訪問豐田內務局長，陳情改革事項。對內務局長提出「議

員須民選，依普選推出，議員人數無論內台人，應以人口比例決定」等 9 項基本改革案。接著，4 月 23 日，更以台灣民眾黨名義，提出建議書予上山總督。8 月 14 日，再度由蔡式穀領銜，提出獲民眾 3,475 人連署之建議書，除列舉改革九點要項(與前同)外，再附以理由書，其要旨如下：

> 「英國之於印度、法國之於越南、美國之於菲島，莫不尊重殖民地被支配民族之意志，創設自治機關，以養成其住民之政治能力，使人民參與地方行政。唯獨台灣僅置官選諮詢機關之州市街協議會；其自治體之理事者亦係官派，如此不獨民意未能暢達，徒增行政機構使人民有負擔過重之苦。如今台灣的教育、交通、衛生、法制等諸文化設施已見完備；產業發達、地方財政膨漲、民智亦甚發達，此時須儘速促進立憲政治精神，確立自治行政之基礎。」

是年 10 月，適遇各州、市、街、庄之協議會員及吏員之改任期，民眾黨為達成其主張起見，計劃展開熾烈的改革運動。旋因被官方嚴厲取締，而不克實現其目標，但遇有舉行演講會時，仍不斷地努力宣傳。[81]

## ㈣ 舉辦演講會及政談演說會之宣傳運動

民眾黨完成組織後，為宣傳黨綱、政策及擴大黨勢，在各地召開演講會或政談演說會。但台北港町的文化講座，自文化協會分裂後，則被新文協占據，無法使用。因此蔣渭水等人，乃於太平町另設台北民眾講座；接著在濱町 (萬華) 再增設一處，與新文化協會對陣論戰。此外，在文山郡之景尾及台南支部也設立定

期每星期六之常設講座。然而，由於民眾黨的言詞激烈高昂，所
以時常遭到中止或解散之命令，甚至被日警加以拘押。[82]

## (五)　映畫班 (美台團) 之啓蒙宣傳與喚醒民眾

台灣民眾黨成立以來，蔡培火個人所創辦的美台團映畫班，
乃交給該黨運用做爲宣傳與啓蒙民眾的媒體。1927 年間，美台
團所放映宣傳的次數，共計有 94 次，觀眾達三萬五千餘人。其
對民眾的啓蒙功効，不言可喻。[83]

## 二、蔣渭水的掌權與台灣民眾黨的中道左傾

台灣民眾黨成立以來，自始便包含蔣渭水和蔡培火所代表的
兩派對立鬥爭之暗流。但因爲與具有共產主義傾向的新文化協會
對立，考慮到形象受損和勢力分散之危機，兩派都不敢激化。暫
時以林獻堂之權威及聲望，勉強保持其統制。然而，經過一年鬥
爭之後，欲推動工農階級運動的蔣渭水派，逐漸壓制主張維持合
法民族自決運動的蔡培火派 (包括林獻堂在內)，而獲得掌握民眾
黨的領導權。對此，代表蔡培火派的彭華英主幹十分不滿，乃於
1928 年 (昭和 3 年) 6 月 17 日，在台中支部所召開的中央常務委
員會 (爲準備第二次黨員大會)，提出辭呈，使黨的內訌表面化。其
時，彭華英雖被慰留，旋在第二次黨員大會召開之後，復提出辭
呈去職。

1928 年 7 月 15 日，台灣民眾黨假台南市西門町南座戲院舉
行第二次黨員大會。出席的黨員有 130 名，另有來賓 50 餘人參加。
大會除檢討過去一年來的民族鬥爭外，並修改章程，刪除章程第
11 條「會議以多數決之」，另制定議事細則，加添於黨則第 4 條，
以利會議的運行。同時改中央委員會爲中央執行委員會，改支部

委員會爲支部執行委員會。政策中增列「要求勞工立法之制定」、「要求佃農立法之制定」等兩項；並審議指導原理及研擬奮鬥的新方針，然後通過大會宣言而散會。惟「大會宣言」卻被當局認爲內容不妥，禁止其散布。爰將被禁之宣言要旨，引述如下。[84]

「世界帝國主義受歐洲大戰之影響，發生經濟恐慌。爲解決此一困難問題，勢不得不對本國之勞工大眾及殖民地之弱小民族加以搾取。爲此帝國主義國內之勞工大眾及殖民地之弱小民族，受帝國主義之壓迫與世界潮流之刺激，乃幡然覺醒，奮勇推進其反抗運動。

全民運動爲台灣必須經歷之過程。我們必須發展各種團體之組織，以發揮民眾之力量。回顧過去解放運動之失敗，在於參加者只局限於知識階級之故。因此，今後我們的全民運動，應使廣大範圍的民眾參加。特別應以農工羣眾爲解放運動之主力，重點放在對農村與工場的宣傳，使工農階級組織化實爲最緊要之事。探討過去一年來民眾組織工作之成績時，雖然工人方面有工友總聯盟之成立，但對農商學及青年婦女的組織援助非常不足，故將來必須加倍努力。

我黨之綱領，如不達到組織民眾總動員的程度實難實現。在創立當時所定最少限度之政策，均應於短期間實現。但是檢討過去一年間所實現之政策，無論在政治上、經濟上、社會上之成績，皆不足觀。今後政治方面的工作要付出最大努力，期能在最短期間中，實現最低限度之政策。就中，尤以最爲迫切之台灣地方自治制度改革運動，應即時集中全力，以期迅速成功。我們相信本黨所定的綱領，爲台灣人唯一的活路，應當爲

此綱領之實現而努力奮鬥。」

　　民眾黨於第二次全體黨員大會後，即在同年 7 月 26 日，召開中央常務委員會，調整中央機關，廢止組織部及調查部，另置調查委員會，總務部改稱庶務部，並調整各部主任如下：庶務部彭華英、政治部王鐘麟、財政部蔣渭水、社會部洪元煌、宣傳部盧丙丁。不料，彭華英卻以如下述的理由，聲明辭職，向委員會提出辭呈。同年 8 月 9 日，民眾黨乃召開中央常務委員會，接受彭華英之辭職，並決定由王鐘麟兼任庶務部主任。又因為社會部主任洪元煌亦表示辭意，遂被改推林伯廷繼任。同時中央常務委員會另議決承認提名黃周、謝春木、盧丙丁、林伯廷、黃蓮元等人為中常委員，這些委員都是屬於蔣渭水派的人士。至此，黨中央議決權可謂完全操之於中道左傾的蔣渭水手中；民族自決運動的蔡培火派，已無力再加以牽制。9 月 15 日、9 月 28 日及 10 月 5 日，彭華英在日人經營的〈新高新報〉，發表其離職的感言與理如下。⑧

　　「我辭去民眾黨之動機，實因與蔣渭水派之主義主張互不相容之故。我早就有意辭去，但考慮到對黨的影響，所以等到黨大會開完後才宣布。民眾黨之使命在於純粹的爭取及伸張參政權，其行動必須是不出使命範圍之外的紳士運動，但黨內存在著異份子，我身為主幹數度提出警告仍毫無反應，無視於民眾黨精神，只顧熱中於指導勞動運動，逐漸使黨的信望失墜了。

　　我們從文化協會分裂後，計劃組織民眾黨之意志，在於廣泛邀請地方之資產家、有學識名望之人士組成有力團體。一旦

本島施行完善的自治制時則使其變成權威性之團體，期能在本島施政上占有重要地位爲理想。然而目睹以無知愚昧的農工階級爲中心，出以無謀之行動，如此無智之輩橫行無忌，實令人遺憾之至。」

對此，蔣渭水派大表不滿，並於 10 月 7 日，以民衆黨中常會的名義，向彭華英提出忠告，認爲其言論有違背黨制，誠十分遺憾！甚至也有人辱罵其已反動，或已當上總督府當局的走狗。職是，蔣蔡兩派在思想意識形態上的尖銳對立，已暴露無遺，其內訌亦隨之加劇。[86]

一方面，民衆黨在第二次黨員大會後，其主要的活動，大約可歸納以下諸項。亦即：1. 推動保甲撤廢運動；2. 發動渡支旅券制度廢除運動；3. 提出七項施政改革建議書；4. 始政紀念日反對運動；5. 土地政策反對運動；6. 揭發總督府之秕政運動；7. 鴉片政策反對運動；8. 反對日本對中國東三省問題之聲明；9. 反對台北市敷設電車運動；10. 派遣代表參列孫中山之奉安大典（蔣渭水是孫中山的忠實信徒）等。[87]除此之外，由於蔣渭水一派在黨內的勢力大增，民衆黨的勞動運動、農民運動及青年智識階級的支援團體組織運動，也蓬勃地發展起來。迄 1928 年（昭和 3 年）末，其成立的勞動團體計有 42；農民團體有 4；青年團體有 8；其他團體有 10，會員總數合計有 11,657 人。[88]

## 三、蔣渭水之偏左獨斷與台灣地方自治聯盟之組成分裂

1929 年（昭和 4 年）10 月 17 日，民衆黨在新竹市公會堂舉行第三次黨員大會。參加的黨員有 169 人，來賓 31 人，由司儀

陳定錦宣告開會，並報告黨旗圖案之修改。蔣渭水致開會辭時，因語氣激烈，致被日警制止發言。旋依照程序，推黃旺成為議長進行議事。首先由組織部陳其昌報告黨務，謂現在黨員有 769 人，並報告各支部所屬黨員及活動狀況；然後由蔣渭水報告財政事務，選出監察人員後，提出緊急動議，通過「反對日月潭工事案」。接著，繼續審議各支部提案，除將「救濟失業者」及「要求政府配售官有土地給予台灣人失業者」兩案編入為黨的政策外，又有「台灣社會運動團體戰線統一」、「犧牲者後援會」、「農民運動組織化」等提案，這是向來所未曾提出的重要問題。[89]

　　至於第三次大會宣言，因為預見將會被嚴厲取締，所以未能提出大會討論，且無向官方提出報備。經用謄寫秘密油印後，於 11 月 29 日，分發給全體黨員。因此，有違反台灣出版法之嫌疑而遭檢舉；追究責任的結果，以蔣渭水、陳其昌兩人為主謀，簡來成、陳炳奇兩人為印刷發送之責任者，12 月 9 日，被送警局處其徒刑。[90]茲將第三次大會宣言要旨，節錄如下。

　　「歐洲大戰以來，帝國主義的基礎，已發生巨大的裂痕與動搖。殖民地民眾之覺醒與帝國主義國內之矛盾極為顯著。

　　回顧島內解放戰線，一方面有好高驚遠不切實際之激烈理論，一方面又有保守因循不識時務之落伍思想。戰線分裂、力量不能集中，理論分歧，民眾喪失一定之信仰。本黨雖具有高尚之理論與切實之辦法，竟也不能取得完整統一之效果，實為最大之憾事。

　　綜觀世界、日本及台灣的情勢，我們認為帝國主義之基礎已動搖，其崩潰之日已不遠。今後世界無產階級及殖民地民眾，對內須堅固陣容，對外須緊密連絡，更加努力奮鬥，進而與帝

國主義展開最後決戰。

　　吾人考察島內形勢，深知民眾已趨向信賴本黨。吾人必須深感責任之重大，對內依據本黨綱領、政策及第二次大會宣言，使全島的鬥爭份子集中於本黨，而受本黨之指導，俾能造就大眾政黨之目的。對外連絡世界無產階級和殖民地民眾，以期共同參加國際解放戰線，進而與世界之解放潮流匯合。」⑨

　　據上所述，民眾黨第三次大會宣言的字裡行間，已可窺知民眾黨在蔣渭水掌權的領導下，日漸偏激左傾。至此，林獻堂、蔡培火、蔡式穀、陳逢源、楊肇嘉等民族自決主義的有力份子，乃於 1930 年（昭和 5 年）初，醞釀與中央幹部站在不同立場，進行合法性之政治運動。亦即策劃台灣地方自治聯盟之組織與自治制度改革促進運動。當蔣渭水得知自治聯盟組織之計畫時，決將指揮黨及工友總聯盟展開反對運動。民眾黨爲此曾召開常務委員會研討對策。委員中有以目的相同而主張提攜者，亦有謂組織同一性質之結社，必然導致戰線分裂，而主張反對者；議論紛紛，未見一致。3 月 21 日，台灣新民報社合併台灣民報而成立新公司組織，在台北市蓬萊閣酒家舉行慶祝酒會。席散後蔡式穀在民眾黨辦事處與蔣渭水會面，蔡式穀對蔣渭水說：「以民眾黨顧問的身分提出忠告，希望民眾黨擬對自治聯盟計畫展開反對運動一事，應該慎重從事，不可輕舉妄動。倘因此導致民眾黨地盤發生分裂則甚遺憾，特述一言以爲忠告。」林獻堂亦以同樣的口吻，諄諄加以勸告。對此，蔣渭水答稱：「感謝親切忠告，對於自治聯盟自當慎重審議，以決定態度。」22 日，民眾黨再度召開中央常務委員會，蔣渭水對各委員說：「如出以強硬態度，會引起林獻堂、蔡培火、蔡式穀、洪元煌、楊肇嘉、陳逢源等人的反感，

將會導致黨的分裂。這一點必需極力迴避，是故禁止本黨黨員加入自治聯盟自屬必要，但對其團體則以友誼團體表示好意為是。」蔣渭水的此一見解，獲得多數委員的贊同，而成為民眾黨的態度。⑫

隨後，自治聯盟組織漸次具體化，終於在 1930 年（昭和 5 年）8 月 17 日，宣布組成。自此，民眾黨黨員加入自治聯盟者為數不少，使蔣渭水大傷腦筋，曾數次向常務委員會諮詢對策，並於 9 月 4 日，在高雄召開的中央執行委員會提出討論，但仍議論百出，莫衷一是。最後決定「對於加入自治聯盟之黨員，給予兩週之緩期，促其反省；而後若不脫離自治聯盟者，則加以除名。」惟對於是否開除蔡培火的態度，却陷於無法作決定。其後，參加自治聯盟者仍不絕如縷，情況更趨嚴重。至此，黨中央認為如果一再採取放任態度，勢必危及黨的統制。乃於 1930 年 12 月 5 日，決定除林獻堂之外，將蔡培火、陳逢源、洪元煌等 16 名跨黨的自治聯盟幹部，予以除名處分。林獻堂對民眾黨採取這種無情的措施，深以為憾。1931 年（昭和 6 年）1 月 18 日，台灣民報社召開股東大會。午間林獻堂與蔣渭水等人，在蓬萊閣酒家聚餐，席上林獻堂謂：「余任民眾黨顧問，對於黨勢之伸張必多阻礙，故擬辭去顧問。」21 日，林獻堂正式提出辭呈。其理由是「與蔣渭水交換有關民眾黨新綱領的意見時，發現到新綱領頗為激烈，是無產階級本位的。這是我們無論如何也不能容忍的，因此我不能以顧問的身分與黨維持關係，所以斷然辭去顧問（同年 2 月 2 日，林獻堂的日記裡，亦有如是的記載）。」關於民眾黨的新綱領、政策，林幼春顧問也有表露如下的意見：「民眾黨失去了許多穩健的有產階級黨員，愈來愈和勞動團體的工友總聯盟加緊合作。這一次的新綱領、政策亦很明顯地完全以無產階級政黨自我期許，已脫

離原來所謂的全民領域。因此其他顧問們都辭職了，而我畢竟也沒有善導黨的能力，所以已無理由可再留在黨內擔任顧問之職位。」從林獻堂、林幼春辭去顧問的理由看起來，民眾黨因為放棄全民民族運動，而採取階級鬥爭路線，以致和民族主義者，不得不分道揚鑣了。[93]

另一方面，第三次黨員大會後，民眾黨的主要活動如下。即：1.為牽制「地方自治聯盟」的結社，展開大規模的自治促進運動；2.繼續「始政」紀念日反對運動；3.繼續反對總督府評議會之運動；4.要求減稅運動；5.盜犯防止法及其他反對運動；6.對「霧社事件」發電文給日拓務大臣、貴族院議長、內閣總理大臣等。[94]

## 四、台灣民眾黨之被禁解散

台灣地方自治聯盟成立，並展開活動以後，中產階級以上的有力人士及知識份子，大都奔向於其旗下。台灣民眾黨目睹此情勢，認為如果讓這種狀態繼續維持下去，無異是民眾黨等待本身之自滅而已。職此，蔣渭水、陳其昌、謝春木等人，便私下考慮為民眾黨打開前途之策，於是秘密作成綱領、政策的修改案。1930 年 12 月 28 日，蔣渭水等人將修改案提出於中央常務委員會進行審議。經該會審議通過並決定添附理由書，於 12 月 30 日，分送各支部黨員大會議決。該「理由書」的要旨如下：

> 「本委員會依據創黨精神和四年來客觀情勢與主觀條件的變化，經過兩天詳細的討論和慎重研究的結果，認為綱領、政策、黨章有修改的必要，特地作成議案以供黨員研究討論。回顧創立當初，由於帝國主義的壓迫與客觀情勢之限制，屢遭禁止而難產。因此，不能充分表達立黨精神，至二次、三次大會，

始用大會宣言補充表達過去未盡表現的立黨精神。

四年來，客觀情況及主觀條件、世界性的經濟恐慌及解放運動的進展，已起了很大的變化。現今的世界經濟恐慌，蘊藏著資本主義最大的危機。全世界的經濟組織遭遇到激烈的轉換時期，帝國主義各國的資本主義經濟，已陷入衰老沒落的境地。蘇聯社會主義經濟正在新興崛起。這就是資本主義經濟和社會主義經濟的轉換時期。

日本產業界受到世界經濟恐慌的極大打擊，為此資產階級在國內斷然實行產業合理化，不得不與勞動階級為敵，也不得不加強對及殖民地剝削的速度。現在，黨內的資產階級及反動的知識份子都已逃避退卻。此乃隨本黨鬥爭之進展，而無法避免其發生落伍者之必然現象。我們依據這些客觀的、主觀的情勢來修改綱領、政策、黨章，以期黨勢之進展，此際正是恰好的時期。相信此次修改，不但是客觀情勢所使然，亦是創黨精神的地實表現。」⑨⑤

至於即將修改的綱領及政策大要如下。

(甲) 綱領

(1) 爭取勞工、農民、無產市民及一切被壓迫民眾之政治自由。

(2) 擁護勞工、農民、無產市民及一切被壓迫民眾之日常利益。

(3) 努力擴大勞工、農民、無產市民及一切被壓迫民眾之組織。

## （乙）政策

(1) 政治政策：反對總督專制及反對總督府評議會等，計 27 項（略）。

(2) 經濟政策（計36項、略）。

(3) 社會政策（計8項、略）。

(4) 機關誌創刊。

以上的修改案，於 1931 年（昭和 6 年）2 月 8 日，在民眾黨本部召開中央執行委員會審議。其時新竹支部黃旺成對修改案發表反對意見，與蔣渭水爭論甚久。雙方不同的見解與主張，可由下記的問答窺其概要。

黃旺成：這一次的綱領、政策修改案是否屬常務委員會決議。

蔣渭水：主要是由我起草，參照謝春木的意見修正的。

黃旺成：私案尚未向中央執行委員會提出之前，便送到地方支部黨員大會求得同意，然後才向中央執行委員會提案，這種作法是否太無視中央執行委員會呢。

李友三：蔣渭水說謝春木贊同修改案，但事實不然。謝春木曾對我言明，在文協、農組等獨立團體存在的期間內，他是反對這種修正案的。

黃旺成：當審議本修正案時，首先必須追溯到創黨當時來加以考量。當時參加企劃組黨的人是我、蔡培火、黃周、謝春木、彭華英等五人，是我與蔣渭水被

當局目為民族主義者而處在不受歡迎的狀態。由
於我們的努力，民黨被禁止後，修改綱領政策始
得被容認了。此一精神，也就是非用徹底的全民
運動來推進不可。這一次的修改案與內地無產黨
之綱領毫無二致。這樣的東西難道能夠稱為全民
運動嗎？又據蔣渭水的說明，雖加進一道民族運
動，但如此地把運動分為兩個目標時，民眾是否
果真會信任我黨？這樣是否欺矇民眾太甚。

蔣渭水：今天這個時代並非依賴資本家之時代，階級鬥爭
的必要性固不必再喋喋不休。但在台灣現在的情
況下作為過渡時機下的方針，如不在階級運動中
再加進民族運動的話，那麼要得到運動的成功是
不可能的。

　　表決的結果，共鳴黃旺成之反對修改者 12 名，贊成蔣渭水
案 16 人，不表意見者 11 名，修改案獲通過。惟對規定黨本質的
部分，即「以農工階級為中心之民族運動」，因為顧慮當局的彈
壓，聽楊慶珍的意見決定撤銷不用。⑨⑥

　　就這樣，1931 年 2 月 18 日，民眾黨在本部辦公室召開第四
次黨員大會，出席者計有 172 人（或稱 160 人）。由李友三宣布開會，
公推蔡年亨為議長、蔡少庭為副議長，先有各支部之報告後進入
議事。蔣渭水依據前述的「理由書」，說明「綱領修改案」業已成熟；
繼而有黃旺成再提出反駁，但大勢已去，無可挽回。當日下午 6
時左右，大會議論結束，「修改綱領、政策及黨則」全部以多數
表決通過。然就在此際，台北警察署長帶領大批警察突然出現會
場，向民眾黨主幹陳其昌交付「結社禁止命令」，並當場對集合

黨衆宣布:「政治結社台灣民衆黨,依照治安警察法第八條第二項之規定,本日起即由台灣總督府禁止解散之。」又爲防止解散後的情勢不穩,同時將蔣渭水、陳其昌、許胡、盧丙丁、梁加升、廖進平、李友三、黃白成枝、張晴川、楊慶珍、蔡少庭、陳天順、黃江連、楊元丁、黃傳福、林火木等16名重要幹部,加以逮捕送往警察署拘押,翌日始給予釋放。而其他黨衆則在日警嚴厲監視下,只有悲憤茫然地離開會場。日本當局針對解散民衆黨的理由,除了發表「台灣民衆黨禁止理由書」以外,另由井上警務局長發表「就禁止台灣民衆黨事由的聲明」。綜合其大意如下:

「總督府認爲台灣民衆黨是先前成立時即被禁止的台灣民黨之後身。其於1927年7月10日創立時,關於是否准許該黨以政治結社存立,已經過一番慎重的考慮。當時因顧慮立刻予以禁止,則有與共產主義色彩濃厚之新文化協會合流;再者該結社亦有不少穩健有力人士參加,期在彼輩誘導下能有改善,而且所揭示的綱領、政策都較民黨緩和。是故當時未加干涉,乃在嚴密監視下,予以疏導而迄於今。其後該黨内部左右兩派時常軌轢,且漸爲左派所把持,運動日趨偏激。去年二月,顧問林獻堂、蔡式穀等對左派有所警告,然不被接受。如其一、二最近的所爲,則有去年一月,就修改鴉片法法令的問題,向日内瓦國際聯盟拍發誣告我政府的電文。或關於這次霧社事件,曾拍發當局違反國際條約,使用毒瓦斯殺戮弱小民族等措詞激烈的電報。於是,穩健派另組地方自治聯盟。該黨顧問林獻堂、蔡培火、蔡式穀等三人,相繼辭職;該黨右派已經脫離,左派無所顧忌。當局雖常加以疏導,但毫無反省之意。這次更修改綱領、政策,顯示其意圖在於反對總督政治,宣傳階級鬥爭。

如此妨害日台融合，違背本島統治之大方針，故斷難容許。此
即取締台灣民眾黨之所以然也。」⑨⑦

　　民眾黨被解散後，引發種種反應。台灣共產黨系左翼份子，
以「(日本) 帝國主義爲了扶植豪紳階級的成立，必須採取斷然的
手段，因而下令解散民眾黨」，斷定當局的動機是爲了造就豪紳
階級，亦即扶持地方自治聯盟。但仍譴責日本當局之下令禁止結
社是，「違背時代的行爲」。至於一般民眾的輿論，則認爲新綱領
的內容，多與日本國內無產階級政黨的主張相近，爲何在台灣卻
反遭禁止？又在日本國內，全國大眾黨爲此發表抗議聲書，清瀨
一郎亦於眾議院質詢松田拓務大臣。此外，蔣渭水本人亦於〈台
灣新民報〉(1931 年 2 月 28 日刊) 針對民眾黨被禁的意義及今後的
方針，有做如下的敘述：「在四年的鬥爭歷史中，民眾黨已證明
本黨有力量暴露台灣的 (專政) 政治 (中略)。唯因民眾黨能撼動
當局的施政，故政府視其爲眼中釘，而不容許其存在，這是理所
當然的事。因此，這次被解散可說是榮譽的戰死 (中略)。依我個
人意見，今後的方針是認定再無組織空殼政黨的必要。因爲我們
所要的黨，是政府必定要禁止的；而政府所容許的黨，已被抽筋
剝骨，僅剩形骸空洞的政黨，我們認爲此種政黨無益於大眾 (中
略)。今後，我們必須用全力來組織訓練農工大眾。」之後，蔣渭
水等人便利用民眾黨後援團體之一的維新會 (以改良風俗和促進知
識交流爲目的)，以及工友總聯盟這兩組織，繼續進行抵抗運動。
然而，蔣渭水在同年 8 月 5 日，因爲傷寒症遽逝於自宅大安醫院。
其殁後無人能夠統馭民眾黨幹部繼續推行運動，而且四周的情勢
對島內運動也十分不利。結果，主要幹部接踵奔向對岸大陸，向
來爲蔣渭水一派所統御的工友總聯盟，也因爲失去指揮中心，逐

漸陷入有名無實的狀態，結束所有的鬥爭。[98]

# 第七節　台灣共產黨的創立及其興衰

## 一、台灣共產黨的建黨路程

　　共產主義進入台灣的途徑，其一為東京留學生在與日本共產主義者交往時，受其影響者；其二為中國留學生受到中國共產主義運動之影響，而被吸收加入中國共產黨者。1927 年（昭和 2 年）11 月，以中國共產黨員身分留學莫斯科中山大學的台灣留學生林木順與留學莫斯科東方勞工大學的謝氏阿女，後改名雪紅（有關謝雪紅的生平履歷，請參閱陳芳明《謝雪紅評傳》，前衛出版社，1988年。是佳作），完成學業之後，經由第三國際的安排，接受日本共產黨的指令，前往上海計劃在台灣從事共產主義實踐運動。[99]當時在上海已有日本共產黨駐在員鍋山貞親，另有本島共產主義者翁澤生已參加中國共產黨，並擔負任務，糾合左傾學生結成「上海台灣讀書會」，進行發展台灣共產主義運動的基礎工作。林木順、謝氏阿女透過鍋山貞親與日本共產黨連繫，同時與翁澤生接近，聽取上海、台灣的情況，決定共同為台灣共產主義運動之發展努力。嗣後，林木順、謝氏阿女接受日本共產黨的指令：「台灣共產黨暫時應以日本共產黨台灣民族支部之名義組黨。」乃與翁澤生商討進行組黨的準備。[100]

　　1928 年（昭和 3 年）4 月 13 日，遵循中國共產黨代表之提議，以「台灣共產主義積極份子大會」之名義，召開準備組黨會議。出席者以中國共產黨代表彭榮（據何池教授的考證，彭榮即瞿秋白。另謝雪紅則稱彭榮就是彭湃）為首包括林木順、謝氏阿女、翁澤生、

謝氏玉葉（翁妻）、陳來旺、林日高、潘欽信、以及上海讀書會之
尖銳份子張茂良、劉守鴻、楊金泉等 11 名。此次準備大會，先
行審議擬向組黨大會提出的議案，包括「政治綱領」與「組織綱
領」等案之後，決議組黨大會之日期，定爲 4 月 15 日，地點則
由彭榮選定。[⑩]

　　如是，根據「積極份子大會」之決議，彭榮選定上海法國租
界霞飛路橫街金神父某照相館之樓上，於 1928 年 4 月 15 日，召
開台灣共產黨組黨大會。出席者有中國共產黨代表彭榮、朝鮮共
產主義者代表呂運亨，以及林木順、翁澤生、林日高、潘欽信、
陳來旺、張茂良、謝氏阿女（雪紅）等 9 名。林木順被推舉爲議長、
翁澤生爲書記 (陳芳明《謝雪紅評傳》，91 頁，稱翁澤生未參加這次大會，
應有漏誤。又該書引用若林正丈教授的論文，說謝雪紅是大會主席，即議
長也應該有誤。因爲若林教授所引用的〈台灣日日新報〉，1934 年 11 月 1
日刊，離台共創黨的時日過久，而且情資也不會比《警誌》正確。所以，
筆者在此採信《警誌》(二)中卷，590-1 頁的記述)。席間彭榮中國共產
黨代表引用中國共產黨史，發表訓示性的演說。林木順議長則代
表致謝辭如下：「本大會承蒙中國共產黨派遣代表參加，聽取中
國革命的過去及現況的報告，吾等對黨的指導表示敬意和感謝。
中國共產黨對機會主義的肅清，令我們深感欣慰。今後，我們更
希望中國共產黨努力於肅清機會主義，使無產階級能完成偉大的
歷史性使命。台灣共產黨之組成份子，目前缺乏工農階級，但今
後將極力吸收工農份子，將黨建立在工農之上。然而對於資產階
級的利用、工農革命勢力的同盟，無產階級奪取政權等重要問題，
我們將遵從中國代表的指示，在實際運動中堅持努力推行，使台
灣共產黨不重蹈中國共產黨所犯之機會主義覆轍。最後，冀望中
國共產黨對於台灣革命，賜予最大的指導與援助。」[⑩]

接著，大會對「政治綱領」、「組織綱領」及其他議案進行審議。經過一番爭論，特別是對大眾黨的組織（工人、農民、各階級的聯合體），應該利用台灣現有的那個團體組織，議論紛紛。最後決定：「目前必須利用文化協會，將其加以組織，藉以擴大共產黨活動的舞台。亦即一方面克服文化協會的幼稚病，拉攏工農先進份子及青年份子參與；另一方面極力暴露民眾黨的欺瞞政策，促使他們指導下的群眾左傾；逐漸改造文化協會，使其成為革命聯合戰線的中心，在一定時期使其成為大眾黨的組織。」[103]

就這樣，大會除通過重要的「政治大綱」及「組織大綱」之外，在彭榮的指導下，亦審議通過「勞動運動對策提綱」、「農民問題的重要性」、「青年運動提綱」、「婦女問題決議」、「紅色救濟會組織提綱」、「國際問題提綱」等之決議。茲將就中最重要的「政治大綱」（據台灣總督府《警誌》（二）中卷指出，該大綱實是依照日本共產黨中央委員會所下達的原案編成）要旨引述如下。該大綱的重點稱：「台灣為日本帝國主義之殖民地，其本身尚殘存著頗多封建性遺留物。然而其革命的主力為無產階級（Proletariat）農民，因此台灣革命的社會性內容為對社會革命具有豐富展望的民主主義革命；同時亦是顛覆日本帝國主義，使台灣獨立的民族革命。」職此，當面的政治大綱規定為 1. 打倒總督專制政治，即打倒日本帝國主義；2. 台灣民族獨立；3. 建設台灣共和國；4. 廢除壓制工農的惡法；5. 七小時勞動、不勞動者不得食；6. 罷工、集會結社、言論、出版自由；7. 土地歸於農民；8. 打倒封建殘餘勢力；9. 制定失業保護法；10. 反對暴壓日、鮮無產階級的惡法；11. 擁護蘇維埃聯邦；12. 擁護中國革命；13. 反對新帝國主義戰爭等。除此之外，同時也規定為因應客觀情勢的必要，提出「樹立工農政府」及「無產階級獨裁」的口號。另議案審議後，幹部經選舉決定中央委員：

林木順、林日高、莊春火 (缺席)、洪朝宗 (缺席)、蔡孝乾 (缺席)；中央委員候補：翁澤生、謝氏阿女；書記：林木順等。[104]

　　同年4月18日，在上海法租界內翁澤生的住所，台灣共產黨召開第一次委員會。出席者有林木順、林日高、翁澤生、謝氏阿女 (翁、謝二人代理缺席的中央委員) 等四名，就有關中央常務委員及中央委員的配置、經協議後，決定中央常務委員及中央委員的配置、經協議後，決定中央常任委員：林木順、林日高、蔡孝乾；中央委員的配置書記長林木順兼組織部；農民運動部洪朝宗；青年運動部莊春火；宣傳煽動部蔡孝乾；婦女部林日高；預定潛入島內者林木順、林日高、潘欽信、謝氏玉葉；東京特別支部及日本共產黨連絡員陳來旺、謝氏阿女；上海駐在員及中國共產黨連絡員翁澤生等。[105]

　　一方面，台灣共產黨在積極組黨及活動之際，亦已受到日本上海領事館官憲的注意。1928年3月，上海領事館警察署探悉，在法租界法華民國路浸信會禮堂內，旅滬朝鮮人舉行第9次三一節慶賀儀式時，有數名台灣人左傾份子參與，並朗讀〈中、台、鮮共同一致為被壓迫民族之解放運動奮鬥，貫徹台灣、朝鮮的獨立〉之賀文。另外，亦同時獲得台灣共產主義者林木順等人，頻頻聚會協議，似乎正在進行組織某種秘密結社的情報。經由密探的結果，決定加以全面檢舉，遂於1928年3月12日、31日及4月25日，前後三次將嫌犯9名予以檢舉。就中，在第三次檢舉時，在法租界辣斐德路389號居室內，查獲台灣共產黨的秘密文書 (組黨大會議事錄、大會宣言、政治組織及其他各部門之運動綱領)。至此，台灣共產黨組黨之事實，已暴露無遺。惟經由第一、二次檢舉的陳氏美玉、黃和氣、江水德、陳粗皮等4名，因為係在組黨以前，故將其禁止滯留的處分，送返台灣。但是第三次遭檢舉的張茂良、

楊金泉、林松水、劉守鴻、謝氏阿女等 5 名，則由台北地方法院檢察官發出囑託拘引狀押回台灣。對上述 9 名嫌犯，台北法院檢察官進行調查審問的結果，將黃和氣、陳氏美玉及謝氏阿女等三人，以證據不充分而給予釋放（均否認參加組黨）；其他 6 名則以參加翁澤生夫妻所組成的反日「上海台灣學生讀書會」為由，將其起訴。1929 年（昭和 4 年）5 月 21 日，宣判：楊金泉徒刑 3 年、張茂良徒刑 2 年 6 個月、林松水與劉守鴻徒刑 2 年、江水得徒刑 1 年 6 個月、陳粗皮徒刑 1 年等，事件遂告結束。[106]

　　然而，所謂「上海讀書會事件」，雖未暴露出事件之核心，但對剛結黨未久的台灣共產黨而言，可謂已受到極大的打擊。原來依照黨大會及中央委員會決定之黨機構、人員的配置、活動展開等之預定計劃，完全無法進行。旋經過一陣混亂，台灣共產黨幹部各奔東西，有的逃亡，有的無法取得連絡，幾乎陷入無力再起的狀態。幸好，由謝氏阿女、莊春火及林日高的奔波盡力，除了與書記長林木順取得聯繫外，更於 1928 年 11 月，接獲東京日本共產黨的指令，遂在台北御成町李國獻住宅，召開第一次台共中央會議（出席者只有林日高與莊春火兩人），決定以下諸事項。亦即：1. 基於日本共產黨的指令，將謝氏阿女遞補為中央委員；2. 畏懼上海讀書會事件的檢舉而放棄工作，逃往中國的蔡孝乾、洪朝宗、潘欽信、謝氏玉葉等四名，視為違反黨的機會主義者，應予除名；3. 吸收楊克培、楊春松為黨員；4. 關於中央委員的工作分擔，以林日高為書記長兼組織部長；莊春火為勞動運動部長兼宣傳煽動部長；其他的事務，概由謝氏阿女擔任。如是，台灣共產黨島內的中央機關，初步具形。不過，這次開除蔡孝乾、謝氏玉葉（翁澤生之妻）等四人的決議，終於結下了黨內部的恩怨。未久，謝雪紅（阿女）、楊克培等人，反而被批判為「投機主義者」遭到

翁澤生一派的開除。這姑且不論，因為台共的基盤已重建，乃急需一處黨的事務所兼落腳點。遂由謝雪紅（阿女、以下稱雪紅）與楊克培各出資 500 圓，於 1928 年 12 月 26 日，在太平町二丁目租下店鋪一間，1929 年 1 月，取名國際書局正式開業。爾後，於1930 年（昭和 5 年）6 月，遷移至京町三丁目，並極力地將黨的存在隱密，完全透過新文化協會及農民組合致力於擴大黨的勢力。然而，1929 年 2 月 12 日，新文化協會控制下的農民組合遭受到大檢舉，島內左翼運動受到甚大打擊，使得共產黨中央機關的活動也愈趨沉潛。加上東京的日本共產黨，亦於 1929 年 4 月 16 日，遭受到日本當局的檢舉，以致台灣共產黨東京特別支部的陳來旺、林兌、林進添等三名也同時被檢舉，該支部遂陷入無力再起的狀態。結果，台灣島內的共產黨完全陷入孤立無援的困境。[107]

　　不過，當島內共產黨陷入苦境之際，在東京四一六檢舉之前，奉陳來旺的指令而返台的蘇新、蕭來福及被檢舉後獲釋放返台的莊守等人；還有曾經加入中國共產黨或共產青年團的王萬得、吳拱照、劉守鴻等人，也相繼返台再加入台灣共產黨取得黨籍。其他農民組合、新文化協會內的左傾份子也都相繼入黨；加上 1929 年世界經濟恐慌的激烈化，與隨之而來的各國無產階級運動顯著的昂揚刺激，使一向沉滯孤立的黨也逐漸顯露出新興的曙光。於是，為了增強黨的活動，1929 年 10 月，謝雪紅、林日高、莊春火等三人，乃聚集於國際書局，召開中央委員會，決定下列諸事項。亦即：1. 台北市區負責人：王萬得；基隆地區負責人：蘇新；2. 文化協會黨團由吳拱照、莊守擔任；農民組合黨團由楊春松、趙港擔任。另外，黨中央委員謝雪紅分擔宣傳煽動部，莊春火分擔勞動運動部，林日高分擔組織部等。[108]

　　旋黨員的人數逐漸增加，黨的活動因受到內外情勢刺激，亦

逐漸活潑起來。但與此同時，少壯黨員中擔任赤色工會組織運動、農民組合、文化協會的指導工作者，對謝雪紅中央委員的活動不夠充分、積極的態度，漸感不滿，遂發展成為對中央委員的不信任。又其間，林日高、莊春火因為不滿上海翁澤生等人的冷漠、傲慢態度，乃相繼脫黨，使黨中央委員只剩謝雪紅一名，情況十分嚴重。至此，為打開新局勢，1930 年 10 月，王萬得受謝雪紅之命，借用位於台北州七星郡松山庄上塔悠的張寬裕住所，定為召開黨擴大中央委員會的場所。從同年 10 月 27 日夜起，至 29 日凌晨召開會議，檢討黨各項活動事務。出席者有黨中央委員謝雪紅、黨員楊克煌、吳拱照、趙港、莊守、王萬得、蘇新等人。經此次所謂「松山會議」之後，黨員顯得十分活躍，黨員的數目亦漸次增加。台灣共產黨的更生，漸見其端倪。又此次會議，亦將脫黨者莊春火及林日高二名中央委員除名，並決定黨大會召開前，暫不補充中央委員的缺額，由謝雪紅一人擔當中央委員。[109]

## 二、謝雪紅與第三國際東方局 (中國派) 的葛藤

當謝雪紅正在努力振興台灣共產黨勢力之時，1930 年 12 月 20 日，卻由滬歸台的陳德興帶回第三國際東方局的指令，稱「台灣共產黨陷入機會主義的錯誤，黨員欠缺積極性，黨組織非常幼稚，與成立當時無甚差別。而黨的活動遲滯，呈現出無法遂行革命運動指導任務的狀態。因此，擬向台灣的黨員諸君提議台灣黨的改革。」對此，謝雪紅則認為陳德興傳達的指令，係「對台灣情況無知者的妄論，令人無法肯定其為第三國際東方局的指令。恐係翁澤生等人分裂主義的陰謀」，而拒絕接受。至此，台灣共產黨開始呈現派系鬥爭。[110]

1931 年 (昭和 6 年) 1 月，反對謝雪紅一派的蘇新 (礦山工會

負責人)、蕭來福(交通運輸工會負責人)、趙港、陳德興(農民組合黨團)、
莊守(南部地方負責人)、吳拱照、王萬得(文化協會黨團)等，主
要黨員 7 人協議的結果，決定於 1 月 12 日，在高雄州鳳山郡鳥
松庄灣子內張阿犁住所，召開黨改革會議(同日吳拱照、王萬得因
事未參加)。陳德興為本次會議召集人，經推顏石吉為議長後，正
式開會。首先，由陳德興報告有關黨團改革的第三國際東方局意
見及謝雪紅的態度，並依次討論各項問題。會議結束後，1 月 16
日，蘇新造訪王萬得並向他報告經過情形。但王萬得表示，該會
由陳德興擔任召集人實屬錯誤，且在鳳山舉行的討論會，其決
議內容過於抽象，乃決定取消鳳山會議的決議；重新於 1931 年
1 月 27 日，由王萬得召集蘇新、蕭來福、陳德興、趙港、莊守、
吳拱照等 7 人，舉行黨改革討論會。經過熱烈的討論與提出各項
改革方案之後，會議決定在黨正式大會成立前設置改革同盟，以
及對不認錯誤的舊中央(謝雪紅)機會主義者，「應斷然與其絕緣，
將反動的事實暴露於大眾，使其與大眾隔離。」並選出蘇新、趙港、
陳德興、蕭來福、王萬得等 5 人為改革同盟的中央委員；同時再
選出蘇新、趙港、王萬得為中央常任委員。至此，改革同盟派與
謝雪紅等人的鬥爭，日趨激烈。⑪

　　未幾，1931 年 4 月 16 日，中國共產黨派潘欽信(如上述，潘
氏曾被台灣共產黨除名，而加入中國共產黨)來台會晤王萬得，傳達
第三國際東方局的指示及中國共產黨中央的意見，要求台灣共產
黨應早日確立政治方針等。於是，4 月 20 日，在翁水進的秘密
工作地點，召開臨時大會籌備委員會，決定先由潘欽信依據第三
國際東方局的意見，起擬政治綱領草案，再由王萬得、蘇新、蕭
來福等人協助提供意見或予以修正。5 月 15 日，經數次修改審議，
乃決定政治綱領草案內容。隨後，大會籌備委員會遂決定於 5 月

31 日起一連三天，正式召開黨第二次臨時大會。[112]

1931 年 5 月 31 日至 6 月 2 日，台灣共產黨在王萬得的安排下，於台北州淡水郡八里庄八里坌鄭水龍住所（王妻的養父家），召開黨第二次臨時大會。大會的參加者有潘欽信、蕭來福、顏石吉、蘇新、簡氏娥、劉守鴻、莊守、王萬得等人。首先，推王萬得為議長、莊守任書記。潘欽信以第三國際東方局派遣員身分，將東方局對台灣黨的指導意見及中國共產中央委員會對台灣黨的指導意見，和其友誼性的提議，一併提出報告。並謂：「黨已陷入極端的機會主義謬誤。故必須清算此錯誤，根本地改變黨，以確立黨的新政治方針。黨改革的方針，須將黨機會主義的錯誤，由實踐上去認識；激發工農的日常鬥爭，在其過程中爭取工人及貧農入黨，鞏固黨的無產階級基礎，而圖黨的布爾什維克化。改革同盟非為造就黨中黨而組織，乃為忠實執行國際的指示，為準備黨政治方針的根本改變而組織者。是故，改革同盟應予解散。」[113]

如此，大會逐一審議各項草案後，決定下列諸議案。即：1. 解散改革同盟，並於本大會將黨加以改組；2. 決定政治綱領；3. 確立黨機關報；4. 決定除名謝雪紅、楊克培、楊克煌及林木順等 4 人（何池《翁澤生傳》，256-9 頁，稱翁澤生曾力阻開除謝雪紅等人，但是事實正相反）；5. 選出潘欽信、蘇新、顏石吉、劉守鴻、王萬得等為黨中央委員，蕭來福、簡氏娥為候補中央委員等，計 10 項議案。大會開完後，接著召開第一次中央委員會，選出潘欽信、蘇新、王萬得為常任委員。6 月 4 日，在幸町王萬得的秘密住所，召開第一次中央常任委員會，並決議下列諸事項。即：1. 部署的決定：書記長王萬得、組織部潘欽信、宣傳煽動部蘇新、勞動部蕭來福、農民運動顏石吉、北部地方中央常任委員會直轄、中部地方詹以昌、南部地方劉守鴻、東部地方盧新發；2. 機關報的刊

行，其名稱爲「赤旗」；3. 通知各同志謝雪紅一派已被除名，並應對其徹底鬥爭等，計有 8 項議決案。[114]

此外，黨第二次臨時大會所採擇的新政治綱領，因爲受到中國共產黨政策的影響，比從前所謂「上海綱領」有顯著的尖銳化。除明白揭示工場農村的武裝暴動爲其戰術外，有如下的 10 項政綱。亦即：1. 顛覆帝國主義統治，台灣獨立；2. 沒收帝國主義的一切企業及銀行；3. 沒收地主的土地分與貧農、中農；4. 實行八小時勞働制，實行失業的國家救濟，實施社會保險；5. 廢除一切苛稅、雜稅，實行統一累進稅；6. 革命的集會、結社、言論、出版、罷工的絕對自由；7. 建立工農民主獨裁的蘇維埃政權；8. 國內民族的一律平等；9. 與日、華、印、韓的工農聯絡；10. 與蘇維埃聯邦及世界無產階級聯絡。[115]

而基於要在「農村及工場內實行激烈的階級鬥爭與武裝暴動」的運動方針，新生少壯中共派的台共，確實也一時呈現其蓬勃活躍的景象。諸如在台北發動了印刷工人罷工、並採取了「占領工廠」的激烈行爲；在羅東發動了蔗農對日本製糖公司的鬥爭；發動羅東街道房屋租借人對日本地產公司的鬥爭；在鐵路部高雄鐵工廠、水泥工廠建立黨支部，散發革命傳單；同時公開準備成立台灣礦山工會、運輸業工會以及印刷工會等組織。再則，他們也逐漸控制了新台灣文化協會和農民組合的領導權，吸收了不少的工農份子黨員等等。因此，這一時期就成爲後人所說的台共「黃金時期」。然而，激化的暴力組織運動，旋即被日本當局檢束消滅。[116]

## 三、新文化協會的再分裂與該會成爲台共的外圍組織

台灣共產黨候補中央委員謝雪紅，於 1928 年 4 月 25 日，因

爲「上海讀書會事件」，遭到檢舉而被遣送回台。但她與其他被
告一致否認與台灣共產黨的關係，遂因證據不足，6月2日被釋
放。隨後，她即直往台中市寶町陳金山姊夫之家定居；屢次往返
文化協會、農民組合本部事務所，並與黨中央委員林日高、莊春
火連絡，接受日共的指令，準備將黨的影響力伸入文化協會、以
及農民組合，窺伺掌握指導權的機會。未久，隨著島內共產黨員
的增加，乃把他們派到文化協會或農民組合，負起進行別動隊的
任務，逐漸獲得效果。[117]

　　一方面，台灣文化協會於 1927 年 1 月 3 日，經由連溫卿
的主導，向左轉之後，爲對一般大衆說明分裂改組的理由，在
1927 年之中，共計舉辦了 271 次演講會，動員的群衆達 10 萬 7
千多人。政談演講會則有 15 次，聽衆有 3,600 多人。比之同時
期的台灣民衆黨的活動毫無遜色。[118]連溫卿本人亦發表一篇〈1927
年的台灣〉之重要文章，闡明其對台灣社會改造路線的看法，以
及對文化協會分裂的見解。茲將其要旨，引述如下。

　　「台灣社會運動的發展，從 1927 年 1 月，台灣文化協會改
　組後，在其極其匆忙期間成長起來，而引起兩個潮流的對峙。
　改組前因中國改造問題，惹起台灣是否有資本主義。一派認爲
　台灣還沒有資本主義，因此必須促成台灣人資本家發展，才能
　達到與日本資本家對抗的地位。爲達成此一目的，必須推動民
　族運動。另一派則認爲台灣已有資本家，不過尚未達到能夠獨
　立發展的地步。在台灣被迫壓榨取的不僅是少數的資本家及地
　主，還存著最大多數的勞動者和農民。所以若要解救台灣人，
　則非主張階級鬥爭不可。前者之主張，其限界僅止於在政治上
　獲得獨立；而後者的主張則以解放最大多數的台灣無產階級爲

目的。蓋因無產階級之工農，其與少數地主資本家的利益關係，終是無法一致的。這兩個潮流在台灣澎湃相擊，遂釀成台灣文化協會分裂的機運；民族主義者於是總退陣，以其勢力結成台灣民眾黨，而形成與文化協會相對立。」[119]

隨後，連溫卿在各方面的運動，亦十分積極的展開。譬如在文化運動方面，屬於新文化協會的文化演劇團、新光劇團、星光劇團、新劇團、民聲社及電影放映會，於 1927 年間，共計舉行 50 回公演，觀眾達 18,770 人。對於新文化運動，有很大的貢獻。又在工人運動方面，由於民眾黨已組成工友總會聯盟，爲了避免工人運動淪入民眾黨的手中；1928 年連溫卿先組織「台灣機械工會聯合會」，欲進一步組成全島性的工會，但不爲中南部幹部所贊同。加之，連氏主張成立「台灣總工會」，王敏川派卻主張成立「台灣勞動運動統一聯盟」，在互相對立之下，全島性的組織終無法組成。[120]

除此之外，新文化協會利用當時台灣社會經濟發展所發生的勞動、佃作爭議和民族問題，亦都參與指導並發揮尖銳的鬥爭。例如 1927 年 11 月的「新竹事件」、1928 年 5 月的「台南墓地廢棄事件」、1928 年 11 月的「台中師範事件」等，皆引起當時社會風潮，加強抗日的反抗鬥爭。就中，成功捲入最多市民的是，反對撤除台南墓地之運動。茲概略地將其經緯，引述如下：

1928 年 5 月 1 日，台南州當局爲紀念日皇大正登基，對於台南市大南門外 15 萬坪墓地，計劃用 8 萬圓的預算興建高爾夫球場（日當局辯稱綜合運動場），而決廢除其中約 5 萬坪的墓地，並公告須 6 月 19 日前遷移。然而，墓地自明末以來，已有三百多年的歷史，預定廢除的五萬坪墓地中，存在三萬個以上的墳墓，

牽涉的關係者衆多。就財政上而言，一個墳墓的遷移費用平均為10圓，全數遷移須花30萬圓。某些台南市民即有10幾個墓，實在不堪負擔。加上台灣人對祖先崇拜的觀念極強，大都相當排斥挖掘墓地，因而埋下強烈反對運動的根基。文化協會台南特別支部委員洪水柱、莊孟侯等人，乃策劃發動鬥爭，舉辦廢止墓地公用及僅爲不到30名玩高爾夫球的特權者興建球場之演講會、或開該墓地有緣者大會、或舉行各姓宗親會大會等，呼籲加入反對運動。6月4日，文化協會與台灣民衆黨、各工會團體、商工業協會、各姓宗親會代表，採取共同戰線，邀同60餘人會商決議，對州知事提出抗議，拒絕改葬，對土水工則勸告應拒絕接改葬工程，並舉辦市民大會等。且在6月9日，又聚集約三千人，舉行同樣的反對大會。至此，州知事片山三郎乃於6月12日，召開臨時州協議會，聲明中止建設。不料，時有台人劉揚名及日籍協議會會員數名提出意見，謂該聲明應予保留。文化協會會員探悉此事，認爲身爲台人之劉揚名竟然反對中止建設的聲明，實至爲不當。6月13日，文化協會會員侯北海等數人，乃包圍闖進劉揚名住所，加以謾罵，更於深夜在劉家陳列櫃子玻璃窗塗上汙物。同月14日及15日，復對劉揚名及主張撤廢墓地的日籍州協議員寄發威脅狀；結果文化協會會員洪石柱、侯北海、莊孟侯等10名遭檢舉緝捕。9月8日，並檢舉緝捕該會幹部連溫卿及王敏川等人。於此，乃將全案移送所轄檢察局，對洪石柱外13名請求公判。連溫卿、王敏川外3名，於1929年5月30日，豫審免訴而被釋放；餘侯北海等9名則於1929年11月28日，被宣判處罰30圓至80圓，但他們全部服罪。[121]

另一方面，新文化協會在1927年11月3日，發生「新竹事件」時，主要的幹部鄭明祿、林冬桂、林碧梧、張信義、張喬陰等

人，被檢舉拘押了 8 個月至 10 個月之久。1928 年 5 月的「台南墓地廢棄事件」，最主要的幹部連溫卿、王敏川、洪石柱、莊孟侯、侯北海等人，又被檢舉。而共產黨員最積極的指導者蔡孝乾、洪朝宗、潘欽信、謝氏玉葉等人，因為「上海讀書會事件」，台灣共產黨員遭到檢舉，先後畏懼被捕，逃往中國，所以新文化協會一時失去了全部的指導幹部，活動也幾乎完全停頓。迨至 1928 年 8 月，因「新竹事件」被捕的鄭明祿、林碧梧、張信義、張喬陰等人，以證據不充分不起訴出獄後，雖竭力要挽回頹勢；可是因為有派系的對立，再加上主要幹部被捕後，財政上發生困難，事務所的水電費都無法繳納；專任書記也因為生活無著，離開陣營，全台 24 支部，幸能維持命脈的只有基隆、台北、通霄、苑裡、彰化、豐原等 5 支部，會員亦共減少了近 400 名。1928 年 10 月 31 日，在此困難的情形下，鄭明祿等人，認為要依照規約召開定期代表大會，事實上雖屬不可能，但苟不舉行代表大會，恐無法再站立起來，遂在連溫卿、王敏川等出獄前，強行召開第二次全台代表大會。是日下午三時，假台中市酒家醉月樓舉行代表大會。其時，大會出席人員有全台代表 79 名、來賓 45 名。推李傳興為議長、湯長城為副議長、黃朝東、張炳煌為書記，進行各項報告後，依照次序，提出：1. 舉辦擴大委員會；2. 對友誼團體的態度；3. 遷移本部於台北市；4. 反動政府暴壓的對策等 11 項目的議案。然而，當審議進入「反動政府暴壓的對策」時，其發言卻被當局禁止，同時本集會也被命令解散，故大部分的議案都未審議即告結束。隨後，協會雖向當局提出「抗議書」，但也無可奈何。[122]

　　如是，新文化協會第二次代表大會，因為被當局命令解散，議案審議未完，乃於 1929 年 1 月 10 日，在協會本部事務所，重新召集中央委員 15 名、旁聽者農民組合幹部簡吉外 5 名出席，

舉行中央委員會；推楊貴爲議長、林冬桂爲書記，進行審議並決定各項議案。就中，對新文化協會的本質及其活動的方針，有如下的決議。亦即：「文化協會的本質，並非大眾黨組織。雖是思想團體，仍與經濟鬥爭及政治鬥爭有關；屬於代表無產階級的思想團體。文化協會的組織，應以工人、農民、小市民爲細胞；應竭全力於學生、工、農、小市民的組織。」[123] 如此的政治思想定義，已可稱其與共產主義思想完全吻合。旋如下述，新文化協會即很自然地被共產黨吸收，並成爲其外圍組織。

其次，新文化協會轉向的初期，連溫卿與王敏川新幹部爲應付舊幹部蔡培火、蔣渭水等民族主義派之鬥爭，無暇顧及其他意識形態的問題。但自 1927 年後半年起，至 1928 年年初之間，新文化協會內部，由於對戰略看法相左，發生了王敏川代表的上大派（台灣共產黨如上述，成立於上海，黨員多屬上海大學生，自稱純正共產主義）及連溫卿所代表的「非上大派」。屬於「上大派」的人物，計有蔡孝乾、翁澤生、莊春火、洪朝宗、蔡火旺、王萬得、陳玉暎、潘欽信、周天啓、莊泗川、李曉芳等人。「非上大派」人物有胡柳生、林清海、陳本生、陳總、黃白成枝、藍南山、林朝宗、林斐芳等人。當時因爲日本國內存在著山川主義、福本主義、1927 年綱領（台灣共產黨上海綱領的趣旨相同）等問題；以及國際上，1927 年 7 月，有中國共產黨李立三派，清算指導者陳獨秀的機會主義；同年 12 月起，蘇聯也開始驅逐托洛斯基派等，種種情勢，均帶給台灣左翼運動複雜的影響。連溫卿一派係以山川主義爲基礎，其和王敏川一派的主張比較起來，循合法性的鬥爭較強。王敏川派大體上則以日本共產黨所謂的「1927 年綱領」和清算鬥爭較強烈的「福本主義」爲骨幹。結果，兩派的對立逐漸浮上檯面，終於發展連溫卿派之被排擠與除名。[124]

正當新文化協會開始發生內訌時，在共產黨中央所指令下的黨員吳拱照早已加入該協會，並擔任台南支部書記。1929年9月，新文化協會召開第三次代表大會之前，曾被徵求有關改革的意見。吳拱照認為將文協置於黨政策下的良機已到，乃即赴台北會晤林日高及謝雪紅，報告文協的狀勢，要求黨中央的指令。於是，黨中央即以「上海綱領」所規定的對策為基本，命令林日高立案起草，並將該意見書由吳拱照交與新文化協會中央。10月，共產黨中央委員會復指派吳拱照與原屬於文化協會的黨員莊守（駐彰化支部負責人）為新文協別動隊負責人。如此，二人協調意見，正式起草新文化協會規約改正案和行動綱領案；而以彰化支部案的名稱，在新文協大會前，向該中央委員會提出，並籌劃如何才能通過的策略。⑫⑤

1929年11月2日，新文化協會於本部事務所召開中央委員會。是日，出席者有張信義、林碧梧、王敏川、江賜金、鄭明祿、張道福、薛玉虎、王紫玉、張庚申、郭常、李明德、陳崑崙、郭禎祥、吳仁和等14人，以及傍聽者資格出席的農民組合員趙港、簡吉等5人，外加會員莊守、織本多智男、洪石柱等3人。委員會選出陳崑崙為議長、鄭明祿為書記後，進入各項議案的審議。當審議會則改訂案時，提出台灣共產黨員吳拱照、莊守起草的「彰化支部案」，及張信義、林碧梧、鄭明祿等人所擬的「本部案」之兩案。「彰化支部案」，由於農民組合幹部也是共產黨員的趙港、簡吉，以及農民組合、新文化協會雙方的中央委員江賜金、張道福等人之極力支持，遂得很容易地便獲通過決定。11月3日，第三次全台代表大會與會則的改訂，於彰化街舉行。出席的代表委員有52名，來賓及其他名義參會者有40名，旁聽者60餘名。大會審議並通過 1. 將「綱領」改訂為「我們要糾合

無產大眾，參加大眾運動，以期獲得政治的、經濟的、社會的自由」；2. 將彰化支部提出的「會則改訂案」，僅修改二、三字句，即予通過；3. 選舉決定中央委員王敏川、黃旺成、吳拱照、江賜金、張信義等 25 名及候補委員莊守、王萬得等 4 名；4. 對農民組合所提出的「抗議連溫卿反動」乙節，決定委由中央委員會處理等。⑫

關於農民組合對連溫卿一派所提出的抗議檄文「抨擊左派社會民主主義者——連溫卿一派」，其大要如下：亦即 1. 1928 年 2 月，日本舉行普選之際，日本的無產政黨曾與台灣各團體協商會合。但其內容均被連溫卿一人出賣暴露；2. 1928 年 4 月，召集謝新財、尤明哲等墮落份子到台北，從事對農民做有組織的攪亂；3. 1928 年 6 月，當農民組合正要排除反中央的楊貴一派時，連溫卿特地來到台中，從事我農組戰線的攪亂；4. 1928 年 6 月 16 日，我桃園支部正被當局強制解散之際，曾答應予以支援抗議。但於抗議的前刻，突然說「有所不便、故不能參加」，一反前言；5. 事後，我桃園支部擬往台北文協講座舉行強制解散糾彈大會，但台北支部竟故意怠辦，不予合作；6. 此次連溫卿出獄（因台南墓地廢棄事件）後，隱匿藏身，糾合我農組的墮落份子和貴會的反中央派，組織什麼第一農組、第二文協、某某民主主義，計畫策動分裂我方陣線等。⑬

11 月 19 日、20 日，新文化協會於台中本部召開中央委員會，將農民組合的抗議提出審議；並由另一告發者鄭明祿（連溫卿策動文協分裂的助手）說明告發的理由，經滿場一致決定開除連溫卿及李規貞兩人，同時議決關閉連溫卿反動份子的巢窟台北支部，以免招致成為台灣解放運動戰線之障礙。至於鄭明祿告發連溫卿的罪狀有六，其要點如下。第一是汙辱本會的體面：連溫卿、李

規貞自今年 4 月起，即對會員惡質宣傳，謂「文化協會的幹部與
民眾黨有合作的密約。」似此，捏造無根的事實，汙損文協的體
面，並策動攪亂本會。其證人可以舉出張信義、張道福。第二是
紊亂本會的統制：蓋本會會則對中央賦予的指揮各支部執行會務
的權限。然而台北特別支部的連、李兩人，不但拒絕指揮監督，
尚且放言，謂文協的會則明記為地方分權，不受本部的干涉，紊
亂本會的統制。第三是濫用職權，損害本會威信：當連溫卿在獄
中，由胡柳生代表執行台北支部事務。嗣後，稱要往南洋，雖經
王敏川阻擋，仍然不聽，竟拋棄事務出發。常務委員乃派薛玉虎
負責處理台北支部，經薛氏的努力，獲得新加盟者 25 名，報告
中央已獲其承認。但台北支部竟否決上述加入，損傷本會的威信。
第四是捏造會員資格：台北支部雖稱會員常在 140 餘名，但大都
係未正式加入者。或三年前即未繳納會費，行踪不明者，其資格
頗令人懷疑。第五是攪亂戰線：過去對於農民組合的運動有很大
的阻撓行為。此外，去年當羅東工友共助會正要成立時，也攪亂
其成立儀式，備受友誼團體的責難與攻擊等。[128]

　　一方面，連溫卿、李規貞得悉新文協第三次代表大會，決定
開除兩人，以及要解散關閉台北特別支部後，與其同夥李武舉、
陳樹枝、許塗水、黃金水等，外六名的委員協議的結果，發表聲
明，指摘第三次大會的代表選出及召集均係違背章程之行為，當
視為無效。又對 11 月 4 日，本部所發表之聲明書，指其與事實
不符並加以反駁。惟本部在 11 月 19 日的中央委員會，決議解散
台北支部，而於 20 日，派中央委員陳總及王紫玉兩人，前往台
北支部事務所取下招牌，將事務所關閉起來時，連溫卿等人，卻
未加以阻擋。隨後，也未成立對抗的團體，或發動反對運動，僅
靜靜地漸離政壇，消聲匿跡。[129]

就如此，新文化協會於第三次全台代表大會再次發生分裂後，幾乎已爲共產黨左翼份子所操縱。結果，公然引起了解散新文化協會的爭論。他們之間有主張新文協即時解散者；有主張新文協應專心去組織赤色總工會，以爲代替者；又有主張組織反帝同盟，把新文協的份子吸收者；更有主張改組爲無產階級文化團體者。要之，多在解散的方向發揮理論，對新文協的存在已不甚在意。最後，王敏川主張新文協作爲小市民的大衆團體繼續存在，此一主張恰與台共謝雪紅的意見相吻合。遂於 1931 年，在新文協第四次全台代表大會改組爲小市民階級的鬥爭團體，而告一段落。⑬⁰

肅清連溫卿一派，並統合新文協解散論的爭議後，王敏川、王萬得、吳拱照、張信義、鄭明祿等幹部，便從事陣營之整備及活動的強化，企圖實行專以小市民、學生層爲中心的街頭鬥爭；同時聯合台灣島內各左派團體，展開共同戰線。且爲休刊中的大衆時報復刊，於 1930 年(昭和 5 年)9 月，派張信義及賴通堯兩人，前往東京辦理各項事務手續。如是，1930 年 11 月 5 日，在彰化支部舉行中央委員會，協商新運動方針。但當日，因有正式臨監，以致對方針未能充分討論，僅議決：1. 將於 1931 年（昭和 6 年)1 月 5 日，在彰化街舉行第四次全台代表大會；2. 開除林獻堂、黃白成枝等人；3. 小市民問題發生時，不應該只由新文協單獨活動，應與農民組合、工會等，結成共同戰線以進行鬥爭；4. 選舉中央委員長及其他補缺人員等，共計 12 項議案。⑬¹

1931 年 1 月 5 日，依照中央委員會的決定，新文化協會全台第四次代表大會，在彰化座戲院開幕。出席代表者共 77 名，旁聽者只有一百多人；代表者既缺乏熱情，幹部亦都無精打采，比較前年的大會，全體意氣消沉，已非昔日面目。大會由司會人

王萬得宣布開會後，推王敏川爲議長，派李明德、黃朝東、詹以昌爲書記。旋由吳拱照報告本部事務；吳石麟報告會計；李振芳等各支部責任者，相繼報告各支部狀況。繼選任中央委員王萬得、周合源、李振芳、謝祈年、郭常、鄭明祿、張信義、吳拱照、王敏川、吳石麟、張庚申、李明德、吳丁炎等 13 名。中央委員長王敏川、中央常任委員吳拱照、王萬得、張信義、吳石麟等 4 名。隨後審議各項議案，但當日會場有警察正式到場監視，重要議題無法討論。大會席上除決議撤廢固定綱領「我們決糾合無產大衆，參加大衆運動，以期獲得政治上、經濟上、社會上的自由」，爲「行動綱領」以符合共產黨的指導原則外，並通過「整理反動團體案」（即開除林獻堂等人）。1 月 6 日夜，新選出的中央委員秘密集合於豐原郡內埔庄屯仔脚張信義住所，就大會未能審議的事項，有所決議。其中最重要的一項，即是決議支持台灣共產黨。從此，新文協已完全成爲台共的外圍組織。新文協的活動，大多只在攻擊民衆黨與自治聯盟，以表示其存在，一般大衆也不再受其影響。同年 6 月以後，日本當局開始取締台共份子。12 月，又取締所謂「赤色救援會」，王敏川等新文協的重要幹部十餘人也被檢舉，新文協事實上已經完全瓦解。[132]

## 四、台灣共產黨的激化與被消滅

　　台灣共產黨於黨第二次臨時大會（1931 年 5 月 31 日至 6 月 2 日），將謝雪紅等人除名以外，其所採擇的新政治綱領，比從前所謂的「上海綱領」有更顯著的尖銳化。就中，對階級鬥爭揭示要採取武裝暴動，已不能爲日本當局所容忍。而自「上海讀書會」事件以來，日本當局對共產黨的活動，亦都訂有對策並進行嚴密的監控。惟當初因爲共產黨的極端地下化運動，使得日當局無法掌握

其全貌及實態。直至 1931 年 3 月 10 日，當總督府舉行陸軍紀念日，施行全台首次防空演習時，卻有人在台北各處散布「反帝國主義戰爭」的宣傳單。經日本當局調查此一事件後，共產主義讀書會成員之一的王日榮，於 3 月 15 日向當局自首。隨後由王日榮的口供，得知共犯者為林式鎔。日本當局乃搜索林式鎔家宅，發現了多項證據書類，判明改革同盟的結成、黨第二次臨時大會召開的事實。至此，共產黨的輪廓約略得以推定，乃著手施行全島性的檢舉。3 月 24 日，在台北市上奎府町一丁目 29 番地陳春木家中，逮捕了農民組合幹部趙港。4 月 9 日，在高雄逮捕了農民組合中央常任委員陳德興。接著是台灣新文化協會黨組織負責人吳拱照也在自宅被捕。6 月 26 日，謝雪紅、楊克培在國際書局被補。7 月 17 日，逮捕王萬得。緊接著蕭來福在 7 月底被捕。隨後 9 月 1 日，潘欽信、簡氏娥，在基隆玉田町陳水來住所，雙雙被捕。9 月 2 日莊春火、9 月 4 日林日高，又接連被捕。9 月 13 日，逃到台中、彰化等地活動，想重建黨組織的蘇新，被探知潛伏在彰化街陳家派經營的磚瓦工場內被捕。其他，如顏石吉、劉守鴻、莊守、詹以昌、王溪森等，相繼被捕；至同年 9 月底為止，被檢舉的人數共計有 107 名。其中有 49 名被提起公訴判刑，如左列之表。此外，經過這次的大搜查，日本當局知道上海還有翁澤生、林木順等重要成員以及台灣反帝同盟的許多成員。於是，發出緝捕令，讓駐上海的領事館協助追捕。從 1931 年 7 月開始，至當年年底，陳炳譽、董文霖、高水生等多名反帝同盟幹部被捕。1932 年（昭和 7 年）5 月 17 日，翁澤生被上海共同租界工部局警察逮捕；1933 年（昭和 8 年）3 月 12 日，被遣返台灣處斷。但林木順則因為被中共調往中央蘇區工作，杳然斷絕音訊，終未能逮捕（據何池《翁澤生傳》，稱林木順於 1934 年在第五次國民黨圍剿中戰死。

## 台灣共產黨員被檢舉判刑者的氏名表

| 氏名 | 判決刑名刑期 | 求刑量 | 未決拘留日數通算 | 緩刑期間 | 適條 | 備考 |
|---|---|---|---|---|---|---|
| △謝氏阿女 | 懲役十三年 | 懲役十五年 | 三百五十日 | | 改正治維法一條一項前段二項 | 七月二日申告起訴　九年十一月判刑十三年 |
| 潘欽信 | 同　十五年 | 同　十五年 | 三百五十日 | | 同 | 七月二日申告起訴　九年十一月判刑十三年 |
| △林日高 | 同　五年 | 同　七年 | 三百五十日 | | 同 | 七月五日確定 |
| 蘇　新 | 同　十二年 | 同　十二年 | 三百五十日 | | 同 | 七月八日確定 |
| 莊春火 | 同　七年 | 同　七年 | 二百五十日 | | 同 | 同上 |
| 劉守鴻 | 同　十年 | 同　十年 | 三百五十日 | | 同 | 九月三日撤回起訴 |
| △王萬得 | 同　十二年 | 同　十三年 | 三百五十日 | | 同 | 七月三日申告起訴　九年十一月判刑十二年 |
| 趙　港 | 同　十二年 | 同　十二年 | 三百五十日 | | 同 | 七月六日確定 |
| 陳德興 | 同　十年 | 同　十年 | 三百五十日 | | 同 | 七月三日申告起訴　九年十一月判刑八年 |
| 蕭來福 | 同　十年 | 同　十年 | 三百五十日 | | 同 | 七月三日確定 |
| 吳拱照 | 同　七年 | 同　七年 | 三百五十日 | | 改正治維法一條一項後段二項 | 七月五日確定 |
| 楊克煌 | 同　四年 | 同　四年 | 三百五十日 | | 同 | 七月三日申告起訴　九年十一月判刑三年 |
| △張朝基 | 徒刑　三年 | 徒刑　四年 | 三百五十日 | | 同 | 七月八日確定 |
| 林式鎔 | 同　二年 | 同　二年 | 三百三十日 | 五年間 | 同 | 同上 |
| 王日榮 | 同　二年 | 同　二年 | 三百三十日 | 五年間 | 同 | 同上 |
| 莊　守 | 同　八年 | 同　八年 | 三百五十日 | | 同 | 七月六日起訴　八月十一日撤回 |
| 顏石吉 | 同　十年 | 同　十年 | 三百五十日 | | 改正治維法一條一項前段二項 | 七月三日申告起訴　九年十一月判刑十年 |
| 簡氏娥 | 同　五年 | 同　五年 | 五十日 | | 同 | 七月五日起訴　九年十一月判刑三年 |
| 津野助好 | 同　二年 | 同　二年 | 三百五十日 | 五年間 | 改正治維法一條一項後段二項 | 七月八日確定 |
| 朱阿輝 | 同　二年 | 同　二年 | 三百五十日 | 五年間 | 改正治維法一條一項後段二項 | 七月五日確定 |
| △洪朝宗 | 同　三年 | 同　四年 | 二百五十日 | | 舊治維法一條一項　改正治維法一條一項前段二項 | 七月五日確定 |
| ◎簡　吉 | 同　十年 | 同　八年 | 二百五十日 | | 改正治維法一條一項後段二項 | 七月六日確定 |
| 詹以昌 | 同　七年 | 同　七年 | 三百五十日 | | 同 | 七月五日起訴　同日撤回 |
| 張茂良 | 同　七年 | 同　七年 | 三百五十日 | | 同 | 同上 |
| 盧新發 | 同　四年 | 同　四年 | 二百五十日 | | 同 | 七月五日確定 |
| 郭德金 | 同　四年 | 同　四年 | 二百五十日 | | 同 | 七月五日起訴　八月一日撤回 |
| △張道福 | 同　三年 | 同　四年 | 二百五十日 | | 同 | 七月三日確定 |
| 林殿烈 | 同　二年 | 同　二年 | 二百五十日 | | 同 | 同上 |
| △林朝宗 | 同　二年 | 同　二年 | 二百五十日 | | 同 | 同上 |
| 吉松喜清 | 同　四年 | 同　四年 | 二百五十日 | | 同 | 七月八日確定 |
| 宮本新太郎 | 同　二年 | 同　二年 | 二百三十日 | 五年間 | 同 | 同上 |
| 周坤棋 | 同　二年 | 同　二年 | 二百五十日 | | 同 | 七月四日確定 |
| 高甘露 | 同　三年 | 同　三年 | 二百五十日 | | 同 | 七月三日確定 |
| 吳錦清 | 同　二年 | 同　二年 | 二百五十日 | | 同 | 七月三日起訴　七月十四日撤回 |
| 林梁材 | 同　二年 | 同　二年 | 二百五十日 | | 同 | 七月四日確定 |
| 廖瑞發 | 同　二年 | 同　三年 | 二百五十日 | | 同 | 七月三日確定 |
| 施茂松 | 同　二年 | 同　二年 | 二百五十日 | | 同 | 同上 |
| 陳朝陽 | 同　二年 | 同　二年 | 二百三十日 | 五年間 | 同 | 七月八日確定 |
| 張欄梅 | 同　二年 | 同　二年 | 二百三十日 | 五年間 | 改正治維法一條一項後段二項 | 同上 |
| 陳義農 | 同　二年 | 同　二年 | 二百五十日 | | 改正治維法一條三項一項後段二項 | 七月三日確定 |
| 林文評 | 同　二年 | 同　二年 | 二百日 | | 改正治維法一條一項後段二項 | 七月五日確定 |
| 翁　由 | 同　二年 | 同　二年 | 二百日 | | | 七月三日確定 |
| 詹木枝 | 同　二年 | 同　二年 | 三十日 | 五年間 | | 七月八日確定 |
| ×陳振聲 | 同　二年 | 同　二年 | 五十日 | 五年間 | | 七月三日確定 |
| ×李媽喜 | 同　二年 | 同　二年 | 五十日 | 五年間 | 同 | 同上 |
| 楊克培 | 同　五年 | 同　五年 | 二百日 | | | 七月三日起訴　九年十月判刑五年 |
| 翁澤生 | 昭和十年八月徒刑十三年 | | | | | 昭和十年十一月服刑 |

備考

一、姓名上的◎記號爲判決較求刑重者

二、姓名上的△記號爲判決較求刑輕者

三、姓名上的 × 記號爲求刑時不得緩刑者

可是，陳芳明《謝雪紅評傳》，則稱林木順於 1938 年陣亡江西瑞金。筆者
對台共幹部履歷未克研究，在此應採信何方，不敢妄斷。僅提供讀者參
考）。至此，台灣共產黨的組織成員，幾乎完全被檢舉殆盡，該
黨也可稱被消滅。⑬

　　有關台灣共產黨幹部的略歷，請參閱黃師樵《台灣共產黨秘
史》，1933 年初版；海峽學術出版社，1999 年重版，24-54 頁。

　　另方面，台灣共產黨被檢舉以來，至 1931 年 8 月，黨中央
的活動已告完全停頓。在此情形下，外圍組織的農民組合和新文
化協會黨幹部幸未遭檢舉之簡吉、陳結、陳崑崙、張茂良、詹以昌、
王敏川等人，乃在 8 月 9 日，秘密集合於台中新文協本部事務所，
協商黨中央機構之再建及重新籌備成立「赤色救援會」，以爲活
動的中心。9 月 4 日，接受黨中央蘇新的指令，簡吉、王敏川、
詹以昌、陳崑崙、陳結、張茂良等人，再次集會於新文協事務所，
正式決定組織「赤色救援會」；預期透過該組織的運動，擴大黨
之影響力並盡力吸收新黨員。然而，日本當局也覺察到此項活動
的形跡，於是通令全島進行秘密偵查。9 月 4 日，在台南州發現
一本《三字集》，遺忘在嘉義郡小梅庄水果商翁郡店裡，便循線
追查該刊物的發行人。同年 11 月初，逮到散發該刊物的林水福。
12 月 2 日，逮捕到該刊物發行人之一的陳結。同月 7 日，復逮
捕到發行該刊物的另一人，即陳神助。經過偵訊二人之後，發現
他們是屬於正在暗中活動的「赤色救援會」成員。日本當局遂於
12 月中，逐次檢舉逮捕全台各地關係者，總數竟達 310 名之多。
其中 150 名被移送至檢察機關，有 45 名主要人物，如王敏川、
陳崑崙等，均被起訴判刑如下表。⑭

| 姓名 | 年齡 | 本居地 | 教育程度 | 黨員非黨員 | 在所屬團體中的地位 | 第一審判決 | 控訴有無 | 備考 |
|---|---|---|---|---|---|---|---|---|
| 陳崑崙 | 28 | 高雄 | 中等 | 黨員 | 農組中央委員 | 懲役五年 | 控訴 | |
| 顏錦華 | 26 | 台中 | 中等 | 同 | 農組本部書記 | 同　四年 | | |
| 王敏川 | 47 | 同 | 高等 | | 文協本部中央委員長 | 同　四年 | | |
| 張氏玉蘭 | 25 | 高雄 | 中等 | | 農組支部委員 | 同　四年 | 控訴 | |
| 黃石順 | 37 | 同 | 中等 | 黨員 | 農組中央委員 | 同　五年 | | |
| 張火生 | 33 | 台南 | 初等 | 同 | 農組小梅支部委員 | 同　四年 | | |
| 張行 | 36 | 同 | 初等 | 同 | 農組中央委員 | 同　六年 | | |
| 李明德 | 27 | 同 | 初等 | 同 | 文協中央委員 | | | 審理中死亡 |
| 姜林小 | 40 | 同 | 無學 | 同 | 農組中央委員 | 同　四年 | | |
| 湯接枝 | 29 | 台中 | 初等 | 同 | 農組中聯常任委員 | 同　六年 | | |
| 吳丁炎 | 30 | 台南 | 初等 | 同 | 文協中央委員 | 同　七年 | | |
| 許啓明 | 36 | 同 | 同 | | 文協員 | 同　二年 | | |
| 李鹿 | 24 | 同 | 同 | | 農組員 | 同　二年 | | |
| 呂賽 | 27 | 同 | 同 | | 同 | 同　三年 | | |
| 陳越 | 29 | 同 | 同 | | 同 | 同　四年 | | |
| 蔡添丁 | 32 | 同 | 無學 | | | 同　二年 | | 緩刑五年 |
| 張卜 | 29 | 同 | 初等 | | | 同　二年 | | 同 |
| 張筆 | 30 | 同 | 同 | | | 同　二年 | | 同 |
| 吳沈旺 | 34 | 同 | 同 | | 農組員 | 同　二年 | | 同 |
| 楊順利 | 38 | 同 | 同 | | 農組支部委員長 | 同　二年 | | |
| 陳文質 | 48 | 同 | 無學 | 黨員 | 農組支部委員 | 同　四年 | | |
| 林銳 | 38 | 同 | 初等 | | 同 | 同　三年 | | |
| 林水福 | 29 | 台中 | 初等 | | 農組員 | 懲役二年 | | 緩刑五年 |
| 曾百川 | 24 | 台南 | 同 | | 同 | 同　二年 | | 同 |
| 張庚申 | 28 | 台中 | 初等 | 黨員 | 文協中央委員 | 同　三年 | | |

| 謝少塘 | 26 | 高雄 | 同 | | 文協竹山支部委員 | 同 二年 | 緩刑五年 |
|---|---|---|---|---|---|---|---|
| 孫氏葉蘭 | 22 | 同 | 同 | | 農組員 | 同 二年 | 同 |
| 廖晨茂 | 31 | 台南 | 同 | | 同 | 同 二年 | 同 |
| 李萬春 | 31 | 同 | 同 | | 同 | 同 三年 | |
| 黃任葵 | 22 | 同 | 同 | | 同 | 同 二年 | 緩刑五年 |
| 陳錫珪 | 23 | 同 | 中等 | | | 同 二年 | 同 |
| 沈君 | 23 | 同 | 初等 | | 農組員 | 同 二年 | 同 |
| 許登此 | 25 | 同 | 同 | | 同 | 同 四年 | |
| 魏連春 | 30 | 同 | 同 | | 同 | 同 二年 | |
| 姜林朝清 | 30 | 同 | 無學 | | 同 | 同 三年 | |
| 吳博 | 27 | 同 | 初等 | | 文協員 | 同 三年 | |
| 張溜 | 30 | 同 | 同 | | | 同 三年 | |
| 黃春生 | 27 | 同 | 同 | | 文協員 | | 死亡 |
| 姜林海鵝 | 31 | 同 | 同 | | 同 | 同 二年 | |
| 姜林德鴻 | 24 | 同 | 同 | | 同 | 同 二年 | |
| 尤份 | 27 | 同 | 同 | | 同 | 同 二年 | 緩刑五年 |
| 呂朝枝 | 24 | 台中 | 同 | | 同 | 暫緩起訴 | |
| 詹瑞嬰 | 53 | 高雄 | 同 | | 農組員 | 同 四年 | |
| 呂和布 | 30 | 同 | 同 | | 借家人組台幹部 | 同 四年 | |
| 林春 | 25 | 同 | 同 | | 農組員 | 同 二年 | |

　　結果，在台左翼的共產黨以及其傘下的外圍組織，即農民組合、新文化協會，完全崩潰消滅。全台剩下的政治組織，就只存有「台灣地方自治聯盟」而已。

# 第八節　台灣地方自治聯盟創立始末

## 一、台灣地方自治聯盟成立的經緯

1930 年 8 月 17 日，台灣地方自治聯盟宣布組成。據參與此組織重要幹部葉榮鐘之記載，稱創立的原因有三：第一是，台灣議會運動多年沒有直接結果（雖有甚大的間接效果），人心漸形厭倦，必須發動新的運動來維繫民眾的熱情。但因民眾黨已走階級路線，智識份子頗覺難合作。第二是，地方自治制度乃民主政治的基礎，此一制度之倡導，將使民眾對地方政治獲得訓練的機會，對於將來的政治運動也不無裨益。第三是，總督當局本來亦有改革地方自治制度之計劃，但因內部不能一致；開明的一派主張改革，頑固的一派卻不以為然。是故，台灣人民如果能表現熱烈地支持改革，則不但似是而非的地方自治制度可以改革，又可支援總督府內開明官吏得勢，而使地方自治制度可期提早實施。⑬⑤

職此，1930 年 1 月 12 日，林獻堂、林柏壽、羅萬俥、林履信、蔡式穀、蔡培火等人，聚會於北投八勝園，席上蔡式穀提議組織團體從事政治改革運動，尤其是致力於地方自治制度的實施。眾人贊同其說，並經一番慎重討論的結果，以一般政治改革運動，已有民眾黨及台灣議會運動在推行，似無另起爐灶的必要。緣此，決定限制一個目標，僅為促進地方自治制度的實施而努力，避免與民眾黨發生磨擦。其後，4 月 12 日，乃由林獻堂領同林資彬、陳炘、陳逢源、蔡式穀、羅萬俥、楊金虎等 20 餘人有力同志，聯署致函向在東京的楊肇嘉，促其歸台主持「地方自治聯盟」的

事務。接受林獻堂等人的敦請，5月11日（日當局稱5月19日），楊肇嘉先派葉榮鐘歸台籌備，接洽各地與各方面的同志。旋於6月10日，楊氏與蔡培火連袂由東京歸台，積極展開組織的工作，終獲得370多名的加盟者。於是，7月28日，以政治結社「台灣地方自治聯盟」的名義，向當局提出報備手續，完成法律程序。8月5日，在台南市舉行南部地區發起人會議；9日，在台北市舉行北部地區發起人會議。17日，林獻堂以下發起人73名，集合在台中市橘町醉月樓酒家，召開發起人大會，決定把本部設在台中。同日，即又在同所舉行成立大會，出席大會者共有林獻堂以下227人；由蔡式穀宣布開會，推林獻堂爲議長進行議事，審理規約並提名宣言書起草委員及推薦顧問。繼選舉評議員、理事和常務理事，通過決議文後散會。當日選出的顧問爲林獻堂、土屋達太郎2人。常務理事爲楊肇嘉（台中）、蔡式穀（台北）、李良弼（新竹）、劉明哲（台南）、李瑞雲（高雄）。理事爲李延旭、蔡天註、方玉山、葉清耀、黃朝清、林根生、洪元煌、林木根、王開運、李明家等人。評議員爲陳逢源以外85名。⑬⑯又自治聯盟成立的「趣意書」與「宣言文」，其文意大體相同，爰將「宣言文」的要旨，引述如下：

　　「夫社會依靠生存，在於各個成員互助協同而成立發展。因此，各成員對處理社會共同的事件，非具有完全的參與權不可。人民擁有參政權是近代國家成立的當然歸結，且是立憲政治的根本精神。反觀我們的台灣，四百萬民眾作爲殖民地台灣的成員，儘管負擔其必要的一切經費及其他義務，却對與自己生活有密切關係公共事務毫無參與權，而且和自己休戚相關有直接影響的經費使用，完全被忽視其發言權。這種情形與現代

潮流相逆而行，不但違背憲法治下的日本帝國國策，並且與天皇一視同仁的聖旨相悖。台灣民眾在明察自己的義務同時，也自覺自己應有的權利。

另方面，世界思想的潮流不斷地前進。在同一憲法治下之朝鮮，其教育上、財政上之能力，誠非我台人之比。但已改正舊制，擴大民選範圍，且把諮詢機關改為議決機構，以確立地方自治。今台灣民眾要求改革現行制度之聲，已呼喚響徹全島。想來，確立完全之地方自治制度，實為殖民地台灣之基礎工作，凡諸解放運動皆以此為出發點。然欲達此目的，務須糾合各階層之人士，協力同心，一致邁進，此乃本聯盟成立之重大使命也。」[137]

接著，大會宣布自治聯盟之綱領及其政策方針如下：

㈠綱領：確立台灣地方自治。

㈡施行事項：1.認識社會的演進，立足真實的台灣；2.以全民為後盾，確立民本主義精神；3.採用合法手段，遵行單一目標；4.改革現行地方自治，爭取政治的自由；5.訓練人民政治素養，實現民眾之組織化；6.排擊分裂主義之徒，避免同胞間互動干戈等。[138]

同年8月24日，自治聯盟召開第一次理事會，決議在中央設置組織、宣傳、財政、編輯四部，並由葉榮鐘出任專責書記長。同時決定目前的對策及活動的方針如下：1.對農民組織及新文化協會的反對運動，採取完全旁觀的態度，不積極與之抗爭；2. 1930年的總督府評議會將有地方制度修改問題的提出，可拜訪各評議員向其提示本聯盟之成案，以求其諒解；3.對本年(1930年)的市、街、庄協議會的改選，決定採取不予關心的態度等等(內

容略)。⑬

其次，自治聯盟成立之後，便以喚起地方自治制度改革的興論，向全台住民呼籲，同時爲謀求民眾對聯盟的支持及擴大組織；從 1930 年 8 月 17 日起，至 1931 年 1 月 13 日，在全台 23 處開辦巡迴政論演說會。結果，參與集會的聽眾，總數達 18,850 人之多。並在台中、嘉義、台南、鹿港、南屯 (二處)、員林、能高、屏東、北門等地，前後設立支部，聲勢十分活躍。⑭

1931 年 1 月 5 日，自治聯盟在台中本部召開第三次理事會，有 9 名理事出席，推楊肇嘉爲主席。審議通過自創立以來，即著手立案的「台灣地方自治制改革案」。當時因爲「霧社事件」發生未久，總督更迭的傳聲甚盛，爲期向新任總督建議起見，決定由常務理事楊肇嘉親赴東京運動。楊氏於 1931 年 1 月 19 日赴日，向新任總督太田政弘提出「台灣地方自治改革建議書」。一方做效台灣議會設置請願的方式，由楊肇嘉領銜，經聯盟理事 14 人簽署，於 2 月 21 日，獲得坂東幸太郎、斯波貞吉、田川大吉郎、清瀨一郎等議員之介紹，向眾議院；23 日，經由渡邊暢議員的介紹向貴族院，分別提出請願書。然而，在眾議院於 3 月 24 日，與台灣議會設置請願併在一起，呈上請願委員會，結局以未及審議而終。在貴族院則列入於同年 3 月 18 日之請願委員會議程，但經審議的結果，決定「不予採納」。雖然如此，楊肇嘉並未氣餒，隨即又在東京策動親台的眾議員斯波、清瀨、田川等人，再次向眾議院提出「關於台灣地方自治制施行之建議」(內容略)，終獲多數議員的贊同，該建議案於 3 月 27 日，在眾議院受理通過。其時，在台自治聯盟幹部接到此項消息，頗爲興奮，以爲聯盟目的之達成已甚可期。於是進行巡迴演講說明會，努力宣傳聯盟之方策及主旨，致力勸誘民眾加入自治聯盟團體。⑭

　　8月16日，在充滿著前途十分可期的氣勢下，自治聯盟決定在台中市公會堂召開第一次聯盟大會。但是日上午，爲籌備此次大會，先在同市醉月樓酒家召開第二次評議會時（葉榮鐘稱出席評議員有30餘人，日本當局稱27人），席上楊肇嘉卻突然提出「風聞總督府將於近期內改革地方制度，但其內容與本聯盟所主張者相去甚遠。萬一不能符合吾人之要求時，本聯盟應如何對付？」本人以爲應該採取1.自治聯盟成員應拒絕接受一切公職；2.厲行禁酒、禁煙，組織公賣品不買同盟；3.拒絕一切不依據法律之公共負擔等。以上三點經協議的結果，決定提請大會決議。當日下午二時，大會由蔡式穀主持，本部、支部代表百餘人出席，並有來賓及聽眾多人參加，盛況空前。經推劉明哲爲議長，楊肇嘉爲副議長後，大會首先便全體起立，對8月6日逝世之蔣渭水默念致哀。其次來賓致辭及披露賀電，然後進入議事。依本部及各支部之順序報告事務，稱一年前創立當時，聯盟會員僅爲370人，現在已增加至3,300餘人，支部由10處，增加爲14支部。議案審議時，對楊肇嘉之上述提案，台北支部谷本貞雄（律師）認爲「該案爲聯盟之重大問題，應另召開大會作具體決議。現在對尚未發表之政府案，先予以否定的態度實無必要。」採決的結果，通過谷本之提案。其他的議案計有七項，均被採擇通過。惟議案中有一項「聯盟會員不得擔任官派議員」乙節，被當局認爲不妥當而發出警告，結果把它撤回。最後審議採決「宣言書」及「決議文」，並推派楊肇嘉、蔡式穀兩人代表自治聯盟，攜帶兩文件訪問太田總督進行陳情事宜。[142]

　　關於本次聯盟所採決的「宣言書」及「決議文」，其主旨與內容，可說完全相同。亦即要求當局在台灣立刻實行1.賦與普選公民權；2.確立州、市、街、庄的自主權；3.官派諮詢機構改

爲民選議決機構，以明確其職務權限；4.改革執行機關之組織，並明確其職務權限；5.確立州、市、街、庄的財政管理權等，諸事項之地方自治。不過，當楊、蔡兩氏北上想拜訪總督、總務長官及警務局長時，卻都遭到婉拒，沒能直接見到面。爾後，於11月7日，楊肇嘉根據自治聯盟第一次大會決議的諸事項，愼重審議的結果，作成一份盡早進行台灣地方自治的建議書，親手交給太田總督。對此，太田總督答以「現在正盡全力思考自治制度改革這個問題，在我任內一定會有所改革。」[143]

然而，12月13日，日本國內以「九一八滿洲事變」(1931年)爲契機，軍人的勢力日漸抬頭，第二次若槻禮次郎內閣被迫總辭，政友會的犬養毅內閣成立。隨著內閣的交替，隸屬民政黨的太田總督，終未能進行任何地方自治改革，即於1932年(昭和7年)3月2日請辭，政友會南弘被任命爲新總督。如此，南弘總督蒞台上任後，於4月17日，巡視全台，途徑台中時，楊肇嘉、黃朝清、葉清耀、土屋達太郎等人，乃代表自治聯盟訪問南弘總督於台中公會堂，對台灣地方自治制度之改革有所建言。可是，1932年日本政局正值多事之秋。當年1月28日，爆發上海事變；二月前藏相井上準之助遭暗殺；3月2日，創立滿洲國；5月15日，犬養首相遭暗殺(所謂五一五事件)。至此，5月26日，以海軍大將齋藤實爲首的舉國一致內閣成立，政黨政治宣告終結。隨這次內閣的改造，南弘總督於5月27日，被召回本國接掌遞信大臣而離台。結果，其總督任期，實僅有兩個多月，因此亦無所舉事；地方自治的改革，就留待繼任中川健藏新總督之實施。6月17日，新總督蒞台上任，楊肇嘉、葉清耀、劉明哲、李延旭等人，立即於6月24日，拜訪中川新總督，提出地方自治制度改革方案，並有多所陳述。7月15日至8月15日，自治聯盟復在全島各支

部大會及全島主要市、街、庄 26 處，舉行演講會，致力喚起輿論，並準備召開第二次聯盟大會。⑭

## 二、自治聯盟醞釀改組為政治結社

自治聯盟成立以來，嚴守單一目標，對地方自治制度之改革運動，雖盡力一切的努力，但所要求的問題，卻無一實現。因此，聯盟支部之間漸有厭倦這種合法溫和的運動方式。就中，台北、台中兩支部對「叩頭哀求的請願陳情運動」，公然表示不滿，而且為適應台灣民眾黨結社被禁止後的情勢，遂要求聯盟改組為鬥爭性的政治組織。1932 年 7 月 25 日，台中支部召開大會，作成如下的「綱領案」及「政策案」，並決議向即將召開的第二次自治聯盟大會提出審議。其綱領案稱：「本聯盟為確立台灣自治制度並建設合理的經濟組織，以改革諸制度之缺陷為其綱領。」政策案則有 1.要求確立完全的地方自治；2.要求改革學制；3.要求廢止保甲制度；4.要求實施行政裁判法等，計 12 項。⑮

8 月 21 日，自治聯盟召開第二次全島大會於台中市公會堂。出席者有評議員 41 名、代議員 51 名、旁聽者百餘人。推選楊肇嘉為議長、洪元煌為副議長，通過「宣言書」及「決議文」後，審議下列諸案。即 1.普及政治教育案（內容略）；2.普及初等教育；3.自治聯盟改組案（即台中支部案）。本案為大會中最受注目的議案，但因為楊肇嘉指出「自治制度改革為自治聯盟的單一目標，也是自治聯盟的生命。如果拋棄它，意味著自治聯盟的消滅。」表決的結果，該案被否決；4.農村及中小商工業者的救濟（內容略）；5.廢止製糖原料採取區域制度（內容略）；6.反對台灣米的進口限制（議決通過）；7.實施公學校預備教育及要求承認私立中等學校（議決通過）等。大會審議以上各案後，即宣告散會。8 月 23 日，

楊肇嘉等人將大會「決議文」以電報拍發給齋藤首相、中川總督、平塚總務長官等人，並於同年9月1日，在本部召開理事會，協調如何實行大會決議的諸案。[146]茲將第二次大會「決議文」及「宣言文」要旨引述如下：

㈠大會決議全文：「現行台灣地方自治制度，很顯然地與時代潮流逆行，違背帝國憲法之精神。徵諸台灣的實況，應該斷然實行改革，這是輿論早就要求的。然而當局不知何故徒事觀望，不予以決行。這無異是忽視島民合法的地位，阻礙其政治能進一步之發揮。若常此以行，終使帝國對內外失墜體面，傷害作為文明國之矜持。深盼當局應一視同仁，捐棄政治偏見，依照本聯盟之改革案，即時施行改革。」

㈡大會宣言要旨：「在台灣實施完善的地方自治制度，實為立憲政治當然的歸結。而且是根據一視同仁的聖旨，謀取台灣政治自由第一階段。按照台灣實際情形，亦已無延續實施的任何正當理由和原因。日本帝國在世界上是人種平等的提案者，又是有色民族解放的主倡者。故日本帝國應親自率先示範於世界，對本島四百五十萬人民的熱烈要求，不該再拖延論說其是非。如果當局能有誠意履行一視同仁的聖旨，又為日本帝國的百年大計考慮，應依照本聯盟的改革案，非即時斷然執行改革不可。」（本宣言的要旨，幾乎與決議文相同，並無嶄新的啓示。）[147]

總之，自治聯盟改組運動，在第二次全島大會，雖然由楊肇嘉等人的安撫及事前日本當局所加的壓力，導致提案被否決，但其氣勢仍十分強烈。因此，巷間、報章也出現了自治聯盟分裂、或解散轉向等相關的消息。事實上，持有改組意見的急進盟員，對於聯盟逐漸喪失了積極性之外，更對聯盟日趨由楊肇嘉等少數幹部獨裁的局面，表示十分不滿。惟自1931年9月，滿洲事變

勃發後，日本當局對島內社會運動的全般檢舉鎮壓，亦即禁止民
眾黨的結社，全面檢舉台灣共產主義運動等等，終使聯盟急進份
子，不得不自我抑制，進而避免了自治聯盟分裂的後果。⑭

## 三、地方自治聯盟的解散與台灣政治運動的終結

　　第二次自治聯盟大會之後，因為改革運動毫無收穫，一般會
員已有倦怠氣氛，且在第二次大會又出現改組問題，是以幹部間
知道非再振作一番，恐難維持組織的進展。1933 年（昭和 8 年）5
月 5 日，自治聯盟召開理事會於台中本部，有 15 名理事出席，
謀為消除改組問題提出以來的聯盟內部鬱結，有所協議。其後不
久，總督府地方制度改革案大綱在報上透露，對此聯盟認為根本
不能滿足他們的要求。因此，於 7 月 2 日，再召開理事會，協商
在總督府改正案公布前夕，聯盟應採取的態度等問題。結果，決
定採擇葉清耀以下的提案。亦即第一、應先灌輸民眾自治觀念，
讓他們瞭解其意義，以便在他日的運用上不致發生差錯。職此，
為了啓發其意識而發刊公民叢書，同時以幹部為講師開辦自治講
習會。第二、萬一當局不准舉行講習會，則用報章廣告為宣傳，
喚起輿論，以一貫之主張啓發民眾。第三、在台中、台北、台南
三地，舉辦台、日聯合住民大會，以喚起輿論。第四、決定八月
中赴東京，向台灣關係者，尤其是伊澤多喜男、上山滿之進等，
素對台灣具有同情之人士請求援助；對日本政界之反對論者進行
疏通，並利用演講會或報紙發表意見，引導內地輿論於有利的方
向等等。於是，根據理事會的決議，中部住民大會在 7 月 23 日，
於台中市樂舞台舉行，約有千人參加集會。南部大會於 7 月 26
日，在台南市公會堂舉行，約有 600 人參加集會。北部大會於 7
月 30 日，在台北市蓬萊閣酒家召開，約有 500 人參加。各大會

參加的情形還算盛況。但大會因為受時間的限制，每人發言只有
10分鐘，且大半均被臨監警察命令中止，不能暢所欲言，所得
的效果實也有限。⑭

　　儘管如此，楊肇嘉等人在住民大會之後，前往總督府拜會中
川總督並遞交大會決議文。其時，中川總督安撫表示「總督府將
於今年內與拓務省協議實施自治方案的具體內容，在一、兩年內
會比照朝鮮的方式實施。」正因為這番話，楊肇嘉偕同葉榮鐘和
葉清耀等人，於同年10月至朝鮮各地視察。但途中因為葉清耀
突發腦溢血，病況十分嚴重(後來由其家屬的照顧好轉，於11月12日，
在下關再與一行會合同船歸台)，楊肇嘉與葉榮鐘不得不於10月31
日，先行趕回東京。11月2日，往訪拓務大臣不遇，會黑崎法
制局長，關於自治制改革問題有所建議。11月4日，會伊澤多
喜男前總督，6日再會拓務省生駒管理局長、中川總督 (正值上京)、
小濱內務局長，7日會太田政弘前總督，8日會拓務省堤政務次官，
9日拜訪永井拓務大臣於其官邸，向他們陳情台灣地方自治的事
宜。惟並未獲得任何進展的情況下，於11月10日，即由東京出
發歸台。回台後，楊肇嘉隨之歷訪各地支部，報告朝鮮考察及在
東京運動的情形。葉榮鐘則撰寫〈朝鮮自治制度報告書〉約三萬
言，刊載於〈台灣新民報〉。⑮

　　1934年 (昭和9年) 4月，菲律賓共和國在美國高等弁務官
的監督下即將成立。有鑑於此，中川總督乃於5月5日，前往東
京與拓務省協商有關在台施行自治制度的問題。楊肇嘉聞訊。隨
即於21日，偕同何景寮 (台灣新民報記者) 一起上京，為促進台
灣地方自治之改革，再度歷訪日本權要；並勸說台灣新民報東
京支局吳三連、李延禧等人，組織在京台灣同鄉會。6月24日，
東京台灣同鄉會成立，楊肇嘉即預定不久就回台。旋因為風聞內

閣生變，乃決定暫緩歸台。7月8日，日本海軍大將岡田啓介上台組閣。因為內閣新成立，岡田首相以下各省大臣政務繁忙，無法接見。楊肇嘉遂於7月19日，向各省大臣提出「非常時期關於外地統治的再認識意見書」後，22日，離開東京歸台。茲將該意見書的大要引述如下：「面臨現今的世界情勢下，帝國本土與各海外領地之間，不可出現紛爭，一定要和睦共存共榮。再者，帝國海外領地並非西洋式的殖民地。因此，不能當作經濟剝削的目標。對海外領地應該宣揚皇民化，使其一同成為帝國內部健全的一份子。目下台灣每人的國稅負擔額，比朝鮮人多達兩倍半。財政上早在1905年（明治38年）已經獨立，不但免受中央的補助，反而提供貢獻。然而，政府對台灣的各種施政卻遠不如朝鮮，這是令人難於瞭解的。朝鮮實施的地方制度，經過數次變遷，在1931年齋藤第二次（擔任朝鮮）總督時代大行改革，設置由民選議員構成的決議機關，而大致完成了地方自治的面貌。然而在台灣卻一次都沒有改革，十年來一直都以舊制度持續至今。台灣當前的急務，第一是改革地方制度，給與住民公民權，以確立自治制度。第二是確立司法權及設置行政法庭的問題。第三是人才錄用與教育機關的開放。第四是金融產業問題等。儘管懸案堆積如山，歷代當局卻置而不顧。際此非常時期，帝國既盡力尋求滿洲問題的解決，那麼帝國最初的海外屬地之台灣，當然有加以再認識其統治情況的必要。」[151]

另一方面，與此同時，中川總督亦以1.際此非常時期，應當大同團結；2.避免被人誤會為獨立運動；3.避免使人反對改革地方自治制度等為由，強力勸告蔡培火等人，中止議會設置請願運動。對此，9月2日，林獻堂召集楊肇嘉等29人聚集協商。其時林獻堂指出：「回溯本請願運動，既往十數年來一直都在繼

續進行著，但看不出任何曙光，所以與各位一樣甚覺遺憾。想起過去的歷史，而在此時決意中止，實是不勝痛惜的事。然而本運動的將來仍然暗淡，縱使再加十數年的歲月，其效果還是可疑。所以在此決意提案中止。稍前發出聚會商議通知後，鳳山的吳海水、台南的沈榮、吳秋薇、嘉義吳文龍、基隆邱德金、員林林糊、彰化許嘉種等人，都表示贊成中止的意向。」接著出席者分別陳述意見，最後全員一致決議停止運動，並發表「請願運動中止聲明書」及「台灣統治意見書」。⑮就這樣，台灣議會設置運動，在 1934 年 (2 月貴族院、3 月眾議院) 提出第 15 次的請願後，迫於時勢，不得不宣告結束解散，走完其歷史所負的最終路程。

台灣議會請願運動中止後，1935 年 (昭和 10 年) 4 月 1 日，日本當局終於頒布台灣地方自治制度修改的相關法案，亦即「台灣市制」(共計 91 條) 與「台灣街庄制」(共計 43 條)，並明文規定將於同年 10 月 1 日實施。但此項修改案，議員只有半數是民選，半數仍爲官派；州、市雖有議決權，街、庄則無。而且選舉資格又限定男子 25 歲、年稅額五圓以上 (被選舉權資格，限定年稅額五萬圓以上)。如此不完整之改正案，當然不能爲自治聯盟接受。⑮爲此，4 月 14 日，自治聯盟在台中本部召開理事會，除顧問林獻堂以外，有理事楊肇嘉、黃朝清、葉榮鐘、蔡式穀、洪元煌、劉子祥、張煥珪等 17 人出席，商議自治聯盟今後之對策。結果，議論紛紜，有主張將聯盟改爲政黨者，有主張乾脆解散者，但多數仍主張存續。於是，理事會最終協議成立「自治聯盟存續問題特設委員會」，並發表如下的協議書。即「政府發布之改正自治制度，有若干缺陷，雖不能滿足，但比較舊制度已有進步；本聯盟應指導訓練民眾，俾其運用無誤，今後爲期早一日實現完全之自治制度，各宜更加努力。」當日林獻堂的日記亦有如下的記述：

「自聯理事會自下午 2 時半開會至 9 時 40 分，討論存廢問題，蓋因地方自治制之改革將於 10 月 1 日實施，自治聯盟之運動已告一段落矣。多數主張存續，葉榮鐘主張解散，余與蔡式穀、劉子祥主張改組爲政黨，遂先決定此後應取之態度。」⑭

　　1935 年 5 月 1 日，自治聯盟於台中本部樓上召開「自聯存續問題特設委員會」，出席委員有林獻堂、楊肇嘉、蔡式穀、劉子祥、張煥珪、洪元煌等 6 人 (即全體委員)。但討論的結果，因爲資金問題見解不能一致，存續與否未得結論便散會。6 月 23 日，在本部再召開理事會。根據楊肇嘉的提議，決定今後自聯的活動，僅止於就選舉方法上指導民眾，並約定地方制度改正後，對政黨、候選人、選舉等採取不干預的方針。8 月 17 日，上午 11 時，爲準備第三次大會的召開，先在台中市酒家醉月樓舉行第四次評議員會，並決定向大會提出的諸議案。下午 2 時半，在 91 名代表、來賓、旁聽者 90 餘名、新聞記者 21 名列席之下，於台中公會堂舉行第三次全島聯盟大會。首先，由理事長蔡式穀致開會辭，林獻堂致祝詞，其次披露賀電。旋公推楊肇嘉爲議長、洪元煌爲副議長，蔡式穀、葉榮鐘、劉子祥、張聘三、張煥珪等 5 名爲幹事，張景源以外 5 名爲書記。接著本部和支部報告會務後，繼而討論議事，如審議宣言書、決議文案、決定評議會所推薦的理事及其他幹部，審議支部提案等，然後散會。關於審議第一號「自治聯盟改組案」，張深鑐代表台中支部提出說明，獲得台北支部坂本弘、蔡式穀的贊同。不過，津川福一、張風謨則表示反對。除外雖有林獻堂補充說明，但經過一小時激烈討論後，難得結論；乃由莊遂性提議，將「改組案」決定暫時保留。其他議案除第二號「聯盟本部遷移台北案」被否決，第三號撤回外，餘五案均經議決通過。隨後，大會選出蔡式穀、王添丁、楊肇嘉等各地理事共

計25名、常務理事楊肇嘉等5名及評議員135名。⑮又第三次「宣言書」要旨及「決議文」如下：

㈠宣言書要旨：「1927年（昭和2年）帝國議會雖經衆議院滿場一致之贊同，議決即時在台灣實施地方自治。但當局卻觀望不前，未作任何措施。現今帝國正處於賭國運以復興亞細亞之地位，亦即面臨所謂國際性危機當中。值此，帝國宜應謀求國民意識的強化，即時在台灣斷行地方自治制度。然而，即將到來的十月所要實施之地方自治制度，卻僅修改舊制度之一小部分，仍不能符合島民之輿論，尤其與本聯盟所要求的目標相距甚遠。本聯盟鑑於帝國正處在國際的非常時期，吾人的責任愈加重大。爲增進國利民福，務須更加團結，並指導訓練島民，以期新制度公正運用，同時爲確立完全的地方自治制度勇往邁進。」

㈡決議文（內容與宣言書之後部完全相似）：「修訂的地方自治制度，比原來的制度向前推進了一步，但仍與本聯盟所要求的相距甚遠，尚未能反映民衆之利害關係。因其不能喚起民衆之關心與熱情，終究難期善美之運用，殊令人甚感遺憾。本聯盟鑑於際此國家之非常時期，吾人之責任重大，務須更加團結，訓練指導民衆，以期新制度之公正運用，同時爲了早日確立完全的地方自治制度而勇往邁進。」⑯

第三次全島大會後，8月31日，自聯在台中本部召開第一次理事會，有13名理事出席。楊肇嘉就大會保留之「改組問題」提出，諮詢各理事意見。常務理事劉子祥主張自對官選、民選議員應推薦候選人，純然站在指導的立場，積極圖謀新制度之善用，「改組案」待選舉後決定亦不爲遲。衆人贊同其意見，遂決定看選舉後之情形，然後再行解決大會懸案。又基於同日理事會之決定，自10月27日起，至11月16日止，在全島主要地方22處，

舉行巡迴政談演講會。未久，11 月 22 日，地方自治制度修改後，首次市會、街庄協議會員的選舉開始實施。自治聯盟各支部所推薦的市會候選人及其當選者名單如下：1. 台中市推薦四名候選人，當選者張深鑐、張風謨 2 名；2. 台南市推薦候選人劉子祥、沈榮、津川福一、歐清石等四名，全員當選；3. 嘉義市推薦候選人梅獅、劉傳來、陳福財等三名，全員當選；4. 屏東市推薦五名候選人，當選者僅蘇嘉邦一名；5. 台北市推薦蔡式穀一名，以最高票當選。此外，當選街庄協議會員者，主要有台北陳金波、新竹黃運元、台中洪元煌、張聘三、蔡年亨等人。如此，選舉的結果，自治聯盟推薦之候選人，大體上可謂得到佳績。於是，11 月 28 日，自聯在台中市樂舞台戲院召開選舉報告演講會。有楊肇嘉等 11 人舉行演講，聽眾達千餘人，在空前盛況中散會。結果，楊肇嘉等幹部似乎又對自聯的勢力，重繫期待。⑮

　　然而，時序進入 1936 年（昭和 11 年）2 月 26 日，日本國內發生所謂「二二六事件」。高橋藏相、齋藤內大臣、渡邊教育總監遭暗殺，鈴木貫太郎侍從長負重傷，岡田首相隱匿逃難，導致岡田內閣垮台，廣田弘毅內閣成立。5 月，日本政府再度實行軍部大臣現役武官制度；到 9 月，台灣總督一職，亦於相隔 17 年後，由軍人出任。新總督小林躋造雖然是預備軍人，但也是一名海軍大將（小林總督的生平詳後述）。11 月，德日成立防共協定，日本內外正值所謂「超非常時期」。而在台灣則自荻洲立兵台灣軍參謀長赴任以來，對台灣人的猜忌日深、壓迫日劇。1936 年 3 月，林獻堂偕胞弟階堂、次子猶龍，參加台灣新民社組織之華南考察團，歷遊廈門、福州、汕頭、香港、廣東、上海各地。在上海接受華僑團體歡迎時，林獻堂於席上致辭，有歸返祖國之語。此事為日本間諜獲悉轉告台灣軍部。5 月，〈台灣日日新報〉揭發其事，

對林獻堂大張撻伐，造成所謂「祖國事件」。同年 6 月 17 日，荻洲參謀長竟唆嗾日本流氓，在台中公園毆辱林獻堂。1937 年 (昭和 12 年) 4 月，小林總督廢止〈台灣日日新報〉、〈台灣新聞〉、〈台灣新報〉等報紙的漢文欄，〈台灣新民報〉的漢文欄也被縮減爲一頁，到 6 月，甚至完全被廢止，據稱這些都是台灣軍參謀長荻洲的意見。7 月 7 日，中、日爆發「蘆溝橋事變」。此時，台灣天昏地黑，軍部跋扈，警察特工狐假虎威，人人深感危機重重。於是，7 月 18 日，自治聯盟理事會提出解散案。而於 8 月 15 日，召開第四次全島大會時，楊肇嘉即自動宣布解散聯盟。[158]並發表「台灣地方自治聯盟解散宣言文」，其要旨如下：

「立憲政治爲我國之國是，而地方自治爲立憲政治之礎石。自 1930 年 (昭和 5 年) 8 月 17 日，結成本聯盟，在創立總會席上勇壯地高呼『台灣，地方自治聯盟一歲』的口號。然而事到如今，事與志違，過去七年間本聯盟在精神上、物資上傾注所有努力與犧牲，終不能達到所期之目的。其間，中川前總督斷行制度之改革，雖施行現行之地方自治制度，與本聯盟目標相去尚遠。可是，從來機構成員悉爲官選，今有半數改爲民選，比之舊制度已有一段之進步。毋用多言，現行制度尚有甚多缺陷，其再改革實爲五百萬島民正在待望之處。但鑑於現今內外諸情勢，望其急速實現，不得不說有些困難。然政治實際制度之運用，關於如何運用，決不尠少。本聯盟基於此信念在七年前創立迄今，竟未能達成目的，而至解散，誠遺憾萬千。願島民堅持上述理義，再接再勵，以期早日完成地方自治制度。」[159]

至此，台灣人的所有政治運動，劃下了惆悵的句點。爾後，從不再有任何政治結社的舉動。爰將「台灣統治當局者一覽表」[160]及「台灣人政治運動演變圖」[161]附錄如下，請參閱。

## 台灣統治當局者一覽表

| 內閣 | 中央主管大臣 | 總 督<br>* 武官總督制 | 總務長官<br>○民政局長官<br>△民政局長<br>× 民政長官 | 軍司令官 |
|---|---|---|---|---|
| 第二次<br>伊藤博文<br>1892.8.8 | | 兼軍務司令官<br>樺山資紀<br>1895.5.10 | | |
| | 首相<br>（台灣事務局）<br>1895.6.30 | | ○水野遵<br>1895.5.21 | |
| | 拓殖務省大臣<br>高島鞆之助<br>1896.4.1 | （副總督兼南進軍司<br>令官高島鞆之助<br>1895.8.6<br>1896.3.31 廢止）<br>* 樺山資紀<br>1896.4.1<br>* 桂太郎<br>1896.6.2 | △水野遵<br>1896.4.1 | |
| 第二次<br>松芳正義<br>1896.9.18 | | * 乃木希典<br>1896.10.14 | | |
| | 首相<br>（台灣事務局）<br>1897.9.2 | | △曾根靜夫<br>1897.7.20 | |
| 第三次<br>伊藤博文<br>1898.1.12 | 內務省大臣<br>（台灣事務局）<br>芳川顯正<br>1898.2.8 | * 兒玉源太郎<br>1898.2.26 | | |
| | | | △後藤新平 | |

| 內閣 | 中央主管大臣 | 總督 | 總務長官 | 軍司令官 |
|---|---|---|---|---|
| 第一次<br>大隈重信<br>1898.6.30 | 板垣退助<br>1898.6.30<br>內務省大臣（台<br>灣事務局廢止）<br>板垣退助<br>1898.7.22 | | 1898.3.2<br>× 後藤新平<br>1898.6.20 | |
| 第二次<br>山縣有朋<br>1898.11.8 | 西鄉從道<br>1898.11.8 | | | |
| 第四次<br>伊藤博文<br>1900.10.19 | 末松謙澄<br>1900.10.19 | | | |
| 第一次<br>桂太郎<br>1901.6.2 | 內海忠勝 .<br>1901.6.2 | | | |
| 兒玉源太郎<br>1903.7.15<br>首相兼任 | | | | |
| 桂太郎<br>1903.10.12 | | | | |
| 芳川顯正<br>1904.2.20<br>農商務相兼任 | | | | |
| 清浦奎吾<br>1905.9.16 | | | | |
| 第一次<br>西園寺公望<br>1906.1.7 | 原敬<br>1906.1.7 | * 佐久間左馬太<br>1906.4.11 | × 祝辰己<br>1906.11.13<br>× 大島久滿次<br>1908.5.30 | |
| 第二次<br>桂太郎<br>1908.7.14 | 平田東助<br>1908.7.14<br>首相（拓殖局）<br>1910.6.21 | | | |

| 內閣 | 中央主管大臣 | 總督 | 總務長官 | 軍司令官 |
|---|---|---|---|---|
| 第二次<br>西園寺公望<br>1911.8.30<br>第三次<br>桂太郎<br>1912.12.21<br>第一次<br>山本權兵衛<br>1913.2.20 | | | × 內田嘉吉<br>1910.8.22 | |
| 第二次<br>大隈重信<br>1914.4.16 | 內務省大臣<br>原敬<br><br>1913.6.13<br>首相兼任<br>大隈重信<br>1914.4.16<br>大浦兼武<br><br>1915.1.7<br><br>首相兼任<br>大隈重信<br>1915.7.30<br>一木喜德郎<br>1915.8.10 | * 安東貞美<br><br>1915.5.1 | | |
| 寺內正毅<br>1916.10.9 | 後藤新平<br>1916.10.9<br>首相（拓殖局）<br>1917.7.28 | | × 下村宏<br>1915.10.20 | |
| 原敬<br>1918.9.29 | | * 明石元二郎<br>1918.6.6<br><br>明石元二郎<br>1919.8.20<br>田健治郎<br>1919.10.29 | 下村宏<br>1919.8.20 | 明石元二郎<br>1919.8.20<br><br>柴五郎<br>1919.11.1 |

| 內閣 | 中央主管大臣 | 總督 | 總務長官 | 軍司令官 |
|---|---|---|---|---|
| | | | | 福田雅太郎 1921.5.3 |
| | | | 賀來佐賀太郎 1921.7.11 | |
| 高橋是清 1921.11.13 加藤友三郎 1922.6.12 | | | | |
| | 首相 （拓殖事務局） 1922.10.30 | | | 鈴木莊六 1923.8.6 |
| 第二次 山本權兵衛 1923.9.2 | | 內田嘉吉 1923.9.6 | | |
| 清浦奎吾 1924.1.7 加藤高明 1924.6.11 | | | | 菅野尙一 1924.8.20 |
| | | 伊澤多喜男 1924.9.1 | | |
| | 首相（拓殖局） 1924.12.20 | | 後藤文夫 1924.9.22 | |
| 第一次 若槻禮次郎 1926.1.30 | | | | |
| | | 上山滿之進 1926.7.16 | | 田中國重 1926.7.28 |
| 田中義一 1927.4.20 | | | | |
| | | 川村竹治 1928.6.16 | | |
| | | | 河原田稼吉 1928.6.26 | 菱刈隆 1928.8.10 |

| 內閣 | 中央主管大臣 | 總督 | 總務長官 | 軍司令官 |
|---|---|---|---|---|
| 兵口雄幸<br>1929.7.2 | 拓務省大臣<br>首相兼任<br>田中義一<br>1929.6.10<br>松田源治<br>1929.7.2 | 石塚英藏<br>1929.7.30 | 人見次郎<br>1929.8.3 | 渡邊錠太郎<br>1930.6.2 |
| 第二次<br>若槻禮次郎<br>1931.4.14 | 原脩次郎<br>1931.4.14 | 太田政弘<br>1931.1.16 | 高橋守雄<br>1931.1.17<br><br>木下信<br>1931.4.15 | 眞崎甚三郎<br>1931.8.1 |
| 犬養毅<br>1931.12.13 | 首相兼任<br>若槻禮次郎<br>1931.9.10<br>秦豐助<br>1931.12.13 | 南弘<br>1932.3.2 | 平塚廣義<br>1932.1.13 | 阿部信行<br>1932.1.9 |
| 齋藤實<br>1932.5.26 | 永井柳太郎<br>1932.5.26 | 中川健藏<br>1932.5.27 | | 松井石根<br>1933.8.1 |
| 岡田啓介<br>1934.7.8 | 首相兼任<br>岡田啓介<br>1934.7.8<br><br>兒玉秀雄<br>1934.10.25 | | | 寺內壽一<br>1934.8.1 |

| 內閣 | 中央主管大臣 | 總督 | 總務長官 | 軍司令官 |
|---|---|---|---|---|
| 廣田弘毅<br>1936.3.9 | 永田秀次郎<br>1936.3.9 | | | 柳川平助<br>1935.12.2<br><br>畑俊六<br>1936.8.1 |
| | | 小林躋造<br>1936.9.2 | 森岡二朗<br>1936.9.2 | |
| 林銑十郎<br>1937.2.2 | 藏相兼任<br>結城豐太郎<br>1937.2.2 | | | |
| 第一次<br>近衛文麿<br>1937.6.4 | 大谷尊由<br>1937.6.4 | | | 古莊幹郎<br>1937.8.1<br>兒玉友雄<br>1937.9.8 |
| | 外相兼任<br>宇垣一成<br>1938.6.25<br>首相兼任<br>近衛文麿<br>1938.9.30<br>八田嘉明<br>1938.10.29 | | | |
| 平沼騏一郎<br>1939.1.5 | 商工相兼任<br>八田嘉明<br>1939.1.5<br>小磯國昭<br>1939.4.7 | | | 牛島實常<br>1939.8.1 |
| 阿部信行<br>1939.8.30<br>米內光政<br>1940.1.16<br>第二次<br>近衛文麿<br>1940.7.22 | 金光庸夫<br>1939.8.30<br>小磯國昭<br>1940.1.16<br>外相兼任<br>松岡洋右<br>1940.7.22<br>秋田清<br>1940.9.28 | | | |

| 內閣 | 中央主管大臣 | 總督 | 總務長官 | 軍司令官 |
|---|---|---|---|---|
| | | 長谷川清<br>1940.11.27 | 齋藤樹<br>1940.11.27 | |
| 第三次<br>近衛文麿<br>1941.7.18<br><br>東條英機<br>1941.10.18 | 外相兼任<br>豐田貞次郎<br>1941.7.18<br>外相兼任<br>東鄉茂德<br>1941.10.18<br>農林相兼任<br>井野碩哉<br>1941.12.2 | | | 本間雅晴<br>1940.12.15 |
| | 內務省大臣<br>湯澤三千男<br>1942.11.1<br>安藤紀三郎<br>1943.4.20 | | | 安藤利吉<br>1942.4.13 |
| 小磯國昭<br>1944.7.22 | 大達茂雄<br>1944.7.22 | 軍司令官兼任<br>安藤利吉<br><br>1944.12.30 | 成田一郎<br>1945.1.6 | (台灣軍改稱<br>第十方面軍)<br>1944.9.22 |
| 鈴木貫太郎<br>1945.4.7 | 安倍源基<br>1945.4.7 | | | |

## 台灣人政治運動演變圖

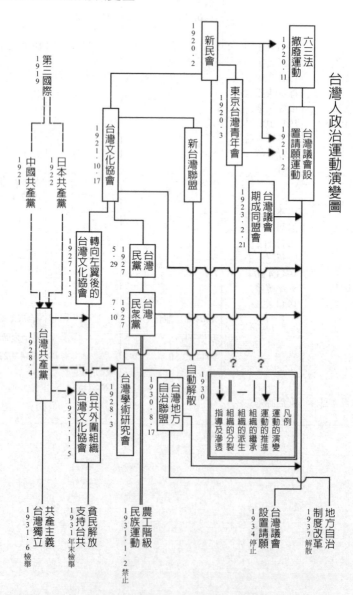

台灣人政治運動演變圖

## 第九章註

① 葉榮鐘編纂《林獻堂先生紀念集》(全三卷) 年譜・追思錄，林獻堂先生紀念編纂委員會，民國49年 (海峽學術出版社, 2005年再版)，卷三，追思錄，55-6頁。

② 同上，卷一，年譜，27歲事蹟參照。

③ 同上，卷一，年譜，31歲事蹟。
　　蔡培火・林柏壽・陳逢源・吳三連・葉榮鐘等共著《台灣民族運動史》，自立晚報，民國60年，7-8，11-3頁參照。

④ 同上《台灣民族運動史》，15頁。
　　台灣總督府警務局《台灣總督府警察沿革誌》第二編，領台以後の治安狀況(中卷)(台灣社會運動史)，以下略稱《警誌》(二)中卷《台灣社會運動史》，台灣總督府，昭和13年，2-3頁。
　　同書王詩琅譯註《台灣民族運動史》，稻鄉出版社，民國48年，22頁。以下略稱王譯本。
　　許世楷《日本統治下の台灣——抵抗と彈壓》，前揭，168頁。同書李譯本，235頁。

⑤ 前揭《林獻堂先生紀念集》卷三，追思錄，59-60頁。

⑥ 同上，61頁。

⑦ 前揭《台灣民族運動史》，16頁。
　　前揭《警誌》(二)中卷《台灣社會運動史》，14頁。

⑧ 前揭《日本統治下の台灣——抵抗と彈壓》，169-70頁；李譯本，236-7頁。

⑨ 前揭《林獻堂先生紀念集》卷三，追思錄，62頁。

⑩ 同上，62-4頁。

⑪ 前揭《日本統治下の台灣——抵抗と彈壓》，171頁；李譯本，239頁。
　　前揭《林獻堂先生紀念集》卷三，追思錄，64-7頁。

⑫ 同上《林獻堂先生紀念集》卷三，追思錄，67-9頁。

⑬ 前揭《日本統治下の台灣——抵抗と彈壓》，172頁；李譯本，240頁。

⑭ 前揭《警誌》(二)中卷《台灣社會運動史》，19-20，22頁；王譯本，32-3，37-8頁。
　　前揭《台灣民族運動史》，19-20頁。

⑮ 同上《警誌》(二)中卷《台灣社會運動史》，17-8頁。
　　同上《台灣民族運動史》，19-20頁。

⑯ 同上《警誌》(二)中卷《台灣社會運動史》，20-2頁；王譯本，33-7頁參照。

⑰ 同上，22-3頁；王譯本，38-9頁參照。
　前揭《台灣民族運動史》，30-1頁參照。
⑱ 田中直吉《近代國際政治史》，大雅堂，昭和18年，154-7頁參照。
⑲ 神川彥松《近代國際政治史》，下卷Ⅱ，實業之日本社，昭和25年，
　382-5、392-4頁參照。
⑳ 山崎繁樹・野上矯介《台灣史》寶文館，昭和2年，565頁參照。
　宮川次郎《台灣の政治運動》，台灣實業界社，昭和6年，73-4頁參照。
　前揭《日本統治下の台灣——抵抗と弾壓》，182-3頁；李譯本，253-4
　頁參照。
㉑ 同上《日本統治下の台灣——抵抗と弾壓》，184頁；李譯本，256頁參照。
　前揭《台灣民族運動史》，81頁參照。
㉒ 小森德治《明石元二郎》(下卷)，原書房，昭和3年，昭和43年複刻版，
　50-1頁。
㉓ 同上，160-82、213-30、236-8頁；「明石大將年譜」，1-10頁參照。
　林玓乾等總編輯《台灣文化事典》，前揭(第一章)，444頁參照。
㉔ 向山寬夫《日本統治下における台灣民族運動史》，前揭(第六章)，577頁；
　譯本(上)，663頁參照。
　謝春木《台灣人の要求》，台灣新報社，昭和6年，7-8頁。
　同書譯本《謝南光(春木)著作選》下，海峽學術出版社，1999年，
　284-6頁(以下略稱譯本“下”)。
　前揭《台灣民族運動史》，82頁參照。
㉕ 同上《台灣人の要求》，8-10頁；譯本(下)，286-7頁。
　前揭《警誌》(二)中卷《台灣社會運動史》，27頁；王譯本，48-9頁。
㉖ 高濱三郎《台灣統治概史》，新興社，昭和11年，195頁。
㉗ 田健治郎傳記編纂會《田健治郎傳記》，同會，昭和7年，〈讓山田健治
　郎君年譜〉，1-41頁參照。
　吳文星等主編《台灣總督田健治郎日記》(上)，中研院台史所籌備處，
　民國90年，1，591-600頁參照。
㉘ 同上《田健治郎傳記》，375-8頁參照。
　同上《台灣總督田健治郎日記》，36-40頁參照。
㉙ 同上《台灣總督田健治郎日記》，52-3頁。
　井出季和太《台灣治績志》，前揭，625頁；譯本(二)，687頁參照。
㉚ 前揭《田健治郎傳記》，390-406頁參照。
㉛ 黃昭堂《台灣總督府》，前揭(第七章)，114-5頁；譯本，121頁參照。

㉜ 前揭《警誌》㈡中卷《台灣社會運動史》，28-30 頁；王譯本，50-3 頁參照。

㉝ 同上，30 頁；王譯本，53 頁。

㉞ 前揭《日本統治下の台灣──抵抗と彈壓》，187 頁；李譯本，259 頁參照。

㉟ 前揭《警誌》㈡中卷《台灣社會運動史》，30 頁；王譯本，53-4 頁。

㊱ 同上，30-1 頁；王譯本，54 頁參照。
　　前揭《台灣民族運動史》，543-71 頁參照。

㊲ 前揭《林獻堂先生紀念集》卷一，年譜，40 歲事蹟。
　　前揭《警誌》㈡中卷，311-2 頁。同書王乃信等譯《台灣社會運動史(1913-1936年)》第二冊，政治運動，海峽學術出版，2006 年，5 頁（同書以下略稱譯本Ⅱ）。

㊳ 前揭《警誌》㈡中卷《台灣社會運動史》，27-8 頁；王譯本，49 頁。

㊴ 前揭《林獻堂先生紀念集》卷一，年譜，40 歲事蹟。

㊵ 前揭《警誌》㈡中卷《台灣社會運動史》，28 頁；王譯本，49-50 頁。

㊶ 同上，27 頁；王譯本，47-8 參照。

㊷ 前揭《警誌》㈡中卷，312-3 頁；譯本（Ⅱ），5-6 頁。

㊸ 同上，340-1 頁；譯本（Ⅱ），36-7 頁。

㊹ 同上，342 頁；譯本（Ⅱ），38 頁。

㊺ 同上，344 頁；譯本（Ⅱ），40-1 頁。

㊻ 同上，351-3 頁；譯本（Ⅱ），49-50 頁。

㊼ 同上，325-6 頁；譯本（Ⅱ），21-3 頁。

㊽ 同上，同頁。

㊾ 若林正丈《台灣抗日運動研究史》，研文出版，1983 年，28-31 頁。

㊿ 前揭《台灣治績志》，638-9 頁；譯本㈡702-4 頁。

51 前揭《台灣民族運動史》，282-6 頁參照。
　　前揭《警誌》㈡中卷《台灣社會運動史》，138-9 頁；王譯本，250-2 頁。

52 同上《警誌》㈡中卷《台灣社會運動史》，139-40 頁；王譯本，252-3 頁。

53 同上，147-8 頁；王譯本，265-6 頁。
　　前揭《台灣民族運動史》，295 頁。

54 前揭《警誌》㈡中卷《台灣社會運動史》，146-51 頁；王譯本，263-72 參照。

55 同上，151-2 頁；王譯本，273-5 頁參照。

56 同上，157-9、165-6 頁；王譯本，285-7、295 頁參照。

57 同上，176-7 頁；王譯本，312-3 頁。

58 同上，354-5 頁；同書王乃信等譯本（Ⅱ）政治運動（前揭），51-3 頁參照。
　　前揭《台灣民族運動史》，162-5 頁參照。

前揭《日本統治下の台灣——抵抗と弾壓》，213-5頁；李譯本，292-5
頁參照。

㊾ 同上《日本統治下の台灣——抵抗と弾壓》，215頁；李譯本，295-6頁。
蔣渭水著／王曉波編《蔣渭水全集》上冊 (增訂版)，海峽學術出版社，
2005年，88頁。

⑥ 前揭《台灣民族運動史》，165頁。

⑥ 同上，201-2頁。
前揭《警誌》㊁中卷，355-6頁；王乃信等譯本 (Ⅱ)，53-4頁。

⑥ 同上《警誌》㊁中卷，358-9、361-2頁；譯本 (Ⅱ)，58-9、61-3頁參照。
前揭《台灣民族運動史》，205。

⑥ 前揭《台灣治績志》，713-5頁；譯本㊁，786-7頁。
前揭《日本統治下の台灣——抵抗と弾壓》，222-3頁；李譯本，304-5頁。

⑥ 前揭《警誌》㊁中卷，359-61頁；譯本 (Ⅱ)，59-61頁參照。
前揭《台灣民族運動史》，206-9、275-6頁參照。

⑥ 同上《警誌》㊁中卷，408頁；譯本 (Ⅱ)，119頁。
前揭《台灣人の要求》，53-5頁；譯本 (下)，315-6頁參照。
連溫卿著／張炎憲・翁佳音編校《台灣政治運動史》，稻鄉出版社，
1988年，140-1頁。

⑥ 同上《警誌》㊁中卷，190-2頁；王詩琅譯本，334-7頁參照。
同上《台灣政治運動史》，149、160-3頁參照。
前揭《台灣民族運動史》，338-40頁參照。
簡炯仁《台灣民眾黨》，稻鄉出版社，民國90年，45-8頁參照。
黃頌顯《台灣文化協會的思想與運動》(1921-1931)，海峽學術出版社，
2008年，174-5頁參照。
林獻堂著／許雪姬等註解《灌園先生日記》㊀1927年，中研院台史所
籌備處，民國89年，7頁參照。

⑥ 同上《灌園先生日記》㊀1927年，1頁參照。

⑥ 前揭《警誌》㊁中卷，192-3頁；王詩琅譯本，337-8頁。
前揭《台灣政治運動史》，161-3頁參照。
前揭《台灣民族運動史》，340-1頁。
前揭《台灣人の要求》，56-69頁；譯本 (下)，317-26頁參照。
同上《灌園先生日記》㊀1927年，16頁參照。

⑥ 同上《警誌》㊁中卷，411-3頁；譯本 (Ⅱ)，124-7頁。
同上《台灣民族運動史》，361頁。

⑦ 同上《警誌》㊁中卷，417-24 頁；譯本（Ⅱ），132-43 頁參照。
　 同上《台灣民族運動史》，362-3 頁參照。
㉛ 同上《警誌》㊁中卷，424-5 頁；譯本（Ⅱ），143-4 頁。
㉜ 同上，426-7 頁；譯本（Ⅱ），146-7 頁。
　 前揭《台灣民族運動史》，364-5 頁。
㉝ 同上《台灣民族運動史》，365-6 頁。
　 同上《警誌》㊁中卷，427-8 頁；譯本（Ⅱ），147-8 頁。
　 前揭《台灣民衆黨》，66-9 頁參照。
㉞ 同上《警誌》㊁中卷，428-30 頁；譯本（Ⅱ），148-51 頁。
㉟ 同上，428 頁；譯本（Ⅱ），148 頁。
㊱ 同上，435-6 頁；譯本（Ⅱ），160-1 頁。
㊲ 前揭《台灣民族運動史》，368-9 頁。
　 前揭《警誌》㊁中卷，432-5 頁；譯本（Ⅱ），155-60 頁。
㊳ 同上《台灣民族運動史》，375 頁。
　 同上《警誌》㊁中卷，436 頁；譯本（Ⅱ），161 頁。
㊴ 同上《台灣民族運動史》，376-9 頁參照。
　 同上《警誌》㊁中卷，438-9 頁；譯本（Ⅱ），164-5 頁參照。
㊵ 同上《台灣民族運動史》，379-80 頁。
　 同上《警誌》㊁中卷，441 頁；譯本（Ⅱ），167 頁。
㊶ 同上《台灣民族運動史》，380-2 頁。
　 同上《警誌》㊁中卷，441-5 頁；譯本（Ⅱ），168-73 頁參照。
㊷ 同上《台灣民族運動史》，382-3 頁參照。
　 同上《警誌》㊁中卷，446 頁；譯本（Ⅱ），174-5 頁參照。
㊸ 同上《台灣民族運動史》，383-4 頁參照。
　 同上《警誌》㊁中卷，446 頁；譯本（Ⅱ），174-5 頁參照。
㊹ 同上《警誌》㊁中卷，448-50、456-7 頁；譯本（Ⅱ），176-8、185-6 頁參照。
㊺ 同上，457-8 頁；譯本（Ⅱ），186-7 頁。
㊻ 前揭《台灣民衆黨》，180-90 頁參照。
㊼ 前揭《警誌》㊁中卷，459-76 頁；譯本（Ⅱ），189-210 頁參照。
㊽ 同上，452-6 頁；譯本（Ⅱ），180-4 頁參照。
㊾ 前揭《台灣民族運動史》，415-6 頁參照。
　 前揭《警誌》㊁中卷，476-7 頁；譯本（Ⅱ），210-2 頁參照。
㊿ 同上《警誌》㊁中卷，477-8 頁；譯本（Ⅱ），212-3 頁。
(91) 同上，478-86 頁；譯本（Ⅱ），213-21 頁參照。

前揭《台灣民族運動史》，415-22 頁參照。

㉒ 同上《台灣民族運動史》，423 頁。

前揭《警誌》㈡中卷，486-7 頁；譯本（Ⅱ），223-4 頁。

㉓ 同上《台灣民族運動史》，423-5 頁參照。

同上《警誌》㈡中卷，487、513 頁；譯本（Ⅱ），224-5、262 頁參照。

前揭《灌園先生日記》四 1931 年，民國 90 年，40 頁參照。

㉔ 同上《台灣民族運動史》，425-31 頁參照。

同上《警誌》㈡中卷，490-507 頁；譯本（Ⅱ），229-51 頁參照。

㉕ 同上《台灣民族運動史》，432-3 頁。

同上《警誌》㈡中卷，507-8 頁；譯本（Ⅱ），251-3 頁。

㉖ 同上《台灣民族運動史》，434-40 頁參照。

同上《警誌》㈡中卷，509-13 頁；譯本（Ⅱ），255-61 頁參照。

㉗ 同上《台灣民族運動史》，441-2 頁參照。

同上《警誌》㈡中卷，514-6 頁；譯本（Ⅱ），262-6 頁參照。

吳密察·吳瑞雲編譯《台灣民報社論》，稻鄉出版社，民國 81 年，867-8 頁。

㉘ 同上《台灣民族運動史》，442-3 頁參照。

同上《警誌》㈡中卷，516-21 頁；譯本（Ⅱ），266-72 頁參照。

前揭《日本統治下の台灣——抵抗と彈壓》，352-4 頁；李譯本，466-9 頁參照。

㉙ 同上《警誌》㈡中卷，583-8 頁；同書王乃信等譯本第三冊，共產主義運動〈以下略稱譯本（Ⅲ）〉，1-8 頁參照。

⑽ 同上，588-9 頁；譯本（Ⅲ），8-9 頁。

陳芳明《謝雪紅評傳》，前衛出版社，1988 年、1999 年再版，87 頁。

⑾ 同上《謝雪紅評傳》，88-9 頁。

前揭《警誌》㈡中卷，590 頁；譯本（Ⅲ），10 頁。

何池《翁澤生傳》，海峽學術出版社，2005 年，176 頁參照。

謝雪紅口述／楊克煌筆錄《我的半生記》，楊翠華出版（台北），1997 年，262-5 頁參照。

⑿ 同上《謝雪紅評傳》，90-1 頁參照。

同上《警誌》㈡中卷，590-1 頁；譯本（Ⅲ），10-12 頁。

⒀ 同上《警誌》㈡中卷，591-2 頁；譯本（Ⅲ），12-3 頁。

⒁ 同上《警誌》㈡中卷，592-613 頁；譯本（Ⅲ），13-38 頁參照。

⒂ 同上，657 頁；譯本（Ⅲ），92-3 頁。

⑯ 同上，661-2頁；譯本（Ⅲ），98-100頁。

⑰ 同上，667-9頁；譯本（Ⅲ），106-8頁。

⑱ 同上，670-1頁；譯本（Ⅲ），109-10頁。

⑲ 同上，672-3頁；譯本（Ⅲ），112-3頁。

⑩ 同上，674-6頁；譯本（Ⅲ），114-6頁參照。

⑪ 同上，676-82頁；譯本（Ⅲ），117-24頁參照。

⑫ 同上，712頁；譯本（Ⅲ），161-3頁參照。

⑬ 同上，713-4頁；譯本（Ⅲ），163-4頁。

⑭ 同上，714-6頁；譯本（Ⅲ），164-7頁。

⑮ 同上，718-9頁；譯本（Ⅲ），170-1頁。

⑯ 前揭《謝雪紅評傳》，214-30頁參照。
　　前揭《翁澤生傳》，260頁參照。

⑰ 前揭《警誌》（二）中卷，244-5頁；王詩琅譯本，425頁。

⑱ 同上，218-9頁；王詩琅譯本，382-5頁參照。
　　前揭《台灣政治運動史》，365頁。

⑲ 前揭《台灣民族運動史》，349-50頁參照。

⑳ 前揭《台灣政治運動史》，367頁。
　　前揭《警誌》（二）中卷，222-3頁；王詩琅譯本，389-92頁參照。

㉑ 同上《警誌》（二）中卷，224-7頁；王詩琅譯本，394-7頁參照。
　　前揭《日本統治下の台灣──抵抗と彈壓》，320-2頁；李譯本，426-8頁參照。

㉒ 同上《警誌》（二）中卷，232-4頁；王譯本，407-10頁參照。

㉓ 同上，235頁；王譯本，411頁。

㉔ 同上，244頁；王譯本，423-5頁。

㉕ 同上，245-6頁；王譯本，426-7頁。

㉖ 同上，246-8頁；王譯本，427-30頁參照。

㉗ 同上，252-4頁；王譯本，438-43頁參照。

㉘ 同上，255-7頁；王譯本，443-9頁參照。

㉙ 同上，259頁；王譯本，449頁。

㉚ 前揭《台灣民族運動史》，352-3頁。

㉛ 前揭《警誌》（二）中卷，267-9頁；王譯本，463-5頁參照。

㉜ 同上，270-2頁；王譯本，467-9頁參照。
　　前揭《台灣民族運動史》，353頁參照。

㉝ 前揭《警誌》（二）中卷，735-9頁；譯本（Ⅲ），192-7頁。

前揭《翁澤生傳》，260-1 頁參照。

前揭《謝雪紅評傳》，218-25 頁參照。

⑭ 同上《警誌》㈡中卷，750-2、796-9 頁；譯本（Ⅲ），213-4、271-7 頁。

⑮ 前揭《台灣民族運動史》，445-6 頁。

⑯ 同上，447-9、451 頁。

前揭《警誌》㈡中卷，523-7 頁；譯本（Ⅱ），276-80 頁參照。

⑰ 同上《警誌》㈡中卷，527-9 頁；譯本（Ⅱ），281-2 頁。

前揭《台灣民族運動史》，452-3 頁。

楊肇嘉《楊肇嘉回憶錄》，三民書局，民國 56 年，248-50 頁。

⑱ 同上《警誌》㈡中卷，529 頁；譯本（Ⅱ），283 頁。

同上《台灣民族運動史》，453-4 頁。

同上《楊肇嘉回憶錄》，250 頁。

⑲ 同上《警誌》㈡中卷，530-1 頁；譯本（Ⅱ），286 頁。

⑳ 同上，527、540-1 頁；譯本（Ⅱ），280、300-2 頁。

前揭《台灣民族運動史》，456-9 頁。

㉑ 同上《台灣民族運動史》，461-2 頁。

前揭《警誌》㈡中卷，543-5 頁；譯本（Ⅱ），304-7 頁參照。

㉒ 同上《台灣民族運動史》，464-5 頁。

同上《警誌》㈡中卷，545-7 頁；譯本（Ⅱ），308-10 頁。

㉓ 同上《台灣民族運動史》，468-70 頁參照。

同上《警誌》㈡中卷，547-57 頁；譯本（Ⅱ），310-23 頁參照。

前揭《日本統治下の台灣──抵抗と彈壓》，李譯本，510-2 頁參照。

㉔ 同上《警誌》㈡中卷，560 頁；譯本（Ⅱ），327 頁參照。

同上《日本統治下の台灣──抵抗と彈壓》，李譯本，512-4 頁參照。

㉕ 同上《警誌》㈡中卷，560-1 頁；譯本（Ⅱ），327-30 頁。

前揭《台灣民族運動史》，471-3 頁。

㉖ 同上《警誌》㈡中卷，561-2 頁；譯本（Ⅱ），330-1 頁。

同上《台灣民族運動史》，473-4 頁。

㉗ 同上《警誌》㈡中卷，563 頁；譯本（Ⅱ），332-3 頁。

㉘ 同上，566 頁；譯本（Ⅱ），336-7 頁。

㉙ 同上，566-70 頁；譯本（Ⅱ），377-42 頁參照。

前揭《台灣民族運動史》，476-80 頁參照。

㉚ 同上《台灣民族運動史》，481-2 頁參照。

前揭《楊肇嘉回憶錄》，276-8 頁參照。

前揭《警誌》㈡中卷，570頁；譯本（Ⅱ），342-3頁參照。

⑮ 同上《警誌》㈡中卷，570-3頁；譯本（Ⅱ），343-6頁。

⑱ 同上，402-4頁；譯本（Ⅱ），111-3頁。
　前揭《台灣民族運動史》，158-9頁參照。

⑲ 前揭《日本統治下の台灣——抵抗と彈壓》，李譯本，523-4頁參照。
　外務省條約局法規課《律令總覽》（「外地法制誌」第三部の二），同課，昭
　和35年，24-33、37-46頁參照。

⑭ 前揭《警誌》㈡中卷，575-6頁；譯本（Ⅱ），348-50頁。
　前揭《台灣民族運動史》，483-5頁參照。
　前揭《灌園先生日記》㈧，民國93年，131頁。

⑮ 同上《警誌》㈡中卷，576-8頁；譯本（Ⅱ），351-4頁。
　同上《台灣民族運動史》，485-7頁。

⑯ 同上《警誌》㈡中卷，578-9頁；譯本（Ⅱ），354-5頁。
　同上《台灣民族運動史》，488-9頁。

⑰ 同上《警誌》㈡中卷，580-2頁；譯本（Ⅱ），356-9頁參照。
　同上《台灣民族運動史》，489-91頁參照。

⑱ 前揭《楊肇嘉回憶錄》，318頁參照。
　同上《台灣民族運動史》，491頁參照。

⑲ 前揭《台灣民族運動史》，249-50頁。

⑯ 前揭《日本統治下の台灣——抵抗と彈壓》，438-43頁；李譯本，584-9
　頁參照。

⑯ 前揭《台灣總督府》，142頁；譯本，146頁。

# 第十章

# 台灣原住民族對日本帝國進行
# 全心靈的最後搏鬥
## ——「霧社事件」的經緯始末

# 第一節 霧社羣的分布狀況及其歸順沿革

## 一、霧社的地理位置與各社分布狀況

霧社位於台灣中央海拔 3,750 尺（約 1,138 公尺）之台地。南距台中州能高郡埔里街五里 26 町（約 22.5 公里），夾處在濁水溪上游與哈本溪溪谷之間。霧社是連繫埔里街與花蓮港街的台灣中央橫貫道路和橫貫中部「能高越道路」的要衝。南有卓社大山、東有能高、奇萊的連峰，它的咽喉部眉溪背後之「止人關」，自古以來即以天然險要聞名。「霧社」的名稱，起源於清代，因四季時掩蔽於雲霧而得此名，《台灣府誌》稱爲「致霧社」。此地山明水秀，而氣候舒適，可以一眼覽盡終日有白雲來往的中央山脈。附近有古來景勝之地塔羅灣溫泉，名列台灣八景之一。①

霧社事件發生當時，有漢人 23 戶 111 人，日人 36 戶 157 人。部落裡有日人經營的旅館「櫻」（Sakura）和雜貨店各一，漢人經營的雜貨店三家。公務機關則有能高郡警察課分室、警察官吏駐在所、日人小學校、公學校等。原住民教化機關除公學校外，附近部落「馬赫坡社」（Mahebo）及「波阿隆社」（Boalum）各設一處教育所。霧社公學校學生有 210 人（漢人 5 名），畢業生累計 341 人。「馬赫坡」、「波阿隆」兩社兒童教育所，在學生計 84 人，畢業生累計 100 人。其中已培養出師範學校畢業生一名、中等學校在學生 4 名。衛生醫療機關在霧社設有公醫診所，在「馬赫坡」、「波阿隆」、「荷戈」（Hogo）等各社，設有療養所，以謀求醫療之充實。授產設施，在霧社有產業指導所與養蠶指導所，收容原住民子弟，傳授產業上的教育，指導獎勵水田耕作及其他定地耕作

式農耕法，或開拓桑園、教習養蠶業等，成績大有可觀。在事變當時，原住民郵政貯金計達 7,500 圓。其他，台灣製腦股份有限公司，在該地配置腦灶 56 座，有本島腦丁 109 人，其家屬 35 人，計 144 人。又在霧社南方二里餘之萬大山方面，配置腦灶 326 座，有從事工作的腦丁 424 人，其家屬 165 人，計 589 名。總計有 733 人入山長住，成爲「蕃地」唯一無二繁榮的部落，與台北州的烏來、新竹州的角板山，齊名爲日本「理蕃」的先進部落。②

　　而所謂「霧社羣」是以霧社爲中心，廣袤約 10 方里（約 1,542 方公里），標高 2,000 尺至 5,000 尺（約 600 至 1,600 公尺）之間蟠踞而成的 11 社集團（原本有 12 社，大正 14 年即 1925 年前後，布卡山社被併入馬赫坡社，變成 11 社）。各社的地理位置，在當時設立的警察分室南方約一公里多（10 數町）之高地有「巴蘭社」（Balan，以今日霧社街坊爲起點，分布於往萬大方向的高峰脊上）；與該社相對在警察課分室北方約二公里（約 20 町）之高地有「羅多夫社」（Lodofu，今日仁愛國中校址及鄰近腹地）；霧社東南方三公里（30 町）之山腰有「荷戈社」（Hogo，往廬山溫泉方向，今日的春陽部落）；「荷戈社」東方約 4 公里（1 里）之濁水溪右岸有「斯庫社」（Suuku，今日雲龍橋春陽端的山脊及平緩地）；與此相對在該溪左岸有「波阿隆社」（Boalum，今日的廬山部落）；其南方約 3 公里（30 町）之濁水溪支流布卡山溪與馬赫坡溪之合流點有「馬赫坡社」（Mahebo，今日名聞遐邇的廬山溫泉地區）；自該社順濁水溪左岸而下約 4 公里（1 里）有「塔羅灣社」（Talowan，今日的春陽溫泉）；自霧社台地隔離東南方濁水溪谷至前方山腰，有「塔卡南社」（Takanan）與「卡茲茲庫社」（KattuKu，該二社分布在今霧社水庫的對岸）；沿霧社西方哈本溪約 6 公里（1 里半），在該溪與東眼溪合流點，有「托干社」或稱「多岸社」（Togan）和「西巴烏社」（Shibau，該社分布於今日埔霧公路人

止關前方一帶)。上列霧社羣在事件未發生以前之戶數，計有 507
戶，人口總計有 2,178 人。而「霧社事件」發生時，參加武力蜂
起的 11 社中，一般稱爲只有馬赫坡、波阿隆、斯庫、塔羅灣、
荷戈、羅多夫等 6 社，但實際上卡茲茲庫社及塔卡南社的部分住
民，亦有參加。總之，參加蜂起反抗日本當局的戶數總共有 328
戶，人口男女計 1,425 人，壯丁有 345 名。至於，完全未參加反
抗的有巴蘭、托干、西巴烏等三社，戶數 179、人口男女計 753 人、
壯丁 191 名。③茲將霧社事件發生地域略圖及在 1929 年(昭和 4 年)
底，各社人口戶數，轉載如下。

附圖一：霧社事件發生地域略圖 (採自《霧社事件之始末》)

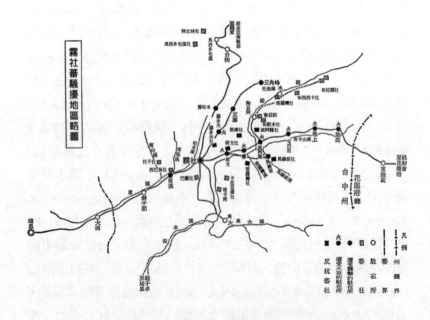

台灣霧社蜂起事件研究與資料（下冊）、832 頁

| 蕃社名 | 戶數 | 人口 | | | 壯丁數 |
|---|---|---|---|---|---|
| | | 男 | 女 | 計 | |
| Boalum | 48 | 97 | 95 | 192 | 56 |
| Suuku | 55 | 121 | 110 | 231 | 68 |
| Mahebo | 54 | 113 | 118 | 231 | 53 |
| Talowan | 8 | 13 | 15 | 28 | 8 |
| Hogo | 58 | 138 | 131 | 269 | 53 |
| Lodofu | 57 | 147 | 138 | 285 | 57 |
| Takanan | 20 | 43 | 31 | 74 | 22 |
| Kattuku | 28 | 53 | 62 | 115 | 28 |
| Balan | 130 | 280 | 265 | 545 | 130 |
| Togan | 37 | 77 | 81 | 158 | 47 |
| Shibau | 12 | 22 | 28 | 50 | 14 |
| 計 | 507 | 1,104 | 1,104 | 2,178 | 536 |

譯本（下）490 頁

## 二、霧社羣的歸順沿革

　　關於日本「理蕃」沿革，本書第八章已有提及，現在僅將「霧社羣」歸順的沿革，再簡略地記述如下。所謂「霧社羣」是北方泰雅族之一分族，特稱爲「賽德克」。該社羣古來即爲比較強悍，且以驍勇善戰聞名。2008 年 4 月 23 日，當今的政府，正名其爲台灣原住民第 14 族（本書第一章已述）。

　　1896 年（明治 29 年）12 月，台灣總督府軍務局陸軍部，計劃調查台灣南北縱貫鐵路及東西橫貫鐵路。於是，決定編成五個探險隊。其中深堀安一郎大尉則於同年 12 月 28 日，授命組成一隊 15 名成員（實際是 14 名編成），勘查中部東西橫貫線。1897 年

（明治 30 年）1 月 11 日，由深堀大尉所編成的一隊 14 名，自台北搭乘火車出發，經由新竹、頭份、苗栗、台中、阿罩霧、小埔社等各地，在 1 月 15 日抵達埔里社。同月 18 日，即由牛眠山庄平埔族人潘老龍及有「生蕃近藤」之稱的近藤勝三郎與其妻伊娃莉羅拔（巴蘭社頭目之女兒）充當嚮導，自埔里出發，經霧社於 1 月 28 日抵達土魯閣（Turuku）社後，曾派人送信到埔里社，表示沿途隨時遇到種種困難，但 1 月 24 日已與木瓜蕃社取得連絡，其結果若可順利繼續前進，預定將於 29 日，通過分水嶺並可望於 2 月 5 日或 6 日，完成探險任務抵達花蓮港。④

　　然而，當深堀一隊抵達「荷戈社」之後，嚮導近藤勝三郎因染患瘧疾，中途不得不離隊返回埔里社療養。隨後迄至 3 月，探險隊杳無消息，日當局咸認深堀一隊已遭到「蕃害」。於是，4 月下旬，埔里社守備隊奉日本當局的命令，派遣秋元、柿內兩少尉組織一隊，入「蕃社」探查深堀一隊的行蹤。結果，冒著莫大的危險，5 月 2 日雖然在布刻蒙社獲得大塚安郎陸軍步兵二等軍曹隊員的一些遺物，但附近沙魯社頭目巴沙烏的態度十分險惡，秋元、柿內一隊被迫不得不於 5 月 6 日，下山返回埔里社歸隊。總之，經過此次探查，大約得知深堀一隊於 1897 年 1 月 29 日，自土魯閣出發後，在 2 月 8 日到達沙魯社。同日再從沙魯社出發，露營三夜之後，於 2 月 11 日，遭遇到白狗社的攻擊，4 名隊員被馘首，其餘 10 名隊員支離分散撤退至沙魯社時，竟遭遇到該社族人的襲擊，全員身亡被馘首（據說深堀大尉是切腹自盡）。8 月 30 日，近藤勝三郎帶同 2 名日人店員，入霧社交換物產品，並探索深堀一隊的下落行蹤。9 月底，近藤在沙魯社的「首棚」裡，發現有 8 顆日人的首級，遂對該社追問，但該社為迴避責任，辯稱殺害日人隊的是太魯閣社族人所為。⑤

　　不過，最近據向山寬夫《台灣高砂族の抗日蜂起——霧社事件》一書的記述，則稱深堀一隊於 1897 年 1 月 29 日，自土魯閣社出發後，當夜即遇到暴風雪，隊員相繼迷路凍死，深堀大尉亦於距離波羅腰社 500 公尺附近的瀑布溪底，切腹自殺。旋被土魯閣社族人發現，將他們馘首帶回到土魯閣社頭目巴沙烏・波蘭家的祭首棚供養（祭拜）。所以深堀一隊，並非遭受到霧社羣族人的慘殺。而此項資訊，據說是近藤勝三郎在同年 8 月，再入土魯閣社之後，無意於 10 月間，因爲參加土魯閣族人的祭首典，才獲知的。⑥惟對向山教授的記述，筆者未能查出其原典，亦抱持著一些疑問（向山教授的著作都十分謹慎的）。在此，僅將向山教授的新見解轉述，以供讀者參考。

　　毋庸贅言地，「深堀事件」帶給日人當局極大的震撼。日人視霧社地區爲「黑暗蕃地」，決定要以武力嚇阻之外，更爲了懲罰霧社地區的族人，乃對該社羣實施「生計大封鎖」。嚴禁食鹽、鐵器等等生計用品進入山區，關閉了蜈蚣崙的「蕃產」交易所，並嚴禁民間的私自交易，使其生活疲弊困乏。1901 年（明治 34 年）日本當局以埔里社爲前進基地，展開對霧社羣的圍剿與討伐。3 月間，日人以隘勇和警察部隊組成前進隊，在埔里盆地東北方的觀音山和霧社羣族人首次開戰。日方不利，退回蜈蚣崙據點。1902 年（明治 35 年）4 月，日軍埔里守備隊與隘勇及警察隊計二百餘人，由中村幸十郎中尉率領，再向霧社方面推進，但行軍至「人止關」附近，遭受人止關左上方多岸社及右上方巴蘭社的強烈抵抗，雙方又展開激戰。結果，雙方皆死傷慘重，日方退回距人止關約 8 公里的本部溪（ruru Tanah-Ngucun），在右岸台地設立「前進霧社指揮所」，成爲日後攻打霧社羣的本部，此即「本部溪」名稱的由來。而此役，日本「理蕃」史中，就被稱爲「人

止關之役」。又此役日軍守備隊員頭戴鑲有紅邊的帽子，因此霧社羣族人就稱日人為「Tanah（紅色）Tunux（頭）」，意即紅色的頭，並非指日本人是紅頭或紅頭髮的人。⑦

自「人止關之役」後，日本當局積極地推進隘勇線，對霧社羣逐漸形成包圍網。1903年（明治36年）10月間，埔里社支廳一面推進水長流隘勇線及二柜（櫃）隘勇線；一面又推進加道坑（今魚池鄉共和村）隘勇線，這都是為進剿霧社羣而建立的攻擊基點。與此同時的10月間，長期遭到日人「生計大封鎖」的霧社羣族人，不但生計維艱，且缺乏鐵器，導致耕作和狩獵生計陷入苦境。尤其多年來食鹽欠缺，許多族人因此患病，不得不以「山鹽青」為食鹽的替代品。在急需補充生計物資的情況下，日本當局乃唆使素與霧社羣有仇恨的「南蕃」布農族干卓萬社，假與言和，並派遣一位嫁到埔里社蜈蚣崙平埔族的巴蘭社婦女，名叫伊婉‧羅勃（Iwan Robo）是巴蘭社前頭目古洛河‧努布魯夫（Quluh Nbulux）之女；前往巴蘭、荷戈、羅多夫等社，巧言地誘騙他們的壯丁至兩族交界處，即濁水溪畔的「姊妹原」（Bukai）進行物品交易。1903年10月5日，霧社羣總頭目巴望諾康的次男烏康巴望率領巴蘭、羅多夫、荷戈各社有權勢的人及一百餘名壯丁（一般文獻大多稱一百餘名，但無正確的數字），如約同赴姊妹原。干卓萬社的布農族人，以準備好的鹹魚和酒，笑容滿面地款待他們，乘機將他們灌醉。待霧社羣壯丁酩酊之際，二百餘名埋伏的干卓萬社壯丁，展開奇襲行動，殺害了幾近全部的霧社羣族人，其中包括烏康巴望及有權勢者。倖免於難逃回霧社部落的還不到30人，或稱只有6、7人。霧社羣慘遭這次遽變，勢力逐漸衰退。此一事件被稱為「姊妹原事件」或「霧社膺懲事件」，係日人利用「以夷制夷」的狠毒手段，達成其「深堀事件」的復仇之快。但此一

事件更埋下了後來霧社羣一再發動抗日事件的另一因素。⑧

就這樣，霧社羣陷入進退兩難的絕境，終於不得不向日當局乞降歸順，懇求恢復「生計物資交易所」。日本官憲當然沒有放過這個機會，隨之積極設立隘勇線前進計劃。於 1906 年（明治 39 年）5 月 31 日，徵用霧社羣壯丁，從守城大山出霞之關（今埔里烏踏坑附近），再南下至關頭山爲止，完成總長約 20 公里（5 里）的警備線，同時在霞之關中央隘勇監督所，舉行霧社羣全社的歸順典禮。⑨

雖然霧社羣被迫乞降歸順，但未久，霧社方面的「蕃情」仍舊不平靜。1908 年（明治 41 年）7 月及 8 月，在霞之關與埔里間，相繼發生「蕃害」（出草）。9 月 24 日，在三義分遣所管區內的隘寮，有隘勇遇害。霧社羣族人密告當局，稱這是「陶茲阿」（道澤）族人所爲，如果要討伐懲處，願意以全族羣的人力，支援討伐隊。日本當局知道這是霧社羣族人故意把自己之罪過，轉嫁給其仇敵「陶茲阿」（道澤）族人。但以當時「蕃界」的情勢判斷，確認倒不如利用霧社羣的申請延長警備線，以壓制甚不平穩的「陶茲阿」（道澤）和「托洛庫」（土魯閣）兩族羣。於是，1908 年 11 月，日本當局在霧社設立駐在所，以操縱霧社羣。隨後於 12 月 7 日，派遣警部以下 589 名的隊員與 660 名搬運工，開始採取前進行動；順利地完成從關頭山下眉溪，經南東眼山通到立鷹，全長約 36.8 公里（9 里 13 町）的隘勇線。得以占領能夠俯瞰陶茲阿（道澤）及托洛庫（土魯閣）兩族羣的要害高地，設立砲台以牽制他們的行動。1909 年（明治 42 年）2 月 25 日，遂解散該前進隊。⑩

嗣後，1910 年（明治 43 年）5 月，日本當局在新竹州「高干羣」方面推進隘勇線時，因爲人力不足，必須調動霧社一帶的部分警備員前往宜蘭支援，以致警備力稀薄，「蕃害」頻頻發生。特別

是 10 月下旬至 11 月上旬,「托洛庫」(土魯閣) 與「陶茲阿」(道澤)
兩羣族人, 先後襲擊腦寮三次, 除殺害腦丁之外, 更侵入隘勇線
內, 形勢十分險惡。至此, 日本當局乃火速編成以南投廳長久保
通猷以下 1,181 人的討伐隊, 自 1910 年 12 月 15 日起, 迄 1911
年(明治 44 年)3 月下旬之間, 連續砲轟攻擊「陶茲阿」及「托洛庫」
兩族羣各社, 使其屈服投降, 並強制沒收共計多達 1,210 支之槍
械。同時又趁這次討伐的餘威, 亦迫令霧社、萬大兩羣族人, 交
出所保存的 1,015 個頭骨, 將其掩埋。⑪

　　一方面, 隘勇線的推進延長, 確實也給予霧社羣族人, 感受
到莫大的壓力與威脅。於是, 1911 年 7 月上旬, 荷戈社頭目及
有力人士數名, 即煽動附近各社說:「日本官憲延長警備線, 是
為了要殺光我們。因此, 我們必須制敵機先, 攻打駐在所, 搶奪
槍枝彈藥。如果我們能夠合力攻其不備, 現在的隘勇線勢將一舉
歸我們所有。」結果, 荷戈、波阿隆、斯庫社的大半及「陶茲阿」(道
澤) 的大部分, 托洛庫 (土魯閣) 中的布西西卡社等, 都同意加盟。
剛巧由於萬大社族人不願參加, 而密告日本官憲, 終於在事發前
被偵破。日本當局乃在埔里社支廳召集沒有參加這個同盟的各社
頭目、有力人士 50 多名, 勸其不要輕舉妄動。同時假借平地觀
光的名義, 把陰謀涉嫌人 50 幾名, 送下山去埔里社, 嚴加叱責
並拘留首謀荷戈社頭目兩名數日, 始給予釋放。⑫

　　對霧社羣的叛服無常, 日本當局深感必須專事充實警備機
關, 非不斷地嚴密注意監視不可。因此, 自 1908 年 11 月, 設置
霧社駐在所以來, 1909 年 5 月設荷戈、1911 年 3 月設馬赫坡、
1912 年 (明治 45 年) 2 月設眉溪等駐在所。1914 年 (大正 3 年) 4
月, 更將霧社地區規劃為霧社支廳。隨後, 1917 年(大正 6 年)底,
到 1918 年 (大正 7 年) 1 月, 完成能高越道路, 藉此設置波阿隆、

屯巴拉、尾上、能高等各駐在所，部署嚴密的警戒網。1920 年（大正9年）4 月，隨著制度上的修正，日當局又將霧社支廳改為能高郡警察課分室。從此，迄至霧社事件突發時為止，霧社羣各社大致可稱相安無事。⑬

## 三、霧社羣與附近各族羣之糾紛對立

霧社羣鄰近之原住民，在霧社東南方約 8 公里順沿濁水溪有「萬大羣」，151 戶 528 人；東北 40 餘公里（十餘里）濁水溪上游地方有「陶茲阿羣」(道澤)，200 戶人口 816 人與「托洛庫羣」(土魯閣) 223 戶 976 人。越過北方哈本分水嶺，北港沿岸地方有「白狗」、「馬累（カ）巴」兩族羣。沿濁水溪下約 20 公里有布農族「干卓萬社」。霧社羣素與上述各族羣不和，尤其與布農族久相仇視。⑭爰將霧社羣與近隣各族羣之關係概況，引述如下：

### ㈠　與托洛庫 (土魯閣)、陶茲阿 (道澤) 兩族羣的關係

托洛庫羣和陶茲阿羣鄰接霧社的東北部，據說始與霧社羣同出於安東軍山之一部的白石山；雙方古來一直保持和睦，結姻親的人也不少。但在 1903 年 (明治 36 年) 起因於婦女的關係而失和，再加上雙方之間耕地分配的不平均及狩獵地爭奪問題，遂無法解決彼此間的仇恨。⑮

### ㈡　與干卓萬社的關係

鄰接霧社南方的干卓萬社，是屬於「南蕃」布農族。因此，與霧社羣不睦並不足為怪。在中央山脈附近出獵就互相爭鬥，下山到埔里街時也常吵鬧不休。剛巧 1903 年 10 月 5 日，干卓萬社受日方官憲的慫恿，乘霧社羣缺乏生活物資的機會，騙他們說要

供應，而引誘到雙方邊界的「姊妹原」(Bukai、武界)，把霧社羣百餘名的壯丁一舉殺光。從此，雙方的憎恨，越發嚴重，仇敵的關係終難和解。⑯

## ㈢ 與「白狗羣」、「馬累 (カ) 巴羣」的關係

白狗羣和馬累 (カ) 巴羣位於霧社北部，因爲距離較遠，在地形上利害關係並不密切。然而 1920 年 (大正 9 年)，「沙拉茅羣」反抗官署，霧社羣與白狗羣、馬累 (カ) 巴羣等被迫組織奇襲隊支援日本官憲，從事討伐沙拉茅羣而獲大勝。但歸途霧社羣馬赫坡社頭目「莫那・魯道」，不意遭遇到白狗羣「特比倫社」壯丁之狙擊。因爲有這些舊恨的關係，遂使兩族羣無法完全互相融合。⑰

## ㈣ 與萬大羣的關係

萬大羣的位置，在霧社東南方約 8 公里之處。據說在 130 多年前 (以 1935 年爲基準)，從白狗移居過來。是介於霧社羣和布農族的中間，有特色的單獨部落。萬大羣由於鄰接霧社羣中的「巴蘭」、「塔卡南」、「卡茲茲庫」等三社，爲了耕地關係的衝突，而處於互相失和的嚴重關係。後來，日官憲於 1911 年 (明治 44 年) 出面調解，把以前屬於巴蘭社領域的濁水溪左岸土地，轉讓給萬大羣，埋石和解，但內心仍舊無法融合。⑱

## ㈤ 參加「沙拉茅羣」之討伐

台中州能高郡管內沙拉茅羣 (今住陽居住於台中梨山一帶的泰雅族人) 60 名族人，突於 1920 年 9 月 18 日，向合流點分遣所及糾岡駐在所襲擊，殺害長久保左衛門警部補等以下 11 人，另負傷

者有 9 人。爲處理善後，台中廳立即派遣 16 名巡查和 8 名警護
員趕往現場，並命令管轄該地區的霧社支廳長長崎警部，及馬累
（力）巴警戒所的下山治平警部補、白狗駐在所的佐塚愛祐警部
補等人，強迫馬累巴與白狗羣的壯丁投入討伐隊。於是，日警將
兩族羣的壯丁組成「味方蕃」（友蕃）襲擊隊，讓他們殺害自己
的族人。但沙拉茅羣族人奮力一搏，使得戰役陷入困境。日本當
局乃不得不再從霧社羣徵調巴蘭、馬赫坡、托干、斯庫、荷戈、
波阿隆等各社及陶茲阿（道澤）、萬大兩羣的壯丁，前往戰區去
協助圍剿。在爲期兩個月的征討戰役中，計出動 998 名泰雅族壯
丁，其中霧社羣的 562 名爲最多。馬赫坡社的頭目莫那·魯道本
來想乘機謀反，但很快就被日警探知。雖不曾受懲戒，也就不得
不聽從當局之命，帶同 40 名壯丁，參加沙拉茅羣的討伐。此役，
沙拉茅羣族人雖頑強地抵抗到 11 月中旬，卻因爲一面傷亡慘重，
一面又飢寒交加（自 10 月 23 日至 11 月 14 日，沙拉茅族羣的耕作地
連續被砲轟，無法收穫），遂被迫再向日本當局表明願意歸順投誠。
然而，正當日方接見該族人談判時，竟發現有不願繳械投誠者。
結果，有 25 名的沙拉茅族人，當場被日警射殺。霧社羣的「味
方蕃」遂將其馘首，帶回霧社支廳前的廣場與日警全體合影留念。
隨後，日當局爲犒賞「味方蕃」爲日人「建功」，乃特准霧社羣
舉行早已被嚴禁的「敵首祭」。[19]

# 第二節　「霧社事件」的起因及其背景

## 一、「霧社事件」的概要

所謂「霧社事件」是發生於 1930 年（昭和 5 年）10 月 27 日，

台中州能高郡霧社分室管區的霧社羣6社計300多人，因霧社小學校寄宿舍建築材料搬運的勞役問題爲開端，突然在台灣神社祭典日，霧社小、公學校及「蕃童」教育所秋季聯合運動大會時蜂起抗日；襲擊以霧社分室爲首、13個警察官吏駐在所和小學校、公學校、郵局等多處。殺戮能高郡守小笠原敬太郎以下，日人134名、另誤殺漢人2名，計136人的慘劇事變。

當日蜂起的霧社羣，在馬赫坡社頭目莫那‧魯道的召集下，於黎明4時左右，傳達蜂起的計劃行動。首先，莫那‧魯道與巴茲紹‧莫那（莫那‧魯道的次子）的一隊，於凌晨4點半左右，攻擊馬赫坡駐在所，殺害主管巡查杉浦孝一，這是事變突發後的日人第一個犧牲者。其次，上午6點左右，波阿隆社的瓦旦‧羅拜一隊，襲擊該社的波阿隆駐在所，殺害小谷通夫巡查家族3人及柴田警部補的妻子惠都，並搶奪槍枝彈藥，縱火燒毀駐在所。旋瓦旦‧羅拜復帶隊去襲擊屯巴拉以東的駐在所。又馬赫坡社巴茲紹‧莫那等40名，殺害杉浦巡查後，於上午5點半左右，抵達塔羅灣社與該社的頭目莫納貝考以下約10名合流後，進攻濁水溪對岸的「櫻」駐在所。但是，該所的增田巡查已在約30分鐘前，帶走妻小往霧社，只好搶取槍枝彈藥，繼往荷戈駐在所，而於上午6點半左右抵達該地。其時，與早已約好的荷戈社壯丁皮和‧瓦利斯等30名，一舉合攻荷戈駐在所，砍殺巡查川島盛喜、片山正次，警手石川直一、湯田龍一等4人。此外，凌晨4點左右，從馬赫坡出發的達道‧莫那（莫那‧魯道的長子）及2名壯丁，於上午7點左右抵達馬赫坡後山西茲西庫的製材地，襲殺吉村克已和岡田竹松兩巡查。[20]

隨後，蜂起的6社集結在荷戈社，將抗爭隊分爲「老壯年組」（由莫那‧魯道指揮）和「青年組」（由巴茲紹‧莫那指揮）。「青年組」

於上午 8 點左右，攻擊霧社分室管區聯合運動會會場。其時，有小、公學校及教育所的兒童大約 350 人在中央排隊，來賓席上坐滿了家長、母姊、幼兒等，馬上就要開始舉行運動會，等候郡守的蒞臨。當小笠原郡守入場，準備在國歌齊唱聲中升旗時，運動場中入口的綠門旁邊，斯庫社壯丁烏康·巴灣突然闖入會場，舉起「蕃刀」砍落台中州蕃課囑託菅野政衛的頭顱。一時會場秩序大亂，埋伏在操場周圍一百多名之青年隊，得此信號，一齊突起，衝入會場，見日人便砍殺，無一倖免者。一面，莫那·魯道所率領的老壯年隊約 60 名，則跟隨青年隊，亦於上午 8 點左右抵達霧社，立即襲擊霧社分室、郵局、教員及警察宿舍、日人商店、旅館，殺害 10 多名日警及其家屬，並搶奪槍枝、彈藥、火藥等。此役，抗爭隊共殺死日人 134 名，受傷者 215 名；另外有 2 名漢人，即李氏彩雲 9 歲及劉才良店員，因爲穿著和服被誤殺。㉑

　　一方面，在霧社襲擊日人及其警察行政機構之後，總指揮莫那·魯道乃以荷戈社壯丁爲主力，再加上波阿隆社有力人士烏布斯·瓦利斯等及羅多夫社、塔卡南社、卡茲茲庫社壯丁約 150 名，指向埔里街道「獅子頭」方面，破壞中途的輕便鐵路鐵軌和橋樑七、八座，同時構築幾座堅固的掩體，做爲阻止日支援部隊進攻的手段。其他方面，莫那·魯道再命令羅多夫社的主力去攻擊羅多夫、立鷹、哈本等方面各駐在所 (攻擊的駐在所計有 13)。而其本人則率領馬赫坡、塔羅灣的大部分族人，暫時撤回到馬赫坡社，除了主持能高方面的督戰及全線指揮之外，更鞏固其本社的防備，著手準備持久戰。㉒

## 二、「霧社事件」的起因背景

### ㈠ 「霧社事件」的重要文獻

　　霧社事件發生後不久，日本拓務省爲了調查蜂起的實情、事件的原因等，派遣該省管理局長（管轄殖民地的主管）生駒高常到台灣。生駒是第八任台灣總督田健治郎的姐夫，歷任台灣總督學務課長、官房文書課長、台中州知事的老資格殖民地官僚。據說，他對當時石塚總督的「理蕃行政」，也是懷有批判性見解的人。生駒局長從 1930 年（昭和 5 年）11 月 4 日起，大約兩週中，進行了霧社的現地視察、各種情報的蒐集等等。旋於 11 月 28 日，向拓務省提出《霧社蕃騷擾事件調查復命書》。該《復命書》對「霧社羣」蜂起的動機及事變整體的性質等，均有深入的分析、推查或批判。所以斯界學者春山明哲解說，稱該文獻是有關「霧社事件」的第一級資料。[23] 稍後，事件經過幾年（可推定在 1934 年至 1935 年之間），台灣總督府警務局另有編纂《霧社事件誌》（是鋼版油印，厚達 550 頁），作爲總督府「部外秘」的資料。該《事件誌》的內容，可以略分爲二；即由 1930 年 10 月的「霧社騷擾事件」及 1931 年 3 月的「保護蕃襲擊事件」（或稱「第二次霧社事件」）所成。其記述，比起總督府公布的，石塚英藏〈霧社事件の顛末〉、〈蕃社襲擊事件概要〉，不但更詳細，而且包含著許多總督府和軍方當局一味隱瞞的新事實。在有關霧社蜂起事件文獻中，這是最重要的第一級資料（河原功解說）。[24] 其次，山邊健太郎編《現代史資料 (22) 台灣㈡》（みずず書房，1971 年）一書所收錄的「霧社事件」資料，前述石塚英藏〈霧社事件の顛末〉、〈牧野伸顯文書〉、〈第二次霧社事件資料〉等（571-25 頁所收），也都可稱爲重要的第一

級資料。此外，春山明哲解說／日本軍部編纂、川路祥代等共譯
《霧社事件日文史料》(上)、(下) 兩冊 (國立台灣歷史博物館，2010
年) 所收的資料，在軍事關係史料上，當然是第一級最重要的文
獻。職此，筆者主要依據上述諸文獻，力求簡要地整理出「霧社
事件」的緣由及其經過，以期能讓讀者明瞭該事件的史實與真相。
又順道一提的是，「霧社事件」一詞是由台灣軍司令部，於事發
後在 1930 年 10 月 31 日命名的。總之，霧社事件的根源，若一
言以蔽之，實可謂被殖民壓迫的民族，對其外來的統治者，積累
仇怨深久，忍無可忍，乃明知事或不成，卻仍勇敢無畏地以全心
直撲統治者，終於付出幾乎滅族的最悲慘犧牲代價。爰將該事件
發生的各種因素，整理分析歸納如下。

## (二)　「霧社事件」的遠因

　　1. 霧社羣如前述，日人雖努力，將其治理成為唯一無二的繁
榮部落，而與台北州的烏來、新竹州的角板山，齊名為「理蕃」
先進地區。不過，儘管如此，站在先住民族的立場，嚮往昔日的
自由心情，仍然擱在霧社羣中有力人士的胸底裡。在日本官憲種
種高壓的措施，不但有甚多違反他們的風俗習慣，更有甚多使他
們感到痛苦難忍之處。於是，積怨日久，自然而然地越發加深他
們對外來統治者的憎恨與反彈。㉕

　　2. 霧社事件領導人馬赫坡社頭目莫那‧魯道的尋求部落解放
與仇日的反抗心，應該也是事件發生的重要因素之一。茲將台灣
總督府警務局《霧社事件誌》，分析莫那‧魯道反日過程的要旨，
引述如下：

　　「馬赫坡社頭目莫那‧魯道是前頭目魯道‧巴伊的長子，生
於 1882 年 (明治 15 年)。性格慓悍，體軀高大，從少壯時期就擅

長戰術，以原住民而言，是典型的戰將。因此，父親在世時，他的勢力就超過父親。其父死後，勢力越發增大，霧社羣 12 社中沒有人比得上他的；官憲只好深深用心來駕馭他。1909 年 (明治 42 年) 官方以駕馭他們一族的手段，強命當時服務於馬赫坡駐在所的巡查班長近藤儀三郎 (近藤勝三郎之弟)，將當時只有 16 歲的美女，莫那‧魯道的妹妹特娃絲‧魯道迎娶為妻。1917 年 (大正 6 年) 近藤儀三郎被調職到花蓮港廳去服勤，這時候夫妻一同前往。但兩個月後，近藤在玉里支廳勤務中失蹤 (據說是掉落山谷死亡)，妻子特娃絲含淚返回馬赫坡社，投靠其兄莫那‧魯道維生。後來經過數年，特娃絲雖然改嫁給一位族人為妻，但她的生活際遇甚為可憐，日本官方卻沒有採取任何救濟措施。後來，莫那‧魯道和族人才知道，近藤儀三郎並未死亡，是故意遺棄特娃絲‧魯道。於是，妹妹的不幸遭遇，刺激了莫那‧魯道反日的決心。1920 年 (大正 9 年) 9 月，在「沙拉茅事件」發生時，趁霧社地方的大多警備員出征的空檔，以莫那‧魯道為首，馬赫坡、荷戈、波阿隆、巴蘭、托洛庫 (土魯閣) 等各社頭目、有力人士，聚集於荷戈社士達基斯‧皮和家中，謀議襲擊霧社地方警備線，大殺日人。惟這事很快就被荷戈駐在所日警探知，得以防患於未然。不過，當時由於顧慮到警備力的不足，沒有對謀議者莫那‧魯道等人實施懲戒；而將嫌疑者 40 名，編成「蕃人」奇襲隊，由那須巡查擔任隊長，去參加沙拉茅羣的討伐。隨後，1924 年 (大正 13 年) 12 月，能高郡埔里街本島人舉行大拜拜。能高郡役所利用這次多衆集合的機會，舉辦農產物品評會。也讓許多郡內原住民都來參觀。其時，馬赫坡社頭目莫那‧魯道以下數名、荷戈社頭目羅西‧波和庫外 3 名、巴蘭社有力人士奧伊‧沙馬外 4 名、萬大社壯丁歐康‧羅亨外 5 名，與布農族的卓社、過坑、干

卓等社之原住民約 10 名，爲了參觀品評會而下山。中途在埔里練兵場附近的住宿處，由莫那‧魯道首倡之下，謀議南北族人互相呼應，襲擊各地駐在所。而各社嗣後根據上述的謀議，著手進行準備。剛巧 1925 年 1 月下旬，日本官憲由萬大社出身的婦人得到霧社羣各社有從墳墓裡挖出陪葬的槍枝，準備蜂起的情報。乃命令各駐在所進行調查，沒收了 15 枝槍械，蜂起計劃遂受阻流產。如是，自 1920 年的陰謀事件以來，日本當局對莫那‧魯道一族的動靜，隨時加以監視，特別是對有無隱匿槍枝事項。恰巧 1924 年 10 月底，他的長子達道‧莫那返還向馬赫坡駐在所以打獵用而借來的槍枝時，少了一只彈匣。該駐在所的松山巡查遂想藉此機會，打開尋找隱匿槍枝的途徑，於是相當嚴密地進行搜檢。對於僅僅一只彈匣的遺失，竟展開這麼嚴密的調查，想必另有居心。這樣一研判，莫那‧魯道一族的反官意識，就因此而越發根深蒂固。」[26]

3. 日本「和蕃聯親」政策的失敗

1906 年 4 月，佐久間左馬太就任台灣總督之後，於翌年 1 月，即開始著手第一次「五年理蕃計劃」(本書第八章已述)。當時，實際負責「理蕃」政策的總督官房秘書官大津麟平 (兼任蕃務課長)，爲推動其大規模的「理蕃」計劃，認爲應儘速培養通曉「蕃語」的日警。但是，這對「五年理蕃計劃」緩不濟急。於是大津秘書官認爲可由適當的年輕單身日警或男兒爲國獻身，與「族人」頭目或有權勢者的女兒通婚，而經由婚姻關係培植親日「蕃社」，以期達成政策的最佳效果。[27]

在日本當局這種「和蕃」的政策下，霧社地區亦興起了日人與霧社羣各社頭目家族締結婚姻的風潮。惟這項政策，未久，隨即失敗破裂；大多數的日人不是再去娶日籍的妻子，就是遺棄原

來部落的妻兒。例如，有「生蕃近藤」之稱的近藤勝三郎，不但早就娶了巴蘭社頭目的女兒伊娃莉‧羅拔，而後又入贅荷戈社頭目家，娶了其妹娥萍‧諾康。後來近藤勝三郎遺棄了巴蘭社的妻子，巴蘭社族人為此憤怒不已。接著近藤勝三郎於 1918 年（大正 7 年）間，遺棄了荷戈社的妻子，獨自到花蓮去尋求發展，而讓這位孤獨的女子回到荷戈社，投靠其兄塔達歐‧諾康家。這又使得霧社羣的族人，對日人恨之入骨，伺機要對日人展開報復。又前述近藤勝三郎之弟，近藤儀三郎娶了馬赫坡社頭目莫那‧魯道之妹特娃絲‧魯道為妻。但於 1916 年行蹤不明，特娃絲‧魯道被迫不得不重嫁同部落的族人。這事也刺激了莫那‧魯道及其族人抗日的決心。另日人在推動白狗線之隘勇時，馬累（カ）巴隘勇分遣所的日警下山治平在「和蕃」政策下，娶了馬累巴社頭目之女兒貝克道雷為妻，生了二男三女後，卻又與別的日本女人結婚，生了二男一女。不久，下山治平因為遭到撤職，便帶著日籍的妻小，返回日本內地去發展，把馬累巴的妻子貝克道雷和二男三女遺棄在霧社（其後，貝克道雷被安排在霧社的公醫診療所工作），使得馬累巴社的族人憤慨難平。其他，莫那‧魯道的堂妹碧拉卡莉嫁給埔里製糖廠職員中田安太郎後，生下了獨生女中田安子。隨後，中田安太郎病亡，碧拉卡莉在埔里糖廠當女工，寡母孤女的可憐際遇，亦令霧社羣族人同情心酸。總而言之，日本的「和蕃」聯婚政策，不但導致民族文化的衝突，更釀成許多人倫悲劇，而成霧社羣蜂起的重要誘因。[28]

## ㈢ 「霧社事件」的近因

1. 隨著「蕃地」的開發進展，使用原住民勞力的需求也日漸增加，這是自然的趨勢。「蕃地」的各種土木工程、交

通等，原則上在使用原住民的狀態下進行；尤其是當年
「理蕃」設施多種多樣，道路的開通、橋樑的架設、水田
圳路的開拓、駐在所、教育所的新建或改建等等，全都
有求於原住民的勞力。可是，一般原住民對從事勞動，
不但不習慣，而且男子還看不起這種勞動。就霧社羣來
說，除了「陶茲阿社」因為生活上的需要，很希望出勞
役者以外，一般都不喜歡出勞役。因此，強制出動勞役，
似乎帶來給他們甚大的痛苦。例如，萬大社頭目沙波馬
洪，曾經在原住民的集會上，公開批判日本當局，天天
要他們出動勞役，眞是可悲呀！㉙

2. 事發當時，霧社附近正在實施各種新建的工程。原住民
   出動勞役的工事也頻頻增加，所以他們的不平不滿是不
   容置疑的。特別是其時霧社小學校寄居宿舍的新建工程，
   木材要從「馬赫坡社」狩獵區砍伐，幾里艱險的路，不
   准用拖曳法 (原住民運搬木材慣用此法)，要把它拱在肩上
   搬運，既不堪其苦，又遲遲不發工資。若有怨言或反抗
   便遭受無情的鞭打，更使他們懷抱相當強烈的怨恨。㉚

3. 霧社一帶的抗官情勢，已逐漸形成。但日本當局對馬赫
   坡社頭目莫那·魯道可能再採取不穩行動，亦有所警戒
   防備。同時對他的頻頻反抗運作，更感到煩惱厭惡，意
   圖設法把他暗中除掉。一方面莫那·魯道也察覺到官方
   對他的冷眼無情，以及其身邊的安全。因此，他的胸中
   敵意越發堅定，似乎亦暗藏利用機會起來反抗官方。湊
   巧，就在 1930 年 10 月 7 日，他的長子達道·莫那與吉
   村克已巡查發生毆打事件。亦即「尾上」駐在所吉村巡
   查有伐木製材的技能，因此他與其同事岡田竹松兩人，

被暫時調往馬赫坡後山西茲西庫製材地，負責伐出霧社
小學校寄居宿舍建材。10月7日上午10點15分左右，
吉村巡查從霧社回製材地的途中，走過馬赫坡社頭目莫
那‧魯道家前院時，該家正好在舉行為該社青年奧敦‧
魯比與魯比‧巴婉姑娘的婚禮，有40餘人參加歡飲。在
喜宴中爛醉的達道‧莫那，堅持要把吉村巡查拉進來喝
喜酒，可是他手上黏附著屠殺的豬血及肉片，非常骯髒，
吉村巡查竟發怒以手杖打之。這一來，達道‧莫那認為
以好意勸酒反被侮辱，一時怒火中燒，與其父莫那‧魯
道和弟巴茲紹‧莫那三人將吉村巡查毆打以洩恨。事後，
莫那‧魯道擔心官憲必將嚴厲處罰，而在第二天晚上及
幾天後的晚上，兩次暗訪馬赫坡駐在所杉浦孝一主管巡
查，依照原住民的舊慣送謝罪禮品粟酒三瓶（石塚總督稱
一瓶），請求幫助，但兩次都被拒絕而回去。職此，莫那‧
魯道預料日官憲必至嚴加處罰，乃聽從荷戈社壯丁皮和‧
沙茲波與皮和‧瓦利斯之計策，趁霧社羣對木材搬運問
題而充滿反官氣氛的機會，主動起事，先發制人。[31]

4. 皮和‧沙茲波（21歲）為荷戈社勢力者沙茲波‧羅包之
次子。曾因其堂兄皮和‧腦伊由於家庭不睦殺死萬大社
兒童，被霧社分室處以重刑致死獄中，憤恨而常持反官
態度。1925年3月，他與萬大社壯丁一起到姊妹原方
面出草，殺害干卓萬社族人三名，因此被處勞役30天。
1928年再度企圖赴干卓萬社方面出草，被發覺而加以處
罰。又皮和‧沙茲波於1926年入贅萬大社與魯比‧瑠伊
姑娘結婚，雖有生育長子瓦旦‧皮和，但因夫婦感情不
和，失意回歸故里。因此，如要挽回妻子的愛情和衆望，

依原住民的身分需照傳統習慣，採取出草行動。另方面，皮和・瓦利斯（約31歲）為皮和・腦伊之堂兄，性格強烈而嗜酒。他因為父親瓦利斯・羅保在1911年（明治44年）殺戮本島人腦丁，據屋抗拒官憲逮捕，全家8人竟遭放火燒死。當時，皮和・瓦利斯只有12歲左右，為了避暑在屋外，倖得免死。及長大深恨日人，誓必為父母兄弟報仇。如此，1930年10月24日晚上，正好趁族人對搬運建材問題而慷慨激昂的機會，皮和・沙茲波在家聚集了該社青年「瓦丹武合鳥」、「地毛古登」、「阿里士比和」、「比和達其士」、「阿威沙被」、「阿威白林」、「台毛補福」、「台廉拉梅」等8名同志，謀議蜂起。25日，皮和・沙茲波、莫那・培高（塔羅灣社）、莫那・魯道等人，再度商議蜂起。26日，瓦旦・羅拜（波阿隆社）也決定參加蜂起。於是，27日黎明，莫那・魯道召集全家族及部下，傳達蜂起計劃，指示各項行動。㉜

5. 事件發生後，拓務省管理局生駒高常來台調查蜂起的實情、原因。據生駒局長的調查報告指出：「運動會當天，完全解除警戒，如巡查幾乎都把配劍放在分室而外出，這無非表示他們習慣於太平無事。像這樣全盤地在警備上放鬆的傾向，不可不歸責於對理蕃行政的重要性產生逐漸輕視的傾向。結果，理蕃系統出身者的晉升機會逐漸堵死，對前途的希望正在喪失。最近，郡警分離問題，也打擊了理蕃關係者的士氣。這一來，理蕃關係者近來急速減少優秀的老手。於是，轄內含有蕃地之郡的幹部，也不得不以缺少理蕃經驗的新手充任。理蕃行政的鬆懈，是對蕃人的特徵缺乏認識。就是不努力研究蕃人的社會風俗習慣，不

弄清楚蕃人的特性。換句話說，就是不愛蕃人，不尊重他們的人格。對蕃人的出動勞役、支付工資，以及其他日常的交涉中，是否習慣於不愛蕃人，不尊重他們的人格，不同情蕃人的立場，因而發生強人所難的傾向。」[33]

誠然，有如生駒局長的洞察，日人對原住民行政的疏失怠慢，或也可說是發生事變的最大根源。事實上，向來原住民反抗蜂起時，都做好糧食上的準備。譬如穀類就算有點尚未成熟，也要採收；而且婦女會收拾織布機等，以備避難。但這次不然，陸稻、地瓜及其他主食多沒有採收，毫無搬運到避難地的形跡，婦女的織布機也一如常態。所以，駐在所各地日警部失於大意，忽略警備。甚至據說事發前夕，亦即 10 月 26 日之夜，波阿隆社壯丁瓦利斯·帕灣 (37 歲) 到駐在所去拜訪小谷通夫巡查，密告：「這次荷戈社的壯丁們說要大殺日本人，情勢似乎不妙。」但當時小谷巡查卻付之一笑，道：「現在怎麼還會有這樣混蛋的事！」小谷巡查旋於 27 日，即遭殺害殉職，事實的真假無法察明。不過，後來日官方推測，以長期習慣於平穩的該地方職員來說，料想可能是事實。[34] 據上所陳，可知「霧社事件」，在各種錯綜複雜因素的交叉下，事變的發生，並非偶然，而是自然而然必定發生的悲劇。

# 第三節　事件發生後的情況與處理

## 一、事件第一報與日軍警緊急召集

霧社蜂起當天上午 8 點 15 分左右，霧社櫻旅館老闆豬瀨幸助從布雷諾夫產業指導所，以警察電話對伊那戈駐在所平山巡查

通報，稱「霧社蜂起，運動會會場全滅。請趕快報告郡方，請求支援。」這是事件中，日人對後方連絡的第一報。旋於上午8點50分，能高郡役菊川孝行督學（37歲）在運動場逃過劫難，奔向一里多（4公里多）處的眉溪駐在所，用警察電話把霧社羣蜂起的經過向郡役所警察課長江川博通報告，由時間來說，這是日人受難者向後方連絡的第二報。隨後，陸續再由倖免逃奔下山者的急報，得知蜂起的霧社羣已攻陷眉溪，進迫獅子頭，眼看就快要衝到埔里街來。能高郡役所於是火速將情況向州呈報，要求派遣支援隊；同時緊急召集郡內的警察，分配14名巡查給小形警部補擔任獅子頭方面的防備。可是，由於情勢變壞，以致不得不退到大湳派出所附近；同日下午4點，撤出獅子頭。時埔里街人心惶惶，極度不安。至此，郡役所乃再召集日本退伍軍人，以及過坑駐在所管內族人壯丁45名，由佐佐木巡查帶隊，納入在大湳方面警備中的小形警部補的指揮下，這樣才使人心稍稍恢復冷靜。㉟

一方面，從現地傳來的情報，判斷蜂起的族人，即將攻到埔里街的形勢。於是，台中州警部長三輪幸助立刻在當日上午10時，把全州各郡警察職員作非常召集，帶領警察一隊於當晚10點10分，抵達埔里街，並向有關當局電請派遣陸軍飛行機，實施情況偵察及威嚇飛行。另外，水越幸一台中州知事亦於同日上午11點，向台中分屯步兵第三大隊長松井貫一少佐請求兩個中隊及機槍隊支援。而總督府石井保警務局長則緊急召集全島警察，同時委託台灣軍司令官渡邊錠太郎以飛機偵察現地狀況。28日，總督府復急派理蕃課長森田俊介南下到霧社。如此，基於總督府的要求，渡邊軍司令官即刻命令出動屏東第八聯隊及步兵一個中隊以支援警察部，並派遣山瀨昌雄參謀到霧社。10月27日下午

3 點 30 分，屏東飛行第八聯隊的兩架飛機急速自屏東出發，同
日下午 4 時 17 分，通過埔里上空，接著在霧社方面進行好幾次
的盤旋飛行，完成普通的敵情偵察；除給予霧社羣之威脅，也讓
日人的生存者燃起再生的希望，然後返回鹿港機場。當日，水越
知事、三輪警務部長、山瀨參謀等警察、軍隊各方幹部聚會，就
鎮壓蜂起及救出日人作首次的緊急協議，決定先以飛機轟炸蜂起
的霧社羣族人。㊱

## 二、警察隊收復霧社附近一帶

### ㈠　警察搜索隊向霧社方面前進

　　日本當局在台中召開緊急軍警協議，達成初步討伐共識之
後，總督府及台中州警察當局，復再作商議。結果，決定由下列
四面夾攻蜂起的霧社羣。亦即兵分為 1. 由各州廳支援的警察隊，
從埔里沿眉溪道路進攻幹道；2. 由武界、干卓萬方面推進南部進
攻部隊；3. 遠自台北州沿翻越皮亞南道路，再從東勢郡大甲溪上
游南下進攻的北部支援隊；4. 自花蓮港方面，沿能高越道路西進
的東部進攻隊。而上述的各支援隊，則全部安排在台中州知事水
越的指揮下，並於 10 月 28 日，編成稱為霧社方面的搜索隊，由
台中州警務部長三輪擔任隊長，將本部設在能高郡警察課（同月
31 日，遷移到霧社）。又霧社方面，因為還有不少日人的存活者，
這是救出的急務。乃由先到達的台中州支援隊，於 10 月 28 日，
編成高井部隊（隊長高井九平警部、隊員計 81 名）及工藤部隊（隊長
工藤清警部、隊員計 65 名），於同日下午 2 點 45 分，在三輪搜索隊
長的激勵下，向埔里出發。其時，在台中分駐的日軍大隊，有大
尉大泉基率領的步兵一個中隊（計 124 名隊員及攜有機關槍 6 挺）到

達埔里街擔任警備。該隊爲了掩護警察隊的後方，以其中一個小隊跟隨警察隊，於同日下午抵達獅子頭駐在所。這樣，高井及工藤兩警察部隊乘夜於下午 8 點出發，途中經過無名溪時（下午 8 點 30 分左右），遭遇到蜂起族人的狙擊，死傷 6 名的漢人搬運工。但終於在同天晚上 11 點 40 分，全體到達眉溪，並救出從霧社櫻旅館逃來該溪底的 2 名日人。㊲另方面，台南州支援隊宮川宇之助警部以下計 151 名，亦於 10 月 28 日，下午 7 點 10 分，由該州尾崎警務部長率領抵達能高郡役所。隨後，宮川警部的主力部隊經伊那戈社、巴蘭社，在 10 月 29 日，下午 7 時 30 分，到了霧社櫻台。㊳

## ㈡　警察隊收復霧社救助生存者

如上述，台中州及台南州警察隊陸續集結之後，10 月 29 日上午 6 時，從眉溪出發的高井部隊與台南部隊的一部分，合計 123 名，突破「人止關」險要，沿幹道開始向霧社進攻。與此同時，工藤部隊加上台南部隊的一部分計 86 名，亦攀登眉溪對岸的山脊，突入巴蘭社，終於在同日上午 8 點 5 分，由高井部隊奪回霧社分室一帶；由工藤部隊占領霧社櫻台附近的台地。這樣，警察搜索隊乃盡力搜救四散在附近山中或房屋內的日人遇難者。結果，在同日中午爲止，救出巡查 4 名及其他婦孺等合計 48 名。另外，收容郡守小笠原敬太郎以下，計 83 名的屍體於公學校校庭中，施予火葬。㊴

如此，警察搜索隊意外的未受任何抵抗，順利收復了霧社一帶。不過，同日上午 10 時左右，從荷戈社方面，大約有 200 名英勇的族人，向日警展開逆襲。而日警搜索隊雖然以機關槍加以掃射擊退。可是，一直到當天午夜爲止，蜂起的族人從各方面展

開前仆後繼的襲擊，使得搜索隊吃盡苦頭。從台南趕來支援的宮
川部隊，也首次犧牲了一名巡查隊員。⑩

　　鑑於這樣險惡的情勢，台灣軍司令官渡邊錠太郎決定要以兵
力擔任鎮壓，並任命台灣守備隊司令官陸軍少將鎌田彌彥為總指
揮官。鎌田少將就在 10 月 30 日下午 10 點 25 分，帶同服部兵次
郎參謀以下幕僚抵達能高郡役所，與水越台中州知事、三輪搜索
隊長、森田總督府理蕃課長等人，就今後的作戰、兵力的部署進
行協商。軍方主張軍隊投入第一線，警察部隊任後方支援；警方
則主張聯合行動。協商的結果，雖決定採用聯合行動，但實質上
的部署是以軍隊為第一線。⑪

# 三、日軍警討伐計畫的概要

　　1930 年 10 月 30 日午夜，經過上述軍、警、州首腦等，就
討伐霧社羣蜂起族人的協議決定之後，乃即刻於當日深夜、發布
將於 10 月 31 日，以現有的全部人力，對蜂起霧社羣開始展開總
攻擊。爰將其討伐掃蕩的計劃概要，引述如下：

## ㈠　對警察隊發布以下的行動命令

1. 高井、工藤部隊，應與軍方第一中隊合作，沿皮亞南道
   路北進，至羅多夫社及荷戈社上方基地，布陣於軍隊右
   側，攻打羅多夫社和荷戈社。上記攻擊預定時刻為 10 月
   31 日上午 9 時至 10 時。

2. 練習生之一個小隊，應與軍方之一個小隊，自 31 日黎明
   5 時共同採取行動，布置於卡茲庫基地，攻擊對岸之荷
   戈、羅多夫二社。高井部隊之一部（10 名左右）應嚮導之，
   以利於此一行動。

3. 台南部隊之全部以及練習生一個小隊，除擔任霧社之守備外，應與軍方合作。並隨時與高井部隊策應前方攻敵事宜。井上練習所教官應負責該項指揮事宜。

4. 在白狗之大村、山田、宮本等三部隊，由宮本隊長負責指揮，應立即於今夜進出立鷹。自明拂曉上午 5 時半起，為掩護高井部隊進入羅多夫後方基地，必須於上午 9 時之前，出動至立鷹牧場附近，攻擊羅多夫方面。待高井部隊出羅多夫社後方台地後，再進入陶茲阿，會合川西部隊，在川西隊長指揮之下，向波阿隆社進攻。此外，並應與當時可望已進入屯巴拉、波阿隆之花蓮港隊及軍隊保持連絡。

5. 花蓮港隊應與軍方合作，於 31 日拂曉進入屯巴拉下方鞍部，自上午 9 時起攻擊波阿隆社。並應與自陶茲阿方面前進之川西部隊連絡。

6. 各部隊應盡可能以日章旗或白旗為本隊之標誌。[42]

## (二) 對軍隊發布以下的行動命令

1. 松井少校應以部下三中隊、機關槍二挺，從霧社東側經羅多夫社北側，展開到標高 586 附近之間，準備於下午對羅多夫、荷戈兩社發動攻擊。另應特別派出一部隊至布卡山溪，威脅「叛蕃」的左後方。

2. 山砲中隊應於霧社附近占領陣地，以便能夠射擊荷戈社一帶。

3. 花蓮港中隊應自屯巴拉方面經波阿隆社，向馬赫坡社前進。

4. 前進開始時刻，定於上午 9 時。

5. 飛行隊、砲兵隊應自清晨起，至上午9時止，對敵方各
   社實施適宜的轟炸、射擊。[43]

　　此外，渡邊軍司令官認為對出動部隊應給予簡單的稱呼命
名，期能達到上述各項命令之順利進行。於是，乃將台中大隊(缺
一中隊)、花蓮港第十中隊、步一通信班、山砲兵中隊 (缺一小隊)
及出動飛行中隊等，整合命名鎌田支隊，總兵力合計693名。又
渡邊軍司令官，接到鎌田支隊完成攻擊的準備報告後，於10月
30日晚9點多，晉見石塚總督力陳以軍隊為主，武力平定「叛蕃」
的必要，終於獲得總督之同意。遂以電報將此內容通知鎌田支隊
長，並在〈台灣軍公報〉，發布此項消息給軍隊及一般民眾。如此，
鎌田守備隊司令以下全體軍幹部及三輪警察搜索隊長、森田府理
蕃課長等，就在10月31日上午3點，從埔里出發，同日上午8
點半到達霧社。軍隊決定在櫻台設立鎌田支隊司令部，警察隊則
在霧社設立搜索隊本部。[44]

# 第四節　日軍警發動總攻擊及其主要戰鬥

## 一、日本當局發動總攻擊占領各地要衝

### (一) 1930年10月31日總攻擊的概況

　　日軍警各部隊依照10月30日深夜決定的討伐計劃，於31
日清晨，開始執行各項行動任務。茲將當日戰鬥的大要，引述如
下。

1. 松井大隊與日警高井、工藤二部隊，於上午6時開始行
   動。兩軍沿翻越皮亞南的道路，進攻羅多夫社。在上午

8點左右，衝入該社，燒毀該社糧倉，高歌勝利。接著，轉向東方，出荷戈社北面山脊，對該社以火力猛射，並加以蹂躪，然後向東猛衝，上午10點半，終於燒光斯庫社，並占領該社台地一帶。

2. 在霧社櫻台布置陣地的山砲兵大隊，以林中尉率領的山砲二門，自上午6點半起，向荷戈社方面及塔羅灣方面實施砲擊，掩護前進的部隊。

3. 陸軍飛行隊當日清晨，以飛機三架實施對馬赫坡社方面轟炸，給予重大的損害。

4. 台中分屯松井大隊土持城大尉中隊所屬的永野茂春中尉小隊及練習隊由山田教官所率領的第一小隊50名，以高井部隊、小形小隊、堀之內分隊為先導，於上午6點前，自霧社出發，攻取濁水溪對岸的卡茲茲庫社。隨之於下午2點，攻入塔羅灣社並加以占領。接著，永野小隊及堀之內分隊打先鋒，沿著通往馬赫坡社的道路東進。於下午4點左右，經過塔羅灣社東南方約一公里（10町），地名叫做塔茲塔茲‧哈達康的高地（即塔羅台地，今溫泉勝地盧山）時，遭遇到在此地埋伏的荷戈社頭目達道‧諾干以下約50名（服部兵次郎參謀稱約150名）族人之猛烈襲擊，交戰達4小時，直到日落，抗日軍仍不退。結果，依舊僵持熬過豪雨的通宵。在這次壯烈的戰鬥中，英勇的荷戈社頭目達道‧諾干以下9名族人陣亡、3名受傷（服部參謀稱抗日軍死亡20名左右）；而日軍也戰死2名、重傷4人。此役，日人為紀念松井大隊的奮戰，遂將塔羅灣台地改稱為松井山高地。[45]

## ㈡ 自 1930 年 11 月 1 日以後的幾次主要戰鬥

### 1. 馬赫坡社的攻防戰──霧社族人稱為庫魯卡夫之戰

　　駐花蓮港的後藤中隊於 10 月 31 日，參加攻略波阿隆社之後，為了要繼續衝入敵方根據地馬赫坡社，乃於 11 月 1 日下午一點，以荒瀨虎雄中尉率領的一個小隊，從波阿隆社出發前進。未幾，荒瀨小隊到達霧社族人稱為「庫魯卡夫」山徑旁之懸崖處，遭遇到波阿倫社吉利巴望等 20 名戰士的埋伏襲擊。荒瀨小隊立即陷入苦戰，經過三小時的激戰後，終於脫出險境。然而，站在隊伍最前面擔任指揮的荒瀨中尉同第一分隊長下士稻留耕造被射殺身亡，另有二名士兵受傷。接獲消息，中隊長後藤上尉悲憤不堪。因為荒瀨中尉曾於 1918 年（大正 7 年）出兵西伯利亞時，以特務上士從軍，加入田中大隊，遭遇大隊全部消滅的悲運，是以只有 12 名生存者中的一名，而獲得金鵄勳章之千軍萬馬中的勇士。但切齒扼腕想立刻發動報復的後藤中隊長，終於不得不聽從陶茲阿「味方蕃」（友蕃）的建議，放棄正面攻擊，在同日黃昏時分，指揮全員以川西部隊小島巡查率領的陶茲阿「友蕃」17 名為先導，涉過布卡山溪的上游約 30 公尺，利用黑夜進攻馬赫坡社的背面。12 月 2 日清晨，占領該社東方突出的山脊，從該處持續不斷地攻擊馬赫坡社。下午一點，後藤中隊完全攻占了馬赫坡社，並燒毀全社後，於下午 5 點折回波阿隆社。而在這次戰鬥中，負責防守馬赫坡社的波阿隆社有力人士瓦旦‧羅拜及皮德‧諾明等多人均陣亡，族人損傷慘重。又當時，因為馬赫坡社中儲藏了大量從霧社搶來的黑色火藥，在全社遭到焚燒時，引發了幾次的大爆炸。[46]

## 2. 一文字高地的戰役──族人稱為卡托茲 (Butuc) 之戰

　　日軍警在 10 月 31 日，發動對蜂起霧社羣總攻擊時，原來非常輕視他們的作戰能力。認為他們的智力不足，而且亦無新式的精銳武器，所以此次討伐，應該可以輕而易舉地將他們制服，早日結束這場戰役。然而經過第一次的交戰，日本當局才發現他們不僅善用地理天險的優勢來展開防禦作戰，而且戰術高超又很勇敢。尤其那種不屈不撓、頑強抗戰的精神，更讓日軍感到無比的驚駭與壓力。職是，軍司令部根據第一線的需求，於 11 月 2 日下午 3 點半，命令台灣步兵第二聯隊整編一個步兵大隊，由安達清作少佐擔任隊長前往支援。下午 6 點 40 分，大隊官兵計 360 名完成整編後，軍部立即命其於晚間 8 點 10 分，搭乘自台南車站出發之火車，急速往霧社前進。隨後，軍司令部復陸續命令台灣步兵第一聯隊，馬上整編曲射步兵砲一小隊（隊長為工藤武中尉，其下有 47 名隊員、大砲兩門）及山砲隊一小隊（隊長橫尾精一少尉，其下有 35 名隊員和兩門大砲），命令兩小隊於晚間 10 點 10 分，搭乘自台北車站出發之火車，向霧社前進。如此，安達大隊於 11 月 3 日晚上 7 點抵達霧社。接受鎌田守備司令官之指令後，部隊乃移動至霧社某地，在午夜 12 點紮營露宿。至於工藤曲射砲兵小隊則於 11 月 4 日凌晨，抵達目的地眉溪紮營露宿；橫尾山砲小隊亦於黑暗中抵達霧社露宿。㊼

　　一方面，截至 11 月 4 日早上為止，鎌田支隊長根據秘密偵察之報告，獲知「敵蕃」之主力軍在馬赫坡溪南方約一公里的山谷附近。另外，其部分人員位於距離塔羅灣社東南方高地約一公里的最高稜線處，並還有部分人員留守在塔羅灣溪附近。於是，鎌田支隊長在清晨 6 點，對安達大隊長下令，命其大隊主力軍占

領馬赫坡東方高地稜線，並對今後攻擊馬赫坡溪谷之「敵蕃」進行準備。安達大隊長接受上述的命令，於上午7點，帶領其第一、第二、第三中隊官兵合計360名，從霧社出發，朝向馬赫坡社東方高地前進。途中在山砲隊陣地附近，留下做為大隊預備軍之第四中隊後，沿著能高道繼續前進抵達濁水溪時，因「斯克」大鐵線橋被族人截斷；大隊不得不沿著斷崖斜面往下移動，涉水過溪後，再攀爬沒有道路的高聳崖壁，於上午11點半抵達波阿倫社，後藤中隊所在位置。其時，恰逢水越知事及三輪警官隊長來訪，安達隊乃決定直行經過馬赫坡社，向目的地前進。未幾，大隊通過險峻道路之後，終於在下午4點半，成功占領馬赫坡社東方一公里之高地。當日，就在該高地搭篷露營。㊽

於馬赫坡社附近高地露宿一夜之後，11月5日，安達大隊從早上便開始進行陣地補強作業。上午10點，安達大隊長接獲來自支隊司令部的電話，為了要切斷逃往西方馬赫溪方面和東方布卡山溪方面蜂起族人的雙方連絡，以及即將進攻馬赫坡岩窟方面作準備行動，受令大隊於當日中午前，占領離目前陣地東方約8百公尺處之高地。即日人所稱之「一文字」高地；族人則稱之為卜托茲，係指馬赫坡社背後半山腰上的緩坡山林地區。於是，安達大隊長立即部署第三中隊作為第一線，第二中隊作為預備隊，第一中隊則留駐現地，因應協助大隊之戰鬥。同時另又要求山砲隊進行壓制射擊，掩護大隊前進。如此，第三中隊在上午11點50分，先由其先鋒部隊抵達一文字高地稜線西方約二百公尺附近。正午稍過，第一線部隊已抵達一文字稜線西南端。中午12點20分左右，又順利地推進到一文字稜線的中央，開始著手準備占領陣地時，突然受到由達道‧莫那率領埋伏在正面及左右兩側密林之馬赫坡社及波阿隆社族人的一齊射擊，在短短時間

內，日方死傷了數名隊員。⑭

　　安達大隊長目擊此狀況，馬上通報山砲隊要求其進行射擊。但敵我之間距離太爲接近，有波及友軍（日軍）之虞，因此只對南方林端展開射擊。由於受到「敵蕃」近距離之狙擊，第三中隊輕機關槍分隊在瞬間蒙受至大損害，死傷甚多。小槍分隊亦喪失了約二分之一以上的兵力，加上「敵蕃」似乎不斷增加人數（估計不下於百名），不僅射擊絲毫無減弱之跡象，還逐漸將日軍包圍起來。至此，安達大隊長有鑒於一文字稜線附近地形不利，乃命令第三中隊撤退，由第二中隊負責進行收容傷亡士兵的工作。第三中隊依大隊長之指令，一面收容死傷者，並將第一線之兩小隊同時撤退至第二中隊之後方。然而，「敵蕃」仍於森林內繼續射擊，日軍越處於不利的形勢，傷亡者亦續出。結果，安達大隊長不得不飲恨，決定先把大隊撤退至舊陣地後，再來策劃爾後之計劃，遂命令第二中隊繼續負責收容工作，將第三中隊及通信班撤退至舊陣地。如此，第二中隊一面顧及「敵蕃」之攻擊，一面進行收容工作。幸好，因爲「敵蕃」未再繼續前進攻擊，乃得於當日下午2時，回歸陣地。但是，仍有多名隊友的屍體，無法收容。直至同月9日，在川西部隊的陶茲阿（道澤）及托洛庫（土魯閣）235名「友蕃」嚴密戒護之下，才由安達大隊士兵約一百名，勉強收容了遺留下來的屍體。⑮

　　這次一文字高地的戰役，可說是「霧社事件」中，雙方最激烈的生死鬥。抗日軍領導人莫那‧魯道的次子巴茲紹‧莫那以下有20餘名族人壯烈犧牲。但日方也付出甲斐中士以下，計陣亡15名、負傷21名，並被搶去輕機關槍2挺、三八式步槍17枝、手槍一把、步槍子彈2,200發，實在吃盡了不榮譽的敗仗。又截至11月5日爲止，台灣軍出動部隊人員爲1,320名。其中，步

兵 988 名、山砲兵 106 名、飛行員 38 名、憲兵 22 名等，戰死者計有 18 名。[51] 嗣後，日軍中止步兵前進的戰術，轉爲利用山砲與飛機的砲擊轟炸（包括毒氣的「糜爛性投擲彈」、「瓦斯彈」等），以及一面設立兵站、鞏固陣地、加強後勤、挖掘戰壕，準備持久戰。同時，也決定全面採用「以夷制夷」的策略，利用「友蕃」組織以下三奇襲隊來對抗「反抗蕃」。亦即(1)由陶茲阿、托洛庫兩族羣所組成奇襲隊，隸屬於川西部隊，其建功最偉；(2)由萬大羣族人所組成的奇襲隊，隸屬於高井部隊；(3)由白狗羣族人所組成的奇襲隊，隸屬於神之門別動隊等。這些奇襲隊除了參加第一線軍事行動之外，又從事日方部隊前面危險地區的森林採伐、道路橋樑的補修作業、物資糧食的運輸等，支援日軍前線的活動；或蹂躪耕地給予「抗日蕃」的大打擊。直到 1930 年 12 月 20 日，搜索隊解散爲止，奇襲隊「友蕃」出動的人次：(1)陶茲阿、托洛庫兩族羣 5,311 人次；(2)萬大羣 1,075 人次；(3)白狗羣 436 人次，合計共達 6,822 人次。[52]

日本當局對「友蕃」出動的薪資，通用官役搬運工的規定，從事採伐作業或物資搬運者，每天支給 5 角；從事搜索「兇蕃」者，頭目 8 角、「蕃丁」6 角；功勞特別顯著者，規定分爲下列四個階級發給獎金。即取得「兇蕃頭目」或「有力人士」首級，每個賞金 200 圓；「兇蕃壯丁」首級，每個賞金 100 圓；「兇蕃婦女」首級，每個賞金 30 圓；「兇蕃幼兒」首級，賞金 20 圓。此外，對戰死者亦有發一時弔慰金等。[53] 在日人這樣的獎勵下，「友蕃」對有戰鬥能力的「敵蕃」壯丁展開馘首之外，更對沒有戰鬥能力的老弱婦孺遂行瘋狂的殺戮。據日警的統計數字，「友蕃」對「抗日兇蕃」馘首的數目合計有 87 個。其中有力人士 2 個、「蕃丁」14 個，其餘 71 個都是兒童、婦女的首級。結果，使身無寸鐵的

老弱婦孺深感恐懼，助長了寧可自殺也不願被馘首的心理，紛紛投環自盡。[54]

### 3. 日軍攻取天險馬赫坡岩窟

馬赫坡岩窟是蜂起霧社羣族人，倚爲最後屏障的防守地。爲一夫當關、萬夫莫開的最險要基地。日軍爲了要占領這個天險要地，不但遭遇到 10 多天的頑強抵抗，最後也都要依賴「友蕃」爲其打前鋒，並連日以大砲、飛機轟炸，投下毒氣瓦斯彈，違背人道天理。茲主要依據台灣軍參謀部編纂《霧社事件陣中日誌》（1931 年）的文獻，將日軍攻略馬赫坡岩窟的經過，簡要的引述如下：

1930 年 11 月 5 日下午，一文字高地發生激戰，安達大隊受重創，退守舊陣地。6 日，日軍即中止步兵前進的戰術，轉爲利用山砲兵與飛機的砲擊轟炸，以及挖掘戰壕，利用陣地包圍戰。於是，日軍除實施飛機轟炸之外，也將砲兵陣地向前推進到塔羅灣社東南方的最高山脊，從此可以直接射擊馬赫坡溪谷的大岩窟附近。7 日，松井、安達二大隊繼續進行陣地構築工事，但奉命開始準備撤退返回原來駐屯的基地。而同日，山砲部隊開始向馬赫坡溪谷一帶，實施大規模的榴彈砲擊。「支電 69 號」則向軍司令部報告：「明日除預定投射瓦斯彈外，亦會連續砲擊行動。」如是，8 日，砲兵隊針對新探悉的「敵蕃」岩窟進行猛烈的射擊轟炸。飛行隊亦於同日下午投下 6 枚「瓦斯彈」（甲三彈、中央研究所製、氰酸及催淚彈）。[55]

9 日，「友蕃」出動頻繁。本日派遣高井警部連同警察職員 4 名及「友蕃」194 名組成一隊，於上午 5 時，從萬大羣地區入山，潛入「兇蕃」聚集處背後。另外，川西警部補以下 19 名，連同

「友蕃」254 名，於清晨 4 時 30 分，由波阿隆出發，往馬赫坡社東方軍隊駐守的上方森林，即所謂「兇蕃」正面出入口前進。又截至 11 月 9 日爲止，飛行隊使用的彈藥爲炸彈甲、乙、丙各三發、改造炸彈（山砲彈藥）95 發、微式機關槍彈 624、三年式機關槍彈 840、手榴彈 95 枚等。10 日，根據「友蕃」密探的報告，「敵蕃」頭目莫那・魯道目前仍在岩窟中，約有 60 名「蕃丁」守護其中。及至本日，「叛蕃」戰死約 150 名，能繼續作戰者約 100 名左右。其家族在各地自殺者衆多。本日，飛行隊仍繼續轟炸馬赫坡岩窟。⑤

11 日，陶茲阿（道澤）羣的總頭目泰摩・瓦利斯（兼屯巴拉社頭目）率領羣下屯巴拉社 42 名壯丁、基茲卡社壯丁 10 名、路茲紹社壯丁 2 名，合計 54 名。於上午 3 點左右從本社出發，中途在羅多夫駐在所下方約 2 公里（20 町）處，發現有「兇蕃」屠殺可能是搶自立鷹牧場所有的牛隻形跡。遂跟隨留下的脚印，翻越皮亞南的道路，於下午 3 點左右，經過霧社與哈本的中間附近時，在哈本溪底發現五、六個人影，準備襲擊之際，反而落入羅多夫社「兇蕃」波和庫・瓦利斯等及荷戈社「兇蕃」等所預先布置埋伏的陷阱，遭受四周敵人的射擊。激戰後陶茲阿羣總頭目泰摩・瓦利斯及 13 名族人壯丁不幸戰死；屯巴拉社有力人士帕灣・拉拜 10 名，也負重輕傷，被搶去村田式步槍 2 枝、村田修正槍 10 枝、子彈約 360 發，其餘 20 多名空手逃回。泰摩・瓦利斯總頭目是最親日的領袖之一。當「霧社事件」爆發時，他將駐在所小島源治巡查以及職員、家屬 7、8 名藏在自己家中，保護他們的安全。所以，泰摩・瓦利斯的死亡，不僅激起了陶茲阿羣族人對霧社羣的憎恨、伺機要報仇，更讓日本當局也感到十分惋惜。因此，在敉平霧社事件後的 1931 年，遂引發了所謂「第二次霧

社事件」，造成霧社羣的餘生者，又被慘殺殆半，幾近滅族，其誘因實不言可喻。⑤

11月12日，砲兵隊正午向岩窟發射170發榴彈，據說得到極大的效果。14日，因為天氣晴朗，飛行隊自上午8時開始全力轟炸馬赫坡岩窟；共發射18公斤彈5發、6公斤彈18發，根據第一線觀測所的通報，至少有10發命中，得到相當大的效果。又同日清早，砲兵隊也展開三面夾攻，或砲擊岩窟、或射擊逃出岩窟的族人。15日，抗日族人約20名，襲擊馬赫坡社東側的安達大隊陣地；另約有30名，襲擊塔羅灣社東南的集成第三中隊（隊長浦野大尉）陣地。雙方展開激戰，但日方並無死傷。當日，軍司令部將陸軍省送達的山砲用催淚彈200發、燃燒彈50發等，送交鎌田支隊。⑧

11月16日，飛行隊投擲6千張招降宣傳單於馬赫坡溪及合本溪，號召蜂起族人棄械投降。此宣傳單是以長一尺、寬八寸的色紙印刷，傳單上畫有一群人丟下了槍械，舉起雙手走向持有日本國旗的部隊，天空上還有成列的飛機正在轟炸圖案。傳單上寫著：「盡早來歸的人可免於一死！快快棄械來歸，高舉雙手到馬赫坡社來！」當日，砲兵隊於下午，又對岩窟進行射擊，命中率高，見到第二岩窟有冒煙情形。⑨

11月17日，蜂起族人之糧食已盡，但仍出沒在萬大羣、羅多夫社、波阿隆社等地，採取最後波浪式的襲擊。惟日軍並未有損傷。當日，軍司令部與總督府達成有關軍隊撤退的第二次協定。決定主力撤退後，將留下步兵二個中隊、機關槍一個小隊為霧社警備隊。⑩

11月18日，鎌田支隊開始作最後的總攻擊，並準備依序先撤離第一線的安達大隊。於是，上午8時起，飛行隊冒險低空飛

行，進行轟炸馬赫坡岩窟的任務。山砲隊在上午亦開始向馬赫坡溪「敵蕃」，發射二百枚的榴彈，導致溪谷煙霧一片。正午又開始發射約一個小時的「甲一彈」（即山砲用催淚彈、綠彈）100 發及「甲二彈」（燃燒彈）100 發。甲一彈射擊完後，警察隊與「友蕃」300 名分兩隊進入馬赫坡岩窟，確認催淚彈的效果，毫不受到抵抗。⑥1

11 月 19 日，安達大隊延長一天的撤離計劃（原預定本日撤離第一線），大隊長在上午以 150 名「友蕃」爲先導，親自指揮步兵一個中隊、步兵砲一小隊，攻擊馬赫坡最深處的第四岩窟。由該岩窟正上方的高地，把最有效的曲射砲彈投進到從來都無法投射的第四岩窟。結果，「叛蕃」遺留 15、6 具的屍首，其餘一部分往馬赫坡溪上游更內部深處逃逸。「友蕃」入岩窟內燒毀 80 戶的小屋，並帶回一個「敵蕃」的頭顱。至此，日軍警達成了掃蕩「敵蕃」最頑強的馬赫坡岩窟根據地。同日，安達大隊的主力按照原定的計劃，於下午 2 時半，撤離馬赫坡東方的據點，下午 5 時半在霧社完成集結。20 日，川西警部補所屬的「友蕃隊」，再度搜索馬赫坡溪岩窟附近，發現有「叛蕃」家族百餘人縊死的遺體，但並未發現任何餘黨，恐怕已逃散至深山各地。⑥2

### 4. 抗日隊最後之一役：屯巴拉下方的戰鬥──族人稱為卜拉茲之戰

配屬川西部隊的托洛庫（土魯閣）「友蕃」奇襲隊員 103 名，自 11 月 25 日起，以投宿幾夜的預定，兵分三路，打算奇襲波阿隆、屯巴拉、尾上等地潛逃的「敵蕃」。27 日，沙德社及塔羅灣社的一隊約 30 名，於上午 8 時，抵達屯巴拉駐在所西南方 1,200 公尺，面對布卡山溪的陡坡（族人稱爲卜拉茲峽谷，即今日盧山部落

東南方布卡山溪的溫泉地區）時，突然遭受到馬赫坡社餘黨達道·莫那以下 12 名和波阿隆社奧伊·沙馬以下 9 名族人的埋伏襲擊。雙方激戰數小時，因為地形對「友蕃」不利，陷入進退兩難，而且所携帶的彈藥也打完用盡。如此，正面臨危急之際，幸好駐防屯巴拉的花蓮港部隊櫻井警部補所率領的一個小隊及駐防波阿隆社的蓬田警部帶領的機關槍分隊，火速來馳援，遂獲得解圍。但是，達道·莫那所率領的「敵蕃」卻仍然一步也不退，終於等到下午 2 點左右，陶茲阿友蕃奇襲隊 50 名，從側面趕來支援攻擊，好不容易才將「敵蕃」擊退。惟這次戰鬥，日警田島三郎巡查陣亡、櫻井勇太郎警部補與阿久根壽一巡查 2 名亦負傷；其他，奇襲隊「友蕃」塔羅灣社壯丁塔灣·波茲肯外 2 名陣亡，負傷者有沙德社壯丁皮德·奧瓦哈外 1 名。日方，可說吃盡了苦頭，又蒙羞的敗仗。然而，在另方面，這次殘餘的抗日隊，雖仍十分英勇活躍並有斬獲；不過，其反抗的能耐，經過這次最後的搏鬥，亦已燃燒殆盡。爾後，有的人選擇自殺、有的人投降，但也有人決心戰到最後一口氣，獨自展開零星的游擊戰。[63]

## 二、日軍警與蜂起族人死傷全貌

此次霧社事變爆發後，日方動用軍隊總共有 1,303 人（1930 年 11 月 24 日調查）、動用警察合計有 1,306 人，另外招募人伕 1,563 人。[64]軍隊死亡人數荒瀨虎夫上尉以下，官兵合計 22 人，負傷者官兵合計 25 人。而警察在霧社管內死亡者 38 名，另外支援警察隊員死 6 名，合計 44 名（負傷者全數不明），人伕合計戰死 29 名、負傷 22 名。[65]至於霧社羣蜂起各社死亡人數，據日方當局的調查，如下表一，男女總共有 644 人。[66]此外，迄 1930 年 12 月 17 日為止，向日方投降的族人，如下表二，總共有 564 人。[67]

## 表一　族人各社死亡人數

| 蕃社 | 馬赫坡社 | | | 波阿隆社 | | | 荷戈社 | | | 羅多夫社 | | | 斯庫社 | | | 塔羅灣社 | | | 計 | | |
|---|---|---|---|---|---|---|---|---|---|---|---|---|---|---|---|---|---|---|---|---|---|
| 死亡別 | 男 | 女 | 計 | 男 | 女 | 計 | 男 | 女 | 計 | 男 | 女 | 計 | 男 | 女 | 計 | 男 | 女 | 計 | 男 | 女 | 計 |
| 戰死 | 13 | | 13 | 9 | | 9 | 53 | | 53 | 10 | — | 10 | | | | | | | 85 | | 85 |
| 飛機炸死 | 21 | 31 | 52 | 11 | 12 | 23 | 4 | 13 | 17 | 11 | 6 | 17 | 9 | 11 | 20 | 4 | 4 | 8 | 60 | 77 | 137 |
| 炮彈死 | 6 | 3 | 9 | 2 | 6 | 8 | 4 | 5 | 9 | 2 | | 2 | 2 | 1 | 3 | 2 | | 3 | 18 | 16 | 34 |
| 被砍頭 | 2 | 3 | 5 | 14 | 22 | 36 | 5 | 3 | 8 | 2 | 5 | 7 | 16 | 15 | 31 | | | | 39 | 48 | 87 |
| 吊死 | 15 | 41 | 56 | 3 | 8 | 11 | 51 | 80 | 131 | 26 | 26 | 52 | 28 | 12 | 40 | | | | 123 | 167 | 290 |
| 槍自殺 | 1 | 1 | 2 | | | | | | | | | | | | | | | | 1 | 1 | 2 |
| 刀自殺 | | | | | | | 2 | 1 | 3 | 1 | | 1 | | | | | | | 3 | 1 | 4 |
| 病死 | 1 | 1 | 2 | | 1 | 1 | | | | | | | | | | 1 | | 1 | 2 | 2 | 4 |
| 燒死 | | | | | | | | | | 1 | | 1 | | | | | | | 1 | | 1 |
| 計 | 59 | 80 | 39 | 39 | 49 | 88 | 119 | 102 | 221 | 53 | 37 | 90 | 55 | 39 | 94 | 7 | 5 | 12 | 332 | 312 | 644 |

## 表二　族人各社投降人數

### 收容蕃人調查（其一）1930 年（昭和 5 年）12 月 17 日調查

| 收容場所 | 蕃社名 | 頭目 | 有力人士 | 蕃丁 | 蕃婦 | 童男 | 童女 | 計 |
|---|---|---|---|---|---|---|---|---|
| 西巴烏 | 馬赫坡 | | 3 | 31 | 26 | 9 | 4 | 73 |
| | 荷戈 | | | 5 | 4 | 3 | 4 | 16 |
| | 羅多夫 | | | 2 | 2 | 1 | 4 | 9 |
| | 斯庫 | | | 20 | 19 | 14 | 10 | 63 |
| | 波阿隆 | 1 | 3 | 37 | 24 | 11 | 13 | 89 |
| | 塔羅灣 | | | 6 | 8 | 2 | 5 | 21 |
| | 計 | 1 | 6 | 101 | 83 | 40 | 40 | 271 |
| 巴蘭 | 羅多夫 | 1 | 1 | 22 | 28 | 23 | 33 | 108 |
| | 荷戈 | | 1 | 6 | 12 | 14 | 8 | 41 |
| | 馬赫坡 | | | 1 | 2 | | | 3 |
| | 斯庫 | 1 | | 9 | 20 | 18 | 17 | 6 |
| | 計 | 2 | 2 | 38 | 62 | 55 | 58 | 217 |
| 眉溪 | 羅多夫 | | | 8 | 8 | 11 | 1 | 28 |
| | 荷戈 | | | 1 | | | | 1 |
| | 計 | | | 9 | 8 | 11 | 1 | 29 |
| 陶茲阿 | 波阿隆 | | | 4 | 18 | 12 | 8 | 42 |

| 托洛庫 | 馬赫坡 | | | 1 | | | 1 |
|---|---|---|---|---|---|---|---|
| | 羅多夫 | | | 1 | 1 | | 2 |
| | 荷戈 | | | 1 | | 1 | 2 |
| | 計 | | | 5 | 20 | 13 | 9 | 47 |
| | 合計 | 3 | 8 | 153 | 173 | 119 | 108 | 564 |

收容蕃人調查（其二）1930 年（昭和 5 年）12 月 17 日調查

| 蕃社名 | 頭目 | 有力人士 | 蕃丁 | 蕃婦 | 童男 | 童女 | 計 | |
|---|---|---|---|---|---|---|---|---|
| | 馬赫坡 | | 3 | 32 | 29 | 9 | 4 | 77 |
| | 蒼戈 | | 1 | 13 | 16 | 17 | 13 | 60 |
| | 羅多夫 | 1 | 1 | 32 | 39 | 36 | 38 | 147 |
| | 斯庫 | 1 | | 29 | 39 | 32 | 27 | 128 |
| | 波阿隆 | 1 | 3 | 41 | 42 | 23 | 21 | 131 |
| | 塔羅灣 | | | 6 | 8 | 2 | 5 | 21 |
| | 計 | 3 | 8 | 153 | 173 | 119 | 108 | 564 |

# 第五節 關於莫那・魯道、達道・莫那父子與花岡一郎、花岡二郎義兄弟死亡之評論

## 一、莫那・魯道死亡之謎

　　賽德克族霧社羣一代抗日英雄莫那・魯道，其自殺身亡雖是眾知的事實，但其於何時何日壯烈成仁，迄今卻仍是一個無法解讀的謎。據台灣總督府警務局《霧社事件誌》的記載，有侮蔑性地稱：「儘管莫那・魯道穿上搶來的杉浦巡查禮服而作豪言壯語，見到 10 月 30 日，飛抵馬赫坡社上空的陸軍飛機投下一枚炸彈，就炸出 24 名死者，卻肝膽俱裂，幾乎陷入失神狀態而不知

所措。當天就帶領若干護衛蕃丁與其他老幼婦女一同逃入南方約6公里的馬赫坡岩窟。進入岩窟後，他於11月2日，照例占據岩窟最深處的五坪安全部位，正在商討今後的對策時，恰好陸軍飛機投下的一枚炸彈，落到剛位於他面前的溪底，而炸裂的彈片命中蕃丁們，頓時有了21名死傷。（中略）至此，他被打進絕望的谷底。於是，他就集結剩下的社衆爲自己的不明道歉，並陳述訣別之意。此後讓社衆各採任意的行動，自己則帶領家族21名，到西南方約五公里蕃名叫凱金的工寮，向大家說：『現在再後悔也沒用，這是對人世的離別。你們應當先去地下，跟祖先見面。我要到任何人都找不到的地方去自殺！』乃命令大家在工寮的樑上上吊，但妻子巴康・瓦利斯及兩名孫子害怕想逃脫，莫那・魯道就用手裡三八式騎槍射殺三名，丟進工寮中放火燒毀後，自己立即進入南方深山中，走到屹立在距離該處約四公里的大懸崖的半山腰，用所拿的騎槍完成自殺。他的屍體，在過後約四年，到1934年（昭和9年）才被打獵中的蕃人發現，屍體已呈半木乃伊狀態。」[68]（文體譯文：魏廷朝）

綜上所述，可推測莫那・魯道的自殺身亡，可能是在1930年11月2日以後，但無法確定是何日。不過，據台灣軍參謀部編纂《霧社事件陣中日誌──自1930年（昭和5年）10月27日至同年12月2日》的文獻記載，則稱「敵蕃」頭目莫那・魯道於1930年11月10日，仍在岩窟中，約有60名壯丁守護其中。

倘若這項記事屬實，那麼莫那・魯道的死亡日期，當然應該是在11月10日以後了。然而，筆者懷疑，當時日方「友蕃」密探所指的「莫那・魯道」，也有可能是其長子達道・莫那。而莫那・魯道本人，或早已帶領其全家族離開岩窟，赴其工寮命令全家族自盡，隨後他也就壯烈成仁了。總之，這是筆者綜觀當時日

軍討伐鎮壓的經過狀況，所作的推論，並無確切的證據。現在要從文獻上，尋找出莫那・魯道成仁的正確日期，筆者敢斷言，實已不可能了。又阿威赫拔哈（當年 14 歲，是荷戈社的後裔，日文名田中愛二，中文名高愛德，戰後經營南投客運公司，擔任南投縣議員、四屆 16 年）的歷史口述，有如下的記載：「1930 年 11 月 4 日，守望的人傳來日軍進擊的報告。我們立即進入警戒狀態。日軍預測在馬赫坡方面會遭遇到激烈的抵抗，因此投入了比攻擊塔羅灣方面更多的部隊，這就是安達大隊。他們先是占領了馬赫坡社，接著攻占了馬赫坡社背後的山崗。至此，馬赫坡岩窟的入口，便統統遭到封鎖。莫那・魯道把長子塔達俄（達道）・莫那召到面前，說出自裁的決心，同時交待後事：『我不得不死！今日起你就是馬赫坡社的頭目。敵人會在明天有所行動，要小心警戒烏茲烏基克森林，敵人可能奪取我們卜拉茲的地瓜田。你是新頭目，要勇敢的作戰。』莫那・魯道走出岩窟，來到家族避難的耕作寮，命令家族的大小統統先他而死。違背命令者，由莫那・魯道用槍擊殺，將屍體放火，連草寮也一起燒了。只有一個人，莫那・魯道的女兒瑪紅・莫那畏死逃亡，向日軍投降。之後，莫那・魯道獨自攀登到更險峻的岩壁，藏身在岩壁陰暗的狹縫中，那裡是人跡從未到達的雲海彼方。塔達俄・莫那以悲壯的心情，仰望遠方的岩窟，思考著父親命令交辦的卜拉茲作戰要領。不一會兒，一聲槍響，像是遠方傳來的雷聲，響徹雲霄，這是父親向塔達俄・莫那發出的信號。第二聲槍響，緊接著是第三響，然後歸於寂靜。塔達俄・莫那給弟弟巴撒俄・莫那使了個眼色，便一溜煙消失了。莫那・魯道只告訴塔達俄・莫那自裁的場所。塔達俄・莫那在父親遺體上覆蓋了泥土，遮上草，然後再回到自己的地方。」[69]

對於阿威赫拔哈（高愛德）鐵定莫那・魯道自殺的日子，是

1930 年 11 月 4 日的口述，筆者不敢置信。因爲莫那‧魯道的長女馬亨‧莫那（即瑪紅‧莫那）等 18 名馬赫坡族人，就是於 11 月 4 日，向日方投降。但日方的任何文獻裡，從來未有記述過馬亨‧莫那證實其父已自殺成仁之事。而且據阿威赫拔哈的自己口述，他也從未滯留過馬赫坡岩窟，更又不是馬赫坡社族人，怎樣有可能知道那麼多的重要機密細節呢？在此，筆者認爲阿威赫拔哈的口述，應該不外是後來參酌的日人的文獻（其內容，除具一些戲劇性的幻想表現外，大體與日人文獻相同），由其自己猜測論斷而已。職是，其所鐵定的莫那‧魯道成仁時日，不能置信。日人文獻台灣軍司令部編刊／川路祥代等譯《昭和五年台灣蕃地霧社事件史》裡，其「11 月 12 日以後」之項目，有這樣的記載：「敵蕃已經因爲飢餓與恐懼，勢力漸弱。首領莫那‧魯道於岩窟附近上吊身亡後，其餘黨各自散去。或者因爲窮途末路，而在森林內上吊自殺，也有 5 百餘名陸續表明歸順。」這一節的記述，據筆者所知，是日人文獻中最先提到莫那‧魯道死亡的消息。但該文獻亦未敢確切地指出死亡成仁的日期。[70]

最後，世人對莫那‧魯道的歷史評論，毋庸多言，當然會有「正」、「負」歧異看法。在正面的評價，莫那‧魯道就是「大無畏的勇者」、「抗暴的民族英雄」。在負面的評價，他則被痛罵「血洗了族人的生命」、是「歷史的罪人」。對此兩極端的評論，筆者在此願意引用以下郭明正氏的這段論述，以供讀者參考思量。

「在清流部落的事件遺老是以『mkuni』來稱呼當年起義抗暴的行動。Mkuni 有『失去理智、瘋了似的發飆』之意。他們之所以稱『mkani』我有以下三點看法：其一，直接以『殺日本人』來表達起義抗暴行動是不恰當的，因不能以『殺人』教

育子弟；其二，以『失去理智、瘋了似的』取代『殺』是採模糊說法，隱喻他們不是有意殺日人；其三，以『失去理智、瘋了似的』來掩飾他們起事失敗的事實。但我相信，若他們起義成功，且將日人逐出霧社地區，就一定不會以『mkuni』去表達他們的『膽識』與『善戰』。」⑦

　　誠然，勝敗不能論英雄。古今東西，凡對抗暴政，揭竿而蜂起的任何事變，都難免有流血與意外的不測。筆者在大學時代，有讀過這句名言 "The blood of the martyr is the flower of the church."（若有記錯請見諒！）我相信為天理、為正義而犧牲的莫那・魯道，他雖不是「全人」，但不論世人要對他做何種的評論，他在天之靈是不會介意的！因為他自始，即覺悟要用其鮮血來為其後代的子孫們開花結果的。

## 二、達道・莫那的最後酒祭

　　莫那・魯道的長子達道・莫那，他在霧社事件中所扮演的角色，或者可稱是直接導引事變勃發的第一人物。而在抗日戰鬥期間（約 40 天），他也不愧是霧社羣族人中，最強悍、最英勇的領導人。他於 1930 年 11 月 5 日，率領馬赫坡社及波阿隆的勇士們在「一文字高地」（或稱，卜拉茲），大敗安達大隊後，繼續頑強地堅守馬赫坡岩窟一帶，阻止日軍的前進。但是，日軍中止步兵前進的戰術之後，轉為利用山砲與飛機的連日疲勞轟炸，並使用非人道的毒氣「糜爛性投擲彈」、「瓦斯彈」等。同時也決定全面採用「以夷制夷」的策略，組織「友蕃奇襲隊」從事第一線的軍事行動。結果，達道・莫那的抗日隊，陷入困境，幾乎犧牲殆盡。11 月 27 日，在「屯巴拉下方」的最後一役，射殺日警田島三郎

巡查、另 2 名負傷以來，達道‧莫那率領數名隨身勇士，徘徊在馬赫坡岩窟深處，繼續抵抗日警的討伐部隊。最後於 1930 年 12 月 8 日，在飢寒交迫之下，達道‧莫那終於答應其妹馬亨‧莫那等人的勸誘(由日方授意)，接受水越知事送來的清酒「白鹿」六瓶，從中午開始與其最後四名的隨身勇士共飲此酒。並遵循賽德克族人 Gaga 的習俗規律，一面飲酒、一面唱歌、還跳辭世舞，連續唱跳了約三小時。那時候，達道‧莫那重複高唱的辭世歌詞，其大意是：「哈包‧波茲可 (妻名) 請妳在黃泉釀酒等我！莫奧‧達道 (長子名) 呀、瓦利斯‧達道 (次子名) 呀、哈包‧波茲可呀，等一下好嗎？我很快就會去和你們相聚！」[72]

對達道‧莫那這首即興式純樸別世詩，台灣軍參謀陸軍步兵大佐服部兵次郎 (實際指揮日軍的最高責任者)，有如下的評述：「相信靈魂不滅，追隨已經幽冥相隔的妻、兒，不對人世留下任何牽掛，而赴死的最後一幕，在這篇詩中栩栩如生。它的詞意，誠然是原始的、單純的，但綿綿情緒，足以扣人心弦。我認為他可以被看成一種詩人的行為，正好比『戲劇』更像『戲劇』。」[73]

就這樣，達道‧莫那向與其妹來見他的族人，陳述遺囑，馬赫坡社的土地及黃牛、水牛全部贈與馬亨‧莫那。最後他取下其妹馬亨所穿戴的上衣及胸掛，自行穿上其身，兄妹擁別大哭。旋即與隨身的四名勇士，進入馬赫坡社西方巴佑溪左岸的榛樹林中，上吊身亡，壯烈成仁。霧社事變至此，乃告一段落，不再有任何組織性的抗日行動。同年 12 月 10 日，下午三點左右，日方搜索隊發現上述自殺現場。經由水越知事、三輪搜索隊長伴同救護班堀川博士驗屍的結果，推定死亡的時間為 12 月 8 日，下午五時左右。他們把榛樹折彎，套上麻繩，最南端為達道‧莫那，緊臨的是達基斯‧那拜；北面再過四公尺左右是沙茲波‧泰摩、

沙茲波‧魯比、瓦利斯‧帕灣（均為馬赫坡社勇士），按這順序完成上吊自殺。⑭

　　達道‧莫那如此英勇悲壯的事跡，不但讓水越知事讚嘆：「達道‧莫那確實是一位勇敢且令人欽佩的敵人。」同時亦讓台灣軍參謀服部兵次郎感受到：「全盤而論，他們的兇暴誠然可恨，可是表現純真而武士式的態度這一點，真值得我們十分愛惜。以我個人來說，總覺得要設法收到薰陶善導的效果。將來如有緊要關頭，希望能在我軍威令之下，成為軍隊的一部分，從事第一線的活動。這種念頭，真使我不期然地從心頭湧起。」後來，日人軍隊確實也把這段壯烈的事蹟記錄下來，並列入其精神研讀的教材之一。⑮

## 三、花岡一郎與花岡二郎義兄弟之殉節

　　凡論及霧社事件，首先都會提到莫那‧魯道與達道‧莫那父子之事跡，但同時也會談論到花岡一郎和花岡二郎義兄弟殉節的經緯。花岡一郎是荷戈社族人帕灣‧巴茲爾的三子，族名叫做達基斯‧諾賓，在埔里尋常小學校畢業後，於1928年（昭和3年）3月，台中師範學校講習科畢業，被任命為乙種巡查，擔任波阿隆社兒童教育所的教育負責人。花岡二郎為荷戈社第一強人副頭目之一的長子，族名叫做達基斯‧璐伊，於埔里高等小學畢業後，就任霧社分室警手（警丁）。兩人都是日人在「理蕃撫育」政策下，刻意栽培與塑造的人物。1929年（昭和4年）10月27日，在日人當局精心的設計下，二郎娶荷戈社頭目達道‧諾康的長女高山初子（族名叫做娥賓‧塔達歐，埔里尋常小學校高等科輟學）為妻；一郎則娶達道‧諾康頭目姊姊依婉‧諾干的女兒川野花子（族名叫做娥賓‧那威，同埔里尋常小學校高等科輟學）為妻。兩人的結婚典禮，在霧

社分室武德殿之神前舉行，並以日式儀禮行之。就此，花岡一郎與花岡二郎透過婚姻關係，遂成爲義兄弟，但並非親兄弟。⑦

霧社事件之初，當莫那・魯道攻下霧社時，對外通訊全部中斷，導致謠傳在霧社的日人全部被殺。新聞媒體的報導與一般街頭巷尾的傳聞，皆認爲此事件係由花岡一郎及二郎所策動。島內報紙刊登：「恩將仇報的花岡一郎，脫下官服，改穿『蕃裝』，指揮兇蕃作戰。」或稱「松井高地的戰鬥意外強悍，是因爲花岡兩人在指揮的緣故。」因此，各方人士對兩人的指責與憎惡相當強烈，甚至出現指責「蕃人」教育的失敗等等。⑦

當日人奪回霧社，出動大批軍警、使用各種不人道的毒氣彈，逐漸壓制蜂起族人，並先後發現花岡兩人的遺書（有四種、下述）及花岡兩家族21人之自殺遺體（1930年11月8日被發現），才對花岡一郎與花岡二郎以死謝罪的忠義，由衷表達出尊敬和憐憫之心。

事實上，據日人事後的調查，得知花岡一郎在事變當時，正在霧社公學校的校庭，驚訝地鑽過族人的刀刃下，對族人疾呼：「暫停一下，明天再幹！」希望制止族人一時的衝動，但終不可得。這樣，在失望灰心之餘，一郎脫下上衣，甩到大地，當場坐在地上大爲嘆息。而花岡二郎從事件突發前晚，在霧社分室值夜。事發當時正好完成任務，回到自己的宿舍，準備進早餐時，族人來襲，他驚慌地從後院逃出。等到暴動一過，族人走往公學校方面，他在茫然自失的狀態中，正好碰到花岡一郎回來。兩人一同爲這件意外的突變長嘆（族人認爲兩人爲日本官憲所養，所以事前未被告知蜂起之事），決意以死謝罪。於是，進入二郎的宿舍，在牆壁的貼紙上，花岡二郎用毛筆寫下兩人的遺書，下面並蓋兩人常用的印章（生駒高常的《復命書》及花岡初子口述，稱遺書是由一郎所

寫的。特別是初子的口述，還稱她親眼目睹一郎揮筆，但諒有誤。其實，日警方面應該存有很多一郎與二郎的資料，包括兩人的筆跡。所以很容易判斷遺書是由誰執筆的。職此，筆者採信台灣總督府警務局《霧社事件誌》的記載）。遺書的內容為：「我們非離開這個世界不可。族人（蕃人）的激憤，由於出勞役多，造成這種事件。我們也被族人（蕃人）們逮住，什麼也不能做。1930 年（昭和 5 年）10 月 27 日，上午九時。族人（蕃人）在各方面把守，因此郡守以下職員全部在公學校方面死了。」另在宿舍入口內部，有書寫「花岡二郎自宅」和「我們走了」的二行字句。⑦⑧

　　寫完遺書，當天一郎與二郎相攜回到荷戈社的自宅。隨後一郎與二郎帶同其家族總共 20 餘人，集體前往荷戈社東南方，通稱小富山丘（Sukuradan，今春陽山）避難。途中，初子遇到其母親帶同幼小四、五人弟妹，說要去巴蘭社的親戚那裡避難，母女遂相擁淚別。初子等人到達小富士山麓高丘時，一郎和二郎吩咐家族在山中等待；兩人下山去霧社探查戰況，直到晚上兩人再次回到山上來，一言不發，但神情已顯現出將以死的決心，僅對家族說已晚了，就在此野宿吧！28 日清晨，因為感覺夜宿的山丘，機緣不好，乃向山頂方面前進。當日黃昏，周圍開始黑暗時，巴蘭社的瓦利斯‧庫新突然來到山上，苦言相勸花岡兩家族前往巴蘭社去避難。他是花子的姊夫，力勸大家不要有想不開的念頭。更何況初子已懷有三個月的身孕。初子的一位姑媽娥賓‧諾干聽了很贊成，乃說服大家下山到濁水溪畔，但是一郎與二郎終究無法同行。不過，二郎卻哀傷地懇求妻子說：「妳是女人，日本官憲應不會對妳興師問罪，妳要活下去！為我們後代生存下去！我要先走，請妳以後要自重，任命運安排，好好活下去！」當時二郎的無奈悲哀神情，一直深嵌在初子的腦海裡，她想努力忘掉這

些往事，卻反而更加深對這段離情的懷念，它已經永遠銘印在初子的心坎上。在黑夜中，二郎對妻子說完了他最後的懇求，便一言不發的轉身奔向暗夜中，沒再回過頭來目送初子的離去。這永別的悲劇是二郎人生的盡頭，卻是妻子重生的開始。初子一行人在半夜中，沿濁水溪朝巴蘭社的方向前進，到達巴蘭社時，已是29日凌晨的時分，真是精疲力竭。其時霧社已經被日軍警收復，抗日族人撤回深山，巴蘭社也已經被日本軍警控制。因此，抵達巴蘭社的初子一夥人，隨即被日警監視。當地的石川源六巡查屢次審問初子有關一郎和二郎的下落，為免遭到不測，初子堅持不說出實情，她自覺生命中似乎還有一種悲愴的莊嚴（以上筆者主要引自初子的口述，但文體引自鄧相揚）。⑦⑨

再則，有關初子永別二郎，與其姑母娥賓‧諾干等人，奔向巴蘭社避難之事，阿威赫拔哈的口述，也有如下的記載：「我們在27日夜晚，一起下了斯庫列丹山（小富士山丘），到巴蘭社的親戚那裡避難。要去巴蘭社是因為娥賓‧塔達歐（初子）的伯母，嫁給近藤三郎的娥賓‧諾干帶領。當我母親聽到她們要去的消息，也要我去巴蘭社妹妹那邊。於是，初子那邊有9人，我這邊有5人，我們沿著濁水溪走。到了巴蘭社，初子馬上被收容。但是，一位叫蘿波庫路富的婦女對我說：『看到你今天追殺日本人的孩子，日本人一定不饒你，所以不要進來。』母親聽了嚇了一跳，我們只好沿著濁水溪回到山上。躲在山中直到投降為止，也親眼目睹了各戰役。」⑧⓪

阿威赫拔哈的口述，其內容大致與初子的口述吻合，但最大的差異則是初子稱下山的時日是10月28日夜晚，而阿威赫拔哈則稱是10月27日夜晚，其差異甚大，所以十分令人存疑。這姑且不論，同年11月8日，高井部隊小形小隊在沿著小富士山丘

山脊的櫟樹林裡，發現花岡兩家族男女 21 名吊死遺體連在一起，都用「蕃布」蓋住頭部，只有二郎的臉未覆蓋。諒必是二郎先讓族人自殺，通通用布片遮住臉部，免得使屍體受辱。族人都穿著賽德克族的正裝，二郎穿著紋付羽織和服，這是結婚時的禮服，腰配「蕃刀」。日人稱從這點也可以窺知二郎當時複雜遺憾的心情。又花岡一郎家族三人的屍體，是在花岡全族上吊大樹的南方約 18 公尺 (10 間) 比較平坦的地上被發現。一郎穿「新大島」(布織的名稱) 的和服，勒緊丁字褲，敞開腹部，切腹自盡，露出大腸仰臥，頭上左端放置一把「蕃刀」。右邊有其妻川野花子的屍體，和一郎同樣仰臥，左頸部有深深的刀痕，大概是一郎所加的。而花子穿著前年結婚時的花紋和服，繫著女用寬邊的內地腰帶，頭上豎立一面手鏡，把白粉和皮包端正地排在它前面，表現出其優雅端正的丰彩，實在令人觸目傷心。她的左手抱著長子幸雄 (一歲)，擺在自己與丈夫的中間，父、子、母家族三人排成川字形。幸雄露出頭蓋骨，肉已腐爛，因此致命傷難以判定。屍體附近有一棵櫟樹，樹幹被削掉約有一尺寬的板，似乎寫下三行類似絕命詩的形跡。但因為是用木炭寫的，經過雨露，無法判讀文字，只能讀出第三行最後的「死去」二字而已。[81]

　　發現花岡兩家族 21 人全體自殺屍體之後，11 月 9 日，原在荷戈社駐在所勤務的田村時憲巡查部長，帶同霧社分室佐塚主任的妻子亞娃伊·泰目、高山初子及數名警察、軍伕，攜帶石油到自殺的現場驗證。田村巡查部長命令下屬將族人的屍體由樹枝上一個個放下來。初子撫摸二郎冰冷的屍體，經過驗證後 (驗證的結果，日警推測花岡兩家族是於 10 月 29 日，集體從容自盡。這與初子的口述相對照，應該是正確的)，日人以枯樹枝覆蓋全部屍體，潑上石油，就地火葬。初子將帶來的線香點上火，在夫君和族人的靈前，

祈禱他們能夠從此永遠安息。初子心酸的淚已灑盡,但在淒愴的
秋風中,她感受到與二郎短暫的夫妻真愛![82]

　　未久,11月24日,距離花岡兩家族自吊身亡約一百公尺的
東北叢林裡,由熊谷憲兵(上等兵)重新發現花岡二郎親筆的另一
份遺書。其所使用的紙是10月27日,霧社公學校運動會的節目單,
在它的背後用鉛筆寫著:「花岡責任上,越想越覺得非這麼做不可。
在這裡的,全都是家族。」如此這般,日人自覺先前各種新聞報導,
以及其他街頭巷尾,對花岡兩人的惡評斥責,是錯誤不對的。於
是,深感花岡兩人,在職務上雖未能發覺這次重大的事件,但兩
人卻以全家族來殉節,向日方當局謝罪,並表達他們的忠貞和受
到栽培的恩義。這種態度實在令人湧起無邊的憐憫與痛惜。總之,
日本當局知道花岡兩家族悲慘殉節的事實之後,台中知事水越幸
一深為所動,他專程從霧社駐地趕到小富士山丘,樹立墓碑,祈
禱花岡兩名及其全家族冥福;並且為了永遠紀念花岡兩人的忠義
情操,下令將小富士山丘易名為「花岡山」。[83]

　　另一方面,霧社事件發生後,輿論也提及花岡兩人對其族羣
的「忠貞」問題。一般都會質問一郎與二郎是否「蕃奸」?當其
族羣蜂起時,花岡兩人也持械參加?對此疑問,自稱參與起事戰
鬥的阿威赫拔哈,亦有如下的評述:「花岡一郎、二郎不能說他
們是日本的走狗,但也談不上是抗日份子。因為在戰鬥當時,他
們不屬於日方,也不站在山地人這邊。只是在遺書上,表示了對
不起日本人。從這一點上來說,是沒有民族的觀念。一旦成為民
族與民族之間的戰爭,就應該拋棄自我,參加民族之戰才對。實
在令人遺憾。」[84]又研究霧社事件的第一人者,鄧相揚氏則有如
下的評論:「在日人『撫育』政策下,栽培出的一郎、二郎,從
小即接受日式教育,浸濡於日本文化,在道德與價值觀上,亦感

染日人的作風，把人生的眞義、道德的極致、宇宙的大法，皆建立於『恩』與『義理』之上。日人的刻意栽培與塑造，使花岡一郎、二郎從賽德克的社會文化、倫理中剝離出來，他倆的價值觀與部落社會的母文化漸行漸遠，形成了介於統治者與血族 gaga（祖訓）認同之間的矛盾產物。這兩股同時要求忠貞的力量，撕碎了花岡一郎、二郎的生命，使他們在矛盾中走上結束衝突與極端痛苦的死亡道路。」⑧⑤

　　筆者，基本上贊同鄧相揚氏的見解。但事實上，一郎與二郎在事發前，他兩人並未被族人告知。而且兩人也完全未覺察到族人即將發起這麼重大的戰禍，包括要殺盡所有的無辜日人婦孺，這不應該是族人 gaga 的規範吧！？倘若一郎與二郎能被族人告知要揭竿起義的事，他兩人也許毫不猶疑的站在民族大義之前，持械參加蜂起；也許會出賣族人，密告日本當局揭發起事的陰謀。但最有可能，也是筆者最願意相信地，花岡兩人必能站在賽德克族 gaga（祖訓）的規範下，將民族大義昭告於世，告發統治者的虐政，並能阻止、或減少殺害一般無辜的日人婦孺；同時也能使自己的族羣，在戰禍中減少無謂的犧牲，特別也是一般無辜的婦孺，更不致於讓族人犧牲到即將滅族的危機（這點就是莫那‧魯道最受批評的無奈）。而且，最後花岡兩人必也會隨同其勇敢的族人，奮戰成仁！歷史是無法回溯的，但能讓人們永遠省思。

# 第六節 「霧社事件」使日本在野黨強烈地彈劾政府內閣及第二次霧社屠殺事件的眞相

## 一、日本在野黨對政府強烈嚴苛的彈劾與批判

　　霧社事變當時的台灣總督，是石塚英藏。石塚總督是會津藩武士的兒子，出生於東京，東京大學畢業後，直接進入內閣法制局。1898 年以勅任總督府參事官長的身分，與兒玉源太郎總督一起到台灣。石塚參事官長於 1902 年兼任總督府警務局長，並自翌年開始再兼任總務局長。1905 年石塚離開台灣，轉任關東都督府（遼東半島南部）的民政長官。之後，石塚又歷任朝鮮總督府農商工部長官，以及在朝鮮的日本國策公司東洋拓殖株式會社的總裁。1927 年 7 月 2 日，隨著日本民政黨浜口雄幸內閣的成立，7 月 30 日，石塚被任命爲台灣第 13 任總督，同時任命人見次郎爲總務長官，取代了政友會系的川村竹治總督及河原田稼吉總務長官的職務。[86]

　　然而，上任約 1 年 4 個月，石塚總督及人見總務長官就碰上了驚天動地、震撼日本帝國的霧社蜂起大事件。結果，毋庸贅言，在野黨的政友會、全國大衆黨等國會議員（衆議院和貴族院）多人，對此事件連續猛烈的追究內閣責任，並要求管理台灣事務的松田源治拓務大臣下台。迫於不得已，浜口內閣乃在 1931 年 1 月 16 日，形式上照准石塚總督、人見總務長官及石井保警務局長、台中州水越幸一知事等四人的引責辭呈，免去他們的職務，由同屬於內閣民政黨派系的關東廳長官太田政弘繼任台灣總督、高橋守

雄（前兵庫縣知事）爲總務長官、警務局長井上英（前佐賀縣知事）、台中州知事太田吾一（高雄州知事）等人接任。太田政弘台灣第14任總督遂於 1931 年 2 月 3 日，正式來台蒞任（總督更換的詳情，請參閱春山明哲《近代日本と台灣》，藤原書店，2008 年，52-67 頁）。

　　惟浜口內閣雖然對在野黨的政治責任追究，以石塚總督以下四名高官的引責免職（代罪的羔羊）來緩和其攻擊；可是，同年 1 月 24 日至 3 月 27 日的第 59 屆帝國議會期間，在野黨衆議院有 7 人、貴族院有 5 人，先後仍提出嚴厲的質詢與批判，繼續要求政府內閣負起其政治道德上的責任。[87] 爰將兩院較具權威及代表性的質詢，摘要引述如下。

㈠　衆議院部分

1. 1931 年（昭和 6 年）1 月 24 日淺原健三議員（全國大衆黨）之質問：

　　「據我們的同志河上丈太郎與河野密所調查，這次霧社事變的原因可分爲六項。第一因爲搬運木材時苛酷使役蕃人而招其反感；第二對蕃人不付工資因而激化其反感；第三任取締蕃人的警察之不公正爲這次事變的動機；第四警察掠奪蕃人所生產所謂蕃產物也是這次事變的動機，據聞他們蕃人因未習近代資本主義經濟，勢必最喜歡物物交換看蕃產物如其生命，然而警察認其蕃產物爲自己的宦囊，每以便宜的價值收買去，所行無異掠奪，蕃人對此反抗是霧社事變的一個動機；第五總督府對蕃人推行強迫儲金制度，因而誘起此次暴動，勵行之餘對無錢儲蓄者，進而強迫廉價出售蕃產物以達目的；第六爲強要蕃人自高地移至平地禁止其耕種農產大宗品甘藷與粟，結果蕃人的生活陷入極度的困難，是爲這次暴動的一個原因。這次霧社事變之發生爲總督政治碰了釘子，總督政治的不周到的結果，所以台灣總督辭其職，可是若

認爲這是總督政治，亦即台灣殖民政治碰了釘子，其本質上碰的釘子，則這次霧社事變非僅石塚總督一人負責就可了的局，任指揮監督的松田殖民地大臣不是應該在石塚總督辭職前敢然引咎辭職嗎？

欲向陸軍大臣質詢的是，陸軍當局對於這次霧社事變的討伐方法。派遣一千數百的軍隊，亂射機關槍，出動了飛機，最後竟投放毒瓦斯，怎麼採取這麼慘酷的討伐方法呢？再要請問陸軍大臣的是，陸軍當局對這次霧社事變的討伐方法，是根據歐洲大戰時之經驗，而將在演習時不可試行的用於這次討伐，對這點欲請陸軍大臣簡明的回答。

再就台灣一般行政問題請問殖民地大臣，以這次霧社事變之發生爲動機，殖民地大臣有沒有意志對台灣一概給予言論、集會、結社的自由。只因過去有束縛言論、集會、結社的自由，所以才有今日之事變，吾人不能不說受壓迫的地方會起了不可預測的猛烈的爆發。」

國務大臣松田源治答：「關於鬧出霧社事變的事情，我要深表遺憾之意。對於現在淺原先生所質問的木材的搬運方法，確有曾令蕃人挑在肩上的事實，我們也認爲這也是這次叛亂之一個原因。至於不付工資，霧社小學校的學生宿舍的工程之工資，一部分是已支付過的，可是還有一部分沒有支付，因下欠工資成爲這次叛亂的一個原因這仍可承認。惟所說理蕃警察的不公正，奪取蕃產物，是沒有這樣事情，也沒有強迫儲金的事情，曾獎勵過儲金，可是沒有強迫過。也沒有禁止在蕃地種植粟甘藷的事情。再次問過我的責任問題，在這次事變中官憲在遂行事務時有了疏忽的地方，所以直接管轄著台灣的總督以下有關的官員辭職，即可認爲責任已是明白（鼓掌）因爲我明知責任所以纔不辭職焉。」

國務大臣宇垣一成答：「關於台灣霧社事變的質詢，承問：從事討伐的軍隊不是曾用機關槍，或出動飛機，或用毒瓦斯耶。我們想對抵抗者採取軍事行動時，使用大砲、機關槍、或出動飛機，自其戰鬥行為本質上言之均是應該的事情。又問不是用過毒瓦斯耶，我可以回答沒有用過有毒可以致命的毒瓦斯，即說是蕃人也是陛下之赤子，為儘避免那麼殘酷的事情，曾使用歐美諸國的警察等所常用的催淚瓦斯，即用會流出眼淚的瓦斯，那是經若干時後即會復原的。又問不是懷有在台灣試驗演習種種新造的武器之意思而從事討伐嗎？不然，絲毫沒有那樣意思。」（譯文：王世慶）[88]

2. 1931 年（昭和 6 年）1 月 26 日浜田國松（政友會）議員之質問：

「質問的要點，第一是霧社事變由其動亂之性質看之內閣難免政治上責任。第二是據殖民地部官制與台灣總督府的官制，殖民地大臣和內閣均有責任。第三以政治上之前例上說，過去我國發生如此動亂之時，內閣，至少總理大臣總是負政治上的責任。這樣政治上前例顯著存在。今先從此點說起。

事變的內容已由淺原議員發表其一部分，可惜仍似缺徹底。此事變是在帝國的版圖內由帝國臣民的一部引起的內亂，問題性質重大，然為何至今仍以輕微政治上的責任處理呢？

事情是發生於去年的十月二十六日的夜半，據說是台灣的蕃人中最受文化之恩澤的模範蕃地 Mahebo 社，這蕃社的頭目名 Mônaludao 者為主腦，在他的指揮下九社的蕃人一千數百餘人，以悲壯的決心企圖破壞帝國國憲，這就是本事變的出發點。這絕不是單純的地方性擾亂，為什麼緣故呢？就是台灣總督欲以警察力鎮壓之，可是警察力終不能鎮定之，不得不按據所謂台灣總督

府官制第三條，因於維持領土內之安寧秩序之必要要求駐屯軍司令官出動軍隊。既然警察退於第二線，而軍隊代之站於第一線，僅就此事情觀之，這已明白非單純的騷擾，而是發生於新領土內的一個內亂矣。

那麼為什麼會發生這種動亂呢？關於這個問題雖然淺原先生有舉出五六條直接間接的原因，可是依據我的調查研究，則除同議員所列舉以外，還有包含很多理蕃政策上理蕃事務上的廢頹不振的事實。(鼓掌)要把這一個一個申述是很麻煩的，所以從簡略的僅列舉項目。淺原議員所引用的暴動的原因，即增加賦役，減少賦役工資，不付交易物品價款，酷虐的木材搬運法等，其外尚舉二三條原因，不過這是由所謂淺原議員的立場，就被壓迫的事實所觀察的。然而以我們的不偏不倚的全體的看法來檢討此原因，則尚可發見很多原因，第一是警察官與蕃婦的關係；第二是在押者的待遇問題；第三是罷免精通蕃情的官吏；第四是區長與警察分離問題；第五是日月潭工程；第六是削減台灣總督府的撫育費。撫育費在昭和六年度的經費預算也被削減相當的數額，其他強制劃一教育，革除頹風陋俗，這等等理蕃的政務上與事務上，直接或間接的，一般或局部的都有了廢頹不振，又殖民政策之根底應在恩威並行，而在此全盤問題復有頹廢不振，這就是成為目前的事變之原因。(鼓掌)

凡就動亂的原因，動亂的內容，鎮定的方法，安寧秩序的破壞程度等，將所有的綜合，來判定究竟這是平平無奇的騷擾，抑否是內亂，這樣才是公平的看法。綜合余在以上所舉之事由。也可明這並不是平平無奇的騷擾而是內亂矣。

既然是屬內亂，則絕不能說沒有政治上責任可問。(鼓掌)」

國務大臣松田源治答：「關於霧社事變的責任問題，我的回

答與前天向淺原先生的質問所答的無二樣，浜田先生說本件是內
亂罪，可是我不這麼樣想，要顛覆政府，償竊邦土。紊亂朝憲的
事情纔是內亂罪。(鼓掌) 番人是沒有這樣犯意的，所以我不想
為內亂罪，若強求之或可說是妨害秩序罪，但並不是內亂罪。(鼓
掌) 茲我要附帶說明的是，除是內亂罪外，單為維持治安也可要
求出兵，這在官制上有規定的。(鼓掌) 又派遣警察官去鎮定這也
是當然的事情。要求軍隊的出動及出動警察官，這均是國家維持
治安上當然的職務。(鼓掌) 我想不能以出動了軍隊，出動了警察
官，即說是有了內亂罪。(鼓掌)」

浜田國松議員續問：

「第二點是松田先生講出兵為維持治安之必要。總督府官制
第三條之所謂維持治安的出兵，在憲法法律的解釋上是有一定之
理由限度，那意思是以維持安寧秩序之必要為限度，然而這次却
以武力急迫使番人窮困之餘三十人為一群四十人為一群集體自
縊，這到底是官制第三條所定的必要之限度與否，這一點又可問
責。淺原先生所詰問的，是否太硬心，是否太殘酷，一樣都是陛
下的赤子而為什麼這樣沒慈心的對待他們呢？他的詰問的真意即
在於此。正如陸軍大臣所說，雖然飛機投下炸彈，但不是因此而
死的，又不是由一連之山砲所轟殺的，都是因行太過度的──超
過維持治安所必需的限度，超過所謂消極的防衛之程度的積極的
討伐，番人的一部分無所覓食寧可三、四十人，三、四十人的集
體自縊不欲餓死而已，有了這種事實。說是為維持治安怎麼樣所
需要，竟使失去抵抗力的婦女小孩集體縊死，這樣殖民地大臣還
說對陛下沒有責任嗎？請認真些想看看。(鼓掌)

我想要請陸軍大臣辯解些。你的手下之軍隊與帝國臣民的一
部交戰時，是不是與外國開戰一樣的意思而打仗呢？又若是按照

總督府官制三條的明文，依據總督之要求在維持安寧秩序所需要的限度內而所行的出兵，則這種討伐會無需至迫使番人陷于困境而三十人、四十人被迫自縊的程度嗎？關於監督軍隊的責任我想要請問高見，松田先生又說因搬運木材而肩部受痛，或說 Mônaludao 家的喜事怎樣等等？才發生事變。但 Mahebo 社是台灣的幾十幾百的番社中的模範番社，不知道你們有去過台灣沒有，凡由眾議院派到台灣視察的人都依總督府的排定受引導遊覽霧社，就是這次的 Mahebo 社，因這是模範番社，在台灣的番社中是頂好的番社，這番社的番人——即大臣等所謂一部番民行郵政儲金，其數已達每人廿四元，是這樣進步的番社。

第二教育又是進步，產業又是發達，風俗習慣又經改善，是台灣第一的模範地。這模範地的人民以必死的悲壯決意起了動亂，必在政治上有了重大的缺陷，此模範的部落竟會因那些喜事如何，為搬運木材而生瘤子等的，瞞騙外行人的原因而發動這麼樣的叛亂這由常識不可想像的，我想松田殖民地大臣的引例事實的辯明對於這一點也有很遺憾的地方。

其次又說理番政策自前內閣以來迄至現內閣都沒有變更，因此若有責任則不是前內閣也應有責任嗎？可是前內閣的時候是還沒有殖民地部，至現內閣纔有（有人喊「內閣總是有罷」）若說前內閣沒有殖民地部故責任落在內閣上，則也應說在現內閣不僅是殖民地大臣，就是內閣全體都有責任。諸位是自縊者也。」

國務大臣松田源治答：「關於本事變非屬於內亂，我想我剛纔的說明是已說盡了。至於當發生這種騷擾時要求出兵且出動警察官，這是為維持國家治安上當然的事情，浜田先生謂有超過其範圍，然我想是沒有超過其範圍。（鼓掌）又說以前是沒有殖民地部。以前雖然是沒有殖民地部，不過殖民地大臣的職務是由內閣

總理大臣兼管，那是絲毫沒有相差，當時總理大臣之下設有殖民地司，台灣總督是屬於總理大臣的監督這是當然的。其稱：責任因有殖民地部而轉移之說我想是決不會成立的。(鼓掌)」

國務大臣宇垣一成答：「剛才浜田先生說台灣軍為霧社事變所出動的部隊，有超過鎮定暴徒範圍的慘虐行為，或說使用過大的兵力，費了好多天纔告鎮定等話，假若浜田先生對我無質問，但為了台灣軍的名譽我即想說一句話。事變發生於十月二十七日，事發後軍方即應總督府之要求命令軍隊出動。然為盡量免用武力而舉鎮定之效果，經與總督府協定，最初是以支持後援警官隊的姿勢站在第二線。然而番徒非僅作抵抗且反覆逆襲我警官隊，於是於十月三十日軍隊與警官隊交代而站於第一線，然軍隊出第一線當鎮定之衝後番徒仍越抵抗的範圍向我逆襲，因此軍隊仍不得已改變態度使用武器。使用武器，這句話以我們的話換來說就是戰鬥行為，是武裝行為。既採取戰鬥行為則使用機關槍、大砲、飛機等是不足為奇的，我認為是正當的行為。又說拖到一個月餘方鎮定，其實鎮定是僅在一星期中即奏效 (有人喊「毒瓦斯是怎麼樣」) 沒有使用過毒瓦斯，(有人喊「報紙有報導呢」) 報紙所報導的我是不知道。」(譯文：王世慶) [89]

(二)　貴族院部分

1. 湯地幸平議員 (研究會) 之質問 (昭和 6 年 1 月 30 日)：

「如大家所知道的霧社事變是發生於十月二十六日深更，所謂霧社番人者襲擊 Vâlun, Rôdof 兩警察官駐在所，慘殺巡警及其家眷，然後破壞電話，搶奪火器彈藥。而於翌二十七日上午八時一舉而慘殺參加霧社小學校公學校聯合運動會之日本人的家長學生八十餘人。並乘其勢襲霧社分駐所，占領所有軍火倉庫，搶去

一百數十枝槍與數萬個子彈。且續襲八個駐在所，慘殺巡警之家眷，恣意殺傷搶掠。參加反抗的生番是 Vâlun 社等九社，戶數三百十八，人口一千三百九十九，這就是反抗番的人數。住於其被害地域內的日本人究竟有多少人呢？日有二百七十一人，其中被殺者實及一百四十四人，被殺者占六成以上。惟茲有一個奇異的現象，云生番者原來在日本人與漢族土人中是多砍漢族土人之首的，然而其被害地域內雖然住有四百二十八個漢族土人竟連一個也不殺。被殺者僅有二人，一爲穿日本裝的孩子，似乎因穿日本裝故被誤認爲日本人而所殺的，另一爲乙種巡警，此穿著正服的乙種巡警被殺，僅殺這二人。這我視爲眞奇異的現象，也許可疑不是與漢族土人有某種聯絡歟？可是此點却不能詳明奉告，反正這現象眞是奇異的。儘管總督府說此事變爲偶發的事變，我因有種種的關係，能夠調查彼地。此事變並不是出於偶發的，自此論關於生番爲什麼原因而蜂起這一點，生番的蜂起之原因中心在綱紀弛緩。綱紀弛緩的結果以致警察而且是很多數的警察，在番地服務中與番婦通姦。因綱紀弛緩所致……。遇有番婦拒絕則濫用職權終達共目的，這不僅發生於一個地方，是涉及於數處的。我想這是根本的原因，雖然決非出於政治上的意圖，仍是根本的原因。生番的壯丁之品行是比較端方的，比日本人還端方，這一點是希望日本人多做效番人。他們拼命的操作，生番中唯番丁以事操作，他們也就是作戰的中堅，他們拼命的操作，爲的是婦人關係。生番小姐均係番丁們擬將來娶妻的，警官濫用其職權而將之姦汙，則他們寧願冒死而防止之。怎麼樣講來講去事變的起因竟是綱紀之弛緩所致番婦關係，這是我經研究過一切之調查後所獲之意見。

台灣總督官制第三條記曰：「總督也者『承殖民地大臣之監

督統理諸般政務』云，又關於人事官制第十一條記曰：『總督統督所轄之公務員薦任官之任免由殖民地大臣呈請經總理大臣上奏之』，殖民地大臣監督一般外兼管人事。此次之事變原因何在？即在綱紀的弛廢，是一般監督上之綱紀的弛廢，人事之派置不得宜也。然而其人事正與殖民地大臣有關，如此想來則，對不起，因虐殺很多的日本人所以對不起的此種觀念，不但下級的縣長固應有，與其事變有關的殖民地大臣又是自應如是。」

　　國務大臣男爵幣原喜重郎答：「對湯地先生之現在的質詢大體可由我奉答……湯地先生曾關於霧社事變的原因詳細地敘述過，此原因也許不是質問的要點。要之霧社事變的原因可能有種種的事情，其中或者是因於事務上管理的疏忽所致，或者是因於此蕃人的固有性。反正儘管此原因是如何，其原因雖然由日本人……本國人之想法來看，或是輕微，或是可認為性質單純，但既生出這麼多的死傷者復不得不出動兵力，因而事變竟發展至這麼地步，總督、總務長官、縣長、警務處長等均認為真對不住而呈上辭職書……決意辭職而申稟其意思。那諸位官僚事變發生後始終苦心慘澹當其局，為鎮定事變很出力，終奏其功。而事變一經鎮定即如現在所講，堅決地申稟其辭意，我們也深深諒察那種潔淨的心情。我們對那諸位官僚的立場深抱同情，同時對其所提出之辭職書又感著不得不呈奏。現在承聞殖民地大臣也應共負其責的議論，我想事變的性質還未至於連殖民地大臣又要引咎辭職的程度。固然儘管其原因如何，惹起這樣事變，誠是遺憾之至，余決意將來必命總督對有關係之諸官加以十分之督勵，十分留意勿再引起如此事變。」

　　國務大臣松田源治答：「對湯地先生的質問總理大臣代理已回答過，不過我也要答些。首先湯地先生列舉過這次霧社事變的

原因，但是政府所調查的與湯地先生所舉的是不同。依據政府的調查，即這樣的事情成為原因而引起這事變。重申之，第一為勞働關係，第二為與巡警的爭鬥關係，第三為不良番丁陷於自暴自棄而正在計劃砍取本國人之首，此等原因呼應而引起如此事變。所以我要聲明如湯地先生所說的巡警與番婦發生關係的事情，是與這次事變無關，那樣的未曾成為原因。」

湯地幸平議員續問：

「剛才松田殖民地大臣對我的說明有種種的辯駁……剛才所講的大體我是知道的。那些事情只可說是助成騷擾的因子，根本的原因還是在番婦關係，警察與番婦通姦，是理番政治上由來已久的歷史。番人壯丁聯合起來拼命的反抗警察，除卻番婦關係外是不會有的。曾有日本人與番人交易，取去番界所生產的東西而騙說明天付錢的事情，番人觀日本人不付錢，起而襲擊日本人。其所襲擊不限於哄騙人，同為日本人的均遭其襲擊，此時起事番人只限於一社內。至於反抗番社之數我所調查的是九社，但剛才松田先生則說六社。那或許是在蜂起的時候是九社的，其後有的擱下而最後減為六社。我想番丁這樣拼命的反抗日本的官憲，不會是如剛才松田先生所說的那樣事變，由既往的生番的作風來看我想絕非那樣的事變。松田先生也有講到 Mônaludao 的事情，這我也知道，那不是既打警察不反抗不可的，沒有被 Mônaludao 打的差不多是沒有。他是個強暴的生番頭目，而巡警中沒有被他打的是沒有的，有許多人曾被他打過，不止該巡警一個人云。其次關於霧社事變的善後問題我所質詢的是既將關係者付於懲戒處分，則算來應以警察局長為最重，其次為縣長，再次警務處長也應付於懲戒處分，各有輕重，均依其所負的任務範圍的廣狹分別等級。這次卻捨屏懲戒處分的途徑，而取擇政治責任之途徑引咎

辭職。知事、警務處長、總務長官、總督，回想這四個人應負
政治上之責任的根據何在呢？此固不待言的，因於霧社事變是
一百四十五個日本人被虐殺，並軍隊出動而作戰鬥行為而又同族
相殘……殺戮很多的生番的。重視此點感著這樣很對不起，這可
說是這四個人的共通觀念，共通事項。今獨殖民地大臣則從此共
通觀念，共通的事項脫離，……自其共通事項脫離而不負其責任。
其脫離的根據是何在呢？」

　　國務大臣男爵幣原喜重郎答：「顧及此事變之性質，並不引
起中央的殖民地大臣應負其責，而引咎辭職的問題。此是適應其
實情的判斷的結論。對這種事情，我們並不能謂是按法律上的根
據等等，惟有按照實情判斷以外是沒有辦法。茲此我的回答是
要奉告，依我們的判斷我們想此種問題並不是要引起中央的殖民
地大臣應引咎辭職的問題的性質的。」（譯文：王世慶）[90]

## 2. 1931 年（昭和 6 年）2 月 2 日

　　川村竹治（前任台灣總督、政友會系）之質問：

　　「事變真是聖代的一個大不祥的事變並在我們的光輝的殖民
地統治上印了雪不清的污點，誠遺憾至極。我對為此犧牲的很多
的同胞，要表深厚的同情。此次是比曾縱動天下之耳目的廟街事
變更深刻的慘害，在白日之下演行，它是在他國的領土內敵人所
行，此却在帝國的領土內，且在總督的治下由新附的同胞所行。
一百數十名的本國人，無情地被虐殺，新附的人民數百人亦被我
帝國軍隊所殺戮，真是悲慘的事變。惹起此慘事的近因有種種值
得指摘的，然而其最根本的禍根即在政府輕視理番事業，政府輕
視理番事業是也。例如一連地撤任精通番情的幹部官員，或如降
低駐在番界的警察的待遇，或如敢行撤廢駐屯於番地的警備軍

隊，又如企圖改正制度撤廢理番課將之合併在一般警察之中等，根本地破壞歷代傳統的理番政策，混亂理番警察的系統，致顯著地弛廢事務。我們聞此等調動後心裏常懷深甚憂慮，謂在番界不會惹起什麼異變嗎？果然釀成霧社事變勃發大事。霧社事變實因於政府經視理番事業，破壞其傳統的政策，由於破壞其傳統政策所致的政府的一大失政。政府令總督以下官員引咎僻職。令總督以下引咎辭職，這明明是自覺此責任的證據，但是松田殖民地大臣則謂此僅是事務上的疏忽所以本人不必要負責云。松田殖民地大臣是掌管殖民地的行政長官，固應負其事務上的責任。又就政務上見之，就政務上的責任見之，也當然應負其責任。儘管道理如此內閣諸公尤其是有關係的國務大臣仍恬然安於其職，誠是不可解也。

世人往往誤解霧社番人謂是蒙昧無智如猴子的，可是事實決不然。霧社番在番人中是最開明的種族，他們二十年來受有一如本國一樣的小學教育，很頻繁地與平地街市往來，對平地的繁榮與政府的威力都十分知道的。怎麼樣地反抗也不能打勝政府的事情他們是萬分明白的。儘管情形如此仍敢行此次的反抗，則一定有忍不可忍的事情。他們的行為眞値得憎恨，可是想到他們被迫出於此的心情時實是悲壯，禁不住同情的眼淚。然而本事變發生後，政府卻立即出動軍隊，對反抗番社完全以敵人相待繼續戰鬥行為數十天，焚燬其房屋，徹底的討伐。勿論老幼男女一併殺戮數百人，他們又一樣是陛下的赤子，又是帝國的臣民。故官方一經示威後，最少對老幼婦女想一個適當的辦法，以期減少犧牲，事情應爲這樣處理的。要問政府究竟對此點是否曾經加予考慮。」

國務大臣男爵幣原喜重郎答：「霧社事變是在公事上的確有疏忽的地方，廟街事變卻不是事務的疏忽。我不想此事變性質上

要殖民地大臣因此而引咎辭職的，不過反正發生過如此事變，我是真誠感著遺憾的。川村先生又指斥政府為鎮定霧社的番人所採的措施不當，誠然霧社的番人也是陛下的赤子，可是他們竟拿兵器蜂起而襲擊官衙抵抗官憲了，政府對之採取鎮定的措施，這是很當然的事情，也有先例。關於這種事情我想最好由殖民地大臣詳細奉答為宜。川村先生又說若是騷擾事變何以不施行戒嚴呢？可是因有了騷擾就一定要施行戒嚴的理由是何由而來呢？我是不想事情弄成那樣的。」

國務大臣松田源治答：「要回答川村先生的質問，川村先生說此次霧社事變的原因是在理番政策的改變，又在於理番事業的傳統的破棄，我想却非如此。關於這一點我的意見是大略與前天回答湯地先生之質問一樣。川村先生指摘謂曾罷免熟通番情的警察官，但是也沒有這樣事情。即需要精通番情的警察官，這不論在現在或是在過去都是一樣的。可是此種警官是與日俱減，此點是當局頗感遺憾的，理番的根本方針是無需改變的，可是理番事業却需要改進，關於這一點當局是想要十分考慮的。不過從沒有罷免過精通番情的警察的事情。川村先生又指摘不曾減少番地駐在所巡警的津貼歟，這是有的，為節省經費計不得已將特別加俸削減，各等級統統減一元至二元。又停發每月二元的配偶者加俸，這都是為了節省經費而不得已中止的。但是因為減去津貼與廢止配偶加俸致有服務在番地的巡警缺乏精勵的事實，這我是絕對不承認的。

現任政府沒有廢止過理番課的事情，也沒有改變制度的事情，也沒有破壞理番事業的傳統的事情，此與川村先生在任台灣總督時一樣絲毫沒有相差。所以霧社事變非因此原因而發生的。如前日對答湯地先生一樣，也許駐外官憲在事務上有了多少過失

與疏忽。這樣的事情成為一個原因，並不是原因的全部，成為原因的一個而發生，這我已承認過。惟政策或傳統的理番事業則可說與川村先生任總督時代絲毫沒有相差的，特茲報告川村先生。川村先生又說此等番人也是同胞，正如所說，是陛下的赤子。派警察官鎮定或派軍隊鎮定原非所好。可是在多數的番人持武器兇器而反抗政府擾亂治安時，如此也是不得已的事情。川村先生又謂至於軍隊的出動不是違反憲法呢，我不認為如此。既然警察官不能維持治安，則可依據總督府官制要求軍隊的出動，既然軍隊出動則採取軍事行動也是不可避免的。在手續上政府並沒有什麼遺漏。我要奉告這並沒有違反憲法。我想奉告這是國家當然之權力的發動已經是十分了。川村先生又關於本人的責任冗長的質問過，關於此點我的答覆是如幣原臨時代理所回答一樣，身為當局的大臣對本事變要表示萬分的遺憾之意。我想以上所說的話大體上已經答覆了所有的質問。」（譯文：王世慶）[91]

3. 1931 年（昭和 6 年）2 月 4 日志水小一郎之質問：

「第一點要質詢的是，這一次霧社番拿兵器向我反抗者到底有多少人？又前述之番民受討伐後其三分之一是用不著說，或其二分之一好像已被屠盡，到底數字如何？又此番人以外之我國本來的人民為此番人所殺戮者有多少？又為討伐此番民而殉職者有多少？這也要請問。其中固要包括如警察官的眷屬者。再次這一次討伐所動員的士兵有多少？想大概有莫大的數目，又所動員警察有多少人？其次要質詢的是為討伐番民計需要軍隊採取軍事行動的時候，我們想已不宜使用警察，可是在台灣却始終使用著警察一直至採取此軍事行動後，請問那在法律上是否有根據。又因討伐而死傷的士兵及警察有多少？其次又要請問被番民搶奪去之

警察署倉庫內之兵器的數額、種類、所屬等，又收藏於警察署的兵器，若其監視監守得宜是不會被番人搶去的，可是還被搶去乾乾淨淨，其理由到底何在。又我想霧社番大舉發起這次暴動前，倘當局警覺不懈必有其徵兆可以豫知，而事實未能如此這是什麼緣故呢？其次要請問這次討伐的方法，照我所探聞及零碎所聽到的，先以大軍……或說是以一千五百，或二千五百的士兵，先以其大軍斷絕交通，截止糧道，從遠處寬寬包圍，漸次緊縮近逼之，然後出動飛機，用可說是文明之殺人器的機關槍從空中亂射，而使番人們勿論在密林中或岩窟中都無處潛伏，不是這樣嗎？飛機不是竟投炸彈，燃燒他們的巢窟嗎？又不是竟將一種毒瓦斯也使用過嗎？倘竟用那種方法討伐，無寧是剿滅其族使其無遺類餘孽的手段，而非以兵威壓迫他們強制他們歸順，不是嗎？用這種棋法討伐而兇惡渴血的生番，別說到一行最後一人就是到一族全滅也不肯停止抵抗倒不是當然嗎？以這樣的棋法討伐當局以為當然的嗎？若恣意行這種方法之討伐，盛行殺戮不止則到了而不會引起人道論從意外的方面引起干涉嗎？沒有此類憂慮嗎？」

1931 年（昭和 6 年）2 月 5 日（內閣回答）

國務大臣松田源治答：「要對答志水先生之質問，霧社番十一社中反抗的是六社，壯丁約三百人。霧社番六社的戶數有二百八十，人口總數有一千二百三十六人，反抗的中心就是三百個壯丁。其次為此次反抗而被殺的霧社番人的數，如大家所知道番人是不遺棄死體的，所以確實的人數是不明，大概為反抗而死者約有百人左右，縊死及自殺者約有四百五十人，共計約五百五十人。被霧社番所殺的本國人有一百三十四人，漢族土人二人，共計一百三十六人。為鎮定擾亂而死的警察官有五人，其

中三人是被槍殺的，二人是由斷崖墜死的。志水先生又說兵器與彈藥是怎麼被搶去呢？因在警備兵器與彈藥的警察官統統被殺戮，致無人警備所以才被搶去的，計步槍一百八十枝，子彈二萬三千顆。其次關於木材的搬運方法，因叫他們挑運所以番人抱起不平來，這是事實。關於此種義務勞動的方法及時期等政府在想應加改善。其次參加此次鎮定行動的警察官有一千四百人。」

國務大臣宇垣一成答：「要對答昨天的志水先生之質問，霧社事變所出動的兵數是一千三百人，若干的衛生部員或經理官等即非戰鬥員也包括在內。爲此出動所受的損害即死傷者，死者二十二人，傷者二十八人，共計五十人。由此數字觀之，兇番之如何的強暴也可以推察其一端。通常戰鬥時的損害，據過去的實歷所示，死者與傷者的比例是一對二乃至三的，此次則示幾乎同一的比率。第二點的質問是謂：使用機關槍，又從飛機發射機關槍，投下炸彈，或用毒瓦斯從事討伐，這等已超過以兵威來屈服番徒的程度，在人道上是不是不該呢？正如志水先生所說雖然番人也一樣是陛下的赤子，因此軍隊在出兵後起初是持最慎重的態度，僅當作警官隊的支援而已。可是如這幾天來在本議場再三再四的說過，番徒行抵抗並竟超過抵抗的範圍逆襲來，儘量發揮兇暴，所以軍隊不得不站於第一線終於移行戰鬥行爲。從飛機投下炸彈，使用機關槍，是曾實行過的，這是事實的，不過那爲的是爲威嚇番徒以期他們早日屈服耳。又使用毒瓦斯云云的事情，如屢次所說絕對沒有做這樣的事情，所使用的是使用於演習或警務的一時性之催淚彈……瓦斯。如以上所說軍隊是絲毫沒有超過必要之程度的殘虐行爲，務請放心。」（譯文：王世慶）[92]

綜上所述，霧社事件發生當時，在台的媒體，因爲受到總督府嚴厲統制，無法將事實與眞相傳播給一般民衆。但是日本政壇

在野黨的有識人士，倒是能以其專業和良知，揭穿總督府的陰狠殘酷內幕。從法理上、或政治道德上加以痛斥、批判。筆者認為由這些有識代議士，代表日人在國會殿堂裡，真摯地認罪；或許能替族人討回幾分公道，並給予無端犧牲的族人怨魂，也能得到一些安息吧！

## 二、第二次霧社屠殺事件的真相

日軍警經過月餘的討伐蜂起霧社群各社之後，大致已收到鎮壓的功效。因此，自 1930 年 11 月 21 日起，逐漸撤退出動的軍隊。而增援的警察隊亦不可能久留的情況下，所以有必要暫時召募相當數目的員警，以因應事變後的處理。於是，從 11 月下旬起，著手增設警備駐在所，新設牙山、高領、梅木、見晴、斯庫、布卡山、富士見、松原等八駐在所，並改建先前被族人燒毀或破壞的荷戈、羅多夫、櫻、馬赫坡、屯巴拉、尾上、能高等七駐在所，除了以前在這些地方配置的員警名額之外，更大量採用乙種巡查 200 名、警手 200 名，充當臨時職員。此外，在 12 月 20 日，警察支援隊全體解散歸還原地之後，單獨以能高郡配置的職員編組搜索隊，由該郡警察課長寶藏寺虎一警部擔任隊長，以謀求警備上的萬全。⑬

另一方面，日本當局為防止霧社群的再度蜂起，乃決定要將 5 百餘名的投降「保護蕃」，在能高郡眉溪附近找個適當的地點，全體遷移並集中管理。然而，「保護蕃」由於對祖先土地的執著與對移居地不安，不輕易答應。結果，在爭議中，討伐行動結束。日方遂於 1930 年 12 月底，以暫定的手段，在西巴烏及羅多夫附近暫設集團「蕃屋」，把他們收容，並配置許多警察職員，加以嚴密的監視、管束（西巴烏收容所監視責任者為樺澤重次郎警部補、羅

*多夫收容所的監視負責人安達囑託*)。其時，截至 1931 年 (昭和 6 年) 4 月 24 日前夕為止，「保護蕃」的總數為 561 名，詳細情形為成人 (15 歲以上) 345 名，孩童 216 名。其中包括寄居在道澤羣有 44 名，寄居在土魯閣羣有 3 名。[94]

然而，被收容在集中營的霧社羣族人，他們的槍械因為完全被沒收，所以時常遭受到「友蕃」道澤羣與土魯閣羣族人的襲擊殺戮。就中，1931 年 4 月 21 日下午 3 點左右，土魯閣羣塔羅灣社有力人士泰摩・基來外 10 名，以襲擊「保護蕃」為目的。到梅木駐在所約 500 公尺的皮亞南翻越道附近出草，分兩隊埋伏在路旁時，恰巧發現自梅木方面返還霧社中途的霧社羣托干社 (未參加蜂起) 婦女巴康・庫摩 (55 歲)、魯比・那巴利 (52 歲)、哈貝茲・皮和 (18 歲) 等 3 人，誤認為是「保護蕃」的同夥，而加以狙擊，把 3 人頭顱砍下。這項誤殺事件，引起了未參與舉事的巴蘭、托干、西巴烏等各社嚴重地憤怒、不滿。於是，日本當局遂決定要收回發給「友蕃」土魯閣、道澤兩羣族人的槍枝，以防事件的擴大與不測。但稍早，在搜索隊本部召開「保護蕃」處置會議的席上，因為霧社事件中多數日警的家族幼兒遭到慘殺，悲憤入骨，乃都強調務必予以報復。[95] 結果，在台中州警務部長的指令及搜索隊長寶藏寺虎一警部的密飭下，所謂「第二次霧社屠殺事件」，遂應運而生。

1931 年 4 月 23 日，三輪台中州警務部長、山下末之武能高郡守、寶藏寺能高郡警察課長等日本當局首腦，為了收回出借道澤、土魯閣兩羣「友蕃」的槍枝彈藥與調解誤殺托干社婦女命案，進駐霧社。並由道澤、土魯閣、波阿隆、見晴、立鷹、三角峰等，各駐在所及霧社分室的警察約兩百名，組成特別勤務隊，配置二個機關槍小隊，前往道澤、土魯閣進行武器的回收工作。4 月 24

日上午 11 時，三輪警務部長一行抵達道澤駐在所，準備要收回道澤羣貸與的槍械；但由於事先安排在該駐在所集合的道澤羣各社頭及有力人士 10 幾名，正好在前一天晚上，到魯茲庫達雅社族人瓦利斯・諾明家列席婚禮，通宵喝酒大醉，仍在酩酊狀態。因此，考慮武器收回工作會引起族人不滿，而造成萬一的危險，遂閉口不提槍枝撤收一事。下午 4 時，三輪警務部長一行，乃從道澤出發，前往土魯閣駐在所，抵達該駐在所後，立即完成收繳土魯閣羣各社計 22 枝的槍械。⑯

　　不過，上述的經緯，是日當局事先編好的劇本。事實上，就在「特別勤務隊」藉口要離開道澤駐在所時，寶藏寺警察課長奉命以極機密的方式，下令任職道澤駐在所的主管小島源治巡查部長，在未收回貸與槍械之前，讓道澤羣族人當晚就去襲擊「保護蕃收容所」，以洩日人和道澤羣族人，被「反抗蕃」所殺的心中仇恨（道澤羣除上述總頭目泰摩・瓦利斯和 13 名壯丁遭到「反抗蕃」的殺害外，另又有 31 名的族人也遭到馘首，所以對「反抗蕃」特別憤恨）。這項史實，是事過 39 年之後，即 1970 年（昭和 45 年），或由於小島源治的良心愧咎，才告白公諸於世的。日警的狠毒，真令人心寒！⑰

　　就這樣，4 月 24 日的夜晚，在道澤羣布凱本社有力人士泰摩・羅西家，有他的次子帕灣・泰摩與羅多夫社婦女奧賓・塔那哈（是在霧社事變當時，搶奪帶回的人）的婚禮喜宴，大家又去參加，一直喝到深夜。席間看不出有什麼異樣，但就在當晚，道澤羣各社頭目、勢力者及壯丁 12 人，互通小島巡查部長所下達的格殺密令，並立刻商議決定各社編成如下的襲擊隊，約定於明天 25 日凌晨，攻擊「保護蕃」兩處的收容所。亦即 1. 布凱本社和基茲卡社約 65 名的聯合隊，襲擊羅多夫收容所的羅多夫社及荷戈社族人；

2. 魯茲庫達雅社約 55 名，襲擊西巴烏收容所的斯庫社族人；3. 魯茲紹社約 55 名，襲擊西巴烏收容所的波阿隆社族人；4. 屯巴拉哈社約 35 名，襲擊西巴烏收容所的馬赫坡社族人；5. 被收容於西巴烏收容所的塔羅灣社的族人，因為人數很少，所以不加以襲擊等。[98]

　　4 月 25 日黎明，道澤羣各社按照預定的計劃，總共 210 名的「奇襲隊」成員，潛入羅多夫及西巴烏兩處收容所的周圍和主要道路據點，趁「保護蕃」尚在熟睡中發動了奇襲，先縱火燃燒茅屋，再開槍猛殺到處哀叫流竄的「保護蕃」，並砍下他們的首級。結果，在短短時間內，「保護蕃」被殺害的人數如下表，計兩處的收容所內 514 人中，竟被殺害 195 名，另 19 名在混亂中選擇自縊身亡。[99]

### 保護蕃被害調查表

| 收容所 | 蕃社名 | 襲擊前蕃屋數 | 燒毀間數 | 襲擊前 | | 襲擊結果 | | 倖存而受收容者 | | | |
|---|---|---|---|---|---|---|---|---|---|---|---|
| | | | | 戶數 | 人口 | 被害者 | 吊死 | 戶數 | 男 | 女 | 計 |
| 羅多夫 | 羅多夫 | 16 | 12 | 35 | 142 | 39 | 7 | 29 | 47 | 49 | 96 |
| | 荷戈 | 10 | 8 | 21 | 62 | 18 | 5 | 14 | 19 | 20 | 39 |
| | 計 | 26 | 20 | 56 | 204 | 57 | 12 | 43 | 66 | 69 | 135 |
| 西巴烏 | 馬赫坡 | 17 | 2 | 27 | 74 | 8 | 3 | 22 | 35 | 28 | 63 |
| | 波阿隆 | 24 | 12 | 37 | 95 | 35 | 4 | 18 | 34 | 20 | 54 |
| | 斯庫 | 18 | 18 | 40 | 120 | 95 | — | 7 | 10 | 15 | 25 |
| | 塔羅灣 | 8 | — | 5 | 21 | — | — | 10 | 8 | 13 | 21 |
| | 計 | 67 | 32 | 109 | 310 | 138 | 7 | 57 | 87 | 76 | 163 |
| 合計 | | 93 | 52 | 165 | 514 | 195 | 19 | 100 | 153 | 145 | 298 |

　　而負責監視「保護蕃」的羅多夫、櫻兩駐在所的服勤日警，表面上雖虛應一番地以機關槍警戒射擊（有一名道澤羣的族人，可

說是被誤射死亡及有 7 名負傷），實際上僅有將驚慌避難而來的一百餘名「保護蕃」收容在駐在所，加以保護的程度而已。當日上午 5 時 20 分，停留在土魯閣駐在所的三輪警務部長，接獲櫻駐在所樺澤警部補報告事件「進行順利」的電話（樺澤警部補當然亦是重要劊子手之一）。於是，遲遲在上午 10 點半，才帶隊回到道澤駐在所。但仍縱容「友蕃」繼續追殺「保護蕃」直至當天中午為止。隨後，形式上三輪警務部長集合道澤羣全體人員，假以嚴肅的態度，指責他們不該有如此偷襲的暴行，並命令繳回出借的槍枝、彈藥以及交出馘首的頭顱。對此，已獲得報復「反抗蕃」的仇恨之後，道澤羣族人十分滿意地於下午 3 點 30 分，交出所借用的槍械 90 枝、彈藥 2,119 發，及 101 顆的「敵人」首級。然而，101 顆的頭顱在掩埋之前，日警竟與「友蕃」得意地在道澤駐在所廣場，排列照相，以存紀念！真不知天理何在！[100]

其次，當道澤羣族人襲擊收容所時，「保護蕃」中也有人覺察到那是日本官憲所唆使的，因此有很多人逃到山中，不肯出來。旋經過日警的搜索，除了 10 名左右失蹤之外，當日倖存的「保護蕃」，全部再次被收容於「霧社分室」及「櫻駐在所」兩處的集中營。[101]

關於「保護蕃」收容所的襲擊事件，是由日官憲策劃唆使的存疑，在當地觀察的台灣憲兵隊長沼川佐吉，亦於 4 月 26 日，致日本陸軍上原勇作元帥「台憲警第 163 號報告書」裡，稱：「當地早即風聞該事件是，警察當局計劃的陰謀事件。」但又稱：「逞兇暴之保護蕃數量的減少，反倒是為將來的得策。」毫不隱瞞地露出日本殖民統治的猙獰真面目。[102]

此外，據初子再婚的丈夫高永清（ピホワリス）的記述，稱 4 月 24 日傍晚，初子經得同意前往警察駐在所的宿舍洗澡，收容

所的主管安達健治巡查，大概可憐初子的遭遇，又看到初子懷有
10個月的身孕，於是一直叮嚀初子不要返回收容所去。但初子
未接受他的厚意，回到收容所去了。從這點，也可間接地證實，
日當局事先安排的陰狠布局。[103]

總之，第二次霧社事件結束後，約有半年間，日本當局並未
曾對道澤群族人做出任何懲處（因為事變是日當局策劃的，當然無處
分的理由）。直至12月1日，形式上才於道澤駐在所，召喚土魯
閣及道澤兩族群關係者180名，由山下末之武能高郡守宣示本案
的處分。亦即1.參加襲擊者各拘留5天，但可以勞役代之；2.將
「保護蕃」斬首者，每獲一個首級，沒收其戰鬥用長身「蕃刀」
一把。這個莫名其妙的處分，兩群族人都對官方寬大的處置表達
謝意，並於同日下午2時40分以前，即繳出106把的「蕃刀」。
而且於數日內奉行勞役的處分，披瀝渠等對日本當局赤誠的服
從。實在太可笑又太可恥了！[104]

另對襲擊事件的行政疏失責任，日本當局僅給山下能高郡守
及寶藏寺警察課長「戒告」的處分；小島巡查部長則只受到「減
俸」而已。不過，同年5月16日，總督府森田理蕃課長被「左遷」
為同府之衛生課，三輪警務部長亦被「左遷」調職到台灣總督府
中央研究所充任事務官。可是未久，三輪就被任命為專賣局的庶
務課長；隨後復被命出差歐美，歸國後，升任遞信部長、專賣局
長，最後更飛黃騰達，當上了台北州知事。[105]

## 三、「保護蕃」被迫遷居「川中島」與太田新總督的理蕃政策

第一次霧社事變結束時，日本當局為了要防止霧社群的再度
蜂起，決意將收容的「保護蕃」全部移居他處，集中管理監視。

因此，委託一向精通能高地區一帶地理的原台中州理蕃課長坂岡茂七郎物色適於移居的地方。之後，經坂岡課長評估探討的結果，日本當局選定能高郡北港溪右岸與眉原溪匯流的台地，俗稱「川中島」（距離霧社約40公里）。該台地原早已由豐原郡神岡庄的漢人林懋亮等5名，共同開發並登記為私有權產。其面積包括水田34甲、園圃7甲、原野96甲，合計137甲的土地。於是，日當局以強制的方式，與林懋亮等人交涉，用台中州北斗郡下的官有地為交換條件，迫其讓渡遷移。未幾，由日本當局設計的第二次霧社屠殺事件發生，日當局藉口欲為劫後餘生298名「保護蕃」（婦孺居大半）的安全計，指定1931年5月6日清晨，立刻遷往川中島，重建家園。同時明令住在川中島的漢人佃農18戶、129人，須於同年5月10日以前，全部撤離完畢。[106]

　　如是，5月6日上午7點，在霧社分室集合全體「保護蕃」，由三輪警務部長作一場訓話後，命各人攜帶自己的一切家具雜物，除16名病患外，計282人，分為兩梯次遷離。上午7點半，安達囑託以下巡查6名率領的霧社分室「保護蕃」116名，向眉溪方面首先出發。8點，樺澤警部補以下巡查22名率領的櫻駐在所「保護蕃」166名，跟隨在後方前進（沿途當局布置甚多的警察，嚴加警戒）。又出發前日當局同意依照族人的傳統習慣，將馬赫坡社12戶、波阿隆社13戶餘存的茅屋，放火燒掉，含淚告別而去。這樣，到了上午9點半以前，全體到達眉溪，於是分別搭乘事前準備的75部台車，在各車配置一名警察照料警戒之下，一齊自眉溪出發，同日中午以前抵達埔里街台糖公司工廠內。稍休息後，再搭乘運料車，於下午1點半，到達埔里街小埔社後下車。接著，在該處吃午餐，下午2點半，排成長蛇隊，徒步向川中島出發。中途翻越八幡嶺，到北港溪的漢人部落時，豪雨忽然來襲，全體

變成落湯雞。然於下午 5 點，大家總算平安地抵達川中島，進入事先準備好的帳蓬裡。至此，困難已極的「保護蕃」遷移，才告結束。⑩以上是日警文獻所記載的川中島遷移記錄大要。茲再將郭明正氏採訪川中島遺老們的口述、回憶所整理出來的記錄，一併介紹如下：

　　如今回想起來就像作夢一般。日人將我們分兩梯次遷離；迫遷之前，我們得到日人的允諾，由督洛度呼和固屋部落的族人代表，在日警監護下，回到各自所屬的部落，將住屋及穀倉予以燒毀。我們被迫離棄家園之際，看到由兩部落山頭升起的煙霧，在場所有的族人無不低頭噙淚抽泣，真不知該如何形容當時的悲愴與心痛。

　　我們從霧社徒步到眉溪駐在所前的台車站，即東眼溪與合望溪之匯流點。沿路有荷槍實彈的日警，雖不能說三步一崗五步一哨，但嚴密的監控仍令我們極度不安。此時族人們自認一定會被處決，一路上除懵懂的孩童外，個個神情木然，猶如行屍走肉般，幾乎聽不見族人交談之聲。眉溪至埔里一段則搭乘台車，台車原係搬運貨物用的人力車，上坡時以人力拖拉，下坡則以煞車控制下滑速度；台車的車面僅固定著四根握桿，其他空無一物，下滑速度快或進入彎道時很容易翻覆，當時每部台車約坐上五到六人。

　　埔里至小埔社（Pico，今日埔里鎮廣成裡一帶）一段則換搭火車（rulu puniq），在當時，台糖（台灣糖業株式會社）用這火車運送製糖的白甘蔗，是燒煤的動力火車，除了最前段一節（有些遺老說是兩節）有車廂，其餘皆為露天式的車節。族人們都被安排坐在露天式的車節中，燒煤產生的黑煙一陣陣拂過族人身

上，等到火車技工增添煤炭燒攪時，更有燒煤產生的火花隨著黑煙飄落下來，不時灼傷外露的肌膚。族人們只能悲憤地怒目而視。

火車的終點是埔里東北方的小埔社，從小埔社徒步經大坪頂（Capa）下至北港溪，再向東溯溪，往川中島行進。由小埔社至北港溪畔走的是清朝所修築的八幡崎古道，沿著北港溪向東走，抵達川中島西南角的涉溪點，由此橫渡北港溪，踏上川中島左下方台地，我們分成兩梯次遷離，最後日警讓兩梯隊的族人在北港溪畔會合，我們約於當天下午五點鐘左右抵達川中島這個地方。

記得從小埔社往大坪頂走的時候，我們要穿過一片森林，當時天上已烏雲密布，森林內又起霧，族人們以眼神彼此示意：「就是這裡了。」當時族中長者之間早已傳出「日人是假『遷我』之名行『滅我』之實」的流言，所以「就是這裡了」，即表示這裡是「滅殺」的好地方，但最後我們安然走出那片森林。

大家尚未及鬆口氣，又要走入大坪頂至北港溪畔下坡的森林路段，那時已下起傾盆大雨，走在非常濕滑、能見度又低的森林棧道裡，更讓我們有「就是這裡了」之慨嘆。等到我們又「活著」走出這段森林路段時，很多族人依然驚魂未定地面面相覷。

由於雨勢不減，我們走到涉溪點時，北港溪水有暴漲的現象，而溪中早有族人與日警雇來的役夫們合力以麻竹搭建臨時竹便橋，我們即逐一攀爬行過竹便橋，踏上陌生的「川中」之地。巧的是，所有的族人都順利行過竹便橋之後，那座竹便橋隨即被暴漲的溪水給沖走了；但族人說，那是日警要斷了族人逃離川中島之妄念。[108]

一方面，到達川中島的 7 日下午 2 時半，總督府森田理蕃課長在山下能高郡守的會同下，召集「保護蕃」的有力人士及主要壯丁約 80 名，發布 12 條川中島管理規則。就中最重要的是第三條「移居後不准復歸原社」，命令他們要誓約遵守。並將現存的全部武器，槍 13 枝、弓 8 把、箭 503 枝扣押，不得使用。不過，日本當局亦於 5 月 8 日上午 10 時，爲了要讓相距僅四公里毗鄰的眉原羣族人，建立和睦關係（這次移居的問題，眉原羣族人也十分同情盡力），安排了兩族羣交歡的儀式。兩羣族人 200 多名，用當局贈送的酒肴，盡歡談笑約三小時，在一團和氣中散會。[109]

隨後，5 月 13 日，日本當局先決定族人茅屋建築位置及駐在所、教育所等官署建築基地後，將剩下的水田，衡量土地或水利的好壞，公平地分割給各社。同時亦發布「川中島土地管理規約」，嚴令各社要遵約實行。此外，以這次遷移川中島爲契機，日當局決意將蜂起 6 社的族名廢除，自同年 6 月 1 日起，一律改稱爲「川中島社」。[110]

又在此順便一提的是，花岡二郎之遺孀初子，於「保護蕃」襲擊事件中，再度逃過劫難。但在即將臨盆之際，仍被遣送到川中島。旋於 5 月 12 日，總算平安地生下二郎的遺腹子。依賽德克族的傳統，初子爲兒子取名爲阿威・拉奇斯；同時也取日本名爲花岡初男。初男也就是蜂起霧社羣族人，在川中島出生的最初嬰兒。戰後，他改取漢名爲高光華。曾任仁愛國民學校校長、仁愛鄉鄉長等職。退職後在廬山溫泉經營「碧華莊」旅社。這姑且不論，當初子生下孩子之後，未久即在日警的撮合下，於 1932年（昭和 7 年）1 月 1 日，改嫁給中山清（荷戈社族人，族名爲比荷・瓦利斯，亦受日人「撫育」與「教化」之照顧。憑著毅力獨立努力進修，從警丁、乙種巡查到擔任公醫。戰後，取漢名爲高永清，曾任仁愛鄉鄉長、

台灣省議員等公職，其一生也可說充滿著傳奇），後成為一名助產婦，在山上為族人接生，救命無數。戰後，改漢名為高彩雲。⑪

　　另一方面，自霧社羣反抗餘生族人遷居川中島後，霧社一帶的「蕃情」，亦日趨安定。於是趁此機會，5 月 16 日，在警務局長井上英及森田理蕃課長、三輪警務部長（台中州知事代理）等人，出席見證之下，集合霧社分室管轄的霧社羣（巴蘭社、塔卡南社、卡茲茲庫社、托干社、西巴烏社，但不包括川中島社，因為日警確信該社仍潛伏著不少未被裁決的兇犯）、萬大羣、土魯閣羣（伊那戈社、托洛茲庫社）、道澤羣、白狗羣（馬西多包溫社、特比倫社、馬卡那基社）、馬累巴羣（坎交社、培爾摩安社、木卡巴布社）、馬利可灣羣（馬卡基亨社、木卡布布社、木卡達達社）等，關係各社族人 624 名，假霧社櫻台舉行和解典禮。當天為了顧慮萬一，日本當局編成特別警備隊，由能高郡警察課長江川博通任指揮官，派遣合計 145 名的警察部隊，在和解典禮會場附近一帶戒備。和解典禮從上午 9 點半開始，經由日本當局作一場嚴厲的訓示之後，各社代表按照傳統習俗，在櫻台的西南角埋石立誓，並在宣誓書上署名按指印，表明：「今後絕不作爭鬥，一切遵照官憲的指示，永持和平。」如是，儀式於上午 10 時 40 分禮成。接受當局贈品之後，各社在負責巡查的帶領下，全體平安地回去。⑫又和解儀式完成之後，日當局對三輪警務部長及總督府森田理蕃課長，亦以應負起「保護蕃」襲擊事件之行政疏失責任為由，將兩人左遷調職。新任的警務部長為福田直廉，理蕃課長為伊藤綱太郎。

　　如此這般，日本當局雖然努力推進霧社一帶各族羣的和平相安，並更換調動第一線的「理蕃」官員，卻始終不願輕易放棄追殺霧社事件殘餘的「兇犯」。結果，經過日警不斷地苦心追查，終於判明有 20 多名的「兇犯」，潛伏在川中島社；另有 10 多名

混雜在巴蘭、塔卡南、卡茲茲庫等各社中。於是，1931 年 10 月
15 日，台中州官憲慎重熟議之後，乃假藉要在能高郡役所內舉
行川中島社族人的歸順典禮，嚴密的配置一百多名的武裝警察，
誘騙 83 名川中島社男性族人及 23 名的婦女（為了要使男性族人安
心的計謀），於上午 5 時，搭乘汽車至埔里街。抵達該街後，先讓
婦女們去參觀台灣電力公司的斜坡纜車；隨之將男性族人直接送
到能高郡役所內「歸順式會場」。立即由台中州代理知事福田警
務部長宣告當局准許川中島社族人歸順，再由通譯朗讀另項宣誓
書後，要求各代表簽名蓋章，並攝影留念，可是接著日本當局又
突然下達命令，說有事必要調查，乃先後將羅多夫社男子瓦利
斯·巴卡巴以下 23 名涉嫌人逮捕（高永清稱有 32 名），拘留在郡
役所留置室。而這次逮捕劇，川中島社族人，雖一時頗受震警驚
譁然，但已無力、更也不敢再做任何的反抗；歸順式就在當天上
午 10 時 40 分，禮成解散。⑬

　　川中島社族人歸順式結束後，5 月 16 日上午 8 點半，霧社
警察分室依照其原先的計謀，藉舉行「家長會」之名，部署 45
名的警察嚴控會場，召集夾雜 10 多名「兇犯」的巴蘭、塔卡南、
卡茲茲庫等 3 社族人，計 169 名於霧社分室「族人集會所」內。
上午 9 點半，福田直廉警務部長（代理州知事）；澤井益衛能高郡
守以下各官入場，宣布開會。席上三社族人提出希望把移居川中
島社族人的所有地，分贈給他們等四項請求，並就農作物情況、
衛生狀態進行質詢和答覆後，家長會遂於上午 10 點半結束。但
就在這時候，日本當局突然又點名呼叫逮捕了 13 名「嫌犯」；另
二名未及出席，旋也被拘押（高永清稱一共有 18 名）。同日下午 2
時 40 分，日警將 15 名嫌犯順利地押送到能高郡役所，立即加以
投獄拘留。⑭

對這批重新逮捕的 38 名霧社羣族人，及以前就以嫌犯被拘留中的荷戈社族人皮和‧瓦利斯等，合計 39 人（或如高永清所述共計 51 人），日本當局原先要求駐在眉溪的醫師井上伊之助注射毒藥加以殺害，但因為被拒絕，未能實現。[115]於是，從 1931 年 10 月 17 日起，能高郡警察課長寶藏寺虎一警部自任調查主任官，開始對嫌犯進行拷打審問。遭到慘絕人寰的凌辱之後，12 月 26 日，日本當局才宣告結審。依其罪犯輕重，判決一等科以三年、二等科以二年、三等科以一年的拘役處分。然而，除了一名刑期中逃獄被射殺以外，38 名的族人，都在刑期未執行屆滿時，於 1932 年（昭和 7 年）3 月以前，不是被極刑迫死獄中，就是被帶往埔里街梅仔腳日人公墓的荒地裡，遭到暗中砍頭處決的慘死命運。這項史實是戰後經過一段時間，才被揭發出來的所謂「霧社第三次屠殺事件」。惟當年日官憲卻發布消息，謊稱族人死亡之原因，是由氣候、食物的變化，以及運動不足所造成的胃腸炎、腳氣病或瘧疾等所致的。實在是天大地大的謊言！[116]

據上所述，經過這般魔鬼似的尋仇報復，日本當局也有感到幾分心滿意足了。同時亦認為以此為契機，有必要重新再召集台中州廳能高郡役所管轄之川中島社、眉原社及霧社警察分室管轄之道澤羣、土魯閣羣、巴蘭社、托干社、西巴烏社、萬大社、伊那戈社、馬西多包溫社、坎交社、馬卡那基社等，大小計 13 社羣，總計 162 名之各社頭目、勢力者，舉行「埋石立誓」的大和解典禮。於是，1931 年 12 月 15 日上午 10 時，在台中州代理知事兼警務部長福田直廉、理蕃課長伊藤綱太郎、能高郡守澤井益衛、警察課長寶藏寺虎一、霧社分室主任高井九平等，官員的見證下，一齊到能高郡埔里街虎子山的能高神社前，舉行「埋石宣誓儀式」。其時，代理州知事福田警務部長有如下強烈可怕的訓

示，稱「今後無論有任何事情，都不准靠私鬥來解決。如果違背的話，官署會以最嚴厲的態度管制，一定要使得連一個輕率魯莽的人都不會出現。」接著，儀式依照傳統習俗，由川中島社頭目巴加哈‧波茲可哈代表「反抗蕃」、道澤羣頭目烏明‧勞西代表「友蕃」、福田警務部長擔任見證人，三方各持一塊石頭，埋在社殿東北約18公尺處，今後若有一方前來移動石頭(意即違反約定)，神明將會嚴加懲罰。就這樣，儀式於當天中午，各方接受官方贈品（豚肉、鹽鱒、酒等）之後，在一團和氣裡結束解散。⑪⑦

至此，驚天動地的「霧社事件」，大致可算告一段落。1931年12月28日，新任的台灣總督太田政弘，對「理蕃」政策，加以深入檢討並重新研究之後，乃發布如下八項「理蕃政策大綱」。亦即1.理蕃以教化蕃人，謀其生活之安定，使沐一視同仁之聖德為目的；2.理蕃須以對蕃人之正確理解與蕃人實際生活為基礎，而樹立其方策；3.對於蕃人須以威信，為之懇切指導；4.蕃人之教化，以矯正其陋習、養成良善習慣，注意涵養國民思想，注重實科教育，且授以應付日常生活之簡單知識為目標；5.蕃人經濟生活之現狀，雖以農耕為主，然概屬輪耕，方法至為幼稚，將來應為獎勵其集約耕地方法，或為集團移住，以謀改善其生活狀態，同時致力使其在經濟上獨立自主。對於蕃人之土地問題，尤應慎重考慮，不得有壓迫其生活情事；6.理蕃關係者，尤其現地警察人員，須選用沉著忠厚之人物，予以優遇，而不隨便調轉其任地，務以人物中心主義，永收理蕃效果；7.須致力修築蕃地公路，便利其交通，以期撫育教化之普遍推行；8.講究醫藥救療方法，減輕蕃人生活之苦，以為理蕃之資助等。⑪⑧

綜觀以上太田總督的「理蕃」新綱領，確實「用心良善」，平易可理解。而事實上，譬如未久，日本當局將川中島社的簡陋

茅屋拆除，發動族人興築「改良式蕃屋」，其外牆使用木板夾層，再敷上泥土和石灰；屋頂是日式之「理想瓦」，並且開了玻璃門窗，使光線能夠進入屋內，避免蚊蟲滋生，讓瘧疾感染不致於擴大。結果，川中島社族人在熬過最初幾年艱苦歲月之後，的確也有了較爲安定的生活，平安過日子。⑲

再則，1932年（昭和7年）8月19日，「論功行賞」，日本當局在霧社櫻台集合霧社地區各族羣，舉行「霧社事件總決算」，將原屬霧社羣「抗日六社」的約三千甲土地，分割給道澤、土魯閣兩羣，以及同屬霧社羣之巴蘭、塔卡南、卡茲茲庫等各社。就中，分發給土魯閣羣的波阿隆社，被易名爲富士社（今仁愛鄉精英村之一部，即盧山部落）；分發給道澤羣的荷戈社，被易名爲櫻社（即今仁愛鄉春陽社）。⑳如是，整個霧社事件，總算劃下歷史完結的句點。

末了，關於霧社事件，筆者願意推薦鄧相揚《風中緋櫻──霧社事件眞相及花岡初子的故事》（玉山社出版事業股份有限公司，2000年）一書，希望讀者購讀。該書或可稱爲是一部《台灣原住民族抗日側史》，其記載的內容，不但深具史實，而且也是頗富令人感動的文學敘述。

## 第十章註

① 台灣總督府警務局《霧社事件誌》，同警務局油印，部外秘。編寫的年代不詳，大約在昭和9年（1934年）以後。該文獻收錄於戴國煇編著《台灣霧社蜂起事件研究と資料》，社會思想社，1981年，361頁（同書魏廷朝譯《台灣霧社蜂起事件研究與資料》〈下〉，國史館，民國91年，488頁，以下略稱譯本〈下〉）。

② 同上《霧社事件誌》，361、365-6頁；譯本（下），489、493-5頁參照。
溫吉編譯《台灣番政志》㈡，前揭（第一章），868-9頁參照。

③ 同上《台灣番政志》㈡，869-71頁參照。
藤崎濟之助《台灣の蕃族》，國史館刊行會，昭和11年，897-8頁參照。
生駒高常《霧社蕃騷擾事件調查復命書》，拓務省管理局，昭和5年
11月28日（前揭《台灣霧社蜂起事件研究と資料》，260-1頁所收，譯本〈下〉，
365-6頁參照。）
郭明正《又見真相:賽德克族與霧社事件》，遠流出版事業股份有限公司，
2012年，137頁參照。

④ 同上《台灣の蕃族》，601-7頁參照。

⑤ 同上，611-7頁參照。

⑥ 向山寬夫《台灣高砂族の抗日蜂起——霧社事件》，中央經濟研究所，
1999年，31-3頁參照。

⑦ 鄧相揚《風中緋櫻——霧社事件真相及花岡初子的故事》，玉山社出版
事業股份有限公司，2000年，32-3頁參照。
許介鱗著／林道生譯《阿威赫拔哈的霧社事件證言》，台源出版社，
2000年，17-9頁參照。
前揭《又見真相：賽德克族與霧社事件》，119-20頁參照。

⑧ 同上《風中緋櫻——霧社事件真相及花岡初子的故事》，33-4頁參照。
前揭《台灣の蕃族》，679頁參照。
同上《阿威赫拔哈的霧社事件證言》，20-1頁參照。
同上《又見真相：賽德克族與霧社事件》，121-3頁參照。

⑨ 前揭《霧社事件誌》，363頁；譯本（下），490-1頁參照。
同上《風中緋櫻——霧社事件真相及花岡初子的故事》，34頁參照。

⑩ 前揭《霧社蕃騷擾事件調查復命書》，262頁；譯本（下），367頁。
前揭《霧社事件誌》，363頁；譯本（下），491頁。

⑪ 同上《霧社蕃騷擾事件調查復命書》，262頁；譯本（下），267-8頁參照。
前揭《台灣番政志》㈡，872-3頁參照。
春山明哲解說／川路祥代等譯《霧社事件日文史料》上冊，國立台灣歷
史博物館，2010年，41-2頁參照。

⑫ 前揭《霧社事件誌》，363-4頁；譯本（下），492頁。

⑬ 同上，364頁；譯本（下），492-3頁。
前揭《霧社蕃騷擾事件調查復命書》，264頁；譯本（下），370頁。

⑭ 前揭《台灣番政志》㈡，871頁。

⑮ 前揭《霧社事件誌》，366-7 頁；譯本（下），495-7 頁。

⑯ 同上，367 頁；譯本（下），497 頁。

⑰ 同上，367-8 頁；譯本（下），497-8 頁。

　　前揭《霧社蕃騷擾事件調查復命書》，280 頁；譯本（下），387 頁。

⑱ 同上《霧社蕃騷擾事件調查復命書》，263 頁；譯本（下），369 頁。

　　前揭《霧社事件誌》，367 頁；譯本（下），497 頁。

⑲ 台灣總督府警務局編著《理蕃誌稿》第四卷（前揭第八章，昭和 13 年，54-62 頁參照。）

　　前揭《台灣の蕃族》，848 頁參照。

　　前揭《風中緋櫻——霧社事件眞相及花岡初子的故事》，45-8 頁參照。

⑳ 石塚英藏〈霧社事件の顚末〉（山邊健太郎編著《現代史資料（22）》台灣㈡，みすず書房，1971 年，589 頁所收）。

　　前揭《霧社事件誌》，382-3 頁；譯本（下），520-3 頁參照。

㉑ 同上〈霧社事件の顚末〉，589-92 頁參照。

　　同上《霧社事件誌》，385-7、392 頁；譯本（下），525-8、536 頁。

　　前揭《台灣番政志》㈡，876-7 頁參照。

　　前揭《霧社事件日文史料》上冊，48 頁。

㉒ 同上《霧社事件誌》，387-92 頁；譯本（下），528-35 頁參照。

　　同上《霧社事件日文史料》上冊，48 頁。

㉓ 前揭《霧社蕃騷擾事件調查復命書》，257 頁；譯本（下），360-1 頁。

㉔ 前揭《霧社事件誌》，351 頁；譯本（下），476-7 頁。

㉕ 前揭《霧社蕃騷擾事件調查復命書》，316 頁；譯本（下），436 頁參照。

　　春山明哲《近代日本と台灣》，藤原書店，2008 年，49 頁參照。

㉖ 前揭《霧社事件誌》，370-3 頁；譯本（下），502-6 頁參照。

㉗ 前揭《理蕃誌稿》第二編，533-4 頁。

　　藤井志津枝〈日據時期「理番」政策〉（台灣省文獻委員會編印《台灣近代史——政治篇》，同會，民國 84 年，310 頁所收）。

㉘ 前揭《風中緋櫻——霧社事件眞相及花岡初子的故事》，43-4 頁參照。

　　前揭《阿威赫拔哈的霧社事件證言》，25、27 頁參照。

㉙ 前揭《霧社蕃騷擾事件調查復命書》，316-7 頁；譯本（下），437 頁。

㉚ 同上，317 頁；譯本（下），437-8 頁參照。

　　前揭《霧社事件日文史料》上冊，44 頁。

㉛ 前揭〈霧社事件の顚末〉，586-7 頁。

　　前揭《霧社蕃騷擾事件調查復命書》，290-3、317-8 頁；譯本（下），

403-6、438-9 頁。

前揭《霧社事件誌》，373-4 頁；譯本（下），507 頁。

㉜ 同上〈霧社事件の顛末〉，18 頁。

前揭《霧社事件誌》，378-9 頁；譯本（下），514-6 頁參照。

前揭《台灣番政志》㈡，874-6 頁參照。

㉝ 前揭《霧社蕃騷擾事件調查復命書》，318-9 頁；譯本（下），439-41 頁參照。

㉞ 前揭《霧社事件誌》，382 頁；譯本（下），519 頁。

㉟ 同上，419-20 頁；譯本（下），565-6 頁。

㊱ 同上，421-4 頁；譯本（下），570、572、574 頁參照。

春山明哲編〈霧社蜂起事件日誌〉（前揭《台灣霧社蜂起事件研究の資料》，565 頁所收；譯本（下），772-3 頁參照）。

㊲ 前揭《霧社事件誌》，421-3 頁；譯本（下），569-72 頁參照。

㊳ 鄧相揚著／下村作次郎・魚住悅子共譯《抗日霧社事件の歷史》，日本機關紙出版，2000 年，51-2 頁參照。

㊴ 前揭《霧社事件誌》，423-4 頁；譯本（下），573 頁。

前揭《台灣高砂族の抗日蜂起——霧社事件》，94-5 頁參照。

㊵ 同上《霧社事件誌》，424 頁；譯本（下），574 頁。

㊶ 服部兵次郎〈霧社事件に就て〉（前揭《台灣霧社蜂起事件研究の資料》，544-5 頁所收；譯本（下），742 頁參照）。

㊷ 前揭《霧社蕃騷擾事件調查復命書》，325-6 頁；譯本（下），448-9 頁參照。

前揭《霧社事件誌》，438-40 頁；譯本（下），596-7 頁參照。

㊸ 前揭〈霧社事件に就て〉，545 頁；譯本（下），742 頁。

前揭《霧社事件日文史料》上冊，76-7 頁參照。

㊹ 同上〈霧社事件に就て〉，545 頁；譯本（下），742 頁參照。

同上《霧社事件日文史料》下冊，53、77、83 頁參照。

前揭《霧社事件誌》，440 頁；譯本（下），597 頁。

前揭《霧社蜂起事件日誌》，567 頁；譯本（下），776 頁參照。

㊺ 同上〈霧社事件に就て〉，545-6 頁；譯本（下），743-4 頁參照。

同上《霧社事件誌》，440-1 頁；譯本（下），597-600 頁參照。

台灣軍司令部編刊《昭和五年台灣蕃地霧社事件史》（前揭《霧社事件日文史料》上冊，86-93 頁所收參照）。

前揭《阿威赫拔哈的霧社事件證言》，41-6 頁參照。

㊻ 同上《霧社事件誌》，442-3 頁；譯本（下），601-2 頁參照。

同上《昭和五年台灣蕃地霧社事件史》上冊，99-106 頁參照。

同上《阿威赫拔哈的霧社事件證言》，46-9 頁參照。

⑭ 同上《昭和五年台灣蕃地霧社事件史》上冊，104-10 頁參照。

⑱ 同上，111-2 頁。

⑲ 同上，117-9 頁參照。

⑳ 同上，119 頁。

㉑ 同上，119-20 頁參照。

前揭《霧社事件誌》，443 頁；譯本（下），602-3 頁參照。

前揭《霧社蜂起事件日誌》，781-2 頁參照。

㉒ 同上《霧社事件誌》，449-54 頁；譯本（下），609-18 頁參照。

㉓ 同上，454 頁；譯本（下），618-9 頁參照。

㉔ 同上，455-7 頁；譯本（下），619-21 頁參照。

前揭《風中緋櫻——霧社事件眞相及花岡初子的故事》，99 頁參照。

㉕ 台灣軍參謀部編纂《霧社事件陣中日誌》，1931 年（前揭《霧社事件日文史料》上冊，232、239 頁所收。）

㉖ 同上，243、248-50 頁參照。

㉗ 前揭《霧社事件誌》，450-1 頁；譯本（下），612-3 頁參照。

前揭《風中緋櫻——霧社事件眞相及花岡初子的故事》，100-1 頁參照。

㉘ 前揭《霧社事件陣中日誌》，257、270、277 頁參照。

前揭《霧社蜂起事件日誌》，573-4 頁；譯本（下），786-7 頁。

㉙ 同上《霧社事件陣中日誌》，281 頁。

同上《霧社蜂起事件日誌》，574 頁；譯本（下），787 頁。

前揭《風中緋櫻——霧社事件眞相及花岡初子的故事》，103 頁參照。

㉚ 同上《霧社事件陣中日誌》，285 頁。

同上《霧社蜂起事件日誌》，574 頁；譯本（下），787 頁參照。

㉛ 同上《霧社事件陣中日誌》，291 頁。

前揭〈霧社事件に就て〉，548 頁；譯本（下），747-8 頁參照。

前揭《現代史資料 (22)》台灣㈡，631-2 頁參照。

㉜ 同上《霧社事件陣中日誌》，295-7、304 頁參照。

同上〈霧社事件に就て〉，548-9 頁；譯本（下），748 頁參照。

㉝ 同上《霧社事件陣中日誌》，328 頁參照。

前揭《阿威赫拔哈的霧社事件證言》，74-5 頁參照。

前揭《又見眞相：賽德克族與霧社事件》，155-6 頁參照。

㉞ 前揭《霧社事件誌》，427、434-9 頁；譯本（下），579、591-4 頁參照。

前揭《抗日霧社事件の歷史》，52-3 頁參照。

㉛ 同上《霧社事件誌》, 446-8 頁；譯本（下）, 607-9 頁參照。
前揭《現代史資料 (22)》台灣㈡, 591-2、595 頁參照。
㉜ 同上《霧社事件誌》, 469 頁；譯本（下）, 639 頁。
㉝ 同上, 464-5 頁；譯本（下）, 631-2 頁。
㉞ 同上, 458-9 頁；譯本（下）, 622-4 頁。
㉟ 前揭《阿威赫拔哈的霧社事件證言》, 59-61 頁參照。
㊱ 前揭《霧社事件日文史料》上冊, 148 頁。
㊲ 前揭《又見眞相：賽德克族與霧社事件》, 255-7 頁。
㊳ 前揭《霧社事件誌》, 467-8 頁；譯本（下）, 636-7 頁參照。
㊴ 前揭〈霧社事件に就て〉, 561 頁；譯本（下）, 766 頁。
㊵ 前揭《霧社事件誌》, 468 頁；譯本（下）, 637-8 頁。
㊶ 前揭〈霧社事件に就て〉, 561 頁；譯本（下）, 767 頁。
前揭《風中緋櫻——霧社事件眞相及花岡初子的故事》, 106 頁。
㊷ 前揭《霧社事件誌》, 459 頁；譯本（下）, 624 頁參照。
鄧相揚《霧社事件》, 玉山社出版事業股份有限公司, 1998 年, 84 頁參照。
㊸ 同上《霧社事件誌》, 459-60 頁；譯本（下）, 624 頁。
㊹ 同上, 460 頁；譯本（下）, 625-6 頁。
前揭《霧社蕃騷擾事件調查復命書》, 315 頁；譯本（下）, 434-5 頁參照。
中村ふじえ《タイヤルの森をゆるがせた霧社事件——オビンの傳言》,
梨の木舍, 2000 年, 36-7 頁參照。（以下略稱《オビンの傳言》）
㊺ 同上《オビンの傳言》, 37-45 頁參照。
前揭《風中緋櫻——霧社事件眞相及花岡初子的故事》, 83-4 頁參照。
ピホワリス（高永清）著／加藤實編譯《霧社緋櫻の狂い咲き》, 教文館,
1988 年, 58-9 頁參照。
㊻ 前揭《阿威赫拔哈的霧社事件證言》, 115-6 頁。
㊼ 前揭《霧社事件誌》, 460-1 頁；譯本（下）, 626-7 頁。
㊽ 前揭《オビンの傳言》, 45-6 頁。
前揭《風中緋櫻——霧社事件眞相及花岡初子的故事》, 87-9 頁參照。
㊾ 前揭《霧社事件誌》, 461 頁；譯本（下）, 627-8 頁。
㊿ 前揭《阿威赫拔哈的霧社事件證言》, 115 頁。
㈮ 前揭《風中緋櫻——霧社事件眞相及花岡初子的故事》, 89-90 頁。
㈯ 黃昭堂《台灣總督府》, 前揭（第七章）, 124-6 頁；譯本, 130-1 頁參照。
前揭（第一章）《台灣文化事典》, 315-6 頁參照。
㈰ 前揭《近代日本と台灣》, 67 頁。

⑧ 內閣官房局《眾議院‧議事速記錄》第 5 號，昭和 6 年 1 月 25 日，77-8 頁。
王世慶〈日本國會紀錄中的霧社事變〉（台灣省文獻委員會《台灣文獻》第六
卷第三期，105-6 頁所收）。

⑧⑨ 同上《眾議院‧議事速記錄》第 6 號，昭和 6 年 1 月 27 日，85-9 頁。
同上〈日本國會紀錄中的霧社事變〉，107-12 頁。
前揭《近代日本と台灣》，67-74 頁參照。

⑨⓪ 內閣官房局《貴族院‧議事速記錄》第 7 號，昭和 6 年 1 月 31 日。
同上〈日本國會紀錄中的霧社事變〉，112-8 頁。

⑨① 同上《貴族院‧議事速記錄》第 9 號，昭和 6 年 2 月 3 日，91-4 頁。
同上〈日本國會紀錄中的霧社事變〉，118-20 頁。

⑨② 同上〈日本國會紀錄中的霧社事變〉，124-7 頁。

⑨③ 前揭《霧社事件誌》，470 頁；譯本（下），639-40 頁。

⑨④ 同上，487-8 頁；譯本，665-6 頁。

⑨⑤ 前揭《阿威赫拔哈的霧社事件證言》，194 頁參照。

⑨⑥ 前揭《霧社事件誌》，491 頁；譯本（下），670-1 頁。

⑨⑦ 江川博通《昭和の大慘劇：霧社の血櫻》，昭和 45 年，286-7 頁。著者
是霧社事變爆發時，任職能高郡警察課長，也是接獲受難者通報的第二
人。

⑨⑧ 前揭《霧社事件誌》，492-3 頁；譯本（下），672-3 頁。

⑨⑨ 同上，493-502 頁；譯本，673-82 頁參照。

⑩⓪ 同上，502-3 頁；譯本，682-3 頁參照。

⑩① 同上，502、506 頁；譯本，682、688 頁參照。

⑩② 前揭《阿威赫拔哈的霧社事件證言》，196 頁。

⑩③ 前揭《霧社緋櫻の狂い咲き》，65-6 頁。
前揭《風中緋櫻——霧社事件真相及花岡初子的故事》，111 頁。

⑩④ 前揭《霧社事件誌》，503 頁；譯本（下），683 頁。

⑩⑤ 前揭《台灣高砂族の抗日蜂起——霧社事件》，163、174 頁參照。
前揭《霧社の血櫻》，283-4 頁。

⑩⑥ 前揭《霧社事件誌》，504、506 頁；譯本（下），685、689 頁參照。

⑩⑦ 同上，505-6 頁；譯本（下），687-9 頁。
前揭《オビンの傳言》，62-5 頁參照。

⑩⑧ 前揭《又見真相：賽德克族與霧社事件》，216-8 頁。

⑩⑨ 前揭《霧社事件誌》，506-7 頁；譯本（下），689-90 頁。

⑩⑩ 同上，507-9 頁；譯本（下），690-3 頁參照。

⑪ 前揭《風中緋櫻——霧社事件眞相及花岡初子的故事》,11、127-9 頁參照。

⑫ 前揭《霧社事件誌》, 510-2 頁;譯本（下）, 694-7 頁參照。

⑬ 同上, 513-4 頁;譯本（下）, 697-700 頁。

前揭《霧社緋櫻の狂い咲き》, 142-4 頁參照。

⑭ 前揭《霧社事件誌》, 515-6 頁;譯本（下）, 701-3 頁。

同上《霧社緋櫻の狂い咲き》, 142-5 頁參照。

前揭《又見眞相：賽德克族與霧社事件》, 224 頁。

⑮ 井上伊之助《台灣山地傳道記》, 新教出版社, 1960 年初版, 1996 年復版, 223-4 頁參照。

前揭《台灣高砂族の抗日蜂起——霧社事件》, 180-1 頁參照。

⑯ 前揭《霧社事件誌》, 516-8 頁;譯本（下）, 703-5 頁參照。

前揭《近代日本と台灣》, 145 頁參照。

前揭《風中緋櫻——霧社事件眞相及花岡初子的故事》, 126 頁參照。

⑰ 同上《霧社事件誌》, 519-20 頁;譯本（下）, 705-8 頁。

⑱ 井出季和太《台灣治績志》, 前揭, 834 頁;譯本㈡, 907-8 頁。

⑲ 前揭《風中緋櫻——霧社事件眞相及花岡初子的故事》, 131 頁。

⑳ 同上, 17 頁參照。

前揭《台灣高砂族の抗日蜂起——霧社事件》, 184 頁。

前揭《阿威赫拔哈的霧社事件證言》, 203 頁參照。

# 第十一章

## 日本統治下的台灣國際環境與南進政策的急速展開

# 第一節　日本治下的台灣與列強間的糾葛

## 一、歐洲列強瓜分清國與日本確保「福建省不割讓協定」

　　日本領有台灣，促使其進一步推動南進政策。特別是三國干涉還遼一事，使得日本的對外發展轉向南方，因而台灣遂成爲其最重要的基地。日本第二任台灣總督桂太郎在 1896 年 7 月發表「北守南進」政策，言明「對台灣的經營不應僅侷限於台灣境內，而應擴大爲對外進取的確實政策」，並提出具體方針是「從與廈門的密切往來開始，使福建一帶成爲日本的潛在勢力範圍」。同時，他又表示：「台灣的地理形勢不單是對華南，也是將來向南洋群島伸展羽翼的適宜地點。目前從廈門往南洋出外營生者即達 10 萬之衆，而南洋貿易又多米穀、雜貨，將來以台灣爲根據地，向南洋伸張政商勢力並非難事。」①

　　甲午戰爭之後，歐洲列強隨即展開瓜分清國的爭奪戰。作爲三國干涉還遼的報酬，俄、德、法三國從清國取得龐大的利權。自 1895 年 6 月，迄至 1898 年 4 月，列強即在清國領土指定勢力範圍，英國是長江流域，俄國是滿洲（東北各省），法國是西南各省，德國則是山東省，形成瓜分中國的態勢。②

　　在此種情勢下，日本駐清公使矢野於 1898 年 3 月 26 日，向西園寺外相述職時，除報告列強對清國要求的狀況之外，亦主張日本應向清國要求不割讓毗鄰台灣的福建省。③於是，西園寺外相乃於 4 月 8 日訓令矢野公使，令其向清國要求保證不割讓福建省給他國。④經日清兩國交涉的結果，日本以台灣爲踏腳石，成

功地跨出南進的第一步。日清雙方於 1898 年 4 月 22 日及 24 日完成不割讓福建省協定的換文。其大要如下：

㈠　日本政府的照會：

「日本政府聞清國政府近日多艱，每深為軫念，如威海衛撤兵，一經聲明，即力防意外，以免清國生累。然日本政府察明實情，顧全利害，自設一安全之法。即務須要求清國勿將福建省讓與或租借他國。」

㈡　清國政府對日本照會的回覆：

「清國政府鑑於福建省內及沿海一帶均為中國要衝，遂應日本之請，約定絕不讓與或租借他國。」⑤

## 二、環繞以台灣為南進基地的日本與列強之糾葛

### ㈠　美西戰爭與台灣

正值清國即將對日本政府發布不割讓福建省宣言之前，1898 年 4 月 20 日。西班牙因古巴利權而與美國爆發美西戰爭。戰事僅進行四個月，美國以壓倒性的優勢結束戰爭。其後，在法國的斡旋下，美西雙方於同年 10 月 1 日在巴黎召開和會，12 月 10 日簽署和約，規定西班牙將菲律賓群島讓渡給美國。⑥

於此稍早，當美西戰事進行方殷之際，歐洲列強均注視菲律賓的動向，德國、法國、俄國都顯現對菲律賓的野心，特別是德國還派遣數艘軍艦赴馬尼拉支援西班牙。英國則認為與其讓菲律賓落入歐洲列強之手，毋寧交由美國管理，而採取支持美國的立場。此外，對於一衣帶水的菲律賓歸屬問題，領有台灣的日本亦

抱持極大的關心，派遣秋津、浪速、松島等軍艦前往菲律賓，密切觀察美西戰事的進行。⑦在此期間，美軍和菲律賓獨立軍發生衝突而至交戰，於是獨立軍乃遣使向日本求援。對日本而言，當然也想將美國勢力從菲律賓排除，於是秘密私下派兵支援。但結果還是失敗。⑧

又如前所述，日本於 1895 年 8 月 7 日與西班牙簽署協定，以通過巴士海峽可航行海面中央的緯度平行線爲國界，西班牙不主張該線北方及東北方島嶼爲領土，而日本則不主張領有該線南方及東南方的島嶼。在美國領有菲律賓之後，由於美國並未否認日西兩國的協定，因此日本認爲此協定仍然有效。

同時，在西班牙敗給美國而失去菲律賓群島之際，德國曾以 2,500 萬披索，從西班牙購買太平洋的加羅林群島（Caroline Islands）、帛琉群島（Palau Islands）和拉塔克群島（Ratak Chain，*屬馬紹群島之一部*）等地域。德國首相布羅（B. Bülow）在向國會報告此一經緯時，曾表示：「德國購買加羅林諸島絕非要遮斷活躍有爲之日本的進路。」⑨

然而，德國購買領土的行爲和美國占領菲律賓的事實，在國際政治上必將成爲日本南進的第一個難題。正如德皇凱塞爾的看法所示，他預想將來在遠東終不免與日本一戰，而德日開戰，首先即須占領台灣。⑩

## ㈡ 廈門事變與台灣

1898 年 4 月，日本以獲得清國保證不割讓福建省爲契機，第四任台灣總督兒玉源太郎和民政長官後藤新平開始思考如何展開對岸工作。1899 年 6 月，兒玉總督在「關於統治台灣的過去與未來備忘錄」中指出：

「㈠若欲完成南進政策，內須勵行統治，外要盡力睦鄰，盡可能避免發生國際爭端，並講究於與對岸清國及南洋通商占優勢之策。

㈡若欲收統治本島之全效，不僅須以鎮壓島內與收攬民心為主眼，更須注意對岸福建省（特別是廈門）的民心，察其歸向，應反射性地謀求島民的安篤，採取能達成統治目的之方針。」⑪

此一兒玉總督的南進政策，其後更由後藤新平以「台灣銀行設置廈門分行論」加以體現。後藤民政長官表示：

「做為帝國南進先驅所應著手的第一要務，即是在廈門籌設台灣銀行的分行，除此之外別無良策。更何況，我國近與清國締約言明永不割讓福建省。今後，國際競爭已不再是以兵力侵略土地人民，而是以財力占領土地人民。（中略）占領台灣僅是獲得一殖民站，為盡早使華南及南洋諸島人民能沐帝國恩澤，即須採用拙見，並祈速斷此事。」⑫

於是，台灣銀行在 1900 年 1 月，設置廈門分行。就此而言，日本的南進政策即以台灣為基地，再向前踏出一步。在此前的 1899 年夏天，由於排拒列強競相瓜分中國的行為，在山東省發生民族性的排外運動，而此一運動於 1900 年波及直隸省，史稱「義和團事件」。由於清國內部排外派亦恰於此時得勢，因此出動清軍與義和團聯合包圍北京的各國使館，而列強亦聯合出兵救援。結果一時與清國陷入交戰狀態。

然此一動亂僅發生於華北，廈門、福州方面絲毫不受影響，但兒玉總督和後藤新平認為是向華南發展的良機，因而意圖占領廈門。8 月 24 日，日本利用廈門東本願寺被燒為藉口（其實是日

本人自己放火），於半夜派遣陸戰隊登陸廈門。[13]然而，日本陸戰隊單獨登陸一事，引起歐美列強極大的反響，英美德各國領事相繼向上野領事提出抗議，英美甚至表示也要派遣陸戰隊登陸進行干涉，而英、美、法、俄各國軍艦亦連夜趕赴廈門，並要求日本說明出兵理由。[14]

在此種情況下，日本政府只有下令撤出陸戰隊，並中止台灣陸軍的出動。雖然當時到廈門出差的後藤民政長官，並不想輕易接受政府中止出兵的命令，但終究還是被迫悻悻然撤離廈門。[15]

## (三) 日俄戰爭與台灣

由於日清戰爭後的三國干涉還遼事件，使得日俄間的關係大為惡化。其後，俄國利用 1900 年的義和團事件，意圖使滿洲獨立，以樹立其保護國地位。尤有甚者，俄國更擁立朝鮮國王，控制其財政，掌握軍事監督權，並獲取礦山、鐵路等利權。由於此舉使日本在朝鮮的勢力墜地，故使兩國衝突的危機迫在眉睫。[16]

在面臨此種危機之際，因為當時日本的軍備尚未完成，不可能獨自對抗俄國，於是桂太郎內閣乃決定與英國結盟，而於 1902 年 1 月 30 日，締結英日同盟。由於英日同盟的壓力，迫使俄國不得不與清國締結滿洲撤兵條約。[17]然而，俄國並無意履行此一條約，使得日俄關係更形惡化。其後，兩國為此在 1903 年 7 月展開外交折衝，但由於兩國各自國內的狀況。使得交涉在翌（1904）年 1 月破裂，結果稍後，即因日本海軍突襲旅順而爆發日俄戰爭。[18]

當日俄戰情告急之際，台灣內部民情不穩，各種流言風聞橫飛。在此種情勢下，台灣當局對不安氣氛大為警戒，甚至發布針對流言蜚語的「取締通牒」。[19]又日俄戰爭期間，台灣人因期待

日本戰敗得以解放，使得島內瀰漫著各種傳聞。例如，當時盛傳「俄國本是大國，國力富裕，兵員眾多，日軍無論如何精銳，終究國力不夠富裕，到底無法抗敵」，甚至「目前雖然表面尚稱平靜，但蟄伏匪徒近日終將蜂起，再舉叛旗逐日本。」[20]

其後，日軍在滿洲連戰連勝的消息傳至台灣，使民心多少回復平穩。但自 1904 年末開始，因為接獲俄國波羅的海艦隊航向東洋的情報，結果連移住台灣的日本人都深感畏懼，整個社會陷入恐怖的谷底，特別是居住澎湖群島的日本人，因為風聞敵艦必將來襲，紛紛逃回本國。據稱日俄戰爭期間，逃回本國的日本人多達 5,000 人以上。[21]

另一方面，羅傑史凡斯基（Z. P. Razhdestvenskii）提督率領波羅的海艦隊的第二艦隊，於 4 月 8 日，通過新加坡進入太平洋。5 月 5 日，第二艦隊與內波加鐸夫（A. Nebogatoff）少將率領的第三艦隊在安南外海會合。5 月 15、16 日，羅傑史凡斯基提督在旗艦集合將領，舉行決定對日作戰方略的會議。最後，一名將官提議：「我軍已航行半個地球抵此，是繼尼爾遜艦隊以來的創舉，何以避當面之敵而遠出太平洋？不如一舉攻下台灣，以此為艦隊根據地，再猛然闖過日本海，進入浦潮港為宜。」眾將官大致支持此議，但因羅傑史凡斯基提督的反對，結果決定經對馬海峽直進浦潮港。[22]

事實上，波羅的海艦隊為 38 艘船艦的大編隊，其組成包括 8 艘戰艦、9 艘巡洋艦、3 艘海防艦、9 艘驅逐艦、1 艘輕巡洋艦、6 艘特務艦和 2 艘醫務船，於 5 月 27 日 13 時 55 分，出現於對馬海峽，對日本而言，這是一戰決定「皇國興廢」的瞬間。結果。東鄉平八郎率領的日本聯合艦隊，至 5 月 28 日傍晚為止，共「擊沉」戰艦 6、巡洋艦 4、驅逐艦 4、輕巡洋艦 1、特務艦 3 等 18

艘船艦;「捕獲」戰艦 2、海防艦 2、驅逐艦 1，醫務船 2 等 7 艘船艦，波羅的海艦隊遂成爲歷史名詞。㉓

未久，日俄戰爭在日本的請求下，美國老羅斯福（Theodore Roosevelt）總統出面調停，而德法兩國也勸俄國接受斡旋。如此，經過種種磋商協議之後，1905 年 9 月 5 日，日俄兩國全權代表小村壽太郎和維德（S. Y. Vitte）簽署樸資茅斯條約，俄國承認日本在朝鮮的特權，讓渡旅順、大連租借權和長春以南的鐵路、煤礦，並割讓庫頁島南部。㉔至此，隨著日俄樸資茅斯條約的成立，台灣民心恢復平常，甚至在驚嘆日本連戰連勝之餘，覺悟到台灣人不可能以武力排除日本統治，從此展開以政治爲主的新抗日運動。

## ㈣ 第一次世界大戰與台灣

1914 年 8 月，第一次世界大戰爆發。當英、法、俄在歐洲面對德國的軍事攻勢而戰時，美國則在遠東面對日本的擴張而以道義和外交壓力對戰。以此次大戰爲契機，日本資本主義急速發展，趁歐美各國無暇顧及中國與東南亞市場之際，日貨和日資大舉進入中國、東南亞市場。特別是台灣，一變成爲日本商品和資本「南進的跳板」。如在第一次世界大戰中，台灣製糖會社不僅凌駕日本本土的精糖業、沖繩的粗糖業和北海道、朝鮮的甜菜糖業，甚至將事業擴張到滿洲、上海和南洋。台灣銀行亦在泗水（Surabaja）、三寶壠（Semarang）、巴達維亞（Batavia，今雅加達）等地開設分行。此外，日本亦加入協約國參戰，攻占德國在膠州灣的租借地，以及德國在赤道以北領有的太平洋島嶼。然而，由於日本加入協約國的緣故，使得台灣僅止於成爲日本的南進經濟基地，而無法在軍事面充分發揮其價值。㉕

　　其次，日本亦利用第一次世界大戰的千載良機，強化其在滿蒙的特殊權益，繼承德國在山東省的權益，甚至為將中國實際置於其保護之下，而於 1915 年 1 月 18 日，向依存英美勢力的袁世凱政權，提出所謂「二十一條要求」。「二十一條要求」與台灣並無直接關係，但其第五號第六項卻間接涉及台灣。當時，在加藤外相給日置益公使的訓令中（1914 年 12 月 3 日），有如下指示：「有鑑於與台灣的關係以及福建不割讓的約定，福建省的鐵路、礦山、港灣設備（包括造船廠）若需要外國資本時，須先與日本協議。」㉖

　　中國政府在接獲「二十一條要求」之後，大為憤怒，各地掀起澎湃的排日運動，歐美各國亦加深對日本的猜忌。其時，中國政府（袁大總統、陸徵祥外交部長）認為，除依賴英美的干涉之外別無他法，因而特別與美國駐華公使芮恩施（P. S. Reinsch）討論對日交涉的方案。㉗

　　關於「二十一條要求」的論述，並非本文討論的範圍。但環繞著「二十一條要求」的爭論，美國威爾遜總統最終所發表的「不承認主義（Nonrecognition Doctrine）」，在國際政治史上是很重要的文獻。循後，就在滿洲事變（1931 年 9 月 18 日）時，發展成為所謂「史汀生主義」。（以上節引自拙著《台灣國際政治史研究》，前揭，273-95 頁；李譯本，266-86 頁）

# 第二節　日本南進政策的展開和台灣

## 一、大正、昭和初期的南進與台灣

　　1914 年 8 月，以第一次世界大戰為契機，台灣一變成為日

本商品和資本「南進的跳板」。1918 年 11 月 11 日，大戰結束；1919 年 6 月 28 日，凡爾賽條約簽署成立，歐洲恢復和平。其時台灣正進入田健治郎文官總督時代。而田總督本身就是當年日本南進先驅「南洋協會」（1915 年 1 月，成立於台灣總督府東京辦事處）的會頭（理事長或稱會長）。所以，田總督深知台灣的南進熱潮及其在日本南進地位的重要性。就因此，即使自 1920 年（大正 9 年）起，日本產業界因為受到第一次世界大戰後的全球經濟不景氣的影響，已開始發生經濟大恐慌，但田總督仍在 1921 年（大正 10 年）1 月的「南洋協會」臨時總會上，發出如下的豪語，稱「台灣與南洋地理相接，實為南洋之門戶；而總督府內部對南洋之研究，以及實業界與南洋的關係，遠勝於內地與南洋之關聯。因此，提案修改協會規約第二條，將南洋範圍從爪哇、蘇門答臘、婆羅洲、西里伯斯、馬來半島、菲律賓群島間 100 萬方哩之地，擴大到法屬印度支那（越南）、暹邏（泰國）、英屬印度，大洋洲群島地帶及華南一帶，使南洋協會的調查研究與事業範圍大為擴展。」[28]

惟日本帝國禍不單行，1923 年（大正 12 年）9 月，日本發生關東大地震，國內產業受到慘重的損失，結果，日本南進熱潮漸趨沉滯。反之，歐洲列強則逐漸從大戰中的陰霾走出，陸續恢復南洋殖民勢力，奪回市場，導致日本的貿易受阻，各種產業也嚴重受挫不振。職此，伊澤多喜男第 10 任台灣總督（1924 年 9 月 1 日—1926 年 7 月 16 日）在任時，由於加藤高明內閣在整理行政財務之際，不得不採縮減南方設施經費的路線政策。此外，1930 年（昭和 5 年）石塚英藏第 13 任台灣總督任內時（1929 年 7 月 30 日～1931 年 1 月 16 日），浜口雄幸內閣對「南進」仍繼續採取縮減政策。甚至 1931 年（昭和 6 年）太田政弘第 14 任台灣總督上任時（1931 年 1 月 16 日—1932 年 3 月 2 日），「南進」的經費亦被減縮。總之，

這是受到昭和初期日本經濟極端低迷，即所謂「昭和不景氣」的影響，才導致「台灣南進」的號角，亦不得不暫時停止消聲。㉙

　　然而，大正、昭和初期的「南進」，總督府爲欲培養可在台灣及南支、南洋地區活躍的優秀人材所設立的醫學專科學校（1899年即明治32年由後藤新平等人設立。1918年即大正7年，在醫學課程的第一年，採專攻熱帶醫學制度，開設熱帶衛生、微生物、熱帶病學、殖民地衛生制度等特殊科目）、高等商職（商業專科學校的設立，始於1919年即大正8年。在台南專以台灣人爲主，在台北則以日本人爲對象。除教授一般商業科目外，還設有馬來語、荷蘭語、中國語等外語課以及南支、南洋經濟情形，殖民地法制、熱帶衛生學、殖民政策、民族學等）、農林專門（1919年即大正8年，以農林教育爲主的農林專門學校，設於台北。雖並不專講熱帶業，但似乎仍以培訓開拓南方技術人員爲目的）、台北帝國大學（1928年即昭和3年3月17日成立、5月5日正式上課。在文政學部設有南洋史、土俗人種和言語學、心理學等講座；理農學部則設有農學、熱帶農學、製糖化學等講座，具有「南進」政策大學的特殊學術使命）等，各校所培訓出來的南方要員，在後來第二次大戰初期，日本勢力橫掃整個亞洲時，其所發揮的助力與光彩是十分驚人的！㉚

## 二、日本關東軍「北進」的展開與「國策基準」南北並進的調整

　　正當日本「南進」政策呈現疲弱之際，在中國大陸由陸軍主導的「北進論」，卻加緊步伐向前直衝。1927年（昭和2年）4月20日，田中義一內閣成立。5月24日，田中內閣爲了阻止蔣介石的北伐統一中國，乃以「保護居留民」的名義，第一次出兵山東，並於7月7日，發表計八項目的「對支政策綱領」。其第八項稱：「萬一動亂波及日本滿蒙特殊地位的權益，日本將採取斷

然的措置。」[31]

　　同年 8 月 30 日，日方幾經與蔣介石和東北軍閥張作霖談判妥協後，聲明撤退山東派遣軍，並將於 9 月 8 日，撤收完畢。然 1928 年（昭和 3 年）4 月 19 日，因為「滿蒙」利權的交涉破裂，日本閣議決定第二次出兵山東。5 月 3 日，駐留濟南的日軍與蔣介石的北閥軍，開始發生糾葛。5 月 8 日，雙方爆發全面性的衝突，日軍遂占領濟南全城，此即稱為「濟南事件」。5 月 10 日，國民政府（蔣介石）對日本出兵山東，占領「濟南事件」向國際聯盟提訴，但日本置之不理。又奉天（東北）軍閥張作霖對日本滿蒙的特別權益，不予承認，因此關東軍亦決意要解除其兵力，甚或暗殺之。結果，6 月 3 日，張作霖受到日軍的壓迫，自北京搭乘特別編成的列車要退出關內時，於 4 日清晨 5 時 23 分，在滿鐵線與京奉線交差點皇姑屯陸橋下，被關東軍守備隊炸死（由河本大作大佐高級參謀設計、獨立守備隊中隊長東宮鐵男大尉指揮執行）。[32]

　　1929 年（昭和 4 年）7 月 2 日，日本民政黨浜口雄幸新內閣成立。10 月 23 日，紐約華爾街股票市場大暴落，引起世界經濟大恐慌，日本亦受到莫大的衝擊。結果，內閣不得不採取緊縮政策（台灣的「南進」經費亦大被縮減），對外也採取較溫和的政策。但正因此，引起了國內各方面的不滿，特別是軍部。1930 年（昭和 5 年）11 月 14 日，浜口首相被右翼團體「愛國社」之成員岩田愛之助狙擊重傷，幣原喜重郎外相代理首相職務。從此，日本國內急進的軍人與右翼勢力結合，法西斯軍國主義急速地展開。[33]

　　1931 年 9 月 18 日下午 10 時 20 分，日本關東軍虛構奉天（瀋陽）北部柳條溝的滿鐵路線，遭到國民黨軍（張學良的東北軍）的

爆炸（其實是由關東軍特務機關長土肥原賢二大佐下令所爲），乃以此爲藉口，立即發動對滿鐵沿線的奉天（瀋陽）、長春等地，加以攻擊占領。隨後，營口、開源、鐵嶺、安東、撫順、延吉等各地，均相繼被攻陷。在 5 日之內，幾乎占領了張學良所據的整個東北三省。[34]

　　一方面，南京政府於 9 月 21 日，對「滿洲事變」正式向國際聯盟提訴。9 月 30 日，國際聯盟理事會對滿洲問題採取決議。日本政府乃聲稱對滿洲領土無任何的企圖，並在確保日本臣民之安全下，即將迅速撤退軍隊。[35]可是，10 月 8 日，關東軍飛行隊卻無端地轟炸張學良東北軍的據點錦州，引起了內外衝擊。隨後，關東軍無視日本陸軍中央部的反對，於 11 月 8 日，組織便衣隊繼續攻擊天津華界。11 月 18 日，占領黑龍江省城龍江。12 月 23 日，關東軍大舉攻擊錦州，1932 年（昭和 7 年）1 月 3 日，遂攻陷之。至此，中國東北三省完全被占領。其次，攻略東北三省之後，1 月 28 日，日軍復在華南上海製造所謂「一二八事變」，派遣海軍大部隊攻擊上海，迄至 5 月 1 日，才將 2,500 名的駐屯海軍部隊撤離。此外，1931 年 11 月 11 日，關東軍特務機關長土肥原大佐製造暴動，強押廢帝溥儀脫出天津。旋於 1932 年 3 月 1 日，關東軍挾溥儀發表「滿洲國建國宣言書」。3 月 9 日，正式成立滿洲國，溥儀就任滿洲國執政，年號爲「大同」，鄭孝胥任國務總理。9 月 15 日，日本帝國正式承認「滿洲國」，雙方簽定「日滿議定書」，其主要內容如下：即㈠所有日本政府及其臣民，依據日滿條約協定，或私人契約，在「滿洲國」國境內所獲得之權益，滿洲國均應承認，並尊重之。㈡雙方約定，如一方受有外來威脅或妨害治安，則他方即應視爲係對於其自身之威脅與妨害，兩國國防共同辦理。因此所需之日本軍隊，應駐紮於「滿

洲國」國境之內。㊱

　　另一方面，在 1932 年 5 月 15 日，日本國內由海軍青年將校主導，結合民間右翼「血盟團（中心人物井上日召、橘孝三郎）及部分陸軍的響應，發動了所謂「五一五事件」。該事件除了犬養毅首相被暗殺之外，前藏相井上準之助及三井大財閥團琢磨亦遭襲擊死亡。結果，日本的政黨內閣，宣告終結；舉國一致的「軍、官僚」齋藤實內閣於 5 月 26 日誕生。然未幾，齋藤內閣因為發生「帝人貪汙事件」，不得不總辭下台。接著，岡田啓介（原任海軍大臣大將）內閣於 1934 年（昭和 9 年）7 月 8 日成立。不過，該內閣未久，亦於 1936 年（昭和 11 年）2 月 26 日，發生了所謂「二二六事件」。該事件，一言以蔽之，即是由一部分陸軍少壯派軍官，為了要實現法西斯軍國主義所發動的政變。首相官邸及陸軍省一帶被占據，岡田首相雖脫身免死，但其閣員包括高橋是清藏相、齋藤實內相、渡邊錠太郎教育總監等，均遭殺害；侍從長鈴木貫太郎則負重傷。而事變雖於二日後，即被平定，惟岡田內閣也因此瓦解。同年 3 月 9 日，廣田弘毅（原任外務大臣）新內閣代之成立。然而從此，日本法西斯軍國主義迄至二次大戰，內閣已無法遏止。㊲

　　再則，日本政黨內閣消退之後，1933 年（昭和 8 年）3 月 27 日，日本退出國際聯盟。於是，4 月 10 日，滿洲關東軍乃放手入侵山海關。1934 年 2 月 10，日軍順利征服並接收山海關附近一帶，禁止反日行動。4 月 11 日，日本增派二個師團至滿洲國。旋於 4 月 23 日，建立蒙古地方政務委（自治政府），迫使國民政府承認其事實。12 月 29 日，日本又宣布放棄華盛頓條約，太平洋乃進入無條約規制的時代。隨後，1935 年（昭和 10 年）1 月 23 日，日軍開始攻占熱河。5 月 20 日，關東軍入侵河北省。9 月 24 日，

日本駐屯天津司令官多田駿發表聲明，宣稱華北地區將樹立獨立新政權。1936 年（昭和 11 年）2 月 12 日，日、滿軍人入侵外蒙古，雙方發生衝突。3 月 31 日，日、滿軍再次與外蒙軍發生衝突。如此，日法西斯軍國主義，日益強盛；結果，與中國的全面衝突亦日益加深。[38]

誠然，由陸軍主導的「北進」，在中國大陸如火如荼，毫無阻礙的進行；這當然會引發支持「南進」海軍省的不滿。更何況擁有石油、鐵、米等豐富資源的東南亞，實也是今後日本帝國最想占有與開拓的市場。職是，1935 年 4 月 7 日，荷籍運油船（2,345 頓）珠諾（JUNO）號爲避颱風而進入澎湖馬公軍港第三區漁翁小池灣內避難時，駐守該港的日本海軍，竟以國際間諜的嫌疑，加以逮捕扣押。日本海軍（中心人物爲中堂觀惠中佐，他是南進論的有力推動者）對此事件，小題大作，要求台灣司法當局嚴加辦理，並沒入該輪。但是中川健藏總督（台灣第 16 任最後文官總督，任期 1932 年 5 月 27 日—1936 年 9 月 2 日）堅持司法獨立，不接受台灣右翼團體及海軍部的干擾。6 月 10 日，經過第二審判決的結果，台灣司法當局雖科以 500 圓的罰款，但並未沒入該輪。對此判決，毋庸贅言，引發了海軍部與台灣右翼團體的反彈。彼等乃屢次以「擁護軍機」、「國防強化」爲號召，呼籲政府在台增設陸軍師團及海軍鎮守府；而爲欲達此目標，更主張必須廢除文官總督，恢復武官總督制度。[39]

有鑑於海軍部的強烈不滿，1936 年 8 月 7 日，廣田內閣在五相（首相、外相、陸相、海相、藏相）會議時，遂重新決定「國策基準」，規定基本國策是「以外交、國防確立帝國在東亞大陸的地位，並同時向南方海洋發展」，調整陸海軍的傳統主張，將大陸政策（北進論）和南進政策（南進論）並行。同時，日本也修改

「帝國國防方針」，在海軍的主張之下，將假想敵的先後順序從俄國、美國改爲美國、俄國，再新加上英國。此外，海軍南進政策的第一步，是計劃將台灣的文職總督、南洋廳長官改爲海軍出身者，而前者率先於 1936 年秋實現。[40]

## 三、台灣總督恢復武官制與「南進」政策之急速展開

　　隨著日本「國策基準」的改變，1936 年 9 月 2 日，廣田內閣任命小林躋造海軍大將爲台灣第 17 任總督，恢復總督武官制（其背景已如前述）。小林總督 1877 年（明治 10 年）出生於廣島的早川氏家，之後 1887 年（明治 20 年）11 歲，成爲小林氏家的養子。1898 年（明治 31 年）22 歲畢業於海軍兵學校，並入海軍大學深造。學業完成後 1909 年（明治 42 年）轉任海軍省軍務局員，1910 年（明治 43 年）升任海軍省副官兼海軍大臣秘書官。1911 年（明治 44 年）迄 1913 年（大正 2 年）出任英國出使武官，同年轉任美國出使武官。1914 年（大正 3 年）轉任海軍大學校教官，1915 年（大正 4 年）轉任海軍技術本部副官，1916 年（大正 5 年）轉任「平戶」艦長。1917 年（大正 6 年）轉入海軍省副官，1920 年（大正 9 年）出任日本駐英國大使館附武官。1922 年（大正 11 年）升任第三戰隊司令官，1923 年（大正 12 年）轉任海軍省軍務局長，1927 年（昭和 2 年）出任日內瓦裁軍會議代表團團員，1928 年（昭和 3 年）升任練習艦隊司令官。1929 年（昭和 4 年）轉任海軍省艦政本部長，1930 年（昭和 5 年）升任海軍次長（中將）。1913 年（昭和 6 年）升任第一艦隊司令長官，1933 年（昭和 8 年）轉任聯合艦隊兼第一艦隊司令官晉升大將，稍後轉任軍事參議官。1936 年（昭和 11 年）2 月 26 日，如上述，岡田內閣發生所謂「二二六事件」。事件雖然

二日內即被平定，但小林參議官被認為不無責任，而遭編入預備役。旋廣田新內閣成立，決定起用海軍省出身的台灣武官總督，小林大將因為受到現任海軍次官長谷川清中將(1940 年 11 月 27 日，成為台灣第 18 任的武官總督) 的極力推薦與奔波，終於獲得廣田內閣提名為第 17 任台灣武官總督。[41]

　　小林總督受任命後，前往拜會拓殖大臣永田秀次郎，就台灣統治請益政府希望事項，但永田拓相回答：「一切均委託小林的裁量。」因此，小林總督制定「在內地・台灣一視同仁、振興教育、農產業維持現狀之外，獎勵工業發展，確保對南方的和平展開」的政策構想。此即後來 1939 年 5 月 19 日，小林總督所表明的統治台灣三原則：「皇民化、工業化、南進基地化。」[42]

　　關於南進政策，稍早，中川健藏總督即於 1935 年 10 月 19 日以降 5 日間，在台北召開所謂「熱帶產業調查會」，與會人員達 80 人左右，盛況空前。該調查會的趣旨稱：

　　「本島 (台灣) 位於帝國 (日本) 南方之要衝，與鄰邦之中華民國一衣帶水，與南洋之菲律賓、婆羅洲、法屬安南、暹羅、爪哇等友邦之殖民地毗鄰，有形無形之關係極多，因鑑於此種地理位置，本島之使命，除發展本島之產業需要加倍努力之外，對華南及南洋地區之經濟，亦應保持更密切之關係，促進貿易發達，以增進彼此之福祉。鑑於此點，本府(台灣總督府)曾於昭和 5 年 (1930 年)，召開『臨時產業調查會』。以瞭解本島各產業發展之方向。茲復召開『熱帶產業調查會』，邀請各界權威人士出任本會委員，對於本島與華南、南洋之貿易，以及其他一般事項重加檢討，期望在本島之產業、交通、文化等各方面發展下，帶動鄰邦之繁榮，以資帝國國運之昌隆。」[43]

　　於是，經過該調查會討論後，1936 年 (昭和 11 年) 6 月 2 日，帝國議會通過「法律第 43 號」，公布「台灣拓殖株式會社法」(略稱台拓)。並於同年 7 月 29 日，另以「勅令第 238 號」公布「台灣拓殖株式會社法施行令」及「勅令第 239 號」公布「台灣官有財產評價委員會官制」，規範「台拓」的經營方針和「官產」的評價運作。㊹然 1936 年 3 月 9 日，日本國內經過「二二六事件」之後，廣田弘毅新內閣成立，小林躋造大將受命取代中川總督的職務。因此，1936 年 11 月 23 日，小林新總督乃根據上述「台拓」的諸法令，接手中川總督「南進」的使命，正式成立「台灣拓殖株式會社」。而「台拓」成立之目的，雖明文規定「開拓島內之未墾地，經營各種栽培與移民事業，以及其有關事業，並協助國人 (日人) 在華南及南洋之拓殖業，尤其以提供拓殖資金為主。」不過，其主要經營方針卻是以華南、南洋為主，以台灣為副。所以「台拓」在台灣本島進行的各種事業，實只可稱為日本「南進」的一種預備事業或副產物而已。㊺

　　其次，「台拓」公司創立時，其資本金總額為三千萬圓，分為 60 萬股、每股 50 圓，總公司設於台北。但其章程另規定官股占 30 萬股，所以係半官半民的公司。而官股則以提供約值 1,500 萬圓之在台官租地、國有未墾山林等地抵充之。這些土地大都向台灣農民沒收或強迫徵收者。至於「台拓」公司資金的另一半是屬於民股，共 30 萬股。其中約 10 萬股由台灣製糖公司、大日本製糖公司、明治製糖公司等持有，占民股的三分之一。這些雄厚的糖業資本，就是長年剝削台灣蔗農所累積下來的產業資本。㊻

　　又「台拓」公司的組織，規定社長、副社長各一人、理事三人以上及監事二人以上。而社長與副社長須經拓務大臣認可後，才由台灣總督任命之。理事則由股東大會選出倍數之名額後，再

由台灣總督徵得拓務大臣之同意後，從中加以任命。另該公司除了任命役員之外，其在事業的經營上，均須受政府多方面嚴格的監督。因此，該公司被稱為「特殊公司」或「南進國策會社」。擁有此種特殊性格的公司，自然也擁有許多特權與優惠。譬如，在股金未全數繳清以前亦可增資；可不經股東會議而發行公司債，且公司之數目可超過資本額之 3 倍（一般公司不能超過已訂的資本額），更有甚者，其公司債本息之償還皆受政府之保障；紅利之分配以民股為優先。由這種政府對股東之特別保護，所以「台拓」開始向一般公司招股時，在台的日本大公司，如三井物產、三菱、住友、台銀、安田銀行、東洋拓殖公司等等，都立即成了股東。隨後，自 1939 年 9 月起，「台拓」前後經過四次增資募股，結果至 1943 年，竟籌款高達八千萬圓。未久，又飛躍擁有超過一億圓資金的巨大公司。⁴⁷

據戰後清理出來的資料，顯示「台拓」的投資範圍非常廣泛。在 1942 年左右即有：與拓殖有關的會社 8 家；與工業有關的 6 家；與商業有關的 2 家；與礦業有關的 7 家；與運輸、通信有關的 4 家；與興業有關的 4 家；與證券有關的 1 家，總計 32 家。投資總額高達 16,700 萬圓。其中，與島內有關的會社為 22 家，投資 10,700 萬圓；與島外有關的會社為 10 家，投資為 5,700 萬圓。而在二次大戰結束後的 1946 年 2 月底，其對島內 27 家的投資共達 34,800 萬圓；對島外 13 家的投資為 19,400 萬圓，共 40 家總計達 54,200 萬圓。這種事業投資的急速增大，說明「台拓國策會社」在島內外進行的活動範圍是甚廣泛的。但據斯界涂照彥教授的論述，則稱「台灣拓殖會社的活躍過程，即是日本帝國將台灣經濟納入其所謂『大東亞共榮圈』之一環的過程，該會社的出現及其蓬勃發展完全是根據日本資本主義的需要而製造出來的產

物，絕對不是爲了台灣本地人民！」[48]

　　總之，戰後「台拓」因爲企業過於龐大，國府成立「台拓」「劫收」委員會負責接管 (國府「劫收」時，「台拓」的資產達 10 億圓以上。若以 1991 年即平成 3 年的日本貨幣價值換算，則時價值達 3 兆數千億日圓以上。但據當時參與清理接管、曾任台拓代理土地部長三日月直之的推算，則時價值竟達 10 兆日圓以上)。後來，因爲「劫收」委員會無能又貪汙，導致收支無法平衡。1946 年 7 月，國府成立「台拓」清理處，結束台拓企業。同年 11 月 5 日，清理業務結束，台拓公司正式劃下休止符。[49]

　　另一方面，1937 年 (昭和 12 年) 7 月 7 日，小林總督蒞台赴任不及一年，中國北京郊外發生所謂「蘆溝橋事變」。原因是駐屯在北京西南郊豐台的日軍 (一木清直大隊所屬之第八中隊、中隊長清水節郎大尉)，於同日夜間，在蘆溝橋龍王廟附近舉行軍事演習。當演習接近尾聲，日軍突然聲稱有槍彈一發向日軍射擊，並失蹤一名士兵 (事實上該名士兵，因爲生理上的需求，暫離隊伍，然於 20 分內即已歸隊)。於是，要求進入宛平縣城搜索，且迫令城內守軍撤退。時在夜間 11 時 40 分，經中國駐軍吉星文團長拒絕，日軍即砲轟宛平，中日八年戰爭，於焉揭開序幕。7 月 8 日，日軍占領蘆溝橋、龍王廟一帶。7 月 11 日，日本閣議決定派兵華北，並任香月清司中將爲支那駐屯軍司令官。但是，國共 (蔣介石、周恩來) 亦在 7 月 16 日至 19 日，於蘆山舉行會談。蔣介石在 19 日發表重要的談話，認爲蘆溝橋是最後的關頭，不承認侵犯中國主權的任何協定，並同意中共管制陝、甘、寧邊區，共同抗禦日本。7 月 28 日，日軍占領北京，7 月 30 日，占領天津。旋日本軍部盼望三個月內，結束征服中國的戰爭，乃繼續在華中、華南另闢戰場。8 月 13 日，日陸戰隊開始攻擊上海，11 月 11 日占領

上海。11月20日，國府發表遷都重慶，並宣告中外，繼續抗戰。12月13日，經過一番苦戰，日軍終於攻陷南京。為了報復當地軍民的頑強抵抗（日軍死亡二萬人以上），遂發生了所謂「南京大屠殺慘案」。如此，中日戰爭雙方雖仍無正式宣戰，但已蔓延到整個中國大陸。[50]同時，亦帶給台灣「南進基地化」、「工業化」、以及「皇民化」的迫切性。

關於「台灣工業化」，電力的開發，當然是最重要的急務。1934年11月完成的「日月潭第一發電所」（自工程開始以迄完工，共費15年），發電量10萬瓩，可說是台灣工業化的起點。而小林總督蒞任的第二年，即1937年8月，「日月潭第二發電所」亦完工，發電量8萬瓩。[51]所以，自1938年（昭和13年）起，小林總督即實施「生產力擴充五年計劃」，致力擴充金屬、化學、鐵鋼、紡織、機械製造等，軍需工業與各種農產物加工業。迨至1939年（昭和14年）台灣的工業生產已超越農業生產，占總生產額之45.9%，台灣可說已踏進工業社會的門戶。[52]

至於「皇民化」的執行，小林總督自1937年4月1日起，即禁止台灣各報的漢文版，大力促進日語常用運動。其目的不外是要消滅台灣人的傳統文化與民族意識。7月7日蘆溝橋事變後，小林總督為配合第一次近衛文麿內閣（1937年6月4日組閣）推行的「國民精神總動員運動」（9月開始、標榜「八紘一宇」、「舉國一致」、「盡忠報國」、「堅忍持久」等口號），乃積極地展開「台灣皇民化運動」。亦即9月10日，總督府在台北設立「國民精神總運動本部」，並於各州廳設支部、市郡支會，強力推行「內台一如」的社會教化運動。中央本部長由森岡二朗總務長官兼任，「參與」則任命帝大總長、總督府局長、台灣軍參謀長、總督府副海軍武官及若干民間人士等。該項運動除繼續加強日語常用運動之外，禁止台

灣傳統音樂戲劇、實施寺廟整理，更強制參拜神社，廢止台民祖先牌位及神像，要求台民祭禮太麻（日本神道主神天照大神）等等，用以去除漢人色彩，以達到台民「皇國臣民化」。與此同時，9月，隨著中日戰爭的擴大，台灣總督府也開始徵召台籍青年從事大陸戰場軍伕。1938年1月，總督府發表陸軍志願制度適用於台灣。4月，總督府發表組「台灣農業義勇團」。1940年（昭和15年）2月11日（即皇紀2,600年建國紀念日），小林總督發布「府令」第19號，以優厚配給為條件，鼓勵台民改稱日本式姓名（至大戰結束時，約有10萬人改姓名）。未久，如下述「皇民化運動」轉化成「皇民奉公運動」，日當局開始要求成為皇民的台灣人「臣道實踐」，台灣人的苦難接踵而至。⑤

## 四、歐戰的爆發與「皇民奉公會」的推進

　　1939年（昭和14年）9月1日凌晨4時45分，在歐洲德軍兵分東、西、南三路入侵波蘭。9月3日，午前11時，英國向德國宣戰，下午5時，法國亦向德國公開宣戰，揭開第二次世界大戰的序幕。然德軍勢如破竹，9月8日占據波蘭首都華沙，並與蘇聯協定分割波蘭。1940年（昭和15年）4月9日，德軍攻擊丹麥、挪威。5月10日起，德軍開始攻擊法國、比利時及荷蘭。5月14日，荷蘭向德國降服。5月28日，比利時亦向德國降服。6月10日，德軍占領全挪威。6月14日，德軍攻陷巴黎，6月24日，法國向德國投降。⑭

　　至此，德軍幾乎席捲全歐，英、法在東亞的勢力，亦頓時弱化。其時，1940年7月22日，近衛文麿第二次內閣成立，德、意（大利）在歐洲大獲全勝，乃延續討論自1938年3月以來，德、意、日三國樞軸軍事同盟協定。結果，1940年9月27日，於柏林希

特勒的總統官邸，德、意、日三國同盟簽署成立。該條約共分六條，其最主要之第三條規定，三國在中日戰爭及歐洲戰爭中，受到新參戰的任何國家攻擊時，約定三國將盡一切包括政治上、經濟上及軍事上的相互援助。毋庸多言，三國同盟的締結，德、意兩國志在征服全歐，日本則志在征服亞洲，建立「大東亞共榮圈」。⑤

　　基於三國同盟的成立，日本趁英、法、荷在東南亞失去勢力時，南進政策的具體化，乃更積極加速。同時亦決意將踏進太平洋戰與美國一決勝負。職此，日本軍部認為今後比朝鮮具有更重要地位的南進基地台灣，應該由現役的海軍提督來掌管治理。遂於 1940 年 11 月 27 日，由當時海軍大臣及川古志郎的提議，起用長谷川清海軍現役大將為台灣第 18 任的後期武官總督。長谷川總督原被看好是海軍大臣的第一人選，但結果大臣由其親密的級友及川大將出任。及川大臣為表達其對長谷川大將的友誼，乃極力推薦長谷川大將以現役的身分出任台灣總督職責。⑤

　　茲在此將長谷川總督的生平簡略地引述如下：長谷川總督在 1883 年（明治 16 年）5 月 7 日，出生於福井縣足羽郡社村大字久喜津。1900 年（明治 33 年）17 歲時入海軍兵學校。1903 年（明治 36 年）20 歲海軍兵學校畢業，被任命海軍少尉候補生。1905 年（明治 38 年、22 歲）5 月 27 日，參加日俄戰爭的日本海海戰，日軍大獲全勝，同年 8 月 5 日，晉升海軍中尉。1908 年（明治 41 年）25 歲任海軍大尉、補第十艇艇長。1913 年（大正 2 年）30 歲升任海軍少佐。1918 年（大正 7 年）35 歲任海軍中佐。1991 年（大正 8 年）36 歲出任美國在勤大使館副武官輔佐官。1922 年（大正 11 年）39 歲升任海軍大佐、補人事局第一課長，1924 年（大正 13 年）41 歲任駐美大使館副武官。1927 年（昭和 2 年）44 歲升任海軍少

將、補橫須賀鎮守參謀長,1932年(昭和7年)49歲升任海軍中將。1933年(昭和8年)50歲任日內瓦軍縮會議日本全權代表。1935年(昭和10年)52歲任海軍次官。1939年(昭和14年)56歲任橫須賀鎮守府司令長官。同年4月1日晉升海軍大將。1940年(昭和15年)57歲出任台灣總督(11月27日)。1944年(昭和19年)61歲免台灣總督、補軍事參議官(12月30日)。1946年(昭和21年、63歲)11月21日,以戰犯的嫌疑被拘留於巢鴨拘置所。1947年(昭和22年)1月14日,無罪被釋放。1970年(昭和45年)9月2日,以87歲的高齡病殁(腦充血)於自邸。9月9日,在青山葬儀所舉行葬儀之後,遺骨安葬於神奈縣鎌倉市12所鎌倉靈園53區二側一號。[57]

長谷川大將授命台灣總督之後,於1940年11月27日,在東京舉行總督「親任式」。同年12月16日,抵台蒞任,17日正式初登總督府執行政務。[58]當時,有如上述,日、德、意三國同盟已成立。第二次近衛內閣乃於1940年10月12日,成立全國準戰時體制下之「大政翼贊會」。該會雖取代各政黨的全國人民組織,略似德國納粹組織,但據中村哲教授的研究,並無與納粹組織具有嶄新的「政治意識形態」。稱係「具體表現一君萬民的國體精神運動」而已。其實踐綱要則記載「皇國臣民徹底自覺,……建立與政府表裏一體的合作關係,……努力樹立高度國防國家體制。」[59]

根據內閣這個意旨,台灣總督府於1941年4月19日,設立「皇民奉公會」。該會由長谷川總督自兼總裁,齋藤樹總務長官為中央本部長,以台北為本部所在地設置。其下層組織是州與廳為支部,郡與市為支會,街與庄為分會。市支會下為區會,街分會與庄分會之下為部落會,區會與部落會之下通常由保甲組織的十

戶組成的一甲爲單位設立奉公班，亦即相等於日本本國的「鄰組」。以全台灣約 650 萬居民爲主，經由區會與部落會約 67,000 個奉公班被組織爲皇民奉公會。皇民奉公會在設立之初標榜爲非政事結社，而是精神啓蒙運動色彩濃厚的團體，但是在太平洋戰爭爆發後漸漸轉變爲使島內居民積極協助遂行戰爭的終端行政機關，到 1942 年 7 月 31 日被賦予領導、統制全島所有民間團體的權限。在皇民奉公會旗下的團體有奉公壯年團、產業奉公會、台灣青年團與台灣少年團，桔梗俱樂部和大日本婦人會台灣本部。綜言之，自從這一組織建立以後，全台除了增加農產，擴大工業，調整勞力等政治措施方面之外，凡是戰時生活的推行都由它來執行。如前述之台人易改日本姓名，普及日語，獎勵建立日語家庭，鼓勵穿日本服或所謂「國民服」，學習日本風俗習慣，奉祀日本神祇大麻「天照大神」等，都是這「皇民奉公會」推行機構的重要工作。(文體：向山寬夫教授) [60]

　　顯然的，在推行皇民奉公會運動中，長谷川總督對於小林總督時期所推行的皇民化政策，確實做了若干修正亦即對引起台灣人重大反感的撤除偶像、寺廟、歌仔戲、祭祀祖先等文化、宗教的壓抑加以緩和。此點，長谷川總督有如下的回顧：

　　「我的第一個著眼點，就是廢止台日兩個族羣的差別待遇，不可自以爲是內地人就以空洞的優越感發威作福。經由施政五十年的台灣，我們應認爲台灣人也是優秀、忠良的日本人。我有如此想法。就是我個人在美四年半所受到的感化，及以前視察滿洲、朝鮮感覺日本在當地的作法不可能把握人心爲其一因。眾所周知，時局壓力加重，加之今後的轉變難以預料的 1940 到 1941 年，這段期間我感覺一旦有事需要台灣人、日本

人的融洽協助，如中止整理寺廟的措施，也是鑑於對以前爲政
者對日本化操之過急，應加以矯正以緩和人民的感情。」[61]

不過，雖然寺廟整理經長谷川總督的果斷，有所緩和下來。
可是強制神道信仰方面卻故態依舊，1941 年一整年間。有 759
萬 2,369 人次的台灣人，和 39,938 人次的高山族參拜神社，在同
年底時，有台灣人 72 萬 7,859 名，原住民 10,481 名在住宅內供
奉神棚，伊勢大神宮神符的頒布數，在 1937 年時達 56 萬 9,565
枚、1942 年時達 79 萬 1,272 枚。[62]

# 第三節　太平洋戰爭的爆發與台灣人的災難

## 一、太平洋戰爭的經緯

1937 年 7 月 7 日，蘆溝橋事變發生後，7 月 12 日，日本駐
美齊藤博大使與美國國務卿赫爾（Cordell Hull）會談時，稱日本
將友好地努力解決與中國的糾紛。同日，駐美中國參事官也受本
國政府的訓令，參見赫爾國務卿希望美國出面調停中日紛爭，但
當場遭到赫爾國務卿的婉拒。不過，隨後美國徵諸各國情勢，乃
於 7 月 16 日，由赫爾國務卿向世界各國發表：「希望各國都能遵
守條約、不使用武力、不干涉內政」等之聲明。[63] 然中日戰爭繼
續擴大，日本海軍於 1937 年 9 月 3 日，占領香港附近的東沙島；
10 月 26 日，占領廈門灣內的金門島；1938 年 2 月 10 日，進行
登陸海南島的作戰。其後，3 月 30 日，日本政府發布將新南群
島(南沙群島)置於台灣總督府管轄之下。關於新南群島(南沙群島)
的領有問題，英、美、法三國均向日本提出抗議，但日本不予理

會。[64]

　　未久，1939 年 9 月歐戰爆發，日帝國乘機急速展開南進政策。亦即 1940 年 6 月 29 日，米內光政內閣（1940 年 1 月 16 日—1940 年 7 月 22 日）之外相有田八郎在電台放送發表「國際情勢與帝國立場」（「國際情勢と帝國の立場」），首次提起「大東亞共榮圈」（Greater East Asia Co-Prosperity Sphere）的概念，即「東亞自主確立宣言」。7 月 22 日，第二次近衛內閣成立。26 日，新內閣議決「基本國策要綱」，就中提及其根本方針就是以「八紘一宇」爲立國精神，並將著手建立「大東亞之新秩序」。8 月 1 日，松岡洋右外相在召開記者會時，正式宣布日本將以「皇道的大精神」開始建立「大東亞共榮圈」。而其所及的範圍是「以日、滿、華爲基幹，含蓋舊德屬委任統治諸島，法屬印度及太平洋島嶼，泰國、英屬馬來，英屬波羅尼歐，荷屬東印度，緬甸，澳洲，紐西蘭及印度等區域」。[65]

　　爾後，爲了實現「大東亞共榮圈」，1940 年 9 月 23 日，日軍進占越南北部，目的在截斷英美援華路線，建立對華作戰基地，提早解決中日戰爭。[66]27 日，如上述，日、德、意在柏林締結三國同盟，日帝國決意要在太平洋區域與美國一決雌雄。然察知三國敵對的心意，尤其是日本南進的決心；同年 11 月 6 日，美國羅斯福（F. D. Roosevelt）總統在獲得壓倒性的國民支持，當選三任之後，爲了對抗「三國同盟」，12 月 29 日乃發表聲明稱「我們雖不參戰，但今後將成爲民主主義國家的大兵工廠。」[67]

　　1941 年 4 月 13 日，日本與蘇聯簽定所謂五年互不侵犯的「中立條約」（共四條）。其主要條款之第一條稱兩締約國和平共處，互不侵犯對方之領土。第二條稱締約國之任何一方與第三國發生戰事時，對方都嚴守中立並堅持互不干涉的立場。該「中立條約」，

其目的很明顯是，日本除在北方要保持安全感之外，也是要對付美國的一種均衡局勢。[68] 果然，日蘇中立條約成立後之第三天，即 1941 年 4 月 16 日，赫爾國務卿爲改善美日關係，對駐美日本大使野村吉三郎提出所謂「美日諒解案」。但說明日美會談的先決條件在雙方確認以下的四大原則之後，方可舉行。亦即㈠尊重每一國家的領土主權；㈡擁護不干涉他國內政的原則；㈢擁護平等原則包括商業機會平等；㈣不擾亂太平洋的現狀，除非用和平方法改變它。[69] 可是，對此「諒解案」，因爲當時日本外相松岡洋右，傾向於德、意兩國的血盟信義，決心與美國一戰，終無任何成果可言。[70]

另方面，1941 年 4 月 30 日，德國國防軍總司令部決定於 6 月 22 日，廢棄 1939 年 8 月 23 日德蘇所訂的「互不侵犯條約」，將閃電的進攻蘇聯。[71] 6 月 5 日，日本駐德大使大島浩向東京報告他與希特勒等人直接會談後，確信德蘇即將開戰。於是，根據大島大使的報告，自 6 月 5 日起，至 6 月 14 日，日本大本營和內閣連日召開聯席會議，討論對策。但陸、海兩軍尙未定案前，6 月 22 日，即傳來德國東部大軍於同日拂曉侵入蘇聯領土，德蘇已不宣而開戰了。[72]

儘管日本大本營與內閣未能及時發表新政策，但如吳相湘教授的評論：「德蘇開戰對於日本有兩種意義。一即日本來自北方的蘇俄壓迫將可解除，日本可以乘機南進。二即北方的蘇俄力量削弱，日本可趁火打劫，一舉解除北面之憂。」[73] 同年 7 月 2 日，內閣與大本營在御前會議中，終於決定「帝國新國策綱要」（「情勢の推移に伴う帝國國策要綱」）。其要點爲 1. 再從南方各地域加強壓力使蔣政權屈服；2. 爲準備對英、美作戰，先完成對法屬越南及泰國的各種方策，強化南進的態勢。日本爲達成此目的，不惜

對英、美開戰；3.仍以三國軸心的精神爲基礎，但暫時不介入德蘇戰爭，並秘密整頓對蘇作戰的武力。如果，德蘇戰爭演變到對於日本極爲有利時，就用武力解決北方問題。[74]

職此，1941年7月18日，近衛重新成立第三次內閣，外相由豐田貞次郎海軍大將出任。豐田外相主張堅持「新國策綱要」，向中南半島前進。於是7月28日，日軍乃依照「新國策綱要」，在覺悟與美國開戰的前提下，入侵中南半島南部，並企圖進一步向荷屬印尼發展。[75]

又稍早在1940年前後，日本即開始準備太平洋戰爭，而在台灣軍設置南方作戰研究部，積極進行熱帶作戰的研究。1941年6月，在該研究部的主宰下，日軍在海南島實施範圍達1,000公里的軍事演習。此次演習即預設在馬來亞北端登陸並進攻新加坡的狀況，而在其後的馬來作戰中貢獻極大。此外，該研究部亦出版《一讀必勝》的南方作戰指南手冊，期待以此作戰範本順利建立戰功。[76]

一方面，日軍進占中南半島，日政府亦曾訓令駐美野村大使，於1941年7月25日，事先向羅斯福總統報告並強調日本將努力調整日美關係。但是，7月26日，美國即刻宣布凍結日本資產，同時宣布在菲律賓設立遠東陸軍司令部，任命麥克阿瑟（Douglas MacArthur）將軍主持。26日，英國也發表凍結日本在英國的資產，並廢除日英通商航海條約和日印通商條約。7月27日，荷屬東印度也宣布凍結日本資產廢止民間的石油協定。8月1日，美國正式宣布禁止對日輸出石油，日本深受衝擊。8月5日，日本以法屬越南爲中心，向美國提出局部解決方案。其內容即1.日本除法屬越南以外，不再向西南太平洋其他地區進展，現駐越南的日本軍隊在中國事變解決後立即撤退；2.日本保證維持菲律賓

中立；3. 美國協助日本獲得荷屬東印度等地的自然資源；4. 美國出面促成中日開始直接交涉，解決中國事件。不過，這些提議都未能獲得美國接受。8月7日，日本又提議由日、美兩國政府首腦直接會談，但美國反應冷淡，根本不成議題。[77]

正當日本努力於重新再與美國談判時，8月9日至12日，羅斯福總統與邱吉爾（Winston S. Churchill）首相在大西洋艦上舉行會談後，於8月14日，發表了著名的「大西洋憲章」（Atlantic Charter），表明決意打倒納粹軸心國並重建戰後新世界的秩序。該憲章共分八項，其要旨：1. 領土不擴大；2. 違反住民意志的領土變更，不予承認；3. 恢復被侵略國家的主權；4. 促進世界資源共有；5. 國際協力改善人民的生活；6. 解脫納粹主義的恐怖；7. 保障公海航行自由；8. 國際和平機構的建立等。[78]

毋庸置疑，「大西洋憲章」的宣言，不僅給予德、意軸心國的衝擊，對日本帝國而言，也是無法接受或容忍的。從此，日本參謀本部的首腦，都認為「交涉無用」，日、美唯有開戰一途。於是，9月6日，由大本營的要求與提案，在御前會議正式採決「帝國國策遂行要綱」（即實施綱要）。該綱要明文規定 1. 帝國為完成自存自衛起見，在不惜對美、英、荷戰爭之決心下，概以「10月下旬」為目標，完成戰爭準備；2. 帝國於上述同時間和美、英盡量用外交手段，努力貫徹帝國的要求；3. 如果到「10月上旬」，尚無貫徹我國要求之途徑，則立即決心對美、英、荷開戰；4. 對南方以外之措施則根據既定國策行之，尤須努力使美蘇不得結成對日聯合戰線。[79]

雖然近衛內閣仍存有以外交手段，來改善日美關係，但兩國間的交涉，並無任何進展。其間，9月18日，近衛首相由自宅要赴官邸時，其座車突然受到四名暴漢持刀襲擊。幸好，暴漢被

護衛人員制壓，事件也被嚴格「守秘」。不過，近衛首相已感到
軍部的壓力，特別是東條英機陸相難以抗拒；遂於 10 月 16 日夜，
向天皇提出內閣總辭。17 日，重臣們乃急速召開接班會議（近衛
未出席），結果，重臣們一致推舉東條陸相出來組閣。同夜，東條
陸相拜受天皇之命，（1941 年）10 月 18 日，新內閣正式組成。而
新內閣的體制是，東條首相由陸軍中將晉升現役的大將，仍兼陸
相與內相。東鄉茂德則擔任外相兼拓務大臣。但其他閣員大多是
東條陸軍的心腹，所以新內閣形成了「東條獨裁」體制。[⑧⓪]

東條內閣接管政務之後，自 10 月 24 日起，迄 10 月 30 日，
連續舉行國策再檢討的內閣、大本營聯席會議，這被後人稱爲「歷
史性會議」。11 月 2 日，東條內閣終於重新決定如下的「帝國國
策遂行要領」。其要旨，即㈠帝國爲打開目前危局，完成自存自
衛及建設大東亞新秩序起見，現已決心對美、英、荷開戰，並採
取下列措施。1. 定於（本年）12 月初爲發動武力的時機，陸海軍
完成作戰準備；2. 對美交涉如另紙所定；3. 加強與德、意合作；
4. 在發動武力之前，與泰國建立軍事緊急關係。㈡如果對美交涉
能於 12 月 1 日，午前零時以前成功，則停止發動武力攻擊。11
月 5 日，經由東條內閣的請求，昭和天皇召開御前會議，正式
通過「帝國國策遂行要領」。同日，日本大本營海軍部發布「大
海令第一號」，命令聯合艦隊對美、英、荷完成作戰準備。11 月
6 日，日本大本營陸軍部亦命令南方軍及南海支隊，準備攻略南
方要地。11 月 8 日，大本營又頒布命令，從千島列島經過日本
本土直到台灣（朝鮮除外），各要塞皆作正式備戰或準備戰。11 月
10 日，海軍部下達「機密聯合艦隊作戰命令 X 日（即 12 月 8 日）」。
11 月 21 日，海軍部再發布「大海令第五號」，命令各艦向準備
作戰的海面前進。而日本計劃在開始作戰時，就奇襲夏威夷珍珠

港。聯合艦隊機動部隊(空襲部隊)已秘密地從瀨戶內海開始行動，預定於11月22日以前，在千島列島的南部択捉島單冠灣集合後，從11月26日下午6時起，向夏威夷西北海面進擊。但如果外交交涉成功，就掉頭回航，停止攻擊。如此，日美太平洋戰爭已迫在眉睫。⑧

　　另方面，東鄉外相依照1941年11月2日，「帝國國策遂行要領」之第二項決定，將盡速努力與美國在12月1日午前零時以前達成和平協議。於是，11月4日，東鄉外相向駐美大使野村發出「日美交涉最後訓令竝我甲乙案」的電報。其時東鄉外相指出：「帝國內外情勢極為急迫，一日不可曠廢。帝國政府熟慮的結果，決續行交涉。本交涉為最後嘗試，希望美方知道我對案為名實相符的最終案。此一交涉如仍不能迅速成功，即為決裂。故今次折衝成功與否，對帝國國運、皇國安危影響至為重大。」⑧

　　關於日美交涉的所謂「甲案」，其主要內容如下：即1.在中國駐兵及撤兵問題。為中國事變而派赴中國之日本軍隊，除關於華北、蒙疆等一定地區及海南島，應於日華和平成立後，依照中日協定開始撤退，應於兩年以內完結之；2.在越南駐兵及撤兵問題。日本政府尊重法屬越南之領土主權，現在派駐越南之日本軍隊，在中國事變解決後或公正的遠東和平確立後，應立即撤出；3.在中國之通商無差別待遇問題；4.日、德、意三國條約之解釋及適用問題，應已獲得美國之諒解。而「乙案」之主要內容為1.日美兩國均誓言，除法屬越南以外，不向東南亞及南太平洋地區作武力進展；2.日美兩國政府互相保障及協助在荷屬印度獲得必需之物資；3.日美恢復到資金凍結前的通商關係，美國供給日本所需的航空用汽油；4.中國問題應由日、中自己解決，美國不宜介

入。[83]

11月7日，遵照本國政府的訓令，野村大使向美方提出「甲案」的交涉方案。但美國情報機關在11月4日，已截獲並解讀了日本政府的最後訓令及「甲」、「乙」兩個方案的內容。赫爾國務卿認為這對美國而言，只是表明如果美國到11月25日，仍不接受日本要求，日本即將決心開戰。因此，對「甲案」赫爾國務卿雖亦於11月15日，向野村大使提出對案，然聲稱日本的「甲案」是「Peremptory」(不盡道理)，完全不能接受。另同日，日本所派遣的特使來栖三郎(前駐德大使，三國同盟簽訂人)也到達華府。於是，11月17日，野村大使與來栖特使相約晉見羅斯福總統。

來栖特使強調日本對德、意、日三國盟約解釋問題，不惜讓步；但對於駐軍中國問題，實在是不能讓步。他要求羅斯福總統諒解「日本國民的心境」。對特使的訴求，羅斯福總統僅表示：「美國願為中日兩國的仲介人(introducer)，但沒有參加談判的必要。」結果，會談仍毫無進展。[84]

由於「甲案」不能獲得美國的諒解，11月20日，東京方面訓令來栖和野村兩使，再向赫爾國務卿提出日方的「乙案」。這是日本最後的提案，美方也截獲其密電，瞭解日本的意向。可是，美方研究日本的「乙」案後，認為該第四項「美國不宜介入中國問題」，等於要求美國寬恕日本以往的侵略，協助日本創建東亞霸權，破壞美國在太平洋的權利和利益，最後是對美國國家安全形成嚴重威脅，美國就只有向日本投降了。所以這個「乙案」，赫爾國務卿認為絕對不能接受。[85]

11月22日，美國又截獲東京的密電。東京訓令野村大使交涉最後日期延至11月29日。於是11月26日，赫爾國務卿召見野村、來栖兩大使，正式宣稱美國拒絕日本提出的「乙案」，並

手交所謂「赫爾方案」，亦即美國的「最後通牒」。「赫爾方案」
的內容分作兩部分，第一部分先提出維護太平洋永久和平的四大
根本原則。亦即㈠所有國家的領土完整及主權是不可侵犯的；㈡
不干涉其他各國內政問題；㈢通商機會及待遇平等；㈣爲防止紛
爭與和平解決，應遵守國際協力及國際調停原則。第二部分是日
美兩國政府所應採取的措施，分爲下列十大項目，其要旨如下。
亦即 1. 訂立美、日、中、英、荷蘭、蘇聯、泰國多邊互不侵犯
條約；2. 美、日、中、英、荷、泰訂立尊重法屬越南領土完整及
經濟機會均等協定；3. 日本撤退在中國及越南的陸海空軍隊及警
察；4. 日、美同意承認國民政府爲中國的唯一政權；5. 日、美兩
國願意放棄在中國的所有特權；6. 美、日訂立最惠國待遇的貿易
協定，減少貿易上的若干限制；7. 取消日、美間的資產禁令；8. 穩
定美、日兩國貨幣匯率；9. 日、美與第三國間的協定，不得與本
協定的原則互相衝突；10. 日、美運用影響力，促使其他國家接
受本協定的基本原則。[86]

　　11 月 27 日，野村和來栖兩大使再度晉見羅斯福總統，仍努
力想打開僵局。但羅斯福總統指責日本實不應該追隨希特勒主義
肆行侵略，不過答應在 12 月 3 日，願再與野村大使晤談。又同日，
赫爾國務卿舉行記者招待會。對日美關係和最新情勢作了一長篇
的背景說明，強調日本增援部隊正湧向越南，警告日本的攻擊可
能在幾天內即來臨。[87]

　　一方面，東條內閣接獲「赫爾方案」之後，於 11 月 27、28 日，
連續舉行大本營和內閣聯席會議。結果，認爲美國的提案，已無
討論餘地，唯有開戰而已；並決定在 12 月 1 日，舉行御前會議
奏請天皇開戰。然而，11 月 29 日，東條首相亦遵照昭和天皇的
旨意，在宮中與重臣們八人（有首相經歷者）舉行懇談會，由重臣

們來聽取政府首長說明日美交涉的經過。其時，大多數的重臣(有 6 人)都認為以不開戰而維持現狀為宜。但東條首相堅稱不開戰，經濟被封鎖，尤其是石油資源被禁，即等於待斃。所以為了「自存自衛」，不得不決心提前開戰。最後，重臣們也就只有同意開戰了。⑧⑧

　　1941 年 12 月 1 日，由東條內閣的請求，日本召開御前會議，昭和天皇並未發表任何意見。東條首相先申述開戰理由，稱：「根據 11 月 5 日御前會議的決議，一方面由陸海軍努力完成作戰準備，一方面由政府傾注全力進行對美交涉。豈料美國不僅不稍讓步，且在中、美、英、荷聯合之下追加新的條件，強迫帝國作一方面的讓步……。由此可知依外交手段顯然不能貫徹帝國的主張。而且，中、美、英、荷等國逐漸加強對我國之經濟軍事壓迫，自我國力上及作戰重點上觀之，絕難放任此等狀態之發展；尤以作戰上之要求，不許再事遷延。事已至此，帝國為打開目前危局及完成自存自衛起見，不得不對美、英、荷作戰。」

　　東鄉外相陳述對美交涉經過以及不能繼續進行的理由說：「如果帝國承認美國提案，日本之國際地位必將一落千丈，終至危及帝國之存在。美國固持其傳統的理想與原則，不顧東亞的現實，對日政策始終在妨礙我國建設東亞新秩序。如果承認美國提案，則：1. 中華民國更將依賴美英，使帝國對南京政權喪失信義，破壞對華（汪）友誼，進而不得不自中國大陸全面退却，結果是滿洲國之地位亦將動搖。如此，帝國要達成之中國事變之目的便根本破滅；2. 美、英將以領導者的地位君臨此等地域，帝國之權威墜地，安定勢力的地位全被顛覆，我國建設東亞新秩序之大業終告瓦解；3. 德、意、日三國盟約變成一張廢紙，帝國將失信於海外；4. 如果美、英聯合蘇俄以集團的組織控制帝國，則我北邊之憂患

將有增無已；5. 美國提出的通商無差別待遇及其他原則，雖非必須排斥，惟其僅先在太平洋適用之企圖，實爲美、英之利己政策，且對於我國要獲得重要物資有大妨礙。總之，美國提案終爲我方所不能容忍的。若再繼續交涉，亦不可能貫徹我方的主張。」(以上譯文：吳相湘教授)[89]

　　如是，在御前會議昭和天皇就裁決對美、英、荷開戰，並決定開戰日期爲 12 月 8 日。接著大本營與內閣再召開聯席會議，經過討論的結果，決定於 12 月 7 日下午零時半，向美國發出停止交涉的「通牒」(備忘錄)。惟日本的通牒電文於 12 月 7 日上午 10 時 (美國東部時間) 傳達到日本駐美大使館，野村大使用電話要求赫爾國務卿於下午 1 時見面。數分後，因爲日本大使館譯電遲延了，會面乃改延至下午 1 時 45 分。可是，野村和來栖兩大使在下午 2 時 5 分，才遲遲到達國務院。下午 2 時 20 分，兩大使被召喚到國務卿辦公室，野村大使遞呈日本政府的「通牒」(備忘錄)。但當時赫爾已接到羅斯福總統的電話，知道日軍已突擊珍珠港，並從截獲到的日本電文中，也明白通牒的內容。所以赫爾國務卿假裝將「通牒」(備忘錄) 過目後，就嚴肅地對兩大使斥責：「在過去 9 個月會談期間，我從沒有說過一句謊言，記錄可作證明。在我從事公務生活 50 年來，從沒有看到這種充滿無恥虛僞的曲解文書。」[90] 要之，日本海軍在攻擊珍珠港後一小時，日方才將「最後通牒」送交給赫爾國務卿，這是違反國際公法的行爲。12 月 8 日，美國參衆兩院通過對日宣戰案。英國亦於同日向日本宣戰。就這樣太平洋戰爭掀開了銀幕。

## 二、戰雲密布下的台灣人災難

　　1941 年 12 月 8 日午前 3 時 20 分 (夏威夷時間 12 月 7 日，星期

日午前 7 時 50 分)，日本聯合艦隊 (總司令官山本五十六提督海軍大將)
所屬的南雲機動艦隊 (司令官南雲忠一提督海軍中將) 之 183 架大規
模航空戰爆隊 (轟炸隊)，開始突襲停泊在珍珠港灣內的戰艦及陸
上基地。一小時後又出現 171 架的航空戰爆隊，繼續做第二次的
襲擊。日本的奇襲作戰，可說大獲全勝。除了擊沉戰艦 6 艘、重
巡艦 1 艘、油槽艦 2 艘以外，大破戰艦 2 艘、重巡艦 1 艘、乙巡
艦 6 艘、驅逐艦 3 艘、補助艦 3 艘；航空機 300 架，另外對陸上
基地的施設也給予相當大的損失。而日方則僅損失 28 架的飛機
及大型潛水艦 1 艘、特殊潛航艇 5 艘而已。[91]

　　與此同時，12 月 8 日凌晨 2 時，日本陸軍第 25 軍先發兵團
開始在馬來半島東岸喀達巴爾登陸。又同日，東京時間下午一
點半 (台灣時間下午十二點半)，由台灣高雄空軍基地出發的日本
第 11 航空部隊所屬雙發轟炸機 (海軍一式陸攻機) 108 架及「零
戰」機 85 架，突擊美軍呂宋島克拉克航空基地。結果，美軍在
遠東的半數重轟炸機及三分之一的戰鬥機被破壞。亦即，有 22
架 B17 型轟炸機 (被稱為空中要塞) 及 10 架 P40 型戰鬥機完全被
炸毀。[92]

　　隨後，12 月 10 日，從新加坡出擊的英國東洋艦隊兩艘主力
戰艦，被日本海軍航空隊擊沉。日陸軍第 25 軍主力乃順利地完
成登陸馬來半島，並乘勢毫無阻礙地南下進攻新加坡。同日，日
陸軍亦相繼登陸關島 (12 日占領全島) 及呂宋島北半。12 月 23 日，
日軍經過一番苦戰，占領威其島。12 月 25 日，日軍占領香港全
島。1942 年 1 月 3 日，日軍占領馬尼拉。1 月 14 日，日軍開始
攻擊緬甸。2 月 15 日，日軍完成占領新加坡，英軍無條件投降。
同年 3 月 1 日，日軍登陸爪哇島，3 月 9 日，荷軍無條件降伏。
又 3 月 8 日，日軍占領緬甸首都仰光，5 月 1 日，確保緬甸所有

的要衝，結束戰爭。[93]

如此，太平洋開戰不及半年，東南亞重要的地域，紛紛被日軍占領。日軍犀利的攻勢，眞是勢如破竹，所向無敵。然而，1942 年 6 月 4 日(日本時間 6 月 5 日)，在中途島(Midway)的海戰中，由於美國海軍破解日軍的暗號密碼，從而得以充分的準備與埋伏，給予日本海軍嚴重的打擊。日本聯合艦隊之南雲機動艦隊於 6 月 4 日(日本時間 6 月 5 日)的海戰中，主力四艘航空母艦，即「赤城」(旗艦)、「飛龍」、「加賀」、「蒼竜」等，遭遇到美太平洋艦隊司令官尼米茲(C. W. Nimitz)提督所率領的航空母艦「Yorktown」、「Enterprise」、「Hornet」等三艘航空隊的襲擊轟炸，先後全部被擊沉。6 月 5 日 (日本時間 6 月 6 日)，重巡艦「三隈」亦被擊沉(千名的士兵，全部與艦同亡)、另重巡艦「最上」則受到重創。這次的海戰，南雲機動隊的海軍戰鬥群幾乎被殲滅，飛機共計損失 322 架、士兵的死亡共計 3,500 名，其中包含 100 名最優秀的飛行員；對日本海軍而言，眞是受到無法形容的慘痛損失。而相對於日本嚴重的損害，美國方面則僅空母「Yorktown」號及驅逐艦「Hammann」號被擊沉、飛機損失 150 架、士兵死亡亦只有 307 名。[94] 從此，美國不但恢復在太平洋海軍軍力的均衡，更進一步解除夏威夷及本土海岸所受的威脅，並使日軍的作戰，除阿留申群島地區之外，僅能限定於南太平洋區域。[95]

中途島海戰勝利之後，8 月 7 日，美國第一海軍陸戰隊登陸瓜達坎納及杜拉基兩島，展開太平洋戰爭以來首次的反攻。在 1943 年 (昭和 18 年) 2 月，瓜達坎納爭奪戰中，美軍終於擊潰日軍而獲得勝利。[96]此役之後，美日兩國的戰力即明顯地消長，制海權亦急速地完全歸於美國手中。美軍在優勢海空軍的掩護下，運用水陸兩用艇以跳島戰術，逐步北上席捲日軍。[97]

一方面，在戰雲密布的體制下，台灣經濟的各方面受到嚴厲統制與壓迫。首先是稅制方面，每次發生事變就公布徵收特別稅，使得台灣人在原有的重稅之下，更加艱苦地過活。例如，在1937年8月12日，制定並即日實施的台灣華北事變特別稅令；1938年3月30日，制定自同年6月10日，實施的台灣中日戰爭特別稅令等。和增稅合併進行的是，稅金繳清運動。其結果，迄1940年爲止，轉入國庫稅金約高達3億8,797萬圓。除了增稅以外的金錢負擔是獎勵儲蓄、強制儲蓄、強制分配戰時公債和奉獻錢財等。旋太平洋戰爭爆發，日當局爲了籌措激增的戰費，在1943年3月1日、以律令修正台灣中日戰爭特別稅令，改稱爲台灣大東亞戰爭特別稅令，在同年3月3日、以律令制定台灣特別行爲稅令，在3月31日、實施「相繼增稅」，同時戰時公債的分攤也增加。戰時公債分配台灣，在1942年度全日本的分配總額約230億圓中，對台灣的預定配額大約占30億圓，實際配額大約36億圓，即台灣人口雖只占日本總人口的5.84%，但預定配額則達到13.04%，實際配額則高達15.65%，是高比例的負擔。⑱

其次，是民生最基本的食糧管制。台灣原爲天惠的穀倉，然而，1939年開始制定「米穀移出管理令」，2年後 (1941) 又有「台灣米穀應急措施令」。再2年的1943年又制定「台灣糧食管理令」，將米穀、小麥、蕃薯的集貨一元化，新設「台灣糧食經營財團」，從事一元式的儲藏和綜合配給事業。同年2月，全台青果會議決定將鳳梨、香蕉耕地改種地瓜和花生。到了1944年7月，總督府又發表「獎勵米穀生產與供獻的特別措施」。戰爭經濟破壞了國民的生活，尤其直接威脅到生活的是糧食的危機。由於米穀的逐年減收，在1944至1945年間，庶民飯碗裡全是曬乾的蕃薯籤，

米粒寥寥可數。[99]

此外，在產業方面，一切以軍需為優先，高喊「台灣工業化」的口號。而隨著戰事的擴大，軍需相關產業也以驚人的速度，成立建設鋼鐵、化學、金屬、機械、紡織等近代化工業。這的確亦成為以後台灣工業發展的基礎。旋工業化的進展，台灣產業開發的基礎整備亦隨之發達。到終戰時，台灣的公私營鐵道共計4,500公里，大小道路15,000公里，港灣可停靠萬噸以下船舶59艘（基隆港25艘、高雄港34艘），標準即卸貨容量621萬噸，全島計有9座機場等，此點筆者另書已有述及。

另一方面，在太平洋戰爭爆發前，日本當局已考慮到日軍將要投入更多的兵員在南洋地區，本土士兵恐有不足。乃於1941年6月，決議在台灣實施「陸軍特別志願兵制」，而於1942年4月1日起，正式開始徵兵。[100]其時，由於南洋多叢林，地形、氣候與台灣類似，日本當局以1930年「霧社事件」的體驗，認為若能徵召台灣原住民參與南洋戰事，必對日軍有所貢獻。於是，1942年3月15日，第一次徵召500名的原住民志願兵。但由於並非正規的皇軍，暫時被稱為「高砂挺身報國團」。在曾任蕃務警察的日本軍官、軍曹帶領下，從高雄港出發，7天後登陸呂宋島，只接受兩週的訓練，就投入巴丹半島前線和馬尼拉灣口的克里幾多島登陸作戰。由於表現英勇屢獲戰功，因而被當時日軍司令官本間雅晴大將命名為「高砂義勇隊」。[101]

馬尼拉灣登陸作戰結束後，第一梯次生還的400餘名高砂義勇隊員，返台後受到熱烈表揚，回到部落更被轉聘為警察，那種榮耀與高薪，隨即掀起台灣原住民志願從軍的高潮。結果，同年6月的第二梯次共招募了1,000人、11月第三梯次招募了414人，翌（1943）年5月第四梯次800人、6月第五梯次1,000人、7月

第六梯次 500 人，全部被送往巴布亞新幾內亞以及鄰近的南太平洋島嶼前線。最後一批高砂義勇隊是在 1943 年 11 月入伍，人數約 500 名，此後改稱爲「高砂特別志願兵」，在新竹湖口受訓後，大部分送往印尼的摩羅泰島（Morotai Island）擔任游擊隊，漢名李光輝、日名中村輝夫的阿美族人史尼・育唔，就是戰敗後躲在該島密林中獨自求生，直到 31 年後的 1974 年底被人發現，才得以重返台東故鄉（以此爲契機，東京的「台灣獨立連盟」，以王育德教授爲中心，發起台灣人舊日本兵的補償運動。1988 年日本政府終以議員立法方式，對戰殁者及重傷者每人暫支撫恤金 200 萬日圓）。[102]

相對於陸軍志願兵制，「海軍特別志願兵」制度，則是稍後在 1943 年（昭和 18 年）8 月 1 日，才開始實施。由於戰事緊迫，需員孔急，正常養成一名能夠作戰的海軍需時三年，然而此時在台灣實施的海軍志願兵訓練時間，僅僅數月便派上戰場。根據統計，海軍志願兵共實施六期，總計 11,000 餘名，以第一期的一千人所受訓練較爲完整嚴格，此後五期每期錄取兩千名，訓練時間則大幅縮短。海軍志願兵只有一、二期被派出海外，其餘四期都留在台灣本島服役。在人員死傷上，以第二期最爲嚴重，1944 年訓練完成的 300 名志願兵，在搭乘「護國號」赴日進修途中，遭美軍潛艇擊沉，其中 212 人葬身海底，僅有 88 人生還。送往越南、印尼及菲律賓等地的有 300 人，只有不到一半的人在戰後活著返台。[103]

再則，以 1942 年 6 月，中途島海戰和 1943 年 2 月，瓜達坎納島撤退爲契機，明顯展露日本軍事方面的劣勢。大本營爲準備對付盟軍的反攻而縮小戰線，推出保衛日本本土、南方資源獲得地區和中間聯絡地帶的「絕對國防圈」構想。爲此，台灣總督府亦因應此一構想，於 1943 年 10 月 18 日發表「台灣決戰態勢強

化方策綱要」。重新制定提升決戰意識、增強軍需生產、確保糧
食增產及供給，徹底動員國民，供給勞務人員等，其中特別是做
爲南方要員而派遣「台灣特設勤勞團」。1944 年 3 月 25 日，基
於日本軍敗退及盟軍登陸的預想，總督府發布「台灣決戰非常措
置綱要」，爲確保南方勤務的必要人員，實施「國民徵用制」。此
一政策實施的結果，共有 90,274 人被送往南洋。[104]

　　同年 8 月 5 日，隨著戰局和政局的低迷（同年 7 月 7 日塞班島
淪陷，18 日東條內閣總辭，22 日小磯國昭內閣成立），長谷川總督發表
「台灣戰場態勢非常措置綱要」，將總督府的行政機構分爲防衛本
部及經濟動員本部，推動「台灣要塞化」。同時，戰局持續惡化
及兵員的顯著消耗，台灣於同年 9 月 1 日，正式實施徵兵制，首
批徵集 22,000 餘人。附帶一提，依據厚生省援護局 1973 年 4 月
的資料，當時戰爭派出的台灣軍人共 80,433 人，軍屬及軍伕共
126,750 人，合計 207,183 人。其中，戰死及病死者有 30,304 人
（實際數字恐怕更多）。另外，被派出的台灣人並非只有壯年人，在
1942 年還派遣 13 歲到 22 歲的台灣青少年 8,419 人，前往日本本
土的高座海軍航空廠等等，這些少年工當中，絕大多數死於空襲
和疾病。[105]

　　正如近藤正己教授所指出，這樣的徵用，「不僅是島外，台
灣島內也徵召台灣護國勤勞團勤勞隊員，這些隊員宿舍可容納約
5 萬人，若將從家裡通勤者包含在內計算的話，其動員人數更是
無法想像，恐怕當時全部的台灣青壯年男子都被動員。」[106]

　　到了終戰之前的 1945 年 6 月 22 日，以備迫在眉睫的本土決
戰，日本政府又制定了「義勇兵役法」，並以勅令即日在日本全
土實施。所謂的義勇兵役法，不同於原來兵役法所服的兵役，凡
虛歲 15 歲到 60 歲的男性，17 歲到 40 歲的女性，皆課以義勇兵役，

隨時召集各該符合資格者，編成市民軍的國民義勇戰鬥隊，其制定的目的是和正規軍隊一起迎擊美軍的登陸部隊。在台灣也把皇民奉公會的部落會奉公班及保甲壯丁團改組為國民義勇戰鬥隊，但卻在改組中迎接終戰。[107]

　　當然戰爭的犧牲者不只是軍人，死於空襲的犧牲者也不在少數。台灣自 1944 年(昭和 19 年)1 月中旬起，迄 1945 年(昭和 20 年)7 月間，各地即隨時遭遇美軍航空隊無情的疲勞轟炸。依據台灣總督府警務局的調查，戰爭末期的空襲死亡人數為 5,582 人，失蹤人數 419 人，重傷人數 3,667 人；因空襲而全毀的建築物有 10,241 棟，燒毀者 16,080 棟，半毀者 17,972 棟，半燒者 1,047 棟，受害波及人數達 277,383 人，若包含死亡者則人數高達 292,144 人。[108]然而，即使這場戰爭得到台灣人的全面協助，甚至是實際參與，但台灣總督府對台灣人的疑慮並沒有消除 (台灣最後的武官總督安藤利吉大將曾在自白中提到：「沒有對台灣同胞絕對信賴的勇氣和自信。」) [109]因此，日本官憲還是陸續製造如下的疑獄事件，警告台灣人。

## (一)　所謂「江保成抗日陰謀事件」

　　據稱居住在高雄州旗山郡杉林庄月眉的江保成，在中日戰爭爆發前後，在眾多居民參與下企圖發起抗日起義計劃。策畫抗日起義是以甲仙庄小林及台南州新化部 (舊名噍吧哖玉井地區) 原住民部落地區為中心。包含江保成在內，大部分的居民都是被漢化的原住民族人。但事件在 1938 年起義前被發覺，而於 1939 年 1 月 10 日及 3 月初，共計有 109 人被逮捕拘押。1940 年 2 月 5 日，偵訊的結果，有 49 人被以違反治安維持法的理由，遭到起訴。後來在 1942 年中的第二審判決，43 人被判有罪。江保成始終否

認其罪狀而在獄中死亡，至於陳車才、劉添財等 10 多人均被處 12 到 15 年有期徒刑。⑩

## ㈡ 所謂「旗山. 鳳山. 東港事件」

在太平洋戰爭爆發前後，亦即 1941 年 11 月 8 日，日本當局認為居住在高雄州旗山、鳳山、東港的部分有力人士，隱藏抗日起義計劃，乃著手檢舉逮捕陳秋金、柯水發、黃石松、郭萬成等 47 人。接著，在官警殘酷的拷問之下，又根據被逮捕者黃本、張明色的口供，從 1942 年 8 月起，到 1943 年 8 月止，以東港為中心遠到澎湖島的南部地區，逮捕歐清水、吳海水、陳江山、陳月陣、郭生章（郭國基）等 200 人以上。因為戰況惡化，審訊極為嚴峻，在審訊中李元平、黃宇廟、黃德、莊榮愿、陳文隆、蔡興旺、林智、陳記、鄭吉等，被刑訊致死，或生病而亡故。1943年 3 月，被認為是主謀者的 21 人，以違反治安維持法的理由，移送高雄地方法院檢察局受審。1944 年 2 月與 1945 年 3 月，各方有關人士，分別被判如下的徒刑。即旗山方面：柯水發無期徒刑、陳秋金 15 年有期徒刑、黃石松 10 年、郭萬成 7 年；鳳山方面：吳海水 10 年有期徒刑、蔡泰山 7 年；東港方面：歐清石無期徒刑、張明色、郭成章 15 年有期徒刑、陳江山、許明和 13 年、洪雅、周慶豐 10 年、陳月陣、王永漳 7 年、張朝輝 5 年、郭生章（郭國基）6 個月等。審判結束後，柯水發、吳海水、歐清石等 17 人，在戰時惡劣的條件下服刑。但許明和、陳月陣、王永漳病死，黃石松、吳海水、洪雅，在 1945 年 5 月 31 日的台北市大空襲中被炸死獄中。吳海水是台灣文化協會的創立人之一，台灣民眾黨的前幹部、醫學博士的醫師。而歐清石是台灣地方自治聯盟的前幹部，也是現任的台南市會議員。柯水發則是旗山地區頗富人望的

醫師。[111]

## (三)　所謂「瑞芳抗日陰謀事件」

瑞芳抗日陰謀事件是，台北州基隆郡瑞芳礦工出身的煤礦業者李建興、李建炎、李建和三兄弟，與重慶政府互通聲息，秘密企圖抗日起義，而在1940年5月27日，李氏一族及從業員數十名被逮捕的事件。據說，這是日憲警疑心暗鬼所生的冤罪。但是李家之所以被誣告，主要是因為李建興一向懷抱強烈的民族意識，並在事件發生之前，因事和憲警發生衝突，引來當局反感所致。於是，日憲警乃謊稱李建興前往中國旅行時，曾與白崇禧重慶政府軍事領導者通謀，企圖抗日起義，違反刑法第81條之通敵罪為由，加以檢舉逮捕。被捕者在刑求之下，李建炎等人死亡。審判的結果，李建興等多人，均被處以12至15年的有期徒刑。[112]

## (四)　所謂「蘇澳的漁民間諜事件」

1944年春，台北州羅東郡蘇澳漁民，因為協助美軍潛水艦偵查台灣沿岸的事情被發覺，有關的漁民約70人被逮捕。之後，以違反軍機保護法第四條第二項為由，交付軍法審判。結果，大戰結束後無人被釋放，這才知道全部的漁民均被處決殺害。因此，處理該事件的第十方面軍參謀部情報官牧澤義夫陸軍少佐，在大戰結束後未久，即被占領台灣的國民政府，以戰犯逮捕，軍事法庭裁決其重勞動20年。[113]

以上是戰中較為明顯的台灣政治冤獄事件。但其他仍有許多不為人所知的零碎彈壓事件。不過，台灣總督府為得到台灣人的協助，亦曾在戰爭末期實施各種宥和政策，如1945年3月，日本眾議院（22日）和貴族院（23日）修法通過，承認台灣人的參

政權（給予 5 名眾議員名額，而貴族院是林獻堂、簡朗山和許丙等三位議員）⑭只是這樣的權利連一次都還沒有行使，日本就已經戰敗。

　　事實上，姑且不論台灣人是否願意，均是以日本國民的身分參加太平洋戰爭。台灣士兵在大陸戰場或南方戰場出征，都是做為日本軍人身分而忠實作戰，甚至犧牲生命。同時，在台灣島內的人民，不論男女，均在戰時體制的總動員下，全面提供協助而不計身物犧牲一切。但就戰爭的本體而言，不但不是台灣人所發動，也不是台灣人想要參加，自始至終對台灣人都沒有意義。

　　然而，無論是在戰時或戰後，中國人均指責台灣人是侵略者的爪牙，而將其當成叛徒、漢奸而加以敵視。同時，在法律上是台灣母國的日本，也在戰後輕易地拋棄這個島嶼，從戰後的混亂時期到今日，不曾對這個島嶼表示最低限度的道德責任。

　　最後要特別一提的是太平洋戰爭末期，日本當局預測台灣遲早將會變成戰場，並必須發布戒嚴令加強台灣總督的專制統治。於是，由大本營陸軍作戰部長宮崎周一中將與安藤利吉台灣軍第十方面司令官的策動，在 1944 年（昭和 19 年）12 月 28 日，當時的內閣首相小磯國昭，突然直接打電話到台北，勸告長谷川總督自動辭職。關於此事，長谷川總督一直被蒙在鼓裡，從未有人事先跟他商量過。但是，長谷川總督察知那是陸軍部的策劃後，他就十分大方的立刻向內閣提出辭呈。12 月 30 日，第十方面軍司令官安藤利吉陸軍大將被任命為第 19 任，也是台灣最後一任的武官總督，仍兼任第十方面軍司令官。⑮。

　　安藤總督 1884 年出生於宮城縣。陸軍士官學校、陸軍大學畢業。在擔任參謀本部員之後，轉任第五師團長。1938 年就任第二十一軍司令官並指揮南寧攻略戰。1940 年就任南支那方面軍司令官。同年，因日本以武力進駐法國殖民地中南半島北部，

受到英美的譴責，日本爲敷衍塞責，以安藤司令官等人做犧牲品，遂於翌年將他調任爲預備役。可是到了太平洋戰爭爆發的時候，因爲他是東條英機派的軍人，東條內閣又將他回復到現役，並任命爲台灣軍司令官。安藤於 1944 年以特例措施晉升爲大將，並於台灣軍擴張爲第十方面軍的時候，成爲第十方面軍司令官，同年 12 月 30 日，被任命爲台灣總督。[116]

由於台灣最後一任總督的交替，有不明朗而且不近「人情」之處，所以長谷川總督博得許多人的慰問同情。但是，如黃昭堂教授的評論：

> 「人的命運實在是難以預卜，此事對長谷川來說，正是塞翁失馬，焉知禍福。長谷川由於辭了職，所以才沒有在台灣嘗到戰敗的屈辱滋味，反而能在日本本國安穩迎接戰爭的結束，並得以安享天年。長谷川於 1970 年去世，享年 87 歲。是歷任總督最長壽的記錄保持者。」[117]

## 第十一章註

① 德富猪一郎《公爵桂太郎傳》乾卷，故桂公爵紀念事業會，大正 6 年，707-12 頁。
  鶴見福輔《後藤新平》第二卷，後藤新平伯傳記編纂會，昭和 12 年，413-7 頁。
② 田中直吉《世界外交史》，有信堂，昭和 30 年，81-2 頁。
③ 外務省編纂《日本外交文書》第三十一卷第一冊，日本國際聯合協會，486-8 頁。
④ 同上，488 頁。
⑤ 外務省編纂《日本外交文書》明治年間追補第一冊，日本國際聯合協會，

　　昭和 38 年，639-40 頁。
⑥ 神川彥松《近代國際政治史》下卷Ⅱ，實業之日本社，昭和 25 年，
　　121-3 頁。
　　中屋健一《美國史》，誠文堂新光社，昭和 23 年，296 頁。
⑦ 入江寅次《明治南進史稿》，井田書店，昭和 18 年，199 頁。
⑧ 黑龍會編《東亞先覺志士記傳》上卷，原書房復刻版，昭和 41 年，
　　627-46 頁。
⑨ 春山行夫《台灣風物志》，生活社，昭和 17 年，73 頁。
⑩ 独帝カイゼル著／樋口麗陽譯《朕ガ作戰》，武田博盛堂，大正 3 年，
　　25-7 頁。
⑪ 前揭《後藤新平》卷二，418 頁。
⑫ 同上，426 頁。
⑬ 海軍大臣官房《明治三十三年清國事變海軍戰史抄》第五卷，明治 37 年，
　　秘，596-605 頁參照。
　　大山梓〈北清事變と廈門出兵〉(《歷史教育》第十三卷第二十號，44-5 頁所收
　　參照)。
　　野間五造〈領台四十年の回顧〉(《東洋》台灣特輯號，東泉協會，昭和 10 年
　　9 月號，125 頁)。
　　梁華璜《台灣總督府的「對岸」政策研究：日據時代台閩關係史》，稻
　　鄉出版社，民國 90 年，96-8 頁參照。
⑭ 前揭《日本外交文書》第三十三卷別冊一，北清事變上，918-9、923 頁
　　參照。
　　前揭《後藤新平》卷二，75 頁。
⑮ 同上《日本外交文書》第三十三卷別冊一，北清事變上，924-5 頁。
⑯ 前揭《世界外交史》，83-4 頁。
⑰ 同上，84 頁。
　　植田捷雄《東洋外交史》(上)，東京大學出版會，1969 年，212 頁。
⑱ 前揭《世界外交史》，84-5 頁。
⑲ 台灣總督府警務局《台灣總督府警察沿革誌》㊁上卷，前揭，754 頁。
⑳ 同上，758 頁。
　　鷲巢敦哉《台灣統治回顧談》，台灣警察協會，昭和 18 年，154 頁。
㉑ 同上《台灣統治回顧談》，157-9 頁。
　　前揭《台灣總督府警察沿革誌》㊁上，760-1 頁。
㉒ 帝國史學會藏版《日露戰爭》後編，帝國史學會，明治 40 年，483-4 頁。

㉓ 田村幸策《世界外交史》上卷，有斐閣，昭和 35 年再版，424-5 頁。

㉔ 外務省編《日本外交年表主要文書》上卷，原書房，昭和 40 年，245-9 頁。
前揭《世界外交史》，85-6 頁。

㉕ 台灣經濟年報刊行會《台灣經濟年報》第一輯，國際日本協會，昭和
16 年，103-6 頁。
矢內原忠雄《帝國主義下の台灣》，前揭 (第一章)，253-6 頁。
Andrew J. Grajdazew, *Formosa Today*. Institute of Pacific Relations, N. Y.,
1942, p.184.

㉖ 外交時報社編《支那關係條約集》，外交時報社，昭和 5 年，74 頁。

㉗ Paul S. Reinsch, *An American Diplomat in China*. N. Y., 1922, pp.134-44.
A. Whitney Griswold, *The Far Eastern Policy of the United States*. N.Y.,
1930., p.191.

㉘ 葉碧苓《學術先鋒：台北帝國大學與日本南進政策之研究》，稻鄉出版社，
民國 99 年，34-6 頁參照。

㉙ 中村孝志稿／卡鳳奎譯《中村孝志教授論文集──日本南進政策與台
灣》，稻鄉出版社，民國 91 年，3 頁。

㉚ 同上，16-21、54 頁參照。
前揭《學術先鋒：台北帝國大學與日本南進政策之研究》，44-54 頁參照。
戴寶村《台灣政治史》，前揭 (第三章)，258-9 頁參照。

㉛ 外務省編《日本外交年表竝主要文書 1840-1945》(下)，原書房，昭和
41 年，101-2 頁。
日本國際政治學會·太平洋戰爭原因研究部編《太平洋戰爭への道》第
一卷滿洲事變前夜，朝日新聞社，昭和 38 年，288-90 頁參照。

㉜ 同上《太平洋戰爭への道》第一卷，299-309 頁參照。
阮芳華《中國赤禍四十年》上冊，帕米爾書局，民國 56 年，157-8、
234 頁參照。

㉝ 中村哲《政治史》，東洋經濟新報社，昭和 38 年，194-7 頁參照。

㉞ 同上，208 頁參照。
前揭《日本外交年表竝主要文書 1840-1945》(下)，60、180-1 頁參照。
前揭《太平洋戰爭への道》第一卷，436-40 頁參照。
前揭《中國赤禍四十年》，228 頁參照。

㉟ 同上《日本外交年表竝主要文書 1840-1945》(下)，183-4 頁。
高蔭祖主編《中華民國大事記》，世界社，民國 46 年，357-8 頁。

㊱ 同上《日本外交年表竝主要文書 1840-1945》(下)，文書，215 頁。

同上《中華民國大事記》，358-66、371 頁參照。

前揭《太平洋戰爭への道》第二卷滿洲事變，174-80 頁參照。

前揭《中國赤禍四十年》，250-7 頁參照。

㊲ 前揭《政治史》，213-25 頁參照。

長谷川清傳刊行會《長谷川清傳》，同會，昭和 47 年，69-70 頁參照。

㊳ 前揭《太平洋戰爭への道》第三卷日中戰爭（上），382-94 頁，年表參照。

㊴ 梁華璜《台灣總督府南進政策導論》稻鄉出版社，民國 92 年，97-123 頁參照。

㊵ 前揭《太平洋戰爭への道》第六卷，148-50 頁。

㊶ 宗代策《小林躋造傳》，帝國軍事教育會，昭和 14 年，附錄，小林躋造年譜，1-15 頁參照。

黃昭堂《台灣總督府》，前揭，148-9 頁；譯本，164-5 頁參照。

林礽乾等總編輯《台灣文化事典》，前揭，73 頁參照。

㊷ 伊藤隆・野村實編《海軍大將小林躋造覺書》，山川出版社，昭和 56 年，200 頁。

近藤正己《總力戰と台灣》，刀水書房，1996 年，155-6 頁參照。

㊸ 井出季和太《南進台灣史攷》，前揭，147-53 頁參照。

前揭《台灣總督府南進政策導論》，3-6 頁參照。

㊹ 同上《南進台灣史攷》，154 頁。

井出季和太《台灣治績志》，前揭，1199-1200 頁；譯本㈢，1332-7 頁。

三日月直之《台灣拓殖株式會社とその時代》，葦書房有限會社，1993 年，494-7 頁參照。

㊺ 前揭《台灣總督府南進政策導論》，38-48 頁參照。

㊻ 同上，48 頁。

前揭《南進台灣史攷》，154-5 頁參照。

㊼ 同上《南進台灣史攷》，155 頁參照。

前揭《台灣總督府南進政策導論》，36-7 頁。

涂照彥《日本帝國主義下の台灣》，東京大學出版會，1975 年，346-7 頁；同書李明峻譯《日本帝國主義下的台灣》，人間出版社，2008 年，344-8 頁參照。

㊽ 同上《日本帝國主義下の台灣》，347-9 頁；譯本，346-8 頁。

㊾ 前揭《台灣拓殖株式會社とその時代》，446 頁。

前揭《台灣文化事典》，228 頁參照。

許極燉《台灣近代發展史》，前揭，421 頁參照。

(50) 歷史學研究會編《太平洋戰爭史》Ⅱ，中日戰爭，東洋經濟新報社，昭和28年，106-12頁參照。
前揭《太平洋戰爭への道》第四卷，中日戰爭（下），5-6、9-10、13、16、22、30-2、36頁參照。
吳相湘《第二次中日戰爭史》上冊，綜合月刊社，民國62年，363-405頁參照。
前揭《中國赤禍四十年》，291-9、301-5頁參照。
(51) 前揭《台灣治績志》，1184-5頁。
前揭《台灣文化事典》，137頁參照。
(52) 伊藤潔《台灣》，中央公論社，1993年，128-9頁參照。
(53) 前揭《台灣文化事典》，562頁參照。
前揭《總力戰と台灣》，161、174-5頁參照。
張德水《激動！台灣的歷史》，前衛出版社，1992年，82頁參照。
(54) ソ連共產黨中央委員會附屬マルクス・レーニン主義研究所編／川內唯彥譯《第二次世界大戰史》㈠，弘文堂，昭和38年，306-12頁參照。
(55) 同上，㈡，148-51頁參照。
前揭《太平洋戰爭への道》第五卷，三國同盟・日ソ中立條約，昭和38年，207-21頁參照。
前揭《太平洋戰爭史》Ⅲ，太平洋戰爭前期，70-4頁參照。
(56) 長谷川清傳刊行會《長谷川清傳》，同會，昭和47年，284-7頁參照。
(57) 同上，附表㈠年譜，467-81頁參照。
(58) 同上，121-2頁。
(59) 前揭《政治史》，241頁。
(60) 向山寬夫《日本統治下における台灣民族運動史》，前揭，1252-3頁；譯本（下），1451頁。
前揭《長谷川清傳》，128-9頁。
王詩琅〈日本殖民地體制下的台灣(上)〉(《台灣風物》第27卷第三期，民國66年，58頁所收參照)。
(61) 同上《長谷川清傳》，305頁。
同上《日本統治下における台灣民族運動史》，1226頁；譯本(下)，1421頁。
(62) 同上《日本統治下における台灣民族運動史》，1227頁；譯本（下），1421-2頁。
(63) 田村幸策《太平洋戰爭外交史》，鹿島研究所出版會，昭和41年，151-3頁參照。

前揭《日本外交年表竝主要文書 1840-1945》（下），366-7 頁。

⑥ 同上《太平洋戰爭外交史》，199-200 頁。
　前揭《太平洋戰爭への道》第六卷，13-7 頁。

⑥ 川田侃‧大畠英樹《國際政治經濟辭典》（改訂版），東京書籍株式會社，2003 年，465 頁參照。

⑥ 前揭《第二次中日戰爭史》（下冊），734-6 頁參照。

⑥ 前揭《太平洋戰爭への道》第六卷，339-40 頁參照。

⑥ 前揭《日本外交年表竝主要文書 1840-1945》（下），491-2 頁。
　前揭《第二次中日戰爭史》下冊，736 頁。

⑥ 同上《日本外交年表竝主要文書 1840-1945》（下），492-5 頁。
　前揭《太平洋戰爭外交史》，375-6 頁參照。
　同上《第二次中日戰爭史》下冊，744-6 頁參照。
　Herbert Feis, *The road to Pearl Harbar. Princeton University Press* , 1950.
　同書大窪愿二譯《眞珠灣への道》，みすず書房，昭和 31 年，165-5 頁參照。

⑦ 同上《太平洋戰爭外交史》，378-91 頁參照。
　同上《第二次中日戰爭史》下冊，746-54 頁參照。
　同上《眞珠灣への道》，176-9 頁參照。

⑦ 前揭《第二次世界大戰史》㈡，323 頁。
　前揭《太平洋戰爭への道》第五卷，301-2 頁。

⑦ 同上《太平洋戰爭への道》第五卷，307-11 頁參照。

⑦ 前揭《第二次中日戰爭史》下冊，737 頁。

⑦ 同上，738-9 頁參照。
　前揭《日本外交年表竝主要文書 1840-1945》（下），531-2 頁。
　前揭《太平洋戰爭への道》第五卷，317-8 頁參照。
　前揭《眞珠灣への道》，195-6 頁參照。

⑦ 同上《太平洋戰爭への道》第六卷，267-72 頁參照。
　前揭《太平洋戰爭外交史》，405 頁參照。

⑦ 伊藤正德《帝國陸軍の最後》進攻篇，文藝春秋新社，昭和 34 年，39-40 頁。

⑦ 前揭《眞珠灣への道》，213-23 頁參照。
　前揭《太平洋戰爭外交史》，408-10 頁參照。
　前揭《第二次中日戰爭史》下冊，739-40 頁參照。

⑦ 前揭《日本外交年表竝主要文書 1840-1945》（下），1941 頁。

前揭《國際政治經濟辭典》，464 頁參照。

⑦⑨ 同上《日本外交年表竝主要文書 1840-1945》（下），544-5 頁。

前揭《太平洋戰爭外交史》，420-2 頁參照。

前揭《太平洋戰爭史》Ⅲ，160-3 頁參照。

前揭《第二次中日戰爭史》下冊，740 頁參照。

⑧⓪ 同上《太平洋戰爭外交史》，429 頁參照。

同上《太平洋戰爭史》Ⅲ，170-1 頁參照。

前揭《眞珠灣への道》，256-9 頁參照。

⑧① 同上《太平洋戰爭史》Ⅲ，173-7 頁參照。

同上《眞珠灣への道》，263-5 頁參照。

前揭《太平洋戰爭への道》第六卷，427-8 頁參照。

前揭《日本外交年表竝主要文書 1840-1945》（下），554-5 頁。

前揭《第二次中日戰爭史》下冊，741-2 頁參照。

⑧② 同上《第二次中日戰爭史》下冊，767-8 頁參照。

前揭《日本外交年表竝主要文書 1840-1945》（下），555-6 頁。

⑧③ 同上《第二次中日戰爭史》下冊，766-7 頁。

同上《日本外交年表竝主要文書 1840-1945》（下），556-8 頁。

⑧④ 同上《第二次中日戰爭史》下冊，768-9 頁參照。

前揭《太平洋戰爭史》Ⅲ，177-9 頁參照。

前揭《太平洋戰爭外交史》，438-41 頁參照。

⑧⑤ 同上《第二次中日戰爭史》下冊，769-70 頁參照。

同上《太平洋戰爭史》Ⅲ，180 頁參照。

同上《太平洋戰爭外交史》，445-6 頁參照。

⑧⑥ 同上《第二次中日戰爭史》下冊，771-2 頁。

同上《太平洋戰爭外交史》，457-8 頁參照。

前揭《日本外交年表竝主要文書 1840-1945》（下），563-4 頁。

⑧⑦ 同上《太平洋戰爭外交史》，459-60 頁參照。

同上《第二次中日戰爭史》下冊，772-3 頁參照。

⑧⑧ 同上《太平洋戰爭外交史》，466-8 頁參照。

同上《第二次中日戰爭史》下冊，773 頁參照。

⑧⑨ 同上《太平洋戰爭外交史》，468-70 頁參照。

同上《第二次中日戰爭史》下冊，773-4 頁參照。

前揭《日本外交年表竝主要文書 1840-1945》（下），564-9 頁。

⑨⓪ 同上《太平洋戰爭外交史》，476-7 頁參照。

同上《第二次中日戰爭史》下冊，774-5 頁參照。
⑨① 前揭《太平洋戰爭史》Ⅲ，189 頁參照。

(92) Martin Caidin, The Ragged Worriors. E. P. Dutton, 1966. 同書マーチン・ケーディン著／中條健譯《日米航空戰史》，經濟往來社，昭和 42 年，134-48 頁參照。
前揭《帝國陸軍の最後》進攻篇，130-1 頁參照。

(93) 前揭《太平洋戰爭史》Ⅲ，189-93 頁參照。

(94) 山賀守治譯《キング元帥報告書》，國際特信社，昭和 22 年，81-5 頁參照。
草鹿龍之介《連合艦隊》，每日新聞社，昭和 27 年，91 頁參照。
E. B. Potter & Chester W. Nimitz, *the Great Sea War*. N. J. Prentice-Hall, Inc., Englewood Cliffs, 1960, pp. 221-46. 同書實松讓・富永謙吾譯《ニミッツマの太平洋戰史》，恒文社，昭和 37 年，62-101 頁參照。
サミュエル・エリオット・モリソン著／中野五郎譯《太平洋戰爭アメリカ海軍作戰史》第三卷上，改造社，昭和 25 年，364 頁參照。

(95) 重光葵《昭和の動亂》下卷，中央公論社，昭和 27 年，146-8 頁。
前揭《キング元帥報告書》，86 頁。
E. B. Potter & Chester W. Nimitz, op. cit,. p.246.
Douglas MacArthur, *Reminiscences*. McGraw-Hill Book Co., 1964, p.159.

(96) Emest J. King & Walter M. Whithill, op. cit., p.389.
前揭《キング元帥報告書》，99-107 頁。
E. B. Potter & Chester W. Nimitz, op. cit,. pp.275-7.
伊藤正德《帝國陸軍の最後》決戰篇，文藝春秋社，昭和 35 年，11-146 頁。

(97) 前揭《昭和の動亂》下卷，149-50 頁。

(98) 前揭《日本統治下における台灣民族運動史》，譯本（下），1422-3 頁。

(99) 前揭《台灣近代發展史》，434 頁。

(100) 台灣總督府編《台灣統治概要》，原書房，昭和 20 年復刻版，71-2 頁參照。

(101) 郭明正《又見眞相:賽德克族與霧社事件》，前揭（第十章），266-7、274 頁。

(102) 同上，274 頁。
王育德《「昭和」を生きた台灣青年》，草思社，2011 年，316-23 頁參照。

(103) 前揭《台灣政治史》，249 頁。

(104) 前揭《總力戰と台灣》，644 頁。

⑩⑤ 同上，383、664 頁。

⑩⑥ 同上，664 頁。

⑩⑦ 前揭《日本統治下における台灣民族運動史》，譯本（下），1448 頁。

⑩⑧ 前揭《總力戰と台灣》，644-5 頁。

⑩⑨ 伊藤金次郎《台灣欺むかぎるの記》，明倫閣，昭和 23 年，77 頁。

⑩⑩ 前揭《日本統治下における台灣民族運動史》，1230-1 頁；譯本（下），1425-7 頁參照。

⑪⑪ 同上，1269-71 頁；譯本（下），1470-3 頁。
　　莊嘉農《憤怒的台灣》，智源書局，1949 年，71-2 頁。

⑪⑫ 同上《憤怒的台灣》，72 頁。
　　前揭《日本統治下における台灣民族運動史》，1233-4 頁；譯本（下），1429-30 頁參照。

⑪⑬ 同上《憤怒的台灣》，73-4 頁。

⑪⑬ 前揭《日本統治下における台灣民族運動史》，1271-2 頁；譯本（下），1473 頁參照。

⑪⑭ 前揭《長谷川清傳》，178 頁。
　　前揭《台灣欺むかぎるの記》，145-52 頁參照。

⑪⑮ 同上《長谷川清傳》，187-9 頁參照。

⑪⑯ 前揭《台灣總督府》，175 頁；譯本，175 頁。
　　前揭《日本統治下における台灣民族運動史》，1255 頁；譯本（下），1453 頁參照。

⑪⑰ 同上《台灣總督府》，174 頁；譯本，175 頁。

第十二章

# 日本的敗戰與
# 國府占領台澎群島

# 第一節 「開羅宣言」(Cairo Declaration) 與「波茨坦宣言」(Potsdam Declaration) 發表的經緯及其法律效力

## 一、「開羅宣言」發表的背景及其法律效力

今日所謂「台灣法律地位」的複雜糾結，毋庸置疑地，其根本原因，即是 1943 年 11 月 27 日，同盟國英、美、中（國府）三國首腦在埃及開羅聚會協議後，發表「開羅宣言」所導致的結果。關於此點，筆者另書已有詳盡的論述；在此僅簡述如下：

就第二次世界大戰的局勢而言，美、英、蘇等同盟國自1943 年以後才稍微挽回頹勢，遏阻日、德、義等軸心國的壓倒性優勢，並開始進入反攻的時期。此時，美英兩國在歐洲戰場的目標一致，均將箭頭指向柏林；但在亞洲戰線上卻各懷異志，甚至連中國亦是基於自身目的而與日本交戰。①

1943 年 1 月，羅斯福（Franklin D Roosevelt）總統與邱吉爾（Winston S Churchill）首相在卡薩布蘭加進行會談。②同年 5 月，兩人再於華盛頓展開會談，以調整雙方在歐洲戰線與亞洲戰線的意見，確立次期的作戰計劃。③同年 8 月，相同目的的會議再度於魁北克展開。

對於英美兩國元首密切聯繫以計劃共同作戰一事，中國的領導階層深感不滿。他們因未能與會而有被冷落、被忽視之感。④

當時，中國的經濟情況因多年抗戰而極度惡化，武器彈藥亦十分缺乏，特別是日軍占領緬甸之後，中國幾乎已處於孤立無援的狀態。此時，因經常發生英軍挪用援華武器物資的事件，更使

得蔣介石憤恨不已。⑤

　　蔣介石指出，或許利比亞存在著危機，但中國亦同樣存在著危機。他責問美國是否不關心中國戰線，要求其回答是否希望維持中國戰線的問題，從而質問美國是否希望中國與日本和談以做爲威脅。⑥

　　此項脅迫因羅斯福總統的堅決反對而毫無效果。然而，美國亦認爲必須使中國繼續對日作戰，將日本大軍牽制於中國戰場，故爲防止中國與日本單獨講和，只有以蔣介石爲合作對象一途。⑦對此，邱吉爾與英軍高層則反對邀請蔣介石至開羅會談。因爲他們認爲羅斯福對中國評價過高，並擔憂因援助中國而導致妨礙歐洲作戰的危險。但是，羅斯福則不顧邱吉爾的意向，執意要與蔣介石會談。⑧於是，羅斯福，邱吉爾與蔣介石即於 1943 年 11 月召開開羅會議。⑨

　　1943 年 11 月 22 日至 26 日，羅斯福、邱吉爾與蔣介石在開羅舉行會談，並於同月 27 日發布「開羅宣言」。此次三巨頭會談的主要問題係有關中印緬通路再開事項及戰後對遠東地區的處置。

　　對於戰後遠東議題的討論，其結果即是 27 日所發表的「開羅宣言」。其內容是：

　　　「關於今後對日作戰計劃，各軍事代表已獲得一致意見。我三大盟國決心以不鬆弛之壓力，從海陸空各方面，加諸殘暴之敵人。此項壓力已在增長之中。我三大盟國此次進行戰爭之目的，在於制止及懲罰日本之侵略，三國決不爲自己圖利，亦無拓展領土之意思。三國之宗旨，在剝奪日本自從 1914 年第一次世界大戰開始後，在太平洋上所奪得或占領之一切島嶼，

在使日本所竊取於中國之領土，如東北四省、台灣、澎湖群島等，歸還中華民國。其他日本以武力或貪慾所攫取之土地，亦務將日本驅逐出境。我三大盟國稔知朝鮮人民所受之奴隸待遇，決定在相當時期，使朝鮮自由獨立。根據以上所認定之各項目標，並與其他對日作戰之聯合國目標相一致，我三大盟國將堅忍進行其重大而長期之戰爭，以獲得日本之無條件投降。」[10]

關於「開羅宣言」的主要內容，美英兩國早於當年 3 月在白宮的會談中討論過。[11] 而於此次會議再由羅斯福與蔣介石以 11 月 23 日的單獨會談達成最終決定。[12] 11 月 24 日及 25 日兩天，此一內容經霍浦金斯 (H. Hopkins) 和王寵惠 (國府代表團秘書長) 共同修正後，終於做成最終決議。[13]

雖然這份宣言對台灣和日本非常重要，但美國方面並未發現羅斯福總統與蔣介石 23 日的會談記錄。直到會談後 12 年的 1956 年，才由國府方面將中文會談記錄 (計 10 項目) 及英文譯本交給美方，做為外交文書加以收錄。[14]

事實上，美國當時絲毫未曾考慮此小島住民的情感，而邱吉爾則只是積極要求收回香港、新加坡，[15] 但對台灣卻毫不在意。因此，英美兩國均未對「開羅宣言」付諸深切的關心 (也因此美國才會將羅蔣會談的記錄遺失)，這也就是他們何以在不到十天之內，即於德黑蘭會議中輕易將此宣言拋諸腦後的原因。然而，此點並不能改變將台灣交給中國的決定。同時，蔣介石在自豪於能與英美元首同桌討論，並為其大大提高威信而驕矜之際，亦不認為取得台灣除宣傳之外有任何其他價值。他作夢也沒想到僅僅五年之後，會被迫逃亡到這個小島，而美國也無法預知這個小島在戰後會產生如何複雜的事態。九年之後，這個宣言在舊金山和約

中雖只被不完全地履行；但誰也料想不到台灣主權問題在 60 餘年之後，仍繼續引起論爭。

## 二、「波茨坦宣言」的經緯及其法律效力

1945 年 5 月 7 日，歐洲戰場的德國宣布無條件投降。為討論對德國戰後處理的方針，美國總統杜魯門、英國首相（由於當初的邱吉爾首相敗選，而於 7 月 28 日，由新首相艾得禮出席）、蘇聯史達林元帥三位於同年 7 月 17 日到 8 月 2 日在波茨坦召開會議。在此會議上也討論日本的投降條件。蔣介石雖然也是「波茨坦宣言」的發起人之一，但並未出席會議，也沒有提案或參加討論。

「波茨坦宣言」的原案是美國副國務卿格魯（J. C. Grew）所提出，主要是希望在使用原子彈之前，對日本以保留天皇制等為勸降的條件。[16] 在副國務卿格魯和史汀森（H. L. Stimson）陸軍部長的積極奔走下，杜魯門總統和邱吉爾首相於 1945 年 7 月 24 日同意原案的內容。同日，杜魯門總統將此一宣言案通知蔣介石，希望得到「毫無遲疑的同意」。當時蔣介石離開重慶到長江對岸的山莊，因而聯絡上耽誤一些時間，直到 26 日才得到其同意的回答。整個手續的完成是 27 日，接著就發表由十三個條文組成的「波茨坦宣言」。[17] 其後，藉由在 8 月 8 日，宣布對日作戰的契機，蘇聯也加入成為「波茨坦宣言」的當事國。

在做成「波茨坦宣言」內容的期間，對於戰後天皇制的存廢、日本軍國主義的永久去除、武裝解除並限制再軍備等問題，均反覆再三討論，但對於「領土問題」方面，羅斯福總統認為已有開羅及雅爾達兩個會議做成宣言的事實，因此沒有殘留必須討論的問題。然而，「波茨坦宣言」第八條明記：「履行『開羅宣言』的條項，日本領土限於本州、北海道、九州、四國以及吾等決定之

諸小島。」間接表明台灣戰後應該給予中國。[18] 8 月 15 日，日本接受此宣言，向同盟國宣布無條件投降，此時儘管日本對「開羅宣言」在法律上、政治上不負義務，但亦不得不尊重此宣言的「領土處分」。

惟「波茨坦宣言」和「開羅宣言」相同，僅是同盟國領袖們對日本戰敗處理所敘述的一份文件。這個宣言並未對當事國做出任何最終決定，對於領土處分亦沒有任何法律效力。更何況「開羅宣言」違反「領土不擴大」原則而自相矛盾，甚至無視「大西洋憲章」和「同盟國共同宣言」，法律上存在根本性的缺陷。若「波茨坦宣言」係延續「開羅宣言」而來，則其法律效力當然存在疑問。(關於台灣的法律地位，筆者另書《台灣法的地位の史的研究》，2001年，李明峻譯《台灣法律地位的歷史考察》，前衛，2010 年，已有詳盡的論述，請參閱。)

# 第二節　國府占領台灣與日本統治的終結

## 一、國府占領台灣的經緯

太平洋戰爭經過中途島海戰，以及瓜達坎納島的爭奪戰之後，美軍在優勢的海空軍的掩護下，運用水陸兩用艇以跳島戰術，逐步北上席捲日軍。[19] 不過，在 1944 年 3 月，制海權登陸作戰成功之後，由於美國陸海軍間互爭指揮權和戰略構想的相左，結果使得太平洋反攻的問題遲遲無法整合。以金恩、尼米茲和哈爾樹（W. F. Halsey）為首的海軍派，主張由夏威夷經馬歇爾群島（Marshall Islands）展開橫斷太平洋中部的進擊，形成包圍中國南部沿海、台灣和呂宋的戰略三角地帶。相對地，以麥克阿瑟

爲首的陸軍派則以收復菲律賓爲目標，主張先占領新幾內亞，攻略新不列顛群島的拉包爾島日軍基地，再向西北進擊，直達菲律賓。[20]

1944 年 7 月下旬，羅斯福總統親自趕赴夏威夷檀香山，與麥克阿瑟及尼米茲展開商議。在會談的開始，羅斯福即說明此次會議的目的，在於決定下一階段的對日作戰，並提示兩個作戰計劃。第一個計劃是跳過菲律賓，直接進攻台灣，第二個計劃則是略掉台灣，先行解放菲律賓。[21]

即便如此，在此次檀香山會談中，美國並未做成應選擇何者的決斷，結果論爭仍舊繼續存在，只是從原先是否應略過菲律賓的問題，進一步成爲呂宋對台灣的論爭。當時，陸軍參謀總長馬歇爾元帥主張台灣比呂宋更有必要加以占領，陸軍航空部隊的領導階層亦鼓吹台灣優先主義，而海軍更是除金恩元帥堅持強硬的台灣攻略論之外，連太平洋方面實戰部隊司令官尼米茲等亦主張台灣優先主義。然而，在選擇進攻台灣或進攻呂宋的討論中，導出最後決定的主要因素，乃是由於中國軍在中國戰線上的敗退。

1944 年 5 月，日軍展開湘桂作戰。此次作戰的目的，主要是反擊美軍以交叉進擊向台灣、華南進逼的攻勢。當時隨著戰爭的進展，美國潛艇與空軍的攻擊日益增強，使日本的海上交通受到阻礙，特別是對戰線延伸到東南亞的日軍而言，欠缺安全的補給線，將造成致命的危險。當時東海方面已不再安全，而跳島作戰亦使日軍陷入困境，美國海空軍正開始展開全面行動。於是，在同年 8 月底，日軍先攻占長沙、衡陽，再向桂林、柳州進擊。[22]

此項事實導致美國作戰計劃負責人推翻最初的構想。原先以中國東部各機場做爲 B29 進攻日本本土、朝鮮、滿洲之前進基

地的計劃，至此已確定無法實現，而進攻中國沿海各港灣，再以
其做爲開發航空基地補給線的目的也隨之喪失。同時，進占台灣
做爲攻略中國沿海之跳板的理由亦因而日益薄弱。

另一方面，在呂宋或台灣的論爭中，美國不僅只是軍事方面
的考慮，亦含有政治性的考量。麥克阿瑟元帥強調，略過菲律
賓，將對美國威信造成極大的負面影響，而美國總統極難反對此
一主張。更何況，當年是美國總統大選之年，攻占菲律賓將是能
獲得「萬民擁戴的勝利」捷徑。如此一來，陸軍航空部隊即不再
重視攻略台灣，而在總統基於政治考量而選擇菲律賓的同時，海
軍的主流意見亦隨之改變，如尼米茲元帥左右手的史布安斯（R.
A. Spruance）提督和雪曼（F. Sherman）少將，此時即放棄占領台灣
和中國沿海港灣的想法，而改爲主張在攻略呂宋島之後，進擊琉
球的作戰計劃。[23]

毫無疑問地，假使美軍進攻台灣，將使台灣的命運大爲改
變。在 1943 年到 45 年的兩年半之間，由於美國準備展開進攻台
灣的作戰，故而在哥倫比亞大學訓練 2,000 餘名做爲占領台灣之
用的軍政要員，並對台灣進行各種調查研究。此一台灣軍政府設
置計劃，其後雖因台灣占領計劃的中止而作廢，但我們不能忽略
這些受訓人員在台灣戰後的混亂時期曾有某種程度的貢獻。[24]

隨後，如眾所周知地，戰事的經過是：美軍於 1944 年 10 月
20 日登陸雷伊泰島，1945 年 2 月 5 日占領呂宋，3 月 17 日攻陷
硫磺島，5 月 7 日德國無條件投降，6 月 22 日攻占沖繩本島，8
月 6 日於廣島投下原子彈，8 日蘇聯宣布對日參戰，9 日於長崎
投下原子彈。最後，日本政府在 8 月 15 日，接受盟國於 7 月 26
日發布的「波茨坦宣言（Potsdam Declaration）」，同年 9 月 2 日，正
式簽署降書而無條件投降。

當 1945 年 8 月 15 日，日本正式表明投降之意時，國府（中華民國國民政府）立即向美國要求台灣這個戰利品。其時，美國正忙於解決中國的內戰，根本無暇檢討其時尚無足輕重的台灣問題。同時，美國國務院既以中國為對亞洲外交的主軸，因此自然輕易地同意將台灣無條件交給中國。㉕於是，魏德邁（A. C. Wedemeyer）將軍乃與蔣介石直接交涉，在未徵詢台灣人意願的情形下，草率地決定台灣的命運。同年 8 月 29 日，蔣介石任命舊部陳儀陸軍上將擔任台灣行政長官，並指名葛敬恩陸軍中將為行政長官公署秘書長。9 月 1 日，陳儀立即於重慶設置台灣省行政長官公署及警備總司令部臨時辦事處。㉖

陳儀是浙江紹興人，生於 1883 年，比蔣介石大四歲。蔣介石把接收台灣這塊肥肉派給陳儀，其原因主要是：1. 蔣介石和陳儀是日本士官學校的同學，對陳儀的軍事學識、政治才幹和思想作風一向器重，陳儀在歷任國民黨政府軍政部次長、福建省政府主席、陸大教育長和陸大代校長等職期間，都得到蔣介石的信任；2. 陳儀留日多年，對日本各方面的情況較為熟悉，在他任福建省政府主席期間，還曾去台灣考察過，對台灣情況也有較多的瞭解（陳儀於 1935 年 10 月，應台灣總督中川健藏之邀，參加日本所舉辦的「台灣始政 40 週年紀念博覽會」。他在台北公會堂〔今中山堂〕的慶祝大會上致詞時，公然祝賀台灣人幸運地做了日皇的臣民）；3. 陳儀統治福建多年，有一個較齊全的統治班底，和福建統治集團中的部分人士有較密切的聯繫，而台灣人民，除高山族外，絕大多數都是原籍閩南漳州、廈門、泉州一帶人，這些對陳儀統治台灣都屬於有利的主客觀條件。因為他在蔣介石心目中具有以上一些優越條件，所以蔣介石早在 1943 年開羅會議決定了台灣的歸屬後，為了準備將來接管台灣，特在重慶訓團內舉辦了一個台灣幹部訓練班，即

以陳儀爲班主任，由他挑選一批福建、廣東籍的官員和廈門大學、集美學校的青年學生入班受訓；他們就是後來跟陳儀到台灣搞「接收」工作的主要力量。所以，蔣介石之選派陳儀爲台灣的「受降」主官、台灣「接收」的主持者和台灣行政長官，可以說是在兩年以前便已經內定了的。[27]

另葛敬恩是陳儀紹興的小同鄉兼日本陸軍大學的學弟（分別爲一、二期），比陳儀小六歲，陳儀任浙軍第一師師長時，葛是參謀長。葛又是蔣介石的拜把兄黃膺白浙江武備學堂的同學兼妻舅，而葛與蔣早年在辛亥革命浙江光復時就見過面。陳儀由孫傳芳的第一師師長兼浙江省長轉任國民革命軍第十九軍軍長，葛是牽線人，彼此關係淵源都非尋常。[28]

就這樣，日本於同年 9 月 2 日，在東京灣的密蘇里艦上，將天皇詔書交給盟軍最高司令官麥克阿瑟，並於降書上簽字。同時，日本亦受領麥帥發出的一般命令第一號，完成投降的手續。[29] 在一般命令第一號中，有關台灣的部分如下：「舉凡在中國（滿洲除外）、台灣及法屬印度支那（中南半島）北緯十六度以北部分的前日軍指揮官與一切陸、海、空及後備部隊，均應向蔣介石統帥投降。」[30]

此項指令成爲蔣介石占領台灣的法律根據。當然這並不意味著日本割讓台灣，也不意味著台灣法律地位的變更。依照這個文件來看，僅是明言盟國委任中華民國國民黨總裁蔣介石接受中國與台灣地區的日軍投降，以及對這些地區的占領、管理。如果要涉及台灣法律地位的徹底改變，只有在日後日本和同盟國締結的和約中才能決定。

## 二、日本台灣統治的終結

在國府正式獲得麥克阿瑟盟軍最高司令官的接收台灣指令之稍前，即 1945 年 8 月 31 日深夜，就有美國海軍地空情報班（Air Ground Intelligence Service; AGIS），由麥克連（Lt. McClellan）上尉率領的三名美國情報人員；以及張士德（三青團）、黃昭明（中美合作所人員）兩名國府陸軍上校和前福州市長黃澄淵（時任福建省顧問、是軍統局的特務人員）等人，帶領少數的部屬，從廈門搭乘一艘徵用的日本驅逐艦抵達基隆（陳逸松的口述，稱 8 月 31 日傍晚，在淡水上岸；應該有誤）。這是戰後首批盟軍人員與國府官員悄悄抵達台灣的實況。他們上岸之後，立即進駐了當時台北最豪華、位於御成町（今中山北路一段）的旅館「梅屋敷」（今孫中山史蹟紀念館）。[31]

這批國府官員進駐台北之後，立即威風凜凜地向日本當局索取金錢來做為他們當地的費用。日方當局也只有遵命帶他們到台灣銀行，從人民的公共基金當中取去了三百萬圓，轉到他們開立的一個特別戶頭之下。這些錢在當時官價約值 20 萬美金。這筆大數字對這個小團體的所有費用來說綽綽有餘。可是在二天之間，三分之二的存款已被提出，轉到那位神秘的張上校戶頭裡去了。[32]

張士德上校（字克敏）是苗栗三堡外埔馬鳴村頂竹圍人。曾參與農民組合活動，被日警通緝逃往中國。黃埔畢業進入軍統服務，當時以台灣義勇隊副隊長的身分（隊長李友邦）返台。[33] 張士德聯繫舊有同志，據陳逸松律師（台灣投機主義者）的口述，他被任命為「三民主義青年團中央直屬台灣區團部主任」（後自任台北分團長），先後在台灣各地組織分團。即新竹陳旺成、台中張信義、

楊貴（逵）、嘉義劉傳來、台南吳新榮與莊孟侯、高雄楊金虎與
吳海水等。在國府還沒來接管的「政治眞空期」，各地「三青團」
擔當了地方的治安工作；大量的公有物資免被盜賣侵占，交通、
水電照常供應，「三青團」確實有助維護了戰後初期台灣社會的
安定。㉞但筆者另書已有論及，這實是當年在台日本官員全力的
協助下才能達成的！

　　一方面，國府於 1945 年 9 月 2 日，接獲盟軍麥克阿瑟最高
司令發出的「一般命令第一號」，即接收託管台灣的指令之後，
陳儀立即於同月 4 號，向蔣介石提出「台灣省行政長官公署組織
大綱」（全十條），並經其同意後公布。㉟該大綱大概是以先前詳
述的台灣總督府「六三法」爲範本（當時陳儀轄下的「台灣調查會」
於 1944 — 1945 年間編纂龐大的《日本統治下的台灣行政制度》，並翻譯
約四十三冊的《台灣法規》）。㊱

　　該「大綱」第一條爲「台灣省設置暫時行政長官公署，隸屬
行政院，設置行政長官一人，基於法令綜理台灣省的政務」，第
二條爲「台灣行政長官公署在職權範圍內可以發布命令，制定只
有台灣適用的規程」，這等於是「六三法」第一條、第二條以及
第三條的綜合。但是該「大綱」第三條規定：「台灣省行政長官
公署得受中央委託，處理中央行政。台灣行政長官對在台灣的各
中央機關持有指揮監督的權限。」這點不僅排除「六三法」第四
條和第五條的中央監督權，甚至以指揮監督中央在台各機關，其
權限要比「六三法」超出更多。行政長官是行政、立法大權一手
在握，更兼擁有軍務方面的權限，幾乎等於是「朕即天下」。順
帶一提的是，蔣介石於同年七月再任命陳儀爲台灣省警備總司
令，進一步集軍事、行政、立法大權於一身，成爲較日本的台灣
武官總督權力更大的「土皇帝」。

　　同年 9 月 9 日，陸軍總司令暨一級上將何應欽代替蔣介石統帥，在南京和日方代表陸軍大將岡村寧次簽署中國戰區的受降文書。國府方面在會場上公布前述「命令第一號」，要求此後包含台灣在內的所有日本陸海空軍皆服從蔣介石的節制與命令。

　　茲將日本與國府簽署的降書全文，引述如下：


降　　書

一、日本帝國政府及日本帝國大本營，已向聯合國最高統帥無條件投降。

二、聯合國最高統帥第一號命令規定「在中華民國（東三省除外）台灣與越南北緯十六度以北地區內之日本全部陸海空軍與輔助部隊，應向　蔣委員長投降。」

三、吾等在上述區域內之全部日本陸海空軍及輔助部隊之將領，願率領所屬部隊向　蔣委員長無修件投降。

四、本官當立即命令所有上第二款所述區域內之全部日本陸海空軍各級指揮官及其所屬部隊與所控制之部隊向　蔣委員長特派受降代表中國戰區中國陸軍總司令何應欽上將及何應欽上將指定之各地區受降長官投降。

五、投降之全部日本陸海空軍立即停止敵對行為，暫留原地待命，所有武器彈藥裝具器材補給品情報資料地圖文獻檔案，及其他一切資產等當時保管，所有航空器及飛行場一切設備，艦艇船舶車輛碼頭工廠倉庫，及一切建築物以及現在上第二款所述地區內日本陸海空軍或其控制之部隊，所有或所控制之軍用或民用財產，亦均保持完整，全部待繳於　蔣委員長及其代表何應欽上將所指定之部隊及政府機關代表接收。

六、上第二款所述區域內日本陸海空軍所俘聯合國戰俘及拘留
　　之人民立予釋放，並保護送至指定地點。

七、自此以後，所有上第二款所述區域內之日本陸海空軍，當
　　即服從　蔣委員長之節制，並接受　蔣委員長及其代表何
　　應欽上將所頒發之命令。

八、本官對本降書所列各款及　蔣委員長與其代表何應欽上將，
　　以後對投降日軍所頒發之命令：當立即對各級軍官及士兵
　　轉達遵照。上第二款所述地區之所有日本官佐士兵均須負
　　有完全履行此類命令之責。

九、投降之日本陸海空軍中任何人員，對於本降書所列各款
　　及　蔣委員長與其代表何應欽上將嗣後所授之命令，倘有
　　未能履行或遲延情事，各級負責官長及違犯命令者願受懲
　　罰。

　　奉日本帝國政府及日本帝國大本營命，簽字人中國派遣軍
總司令官陸軍大將岡村寧次

　　昭和二十年（公歷一九四五年）九月九日午前九時〇分，簽
字於中華民國南京

　　代表中華民國，美利堅合眾國，大不列顛聯合王國，蘇維
埃社會主義共和國聯邦，並為對日作戰之其他聯合國之利
益，接受本降書於中華民國三十四年（公歷一九四五年）九月九
日午前九時〇分，在中華民國南京。

　　中國戰區最高統帥特級上將　蔣中正特派代表中國陸軍總
司令一級上將何應欽[37]


　　受降儀式上，國府邀請台灣的第十方面軍參謀諫山春樹陸軍
中將（及幕僚數名）和士紳林獻堂（未出席）、陳炘、林熊祥、林呈

祿、羅萬俥、許丙（未進入南京）、辜振甫（以翻譯身分出席）等列席。
當時，蔣介石還召見台灣公署秘書長葛敬恩，詳細聽取台灣相關
情事。[38]

　　9月20日，國民政府修改前述「台灣省行政長官公署組織
大綱」，重新公布「台灣省行政長官公署組織條例」（全十條、其
主要內容與大綱無差異）並於發表後即日實施。10月2日，陳儀為
接收台灣的準備，任命長官公署秘書長葛敬恩及台灣省警備司令
部副參謀長范誦堯兩人為「台灣前進指揮所」正副主任。10月5日，
葛敬恩在約百名美軍顧問團的護衛下，與81名先遣接收人員（包
含黃朝琴、李萬居、蘇紹文等從大陸歸來的台灣人），搭乘五架美軍運
輸機從重慶抵達台北，隨即成立「台灣前進指揮所」。[39]

　　翌（6）日，前進指揮所將第一號通告交付安藤總督。其主
要內容為：1.至陳儀長官到任為止，台灣總督府負責維持現狀；
2.允許台灣現行貨幣繼續流通；3.教育、產業、交通、通信等公
共事業維持現狀，不得使其停頓；4.各種重要設施、資材、物資、
文獻、簿冊等維持現狀，以最完整的狀態加以保存；5.禁止日本
人公私財產移動、轉賣和處分等。[40]

　　事實上，國府的接收先遣隊抵台後，受到台灣人的熱烈歡迎
與積極接納。但是，葛敬恩前進指揮所主任在最初的公開演說時
卻表示：「台灣是化外之地，台灣人民是未受中華文化薰陶的二
等國民。」對於此一發言，台灣人民感到奇怪的隔閡和不愉快。
但由於當時相信國府為台灣的解放者，因此對這次發言置若罔
聞，未特別放在心上。[41]

　　10月7日，由前進指揮所召集會議，社會各界公推林獻堂、
黃朝琴、林呈祿、杜聰明、林茂生等組成「台灣慶祝國慶籌備委
員會」。10月10日，上午10時，在台北公會堂（後改稱中山堂）

舉行首次慶祝活動。台灣省文獻委員會郭海鳴有如下的記述：

> 「此日祥雲靉靆，白日騰空，午前八時即見無數民眾向公
> 會堂簇擁前進，公會堂正面高掛黨國旗，臨風招展，兩旁貼紅
> 色對聯云：『欣逢雙十薄海同慶，恢復故土萬民騰歡』。堂內由
> 憲兵維持秩序，森嚴威武，精神奮發。會場正面高懸黨國旗及
> 總理遺像，中美英蘇四國國旗。壇上左為范副主任，林茂生，
> 林空軍司令，盟國代表陪克上校等，及指揮所人員；右為林獻
> 堂，杜聰明博士，黃委員朝琴暨當地士紳代表，壇下台北帝國
> 大學、台北高等學校、女子大學等學生代表及公共團體，民間
> 志士等數千人。十時開始典禮，由范副主任擔任主席領導行禮，
> 並代葛主任宣讀開會詞。嗣由主席團代表林獻堂、黃朝琴、林
> 茂生相繼演說，均以躬逢台灣第一次舉行國慶紀念日得參加為
> 欣幸，並勗勉全台同胞今後必須團結一致，在國民政府與陳長
> 官領導下，努力建設工作，以促進三民主義新台灣實現。語出
> 真誠，句句觸動人心，聽眾甚至有因感動而唏噓流淚者。旋由
> 台胞代表林獻堂提出臨時動議『以大會及台胞代表名義致電蔣
> 委員長表示崇敬』，經大會一致通過。」⑫

另當時擔任媒體記者的台灣文學家吳濁流也有如下的記述。

> 「十月十日是台灣光復後第一屆的雙十節。全省各地都舉
> 行慶祝典禮，其中台北公會堂（現在的中山堂）的慶祝典禮更是
> 屬於歷史上的大典禮。
> 當天的上午八點鐘左右，無數的民眾就集合在公會堂前
> 面，是個相當擁擠的大熱鬧場面。

市民、學生、各團體的行列，比戰前大稻埕每年五月十三日舉行的大拜拜要盛大得多。詩意藝閣、獅子隊、龍舞、各種樂隊、武裝的大刀隊，甚至范將軍、謝將軍（城隍廟的神）也挑出來，喧天價響的鑼鼓聲，浩浩蕩蕩的行列接二連三，沒有止境地走過公會堂前面，遠至高雄、台南、嘉義、台中、新竹等地的人們都前來參加。

公會堂裏面的會場上，由全島有志者聚集一堂，台上台下沒有立錐之地。

台上有前進指揮所的官員列席，按照預定在上午十時，由軍樂隊吹奏嘹亮的國歌開始。我為了要報導祝賀典禮的消息而參加了。三鞠躬禮，恭讀　國父遺囑之後，有主席的演說、貴賓的祝辭，於是會場又化為歡欣激動的漩渦了。

後來，由各地參加的代表們上上下下地站在台上演說，罵日本帝國主義和殖民政策。我也興奮起來了。假如兩個月前，台灣人敢站在這個台上說這種話，立刻會當場被捕而殺掉的吧！（中略）

然而，現在不同了，已經從日本帝國主義者的手裏解放出來。得到了自由了。想到這兒，不禁又高興起來。曾經在新埔公學校的運動場上被那視學打頭的事啦！拼命工作的結果薪水仍舊比同期生少的不平啦！貶謫到僻遠地區的不滿啦！比日本人要努力工作但還是有六成的差別必須忍受等等事情通通消失了。整個胸口感到炙熱，於是感激的熱淚淙淙地落了下來。」[43]

10 月 17 日（G. H. Kerr 稱 10 月 15 日有誤），盼望甚久的國府軍，終於姍姍來遲了。在美軍第七艦隊的掩護下，國府軍第七十軍（軍

長陳孔達中將）分乘 40 餘艘美軍運輸艦，在北部基隆登陸。當時在基隆上陸的第七十軍，惟恐受到日軍的抵抗，起初對登陸事宜顯然躊躇不決，還請護衛的美軍先行登陸領路。⑭同日，警備總司令參謀長柯遠芬亦率公署官員 200 餘名，搭乘美國軍艦抵達基隆，緊接著立即進入台北。18 日，國府第六十二軍（軍長黃濤中將）分別在南部左營（高雄）陸續登陸。同月 22 日，海軍艦隊司令部及陸戰隊第四團由基隆登陸。至此，國府軍總數登陸台灣的部隊，約有 12,000 多人。⑮

一方面，台灣民眾原本滿心熱烈歡迎國府軍，可是看見手提鍋碗瓢盆、背負雨傘、衣衫襤褸的國府軍士兵，心中受到極大的衝擊。對平日見慣軍紀嚴明的日軍士兵的台灣民眾而言，對祖國有如乞丐般的野蠻部隊，頓時感到迷惑及不安。⑯

不過此時，對國府高官的傲慢及裝備簡陋而無紀律的占領軍，台灣人雖然心中留有一抹懷疑，但仍對中國人抱持著幾近卑屈的寬容。譬如吳濁流自我嘲解說：「就是外表不好看，但八年間勇敢地和日本軍作戰的就是這些人哩。實在太勇敢了！當我想到這點以安慰自己的時候，有一種滿足感湧了上來。」⑰

10 月 24 日下午，陳儀台灣行政長官帶同嚴家淦等部下搭乘美軍機，威風凜凜地自上海飛抵台北松山機場。在陳儀到達後，他透過收音機發表談話：「此次能夠治理台灣，朝謀取人民福利的國家建設努力，今後斷然不詐欺、不怠惰、不受賄（原文「不揩油」、當初台灣人不知這個名詞的含意），更兼以榮譽心、愛國心、責任感為做事六大信念，和台灣同胞共同努力。」被矇蔽的台灣人以為他是解放者，紛紛揮舞著青天白日旗。並鳴放爆竹熱烈歡迎。⑱

10 月 25 日，國府在台北市的公會堂（現改稱中山堂）舉行中

國戰區台灣地區受降儀式，來自各方的代表約 250 人（《台灣年鑑》(2)，稱 180 餘人），國府方面以陳儀長官爲代表，葛敬恩秘書長、柯遠芬參謀長等多數人員列席，盟軍方面有派克代表等 19 人，台灣人代表有林獻堂、陳炘、杜聰明、羅萬俥、林茂生等 30 餘人，日本方面則有安藤利吉總督、諫山春樹參謀長等 5 人爲代表。在受降儀式上，陳儀長官交付安藤總督「公署第一號命令」，其全文如下：

「一、日本駐華派遣軍總司令官岡村寧次大將，已遵日本帝國政府及日本帝國大本營之命令率領在中國（東三省除外）越南北緯十六度以北及台灣澎湖列島之日本陸海空軍於中華民國三十四年九月九日在南京簽具降書，向中國戰區最高統帥特級上將蔣中正特派代表中國陸軍總司令一級上將何應欽無條件投降。

二、遵照中國戰區最高統帥兼中華民國國民政府主席蔣及何總司令命令及何總司令致岡村寧次大將中字各號備忘錄，指定本官及本官所指定之部隊及行政人員接受台灣澎湖列島地區日本陸海空軍及其輔助部隊之投降，併接收台灣澎湖列島之領土人民治權軍政設施及資產。

三、貴官自接奉本命令之後，所有台灣總督及第十方面軍司令官等職銜一律取消，即改稱台灣地區日本官兵善後連絡部長，受本官之指揮，對所屬行政軍事等一切機關部隊人員，除傳達本官之命令訓令規定指示外，不得發布任何命令，貴屬對本官所指定之部隊長官及接收官員亦僅能執行傳達其命令、規定、指示、不得擅自處理一切。

四、自受令之日起，貴官本身併通飭所屬一切行政軍事等

機關部隊人員，立即開始迅確準備隨時候令交代，倘發現有報
告不實及盜賣隱匿損毀沉滅移交之物資文件者，決予究辦治
罪。

　　五、以前發致貴官之各號備忘錄及前進指揮所葛敬恩主任
所發之文件統作為本官之命令，須確實進行，併飭屬一體確實
遵行。」⑭

　　而安藤總督於接受「公署第一號命令」的同時，當場提出「奉
命受領書」，宣誓服從陳儀長官的命令。其全文如下：

「日　方　受　領　證
今收到
　　中國戰區台灣省行政長官兼警備總司令署部第一號命令一
份，當遵照執行，並立即轉達所屬及代表各政治軍事機關及部
隊之各級官長士兵遵照，對於本命令及以後之一切命令、規定、
或指示，本官及所屬與所代表各機關部隊之全體官兵，均負有
完全執行之責任。
　　　　　　　　　　　　日本台灣總督兼第十方面軍司令官
　　　　　　　　　　　　　陸軍大將　安　藤　利　吉
　　中華民國三十四年十月二十五日即日本昭和二十年同月同
日於台北市公會堂」⑮

　　至此，日本在台灣五十年四個月又八天的統治正式終了。陳
儀長官透過收音機廣播道：「本日起，台灣、澎湖群島正式再度
成為中國的領土，所有的土地和住民置於中華民國國民政府的主
權之下」，恣意宣布領有台灣、澎湖群島，不待日後對日和約的

簽署，片面斷言台灣的歸屬問題 (註：國籍的編入亦在 1946 年 1 月 12 日以「行政院令」提出，同年 2 月 9 日正式加以追認)。[51] 此點當然明顯違反同盟國接收占領的意旨，完全沒有法律上的效力。

又台灣的受降儀式終了之後，國府立即將全台行政區由日治末期的五州 (台北、新竹、台中、台南、高雄) 三廳 (花蓮港、台東、澎湖) 改爲八縣九市：台北縣 (縣長陸桂祥，以下同)、新竹縣 (劉啓光)、台中縣 (劉存忠)，台南縣 (袁國欽)、高雄縣 (謝東閔)、台東縣 (黃式鴻)、花蓮縣 (張文成)、澎湖縣 (傅緯武)、台北市 (黃朝琴)、基隆市 (石延漢)、新竹市 (郭紹宗)、台中市 (黃克立)、彰化市 (王一麐)、嘉義市 (陳東生)、台南市 (韓聯和)、高雄市 (連謀)、屏東市 (龔履端) 等。十七位縣市長只有劉啓光、謝東閔、黃朝琴爲台籍人士，但係所謂的「半山」(現今已變遷爲六直轄市及 13 縣 3 市)。[52]

其次，受降順利完成之後，國府即依「收復區敵僞產業處理辦法」及「台灣省接收日人準則」，著手接管台灣。國府首先成立接管委員會，以民生處長周一鶚爲接收主任，中央自 1945 年 11 月 1 日起實施，地方則自同月 8 日起實施。行政、司法、軍事機關同時進行，行政、司法機關和專賣・官營事業約費時一個月，軍事關係單位約費時二個月，全數均於 (1945) 年底前完成接管。至於公私營的土地和企業等，亦於翌 (1946) 年 4 月 30 日完成接收。被接收的對象包括台灣拓殖會社、台灣電力會社、各製糖會社等在內的民間企業，被強制區分爲 12 個業種，如 4 家製糖會社則合併爲台灣糖業有限公司，相同產業均被強制集中合併，採取國營、省營和國・省合營等三種形態繼續經營。[53]

根據國府方面的資料，終戰時接收的財產件數及帳簿價格 (土地除外) 共包括：1.「公家財產」共 593 件，總值 293,850 萬日圓；2.「企業財產」共 1,295 件，總值 716,360 萬日圓；3.「個人財產」

共 48,968 件, 總值 88,880 萬日圓; 合計 50,856 件, 總值 1,099,090 萬日圓。[54]若以當時的貨幣價格換算, 這是一筆如天文數字般的龐大資產。美國駐台副領事葛超智(G. H. Kerr, 或譯喬治‧柯爾)指出, 即使扣除武器軍用機類 (主要武器如高射砲等砲類計 1,368 門、機關鎗等鎗類 133,423 挺、鎗砲彈計 6,853 萬發, 包含裝甲戰車 99 輛在內的車輛 2,099 輛、船舶等計 525 艘、軍用機計 890 架, 以及確保 20 萬大軍兩年內所需的軍用品及糧食), [55]國府實際接收的總財產約在 40 到 50 億美元之間。可以想見的是, 假如這些資源能夠有效利用, 台灣的復興當然不在話下, 甚至可以動員大量技術人員, 送往中國大陸進行種種支援。[56]

國府之所以可以輕易地持續對台灣的殖民統治, 其原因是毫無損害地繼承台灣總督府巨大的政治機構 (包括軍方), 和台灣人、日本人五十年來念茲在茲經營的近代化經濟基礎。然而, 由於他們將接收視為「劫收」, 許多國府官吏將這些資產中飽私囊, 這是造成日後政治腐敗的濫觴, 也成為被台灣人唾棄的原因。

與接收同時進行的, 國府也開始遣送「日僑」(包含解除武裝的軍人與前官員在內的所有在台日本人)。對於這些被遣返的「日僑」, 國府僅允許撤離者每人攜帶現金 1,000 日圓和糧食若干、兩袋必須品, 和以船隻託運兩個 30 公斤以內的行李箱。國府以在台日本軍人恐生不測為由, 於 1945 年 12 月下旬先行遣送軍人、官吏及平民, 到翌年 1946 年 2 月初, 完成初步遣返作業, 當時被遣返的官員和平民約有 20 萬人。這些在台日本人長久居住台灣, 習慣台灣的生活, 且在台灣不會受到迫害及報復, 再加上日本國內嚴重糧食短缺, 因此有許多日僑想要定居台灣, 但由於其後台灣情勢突然遽變, 治安日益混亂, 最後幾乎所有日僑都被遣返。到 1946 年 4 月 20 日為止, 除了被「留用」的 28,000 人之外,

被遣返的「日僑」合計將近 46 萬人。接著，由於台灣於 1947 年發生「二二八事件」，使得國府對日本人全面警戒，而於同年 4 月到 5 月上旬，分兩次將留用者全數送回日本。⑤⑦

　　在遣送業務告一段落的 1946 年 4 月 13 日，國府將安藤總督、諫山參謀長等人以戰犯名義押送上海。4 月 19 日，安藤總督在接受審問後，留下遺書，以預藏的氫酸鉀自殺身亡。⑤⑧在日僑撤離業務終了的同年 4 月 13 日，國府解散「台灣地區日本官兵善後聯絡部」，日本政府也於 5 月 31 日，以敕令第二八七號廢止台灣總督府。此時，日本的台灣殖民統治雖在法律上尚存有疑義，但在名義及實質上均已消失。

# 第三節　國府的貪黷與「二二八」大虐殺

## 一、前近代的專制政治與貪婪的殖民地經濟搾取

　　如前節所述，國府繼承日本台灣總督府精心經營 50 年的龐大統治機構，並在日本官員的全力協助下取得莫大的經濟資產，毫未受到任何阻礙地迅即占領全台灣。但在順利占領台灣之後，國府對台灣人的態度突然遽變，並不是像當初宣傳的「台灣同胞的解放者」，而是以戰爭勝利者的姿態進入台灣。因此，國府肆無忌憚地公然宣稱擁有占領者的絕對統治權和社會地位的優越權。事實上，早在來台之初時就已說出「台灣是化外之地，台灣人是未受中華文化薰陶的二等國民」的侮蔑言語，可見其征服者心態之一斑。

　　相對於日本台灣總督府，雖然同樣擁有殖民地統治者的權力，但卻如前所述積極地開發經營台灣，並且遵守法律與秩序。

相較於此，國府的腐敗無能著實令人難以卒睹。特別是由於中國人傳統的「官衙家產化」思維，形成採用親朋好友的藤蔓式人事狀態。

例如台南地方法院院長之妻，擔任該院檢察處書記官長；該院檢察處首席檢察官之妻，則任該院書記官。台中地方法院大部分職員皆為該院院長之親戚，即院長妻舅之子 3 人、妻舅之女婿 1 人、妻舅之弟 1 人、妻舅之外孫 1 人，其他遠親近戚等 20 餘人，皆在該法院任職，占全法院職員 50 人之半數以上。花蓮港地方法院院長之妻，擔任該院之錄事。花蓮港監獄長之岳父，擔任該監獄之教誨師，其妻舅亦任職獄內。又如農林處檢驗局局長葉聲鍾上任之後，把一位具有 30 年工作經驗的台籍技正范錦堂弄走，然後以自己的江蘇籍二房姨太太謝吟秋補技正之缺。這股風氣連教育界亦受波及，高雄工業專科學校校長劉某，擅收束脩聘用教員，並以親族充數，目不識丁的校長岳父充任教員，引起學生開會反對，向市長請願。諸如此類情事，不勝枚舉，尤甚者如台北縣長陸桂祥上任後，為了安插他兩百多位自己的人馬，竟不管舊有人員有無能力，而將許多人免職。⑲

這不只是造成行政的無效率化（如台灣總督府任用 18,300 位行政人員就足以處理事務，但國府行政長官公署不但增添員額到 43,000 人，而且還須留用數萬名日本人來協助組織運作），政府預算的浪費更是極度激增。依據國府（台灣省政府）發表的資料。在 1947 年上半年，將日本統治時代僅有 87 人的第二級政府官員增加為 759 人，第三級政府官員也從 862 名增加為 8,069 名。再以某間中學校為例，在日本統治時代僅教師 24 名及 4 名事務員即可順利運作，但到國府時代卻要教師 36 名及 24 名事務員。在此情況下，日本統治時代的人事預算約僅占台灣總督府預算 30%，但到僅時隔一年

的 1946 年，人事預算即上升到 76.6%。

　　儘管政府員額激增，但除了部分曾在中國本土積極協助抗日作戰的台灣人之外，重要職位的人員晉用完全沒有台灣人。在屬於第一級的官員中，一個台灣人也沒有，第二級官員亦僅占9%，第三級官員占 9.6%，第四級官員占 18.6%，第五級官員占33.4%……同時，在下級官員之間也存在極大的差別待遇，例如大陸人並不考慮其學歷及過去的經驗，即能輕易擔任較高的職位，而台灣人方面則完全相反。但令台灣人更不平的是，同一個單位、同一個級職、同樣的工作，大陸人領的薪水往往是台灣人的兩倍，他們美其名說是「偏遠地區」的「加薪」。這種差別待遇，比起日治時代更大。更叫人嘖嘖稱奇的是外行領導內行，例如，在大陸上不熟知甘蔗、蔗糖的人，來了台灣可以當起糖廠的主任、廠長；在大陸上沒有看過火車的人，來了台灣可以當鐵路局的課員，一個月薪水 600 元，遠超過一個月只領 400 元、擁有十幾年鐵路經驗的台籍副站長。⑥

　　尤其甚者，對於人才任用的差別待遇，國府辯解說是因為台灣人長期受日本奴化統治的結果，已經忘記中國話，也不知曉中國的歷史文化，因此任用上有所困難。致使「光復」前夕，擁有2,508 位島內受過高等教育，五至六萬名留日大專畢業生，近百位歐美留學生的台人中，在新政府長官公署內擔任主管級以上職務者竟十不及其一（參見表一及表二）。即使是日治時代，台人在總督府內擔任奏任（相當於薦任）級以上的高等官也有 17 人。相對之下台人在長官公署內，僅宋斐如一人任副處長（教育處），黃式鴻一人任專門委員（民政處），而且宋還是一半山。

表一　行政長官公署內主管級以上職員省籍分配（1946）

|  | 本省 | | 外省 | | 合計 | |
|---|---|---|---|---|---|---|
|  | N | ％ | N | ％ | N | ％ |
| 處長 | 0 | 0.0% | 8 | 100.0% | 8 | 100.0% |
| 副處長 | 1 | 33.3% | 2 | 66.7% | 3 | 100.0% |
| 專門委員 | 1 | 4.5% | 21 | 95.5% | 22 | 100.0% |
| 科長 | 0 | 0.0% | 31 | 100.0% | 31 | 100.0% |
| 主任 | 0 | 0.0% | 34 | 100.0% | 34 | 100.0% |
| 股長 | 9 | 8.4% | 98 | 91.6% | 107 | 100.0% |
| 專員 | 11 | 12.1% | 80 | 87.9% | 91 | 100.0% |
| 合計 | 22 | 7.4% | 274 | 92.6% | 296 | 100.0% |

資料來源：《台灣省各級機關職員錄》，1946，台灣省行政長官公署人事室編印。（陳明通）[61]

表二　台灣省行政長官公署各處中高級官員省籍統計表

| 職稱<br>機構 | 秘書 | | 專員 | | 科長 | | 股長 | | 視察 | | 主任 | |
|---|---|---|---|---|---|---|---|---|---|---|---|---|
|  | 外省 | 本省 | 外省 | 本省 | 外省 | 本省 | 外省 | 本省 | 外省 | 本省 | 外省 | 本省 |
| 秘書處 | 2 | 0 | 9 | 2 | 2 | 0 | 9 | 0 | 0 | 0 | 3 | 0 |
| 民政處 | 3 | 0 | 9 | 2 | 4 | 0 | 13 | 0 | 6 | 0 | 1 | 0 |
| 教育處 | 3 | 0 | 0 | 0 | 2 | 0 | 13 | 1 | 12 | 3 | 3 | 0 |
| 財政處 | 1 | 0 | 7 | 0 | 6 | 0 | 17 | 3 | 10 | 0 | 2 | 0 |
| 農林處 | 1 | 0 | 31 | 3 | 8 | 0 | 0 | 0 | 1 | 0 | 2 | 0 |
| 工礦處 | 2 | 0 | 10 | 0 | 4 | 0 | 10 | 1 | 0 | 0 | 1 | 0 |
| 交通處 | 2 | 0 | 10 | 0 | 4 | 0 | 6 | 0 | 0 | 0 | 3 | 0 |
| 警務處 | 3 | 0 | 1 | 0 | 4 | 0 | 20 | 2 | 17 | 0 | 1 | 0 |
| 會計處 | 0 | 0 | 3 | 0 | 3 | 0 | 7 | 0 | 0 | 0 | 0 | 0 |
| 合計 | 17 | 0 | 90 | 7 | 35 | 0 | 95 | 7 | 46 | 3 | 16 | 0 |

資料來源：〈民報〉，1946 年 11 月 18 日，五〇〇號，三版。（黃秀政）[62]

當然，這樣的結果使得期待回歸祖國的優秀台灣人感到失望及不滿。[63] 然而，儘管存在政治上的差別待遇，但更讓台灣人覺得痛恨及憎惡的是，國府對台灣經濟的破壞以及特務政治的橫行。

國府對台灣經濟的破壞及搾取行爲，從接收時的掠奪開始。例如從總督府專賣局接收的 42 萬噸樟腦變成只有 400 噸，而在接收 350 萬箱火柴之後，到隔（1946）年初卻發生火柴短缺的問題。[64] 其次，國府接收時將同類產業加以合併，再劃分爲國營、省營和國省合營等三種形態繼續經營，但結果這些產業均由國府高官及軍人擔任要職，並運用權力進行市場操作，對台灣人展開激烈的掠奪。[65]

國府占領後立即切斷台灣對日本的關係，將台灣經濟連結成中國經濟的一環，但當時中國在對日抗戰後緊接著展開國共內戰，其經濟已經是疲弊不堪，處於崩潰邊緣，此種惡劣狀況當然會波及到台灣。當時原本對日輸出的米及砂糖轉向輸往大陸。雖亦從大陸輸入日用品雜貨及工業製品，但因爲中國物資缺乏而使物價狂飆到無法控制的局面，連帶影響到輸出製品的價格，使得台灣的物價也暴漲。[66]

於是，台灣經濟急速惡化，所有產業一蹶不振，人民生活愈陷困苦。但是外省的惡質商人勾結權勢者，在激烈的通貨膨脹情況下，將台灣所有產物以不當的低價買進再高價售出，甚至走私到中國大陸謀取暴利。因此，物資缺乏問題擴及全面，例如砂糖產地的台灣竟然無法買到砂糖，而過去半世紀被稱爲「穀倉」而從未發生饑荒的台灣，因爲國府的投機而造成嚴重的糧食不足。米價從戰爭結束到隔年春天的半年間上漲 100 倍，到 1947 年 1 月，更一舉暴增到 400 倍。[67]

尤其甚者，在貨幣方面，國府對台幣進行不當貶抑，並發行天文數字般的紙鈔（1945年9月發行19億3,000萬元，1946年末發行53億3,000萬元，到1947年末發行171億3,300萬元），更形嚴重地破壞台灣經濟，造成三十萬以上的台灣人失業徘徊街頭（特別是以從日本返台的留學生及從前線歸國的軍人為多），導致社會的混亂及不安。[68] 在台灣人深感不安及為困窮而苦惱的同時，做為統治者的中國人卻在台灣赤裸裸地進行「五子」（金子、房子、女子、車子和面子；或稱：條子、房子、車子、女子、金子）的爭奪戰。[69]

對於當時的狀況，國府系記者唐賢龍在其著作《台灣事變內幕記》（1947年・南京）中提到：「國府接收台灣，但接收人員能掠奪的就掠奪、能偷竊的就偷竊、能盜賣的就盜賣、能搬走的就搬走、能走私的就走私，實際上是將在中國本土的『劫收』做法帶到台灣。……當時台灣在日本統治下已成為『路不拾遺、夜不閉戶』的安全法治國家，但在中國的『劫收』官員到達台灣之後，原本天下太平寧靜如湖面秋水的台灣社會，好像突然遭逢落下無數巨石的災難，成為亂七八糟、汙穢不堪的無法無天地區。」強烈批判國府在台灣的作為。[70]

國府在台灣施行的腐敗政治及對台灣經濟的嚴重破壞，立即引起台灣人強烈的反感，促使台灣人反省自覺。台灣人稱中國人為「阿山仔」，罵中國人為「豬標」、「豬仔」、「中山袋」、「揩油仙」、「歪哥仙」等等，以此表示對彼等的反抗。同時，自國府接收台灣不到一個月，街頭巷尾就已經流傳下述說法：「我們趕走了狗（指日本人），卻來了豬（指中國人）。但狗還會看門，而豬只會猛吃。或許應說取代狗而來的是老虎吧！狗還會忠實守護我們，但老虎不只是把食物吃光，甚至還會奪取我們的生命。日本人是搾取和開發同時進行，所以能在台灣五十年，而中國人是搾取和破壞同

時併行，這樣有可能在台灣再待五年嗎？恐怕是待不住吧！」[71]

陳儀到任時所說的「建設模範的台灣」及「實行三民主義」，被台灣人揶揄爲「建設謀叛的台亂」、「實行三民取利」或「實行慘民主義」等，成爲諷刺惡政的對象。當時還流傳其他許多打油詩，如「台灣光復歡天喜地，貪官汙吏花天酒地，警察蠻橫無天無地，人民痛苦烏天暗地」，「陳儀是大蟲，內地人是蝗蟲。日本人是臭蟲，台灣人是可憐蟲」等，台灣人藉由此等悲鳴來宣洩對國府的憤怒。[72]

於是，台灣人爲了保護自己，屢次向行政長官公署要求改善，先後提出行政改革、實施地方政治、更換貪汙官員、軍紀肅清等期望。就中特別是軍紀，當時國府軍的搶奪和搜括行爲是家常便飯。例如擔任憲兵第四團團長高維民有如下的記述：

「當時台胞普遍都騎腳踏車，譬如到郵局辦事，都把車停在郵局前面的車架裡，那些兵一看沒鎖，也沒人看，騎了就跑……那時候沒有鐵門，也沒有圍牆，只是用幾塊石頭圍成院子，種些花草，也有少數士兵一看屋裡沒人，跑進去就拿東西，這在過去從來沒有的；還有，不守秩序，他們習慣的坐車不買票，搭火車不走正門，從欄柵上就跳進去；上車也不走車門，從車窗就跳進跳出；當時只有一家大陸口味的大菜館蓬萊閣，該軍（指國軍第七十軍）一少校參謀吃飯時對女侍動手動腳，惹起反感，乃開槍示威…。」其他不勝枚舉。根據統計，從 1946 年 1 月至 1947 年 2 月，因軍紀敗壞導致軍民衝突，就有 52 件之多。亦即平均每個月，就發生三到四件的軍人違紀新聞。[73]

然而國府當局，不但對台灣人殷切的要求加以峻拒，更以台灣人沒有自治能力爲由，加強對台灣人監視管制，以降低台灣人的政治意識。至此，兩者之間遂發生衝突傾軋。台灣人公然且尖

銳地抨擊長官公署的劣政（有名的事例是省參議員王添灯挪揄陳儀跟高階長官，說他們對「台灣糖包」比對「台灣同胞」還關心），[74] 並點名協助國府而位居要職的「半山仔」（大陸歸來的台灣人），對他們展開激烈的譴責。

另一方面，國府在日本剛戰敗後就派遣特務人員進入台灣，在台灣全島成立「特務營」、「第二處」、「調查室」、「省黨部」（其下設有縣、市黨部。1945 年 10 月 30 日，在台北成立，主任委員李翼中。同年 11 月以降，正式展開台灣島內組織。迄至 1946 年 3 月末，省黨部共吸收了 1,215 名黨員。[75] 該組織雖不屬於軍統機構，但也是 C.C 派情報網之一。）等秘密警察組織。這些特務人員的工作是探察台灣情勢，並將台灣知名人士造冊，監視這些人物的活動。

1945 年 12 月 6 日，國民政府頒布修訂後的〈懲治漢奸條例〉，將漢奸範圍擴大，鼓勵人民密告，並全國各地一體適用。1946年 1 月 16 日，台灣省警備總司令部第 56 號公報指出，奉陸軍總司令何應欽之令，全國各地舉行漢奸總檢舉，台灣自 1 月 16 日到 29 日兩週間舉行全省漢奸總檢舉，要求全省民眾「儘量告發過去日寇統治台灣時所有御用漢奸之罪惡」，並將檢舉資料逕寄警備總部參謀長柯遠芬，總部將代為保密。19 日，〈民報〉並刊出〈懲治漢奸條例〉全文。31 日，警備總部共收到民眾踴躍檢舉文件 335 件。[76]

其後，當台灣人為了自衛與生存而展開行動時，陳儀即指使特務人員，在 1946 年 3 月，進行大規模的「逮捕漢奸」行動。辜振甫、林熊祥、許丙、簡朗山、黃再壽、詹天馬、陳炘等十多位台籍士紳，被指為漢奸、陰謀獨立。接著，從當時台灣最有名的士紳林獻堂開始，還有許多台灣知名人士及擔任公職的台灣人，陸續被傳訊調查審問。很多人被羅織罪名，遭到特務們的脅

迫和要脅，被勒索金錢自不在話下，有些甚至被逮捕殺害。於是，國府設立許多特有的「集中營」，如在台北有「勞動訓練營」、在台東有「遊民習藝所」，收容反對政府及批評政府的人。[77] 國府即透過這般特務政治，剝奪台灣人的自由，並使台灣人對其心生恐懼。

如此一來，台灣人對國府的氣憤情緒日增，希望能排除國府的占領統治。當時，美國戰略業務局（OSS）情報人員曾在台灣進行輿論調查，在街頭向各階層人民詢問：1. 台灣人是否願意繼續讓中國人統治？2. 是否願意再讓日本統治？3. 是否希望將來在聯合國管理下，由美國進行託管？依當時調查的結果顯示，台灣人不希望被中國人統治，反而希望接受美國的託管。[78]

有實際的證據顯示，這項調查的可信度極高，並且當時國府在台灣首任空軍司令官林文奎將軍也有同樣的觀察，而向蔣介石密告陳儀的專制腐敗，提出「如果不撤換陳儀並向台灣人謝罪，將引起極大災禍」的忠告。但是蔣介石對此充耳不聞，反而將林文奎調離重要職務，使其一生鬱憤以終。[79] 對台灣人或對國府而言，他實在是一位非常可惜的人物。果不其然，林司令官的預言不幸言中，1947 年 2 月 28 日，終於爆發台灣史上空前的大慘劇。

# 二、二二八事件及其鎮壓

1947 年 1 月 1 日，南京的國民政府正式公布前一年（1946）12 月 25 日通過的「中華民國憲法」，並宣布自同年 12 月 25 日施行。對冀望藉由憲法實施而解除特務政治桎梏的台灣人來說，這是個令人振奮的好消息。可是到同（1947）年 1 月 10 日，陳儀突然發表聲明：「大陸人民因為較先進，得以享有憲法的特權，台灣住民由於長期受日本的專制統治，政治意識退化，欠缺理性

知識，自治能力闕如。因此，在渠等成為完全公民之前，至少二、三年內，國民黨有必要實施『訓政』。」宣布憲法此時不適用台灣。⑧

　　日本在台灣的統治雖然曾經相當專制，但在經過半世紀的統治之後，無論是在文化、社會、經濟、行政等各方面，任誰都可看出台灣已遙遙領先中國。正如當時英國駐台領事丁戈（M. Tingle）所指出的，如果在台灣實施憲法舉行選舉的話，台灣人必定將現任執政者趕下台，如此一來就不再能像過去般恣意妄為地斂財，於是陳儀以此為口實，拒絕台灣人參政。⑧台灣人不但怨聲載道，並且憤怒的情緒日漸升高。

　　2月13日，由於米價暴漲使得人民生活加倍困苦，遂有二千多名台北市民聚集在萬華龍山寺，整理隊伍進行請願示威，要求長官公署解決糧食不足的問題。17日，長官公署首次表示接受台灣人民的要求，在台北市採取米的配給制度。但此時米價已較一年半前戰爭結束時高出400倍，台北城內開始呈現不穩的情勢，台灣全島的情勢彷彿籠罩在烏雲之下。

　　1947年2月27日下午7時半，台灣省專賣局查緝股職員葉德根、盛鐵夫、鍾延洲、趙子健、劉超羣、傅學通六人與稽察大隊警員四人，乘一輛大卡車，威風凜凜，在台北市內，大肆查緝私菸小販。因為這是「查緝」其名，「搶劫」其實，所以到處菸販都聞風逃避。這些查緝員到延平路「天馬茶房」附近的時候，發現了一批小販，即停車開始查緝，逃避不及的，均受打踢，所有紙菸都被沒收了。有一女販林江邁，一時逃避不及，被查緝員所擒，一切紙菸和現款六千餘元都悉數被奪一空。該女販年紀約40歲，她一面向查緝員申訴：她是一個寡婦，一家數口，只依靠賣菸過日，些許資本還是向人家借來的，倘一旦被拿去，明日

起就無法生活；一面雙腳跪地，哀求施恩饒恕。旁邊民眾也向前代為求情，但是，查緝員卻不理他們的哀求，強把那些紙菸拋入車內，於是，她就不顧一切，拚命要奪回。不料查緝員葉德根拿起槍桿向她亂打，打得頭破血流，昏倒在地。[82]

當地民眾五百餘名，看到如此殘酷的行為，圍觀的群眾憤慨地抗議，把查緝員包圍起來，其中一名查緝員傅學通卻向抗議的群眾開槍。結果，將正帶著侄子要到迪化街 32 巷附近的土地公廟看布袋戲的陳文溪(20 歲或稱 27 歲，是當地角頭的胞弟)打穿胸部，送醫不治。[83]民眾見殺人犯逃去，擁至警察局，要求逮捕凶犯，以免後來又無下文 (因為前年年底，基隆專賣局打死菸販一名：凶手逃去，不了了之)，交涉很久，無結果，又到憲兵團交涉捕凶，亦無結果，於是群情激昂，回到肇事地點，把查緝車及一切私菸焚燬了。然而終不得洩恨，再擁至市警察局，強硬要求立刻逮捕凶犯，在民眾面前槍決。警察局負責人向民眾聲言：凶犯已被逮捕，現已交給憲兵團，民眾不信，即進入局裡搜索，找不到凶犯，於是再擁至憲兵團，憲兵團長張慕陶不理，也不說有，也不說無。因為警察局和憲兵團的無誠意，經過三番五次的交涉，也不能得到任何結果，民眾的怨恨越積越多，是夜民眾越集越眾，終於把警察局和憲兵團包圍得鐵桶相似，直至天明不願散開。[84]

28 日早晨，龍山寺、延平路一帶都是人山人海，昨夜包圍警察局和憲兵團的民眾因要求懲凶不能達到，即結隊開始遊行，每個十字街頭，都有熱烈的志士在演講。一隊一隊的民眾，打鑼擊鼓，通告罷市，大小商行以及街頭小販，都立即響應，關門閉戶。上午 9 時左右，有一大隊民眾，打鑼擊鼓，高舉著各樣旗幟，寫著各種口號，湧向專賣局疾聲抗議，要求處罰凶手和提供今後的安全保障。由於局長等中國官員早已聞聲逃逸，結果抗議群眾

衝進局內，將庫存菸酒運出燒毀。午後1時左右，怒不可抑的抗議群眾更轉向長官公署陳情，想不到中國軍隊竟以機槍向手無寸鐵的民眾掃射，造成許多台灣人死傷。此時民眾因抗議、請願未成，反遭長官公署開槍射擊，新仇舊恨頓時迸發，瞬時之間台北市變成一個恐怖世界。民眾分據各交通要道，只要看到「外省人」，不分男女，均以拳腳相向。外省人的公司、店鋪亦遭受攻擊。午後二時左右，激憤的台北市民移師新公園召開民眾大會，宣誓進行「打倒貪官污吏」的徹底抗爭。其中，部分民眾更攻占新公園內的廣播電台，透過收音機向全島報告此一事件，呼籲全島民眾奮起呼應，將「豬」(中國人) 趕出台灣。[85]

與此同時，對民眾行動感到驚慌的陳儀，立即於當天午後三時公布臨時戒嚴令。武裝軍車在市區來回巡邏，並向聚集的民眾開槍，造成許多市民及學生的犧牲。如此一來，台北市民的激憤一舉爆發，「打死阿山！」、「趕出阿山！」之怒吼，整夜不息，二二八事件即是這樣發生的。事發當晚，此一事件即波及到台北縣板橋和基隆等地。[86]

3月1日，抗爭行動延伸到台灣中部，不僅僅是大都市，連地方也開始動盪。政府機關及公營事業被蜂擁而起的民眾接收管理，平日作威作福而來不及逃跑的中國人被小職員毆打，甚至發生部分被打死的事件，同日上午10時。台北市參議會邀請國大代表、省參議員、國民參政員共同組成「緝菸血案調查委員會」，並派代表黃朝琴 (省參議會議長)、周延壽 (台北市參議會議長)、王添灯 (省參議員)、林忠 (國民參政員) 四人向陳儀提出五項要求：1.立即解除戒嚴；2.被捕市民應即開釋；3.飭令軍警憲不得開槍、濫捕打老百姓；4.官民合組處理委員會善後；5.請陳長官對省民廣播。[87]

　　3月1日下午5時，陳儀接納「緝菸血案調查委員會」的要求，發表第一次的廣播詞，其全文如下：

「台灣同胞：

　　台北市在前天晚上（廿七日夜裡）因查緝私菸誤傷人命。這件事，我已經處置了，緝私菸誤傷人命的人，已經交送法院嚴格訊辦，處以適當的罪刑。一個被打傷的女人，傷勢並不重，但我已經為她治療，並給以安慰的錢。一個內傷死亡的人，我已經很厚的撫卹他了。這件事的處理，我想你們應可滿意的。

　　昨天發生暴動的情形，人員有被打死的，房屋和物件有被燒毀的，損失很大。這實是一件很不幸的事情。政府為保護人民及維持秩序，不得不施行戒嚴。

　　今天省參議員、市參議員、國大代表、參政員等，請求我解除戒嚴。你們要曉得，戒嚴是結果，不是原因。因為有了暴動的原因，才有戒嚴的結果。如果暴動不再發生，戒嚴自無必要。參議員們的要求非常懇切，我已經答應了他們，自今晚十二時起，解除戒嚴。不過解除戒嚴以後，必須維持地方秩序，社會安寧。集會遊行暫時停止，罷工罷課罷市毆人及其他妨礙公安的舉動不准發生。

　　至於昨天參加暴動而被逮捕的人，我曉得其中亦有脅從隨聲附和的。參議員們請求保放，我亦答應他們，但這批人裡面，難保其中沒有很壞的人，釋放時鄰里長須負責具釋。

　　還有一件事，即是參議員們願派代表與政府合組委員會，來處理這次暴動的事情，我也答應了。你們有什麼意見可告訴委員會轉達給我。

　　我知道大多數的台灣同胞是守法而安份的，希望你們今後

要信賴政府，與政府合作，自動自發的維持治安，嚴守秩序，恢復二十七日以前的情形。這是關於本省同胞的名譽，希望你們特別注意，切實實行。」[88]

此外，陳儀廣播後，即發表派民政處長周一鶚、交通處長任顯群、工礦處長包可永、農林處長趙連芳、警務處長胡福相等5人，代表政府參加處理委員會，協同辦理善後。晚8點，警備總司令部發表公報，稱台北區自3月1日午後12時起解除戒嚴，但集會遊行仍然禁止。[89]

3月2日上午10時，台灣大學、私立延平學院、師範學院、法商學院及各高級中學的學生，揭櫫「政府民主化」、「台灣自治」等口號，集結中山堂召開學生大會，通過決議：1.組織學生隊維持治安及整理交通；2.讚揚台北市民的義舉，呼籲全民奮起抵抗國民黨政權的暴政。斯時，「台灣省政治建設協會」蔣渭川（蔣渭川為日治時代社會民族主義運動領導人蔣渭水之胞弟，但他也是台灣投機主義者之一。戰後他眼見半山派仰仗政學系陳儀勢力，席捲本土大半政治空間，乃轉而投靠陳儀的死對頭CC派〔陳立夫、陳果夫設立的組織〕），為在台領導人李翼中所吸收，進而組織政治建設協會為實際的負責人；對陳儀的攻擊最烈，因此擁有一定的政治勢力。這派的人物自稱是「阿海」，但二二八事變以後，被稱為「靠山」份子）[90]等5人，應憲兵第四團團長張慕陶之邀，前往公署面見陳儀。蔣渭川除對事件表示遺憾，亦暗示暴動係由彼等領導，[91]希望政府寬大處理之外，同時建議處理委員會擴大改組。陳儀聽取建議之後，立即同意並通知處委會照辦。[92]

當日下午二時半左右，由「緝菸血案調查委員會」改組成的「二二八事件處理委員會」，在零星槍聲中於中山堂首次召開會議

（主席周延壽，台北市參議會議長）。除民意代表之外，長官公署方面由民政處長周一鶚、警務處長胡福相、交通處長任顯群、台北市長游彌堅等官員出席。會議做成四項決議：1.選出「省級人民團體」的代表參加委員會；2.政府解散警察大隊；3.治安由憲警及學生組織「治安服務隊」共同維持；4.將「緝菸血案調查委員會」提出的四點要求再做確認。[93]陳儀立即表示接受這些決議內容，並與處理委員會代表會見之後，於同日下午三時，向民眾作第二次廣播，其全文如下：

「台灣同胞：

關於這次事件的處置，我昨日已經廣播過，你們都應該聽到，明白我的意見了，我現在為了安定人心，迅速恢復秩序，作更寬大的措施，特再宣布幾點處置辦法：

一、凡是參加此次事件之人民，政府念其由於衝動，缺乏理智，准予從寬一律不加追究。

二、因參與此次事件已被憲警拘捕之人民，准予釋放，均送集憲兵團部，由其兄或家族領回，不必由鄰里長保釋，以免手續麻煩。

三、此次傷亡的人，不論公教人員與人民，不分本省人與外省人，傷者給予治療，死者優以撫卹。

四、此次事件如何善後，特設一處理委員會，這個委員會除政府人員及參議員、參政員等外，並參加各界人民代表，俾可容納多數人民的意見。

台灣同胞們，政府這樣寬大的處置，大家應該可以放心了，我愛護台灣，我愛護台灣同胞，我希望從這次廣播後，大家立刻安下心來，趕快恢復二月二十七日以前的秩序，照常工

作，經過這次事件，人民與政府，想更能和衷合作，達到精誠
團結的目的。」⑨

　　不過，陳儀的這一詐偽廣播，數小時後，即露出馬腳。陳儀
調動鳳山南部軍隊，北上鎮壓民眾的秘密情報，當晚已傳遍台北
市民。幸而，載滿南部軍隊的火車，馳至新竹地方，受新竹市民
機警的阻礙。新竹市民不僅毀壞了鐵路幹線的軌道，並且也利用
障礙物，切斷一切通往台北的公路幹線。⑤
　　要之，陳儀表面上假裝採取與台灣人談和的態度，然而實際
上是要藉以拖延時間，一面同日已密電蔣介石，表示事件是由海
南島回來之奸匪及殘留日本勢力（御用紳士流氓等）煽動，造成眾
多無知的民眾參加，情勢已經非常危急，請求中央政府派兵增
援。⑥
　　3月3日，擴大組織後的「二二八處理委員會」於上午10
時在中山堂舉行第一次全體大會，出席者相當踴躍。但公署官員
不再出席，柯遠芬警總參謀長竟誣言政府代表已被摒棄，處委會
自是變為純粹的叛亂組織。⑦其實原因很明白，就是因為中央派
兵的密電已到了。據柯遠芬的手稿〈台灣二二八事變之真相〉，
他終於承認在3日，即開始衡量必須軍力平息暴亂時，應該如何
因應。結果，「思及『擒賊擒王』的辦法，再度召集情治單位負
責人總部調查室陳達元少將、憲兵團團長張慕陶、軍統局台灣站
長林頂立，指示偵查事件幕後之策動份子，並掌握為首份子動
態，以備將來平亂之用。」⑧
　　而在處委會會中，主席潘渠源副議長報告稱軍警未遵守長官
禁令，以致仍有二起槍殺案發生。接著，討論下列幾件議案，其
要點如下：㈠組織自隊，由學生負責。許德輝也發言稱，願喚起

全省數十萬有志之士組自隊，負責治安；㈡選出林宗賢、林詩黨、呂伯雄、駱水源、李萬居 5 人，委請美國領事館通告世界與國府有關二二八事件眞相（按：此事後訛爲請美國託管）；㈢盼望民眾不可亂打外省同胞。⑨⑨

3 日下午 4 時，處委會治安組召開台北市臨時治安委員會，出席者有數位委員（黃朝生等）、市長游彌堅、警察局長陳松堅、民眾代表許德輝、劉明，及學生代表共 20 餘人。決議以忠義服務隊爲臨時治安委員會之執行機構，其組織爲總隊長 1 人，下分總務組、糾察組、糧食組、宣傳組、管理組等，由許德輝出任總隊長。據《蔣渭川回憶錄》，治安委員會會議地點在警察局三樓會議室，他到達時，會中已經決定組織忠義服務隊、定好隊規，由許德輝當隊長，兼治安組組長。可見成立忠義服務隊事早由官方安排好，而蔣渭川可能被運用以掩蓋其原始身分。事實上在二二八期間，忠義服務隊根本就是警總所設立的機構，主要任務是蒐集情報，總隊長是林頂立，許德輝當只是台北市之隊長而已。概括地說，在二二八期間，林頂立所主掌的行動總隊或別動隊，與許德輝所管轄的忠義服務隊，其實都是警總調查室的外圍組織。這兩支組織所吸收的成員，主要是流氓地痞，以及一部分學生、青年。組成後，取代軍警執勤，極爲活躍。但由於成員自初既有問題，該隊犯了不少劣行。如搶劫勒索、欺壓善良、假公濟私等等，不勝枚舉。⑩⑩

3 月 4 日上午 10 時，處理委員會在中山堂開會，討論該會「組織大綱草案」，並作成八項決議。就中最重要的有二，即 1.擴大處委會爲最省性組織，通知 17 縣市參議會緊急分別選派代表，參加組織「全省的處理委員會」；2.請求柯遠芬參謀長遵守 3 日之諾言，全面禁止士兵武裝出門等。至此，二二八事件處理委員

會從一個處理單一事件的地方性組織，逐漸擴大其處理範圍，預備要擴長成全省性的組織，而政府部門的代表則不再出席會議了。[101]

4日下午2時，處理委員會繼續開會，並決議：1.所有關於二二八事件新聞之播送，應經由該會辦理播送；2.對糧食調濟協助會採購米糧，由處委會給予證明，而產地與北市公定價格之差額，由當局撥款補貼，照公定價格配售市民。並派劉明朝、簡檉堉、陳海沙等人，向商工銀行借款二千萬元，作爲購米資金；3.各工會派代表二名參加處委會。[102]

在官民交涉頻繁之際，社會秩序有逐漸安定之跡象。3月4日下午，全省各線火車均已通行。4時，自新竹運米糧之列車開抵台北。早晨6時，自高雄開出之班車，於下午5時30分抵台北，商家亦捐獻以撫卹死難台民。3月5日，秩序已完全恢復，台北市各商店均開市營業，火車、公路局汽車、市營公車已全部通車，各國校學生已照常上課。治安也顯著好轉，盲目毆打外省人的暴行已減少，忠義服務隊員有時也懲處一、二個違法的台灣人。[103]

同日下午2時起，處委會在中山堂分別召開小組會議，其中以宣傳組提出之二議案最具政治意味。一是派陳逸松、王添灯、吳春霖、黃朝生爲代表，赴南京陳情；一是發表告全國同胞書，以闡明事件眞相。此外，處委會又於下午5時再度開會，由陳逸松主持，通過處委會組織大綱，並提出八項政治改革方案。其要項有：㈠台灣省長官公署秘書長及民政、財政、工礦、農林、教育、警務各處長與法制委員會，須半數以本省人充任；㈡公營事業由本省人經營；㈢即刻實施各縣市長民選；㈣撤銷專賣制度；㈤取消貿易局及宣傳委員會。並向長官公署提出，要求採納。[104]

正當「處理委員會」毫無防備與警戒地在中山堂召開各個委

員會，熱心認眞地反覆討論政治改革案，並提案要派代表遠赴南京陳情。但在同一時間，國府的陳誠參謀總長向蔣介石報告，台灣鎮壓部隊包括第二十一師、步兵一團、憲兵二營等已經配置齊全，準備由上海、福州兩地起運。於是，蔣介石電告陳儀：「已派步兵一團、並派憲兵一營，限本月七日由滬啓運，勿念。」[105]

　　陳儀在接到蔣介石密電的隔日，回電蔣介石表示感謝，並且報告台灣近況。陳儀將事件歸咎於「海南島歸來的退役軍人」(上海《觀察》週刊，於 1946 年 11 月的一篇報道〈海南島的台灣人〉，說他們：「飢無食、寒無衣、居無屋、病無藥；被欺侮、受冤落、私嘆息、偷飲淚的慘狀。」所以這批飽受歧視、凌虐、非人待遇的海南島台籍軍伕，返台後，當然對「祖國」的中國人，只有怨言忿恨；在二二八事件中，他們確實成最激憤的一群民眾。)[106] 以及共產黨的煽動，更兼殘留日僑暗中鼓譟，加上日本人御用士紳流氓(實際上，他將各地的名望家包括「處理委員會」的王添灯也稱爲流氓) 等人有計劃性地攻擊政府，是有組織的叛亂行動。「對這樣的叛亂者必須以武力對抗，必須完全斷絕他們的存在」。因此，陳儀再向蔣介石要求增派國府裝備最齊全的兩個師精銳部隊。[107]

　　一方面，對陳儀動向毫無所知的台灣人代表，於 3 月 6 日下午 2 時，在中山堂補開處委會正式成立大會。出席委員及民眾旁聽者有 300 餘人。王添灯任會議主席，即席選出常務委員，計有——國民參政員：林獻堂、陳逸松；國民大會代表：李萬居、連震東、林連宗、黃國書；台北市參議員：周延壽、潘渠源、簡檉堉、徐春卿、吳春霖；省議員：王添灯、黃朝琴、蘇維樑、黃純青、林爲恭、郭國基。另選出候補常務委員洪火煉、吳國信。隨後由擔任委員長的王添灯發表關於二二八事件「告全國同胞書」，號召台灣人「透過這次的事件，我們努力的目標是肅清貪

官汙吏及改革本省政治，絕對不是排斥外省人參與本省的政治改善，反而是歡迎中國人共同參與」。[108]同時，對於當前事件的處理，另文揭櫫二大項目的處理方式。亦即㈠「對於目前的處理」七條、㈡「根本處理」二十五條。此即聞名的 32 條要求，其全文如下：

## ㈠ 對於目前的處理

1. 政府在各地之武裝部隊應自動下令暫時解除武裝武器，交由各地處理委員會及憲兵隊共同保管，以免繼續發生流血衝突事件。

2. 政府武裝部隊武裝解除後，地方之治安由憲兵與非武裝之警察及民眾組織共同負擔。

3. 各地若無政府武裝部隊威脅之時，絕對不應有武裝械鬥行動。對貪官汙吏不論其為本省人或外省人，亦只應檢舉轉請處理委員會協同憲警拘拿，依法嚴辦，不應加害而惹出是非。

4. 對於政治改革之意見，可列舉要求條件，向省處理委員會提出，以候全般解決。

5. 政府切勿再動兵力，或向中央請遣兵力，企圖以武力解決事件，致發生更慘重之流血而受國際干涉。

6. 在政治問題未根本解決之前，政府之一切施策（不論軍事、政治），須先與處理委員會接洽，以免人民懷疑政府誠意，發生種種誤會。

7. 對於此次事件不應向民間追究責任者，將來亦不得假藉任何口實拘捕此次事件之關係者，對於因此次事件而死傷之人民應從優撫卹。

## 二、根本處理

甲、軍事方面

1. 缺乏教育和訓練之軍隊絕對不可使駐台灣。
2. 中央可派員在台徵兵守台。
3. 在內陸之內戰未終息以前，除以守台灣為目的之外，絕對反對在台灣徵兵，以免台灣陷入內戰漩渦。

乙、政治方面

1. 制定省自治法，為本省政治最高規範，以便實現國父建國大綱之理想。
2. 縣市長於本年六月以前實施民選，縣市參議會同時改選。
3. 省各處長人選應經省參議會（改選後為省議會）之同意，省參議會關於本年六月以前改選，目前其人選由長官提出，交由省處理委員會審議。
4. 省各廳處長三分之二以上須由在本省居住十年以上者擔任之（最好秘書長、民政、財政、工礦、農林，教育、警務等處長應該如是）。
5. 警務處長及各縣市警察局長應由本省人擔任，省警察大隊及鐵道工礦等警察即刻廢止。
6. 法制委員會委員數半數以上由本省人充任，主任委員由委員互選。
7. 除警察機關之外，不得逮捕人犯。
8. 憲兵除軍隊之犯人外，不得逮捕人犯。
9. 禁止帶有政治性之逮捕拘禁。
10. 非武裝之集合結社絕對自由。
11. 言論、出版、罷工絕對自由，廢止新聞紙發行申請登記制

度。

12. 即刻廢止人民團體組織條例。

13. 廢止民意機關選舉辦法。

14. 改進各級民意機關選舉辦法。

15. 實行所得統一累進稅，除奢侈品稅相續稅外，不得徵收任何雜稅。

16. 一切公營事業之主管人由本省人擔任。

17. 設置民選之公營事業監察委員會，日產處理應委任省政府全權處理，各接收工廠工礦應置經營委員會，委員須過半數由本省人充任之。

18. 撤銷專賣局，生活必須品實施配給制度。

19. 撤銷貿易局。

20. 撤銷宣傳委員會。

21. 各地方法院院長、各地方法院首席檢察官全部以本省人充任。

22. 各法院推事、檢察官以下司法人員各半數以上省民充任。⑩

　　事實上，此時陳儀表面上接受所有處委會的請求，當晚 8 時半，更透過第三次廣播，承諾做進一步的改革，其全文如下：

「台灣同胞：

　　自從二月二十八日台北市事件發生以後，我曾兩次廣播，宣布極和平的解決辦法。台北方面，這幾天經憲警及地方人士的共同努力，秩序已安定，曾經有過問題的各縣市，亦趨好轉，想不久可恢復原狀，不過各位所關心的還有一個問題，就

是如何改善政治的問題。但要改善政治，首先調整人事。關於
這一點，我也考慮到。此刻特將我的意思，和你們開誠布公的
說一說：第一、省級行政機關，我已考慮將行政長官公署改爲
省政府，向中央請示，一經中央核准，即可實行改組。改組時，
省政府委員，各廳長或各處長，要盡量任用本省人士，希望省
參議會及其他可以代表民意的合法團體，推舉人格高尚，思想
正確，能力卓越的本省適當人選，以便向中央推薦。第二、縣
市級行政機關，我已預定在預備手續能完全的條件之下縣市擬
定選舉法，請中央核准，七月一日開始舉行普遍直接的選舉，
選出各縣市長。至於縣市長未民選以前，現任縣市長之中，當
地人民認爲有不稱職，我可以將其免職，另由當地縣市參議會
（各合法團體如要參加亦可以，可由當地人士協商決定，總之希望能代
表多數民意）共同推舉三員候選人，由我圈定一人，充任縣長、
市長，並負責辦理民選縣市長的準備工作，人民認爲稱職的現
任縣市長，則繼續執行任務。至於各種行政，如要改革，在省
一方面，俟政府改組以後，由其決定，在縣市長方面，俟縣市
長調整後，由他們負責。政治問題，我已決定如此解決。但是
目前最重要的還是趕快恢復秩序。否則奸黨可乘機搗亂，極易
糜爛地方。今日下午，還有坐著卡車在路上搶奪士民槍枝的不
法之徒。就是糧食問題，現已日趨嚴重，現在因爲秩序未定，
米價黑市，聽說已漲至六十多元。一般人民大受影響，生活痛
苦極了。又說台灣大學學生已經吃了幾天稀飯，我都非常關懷。
你們要知道，目前的糧荒，完全是秩序不安造成的。要趕快解
決糧荒，須趕快恢復秩序，我聽說因爲奸黨造謠惑衆，致有同
胞遷避的，我希望你們信賴政府，千萬勿輕信謠言。中華民族
最大的德性就是寬大，不以怨報怨。我們對於本省自己的同胞，

難道還會不發揮偉大的美德嗎？我今天下午已經召集本市公教
人員講過話，要他們發揮我們中華民族寬大的德性，忘記這一
次悲痛的事件，與本省同胞相親相愛精誠團結。同胞們，政治
問題解決的原則，我已告訴你們，只要辦法決定，即可實行。
從今而後，大家趕快鎮靜下來，協助政府，恢復秩序，解決糧
食問題，準備改組省級政府，及民選各縣市長，言而有信，我
的話完全負責，在這次沉痛的經驗以後，希望政府人民，共同
爭取安定繁榮愉快和平的生活。」⑩

　　對於陳儀玩弄這個大撒謊的廣播，大部分的處理委員們都不
知道，也不相信這會是陳儀的緩兵之計。他們以為陳儀有著誠意
要改革台灣的政治，台灣人已有出頭天的日子了。誰知道陳儀卻
暗中進行以武力消滅反政府者、要徹底鎮壓台灣人的計畫。當日，
高雄要塞司令彭孟緝已秘密下令發動攻擊，台灣人的大禍即將降
臨！
　　因為稍前蔣介石致陳儀的密電：3月7日，國府援軍即將由
上海、福州起運。所以陳儀的態度，也逐漸轉變。亦即3月7日
上午，陳儀致函處理會，謂：「二二八善後事宜，各方代表紛紛
來見，建議辦法莫衷一是。惟關於善後辦法，已組織二二八事件
處理委員會，該會本可容納民眾代表，今後各方意見希均先交處
理委員會討論，定擬綜合的意見後，由該會選定代表數人開列名
單向本署建議，以便採擇實施。」⑪很明顯地這是陳儀已開始要
隔離與切割處委會的前兆。
　　儘管危機和悲劇已迫近眉梢，但處委會卻毫無任何疑慮，陷
入和平解決的幻想當中，絲毫沒有考慮任何應變的措施。這是招
來二二八事件大慘案的最大主因。當日（7日）處委會仍然終日

開會，但會場因爲有軍統 (如許德輝)、C.C 派 (如白成枝、呂伯雄)
等情治人員的滲入活動，意見繁雜，十分混亂。結果，7 日上午
11 時至 12 時 30 分及下午 3 時 30 分至 4 時 20 分，先後由臨時
主席潘渠源所主持的二次全體大會，除重新決議通過原有 32 條
要求之外，又增列十條。計軍事方面二條、政治方面八條，此即
所謂「四十二條要求」。其增列之十條條文如下：

1. 本省陸海空軍應儘量採用本省人。

2. 台灣省行政長官公署應改爲省政府制度，但未得中央
   核准前暫由二二八處理委員會之政務局負責改組，並
   普選公正賢達人士充任。

3. 處理委員會政務局應於三月十五日以前成立。其產生
   方法，由各鄉鎮區代表選舉該區候選人一名，然後再
   由該縣市轄參議會選舉之。其名額如下：台北市二名；
   台北縣三名、基隆市一名、新竹縣三名、台中市一名、
   台中縣四名、彰化市一名、嘉義市一名，台南市一名、
   台南縣四名、高雄市一名、高雄縣三名、屏東市一名、
   澎湖縣一名、花蓮縣一名、台東縣一名，計三十名 (實
   爲二十九名)。

4. 勞動營及其他不必要之機構廢止或合併，應由處理委
   員會政務局檢討決定之。

5. 日產處理事宜應請中央劃歸省政府自行清理。

6. 警備總司令部應撤銷，以免軍權濫用。

7. 高山同胞之政治經濟地位及應享之利益應切實保障。

8. 本年六月一日起實施勞動保護法。

9. 本省人之戰犯及漢奸嫌疑被拘禁者，要求無條件即時

釋放。

10. 送與中央食糖一十五萬噸，要求中央依時估價撥歸台灣省。[112]

如上所述，「三十二條處理大綱」的主要內容是，要求中央政府賦予台灣高度自治，主張省長以下的各處長、司法官選用台灣人；中央可派員在台徵兵守台；保障言論、出版、結社、罷工等基本人權。但由國府特務吳國信委員等，另強行通過的「十條追加大綱」：其第一條「本省陸海空軍應儘量採用本省人」（「32條大綱」甲、軍事方面第二條「中央可派員在台徵兵守台」，其語意有甚大的差異）；其第六條「警備總司令部應撤銷，以免軍權濫用」；其第九條「本省人之戰犯及漢奸嫌疑被拘禁者，要求無條件即時釋放」等，這些項目就成為「反抗中央政府，陰謀背棄國家」的大屠殺藉口了。[113]

總言之，「處委會」會議終了之後，下午 5 時許，處委會代表黃朝琴、王添灯、吳國信（特務人員）等 15 人，將「三十二條處理大綱」及「十項追加要求」面呈陳儀時，由於陳儀已經得到鎮壓部隊到達的消息，於是態度丕變，悍然拒絕這些要求，並於當晚悄悄下達準備出擊的命令。[114]

察覺到陳儀計畫的「處理委員會」委員長兼宣傳組長王添灯，於下午 6 時 20 分左右，臨時向全島居民進行廣播，以北京語、閩南語、客家語、英語、日語報告和陳儀交涉的經過，最後以悲傷的語氣做為廣播的結尾，表示「處理委員會的使命已經終了，今後事件的解決除依賴全島居民團結一致與奮鬥之外，別無其他方法，期盼各人好好自處」。數日後（3 月 11 日清晨 6 時），王添灯以流氓頭子名義，在貴德街的茶行家中，被憲兵第四團抓走，張

慕陶團長刑訊未果，乃將王添灯挖眼割鼻後，澆淋汽油焚燒，遺
體投入淡水河不知所終。[115]茲將王添灯的生平略歷引述如下：

　　王添灯，台北新店人，台北成淵學校特別科畢業，曾任新店
庄役場書記、庶務主任、台北市役所僱員。1930 年參加台灣皇
漢醫道復活運動，1931 年投入政治運動，擔任台灣地方自治聯
盟台北支部幹事。1932 年創立南興洋行，又於港町創立文山茶
行，在業界甚為活躍。

　　戰後積極於政治活動，參加三民主義青年團，1946 年當選
台北市參議會議員，任三民主義青年團台北分團幹事與主任，又
擔任台灣省政治建設協會理事。又被推選為台灣省茶業商業同業
公會理事長，並任〈人民導報〉社長。二二八事件爆發後，參與
二二八事件處理委員會，任處理委員兼宣傳組長，多次在電台廣
播。3 月 7 日，其所草擬之「三十二條處理大綱」在處委會中通
過，並追加 10 條要求，當晚提交給行政長官陳儀，被陳儀所拒。
3 月 11 日清晨於家中被捕，此後失蹤。[116]

　　其次，同 7 日，陳儀電告蔣介石，指出「反動份子」與美國
領事館往來，美領事也發表無理的反政府言論；而反動份子之詭
計是利用政府武力單薄之弱點舉事，「如無強大武力鎮壓制裁，
事變之演變，未可逆料」。因此，他要求照前所請，除二十一師
全師開來外，至少加派一旅來台。[117]

　　如此，3 月 8 日上午 7 時，由福州調來，搭乘海平輪的兩營
憲兵部隊二千名，護同閩台監察使楊亮功抵達基隆港；預定當夜
上岸，隨後開赴台北。但下午三點多，楊亮功尚未登岸，即遭到
岸上群眾的怒吼反抗。基隆要塞司令史宏熹乃合同船上的憲兵隊，
立刻架起大砲、機槍向岸上群眾夾攻亂射，殺死許多無辜市民，
老幼男女都有。直到晚上，楊功亮靠岸登陸後，碼頭附近一帶，

在燈光下尚可看到斑斑血跡。[118]

另一方面，同8日上午，「二二八處委會」正爲了昨日通過「三十二條處理大綱」及「十條追加要求」被陳儀斷然斥拒，而亂成一片，大家更關心的是聽說軍隊已經開赴台灣的消息。於是，動搖軟化的黃朝琴、李萬居、連震東、黃國書等一班「半山」，他們糾集一些垂頭喪氣的處理委員，在中山堂開會協議。旋至公署向陳儀謝罪，稱不再提任何要求，並發表如下的「重大聲明」：

「查三月七日本會議決提請陳長官採納施行之三十二條件，因當時參加人數衆多，未及一一推敲。例如撤銷警備總部、國軍繳械，跡近反叛中央，決非省民公意。又如撤銷專賣局，固爲商人所喜，然工會則不贊成，殊不足以代表本省人民利益。茲經再度商議，認爲長官既已聲明：改組長官公署爲省政府，儘量速選省民優秀份子爲省府委員，或廳處長，則各種省政之改革，自可分別隨時提請省府委員會審議施行，無須個別提出要求。至於縣市方面，長官已電請各縣市參議會，斟酌情形，分別推薦縣市長候選人，圈定授職，藉以辦理民選縣市長之準備事宜。似此省政既有省民參加，縣市政府亦由省民主持，則今後省政自可依據省民公意，分別改革，亦無須個別另提建議。

根據上述見解，本會認爲改革省政之要求，已初步達成。本會今後任務，厥在恢復秩序，安定民生。願我全省同胞，速回原位，努力工作。並請本市各校學生，自下星期一，照常上課。各業工人，即日分別復工。治安暫由憲警民協同維持。即希各公私工廠，速即開工，儘量容納失業工人。倘有不法之徒，不顧大局，藉詞妄動，即係另有用意，應請全省同胞共棄之。除再向當局交涉，嚴禁軍警肇事外，謹佈區區。」[119]

又八日中午，憲兵第四團團長張慕陶，在證實屬下二營憲兵

已抵達基隆後，假意跑到中山堂，以私人身分，勸處委會不要提軍隊解除武裝之議，以免「刺激中央」。並公然撒謊，說：「本人決以生命保證，中央決不對台灣用兵！」張慕陶的滿口謊言，〈台灣新生報〉有如下全篇的報導。

　　【本報訊】：〔X〕憲兵第四團團長張慕陶，今（八）〔日〕中午十二時，至中山堂訪問二，〔‧〕二八事件處理委員會，以私人之資格，對各委員談話，謂關於此次事件之發生，非常不幸，本省各位同胞及社會領袖，向政府提出建議，要求改革政治，其意甚善，外省同胞亦感覺應如此去做，皆願從旁幫〔幫〕助，現本省同胞及各領袖，要求政府徹底改革，秘書長處長須採用本省人，据〔據〕本人所知，陳長官已一面應允，一方面請示中央，諒中央之命令，近日可到達本省，關於本省要求提前實施地方自治，諒無問題，因國父孫中山先生已垂示吾人，規定縣為自治單位，現不過提前實現而已，省縣市長民選，亦絕無問題，事件發生迄至今日，各界之要求陳長官業已答應，僅候中央命令之到達，調整人事，目前最緊要者，厥為儘量協力控制社會秩序，勿使更陷於混亂，靜候中央命令，改組政府，以建設新中國新台灣，但有請各位注意者，同胞在求政治之改革，同胞皆想恢復秩序，然其中有少數野心份子，從中搗亂，祖國二十年來之大動亂，亦是有延安等野心家，企圖奪取全國政治而引起者，吾人要求自治，非常正當，但勿使政治落於野心家之掌中，須由本省社會公正人士，把握民主政治，本省之前途，方能樂觀，再則請勿牽涉軍隊，現駐台之憲兵。〔、〕要塞部隊及飛機場之部隊，為數不多，均屬中央之國軍。

　　據報載，此次提出之要求，除憲兵以外，要解除軍隊武

裝，本人深望不要如此做，勿將軍隊捲入於政治之漩渦，如果解除軍隊武裝，勢必刺激中央，各武裝部隊，均已遵守民眾〔眾〕之要求，不准離開兵營，各地所發生之衝突，是因向兵士繳械而起，假使民眾〔眾〕不向兵士繳械，絕不發生衝突事情，希將此事轉達民眾〔眾〕，聽候中央命令，以圓滿解決事件，蓋〔蓋〕槍桿爲軍隊之生命，若要向其繳械，危險之事，勢必發生，余願保證，倘不發生繳械，則社會必無動亂，要向各位特別報告者，本省此次之要求改革政治，甚爲正當，中央一定不會調兵來台，蔣主席蒞台之時，亦以建設新台灣勗勉，切望各位相信中央，則此次之政治改革，必能博得其同情，故望全省同胞之動作，切勿刺激中央，大家協力維持秩序，本人決以生命保證，中央決〔絕〕不對台灣用兵，本人秉愛台灣愛國家之熱情，向各位談幾句話，希望能由此次之改革，而建設模範之一省。[120]

爰將張慕陶的生平略歷亦引述如下：

憲兵第四團團長張慕陶（1902-1985），字世佛，中國湖北鄂城縣人，黃埔軍校第 5 期畢業。1944 年因剿「匪」有功升陸軍少將。1945 年中日戰爭結束，率憲兵十五團協助南京地區接收，1946 年初奉調台北接任憲兵第四團團長。張慕陶在二二八事件中，參與行政長官公署與警備總部一連串的計謀與行動，勸誘士紳出面，事後再予嫁禍。1947 年 2 月 28 日，張慕陶兩度造訪蔣渭川，並於 3 月 1 日致函邀請，獲得蔣氏首肯。國府援軍抵台大肆鎮壓後，3 月 10 日，四、五名武裝警察至蔣渭川宅開槍抓人，憲兵第四團團長張慕陶竟也帶著憲兵追捕。又數度公然撒謊，誘騙台灣民眾，宣稱「中央絕不派兵來台」、「希望省民不可懷疑中

央，我們偉大之蔣主席，必定同情台灣同胞之正當要求。」國府
援軍抵台後，憲兵團積極參與逮捕台灣菁英的行動，民間領袖王
添灯於 3 月 11 日遭憲四團逮捕後失蹤。1948 年成立金甌商業職
業學校。同年張慕陶調升首都衛戍區第二綏靖區司令官，轄江北
區。隨著國府軍在徐蚌會戰失利，蔣介石下野，江北部隊盡撤
江南。張慕陶於 1949 年 2 月奉調國防部，4 月由上海移居台北。
此後不再任軍職，轉而用心於金甌商職校務，晚年並參加台北詩
社，1985 年 8 月病逝於榮民總醫院。⑫

　　如是，8 日晚間 10 時以後，業已抵達基隆增援的兩營憲兵
出發駛向台北馳援，閩台監察使楊亮功也在運兵卡車上，行經汐
止時卻遭人埋伏，在兩邊山上放槍偷襲，致監察使署劉姓職員受
傷。楊亮功本身認為「這件事始終是一疑問」，因為在出發前楊
亮功已透過黃朝琴關照有關民眾勿對前來調查事件的楊氏有所舉
動；而事後京滬地區台籍人士也向監察院說明，放槍打車者並非
本省人，而是警備總部要擴大事件。這且姑置不論，在楊亮功抵
達台北，於次日清晨到長官公署見到陳儀，陳儀簡述事件經過
後，長官公署顧問沈仲九即接上來說：「監察使，現在一切問題
非兵不行了。」⑫

　　另當晚（8 日）10 點左右，圓山方面突然響起一陣陣密密的
機槍聲。接著，全市各地同時「呼應」，自長官公署、警備總部、
警務處、供應局倉庫、警察大隊、鐵路警察署、警察訓練所、台
灣銀行、法院各地，大礮、機槍、步槍聲齊鳴。全市各地不時傳
來子彈飛越的咻咻聲，徹夜不停。人人在暗夜中驚醒，知道「他
們果然來了」。9 日清晨 6 時，警總參謀長柯遠芬廣播，指昨夜
有奸匪暴徒數千名武裝進攻圓山倉庫、警備總部、長官公署、台
灣銀行等機關，實屬不法已極。經軍隊擊退，自九日起台北、基

隆一律戒嚴。⑫㉓

　　9日上午10時，柯遠芬引導楊亮功到圓山陸軍倉庫前面廣場，指遍倒在廣場上的數百個戰屍說：這些就是昨晚進攻這個倉庫，被國軍擊斃的奸匪暴徒。楊亮功無言，後來楊亮功對他的跟隨人透露：倉庫附近並沒戰鬥過的跡象，死者都是十八九歲的中學生，又沒有攜帶武器。這數百名十八、九歲的中學生，就是昨晚站在市內各派出所維持治安，而機槍步槍齊響以前，被憲警、林頂立的「行動隊」和許德輝的「忠義服務隊」所拘捕，押到圓山倉庫前面廣場，被「國軍」擊斃的。此外，在中山堂處理委員會辦事的數十名青年學生，一時逃避不及，被國軍捕到，一律就地槍決了。在鐵路管理委員會裏面辦事的三十餘人，也被國軍捕獲，一律自三層樓上擲下，跌得頭破骨折，血肉狼籍。不死者再補刺一刀，無一倖免。至於在長官公署，警備總部，台灣銀行等所謂被奸匪暴徒襲擊的地方，都不能發現一個屍體，和一粒子彈，甚且所謂「國軍」和「憲警」方面，竟也沒有一人戰傷或戰死。⑫㉔

　　與此同時，9日下午2時，在美軍的援助下，配置近代裝備的中國整編陸軍第二十一師八千餘人（師長劉雨卿中將），自上海搭乘「太康艦」抵達基隆陸續上岸。部隊登陸後，即派一個營，占領基隆周圍要地，並會同基隆市長石延漢指揮警察隊，四出搜捕數百個「奸匪暴徒」；用鐵線串足，每三人或五人為一組，捆縛一起，單人則裝入蔴袋，投入海中，天天海面皆有死屍浮出。要塞司令史宏熹也率領武裝部隊，逐日大大捕殺。其屠殺方式殘酷絕倫，二十名青年學生，被割去耳鼻及生殖器，然後用刺刀戳死。市參議會副議長楊元丁，也在這場屠殺中，被當成「奸匪」殺害，投入海中。二二八事件中，民眾死傷最慘重的就是基隆、

北市與下述的高雄、嘉義一帶。接著，二十一師的主力向台北推進時，沿途見到人多的地方，即瘋狂地進行掃射；同行的二十一師副官處長何聘儒形容其「眞像瘋狗亂咬！」而自9日起至13日止，五天四夜，軍隊在全市盡情掃射。路上只要看到穿木屐裝束的台灣人，一律當作槍靶，搶著射殺，不知天理何在？[125]

根據陳誠參謀總長向蔣介石報告的資料，在台灣的國府「屠殺部隊」，於3月10日編組完成。除駐留軍第七十師之外，還包括一個特務營、五個憲兵營及第二十一師（全部五個團）。[126]

3月10日上午9時，蔣介石在中樞總理紀念週上發表講話，提及「台灣事件之經過及處理方針」。其中對陳儀的暴政隻字未談，將事件的發生論斷是「昔被日本徵兵調往南洋一帶作戰之台胞，其中一部分爲共產黨員，乃藉此專賣局取締攤販乘機煽惑，造成暴動，並提出改革政治之要求。」並批判上星期五（7日）該省所謂「二二八事件」處理委員會，突提出無理要求，有取消台灣警備司令部，繳卸武裝由該會保管，並要求台灣陸海軍皆由台灣人充任；此種要求已逾越地方政治之範圍，中央自不能承認。而且昨日又有襲擊機關等不法行動相繼發生，故中央已派軍隊赴台灣維持當地治安。同時，蔣介石強調派遣軍隊到台灣並非採取報復措施。而儘管已經在台灣展開大屠殺，卻還聲稱：「據報所派部隊非但已在基隆完全登陸，秩序亦佳，深信不久當可恢復常態。」[127] 吾人只能喟嘆這個「英明暴君」的奸險。

就這樣，國府援軍的大屠殺已開始，3月10日上午10時，陳儀發表第四次廣播，再度對台灣全省宣布戒嚴，並撤銷各地處理委員會。而警備總部亦發表取銷一切「非法團體」。所謂「綏靖」大虐殺，於焉全面展開。茲將陳儀第四次廣播全詞引述如下：

「台灣同胞：

今天我再宣布臨時戒嚴。我此刻以十二分的誠意告訴最大多數的善良同胞，我的宣布戒嚴，完全爲了保護你們，你們千萬勿聽奸人的謠言，有點疑問，有點恐慌；對於守法的同胞，絕不稍加傷害，你們千萬放心。

我們再宣布戒嚴，完全爲了對付絕少數的亂黨叛徒。他們一天不消滅，善良的同胞，一天不得安寧。

『二二八』事件發生後，我曾經廣播過三次。關於緝私事件，傷人的查緝員，依法嚴辦，傷亡人員，分別醫療撫卹，毆打人者不予追究；關於改善政治事項，長官公署可改組，盡量容納本省人士，縣市長可民選；改善行政事項，將來可依法商定。這樣多數同胞所希望的，所要求的只要在合法的範圍內，我幾乎完全答應，無論如何，我以爲從此即可完全恢復秩序平靜無事了。

可是自從三月一日解除戒嚴以後，台北方面，搶奪軍械，搜劫財物，以至襲擊機關倉庫的事，仍然不斷發生，而且公然發表叛國言論。在各縣市亦發生劫奪槍械，拘捕公務員、包圍行政機關事情。諸位同胞想一想，這一類行動，是不是合法？是不是應該？我想凡是善良的同胞，無論哪一位，都會知道這種行爲是不法的叛亂行爲了！

『二二八』事件發生後，你們所希望解決的是緝私傷人問題，是改善政治問題。可是絕少亂黨叛徒，都假借這機會，亂造謠言，用挑撥離間欺騙恐嚇的方法，以實行其叛亂的陰謀，八天以來，善良的人民，生活都很痛苦。諸位，這種痛苦，都是亂黨叛徒所造成的。政府爲解除諸位的痛苦，不得不宣布戒嚴，以肅清爲害同胞的亂黨叛徒。這一點，希望諸位徹底了解。

至於國軍移駐台灣，完全為保護全省人民，消滅亂黨叛徒，絕無其他用意。我台灣同胞當中，雖然有絕少數叛逆之徒，但大多數人民都是非常善良的，對這次被毆打的外省人，多方救護，這種義氣，完全是一種同胞愛，我很為感動。我對善良的台灣同胞表示衷心的感謝。更希望善良的台胞們能鼓起勇氣，發揮正義感，大家相親相愛，建設新台灣。

以下各項為恢復秩序，維持治安的緊要措施，我在這裡特地與你們說明，你們必須明白立刻實行。

一、各交通機關，不論鐵路公路，所有一切從業人員必須照常工作，不得規避。如有叛徒來加威脅，我必予嚴屬制裁，你們不要害怕。

二、工人須復工，商店須開門，一切人民必須回復生業。

三、集合遊行，嚴屬禁止。

四、不准用任何名義向人民捐款。

五、一切物價，不准抬高。

六、其他一切不法行為，我必嚴予制止。

最後，希望大家守法，重秩序！」[128]

## 三、台灣各地的鎮壓與「綏靖」「清鄉」

### ㈠　主要地區的鎮壓概況

#### 1.　北基地區的鎮壓整肅

二二八事件當中，北基地區的陰慘鎮壓，已如前述。在此再加引當時美國駐華大使司徒雷登（Leighton Stuart）的證詞如下：

「3月8日，在基隆的外國人目擊者指出，中國軍在基隆鬧

市以機槍向民眾進行無差別的亂射，連外國人亦幾乎險被波及，在天色變暗之後，船隻陸續入港，讓行政長官期盼已久的軍隊上陸。據可靠消息指出，先是 2,000 名警察上岸，其後是配備美國陸軍吉普車等輕裝備的 8,000 名兵士。軍警與裝備迅速運往台北。另外，約有 3,000 名兵士亦同時在高雄上岸，且據傳將有其他陸軍部隊預定在 3 月 17 日抵達。

　　3 月 9 日，中國軍展開更廣泛的無差別屠殺。在美國領事官員宿舍前，即看到中國軍無故以刺刀殺害許多工人。有人看到中國軍搶奪路人金飾，也有人看到一名女性從家中被拖出，而尾隨抗議的老人被兩名軍士砍殺。……中國軍將許多台灣青年綁成一串，一面以刺刀亂刺，一面拖往郊外。3 月 10 日，中國軍在領事館附近的萬華一帶全面搶劫，許多商店老闆被射殺。……據可靠消息指出，到 3 月 13 日為止，台北約有 700 名學生被逮捕。在基隆亦有 200 人被捕。此外，單是 3 月 10 日晚上，松山地區即有 50 人被殺，而北投地區有 30 人被殺。……二二八處理委員會委員長被逮捕，並於 3 月 13 日前後執行死刑。著名銀行家陳炘被硬從病床上拖走，而〈民報〉林茂生亦於當晚被捕。

　　3 月 14 日開始，許多中學與師範學校的教師被逮捕或失蹤。同時，依相同的消息來源指出，在外國傳教團住處附近兩公里內的水溝或土堤上，堆滿許多未被領回的屍體。3 月 10 日，一名外國人在前往陸軍警備司令部時，看到約 15 名氣質高尚的台灣人雙手被綑綁跪在一旁，引頸待斃地等候被執行死刑。3 月 14 日和 15 日，許多屍體開始流進基隆港內。外國人以舢舨將屍體撈到岸上，讓滿懷不安的人們辨識死者的身分。據可靠的消息指出，基隆港邊約有 300 人被捕，並在此慘遭殺害。

　　到 3 月 17 日為止，被視為批判政府的人士、處理委員會委

員及其協助者、曾在事件期間參與維持治安者、中學教師與學生、律師、財界人士與名門望族，以及過去曾讓政府或官員威信有損的人士，相繼被逮捕或接獲死刑執行命令。」⑫

此外，台灣旅京滬七團體（上海台灣同學會、旅京台灣同鄉會、台灣省政治建設協進會上海分會、旅滬台灣同鄉會、台灣重建協會上海分會，台灣革新協會）於 1947 年 4 月 12 日，所作之〈關於台灣事件報告書〉則指出，從 3 月 8 日到 16 日，台人被屠殺的情形，基隆、台北地區僅次於高雄，約二千人。來台調查事件的監察委員何漢文則稱，據基隆要塞司令史宏熹向他所作的報告，基隆大約死了一千人左右。⑬爰將〈台灣旅京滬七團體關於台灣事件報告書〉，摘要引述如下：

「㈠台灣民變風潮於 2 月 28 日由台北開始，以次延及台中台南各縣市，最初四日間情形極為紊亂，少數民眾感情衝動，盲目毆擊外省人，殊可痛心。3 月 3 日以後，官民聯合組織處理委員會及忠義服務隊，秩序漸趨平定，經地方領袖一再勸告之後已無毆擊外省人之事發生。8 日國軍開到，陳儀、柯遠芬等立即推翻諾言對無辜民眾實行大規模之屠殺，對地方有名之士大肆逮捕或槍決，造成台灣有史以來大恐怖，一直繼續至 18 日白部長抵台始略告緩和，然恐怖行為至今仍未完全停止。

㈡自 8 日至 16 日，台胞被屠殺之人數初步合計以高雄為最多，約三千人，基隆台北次之，各約二千餘人，嘉義一千餘人，淡水約一千人，新竹、桃園、台中、台南、苗栗其他各地各一二百人不等，總數在一萬以上，連重輕傷者計之，至少在三萬以上。

㈢屠殺方法殘酷無倫：1.如基隆軍隊用鐵絲穿過人民足

踝，每三人或五人爲一組，捆縛一起，單人則裝入麻袋，拋入海中，基隆海面最近猶時有屍首浮出。2.高雄軍隊對集會中千餘民眾用機槍掃射，全部死亡。3.台北別動隊使用機槍及坦坦彈殺害平民。4.基隆軍隊割去青年學生二十人之耳鼻及生殖器，然後用刺刀戳死。5.台北將所捕平民四五十名由三層樓上推下，跌成肉餅，未死者再補以刺刀。6.高雄將人釘在樹上，聽其活活餓死。7.卡車上巡邏兵見三人以上民眾即開槍擊殺。8.哨兵遇路過民眾，不問情由開槍擊殺。9.各地大批逮捕平民，未經審訊即綁出槍決或半途處決。10.嘉義台南一帶人民因聞蔣主席白部長一律從寬免究之廣播後，向當局自首竟亦被捕槍決。11.軍隊以清鄉爲名，入民家搜查，將財物取去復殺人滅口。

　　㈣對屠殺罪行負全盤責任者爲行政長官兼警備司令陳儀，以次爲警備司令部參謀長柯遠芬、基隆要塞司令史宏熹、高雄要塞司令彭孟緝諸人。屬行恐怖，殺人最多之部隊爲陳儀私人武力之特務大隊，別動總隊，與駐防基隆、高雄兩要塞之部隊。捕人最多者爲憲兵第四團。新開到之二十一師較少殺戮行爲，於汐止一地，且能救出被圍之徒手民眾數百人免於屠殺。

　　㈤被殺害之人民以青年學生爲最多，一般民眾次之，社會中堅階層又次之，眞正流氓反多被編入別動隊用以殘殺民眾。被捕失蹤或已被害之知名人物中有：1.民意機關代表如國大代表林連宗、參政員林茂生、台北市參議員黃朝生、張晴川、李壬賢、周百練、林水田，台南市參議會副會長葉青木、基隆市參議會副議長楊元丁。2.金融界實業界領袖如台灣信託公司董事長陳炘、台灣茶葉商會長王添灯、進出口貿易商顏倉海。3.新聞界人士如人民導報社社長前任長官公署教育處副處長宋斐如、民報社負責人陳旺城、林宗賢、大明報總編輯王孚國、省

外人新聞記者如艾鷺聲、馬銳壽、文野、鮑世杰。4. 司法教育界人士如台北地方法院推事吳逢祈、律師林桂瑞、李典元、李瑞漢、建國中學校長陳文彪、醫生施江南。5. 黨團負責幹部如黃埔出身青年團書記長李友邦、黃埔第八期學生青年團幹事陳復志、台灣省黨部調查室主任蘇泰階、宣傳處處長林紫貴、基隆市黨部書記張振聲、台北市警察局局長陳松堅等。凡平素不滿地方當局之設施者，一律被目爲『奸黨野心家』加以逮捕或槍決。」[131]

## 2. 高雄市區的反抗與慘殺

在二二八事件中，南部重鎮高雄市區的國府軍兵力強大。計有整編二十一師獨立團、高雄要塞司令部（有 2,000 名）及海軍彭專員公署等，官兵共有 8,300 多人。而加上南部防衛司令彭孟緝（3月4日下午，正式被警總任命。劃定嘉義、台南、高雄、屏東等縣市爲其防衛區）的強悍作風。他自事變發生，即認爲「暴徒」非以武力鎮壓不可。並矢志「效忠領袖」，拒絕與「暴徒」談判，遂使高雄市區的官民衝突，無任何和平理性的轉圜餘地，成爲最悲慘且血腥的受害地區。[132]

高雄市的蜂起，乃開始於3月3日傍晚。有一批青年分乘卡車三輛，到市內各角落，向市民報告台北、台中、台南等地起義的經過及情況。於是，市民，尤其是青年學生，不多時即開始動手，到處大打「阿山」（主要目標是貪官汙吏）。下午8時，市警察局已被民衆包圍，局長的汽車被焚燬了。接著兩個分局及鹽埕派出所被民衆占領，武器悉數被收繳了。據彭孟緝的回憶錄說，當晚逃到要塞司令部來請求保護的中國人士達一千數百人之多。[133]

　　3月4日，高雄市民蜂起的消息傳到高雄縣政府所在地鳳山。鳳山鎮民立即於上午9時召開鎮民大會，準備舉旗響應。但鳳山國府駐軍第二十一師獨立團兵力強大，民眾終被威壓、動彈不得。不過，駐軍亦答應退入營房，因此，市面平靜無事。[134]同日上午，高雄市三青團員不欠一人，一律參加鬥爭。全市的本省籍警員，也携帶武器參加起義。市面「打風」越來越猛，皂白難分，於是在三青團倡導之下，決定不打教職員，因為台灣人民所痛恨的不是一般「外省人」，更加不是清廉苦幹的教員及文化工作者，而是眼中無人的那班傲慢、無能、貪汙、腐敗的官僚。結果，由校長分發「三角證章」給一切教職員，以為記號，因此一些外省教職員都被市民保護起來。[135]

　　3月5日，高雄市內群情激昂，秩序紊亂。本日市參議員及各人民團體代表組織「處理委員會」，以議長彭清靠為主任委員加以統制，並提出各項政治要求，使民眾明瞭這次起義的正確目標。一方面，在高雄第一中學，成立「總指揮部」，由涂光明任總指揮。召集青年學生甚眾，編成隊伍，攻擊憲兵隊、陸軍病院及軍械倉庫，收繳武器甚多。因本省籍警員200餘名參加起義，市內一切軍政機關，一律被民眾占領，被集中的外省人士已達700名之多。另一部分民眾進攻高雄監獄，放出犯人200餘人。[136]

　　此時，唯一尚未攻破只剩高雄要塞。青年學生以日軍遺留之噴火車多輛逼近壽山，喊話要求投降，揚言若不繳械投降即用火攻。但是要塞司令彭孟緝反而以日語喊話，要民眾繳械投降。並以機槍掃射鼓山地區及以七五炮砲擊高雄市體育場示威要脅。結果，青年學生及民眾驚慌撤去噴火車，指揮部也為了減輕雙方的犧牲，乃再喊話願意「停戰談判」。據說，警備總部調查室南部

諜報組利用潛伏在民軍中的線民林權民（或稱林權敏），說服涂光明與高雄要塞談判；卻不知，彭孟緝利用談判之議，擒殺談判代表（涂光明、范滄榕、曾豐明三人被捕槍斃），並發動軍事攻擊，造成高雄地區的重大災難。⑬

　　茲引述彭孟緝的「回憶錄」，說明其間的經緯，亦可證實中國軍人的陰險奸詐。

　　「三月五日午後二時，暴徒涂光明、范滄溶、曾豐明等，以涂光明為首領，脅迫（並無脅迫的事實——筆者加註）高雄市長黃仲圖、議長彭清靠、副議長林建論、電力公司經理李佛續等，同來壽山司令部找我商談「和平辦法」。他們要求我「無條件」撤去守兵。地方治安和社會秩序，由所謂「學生軍」來負責維持，一派胡言，態度狂妄。

　　我明知和他們商談，不會獲致任何結果，但因為我正在暗中加緊準備，決定在七日拂曉開始全面行動，為了保守機密，乃故意虛與敷衍遷延，表示可以考慮他們所提出的要求，要他們回去再徵求大家意見，進一步商討具體可行的妥善辦法，相約於次日再來司令部共同商談。

　　在聽過他們那種目無國家，荒謬無理的非法要求之後，益使我堅定非用武力不足平定叛亂的信念。於是，在所謂「和平代表」離去以後，更加連夜細心策劃行動計畫，次日並由參謀長率領各部隊長偵察地形。

　　三月六日上午九時，以涂光明為首的所謂「和平代表團」，分乘兩部轎車，插大白旗，駛入我司令部。我當在會客室接待，表示十分的禮貌。這間會客室有十六席大，中間放一張小圓桌，四週圍以單人沙發。我即獨自同他們繞桌而坐，只有副官劉安

德少校一人站在我的身旁。

涂等首先提出他們業已擬好的「和平條款」九條要我接受。條文的內容如下：

一、壽山－即要塞司令部駐地、左營、陸橋以及市內各處軍隊，即須全部停戰撤退。

二、病院－即第一〇五後方醫院，今日由本會一二二八事件處理委員會高雄分會一接收，但院中病人由本會負責治療，除軍隊一二十一師獨立團三營七連一隨身武器外，由本會負責保管。

三、五塊厝倉庫－台灣南部最大軍械倉庫一一切物品、藥品交本會接收，但軍火由本會負責保管。

四、市民一切死傷，應照台北市辦法，負責賠償。但連絡員應予特優撫恤。（這一句不解，判係暴徒組織的某連絡員被軍隊誤殺。）對開槍兵士，尤須處以極刑。

五、治安未恢復前，所有外省人不得下山，但所需蔬菜、油、鹽由本會供給。

六、高雄市以外軍隊，一概不准侵入市內。

七、被捕民眾，即刻交本會帶回。

八、雙方如有不法行為，軍民共同嚴辦。

九、此次事件關係人員，事後不得追究。

這種彷彿出自戰勝者口吻的條件，我看完了以後，就怒不可遏的光起火來：『豈有此理，這簡直是造反！』衝口而出，就在這俄頃之間，涂光明已探手脅下，拔出手槍企圖向我射擊；副官劉少校眼明手快，自後撲向涂匪死力抱住。室外官兵聽到了聲音，登時一湧而入，將暴徒一一逮捕。涂是日據時期放逐廈門有名的浪人頭子，據說手槍射擊技術是指崔打崔、指

雞打雞的。此番我幾乎遭其毒手。這一支他企圖行刺未遂的手槍，至今還被我保存著，視為平生一個最值得紀念的紀念品（並無攜帶手槍之事——筆者加註）。

我既將暴徒首要涂光明等予逮捕，這就說明政府與叛亂組織之間，已經攤牌，消極戒備局面被打破，軍事行動勢非立即開始不可。於是預定於七日拂曉實施行動計畫，提前十四小時來執行。

當時是，整個的高雄市，均為叛徒所控制，揚言要火攻壽山。我決定下午二時開始攻擊，命令陸軍第二十一師何軍章團的第三營向高雄火車站及叛徒盤踞的第一中學進擊；又命令我的守備大隊陳國儒部，向高雄市政府及憲兵部攻擊前進；並派迫擊砲一連於水廠附近占領陣地，準備支援。另對第一中學北面至左營火車站中間地區，由桃子園守備部隊用火力控制，阻止增援。」[138]

以下再引述當時共赴高雄壽山要塞，找彭孟緝司令商談「和平辦法」之一的代表李佛續電力公司經理「歷史口述紀錄」，以佐證彭孟緝的滿天謊言及其虛偽狡詐。

「二二八事變發生時，我因身體不適正請假在家休養，三月初，高雄地區尚稱平靜，後因傳聞有民眾要攻打位於壽山之高雄要塞司令部，又因擔心山下的電力公司高雄辦事處遭到破壞，三月五日要塞司令部遂派兵封鎖山下町一帶（現今的鼓山路）。三月五日，公司的總務組長陳玉波趕來家中向我報告：電務組長駱好清於上班途中在鼓山路陸橋下被軍方擊斃，無法收屍；而公司內有二百多位員工因無法出入而缺乏食物，連米

都沒有了。爲了收屍及缺糧的問題，便在三月六日一早到市政府找市長黃仲圖及議長彭清靠，黃市長言濟助米糧沒有問題，但對於道路遭到封鎖以致影響水、電公共設施之維修、員工糧食之進出則表愛莫能助。當時恰巧市長等人正準備上壽山找要塞司令彭孟緝，於是順便邀我一起上山，可直接面陳我的問題，我便答允與他們一起上山。我們是在市政府門口搭一輛由要塞司令部派來的軍用卡車山上的，卡車前座除司機（軍方的）外有兩個座位，黃市長即坐前座，另一人爲議長或涂光明，已記不清了，其他人都站在卡車後面敞蓬露天的車廂上。上車時並無人脅迫催促。同行的人中黃市長、彭議長是我認識的；另外，涂光明也是光復後從大陸回來的人，曾在朋友家中見過一面，其餘數人皆不認識，也不知確切有幾人。車上插了一支白旗，從市府一路直行，過陸橋上山。抵達要塞司令部後，進入一間擺有一張長桌的會客室。房間不大，約 4.50 公尺 ×4.50 公尺，桌子一擺就滿了，桌子約有 1.50 公尺 ×3.00 公尺，要塞司令彭孟緝坐於上座，其左側爲黃市長，右側爲彭議長，涂光明則坐在桌子的另一端靠近大門口處，其餘數人便圍坐在桌子兩側，房間內另有彭司令之副官及警衛二、三人站著（見附圖）。

　　彭司令乃在我們進去坐定後才從室內另一個門（如附圖）進來，大家開始談話並無衝突，由市長拿出一份書面的請求書給彭司令看，黃市長會講國語，議長則不會講。正在市長與彭司令就書面相談時，眾人眼光都望向他們兩人。突然間聽見士兵警衛高喊「有刺客」、「有槍」，後面的衛兵全擁向涂光明，外面的士兵也進來一起把他拖出去，大喊「槍斃他」、「竟然帶槍要打彭司令」等。當時並沒有開槍，我也沒有看到槍，急切間回頭只看到涂光明被迅速架出去，彭司令也立即由室內另一

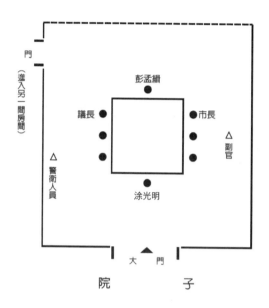

門離去。接著一夥士兵擁入喝令「不要動」，並逐一搜身，結果留在室內的其他人無人帶武器。眾代表便繼續坐在桌沿，彼此間並不談話，都靜默地坐著，連上洗手間都有士兵跟著。中飯時間供應我們吃了飯，中飯後士兵們便打下山，可以聽見從市區傳來連續不斷的槍聲。我們一直等到下午四、五點左右，彭司令才再度出現，告訴我們，他已派兵維持地方秩序，暴徒都已被驅散，老百姓死傷很少，市面已經安定，可以下去了，叫市長、議長及警察局長童葆昭三人可以下去治安了，要派車子送他們下去。這時我才有機會說明我上山的目的，告知電力公司情事。彭司令乃囑咐盡力維持電力供應，晚上不要停電。我說戒嚴時期需要有兵隊來保護，他給了我四包米，並派五名衛兵來保衛公司，以一輛卡車送我們下山，他交待了副官後我就出來了。我是代表中第一個下山的，回到電力公司時，員工

二百多人仍躲在倉庫之中。因外面槍聲斷斷續續，街上情況不明，即囑員工儘量留在公司過夜，以防不測。」[139]

職此，在彭孟緝陰險的計謀下，高雄悲慘的大屠殺，迅速展開，以下再長篇引述張炎憲等撰《二二八事件責任歸屬研究報告》(前揭)，有關高雄慘酷軍事鎮壓的情況如下：

「第21師獨立團一路上以機槍向天空掃射，答答槍聲產生恐嚇驅散作用，民眾紛紛害怕走避。軍隊開到高雄火車站，民眾趕緊跑進月台間的地下道躲藏，地下道內擠得滿滿的約三、四百人，一下子槍聲大作，未躲進地下道者多被打死。士兵並將地下道兩端堵住，所有人都仆倒，兩邊士兵對著地下道射擊，有民眾抬頭起來或移動，而被打死者多人；也有士兵因兩端互射而不小心打死自己人。

第21師獨立團接著轉向高雄第一中學，因雄中二樓建築物有人發槍擊中兵士，造成傷亡，連部當即傳令調集迫擊砲前來支援，下午6點左右六○迫擊砲向雄中發射五、六發後，雄中方面沒有再發出槍聲。7日上午團部又調兩門美式八一迫擊砲前來支援；要塞司令部也調來一門要塞砲，將雄中牆壁上打了一個洞，雄中校內不再有聲音，步兵班進入校園搜查，並未發現學生，學生早已散去，步兵前進時發現男女外省人六、七百名。乃將之全部予以救出。

市府方面在談判代表上山後，處委會又派一輛車去載參議員到市政府開會，商議如何處理；大家在市府收發室集中，等候消息。沒想到軍隊下山到市府，不由分說地開始掃射殺人！

軍隊到市府先丟手榴彈進去，聲音極大，丟了數顆之後，

士兵進來開槍，律師陳金能正在說話間被子彈打中。有幾十人躲到市府後面的防空壕而被打死。有的人想跳進愛河躲避機關槍掃射，卻卡在市府與愛河間空地的鐵絲網中，進退不得，反成彈靶。市參議員王石定的西裝被鐵絲網鉤住而慘死。市參議員許秋粽、其子許國雄也往愛河逃，未到橋畔，許秋粽中彈，乃趴在兒子身上，教他裝死，掃射結束後軍隊以刺刀刺探地上屍身是否眞已死亡，許國雄因此逃過一劫。另外，市參議員黃賜、律師陳金能、〈台灣新生報〉特派員邱金山、杏花村老闆黃寬等人都死於市政府。郭萬枝的妻子7日到愛河邊尋夫認屍，見橋邊約有五、六十具屍體；直到3月9日下午，市政府前還有幾十具屍體，不准民眾抬回，而由軍人在看守。

　　事件當時擔任警察的王玉雲見證3月6日要塞軍隊武力鎮壓的經過指出：

　　午後時分，市區槍聲大作，原來駐守要塞司令部國軍數百人分乘數部卡車，車上架有四挺機關槍，前後開赴高雄市政府、高雄中學及火車站，不分青紅皂白，見人就開槍，以致無辜百姓傷亡纍纍。……

　　就我所知道，被殺的人包括市政府員工、雄中師生及火車站來往旅客行人，還有爲保命跳下愛河溺斃的百姓，由於人數過多，火葬場無法處理，部分由家屬認領後自行土埋，至於送往火葬場的屍體，則係由警察局雇用牛車運送，每部牛車可放二十多具屍體，如此一連延燒好幾天才告一段落。

　　3月6日起高雄市的屠殺暴行，彭孟緝須負起全責。據1947年4月台灣旅滬六團體所撰《關於台灣事件報告書》所稱，事件中『台胞被屠殺之人數初步估計以高雄爲最多，約三千人』；而到台灣考察事件的監察委員何漢文也指出：『據高雄要

塞司令彭孟緝對我說：從三月二日到十三日，高雄市在武裝暴動中被擊斃的暴民，大約在兩千五百人以上。』彭孟緝因為殺人如麻，濫殺無辜，在民間得到『高雄屠夫』的惡名。」⑭⓪

### 3. 台中地區的蜂起與「二七部隊」的英勇抵抗

台中市是南北交通樞紐，對於政治事件的反應最為迅速。據說，當事件的消息傳抵台中，2月28日夜，即有〈國民新報〉記者黃金島等人趕赴南屯派出所，要求外省籍的警察主管解除武裝，由台灣人來接管。⑭① 3月1日上午9時，台北起義的詳細報導傳入後，台中市參議會即刻召開台中縣與彰化市的參議員，舉行聯席會議。當場決議支持台北起義，並提出二點要求：(1)即時改組長官公署；(2)即時實施省縣市長民選。倘若長官公署不接受要求，即時推動全島性的罷工、罷課、罷市。聯席會議後，參加者分頭散發傳單，呼籲台中市民參加3月2日，在台中戲院舉行的市民大會。⑭② 同日下午，到台中市參加彰化銀行成立典禮的長官公署財政處長嚴家淦，因市街浮動，謠傳漸多，乃避居台中縣霧峰林家，由參議員林獻堂加以保護。⑭③

3月2日上午9時，台中戲院擠滿市民，如期舉行市民大會。由楊克煌氏宣布開會，並報告台北事變發端與陳儀屠殺人民的經過，及說明台北市民起義的情況與提出要求的事項。旋滿場一致推舉謝雪紅為大會主席。謝雪紅擔任主席後，詳述收復以來陳儀暴虐政治的事實與目前台灣的形勢，強調欲解放台灣人民的痛苦，人民必須團結起來，結束國民黨一黨專政，立即實行台灣人民的民主自治。所以必須響應這次台北市民的英勇起義，不怕犧牲，鬥爭到底，爭取徹底的勝利。⑭④

市民大會在上午 11 時，順利結束後，參加大會的數千名市民，繼而在市中心，舉行示威抗議遊行。遊行群眾，動用消防車，鳴響警笛，呼籲市民響應起義，踴躍參加抵抗運動。遊行群眾隨後即攻擊台中警察局，強制警員解除武裝，並查封警察局內的槍枝彈藥。平時傲慢兇惡的洪仲長局長，目睹群眾來勢洶洶，一一順應市民的要求。同日下午，市民攻擊專賣局台中分局，焚燬分局財物後，提出三點要求：(1)廢除專賣制度；(2)查封專賣局內的一切武器；(3)專賣局內的物資，暫由市民管理。代理局長見勢不妙，當場承諾市民的要求，並移交一切文書給謝雪紅。市民繼而轉攻台中縣長劉存忠的官舍，劉曾任台中州接管專員兼警備總司令部參謀，劉素來貪戾毒辣，市民恨之入骨。市民大舉圍攻縣長官舍時，劉存忠目睹群眾湧至，趕快命令趙誠等官員開槍，槍聲四起，頓時造成一死二傷的慘狀。怒髮衝冠的群眾，即刻馳往警察局，拿出查封的槍枝子彈外，並開一輛載滿汽油的消防車，打算火攻縣長官舍，但受謝雪紅制止。謝雪紅單身進入官舍，求劉存忠交出槍枝投降。劉存忠看到謝雪紅前來解圍，乃跪地乞求饒命。但眾怒已難遏止，群眾將劉等官員痛打一頓後，監禁於警察局拘留所。[145]

另同日下午 4 時許，台中縣市、彰化市參議會及士紳代表們鑒於事態嚴重，乃齊集於台中市參議會會址 (即舊有的市民館)，成立了「台中地區時局處理委員會」。其成員包括：黃朝清、林獻堂、林連宗、林糊、洪元煌、賴通堯、林月鏡、謝雪紅、巫永昌、童炳輝、黃棟、林兌、張煥珪、莊垂勝、吳振武等，仿台北的處委會設置各部門，並立即組織青年學生為「治安隊」，以維持治安。惟到晚上 8 時左右起，處委會即頻傳來陳儀派兵南下的消息，處委會的士紳一個個溜走，市議長黃朝清遂向眾人宣布解散處委

會及治安隊。謝雪紅乃鼓動尚未離去的青年，要求共同武裝起來
對抗國軍，並提出三原則，即⑴不要殺傷外省人；⑵不要焚燬物
資房屋；⑶一切武器儘量把握在人民手裡。接著，謝雪紅武裝了
幾隊青年，制先進攻鄰近國軍小據點，收繳武器。一夜之間，青
年的奮鬥甚為成功，到天破曉時，已收繳了100多支步槍、3支
機槍，及許多軍刀、手榴彈。青年武裝部隊又占領廣播電台，向
中部地區廣播各地起義的情形，並要求全中部地區實行戰時體制
和組織武裝起來響應。⑭⑥

　　3月3日上午，謝雪紅於市參議會成立「台中地區治安委員
會作戰本部」，並將台中處委會所解散的治安隊予以整編擴大。
而自作戰本部成立以後，謝雪紅所領導的民軍與國府軍的交鋒，
發生過好幾次。從街頭的巷戰，一直到台中市郊空軍第三飛機製
造廠的控制，謝雪紅都採取儘量避開傷害無辜的市民生命。其間，
由謝雪紅的號召，中部各地都有派軍來支援。如彰化隊、大甲隊、
豐原隊、埔里隊、東勢隊、田中隊、太平隊等等。⑭⑦

　　3月4日上午10時餘，台中市官方機構全部為謝雪紅的民
軍所接管。而且在各地俘虜官兵及外省人士計達800多人。聞獲
此消息，同日下午4時，台中地區士紳及人民團體代表500餘名，
乃聚集在市政府禮堂，重新組織「台中地區時局處理委員會」，
會議由莊垂勝主持。會中先由謝雪紅報告「民軍」蜂起經過及戰
況，隨即討論通過委員會組織章程，並決定「以武裝力量為背景，
徹底爭取民主自治」的戰略。然而，當新處理委員會通過最重要
的「保安委員會」(負責軍事作戰與防衛任務) 時，卻因為懼怕謝雪
紅有共產黨的身分，遂推選前日本海軍陸戰隊海軍大尉吳振武統
率指揮。但謝雪紅不服此一決定，終於拒絕「作戰本部」的民軍
編入保安委員會。結果，從此以後，台中地區的人民武裝活動，

就出現不一致的現象，四分五裂。⑭

　　因為謝雪紅拒絕其所率領的民軍編入保安隊，溫和派林獻堂乃授意吳振武於台中師範成立「民主保衛隊」，並擔任隊長、鐘逸人則任參謀。據說林獻堂雖然參加了處委會，卻自始至終都與國民黨保持秘密的聯絡。他主動保護行政長官公署財政處長嚴家淦，又向警備總部通風報訊，顯示了林獻堂在事件中的兩面性格。總之，不可思議的是吳振武就任「保衛隊」隊長的翌日，竟然在擦洗手槍時，不慎自傷腳部，而從此就失蹤不知去向了。⑭

　　3月5日，台中市的情勢稍趨平靜。處委會各部組織逐漸完成。保安委員會雖亦重新編組部隊，並收集不少槍械、彈藥，但因機構過大，意見分歧，難以決定具體的行動。惟謝雪紅的「作戰本部」雖軍權被剝奪，但大批青年學生仍未離開，對各地的軍火供應亦未間斷。本日上午，虎尾、嘉義、高雄、台北各地「民軍」都來求援，「作戰本部」乃將彈藥悉數拿出，予以支援。同日下午，謝氏並另行編組「特別志願隊」，派赴虎尾，支援該地「民軍」攻擊機場。⑮

　　3月6日，處委會的和平路線與謝雪紅的激進改革路線，愈走愈遠。結果，集合在前日本陸軍第八部隊干城營區的黃信卿埔里隊、何集淮與蔡伯勳的中商隊、呂煥章的中師隊、黃金島的警備隊、李炳崑的建國工藝學校隊等等，共計約431人（筆者採信鐘逸人《狂風暴雨一小舟──辛酸六十年（上）》的手記，479頁），在謝雪紅與鐘逸人的合作領導下，成立所謂「二七部隊」（為紀念2月27日晚，在台北市發生的緝菸血案）。並由謝雪紅自任總指揮，以鐘逸人、蔡鐵城分任隊長、參謀等職務，重要幹部有楊克煌、李喬松、古瑞雲等人。⑮

　　然而，有關「二七部隊」的成立過程、命名與其性格等，至

今仍眾說紛紜。不過，筆者綜觀各論，認為「二七部隊」的成員，大多由鐘逸人糾合；命名也由其決定是不容置疑的。至於成立的時日，鐘逸人雖然一再強調是 1947 年 3 月 4 日下午四時，但這被認為有誤；事實應該是 3 月 6 日才對。可是，事後迄今，鐘氏在各種場合、甚至在其回憶錄——《辛酸六十年》的著作，都堅稱是「3 月 4 日」而不讓。對此，筆者再努力究其原因，結果，發覺這或是個人思維認知上的差異，並不一定是錯誤。因為鐘逸人自認 3 月 4 日下午 4 時，在台中師範學校成立的「民主保衛隊」，事實上都是由其一手創辦的。吳振武擔任隊長一職，只是形式上的名義而已，實權仍掌握在其手中。所以，如上述，吳振武神秘失踪之後，部隊長即歸其親自接任。職此，鐘逸人的主觀意識上，認為「二七部隊」的成立，即是「3 月 4 日下午 4 時」。吾人該可給予理解，不必再多事爭論！又「二七部隊」的性格，古瑞雲主張是：「一支道道地地的紅軍，也可說是謝雪紅的御林軍。」（筆者認為太誇張了）但鐘逸人則駁其謬論，強調：「二七部隊」是一支實實在在反蔣的「民軍」。⑮

其次，同 3 月 6 日下午，「作戰本部」接獲軍統特務蔡志昌等，在南台中召開秘密會議的消息，即刻派遣埔里隊，前往圍剿，俘虜四十餘名中國官員，全部解回市內，監禁於台中監獄。同日巡邏學生亦逮捕黃克立台中市長。黃克立在民眾起義後，假裝乞丐，盜取農家田園的蕃薯充飢，但被巡邏學生識破。⑯

3 月 7 日，處委會召開各界聯席會議，決議派員前往外省同胞保護所慰問，說明此次事件的發生係為革除貪官汙吏，要求政治民主化，並非有意加害外省同胞，希望不要誤會云云。下午 2 時台中市參議會召開「台中市政處理懇談會」，決議成立「市政監理委員會」；推舉市議長黃朝清為主任委員、副議長林金標、

參議員林連城爲副主任委員，以從速恢復停頓中的市政業務，並作市長民選的準備工作，呼籲有識之士協助推動市政。此外，本日，「二七部隊」正式編成武裝隊伍，隨即布置崗哨，整備各種武器、彈藥、被服、食糧、醫藥等。同時，著手修理戰車、高射砲、機關砲、迫擊砲等，以備作戰。又接獲台北擬派三架飛機支援台中的消息，「二七部隊」士氣爲之大振，立即命令士兵整修飛機場。⑮

　　3月8日，民軍雖控制中部各重要地區，但各單位幾乎都分激進、保守兩派，互相牽制。保守派竭力主張，靜候「二二八事件省處理委員會」的指示，尋求和平解決的途徑。相反地，以青年學生爲主力的激進派，則主張擴大組織，徹底展開武力鬥爭。旋蔣介石援軍將到的消息，傳入台中後，不但處理委員會的卑懦投機委員，紛紛提出辭職，連治安隊的少數隊員，亦開始擅自脫離崗位。在人心惶惶的情形下，獨有「二七部隊」，保持原來的面目，照常執行任務，並繼續與各地民軍協力，共同展開武力鬥爭。同日另由黃光衞領導的數百名青年學生（以海外歸台的青年爲主），聚集於台中戲院，舉行會議，並正式成立「中部自治青年本部」。⑮

　　3月9、10兩日，台中的情勢表面上雖無重大變化，但陳儀已下令解散「二二八事件省處理委員會」。國府援軍與憲警在戒嚴令下的台北，大肆逮捕濫殺民衆的消息不斷傳來，民心爲之惶恐。3月11日，到處委會上班的二、三位委員均忙於焚燒所有文件。另有一部分士紳，爲取悅陳儀，開始釋放被「民軍」拘押的外省同胞。「二七部隊」爲突破困境，乃召開緊急會議，討論市街戰及山地游擊戰的戰術問題。當晚8時許，處委會委員莊垂勝、黃朝清、張煥珪、葉榮鐘、黃棟、巫永昌、林糊、謝雪紅等，

聚集於台中市政府會議室，討論有關處委會的存廢問題，最後決定解散並同意市長黃克立復職，謝雪紅憤然離去。[156]

3月12日，市內紛傳蔣援軍開到及下午3時將宣布戒嚴的消息，市面顯出極度的恐怖情緒，行走路上的車馬盡是市民搬徙的光景。「二七部隊」為檢討對抗國軍的戰略與戰術，再次召開緊急會議。討論結果，認為展開市街戰，徒增無辜市民的犧牲，決定於當日下午3時撤守埔里，保存實力，以牽制國軍，使不敢濫殺無辜，並作持久抗爭的打算。於是同日下午，「二七部隊」在撤退途中，另派一學生隊襲擊沿途附近的軍用倉庫，奪得大量軍糧與槍械，囤積於埔里國民學校。另一方面，林獻堂、黃朝清等士紳，則在市區沿街勸募，準備製作彩坊，歡迎國府軍進入台中。[157]

3月13日下午3時許，蔣援軍整編第21師開到台中，林獻堂、黃朝清等人，紮起歡迎彩坊表示敬意。蔣軍踏入台中市後，即於「作戰本部」地址設置師部，官兵侵占大華酒家，林連宗氏宅等民間店鋪房屋為營舍。因獲悉有1,000多人民武裝退入埔里準備抵抗，故不敢輕動施行屠殺；搶劫掠奪亦不如別地方那樣屬害，但軍統特務份子即乘勢開始逮捕、濫殺民眾。事後據黃克立市長對來台調查的監察委員何漢文報告，單在台中市郊收埋的屍首，就有800多具。[158]

一方面，二七部隊在埔里，上午即派出宣傳隊分乘兩輛卡車到鎮內各地宣傳，該隊遷入埔里的任務，並要求鎮民協力，另發出數隊偵察隊調查附近地理及探索蔣軍行動。中午由國民學校遷入前日人武德殿，設置該隊本部，並布置鎮內各要衝的步哨崗位等。下午有高山青年三三五五來聲請入隊，全員士氣甚為振奮。[159]

　　14 日，21 師安頓就緒後，旋向空軍三廠借得運輸工具，運送 146 旅四三六團官兵約 800 人，經草屯向埔里推進。「二七部隊」獲悉國府軍已前進至龜子頭地方，立即召集部分隊員中途截擊，逼迫國軍退回草屯。惟另一路國府軍則已開到二水站，經由集集鎮趕到水裡坑，再攻入日月潭與門牌潭兩發電廠，企圖由魚池地方包圍埔里，兩面夾擊「二七部隊」。⑯

　　另一方面，由於國府軍的夾擊，已迫使謝雪紅失去領導「二七部隊」的信心，畢竟她不是軍人出身。於是，14 日下午，乃藉口獲得中共地下黨的通知，命令黨員停止活動，以保持組織的力量（據陳芳明教授的研究，查並無此事實。但黃金島則稱確實是由中共台灣省工委台中市負責人謝富下達此項命令）。在得到通知之後，謝雪紅僅告知副官古瑞雲，表示要在竹山的小梅集合，她便匆匆離開埔里，開始她的逃亡。隨後，1947 年 4 月中旬，謝雪紅、楊克煌、周明（古瑞雲）等 3 人，從竹山、彰化、大肚，一直潛匿到高雄左營。在左營軍港，透過一名舊識中尉教官蔡懋棠（鹿港人）之協助，賄賂國民黨艦上軍官，搭乘國民黨軍艦，離開台灣。四月下旬，安抵廈門，復潛往上海。⑯。但從此，這位英勇的「二二八」女鬥士，再也無機會回到其祖國「台灣」了。筆者在此願意向她致最深的敬意，並永遠緬懷之。

　　謝雪紅潛逃之後，3 月 15 日，蔣軍繼續往埔里方面推進。但因獲悉「二七部隊」携帶甚多武器，不敢貿然前進，而以電話向該部隊勸降，惟遭到嚴詞拒絕。不過，「二七部隊」也因對外兩條交通要道均遭封鎖，情勢十分不利；乃決定先夜襲日月潭方面的國府軍，然後再集中全力攻擊駐在草屯的國府軍。職此，夜襲日月潭的隊伍，決定以中師隊和中商隊爲主力，還有霧社青年及在農村招募的復員軍人等，人數約 100 名。另以警備隊長黃金

島率一小隊30多名，扼守烏牛欄，以防腹背受敵。如是，攻打
日月潭的行動在晚上十點多開始。由古瑞雲和蔡鐵城二人率隊(也
有稱由陳明忠領隊)，與駐守日月潭的國府軍436團第二營第四連
發生激戰，蔣軍頗有傷亡，被迫向水裡坑撤退。但「二七部隊」
也有傷亡，又因黑夜不加追擊，僅俘蔣軍3名士兵回隊。[162]

　　翌 (十六) 日清晨，國府軍436團第二、三營部分兵力，又
與扼守烏牛欄橋的黃金島小隊發生激戰。戰鬥一開始，該小隊由
於占地利之便，曾重創國府軍，造成重大傷亡。旋因火力遠不及
國府軍，作戰經驗也有所不足，乃漸處於劣勢，被國府軍火網所
包圍。不得已乃由黃金島率一名隊員突破國府軍的火力封鎖線，
奔回「二七部隊」本部求援。惟隊本部武德殿一片零亂，人心惶惶，
僅有十餘人響應。同日晚上，「二七部隊」以武器彈藥無法補給，
又兩面受敵，無法與他處部眾聯絡，難以繼續支撐下去。黃金島
隊長乃對屬下十數名英勇的戰士，發表如下感人的談話：「國民
黨軍已經進占埔里，古瑞雲副官和其他弟兄都不知去向，大勢已
去，不是我們幾個人的力量就可挽回的。弟兄們也知道，烏牛欄
戰役在雙方兵力懸殊的情況下激戰竟日，已使國民黨21師付出
很大的傷亡代價。烏牛欄之役，我們抗暴軍是雖敗猶榮，因為它
象徵為爭取自由堅持到底的台灣精神，意義不凡。而我們已經為
我們的鄉土盡了最大的力量，也對得起台灣的鄉親。」遂決定暫
時化整為零，或往嘉義小梅參加陳篡地的游擊隊或各自回家。深
夜11時，隊員各自埋藏武器後，即宣告解散。17日中午，國府
軍獲悉「二七部隊」已解散，即開入埔里。台中地區的抗爭亦隨
即結束。[163]

## 4. 雲嘉地區的蜂起與熾烈的戰鬥

3月2日下午，台北二二八起義的消息，傳到斗六、虎尾等雲林地區。當晚間，虎尾的一部分青年學生，乘隙攻擊尚未進入情況的虎尾區署與警察所，奪取警察所的槍械，編制武裝民軍。另當日晚上斗六地區的青年、學生等，首先到區長謝堡丁及警察所長林永清的宿舍，將他們的物品焚燬；再襲擊區署及警察所，接管兵器庫中的武器。該鎮建安醫院院長陳篡地、三民主義青年團斗六區隊長陳海永等，乃連夜召集鎮民及三民主義青年團團員，舉行鎮民大會，並號召由南洋返台的原日本兵、青年、學生等，共同組織「斗六治安維持會」，由陳篡地擔任召集人。翌日，又成立「自衛隊」，成員約有200人左右，推舉有實際作戰經驗的三民主義青年團團員黃清標為隊長。[164]

3月3日，虎尾「民軍」開始攻擊機場的警備隊。300餘名的警備隊，因不堪「民軍」激烈的攻擊，乃退守於堅固的堡壘內，並由堡壘內向外面掃射，「民軍」則埋伏在鐵路側面應戰。雙方相持三晝夜，「民軍」無法打敗國府軍，國府軍亦不敢外出。[165]

3月4日上午，因電台廣播：「嘉義市民與國府軍衝突」，斗六治安維持會乃派隊馳援，由自衛隊隊長黃清標帶領，到嘉義市協助維持治安，並將國府軍趕到紅毛埤。在該次戰役中，治安維持會繳獲甚多槍械彈藥，武器更為充足，於是重新整編隊伍，將「斗六治安維持會」改編為「斗六警備隊」，由陳篡地擔任總隊長。總隊分為兩中隊，一中隊分為三小隊；另設一指揮班，負責作戰指揮。[166]

3月6日，虎尾方面，雙方還在僵持中，陳篡地聞訊，即派第二中隊，由隊長簡清江率領馳援。台中、竹山、斗南的民軍亦

陸續抵達，與在地民軍及陳篡地部隊合流，編成聯合部隊，包圍蔣軍，開始猛攻。蔣軍躲在堡壘裡面，頑強抵抗，但是，他們的糧食來源既斷，僅存的亦將告罄，被迫得恐慌萬狀，把迫擊砲、機關槍亂射做最後的掙扎。在這彈雨亂飛的當中，簡清江指揮的斗六部隊竟匍伏前進，迫近離敵僅 50 公尺，此時簡清江正在戴望遠鏡觀望敵情，不幸中彈斃命。混戰達數小時，雙方傷亡均很慘重。[167]

由於民軍不斷的衝鋒，至是日晚上，蔣軍抵禦不住，終於由堡壘爬出，在廣闊機場，演出一場白刃戰之後，一部分蔣軍始能突圍流竄。民軍攻破飛機場，獲得許多武器之後，隨即追擊，追到林內近郊。陳篡地接到報告，即調換第一中隊，急馳林內截擊。但因在黑夜裡，不能看清楚蔣軍的流竄方向，致使一部分蔣軍逃脫了。[168]

3 月 7 日清晨，虎尾「民軍」接獲情報，得知 40 餘名蔣軍沿著濁水溪岸向集集方面撤走，隨即派遣竹山支援部隊追擊。蔣軍為躲避追擊，改向林內坪頂方面逃走。同日下午，「民軍」大舉包圍坪頂。蔣軍眼看「民軍」攻擊在即，無心戀戰，不敢開火。晚上，「民軍」召開幹部會議，討論對策。會中決議，為了避免無謂犧牲，商請林內鄉長擔任「民軍」代表，於翌 (8) 日晨 5 時，上山勸告蔣軍放下武器。蔣軍之中的 3 名軍官(2名上尉與1名少尉)，經過一番商討，最後決定繳出武器，由「民軍」帶往林內國民學校，集中監護。[169]

至此，雲林地區的戰鬥，暫告一段落。3 月 14 日，蔣援軍以嘉義市為基地，開始展開攻擊民軍控制的鄉鎮。陳篡地的部隊與蔣援軍，在斗六鎮內，展開小規模的市街戰。陳篡地在寡不敵眾的困境下，遂決定撤守嘉義小梅山地，繼續進行游擊戰。同

日，21 師師長劉雨卿鑒於該殘部逃往山區，為便於遠距離戰鬥，摧毀其據點，乃致電蔣介石請准恢復山砲兵營，獲撥山砲 12 門，彈藥 1,200 發。⑰

3 月 16 日，蔣軍 436 團第八連推進至小梅以東地區，與該殘部 200 餘人發生激戰，結果擊斃 10 餘名，奪獲步槍 20 枝、重機槍 2 挺、擲彈筒 1 具，山砲 1 門。過了兩日，436 團第七連亦在小梅附近，與殘眾百餘人發生激戰，擊斃 60 餘名，俘 12 名，奪獲汽車 1 輛、步槍 44 枝、重機槍 2 挺、輕機槍 4 挺、擲彈筒 7 具、機步彈 105 箱、擲彈 3 箱、電話機 7 部。19 日起，陳氏為作持久游擊戰，乃陸續向山地撤退，並將所有武器彈藥及附近村民之糧食、牛車等，悉數帶走。陳氏並號召各地響應者，潛藏深山，實施一年的作戰計劃。20 日，二十一師以該殘部潛伏山地為慮，再派 436 團第 8 連進攻小梅附近，激戰數小時，終使其不支逃逸，蔣軍奪獲步槍 5 枝、手榴彈 16 發、重機槍 1 挺、地雷 12 箱、三八式步槍子彈 3,000 發。⑰

4 月 16 日，陳篡地所率領的游擊隊約 3、400 名，於樟湖一帶仍與國府軍整編第 21 師 145 旅 434 團第 2、3 營及 435 團第 1 營激戰三日，雖死亡 1 名隊員，另有 10 數人被俘；但隨後陳氏的游擊隊依舊在小梅、樟湖等地，繼續其英勇的抵抗。⑰1953 年，陳篡地在當時台灣省教育廳副廳長謝東閔的具保，以及國府當局答應保證其家人生命、財產安全下，出面自首；入獄不久即獲釋，隨後被迫將醫院遷往台北後火車站附近開業，以便特務就近監管。⑰在二二八事件中，陳篡地誠可堪稱最讓人感動與敬佩的英勇戰士。茲將陳氏的生平略歷引述如下：

陳篡地，彰化二水人。日本大阪高等醫學專校畢業，就讀期間，曾加入日本共產黨外圍組織「戊辰會」，被日警逮捕，服刑

近 1 年始獲釋。1933 年畢業回台後，曾在今雲林縣斗南鎮開業，後搬至斗六鎮開設眼科診所。1937 年與該鎮至誠醫院醫師謝玉露結褵。二次大戰期間，陳氏被日本當局徵調至中南半島擔任軍醫，官拜中尉。戰後一度加入越南胡志明部隊，後與數十名台灣人合作，購買武器、船隻結伴回台。返台後，於斗六經營建安醫院。

　　1947 年 3 月 2 日，陳篡地與時任三民主義青年團斗六區隊長的陳海永、醫師葉仲琨等組成「斗六治安維持會」，後改為「斗六警備隊」，由陳氏擔任總隊長。6 日，該隊協助民軍包圍虎尾機場，並截擊竄逃之機場官兵。14 日，國府軍隊進攻斗六，陳氏率領當地民軍與國府軍展開小規模的市街戰，後因寡不敵眾，乃率領部隊撤往樟湖（今雲林縣古坑鄉），駐紮於樟湖國小和樟湖派出所，繼續進行游擊戰。16 日，國府軍隊由村人帶路從後山攻擊樟湖，雙方發生激戰，陳氏由其部屬先行帶下山，並潛回二水老家，攜械藏匿在陳家大厝後面的田野地洞內，由親友接濟糧食衣物，時間長達數年。

　　1953 年，陳氏在當時台灣省教育廳副廳長謝東閔具保，以及執政當局答應保證其家人生命、財產安全下，出面自首，入獄不久即獲釋，隨後被迫將醫院遷至台北後火車站附近開業，以便特務就近監管。[174]

　　其次，嘉義市區的蜂起是發生在 3 月 2 日下午 2 時許，嘉義市中心的中央噴水池邊，突然出現載滿武裝青年的三輛卡車。這三輛來自台中的卡車，在群眾前停車後，車上一青年，隨即拿起擴聲機，向嘉義市民報告台北起義的詳細情形，並竭力呼籲市民響應起義，同心協力打倒陳儀腐敗公署。這股純真而悲壯的青年呼聲，終於打破靜寂的嘉義，點燃了起義抗暴的烽火。當日嘉義市民受此影響，相繼奮起，包圍嘉義市長孫志俊官舍和嘉義警察

局，嘉義地區的二二八事件隨之爆發。[175]

3 日上午，在三青團和市參議會的號召之下，舉行市民大會，組織「嘉義三二處理委員會」及「防衛司令部」，三青團主任陳復志任主任委員暨司令。處委會下面設總務、外務、財政、宣傳、保護、治安等 6 組。另設一救護所。防衛司令部下面有：高山部隊、海軍部隊、陸軍部隊、學生總隊、海外歸來總隊、社會總隊等。而司令部裡面有：作戰、參謀、宣傳、總務 4 部。總務部下面又分接收、經濟、收容、遣送 4 組，組織非常龐大。[176]

另方面，當時守在東門町的第 21 師獨立團第一營羅迪光營長在孫市長的要求下進入市區鎮壓，使局面平添變數。由於軍隊有強力的砲火容易造成傷亡，處委會乃派參議員前往憲兵隊談判，欲以和平方式解決，但雙方條件差距太大，沒有談妥。於是，來嘉各隊民軍開始大規模攻擊憲兵營、紅毛埤第十九軍械庫、水上飛機場及東門町軍營。晚上 9 時，市政府被接收，計 1,400 餘名的外省籍官僚及其家眷，也分別被監禁於市參議會、中山堂、國民黨嘉義市黨部等機關。[177]

3 月 4 日，憲兵隊受民軍強力的攻擊，孫市長乃偕同憲兵轉至嘉義中學山仔頂羅營長的駐地。羅營長自山頂砲轟市區，居民頗有死傷。為此，處委會出面與羅營長相商，希望軍隊繳械退出市區；而對方則要求妥善照顧被「保護」在市黨部、中山堂、市參議會等三個地方的外省籍人士。雙方雖未能達成協議，但羅營長已逐漸退往紅毛埤。此時孫市長等也體認到山仔頂不安全，遂與憲兵隊，部分羅營及留在嘉中的一部分外省籍公教人員進入飛機場。[178]

3 月 5 日，三民主義青年團書記盧鈵欽打電話請阿里山鄒族原住民（約 5、60 名，保密局台灣站稱有 100 至 300 名）下山協助維

持市內治安。中午，嘉義民軍與機場國府軍發生激戰，民軍傷亡三百多人。這時嘉義電台再度向外廣播求援，自台中、斗六、竹山、新營、鹽水等，所謂「台灣民主聯軍」，合計三千餘人趕到。遂大舉向紅毛埤軍械庫和水上機場發動總攻擊，占領水源地和發電所。於是同日，民軍斷絕水上機場的水電。如此，被民軍團團包圍，陷於進退維谷的國府軍，是日下午，乃派警備總部高級參謀陳漢平少將及嘉義士紳劉傳能省參議員與處委會展開談判。而談判的主要條件是：官軍繳械、民間供食糧（20 包白米、青菜、青果類三千斤、美國菸六百包等）給被困的軍民。初步的談判還算順利，雙方約定隔日再談。⑰

　　3月6日，羅營長在陳漢平少將的陪同下，到處委會洽談進一步協議。與此同時，劉傳能奉陳漢平的命令到機場洽商，請孫市長於後天到市區會談。3月7日，高山部隊在湯守仁率領下加入作戰。因此，紅毛埤火藥庫受到猛烈的攻擊，國府守軍在力竭不支後，不得不放火焚燬庫房軍資品而全面退到機場。但國府軍撤退途中，拘捕6名本省人，竟公然予以槍殺；還俘虜十餘人，諒亦被其殺害不誤！是日（7日）機場首次得到來自台北空運的彈藥、武器，而劉傳能也依約送食米20包、蔬菜、豬肉到機場。⑱

　　3月8日，孫志俊市長與處委會談判，處委會提出軍警繳械的和談條件，但遭孫市長拒絕，談判破裂。同天機場又得到台北第二次空運彈藥，守軍武器稍見充足，孫志俊與軍隊擬衝出機場，攻入市區。然因勢力仍單薄，繼續等待援軍。3月9日，水上機場再接到第三次彈藥補給。孫市長乃派嘉義女中杜宇飛校長搭機飛台北，向長官公署報告嘉義方面民變的經過，並要求即刻派兵鎮壓。杜是日過午隨即返嘉，向孫市長等報告：台北自昨晚

起開始鎮壓，憲兵第四團兩營已抵台北，21師亦將到；以鼓勵士兵、官員死守崗位。另當日機場的軍隊，再度衝出機場附近的劉厝庄，劫掠屠殺10數名的庄內男子。[181]

3月10日，民軍最後一次攻擊機場，惟國府守軍堅強，無濟於事。當日下午2時，處委會向軍隊提出和談七條件，但孫市長、羅營長已獲知援軍將到，置之不理。而高山部隊知悉事變將由談判解決，深夜乃撤回歸山。[182]

3月11日，國府來援的陸軍第21師430團一個營到達機場，南部防衛司令部派來的援軍也到達嘉義，解除了機場孤軍之危。這時處委會為了減少嘉義地區的傷亡，仍企圖做最後的努力，由陳復志等8人前往談和。可是，除了省參議員劉傳來、市參議員邱鴛鴦2人及1名記者稍後釋回，林文樹以錢贖命，數日後獲釋外，其餘4名，即陳復志、柯麟、陳澄波、潘木枝等人，一進去就被用鐵線綑綁起來，遭到扣押，旋分別被處以死刑。[183]

劉傳來被放回的條件是，先回市區安排歡迎市長與國府軍入市。3月12日下午，羅營長與第21師的援軍攻入市區。據第21師副官處長何聘儒的記述，當場嘉義市民死傷數以千計。與此同時，孫市長也回市府，軍人將留在市府歡迎的相關人員，包括議長鐘家成在內——扣押（翌日獲釋），並開始收繳武器；而被保護在市黨部、參議會及中山堂三處的外省人也被釋放出來。3月13日，陸軍第21師146旅436團副團長彭時雨率兵進入市區，嘉義市完全被鎮壓。[184]

再則，孫志俊回市府後，即向市民廣播，要求區鄰里長檢舉二二八事件相關人士，並加強搜捕、槍殺的行動。嘉義市血腥之屠殺，堪稱台灣之首。諸如3月18日，三青團主任陳復志，他是處委會的主委及和談的代表，卻被認為是首謀重犯，單獨槍決

於嘉義驛前。3月23日，盧鎰、蘇憲章、施珠文、陳容貌、陳陣、林登科、陳庚辛、吳溪水、黃水樹、蔡金爝、薛皆得等11人同時被槍殺。3月25日，嘉義市參議員潘木枝、柯麟、盧鈵欽、陳澄波等四人也同時被槍決於驛前。張炎憲教授指出：「國民黨軍在基隆港濫殺無數，在嘉義則是有計劃的槍殺示眾。台中二七部隊或嘉義水上機場的攻防戰，民軍與國民黨軍死傷慘重，但嘉義驛前的槍決，並非兩軍對抗之下的死傷，而是憲警安排下的屠殺。在同一個場所，三個時間，總共公開槍決16人。處死之前，遊街示眾，處死之後，曝屍示眾。其殘忍、霸道、非人性，遠超出台灣其他地區。」[185]

此外，據陳儀深教授查閱官方檔案，陳復志和四位市參議員是「奉台灣警備總司令部電就地正法，已由本市指揮所執行」，蘇憲章等其他人則直接「由國軍21師獨立團第一營羅團長執行」，他們都沒有經過軍司法審判；四位市參議員的罪狀是「參與此次暴動之主謀者」。[186]爰將陳復志的生平略歷引述如下：

陳復志，嘉義市人。因年幼時不滿受到日人欺凌，而遠赴日本就讀東京神田的大成中學，畢業後，赴中國南京，考取黃埔軍校第八期工兵科，4年後畢業，出任排長。1937年中日戰爭爆發，升為連長，此後在中日戰爭期間，軍階一路上升，至戰爭結束時，已官拜中校。1945年底陳復志回到台灣，任軍部參謀。次年，辭去參謀一職，返回嘉義，出任三民主義青年團嘉義分團主任，並教授地方人士「國語」。

1947年二二八事件爆發，3月2日，嘉義市中心出現騷動，為應付局勢，3月3日，三民主義青年團嘉義分團與嘉義市參議會聯合舉辦市民大會，決議成立嘉義市三二事件處理委員會（後改名「嘉義市二二八事件處理委員會」），並組織嘉義防衛司令部。陳

復志因係軍人出身，而被推爲主任委員，並兼防衛司令部司令。但到3月5日後，陳復志卻隱匿不出，並未實際領導任何有關二二八事件的活動。

另一方面，3月5日，嘉義市民兵和阿里山鄒族部隊聯合將駐守嘉義的國府軍隊圍困於水上機場，並切斷通往機場的水電。3月11日，嘉義市二二八事件處理委員會欲與水上機場國府軍隊進行和平談判，因陳復志會講北京話，較熟悉中國政治，而被推爲和平使，與陳澄波、柯麟、潘木枝、林文樹、邱鴛鴦、劉傳來、王鍾麟等共8人，一同進入水上機場談判。不料除邱鴛鴦、劉傳來、王鍾麟在當天被放回外，其他5人都遭到拘捕。3月18日，陳復志雙手反綁被押至卡車上，遊行示眾，在嘉義火車站前，當眾槍決。[187]

另二二八事變，民軍多數曾受過日軍嚴格的訓練，但戰鬥力何以不如想像之強？據彭孟緝的《回憶錄》稱：「後來我們分析，發現當時暴徒所搶得的槍械除了少數原有使用中的武器及全省警察約萬枝槍枝外，其餘從庫裏搶出來的槍枝和彈藥，竟無法配合使用。其他地區也是一樣。原來政府受降時收藏武器彈藥，是將同種類的械彈分開來儲藏的。比如日本三八式步槍藏在鳳山倉庫，而三八式步槍彈卻收藏在新竹的關西倉庫裏。此種分散的情形，只有高級主管官員才明瞭，就是看守倉庫者，也不知道。這原是一種保安辦法。幸好暴徒未能發覺，也幸好我們平亂行動並未遲誤，否則等待他們武力編組就緒，槍彈配合起來，事態就不那麼簡單了。」[188]

## ㈡ 其他地區蜂起的梗概

### 1. 台北縣地區的動盪

全台最先響應台北市起義的地方，是台北縣板橋鎮。2月28日下午，數百名民眾，就包圍板橋車站，攔截火車，查檢旅客，每當發現外省官僚的貪官汙吏，即拖下毆打。共有3人被毆重傷、十餘人受到輕傷。次日，板橋鎮內的秩序愈亂。群眾襲擊供應局倉庫，搬走所有軍用物資，並放火燒毀倉庫，估計約損失台幣三億元。[189]

3月2日，省參議員林日高、國民參政員兼鎮長林宗賢出面組織「事件處委會板橋分會」，由林宗賢任主委；並成立「保安隊」，以維持治安，勸阻無原則的毆打外省人。與此同時，台北縣境內自2月28日至3月7日，各地民眾都相繼響應起義，高喊打倒陳儀的腐敗政治。諸如2月28日，鶯歌、萬華等車站也發生動亂，北上的火車到板橋後，即被迫折返，貪官汙吏則如驚弓之鳥，落荒而走。同日夜11時，有輛軍車行經汐止，遭民眾襲擊一軍官死亡、二士兵受傷。3月1日，士林、新店供應局武器、糧食被搶劫，損失甚鉅。而同日，淡水、瑞芳亦發生毆打外省人事件，金瓜石銅礦籌備處職員宿舍被搗毀。瑞芳鎮鎮長李建興出面協助警察勸阻民眾，暴動乃未擴大。[190]

3月4日上午10時，宜蘭市（台北縣轄市）市民代表會召集各界人士，假宜蘭劇場舉行青年大會，對「二二八事件」犧牲者表示哀悼，並議決四項要求：⑴肅清貪官汙吏；⑵各機關首長應引咎自動辭職；⑶軍隊及政府機關禁止武裝攻擊人民；⑷為保持安寧，外省同胞應予集中，由青年監視保護。下午，復於青年合

作社召開第二次會議，將上述的要求交付政府。⑲

　　3月5日上午，宜蘭市各界人士在消防隊樓上開會，正式成立「二二八事件處理委員會宜蘭分會」，並推舉省立宜蘭醫院院長郭章垣為主任委員，黃再壽、陳金波、游如川為副主任委員。同時，以處委分會名義，要求陸軍倉庫、陸軍醫院之武器，移交處委分會保管，惟飛機場負責人周競宇分隊長拒絕移交，一時發生糾紛，四名交涉代表自5日中午被扣留，至下午6時始獲釋放。緊張的氣氛解除，市內秩序恢復正常，除了維持地方秩序外，處委會另提出五項建議：⑴支持台北處理委員會提出之建議事項；⑵即時實施地方自治，省縣市長均由民選；⑶平抑物價，救濟失業，安定民生；⑷因二二八事件憤起行動之民眾，均不得追究；擁護蔣主席，建設新中華民國。⑲

　　處委會設指揮中心於宜蘭市招待所內，號召學生、青年及退伍軍人組織保安隊、治安隊；許焰灶、林春光等擔任領導，沿街遊行、示威，高唱日本軍歌；前往宜蘭機場，接收空軍倉庫之槍械，計長槍五百枝、短槍百餘枝；同時，收繳市警察局槍械，將外省人悉數集中，供應其食物，派武裝學生保護；並設立救護所，以救護受傷者。⑲

　　3月7日下午，台北縣正式成立「處理委員會台北縣分會」，響應台北「省處理委員會」，選舉代表參加「省處委會」。可是，3月9日，蔣援軍開到後，台北縣地區也立即遭到大屠殺。3月10日，林宗賢被捕，最後被迫寫悔過書才得以釋放。遭拘捕期間，林宗賢被勒索鉅款，其所創辦之〈中外日報社〉資產也全部被侵吞。釋放後，直至1995年去世為止，都不再過問政治。⑲又稍後，3月18日凌晨2時，郭章垣醫師亦在醫院宿舍被抓走，19日與蘇耀邦等7人，被五花大綁槍殺於頭城媽

祖廟前。⑲此外，宜蘭首要人物之一的林日高被通緝逃亡，雖
於 1948 年獲自新，並出任吳國楨台灣省主席之省府委員。然於
1954 年 12 月，以與中共台省工委會有所連絡而被捕。1955 年 9
月 17 日，終被處決。⑲

## 2.　新竹縣地區（國府占領台灣初期，新竹縣轄區包括今日之桃園縣、新竹縣、苗栗縣等三個行政區）之蜂火

### (1) 桃園地區的怒火

　　桃園是新竹縣政府所在地。2 月 28 日夜 8 時許，就傳來台
北起義風聲。民眾不約而同聚集於鎮上大廟前，攻擊陳儀的無能
腐敗，高呼打倒貪官汙吏，激起了民眾歡呼興奮。在此同時，亦
有 800 餘名海外歸來的青年與學生，聚集於桃園戲院，激昂地議
論台北慘案，並決定起義反抗。⑲

　　3 月 1 日上午，台北青年學生 30 餘人到達桃園，會合當地
的青年團，對桃園地區的黨、政機關展開攻擊與接收的行動。他
們首先接收鐵路保安警察的武器，並攔截火車，以阻止北上援軍
赴台北鎮壓民眾。青年隊接管桃園縣車站後，下午 2 點左右，民
眾亦展開「打死阿山」的行動。外省人見狀，紛紛走避或寄居本
省友人宅中，或逃入警察局。青年學生並進而圍攻縣政府，旋縣
政府遂為民眾接收。另有一股青年學生知悉外省人均避逃至桃園
警局後，乃包圍警局，要求交出貪官汙吏，但遭外省警官嚴拒。
民眾見狀，乃轉攻空軍倉庫，奪取大量槍械彈藥後，再折返警
局，要求警察交出外省官吏。但員警仍峻拒，並以機槍、步槍掃
射，當場擊斃民眾數十人，民情更加激憤。自 1 日夜 10 時到 2
日凌晨 2 時，警民對抗持續進行著。警局方面見情勢不利，急電
台北警務處求援。清晨 2 時以後天降大雨，而台北援軍也適時趕

到，警局內人員，包括警總調查室主任陳達元少將，乘機由後門脫出，會同援軍向台北方面逃逸。[198]

桃園鎮內自民眾順利接收縣政府及擊走警局之員警後，大致已趨於平靜，而部分士紳、有志之士亦聚會商討相關之政治事務和治安問題。但 3 月 4 日，新竹縣籍的原警總副官處長蘇紹文少將，奉派擔任新竹縣防衛地區司令兼代新竹縣長，情勢再變。蘇氏於 4 日夜抵桃園後，即下令新竹縣地區戒嚴，桃園鎮的控制權乃落入蘇氏的手中。自此至「二二八事件」結束，桃園市區平靜無事。惟據聞桃園鎮民眾曾於 5 日圍攻飛機場；另有一千多人北上，企圖進攻新店軍火庫。要之，桃園鎮民眾起事後，中壢、關西、竹東、竹南等地亦起而響應。[199]

## (2) 新竹縣、市的風暴

新竹市多風是有名的，台灣被國府占領之後，由大陸帶來了在台灣沒有的各種「風」。例如「貪汙」之風、「奸淫」、「腐敗無能」之風等等。市長郭紹宗（河南省人，1945 年 10 月，以國府接收人員身分來台）的大貪汙案（美援奶粉貪汙案件）是人盡皆知。而檢舉這貪汙案的台灣人檢察官王育霖（台南市人，東京帝大法科畢業，在學期間即考上司法官高等文官考試，畢業後任日本京都地方法院檢查官，為日治時期首位台籍檢察官），反而被撤職，這也是無人不悉的(二二八事件後，3 月 14 日，王育霖突然被捕，3 月底被處死，屍體至今仍下落不明。王育霖之遇害，即是偵辦郭紹宗貪汙弊案，而遭公報私仇有關)。[200]

3 月 1 日，新竹的強風挾來了「台北慘案」的消息。新竹市民立即響應，開始罷市、罷課。3 月 2 日上午八時，民眾開始展開抗爭行動。民眾分為數隊，襲擊派出所，奪取憲警武器。有的搗毀勾結貪官經營的外省人商店，有的搜查機關及貪官的宿舍，

市長、檢察官、專賣局長的宿舍無一倖免。市面馬路上，到處都是「打」聲。斯時，新竹的「貪汙風」已變成了「打風」。⑳

同日下午三時許，民眾擬赴市長郭紹宗官舍時，行至旭町附近與憲警遭遇，雙方發生衝突。憲警竟自旭橋上以機槍掃射，當場擊斃民眾 8 名，傷 18 人 (後傷重致死者又有 8 名)，群情激憤。傍晚，市參議會為此，匆匆召集各界人士，緊急成立「二二八事件處理委員會新竹市分會」，討論善後及民生食糧問題。⑳

關於善後處理問題，民眾方面提出六點要求：①外省人對此次損失不再要求賠償；②參加此次暴動者准予免究；③縣市長即行民選；④警察武裝即行解除；⑤駐軍撤離市區；⑥停在本市候車之軍隊不要增援台北。郭市長當即答覆稱：①、②兩點可照辦，③、④兩點須待陳儀命令到後方可照辦，⑤、⑥兩點請民眾逕向軍隊交涉，市府無權過問。磋商至 2 日凌晨 3 時許，雙方妥協決定：憲警出巡不帶武器，在室內者亦以武器不外露為原則，以免刺激民眾情緒；而民眾則不再暴動。其後，市府各機關人員 400 多人集中於警局避難。新竹市警局員警 180 餘人中，除了 6 名外省人外，均為本省籍警員，民眾暴動後全部逃離崗位，因此市政府一時亦未敢採取刺激民眾之對策。⑳

3 月 4 日，處委會開會，決定由學生、教員組織「治安隊」以維持秩序，並要求市府發給武器供執勤之用。郭市長一面敷衍，一面命令新竹市之三民主義青年團另組一「治安隊」以制衡 (時郭氏為三民主義青年團新竹市分團主任)，並於 3 月 5 日成立。不過，如上述，奉派擔任新竹縣防衛地區司令兼代新竹縣長蘇紹文少將，於 4 日夜抵達桃園後，即下令新竹縣地區戒嚴，新竹市的控制權乃落入蘇氏手中。3 月 7 日，蘇紹文下令將「治安隊」改名為「治安服務隊」，歸新竹市之處委會指揮。惟 3 月 10 日，處委

會已被陳儀宣布爲非法組織而撤銷，新竹防衛司令部遂下令禁止集會，同時亦將新竹市處委會與治安服務隊撤銷。3月13日下午，國府軍第21師抵達新竹市，開始進行綏靖工作。搶劫、搜捕、屠殺，較諸其他縣市，雖可稱輕微，但仍頻頻傳出。[204]

至於苗栗縣境多山地與丘陵，居民以客家人爲主，民風淳樸。因此，事件發生期間，是較爲平靜的地區，僅發生少許衝突。例如3月1日，苗栗警察派出所與大湖區出礦坑石油公司，先後遭到民衆的襲擊，槍械被繳，器物被毀。又3月7日上午8時，後龍鄉長召集鄉民開會，討論應付國府軍之策，並組織「青年自治同盟會」及處理委員會。同日，苗栗群衆數百人企圖襲擊石油公司宿舍的國府軍，並刺探後龍一帶海軍兵力及軍事設施，企圖進行繳械，因天下雨未果，只占據了車站。[205]

## 3. 台南地區的波濤

2月28日，高雄要塞第三總台（駐台南）台長項克恭得知台北已生事端，是晚分電各單位警戒，禁止官兵外出，並派員赴市內打探消息。1日台南市面已貼有告知台北緝菸事件之號外，項台長命令全面戒備，非有長官之令不得開槍。2日凌晨憲兵營廖峻榮營長召開軍憲警聯合會議，決定以項台長爲南區指揮官，必要時堅守大林飛機場及國民道場，並請台南公正之士出面宣導民衆。當時台南一帶的兵力約500名，只有第三總台之四、八兩台可調集部分兵力。[206]

一方面，3月2日中午，台南各報社都爭先發行快報，且以引人注目的標題，詳細報導台北起義的情況，全市爲之譁然。同日夜間，一群青年學生，以迅雷不及掩耳之勢，攻占三所警察派出所，警員目睹青年學生來勢洶洶，不敢抵抗，自動繳出所內武

器。青年學生各自以所內的槍械武裝。[207]

3月3日清晨，市長卓高煊召集軍警首長與台南市參議員，舉行緊急會議，討論對付青年學生的措施。惟會議尚在進行中，已有市區警察局槍械被繳，外省人士被圍毆之消息相繼傳來。市長見局面混亂，上午9時，乃指定市府的本省籍職員看管公務，再電令警局維持秩序後，到憲兵營避難。另一方面，上午10時，參議會為召開臨時會議，決議向政府提出七項要求，除了軍警不得任意開槍、不出動、不示威外，並要求改革台南市政；市長雖對這七項要求有所回應，然情況並未好轉。下午6時，又傳來第三監獄的武器被收繳，損失100餘枝槍械，外省人財物亦有損失、並被收容。於是，為了自身的安全，晚上7時，市長乃退往第三總台部。[208]

此外，同日上午10時許，一艘載滿槍械和私菸的帆船，出現於安平運河。台南市民即刻要求船長繳出船內武器，不料船長竟以開槍表示拒絕市民的要求。槍聲惹起市民怒髮衝冠，市民不顧槍聲成群衝入船內。船長、船員個個無不遭受市民毆打而跪地乞求饒命。市民接收武器後，放火燒毀帆船。[209]

是晚，工學院學生在中山堂開學生大會，決議參加鬥爭，立即編成一隊，趕到台中，參加守備台中第三飛機廠。「二中會」(台南第二中學畢業生所組織的同學會)，也在市民中間展開活動。[210]

3月4日上午10時左右，來自全市各地青年、男女學生及各界人士，聚集在西門市場一帶，整隊遊行示威。一般市民步行，退伍軍人分乘卡車，蜿蜒前進。隊伍行經西門町、錦町、銀座等市區主要道路。沿途高喊口號：「要求生活的保障」，「反對內戰」，「打倒貪官汙吏」，「要求台灣自治」等，圍觀的民眾鼓掌響應。至下午，那些乘車遊行戰士，分為數隊，分別襲擊各派出

所、第三監獄及警察保安隊，收繳槍械彈藥；警察局長陳懷讓亦被民眾所擒，加以監視。傍晚，全市各機關已全由民眾接管。又本日全市各街頭，處處可見各種海報。例如：「趕走國民黨政治，實行自由新民主政府！」、「台灣人民覺悟起來！」、「生活要求保障，工作要求保障！」、「民主政治不確立，人民受遭殃！」、「驅逐豬仔軍出台灣！」、「台灣人要獨立自由！」、「不要和腐敗阿山合作！」等等。⑪

　　5日上午10時，卓市長邀請軍憲警首長及國民黨市黨部指導員韓石泉、市議長黃百祿、三民主義青年團台南分團幹事長莊孟侯等共同開會，會中決定處理此次事件的四個原則是：不擴大，不流血，不否認現有行政機構，政治問題用政治方法解決。下午2時，由市長、黃議長、青年團幹事長莊孟侯到電台共同廣播這項決定，並聲明該辦法自3時起生效，若此後再發生變故，則應由民眾負責，同時警察也必須在此時回到警局報到。晚上8時，市參議會取消臨時治安協助委員會，成立處委會台南分會以呼應台北的處委會，韓石泉任主任委員，黃百祿、莊孟侯副之，下設七組。其中最重要的爲湯德章任治安組組長。湯在日治時期曾擔任警察局的司法主任，他認識警界中的台籍刑事，國府來台後當過南區區長，不久請辭。處委會期待以他的經歷與人望，協助穩定台南局面。當處委會請他出面時，他先是婉拒，後經苦勸才接受。⑫

　　3月6、7日，市面日趨安定，韓石泉等乃於7日上午9時，往請卓市長回到市府辦公。下午2時，市長遂回府並爲日益嚴重的糧食問題召開會議。下午6時，市長派張壽齡、副議長楊請北上晉謁長官，報告台南的情形。⑬

　　3月8日下午3時，台南市參議會召開臨時大會，出席參議

員 17 人。由黃百祿議長報告陳儀長官已宣布現任縣市長如民眾有認爲不稱職者，可由參議會召集各界協商，推舉候選人 3 名，故召大會商討此問題。報告畢，各參議員以現市長，民眾認爲不適任，應另推舉；乃討論推舉辦法，並決定於 9 日下午 3 時，再聽取各界意見之後，立即進行選舉。㉔

職是，台南市參議會爲鑑別現市長是否稱職，並選舉新市長候補者起見，於 3 月 9 日下午 3 時，假本市參議會會議廳舉行「台南市各界聯合大會」。結果，由參議員、各區里長，區民代表、各人民團體代表、學生代表等 425 人，滿場一致，投票否決現市長留任；同時選出黃百祿 179 票，侯全成 109 票，湯德章 105 票等三人爲當選候選人。㉕這是全台首次由台灣人民自己選擇縣市長候選人的創舉。然而，10 日，如上述，全台再度宣布戒嚴，市長候選人的當選，隨之被宣告無效；甚至「處委會」亦於同日，被認爲「非法團體」，強制解散。

3 月 11 日上午 10 時，由高雄派來的國府增援部隊抵達台南。指揮官楊俊上校立即宣布戒嚴，並發表如下四項治安緊急措施。即⑴限 11 日下午 4 時前，市民藏有武器應交參議會；⑵收集後由參議會送繳國民道場指揮部；⑶ 4 時後清查戶口，如仍有私藏軍火者就地槍決；⑷檢舉奸黨暴徒，以憑查辦，知情不報者應受處分。㉖於是，台南市的大捕殺、搶劫瘋狂的展開。同日，湯德章即以「率領學生占領警察局」的罪名被拘捕；爲了保護台南菁英，湯氏一力承擔所有責任，並將所有資料及名單銷毀，挽救許多人士與學生。3 月 13 日上午 11 時，湯氏遭受酷刑後，被迫遊街示眾，然後押至台南市民生綠園槍決。圍觀者同聲啜泣，事後士兵不准家屬收屍，任其暴露。㉗台南二二八的慘痛，迄今猶存。

關於台南市方面的動亂，高雄屠夫彭孟緝的回憶錄，亦有如

下的記載，茲引述之：

「台南市方面亦於三日陷入瘋狂恐怖狀態，被暴徒毆傷被
救護至憲兵隊者，有地方法院院長涂懷楷、首席檢察官陳樟生、
海關主任王保祚等百餘人。此時復有長榮中學教員李國澤率領
省立工學院學生及流氓數百人包圍憲兵隊，不准憲兵出巡，竟
謂治安由學生維持，下午暴徒湯德章、侯全成等復到處煽動，
驅除外省人，於是大街小巷所有機關、公務員住宅悉被搜劫毀
損，海軍倉庫被劫一空，外省人被毆辱，警察局長被扣，警局
槍枝被劫，此後連日暴亂，直至全省戒嚴平息暴亂為止，外省
人死傷甚重。」[218]

其次，台南縣轄各區，如縣政府所在地新營，曾文區（區長
丁名楠是陳儀的外甥）區署所在地麻豆，北門區、新化區、新豐區
等地方，官民的衝突，較諸台灣其他各地，可算是相當平靜。因
此，在二二八事件中，台南縣各區除警局槍械被收繳、外省籍數
人被毆打外，並沒有發生過「難以控制的局面」。[219]

## 4.　屏東地區的晴天霹靂

二二八事件在台北發生後，屏東龔履端市長在3月1日，已
接獲長官公署來電，囑要妥為應付。龔市長乃於2日赴高雄要塞
司令部見彭孟緝，商討應變之策。並囑警察局局長徐箕埋藏庫存
武器，且提示市府外省職員應變之法。[220]同日屏東參議會副議長
葉秋木召集參議員、青年學生、民眾代表舉行民眾大會。[221]

3月3日，龔市長再往高雄縣與縣長黃達平磋商，但因嘉義、
高雄已有動亂，乃返回屏東坐鎮。下午，在火車站，本省人對外

出的外省人怒目而視，氣氛緊張；葉副議長等人乃到張議長處協商，並於八時見市長。市長指示應仿效新營成立「對策委員會」，以消弭緊張之情勢。葉氏奉命召集地方士紳、名流至青年團開會，但是晚下雨，至者只有十餘人，乃改爲座談會。4日清晨，在火車站已有毆打外省人之事，市面已難以控制。9時「對策委員會」開會，席中有青年提議接收警局的武器，會中決議「由各機關選出代表接洽移交管理」。會議結束後，市議員顏石吉等11人往見市長，交涉解決武裝之事，爲市長所拒；後又要求勸告憲兵隊及駐軍解除武裝，市長無權答應而拒絕。⑳

　　此時，退伍青年軍人。即編成「海外」、「陸軍」、「海軍」等等隊伍，遊行市面，發動起義。林晉祥、鄭元宵諸氏即領導一隊，前往包圍警察局，要求交出武器，這要求被龔市長拒絕。於是，民眾即以「肉彈」直衝，遂把警局倉庫攻破，奪取槍械彈藥，市長看形勢已不可收拾，即命令大小官僚退到憲兵隊，他自己也由衛隊保護脫險。至中午時候。市政府、警察局和屏東糖廠，皆被民眾占領。當日下午，蜂起的民眾乃協議，正式成立「二二八事件處理委員會屏東分會」。並推舉市參議會副議長葉秋木擔任主席，同時又成立「治安本部」，負責維持市內治安。㉓

　　5日上午，民眾數次圍攻憲兵隊，但因缺乏彈藥，一時不得攻陷，乃在中央旅社及省立女子中學，正式成立「司令部」下設「作戰部」與「經理部」，接收第六工程處汽車及屏東中學、農業學校機槍6挺；再得高山青年的協助，首先斷絕憲兵部的水源，次即以消防隊的水龍管噴射汽油，實行火攻。憲兵隊抵禦不住，乃於是夜8時，保衛大小官僚及其眷屬50餘人，撤退至飛機場，與空軍地勤部隊會合，民眾隨後湧至飛機場圍攻。本日處理委員

會推選葉秋木爲臨時市長，因爲龔市長既逃走，無人施政。這是
台灣人民首次選舉自己的市長。[224]

　　自 3 月 5 日夜晚開始的機場攻防戰，雙方僵持到 8 日正午。
隨後，蔣軍第 21 師由劉和嘯營長所率領的鎮壓部隊抵達屏東（先
遣隊於下午一時，已入屏東市）。下午 3 時，劉營長進入市區，立即
實施戒嚴並進行捕殺擄掠，被殺害的青年學生甚衆。[225]處委會主
席葉秋木亦於 3 月 8 日遭拘捕，遊街示衆後，於屏東市郵局前三
角公園被槍決。臨刑前，他對士兵說：「我死不足惜，只盼你們
不要再加害無辜！」[226]茲將葉氏的略歷引述如下：

　　葉秋木（1908-1947），屏東市人。日本中央大學肄業，曾經
營水泥瓦、原木等進口生意。日本求學期間 1931 年在東京與林
兌等人組織台灣問題研究會，1932 年與吳坤煌、林兌、張文環、
王白淵等組織台灣文化サークル，均屬左翼文化團體。二次大戰
後，任三民主義青年團屏東分團組織員，1946 年 3 月當選屏東
市參議會參議員，並被推爲副議長。1947 年二二八事件爆發，3
月初，屏東市成立二二八事件處理委員會屏東分會，因議長張吉
甫藉病不出乃代理主持會議，並被推爲臨時市長，一說其成立屏
東司令部，率衆攻擊憲兵隊，一說其主持會議勸青年切勿動武，
和平解決紛端。3 月 8 日遭國府軍拘捕，遊街示衆後，於屏東市
郵局前三角公園遭槍決。3 月 4 日上午 8 時，由參議會副議長葉
秋木召集民衆大會，議決搜捕外省人，派員接收糖廠，並親向飛
機場，請空軍繳槍未遂。（許雪姬主編《保密局台灣站二二八史料彙編》
(一)，中研究台史所，民國 104 年，12 頁，註③）

　　又筆者不曾認識這位先烈，其弟葉秋丙夫妻則拜家父爲義子
女，可算是至親的義兄弟（與家兄天賜共營製材、合板、遊艇、鋼鐵
等各項事業），往生後，夫妻倆人都安葬在戴家墓園。據筆者二兄

錦樹的轉述，其遺產大多分贈給葉秋木的二位兒子，希望能重建
屏東葉家家園。

　　再則，除了屏東市，屏東縣轄之東港、林邊、枋寮也都有出
事。不過，各地的士紳都出面盡力維護治安。所以，民眾毆打外
省籍的警察及外省籍人士的事件，只發生過三起而已。因此，事
變被鎮壓後，雖有少數的青年遭到逮捕或槍殺，並有地方的士紳
也遭到勒索大批的金錢，但犧牲者可算較少。㉗

## 5.　東部花蓮、台東兩地區的震撼

### ⑴ 花蓮地區的「金獅」、「白虎」隊

　　自二二八事件爆發後，花蓮縣長張文成，即面囑警察局注意
治安，防患未然。3月2日，張縣長再通知各里長代表、地方士
紳機關首長，於下午2時，在明禮國民學校，商討安定地方秩序
辦法，並囑咐里長代表等，應取鎮靜態度。3月3日下午5時，
張縣長再召集青年團幹事參議員馬有岳、書記郭穆堂，及憲兵隊
王連長、黨務指導員李慰臣、參議會副議長吳鶴等，討論本縣應
如何防止被台北事件波及問題。時馬幹事以青年異常憤慨，擬召
開團員會議詳加解釋，可是，未獲張縣長之同意。㉘

　　3月4日上午，青年團無視張縣長的意見，召開團員會議，
並決定下午3時假花崗山舉行市民大會。馬有岳分赴縣政府及憲
兵隊，請求勿派憲警干涉；團員們以汽車、腳踏車沿街廣播、呼
叫，鼓勵市民參加。到會者三千多人，主席馬氏呼籲市民抱持冷
靜態度，不可輕舉妄動而影響本市治安。並討論改革政治之辦法，
議決施行台灣自治、政府運糧救濟糧荒、貪官汙吏迅速遣送回鄉、
軍憲警不可用武器、撤廢海關、公路局花蘇段客貨運費降低等六
事為當務之急。會後分送縣府及台北「二二八事件處理委員會」。

是晚，縣長即先率部分外省籍官員及憲兵隊，留宿駐軍營房，並命警察局將庫存槍械悉數移至兵營內；至半夜，因本省籍警察抗議而有部分未搬清。[229]

　　5日上午，各機關團體、學校、青年團、各里等代表百餘人，假中山堂成立「二二八事件處理委員會花蓮分會」，推舉馬有岳爲主任委員，討論如何確保本市治安及解決糧食問題。議決：禁止軍隊憲兵外出，必要時亦不准帶槍；即時檢舉貪官汙吏；不准發生流血事件，以和平手段解決一切政治問題；派委員3人監督縣長；廢止海關；將糧食事務所長撤職等十二條要求。該會並派馬有岳等6人爲代表，將上述決議送至兵營，請縣長接受並至電台廣播，以維護人心。縣長接受該要求，廣播中嘉許處委會幹部努力維持地方秩序，而花蓮民眾深明大義，使得花蓮「不流血，不損失」。[230]

　　3月6日，處委會改組，設主任委員1人，副主任委員2人，總務、宣傳、交通、會計、治安、募捐、糧食、調查、交涉等九部。推馬有岳、李炎、鄭根井、林桂興、王明進、吳德成、林明勇等爲交涉委員，鄭東辛、鄭根井、許聰敏等爲副主任委員。並議決①由許錫謙負責指揮、治安一切事宜；②派許錫謙、林明勇向本縣同胞廣播，報告治安情形，交涉經過及其感想；③向省處理委員會建議，地方法院院長、首席檢察官、各學校校長登用本省人，政府機關人員，要有二分之一以上採用本省人，未加入之各機關本省人，盡量歡迎加入等三案。是日會議由許錫謙主持。[231]

　　另一方面，同6日，青年學生及海外歸來的退伍軍人，身穿日本軍服，持日本軍刀，唱日本軍歌，組織金獅隊（由鄭根井號召青年學生組成，主要負責市內治安）、白虎隊（由許錫謙召集台籍退伍軍人所組成，主要負責解除國府軍警人員的武裝等任務）、青年隊、孔

楠隊等，總共有 19 隊之多，共同負責維持地方之治安。㉜

7 日上午，響應台北的台灣省自治青年同盟要求全台各地立即組織支部之呼籲，許錫謙召開台灣青年自治同盟花蓮縣籌備會議，自任陸海空軍總指揮，廣播號召台灣青年參加，同心協力建設新台灣。翌日，在許氏主持下，召開全市青年大同盟會。據當時負責治安調查的受訪者回憶表示，許氏雖任陸海空軍總指揮，惟只是虛有其名，實際上並沒有什麼行動。㉝

3 月 8 日，處委會開會議決改組為全縣性組織，仍以促進政治改革和維護地方治安為其任務。故當激進青年擬往鳳林、玉里調借武器運來花蓮市時，處委會乃應縣長之要求，保證絕對不讓武器運入花蓮市。9 日，處委會依行政長官陳儀之指示，推選張七郎、馬有岳、賴耿松 3 人為縣長候選人。但馬氏當場堅辭不就，並託中央社花蓮港辦事處拍電給陳儀請辭，張、賴二氏亦先後致電陳儀，辭當候選人。㉞

3 月 10 日，如上述，國府援軍抵台後，陳儀立即下令解散全台的處委會，並重新宣布戒嚴。隨後，花蓮市民耳聞第 21 師在西部各地濫捕屠殺的暴行，無不變色。因此，一直到 3 月 17 日，國府援軍開抵花蓮前，市內的不安已持續一個多星期。旋於 3 月 17 日起，花蓮的捕殺與各地亦無二致。人民家家戶戶都閉門不敢外出。許錫謙雖走避台北附近，但 3 月下旬，經花蓮縣長和憲兵隊長遊說其叔父勸說回鄉。不料，卻在返鄉途中，於南方澳附近遭遇事先埋伏的軍憲人員，就地逮捕殺害。㉟

又 4 月 1 日，國府第 21 師獨立團開抵花蓮，即成立台灣東部綏靖司令部。當天，該獨立團第二營第五連開駐鳳林鎮，隨即築造陣地，民心為之惶惶。鎮民各自力作鎮靜，並向軍隊表示歡迎，乃於 4 月 4 日下午，設宴招待駐軍，以示誠意。當天，張七

郎因病未癒，乃囑長男張宗仁代理參加晚宴。不料當天宴會結束
後，軍隊無故逮捕張七郎及其 3 個兒子。次男張依仁後來由於在
衣袋內被搜出一枚現職軍醫上尉證章，又詢悉前往東北病院服務
時，曾蒙蔣介石面加獎勵等情事，被放過一馬。但是，張七郎
及長子宗仁、三男果仁 3 人，於被補當天夜晚 11 時，被押解到
鳳林鎮郊的公墓東側，未經任何審判，當場槍斃。[236]據國府官方
資料，稱花蓮縣計逮捕 134 人，另通緝首謀犯 7 人，後被判死刑
者 10 人。[237]惟筆者僅查自張炎憲主編《二二八事件辭典》(前揭)
別冊一書，就發現被逮捕者計有 173 人，並都遭受刑求拷問。故
被捕與犧牲者的人數，諒必更多！再者，花蓮縣二二八首要人物
之一的馬有岳，在國府軍的大肆濫捕鎮壓之下，也以「煽動花蓮
市民暴動」之罪名，遭到逮捕並被刑求；後來被釋放，乃得以重
返政壇。[238]


⑵ 台東地區「修理福州仔」的旋風

　　台東，因為交通的不便，一向被認為「僻處邊陬」的地方。
然而，在這個「僻處邊陬」的台東，於 3 月 1 日，就知道了台北
起義的消息。這是透過台東測候所收音機的傳達，再傳到人民的
耳朵。當年擔任新港副鎮長陳榮昇的手稿有如下的記述：「三月
一日的當天，我接到台東鎮副鎮長羅能葛打來的電話，大意是
說：『測候所葉所長轉來台北消息，全省各地均已發生變亂，亟
須動員青年隨時準備應變云云…。』並要我將上述內容傳電至長
濱鄉公所，當時我不悉內情，也不知道『應變』什麼，只有將葉
所長的原意隨即撥了電話給當時長濱鄉長陳采臣。這一天，成功
地區有些人士比我早悉消息，傳播開來，使得大家人心惶惶，議
論紛紛，大有『山雨欲來風滿樓』的景象。」[239]

3月2日，上午10時左右，成功鎮的一群青年有王大生、徐國勳等，約20餘人，持武士刀湧至新港警察所，收繳三八式步槍50枝、機關槍1枝、子彈1箱；由新港鎮長吳石麟及副鎮長陳榮昇聯名開具保管條，存放於鎮農會倉庫。同晚，台東召開縣民大會，決定次日赴縣政府示威，並要求徹底解決糧荒。[240]

3月3日上午，本地青年及高山青年，全副武裝，在縣政府前廣場開青年大會，要求肅清貪官汙吏、改進政治。其時，由於縣政府的官吏，包括縣長謝眞在內，以福州人居多，平日經常欺壓百姓，因此衝突既起，一時喊「打福州仔」之聲不絕。縣長眞和外省籍官員乃倉皇逃至初鹿部落，向卑南族大頭目馬智禮尋求保護。[241]

3月4日，台東各地方民意代表、紳耆及有力人士等，分別在台東、關山、新港等區組成處理委員會。台東處委會推舉縣參議會議長陳振宗、國大代表南志信二人爲主任委員，下設副主任委員七人。各處委會成立之目的在於維持地方秩序和治安，故台東處委會之下成立學徒隊、臨時保安隊、青年革新隊、陸海隊等，其他兩地分別成立關山青年保護團、青年團等。隨後，上述負責治安的各隊伍均出面接收警察局（所）、憲兵或駐軍之武器。但秩序頗爲井然，武器清點後並未被攜出，仍存放在原單位，或塡具接收清單及保管條；另集中存放他處，並未散發給武裝隊員，隊員們只是協助留守的台籍警察維持治安罷了。[242]

衡諸事件期間，台東各地可說相當平靜。而且，台東處委會主要幹部自始即與縣長保持密切聯繫。5日，處委會主任委員陳振宗至卑南鄉與縣長晤商；6日，部分參議員及地方人士與縣長互通消息，共商對策；7日，處委會派代表至台東廣播電台，多次籲請縣長、議長回縣府主持一切；8日，該會通過議案，請縣

長留任，並派代表到山地迎請縣長、議長回縣府；9日，處委會代表八人抵縣長避居地延平鄉紅葉村，請縣長回縣府，以安定民心。10日，謝真在卑南成立臨時辦公室，12、13日，武器已陸續繳回。14日中午，馬智禮陪同謝真、陳振宗返回縣府；15日，台東處委會正式宣布取消。[243]

如是，整體而言，台東地區的事變，雖有毆打「福州仔」的旋風（據官方的報告，事件期間，外省人死亡1人、輕重傷18人，財產損值台幣165萬餘元），但並無多大的騷擾。[244]而事後，台東縣本地人在「綏靖」期間，如吳石麟、陳榮成新港正、副鎮長；陳耀星台東測候所所長、曾貴春池上鄉長、羅能竭副鎮長等約55人，雖先後被捕，並慘遭嚴刑拷問（另通緝首謀重犯6人）。不過，似乎並無人遭遇槍斃或殺害。[245]這實可稱是二二八事件的奇蹟。

## 6. 澎湖外島烏雲密布空雷不雨

2月28日晚，澎湖居民已由台北的廣播獲悉台灣發生了「二二八事件」。馬公鎮長高順賢連夜造訪縣長傅緯武，共商大計。而傅縣長也接到公署密電，囑沉著應付。1日，由縣府邀請相關單位召開緊急應變會議，參加者包括軍警情治單位、議長等，組成應變處理小組，並宣布「戒嚴」。[246]

3月2日，陳儀令澎湖要塞司令史文桂守備的兩個中隊開往高雄，歸彭孟緝指揮。時載兵船已停在馬公，蓄勢待發；惟經縣長傅緯武、縣參議員許整景等人的極力反對而作罷。又同日下午，要塞軍人因開槍射傷參議員紀雙抱之女紀淑（受到鋸掉大腿之嚴重槍傷），而發生了所謂「紀淑案」。引發了上千群眾包圍醫院吶喊抗議。幸經史文桂司令妥善處理，答允負擔任部醫療費用，並發放慰問金及六個月米糧，使得澎湖地區未再發生更大的衝突。[247]

3月4日，澎湖成立「二二八事件處理委員會澎湖分會」，由許整景擔任主委並兼治安組組長。同日也成立了青年自治同盟。嗣後，3月7日，澎湖開會，選舉唯一市長候選人許整景。從此，澎湖保持平靜。3月9日，國府援軍登陸基隆，處委會澎湖分會乃自動解散。當白崇禧於3月17日，來台宣慰抵達高雄後，澎湖要塞司令史文桂前往高雄報告澎湖的情況。史司令稱：「該會雖有組織，尚無行動，且能自動解散，及經傳訊，多知悔悟。」故雖曾扣留數人，但其成員大半都在自新後無事。[248]

### (三) 綏靖與清鄉

自國府援軍整編第21師陸續登台後，1947年3月10日上午10時，陳儀對全台第四次廣播並宣布戒嚴 (前述)。於是，台灣警備總司令部乃頒布第一期的「綏靖計劃」，將國府的鎮壓部隊，區分為下列之四區、二單位，同時預定於3月20日以前，完成初期的鎮壓任務。所謂四區、二單位，即 1. 台北綏靖區：司令官21師師長劉雨卿，指揮21師上陸部隊；2. 基隆綏靖區：司令官基隆要塞司令史宏熹，指揮基隆要塞部隊、馬公守備二個中隊 (後電止由馬開基) 及駐在基隆軍警憲部隊；3. 新竹綏靖區：司令官新竹防衛司令蘇紹文，指揮獨立團第二營之六、七連、21師工兵營之一個連及駐在新竹軍憲警部隊；4. 南部綏靖區：司令官高雄要塞司令彭孟緝，指揮高雄要塞部隊、獨立團及駐在南部各地軍憲部隊；5. 憲兵隊：憲兵四團團長張慕陶，指揮憲兵第四團及憲兵第21團之一營；6. 預備隊 (擔任本部及長官公署核心警衛)：長本部上校附員鄧傑，指揮特務營及獨立團第二營等。[249]

旋各區的部隊和單位，立即發動血腥的武力鎮壓，其經過大約有如前述。茲再引述下列兩文獻，以見證這場悲慘屠殺的景狀。

1.　林木順《台灣二月革命》記載：

　　自9日起至13日止，足足四晝夜，到處都是國軍在開槍，
或遠或近，或斷或續，市民因要買糧外出，輒遭射殺，因此馬路
上，小巷內，鐵路邊，到處皆是死人。鮮紅的血，模糊的肉，比
二二八日更多了幾十倍，這些死者都是台灣人。士兵看到台灣人
的怪裝束，不要問話，即開槍射殺。遇到外省人則不可盤問。廣
播電台天天傳達警備部的命令，一切公務員必須立刻上班，一切
學生必須照常上課，一切工人必須照常上工，因此，守法的台灣
人一批一批的學生上課了，但是這些一批一批的學生都被射死在
校門前，公務人員也一個一個踏了自行車上班了，但是他們都個
個死在十字街頭，或大南門旁邊，工人上了工，但他們都一去
不復還！士兵們說：台灣人不承認是中國人，他們打死中國人太
多了，上頭准許我們來殺他們，這幾天來，殺得真痛快！還得再
殺，殺光了，看他們還能造反不成？

　　因四晝夜的大屠殺，無人敢外出了，於是自13日起就開始
大逮捕，市民一卡車，兩卡車的捕，學生、浪人也捕，士紳也捕。
處委會的委員、大部分都被捕了。林連宗、王添灯、宋斐如、林
茂生、施江南、黃朝生、陳炘等，被捕以後，竟慘遭滅屍。據私
人統計，只台北市被殺的約有二千餘人。被捕的也有千餘人，大
半都慘殺以後被拋棄於淡水河裡，以致黃河水變了紅色，一個一
個的屍體浮上水面，其慘狀使人掩面不敢正視。

　　3月13日，盛傳警備總部開始逮捕記者，因而各報記者都
逃走一空，3月15日，警備總部發表封禁民報、人民導報、中
外日報、重建日報、和平日報五社。

　　直至白崇禧到台以後，「殺」在表面上已算停止，但到處都

是逮捕、搶劫、姦淫的競賽！⑳

2. 王思翔《台灣二月革命記》記載：

「3月8日，血腥的日子，國民黨援軍從上海和福州奉秘密的緊急命令調來，軍官們沿途編造謊言鼓勵了士兵們的殺氣。8日下午，他們從基隆上岸，大殺一陣過後，連夜向著沿途市街、村莊中的假想敵，用密集的火力掩護衝鋒而來，殺進台北市。此時，第一號劊子手柯遠芬已先行指揮台北軍憲特務，將數百名維持治安的學生逮捕槍殺，又殺入處委會，將數十名辦事人員處死，並誣指他們是『共黨暴徒攻擊東門警備總部、圓山海軍辦事處、樺山町警務處，企圖強迫政府之武裝部隊繳械』。以此為藉口，9日上午6時發布戒嚴令，『以搜緝奸匪暴徒，弭平叛亂。』(中略)。」

「……街巷布滿了殺氣騰騰的哨兵，看到台灣裝束或不懂普通話者，不問情由，一律射殺；一批一批滿載做立射預備或瞄準姿態的士兵、四面張著槍孔的巡邏車，直撞橫衝吼叫而過，在三十萬人口的台北如入無人之境。『台灣人』不僅變成了可以『格殺勿論』的罪人，而且變作了被征服的奴隸，可以任意殺害以為快。在戒嚴令頒布同時，警備總部便慷慨地把短槍發給普通文職人員，授權他們為『自衛』而殺人；而經過煽惑的國民黨軍隊，奉了上司命令要『為被害同胞報仇』，要把這些『叛國造反』的人殺光或殺服！少數持槍的征服者，甚至為了向同伴誇耀射技，就以台灣人民為獵物！

自8日夜至13日，槍聲此起彼落，晝夜不斷；大街小巷，以至學校機關內外，處處屍體橫陳，血肉糢糊。繁華的台北，成了仇恨的血海。善良的人民，有全家挨餓數日閉門不敢出來者。」

「在南部，大屠殺及早便實施了。12日，南部防衛司令部以

『參與暴動』罪。又公開處死市參議會副議長葉秋木、人民自由保障委員會主委湯德章，及記者沈瑞慶等六人。」

「配合著公開的大屠殺，還有掩耳盜鈴式的秘密的恐怖手段。在基隆、台北、台南、高雄等地，尤其是基隆、台北，大逮捕隨軍事『占領』而開始。首先是起義領袖、工人、學生、地方士紳，以及參加統治階層派系鬥爭的反對派，並及於不滿國民黨統治和不同為惡的外省籍人員，一經逮捕，多不加訊問，立即處死：或裝入麻袋，或用鐵絲綑縛手足，成串拋入基隆港、淡水河，或則槍決後拋入海中；或則活埋；亦有先割去耳、鼻及生殖器，然後用刺刀劈死者……每夜間，均有滿疊屍體的卡車數輛，來往於台北—淡水或基隆間。至三月底，我在基隆候船十天，幾乎每天都能看到從海中漂上岸來的屍體，有的屍親圍坐而哭，有的則無人認殮，任其腐爛。

為這種酷刑秘密處死的，包括國大代表張七郎（及其二子），林連宗，王添灯，參政員、台大文學院長、民報社長林茂生，日本問題專家、前教育處副處長、人民導報社長宋斐如，基隆市副參議長楊元丁，新生報日文版總編輯吳金練等。據一個基隆市警察局小職員（後來開小差了）告訴我，就他目睹耳聞所及，單就基隆市警察局而言，在要塞司令部指揮下，投人入海者達二千餘人。這真是無法計數的血帳；當時台灣旅滬六團所發表報告書稱『自8日至16日，台胞被屠殺之人數，初步估計在一萬人以上』，應算是謹慎的估計。

而被捕下獄者，大都數十人鎖禁於一暗室中，除每日供給白飯二次外，數月不聞問，不准親屬探視，患病及受刑成病者亦不置理。軍憲、警察、特務以及以征服者自居的外省人等，都可以隨時隨地捕人，公開綁架，甚至可以在辦公室內隨意捉人。長官

公署教育處和基隆市政府內中級職員多人亦被綁去。」

「經過數日夜的捕殺之後，14日警備總部發表公告，稱：『至3月13日止，全省已告平定』，即日『開始肅奸工作』，進入『綏靖階段』云。」㉑

如此，國府軍隊分路掃蕩屠殺後，3月18日於台東會師，完全掌控全台。期間，3月17日，國防部長白崇禧和三民主義青年團中央團部第二處處長蔣經國奉蔣介石之命，蒞台宣慰視察（蔣經國於19日，再奉蔣介石電，乘專機返回南京）。當日，白崇禧公布「國防部宣字第一號布告」，發表中央處理二二八事件的四項基本原則；並於下午6時半，依照這四項基本原則，第一次對全台廣播，其要旨如下：

「台灣此次的事變，實在是我們台灣光復後一件極不幸的事，國民政府、蔣主席對於此事變，已決定採取和平寬大的方針，訂定處理原則。本席奉蔣主席的命令，宣慰台灣，除對此次遇難同胞，代表宣慰外，並對二二八事件權宜處理，切望全台同胞尊重法紀，迅速恢復社會秩序。

台灣過去受日本五十一年的殘酷統治，光復後投歸祖國旗幟之下，祈求政治制度之進步，經濟政策之改良，社會秩序之安寧，至爲殷切。在不違背憲法範圍及民族利益的前提下，中央無不盡量採納台胞意見。況且現在憲政即將實施，凡在憲法中所規定之人民權利義務，莫不絕對尊重，切實賦與。關於此後台灣行政的措施，自必採納眞正民意，加以改善。在政治制度上，決將現在台灣行政長官公署改組爲台灣省政府，各縣市長可以定期民選，各級政府人員以先選用台省賢能爲原則。在人事上不分畛域，一律平等待遇。在經濟上極力獎勵民營企業，

發展國民經濟，至於此次與事變有關之人民，除共黨份子煽惑暴動，圖謀不軌者，決予懲辦外，其餘一律從寬免究。」㉒

　　然而，國府口頭上雖宣稱對「二二八事件」的處理，將秉持和平寬大的原則。實際上，警總參謀長柯遠芬在清鄉時期的會議中，即對白崇禧露骨地說出，今後綏靖的工作，仍將繼續施以血腥的鐵腕「寧可枉殺99個，但只要殺死一個真的就可以」之狂言。柯遠芬並引用列寧的話：「對敵人寬大，就是對同志殘酷。」㉓

　　職是，3月20日，整編21師全部到達台灣之後，警總為要「徹底肅清奸偽，防範其潛伏流竄，免滋後患」，乃重新調整部署，將全台擴大為七個綏靖區，以該區之最高軍事單位主管為司令。在此同時，為配合第二期綏靖剿撫工作，遂又決議頒布清鄉計畫，自新辦法及情報部署等法令。而來期的綏靖計劃，則決定自3月21日起，開始實行並預定於4月底以前完成。爰將七個綏靖區的部署與恐怖天羅地網的清鄉連坐法令全文引述如下：

⑴綏靖部署（調整）計畫
　　①台北綏靖區（含淡水、新莊、板橋、新店、汐止等地），司令官憲兵第四團少將團長兼台北戒嚴司令張慕陶，指揮憲兵第四團、步兵第438團及台北市警察；②基隆綏靖區（含蘇澳、宜蘭等地及東北部高山區），司令官基隆要塞少將司令兼基隆戒嚴司令史宏熹，指揮基隆要塞部隊、步兵第436團第○營、駐在基隆・宜蘭憲兵部隊及基隆・宜蘭市縣警察；③新竹綏靖區（含桃園、中壢、大溪、竹東、竹南、苗栗及北部高山區），司令官第146旅少將旅長岳星明，指揮第146旅、駐在該區之憲兵部隊及新竹縣市警察；④中部綏靖區（含彰化、嘉義、埔里等地及中部

高山區)，司令官整編第 21 師中將師長劉雨卿，指揮整編第 21 師直屬部隊、駐在該綏區之憲兵部隊及台中、彰化、嘉義各縣市警察；⑤東部綏靖區 (含花蓮港、大武等地及東部高山地)，司令官整編第 21 師獨立團上校團長何軍章，指揮整編第 21 師獨立團、駐在該綏區憲兵部隊及台東‧花蓮縣警察；⑥南部綏靖區 (含台南、旗山、屏東、恆春等地及南部高山區)，司令官高雄要塞中將司令彭孟緝，指揮副司令官整編第 21 師 145 旅少將旅長凌諫銜、高雄要塞部隊、步兵第 145 旅、駐在該綏區之憲兵部隊及台南、高雄、屏東各縣市警察；⑦馬公綏靖區 (含澎湖群島)，司令官馬公要塞中將司令史文桂，指揮馬公要塞部隊、駐在該綏區之憲兵部隊及澎湖縣警察。⑳

## ⑵台灣省警備總司令部修正台灣省縣市分區清鄉計畫

　　第一　方針

一、　為澈底肅清奸偽暴徒，防制散匿鄉間僻處，秘密活動，即實行全省縣市分區清鄉以掃除奸暴，根絕亂源，保衛良善，安定地方社會。

二、　清鄉，須嚴密澈底，即速辦理連保切結。清查戶口、檢舉歹徒、收繳民槍獎懲等方法，全面同時進行，密切連繫協同，以收實效，預定四月底以前完成。

　　第二　編組

三、　縣市分區清鄉，由縣市政府負責主持，受綏靖區司令之指揮，并會同當地軍憲警，及召集區鄉鎮鄰里長辦理之。

四、　清鄉所須警戒，清查，巡邏，交通封鎖之兵力，

　　由當地軍憲警派遣之。

第三　要領

五、　縣市政府及軍憲警，利用各階層份子，深入鄉間
　　　或群眾聚集之所，俾探獲奸偽暴徒之活動以利綏
　　　靖。

六、　軍憲警部隊注意嚴密警戒，控制要點，巡邏複雜
　　　地區以防制歹徒暴行及秘密活動。

七、　清查戶口，如有不符及形跡可疑奸偽暴徒等，即
　　　予捕送綏靖區司令部偵辦，經普遍清查後，如有
　　　需要，得再行分區抽查，使歹徒無藏匿之地，并
　　　按實際情形，參照國府令頒戶口普查法辦理之。

八、　人民發現奸偽暴徒及形跡可疑者，急速即向當地
　　　軍警或縣市政府區鄉鎮鄰里長密告檢舉，或捕送
　　　縣市政府或當地駐軍。

九、　戶口清查後應即辦理連保切結，人民互取保結由
　　　同鄰里中戶長三人為保結人，如被保人有不法行
　　　為，保結人應受連坐處分，保結書由縣市政府製
　　　發之。

十、　此次事變被劫奪倉庫之械彈軍品物資，應悉數收
　　　繳，由各綏靖區彙報警備總司令部統一處理之，
　　　如步騎槍、手槍、輕重機槍、大小火砲、軍刀、槍
　　　砲彈、手榴彈、炸彈等，均須自動報繳當地軍憲警
　　　或縣市政府區鄉鎮鄰里長，轉繳警備總司令部核
　　　發獎金，如隱匿不報，即予以查繳懲處之。

第四　獎懲

十一、縣市政府區鄉鎮鄰里長，對清鄉綏靖工作努力，

而效果良好者，應予以嘉獎。如工作不力，則予以議處。

十二、人民檢舉歹徒及密報私藏武器者，經查緝確實，即予發給獎金台幣一千至一萬元，由各該綏靖區各縣市政府，彙報警備總司令部核發之，如查出有誣陷謊報，應受反坐，如有隱匿不報及窩藏歹徒，即以通謀奸偽暴徒治罪。

十三、人民報繳私有武器者，按鹵獲槍械核發獎金，如查出有隱匿不報者，即以私藏軍火依法懲辦之。

第五　實施

十四、縣市分區清鄉之實施，由縣市政府會同當地軍憲警，遵照本計畫，參照地方實際情形，擬定清鄉實施辦法公布實施之，并將實施情形呈報警備總司令部核備。㉟

就這樣，後期的綏靖兼清鄉的工作，自 3 月 21 日起，在全台各地挨家挨戶的展開。期間陳儀為了加強恐嚇與拒阻台灣人的再度反抗，乃又於 3 月 26 日，發布「為實施清鄉告全省民眾書」。其要旨如下：

「清鄉的目的，是在確保治安，清鄉的主要對象，是『武器』和『惡人』。凡是武器和惡人，都應該交給政府，由政府作合理合法的處理。

第一，交出武器，在這次暴動之中，亂黨叛徒搶劫軍械，致槍枝散失民間不少。大家要知道，武器乃是國家的力量，人民是絕對不能私藏的，如果私藏武器，就是犯法的行為，所以

因為這次暴動而散失在民間的武器，不論長短槍枝、彈藥、機炮及倭刀等等，都應該自動的交給政府。過去日本占據時代，民眾交槍獻槍，是有危險的，要受處罰的，現在是我們自己的政府，只要人民自動交槍，絕對沒有任何危險。政府對自動交出武器的人，非但不予處罰，而且還要獎賞。希望善良的同胞，如果知道或發現暴徒劫奪隱藏的武器彈藥，或者原來私人所有的，千萬不要埋藏，不要送人，不要毀棄，應該交給政府。最好直接交給駐軍憲警機關，或者鄉鎮區公所，或者交給縣政府。交出武器的，是善良的人民，政府自然獎賞保護。倘若私藏武器，匿而不交的，自然是亂黨叛徒，一經政府搜查出來，即將予以制裁。

第二，交出惡人，這次暴動平息以後，少數亂黨叛徒畏罪隱匿各地，實是本省未來的禍根。大家要知道，凶暴不除，善良的人無法安居樂業，我們要求得到和平幸福的生活，必須先把這少數的亂黨叛徒徹底肅清。所以如你們的鄉村鄰里裡，匿藏著亂黨叛徒，你們應該立刻檢舉密報當地鄉鎮區公所、縣市政府，或駐軍憲警機關，由政府來查明他們的罪行，按其情節重輕，或予懲罰，或施感化。這樣，惡人無所隱匿，治安自然良好。如果有人竟敢竊藏亂黨叛徒，匿而不報，一經政府查出，即與亂黨叛徒同罪。」[256]

旋 3 月 29 日，警總又發表「准許參加暴動份子非主謀者自新公告」。[257]結果，經由陳儀各種偽善欺瞞和狼心狗肺的高壓政策，「綏靖」、「清鄉」當然大有成效。茲將各地區，官方發表的資料引述如下 (惟筆者確信那些資料，亦即被殺害或被檢舉的人數，只不過是冰山一角而已)。

⑴ 台北綏靖區之成果，據警總統計，被擊斃之「暴徒」為
11 人、俘獲者 51 人、自新者 5 人，共計 67 人；另據台
北綏靖區司令部之統計，經辦之人犯共有 313 人，非軍
人計有 298 人，其中暴動者為 214 人、竊盜 27 人，其餘
為搶劫、詐取等罪犯。在 313 人中，經審訊後，犯罪成
立者 174 人，保釋者 139 人。㉘

⑵ 基隆綏靖區未有完整的案犯資料，故確實的逮捕人數不
詳。據五月初綏靖部報告表示：「本綏靖區直接參加事變
之元惡，於綏靖期間已由各地區緝捕送部憑辦，或圍剿
時當場擊斃。」由各地區捕送綏靖部辦理者僅 87 人，其
中，死刑 3 人、送勞動訓導營 11 人、未決 8 人、送總部
12 人、送法院 8 人、交保 45 人。㉙

⑶ 新竹綏靖區，憲警方面自四月下旬起加強清鄉作業。4
月 22 日，對湖口、紅毛、竹北等鄉嚴密戒嚴，計逮捕嫌
犯 55 人；5 月 1 日又捕獲嫌犯 13 人。這種嚴密的清鄉
工作一直進行到 6 月以後，例如 6 月初，警總方面發出
對新竹市之暴動領導人曾清水等 3 人之通緝令。6 月 12
日，新竹縣政府又呈送一份「二二八事變首謀叛亂在逃
主犯名單」。綏靖期間新竹市被逮捕者計 30 人。㉚

⑷ 中部綏靖區，共逮捕及處理人犯計：無戶籍 58 人、被視
為奸暴者 459 人，合計 517 人，其中，槍決 8 人、處徒
刑 40 人、保釋 223 人、移轉管營 183 人，送訓導營 61 人、
正判報中 2 人。收繳步槍 65 枝、輕機槍 21 挺、重機槍
1 挺、手槍 10 枝、高射砲 3 門、鳥槍 26 枝、擲彈筒 9
具、木槍 14 枝、刀矛 12、三六 2 把、刺刀 97 把、子彈
約 20,000 發，汽車 4 輛等。辦理自身、自首者，計有 2,586

人。㉖¹

⑸ 東部綏靖區，計逮捕人犯 189 人，其中台東縣 55 人、花
蓮縣 134 人；另通緝首謀重犯台東縣 6 人、花蓮縣 7 人。
經軍法官偵訊結果，盲從附和准予自新者 64 人、罪輕擬
送訓導營受訓者 65 人、罪重擬送處徒刑 50 人、死刑者
10 人。迄至 10 月，獲准辦理自新者，台東縣有 574 人，
花蓮縣有 234 人。㉖²

⑹ 南部綏靖區，台南市共逮捕 400 人左右；台南縣共逮捕
了「奸匪暴徒」122 人，並通緝 44 人，另查獲武器、彈
藥及刀等。到 4 月底止，台南縣市自新人口共有千餘人。
高雄市的清鄉工作完成於 4 月底，清鄉結果共俘獲 384
人，收繳武器計輕機槍 35 挺、重機槍 7 挺、步槍 480 餘
枝、手槍 30 餘枝、彈藥 120,000 發，「偽」印一顆。高
雄縣因資料闕如，清鄉的詳細情形不得而知。屏東縣市
共逮捕 130 名嫌疑犯。㉖³

⑺ 馬公綏靖區之清鄉，於 5 月 15 日告一段落，澎湖當局乃
利用期限將至，將與事件關係較大的許龍棋、張智翼兩
人傳訊拘留，許龍棋是報社記者，好發議論，而張智翼
是縣府科員，主要是籌組台灣青年自治同盟會，張氏於
13 日被捕，許氏則於 19 日被捕，兩者同於 5 月 27 日取
保釋放。所以本地區可稱平靜無事。㉖⁴

事實上，所謂「綏靖、清鄉」，誠如黃秀政教授所指出：
「在全台及澎湖地區大規模實施綏靖與清鄉工作過程中，由
於各地抗爭武力皆屬臨時組成毫無訓練，加上反抗勢力分散，單
薄的武力實不足以對抗裝備精良的正規軍隊，因此整個綏靖計畫
除於中南部曾遭受短暫抵抗之外，其餘各地皆如期完成。惟綏靖、

清鄉期間，各地傳出不少地方人士因個人恩怨或派系糾葛，而遭人恐嚇勒索、密函陷害或報復暗殺；也有不少民眾在軍警鎮壓掃蕩時，被無辜濫殺而淪為槍下亡魂。根據 1992 年 2 月行政院研究『二二八事件』小組公布的《「二二八事件」研究報告》，總計全台和澎湖地區在鎮壓與整肅前後的死亡人數，以人口學的推計約在一萬八千至二萬八千人之間。」㉖

　　其次，在綏靖與清鄉行動中，被鎖定要殺害或加以逮捕的對象，是社會中堅階層的士紳以及青年學生，一般民眾次之，真正流氓反多被編入別働隊，用以殘害民眾。在 1947 年 3 月間，台灣各地知名人士及領導者遭到逮捕處決的就有如下：

台北　王添灯（省參議員、台灣茶商公會會長）、林茂生（國民參政員、台灣大學文學院代理院長、民報社長）、黃朝生（市參議員、醫師）、李仁貴（市參議員）、徐春卿（市參議員）、吳鴻炘（麒）（台北高等法院法官）、王育霖（前京都地方裁判所檢事局檢事、前新竹地方法院檢察官、建國中學教員、民報社法律顧問）、林旭屏（前台灣總督府專賣局酒菸草課長）、林桂端（律師）、李瑞漢（律師）、李瑞峰（律師）、施江南（四方醫院長、醫學博士）、廖進平（政治建設協會理事）、陳炘（台灣信託公司社長、大公企業公司社長）、宋斐如（前台灣省行政長官公署教育處副處長、人民導報社長）、阮朝日（台灣新生報總管理人）、吳金鍊（台灣新生報日文版總編輯）、林界（台灣新生報印刷工場長）、鄭聰（醫師）

基隆　楊元丁（市參議會副議長）

淡水　陳能通（淡水中學校長）、黃阿純（淡水中學教員）

宜蘭　蘇耀邦（宜蘭農林學校長）、郭章垣（省立宜蘭醫院長）、

陳成岳（醫師）

台中　林連宗（省參議員、制憲國大代表、律師）、顧尚太郎（醫師）

嘉義　潘木枝（市參議員）、盧鈵欽（市參議員）、陳澄波（市參議員、畫家）、柯麟（市參議員）、蘇憲章（台灣新生報嘉義分社主任）、陳復志（三民主義青年團嘉義分團總幹事）、林文樹（市參議員）

台南　湯德章（台南市人民自由保障委員會主任委員、律師）、黃媽典（縣參議員；縣商會理事長）、謝瑞仁（醫師）、蔡國禮（醫師）

高雄　黃賜（市參議員）、王石定（市參議員）、許秋粽（市參議員）、涂光明（市政府敵產清算室主任）、邱金山（台灣新生報高雄分社主任）、曾鳳明、林介

屏東　葉秋木（市參議會副議長）

花蓮　張七郎（制憲國大代表、醫師）、張宗仁（花蓮中學校長）、張果仁（花蓮中學教員）、許錫謙（三民主義青年團花蓮分團總幹事）

　　在這些受難者當中，有的被凌虐殘殺，有的被曝屍示眾，有的根本找不到屍體（關於死亡者的姓名，請參閱張炎憲主編《二二八事件辭典》別冊，國史館，2008 年，全書）。

　　此外，受株連人數甚至達數萬人之多。他們被逮捕，被拷問，但若支付額外賄賂就有可能被釋放。在各地遭到逮捕後釋放的知名人士如下：

台北　林宗賢（國民參政員、中外日報理事長）、郭生章（郭國基、省參政員）、林日高（省參議員）、洪約白（省參議員、醫師）、潘渠源（市參議會副議長）、駱水源（市參議員）、簡檉楯（市參議員）、黃定火（市參議員）、李友邦（青年團台灣支團

主任)、林紫貴(國民黨省黨部委員)、蘇泰楷(調查室主任)、
陳松堅(台北警察局長)

新竹　黃師樵(縣圖書館長)

台中　林連城(市參議員)、陳萬福(縣參議員)、林糊(縣參議員)、莊垂勝(縣圖書館長)、饒維岳(地方法院長)、葉作樂(地方法院判官)、陳世榮(地方法院檢察官)、林有福(地方法院書記)、蔡玉杯(地方法院書記)、陳長庚(地方法院書記)、賴遠輝(典獄)、林克繩(消防隊副隊長)、蔡鐵城(和平日報台中分社記者)

嘉義　鍾逸人(和平日報嘉義分社主任)

台南　陳華宗(縣參議會議長)、蔡丁贊(縣參議員)、吳新榮(縣參議員)、莊孟侯(三民主義青年團台南分團總幹事)、鄭四川(台南工學院教授)

高雄　詹榮岸(縣參議員)、陳崑崙(縣參議員)、蔣金聰(市參議員)、郭萬枝(市參議員)

花蓮　馬有岳(省參議員)、賴耿松(地方法院判官)、鄭松筠(地院檢察官)。[266](關於被逮捕遭刑求受難者，請參閱前揭《二二八事件辭典》，別冊全書)

　　二二八事件時的大屠殺發生迄今已經超過一甲子，由於時空背景的轉變，使得許多關係人的手記被發表，加上公部門資料(如大溪檔案的一部分)也解禁公開，使得真相大為明朗，證實台灣人有數萬人受難犧牲。但是國府特務元凶柯遠芬參謀長(坊間稱其為僅次於殺人魔陳儀、劊子手(高雄屠夫)彭孟緝的第三號殺人鬼)，在手記〈台灣二二八事件之真相〉(1989年7月3日)中，還堅決否認大屠殺，強辯台灣人死亡人數只有244人、受傷者383人、失蹤24人，[267]並指稱事件的發生不在於政府的秕政，而是台灣

人民受日本統治的餘毒，日本精神的邪魔附身所致。吾人實在很難對此加以理解。

當時的省黨部主任委員（文官中僅次於陳儀和秘書長的高官）李翼中，在其手記〈帽簷述事——台灣二二八事件日錄〉中有下列記載，將當時的慘狀赤裸裸地告白，對陳儀進行強烈的批評：

「國軍廿一師陸續抵基隆，分向各縣市進發，陳儀明令解散二二八事件處理委員會，又廣播宣布戒嚴意旨。於是警察大隊、別動隊於各地嚴密搜索參與事變之徒，即名流碩望、青年學生亦不能倖免，繫獄或逃匿者不勝算。中等以上學生，以曾參與維持治安，皆畏罪逃竄遍山谷，家人問生死、覓屍首，奔走駭汗、啜泣閭巷。陳儀又大舉清鄉，更不免株連誣告或涉嫌而遭鞫訊，被其禍者前後無慮數萬人，台人均屏氣吞聲，惟恐禍之將至。又忽有所謂新華國醞釀，林獻堂、黃朝琴、黃國書、丘念台、游彌堅、蔣渭川等所有知名之士，無不廁於其間，分任要職，道路流傳，杯弓蛇影，於是賢與不賢皆惴惴圖自保，無敢仰首伸眉論列是非者矣。　主席蔣公憫台民之無知，處理一本寬大，而地方政府竟肆其殘酷如此過矣。」[268]

根據事件發生後來台調查真相的監察委員何漢文的手記記載，當時台灣人至少有七、八千人犧牲，受傷人數在一萬人以上。[269]根據叛亂平定後警備司令部發表資料，當時中國人方面包括軍警有 164 人死亡、174 人負傷、48 人失蹤；[270]李翼中手記中記錄二二八當時中國人方面死亡 33 人、受傷 866 人、失蹤 7 人，[271]筆者推測其後中國人方面應該幾乎沒有增加犧牲者。尤其甚者，就今日種種研究資料顯示，當時對中國人店鋪搶劫放

火及殺害中國人的凶手，已經查明是柯遠芬轄下的「義勇總隊」和「忠義服務隊」所為。柯遠芬和陳儀為了日後要以武力鎮壓台灣人，秘密商議以此「苦肉計」為藉口，以嫁禍給台灣人。由此可見中國官員奸詐狡猾之一斑。[272]

總而言之，國府這種陰險有組織性地血腥大屠殺一萬人以上的台灣人士紳、領導者以及青年智識份子；美國國務院東亞局局長巴連譚（Joseph W. Ballantine）即在《台灣——美國外交政策的一個課題》書中表示，國民政府的目的是要將台灣人菁英一舉消滅。[273]

從 2 月 28 日到 3 月 8 日之間，台灣人面臨極困難的狀況。抗暴行動是自然發生的，台灣人在 2 月 28 日以前全無任何組織與準備。台灣人既無武器，亦未與外國聯絡，且不曾與美國接觸。即使在獲知國府軍準備大舉來台之後，處理委員會亦毫無應對能力，只能重複進行著空洞的討論。在處理委員會的會議中，一些青年雖曾提出「要求美國援助」的說法，[274]但實際上對此亦未採取任何手段。於是，整個抗暴行動就在台灣政治家、菁英和青年被大量屠殺中落幕。

以美、日為首的媒體，將二二八事件在世界各地報導，各國亦發表許多批判國民政府的論述。例如，1947 年 3 月 3 日，日本三大報，〈朝日〉、〈每日〉、〈讀賣〉等新聞，即有大幅報導台灣發生動亂，死傷達數千人。暴動的原因是，對國府一般政策的不滿，尤其是對日常生活必需品的專賣制度大加撻伐。結果，終於在前月 28 日下午，引發了警民大衝突。3 月 10 日，〈每日新聞〉復引自〈上海 8 日發 UP＝共同〉的報導，稱台灣的暴動死傷達一萬人以上。3 月 11 日〈讀賣新聞〉報導台灣的動亂波及西岸各大都市等等。以後，每日三大報都有連續報導台灣的動態。3

月 13 日，〈朝日新聞〉發表重要社論，盼望動亂儘速平息，國民黨政府亦能以寬容的態度，採納台灣人民的要求。㉗⁵

〈紐約時報〉記者 Tillman Durdin, 1947 年 3 月 28 日南京電稱：「外國人士表示，中國屠殺沒有挑釁行為的示威者。剛剛由福爾摩沙返回中國的外國人士，證實中國軍隊與警察在一個月前，在反政府的示威活動中展開大屠殺（原文用 wholesale slaughter，意即大批屠殺）。這些見證人估計大約有一萬名福爾摩沙人遭到中國軍隊屠殺。以示威活動的態勢看來，屠殺被形容為『毫無道理』（原文 completely unjustified）。」（New York Times March 29, 1947）㉗⁶

〈The China Weekly Review〉的發行人 John W. Powell，3 月 30 日，他剛從台灣訪問歸來中國稱：「中國人的行為是，極端的壓榨加在大體上和平不帶武器的百姓上。」他說有人親眼看到大批的屠殺及暴行；保守的估計有五千人死亡，另外千人被關起來，也不時被拿出去槍決。㉗⁷

〈華盛頓郵報〉4 月 4 日，發表社論，稱：「台灣人民並非完全是中國種族，今日台灣人民，不論其為中國種族，或非中國種族，一律成為中國人之奴隸。生殺隨便，不啻豬狗，中國人似此野蠻無道，有何資格管理台灣。盟軍應即商量，早日將台灣案提聯合國，立即由中國手中將台灣救出來！」㉗⁸

當時正與國民黨進行內戰的中國共產黨，3 月 8 日以廣播激勵台灣人民，同月 22 日也在中國共產黨黨報〈解放日報〉發表和廣播同樣內容的社論，標題為〈台灣自治運動〉，指出：「台灣自治運動是和平的、理性的，最後會變成武裝鬥爭，實在是被蔣介石的錯誤行為所迫。……在蔣介石的法西斯統治下，台灣人民生活比起日本帝國主義下亡國奴的生活更為痛苦。中國共產黨熱烈的稱讚台灣同胞英雄般的奮鬥，祝台灣同胞充滿光榮勝利在

握。」[279]表明支持台灣人的二二八抗暴行動。

美國政府對二二八事件所表現的官方行動，是由美國駐華大使司徒雷登於4月18日將「台灣情勢備忘錄（Memorandum: the Situation in Taiwan)」面交蔣介石。[280]在該文件中，美國對國府在台灣進行大屠殺和鎮壓政策表示譴責，並在結尾部分要求國府注意（從3月底到4月初）屠殺仍在進行，並對此事表示抗議。該備忘錄如此敘述著：

「……下述情事係發生於3月底到4月初。基隆港內不斷漂浮著新的屍體。被密告而曝光的反對人士仍持續遭到屠殺。在被確認的屍體中，至少有兩人與此次事件全然無關。根據各項報導指出，台北市深夜的槍聲與慘叫雖較前減少，但仍繼續發生著。同時，市內的緊張情勢仍不減於前。據說大陸人也擔心會發生更大的抗爭衝突。因此，許多大陸人明白，在這種狀況下，將在相當期間內極難取得台灣人的合作。更重要的是，與國府報導不同地，台灣經濟機構的進展完全無法順利運作。」[281]

關於二二八事件究竟死了多少人的疑問，迄今尚無精確的答案。而且隨著時間的久遠，政治因素的介入及檔案資料的消失或被銷毀，誠難得到精準無偏頗的數字。不過，如斯界李筱峰教授所指出，倘若回到當時剛發生不久的文獻去查尋，或許可以獲得蛛絲馬跡。茲將李教授及陳翠蓮教授所整理出來的資料，一併介紹如下，讓讀者自己判斷就是。

⑴李筱峰教授所整理出來的資料

　　二二事件還未完全結束的當時，回台調查的台灣旅滬六團體提出的〈關於台灣事件報告書〉(4月12日提出)，估計死亡人數說:「自8至16日，台胞被屠殺之人數初步估計以高雄為最多，約三千人，基隆台北次之，各約二千餘人，嘉義一千餘人，淡水一千人，新竹、桃園、台中、台南、苗栗其他各地各一、二百人不等，總數在一萬以上，連重輕傷者計之，至少在三萬以上。」

　　在台北發行的《前鋒》雜誌，社論說:「3月8、9、10日以下一個多禮拜台省歷史空前的大屠殺，無罪的這班老百姓死在陳儀手下的，不下數萬人。」(詳見《前鋒》16期，1947.4.22，頁16)

　　事件發生的一、兩個月後，出現在中國大陸上的媒體評論中，已經隱約透露死亡人數的大約數目。以下試舉例來看:

　　1947年6月20日在上海出版的《時與文》週刊第15期，有一篇題為「台灣政治運動的由來與內幕」的文章，作者余景文說:「在這次事件中，台灣犧牲了幾萬同胞，但台胞得到的教訓可說是很多。」根據此說，死亡人數在數萬人。

　　再者，1947年3月16日在香港的《青年知識》20期，也有一篇題〈台灣的災難〉的文章，作者「史堅」說:「台灣人民對祖國又一次大大的失望。二二八事變終於造成了，以反對陳儀承襲日寇的專賣制度為導火線，台灣人民在台北起了暴動，當局以武力彈壓，弄得死傷萬人以上。」

　　這篇文章刊登的時間是在3月16日，可以斷定他執筆的時間應更早，而此時正是大逮捕、大整肅的行動如火如荼展開之際，可知死亡人數在作者史堅執筆之後必然還在增加。因此，實際死傷人數，必定比「死傷萬人以上」更多。

　　二二八事件發生時在台的中國記者王思翔，目擊經過，事件後即發表《台變目擊記》(後改書名為《台灣二月革命記》，中國上海:

動力社，1950），書中他認為上述台灣旅滬六團體的報告，認為 8 日到 16 日的死亡人數在一萬人以上「應算是謹慎的估計」。而這個數字，也才只是 3 月 8 日到 16 日的數目，之後的所謂「清鄉」行動中，每天都有人被捕殺，則死亡數目當再增加。

事件還在進行中的 3 月 20 日，〈紐約時報〉記者霍伯曼從南京專電稱：「據估計 3 月 14 日止，有 2,200 名台灣人在街上被槍殺或處決。」該報 3 月 29 日以「Formosa killings are put at 10,000」(福爾摩沙共有一萬人被殺) 為標題，刊登特派員 Tillman Durdin 3 月 28 日發自南京的電訊，稱：「從台灣回到中國的外國人們估計被殺的台灣人達一萬人。」

事件後不久，日本〈朝日新聞〉調查研究室的報告說：「台人的死者或行蹤不明者的正確數字雖然不詳，但『據說有一萬人至數萬人之多。』」(詳見《台灣の政治經濟的諸條件》，頁 33)

由於以上文章發表時間距離事件發生不久，所以他們所透露的數字，正反映當時社會的印象，應該還是清晰可信的。

如果再佐以 1992 年行政院二二八事件研究小組，委託人口學者陳寬政教授，根據事件前後十年的戶口資料估計，死亡人數應該在 18,000 人到 28,000 人之間。(詳見行政院，《二二八事件研究報告》) 這樣的數字，與前引的史料，正可以相互印證，死亡人數應該可以約略掌握了。[282]

## ⑵陳翠蓮教授所整理出來的資料

## 歷來各方對二二八事件傷亡人數統計一覽表

| | 資料來源 | 時　間 | 事件傷亡估計 |
|---|---|---|---|
| 官方說法 | 一、楊亮功、何漢文〈二二八事件調查報告〉 | 一九四七・四 | ·軍警及公務員死傷一、三九一人，失蹤七人。<br>·民衆死傷六一四人。<br>·共計死傷人數爲二、〇一二人。 |
| | 二、白崇禧在中樞總理紀念週之報告 | 一九四七・四・七 | ·軍警死傷及失蹤四四〇人。<br>·公務人員及民衆死傷一、八六〇人。<br>·共計死傷及失蹤二、三〇〇人。 |
| | 三、台灣省警備總部〈台灣二二八事變記事〉 | 一九四七・四・三十 | ·軍警人員死九〇人，傷三九七人，失蹤四〇人。<br>·斃俘「暴徒」及自新人數，擊斃四三人，俘五八五人；自新人數三、〇二二人。 |
| | 四、台灣省警備司令部記者會 | 一九四七・五・二十六 | ·軍警死九〇人，傷三九七人，失蹤四〇人。<br>·公務人員死六四人，傷一、三五一人，失蹤八人。<br>·民衆死二四四人，傷三三三人，失蹤二四人。<br>·共計死三九八人，傷二、一三一人，失蹤七二人。 |
| 民間說法 | 一、台灣旅滬六團體〈關於台灣事件報告書〉 | 一九四七・四・十二 | ·自三月八日至三月十六日被殺台胞總數在一萬人以上；連傷者至少在三萬人以上。 |
| | 二、林木順《台灣二月革命》 | 一九四八 | ·被殺不下一萬人，被捕不下數千人。 |
| | 三、蘇新《憤怒的台灣》 | 一九四八 | ·被殺不下一萬人，被捕不下五千人。 |
| | 四、George H. Kerr《被出賣的台灣》 | 一九六五・二 | ·傷亡二萬多人。 |
| | 五、史明《台灣四百年史》 | 一九八〇 | ·死傷十幾萬人，一九五三年戶籍調查中「行蹤不明」人口達十餘萬人；大多數即是事件中被殺害的。 |
| | 六、王康〈二二八事變親歷記〉 | 一九八二・三 | ·傷亡在二千至三千人。 |
| | 七、王育德《苦悶的台灣》 | 一九八三 | ·傷亡在一萬人至數萬人之間。 |
| | 八、林啓旭《台灣二二八事件綜合研究》 | 一九八三・八 | ·全台死傷與失蹤人數不下五萬人。 |
| | 九、蘇僧、郭建成《拂去歷史明鏡中的塵埃》 | | ·死傷及失蹤共二千六百人。 |
| | 十、陳婉眞等著《一九四七台灣二二八革命》 | 一九九〇・二 | ·保守估計死傷二萬人左右；但一九五三年戶籍資料上「行蹤不明」人口達十餘萬人，大多數是事件中的犧牲者。 |
| | 十一、何漢文〈台灣二二八起義見聞紀略〉 | 一九九一 | ·死亡人數七千至八千人；傷亡共約一萬人。 |
| | 十二、李喬〈台灣二二八事件研究之片段——由「埋冤一九四七」的資料理出〉 | 一九九二・二 | ·死亡人數估計最少爲一萬五千五百人，最多爲二萬零五百人；中數即爲一萬八千人。 |
| | 十三、行政院研究二二八事件小組《二二八事件研究報告》 | 一九九二・二 | ·依人口學估計，死亡人數在一萬八千人至二萬八千人之間。 |
| | 十四、賴澤函等著《悲劇性的開端——台灣二二八事變》 | 一九九三・二 | ·死傷人數應低於一萬人。 |

　　此外，台灣省主席吳國楨移居美國後回憶：「當我後來任省主席時，才知道整個恐怖鎮壓的情況，被殺的台灣人總數，我斷定在一萬一千到一萬三千人之間。」[284]

　　一方面，受到國內外嚴厲的批判及美國的強烈抗議下，蔣介石終於 1947 年 4 月 22 日，將陳儀免職，同時廢除行政長官公署，確定台灣納入省制，任命美國能接受的職業外交官魏道明（前駐美大使）為省主席。5 月 15 日，國府三十六省中唯一文官出身的省主席魏道明，抵台就任，隔日宣布解除戒嚴令及中止逮捕「二二八事件」的關係者。但這只是表面上的聲明，實際上逮捕和處刑仍然繼續進行。另外為了懷柔人心，將省政府委員 16 名當中任用 7 名台灣人。可是除了杜聰明和林獻堂以外，全部是「半山」。[285]「二二八事件」後，國府更藉著通貨膨脹，繼續對台灣人進行搾取，貪官汙吏的行徑並沒有改善。魏道明的妻子鄭毓秀大家都叫她「院長」，有人說都是她在貪汙，據說她在台灣搞了好多地皮和累積百萬美元的不當財產，台灣人稱其為鄭「夭壽」（鄭毓秀的諧音）。而且廳長要見主席，一定要先透過「院長」。再說，陳儀沒住總督官邸，但魏道明和鄭毓秀則住進去了。[286]這幢日本帝國權威象徵的建築物坐落在公園式的花園內，裡面原本裝飾著很多珍奇的古玩，可是，當魏要離職之時，官邸內所有一切的家具、裝飾品、書畫古董，甚至地毯、窗簾、桌椅都被他私吞搬走。[287]

　　然而，陳儀的免職對當初「二二八事件」所負的責任為何？由翌年 1948 年 7 月，陳儀榮升為蔣介石故鄉浙江省省主席可見一斑，台灣人對此感到錯愕不解。不過，1949 年 2 月，因為策動京滬杭警總司令湯恩伯投共未成，同年 2 月 17 日，被解除浙江省主席職務，同月 23 日被逮捕。27 日，先從上海押至衢

州，4月28日，再由衢州轉押到台北，幽禁於基隆要塞司令部。
1950年6月9日，經過形式上的軍法會（審判長為顧祝同）審判之
後，以「煽惑軍人逃叛」之罪，處死刑。6月14日，蔣介石批
示：「准處死刑可也，並即日執行報核」。遂於6月18日上午5時，
在南機場附近的馬場町刑場執行槍決。⑱對台灣人而言，對渠等
之怨氣簡直上通於天，實在是「天網恢恢，疏而不漏」。

## 四、美國台灣分離運動的挫折及二二八事件的平反

### ㈠　美國的台灣分離運動及其挫折

　　以1947年的二二八事件為契機，美國政府逐漸加強對台灣
的關心。其時，無論是在台灣島內或外部，希望將台灣納入聯合
國託管的呼聲日益增大。推動此事的主要力量是事件發生後逃往
香港的台灣人。在此種情況下，台灣省政府的機關報。〈新生報〉
被迫在社論中反駁台灣託管的主張。該報指出：

　　　「在二二八事件後，許久以來一直謠傳海外台灣人要求託
　　管。然而，我們對此深不以為然。事實上，在二二八事件時，
　　某些政治野心家成立政務局，違法要求省政府改革，甚至要求
　　國軍解除武裝，要求無條件釋放本省人戰犯與漢奸嫌疑者，但
　　在他們提出的種種要求中，從未聽說有要求託管一事。不可避
　　免地，少數喪心病狂或別有目的的人士會假借個人或團體名義
　　對外亂發言論。然而，在我們盡心盡力建立民主政治的園地，
　　絕不容許少數人盜用多數人的名義。」⑲

　　對抗暴失敗慘受無情鎮壓的台灣人來說，要求美國或聯合國

對台灣進行託管乃是極爲自然的發展。事實上，在二二八事件發生前（即 1947 年 2 月中旬），早有台灣的青年記者透過美國領事，向馬歇爾國務卿提出請願，表明希望將台灣自中國分離，置於聯合國託管之下。[290]於是，台灣應自中國分離的主張和要求託管的主張開始相互結合。同年 8 月，逃往香港的台灣人團體原本分爲左右兩派，也分別調整其「獨立」及「信託統治」的主張，共同成立「台灣再解放聯盟」(代表者爲廖文毅，主張台灣獨立的謝雪紅等左派亦參加)，[291]並向前來調查中國內戰狀況的魏德邁中將提交如下的意見書：

一、大西洋憲章應適用於台灣。

二、台灣歸屬問題應於對日講和會議中討論，但應尊重台灣人的意見，以公民投票做成決定。

三、在公民投票之前，台灣人應自中國分離，暫時置於聯合國託管理事會的管理下。

四、聯合國託管理事會管理台灣時，希望能承認下列條件：

(1) 聯合國除派遣政治、經濟、軍事和文化顧問團之外，不應在台灣駐屯任何國家的軍隊。

(2) 託管期間以兩年爲原則，至多不應超過三年。

(3) 託管期間中，台灣的行政、司法、治安和教育不受任何國家的干涉。

五、在託管期限結束的三個月前，實施公民投票以決定台灣要歸屬於中國？自中國脫離？歸屬於他國？或是獨立？此項投票須在聯合國組織的代表團的監督下進行。[292]

即使在被剝奪言論、集會和結社自由的台灣內部，台灣人的願望亦是如此。任何人均希望脫離國府的統治，希望自中國分離出去。之後，「台灣再解放聯盟」以台灣七百萬人（當時）的名義，於 1948 年 9 月 1 日，首度向聯合國提出「請願書」，訴求內容和向魏德邁將軍提出的意見書相同，聯合國託管三年後由住民投票決定台灣的未來。㉓

另一方面，中國內戰的進展亦帶給台灣極大的影響。美國政府逐漸對台灣這個戰略據點增加關注。

1947 年 6 月，駐南京的美國軍事顧問前來台灣。一行共 20 餘人，其中大部分是 1945 年到 46 年初來過台灣進行調查的美國軍人。在同年 8 月，以魏德邁將軍為團長的調查團亦從中國來台灣進行調查。魏德邁將軍其後在 8 月 17 日向國務卿艾契遜（Dean Acheson）報告調查結果。他說：

「我們在台灣的經驗極富啟蒙性。陳儀前長官已將台灣島民推離中國政府。許多人不得不選擇支持自治的態度。中央政府已失去向廣大的世界及中國國民展示其進行清廉且卓越行政能力的好機會。他們無法將此一失敗歸咎於中共的活動或異議份子的破壞。台灣住民曾認真且熱烈地期待從日本的束縛中被解救出來，但陳儀及其官員卻極盡無情、腐敗、貪欲之能事，將他們殘暴的統治施加於原本幸福且溫和的住民之上。軍隊以征服者的態度為所欲為，秘密警察公然向人民要脅，而中央政府官吏則視搾取為理所當然。

台灣盛產煤炭、稻米、砂糖、水泥、水果及茶葉，且水力及火力亦極豐富。即使在偏遠地區，日本人亦有效地提供電力，並構築完善的鐵公路。台灣住民的識字率達到 80%，此點與中國本土的狀態恰成對比。台灣人希望受美國的保護及聯合國的託

管。有鑑於省政府係爲腐敗的南京政府所支持，因而他們害怕台灣會被搾取殆盡。事實上，我亦認爲他們的擔憂完全有充分的理由。」[294]

接著 8 月 22 日，在國家安全會議和政府部會首長的聯席會議中，魏德邁將軍更發表如下的證詞：

「截至目前爲止，我接到許多蒙冤待雪的報告，證實在錯誤的指示或濫用職權之情況下，中國官員胡亂處置政治犯或其他罪犯。目前在台灣島上，在毫無任何告發或判決之下，許多所謂的政治犯被收押至今。尤有甚者，在支付巨額金錢之後，他們被迫在承認有罪的供述書上簽字，然後獲得釋放。實際上，在他們的內心深處，從不認爲他們曾犯下任何罪行。與蘇聯甚或過去的德國相同地，秘密警察密布且相當活躍。許多人突然失蹤，學生也陸續被捕，但完全看不到任何審判或判決。政府的此種行爲絕不可能得到人民的支持，甚至產生完全相反的結果。任何人均滿懷恐懼而生活著，對政府越來越不信任。」[295]

魏德邁在訪問台灣時，雖曾向台灣省議會議長黃朝琴聲明：「美國對台灣不具任何領土野心」，[296]但絕不表示美國毫不關心台灣。於是，在他返美之後不久，美國即於 1947 年 10 月將 B17 轟炸機、P38 戰鬥機、偵察機自琉球移往台灣，並以台北的松山機場爲基地。此後，松山機場即受美國太平洋第十三航空隊的指揮，駐屯的美國空軍亦對台灣氣流天候進行調查，並在台灣全島從事空中攝影。其後，先是台南機場成爲美國空軍的基地，接著日治時期最大的空軍基地新竹機場亦交給美軍使用。同時，美國海軍亦進駐台灣。事實上，早在 1947 年 5 月，美國海軍已取得

高雄、基隆等港口的使用權。同時，日治時期做爲海軍基地的澎湖馬公，亦成爲美國海軍的停泊地。[297]

美國陸軍發揮的作用極大。美國駐南京聯合顧問團的陸軍人員，都前往台灣南部的鳳山與屏東地區訓練軍隊。美軍顧問團擁有完全的指揮權，武器則自菲律賓運來，其補給與國府的陸軍總司令部完全無關，而是由獨自的經理處擔負全責。[298]在台灣訓練陸軍的總司令是孫立人將軍。他曾在美國接受軍事教育，並於二次大戰期間率領在美軍指揮下編成的部隊，於緬甸進行對日作戰。他在美國方面的評價極高，但因在國府內部屬於旁系，故一直未被重用。其後，孫立人在美國的奧援下，官至陸軍總司令，但卻栽在蔣經國的陰謀之下，以叛亂罪遭到軟禁。[299]

一方面，在二二八事件發生之後，國府更是積極整備秘密警察，對此種分離運動的發展提高警覺，不斷向中央政府提交詳細的報告。1948 年 3 月，國民政府特別派遣孫科前來台灣。在台灣進行實地調查之後，孫科召開記者會攻擊美國領事館和新聞處，[300]結果使得代理大使、新聞處長和副領事均不得不離開台灣。[301]然而，美國在事後仍然和逃亡香港的台灣人保持聯絡。隨著國共內戰的日趨激烈，台灣人都害怕被捲入中國內戰的漩渦，故而更加強烈希望台灣能自中國分離。

但是，在大陸遭到中共軍隊壓制的國民政府，卻想要以台灣做爲最後的基地。[302]國民政府既然知道台灣人和美國不希望它撤退到台灣，自然要採取行動先發制人。於是，國府的高層要人（如顧祝同、余漢謀、桂永清、何世豐和蔣經國等）陸續前來台灣視察，開始準備將陸、海、空軍移往台灣。國府空軍先移來台灣，海軍亦遷至高雄附近的舊日本海軍基地，其後戰車部隊也移至台灣。1948 年 12 月 29 日，蔣介石更任命其最信賴的陳誠擔任台灣省

主席，長男蔣經國擔任台灣省黨部主任委員。在其自總統職位引退之前，完成以台灣為避難所的準備。[303]

1949 年 2 月 1 日，陳誠兼任警備總司令，5 月 20 日，台灣全省再度實施「戒嚴令」（該「戒嚴令」到 1987 年 7 月 15 日才解除，成為世界上實施最久的「戒嚴令」）。[304]

如此一來，在國府垮台逃往台灣之前，台灣人期待自中國分離的願望即化為幻影，美國方面的秘密援助亦歸於失敗。當時美國不僅與台灣有力人士接觸，策動台灣分離運動，甚至亦對中國有力人士下工夫。1965 年 9 月 26 日，前代總統李宗仁即曾在北京的記者會上揭露此事。李氏回顧當時的經緯，對美國提出如下的指責：「美國帝國主義在台灣使用調虎離山計，削弱蔣介石集團的勢力，企圖實現『一中一台』的陰謀。這些年來，美國帝國主義為長期不法占領台灣，其所使用的陰謀奸計簡直是罪大惡極。我在此舉出一些事實做為證據。

1949 年 1 月，蔣先生下野兩週後的某一天，美國駐華大使司徒雷登前來我處，對於當時蔣先生率海空軍，攜黃金、外幣前往台灣一事，告訴我華盛頓當局對此深感不滿。華盛頓當局認為台灣的地位尚未決定，不容許蔣先生寄身台灣，原本想直接提出嚴重的抗議，但事前先來聽取我的意見。由於遭到我的駁斥，他最後只得改變意向。」[305]

在陳誠和蔣經國抵台之後不久，國府即逮捕、處刑和殺害至少三萬人以上的台灣菁英，[306] 並對參加分離運動者及將來有可能從事分離運動者，進行殘酷的恐怖統治。在二二八事件發生之後，台灣菁英階層遭到徹底的打擊，此點成為台灣社會至今仍難以長足進步的決定性原因。

爾後，台灣人過著戰戰兢兢的日子，談論「二二八」成為政

治的禁忌。當時任職台灣鐵路局的外省人高幹徐鄂雲在其「看台灣二二八問題在歷史的天平上」的手記中，明快地指出：「這些做法的結果反倒使得台灣人對二二八的悲痛日日加深，對國府的憎恨有增無減。於是，台灣人想盡種種方法和手段，希望排除國府的暴政，萌生台灣獨立的志向。」[307] 在台灣不被允許的政治運動及獨立運動，其後藉由台灣的知識份子，在世界各地活躍地展開。

## (二)　二二八事件的平反

1987 年 2 月 4 日，國府蔣經國政權末期，鄭南榕、陳永興、李勝雄等人，突破二二八禁忌，成立「二二八和平日促進會」，推陳永興為會長，當年正好是二二八事件發生滿 40 週年。「二二八和平日促進會」赴全台各地遊行、演講，所到之處，國府以鐵絲網堵道，鎮暴警察環伺。群眾被局限其中、難越雷池，甚至遭到軍警毒打。但聽眾卻被二二八悲情所感染，聽到傷心處，眼淚直直落。羣眾的悲情與軍警的冷酷成為強烈的對比。之後，長老教會、民進黨、佛教、天主教等宗教社會團體紛紛加入。二二八已形成台灣人民的共識，國府已無法壓制二二八平反的浪潮。[308]

1988 年 1 月 13 日，蔣經國逝世，李登輝繼任總統。由於李登輝政權的出現和民主化的推進，台灣社會開始正視二二八事件。1992 年，蔣介石的「大溪檔案」部分文件解禁，中央研究院近代史研究所加以整理，出版《台灣二二八事件資料選輯》(六冊) 的相關資料。1994 年，國府成立「行政院二二八事件研究小組」，出版《「二二八事件」研究報告》。該報告因為是執政者主導的研究調查，所以尚存有政治上的忌憚，在多處為國府的失政

辯護，但就究明事實而言，仍可獲頗高的學術評價。

1995 年 2 月 28 日，台北新公園二二八紀念碑落成。李登輝總統應邀致辭，公開表明道歉。同年，立法院通過「二二八事件處理及補償條例」，並將該日訂爲「國殤日」。1998 年 2 月 28 日，在經過半世紀之後，台北市政府（市長陳水扁）於事件發生地點（台北市南京西路 185 巷口）樹立紀念碑，以慰犧牲者在天之靈。碑文的內容如下：

> 「1945 年日本投降，陳儀出任台灣行政長官，陳儀個性剛愎，政策偏差，不僅政治上壓抑台人，且厲行統制經濟，將日人大企業收歸公營，並擴充專賣制度，致百業蕭條，民生窮困。尤有進者，公家事業經營不善，其中專賣局所產之香煙質莠且價昂，因而走私洋煙氾濫。不少小民因失業嚴重，以賣煙維生，然而牴觸專賣法，常遭取締，而不肖員警縱容私梟卻嚴緝小販，故衝突頻起。
>
> 1947 年 2 月 27 日入夜，專賣局員警於此地圓環天馬茶房附近緝煙，沒收女販林江邁公私煙與現金，並予擊傷流血，因而遭群眾包圍，緝私員情急開槍誤傷市民陳文溪，致群眾激憤，予以追捕，並包圍派出所。次日市民遊行要求懲凶，不意遭長官衛士槍擊死傷數人，遂引爆全台抗爭怒火。
>
> 國民政府主席蔣中正不察眞相竟派兵鎮壓，不少紳民慘遭殺害或監禁，遂埋下省籍對立之禍根，史稱二二八事件。究此悲劇，失政種其因，緝煙則導其火，勒石於此，藉供憑弔並警戒世人。」[309]

晚近，財團法人「二二八事件紀念基金會」於 2003 年 9 月

成立「二二八事件責任歸屬研究小組」，由李旺台、楊振隆擔任總策劃；總統府國史館長張炎憲負責研究小組召集人。徵聘黃秀政中興大學歷史系教授、陳儀深中研院近代史研究所副研究員、陳翠蓮政治大學台灣史研究所副教授、李筱峰世新大學通識教育中心教授、何義麟台北教育大學社會科教育系助理教授、陳志龍台灣大學法律系教授、黃茂榮台灣大學法律系教授等人，共同研究執筆。

　　「研究小組」自 2003 年底著手規劃執行以來，幾乎每個月舉行討論會，終於在 2005 年底，完成《二二八事件責任歸屬研究報告》。2006 年 2 月，該「基金會」將研究的成果出版問世。並於同年 2 月 19 日，舉行研究報告發表會。指稱蔣介石為「元凶」，應負最大的責任；陳儀、柯遠芬、彭孟緝等軍政情治人員應負次要責任外；還羅列「半山」省參議會議長黃朝琴、副議長李萬居、秘書長連震東、軍統局台灣站長林頂立、中央社台北分社及負責人葉明勳等人，稱「這些半山多半站在陳儀的立場，幫助平息抗爭，而非站在台灣民眾的立場，向陳儀爭取權益。」[310]

　　綜言之，對二二八事件平反的訴求，並非要「清算」或「鬥爭」過去的歷史罪行。畢生致力於平反、研究二二八的已故張炎憲教授指出：「今日，台灣已轉型成為自由民主的社會，但民主社會應有的正義、人權與道德規範仍在起步的階段。因此，我們深信回顧二二八的悲痛歷史，釐清歷史責任，正是台灣社會邁向健康、和諧、自信和負責的關鍵過程。」[311]筆者，在此順道向張教授致最深的敬意，並致最深的默哀！

## 第十二章註

① Robert E. Sherwood, *Roosevelt and Hopkins*. Harper & Brothers, N. Y., 1948, p.773. 村上光彥譯《ルーズヴェルトとホプキンズ》Ⅱ，みすず書房，昭和 32 年，322 頁。

② Harry E. Barnes, ed., *Perpetual War for Perpetual Peace.* The Canton Printers, Ltd., 1953, p.493.

Herbert Feis, *Churchill-Roosevelt-Stalins, The War They Waged and the Peace they Sought.* Princeton Univ. Press, 1957, pp.105-9.

此次會談，英美兩國對樞軸陣線發表「戰至無條件投降」的宣言，但蔣介石提出指責，這將使中國戰線陷入困境。

董顯光《蔣總統傳》，中華大典編印會，民國 41 年，360 頁。

寺島正‧奧野正己譯，《蔣介石》，日本外政學會，昭和 31 年，288 頁。

③ 每日新聞社編《太平洋戰爭秘史──米戰時指導者の回想》，每日新聞社，昭和 40 年，167-81 頁。

④ U. S. Dept. of State, *Foreign Relations of the U. S. Diplomatic Papers, 1943, China.* Government Printing Office, 1957, p.504.

芦田均《第二次世界大戰外交史》，時事通信社，昭和 34 年，54 頁。

⑤ 前揭《蔣總統傳》，343-4 頁。

Joseph W. Stilwell, *The Stilwell Papers.* 1948. 石堂清倫譯《中國日記》，みすず書房，1966 年，113 頁。

⑥ 同上《中國日記》，113-5 頁。

⑦ Herbert Feis, *The China Tangles.* Princeton Univ. Press, 1953, p.104.

山極晃〈大戰中の米華關係〉（アジア‧アフリカ國際關係研究會編《朝鮮‧中國の民族運動と國際環境》第一卷，昭和 42 年，263 頁）。

前揭《第二次世界大戰外交史》，503 頁。

⑧ Herbert Feis, *Churchill-Roosevelt-Stalins,* op. cit., p.247.

前揭《第二次世界大戰外交史》，504 頁。

⑨ 梁敬錞《開羅會議》，台灣商務印書館，民國 66 年，42 頁。

⑩ U. S. Dept. of State, *Foreign Relations of the U. S. Diplomatic Papers, The Conference at Cairo and Tehran 1943.* U. S. Government Printing Office, 1961, pp.448-9.

朝日新聞社編《戰後二十年‧世界の步み》（朝日年鑑 1966 年版別冊），朝日新聞社，1966 年，197 頁。

外務省編《日本外交年表並主要文書》下卷，原書房，昭和 41 年，594-5 頁。

外務省特別資料部編《日本占領及び管理重要文書集》第一卷基本篇，東洋經濟新報社，昭和 24 年，1-2 頁。

⑪ Cordell Hull, *The Memoirs of Cordell Hull,* Vol. II, The Macmillan Co., 1948. pp.1595-6.

⑫ U. S. Dept. of State, *The Conference at Cairo and Tehran 1943,* op. cit., pp.322-3.

田村幸策《太平洋戰爭外交史》，鹿島研究出版會，昭和 41 年，498 頁。

前揭《開羅會議》，86-7 頁。

⑬ 同上《開羅會議》，139-40 頁。

⑭ 同上，101-2 頁。

U. S. Dept. of State, *The Conference at Cairo and Tehran 1943,* op. cit., pp.323-5.

前揭《太平洋戰爭外交史》，498-501 頁。

⑮ Robert E. Sherwood, op. cit., p.773.

⑯ 前揭《太平洋戰爭外交史》，519 頁。

⑰ 同上，520-5 頁。

⑱ 前揭《日本占領及び管理重要文書集》，7-12 頁。

前揭《戰後二十年・世界の步み》，203 頁。

アメリカ學會編《原典アメリカ史》別卷，岩波書店，昭和 33 年，81-3 頁。

⑲ 重光葵《昭和の動亂》下卷，中央公論社，昭和 27 年，149-50 頁。

⑳ 前揭《太平洋戰爭秘史──米戰時指導者の回想》，172 頁。

㉑ Charles A. Willoughby & John Chamberlain, op. cit., pp.233-4.

㉒ 前揭《帝國陸軍の最後》決戰篇，287-95 頁。

前揭《蔣總統傳》，370 頁。

㉓ Samuel Eliot Morison, *History of United States Naval Operation in World War II.* Vol, XIII, The Liberation of the Philippine, Luzon, Mindanao, the Visayas, 1944-1945. Litter Brown & Co., 1963, pp.4-5.

㉔ George H. Kerr, *Formosa Betrayed.* Houghton Mifflin Co., Boston, 1965, p.91.

Joseph W. Ballantine, *Formosa — A Problem for U. S. Foreign Policy.* The Brookings Institution, 1952, pp.55-6.

㉕ 當時一部分美國政策的決定者，如遠東局長文森（John Carter Vincent）和台灣通葛超智（George H. Kerr）指出，台灣在半世紀以來，不被中國內戰波及，並在日本統治下發展近代化，恐怕不易置於落後的中國統治之下。同時，由於該島地位非常重要，文森等人建議美國政府不如暫時加以占領，再靜觀中國內戰的動向，設法建立台灣的自治政府。此時，國務院雖希望由海軍占領統治台灣，但海軍因人員不足，經費欠缺而退縮。更重要的是，海軍當時尚無阻止蔣介石占領台灣的計劃，故乃拒絕國務院的建議。結果，蔣介石在直接與魏德邁交涉之後，不經任何徵詢台灣人意思的程序，即逕自決定台灣人的命運。George H. Kerr, op. cit., pp.19-20, 43-5 M. L. Shields, "John Carter Vincent Interviewed." *Independent Formosa,* N. Y., Fall 1968, p.4.

㉖ 台灣新生報社編‧發行《台灣年鑑》，民國 36 年，40 頁。

㉗ 陳逸松口述‧吳君瑩紀錄《陳逸松回憶錄》，前衛出版社，1994 年，305 頁參照。

戴國煇‧葉芸芸《愛憎二二八》，遠流出版公司，1992 年，67-87 頁參照。

㉘ 同上《陳逸松回憶錄》，306 頁。

關於葛敬恩的生平略歷，請參閱張炎憲主編《二二八事件辭典》，二二八基金會，2008 年，555-6 頁（陳翠蓮撰）。

㉙ 前揭《昭和の動亂》下卷，299-300 頁。

外省省編纂《終戰史錄》下卷，新聞月鑑社，昭和 27 年，810-1 頁。

㉚ 前揭《日本外交年表並主要文書》下卷，640-3 頁。

前揭《日本占領及び管理重要文書集》第一卷基本篇，34-5 頁。

㉛ George H. *Kerr, Formosa Betrayed.* op. cit., p.67.

同書陳榮成譯《被出賣的台灣》，前衛出版社，1991 年，88 頁。

同書詹麗茹‧柯翠園重譯／張炎憲等校註《被出賣的台灣》，台灣教授協會，2014 年，69-70 頁參照。

前揭《陳逸松回憶錄》，300 頁參照。

㉜ Ibid., pp.67-8.

同上，陳榮成譯《被出賣的台灣》，89 頁。

同上，詹麗茹‧柯翠園重譯／張炎憲等校註《被出賣的台灣》，70-1 頁。

㉝ 張炎憲主編《二二八事件辭典》，國史館，2008 年，334 頁。

㉞ 何義麟《二‧二八事件──「台灣人」形成のエスノポリティクス》，東京大學出版會，2003 年，111-3 頁參照。

蘇瑤崇主編《台灣終戰事務處理資料集》，台灣古籍出版有限公司，

2007 年，27-8 頁參照。

林忠勝撰述《陳逸松回憶錄》，前衛出版社，2008 年修訂版，300-1 頁參照。

㉟ 同「大綱」於同年 9 月 20 日改稱爲「台灣省行政長官公署組織條例」，內容卻沒有改變，條文收錄在以下的文獻。王詩琅纂修《增修台灣省通志稿》卷三，政事志行政篇 (上冊)，台灣省文獻委員會，民國 55 年，61 頁。

㊱ 許介鱗，《戰後台灣史記》卷一，文英堂出版社，1997 年，63 頁。

㊲ 稻葉正夫編《岡村寧次大將資料》上卷，戰場回想篇，原書房，昭和 45 年，239 頁。

中國戰區中國陸軍總司令部《處理日本投降文件彙編》上卷，同部發行，民國 58 年，14、72-9、88-90、111-9 頁。

㊳ 伊藤今次郎《台灣欺むかざるの》，前揭，209-10 頁。

㊴ George H. Kerr, op. cit., p.72.

向山寬夫《日本統治下における台灣民族運動史》，前揭，1286 頁。

台灣文獻委員會《二二八事件文獻續錄》，同會，民國 84 年修訂版，675 頁。

葛敬恩〈接收台灣記略〉(收於李敖編著《二二八研究三集》，李敖出版社，1989 年，166 頁)。

㊵ 同上《日本統治下における台灣民族運動史》，1286-7 頁。

台灣總督府殘務整理事務所《台灣統治終末報告書》，カリ版刷り，昭和 21 年 4 月，6-7 頁。

㊶ George H. Kerr, op. cit., p.72.

前揭 (詹・柯)《被出賣的台灣》，76 頁。

㊷ 郭海鳴纂修《台灣省通志稿》卷十光復志，台灣省文獻委員會，民國 41 年，33-4 頁。

㊸ 吳濁流《無花果》，草根出版社，1995 年，143-5 頁參照。

吳濁流《夜明け前の台灣──植民地からの告發》，社會思想社，1972 年，156-8 頁參照。

㊹ 前揭《台灣年鑑》，附錄，Ⅰ頁。

George H. Kerr, op. cit., pp.72-3.

鄭梓〈戰後台灣的接收、復員與重建──從行政長官公署到台灣省政府〉(呂芳上主編《戰後初期的台灣──1945-1960s》，國史館，2015 年，6 頁所收參照)。

㊺ 林衡道《台灣史》，前揭，723 頁參照。

褚靜濤《二二八事件研究》上卷，海峽學術出版社，2011 年，80-1 頁參照。
同上〈戰後台灣的接收、復員與重建——從行政長官公署到台灣省政府〉，6-7 頁參照。

㊻ 彭明敏《自由的滋味——彭明敏回憶錄》，李敖出版社，1995 年，53 頁。
楊逸舟《台灣と蔣介石》，三一書房，1970 年，15-6 頁。同書張良澤譯《二二八民變——台灣與蔣介石》，前衛出版社，1991 年，29-30 頁。
張德水《激動！台灣的歷史》，前衛出版社，1992 年，97-8 頁。同書日文版《激動！台灣の歴史は語りつづける》，雄山閣出版，1992 年，81 頁。

㊼ 前揭《無花果》，147-8 頁。

㊽ 前揭《台灣年鑑》，附錄，1 頁。
前揭《台灣欺むかざるの》，70-2 頁。
杜聰明《回憶錄》，杜聰明博士獎學金管理會印行，1973 年，114 頁。
George H. Kerr, op. cit., p.73.

㊾ 前揭《台灣年鑑》⑵，576 頁。
前揭《台灣統治終末報告書》，9-10 頁。
前揭《台灣省通志稿》卷十，光復志，37-41 頁。
前揭《日本統治下における台灣民族運動史》，1288-9 頁。

㊿ 同上《台灣省通志稿》卷十，光復志，41 頁。

(51) 同上，39、42-3 頁。
前揭《台灣年鑑》⑵，577 頁。

(52) 黃秀政等著《台灣史》，五南圖書出版公司，2001 年，275 頁。

(53) 前揭《日本統治下における台灣民族運動史》，1290 頁。

(54) 前揭《激動！台灣的歷史》，99-101 頁，（日文版，84 頁）

(55) 前揭《台灣年鑑》⑵，581-3 頁。

(56) George H. Kerr, op. cit., pp.122-3.

(57) 前揭《台灣年鑑》⑵，584-5 頁。
鹽見俊二《秘錄・終戰直後の台灣》，高知新聞社，昭和 54 年，100 頁。同書漢文譯本《秘錄・終戰前後的台灣》，文英堂出版社，2001 年，74-5 頁。
黃昭堂《台灣總督府》，前揭，267-71 頁。
前揭《日本統治下における台灣民族運動史》，1291 頁。

(58) 鈴木茂夫《台灣處分一九四五年》，同時代社，2002 年，339-52 頁。
前揭《台灣省通志稿》卷十，光復志，37-41 頁。
莊嘉農《憤怒的台灣》，前揭，81-5 頁。

(59) 黃秀政《台灣史志新論》，五南圖書出版有限公司，2007 年，172-3 頁。
李筱峰《台灣全志》卷首——戰後台灣變遷史略，國史館台灣文獻館，民國 93 年，17 頁。
(60) 廖文毅《台灣民本主義》，台灣民報社，1957 年，46-7 頁。
前揭《日本統治下における台灣民族運動史》，1296 頁。
李筱峰《台灣史 101 問》，玉山出版社，2013 年，254-5 頁。
(61) 陳明通《派系政治與台灣政治變遷》，月旦出版社，1995 年，71-2 頁。
(62) 前揭《台灣史志新論》，171 頁。
(63) 當時國府對台灣人的偏見與歧視，可由身爲國府監察・中央委員的已故丘念台著述中得知。丘念台《嶺海微飆》，中華日報社，民國 51 年，245-56 頁參照。
幾個具體的政治差別待遇實例，參照行政院研究二二八事件小組《「二二八事件」研究報告》，時報文化出版公司，1994 年，19-20 頁。
(64) 伊原吉之助《台灣の政治改革年表・覺書（1943-1987）》，帝塚山大學，1992 年，20-1 頁。
前揭《激動！台灣的歷史》，94-9、104 頁（日文版，92 頁）。
(65) 鄧孔昭編《二二八事件資料集》，稻鄉出版社，民國 80 年，43-6 頁。
(66) 前揭《激動！台灣的歷史》，110-2 頁（日文版，92-3 頁）。
(67) 陳翠蓮《派系鬥爭與權謀政治——二二八悲劇的另一面相》，時報文化出版公司，1995 年，100-1 頁。
(68) 前揭《激動！台灣的歷史》，199-22 頁（日文版，102-4 頁）。
(69) 王思翔《台灣二月革命記》，泥土社，上海，1951 年，35-7 頁。
前揭《憤怒的台灣》，86-8 頁。
前揭《夜明け前の台灣》，165 頁。
前揭《嶺海微飆》，244 頁。
(70) 唐賢龍《台灣事變內幕記》（別名《台灣事變面面觀》），中國新聞社，民國 36 年，24 頁。
(71) 井出季和太《講和會議と台灣の歸趨》，麥田書房，昭和 25 年，171-2 頁。
(72) 張炎憲・李筱峰編《二二八事件回憶集》，稻鄉出版社，1989 年，238-9 頁。
前揭《「二二八事件」研究報告》，20 頁。
前揭《台灣と蔣介石》，66 頁。
前揭《二二八事件資料集》，14 頁。
(73) 前揭《派系鬥爭與權謀政治——二二八悲劇的另一面相》，69 頁。
前揭《台灣史志新論》，181 頁參照。

(74) 李筱峰《解讀二二八》，玉山社，1998 年，47 頁。
(75) 前揭《二・二八事件——「台灣人」形成のエスノポリティクス》，113-4頁參照。
(76) 陳翠蓮《台灣人的抵抗與認同（1920-1950）》，遠流出版公司，2008 年，345 頁。
(77) 前揭《憤怒的台灣》，86-8 頁。
前揭《台灣二月革命記》，35-7 頁。
前揭《日本統治下における台灣民族運動史》，1296 頁。
(78) George H. Kerr, op. cit., pp.69-70.
(79)〈中國時報〉，2003 年 3 月 1 日。
(80) 前揭《激動！台灣的歷史》，124 頁（日文版，106 頁）。
前揭《台灣の政治改革年表・覺書（1943-1987）》，46 頁。
(81) 郝任德（Michael R. Hoare），〈紅毛城與二二八——英國外交部對於台灣 1947 年的態度〉（張炎憲編《二二八事件研究論文集》，吳三連基金會，1998 年，276 頁）。
(82) 林木順《台灣二月革命》，1948 年（前衛出版社復刻版，1990 年），9-10 頁參照。據陳芳明教授的研究，該書的作者應爲楊克煌。陳芳明《殖民地台灣》，麥田出版，1998 年，48 頁。
前揭《派系鬥爭與權謀政治——二二八悲劇的另一面相》，137-9 頁參照。
蔣永敬・李雲漢・許師愼等編《楊亮功先生年譜》，聯經出版公司，民國 77 年，377-8 頁。
(83) 楊亮功・何漢文〈二二八事件調查報告及處理經過〉（李敖編著《二二八研究》，李敖出版社，1989 年，57 頁所收參照）。
中央研究院近代史研究所《口述歷史》，同研究所，民國 82 年，19-20 頁參照。
同上《楊亮功先生年譜》，378 頁參照。
(84) 勁雨《台灣事變與內幕》，建記書房，上海，民國 36 年，49-50 頁。
史明《台灣人四百年史》，音羽書房，昭和 38 年，526-29 頁。
楊肇嘉《楊肇嘉回憶錄》，前揭，263-4 頁。
前揭《台灣事變內幕記》，85-7 頁。
前揭《台灣二月革命》，10-11 頁。
(85) 同上《台灣人四百年史》，530-2 頁。
日本國際問題研究所編《新中國資料集成》第一卷，同研究所，昭和 38 年，432-3 頁。
王育德《台灣—苦悶するその歷史》，前揭，141-2 頁。

U. S. Dept. of State, *United States Relations with China,* 1944-1949. U. S. Gov't Printing Office, 1949, p.926.

同上《台灣二月革命》，11-4 頁參照。

張炎憲總編輯、侯坤宏・許進發編《二二八事件檔案彙編》㈠，國史館，民國 91 年，71-3 頁。

⑧⑥同上《台灣二月革命》，14-5 頁參照。

何漢文〈台灣二二八起義見聞記略〉（李敖編著《二二八研究》，李敖出版社，1989 年，119-21 頁）。

⑧⑦同上《台灣二月革命》，19 頁。

前揭《台灣の政治改革年表・覺書 (1943-1987)》，49 頁。

中央研究院近代史研究所《二二八事件資料選輯》㈡，同所刊，民國 81 年，「大溪檔案」，14 頁。

前揭《愛憎二・二八》，236 頁。

⑧⑧《台灣新生報》，1947 年 3 月 2 日（林元輝編註《二二八事件台灣本地新聞史料彙編》第一冊，二二八基金會，2009 年，10-11 頁所收。以下該文獻略爲「林元輝編註」）。

前揭《二二八事件文獻續錄》，486-7 頁。

前揭《二二八事件資料集》，335-6 頁。

⑧⑨前揭《台灣二月革命》，21 頁。

⑨⓪前揭《派系政治與台灣政治變遷》，78-9 頁。

前揭《二・二八事件──「台灣人」形成のエスノポリティクス》，280 頁參照。

⑨①前揭《二二八事件檔案彙編》㈠，178-80 頁參照。

⑨②前揭《台灣二月革命》，22 頁。

前揭《派系鬥爭與權謀政治──二二八悲劇的另一面相》，162 頁參照。

前揭《派系政治與台灣政治變遷》，79 頁參照。

⑨③王建生・陳婉眞・陳湧泉等著《1947 台灣二二八革命》，前衛出版社，1990 年，134-5 頁。

柯遠芬〈台灣二二八事變之眞相〉（前揭《二二八事件資料選輯》㈠，21-2 頁參照）。

前揭《台灣の政治改革年表・覺書 (1943-1987)》，49-50 頁參照。

⑨④前揭《二二八事件資料集》，336-7 頁。

前揭《二二八事件文獻續錄》，487-8 頁。

⑨⑤薛月順編輯《二二八事件檔案彙編 (廿三) ──總統府檔案》，國史館，民國 106 年，123-4 頁。

林啓旭《二二八事件綜合研究》，台灣公論報社，1984 年，46-7 頁。

George H. Kerr, op. cit., pp.265-6.

㊰ 同上《二二八事件檔案彙編（廿三）──總統府檔案》，229-38 頁。

前揭《台灣二月革命》，23 頁參照。

前揭《台灣の政治改革年表・覺書（1943-1987）》，50 頁。

前揭《台灣二二八起義見聞記略》，134、140 頁。

前揭《派系鬥爭與權謀政治──二二八悲劇的另一面相》，327-8 頁參照。

柯遠芬〈事變十日記〉（前揭《二二八研究》，240 頁）。

何聘儒〈蔣軍鎮壓台灣人民紀實〉（鄧孔昭《二二八事件資料集》，前揭，189 頁所收參照）。

㊗ 前揭〈台灣二二八事變之眞相〉，23 頁。

㊘ 同上，23-4 頁。

㊙ 前揭《「二二八事件」研究報告》，62 頁。

⑩ 同上，63-4 頁。

前揭《台灣二月革命》，27-8 頁參照。

⑩ 同上，《台灣二月革命》，26-7 頁參照。

前揭《派系鬥爭與權謀政治──二二八悲劇的另一面相》，165 頁參照。

⑩ 同上《派系鬥爭與權謀政治──二二八悲劇的另一面相》，166 頁。

前揭《二二八事件綜合研究》，55-7 頁參照。

⑩《台灣新生報》，1947 年 3 月 5 日、3 月 6 日付（林元輝編註第一冊, 62、75 頁）。

前揭《楊亮功先生年譜》，347 頁參照。

⑩ 前揭《台灣二月革命》，29-30 頁參照。

前揭《「二二八事件」研究報告》，65 頁。

前揭《派系鬥爭與權謀政治──二二八悲劇的另一面相》，166-9 頁參照。

前揭《激動！台灣的歷史》，131-5 頁參照。

⑩ 前揭《二二八事件資料選輯》(二)，「大溪檔案」29 頁；「文件」，66-70 頁。

侯坤宏編《二二八事件檔案彙編（十七）》，國史館，民國 97 年，115 頁。

⑩ 前揭《派系鬥爭與權謀政治──二二八悲劇的另一面相》，48-9 頁參照。

⑩ 前揭《二二八事件資料選輯》(二)，71-80 頁。

⑩《台灣新生報》，1947 年 3 月 7 日付（林元輝編註第一冊, 95-6 頁）。

前揭《二二八事件資料集》，269 頁。

⑩ 前揭《台灣の政治改革年表・覺書（1943-1987）》，52-3 頁。

前揭《二二八事件資料集》，271-7 頁。

前揭《「二二八事件」研究報告》，66-9 頁。

《台灣新生報》，1947 年 3 月 8 日付（林元輝編註第一冊，115-9 頁）。
⑩ 同上《二二八事件資料集》，337-8 頁。
　　前揭《二二八事件文獻續錄》，488-9 頁。
　　《台灣新生報》，1947 年 3 月 8 日付（林元輝編註第一冊，105-7 頁）。
⑪《台灣新生報》，1947 年 3 月 8 日付（同上，111 頁）。
⑫ 前揭《「二二八事件」研究報告》，70-1 頁參照。
　　前揭《二二八事件辭典》，29-31、88-9 頁參照。
　　《台灣新生報》，1947 年 3 月 8 日付（同上，119-20 頁）。
⑬ 前揭《台灣二月革命》，33-4 頁參照。
　　前揭《台灣──苦悶するその歷史》，143 頁。
　　前揭《「二二八事件」研究報告》，70-1 頁參照。
⑭ 前揭〈事變十日記〉，257 頁。
　　前揭《二二八事件資料集》，95 頁。
　　前揭《楊亮功先生年譜》，353 頁。
⑮ 前揭《台灣二月革命》，34 頁。
　　前揭《台灣の政治改革年表・覺書 (1943-1987)》，54-5 頁。
　　前揭《派系鬥爭與權謀政治──二二八悲劇的另一面相》，275 頁。
　　張炎憲・胡慧玲・黎中光採訪記錄《台北南港二二八》，吳三連基金會，
　　1995 年，280-1 頁參照。
⑯ 前揭（詹・柯重譯）《被出賣的台灣》，301 頁，註(7)。
⑰ 前揭《「二二八事件」研究報告》，206-7 頁。
⑱ 前揭〈蔣軍鎮壓台灣人民紀實〉，191 頁。
　　前揭《二二八事件檔案彙編》(二)，154-5 頁參照。
　　前揭《楊亮功先生年譜》，385 頁參照。
⑲ 前揭《1947 台灣二二八革命》，235-6 頁。
　　《台灣新生報》，1947 年 3 月 9 日付（林元輝編註第一冊，131-2 頁）。
⑳《台灣新生報》，1947 年 3 月 9 日付（同上第一冊，124-6 頁）。
㉑ 前揭（詹・柯重譯）《被出賣的台灣》，295 頁，註(1)。
　　原典：陳翠蓮撰〈張慕陶〉（前揭《二二八事件辭典》，359-60 頁所收）。
㉒ 前揭《派系鬥爭與權謀政治──二二八悲劇的另一面相》，340 頁。
㉓ 前揭《台灣二月革命》，40-1 頁參照。
㉔ 同上，42 頁。
㉕ 前揭《台灣二月革命》，46-7 頁。
　　前揭〈蔣軍鎮壓台灣人民紀實〉，192 頁。

前揭《愛憎二・二八》，84 頁參照。
前揭《1947 台灣二二八革命》，244-5 頁參照。

⑫⑥ 前揭《二二八事件資料選輯》(二)，「大溪檔案」，「陳誠呈蔣主席三月十日簽呈」，139-40 頁。

⑫⑦ 同上，388-9 頁。
台灣省文獻委員會《二二八事件文獻輯錄》，同會，民國 80 年，241-2 頁。

⑫⑧ 前揭《二二八事件資料集》，339-40 頁。
前揭《二二八事件文獻輯錄》，489-91 頁。

⑫⑨ U. S. Dept. of State, *United States Relations with China,* 1944-1949. U. S. Gov't Printing Office, 1949, pp.931-2.
日本國際問題研究所編《新中國資料集成》第一卷，同研究所，昭和 38 年，439-41 頁。

⑬⓪ 前揭《二二八事件辭典》，88 頁。

⑬① 魏永竹・李宣鋒主編《二二八事件文獻補錄》，台灣省文獻委員會，民國 83 年，693-7 頁。

⑬② 許雪姬編纂《續修高雄市志・卷八社會志・二二八事件篇》，高雄市文獻委員會，1995 年，38-9 頁參照。
張炎憲等執筆《二二八事件責任歸屬研究報告》，二二八事件紀念基金會，2006 年，63-4 頁參照。

⑬③ 前揭《台灣二月革命》，97 頁參照。
彭孟緝〈台灣省事件回憶錄〉(前揭《二二八事件資料選輯》(一)，61-2 頁所收參照)。
前揭《「二二八事件」研究報告》，115-6 頁參照。

⑬④ 同上《台灣二月革命》，98 頁。
同上〈台灣省事件回憶錄〉，64 頁。

⑬⑤ 同上《台灣二月革命》，98 頁。

⑬⑥ 同上，99 頁。

⑬⑦ 前揭《二二八事件責任歸屬研究報告》，245-6 頁。

⑬⑧ 前揭《二二八事件文獻續錄》，598-9 頁。
前揭〈台灣省事件回憶錄〉，66-8 頁。

⑬⑨ 許雪姬等撰《高雄市二二八相關人物訪問紀錄(上)》，民國 84 年，29-32 頁。

⑭⓪ 前揭《二二八事件責任歸屬研究報告》，255-8 頁。
前揭《台灣史志新論》，194-5 頁參照。

⑭① 前揭《「二二八事件」研究報告》，63 頁。

⑭ 前揭《台灣二月革命》，61-2 頁。

　前揭《憤怒的台灣》，108-9 頁。

　前揭《二二八事件綜合研究》，84-5 頁。

⑭ 前揭《「二二八事件」研究報告》，84 頁。

⑭ 前揭《台灣二月革命》，62-3 頁參照。

　前揭《台灣二月革命記》，49 頁。

　許雪姬主編《保密局台灣站二二八史料彙編》⑵，中央研究院台灣史研究所，民國 105 年，193 頁參照。

⑭ 同上《台灣二月革命》，64-5 頁。

　前揭《二二八事件綜合研究》，85-7 參照。

　同上《保密局台灣站二二八史料彙編》⑵，194 頁。

⑭ 同上《台灣二月革命》，65-7 頁。

　前揭《「二二八事件」研究報告》，86-7 頁。

　陳芳明《謝雪紅評傳》（前揭），319-20 頁參照。

⑭ 同上《台灣二月革命》，67-9 頁參照。

　同上《謝雪紅評傳》，321-4 頁參照。

　前揭《保密局台灣站二二八史料彙編》⑵，194 頁。

⑭ 同上《台灣二月革命》，59-60 頁參照。

　同上《謝雪紅評傳》，326 頁參照。

　前揭《憤怒的台灣》，109 頁。

⑭ 同上《謝雪紅評傳》，325-7 頁參照。

　鐘逸人《狂風暴雨一小舟──辛酸六十年（上）》，前衛出版社，2009 年，461-8 頁參照。

　前揭《二二八事件回憶錄》，78 頁參照。

⑮ 前揭《台灣二月革命》，70-1 頁參照。

　前揭《二二八事件綜合研究》，93 頁。

⑮ 前揭《狂風暴雨一小舟──辛酸六十年（上）》，479-81 頁參照。

　前揭《二二八事件辭典》，3 頁參照。

　黃金島《二二八戰士：黃金島的一生》，前衛出版，2004 年，100 頁參照。

⑮ 同上《二二八戰士：黃金島的一生》，100 頁參照。

　前揭《謝雪紅評傳》，327-31 頁參照。

　同上《狂風暴雨一小舟──辛酸六十年（上）》，467-8、479-81、657-62 頁參照。

　鐘逸人《辛酸六十年（下）──煉獄風雲錄》，前衛出版社，2009 年，

475-7 頁參照。

⑮ 前揭《二二八事件綜合研究》，94 頁。

⑭ 前揭《台灣二月革命》，72-3 頁參照。
前揭《「二二八事件」研究報告》，92 頁。

⑮ 同上《台灣二月革命》，73 頁。
前揭《二二八事件綜合研究》，95 頁。

⑯ 同上《台灣二月革命》，74-5 頁。

⑰ 前揭《狂風暴雨一小舟──辛酸六十年（上）》，552-4 頁參照。
前揭《二二八戰士：黃金島的一生》，103-5 頁。
同上《台灣二月革命》，75 頁參照。
前揭《「二二八事件」研究報告》，94 頁。

⑱ 前揭〈台灣二二八起義見聞記略〉，184 頁。

⑲ 前揭《台灣二月革命》，75-6 頁。

⑳ 同上，76 頁。
前揭《「二二八事件」研究報告》，220-1 頁。

㉑ 前揭《謝雪紅評傳》，337、357-8 頁。
前揭《二二八戰士：黃金島的一生》，111 頁參照。
周明（古瑞雲）〈周明的回憶〉（前揭《二二八事件回憶集》，181-4 頁所收參照）。

㉒ 同上《二二八戰士：黃金島的一生》，113-6 頁參照。
前揭《「二二八事件」研究報告》，221 頁參照。

㉓ 同上《二二八戰士：黃金島的一生》，116-33 頁參照。
同上《「二二八事件」研究報告》，221 頁。

㉔ 前揭《二二八事件綜合研究》，100-1 頁參照。
同上《「二二八事件」研究報告》，102-3 頁參照。

㉕ 前揭《台灣二月革命》，87-8 頁參照。
同上《「二二八事件」研究報告》，103 頁。

㉖ 同上《台灣二月革命》，88 頁參照。
同上《「二二八事件」研究報告》，102 頁。

㉗ 同上《台灣二月革命》，88 頁。

㉘ 同上，同頁。

㉙ 前揭《「二二八事件」研究報告》，103-4 頁。
前揭《台灣二月革命》，89 頁參照。

㉚ 前揭《二二八事件綜合研究》，103 頁。
同上《「二二八事件」研究報告》，222 頁。

⑰ 同上《「二二八事件」研究報告》，222 頁。

⑰ 陳儀深主持《濁水溪畔二二八——口述歷史訪談錄》，二二八事件紀念
基金會，2009 年，10 頁。

⑰ 前揭《二二八事件辭典》，453 頁。

⑰ 同上，同頁。

⑰ 前揭《台灣二月革命》，81 頁。
前揭《二二八事件綜合研究》，103 頁。

⑰ 同上《台灣二月革命》，81-2 頁。

⑰ 同上，82 頁參照。
前揭《「二二八事件」研究報告》，106 頁參照。

⑰ 同上《「二二八事件」研究報告》，106-7 頁。

⑰ 張炎憲等採訪記錄《嘉義驛前二二八》，吳三連台灣史料基金會，1995 年，
3 頁參照。
同上《「二二八事件」研究報告》，107 頁參照。
前揭《台灣二月革命》，83-4 頁參照。

⑱ 同上《嘉義驛前二二八》，同 3 頁參照。
同上《「二二八事件」研究報告》，107-8 頁參照。
前揭《保密局台灣站二二八史料彙編》㈡，196-7 頁參照。

⑱ 同上《嘉義驛前二二八》，3-4 頁。

⑱ 張炎憲等採訪記錄《諸羅山城二二八》，吳三連台灣史料基金會，1995 年，
269 頁。

⑱ 同上，311 頁。
前揭《嘉義驛前二二八》，4 頁參照。
前揭《「二二八事件」研究報告》，108-9 頁。

⑱ 前揭〈蔣軍鎮壓台灣人民紀實〉，191-2 頁參照。
同上《「二二八事件」研究報告》，109 頁。

⑱ 前揭《嘉義驛前二二八》，1-2 頁。

⑱ 〈自由時報〉，2012 年 3 月 23 日付。

⑱ 前揭《二二八事件辭典》，433 頁。

⑱ 前揭〈台灣省事件回憶錄〉，76 頁。
前揭《二二八事件文獻續錄》，605-6 頁。

⑱ 前揭《台灣二月革命》，49 頁。

⑲ 同上，49-51 頁。

⑲ 前揭《1947 台灣二二八革命》，172-3 頁參照。

⑱ 同上, 192、211 頁參照。

前揭《「二二八事件」研究報告》, 141-2 頁。

⑲ 同上《「二二八事件」研究報告》, 142 頁。

⑲ 前揭《二二八事件辭典》, 224 頁。

⑲ 同上, 400 頁。

張文義‧沈秀華採訪記錄《噶瑪蘭二二八──宜蘭 228 口述歷史》, 自立晚報, 民國 81 年, 25-8 頁參照。

⑲ 前揭《二二八事件辭典》, 215 頁。

⑲ 前揭《台灣二月革命》, 53 頁。

⑲ 同上, 53-5 頁參照。

前揭《「二二八事件」研究報告》, 76-7 頁。

前揭《二二八事件綜合研究》, 80-2 頁參照。

前揭《保密局台灣站二二八史料彙編》㈢, 298-301 頁參照。

⑲ 同上, 「二二八事件」研究報告》, 77 頁。

⑳ 前揭《台灣二月革命》, 57、59 頁參照。

前揭《二二八事件辭典》, 66 頁參照。

㉑ 同上《台灣二月革命》, 57-8 頁。

㉒ 前揭《1947 台灣二二八革命》, 139-40 頁。

前揭《保密局台灣站二二八史料彙編》㈢, 348-9 頁參照。

㉓ 前揭《「二二八事件」研究報告》, 78-9 頁。

㉔ 同上, 79-81 頁參照。

㉕ 同上, 82-3 頁。

㉖ 同上, 109-110 頁。

㉗ 前揭《台灣二月革命》, 93 頁。

前揭《二二八事件綜合研究》, 109 頁。

前揭《保密局台灣站二二八史料彙編》㈡, 8-9 頁參照。

㉘ 前揭《「二二八事件」研究報告》, 110-1 頁。

㉙ 前揭《台灣二月革命》, 94 頁。

前揭《二二八事件綜合研究》, 109 頁。

㉚ 同上《台灣二月革命》, 94 頁。

㉛ 同上, 94-5 頁。

前揭《1947 台灣二二八革命》, 177-9 頁。

㉜ 前揭《「二二八事件」研究報告》, 111 頁。

㉝ 同上, 112 頁。

㉑④ 前揭《二二八事件台灣本地新聞史料彙編》第三冊，1175-6 頁。

㉑⑤ 同上，1188-9 頁。

㉑⑥ 同上，1201-3 頁。

㉑⑦ 同上，1222-3 頁。

　　前揭《二二八事件辭典》，473 頁。

㉑⑧ 前揭〈台灣省事件回憶錄〉，24 頁。

㉑⑨ 前揭「二二八事件」研究報告》，112-5 頁參照。

㉒⓪ 同上，128 頁。

㉒① 前揭《二二八事件文獻輯錄》，179 頁。

㉒② 前揭「二二八事件」研究報告》，128-9 頁。

㉒③ 前揭《台灣二月革命》，103-4 頁。

　　前揭《保密局台灣站二二八史料彙編》㈠，民國 104 年，7 頁參照。

㉒④ 同上《台灣二月革命》，104 頁。

㉒⑤ 前揭「二二八事件」研究報告》，130 頁。

㉒⑥ 前揭《二二八事件辭典》，548 頁。

㉒⑦ 前揭「二二八事件」研究報告》，131-4 頁參照。

㉒⑧ 勉之〈花蓮紛擾紀實〉（前揭《二二八事件資料集》，225 頁所收）。

㉒⑨ 同上，225-6 頁。

　　前揭「二二八事件」研究報告》，143 頁。

㉓⓪ 前揭《台灣二月革命》，107-8 頁參照。

　　前揭〈花蓮紛擾紀實〉，226-7 頁。

　　前揭《1947 台灣二二八革命》，200-1 頁。

　　前揭《二二八事件文獻輯錄》，204 頁參照。

　　同上「二二八事件」研究報告》，143-4 頁。

㉓① 同上〈花蓮紛擾紀實〉，228 頁。

㉓② 同上，同頁參照。

　　前揭《台灣二月革命》，108 頁參照。

　　前揭《二二八事件綜合研究》，119 頁參照。

　　前揭「二二八事件」研究報告》，145 頁參照。

㉓③ 同上「二二八事件」研究報告》，同 145 頁。

㉓④ 同上，145-6 頁。

㉓⑤ 前揭《台灣二月革命》，108 頁參照。

　　前揭《二二八事件辭典》，389 頁。

㉓⑥ 同上《二二八事件辭典》，344 頁。

前揭《保密局台灣站二二八史料彙編》㈢，128-9 頁參照。

㉧ 前揭「二二八事件」研究報告》，240 頁。

㉘ 前揭《二二八事件辭典》，318 頁參照。

㉙ 陳榮昇〈不堪回首「二二八」〉（前揭《二二八事件文獻輯錄》，576 頁所收）。

㉑ 同上，576-7 頁。

㉑ 前揭《台灣二月革命》，109 頁參照。

前揭《1947 台灣二二八革命》，183 頁參照。

前揭〈不堪回首「二二八」〉，577 頁。

前揭《二二八事件台灣本地新聞史料彙編》第四冊，2196 頁參照。

前揭《保密局台灣站二二八史料彙編》㈢，171-2 頁參照。

㉒ 前揭「二二八事件」研究報告》，148-9 頁。

同上《保密局台灣站二二八史料彙編》㈢，168-9 頁參照。

㉓ 同上《「二二八事件」研究報告》，149-50 頁。

㉔ 同上，150 頁。

㉕ 同上，240 頁參照。

前揭《二二八事件辭典》別冊參照。

㉖ 前揭《二二八事件文獻輯錄》，171 頁。

前揭「二二八事件」研究報告》，134-5 頁。

㉗ 同上《二二八事件文獻輯錄》，171-3、175 頁。

前揭《二二八事件辭典》，87 頁。

前揭《保密局台灣站二二八史料彙編》㈢，27-8、31 頁參照。

㉘ 前揭「二二八事件」研究報告》，135 頁。

㉙ 前揭《二二八事件文獻續錄》，417-21 頁。

㉚ 前揭《台灣二月革命》，43-4 頁。

前揭《派系鬥爭與權謀政治——二二八悲劇的另一面相》，63-4 頁參照。

㉛ 前揭《台灣史 101 問》，271-4 頁。

㉜ 前揭《二二八事件資料集》，347-9 頁。

㉝ 前揭《愛憎二‧二八》，289 頁。

前揭《二二八事件文獻補錄》，118 頁。

前揭《解讀二二八》，192 頁。

㉞ 前揭《二二八事件文獻續錄》，421-4 頁。

㉟ 同上，426-8 頁。

㊱ 前揭《二二八事件資料集》，343-5 頁。

前揭《二二八事件文獻續錄》，492-3 頁。

(257) 同上《二二八事件文獻續錄》，428-9 頁。
(258) 前揭《台灣史志新論》，196-7 頁。
前揭《「二二八事件」研究報告》，216-7 頁。
(259) 同上《「二二八事件」研究報告》，237 頁。
(260) 同上，219 頁。
(261) 同上，224-5 頁。
(262) 同上，240-1 頁。
(263) 同上，228-31 頁。
(264) 同上，232 頁。
(265) 前揭《台灣史志新論》，200 頁。
(266) 前揭《日本統治下における台灣民族運動史》，1299-1300 頁。
(267) 前揭〈二二八事變之眞相〉，36 頁。
(268) 李翼中〈帽簷述事——台灣二二八事件日錄〉（前揭《二二八事件資料選輯》㈡，389 頁）。
(269) 前揭〈台灣二二八起義見聞記略〉，133-4 頁。
前揭《二二八事件資料集》，309-13 頁。
(270) 前揭〈台灣二二八事變之眞相〉，36 頁。
(271) 前揭〈帽簷述事——台灣二二八事件日錄〉，375 頁。
(272) 前揭《戰後台灣史記》卷一，91-2 頁。
前揭《愛憎二・二八》，220-1 頁。
陳翠蓮《重構二二八：戰後美中體制、中國統治模式與台灣》，衛城出版，2017 年，258-60、285 頁參照。
(273) Joseph W. Ballantine, *Formosa-A Problem for U. S. Foreign Policy.* op. cit., p.63.
(274) 前揭《憤怒的台灣》，154 頁。
(275) 台灣青年編集委員會《台灣青年》第六號〈二二八特集號〉，台灣青年社，1961 年 2 月 20 日。
(276) 前揭《台灣史 101 問》，268 頁。
(277) 前揭《二二八事件資料集》，431-2 頁。
(278) 前揭《二二八事件研究》，493 頁。
(279) 前揭《台灣二月革命》，96-100 頁。
東南アジア研究會編《台灣の表情》，前揭，71 頁。
前揭《日本統治下における台灣民族運動史》，1398 頁。
(280) U. S. Dept. of State, *U. S. Relations with China, 1944-49.* op. cit., pp.923-8.

前揭《新中國資料集成》第一卷，432-4頁。

⑵ Ibid., p.938.

同上，第一卷，448頁。

⑵ 前揭《台灣史101問》，277-9頁。

⑵ 前揭《派系鬥爭與權謀政治——二二八悲劇的另一面相》，372-4頁。

⑵ 前揭《二二八事件研究》下卷，661-2頁。

⑵ 許雪姬主編《二二八事件期間上海、南京、台灣報紙資料選輯》（下），中央研究院台灣史研究所，2016年，670-93、736-9頁參照。

孫萬國〈半山與二二八初探〉（前揭《二二八事件研究論文集》，254-5頁）。

⑵ 前揭《台灣と蔣介石》，192頁。

中央研究院近代研究所編輯委員會《口述歷史》(4)，同研究所，1993年2月1日，110頁。

⑵ 前揭《激動！台灣的歷史》，161頁參照。

⑵ 前揭《二二八研究三集》，328-30、338頁。

陳俐甫等譯《台灣‧中國‧二二八》，稻鄉出版社，民國81年，141-4頁。

侯坤宏《研究二二八》，博揚文化事業有限公司，2011年，162-71頁參照。

⑵ 〈新生報〉，台北，1947年5月5日。

⑵ George H. Kerr, op. cit., p.250.

⑵ 前揭《台灣民本主義》，110頁。

前揭《謝雪紅評傳》，382-6頁。

⑵ 前揭《憤怒的台灣》，155-6頁。

陳佳宏《海外台獨運動史》，前衛出版社，1998年，82頁註⑮。依陳佳宏的研究指出，提交「意見書」的是在台灣的黃紀男，但依葛超智的著書所載，則是廖文毅本人。真相可能是以廖文毅的名義（因其為組織的代表）而由黃紀男代為提出。

George H. Kerr, op. cit., pp.454-5.

⑵ 前揭《台灣民本主義》，110-1頁。

⑵ U. S. Dept. of State, *U. S. Relations with China, 1944-49*. op. cit., p.309.

⑵ Ibid., pp.761-2.

前揭《新中國資料集成》第一卷，471-2頁。

⑵ George H. Kerr, op. cit., p.345.

前揭《憤怒的台灣》，146頁。

⑵ 同上，146-8頁。

卿汝楫《美國侵略台灣史》，中國青年出版社，北京，1955年，62頁。

⑱ 前揭《憤怒的台灣》，149 頁。

⑲ 孫家麒《蔣經國竊國內幕》，自力出版社，香港，1961 年，12-3 頁。

George H. Kerr, op. cit., p.353.

⑳ Ibid., p.352.

㉛ 前揭《憤怒的台灣》，159-60 頁。

卜幼夫《台灣風雲人物》，新聞天地社，香港，民國 51 年，193 頁。

㉜ 前揭《蔣總統傳》，526 頁。

㉝ Fred W. Riggs, *Formosa under Chinese Nationalist Rule.* The Macmillan Co., N. Y., 1952, p.44.

A. Doak Bamnett, *China on the Eve of Communist Takeover.* Frederick A. Praeger, 1966, p.309.

陳誠受命爲台灣省長官一事，完全係秘密進行，以致當時的長官魏道明直到陳誠抵台後才得知此事。

㉞ 該「戒嚴令」直到 1987 年 7 月 15 日蔣經國政權末期才廢除。

「戒嚴法」條文參照張知本編《最新六法全書》，大中國圖書有限公司，民國 49 年，599-600 頁。

㉟ 外務省國際資料部監修・歐亞協會編《中蘇論爭主要文獻集》續，北東出版宣傳株式會社，昭和 42 年，172 頁。

㊱ Joseph W. Ballantine, op. cit., p.66.

George H. Kerr, op. cit., p.360.

Fred W. Riggs, op. cit., pp.50-1.

㊲ 徐鄂雲〈看台灣二二八問題在歷史的天平上〉（前揭《二二八事件資料選輯》（一），426 頁）。

㊳ 張炎憲・胡慧玲・黎澄貴等採訪記錄《淡水河域二二八》，吳三連基金會，1996 年，5 頁。

㊴〈民衆日報〉，民國 87 年 3 月 1 日。

近年來，有關二二八事件的論述甚多，但國內外最初進行綜合性研究的是林啓旭《二二八事件綜合研究》，東京台灣公論報社，1984 年。著者一生奉獻台灣獨立運動，於 1995 年病歿東京。

㊵〈自由時報〉，2006 年 2 月 19 日付。

〈自由時報〉，2017 年 2 月 24 日付參照。

㊶ 前揭《二二八事件責任歸屬研究報告》，12 頁。

# 第十三章

## 國府亡命台灣
## 與美國的遠東政策

# 第一節　蔣介石亡命台灣的經緯

## 一、國共內戰的爆發

在第二次世界大戰中，美國雖然對中共的抗日作戰能力及農地改革實績評價極高，但無論是在戰時或戰後，美國的中國政策仍是希望由腐敗無能的國民政府實現中國的統一。①當戰爭結束時，國府擁有正規軍約 200 萬人，加上地方友軍，共計約有 430萬的兵力；且因得到美國援助，其裝備也頗為優良。相對的，中共的八路軍及新四軍共約 130 萬人，不論裝備、人員都比不上國民黨軍。②

可是，國府雖擁有大軍，然其時國府的權力僅及於中國的西南部，華南和華東尚在日軍占領中；華北係由共產黨控制，滿洲（東北）則被蘇聯占領。換言之，國府在長江以北完全沒有勢力。③在這種中國情勢下，美國杜魯門（Harry S. Truman）總統乃決意選擇：給予國府某程度的援助，協助其與中共簽訂確立統治中國全境的必要協定。④惟此項選擇的成功與否，取決於是否能避免中國內戰的發生。1945 年底，美國為此而派遣馬歇爾將軍為對華特使，前往中國調停國共內戰。⑤

1945 年 12 月 15 日，馬歇爾搭機自華盛頓出發，而於 12 月20 日抵達中國，並隨即展開現況調查。翌（1946）年 1 月 8 日，馬歇爾好不容易才讓國民黨與共產黨交涉出一個協定，⑥但國民政府次日即撕毀此一協定，繼續將軍隊開往熱河省和察哈爾省，並主張占領蘇聯撤退後的地區。此點遭到中共的反對，交涉遂陷入僵局。1 月 10 日，在馬歇爾的努力下，雙方同意暫時停火，

第一階段的停戰協定，總算露出一線曙光。⑦

　　其後，馬歇爾爲與杜魯門總統商討有關援助中國的問題，乃於 1946 年 3 月 14 日暫時返國。⑧但就在他離開中國之後，蔣介石再度撕毀協定，結果導致滿洲各地再度發生戰鬥，戰火迅速擴大。⑨馬歇爾雖然匆忙地於 4 月 8 日重返中國，但戰事已非其所能遏止。同年 4、5 月間，國共雙方在長春展開激戰，⑩馬歇爾到 6 月初總算成功地讓雙方暫時停火。⑪然而，由於蔣介石深信己方握有勝算，爲強行對中共展開全面攻擊，乃再度拒絕接受馬歇爾的勸告，⑫結果國共間即爆發全面內戰。戰事的發展正如馬歇爾所預測地，中共解放軍不久即席捲滿洲，戰鬥迅即延伸至中國的華北，華中與西北。⑬

　　在此一階段，馬歇爾仍不惜一切努力協調停戰。然而，無論他如何成功地與中共達成約定，蔣介石均立即背信毀約，使其功虧一簣。蔣介石認爲國民政府沒有必要做任何讓步，他深信自己一旦陷入困境，美國絕不可能袖手旁觀。⑭

## 二、蔣介石國府政權亡命台灣

　　1947 年 1 月 3 日，杜魯門總統眼見馬歇爾已無法調停，乃將其召回美國⑮。於是，戰爭迅即擴展到中國全境。結果，自 1946 年 7 月起，到 1947 年 6 月止，人民解放軍在華北與東北各地殲滅了國府正規軍 97 個半旅，連同非正規軍共殲殺 112 萬人。中共解放軍由防禦轉入進攻的體制。⑯

　　隨後，自 1947 年 7 月到 1948 年 6 月，中共解放軍在西北、東北、華北等各地，又總共殲滅了國府軍 94 個半旅，連同非正規軍共殲敵 152 萬餘人；占據土地面積達 35 萬 5,000 方公里。⑰旋中共解放軍即於 1948 年下半年，轉入全面進攻，在濟南、

遼瀋、淮海、平津張等地，展開大規模殲滅國府的主力軍和一切精銳師團。結果，自 1948 年 7 月至 1949 年 6 月，中共解放軍在各地的作戰，總共再殲滅了國府正規軍 303 個半師，連同非正規軍，共計殲殺國府軍 305 萬人，占領土地共 607,600 方公里。⑱

就這樣，中共解放軍勢如破竹，復於 1949 年下半年，繼續追殺驅逐國府軍，掃除殘敵，終於先後占據了西北、華南及西南各地區；除西藏外，全部中國大陸次第被席捲。爾後，西藏也於 1951 年間，被強占征服。如此，除台灣及其他一些小島外，中國全域均被共軍占有，並受其統制。⑲期間，1949 年 1 月 15 日，共軍攻陷天津；1 月 31 日，國府北京守將傅作義向中共投誠，共軍遂無血進駐北京。同年 10 月 1 日，毛澤東在北京天安門宣布成立「中華人民共和國中央人民政府」。

另一方面，在內戰混亂中，國府於 1947 年 1 月 1 日，擅自頒布「中華民國憲法」，在其控制統治地區強行選出國民大會代表，立法院委員、監察院委員，以示其「正統政府」的地位。之後，於 1948 年 3 月 29 日，在南京召開第一屆國民大會，並於同年 4 月 19 日，舉行第十三次國民大會，進行選舉總統，蔣介石以 2,430 票當選為中華民國行憲後第一任總統。4 月 29 日，國民大會經過第四次選舉副總統，李宗仁亦以 1,438 票當選副總統。⑳

然未幾，如上述，國共內戰全面爆發，國府軍節節敗退。由於戰局驟變惡化，迄至 1948 年底天下大勢已定。蔣介石有鑑於此，乃積極布置流亡台灣的諸措施。除特別於 1948 年 12 月 29 日，將最親信陳誠任命台灣省主席外（前述），亦同時將中央銀行庫存黃金共 375 萬 5 千多兩（坊間有種種傳言，但都不正確）運抵台灣，並將故宮博物院重要文物也開始分批運來台灣。

在此順道一提，根據曾長期擔任蔣介石總統侍從官的前主計

長周宏濤的回憶錄，國民黨帶來的黃金，因支付軍餉，在來台第二年的 1950 年 9 月就用完了！他提到，1950 年 6 月 7 日，中央銀行總裁向蔣介石報告指出，1949 年以來運至台灣的國庫存金(國家所有，非國民黨所有)，共 375 萬 5,000 多兩，但至當年五月底，共耗掉 321 萬 2,000 多兩，僅剩 54 萬 2,000 多兩。周宏濤回憶錄指出，由於美援斷絕，加上退入台灣 60 萬大軍的龐大開支，讓已捉襟見肘的國庫存金迅速消耗。消耗存金最大宗爲軍費，平均每個月必須撥付近 18 萬兩，在 1950 年 9 月就花光了。周宏濤表示：「長久以來，國內外以爲政府攜來台灣的黃金數量龐大到花用不盡，可爲台灣未來發展『奠基』，其實不然。」(文體：李筱峰教授) ㉑

如此，布置各項流亡台灣的措施妥善之後，蔣介石遂於 1949 年 1 月 21 日，爲了避免受各界的敗戰指責，乃自動宣布暫時下台，並發表文告稱：「依據中華民國憲法第 49 條『總統因故不能視事時，由副總統代行其職權。』之規定，於本月 21 日起，由李副總統代行總統職權。」同日下午 4 時，蔣介石即乘美齡號專機，離京飛杭，蔣經國、俞濟時等隨行，台灣省主席陳誠亦自台北飛杭迎候。㉒

22 日，蔣介石到達溪口，卻仍持續在幕後指揮三軍與政務。1949 年 4 月 24 日，國府南京棄守，太原淪陷，蔣介石就於 25 日離開溪口，下午乘太康軍艦赴上海。5 月 7 日，離上海赴定海。5 月 16 日，由定海飛澎湖馬公。6 月 1 日，飛台灣岡山，傍晚視察高雄要塞。6 月 21 日，離高雄乘飛機抵桃園，然後轉至大溪。6 月 24 日，離大溪遷居台北草山。同年 8 月 1 日，蔣介石總裁辦公室在草山正式開始辦公。同年 12 月 7 日，國府決定遷都台北。然而，李代總統卻於同日自香港(5 日)飛抵紐約。12 月 9 日，

行政院開始在台北辦公，並開首次院會。㉓

1950 年 1 月，國府中央非常委員會及監察院通電李宗仁令
其迅速返台。但 2 月 3 日，李代總統電復監察院，以接洽美援爲
名，決在美國遙領國事。同日，國民大會代表也電請蔣介石復行
總統視事。2 月 12 日，監察院大會決議，致函李代總統，指陳
其居美遙領國事措施之誤；並決議提請國民大會彈劾之。2 月 17
日，李代總統電復監察委員仍表示短期內不能返國。2 月 23 日，
國民黨中央常務委員會決議，請蔣總裁早日恢復行總統職權。24
日，立法院第五會期，在台北舉行首次大會，立法委員 380 餘人
聯名電請蔣介石恢復總統視事，行使職權，以竟戡亂全功。2 月
28 日，蔣介石「俯順全民輿情」，發表復職聲明。1950 年 3 月 1 日，
蔣介石正式復行視事並發表文告，說明進退出處，惟「國民之公
意是從」。㉔眞是可歌可頌！貽笑大方！

以上，即是蔣介石國府政權流亡台灣的經緯大要。這齣世紀
最難看的歹戲，續二二八的大災難，如下述，再度帶給了台灣人
無比痛苦的「白色恐怖政治」與迫害。除此之外，隨著國府政權
的潰敗，在短短 1949 年到 1950 年之間，從大陸逃亡湧進台灣的
軍民就約有一百萬人之多（其時台灣的人口僅六百多萬人），儼然成
爲新的一大族羣。而這批新住民不但帶給台灣極大的社會、經濟
壓力，加以國府的各機關要職，仍以大陸人爲主導，位居要津，
眷區眷村等族羣隔離政策的施行，使得自二二八事件以後的族羣
間矛盾，不但無法在短期間內彌補；㉕更有如雷震所言：「長期
以來，大陸人對台灣人之抱有優越感，幾乎是普遍的心理；因而
輕視台灣人，到處自以爲是『了不得的』，是『征服者』，是『文
明人』、是『上國人物』，儘管沒有明白表示，而下意識裡卻普遍
存在著這類感覺……。誠然這是不應該的，但存有這種心理，卻

是極普遍的事實。」㉖

# 第二節　國府亡命台灣後之諸措施與台灣地位的變動

## 一、施行延續二二八血腥鎮壓的「白色恐怖政治」

　　國府流亡台灣以後，爲鞏固其搖搖欲墜的政權，乃由蔣介石、蔣經國父子運用「軍統」和「中統」的情治特務單位，不斷地打壓、捕殺異己。特別是對要求台灣民主自治，即所謂「台獨」智識份子以及由大陸來台反對「黨國一體」獨裁政治之民主自由人士，即所謂「通敵叛國」的匪諜人物，絕不手軟。這就誠有如二二八事件當年，特務頭子柯遠芬所言：「寧可錯殺一百個，也不輕放一人。」在台灣這種「白色恐怖」的政治，自蔣介石亡命台灣，迄至其子蔣經國病殁(1988年1月13日)爲止，合計近40年，台灣人從未有平安寧靜的日子。

　　據1960年雷震等人的推估，「白色恐怖」時代的特務人員至少有12萬人。也有人認爲，包括龐大的線民系統，黨國的情治人員最多達55萬人。龐大的情治系統，不僅成爲政府監控特定人員、族羣甚至整個社會的工具，更類似二二八事件中曖昧不明的特務軍情系統般，進行散布謠言、栽贓嫁禍、屈打成招等工作，成爲當政者打擊異己、清算鬥爭的工具，而其服務對象便是居政權核心的蔣介石、蔣經國二人，如1955年震驚全台的孫立人案便是情報運作的「傑作」。㉗

　　又陳隆志教授亦指出：

「在蔣介石父子的唆使、縱容、包庇下，特務人員橫行，誣陷無辜，毒刑善良。據保守的估計，蔣政權大大小小的特務竟佔台灣人口十分之一，其組織份子包括專業的特工人員（通常狹義的特務）與兼差的特務人員（如職業學生、綫民、支薪密告者等），各負不同的任務，多方面進行工作。任何人只要對統治階級及其政策不滿或批評，就可能被記錄在案，列入『安全資料袋』內，成爲羅織入罪的藉口；任何人都有隨時被打小報告、誣害的危險。特務處處製造矛盾，造成周圍的人都可能是特務的互相猜疑氣氛，以分化控制。亂戴紅帽子是特務的拿手好戲——誰被指爲『叛亂』、『匪諜』或『知匪不報』，誰就倒楣，遭受牢獄之災，靈肉之痛與殺身之禍。

特務隨時隨地捉人是公開的秘密。任何人隨時會被捕失踪，連家人也不知其去處。對肆意逮捕監禁的人加以非人道的酷刑：立正罰站、伏地挺身、金雞獨立、垂樑倒懸、拳打腳踢、暈醒再打、雞姦強姦、空胃空腸、老虎蹬、灌薑水、灌煙灰、擠牙膏、針刺火燙、血剝指甲、金繩細綁、電震、電刑、強注嗎啡等等，使人聞之不寒而慄。以連續幾十小時的疲勞訊問，刑求迫供，經特務修理過的人沒死也是半條命了。」[28]

關於國府對政治犯非人性的迫供酷刑，與彭明敏教授、魏廷朝等共同發表「台灣自救宣言」（下述）的謝聰敏立法委員，有如下親身體驗和告發，茲引述之。

「第二次入獄時我受到更慘無人道的刑求。調查局特務軍法處對我的刑求，在〈從日本送來的兩包羊羹〉一文有提及，包括將我的一隻手從肩胛上拉到背後另一隻腰旁扭到背後，然

後兩隻手掌用手銬鍊掛在背後成一直的『背寶劍』姿勢，以及像旋轉車輪般旋轉兩臂的『鳳展翅』，給我撕裂性的劇痛，又用繩索將我綁在單人床，爲避免皮綻肉開的外觀，特務甚至還拿一根縛綁著布條的竹棍揮打我的兩腿，以致兩腿水腫，皮膚呈現青的、紫的、紅的、黑的彩色瘀血，這樣的戲碼在偵訊時天天上演，至今我的雙臂仍不能用力、脊椎彎曲嚴重受傷、兩腿走路無法平衡穩定，連醫院都無法醫治。最可惡的是對我強行施打藥物，讓我在頭昏目眩、神智模糊下，寫下『台獨聯盟台灣本部案』自白書。他們對我施暴讓我的身體會反射性的怒叫、哀呼，最後我能清醒自制的時候，竟能橫眉冷笑正在虐待我的特務們，我自己也頗感意外，沒想到特務反而因此更加暴跳如雷。經過天天逼供刑求、羅織台南美國新聞處爆炸案的日子後，直到現在每聽到『台南』兩字，靈魂深處仍會浮起往日所受折騰，而產生模模糊糊的厭惡心情，而且讓我不斷地搖晃著身體在房間踱步繞圈子，久久難以平復。

特務對李敖的刑求則是用吃屎等極盡汙辱的方式，對魏廷朝的刑求是電刑和汙辱，對李政一等人則是灌辣椒水及汽油的『醍醐灌頂』，以及拔指甲、吊打和編造別人入案等。林頌和原來是姚勇來的律師，後來也被誣陷爲政治犯。因爲他是軍統花十年時間訓練出來的特務，因此遭受到更爲殘酷的對待，連手腳的指甲都被剝下來。但他還是幸運活了下來，還把特務的各種酷刑用漫畫畫出來，或許藉由他的漫畫可以窺知酷刑殘忍之一二。」[29]

對調查局及警備總部特務最常使用的非人道酷刑，即所謂「十八般武藝」，謝聰敏立委也有如下更具體地指出。它包括上述

剝指甲、夾手指、拔牙齒、蹲木幹、灌辣椒水、灌汽油、入冰室、捆打、吊打、背寶劍、轉車輪、通電、電療、強光燈照射、遊地獄、陰道通牙刷、燒龜頭、過分手淫、塞石灰、灌尿、吃狗屎等等。「十八般武藝」只是概括的稱呼，刑訊的種類實際上不只十八種。剝指甲是以燒紅的針刺進指頭，指甲往往因而掉落。夾手指是在手指間夾住鉛筆，然後抓緊手指旋轉鉛筆、指間皮肉裂開；或以鉗子夾住手指尖端，然後用力扭轉，指尖破爛、指甲裂開。拔牙齒是不經麻醉，拔掉牙齒。蹲木幹是犯人跨騎在細尖的木材上，兩人在犯人雙肩用力往下壓，讓木材尖端插入肛門。灌辣椒水和汽油是讓囚犯仰臥條凳或單人床上，捆縛頸子、胸腹和四肢，用膠紙封閉嘴巴，特務提水——冷水、辣椒水或汽油——向囚犯的鼻孔徐徐地灌入，囚犯呼吸困難，耳膜膨脹，有人稱為「醍醐灌頂」，因為囚犯往往不能忍受，立即「想通」而承認。入冰室是將囚犯關進一間冷凍小房間，地上結冰，囚犯不能坐下，屋頂矮低，囚犯不能站立，囚犯必須在「冰天雪地」中半蹲著，能維持兩個小時者實不多見。捆打是囚犯仰臥捆縛在條凳或單人床上，揮動桿子猛打。吊打是將囚犯的雙手或雙腳吊在樑上，揮鞭抽打；背寶劍是將右手從肩上拉到背後，左手從肩下扭向背後，然後用手銬將兩手扣在背後，兩臂成一直線，像背負一支寶劍，特務還會進一步旋轉兩臂，猶如轉動輪子，稱為「鳳凰展翅」，兩手手臂幾乎裂開，痠痛難受。通電是將人捆在椅子上，然後用電線纏住手臂，開動電池，電波流動全身。電療是使用美製電棍，觸動全身敏感部分，例如乳房或生殖器。強光燈照射是以強烈燈光照射臉部，經過幾小時，瞳孔腫起，腦袋膨脹。遊地獄有幾種方式，有時候讓犯人進入陰森森的山洞，然後以錄音帶播送人類受刑的慘叫哀呼的聲音，這是警備總部使用的方法；調查局則在水牢之中，

讓囚犯坐在一個浮在水上的桌子，牆角掛上人頭，桌子在水上浮動，人頭會發出聲音。第一個人頭說：「想一想，外面是陽光普照，風光如畫，你為什麼進入地獄，過著痛苦的日子。」第二個人頭說：「想一想，你的親人正在等待你回家團聚。」第三個人頭說：「如果你合作，你可以立即回家，享受人生。」第四個人頭說：「如果你不合作，有一天，你的人頭也會像我一樣掛在牆上。」陰道通牙刷是對女性政治犯使用的刑訊。燒龜頭是用鋼繩縛住龜頭，然後敲打或針刺或點燃菸蒂燒焦。過分手淫是將囚犯捆綁在椅子上或床上，然後使用器具手淫，塞石灰是以石灰塞進嘴裡。灌尿和吃屎是侮辱性的刑訊。刑訊沒有一定的規則，特務可以根據上級指示變動刑訊的方式。㉚

　　再則，國民黨於 1950 年公布施行的「戡亂時期檢肅匪諜條例」第十四條中，明文規定：「沒收匪諜之財產，得提百分之三十作告檢舉人之獎金，百分之三十五作承辦出力人員之獎金及破案費用，其餘解繳國庫。無財產沒收之匪諜案件，得由該管治安機關報請行政院給獎金，或其他方法獎勵之。」有此惡法作為奧援，使無數政治受難者在苦坐冤獄甚至枉送性命的同時，也必須遭受「抄家」之難，也正因貪圖高額的告密獎金，無故遭誣告且羅織冤案的人數不知凡幾。「戡亂時期檢肅匪諜舉辦聯保連坐辦法」的制定，要求「出具聯保連坐的切結人必須互相監視嚴密考查」，舉凡各部隊、機關、住戶、組織、學校和團體，若有包庇藏匿匪諜或知情不報者，皆須依律懲處，使情勢愈加風聲鶴唳雪上加霜。㉛

　　職此，總括地說，蔣政權在「白色恐怖」的統治下，到底有多少政治案件與多少英靈受難呢？根據〈中國時報〉1995 年 2 月 27 日「回顧五〇年代白色恐怖」特別報導，目前由判決書、

國安局「歷年辦理匪案彙編」的機密文件、證人指認、戶口資料、六張犁公墓所找出在 50 年代因叛亂罪等而被捕的，確知有 3,504 人，其中死亡者 1,437 人，死亡者中 1,008 人被判死刑立即槍決；因刑求等原因致死的有 294 人，因驅散等擊死的有 11 人，獄中病死的 16 人，自殺的 5 人，失蹤的 101 人，事故死亡的 2 人。被槍決的 1,008 人中，外省籍與本省籍的比例是一比三，外省有 210 人，本省 681 人，金門人 2 人，不知省籍的 115 人，外省籍被捕的所受的遭遇比本省人更嚴重，有些根本就給暗中「做掉」了，反正都沒有親人。死亡之外的 2,067 人則是分別處無期徒刑、十五年、十二年、十年、一年、感化、自新等的判決。該報導還稱：這一持續約十年，襲擊全台灣的政治肅清的風暴，歷史學者估計約五萬人被逮捕，被定罪的約在一萬人以上，被槍決的合計在四千人。[32]

另根據親北京政權的一份台灣刊物《遠望》雜誌（25 期，1989.12）透露，從 1949 年的四六事件，到 1960 年 9 月 4 日的雷震案，十年之間，台灣一共發生了上百件的政治案件，約有 2,000 人遭處決，8,000 人被判重刑。其中除了不到九百人是真正共產黨員（地下黨員）之外，其餘九千多人是冤案、錯案、假案的犧牲者。又根據立委謝聰敏的調查，自 50 年代起，至 1987 年解嚴止，台灣出現了 29,000 多件的政治獄，有十四萬人受難，其中三千到四千人遭處決。在 50 年代裡，台北火車站前的布告牌上，經常公布著一堆名單，上面用紅筆打鉤做記號，這是告訴大家，這些名單是最近因「叛亂」而遭槍決的人。此時的台灣社會，確實充斥著恐怖陰霾的氣氛。[33]

爰將較具為人所知的「白色恐怖」政治案件，依年代順序簡要地引述如下。

㈠1949 年「四六壓制學運事件」。1949 年 3 月 19 日晚上，台灣大學和師範學院兩名學生，共乘一輛腳踏車回學校宿舍時，被第四警察分局的警員看見，上前取締，雙方爭論，於是，警察被激怒動手毆打學生。兩名學生分別返校後，兩個學校的住校生大約四、五百人即集體包圍第四分局，要求分局長出面解釋。當時，分局長不在，正好督察趕到處理，冒稱是分局長，引起發生不滿。翌日，以此事件爲契機，台大和師院二千多名的學生，乃以抗議警察暴行爲名的集結活動，延伸成爲社會訴求運動；學生以「結束內戰和平救國、爭取生存權、反飢餓反迫害」爲名上街遊行，並聚集包括台中、台南北上的學生討論，擬進行全省左派學生串連活動。4 月 6 日凌晨，警備總部派大批軍警進入兩所大學校舍，逮捕約 200 名所謂「煽惑人心、妨害秩序、搗毀公署、擅自拘禁執行公物人員、肆法不正」的學生，隨後學校當局進行整頓學風，懲處「不法學生」，台大、師範學院、建中、成功高中等院校 19 名學生，另包括新聞界記者同時被捕拘訊，並關進台北監獄，其中有 7 人在獄中被槍斃，不少學生逃亡，多終止學業逃亡中國，是爲「四六事件」。㉞

㈡1949 年澎湖「兵運案」。1949 年 8 月 1 日，蔣介石亡命台灣後，在草山開始正式辦公。而其第一波的動作，即下令陳誠整肅非嫡系的軍隊。亦就是凡從中國撤退到台灣的軍隊，必須先放下武器，在指定的地點登陸宿營，按照指令進駐訓練基地辦理重新登記後，才再發還武器、派駐防區。當時從東北輾轉撤退台灣的一批散兵，經過這樣的程序後，被派到澎湖，編入陸軍第 39 師。不過，隨著這些東北兵來台的，有一批山東流亡學生，他們由煙台市聯中校長張敏之帶領，原本只是跟著軍隊南撤，沒想到撤退到廣州之後卻脫不了身，也跟著上船到了台灣。在一片

混亂中被送到澎湖編入第三十九師。跟他們一起的還有一位鄒鑑，他是國民黨的煙台市黨部書記長。張敏之邀他一起撤退，可是，在基隆登陸後，陳誠的部隊無法證實他的身分，而拒絕了他向國民黨黨部報到的要求。鄒鑑、張敏之及一群流亡學生夾雜在殘兵敗將中，顯得非常格格不入，很快就遭到檢舉；不久，澎湖要塞司令配合陳誠的整軍命令，下令清理駐防澎湖各部隊的可疑份子，他們就與第三十九師的官兵總共一百多人一起遭到逮捕。旋在國府特務的嚴刑迫供下，軍事法庭以「潛伏澎湖陸軍第三十九師軍中，秘密活動，破壞建軍工作，著手調查部隊主管姓名，裝備情形，要塞地形，爲匪進攻台灣時內應，而達顛覆政府的目的」，而且「開始實際行動」的罪名，將張敏之、鄒鑑及劉永祥、張世能、譚茂基、明同樂、王光耀等 5 名學生判處死刑，1949年 12 月 11 日，全部槍決。據說，同時被捕的其他流亡學生及東北兵，在另案處理時，也有數十人遭到分批槍決，其餘的則分別判刑下獄。㉟此案被視爲「外省白色恐怖第一大案」。

　　㈢共產黨「台灣省工作委員會案」。1949 年底到 1950 年初，國府破獲中共地下組織「台灣省工作委員會」，逮捕「省工委書記」蔡孝乾，「工委」陳澤民、張志忠、洪幼樵等眾多中共地下黨成員。繼而由蔡孝乾的指引（蔡被逮捕後，接受國府延攬進入調查局，專責打擊他自己布建的組織），1950 年 3 月初，中共地下組織台中地區工委會也被國防部保密局破獲，組織要角施部生、呂煥章、張建三等多人先後被捕，稱「台中案」（或台中武裝工委會案）。該案牽扯了 63 人入案、判了 7 個死刑、12 個無期徒刑、32 個有期徒刑 12 年、12 個有期徒刑 5 年。此外，與此同時，台北、高雄兩大市委員，也被國府逮捕了 400 餘人，除了供出同志的領導階層成員得以存活之外，其餘中層幹部多遭槍決，基層黨員則判處

不同的刑期。[36]

　　㈣鹿窟事件。這是台灣五○年代白色恐怖時期政治案件中最大的一個案件。鹿窟位於台北縣石碇鄉，介於汐止、南港、石碇、坪林之間。1949 年 9 月，台灣省工作委員會書記蔡孝乾，與陳本江、陳義農、許希寬等人決議在北區建立「鹿窟武裝基地」，成員大多是農民、礦工、木工及該地居民。此外，受二二八事件影響，台共份子亦藏身鹿窟，台灣文學家呂赫若亦在內。1952 年 11 月 26 日，下山發展組織的溫萬金被保密局逮捕後，爆發了「鹿窟武裝基地案」。28 日深夜，由國防部保密局，會同台灣省保安司令部、台北衛戍司令部所屬陸軍第 32 師第 94 團、95 團抽調之部隊，及台北縣警察局等單位，共動員 15,000 人大舉搜捕。自 1952 年 12 月 29 日起至 1953 年 3 月 3 日止，共逮捕陳朝陽等 600 多人，受理自首者 400 多人。此案判死刑者有許希寬、陳朝陽等 20 人，餘分別判處無期徒刑及 8 年、10 年、15 年徒刑。被判徒刑的甚至有未成年的兒童。此外，受此案波及而另案判決者亦不少。(沈懷玉撰) [37]

　　關於本案的詳情，請參閱林樹枝《良心犯的血淚史》——出土政治冤案第二集，前衛出版社，1989 年，20-39 頁參照。

　　㈤整肅原住民菁英「高砂族自治會案」或稱「湯守仁案」。國府在 1950 年代逐行的「白色恐怖」整肅，台灣的原住民也不能倖免。例如 1954 年由國府國防部核准判刑確定的「高砂族自治會案」(另亦稱「蓬萊民族解放委員會案」)，就是國府整肅原住民菁英的眾多例子之一。其實，這個案子原屬很單純的一種政治要求，亦就是希望國府能給予阿里山鄒族設立一個自治區，並無明顯的武力抗爭跡象。然而，1951 年以降，湯守仁、林瑞昌、高一生等 9 名原住民菁英，先後就以「叛亂」、「匪諜」等罪名被誘捕；

其中湯守仁、高一生、林瑞昌、汪沽山、方義伸、高澤照等 6 人，國府國防部均以懲治判亂條例第二條第一款唯一死刑判決。另外 3 名，武德義判無期徒刑、杜孝生判有期徒刑 15 年、廖麗川有期徒刑 12 年。1954 年 4 月 17 日，湯守仁等 6 名，即被押赴刑場慘遭槍決。茲將此案首要人物：湯守仁、高一生、林瑞昌等 3 人的略歷引述如下。湯守仁早年畢業於日本士官學校，二次大戰期間曾任日軍大尉，案發前是縣參議員，還兼任台灣警務處的山地特派員，曾參與嘉義二二八起義。高一生是當時吳鳳鄉的鄉長，日治時代台南師範畢業，曾擔任教員、巡查，深受阿里山原住民的尊敬和愛戴，二二八事變也曾參與嘉義的起義。林瑞昌是中壢、桃園、大溪一帶有名的原住民醫生，更是日治時代畢業於台北醫學專門學校僅有的兩名原住民醫生之一。成立「高砂族自治會」時，被擁推擔任主席，湯守仁則負責軍事。[38]

㈥廖文毅「臨時政府」台獨案。廖文毅雲林西螺人，1910 年出生。1925 年赴日就讀京都同志社大學中學部，1927 年畢業後，赴中國就讀金陵大學工學院機械系。畢業後旋赴美，1934 年獲美國俄亥俄州立大學工學博士。隨後赴中國任教於浙江大學工學院。大戰結束後返台任台北市工務局長，1946 年創立《前鋒》週刊雜誌，議論時政。1946 年參選國民參政員、制憲國代均落選。1947 年二二八事件發生，三月在南京請願，以廢除行政長官公署而遭通緝，遂流亡香港。1948 年 8 月，與謝雪紅等左派人士，共同成立「台灣再解放聯盟」(代表者爲廖文毅)，並向前來調查中國內戰狀況的魏德邁中將，提交「台灣由聯合國信託統治」的請願書 (前述)。1950 年 2 月，廖文毅潛赴日本。同年 5 月，與吳振南等在東京成立，「台灣民主獨立黨」，發表「反共反蔣、永世中立」的宣言。不料，受到國府東京代表團的壓力，廖文毅竟遭

到日本國連軍司令部的逮捕，經過七個月被監禁於巢鴨監獄之後，才獲釋放。與此同時，1950 年 5 月 25 日，廖文毅台灣島內重要秘密幹部的黃紀男（即黃比得）和廖史豪（廖文毅之姪兒）等共 10 人，亦遭到國府逮捕。其中 7 人被起訴並判刑。黃紀男 12 年、廖史豪與鐘謙順 7 年，許朝卿、許劍雄、溫炎煌、偕約瑟都是 5 年。判決後，他們先被羈押在台北監獄。1952 年 3 月，被送抵綠島（即火燒島）新生訓導處。這是首次台灣因「台獨」之名入獄的政治良心犯。其中，如黃紀男、廖史豪、鐘謙順等人出獄後，仍繼續從事獨立運動，甚至再經第二次、第三次的逮捕。然而，雖經過這樣內外的打擊，廖文毅仍於 1955 年 9 月 1 日，在東京成立「台灣臨時國民會議」，並於同年 11 月 27 日，制定「台灣共和國臨時政府組織條例」（計 10 條）。接著，於同年 12 月 18 日，依據條例第二條及第六條的規定，在東京 YWCA 同盟本部召開第一次第四回總會，選出廖文毅和吳振南爲正、副總統。1956 年 2 月 28 日，正、副總統正式就任，同時舉行樹立「台灣共和國臨時政府」的式典。㊴

最初「台灣共和國臨時政府」的團體，確實有受到國際與海內外台灣人的鼓舞與支持。例如，廖文毅即曾應當時脫離英國獨立的馬來西亞總統拉曼之邀，以台灣共和國總統的身分參與獨立慶典，並參與第三世界組織的「萬隆會議」。但是未久，由於組織內部的紛爭及私人生活的不檢點等等；特別是 1960 年代以後，日本的台灣獨立運動組織，由於「台灣青年社」的出現，「臨時政府」的組織，日漸式微，幾乎「聽不到」、也「見不到」任何行蹤足跡（這是筆者親身的體驗，並非故意侮視）。於是，國府見機乃展開策反運作。1965 年 1 月 27 日，黃紀男、廖史豪因爲另案「意圖以非法之方法顛覆政府」的罪名，在軍事法庭被宣判各處

死刑，褫奪公權終身。同案林奉恩、廖溫進（廖文毅之五弟）各處有期徒刑 12 年，褫奪公權 7 年。黃紀男、廖史豪、林奉恩、廖溫進全部財產除各酌留其家屬必需之生活外，餘沒收。其他多人都被判有期徒刑 5 至 6 年。又廖史豪之母廖蔡綉鸞亦因助匪（廖文毅）叛亂之罪名，於 1964 年 5 月 25 日，被判 12 年收押監禁。結果，在如此龐大的壓力之下，廖文毅接受國府的遊說，放棄在日本的台獨運動回到台灣。國府遊說他的條件是，如果放棄台獨回來，不僅可以發還被查封的上億財產，並且可以與闊別 18 年，雙目失明的母親相見，同時爲之安排相當的職位；如果不願接受的話，就要將關在獄中被判死刑的姪兒廖史豪及其部屬黃紀男立即槍決，另外被判處 12 年徒刑的大嫂蔡綉鸞也不得出獄。1965 年 5 月 15 日，台灣各大報皆以頭條新聞廣大篇幅報導廖文毅宣布解散在日本的台獨組織，而毅然返台的消息，頓然成爲全台民衆矚目的焦點。同年 12 月，廖文毅、黃紀男、廖溫進獲得蔣介石的特赦（廖蔡綉鸞雖已在同年 7 月 2 日病故，亦在特赦之列），他們三人同時恢復了自由。但諷刺地是，其他共犯卻都坐滿刑期之後，才能出獄。這位自稱擁有「不世出的天才政治感觸」，然實際上已成爲「歷史遺物」的台灣共和國臨時總統的廖文毅，其返台向國府投誠，雖令人深感悲哀，卻也有值得同情之處。返台後，廖文毅被安排在曾文水庫及台中港籌建委員會副主委的職務，國府並未如約束給予「相當的職位」。1986 年 5 月，這位風雲人物病逝於台北，享年 76 歲。⑩

（七）陳智雄海外綁架案。陳智雄本籍屏東，1916 年生。因家境小康，高中未畢業即赴東京就讀青山學院高中部，爾後考取東京外語大學，畢業後任職日本外務省。1941 年太平洋戰爭爆發後，日軍占領南洋英、荷屬殖民地，因陳智雄精通英、日、荷、

印（尼）等八國語言，外務省當即徵調陳智雄駐印尼。1945 年二次大戰結束後，陳智雄辭去日本外務省的工作，滯留印尼從事珠寶生意。不久，與一位荷蘭籍女子結婚，並幫助印尼獨立運動，暗中提供日軍遺留武器給蘇卡諾獨立革命軍。印尼獨立後，蘇卡諾總統有感於陳智雄的冒死義援，遂奉為國賓，並贈勳且頒予最高榮譽的「印尼榮譽國民」。隨後，受印尼獨立成功的鼓勵，遂決心獻身台灣獨立運動。旋即受邀出任廖文毅台灣共和國臨時政府駐東南亞的巡迴大使。惟一年後，中共與國府迫印尼政府阻止他從事台灣獨立運動的外交活動，並將他逮捕入獄。最後，他以一封獄中信，感動了蘇卡諾總統，而將他放逐。然回到日本後，又因沒有入境簽證，竟成了半年的空中飛人，直到遇見一位瑞士國會議員，瞭解他的身分後，才同情義助其取得瑞士的國籍。不久，他順利進入日本，繼續從事獨立工作，讓國府感到十分難堪。於是，1959 年國府派遣情報人員，將他綁架裝入擁有外交豁免權的外交郵袋運回台灣。當時國府對他威迫利誘，除許以每月發給五千元（是相當高額）並安排其擔任省府參議之職位，但均被其峻拒。之後，國府將他釋放，要求不再宣揚「台獨」。可是，陳智雄卻寧死仍繼續發展秘密組織，公開演講主張台灣獨立建國。1961 年底國府調查局以陳智雄不法組織「同心社」，擬以該組織推展獨立運動、顛覆政府；而將他及其他成員戴村德、蕭坤旺等三人逮捕、移送法辦。1962 年 8 月，陳智雄等 3 人被起訴，並判決陳智雄死刑，蕭坤旺、戴村德各處有期徒刑 6 年。1963 年 5 月 28 日清晨，被囚禁在警備總部軍法處看守所（青島東路 3 號），這位堅持台灣獨立建國，至死不悔的陳智雄義士遭槍決，享年僅 47 歲。在執行前一刻要離開押區的時候，他慷慨地高呼：「台灣獨立萬歲！」其時二名押行的外省獄卒，竟將雜布

巾強制塞進他的嘴裡，並用錐子猛刺其肩膀。當時，同在青島東路三號軍法處看守所受刑的良心政治犯，即著名英文文法家柯其化老師（高雄左營人，1951年7月—1953年4月，第一次以思想犯入獄。1961年10—1976年6月，以叛亂罪第二次入獄。前後共服刑17年，受盡各種折磨與酷刑），目睹陳智雄在獄中的點點滴滴，並見證其人生最後的一幕。柯老師感嘆地說：「生平我所看過視死如歸，永不屈服、真正愛護台灣的勇士，實莫過於陳智雄烈士！」對陳烈士，柯老師稱他衷心感念之外，並願意致最深且最崇高的敬意！筆者也懷著與柯老師同樣的心情，在此記述這段勇敢台灣人受難的歷史。[41]

(八)孫立人事件。孫立人，1890年10月17日生，安徽人。1923年清華大學畢業。1925年普渡大學畢業獲土木工程學士後，投筆從戎，1927年維吉尼亞軍校畢業。1928年任南京中央黨務學校學生大隊副大隊長。1929年任陸軍教導師學兵連連長。1931年任陸空軍總司令部上校侍衛副總隊長。1932年任財政部稅警總團第四團上校團長。1937年參加淞滬戰役，升任第二支隊少將支隊長。1938年任緝私總隊中將總隊長，1942年任新38師師長，率師赴緬甸遠征，仁安羌大捷，解救英軍7千多人，奉命掩護國府軍及盟軍撤退，任務達成後，率師撤至印度。1944年任新一軍軍長，率師反攻緬甸，擊潰日軍，打通中印公路。1946年率新一軍在東北與共軍作戰。1947年任陸軍副總司令兼陸軍訓練司令，在台灣鳳山訓練新軍。[42]

1948年底，國共內戰大勢已定。國府蔣介石集團也積極布置流亡台灣的諸措施。但美國杜魯門民主黨政府決意捨棄國府蔣政權，遂於1949年6月29日，發表《對華白皮書》；這份龐大浩瀚的文件中，大膽暴露國府的腐敗無能。同年10月以後，美

軍方與國務院就台灣未來交換意見時，二者共同認為台灣即將於
1950 年內落入中共手中。然而，當杜魯門政府欲放任台灣自生
自滅之際，一部分美國有識人士和親蔣共和黨「中國集團（China
Lobby）」提出強烈的反對意見，要求美國政府對台灣進行軍事干
涉。於是，經過許多迂迴曲折，特別是美國駐日遠東總司令麥克
阿瑟元帥，認為台灣對美國的太平洋防衛計劃是絕對必要，不惜
出兵占領之。結果，美國政府當局再進一步審慎研究，乃轉向以
「棄蔣保台」為第一優先。美國駐華使節、中央情報局官員以及
有關的軍事將領和議員政客，紛紛從事各種活動，期望達成美當
局所定的保台政策。[43]

　　1949 年 11 月，美國駐華大使司徒雷登電約國防部次長鄭介
民赴美商談軍援，鄭赴華府，於 11 月 17 日會見海軍部遠東事務
特別顧問白吉爾（Admiral Oscar Badger）上將，由駐美武官皮宗闞
擔任翻譯與紀錄。白吉爾表示：「他係遵循美國國務院制定的政
策，與我洽談。蔣總統決心將國民政府遷至台灣，行政及軍事必
須適當改革，美國政府提出兩點建議：1. 貴國陸軍既由傑出的孫
立人將軍主管訓練，最好由孫將軍統率撤退抵台全部軍隊，如孫
能掌握部隊，美方即提供六個師的新式裝備；2. 今後台灣省主席
一職，最好指派吳國楨出任，施行民主，才能求得安定。」鄭介
民返國，向蔣介石報告，稍後行政院閻錫山院長遂於同年 12 月
中旬，任命吳國楨為台灣省主席。而孫立人業已於 1949 年秋，
被任命為台灣防衛總司令；不過，蔣介石仍順從美方的要求，於
1950 年 3 月，將其升任為陸軍總司令，1951 年再晉升為陸軍二
級上將。[44]

　　根據已解密的檔案，美國政府為達成「棄蔣保台」之目的，
軍政要員至少有三次前往台灣，遊說孫立人發動政變。惟都被孫

立人斷然予以拒絕。㊺其實，當時美國政策上的一些構想，甚至已成爲公開的秘密，蔣在美國的耳目遍及美國政府各部門，美國決策有任何改變，不可能沒有察覺，何況有關美國的政變計畫和孫立人的角色，早已在美國政界流傳。而且美國政客、使節及重要官員一再與孫立人接觸，亦早在特務人員的監視之中，因此蔣對孫一直有疑心，討厭孫立人直接和美國人發生關係。㊻這就是蔣介石要整肅孫立人的最大原因。

再據麥帥解密的檔案透露：1950年6月15日，國府駐日軍事代表團團長何世禮將軍，向麥帥總部情報處處長韋洛比轉達一項「絕對機密」的訊息，蔣介石緊急要求麥帥領轄整個遠東——特別是包括台灣——的防務，他和台灣各級政府及人民都將接受麥帥的指揮調度。蔣介石在密訊中強調，他願意交出權力，但絕不交給孫立人。6月19日，針對蔣介石的提議，國務院召開對台政策會議，擬訂一項「極機密」計畫，其重點爲：1.如美國要防衛台灣，則蔣介石及其黨羽必須離開台灣，將民事與軍事交由美國所指定的中國人和台灣人領袖；2.上述步驟完成後，美國海軍將駐防台灣水域，以避免中共攻台，及台灣反攻大陸；3.如蔣介石抵制上述計畫，美國應派出密使，以最嚴密的方式通知孫立人，如果他願意發動政變，以軍事控制全島，美國政府將提供必要的軍事援助和建議。惟數日後，6月25日，意想不到的韓戰爆發了，美國總統杜魯門立即宣布派遣第七艦隊協防台灣，美國國務院所擬訂的一切倒蔣計畫，都胎死腹中。所以魯斯克說：韓戰挽救了蔣介石政權。㊼

爾後，1953年1月20日，美共和黨艾森豪政權成立。1954年12月2日，華（台）美共同防禦條約簽署，蔣介石獨裁政權日趨鞏固。於是，「狡兔死，走狗烹」，以吳國楨、孫立人作門面

的作用消失。反對國民黨獨裁的吳國楨省主席，被迫於 1953 年
4 月，去職逃亡美國。而要求軍隊國家化，反對政工幹部進入軍
中的孫立人，亦於 1954 年 6 月，被奪軍權轉任總統府參軍長。
1955 年 6 月，蔣介石、蔣經國父子，命令國府情治單位(特務機構)
捏造所謂「匪諜郭廷亮案」(原先是定調爲「孫立人兵變案」，但僞證
難成立，遂改爲「匪諜郭廷亮案」)，將孫立人整肅，並根除其忠誠的
舊部屬。⑱孫立人共被軟禁長達 33 年的歲月，直至 1988 年蔣經
國病歿後，始重獲自由。時高齡已達 89 歲，二年後 1990 年即壽
終，享年 91 歲。茲將「匪諜郭廷亮案」的始末，摘要引述如下：

　　郭廷亮，雲南河西人，1920 年出生。抗戰初期，就讀國立
雲南大學，基於愛國熱忱，1939 年 2 月棄學從軍，考入財政部
稅警總隊官警教練所學員隊。1940 年 3 月 1 日畢業，奉派留所，
先後擔任准尉教育班長、少尉區隊附、區隊長等職。1942 年初，
調任陸軍新編 38 師中尉排長(師長孫立人)，不久即隨軍遠征緬甸。
部隊轉至印度藍伽整訓考入由美軍主持之砲兵學校受訓。1943
年畢業，調任新一軍重砲營觀測員 (軍長孫立人)。在反攻緬北諸
戰役中，曾經四次負傷，以戰功卓著，在一年多時間內，連升數
級，擔任連附、連長、副營長等職。1945 年 4 月，緬甸日軍潰敗，
中印公路打通後，隨軍返國。1946 年初，又隨軍北上，參與東
北戡亂戰役。1948 年 6 月，駐軍瀋陽，和米店主人白經武結識，
經白介紹，與李玉竹女士結婚，白藉機「以匪黨言論煽惑」。瀋
陽失陷，郭要求白，協助取得路條，白介紹其兄經文，任呂正操
部連絡科科長，白經文囑郭到台時，須爲中共工作。郭因而順利
離開解放區，經天津、上海轉台。這種「莫須有」的傳說，日後
就造成郭廷亮被栽贓爲「匪諜案」的主因。⑲

　　1955 年 5 月 25 日，時任陸軍步校少校教官的郭廷亮，突然

遭受到國府情治單位逮捕、被栽贓爲「匪諜」。其經緯，郭廷亮在他嗣後公開發表的陳情書中有如下的記述：

「1955 年 5 月 25 日下午 6 時，一位政工中校來到我的住宅（鳳山誠正新村東二巷八十九號）門口對我說：『郭教官，校長請你立刻到他辦公室一趟。』我當即遵命前往，進入校長辦公室後，校長吳文芝少將指著總政治部第四組長宋公言上校說：『宋先生要和你談話。』我正要問談甚麼的時刻，就被非法逮捕，拖出校長辦公室，推上吉普車，向鳳山郊區駛去。車行約十多分鐘，在一棟充滿恐怖的大宅院門前停下，立刻有數名大漢擁上來，將我拖入大宅院內，行約十多公尺，又被拖入右側一間廂房內，我抬頭一看。在廂房的正上方，坐著第十軍政治部主任阮成章將軍，他對著我大吼：『郭廷亮，你是匪諜！』這出乎我意外的境遇，使我直覺的提高聲音說：『你胡說！我乃爲國家流過血、流過汗的革命軍人，你才是匪諜！』只見他將桌子一拍，大聲的說：『給我打！』站立在兩旁的打手，一擁而上，拳腳交加，將我打倒在地，並將我的肩領章和識別證取下，然後拖到刑求室，將我綁坐在老虎凳上，開始嚴酷的刑求、拷問、逼供。政工偵訊官員所要刑求、拷問、逼供的，就是要我承認有謀叛意圖，要逼我說出孫立人上將的謀叛計畫，孫總司令爲甚麼經常召見我？奉誰的命令在軍中連絡？其目的何在？總統親校時是不是要呈遞意見書等，毫無事實根據，捕風捉影的荒謬問題。」

「就這樣，由數十名政工偵訊官，不分晝夜的輪流著刑求、拷問、逼供，在身心完全崩潰及非自由意志之下，依照偵訊官們所設計的奸險政治陰謀，捏造了許多荒謬而毫無事實根據的

口供和自白，要我承認簽字。如此經過十晝夜不停的刑求、拷問、逼供，至6月4日，才將我從老虎凳上放下來，奄奄一息的躺在地上作生死的掙扎。而在這十晝夜坐老虎凳，受極端慘酷的刑求、拷問、逼供的過程中，使我身心受到傷害最大。

6月5日上午，辦案官員帶著與我同時非法被捕的妻子和兩個稚齡的兒女來看我，眼見她挺著懷孕已五個多月的大肚子，滿臉青腫，神情憂傷，很顯然的，她也受到刑求拷問，不禁使我傷心流淚，苦痛萬分。」⑤⓪

1955年8月20日，蔣介石明令批准總統府參軍長孫立人將軍，因8月3日郭廷亮、江雲錦等事件引咎辭職的公文，使轟動一時的孫立人案正式浮上枱面。事發之初，蔣介石虛偽作假的命令陳誠擔任主任委員，與王寵惠、許世英、張群、何應欽、吳忠信、王雲五、黃少谷、俞大維等9人，組成調查委員會。同年10月8日，蔣介石在接獲調查委員會報告書，同時下令孫立人「今即令准免去總統府參軍長職務，特准予自新，毋用另行議處，由國防部隨時查考，以觀後效」。自此，孫立人即長期被軟禁在台中家中。⑤①

另監察院國防委員會，亦於1955年9月21日，成立曹啓文、王忱華、蕭一山、陶百川、余俊賢等5人調查小組。並在同年11月間，完成調查報告書一份，但因與總統府調查報告有所出入，長期以來未予公布。直到2001年1月初，始經復原後公開。此報告以爲「孫立人謀叛無證據」，其部屬郭廷亮亦非匪諜，也未有叛亂的舉動，於是孫立人事件終獲平反。⑤②

至於「匪諜郭廷亮案」，軍法局於1956年9月下旬，審判終結。郭廷亮經國防部1956年9月29日 (45) 典字第020號判決

書，判處死刑在案。然就在同一天，經奉總統蔣介石以 1956 年 9 月 29 日台統㈡進字第 1169 號代電，核定減爲無期徒刑。[53] 此外，無辜受到「郭案」牽連者高達 150 餘人 (都是孫立人的舊部屬)。其中有 15 人以懲治叛亂條例第 2 條第 1 項唯一死刑罪論罪，超過 100 人以上被叛處徒刑。[54]

　　1988 年 1 月 13 日，蔣經國去世，6 月 28 日郭廷亮終於獲得行動自由。總共 33 年在牢獄裡受盡折磨。但是郭廷亮恢復自由後，便出面領導昔年同案受刑的難友們，從事各項活動，四處陳情，要求還孫立人將軍清白，及平反受「孫案」株連的人的冤屈。郭廷亮此一大膽的作法，自然引起同僚的熱烈響應，輿論亦多予支持。然而不幸的是，1991 年 11 月 19 日，是孫立人逝世週年；郭廷亮約了幾個新一軍同事，於 16 日 (星期六) 準備前往孫將軍墓園祭拜。爲表達對老長官的尊敬，獨自先從台北搭火車，回桃園家中，換穿新西裝。不料車到站時，並未見他下車，等火車緩緩駛離桃園站，他卻自車上摔出，結果跌傷後腦，左眼青腫，人昏迷不醒。雖先送桃園醫院急救，週末找不到醫生，延誤到次日，親友聞訊趕來，將他送到台北榮民總醫院診治，至 11 月 24 日過世 (這實在也有些離奇)。然其子郭志忠爲了替父親洗冤，又將他父親在世時詳加補充而尙未寄出的陳情書，送交台北〈中國時報〉，於郭廷亮逝世次日，全文刊出。對他被捕和受刑的經過，以及要他扮演假匪諜的曲折情形，都有詳盡的敍述，終使冤案大白。

　　㈨台灣獨立聯盟案。此案緣起於陳三興所組織的「學進會」，陳三興就讀高雄中學時結合陳三旺、郭哲雄、王淸山、董自得、邱朝輝、蘇禎和、高尾雄、林振飛等人成立。1958 年陳三興決定輟學並召集衆人將「學進會」更名爲「台灣民主同盟」，離校後，

和弟弟前往台北的牙科醫院當學徒並吸收了親戚宋景松，宋也立即吸收了劉金獅、林輝強。1959 年蘇禎和、董自得兩人考取台大法律系，也到了北部，因此聚會討論組織問題的機會更多。這時另兩個組織分別出現，一個是台中一中的「自治互助會」，一個是高雄中正中學的「亞細亞同盟」。成員分別是台中一中學生括吳俊輝、江炳興、黃重光、陳新吉、吳炳坤、林俊光等人及高雄中正中學施明德、蔡財源兩人。1959 年底，陳三興與施明德、蔡財源及施明德的兩位哥哥在施明德的父親開設的明春旅社聚會決定合併組織改名「台灣獨立聯盟」，並由施明德、蔡財源兩人領導。1960 到 1961 年施明德、蔡財源、江炳興、黃重光、陳新吉考取陸軍官校。江炳興進入陸軍官校後，即吸收了兩位軍校學長吳炳坤、張泉地，吳炳坤也把他哥哥吳呈輝、弟弟吳炳麟拉入組織。1962 年由陳三興吸收的李植南向調查局自首成為線民，「台灣獨立聯盟」因而曝光。從 1962 年 5 月起，組織成員開始分批遭到逮捕；此案分三批起訴及判決，結果判了一個死刑（宋景松，以前曾犯過紅色案件，因屬累犯，故被判死刑），兩個無期徒刑（施明德、陳三興），五個 12 年（蔡財源、陳三旺、董自得、蘇禎和、郭哲雄），三個 10 年（劉金獅、吳俊輝、江炳興）一個 7 年，十一個 5 年，一個 2 年，一個無罪。（邱國禎撰）⑤⑤

　　㈩雷震《自由中國》組反對黨事件。在 1950 年代中葉之後，因「華（台）美共同防禦條約」（1954 年 12 月 2 日）和「台灣決議」（1955 年 1 月 28 日）限制國府「反攻大陸」，且蔣介石當時也向杜勒斯國務卿明言：「我自己也知道無法收復、無法奪回大陸」。此點如下述，杜勒斯其後曾在美國國會加以證實。自此以後，國府內部的自由主義者和一部分接近權力中樞的有識之士，由於擔憂國府的前途，開始呼籲國府進行改革和擁護台灣的民主化。

　　就中，原先一直以來，是「擁蔣」並接受國府經濟支援的《自由中國》雜誌領導人雷震，其行動最爲積極且果敢，後來竟成爲蔣介石最大的反對者。雷震曾於 1950 年 3 月，被蔣介石聘爲國策顧問，同年 8 月，又被委任爲國民黨改造設計委員會委員；迄至 1953 年初，因爲《自由中國》的文章觸怒「老蔣」，被免去國策顧問職位。1954 年 12 月，《自由中國》第 11 卷 12 期中刊登余燕人等人之投書〈搶救教育危機〉，文中表達了對教育系統中黨化教育的不滿，並批評讀頌總統訓辭及其他「政治大課」教材。這篇投書又觸犯了蔣介石的忌諱，遂引爆了雷震與蔣介石更嚴重的衝突，雷震被蔣介石總裁下令開除黨籍。自此以後，雷震及《自由中國》已與國府黨部劃清界線，雙方的關係進入一個新的階段。[56]

　　1956 年 10 月 31 日，《自由中國》雜誌領導人雷震以慶祝蔣介石 70 壽誕爲名，邀集海內外知名度極高的自由主義者——如胡適、徐復觀、毛子水、陳啓天、陶百川、蔣勻田、夏道平、徐道鄰、王師曾等，共同發行該雜誌的「祝壽專號」，向蔣介石提議 1. 選出繼承人；2. 確立內閣制；3. 軍隊國家化，開始公開要求民主化。[57]

　　當然，此種大膽的要求立即遭到國府的反擊，國府媒體一起向《自由中國》發表激烈的非難，冠以「自私自利」、「共產黨的爪牙」等罪名，威脅要「打倒」該雜誌社。例如，屬於國民黨的黨報〈中華日報〉間接鼓勵暴力對付《自由中國》社，而屬於軍方及救國團的刊物，諸如〈軍友報〉及〈青年戰士報〉、〈國魂〉、〈幼獅〉等，均對《自由中國》大加抨擊，並說他們的批評是「揭穿爲統戰工作鋪路的個人自由主義者的陰謀」。[58]

　　要之，自「祝壽專號」出刊後，《自由中國》已從被國民黨

非公開禁止，非公開的批評，正式成爲「散播毒素思想」的敵人。至此，國民黨當局已公開明白的反對《自由中國》所主張的自由與民主，並對《自由中國》不斷的扣「共匪帽子」，這可視爲是對壓制《自由中國》作準備。⑤⑨

　　然而《自由中國》不屈不撓，開始對當前政局的問題，作更深入的探討，繼續要求國府進行改革。其第一篇便是於 1957 年7 月 1 日出版的第 17 卷 1 期的社論〈今日的司法〉。文中指出「今日台灣的司法，比日據時代還不如」，認爲審判已缺乏獨立的精神，司法已變成了政治的工具。文中批評「主管司法行政的人員，作風日下。他們爲了要做官而不惜破壞司法獨立，……這種顯受外力干涉的情形，在選舉訴訟事件上更可看得明白」。最後，此文更對司法不獨立的結果表示，「行政干涉司法，在當時可能於政府有利，或達到所希冀之目的，但其終局的結果，則是使人民不相信政府之所爲，因而喪失了政府的威信」。⑥⓪

　　在〈今日的司法〉刊出後，《自由中國》編委便決定撰寫一系列社論，定總題目爲「今日的問題」來「對當前大問題作更進一步來檢討」。自 1957 年 8 月，「今日的問題」系列在社論總共刊出 15 篇文章。前後依次爲：〈是什麼，就說什麼（代序論）〉、〈反攻大陸問題〉、〈我們的軍事〉、〈我們的財政〉、〈我們的經濟〉、〈美援運用問題〉、〈小地盤、大機構〉、〈我們的中央政制〉、〈我們的地方政制〉、〈今天的立法院〉、〈我們的新聞自由〉、〈青年反共救國團問題〉、〈我們的教育〉、〈近年的政治心理與作風〉、〈反對黨問題〉。⑥①

　　如此一系列，回溯台灣前後 15 年間的既有政治體制及實際政治的討論與批評，在台灣是前所未見的。以下即針對其中數個論點進行介紹。

　　首先，台大哲學系殷海光教授在〈是什麼，就說什麼〉中表示：「我們所處的時代，正是需要說真話的時代，然而今日我們偏偏最不能說真話。……一個國家以內，只可有一個政黨的說法，是現在獨裁極權統治的說法，在現代民主國家，一個國家以內，在同一時期可以有幾個政黨，但是在同一時期，只能一個政府，所以，除非我們承認獨裁極權政治，否則我們不能承認『政黨即是政府』、『政府便是國家』。國家是永久的，不可更換的；政府不是永久的，而且是可以更換的！」而對國民黨，嚴厲批評國府「一黨專制」、「黨國不分」的強權政治。

　　其次，殷教授亦在〈反攻大陸問題〉一文中，從兩個「可能性」(公算) 來推衍其論理。第一是「國際形勢」，第二是「現代戰爭的必要條件」(人口、資源、科學水準)。基於此一論點，殷教授依分析的結果斷言：「反攻大陸的可能性在相當時期內並不大。」殷教授並直接指出：「應放棄馬上回大陸的心理，此心理會影響做事不徹底，不求永久。我們需要實事求是，持久漸進，實質反共。我們必須做長遠而持久的打算。」最後，殷教授更強調：「我們之反共，不是為了政權的形式問題，而是由於從思想到生活方式，在實質上根本與共黨不同。」在三年之後，當國府以叛亂罪逮捕雷震並判刑十年時，這個散布「反攻大陸無望論」的理由亦為其罪證之一。

　　《自由中國》的論點批評國府「小地盤、大機構」，指其疊床架屋的政府體制浪費行政資源，並攻擊其「報禁」政策和以救國團統制學校教育思想，引起國府極度的不快。然而，真正觸及國府痛處的仍是「反對黨」問題。《自由中國》主張：「客觀情勢顯示，在今日自由中國出現新的反對黨，應有極大的可能。」，闡明初步組織新政黨的輪廓。其後，此一組黨構想立即引起各界極大

的迴響，無論在政治圈或是一般知識階層，組黨問題經常成為中心的話題。[62]

一方面，自從反對黨的構想，引起各界極大迴響之後，雷震對成立反對黨的事愈來愈積極。同時他亦認為此時只有胡適才能來領導這些自由派人士組織反對黨。但是，對雷震及其他人的推戴，胡適則表示本人並沒有作領袖的才具，而加以拒絕，但他願樂見反對黨的形成，而且願意在反對黨搞好後，來參加反對黨。面對胡適如此消極的應對，雷震他們籌建反對黨的行動也因而轉為消極。[63]

在此前後，有台灣本地人楊基振亦在起草反對黨章程，但雷震先是認為這是「台灣地方主義之黨，我們不應參加」。隨後，當胡適要雷震看一看楊所起草的反對黨章程後，雷震則表示「必須楊肇嘉、吳三連參加，僅僅楊基振是搞不好，亦不可有地方主義。必須內地人和台灣人合起來搞，以免有偏差」。此處雷震開始在他推動反對黨的架構與行動上考慮了台灣本地人的參與。當數度請胡適領導反對黨被婉拒後，原本主張成立反對黨的自由派人士（含民、青兩黨、國民黨內開明派及無黨無派者多人）已決定不論胡適是否要出面，他們都要開始積極組黨，並有人已開始鼓勵雷震出來組反對黨。[64]

另一方面，《自由中國》集團，幾乎都是從中國大陸抵台的自由主義知識份子。他們的言論雖能贏取許多讀者的支持，但由於他們不會說台灣話（河洛語和客家語），因而不能直接和台灣社會群眾合成為一股政治勢力。雖然如此，他們純粹的自由主義政治理念和勇氣，逐漸得到許多台灣人的共鳴，特別是戰前即推動台灣民權運動者，以及戰後因二二八事件而不得不中止政治活動的台灣菁英，他們極自然地與《自由中國》集團結合起來。[65]

於是，以 1957 年 4 月，台灣舉行首屆省議員及第三屆縣市長選舉為契機，雷震民主自由派人士開始與台籍菁英，如被稱為「五龍一鳳」的郭國基、吳三連、李源棧、郭雨新、李萬居、許世賢等當選省議員和楊金虎、楊基振、高玉樹、石錫勳、余登發等人，有所接觸與合作。嗣後，復以 1958 年反對「出版法修正案」以及 1959 年 1 月至 1960 年 3 月，反對蔣介石修改臨時條款達成三連任總統為共識，雷震所率領的《自由中國》集團與台灣菁英的合作日益密切。⑥⑥

1960 年 3 月，南韓舉行大選，獨裁者李承晚操縱選舉，堅持四次連任；遂釀成 4 月 19 日的漢城大示威運動。由於警察開槍射擊，造成流血慘案，最後迫使李承晚總統下台。而無獨有偶，在李承晚下台的第二天，土耳其也發生學生的反政府示威，一個月後軍方發動政變，造成原有的政權瓦解。如此這般，在韓、土兩國的政潮刺激下，對於當時台灣組織新黨運動，確實也引起了極為重要的催化作用。⑥⑦

1960 年 4 月 24 日，台灣舉行第二屆省議員及第四屆縣市長地方選舉。結果，因為國民黨「違法」、「舞弊」，而獲得了絕大多數的勝利。對此，選後，雷震、夏濤聲、郭雨新和李萬居等人，在 4 月 29 日的聚會中，談到這次選舉的舞弊，於是想約集無黨派的候選人來開一次會議，並討論組織反對黨的可能性。經過約 20 天的籌畫，而有 5 月 18 日下午在台北民社黨總部召開的「在野黨及無黨無派人士本屆地方選舉檢討會」。當天參與者共有 72 位，會議一開始即推出雷震、吳三連、李萬居、楊金虎、許世賢、高玉樹以及王地等 7 人為主席團主席。接著，在檢討選情的群情激憤下，做出「即日組織地方選舉改進談會」(以下簡稱「選改會」)，「另組新的強大反對黨」的結論。旋「中國民主黨」正式展開實

際的籌組行動。⑱

　　1960 年 6 月 11 日，選改會在高玉樹陽明山的寓所，召開第二次主席團會議，胡適也應邀參加。會中修改「五一八會議」通過的聲明稿，批判「國民黨黨政當局在口頭上高喊反共，並自稱是民主憲政。但實際上每每藉口『反共』來剝奪憲法上賦予人民的各項權利與自由，絲毫沒有一點實行民主憲政的誠意」；同時列舉國民黨在歷次選舉中違法舞弊的種種手段，「喪失民心」，因此選改會做出兩點決定：1. 成立選改會，督促政府革除一切違法舞弊措施，使秘密投票、公開監票得以完全實現；2. 團結海內外民主反共人士，並與民、青兩黨協商，立即籌組一個新的政黨。⑲

　　這份聲明於 6 月 15 日正式發表後，國內外媒介與台灣政壇都將之視爲「建黨宣言」。美聯社立刻採訪雷震，詢問未來新黨三事：1. 黨名爲何？ 2. 走什麼路線？ 3. 主席團和組成份子，大陸人和台灣人之比例？雷震和新黨籌組成員研究後的回答如下：1. 黨名暫擬定「中國民主黨」；2. 路線爲「反共，而走中間偏左之路線」；3. 主席團中大陸人雖僅有一人，將來組成份子則爲一與三或一與二之比。⑳

　　與此同時，《自由中國》第 22 卷第 12 期（1960 年 6 月 16 日）也於當期社論〈歡迎艾森豪總統訪華〉指出：「我們需要民主改革，有了民主改革，反共事業才有確切的憑藉」，「但我們經多年的努力，這種新的情勢仍然未能出現」，因此，該刊呼籲艾森豪「站在朋友的地位，設法幫助我們把一個潛伏的危機消滅」。《自由中國》選在艾森豪來台之前，發表聲明、發表社論，突顯當局的壓制自由與專政獨裁，當然爲國民黨當局所難以容忍；而宣布籌組政黨、串聯台灣政治菁英，更讓國民黨有即將被取代的深度危機

感，這都肇發了國民黨黨政軍特部門對雷震及《自由中國》必欲去之的急迫性。⑦

6月25日，「選改會」召開第1次委員會議，李萬居（主席團主席）在開會致辭時也表示：「這一個月來，我們所積極籌劃的工作雖是『地方選舉改進座談會』，實際上是在替組織新的反對黨做鋪路的工作」。隨後通過該會的簡章、會議規則等，並推定17位召集人和選出李萬居、高玉樹及雷震爲發言人。至此，反對黨的領導階層大致確定，這就說是「反對黨第一頁」亦無不可。⑦

其後「選改會」從7月19日到8月13日，依序在台中、嘉義、高雄以及中壢四地，召開分區的巡迴座談會，企圖深入羣眾，進行組黨的遊說，並表明將在9月底或10月初正式成立新黨。爰將各地巡迴座談會概況，引述如下。

7月19日，「選改會」在台中市議員楊秋澤處舉行中部四縣市巡迴座談會，大家公推王地、石錫勳與何春木三人爲主席團主席，出席者有七、八十人之多，其中包括省議員、縣市議員、農會、水利會及合作金融界的民間領袖。石錫勳指出現在的「選改會」即在爲未來的新政黨鋪路，此外他也表示「選改會」及未來的新政黨不會有地方色彩，雷震接著也表示組黨份子並沒有偏狹的地區觀念，並透露未來新政黨的兩大方針爲「反共」與「民主」。

7月23日，「選改會」在嘉義市許竹模律師宅舉行雲嘉地區的巡迴座談會。大家公推許世賢爲主席，會議則由許世賢、許竹模和蘇東啓分別主持。參加者除了「選改會」的領導人之外，尚包括雲嘉兩縣的省議員、縣議員、醫師、律師、金融界、農界等知名之士近百人。雷震在會中重申「反共」、「民主」兩大目標。蘇東啓則指出組織反對黨的動機乃是：1.一般人對國民黨不滿；

2.世界潮流大勢所趨；3.民眾一致要求。

7月31日，「選改會」在高雄第一飯店，舉行高屏地區的巡迴座談會，李源棧、楊金虎、林清景等人被推舉為主席，參與者共有七十多人，這些人士的背景，主要為教育界、民意代表、醫師、律師、商人、鄉鎮長等。當日的主要結論計有：1.地方人士決定新黨名稱；2.新黨組織具體辦法之促進；3.新黨於九月底於立；4.因選舉毛病百出，想法改進使其公平合理；5.新黨的成立是站在反共抗俄救國復國地位上。

8月13日，「選改會」於中壢黃玉嬌處舉行桃竹苗三縣的巡迴座談會，由葉炳煌和謝漢儒主持，參加者有二十多人，高玉樹指出，國內外人士頗為重視新政黨的組織，此乃因為該黨的發起人含本省人及外省人，其中本省人有群眾基礎與經濟力量；外省人有組織政黨的經驗及豐富的政治經驗，雷震則再度強調新政黨是全國性而非地方性政黨，此外他表示組黨運動已到成熟階段，將於9月底或10月初正式成立。[73]（以上文體：蘇瑞鏘）

然而，此一運動當然是國府最為驚懼的事態。為統治台灣人而必須團結的中國人，現在居然分裂為兩派，而且還與台灣人合作來對抗國府。同時，美國更視其為取代國府的新勢力，準備給與充分的援助。[74]於是，國府在極為狼狽的情況下，一面施加嚴厲的監視，一面進行各種威逼和妨礙。

首先，國府的黨報〈中央日報〉於1960年7月29日，發表社論〈政黨的承認問題〉，明言籌組中的新黨是「不愛國非民主政黨」、與中國抗戰時期的「民主同盟」都是「甘心為共匪充外圍，做尾巴，從事顛覆國家的陰謀活動的政黨」。7月31日，〈中央日報〉、〈中華日報〉與〈台灣新生報〉都以顯著版面與標題，發出「匪利用新黨企圖顛覆政府」的新聞。開始建構「新黨接受

共匪統戰指揮，目的是進行顛覆陰謀」議題，塑造新黨負面政黨
形象，以營造民意。⑦

對國民黨的這種文筆恐嚇，雷震隨即於 8 月 16 日撰論〈駁
斥黨報官報的謬論和誣衊〉，指出黨官報的這個作法，目的不外
有二：一是使一些不知政治實情的人，看到了這新聞害怕起來，
不敢參加新黨工作；二是將來要搞「莫須有」的誣衊構陷事件，
預先作個伏筆。8 月 28 日，「選改會」又召開一次召集人會議，
會中討論新政黨的政綱、政策、黨章等事項，以及即日與民、青
兩黨進行協商外，並決定黨名為「中國民主黨」。

同年 9 月 1 日，組織政黨運動發言人雷震、李萬居、高玉樹
聯名發表〈選舉改進座談會緊急聲明〉，其中提到：「我們雖然一
致團結努力籌組新黨，但到現在所受的阻礙干擾與分化等情事，
真是不勝枚舉。如每次開座談會總是受到警備司令部干擾。我們
發起人之一的吳三連於國民黨當局向他的事業集團施加壓力之
下，不得不暫時出國 6 個月，中心人物之一的雷震及其他負責籌
組各人，均有大批特務跟蹤，甚至分布住宅四週，如臨大敵。其
他像對李萬居的公論報、高玉樹幾年前市長任內施政措施，製造
種種干擾。」公開國府進行壓制的狀況。⑦

當然，雷震等人並未因此而屈服。同 9 月 1 日，《自由中國》
刊出殷海光執筆的最後一篇社論〈大江東流擋不住！〉。該社論
除駁斥黨、官報提出「政黨的承認問題」充滿「驕矜之氣和優越
之感」外，並指國民黨權勢核心人物存有這種驕矜優越的心理，
乃是「黨國觀念」作祟——「黨」即是「國」。「國」是「黨」造的。
所以「黨」騎在「國」頭上。而「國」必有「政府」，所以「黨」
必騎在「政府」頭上。於是乎「黨」,「國」, 與「政府」成了「三
位一體」——社論又以「碼頭獨佔主義」形容國民黨的黨國主義：

「因爲我們能控制你們，所以我們總是比你們有理」；「只要我們
能控制你們，怎麼樣幹都沒有關係，你們不同意，其奈我何？」
這是《自由中國》創刊後少見的一篇赤裸裸揭穿國民黨黨國意識
形態本質的社論。最後社論認爲組黨已如「大江東流」，任誰也
無法阻擋。

> 「大江總是向東海奔流的。我們深信，凡屬大多數人合理
> 的共同願望遲早總有實現的一天。自由，民主，人權保障這些
> 要求，決不是霸占國家權力的少數私人所能永久阻過的。……
> 自由，民主，人權一定會在大家的醒覺和努力之中眞正實
> 現。」[77]

　　在瞭解威嚇和分化均未成功之後，蔣介石依照其陰謀作業，
1960 年 9 月 4 日，下令台灣警備總司令部(以下簡稱「警總」)以「涉
嫌叛亂」爲由，拘捕了《自由中國》的發行人雷震、編輯傅正、
經理馬之驌以及離職職員劉子英 (時任職國史館) 等 4 人，史稱「雷
震案」或「雷案」。經過一連串的司法程序，警總軍事檢察官於
9 月 26 日依「叛亂」罪嫌將雷、劉、馬 3 人提起公訴，傅正則
交付感化。9 月 28 日補起訴書，認定雷震「散播無稽謠言，打
擊國軍士氣，煽惑流血暴動，蓄意製造變亂，勾通匪諜份子，從
事有利於叛徒之宣傳」。10 月 3 日，軍事合議庭公開審訊，當日
審結。[78]
　　10 月 8 日上午，蔣介石在總統府召集副總統陳誠、張群、
唐縱、谷鳳翔、司法院長謝冠生、外交部長沈昌煥、司法行政部
長鄭彥棻、新聞局長沈錡、檢察長趙琛、陶希聖、曹聖芬、汪道
淵、黃杰及周正等 14 人，聽取相關報告後，作出以下四點最後

也是最明確的指示：

1. 題目（按指判決主文而言）要平淡，須注意及一般人之心理。
2. 雷之刑期不得少於十年。
3. 《自由中國》半月刊一定要能撤銷其登記。
4. 覆判不能變更初審判決。[79]

職此，10月8日當天，警總軍法處高等軍事法庭，即依照蔣介石的指示，判決：

「雷震明知爲匪諜而不告密檢舉，處有期徒刑7年，褫奪公權5年（按：主要根據「戡亂時期檢肅匪諜條例」第9條），連續以文字爲有利於叛徒之宣傳，處有期徒刑7年，褫奪公權7年（按：主要根據「懲治叛亂條例」第7條），執行有期徒刑10年，褫奪公權7年。

劉子英意圖以非法之方法顛覆政府，而著手實行，處有期徒刑12年，褫奪公權8年，全部財產除酌留其家屬必需生活費用外沒收之。

馬之驌預備以非法之方法顛覆政府，處有期徒刑5年，褫奪公權4年，匪僞書籍……均沒收。

傅正發表反對總統修憲連任之文章，交感化，期間三年。」[80]

其後雷震、劉子英、馬之驌均表示不服，聲請覆判，傅正提出抗告，11月23日，國防部軍法覆判局高等覆判庭作出「原判決關於雷震部分核准／馬之驌罪刑部分撤銷／馬之驌交付感化三年／其他聲請駁回」的判決，傅正之抗告亦遭駁回。雷震於次日即由警總移送安坑軍人監獄受刑。12月雷震妻宋英代雷震

聲請非常審判，次年1月遭國防部駁回。「雷案」到此告一個段落。⑧

　　毋庸贅言地，雷震事件發生之後，國內外均對國府捏造「莫須有」罪名甚為憤怒。人民都同情雷震，反對派人士也發表聲明，表示必將排除萬難組織政黨。

　　何以國府在組織反對黨運動中，單挑《自由中國》集團為犧牲者？正如同年10月17日李萬居、高玉樹的聲明中所指出，國府的暴行不只在阻止組黨和瓦解《自由中國》，其最大的目標是威嚇外省人，使其不得再與台灣人合作進行政治運動。⑧

　　如此一來，二二八事件以來首次的反對黨運動，即在國府強力鎮壓下遭到挫折。但是，雷震等人的犧牲再度喚醒台灣人對外來政權的反抗精神。如後所述，無論在海外或在島內，一次又一次的事件接連發生，勇敢地面對國府獨裁政權。

　　㈢蘇東啓叛亂事件。1961年9月19日，雲林縣議員蘇東啓（其時39歲）因激烈批評國民黨，被國府台灣警備總司令部以策劃台灣獨立加以逮捕。該案陸續受株連者達300多人，為二二八事變後，牽涉規模最大之政治案件。

　　蘇東啓畢業於日本中央大學，連續四屆當選縣議會議員，是台灣著名的政治家，在雲林縣擁有極大的力量。他在1960年4月出馬參選縣長，與國民黨候選人林金生對抗。國民黨照例使出脅迫、做票等各種阻礙其當選的手段，結果蘇東啓僅以極小的差距落敗，但亦獲得近9萬票的支持。如前所述，蘇東啓亦是雷震組黨事的準備委員。同時，在雷震被捕滿一周年時，蘇東啓更動員雲林縣議會（1961年9月18日），通過要求釋放雷震的建議案。這些行動等於是觸及國府的逆鱗，原本即一直警戒蘇東啓之地方潛在勢力的國府，乃於翌（19）日以「密謀武裝起義顛覆政府」

的罪名，將其與支持者一起逮捕。[83]

　所謂蘇東啓叛亂一案，實肇因於雲林一帶熱血青年張茂鐘、詹益仁、陳庚辛等人，本鑑於戰後世界各殖民地紛紛獨立之潮流，不滿國府政權腐化，來台後更以高壓手段實施殖民統治。乃於 1960 年底至次春，計議糾合同志起義謀求台灣獨立。惟起義行動未能眞正展開，出發至半途即中止。而早於計劃之初，因爲敬慕蘇東啓爲人正直，敢作敢爲，對民衆又有廣大的號召力，遂敦請其出面領導。蘇東啓雖感受青年熱誠，但對起義時機未加贊同，亦未直接參與領導，卻遭被捕下獄。1963 年 9 月 25 日，在軍事法庭裁判下，蘇東啓、陳庚辛、張茂鐘、詹益仁等四人，被判處無期徒刑，其他人士則爲 2 年至 15 年徒刑不等。蘇東啓直至 1976 年 9 月 18 日，才因蔣介石死亡而特赦減刑出獄，前後被囚禁達 15 年之久。[84]

　㈢彭明敏、謝聰敏、魏廷朝「自救宣言」事件

　1964 年 10 月 23 日，國府警備總部發布著名的台灣大學法學院政治系系主任彭明敏教授（其時 41 歲）與其學生謝聰敏（台大法律系、政大政治研究所出身、《今日中國》雜誌社總編輯，其時 32 歲）、魏廷朝（台大法律系出身，中研院助理，其時 29 歲）三人因叛亂罪被逮捕，使島內外受到極大的衝擊。

　彭明敏教授於 1923 年出生於台中大甲，戰爭期間進入東大法學部就讀，專攻國際法。戰時不幸於美軍轟炸長崎時負傷失去左臂。戰後，他回台就讀台大政治系，畢業後前往加拿大、法國留學，於取得巴黎大學法學博士後，返台擔任台大政治系教授。他是國際法關於「太空法」領域的先驅，擔任世界航空法學會副會長，是國際學界著名的法學權威。

　國府利用他做爲對美宣傳的材料，於 1960 年邀其出席「陽

明山會議」，任命其擔任「中（台）美文化合作會議」的成員，甚至選其為「十大傑出青年」。1961 年 8 月，彭明敏教授成為台大政治系主任，並於 9 月獲任國府聯合國代表團顧問，做為國府任用台灣人的樣板。在聯合國代表團的工作之外，國府特務機關更曾要求彭教授赴美說服台灣獨立運動者歸國或停止活動。

國府之所以突然發布逮捕彭教授等三人的消息，是因為其在台美國友人驚覺彭教授失蹤，而將此異狀告知歐美學界人士，其後引起國際間的譁然，使國府無法再加掩飾而只得承認。事實上，三人早在一個多月前（9 月 20 日）已被逮捕。

1965 年 1 月 21 日，警備總部將三人以叛亂罪交付軍事審判。同年 3 月 27 日，警總軍事法庭僅經一日的調查，即公布三人密謀起草、印刷「台灣人民自救運動宣言」傳單，而在準備向各界廣為分發前即被逮捕。

在「自救宣言」簡短的前言中，彭教授等主張，台灣人民既不願被國民黨統治，也不願被共產黨統治，而希望自己統治台灣。宣言內容主要包括以下 8 項：1. 世界必須承認一個中國和一個台灣；2. 反攻大陸絕不可能；3. 「反攻大陸」口號成為國民黨政權的藉口，使得延續獨裁統治；4. 國民黨政府既不代表中國，也不代表台灣；5. 極繁重的軍事費用和極高的出生率，是兩個極嚴重的問題；6. 國府的政策是要摧毀中產階級的經濟基礎，以消滅反對勢力；7. 經濟政策極不合理，它只是想支持龐大的軍事開支，而不是要發展適合台灣資源和人力的健全農工生活；8. 台灣可以成為一個獨立的國家，事實上，台灣在 1949 年以來便已獨立等八點基本主張。

1965 年 4 月 2 日，國府軍事法庭引用「懲治叛亂條例」，判決謝聰敏（宣言提議者）10 年有期徒刑，彭明敏和魏廷朝各 8 年

有期徒刑。在國府來看，此事件即使處以死刑亦不足以洩憤，但由於擔憂國際輿論的壓力，只得從輕量刑。然而，國府仍受到國際間「打壓言論自由、不人道的壓制」等強烈指責，使得蔣介石不得不於同年 11 月 3 日特赦彭教授，並將其他二人的刑期減半。彭教授被釋放後亦不得從事講學，等於被「半軟禁」在台北家中。

　　由於彭明敏教授被捕的事件，造成海外各地獨立運動統合的契機，其中很多成員都是彭教授的學生（連筆者留日之際亦是由彭教授寫推薦信）。1970 年 1 月 1 日，包含台灣地區在內的五個組織統合成立「台灣獨立聯盟」，總部設在紐約，總本部主席蔡同榮、副主席張燦鍙、執行秘書鄭自才；台灣本部委員長邱怡發；日本本部委員長辜寬敏；美國本部委員長蔡同榮（兼）；加拿大本部委員長林哲夫；歐洲本部委員長簡世坤等。

　　1970 年 1 月 23 日，甫成立不久的「台灣獨立聯盟」，由美國、日本、加拿大、歐洲（西德）各地本部同時發布彭明敏教授逃出台灣的消息，引起全世界的重大震撼。在軍隊及秘密警察嚴密監視下，彭教授能夠從台灣脫逃成功，實具有重大的政治意義。國府在 1 月 31 日宣布通緝彭明敏教授，並故作鎮靜地發出簡單聲明，但事實上蔣介石十分震怒。2 月 24 日，中國共產黨黨報〈人民日報〉以〈美日反動派積極策畫「台灣獨立運動」〉為社論標題，指責「美日反動派將其手下的台灣獨立運動首腦彭明敏自台灣秘密救出，企圖讓他積極地活躍於台灣獨立運動」。兩天後，中共軍方機關報〈人民解放軍〉刊載趙亦軍〈美日反動派的陰謀永遠無法達成〉的文章，更是強烈攻擊美日反動派。在這篇長達二千字的論文中，只有兩個地方指責蔣介石及國府，但攻擊非難「台灣獨立運動」、「台灣人的領導彭明敏」卻多達 20 幾處。

　　自台灣成功逃亡的彭明敏教授，於兩年後的 1972 年 4 月成

爲「台灣獨立聯盟」總本部主席（關於彭教授神秘逃亡的過程，宗像隆幸《台灣獨立運動私記──三十五年の夢》（前揭）有詳細記載）。

（以上引自拙著《台灣法の地位の史的研究》，前揭，500-3 頁；同書李明峻譯《台灣法律地位的歷史考察》，前揭，503-6 頁。）

㈢林水泉、呂國民、顏尹謨等「全國青年團結促進會事件」

「全國青年團結促進會事件」發生於 1967 年，台北市議會青年議員林水泉，以及對組黨運動充滿熱誠的黃華，結合一群甫自大學畢業的年輕知識份子，企圖以參與選舉的方式，來推動台灣政治民主與獨立運動，該群知識青年秘密成立「全國青年團結促進會」，做爲運動的主要推動機構。惟促進會成立不久，旋遭國民黨當局以「意圖非法方法顛覆政府」等罪名，悉數逮捕入獄。該案因情治單位認定「全國青年團結促進會」係由林水泉爲首，故又名「林水泉事件案」、「林水泉等叛亂案」。另外，該案涉案人顏尹謨、劉佳欽被捕時身分爲日本東京大學研究生，事件發生後曾引起日本東京大學學生集體向國民黨政權抗議，故部分論著又稱此事件爲「劉顏事件」。⑻⑤）

1966 年 4 月至 7 月間，林水泉曾邀同張明彰、呂國民及其他同志群成員，分別在白雲山莊旅社、玉山旅社等地，商討組織成立問題並分配任務。林水泉是這群青年同志的中心人物，也是郭雨新、高玉樹等政治人物和青年同志群間的主要聯結管道。早在 1965 年 10 月 15 日，林水泉曾以北市旅行社公會理事前往日本參訪的名義，與日本「台灣青年獨立聯盟」成員辜寬敏、黃有仁（昭堂）、廖春榮、王育德等會面，加入該組織，並從日本方面取得若干文件，如彭明敏的「台灣人民自救運動宣言」，交由呂國民等人傳閱，進行島內外台獨組織的串聯工作。除此之外，林本人甚至曾密計指派同爲管訓隊隊員的劉啓山進行煉油廠破壞

工作，但因故未執行：1966 年 11 月 12 日，張明彰召集呂國民、黃華、陳光英、吳文就、顏尹謨、林道平等人正式成立秘密組織，明定該組織以從事台灣獨立為目的，取名為「全國青年團結促進會」(以下簡稱「促進會」)並推舉張明彰為總幹事，由黃華草擬章程。但從這次集會起，即被調查局培養的線民陳光英所滲透。陳光英是吳文就雲林同鄉，以自立晚報記者的身分，經由吳文就的引介加入組織，所以其他的成員不疑有他。[86]

「促進會」成立後，除了與台灣反對運動領袖彭明敏和郭雨新有暗中保持聯繫之外，亦試圖拓展島內外組織。1966 年 12 月，當時顏尹謨正好準備前往日本留學，他們一群人為他餞行後，林水泉邀呂國民、吳文就、黃華、陳光英等人，作進一步的商討，當晚即由黃華草擬組織系統表及宣言，交給顏尹謨帶到日本，必要時將公開發表。[87]

顏尹謨到了日本，於 1967 年 4 月，認識公費留日的劉佳欽，兩人都與當時著名的台獨人士郭錫麟、何文燦、辜寬敏、廖春榮等人過從甚密，後來顏尹謨也與「獨立台灣會」的史明搭上關係，日後保持密切聯繫。與此同時，線民陳光英也於 1967 年 4 月 20 日，藉故赴日本，並參與劉顏兩人在日的各種活動，收集各項情資，並向他們提出在台從事破壞油廠、水庫、橋樑、暗殺官員等激進計劃。陳光英返回台灣後，又鼓勵顏尹謨的胞兄顏尹琮成立「台灣獨立同志聯合會國內行動團」。[88]

未久，1967 年 6 月 13 日，顏尹謨隨同回台訪問團百餘人，一起返台。同年 7 月 25 日，陳光英即邀約顏尹謨與林欽添一同到羅東拜會陳清山與台灣大眾幸福黨成員，並在聚會過程中暗中錄音。

在蒐集並羅織到足夠的「證據」後，調查局即陸續展開逮捕

行動。首先遭逮捕者為與陳光英一同散發反對政府言論傳單的吳文就，隨後於 1967 年 7 月至翌年元月間，陸續逮捕林水泉、正準備再度赴日的顏尹謨、返國探視受傷岳父的劉佳欽，以及呂國民、張明彰、林中禮、許曹德、林欽添、林道平、顏尹琮、賴水河、受陳光英委託刻製「台灣獨立同志聯合會國內行動團」印章的張鴻模等，被捕者共近 274 人，其中除無罪開釋或以流氓名義未經裁判即送往綠島者外，餘有 15 人，則被以「意圖以非法之方法顛覆政府而著手實行」，或「預備以非法之方法顛覆政府」等名義加以起訴。⑧⑨

　　該案在 1969 年 11 月 28 日宣判，1970 年 1 月 10 日聲請覆判，同年 8 月 13 日覆判確定。被處有期徒刑 15 年的有：林水泉、顏尹謨、呂國民。12 年有期徒刑的有：張明彰、顏尹琮、吳文就。10 年有期徒刑的有：黃華、劉佳欽、林中禮、許曹德、陳清山、林欽添、賴水河。2 年有期徒刑的有：林道平、張鴻模。⑨⓪

## 二、以土地改革消滅地主士紳領導階層

　　國府亡命台灣之後，雖然試圖以各種方式欲維持其強權統治，但是本身畢竟是台灣社會結構中的少數。因此，隨著時間的長期化，必然浮現勢力衰退的危機。而以國府過去在大陸失敗的經驗，最大的社會勢力起因於農村地方的不滿，所以必須削弱地主在地方農村支配的勢力（台灣的地主，大多數是台灣的菁英）；乃自 1949 年 4 月起，至 1953 年 1 月，強力實施土地改革。其先後分為「三七五減租」、「公地放領」和「耕者有其田條例」等三階段進行。茲簡約地引述之。

　　1. 三七五減租。1949 年 1 月，陳誠取代魏道明就任省主席，便立即在「中國農村復興聯合委員會」（簡稱「農復

會」, 由美國與國民黨政權聯合組織成立的) 協助下, 聘請在日本從事土地改革的美國國務院農業官 Wolf Ladejinsky 做顧問, 著手台灣的土地改革。首先, 在 1949 年 4 月公布「台灣省私有耕地租用辦法」, 自同年第一期作物起實施「三七五減租」, 把地主從佃農所徵收的地租, 由原來該地總收成的 50% 減低爲不得超過 37.5%。

2. 公地放領。1951 年 6 月 29 日, 公布「台灣省放領公有地扶植自耕農實施辦法」, 規定將政府及公營企業 (主要爲台灣糖業公司) 所持有的土地放領給佃農, 其條件爲⑴放領代價爲該地主作物年收的 2.5 倍；⑵十年分期償還；⑶每年償還金額與地租共計, 不得超過全年收成量的 37.5%。

當時, 政府及公營企業所有的耕地面積共計爲 18 萬 1,490 甲, 占全島總耕地面積的 21%, 但被放領的土地, 至 52 年止爲 51,000 甲, 至 58 年爲止共計 72,000 甲。僅占總公有耕地的 39.5% 而已。此外, 受放領的佃戶約 14 萬戶, 故每戶平均僅收到 0.5 甲的放領地而已。

3. 耕者有其田。1953 年 1 月 26 日, 國府立法院通過「耕者有其田條例」。同月 29 日, 行政院指定在台灣實施該條例。同年 4 月 23 日, 台灣省政府公布實施該條例的「施行細則」, 其要旨如下。⑴地主可以保留相當中等田三甲、園六甲的所有地 (當時耕地分爲二十六等則、中等田是七至十二則)；⑵除保留地之外, 一律由政府徵收, 轉放領給現耕該地的佃農；⑶徵收代價爲該土地主作物年收的 2.5 倍, 以 70% 實物債券 (十年分期償還) 及 30% 公營企業公司股票 (一次發給) 補償地主；⑷佃農以繳付實物 (米穀、

蕃薯）的方式償還土地代金（十年分期交清）。

其結果，十萬六千戶的地主所持有的土地144,000甲被徵收，放領給十九萬五千戶的佃農，因此，自耕地所佔全耕地面積的比率由以前的56%，大幅度的增加至86%，但由於每戶平均受放領面積僅有0.7甲，且未滿一甲的佃戶占全體的76%，所以耕地面積零碎的狀況，未見得有了多少改善。⑨

不過，土地改革確實使地主階層走上沒落一途。被徵收的土地補償價是該土地主作物年收的2.5倍，但只有七成是按十年分攤償還實物，故在這十年間，每年地主實物所得是該土地年收的17.5%（2.5×0.7÷10＝0.175），還少於37.5%，且十年以後全然沒有收入了。其餘三成是所謂「四大公司」：台灣水泥公司、台灣紙業公司、台灣工礦公司及台灣農林公司的股票，其中，「台灣水泥公司」及「台灣紙業公司」還算得上是大規模的企業，但「台灣工礦公司」及「台灣農林公司」，其實是由日本接收過來的中小規模企業的綜合體。而且在將股票交給地主之前，沒有任何保證物資就隨便把資本總額虛增為原來的九倍，並且還保留總股數的三分之一以便控制經營實權，然後才將其餘三分之二的股份細分給十萬餘戶的地主。因此，股票一上市，票面額10元的股票立即暴跌至2.3元，由此可知，地主們的損失如何之大。然而，對這些土地的改革，國府幾乎沒遭遇到地主的任何抗拒。究其原因，實剛於二二八清鄉之後，生殺威脅餘悸猶存，無人敢膽大違旨，賭命抗議。⑨

至於佃農，表面上好像得到很大的好處。其實，國府當局透過「田賦穀納」、「強制收購糧食」（以較市價便宜的「公定價格」強制收購）、「肥料換米穀制」（當局採取「肥料獨佔銷售制度」，用不等值的交換，強收農民所生產的米穀）等「掠奪體制」，將農民由土地改

革所得到的利益，幾乎完全吸收殆盡。惟土地改革確實使自耕農增加，農民因此提高了其相對的經濟性地位。從社會整體性的角度來說，土地改革撐開了一些階層轉移的空間，並為經濟發展帶來了某種程度的新活力及有利條件也是實情。[93]

## 三、韓戰與美援之運作

1950 年 6 月 25 日，韓戰以迅雷不及掩耳之勢爆發。杜魯門總統立即於 6 月 27 日，發表「台灣中立化宣言」的聲明，派遣美第七艦隊巡航協防台灣。此項聲明雖挽救了垂死的蔣介石政權，但國府也被限制反攻大陸的行動（下述）。同年 11 月 23 日，首批緊急軍援彈藥計 4,700 噸運抵台灣。1951 年 5 月 1 日，美國軍事援華團正式成立，開始執行美國對國府的軍事援助工作。同年 10 月 10 日，美國國會通過「共同安全法案（Mutual Security Act of 1951）」，除對台灣的軍援之外，亦開始提供台灣各種經濟援助。[94]

從此以後，一直到 1965 年 6 月 30 日，台灣的經濟已能自立，美國才終止對台灣的經濟援助。但其先前所作的援助承諾一億七千八百萬美元，則繼續到 1967 年。而對蔣政權的軍事援助仍然持續。如此，自 1951 年到 1965 年，蔣政權獲得美國所給予的 15 億美元的經援和 25 億美元的軍援。自 1951 年到 1965 年的 15 年間，平均每年得到美國經援一億美元，亦即 40 億新台幣。每年平均計算起來，美援為每人增加國民所得 10 美元，美援占台灣全國毛生產量的 6.4%，總投資的 34%，入超總值的 91%。[95]

美援幫助蔣政權維持龐大的軍費。平均起來，蔣政權的財政赤字約為全部支出的 26%，財政的赤字靠著美援來彌補。美援助了物價的穩定，緩和財政收支的不平衡，「土地改革」的推行，

以及資本的形成。在美援未停止以前，台灣公用事業 68% 的資金，交通、通信事業 28% 的資本來自美援；連農林廳每年支出的 40% 也來自由農復會經手的美援。如此，使蔣政權得以將應該用於經濟民生建設的金錢，全部轉用到軍事上。⑯

此外，美援對私人企業投資的迅速發展，也有很大的貢獻。自 1961 年的第三期經建，國府接受美國經濟援助官員的強力勸告，開始鼓勵私人的投資。其用心雖也是藉此培養與蔣政權利益一致的台灣人買辦階級，以分化台灣人日益有力的反抗。但自此台灣經濟制度的面貌有顯著的改變，私人企業的重要性日益明顯。⑰

由於有美援的適時來到，台灣在 50、60 年代，雖然是在白色恐怖的政治陰影下，經濟發展卻逐漸有了轉機。經歷 1950 年前後的「土改」之後，台灣的經濟與社會進入新的階段。美援除了提供資金、貸款、物資（麵粉、牛奶等）等經濟援助外，更提供技術支援、教育設施、社會醫療服務等。早期台灣的若干其他方面的協助，包括農業工業的基礎建設，也依賴美援才得以興建完成，包括交通、港口、鐵路修復、電力、自來水等，所以如石門水庫、東西橫貫公路、西螺大橋、麥帥公路等，都有美援的影子。⑱

然而，對美援的一般概念（即貢獻論），也有持反對的論者。如文馨瑩氏其理由是：「美國從未利用援助促使國府解除戒嚴等對自由人權的箝制，也未促成改選中央民意代表等民主參政的擴大。相對的，透過化解軍事危機、填補財政赤字、提供控制資源、提高行政效能等方式，強化國府在台的統治實力。」平心而論，這樣的指控，筆者也十分同感，並願意肯定其赤心的正面論述。⑲

## 四、日元貸款與外資的導入

㈠ 日元貸款。如上述，美援於 1965 年 6 月 30 日終止。在
這之前，國府已被告知美援即將停止。國府乃於同年 4
月 26 日，與日本政府簽訂一億五千萬美元的日元貸款協
定。內容是到 70 年 4 月爲止，由「日本進出口銀行」貸
款各種建設基金共計一億美元 (年息 5.7%, 12 至 15 年償還)，
及由「日本海外經濟合作基金」貸與「曾文水庫建設基
金」五千萬美元 (年息 3.5%, 20 年償還)。到了 1971 年 8 月，
再簽訂 2,145 萬美元第二次日元貸款協定。日本的日元
貸款，旨在彌補美援停止後的「資本不足」，以此爲契機，
台灣與日本的經濟關係再趨密切起來，台灣經濟再度尋
求活路於與日本加深關係的方向。⑩

㈡ 導入外資。國府自 1950 年起就採取「導入外資政策」，
但在 1950 年代還未見到有多大成果。迄至 1960 年施行
「投資獎勵條例」以後，成效可觀。從 1952 年至 1986 年
之間，累計達 3,757 件，59 億 3,000 萬美元。其中，華
僑資本爲 1,827 件，十二億四千萬美元；外國人資本爲
1,930 件，四十六億九千萬美元。從件數看起來，兩者大
約相等，但在金額上，外國人資本居壓倒性多數。就中，
尤以日本占最多的比例，其次爲美國。這些外資的導入，
確實有助於促進台灣的工業化及出口，並達成高度的經
濟成長，逐出現了所謂「台灣的經濟奇蹟」。⑩⑪

# 第三節　國府亡命台灣前後的美國遠東政策

## 一、台灣放棄論與 1950 年 1 月 5 日「不干涉聲明」

　　國共內戰，如上述，自協調停戰的馬歇爾將軍被杜魯門總統召回本國之後，戰爭迅即擴展到中國全域。結果，短短二年內，國府軍全面潰敗，1949 年 10 月 1 日，毛澤東在北京天安門宣布成立「中華人民共和國政府」。旋整個中國除了台灣及其他一些小島之外，均被共軍征服占領。有鑑於此，當 1949 年國府的失敗已很明顯時，美國政府對國府已毫不存有幻想，轉而對中共抱有極大的期待。大多數的遠東問題專家深信毛澤東極可能成為狄托（南斯拉夫總統，採中立化政策）第二，並將此項預測向國務院進言。[102]

　　於是，國務卿艾契遜（Dean Acheson）於 1949 年 6 月 29 日，向杜魯門總統提出〈對華白皮書〉，並在數日後正式公開。該份白皮書本文有 409 頁，加上附件共達 1,054 頁。在這份龐大浩瀚的文件中，大膽地暴露國民政府的腐敗、無能。此舉一方面有清算與國民政府關係的意義，另一方面亦暗示對中共的期待。[103]然而，中共對「白皮書」的態度十分嚴峻。毛澤東連續發表〈捨棄幻想準備戰鬥〉（1949 年 8 月 14 日）、〈還有討論白皮書的必要嗎？〉（1949 年 8 月 28 日），〈友情或侵略〉（1949 年 8 月 30 日）等論述，斷言歷史上美國對中國的政策，除侵略之外別無一物。[104]同年 10 月以後，美軍方與國務院就台灣未來交換意見時，對台灣將於 1950 年內落入中共手中一事，二者意見一致。[105]

　　一方面，杜魯門總統對蔣介石國府政權雖不存任何期待，欲讓其自生自滅，但這不意味著要將遠東重要基地的台灣（美國稱

之爲不沉航空母艦），完全加以放棄。事實上，美國國務院遠東局局長巴特華（Walton W. Butterworth），即於 1949 年 6 月 9 日，向助理國務卿魯斯克（Dean Rusk）提案，建議與英國商議由聯合國在台灣進行「住民自決」投票。[106]國務院政策企劃主任肯楠（George F. Kennan）亦向艾契遜國務卿提議，主張美國應與台灣自由派將領孫立人合作，排除蔣介石的統治，逕自占領管理台灣。[107]然而，艾契遜以時機已過爲由，未採納肯楠等人的意見。因爲早在 1949 年初，艾契遜已派遣莫成德（一譯馬禮文，Livingstone T. Merchant）到台灣，秘密探視進行排蔣及一中一台的可能性。莫成德歸國後報告：「蔣介石對台灣的統治相當穩固，而且台灣人的獨立勢力還很微弱，美國支持倒蔣的可能性很低」，使得艾契遜不得已只好中止計劃。[108]

結果，環繞著台灣的防守與放棄的爭論，即掀起了美國國內激烈的政爭。1950 年 1 月 5 日，杜魯門總統終於被迫召開記者會，發表所謂「不干涉聲明」，亦即決意放棄台灣，任其自生自滅。其內容如下。

「美國無意略奪台灣或中國的其他領土。目前美國並不考慮在台灣取得特別的利權或特權，亦不準備設置軍事基地。同時，美國不打算使用武裝部隊干涉台灣的現狀。美國政府不希望捲入中國的國內紛爭。相同地，美國政府對於在台灣的中國軍隊，亦不欲提供軍事援助與戰事建議。」[109]

毋庸贅言，此一「不干涉聲明」發表之後，即遭到共和黨在野有力參議員，如塔虎脫（Robert Taft）、范登堡（Arthur Vandenberg）、史密斯（Alexander Smith）等人猛烈的攻擊，致使杜

魯門政權甚感壓力。[110]

　　另一方面，由於毛澤東在 1949 年 7 月 1 日，中國共產黨成立二十八週年紀念會上，公開宣布「對蘇一面倒」，[111]其後並陸續逮捕、監禁美國駐上海副領事、瀋陽總領事，且在 1950 年 2 月 14 日，締結中蘇友好同盟條約，從而使美國對中共成為狄托第二的期待完全幻滅。

　　中蘇同盟的結成，正好提供共和黨（特別是中國遊說團）攻擊政府的好材料。中國遊說團告訴美國國民，中國共產政府的勝利即是美國的敗北。此時正巧發生希斯（Alger Hiss）事件，[112]中國遊說團更進一步強調：中國共產化的原因是美國國內共產主義者的陰謀。[113]於是，在威斯康辛州選出的參議員麥卡錫（Joe McCarthy），為在選區內掩飾自己的不名譽，乃於選舉期間高舉爆炸性的口號，主張「政府內充斥著共產主義者」，以吸引選民的注目。[114]中國遊說團雖然持續攻擊共產主義者，但並無法掌握一般國民的心。然而，麥卡錫卻直接擊中美國國民內心的陰影，並且加以靈活地運用，從而受到國民廣泛的支持。[115]

## 二、台灣中立化宣言的經緯

　　麥卡錫與中國遊說團所捲起的旋風，對杜魯門政府造成極大的壓力，到 1950 年 11 月的期中選舉時，若是繼續採行對華不干涉政策，則無疑地輿論將對民主黨政府越來越不利。結果，美國政府只有緊急增加對台灣的經濟援助，儘速在翌年 1 月底前追加 2,800 萬美元的援助。此類援助款項的不定期增加，有時竟影響到杜魯門政府的歐洲復興計劃。[116]

　　自此時起，杜魯門政府的對台政策即發生轉變。同年 6 月 2 日，艾契遜國務卿表示美國必須阻止共產主義的延伸，言下之意

是要確保台灣的安全。[117]6月中旬，強森（Louis A. Johnson）國防部長及布萊德雷（Owar Bradley）參謀總長在視察遠東防衛狀況之後，向杜魯門總統進言，希望盡可能趁早運送某程度的軍事裝備，給台灣的國府軍隊。此種主張亦是麥克阿瑟的看法。[118]

　　但就在此一時期，韓戰在6月25日，以迅雷不及掩耳之勢爆發。此事帶給杜魯門政府極大的衝擊，但卻也是一個轉機。在兩天後的6月27日，聯合國安理會通過決議，要求全體會員國「對反擊武力侵略給予必要的援助」。杜魯門不僅將美國地面部隊送往戰場，甚至在聯合國或國會尚未許可的情況下，以本身權限下令美國第七艦隊強制執行台灣的中立化。他發表被稱為「台灣中立化宣言」的聲明，指出：

　　「在此次加諸韓國的攻擊中，共產主義已明顯地超越破壞活動的範圍，而訴諸武力侵略與戰爭手段，企圖以此征服他國。在此種情勢下，台灣若落入共產主義者手中，即直接威脅全太平洋地域的安全。我向第七艦隊下令阻止一切對台灣的攻擊，我亦向在台灣的中國政府呼籲，停止所有對中國本土的海空作戰行動。台灣將來的地位，應待太平洋恢復安全，再以與日本締結和約或基於聯合國的考慮做成決定。」[119]

　　此聲明與美國在韓戰發生前對台灣的態度，特別是與杜魯門在1月5日所發表的不干涉聲明，可說是採取完全相反的立場。此聲明有兩項耐人尋味的要點，即1.蔣介石為此聲明所挽救，但亦因而被限制反攻大陸的行動。此點成為「兩個中國」的端緒；2.台灣的法律地位尚未決定，台灣將來的地位應待與日本締結和約或基於聯合國的考慮做成決定。

無庸置疑地，「台灣中立化宣言」立即受到中共的抨擊。中共外交部長周恩來於次日發表聲明，強烈指責美國。他說：

「我國全體人民，必將萬衆一心，爲從美國侵略者手中解放台灣而奮鬥到底。」[120]

同時，國府雖然於 27 日表示接受台灣中立化宣言，但對於台灣地位未定的部分，則與中共同樣抱持反對的立場。然而，國府接受精通國際法的駐美大使顧維鈞的建議，並未採取強硬的反對立場，反而在某種意義上是於事實上加以承認。亦即國府在其聲明中的第一點承認：「在對日和約簽訂之前，台灣的法律地位未定。」第二點職是：「國府在台灣的權限，終究只是因占領之既成事實而來的『權力』(authority) 行使，並不擁有台灣的『主權』(sovereignty)。」對此當然獲得美國之同意。[121]

## 三、舊金山和約 (San Francisco Peace Treaty) 的締結與台灣的歸屬

早在 1947 年 3 月，同盟國最高司令官麥克阿瑟即主張應盡早締結對日和約。美國國務院亦於同年 7 月提議召開對日講和的預備會議。[122]然而，由於美蘇此時正開始展開冷戰，使得全面講和已不可能實現，因此英美兩國乃採取多數講和的方針，[123]而於 1949 年 9 月 14 日起在華盛頓舉行的遠東會議中，開始起草對日和約的內容。1950 年 4 月，杜勒斯 (John Foster Dulles) 被任命爲國務院最高顧問，負責對日講和工作。[124]

1950 年 6 月 25 日，韓戰爆發。美國在檢討此一新情勢之後，轉而強烈希望日本成爲太平洋反共防線的一環，因此更急於推動締結對日和約的工作。同年 9 月 7 日，國務卿與國防部長完成對日和約的政治決定，並共同在做成的備忘錄上署名。翌日，杜魯

門立即承認此項文件。⑫

　1951 年 1 月 10 日，杜魯門授予杜勒斯大使資格，任命其爲擔當此問題的總統正式代表。其後，杜勒斯在與英國、澳洲、紐西蘭等國協議之後，做成對日和約的草案，並於同年 3 月 30 日送交主要相關國家。針對此一草案，美蘇兩國政府再進行交涉商議。⑫最後，在修改若干條文之後，英美兩國在 8 月 13 日完成講和條約的最終草案。⑫然而，在該草案的批准條款中，各國先暫定性地列舉主要的簽字國，但中國卻被排除在名單之外（第廿三條）。此點是由於英美兩國對於由哪個政權代表中國在立場上相互對立所致。亦即，英國業已於 1950 年 1 月 6 日與國府斷絕外交關係，轉而承認中華人民共和國政府代表中國，但美國仍承認國民政府爲中國的正統政府，於是由何者出席講和會議的問題，即無法達成一致的意見。最後，雙方妥協的方式是不讓中國參加講和會議。⑫

　1951 年 9 月 4 日，對日和會在英美主導下於舊金山召開，並於同年 9 月 8 日正式簽署「對日和約（Peace Treaty with Japan）」，這就是所謂的「舊金山和約（San Francisco Peace Treaty）」。簽字國共 49 國，與會各國中只有蘇聯、捷克和波蘭三國未簽署和約，⑫此外中國則如前所述地被排除在外。

　結果，舊金山和約對台灣的歸屬，在其第二條如此規定:「日本茲放棄其對台灣及澎湖群島之一切權利、權利名義及要求」，⑬並未確定台灣最終的歸屬。但是將來台灣問題的解決，無論如何均須依照聯合國憲章的目的與原則，依住民自決的原則，詢問該地域住民的意思。此點是舊金山和約簽署國的多數看法。

　附帶一提的是，「舊金山和約」於 1952 年 4 月 28 日生效，台灣及澎湖群島亦於當日正式脫離日本的主權，同時日本亦於當

日喪失對台灣及澎湖群島的領土處分權。

## 四、日華和平條約的締結與台灣的法律地位

同盟國在 1951 年 9 月 8 日於舊金山簽署對日和約之後，日本隨即於同年 11 月 18 日加以批准。杜勒斯於 11 月與兩位參議員同往日本，要求日本與國府締結和平條約。此舉明顯違反美英兩國在倫敦會議中的妥協案。亦即，當初兩國的協議是日本在成為獨立國家之後，可自行於北京與台北之間選擇一方的政府締結和約。因此，當時的英國外相艾登（Anthony Eden）事後在其回憶錄中批評「此舉是美國的背信行為。」[131]

如此，在杜勒斯代表的勸說下，日本不得不與國府締結和平條約。然而，該和約並非將國府視為代表全中國的政府來締結，而僅是適用於國府現正統治地域的條約。[132]隨後，國府即透過日本駐台代表木村四郎七，向日本政府提出下列交涉條件：1. 名稱必須是和平條約；2. 內容原則上必須與舊金山和約相同；3. 最遲須在舊金山和約生效前簽署。此點顯現其對講和的基本態度。[133]

1952 年 2 月 17 日，日本在未明確回答國府前述三項條件的情況下，派遣河田烈為全權代表前往台北。從 2 月 18 日到 19 兩天，兩國全權代表進行預備折衝。[134]

日本方面對交涉的基本態度，是在杜勒斯的諒解下，採取不承認國府為代表全中國之政府的態度。日方指出：「此次日華條約是為將來日華兩國全面展開邦交做準備，故希望在現實的立場上簽訂極簡單的內容即可。」[135]然而，國府方面則提示與舊金山和約二十一條條文幾乎完全相同的草案，且名稱亦堅持必須是「和平條約」，同時必須在承認國府為中國正統政府的基礎上做成條約。總而言之，國府採取強硬的態度，特別是強調名稱若不使

用「和平條約」，即不進入內容的審議。⑬

　　雙方的交涉由 2 月 20 日持續到 4 月 27 日。⑬日本方面的想法是沿用吉田書簡的方向，希望明確規定「限定的適用範圍」。相對地，國府方面則堅持將適用範圍涵蓋中國本土。結果，交涉即陷入僵局。⑬最後，在美國駐國府大使藍欽（Karl Lott Rankin）的仲介下，日本方面不得不妥協、讓步。⑬1952 年 4 月 28 日，在「舊金山和約」生效當天，「日華和平條約」亦進行簽署。該條約共 14 條。另有「議定書」一件（該議定書明白記載其為條約不可分割的一部分）、第一號「照會」、第二號「照會」以及「雙方同意的會議記錄」一件。⑭

　　在領土的處理問題上，「日華和平條約」係於第二條中如此規定：「茲承認依照 1951 年 9 月 8 日在美利堅合眾國舊金山市簽訂對日和平條約第二條，日本業已放棄對於台灣及澎湖群島以及南沙群島及西沙群島之一切權利、權利名義與要求。」⑭

　　就此而言，日本與國府承認日本放棄對台灣與澎湖群島的主權，但事實上日本早於「舊金山和約」第二條 b 項中即明文放棄，故在此不過是再加以確認而已。必須注意的是，國府亦僅依照過去承認的領土處理，並未決定最後的處分問題，亦未明言是為誰而放棄，因此台灣的歸屬問題可以說絲毫沒有解決。

　　在規定條約適用範圍的第一號照會中，雙方明言：「本約各條款關於中華民國之一方，應適用於現在中華民國政府控制下或將來在其控制下之全部領土。」⑭指出適用範圍僅為「現在中華民國政府控制下」的台灣與澎湖群島等領域。此乃是當時吉田政權已看出會出現「兩個中國」的事態，而思考如何在將來對大陸中國推動外交時，能使「日華和平條約」的障礙減至最低，⑭因此絕非是承認國府對台灣的領有權。

事實上，國府對於條文中的「控制下的領土或領域」並不是法律上所認知的「領土」，也有充分的理解，外交部長葉公超在立法院報告指出：「雙方換文中訂定的適用範圍是指我國政府控制下的一切領土，所謂的控制是一種事實的狀態，並非法律的意味，和法律上的主權有很明顯的不同。」[144]

如是，藉由「舊金山和約」及「日華和平條約」的締結，依據和平條約內容的履行處理，二次大戰時美、英、華三國所發表的「開羅宣言」，包括「波茨坦宣言」，當然歸於無效或消滅。今後日本無須再負擔對該等宣言內容的義務，該等宣言在法律上、政治上是完全失效的，絕不能再影響台灣的歸屬。同時，國際法上領土歸屬的最終決定是以和約來體現，在日本明言放棄領土權之後，台灣已成為對日和約所有當事國（同盟國）所共同領有，國府僅是代表同盟國加以統治。[145]然而，若是尊重聯合國憲章承認住民自決權的規定，將來當然應由台灣人民以自由、公正的投票來決定其地位。無論如何，「舊金山和約」及「日華和平條約」均未決定台灣的法律地位，其歸屬只有留待日後解決。

# 五、台灣中立化解除宣言及華（台）美共同防禦條約的締結

## ㈠ 台灣中立化解除宣言

1953 年，美國共和黨政權在選戰獲勝之後，即採取廢棄民主黨「圍堵政策」的態度，提出「反擊政策」取而代之。為達成此一目的，杜勒斯國務卿於 1953 年 1 月 15 日，在參議院外交委員會發表下述說辭：「現在中國與莫斯科的結合關係，乃是違反中國人民傳統、希望與期待的做法。我們絕不容忍此種事態繼續

延續, 以免中國四億五千萬人民成爲蘇聯侵略的前哨。」[146]

其後, 艾森豪亦於 1953 年 2 月 2 日, 沿襲杜勒斯發言的方向, 在向國會提出的國情咨文中表示:

> 「在 1950 年 6 月韓國遭受侵略攻擊之時, 美國第七艦隊受命阻止一切對台灣的攻擊, 同時亦保證不將台灣做爲攻擊中共治下地域的作戰基地。此舉等於是要求美國海軍做爲防衛共產中國的一翼。然而, 在該軍事命令下達後不久, 中共軍即入侵朝鮮半島, 並攻擊該戰線上的聯合國部隊。中共軍自始至終均拒絕聯合國司令部的停戰提案, 雖然該提案係經美國及其他五十三個國家同意。
>
> 基於此種緣故, 要求美國海軍擔當防衛中共的責任, 其結果不但對共產軍毫無損失, 反而導致美軍及其他聯合國軍在朝鮮半島被殺害。此點不僅毫無任何道理, 亦不具任何意義。
>
> 因此, 我下令第七艦隊不再繼續做爲共產中國的盾牌。此一命令絕非包藏侵略的意圖, 重點是我絲毫無任何義務去保護韓戰中與吾等對戰之人民。」[147]

上述聲明等於是宣布解除台灣的中立化, 而此舉獲得共和黨與國府的大聲喝采。蔣介石在三天後發表聲明, 稱讚此爲合理而賢明的措施, 同時表示絕不要求任何國家支援地面部隊。然而, 所謂「不要求援助地面部隊」, 即暗示希望能有海空軍方面的支援。[148]於是, 在華盛頓的國府大使館中, 英國參議員麥卡錫、諾蘭、布里奇等有力的「中國遊說團」成員群聚一堂, 高呼「反攻大陸」並舉杯共祝。[149]其後不久, 他們更乘此一威勢, 設立所謂「百萬人反對中共進入聯合國委員會」。[150]

另一方面，對於美國宣布解除台灣的中立化，中共政府於1953 年 2 月 4 日提出強烈批判。中共指出：「美國自 1950 年以來，即公然鼓舞對中國沿岸的游擊行動，此次由於在韓戰中屈辱敗北，更使其意圖擴大此一侵略戰爭。……美國將希望寄託於『蔣總統』這個被唾棄的力量，實是將來蒙受更大失敗的前兆。」⑮

同時，蘇聯政府的機關報〈眞理報〉亦於 2 月 9 日指出：「美國採取此項新措施的目的，在於阻礙韓戰的結束，意圖擴大遠東的戰線。」

美國的西歐盟國亦對此深表不安。英國工黨領袖貝玟（Ernest Bevin）表示，英國人不希望被迫爲蔣介石而戰。⑮英國艾登外相亦於 2 月 3 日，在下院聲明：

「關於美國政府宣言解除台灣中立化一事，英國已於事前接獲通告，並直接對美國政府提出警告，表達可能掀起的不良政治反響，且此點可能損及美國的軍事利益。此爲英國至今仍未改變的看法。必須注意的是，當年台灣中立化的宣布是美國採行的片面措置，而此次台灣中立化的解除亦是美國的片面措置，兩次英國都毫不知情。」⑮

加拿大政府對此亦深感不安。皮爾森（Lester B. Pearson）外相於 1953 年 2 月在下院表示：「只要朝鮮半島的敵對關係仍舊持續，則台灣應盡可能使其中立化，此乃加拿大政府一貫的政策。」他甚至主張「台灣的最終歸屬，應留待將來討論遠東問題的朝鮮停戰會談中，做爲一個主題加以討論。屆時必須優先考慮的是台灣住民的願望」，以此向海內外明確表示該政府對解決台灣問題的構想。⑮

關於台灣中立化的解除，列強間（特別是西歐各國）曾盛行所謂「大戰警戒論」，但由其後的事實來看，使世界震驚的解除台灣中立化政策聲明，正與另一個「反擊政策」相同，並未對現實造成絲毫的變化。反而，由於中立化政策的解除，使北京政府將原本集結於朝鮮半島和東北的中共軍，大舉移駐台灣對岸一帶地域，結果反而使國府軍的游擊活動降溫，導致沿岸小島陸續被中共奪回。尤有甚者，由於中共刻意提起 1950 年以來盤據緬甸的國府殘留軍問題，[155] 使得艾森豪政權在與緬甸政府交涉後，對蔣介石施加壓力，迫使其將大部分殘留緬甸的國府軍撤到台灣。[156]

結果，「放任蔣介石」的唯一實績，只是使駐台美軍顧問團自「西方公司（Western Enterprise）」（中情局 CIA 機關），接管中國大陸沿岸諸島的事務，能將精力集中於金門、大陳島的防備而已。[157]

## (二)　華 (台) 美共同防衛條約的締結

韓戰與越戰是使美國重新檢討其亞洲政策的原因。其時，美國唯恐喪失在亞洲的防衛力，並且對於不相統合的東南亞新興諸國，美國亦擔憂其陸續被共產主義解放。美國認為，韓戰停火使中國有餘裕增加對北越的援助，而以越南分裂為條件所造成的和平，亦將形成對其他東南亞國家的間接侵略。

因此，美國乃試圖以自身的軍事力為中心，在東南亞集結英、法、澳、紐的力量，形成阻止共產主義發展的防線，從而構想設立讓更多東南亞國家參加的集體防禦體制。於是，在 1954 年 9 月 8 日，美、英、法、澳、紐、菲、泰和巴基斯坦等八國，即簽署東南亞集體防禦條約（SEATO）。[158]

北京政府之所以重視美國的這項舉動，主要是因為它唯恐美

國若讓台灣參加東南亞集體防禦條約，將使台灣的地位不只是置於美國的防衛範疇，亦會納入區域性集體安全保障條約之內，從而導致獲得國際承認的事態。[159]事實上，在韓戰趨向終結的1953年6月7日，蔣介石即直接致電艾森豪總統，表示希望組成包括台灣在內的東南亞集體防禦組織，以及締結「華（台）美共同防禦條約」。[160]因此，北京政府在同年7月底開始推動激烈的台灣解放運動，其目的是一方面迫使想參加該條約的國家反對台灣加入，另一方面亦藉此轉移是年長江大洪水所導致的社會不安。[161]在此種情況下，中共在1954年8月1日的建軍二十七週年紀念會上，由解放軍總司令朱德向全軍發布「解放台灣公告」，並由周恩來在8月11日聲明「解放台灣宣言。」[162]

如此，中共軍在1954年9月3日，於馬尼拉會議（SEATO組成大會）前夕，對中國沿岸的金門展開大規模的砲擊。此即是1954年的台海危機。[163]國府對韓戰結束、越戰未擴及中國本土而大感失望，但認為金門砲戰使發生大戰的必然性浮現眼前。[164]國府相信，只要美國介入這些島嶼的紛爭，必然會導致參加中國內戰的結果。[165]

然而，9月12日艾森豪總統親自在丹佛主持國家安全會議之後，最終同意杜勒斯國務卿的提案，決定「將中國沿岸諸島的問題提交聯合國安理會，要求介入以維持現狀，停止台灣海峽的砲火」，以此作為解決台海危機的方策。[166]杜勒斯認為，藉由聯合國的介入台海危機，使台灣問題國際化，如果蘇聯亦容忍此點，則將來應會承認台灣的獨立。[167]

但是，蔣介石卻反對此項提案。因為若將此問題提交安理會，首先即須解決北京代表的出席問題，甚至引發何者擁有聯合國的中國代表權問題，此點使蔣介石深感不安。[168]同時，國府原

本希望以金門問題將美國扯入戰爭的設計，若是改由國際協商來
進行，則恐怕將更難達到目的。因此，他主張應將重點置於和美
國締結軍事同盟一事。⑯

　　另一方面美國原本希望將台灣納入「東南亞集體防禦條約」，
但以英法為首的各國（包括菲律賓和巴基斯坦在內）都反對國府加
入 SEATO。至於由聯合國處理台灣海峽停火的方法，不但國府
極力反對，北京的拒絕亦在意料之中。同時，美國給予國府的武
器，若是用來對中國作戰，亦有將美國捲入戰爭的危險性。此外，
第七艦隊防禦台灣的問題，係基於總統針對韓戰的相關命令，而
該權限自美國簽定韓戰停火協定後即形同具文，此點亦須設法解
決。⑰

　　結果，美國所能選擇的道路，只有與國府締結軍事同盟一
途。事實上，艾森豪總統早在 9 月 12 日的國家安全會議上，即
決定與國府締結共同防禦條約。在該次會議中，艾森豪總統決定
美國將以共同防禦條約保衛台灣，但相對要求國府保證不再反攻
大陸本土。⑰

　　於是，負責遠東問題的助理國務卿羅柏森（Walter Robertson）
在 1954 年 10 月 12 日，緊急訪問台北。翌（13）日，他與蔣介
石進行七小時（共計四次）的會談。⑰隨後，從 1954 年 11 月 2
日至同年 12 月 1 日為止，前後進行約一個月，總計召開九次會
談。整體上大致是依照美國的意向，而國府則在文字上略做斟酌
以維持體面。1954 年 12 月 2 日，杜勒斯國務卿與葉公超外交部
長正式在華盛頓簽署「華（台）美共同防禦條約（共 10 條）」。⑰

　　該條約完全是屬於防禦性質的，國府若調動軍隊意圖攻擊中
國本土時，必須另與美國進行事前會商。此點在 11 月 19 日，杜
勒斯與葉公超的換文中，雙方已達成如下的諒解，亦即雙方同

意：「對於（國府統治下）這些地域的任何部分行使武力，由於會對另一方締約國造成影響，因此這種武力必須明顯地以自我防衛的固有權利來行使，並以具有緊急性格的行動條件，屬於須雙方共同協議的問題。」[174]

附帶一提，在做成「換文」之際，國府大爲抗拒，且要求秘密處理。然而，美國方面以條約必須經參議院承認加以說服，國府只得不情願地接受。結果，如上所述，爲顧及國府的面子，原先的「條約議定書」被變更爲「換文」的形式。[175]

在「華（台）美共同防禦條約」中，特別引人注目的部分。是條約前文中規定適用者爲 "Two peoples...to fight side by side against imperialist aggression during the last war"。亦即，「上次大戰期間，『兩國人民』爲對抗帝國主義，……團結一致併肩作戰之關係。」因此，嚴密地說，台灣人並非該條約的適用對象。因爲台灣人在戰爭期間尚是日本國民，並未與日本帝國作戰，所以本條約被懷疑只適用於占據台灣的國府流亡政權。[176]同時，其第二條規定：「締約國將個別並聯合以自助及互助之方式，維持並發展其個別及集體之能力，以抵抗武裝攻擊，及由國外指揮之危害其領土完整與政治安定之共產顛覆活動。」所以美國在台灣發生緊急變動時，可據此規定單獨出兵。換言之，台灣國內體制若在未來發生變化，如1.國府軍瓦解，無法統御時；2.共產黨的顛覆成功時；3.國府內部派系與中共合作，使情況無法收拾時；則美國確保台灣的王牌即是將此條文做最大限度的利用。[177]

此外，其第六條中所規定的「領土」，在「中華民國」方面係指台灣及澎湖群島。就此而言，美國與國府締結此項條約一事，即使得台灣的法律地位產生疑惑。結果，美國參議院外交委員會在承認此條約時，特別聲明此條約並不影響或改變其適用地域的

法律地位，補充說明其並未對台灣、澎湖群島做成最後的處分。
[178]很明顯地，此條約事實上並非美國所期待的，美國之所以締結
此條約，主要是因為唯恐國府政權日益弱化，再不提升士氣，可
能會向中國本土投降。[179]一方面，北京政府的總理兼外交部長周
恩來亦於12月8日發表下述聲明，強烈抨擊「華（台）美共同
防禦條約」。他說：

> 「美國政府不顧中國人民歷次的反對和警告，竟在1954年
> 12月2日同逃竄在台灣的蔣介石賣國集團簽訂了所謂『共同
> 防禦條約』。美國政府企圖利用這個條約來使它武裝侵占中國
> 領土台灣的行為合法化，並以台灣為基地，擴大對中國的侵略
> 和準備新的戰爭。這是對於中華人民共和國和中國人民的一個
> 嚴重的戰爭挑釁（以下略）。」[180]

雖然如此，北京政府在內心仍對下述兩點深感滿意，第一是
國府終究僅能單獨和美國簽定防禦條約；第二是美國與國府間的
條約是不包括攻擊中國大陸在內，僅屬於防衛的性質。

## 六、中共攻擊大陳島與台灣決議

1955年1月，北京為確認「華（台）美共同防禦條約」是否
會被照章執行，決定嘗試以實際行動加以檢證。1月10日，中
共對離台灣最遠的大陳島展開激烈的砲擊，並以百架飛機轟炸大
陳島。一週之後，近4,000名共軍登陸離大陳島7英哩遠的一江
山島，與1,000名國府守備部隊交戰兩小時，將其攻陷占領。[181]
杜勒斯國務卿（1月18日）與艾森豪總統（1月19日）則先後
在記者會上表示，無論是游擊隊據守的一江山島，或是由正規軍

駐屯的大陳島，均與台灣、澎湖群島的防衛無甚相干，暗示要放棄大陳島。[182]1月19日午後，杜勒斯緊急在國務院召見葉公超外交部長和顧維鈞大使，正式通告要求國府撤出大陳島，但美國明示將以協助防禦金門做爲代價，但亦追加說明無法協防馬祖。[183]對於此點，國府則強調大陳島戰略地位的重要，不願接受美國的要求。[184]

　　1月21日，杜勒斯再召葉公超和顧維鈞至國務院，通告美國爲掩護國府從大陳島撤退，已從琉球調派航空母艦前往。同時，在當時雖然還是機密，但美國已於國家安全會議中決定將金門、馬祖亦列入防禦區域，並預定於近期內由總統向國會提出的「特別咨文」，先將其主要內容事前告知國府。[185]

　　同年1月24日，艾森豪向國會提出特別咨文，要求在防衛台澎受中共攻擊一事上，能賦予其在必要時使用美軍的權限。艾森豪在特別咨文中指出：

> 「去（1954）年12月，美國政府與中華民國之間，針對台灣與澎湖群島的安全，締結共同防禦條約。此完全爲防衛性質的條約，目前正在參議院審議中。另一方面，中共以一連串的政治、軍事挑釁行動，顯現其侵略目的的形態。他們公然表明征服台灣是其目的之所在。（中略）
>
> 　很明顯地，就現在持續進展的情勢而言，這是對我國和整個太平洋地域的安全保障，甚至是對世界和平的重大危機。……由於事態是如此重大的危險，我不欲坐待聯合國的措施，而必須藉由對國會的具體決議，要求參與以改善和平前景爲目的的對策。（中略）
>
> 　我並非提議修改目前正待批准的條約，將其所規定的美國

防禦範圍擴大到台灣和澎湖群島以外的地區。（中略）對於國會
賦予我的權限，我將僅針對『做爲攻擊台灣和澎湖群島主要部
分的行動，或進行明顯被認爲是此項攻擊的準備行動』時，方
加以行使。」[186]

這項咨文被送達國會之後，喬治（Walter George）參議員和紐
堡格（Richard L. Neuberger）衆議員即分別在參衆兩院，針對在台
灣海峽的行動，提出賦予總統無限制權限的決議案。次日，美國
衆院以 410 票對 3 票通過此項決議案。參議院在 1 月 28 日以 83
票對 3 票通過所謂的「台灣決議案」。[187]

該項「台灣決議案」中，在該地區的宣戰權限上，賦予總統
極大的自由裁量餘地。如此一來，即使總統違逆國會的意思，亦
能獨斷行使在該地區的宣戰大權。[188]中共〈人民日報〉指責說：
「美國總統艾森豪於 1 月 24 日向國會提出所謂關於『正在台灣海
峽發展的局勢』的咨文，要國會授權他使用美國武裝部隊來公開
干涉中國人民解放台灣、澎湖和中國沿海島嶼，並對中國大陸發
動直接的武裝侵略。（中略）艾森豪的這個咨文是一個戰爭咨文。」
[189]

另參議院通過「台灣決議案」的翌（29）日，艾森豪立即簽
署使其生效，並發表簡略的聲明，但卻未提及金門、馬祖的防禦
問題。對於此點，蔣介石大呼「上當」而咆哮不已。於是，國府
主張自行發表美國將防衛金馬一事，使美國相當困擾。對蔣介石
的耍賴、勒索十分苦惱的艾森豪總統終於嘆道：「蔣介石眞是獨
裁者。他竟敢指使我。」[190]

但是，蔣介石的蠻橫還是不被理會，大陳島的撤退作戰始於
2 月 5 日。由於國府軍因喪失制空權而無法自力撤退，因此必須

運送美國兵力前往協助。於是，第七艦隊即出動進行掩護作戰。2月11日夜晚，當美國海軍最後一艘運兵船（LST）離開大陳島，國府軍的撤兵作業即告完成。[191]

而耐人尋味的是，中共不但將魚雷艇撤出大陳島水域，而且其空軍亦完全未出現在戰區。此點若由中共各媒體持續激烈地攻訐美國的情形來看，可說是相當慎重的行動，這正是中共宣傳戰與實際行動表裡不一的典型事例。北京對事態的演變充分感到滿意。很明顯地，「華（台）美共同防禦條約」和「台灣決議案」僅是為了防禦台灣。他們認為：若國府主張的反攻大陸不能得到美國的支持，國府的士氣不久即會瓦解，而從大陸逃往台灣者會渴望回歸中國，則「解放」台灣的戰略即能達成目標。

於是，北京為提高國府對美國的疑心，即開始設法離間二者。4月23日。周恩來在萬隆會議上發表聲明，表示「中國人民不與美國交戰，為緩和台灣海峽的緊張，中國希望和美國對話。」[192]同時，中共亦呼籲國府為和平解決問題進行和談。台灣海峽危機就此暫告解決。但與此同時，美國政府的長期目標是使國府不再反攻大陸、將台灣自中國隔離、使國府軍撤出大陸沿岸諸島，達到實質上「一中一台」狀態的落實。

## 第十三章註

① 關於其間經緯，可參照山極晃〈大戰中の米華關係〉（アジア・アフリカ國際關係研究會編《朝鮮・中國の民族運動と國際環境》第一卷，昭和42年，263-309頁）。這是相當傑出的研究。

Jospeh W. Ballantine, *Formosa — A Problem for United States Foreign Policy.* op. cit., pp.79-80.

② 張德水《激動！台灣的歷史》，前揭，164 頁。

　　何幹之主編《中國現代革命史》1911-1956，高等教育出版社，1957 年，294、303、318 頁參照。

③ Harry S. Truman, *Memoir by Harry S. Truman,* Vol.II, Year of Trial and Hope, 1946-1953. Hadder & Stoughton, 1956, p.65.

④ Ibid., p.67.

⑤ Ibid., pp.70-1.

⑥ Tang Tsou, *America's Failure in China, 1941-50*. Chicago Univ. Press, 1963, pp.405-6.

⑦ Harry S. Truman, op. cit., Vol.II, p.78.

　　前揭《中國現代革命史》1911-1956，295 頁。

　　人民教育出版社《中國人民解放戰爭和新中國五年簡史》，同社，1954 年，21-2 頁參照。

⑧ Tang Tsou, op. cit., p.411.

⑨ Harry S. Truman, op. cit., Vol.II, p.83.

⑩ Tang Tsou, op. cit., pp.419-20.

⑪ Ibid., p.421.

　　前揭《中國現代革命史》1911-1956，298-9 頁參照。

⑫ Ibid., pp.423-4.

⑬ Harry S. Truman, op. cit., Vol.II, p.84.

⑭ Tang Tsou, op. cit., p.437.

　　オーエン・ラティモア著／小川修譯《アジアの情勢》，日本評論社，昭和 25 年，161-2 頁。

　　顧維鈞著／中國社會科學院近代研究所譯《顧維鈞回憶錄》第六分冊，中華書局，1988 年，133 頁。

⑮ Harry S. Truman, op. cit., Vol.II, p.95.

⑯ 前揭《中國現代革命史》，307-10 頁參照。

　　前揭《中國人民解放戰爭和新中國五年簡史》，42-6 頁參照。

⑰ 同上《中國人民解放戰爭和新中國五年簡史》，52-8 頁參照。

⑱ 同上，77-91 頁參照。

⑲ 同上，95-5 頁參照。

　　前揭《中國現代革命史》，320-2 頁參照。

⑳ 高蔭祖主編《中華民國大事記》，世界社，民國 46 年，582 頁。

㉑ 周宏濤口述／江士淳撰寫《蔣公與我：見證中華民國關鍵變局》，天下

遠見出版公司，2003 年，297-8 頁參照。

李筱峰《台灣史 101 問》，前揭，323 頁。

㉒ 前揭《中華民國大事記》，592 頁。

㉓ 張瑞成編撰《蔣經國先生全集記事年表 (1910-1988)》上輯，行政院新聞局，民國 81 年，144-51 頁參照。

㉔ 前揭《中華民國大事記》，602-3 頁參照。

㉕ 前揭《台灣史 101 問》，295 頁。

㉖ 雷震著／林淇瀁校註《雷震回憶錄之新黨運動黑皮書》，遠流出版公司，2003 年，42 頁。

㉗ 戴寶村《台灣政治史》，前揭，303 頁。

㉘ 陳隆志《台灣的獨立與建國》，美國耶魯大學法學院，1971 年，131-2 頁。

㉙ 張炎憲・陳美蓉・尤美琪採訪記錄《台灣自救宣言謝聰敏先生訪談錄》，國史館，2008 年，152-3 頁。

㉚ 謝聰敏《談景美軍法看守所》，前衛出版社，2007 年，269-71 頁。

㉛ 前揭《台灣自救宣言謝聰敏先生訪談錄》，539-40 頁。

㉜ 張讚合《兩岸關係變遷史》，周知文化事業公司，1996 年，208-9 頁。

㉝ 前揭《台灣史 101 問》，347-8 頁。

㉞ 前揭《台灣政治史》，300 頁參照。

邱國禎《近代台灣慘史檔案》，前衛出版社，2007 年，109-10 頁參照。

㉟ 同上《近代台灣慘史檔案》，188-9 頁。

㊱ 同上，143-4 頁參照。

前揭《台灣政治史》，300 頁參照。

前揭《台灣史 101 問》，350 頁參照。

㊲ 許雪姬等撰《台灣歷史辭典》，前揭，867 頁。

林礽乾等總編輯《台灣文化事典》，前揭，775 頁參照。

前揭《近代台灣慘史檔案》，269-71 頁參照。

㊳ 同上《台灣文化事典》，463-4、638、805-6 頁參照。

同上《近代台灣慘史檔案》，276-7 頁參照。

㊴ 廖文毅《台灣民本主義》，前揭，110-8 頁參照。

簡文介《台灣の獨立》，有紀書房，昭和 37 年，97-100、105、111-5 頁參照。

林樹枝《白色恐怖 X 檔案》，前衛出版社，1997 年，24-31 頁參照。

同上《台灣文化事典》，927 頁參照。

㊵ 同上《白色恐怖 X 檔案》，27-31 頁參照。

同上《台灣文化事典》，927-8 頁參照。
㊶ 陳銘城《海外台獨運動四十年》，自立晚報出版部，民國 81 年，7 頁參照。
柯旗化《台灣監獄島》，イースト・プレス株式會社，1992 年，202 頁參照。
前揭《台灣文化事典》，759 頁參照。
同上《白色恐怖 X 檔案》，18-21 頁參照。
㊷ 沈克勤編著《孫立人傳》下，台灣學生書局，1998 年，1025-6 頁參照。
㊸ 同上，693-5 頁參照。
㊹ 同上，696 頁。
㊺ 同上，697-700 頁參照。
㊻ 同上，700 頁。
㊼ 同上，701 頁。
㊽ 陳存恭訪問／萬麗鵑等紀錄《孫立人案相關人物訪問紀錄》，中央研究院近代史研究所，民國 96 年，51-2 頁參照。
㊾ 江南《蔣經國傳》，李敖出版社，1995 年，332 頁參照。
前揭《孫立人傳》下，723-4 頁。
㊿ 同上《孫立人傳》下，725-6 頁。
(51) 前揭《台灣文化事典》，602 頁。
前揭《台灣歷史辭典》，633-4 頁參照。
(52) 同上《台灣文化事典》，602 頁。
同上《台灣歷史辭典》，633 頁。
(53) 前揭《孫立人傳》下，739 頁。
(54) 前揭《台灣歷史辭典》，634 頁。
(55) 前揭《台灣自救宣言謝聰敏先生訪談錄》，191 頁，註⑤。
(56) 薛化元《「自由中國」與民主憲政》，稻鄉出版社，民國 85 年，61-3、76-9、120-2 頁參照。
(57) 李筱峰《台灣民主運動四十年》，自立晚報，民國 76 年，60-1 頁。
前揭《雷震回憶錄之新黨運動黑皮書》，40 頁。
(58) 前揭《「自由中國」與民主憲政》，138 頁。
(59) 同上，139-40 頁。
(60) 同上，143 頁。
(61) 同上，144-5 頁。
(62) 前揭《台灣民主運動四十年》，62-6 頁參照。
(63) 前揭《「自由中國」與民主憲政》，147 頁。
(64) 同上，147-8 頁。

㉕ 前揭《台灣民主運動四十年》，70 頁。

㉖ 蘇瑞鏘《戰後台灣組黨的濫觴——「中國民主黨」組黨運動》，稻鄉出版社，民國 94 年，62-3 頁參照。

前揭《雷震回憶錄之新黨運動黑皮書》，38 頁參照。

㉗ 同上《戰後台灣組黨的濫觴——「中國民主黨」組黨運動》，83-4 頁。

㉘ 同上，88-90 頁參照。

前揭《雷震回憶錄之新黨運動黑皮書》，38-9 頁參照。

㉙ 前揭《戰後台灣組黨的濫觴——「中國民主黨」組黨運動》，90-1 頁。

同上《雷震回憶錄之新黨運動黑皮書》，44-5 頁。

㉚ 同上《雷震回憶錄之新黨運動黑皮書》，45-6 頁。

㉛ 同上，46 頁。

㉜ 同上，同頁。

前揭《戰後台灣組黨的濫觴——「中國民主黨」組黨運動》，122-3 頁。

㉝ 同上《戰後台灣組黨的濫觴——「中國民主黨」組黨運動》，126-9 頁。

㉞ 王育德《台灣—苦悶するその歷史》，前揭，158 頁。

㉟ 前揭《雷震回憶錄之新黨運動黑皮書》，47 頁。

㊱ 同上，47-8 頁。

㊲ 同上，48 頁參照。

周琇環‧陳世宏主編《戰後台灣民主運動史料彙編㈡組黨運動》，國史館，民國 89 年，88-96 頁。

㊳ 前揭《台灣—苦悶するその歷史》，168-9 頁。

前揭《台灣民主運動四十年》，81 頁。

前揭《蔣經國傳》，396-402 頁參照。

前揭《雷震回憶錄之新黨運動黑皮書》，56 頁。

㊴ 同上《雷震回憶錄之新黨運動黑皮書》，60 頁。

㊵ 同上，56 頁。

前揭《戰後台灣組黨的濫觴——「中國民主黨」組黨運動》，61-2 頁。

㊶ 前揭《雷震回憶錄之新黨運動黑皮書》，56 頁。

㊷ 前揭《台灣民主運動四十年》，81 頁。

㊸《台灣青年》，1961 年 10 月，第 11 號，2、62 頁參照。

前揭《白色恐怖 X 檔案》，190、208 頁參照。

陳儀深《口述歷史》（第十期）——蘇東啟政治案專輯，中研院近代史研究所，民國 89 年，13-26 頁參照。

㊹ 同上《白色恐怖 X 檔案》，209 頁參照。

同上《口述歷史》(第十期)——蘇東啓政治案專輯，26-8 頁參照。

⑧ 曾品滄、許瑞浩訪問／曾品滄記錄《1960 年代的獨立運動——全國青年團結促進會事件訪談》，國史館，民國 93 年，1-2 頁。

⑧ 同上，25-7、32-3 頁參照。
前揭《白色恐怖 X 檔案》，159-62 頁參照。
前揭《近代台灣慘史檔案》，407-8 頁參照。

⑧ 同上《近代台灣慘史檔案》，408 頁。

⑧ 同上，同頁。

⑧ 前揭《白色恐怖 X 檔案》，164-5 頁參照。
前揭《1960 年代的獨立運動——全國青年團結促進會事件訪談》，33-4 頁。

⑨ 同上《白色恐怖 X 檔案》，165-6 頁參照。
同上《1960 年代的獨立運動——全國青年團結促進會事件訪談》，34-5 頁。
前揭《近代台灣慘史檔案》，408 頁。

⑨ 前揭《激動！台灣的歷史》，188-9 頁。

⑨ 同上，190 頁。

⑨ 同上，190-3 頁參照。

⑨ 周琇環編《台灣光復後美援史料——第一冊軍協計劃㈠》，國史館，民國 84 年，2-3 頁參照。

⑨ Lung-chu. Chen, Harold D. *Lasswell, Formosa, China, and the United Nations.* St. Martin's Press, N.Y. 1967. pp.301-2.
陳隆志《台灣獨立與建國》，耶魯大學法學院，1971 年，304-5 頁。

⑨ Ibid., p.302.
同上，305 頁。

⑨ Ibid., p.304.
同上，305-6 頁。

⑨ 前揭《台灣史 101 問》，329-30 頁。

⑨ 同上，330-1 頁參照。

⑩ 前揭《激動！台灣的歷史》，204-5 頁。

⑩ 同上，205 頁。

⑩ John W. Spanier, *American Foreign Policy Since World War II.* Frederick A. Praeger, Inc., 1965, p.51.
黃有仁〈アメリカの台灣中立化政策決定過程〉《台灣青年》第六十二號，

60 頁所收)。

⑩ Ibid., pp.84-6.

⑩ 毛澤東《毛澤東選集》第四卷，北京外文出版社, 1968 年, 561-96 頁參照。

⑩ Military Situation in the Far East, Hearings before the Committee on Armed Services and Committee on Foreign relations, United States Senate, 82nd Congress, 1st Session. Washington Government Printing Office, 1951, pp.1770-1.

H. Brandford Westerfield, *Forign Policy and Party Politics-Pearl Harbor to Korea.* Yale Univ. Press, 1955, p.362.

⑩ U. S. Ddpt. of State, *Foreign Relations of the United State 1949.* Vol. IX, pp.346-50.

⑩ ディーン・アチソン著／吉澤清次郎譯《アチソン回顧錄》Ⅰ, 恒文社, 1979 年, 367-8 頁。

ジョージ・F・ケナン著／奧畑稔譯《ジョージ・F・ケナン回顧錄》Ⅰ, 讀賣新聞社, 1973 年, 52、55 頁。

前揭《孫立人傳》下, 695-8 頁。

⑩ 蕭欣義〈1940 年代中美對台灣地位的大搬風〉(張炎憲等編《二二八事件研究論文集》, 吳三連基金會, 1998 年, 301 頁)。

⑩ U. S. Ddpt. of State, *American Foreign Policy,* 1950-1955, Basic Documents. Gov't Printing Office, 1957, pp.2448-9.

Margaret Carlyle, ed., *Documents on International Affairs,* 1949-1950. Oxford Univ. Press, 1953, p.95.

⑩ Joseph W. Ballantine, op. cit., pp.121-2.

Tang Tsou, op. cit., p.532.

Arthur H. Vandenberg, Jr., *The Private Papers of Senator Vandeberg.* Houghton Mifflin Co., Boston, 1952, pp.538-9.

⑪ 前揭《毛澤東選集》第四卷, 545-6 頁。

⑫ 前美國國務院高官希斯 (Alger Hiss) 由於是共產黨員, 而於 1950 年 1 月, 突然因爲僞證被判有罪。然而, 當時他已離職四年之久, 而所犯僞證罪亦發生於十三年以前。

Earl Latham, *The Communist Controversy in Washington — From the New Deal To McCarthy.* Harvard Univ. Press, 1966, pp. 186~94.

フェリング・グリーン著／佐佐木謙一譯《アメリカの中國觀》, 弘文堂, 昭和 41 年, 68 頁。

⑬ H. Brandford Westerfield, op. cit., p.368.

Poster Rhea Dulles, *Americans Rise to World Power,* 1898-1954. Harper & Brothers, 1955, p.254.

⑭ Richard H. Rovere, Senator Joe McCarthy. Methuen & Co., London, 1959, p.11.

前揭《アメリカの中國觀》，68-70 頁。

⑮ 同上，70-1 頁。

⑯ *China Handbook,* 1951. China Publishing Co., 1952, p.116.

⑰ Werner Levi, *Modern China's Foreign Policy.* University of Minnesota, 1953, p.302.

⑱〈朝日新聞〉、〈讀賣新聞〉，1950 年 6 月 25 日。

⑲ Foster Rhea Dulles, op. cit., p.357.

U. S. Dept. of State, *American Foreign Policy,* 1950-1955. op. cit., p.2468.

⑳ 世界知識出版社編輯《中華人民共和國對外關係文件集》第一卷，同出版社，1961 年，130-2 頁。

㉑ 前揭《顧維鈞回憶錄》第八分冊，1989 年，10-11 頁。

Werner Levi, op. cit., pp.302-3.

*China Handbook*, 1951. op. cit., pp.114-5.

㉒ John Robinson Beal, *John Foster Dulles,* 1888-1959. Harper & Brothers, N. Y., 1959, p.116.

市川恒三《終戰外交と講和問題》，政治經濟研究會，昭和 25 年，117-20 頁。

入江啓四郎《日本講和條約の研究》，板垣書店，1951 年，261 頁。

㉓ Bernard C. Cohen, *The Political Process and Foreign Policy — The Making of the Japanese Peace Settlement.* Princeton Univ. Press, 1957, pp.11-2.

同上《日本講和條約の研究》，262-3 頁。

㉔ Barone J. Lewe Van Aduard, *Japan From Surrender to Peace.* The Hague Martinus Nijhoff, 1953, p.155.

Facts on File, 1950, 180E.

㉕ John Robinson Beal, op. cit., p.118.

Bernard C. Cohen, op. cit., p.13.

㉖ Bernard C. Cohen, op. cit., p.14.

前揭《日本講和條約の研究》，270 頁。

國際法學會編《和平條約の綜合研究》上卷，有斐閣，昭和 27 年, 205 頁。

⑫⑦ 同上《和平條約の綜合研究》上卷，211 頁。

⑫⑧ John Robinson Beal, op. cit., pp.122-4.
Barone J. Lewe Van Aduard, op. cit., pp.194-5.
前揭《顧維鈞回憶錄》第九分冊，80-2、161-85、188-9 頁。

⑫⑨ 每日新聞社編《對日平和條約》，同社，昭和 27 年，57 頁。
Barone J. Lewe Van Aduard, op. cit., p.277.
前揭《日本講和條約の研究》，283-93 頁參照。

⑬⓪ アメリカ學會編《原典アメリカ史》別卷，前揭，95 頁。
同上《對日平和條約》，4 頁。

⑬① Anthony Eden, *The Memoirs of Sir Anthony Eden.* The Time Publishing Co. Ltd., 1960, pp.19-20.

⑬② 吉田茂《世界と日本》，番町書房，昭和 38 年，145-6 頁。

⑬③ 日中貿易促進議員連盟《日・台條約に關する國會審議》，同連盟，1969 年，327 頁。

⑬④ *China Handbook,* 1952-53. op. cit., p.153.
前揭《顧維鈞回憶錄》第九分冊，298 頁。

⑬⑤ *China Handbook,* 1952-53. op. cit., p.165.

⑬⑥ 前揭《日・台條約に關する國會審議》，327 頁。

⑬⑦ *China Handbook,* 1952-53. op. cit., p.153.

⑬⑧ 吉田茂《回想十年》第三卷，新潮社，昭和 32 年，75 頁。

⑬⑨ Karl Lott Rankin, *china Assignment.* Univ. of Washington Press, Seattle, 1964, pp.117-8.
董顯光《蔣總統傳》，前揭，618 頁。
至於交涉過程的曲折，詳見前揭《顧維鈞回憶錄》第九分冊，298-316 頁。

⑭⓪ 外務省アジア局中國課監修《日中關係基本資料集（1949-1969 年）》，霞山會，昭和 45 年，32-8 頁。
中華民國外交部編《中外條約輯編（民國 16-46 年）》，商務印書館，民國 47 年，248-63 頁。

⑭① 日本外務省條約局編《二國間條約集》，同局，昭和 32 年，98 頁。
前揭《中外條約輯編（民國 11-50 年）》，台灣商務印書館，民國 52 年，249 頁。

⑭② *China Handbook,* 1952-53. op. cit., p.157.
前揭《二國間條約集》，123 頁。
前揭《中外條約輯編》，254 頁。

⑭⒊ 西村熊雄〈奇妙な台灣の法的地位〉(《世界週報》, 1961 年 2 月 28 日號, 32 頁)。
大村立二《二つの中國》, 弘文堂, 昭和 36 年, 194 頁。

⑭⒋ 彭明敏・黃昭堂《台灣の法的地位》, 前揭, 169 頁, 註⑱。

⑭⒌ 植田捷雄〈台灣の地位〉(《國際問題ゼミナール》, 日本國際問題研究所, 昭和 35 年 7 月 25 日, 56-7 頁)。

⑭⒍ アイゼンハワー・ダレス稿／長谷川才次譯《アメリカ外交の新基調》, 時事通信社, 昭和 28 年, 120 頁。

⑭⒎ 同上, 201-2 頁。
Denise Follot, *Documents on International Affairs 1953.* Oxford Univ. Press, 1956, p.440.
U. S. Dept. of State, *American Foreign Policy, 1950-1955.* op. cit., p.2475.

⑭⒏ *China Handbook,* 1952-54. op. cit., p.152-3.
文琳《我們的台灣》, 海外出版社, 民國 54 年, 61 頁。

⑭⒐ Emmet John Hughes, *The Ordeal of Power, A Political Memoir of the Eisenhower Years.* Ahteneum, N. Y., 1963, p.109.

⒂⓪ Roger Hilsman, *To Move a Nation.* Dell Publishing Co., Inc., 1964, pp.295-6.
淺野輔譯《ケネディ外交》下, サイマル出版會, 1968 年, 333 頁。

⒂⑴ 《世界》, 岩波書店, 昭和 28 年四月號, 7-8 頁。

⒂⑵ 《世界週報》第三十四卷第六號, 1953 年, 9-10 頁。

⒂⑶ Denise Follot, op. cit., p.441.

⒂⑷ H. F. Angus, *Canada and the Far East ,1940-1953.* Toronto Univ Press, 1953, p.115.

⒂⑸ 1950 年 1 月, 殘留於中國本土的胡宗南、李彌等國府軍, 在中共解放軍的追擊下, 與難民合流 (共約五萬人) 逃入緬甸的撣州和坎東州。其後由於韓戰爆發, 國府軍在得到 CIA 的後援之下, 與這些殘留軍取得聯絡, 增強其武器、人員, 命他們侵入雲南省。然而, 在中共反擊之下, 終歸於失敗。於是, 北京在 1952 年大肆揭發此一問題, 並向緬甸政府抗議, 使其成爲國際問題。
Roger Hilsma, op. cit., p.300.
衛藤瀋吉等共著《中華民國を繞る國際關係》, アジア政經學會, 昭和 42 年, 178-9 頁。

⒂⑹ Ibid., same to same.
同上, 179 頁。
其間經緯, 詳見顧維鈞著／中國社會科學院近代研究所譯《顧維鈞回憶

錄》第十分冊，前揭，1989 年，403-4 頁所述。同時，爲對蔣介石施加壓力，艾森豪總統甚至以親筆信去函蔣氏。

⑮⑦ Andrew Tully, *CIA: The Inside Story.* William Morrow & So., N. Y., 1962, p.202.

《新華月報》第六十五期，1955 年第三號，41-3 頁。

⑮⑧ Sherman Adams, *Firsthand Report——The Story of the Eisenhower Administration.* Harper & Brothers, N. Y., 1961, p.126.

⑮⑨ *China Handbook, 1955-56.* op. cit., p.4.

⑯⓪ 前揭《顧維鈞回憶錄》第十分冊，142-3 頁；第 11 分冊，1990 年，184-5 頁參照。

⑯① *China Handbook, 1955-56.* op. cit., p.4.

〈東京新聞〉，1954 年 8 月 15 日。

⑯② 世界知識出版社編輯《中華人民共和國對外關係文件集》第三集，前揭，134-42 頁。

アジア政經學會編《中華人民共和國外交資料總覽》，前揭，3-9 頁。

⑯③ *China Handbook, 1955-56.* op. cit., pp.3-4.

⑯④ Coral Bell, *Survey of International Affairs,* 1954. Oxford Univ. Press, 1957, p.252.

⑯⑤ Dwight D. Eisenhower, *The White House Years, Mandate for Change, 1953-1956.* William Heinemann, Ltd., 1963, p.461.

⑯⑥ John Robinson Beal, *John Foster Dulles 1888-1959.* op. cit., p.225.

U. S. Dept. of State, *Foreign Relations of the U. S. 1952-54.* Vol. XIV, China and Japan. Part I, U. S. Gov't Printing Office, 1985, pp. 615-23. 此文件以下簡稱爲 FRUS, 1952-54, Vol. XIV（I）.

⑯⑦ Ibid., FRUS, 1952-54, Vol. XIV（I）, p.613.

⑯⑧ 參照前揭《顧維鈞回憶錄》第 11 分冊，360-6 頁。

Karl Lott Rankin, op. cit., pp.212-3.

Dwight D. Eisenhower, op. cit., p.465.

⑯⑨ *China Handbook, 1955-56.* op. cit., p.249.

前揭《顧維鈞回憶錄》第 11 分冊，181-4 頁參照。

⑰⓪ 董兆馬《中美共同防禦條約與亞洲反共前途》，正中書局，民國 44 年，51-2 頁。

⑰① 〈日本經濟新聞〉，1954 年 11 月 9 日夕刊。

⑰② 前揭《顧維鈞回憶錄》第 11 分冊，344 頁。

⑰ Peter V. Curl, ed., *Documents on American Foreign Relations, 1954.* op. cit., pp.360-2.

前揭《中華人民共和國外交資料總覽》，284-9頁。

中華民國外交部編《中外條約輯編》，前揭，824-7頁。

朝日新聞社編《戰後二十年・世界の步み》，前揭，246-7頁。

⑭ Dwight D. Eisenhower, op. cit., p.466.

U. S. Dept. of State, American Foreign Policy, 1950-1955. op. cit., pp.947-9.

前揭《顧維鈞回憶錄》第11分冊，599頁。

⑮ 同上，408-14頁。

FRUS, 1952-54, Vol. XIV（I），op. cit., pp.870-82.

⑯ Robert P. Newman, *Recognition of Communist China?* op. cit., p.97.

⑰ 前揭《中華民國を繞る國際關係》，62頁。

⑱ U. S. Dept. of State, *American Foreign Policy, 1950-1955.* op. cit., p.963.

*United States of America Congressional Record,* Vol. 101, Part I. U. S. Gov't Printing Office, 1955, p.1381.

前揭《二つの中國》，199頁。

⑲ 前揭《中華民國を繞る國際關係》，187頁。

⑱⓪ 前揭《中華人民共和國對外關係文件集》第三集，209-14頁。

前揭《中華人民共和國外交資料總覽》，249-52頁。

⑱① Karl Lott Rankin, op. cit., pp.218-9.

Dwight D. Eisenhower, op. cit., p.466.

〈每日新聞〉，1955年1月19日。

⑱② Dwight D. Eisenhower, op. cit., p.466.

前揭《顧維鈞回憶錄》第12分冊，61-2頁。

⑱③ 同上，65-70頁。

⑱④ 同上，附錄四（甲），758-60頁。

⑱⑤ 同上，附錄四（乙），760-5頁。

⑱⑥ Paul E. Zinner, ed., *Documents to American Foreign Relations, 1955.* op. cit., pp.294-8.

Henry Steele Commager, ed., *Documents to American History.* op. cit., Vol. II, pp.662-8.

⑱⑦ Dwight D. Eisenhower, op. cit., pp.468-9.

*Congressional Record,* Vol. 101, Part I, op. cit., p.601.

Paul E. Zinner ed., op. Cit., pp.298-9.

⑱ Emmet John Hughes, op. cit., p.166.

⑲〈人民日報〉，1955 年 1 月 29 日。

⑳ 前揭《顧維鈞回憶錄》第 12 分冊，132-3、144 頁。

㉑ 同上，179-180、187 頁。

Karl Lott Rankin, op. cit., p.221.

美國投入此次行動的武裝人員約 48,000 人，且有 5 艘航空母艦，驅逐艦 32 艘，航空連隊 2 組，登陸艇、運輸艦等合計 130 多艘艦艇參與。

㉒ 前揭《中華人民共和國對外關係文件集》第三集，82 頁。

# 第十四章

# 從〈上海公報〉、〈日中和平友好條約〉等探視台灣的國際政治

# 第一節　美中國交正常化的經緯

## 一、甘迺迪（John F. Kennedy）「一中一台」政策與詹森（Lyndon B. Johnson）「無孤立化的圍堵政策」

### (一)　甘迺迪政權的「一中一台」政策

　　1961 年 1 月 20 日，美國民主黨的甘迺迪（John F. Kennedy）政權誕生。然而，國府與中共卻對該政權抱持著強烈警戒和不信任。中共和國府之所以產生疑懼，主要是擔憂甘迺迪上台後會積極推動「兩個中國」或「一中一台」，因爲甘迺迪與其閣僚早在贏取政權之前，即在承認中共與台灣防衛問題方面，經常表現出「兩國中國」或「一中一台」的看法。

　　例如在 1959 年 9 月 16 日，甘迺迪本人在奧克拉荷馬的演說中，提及有關解決台灣問題的政策。他指出，美國雖然必須防衛台灣，但在沒有盟友和國際輿論作後盾的情況下，若被捲入有關中國大陸沿岸諸島的紛爭，將只會招致悲慘的結果，目前應考慮將金門、馬祖交由聯合國託管，或使金門、馬祖非武裝化或中立化等，如此方是較符合現實而能避免危機的解決方法。他並且強調：「美國人應設法成爲自己政策的主人。關於我們的遠東政策應如何取決的問題，無論如何思考，美國人都希望是由美國人自己以及透過自身選出的代表，選擇應被這個國家所決定的政策。爲了美國，我們希望對台海戰爭或和平的問題，應由國會依照美國憲法的規定來決定，而絕不考慮由蔣介石決定。」①

　　又在 1959 年 9 月 21 日，美國駐聯合國大使史蒂文生（Adlai E.

Stevenson）即在 CBS 的電視訪問時，對中共的進入聯合國表示贊成。同時，關於台灣問題的解決，他主張「台灣的地位應聯合國監視之下，由台灣住民投票決定。」[2]另鮑爾斯（Chester Bowles）助理國務卿則在 "Foreign Afairs" 雜誌（1960 年 4 月號），亦發表題爲〈中國問題再考〉的論文，其中關於美國對中國問題應有的作法，特別指出：美國應避免視蔣介石政權爲代表全中國的政府，並停止延續「反攻大陸」神話的愚昧行爲，而須致力於使國民政府扮演代表台灣人民之獨立的「中、台共和國」角色。[3]此外，1960 年 7 月 3 日，甘迺迪在接見英國〈週日時報〉（Sunday Times）的記者時，表示「台灣應被承認爲獨立國家」。[4]

　　如上所述，甘迺迪與其閣僚們均抱持著「一中一台」或「兩個中國」的構想，主張要求國府軍自中國大陸沿岸諸島撤退。同時，此項構想其後在參議院外交委員會的公聽會上更一再被確認。[5]

　　未久，在 1961 年 4 月 5 日，於華盛頓召開的美英會議中，雙方更進一步討論中國代表權的問題。在此會議中，英國麥克米蘭首相主張應讓中共進入聯合國，而將台灣置於聯合國的託管下，徹底推行自由的民主政治，待蔣氏死亡之後，再以住民投票決定要獨立、繼續受聯合國託管或是與中共合併。[6]

　　不過，同年 6 月，當鮑爾斯助理國務卿提出所謂「繼承國家理論」（即兩個中國），準備於是年 12 月，在聯合國大會決議中國代表權問題使用時，卻遭遇到國府與中共猛烈反對。萬不得已，同年 12 月 15 日，在甘迺迪總統的指示下，美國史蒂文生聯合國代表，十分不情願地於大會提出中國代表權問題爲「重要事項」，阻止中共加入聯合國（大會以 61 票贊成、34 票反對和 7 票棄權的結果給予通過）。對此，事後甘迺迪在會議上向史蒂文生表示：

「我很抱歉將『阻止中共進入聯合國』這種困難的工作強加於你。我也認為以台灣代表全中國的主張十分荒謬，但在就任總統的第一年時，不得不順應就任時的國內壓力。我想明年恐將不得不認可中共的加入，但無論如何請將其拖延到明年11月眾議院選舉以後。」⑦

　　國府已認識到其困窘的處境，而要逆轉此種情勢只有一個方法——反攻大陸。於是，在進入 1962 年以後，國府領導層即開始認真擬定進攻中國大陸的計劃。由於中國本土情勢的轉惡，更使國府的決心充滿勇氣。中國大陸因為大躍進和人民公社的失敗而陷入困局，軍隊和一般人民的不平不滿益形擴大，此點使國府深信此時正是反攻的機會。他們雖然長期不承認中蘇決裂現象的存在，但仍將其解釋為莫斯科期望北京潰滅，從而主張國府軍的進攻不致引發世界大戰。⑧

　　因此，同年 2 月國防部成立戰地政務局，行政院亦設立經濟動員計劃委員會，並召集預備兵員和延長志願兵的除役期限。對於國府的此種動向，甘迺迪相當警覺地先行採取行動。他自 3 月 6 日起進行人事更動，將親國府的杜蘭萊特（中文名：莊萊德）駐台大使以下各政經幹部予以調職。⑨3 月 8 日，甘迺迪派遣國務院調查局席爾斯曼（Roger Hilsman）前往台北，與國府的實力者蔣經國會談，力說反攻大陸的非現實性。其後，國務院遠東事務助理哈利曼（Averrell Harriman）亦前往台北，向蔣介石傳達相同的意見。⑩

　　3 月 20 日，美國國務院公布《1943 年中國情勢》的外交文件記錄。在全數達 901 頁的外交文件中，其內容是以國府公然貪

汗使中共抬頭的 1943 年為背景，充滿著懷疑蔣介石遂行抗日戰爭意圖的文字，紀錄著國府腐敗、無能、經濟崩潰、農民起義和人民不滿的資料；美國駐華外交官或軍人對國府的評價，展望中國未來的報告書和意見書等等。

例如，國府在開羅會議後向美國要求 10 億美元的借款，但當時的駐華大使高斯（Clarence E. Gauss）則勸告國務卿不應借款給中國，因為國府自身不但毫不努力，而且亦無持續戰爭的決心。⑪

同時，在一份 1943 年 3 月 9 日的備忘錄中，重慶美國大使館二等秘書戴維斯（John P. Davis）指責說：「中國的作法只是作為『參加戰爭』的同盟國，以便將來能列席講和會議，所以只在形式上加入戰爭，儘可能減少出力的部分，而依賴其他盟國（特別是美國）打敗日本。」⑫

甘迺迪總統打算藉由此種手段，打破過去十幾年來國府在美國所塑造的神話。這個神話就是國府在大陸的敗退，是由於美國援助的不足或少數美國外交官出賣國府靠攏中共所致。

然而，甘迺迪所採取的措施，卻使得蔣介石十分憤怒。蔣氏大聲呼籲：「我們不能再迷惘、姑息」，⑬且決定於同年 4 月底起加徵臨時特別國防捐，並表明此項稅收將使用於反攻大陸。

於是，在同年 6 月之後，中國大陸沿岸諸島戰雲再現，美國方面亦報導中共在金門、馬祖集結大規模部隊的消息。⑭中共的〈人民日報〉也指出「蔣介石正一味地準備反攻大陸」而大表警戒。⑮

針對蔣介石的這種傲慢，1962 年 7 月 5 日，甘迺迪總統立即派遣新任美國駐台大使柯克（Alan G. Kirk），向蔣介石遞交親筆信函，表示：1. 美國對中國的政策不變；2. 美國在目前不支持國

府反攻大陸；3. 最近中共軍在台灣海峽沿岸增強軍力一事，只是對國府軍侵攻計劃的防衛措施，希望國府停止對中共挑釁的反攻大陸口號。[16]

　　如此一來，甘迺迪明白向蔣介石表示這套老舊手法已經無效，明確否定蔣氏試圖將美國捲入反攻大陸戰爭的幻想。當然，這種表示除使蔣氏失望和喪志之外，亦加深蔣氏對美國的不信任和憎惡。隨後，1963 年 9 月 3 日，美國復以國務院邀請的方式，讓蔣經國赴美與甘迺迪總統、魯斯克國務卿和麥克納瑪拉（Robert S. McNamara）國防部長進行會談。這些會談的結果都未發表正式聲明，不但美國政府高層都三緘其口，甚至連蔣經國在回程途經日本時也對一切「不予置評」。[17]此點是否表示雙方的根本立場無法協調？據可靠消息指出，蔣經國力陳反攻大陸的主張，而美國則施壓希望蔣氏接受「兩個中國」和「台灣民主化」。[18]

　　證實此項說法的是國府在甘迺迪遇刺後的反應。甘迺迪於同年 11 月 23 日遇刺，國府接獲悲報後決定自翌日起降半旗三天表示哀悼，但卻毫不隱藏地表示此舉僅是表面工作。事實上，國民黨機關報〈中央日報〉雖報導甘迺迪的死訊，但卻只是第一面最下段四公分四方的篇幅。或許 23 日消息倉促不及排版，但如此重大的消息卻未使用頭條，似乎隱藏著某種意涵。次日的報紙亦未使用第一面報導，而僅在第二面淡淡地刊載。25 日的報紙更將甘迺迪的死訊完全抹消，彷彿是數年前發生的事件一般。[19]同時，有 95 個國家派遣元首、首相或外相參加甘迺迪的葬禮，但國府卻未派出任何一位特使，而僅由駐美大使蔣廷黻列席。[20]

## (二)　詹森政權對中「無孤立化圍堵政策」──繼承甘迺迪的「一中一台」路線

　　甘迺迪遇刺後，副總統詹森依法繼任總統。詹森政權首次對台灣、中國問題發表政策時，是由遠東事務助理國務卿席爾斯曼進行。1963 年 12 月 13 日，他在舊金山以「美國對中政策的再確認」為題發表演說。[21]其內容大致與甘迺迪於 10 月 14 日最後記者會上的發言類似，即在詢及重開對中貿易的問題時，採取「視中國的動向重新檢討對中政策」的柔軟態度，但其中有三點卻特別引人注意。第一，要求美國人不帶感情而現實地觀察中國問題；第二，率直地承認現在並無顛覆共產主義政權的期待；第三，提及一股將來可能迫使北京高層放棄「惡毒憎恨」的「新興勢力」，目前正在中國萌芽成長。[22]

　　然而，席爾斯曼的演說立即遭到北京政府的指責。北京方面攻擊其演說強調美國與台灣關係不變的「基本原則」，〈人民日報〉甚至在社論中怒罵此為「偽善的詭計」，對美國意圖製造「兩個中國」加以非難。[23]

　　另一方面，與北京政府相同地，國府亦對席爾斯曼的演說不表歡迎。國府原已對甘迺迪在前述記者會上的發言表示強烈的警戒，批判其說法是「迎合部分美國人的厭戰心理……只是全無可能的對談，不過是一種空想」，[24]「使堅決反共的國家痛心，使未堅決反共的國家動搖」。[25]對於席爾斯曼的演說，國府更激憤地指責其因襲甘迺迪的主張，批評其政策的基本路線是以不存在打倒北京政府的可能性為前提。[26]同時，在席爾斯曼演說之後，國府駐美大使蔣廷黻在一週之內接連拜會魯斯克國務卿、席爾斯曼助理國務卿等人，神經質地試探美國對中政策是否有所轉變。

　　職是，由於詹森政權的上台，使得美國歷來絕對支持蔣政權的路線逐漸偏離。1964 年 3 月初，美國正式通告台灣的國府，表示台灣在經濟上已達到長足的進步，因此每年 8,900 萬美元的援助可能在 1968 年終止。此點不僅意味著取消對國府的經濟援助，更含有撤廢軍事援助的意圖，因而使得國府大感震驚。[27]同時，美國參議院外交委員會委員長傅爾布萊德（William Fullbright）在 3 月 25 日的演說，更使國府深感驚愕和激憤，深恐此舉將是美國改變對中國政策的前兆。傅爾布萊德演說的要義，一言以蔽之，即是「只要中共明示或暗示放棄征服、併吞台灣的企圖」，美國就可與中共進行「正常化關係」。[28]

　　毋庸贅言，傅爾布萊德的論述，當然受到國府媒體的一齊攻伐，包括蔣介石本人也大舉反駁。[29]

　　不過，國府的憤怒與主張卻遭到忽視。同年 4 月 16 日，魯斯克國務卿在參加馬尼拉的東南亞條約組織（SEATO）年度理事會之後前往台北，與蔣介石進行三次會談。[30]他雖然明白表示「美國政府及人民支持中華民國政府」，但雙方並未發布原先預想的聯合公報。在 4 月 18 日的〈紐約時報〉中，對於未發布聯合公報一事，提出如下的論點：

　　「魯斯克國務卿於 4 月 16 日抵台時的聲明中，雖然承認台灣政府為中國的政府，但並未如以往官方聲明中支持台灣政府為中國唯一的政府；同時，他雖然聲明反對將台灣逐出聯合國而以中共加以取代的主張，但此點並非反對中共加入聯合國，而是反對以排除台灣而使中共進入的方法。此點雖非美國政策的變更，但至少是態度（Posture）的變更。此種微妙的變化，當然會被國民政府所察覺，此乃魯斯克與蔣介石會談後未發表

聯合公報的理由之一。」㉛

　　在同年 10 月以後，由於中共核子試爆成功和英國工黨政權誕生等國際情勢的變化，使得陷入困境的國府更形窘迫。關於國府的焦躁與孤立感，從〈自立晚報〉當時的率直評論可見一斑。該報表示自中法建交以來，台灣的國際情勢已急遽轉向對國府不利的發展，因而強調國府的政策不應固執於舊有的「一個中國」框架。㉜

　　一方面，在國際情勢對國府不利之時，由於越戰的突發性變化，暫且挽救國府的立場。詹森總統當時以越南作為他世界政策的最重要焦點，從而加深美中對決的形勢。1965 年 2 月，美軍開始進行「北爆」(轟炸北越)，正式以軍事介入越戰。如此一來，由於戰場日漸接近中共，國府乃決議派遣志願軍參加越戰，主張開闢亞洲第二戰線。㉝然而，除了國府之外，世界各國均憂慮「北爆」是否將導致中共直接介入越戰。

　　關於中共是否介入越戰的問題，在美國國內也成為議論的焦點，使得越南問題背後的美中關係，面臨重新檢討的機會。曾經受麥卡錫主義束縛而無法公開討論的中國政策，由於美國參議院外交委員會於 1966 年 3 月，打破禁忌舉行中國問題公聽會，使得國府高層再感驚愕。

　　在美國參院的公聽會中，許多中國專家對中國的現狀和未來提出證言，就美國的中國‧台灣政策提出建議，其中大多數意見均支持台灣獨立和民族自決原則。例如，哥倫比亞大學巴涅特(A. Doak Barnett) 教授即指出：「基於政治、戰略和道義等理由，美國應繼續防衛台灣不受外來的攻擊，並應堅決支持由台灣一千三百萬住民自決的原則。反之，對於國府政權自認是中國本土政府的

神話，美國不能再繼續給予支持。」[34]

哈佛大學費正清（John K. Fairbank）教授則表示必須承認台灣為獨立國家。他說：

> 「我長期以來一直對台灣的將來保持關心。台灣就其自身的權利而言，應被認為具有獨立國家的資格。台灣擁有自身的資源和生活。事實上，台灣有一千二百至三百萬人口，遠大於聯合國三分之二的會員國。……台灣加入聯合國是理所當然的。同時，達成此種結果的方法亦不勝枚舉。」[35]

另一位哥倫比亞大學教授薩高利（Donald S. Zagoria）則指出：「關於台灣問題最有意義的最終解決，終究還是台灣的自治。台灣島上非隨國民黨渡海而來者，占全人口的八成以上。同時，他們也希望從中共和現在的國民政府統治下獨立。因此，由台灣人建立政府應是上策。」[36]

加州大學史加拉必諾（Robert A. Scalapino）教授亦表示：「美國的台灣政策不只應基於美國的國家利益，廣泛地說亦應基於台灣人民的利益。關於此一問題，若是直接探詢台灣人，我相信他們會以壓倒性多數選擇自身獨立的立場。」同時，他更指出：「就長期而言，民族自決主義必將是美國的利益，也是我們的道義所在。此點是美國的道義與政治利益巧妙結合的一個事例。」[37]

其他如哈佛大學舒瓦茲（Benjamin I. Schwartz）教授和林貝克（John M. H. Lindbeck）教授均斷言國府毫無反攻大陸的可能，[38]主張美國在聯合國應採取「一中一台」的態度。[39]

此一參議院公聽會產生帶動討論中國問題的效果。美國政府亦開始正面處理中國問題，並進行各種踴躍的發言。同年3月

16日，魯斯克國務卿在眾議院外交委員會作證，提示十項政策基本方針，闡明今後的中國政策。其要義即確認歷來的「圍堵政策」。然而，另方面則強調對中國開放門戶的姿態，明言美國並無攻擊中國的意圖。由於其主張透過美中雙方的會談，繼續各種正式外交接觸和非正式接觸，因而被稱為「無孤立化的圍堵政策」。[40]

此種「無孤立化的圍堵政策」當然立即遭到國府的反駁。國府頭號御用文人蔣介石顧問陶希聖，於17日指責魯斯克證言為「對中國共產主義者錯誤認識的產物。」[41]可是，美國政府已不再理會國府的「哭訴爛調」，「無孤立化的圍堵政策」仍繼續進行著。同年4月19日，美國駐聯合國大使高柏格（Arthur J. Goldberg）即指出，在有條件的情況下，將贊成中國進入聯合國。其條件是：1.共產中國不得以要求國府退出聯合國，作為其進入聯合國的前提；2.中國必須忠實遵守放棄武力和以和平手段解決紛爭的聯合國憲章。[42]

7月12日，詹森總統在對全美校友會理事發表演說時，總括前述一連串的政策聲明，宣示美國是「太平洋國家」，並指出中國若自覺其在亞洲的和平上具有重要的關係，自我停止孤立的行動，朝和平合作的方向進展的話，美國亦將與其相互協調。[43]

隨後，詹森政權在經過種種檢討之後，認為今後在處理台灣問題方面，必須將台灣與大陸明確區隔。1968年1月，美國更進一步認真處理金門、馬祖國府駐軍撤退的問題。[44]但是，由於文化大革命使中國情勢混沌不清、越戰淪入泥沼化和中蘇關係的惡化，使得詹森政權不得不暫且擱置徹底轉換台灣政策的行動。於是，台灣問題的解決，只有留待其下任的尼克森政權。

## 二、文化大革命與中蘇對立

　　1966 年後半，中國急遽地展開所謂「文化大革命」。該革命的背後，實質上是毛澤東、林彪派，與劉少奇、鄧小平派激烈的意識形態對立和權力之鬥爭。1966 年 8 月 18 日，毛澤東在天安門接見先前 (5 月 29 日) 秘密發動的中學生「紅衛兵」組織，使文化大革命運動立即擴及中國全土。紅衛兵高揭「造反有理」，對知識人和反毛派幹部施以體罰或暴力，並在「破四舊 (舊思想、舊文化、舊風俗、舊習慣)」的名義下，進行焚書毀寺等激烈行動。尤有甚者，由於受到紅衛兵的影響，各地的工人、農民亦結成組織參加文革，整個中國陷入大混亂之中。⑮

　　翌 (1967) 年 3 月 17 日，中共中央點名劉少奇、鄧小平、陶鑄為黨內最大「走資派」，賀龍元帥為政變策畫者，並舉發薄一波副總理、安子文中央組織部長等 61 人「叛徒」的罪名。同時，各地的黨政領導幾乎都遭到「造反派」的攻擊，受到嚴重的政治迫害。同年 8 月 5 日，劉少奇被以「噴射機吊法」綑綁兩小時痛加侮辱，並被毆至遍體鱗傷。其後，劉少奇被控以叛徒、通敵者、現代修正主義者、國民黨反動派的爪牙等汙名，遭到「永久除名」的處分。1969 年 11 月 12 日，劉少奇在殘酷迫害和獨房監禁之下，終於鬱憤而逝。⑯

　　然而，當林彪在 1969 年 4 月，中共第九次全國代表大會上被明訂為毛澤東的繼承人之後，毛澤東亦對林彪集團的勢力膨脹保持警戒，從而展開文革左派江青集團與林彪的暗鬥。1970 年 8 月，中共第九屆二中全會在江西廬山召開。毛澤東試圖以種種方法削弱林彪集團。同年 11 月，黨中央展開批判林彪之側近及陳伯達的行動。1971 年 8 月 15 日到 9 月 12 日，毛澤東到南方視

察期間，故意將其與林彪集團對立的消息，洩露給地方的黨政軍負責人，以進行掌握地方的工作。⑰

　　林彪集團逐漸察知毛澤東的意圖，於是計劃在其視察途中加以暗殺，並檢討一旦失敗後以廣州為中央政府的方案。然而，毛澤東在 1971 年 9 月 12 日突然返回北京。林彪等人措手不及，於是計劃「南逃」。其後，「南逃」因林彪女兒林立衡的密告而受挫，遂於 9 月 13 日零時 32 分慌忙乘噴射機準備流亡蘇聯。但在凌晨 2 時 30 分左右，已逃出中國領土的林彪座機卻因燃料不足而須迫降，結果墜毀於蒙古人民共和國溫都爾汗附近（離肯特省貝爾赫礦區 10 公里處），機上 8 男 1 女（包含林彪、妻葉群、子林立果等人）均因飛機爆炸而全員死亡。此即所謂的林彪事件(又稱九一三事件)，當時造成世界極大的衝擊。⑱

　　如此一來，毛澤東掀起文化大革命，不但打倒最大的政敵劉少奇，同時也肅清「最親密戰友」（事實上是最可怕的心腹大患）林彪，一人獨占軍政大權。不過，文革使中國的國際形象掃地（除駐埃及大使之外，所有中國大使均被召回，完全斷絕對外接觸），毛澤東自身也意識到「我們已被孤立」，故乃由周恩來恢復對外交流，尤其必須致力打開封閉已久而迫切的對蘇關係。此點是促成後述的美中接近及兩國關係正常化的契機。

　　另一方面，中蘇論爭是以 1956 年蘇聯共產黨第 20 屆大會為導火線，而在 1963 年 8 月美英蘇三國簽署停止部分核武試驗條約時正式決裂。此外，在中蘇意識形態論爭的同時，兩國更於 1959 年前後發生國境紛爭，其後雙方的衝突日益頻繁。

　　1969 年 3 月 2 日，在西伯利亞烏蘇里江沿岸的中蘇國境，一個面積不滿一平方公里的無人小島（蘇聯稱為 Damansky 島，中國稱為珍寶島）上，中蘇雙方因爭執其主權歸屬而爆發軍事衝突。3

月15日清晨，珍寶島發生第二次國境衝突事件。與最初一次衝突事件不同，此次雙方都採取臨戰體制。最先是蘇聯增強警備隊，於14日晚上以斥候隊在該島宿營，故意布下誘餌。結果，中國軍中計展開攻擊，激戰斷斷續續進行九個小時，戰車、裝甲車、大砲、反戰車火箭均出動。最後，雙方都宣稱自己獲勝。這次事件被認為是蘇聯方面有意挑釁所引起。不僅如此，蘇聯駐美大使杜布寧（Anatoly Dobrynin）兩次（3月11日、4月3日）會見時任國家安全保障助理的季辛吉（Henry A. Kissinger），就此一珍寶島事件強烈指責中國，並熱切地表示「目前尚可以兩大國的力量控制事態，將來未必能一直保有這種力量」，公開提倡美蘇共同管理中國。同時，他附帶提出：「對於讓台灣成為獨立國家的想法，蘇聯也曾多所考慮。」⑭

如此，中蘇國境的紛爭陷入開戰的危機。然而，在同年9月11日，為祭弔胡志明（Ho Chi Minh）而前往河內的柯錫金（Aleksei N. Kosygin）總理和周恩來總理，卻於歸程在北京機場進行戲劇性的會談。⑤結果，兩國總算避免武力衝突而抑制戰爭的危機。可是，我們從中國發布的聲明可以明確判斷，這不過是中國因為畏懼蘇聯真正進行攻擊而不得不屈服，所採取的緊急避難對策，與真正的中蘇和解尚有一段距離。⑤相反地，若認為毛澤東更升高對蘇聯的不信任和憎恨並不為過。當時，毛澤東已將目光移到另一個超大霸權主義者，而冷靜地做出戰略性分析，認為「美蘇攻防的舞台在歐洲，美國真正對中國進行侵略戰爭的可能性極低」，從而形成「美國牌」和「專心北方」的政治策略。當然，這就是美中接近及美中關係正常化的藍圖。

## 三、地緣政治學的勢力均衡與美中接近的選擇

　　1969 年春，在西伯利亞烏蘇里江沿岸的中蘇國境上，中蘇兩軍發生前述一連串的衝突事件。這對尼克森新政權帶來美中接近的良機，造成世界外交的重大轉變。起初，美國正忙於越南問題，且認爲這些衝突是中國的狂熱領導人所引起，所以並未顯現特別的關心。[52] 然而，蘇聯駐美大使杜布寧卻熱心地向美國說明蘇聯對此事的看法，並在衝突升高後認眞地詢問美國的態度。在此種情況下，美國認爲蘇聯可能已準備攻擊中國。其後，美國的情報活動顯示，上述衝突常發生在蘇聯主要補給據點附近，而遠離中國的聯絡中樞，此點更證實美國的懷疑。亦即，上述情報意味著蘇聯是發動攻擊的一方。此外，在長達 4,000 英哩的中蘇國境上，蘇聯部署 40 個師徹底增強兵力一事，更提高此項分析的可信度。

　　但是，對美國而言，蘇聯對中國的軍事介入，是古巴危機以來對世界勢力均衡最大的威脅。對著重地緣政治學均衡概念的尼克森政權而言，此點等於是存在著無法容忍的危險性。[53]

　　基於此種考慮，尼克森在 1969 年夏天做出兩項重大的決定。第一是承認中國的獨立爲世界均衡所不可或缺，美國須爲保持中國的獨立而採取更柔軟的政策，並由美蘇兩大國的世界架構轉變爲美、中、蘇的三角關係。第二是美國表示態度，警告蘇聯在其攻擊中國時，美國將不會袖手旁觀。

　　在決定這兩項政策之後，尼克森總統於 8 月 1 日和 2 日，分別與巴基斯坦總統雅希阿汗（Agha Mohammad Yahya Khan）及羅馬尼亞總統恪雪斯克（Nicolae Ceausescu）進行會談。尼克森深知兩人均對中國採取友好態度，故請託二人擔任對中溝通的管道。此

項請託立即獲得允諾。不久如下述，巴基斯坦路線卻在美中接近
上發揮決定性的作用，成功地達到季辛吉秘密訪中的任務。⑤

　　就這樣，美中關係解凍的傾向日益顯著。1970 年 1 月 2 日，
訪台的安格紐（Spiro T. Agnew）副總統基於尼克森的意向，向蔣
介石傳達美國嘗試改善對中關係的意圖。正因文革發生使其失去
威脅美國的傳家寶刀——國共合作，而抑鬱不歡的蔣介石，更因
此對美國保持強烈警戒，決定暫且旁觀事態的動向。然而，美
國參眾兩院協議會卻於同月 26 且以 F-4D 軍刀機為攻擊性武器，
而正式削除對國府的追加援助，⑤⑤ 使得蔣介石受到很大的衝擊。

　　1971 年 2 月 25 日，尼克森在就任後的第二次「外交咨文」中。
雖表示繼續遵守與國府的條約約定，但在對中國方面則一改前一
年咨文中所使用的「共產中國」一詞，而改稱其正式的國名：中
華人民共和國。同時他重申：「今後一年之內，美國將製造更廣
泛的機會與中國國民接觸，至於透過何種途徑或如何進行，以及
能否去除妨礙此種機會實現的無用障礙，仍須深入加以注意與檢
討。」表示要改善對中關係，並闡明「兩個中國」的想法。⑤⑥

　　如此，美國一再向中國表達善意，呼籲對中國的信賴。對於
此種善意的態度，中國亦表示最後的決心，於 1971 年 3 月 17 日，
巴黎共產國際一百週年紀念時，由其國內的三大報社發表共同社
論，指責蘇聯布里茲涅夫總書記為「變節者」，但對美國的批判
卻只是敷衍了事。由此觀之，蘇聯已取代美國成為北京真正的「頭
號敵人」。⑤⑦ 其後，中國利用第 31 屆世界桌球賽在日本召開的機
會，4 月 7 日，招待美國選手到中國訪問比賽，並發給採訪記者
入境簽證。此舉出乎眾人意表之外。

　　對於這個劃時代的「乒乓外交」，尼克森於 4 月 14 日，發表
解除實施長達 20 年的對中貿易禁止措置。同時，尼克森在 4 月

16日，於全美新聞編輯會議上表示：「雖然不知在任期內是否能夠實現，但希望有機會能訪問中國。」26日，又在聯合國諮詢委員會上表示「國府被驅逐出聯合國是絕對不贊成的，但是應該即早設法實現中國加入聯合國」，並公開重提「希望在有生之年可以訪問中國」的話。⑤⑧

4月27日，巴基斯坦的希拉利大使前往白宮，傳達周恩來透過該國雅希阿汗總統帶來的新訊息（此時，美中雙方均對羅馬尼亞管道保持慎重，而將路線集中於巴基斯坦）。在這個訊息中，中國雖一再主張：「無論關係如何修復，均應將台灣問題的解決視為主要且優先處理的問題」，但仍表示：「為求雙方能直接交涉與會談，中國再度確認接受美國總統特使如季辛吉、國務卿甚至總統本人的正式訪問北京。」⑤⑨

5月10日，美國終於決定以季辛吉為前往北京的人選。尼克森立即告知希拉利大使，由其透過雅希阿汗總統將訊息傳給周恩來。此訊息中提到：尼克森總統極重視美中兩國關係的正常化，準備接受周恩來的邀請訪問北京。同時，美國提案在總統訪中之前，先由總統助理季辛吉秘密往訪，整理雙方會談的議題資料，並進行預備性的意見交換。⑥⓪

6月2日，待望已久且被季辛吉稱為「二次大戰後美國總統收到的最重要書信」：周恩來的回信終於送達。信中提到「毛澤東主席表示歡迎尼克森總統，並首肯直接與總統閣下進行對談。於對談之際，雙方可自由提出本國主要關心的事項」，明白表示接受美方自由討論的提案。當然，信中亦表示歡迎季辛吉博士以美方代表身分與中國高層進行秘密會談，以準備尼克森總統訪問北京事宜和整理必要的前置作業。⑥①

為寫出這個劃時代的劇本，美中之間花費兩年以上的時間，

藉由各種訊息和暗示而完成。於是，季辛吉於 7 月 9 日，進行出乎世界意表之舉，從訪問目的地巴基斯坦潛入中國，在北京與周恩來進行長達 17 小時的會談。會談中，由於雙方優先討論中蘇對峙、結束越戰等對外政策的懸案，所以台灣問題成為第二階段處理的次要問題。⑥接著，雙方在 7 月 11 日，圓滿地結束討論，而做成預定於 15 日同時發表如下震驚全世界的聲明。亦即：

「周恩來總理和尼克森總統的國家安全事務助理季辛吉博士，於 1971 年 7 月 9 日至 11 日在北京進行了會談。獲悉尼克森總統曾表示希望訪問中華人民共和國，周恩來總理代表中華人民共和國政府邀請尼克森總統於 1972 年 5 月以前的適當時間訪問中國。尼克森總統愉快地接受了這一邀請。中美兩國領導人的會晤，是為了謀求兩國關係的正常化，並就雙方關心的問題交換意見。」⑥

美中關係的戲劇性發展震撼各國，對國府更是有如晴天霹靂。國府於翌（16）日召開緊急高層會議，一面向美國駐台大使馬康衛（Walter P. McConaughy）表達不滿，一面由華盛頓的駐美大使沈劍虹進行抗議。當時正在馬尼拉參加亞太協議會（ASPAC）的周書楷外長亦變更預定行程，直接返國。當晚（16 日），國府行政院長嚴家淦發表異例的談話，強烈地譴責尼克森總統訪問中國的決定。⑥

惟早已預料到國府的回應和不平不滿的華盛頓當局，於同月 20 日，將尼克森親筆函送交蔣介石，表示儘管美國總統計劃訪問中國，但美國仍重申會尊重條約和堅持友好關係。同時在 8 月 2 日，尼克森為彌補其秘密外交對羅傑斯國務卿的不尊重，乃允

許其在當年秋天的聯合國中國代表權問題上，提案主張「雙重代表方式」。亦即，美國在支持北京加入聯合國的同時，亦反對將國府逐出聯合國。⑥⑤

期間，美國（特別是國務院）再三試圖說服國府退出安理會，成為一般會員國。⑥⑥日本佐藤首相亦為說服蔣介石，特別派遣其兄前首相岸信介前往台灣。然而，蔣介石為守住其虛構的「中國唯一的正統政府」，乃以「漢賊不兩立」拒絕美日的勸告。⑥⑦

在此情況下，尼克森為打破國府的虛構，不得不在 10 月 5 日，發表季辛吉將於 10 月 20 日再度訪問中國，以強烈表示美中接近的決心。因此，聯合國內支持國府的一方大為動搖，而於 10 月 25 日在聯合國大會以 76 票贊成、35 票反對、17 票棄權。通過「招請中國，驅逐國府」的阿爾巴尼亞提案，中國在 21 年之後終於實現進入聯合國的目標。當然，美國國務院的雙重代表方式並未付諸表決。結果，國府外交部長周書楷於翌（26）日在第 26 屆聯合國大會發表痛罵中共的長篇聲明後，正式退出聯合國。⑥⑧

嗣後，尼克森雖在《回憶錄》中表示：「事態發展遠超過我們的想像。我們在承認中華人民共和國與台灣擁有同等地位之後，認為最大的課題是如何說服台灣留在聯合國。」從上述經緯觀之，其真實性十分可信。事實上，中國當時正受到蘇聯的嚴重威脅。而以美中接近為第一要義，並未強烈反對雙重代表的方式。周恩來在聽取季辛吉說明美國的聯合國政策時，僅表示北京不能接受雙重代表的方式，中國長年以來雖未加入聯合國但仍然存在，所以還可以再等。⑥⑨如果當時國府政權接受美日的勸告，選擇留在聯合國成為一般會員國，則今日台灣即不會發生重返聯合國的問題，也不會被國際社會隔離、孤立。

## 四、尼克森訪問中國和上海公報

如前所述，為解決長年來連友好國家亦無法接受的聯合國中國代表權問題，尼克森特命季辛吉於 1971 年 10 月 20 日，再度前往中國，準備美國總統訪問中國的日程、議題和聯合公報等事宜。此事對內對外均強烈呈現美中接近的態勢。而在同一時期，「林彪事件」剛好收拾，毛周體制漸漸形成，因此，亦明顯表現出對美中聯繫和同盟關係的期待。

於是，在季辛吉一行到達中國時，〈人民日報〉於第一版中溫暖而善意地加以歡迎，對其動向的報導雖然簡單但卻深饒意義。同時，在周恩來的歡迎演說中，不但毫無意識形態的嫌隙，且完全未提及越戰。美國總統訪中的細節很快即商議妥當。當美國提出 1972 年 2 月 21 日和 3 月 16 日兩個方案時，周恩來則選擇時程較早的一項。其後，周恩來與季辛吉在以 25 個小時檢討世界情勢之後，再以 15 個小時做成日後著名的〈上海公報〉。[70]

旋如協議，1972 年 2 月 17 日，尼克森訪中世紀之旅，終於啟程。在白宮與國會領袖們餞別之後，尼克森引用阿波羅 11 號太空船留在月球表面的金屬板銘文——「我們為所有人類的和平而來」，首途前往中國。2 月 21 日上午 9 時，尼克森順利抵達上海。飛機為搭載中國的航空人員而稍做短暫停留。上午 11 時 30 分，尼克森終於到達希望的彼方——北京。於是，如原先所計劃一般，尼克森與周恩來的歷史性會面，透過螢幕傳往全世界。同日下午 2 時許，毛澤東突然要求與尼克森總統會談。在此情況下，尼克森立即前往毛澤東居住的中南海，與「世紀的巨人」進行戲劇性的會面。若說二人意氣投合一見如故，並不為過。毛澤東再三延長會談時間，甚至到讓周恩來擔心的地步（主要是顧應毛澤東

的健康）。令人意外的是，毛澤東表示：「比起容易感傷而動搖的自由派，我反而較喜歡行動容易預測的保守派。」

在會談中，毛澤東大膽且率直地陳述自己的心情，毫無保留地表明自己的願望。特別是對於美中關係的瓶頸——台灣問題。他表示：「我們暫時沒台灣也無所謂。台灣問題再等百年也好」、「（台灣問題的解決）何必那麼匆忙？」、「此問題並不重要。國際情勢才重要」、「台灣是小問題，世界才是大問題」等看法。毛澤東最在意的是國際關係——即蘇聯問題。他認為雙方應超越意識形態，而優先考慮地緣政治學的因素，並表示希望私下締結美中秘密承諾的互不侵犯條約。[71]

如此，美中兩國的想法一致，均以各自的國益為優先考量，共同商議與各國的國際問題。同時，在前述毛澤東的世界視野與戰略構想之下，美中關係的核心所在——台灣問題已成為次要問題。

未幾，1972 年 2 月 27 日，美中兩國即於上海發表聯合公報。此聯合公報係依季辛吉第二次訪中時與周恩來苦心協議的方式，不避諱雙方在主要問題上的明顯歧異而率直加以陳述，可說是外交史上破天荒的文件。

該聯合公報的前半部分，兩國分別陳述意識形態、國際問題見解上的歧異。在主文中，兩國則確認下列重要協議條款。亦即，1. 美中兩國關係走向正常化，符合所有國家的利益；2. 雙方都希望減少國際軍事衝突的危險；3. 任何一方都不應在亞洲太平洋地區謀求霸權，並反對任何其他國家或集團建立這種霸權的努力；4. 任何一方都不準備代表任何第三者進行談判，也不準備與對方達成有關其他國家的協議或諒解。[72]

關於這些條款，季辛吉說明如下：「除去外交辭令的修飾，

此等協議至少表示中國不致使中南半島或朝鮮的狀況惡化，且美中兩國均不與蘇聯陣營合作，甚至意味著兩國反對任何國家嘗試控制亞洲。此點形成阻止蘇聯在亞洲擴張的默示同盟。」⑦

至於聯合公報對台灣問題的處理，正如雙方在交涉期間的瞭解，中國方面重申自己的立場：「台灣問題是阻礙中美兩國關係正常化的關鍵；中華人民共和國政府是中國唯一的合法政府；台灣是中國的一省，早已歸還祖國；解放台灣是中國的內政，別國無權干涉；全部美國武裝力量和軍事設施必須從台灣撤走；中國政府堅決反對任何旨在製造『一中一台』、『一個中國、兩個政府』、『兩個中國』、『台灣獨立』和鼓吹『台灣地位未定』的活動。」但並未言明美軍撤出台灣的期限，亦未提及「華（台）美共同防禦條約」。

美國方面則聲明：「美國認識到，在台灣海峽兩邊的所有中國人都認為只有一個中國，台灣是中國的一部分。美國政府對這一立場不提異議。它重申讓中國人自己和平解決台灣問題的關心。考慮到這一前景，它確認從台灣撤出全部美國武裝力量和軍事設施的最後目標。在此期間，它將隨著這個地區緊張局勢的緩和，逐步減少它在台灣的武裝力量和軍事設施。」將美軍的撤退與台灣問題的和平解決及亞洲整體的緊張緩和相連結，將其委諸未來的最終處理。

## 五、上海公報的效應及其對台灣的影響

美中關係的正常化當然對周邊各國產生影響，其中尤以蘇聯和國府所受衝擊最大。在美中關係恢復之後，蘇聯一面在西邊面對北約組織（NATO），在東邊面對中國，形成東西兩面均受威脅的局面。蘇聯必須較以往更留意全面戰爭的危險，且被迫不得不

克制其在世界各地冒進的企圖。結果，蘇聯必須謀求對美緊張關係的緩和，避免造成美蘇正面衝突。因此，美國的對外政策將更形自由，在戰略上亦較能掌控主導權。

事實上，蘇聯當時遲遲不肯進行美蘇高峰會談，拖延「戰略兵器限武談判（SALT I）」，但在尼克森總統訪中之後，雙方立即於同年 5 月召開美蘇高峰會談，兩國繼續進行 SALT II，逐步實現兩超大國間的緊張緩和，消除世界性核戰的恐怖。〈上海公報〉不但使美中兩國自我克制霸權，亦產生要求蘇聯自制的結果。此外，由於美蘇兩超大國留心避免全面戰爭的發生，使恐怖的世界性核戰得以抑制，國際冷戰體制逐漸崩解。〈上海公報〉在戰後世界史上留下最重大的足跡，乃是不爭的事實。

另一方面從上海返回華盛頓的尼克森總統，立即派遣格林助理國務卿和國家安全保障會議（NSC）的霍爾德里奇等人前往亞洲 12 個國家，將其與中國討論的內容告知各國元首，並保證訪中一事絕不會對盟國造成任何不利。[74]

此舉總算有效緩和亞太地區的政治、軍事緊張。包括日本在內的亞洲各國陸續與中國建交，ASPAC（亞太協議會）、SEATO（東南亞公約組織）亦在實質上停止其反共軍事同盟的機能。ASEAN（東南亞國家協會）也全面提出中立宣言，強調其區域合作組織的性質，從而促發其後飛躍性的經濟成長。[75]

當然，格林和霍爾德里奇亦前往台灣（同年 3 月 3 日）向國府說明相同的趣旨。當時蔣介石因憤恨尼克森訪中而拒絕會見，但由其長男行政院副院長蔣經國會見二人。二人一再向蔣經國保證履行「華（台）美共同防禦條約」和保障台灣海峽的和平安全，而蔣經國則不動聲色地指著總統府牆上懸掛的「洛克希德 U-2 偵察機」模型，表示「只要有這個，一切都沒問題」。他的意思是

只要美國繼續軍事援助台灣，就不會發生任何問題。[76] 在格林與錢復外交部次長會談時，曾事先暗示他克制批判〈上海公報〉的言論，勿使台美關係惡化。錢復對此項忠告奉爲圭臬。[77] 國府已在文化大革命中失去恐嚇美國的王牌，至此亦覺悟到無論如何不滿或怒吼均無濟於事，只有降低姿態來對應美國使者一途。此點使格林與霍爾德里奇深感意外。

此外，格林在途經日本（2月28日）之際，因擔憂日本政府對台灣問題反應過度而做出錯誤判斷，乃特意強調〈上海公報〉絕未改變美國自1950年代以來的政策，台灣的法律地位仍屬未定。[78]

其後，以美中關係正常化爲契機，病弱的蔣介石於1972年5月任命長男蔣經國爲行政院長，進行實質的政權交替。[79] 蔣經國託其父之庇佑，長年掌控國府的黨、政、軍、特四大組織，與其父同爲絕對的獨裁權力者。然而，他之前在1970年4月訪問美國時，曾於紐約遭台灣獨立派志士黃文雄的狙擊（4月24日），從而意識到國府在海內外的嚴重情勢。

於是，蔣經國深知隨著國府被逐出聯合國和美中關係的正常化，美中接近已成爲無法抑遏的趨勢，因而不論是在國際上或是在台灣內部，均有必要促進「國府的本土（台灣）化」。伴隨著國府的本土化，當然必須重新檢討長年壓制台灣人和忽略、歧視台灣人的政策。

結果，蔣經國雖然一面對台灣人保持警戒，但一面卻迫於情勢而不得不尋求台灣人的合作，於是乃逐漸積極起用台灣人擔任要職。後述的李登輝即是於此一方向下被起用的典型人物。然而，由於起用李登輝而導致日後台灣的重大變動，這恐怕是當初誰也料想不到的事。

# 第二節 日中國交正常化與日中和平友好條約的締結

## 一、日中國交正常化的經緯

1952 年 4 月 28 日，吉田內閣遵從美國政府的意向，和國府簽訂「日華和平條約」，並於同年 8 月 5 日生效。由於該條約的生效，使台日間開始正式的外交關係，兩國並重新在台北與東京互設大使館。日本方面任命前外相芳澤謙吉為首任駐台大使，國府則任命中央日報董事長董顯光為首任駐日大使。以此為契機，台日間逐漸發展兩國的經濟交流；然而，國府在經濟交流之外，更期待日本在政治、軍事方面加入反共國家行列，和國府組成聯合戰線。

惟不只是吉田內閣，連韓國以及東南亞各國均對國府反應冷淡，使其成立反共同盟的目標未能成功。在美國的施壓之下，吉田內閣承認國府是「中國的唯一正統政府」這個神話，但內心其實從未如此接受。

1957 年 2 月 25 日，岸信介內閣成立。岸首相於 1957 年 5 月 20 日，出訪東南亞六國。岸信介在回國途中，於 6 月 2 日起連續 4 天在台停留，和國府舉行四次會談，成為日本首位訪台的首相，[80] 公開表示親國府的立場。

1960 年 1 月 19 日，岸內閣在華盛頓與美國簽署新安保條約：「日本及美利堅合眾國相互合作及安全保障條約」，宣布共同處理他國對日本的攻擊。該條約第六條規定有「為保障日本的安全，以及遠東地區的國際和平與安全，美國陸軍、空軍及海軍得使用

其在日本境內的設施及基地」的「遠東條款」。[81] 在同年12月26日，日本國會審查該條約時，日本政府即曾針對「遠東」的範圍公開發表統一見解，提到「遠東係指菲律賓以北及日本周邊地區，包括韓國及中華民國所統治的地區」。[82]

在日美簽署新安保條約之後，中國於同年5月在北京舉行「反對美日新安保」的百萬人大會師。而日本更爆發二次大戰後最大的罷工（即六四罷工），群眾大批包圍國會；國鐵停駛、全國郵政人員大集會、革新系全國商工總會團體集體罷工，總評宣稱有560萬人參與罷工。在6月15日，進行第二次大罷工時，警方和全學連的帶頭隊伍在國會前發生衝突，而右翼團體亦出動阻撓抗議行動。由於東大女學生樺美智子死亡的不幸事件，使得民眾連續數日在國會進行抗爭。美國艾森豪總統原訂訪日的行程亦被迫中止。

新安保條約在6月19日，因憲法規定而自然通過，社會黨則發表不承認宣言。岸內閣在和美國交換批准書後下台，由池田勇人接任。1960年7月19日，池田內閣正式成立。1960年11月池田內閣提早解散國會，將輿論的壓力交付總選舉來決定。結果在此次國會大選中，自民黨反而增加9席，取得296個議席，而社會黨卻減少21席，只取得145個議席。對革新陣營而言，若與安保鬥爭時的意氣風發相較，毋寧是一個意外的結果。[83]

如此，池田內閣將重點置於經濟成長，顯現促進對亞洲全體（特別是日中之間）貿易的意願。然而，隨著貿易的擴大，日中之間還是需要政府間的正常關係，雙方的接觸亦不可避免。為此，雖然在當時東西冷戰的情況下，單獨打開日中關係正常化局面是一項艱鉅的任務，但池田首相還是勇敢地提出「兩個中國」及「一中一台」的主張，私下和歐美各國交涉以促成此事。這是根據後

來（1998 年 6 月 13 日）公布的池田內閣時代外交檔案才知曉此事。在這些外交檔案中，池田首相於 1961 年 6 月 19 日至 22 日訪問美、加兩國時，對甘迺迪總統及蒂芬貝克（John G. Diefenbacker）總理表明：「6 億人口的國家在聯合國無代表席次是不符現實的。如爲鞏固台灣的地位，反而更應對此採取積極的措施。」

　　當時甘迺迪總統雖也有同樣的構想，但由於新政權成立尚不到半年，而不得不考量國內民意（特別是與國會的處理），只得對大幅轉換對中政策一事採取消極的態度。結果，在未獲美國支持及中國、國府雙方的反對下，池田的構想最終還是未能實現。⑧⑭

　　1964 年 11 月 9 日，池田首相因病辭職，由佐藤榮作繼任。佐藤是岸信介的胞弟，在政治上予人右傾的印象。在組閣當日（11 月 10 日）的記者會上，佐藤雖表現對中國外交的積極態勢，但在 1965 年 1 月 10 日訪美後，卻於 13 日一變而與詹森總統發表共同聲明，表示將持續和國府的「正式外交關係」，同時對中國採取「政經分離」的政策。⑧⑮

　　佐藤內閣這個持續 7 年 8 個月的長期政權，對國府非常友好。佐藤於 1967 年 9 月 7 日訪台之後（根據日本政府於 2000 年 5 月 28 日公布的外交文件，此時佐藤首相訪台的目的，乃是爲了對蔣介石表達其將對美國要求歸還沖繩：琉球群島的決意，並希望求得蔣介石的事前諒解。參照〈朝日新聞〉，2000 年 5 月 29 日），爲了回禮而在同年 11 月邀請蔣介石的繼承者——時任國防部長的蔣經國訪日，並安排其和天皇以下的日本政界高層舉行會談，此事即可看出其親台端倪。在此時期（即 1967 年 10 月 3 日至 10 月 5 日），日本法務省出入境管理局長中川進訪台，並和蔣介石簽訂密約。根據此一密約，日本將強制遣返國府先前拒絕接受的煙毒犯，而國府接受的條件是每 30 名煙毒犯須搭配一名台獨人士。

在此種情況下，當時在台灣獨立運動扮演主幹的「台灣青年社」(後改稱「台灣獨立聯盟」) 幹部將被分批強制遣返。幸好這些幹部都在大學執教或在研究所念書，且由於事先即得知此事，而能藉由民意和司法手段免除此項執行。[86]

然而，在 1968 年 3 月 27 日，剛修畢東京教育大學碩士課程的柳文卿卻未如此幸運。他被日本警方出其不意地逮捕，在未經司法審判程序下，連夜被強制遣返台灣。柳文卿的同志雖試圖在羽田機場營救他，但在優勢的日本警力阻撓下，此一營救行動終歸失敗。柳文卿當時曾試圖咬舌自盡，但最後仍在滿口鮮血的情況下被遣送回台。[87]

此事件是佐藤內閣對台灣人所做最羞恥、最不人道的事。將追求自由民主及有前途的年輕、有政治良心的學人，以煙毒犯待遇待之，並且不讓其有任何辯駁的機會，此為舉世所無之惡例。其後，日本司法當局判決強制遣返柳文卿的行為違法，日本國會亦在會期中討論此事。關於柳文卿事件，《台灣青年》1968 年 4 月 89 號有柳文卿事件專刊，明治大學教授 (其後擔任校長) 宮崎繁樹的《出入國管理》(三省堂，昭和 45 年) 及宗像隆幸的《台灣獨立運動私記——35 年の夢》(文藝春秋，1996 年) 等書均有詳細記載。同時，該事件雖受到日本國內外諸多的批判，但對台灣留學生而言是一件鬱卒的事。許多優秀的留學生看到日本政府協助台灣的獨裁政權後，遂離開日本轉往美國。再者，如宗像隆幸所言，許多關心政治而有意識希望留學的台灣青年，受到柳文卿事件的影響，幾乎都放棄留日而選擇留美。此點對日本或對台灣都不能不說是一件不幸的事。

1969 年 11 月 17 日，佐藤首相為達成歸還沖繩一事而訪美，並於同月 21 日發表「佐藤‧尼克森共同聲明」。該聲明全文共 15

項，重點是美國同意於 1972 年以前將沖繩歸還日本。然而，該聲明的第四項卻明記著「台灣條款」，其內容為：「總理大臣及總統雙方一致共識，期待中共在對外關係上採取更協調且富建設性的態度。總統陳述美國對中華民國的條約義務，且必須遵守這些義務。總理大臣則明言，維持台灣地區的和平及安全，對日本安全是相當重要的要素。」

當然，這些舉動立即招致中國的反對，〈人民日報〉1969 年 11 月 28 日刊載以〈美日反動派的罪惡陰謀〉為題的社論，嚴厲譴責佐藤內閣。

一方面，美國總統助理季辛吉於 1971 年 7 月秘訪中國。1972 年 5 月，美國更公開尼克森總統訪問中國事宜。此事件的經過已如前述，不僅對國府造成震撼，也對佐藤內閣帶來致命性的衝擊。佐藤內閣及自民黨主流派向來是親美政策的忠實擁護者，並為此壓抑國內要求恢復日中外交關係的政治呼聲，但美國卻突然片面採取行動，只留下日本自身孤單地堅持。

佐藤聽到尼克森訪中消息的時點，僅是在對美國人民發表此消息前的幾分鐘，此點讓自認為美國親密盟友的佐藤感到茫然。就在 1970 年 10 月的例行高峰會談中，佐藤首相剛與尼克森總統約定日美兩國將對中國問題展開密集的協議，且外務大臣愛知揆一亦剛於 1971 年 6 月 9 日和國務卿羅傑斯舉行會談，確認日美兩國在聯合國的中國代表權問題上將緊密合作。因此，對於美國政府的新政策，日本政府首長間瀰漫著一股被背叛的氣氛。[88]

日本媒體對美國的「秘密外交」陷入狂亂狀態，所有報紙、媒體齊聲攻擊佐藤的無能（其中包括同年 8 月美國突然停止黃金、美元交換制的「尼克森震撼」）和其對中政策的失敗。之後，媒體一味高唱日本切勿錯過「中國號」班車，而展開對中一面倒的論述，

這些媚中的醜態顯示其已喪失媒體的良心與靈魂，將台灣當作獻給中國的祭品。⑧

　　姑且不論日本媒體的「中國熱」，佐藤內閣亦透過各種管道向中國傳達想要展開接觸的意向。1971 年 11 月，東京都知事美濃部亮吉受自民黨幹事長保利茂之託，將「保利書簡」交予周恩來，私下開始尋求接近中國之道。11 月 4 日，美濃部知事在北京將「保利書簡」親手交給中方。然而，「保利書簡」雖承認中華人民共和國是中國的政府，但卻未言及是中國「唯一」的政府。同時，日本雖亦認知到台灣是中國的一部分，但卻未明言屬於中華人民共和國。最後，周恩來因不同意該書簡的內容，而於 11 月 10 日會見美濃部知事時，批評日方表明希望訪中的「保利書簡」與「台灣獨立論」有關，是一封充滿騙局、不值得信賴的書函。在公布「保利書簡」內容的同時，中國亦言明不打算以佐藤內閣為交涉對象。⑨

　　如此，佐藤內閣在察覺無法改善對中關係之後，乃於 1972 年 5 月 15 日，藉由取回沖繩施政權的契機，在同年 6 月 17 日表明下台的意願。同年 7 月 7 日，主張促進日中關係正常化的田中角榮擊敗福田赳夫，成立田中內閣。隨著新政權的成立，日中、台日關係驟然發生極大的變化。

　　在「尼克森震撼」中，日本田中角榮新內閣登場。事實上，中國方面比日本更期待這個新內閣的誕生。於是，周恩來自己挺身出任前頭指揮，成為主掌對日戰略的舵手。

　　首先，1972 年 7 月 25 日，日本公明黨委員長竹入義勝獲得田中首相的諒解之下，私下率團訪中。竹入委員長與周恩來總理前後在北京人民大會堂舉行三次會談（1972 年 7 月 27 日─29 日），共約進行 6 小時 45 分的討論。在第三次會談（7 月 29 日）中，周

恩來提出八個主要項目和三點秘密約定，此即是所謂的「竹入筆記」。八個項目的主要內容為：1. 終結日中的戰爭狀態；2. 中華人民共和國是代表中國的唯一政府；3. 日中兩國建交合乎世界各國的利益；4. 基於和平五原則，日中兩國不以武力解決爭端；5. 日中兩國不追求亞太地區的霸權，亦反對其他國家或集團的霸權行為；6. 兩國建立外交關係之後，基於和平五原則締結和平友好條約；7. 中國放棄對日本的戰爭賠償請求權；8. 發展兩國間的經濟、文化關係和促進人員交流等。至於三點秘密約定則是：1. 台灣是中國的領土，解放台灣是中國的內政問題；2. 在共同聲明發表之後，日台雙方的使領館均須撤去；3. 解放台灣時，須慮及日本人在台的投資及企業。⑨

　　不過，該「竹入筆記」中，對台灣問題雖訂有三項秘密約定，但其內容全是中國方面的主張，日本方面並未表示全部同意。更何況「竹入案」僅是一份「私人提案」，竹入為「私人」，其本身既非國家代表，亦非政府代表。因此，私人當然不可能與他國代表進行領土處分，且亦無任何法律根據。結果，關於台灣問題的最終處理，雙方同意採取同年 2 月「美中聯合公報」的方式。

　　其次，田中內閣急遽接近中國，特別是田中主張「日、美、中三國若為等邊三角形的關係，將可維持遠東的和平。日本與中國建立邦交，將在亞洲建立較 NATO 更有力的安全保障」，此點引起尼克森政權的憂慮。尼克森特別擔心田中政權急於與中國建交，而忽視 1969 年 11 月 21 日「佐藤‧尼克森共同聲明」第四項的「台灣條款」。⑨

　　職此，美日兩國於 1972 年 8 月 31 日和 9 月 1 日在夏威夷舉行高峰會談。會談中，尼克森表示日中建交應是以後的課題，希望日本僅先協議終止兩國的戰爭狀態即可。助理國務卿格林回憶

說:「我在從華盛頓前往夏威夷的途中與季辛吉會商,兩人都認為此次高峰會談的重要課題是確認如何整合『美日安保條約』、1969 年『佐藤‧尼克森共同聲明』與日中邦交正常化的問題。」對於此項顧慮,田中保證日中建交不影響美日關係,且確認將維持美日安保體制的現狀。[93]

如是,在取得美國事前瞭解之後,田中於同年 9 月 17 日,派椎名悅三郎(自民黨副總裁)為特使前往台灣,向蔣經國行政院長等人說明維持台日關係(包括外交關係)的方針以及日中邦交正常化的交涉情形,努力以口惠進行安撫。

同年 9 月 25 日,田中‧大平訪中團前往北京,當日下午不經預備折衝即直接進行會談。這在外交史上是極為特異的事例,也顯示中國急切的心態。首先,田中首相表示:「對日本而言,若有損及美日關係的根本,則日中之間的問題就無從談起。……堅持美日安保條約是大原則,因為美日安保條約為日本和平與安全所不可或缺。」周恩來對於此點表示理解,並說:「這不成問題。日本和美國的關係好壞是日美之間的問題。我們不干涉。美日安保條約對日本非常重要,堅持這個條約是理所當然的。」在日美安保新約成立時,周恩來曾譴責該條約是「日本軍國主義復活」,但此時卻 180 度轉變態度,改口為「堅持這個條約是理所當然的」,著實令人驚訝。[94]

會談首日即突破日中兩國最大的難關,其後則將問題集中於以下幾個焦點,亦即,1. 戰爭責任和賠償問題;2. 台灣問題的處理;3. 反對蘇聯霸權主義等。

在戰爭責任和賠償問題方面,由於先前「周恩來‧竹入會談」即已提出「不追究、不請求」的做法,此時僅是以兩國領導人的正式會談再加以確認而已。

　　另在台灣問題方面，日中的交涉並不順利。最初，中國方面提出「美日安保條約」的「遠東」範圍應排除台灣。周恩來一面承認「美日安保條約」的存在，一面又以此要求田中讓步，其所以在戰術上不斷出招，主要的意圖是使原本針對中蘇的「美日安保條約」能將「主要敵人」轉為蘇聯。⑨因此，當田中首相拒絕此點之後，周恩來即未再提出更強烈的要求（此點原本在周恩來‧竹入會談中即已取得協議）。

　　再則，中國主張「台灣是中國領土不可分割的一部分」，但高島益郎條約局長則強調：「事實上中國政府的統治權並未及於台灣，因此日本不能同意中國的主張。同時，日本在『舊金山和約』中已放棄對台灣的一切權利、權利名義和要求，故日本政府已無議論台灣歸屬的資格，只能對中國的主張表示理解與尊重。」總之，由於同年2月的「美中聯合公報」已對台灣的最終歸屬問題取得協議，所以當日本沿其主旨表明立場時，中國方面也不得不加以接受。

　　最後，中國主張「日華和平條約」是非法的、無效的，必須加以廢除。但高島益郎局長反駁說：「『日華和平條約』係經正式手續締結，日本政府不能主張該條約無效。」結果在法理上居於不利的周恩來，只得表示「日中邦交正常化是政治問題，不是法律問題」，而以「政治解決」的方向，處理台灣歸屬與國府政權問題。⑨⑥

　　此外，在反對蘇聯霸權主義方面，由於此點原為當初日中建交的最大目標，且是中國「專心北方」不可或缺的戰略。依〈朝日新聞〉入手的資料顯示，當時中國拉攏田中的理由是：「日本是亞洲的重要國。日本長年被美帝國主義所控制，而被利用來包圍我國。同時，近來蘇聯修正主義利用美日矛盾，準備使日本

成爲反中的要塞，所以日中邦交正常化有利於突破此一反中陰謀。」⑨

此項說明雖然有些牽強，但基本上是正確的。如果日本成爲中國的夥伴，的確能更緩和美中間的緊張，美國的目光自然會更轉向歐洲，而與蘇聯產生更多的摩擦，升高雙方的緊張關係。但是，毛澤東、周恩來的世界戰略，雖符合美中兩國的安全保障和國益。但日本由於存在「北方四島」問題，故其立場未必與中國完全一致。可惜的是，日本當時只看到同年2月的「美中聯合公報」已述及此一條款，而未注意到美日立場的差異與利害關係。其後，此一「霸權」問題成爲日中和平條約交涉的阻礙，是導致延遲條約締結的最重大原因。

經過以上的經緯，日中雙方於1972年9月29日，發表包括前言和九個條款的「日中共同聲明」。⑨⑧該聲明幾乎未更動前述「竹入筆記」的內容。亦即，日本方面在該聲明的前言中承認戰爭責任並表示歉意，「痛感日本國過去由於戰爭給中國人民造成的重大損害的責任，表示深刻的反省。」

「日中共同聲明」的最大焦點當然是台灣問題。在雙方折衝共同聲明的內容時，高島益郎條約局長從法理面堅持日本的主張，最後是依據周恩來的政治判斷，而以第㈢項「中華人民共和國政府重申：台灣是中華人民共和國領土不可分割的一部分。日本國政府充分理解和尊重中國政府的這一立場，並堅持遵循波茨坦宣言第八項的立場。」的形式達成妥協，且故意不提及「日華和平條約」。於是，在「日中共同聲明」發布之後，日本大平外相更於記者會中重申：「日本政府對台灣問題的立場正如聲明第㈢項所示。開羅宣言中提及台灣歸還中國一事，而波茨坦宣言第㈧項則規定有履行開羅宣言的條款。從我國接受波茨坦宣言的經

緯來看，(日本) 政府堅持波茨坦宣言的立場是理所當然的。(中略)此外，日中共同聲明雖未提及日華（台）和平條約的問題，但由於日中關係正常化的結果，使該條約失去存在的意義而終止。此為日本政府的見解。」[99] 以此重申日本對台灣問題和「日華和平條約」的立場。

另一方面，周恩來在會談中要求將台灣排除於「美日安保條約」的「遠東」範圍之外，並在作成條文之際再次言及此事，但日本並未接受此點。田中首相在返國記者會 (9月30日) 或國會答詢時，都一再說明「遠東的定義與解釋依舊」、「台灣條款不變」等。[100]

關於台灣的最終歸屬，大平外相在自民黨本部召開的自民黨兩院議員總會（同年9月30日）上表示：「對於台灣的領土權問題，中國方面主張其為中華人民共和國領土不可分割的一部分，但日本方面只表明理解和尊重中國的此一立場，而未採承認中國主張的方式。這是兩國間永久無法一致的立場。」同年10月6日，大平外相在帝國大飯店召開的內外情勢調查會上表示：「一如共同聲明所言，中國方面表示台灣是其領土不可分割的一部分，日本方面對此表示理解和尊重，而未以明文加以承認。……對於日本已放棄的領土，其權利究竟屬誰，就日本人的立場而言，是拚著切掉舌頭也無權表示意見的事。」再次表明尊重「舊金山和約」中的台灣條款。[101]

對於大平外相的此種說法，美國的中國問題權威巴涅特 (A. Doak Barnett) 指出，儘管中國一再主張此問題業已解決，但終究未對日本的說法表示抗議，此點非常重要。[102]

若是，日中兩國終於實現邦交正常化。9月29日，日本駐台大使宇山厚基於日本政府的訓令，通告國府外交部終結雙方的

外交關係。國府亦於同日針對此項預料中的通告，立即發表「對日斷交聲明」，並痛罵田中政權忘恩負義。[103]

然而，無論國府如何虛張聲勢，怒斥日本政府「無恥」、「忘恩負義」，但現實上自 1965 年日本借給國府 1 億 5 千萬美元以來，日台經濟結構是台灣極度依賴日本的狀況。在周恩來和竹入會談時，日台間當時的經濟交流是日本對台投資、提供政府借款，和存在每年約 8 億美元的貿易關係。

結果，日台間為維持實質的經貿關係，乃各自成立半官半民的交涉窗口，日本方面為「財團法人交流協會」，台灣方面則是「亞東關係協會」，雙方於 1972 年 12 月 26 日，正式簽定「有關財團法人交流協會與亞東關係協會相互設立駐外辦事處之協定」而開始運作。此協定由十四條條文所組成，內容包括：1. 旅居對方之本國人民的身體、生命、法人之財產及權益之保護；2. 本國人民之子女教育；3. 入境、居留再入境等業務；4. 涉外事項之調查、斡旋；5. 貿易推展；6. 各種調查、介紹；7. 民間各種協定之簽訂；8. 貸款之履行；9. 技術合作；10. 漁船之安全作業；11. 船舶、飛機之出入境；12. 海空旅客貨物之運輸；13. 學術、文化、體育等之交流；14. 其他必要之調查及提供協助等。因此，交流協會在名義上雖是民間機構，但幾乎涵蓋台日間尚有邦交時大使館之全部業務，故事實上扮演著領事館以上的角色。[104]

## 二、日中和平友好條約的締結

日中邦交正常化過程中，日本順利地解決外交上的重大事項（終結戰爭狀態、美日安保、日華條約、台灣問題等），努力擴大日中雙方的關係。然而，在最重要的貿易協定方面，則因反映雙方國家利益的不同，結果卻意外地難以進展。直到 1974 年 1 月 5 日，

雙方總算達成協議而簽訂協定。不過，在漁業交涉方面，雙方自始即出現極大的困難。最重要的爭議在於海域與自然資源方面，特別是釣魚台的領有權問題，使台、日、中三邊發生嚴重對立。

1974 年 10 月，鄧小平對日本的中國訪問團提出下列三點提案：1. 早日克服一切障礙，締結日中和平條約；2. 可在實務協定成立後進行交涉，亦可與實務協定同時並行；3. 釣魚台領有問題以擱置爲宜。因此，雙方在同意擱置該問題之後，於 1975 年 8 月 15 日，正式締結「日中漁業協定」。[105]

如此一來，日中全面復交的基礎準備逐漸就序（即締結各項實務協定，依次解決許多難題與懸案），而在鄧小平的強烈期望下，雙方於 1974 年 11 月 13 日，在東京舉行「日中友好和平條約」的第一次預備交涉。在該次會談中，中國外交部副部長韓念龍先向東鄉文彥外務次官提示條約的概要。日本外務省雖對中國不將台灣問題捲入條約交涉感到安心，但同時卻對條文包含「反霸權原則」而深感困擾。[106]

由於「上海公報」的反霸權條款明顯是針對蘇聯，而對存在北方領土問題的日本而言，如果將其列入正式條文會相當嚴重，因爲此舉必將導致蘇聯的敵視。事實上，在日中建交後的 1972 年 10 月，當大平外相被派往莫斯科訪問之際，蘇即指責「日中共同聲明」的內容有反蘇傾向，特別是第(七)項，將蘇聯在亞太地區的行動視爲「霸權」，更是激烈地非難。大平外相雖回應說「其內容並非針對第三國」，但並不爲蘇聯方面所接受。[107]

未幾，在日中進行第一次會談之後，田中內閣即因「金權政治」問題而不得不於 1974 年 11 月 26 日下台。同年 12 月 9 日，三木武夫組閣並繼續條約的交涉。三木一就任首相，即表示要促進「日中和平友好條約」的締結。於是，在此內閣的方針下，東

鄉外務次官於翌（1975）年 1 月 16 日與中國駐日大使陳楚進行第二次預備交涉。在此次會談期間，正巧因蘇聯要求討論「日蘇和平條約」，而與宮澤喜一外相訪蘇期間重疊。蘇聯一面監看日中交涉的進行，一面計算與日本交涉的時機。⑩

　　1975 年 2 月 14 日，在東京的東鄉・陳楚第三次預備交涉中，雙方正式交換條約草案。中國方面將「反霸權條款」列入本文，但日本方面則希望加以迴避。結果「反霸權」問題頓時成爲重要的外交問題。

　　1975 年 9 月 24 日，前往紐約出席聯合國大會的宮澤喜一外相，與中國外交部長喬冠華進行兩次會談，席間提出所謂的「宮澤四原則」。其內容爲：1. 反霸權不只侷限於亞太地區，亦應擴及全球各地；2. 反霸權並非針對特定的第三國；3. 反霸權不意味著日中共同行動；4. 不得違反聯合國憲章的精神。⑩

　　對於此點，喬冠華表示締結未提及「反霸權」的「日中和平友好條約」，還不如宣布遵守「日中共同聲明」即可，雙方交涉出現僵局。結果，中國方面在同年 10 月將駐日大使陳楚召回，且表明短期內不再補缺。於是，日中重新展開條約交涉已是兩年以後的事。

　　等時序進入 1976 年以後，日中兩國的國內政局均發生極大的變動。日本在年初揭發「洛克希德案」，前首相田中角榮於 7 月時遭到逮捕。在年底的國會大選中，三木武夫因自民黨大敗而下台。同年 12 月 24 日，福田赳夫內閣成立。在中國方面，周恩來於該年 1 月 8 日逝世，華國鋒受命代理總理。同年 4 月 5 日，在周恩來的追悼活動中，突然展開對「四人幫」和政府當局的抗議活動。政府當局認爲此項抗議活動爲反革命事件，所以下令出動軍警加以鎮壓。中央政治局亦接獲毛澤東的指示，指稱鄧小平

爲反革命事件的黑幕，故解除其一切公職，選任華國鋒爲黨中央第一副主席、國務院總理。此即所謂的「第一次天安門事件」。然而，毛澤東亦於同年 9 月 9 日死去，華國鋒取得軍方指導者葉劍英的協助，由汪東興帶領中央警護部隊逮捕「四人幫」及其側近。之後，華國鋒就任黨中央主席、國務總理和軍事委員會主席，成爲中國的最高領導者，結束長達十年的文化大革命。由於上述日中兩國國內情勢的變動，使得雙方無暇推動「日中和平友好條約」的交涉。

一方面，福田內閣雖對中國新政治局勢，採取慎重的態度，但亦表示有意締結「日中和平友好條約」。時值美中關係急速進展，雙方建立邦交的機運日益升高。同時，中國亦在打倒「四人幫」之後，由重新掌權的鄧小平高揭「四個現代化」，摸索著導入外資等大膽的近代化路線。

1978 年 1 月初，日本駐中大使佐藤正二向本國傳達消息，表示有可能與韓念龍副外交部長進行預備交涉。福田首相乃在同年 1 月 21 日，對國會的施政演說中，表明希望盡速締結雙方均能接受的「日中和平友好條約」。同年 2 月 20 日，福田更在眾議院預算委員會報告說：「我已於 18 日指示佐藤大使建立雙方重行交涉的基礎。」[110]

3 月 14 日，在中國方面和福田首相雙方的請求下，公明黨書記長矢野絢也一行前往中國，與日中友好協會會長廖承志進行會談。在該會談中，廖承志就中國政府對「日中和平友好條約」的重行交涉，提出下列四點正式見解：1.盡早締結條約和發展兩國關係的方向不變；2.建立、發展日中和平友好條約並非針對第三國，而是反對追求霸權；3.日中的反霸權並非表示共同行動；4.期望福田首相早日決斷，並歡迎園田直外相訪中等。[111]

矢野書記長與廖承志會談之後，立即會見鄧小平。鄧氏雖對其表示「過度強調此條約並非針對第三國，反而會引起問題」，但亦同意條文解釋須爲日本所能接受，總之希望早日進行交涉，以利雙方締結條約。⑪

對於公明黨代表團帶來的訊息，福田首相於同年 3 月 22 日，召開「決定重新進行條約交涉的時期與基本方針會議」。出席此一會議者有園田外相、安倍晉太郎官房長官、有田圭輔外務次官、高島益郎外務審議官等以及外務省相關局處長。這是福田首相第一次直接參與「日中和平友好條約」的重要會議。在此會議中，對於焦點所在的「反霸權條款」，共準備有 13 種條文草案。福田在逐一檢討各種條文草案之後，最後選擇「此條約不針對特定的第三國」一案。⑬

然就在「日中和平友好條約」開始重新交涉之際，同年 4 月 12 日，在釣魚台諸島發生國際事件。當時約有 100 艘武裝漁船集結釣魚台附近，並高舉「釣魚台是中國領土」的布條。此事對日本的衝擊甚大。日本立即向中國提出抗議，中國則說明「此爲偶發事件。這些小島留待日後解決爲宜」，再次提議擱置領有權問題。同年 5 月 10 日，佐藤駐中大使和韓念龍外交部副部長舉行會談，確認處理釣魚台問題須顧全大局的見解，並重申將致力早日締結「日中和平友好條約」。⑭

又當條約交涉即將展開之際，美國國家安全助理布里辛斯基（Zbigniew Brzezinski）於訪中歸程途經日本。他於 5 月 23 日，會見福田首相、園田外相時，因受鄧小平之託而再提早日談妥「日中和平友好條約」一事。據當時同席的霍爾布魯克（Richard Holbrooke）助理國務卿指出，布里辛斯基向日本政府表示：「美國正認眞思考對中建交事宜，美國不認爲條約草案中的『反霸權

條款』有任何問題，此點由日本自行定奪。」此事在福田首相的《回顧九十年》一書中也有相同記載。⑪⑤

這樣，條約的交涉時機日益成熟，雙方終於在同年 7 月 21 日重新展開會談。會談是以佐藤正二駐中大使、中江要介局長（外務省亞洲局）和韓念龍副外交部長爲中心，於反覆進行事務層級的折衝後形成大致的共識。同年 8 月 6 日，福田首相下達最後指示：

「一、貫徹我國與所有國家追求和平友好關係和全方位外交的基本立場。換言之，不得有讓人意識到蘇聯的內容。

二、以上述基本立場而毫不留有任何疑點的方式闡明反霸權條款（特別是所謂第三國條款），絕不容許有所謂曖昧游移的決定。

三、在締結此一條約時，有必要確保互不干涉內政的行爲。例如，絕不特別處理與中國特別親近者或特別優待日中友好貿易等。

四、中蘇同盟條約係針對我國之條約，努力採取使其不與本條約存有矛盾的最佳措置。亦即，該條約應予廢除。

五、從目前爲我國實際統治的事實，貫徹我國對釣魚台列嶼的立場，主張其爲我國固有領土。」⑪⑥

於是，園田外相於 8 月 8 日訪中，與黃華外交部長進行最後的磋商。8 月 10 日，園田外相會見鄧小平。鄧氏於席間表示：「中國充分認識日本與美國的關係，也深知美國贊成反霸權條款。」對於此點，園田率直地表明日本的立場說：「我們絕對堅決抵抗霸權，無論對方是蘇聯、美國或中國均予反對。但恕我直言，本

條約的締結是爲了形成營造亞洲和平繁榮的新秩序，不應將其捲入中國對抗蘇聯的戰略中。」[117]

　　1978 年 8 月 12 日，「日中和平友好條約」正式簽署。條約內容十分簡潔，包括前言和五項條文。條約交涉過程中成爲爭論焦點的反霸權條款，結果分由兩項條文來處理。即第二條：「締約雙方表明：任何一方都不應在亞洲和太平洋地區或其他任何地區謀求霸權，並反對任何其他國家或國家集團建立這種霸權的努力。」以及第四條：「本條約不影響締約各方與第三國關係的立場。」[118]

　　日本方面殫精竭慮地思考如何在條文中降低「反蘇性」的文句，卻在兩天後的〈人民日報〉社論中被一筆勾銷。〈人民日報〉故意將該條約解釋爲日中反蘇同盟，而如此寫道：「『日中和平友好條約』的簽署，對中日兩國人民和世界各國人民來說是一種喜訊，但對於莫斯科來說卻是別有一番滋味在心頭。(中略) 中日關係的友好發展及『日中和平友好條約』的締結，在蘇聯視如眼中釘。(中略) 但是其結果，蘇聯並不能阻擋『日中和平友好條約』的歷史洪流。『日中和平友好條約』的締結，使得蘇聯社會帝國主義的干涉破壞等陰謀暴露出來。」[119]

　　其後，日本即因此而在北方領土問題上受到蘇聯的冷淡對待，迄今仍無法順利解決。此點呈現「日中和平友好條約」國際性的一面。同年 10 月 23 日，鄧小平藉交換條約批准書之便訪問日本，與福田首相進行會談。在該次會談中，鄧小平表明：「我十分理解日本的基本外交方針。日美安保或增強自衛力都是理所當然的。主張裁減軍備或和平而不整備自衛力是很奇怪的。」[120]在此項發言被報導之後，不只是日本，連亞洲地區 (特別是東南亞各國) 都難掩驚訝、困惑之色。一貫強烈反對日本擴張軍備、

批判日本軍國主義的中國，突然在一夜之間改為主張日本增強自衛隊是理所當然，此點真有如晴天霹靂。但是，鄧小平的發言不過是重申前述〈人民日報〉的社論而已。

如前所述，在「日中和平友好條約」的交涉過程中，雙方一次也未提及台灣問題。這是因為在 1972 年 9 月的日中國交正常化中，日本政府再三向中國表明遵守「波茨坦宣言」第八項的規定，聲明日本已「放棄對台灣的一切權利、權利名義及要求」。因此沒有資格討論台灣的歸屬問題，所以日中雙方都有意不再觸及台灣問題。如後所述，當時美中關係正常化的交涉正由檯面下浮現，台灣問題成為重大焦點，中國是將目標集中在主軸（美國），而避免日中之間發生齟齬。

附帶一提的是，福田首相對於該條約的效用和特徵，有如下的敘述：「『日中和平友好條約』僅是將田中內閣時期的『日中共同聲明』加以條約化，並未追加任何新的內容。它不是講和條約，而是和平友好條約。因此，其特徵為：1. 不對台灣問題造成任何影響，此問題在條約交涉中並未提及；2. 明文保留我國（日本）在外交立場上的自主；3. 確保堅持美日安保條約。因此，該條約對台灣方面並未改變現狀，反而是更加考慮到日台雙方的友好親善。」[121]

事實上，在「日中和平友好條約」締結之後，日中之間在台灣問題上毫無爭議，可說是風平浪靜。同時，日台間的交流亦是年年達到「高度成長」，日本對台貿易逆差一路增加。1992 年 5 月，日本為犒勞長年來努力的先鋒尖兵，同意「亞東關係協會辦事處」改名為具有更高政治性的「台北駐日經濟文化交流代表處」。當然，雙方人員的交流年年增加，甚至有部長級人員來訪。這是台灣推動民主化，使台灣政治實態大幅改變所致，從而促成此種環境的

形塑。

# 第三節　美中建交與台灣關係法的制定

## 一、美中建交的國際背景

　　1972 年 2 月，由於尼克森訪問中國，使美中兩國踏出關係正常化的第一步。其後，尼克森連任美國總統，立即任命季辛吉為國務卿。翌 (1973) 年 5 月，雙方於華盛頓與北京相互設置由大使級人物出任所長的「聯絡事務所」，建立「事實上的外交關係」。美國以布魯斯 (David Bruce) 出任首任所長，而中國則派遣黃鎮出任所長。

　　早在尼克森訪問中國之際，美國方面即曾與毛、周二人達成「秘密協議」，[122] 表示在尼克森連任後的二年之內處理美台關係。此點至此大致已順利進展。然而，其後卻爆發尼克森為尋求連任而採取不當行為的水門 (Water Gate) 事件。結果，1974 年 8 月 9 日，尼克森終於被迫成為美國史上首位辭職的總統。其總統職位則由副總統福特 (Gerald R. Ford) 接任。因此，美國準備以美中建交盛大紀念建國兩百年 (1976) 的計畫，即如夢幻般消逝無蹤。

　　福特政權成立之後，他留任所有的閣員，外交政策亦繼承尼克森的路線，並同樣任命季辛吉為國務卿。此外，福特更起用深孚眾望的自由主義者紐約市長洛克斐勒 (Nelson Rockfeller) 出任副總統要職。同年 9 月 8 日，福特謀求政權的安定，特別對尼克森發出特赦令，使其免於國會的彈劾。然而，此項措施卻使許多人認為福特以特赦尼克森交換總統一職，從而對其展開激烈的指責。

　　同時，原本美中建交的夢想已交由福特總統和留任的季辛吉國務卿處理，但 1975 年 4 月卻相繼發生中南半島三國赤化的意外情勢，以及 1976 年將舉行總統大選之故，遂使美中建交在當時成為不可能的狀況。在此種情形下，福特亦撥冗於 1975 年 12 月 1 至 6 日訪問中國，並與鄧小平進行會談。在該次會談中，福特表示若選舉獲勝，將盡早實現雙方的建交。[123]可是，福特卻於 1976 年的大選中落敗，美中建交事宜只得交由民主黨卡特（Jimmy Carter）新政權接手。

　　1977 年 1 月，卡特政權正式成立。惟自期中選舉以來，卡特總統即對美中問題顯現慎重的態度。[124]儘管如此，兩國邦交正常化的大方向仍是一路前進。同年 4 月、5 月和 6 月，在范錫（Cyrus Vance）國務卿的要求下，由霍爾布魯克（Richard Holbrooke）助理國務卿主導，做成三份備忘錄提交卡特總統。就中，6 月提出的備忘錄，其正式名稱為「第 24 號總統檢討備忘錄（Presidential Review Memorandum-24, PRM-24）」。此備忘錄延續 4 月和 5 月的相同建議，表示：「好！我們開始前進吧！但要如何前進，必須檢討所有的選項。」這份 PRM-24 文件相當冗長，涵蓋聯合參謀本部、情報機關等所有部門和單位的意見。其結論與之前的文件相同，主張美國必須努力與中國建立正常的外交關係，但在此過程中不能放棄台灣。最後，總統同意此一見解，而決定由范錫國務卿於同年 8 月前往北京磋談。[125]

　　1977 年 7 月 30 日，卡特總統將范錫國務卿、布朗國防部長、布里辛斯基特別助理和奧森柏格召集至白宮會議室，以近三小時的時間，討論有關美中邦交正常化的戰略和國內政治的意義。最後，卡特總統發言表示決心完成兩國的邦交正常化，準備面對因放棄台灣（國府）而導致的政治批判。同時，卡特總統指示范錫

國務卿，命其在中國方面善意回應美國的提案時，準備雙方建交公報的草案。⑫

同年 8 月 22 日，范錫國務卿訪中團於盛暑中抵達北京。當日正為中國第十一屆全國人民代表大會的最終日，中國正式選出華國鋒擔任總理。翌(23)日，雙方在迎賓館舉行第一次正式會議。范錫國務卿向中國代表黃華外交部長表示，自己擁有總統賦予討論美中邦交正常化政策的權限，「如果台灣問題能和平解決，美國即準備與中國建立正常外交關係」。當然如果雙方能正式建交，美國將基於〈上海公報〉，承認中華人民共和國為中國唯一的正統政府，並在「華（台）美共同防禦條約」失效的同時，將美軍撤出台灣。然而，范錫要求追加一項最重要的條件，即「在美中邦交正常化之後，透過非正式的協定，為給予在台美國公民實務上的協助，美國政府職員必須留在台灣。」⑰這要求是一個戰術，雖然最初即判斷會被拒絕，但仍在事前徵得總統同意後提出。霍爾布魯克助理國務卿其後在接受宇佐美滋教授的訪談中表示：「我們事前即判斷會被拒絕。但此點極為重要。因為這可向世界和國會表示，我們並非毫無努力即加以放棄。」⑱

第二次正式會議在 24 日午前展開，黃華外長果如意料地提出反對，並反覆陳述中國方面的三項條件，而在其批評美國單僅給予「口惠」，並以強硬口吻主張解放台灣之後，雙方意識到「邦交正常化可能會再延緩」。此外，在同日下午與鄧小平的會談中，鄧氏亦冷淡地批判范錫的提案，指其「較『上海公報』更為退步」，並表明中國能接受的最低限度是「日本模式」。

然而，在當日午宴之後，范錫等人判斷：1. 在國會審議「巴拿馬運河條約」的時間點上，並非決定美中邦交正常化的良好時機；2. 中國方面無意認真進行討論，因此美國方面亦無須讓步。

結果，在當日會議之後，雙方的建交會談事實上已告終了。[129]由其後得知的狀況顯示，中國之所以採取僵硬的態度，乃因當時中國的政治情勢尚未穩定，鄧小平雖重新掌權，但並未握有充分的權力，其地位仍相當浮動，對於此種高度政治性且敏感的問題，中國其時尚無法有彈性地因應。

職此，卡特政權的第一次中國接觸即告觸礁。卡特決定在「巴拿馬運河條約」問題解決之前，暫時將美中建交問題排入華盛頓政治日程的最後部分。其後，美國方面繼續透過駐北京聯絡事務所所長伍考克（Leonard Woodcock），以間接方式暗示美國願與中國領導人接觸，但並未獲得任何積極的回應。[130]

另一方面，范錫國務卿在將重心移至處理「巴拿馬運河條約」的同時，亦就美中邦交正常化的法律問題進行長期性的檢討。范錫下令國務院法律顧問漢塞爾（Herberd Hansell）協助霍爾布魯克助理國務卿，檢討美國與國府（台灣）斷交的法律關係。漢塞爾召集許多能力極強的律師，於翌年做成各種替代方案的龐大檢討資料。這些文件其後成為擬定「台灣關係法」的基本架構。[131]

同時，由於此時范錫忙於其他外交事務，無暇顧及中國問題，於是以霍爾布魯克助理國務卿為首的國務院官員，不得不讓中國問題的主導權交由白宮去處理。特別是對中國問題極表關心的布里辛斯基（Zbigniew Brzezinski），他認為對中關係是美蘇交涉的一個重要因素，從而提出積極推進美中建交的意向，成為掌控中國問題的主要人物。

在范錫訪中交涉失敗之後，布里辛斯基為做成雙方的直接管道而進行各種努力。另一方面，中國方面此時亦顯現追求改善對美關係的意向。中國認為布里辛斯基是「想法與中國最接近的人物」，而對其寄予高度的期待。1977 年 11 月，在中國駐美事務

所所長黃鎮的送別會上，布里辛斯基接受中國的訪問邀請。⑬

　　1978 年 3 月 17 日，「巴拿馬運河條約」已確定可在參議院獲得通過時，美國立即通知中國有關布里辛斯基接受訪問邀請一事。其後，布里辛斯基正式發布將於 5 月 20 日訪問中國。卡特總統下令布里辛斯基在交涉時不以達成最終協議為目的，而應盡可能廣泛地討論美中關係的各項問題。⑬

　　於是，布里辛斯基和十名隨員於 5 月 20 日首途前往北京，奧森柏格（Michael Oksenberg，國家安全會秘書）負責對其提供全面性的建言。諷刺的是，當日正是蔣經國就任總統的同一日，但布里辛斯基一行卻無視國府變更日程的要求，堅持於該日訪問北京。⑬訪問團在三天的行程內與華國鋒主席、鄧小平副總理、黃華外長等中國領導人會談達 14 個小時，就世界情勢進行廣泛而詳細的意見交換。此時，布里辛斯基雖未直接點名批判蘇聯，但卻提出相當露骨的反蘇言論。同時，在雙方的會談中，布里辛斯基一再向中國方面強調「卡特總統已決定要建立邦交」，敦促中國亦進行建交工作。此外，在台灣問題方面，布里辛斯基依據卡特總統的訓令，接受中國方面所謂的「建交三原則」（斷絕對台外交關係、廢止華美共同防禦條約、美軍撤出台灣），並表明遵守尼克森・福特的「五點保證」，但亦闡明，為求台灣問題的和平解決和台灣的安全保障，美國決定繼續銷售防禦性武器給台灣。⑬

　　中國方面相當滿意布里辛斯基充滿誠意的會談。結果，美中關係藉由此次會談而獲得大幅改善。在同年 7 月 5 日到 12 月 4 日之間，雙方共進行 16 次正式會談，認真交涉兩國建交事宜。當時，卡特總統希望建交交涉秘密進行，這是為了防範親台派發動反對運動，同時也抑制贊成派的過度期待。⑬在此種慎重的考慮之下，交涉由北京聯絡事務所所長伍考克擔任正式代表，中國

方面則以黃華外長爲窗口。華盛頓方面是由卡特總統親自擔任總指揮，由白宮直接對伍考克下達指令。同時，卡特總統有時亦與中國駐美聯絡事務所所長柴澤民進行會談，以疏通雙方的意見。此外，布里辛斯基亦隨時利用其與副所長韓敘的管道進行聯絡。霍爾布魯克助理國務卿亦就對台軍售一事，與中國進行個別交涉。因此，建交交涉的相關人員雖然極爲有限，但其交涉過程卻相當錯綜複雜。[137]附帶一提的是，在兩國交涉的過程中，越南情勢經常成爲考量的因素，結果竟對兩國產生意想不到的影響。亦即「蘇越聯盟」(1978 年 11 月 3 日)更促進美中急速建交的一個重要因素。

　　總之，同年 11 月 2 日，會談到達最後階段。伍考克所長將卡特總統的最終草案交給黃華外長，敦促中國盡速做出決斷。草案內容爲：1.美國在一年之內完全遵守對台防衛的約定；2.中國不違背美國希望台灣問題和平且有耐性地解決的聲明；3.在廢棄「華美共同防禦條約」之後，美國仍將繼續對台銷售某些軍需物資；4.雙方建交日程暫定爲 1979 年 1 月 1 日。[138]

　　對於美方的草案，鄧小平於同月 4 至 10 日訪問東南亞(泰國、馬來西亞、新加坡、緬甸等國)時，對外國記者發出饒富趣味的評論，向美國送出盡早處理的訊息。在此項評論中，鄧小平提及日中兩國僅花「一秒」即締結和平友好條約，與美國建交大概也只須「兩秒」。他並表示希望在身體健康時能訪問美國。[139]

　　隨後，12 月 4 日，中國方面換下病篤的黃華外長，由韓念龍副外長與伍考克進行會談。中國提出接受於 1979 年 1 月 1 日建立邦交、3 月 1 日設置大使館的聯合公報草案，並傳達預定於 12 月 13 日舉行的交涉中，鄧小平將親自出席會見伍考克。[140]12 月 11 日，布里辛斯基更將卡持總統的邀請函面交柴澤民所長，

表示交涉終結後希望鄧小平早日訪美，同時亦告知美蘇限武談判 (SALT II) 即將結束，美蘇高峰會談的日期也將決定。⑭

1978 年 12 月 13 日，接獲由華盛頓特別管道送達緊急說明的鄧小平，在迅速檢討美方最終提案之後。除要求對台軍售一事稍有保留之外，當場接受美方的草案，並承諾接受卡特總統的訪美邀請。於是，雙方在 14、15 日舉行最後會談，卡特總統更為防止機密洩漏，向中國提議於 15 日發表交涉協議。此項提議為鄧小平所接受，決定於 12 月 15 日華盛頓時間午後九時，雙方同時發表「美中建交公報」。此外，中國方面亦告知美國，在 1979 年 1 月 1 日建交生效以後，希望能盡早於一個月內實現鄧小平訪美一事。⑭至此，戰後亞洲最大的外交懸案一舉獲得解決，國府在台灣的中華民國虛構體制亦完全崩潰。

## 二、美中建交公報及台美斷交的善後處理

美中建交公報於 1978 年 12 月 15 日午後 9 時(美東標準時間)、北京為 12 月 16 日午前 10 時 (中原標準時間) 同時發表。由於此項公報的發表與尼克森訪中同樣是毫無任何預告，故再度震驚世界各國。不但對台灣的國府有如晴天霹靂，連美國國會也深感驚訝。

同時，由於建交公報是倉促發表，故其最後的處理相當紊亂，再加上為了保守秘密，使建交公報的準備均不由國務院經手，而只限定總統身邊的少數幾個人，故不能充分聽取國務院專家的意見，在用語上也出現許多細部瑕疵。特別是建交公報的英文與中文在重要部分的用語相當混亂，埋下日後紛爭的火種。茲首先列出美中建交公報的內容，再提出該公報中的問題點，藉由分析兩國政府聲明和記者會的質問內容，以究明雙方真正的意思。

「美中建交公報」的全文如下：

中華人民共和國和美利堅合眾國商定自一九七九年一月一日起互相承認並建立外交關係。美利堅合眾國承認中華人民共和國政府是中國的唯一合法政府。在此範圍內，美國人民將同台灣人民保持文化、商務和其他非官方關係。中華人民共和國和美利堅合眾國重申上海公報中雙方一致同意的各項原則，並再次強調：

——雙方都希望減少國際軍事衝突的危險。

——任何一方都不應該在亞洲、太平洋地區以及世界上任何地區謀求霸權，每一方都反對其他國家或國家集團建立這種霸權的努力。

——任何一方都不準備與任何第三方進行談判，也不準備同對方達成針對其他國家的協議或諒解。

——美利堅合眾國政府認識到（中文本：承認）中國的立場，即只有一個中國，台灣是中國的一部分。

——雙方認爲，中美關係正常化不僅符合中國人民和美國人民的利益，而且有助於亞洲和世界的和平事業。

中華人民共和國和美利堅合眾國將於一九七九年一月一日互派大使並建立大使館。⑭

「美中建交公報」是雙方經由外交管道相互協議的文件，在國際法上並無任何疑義。例如，美中建立邦交而將台灣降格爲非官方關係，在反霸權條款暗指蘇聯（此時中國包括暗指越南）等，均爲極自然之法理。然而，建交公報中的重要條款，即英文：

"The Government of the United States of American acknowledges the

Chinese position that there is but one China and Taiwan is a part of
China." 譯爲中文應是「美利堅合眾國政府認識到中國的立場,
即只有一個中國,台灣是中國的一部分」。但建交公報的中文本
卻是「美利堅合眾國承認中國的立場,即只有一個中國,台灣是
中國的一部分」,在此明顯出現「認識到」和「承認」的用語混亂。
結果,由於用語的不統一,使其後中國方面屢次指責美國對台灣
的措置和立場,主張美國違反建交公報。

然則,何以如此重要的用語會出現混淆?建交公報以英文爲
正文或以中文爲正文?或是兩者都是正文?同時,美中兩國在交
涉中何以未於公報中明記何者爲正文?甚且,雙方的交涉是以何
種語言進行?是英文或中文?中文版建交公報的作成過程中,美
國參與的程度如何?關於這些問題,筆者引用宇佐美滋教授卓越
的研究,藉由直接訪談卡特總統等當事人來瞭解眞相,並在介紹
該教授公正的論述之餘,添附筆者個人的見解 (在此,僅引用較重
要的二例,因爲筆者另書已有詳盡的論述)。

## ㈠ 卡特總統本人的說明

(宇佐美教授 1984 年 6 月 20 日的訪談記錄) [144]
宇佐美教授:我特別想請教關於「承認 (recognize)」和「認
識到 (acknowledge)」這兩個用語的不同。英文明顯是兩個不同的
文字,但中文卻將「承認」硬加於公報中使用「認識」這個用語
的部分。

卡特總統:我並不能確切記得是公報的哪個部分,但英文
有時將「acknowledge」和「recognize」視爲同義語。例如「我
承認您有在我家的權利,因爲您是被邀請的 (I recognize your right
to be here in my home, because you are invited)」,和「我認識到您有在

我家的權利（I acknowledge your right to be here in my home.）」，二者並無不同。但是，承認一個國家（如承認中華人民共和國取代台灣）則不能用 acknowledge 這個字眼。我方國務院的通譯官和奧森柏格（NSC 負責中國事務官員）檢討過公報的中文版，雖然瞭解有些語感的差異（some nuances of difference），但容許（approve）這種承認（recognize）和認識到（acknowledge）之間的不同。我們認爲此點並非重大問題。因爲在我們發表英文聲明時，已清楚瞭解中國方面並未對公報的英文本表示異議。因此，我們當然必須有些彈性。

宇佐美教授的評論：我不認爲在排除國務院法律專家和中文專家的參與之後，能對中英文二者的微妙表現進行充分的討論。此種將「recognize」和「acknowledge」視爲同義語的看法，與上海公報以來廣爲一般接受的解釋不符。上海公報受到極高評價的原因，是因爲它巧妙利用兩個用語在意義上的差異。何以卡特總統在此改變說法？我認爲卡特總統的說明並不具說服力。同時，所謂中方未對公報的英文本表示異議一事，並未見其形諸於文字。既然瞭解公報用語有所不同，何以擱置不予理會？何以需要彈性？我無法理解此點。

筆者的見解：中方瞭解公報英文本的內容而未表示異議一事，從事後的經緯觀之，亦知其爲事實。在台灣歸屬的問題上，中方提出此份公報指責美國時，均是以公報的中文本爲根據，從未引用過公報的英文本。然而，正如宇佐美教授所指出的，與上海公報巧妙利用語彙差異相較，此份公報一面瞭解用語的差異，一面又因政治妥協而蓄意擱置不理，明顯可見其無知之處。卡特總統所謂「必須有些彈性」，不過是埋下日後紛爭的火種而已。

## ㈡ 奧森柏格國務助理的說明

(宇佐美教授 1984 年 3 月 24 日的訪談) [145]

宇佐美教授：關於公報的用語方面，論者指出英文本和中文本明顯存在用語的不同。

奧森柏格：是的。那就是「承認」和「認識到」的差別。這種說法是不正確的。首先，交涉均是以英語進行，語義當然是以英文為準。其次，我們注意到中文交涉記錄部分曾被更動。美方曾質問此為形式性（stylistic）變更或是實質性（substantive）變更。中方表示此為形式性變更，並不造成任何意思的變更，英語依然相同。此項對話是由羅伊（Stapleton Roy）與中方進行的。同時，在對照其他許多國家的建交公報，可發現彼等曾使用「承認」、「認識到」和另一個我想不起來的用語（譯者按：即「注意到」take note），不同的建交公報使用不同的用語，翻譯也未必統一。換言之，我認為這是枝微末節的變更，我深信這是想中傷交涉過程的人在雞蛋裡挑骨頭。但此種評論是由於無知所致。

宇佐美教授的評論：中國方面明知中英文用語的不同而認為僅是形式性變更，並未於交涉記錄中明白記載，且從其後中國方面的主張觀之，他們實際上認為這是實質性變更。雖然確認建交公報中文本的交涉曾有中文專家在場參與，但他在交涉過程中的權限並不明確。中國方面因對自己有利，而故意不區分「承認」與「認識到」是理所當然的，但美國方面並未將立場說明清楚。

筆者的見解：交涉既以英文為之，故語義自應以英文為準，一旦發現對方在中文本有所更動，卻以「枝微末節的變更」之怠惰心態來處理，故其即使被「中傷」亦無法辯解，此種做法實不足取。同時，奧森柏格雖主張「這並非是必須公開的交涉記錄，

但我們曾公開加以說明」，但事實上中國方面似乎並不這麼認為，結果是各說各話。雖說語義是以英語加以確定，但並不能平息雙方意見上的分歧。

關於「建交公報」最重要的用語，無論美國政府高層或國會，均明白定義美國方面的主張，此點並無任何疑義。然而，由於卡特等過於急切建功，而對中國的主張「彈性」處理，終致引發不斷的紛爭。在此，筆者想提出的是，「建交公報」中規定「中華人民共和國和美利堅合眾國重申『上海公報』中雙方一致同意的各項原則」，若中國方面真有誠意遵守「上海公報」，則此份公報的用語疑義自然迎刃而解。

如以上所見，由於「建交公報」未能完全概括雙方的意思與立場，結果美中雙方政府運用「上海公報」模式，各自發表以下的聲明，並舉行記者會接受質問，以闡明各自的說法。首先，美國政府對美中建交的聲明如下：

美國政府聲明（1978 年 12 月 15 日發表）

自 1979 年 1 月 1 日起，美利堅合眾國承認中華人民共和國是中國的唯一合法政府。同日，中華人民共和國給予美利堅合眾國類似的承認。美國從而同中華人民共和國建立了外交關係。

同日，即 1979 年 1 月 1 日，美利堅合眾國將通知台灣，結束外交關係，美國和中華民國之間的共同防禦條約也將按照條約的規定予以終止。美國還聲明，在 4 個月內從台灣撤出美方餘留的軍事人員。

今後，美國人民和台灣人民將在沒有官方政府代表機構；也沒有外交關係的情況下保持商務、文化和其他關係。本政府

將尋求調整我們的法律和規章，以便在正常化以後的新情況下得以保持商務、文化和其他非政府的關係。

美國深信，台灣人民將有一個和平與繁榮的未來。美國繼續關心台灣問題的和平解決，並期望台灣問題將由中國人自己和平地加以解決。

美國相信，同中華人民共和國建立外交關係將有助於美國人民的福利，有助於對美國有重大安全利益和經濟利益的亞洲的穩定，並有助於全世界的和平。[146]

為補充建交公報的不足之處。美國政府除提出上述聲明之外，另由卡特總統特別召開記者會。其發言的主要內容為：1. 美國承認中華人民共和國為中國唯一的正統政府，但此點不過是單純的事實認定；2. 美國歷來即與台灣官方與民間接觸交流，今後亦將透過非正式關係，繼續加深雙方的密切交流。此外，美國與中華人民共和國建交，絕不損及台灣人民的福祉；3. 同意鄧小平於 1979 年 1 月底訪問美國；4. 美中建交的目的單僅為促進兩國的和平，絕無其他意涵。[147]

在記者會的問答中，卡特更提出下列兩點說明：1. 關於「華（台）美共同防禦條約」的處理，美國決定基於該條約的規定，於一年前預告不再延續而失效。中國亦同意此點。如此一來，該條約在 1979 年仍然有效；2. 為維持與台灣的非正式關係，將在近期內提出法案加以處理。[148]

其次，中華人民共和國政府對美中建交的聲明如下：

中華人民共和國政府聲明（1978 年 12 月 16 日發表）

中華人民共和國和美利堅合眾國自 1979 年 1 月 1 日起互

相承認並建立外交關係，從而結束了兩國關係的長期不正常狀態。這是中美兩國關係中的歷史性事件。

眾所周知，中華人民共和國政府是中國的唯一合法政府，台灣是中國的一部分。台灣問題曾經是阻礙中美兩國實現關係正常化的關鍵問題。根據上海公報的精神，經過中美雙方的共同努力，現在這個問題在中美兩國之間得到了解決，從而使中美兩國人民熱切期望的關係正常化得以實現。至於解決台灣歸回祖國、完成國家統一的方式，這完全是中國的內政。

爲促進中美兩國人民的友誼和兩國良好關係的進一步發展，應美國政府的邀請，中華人民共和國國務院副總理鄧小平將於 1979 年 1 月份對美國進行正式訪問。[149]

同時，在同日的記者會上，國務院總理華國鋒主席面對記者發問時，有如下的問答。

問：在中美關係正常化的新形勢下，中國政府對台灣將採取什麼政策？

答：台灣是我國的神聖領土。台灣人民是我們的骨肉同胞。我們的一貫政策是愛國一家，愛國不分先後，我們希望台灣同胞和全國人民，包括港澳同胞、海外僑胞，一起爲祖國統一大業繼續做出貢獻。

問：是否允許美國繼續提供台灣於防衛目的的軍事設備？

答：在公報的第二條裡提到美國人民將同台灣人民保持文化、商務和其他非官方關係。其中商務關係問題，我們在討論中是有不同意見的。美方在談判中曾提到正常化後，美方將繼續有限度地向台灣出售防禦性的武器。對此我們是堅決不能同意的。在談判中，中國多次地明確表明了我們的態度。我們認爲，在兩國關

係正常化後，美方繼續向台灣出售武器，這不符合兩國關係正常化的原則，不利於和平解放台灣問題，對亞太地區的安全和穩定也將產生不利的影響。這就是說，我們之間有不同的觀點，有分岐，但我們還是達成了公報。[150]

如此，美中兩國基於各自的想法與期待而建立邦交，但在「建交公報」的用語、對台軍售問題方面，無論在法理上和現實上均仍殘留紛爭的種子。在法理面的爭議，恐怕在台灣問題根本解決之前，將無窮無盡地繼續下去。同時，在對台軍售的現實面上，由於牽涉到台灣的安全保障問題，因此事實迄今仍不易解決。

其次，當美中秘密完成建交談判之後，美國最初預定讓國府接獲此一宛如惡夢通告的時點，僅是在「建交公報」發布前的兩個小時。然而，安克志（Lenoard Unger）駐台大使認為此種做法並不妥當，而致電華府國務院表示抗議，主張應更早通告國府。結果，美國政府同意提前通告國府，但附帶條件是「在此項消息正式公布之前，蔣經國不得洩漏給其側近以外的人」。[151]安克志大使立即聯絡蔣經國的秘書宋楚瑜，要求會見蔣經國。其時已屆深夜，蔣經國也已就寢，但宋認為事態緊急，乃逕赴官邸喚醒蔣經國。當安克志大使座車抵達官邸時，已為台北時間凌晨兩點半（華盛頓時間15日午後一點半）。毋庸贅言地，在接獲安克志大使的報告之後，蔣經國甚為震怒，向美國表示強烈抗議。在安克志大使離去之後，蔣經國立即召集孫運璿行政院長、沈昌煥外交部長等政府高官進行緊急會議，檢討國府今後的對策。同日，蔣經國發表如下的聲明，譴責美國的背信行為，並明言今後無論在何種情況下，絕不與中國談判、妥協。[152]

另方面，是日國府亦緊急召開中常會之後，由於擔憂台灣內

部會動搖和發生不測，蔣經國遂於當日發布緊急命令，要求全軍進入特別警戒態勢，並發表延後原訂一週後將舉行的立法委員和國大代表的部分改選，下令即日起停止一切選舉活動。國府更宣布將更為嚴格地實施戒嚴令。

對於此點，黨外人士當夜在台北黨外助選團本部集會，發表「社會人士對延期選舉的聲明」，要求國府重開選舉。[153]但是，如下述，國府完全無視這些黨外人士的要求。而由於選舉實質上是被無限期地延期，使得黨外人士不得不發起街頭運動，結果終於引發悲慘的「美麗島事件」。

這姑且不論，在與台灣斷交之後，卡特總統派克里斯多福（Warren Christopher）助理國務卿率領美政府代表團前往台北，以說服國府和聽取意見。然而，當代表團於 12 月 27 日抵達松山機場時，立即遭到群眾的包圍，並以鐵棒、石塊猛打座車，甚至危及克里斯多福特使的安全。依當時同行的沙里班秘書的證言指出，這些暴徒正是 1958 年蔣經國擔任救國團主任時攻擊美國大使館的同一批成員。[154]

此事明顯是蔣經國的指示。美方對此十分憤慨，表示將立即撤回代表團，但蔣經國其後一再保證此種事件不會再發生，卡特總統乃訓令克里斯多福再停留二、三天，與國府進行會談。[155]

這樣，雙方於 12 月 28、29 日在台北前後舉行三次會談。克里斯多福傳達如下的美方意向，亦即：1. 美國政府擬維持「台美共同防禦條約」外之所有既存條約；2. 美國政府擬經由台北之使館維持雙邊關係至 1979 年 2 月底；3. 美國擬依據國內法律規定，另設立一新機構以執行新關係；4. 美國建議雙方成立一個工作小組，以研究未來新機構和其功能等。[156]

相對於此，出乎美方意料之外地，國府並未提及以往爭執的

中國代表權問題，反而集中全力企圖迫使美方認知中華民國在台、澎、金、馬地區之「法理（de jure）」與「事實（de facto）」法律地位。[157]結果，依照卡特總統的說法，雙方會談並未得出任何成果。而在 12 月 29 日，克里斯多福會見蔣經國時，蔣經國提出「斷交後處理台美關係五原則」。其要旨一言以蔽之，即是希望美國能承認國府為統治台、澎、金馬的主權國家和政府。[158]但美國當然無法接受。在會談移至華盛頓之後，雙方至 1979 年 2 月 26 日為止共舉行 17 次會談，國府的主張幾乎全被駁回，結果是在美國政府的主導下，對斷交後的台美關係達成協議。在蔣經國針對雙方最終協議的聲明（1979 年 2 月 15 日）中，明白顯現國府的不服和苦惱。[159]

## 三、台灣關係法的制定

一方面，美中建交的最後階段，由於兩國皆因各自的想法與政權內部的複雜狀況，使其急於達成協議，而在法理面與台灣安全方面留有各種瑕疵。特別是美國政府因忽視其與國會的默契，從而引起軒然大波。在此種情況下。當美國政府依其聲明為維持斷交後與台灣的非正式關係而提出「台灣關係法」草案時，深感不滿與憤怒的國會立即跨黨派聯合對原案進行大幅且重大的修正或追加條文，通過超乎美國政府和中國方面想像之外的「台灣關係法」。

1979 年 2 月 5 日，美國政府向參議院提出「台灣關係法」草案進行審議，並開始舉辦公聽會。眾議院則於 2 月 7 日開始審議政府草案。政府草案的內容包括前言、三章（共 17 條條文），其主要內容如前言所述：「在非官方的基礎上，維持與台灣住民的通商、文化及其他關係，促進美國的外交。」

　　第一章的七個條文主要是表明：在外交關係斷絕之後，台灣住民仍繼續適用美國法律。同時，雙方能以「美國在台協會」和台灣方面設立的機構，進行各種協定和其他協議。第二章的五個條文則規定「美國在台協會」為政府的外圍團體，接受政府的財政支助，亦可借調美國政府人員。第三章五個條文的內容是規定該協會因接受國庫撥款，故置於國務卿的監督之下。⑯⁰

　　這些規定幾乎是依美國國內法賦予「美國在台協會」法律基礎，留意不牴觸美國法律，但迴避台灣的安全、人權問題、法律地位等政治敏感問題，一切以不提及爭議問題為原則。

　　惟在法案開始審議之後，關心的焦點幾乎都集中於台灣的安全問題。參院外交委員會主席邱池在開頭的發言中指出「原草案相當不妥」，指責美國政府對台灣安全沒有任何具體的聲明。自由派共和黨元老賈維茲參議員亦支持美國政府應公開聲明保證台灣的安全。同時，在此前（1979 年 1 月 25 日）由甘迺迪和克蘭斯頓向參議院提出的決議案中，亦強力要求保障台灣的安全。文中指出：「在台灣的和平、繁榮和福祉受到危害，美國的利益蒙受損失時，總統應立即通知國會。國會依憲法的程序，設法提供政府方案，以保障台灣的安全及守護美國的利益。」結果，與台灣安全有關的決議案前後共提出 12 件以上。

　　有鑑於此，2 月 9 日，卡特總統強力保證：「就美國的中國政策而言，在台灣遭逢不必要的危險時，美國可能以太平洋艦隊介入而訴諸戰爭。」但是儘管卡特總統強力表明保護台灣的意見，可是一切的保證都因中國在 2 月 17 日掀起「懲越戰爭」而被抵消。於是，國會對台灣的關心更為升高，政府原案被大幅修改和增加新的條文，其外形與內容完全改觀，最後制定超乎政府想像的「台灣關係法」。⑯¹

於是，在國會針對「台灣關係法」陸續提出新條款時，國務院也從旁協助此一新法案。雖然卡特總統再三警告「如果修正案牴觸美中建交的基本協議，總統將行使否決權」，但事實上卡特總統也在國會通過的法案上簽字使其生效。此點雖是由於輿論和相關人員的良識而達成，但特別是因為觸及布里辛斯基（他原為流亡的波蘭人，因對蘇聯抱持強烈反感而親中國）和卡特總統內心的痛處，而使其必須顧及台灣住民的安危所致。

總之，「台灣關係法」在 1979 年 4 月 10 日成立，該法的正式名稱為「第 96 屆國會公法 96-8」。法案是由前言和 18 個條文所構成，各條文之前均附加小標，以定義該條約的內容。法案制定的背景和過程已如前述，參眾兩院對各個條文有各種提案，意見也不相同，但大致是注意不牴觸美中建交公報，而對台灣表現同情且友好的態度。同時，此法案雖是在 1979 年 4 月 10 日通過，但依該法第 18 條的規定，其效力可追溯到同年 1 月 1 日。以下條文是筆者認為最重要且對台灣極具意義的部分。亦即：

## ㈠ 第二條 B 項

美國的政策是：

(1) 維護並促進美國人民與台灣人民，以及中國大陸人民和西太平洋地區所有其他人民間廣泛、密切而友好的商務、文化與其他關係；

(2) 宣示該地區的和平與穩定，與美國的政治、安全與經濟等利益息息相關，此點亦為國際所關切；

(3) 闡明美國決定與「中華人民共和國」建立「外交關係」，完全是基於期望台灣的未來將以和平方式解決；

(4) 任何企圖以和平以外的方式決定台灣未來的動作，包

括禁運或海上封鎖等方式，都將被視爲對西太平洋地區和平與安全的一項威脅，此點亦爲美國所嚴重關切；

(5) 提供台灣防衛性武器；

(6) 保持美國對抗任何訴諸武力或以其他強制形式危害台灣人民安全或社會經濟制度的能力。

　　從文面即知，第二條 (B) 項實爲「台灣關係法」的骨幹。此項主要源自甘迺迪及克蘭斯頓的共同決議案（參院第31號共同決議案），並受到眾院外交委員會主席查布勞基（Clement Zablocki）及遠東小組主席沃夫的強力支持。同時，在最後參眾兩院聯合審議時，參院外交委員會主席邱池和賈維茲等民主、共和兩黨自由派議員提出跨黨派的「邱池、賈維茲修正案」，從而完成此項條文。⑯

　　本項與「華（台）美共同防禦條約」第二條及第五條相比，幾乎可採相同的解釋。參照「華（台）美共同防禦條約」第二條規定：「爲期更有效達成本條約之目的起見，締約國將個別並聯合以自助及互助之方式，維持並發展其個別及集體之能力，以抵抗武裝攻擊及由國外指揮之危害其領土完整與政治安定之共產顛覆活動。」第五條規定：「每一締約國承認對在西太平洋區域內任一締約國領土之武裝攻擊，即將危及其本身之和平與安全，茲並宣告將依憲法程序採取行動，以對付此共同危險。」可知 (B) 項範圍不但包括武力攻擊，而且還多出「禁運或海上封鎖」，此點可將美國的責任做更廣泛的解釋。在眾議院審議時，克里斯多福助理國務卿指出：「台灣海域不是內海，而是國際海域，因此必須遵守國際航行法上船舶的規則。」同時，國務院也以書面明言

確保「台灣關係法」最重要的部分，即台灣、美國及世界各國在台灣海域的自由航行權。國務院在回答國會質詢時指出，如果中國封鎖台灣，阻礙台灣海峽航路的自由權益，影響到美國及其他國家時，各國必將採取「應為的措施」。

因此，「台灣關係法」第二條 (B) 項對台灣安全的保障，絕不遜於「華（台）美共同防禦條約」。然而，二者在以下兩點有明顯的差異。第一、「華（台）美共同防禦條約」為兩個邦交國政府相互承認其正當性，締約國負有國際法上的義務且享有其權利。但如眾所周知地，「台灣關係法」終究是美國國會制定的美國國內法，只要法理上不牴觸美國憲法，對於沒有外交承認的國家，並不受國際法上的拘束。因此，一旦台灣發生緊急事態，美國雖表示嚴重關切並維持處理危機的能力，但其因應與發動仍必須仰賴美國的政治判斷和道德良心。第二、依「華（台）美共同防禦條約」第二條的規定，如前所述，在出現戰爭危機時，美國握有為確保台灣安全而緊急、單獨出兵的法律根據。但是，在「華（台）美共同防禦條約」終止之後，此項法律根據即告消失，一旦情勢緊急而要出兵台灣時，即有可能出現緩不濟急的狀況。

要之，無論是「華（台）美共同防禦條約」或是「台灣關係法」事實上做成最終判斷的仍是美國。在「台灣關係法」的制定過程中，我們看到代表國民總意的美國國會的道德勇氣和政治良心，使我們稍感安心。雷根總統稱此項法律屬於「國家最高法規」，應與憲法、條約同被遵守。

## (二) 第二條 (c) 項

本法中的任何規定，都不能與美國在人權方面的利益相牴觸，特別是有關一千八百萬台灣居民的人權方面。本法特別重

申美國的目標在於維護與提高台灣所有人民的人權。

　　此項規定爲「華（台）美共同防禦條約」所無。在參院 2 月 6 日的公聽會上，對台灣深表關心的裴爾（Cloiborne Pell）議員，特別邀請時任 FAPA（台灣人公共事務會）會長的陳唐山等人出席作證。陳唐山當時說明台灣的現狀是「占絕對多數的本土台灣人接受少數大陸移來外省人的非法統治」，並強烈訴求「美國的台灣政策應擁護占絕對多數台灣人的自決權」。[⑯③] 於是，裴爾參議員因而提出該項修正案。其後，在眾院 2 月 15 日的公聽會上，由於李奇（Jim Leach）眾議員助理史布蘭嘉（C. Springer, 出生於台灣）女士的努力，彭明敏教授亦獲邀出席作證。彭教授贊同李奇眾議員的提案，表示「美國政府從伊朗政變的經驗和教訓，應學到絕對不應和大多數人民不支持的政權接近。美國在台協會應嚴格監督台灣基本人權的建立，即保障選舉、集會、言論、新聞和宗教等自由」，且絕大多數台灣人贊成美中關係正常化，因爲如此將帶動台灣內部情勢的變化。經過此一經緯，再加上皮斯（Don Pease）、索拉茲（Stephen J. Solars）等議員亦積極表示贊同，終於在杜邊斯基議員提案下，先在眾院通過此一條款。其後在兩院協調會中，此條款經微幅修改後終於定案。[⑯④]

　　此一「人權條款」實僅次於美國保障台灣安全的最重要基本政策之一。在原提案中，裴爾參議員和李奇眾議員強烈表示：「美國在台協會爲擁護台灣全體人民一切的人權，應提供必要的人員和設備。」事實上，美國其後再三基於此條款迫使國府在台灣推行民主化，成爲今日台灣落實民主主義的要因之一。此第二條(C)項原僅規定基本人權的保障，但其對台灣的政治意義實不可以道里計。

## (三)　第三條全文

有關美國對台灣政策之執行：

Ⓐ 為促進本法第二條所定的政策，美國將提供台灣足以維持其自衛能力所需數量的防衛性武與服務。

Ⓑ 總統與國會應根據他們針對台灣需要所作的判斷，按照法律程序決定供應台灣所需防衛性武器與服務的性質和數量。此種對台灣防衛需要所作的決定，應包括美國軍方所作的評估，他們須將其建議向總統和國會提出報告。

Ⓒ 任何對台灣人民安全或社會經濟制度的威脅，以及因而導致任何影響美國利益的危險，總統均應通知國會。對於任何此類威脅與危險，總統與國會應按照憲法程序，決定美國所應採取的適當行動。

從文面上看，此第三條全體是在保證第二條規定的落實。在參眾兩院協調會上，有關對台軍售問題成為討論的中心。眾院主張對台軍售無須考慮中國的意向，應將此加以明文化，但參院則反對此種做法。參院認為，條文中明記「足以維持其自衛能力」。事實上已十分足夠，沒有必要刻意刺激中國。此種說法其後取得眾院的同意。在保障台灣安全和對台軍售問題方面，賓州大學政治學教授張旭成博士在參院公聽會上做出許多有益台灣的證詞。他以 1959 年中國侵入西藏為例，說明台灣人不信任中國的理由，極力主張美國有必要繼續軍售台灣。⑯⑤

關於「台灣關係法」第三條的軍售問題，在美中發表建交公報之際，中國的華國鋒主席即在記者會上表示：「美國方面在交

涉過程中提出，在兩國建交後仍將繼續有限度地售予台灣防衛性武器。關於此點，我們絕對不同意。……換句話說，我們之間存在不同的見解，立場歧異，但仍完成建交公報。」因此，美國國會將此點加以明文化並無困難，反而成為明確記錄美方對關係正常化之立場的新證據。

## ㈣　第四條 (B) 項(1)款

（B）本條（A）項所指適用的法律，應包括但不應限於下列各點：

(1)凡美國法律涉及關於外國、外國政府或類似實體時，此等條文應包括台灣，且此等法律必須適用於台灣。

本條款的內容包含下列意義，亦即：美國的國內法中視台灣為一個國家，承認國府為其政府。台灣這個國家和政府適用美國一切的法律。在現實上，除「華（台）美共同防禦條約」之外，所有與台灣締結的條約、協定仍繼續有效，必須加以履行。此乃因條約、協定等的當事者若非法律實體即無法援引，故無疑義地須視其為一個國家或一個政府。因此，美國在此條款中不得不視台灣為國家、政府，雖然也有必遭中國非難的覺悟，但亦只有默示地承認此項規定。

## ㈤　第十五條 (B) 項

（B）「台灣」一詞，係指涵蓋台灣本島及澎湖，該等島嶼上之人民，以及依據適用於這些島嶼的各項法律所成立之法人及其他實體與協會，以及在一九七九年之前美國所承認的在台灣的中華民國政府當局，與該政府當局之任何繼承者。

　　戰後，在國府的統治之下，「台灣」、「台灣人」或「台灣人民」都是政治上非常敏感的詞彙，是危險的用語。特別是國府在1947年「二二八事件」屠殺台灣人之後，此等用語在某種程度上被視為禁忌。在國府外來政權的恐怖政治和愚民教育下，將台灣稱為中華民國（或中華民國的一部分），強制台灣人自稱中國人。同時，所有學校、公家機關均禁用台灣話，連媒體都一律使用中文。如果不小心使用「台灣人民」一語，立刻會被特務帶走，無故失蹤下落不明。因為只要是使用此種語彙，即會被認為是罪無可赦的「共產主義者」。

　　在制定「台灣關係法」時，由於國際情勢的變化，雖使此等用語的制定略有緩和，但仍未出「禁忌」的領域。同時，由於與台灣的法律地位有關，使此等用語更增其複雜性和敏感性。於是，美國政府的原案在有關「台灣」的條文方面，均統一使用 "people on Taiwan"（譯為台灣人民或台灣住民），盡量淡化其政治性色彩。

　　然而，參眾兩院對政府的意向分為兩種見解。雖然參院接受政府的原案，但眾院認為此用語不足以表現台灣的政治實態，主張條文的用語應變更為「Taiwan」（台灣）。參院認為「台灣」一語甚具爭議性，易被解讀為「台灣獨立運動」，所以台灣現存政權將「台灣」視為禁忌。如果該條文如眾院提案而使用「台灣」一語，則會傳遞錯誤訊息給台灣獨立運動者或台灣當局，因而為政府原案辯護。最後，由史東參議員以中立的立場與國務院折衝，結果承認「台灣」為政治用語，而決定與「台灣住民」併用。⑯

　　如此，「台灣關係法」的適用範圍決定僅限於台灣、澎湖群島。在眾院院會時，愛德華（Mickey Edwards）議員雖曾提案將金門、馬祖涵蓋於適用範圍，但因其他議員主張連失效的「華（台）美共同防禦條約」亦未包括此兩島，「台灣關係法」不應較其更為

擴大而遭否決，此點與「華(台)美共同防禦條約」的適用範圍(第六條)完全相同。

不過，二者有一點極大的差異。亦即，由於「台灣關係法」的成立，原本虛構的「中華民國」完全幽靈化，台灣回復其原本應有的狀況。台灣既非中國，亦非中華民國。台灣就是台灣。台灣住民愛好和平，希望成為自由、民主、獨立的主權國家。同時，當此願望實現之日，台灣人的新政權仍將依此條款繼續適用「台灣關係法」。本條款可說是預測台灣在不久的將來將由台灣人完成獨立的立法，給予台灣人極大的勇氣。

另一方面，在「台灣關係法」成立之後，中國方面對這意想不到的事態感到震驚，立即對美國政府進行嚴重的抗議。中國認為，「台灣關係法」的種種規定，均是對中國內政的干涉，指責「台灣關係法」較失效的「華(台)美共同防禦條約」更為強化。中國更以嚴重的口氣指出，美國一度同意中國的建交三原則，與台灣斷絕外交關係，但其後又制定「台灣關係法」，希望與台灣恢復邦交，重彈「一中一台」政策的老調，這是違反國際法的行為。絕對不可原諒。[167]

毋庸贅言地，中國的抗議並未被接受。但不可思議的是，中國亦未採取進一步的措施。依前助理國務卿霍爾德里奇指出，此點與美國對軍售問題相同，由於「戰略因素」使中國不得不「啞巴吃黃蓮」。[168]同時，「台灣關係法」受到各界的佳譽，極為讚賞美國國會的功績。該法也許將做為台灣的生存憲章，而永遠被人們遵守、存續。

美中建交及其關係正常化，事實上是給台灣帶來新的希望。

# 第四節 美中第三公報 (八一七公報) 與「台灣前途決議案」的制定

## 一、對台軍售的美中共同聲明 (八一七公報)

　　1980 年 6 月，雷根（Ronald W. Reagan）被提名爲美國共和黨的總統候選人。國府得知這個消息之後萬分高興，對雷根的當選抱持著憧憬，因爲雷根對國府一向是十分友誼的。碰巧卡特在任期後半發生伊朗政變（1979 年 11 月 4 日），爆發 50 多名美國大使館官員被挾持爲人質的事件。同年 12 月 27 日，蘇聯又出兵攻擊阿富汗，卡特政權的威信受到莫大的挑戰。緊接著，伊朗政變引發第二次石油危機以及國內經濟政策的失敗，更使得卡特面臨來自內外的強烈批判，最後終於在選戰中落敗，雷根陣營大獲全勝。

　　毋庸贅言地，國府得知雷根當選的消息之後，其興奮之情不下於該陣營本身，大肆慶祝共和黨的勝利。但是，國府的喜悅立即如朝露般消逝無踪。原本受邀出席總統就職典禮（1981 年 1 月 20 日）的國府代表團 (包括國民黨秘書長蔣彥士、台灣省主席林洋港、台北市長李登輝等高級官員)，卻因中國的極力反對，而沒有一人能順利成行。⑯

　　國府爲了洗雪這個恥辱，強烈要求美國對台出售高性能武器作爲補償，而卡特時代對於這個要求則一直極力迴避。當時，國府空軍的主力戰機爲美台合作在台灣共同生產的 F-5E/F 戰鬥機，因此國府要求美國出售專供輸出的 F-5G 高性能戰鬥機(又稱「F-X」戰鬥機)，以助其更新機種。

然而，中國一向對於台灣的動向保持警戒。於是，雷根政權內部開始研究軍售台灣的問題，討論如何公平均衡地處理美台與美中關係。隨後，美中兩國因為對於這種得來不易的正常化關係都非常珍惜，所以雙方都積極思索各種對策與方案。

未久，1981年6月14日，經過海格（Alexander Haig）國務卿與中國最高領導人鄧小平在北京舉行會談後，復經過多次迂迴輾轉的接觸、磋商，雙方終於獲得最後協議，將美中之間最有爭論性的問題（即對台灣最有關鍵性問題），達成暫時的解決辦法。1982年8月17日，美方經國會兩院的事先同意，正式與中國發表此項聯合公報，中文正名是：中華人民共和國和美利堅合眾國聯合公報（1982年8月17日），以後簡稱：美中第三公報或八一七公報。而英文名稱是 Joint Communique between the People's Republic of China and the United States of America（August 17. 1982）。

這份聯合公報的內容共有九項，就一般外交聲明來說相對比較簡短，其要項為：

㈠在中華人民共和國政府和美利堅合眾國政府發表的一九七九年一月一日建立外交關係的聯合公報中，美利堅合眾國承認中華人民共和國政府是中國唯一合法政府，並認識到中國的立場，即只有一個中國，台灣是中國的一部分，在此範圍內，雙方同意，美國人民同台灣人民繼續保持文化、商務和其非官方關係。在此基礎上，中美兩國關係實現了正常化。

㈡美國政府非常重視它與中國的關係，並重申，它無意侵犯中國的主權和領土完整，無意干涉中國的內政，也無意執行「兩個中國」或「一中一台」的政策。美國政府理解並欣賞1979年1月1日中國發表的告台灣同胞書和1981年9月30日中國提出的九點方針中所表明的中國爭取和平解決台灣問題的政策。台灣

問題上出現的新形勢也爲解決中美兩國在美國售台武器問題上的分歧提供了有利的條件。

㈢考慮到雙方的上述聲明，美國政府聲明，它不尋求執行一項長期的向台灣出售武器的政策，它向台灣出售的武器在性能和數量上將不超過中美建交後近幾年供應的水平，它準備逐步減少它對台灣的武器出售，並經過一段時間導致最後的解決。在作這樣的聲明時，美國認識到中國關於徹底解決這一問題的一貫立場。⑰

若整理這份聯合公報的重點，即知中國政府堅稱台灣主權是中國的一部分，台灣問題是中國的內政問題。中國政府願意以「和平統一」爲基本政策，並爲統一台灣盡一切可能的努力。美國政府則有鑑於中國的「和平統一」政策，同意不採取「兩個中國」或「一中一台」政策，並且願意逐年減少對台軍售的數量，使雙方對此問題能導向「最終的解決」。

從這些文字可以看出，整個「美中第三公報」是建立在一項共識的基礎上，那就是中國對台灣的「和平統一」政策。一旦這項大前提發生崩潰或變化，則美國的對台軍售政策當然也將受到影響，台灣海峽的地位也將依「台灣關係法」發生變動。因此，中國的和平基本政策必須維持長期不變，甚或是一種半永久性的固定原則。霍爾德里奇助理國卿（此政策的立案者）即曾在參眾兩院外交委員會做過此一證言。⑰這也正是美國爲何沒有明確答應中國約定停止軍售的確切日期（最終期限）和採取「逐年減少」的表達方式。

以下是霍爾德里奇在國會（參院 1982 年 8 月 17 日，眾院 8 月 18 日）所做證言的要旨：1. 由於聯合公報的條文是相互陳述各自政策的趣旨，因此應將文件全部視爲一體；2. 中國的「和平手段」

(peaceful means)爲不變且長期(unchanging and long term)的基本政策；3. 如果中國不能遵守「和平手段」的基本政策，則美國的台灣政策亦將隨之改變；4. 對台軍售並未設定最終期限，亦未做此約定。無論如何，美國基於「台灣關係法」，自行判斷銷售台灣在安全保障上必要的防衛性武器。同時，台灣問題的解決由兩岸人民自己解決，美國不擔任仲介者，當然也不會對台灣施壓使其與中國談判。美國只主張台灣問題的解決必須依和平的方式。至於台灣的主權(sovereignty)，美國依其一貫政策，雖認識到(acknowledge)中國主張「台灣是中國一部分」的立場，但並未予以承認。此外，中國消息人士指出台灣關係法將做部分修改一事，本人亦鄭重聲明其並非事實，且爲不可能之事；5. 對台軍售當然無須事前諮詢中國的意見等。[172]

　　如此，美中第三聯合公報總算得以成立，儘管對於其中最重要的用語「認識與承認」、「和平統一」、「最後的解決」等，雙方在語意上仍存在明顯的歧見，但這可說是美中雙方自始即刻意保留的「折衝空間」，對於此一公報本身並無太大影響。正如美國參議院外交委員會東亞小組的委員長早川參議員所指出：「協議中有足夠的模稜兩可之處，沒有人會受到嚴重侵犯，也沒有人會覺得被出賣。」[173]，可謂一語道破「美中第三公報」的眞正效用。事實上，雙方並未受到任何嚴重的損害，只是彼此間在互惠的基礎上退讓一步，並且將彼此間的關係向前推進一步。

　　另一方面，有鑑於過去「台灣關係法」的慘痛經驗，此次國務院即隨時向國會兩院簡報美中聯合公報會談的進展，並接受國會的意見和質詢。因此，從美國國會內親台派告知的訊息，國府十分瞭解美中會談和聯合公報的內容，從而不斷透過媒體再三反對美中談判。但在美國起草工作進展到一半時，台灣駐美代表即

間接與霍爾德里奇接觸，詢問他是否能接受台灣提出的台美關係六點建議；並要求他將其提交國會做爲法案。此六點建議即：1. 美國不制定停止對台軍售的最終日期；2. 美國不修改「台灣關係法」；3. 美國在決定對台軍售時，不事先與北京磋商；4. 美國不充當台灣和大陸（中國）之間的調解人；5. 美國不改變在台灣主權上的立場，美國也不向台灣施加任何壓力，迫使其與大陸（中國）談判；6. 美國絕不會正式承認中國擁有台灣主權。⑭

在仔細研究此六點內容之後，霍爾德里奇認爲這些內容不會給美國造成麻煩，因此在給史托賽爾（Walter Stoessel）國務卿的備忘錄中，建議美國同意台灣的六點要求。由於白宮亦願意照顧「老朋友」，所以立即於 1982 年 7 月 14 日表示贊同（此即雷根的對台六點保證），並於同年 7 月 27 日提交國會，也獲得國會的贊同。

## 二、「台灣前途決議案」的涵義

1982 年 3 月上旬，「台灣人公共事務會」（Formosan Association for Public Affairs；簡稱 FAPA）在美國洛杉磯成立，其宗旨在於：宣揚台灣人民追求民主與自由的決心，造成有利於台灣人民自決及自主獨立的國際環境；與島內民主勢力隔海呼應，促進台灣的自由與民主；保護並增進海外台灣人社會的參與權益。

FAPA 首先選出精通美國議會生態的蔡同榮教授爲會長，並推舉國際著名的國際法學者彭明敏教授爲榮譽會長，將海外關心台灣問題最優秀的人物加以組織，在 FAPA 成立的同時，與美國的台灣人社團，就中以台獨聯盟、台灣同鄉會、台灣人權協會及台灣人教授會等取得緊密聯繫，爲了達成該會成立的宗旨，致力於推動各種活動。

　　1983 年 2 月 28 日，這一天正好是「上海公報」公布屆滿 11 週年，同時也是「台灣二二八事件」36 週年紀念日，FAPA 乃於國會山莊舉行各種活動。就中，當天，在 FAPA 的努力之下，甘迺迪、貝爾、葛連及克蘭史東等 11 名參議員聯名提出名為「參議院對台灣人民未來的見解」(別稱「台灣前途決議案」)的第 74 號決議案。該決議案的內容為「參議院認為台灣未來的決定必須在和平、不受任何外力脅迫，並且為台灣人民所接受的前提下，同時其解決的方式，必須遵循國會立法的台灣關係法及中美兩國聯合公報的內容與精神。」⑰⑤

　　當 1979 年美中建交之際，雖然美國制定「台灣關係法」規定台灣的將來應以和平方式解決，但其中並未提及尊重台灣人與台灣住民的意願。若國共兩黨採取國共合作的模式，以談判出賣台灣，則在形式上將呈現所謂「和平解決」的情況，此時美國亦無法依照「華(台)美共同防禦條約」第二條的規定出兵保衛台灣。這可說是「台灣關係法」的弱點。以 FAPA 為主的旅美台灣人不斷針對這個問題，對參眾兩院持續進行遊說，終於獲得這項「台灣前途決議案」的成果。

　　同年 11 月 9 日，參議院針對該決議案舉行公聽會，國務院亞太事務助理國務卿布朗(W.Browm)以美國政府關係人身分出席，反映國府意見的傳統基金會總幹事寇伯 (J. Cobb) 及代表台灣人民的〈台灣公論報〉社長羅福全博士出席提供證言。結果，參議院外交委員會於 11 月 14 日，進行五月雨式的投票表決，17 名委員以 13 票對 1 票、3 票棄權的壓倒性多數，通過「台灣前途決議案」。⑰⑥

　　然而，在「台灣前途決議案」通過當天，中國立即向美國政府興師問罪，抗議該決議案乃是「干涉他國內政」的不當之舉。

儘管中國政府再三激烈抗議，但美國仍於翌 (1984) 年 2 月，由參議院外交委員會將有關「台灣前途決議案」的公聽會記錄、證詞等公諸於世，並將其與國務院之間的質詢與答辯記錄亦加以公開。根據該份記錄顯示，國務院曾經明白表示：如果台灣宣布獨立而遭中國武力攻擊的話，美國政府基於「台灣關係法」，有義務出面阻止此一侵略行為。以下是國務院對參議院外交委員會所提正式質詢第六問的書面答覆。

第六問：倘若台灣宣布獨立，國務院認為中華人民共和國是否會對台灣採取軍事行動？在這個情況下，美國對台灣應負何種義務 (obligation)？

答：北京政府已經公開表示將採取和平統一的基本政策，美國有理由相信北京政府尊重此一政策，然而我們也知道北京政府曾經在其他場合表示：一旦台灣宣布獨立，北京方面將不惜動武。我方也曾經清楚表達：如果 (中國對台灣) 行使武力的話，必將嚴重影響美國的決策方向。舉例而言，(1982 年) 8 月 17 日所發布的對台軍售逐年減少的決定，其前提便在於中國持續遵守和平統一的路線。我方一直持續不斷地明示：美國期待台灣問題能夠獲得和平的解決，我們確實期待這個問題能夠由中國人自己和平解決，美國今後仍將繼續這個方針。有關這個問題，我在這裡希望提出「台灣關係法」第三條 c 項的規定提醒大家，其條文明白規定：「任何對台灣人民的安全或社會、經濟制度的威脅，或者因而導致任何影響美國利益的危險，總統均應通知國會。對於任何此類威脅與危險，總統與國會應按照憲法程序，決定美國所應採取的適當行動。」[177]

基於「台灣前途決議案」，不僅是美國參議院的共同見解，同時也由美國的最高行政機關國務院加以背書，將來當台灣人根

據自由意志建立屬於自己的獨立國家時，任何人都無權加以阻止與干涉。「台灣前途決議案」可說是具有極重大意義的歷史文獻。（以上節引自拙著《台灣法的地位の史的研究》，行人社，2005 年，第七章至第十章。同書李明峻譯《台灣法律地位的歷史考察》，前衛出版社，2010 年）

## 第十四章註

① John F. Kennedy, *The Strategy of Peace*. Harper & Brothers,1960. 細野軍治・小谷秀二郎譯《平和のための戰略》，日本外交學會，昭和 36 年，180-6 頁。

② Adlai E. Stevenson, "Putting First thing First." Foreign Affairs. Jan. 1960, p.203.

③ Chester Bowles, "The China Problem Reconsidered." Foreign Affairs, April 1960, pp.480-3.

④《"二つの中國"をつくるアメリカ陰謀に反對する》，北京外文出版社，1962 年，119 頁。

⑤ 佐藤紀久夫〈ケネディ政府の中共政策〉(《世界週報》第四十二卷第七號，17-18 頁所收)。

⑥ Arthur L. Gavshon, "U.K. View on Red China." The Japan Times, April 12, 1961.

⑦ Arthur M. Schlesinger, Jr., *A Thousand Days, John F. Kennedy in the White House*. Hougton Mifflin Co., 1965, p. 483.

⑧ Roger Hilsman, To Move a Nation. op.cit., p.311.

⑨ 衛藤瀋吉等共著《中華民國を繞る國際關係》，前揭，144 頁。

⑩ Roger Hilsman, op.cit., pp.312-4.

⑪ U. S.Dept. of State, *Foreign Relations of the U.S. Diplomatic Papers, 1943, China*. op.cit., pp.476-9.

⑫ ibid., p.26.

⑬ 1962 年 3 月 29 日，蔣介石的青年節講話。

⑭ Theodore C. Sorensen, *Kennedy.* Hodder & Stoughton, 1965, pp. 661-2.

依當時的情報指出，由於戰鬥部隊使用滿洲、華北、華中的鐵道，使民間的鐵道運輸有七天完全中斷，極力將物質運送到「反攻沿岸」。在一週之內，台灣對岸所集結的軍事力（包含飛機、坦克和其他裝備）共約 50 萬人以上。

Roger Hilsman, op.cit., p.318.

行政院新聞局〈匪軍集結東南沿岸〉，外事參考資料 209-210，民國 51 年 7 月 15 日—30 日，24 頁。

⑮〈人民日報〉，1962 年 6 月 24 日。

《中國月報》第四十四號，155-8 頁。

⑯〈朝日新聞〉，1962 年 7 月 7 日。

前揭《中國政治經濟總覽》昭和 39 年度版，787 頁。

⑰〈アメリカと國府のさぐりあい〉（《朝日ジャーナル》1964 年 9 月 29 日號，7 頁所收）。

《中國月報》第五九號，17 頁。

⑱《台灣青年》第三十七號，1953 年 12 月，24 頁。

前揭《中華民國を繞る國際關係》，78 頁。

⑲《台灣青年》第三十七號，表紙 2 頁。

⑳ 前揭《台灣—その國際環境と政治經濟》下卷，123 頁。

《中國月報》第六十一號，4-5 頁。

㉑ Richard P. Stebbins, ed., *Docments on American Foreign Relations, 1963.* op.cit., pp.301-11.

研擬該演說的基本架構者除席爾斯曼之外，尚包括當時遠東局特別助理湯姆森（James C. Thomson），中國大陸擔當事務官葛蘭特（Lindsey Grant）、遠東問題調查課長懷汀（Allen S. Whiting）、遠東事務特別助理紐柏特（Joseph W. Neubert）、遠東事務情報官瑪芮（Abram Manell）。此外，經濟事務助理國務卿芭芮特（Robert W. Barnett）亦曾協助策劃。

Roger Hilsman, op.cit., p.351.

㉒ 前揭《世界情勢と米國》1963 年，234-5 頁。

㉓〈人民日報〉，1963 年 12 月 15 日。

㉔〈公論報〉，1963 年 11 月 18 日。

㉕〈新生報〉，1963 年 11 月 17 日。

㉖ Roger Hilsman, op.cit., pp.351,357.

㉗ 前揭《世界情勢と米國》1963 年，151 頁。

㉘ Jules Davids, ed. *Documents on American Foreign Relations 1964.*
Harper & Row, 1955, p.28.
《中國月報》，第六十五號，19頁。

㉙〈中央日報〉，1964年3月29日。
《中國月報》第六十號，20頁。
前揭《世界情勢と米國》1964年，152頁。

㉚ *China Yearbook, 1964-65.* op.cit., p.278.
《中國月報》，第六十六號，14頁。

㉛《中國月報》，第六十六號14-5頁。

㉜ 前揭《中華民國を繞る國際關係》，90-1頁。

㉝ 同上，92頁。

㉞ Hearings Before he Committee on Foreign Relation, U.S. Senate, 89th Congress 2nd Session, On U.S. Policy wth Respect to Mainland China（March 8, 10, 16, 18, 21, 28, 30, 1960）. U.S. Gov't Printing Office, 1966, p.14.

㉟ Ibid., p.117.

㊱ Ibid., pp.391-2.

㊲ Ibid., pp.579, 586.

㊳ Ibid., pp.197-8, 204.

㊴ Ibid., pp.215-6, 256-7.

㊵〈朝日新聞〉，1966年4月18日。
〈徵信新聞〉，1966年5月25日。

㊶〈朝日新聞〉，1966年4月18日，台北17日發AP電。

㊷〈朝日新聞〉，1966年4月20日夕刊。

㊸ 國府對此十分激憤，指責詹森提議的和平只不過是一種幻想，未來絕對永遠不會實現。〈徵信新聞〉，1966年7月15日社論，「詹森總統的幻想——它一定永遠不會到來」。

㊹ 1968年1月11日，巴涅特助理國務卿和巴克副助理國務卿在夏威夷討論金門、馬祖撤軍計劃。兩人的共通結論是放棄大陸沿岸諸島，並不影響對台灣的防衛。

㊺ 嚴家其·高皋《文化大革命十年史》上，岩波書店，1996年，46-87頁。
王曙光·唐亮等共著《現代中國》，柏書房，1988年，50頁。

㊻ 同上《文化大革命十年史》上，88-156頁。

㊼ 汪東興《毛澤東與林彪反革命集團的鬥爭》，當代中國出版社，1997年，31-55、72-75、87-176頁。

前揭《現代中國》，53-4 頁。

㊽ 前揭《毛澤東與林彪反革命集團的鬥爭》，179-219 頁。
前揭《文化大革命十年史》上，290-321 頁。
矢吹晋《人民解放軍》，講談社，1966 年，32-45 頁。

㊾ Henry A. Kissinger, *White House Years*. Boston, Little Brown & Co., 1979, pp.172-3. キッシンジャー著／齋藤彌三郎等譯《キッシンジャー秘錄》第一卷，小學館，昭和 54 年，227-9 頁。（以下略稱「日譯本 a」）

㊿ Ibid., pp.184-5.（日譯本 a，244 頁）

(51) Ibid., p.186.（日譯本 a，245 頁）

(52) Ibid., p.172.（日譯本 a，227 頁）

(53) Henry A. Kissinger, *Diplomacy,* Simon & Schuster, N, Y., 1944, pp.253-4. 岡崎久彥監譯《外交》下卷，日本經濟新聞社，1998 年，387 頁。

(54) Henry A. Kissinger, op. cit., pp.180-1.（日譯本 a，238-9 頁）

(55) Japan Times, Jan. 27, 1970.

(56) Henry A. Kissinger, op. cit., p.699.（日譯本 a，第三卷：北京へ飛ぶ，133 頁）
Richar M. Nixon, *The Memories of Richard Nixon.* Grosset & Dunlap, N. Y., 1978, p.548. ニクソン著／松尾文夫・齋田一路譯《ニクソン回顧錄》⑴榮光の日々，小學館，昭和 53 年，311-2 頁。（以下略稱「日譯本 b」）
New York Times, Feb. 26.1971.

(57) Henry A. Kissinger, op. cit., p.707.（日譯本 a，第三卷，143 頁）

(58) New York Times, April 27, 1971.
Richard M. Nixon, op. cit., pp.548-9（日譯本 b，312-3 頁）

(59) Ibid., p.549.（日譯本 b，314 頁）
Henry A. Kissinger, op. cit., pp.713-4.（日譯本 a，第三卷，151-2 頁）

(60) Ibid., Richard M. Nixon, p.551.（日譯本 b，315 頁）
Ibid., Henry A. Kissinger, p.724.（日譯本 a，第三卷，164 頁）

(61) Ibid., Richard M. Nixon, pp.551-2.（日譯本 b，316 頁）
Ibid., Henry A. Kissinger, p.724.（日譯本 a，第三卷，167-8 頁）

(62) Marshall Green; John Holdrige; William N. Stokes, *War and Peace with China,* First-Hand Experience in the Foreign Service of the United States Dacor-Bacon House, 1994, pp.124-6.
John H. Holdridge; Zheng Chang Hua, *Normalization of Diplomatic Relations Between the United State's and China 1945 to the Present.* 1995. 霍爾德里奇著／楊立義・林均紅譯《一九四五年以來美中外交關係正常

化》，上海譯文出版社，1997年，72、77頁。
毛里和子・增田弘監譯《周恩來・キッシンジャー機密會談錄》，岩波書店、2004年，13、16-7頁。
(63) Henry A. Kissinger, op. cit., pp.759-60.（日譯本a，第三卷，208-9頁）
〈人民日報〉，1971年7月16日。
New York Times, July 17, pp.1-2.
(64)〈中央日報〉，1971年7月17日。
(65) Henry A. Kissinger, op. cit., pp.773-4.（日譯本a，第三卷，223、225頁）
(66) 沈劍虹《使美八年紀要——沈劍虹回憶錄》，聯經出版公司，民國71年，67頁。最近解密的國府外交文獻對此也有記錄（〈自由時報〉，2004年9月13日）。
(67) 同上，57頁。
〈產經新聞〉，2006年8月1日付參照。
(68) 外務省アジア局中國課監修《日中關係基本資料集1970-92年》，前揭60-4頁。
(69) Henry A. Kissinger, op. cit., p.773.（日譯本a，第三卷，225頁）
(70) Ibid., pp.776-8.（日譯本a，第三卷，233頁）
Marshall Green; John H. Holdridge; Wiliam N. Stokes, op. cit., p.165.
(71) Ibid., Henry A. Kissinger, pp.1062-3.（日譯本a，第四卷，185-6頁）
(72) 陳隆志・許慶雄・李明峻等編《當代國際法文獻選集》，前衛出版社，1998年，663-5頁。
前揭《日中關係基本資料集1970-92年》472-5頁。
(73) 前揭《外交》下卷，396頁。
(74) Marshall Green; John H. Holdridge; Wiliam N. Stokes, op. cit., pp.162-5.
前揭《一九四五年以來美中外交關係正常化》，119-20頁。
(75) 田賢治〈現代米中關係の變容―アメリカ外交の視點から〉（日本國際政治學會編《米中關係史》，1998年5月號，106頁）。
(76) 前揭《一九四五年以來美中外交關係正常化》，126頁。
Marshall Green; etc., op. cit., pp.168-9.
(77) 同上，同頁。
Ibid., p.169.
(78)〈每日新聞〉，1972年3月29日。
Ibid., pp.167-8.
(79) 關於此項任命的戲劇性，參照邱家洪《政治豪情淡泊心——謝東閔傳》，

木綿出版社，1999 年，99-122 頁。

⑳ China Yearbook Editorial Board, *China Yearbook 1957-58.* China Publishing Co., Taipei, 1958, pp.182-3.

㉛ 渡邊洋三・岡倉古志郎編《日米安保條約》，勞働旬報社，昭和 43 年，397-9 頁。

㉜ 同上，489-93 頁。
外務省アジア局中國課監修《日中關係基本資料集 1949-69 年》，前揭（第五章），174-5 頁。

㉝ 中村哲《政治史》，前揭，306-7 頁。

㉞〈朝日新聞〉、〈東京新聞〉、〈每日新聞〉，1998 年 6 月 14 日。

㉟ 衛藤瀋吉等共著《中華民國を繞る國際關係》，前揭，152-3 頁。

㊱ 宮崎繁樹《出入國管理》，三省堂，昭和 45 年，18-28 頁。

㊲ 同上，29-30 頁。

㊳ 緒方貞子著／添谷芳秀譯《戰後日中・米中關係》，東京大學出版會，1992 年，69-70 頁。

㊴ 宗像隆幸《台灣獨立運動私記》，文藝春秋，1996 年，267-73 頁。

㊵ 前揭《戰後日中・米中關係》，72-3 頁。
外務省アジア局中國課監修《日中關係基本資料集 1970-92 年》，霞山會，1993 年，558 頁。

㊶ 前揭《日中關係基本資料集 1970-92 年》，81-8 頁。

㊷ 伊藤剛〈日米中關係ににおけける"台灣問題"〉（日本國際政治學會編《米中關係史》，有斐閣，平成 10 年，127-8 頁）。

㊸ 同上〈日米中關係ににおけける"台灣問題"〉，128 頁。
前揭《戰後日中・米中關係》，87 頁。

㊹ 臧士俊《戰後日・中・台三角關係》，前衛出版社，1997 年，152 頁。

㊺〈朝日新聞〉，1997 年 8 月 15 日。

㊻ 前揭《戰後日・中・台三角關係》，153-4 頁。

㊼〈朝日新聞〉，1997 年 8 月 27 日。

㊽ 前揭《日中關係基本資料集 1970-92 年》，98-9 頁。

㊾ 同上，100 頁。

㊿ 同上，112 頁。
〈朝日新聞〉，1997 年 8 月 15 日。

⑩ 林金莖《戰後の日華關係と國際法》，有斐閣，1987 年，104 頁。

⑩ A・ドーク・バーネット著／鹽崎潤譯《中國と東アジアの主要諸國──

ソ連、日本、アメリカ》，今日社，昭和 54 年，138 頁。

⑬ 前揭《日中關係基本資料集 1970-92 年》，104-5 頁。

⑭ 同上，123-4 頁。

　　馬樹禮《使日十二年》，聯經出版公司，1997 年，38-40、369-72 頁。

⑮ 前揭《日中關係基本資料集 1970-92 年》，143、151-6 頁。

⑯ 前揭《戰後日中・米中關係》，147 頁。

⑰ 同上，143 頁。

⑱ 同上，148 頁。

⑲ 同上，149-50 頁。

⑩ 前揭《日中關係基本資料集 1970-92 年》，591 頁。

⑪ 同上，592 頁。

⑫ 同上，同頁。

　　前揭〈米中接近下の日中關係〉，265 頁。

⑬ 前揭《戰後日中・米中關係》，155-6 頁。

⑭ 前揭《日中關係基本資料集 1970-92 年》，592-3 頁。

⑮ 福田赳夫《回顧九十年》，岩波書店，1995 年，301-28 頁。

　　宇佐美滋《米中國交樹立交涉の研究》，國際書院，1996 年，76 頁。

　　Zbigniew Brzezinski, *Power and Principle.* op. cit., p.218.

⑯ 前揭《回顧九十年》，302-3 頁。

⑰ 前揭《日中關係基本資料集 1970-92 年》，181-2 頁。

⑱ 同上，184-5 頁。

⑲ 同上，186-8 頁。

⑳ 同上，190-1 頁。

㉑ 前揭《回顧九十年》，304 頁。

㉒〈朝日新聞〉，1977 年 2 月 28 日夕刊。

　　季辛吉在《回憶錄》中強調，美中之間絕無特別密約。Henry A.
　　Kissinger, *White House Years.* op. cit., p.1073.

㉓ Cyrus Vance, *Hard Choices.* Simon & Schuster, N. Y., 1983, p.82.

㉔ Jimmy Carter, *Keeping Faith: Memoirs of a President.* Bantam Books, N. Y.,
　　1982, pp.187-8. ジミー・カーター著／日高義樹監譯《カーター回顧錄》
　　上，日本放送出版協會，昭和 57 年，301-2 頁。(以下略稱「日譯本 c」)

㉕ Cyrus Vance, op. cit., pp.76-8.

　　前揭《米中國交樹立交涉の研究》，「ホルブルック元國務次官補のイン
　　タビュー」，351 頁。

⑫⑥ Ibid., p.79.

同上，149-50 頁。

⑫⑦ Cyrus Vance, op. cit., pp.79-82.

⑫⑧ 前揭《米中國交樹立交涉の研究》，152 頁。

⑫⑨ 同上，153-3 頁。

Cyrus Vance, op. cit., p.82.

⑬⓪ Jimmy Carter, op. cit., p.192.（日譯本 c，308 頁）

⑬① Cyrus Vance, op. cit., p.83.

⑬② 緒方貞子著／添谷芳秀譯《戰後日中・米中關係》，前揭 113 頁。

⑬③ Jimmy Carter, op. cit., p.194.（日譯本 c，311 頁）

⑬④ Zbigniew Brzezinski, op. cit., p.209.

沈劍虹《使美八年紀要──沈劍虹回憶錄》，前揭，188 頁。

⑬⑤ Ibid., pp.208, 210-7.

⑬⑥ Jimmy Carter, op. cit., p.197.（日譯本 c，315 頁）

⑬⑦ 前揭《米中國交樹立交涉の研究》，163 頁。

⑬⑧ Jimmy Carter, op. cit., p.197.（日譯本 c，316-7 頁）

⑬⑨ Ibid., pp.197-8.（日譯本 c，317 頁）

⑭⓪ Ibid., p.198.（日譯本 c，317 頁）

前揭《米中國交樹立交涉の研究》，「ウッドコックのインタビュー」
365 頁。

⑭① Ibid., p.198.（日譯本 c，318 頁）

Zbigniew Brzezinski, op. cit., p.230.

⑭② Jimmy Carter, op. cit., p.199.（日譯本 c，319 頁）

⑭③〈人民日報〉，1978 年 12 月 17 日。

外務省アジア局中國課監修《日中關係基本資料集 1970-92 年》，前揭，
467-9 頁。

前揭《米中國交樹立交涉の研究》，557-8 頁。

U. S. Dept. of State, *American Foreign Policy Basic Documents 1977-1980.*

U. S. Gov't Printing Office, 1983, pp.967-8.

⑭④ 同上《米中國交樹立交涉の研究》，344-9 頁。

⑭⑤ 同上，392-9 頁。

⑭⑥〈人民日報〉，1979 年 12 月 17 日。

U. S. Dept. of State, op. cit., 1977-80. p.968.譯文採自宇佐美滋教授，同上，
557 頁。

⑭ 霍爾德里奇《1945 年以來美中外交關係正常化》，前揭，372-8 頁。

⑭ 前揭《米中國交樹立交涉の研究》，169 頁。

⑭ U. S. Dept. of State, op. cit., 1977-80. pp.967-70。

〈人民日報〉，1978 年 12 月 16 日。

前揭《日中關係基本資料集 1970-92 年》，477 頁。

⑮〈人民日報〉，1978 年 12 月 17 日。

⑮ 前揭《使美八年紀要——沈劍虹回憶錄》，212 頁。

⑮ 李大維《台灣關係法立法過程》，洞察出版社，1988 年，276-8 頁。

⑮ 李筱峰《台灣民主運動四十年》，前揭，136 頁。

⑮ 前揭《米中國交樹立交涉の研究》，467 頁。

⑮ Jimmy Carter, op. cit., p.201.（日譯本 c，322 頁）

⑮ 前揭《台灣關係法立法過程》，27 頁。

⑮ 同上，同頁。

⑮ 同上，277-8 頁。

伊原吉之助《台灣の政治改革年表・覺書（1943-1987）》，前揭，226-7 頁。

⑮ 同上《台灣關係法立法過程》，29-33、279-80 頁。

⑯ 同上，281-9 頁。

前揭《米中國交樹立交涉の研究》，166-7 頁。

⑯ 同上《米中國交樹立交涉の研究》，263-5 頁。

⑯ 前揭《台灣關係法立法過程》，100-2、157-8 頁。

同上《米中國交樹立交涉の研究》，280-1 頁。

⑯ 同上《台灣關係法立法過程》，153-4 頁。

⑯ 同上，139-40、158-9、245-6 頁。

⑯ 同上，106-7、237-8 頁。

⑯ 同上，235、343 頁。

⑯ 前揭《米中國交樹立交涉の研究》，228-9 頁。

⑯ 前揭《一九四五年以來美中外交關係正常化》，229-238 頁。

⑯ 同上，246 頁。

⑰〈人民日報〉，1982 年 8 月 18 日。

外務省アジア局中國課監修《日中關係基本資料集 1970-92 年》，前揭，486-7 頁。

前揭《當代國際法文獻選集》，666-7 頁。

U. S. Dept. of State, op. cit., 1982. Document 495. pp.1038-9.

⑰ Ibid., Document 498, 499. pp.1042-53.

　　前揭《1945 年以來美中外交關係正常化》，278 頁。

⑰ Ibid., pp.1050-1.

⑰ U. S. Dept. of State, op. cit., 1982. Document 498. p.1046.

　　前揭《1945 年以來美中外交關係正常化》，291 頁。

⑰ 同上，283-4 頁。

　　前揭《當代國際法文獻選集》，648 頁。

⑰ 黃有仁〈EAPA 外交面で大活躍〉(《台灣青年》1983 年 7 月號，9 頁)。

⑰ 羅福全〈「台灣の前途」決議とは何か〉(《台灣青年》1984 年 1 月號, 1-10 頁)。

⑰ 林啓旭〈米國務省が見解——中國の武力侵攻から台灣を防衛するのは米國の義務〉(《台灣青年》1984 年 4 月號，14-6 頁)。

# 第十五章

## 蔣經國的主政與
## 李登輝的登場

# 第一節　蔣介石流亡台灣精心栽培兒子蔣經國接班

## 一、蔣經國的略歷與蔣介石精心栽培接班的經緯

　　蔣經國，中國浙江省奉化縣溪口鎮人。出生於 1910 年 4 月 27 日（農曆 3 月 18 日），乳名建豐、號經國，是蔣介石（中正）與原配夫人毛福梅之間所生的唯一骨肉獨子（其弟蔣緯國如其本人所稱，實爲蔣介石的拜把兄弟，戴季陶〔傳賢〕之婚外私生子）。①1916 年 3 月，蔣經國在家鄉武山學校就學，1922 年 3 月，轉入上海萬竹小學四年級。1925 年蔣經國進入上海浦東中學。1925 年 5 月，他參加「五卅」慘案示威遊行，被學校當局開除學籍。同年 7 月告別上海，去了北平，進入吳稚暉的外語補習學校就讀。②1925 年 3 月 12 日，親蘇聯的孫中山逝世。蘇聯爲表示對孫中山的崇敬，在莫斯科成立一所孫逸仙大學來紀念他（當然也含有政治目的），並建議國民黨選送學生前往蘇聯。同年 10 月 19 日，蔣經國和第一批被選上的 22 位同學，搭乘一艘郵輪到達海參威後，改走陸路，登上去莫斯科的火車，抵達終點開始其在孫逸仙大學的受訓。1935 年 3 月，蔣經國（俄名尼古拉）結識了一位芳名芬娜（FAINA）小姐的俄女（到中國後改名蔣方良），雙方相愛，終成眷屬。③隨後, 1937 年 3 月 25 日，經過幾次人生的波折與滄桑(例如在 1936 年 1 月，中蘇摩擦時期，他在〈眞理報〉，發文嚴厲地批判其父蔣介石，稱：「我對他非但毫無敬愛之意，反而認爲應殺戮。因爲前後三次叛變，一次又一次出賣了中國人民的利益，他是中國人民的仇敵。」等等)，終於離開莫斯科，回歸中國，投入其父蔣介石的抗日戰爭

行列。④

　　回國後，蔣介石開始精心地栽培兒子蔣經國。首先，1938年春天，蔣經國以少將的官階被任命爲江西保安處副處長。旋於1939年3月18日，改派爲江西第四區行政專員；同年6月，兼任贛州縣長。⑤蔣經國在贛南的工作，以其在蘇聯的經驗，有意大大地一番改革作爲。在其上任的第二年即1940年，他正式頒布「新贛南三年建設計劃」，提出「五有」(人人有衣穿、人人有飯吃、人人有屋住、人人有工做、和人人有書讀) 的宏遠理想。誓言要在極短的時間內完成此項工作。但迄至1943年，其宏圖終歸失敗，卸下了贛縣縣長。惟同年12月，蔣介石發表新職，將其子蔣經國升任爲江西省府委員。1944年元月，遠走重慶，出任三民主義青年團中央幹部學校教育長 (校長蔣介石)，進入中央級工作。⑥

　　幹部學校的教育重點是要培養有：1. 高深的政治素養；2. 高層的領導才能——要識大局、擔大任、辦大事；3. 訓練三能——即「能文」、「能武」、「能開汽車」等一批新的門徒。但無奈客觀條件不具備，也做不到。1944年6月，長沙淪陷。8月衡陽失守，日軍的秋季攻勢銳不可擋；獨山失守，直趨貴陽，陪都重慶面臨威脅。國府打算必要時，遷都西康。同年9月，蔣經國奉命，曾至西康部署。同年10月，蔣介石 (委員長) 親自提出「一寸山河一寸血，十萬青年十萬軍」的號召。下令成立「青年軍政工人員訓練班」，指派蔣經國爲該班中將主任。過去，蔣經國的經歷，集中於黨政方面，現在開始嘗試跨到軍中，「抓槍桿子」。政工班第一期學生甫畢業，中央宣布成立「青年軍總政治部」，蔣經國是主任，總部且設在中央幹校內。旋軍政部依國府軍序列，編爲八個師；各師設政治部，師政治部主任均由蔣經國遴選任命，蔣

經國等於掌握了八師的全軍靈魂，軍權大增。⑦

　1945 年 8 月 15 日，日本向同盟國宣布無條件投降。1946 年 4 月 30 日，國府還都南京；5 月 5 日，中央各機關在南京恢復辦公。未幾，國共內戰全面勃發，如前所述，蔣介石不聽美國忠言，兵敗如山倒，節節敗退。1948 年 12 月 29 日，蔣介石準備流亡台灣，遂任命其最親信之一陳誠出任台灣省主席、蔣經國為國民黨台灣省黨部主任委員。1949 年 1 月 21 日，蔣介石發表下野聲明，李宗仁代理總統。同年 5 月 19 日，台灣全島發布戒嚴令，白色恐怖政治繼「二二八」之後，逮捕、殺害近萬名的台灣菁英。同年 10 月 1 日，毛澤東在北京天安門上宣布成立中華人民共和國。而國府亦於同年 12 月 8 日，宣布決以台北為中華民國臨時首都。1950 年 3 月 1 日，蔣介石復行視事就任總統。復職後，蔣介石於 3 月 8 日，提名陳誠為新閣揆。同年 8 月 5 日，國民黨中央改造委員會成立，蔣經國被任命為委員之一（計有 16 人）。1952 年 10 月 23 日，蔣經國當選黨中常委，進入黨中樞。10 月 31 日，國府成立「中國青年反共救國團」，團長蔣介石，蔣經國則出任主任。1953 年 9 月，美國開始注視蔣經國，邀請其赴美考察參觀。不言而喻，華府對這位前共產黨，是不甚放心的。艾森豪總統特別禮遇，在白宮予以召見。1954 年 3 月，總統府「機要資料組」改為「國防最高會議」，設有「國家安全局」；同年 9 月 5 日，蔣經國出任國防會議副秘書長，開始操控台灣的特務系統，成為名符其實的秘密警察頭頭。期間蔣經國將其死對頭之一的吳國楨台灣省主席鬥垮，並放逐美國。⑧

　1955 年 8 月 20 日，如上述，蔣經國再將其最大的勁敵孫立人將軍，以「莫須有」的罪名，加以逮捕軟禁。1956 年 4 月 26 日，蔣經國再兼任行政院退除官兵輔導委員會副主委，控制除役的官

兵，做爲其後盾的力量。同年 10 月 31 日，《自由中國》雷震等向蔣介石要求民主化，蔣經國的特務機構亦開始對其施壓牽制。1957 年 3 月 22 日，發生了蔣經國手下的特務劉自然（服務於革命實踐研究院）遭美軍上士雷諾（Robert G. Reynolds）槍殺事件。國府因爲對華府的台灣政策有甚多不滿，蔣經國乃靈機一動，藉此製造所謂「五二四反美暴動事件」，讓其手下的特務與救國團有組織性的襲擊美國駐華大使館，將使館的家俱、汽車、密碼機和公文搗毀。結果，遭受到美國的輿論和華府的嚴重抗議，蔣介石除了於 5 月 26 日，緊急接見大使藍欽（K. L. Rankin）表示道歉之外，並將蔣經國的替死鬼衛戌司令黃珍吾、憲兵司令劉煒以及警務處長樂幹等人，即刻撤除，事件才告一段落。之後，同年 5 月 30 日，蔣經國被提名爲「退輔會」主委，領導榮民專心修築全長 348 公里的橫貫公路，暫時隱藏在幕後，很少出現公開場合。⑨儘管如此，1958 年 7 月 15 日，蔣介石仍提名蔣經國出任行政院政務委員，逐漸擴充布置其控制行政部門。

　　1960 年 9 月 4 日，《自由中國》雷震因爲無視國府的再三警告，竟欲跟台灣人合作組織新黨（中國民主黨）來對抗國府。蔣經國乃下令逮捕雷震和該刊主編傅正、經理馬之驌、會計劉子英等人。首先刑求劉子英承認是中共派遣的間諜，且雷震亦全部知情，造成雷震「明知爲匪諜而不告密檢舉」的罪名。同年 10 月 8 日，國府軍法處匆匆結案，以「煽動叛亂罪」判審雷震有期徒刑 10 年，劉子英陪葬，有期徒刑 12 年，馬之驌有期徒刑 6 年，傅正因撰文「攻訐政府，論調激烈」，交感化教育 3 年。未久，外省籍民主鬥士如殷海光教授，又慘受迫害，含恨而終。作家柏楊和李敖也先後被羅織罪名，判刑下獄。⑩台灣眞的除了歌頌「蔣公萬歲」之外，再無其他的雜音了。

　　1961 年 1 月 20 日，美國甘迺迪政權成立。該政府提出「一中一台」的構想，並要求國府撤出金門、馬祖，使得國府與中共政權均採取警戒態度。1963 年 9 月 3 日，已晉升爲陸軍二級上將的蔣經國奉命訪美，探詢美國的台灣政策。同時爲了接班，對「五二四事件」也有尋求美方諒解的必要，即有未雨綢繆的意義。其時甘迺迪向蔣經國施壓，要求「台灣民主化」與「兩個中國」。而針對美國的要求，蔣經國始終採取低姿勢，所以美國方面對這位台灣未來的掌舵人，似乎也給予不錯的評估與認識。因此，蔣經國甫卸行裝，政治行情就大大地高漲。同年 12 月 10 日，副總統兼行政院院長的陳誠因病堅持辭去院長的職務獲准。蔣介石乃提名對其最忠誠「唯唯諾諾」的嚴家淦接任，並指示嚴家淦提名太子蔣經國爲國防部副部長，準備由其來接管軍中大權。又同年 9 月 20 日，台大教授彭明敏等人，因爲準備散布「台灣自救宣言」遭逮捕，引發一場政治大風波。

　　1965 年 1 月 13 日，因爲國防部長俞大維（俞氏的公子爲蔣經國的女婿）稱病堅辭，嚴院長乃奉蔣總統的命令，特任蔣經國爲國防部長。至此，蔣經國可謂已徹底掌握台灣的所有軍權。實際上，他已經是其父蔣介石不折不扣的龍之傳承人。5 月 14 日，國府勸誘「臨時政府大統領」廖文毅歸台投誠成功。7 月 28 日，國府前代理總統李宗仁則自美赴北京投誠中共。9 月 19 日，蔣經國接受美國國防部長麥克納瑪拉的邀請，第三度訪問美國。這次的訪美，因爲美國的總統由甘迺迪（1963 年 11 月 22 日遭暗殺）換了詹森，又因爲中共於 1964 年 10 月 16 日，核子試爆成功，所以雙方會談的內容，雖無發表任何聲明，或透露其內容；但可能是談論及兩岸軍事均衡與聯合國中國代表權的問題爲主題。因爲如前述，詹森總統已決意對中採取「無孤立化圍堵政策」。

1966 年 3 月 19 日，國府第一屆國民大會第四次會議通過增訂「動員戡亂時期臨時條款」，其第三項「動員戡亂時期，總統副總統得連選連任，不受憲法第 47 條連任一次之限制」。⑪於是同年 3 月，台北進入 6 年一次第四任正副總統選舉。因爲陳誠於 1965 年 3 月 5 日去世，蔣介石乃提名行政院長嚴家淦爲其副手（嚴氏是江蘇省吳縣人，出生於 1905 年。1926 年畢業於上海聖約翰大學化學系。第二次世界大戰之後，這位平易近人的嚴家淦就來到台灣。「二二八事件」時，受到林獻堂的庇護。其後擔任經濟部長、財政部長、台灣省主席的公職期間，他被認爲是個正直且能幹的行政官員，也無參與任何派系的惡鬥。他對蔣家二代的頭子，都唯諾是從，1993 年 12 月歿，享年 90）。⑫1966 年 3 月 21 日及 3 月 22 日，國民大會順利選出蔣嚴爲第四任的正副總統。蔣介石立即又提名嚴副總統兼任行政院長，命其組織內閣。同年 6 月 25 日，嚴院長承上意再提名太子蔣經國爲國防部長。這齣爲了讓蔣經國繼承其父而布局的戲，可說全部就緒。1967 年 11 月 27 日（至 12 月 2 日），蔣經國國防部長受邀訪日，同日（27 日）即與佐藤首相會談，並異例被日皇召見。其國際地位，毋庸置疑，已被認爲是實質上的一國元首了。

1969 年 1 月 20 日，美國共和黨尼克森政權誕生。3 月 2 日，中蘇於珍寶島發生武力衝突。尼克森總統鑑於中蘇對立的眞實性，準備與北京對話修好。3 月 30 日，蔣經國代表國府第四度赴美，出席艾森豪前總統的葬儀。同年 6 月 25 日，蔣經國升行政院副院長兼任財經委員會主委。國防部長由黃杰省主席接任。1970 年 1 月 2 日，美國安格紐副總統赴台向蔣介石傳達華府將與北京對話之意，蔣介石坐立不安。同日，被軟禁中的彭明敏教授，經由海內外人士（特別是日人宗像隆幸）的協助安排脫出台灣，經由香港、再往瑞典，國府受到很大的衝擊。同年 4 月 18 日，蔣經

國復以美國「邀請」的名義下，五度訪美、探詢美國對中共與台灣的今後動向。4月20日，蔣經國抵達華府；22日，蔣經國先後和總統的國家安全事務助理季辛吉及尼克森總統舉行會談，但無法得到美方的任何承諾或改變美國的外交動態。⑬

4月24日早晨，蔣經國邀約台北各報駐美記者，同進早餐。餐點是特製的壽桃壽糕，藉以慶祝他60歲華誕。9點散會，即驅車華府近郊的安德魯 (Andrew) 空軍基地，飛往紐約，繼續他的官式訪問日程 (此次訪美有10日的行程)。蔣經國預定在紐約第五街中央公園附近的廣場大飯店 (Plaza Hotel)，出席美國遠東工商理事會的午餐會，並在11點45分進行演講。當日，台灣獨立聯盟成員數十人亦在飯店前的大眾廣場，高呼「給台灣人自由」、「台灣人民族自決」等台灣獨立的訴求。在接近中午時，住泊於前一條街皮耶大飯店 (Pier Hotel) 的蔣經國，因雨而乘車抵達廣場大飯店，在警察保護中下車走向入口。此時，示威人群中的黃文雄突然衝出，一面奔向蔣經國、一面高叫「特務頭子！台灣人在此報仇！」同時，他以右手所持手槍，向蔣經國射出充滿「台灣人怨恨和憤怒」的子彈。但在黃文雄衝出之際，周圍警衛已發現其手持手槍，故反射性地捉住黃文雄的右腕。蔣經國在慌張中由旋轉門逃入飯店，結果台灣人悲願的一擊，僅在旋轉門的玻璃上留下直徑1公分的彈孔，秘密警察老大逃過天譴。

其時，四周的警察立即奔向黃文雄，而掩護黃文雄的鄭自才亦被打倒在地血流如注，黃文雄亦負傷被送往醫院。在被警車帶走時，黃文雄、鄭自才兩名志士高呼「台灣獨立萬歲」，使許多人感銘在心。⑭

其後，黃文雄和鄭自才分別被曼哈頓法院以殺人未遂、幫助殺人未遂、妨礙公務等罪名起訴，但全世界的台灣人沒有一個認

為兩人有罪。兩人的除暴義舉和自我犧牲的精神，將永遠留在台灣人的歷史，被子子孫孫傳頌。以下即略述兩人當年的簡歷。

黃文雄：台灣獨立聯盟美國本部盟員。1937年出生於台灣新竹市一個美滿的家庭。1957年畢業於新竹中學、同年考入政治大學新聞學系。1961年完成學士學位、1962年進入政大新聞研究所、1964年以最優秀成績榮獲教育部獎學金。同年秋，他又以研究成就獲得匹茨堡大學（University of Pittsburgh）社會研究所之獎學金赴美深造。未幾，又獲康乃爾大學（Cornell University）社會研究所之賞識，於1965年接受該校獎學金直接攻讀博士學位。事件發生前，辛苦研究的論文即將提出，並已計畫於當年夏末前往西部加州任教。

鄭自才：台灣獨立聯盟總本部執行秘書長，美國本部中央委員。1936年出生於台南市。1959年畢業於成功大學建築工程系。他在大學四年中設計成績一直是全班第一名，曾任成大建築工程學會會長。1961年受聘為中原理工學院建築系助教。1962年榮獲卡內基・美隆大學（Carnegie-Mellon University）建築之獎學金赴美進修。1963年再得建築設計學士，1964年得都市設計碩士。曾在紐約等地的各種著名建築公司任職。⑮

一方面，跑完訪美10日行程，4月29日，蔣經國歸途路經東京，與佐藤首相舉行會談，但亦受到在日東京獨立聯盟的抗議示威。該「聯盟」原先也有計劃襲擊蔣經國，但終未克實現（此事諒只有筆者知悉）。5月1日，上午11時，蔣經國搭機平安重歸台灣。然此次的旅程，他不但受到無限的衝擊，也深深地體會到台灣人的不滿與抵抗。而同年5月26日，蔣介石竟抨擊「台灣獨立運動」是中共的陰謀，誠可恥又可笑！

另方面，1970年11月20日，聯合國大會表決「招請中國，

驅逐國府」案，首次出現贊成票過半數。蔣介石大為震驚，火速派遣嚴家淦副總統前往美國，於 11 月 25 日，與尼克森總統進行磋商。但華府即將承認中共為「中國唯一代表」的事項，已無法改變。1971 年 2 月 25 日，尼克森總統於外交咨文正式稱中國為「中華人民共和國」。3 月 4 日，國府駐美大使周書楷向美國國務院提出抗議，可是華府根本不予理會。10 月 25 日，聯合國大會以 76 票對 35 票、棄權 17 票的結果，通過阿爾巴尼亞所提「招請中國，驅逐國府」案，國府立即聲明退出聯合國。

　　隨後，1972 年 2 月 21 日，尼克森總統訪中，同月 27 日，美中發布〈上海公報〉（美國認識到中國主張台灣為其一部分的立場，並無出賣台灣。）。同年 3 月 21 日，國府國民大會再度選出蔣介石為第五任的總統（時年 86，他隨時可應上帝的召喚）。而他也再度指名嚴家淦為其第五任的副手，並於 3 月 22 日，順利過關。又這次大會勉強算得上新場景的是：1. 3 月 17 日，國民大會通過，動員戡亂時期臨時條款修定案，有了「增額」的中央民意代表選舉；即將於 1972 年 12 月舉行。其時國大代表有 53 人、立法委員有 36 人等；2. 因為「行政院長嚴家淦懇請辭職，已勉循所請，予以照准。茲擬以蔣經國繼任行政院長」。如此，1972 年 5 月 26 日，立法院以 381 票的最高票行使同意權。6 月 1 日，蔣經國正式從政壇幕後，浮出檯面，就任新閣揆。他完整有效地控制了黨、政、軍、特等四大脈絡，史稱「蔣經國威權統治」的正式來臨。⑯

## 二、蔣經國的主政：政治革新與推動台灣本土化

　　蔣經國主政，雖如其父威權統治本質未變，但其有意創新（內閣平均年齡 61.8 歲），並開始起用台籍精英（被人諷刺做「吹台青」，即能吹牛的台灣青年），推動台灣本土化，乃是不爭的事實。例如

以前，台籍人士能進入內閣的，只有蔡培火、連震東兩人。蔣經國初任行政院長立即大幅度更動人事，且大量任用台籍人士入閣，副院長首度由台籍人士擔任 (徐慶鐘)。16 名閣員當中，有 6 名台籍人士，除前述的徐慶鐘外，尚有林金生 (內政部)、高玉樹 (交通部)、連震東 (政務委員)、李連春 (政務委員)、李登輝 (政務委員) 等，還有台北市長張豐緒。省主席也由台籍的謝東閔出任。過去台灣省主席清一色都由外省人擔任，從蔣經國時代起，開始起用台省籍人士擔任。不過，蔣經國表面上雖大力推展「本土化」政策，但在具體作法上，始終仍堅持「以大陸人為主軸，台灣本省人為輔」的原則。對台籍人士開放地方政權，中央政權只開放次要部門，要害部門如國防、外交、財政、經濟、情報、治安等都嚴加控制。⑰這種狀況直至其往生之年，都未稍改變。而且他對異議份子的鎮壓，依舊一點兒也不馬虎，一點兒也不手軟！

　　儘管如此，蔣經國時代最初期的政治改革，即於 1972 年 12 月 23 日，透過上述修改「動員戡亂時期臨時條款」，開放了一小部分的「增額中央民意代表選舉」及地方公職人員選舉 (國大代表 53 名、立法委員 36 名、省議員 73 名，及縣市長 20 名)，實亦堪稱是台灣民主化運動的一個重要里程碑。而該次的選舉，黨外人士除了新進康寧祥之外，郭國基 (旋病逝)、許世賢、黃順興、張淑真等也當選立法委員；國大代表則有黃天福、吳豐山、張春男等 3 人當選；省議員有 15 人當選。這雖是台灣民主化運動的小小第一步，但有如李筱峯教授所指出：「對台灣日後的政局發展，埋下了重要的伏筆。」⑱

　　其次，時序進入蔣經國時代，台灣確實也面臨海內外的各種困境。例如 1971 年 10 月 25 日，國府被逐出聯合國。隨後，國府在聯合國各機關的席位相繼被奪。1972 年 9 月 29 日，台日斷

交;許多國家也先後與國府斷交。同年台灣國內申請移民的人數，較諸往年增加8倍，資金外流相當嚴重。1973年10月，第四次中東戰爭爆發，阿拉伯產油國對西方實施禁運的戰略，導致全球性的經濟衰退與不安，震撼了靠對外貿易成長的台灣經濟。爲了有效因應1970年代世界能源與景氣衰退，蔣經國乃於1973年12月25日，正式在「國大」年會上，提出報告稱：「政府已下定決心，以5年爲限，列入管制，克服困難，加速完成南北高速公路、桃園國際機場、台中港、蘇澳港、北迴鐵路、鐵路電氣化、大煉鋼廠、大造船廠和石油化學等九項建設，來強固我們的經濟基礎，穩健我們的經濟發展。」1974年9月，蔣經國復在立法院作施政報告時，再加上核能發電，共十項建設。由於「十大建設」其主要爲基礎建設及重化工業，對台灣日後之經濟發展有重大影響，不言可喻。此外，建設所需的經費也適時地帶動國內投資，十項建設當初預估投資二千餘億元台幣，自1973年至1978年，其占全國總投資比率，最低爲4.5%，最高爲19.6%。[19]

　　未久，「十大建設」的推動，從事後的角度觀之，雖並非每項產業均獲得成功地發展，但配合當時國際經濟情況的漸趨好轉，台灣度過石油危機。經濟成長率到了1975年升至4.2%，1976年達13.5%，創下空前的紀錄；工業成長率也由1975年的8.5%升至1976年的24.4%；通貨膨脹重新降回10%以內。爾後，台灣的經濟繼續成長終於躋身「亞洲四小龍」之列。[20]蔣經國在此方面的功績，筆者認爲應該受到肯定！

# 第二節 台灣海外獨立運動與島內民主化的鬥爭

## 一、台灣海外獨立運動的展開

戰後台灣最早的海外獨立運動組織，是以二二八事件爲契機，被通緝逃往香港的廖文毅與謝雪紅等人，在 1948 年 8 月所組織的「台灣再解放聯盟」(代表廖文毅)。惟未久，該組織即告分裂，謝雪紅等左派人士前往大陸投靠中共；廖文毅等人則於 1950 年 2 月，潛赴日本，並於同年 5 月，在東京與吳振南等人，成立「台灣民主獨立黨」。稍後，廖文毅等人乃於 1955 年 12 月 18 日，在東京成立「台灣共和國臨時政府」。1956 年 2 月 28 日，廖文毅和吳振南出任正副總統。

一方面，正當台獨運動在日本積極發展的同時，台獨思想也由早期留美的台籍學生帶到北美洲新大陸。1956 年 1 月，在美國費城賓州大學的台灣留學生林榮勳、陳以德、盧主義 (筆名李天福)、楊東傑、林錫湖等人，在費城成立秘密結社，命其名爲「台灣人的自由台灣」(The Committee for Formosan's Free Formosa, 簡稱 3F)。3F 成立之後，開始招募成員、編寫與寄送台獨宣傳文章和募款工作，後來更進而展開拜會美國國會議員的遊說工作。[21]

1957 年由於國府透過「中國遊說團」，要求美國國務院調查 3F 與共產黨的關係，以及 3F 因與日本廖文毅「台灣共和國臨時政府」的聯繫，可能觸犯美國的「外國政府代理人登記法案」之麻煩，不得已而宣布解散。另於 1958 年 1 月，宣布成立「台灣獨立聯盟」(United Formosans for Independence, 簡稱 UFI)。UFI 比 3F

更見擴充，組織成員包括費城、紐約、芝加哥、波士頓等地的留學生，但仍以費城為總部。UFI 也發行英文《Ilha Formosa》、《美麗島》等刊物，以喚醒台灣留學生加入台獨運動行列，同時向全世界表達台灣人追求自由和自決的心願。尤其是盧主義以筆名李天福，於 1958 年 4 月，在美國《Foreign Affairs》(《外交事務季刊》) 發表論文："The China Impasse, A Formosan View"，不但是第一位在具學術外交雜誌上，發表台獨論文的台灣人，也可說是奠定下早期台灣獨立運動的理論。該論文中，首次提出「台灣地位未定」、「台灣中國分離的歷史事實」，並明言「台灣足以成為一個獨立自主的國家」。㉒

從 3F 到 UFI，起初仍是地下刊物與秘密結社的階段，直到 1961 年的二二八，才由 UFI 主席陳以德在紐約召開記者會，正式對外公開北美洲台灣獨立運動的組織與活動。同年 8 月 4 日，國府的台灣省主席陳誠到美國紐約聯合國訪問時，陳以德發動北美洲台灣人第一次歷史性的示威活動，也難得地出現在台灣報紙上。㉓

另一方面，在日本的「台灣共和國臨時政府」迄至 1960 年代初期，已日漸沒落。而代之而起的是以王育德 (明治大學講師，他是二二八事件被殺害王育霖之胞弟) 為中心的一群在日留學生，於 1960 年 2 月 28 日，成立的「台灣青年社」。該社最原始的會員共 7 名，即王氏、黃昭堂、廖春榮、蔡炎坤、黃永純、傅金泉、蔡光顯等人。其中除廖春榮之外，都是王育德在台南一中任教時的學生。㉔ (之後，「台灣青年社」改名為「台灣青年會」、「台灣青年會獨立聯盟」，1970 年與世界各地「獨立聯盟」合併成立「台灣獨立聯盟」，最後於 1987 年改名為「台灣獨立建國聯盟」。) 該組織以留學生為基盤，訂立吸收在日台灣人為方針，以補 1956 年 1 月，廖文毅所組「台

灣共和國臨時政府」的不足。同時，該組織亦針對外國人，就國府統治本質進行科學而綿密的分析、批判，研究發表台灣獨立的理論，進行獨立運動的啓蒙宣傳。不久，許世楷、周英明、金美齡、日本人宗像隆幸、王天德與筆者（戴天昭）陸續加入。

　　旋在筆者負責組織時，筆者又前後引進柳文卿（是我的親戚，他姊姊是我四嬸，他也是我高中同學。高三那年，我擔任班代，由於中國籍的國文老師很下流，我和他發動罷課，那是戒嚴時代，校長被我們的罷課嚇了一大跳，重重責備我們兩人。後來畢業典禮時，班代的我亦獨自「罷出席」，讓校方十分難堪。）、吳其聰（他是我的同鄉，明大修士班同期生。筆者籌備明大台灣同學會時，委其負責。後來暑假返台，被陳純眞出賣，遭警總約談、告白。因此，被命在蔣介石銅像前跪拜懺悔，終獲免責。筆者自下述「陳純眞事件」以後，長年不再跟他接觸。後來從其遠親得悉此事，十分痛心。現在他已過世，筆者才在此記述這段往事，並願向他致最深、最深的歉意！）、侯榮邦、林啓旭（兩人是我明大修士班的後期生，他們在台灣時，與蔡同榮、羅福全等人，已有舉行反國府的「關仔嶺會議」。後來侯榮邦專職負責組織部，他對新會員的加入與北美洲蔡同榮等人的聯絡，都有很大的貢獻）、張榮魁（他是筆者的前輩，台灣交響樂團的團員。在筆者留日出國前，爲了學習日語，曾寄宿於台北蘇東啓的三哥蘇東修家。他的太太是日本人，她是日本插花界最著名池坊流台灣支部長。我們在蘇家互相認識，天天碰面雜談。我們目睹蘇東啓的太太蘇洪月嬌携帶年幼的子女，勇敢地與警總鬥爭。所以，他一到日本與我取得連絡後，就毫不猶豫的加入「台灣青年會」）、張國興（他是我台大歷史系一年級時的同學，當年台大歷史系唯一保送的高材生。台大歷史系碩士班畢業來日時，由我去接他。當日他即加入「台灣青年會」。他對「台灣青年會」機關誌《台灣青年》的投稿、編輯，有甚大的貢獻。又順道一提，李教也是我歷史系同班同學。在軍隊預備軍官服役時，他湊巧也是同營的小排長。在軍中他

對筆者的忠言與友情，迄今永不忘懷。他對台灣民主化所付出的犧牲與貢獻，斯土的人民，永遠要感謝！）、此外還有二位女同學（陳純眞事件後，已不再接觸、也不便公開姓名；不過，筆者仍十分懷念並感謝！）等人，組織迅即擴大。未久，組織陸續擴大至海外，設置十餘處支部和聯絡員。

　　而與此同時，在日人鳥居民（中國問題與日本昭和史著名作家、與李登輝總統也有一面之緣）的協助下，機關誌日文版《台灣青年》（1960 年 4 月以雙月刊形式創刊，1961 年 11 月以後改爲月刊）、英文版 "Formosan Quarterly"（1962 年 7 月創刊），成功取得研究台灣問題的權威地位。美國《The New Republic》雜誌（1962 年 6 月 18 日號）對在日本的台灣獨立運動有如下的敘述：「東京存在一個純粹以樹立共和國爲目標具有戰鬥性且充分效率的台灣人獨立運動團體。其出版物《台灣青年》編輯詳實，明確訴求絕大多數台灣人的利益。」㉕

　　毋庸贅言地，「台灣青年會」的飛躍成長對國府正是一大威脅。對國府特務人員而言，「擊潰台灣青年會」成爲其最高命令。1964 年 6 月 22 日的「陳純眞特務事件」成爲國府的良機，它們利用可憐的爪牙攻擊「台灣青年會」。以下即引用當時〈每日新聞〉（7 月 24 日朝刊）和〈中央日報〉（同 25 日）的報導，簡略說明事件的經緯。附帶一提的是，筆者即是當事者之一人。

　　「警視廳外事二課於 23 日以暴力、不法監禁的罪嫌逮捕 6 名（其實是 7 名）以『反蔣』、『反共』爲旗幟的留日台灣人學生組織『台灣青年會』的幹部，並搜索彼等的事務所。此事件雖肇因於對其同仁的暴力，不過外事二課認爲其中可能也涉及國府雙十大會『日劇・催淚瓦斯事件』（發生於昭和 37 年 10 月 10 日），因而欲同時加以追查。

……據外事二課的調查，該會中央委員陳純眞（28 歲），於 6 月 22 日夜被要求至該會事務所，並遭責問其何以將該會內情密告國府駐日大使館，甘心淪爲國府的特務。陳某自下午 8 時至翌日午前 1 時被監禁於事務所，後因頭部被毆、頸部被刺而住進慶應醫院，約需三星期的治療。現在陳某附上醫院的診斷書，向日本法務省提出控告，事件眞相才得大白。至於仍未解決的『日劇事件』，警視廳同課認爲此 6 人之中必有嫌疑者，表示要一併追查（以下省略）。」

事實上，該事件的發生原本只是筆者（戴天昭）不經意引起的單純傷害事件（不諱言，當然也有參合其他的因素）。1997 年，筆者在〈對恩師田中直吉教授的回憶〉追悼文中，曾如此略述當時的眞相與心情：「當時我負責『台灣青年會』的組織部，曾連絡幾名秘密會員回台收集情報。此時，組織內部名爲陳純眞的男子竟出賣同志，將我們的情報暗地交給國府。在查證委員會上，我因擔憂在台會員的安危，對陳某厚顏無恥的態度十分不滿，一時衝動使其負傷。」㉖在追悼恩師的文集中，當然不會冒瀆老師而做不實記述。筆者一直想藉別的機會詳述事件的眞相。在此必須指出的是，在意外事件發生後，筆者在中央委員會或與當時的委員長黃昭堂面談時，均一再表示應至警方說明以防事態惡化，但眾人因體諒筆者的處境和考慮陳某的安全而加以阻止。今日回想當初，深感眾人眞是太過純眞。筆者迄今仍對此事充滿自責和悔恨。

總之，此事在國府的布局和日本警視廳的「日劇事件」下，再加上「台灣青年會」成員的天眞，終至發展爲不幸的逮捕結果。1965 年 7 月 9 日，東京地院宣判「陳純眞間諜事件」的判決，對於「台灣青年會」的 7 名幹部，三井明審判長判處筆者（戴天昭）

徒刑二年，其餘成員黃昭堂、廖春榮各判一年徒刑、許世楷、王天德各判徒刑 10 個月、柳文卿、宗像隆幸（宋重陽）各判 8 個月徒刑，但全體均予以緩刑。其後，陳純眞再提起有關該事件損害賠償的民事訴訟，惟被日本法院駁回，事件至此完全告終（詳細經緯請參照《台灣青年》1964 年第 45 號，〈陳純眞間諜事件〉；1965 年第 57 號，孫明海〈台灣人留學生逮捕事件〉；宗像隆幸《台灣獨立運動私記》，文藝春秋，1996 年）。

然而，國府利用此事確實給予「台灣青年會」極大的打擊。但以此事件爲契機，在日本新聞媒體的報導下，台灣獨立運動更爲各界注目，獲得許多有識之士的聲援和同情。「台灣青年會」收到許多激勵的電報和信件，各地亦出現聯署支持及財務捐助活動。

在公開審理過程中，法政大學總長（兼理事長）中村哲教授（日本法學會理事長。筆者來日初期因爲不熟悉日本學界的種種派別與慣習，陷入選擇明大或法大博士班困境時，中村總長親自出面向神川彥松教授說情，讓我去就讀法政大學。他非常疼我，是我畢生的理解者）、東大名譽教授神川彥松（日本學士院院士，日本國際政治學會首任理事長，當年日本外務省的高官，多人都是他的學生。他是筆者明治大學修士班指導教授，推薦筆者榮獲該年度修士班全校首席畢業代表，及博士班入考名列全校榜首）、田中直吉教授（日本國際政治學會理事長、是筆者法政大學博士班的指導教授，「陳純眞事件」後第二年，與筆者共著《米國の台灣政策》，經由日本參議院議長鹿島守之助關連的出版社出版，受到國府莫大的抗議）、伊達秋夫教授（辯護人代表、知名法學者、法政大學教授）、東大衛藤瀋吉教授（中國問題權威、是黃昭堂的指導教授，後來也是筆者東大指導教授之一）等，許多日本有識之士不只公開支持，甚至親赴法庭作證辯護。連審判長三井明法官在退休後亦成爲台灣獨立運動的熱心支持者，致力於台灣的政治犯救援活動。三井明審

判長在〈台灣政治犯救援會活動記錄〉中寫道：「台灣人要得到真正的自由和自主，就必須打倒台灣的國民黨政權，建立獨立的台灣共和國。我希望能多少對此一獨立運動有所貢獻。」在一次「台灣青年獨立聯盟」宴會上，三井明審判長更以抱歉的態度表示：「如果是現在，我可能會對該事件判決無罪。」其後在一些公開場合，他都一再述及內心對判決的歉意。㉗以上是筆者親身之體驗。

　　無論如何，「台灣青年會」最大的收穫是使歐美各地成員受此衝擊，燃起前所未有的「使命感」，更為積極地從事活動，使獨立運動益形壯大。其中，在美國的蔡同榮、張燦鍙、陳榮成、陳隆志、陳唐山、羅福全等多數「台灣青年會」優秀成員更為公開活動，成為台灣獨立運動的領導人物。不久，「台灣青年會」以辜寬敏等人的入會為契機，於 1965 年 7 月，推舉辜寬敏為委員長，同年 9 月 23 日，改名為「台灣青年獨立聯盟」。1966 年 2 月 28 日，首次在東京舉行大規模的紀念遊行（有 300 多人參加）。隨後，又活躍地舉辦各種活動，給予國府極大的打擊。例如 1966 年 7 月 5 日起三天，當時每年定期的所謂日美經濟閣僚會議，在京都郊外山上的國際會議館召開。此次會議，美國派遣國務卿魯斯克為首席代表，日方首席為外務大臣椎名悅三郎，主要議題是台灣、中國問題。聞知此消息以後，聯盟中央委員會決定發起抗議美、日支援國民黨政權活動，派遣中央委員許世楷出差京都做事先探勘與安排，另一方面召開盟員大會擴大成員參與和鼓舞士氣。

　　許世楷在人地生疏中得到當地台僑的協助，結合關西地方有志台灣人、日本人民族派團體參加街頭遊行，疏通媒體管道，租借國際會館正面墓地，拜訪國際會館館長，安排律師做法律顧問，申請街頭遊行許可等。7 月 4 日聯盟人員來到京都，5 日上午，

展開抗議美、日支援國民黨政權街頭遊行，參加者一百多人。

　　遊行後，委員長辜寬敏到國際會館，向美國國務卿魯斯克遞交抗議書，要求在會議中以台灣獨立為議題，在會後的共同聲明表明支持台灣獨立；並對美國政府要求：㈠認識國民黨政權是壓制台灣人的政權，即時撤回對其支持；㈡防衛台灣無需要金門、馬祖，即時撤退台灣人士兵；㈢再確認美國在第二十一次聯合國大會表明的台灣歸屬未定見解，支持台灣前途由台灣民族自決，並支持台灣人派遣代表參加聯合國。

　　下午，由以廖春榮為隊長、隊員為黃昭堂、侯榮邦、戴天昭、張榮魁、宋重陽、許世楷的絕食隊，柳文卿擔任攝影，潛行避過警察警戒重重的山中，出現於國際會館正面墓地揭竿舉旗開始絕食抗議。這次絕食抗議行動，自7月5日下午，迄至7月7日中午才結束。期間雖也有與日警發生衝突、拖拉，但並無大礙。而日本電視、報章都有大幅度的報導活動情形，可算是一場頗為成功的台灣獨立宣傳戰。㉘

　　可是，對國府非常友好的日本佐藤榮作首相，為了向蔣介石表達其對美國要求歸還沖繩—琉球群島的決意，並希望求得蔣介石的事前諒解，於1967年9月7日，訪問台灣時，竟與國府訂立密約；亦即日本將強制遣返國府先前拒絕接受的煙毒犯，而國府接受的條件是每30名煙毒犯須搭配一名台獨人士。㉙

　　基於此項密約，1968年3月26日下午4點半，日本法務省出入國管理局，突然間將對法務大臣不許可居留提出異議中的柳文卿強制收押，斷絕與外界的通信。以翌日上午9點半發的中華航空強制送返台灣 (在此之前，1967年8月，「台灣青年獨立聯盟」盟員張榮魁、林啓旭二人，到出入國管理局辦理延期居留簽證時，也突然遭到逮捕，並於次日準備將他們送回台灣交給國府。結果張榮魁、林啓旭二

人在收容所內展開 200 小時的絕食抗議;聯盟的同志黃昭堂、筆者〔戴天昭〕等 10 人,也在收容所外絕食聲援,遂引來日本媒體、輿論的關切,逼使日方不得不先放人。後來經由日本各方人士的協力,聯盟向東京裁判所提出取消遣返的告訴,經過冗長的訴訟,終獲勝訴)。[30]

26 日下午 8 點,由律師大野正雄向東京地方裁判所提出取消對柳文卿強制送返的行政處分、及停止執行該行政處分的訴訟。裁判所接受該案後,下午 8 點 15 分大野律師向出入國管理局局長、副局長聯絡此事,兩人均逃避責任;下午 9 點裁判所向管理局傳達:本件已由地方裁判所接案,因審理上需要,請緩送返柳文卿。該局以下班時間為由逃避,因而不及阻止送還。

另一方面,台灣青年獨立聯盟在該夜漏夜準備搶救對策。午夜,許世楷陪曾經和岸信介有一面之識的金美齡,到府敲門,夜深無反應。本部開會決定用三部車:廖春榮駕駛、周英明陪坐,許世楷駕駛、林啓旭陪坐,王天德駕駛、宗像隆幸陪坐的三組特攻隊,派廖組赴橫濱收容所,許組及王組赴東京收容所,伺機衝撞載運柳文卿的車輛,不讓其運柳至機場。廖組途中車輛故障未至橫濱,王組王胃痛宗像換坐許車,但苦等無人,後來接到了許千惠的聯絡,許組改赴羽田機場。

上述三組以外人員一早赴羽田機場,為最後搶救防線,看到運載車輛來時,跳下跑道,戴天昭抱住柳文卿,搶救人員與守備警察混戰。搶救人員紛紛疊上柳文卿,但力不敵眾,搶救人員悉數被逮捕,柳被押上飛機。

黃昭堂(隊長)、戴天昭、郭嘉熙、傅金泉、宗像隆幸、張國興、高齊榮、侯榮邦、林啓旭、吳進義因違反 1. 航空法,2. 威力妨害營業,3. 妨害公務的執行,這三項罪被關入警察局。被捕三天之後,日本政府自知理虧,將他們「不起訴處分」釋放。

事件的當日晚報，第一面大幅報導搶救柳文卿事件。經過友人介紹，許世楷赴國會會見在野眾議員豬股浩三，懇求在國會質詢出入國管理局長違法，翌日被質詢的局長保證盡力於柳文卿的安全，後來局長被迭換。豬股在成立國際特赦組織日本支部時，得到聯盟援助，也盡力於台灣政治受難者的救援。

有過幾次合作的大野正雄律師，在柳文卿被送走以後，代理柳文卿夫人提出訴訟，要求法務省恢復原狀，即討回丈夫。大野律師從此成為聯盟更密切的友人。

這一個訴訟，因為柳文卿不在，法務省又透過國民黨政權提出柳文卿自由自在生活的狀況的報告書。為了維持訴訟，由筆者（戴天昭）透過家兄天賜的林姓義兄弟（大事業家）事先告知柳文卿，再由聯盟秘密派人接觸柳文卿（携帶戴天昭的親筆信函等），讓他寫了一份給法官希望繼續訴訟以恢復他的損失之意的信。但是當時聯盟不敢公開該信以免柳文卿再度受害，大野律師交涉只限法官閱讀。之後法官採信柳文卿權利受損，1969 年 11 月 8 日，東京地方裁判所判決法務省賠償。不過由於柳文卿夫人急著要去台灣看丈夫，聯盟不敢為難，遂至此罷訟。 ㉛

柳文卿事件是佐藤內閣對台灣人所做最羞恥、最不人道的事。將追求自由民主及有前途的年輕、有政治良心的學人，以煙毒犯待遇待之，並且不讓其有任何辯駁的機會，此為舉世所無之惡例。其後如上述，日本司法當局判決強制遣返柳文卿的行為違法，日本國會亦在會期中討論此事。關於柳文卿事件，《台灣青年》1968 年 4 月 89 號有柳文卿事件專刊，明治大學教授（其後擔任校長）宮崎繁樹的《出入國管理》（三省堂，昭和 45 年）及宗像隆幸的《台灣獨立運動私記──35 年の夢》（文藝春秋，1996 年）等書均有詳細記載。同時，該事件雖受到日本國內外諸多的批判，但對台灣

留學生而言是一件鬱卒的事。許多優秀的留學生看到日本政府協助台灣的獨裁政權後，逐離開日本轉往美國。再者，如宗像隆幸所言，許多關心政治而有意識希望留學的台灣青年，受到柳文卿事件的影響，幾乎都放棄留日而選擇留美。此點對日本或對台灣都不能不說是一件不幸的事。

又雖屬私事，柳文卿被強制遣送回台後，筆者的家族，更受到情治各單位的莫大壓力。他們也透過各種管道，希望我能「回國走一趟」，看看柳文卿。並且，也提出溫和的喊話，只要我願意，當局都可安排我去任何學校或機關就職；不然，也可跟我大哥共營事業。不用說，這些提議都給我拒絕。不過，隨後為了「柳文卿的安全」，我逐漸退出聯盟的第一線也是事實（當然還有其他的因素，愚直的筆者，在此不願也不必透露）。儘管如此，對日本聯盟的支援，迄至聯盟遷台為止，筆者在資金上，雖是小金額，都不曾間斷地在各方面盡了我最大的微力。此點，在機關誌《台灣青年》的最後一期（2002 年 6 月，No.500，2 頁），黃昭堂也總括地略有提及。

其次，在日本的獨立運動組織，除了廖文毅的「台灣共和國臨時政府」和「台灣青年獨立聯盟」之外，還有一個左派史明（施朝暉）的「獨立台灣會」與朱世紀一人的「台灣文化會」（朱世紀自誇在 1965 年組織「台灣學生聯誼會」，但其實那是「獨立聯盟」的外圍組織。筆者的記憶，當年，朱世紀應該是「獨立聯盟」成員之一。他在日本的活動，不是筆者輕言，根本成不了什麼氣候）。爰在此依據史明的口述（由陳儀深教授訪問、紀錄，2010 年）及其《史明回憶錄》（前衛出版社，2016 年），簡要地介紹其生平略歷如下（筆者在理念或性格上，雖不能贊同史明；但史明窮其一生致力於台灣獨立運動，筆者倒是真誠地敬佩、也願意肯定他的貢獻）。

史明 1918 年出生於台北士林施家，本名施朝暉。1936 年台

北一中肄業，1937 年留學日本，畢業於早稻田大學政治經濟學部。1942 年懷著實踐馬克思主義的熱切理想，赴中國上海，加入中共陣營抗日。終戰後，史明曾出任共軍俘擄收編二百多位台灣兵的代理隊長和政治教員。因不忍見中國共產黨利用閩客矛盾分化台灣人，乃於 1948 年脫隊溜到青島，1949 年 5 月，突破封鎖返回台灣。㉜

回台後，不久，史明獲知二二八的悲情，並對國府的暴政不滿。乃於 1950 年 2 月，集合二二八時倖免於難三、四十名青年，在台北草山、苗栗大湖等地組織「台灣獨立革命武裝隊」，預謀槍殺蔣介石。1951 年事被國府特務識破，遭通緝。1952 年 3 月，逃至基隆，充當搬運香蕉的工人，同年 5 月 6 日，搭載運香蕉的天山丸貨輪潛赴日本神戶。但同月 11 日，登陸後卻遭日本當局逮捕，並且欲將他遣返台灣。後經其力爭自己是政治犯，結果雖仍被關了將近半年，終獲政治庇護。㉝

隨後史明在東京池袋驛前擺攤子、賣餃子，經營飲食店，事業日漸成功。在經濟、生活安定之餘，他重新學習馬克思主義，終於獨力無師下，1962 年完成出版《台灣人四百年史》（日文）。㉞ 該書嚴格地說，雖不算是學術研究專書，但其探索「台灣民族」的形成與發展，姑且不論其意識形態如何，筆者倒願意給予肯定的評價。另史明曾於 1965 年 1 月 21 日，加入「台灣青年獨立聯盟」（秘密會員），但未久，基於下列的理由，被獨盟公開除名。茲引述「公告」的全文如下：

「查本聯盟秘密盟員施朝暉（史明，51 歲，台北，士林人）係於 1965 年 1 月 21 日加入本聯盟。翌年（1966）11 月中違反聯盟規約，未經認可擅自加入『台灣公會』當起會長。其加入其

他政治團體的事實，事後雖經聯盟的追認，仍未能以一盟員身分堅守崗位，盡忠職務，屢次違反聯盟規約及政策，一連串的阻害聯盟的活動。

1966 年 11 月底，適值聯合國討論中國代表權問題，本聯盟為向日本輿論申訴台灣人獨立的悲願，曾號召其他在日獨立運動團體，於東京舉行示威遊行，當時施朝暉以一盟員的立場竟忘記忠實服從連盟之決議的基本任務，不但不能積極支持聯盟的活動反而唆使一部分團體故意不予協力。

1967 年 3 月間台灣人呂伝信自殺事件發生後，本聯盟站在人道主義的立場，向日本國法務省等有關機關提出抗議時，施朝暉又違背聯盟的決議，把盟員應盡的義務置之不顧，擅自採取單獨的行動。

又施朝暉於 1966 年秋天，未受聯盟的許可，以各團體大同團結的名義，著手策劃各團體總連合的活動。當時聯盟認為現階段各團體團結的基本條件不備，時機未熟，總連合的成立只有破壞各團體的團結，因而對施朝暉提出警告。惟施朝暉又違背聯盟的政策及指示於 1967 年 4 月與一部分團體成立所謂「台灣獨立連合」結果正如聯盟所預科，「台灣獨立連合」的成立反而阻害了獨立運動各團體間的團結。

對以上施朝暉存心背叛聯盟以及破壞獨立運動的事實，於 1967 年 10 月經本連盟中央委員會例會審議結果，決議依聯盟規約第 91 條第 1、2、3 項，第 20 條第 3 項予以公開除名的處分。

　　特此公告周知
　　1967 年 10 月

　　　　　　　　台灣青年獨立連盟
　　　　　　委員長　辜寬敏」㉟

　　史明被「獨盟」除名之後，於同年（1967年）獨自創立「獨立台灣會」。他自稱後來直至80年代，他都以「島內地下工作」為重心，致力於台灣獨立運動。他被除名的事件，也險些牽連到「台灣青年社」創辦人王育德教授。此事，2010年1月，史明接受陳儀深教授訪問時，他稱當時王育德擔心自己以後的運動工作，便跟辜寬敏妥協，免了除名。㊱但事實並非如此，王育德確實也險遭除名。其經緯筆者已告知陳儀深教授，在此不再贅言（當年筆者也是中央委員之一，實際參與此項決議）。又史明稱辜寬敏選中央委員長時，用錢買票那是無的放矢、天大的荒唐！他的口述及其回憶錄，對日本「台灣獨立聯盟」以及海內外的其他獨立運動團體的記述，都有很大的偏實。這或是其個人「馬克思主義」獨特的性格使然，實在令人費解。不過，畢竟他已邁近天年，仍然那麼熱忱地致力於獨立運動，我們也就不必與其有所爭論了。筆者如前述，倒是十分敬佩他的！

　　再則，以彭明敏教授等人被捕（1964年10月23日）、廖文毅回台投誠（1965年5月14日）為契機，北美洲的台獨團體亟思整合。

　　1965年10月29、30日威斯康辛大學的「台灣問題研究會」負責人周烒明醫師與 UFI 主席陳以德，共同具名邀請全美各地的台獨團體代表或有志之士，在威斯康辛大學召開「麥迪遜會議」。會議後，兩個全美最具影響力的台獨團體領導者，更共同具名，發表聯合公報，呼籲北美洲的台灣人團結。

　　當時，除了費城陳以德外，各地校園亦陸續有熱心台獨理念的留學生，在校園內分發《台灣青年》、《台灣通訊》等刊物，進行思想啟蒙工作。他們分別是：堪薩斯州立大學曼哈頓校區的范良信、楊宗昌、陳希寬、莊秋雄；奧克拉荷馬大學諾曼校區的陳榮成、陳唐山、王人紀；休士頓的張燦鍙、廖明徵；南加州大學

利騰俊；洛杉磯的蔡同榮、賴文雄、王秋森；波士頓哈佛大學的蕭欣義；巴爾的摩的鄭自才；雙子城的賴金德；此外加拿大多倫多的黃義明、林哲夫則組成「台灣自決聯盟」，後來爲了營救彭明敏，而改名爲「台灣人權委員會」。[37]

　　未幾，1966 年 2 月，UFI 正式宣布重組的構想，希望以聯盟的形式，結合散聚各地的台灣人社團，由各社團自治，自選領袖及社團名稱；但是中央設委員會，由各社團派代表組成。同年 6 月費城會議召開，來自全美九個地區的代表決議，成立「全美台灣獨立聯盟」(UFAI)，設立執行委員會及中央委員會。由陳以德出任第一屆執委會主席，由賴文雄、張燦鍙負責組織部工作；周斌明則出任中央委員會委員長。[38]

　　1966 年 11 月 20 日，第廿一屆聯合國大會討論中國問題期間，全美台灣獨立聯盟以半版的篇幅，將「台灣自救宣言」的要旨，刊登在〈紐約時報〉，向國際宣傳台灣人的心聲。同時，「全美台灣獨立聯盟」組織部的成員也在 11 月 16 日展開開車走訪全美國有台灣人的城市與校區。張燦鍙、陳榮成的西路，從洛杉磯往舊金山挺進。以羅福全爲主的東路，也從費城出發，縱走東岸各大城市。後來，簡金生和賴文雄又加入。[39]

　　1968 年全美台灣獨立聯盟通過決議，將聯盟總部由費城搬到紐約總部，鼓勵盟員同志，到聯合國所在地的紐約及美國首都華府附近就業、定居，以利聯盟向國際社會進軍。此後，聯盟當時的主力幹部張燦鍙、羅福全、蔡同榮、賴文雄、鄭自才、王秋森、許富淵、陳伸夫、洪哲勝、張文棋、王康陸等人在完成學業後，陸續趕到紐約總部報到。[40]

　　台獨聯盟除了日、美以外，加拿大 (1970 年)、歐洲 (1970 年) 和南美 (1976 年) 等地，也都先後成立，日漸成爲世界性的組織。

加拿大台獨聯盟的前身，早期是「台灣住民自決聯盟」(1964 年)。
旋同年為了救援彭明敏教授等人，乃改為「加拿大台灣人權委員
會」。中心人物是黃義明教授、林哲夫、鄭建甦、蔡明憲、林耀山、
蘇鐵英、吳明達、王金水、田台人、吳風秋、羅益世等人。[41] 而
歐洲台獨聯盟則成立於 1967 年春天，當時包括來自德國、瑞士
和法國的台灣留學生，在瑞士的蘇黎世城聚會討論台灣問題，同
時秘密成立歐洲第一個台灣人的政治團體——歐盟。最早的歐盟
元老盟員只有九人，不久又有奧地利、比利時、義大利等地的同
志加入。1968 年歐盟本部遷到巴黎，當時歐盟的盟員即展開傳
教士般的台獨啓蒙工作，積極向歐洲各地的台灣留學生傳播台獨
自決的理念，並且主力於推動歐洲各地同鄉會的設立與參與各種
活動。1970 年歐盟加入世界性台獨聯盟，正式成為台獨聯盟歐
洲本部，歐盟首任主席即是經濟學者張宗鼎。中心人物為張維嘉、
邱啓彬、何康美、盧榮杰、蔡正文、盧修一等人。[42]

　　至於南美台獨聯盟原隸屬於全美台獨聯盟洛杉磯分部，成立
於 1969 年，當時有九位正式宣誓加入，是巴西最早的台灣人組
織。隨後，1976 年在巴西成立台獨聯盟南美本部，由成功大學
出身的土木工程師周叔夜擔任首任主席。後來主席依次由簡枝清、
蕭健次擔任。南美洲台灣人移民約有五、六萬，他們大多是舉家
移民，可說是三教九流，分布於各行各業，不同於美、日移民以
留學生為主。因此，獨盟另籌備「巴西台灣同鄉會」，以為活動
的中心。該同鄉會後來成長、壯大。1974 年世台會在維也納成
立時，巴西也為五個創始會員國之一。而周叔夜在「巴西台灣同
鄉會」裡，也可說是最中心人物。他對「巴西台灣同鄉會」的貢
獻甚鉅，頗獲好評。[43]

　　1968 年 8 月份起，日本《台灣青年》月刊改為台灣青年獨

立聯盟、加拿大台灣人權委員會、全美台灣獨立聯盟、歐洲台灣獨立盟等四團體的共同機關誌，為日後整合性的世界性台獨聯盟鋪路。在這一期間，原居主導地位，且在台獨理論和組織經驗均強的日本台灣青年獨立聯盟，與全美台獨聯盟亦展開了多方接觸，同時也在美、日同步開展示威抗議活動。

　　事實上，美、日台獨團體的成員，早在台灣或赴美留學前，即與日本《台灣青年》保持良好關係。尤其是羅福全、蔡同榮、張燦鍙、侯榮邦、陳榮成等數十位好友，當年出國留學前曾透過台大與嘉中、南一中等同窗關係，參加「關仔嶺會議」的秘密結社。後來出國在日本加入「台灣青年會」，以後擔任台灣青年獨立聯盟組織部長的侯榮邦，即不斷與到美國的蔡同榮、羅福全、張燦鍙、陳唐山等人連繫，並且寄送《台灣青年》雜誌，讓他們在美國向台灣留學生宣揚、啟蒙台獨思想。當時日本台灣青年獨立聯盟委員長辜寬敏也極力主張，世界性的台獨聯盟組成時，總本部應該設在美國紐約，而不是日本東京，因為：1.日本方面雖然在理論、組織經驗較強，但留日學生及台灣同鄉日漸減少，而留美學生和台灣人卻愈來愈多；2.台獨運動的任務是向全世界宣傳台灣問題，由於聯合國在紐約，因此應將總本部設在美國紐約。[44]

　　於是，1969 年 9 月 20 日，全球性台灣獨立聯盟籌備會議在紐約召開。加拿大人權委員會負責人林哲夫、歐洲台獨聯盟負責人張宗鼎（化名簡世坤）、全美台獨聯盟幹部包括：蔡同榮、張燦鍙、陳隆志、賴文雄、鄭自才、羅福全等人在紐約開會。在日本的台灣青年獨立聯盟幹部，因多數無護照，不能出國，只派出吳枝鐘醫師與會。經過兩日的討論，大家同意成立「台灣獨立聯盟」(World United Formosans for Independence, 即 WUFI)。惟各本部仍維持自主性，並定於 1970 年 1 月 1 日，正式宣布成立。如是，由

各本部自行推選聯盟中央委員，再由中央委員選舉總本部主席。結果，第一任總本部負責人，由蔡同榮和張燦鍙分別擔任正副主席，鄭自才任執行秘書。而各地域本部負責人如下：

| 台灣本部委員長 | 邱怡發 |
|---|---|
| 日本本部委員長 | 辜寬敏 |
| 美國本部委員長 | 蔡同榮（兼） |
| 加拿大本部委員長 | 林哲夫 |
| 歐洲本部委員長 | 簡世坤 |

⑤

　　毋庸贅言，此一海外台灣人的空前結合，掀起了台獨運動的高潮。旋如前述，同年（1970年）1月3日，因為發表「台灣人自救宣言」被捕的彭明敏教授，在日本台獨聯盟等海內外團體的協助下，神奇地擺脫日夜的監視，脫出台灣安全抵達瑞典。又同年4月24日，國府接班人蔣經國訪美時，在紐約即遭台獨盟員黃文雄暗殺未遂，引起了國府莫大的衝擊與震驚。

　　一方面，由於「台灣獨立建國聯盟」的宗旨相當明確地要推翻國民黨政權和台灣獨立建國，是一個相當敏感的政治團體，在國外受當地情治單位的嚴密監視，更被國民黨政府認為是「叛亂團體」，其成員被視為「叛亂份子」，甚至被描述成刑事犯、恐怖份子，如被國民黨情治單位逮捕將受嚴厲之制裁。因此，為了讓組織活動的範圍更廣大、更順暢，乃以「外圍組織」的性格，先後成立了各種較溫和與中性的團體。例如：「北美洲台灣人教授協會」（會長陳隆志、林武男）、「北美洲台灣婦女會」（會長吳秀惠、方惠音、李素秋、柯翠園、黃美惠）、「北美洲台灣人醫師協會」（會長周斌明）、「加拿大台灣人權會」（重要幹部林哲夫、李憲榮、吳景裕、蘇正玄等）、「全美台灣人權會」（會長張丁蘭、羅清芬、許瑞峰、黃玉

桂等)、「台灣人公共事務會」(FAPA、歷任會長蔡同榮、陳唐山、彭明敏、李憲榮、許世模、王康厚、吳明基等等)、「在日台灣同鄉會」(會長林耀南、黃文雄、張良澤等)、「加拿大台灣同鄉會」(會長李憲榮、羅益世、張理邦、李重義等)、「全美台灣同鄉會」(葉國勢、吳木盛、林明哲、陳唐山、陳都、郭重國、林又新等)、「巴西台灣同鄉會」(會長吳彩瑜、周叔夜、簡如鏡、簡榮朗等)、「全歐台灣同鄉會」(會長鄭欣、邱榮增、何康美、胡炳三、林文德、李健夫、賴寬惠、邱上義等等)、「法國台灣同鄉會」(會長張宗鼎)、「意大利台灣同鄉會」(會長陳主加)、「澳洲台灣同鄉會」(會長翁國揚)、「紐西蘭台灣同鄉會」(會長王獻極、陳定源)、「南非台灣同鄉會」(會長張禎祥等)、「世界台灣同鄉會聯合會」(簡稱「世台會」，會長陳唐山、陳都、李憲榮、林文德、李界木、郭重國等等)。[46]

　　總之，當年參加海外獨立運動的人士，筆者敢言，都是台灣留學生的最菁英。他們對台灣的民主化與台灣民主進步黨的成立，都有犧牲與貢獻。若依筆者的淺見，最重要的是：他們已經為島內政治運動者，建構出一個「不會死的保護網」，這是海外獨立運動人士努力的成果 (此點陳儀深教授於 2009 年 11 月 5 日，訪問筆者時，筆者已有提及。收錄於《海外獨立運動相關人物口述史》續篇，134 頁)。換言之，今日的台灣民主成果，絕非只靠現在檯面上政治人物所推動的，國人應深記在心。

# 二、台灣「黨外」民主化運動的鬥爭與民主進步黨的成立

## (一)《文星》、《大學雜誌》的改革呼聲

　　1960 年代，台灣國內的政治風雲，一言以蔽之，即蒙在國

府陰險的「白色恐怖」統治之下。然而，時序進入 1970 年代，台灣的社會開始醞釀著一股新興的政治勢力，要求國府當局進行政治變革，並實施台灣民主化。這股社會力量的出現，據李筱峯教授的研究，可以分成兩條不同的路線：其一是，新一代本土政治人物如康寧祥、黃信介透過選舉崛起，發展成「黨外」民運路線；另一條是，以戰後新生一代的知識份子和青年企業家結合組成的筆陣，透過《大學雜誌》的書生論政路線。[47]

如周知，自從《自由中國》被鎮壓停刊後，台灣島內媒體只剩下《文星》雜誌（創辦人蕭孟能，中心人物殷海光教授、李敖、陸嘯釗、李聲庭等）的文筆活動。早期的《文星》是介紹西方藝文思潮的雜誌。但其後半期李敖參與主編後，則轉移到包括對社會現實的批判與政治問題的論述。這時期的《文星》，著實對台灣的民主、自由思想影響甚大。惟未久，《文星》於 1965 年 12 月第 98 期，李敖發表〈我們對「國法黨限」的嚴正表示〉一文之後，即遭國府強迫停刊。誠無奈！[48]（有關《文星》的細節，請參閱李敖《李敖回憶錄》，李敖出版社，1999 年，167-95 頁。）

然而，追求自由、民主的願望，已深深地植入後一代的青年知識份子的心坎裡。爾後，1968 年 1 月，台大畢業生鄧維楨獨資創辦了《大學雜誌》。參與的主要同仁有郭正昭、陳少廷、王順、何步正、王曉波等人，隨後又加入張俊宏、張潤書等數人。《大學雜誌》創刊前三年，內容偏重文藝、教育、思想等較不具政治色彩的議題。但是，時序進入 1970 年代，如上述，台灣國內外出現了重大的變局，遂引發了知識青年關心國事，投身評論時政與推動政治革新的活動。1971 年 1 月，《大學雜誌》進行改組，由丘宏達任名譽社長，陳少廷任社長，楊國樞擔任編輯召集人；社務委員推廣至五、六十人，成員遍及當時學術界與企業界

的新生代菁英。[49]

改組完成後的《大學雜誌》恰逢該誌創刊 3 週年，在 3 週年的紀念刊上（第 37 期，1971 年元月號），《大學雜誌》的言論開始大幅度地呈現出對現實政治的關切。劉福增、陳鼓應、張紹文以聯名的方式發表〈給蔣經國先生的信〉，提出 3 點建議：1. 多接觸想講真心話的人；2. 提供一個說話的場所；3. 若有青年人被列入「安全紀錄」而影響到工作或出國時，請給予申辯和解釋的機會。同期雜誌上，陳鼓應發表〈容忍與了解〉、陳少廷發表〈學術自由與國家安全〉、張俊宏發表〈消除現代化的三個障礙〉、邵雄峰（林鐘雄）發表〈台灣經濟發展的問題〉……等重要文章，這些都是雜誌改組後所展開的呼籲政治革新的先聲。[50]

接著，自 1971 年 7 至 9 月《大學雜誌》連載〈台灣社會力的分析〉與 10 月的〈國是諍言〉均頗受朝野重視。前者對台灣社會有深入分析，後者則從人權、經濟、司法、立法、監察等方面對政體與法統問題加以探討，同期陳少廷首先提出中央民意代表改選的主張。在《大學雜誌》提出國是諍言與國會全面改選的同時，國府喪失聯合國代表權，外交的橫逆，更激起知識份子回響，1972 年，《大學雜誌》第 49 期提出〈國是九論〉，更具體化的提出細節性的國是意見。[51]

可是，《大學雜誌》並未如《自由中國》將論政化為組黨的實際行動，反而在遭受國府的打壓、分離（1972 年 12 月，陳鼓應、王曉波等人被警總約談）之後，終於在 1973 年 1 月，宣告解散。結果，部分親國民黨的菁英如孫震、李鐘桂、關中等人，被吸納到執政當局的結構內；部分來自地方的政治菁英，如張俊宏、許信良、則轉向選舉路線，企圖爭取群眾支持。[52]

## (二) 「黨外」民主運動的崛起

「黨外」一詞，最先或可追溯到 1954 年 5 月 2 日，第二屆台北市長選舉，無黨無派之高玉樹擊敗國民黨提名的王民寧。隨後 1964 年 4 月 26 日，第 5 屆的縣市長選舉，如基隆市長林番王、台北市長高玉樹、台南市長葉廷珪、高雄縣長余登發、台東縣長黃順興等，黨外人士當選更多。[53]不過，「黨外」一詞，一直等到黃信介、康寧祥崛起後才被大量使用，並成為無黨籍政治異議份子共同使用的號誌。未幾，這個界限含糊、定義籠統卻又簡單的符號，經過數次選舉後，竟慢慢地形成一股在野的政治力量和運動。[54]

1969 年 11 月 15 日，在台北市改制後的首屆市議員選舉中，有一位「黨外」大學畢業的加油站工人很令人意外地在選舉中高票當選。康寧祥這個名字，在此之前，沒有多少人聽過。1 個月後，台灣舉行中央民意代表的「補選」(這是國民黨流亡台灣以來的首次中央民代的選舉)，具有地方草莽性格、已擔任過兩屆台北市議員的黃信介，在康寧祥等人的助選下，當選了立法委員。[55]未久，1972 年 6 月 1 日，蔣經國出任行政院長，其威權統治正式浮上檯面。同年 12 月 23 日，舉行增額中央民意代表選舉和台灣省第 5 屆省議員以及第 7 屆縣市長選舉。這次的選舉，「黨外」人士有 15 名當選省議員、國大代表有黃天福(黃信介之弟)、吳豐山、張春男等三人當選、立法委員有許世賢、康寧祥、黃順興、張淑真等 4 人當選。「黨外」的勢力，日漸增強，顯示民眾求變的心理。[56]

1973 年 12 月 1 日，台北市舉行第二屆市議員的選舉。脫離國民黨的張俊宏正式與地方政治人物掛鉤，參加台北市「黨外四

人聯合陣線」，角逐市議員。而推動這四人聯合陣線的主導者即是康寧祥。選舉結果，四人皆以高票落選，但在競選期間，台北市確曾掀起市民聆聽政見的熱潮。同時，透過選舉活動，將民主觀念傳播開來，爭取到部分知識青年同情與支持。隨後，以此次選舉爲契機，1975年8月，張俊宏與康寧祥、黃信介共同創辦《台灣政論》月刊。黃信介擔任發行人，康寧祥任社長；張俊宏爲總編輯，法律顧問則聘姚嘉文擔任。後曾任礁溪鄉長、因案遭停職的張金策，以及因政治案件入獄多時甫出獄的黃華，也加入《台灣政論》的陣營，擔任副總編輯。[57]

　　《台灣政論》在思想上，雖位繼承《大學雜誌》的自由主義觀念，但反對「坐而論道」，主張實際的政治參與，也就是透過選舉與國民黨抗衡。《台灣政論》內容範圍涉及廣泛，已呈現以後無黨籍政論雜誌的風貌。《台灣政論》發行至第5期，言論因1975年底立委的選舉而升高。遂於選舉中途遭統治當局停刊處分。該期有數篇重要文章：姚嘉文的〈憲法與國策不可以批評嗎？〉、郭雨新的〈被遺忘的社會——人道主義所不能容忍的軍眷村問題〉、陳鼓應的〈早日解除戒嚴〉及〈談『蔣院長說』〉……，而其中最引起注意的一篇是澳洲昆士蘭大學教授邱垂亮所撰寫的〈兩種心向〉一文。該文報導鋼琴家傅聰與一位中國出來的柳教授的談話，因觸及台海關係與台灣前途問題，其中柳教授的話被當局認爲「煽動他人觸犯內亂罪，情節嚴重」，乃下令停刊。因此《台灣政論》僅刊行5個月便結束。《台灣政論》雖然曇花一現，但《台灣政論》已將在野政治運動家與知識份子結合，並預告了台灣的自由民主運動即將進入新里程碑。[58]另斯界學者許瑞浩也指出：「《台灣政論》是國民黨政府遷台後，台灣第一本由本土菁英創辦的政治性異議雜誌，也是往後一系列黨外政論雜誌的

源頭，同時又是本土人士第一次有系統、有目標、有計劃地集體表達對國事和政情的看法；而由《台灣政論》結合的新一代本土菁英所從事的政治反對運動，也成爲黨外運動的肇端，使戰後台灣民主運動進入一個以本土人士爲主體並主導的新階段。」[59]

1975 年 4 月 5 日，長年君臨台灣的獨裁者蔣介石終於死去。國府依憲法由副總統嚴家淦接任總統，但實權則掌控於蔣經國手中。正巧，同年 12 月底有增額立委選舉。此次改選即發生兩個意義深遠的事件。其一爲勇敢青年白雅燦直接向蔣經國的權威挑戰，其二爲愈老愈勇的郭雨新提出尖銳的政見。郭雨新其後雖因國民黨做票而落選，但此事刺激許多充滿正義感的年輕人投身於民主化運動。

1975 年 12 月的增額立委改選中，候選人白雅燦（1945 年生，彰化縣花壇鄉人。1966 年政治大學法律系畢業，對政治有濃厚興趣，曾爲黨外人士多人助選）在選前（12 月 20 日）提出全文達 29 條的公開質問函，結果立即被以叛亂罪而逮捕下獄，其後未經公開審判即遭監禁達 13 年之久。印刷質問函的業者周彬文亦因「幫助叛徒」的罪名，被判處 5 年徒刑。在當時的政治環境下，敢於向蔣經國的權威提出挑戰，實超乎一般人的想像。可說是「膽大包天」的義舉，但其質問內容完全是「天經地義」的。其要義包括敏感的「要求蔣經國公開私人財產」、「蔣介石遺產稅繳納問題」、「釋放所有的台灣政治犯」、「委派台灣人擔任軍警首長」等話題；又主張解散監察院、立法院、國大代表等非法國會，解除戒嚴，與中國和談、與俄國建交；召請台獨份子彭明敏返台參與國政等等。[60]

另一方面，與白雅燦相呼應的是，老而彌堅的勇猛「虎將」郭雨新。他利用這次選舉提出十一項強力的政見。亦即，國會全面改選；廢除戒嚴令；司法獨立；解除報禁；總統、省長、台北

市長直接民選；釋放政治犯；清查國家行庫二、三百億的呆帳；清查一、兩百億台幣的漏稅；言論、出版、集會、結社的眞正自由；生存、工作等基本人權的保障；全面的社會福利等十一項目。當時許多人讚賞郭雨新的政見而前往投票支持，其當選原已被眾所認定；惟開票結果卻意外落選。郭雨新的正式得票爲八萬多票，但其無效票卻多達五萬票以上。當然，其支持者對此種做票行爲大感憤慨，宜蘭鄉里的民眾幾乎要形成暴動，但在郭雨新的要求下恢復冷靜。⑥

郭雨新在落選公布之後，得到兩名富正義感的年輕優秀律師——林義雄和姚嘉文的協助，向司法當局控告選委會不公。但正如預期的結果，無論如何齊備有力的證據，在國府當局的壓力下，訴訟在高院被駁回，郭雨新敗訴。於是，親身體驗國府惡政和司法腐敗的林義雄和姚嘉文，其後投身民主化運動，成爲黨外最重要的骨幹之一。此外，透過郭雨新的秘書陳菊之牽線，邱義仁、吳乃仁、吳乃德、謝明達、林正杰、蕭裕珍、田秋堇、周弘憲等黨外新生代，亦加入郭雨新的立委選舉，爲黨外運動注入新血。旋這些人也都成爲黨外的重要幹部。⑥

若此，正當「黨外」勢力日漸升高之際，1977 年 11 月，又逢台灣首次的統一地方選舉。此次的選舉包括縣市長 21 席、縣市議會 857 議席、省議會 77 議席、台北市議會 51 議席、鄉鎮市長 313 席位，爲五項地方公職選舉。而這次的選舉，因爲是台灣實施地方自治以來，最大規模的一次，所以參與民眾之多、情緒之高、也是前所未見。就中若以民主運動發展的歷史來看，最具意義的是，張俊宏離開台北市，回去他的故鄉南投縣參加省議員的選舉；林義雄也回宜蘭縣選省議員；許信良則脫離國民黨，參加桃園縣的選舉。他們三人，是執政黨當局列爲選戰中的頭號戰

敵，因此這三個地區，也成為全島選戰中的焦點，而影響全島選局、最具歷史關鍵性的地區，莫過許信良在桃園縣所掀起的這場縣長選舉的風潮。[63]

許信良是李煥極力提拔的台籍青年之一。許畢業於政大政治學研究所，1967 年拿國民黨的中山學術獎學金（由李煥掌管），前往英國愛丁堡留學。1969 年輟學回國，進入國民黨一組工作。其後調到組織工作會，在李煥轄下擔任幹事。1972 年 9 月，許信良因李煥的賞識，而得以「國民黨組工會幹事」身分，被提名為第五屆省議員候選人並以最高票當選。之後，他成為省議會中批評朝政的國民黨頭痛人物，雖一度面臨省黨部的黨紀處分，終在黨中央李煥祖護下從輕發落，申誡了事。這次的地方統一選舉，許信良早已有準備參選桃園縣長。但因以往黨紀考核記錄不佳，國民黨提名歐憲瑜，許終未獲提名乃違紀參選。在 1977 年 10 月中旬，許被國民黨開除黨籍，而變成「黨外」的一員。[64]

由於這次的選舉，是最激昂、又最熱烈，桃園縣民大有劍拔弩張之勢。有許多具有理想色彩的大學生、研究生（如林正杰、范巽綠、楊奇芬、陳國祥、張富忠等人）都投入許信良的選舉陣營。結果，11 月 19 日投票當天，桃園縣中壢市第 213 號投票所監選主任范姜新林涉嫌舞弊作票。消息傳出，引起眾怒，支持許信良的群眾湧向中壢分局要求桃園地檢處檢察官處理。當局不理群眾，一味拖延，引起了一萬多名民眾包圍中壢警察分局抗議處理選務糾紛不公，憤怒的群眾搗毀警局窗戶，掀翻警車，警察開槍，不幸擊斃中央大學學生江文國及青年張治平。晚上 8 時，憤怒的民眾遂焚燒警局及警車，而形成暴動。[65]

國府聞訊立即出動軍隊鎮壓民眾。抵達現場的鎮暴部隊先是發射催淚彈，民眾向其喊道：「你們也是台灣人，為什麼要打台

灣人！」於是士兵皆放下槍口。指揮官眼見此種情形，心知已無法再命令部隊開槍。結果，由於軍隊的自制，當民眾洩憤完畢後，即於翌日天亮前三三兩兩離去，事態未再繼續擴大。[66]

　　然而，「中壢事件」成為一大轉機。國府知道如果不能以軍隊鎮壓民眾，即難以如二二八事件般施行高壓政策。當時台灣軍隊除上層軍官以外，持槍的士兵有90%都是台灣人，他們與民眾心性相通，如命令他們鎮壓民眾，反而可能有倒轉槍口指向國府政權之虞。當時主管選舉事務的李煥（時任國民黨組工會主任）其後偽稱：事件發生時蔣經國指示「絕對不能動用軍隊」，但此點完全是說謊。如上所述，國府在事件發生後立即緊急派遣軍隊鎮壓民眾，只是軍隊並未能如預期地聽命行動而已，李煥卻護主而將其加以美化。[67]

　　總之，由於中壢事件的發生使蔣政權狼狽不堪，此後再也不敢大規模明目張膽地做票舞弊。結果眾所矚目的黨外候選人許信良以懸殊差距當選桃園縣長。張俊宏、林義雄、蘇洪月嬌、余陳月瑛、邱連輝、林樂善、傅文政、蔡介雄等人均在各選區以最高票當選省議員。在此次地方選舉中，非國民黨候選人取得4個縣市長、21席省議員和6席台北市議員，可說是大勝收場。國府負責選戰的總指揮李煥，被蔣經國訓斥道：「此次選舉發生中壢事件，國民黨亦遭挫敗。你應該負責。」解除其國民黨「組工會主任」、「革命實踐研究院主任」、「救國團主任」三個重要職位，被迫暫時遠離政壇。[68]1978年3月，國府舉行第六任總統選舉，嚴家淦向國府中常會建議提名蔣經國為總統候選人。同年3月21日，經國民大會選舉，蔣經國以1,184票高票當選，得票率為百分之98.4%。次日，他指名的謝東閔當選為副總統。[69]

　　其次，經過上述地方五項公職選舉之後，「黨外」逐漸形成

一種「政團」的雛型。而「中壢事件」，更引進了許多優秀青年
學生的新世代，紛紛加入「黨外」陣營。可是，另一方面，也以「中
壢事件」爲契機，使得「黨外」對今後的鬥爭路線出現了「群眾
路線」(以黃信介、許信良、余登發、張俊宏等人爲中心) 和「議會路線」
(以康寧祥、黃煌雄、江春男等人爲中心) 的分歧。⑳

　　儘管如此，面對即將來臨的 1978 年年底之「增額中央民意
代表選舉」，黃信介率先在 1978 年 9 月底，宣布將組成「台灣黨
外人士助選團」，並決定巡迴全台各地助選。除助選外，10 月 31
日，「台灣黨外人士助選團」向各候選人提出「十二大政治建設」
作爲黨外候選人的共同政見。內容摘要如下：

1. 徹底遵守憲法：中央民意代表全面改選；省市長直接民
選；軍隊國家化；司法獨立化；各級法院改隸司法院；
廢除違警罰法；思想學術超然化，禁止黨派黨工控制學
校，言論出版自由，修改出版法，開放報紙雜誌；參政
自由化，開放黨禁；旅行自由化，開放國外觀光旅行。

2. 解除戒嚴令。

3. 尊重人格尊嚴，禁止刑求、非法逮捕和囚禁，禁止侵犯
民宅和破壞隱私權。

4. 實施全民醫療及失業保險。

5. 廢除保障資本家的假保護企業政策。

6. 興建長期低利貸款國民住宅。

7. 廢止田賦，以保證價格無限制收購稻穀，實施農業保險。

8. 制定勞動基準法，勵行勞工法，承認勞工對資方的集體
談判權。

9. 補助漁民改善漁村環境，建立合理經銷制度，保障漁民
的安全和生活。

10. 制定防止環境汙染法和國家賠償法。

11. 反對省籍和語言歧視，反對限制電視方言節目時間。

12. 大赦政治犯，反對對出獄政治犯及其家族的法律、經濟和社會的歧視。[71]

於是，1978 年 11 月 24 日，「台灣黨外人士助選團」正式成立。由康寧祥擔任主席，黃信介、余登發為總聯絡人，施明德任總幹事兼發言人，陳菊任秘書。同年 12 月 7 日，中央民代增選運動開始。然而，正當選戰進入白熱化之際，不料，同月 16 日，美國卡特政權突然宣布與中國建交，並將廢止台美共同防禦條約。而且如前述，美國通知國府的時間是宣布前僅數小時的深夜，台灣朝野都深受衝擊。在此種緊急事態下，國府憂心台灣內部發生動搖和不測，乃於當日下令全軍進入特別警戒態勢，並宣布將一週後預定舉行的增額中央民意代表（立委和國代）選舉延期，且強調將嚴格實施戒嚴令。[72]

面對此一情勢，12 月 25 日，黨外陣營則有 70 人聯名簽署一份「黨外人士國是聲明」，重申「堅決擁護民主憲政，反對暴力、熱愛和平」的基本立場，並提出延續黨外共同政見 10 項呼籲。除了具體的 10 項呼籲外，黨外人士在這份聲明中更進一步揭櫫「我們的目標」，首次以集體的方式，表達對住民自決的主張：

「在國際強權的縱橫捭闔下，我們的命運已面臨被出賣的危機，所以我們不得不率直地申明：我們反對任何強權支配其他國家人民的命運，我們堅決主張的命運應由一千七百萬人民來決定。」[73]

預料在此次選舉將獲絕對優勢的「黨外人士」，因為忽然失

去了選舉舞台，並判斷選舉在短期內仍無法恢復舉行，乃企圖轉
向街頭運動發展。於是，黨外人士再度聚會討論，決定在 1979
年 1 月 29 日，由台北南下高雄行拜年活動，同時沿途散發「黨
外人士國是聲明」。另外，也計畫由余登發具名邀請，2 月 1 日，
在高雄橋頭高苑工商舉辦民主餐會，將黨外勢力往南擴展。[74]

　　然而，國府獲悉此項消息，大為緊張，警總遂先發制人；
1979 年 1 月 21 日，將余登發、余瑞言父子冠以「涉嫌參與匪諜
吳泰安叛亂案」之莫須有罪名，加以逮捕。[75]22 日，黨外人士
緊急聚會，共同發表「為余氏父子被捕告全國同胞書」，指出：

> 「國民黨當局在與美斷交後，中止增額中央民意代表選舉
> 已是明顯地違反民主憲政的措施，但為顧及全民團結的意願，
> 我們均已容忍。現在國民黨當局卻在全民一致要求改革聲中，
> 以莫須有的罪名逮捕了素為民眾所敬重的余登發先生父子，這
> 種軍事統治與特務統治傾向的加強，以及政治迫害的手段，都
> 是我們絕對無法容忍，而堅決反對到底的。」[76]

　　當日上午，黨外人士們終於走上街頭，約有 30 多人，齊集
在高雄縣橋頭鄉（余登發的家鄉）、下午在鳳山及高雄火車站前，
沿街散發傳單，張貼標語，這是國民黨政府遷台以來第一次政治
性的示威遊行。此項行動打破戒嚴禁忌，也在台灣民主運動發展
上，跨出一大步。又在這次示威遊行中，桃園縣長許信良也南下
參加。但三天後，竟被國府以「廢弛縣長職務」為由，送交監察
院彈劾；同年 7 月 1 日，終遭「停職二年」的處分。自此以後，
黨外人士紛紛發表演講、抗議「余案」和「許案」，黨外群眾路
線也日漸熱絡起來。未久，由助選團開始的黨外組織，終於促成

日後「美麗島政團」的籌組。⑦

　　另一方面，正當黨外人士為了「余案」、「許案」，以及「黨外候選人聯誼會」的諸活動而奔波於街頭之際，黨外主張體制內改革的康寧祥、陳永興、江春男等人，於 1979 年 6 月，創辦《八十年代》雜誌月刊。兩個月後，即同年 8 月，主張「群眾路線」的黃信介等人，也創辦《美麗島》雜誌月刊。該雜誌由黃信介擔任發行人，許信良為社長，呂秀蓮、黃天福為副社長，張俊宏任總編輯。社務委員則囊括當時台灣各地「黨外」的名人，在實質上具有政黨的雛型。因此《美麗島》雜誌被視為是黨外運動的機關刊物。⑦

　　《美麗島》雜誌於同年 9 月 8 日在中泰賓館舉辦盛大的創刊酒會後，又接著在全台各大城市分別設立分社及服務處，每在一地成立服務處，便在該地展開群眾性演講會。《美麗島》雜誌社的一連串群眾聚會，引起國內部分以所謂《疾風》雜誌社成員為首的極右派人士的不滿，在 9 月 8 日的創刊酒會時，雙方便發生了正面衝突，即所謂「中泰賓館事件」。隨後，在 11 月間及 12 月初，黃信介的家宅，及多處《美麗島》雜誌的服務處，相繼遭到一些不明身分的青年前來騷擾恐嚇。這種尖銳的兩極對立，大有「山雨欲來風滿樓」之勢。⑦

　　儘管《美麗島》雜誌社受到國府的騷擾與恐嚇，但黨外人士毫不畏縮；反而為了提升大眾的更高政治意識，《美麗島》雜誌社計畫在 12 月 10 日，於高雄舉行「世界人權日紀念集會」；12 月 16 日，在台北市舉行「美台宣布斷交一周年紀念會」；12 月 20 日，再於台北市舉行「誓師大會」等一連串大型集會。

　　1979 年 12 月 10 日，《美麗島》雜誌社在未獲許可的情況下依照預定在高雄新興區大圓環（原預定在大統百貨公司前的扶輪公園

集會，但公園爲憲警藉口封鎖）召開「世界人權紀念集會」，共有三萬多名（亦有稱近 10 萬人）群眾參加。當然，此一集會是準備和平進行的。但是，國府擔憂《美麗島》雜誌社急速成長和日益組織化；乃由情治機關策畫將「黨外人士」一網打盡。特務機關故意動員大批憲警包圍群眾，並對不安的群眾發射催淚瓦斯，誘使群眾動怒與其衝突，製造黨外人士「暴力」的形象（國府稱有 182 名憲警受傷）。此即所謂「美麗島事件」或稱爲「高雄事件」。⑧⑩

國府爲避免再刺激民眾情緒升高，故在當日並未逮捕任何群眾或黨外人士。但事件發生後翌日，國府已操弄媒體，把黨外人士描述爲「一群政治暴徒」，而警總也照預定著手準備抓人（即使未參加高雄集會者）。於是，事後第三天（即 12 月 13 日）清晨，《美麗島》雜誌社主要成員，包括張俊宏、姚嘉文、陳菊、呂秀蓮、林義雄、王拓、楊青矗、周平德、紀萬生、陳忠信、魏廷朝、張富忠、邱奕彬、蘇秋鎭等人，均先後被捕，唯獨施明德機敏地脫逃。當日，國府並下令查封《美麗島》雜誌社及其遍布全台十一縣市的服務處。14 日，警總行文立法院，經立法院同意，又逮捕立委黃信介。其後，警總陸續再逮捕相關人員約近百人。施明德經過月餘藏匿之後，也於翌年（1980 年）1 月 8 日，被其獄友泰國籍的徐春泰出賣而遭逮捕。此外，協助施明德逃亡並藏匿他的台灣基督長老教會的高俊明牧師，以及林文珍、張溫鷹、施瑞雲多人亦受累被捕。⑧①

然而，此一「美麗島事件」（高雄事件）引起海內外極大的關心和迴響，特別是美國在「台灣關係法」第二條(c)項規定：「本法中的任何規定，都不能與美國在人權方面的利益相牴觸，特別是有關一千八百萬台灣居民的人權方面。本法特別重申美國的目標在於維護與提高台灣所有人民的人權。」對台灣的人權狀況極

爲關心。於是，國務院發表憂慮台灣人權事態的評論，甚至派美國在台協會（AIT）職員會見被捕者家屬。民主黨的甘迺迪參議員發表口氣強硬的評論，堅決要求「公正的審判」。[82]尤有甚者，在審判正式開始之前，突然發生「林宅滅門血案」。結果，蔣經國因顧慮國內外的嚴厲輿論，警總軍事法庭只得於 1980 年 4 月 18 日，正式對外宣告（4 月 5 日，已判決確定）判處施明德無期徒刑，黃信介、姚嘉文、林義雄、林弘宣、呂秀蓮、陳菊、張俊宏等 12 年有期徒刑，而未判決任何死刑。4 月 24 日，高俊明等 10 名長老教會相關人士依「藏匿叛徒」罪被捕，5 月 23 日，除高牧師判處 7 年有期徒刑之外，其餘人士分別被判 2 至 5 年有期徒刑。[83]

再則，筆者欲論及與「美麗島事件」相關的「林義雄宅滅門血案」，但執筆時心中仍悽愴不能自己。林義雄是溫厚而眞摯的法律人（律師），是嫉惡如仇絕不妥協的眞正勇者。在前述郭雨新的訴訟中，他一直站在民眾前頭，與社會的不義奮戰，決打倒獨裁專制政權。於是，他的信念和平素勇敢的行動，特別是調查期間不屈不撓的精神，激怒國府的特務，終致引起慘絕人寰的滅門血案。

1980 年 2 月 28 日正午，在國府特務機關嚴密監視下的省議員林義雄自宅，竟發生悲慘的殘殺事件。林義雄 60 歲的母親林游阿妹和 7 歲的雙胞胎姊妹亮均、亭均 3 人，均被利刃刺殺身亡。林義雄 9 歲的女兒奐均全身被刺 6 刀，於奄奄一息中被送至醫院急救，一個月後才脫離險境。林義雄之妻方素敏因當日前往法院旁聽其調查庭而逃過一劫。

該日正是 31 年前國府在台灣進行大屠殺的二二八事件紀念日。國府特務在光天化日之下，選擇該日殘殺林義雄一家，其背

後實有深遠的目的。他們是想使台灣人憶起二二八事件而驚懼沉默。更卑劣的是，國府在做出此種陰狠至極的恐怖政治之後，竟嫁禍給「台灣獨立聯盟」，意圖欺騙世人。[84] 其實，關於林宅血案，一般認為是蔣孝武慫恿或指令特務機關（劉少康辦公室）的爪牙「鐵血愛國會」所為的。[85] 而正如其他政治恐怖事件一般，國府雖懸賞獎金 500 萬，並誓言要動員所有治安力量，以求儘速破案。[86] 只是，該事件不久即不了了之，犯人迄今仍音訊全無。

如是，「美麗島事件」雖然使美麗島政團在頃刻間潰散，但是隨之而來的大規模的軍法與司法審判，卻引出了一批辯護律師。這一群學有專精的辯護律師，由於承辦這次的案件，使他們從幕後走到幕前，紛紛投入黨外運動，成為美麗島事件後黨外反對運動的名角。像陳水扁、謝長廷、尤清、江鵬堅、蘇貞昌、張俊雄、李勝雄、郭吉仁……等人，都是在擔任美麗島辯護律師之後，風雲際會，投入政治運動的行列。未久，認為已藉「美麗島事件」撲滅黨外勢力的國府，決定在 1980 年 12 月 16 日，恢復先前因台美斷交而延期的中央民意代表改選。惟出其意料之外的是，《美麗島》受刑人家屬及關係者，有多人參選。結果，姚嘉文之妻周清玉（國代、台北市）、張俊宏之妻許榮淑（立委、台中）、黃信介胞弟黃天福（立委、台北市）、余登發之女兒黃余綉鸞（立委、高雄縣）等人，分別高票當選立法委員及國大代表，康寧祥也獲高票連任。黃煌雄（宜蘭）、蘇秋鎮（高雄市）以及曾經於大審前為《美麗島》被告奔走張羅辯護律師的張德銘（桃園縣），也都當選立法委員。[87] 誠與國府預期不同地，台灣人民並未屈服於國府的惡政和高壓統治，反而認為黨外活動人士全應無罪，故對其家族給予溫暖的聲援。

繼之，在 1980 年 12 月 27 日的監察委員選舉和 1981 年 11

月 15 日的地方公職選舉中，黨外人士再獲重大勝利；「美麗島事件」辯護律師尤清當選監察委員，邱連輝（屏東縣）、陳定南（宜蘭縣）、黃石城等三人，當選縣長。陳水扁、謝長廷當選台北市議員，蘇貞昌當選省議員，黨外勢力大為擴張。[88]至此，國府無論使用任何高壓手段，均已無法阻止台灣人要求民主化和獨立的願望。

## ㈢　民主進步黨成立的經緯

「美麗島事件」引起了海內外極大的關心與迴響後，未幾，1981 年 7 月，國府的特務機構再度引爆了一件震撼國際媒體的陳文成教授謀殺案。該案雖不是由島內異議份子直接向國府展開的民主化政治運動鬥爭，然而其內涵則百分之百，也可說是推動台灣民主化所發生的一件政治陰謀悲劇。茲將該案的始末引述如下：

1981 年 5 月 22 日，在美國卡內基‧美隆大學統計系擔任副教授的陳文成博士，於去國 5 年之後偕夫人素貞女士和獨子翰傑短期歸國。此行的目的是讓雙親看看快滿周歲的親孫。返國期間，陳博士在母校台灣大學數學系演講兩次，頗獲好評，校方甚至希望他長期留校授課。

陳文成博士原訂 7 月 1 日返美，因其必須出席在科羅拉多州舉行的重要研究會。然而，出國所需的「出境證」卻一直申請不到。在內心疑惑之際，警備總部三名官員突然於 7 月 2 日出現在素貞夫人的娘家，以約談的名義將陳博士帶走。翌（3）日早上，台大研究圖書館後方草叢中發現陳博士的屍體。陳文成博士旅美期間參加世界台灣同鄉會活動，因為批判國民黨而被國府特務施以酷刑後殺害。

　　事件發生後的 7 月 6 日，國府再與陳博士家族及夫人會同解剖屍體，一味強辯其係跳樓自殺。8 日，在答覆國建會成員的質問時，警備總司令汪敬煦表示陳博士的「罪行」是 1979 年在美國組織美麗島雜誌社的基金會，曾匯錢給雜誌社總編輯施明德，以此說明陳博士恐怕是「畏罪自殺」。[89]

　　9 月 11 日，卡內基‧美隆大學舉行陳文成博士的追悼會。陳夫人再發表如下的「公開聲明」，控訴警備總部將陳博士拷打至死。

　　　「他的死亡絕非是事故。我在警察嚴格監視下前往確認遺體時，一眼即知並非事故死亡。例如，他的左腕有幾個貫穿的傷痕，左膝關節亦留有嚴重的損傷。後背有三條平行的長條形傷痕，其他尚有許多無法說明的外傷。蔣政權公布的驗屍報告中僅簡單提及傷痕，但並未說明傷痕出現的理由。而且，遺體僅容許家族確認，完全不許其他人等目睹或勘驗。」[90]

　　陳文成博士的遇害引發美國國內的反彈。〈紐約時報〉、〈華盛頓郵報〉、《時代雜誌》、《新聞周刊》等報章雜誌均指出該事件與國府特務橫行美國校園有關，強烈批判國府的非法活動和不人道行為。10 月 6 日，美國眾院外交委員會亞太小組和人權小組聯合召開「陳文成殘殺事件和國民黨特務在美活動狀況」調查公聽會。當日，除 8 名美國國會議員之外，尚有旅美台灣人及〈中央日報〉、〈聯合報〉、〈遠東時報〉，甚至中國「新華社」共約 40 名記者前往旁聽。

　　陳素貞女士以證人身分出席，除於公聽會宣讀預先準備的聲明書之外，並提出 39 張 12×10 吋的陳博士遺體彩色照片。39

張照片清楚地呈現陳博士生前如何受到極端殘忍的拷打，使在場者目睹後都大感憤怒。公聽會決定將 39 張照片以國會的正式會議記錄加以保管。結果，索拉茲主席表示：「外國在美國從事間諜行爲會破壞美國的民主制度。此點絕不能容許其存在。我們應立即採取對策。」其後並通過「蔣政權自美國購入武器的權利，必須以不從事特務活動爲條件」決議案，要求美國政府修改「對外援助法案」。同時，龐格人權小組主席亦強烈指責國府：「從亞太小組和人權小組入手的資料顯示，蔣政權明顯侵害人權，包括未經審判的長期監禁、嚴刑拷打、殘酷刑罰及對長老教會的壓迫等。」[91]

在公聽會的最後，索拉茲主席對陳夫人勇敢作證表示感謝。台灣人應與陳夫人共同化悲憤爲力量，面對陳博士全身遍體鱗傷的拷打痕跡，我們應尊敬其堅持自由、民主、人權和人類尊嚴的精神，並予以效法。

1982 年 3 月，「台灣人公共事務會」（FAPA）在洛杉磯成立，與在美台灣人社團（特別是「台灣獨立聯盟」）互爲表裡（前述）。該會名譽主席彭明敏、主席蔡同榮以下，包括陳唐山（第二任主席）、羅福全等優秀人物致力於美國國會活動，與台灣島內黨外人士相呼應，獲得極大的成果。例如：1. 1982 年 5 月 20 日，甘迺迪參議員和歐尼爾眾議員等 31 名國會議員聯名要求國府解除台灣的戒嚴令；2. 同年 9 月，在眾議院外交委員會的公聽會中，台灣基督教長老教會最高長老黃彰輝牧師作證說明國民黨鎮壓教會的情形，訴求實現台灣人民的自決；3. 1983 年 11 月 14 日，美國參議院外交委員會通過「台灣前途決議案」（如果台灣宣布獨立而遭中國武力攻擊時，美國政府基於「台灣關係法」，有義務阻止此一侵略行爲。）；4. 1984 年 5 月 31 日，美國眾院外交委員會亞太小組通過

「建議廢除戒嚴令決議案」，並要求國府釋放政治犯。同時，美國民主黨亦在其外交綱領中加入「促進台灣廢除戒嚴令」項目。這些 FAPA 在海外的活動成果，給島內黨外人士極大的勇氣，美國國會的聲援大為鼓勵他們的奮鬥。

　　一方面，如上述，台灣島內經幾次選舉及「美麗島事件」之後，黨外形成兩股勢力。其一即以康寧祥為代表的「主流派」，主張體制內改革走「議會路線」，其成員多是在選舉中贏得公職者；其二則屬黨外新生代，以林世煜、邱義仁等為代表，他們繼承黃信介、余登發等人的理念，主張改革體制，走「群眾路線」，打倒國民黨。1983 年 12 月 3 日，又逢中央民代增補選舉，黨外成立「黨外人士競選後援會」，康寧祥主張保障現任公職人員的競選資格，新生代人士反對公職人員有特權，主張機會平等，因無法協調，另組「黨外編輯作家聯誼會」（簡稱「編聯會」，其後發展為新潮流系），支持自己的候選人，特別是支持《美麗島》系來對抗康寧祥的主流派。選舉結果，黨外新生代較成功，美麗島的方素敏、許榮淑、江鵬堅、張俊雄 4 人當選，而主流派的康寧祥、張德銘、黃煌雄均落選。黨外減少 2 席立委，首嚐挫敗。⑫

　　另中央民代增選之後，1984 年 2 月 15 日，蔣經國召開國民黨第 12 屆二中全會，除增加台灣人中央常務委員席次之外，並指名台灣人李登輝為下屆副總統候選人，顯示其政權「台灣化」的方向。同時，在 3 月 22 日的國民大會中，蔣、李分別當選總統、副總統，並於 5 月 20 日正式就任。因總統新上任而調整內閣時，蔣經國重新任用李煥擔當教育部長，並於其後（1986 年）成為中央常務委員。1987 年出任國民黨中央秘書長。然而，國民黨黑暗政治和腐敗本質依舊未有改善。1984 年 10 月，蔣經國的次男蔣孝武大膽妄為地派遣黑社會組織竹聯幫之陳啟禮、吳敦、董桂

森等人，到美國暗殺國府的批判者江南（本名劉宜良，其時51歲，美國籍）。翌（1985）年2月，國民黨更爆發蔡辰洲高達35億元的金融醜聞案。⑬

其次，經過上次選舉受挫，黨外公職人士為強化組織，乃於1984年5月11日，正式成立「黨外公職人員公共政策研究會」（簡稱「公政會」），共推費希平為會長。但由於費會長屈服於壓力而主張與國府對話，結果遭到「編聯會」的攻擊，因而辭去會長退出公政會，由尤清接任新會長、謝長廷擔任秘書長。於是，兩派路線逐漸一致，在1985年11月地方選舉前組成「黨外選舉後援會」，全力準備選戰。結果，於1985年11月16日的地方統一選舉，「黨外選舉後援會」所推出的候選人，省議員18名中11名當選、台北市議員11名全員當選、高雄市議員6名中3名當選、縣市長7名中1名當選（高雄縣余陳月瑛），成績斐然。⑭

1986年3月，「黨外公政會」開始醞釀設立各地分會。康寧祥首先向「公政會」總會提出設立分會的申請，同時亦有數個地方相繼提出申請。這是成立在野黨之前的暖身活動，黨外公政會開始醞釀設立各地分會，這可說是「黨外黨」的地方黨部的雛型。為了公政會設立分會，內政部長吳伯雄再度重申將予取締。因此朝野雙方關係趨於緊張。遂有5月10日由陶百川、李鴻禧、楊國樞、胡佛4位學者出面邀請執政黨與黨外雙方代表餐會溝通之舉。不理會溝通的顏錦福、陳水扁等人於溝通餐會當日，率先成立「黨外公政會台北市分會」。康寧祥等以「溫和穩健」見稱的人，亦於首次溝通的一週後成立「黨外公政會首都分會」，隨後全島各地的分會亦相繼成立，而籌組新政黨的呼聲，也於此時在公政會各地方分會的相激相盪之下，更加高昂。⑮

正當各地相繼成立「公政會分會」之際，1986年5月19日，

黨外最積極的強硬派以江鵬堅、鄭南榕爲中心，進行要求廢除戒嚴和民主化的「五一九綠色行動」遊行，其時約有 500 名黨外人士聚集台北龍山寺。遊行隊伍預計由龍山寺前往總統府，但國府出動 1,000 名以上的警察封鎖該寺，周圍配置鎮暴車封閉道路，禁止民眾接近聲援。黨外人士抗議警方非法包圍，但國府以女警置於前列，男警在後以避免衝突的發生。⑯此次遊行雖遭到封鎖，但國府已無法如美麗島事件時鎮壓群眾，更不可能拘禁黨外人士加以處刑。

再則，在台灣島內民主化運動和成立政黨的氣勢升高時，以FAPA 爲中心的在美台灣人團體更是積極在國會進行遊說，極力聲援台灣的黨外人士。1986 年 6 月 25 日，美國國會通過「台灣民主化決議案」（兩院決議案的内容幾乎相同），要求國府實施：1. 承認在野黨成立；2. 廢止新聞檢閱制度，保障言論、出版和集會自由；3. 向確立完全的代議政治邁進，全面改選中央民意代表，並使台灣選民能直選總統等項目。同年 8 月 25 日，參議員裴爾、克蘭斯頓和眾議員索拉茲、李奇、賽門等 5 人聯名致函舒茲國務卿，要求國務院催促國府認可組成政黨和停止沒收黨外雜誌等。⑰

此時，海內外要求國府進行民主化和承認組黨的聲勢均達到最高潮。1986 年 9 月 28 日，黨外人士集結圓山大飯店，舉行同年年底立委和國代候選人推薦大會。但在該次大會上，黨外人士突然提案組成政黨，且獲得與會人士的一致贊同，於是全場在熱烈鼓掌下成立民主進步黨。

翌（29）日，民進黨成立的消息傳至美國，紐澤西州眾議員托里切利立即致電該黨祝賀。眾院外交委員會亦以電話聯絡「美國在台協會」和蔣政權的「北美事務協調會駐美辦事處」，對台

灣島內成立「民主進步黨」一事表示關切。「台灣民主促進委員會」（全由美國國會議員組成）聯合主席甘迺迪、裴爾兩參議員和眾院亞太小組主席索拉茲、李奇兩眾議員，連袂於 9 月 29 日致電民主進步黨，祝賀其組黨成功。[98]

在新政黨成立的數日之間，台灣朝野籠罩著緊張的氣氛，但最後蔣經國自覺到以鎮壓維持獨裁政權的時代已經過去，而於 10 月 7 日，會見〈華盛頓郵報〉理事長葛蘭漢姆（Katherine Graham）女士時，表示國府將在近期內解除戒嚴，並指出：「任何新政黨都必須遵守憲法，支持反共基本國策，並與台獨運動劃清界限。」[99]間接承認民主進步黨成立的既成事實。

當蔣經國的發言刊載於〈華盛頓郵報〉，且台灣媒體亦於 10 月 9 日報導美國國務院對此發言表示歡迎的消息，台灣民眾因而雀躍不已。這不只是艱忍 40 年的民主進步黨的勝利，亦是全台灣人民的勝利。

10 月 15 日，蔣經國召開國府中常會，並依言在會中通過解除戒嚴和黨禁的修正案。他在中常會中發表語意深長的談話，表示：「時代在變、環境在變、潮流也在變；因應這些變化，本黨必須以新的觀念，新的做法，在民主憲政體制的基礎上，推動革新措施。唯有如此，才能與時代潮流相結合，才能永遠與民眾在一起。」[100]綜觀蔣經國的一生，在政治方面，只有當日採取的措施值得評價，這也是他唯一償還對台灣人罪愆的作法。

在國府默認民進黨組成之後，民進黨在各地積極召開集會，說明組黨的意義，並選出黨代表。同年 11 月 10 日，民進黨在台北環亞飯店召開第一屆黨代表大會，通過基本綱領、行動綱領和章約等，並選出 31 名中央執行委員。翌（11）日召開第一次中央執行委員會，選出強烈主張台灣獨立的江鵬堅為首任黨主席、

黃爾璇為首任秘書長。同時，黨綱中明白揭示解除戒嚴、國會全面改選、廢除「臨時條款」、台灣前途自決、確保自由人權、軍隊國家化等項目，勾勒出台灣未來國家的藍圖。

然而，民進黨雖具備政黨的雛型，但在法律上仍是非法組織。在國府「不加以取締」的狀況下，民進黨參與12月6日，舉行立法委員和國民大會代表增額選舉。事實上，這是台灣史上首次的複數政黨選舉。在選舉前夕雖發生「許信良歸國事件」(11月30日)，但並未釀成重大衝突。在該次選舉中，民進黨競選海報畫著被神格化的蔣經國圖像，並以大字寫著「不要豬仔(中國人)總統」，向其權威挑戰。雖然國民黨在選舉中照舊進行各種不法運作，但民進黨候選人仍大幅當選(立法委員提名19人，當選12人；國代提名25人，當選11人)，得票率高達25%。此次選舉確立民進黨的政黨基礎。⑩

翌 (1987) 年2月3日到15日，美國民主黨國際關係民主協會 (NDI)，邀請民進黨代表團21人，赴美參加「台灣社會變遷研討會」。在該次會議中，有許多民主黨的有力議員出席，並促進台灣的民主化，約定強力支持民進黨。同時，為呈現民進黨的存在和國際知名度，法塞爾眾院外交委員會主席更於2月10日，公開宴請民進黨代表團。12日午後，前副總統孟岱爾更親自主持會議。此外，萊特眾院議長和眾院亞太小組主席索拉茲亦分別與代表團談話。如此，民進黨不只在台灣的政治舞台，更在國際社會建立信心。⑩

另一方面，由於民進黨的活躍表現，使台灣人逐漸取得自信和尊嚴，亦有勇氣面對過去的歷史認識。40餘年來被國府壓制並視為禁忌的「二二八事件」，亦由在1987年2月4日組成的「二二八和平日促進會」(會長陳永興) 開始公開進行檢討。在該

事件 40 週年紀念日，台灣各地均舉行示威集會，要求究明眞相、平反犧牲者、補償家屬和建立紀念碑，並盛大進行對犧牲者的追悼活動。

與二二八事件相同地，在蔣介石父子政權時期提及「台灣獨立」是另一個絕對的禁忌。但是，這個禁忌亦被一個外省第二代——鄭南榕所打破。鄭南榕不只在自己主辦的《自由時代》週刊，介紹海外「台灣獨立建國聯盟」的狀況，更於社論中公然勇敢地主張台灣獨立。1987 年 4 月 18 日，在「反對國家安全法遊行說明會」上，鄭南榕面對數千名群眾，公然高呼「人民有自由表達各種政治主張的權利。我主張台灣獨立」使國府大爲震撼。如後所述，鄭南榕爲打破此一最大的禁忌，不惜犧牲寶貴的生命，以自焚奉獻給台灣的民主獨立。此雖爲相當悲慘的事件，但卻正反映當時台灣的實態。

如此，台灣人重新勇敢地出發，逐漸打破國府的各種禁忌。結果，國府於 1987 年 5 月 30 日，釋放所有「美麗島事件」的政治犯（除施明德之外），並在同年 7 月 14 日，蔣經國發布總統令：

「准立法院中華民國七十六年七月八日 (76) 台院議字第一六四一號咨，宣告台灣地區自七十六年七月十五日零時起解嚴。」於是，長達 38 年人類史上最惡且最長的戒嚴令，改爲實施「動員戡亂時期國家安全法」（「國安法」，1987 年 6 月 23 日，立法院三讀成立）。此一國安法，仍繼續禁止台灣獨立的主張，但台灣民主化的潮流連戒嚴令都無法阻擋，此法不久，即如下述，被要求修改，也變得有名無實。[103]

同時，正如獨裁者蔣經國病危所象徵，國府權威的墜落亦一瀉千里。1987 年 12 月 25 日，民進黨在台北市舉行「要求國會全面改選」遊行，共計有 3 萬人以上的民眾參加。當日，蔣經國

正好出席於中山堂舉行的「憲政施行 40 週年慶典」。在蔣經國演說途中，民進黨 11 名國代集體起立，高喊「國會全面改選」、「遵守憲法」，而於 20 分後退場。目睹此一光景的蔣經國，如面對「死神」勾魂一般，因受驚而啞然失措。結果，在式典上蔣經國宣布：「蔣家後代不會再繼任總統了。」[104]

此事件之後 19 日 (1988 年 1 月 13 日)，蔣氏即黯然逝去，享年 77 歲。其後，李煥的《回憶錄》對此事件有如下的記載，顯現獨裁者至死仍毫無悔悟。

> 「蔣經國強撐病體，坐輪椅出席行憲紀念日大會，正當他吃力地致詞時，台下民進黨國代起立高喊口號，舉起白布條抗議。事後，蔣經國沉痛地對李煥說：『40 年來，我真心爲台灣同胞服務，也做了這麼多事情，爲什麼他們還不諒解我呢？』」[105]

由於蔣經國的突然死亡，副總統李登輝依憲法規定，由行政院長俞國華宣布其就任總統。此一突發性的變化，使國府的外省人當權派和特權階級受到極大的衝擊。

# 第三節　李登輝的登場與台灣民主化的實現

## 一、李登輝的略歷與接班的經過

李登輝 1923 年 1 月 15 日，出生於台北縣三芝鄉埔坪。父親李金龍 (在日治時期當過基層警員)、母親李江錦。1929 年 4 月，進入汐止公學校就讀，後轉入淡水公學校。1935 年 3 月，淡水

公學校畢業。1936 年 4 月，入舊制淡水中學校。1940 年 3 月，舊制淡水中學四年畢業；同年 4 月，入舊制台北高等學校。1942 年 8 月，舊制台北高等學校提前畢業，同年 10 月，入日本京都帝大農學部農業經濟學科。1943 年 12 月，學生出陣，進入日本陸軍。1945 年 8 月 15 日，日本敗戰、退伍。1946 年返台，同年 4 月 1 日，編入台灣大學農學部農業經濟系。1947 年，二二八事件爆發，曾避難於山區月餘，逃過一劫。1949 年 2 月 9 日，與同鄉曾文惠小姐結婚。同年 8 月 1 日，台大畢業，任農學部助教，後擔任講師。1952 年 3 月，公費赴美留學，1953 年 4 月，獲愛荷華州立大學農學碩士，同年，回台，復職台大講師。1957 年 7 月，擔任農村復興聯委員會農經組技正兼台大副教授。1965 年 9 月，獲美國康乃爾大學獎學金再次渡美，入該校博士課程。1968 年 7 月，獲康乃爾大學農業博士，回國擔任台大教授。1971 年 10 月，由王作榮夫妻的介紹入國民黨。1972 年 6 月 1 日，蔣經國出任行政院長。李登輝獲蔣經國提拔，擔任行政院政務委員。1975 年 4 月 5 日，蔣介石逝世，同年 4 月 28 日，蔣經國接任國民黨主席，其權限超越嚴家淦總統。1978 年 3 月 21 日，蔣經國當選第六任總統，同年 5 月 20 日就職。同年 6 月 3 日，李登輝被派任台北市長。1981 年 12 月，被派任台灣省主席。1984 年 3 月，被蔣經國提拔為副總統，5 月 20 日就職。1988 年 1 月 13 日，蔣經國病逝，副總統李登輝依據憲法規定繼任總統。同年 1 月 27 日，經過一番暗鬥，終獲國府中常會順利通過由李登輝代理主席。[106]

　　誠如上述，李登輝是標準的土生土長台籍人士。他不是「半山」，是由農業經濟博士出身，與國府權力中樞的四頭馬車（黨、政、軍、特）均無淵源。蔣經國起用他，是想做為裝飾陪襯的傀儡副總統，看上他沒有野心的「安全度」，絕非想讓他成為繼承

人。對於此點，郝柏村在回憶錄《無愧》一書中有清楚的描述。
郝說：

> 「當時，經國先生打算讓本省人做副總統，行政院長還是
> 任命孫運璿。經國先生的意思是孫運璿再做 6 年的行政院長，
> 他很有信心，總統他先做兩任，他不做了，讓孫運璿做總統。
> 但沒有想到孫運璿病倒，整個布局就亂了。」[107]

其後，中國人常說蔣經國晚年是想「禪讓」權位給李登輝，
才起用他當副總統，此點完全是不確實的謊言。附帶一提的是，
李登輝在著書《台灣的主張》中指出：「經國先生提拔我爲副總統，
我想他並不是要我擔任接班人，也許是因爲沒想到自己病情會嚴
重到突然早逝吧！」明白否定前述「禪讓」的說法。[108]總之，李
登輝是在蔣經國料想之外而成爲「國府外來政權」的總統。除少
數的例外，大多數中國人均因此受到或多或少的衝擊。同時，許
多台灣人均以複雜的心情表示歡迎，期待其進行民主化和台灣本
土化。

可是，雖然李登輝戲劇性地成爲總統一事，並無太大爭議，
但他擔任凌駕國家元首地位的黨主席一事，則並不順利。以宋美
齡（國民黨中央評議會委員團主席）、孔令侃爲中心的反動勢力，並
不想將權力交給李登輝，而考慮由宋美齡出任主席或採取「集體
領導」方式。[109]結果，由於國民黨副秘書長宋楚瑜的盡力和秘書
長李煥各種的盤算，國民黨反動派的陰謀終告失敗，李登輝於
1988 年 1 月 27 日，被選爲國民黨代理主席（當時李登輝由於宋楚
瑜的臨門一腳，順利成爲代理主席，但是李登輝在其著作《見證台灣——
蔣經國與我》（允晨文化實業股份有限公司，2004 年 5 月）中否認這一點

（見該書 260 頁）），雖然如此，李登輝即使就任黨主席，但在最初二年之間並無實權。其原因除宋美齡及其側近橫加阻撓、強行干涉之外，李登輝自身亦難以進入國府的政治中樞。如後所述，台灣人李登輝真正掌控國府政權，事實上是花費四年的時間，其過程克服許多困難，並且也獲得民進黨不少的支持所致。

1988 年 2 月 22 日，李登輝召開就任總統以來第一次記者會。他在記者會上表示：「說什麼『二二八不要忘記』，這是違反愛心的說法」，「『本土化政策』這句話不曉得是哪裡來的？」，「『台獨』是台灣現在最不安定的因素，要依法處理」等。同時，他更強調：「本人不在大陸出生，也沒有到過大陸，所以他們說我對大陸不瞭解。這個說法非常錯誤，對大陸問題，我自己本身可以說比大陸的人瞭解得更清楚。」這些說辭即如實地呈現他當時所處的政治立場。⑩然而，在該次記者會中，他樸素謙虛的個性和身為自由主義者、民主主義信奉者一事，給世界極強的印象。

同年 4 月 22 日，雖然仍受到國府保守勢力的壓制，但以蔣經國逝世百日為契機，李登輝特赦（減刑、釋放）一部分的政治犯。這是對在野黨勢力無言的支持，亦顯示其推進民主化的決心。幸運的是，在李登輝推動民主化的當初，由於國府特務機關的龍頭老大宋心濂（國家安全局局長，陸軍上將）積極協助，使李登輝不但容易推進政策，亦有助於其實際掌握權力。當然，宋心濂的貢獻成為緩和台灣人對特務機關的仇恨，實現「不流血革命」的重要原因之一。後代史家當對宋心濂的功績給予公正的評價。

1988 年 7 月 7 日，國民黨舉行第 13 次全國代表大會。由於國民黨將在該次大會正式選出黨主席，因而受到國內外的矚目。雖然宋美齡和保守勢力再度表達反對李登輝之意，但大勢已傾向於選李登輝出任。翌 (8) 日，黨代表大會選出李登輝擔任黨主席，

在名義上正式坐上國府的第一把交椅。此事使擔心李登輝受黜的台灣人頓感安心。

台灣人對李登輝的擁護，事實上是一種複雜而奇妙的心情。台灣人一面瞭解李登輝是國府外來政權的總統，一面又期待他打倒國府，實現民主化和台灣化。民進黨有時擁護他，與其採同一立場，其原因亦在於此。不可思議的是，當李登輝更為掌握權力時，台灣人意識就隨之提升，受國府迫害而喪失的自尊心就有所恢復。一言以蔽之，這是一種從殖民地統治中解放的心情。此種複雜的心情被稱為「李登輝情結」，其內涵存在許多不可理解的部分，有時反而延誤真正的民主主義，導致國府的惡政得以持續，使台灣前途陷入令人擔憂的地步。

李登輝在承受內外壓力之下，進行著各種改革政策。在外交方面，李登輝高唱彈性外交、務實外交，但國府的外交政策卻是由宋美齡及其黨羽沈昌煥（時任總統府秘書長）所掌控。因此，當李登輝表示「中華民國加入國際組織不一定要堅持名稱」、「民間貿易訪問團也可以到蘇聯」等現實外交政策時，沈昌煥對此大為憤怒。在 1988 年 10 月 12 日的中常會上，沈昌煥拿出蔣介石掛名的《蘇俄在中國》一書，嚴厲批評外交部長連戰和經濟部長陳履安。他主張國府在推行彈性外交時，務必有區分敵我的意識。此舉明顯是對李登輝的批判，但幸而受到其他中常委的冷淡以對。結果，沈昌煥不久即因擅改李登輝訪問新加坡的計畫，以妨礙總統出訪的「失職」行為被黜。總統府秘書長一職改由樸實的政大教授李元簇出任。此項人事變動使李登輝掌控最核心的總統府，並在推動務實外交上除去一大障礙。這是李登輝獲得權力的第一步。[111]

至於自 1947 年以來，即未改選的「萬年國會」最大政治問

題，李登輝也善用輿論：「老賊下台」，令俞國華主持的行政院，於 1988 年 11 月 7 日，通過「第一屆資深中央民意代表自願退職條例」草案。1989 年 1 月 26 日，立法院隨即在混亂中強行通過此條例。3 月 1 日起，開始受理這批「法統」所繫的「老賊代表」，申請退職。他們每人最高可領退職金 546 萬元（當年是一筆大金額）。⑫

1989 年 1 月 20 日，立法院通過「動員戡亂時期人民團體法」。民進黨依該法之規定而得以合法化，台灣正式展開民主主義的政黨政治。然而，此點絕非意味著台灣已完全實現自由民主主義，而只是解除「黨禁」而已。依「國安法」之規定，言論自由和台灣獨立的主張仍被禁止。在前一（1988）年 8 月 27 日，蔡有全與許曹德才因主張台灣獨立而被判叛亂罪，分別處以 7 年 4 個月及 4 年 8 個月的徒刑。1989 年 4 月 7 日發生的鄭南榕自焚事件，更是戰後台灣史上最壯烈的言論自由之戰，亦是台灣民族獨立運動中最具衝擊性的事件。⑬

另一方面，因更換沈昌煥而在外交上稍有自由的李登輝，於 1989 年 3 月 6 日，應蔣孝武之請，以「來自台灣的總統」身分訪問新加坡。這是國府政權首次展開劃時代的嶄新外交局面。⑭

1989 年 5 月 4 日，在警戒著北京統戰之情況下，由財政部長郭婉容代替央行總裁張繼正（張群之子），前往北京參加亞銀年會。在該次大會中，台灣代表郭婉容在演奏中國國歌時與其他國家代表一同起立致敬。這是與蔣政權完全不同的實質外交，表現李登輝「不與中國敵對」的意思。當然，國府的保守反動派對此相當不滿。⑮

同年 5 月 21 日，在李煥秘書長的陰謀下，協助李登輝的俞國華行政院長因涉及包庇酒家女的醜聞而被迫辭職。5 月 30 日，

李總統批准俞國華辭呈，任命李煥為行政院長。6月1日，李煥新內閣正式成立，黨秘書長則由李登輝的心腹宋楚瑜出任。此一人事調動雖是由於外省人內部的勢力對立，但李登輝亦巧妙地加以利用，從而掌握「四頭馬車」之一的「黨」。⑯

隨後，1989年12月2日，台灣舉行解嚴後之首次三項公職大選。選舉結果，在101席增額立委中，國民黨獲得72席，民主進步黨獲21席，無黨籍8席；在171席市議員中，執政黨119席，民進黨38席，工黨1席，無黨籍13席；最受矚目的21席縣市長中，執政黨獲14席，民進黨獲6席，另外1席為無黨籍（宜蘭縣陳定南，當時尚未入民進黨）。在這次大選，中國國民黨得票率不及6成。國民黨於選戰失利後，進行高層黨務人事大調動，素有「國民黨第一號戰將」之稱的中央委員會副秘書長關中免兼組工會主任。⑰

1990年2月，在國府的第八屆總統、副總統選舉中，國府主流派（以李登輝、宋楚瑜為中心）和非主流派（以李煥、蔣緯國、郝柏村、王昇、林洋港、滕傑為中心）的內爭益形激烈。在此次內爭中，不但涉及權力分配不均的怨恨，更有省籍衝突、統獨之爭等複雜問題，但其中主要的原因是未指名李煥出任副總統。

同年2月11日，在國府第13屆中央委員會臨時會議中，非主流派策劃以「秘密投票」方式推翻國民黨正副總統李登輝、李元簇的提名，但結果終歸於失敗。當日早上，李登輝亦以「早餐會報」壓制軍方和非主流派聯合的「政變計畫」。⑱然而，非主流派雖在「秘密投票」計劃失敗，但由於總統、副總統係由「萬年議員」的國大代表所選舉，因此他們再策劃以國代連署方式挽回頹勢。同年3月1日，非主流派推選林洋港、蔣緯國為總統、副總統候選人，並於4月成立競選總部，召開誓師大會。

　　對於非主流派的動作，李登輝仰賴以蔣彥士爲中心的國府八大老出面協調。在協調之初，非主流派要求更換「兩宋一蘇」。兩宋是指國民黨秘書長宋楚瑜和國安局局長宋心濂，一蘇則指總統府秘書室主任蘇志誠。其後，非主流派終於露出爭奪權力的本意，要求李登輝放棄黨主席的職位。當然，此種無理要求爲李登輝所峻拒。不久，林洋港亦知其爲郝柏村、李煥所利用，乃表明退出總統選舉之意，蔣緯國亦爲其內姪蔣孝武所強烈批判，終於不得不放棄參選。於是，此次「二月政爭」即在宋楚瑜和蔣彥士的奔走下解決。同年 3 月 21 日，國民大會以壓倒性多數選出李登輝、李元簇爲正副總統。⑲

　　可是，在前述「二月政爭」之中，被稱爲「老賊」、「萬年議員」的國大代表們，以總統選舉爲餌，同年 3 月初，在陽明山中山樓開會，自行追加出席費至 22 萬；3 月 13 日，又決議延長任期 9 年及每年開會，行使兩權。⑳這些「國代老賊」的違法自私行爲，被譏爲「中山傳奇」，引起了青年學生的抗議。3 月 14 日，「台大學生民主聯盟」之學生 50 餘人（或稱百餘人）赴國民黨中央黨部靜坐，要求解散國大。㉑但被警察驅離。於是，隨即掀起了台灣戰後首次的學生群眾運動，史稱「野百合三月學運」，並成爲台灣憲政改革的最重要觸媒。

　　1990 年 3 月 16 日，下午 5 時，台大三名學生楊弘任、周克任、何宗憲自發性發起 10 餘名同校學生，到中正紀念堂門口靜坐，拉起一條大幅抗議布條，寫著：「同胞們，我們怎能再忍受七百個皇帝壓榨」。而靜坐學生個個頭綁布條，寫著「解散國大」、「老賊不倒民主不來」、「廢除臨時條款」等標語。旋陽明、東吳及其他台大同學亦自晚間陸續加入。廣場 20 餘位學生靜坐抗議，並提出四大要求：1. 解散國代；2. 廢除臨時條款；3. 召開國是會議；

4.提出民主改革時間表。繼之，學生的靜坐引來了民眾圍觀與支持，有的民眾自動加入靜坐，有的民眾則送來飲料食物為學生加油打氣。同晚民進黨人士洪奇昌、盧修一、李逸洋等多人，也到場聲援。[122]

　　翌日，全台各大專的學生團體陸續加入靜坐，廣場的學生乃正式設置指揮中心。迄至同日晚上，學生的人數已達兩百多人。又很多教授和知名學者都到場為學生打氣，圍觀的群眾近千人。此外，多位民進黨籍立委、國代、縣市長亦到廣場向學生致意。3月18日，靜坐學生人數超過400人。下午2時，民進黨群眾大會聚集了兩、三萬人，靜坐於中正廟內演講及呼口號，與學生相呼應。夜22時45分，廣場出現一中隊鎮暴警察，賀德芬、張國龍、黃武雄、葉啟正、夏鑄九等教授則靜坐在最前頭，要求同學鎮靜。學生乃高唱〈望春風〉，鎮暴警察旋即撤退。[123]

　　3月19日，學生靜坐人數已有3千人之多，連圍觀民眾約上萬人左右。各校學生代表開始輪番演講。同時，於上午10時50分東海社研方孝鼎發起絕食抗議，十餘位同學加入（至深夜12時，絕食學生增至31人）。下午1時，張國龍與20餘位教授加入靜坐行列，講授民主教育課程。下午4時半，方孝鼎等絕食同學發表「絕食聲明」，要求李登輝與李煥於21日凌晨前，答覆廣場的四大訴求（前述）。晚上11點，校際會議通過「野百合」為三月學運的精神象徵，它的意義如下：

1. 自主性　野百合是台灣固有種，象徵著自主性。
2. 草根性　野百合從高山到海邊都看得到，反映了草根性。
3. 生命力強　她在惡劣的生長環境下，依舊堅韌地綻放。
4. 春天盛開　她在春天盛開，就是這個時刻。
5. 純潔　她白色的純潔正如學生們一般。

6. 崇高 在魯凱族裡，她更是一生最崇高榮耀的象徵。⑫

3 月 20 日，廣場的人數即不斷地增加；據估計，傍晚參與靜坐的學生已增至將近五千多人，教授團約兩百人，絕食的學生也增至 57 人。此外，上午 9 時 20 分，行政院研考會馬英九及政務委員黃昆輝到達廣場，表示乃代表行政院長前來致意，卻激起學生和群眾的強烈反彈。是日，高雄市開始出現學生靜坐，外國媒體也開始大幅報導台灣學運。⑫

3 月 21 日，上午 6 時 45 分，李煥院長突然來訪，停留片刻後即離去。上午 11 時，中研院瞿海源教授與學生們討論後，宣布要向李總統提出三點呼籲，其要義總括而言是，爭取學運的正當性與實現前述的四大訴求。又同日午前，三月學運的精神象徵野百合雕塑完成放置於廣場上。另一方面，擔心三月學運恐將發展為「台灣版的天安門事件」；在 3 月 21 日，李登輝獲得壓倒性（668 票、95.95%）被選出總統後，立即於下午 8 時（原預定於下午 3 時召見，未料因廣場學生意見分離，時間一再延後）召見由瞿海源及賀德芬（台大）兩名教授陪同的 51 名學運代表（前往會見李總統的 53 人中，即包括兩名教授、兩名絕食代表、32 名各校代表、16 名指揮中心、決策小組與工作小組成員，另加一位混入隊伍的記者。又林美容教授指稱這些代表不含原住民知識青年學生的代表，是件遺憾事，筆者也有同感）到總統府，在與他們對話之後，接受如下的要求：1. 解散國民大會；2. 廢除臨時條款和終止動員戡亂時期；3. 召開超黨派的「國是會議」；4. 實施總統直選；5. 提出政治改革日程表等。⑫

學生們滿意李登輝的承諾，於 22 日清晨，學運指揮中心正式宣布撤退聲明：〈追求民主永不懈怠〉（由台大社研所博士班的郭正亮起稿）。上午 9 時半，學生們開始撤退。下午 5 時 10 分，李總統之座車在中正紀念堂繞行一周後離去。傍晚，善後的最後一

群學生，把大量的物資清點處理後，以說不出的惆悵圍繞在野百合雕塑的四周，以向圍觀民眾鞠躬說抱歉的形式，高喊「感謝市民，我們會再回來」後離開廣場，真正結束了為時六天的三月學運。另校際會議最後的決議委由決策委員會執行；其決議是：1. 負責「全學聯」籌備會議事項；2. 物資經善後小組處理後由決策委員會公布；3. 處理廣場精神象徵野百合，以長留廣場為目標。惟3月23日夜間，三月學運的精神象徵「台灣野百合雕塑」，在中正紀念堂廣場遭人焚毀，焚毀人至今不明，誠可惜。⑫⑦

在此順便一提，當年活躍於三月學運的那些青年學生，現今大多成為台灣社會各領域之中堅力量乃至領導者。例如，在學界有范雲、陳信行、林國明、陳志柔、徐永明（現立委）；在政界則有鐘佳濱、田欣、馬永成、鄭麗文、段宜康、劉一德、周威佑、劉坤鱧、李文忠、郭文彬、曾昭明、陳俊麟、李建昌、賴勁麟、王雪峰、羅文嘉、林佳龍、林德訓、周奕成、劉建炘、羅雅美、羅正方、顏萬進、林錫輝、許傳盛、郭正亮、江蓋世、周柏雅、蕭裕正、沈發惠、陳文治、鄭文燦、張廖萬堅、林宜瑾、陳啟昱、黃偉哲、李昆澤、楊秋興等等，不勝枚舉。⑫⑧未久，如下述，野百合的學運精神傳播給後一代的「野草莓」及「太陽花」學運青年，他們亦勇敢地負起了自己世代的使命，繼續為台灣的民主化與台灣這個島嶼的前途奮鬥。老邁的我們這一輩，真誠地感謝又感謝！

其次，1990年5月20日，李登輝就任國府第八屆總統。同日，李登輝發布政治犯特赦令，正式將美麗島事件的林弘宣、呂秀蓮、陳菊、姚嘉文、黃信介、張俊宏、林義雄、施明德、許信良等20人無罪釋放。與此同時，李登輝再進行內閣改選，以非主流首腦郝柏村的除役為條件，任命其擔任行政院長。此項人事

調動是爲除去老奸巨滑的李煥而採取的一劑猛藥。當時（5月20日），台北爲此進行「反軍人干政大遊行」，至少有一萬人以上參加示威。對郝柏村大肆批判。其後，由於理解此爲李登輝掌控軍方的巧妙政治手腕，而於適當施加壓力後予以默認。⑫

於是，幾受波折的郝柏村內閣於6月1日成立。內閣的第一要務是準備召開與學生代表約定的超黨派「國是會議」。在會議之初，李登輝因考慮國府非主流派的反動，而表示憲政改革在於追求國家統一，並因此受到在野黨的批評。但會議於6月28日，正式在圓山大飯店開幕，並於7月4日，順利閉幕。而會議概括的說，總算於下列事項達成協議：1.修改憲法，廢除「動員戡亂時期臨時條款」；2.萬年議員（平均年齡超過81歲）至遲在1991年底退職；3.總統、台灣省長、院轄市（台北、高雄）長直接民選；4.設立海峽兩岸的仲介機構。⑬

如是，李登輝即藉此公布其政治改革日程，並大致獲得各界的同意。揭起「李登輝時代」的一個重要里程碑。其後，此一日程雖多少有所變動，但基本上是依言在1991年5月1日終止「動員戡亂時期」、廢除臨時條款。基於此點，歷來稱爲「叛亂團體」的中國政府，於此改稱「大陸當局」、「中共政權」。同日，國府公布「中華民國憲法增修條文」，其中將戡亂機關的國家安全會議或國家安全局合法化。⑬

然而，由於此次修憲是以萬年議員爲中心，故其增修條文並非人民所期待。尤其是長久以來危害人民生命自由的惡法：〈懲治叛亂條例〉以及羅織人民入罪的「預備或陰謀」之刑法第一百條，仍然存在，因而受到內外的猛烈批評。正值此時，1991年5月9日，台灣爆發「獨台會事件」。法務部調查局的特務人員，未徵求大學當局之同意，即以叛亂罪名於同日清晨5時，闖入大學宿

舍內，逮捕清大研究所學生廖偉程(26歲)；旋復於同日上午 8 時，均以分裂國土、顛覆政府罪名逮捕陳正然 (33歲、台大社會系畢業留美加州大學，1988年返台與友人經營電腦資訊公司「無花果」)、林銀福 (31歲、台東阿美族牧師，本名馬撒歐・卡尼爾) 和王秀惠 (女，33歲、主婦)等三人。此事件一傳出，立刻引起社會各界及大學教授、學生的集體抗議，認為此案是解嚴以來最嚴重侵犯人權案件。於是，同日夜晚，台大、清大、中興法商學院等學運團體成員，隨即召開緊急會議，並組織「廖偉程救援會」。5月12日，100多名大專師生靜坐中正紀念堂聲援獨台會案四人；但卻遭警方驅散，台大教授陳師孟等人也遭毆打。13日，15所大學研究機構教授學者成立「知識界反政治迫害聯盟」。同日，台大法學院學生會發動學生集體罷課。14日，反政治迫害聯盟及「全學聯」等團體前往立法院請願，隨後前往教育部，要求毛高文部長下台。15日，千名大學生靜坐台北火車站，要求廢止懲治叛亂條例，無條件釋放獨台會被捕 4人。結果，5月17日，立法院由80名立委連署提案，逕付二讀廢止〈懲治叛亂條例〉。同日，獨台會被捕 4人交保獲釋，並被提起公訴。5月20日，「知識界反政治迫害聯盟」與學運團體舉行大規模的示威遊行，近萬人 (或稱數萬人)參加。22日，李登輝總統正式公布廢止〈懲治叛亂條例〉，政治犯全被釋放。[132]

不過，以「獨台會事件」為契機，惡名昭彰的〈懲治叛亂條例〉雖被廢除；但控制思想言論、侵犯人權的另一惡法，即刑法 100 條：「意圖破壞國體竊據國土，或以非法之方法變更國憲，顛覆政府，而著手實行者處 7 年以上有期徒刑，首謀者處無期徒刑。預備犯或陰謀犯前項之罪者，處6月以上5年以下有期徒刑」，[133]依然存在。

有鑑於此，1991 年 5 月 21 日，台灣省議會曾通過決議，要求立法院儘速廢除刑法 100 條。在當時社會一片期望清除動員戡亂體制餘毒的壓力下，執政的國民黨政府亦不得不面對惡法修廢的問題。7 月 4 日，國民黨中央開會初步決議將刑法 100 條、101 條中「陰謀」的部分刪除，其餘則維持原條文不變。[134]嗣後，從美國返台的蔡同榮，於 9 月 8 日，發動「公民投票入聯合國」大遊行時，由遊行決策小組與總統府秘書長蔣彥士協商，提出三點要求：1. 以台灣名義加入聯合國；2. 釋放台獨政治犯黃華、郭倍宏、李應元三人；3. 廢除刑法 100 條等，但不被當局接受。群眾得知協商失敗之後，群情激憤，衝突情緒逐漸升高。此時台大陳師孟教授接受學生林忠正的建議，向群眾廣播：如果國民黨不接受三點要求，將在 10 月 10 日，國慶閱兵時，舉辦反閱兵遊行。群眾才被疏解，而逐漸散去。[135]

若此，陳師孟教授為實踐其承諾，乃於 9 月 21 日，號召當年台灣社會最有識菁英，如中央研究院院士李鎮源、台大法律系教授林山田、歷史系教授張忠棟、社會系教授瞿海源、台灣筆會會長鍾肇政、台灣教授協會秘書長廖宜恩、陳永興醫師、陳傳岳律師等等人士，發起組織成立「100 行動聯盟」。該聯盟強調刑法 100 條違背憲法對基本人權的保障，而且破壞法律體制，必須徹底廢止。同時也聲言，若該訴求未獲回應，將發動抵制即將來到的國慶閱兵活動（聯盟的標誌是「反閱兵、廢惡法」）。[136]

1991 年 10 月 8 日，「100 行動聯盟」原先預定於同日上午，要向立法院示威抗議，但盟員到總統府前卻臨時起意，跑上閱兵台靜坐，憲兵見狀措手不及，立即趨前毆打，並以鎮暴車強力水柱向盟員噴灑驅離，其中有 4 名被打傷而就醫。於是該聯盟轉往台大醫院基礎醫學大樓持續靜坐。10 月 10 日，警方在未知會台

大校方的情況下，強行進入台大醫學驅散靜坐師生，並引發肢體衝突。各界對於警方強行進入校園驅散示威群眾的舉動，多有所批評。[137]

最後。在執政當局對刑法 100 條「只修不廢」的原則下，立法院終於在 1992 年 5 月 15 日，三讀通過刑法 100 條修正案，將原法條第一項中「著手實行者」修改為「以強暴或脅迫著手實行者」，亦即使該法適用範圍限定於有實際行者。同時 100 條第二項「陰謀」二字被刪除，僅留「預備」的字眼。經修正後的刑法 100 條全文為：

> 意圖破壞國體，竊據國土，或以非法之方法變更國憲，顛覆政府，而以強暴或脅迫著手實行者，處七年以上有期徒刑；首謀者，處無期徒刑。預備犯前項之罪者，處六月以上五年以下有期徒刑。

雖該次的修正並沒有完全廢除刑法第 100 條，然而，作為人權保障最基本的思想與言論自由，已然確立。而先前因台獨言論遭起訴的黃華、陳婉真、李應元、郭倍宏等 7 位內亂罪受刑人，也在該法正式生效後，陸續獲釋出獄；240 件相關案件亦獲不起訴。此外，滯留海外不能歸國的「台獨份子」，亦均獲自由。台灣的民主與自由也自此進入新的里程碑。[138]

未幾，在修正刑法 100 條的兩個半月後，1992 年 7 月 31 日，扮演著特務政治角色之一的警備總司令部也予以裁撤。過去各機關內專門負責思想監控的「人二室」也紛紛裁撤。台灣至此逐漸擺脫白色恐怖的陰影。人人可以自由討論各種不同的政治見解，不必擔心會遭逮捕。[139]

　　再則，依據 1990 年 6 月 21 日，大法官會議第 261 號釋憲決議，所有中央民代 (老賊) 依法應於 1991 年 12 月 31 日前全面退職。李登輝乃一一拜訪 600 名的國代老賊，動之以情，請他們接受優渥的五百萬退職金與優惠存款 (18% 的利息) 退職，獲得「老賊」們的回應，完成「不流血革命」(李登輝總統之言)。⑭

　　職此，1992 年 12 月 19 日，台灣史上首次立委全面改選正式實現。在此次選舉中，黨員人數僅 4 萬的民進黨，面對黨員人數超過 225 萬且控制媒體的國民黨，在其濫用職權並進行黑金、暴力、恐嚇、收買等汙穢手段下，仍獲得總數 161 席中的 52 席。此次可說是民進黨空前的大勝利。藉由此次選舉，國府外來政權雖大致被承認為台灣本土政權，但其一黨獨裁的局面已完全崩潰。

　　另一方面，在郝柏村回憶錄《無愧》一書中，記載著 2 年 8 個月的李郝政權，事實上是國府保守主流對反動非主流的熾烈鬥爭。當時，郝柏村的蠻橫不只是在人事、憲政，甚至不顧其除役的身分，公然干預軍事統帥權，以政變等威脅李登輝，這些過程都讓李登輝極為艱辛。⑭

　　可是，在上述第二屆立委選舉結束後，國會正式成立，李登輝與民進黨在同一陣線上逼退郝柏村，使其不得不於 1993 年 1 月 30 日，正式辭去行政院長一職。⑭2 月 20 日，李登輝正式任命連戰 (時任台灣省主席) 為行政院長，於 2 月 26 日組成新內閣，3 月 1 日正式就職。至此，李登輝已完全掌握國府的「四頭馬車」──政 (連戰)、黨 (許水德)、軍 (孫震、劉和謙)、特 (宋心濂)，真正成為台灣的領導人。

　　順便一提，在郝柏村去職事件中，國府的主流派和非主流派正式決裂，失去特權的「新國民黨連線」於 8 月 10 日成立「中

國新黨」。結果，台灣出現多元的政黨政治，國府一黨獨裁體制已被打破。台灣正式邁向民主主義政黨政治的時代。

# 二、兩岸會談和台灣首次總統直選

## ㈠ 兩岸會談的契機

1990 年 6 月 28 日，前述決定國家方向的「國是會議」正式召開。在該會議中，為求真正取得國民的共識，李登輝亦邀請在野黨甚至「台獨」色彩濃厚的人物出席。例如彭明敏教授雖未出席，但亦獲邀參加會議。然而，在國是會議召開之際，李登輝在基調演說中即主張「憲政改革」是要「謀求國家統一」，使得在野人士的熱意頓時澆熄。

10 月 7 日，李登輝模仿「兩德」和「兩韓」模式，設置總統諮詢機關：「國家統一委員會 (國統會)」；或許受到國府內部保守派的壓力，竟然高喊在 1954 年實際上已為蔣介石放棄的「中國統一」論調，並大肆加以宣揚。毋用多言，李登輝的「大中國主義」受到民進黨猛烈的攻擊，民進黨在同日召開的第四次全國代表大會中，立即通過「台獨綱領」，宣示「台灣事實主權不及於中國大陸及蒙古」，與國府直接對抗。

翌 (1991) 年 1 月 18 日，國府為促進以「國家統一」為目標，而在行政院設置制定中國政策的「大陸委員會 (陸委會)」。2 月 8 日，國府更成立執行陸委會政策的財團法人「海峽交流基金會 (海基會)」，做為處理兩岸實務的窗口。2 月 23 日，國統會做成「國家統一綱領」，行政院院會於 3 月 14 日正式通過。

該綱領的內涵是將中國與台灣視為一個國家，雙方的統一是在「對等、互惠」的原則下，雖然沒有訂立時間表，但主張經過

三個階段之後，構築「民主、均富、自由」的中國。國統綱領的內容完全是抽象的，不過是表現國府的願望而已。

同年3月，陸委會主委黃昆輝更發表「國家統一綱領的要旨與內涵」，提出法理上令人費解的「一個中國」論，以詭辯的理由反對「一中一台」或「台灣獨立」，但結果並不能逃避「台灣問題」的本質。⑭

在此之前的1987年11月，抱持著「反攻大陸」為永遠的夢的蔣經國政權，以人道理由實現外省人返鄉探親的政策，其後更解除台灣人至中國旅行的限制。同時，隨著以香港為中繼站的經濟交流日益頻繁，雙方的糾紛和摩擦亦日漸增加。尤有甚者，劫機、偷渡、走私、海盜、漁業紛爭等案件亦堆積如山。為處理兩岸間的實務問題，台灣和中國分別成立前述的「海基會」和「海協會」（海峽兩岸關係協會，1991年12月6日成立），做為相互交涉的窗口。

一方面，早在1988年李登輝繼任總統時，即有香港的學者南懷瑾致電總統府秘書蘇志誠；及趙紫陽總書記也曾派出親信試圖與台灣的新領導人接觸。不過，1989年6月，中國發生了「天安門事件」，趙紫陽被鄧小平整肅，遂失去了進一步接觸、聯繫的功能。然而，同（1989）年，由高雄市長卸任的蘇南成，也同樣傳來楊尚崑（國家主席）希望與李登輝建立對話管道的訊息。只是，當年繼任總統初期，李登輝將全部的心力放在國政上，因此並未積極處理這些來自各方的試探。⑭

爾後，1990年3月，李登輝擊敗「林蔣配」當選第八任總統，在國民黨派系鬥爭中獲得初步勝利；蘇志誠秘書再一次接到南懷瑾探詢的電話，要求派人到香港一會。李登輝思索今後兩岸政策必須要有突破性的作法，乃派遣蘇志誠走了一趟香港，在南

懷瑾寓所與中國密使賈亦斌「不期而遇」，進行最初步的試探接觸。旋在 9 月 8 日，南氏來台會晤李登輝，曉以和平統一的「民族大義」。未久，12 月，南氏再傳來北京希望接觸的訊息。於是，李登輝指示蘇志誠再度前去一探究竟。12 月 31 日，蘇志誠在香港君悅酒店首度與楊尚昆的代表楊斯德見面，進行兩岸第一次的密使會談。同日，雙方僅就隔絕 40 年的疏離廣泛交換意見，互探彼此的想法與意向。次日，即 1991 年的元旦，蘇志誠、楊斯德二人再在君悅酒店見面，楊氏詳細詢問台灣國統會、陸委會、海基會性質，與「國統綱領」的內容。蘇志誠一一加以解釋，並說明李登輝將於本年 5 月 1 日，宣布動員戡亂時期終止的歷史意義；即承認中國大陸的政權，不再懷有敵意。楊氏想了片刻，乃回答以既然沒有敵意了，何不坐下來談？從政治、軍事上根本解決，如果願意，5 月 1 日之前，雙方就可以談。這席話，就是兩岸會談開始的重要契機，也可稱是最先的第一步。⑭⑤

當蘇志誠將楊斯德的建議帶回台灣，李登輝在瞭解其內容並同意會談可進行之後，乃另選拔可信任的鄭淑敏擔任紀錄員，順道從旁給予蘇志誠的協助。⑭⑥1991 年 2 月 27 日農曆春節，蘇志誠、鄭淑敏抵達香港，在南懷瑾寓所與楊斯德、賈亦斌等人會商，蘇志誠主談，鄭淑敏則忙著筆記。類似的商討密集在同年 3 月 29 日、6 月 16 日、12 月 2 日持續進行，並在 1992 年 6 月 15、16 日，接連兩天會晤後，畫下階段性的句點。較為特殊的是，許鳴眞（他在中共元老圈中被稱爲「許老爹」，備受陳雲、楊尚昆、陳庚敬重。後來他一直在兩岸互動中，扮演重要的串場角色）在 1991 年 12 月 2 日，開始加入對話行列；汪道涵則於 1992 年 6 月，由南懷瑾主導的最後一次兩岸會談中現身。⑭⑦

兩岸會談的密商，雖然有多次的接觸，並降低了雙方的敵

意，但始終未能達成具體的共識，包括兩岸是否簽定「和平協議」等等。不過，1992 年 6 月的蘇汪首次會談，則有了若干突破性的發展。亦即當時蘇志誠建議在國家元首李登輝與江澤民見面之前（因為有實際的困難），不如先由德高望重深受雙方領導階層信賴的汪道涵與辜振甫兩位民間人士先見面，營造兩岸友好的氛圍。至於見面的地點，則可選擇對台灣、大陸雙方均友好的新加坡，邀請李光耀總理來代為安排。結果，這次密使的對話，再經過幾次的聯繫與會商之後，終於促成歷史性的辜汪會談。⑭⑧

另一方面，1992 年 10 月，延續同年 6 月的密談，兩岸由海基會法律服務處處長與海協會諮詢部副主任周寧，在香港再度舉行會談。這次會談原本預定的協商主題是「兩岸文書驗證」與「兩岸間接掛號信函查詢、補償事宜」。但是在 10 月 28 日協商的第一天，海協會周寧就先要求海基會的許惠祐先就「一個中國」的表述方法進行討論，許惠祐表示，他不同意在實質問題之外另起爐灶，但是願意聽聽海協會的意見。周寧於是當場提出了「一個中國」的五種表述方式，分別是：

1. 海峽兩岸文書使用問題，是中國的內部事務；2. 海峽兩岸文書使用問題，是中國的事務；3. 海峽兩岸文書使用問題，是中國的事務。考慮到海峽兩岸存在不同制度（或國家尚未完全統一）的現實，這類事務有其特殊性，通過海峽兩岸關係協會、中國公證員協會與海峽交流基金會的平等協商予以妥善解決；4. 在海峽兩岸共同努力謀求國家統一的過程中，雙方均堅持一個中國之原則，對兩岸公證文書使用（或其他商談事務）加以妥善解決；5. 海峽兩岸關係協會、中國公證員協會與海峽交流基金會，依海峽兩岸均堅持一個中國之原則的共識，通過平等協商，妥善解決海峽兩岸文書使用問題。⑭⑨

　　對於海協會提出的這五項方式，許惠祐當場沒有給予任何回應，他要求雙方應該重新回到協商主題進行討論。10 月 29 日，兩會再度協商，周寧又重提昨日的五種表述內容，並且進一步以「一個中國」原則與實質問題的解決，兩者是互爲條件。意即達成一個中國原則共識，文書驗證等問題即可解決；文書驗證達成共識後，兩岸也應就一個中國作成協議。對岸的目的很清楚是要將兩岸衍生的問題與政治議題掛勾，要台灣在它的框架下對話，許惠祐再度表示不能同意。10 月 30 日，協商進入第三天，許惠祐在陸委會的授權下，另外提出了五種表達方案，作爲回應。包括：1. 雙方本著「一個中國，兩個對等政治實體」的原則；2. 雙方本著「謀求一個民主、自由、均富、統一的中國，兩岸事務本是中國人的事務」的原則；3. 鑒於海峽兩岸長期處於分裂狀態，在兩岸共同努力謀求國家統一的過程中，雙方咸認爲必須就文書查證（或其他商談事項）加以妥善解決；4. 雙方本著「爲謀求一個和平民主統一的中國」的原則；5. 雙方本著「謀求兩岸和平民主統一」的原則。⑩

　　可是，海基會這樣的提法，經周寧聯繫中共中央後，兩會並未能取得共識，海協會周寧等人並且在 11 月 1 日，逕行離開香港返回北京，不願意再談。對於協商破局，陸委會副主委馬英九當時在台北公開表示，台灣不會接受不加註明的一個中國，中共如果想用一個模糊的概念把我們吃掉，我們是絕對不能接受的。⑪

　　總之，「香港會談」到此不得不中止。「一個中國」的表示方法與論述，明顯地成爲兩岸爭議的焦點。而這個焦點就如眾所周知，日後竟成爲「九二共識」、「一中原則」的世紀大公案。這姑且不論，當台灣方面準備放棄會談時 11 月 2 日，海協會突然來

函表示，希望共同促進辜汪會談的預備性磋商。海基會乃在次日回函指出，希望在「文書驗證」等兩項議題獲得具體結論，並草簽協議後，將立即進行辜汪會談的預備性磋商。⑮

3 日上午，海協會的孫亞夫打電話到海基會，表示海協會經過研究後，決定尊重並接受海基會各自以口頭方式說明立場的建議。他同時認為，兩會可以各自採用口頭聲明的方式表述一個中國原則，至於口頭表述的具體內容，則將另行協商。當時，大陸方面並透過新華社發出新聞稿公布上述內容。至於海基會，則發出了另一個新聞稿，強調以口頭聲明方式各自表述，可以接受；至於口頭聲明的具體內容，台灣將依據國統綱領與國統會 8 月 1 日「一個中國」的涵義，加以表達。11 月 16 日，海協會又來函表示，尊重並接受海基會的建議，在相互諒解的前提下，以口頭聲明的方式各自表述。但也片面挑選了海基會在香港會談所提方案的其中一項，宣稱是台灣的立場，並約定在各自口頭聲明後，可以繼續協商。由於大陸企圖進一步將各自表述的內容加以確定，並經由函電往來將口頭各自表述形成書面共識，海基會認為不能同意。⑮

如此，在各說各話的情況下，兩會在 1993 年 3 月，繼續文書驗證的協商，並在同年 4 月，順利舉行了辜汪會談。但是，從 1996 年開始，大陸以各種方式詮釋 1992 年協商的過程與結果，並且提出限縮解釋，指各說各話只限用於兩會之間，沒有一個中國各自表述的共識。因此，李登輝前總統乃提出反駁，並強調：「若非要說 1992 年兩會有共識，最真實的敘述就是『沒有共識』。而 1992 年最重要的精神是擱置爭議，即使看法不同，能將政治問題擺在一邊，先商談兩岸人民權益的事務，並促成辜汪會談，這也才是兩岸良性互動之道。」⑮

綜上所述，在模稜兩可的「一個中國」共識之下，1993 年 4 月 27 日，表面雖是由新加坡前總理李光耀的斡旋，而實際則由兩岸密使（台灣蘇志誠；中國汪道涵等）的直接交流下，台灣代表辜振甫（海基會董事長）和中國代表汪道涵（海協會會長），在新加坡（獅城）進行兩岸的歷史性會談。4 月 29 日，在經過三天會談的結果，雙方達成下列四項協議。亦即：

1. 兩岸公證書使用查證協議（內容略）；
2. 兩岸掛號函件查詢、補償事宜協議（內容略）；
3. 兩會聯繫與會談制度化協議（內容略）；
4. 辜汪會談共同協議。[155]

其中，第四項共同協議文件等於是此次會談的「共同聲明」。該文件在前言中特別強調：「本次會談為民間性、經濟性、事務性與功能性之會談。」但雙方協議的內容正是涉及有關國家司法主權的問題，亦即是政治的問題。若兩岸能妥當處理這些問題，尊重對方的司法主權，即能期待雙方的好與和平的交流。結果，對於這次的會談，台灣方面大肆宣傳「辜汪會談明白顯示兩岸對等、分裂、分治的政治事實」，但中國方面卻反而表示「會談的結果為祖國統一建立有利的基礎」。可是，在準備進行第二次辜汪會談的預備會議上，由於國家司法主權的爭執日益嚴重，雙方一直難以達成共識。

期間，在 1994 年 3 月 31 日，發生千島湖事件。此事件為台灣旅行團成員 24 名遊覽千島湖時，發生船上包括當地導遊、船員全體皆被燒殺的衝擊性事件。在此事件的處理上，台灣方面對中國政府蠻橫的態度大為憤怒。

同年 4 月 9 日，李登輝強烈指責中國政府：「一大堆惡勢力結成的惡黨，像土匪一樣，在這次的事件中，殺害了我們這麼多

的人，這個叫做『政府』嗎？」4月14日，李登輝在接受〈自由時報〉訪問時，再度強調：「中共說台灣是中華人民共和國的一省，這是亂講話，沒繳過一毛錢的稅，沒有統治過台灣一天，也不是人民選出來，主權在哪裡？（中略）現階段是『中華民國在台灣』與『中華人民共和國在大陸』，我們應該盡量記一個中國、兩個中國這種字眼。」[156]

　　接著，在同年4月30日刊行的《週刊朝日》(5月6日—13日號)中，更刊載李登輝和司馬遼太郎的對談，其中李登輝毫不掩飾地表明他建國的信念和內心的憤懣與期待。他在指責中國蠻橫的同時，並明言國府也不過是統治台灣人的外來政權。中國政府亦於6月14日，對二人的對談加以批評。新華社報導指出：「李登輝率先煽動台灣獨立，鼓吹祖國的分裂，痛罵中國共產黨，已引起中國人民的重大關心。」其後，中國共產黨更將對談內容全文譯出，分發給各縣市黨委會和軍隊連級以上軍官，做為政治學習教材，展開獎勵批判的宣傳活動。[157]

　　雖然如此，兩岸之間由於有了促成辜汪會談的經驗，在「千島湖事件」發生之前，亦即1994年元月，江澤民實際上另外指派中共中央辦公室主任曾慶紅為對台新的對口。隨後兩岸的接觸就直接由蘇志誠與曾慶紅聯絡，不必經過其他管道。[158]因此，「千島湖事件」發生之後，兩岸的交流表面上好像又倒退惡化，但其實雙方在1994年4月4日，以及同年11月25日，蘇志誠與曾慶紅已先後有兩次，在珠海會面並進行溝通。[159]

　　未久，1995年1月30日，後鄧時期登場的中國江澤民國家主席，於新春茶話會上主動提出所謂「江八點」的提案 (大陸方面事前已有告知)。該提案的要旨是：1. 堅持一個中國的原則；2. 在一個中國的原則下，正式結束兩岸敵對狀態，進行談判；3. 發展

兩岸經濟交流與合作，實現直接三通等。⑯

然而，此種說法不過是重彈中國歷來主張的老調，可以說完全了無新意。但李登輝亦於4月8日的國統會上發表「李六條」，對「江八點」加以回應。其要旨為：1.在兩岸分治的現實上追求中國統一；2.主張以文化做為交流的基礎，增進兩岸經貿往來，發展互利互補的關係；3.兩岸平等參與國際組織；4.兩岸均應堅持以和平方式解決一切爭端等。⑯

出人意料之外地，中國對「李六條」的回應相當平穩。同年5月26日，海協會副會長唐樹備一行前往台北，與海基會焦仁和副董事長進行會談。5月29日，雙方協議簽署「第二次辜汪會談第一次預備共識」。⑯

不過，一時好轉的兩岸關係，其後由於李登輝訪美和台灣總統直選，而使兩岸關係陷入最壞的狀態。中國在展開文攻武嚇之餘，更片面中止兩岸的會談，以飛彈射向台灣的近海，升高遠東的緊張情勢。

## ㈡ 李登輝訪美和台灣總統直選

在1992年的美國總統大選中，柯林頓批評布希政權從天安門事件到波斯灣戰爭的中國政策，激烈地指責其「姑息中國獨裁者」，主張以改善人權狀況做為給予中國最惠國待遇的條件。因此，柯林頓在1993年1月就任美國總統之後，雖然不斷要求美國國會給予中國最惠國待遇，亦以行政命令嚴格監視中國的人權狀況。⑯

可是，在柯林頓政權成立的第一年，其對中國的態度突然軟化。此種變化發生的背景，是由於美中經濟關係日益密切的事實，以及安定的中國符合美國國防利益等現實認識，這些觀點成

爲其對中國政策的基礎。1993 年 9 月 21 日，總統國家安全顧問雷克（Anthony Lake）表明美國將採取「擴大參與（enlargement and engagement）」政策，爲求在人權落後地區根植民主主義和市場經濟，將以極度的耐心對應這些國家。此點顯示柯林頓的中國政策亦將採此路線。⑯

另一方面，李登輝走出台灣，積極展開務實外交，其最終目標當然是希望能加入聯合國。因此，李登輝努力與美國各界人士會面，表明希望訪問美國而向彼等求助。並在旅美台灣人的強力支援下，逐漸取得一定的成果。

1993 年 1 月，上台的柯林頓政權正是李登輝的絕佳良機。柯林頓在擔任阿肯色州州長期間曾五次訪問台灣，與李登輝有數面之緣而頗具好感，且對台灣的民主化改革有極高的評價。1993 年 11 月，美國在西雅圖召開 APEC 非正式高峰會議時，曾寄來「給台灣總統」的正式邀請函，雖然只是形式，但也給李登輝極大的面子。

1994 年 1 月 27 日，美國參議院以全數通過允許美國閣員訪問台灣的決議。2 月 2 日，參議院再以 92 票對 8 票通過對國務院的授權法案。該法案規定：1.「台灣關係法」優於「八一七公報」，解除對台軍售的限制；2. 促進台美間政府高官的交流；3. 在台灣出生的美國人，其出生地登記從「中國」改爲「台灣」等。⑯

同年 4 月 10 日，康乃爾大學羅斯校長訪台，邀請該校「傑出校友」李登輝於 6 月中旬至該校進行紀念演講。5 月 2 日，美國眾院全體一致通過邀請李登輝訪美案，參院也在一週後（9 日）以 97 票對 1 票的壓倒性多數通過同一法案。於是，在美國議會強力表明意見之後，柯林頓政權終於在 5 月 22 日，同意李登輝以私人身分訪問康乃爾大學，但要求在訪美期間不得與美國閣僚

會面。柯林頓政權雖強調李登輝訪美並不影響美國政府的對中政策和對台關係，但主要大報（如〈紐約時報〉、〈華盛頓郵報〉、〈洛杉磯時報〉等）均對此表示歡迎，認爲這是美國對台政策的實質轉變。⑯

中國對李登輝的訪美大爲反彈。5 月 22 日，中國外交部強烈批判道：「這是美國政府完全違反美中三個聯合公報根本原則，損害中國主權和破壞中國和平統一大業的嚴重行爲。（中略）由於李登輝的身分，不論他以什麼名義和方式訪美，都必將造成『兩個中國』或『一中一台』的嚴重後果。中國錢其琛外長更於翌 (23)日召喚美國大使正式提出抗議，並威脅將使中美關係後退。⑰

1995 年 6 月 7 日至 12 日，李登輝以私人（非官方）身分實現訪問美國的願望。6 月 9 日（台北時間爲 10 日），他在康乃爾大學（位於紐約州伊薩克市）校友會中，面對 300 人以上的媒體記者和超過 5,000 人的聽眾，以英語誠懇地進行題爲「民之所欲，長在我心（Always in My Heart）」的演說，一面呈現近年來台灣經濟發展和政治民主化的「台灣經驗」，一面提出與中國和平共存和要求協助重返國際社會，受到聽眾極大的喝采。

但是李登輝訪美一事，受到中國方面超乎想像之外的猛烈反彈。旋中國爲妨礙李登輝被提名參選台灣史上首次的總統直選，乃聯合中國在台的第五縱隊（國府非主流、新黨集團等），以「文攻武嚇」對李登輝進行激烈的人身攻擊，瘋狂地咒罵著台灣獨立。

1995 年 7 月 21 日至 26 日，中國先在台灣北部約 140 公里的東海海域進行地對地戰術飛彈演習，共計發射六枚飛彈，其中有兩枚未命中目標而在空中爆裂。據中國問題專家費雪（Richard D. Fisher, Jr.）指出，中國此次發射的飛彈爲「東風 15 型」（DF-15），射程爲 600 公里，可裝載核子彈頭。費雪指出：「中國對台灣周

邊發射 DF-15，是核武國家對他國所為前所未有的強烈威嚇。」對中國的行為頗有譴責之意。⑯⑧

之後，在 8 月 15 日至 25 日之間，中國再於東海進行一般飛彈和火砲等實彈演習。同時，為了呼應此次軍事演習，中國更於 8 月 18 日，進行該年度第二次地下核子試爆(第一次在 5 月 15 日)。這一連串的軍事行動，明顯是對台灣的「武嚇」。⑯⑨

與軍事威嚇並行地，中國的文攻亦相當激烈。從 7 月 24 日至 27 日，〈人民日報〉連續刊載以「評李登輝在康乃爾大學的演講」為主題的〈康大四評〉。接著，更在 8 月上旬一系列發表以「李登輝的『台獨』言行」為主題的〈台獨四評〉。這些評論和批判，除對李登輝展開激烈的人身攻擊之外，更呈現對「台獨」超乎想像的憎恨和怨憤，其可怕的程度已到「黑白不分」、「毫無良心」的地步。同時，依伊藤潔教授的研究指出，這些評論幾乎都從國府非主流派和中國爪牙：新黨集團所出版的《國是評論》中摘錄。⑰⓪

8 月 23 日，李登輝並未屈服於這些文攻武嚇，正式發表參加台灣史上首次的總統直接選舉。新華社立即發表署名「達理」的萬言書〈李登輝其人〉，綜合前述〈康大四評〉和〈台獨四評〉，一再污衊和謾罵李登輝。⑰①

翌 (1996) 年 1 月 30 日，由於台灣總統大選在即，中國預見李登輝當選已大致確定，故乃由李鵬總理發言強調：「不管台灣領導人的選出方法如何改變，台灣的領導人都只不過是中國一個地區的領導人。」隨後，中國領導階層接受軍方強硬派熊光楷中將 (副參謀長，軍方台灣問題副總指揮兼台灣工作指導小組秘書長) 的意見，採行名為「海峽九六一」的一連串危險軍事行動。⑰②

1996 年 3 月 5 日，中國解放軍透過新華社宣布：「自 3 月 8

日至 15 日，將在台灣東北和西南近海實施地對地戰術飛彈試射
訓練。」於是 3 月 8 日，解放軍如先前預告地發射三枚飛彈，分
別以地對地戰術飛彈 M-9 射向台灣東北部基隆外海（一枚）和西
南部高雄外海（二枚），彈著點離台灣僅 55 公里。13 日，中國解
放軍再向高雄外海發射一枚飛彈。同時，在 3 月 12 日至 20 日，
中國解放軍再集結 15 萬陸上部隊及最新銳的基輔級潛艇、蘇愷
27 戰機，以假想登陸台灣作戰爲前提，在台灣海峽實施實彈演
習。此外，中國解放軍更預定在 3 月 18 日至 25 日實施陸、海、
空軍聯合演習，但其後因天候惡劣而中止，僅進行小規模的軍事
演習。

　　一方面，對中國這種橫霸無天的軍事恐嚇，美國方面並未坐
視。在 1996 年 3 月 5 日，中國解放軍發布在台灣海峽試射飛彈
的消息後，美國培利（William Perry）國防部長即在參院軍事委員
會上強烈譴責中國的行爲，國務院亦召見中國駐美大使李道豫，
並透過駐北京美國大使尙慕傑（James Sacser），向中國外交部傳達
美國的嚴重關切。同時，美國眾議院更對中國發表嚴厲指責的聲
明。翌（6）日，白宮發言人發表柯林頓總統「希望中台間能和
平解決問題」的聲明，而雷克國家安全顧問亦以強硬的口氣發出
警告：「這是非常愚蠢的行爲。如有閃失，即會影響到美中關係。」
同時，參議院更通過決議案，要求柯林頓總統基於「台灣關係法」
採取適當措施。[173] 此外，美國亦於該日出動停泊於馬尼拉灣的航
空母艦「獨立號」前往台灣。在中國於 8 日對台灣發射飛彈之後，
培利國防部長、克里斯多福國務卿、雷克國家安全顧問、杜志（John
M. Deutch）中情局局長、沙利卡什維利（John M. Shalikashvili）總參
謀長和羅德（Winston Lord）助理國務卿即於五角大廈會合，召開
緊急國家安全會議，全體一致通過對中國採取強硬政策。[174]

　3月9日，培利國防部長發布航空母艦「獨立號」正在台灣近海航行的消息。10日，美國再從波斯灣調派航空母艦「尼米茲號」與其戰鬥群前往台灣，並發布其航程預定在3月21日抵達高雄外海，22日北上通過台灣海峽，在台灣總統大選的23日巡弋台灣海峽，24日停泊基隆外海，25日才離開台灣海峽。

　3月11日，伯恩斯（Nicolas Burns）國務院發言人強調：「美國國防部已派遣航空母艦獨立號和尼米茲號前往台灣海峽監視情勢發展。對於中國的蠻橫行為，美國表示強力的關切。」再度明確對中國提出警告。⑰

　接著，羅德助理國務卿再於3月14日，在眾院亞太小組指出：「中國對台灣的任何軍事行動，均直接影響美國的國家利益，將會產生嚴重的後果。」再三警告中國不得輕舉妄動。⑰3月21日，美國參議院以97票對0票通過「台灣防衛修正案」。該決議案中，國會要求柯林頓總統與其協議，重新檢討基於「台灣關係法」軍售台灣的性能和數量，且在中國的軍事行動威脅到台灣的和平與安全時，美國應採取適當的對策。⑰

　美國的強硬態度出乎中國軍方的意料之外，使中國領導人大為慌張。錢其琛外長雖一再重申「台灣問題是中國的內政問題，美國不應干涉」，但私下卻透過管道向美國表示中國不會對台灣動武（見〈紐約時報〉，1996年3月12日；〈民眾日報〉，民國85年3月14日報導）。在美國航空母艦獨立號於7日離開馬尼拉灣航向台灣時，正在美國訪問的中國國務院外事辦公室主任劉華秋即與培利國防部長會談，謀求美中雙方意見的疏通。同時，在中國對台灣試射M-9飛彈的3月9日，劉華秋在維吉尼亞州與雷克國家安全顧問會談，其後亦在華盛頓與克里斯多福國務卿會談。這些會談的內容並未公開，但大致應不出前述〈紐約時報〉所指的範

圍。⑱

　尤有甚者，中國的誤判不只是美國派遣航空母艦一事。世界各國對中國的指責並不下於 1989 年「天安門事件」時期，均對中國的霸權主義和蠻橫表示強烈的警戒。例如，3 月 12 日的〈紐約時報〉社論即主張：「中國向台灣近海發射飛彈的行為，簡直就是公然進行恐怖活動。美國應向聯合國控訴中國的恐怖行為。」該報更在 3 月 17 日指出：「中國再度宣布進行新的軍事演習，意圖恫嚇台灣住民和妨礙李登輝的連任，但此舉恐怕只會招致反效果。許多台灣人開始思考自己是不是中國人。」同時，英國〈泰晤士報〉亦在 3 月 12 日的社論中指出，西洋各國應大聲告訴中國：台灣有享受和平的權利。如果中國對台灣行使武力，中國將再度淪為「落後國家」的地位。此外，日本的輿論幾乎也都對中國的暴行表示關切和不滿。橋本龍太郎首相亦於 3 月 11 日在總理官邸召見外務省林次官和防衛廳村田次官等人，討論要求中國抑制實彈演習的對策，對情勢發展表示憂慮。⑲連西班牙媒體亦指責聯合國的消極態度。批判道：「聯合國如果容忍擁有否決權的獨裁政權（中國）以殺人武器（核彈）威脅努力發展民主和自由經濟的政府（台灣），真是天道寧論！此種國際組織已無存在必要。」並對中國加以強烈譴責。

　然而，儘管世界各國對台海危機不滿而批判中國，但在台灣中國第五縱隊：新黨集團、〈中國時報〉和〈聯合報〉等各統派媒體、林洋港和郝柏村（自稱是「正統國民黨」總統、副總統候選人，但實際上兩人已被註銷了黨籍）、陳履安（另一組無黨派的總統候選人，原國民黨員、是陳誠的兒子）等卻與大陸呼應，舉行「中國人大遊行」批評李登輝，公然譴責美國以航空母艦介入台海危機。同時，他們甚至要求李登輝「公開表明過去在國家認同及統獨立場上，一些

曖昧不清、前後不一、互相矛盾的說法，公開承認錯誤，並保證不再犯下相同的錯誤」。⑱勸其向中國道歉、投降。當然，李登輝頑強地抗拒中國第五縱隊的要求。

1996 年 3 月 23 日，在李登輝的決心、台灣人的擁護、美國的支援和世界輿論的支持下，類似台灣「獨立公投」的「總統直選」順利進行且成功完成。民進黨候選人彭明敏教授的票源大量流向李登輝，使李登輝以 581 萬餘票的壓倒性多數，當選台灣史上首任全民直選總統。這次選舉的結果，共四組候選人的得票率如下：李登輝・連戰（國民黨）獲 5,813,669 票；彭明敏・謝長廷（民進黨）獲 2,274,586 票；林洋港・郝柏村獲 1,603,790 票；陳履安・王清峰（無黨派）獲 1,074,044 票。

而在此一重大危機下進行的選舉，最大的意義是使日益台灣化的國府外來政權，在法律上被合法化，被認為是反映民意的正統政府，並向國際社會展現「台灣問題」的國際化。又順道一提，總統直選之後，為了更進一步推動民主改革，李登輝於同年（1996 年）12 月 23 日，召開跨黨派的國家發展會議（會期 5 天，28日結束）。

在這會議上，終於決定將久被詬病的行政疊床架屋畸型體制之「台灣省政府」加以凍結。此舉不但簡化行政層級使行政效率加速，並處理舊往的利益政治問題，更可以讓台灣人對台灣的主體性產生覺醒，「台灣就是台灣」。⑱

不久，1998 年 10 月 9 日，立法院三讀通過〈台灣省政府功能業務與組織調整暫行條例〉，明訂省府為行政院派出機關，非地方自治團體。省府不再擁有財產權、課稅權，省產及負債由國家概括承受；組織上省府設省府委員 9 名，由官派省主席綜理省政業務。省議會終結後，改成「省諮議會」，議員由行政院長提

請總統任命。「省諮議會」將扮演省政府被動諮詢的角色。同年
12月1日，台灣省長、省議會終於走進歷史。[182]

## 三、美日安保防衛指針的再定義與柯林頓「三不」的經緯

中國以李登輝訪美為契機所進行的文攻武嚇，雖是起因於不
滿美國對台政策的實質變化，但其在台灣總統大選期間的軍事恫
嚇，卻無疑是一種誇示其為亞洲軍事大國的做法。

同時，美國雖是為預防台灣海峽發生不測事態而派遣航空母
艦，但此舉亦表現美國在亞太地區的「存在」和「信賴」。在危
機最嚴重的時期，培利國防部長一再表明：「美國調派兩艘航空
母艦前往台灣海峽，當然是因應中國一連串的軍事恫嚇，但同時
也是向北京顯示真正主導西太平洋地區的強國是美國。」即可窺
知其真正意圖。[183]

美國派遣航空母艦的行動，得到世界各國輿論的支持，不僅
台灣，連東南亞各國亦表示感謝，充分認識到對美國的「信賴」
和其「存在感」。但另一方面，此舉也傷害中國的自尊，除美中
關係之外，亦連帶引起美日、日中關係的緊張。因為美日之間締
結有安保條約，如果美中真的發生衝突，則日本勢必會被捲入。
在此次台海危機中，美國決定調派航空母艦一事，並未事先與日
本協議，僅採取事後要求諒解的形式，使得日本輿論不得不質疑
美日安保的意義。

對美國而言，在「有事」（緊急事態）時，日本是否提供後方
支援亦頗值得憂慮。1995年時，航空母艦獨立號從橫須賀出發，
途經九州時要求進港緊急補充燃料，但由於美日安保的相關法令
尚未齊備，日本政府毫不猶豫地一口回絕。此事曾使美國方面相

當困擾。[184]

　　美國積極著手「美日安保的再定義」，是在台海危機後約一個月的 1996 年 4 月 16 日。當時柯林頓總統正訪問日本，與橋本龍太郎進行高峰會談。雙方並於翌 (17) 日發表共同聲明。在此項聲明中，提出美日安保的角色是「做為維持安定且富裕的亞太區域環境的基礎」，明言要重新檢討周邊發生緊急事態時的合作指針。在雙方完成新指針之後，如台灣發生緊急事態，美國若從日本出動部隊，日本即可自動許可並進行後方支援。[185]

　　接著，1997 年 6 月 4 日，美日兩國在檀香山達成新防衛合作指針的中間協議，檢討 40 個項目以強化「周邊有事」時的合作。新指針的最大焦點當然是「台灣是否涵蓋於周邊有事的地域」。對於日本政府明言安保條約的「遠東」範圍包括台灣地域的見解，中國認為在 1972 年「日中共同聲明」和 1978 年「日中和平友好條約」締結後應已失效，故對美日新防衛合作指針考慮因應台海危機一事，表示極大的擔心和不滿。中國無論如何也要保留武力占領台灣的可能性，所以當然不能容忍「周邊有事」包括台、中之間的衝突。

　　同年 7 月 16 日，自民黨幹事長加藤紘一於訪問中國時表示：「新美日防衛合作指針並非特別針對中國。」但梶山靜六官房長官卻在 8 月 17 日表示：「日本政府原本即未限定『周邊有事』的地域。我們腦海中的確大部分是考慮朝鮮半島的問題，但中國與台灣的紛爭當然也包括在內。」對於梶山的此一發言，中國唐家璇外交部次長批評其為「危險的言論」，但以池田外相為首的日本外務省官員表示：「自 1960 年岸信介政府修訂『美日安保條約』以來，台灣納入遠東的範圍是歷任日本政府的見解。」明白支持梶山的發言，使中國對日本的不信任感激增。[186]

　　同年 9 月 23 日，美日兩國在紐約發表新「美日防衛合作指針」。新指針中確認日本在周邊發生緊急事態時，對美軍進行物資輸送或補給等後勤支援，以及提供民間機場、港灣等 40 個項目。美日同盟關係超越以往基於安保條約支援駐日美軍的範疇，大幅擴大日本以自衛隊為首的軍事角色，日本的安保政策進入劃時代的轉換期。

　　日本軍事角色的增大，雖會引起東南亞和韓國的擔憂，但其中以中國最為關切和警戒日本對「周邊地域」如何定義。對於此點，美日兩國在深思熟慮之後，雖在新指針中使用「日本周邊地域」的地理用語，但將此地域中發生的緊急事態稱為「周邊事態」指其「並非限定為地域性的意義，而是著眼於事態的性質」，提出頗費思量的理論。以下即是新「美日防衛合作指針」第五條「周邊事態」的全文。

　　　　「周邊事態是指對日本的和平及安全有重要影響的事態。周邊事態的概念並非地理性，而是著眼於事態的性質。美日兩國政府將盡力使用包括外交手段之所有努力，避免周邊事態發生。美日兩國政府各自以有效性的行動調整，達成對每個事態之有關狀況都有共同認知。同時，因應周邊事態所採取的措施，會依情勢而有不同。」[187]

　　正如〈朝日新聞〉的評論指出，新「美日防衛合作指針」是基於對中國的政治顧慮，將焦點的台灣模糊化，並刻意曖昧地因應台灣問題。可是在新「美日防衛合作指針」發布前的 9 月 19 日，美國國防部負責亞太問題的代理次長康貝爾（Kurt Campbell）在記者會上，對美日兩國新協議的防衛合作指針是否涵蓋台灣海峽一

事表示：「美國訂有『台灣關係法』，美國對因應威脅台灣的事態負有責任。」此點明確指出美國的基本認識是：台灣海峽並未排除於新「美日防衛合作指針」的範圍之外。⑱

　　如上所述，1996 年 3 月的台灣危機，促使美日緊急的著手成立「新美日安保防衛指針」。另一方面，中國為打消自台海危機以來的「中國威脅論」，其黨政軍高幹在 1996 年 3 月至 5 月間陸續出訪各國，展開政治、經濟和安保對話的新外交政策。結果，在三月的台海危機中，中國雖然「賠了夫人又折兵」，但美中關係卻因兩國均意圖緩和緊張而有所改善。當台海危機後不久的 1996 年 7 月 6 日至 10 日，柯林頓總統即派遣雷克國家安全特別顧問和羅德亞太事務助理國務卿訪問中國，討論兩國元首的互訪，以及促進兩岸的對話。依會談後美方的新聞報導指出，雷克顧問在與江澤民會談時，雖曾向中國要求和平解決台灣問題。但亦表明不支持「一中一台」、「台灣獨立」和「台灣加入聯合國」。⑲此為其後柯林頓「三不」聲明的濫觴。但美國的此種表示，不但顧全中國的「面子」，也確實緩和兩岸的緊張關係。

　　1997 年 10 月 19 日，準備訪美的江澤民國家主席接見〈華盛頓郵報〉記者，對新「美日防衛合作指針」表示強烈的憂慮。他說：「我對此非常警戒。希望他們不是針對中國。因為日本政府當局從心底即認為台灣亦是適用對象之一。」同時，他對於日本的威脅一事，表示日本軍以前侵略中國，「戰後亦未徹底學到軍國主義的教訓，時常有不反省歷史事實的軍國主義發言，所以有必要多加警戒。」⑳

　　江澤民於 10 月 26 日前往夏威夷，10 月 28 日抵達華盛頓，在白宮與柯林頓進行非正式的會談。自 1985 年 7 月李先念訪美以來，中國元首進入華盛頓是 12 年來的第二次。翌 (29) 日，

美中雙方舉行正式會談。會談的焦點是核武不擴散問題、核能合作、台灣問題、人權、經濟問題、戰略對話及軍事交流等。同日，美中發表共同聲明。在此共同聲明中，美中兩國同意「致力構築戰略夥伴關係」，但對於中國主張「台灣問題是美中之間最重要且敏感的核心問題」的說法，美國僅輕描淡寫地回答：「美國堅持一個中國政策。」⑲同時，在白宮舉行的聯合記者會上，柯林頓總統主張「應由台灣與中國的人民和平解決」，但江澤民主席則表示：「在台灣要求分離獨立，或是外國勢力介入台灣時，中國將行使武力。」

此一共同聲明和聯合記者會的內容只是老調重彈，並無新意，雖然確認將促進台、中間的對話，但在中國固執地要求將「美國不支持台灣獨立、一中一台和台灣加入聯合國」列入共同聲明時，美國表示「形諸文字將自縛手腳」而予以拒絕。結果，柯林頓總統以口頭直接向江澤民主席表達「不支持」的立場而取得妥協。⑲

又在美中高峰會談前，李登輝認為有必要對美國表達台灣的憂慮，乃透過台美對話的管道，向白宮提出四項要求。其要旨是：1. 希望美國不與中共就台灣問題進行討論；2. 強烈籲請美方勿簽署所謂的「第四公報」；3. 希望美方於柯江會談後，密派資深官員至台北向李總統作簡報；4. 台灣對未來所有美國與中國間高峰會談討論和簽署任何形式第四公報之可能性，均至為關切等。對此，美方向台灣說明，美國將儘量避免談及台灣問題，並保證絕對不會犧牲台灣的利益，希望台灣對美中高峰會談能樂見其成。⑲

整體而言，這次美中高峰會談事實上並未對台灣發生什麼衝擊。隨後，1998 年 6 月 25 日，為答訪去年江澤民之訪美，柯林

頓總統率 1,200 名隨行人員前往中國做 9 天的訪問，這是天安門事件以來美國總統首次訪問中國。6 月 27 日，柯林頓總統與江澤民主席進行高峰會談，達成兩國元首繼續定期互訪、戰略核武互不瞄準等 47 項協議。會後兩國元首舉行聯合記者會，主要的發言大致不出議事項的範圍，但在區域問題方面，柯林頓總統重申堅持「一個中國」政策，並勸江澤民主席與達賴喇嘛十四世重行對話。對江澤民而言，台灣問題才是美中之間最重要而微妙的問題，他希望美國固守「三個聯合公報」，並表示如果達賴喇嘛公開承認「西藏是中國的一部分，台灣也是中國的一部分」，則可與其進行交涉和對話，他期待達賴喇嘛進一步的回答。⑲⁴

於是，台灣朝野擔心的「美中第四公報」並未出現。但是，美國國家安全顧問柏格 (Samuel R. Berger) 在當日的記者會上表示，中國要求美國將前一年秋天，私下口頭向江澤民表明的「新三不」(不支持台灣獨立、一中一台和台灣加入聯合國) 予以明文化。美國雖未同意此點，但柯林頓總統允諾公開宣布此一政策。柏格顧問指出，柯林頓總統對江澤民表示：「我們的台灣政策係基於美中的三個聯合公報，我們不支持台灣獨立或一中一台，我們不認為台灣應成為任何需要以主權國家為參加條件的國際組織成員。對美國而言，最重要的是台、中問題必須和平解決。」對於此點，中國朱邦造新聞司長僅說明：「柯林頓總統在台灣問題方面重申美國政府歷來的承諾」，並未提及任何具體的發言。⑲⁵

在結束北京的行程之後，柯林頓總統前往上海。6 月 30 日早上，柯林頓在上海圖書館與當地知識份子進行集體對話，對台灣政策公開提出前述的「三不政策」。對於此點，美國總統發言人馬格里表示：「此為先前國務卿業已提及之事，只是對美國歷來政策的確認。」對於何以在上海宣布此事的提問，他回答說：「只

是在訪中期間選擇的一個確認美國政策的機會，這並不具任何特別的意義。」⑩

不過，雖然只是口頭的宣布，但美國總統公開提及「三不」，是前所未有之事。此點對台灣造成極大的衝擊。包括李登輝總統在內，朝野人士都相當驚訝，並強烈抗議柯林頓的發言明顯侵害台灣的主權。⑲

得知台灣朝野強烈反彈的柯林頓總統，於7月4日，派遣美國在台協會理事長卜睿哲（Richard Bush）前往台灣。卜睿哲理事長於翌（5）日與胡志強外交部長會談時，解釋「三不」只是「不支持」，並不表示「反對」，美國對台灣的政策維持不變，柯林頓總統訪中並未損及台灣的利益。同日，卜睿哲更與台灣軍方首長會談。強調美國對台軍事政策不變。7月6日，卜睿哲在與李登輝會面時亦提出同一說明，但李登輝表示：「我國自1912年以來即是主權獨立國家」、「此一立場並不受此次『柯江會談』的影響」，他並不滿地提出：「我國與貴國之間有各種聯絡管道，今後有關台灣的問題，必須直接與我們交涉，沒有必要詢問中國的意見。」⑱

另一方面，美國國會亦對柯林頓政府的「三不政策」極為不滿。共和黨參院總務羅特（Trent Lott）批判道：「柯林頓總統無法使中國接受美國國會所提放棄對台動武的要求，反而接受中國的要求，公開宣布『三不』。此點意味著美國放棄對台、中問題傳統的『模糊政策』，大為傷害台灣全力推動的民主政治。」⑲

7月10日，美國參議院以92票對0票通過支持台灣的「第107號確認美國對台約定共同決議案」。此決議案要求柯林頓政權遵守「台灣關係法」，和促使中國放棄對台動武，並確認繼續對台軍售。羅特參議員說明道：「決議案的意義在於修復柯林頓

訪中對美台關係造成的傷害。」⑳

　　7月20日，共和黨狄雷（Torn Delay）等30名跨黨派議員亦在眾院提出「第301號共同決議案（支持台灣決議案）」，並以390票對1票的壓倒性多數獲得通過。該決議案的主要內容是：1.美國確認「台灣關係法」內對台灣約定的內容；2.台灣的將來必須和平解決。基於聯合國憲章和自決原則，台灣人民應自己決定自身的前途；3.美國應提供台灣充分的防衛性武器（包括飛彈防禦系統）；4.對台軍售無須徵詢中國的意見；5.基於「台灣關係法」的精神，支持台灣加入國際金融機構及國際組織；6.總統要求北京放棄對台動武。㉑

　　如此，中國雖使柯林頓政府公開宣布「三不」政策，但在美國國會強力反彈和牽制下，實質上所獲不多。而且，後來經過台灣方面積極要求，美國向台灣承諾將批准MK46魚雷、兩用針刺飛彈、空射魚叉飛彈三項軍售；同時，將派出國家情報官秘訪台北，提供專業意見交換。這些攸關軍事安全的實質保障，讓台灣不致因「三不」而實質受害。㉒

　　同（1998）年10月14日，在美國的強力意向下，兩岸恢復中斷5年的民間高層會談，台灣海基會理事長辜振甫和中國海協會會長汪道涵在上海舉行會談。結果，雙方為表現兩岸的緊張關係已趨緩和，於10月18日由中國國家主席江澤民與辜振甫進行會談。席間，台灣方面強調民主主義，指出兩岸分治的歷史事實，但中國方面依然堅持個「一個中國」。不過，這次會談雙方在實務方面達成四項協議；其中包括兩會決定進行政治的、經濟的對話，並邀請汪道涵在適當時候到台灣訪問等等。㉓

　　柯林頓的「三不」引起各種波瀾，但結果台灣與中國的緊張對峙終能緩和，兩岸再度確立政治均衡。同年12月5日，台灣

舉行直轄市長、議員和立法委員的「三合一選舉」。由於柯林頓「三不」的影響和李登輝的「新台灣人」口號，高唱維持現狀和中間路線的結果，除最令人注目的台北市長選舉由外省人第二代國民黨候選人馬英九擊敗在野、民進黨現任最有力的陳水扁之外，國民黨亦在立委選戰中取得過半數的壓倒性勝利。中國第五縱隊的新黨則僅在台北市長選舉中取得 3% 的得票率，而立法委員選舉則只有 7% 的得票率和 11 個議席，可說是空前的大慘敗。

以上所述爲柯林頓「三不」政策的經緯。如李登輝所述，我們不必對「三不」政策杞人憂天，[204]但對其所敲響的警鐘，台灣人應更爲奮起和有自覺的必要。(以上節引、增補自拙著《台灣法地位の史的研究》，第十一章第四節，540-55 頁；同書李明峻譯《台灣法律地位的歷史考察》，541-55 頁)

## 四、國府政治體制的變化：李登輝的「兩國論」

如前所述，柯林頓總統於 1998 年 6 月 30 日，在上海表示「三不」，此點雖對歷來美國的台灣政策並無改變，但卻讓國府深受打擊。於是，以柯林頓的「三不」爲契機，國府的政治體制 (特別是對中關係) 逐漸發生變化。

首先，在美國的強力要求下，國府於 1998 年 10 月 14 日，重開中止五年半的台、中民間高層會談，努力緩和兩岸的緊張關係。但在該次會談中，國府深切痛感中國挾「三不」之勢要求「政治對話」、「統一協商」，結果迫使其必須採取根本性的變革，以茲對應。

根據此種觀點，國府行政院在 1998 年 12 月 31 日 (國際海洋年的最後一日)，劃定中華民國的領海基線，公布台灣領海和其外緣 12 海里毗鄰區的境界線，向世界各國確立 12 海浬的領海範圍，

首次設定其領有主張的法律根據。此次公布的領海範圍為：1.台灣本島及其附屬島嶼、澎湖群島；2.東沙群島；3.中沙群島；4.釣魚台列嶼等四處。南沙群島的基線和海圖將追加公布，但全未提及金門、馬祖。⑳正如平松茂雄教授所指出的，此項公布特別值得注意的是，「如果將來台灣獨立成為台灣共和國，當被詢及台灣領土範圍為何時，此次公布正是一個回答。」⑳筆者對此深有同感（不過，對釣魚台列嶼持有不同的見解）。

在進入 1999 年以後，台灣朝野均忙於議論 TMD 問題。但在同年 4 月之後，另一個重大的政治運動卻開始和平地進行著。此即推動「公民投票法」的無限期絕食運動。該運動由長年促進「公民投票法」的蔡同榮立委擔任召集人，副召集人有高俊明（牧師）、黃昭堂（台獨聯盟主席）、黃宗樂（台教會會長）、許世楷（建國黨主席）、劉一德（國大代表），召集委員則包括立委 39 人、各界人士 80 人，誠為一大政治運動。該運動使用「公民投票」的字眼，但法案本身俱有濃厚的「國民投票（referendum）」意味，其焦點則包括「人民自決（plebiscite）」在內，要求由 2,300 萬台灣人決定台灣的將來。⑳

在此之前，民進黨早於 1994 年即向立法院提出「公民投票法草案」（全文 17 條），且暫時完成「一讀」的立法程序，而於 1995 年進入「二讀」。然而，由於國府瞭解此法將可能造成台灣前途的「人民自決」，因而極力加以反對，使審議始終無法順利進行。其時，陳水扁（當時為總統候選人）為爭取游離票的支持，乃表示該法的制定應暫緩，而民進黨內兩大派系（美麗島和新潮流）亦發表「公民投票＝台灣獨立＝中國進攻台灣＝台灣安全受到威脅」等，採取與國民黨相同的見解。

此點對長年將青春和生命奉獻給獨立運動的人們是一大衝

擊。於是，爲粉碎中國對台灣的領土野心，以及提高台灣人的政治意識，從而有該次運動的產生。結果，在 1999 年 4 月 10 日展開的絕食抗爭中，由於取得李登輝總統對制定該法的默許，而在國府屈服下，於第 11 天（4 月 20 日）結束絕食，決定伺機推動該法案進行「二讀」。⑳當然，此運動是台灣人的一大自覺，產生極大的政治成果。同時，該運動亦使台灣朝野（新黨除外）形成最重要的共識。

1999 年 5 月，李登輝出版《台灣的主張》一書。李登輝在書中爲確立台灣的存在，表示「我希望在卸下總統職務之前，能集國際法學者之力，就台灣的國家定位問題，提出更完整的解釋」，並強調台灣是主權獨立國家。⑳

但在同年 7 月 9 日，李登輝在邀請世界的國際法學者之前，即在接受全球三大廣播電台之一的「德國之聲」（理事長 Dieter Weirich）訪問時表示：「1991 年修憲以來，已將兩岸關係定位在國家與國家，至少是特殊的國與國的關係。」自己從法理面提及台灣的法律地位。此種見解與國府歷來「一個國家，兩個政治實體」的主張完全不同，無疑是「兩個中國」論或是「一中一台」論。以下問答是李登輝發言的重要部分。

問：台灣的經濟成就爲舉世所欽羨，另一項印象深刻的成就則是近年來台灣成功的民主化。然而，北京政府卻視台灣爲「叛離的一省」，這也正是兩岸關係長期緊張以及中共對台造成嚴重威脅的主因。您如何因應這項危機？

答：我要就歷史及法律兩方面來答覆。中共當局不顧兩岸分權、分治的事實，持續對我們進行武力恫嚇，的確是兩岸關係無法獲得根本改善的主要原因。歷史的事實是，1949 年中共成立以後，從未統治過中華民國所轄的台、澎、金、馬。我國並

在 1991 年的修憲中，於增修條文第 10 條（現在為第 11 條），將憲法的地域效力限縮在台灣，並承認中華人民共和國在大陸統治權的合法性；增修條文第 2 條和第 4 條明定立法院與國民大會民意機關成員僅從台灣人民中選出。1992 年的憲改更進一步於增修條文第 2 條規定總統、副總統由台灣人民直接選舉，使所建構出來的國家機關只代表台灣人民，國家權力統治的正當性也只來自台灣人民的授權，與中國大陸人民完全無關。1991 年修憲以來，已將兩岸關係定位在國家與國家，至少是特殊的國與國的關係，而非「一合法政府，一叛亂團體」，或「一中央政府，一地方政府」的「一個中國」的內部關係。所以您提到北京政府將台灣視為「叛離的一省」，這完全昧於歷史與法律上的事實。面對台海兩岸的情勢發展，我們將持續慎重推動兩岸間的交流，積極促成彼此對話與協商，並繼續促進我們民主制度的完善，追求穩定的經濟成長，同時積極加強與國際社會的接觸，以保障我們的生存發展。我們相信從交流中凝聚互信，從互信中營造穩定的關係是化解危機的最有效途徑。台灣與大陸應當發展出互惠與互利的雙贏關係。

　　問：宣布台灣獨立似乎並非實際可行，而北京「一國兩制」模式則不為台灣大多數人民所接受。在以上兩種路線間是否有折衷的方案？如果有，其內涵為何？

　　答：剛才已經說得很清楚，中華民國從 1912 年建立以來，一直都是主權獨立的國家，又在 1991 年的修憲後，兩岸關係定位在特殊的國與國關係，所以並沒有再宣布台灣獨立的必要。解決兩岸問題，不能僅從統一或獨立的觀點來探討，這個問題的關鍵是在於「制度」的不同。從制度上的統合，逐步推演到政治上的統合，才是最自然、也是最符合中國人福祉的選擇。現在，中

華民國可說是華人社會中首先實現民主化的國家，我們正努力在中國邁向現代化的過程中，扮演更積極的角色。因此，我們也希望中共當局能早日進行民主改革，爲民主統一創造更有利條件，這是我們努力的方向，我們要維持現狀，在現狀的基礎上與中共維持和平的情況。⑳

不用多言，對於李登輝主張台、中關係爲「國與國的關係」一事，中國立即展開猛烈抨擊。7月11日，中共中央對台辦公室（台灣工作辦公室）和國務院對台辦公室（台灣事務辦公室）發表聲明指責說：「將兩岸關係定位在國與國的關係，是李登輝一貫分裂中國領土與主權，把台灣從中國分割出去的政治本質。」海協會常務副會長唐樹備亦於12日在香港召開記者會威脅道：「台灣當局領導人和海基會負責人把兩岸的關係說成是『國與國之間的關係』，是對一個中國原則和1993年兩會共識的粗暴破壞。如此玩火的行徑，必定對台灣的安定帶來危害和災難。」隨後，中國的官方、媒體、軍部，都瘋狂的一齊叫罵、強烈地批判、恐嚇，除表明要對台灣立即動武之外，更揚言要對台灣使用核武器。㉑

然而，另方面，一向要求兩岸對話和自制的美國政府，對中國此種過激的反應感到驚訝。乃於7月16日，由國務院發言人魯賓表示：「如果台灣的將來以非和平的手段解決，則將是對亞太地區和平與安全的威脅，美國對此表示嚴重關切」，同時引用「台灣關係法」強調：「中國行使武力時，美國將以一切手段（包含軍事行動）防衛台灣。」㉒正巧，美國此時已因核武間諜案、柯索沃紛爭及NATO軍誤炸南斯拉夫中國大使館（5月7日）事件而與中國關係不諧。爲了防止美中關係進一步惡化，柯林頓總統乃於7月18日與江澤民以電話進行會談。柯林頓在電話中強調美國「一個中國」政策不變，要求中國能夠自制，但江澤民極力

批判李登輝的發言，指其「踏出國家分裂極為危險的一步」，再三表示「中國絕對不會坐視」，暗指可能行使武力解決問題。[213]

7月20日，為緩和兩岸的緊張關係，柯林頓總統再於記者會上表明：「美國對中政策不變，但如果台、中之間的對立發展為軍事緊張，則美國將基於『台灣關係法』，抱持嚴重的關切。」此點在前述18日的電話對談中，早已傳達給中國的江澤民國家主席。[214]同日，歐布萊特國務卿亦表明將在25日於新加坡的東協各國聯席會議中，呼籲中國和平解決台灣問題。同時，為了在會議前調整兩國的步調，表示將派遣羅斯（S. Q. Roth）助理國務卿（負責亞太事務）於21日前往北京，另美國在台協會會長卜睿哲前往台灣。[215]

7月22日，為緩和兩岸的緊張關係，卜睿哲會長訪問台灣。卜睿哲起始即表示：「我不是到台灣傳話，也不是前來施壓，而是為了理解而來」，說明其目的在瞭解此次引發兩岸緊張的「兩國論」的真正意涵。

次（23）日，卜睿哲與李登輝等台灣高層進行會談。在該次會談中，李登輝首先對柯林頓總統堅持台海和平的立場致以感謝，其次述及對中國的建設性對話及良心交流的政策並未改變。同時，他針對台、中關係為「特殊的國與國關係」的發言表示：「這只是反映大多數人民的心聲而已」，並強調將堅持此一「不為中國接受的台、中關係新定義」。針對此點，卜睿哲表示過去20年來美國的基本政策是，「一個中國」政策；至於一個中國究竟應該如何定義，應由兩岸去談，以和平的方式解決。他很清楚的傳達美國對「一個中國」政策的在意，認為只有保存這個模糊的空間，才能維持穩定的局面。卜睿哲並在會中詢問，過去台灣曾提出「一個中國、各自表述」，這個政策是否還存在？台灣方面答

覆這個政策還在。卜氏乃建議，台灣何不再次提出，以避免誤解。為了不與美國「一個中國」政策牴觸，並給柯林頓一個面子，台方在會中同意將「特殊國與國關係」解釋為即是「一個中國、各自表述」的進一步演繹。對此卜睿哲表示滿意，可以接受。[216]

在與台灣高層進行一連串的會談之後，卜睿哲特使於 25 日正午返國前在機場發表聲明，表示「最重要的是兩岸問題的和平解決」，呼籲台、中雙方緩和緊張與進行對話，以促進和平與安全。同時，卜睿哲提到「一個中國」政策是美國政府的基礎，但亦言及「一個中國如何定義，具體上如何實現，只有委諸台、中雙方基於相互可能接受的基礎進行對話」，最後並表示支持李登輝的論調。[217]

可是，卜睿哲返美之後，中國對台的文攻武嚇雖不如 1996 年台海危機的程度，但仍是極盡恣意狂言之能事。直至同年(1999年) 9 月 11 日，亞太經合會 (APEC) 在紐西蘭的奧克蘭召開部長、高峰會議時，柯林頓與江澤民舉行會談，柯林頓首先表示：「李登輝的發言使美中關係變得困難」，給中國頗有面子。其次，對於由美國掌控步調的中國加入 WTO (世界貿易組織) 問題，柯林頓亦表示美方將全力支持，從而達成兩國的協議。[218]

如此，一時陷入低潮的美中關係，因台灣問題的共識反而修復。又時逢台灣爆發百年僅見的「九二一大地震 (1999 年 9 月 21日)」，這場浩劫造成重大傷亡 (死者逾2,400 人，傷者逾 11,000 人)，國際關懷紛至。在此天災的肆虐下，因時空不宜，中國的文攻武嚇亦歸於平靜。

其後，李登輝在世界著名外交雜誌《Foreign Affairs》登稿，再次向世界各國重提「兩國論」的主張，[219]但中國並無任何指責的言論。中國領導人業已將目光朝向 2000 年 3 月將屆的台灣總

統選舉。針對李登輝的兩國論，當時彭明敏教授有如下精確的詮釋，茲引述之。

　　「李登輝推動『本土化』運動則是要台灣人民認同台灣，做必要的心理建設，建立一正常心理的正常社會，這是天經地義、無可厚非的，他提出所謂『兩國論』，認為台灣與中國是『有特殊關係的二個國家』，舉世嘩然。其實，若果冷靜客觀去想，中華人民共和國是一個主權國家，世界公認，台灣則朝野（包括『統派』人士及新黨）莫不主張中華民國是一個『主權獨立』的國家，對此中共也未曾提出異議，那麼邏輯上中國與台灣，若不是兩個不同國家，是什麼？李登輝所謂「兩國論」只不過將上面客觀事實說出而已，並不是什麼驚天動地的大創見，中共為什麼要發瘋，令人費解。李登輝還很客氣地退讓說兩國有『特殊的關係』呢！」⑳

## 第十五章註

① 江南《蔣經國傳》，李敖出版社，1995年，5-11頁參照。
　李松林《蔣經國的台灣時代》，風雲時代出版公司，1993年，147頁參照。
　Jay Tayor著／李添貴譯《台灣現代化的推手——蔣經國傳》，時報文化出版，2000年，7、13頁參照。
② 同上《蔣經國傳》，15-27頁參照。
　漆高儒《蔣經國的一生——從西伯利亞奴工到中華民國總統》，傳記文學出版社，民國80年，293-4頁參照。
③ 同上《蔣經國傳》，34-46、70頁參照。
　蔣經國先生全集編輯委員會《蔣經國先生全集》，第一冊，行政院新聞局，民國81年，86頁。

④ 同上《蔣經國傳》，70、72-86 頁參照。

　同上，《蔣經國先生全集》第一冊，1-90 頁參照。

⑤ 同上《蔣經國傳》，96-7 頁參照。

　前揭《蔣經國的一生——從西伯利亞奴工到中華民國總統》，26-7 頁參照。

　前揭《台灣現代化的推手——蔣經國傳》，90 頁。

⑥ 同上《蔣經國傳》，99-106 頁參照。

⑦ 同上，126-9 頁參照。

⑧ 同上，282-303 頁參照。

⑨ 同上，348-72 頁參照。

　拙著《台灣戰後國際政治史》，前揭，258 頁參照。

　Willian J. Leaderer, *A Nation of Sheep.* W. W. Norton & Co., Inc. pp.52-5.

　Karl Lott Rankin, *China Assignment.* Washington Univ. Press, 1964. pp.307-7.

　George H. Kerr, *Formosa Betrayed.* op. cit., pp.412-3.

⑩ 前揭《蔣經國傳》，452-4 頁參照。

⑪ 程玉鳳・李福鐘編輯《戰後台灣民主運動史料彙編四國會改造》，國史館，民國90年，281-2頁。

⑫ 許雪姬總策劃《台灣歷史辭典》，前揭，1343 頁參照。

　林衫乾等總編輯《台灣文化事典》，前揭，1077-8 頁參照。

⑬ 沈劍虹《使美八年紀要——沈劍虹回憶錄》，前揭，45-7 頁參照。

⑭《台灣青年》，1970 年 4 月，第 113 號，12-3 頁。

　前揭《蔣經國傳》，439-43 頁參照。

　前揭《蔣經國的一生——從西伯利亞奴工到中華民國總統》，171-4 頁參照。

⑮《台灣青年》，1970 年 5 月，第 114 號，18-21 頁。

⑯ 前揭《蔣經國傳》，446-7 頁參照。

　伊原吉之助《台灣の政治改革年表・覺書 (1943-1987)》，帝塚山大學，1994 年，182-3 頁參照。

⑰ 同上《蔣經國傳》，447-8 頁參照。

　同上《台灣の政治改革年表・覺書 (1943-1987)》，183-4 頁參照。

　張德水《激動！台灣的歷史》，前揭，252-3 頁參照。

　前揭《蔣經國的台灣時代》，5-10 頁參照。

　李筱峯《台灣全志》卷首——戰後台灣變遷史略，國史館台灣文獻館，民國93年，112頁。

⑱ 李筱峯《台灣民主運動四十年》，前揭，113 頁參照。

⑲ 前揭《蔣經國的一生──從西伯利亞奴工到中華民國總統》，142-4 頁參照。

前揭《蔣經國的台灣時代》，27-8 頁參照。

張翰璧《台灣全志》卷九，社會志・經濟與社會篇，國史館台灣文獻館，2006 年，57 頁。

⑳ 前揭《台灣全志》卷首──戰後台灣變遷史略，113 頁參照。

㉑ 陳銘城《海外獨立運動四十年》，自立晚報社文化出版部，民國 81 年，80-4 頁參照。

陳銘成・施正鋒編《台灣獨立建國聯盟的故事》，前衛出版社，2000 年，34 頁。

㉒ 同上《海外獨立運動四十年》，84-6 頁參照。

同上《台灣獨立建國聯盟的故事》，35 頁。

㉓ 同上《海外獨立運動四十年》，87-8 頁。

同上《台灣獨立建國聯盟的故事》，35 頁。

㉔ 王育德《「昭和」を生きた台灣青年》，草思社，2001 年，304 頁。

㉕ 王育德《台灣──苦悶するその歷史》，前揭，171-2 頁。

前揭《海外獨立運動四十年》，15-8 頁。

㉖ 田中直吉先生追悼文集刊行委員會《情念の人──田中直吉先生》，同會，1997 年，155-6 頁。

㉗ 宗像隆幸《台灣獨立運動私記》，前揭，125-6 頁。

㉘ 廖建龍〈京都抗議デモの行動日誌〉（《台灣青年》No.68，1966 年 7 月 25 日，5-20 頁所收）。

前揭《台灣獨立建國聯盟的故事》，20-1 頁。

㉙ 戴天昭《台灣法的地位の史的研究》，行人社，2005 年，同書李明峻譯《台灣法律地位的歷史考察》，前衛出版社，2010 年，377-8 頁參照。

㉚《台灣青年》No.82，1967 年 9 月 25 日，1-27 頁參照。

前揭《海外獨立運動四十年》，27 頁參照。

㉛ 前揭《台灣獨立運動私記》，157-73 頁參照。

同上《海外獨立運動四十年》，29-37 頁參照。

前揭《台灣獨立建國聯盟的故事》，28-31 頁參照。

㉜ 陳儀深訪問／林東璟等記錄《海外獨立運動相關人物口述史》續篇，中央研究院近代史研究所，民國 101 年，11-5 頁參照。

史明《史明回憶錄：追求理想不回頭》，前衛出版社，2016 年，407-13

頁參照。

㉝ 同上《海外獨立運動相關人物口述史》續篇 16-7 頁。

　同上《史明回憶錄：追求理想不回頭》，423-8 頁參照。

　前揭《海外獨立運動四十年》，76-7 頁參照。

㉞ 同上《史明回憶錄》，428-38 頁參照。

㉟《台灣青年》No.86，1968 年 1 月 25 日，1 頁。

　同上《史明回憶錄：追求理想不回頭》468-9 頁參照。

㊱ 前揭《海外獨立運動相關人物口述史》續篇，46 頁參照。

㊲ 前揭《台灣獨立聯盟的故事》，36 頁。

㊳ 同上，同頁。

㊴ 同上，37 頁。

㊵ 同上，同頁。

㊶ 同上，40-1 頁參照。

㊷ 同上，42 頁參照。

㊸ 同上，44-5 頁參照。

㊹ 同上，46 頁。

　辜寬敏口述／張炎憲‧曾秋美採訪整理《逆風蒼鷹——辜寬敏的台獨人生》，財團法人吳三連台灣史料基金會，2015 年，67-9 頁。

㊺ 前揭《台灣獨立聯盟的故事》，47、52 頁。

㊻ 同上，61-3 頁參照。

㊼ 前揭《台灣全志》卷首——戰後台灣變遷史略，90 頁。

㊽ 前揭《台灣民主運動四十年》，85-9 頁參照。

　彭懷恩《台灣政治變遷 40 年》，自立晚報，民國 76 年，99 頁參照。

㊾ 同上《台灣民主運動四十年》，90-4 頁參照。

㊿ 同上，94 頁。

51 同上，99-108 頁參照。

　戴寶村《台灣全志》卷四，政治志‧黨國篇，國史館台灣文獻館，2007 年，58 頁參照。

52 同上，《台灣全志》卷四，政治志‧黨國篇，58 頁參照。

　前揭《台灣全志》卷首——戰後台灣變遷史略，117 頁參照。

53 台灣省文獻委員會編印《台灣近代史——政治篇》，同委員會，民國 84 年，631 頁。

54 前揭《台灣民主運動四十年》，122 頁。

55 前揭《台灣全志》卷首——戰後台灣變遷史略，118 頁。

⑤ 前揭《台灣政治變遷 40 年》，111 頁。

⑤ 前揭《台灣全志》卷首──戰後台灣變遷史略，118 頁。

⑤ 同上，118-9 頁。

　　前揭《台灣全志》卷四，政治志・黨國篇，59 頁參照。

⑤ 薛化元《台灣全志》卷四，政治志・民主憲政篇，國史館台灣文獻館，2007 年，71-2 頁。

⑥ 戴天昭《台灣戰後國際政治史》，行人社，2001 年，498-500 頁。

　　《台灣青年》No.182，1975 年 12 月，91-2 頁參照。

　　周琇環編輯《戰後台灣政治案件：白雅燦案史料彙編》，國史館，2008 年，編序 1-7 頁，相關證物 10 頁參照。

⑥ 前揭《台灣民主運動四十年》，120 頁。

⑥ 同上，120-2 頁參照。

　　郭惠娜・許芳庭編《郭雨新先生照片暨史料集》，國史館，2008 年，96-118 參照。

⑥ 前揭《台灣全志》卷首──戰後台灣變遷史略，119-20 頁。

⑥ 許介鱗《戰後台灣史記》卷三，文英堂出版社，1996 年，32 頁。

⑥《台灣青年》No.206，1977 年 12 月 5 日，1-16 頁參照。

　　前揭《台灣全志》卷首──戰後台灣變遷史略，120 頁。

⑥ 王育德・宗像隆幸《新しい台灣》，弘文堂，1990 年，254 頁。

　　《台灣青年》No.207，1978 年 1 月 5 日，表 4 頁。

⑥ 林蔭庭《追隨半世紀：李煥與經國先生》，天下文化出版，1998 年，183 頁。

⑥ 同上，181 頁。

⑥ 前揭《台灣の政治改革年表・覺書（1943-1987）》，216-7 頁參照。

⑦ 前揭《戰後台灣史記》卷三，46 頁參照。

　　前揭《台灣全志》卷首──戰後台灣變遷史略，121 頁參照。

⑦ 前揭《台灣全志》卷四，政治志・民主憲政篇，73-4 頁。

　　同上《台灣全志》卷首──戰後台灣變遷史略，121 頁。

⑦ 前揭《台灣民主運動四十年》，129、133、135 頁參照。

　　前揭《戰後台灣史記》卷三，46 頁參照。

⑦ 前揭《台灣全志》卷首──戰後台灣變遷史略，122 頁。

　　前揭《台灣全志》卷四，政治志・民主憲政篇，74 頁。

⑦ 蕭李居編輯《戰後台灣政治案件：余登發案史料彙編》㈠，國史館，2008 年，編序 3 頁。

⑦ 同上，1-5 頁參照。

⑯ 前揭《台灣全志》卷首——戰後台灣變遷史略，122-3 頁。

⑰ 同上，123 頁。

前揭《戰後台灣政治案件：余登發案史料彙編》㈠，編序，3-4 頁。

⑱ 呂秀蓮《重審美麗島》，前衛出版社，1997 年，81-3 頁參照。

前揭《台灣民主運動四十年》，142-7 頁參照。

⑲ 同上《重審美麗島》，84-90 頁參照。

前揭《台灣全志》卷首——戰後台灣變遷史略，124 頁。

⑳ 前揭《重審美麗島》，141-202 頁，有詳細記載事件的經過，請參閱。

楊青矗口述原著／陳世宏訪問編註《楊青矗與美麗島事件》，國史館，2007 年，288-98 頁參照。

㉑ 同上《重審美麗島》，215-31 頁參照。

㉒ 同上，266-9 頁參照。

若林正丈《台灣——分裂國家民主化》，東京大學出版會，1994 年，210 頁。

㉓ 前揭《重審美麗島》，383-96、503、516-7 頁參照。

㉔ 同上，273-81 參照。

㉕ 前揭《台灣現代化的推手——蔣經國傳》，393-4 頁。

㉖ 同上，276 頁。

㉗ 前揭《台灣の政治改革年表・覺書 (1943-1987)》，254 頁。

前揭《台灣全志》卷首——戰後台灣變遷史略，125 頁

㉘ 同上《台灣の政治改革年表・覺書 (1943-1987)》，261 頁。

陳翠蓮《台灣全志》卷四，政治志・民意機關篇，國史館台灣文獻館，民國 96 年，129-30 頁參照。

㉙《台灣青年》No.250，1981 年 8 月，6 頁。

㉚ 同上，5-6 頁。

㉛《台灣青年》No.253，1981 年 11 月，113 頁。

㉜ 李國祁總纂／呂實強等撰稿《台灣近代史》政治篇，台灣省文獻委員會，民國 84 年，632 頁。

㉝ 林啓旭〈江南暗殺事件〉(收於《台灣青年》，1985 年 4 月，第 294 號, 81-6 頁)。

林啓旭〈蔣政權を搖るがす十信不正融資事件〉(收於《台灣青年》，1986年 1 月，第 303 號, 6-7、11 頁)。

前揭《追隨半世紀：李煥與經國先生》，265 頁。

前揭《台灣現代化的推手——蔣經國傳》，428-35 頁參照。

㉞ 前揭《台灣の政治改革年表・覺書 (1943-1987)》，307 頁。

前揭《台灣民主運動四十年》，189-204、213-4 頁。

⑨⑤ 前揭《台灣全志》卷首──戰後台灣變遷史略，127 頁。

⑨⑥《台灣青年》No.308，1986 年 6 月，12 頁。

⑨⑦ 前揭《新しい台灣》，276 頁。

　　黃有仁〈ついに新黨を結成〉(收於《台灣青年》，1986 年 11 月，第 313 號，6 頁)。

⑨⑧ 同上〈ついに新黨を結成〉，7-8 頁。

⑨⑨〈中央日報〉，1986 年 10 月 9 日。

　　蔣經國先生全集編輯委員會《蔣經國先生全集》第 15 冊，行政院新聞局，民國 81 年，175-7 頁。

　　前揭《台灣の政治改革年表・覺書 (1943-87)》，326-7 頁。

⑩⓪ 井尻秀憲教授在其著書《台灣經驗と冷戰後のアジア》(勁草書房，1993 年)中，對此一發言評論道：「毋庸贅言地，此事顯示台灣的政治改革是以蔣經國爲中心的開明領導者經由深謀遠慮和英明決斷，以從上而下的方式所展開。」(該書 17 頁)然而，由筆者的敘述可知，當時蔣經國是迫於國內外的壓力而不得不做此選擇。這當然與「開明領導者由深謀遠慮和英明決斷」無關。另一方面，蔣經國能做此選擇，筆者亦給予極高的評價。此外，筆者深知井尻秀憲教授是優秀的台灣問題研究者，此處僅是針對此點，敘述筆者率直的見解和眞摯的心情。

⑩① 前揭《新しい台灣》，279 頁。

⑩② 同上，280 頁。

⑩③ 前揭《台灣全志》卷四，政治志・民主憲政篇，89-91 頁參照。

⑩④ 李登輝著／楊明珠譯《新台灣的主張》，遠足文化，2015 年，88 頁。

⑩⑤ 前揭《追隨半世紀：李煥與經國先生》，254 頁。

⑩⑥ 伊藤潔《李登輝傳》，文藝春秋，平成八年，232-6 頁參照。

⑩⑦ 郝柏村《無愧》，天下文化出版，1993 年，38、41 頁。

⑩⑧ 李登輝《台灣的主張》，遠流出版公司，1999 年，62 頁。(日譯本：PHP 研究所，49 頁)

⑩⑨ 周玉蔻《李登輝的一千天：1988-92》，麥田出版，1993 年，29-32 頁。

　　前揭《追隨半世紀：李煥與經國先生》，269-72 頁參照。

⑪⓪ 何洛編著《李登輝全紀錄 1923-96》，生活智庫出版，1996 年，82-4 頁。

⑪① 同上，106-8 頁。

　　前揭《李登輝的一千天：1988-92》，51-60 頁。

　　伊原吉之助《台灣の政治改革年表・覺書 (李登輝時代)》，帝塚山大學，1990 年，79 頁。

⑫ 前揭《台灣全志》卷首——戰後台灣變遷史略，134-5 頁參照。

　李永熾監修‧薛化元主編《台灣歷史年表 V (1989-1994)》，業強出版社，1998 年，6 頁參照。

⑬ 前揭《台灣戰後國際政治史》，527-38 頁。

⑭ 前揭《李登輝的一千天：1988-92》，58-9、87 頁。

　前揭《台灣の政治改革年表‧覺書 (李登輝時代)》，96 頁。

⑮ 同上《李登輝的一千天：1988-92》，99-106 頁。

⑯ 前揭《李登輝全紀錄 1923-96》，130 頁。

　前揭《台灣歷史年表 V (1989-1994)》，26-8 頁參照。

　鄒景雯《李登輝執政告白實錄》，印刻出版公司，2001 年，67-8 頁。

⑰ 同上《台灣歷史年表 V (1989-1994)》，52 頁參照。

　前揭《台灣全志》卷首——戰後台灣變遷史略，135 頁參照。

⑱ 前揭《李登輝全紀錄 1923-96》，165-7 頁。

　前揭《李登輝的一千天：1988-92》，140-7 頁。

　前揭《追隨半世紀：李煥與經國先生》，311-2 頁。

　當日會議的詳細狀況請參照前揭《台灣の政治改革年表‧覺書 (李登輝時代)》，124-7 頁。

　李登輝‧中嶋嶺雄《アジアの知略》，光文社，2000 年，194 頁。

　前揭《李登輝執政告白實錄》，72-5 頁參照。

⑲ 同上《李登輝的一千天：1988-92》，163-86 頁。

　同上《追隨半世紀：李煥與經國先生》，313 頁。

　邱家洪《政治豪情淡泊心——謝東閔傳》，木棉，1999 年，298-300 頁。

　同上《李登輝執政告白實錄》，78-80 頁。

⑳ 范雲編著《新生代的自我追尋——台灣學生運動文獻彙編》，前衛出版社，1993 年，296 頁。

㉑ 前揭《台灣の政治改革年表‧覺書 (李登輝時代)》，141 頁。

　林美娜編《憤怒的野百合》，前衛出版社，1990 年，65 頁。

㉒ 同上《憤怒的野百合》，34-5、65 頁參照。

　前揭《新生代的自我追尋——台灣學生運動文獻彙編》，404 頁。

㉓ 同上《憤怒的野百合》，36-7、66-7 頁參照。

　同上《新生代的自我追尋——台灣學生運動文獻彙編》，408-12 頁。

㉔ 同上《憤怒的野百合》，37-8、67、116-7 頁。

　同上《新生代的自我追尋——台灣學生運動文獻彙編》，414-6 頁。

　何榮幸《學運世代從野百合到太陽花》，時報文化，2014 年，32、55 頁。

鄧丕雲《八〇年代學運史》，前衛出版社，1993 年，318-9 頁。

⑫⑤ 同上《憤怒的野百合》，68 頁。

同上《新生代的自我追尋——台灣學生運動文獻彙編》，416-24 頁。

同上《八〇年代學運史》，321-4 頁參照。

⑫⑥ 同上《憤怒的野百合》，40、68-9、255 頁。

林美容《台灣文化與歷史的重構》，前衛出版社，1996 年，65-6 頁參照。

前揭《無愧》，206 頁。

前揭《台灣の政治改革年表・覺書 (李登輝時代)》，143-4 頁。

前揭《李登輝執政告白實錄》，327-9 頁參照。

⑫⑦ 同上《憤怒的野百合》，17-8、69 頁。

前揭《八〇年代學運史》，326-38 頁參照。

前揭《新生代的自我追尋——台灣學生運動文獻彙編》，304-6、424-8 頁參照。

⑫⑧ 請參閱何榮幸《學運世代——從野百合到太陽花》(前揭) 一書。

⑫⑨ 前揭《李登輝的一千天：1988-92》，225-7 頁。

前揭《追隨半世紀：李煥與經國先生》，319 頁。

前揭《台灣の政治改革年表・覺書 (李登輝時代)》，160-1 頁參照。

⑬⓪ 前揭《李登輝執政告白實錄》，331-2 頁參照。

伊原吉之助《台灣の政治改革年表・覺書 (郝柏村時代)》，帝塚山大學，1993 年，132-3、136-7 頁。

⑬① 同上《台灣の政治改革年表・覺書 (郝柏村時代)》，222-3 頁參照。

⑬② 同上，228-33 頁參照。

前揭《台灣歷史年表 V (1989-1994)》，174-8 頁參照。

前揭《史明回憶錄：追求理想不回頭》，532-7 頁參照。

⑬③ 薛化元・楊秀菁・林果顯主編《戰後台灣民主運動史料彙編 (十二) 言論自由㈣》，國史館，2408 頁。

⑬④ 前揭《台灣全志》卷四，政治志・民主憲政篇，95 頁。

⑬⑤ 張炎憲・陳鳳華訪問、陳鳳華整理《100 行動聯盟與言論自由》，國史館，2008 年，5、20-1 頁。

⑬⑥ 同上，6 頁。

前揭《台灣全志》卷四，政治志・民主憲政篇，95 頁。

⑬⑦ 前揭《100 行動聯盟與言論自由》，8-9、32 頁。

同上《台灣全志》卷四，政治志・民主憲政篇，95 頁。

⑬⑧ 同上《100 行動聯盟與言論自由》，9 頁。

同上《台灣全志》卷四，政治志‧民主憲政篇，95-6頁。

⑬ 前揭《台灣全志》卷首──戰後台灣變遷史略，137頁。

⑭ 前揭《李登輝執政告白實錄》，334頁。

⑭ 前揭《無愧》，283-342頁。

　　前揭《李登輝的一千天：1988-92》，245-50頁。

　　前揭《李登輝傳》，133-7頁參照。

　　同上《李登輝執政告白實錄》，95-8頁參照。

⑭ 同上《李登輝執政告白實錄》，98-9頁。

⑬ 行政院大陸委員會《國家統一綱領的要旨與內涵》，同會，民國81年，2-3頁。

　　前揭《台灣の政治改革年表‧覺書 (郝柏村時代)》，211-2頁。

⑭ 前揭《李登輝執政告白實錄》，192-4頁。

⑭ 同上，194-7頁參照。

⑭ 同上，197頁。

⑭ 同上，197-8頁。

⑭ 同上，198-200頁參照。

⑭ 同上，187頁。

⑮ 同上，188頁。

⑮ 同上，189頁。

⑮ 同上，同頁。

⑮ 同上，190頁。

⑮ 同上，191頁。

⑮ 王銘義《兩岸和談》，財訊出版社，1997年，25-7頁。

　　前揭《台灣の政治改革年表‧覺書 (1993)》，66-72頁。

⑮ 前揭前揭《李登輝全紀錄1923-96》，468-73頁。

　　行政院新聞局《李總統登輝先生八十三年言論選集》，同新聞局，民國84年，350-74頁。

⑮ 前揭《李登輝傳》，167-8頁。

　　前揭《李登輝執政告白實錄》，202頁。

⑮ 同上《李登輝執政告白實錄》，201頁。

⑮ 同上，201-2頁參照。

⑯ 前揭《兩岸關係變遷史》，266-9頁。

⑯ 同上，303-6頁。

⑯ 同上，368頁。

前揭《兩岸和談》，83-5 頁。

⑯ 田賢治〈現代米中關係の變容〉，前揭，114 頁。

⑯ 同上，同頁。

⑯ 前揭《李登輝傳》，150 頁。

⑯ 同上，198-201 頁。

⑯ 前揭前揭《李登輝全紀錄 1923-96》，578-9 頁。

⑯ James r. Lilley & chuck Downs 編著／張國瑩等譯《台灣有沒有明天？》，
先覺出版社，1999 年，59、205、207 頁。

⑯ 同上，208 頁。

⑰ 前揭《李登輝傳》，215 頁。

⑰ 〈人民日報〉，1995 年 8 月 24 日。

⑰ 志方俊之《極東有事》，クレスト社，平成 9 年，34 頁。

⑰ 井尻秀憲編著《中台危機の構造》，勁草書房，1997 年，215-6 頁。

⑰ J. H. Mann ／林添貴譯《轉向──從尼克森到柯林頓美中關係揭密》，
前揭，497 頁。

⑰ 〈民眾日報〉，民國 85 年 3 月 13 日。

⑰ 梅孜主編《美台關係重要資料選編》，時事出版社，1997 年，305-14 頁。

⑰ 〈民眾日報〉，民國 85 年 3 月 23 日。

⑱ 前揭《李登輝執政告白實錄》，

⑲ 前揭《中台危機の構造》，220 頁。

⑱ 〈民眾日報〉，民國 86 年 9 月 8 日。

⑱ 前揭《新台灣的主張》，109-10 頁。
前揭《李登輝執政告白實錄》，107-9 頁參照。

⑱ 前揭《台灣全志》卷四，政治志・民主憲政篇，140 頁。

⑱ 〈民眾日報〉，民國 85 年 3 月 21 日。

⑱ 前揭《台灣的主張》，151 頁。

⑱ 〈朝日新聞〉，1996 年 5 月 27 日。

⑱ 島田政雄・田家農《戰後日中關係五十年》，東方書店，1997 年，
481 頁。

⑱ 霞山會《日中關係基本資料集 1949-97 年》，同會刊，1998 年，954 頁。
〈朝日新聞〉，1997 年 9 月 24 日。

⑱ 〈朝日新聞〉，1997 年 9 月 20 日。

⑱ 邵宗海《兩岸關係與兩岸對策》，時報文化，1996 年，103-4 頁。

⑲ 〈朝日新聞〉，1997 年 10 月 20 日。

⑲¹ 張亞中‧孫國祥《美國的中國政策》，周智文化事業有限公司，1999 年，381-9 頁。

⑲² 〈朝日新聞〉，1997 年 10 月 31 日、11 月 1 日、11 月 11 日。

⑲³ 前揭《李登輝執政告白實錄》，290-1 頁。

⑲⁴ 〈朝日新聞〉，1998 年 6 月 28 日。

⑲⁵ 同上，同日。

⑲⁶ 〈朝日新聞〉，1998 年 7 月 1 日。

⑲⁷ 郭崇武‧蕭懷湘編撰《兩岸關係大事紀──民國八十七年》，法務部調查局共產問題研究中心，民國 88 年，120-1、132 頁。

⑲⁸ 同上，138-9 頁。

⑲⁹ 《台灣青年》，1998 年 8 月，第 454 號，2 頁。

⑳⁰ 〈民眾日報〉，1998 年 7 月 12 日。
　前揭《兩岸關係大事紀—民國八十七年》，141-2 頁。

²⁰¹ 〈民眾日報〉，1998 年 7 月 22 日。

²⁰² 前揭《李登輝執政告白實錄》，302、305 頁。

²⁰³ 〈民眾日報〉，1998 年 10 月 16 日。

²⁰⁴ 前揭《台灣的主張》，174-5 頁（日譯本，128-30 頁）。

²⁰⁵ 〈民眾日報〉，1999 年 1 月 1 日。

²⁰⁶ 《台灣青年》，1999 年 6 月，第 464 號，33 頁。

²⁰⁷ 同上，1999 年 5 月，第 463 號，1 頁。

²⁰⁸ 同上，1-2 頁。

²⁰⁹ 前揭《台灣的主張》，240 頁。（日譯本，185-6 頁）

²¹⁰ 行政院大陸委員會「總統接受德國之聲專訪」，1999 年 7 月。
　《中華週報》，1999 年 8 月 26 日，第 1919 號。
　前揭《李登輝執政告白實錄》，227-30 頁參照。

²¹¹ 〈民眾日報〉，1999 年 7 月 13 日。
　《台灣青年》，1999 年 9 月，第 467 號，17、25 頁。
　〈人民日報〉，1999 年 7 月 13 日、14 日、15 日。
　〈朝日新聞〉，199 年 7 月 13 日、14 日、15 日、16 日。

²¹² 〈朝日新聞〉，1999 年 7 月 16 日。
　〈民眾日報〉，1999 年 7 月 17 日。

²¹³ 〈朝日新聞〉，1999 年 7 月 19 日夕刊。
　〈人民日報〉，1999 年 7 月 19 日。

²¹⁴ 〈朝日新聞〉，1999 年 7 月 21 日。

〈民衆日報〉，1999 年 7 月 23 日。

⑮〈朝日新聞〉，1999 年 7 月 21 日。

⑯〈朝日新聞〉，1999 年 7 月 24 日。

〈民衆日報〉，1999 年 7 月 24 日。

前揭《李登輝執政告白實錄》，242-4 頁。

⑰〈民衆日報〉，1999 年 7 月 26 日。

⑱〈朝日新聞〉，1999 年 9 月 12 日。

〈人民日報〉，1999 年 9 月 12 日。

⑲ Lee Teng-Hai, "Understandin Taiwan: On Taiwan National Identity." *Foreign Affairs,* Nov/Dec. 1999, Vol. 78, No. 6, pp.9-14.

⑳ 彭明敏《寫給台灣的備忘錄——彭明敏教授文集》，允晨文化實業股份有限公司，2017 年，123 頁。

第十六章

# 國民黨政權的終結
# 與陳水扁新政權的功過

# 第一節　國民黨的內鬨與民進黨陳水扁政權的成立

## 一、國民黨連戰、宋楚瑜的對立及 2000 年 3 月總統大選

　　以「兩國論」將國府的台灣化推至終極，並克服因而產生的內外紛爭，在國內救災亦暫告一段落之後，李登輝政權針對 2000 年 3 月總統選舉所做的第一件事，就是處分長年戰友且爲擁立李登輝有功的宋楚瑜。這對他是相當艱難但又不得不爲的重要工作。

　　宋楚瑜是才華洋溢的政治野心家，但其意識形態毋庸置疑地是傾向於大中華思想。因此，在日益台灣化的國府政權內部，宋楚瑜自然成爲旁系而不得不遠離權力中樞。不久，對於提名國民黨總統候選人的問題，國民黨內原本「連宋配」的呼聲不斷，但終究無法配成。據李登輝指出，連戰的主觀意願是決定性的關鍵。原因非常簡單：「沒有一個主官願意找一個處處企圖爭鋒、對自己造成困擾的副手，連戰當然不會例外。早在宋楚瑜於省府獨霸一方時，他的身邊人在外公然譏笑連戰是『扶不起的阿斗』，宋楚瑜卻未加約束，連戰就已經斷了找宋楚瑜合作的念頭」。結果，連戰選擇了當時的現任閣揆蕭萬長爲其副手（在此之前，連戰曾親自拜訪中研院院長李遠哲，希望搭檔組成「夢幻組合」，但李遠哲經過慎重考慮，婉拒了連戰的邀請）；[1]對此，宋楚瑜當然大表不滿，終於高舉「超黨派」的旗號，自己出馬參選總統，並激烈攻擊國府而形成對立。李登輝遂極力批判宋楚瑜爲「背叛份子」，並於 1999

年 10 月 17 日的中常會上，提出開除宋楚瑜的黨籍；11 月 16 日，國民黨考紀會正式開除了宋之黨籍，雙方進入敵對關係。

　　宋楚瑜 1942 年出生於中國湖南湘潭縣，是毛澤東晚輩的同鄉。他的父親宋達 10 歲時喪父，14 歲由湘潭前往青島考進海軍雷電班，由三等兵入伍展開軍旅生涯。宋達是一個勤勉讀書擅長考試的軍人，他後來被推舉保送入陸軍大學、再入陸大將官班，曾受蔣介石的賞識而「御批」送往美國受訓，並晉升為中將。宋達除役後在文化大學創辦工商管理系並兼系主任，由軍、黨、政關係更延伸至教育界。由此觀之，宋楚瑜固非出自顯貴之家，但以其父的軍、黨、政關係，若對宋楚瑜無任何庇蔭是難以服人。宋楚瑜 1964 年政大外交系畢業，服完兵役後赴美入加州柏克萊大學留學。1968 年獲碩士學位後，再轉讀喬治城大學攻讀博士學位。1974 年 1 月，學成歸國，由其知己錢復（時任新聞局長）的牽引，開始擔任蔣經國行政院長的英文秘書；從此成為蔣經國的貼身親信長達 14 年，被稱為「宮廷大內高手」。1977 年宋楚瑜出任新聞局副局長，1979 年 1 月代理局長，同年 6 月真除為正式局長，1984 年 9 月，轉入國民黨核心文工會主任（以上戴寶村教授撰）。②

　　1987 年 3 月，宋被調升為國民黨中央委員會副秘書長。1988 年 1 月 13 日，蔣經國去世，同年 1 月 27 日，在國民黨臨時中常會臨門一腳，護送李登輝當上國民黨代理主席。1989 年 5 月，李煥接任行政院長，宋接任國民黨秘書長。1990 年 2-3 月，在國民黨臨中全會政爭中保護李登輝當上總統候選人。1993 年 3 月 20 日，被李登輝任命台灣省主席。1994 年 12 月 3 日，宋楚瑜獲得壓倒性當選首屆民選省長（得票數 4,726,012，得票率 56.2%）。1996 年 3 月，總統大選結果，李登輝・連戰獲大勝，宋楚瑜輔

選發揮其在基層的實力。1996 年 12 月，國府將久被詬病的「台灣省政府」加以凍結。1997 年 1 月 21 日，宋省長發表「請辭待命」，與李登輝漸行漸遠。7 月 16 日，國民大會通過凍省的修憲提案。1998 年 10 月 9 日，立法院三讀通過精省條例 (前述)，明定省政府爲行政院派出機關，非地方自治團體。同年 12 月 20 日，首屆民選省長任期結束，宋楚瑜搭機赴美，與李登輝決裂 (以上陳儀深教授撰)。③

再則，宋楚瑜爲了改變大家對他有出身宮廷、世家的觀念，乃刻意強調其年幼時生活清苦的刻板形象。甚至飛黃騰達之後，宋曾說他母親住的房子連廁所都沒有門。結果，後來證實那是一棟宏偉秀麗的日式建築；他還曾說因財產太少，「歹勢」公布，沒錢在台北市買房子，只好在林口購屋。然而如下述，「興票案」爆發後，卻有大筆資金不清不楚地「億來億去」。④

正如是，宋楚瑜極富權謀，善於運籌帷幄。當其擔任台灣省長時，即已意識到終有一天必將參選總統，從而充分利用國府的政治資源。因此，在當時的民意調查中，宋楚瑜一直是領先國民黨提名的連戰 (國民黨權貴、半山連震東之子，1936 年出生於中國陝西省西安市，戰後與其父渡台，1957 年台大政治系畢業，1961 年赴美芝加哥大學進修，1965 年獲政治學博士。回台後任台大政治系教授。未久，託其父的庇蔭下，1981 年 12 月 1 日—1987 年 4 月 28 日，被蔣經國任命交通部長。後來又被李登輝用心栽培，1988 年 7 月 20 日—1990 年 5 月 30日，任外交部長。1990 年 6 月 16 日—1993 年 2 月 26 日，任台灣省主席。1993 年 2 月 27 日—1997 年 9 月 1 日，任行政院院長。1996 年 5 月 20 日—2000 年 5 月 20 日，任副總統，成爲李登輝的接班人。其爲人被公認：「寡情無義」) 和民進黨提名的陳水扁 (1951 年生於台南縣官田鄉的農家。台南一中、台灣大學法律系均以第一名畢業，大三參加律師高考第一

名及格。曾擔任「美麗島事件軍法大審」辯護律師、台北市議員、立法委員。1994年當選台北市市長，1998年12月，市長連任敗給國民黨馬英九）。⑤

然而，另一方面，對宋楚瑜這種霸氣不能遏阻的現象，其實李登輝與連戰早已掌握到宋楚瑜的致命要害，亦即下述轟動一時的剪不斷、理還亂的「興票案」(民進黨亦曾掌握此案，但由於政治考慮，擔心國民黨收漁翁之利，不願出手)。並且經過精密的選舉盤算，1999年9月中，距離投票日前半年，國民黨照表操課，首波選定省府的統籌分配款，作為攻宋的第一道攻勢。李登輝在地方公開批宋「花錢買總統」後，蘇志誠以接受中視專訪的方式做進一步補述。

蘇志誠當時透過電視提出了具體資料，有關統籌分配款中最奧妙的「支援地方緊急支出」的項目，在82年度連戰當省主席，支出是20億，83年度宋楚瑜當省主席，變為67億，84年度宋楚瑜要競選省長，變成307億，85年度據宋楚瑜說是因為碰上要選總統，支出389億，86年度是74億，87年度是57億，88年度是36億。蘇志誠公開質疑，這項經費的運用為何突然間在競選期間增加了這麼多，國民黨從黨主席到競選總幹事沒有人知道這些錢到哪裡去了？交給了誰？只有宋先生和其親信知道。⑥

不過，國民黨對宋楚瑜的第一波攻擊，實際上並未影響到宋的聲勢。對此深感危機的李登輝，乃在12月8日，國民黨連戰候選人的「捍衛民主、決戰百日」造勢大會上，激烈地批評宋楚瑜是「無情無義的騙子」、「如納粹般的破壞民主政治」、「表裡完全相反的人物」和「賣台者」，並表示「國民黨若失去政權，將影響亞洲的安全」，要求國民讓國府政權繼續執政。⑦

翌日，國民黨遂將醞釀許久的興票案正式端上檯面引爆。國

民黨立委楊吉雄在立法院召開第一次記者會，公布宋楚瑜之子宋鎮遠曾在 1992 年於中興票券購買一億多元的票券，消息傳出後，政壇為之譁然。年僅二十歲出頭、剛從大學畢業的宋鎮遠，憑什麼有如此巨額的資金？他的錢是從哪裡來的？新聞界開始群起追蹤報導，一向以清廉標榜的宋楚瑜，也受到前所未有嚴厲的操守考驗。而對於此筆巨款的來源，宋楚瑜立即解釋：「這是某位長輩提供鎮遠做為美國留學之後的創業資金。我不能說出這位長輩的姓名。」之後又說其實是一億四千萬，這筆錢在數月前已經還給了長輩。明眼人都知道宋楚瑜已經亂了方寸。12 月 13 日，楊吉雄發動第二次攻擊，再次公開交易紀錄指出宋鎮遠戶頭的鉅款 10 月才被提走，以凸顯宋陣營的說辭矛盾；他並採取行動，赴財政部檢舉宋楚瑜夫婦、宋鎮遠、陳碧雲涉嫌逃漏稅，違反稅捐稽徵法，也到地檢署提出控告。⑧

12 月 14 日晚 9 點，宋楚瑜在事隔多日，終於召開記者會，正式說明資金的來源與用途。除推翻了「長輩」鼓勵宋鎮遠創業的前言，竟稱這筆錢是國民黨的資金，其用途則是照顧蔣家遺族及黨政運作，包括資助民進黨。12 月 17 日，宋楚瑜再度召開記者會，又改口說這筆錢有兩億四千萬，並且是李登輝給他的。毋庸贅言地，這些辯解立即被相關人員斥為「胡說八道」，宋楚瑜曾欲歸還李登輝兩億四千萬元，但為其所拒。12 月 20 日，楊吉雄召開第三次記者會，又揭露新的驚人數字，宋楚瑜的小姨子陳碧雲在宋任省長期間購買高達四億七千萬鉅額票券，藉以否決宋楚瑜所說的二億四千萬，興票案再度持續加溫。在財政部受理檢舉、監察院也於 12 月 31 日召開臨時財經會議決定進行調查，興票案的案情愈滾愈大，牽涉數額也不斷翻新，遠超過國民黨最初的掌握，最後竟跳升到 11 億 7,617 萬元的天文數字。⑨

　　2000年2月1日，立委林瑞圖連續兩天召開記者會，公布宋鎮遠、陳萬水名下的美國加州五間住宅。這五筆房產分別由1991年至1999年陸續購入，時間橫亙宋楚瑜擔任黨秘書長、省長到卸任公職。這些在美置產的實證，成為選戰中各陣營再次激烈攻防的議題，宋楚瑜為「提籃假燒金」、「烏來」所揶揄，聲勢再也難以提振。2月10日，距離投票僅剩一個月，監察院完成並公布興票案調查報告，明確指出宋楚瑜未依法辦理財產申報，競選省長時的財產申報不實。這份官方的調查結果，對宋楚瑜造成最大的殺傷力。2月16日，國府亦正式以偽造文書、侵占公款等提出告訴，結果宋楚瑜的支持率急轉直下。⑩

　　然而，宋楚瑜的支持者（特別是外省族群）認為「國民黨幹部全部貪汙，其中只有宋楚瑜是認真做事」，再加上一部分失意的本省人政客與其聯合，從而展開世界罕見的奇妙選戰。如後所述，宋楚瑜雖陷入苦戰，但由於中國的強力掩護聲援，竟意外地在最後仍與陳水扁難分難解。開票結果是國民黨連戰慘敗，而宋楚瑜在與陳水扁激戰之後，以些微之差落敗。

　　在1996年的總統選舉中，中國方面激烈抨擊李登輝為「隱藏的獨立派」、彭明敏為「國家分裂主義者」，甚至對台灣近海發射飛彈加以威嚇，但事實顯示這些做法都造成反效果。因此，中國對此次（2000年）總統選舉則採取慎重的態度，表面上假裝平靜地表示：「台灣的總統選舉只不過是中國一個地方的首長選舉」。但在大陸出生、親中國的宋楚瑜因弊案陷入苦戰，國民黨提名的「半山」百億富翁連戰自始即無起色，而民進黨「台灣之子」陳水扁顯現勝選的可能性時，中國方面即開始焦躁不安。

　　中國希望陳水扁落選而曾嘗試再用「文攻武嚇」，但由於「武嚇」受到美國的強力牽制，結果只有變為「文攻」和「口嚇」。

2000 年 2 月 18 日，美國特使塔波特（Strobe Talbott）副國務卿和史洛康（Walter B. Slocombe）副國防部長訪問中國，強力要求中國對一個月後展開的台灣總統大選保持自制，⑪ 但在 2 月 21 日，美國訪問團歸國僅六小時之後，中國即發表〈一個中國的原則和台灣問題〉的白皮書。該白皮書在對台灣使用武力的條件上，除以往的 1. 台灣被以任何名義從中國分割出去；2. 外國侵占台灣；二者之外，更新增 3.「台灣當局無限期拒絕統一談判」之條款，極力威脅台灣。⑫

　　對於此一〈台灣白皮書〉的公布，柯林頓政權有受侮辱之感而大為憤怒，總統發言人洛克哈特（Joe Lockhart）立即於 22 日發表聲明，異常地以強硬口氣表示：「我們拒絕任何武力行使或威脅。」同時，洛克哈特提及 1996 年台海危機時，美國派遣兩艘航空母艦的經緯，並強烈警告說：「美國會適切處理任何威脅。只要憶及此事，即會瞭解我們的立場。」國務院發言人魯賓亦對中國新設定的條件表示「此舉只會導致反效果」，同樣批評中國的脅迫行為。同日，達爾波特副國務卿更召請中國駐美大使李肇星，在國務院向其正式傳達美國的關切。其時，美國參議院正在審議與中國加入世界貿易組織（WTO）有關的對中最惠國待遇（MFN）永久化問題，但在聽到中國以〈台灣白皮書〉展開新的威脅之後，不論民主、共和兩黨均一致表示不滿，強力主張延後 MFN 的討論。⑬

　　由於〈台灣白皮書〉遭到美國方面意料之外地反彈，因此對台灣的衝擊乃相對較為緩和，陳水扁領先的局勢並無改變。3 月 10 日，當選戰進入最後階段時，陳陣營獲得對台灣社會深具影響力的中研院院長李遠哲的支持，同時許多財經界大老，如奇美董事長許文龍等亦紛紛表示支持，使中國方面更是感受到危機。

3月15日，再也按捺不住的朱鎔基總理特別召開記者會，對陳水扁大加撻伐，以惡鬼般猙獰的面目威嚇說：「絕對不能搞台灣獨立」、「誰要是搞台獨，就沒有好下場！」露出較前更為強硬的凶惡態度，公然介入台灣的總統選舉。⑭

　　美國國務院立即於翌（16）日召喚中國駐美大使李肇星，傳達美國的關切之意，並表明反對使用武力。其時，柯恩國防部長正在日本訪問，他亦於17日在東京的記者會上警告中國說：「無論是以何種方式，我們絕對反對以武力解決台灣問題。」⑮

　　朱鎔基在選前三日的這次發言相當強烈，更何況國民黨與宋楚瑜兩陣營自始即煽動民眾，說陳水扁當選必將引發戰爭。朱鎔基在此緊要關頭的發言，更是對此論調推波助瀾。因此，朱鎔基的此次發言為宋楚瑜增長聲勢，使其能與陳水扁激戰至最後關頭。不過，在3月18日的投票中，多數台灣人民仍拒絕中國的威脅，擁護「台灣之子」陳水扁使其當選。陳水扁（民進黨）獲得4,977,737票，得票率39.30%，宋楚瑜（無黨籍）得到4,664,932票，得票率36.84%，連戰（國民黨）為2,925,513票，得票率23.10%。

　　於是，戰後55年來占領統治台灣的國府外來政權終告結束，台灣人的新政權正式誕生。毋庸置疑，對此新政權的出現，最受衝擊的當然是中國政府。在18日晚上的全國聯播新聞報導中，中國政府發布共產黨對台辦公室的聲明，表示「世界上只有一個中國，任何形式的『台獨』，都是絕對不允許的」、「對台灣新領導人，我們將聽其言觀其行，對他將把兩岸關係引向何方，拭目以待」，僅輕描淡寫地提及陳水扁當選的消息。⑯翌（19）日，中國主要各報亦遵從黨中央宣傳部的指示，使用新華社統一發布的新聞稿，且僅在報端一小隅提及黨與政府對台辦公室的聲明，

其下再以「台灣地區領導人選結果」公布三候選人的得票率，不但未說明總票數，甚至未明言誰當選。⑰此種冷漠無視的態度，與選前恐怖的「猙獰面目」相較，反而如實地呈現其所受衝擊之大。

中國在台第五縱隊馮滬祥、謝啓大等不服宋楚瑜的敗北，當晚（18日）將其憤怒的矛頭指向李登輝的失政，指其主張台獨、支持台灣獨立運動，動員手下外省人包圍國民黨中央黨部，強迫李登輝道歉和立即辭去黨主席職務。此一騷動得到台北市長馬英九的呼應，深夜馬英九竟然往大安官邸向李登輝轉達抗議訴求。翌日，國民黨召開臨時中常會，討論選後如何因應變局，卻爲群眾攻擊，多位中常委受到毆打，座車也遭到砸毀。3月20日，在木柵召開的黨政研討會，自稱「改革派」的連系立委，當面批鬥李登輝，他們指責李登輝是敗選的最大禍首。於是李登輝找了黨秘書長黃昆輝前來商量，結果黃昆輝力主李登輝至少應該挺到2000年9月（黨主席任期應在2001年8月才屆滿），再將黨主席職務順利交給連戰，以免宋楚瑜乘勢搶奪國民黨，尤其是令人覬覦的黨產，不能掉以輕心。⑱

可是，李登輝在做出這個初步決定之後，卻也察覺到一個奇怪的現象；選後已經三天，但群眾包圍未散，接班的連戰亦未前來探望，共商善後？於是，李登輝乃主動打了一通電話給連戰，約定於3月21日上午，到家裡來談談。當天李登輝詢問連戰，他是否該辭黨主席，連戰答以「應該辭」。再問該早點辭，還是晚一點辭？連戰竟毫無情義的回答，「應該愈快愈好。」連戰的話語一出，李登輝的心，簡直有如刀割。送走連戰後，李登輝立即取消了做到9月的打算，當晚就決定於3月24日，將卸下黨主席一職。爲什麼一定要提前把黨主席交出去呢？李登輝本人強調

其係基於：1. 對台灣人的政治改革時代任務已經完成；2. 自己對國民黨龐大黨機器已無作用；3. 為使 5 月 20 日，政權成功地和平轉移，及離開台灣政治舞台以保持超然的立場等理由，從而自發性地辭去黨主席。[19] 3 月 31 日，宋楚瑜吸收國府外省族羣多數立委組成「親民黨」，國府再度正式分裂。

## 二、陳水扁「一中」問題的苦惱與「一邊一國」的發言

### ㈠ 陳水扁「一中」問題的苦惱與其對策

陳水扁在當選總統之後，於 2000 年 3 月 18 日晚間的記者會上，針對跟中國的關係指出：「追求台灣海峽永久的和平是我們的使命及天職」、「誠摯的歡迎江澤民國家主席及朱鎔基總理到台灣訪問」、「永遠確保台灣的主權」，明確地拒絕中國要求「一國兩制」的統一形式。[20]

柯林頓總統於 18 日發表聲明，祝福陳水扁當選總統，同時表示「台灣總統選舉是台灣民主強而有力的展現，美國願意提供台灣和中國之間不同見解的對話機會」。[21]

3 月 19 日，柯林頓總統馬上派遣霍爾布魯克（Richard Holbrooke）聯合國大使及陸士達助理國務卿到中國。20 日兩人在北京會見中國外交部長唐家璇及江澤民國家主席，重新針對台灣的情勢交換意見並且促使兩岸進行對話。同日，江澤民國家主席對總統選後發表初次談話：「兩岸對話和交涉的基礎必須建立在『一個中國』的原則之下，在這個前提之下，任何話都可以談」，一再重複主張中國方面的想法。但是他也同時說明：「台灣不管是誰掌握政權，我們都歡迎他來大陸訪問，我們也可以到台灣訪

問」，這是暗示對隱性獨立的陳水扁新政權有條件的會談，多少已採取柔軟的低姿態。㉒

藉由陳水扁新政權成立的契機，美國對兩岸的活動變得頻繁。先前所述的派遣駐聯合國大使霍爾布魯克到中國，3月22日，柯林頓總統又派遣前眾議院外交委員長漢米爾頓（L. Hamilton, 民主黨）為特使到台北，試探新政權的對中政策。漢米爾頓歸國後向柯林頓總統報告，對下屆總統陳水扁有良好的印象，兩人都稱讚陳水扁是聰明的人物。在漢米爾頓訪台期間的23日，美國國會也祝福新政權，通過「美國在台協會」永久新館建築費7,500萬美元的預算，做為特使的伴手禮。㉓

如此這般，經由美國政府多次的努力，兩岸關係逐漸回復平穩的狀態，中國方面也正視台灣的新政權，在要求「一個中國」的原則下，觀察新政權的運作（聽其言、觀其行）。而下屆總統陳水扁也遵守選舉時的約定，進行超越族羣黨派利益的清流「全民統治」；2000年3月29日，接受李遠哲「國策顧問團」的推薦，任命國民黨政權時代軍人閣員的國防部長唐飛（中國江蘇省人）為行政院長，進行組閣事宜。

然而，新政權團結一致收攬台灣民心，獲得內外好評的同時，中國卻無法平靜，持續對新政權給予打壓，首先責難在台灣有超高人氣並表態支持民進黨的中央研究院院長李遠哲，接著對下屆副總統呂秀蓮的發言狂捉語病。副總統當選人呂秀蓮在4月2日，接受香港電視台訪問時表示：台、中關係是「遠親和近鄰」。中國為此痛罵呂秀蓮是「無可救藥的台獨份子」、「此話激化台灣人民對祖國大陸的憎惡，企圖挑起台灣與中國的對立情感」。㉔之後，中國更激烈地批判呂秀蓮與李登輝同為「民族的廢物」、「賣國賊」、「日本人血統」等等，㉕真是瘋狂的舉動。

在此順便將呂秀蓮副總統的略歷介紹如下：

呂秀蓮 1944 年出生於桃園市永樂街。1967 年台大法律系畢業。1969 年榮獲台大李氏獎學金留美。1971 年獲伊利諾大學比較法學碩士。1971 年至 1977 年，回台推動新女性運動。1978 年在哈佛大學留學。旋於同年回台參選桃園縣國大代表，因美台斷交停選。1979 年投身黨外運動，參加高雄事件（美麗島事件）被捕入獄。1980 年因高雄事件被軍法審判，判刑 12 年，服刑 1,933 天。1985 年因甲狀腺癌復發而保外就醫。1986 年獲准出國，重返哈佛大學擔任國際人權研究員。1989 年返台，1992 年當選第二屆立法委員。1997 年 3 月 15 日，因縣長劉邦友被殺補選，而當選桃園縣長。同年 11 月 19 日，連任桃園縣長。1999 年 12 月 10 日，獲提名參選副總統。2000 年 3 月 20 日，與陳水扁當選正、副總統。㉖

2000 年 5 月 20 日，戰後 55 年來堅忍等待的台灣人新時代揭開序幕。陳水扁總統在就職典禮上，以「台灣站起來」為主題發表強力演說，強調台灣民主意識的成熟，兩岸在祖先、文化歷史共有的情形之下應該訴求和解，言明只要中國不使用武力，台灣就不會宣布獨立，向全世界呼籲台灣問題的和平解決。㉗

但是在這場就職演說中，陳水扁因欠缺最重要的外交觀念與應對國際政治的微妙機謀，竟「無知」亦毫無保留外交折衝餘地，對中明言「四不一沒有」政策。亦即只要中國不動武：1. 台灣就不會宣布獨立；2. 不會更改國號；3. 不會推動兩國論入憲；4. 不會推動改變現狀的統獨公投；5. 也沒有廢除國統綱領與國統會的問題。

筆者不清楚陳水扁是否受到美國柯林頓政權強大的政治壓力，才不得不做出這樣幾近對中稱臣屈服的承諾。而且，他還自

稱「四不一沒有」是：「字字推敲、句句琢磨」才提出來的。[28] 然而，縱使美國政權對陳水扁施加壓力（據呂秀蓮副總統的回憶錄，稱阿扁是接受華府及李登輝的囑咐，才宣示「四不一沒有」）[29]，但筆者相信美國既無權也不會強求陳水扁去死守「中華民國」亡魂的國號。因為如前所述，依據 1971 年聯合國大會決議，中華民國已被消滅（而其始作俑者就是美國），其一切權利由中華人民共和國繼承；所以台灣若欲堅持是「中華民國」，那麼其主權當然就要歸屬於中華人民共和國了。對國民黨的保守派或者中國第五縱隊的親民黨、新黨我們不必多談，但是民進黨的陳水扁新政權，難道連比 A.B.C 更簡單的這個道理，都不懂嗎？真愧他是台灣司法律師高考第一名及格。再者，「沒有廢除國統綱領與國統會問題」，豈不就是等於承諾在「一中」的架構下，將來要與中國會談，完成中國統一大業嗎？真是令人心寒，向天唒嘆！至於「公投」和「修憲」是現今世界民主政治的「普世價值」，陳水扁律師可不知道？何必多言多失？

其實，不管美國方面有什麼壓力，陳水扁應該可力爭台灣與美國同樣是一個民主自由的主權獨立國家（講白一點台灣並不是美國或中國的殖民地），政府的一切施政，都要遵循民意。設若台灣的人民，認為台灣既是一個主權獨立的國家，新政府也就不必再宣布獨立。這樣的意志疏通，並不會抵觸到美國的任何國家利益；更何況當年柯林頓總統的「三不」發言（前述），美國方面也曾對李登輝辯稱「不支持並不等於反對」，台灣仍可保留一切自主之權。因此，陳水扁的「四不一沒有」，真是「土頭土腦」庸人自擾！

總之，「四不一沒有」的宣言一出，當天下午，中共中央台灣辦公室及國務院台灣事務辦公室發表共同聲明，雖批判陳水扁「不接受『一個中國』的原則，迴避重點問題，態度曖昧」，對「四

不一沒有」評價爲「『善意的和解』欠缺明顯的誠意」；但聲明的字裡行間，已可看出其暗爽之意了。③

　　隨後，中國表面上，仍持續要求陳水扁遵守「一中原則」，兩岸才可能重新展開對話；但經由美國的不斷勸說，終於在2000年7月10日，美國國防部長柯恩訪問中國後，中國最高軍事首腦遲浩田國防部長（12日）和江澤民國家主席（13日），口徑一致地明言中國不會對台動武。③ 8月12日，中國在香港的傳媒〈星島日報〉證實，在中國高層每年重要政策決議會的「北戴河會議」宣布，爲免美國政府對台軍事干涉的口實，以後中國所有的軍事演習統一名稱爲「軍事演練」，對陳水扁的方針由「聽其言、觀其行」，改換爲「善意善對、惡意惡對」。③

　　可是，2000年10月13日，中國舉行1964年以來最大規模的軍事演習，並於同月16日發表「2000年國防白皮書」，重複強調前述「台灣白皮書」的內容，並表明反對美國國會的「台灣安全強化法案」以及台灣加入TMD，這些做法使得台灣股市暴跌，但其實際內容是再次確認拒絕台灣獨立，催促陳水扁承認「一中原則」而已。理所當然地，美國眾議院爲對此「2000年國防白皮書」表示反彈，也於19日全會一致同意提出「支持台灣加入聯合國決議案」，又於10月3日以壓倒性多數通過。③ 11月16日，在汶萊召開的APEC（亞太經合會）領袖會議，柯林頓總統也再次向江澤民國家主席表示：中台關係應該「謀求和平解決的方式」。③

## ㈡「三個認知、四項建議」與「一邊一國」的發言

　　陳水扁在當選總統之後，爲實現國內外的和解和全民政府，其超凡的努力，確實令人深烙腦海。例如，被筆者痛罵的對中

「四不一沒有」政策，可說是底牌盡掀，已全無談判籌碼（如果還有的話，只剩下投降一途）。同時，在台灣國內方面，對於連國民黨也唾棄的反動派代表人物郝柏村或被稱爲台奸的林洋港等人，陳總統也懇懃地前往致敬訪問，並邀請彼等爲總統府資政。目睹此一畫面，眞叫人悲鳴：「台灣人的尊嚴何在？」

的確，陳水扁無知所提出的這些政策和行動，贏得美國政府的好評，也多少緩和了台灣海峽的緊張。然而，台灣方面相對上，也完全失去對中談判的彈性，使中國掌控兩岸折衝的主導權。中國利用陳水扁政權毫無調整的空間和軟弱，修正歷來「文攻武嚇」的單線政策，聯合台灣內部新組成的「在野聯盟」（國民黨、親民黨、新黨等），進行陰險的「國共合作」，強力迫使新政權主張「一中原則」，期待政局混亂，使新政權解體。

不久，受中國支持的在野聯盟，即以立法院絕對優勢的背景，就島內核四廠存廢問題，對新政府施壓和責難，使苦於應付「一中」問題的政局更形混亂。台灣興建核四的計劃，一言以蔽之，是國府由於對中國防上的考慮，在 1995 年立法院審議通過。1998 年 1 月，國府以 1,697 億元的總建設費，與美國奇異（GE）公司簽約，由日本三菱重工及日立製作所等承包施工，動工建造兩座與東京柏崎刈羽核電同型的 ABWR 水沸式反應爐機組（總發電量 135 萬瓩）。一號機預定於 2004 年完工，二號機預定於 2005 年開始發電，至 2000 年 10 月時約已進行 30% 的工程。㉟

另一方面，民進黨自始即於黨綱中主張反對興建核四，同時在總統大選期間，反核亦是陳總統最重要的政見之一。因此，取得政權的民進黨爲實現選舉的承諾，當然必須重新檢討核四的政策，而於 2000 年 9 月 3 日，由經濟部長林信義（原爲國民黨籍，於 10 月 19 日被開除黨籍）達成「立即停止興建」的結論。結果，

新政府即與要求續建的在野黨激烈對立，造成行政院長唐飛進退維谷而不得不辭職，而由時任副院長的張俊雄繼任。其後，朝野各黨進行多次協調折衝，但在同年 10 月 27 日，陳總統與國民黨連戰主席高峰對談僅數十分鐘之後，由張俊雄行政院長突然決定中止。誠然，這對剛結束會談的連戰而言，認為此舉是對其極大的侮辱，從而展開在野黨聯合罷免總統的行動。㊱

由於遭逢在野黨的罷免壓力，陳總統於 11 月 5 日晚間進行電視演說，表示「宣布的時機問題應由我負全責」，承認自己造成政局混亂的責任，向連戰主席及全體住民深深致歉，但是事態並未因此而改變。不過，在輿論絕對多數反對罷免總統的情勢下（贊成 19.1%、反對 63.6%），同年 12 月 22 日，在野黨為保住顏面，形式上向立法院秘書處提出對正副總統的罷免案（對呂副總統的罷免簡直是莫名其妙的政變），但實質上並未進行審議。於是，罷免案的鬧劇即告落幕，政局亦日趨安定。

最後，由於年底有立委和縣市長的選舉，朝野總算在 2 月 13 日晚通過如下的協議內容：1. 行政院即日宣布恢復執行核四法定預算，讓核四廠復工續建，其後續預算依相關法令辦理；2. 未來總體能源發展方向應兼顧國家經濟、社會發展、世界潮流及國際公約精神，在能源不虞匱乏的前提下，規劃國家總體能源發展方向，務期能於未來達成非核家園之終極目標；3. 行政院將提出能源相關法案函請立院審議，法案需經朝野黨團協商同意後，始得完成立法程序；4. 在野聯盟同意於行政院宣布核四廠復工續建後開啟協商大門等，而使 2000 年 10 月 27 日以來的紛爭得到解決。㊲

其次，為處理有關「一中」的難題，陳總統於 2000 年 8 月 5 日，成立對中政策的超黨派諮詢小組（共有 25 名委員），由中央

研究院院長李遠哲擔任召集人。該小組在召開七次會議後，終於形成「三個認知、四項建議」的共識，而於同年 11 月 26 日，向陳總統提交報告書。

　　所謂「三個認知」係指：1. 兩岸現狀是歷史推展演變的結果；2. 中華民國與中華人民共和國互不隸屬、互不代表。中華民國已建立民主體制，改變現狀必須經由民主程序取得人民的同意；3. 人民是國家的主體，國家的目的在保障人民的安全與福祉；兩岸地緣近便，語文近同，兩岸人民應可享有長遠共同的利益。

　　基於上述的三個認知，跨黨派小組對總統提出四個建議如下：1. 依據中華民國憲法，增進兩岸關係，處理兩岸爭議及回應對岸「一個中國」的主張；2. 建立新機制或調整現有機制以持續整合國內各政黨及社會各方對國家發展與兩岸關係之意見；3. 呼籲中華人民共和國政府，尊重中華民國國際尊嚴與生存空間，放棄武力威脅，共商和平協議，以爭取台灣人民信心，從而創造兩岸雙贏；4. 昭告世界，中華民國政府與人民堅守和平、民主、繁榮的信念，貢獻國際社會；並基於同一信念，以最大誠意和耐心建構兩岸新關係。[38]

　　但此一超黨派小組的最終報告，不僅在國內遭到在野各黨的批評，北京國務院的台灣事務辦公室亦立即於四日後(11 月 30 日)表示反對。國台辦張銘清發言人於記者會中指責：「報告書的內容不三不四、不倫不類」、「根本不必關心」，[39]完全加以漠視。

　　當此一報導傳抵台灣，李遠哲召集人落寞地表示：「國台辦太不瞭解台灣的情況」，甚至連當初批評跨黨派小組的在野聯盟，也對中國的傲慢態度相當不快，轉而對該小組表示同情。新黨黨團召集人賴士葆也罕見地以嚴屬的口吻指出：「國台辦的發言相當蠻橫，不會為兩岸帶來良好關係。」[40]

陷入僵局的「一中」問題，結果是陳水扁政權愈讓步，中國方面的要求愈多。幸而，同年12月14日，美國解決史上最混沌的總統大選，由共和黨的布希（George W. Bush）當選總統，成為台灣極大的支持力量。此點並非期待性的預測，而是基於共和黨戰後的對台政策一向採取積極的態度，重視台灣戰略地位的重要性。例如此次美國總統選舉，共和黨對台灣政策即明言：1. 台灣值得美國提供強力的支援，為了台灣的安全，應該適時地軍售台灣防衛性武器；2. 不否定「一中」的政策，但也拒絕北京對台灣的統治；3. 台灣問題必須和平解決，假如中國武力犯台，美國根據「台灣關係法」，將給予防衛台灣的軍事協助。㊶

尤其如眾所周知地，此次擔任布希政權中樞的鮑威爾（Colin L. Powell）國務卿和萊絲（Condleezza Rice）國家安全特別顧問均是非洲裔美國人，他們與歷來影響台灣政策的季辛吉、布里辛斯基、歐布萊特等猶太裔美國人有相異的「氣質」。以兩人迄今為止對台灣問題的發言來看，即可感受到與前政權有微妙的差異。㊷事實上，中國方面亦意識到此點，而對此抱持著強烈的警戒。

在出現美國這個強力後援之後，陳水扁轉而將「一中」問題加以擱置，於2001年1月1日的元旦演說中，提出針對未來台、中關係的「政治統合論」。此一統合論是先從經濟和文化的統合著手，包括將來形成聯盟、聯邦甚至國家統合的構想和概念，但其實態並未釐清。㊸此一曖昧的政治統合論，不但博得在野黨「法統派」（統一派）的好感，亦受到中國方面的評價。之後，錢其琛副總理（對台問題的最高負責人）、朱鎔基總理及江澤民國家主席也都先後表示贊同，並給予肯定。因為「政治統合論」的終極，就是台、中合併統一。㊹

正巧，2001年4月1日，在南中國海的公海上發生美國電子

偵察機 EP3 和中國戰鬥機 F8 擦撞的事件。中國飛機的尾翼碰觸到美機左翼而墜毀，該機飛行員失蹤，中國方面指稱這是美機突然改變方向所致。美機亦受創而緊急迫降於中國海南島，24 名乘組員都平安無事。[45]

此事件使得美中關係一時出現緊張局面。但對中國方面來說，此時是美國對台軍售的敏感時期（每年 4 月份是美台售武的決定時間），再加上北京擔心 2008 奧運的舉行遭到抵制、美國總統是否出席 2001 年 10 月在上海召開的 APEC 會議，以及中國能否加入 WTO 的問題等眾多懸案，因此認為應避免和美國產生摩擦。在布希政權方面，其立場為「雖然選舉時使用強烈的話語，但美中關係還是要多方面細心處理」（外交評論家岡本行夫所言）。因此，最後是透過外交交涉，由美國於 4 月 11 日表明「very sorry（遺憾）」，但中國則向國內表示「美國已經道歉」而結束此事。[46]

同年 4 月 23 日，布希總統雖然遭受中國的抗議，但仍同意對台出售 4 艘紀德級驅逐艦、8 艘柴油潛艇、12 架反潛飛機、車載型刺針地對空飛彈等 30 餘種武器。但是，由於考慮到中國方面的立場，台灣殷切期盼的 4 艘神盾艦卻未被批准。[47]25 日，布希總統接受美國 ABC 電視台訪問時表示：在緊急的場合，美國絕對會努力保衛台灣。[48]

美國總統對台灣傳達如此堅定的訊息，對就職以來一直困擾於「一中」問題的陳水扁總統，等於打了一劑強心針，使得日後得以堂堂正正從正面與中國進行交涉。同年 5 月 21 日開始到 6 月 5 日，陳總統夫婦進行總計 16 天的中南美洲五國之旅（薩爾瓦多、瓜地馬拉、巴拿馬、巴拉圭、宏都拉斯），在去程過境紐約（5 月 21-3 日）、回程過境休士頓（6 月 2-3 日）。陳水扁總統追述當時往事時指出：「受到布希總統快速、安全、便利的禮遇，獲得和以

前不同的尊嚴，並和美國參眾兩院 21 名議員餐會及會見兩地的市長。」⑭美國這種姿態，鼓舞陳總統，也維護台灣人民的尊嚴，更解除「一中」問題的魔咒。

2001 年 12 月 1 日，台灣舉行第五屆立法委員及地方縣市長的選舉。這年台灣受到亞洲金融風暴及世界不景氣的影響，首次出現經濟負成長。兩岸政治性的對話已停止，但對中國大陸的投資卻大幅增加。國內產業持續空洞化，失業率也創下新高。在國內政治方面，在野聯盟（國民黨、親民黨、新黨）利用國會絕對優勢，扯新政權的後腿，以期製造政局的混亂。但選舉結果，台灣人民爲陳水扁政權得以安定的政治來振興經濟，讓民進黨成爲國會最大政黨（共當選 87 席）。若再加上同年 8 月 12 日成立的友黨「台聯」（台灣團結聯盟，「精神領袖」李登輝，主席黃主文）獲得 13 席次，兩黨合計達到 100 席，但距離安定多數仍差 15 席。

接續一年前總統選舉的落敗，國民黨再次輸掉立法院席位，由選前的 110 席減少 4 成到 68 席，成爲第二大黨。但在地方首長選舉方面，國民黨卻獲得 9 席縣市長，可以說是略有斬獲。如先前所料，親民黨成功離間國民黨及新黨的地盤，席次倍增 46 席，離「泛藍」（指國民黨系政治勢力，因國民黨旗是藍色）盟主的地位不遠。新黨只辛苦保住金門一席，可以說已經完全「泡沫化」。⑮

這次選舉的結果，日本及歐美幾乎都以「陳水扁政權獲勝利」做報導，而最受衝擊的當然是中國。選舉後沉默 4 天的中國當局，由國務院台灣事務辦公室發言人張銘清在 12 月 5 日的記者會上，無視現實而若無其事地表示：「台灣的主流民意是反對獨立的。」⑯實在可恥！惟這次的選舉卻意外地導致國親兩黨的言好，連宋兩人達成政治秘密協定；亦即 2003 年 2 月 14 日，宋楚瑜正式推

舉連戰爲下屆的總統候選人，同年 4 月 18 日，連戰則指名宋楚瑜爲自己的副手。⑤

　　不用多言，「連宋配」立刻使得泛藍陣營沸沸揚揚，泛藍媒體將其宣傳成「世紀的創舉」。此時，正值世界不景氣，再加上以中國及香港爲發源地，蔓延到整個東南亞的 SARS（嚴重急性呼吸道症候群）也襲擊台灣，使得稍見復甦的台灣經濟再度淪落深淵。泛藍媒體捉住這個絕好機會，呼應在野黨的宣傳，「唱衰台灣」，攻擊陳水扁政權無能，操縱民調，指出「民意」是如何渴望連宋的復出。

　　一方面，陳水扁自就任總統以來，即過度憂慮中國，表明接近投降的「四不一沒有」及提示接近終極統一的「政治統合論」，但中國的姿態一直是與國親兩黨的法統派結合，鬥爭陳水扁政權直到其垮台爲止，頑固地拒絕和陳水扁政權接觸。至此，被迫恍悟，陳總統爲台灣的將來及守護台灣的尊嚴，乃於 2002 年 8 月 3 日，世界台灣同鄉會在東京召開年會時，透過視訊向全世界發送如下的訊息：1. 從此台灣走自己的「民主、自由、人權、和平」道路；2. 台灣是主權獨立的國家，和中國是另外的一個國家（一邊一國）；3. 台灣的前途由台灣的二千三百萬人決定。爲決定台灣的前途，必須認眞思考公民投票立法化的重要性和迫切性。⑤

　　這項發言如果除去公民投票的部分，可以說並不令人矚目。因爲民進黨在 1995 年 5 月發表的「台灣前途決議文」及「中國政策白皮書」等文獻中，早已明白記載：「台灣是主權獨立的國家，不隸屬於中華人民共和國」。但是法統派的國民黨主席連戰和親民黨主席宋楚瑜，立即齊聲抗議陳總統的發言違背就職演說的「四不一沒有」。⑤接著，8 月 5 日，中國共產黨及中國政府罕見地聯名發表公式談話，指名陳水扁，批評「少數台獨份子陰謀綁

架台灣人民」，並強烈警告「即刻停止一切分裂台灣的活動」。⑤⑤

　　此時布希政權正忙著反恐作戰，並全力準備對伊拉克的軍事攻擊。爲此，布希總統必須得到中國的理解與支持。同時，同年10月下旬，另預定在德州舉行布希總統和江澤民的會談。在此微妙的時期，台灣對中國做出強硬的發言，美國當然表示關心。⑤⑥

　　果然陸委會蔡英文主委在8月5日召開記者會，闡述陳總統所說的「一邊一國」及台灣的將來交付「公民投票」決定，「並沒有改變台灣的大陸政策主軸，將這個表現視爲獨立或建國是不正確的」，要求中國冷靜對應。同日，蔡英文主委急忙隨同行政院長游錫堃訪問中美洲四國，在途經美國時，也針對陳總統的發言向美國當局說明。⑤⑦

　　8月8日，美國當局接受赴美蔡英文主委的說明，瞭解台灣方面的情況。其後，國家安全會議發言人在會見外國媒體訪問時表示：「我們遵守一個中國的政策，不會支持台灣獨立」，且在經過台灣當局的說明之後，理解陳總統「一邊一國」的發言並非尋求台灣獨立。不用說，這是布希政權對於「一邊一國」最明確的公式反應，盡可能使中台關係不再惡化。但該發言人也指出:「對於如果中國攻擊台灣，美國會支援台灣防衛的立場，布希總統並沒有改變。」此點對中國而言，彷彿被利刃刺到一般。⑤⑧

　　如此一來，「一邊一國」的爭議慢慢平靜，兩岸關係也沒有特殊的變化。同年10月22日，江澤民國家主席按照預定行程訪問美國。25日，布希總統和江澤民國家主席在德州牧場見面。彼此對談將近一個小時。雙方會談時間雖然短暫，但亦針對北韓核武問題、伊拉克武器擴散問題、中國人權問題及貿易問題等，進行廣泛的討論。當然也討論到台灣的問題。然而，由於這是江

澤民以國家主席身分最後一次訪美，爲留下美好印象，雙方按照先前的約定，不觸及「敏感的台灣問題」，只有重申彼此的立場，圓滿地結束會談。事實上，當時布希總統忙著處理北韓核武問題，且爲出兵伊拉克的計劃焦頭爛額，江澤民也忙著處理即將到來的黨大會及胡錦濤繼任問題，美中雙方都沒有心思討論其他問題。結果，陳水扁總統基於客觀事實及現實，爲台灣人民提出的「一邊一國」論，和李登輝前總統的「兩國論」一樣，被國際社會暫且擱置，成爲「模稜兩可」的灰色地帶。

## 第二節　台灣首次公投及陳水扁連任的驚險歷程

如前所述，陳水扁總統「一邊一國」的發言，因遭到中國猛烈的反對，以及美國的強烈關心，最後只得無疾而終。但是陳水扁總統的意志並沒有改變。一年後的 2003 年 8 月 6 日，在接見台南鄉親的後援會時表示，來年的總統選舉必定以「一邊一國 vs 一個中國」做爲基本政見，「一邊一國」的主張絕對不會撤回。㉝同年 9 月 6 日，台灣獨立派的「511 台灣正名運動聯盟」(總召集人李登輝，共同召集人黃昭堂等，執行長王獻極)呼應陳總統的決意，舉行大規模的「台灣正名運動」大遊行，號召 15 萬人在台北市總統府周邊會師。該聯盟的主要訴求爲中華民國已經消滅，制定公投法，以新憲法將國名定爲「台灣國」或是「台灣共和國」，推動以「台灣」名義加入聯合國。

李登輝前總統在總統府前廣場代表台灣正名運動聯盟發表演說，內容如下：1. 1912 年中華民國成立時並沒有包括台灣；2. 國民黨戰後以武力占領台灣，台灣的國際地位未定。台灣主權不屬

於「中華民國」，屬於台灣所有的人民；3. 中國大陸在 1949 年被共產黨政權占領後，「中華民國」已經喪失領土，只剩「國號」在台灣；4. 1971 年國府退出聯合國時，「中華民國」已經消滅，事實上已經不存在。但台灣是實際存在的國家，今後應正名為「台灣」，建設成為主權獨立的國家。⑥

　　這次「台灣獨立」遊行，使很多人感動，但法統派的國親兩黨及中國當然反彈。可是「台灣獨立」的趨勢已毫無疑問地成為台灣的主流民意，這恐怕已經是任誰也沒有辦法阻擋的事情。同年 9 月 28 日晚上，在民進黨成立 17 週年大會上，陳總統呼籲「在 2006 年民進黨成立 20 周年時，讓台灣新憲法誕生」，首度提及新憲法的制定。⑥

　　10 月 25 日，為支持主張台灣獨立理念的呂秀蓮副總統競選連任，並訴求「全民公投、催生新憲」的大遊行（總召集人蔡同榮，總幹事王幸男）在高雄舉行，約有 20 萬人參加。該遊行在愉快和諧的氣氛下圓滿結束，但這個活動隱含民意強烈希望台灣獨立的願望，催促陳總統早日實現「公民投票法」及「制定新憲法」。⑥

　　另一方面，一向對制定「公民投票法」表示反對立場的國親兩黨，由於感受到台灣民意及陳總統的支持力道，只得做出妥協而轉向同意立法。在朝野激烈的折衝之後，「公民投票法」在 11 月 27 日於立法院三讀通過。然而，由於在立法院占多數的國親兩黨掌握主導權，加上事前受中國再三的牽制（國台辦警告「若台灣通過不設限的公投法，將成為推動獨立的法理根據」，事先定調說中國「絕對不能容忍」），因此通過的「公民投票法」是被大幅修改過的，許多內容偏離原本的精神與宗旨。就中，成為最大焦點的「國旗、國歌、國號及領土的變更」，則未明載是否可以交付公投。也就

是說，這些項目被排除在公投對象之外。[63]

依照陳總統等當初預定的計畫，一旦「公民投票法」能獲得通過，將於隔年 2004 年 3 月 20 日總統大選時，將立委席次減半、是否續建核四廠，以及是否加入世界衛生組織（WHO）等議題交付公投。11 月 30 日，陳總統在後援會的集會上表示，中國沿岸 600 公里範圍內部署 496 枚彈道飛彈瞄準台灣，這個問題的對應處理，應該要在首次實施公民投票時交付國民進行公投。

然而，對中國部署飛彈問題的公投，除了在野國、親兩黨的反對，更由於中國強烈之抗議，竟然引來友好國美、日、法等國的疑慮。結果，最終雖透過外交管道獲得美方的諒解，[64] 從而決定照原先預定，於 2004 年 1 月 16 日舉行公投。但其議題則變更為以下兩項：1. 台灣人民堅持台海問題應該和平解決。如果中共不撤除瞄準台灣的飛彈，不放棄對台灣使用武力，你是否贊成政府購置反飛彈裝備，強化台灣自我防衛能力？2. 你是否同意政府與中共展開協商，推動建立兩岸和平穩定的互動架構，以謀求兩岸的共識與人民的福祉？[65]

因「公民投票」問題受到國內外的壓力，陳總統的選情陷入苦戰。但中國從前就將台灣問題視為中國內政問題，一直拒絕外國的干涉，而現在卻將其國際化，對台灣而言，毋寧應表示歡迎。在此一認知之下，李登輝前總統開始展開行動。

為將陳總統的競選連任和公民投票的舉行訴諸國際輿論，李前總統在紀念「二二八事件」57 週年的當天，舉辦「二二八百萬人牽手護台灣」活動（總指揮黃昭堂，總幹事李應元），也就是「百萬人的人鏈運動」。這樣的運動是參考 1989 年波羅的海三小國為獨立而對抗舊蘇聯的「人鏈（Human Chain）」示威行動。於是，2004 年 2 月 28 日當日，從台灣北部基隆的和平島到南部屏東的

昌隆村，約 500 公里長的路上，扶老攜幼高達 220 萬的台灣人民排列牽手，是台灣史上最盛大也最感人的示威活動。

遊行在下午 2 時 28 分開始，前後約 10 分鐘高呼「和平公投，守護台灣」、「反飛彈，要和平」、「相信台灣，堅持改革」、「族群大團結，牽手護台灣」、「阿扁當選」等口號，將台灣人的願望向世界發聲。陳總統在基隆及中部的苗栗演說，強調二千三百萬住民不問「新」、「舊」或「少數」、「多數」，都是命運共同體，現在是用自己雙手構築民主和平的長城，創造歷史新的一頁的時刻。發起人之一的李前總統也在苗栗發表演說，指出「民主和人權的尊嚴不會平白從天而降，每個人必須盡全力去爭取、去擁護。」⑥⑥ 這時，以全島為舞台站立的每個人，在重複播放優美的主題曲〈伊是咱的寶貝〉：「一蕊花，生落地，爸爸媽媽疼尚多；風若吹，要蓋被，嘸通予伊墜落黑暗地。未開的花需要你我的關心，予伊一片生長的土地。手牽手，心連心，咱站作伙，伊是咱的寶貝。」歌詞中，身心相連，共有著祖國：台灣。

如此一來，以「228 百萬人牽手護台灣」活動為契機，混迷的選戰開始大幅扭轉，大部分的民調顯示中間選民傾向陳總統，一向不分勝負的支持率也發生變化，陳總統高出連戰幾個百分點。

感到危機的在野陣營為挽回局面，決定在投票前一週的 3 月 13 日，全台四個地點（台北、桃園、台中、高雄）召開二百萬人左右的大規模造勢活動，進行背水一戰。他們原本指責陳總統有不當的政治獻金，從而打出「反黑金、救台灣」的口號，現在也改為「換總統、救台灣」。在野這場造勢活動，雖不能像「人鏈」般令人感動，但其動員的規模，則與「人鏈」不分上下。結果，白熱化的選戰一直持續到投票日的前一天。

在選戰的最後一天，3月19日下午1時45分。當陳總統和呂副總統乘坐吉普車經過台南市灣裡區轉入金華路，向選民拜票時，突然遭受不明人士槍擊，陳總統腹部中彈，呂副總統右膝也受傷。兩人馬上被送到就近的奇美醫院做緊急處理，陳總統右下腹有一道長約11公分，寬度、深度約2公分的傷口，呂副總統傷勢比較輕微，右腳行動不便。⑰

受此事件的衝擊，雙方陣營決定停止預定在各地舉行的造勢晚會。當晚，治療完畢的陳總統和呂副總統搭機返回台北，透過錄影帶發表談話，感謝全國人民的關心，同時也啟動政府因應危機的國安機制，以確保台灣的安全。此時，在雙方陣營協議之後，中央選舉委員會發布隔日（3月20日）投票照常進行。⑱

可是，當初呼籲支持者冷靜以對的國親兩黨，突然令人無法理解地在深夜召開記者會，競選總部的智囊：無黨籍立法委員陳文茜代表兩黨對槍擊事件發言，指出醫院的護士及醫師向其告發，說槍擊事件是為挽回選舉劣勢而自導自演，連受傷也是造假的。當然，這種「喪盡天良、泯滅人性」（陳呂競選總部總幹事蘇貞昌所言）的發言，不只讓支持陳總統的民眾不滿，也讓許多中間選民反彈，對翌日的投票結果產生微妙的影響。⑲

2004年3月20日的投開票結果如下：總統選舉方面，陳水扁得票6,471,970（50.11%），連戰得票6,442,452（49.89%），以約三萬票的些微差距，陳水扁連任成功。至於「公民投票」的兩個假設性議題投票率45%，未達到半數的門檻而不成立，但是其實施的意義及歷史評價很高。

當晚這個選舉結果傳到連戰競選總部後，連宋陣營態度邊變，推測前日的槍擊事件是對陳呂陣營有利，強調不應「事件真相未明，就進行選舉」，主張選舉無效、當選無效。最後，連戰

及其支持者開始占據總統府前廣場，並向高等法院提出驗票的要
求。這個抗議活動也波及到高雄及台中的地檢署。⑩

　　高等法院收到在野黨候選人連戰的請求後，於 21 日命令全
台各地法院保全選舉的相關證據，將投票箱等證物加以查封，進
入審議程序。但是事情並未就此落幕。接著，國親聯盟提出選舉
無效訴訟，並要求立即驗票、48 小時內重新計票、總統發布緊
急命令以司法重新計票、設置槍擊事件真相調查委員會、追究啟
動國安機制的責任、連宋和陳總統會談等等，每日要求的項目不
斷升級，最後更提出陳總統辭職和要求重新選舉的真心話。

　　不承認敗選的國親兩黨粗暴地占據總統府前廣場一個星期，
所引起的社會混亂，終於讓民眾感到厭惡與抗議。3 月 26 日，
中央選舉委員會依照法規，排除國親兩黨激烈的妨礙，正式公布
陳總統和呂副總統當選。同日，觀察事情發展的美日兩國，排除
中國的反對，正式向陳總統傳達祝賀當選之意，抑制中國對台灣
的介入，同時也制止國親兩黨粗暴的抗議活動。美國政府以白宮
發言人麥克萊倫（S. McClellan）的名義發出聲明，「祝賀陳總統當
選連任」，同時強調：「美國肯定台灣人民確立既有的法律機制，
對於使用法律以外或威脅民主原則的暴力手段解決分歧，美國堅
決加以反對」，要求國親兩黨自制。同時，日本政府也如美國一
般，透過交流協會向台灣當局傳達祝賀當選的訊息。⑪

　　如此一來，深切期待美日介入台灣的連宋陣營大失所望。不
服中央選舉委員會公告的國親兩黨，在 27 日再度號召規模約 40
萬人的抗議活動，提出重新驗票計票、調查槍擊事件真相、當選
無效和重新選舉等要求。至此，面對猶做困獸之鬥的國親聯盟，
陳總統為平息混亂，當晚召開臨時記者會表示：「除了與連宋的
會談之外，只要在野黨再提出當選無效及選舉無效的訴訟（最初

提出的當選無效訴訟已經在 3 月 24 日被高等法院駁回），將同意立即進行司法的重新驗票計票」，對國親兩黨的要求表示讓步。同時，為使槍擊事件真相可以明朗，也同意在野陣營的要求，設置邀集國內外專家進行獨立的調查。當日深夜，國民黨發言人蔡正元發表「同意陳總統重新驗票計票的提案」等，朝野政黨總算達成妥協。[72]

但是其後，4 月 10 日，國親兩黨再次召集約 20 萬人，聚集在總統府前廣場，訴請「公投拚真相」，又開始胡鬧。不過，輿論批評的聲浪開始升高。同時，國民黨黨內的台灣本土派也開始出現反對的意見。[73] 4 月 21 日，高等法院終於裁定：驗票計票在 5 月 10 日以前開始，5 月 20 日前完成作業。隨後，所有驗票計票作業於 5 月 18 日完成，在國親兩黨吹毛求疵地持續爭議下，結果雙方合計檢出約 4 萬張問題票，向高等法院提出申覆。然而，結果實際上有疑問者不到 2 萬票，而且大部分是投給陳總統的，在野黨對於無法逆轉結果，已經心知肚明。

在歷經千辛萬苦之後，陳水扁總統總算克服國親兩黨形同造反的混亂。期間，陳總統於 4 月 25 日，派遣總統府秘書長邱義仁和美國當局接觸，企圖平復雙方在選舉期間因為公投問題所引起的磨擦，[74] 同時就事先預定的就職演說內容，特別是制定新憲的問題，重新和美國進行懇談，希望事先獲得美國的諒解。[75] 2004 年 5 月 20 日，天氣如同當前政局般風雨飄搖，在國親兩黨的抗議聲中，更在多數台灣人民和友邦元首或高官代表的鼓勵、見證下，陳水扁總統發表連任就職演說。

其最主要的內容有兩點，亦即 1. 預定在 2008 年能夠制定新憲法，交由全民公投決定，但是涉及國家主權、領土及統獨的議題，目前在台灣社會尚未形成絕大多數的共識，所以個人明確的

建議，這些議題不宜在此次憲改的範圍之內；2.願意重申公元2000年520就職演說所揭櫫的原則和承諾，過去四年沒有改變，未來四年也不會改變。在此基礎之上，阿扁將進一步邀集朝野政黨及社會各界共同參與，成立「兩岸和平發展委員會」，凝聚朝野的智慧與全民的共識，擬定〈兩岸和平發展綱領〉，共同策進兩岸和平穩定、永續發展的新關係。」⑦⑥

　　這篇連任的演說，因為是面對最大盟友美國及日本的態度，考慮到嚴厲的國際環境（如伊拉克戰後處理、北韓核武問題的六方會談和日本人質綁架問題等），而不得不採取的自制立場。雖然如此，但許多獨立志向的熱烈支持者，當然會對陳水扁感到失望，並質疑其誠信，因為「制定新憲法」，理所當然會涉及國家主權、國號、領土等問題。而這些問題，也是他在大選中所做的承諾。又對2000年所揭櫫的「四不一沒有」雖無直接再言明，可是「未來四年也不會改變」，豈不是一樣嗎？當年筆者不忍多加批判，但內心實在要哭了。他大難不死，應該要更勇敢地站起來才是！

　　不過，有一點應給陳水扁公平加分，他在國際協調及對中宥和方面，確實獲得美國的嘉許。同年6月14日，布希總統簽署支持台灣以觀察員身分參加世界衛生組織（WHO）（前一年是在WHO年度大會召開前簽署，但此年是在大會決定駁回後簽署）。布希總統在簽署該法案後聲明：「全面支持台灣參加WHO，包括成為觀察員地位在內的活動。美國表示強烈支持台灣以觀察員身分參加WHO，且今後也會繼續支持。」⑦⑦

　　此時簽署這個法案的意圖，很明顯是為了台灣初次公投以來的台美關係做修復的工作。當然中國方面也採取反制的動作，中國外交部在15日發表警告：「這種行為有損中美關係的發展」並要求美方中止對台輸出尖端武器。對此，美國國家安全顧問萊斯

指出布希總統非常清楚台灣問題的重要性；美國會信守「一中政策」及「美中三個公報」的原則，也不會支持變更現狀的政策，但對於同台灣輸出尖端武器方面，則說明對台軍售是「防衛目的」，反駁說中國有 500 枚飛彈瞄準台灣 (美國國防部的中國軍力報告)，美國擔心恐怕會破壞中台軍事均衡，而對中國方面做出牽制。⑱

另一方面，國民黨及親民黨於 5 月發表的合併宣言，由於年底立法委員選舉錯綜複雜，結果到 7 月 14 日仍然毫無進展，等於回到白紙狀態。但是兩黨在「反扁政權」的立場一致，他們完全不顧人民的生活及國家的安全，一心只想打倒陳水扁政權。因此，他們對政府提出的重要國家法案及預算全部反對，或是大幅刪減預算 (如軍購預算被削減五成)，使得法案不得不凍結或撤銷。雖然說是民主法治，但發生這種多數暴力的專橫事態，著實令人髮指。

綜上所述，陳水扁總統第二任的路程雖然多災多難。但他並沒有被打倒。2004 年 11 月 2 日，美國舉行總統大選，在差距極少的選戰結果下，布希擊敗民主黨候選人凱瑞 (J. Kerry) 而獲得連任。凱瑞在選戰中曾經失言，發言支持中台之間以「一國兩制」方式和平統一，顯現向中國靠攏的姿態。相對地，布希總統雖然因公民投票問題對陳政權表示不滿，但絕對是一個能理解及擁護台灣不容懷疑的人物。布希總統的連任對於陳水扁政權是個好消息。

布希總統連任的消息傳來，台灣高等法院也於 11 月 4 日做出判定，駁回連戰和宋楚瑜在 3 月對陳總統提出的「當選無效」訴訟。再次驗票計票的結果，雖判定陳總統的得票有約 4 千票的些微變化，但即使陳總統的得票數減少，仍然領先連戰有 25,563

票，因此判斷不影響選舉結果。同時，原告方面主張「無效票將近33萬票，是4年前總統選舉的三倍，因此開票過程存在不正行為」，但經仔細調查後，也沒有發現任何不正行為。

連宋在訴訟被駁回後，認為「判決遭到陳政權以政治力扭曲」，決定提起上訴。11月29日，連宋集團正式向最高法院提出再審的要求。順帶一提的是，就在四個月前的8月6日，連戰接受〈產經新聞〉獨家訪問時表示：「有500位法官、2,400名司法工作人員和2,000名律師（檢驗無效票）正進行法律上的事實檢證作業」，強調未來必定「尊重司法判決」[79]但結果他還是不承認總統選舉的失敗，終於食言而肥地否定司法的判決。

由於即將面臨立法委員選舉，執政黨以陳水扁總統的官司勝利乘勝追擊，以過半數席次為目標，期待收拾政治混亂的場面。但在激烈選戰結束的12月11日，投開票結果卻和預料大大相反，執政黨陣營只增加2個議席（101席），未達到過半數的113席（在野聯盟14席、無黨籍10席）。這是執政黨過於自信，在同一選區推薦過多的候選人，導致很多選區都以最高票落選。對此結果，〈紐約時報〉、〈華盛頓郵報〉等均甚表驚訝，日本媒體也都相當意外，認為選舉結果顯示「台灣民意支持維持現狀，而對陳水扁急進的獨立路線踩煞車」。但另一方面，以〈朝日新聞〉為首，〈產經新聞〉、〈讀賣新聞〉等各報社論幾乎一致指出，台灣民意確有要求「主體性」的意向，對中國提出不要誤解台灣民意的忠告。[80]

總之，2004年底的選舉失利，使得政局安定的夢破碎，不用說陳水扁政權的「主體性路線」，就連一般民生政策的執行亦受到抵制，政局當然招來混亂的場面。職此，以陳水扁為首的民進黨領導層，開始摸索如何獲得在野黨協助之路，2005年2月1日，新立法院開議之日，民進黨也成立以謝長廷為閣揆的新內

閣。其時，謝院長邀請國民黨副主席江丙坤，以行政院副院長入閣。但是，國民黨主席連戰主張組閣權應交給議會多數派，拒絕與民進黨政府合作。[81]

　　結果，苦於有志難伸的陳水扁，在接受李登輝前總統的忠告下，試圖和同樣在此次選舉失利而與國民黨反目的親民黨宋楚瑜和解，尋求合作空間。於是，經過一番檯面下的接觸，陳宋於 2005 年 2 月 24 日，各以黨主席的身分在台北賓館舉行會談。會後共同發表 10 項共識；其主要內容：1. 陳總統任期內不會發表獨立宣言，不會更改國號，也不推動以台、中兩國論或獨立為議題的公投；2. 修憲的內容不觸及國家的主權及領土，不改變台灣海峽的現狀等。[82]

　　然而，這些內容幾乎與「四不一沒有」相同，其內涵明確地指出要遵守「一中」的架構，完全背離台灣人民長久以來所追求的政治理念，成為陳水扁政權最大的失策及汙點。當初勸陳水扁和宋楚瑜會談的李登輝前總統亦大感失望，嚴厲批評陳水扁「抓鬼反被鬼抓去」。長久以來支持陳水扁的獨立派大老辜寬敏、吳澧培（總統府資政）、黃昭堂、金美齡（國策顧問）等人更批評此是「對台灣人民的背叛」、「使從李登輝以來的台灣人努力及犧牲付諸流水」，甚至憤而辭退職務，使得陳水扁政權產生動搖。[83]陳水扁得以靠些微差距獲得連任，實在是李登輝前總統和獨立派大老們的全力支持，所以大老們對此更是憤慨激昂。

　　陳水扁的弱點在於外交常識的薄弱，在過去宣布「四不一沒有」，將自己設定在「一中」的桎梏，現在又聲明「扁宋會十項協議」。在這個聲明發布的 4 天之前（2005 年 2 月 19 日），在華盛頓召開日美安全保障協議委員會（由日美兩國外交國防部長出席的所謂「二加二」會議）發表共同聲明，將 1960 年日美安保條約的「遠

東條款」，改爲「和平解決台灣海峽問題」，並將其列爲「共同戰略目標」，明白支持台灣，顯示不容許中國使用武力的態度。[84]這是構築對台灣在發生事情之際的有利國際環境。可是，陳水扁接著就把盟邦的支持扯下腿。這實在是疏於觀察國際政治微妙變化所犯的錯誤。

在台灣政情因「扁宋會十項協議」聲明而騷動的 3 月 14 日，中國全國人民大會幾乎全會一致，表決通過前一年 12 月 29 日「全人代常務委員會」提出的對台灣「反國家分裂法」。

該法完全無視台灣的法律地位，自立「針對台灣獨立行使武力」的權限，但於國際法上不存在任何的效力。以下是該法的主要內容：1. 大陸和台灣同樣隸屬一個中國，絕對不容許台灣獨立；2. 在台灣有自中國分裂的事實或是重大事態發生，及和平統一的可能性喪失的情況下，國家可行使非和平（武力）的方式或其他必要的處置；3. 武力行使的權限委任國務院及中央軍事委員會等。[85]

如預料中一般，「反國家分裂法」的成立引起國際輿論的反彈。美國白宮發言人麥克萊倫同日發表聲明批評該法，指出：「我國反對任何嘗試以和平手段以外的方法，來解決台灣海峽的和平及安全。」歐盟（EU）也發表聲明，反對任何一方使用武力，表示持續禁止對中國的武器輸出。日本小泉首相在記者會表示：「不要有不良的影響，相互努力和平解決。」同樣表示反對該法。[86]細田官房長官言明：「該法表示台灣有獨立的行動，最後選擇必定行使非和平手段。我們反對任何和平以外的解決方式。」表現出不悅的態度。[87]

3 月 20 日，在亞洲六國訪問的萊斯國務卿到達最終目的地北京，和溫家寶總理、胡錦濤主席等中國高層會談，就北韓核武

問題的六方會談及台灣問題交換意見。21 日，萊斯國務卿和中國外交部長李肇星會談，她在會後的記者會上率直地批評「反國家分裂法」，指其使台灣海峽的緊張程度升高，要求中國方面應發表「減緩緊急的措施」或表示「善意」。[88]

台灣方面的反彈更是間不容髮。在「反國家分裂法」通過的 3 月 14 日，執政黨民進黨立法委員隨即在立法院提案「反中國侵略法」，陸委會更是提出強烈指責，認為北京此舉是向軍方開出「對台動武的空白支票」。台聯黨的立法委員及支持者，約 30 人在下午聚集在立法院門口「絕食 24 小時」。[89] 26 日，陳總統號召來自各地的群眾約百萬人在 10 個地點集結，由陳總統及李登輝前總統帶頭向市中心的總統府會師，以「保民主」、「愛和平」、「護台灣」為口號，向國內外強烈呼籲「台灣的未來由台灣人決定」的決心。為避免台、中關係加深惡化，當場並沒有政治家的演說，只是反覆合唱「二二八牽手護台灣」的主題曲：〈伊是咱的寶貝〉，會場氣勢十分熱烈。[90]

「反國家分裂法」受到歐美、日本等各國強烈地反彈，中國乃轉向著眼利用台灣內部的朝野對立，對二度總統大選敗給陳水扁、心裡怨恨不解的連宋深藍勢力，積極進行第三次國共合作。這個策略由於雙方利害一致而成功，不久連宋相繼訪問中國。泛藍媒體也隨之沸騰，一時之間給國際社會和平統一的假象。

4 月 26 日，連戰展開為期八天的「和平之旅」行程。連戰 29 日在北京大學演講時，意氣風發地表示自己一貫以「聯共制台獨」自許，並且批評台灣的民主是「民粹主義」，獲得北京聽眾的喝采。隨後，連戰更誇張地明言自己所認知的國家是這個國家：中華人民共和國。此時現場聽眾都起立鼓掌，會場響起的大聲喝采彷彿占據整個電視畫面。台灣島內在這一瞬間，很多人懷

疑自己的眼睛和耳朵，可是電視確實傳來這番談話和畫面。

　　當天下午，連戰和胡錦濤主席見面，在「相見恨晚」和「感謝招諭」的寒暄後，馬上進入已講好內容的會談。連戰簡單地按既定安排提問台灣主權後，即與胡錦濤發表五項協議的聲明；

　　這個要旨包括承認前文已經提過的「九二共識」(雖然辜振甫對於當時的交涉，在回憶錄《勁寒梅香》中再三說沒有「九二共識」。又李登輝也很清楚地再三說明雖有會談，並無共識)，更加入「反對台灣獨立」，以及 1.兩岸在「九二共識」的基礎上重啟對談；2.創設軍事相互信賴機制，避免軍事衝突；3.強化包含三通在內的經濟交流；4.協議台灣參與 WHO 等國際活動；5.構築國共兩黨定期協議的平台。⑨

　　5月5日。宋楚瑜的「搭橋之旅」隨連戰腳步出發，當天到達西安後，直接以親民黨立場發表「反對台灣獨立」、「反對兩個中國」、「反對一中一台」、「反對兩國論」、「支持憲法一中」、「承諾九二共識」等向中國一面倒的聲明。11日，宋楚瑜在北京清華大學演講(講稿經中國事先確認)提及「台灣經驗」，將「台灣意識」視爲是附著於土地的歷史產物，絕不是台灣獨立的志向；他將其做如此扭曲的解釋，而且斷言「台獨是條走不通的死路」。12日，宋楚瑜與胡錦濤舉行形式性的會談之後，發表以下六項協議的聲明：1.在「九二共識」的基礎上，兩岸重啟對談；2.堅決反對台灣獨立，尋求台灣海峽的和平及安定；3.終結敵對狀態，實現和平協定，創設軍事相互信賴機制；4.促進兩岸經濟交流；5.協議台灣參與 WHO 等國際活動；6.設置民間論壇，構築「台商服務」機制等。基本上是沿襲「胡連聲明」的脈絡。⑨

　　協助中國進行「統戰 (統一工作)」，背叛台灣主流民意，出賣台灣生存權的連、宋兩人，事後卻以和平使者的身分回到台灣。

〈聯合報〉、〈中國時報〉等泛藍媒體一齊奉承兩人完成「歷史和解」的偉業，並報導國親兩黨支持率急速上升的民調，又宣傳陳水扁政權的支持率直落谷底。

事實上，國親兩黨的「歸順祖國」，不僅對中國帶來莫大的成果，也大大攪亂台灣的政局。陳水扁因應這股「中國熱」的對策進退失據，使其對中政策也搖擺不定。如此不一貫的姿態，引起朝野的質問，甚至也被李登輝前總統等人指責。[93]

在這樣的背景下，為承認前一年 8 月 13 日，立法院通過的憲法修正案，台灣於 5 月 14 日，舉行任務型國民代表大會選舉。該憲改案的內容如下：1. 廢止國民大會及以公民投票進行憲法改革（包括領土變更）；2. 立法院席次由 225 席減少為 113 席；3. 立法委員選舉改為小選區比例代表制（單一選區兩票制）；4. 立法委員任期由三年延長為四年；5. 正副總統罷免案須經最高法院法官審議。

由於該選舉採取選黨不選人的方式，政黨及政治團體依得票率比例分配代表人數，代表人數定額 300 人，任期一個月，5 月底前必須召開大會。

結果，在黨主席蘇貞昌的持續努力下，面臨危機的民進黨度過逆境，民進黨繼續確保第一大黨，得票率 42.52%，獲得 127 席；國民黨維持第二黨的位置，得票率 38.92%，獲得 117 席；台聯躍升為第三黨，得票率 7.05%，獲得 21 席；親民黨意外跌落到第四，得票率 6.11%，席次 18 席。憲改派的民進黨及國民黨獲得壓倒性的勝利，憲改案在 6 月 7 日投票通過，贊成 249 票，反對 48 票。[94]

連宋造訪中國後的國民大會代表選舉，執政黨陣營（民進黨、台聯）得票率達到 50%，在野黨方面（國民黨、親民黨）落到

45%。這個數字暗示什麼呢？台灣的主流民意傾向「獨立志向」，連宋兩人造訪中國並未對此造成影響，毋寧說是反而被民眾加以否定。(以上長篇直接引用、或節引、加筆自拙著《台灣法的地位の史的研究》前揭，606-31頁；同書李明峻譯《台灣法律地位的歷史考察》前揭，603-27頁)

# 第三節　陳水扁重新站回「台灣主體性」路線及其貪汙政體失去民進黨政權

## 一、陳水扁重新站回「台灣主體性」路線

　　陳水扁為了政局的安定，如上述，不惜迎合在野黨，表明可容納以「統一」為目標的對中政策。而其閣揆謝長廷亦以「一中憲法」給予呼應，並力主「和解共生」，形同「無為而治」。乍看之下可以避免朝野衝突，但並未換得在野黨的良性互動。結果，一事無成毫無政績可言，又於2005年8月，爆發高捷外勞弊案。如此一來，讓熱心支持民進黨的獨派人士大失所望之外，更讓一般主體性的民眾也逐漸疏離。因此，在2005年12月3日，舉行的三合一縣市長選舉，台灣人民給民進黨一個重重的教訓；馬英九主席首度領軍的國民黨大獲全勝，拿下包括台北縣在內的14個縣市長，有民主聖地之稱的宜蘭縣、嘉義市全部變天，民進黨失去4個縣市，僅保住南台灣6個縣市長；親民黨只守住連江縣、新黨仍保有金門縣，無黨籍吳俊立則攻下台東縣。至於縣市議員選舉部分，國民黨獲得408席、民進黨192席、親民黨31席、台聯11席、其他黨籍2席、無黨籍256席；國民黨仍在地方議會取得明顯優勢，民進黨則大幅成長50席左右。又鄉鎮市長選

舉部分，國民黨獲得 173 席、民進黨 35 席、親民黨 3 席、台聯
掛零、其他黨籍一個、無黨籍 107 席；顯示國民黨基層實力仍然
雄厚，民進黨則小幅成長 8 席。⑨⑤

　　這場選舉的結果，當然是給予陳水扁政權一個強烈的警訊，
如不再修正對中政策，來日不久，民進黨政權必將消失！基於
這樣的覺醒，在 2006 年元旦的賀詞上，陳水扁重新找回「台灣
的主體性」，對中國的經貿政策，從原來的「積極開放、有效管
理」，調整爲「積極管理、有效開放」，並強調今後必須重視台灣
將來的安全，優先於目前可從中國取得的經濟利益。旋在同年 1
月 29 日（農曆春節），陳水扁總統終於勇敢的提出：「必須認眞考
慮廢止國家統一綱領與國家統一委員會。」這等於是要廢棄陳總
統先前所承諾的「四不一沒有」之「一沒有」，亦即將中止其所
承諾的「終極統一」。因此，這樣的發言，不但立即受到在野國
親聯盟及中國的強烈反彈；連美國國務院副發言人艾瑞里也憂慮
地表示：「美國不支持台灣的獨立，反對台灣或中國的任何一方
變更現狀。」⑨⑥

　　之後，台美經過近一個月的折衝，期間美方曾派楊甦棣
（Stephen Young）、即將繼任爲美國在台協會（AIT）台北辦事處長，
攜「白宮訓令」來台，表示反對之意。對此，陳總統回覆楊甦棣
稱：「美國是台灣最好、最尊敬的朋友，美國幫助台灣的經濟與
民主發展很多，感謝美國的愛護與支持。但台灣已是民主與自由
的國家，我們必須傾聽民意，深化民主是由下而上，由外而內的
想法，是人民的聲音；制憲、公投、進入聯合國都是人民想要
的，也是台灣國家利益所在，與美國的意見不同。此舉或不合於
美國的國家利益，但是我們站在自己國家的立場卻不得不然，且
追求國家的主權獨立與自由，正是普世價值所在。很抱歉，不能

不做。」而終獲美方諒解。㊼

　　同年 2 月 27 日下午，陳水扁在總統府主持國安高層會議，會中裁示「國家統一委員會」終止運作（Cease to function），不再編列預算，原負責業務人員歸建；「國家統一綱領」終止適用（Cease to apply），並依程序送交行政院查照。同時，陳總統又強調爲確保國家安全、提升人民福祉、維護區域和平和穩定，他另有以下七點的宣示。亦即：

㈠ 台灣感謝布希總統在 2005 年京都演說中明白表示，美國珍視與台灣之夥伴關係，且讚揚台灣之民主繁榮。台灣亦感謝美國，盼繼續就雙方互利之事項共同合作；

㈡ 台灣無意改變現狀，也堅決反對以任何非和平手段造成此一現狀的改變，並感謝國際社會共同支持維護現狀；

㈢ 「國統會」之終止運作及「國統綱領」之終止適用，不涉及現狀之改變，而是基於主權在民之民主原則；只要符合民主的原則，尊重兩千三百萬台灣人民自由意志的選擇，兩岸未來將發展任何形式的關係，我們都不排除；也堅持任何人不得爲台灣人民的自由選擇預設前提或終極目標；

㈣ 憲政改造工程之推動，必須要符合由下而上、由外而內、先民間後政黨之精神，依循現行憲法程序，最後仍需立法院四分之三之同意，以及人民公投複決。任何不符合此種程序的主權議題，不僅無益現狀的維持，也將不會被處理；

㈤ 爲了謀求人民最大的福祉，促進兩岸關係的良性發展，雙方必須透過政府與政府之間的協商對話，積極尋求建立互動交流的有效機制，以消弭歧異、增進互信、解決

問題；

㈥ 台灣人民擁有平等參與國際社會的權利與義務，更願意
積極扮演全球民主社羣負責任的貢獻者。中國片面排除
或打壓台灣人民參與國際社會的空間，不僅違背自由、
民主、人權的普世價值，更傷害雙方人民之間的情感，
完全無助於兩岸關係的穩定發展；

㈦ 爲確保國家安全，避免台海軍事平衡向單方面傾斜，台
灣會積極強化並提升自我防衛的決心及能力，以維護台
灣民主、自由、和平的現狀不被片面改變等。⑱

誠然，陳水扁自就職、連任總統以來，不但無任何顯著的政
績可言，而且如上述，反而失政連連，背離台灣主流民意，令人
唱嘆！不過，這次悍然與美對抗，終止「國統會」及「統一綱領」，
總算可令人加以肯定，也可將功補罪。這場「廢統」爭議的成功，
台灣人邁向「獨立」再前進了一步。

# 二、意想不到的陳水扁貪汙政體及其失去民進黨政權

## ㈠ 陳水扁的貪汙政體

正當台灣人民重新寄望陳總統能更上一層樓，爲其子民打拚
奮鬥之際，卻突然有如受到晴天霹靂似的衝擊，意想不到陳水扁
的貪汙政體，竟然連環式地被爆發，台灣人民再度心如刀割！這
位出身佃農家庭，爲正義奮鬥，被譽爲「台灣之子」的陳水扁，
揭穿其廬山眞面目，竟是一個僞君子，爲錢財不惜出賣台灣人的
靈魂與良心。他眞是台灣最不忠不孝的「不義之子」。台灣人的
命運不怨天也不尤人，但實在眞「歹命」！

　　要之，2006 年 4 月 7 日，陳哲男前總統府副秘書長因涉及政治獻金案，遭到檢方收押。接著 4 月 11 日，第一夫人吳淑珍的 SOGO 禮券案跟著爆發，立委李全教指控第一夫人因介入 SOGO 百貨經營權之爭，而收取大筆禮券。消息一出，名嘴與媒體競相「追查」內幕，第一家庭的「金權遊戲」不斷地被大幅揭露，令人瞠目結舌。未幾，同年 5 月 15 日，所謂「台開案」爆出檯面，邱毅指控總統女婿趙建銘透過內線交易，以家人爲人頭戶，購入台灣土地開發有限公司股票，獲利上億元。5 月 20 日，陳水扁爲趙家涉入「台開案」公開道歉。5 月 25 日，趙建銘被台北市地檢署收押禁見，駙馬爺被扣上手銬，仰天眺望的一幕，震撼各方。⑨

　　於是，以此爲契機，同年 5 月 30 日，國民黨立委丁守中完成罷免陳水扁總統連署 (共有 57 位立委支持)，正式向立法院提出「總統罷免案」，這是台灣史上第一次成案的「總統罷免提案」。另之前一天，中央研究院長李遠哲發表聲明，對民進黨執政「未能堅持理想，未能謙卑執政」，感到痛心。5 月 31 日晚間，陳總統召集緊急府院黨高層核心會議，會中他鄭重宣布「權力下放」，包括「停開府院黨 9 人小組會議，以後將不再插手院黨之間的決策」，由行政院長蘇貞昌和民進黨主席游錫堃，每週會商。⑩

　　6 月 3 日，親民黨發起「全民嗆扁」活動，要求阿扁下台。6 月 7 日，國民黨主席馬英九下令啓動罷免陳水扁機制。11 日，泛藍支持者在總統府前舉行嗆扁抗爭活動，馬英九、宋楚瑜兩人雙雙出現。12 日立法院通過於臨時會時啓動罷免陳水扁案。又同日，曾是吳淑珍密友的李慧芬在 TVBS 的安排下，出面爆料第一家庭以假發票詐領國務機要費。爲了對外說明國務機要費的使用與核銷程序，當時總統府副秘書長卓榮泰特別舉行記者會，

強調一切合法。但媒體對卓榮泰的說明感到十分怪異，立即再展開瘋狂的追殺。⑩

　　6月27日，丁守中提起的罷扁案在立法院表決時，未獲三分之二立委支持而告失敗。雖然如此，7月15日，由中央研究員吳乃德及助理研究員吳叡人、台大社會學系助理教授范雲，以及一群親綠的學者、教授等，發表「我們對總統、執政黨和台灣公民的呼籲」，要求陳水扁慎重考慮辭去總統之職務。⑩

　　與此同時，7月間，審計部查核國務機要費的結果，2005年度國務機要費計有2,407萬2千元以機密未便公開為由，未供查核外；另有1,277萬3,165元支出憑證未詳用途。審計部發現供核銷的憑證中，極大部分係他人消費取得之發票，非屬總統府消費取得的原始單據，顯示總統府國務機要費之支用與報銷疑有「假報銷」、「真貪汙」之情，乃將全案移送台灣高等法院檢察署查緝黑金中心請求偵辦。有鑑於此，7月26日，上述親綠學者，再次集結在戒嚴時期槍決政治犯的馬場町改建而成的青年公園，發表「七二六聲明」，重申要求陳總統請辭，並對民進黨有所批判。⑩

　　7月31日，法務部查緝黑金行動中心檢察官陳瑞仁親自率隊入總統府查扣近6年的國務機要費單據。一週之後，陳瑞仁再度進入總統府偵訊陳水扁有關國務機要費問題。阿扁自我放棄現任總統刑事豁免權，接受偵訊，結果，提早了引爆倒扁風潮。⑩8月10日，曾任民進黨主席，現在是親近「統派」的失意政客施明德（在2000年已退出民進黨），乃正式對外宣布發起「百萬人倒扁運動」。8月底及9月7日，施明德與馬英九經過二次密會、協商後（施明德表明不參選2008年總統，馬英九同意「跨夜抗爭」），9月9日，身穿紅衣的所謂「紅衫軍」倒扁運動正式登場。⑩

　　當日，抗議群眾聚集總統府凱達格蘭大道靜坐，國民黨主席兼台北市長馬英九依「施馬密約」破例批准 24 小時集會活動。根據倒扁總部統計，號稱有 30 萬人參加，但是台北市警局則認為約有 9 萬多人。至於參加的群眾，則包括有黑道竹聯幫、統派人士、通俗的辣妹藝人等等，三教九流之輩，十分瘋狂。隨後，馬英九復以切結書的方式，同意施明德的倒扁活動，近一個多月，每天 24 小時使用凱道，實令人痛心。期間，紅衫軍於 9 月 15 日晚間 6 時，發動所謂「九一五圍城之夜」；群眾由台北市公園路出發，繞博愛特區一圈至台北車站集結。途中陸續參與的婦女、學生和下班族不斷暴增，不論看熱鬧式參與，都讓場面熱烈。由於每人身穿紅衣，又罩黃色塑膠雨衣，在馬路上洶湧人潮流動，像極了火山爆發後岩漿四處奔竄的景觀，煞是驚人。根據台北市警局統計，當天參與人數約 36 萬人，而倒扁總部則宣稱突破百萬人。[106]

　　同夜，超過法定集會時間晚上 10 時；施明德仍發動近 2 萬人群眾兵分二路，一條路線包圍總統府，一條繞行玉山官邸，展開預定的「圍城大作戰」，要讓國家元首陳水扁陷入四面楚歌的處境，進入無政府狀態。而其時，馬英九仍如密約以台北市長的職位，大開方便之門，給予就地合法，讓台北市陷入混亂無法控制的局面。[107]

　　繼「九一五圍城」之後，自 9 月 16 日起，迄至 10 月 9 日，紅衫軍又在全台各地，包括桃園、新竹、台中、彰化、南投、雲林、屏東、台東、花蓮、宜蘭、基隆等地，發動倒扁「遍地開花」活動。而紅衫軍最後的高潮，就是展開國慶雙十「天下圍攻」的計謀。10 月 10 日，倒扁群眾裡應外合，應邀觀禮的國親兩黨立委，在阿扁總統致詞時，突然在觀禮台上高呼倒扁口號和比劃手勢，與

民進黨立委爆發衝突。親民黨主席宋楚瑜則穿紅西裝帶領黨籍立
委中途退席，在總統府前廣場遊走，立委劉文雄趁三軍儀隊通過
觀禮台時，突然跑入隊伍，與安全人員追逐；最後則由國民黨立
委手拉布條通過觀禮台，高呼倒扁口號和儀隊交錯而過。觀禮外
賓觀眾看得瞠目結舌，咸認是台灣「民主鬧劇」。[108]

　　另方面，在典禮管制區外的紅衫軍也開始聚集，以台北車站
附近街道爲中心集結抗議。幾位參加典禮的民進黨立委座車遭到
紅衫軍拍打挑釁，群眾更阻止憲兵機車連部隊入會場，甚至拍打
包括行政院長在內的政府官員車隊，眞是無法無天。接著，「天
下圍攻」遊行一直持續到 10 月 11 日凌晨；而占據台北車站前忠
孝西路的倒扁群眾，則遭到警方強制驅離，方才爲止。10 月 11
日，馬英九推動的二次罷免總統案，又在立法院失敗。10 月 14
日以後，紅衫軍雖然移師凱道，但其規模與氣勢，自此愈來愈
小。未久，即告自然消滅。[109]

　　綜觀紅衫軍活動，最終並未打垮陳水扁政權。可是，隨後陳
政權幾無寧靜之日，透過泛藍媒體的宣傳，不僅陳水扁本人備受
攻擊、汙蔑 (他罪有應得)，連民進黨全體也受到莫大的傷害！同
年 11 月 3 日，台北地方法院檢察署查黑中心檢察官陳瑞仁將陳
水扁、吳淑珍和陳總統最親信馬永成 (前總統府副秘書長) 等四人，
以侵占挪用國務機要費 1,480 萬元 (流爲夫人私用購買鑽石等) 及僞
造文書等罪起訴。對此，陳水扁表示，從就任總統以來，自發性
將薪水的一半歸還國庫，其金額在六年間高達 3 千萬元。接著又
說，如果，在一審被判決有罪，自己立即下台。[110]

　　儘管陳水扁有勇氣要概括地承受其夫人之罪，但是民進黨自
成立以來，即以「清廉勤政」對抗國民黨之「貪汙腐敗」，作爲
執政的最高理念。因此，總統及其夫人的貪汙起訴，當然會帶

給民進黨難以估計的重重打擊。而且, 如周知, 在陳總統任期
結束後, 卻又爆發了許多弊案 (雖有也被栽贓和故意陷害), 他亦於
2008 年 11 月 12 日, 被上手銬羈押, 進入土城看守所。2010 年
11 月, 由於龍潭購地案判決定讞, 阿扁從土城看守所被遷至桃
園龜山的台北監獄。從此身心狀況急速惡化, 產生退化性腦病等
諸症狀, 誠也可憐, 但咎由自取。這不僅是他個人受到恥辱, 也
讓台灣人民的尊嚴深深蒙羞！爰將「扁珍」兩人所涉的弊案, 概
要的引述如下 (迄至 2014 年 1 月 14 日, 最高法院檢察署／重大偵結起
訴案件網頁之資料：張嘉麟整理)。

1.  國務機要費貪汙案:2009 年 9 月 11 日, 一審無期徒刑(中
    略)。2012 年 7 月 26 日, 三審最高法院發回更審〈更二
    審台灣高等法院審理中〉。

2.  洗錢案：2009 年 9 月 11 日一審 (中略)。2012 年 7 月 26
    日三審。龍潭購地洗錢部分：有期徒刑 2 年定讞；收受
    辜仲諒賄賂案洗錢部分無罪。國務機要費洗錢部分、南
    港展覽館案洗錢部分發回更審〈更二審中〉。

3.  龍潭購地案：2009 年 9 月 11 日, 一審無期徒刑 (中略)。
    2010 年 11 月 11 日, 三審有期徒刑 11 年, 併科一億五千
    萬元罰金, 判決定讞。

4.  外交零用金案：2010 年 6 月 8 日, 一審無罪 (中略)。
    2011 年 4 月 28 日, 三審無罪定讞。

5.  二次金改案：2010 年 11 月 5 日, 一審無罪 (中略)。
    2012 年 12 月 20 日, 三審元大併復華案, 最高法院判 10
    年定讞。國泰併世華案及洗錢案撤銷發回更審〈更一審
    台灣高等法院審理中〉。

6.  陳敏薰買官案：2010 年 11 月 11 日, 三審判徒刑 8 年,

併科 500 萬元罰金（另吳淑珍有關此案洗錢罪，7個月有期徒刑）。判決定讞。

7. 辜仲諒政治獻金案：2010 年 11 月 11 日，三審無罪定讞。[111]

筆者對陳水扁諸弊案中，最痛恨的就是其瑞士海外洗錢案。2009 年 11 月 5 日，陳儀深教授訪問筆者時，筆者對陳水扁洗錢案有如下率直的敘述：「不論別人給予的金錢是政治獻金或佣金，這些錢豈能送到海外（特別是一國元首），應該要放在國內的基金會才對；將來你宣稱要從事獨立建國工作，我們才會認同。這些錢應該是要為台灣人做事，而不是放入私人口袋。陳水扁宣稱他不知情（有誰相信？），儘管如此，也要負擔道德上的共同責任，所以我很氣陳水扁。我希望島內朝野不要再鬧了，很多人同情吳淑珍因為政治所受到的傷害，但是我很唾棄他們。陳以及陳的太太應該像韓國盧武鉉前總統一樣去跳崖自殺，以謝台灣人民才對。」[112]

## (二)　陳水扁失去民進黨政權

一方面，2006 年 9 月 24 日，陳水扁表示「現行憲法的領土範圍，完全與現實不符，如何處理，必須慎重考慮」，暗示修訂憲法以變更領土。然而 25 日，美國國務院發言人立即公開表示反對。時值「紅衫軍」的餘震未息，陳水扁也不敢輕動。同年 10 月 31 日，乘「紅衫軍」造亂之勢，國親兩黨亦於立法院委員會上，否決政府所提出向美國購買武器之預算案，這是第 62 次的否決。不過，經過駐台美國代表強烈暗示，如果這次立法院沒有通過購買武器的預算，美國恐怕會中止出售武器給台灣。因此，國親兩黨態度急轉變，2007 年 6 月，終於承認通過台灣極需購

買的新型 F16 戰鬥機 66 架之預算案。⑬

　　2006 年 12 月 9 日，台北與高雄兩直轄市舉行改選。由於受到第一家庭的弊案與紅衫軍的衝擊，媒體的預測大多認為國民黨將獲得壓倒性的勝利。可是，在台北市長的選舉，國民黨郝龍斌雖以 54% 的得票率當選；民進黨的謝長廷卻意外地善戰，獲得 41% 的得票，使得他問鼎 2008 年總統大選聲勢看漲。而高雄市民進黨的陳菊則以微差險勝國民黨黃俊英當選。

　　時序入 2007 年，或許是陳水扁想對台灣主體性人民贖罪，島內的政治氛圍開始改變。同年 2 月 9 日，民進黨推動「正名」運動，欲將「中華郵政」的名稱變更為「台灣郵政」、「中國石油」改為「台灣中油」等等。同時決定從新學期開始，台灣高中的歷史教育課程，要分開「台灣史」及「中國史」二項不同的科目來教育，以提高台灣人的國家認同。3 月 4 日，陳水扁總統在台北召開的「台灣人公共事務會」(FAPA) 創立二十五週年大會上，陳述「台灣的獨立、正名、制定新憲法」的必要性。FAPA 是以對美外交為主要目的，以台獨聯盟美國本部為中心所成立的組織，現在有如同親睦會般的感覺，但多數的成員都是獨立派，因此，陳總統的這項發言對他們具有極大的吸引力。翌日，中國共產黨與政府的國台辦，立即共同對陳水扁的這項發言提出抨擊。隨後，4 月 11 日，訪日的溫家寶總理，也以文書向日本政府要求反對「台灣獨立」，但是，安倍晉三首相予以拒絕，僅回答「堅持在 1972 年日中共同聲明所表明的立場」。⑭

　　其次，自 1993 年迄至 2006 年以來，台灣由友好國所提出的「中華民國」重返聯合國議題，前後已被聯合國大會否決 14 次。有鑑於此，2007 年 6 月，陳水扁乃重新提出今後將以「台灣」的名義申請加入聯合國，並對這項申請，準備進行公民投票。接

獲這項消息，中國當局立即於 6 月 13 日，發表聲明痛斥：「陳水扁當局針對以台灣名義加盟聯合國一事進行公民投票，就是走向『台灣法理性獨立』的重要階段」，並恫嚇要對台灣動武。同時，美國國務院亦於 6 月 19 日，發表聲明：「反對片面改變台灣地位的任何行動。」然而，美國國務院抨擊陳總統的翌日，台灣外交部表示：「陳總統所推的提案，並未違反陳總統的承諾，和變革現狀沒有關係」，又強調將推行公民投票。未幾，7 月 19 日，打破以往由友好國提議慣例，陳總統直接以「台灣」的名義，向聯合國秘書長潘文基寄出加盟申請書。這項申請書因遭中國強烈地反對，終未被聯合國秘書處受理。但同年 2 月 21 日召開的聯合大會，則就此問題正式提出討論。共有 140 個會員國各自表示意見。美日兩國保持沉默，明確贊成的有 17 國。最後，雖不必採納，但睽違了 36 年，有關台灣加盟聯合國的問題終於在大會被討論，備受國際注目。對台灣來說，也算是一大收穫。[115]

在此順道一提，2007 年 3 月 15 日，台灣委託邦交國諾魯駐聯合國常任代表 Marlene Moses 將「消除對婦女一切形式歧視公約（Convention on the Elimination off All Forms of Discrimination against Women, 簡稱 CEDAW）加入書」存放聯合國秘書處，以善盡國際社會成員之義務時，3 月 28 日，竟遭到潘基文聯合國秘書長以根據 1971 年 10 月 25 日，聯合國大會第 2758 號決議，「台灣是中華人民共和國的一部分」為由，發文給諾魯政府拒絕存放（desposit）台灣政府的文件。後來經由呂秀蓮副總統的發覺，努力爭取美、日、英、法、德、澳等大國的協助，終使潘基文秘書長認錯：「台灣不是中華人民共和國的一部分」，並「保證聯合國爾後不再犯同樣的錯誤。」呂秀蓮副總統及時挽救台灣主權，其功不可沒！[116]

另一方面，距離 2008 年 1 月 12 日總統前哨戰，「新國會大選」已迫近眉睫，由於陳水扁第一家庭的弊案連連，民進黨失去了人民的信賴。而且，新國會 (立法院) 在 2005 年修憲時，規定立委席次從 225 席減半爲 113 席。113 席立委席次中，區域立委73 席，原住民立委 6 席，不分區立委 34 席。又立委的任期從原來的 3 年延長爲 4 年。此外，選舉的方式也一併改變，單一選區兩票制，或稱混合制，是一種結合了比例代表制和多數代表制的選舉制度。選民需要投兩票，一票選人，一票選政黨，用來決定選舉最終的當選席次總數(前述)。台灣的人口約 2,300 萬人，因此，73 個小選區的人口平均約有 31 萬人，但人口再少的縣也分配一席，所以位於中國沿岸的島嶼，人口只有一萬人左右的馬祖、不足六萬人的金門及澎湖等，都能選出一名立委。而原住民 6 席和沿岸諸島 3 席的立委無疑地幾乎都會由藍營獲得 (國民黨傳統的買票地區)。如此，選前台灣所有媒體咸認國民黨一定會獲大勝。

其實，當年 (2005 年) 民進黨內林濁水亦曾指出「國會席次減半」修憲案，對民進黨不利。如宜蘭 47 萬人，相當於金門、馬祖、澎湖加上原住民總人數，但僅有 1 席，後者合計則有 9 席，且是國民黨 (買票：筆者) 鐵票區。加上新竹縣、新竹市、基隆市、花蓮縣與台東縣，綠營未選就輸掉 13 席。區域 79 席(含原住民 6 席)減掉 13 席後剩下 66 席，綠營必須贏得 44 席，亦即 61% 席次才能贏得過半區域席次，但國民黨只需獲得 40% 即可過半。因此，林濁水認爲民進黨可能因國會減半而淪爲永遠的在野黨。果然，林濁水的分析，真是一言中的。在 2008 年 1 月 12 日的新國會大選，國民黨躍進爲第一大黨獲 81 議席，並在政壇復取得一黨獨大的局面，民進黨只有 27 席，有淪爲「永遠的在野黨」之虞。而台聯更慘，從 12 席降至零席，讓許多人對台灣前途感到悲觀，

失去願景。⑪

　　就這樣，政黨輪替以來，民進黨對「台灣主體性」迷航失路，陳水扁的「四不一沒有」、「一中架構」，即所謂「新中間路線」，不但不能被人民認同接受，更由於其貪汙政體，讓人民大失所望而遭唾棄！最後，又加上政策的失敗，總統前哨戰之「新國會大選」，竟然輪到被譏爲「連脫褲逃都逃不掉」，眞夠羞人。

　　接著，2008 年 3 月 22 日，總統大選即將來臨。選前如上述，因爲陳水扁已失去了人民的信賴，民進黨陷入群龍無首；黨內所謂「四大天王」，即謝長廷、蘇貞昌、游錫堃、呂秀蓮等 4 人，爲了爭取總統大位，惡言相向，親痛仇快。初選過程火藥味十足。派系內鬥無法休兵，越演越烈，讓社會看笑話。⑱最後於 2007年 5 月 6 日，經由黨員初選，謝長廷獲提名爲總統候選人。隨後，謝長廷指名蘇貞昌爲副總統候選人，但初選內鬥留下來的後遺症與裂痕，無法彌補，敗戰在未選之前，已明顯地呈露。爰將謝長廷的生平略歷介紹如下：

　　謝長廷 1946 年出生於台北市。台灣大學法律系三年級律師高等考試第一名。台大畢業後，赴日本京都大學留學，獲法學碩士，修完博士課程後結業回國。1980 年任高雄美麗島事件辯護律師。1981 至 1988 年當選台北市議會第 4、5 屆議員。1986年民主進步黨創黨發起人，黨綱起草者、黨名命名者。1989 至1995 年第 1、2 屆立法委員以及第 3 屆不分區立委第一名。1996年與彭明敏搭檔競選第一屆民選正副總統。1998 至 2005 年當選第 2、3 屆高雄市長。2000 年擔任民主進步黨第 9 屆黨主席，2005 至 2006 年出任行政院長。2006 年 12 月，代表民進黨參選第 4 屆台北市長，雖敗善戰。⑲

　　又較諸民進黨「四大天王」總統候選人的初選內鬥廝殺，國

民黨卻只有馬英九一枝獨秀，登記總統候選人初選。茲將馬氏的
生平略歷，引述如下：

馬英九 1950 年 7 月，出生於香港，1951 年隨其雙親馬鶴凌、
秦厚修輾轉來台。其父馬鶴凌黨政經歷包括國民黨台北市黨部副
主委；公路黨部、救國團、中央黨部等秘書；知青黨部書記長；
青輔會處長；最後以黨部考紀會副主委退休。其母秦厚修則投入
公務系統，從國防部總政治作戰部少校股長、石門水庫建設委員
會專員、中央信託局專員到中央銀行，最後以央行外匯局業務科
主任退休。所以馬英九雖不算國家權貴之子，但屬於國民黨高
幹之子，是不能否認的！馬英九來台成長後，1972 年 6 月，台
大法律系畢業。1974 年 8 月赴美留學。1976 年 2 月，取得美國
紐約大學法學碩士，1976 年 9 月，轉進哈佛大學攻讀博士學位。
1981 年 3 月，獲得哈佛大學法學博士學位。1981 年在其父親的
安排下，透過總統府秘書長馬紀壯的推薦，出任總統府第一局副
局長，並擔任蔣經國總統的英文秘書。1984 年 6 月，出任國民
黨副秘書長。李登輝時代，馬英九從研考會主委、陸委會副主
委、國民大會國民黨不分區代表、法務部長到政務委員，仕途依
舊順利。1998 年在李登輝「新台灣人」的加持下，當選台北市長。
台北市長兩任 8 年，2006 年 12 月卸任；期間，2005 年 8 月 19
日起，經過馬王之爭，也順利擔任國民黨主席。2007 年 2 月 13
日，馬英九因為特別費貪汙案（共計詐領 1,117 萬 627 元）被高檢署
將其提起公訴。當晚，馬英九召開記者會，辭去國民黨主席一職，
並宣告他將「化悲憤為力量」，義無反顧參選 2008 年總統大選，
以證明個人清白。同年 4 月 21 日，馬英九前往國民黨中央黨部，
完成黨內總統初選登記。他說：「任勞任怨不難，任謗最難，任
謗參選為的是台灣。」同時他亦改口告訴大家：「一審有罪仍要選

到底。」真是厚顏無恥！5月2日，國民黨的中央委員會決定推薦馬英九為總統候選人；馬英九則指名前行政院院長蕭萬長為副總統候選人。6月24日，國民黨代表大會決定馬英九與蕭萬長為總統、副總統候選人。同時，取消有關推薦的黨章規定「一審判定有罪」，將之改為「有罪判決定讞」，為馬英九量身改造「排黑條款」。8月14日，合議庭採納馬英九所提出的所謂「大水庫」概念，認定他無貪汙，一審判決無罪，馬獲勝。[120]

但是提出告訴的檢察官侯寬仁、沈明倫與周士榆等三人不服，再向高等法院上訴；結果，高院二審仍宣判維持一審無罪的判決。這是很明顯的政治性判決，然而馬英九真是得了便宜還賣乖，竟然向特偵組侯寬仁、沈明倫、周士榆等三名檢察官提出告訴，公然踐踏司法的尊嚴與程序。後來，侯寬仁徹底地遭受到「馬鷹犬」的追殺，幾乎要被關進牢去，不知公理何在？[121]

另馬英九高挺的身材，加上帥氣的容姿和巧妙虛偽的做秀，使其擁有不可思議之人氣，尤其在女性間的人氣更高。2007年夏天，馬英九特別在對中國系強烈反感的南部進行 Long Stay，住宿在幾個台灣人的家庭，他口口聲聲強調：「我是吃台米、喝台灣水長大的台灣人，我的故鄉就是台灣。」並聲稱他死也要做「台灣魂」。馬英九這種了不起的做秀，依據當時台灣多數媒體的調查，顯示其支持率超過謝長廷的二倍。結果，正如選前的預測，在2008年3月22日舉行的台灣總統大選，馬英九獲得約765萬票（得票率約58%），相對於謝長廷，足足有221萬票的巨大差距，取得壓倒性的勝利。如此，本土的政權淪陷，外來政權復辟成功。

# 第十六章註

① 鄒景雯《李登輝執政告白實錄》，前揭，129-30 頁。
② 台灣教授協會策劃‧執行編輯陳儀深《會診宋楚瑜》，前衛出版社，2000 年，10-21 頁參照。
③ 同上，165-73 頁參照。
④ 同上，10-1 頁。
⑤ 呂秀蓮《呂秀蓮非典型副總統》，國史館，2016 年 12-4 頁。
⑥ 前揭《李登輝執政告白實錄》，137-8 頁。
⑦〈民眾日報〉、〈自由時報〉，1999 年 12 月 9 日。
⑧ 前揭《李登輝執政告白實錄》，139-41 頁。
⑨ 同上，142-4 頁參照。
⑩〈民眾日報〉、〈自由時報〉，1999 年 12 月 10-23 日、2000 年 2 月 11 日、2 月 17 日。
　同上，145 頁。
⑪ Taiwan News, Feb. 24, 2000.
　〈朝日新聞〉，2000 年 2 月 19 日。
⑫〈人民日報〉（日文版），2000 年 2 月 21 日。
　〈朝日新聞〉，2000 年 2 月 22 日。
⑬〈自由時報〉，2000 年 2 月 24 日。
　〈朝日新聞〉，2000 年 2 月 25 日。
⑭〈人民日報〉，2000 年 3 月 16 日。
　〈聯合報〉，2000 年 3 月 16 日。
　〈朝日新聞〉，2000 年 3 月 16 日。
⑮〈自由時報〉，2000 年 3 月 18 日。
⑯〈聯合報〉，2000 年 3 月 19 日。
　〈人民日報〉，2000 年 3 月 19 日。
⑰〈人民日報〉，2000 年 3 月 19 日。
　〈朝日新聞〉，2000 年 3 月 20 日。
⑱ 前揭《李登輝執政告白實錄》，159-60 頁。
⑲ 同上，159-61 頁參照。
　李登輝‧中嶋嶺雄《アジアの知略》前揭，238-9 頁。
⑳〈民眾日報〉、〈自由時報〉，2000 年 3 月 19 日。
㉑〈民眾日報〉、〈自由時報〉，2000 年 3 月 19 日。

〈朝日新聞〉, 2000 年 3 月 19 日。
㉒〈朝日新聞〉, 2000 年 3 月 21 日。
Taiwan News, March 22, 2000.
㉓ Taiwan News, March 22, 30, 2000.
〈聯合報〉 2000 年 3 月 30 日。
〈自由時報〉, 2000 年 3 月 25 日。
㉔〈人民日報〉, 2000 年 4 月 8 日。
㉕〈人民日報〉, 2000 年 4 月 10、12、15、17、20 日。
〈朝日新聞〉, 2000 年 4 月 14 日。
㉖ 呂秀蓮《呂秀蓮非典型副總統》⑵驚濤四年, 國史館, 2016 年, 335-7 頁參照。
㉗〈民眾日報〉、〈自由時報〉, 2000 年 5 月 21 日。
㉘ 陳水扁《相信台灣》, 圓神出版社, 2004 年, 30 頁。
㉙ 呂秀蓮《呂秀蓮非典型副總統》政黨輪替, 國史館, 2016 年, 自序, 10 頁。
㉚〈人民日報〉, 2000 年 5 月 21 日。
㉛〈民眾日報〉, 2000 年 7 月 13 日。
〈自由時報〉, 2000 年 7 月 28 日。
㉜〈民眾日報〉, 2000 年 8 月 13 日。
㉝「新華社」電, 2000 年 10 月 16 日。參照《二○○○年中國的國防白皮書》;
〈中國國防報〉, 2000 年 11 月 1 日。
㉞〈朝日新聞〉, 2000 年 11 月 17 日。
㉟ 廖建龍,〈核四廠紛爭及罷免總統〉(收於《台灣青年》, 2000 年 12 月號, 4-5 頁)。
㊱〈民眾日報〉、〈自由時報〉, 2000 年 10 月 28 日。
〈朝日新聞〉, 2000 年 10 月 28 日。
㊲〈民眾日報〉、〈自由時報〉, 2001 年 2 月 14 日。
㊳〈民眾日報〉、〈自由時報〉, 2000 年 11 月 27 日。
㊴〈人民日報〉(海外版), 2000 年 12 月 1 日。
㊵〈民眾日報〉、〈自由時報〉, 2000 年 12 月 1 日。
㊶ 中村勝範等著《米日同盟と台灣》, 早稻田出版, 2003 年, 30-1 頁。
㊷ 同上, 33 頁。
㊸〈民眾日報〉, 2001 年 1 月 1 日。
2001 年 2 月 10 日, 陸委會副主委陳明通解釋:陳總統的「統合」(integration) 論的本意是朝「未來的一中」前進, 建設兩岸的「共存共榮」。
〈自由時報〉, 2001 年 2 月 11 日。

㊹〈人民日報〉，2001 年 1 月 23 日。
〈人民日報〉（海外版），2001 年 1 月 24 日。
〈自由時報〉，2001 年 3 月 25 日。
㊺ 前揭《米日同盟と台灣》，34 頁。
㊻〈朝日新聞〉，2001 年 4 月 2、3、10、11、12、13 日。
㊼〈民衆日報〉、〈自由時報〉，2001 年 4 月 25 日。
Taiwan News, April 25, 2001.
㊽ 前揭《米日同盟と台灣》，37 頁。
〈民衆日報〉、〈自由時報〉，2001 年 4 月 26 日。
Taiwan News, April 26, 2001.
㊾ 前揭《米日同盟と台灣》，42 頁。
〈民衆日報〉、〈自由時報〉，2001 年 5 月 23 日。
㊿〈自由時報〉，2001 年 10 月 3、4 日。
(51)〈朝日新聞〉，2001 年 12 月 6 日。
〈人民日報〉，2001 年 12 月 6 日。
(52)〈自由時報〉、〈中國時報〉，2003 年 2 月 15 日、4 月 19 日。
(53)〈自由時報〉、〈中國時報〉，2002 年 8 月 4 日。
(54)〈自由時報〉、〈中國時報〉，2002 年 8 月 5 日。
(55)〈人民日報〉，2002 年 8 月 6 日。
(56)〈產經新聞〉，2002 年 8 月 8 日。
(57)〈自由時報〉，2002 年 8 月 6 日。
(58)〈產經新聞〉，2002 年 8 月 9 日。
(59)〈自由時報〉，2003 年 8 月 7 日。
(60)〈自由時報〉、〈中國時報〉，2003 年 9 月 7 日。
〈產經新聞〉，2003 年 9 月 7 日。
(61)〈自由時報〉，2003 年 9 月 29 日。
(62)〈自由時報〉、〈中國時報〉，2003 年 10 月 26 日。
(63)〈自由時報〉、〈中國時報〉，2003 年 11 月 28 日。
(64)〈自由時報〉、〈中國時報〉，2004 年 1 月 17 日。
〈產經新聞〉，2004 年 1 月 18 日。
〈中國時報〉，2004 年 2 月 13 日。
Taiwan News, Feb. 12, 2004.
(65)〈自由時報〉、〈中國時報〉，2004 年 1 月 17 日。
(66)〈自由時報〉、〈中國時報〉，2004 年 2 月 29 日。

(67) 前揭《呂秀蓮非典型副總統》⑵驚濤四年，7-18 頁參照。
(68)〈自由時報〉、〈中國時報〉，2004 年 3 月 20 日。
(69) 同上，同日。
(70)〈自由時報〉、〈中國時報〉，2004 年 3 月 21 日。
(71)〈產經新聞〉，2004 年 3 月 28 日。
〈自由時報〉，2004 年 3 月 27 日。
Taiwan News, March 28, 2004.
(72)〈自由時報〉、〈中國時報〉，2004 年 3 月 28 日。
(73)〈自由時報〉、〈中國時報〉，2004 年 4 月 10、11 日。
(74)〈自由時報〉，2004 年 5 月 19 日。
(75)〈自由時報〉、〈中國時報〉，2004 年 4 月 26、28、29 日。
(76)〈自由時報〉、〈中國時報〉，2004 年 5 月 21 日。
(77)〈產經新聞〉，2004 年 6 月 16 日。
(78)〈產經新聞〉，2004 年 7 月 9、10 日，8 月 1 日。
(79)〈產經新聞〉，2004 年 8 月 7 日。
(80)〈朝日新聞〉，2004 年 10 月 12、14 日（社説）。
〈產經新聞〉，2004 年 12 月 12 日。
〈讀賣新聞〉，2004 年 10 月 12、14 日（社説）。
〈自由時報〉，2004 年 12 月 12、13 日。
(81) 宗像隆幸《台灣建國——台灣人と共に歩いた四十七年》，有限會社まどか出版，2008 年，274-5 頁。
同書漢譯・楊鴻儒《台灣建國——和台灣人共同走過的四十七年》，前衛出版社，2008 年，280 頁。
(82)〈自由時報〉、〈中國時報〉，2005 年 2 月 25 日。
(83)〈自由時報〉，2005 年 2 月 25、26 日。
〈中國時報〉，2005 年 2 月 25 日、3 月 2 日。
(84)〈朝日新聞〉、〈產經新聞〉，2005 年 2 月 20、21 日。
(85)〈自由時報〉、〈中國時報〉，2005 年 3 月 15 日。
〈人民日報〉，2005 年 3 月 15 日。
(86)〈讀賣新聞〉，2005 年 3 月 15 日。
Taiwan News, March 16, 2005.
(87)〈朝日新聞〉，2005 年 3 月 14 日夕刊。
(88)〈產經新聞〉，2005 年 3 月 21 日。
〈朝日新聞〉，2005 年 3 月 21、22 日。

⑧⑨〈自由時報〉、〈中國時報〉，2005 年 3 月 15 日。

⑨⑩〈自由時報〉、〈中國時報〉，2005 年 3 月 27 日。

⑨①〈自由時報〉、〈中國時報〉，2005 年 4 月 30 日。

〈人民日報〉，2005 年 4 月 30 日。

⑨②〈自由時報〉、〈中國時報〉，2005 年 5 月 6-13 日。

〈人民日報〉，2005 年 5 月 13 日。

⑨③〈自由時報〉、〈中國時報〉，2005 年 5 月 10、13 日。

⑨④〈自由時報〉、〈中國時報〉，2005 年 5 月 15 日、6 月 8 日。

⑨⑤〈自由時報〉，2005 年 12 月 4 日參照。

〈中國時報〉，民國 94 年 12 月 4 日參照。

前揭《呂秀蓮非典型副總統》⑵驚濤四年，107-9 頁參照。

⑨⑥前揭《台灣建國——台灣人と共に步いた四十七年》，280 頁；同書楊鴻儒譯，285 頁。

〈中國時報〉，民國 95 年 2 月 27 日、3 月 1 日參照。

〈自由時報〉，2006 年 2 月 27 日、28 日參照。

⑨⑦張嘉麟主編《穿透黑暗的天空》，費邊社文創有限公司，2014 年，13-4 頁。

⑨⑧前揭前揭《呂秀蓮非典型副總統》⑵驚濤四年，208 頁參照。

〈自由時報〉，2006 年 2 月 28 日。

〈中國時報〉，民國 95 年 2 月 28 日。

⑨⑨同上《呂秀蓮非典型副總統》⑵驚濤四年，235 頁。

⑩⓪同上，236-7 頁。

⑩①同上，236、239 頁。

⑩②同上，239-40 頁。

⑩③同上，240-2 頁。

⑩④同上，242 頁。

⑩⑤同上，244 頁。

施明德《總指揮的告白》，施明德講座基金會，2009 年，92-5 頁參照。

⑩⑥前揭《呂秀蓮非典型副總統》⑵驚濤四年，245-51 頁參照。

⑩⑦葉柏祥《陳水扁有沒有罪？》，草根出版公司，2009 年，169、171-2 頁參照。

葉柏祥《牛頭馬面，要把台灣帶往那裡去？》，草根出版公司，2009 年，183-90 頁參照。

⑩⑧前揭《呂秀蓮非典型副總統》⑵驚濤四年，253 頁。

⑩⑨同上，253-5 頁參照。

⑩ 同上，266-9 頁參照。

〈讀賣新聞〉，2006 年 11 月 4 日參照。

前揭《台灣建國——台灣人と共に步いた四十七年》，291 頁；同書楊鴻儒譯本，296 頁。

⑪ 張嘉麟（贊郎）主編《穿透黑暗的天光與阿扁總統的書信往來》，費邊社文創有限公司，2014 年，4-5、15-7 頁參照。

⑫ 陳儀深《海外台獨運動相關人物口述史》續篇，中央研究院近代史研究所，民國 101 年，134 頁。

⑬ 前揭《台灣建國——台灣人と共に步いた四十七年》，292-3 頁；同書楊鴻儒譯本，297-8 頁參照。

⑭ 同上，294 頁；楊譯，299-300 頁。

⑮ 同上，301-4 頁；楊譯，306-9 頁參照。

⑯ 前揭《呂秀蓮非典型副總統》⑵驚濤四年，343-57 頁參照。

⑰ 前揭《陳水扁有沒有罪？》，234-5 頁。

⑱ 費邊社（葉柏祥）《民主黨爲什麼失去政權？》，草根出版公司，2009 年，176-87 頁參照。

⑲ 謝長廷《未來：不一樣的台灣》，新文化教室出版，2012 年，表頁參照。

⑳ 彭琳淞《馬英九這個人》，草根出版社，2007 年，15-7、176-7、188-9、202-6 頁。

前揭《台灣建國——台灣人と共に步いた四十七年》，295-6 頁；楊譯，300-1 頁參照。

㉑ 前揭《牛頭馬面，要把台灣帶往那裡去？》，151-2 頁參照。

# 第十七章

# 馬英九的「終極統一」
# 及蔡英文第三次政黨輪替

# 第一節　馬英九的傾中政策與其卑劣的連任

## 一、「野草莓學運」的人權訴求與「經濟合作架構協議」(ECFA) 的簽定

　　眾所周知，馬英九在大選前的兩岸立場，先是「終極統一論」，而後變爲「台獨選項論」，最後爲了選舉要獲得全民的支持，又變爲「不統、不獨、不武」的「新三不」主張。然而，「新三不」的內涵，實際上與陳水扁的「四不」相差不遠，根本不敢主張台灣主權獨立的「台灣主體性」。這也是模稜兩可的投降主義。事實上，馬英九的八年執政，從各種角度來透視，其終極的目的，就是要把台灣帶往與中國統一的路線。他強調：「讓我執政八年，可以確保兩岸一百年的和平基礎。」① 這與當年毛澤東、尼克森會談時，毛澤東對台灣問題明言：「台灣問題再等百年也好，何必那麼匆忙？」不是異曲同工嗎？

　　職是，2008 年 5 月 20 日，馬英九總統在就職演說中，乃強調：「台灣是一個海島，開放則興盛、閉鎖則衰敗，這是歷史的鐵律。所以我要堅持開放、大幅鬆綁、釋放民間的活力、發揮台灣的優勢；(中略) 英九由衷的盼望，海峽兩岸能抓住當前難得的歷史機遇，從今天開始，共同開啓和平共榮的歷史新頁。我們將以最符合台灣主流民意的『不統、不獨、不武』的理念，在中華民國憲法架構下，維持台灣海峽的現狀。1992 年，兩岸曾經達成『一中各表』的共識，隨後並完成多次協商，促成兩岸關係順利的發展。英九在此重申，我們今後將繼續在『九二共識』的基礎上，儘早恢復協商，並秉持 4 月 12 日在博鰲論壇中提出的『正

視現實，開創未來；擱置爭議，追求雙贏』，尋求共同利益的平衡點。兩岸走向雙贏的起點，是經貿往來與文化交流的全面正常化，我們已經做好協商的準備，希望七月即將開始的週末包機直航與大陸觀光客來台，能讓兩岸關係跨入一個嶄新的時代。」②

未幾，在同年 9 月，馬英九為表達其對中國宗主國的忠誠，遂刻意聲明：「兩岸關係是特殊關係，卻不是國與國的關係」，完全否認了李登輝前總統的主張。接著，前國民黨總統發言人王郁琦又補充說明：「兩岸關係是台灣地區對大陸地區、兩個地區是對等地區、每個地區上都有統治當局。」③

不過，台灣人民也十分警戒馬英九的「傾中賣台」政策。當 2008 年 11 月 4 日，中國海協會會長陳雲林來台，在圓山飯店舉行第二次江（丙坤）陳會談，討論「三通」議題，遭遇到民眾抗議時，由於維安過當、警察暴力壓制人民意見表達的自由（警察強力驅趕在會場前面持國旗的民眾，飯店也把國旗全面撤收，彷彿見不得人似的！抗議群眾血跡斑斑的倒在路上），乃成為所謂「野草莓學運」的導火線。

同年 11 月 5 日晚，台大社會學系助理教授李明璁起草「1106行動聲明」，在台大 BBS 上透過交叉傳閱，號召近 500 名學生在行政院前靜坐抗議。同時也發動了幾十位大學教授，要求立法院立即修改限縮人民權利的〈集會遊行法〉。隨後，靜坐之學生、教授、民眾雖遭受到警方強力驅離，但 11 月 7 日晚，參與學運的學生，將陣地轉往自由廣場（中正廟），並決議「不申請集會遊行」的歷史創舉。11 月 9 日，廣場上以及各地的學生透過民主表決和網路連線，將運動正式定名為「野草莓運動」，共同高呼「集遊法違憲，人權變不見」，呼籲所有公民挺身保衛台灣得之不易的自由與人權。於是，長期靜坐（2008 年 11 月 6 日至 2009 年 1

月 4 日）透過網路串連、視訊直播，在台北、新竹、台中、台南、高雄遍地開花。又命名「野草莓」，是自許不同於時下常被稱爲冷漠、易碎、無抗壓的「草莓世代」。而活動的內涵都透過民主方式討論、決策與組織分工。如是，野草莓學運雖在 2009 年 1 月 4 日落幕，但其所蓄積的社會力量卻沒有隨之消散。聲援靜坐學生的學界連署人顏厥安、李明璁及律師賴中強等人，繼續發起成立「台灣守護民主平台」，對於兩岸關係與人權議題積極發聲。④

另一方面，對馬英九新政權之「一中架構」感到滿意的中國胡錦濤國家主席，於 2008 年 12 月，答以兩岸可就「國家尙未統一特殊情況下」的政治關係，展開務實探討。並於 2009 年 5 月，向馬英九下指導棋，聲稱：「堅持大陸與台灣同屬一個中國是關鍵所在！〈兩岸經濟合作架構協議〉(ECFA) 希望今年下半年談起來，明年希望就能成功！」⑤於是乎，馬英九一方面大大批評前朝「鎖國政策」，另方面積極鼓吹兩岸建立共同市場，亦即建立「大中華經濟共同圈」，準備兩岸先由經貿統一，再來促進政治上的「終極統一」，實現他父親的遺訓：「化獨促統」。⑥在此順便一提，2017 年 3 月 1 日，馬英九卸任後訪問美國紐約出席「亞洲協會」及「外交關係協會」合辦的座談會上，與昔日哈佛大學老師孔傑榮對談時指出：「台灣沒有必要宣布獨立，而且也不會成功，繼續維持現狀，並保留統一的可能性，對台灣是最好的方式。」強調「統一是兩岸潛在的選項」，露出其狐狸尾巴。⑦

綜言之，國共兩黨經過幾次眉來眼去、相互呼應的會談後，馬英九表達在政治上要以：「九二共識的基礎上，推動與中國簽訂 30 年至 50 年的和平協議。」但是這個主張其實問題重重，因爲如前所述，李登輝前總統明確地否認有「九二共識」。這個名

詞是後來由國民黨蘇起（前國安會祕書長）一手所捏造的（他本人也承認是他創造出來的觀念），而且中國也從來就沒有接受國民黨版本的「一中各表」。中國的「九二共識」就是「一中原則」、「一中」就是中華人民共和國，台灣是其領土的一部分。⑧

　　儘管如此，在經貿上馬英九仍然積極地發動兩岸直航（大三通），並強推向中國傾斜的「兩岸經濟合作架構協議」（ECFA）。原本台灣、中國若簽署貿易協定，應該是「國」對「國」簽署自由貿易協定（FTA）。但是，馬政府在承認以「一個中國」為前提及其虛構的「九二共識」之下，刻意使用 ECFA 這個名稱。李登輝前總統指出，台灣若簽署 ECFA 這個協議，台灣的經濟將會完全被中國市場淹沒，政治上的主權也很可能不保。⑨

　　若是，中國為了引馬政府深入殼中，乃透過兩岸各種會議或管道（即陸委會、國台辦、海基會、海協會等），聲稱將以「經濟合作架構協議」（ECFA）對台灣加碼「讓利」，期許馬政府積極洽簽ECFA。然而，中國的所謂「讓利」，在 2010 年 3 月 2 日，中國第十一屆全國人民代表大會第三次會議開幕時，中國溫家寶總理就很明白的說出：「商簽兩岸經濟合作架構協議，是為促進祖國和平統一的大政方針。」因此，綠營民進黨質疑簽署 ECFA 將落入中國的圈套，使台灣被中國統一。惟國民黨行政院長吳敦義則力辯：「假如我們簽 ECFA，裡面有統一的字眼，要我辭職都可以，但這不會發生。」⑩

　　雖然馬政府說明 ECFA 是純經濟協議，不會有政治條款。但是台灣輿論的反彈仍不能遏止。在野黨台聯提出 ECFA 應該付諸公民投票，可是卻被行政院公民投票審議委員會否決。另外，2010 年 6 月，民進黨也集結了 15 萬民眾，在台北發起抗議示威遊行。不過，馬政府依舊無視於人民的要求，執意要與中國簽署

ECFA。⑪結果，2010 年 6 月 29 日，經過第五次海基會董事長江丙坤與中國海協會會長陳雲林會談之後，在中國重慶市（國共和談地）簽署了 ECFA 和「兩岸智慧財產權保護合作協議」(IPR)等兩岸協議。

ECFA 協議文本共 16 條、5 附件。協議內容載明在協議生效後 6 個月內，實施早期收穫計劃，並展開貨品貿易、服務貿易、投資保障協議、爭端解決機制磋商，以及成立「兩岸經濟合作委員會」，負責後續協議執行、監督、解釋與資訊通報事宜。五附件則包括 1. 貨品貿易早期收穫產品清單及降稅安排；2. 適用於貨品貿易早期收穫產品的臨時原產地規則；3. 適用於貨品貿易早期收穫產品的雙方防衛措施；4. 服務貿易早期收穫部門及開放措施；5. 適用於服務貿易早期收穫部門及開放措施的服務提供者定義等。⑫

針對 ECFA 的簽署，馬政府雖歡天喜地，但是台灣人民卻忐忑不安，因為國共兩黨眼中並無台灣人的存在。這兩個「中國黨」，誠如〈自由時報〉社論所指出：「香港跟中國的 CEPA 使用中文，意味著那是中國的國內事務，與國際社會無關。馬政府跟中國洽商 ECFA，卻也是『中文書寫、國語交談』，沒有按照國際締約精神，至少存有英文文本，作為發生爭議時的定奪。很明顯，馬政府徹徹底底就是以『一個中國』內的事務來簽署 ECFA 的。如此自我矮化，還有什麼資格夸言『政府的兩岸政策一直堅持以台灣為主，對人民有利，對於國家主權、人民尊嚴，不容許有分毫損傷』？」⑬

總之，在台灣人民強烈反對的一片聲浪中，國共兩黨簽署了「一中架構」下的大中華經濟共同圈協議。同年 7 月 12 日，第六屆國共論壇後，國民黨榮譽黨主席吳伯雄等人在北京會見中共總

書記胡錦濤。其時胡錦濤強調，協議的簽署再次表明在「反對台獨、堅持九二共識」的共同政治基礎上，就能推動兩岸關係不斷向前發展。赤裸裸地道出簽署 ECFA 的真義。⑭

## 二、馬英九卑劣的連任操作與中國的後援

馬英九上台後，口口聲聲說：「兩岸合作去賺全世界的錢」這種口號。所以，他大力推動大三通，開放中國觀光客來台，鬆綁台商投資的上限，全面性向中國傾斜，把經濟發展都寄託在中國市場上。結果，台商加速將產業、技術、資金和人力以及就業機會移出，不到一年台灣的產業和就業日漸空洞化。同時馬政府又實施油電價「一次漲足」的政策，造成民生物價齊漲，人民苦不堪言。2008 年的經濟成長率估值，由 4.3% 下修到 1.87%，是 7 年來最低的一年。中小企業至少倒了五萬家，50 多萬人失業率高達 4.63%，社會一片罵聲哀號，街頭「倒馬」抗爭運動已開始此仆彼起。⑮

於是，2009 年 12 月 5 日，「三合一」17 縣市長選舉國民黨可說大敗。國民黨雖以 209 萬票贏過民進黨 198 萬餘票，但其差距縮小到歷史最低的 2.56%（國民黨 47.88%，民進黨 45.32%）。民進黨獲勝縣市：宜蘭縣林聰賢、雲林縣蘇治芬、嘉義縣張花冠、屏東縣曹啓鴻等。而根據《遠見雜誌》12 月民調，馬總統個人滿意度已跌至歷史新低的 23.5%，不滿意度則創新高 62.2%，人民開始唾棄馬英九的領導。⑯旋在 2010 年 1 月 9 日，雲林等三席立委補選，國民黨全軍皆墨。其後 2 月 27 日的四席立委補選國民黨也全敗，馬英九的不滿意度，繼續上升至 63.9%。馬對其施政雖「自我感覺良好」，但是藍軍已由「含淚投票」，變成「含淚不投票」了。⑰

接著，2010 年 11 月 27 日，全台舉行被稱為「2012 年」總統大選前哨戰的「五都合一」選舉。原先從民調或選舉造勢場合的氛圍看來，一般預料綠營在五都選舉至少可以拿下三席，若是情況樂觀，甚至可能取得四席，而五都全拿亦非不可能之任務。然而，五都選前之夜（11 月 26 日），國民黨榮譽主席連戰之子連勝文在國民黨新北市議員候選人陳鴻源的造勢場子，卻發生遭黑道「馬面」林正偉槍擊，子彈貫穿臉頰，再擊中台下民眾黃運聖，連受傷無生命危險，黃則不幸身亡。這件槍擊案，人人譴責，同情受害者；藍營政媒，名嘴乃塑造「悲情」，全面炒作選情，導致綠營原本樂觀評估的選情逆轉，拉開北二都膠著選情，並至少讓五都少了一席。亦即選舉的結果，台北市長國民黨郝龍斌當選（郝勝選後稱：「有這樣的成績，勝文絕對幫了我很大的忙。」）、民進黨蘇貞昌落選；新北市長國民黨朱立倫以 110 萬票當選、民進黨蔡英文（黨主席）拿下 100 萬票以 11 萬票的差距落選；台中市長國民黨胡志強僅以 31,000 多票險勝、民進黨蘇嘉全高票落選，雖敗猶榮（選後國民黨榮譽主席吳伯雄稱，「槍擊案沒有影響是騙人的！」肯定連勝文「這個年輕人很了不起。」）；至於台南市民進黨賴清德、高雄市民進黨陳菊則大勝國民黨的候選人。⑱

綜觀這次五都的選舉，由於連勝文的槍擊案，國民黨因禍得利「保三」成功，北藍南綠的地方政權局面並未變動。但這次五都市長選舉國民黨總計 3,369,052 票、得票率 44.54%，民進黨 3,772,373 票、得票率 49.87%，得票率綠大於藍。主要是綠營在南、高兩都各大勝藍營 213,701 票、501,918 票，中都藍營只以 31,926 票小贏，台北市、新北市藍營也僅較綠營各自多 169,736 票、110,636 票。而在市議員選舉部分，五都總計應選 314 席，國、民兩黨「平分秋色」，各自拿下 130 席，親民黨 4 席，新黨 3 席，

台聯黨 2 席，無黨籍及未經政黨推薦者有 45 席；里長選舉部分，總計 3,757 席，國民黨 1,194 席，民進黨 220 席，其他及未經政黨推薦者 2,343 席。[19]

這樣的結果，不用多說，是台灣人民用選票對馬政權執政無能及其傾中「終極統一」的政策說「不」，並準備即將來臨的 2012 年大選，推翻其政權，恢復台灣人民的主體性。2011 年 3 月 5 日，在台南、高雄舉行立委補選，不令人意外地是民進黨拿下這兩席。蔡英文主席選後表示，打完這場前哨戰後，民進黨將以重返執政及國會過半為目標。誠然，不過短短的三年，國民黨即由形勢大好像溜滑坡一樣，變成了形勢不佳；而相對的民進黨卻能由打癱在地，快速翻轉為可能逆轉勝。[20]

2011 年 3 月 11 日，民進黨主席蔡英文正式宣布爭取黨內提名參選下屆總統。同年 4 月 27 日，蔡英文順利地被民進黨提名為第 13 屆總統候選人，成為台灣史上第一位女性總統候選人。同年 9 月 9 日，她宣布前內政部長、民進黨秘書長蘇嘉全為副總統搭檔候選人。茲將蔡英文生平略歷介紹如下：

蔡英文 1956 年在台北市出生。1978 年台大法律系畢業後，赴美康乃爾大學留學，1980 年獲法學碩士學位。1980 年赴英國倫敦政治經濟學院進修，1984 年獲同校法學博士學位。1984 年— 1990 年任教政治大學法律系副教授，1991 年— 1993 年任教東吳大學法律研究所教授。1994 年— 1998 年擔任行政院大陸委員會諮詢委員，1998 年以陸委會諮詢委員身分，出席辜汪二次會談，擔任隨團發言人。2000 年 5 月 20 日，出任陸委會主委。2004 年 12 月 11 日，出任民進黨籍不分區立法委員。2006 年 1 月 23 日，出任民進黨政府行政院副院長。2007 年 5 月 21 日，隨蘇貞昌院長總辭，接任家族投資的宇昌生化科技公司董事

長。2008 年 4 月 17 日，當選民進黨主席。2010 年 5 月 23 日，連任民進黨主席。2010 年 11 月 27 日，如上述，五都選舉參選新北市市長，以 11 萬票的差距小輸敗給國民黨提名候選人朱立倫。㉑

另國民黨的總統候選人則由馬英九繼任，其副手則改由吳敦義出任。此外，還有第三組的人選，即親民黨主席宋楚瑜及其副手搭檔林瑞雄。如此，第 13 屆的正副總統大選與第 8 屆的立法委員選舉，如火如荼的展開。因為馬執政近四年來，人民感受不到實質政績，支持度直直落。結果，媒體各家民調，領先與落後的差距，民進黨與國民黨只在零點幾或最高到五個百分點間拉鋸。而拒絕表態的選民則高達 15% 至 20% 之間，所以拒絕表態者已成了這次大選的最後裁判。如果再加上宋楚瑜的因素，馬吳配這次的選情，真的只能用岌岌可危來形容。㉒

由於選情詭譎難測，特別是小英的「三隻小豬」風潮（小額募款），不但讓國民黨的大怪獸膽寒，更創造了台灣民主選舉運動的一個重要里程碑。㉓於是，國民黨為了打擊蔡英文，竟然在距離總統大選前僅 30 天，發動黨、政、國會，甚至不法啟動最高檢特偵組司法國家機器，偵辦所謂「宇昌案」，轟轟烈烈地緊咬蔡英文違反「旋轉門條款」指控她涉及「違法」，圖利其家族投資的「宇昌生化科技公司」。就中，最可恥的就是經建會主委劉憶如等人，竟變造文書竄改「宇昌案」文件的日期，硬要栽贓蔡英文；雖終被戳破，但對選情也不能不說全無影響。㉔

再者，中國經過幾次涉入台灣總統大選，或以「文攻武嚇」、或以「反分裂國家法」等等，均無法奏功，適得其反。所以，此次北京運作轉趨檯面下，動員台商返台投票，不再公開對台疾言厲色，手段趨於細膩陰險。例如選前施壓業者開放包機搭載台商

返台，讓支持馬英九者能順利投票。又對那些在中國大量投資的大企業家，如郭台銘、張榮發、王雪紅等施壓，讓他們出來挺「九二共識」(包括多位原本支持綠營的企業界人士)，稱只有「一中原則」，台灣的經濟才能穩定成長，獲得「和平紅利」。此外，在國共有默契的合作下，馬英九開大門放任中國官員直接到中南部，向國民黨組織或樁腳採購農產品，做技巧性的拉攏。同時，在選前中國又突然宣布增加十多項台灣農產品零關稅赴中銷售，且無需產地證明，這些措施，很明顯地都是意圖影響投票選情。㉕

果然，2012 年 1 月 14 日，總統大選揭曉，國民黨提名的馬英九、吳敦義得票數 6,891,139 票 (比上次減少 75 萬餘票)，得票率 51.6%；民進黨提名的蔡英文、蘇嘉全獲 6,093,578 票，得票率 45.63%；親民黨提名的宋楚瑜、林瑞雄獲得 369,588 票，得票率 2.77%。馬吳配正式當選總統、副總統。至於第八屆立法委員選舉的結果，總席次 113 席中，國民黨獲 64 席 (仍過半，但減少 17 席)，民進黨當選 40 席 (增加 13 席)、台聯及親民黨各 3 席，無盟 2 席，無黨籍 1 席。㉖

無疑地，馬英九的連任，讓其焦躁的主子中國，吃下一顆定心丸。大選結果出爐當晚，中國國台辦發言人楊毅立即回應說，近四年來事實一再表明，兩岸關係和平發展是一條正確的道路，得到廣大台灣同胞支持。他同時又指出：「我們真誠的希望台灣社會安定，人民生活幸福；我們願意繼續在反對台獨、堅持『九二共識』的共同基礎上，與台灣各界攜手努力、承前啟後、繼往開來，進一步開創兩岸關係和平發展的新局面，共同致力於中華民族偉大復興。」15 日，中國平面媒體各報也皆以全面大大地報導馬英九連任成功。㉗

# 第二節 「白衫軍」的公民運動與「太陽花學運」的反〈服貿協議〉

## 一、洪仲丘命案與「白衫軍」的公民運動

馬英九再度勝選後，強調其「一中」兩岸政策被肯定，並揚言今後「沒有連任的選票壓力」，要努力「追求歷史地位」。於是，他開始肆無忌憚的胡作非為起來，從開放美牛、瘦肉精，隱匿中南部禽流感疫情，再到油電價格雙漲，以及證所稅的閉門造車，簡直已搞得民不聊生、天怒人怨。結果，還未就職連任，馬英九總統滿意度跌到 15%，創下台灣的歷史紀錄。同年（2012 年）5 月 19 日，在馬英九連任就職前夕，民進黨乃發動「日子歹過、總統踹共」大遊行。當天，儘管大遊行遇到滂沱大雨，仍然集結了來自台灣各地 15 萬人以上的民眾，兵分三路走完預定的全程。而三路集結在北平東路會師後，民進黨並舉辦晚會，現場湧入 12 萬人，延續嗆馬的訴求。⑳

如是，2012 年 5 月 20 日，面對沖天民怨及新低民調，馬英九總統在強勢警力戒護、層層拒馬保護下，於總統府舉行連任就職典禮。由於典禮不開放，也沒有民眾受邀觀禮，馬形同躲在電視機裡，透過鏡頭轉播，宣誓就任第 13 任總統；而且還是國家跨入新的「一百年」，「第一位」如此寒酸而難堪就職的總統。馬、吳在司法院長賴浩敏監督下，先後完成宣誓就職，總統府南廣場在馬宣誓就職後鳴放 21 響禮炮，立法院長王金平並授與馬總統國璽及總統印信，馬接著發表 28 分鐘的就職演說，展開第二任的總統任期。關於馬所發表的就職演說，概言之，除了口號以外，

對迎向未來的新局，其內容可說完全空洞無一物。反而在兩岸關係，為了回報其主子中國的支持與期待，提出「一個中華民國，兩個地區」的主張。亦即「憲法一中」，確認台灣與大陸「同屬一個中國」，將來兩岸最終務必統一。因此，台聯黨主席黃昆輝痛批馬英九「叛國賣台！」其言不虛也。㉙

因為馬英九的既「笨」又「壞」，所以 2012 年 11 月，被英國知名雜誌《經濟學人週刊》(Economist) 以 "Mr. Ma the bumbler" 為標題，評論其為「笨蛋惡人」。其實，《經濟學人週刊》這樣的評論是十分中肯的！可是「馬笨蛋」不但不知反省自責，竟然要求外交部透過駐英代表處，對該雜誌提出抗議和澄清，真是厚顏又無恥！㉚

這裡，筆者引用知名政論家南方朔當年的論述，來證實《經濟學人週刊》的批馬是既精確又中肯的！

「2012 年，乃是台灣嚴重退化的一年，台灣的經濟表現幾為亞洲主要國家之末，國民平均每戶收入已跌回到十四、五年前水準。由於收入不增反減，加上物價上漲，每戶人家的平均支出已增加了 1,158 元，對大官這根本不是錢，但對小庶民已是嚴重的雪上加霜。除了這種經濟問題外，台灣還有財政瀕臨破產的年金改革問題，以及媒體生態改變的問題等。這些問題環環相扣，既是外在環境的改變，也是台灣內在環境的巨變，顯示出整個生存條件的惡化。

因此，如果馬政權是個有感能感而且有知的政權，在這樣的巨變時刻，早就動員官民政學商各界，召開大型的會議，這種會議是否可以叫做國是會議其實並不重要，重要的是台灣已需設法來重塑國家方向，並對各種迫切的中長程問題設定出解

決的架構。有關國是會議的説法，不僅在野黨在説，甚至國民黨自己稍早前的四中全會也有很多人在提，主張的民意也高達七成之多。就是説台灣絕大多數民意都對現況感到不安。

　　如果馬總統真的有感有知，不管他以什麼名義召開這種會議，確定了國家的未來方向，這個功勞一定會歸諸於他，別人想搶也搶不走。可是人們都知道，馬別的本領沒有，但卻有一個最大的本領，那就是民意愈主張什麼，他就偏偏愈不什麼。這就是古代中國帝王式的傲慢心態，他認爲聽從了民意，他那種帝王式的權威就受到了損失。他這種權力者的傲慢，如果他真是天縱英明，每件事一發生，他就能本於擔當，立刻做出決斷，也就罷了。但在過去一年裡，台灣發生了多少事，他沒有一件是有擔當的做出決斷，幾乎每件都是東躲西閃的在那裡敷衍。馬已成了全世界少見的不領導、亂領導的領導人。」[31]

　　馬英九連任後，誠如上述，他爲「歷史地位」，突然由不領導而進入獨斷獨行。油電雙漲、證所税、核能、12 年國教、「反對台獨」及「一中框架」下成立「兩岸貿易協議」等等問題，搞得荒腔走板，有政府已形同無政府狀態。而其親信國民黨的大黨鞭林益世濫用職權向廠商勒索收賄，鬧得滿城風雲。但林益世的貪汙案，被台北地院合議庭的三名「恐龍法官」成員大案小判，重罪輕判，甚至貪汙罪都被辦成不是貪汙；其他如林妻、林母也都辦成無罪，這起判決已被全台灣罵翻了天。這也證實了「台灣的法院是國民黨開的」、「台灣的司法踫到國民黨大官就會轉彎」等這種説法的正確。[32]

　　由於馬政權的「胡爲亂行」，台灣政治機能退化，連軍隊也風紀敗壞。2013 年 7 月，陸軍義務役下士洪仲丘（23 歲）因爲參

加離營座談會，向旅長投訴不公情事，他所提的建議，是為讓部隊運作更妥善，也為了讓後來的學弟們，可以以被公平、公正地對待，卻惹來殺身之禍。[33]同年7月3日，洪仲丘被虐待操到嚴重中暑，全身水腫，體溫升到攝氏44度，竟連一滴水也不給他喝，並被關禁閉室。結果，翌日，洪仲丘昏迷不醒，被送醫院後，即宣告死亡，離其退伍前僅三天。[34]這樣，經由洪案，終於暴露出軍中長期黑暗結構的一面。但是最初馬英九並不重視「洪案」的嚴重性，雖然洪家人喊冤申訴，網友及成大同學等基於義憤都在反彈爆料，但軍方及馬政權根本不當一回事。隨後，民憤民怨逐漸集體發作，洪仲丘冤死12天時，國防部長高華柱請辭，馬當時的答覆是，不需要為此事辭職，希望高華柱盡速釐清真相，妥善處理，仍然輕視此案的發展。而就在此時，馬宣布8月11日，他將出訪巴拉圭及加勒比海三國，準備要出國做「馬秀」。[35]這隻狗（九）的腦袋，到底裝的是什麼東西，竟不將其子民，當作人看。

可是，洪仲丘命案的進展，黑幕愈揭愈多，終於引起了社會高度的關注。其主因雖是洪家的不幸遭遇，更觸痛了太多人的回憶，加上擔心正在軍中或即將入伍子弟安危的家長，匯成一股要求真相、要求改革的聲浪。7月20日，憤怒的民眾，由「公民1985行動聯盟」（主導者柳林瑋醫師，「1985」是國防部的國軍人員電話申訴專線）「公民教召」之白衫軍三萬人，前往國防部高呼「要真相！要人權！」遂使馬英九讓原本不必下台的高華柱國防部長下台。至於真相和軍中改革問題，馬政權仍沒在意，認為這些問題可以再蒙混過去。惟馬政權的拖延及蒙混，更使民憤加速擴大。8月3日，在凱達格蘭大道舉辦的「萬人送仲丘」晚會，「白衫軍」再起，果如預料，超過25萬人自發性的人民大軍走上街頭，撼

動了馬政權。㊱

　　之後，民進黨主席蔡英文指出：「這場台灣史上空前的公民運動，它迫使政府修法，將原本獨立的軍審體系，全面轉往一般司法；一連串改善軍紀與人權、軍中冤案調查、軍中高階人事調整等複雜善後措施，也陸續展開。但更重要的是，人民把國光石化、文林苑、大埔事件、核四等所有的不滿都串聯起來，凝聚在當天的凱道上。那一幕真是令人動容，隔天報紙上刊登出來的空照圖，讓人意識到，一個新的時代似乎快要到來。」㊲

## 二、〈海峽兩岸服務貿易協議〉（服貿協議）的簽定與台灣史上最大的「太陽花學運」

### ㈠　反「服貿」組織的成立與「九月馬王政爭」

　　洪仲丘命案雖告結束，但同個時間點還有另一件重大的事項。亦即同年 6 月 21 日，國民黨海基會董事長江丙坤與中國海協會會長陳雲林在上海簽署〈海峽兩岸服務貿易協議〉（以下簡稱〈服貿協議〉）。中國對台灣開放 80 項服務業，台灣則對中國開放 64 項服務業；其中包括電子商務、醫療、觀光旅行業、出版、廣告等，幾乎所有的服務業都包含在內。且台灣開放的產業項目中，有多項涉及國土安全及民眾個人隱私，如二類電信、港埠碼頭、機場、橋樑隧道的管理、科學技術有關的顧問服務等；而鑒於雙方敵對狀態未解，開於這些項目頗讓人憂心。㊳

　　於是，〈服貿協議〉簽署後，來自 NGO（Non-Government Organization）非政府組織的質疑不斷；在國策顧問郝明義公開發表文章反對簽署〈服貿協議〉後，才讓各種問題的疑義引爆。同年 6 月 24 日，包括「兩岸協議監督聯盟」召集人賴中強律師在

內的NGO成員，乃前往立法院抗議並拜訪台聯、民、親三黨黨團，要求行政院長應公開承諾在立法院完成審議前，絕對不啓動生效條款。立法院朝野立委應盡最大努力，促使行政院長做出此承諾。他們也強調一產業一聽證、資訊公開；立法院就每個項目所涉及的資金與人員開放、配套因應措施，均應逐條檢視、議定。25日，立法院院會決議〈服貿協議〉內文應經立院逐條審查、表決，承諾表示須逐項審查、表決，不能採全案包裹方式表決，且未經立院審查通過，不得生效。[39]

　　2013年7月28日，賴中強號召成立「反黑箱服貿民主陣線」（簡稱「民主陣線」），一再重申：資訊公開、行政聽證、一產業一公聽會、集各地民意。爾後，民主陣線就戮力於反服貿，並成爲次年三一八運動的主力。7月31日，立法院於上午9時舉行「服貿協議公聽會」，臨時會亦將於8月1日，開始針對〈服貿協議〉進行實質審查。職此，7月31日，清華大學社會學研究所學生魏揚、黃郁芬、吳沛憶、陳廷豪、呂鴻志、李嶽等人，乃於臉書發起「占領立院，奪回未來，青年反服貿行動」。又由於立法院拒絕學生參與旁聽服貿公聽會，學生翻過立法院圍牆試圖進入院內，過程中與警方產生推擠衝突，並造成流血事件。但也因爲學生的阻撓，所以〈服貿協議〉未排入立法院審查，改開公聽會。於是，包括魏揚、林飛帆、陳廷豪、黃郁芬等人，就在8月成立「黑色島國青年陣線」（以下簡稱「黑島青」），和前述民主陣線成爲反服貿的雙箭頭，亦是318運動的主力。[40]

　　面對如此多的爭議，8月5日，朝野黨團同意除原先四場外，加開16場公聽會，邀請各產業公會及工會代表參加。其後，國民黨內政委員會召委張慶忠宣布將於2013年9月3日至10月7日，三天內排定8場服貿協議公聽會。對此，9月30日，「黑島青」

連同許多學生社團和NGO乃發起「反對獨裁毀憲、拒絕國會背書、停止趕場公聽、莫做毀憲幫兇」行動，翻過立院圍牆後，因警力阻擋無法突破進入院內。遂轉往凱道，將〈憲法〉懸掛於拒馬上，象徵政府毀憲亂政。⑪

一方面，真諷刺地，正當學生、民眾如火如荼的開始反對〈服貿協議〉黑箱作業之際，國民黨內部竟發生了所謂「九月馬王政爭」。這政爭的起因，是馬英九認定「服貿」在國會的重重受阻，其最大的原因就是受到政敵王金平院長的阻擾與不合作 (王裁決「服貿」必須逐條審查)。於是，2013 年 8 月，馬英九前往中美洲訪問，過境美國時，馬和他的第一號親信駐美代表金小刀 (金溥聰) 見了面，兩人商量後就決定了「滅王大計」(自 2005 年，外省掛馬英九、本土派王金平兩人對決選國民黨黨主席以來，馬即視王為眼中釘，遲早欲將其除掉)。返國回台後，馬又和另外的親信江宜樺 (行政院長)、羅智強 (總統府副秘書長)、黃世銘 (檢察總長) 等三人，編好了「滅王劇本」。⑫

2013 年 8 月 31 日，全台遭豪雨痛擊，南有火車出軌，北有落石砸車之際，馬英九當天深夜在官邸內，聽取檢察總長黃世銘拿著熱騰騰的筆錄，向他報告國會議長王金平的「關說案」案情，一場總統鬥立法院長的政治風暴也就此形成。當晚(31 日)7 點前，特偵組約談高檢署檢察官林秀濤、陳正芬後，黃世銘檢察總長立即攜帶尚在偵查中的幾份違法監聽資料譯文，於晚間 9 點 27 分，奔赴總統官邸，向馬英九洩密報告法務部長曾勇夫、高檢署檢察長陳守煌、高檢署檢察官林秀濤等人，接受王金平院長的關說，對立法院民進黨團總召柯建銘的「官司案」(二審均判無罪)，濫權不再提出三審上訴。⑬

如此，馬英九見獵心喜，在聽取檢察總長黃世銘的關說案報

告後，當晚 10 點 9 分電召行政院長江宜樺、總統府副祕書長羅智強到官邸會商，黃世銘則於 10 點 10 分離開官邸。9 月 1 日中午，黃世銘被邀約再入官邸與馬總統共進午餐，並再次說明詳細案情。馬、江、黃、羅「四人幫」乃計畫將「關說案」操作為「鍘王滅柯」的政治追殺大戲。㊹於是，9 月 6 日，利用王金平嫁女兒出國前往馬來西亞之際，趁隙展開萬里追殺，特偵組公布關說案。府院表示痛心，江搓逼法務部長曾勇夫請辭，陳守煌、林秀濤被移送檢評會偵辦。7 日，馬英九更公開要求王金平火速返台公開說明。9 月 8 日，「鍘王滅柯」正式展開。馬在府內召開五人小組（吳敦義副總統、行政院長江宜樺、國民黨祕書長曾永權、總統副祕書長羅智強）後，召開記者會未審先判，斷定王金平關說，並痛批這是台灣民主法治最恥辱的一天。9 日，黃世銘檢察總長召開記者會，以「司法史上最大關說醜聞」形容關說案。9 月 10 日晚，王金平返台，發表聲明強烈地指稱：「金平是中華民國立法院院長，必須維持民主法治和國會尊嚴，當然不能接受由少數不肖司法人員依照違法偵查、片面認定為關說行為的報告來定罪。但是，金平也能明辨大是大非，捍衛民主法治的決心更與馬總統的決心同樣強烈。先前因為女兒婚事未能及時澄清，只是遲延而非默認，追求和諧不代表軟弱，非法的指控，我絕不能接受。」除痛批特偵組濫權，且不請辭、不退讓。㊺

　　然而，馬英九、江宜樺、黃世銘、羅智強「四人幫」，「鍘王」心意已決。9 月 11 日，在黨主席馬英九「下指導棋」及「緊迫盯人」的情境下，國民黨考紀會依循「馬意」，以涉及關說「損害黨之聲譽」為由，撤銷立法院院長王金平的黨籍。而面對國民黨的開鍘，王金平立即委託律師向台北地方法院提起確認黨籍存在的民事訴訟，並提出「在判決確定前，禁止國民黨將撤銷黨籍證明書

送中選會」暫時狀態假處分。國民黨中央則火速將王的黨籍喪失證明送交中選會，雙方從政治對決轉向司法大戰。⑯

9月13日，台北地院合議庭裁准立法院長王金平聲請假處分案。馬主席的國民黨首役敗戰；14日，北院民事執行處赴國民黨送達執行令。又據 TVBS9 月 12 日的民調顯示，鍘王事件僅有 17% 的民眾支持國民黨，不支持者則多達 55%。另馬英九的滿意度創下歷來新低，只剩下 11%。而 9 月 15 日的年代電視民調則更驚人，民眾對馬滿意度再創新低，僅剩下 9.2%；不滿意度飆破 8 成，高達 80.5%。隨後，國民黨於 9 月 26 日抗告高院，但 9 月 30 日被高院駁回抗告，國民黨二審再敗訴。可是，馬英九仍不服輸，揚言將向最高法院再提抗告。⑰

儘管馬英九以強硬的態度宣示，「這件事沒有和稀泥的空間」，司法紅線不能逾越，沒有灰色地帶，無法妥協。但正如此，台北地檢署對檢察總長黃世銘的洩密、濫權監聽等罪嫌也開始偵辦。10 月 3 日晚間，台北地檢署以他字案傳訊被告檢察總長黃世銘之外，也以同案證人身分傳訊馬總統、江揆及前總統府副秘書長羅智強等 4 人。馬英九應訊前後都直接走密道，避開媒體；江揆也直接上車未回應訊問；黃世銘訊後強調自認問心無愧；羅智強則表示有受辱的心理準備。而法學界人士有多人指出，馬英九聽取黃世銘的關說案後，又主動找檢察總長（黃）刺探偵查中秘密，已構成教唆洩密罪；得知後又告訴江宜樺、羅智強，也成了洩密者，「馬英九不是洩密罪共犯，就是教唆犯！」馬英九卸任後，檢方應依法追訴。總之, 10 月 5 日，馬英九被台北地檢署傳訊後，終於宣布對王金平假處分案不再提抗告，讓王金平黨籍爭議由假處分的程序問題，回歸本訴做實質處理，並呼籲法院儘速審理，確認王金平黨籍是否存在。對此，王金平雖未做出回應，但聲明

指出，特偵組監聽國會已嚴重違憲，政府有必要清楚說明，給社會一個交代。[48]

## ㈡ 「太陽花學運」的經緯始末

圍繞著國民黨「鍘王滅柯」的政治惡鬥，2013 年 10 月 8 日晚間至 9 日凌晨，「黑島青」臨時起義，原先計畫占領景福門，因警力部署嚴密，轉而突襲凱道，高喊「毀憲亂政、民不聊生」，要求馬英九、吳敦義和江宜樺下台，遭警力驅離丟包後重新聚集於凱道對面的張榮發基金會前靜坐，作家馮光遠、導演柯一正等人到場聲援。10 月 9 日晚上，舉行青年占領凱道晚會。10 月 10 日，「黑島青」發起「10 月 10：奪回國家、人民除害」行動，主張「當政策殺人，民不聊生，國不國，家不家，何來國慶？馬英九總統、吳敦義副總統、江宜樺院長，都該為此負起政治責任，面對民怨，立即下台。」高喊「人民除三害，馬、吳、江下台！」從中山南路到林森南路間的濟南路，一片白衫塞滿路面，群眾揮舞白色「公民之眼」旗幟，強調人民才是主人！許多人並且手拿自製「還權於民」、「該死」、「毀憲亂政」等看板，不斷高舉示威。當日，「黑島青」陣線因為占領凱道的行動受挫，乃轉而合流至「公民 1985 行動聯盟」的「十月十日，天下為公」行動，繼續策劃一系列的抗爭行動。[49]

又馬英九在國慶演講中，提到兩岸關係，首度使用「兩岸人民同屬中華民族，兩岸關係不是國際關係」。[50]暴露其「終極統一」的思惟，同時也披露其「歷史定位」的第一聲，真夠臭！他怎不乾脆就宣稱：「我、馬英九是中華人民共和國『台灣地區』史上第一號『頭頭區長』呢？」

未久，2013 年 11 月 26 日，中國海協會會長陳德銘率領 10

數人的「經貿交流團」抵達台灣，進行 8 天的考察之旅，參訪包含桃園航空城在內的各地自由經濟示範區。「黑島青」乃發起「如影隨形的持續抗議」，並與警方發生肢體衝突，遭受到暴力鎮壓。[51]另方面，「民主陣線」亦於同年 12 月 22 日，在凱道舉行「立法破黑箱，拒絕服貿闖關」集會，並透過先前的立委問卷，明確要求國會先完成〈兩岸協議簽訂與監督條例〉、〈經貿自由化衝擊影響評估與救濟法〉、〈中資來台投資條例〉、完善〈就業安全網〉等四項立法工作，再來審服貿協議。[52]

　　爾後，服貿審議形式上經過 16 場公聽會，而於 2014 年 3 月 10 日結束。同日（3 月 10 日），國民黨前經建會主委尹啓銘及立委張慶忠遂主張：〈服貿協議〉審議已經過 3 個月，依〈立法院職權行使法〉行政命令國會審查的規定，視爲已經完成審查。但「民主陣線」召集人賴中強質疑：行政命令是行政機關單方制定、兩岸協議是由兩岸公權力機關分別授權海基會、海協會雙方簽定，兩岸協議絕無可能是行政命令。尹啓銘、張慶忠如此主張，難道兩岸已經統一了嗎？[53]

　　不過，對這樣的質疑，國民黨根本不予反應。同年 3 月 17 日上午 10 點，「黑島青」、「公投護台灣聯盟」、「台灣教授協會」、「澄社」等等 53 個 NGO 社團與學生團體，乃發起「捍衛民主120小時」行動，要求國民黨落實國會監督機制，實質審查兩岸〈服貿協議〉。[54]儘管國內有如此強大公民團體的反彈，同日下午 2 點 30 分，國民黨立法院內政委員召集人張慶忠，在遭到民進黨立委的包圍杯葛、以致無法進行議事；竟然於 2 點 39 分，以自備的無線麥克風在會議室的角落宣布開會，並稱：「〈海峽兩岸服務貿易協議〉付委審查已逾三個月，視同完成審查，全案送出委員會至院會備查，散會。」這一切宣布過程，僅在 30 秒內完成，遂引發

在野民進黨及眾多公民團體的極大爭議。後來，此事件即被稱爲「半分忠事件」。⑤⑤

　　誠然，自始至終，反服貿運動者並沒有料想到，國民黨會採取如此極端的策略。在3月17日的「半分忠」事件之前，「民主陣線」正在規劃小冊子的出版，希望藉此向更多公眾宣導服貿可能帶來的經濟與社會危害；「黑島青」也在討論是否進行全國性的校園巡迴講座，以喚起更多的學生關注。服貿有太多技術性細節，一般民眾真的很難瞭解。所以兩個反服貿團體皆積極宣傳，希望能獲得更多注意。殊不知，國民黨在立法院的強行推動，意外地爲「服貿」帶來全國性的關注，而這正是反對者一直積極想要營造的。⑤⑥

　　總之，針對國民黨突如其來的服貿攻勢，18日晚6時，「民主陣線」與「黑島青」等NGO和學生團體在立法院群賢樓外舉行「守護民主之夜」活動，聚集了幾百名群眾。當晚9點10分左右，在「拷秋勤」樂團〈官逼民反〉的歌聲中，以陳爲廷、林飛帆和「黑島青」的帶領學生約50名，受到蔡丁貴教授所率領「公投守護台灣聯盟」的「聲東擊西」支援，開始翻牆破窗成功地衝進立法院議場。10點左右進入議場內的抗議者已經有兩百多名，他們決定堅守陣地，設置路障，並且選出了領導的核心成員。此時，衝進立法院的消息，立即透過網路傳播出去，吸引許多支持者前來現場聲援。到了午夜，已經有約二千多名抗議者群聚在青島東路與濟南路，對立法院駐警形成包圍的陣勢，也使試圖驅離抗議者的舉動變得十分困難。瓶裝水、食物、急救藥品與其他物資很快被送到議場內，以因應有可能長期持續的占領運動。於是，從這一刻起，撼動台灣社會，爲期24天，捲動數十萬人的所謂「太陽花學運」，正式揭開序幕。⑤⑦

　　而這,「太陽花學運」的名稱是何時、由誰命名的呢?據說
這是一個偶然發生的插曲。亦即, 當 3 月 18 日晚上占領議場後,
有人從外面送了一束向日葵 (太陽花) 進去, 內場的人不知道該
怎麼處理這束向日葵, 所以就往講台擺, 順便當作裝飾。之後,
媒體湧入議場採訪, 當攝影機拍攝講台上演說的人, 這束向日葵
就會被一起帶入畫面, 然後被主流媒體傳播到外界。許多人看到
這個畫面, 認定向日葵就是這場運動的代表物, 所以又有更多的
向日葵被送到現場。這就是「太陽花學運」名稱的由來。[58] 茲將
「太陽花學運」的大事紀要, 引述如下:

　　2014 年 3 月 18 日晚 9 點多, 陳為廷、林飛帆等數百名學生
成功地占領立法院議場後, 3 月 19 日凌晨, 警方三次攻堅, 但
因學生人數眾多, 加上民進黨、台聯黨立委阻擋而告失敗。上午
學生舉行記者會, 提出「馬英九總統道歉、警察退出國會、行政
院院長江宜樺下台」等三項訴求。學生代表林飛帆並且要求和馬
總統對話。又根據警方統計, 截至晚上 10 點為止, 議場內外集
結了 9,000 名抗議群眾。社運青年組成翻譯團隊, 以 30 幾種語
言向國際發聲。國際媒體也持續關注, 甚至派專人來台採訪, 製
作專題報導。

　　3 月 20 日, 上午學生代表陳為廷再度提出三項訴求, 要求
立法院長王金平否定〈服貿協議〉送院會存查的正當性, 退回行
政院; 中止中國的任何經貿協議; 要求立法院通過〈兩岸協議監
督條例〉。下午陳為廷又宣示, 3 月 21 日中午 12 時 30 分前, 馬
總統必須回應學生訴求, 王院長要進入議場接受公民質問。學運
持續增溫, 上百所大專院校師生及各界人士透過網路動員, 前往
現場靜坐或提供物資, 聲援此次學運。立院抗爭現場人數激增至
2 萬人, 馬英九晚間表示將依照權責召開院際協調會議, 王院長

也發表聲明透過各種途徑溝通協調。學生總指揮林飛帆表示，不能接受以密室協商的方式來回應學生訴求。另立法院周圍開始「街頭民主教室」。

3 月 21 日，占領立院的學生訂定守則，堅持非暴力抗爭，自發性維持秩序。上午 11 時，議場內召開「國會審議活動」，以公民論壇的方式檢視服貿協議相關內容，並且針對自由貿易進行討論。晚上，為期待馬總統的正面回應，未能如願，林飛帆公布下一波抗爭策略，批評馬英九已經喪失統治正當性；呼籲更多民眾上街，在 3 月 22 日至 23 日的假日期間擴大包圍立法院四周，並且號召以靜坐方式包圍國民黨縣市黨部。

3 月 22 日，下午行政院院長江宜樺出面與學生對話，但未能承諾要求，遭學生請回。學生指揮陳為廷表示將抗爭到底，直到政府願意正面回應訴求。3 月 23 日，行政院召開中外記者會，向媒體強調〈服貿協議〉的必要性與好處，並且非難占領立法院是反民主的行為。晚間 7 點多，兩百名的運動成員，突襲行政院，引發約千名的民眾跟進。江宜樺與馬英九通話後，要求警方強制驅離。

3 月 24 日凌晨零點，警方出動數千名鎮暴警察與兩台鎮暴水車，前後六次強制驅離學生和參與行動的民眾；到清晨占領行政院的學生、群眾被完全排除。過程中造成了甚多的抗議者受傷，也有人遭受警察的盾牌、拳腳、棍棒齊下之非法毆打，血流滿面（請參閱〈自由時報〉，2014 年 3 月 25 日）。警方最終逮捕 61 人，學運領袖魏揚被上銬帶走，其中 35 人被移送偵辦。學生們譴責江揆暴力鎮壓，但江揆則否認暴力，反駁血腥鎮壓。又立法院長王金平再度邀集朝野協商，仍無共識而破局。

3 月 25 日，因為行政院副秘書長蕭家淇控訴學生偷了他的

太陽餅與蛋糕，網友集資團購，太陽餅湧入行政院。下午，總統
府發言人李佳霏表示，馬總統同意在不預設任何前提的情況下，
邀請學生代表進入總統府，討論服貿議題。林飛帆回應歡迎公開
會面，討論〈兩岸協議監督條例〉的相關議題。晚上，陳為廷召
開記者會，批評馬英九對於會面缺乏邀約誠意，要求馬英九先行
承諾，不再動用黨紀來控制黨籍立委制定〈兩岸協議監督條例〉。

3月26日，馬英九再度表示願意對話，並強調服貿協議的
審查相當嚴格，絕非黑箱。學生代表林飛帆表示願意對話，但還
要包括「黑島青」、憲法133實踐聯盟、台灣勞工陣線、台灣農
林陣線等公民團體。晚間行政院召開記者會，澄清3月24日當天，
非暴力驅離，共36人遭移送法辦。

3月27日，王金平在上午召開第三度朝野協商會議，仍然
無法達成共識。下午，學生代表林飛帆、陳為廷宣布抗爭行動持
續擴大，號召3月30日，全民上凱道反服貿。「滅火器」樂團主
唱楊大正為運動創作〈島嶼天光〉(Island's Sunrise) 一曲，現場教唱，
錄音之後，由台藝大學生製作成兩支MV，在網路上傳播。其歌
詞如下：

> 親愛的媽媽　請你毋通煩惱我
> 原諒我　行袂開跤　我欲去對抗袂當原諒的人
> 歹勢啦　愛人啊　袂當陪你去看電影
> 原諒我　行袂開跤　我欲去對抗欺負咱的人
> 天色漸漸光　遮有一陣人
> 為了守護咱的夢　成做更加勇敢的人
> 天色漸漸光　已經不再驚惶
> 現在就是彼一工　換阮做守護恁的人

已經袂記哩　是第幾工　請毋通煩惱我
因爲阮知影　無行過寒冬　袂有花開的彼一工
天色漸漸光　天色漸漸光
已經是更加勇敢的人
天色漸漸光　咱就大聲來唱著歌
一直到希望的光線　照著島嶼每一個人
天色漸漸光　咱就大聲來唱著歌
日頭一踮上山　就會使轉去啦
現在是彼一工　勇敢的台灣人

3 月 28 日，上午 10 時，江揆召開記者會，表示不能重啓服貿談判，不應立法再審服貿；並號召運動者應該負起社會責任，讓行動圓滿落幕。王金平召集的第四次朝野協商會議依舊破局。晚上馬英九與 11 所大學校長會談，校長建言：成立溝通平台，展開對話。

3 月 29 日，太陽花學運廣告，登〈紐約時報〉亞洲版。下午有不同單位於台北市發起「反反服貿」行動，以康乃馨爲象徵，呼喚抗議學生回家，結束抗爭。下午 6 時，馬英九召開中外記者會，回應學運四訴求，未獲實質承諾。林飛帆堅持 3 月 30 日上凱道，並表示在訴求獲得回應前，學運不會停止。

3 月 30 日上午，林飛帆呼籲參與 330 反服貿遊行的抗議群衆，應該保持和平與非暴力的立場，並且在活動結束後，立刻返回立法院。下午，身穿黑衣的抗議民衆陸續進駐凱道。下午三點多，現場宣布參與人數已達 50 萬人。陳爲廷上台演講時引用蔣渭水的名言:「同胞要團結，團結眞有力！」「滅火器樂團」演唱〈島嶼天光〉，並且播放於立法院拍攝製作的音樂影片，全場大合唱。

林飛帆向馬英九喊話:「請你接受人民的指揮!」在「退回服貿,捍衛民主,人民站出來,台灣有未來」的口號聲中,活動於晚間7點半左右,和平落幕,迅速散場。又同日,「反反服貿」的團體,亦聚集於台北車站,欲與反服貿陣營對峙,但雙方人數懸殊,僅有零星口頭衝突。此外,呼應台灣舉行的大型示威,海外合計有20個國家,超過50個城市以上的台灣人社團,亦舉行了民主聲援法動 (請參閱〈自由時報〉,2014年3月31日)。

3月31日,包括中華統一促進黨總裁「白狼」張安樂在內的支持服貿團體表示有採取反制動作,將於4月1日發動遊行並前進立院。不理公民憲政會議,行政院計劃於4月3日,召開「經貿國是會議」。查占領政院首謀,陳廷豪5萬元交保。朝野協商五度破局。

4月1日,白狼張安樂率領支持服貿的群眾 (大多是黑道人物) 約二百人前往立院,與反服貿陣營對峙數小時後,宣布撤離。台北地檢署表示,目前已受理民眾告發林飛帆、陳爲廷、魏揚、賴中強等學運人士涉嫌恐嚇等罪嫌,正式分他字案偵辦。4月2日,立委張慶忠將再度於內政委員會排審服貿,引發大批反對群眾聚集立院抗議;民進黨立委亦連夜占領會議室,張慶忠無法進入,宣布會議破局。馬英九於國民黨中常會時,再度重申服貿「利大於弊」。

4月3日,行政院院會通過政院版本〈兩岸協議監督條例草案〉,遭學生痛批毫無誠意。4月4日,抗議學生點名立院四大寇:林鴻池、張慶忠、林德福和吳育昇,呼籲民眾施壓。4月5日,17個工會團體共同聲援反服貿行動,將於5月1日勞動節遊行呼應此議題。民主黑潮發動「割闌尾 (藍委) 計畫」,以罷免施壓國民黨立委,期能達到體制內的改革。

　　4月6日，上午11時，立法院長王金平率副院長洪秀柱、國民黨政策委員會執行長林鴻池、民進黨總召柯建銘等朝野黨團幹部，以及多位立法委員，於議場外發表演講。向抗議群眾承諾，在〈監督條例〉草案完成立法前，不會召集〈服貿協議〉相關的黨團協商會議。之後，王金平進入議場內探望抗議學生。府方及部分藍營立委表示錯愕，學生代表則肯定王金平的承諾。

　　4月7日，學運決策核心研擬退場時機。晚上8時，陳為廷宣讀「轉守為攻，出關播種」聲明，正式宣布占領立法院行動已經完成階段性任務，且取得重要進展，邀請支持者在4月10日下午6時，聚集立法院迎接撤離議場的學生。4月8日，由於退場決議引起許多參與人士的質疑，林飛帆表示將在9日下午6時，召開以「反省凝聚、共同出擊」為主軸的行動會議，進行交流。

　　4月9日，垃圾話論壇飆罵，林飛帆、陳為廷遭瘋狂圍剿。中研院表示要收集議場內部相關資料，保存台灣重要的民主運動史料。下午，中正第一分局宣布要廢止公投盟在濟南路的集會許可，最終引發了「411路過」中正一分局事件。下午，10幾名具有修繕專業的民眾主動前往立院，協助抗議學生修復立院。晚上議場內的抗議學生、工作人員和公民團體聚集在一起，輪流發表感言。

　　4月10日，下午3點多，駐守議場二樓的支持者，發表「議會二樓奴工退場聲明」，選擇從「人民自力搭起的天台樓梯」先行離去。5點半，學運舉行退場儀式。宣讀〈人民議會意見書〉，之後把議事槌放回主席台上，並附上一本《官場現形記》。陳為廷、林飛帆都有感性發言。下午6時，學生民眾手持太陽花，走出議場將手上的太陽花傳給在外等候的兩萬名支持群眾。退場晚會上，參與的各個公民團體代表抒發感言，在全體合唱〈島嶼天光〉的

歌聲中，占領行動落幕。另當日，魏揚與黃郁芬在華府會晤美國
國務院相關官員，向美方說明這次反服貿運動的想法。

　　4月11日清晨，警方以違背承諾、支援太陽花運動為由，
取消了「公投護台灣聯盟」（召集人蔡丁貴教授）的集會許可，並
且予以強制驅離，又將受傷住院的蔡教授上銬。之後，中正一分
局局長方仰寧在議會發言：「就算違反憲法，對於公投盟日後所
申請之集會皆不予許可。」民眾感於公投盟在運動中的支援，以
及其抗爭精神，在網路上號召示威「還給公投盟集會權！方仰寧
道歉！」當夜，兩千人以上的群眾包圍中正一分局，方仰寧道歉、
並且撤回決定。⑤⑨

　　太陽花學運，在歷經 24 天的抗爭後，終於圓滿結束。這場
學運的歷史定位，毋庸置疑是台灣最重大民主成就之一。它匯集
「野百合」、「野草莓」、「白衫軍」等，長年以來蓄積的能量，在
台灣最關鍵的時刻，爆發其最大的功能，阻止了馬英九政權的傾
中賣台、凸顯了憲政危機，提醒人民才是「政府」的真正主權者。
有需要時，人民可對濫權違法的政府，行使其「抵抗」與「不服
從」的權利！隨後，這場抗爭，不但讓國民黨再度失去政權，更
引進了「第三勢力」的興起，台灣改革之聲也遍地響起。然而，
最近馬英九出版的《執政八年回憶錄》（2018 年 12 月），竟辱罵太
陽花學運說：「至於太陽花學運把好不容易簽署的〈兩岸服貿協議〉
冷凍至今，傷害台灣經濟發展大局，誤國之深，為害之烈，最令
我痛心遺憾。」⑥⑩這隻狗真是不知羞恥、廉已！

# 第三節　蔡英文東山再起與第三次政黨輪替

## 一、蔡英文再度出任民進黨黨主席與「九合一」地方自治選舉大勝

太陽花學運「反黑箱服貿」圓滿結束之後，2014 年 4 月 14 日，民進黨開放黨主席選舉登記。原本有意繼續參選的現任黨主席蘇貞昌及謝長廷，為了促進黨內團結並避免派系再對立惡鬥，乃雙雙先後聲明「退選不登記」的決定。結果，早已宣布要參選（同年 3 月 16 日）下一任黨主席的蔡英文，幾可確定當選下屆黨主席。同年 5 月 25 日，蔡英文順利當選民進黨黨主席，得票率高達 93.71%。

另一方面，幾乎與此同時，2014 年 5 月 7 日，習近平中共總書記突然在北京人民大會堂召見親民黨主席宋楚瑜。據〈自由時報〉記者彭顯鈞的特稿報導，稱其主因是：「台灣反服貿學運『撞歪』了中國所設定的『兩岸進程』，得趕緊搶救；馬政府『無力』處理危機所導致『兩岸停滯』，必須予以提醒與警告。而中國想對馬政府表達失望與不耐，宋楚瑜現在剛好是最佳人選。立場上，宋認同九二共識、反對台獨；角色上，宋與馬不對盤、有矛盾，能力被認為優於馬；份量上，宋是黨主席，遠不及馬總統；時機上，兒子正在選舉的連爺爺不便『進京』，宋是最佳遞補。」[61]

職此，在「宋習會」中，習近平總書記對宋訓示：「大陸對兩岸關係和平發展的方針政策不會改變；對兩岸交流合作、互利共贏的務實舉措不會放棄；對促進兩岸民眾團結努力的真誠熱情不會動搖；我們遏制台獨分裂圖謀的堅定意志也不會動搖。」面

對習大人的訓示，據說宋則向習表示，希望大陸多認識和體諒台灣人民的台灣意識；多認識和體諒兩岸政治社會制度的差異；多認識台灣人民對經濟自主的渴望；多認識和體諒台灣多元社會的本質。宋還提到最近太陽花學運中，50 萬人，不全然都是學生上街呼應，秩序井然；他們用行動證明了，不需要強力的政府來管理他們，他們自己就會管好自己；是多麼難得的公民素質；這是台灣幾十年來公民教育的成功，更是全球華人社會最珍貴的資產。最後，習近平向宋楚瑜說，大陸既沒有「靠台灣得利」的企圖，也不存在「誰強迫誰、誰吃掉誰」的問題。大陸將會擴大與台灣各階層的溝通，更注意「三中」(中小企業、中下階層、中南部)的心聲與需求。⑥²

　　未久，同年 11 月 29 日，全台舉行史上地方自治最具規模的「九合一」選舉。國民黨慘敗，22 縣市長剩 6 席、六都只保住新北市 (國民黨朱立倫以不到 2 萬 5 千票的差距，擊敗民進黨游錫堃連任成功，成為藍軍的共主) 險勝；民進黨縣市則拿下 13 席。最受矚目的台北市，無黨籍候選人柯文哲拿下超過 85 萬票，大勝國民黨候選人連勝文近 25 萬票；選舉結果，藍綠版圖巨幅震盪。而面對慘敗，國民黨主席馬英九向支持者鞠躬 15 秒，深深致歉，並宣布行政院長江宜樺與國民黨秘書長曾永權已請辭獲准。⑥³

　　在縣市長得票率部分，國民黨僅獲得 40.71%，相較於 2009年縣市長選舉、2010 年直轄市長選舉的 47.6% 與 44.5%，大幅下滑，選民已對馬政府投下不信任票。

　　民進黨從原先執政 6 個縣市，大幅增加至 13 縣市，直轄市長並奪下四都，成功「跨越濁水溪、直達淡水河」。中台灣贏得台中市與彰化縣，往南還拿下嘉義市及離島澎湖縣；北台灣版圖則大幅擴增至基隆市、桃園市、新竹市。不計入台北市長，民進

黨得票率衝至 47.55%。

無黨籍當選台北市、花蓮縣及金門縣等三席縣市長。在直轄市議員與縣市議員得票率部分，民進黨的 37.08%，勝過國民黨的 36.86%。

根據中選會統計，這次共選出 11,130 名地方公職人員，總投票率爲 67.59%，中選會將在 12 月 5 日審定公告當選名單，直轄市長與縣市長於 12 月 20 日就職。(64)

其次，針對國民黨在「九合一」選舉的慘敗，中國國台辦發言人馬曉光於 11 月 29 日晚指出，「我們注意到這次選舉的結果」，希望兩岸同胞珍惜兩岸關係來之不易的成果，共同維護並繼續推動兩岸關係和平發展。而國台辦主任張志軍亦在北京向台灣媒體表示，國台辦高度關注台灣這次選舉。對選舉結果，國民黨超乎預期的慘敗，國台辦僅發出如此簡短的說明，顯然也刻意低調，並受到莫大的衝擊。(65)另「九合一」選舉國民黨一瀉千里，不但行政院長下台，馬英九亦於 12 月 3 日，在國民黨中常會上正式請辭黨主席獲准。接著，同日毛治國出任新的行政院長；新閣甫上任，法務部長就主動表示釋放陳水扁的意向及步驟。於是，阿扁終於在 2015 年 1 月 5 日下午，以「保外就醫，居家療養」名義步出監獄，返回自己的家。(66)

又馬英九辭去國民黨主席之後，國民黨於 2015 年 1 月 19 日，選出新北市長朱立倫爲國民黨主席。他一枝獨秀，雖然是史上得票最低的黨主席（19 萬 1,065 票），但得票率則達 99.81%。根據國民黨的習慣，黨主席一定選總統大位。然而，朱立倫自上任黨主席幾個月以來，卻遲遲不表態。媒體有多次問他是否選總統，他總是回答要做好市政、做滿市長任期，閃閃躲躲的玩著猜謎遊戲，好像在想著要讓別人「黃袍加身」，才要勉強出馬似地。不過，

他想要做「台灣頭頭」，他曉得第一步應該怎樣走；也就是他事先必須向其主子習近平報備請示，好讓習來對其加持、聲援。所以透過「國共論壇」的暗中安排，2015 年 5 月 4 日上午 10 時，「朱習會」在中國北京人民大會堂登場。國共雙方以長桌對坐，各有七人。習近平身旁是中央政策研究室主任王滬寧、中央辦公廳主任栗戰書、國台辦主任張志軍及副主任陳元豐、中共中央辦公廳副主任兼總書記辦公室主任丁薛祥、國務委員楊潔篪。國民黨這邊有副主席黃敏惠、秘書長李四川、副秘書長黃昭順、立委吳育昇、黨主席特別顧問兼大陸事務部主任高孔廉及智庫執行長尹啓銘。會見過程約 50 分鐘，之後在人民大會堂餐敘。[67]

習以主子身分率先講話，仔細念稿提出五項訓詞，重申「九二共識、反對台獨」是兩岸政治基礎，核心就是「同屬一中」。對此，朱一開場也是先鎖定「九二共識」；朱說；1992 年海基、海協前輩努力下，「雙方達成了兩岸同屬一中，但內涵、定義有所不同的九二共識」，形成兩岸交流共同基礎。由於習近平同年 3 月曾公開定義「九二共識」，強調核心「就是認同大陸和台灣同屬一個中國」，朱用「同屬一中」詮釋九二共識，過去國民黨和馬總統都未曾用過，頗有呼應習主子的味道。朱接著指出，2005 年國民黨把「九二共識」納入黨綱，「這是國民黨非常重要的宣示！」展望未來，「對我們新的世代來講」，希望看到兩岸更多的合作，希望在九二共識基礎上，未來台灣有更多國際發展空間，在國際組織與活動上有更多機會。[68]

對國民黨主席朱立倫在「朱習會」拋出「兩岸同屬一中」，並指希望在「九二共識」基礎上，未來台灣能有更多的國際發展空間。民進黨主席蔡英文於 5 月 4 日晚表示，「讓我們感到有些憂慮，我們怕在國際組織或其他空間爭取上，這個路越走越窄。」

前總統李登輝在 5 月 5 日，接受媒體訪問時直截了當回應強調，台灣與中國是完全不同的兩個國家。台灣是個自由民主國家，憲法也和中國截然不同，不必把事情弄得那麼複雜。本土各社團則強力抨擊朱立倫「賣台」、羞辱台灣人民，朱習會這種黑箱國共密約，台灣公民不可能同意。而前副總統呂秀蓮也說，朱立倫在習近平面前不敢說「一中各表」，只敢說同表一中，根本已經終結「中華民國」。習近平順利「請朱入甕」，朱的「兩岸同屬一中」說，公然落入一個中國框架，已成中國的「甕中鱉」。[69] 名政論家南方朔則有如下獨特尖銳的看法，茲摘要引述之。

「朱立倫在行前，曾說過他要『超越九二共識』，於是馬英九大為惱火緊張，遂在四月二十九日發表了『重申九二共識』的談話，這是馬在替朱劃紅線，替朱穿小鞋；除了馬的動作外，北京顯然也以『一中』替朱劃底線。在左右夾殺下，朱遂作出『兩岸同屬一中』的敘述。這是國民黨的徹底轉向，等於宣示了它的投降。美聯社報導說這是『終極統一論』，並沒有錯誤。

在朱出發前，國民黨有人放話，宣稱『朱習會』上如果習近平對朱釋出利多，替朱加分，則在『朱習會』後朱即可能宣布參選。因為朱可能有這樣的企圖，所以他這次訪問大陸，遂事事不敢違背現在的軌道，希望習能對他加分。他的隨行人員都層次極低，非常的事務性，但這樣的乖乖牌，反而被北京看低，一點利多也沒有釋出，朱立倫是『偷雞不著反而蝕了米』。『朱習會』後台灣罵成一團，朱不但沒有加分，反而被扣了很多分。因此我已斷一言，朱參選的可能性已大幅降低。」[70]

結果，針對朱立倫「兩岸同屬一中」的詮釋，陸委會主委夏

立言在立法院回應質詢時不諱言，「兩岸同屬一中」可能會引起外界猜疑，所以陸委會不會使用這樣的文字；「會被外界誤會兩岸屬於一個中華人民共和國」。被問及「兩岸同屬一中」過去是否有任何黨政高層講過，夏立言回應：「在中華民國境內，的確沒有人講過。」⑦

一方面，2014 年 11 月 29 日，「九合一」地方自治選舉民進黨獲大勝之後，蔡英文於翌年 4 月 15 日，被民進黨正式提名為 2016 年 1 月 16 日的總統大選參選人。同年 5 月 8 日，民進黨公布總統參選人蔡英文將於 5 月 29 日，自洛杉磯入境訪美，6 月 9 日，自舊金山返回台灣。12 天內橫跨美國東西兩岸，造訪洛杉磯、芝加哥、華府、紐約、休士頓等六個大城市。旋依照規劃，蔡英文在民進黨秘書長吳釗燮等人陪同下，於 6 月 2 日，在華府密集拜會美國相關人士與官員。除了會見參議院軍事委員會主席共和黨麥肯、蘇利文和民主黨瑞德等三位重量級參議員及美國亞太助卿羅素、副助卿董雲裳等之外，3 日，更被高規格招待，首度以台灣總統參選人身分進入國務院和白宮大樓與副國務卿布林肯等人會談，成功地完成此次訪美之任務。⑦

2015 年 10 月 6 日至 9 日，蔡英文再度由前國安會秘書長邱義仁等人陪同下，亦順利地前往拜會日本執政黨重要相關人士與官員，並於 9 日，受到最高規格的接待，進入「內閣府」，其含義不言可喻！⑦然而，外交戰略雖告捷，但是為求大選的勝算，蔡英文所提出的「兩岸維持現狀」的模糊策略，亦即以現行的中華民國憲政體制下推動兩岸關係和平的發展，卻遭到綠營大老與支持者的憂心與質疑。因此，同年 7 月初，在親綠政治專欄作家金恒煒的主導下，獨派吳澧培等人乃決定將籌組「台灣獨立行動黨」。金氏指出，民進黨總統參選人說要在中華民國體制下維持

兩岸關係現狀，但中華民國在聯合國的席位已被中國驅逐，他對小英的說法非常有意見，「現在民進黨要放棄台獨這一塊，那台獨建國旗幟就由我們來扛！」金氏並透露民調顯示，認同自己是台灣人的民意高達七、八成。民進黨受到美、中的壓力，避談台獨，連「台灣前途決議文」的精神都違背，「我們是承擔民進黨本來應承擔而未能承擔的責任。」他有信心「台灣獨立行動黨」將超越 5% 的得票率，「組黨一定會成！」[74] 筆者十分感受金恒煒等人的崇高政治理念，也願意盡些微力協助。可惜，為了顧全大局，終未能實現組織新黨的願望。

## 二、國民黨 2016 年總統候選人的難產與內鬥

　相對於民進黨順利地選出蔡英文為 2016 年 1 月的總統參選人，國民黨方面卻陷於內鬥一直難產。國民黨最先宣布要參加總統初選的是「急統派」國民黨立法院副院長洪秀柱。她於 2015 年 4 月 3 日，宣布要參加初選，並於 4 月 20 日正式領表參選。不過她的「行情」並不被看好，而且她也知道自己是「拋磚引玉」的「B 咖」。然而同年 6 月 7 日，當王金平立法院長表態義不容辭有意領表登記國民黨總統初選提名時，馬英九的御用報紙立即刊出，如果王金平出線，國民黨就會亡黨的言論。馬派的大軍亦立即大動員，黃復興黨部、以及黨中退職將領超過一百顆星與一大群部長前政務官全都出來挺洪秀柱。結果，王金平就被卡死了。[75] 而原本只是「B 咖」的洪秀柱，在馬團隊的強力支持下，一夕暴紅。2015 年 6 月 14 日，她以 46.2% 的支持度，跨過黨內提名 30% 的防磚門檻。6 月 17 日，國民黨 19 全代表會鼓掌通過洪代表黨參選總統。

　但是，「急統派」洪秀柱的兩岸主張，自 4 月 20 日領表參加

黨內初選後，即爭議不斷。在 5 月 1 日，第一次提出兩岸主張，正好是黨主席朱立倫率隊赴北京與習近平進行「朱習會」的前夕。洪提出「九二共識」的階段性任務已經完成，應該從「一中各表」、「一中不表」走向「一中同表」。她並解釋「一中同表」的具體內容，就是兩岸同屬整個中國的一部分。7 月 2 日，她再拋出兩岸主張，指兩岸主權宣示重疊，「一中同表」是要大陸承認中華民國「政府」的存在，「可是我不能說中華民國的存在」，不然會「變成兩國論」。洪還說，她覺得很氣憤，爲何黨內部都不仔細想這個問題！洪的說法再次引起各方批評，黨務高層當面溝通，洪還反駁，參選不只是爲了選票，更重要是理念宣傳，爲選票改變理念，參選就失去意義。洪的說法讓黨中央完全無法接受，相隔幾天，主席朱立倫公開強調，「九二共識、一中各表」就是國民黨的重要基礎；朱顯然不願替洪的主張背書。隨後洪雖不再講「一中同表」，但 9 月 6 日，突然閉關後，又提出更具敏感的兩岸主張，包括深化政治協商、簽署和平協定，共同確定「分治不分裂」兩岸定位。其中，「分治不分裂」被解讀爲中國的「一國兩制」，事先毫不知情的黨中央，完全不能接受。[76]

9 月 15 日，台灣指標民調，總統參選人蔡英文 43.6%、洪秀柱 15.3%、宋楚瑜 14.7%。9 月 22 日，國民黨中央李四川秘書長開始勸洪退選。9 月 25 日，朱立倫黨主席也當面勸退，並提「朱洪配」；惟洪堅不退，還要朱當她的副手，她大氣地表示只有「洪X配」，不可能「X洪配」，她對國民黨內的「換柱」和「棄柱」根本不屑理會。她已多次表示「老娘不會退」，在她的盤算裡，只要一切問題拖過了 11 月 27 日。候選人向中選會登記的最後期限，她就可安然又擠過一關。[77]10 月 2 日，洪再提出中華民國憲法本來就是「終極統一」、「最後還是要統一」等主張。洪甚至

強調，馬總統的一中各表、不統不獨不武，「這還不夠，九二共識有必要再進化，要與大陸政治對話」。10 月 3 日，朱立倫再度勸退但遭洪拒絕；中常委江碩平乃表態將提案召開臨全會討論是否換柱。10 月 7 日，面對洪秀柱負隅頑抗、「打死不退」，國民黨中常會以無異的方式通過擇期召開臨時全代會，重新檢討總統提名問題，討論是否換柱拱朱。[78] 10 月 17 日，國民黨召開「拔柱換朱」臨時全代會。891 名黨代表、有 812 名贊成廢「柱」，並征召「朱」獲鼓掌通過。[79]

　　就這樣，2016 年 1 月的總統大選，國民黨臨陣換將，朱立倫終於被「黃袍加身」，出馬上陣。但是國民黨大勢已去，台灣所有的民調都一致顯示，民進黨蔡英文總統候選人的破竹優勢無法遏阻（10 月 17 日的〈自由時報〉民調，蔡 47%、朱 19%、宋 8%），蔡英文將會是下一任的台灣總統。而就在此時，因為媒體曝光，同年 11 月 3 日深夜，馬政府突然緊急地發表，11 月 7 日其中國主子習近平將在新加坡召見馬頭頭，舉行「馬習會」，以探討如何劃紅線、設條框來牽制即將出現的台灣蔡英文新政權。據透露，蔡英文當時的第一反應是：「我們被突襲了！」在距離 2016 年總統大選只剩下 70 多天的日子舉行馬習會，且到前三天馬政府才因媒體曝光急忙向社會及立法院說明，從而被質疑黑箱作業和選舉操作，也讓馬習會尚未舉行已在台灣社會引發很大的爭議。[80]

　　2015 年 11 月 7 日，依照國共雙方的黑箱作業，馬英九與習近平在新加坡香格里拉飯店舉行戰後首次兩岸現任領導人的歷史性會談。這場歷史性會面吸引國內外關注，有 600 多名的媒體人湧入會場，為了拍攝角度，媒體間互不相讓，場面一度混亂。下午將近三點，馬、習兩人同時進入會場，兩人面對笑容握手，在現場要求還同時揮手。「馬習會」雙方各 7 人與會（國府：馬英九，

國安會高華柱、邱坤玄；黨正副秘書長曾永權、蕭旭岑；陸委會正副會長夏立言、吳美紅等。中國：習近平、王滬寧、栗戰書、張志軍、楊潔箎、陳元豐、丁薛祥等），加上幕僚各 6 人，共有 28 人在場，熱鬧非凡。但是在台灣有 20 多個社團同步號召群眾上街，怒吼「台灣不是中國一部分」、「馬英九不代表台灣人民」等。[81]

「馬習會」雙方設定的具體議題有八項。首要是「降低敵對狀態」，這又包括撤飛彈等國防軍事威脅、外交國際空間及民間與國際 NGO 組織等三部分。習大大爲了讓其收撫的臣子馬特首安心，答應他在會談開始的 5 分鐘公開致詞時，包括一個中國、同屬一中、反對台獨，甚至兩岸一家親等，他統統都不講，等閉門會談及會後記者會，雙方再「各自表述」，並提議致詞由他先講。循此，馬習握手會面後，隨即展開「馬習會」。透過衛星直播，習近平如約，了無新意地說兩岸「是打斷骨頭連著筋的同胞兄弟，是血濃於水的一家人」，不到 5 分鐘就結束談話。緊接著發言的馬特首，爲報答其主子習大大的善意，在致詞時，提出如下維繫兩岸和平繁榮現狀的五點主張。亦即：1.鞏固「九二共識」，維持和平現狀。馬表示，九二共識是兩岸推動和平發展的共同政治基礎，正是因爲雙方共同尊重九二共識，才讓兩岸關係處於 66 年最和平穩定的狀態；2.降低敵對狀態，和平處理爭端；3.擴大兩岸交流，增進互利雙贏。馬明確點名包括貨貿協議、兩會互設機構、與陸客中轉等，應盡速處理，以創造兩岸雙贏；4.設置兩岸熱線，處理急要問題。馬主張，今後應在陸委會、國台辦首長之間設立熱線，以處理緊急與重要問題；5.兩岸共同合作，致力振興中華。馬說，兩岸人民同屬中華民族，應互助合作，致力振興中華。[82]

然而，出乎意料之外的，在這場公開談話中，馬英九竟然將

「九二共識」詮釋爲：海峽兩岸在 1992 年 11 月，就「一個中國」原則達成共識，簡稱「九二共識」。不但未能體現馬政府信誓旦旦強調的「九二共識」就是「一中各表」，反而讓「九二共識」幾乎變成了「一中共識」。因此，引發了台灣各界強烈批判，指責馬總統失格，出賣台灣主權，台灣人民絕對不會接受！⑧³

　　隨後，國共雙方進入大約一小時閉門會談。習大人向馬特首提出如下的訓示，其要旨爲：1. 兩岸中國人完全有能力、有智慧解決好自己的問題；2. 大陸和台灣同屬一個中國，「兩岸同屬一個國家」，這不可能改變；3. 只要不造成一中一台，台灣參與國際活動可以做出合情合理的安排；4. 歡迎台灣同胞積極加入一帶一路，以正確的方式加入亞投行；5. 飛彈部署不是針對台灣，兩岸事務首長可以先建立熱線；6. 同心實現中華民族偉大復興，兩岸應堅持鼓勵共享抗戰史料等。⑧⁴

　　結束雙方的 7 人閉門會談後，中方由中國國台辦主任張志軍召開記者會，轉述、宣讀上述習近平的六點訓示。馬頭頭則親自主持記者會，一整天興奮的神情依然不變，侃侃而談與習大人會談的過程。馬說，當面向習解釋「九二共識」與「一中各表」的背景與內涵；還向習強調「不涉及兩國中國、一中一台或台灣獨立，因爲中華民國憲法所不允許」。馬更大言不慚地強調，「一個字一個字都講了！」他要站穩中華民國總統該有的立場；並說，從沒有人在中國領導人面前提到中華民國、一中各表、隔海分治。⑧⁵ 真是他「馬」的！

　　如此這般，會談結束後，晚上雙方進行便餐晚宴。馬特首因爲受到榮寵，放鬆心情似乎喝了不少酒，除跳針發言而遭外界質疑馬以習近平幕僚自居，甚至還說出「我們家在江西住過一千一百年」。馬原定晚宴後返台，專機預定晚 7 點半左右起飛，

結果延遲近兩小時，與新加坡總理李顯龍茶敘。專機直至晚9點多，才從新加坡起飛回台，8日凌晨抵達台灣。⑧⑥

由於「馬習會」閉門談話的內容，受到台灣各界的強烈抨擊與質疑，陸委會終於在11月9日，公布馬英九「閉門會談」的致詞全文。就中最被爭議的「九二共識」，馬英九竟自稱：就是「堅持一個中國的原則」，因為中華民國的憲法，不容許有「兩個中國」、「一中一台」與「台灣獨立」。針對此點，名政論家金恒煒有如下的論述及反駁：「馬習會後，馬英九表示，他不能表示兩個中國、一中一台及台灣獨立，因為中華民國憲法所不容許。請問馬英九，依憲法哪一條不能表示？只坐實馬英九是不懂憲法學也不懂政治學的麻瓜。無論憲法本文或增修條文，都特闢章、條，規定修憲進路。人民有權修憲，就表示民意在憲法之上，人民的『政治決斷』凌駕在憲法框框條條之上；兩個中國也好、一中一台也好、台灣獨立也好，都是台灣人民『政治決斷』的權利，哪有憲法容不容許之理！」⑧⑦

其次，對中國的軍事威脅，馬有如中共的同路人稱：「最近外界報導朱日和基地軍演、還有飛彈方面的問題，這是反對黨常常用來批評兩岸關係的口實（他真是習大大的重要幕僚、台灣頭頭區長）。再則，馬頭頭千不該萬不該的是，對其主子習大大私下說：「今天我們兩個人見面，目的就是要對外展現兩岸關係可以由海峽和平來處理，且未來在制度化的基礎上，持續發展下去。」這是要把「台灣問題」以「一個中國」的原則下，給予國內化，排除國際參與的陰謀，已經涉及出賣台灣的主權與侵害台灣人民的權益；並觸犯刑法第113條及第114條的外患罪，司法當局應依法追訴、給予嚴懲。⑧⑧

總而言之，馬英九為求其「炎黃子孫」的「歷史地位」，甘

心出賣台灣已不是「一朝一夕」之事，我們可唾棄之！但對「國共合作」的新陰謀，即想對必將出現的台灣民進黨蔡英文新政權，設下各種條框和紅線，台灣人民應該提高警覺，不可受騙！事實上,「馬習會」都不被國際外媒看好。例如，德國第一電視台稱,「儘管『馬習會』是兩岸歷史性會晤，但只有傻瓜才會相信中國共產黨。」又《時代雜誌》則稱,「習握馬的手，再久都沒用。明年大選後，馬英九將成爲『無用之人』(cipher)，馬在黨內同志眼中只是一位『魯蛇』(loser)。」此外，美國國務院針對「馬習會」所發表的聲明，亦僅輕描淡寫的稱，歡迎台海兩岸領導人的會談，及近年來歷史性的兩岸關係改善。美國對台海的和平與穩定有深入且不變的利益，美國鼓勵兩岸在尊嚴和尊重的基礎上，在建立連結、降低緊張和促進穩定方面取得進一步發展。美國仍信守基於三公報和台灣關係法的一個中國政策。結果，11 月 9 日，兩岸政策協會公布最新民調指出,「馬習會」後，民進黨總統參選人蔡英文支持度上升至 48.6%，朱立倫支持度 21.4%，與之前維持平盤，宋楚瑜則下滑到 8.3%。「馬習會」無法改變即將來臨的台灣總統選舉結果。[89]另根據 2015 年 11 月 12 日,〈台灣指標民調〉公布馬習會的民調結果顯示，對於馬總統在「馬習會」談話和表現，僅有 22.2% 的受訪者認爲能夠代表其意見或立場，56.2% 的受訪者認爲不能代表其意見或立場，21.7% 未明確表態 (其他的民調也相差不多)。[90]

## 三、民進黨蔡英文 2016 年總統大選與立委選舉大獲雙勝

馬習會後，2015 年 11 月 10 日，國民黨總統參選人朱立倫率團啓程訪美 7 天。同月 12 日，朱抵華府與國務院、白宮、國

安會等關係單位人士密談，亦受到高規格的招待。美方追問朱「馬習會」爲何事前未通知美國，朱答以自己事前也不知道。同月14日，美國國務院資深顧問洪士杰表示，美國會與下任台灣人民選出的總統維持正面關係。朱於16日平安返國。[91]

　　一方面，台灣總統大選日趨緊迫，2015年11月16日，民進黨蔡英文提名中研院副院長陳建仁爲其副手。國民黨朱立倫則於17日宣布前勞動部長王如玄是副手（隨後王被檢舉不法購買軍宅，大挫朱的選情）。另一組親民黨總統參選人宋楚瑜亦於19日提名民國黨主席徐欣瑩當其副手。2015年12月8日，中選會通過三組總統候選人資格，同月18日，公告候選人名單。[92]

　　旋在2015年12月26日，中選會在三立電視台舉辦唯一一場副總統候選人電視辯論會。三方各有攻防，但並未出現任何火花。[93]接著，12月27日，首場公辦總統候選人辯論會在公共電視台舉行。蔡英文批朱、馬離人民太遠；朱提4年調薪至3萬元；宋老生常談了無新意。2016年1月2日，三總統候選人在三立電視台舉行最後一場辯論，蔡英文強烈批判國民黨黨產不當侵占，促換政府追討黨產還給人民。[94]

　　2016年1月14日，一轉眼，總統、立委大選投票日只剩下二天。這次選舉造勢不像往年高亢。可是，就在14日，南韓女團TWICE成員、來自台灣的16歲女星周子瑜，在南韓綜藝節目中舉中華民國國旗，竟被藝人黃安舉報是「台獨份子」，慘遭中國封殺，朝野政黨齊聲譴責黃安，並聲援周子瑜。然而15日，亦即離大選最後一天，周子瑜這位年僅16歲的少女，楚楚可憐地被迫素顏手持聲明照稿表示，「中國只有一個，海峽兩岸是一體的，自己始終以身爲一個中國人而感到驕傲，願爲這次風波道歉，並中止在中國的活動，認眞反省。」天啊！國民黨馬、朱的

「九二共識」、「一中各表」往哪裡去了呢？結果，這場插曲，不用說讓國民黨最後的衝刺，潑了滿身的冷水！⑨⑤

另2016年1月14日，美國白宮副國家安全顧問在華府表示，美國尊重並歡迎台灣人民透過這次選舉，選出自己領導人所表達的意願，「美國會與任何勝選者合作」，暗示挺蔡英文。翌日，據〈自由時報〉駐美特派員的報導，面對台灣大選後的變局，歐巴馬政府將派遣現任副國務卿布林肯（Antony Blinken）、前任副國務卿伯恩斯（Bill Burns）於選後分赴北京和台北，傳遞美方希望兩岸關係穩定、北京與台灣新政府能積極對話的訊息。消息人士表示，柏恩斯以信使身分訪台，將代表歐巴馬總統向台灣新總統當選人致賀，重申美國對台灣民主的支持。⑨⑥

如此，2016年1月16日，台灣第14任正副總統與第9屆立法委員選舉於同日舉行投開票。當晚11時許作業結束，揭曉的結果，民進黨的正副總統候選人蔡英文、陳建仁拿下689萬4,740票，得票率56.12%；居次的國民黨正副總統候選人朱立倫、王如玄為381萬3,365票，得票率為31.04%，英仁配大贏308萬1,379票；蔡英文成為台灣首位女總統，並完成台灣選舉史上第三次政黨輪替。親民黨宋楚瑜與徐欣瑩的宋瑩配，則是157萬6,861票，得票率為12.84%。而第9屆立委的國會版圖也大洗牌，在總數113席中，民進黨國會席次由40席大幅成長到68席，躍居國會第一大黨，單獨過半，亦創下國會第一次政黨輪替，首度完全執政紀錄。國民黨席次則由原本64席大幅滑落為35席，其他政黨時代力量5席，親民黨3席，無盟1席，無黨籍1席。在太陽花學運後崛起的新政黨時代力量，成為國會第三大黨；至於原本在國會擁有3席的台聯，則是全軍覆沒。⑨⑦

再則，16日晚，高票當選下任總統的蔡英文偕同副手陳建

仁召開國際記者會，對於兩岸問題，蔡英文重申，她多次承諾會建立「具有一致性、可預測性、可持續的兩岸關係」；新政府執政之後，將以中華民國現行憲法體制、兩岸協商交流互動的成果及民主原則與普遍民意，做爲推動兩岸關係基礎。至於早已預料到民進黨蔡英文即將當選台灣總統的中國國台辦亦於當晚發表聲明重申，「我們將繼續堅持『九二共識』，堅決反對任何形式的『台獨』分裂活動」。中國外交部發言人洪磊也說，無論台灣局勢發生什麼變化，中國堅持「一個中國」原則，反對台獨、「兩個中國」和「一中一台」的立場沒有改變，也不會改變。⑱

此外，在 16 日晚 7 點，開票作業尚未結束，但在大勢底定的情況下，國民黨總統候選人朱立倫臉色凝重地牽著妻子高婉倩，並帶領副手搭檔王如玄等人步出中央黨部，對著所有在外守候的藍軍群眾承認敗選；他除了六度深深鞠躬向支持者道歉外，並宣布辭去黨主席一職。結果，黨主席補選領表作業，截至 2016 年 1 月 27 日爲止，總計有立法院副院長洪秀柱、代理黨主席黃敏惠、立委陳學聖等 6 人完成領表，創下國民黨有史以來參選黨主席人數最多的紀錄。⑲之後，同年 3 月 26 日，洪秀柱在國民黨所舉行的黨主席補選投票獲勝，當選國民黨主席。

另一方面，蔡英文當選台灣總統，包括歐、美、日等國紛紛發表聲明表達祝賀之意。美國國務院以發言人柯比名義發出聲明，恭喜蔡英文贏得選舉，同時也恭喜台灣人民再次展現其活躍民主制度的力量，經歷再一次和平政權移轉。眾議院外委會主席羅伊斯也在聲明中恭喜台灣人民舉行了一次自由而公平的選舉。台灣再次展示其民主制度的力量和活力，台灣人也證明了和平與民主可以在亞洲興旺。日本外相岸田文雄亦於 16 日發表談話，除對蔡英文當選台灣總統表示祝賀之意，並對台灣的民主主義持續深

化表示「值得肯定」；他強調「台灣是日本的重要夥伴與重要的友人」，日本政府將「持續進一步深化日台間的交流關係」。英國外相韓蒙德發表聲明表示，肯定台灣選舉順利進行，並恭賀蔡英文當選，他期盼兩岸能繼續對話化解分歧，維持建設性關係。歐盟外交和安全政策高級代表茉格里尼也發表聲明指出，台灣基於民主、法治與人權順利完成選舉，歐盟重申支持兩岸和平發展。又 1 月 18 日，蔡英文接見美國歐巴馬政府特使、前副國卿伯恩斯時表示，未來新政府將與美國保持緊密的友好關係，也致力推動台美之間的各項合作，尤其是在經濟、產業方面。而在區域議題上，她將負起維持和平穩定的責任。伯恩斯則指美國期待看到政權交接期一切順利，並期待與新政府展開進一步的合作與交流。蔡與伯恩斯晤談時，美國在台協會（AIT）理事主席薄瑞光、AIT 台北辦事處處長梅健華等美方人員也在場。⑩⑩

　　未幾，2016 年 5 月 16 日，趕在即將來臨的 5 月 20 日，蔡英文台灣新總統正式就職前夕，美國眾議院送給蔡英文一個大禮；亦即當日下午美國眾議院院會，以口頭無異議方式通過 88 號共同決議案（HCR88），支持「台灣關係法」與「六項保證」是美台重要基石。這也是美國前總統雷根對台灣口頭提出的「六項保證」首度列入美國法案。眾院外委會主席羅伊斯在表決前說，有關六項保證的立法特別重要，雷根政府是以口頭向台灣傳達這項訊息，而且自 1982 年以來都是如此。「今天，藉由通過這項決議案，美國國會將其列入紀錄，美台關係的基石不僅是台灣關係法，還有六項保證」（同年 7 月 6 日，參議院也通過 SCR38 號「對台六項保證決議案」）。⑩⑪

# 四、蔡英文新政府的執政與展望

## ㈠ 圍繞著台灣新政府的國際環境及其變化

2016 年 5 月 20 日，台灣第三次政黨輪替正式啓動。同日有 59 國、700 位外賓參加祝賀，日本團 252 人，美貿易代表柯克帶團參加。[102]新任總統蔡英文的宣誓就職典禮，在總統府經國廳舉行，由司法院長賴浩敏監誓。蔡英文高舉右手宣讀誓詞，之後接受立法院長蘇嘉全授與「中華民國之璽」、「榮典之璽」、「總統之印」及「總統之章」，完成宣誓就職儀式，成爲台灣首位女總統。前總統李登輝、國民黨主席洪秀柱等人現場觀禮。蔡英文簽署就任總統後第一份人事命令，任命林全爲行政院長、林碧炤爲總統府秘書長、吳釗燮爲國安會秘書長；稍晚蔡英文在就職慶祝大會上發表就職演說，其全文近 6 千字，緊扣經濟結構的轉型、強化社會安全網、社會公平與正義、區域和平穩定發展及兩岸關係、外交與全球性議題等，新政府要承擔的五大事項。就中，在區域的和平穩定發展及兩岸關係，蔡英文總統強調表示，1. 推動「新南向政策」，增進與東協、印度的多元關係;2. 促成內部和解，強化民主機制，凝聚共識，形成一致對外的立場；3. 尊重 1992 年香港會談達成若干共同認知與諒解的歷史事實；4. 東海及南海問題，擱置爭議、共同開發；5. 兩岸的兩個執政黨應放下歷史包袱，展開良性對話等。超過半小時的演說，她提到「台灣」41 次、「中華民國」5 次、還以台語唸出〈島嶼天光〉歌詞，「現在是彼一天，勇敢ㄟ台灣人」。蔡總統演說時，現場兩萬餘名的民眾掌聲不斷，使得演說數度中斷。[103]

對蔡英文總統的就職演說，歐美及日本等主要國家都給予肯

定、獲得好評。唯獨中國國台辦認為蔡總統就職演說所宣示的兩岸立場，沒有明確承認「九二共識」和認同其核心意涵，稱「這是一份沒有完成的答卷」。中國外交部則表示，無論台灣政局怎麼變化，中國政府堅持「一個中國」原則、反對台獨、反對「兩個中國」和「一中一台」的立場不會改變。至於蔡總統提及深化與友好民主國家的關係，中國外交部說，中國在台灣「對外交往問題」上的立場一貫、明確，「堅持『一中』原則是中國發展與世界各國關係的重要政治基礎和前提」。[104]

　　如是，蔡英文新政權雖然順利啓航，但是橫暴的中國硬是要迫其承認「九二共識」和「一中原則」。中國國台辦發言人馬曉光於翌日，又發表聲明，稱若蔡政權不接受「一中原則」，兩岸當局之間的直接對話機構將無法持續。未久，在同年6月25日，國台辦發言人安峰山更故意公開發表聲明說，因為蔡英文不願承認「九二共識」，亦即「一中原則」，所以兩岸已停止對話狀態；並設定期限要蔡英文公開表態承認。[105]不過對此，6月25日，華府「美國在台協會（AIT）」理事主席薄瑞光接受「美國之音」訪問時表示，「九二共識」這個名字原本並不存在，他從來沒有在辜振甫或汪道涵的口中聽過這個說法。他認為，蔡英文在就職演說中展現了相當的彈性，對照蔡英文在華府的演講，她又往前走了幾步。在這個問題上，彈性和創造力很重要，保持模糊性也很重要。他並表示，台灣在美國重返亞太政策中可以扮演的最重要角色，就是維持台海和平。這有助於美國的總體目標，就是希望維持一個穩定、繁榮和富有成效的亞太地區。[106]

　　7月18日，蔡英文接受〈華郵〉資深副主編萊利・魏茂斯（Lally Weymouth）專訪，內容遍及外交、內政、兩岸議題。被問到對岸設定同意「九二共識」的期限，蔡英文表示，「設定期限，

要求台灣政府違反民意去承受一些對方的條件，其實可能性不大。」這段內容被中國媒體解讀爲「首次拒絕九二共識」，總統府發言人黃重諺於 7 月 22 日回應說，關於九二共識，總統就職演說已清楚說明，這次是對〈華郵〉提問中國大陸設定期限要求總統表態，所做的說明。然而，中國國台辦仍重彈舊調說，維護兩岸關係和平發展，是兩岸社會主流民意，只有堅持「九二共識」的政治基礎，才能確保兩岸關係和平發展。此外，對於蔡英文提及兩岸溝通管道多元，不只在官方層次，中國國台辦發言人馬曉光則稱陸委會與國台辦的聯繫溝通機制，以及海基會與海協會的協商談判機制，都建立在九二共識基礎上，只有確認「一個中國」原則的政治基礎，兩岸的制度化交往才得以延續。⑩⑦

之後，2016 年 10 月 4 日，蔡英文總統在接受〈華爾街日報〉專訪時表示，520 後，看到中國大陸表現出一定程度的冷靜與理性。不過，近來中國大陸在「國際民航組織」上，以及對台灣內部不同政治立場的人做了不同處理，「中國在這一段時間以來，好像又回到一條老的路子上面去，也就是打壓和分化。」蔡英文認爲，台灣是一個民主社會，即使大家對事情有不同想法，但基本上都希望民主或因民主機制而產生的立場或判斷，中國大陸必須要尊重。她強調，「維持現狀的承諾不變、善意也不變」，但「我們不會屈服在壓力之下，也不會走到對抗的老路上去」。她呼籲兩岸儘快坐下來談，找出一個雙方都可以解決的辦法。⑩⑧

接著，同年 10 月 7 日，總統府刊出蔡英文總統接受日本〈讀賣新聞〉專訪時，針對兩岸議題表示，她會在既有的歷史事實與政治基礎上，來維持兩岸關係和平穩定的現狀，而且也會依據現行的〈中華民國憲法〉、〈兩岸人民關係條例〉與相關的法律來處理兩岸的事務。她也表示，「我們會有耐性，但是也希望對岸能

夠展現更多的智慧」。她同時並對兩岸政策提出「三不會、一不想」，包括承諾不會改變，也就是維持現狀；善意不會改變，希望共同解決雙方所面臨的一些問題；台灣跟台灣人不會在壓力下屈服；不想回到過去那種對抗的關係，希望是一種和平而且相互合作、共同解決問題的關係。蔡英文更呼籲中國大陸方面能回到 520 之後的那一段時間，雙方都可以冷靜、理性地來處理兩岸關係。[109]

　　儘管蔡英文總統如此理性、容忍地努力處理兩岸關係事務，但是，中國為迫使蔡英文承認子虛烏有的「九二共識」（一中原則），卻不斷地在各方面持續使盡其卑劣的手段，壓迫新政權。例如在兩岸關係上，中國刻意阻撓中國觀光團來台遊覽、限制對台灣農漁產品的購買等等；而且在我國參與國際組織的活動上，則惡意加以封殺。例如 2016 年 9 月底，在加拿大舉辦的國際民航組織（ICAO）不讓台灣出席參加討論。同年 11 月 7 日至 10 日，在印尼召開的國際刑警組織（INTERPOL），亦繼續阻撓台灣以觀察員的身分參加。

　　這時候，很巧合的是，國民黨黨主席洪秀柱竟然於同年 10 月 30 日至 11 月 3 日，率領百人大團前往北京參加「兩岸和平發展論壇」（國共論壇），並於 11 月 1 日下午 4 時，與中共總書記習近平舉行「洪習會」（國共雙方各有 7 人參與會談）。習近平老調重彈，提出六點主張：1. 堅持體現一個中國原則的「九二共識」；2. 堅決反對「台獨」分裂勢力及其活動；3. 推進兩岸經濟社會融合發展；4. 共同弘揚中華文化；5. 增進兩岸同胞福祉；6. 共同致力於實現中華民族偉大復興等。洪秀柱則按國民黨全代會所通過的和平政綱內容，提出「和平協議」。惟對「九二共識」，卻不敢提出「一中各表」，僅用「求一中原則之同、存一中涵義之異」，含糊地自譎！可是，在「反台獨」的立場，她則殺氣騰騰地說，要消除台

獨因素，比習近平還更仇視台獨的言論。⑩

　　然而，「洪習會」這場「寡婦改嫁」、「鰥夫再娶」（《自由時報》資深記者鄒景雯評語）的甜蜜擁抱，卻剛在曲終落幕、餘韻猶存的時候，11 月 9 日，美國共和黨總統參選人唐納・川普（Donald Trump）大爆冷門，以壓倒性的勝利，擊敗民主黨參選人希拉蕊，當選美國第 45 任總統，加上共和黨保住國會兩院多數地位（眾議院共和黨 237 席、民主黨 193 席，參議院共和黨 51 席、民主黨 47 席；另州長共和黨當選 33 席，寫下 1922 年來新記錄），將完全執政。⑪結果，12 月 2 日，意想不到的美國下任川普總統透過台美溝通管道，實現了有史以來第一次藉由祝賀川普當選，台美兩國首腦直接熱線通話，長達 10 數分鐘，受到國際媒體高度矚目。報導頻率及篇幅都是過去罕見，美日主要媒體如〈華盛頓郵報〉、〈紐約時報〉、〈讀賣新聞〉、〈朝日新聞〉、〈產經新聞〉、NHK 等等，均以頭條醒目地位報導。而且，在雙方通話中，川普還稱小英爲「台灣總統」，並表示願意與台灣維持密切的經濟、政治、國防等關係。這場嚴肅的通話，無情地打破了「國共」再婚的鴛鴦美夢。習大大滿臉無光，中國外長王毅於 12 月 3 日，戲稱這只是「台灣方面搞的一個小動作」，並向美國歐巴馬政府提出嚴重的交涉。但白宮答以「川蔡通話」，並未被事前告知，無可奈何！只不過爲了安撫北京，國務院也於 12 月 5 日重申，此事並未改變或損害美國基於美中「三個公報」和「台灣關係法」的一中政策。另方面，「川蔡通話」頻頻受中國投訴的川普總統當選人，除了於 12 月 4 日，諷刺地說，「有趣、美國能賣給台灣數十億美元軍事裝備，我卻不能接受一通恭賀電話。」之後，終於不耐煩地在 12 月 11 日表示，美國爲何要被「一中」綁住，並強調：「我不要中國對我發號施令，這是打進來給我的電話。」（I don't want China dictating to me and this was a call put into me.）[112]

　　另與此同時，再讓中國不爽的是，2016 年 12 月 2 日美國眾議院以 375 票對 34 票通過「2017 年財政年度國防授權法案」。該法案第 1284 節規定，未來美國軍方高層得以在台、美兩地進行交流，美國助理國防部長以上的官員、現役軍官可「解禁」訪台，台灣國防部長也可望訪問華府。12 月 8 日，美參議院亦以 92 票對 7 票的懸殊比數通過「國防授權法」。其時，中國外交部發言人陸慷在例行記者會上表示，大陸堅決反對美台進行任何形式的官方往來和軍事聯繫，反對美國對台軍售，「這一立場是一貫的、明確的，也是國際社會都知道的」。陸慷強調，陸方已多次就議案中涉及大陸的「消息內容」向美方提出「嚴正的交涉」，敦促美國「不要開歷史倒車」，避免影響中美關係大局。[113]

　　可是，當美國國會將該法案送交白宮後，歐巴馬總統即於同年 12 月 23 日，正式簽署「2017 年國防授權法案」，打破了美國 1979 年與中華民國斷交以來的軍事交流門檻，未來美國助理部長以上層級的資深官員及現役將官，如上述都可以訪問台灣，而台灣國防部長也可望突破不能訪問華府的限制。毋庸贅言，面對台美軍事交流即將擴大，中國為表示「積極性」的抗議與示威，中國解放軍海軍新聞發言人梁陽乃立即於 12 月 24 日晚，發布訊息表示：24 日，航母「遼寧號」已編隊赴西太平洋海域展開年度訓練。又根據中國官媒報導「遼寧號」航艦編組，已於 24 日由渤海、黃海開赴東海途中，進行了多項的作戰演練，包括戰機的空中對抗、空中加油以及海上整補等，殲 15 艦載機也在某空域發射空對空及空對海飛彈進行作戰演練，多架艦載直升機也進行航艦起降演練。[114]不過，對於中國如此這般高姿態的挑釁，美國已不再給予理會、更不處處去看北京的臉色。筆者相信未來美

國川普新政權的「美國利益優先路線」，將會繼續加強台美合作的空間，蔡英文新政府也不必去擔憂成為美國的籌碼或棋子。台灣應該更積極、更勇敢地走出去，不能只停留在無意義的「維持現狀」空間。

又正值台美即將展開更密切合作之際，日本政府處理台灣事務的「公益財團法人交流協會」，亦於 2016 年 12 月 28 日，順勢宣布決定隔年 1 月 1 日起，將「正名」爲「公益財團法人日本台灣交流協會」。這是台日 1972 年斷交後的最大突破，日方首次正視台灣的存在，回應台灣人「使用台灣名稱」的願望；也顯示日本願以「國對國」模式處理對台關係的決心。台灣外交部當然對此表示歡迎，強調正名是爲明確反映該協會在台工作的「實質內涵」，印證台日關係持續朝正面發展。反之，中國外交部則在 28 日例行記者會中表達，對於日方在台灣問題上採取「消極舉措」強烈不滿，中方已就此向日方交涉。中國外交部發言人華春瑩答覆媒體時，重申中方堅決反對任何製造「一中一台」或「兩個中國」的企圖。中方敦促日方恪守「中日聯合聲明」確定的原則和迄今向中方所做的承諾，堅持「一中」原則，妥善處理涉台問題，不要向台灣和國際社會發出錯誤信號，不要給中日關係製造新的干擾。但 2015 年 5 月，英國已將「英國貿易文化辦事處」更名爲「英國在台辦事處」，且強調自身是「政府機關」。因此，日本政府也不去理會中國多餘的干涉。[115]而稍後，2017 年 5 月 17 日，台灣方面亦將處理日本事務的「亞東關係協會」正名爲「台灣日本關係協會」。無疑地，今後台日關係必將更上一層樓。

其次，2017 年 1 月 20 日，美國川普新政權正式成立。川普總統在職重要演說中，除了再三強調其「美國利益優先路線」之

外，對中、台政策並未有特別觸及「敏感的」地帶，稍後，同年 2 月 9 日，白宮宣布川普與習近平中國國家主席通話，並在習近平的要求下同意「信守我們的一個中國政策」。[116]但很明顯地，這只是意味著川普新政權試圖緩和眼下美中不愉快的關係（對蔡英文總統的通話），完全未損及任何前述美台新關係的進展。事實上，同年 3 月 13 日，美國務院代理亞太助卿董雲棠（Susan Thornton）在外籍記者會中，被問到此事時也表示，前月「川習通話」中的川普「一中政策」，即是基於美中三公報及台灣關係法，對台灣政策並未有任何變動。[117]嗣後, 2017 年 4 月 6、7 兩日，在美佛羅里達州海湖山莊，美中舉行首次「川習峯會」。此次晤談雖頻頻論及北韓核武問題、中美貿易、南海爭議等等；但 7 日會後雙方並未舉行共同記者會和聲明，對台或一中問題更隻字未提。不過，中方外長王毅於 8 日，向媒體說明「川習會」時則表示，中方在台灣議題上，曾提出希望美方能依照中美三個聯合公報和「一個中國政策」的基礎上，予以妥善處理。[118]

附帶一言，正當 4 月 6 日，川普與習近平共進晚餐結束，一個小時後，川普無預警地下令美軍以飛彈轟炸敍利亞。此事，美方事先並未知會中方，所以使習近平這次的訪問顯得十分尷尬，面子全無。結果，「川習峯會」的焦點大大地被轉移，蒙上層層的陰影。最後，儘管川普表示，美中已發展出「很棒」的關係，但如上述，雙方實際上未達成任何具體的協議，僅劃下「無言的結局」。[119]

## ㈡　新政府的內政改革與措施

一方面，蔡英文新政府上任後，並未忘記啓動對人民承諾的

各項內政改革與新措施。首先，司法機關立即於 2016 年 5 月 23 日，撤告太陽花學運訴訟案。6 月 6 日，立法院初審被國民黨擋 306 次的「不當黨產條例」。6 月 15 日，展開南向新政策，簡化東協 7 國和印度共 8 國來台簽證手續。6 月 18 日，林全院長表示「亞洲矽谷」將設於桃園。7 月 25 日晚間，歷經近 10 個小時、65 次的表決，終於三讀通過〈政黨及其附隨組織不當取得財產處理條例〉。行政院將設「不當黨產處理委員會」，對國民黨不當取得的黨產，嚴加追查、討回歸公。該條例規定，政黨、附隨組織在 1945 年 8 月 15 日起取得或是交付、移轉、登記於受託管理人，在本條例公布日時尚存在之現有財產；或是政黨、附隨組織以無償或交易時顯不相當之對價取得之財產，在扣除黨費、政治獻金、競選經費之捐贈、競選費用補助金及其孳息外，均推定為不當取得之財產，須於一定期間內移轉為國有或原所有權人所有。且在條例公告實施後就禁止處分；所有經「不當黨產處理委員會」認定的不當黨產都需予返還，已移轉而無法返還者，則追徵其價額。此外，條例也訂定善意第三人的保障條款，善意第三人於應移轉為國有、地方自治團體或原所有權人所有財產上存有之租賃權、地上權、抵押權或典權等權利，不因此而受影響。[120]

不過，新政府執政半年以來，也有如〈自由時報〉社論 (2016 年 12 月 3 日) 所述，確實有不少的缺失。該社論指出：

> 「蔡英文靠民進黨的招牌打天下，治天下卻換招牌唯恐不及，尤其忌諱本土派經驗老到的有識之士，遂形成了蔡英文、特定派系、老藍男、老文青的非典型權力系統。他們未必是勝選主力，卻分享了主要權力，對於主流民意缺乏敏感度，而且對過去八年執政失敗之後人民望治心切的心理缺乏掌握，台灣

民主簡直像是急驚風遇上慢郎中。而庸人自擾的部會首長，從未遭到問責，這算哪門子的責任政治？

照理說，民進黨在立法院佔優勢，改革、進步議題幾乎可以勢如破竹。但是，蔡英文、特定派系、老藍男、老文青，缺乏國家願景、核心價值、執政目標、改革經驗、國際戰略，所以立法院的優勢席次形同睡著的獅子。半年來，許多議題大幹快上，沒有講究輕重緩急，結果把不同議題的反對聲浪集結在一起，徒然讓國民黨借力使力，干擾改革、進步議題的推動。而期待民進黨完全執政面目一新者，看到總統府、行政院各部會自亂陣腳，不僅是搖頭嘆息錯失勵精圖治的大好時機，甚至對新人新政也開始負面評價，民調會說話。蔡英文必須小心，這些負面評價一旦定型化，未來的完全執政更將面臨完全挑剔的檢視。」

要之，小英執政半年，實在令人感覺到：「民進黨既完全執政，為何事事不敢大刀闊斧去做？」、「為何沒有勇氣與魄力去承擔責任？」因此，2016 年 11 月 27 日，對慢騰騰、幾乎不動的重要年金改革不滿的民眾，終於走上街頭，要求新政府加速終結年耗 8 百多億的 18% 不公不義制度。可是，12 月 6 日，不可思議地新政府竟然對暫時「不必多此一舉」、吵吵鬧鬧、跌跌撞撞的〈勞基法修正案〉（一例一休），反而提前在立院強行三讀通過，留下民間、朝野不能修復的後遺症。新政府搞得如此荒腔走板，真是令人徒歎奈何？而且這是儼然成為導致新政府民意滿意度直直落的原因之一。2017 年 2 月 3 日，由於新政府民調嚴重下滑，內閣不得不對頻頻出事的四部門改組換長。亦即勞動部換林美珠、衛福部換陳時中、科技部換陳良基、農委會換林聰賢等。

　　爾後，新政府在主流民意的強力要求下，總算拿出魄力，趕在上任滿週年之前，亦即 2017 年 5 月 1 日，對被國民黨無理杯葛、吵鬧不休、甚至暴力相向（2017 年 4 月 19 日，民進黨多位地方首長和立委被國民黨反年改抗議民眾毆打重傷）的年金改革方案〈公務人員退休資遣撫卹法〉，正式在立院啓動初審。惟 8 年總預算 8824.9 億元之前瞻基礎建設方案，則被批分配不當、效益可疑；同樣慘遭國民黨焦土杯葛，毫無進展。如此，5 月 20 日，蔡英文新政府眞是在「吵吵鬧鬧」中，度過一年。媒體批新政府國家正常化之路遲無進展，令人失望。而民調低迷，更是不能否認的事實。據〈聯合報〉，2017 年 5 月 17 日之民意調查報導，蔡總統的聲望一年來下滑了 22%、滿意度降到 30%、不滿意度攀升到 50%。而民進黨自家公布的民調，蔡總統的不滿意度也高達 54.2%，滿意度則仍有 42.2%（〈聯合報〉，2017 年 5 月 20 日）。

　　就如是，蔡英文新政府上任初年在內政改革方面，眞是飽受磨折，坎坷可憐。但時序進入第二年，其被稱爲「老藍男」的行政團隊和立院黨團，開始發奮圖強，重整旗鼓。2017 年 6 月 27 日，立法院臨時會終於三讀通過〈公務人員退休資遣撫卹法（全案 95 條條文）〉，未來已退人員的 18% 優存將自 2021 年元旦起歸零，隔年 7 月 1 日起實施。所得替代率本俸兩倍 75%，10 年內降至 60%，最終減幅約爲三成。而月退天花板 63,690 元、樓地板 32,160 元。6 月 29 日，繼公務員年金制度改革完成立法後，立法院臨時會經三日奮戰，三讀通過〈公立學校教職員退休資遣撫卹條例〉。18% 優存制度將於 2021 年全數歸零，包含優存在內的退休總所得也將在 10 年內從本薪二倍的 75% 降至 60%。教職員月退休金起支年齡將延至 65 歲，但中小學教師爲 58 歲。又爲保障已退者的基本生活，未來在逐年砍除退休所得時，會有

32,160 元的樓地板，低於此標準以下者皆不砍。這項教職員年改法律自明年 7 月 1 日起施行。⑫

　　6 月 30 日，立法院臨時會再三讀通過〈政務人員退職撫卹條例修正案〉，大幅調降平均月領近 13 萬元的部長級「退職酬勞金」，明年 7 月 1 日刪減至最高 10 萬 4,775 元，並於 2029 年降到最高 76,200 元。修正案定明年 7 月 1 日起施行。至於 18% 優存利息，也是兩年歸零，先改為 9%，並於 2021 年起歸零。一次退人員的 18% 優存則比照公、教人員，超過 32,160 元的部分，以每兩年按 12%、10%、8% 之順序，在 2025 年 1 月 1 日起減至 6%。另軍人年改部分，因為國防部尚未提報且有幾種腹案，所以暫時仍無法立案。總括言之，「三法成立」，蔡英文總統發表談話指出，「年金破產」這四個字終於可以不再是台灣迫切的危機了。這次修法調降公教人員所得替代率，把 18% 優存利率調降或取消，並將請領年齡延後，預計可為國庫省下一兆四千億元，省下來的錢會挹注基金，讓公教基金至少可維持一個世代大概 30 年的財務穩健。她同時強調，「改革的壓力，我會承擔；所有的責難，也就到我為止。」此外，除了軍、公、教、勞等年改，後續與年改相關的還有司法官退養金的改革、公營行庫員工 13% 優存的調降，以及已完成修法的〈公職人員年資併社團專職人員年資計發退離給與處理條例〉，將處理黨職併公職問題。由於年改案的財務效益是以未來 50 年進行估算，因此所有年改案最終能省下公帑可能逾 1.5 兆元。⑫

　　這樣，新政府對最「不公不義」的年金改革，可謂大體完成總算有個下落，實在值得稱讚。接著 7 月 5 日，爭議多時 8 年 8,400 億元預算之〈前瞻基礎建設特別條例〉，亦在立法院臨時會完成三讀通過(前四年一期註明為 4,200 億元)。⑫稍後，經三天三夜，

計高達 2,471 次不斷電表決，8 月 31 日，立院三讀通過〈前瞻基礎建設計畫第一期特別預算案〉，以 1,070.75 億元過關。[124] 而與此同時，對國民黨不當黨產的追討，在顧立雄（黨產會主委）團隊的努力下，也陸續有相當的斬獲。職此，新政府的聲望漸有回升之勢。然就在此際，9 月 4 日，行政院長林全卻以「現階段性任務已見規模，為利總統人力布局之需要」為由，向蔡總統請辭獲准（此項人事，林全已在 6 月，就已先向蔡總統提出）。筆者對林全院長的高度見識及其寬闊胸襟，願意致最高的敬意！而其施政民調滿意度雖偏低，但其功績除了「一例一休」之外，實可獲頗高的評價。

2017 年 9 月 8 日，被蔡總統提名為新閣揆的賴清德（台南市長）內閣成立（其閣員幾乎都繼承了前朝的布置）。賴清德從卸任行政院長林全手中接過印信後，即刻表示，「接下印信，我的責任已經正式開始。」他強調「新內閣立即上工，沒有蜜月期，也沒有試用期，連磨合期都沒有！」並表示他主要責任在建設國家，發展經濟，造福人民，並不是為了下一場選舉，也不是為了黨派特殊目的。新內閣是「做實事內閣」，將誠實面對產業結構轉型、一例一休等議題。[125]

隨後，新內閣依「往例」撤回前內閣送至立法院的明年度中央政府總預算案，經過「調整」後，將再重送立院審理。9 月 12 日，賴內閣上任甫五天，他立即發射其重大施政的第一支箭，宣布基於軍公教加薪可帶動民間薪資成長與刺激內需景氣等考量，決定明年總預算納入軍公教調薪 3% 的經費，中央約需支出 180 億元的政策。對此，不但朝野立委都表達支持，工商界亦齊聲叫好，表示這種做法有助刺激內需，民間團體絕對會跟進。[126] 結果，新內閣的大膽勇為獲得國人不分藍綠大大的按讚與支持。9 月 17

日，台灣民意基金會公布「內閣改組、總統聲望與政黨支持」民調，高達六成九民眾贊同內閣改組；而蔡總統的聲望與上月相比，從29.8%升至46.4%，內閣改組「林下賴上」後，總統聲望大幅上升16.6%。該基金會分析，由於新閣揆賴清德的極高人氣，讓對民進黨失望的支持者回心轉意；而且民眾對內閣改組的贊同，已跨越省籍、性別、縣市及政黨，即便是政黨傾向偏於國民黨的民眾，也有49.6%支持賴清德任閣揆，多於反對的40.6%。[127]賴清德常被稱為「賴神」，其名不虛也。

## (三)　台灣的展望——新政府何去何從？

自從蔡英文新政府成立以來，因為一直死不承認子虛烏有的「九二共識」及「一中原則」，中國乃在各方面繼續打壓新政府。稍早，在2016年12月21日，中國操作非洲人口僅19萬人超小島嶼國聖多美普林西比與台灣斷交。2017年5月9日，世界衛生大會（WHA）報名截止，亦在中國壓力下世界衛生組織（WHO）未寄邀請函給台灣。5月22日，WHA在瑞士日內瓦正式開議，台灣世衛團最終無法獲邀請出席會議。中國駐日內瓦大使馬朝旭稱「中國中央政府連續8年同意『台灣地區』以『中華台北』名義、觀察員身分參加了WHA」，是在「一中原則」下、經兩岸協商後做出的特殊安排；而因「台灣民進黨當局」拒絕承認「兩岸同屬一中」，直接導致「台灣地區」參加今年WHA的基礎不復存在。[128]

之後，2017年6月13日，中國又操縱中南美巴拿馬與台灣斷交。結果，台灣只剩下20個邦交國。而迄今中國仍不斷地打壓台灣的國際外交空間，例如，先後迫使奈及利亞（2017年1月）、杜拜（2017年5月）、約旦、厄瓜多爾（2017年6月）、巴林（2017

年7月）等非邦交國外館使用「中華民國」或「台灣」等名稱的
商務處，均遭改名爲「台北商務辦事處」或「台北貿易辦事處」。
而且又傳出有多明尼加、瓜地馬拉、教廷等，台灣之邦交國亦即
將生變。其實很明顯地，只要中國存心有意，台灣的邦交國也都
會隨時生變。不過，依筆者淺見，今後設若台灣之邦交國要生變，
台灣當局也就順其自然，採取「來者不拒、去者不留」的態度；
千萬別再去做國際凱子，乾脆就將「中華民國的亡魂（早已死亡
了）」超渡其至西天極樂的世界，讓牠好好地永遠安息吧！更何況，
2017 年 7 月 20 日，中國官方已發布今後將一律禁止其官媒，不
得再提及或報導「一中各表」和「中華民國」的名字。⑫⑨因此，
到時候，「中華民國」的邦交國統統沒有了，「台灣」不就是自然
而然地浮上國際舞台嗎？而台灣政府，無論誰執政也都不必再去
舉行什麼驚天動地的「人民公投」，台灣就是台灣，台灣是一個
美麗自由、民主的主權獨立國家！

　　另方面，儘管受盡中國的凌虐欺壓，蔡英文總統實在夠耐
性，仍然容忍、冷靜。而其新閣揆賴清德也同樣，步步爲營、紮
實工作，不失其崇高的「台獨」政治理念，但同時也不去挑釁
「九二共識」、「一中原則」。站在務實的立場，他順從總統小英的
意志（善意不變），對「中華民國」的存在，採取現實的認同。譬
如，2017 年 9 月 26 日，賴揆在立院進行施政方針報告並備詢時，
他面對朝野立委的兩岸關係質詢，都不掩飾自己的政治主張、誠
實答覆。他先後表示，「我是主張台灣獨立的政治工作者，不管
擔任哪個職務都不會改變」、「親中愛台是以台灣爲核心，對中國
伸出友善的手，希望求同存異，兩者並行不悖」、「我們已是主權
獨立國家，名字叫『中華民國』，不需另行宣布獨立，未來台灣
的前途會經過兩千三百萬人民決定」、「兩岸互不隸屬，這是目前

眞正的關係」等等。毋用多言，賴揆的答詢，立即受到中國國台辦發言人馬曉光的強烈抨擊，他表示「台灣從來就不是一個國家，也永遠不可能成爲一個國家」並強調「搞台獨分裂必將自食惡果。」最後，他則老調重彈稱「只有堅持一中原則的『九二共識』，才是兩岸關係和平發展共同政治基礎。」[130]

2017 年 10 月 10 日，是「中華民國」106 年的國慶日，蔡英文總統發表國慶談話，對於兩岸關係，她指出，從去年 520 到現在，爲維護兩岸關係和平穩定發展，「我們盡了最大的善意」；雖然因爲雙方政治立場差距造成兩岸的波折，但也努力維持兩岸關係的基本穩定。她多次重申，「我們的善意不變、承諾不變，不會走回對抗的老路，但也不會在壓力下屈服」，這就是我方處理兩岸關係的一貫原則。她同時也宣示「我們全力強化戰力，但不會求戰」會致力維護台海及區域的和平穩定，並主張兩岸應尋求互動的新模式。不過，對蔡總統的國慶談話，國台辦發言人馬曉光則透過新聞稿，老調重提「只有堅持一個中國原則、反對台獨」，兩岸關係才能和平穩定發展。[131]

同年 10 月 18 日，中國共產黨在北京人民大會堂，舉行第 19 次代表大會 (這次大會維安，耐人尋味地是習大大不僅出動戰甲車圍繞全會場，封鎖通訊軟體，異議人士不是被旅遊送出北京，就是遭軟禁；但最使世界驚異的是，連一般市民要買家庭的菜刀或木工小刀都要登記)。習近平國家主席在他足足三個半小時大演說中，對台部分，卻意外地僅寥寥幾百多字。就中，他除了老調重彈，倡言所謂「六個任何」(亦即絕不允許任何人、任何組織、任何政黨、在任何時候、以任何形式、把任何一塊中國領土從中國分裂出去) 之外，他同時又展現柔軟的姿態，稱兩岸是「血濃於水的一家人」、「兩岸一家親」，

並進一步談到要「尊重台灣現有的社會制度和台灣人民的生活方式」等等。而對此談話，台灣總統府也立即給予回應重申「我們的善意不變、承諾不變，不會走回對抗的老路，但也不會在壓力下屈服」，並期待兩岸領導人應共同努力，展現長年累積而來的圓融政治智慧，以堅持意志和最大的耐心，共同尋求兩岸互動新模式，為可長久的兩岸和平穩定關係，奠定基礎。[132]

習近平集大權於一身的中共第十九代順利閉幕之後，同年11月8日，川普總統應邀首次訪問中國。同日下午，川普抵達北京之後，受到習近平盛大排場及最高規格的招待，並由其親自「導遊」至紫禁城參觀太和殿、中和殿、保和殿；又在寶蘊樓茶敘、暢音閣賞京劇。翌日，習近平與川普前後舉行三次會談，兩人聚焦於經貿和北韓議題；但兩人在三次共同記者會中，均未談及台灣問題。可是，據中國官媒「新華社」報導，習近平在雙邊會談中表示：「台灣問題是中美關係中最重要的、最敏感的核心問題，也事關中美關係的政治基礎。」對此，報導並引述川普表示，美國政府堅持奉行「一個中國政策」。[133]惟有趣的是，中美11月9日，三次匆忙會談後，川普雖形容雙方的會談「很棒」、「非常尊重」習近平，甚至讚賞習近平是「非常特別的人」。[134]然翌日，當川普飛赴越南峴港，參加亞太經濟合作會議（APEC）領袖峰會時，川普除再度宣揚其「美國優先」理念之外，卻暗批中國，誓言美國將「不再容忍不公平貿易」。[135]由此觀之，北京之「川習會」，表面上雙方雖亦簽署了創紀錄的「2,535億美元貿易協定」，[136]其「成效」諒將寥寥無幾吧！

而實際上，未久，翌（2018）年3月8日，川普總統即宣布要對中國進口的鋼鋁課徵25%的懲罰性關稅。隨後又於同年3月22日，正式簽署行政命令要對中國課徵近六百億美元進口稅，

並指示財政部調查中國以國家基金或國有企業在美進行不公平投資行爲。此外，美國貿易代表署也將針對中國歧視性執照申請程序在 WTO 提出訴訟，展開美中貿易大戰。⑬⑦

再則，川普訪中，參加 APEC 高峰會談結束回國之後，於同年 12 月 13 日（美東 12 日），在白宮簽署美國參眾兩院通過的新年度「2018 年財政年度國防授權法」（NDAA）。該法案表明支持強化美台軍事交流，讓台灣維持足夠的自我防禦能力，並考慮重新建構美台軍艦互訪等。⑬⑧對此，稍早，同年 12 月 8 日，中國駐美公使李克斯爲了表示反對該法案，竟狂妄蠻橫地稱，「美艦抵高雄之日，就是我解放軍武力統一台灣之時。」⑬⑨又川普總統簽署該法案之後，同 12 月 13 日，國台辦發言人安峰山亦在例行記者會上表示，中國堅決反對美台間任何形式的官方往來和軍事聯繫。⑭⓪

正爲了表達對「國防授權法」（NDAA）的不滿，亦爲了展現中國在亞太地區的「存在感」；隨後，中國軍機乃不斷密集進行遶台演訓，不但侵擾台灣，更編隊飛經日本及南韓防攻識別區，進行遠海飛行演訓，引發日、韓出動 F-15 戰機升空攔截警戒。⑭①

不僅如此，時序進入 2018 年 1 月 4 日，中國竟又未經任何協商，便逕行宣布啓用 M503 北上航路及相關銜接航路（W121、W122、W123 航路），意圖想改變兩岸現狀，讓台灣海峽成爲中國內海，壓縮台灣防禦縱深。對此，台灣當局立即提出嚴重抗議，並發函通知約 80 家國籍與外籍航空公司，不宜使用該條新航路。同時，也持續透過友邦向國際民航組織（ICAO）表達我方立場，盼重新討論此航線，限制中國飛航等諸措施。⑭②

　　雖然中國對蔡英文新政府如此不斷地打壓、增添新麻煩，意圖迫使其屈服。但是相反地美國盟友卻不時幫台灣發聲，伸出溫暖的援手。2018 年 1 月 9 日 (美東時間)，在 M503 北向航路的紛擾中，美國眾議院無異議通過具有法律拘束力的「台灣旅行法 (Taiwan Travel Act)」(HR535)，明確指出美國政府應鼓勵美台在各層面進行訪問；並通過「支持台灣參與世界衛生大會 (WHA) 法案」(HR3320)，該法案指示國務卿發展策略，以協助台灣在世界衛生組織 (WHO) 取得觀察員身分。[143]

　　旋 2018 年 2 月 6 日，深夜 11 點 50 分，台灣花蓮不幸地發生芮氏規模 6.26，震度達 7 級的大地震，市區多棟高樓飯店塌陷傾斜半倒，死傷慘重。蔡英文總統於 7 日晨 6 點半，搭專機進災區勘災。國際包括美、日、新加坡、歐盟等多國政府都向我表達關懷慰問，以及提供救援物資或派遣搜救隊來台救災之意。唯獨中國國台辦、海協會竟跳過陸委會、海基會，直接與花蓮縣政府聯繫，表達慰問與救災協助之意，真是居心叵測，當然遭陸委會予以婉拒。[144]除此之外，日本首相安倍晉三在表達對花蓮地震的慰問時，使用「蔡英文總統」官銜，中國外交部發言人耿爽對此表示，「日方借賑災慰問之名，在國際上公然製造『一中一台』，中方對此極為不滿。」[145]實在有夠無聊！

　　中國要矮化台灣的政權，不是一朝一夕之事，可說是司空見慣！但就在 2 月 7 日，美國參議院外交關係委員會也無異議通過眾議院版本的「台灣旅行法」(HR535)，鼓勵美台所有層級官員的互訪，將提交參院全院進行表決。[146]對此，不用多言，中國又跳腳，中國外交部發言人耿爽隨即表達北京的不滿說，「美國嚴重違反一個中國原則和中美三個聯合公報規定。」[147]不過，同月 28 日，美國參議院不理會中國的抗議，仍然無異議投票通過「台

灣旅行法」。[148]接著，3 月 5 日，美國國會將「台灣旅行法」送交白宮，依照美國立法程序，總統簽署便成為法律；即使總統不簽署，在國會開議期間，總統收到法案後十天內，也會自動生效成為法律。[149]所以，該法案的成立是無庸置疑地。

未幾，第 13 屆全國政協會議 3 月 15 日在北京閉幕，並通過政治決議。決議中涉台部分仍老調重彈稱，「堅持『一個中國原則』，在『九二共識』基礎上推動兩岸關係和平發展，堅決維護國家主權與領土完整，絕不容忍任何台獨分裂圖謀和行徑。」[150]可是，同 15 日，美國太平洋司令部司令哈里斯（Harry Harris）出席參議院軍委會國防預算聽證會表示，美國必須繼續幫助台灣自衛，不容大陸武統台灣。[151]3 月 16 日，川普總統也趕在「台灣旅行法」（HR535）自動成立前，簽署了該法案，正式生效為美國文件，大大可望讓美台間高層級官員互訪解禁。對此，蔡英文總統於 17 日，在推特發文感謝川普總統，但中國外交部亦於 17 日重複表示，堅決反對美方簽署「台灣旅行法」並稱已向美方再提嚴正的交涉。[152]

又自 2018 年 3 月 3 日起，中國第 13 屆人民代表大會開幕，並預定於 3 月 20 日閉幕。期間，同年 3 月 11 日，中共全人代表決通過修憲（同意比率高達 99.7%），將習近平思想、國家監察委員會等內容入憲，同時刪除「國家主席不得超過兩屆」條文。[153]結果，3 月 17 日，中國第 13 屆人代，以 2,970 張的全部票數選出習近平連任國家主席、國家軍委主席等職位，習近平帝制正式成立。[154]3 月 20 日，黃袍加身的習皇帝，在第 13 屆人代閉幕式上重申反台獨，強調「偉大祖國的每一寸領土，都絕對不可能從中國分割出去」。但也重申堅持一個中國原則與「九二共識」，推動兩岸關係和平發展。對此，台灣行政院長賴揆答以「九二共識」

若是鑰匙，在台灣找不到。[155]

　　嗣後，2018年3月30日，賴揆在立法院答詢時，續去年9月26日，重申他是「台獨工作者」。對此，中國官媒〈環球時報〉竟然於翌 (31) 日，建議中國中央動用「反分裂國家法」，對賴揆發布「全球通緝令」，真是喪心病狂！而國台辦則於4月2日，痛批賴揆「頑固堅持台獨立場是十分危險，也不自量力。」然而，賴揆不甩中國批判，翌 (3) 日，賴揆出席「言論自由時代的挑戰」研討會時，再度重申他是「台灣獨立工作者」，並強調民主時代，任何人都可以談國家走向，可以主張台獨；他同時也提醒中國要保障言論自由，因為「這是普世價值！」另行政院發言人徐國勇對國台辦狂妄批判賴揆，及中媒稱「全國通緝」賴揆一事，亦重言回擊表示，「恫嚇言論無助於兩岸關係，政府希望善意和平的對話，不接受恫嚇言論；台灣自己選總統，有自己的貨幣、軍隊，所以是一個主權獨立的國家，這是不容否認的事實，這個立場不會退縮。」[156]

　　由於中國不斷地干預台灣內政、打壓台獨。職此，為了表達台灣人的真正心聲；2018年4月7日，民間媒體「民視」董事長郭倍宏乃結合前總統李登輝、彭明敏教授及本土大老等等組《喜樂島聯盟》，並在高雄國際會議中心舉行盛大的成立大會，發表「獨立公投、正名入聯」宣言；目標是要推動隔年4月4日舉行獨立公投，會中並選出郭倍宏擔任聯盟總召集人。[157]

　　緊接著，4月15日，賴揆再重申自己是「務實的台獨工作者」，並強調「務實」有三方面及六個具體工作內容。三方面即：1.台灣是一個主權獨立的國家，並不另外宣布台灣獨立；2.台灣前途只有兩千三百萬人可決定；3.要建設國家、發展經濟，壯大台灣讓國人選擇台灣，支持台灣。六個具體，一言以蔽之，即是捍衛

國家的主權、發展經濟、壯大台灣、展開兩岸交流、參與維護亞太區域的和平安全等。⑱

綜上所述，因為台灣新政權不理會中國惡霸的強求承認「一中原則」；同年 4 月 13 日，國台辦發言人馬曉光乃嗆中國將於 4 月 18 日，在福建泉州外海進行實彈射擊演習，阻止「任何形式的台獨分裂圖謀和行徑。」⑲4 月 16 日，國台辦主任劉結一更直指點名賴揆說「他就是個台獨！」並揚言 4 月 18 日的福建沿海軍事演習，就是為了「捍衛我們祖國主權和領土完整的一次行動。」⑳

惟對中國這樣橫行恫嚇，4 月 17 日，美眾議院外交委員會亞太小組舉行「強化美台關係」聽證會時游賀（Teal Yoho）小組主席表示，台灣是一個國家，當中國領導人習近平對美台夥伴關係壓力愈大時，「我們必須強化我們的連結」，重新檢討對台政策。㉑同日，美太平洋司令提名人戴維森（Admiral Philip S. Davidson）在參院任命聽證會時也表示，美對台軍售依照「台灣關係法」應常態化，並提供台灣可靠的海島防禦。㉒

如是，中國對台灣新政府的武嚇，再度反被美國賞了一巴掌，顏面無光。然習大大惱羞成怒，2018 年 5 月 1 日，在毫無預警下，砸 900 億台幣買下我方邦交國多明尼加與我國斷交。㉓同月 5 日，中國更施壓美航空公司以「政治正確」方式稱呼台灣為「台港澳」（後更施壓世界各國），但受到美國強硬地回批為「歐威爾主義式的無理取鬧。」㉔循 5 月 7 日，世界衛生組織大會（WHA）報名截止日，我方雖有美、歐、日的強烈支持，可是，受到中國「惡意」的阻撓，我方本年度仍未能收到邀請函。㉕不但如此，5 月 24 日，中國復以 15 億美元買走我非洲友邦布吉納法索，台灣邦交國只剩 18 國（筆者認為台灣更露曙光）。㉖

中國的鴨霸，當然再度引發美國國務院重批其改變台海現狀。而且美參（25/2）眾（315/66）兩院亦於同 24 日，表決通過 2019 年國防授權法，要求美國國防部強化台灣的軍力。[167]隨後，5 月 30 日，美國防部長馬提斯乃宣布美國太平洋司令部改名為「美軍印太司令部」（U. S Indo-Pacific Command），以強化區域內國家的連結，確保自由、公平且互惠、貿易，抗衡中國「一帶一路」政策。[168]而同年 6 月 2 日，馬提斯國防部長又在新加坡「香格里拉美中外交安全對話」時，更強調反對片面改變台海現狀，並將繼續依「台灣關係法」提供台灣防禦所需的武器與設施。[169]同月 12 日，適逢美國在台協會（AIT）內湖新館落成，蔡英文總統與美助理國務卿瑪麗・羅伊斯等人共同為新館揭幕，其時助卿羅伊斯也強調：新館象徵 21 世紀美台關係穩定與活力。[170]

另與此同時，美國不僅挺台抗中，在美中經貿上的衝突，也重燃戰火。美國川普總統於同年 6 月 15 日，宣布「301」制裁，將對中國五百億美元，共 1,102 項商品加徵 25% 關稅，若中國採取報復措施，將再加徵額外關稅，首波將於 7 月 6 日生效，美中貿易戰正式開打。[171]然同年 7 月 10 日，因為中國對美國「301」的制裁亦發出同等規模反擊；川普政府乃重新加碼發表對中徵收二千億美元商品 10% 關稅，美中貿易戰逐再升級增溫。[172]

一方面，2018 年 8 月 12 日，蔡總統帶同陳菊秘書長等啓程巴拉圭友邦參加新總統阿布鐸就職式典，並訪問友邦貝里斯。蔡總統任務完成後，回程 8 月 18 日過境美國休士頓，同晚僑宴湧入千人為總統加持。翌 19 日，蔡總統一行訪美太空總署（NASA）參觀太空飛行控制室。這是台灣首位總統進入美國聯邦機構的盛舉。[173]

然而，蔡總統這次出訪中南美洲友邦與訪美的成就，卻又大

大地觸怒了習大大。特別是蔡總統在出訪巴拉圭過境美國洛杉磯之前夕，即 8 月 13 日，川普總統簽署了「2019 財政年度國防授權法（NDAA）」給予強化美台安全合作空間，送給蔡總統一個大禮時，習大大的大跳腳，不言可喻了。[174]於是，針對蔡英文政府的「挾洋自重」(中國國台辦新聞稿)和美國川普新政權的「打台灣牌抗中」(國台辦主任劉結一)，促使台美雙方關係日益增溫，習大大真是「怒髮沖冠」，氣炸了。結果，就在蔡總統出訪中南美洲友邦歸國的次日，即 8 月 21 日，中國再以巨資買收我中南美洲另一友邦薩爾瓦多（位處美國「後院」）轉向與其建交。這很明顯地是要羞辱「挾洋自重」的蔡英文新政府，同時也是要報復美台關係不斷地升溫。[175]台灣邦交國剩下 17 國。

其實，習大大這樣放縱任性，隨手片面改變台海現狀的作為；說穿了，就是要展現其「中華新帝國」的存在感，並警示中美貿易戰，「中華帝國」有絕不退縮的決心！對此，美國白宮的反應，亦於 8 月 23 日深夜罕見地發表聲明，稱美國嚴重關切薩爾瓦多接受中國大陸干預其內政，美國將重新評估與薩國的關係，並批評中國明顯干涉西半球國家的內政，美方將持續反對造成兩岸關係的不穩定(這是白宮首次針對台灣與邦交國斷交事件發表聲明書)。可是，翌24 日，中國外交部發言人陸慷則嗆美國說，「奉勸某些人，應尊重別國自主決定內外事務的權利，停止霸權主義行徑。」根本不理會美國的嚴重關切！[176]

總之，儘管美國政府無法制止中國頻頻對台的霸凌、威脅，但是美國挺台，增進雙邊關係，讓台灣走向實質的正常國家，是愈來愈明顯的。亦即 2018 年 9 月 24 日，美國國防部宣布對台軍售 3.3 億美元（約 101 億 3,000 萬台幣），包括 F-16 等 4 款軍機備用零件。對此軍售案，中國外交部雖發表強烈不滿，向美提出嚴正

交涉，並要求美方撤銷。不過，美方也透過聲明，強調此項軍售，不會改變區域的軍事平衡，而不予理會。[177]又同年10月4日，美國副總統彭斯發表演說，指責北京當局企圖破壞美國政治，其威脅遠大於俄羅斯。彭斯還譴責北京奪走台灣友邦威脅台灣穩定，並稱讚台灣擁抱民主價值。[178]稍後，10月8日，美國務卿龐皮歐（Mike Pompeo）訪問北京，與中國外交部長王毅舉行會談。會中論及台灣、南海及經貿議題。王毅要求美方停止與台灣官方交往和軍事聯繫，停止軍售並約束「台獨」等等。但是龐皮歐則直言回應，美中兩國在許多問題上有「根本分歧」。結果，雙方對嗆、不歡而散。龐皮歐國務卿也未如往例見到習大大國家主席。[179]接著，10月11日，美國防部亞太助理部長薛瑞福出席華府「第八屆中國國防與安全年度研討會」時受訪指出，在對台軍售方面，美國確實朝向與台灣發展「更常態化」，且是政府對政府的「外國軍售（Foreign Military Sales）」關係發展。同日，美國副總統彭斯接受媒體採訪時也再度指出，美國堅定信守「台灣關係法」的所有義務，將保衛台灣安全不受攻擊。[180]

如此這般，為了展現美國維護台海安全穩定的決心，10月22日，美再度派出2艘神盾艦，一為安提頓號巡洋艦，一為柯蒂斯・威爾柏號驅逐艦由南向北航經台灣海峽。而在同一時間美航空母艦「雷根號」，也從台灣東部的太平洋海域北上。針對美艦連續穿越台灣一事，中國外交部表示已向美國表達關切之外，中方官媒〈環球時報〉則稱，它與華盛頓將北京視為「戰略對手」顯然不無關係，而且美方似乎有意將這一作法常態化。這對中方來說當然不是好事（的確如此─筆者）。又川普總統被媒體「美國之音」問到是否擔心中方負面反應時，川普總統毫不猶疑地回答：「我不會擔心任何事。」[181]

　　未久，2018 年 11 月 6 日，美國舉行期中選舉，川普政府領導的共和黨維持參議院過半優勢，民主黨在眾議院小贏成多數黨。但川普總統宣稱共和黨大勝，政局不變。同月 9 日，美中在華府舉行第二輪外交安全對話。會中，美國務卿雖表達美國無意對中發起「冷戰」；但批中國升高壓迫台灣的國際空間，並強調美國與民主台灣的堅實關係。對此，中共中央政治局員楊潔篪則重申「一中原則」；國防部長魏鳳和則狂言，如果台灣從中國分裂出去，中國會像美國南北戰爭一樣，不惜一切代價維護主權。只是，對中國這樣狂妄的虛張聲勢，美方嗤之以鼻，懶得向其回應。但是台灣陸委會則回嗆：中華民國是主權國家，台灣從來不是對岸的一部分。台灣將堅定捍衛國家主權尊嚴與民主自由價值，並持續和美國等國家共同維護台海及區域和平穩定。[182]

　　在另一方面，小英執政二年內政上，如前述，進行了一連串的改革。就中，最棘手的「陸海空軍軍官士官服役條例修案」，也在所謂「八百壯士」強烈的杯葛下，終於在 2018 年 6 月 20 日，立院三讀通過，並決定於本年 7 月 1 日起實施。不過，就職兩週年〈自由時報〉社論指出，小英政府雖交出不錯的成績單；例如經濟成長率 3.86%，近三年新高；出口成長率 13.22%，近 7 年新高；失業率 3.76%，近 17 年新低；經常性薪資增加 1.82%，更是近 17 年新高。另外，台股維持萬點行情也近一年（大漲 34%），創下新紀錄，股民平均獲利 50 萬元；勞工（受雇者）平均每月經常性收入達 37,703 元。但是經濟指標雖有大幅改善，並未帶來欣欣向榮的景象，民眾也經常無感。而且，實際上，卻有 34%、305.1 萬受雇者主要工作月薪未達三萬元，其中更有近 40 萬人，月薪連二萬元都不到。結果，在這三百多萬人的眼中，平均 4 萬元的月薪，自然被視為政府騙人的數字遊戲。[183]

此外,〈自由時報〉社論又指出,新政府從任用「老藍男」起,就讓許多人失望,「老藍男」甚至迄今仍有位居要津者。公教年金改革原係爲所當爲,但過度遷就既得利益者,以致過程混亂,與公眾期待的完全執政效能相去甚遠。勞基法修正(一例一休)旨在落實週休二日,但缺乏彈性務實的法令未必能保障勞工權益,也不利經濟產業發展。主政者自認「進步」卻搞到勞資政府沒有贏家,需一修再修,治絲益棼。人民的失望不止於內政,外交亦然;日本友人發起的「東京奧運爲台灣正名」活動,國人響應熱烈,主政者卻淡然處之。我國宣稱要加入 CPTPP (「跨太平洋夥伴全面進步協定」—筆者) 或簽 FTA,卻與中國同爲禁止日本「核災」食品的唯二國家;且隨著中國解禁在即 (現已解禁一部分—筆者),將成「全球唯一」。同樣地,美豬問題該解而不決,美國連與我談經貿投資架構 (TIFT) 的興趣都缺缺。日本首相安倍親善台灣,美國總統川普決策圈參眾議院 (筆者) 有台派群聚,台灣主政者卻不願以負責的態度說服公眾,積極解決問題,寧坐失與日美關係更上一層樓的良機;如此主政,領導魄力缺缺,人民豈能滿意?[184]

誠如「社論」所言,小英執政以來民調支持度始終低迷不振,多數的民眾對其領導治理國家愈來愈不具信心。隨後,迫近期中選舉,即 2018 年 11 月 24 日,「九合一地方選舉」合併「十項公投」;小英政府面臨國民黨所提出的第七案「反空汙」、第八案「反深澳電廠」、第九案「反核食」,以及民間反綠團體所提出的第十案「婚姻限一男一女」(反同婚)、第十一案「適齡性平教育」、第十二案「同婚專法」、第十六案「以核養綠」等政策爭議 (其他,還有「反廢死刑」、「淘汰老車」等爭議),不但未能傾聽民意接地氣,反而犯了很多「自覺良好」的失誤。就中,筆者特別要提起的是,

在選舉衝刺白熱化的緊要期間，亦即從來最支持民進黨的獨派人士「喜樂島聯盟」（前述），將於 10 月 20 日，在民進黨中央黨部前舉辦民眾大會「全民公投反併吞」時，小英民進黨決策層竟然下令，黨公職及候選人都不准參加。對此，彭明敏教授投書〈自由時報〉（2018 年 10 月 16 日）指出，「民進黨的決策層汲汲於維持中華民國體制和現狀，將制憲、獨立、建國議題排除於公投範圍外。因此竟以敵為友，以友為不共戴天之大敵，令人驚異！」結果，10 月 20 日，「喜樂島聯盟」舉辦的活動，湧入超乎外界預期的 10 餘萬人。[185]筆者在此要提醒小英，陳水扁是出賣台灣靈魂的「貪汙政客」，小英千萬別為「大位」出賣台灣人的政治良心！

　　總之，期中選舉在民進黨決策者的無知、傲慢與諸多失政之下，再加上中國經由網際網路的介入；如五毛黨網軍進行鋪天蓋地的造假新聞與謠言、網路霸凌（對本土政治人物或各界代表人士的辱罵留言，其流量瞬間竟可衝上數百萬，實在可怕！），以及島內再度掀起一陣「黑金大結合」的所謂「韓流」（取自高雄市國民黨市長候選人韓國瑜之姓名）大風暴；結果，在短短三個月內的選舉期間，民進黨陣營到處被這「韓流」打到東倒西歪，毫無招架之餘地。這位當初自稱是孫悟空，他要大鬧天宮；後來又改稱為「賣菜郎」的高雄市長候選人韓國瑜（外省籍、外地人），配合馬英九在選舉期間（11 月 7 日）所提出的新三不（不排斥統），高唱「九二共識」（一中原則、終極統一），指摘高雄又窮又老（雖不富，但應該是美輪美奐的城市吧！──筆者），宣稱他若當選，「貨出得去（高雄農產物可輸出中國大陸）、人進得來（可讓中國大陸觀光團大批湧進高雄），高雄發大財。」並要帶隊到南海太平島去挖石油、要在旗津開賭場、要在愛河畔蓋一座「愛情摩天輪」發展愛情（色情）產業鏈；

更不惜任何代價一定要把迪士尼樂園引進高雄，將使高雄轉型爲亮麗、情趣、台灣首富的城市（筆者樂觀其成）。

不過，這樣的選舉用語，大概可說是天方夜譚吧！然而，不可思議地所謂的「韓粉」，竟成千成萬日漸暴增，而且都相信這位「韓神」能做得到。於是，這位「賣菜郎」名聲大噪，一夕之間竟蛻化成爲沉淪無力的國民黨偉大「戰神」；他單槍匹馬、東征北伐，確實成了國民黨的「當今救世主」。

旋選舉在中選會失職的大混亂中結束。如周知，「韓神」跌破大家的眼鏡，他不但輕易地打敗原先被看好的民進黨候選人陳其邁，翻轉了民進黨辛辛苦苦經營 20 年的南部高雄大本營；更將「韓流」外溢加持到國民黨各縣市候選人，讓藍營一舉在六都拿下三城（新北市、台中市、高雄市），並囊括另外 12 席縣市長，獲空前大勝（韓氏在台灣政治人物史上，不論其將來成敗如何，都將占有一席之地是無庸置疑的！）。而民進黨則被迫從四都滑落剩下桃園、台南兩市；縣市長也由 9 席銳減剩下 4 席，眞是輸到「脫褲」不知所措！另台北首都無黨籍柯文哲最終驗票的結果，以 3,567 票之差，驚險擊敗國民黨對手丁守中，達成連任。至於十項公投案，如上述，由國民黨提出的三案與民間反綠團體所提出的四案都通過。其他由泛綠提出的三案，及第十三案「東奧正名」、第十四案「婚姻平權」、第十五案「性平教育」等均未過關。此外，六都與各縣市議員選舉的結果，國民黨的黑金政治也大翻盤，占有 912 席次；民進黨同樣輸到慘兮兮，僅保有 238 席次。[186]

意想不到的「九合一選舉」大敗，兼任民進黨主席的蔡總統當晚立即於中央黨部召開記者會，向支持者道歉，並辭去黨主席一職，對選舉結果負責。行政院長賴清德與總統府秘書長陳菊也向蔡總統請辭，爲敗選負起政治責任。但是考量穩定政局（立

法院正在審查明年度中央政府總預算），兩人均獲蔡總統強烈的慰留。結果，內閣於12月1日，僅對交通部長吳宏謀、環保署長李應元、農委會主委林聰賢等三人准辭，餘暫不改組。[187]

其次，台灣九合一選舉落幕，外國主流媒體對民進黨的失利，大都認為並非不承認所謂「九二共識」的結果；倒是係因民進黨的政策，對老百姓沒有助益而引發反彈，誠如是也。不過，中國國台辦發言人馬曉光則於選舉翌（25）日表示，此次選舉結果反映台灣廣大民眾希望繼續分享兩岸和平「紅利」，中國將堅持「九二共識」、堅決反對「台獨」。對此，台灣陸委會則反駁表示，台灣地方選舉及公民投票是我國內部事務；投票結果展現台灣民主政治的成熟發展，中國應尊重台灣民主制度，不應片面政治解讀，涉入台灣內政。另美國國務卿龐皮歐亦於25日，對這次九合一的選舉透過推特表示，美國恭賀台灣再次成功完成一次自由公正的選舉，並肯定的說：「你們得來不易的憲政民主是整個印太地區的典範。」台灣人應該引此為榮。[188]

稍後，同年12月13日，美國共和參議院外交委員會亞太小組主席賈德納、參議員魯比歐、克魯茲與民主黨籍的瑪斯托、庫恩斯、班奈特6位跨黨派參議員共同致函美國務卿龐皮歐、財政部長努勤、國家情報總監柯茨與聯邦調查局長雷伊等官員，關切中國干預台灣選舉的相關指控，呼籲美國政府應「盡一切努力」協助台灣進行調查，並採取必要行動，避免此類干預再次發生。[189]又在此前後，美國國會參眾兩院先後於美東時間12月4日、12日，分別一致表決通過「亞洲再保證倡議法案」（Asia Reassurance Initiative Act of 2018，簡稱 ARIA. S2737），完成國會立法程序，並於同月27日送交白宮。該法案的主旨是敦促美國政府研擬印太地區的長期戰略與基本政策。但也重申對台安全承諾，再

次將「六項保證」入法，並呼籲對台定期軍售與鼓勵資深官員訪台，顯示美國將台灣視為印太戰略重要基礎之一。旋川普總統亦趕在本屆國會會期的最後一天，即 12 月 31 日簽署該法案，使其正式生效。斯時，台灣總統府對這法案的生效，立即回應表示，美國是台灣在國際上最重要的盟友；未來台灣將持續與美方保持密切溝通，深化兩國各領域及各層級的合作夥伴關係。我國也將與美國及區域內理念相近國家攜手合作，共同促進印太區域的和平繁榮與穩定發展。外交部也表示，適值「台灣關係法」邁入四十週年之際，美國總統簽署此案別具意義。然中國國台辦發言人馬曉光則表示，美國會通過的有關法案涉台內容嚴重違反了一個中國原則和中美三個聯合公報規定，中方對此堅決反對。⑲⁰

一方面，蔡總統為敗選辭去兼任的黨主席之後，2018 年 11 月 28 日，民進黨中常會開會共同一致推舉基隆市長林右昌代理黨主席，負責即將來臨的立委補選及黨主席補選等工作。⑲¹同年 12 月 4 日，林代理黨主席受訪時表示，「民進黨過去對台灣民主化有重大的貢獻甚至犧牲，但經歷政黨輪替，民進黨也兩度執政，許多台灣人民已經覺得不欠民進黨了。……此時此景別再緬懷過去了，這是很重要的態度。」並強調這次民進黨的慘敗，唯有反躬自省，才有革命進步的空間。⑲²

在此順便一提，九合一選舉國民黨大贏，對於許多藍營直轄市、縣市長當選人紛紛主張未來要設「兩岸工作小組」，國民黨主席吳敦義受訪表示贊同，並強調「一中各表」的「九二共識」是兩岸關係的基礎，但「不能在陸方的前面講一中各表，公開講這個不行。」真是天下的大笑柄。⑲³

又閣揆賴清德對民進黨九合一敗選請辭獲蔡總統慰留之後，於同年 12 月 7 日，提出「聽見人民的聲音，行政院對 2018 選舉

的檢討」報告。列舉五大敗選原因：1.未能深刻體會人民生活的辛苦。他認爲過去兩年多台灣總體經濟表現不差，但基層民眾對經濟成長無感，政府未及時察覺並及時改善。例如中國以減少陸客作爲抵制台灣的手段，觀光業者業績滑落自有怨言；2.政策規劃不夠周延完善。一例一休的初次修法倉促，造成中小企業作業困難，基層勞工也受到衝擊，雖經再次修法給彈性但民怨已成！空汙法規劃不周，也引起社會不安；3.改革做法引發重大爭議和不滿。民進黨首次完全執政啓動年改、勞基法、轉型正義、司法改革等工作，用心雖獲民意支持，但大部分民眾在不瞭解實質內容下多有誤解，以致執行引發爭議，司法改革未有明顯進展，也招來民怨，促轉會「東廠事件」更嚴重挫傷政府的公信力；4.假訊息攻擊來勢洶洶，政府欠缺有效、快速的因應能力；5.立法與行政的互動及政府用人皆有待改進等。⑭

綜觀這次九合一的選舉藍營雖大勝，但如上述，實亦有一些「意外」之感。不過藍營的「總頭頭」習大大仍然龍心大喜。同年 12 月 18 日，習大大在「慶祝改革開放 40 週年大會」上談及兩岸關係，除老調重彈重申「一中原則」、「反台獨」等等之外，他更宣稱中國已「牢牢掌握兩岸關係發展的指導權和主動權」。同日，中國多架軍機和 2 艘軍艦再度擾台，現身台灣外圍海空域，證實習大大其言不虛也。⑮

刹那，時序邁進新元 2019 年。由於預計習大大將在元月 2 日「告台灣同胞書」四十週年紀念會上，發表對台政策重要講話。蔡總統乃在元旦首度於總統府發表談話，提出「四個必須」與建立「三道防護網」以守護台灣的安全。「四個必須」是呼籲中國，1.必須正視中華民國台灣存在的事實；2.必須尊重兩千三百萬人

對自由民主的堅持；3. 必須以和平對等的方式來處理兩岸歧異；4. 必須是政府或政府所授權的公權力機構坐下來談等。三道防護網即：1. 建立民生安全防護網；2. 提升資訊安全防護網；3. 強化兩岸互動中的民主防護網等。⑲⑥

果然如所料，習大大一來諒想要轉移焦點，掩蓋其在美中貿易戰所受到的創傷與困境；二來就是想要藉由這次九合一選舉藍營的大贏，一鼓作氣、乘勝追擊，將搖搖欲墜的小英政權徹底壓扁。元月 2 日，在北京人民大會堂出席「告台灣同胞書」四十週年紀念會上，習大大發表對台統一方案，拋出所謂「習五條」(或稱習五點)。其要旨如下：1. 呼籲台灣人做堂堂正正的中國人，將中華民族偉大復興當作光榮事業；2. 倡議「一國兩制」，在「九二共識」(一中原則)、「反台獨」等政治基礎上，兩岸各推代表展開和平統一協商；3. 堅持一中原則，維護和平統一前景。「中國人不打中國人」，但對「外部勢力和台獨」不承諾放棄使用武力；4. 深化兩岸融合發展，夯實和平統一基礎；5. 實現同胞心靈契合，增進和平統一認同等。⑲⑦

獲悉習近平的對台「五點統一方案」，蔡總統立即於同日傍晚，在總統府召開臨時記者會；強烈的回應表示，我們始終未接受「九二共識」，根本的原因就是北京當局所定義的「九二共識」，其實就是「一個中國」、「一國兩制」。她聲明台灣「絕不接受一國兩制」，絕大多數台灣民意也堅決反對「一國兩制」，這也是「台灣共識」。蔡總統並重申上述元旦談話所提出的「四個必須」，強調凡涉及兩岸間的政治協商、談判，都必須經過台灣人民的授權與監督，且必須經由兩岸以政府對政府的模式來進行。在這個原則下，沒有任何人、任何團體，有權力代表台灣人民去政治協商。至於習大大提到兩岸同胞「心靈契合」一事，蔡總統更痛批說，

這應建立在彼此相互尊重與理解。眼前十分火急的豬瘟疫情、施壓國際企業塗改台灣的名稱，不會帶來心靈契合，軍機、軍艦的繞台，更不會帶來心靈契合。⑲⑧

　　針對習大大重新明確的定調「九二共識」是「一國兩制的台灣方案」，國民黨像受到雷打般地一時驚慌失措，不知怎樣回應對答。經過了一整天的探討，國民黨才於翌 3 日發出正式聲明表示，習近平所提出「一國兩制的台灣方案」，並非「九二共識」內涵，目前兩岸處於「分治」的狀態，現階段「一國兩制」恐難獲得台灣多數民意的支持。該黨同時指出，1992 年 11 月，兩岸海基、海協兩會在雙方政府各自授權下，經歷協商及函電達成「九二共識」，亦即「兩岸都堅持一個中國的原則，但對其涵義，雙方同意用口頭聲明方式各自表達」，顯示兩岸關係求同存異的性質，既符合客觀事實，也符雙方規定，更能暫時擱置分歧，此即黨主席吳敦義一再重申「一中各表」的九二共識。另國民黨除表達對「一國兩制的台灣方案」之不認同之外，也強調該黨堅決反對台獨的立場，絕不動搖，再三向其主子習大大搖尾投誠。此外，前總統馬英九亦於 3 日，接受媒體專訪時則坦承表示，習近平對「九二共識」的看法「跟我們還有一些出入」，但基本方向一致；並語無倫次的鬼扯，蔡英文總統在元旦談話中提出四個「必須」後，習近平很明顯也是在回應蔡英文，因為蔡英文的態度讓對岸感到兩岸距離愈來愈遠，而不是愈來愈近，「習近平才會更有緊迫性」。⑲⑨

　　習大大重新定調「九二共識」（只有一中原則，沒有一中各表）及提出「兩制台灣方案」之後，如上述，國民黨的小頭頭吳敦義、朱立倫、馬英九等人，幾乎都是「逆來順受」、「低聲忍辱」。唯獨小英總統則大聲回嗆：「絕大多數的台灣民意都堅決反對一國

兩制，而這也是台灣共識。」小英這樣罕見的強力挺住台灣立場
與底線，立即獲得社會大眾的共鳴、按讚；加上府院「守護台灣
豬」(防堵中國非洲豬瘟) 的國安及因應，九合一選後的低迷反而
爲之一振，小英的民調也有小幅回升。⑳

　　可是，正值此多事之秋，2019 年 1 月 3 日，〈自由時報〉刊
登了一封彭明敏、吳澧培、李遠哲、高俊明等四位國之大老 (他
們一生爲台灣犧牲奉獻，筆者都十分崇敬) 的「致總統的公開信—敬
請不要參選連任」。該公開信的前言寫著：「這是我們極不情願、
極不希望也極其痛苦的公開信，面臨如此嚴峻、險惡的關鍵時刻：
不寫，不僅有愧身爲台灣人／台灣公民／綠色價值支持者的立場
與身分；如此岌岌可危的情勢，也不容我們再沉默、再姑息、再
坐視下去。」隨後，四位大老即提出如下兩項強烈的訴求：1.請
蔡總統放棄連任；2.請總統交出行政權，退居二線 (以下略)。⑳

　　當這封公開信發出時，剛好碰上習大大對台提出「五點」文
攻武嚇的統一方案，而蔡英文總統即時有力地回應反嗆；結果，
被批「時機不對」、「訴求不宜」、「昧於情勢」，遂引發了綠營裡
一陣風波。⑳然依筆者淺見，大老們的措辭雖嚴峻，實也句句都
是心肺之諍言 (筆者在前文的論述，也有提醒小英千萬別爲大位，出賣
台灣人的政治良心)。小英應「謙卑、再謙卑」(引小英之言)，虛心
接納長輩之建言，認真檢討，毋用再多言。今後小英就如眾所熟
知的名諺，"Do your best, rest give to the nature." 筆者相信大老們
的內心深處，仍然疼惜妳、愛惜妳的！

　　再則，習大大拋出「五點」對台談話，表示不承諾放棄使
用武力，多名跨黨派美國參眾議員，包括參議員甘迺迪 (John
Kennedy)、眾議員游賀 (Ted Yoho)、眾議員迪林肯 (Lincoln Diaz-
Balart)、金恩 (Steve King)、戈薩 (Paul Gosar)、貝肯 (Don Bacon)、

葛夫曼（Glenn Grothman）、畢格斯（Andy Biggs）等諸位眾議員，都紛紛於 1 月 4 日，透過臉書或推特譴責中國武力迫台，並表示美國國會將會堅定支持台灣。我外交部亦立即表示感謝美國國會對台灣自由民主一貫堅定不移的支持。㉓接著，1 月 6 日，長期支持台灣的參議員賈德納及魯比歐也分別發表挺台言論。魯比歐重申，他強烈支持台灣的獨立民主，且是美國的強大盟友。面對中國日益激進的行動和言論，他認為美國必須採取更多措施加強與台灣的關係。賈德納則表示，他推動的「亞洲再保證倡議法案」（ARIA）立法成效，鼓勵美國對台定期軍售與美國高階官員訪台；他將盡速在新一屆國會再度提出「台北法案」（Taipei Act）即「台灣盟邦國際保障與強化倡議」（Taiwan Allies International Protection and Enhancement Initiative Act），簡稱「台北法案」。該提案要求美國採取行動與世界各國接觸，以支持台灣的外交承認或加強與台灣的非正式關係。我外交部亦於翌（7）日，回應表示高度歡迎及誠摯謝意。㉔

　　繼美國國會部門發聲後，美國白宮安全發言人，馬奇斯（Garrett Marguis）亦於 6 日，在推特上連續發表兩則挺台的推文，並轉發〈華盛頓郵報〉報導；該推文強調「美國拒絕威脅或使用武力迫使台灣人民。任何解決兩岸分歧的問題，都必須是和平的，並且要基於雙方的意願。」馬奇斯也向中國喊話，呼籲「北京應停止其脅迫行為，並恢復與台灣民選政府之間的對話。」㉕

　　除此，國際民主復興聯盟（ICDR）亦於 1 月 7 日，在捷克公元二千論壇官網上發布挺台聯合聲明，強烈譴責習近平不排除對台灣動武的「好戰言論」，批評其不但恫嚇兩千三百萬台灣人，也是對國際秩序的威脅。另來自美國、加拿大、澳洲、英國、法國、丹麥、瑞士等國家的 40 位著名學者專家，於美東時間 8 日聯名

發表「致台灣人民公開信」，也肯定蔡總統是最具能力、知識豐富的政治人物，以沉穩性格和謹慎持平的立場，使台灣國際地位顯著增進，堅定維護台灣得來不易的自由與民主。學者同時呼籲全體台灣人民，在此關鍵時刻保持團結，共同對抗中國威脅、捍衛民主制度。聯名學者包括紐約大學法學教授孔傑榮、邁阿密大學教授金德芳、美國防部前助理部長福特、哈佛大學費正清中心教授譚若思、國際評估暨戰略中心未來亞洲計畫主任譚慎格、賓州大學教授林蔚、AIT 前處長楊甦棣與司徒文、澳洲莫那希大學教授家博，及英倫敦大學亞非學院教授郝任德等人。又美國在台協會（AIT）發言人孟雨荷 10 日也發出聲明強調，美國已清楚向中國表達，應停止壓迫威嚇台灣，並恢復與台灣民選的政府進行對話。㊕

　　未幾，1 月 16 日，歐盟德國外交部長馬斯在國會答詢時，針對習近平日前發表的對台談話，表示無法接受中國武力威脅台灣的作法，將向中國清楚表達立場。馬斯並說，中國以不可不謂狡猾的方式影響歐盟個別會員國，在歐盟各國外長定期出席的外交事務委員會中，至少成功阻止一次針對台灣的決議案。他盼未來歐盟能採取多數決、而非共識決，「對台灣議題採取一致立場」。㊗

　　翌 17 日，美國五角大廈發言人羅根亦強調，美國仍堅守在「台灣關係法」（TRA）下的對台承諾，美國將堅定支持台灣的自衛能力，提供防禦性武器，也會抵抗任何可能危及台灣人民安全，社會經濟制度的武力行動或其他形式的脅迫。18 日，美國國防部亞太事務助理部長薛瑞（Randy Schriver）接受日本〈朝日新聞〉專訪時指出，中國藉由加強軍事和經濟等力量，在印度一太平洋地區強化影響力的意圖昭然若揭，「中國正變得益發專斷」，

強調「台灣人民對於自身前途，應擁有發言權，不該被迫接受特定結果」，並重申美國將基於「台灣關係法」，為台灣提供安全協助。同日，美國海軍作戰部李察森上將更在東京表示，即使中國在軍事科技上的進步，對美國軍艦造成空前的威脅，但台灣海峽是國際水域，美國海軍從未排除派航空母艦穿越台海的可能性。充分表明美艦隨時都可能介入台海危機。[208]

綜上所述，習大大對台的「五點」箴言，除了清楚地揭示其「一中原則」、「武力統一」及「一國兩制」的兩岸基調之外，也徹底地摧毀、打破了國民黨多年拿著「九二共識」的神主牌，在兩岸招搖撞騙！而習大大的蠻橫當然會受到國際輿論的撻伐與制裁，更也喚起國人的自覺和警惕。這對台灣而言，筆者認為倒不見得是件壞事，天佑台灣！

其次，民進黨第16屆黨主席補選於2019年1月6日，在林右昌代理主席的主持下，順利的完成。當晚開票的結果，由黨內各派系支持的前行政院秘書長卓榮泰以24,699票、72.6%得票率，大贏游盈隆的9,323票、得票率27.4%，當選民進黨新任主席；將於1月9日就職，接掌蔡總統在九合一選舉慘敗請辭後的黨主席職務。[209]另，2019年1月10日，立法院臨時會三讀通過108年度中央政府總預算案，行政院長賴清德隨即前往立法院向立院致意。他並於受訪時表示，將在翌(11)日召開行政院臨時院會進行內閣總辭。賴揆同時證實，請辭一事已獲總統同意。如是，賴揆11日召開臨時行政院院會，提出內閣總辭，蔡總統隨即召開記者會宣布由蘇貞昌接任閣揆，啟動內改組。蔡總統強調，蘇貞昌三強項為經驗、魄力與執行力，完全符合這個階段台灣的需要。而她對新院長最大期待，「就是施政務必讓人民有感。」[210]

臨危受命、承接重擔，新閣揆蘇貞昌立即捲起袖子，快馬加

鞭展開新內閣人事布局。除先前已商定副院長由前立委陳其邁接任,不到三天即 1 月 14 日,蘇內閣雖逾三分之二部會首長留任,並留有 4 個部會首長待選任,就走馬上任舉行新舊內閣交接。並且一上任,當天蘇揆就「衝衝衝」到桃園機場去視察非洲豬瘟防疫流程。此點,已深受朝野的肯定。㉑筆者深信蘇揆團隊,今後一定能更接地氣、更符民意、更有效能的為全民服務打拚!願在此祝福之。

　　最後因本書出版期限的關係,請諒筆者在此匆促、粗略地勾勒本書如下的總結;亦即第一:寄望小英總統能高瞻遠矚,在完全執政之下,一定要完成一項「修憲立法公投條文」(包括領土變更、國旗、國歌、國號的改訂等—有關台灣法律地位的論述,筆者已有專輯出書,在此不再贅述)。小英總統只要完成這項任務、也是「天職」(立法成立並不是就要立即舉辦公投,公投的時日可讓國人自己去判斷、選定),筆者相信小英就能名留千古,永垂史冊;第二:據筆者長年研究台灣史文的工作,筆者敢斷言,前述所謂「習五條」(2019 年 1 月 2 日),即是今後國人自己(並非政府)要理性地去選擇「一國兩制」的中國極權統治?抑或要堅持選擇自由、民主、主權獨立的台灣?這正是台灣最終的「何去、何從」的政治分水嶺!筆者相信在全球社會經濟、文化水準都甚高的台灣人民,應該有足夠的智慧與勇氣去選擇自己的將來與前途。是以,本書最終的結語,就是天佑台灣,讓寶島 Ilha Formosa 的子民,縱使再艱辛,也要勇敢地堅持台灣的價值,走向康莊大道,邁進伊甸樂園的世界。台灣的前程,不論其在 2020 年的大選結局如何,筆者都深信是一片既光明又燦爛的!不久,我們這一代被稱為「台獨」的老頭子,即將變成「千之風」或「千之雲」。當我們從無

止境的宇宙遠處，偶爾再飄回到斯土斯地時，盼望一定能聽見到充滿喜悅、幸福的孩童歡樂之聲。我們會感到無比的欣慰與安息。寄託了，福爾摩沙勇敢的後代子孫們！

## 第十七章註

① 南方朔《馬政權的開場、中場與收場》(上)開場，風雲時代出版社，2014年，182-4 頁參照。

　費邊社 (葉柏祥)《牛頭馬面，要把台灣帶往那裡去？》，前揭，56-7 頁參照。

② 〈總統府新聞稿〉，民國 97 年 5 月 20 日。

③ 〈自由時報〉，2010 年 3 月 6 日參照。

④ 何東洪〈我的台北「野草莓」雜記〉(思想編輯委員會編著《民主社會如何可能？》思想 11，聯經出版社，2009 年，120-4 頁所收參照)。

　謝長廷《未來：不一樣的台灣》，新文化教室出版，2012 年，178-9 頁。

　何榮幸《學運世代——從野百合到太陽花》，前揭，19 頁參照。

　葉柏祥《太陽花學生教我們的事——24 堂街頭上的民主課》，費邊社文創有限公司，2014 年，14-20、63-4 頁參照。

⑤ 〈自由時報〉，2010 年 3 月 6 日參照。

　李登輝《新台灣的主張》，前揭，131 頁參照。

⑥ 前揭《牛頭馬面，要把台灣帶往那裡去？》，97-8 頁參照。

⑦ 〈自由時報〉，2017 年 3 月 3 日、3 月 4 日。

⑧ 〈自由時報〉，2011 年 8 月 24 日參照。

　前揭《牛頭馬面，要把台灣帶往那裡去？》，100-1 頁參照。

⑨ 前揭《新台灣的主張》，134-5 頁參照。

⑩ 〈自由時報〉，2010 年 3 月 6 日參照。

⑪ 前揭《新台灣的主張》，134-5 頁參照。

⑫ 〈自由時報〉，2010 年 6 月 30 日，A1-A4 參照。

⑬ 〈自由時報〉，2010 年 6 月 30 日，「社論」。

⑭ 〈自由時報〉，2010 年 7 月 13 日。

⑮ 前揭《牛頭馬面，要把台灣帶往那裡去？》，9-10 頁參照。

⑯ 前揭《馬政權的開場、中場與收場》(上) 開場，295 頁參照。

⑰ 同上，301、307、308-9、318、394 頁參照。

⑱〈自由時報〉，2010 年 11 月 28、29 日參照。

⑲〈自由時報〉，2010 年 11 月 28 日。

⑳ 南方朔《馬政權的開場、中場與收場》(中場)，風雲時代出版社，27-9 頁。

㉑ 葉柏祥主編《小英的故事──蔡英文的翻轉人生攻略》，費邊社文創有限公司，2015 年，220-1 頁參照。

　　張瀞文《蔡英文──從談判桌到總統府》，商業周刊，2015 年，表頁〈一路走來的小英〉參照。

㉒ 前揭《馬政權的開場、中場與收場》(中場)，21 頁。

㉓ 前揭《小英的故事──蔡英文的翻轉人生攻略》，120-3 頁參照。

㉔〈自由時報〉，2001 年 12 月 11 日、14 日、17 日、22 日、27 日參照。

㉕〈自由時報〉，2012 年 1 月 15 日、16 日參照。

㉖〈自由時報〉，2012 年 1 月 15 日參照。

㉗〈自由時報〉，2012 年 1 月 15 日。

　　〈產經新聞〉，2012 年 1 月 17 日參照。

　　〈人民日報〉(海外版)，2012 年 1 月 15 日。

㉘〈自由時報〉，2012 年 5 月 11 日、5 月 20 日參照。

　　前揭《馬政權的開場、中場與收場》(中場)，178 頁。

㉙〈自由時報〉，2012 年 5 月 21 日參照。

㉚〈自由時報〉，2012 年 11 月 19 日參照。

　　前揭《馬政權的開場、中場與收場》(中場)，279-82 頁參照。

㉛ 同上《馬政權的開場、中場與收場》(中場)，303-4 頁。

㉜ 同上，219-22、314-7、324 頁參照。

㉝〈自由時報〉，2013 年 7 月 23 日，〈鄧敏宏投稿〉。

㉞〈自由時報〉，2013 年 7 月 25 日參照。

　　寇謐將 (J. Michel Cole) 著／李明、陳雅馨、劉燕玉等譯《黑色島嶼：一個外籍資深記者對台灣公民運動的調查性報導》，商周出版，2015 年，80-2 頁參照。

㉟ 前揭《馬政權的開場、中場與收場》(中場)，330-2 頁參照。

㊱ 同上，334-6 頁參照。

　　前揭《太陽花學生教我們的事──24 堂街頭上的民主課》，100-9 頁參照。

　　黃恐龍《野生的太陽花》，玉山出版社，2014 年，61-3 頁參照。

　　黃益中《思辨──熱血教師的十堂公民課》，寶瓶文化事業股份有限公司，

2015 年，148-51 頁參照。

㊲ 蔡英文《英派：點亮台灣的這一哩路》，圓神出版社，2015 年，88 頁。

㊳ 前揭《新台灣的主張》，136-7 頁參照。

晏山農‧羅慧雯‧梁秋虹‧江昺崙等共著《這不是太陽花學運：318 運動全記錄》，允晨文化實業股份有限公司，2015 年，10-1 頁參照。

㊴ 同上《這不是太陽花學運：318 運動全記錄》，10-1 頁。

㊵ 同上，12 頁。

前揭《太陽花學生教我們的事——24 堂街頭上的民主課》，144-8 頁參照。

楊翠《壓不扁的玫瑰：一位母親的三一八運動事件簿》，公共冊所，2014 年，192 頁參照。

㊶ 前揭《這不是太陽花學運：318 運動全記錄》，13 頁參照。

同上《太陽花學生教我們的事——24 堂街頭上的民主課》，148-9 頁參照。

同上《壓不扁的玫瑰：一位母親的三一八運動事件簿》，192 頁。

㊷ 前揭《馬政權的開場、中場與收場》（中場），354 頁。

㊸〈自由時報〉，2013 年 9 月 9 日、10 日參照。

馬英九口述／蕭旭岑著《八年執政回憶錄》，遠見天下文化，2018 年，276-7 頁參照。

王金平口述／李靜宜著《橋》，河景書房，2019 年，199-200 頁參照。

㊹〈自由時報〉，2013 年 10 月 3 日、11 月 2 日參照。

同上《八年執政回憶錄》，278-9 頁參照。

㊺〈自由時報〉，2013 年 9 月 11 日、12 日參照。

同上《八年執政回憶錄》，279-85 頁參照。

前揭《橋》，209 頁。

㊻〈自由時報〉，2013 年 9 月 12 日。

同上《八年執政回憶錄》，286-7 頁參照。

同上《橋》，211-2 頁。

㊼〈自由時報〉，2013 年 9 月 13 日、14 日、16 日，10 月 1 日參照。

同上《八年執政回憶錄》，287 頁參照。

㊽〈自由時報〉，2013 年 10 月 4 日、6 日參照。

同上《八年執政回憶錄》，288-90 頁參照。

㊾〈自由時報〉，2013 年 10 月 11 日參照。

前揭《太陽花學生教我們的事——24 堂街頭上的民主課》，149-52 頁參照。

㊿〈自由時報〉，2013 年 10 月 11 日。

(51) 前揭《太陽花學生教我們的事——24 堂街頭上的民主課》, 152-3 頁參照。
前揭《這不是太陽花學運：318 運動全記錄》, 13 頁參照。
(52) 同上《這不是太陽花學運：318 運動全記錄》, 13-4 頁。
(53) 同上, 14 頁。
(54) 前揭《太陽花學生教我們的事——24 堂街頭上的民主課》, 167-8 頁。
(55) 前揭《壓不扁的玫瑰：一位母親的三一八運動事件簿》, 193 頁參照
前揭《這不是太陽花學運：318 運動全記錄》, 26 頁參照。
(56) 林秀幸・吳叡人主編《照破太陽花運動的振幅、縱深與視域》, 左岸文化, 2016 年, 181 頁。
(57) 同上, 185-6 頁參照。
前揭《太陽花學生教我們的事——24 堂街頭上的民主課》, 169-70 頁參照。
王丹、魏揚、黃建爲等著《公共智識分子：太陽花學運專號》, 公共知識分子出版社, 2014 年, 6 頁, 附錄〈太陽花學運大事紀〉參照。
(58) 前揭《野生的太陽花》, 51 頁。
港千尋《革命のつくり方：台灣ひまわり運動——對抗運動の創造性》, 株式會社インスクリプト, 2014 年, 116-8 頁參照。
同書林暉鈞譯《革命的做法：從太陽花看公民運動的創造性》, 心靈工坊文化, 2015 年, 241-2 頁參照。
(59) 同上《革命のつくり方：台灣ひまわり運動——對抗運動の創造性》, 75-81、116-31 頁參照。
同書林暉鈞譯, 194-6、241-7 頁參照。
前揭《壓不扁的玫瑰：一位母親的三一八運動事件簿》, 193-7 頁參照。
前揭《公共智識分子：太陽花學運專號》, 附錄〈太陽花學運大事紀〉參照。
劉定綱主編《318 占領立法院》, 奇異果文創, 2014 年, 18-25 頁參照。
One More Story 公民的聲音團隊《那時我在：公民聲音 318-410》, 無限出版, 2014 年, 5-17 頁參照。
(60) 前揭《八年執政回憶錄》, 10-1 頁參照。
(61)〈自由時報〉, 2014 年 5 月 8 日。
(62)〈自由時報〉, 2014 年 5 月 8 日。
(63)〈自由時報〉, 2014 年 11 月 30 日。
(64)〈自由時報〉, 2014 年 11 月 30 日。
(65)〈自由時報〉, 2014 年 11 月 30 日。
(66) 南方朔《馬政權的開場、中場與收場》(下) 收場, 前揭, 173、184 頁。

⑥⑦〈自由時報〉，2015 年 5 月 5 日。

　　〈人民日報〉（海外版），2015 年 5 月 5 日。

⑥⑧〈自由時報〉，2015 年 5 月 5 日。

　　近藤伸二《米中台現代三國志》，勉誠出版，2017 年，102-6 頁參照。

⑥⑨〈自由時報〉，2015 年 5 月 5 日、6 日。

⑦⓪ 前揭《馬政權的開場、中場與收場》（下）收場，234 頁。

⑦① 〈自由時報〉，5 月 15 日參照。

　　前揭《蔡英文──從談判桌到總統府》，119-20 頁。

⑦② 〈自由時報〉，2015 年 5 月 9 日、6 月 3 日、6 月 4 日參照。

　　〈產經新聞〉，2015 年 6 月 11 日參照。

⑦③ 〈自由時報〉，2015 年 10 月 10 日參照。

⑦④ 〈自由時報〉，2015 年 7 月 2 日參照。

⑦⑤ 前揭《馬政權的開場、中場與收場》（下）收場，256 頁。

⑦⑥ 〈自由時報〉，2015 年 10 月 8 日參照。

⑦⑦ 前揭《馬政權的開場、中場與收場》（下）收場，330 頁。

⑦⑧ 〈自由時報〉，2015 年 10 月 8 日。

⑦⑨ 〈台生報〉，599 號，2015 年 11 月 25 日參照。

⑧⓪ 〈台生報〉，599 號，2015 年 11 月 25 日參照。

　　前揭《蔡英文──從談判桌到總統府》，122 頁。

⑧① 〈自由時報〉，2015 年 11 月 8 日。

　　前揭《米中台現代三國志》，110-3 頁參照。

　　〈人民日報〉（海外版），2015 年 11 月 8 日。

⑧② 〈自由時報〉，2015 年 11 月 8 日。

　　〈產經新聞〉，2015 年 11 月 8 日參照。

　　〈人民日報〉（海外版），2015 年 11 月 8 日。

⑧③ 〈自由時報〉，2015 年 11 月 8 日參照。

　　前揭《蔡英文──從談判桌到總統府》，123 頁參照。

⑧④ 〈自由時報〉，2015 年 11 月 8 日參照。

　　〈產經新聞〉，2015 年 11 月 8 日參照。

　　前揭《米中台現代三國志》，114-5 頁參照。

　　〈人民日報〉（海外版），2015 年 11 月 8 日。

⑧⑤ 〈自由時報〉，2015 年 11 月 8 日。

⑧⑥ 〈自由時報〉，2015 年 11 月 8 日、9 日、11 日參照。

⑧⑦ 〈自由時報〉，2015 年 11 月 10 日。

⑧⑧〈自由時報〉，2015 年 11 月 10 日參照。

⑧⑨〈自由時報〉，2015 年 11 月 9 日、10 日、11 日參照。

⑨⓪ 前揭《蔡英文——從談判桌到總統府》，125 頁。

⑨① 〈台生報〉，600 號，2015 年 12 月 25 日參照。

⑨② 同上、同號參照。

⑨③〈自由時報〉，2015 年 12 月 27 日。

⑨④〈台生報〉，601 號，2016 年 1 月 25 日參照。

⑨⑤〈自由時報〉，2016 年 1 月 15 日、16 日。

⑨⑥〈自由時報〉，2016 年 1 月 15 日、16 日。

　　Taipei Times, January 16, 2016. p.3.

⑨⑦〈自由時報〉，2016 年 1 月 17 日。

⑨⑧〈自由時報〉，2016 年 1 月 17 日。

⑨⑨〈自由時報〉，2016 年 1 月 17、28 日。

⑩⓪〈自由時報〉，2016 年 1 月 17 日、19 日。

⑩①〈自由時報〉，2016 年 5 月 18 日。

⑩②〈台生報〉，606 號，2016 年 6 月 25 日。

⑩③〈自由時報〉，2016 年 5 月 21 日。

⑩④ 同上、同日參照。

　　〈產經新聞〉，2016 年 5 月 21 日參照。

　　前揭《米中台現代三國志》，210 頁。

⑩⑤ 同上《米中台現代三國志》，211 頁。

⑩⑥〈自由時報〉，2016 年 6 月 27 日。

⑩⑦〈自由時報〉，2016 年 7 月 22 日、23 日參照。

⑩⑧〈自由時報〉，2016 年 10 月 6 日。

⑩⑨〈自由時報〉，2016 年 10 月 8 日。

⑪⓪〈自由時報〉，2016 年 11 月 2 日、3 日、4 日參照。

　　〈人民日報〉(海外版)，2016 年 11 月 2 日。

⑪①〈自由時報〉，2016 年 11 月 10 日。

⑪②〈自由時報〉，2016 年 12 月 3 日、4 日、5 日、6 日、7 日、12 日參照。

　　〈產經新聞〉，2016 年 12 月 4 日參照。

⑪③〈自由時報〉，2016 年 12 月 4 日、10 日參照。

⑪④〈自由時報〉，2016 年 12 月 25 日。

⑪⑤〈自由時報〉，2016 年 12 月 29 日。

⑪⑥〈自由時報〉，2017 年 2 月 12 日參照。

⑪〈自由時報〉，2017 年 3 月 15 日參照。

⑱〈自由時報〉，2017 年 4 月 8 日、9 日參照。

　〈聯合報〉，2017 年 4 月 8 日、9 日參照。

　〈人民日報〉（海外版），2017 年 4 月 8 日、9 日參照。

⑲〈自由時報〉，2017 年 4 月 8 日、9 日、10 日參照。

　〈聯合報〉，2017 年 4 月 8 日、9 日參照。

　〈人民日報〉（海外版），2017 年 4 月 8 參照。

⑳〈自由時報〉，2016 年 7 月 26 日。

㉑〈自由時報〉，2017 年 6 月 28 日、30 日。

㉒〈自由時報〉，2017 年 7 月 1 日。

㉓〈聯合報〉，民國 106 年 7 月 6 日參照。

　〈自由時報〉，2017 年 7 月 6 日。

㉔〈自由時報〉，2017 年 9 月 1 日。

㉕〈自由時報〉，2017 年 9 月 9 日。

　〈聯合報〉，民國 106 年 9 月 9 日參照。

㉖〈自由時報〉，2017 年 9 月 13 日。

㉗〈聯合報〉，民國 106 年 9 月 18 日。

　〈自由時報〉，2017 年 9 月 18 日。

㉘〈自由時報〉，2017 年 5 月 23 日。

㉙〈自由時報〉，2017 年 7 月 21 日。

㉚〈自由時報〉，2017 年 9 月 27 日、28 日參照。

　〈聯合報〉，民國 106 年 9 月 27 日、28 日參照。

　〈人民日報〉（海外版），2017 年 9 月 27 日參照。

㉛〈自由時報〉，2017 年 10 月 11 日。

　〈聯合報〉，民國 106 年 10 月 11 日。

　〈人民日報〉（海外版），2017 年 10 月 11 日。

㉜〈自由時報〉，2017 年 10 月 19 日參照。

　〈聯合報〉，民國 106 年 10 月 19 日參照。

　〈人民日報〉（海外版），2017 年 10 月 19 日參照。

㉝〈自由時報〉，2017 年 11 月 10 日參照。

　〈聯合報〉，民國 106 年 11 月 10 參照。

　〈人民日報〉（海外版），2017 年 11 月 9 日、10 日。

㉞〈自由時報〉，2017 年 11 月 10 日。

㉟〈自由時報〉，2017 年 11 月 11 日。

⑬⑥〈自由時報〉，2017 年 11 月 10 日。

⑬⑦〈自由時報〉，2018 年 3 月 23 日。

⑬⑧〈自由時報〉，2017 年 12 月 13 日。
〈聯合報〉，民國 106 年 12 月 13 日。

⑬⑨〈自由時報〉，2017 年 12 月 10 日。
〈聯合報〉，民國 106 年 12 月 13 日參照。
〈人民日報〉（海外版），2017 年 12 月 9 日。

⑭⓪〈自由時報〉，2017 年 12 月 14 日。
〈人民日報〉（海外版），2017 年 12 月 14 日。

⑭①〈自由時報〉，2017 年 12 月 19 日、20 日、21 日參照。

⑭②〈自由時報〉，2018 年 1 月 5 日、8 日、9 日、10 日參照。

⑭③〈自由時報〉，2018 年 1 月 11 日。
〈聯合報〉，民國 107 年 1 月 11 日。

⑭④〈自由時報〉，2018 年 2 月 7 日。
〈聯合報〉，民國 107 年 2 月 7 日。
〈人民日報〉（海外版），2018 年 2 月 7 日。

⑭⑤〈自由時報〉，2018 年 2 月 9 日、11 日參照。
〈聯合報〉，民國 107 年 2 月 10 日參照。
〈人民日報〉（海外版），2018 年 2 月 8 日、9 日參照。

⑭⑥〈自由時報〉，2018 年 2 月 9 日。

⑭⑦〈聯合報〉，民國 107 年 2 月 10 日參照。
〈人民日報〉（海外版），2018 年 2 月 9 日。

⑭⑧〈自由時報〉，2018 年 3 月 2 日參照。
〈聯合報〉，民國 107 年 3 月 2 日參照。

⑭⑨〈聯合報〉，民國 107 年 3 月 7 日參照。

⑮⓪〈聯合報〉，民國 107 年 3 月 16 日參照。
〈人民日報〉（海外版），2018 年 3 月 16 日。

⑮①〈聯合報〉，民國 107 年 3 月 16 日參照。
〈自由時報〉，2018 年 3 月 17 日參照。

⑮②〈自由時報〉，2018 年 3 月 18 日參照。
〈聯合報〉，民國 107 年 3 月 18 日參照。
〈人民日報〉（海外版），2018 年 3 月 18 日。

⑮③〈自由時報〉，2018 年 3 月 12 日參照。
〈聯合報〉，民國 107 年 3 月 12 日參照。

〈人民日報〉(海外版)，2018 年 3 月 12 日。

⑮ 〈自由時報〉，2018 年 3 月 18 日參照。

　〈聯合報〉，民國 107 年 3 月 18 日參照。

　〈人民日報〉(海外版)，2018 年 3 月 18 日。

⑮ 〈自由時報〉，2018 年 3 月 21 日參照。

　〈聯合報〉，民國 107 年 3 月 21 日參照。

　〈人民日報〉(海外版)，2018 年 3 月 21 日。

⑯ 〈自由時報〉，2018 年 4 月 4 日參照。

　〈聯合報〉，民國 107 年 4 月 4 日參照。

　〈人民日報〉(海外版)，2018 年 4 月 2 日、3 日參照。

⑰ 〈自由時報〉，2018 年 4 月 6 日、7 日參照。

⑱ 〈聯合報〉，民國 107 年 4 月 16 日。

　〈自由時報〉，2018 年 4 月 16 日。

⑲ 〈自由時報〉，2018 年 4 月 14 日。

　〈人民日報〉(海外版)，2018 年 4 月 14 日。

⑯ 〈自由時報〉，2018 年 4 月 17 日。

　〈聯合報〉，民國 107 年 4 月 17 日。

　〈人民日報〉(海外版)，2018 年 4 月 18 日。

⑯ 〈自由時報〉，2018 年 4 月 19 日。

　〈聯合報〉，民國 107 年 4 月 19 日。

⑯ 〈自由時報〉，2018 年 4 月 18 日。

⑯ 〈自由時報〉，2018 年 5 月 2 日。

　〈聯合報〉，民國 107 年 5 月 2 日。

⑯ 〈自由時報〉，2018 年 5 月 7 日。

⑯ 〈聯合報〉，民國 107 年 5 月 8 日。

　〈自由時報〉，2018 年 5 月 9 日、10 日參照。

⑯ 〈自由時報〉，2018 年 5 月 25 日、26 日參照。

　〈聯合報〉，民國 107 年 5 月 26 日參照。

⑯ 〈自由時報〉，2018 年 5 月 26 日。

⑯ 〈自由時報〉，2018 年 6 月 1 日。

　〈聯合報〉，民國 107 年 6 月 1 日。

⑯ 〈自由時報〉，2018 年 6 月 3 日。

　〈聯合報〉，民國 107 年 6 月 3 日。

⑰ 〈自由時報〉，2018 年 6 月 13 日。

〈聯合報〉，民國 107 年 6 月 14 日。

⑰〈自由時報〉，2018 年 6 月 17 日。
〈聯合報〉，民國 107 年 6 月 17 日。

⑫〈自由時報〉，2018 年 7 月 14 日、16 日。
〈聯合報〉，民國 107 年 7 月 12 日。

⑬〈自由時報〉，2018 年 8 月 19 日、20 日、21 日參照。
〈聯合報〉，民國 107 年 8 月 13 日。

⑭〈自由時報〉，2018 年 8 月 15 日。
〈聯合報〉，民國 107 年 8 月 15 日。

⑮〈自由時報〉，2018 年 8 月 22 日。
〈聯合報〉，民國 107 年 8 月 22 日。

⑯〈自由時報〉，2018 年 8 月 25 日。
〈聯合報〉，民國 107 年 8 月 25 日。
〈人民日報〉（海外版），2018 年 8 月 26 日。

⑰〈自由時報〉，2018 年 9 月 26 日。
〈聯合報〉，民國 107 年 9 月 26 日。
〈人民日報〉（海外版），2018 年 9 月 26 日。

⑱〈自由時報〉，2018 年 10 月 5 日。

⑲〈自由時報〉，2018 年 10 月 9 日。
〈聯合報〉，民國 107 年 10 月 9 日。
〈人民日報〉（海外版），2018 年 10 月 9 日。

⑳〈自由時報〉，2018 年 10 月 13 日。
〈聯合報〉，民國 107 年 10 月 13 日。

㉑〈自由時報〉，2018 年 10 月 23 日、24 日、25 日參照。
〈聯合報〉，民國 107 年 10 月 23 日、24 日參照。
〈人民日報〉（海外版），2018 年 10 月 23 日。

㉒〈自由時報〉，2018 年 11 月 11 日。
〈聯合報〉，民國 107 年 11 月 11 日。
〈世界日報〉，2018 年 11 月 10 日
〈人民日報〉（海外版），2018 年 11 月 14 日。

㉓〈自由時報〉，2018 年 5 月 21 日社論。

㉔〈自由時報〉，2018 年 5 月 22 日社論。

㉕〈自由時報〉，2018 年 10 月 21 日。
〈聯合報〉，民國 107 年 11 月 25 日。

⑱ 〈自由時報〉，2018 年 11 月 25 日。
　〈聯合報〉，民國 107 年 11 月 25 日。
⑱ 〈自由時報〉，2018 年 12 月 2 日參照。
　〈聯合報〉，民國 107 年 12 月 4 日參照。
⑱ 〈自由時報〉，2018 年 11 月 26 日。
　〈聯合報〉，民國 107 年 11 月 26 日。
　〈人民日報〉（海外版），2018 年 11 月 28 日。
⑱ 〈自由時報〉，2018 年 12 月 20 日。
　〈聯合報〉，民國 107 年 12 月 20 日。
⑲ 〈自由時報〉，2018 年 12 月 19 日；2019 年 1 月 2 日。
　〈聯合報〉，民國 107 年 12 月 19 日。民國 108 年 1 月 2 日。
⑲ 〈自由時報〉，2018 年 11 月 29 日。
　〈聯合報〉，民國 107 年 11 月 29 日。
⑲ 〈自由時報〉，2018 年 12 月 5 日。
　〈聯合報〉，民國 107 年 12 月 5 日。
⑲ 〈自由時報〉，2018 年 11 月 30 日。
⑲ 〈自由時報〉，2018 年 12 月 8 日。
　〈聯合報〉，民國 107 年 12 月 8 日。
⑲ 〈自由時報〉，2018 年 12 月 19 日。
　〈聯合報〉，民國 107 年 12 月 19 日。
⑲ 〈自由時報〉，2019 年 1 月 2 日。
　〈聯合報〉，民國 108 年 1 月 2 日。
⑲ 〈自由時報〉，2019 年 1 月 3 日。
　〈聯合報〉，民國 108 年 1 月 3 日。
　〈人民日報〉（海外版），2019 年 1 月 2 日。
⑲ 〈自由時報〉，2019 年 1 月 3 日。
　〈聯合報〉，民國 108 年 1 月 3 日。
⑲ 〈自由時報〉，2019 年 1 月 4 日。
　〈聯合報〉，民國 108 年 1 月 4 日。
⑳ 〈自由時報〉，2019 年 1 月 5 日參照。
㉑ 〈自由時報〉，2019 年 1 月 3 日。
㉒ 〈自由時報〉，2019 年 1 月 4 日、5 日參照。
　〈聯合報〉，民國 108 年 1 月 4 日參照。
㉓ 〈自由時報〉，2019 年 1 月 6 日。

〈聯合報〉, 民國 108 年 1 月 6 日。

⑳〈自由時報〉, 2019 年 1 月 8 日。

⑳〈自由時報〉, 2019 年 1 月 9 日。

〈聯合報〉, 民國 108 年 1 月 9 日參照。

⑳〈自由時報〉, 2019 年 1 月 9 日、10 日、11 日參照。

⑳〈自由時報〉, 2019 年 1 月 20 日。

⑳〈自由時報〉, 2019 年 1 月 19 日、22 日。

⑳〈自由時報〉, 2019 年 1 月 7 日。

⑳〈自由時報〉, 2019 年 1 月 11 日、12 日。

〈聯合報〉, 民國 108 年 1 月 11 日、12 日。

⑪〈自由時報〉, 2019 年 1 月 14 日、16 日。

# 第十八章

# 附論釣魚台列嶼（尖閣諸島）之法律地位及其歸屬

# 第一節　釣魚台列嶼 (尖閣諸島) 之發現，以及近代早期各項歷史文獻的記錄

## 一、釣魚台列嶼 (尖閣諸島) 的地理位置及其各島嶼的名稱面積

　　所謂釣魚台列嶼 (尖閣諸島、以下略) 是位於東海 (東シナ海) 西南部，在台灣北方三島與沖繩群島之間的大小五個島嶼即包括釣魚台 (魚釣島)、黃尾嶼 (久場島)、南小島 (南小島)、北小島 (北小島)、赤尾嶼 (大正島) 和三個岩礁，即沖北岩 (沖の北岩)、沖南岩 (沖の南岩)、飛瀨 (飛瀨) 等列嶼所構成的總稱。其正確的地理位置，據日本外務省資料 (HP) 的記載如下表。

　　　　北緯二十八度東　百二十四度四十分
　　　　北緯二十四度東　百二十二度
　　　　北緯二十四度東　百三十三度
　　　　北緯二十七度東　百三十一度五十分
　　　　北緯二十七度東　百二十八度十八分
　　　　北緯二十八度東　百二十八度十八分
　　　　北緯二十八度東　百二十四度四十分 (日本外務省 HP)

　　台灣內政部則於 1972 年 (民國 61 年) 10 月 19 日，確定釣魚台列嶼的經緯度，其極東為東經 124°34′30″，即赤尾嶼東端；極北為北緯 25°56′30″，即黃尾嶼北端。中國國務院文書則稱釣魚台列嶼在「東經 123°20′ 至 124°40′，北緯 25°40′ 至 26°0′」，日、台、

中各方資料都略有出入。至於釣魚台列嶼之各島面積，日官方正式登記的目錄如下。亦即：

南小島(南小島)沖繩縣石垣市字登野城2390 尖閣番地0.35 km²

北小島(北小島)沖繩縣石垣市字登野城2391 尖閣番地0.31 km²

釣魚台(魚釣島)沖繩縣石垣市字登野城2392 尖閣番地3.8 km²

黃尾嶼(久場島)沖繩縣石垣市字登野城2393 尖閣番地0.87 km²

赤尾嶼(大正島)沖繩縣石垣市字登野城2394 尖閣番地0.05 km²

合計面積 5.48 平方公里。但台灣則核定為 7.084 平方公里；中國國務院則稱計有 5.69 平方公里。此外，釣魚台列嶼（尖閣諸島）在日本其所屬的行政區如上述，是沖繩縣石垣市登野城；在台灣是宜蘭縣頭城鎮大溪里；中國也稱是「台灣省」宜蘭縣頭城鎮大溪里。① 據陳儀深教授最近調閱二戰後中華民國接管台澎的檔案，發現一份「台灣省政府給外交部的〈台灣節要〉修正稿」，文中描述附屬島嶼的細節，不論台北縣轄或基隆市轄，最北至彭佳嶼，不但沒有釣魚台的名字，比對經度緯度也都不包括釣魚台。其後蔣介石統治台澎，官方印製的地圖也都沒有把釣魚台列入疆域，直到 1969 年聯合國發現該島周邊蘊藏大量石油及天然氣，接著面臨保釣運動壓力，才開始去改地圖的（〈自由時報〉，2015 年 8 月 6 日，投稿欄）。

又釣魚台列嶼（尖閣諸島）的周邊海域圖，以及中琉航路線如下列圖表，請參閱。②

## 圖表一　釣魚台列嶼（尖閣諸島）周邊地圖

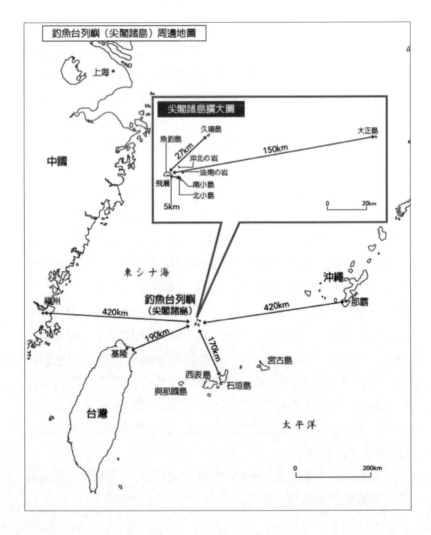

圖表二　釣魚台列嶼（尖閣諸島）海域圖

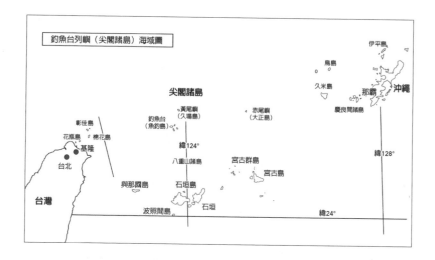

圖表三　中國—琉球航路圖

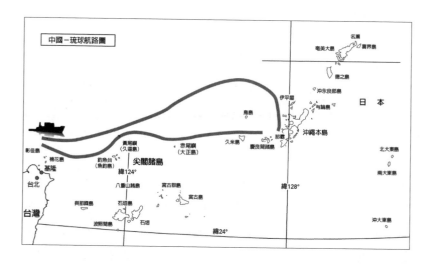

從地質學上來說，據斯界的學者研究報告，約在 2,000 萬年之前，太平洋板塊向西移動，與東海大陸棚邊緣形成皺褶帶，那是最早的釣魚台隆褶帶。隨後約在 1,500 萬年前，太平洋板塊進一步西移，開始形成琉球島弧和沖繩海槽的雛形。然後約在 500 萬年前，菲律賓板塊從東南向西北移動，楔入太平洋板塊和東亞大陸棚之間，最終形成琉球群島和沖繩海槽，而釣魚台隆褶亦在這一系列過程中受力隆起，形成今天的釣魚台隆褶帶。

現今的釣魚台列嶼，也由當代地理學者的論證，確認其伴隨台灣北部大屯山火山帶而形成的火山島，位於「台灣海盆」地帶。此點，中國方面的學者，乃從地質結構上，一再強調釣魚台列嶼，當然亦屬於台灣的附屬島嶼。惟從單純的地質構造上，就要主張領土權，那麼，現今世界甚多的國家，恐將引發領土的大變動與爭議了。在國際法的法理上，這是絕對行不通的。③

## 二、釣魚台列嶼的主權爭論與早期各項文獻的歷史探討

### ㈠ 釣魚台列嶼主權爭議的起因

釣魚台列嶼自古以來是一群無人居住的荒島。這些島嶼的最早發現人，筆者認為可能與該島嶼距離最近，並且善於航海的琉球王國人民。至於歷史文獻的最早記載迄今斯界的學者大都認為是中國明朝永樂元年（1403 年）《順風相送》一書。惟最近同書下卷所記述之釣魚台列嶼年代，被質疑應該是在 1580 年至 1590 年之間，所以不是中國最早的文獻（請參閱石平、石井望《中国が反論できない真実の尖閣史》，扶桑社，2017 年 8 月 10 日，58-60 頁）。這姑且不論，該書係謄抄本，現珍藏於英國牛津大學玻德林圖書館

(Bodleian Library)。此書是記載中國人往返福建至琉球航路與島嶼名稱、針路航向（針位）、路程（更）的珍貴歷史文獻。書中有一條〈福建往琉球〉，記釣魚台列嶼云：

「大武放洋，用甲寅針七更船，取烏坵，用甲寅並甲卯針，正南，東牆開洋，用乙辰，取小琉球頭。又用乙辰，取木山。北風，東湧開洋，用甲卯，取彭家山，用甲卯及單卯取釣魚嶼。南風，東湧放洋，用乙辰針，取小琉球頭，至彭家，花瓶嶼在內。正南風，梅花開洋，用乙辰，取小琉球，用單乙，取釣魚嶼南邊；用卯針，取赤坎嶼；用艮針，取枯美山；南風，用單辰四更，看好風；單甲十一更，取古巴山（即馬齒山、是麻山）、赤嶼；用甲卯針，取琉球國為妙。」④

關於上文的考釋，斯界中國學者鄭海麟教授已有詳盡的論述，筆者在此不再贅言。惟筆者十分費解、更不敢置信，到底《順風相送》的〈福建往琉球〉條裡，在哪裡有如鄭教授所說：「寫得十分清楚，釣魚嶼、赤坎嶼（赤尾嶼）為中國領海範圍。」⑤筆者從最淺明的近代國際法理上來論，即便釣魚台列嶼是由中國人發現並由其命名，這也不能就說這些島嶼是屬於中國的領海或國土。更何況當時有如本書第一章第一節所論，連台灣本島都不曾在中國領海或其領土之範圍內；何來說這些區區不毛，渺渺遙遠無人居住之荒島呢？

總之，隨後明清兩代出使琉球的冊封使著作，均先後對釣魚台列嶼有所記載。但概括而論，這些記載大多只是描述從福州到琉球的路程；而釣魚台列嶼則是中琉航路的一個單純地標。雖偶爾這些冊封使的書籍，也有論及琉球王國的地理界境，並說明與

這些島嶼的關連；可是，這些文獻，也從未有如現代中國斯界學者，指稱釣魚台列嶼自古就是屬於中國的海域，並受其帝國的管轄。事實上，用最嚴謹的近代國際法的法理而論，如後述，最早先占領有釣魚台列嶼的，應是 1895 年（明治 28 年）1 月 14 日，日本帝國通過閣議，在釣魚台列嶼設立地標，並將其納入沖繩縣管轄，正式兼併釣魚台列嶼。

但為何迄今，日本領有釣魚台列嶼已足足有 120 年以上的歷史，怎會發生該列嶼的主權爭論呢？其實，這是如周知，1968 年 10 月至 11 月，聯合國、亞洲遠東經濟委員會 (ECAFE) 在美國的推動下，組成美、日、台、韓四國聯合考察團，對東海（東シナ海）海底資源進行調查。1969 年 5 月，同委員會在曼谷發表調查報告，稱「台灣東北 20 萬平方公里，包括釣魚台列嶼海域可能富藏石油。」[6] 於是，乃引發了當年台灣蔣介石國民黨政權，以及中國大陸共產黨政權的覬覦，無端生事。國府於 1969 年 7 月 17 日，發表聲明，強調國府有權利在其附近海床及底土行使主權上之權利。如此，釣魚台列嶼主權的爭論遂浮上檯面。現今，如下述，環繞著該列嶼的台日中關係日漸惡化（目下台日關係已有改善），特別是中國海上霸權的崛起，將來恐有中日軍事衝突的危機。

(二) 茲依年代的順序，選擇較具重要有關釣魚台列嶼的中日歷史文獻，摘要來加以探討或評論。

1. 陳侃《使琉球錄》，1534 年（明嘉靖 13 年）

   陳侃於明朝嘉靖 13 年（1534 年），被任命為第 12 回出使琉

球王國的冊封正使。陳侃歸國後著書《使琉球錄》，在使錄中，有如下記載經過釣魚台列嶼的細節。云：

「嘉靖丙戌冬琉球國中山王尚眞蒙。越戊子，世子尚清表請襲封下禮部議……越甲午，……四月十八日，舟先發於南台。南台距海百餘里，大舟畏淺，必潮平而後行日行數里。……五月朔，予等至廣石，大舟始至。二日，祭海登舟，守、巡諸君設宴爲餞。是日，北風大作，晝昏如夕；舟人皆疑，予等亦有懼心。有愛之者，勸遲遲其行。……連日風逆，五日始發舟，不越數舍而止。海角尚淺，至八日出海口，方一望汪洋矣。風順而微，波濤亦不洶湧，舟不動而移，與夷舟相爲先後（點、筆者）。……九日，隱隱見一小山，乃小琉球也（即今基隆嶼）。十日，南風甚迅，舟行如飛，然順流而下亦不甚動。過平嘉山、過釣魚嶼，過黃毛嶼、過赤嶼，目不暇接，一晝夜兼三日之程；夷舟帆小不能及，相失在後。十一日夕，見古米山，乃屬琉球者。夷人鼓舞於舟，喜達於家。夜行徹曉，風轉而東，進尋退尺，失其故處。又竟一日，始至其山；有夷人駕船來問，夷通事與之語而去。十三日，風少助順，即抵其國。奈何又轉而北，逆不可行……計十六日旦，當見古米山，至期四望，惟水杳無所見。……彷徨躑躅無如之何。……二十五日，方達泊舟之所，名曰那霸港，計廣石登舟，至此幾一月矣。」⑦

對上文的記載，台灣斯界學者楊仲揆教授很武斷地說：「赤尾嶼（即赤嶼，筆者）與姑米山（即久米島，筆者）是相對的，過赤尾後即爲姑米山，陳侃乃於見姑米山後，特別標明姑米山『乃屬琉球者』，側面證明赤尾嶼是中國的應無疑義。」⑧又中國鄭海麟

教授也很強辯地稱:「陳侃在敘述冊封使船由福建閩江口外出洋,途經台灣北端之小琉球、彭佳嶼、釣魚台、黃尾嶼、赤尾嶼,為此次航行的一個階段,在這段航程中,沿途所經各島嶼皆為中國海域範圍,又由於這些島嶼皆位處東中國淺海大陸架內,較為風平浪靜,不像古米山下、黑水洋面那樣波濤洶湧。但航近古米山,使船即進入航程的另一階段,在陳侃的筆下,我們清楚地理解到,陳侃是要告訴世人,古米山為中、琉之交界,山前 (西面) 中國海域,山後 (東面) 為琉球海域。這種疆界劃分的意識,在琉球水手中亦有明確的反映,這就是他們『鼓舞於舟,喜達於家』的原因。可見在陳侃的《使錄》中,中、琉之間的疆界劃分是很清楚的。」⑨

　　然而,日本各界,即包括學界,如奧原敏雄、浦野起央、齊藤道彥等教授 (也有極少數日本學者擁護中國主張的。就中最有名的是,崇拜毛澤東、贊美中國文化大革命、抱有強烈馬克斯·列寧主義的歷史學者京都大學井上清教授),政界各黨 (縱使日本共產黨和左派社會黨) 以及輿論界各媒體 (包括中間左傾的〈朝日新聞〉) 等,都反對這種缺乏國際法法理常識的單方考釋論調。⑩

　　日本方面指稱,陳侃《使琉球錄》,雖明白地說明,當時釣魚台列嶼不屬於琉球;但這也不意味著這些島嶼就必須屬於中國 (事實上,《使琉球錄》中也不曾有如此的記載)。更何況《使琉球錄》中,也有另條清清楚楚地記述著,「冊封船」來航時,琉球王國派人去先導迎接。即「是月(嘉靖12年、1533年11月),琉球國進貢船至;予等聞之喜。閩人不諳海道,方切憂之;喜其來,得詢其詳。翌日,又報琉球國船至,乃世子遣長史蔡廷美來迓予等;則又喜其不必詢諸貢者,而有為之前驅者矣。長史進見,道世子遣問外,又道世子亦慮閩人不善操舟,遣看針通事一員率夷梢善駕舟者三十人

代爲之役;則又喜其不必藉諸前驅，而有同舟共濟者矣。」⑪所以，如文中敘述，很明顯地可認定琉球人，對中琉航路上所經過的各島嶼認識（當然包括釣魚台列嶼在內），應該遠比中國人還早，且更熟悉。

總之，日本方面，認爲當年陳侃所記述的釣魚台列嶼，雖不屬於琉球，但也不是屬於中國領海內的島嶼。這些島嶼在近代國際法的法理上，都應該仍是屬於所謂「無主地」。事實上，筆者另書《台灣法的地位の史的研究》，行人社，2005 年（李明峻譯《台灣法律地位的歷史考察》，前衛出版社，2010 年），已有論述，當年連台灣本島及其附屬島嶼（澎湖列島除外），都不曾是中國的領土，而屬「無主」地帶（因爲當時占有台灣的台灣原住民族，雖有原始的部落政治，卻仍未有形成近代國家統一的建制，所以被西方國家，視爲是「無主」地帶）。怎麼，何來唯獨區區不毛的荒島釣魚台列嶼，會是屬於中國領海內的島嶼呢？關於此點，現於美國學術機構研究東海及南海問題的台灣學者黎蝸藤博士也有提及。⑫筆者在此，願意贊同日本方面的主張，認爲當時釣魚台列嶼，仍是無人居住的「無主地帶」荒島。

## 2. 鄭舜功《日本一鑑》，明嘉靖 35 年（1556 年）

鄭舜功明嘉靖 35 年（1556 年）夏，奉召出使日本。其目的是要移諭日本國王，宣昭中國德化，並查防倭之策。半年後歸國著書《日本一鑑》。該書第三部分，即《桴海圖經》之卷一〈萬里長歌〉，有記述釣魚台是屬於小東島（今台灣）之島嶼，並附有詳細的註釋。其文云：

「或自梅花東山麓，雞籠上開釣魚目（梅花，所名，約去永

寧八十里，自所東山外，用乙辰縫針或辰巽縫針，約至十更，取小東島之雞籠山。自山，南風，用卯乙縫針，西南風，正卯針或正乙針，約至十更，取釣魚嶼。……自梅花渡彭湖、之小東、至琉球、到日本，為昔陳給事出使琉球時，從其從人得此方程也。一自彭湖、次高華、次龜鼊、次大琉球，亦使程也。而彭湖島在泉海中，相去回頭百六十里，釣魚嶼，小東小嶼也。盡嶼，南風，用正卯針，東南風，卯乙縫針，約至四更，取黃麻嶼）；黃麻赤坎古米巔，馬齒琉球遝迤先（黃麻、赤坎、古米、馬齒、琉球、遝迤，皆海山也。盡黃麻嶼，南風，用甲卯縫針；西南風，正甲針；東南風，正卯針，約至十更，取赤坎嶼。盡嶼，南風，用正卯針，或寅甲縫針；西南風，艮寅縫針；東南風，甲卯縫針，約十五更，取古米山。……盡古米，南風，用寅甲縫針或正卯針，約至五更，取馬齒山。盡山，南風，用甲卯縫針，或寅甲縫針，約至五更，取大琉球）。」⑬

對上文的文意，為使一般讀者能更容易理解，在此引用鄭海麟教授的詮釋如下。

「由福建閩江口梅花所外的東沙山啓航，航向用東南偏東（112.5 度）或東南微偏東（127.5 度），航行一晝夜，約六百里，船抵台灣北端之鷄籠山。由鷄籠山繼續航行，風向正南，航向取東微偏南（97.5 度），風向轉西南，航向用正東（90 度）或東偏南（105 度），約航行一晝夜，六百里，船抵釣魚嶼。……從梅花所啓航至澎湖、前往台灣、經琉球，到日本，這是昔日陳侃出使琉球時所走的航線。另外，則由澎湖、經高華、過龜鼊至那霸，亦是昔日出使琉球使臣走過的航線。而澎湖列島在泉州海域，距離回頭島一百六十里，釣魚嶼則屬台灣島的小嶼。

由釣魚嶼繼續航行，風向正南，航向取正東（90度），風向轉東南，航向改用東微偏南（97.5度），航行九時半，約二百四十里，船抵黃尾嶼。由黃尾嶼繼續航行，風向正南，航向取東微偏北（82.5度）；風向轉西南，航向改用東偏北（75度）；風向轉東南，航向則改用正東（90度），航行一晝夜，約六百里，船抵赤尾嶼。由赤尾嶼繼續航行，風向正南，航向取正東（90度），或東北偏東（67.5度）；風向轉西南，航向改用東北微偏東（52.5度）；風向轉東南，則航向用東微偏北（82.5度），航行一日半，約九百里，船抵古米山。……由古米山繼續航行，風向正南，航向用東北偏東（67.5度）或正東（90度），航行半日，約三百里，船抵馬齒山。由馬齒山繼續航行，風向正南，航向取東微偏北（82.5度）或東北偏東（67.5度），航行半日，約三百里，船抵琉球那霸港。」⑭

　　綜觀上文，鄭舜功雖很清楚地記載著，釣魚台列嶼是附屬於台灣（小東）之小嶼。但也未有任何文字附加說明當時的台灣是屬於中國的領土。所以，釣魚台列嶼也不等於是屬於中國，這是很明顯的道理。而當時台灣，如上述，既是屬於「無主」地帶，那麼釣魚台列嶼，按理也應該是屬於「無主」荒島，這是不容置疑地！

　　楊仲揆教授的著作，稱：「從《日本一鑑》的註釋，可知明朝中葉，中國人已發現釣魚台、黃尾嶼、赤尾嶼等，鄭舜功且說明釣魚台屬於小東（台灣）。而當時的小東島，是澎湖巡檢司的汛地。以上為明朝官文書中的記載。」⑮

　　針對上文，筆者不知楊教授到底根據那本明朝官方文獻，謂：「當時的小東島（台灣），是澎湖巡檢司的汛地。」據筆者長

年對台灣史的研究，筆者從未發現有澎湖巡檢司管轄過台灣的事實。而且，自 1387 年，明朝以治安上的理由，撤銷巡檢司（直至 1563 年才被恢復，旋又被撤廢）並強迫所有澎湖群島島民撤離，將其棄置約兩個世紀之久。直至 1604 年 8 月，荷蘭占領澎湖群島時，明朝才再派兵驅趕，以確保其領有權（本書第二章已述）。從以上的史實，試問楊教授，在嘉靖 35 年（1556 年），誰是澎湖巡檢司？又有何文獻，可證明其管轄過台灣本島呢？

其次，鄭海麟教授稱：「從《桴海圖經》卷二之〈滄海津鏡〉所繪台灣至琉球沿途島嶼來看，『台灣』（即小東）為中國東南海域之大島（主山）（以下略。）」[16]針對此言，筆者也要試問，當年即 1556 年，台灣曾幾何時是屬於中國東南海域之大島呢？其實，〈滄海津鏡〉所繪的地圖，也只不過是一幅中琉間的航海圖而已。並不是一幅劃分國界或海域的地理地圖。

從純粹的近代國際法法理來論，台灣當年著實是一個「無主」地帶。其主權並不屬於任何國家。這點，筆者特別要提醒研究釣魚台列嶼的斯界學者，對台灣本島的歷史認識及其法律歸屬，應該要特別留意，加以檢視才是。

### 3. 郭汝霖. 李際春《重編使琉球錄》，明. 嘉靖 40 年(1561 年)

郭汝霖是明朝嘉靖 40 年（1561 年），被任命為第 13 回出使琉球王國的冊封正使。歸國後，郭汝霖與李際春共同著書《重編使琉球錄》。書中有提到釣魚嶼（釣魚台）及赤嶼（即赤尾嶼、日稱大正島），其文如下。

「嘉靖三十四年六月，琉球國中山王尚清薨。三十七年正月，世子尚元差正議大夫、長史等到京，請乞襲封王爵。

越嘉靖四十年……，五月二十九日，至梅花開洋。幸值西南風大旺，瞬目千里，長史梁炫舟在後，不能及，過東湧小琉球。三十日，過黃茅。閏五月初一日，過釣魚嶼。初三日，至赤嶼焉。赤嶼者，界琉球地方山也。再一日之風，即可望古米山矣。」⑰

這段文字，郭汝霖、李際春指出，赤嶼是琉球的界山。這「界山」，井上清教授、楊仲揆、林富田及中國方面的學者，認為這是說明赤嶼乃中國與琉球之國界。過赤嶼即屬琉球，而赤嶼以西、包括赤嶼都屬於中國的領土。⑱

不過，對這樣的說法，日本方面的學者當然不能認同。特別是石井望教授，引用郭汝霖另一部著作《石泉山房文集》（1561年）的下文：「臣等滯留至嘉靖四十年夏五月二十八日，始得開洋。行至閏五月初三日，涉琉球境界，地名赤嶼。」指出當時郭汝霖從中國出發，他第一個認為「進入」（即「涉」）琉球的領土，就是赤嶼（赤尾嶼、大正島）。所以赤嶼是屬於琉球的領土（此點，稍後黎蝸藤博士也有論及）。⑲

其實，持平而論，郭汝霖（李際春）所言之「赤嶼者，界琉球地方山也」，並未註明「赤嶼」（赤尾嶼）是屬於任何一國的領土。如前所論，赤嶼以西的那些島嶼，大多附屬於台灣（即小東）。那麼台灣當時既屬「無主」地帶，這些島嶼（包括釣魚台、赤嶼等在內）按理，很明顯地亦應該歸屬於「無主」的島嶼才是！井上清教授因為對當年的台灣歷史及其法律地位，可說是完全無知的「素人」。因此，對釣魚台列嶼的主權歸屬，才會如此荒謬地，發出其向中國一邊倒的政治論述與姿勢（借用其言）。

4. 鄭若曾《鄭開陽雜著》，嘉靖 40 年 (1561 年)、鄭若曾《籌
　　海圖編》，「萬里海防圖」、「福建沿海山沙圖」，嘉靖 42
　　年 (1563 年)

　　鄭若曾，字伯魯，號開陽。嘉靖初年貢生。他既是軍事家也
是地理學家。嘉靖 40 年 (1561 年) 著有《鄭開陽雜著》一書。另
在嘉靖 42 年 (1563 年)，他以幕僚身分協助抗倭將領胡宗憲的時
候，又編著《籌海圖編》一書。《籌海圖編》因爲版本衆多，有
的版本以胡宗憲的名義發行，所以如井上清教授等，日本學者多
人，都以爲該書是胡宗憲所著。但現在已被考證，鄭若曾才是眞
正的作者。⑳

　　在《鄭開陽雜著》卷七有〈福建使往大琉球針路〉一條，記
由福建往那霸沿島各島嶼針路、更程，當然包括釣魚嶼在內 (據
鄭海麟教授的考證，鄭若曾所記之針路線，實得自前述鄭舜功之出使紀
錄)。㉑而卷七所附之「琉球國圖」中，鄭若曾把釣魚台列嶼畫
在琉球的地圖上。因此，日方論者乃指稱，這豈非證實釣魚台列
嶼屬於琉球國？可是，同書卷八所附的「萬里海防圖」之第六幅
東南向繪圖中，則將台灣所屬的彭加山 (彭佳嶼)、雞籠山，以及
釣魚嶼、黃毛山、花瓶山、赤嶼等，都將之納入中國的海防範圍。
於是乎，中方論者則認爲，這是證明釣魚台列嶼自古既屬於中國
的固有領土。又在《籌海圖編》卷一，「福建沿海山沙圖」所附
之福建七、八兩幅圖中，亦同樣畫有雞基山 (雞籠山)、彭加山、
釣魚嶼、化瓶山 (花瓶山)、黃毛山 (黃尾嶼)、橄欖山、赤嶼等諸
島嶼。這也被井上清教授及中國方面的論者，視爲明朝已經把釣
魚台列嶼，納入其統治的證據。㉒

　　然而，其實海防圖並不是政區圖。奧原敏雄教授指出，海防

圖的性格是預測敵人侵犯之路線而繪畫的。所以，其繪畫的地域，經常也難免含有他國的領域或島嶼。因此，若欲藉由海防圖的記載，便要主張或宣稱其領土的主權，這是絕對行不通的。更何況，有如斯界學者原田禹雄、黎蝸藤等人所指稱，鄭若曾所畫的海圖，錯誤成分很大。既有方位上的混亂，也有當時明顯不屬於中國領土的台灣，如彭加山與雞籠山（即台灣）。這都充分證明在海防圖上畫出了某個島嶼，並不等於中國在當時對這個島嶼，就有其主權關係。因而，也無法證明當時的釣魚台列嶼，是屬於中國的領土。㉓

　　總之，鄭若曾的《鄭開陽雜著》及《籌海圖編》二部著作，雖都在海防圖上畫上了釣魚台列嶼，但並未註明釣魚台列嶼到底是屬於琉球國或中國的行政區域。因此，這些海防圖所畫出來的釣魚台列嶼，只不過是航海路線的一個地標而已。既無領海內的「排他性」、更無領土內的「管轄權」。這裡，事實上，只能證明釣魚台列嶼既不屬於琉球也不屬於中國；釣魚台列嶼在當時仍是屬於一群「無主」的島嶼。

## 5. 蕭崇業、謝杰《使琉球錄》，萬曆 7 年（1579 年）

　　蕭崇業是第十四回冊封使正使，謝杰是副使。兩人共著《使琉球錄》（1579），並無特別提及釣魚台列嶼。惟該《使琉球錄》卷前，附有〈琉球過海圖〉，共七幅。記有自廣石梅花頭至那霸港，入琉球城天使館的針路、更數甚詳。可說是第一部中琉水道地圖。茲引述如下：

　　「梅花頭，正南風，東沙山，用單辰針六更船；又用辰巽針二更，取小琉球頭；乙卯針四更船，彭佳山；單卯針十一更

船，取釣魚嶼；又用乙卯針四更船，取黃尾嶼；又用卯針五更
船，取赤嶼；用單卯針五更船，取姑米山；又乙卯針六更船，
取馬齒山直到琉球大吉。」⑳

　　又副使謝杰另著《琉球錄撮要補遺》(1957 年)，雖首次載有
「去由滄水入黑水，歸由黑水入滄水。」但兩書都不曾記載釣魚台
列嶼的歸屬問題。㉕

6. 夏子陽. 王士楨《使琉球錄》，萬曆 34 年 (1606 年) 之「使
　　事記」中，有如下記載了過釣魚嶼與黃尾嶼的情形；並
　　記載了黑水溝的存在。

　　　「二十四日黎明，開洋。南風迅發，一望汪洋，渺渺連
天。……二十六日，過平佳山、花瓶嶼。二十七日午後，過釣
魚嶼。次日，過黃尾嶼。是夜風急浪狂，舵牙連折。連日所過
水皆深黑色，宛如濁溝積水，或又如靛色；憶前《使錄補遺》稱：
『去由滄水入黑水』，信哉言矣！二十九日，……望余舟而迎者。
三十日，過土那奇山，復有一小夷舟來迎；即令導引前行。午
後，望見琉球山，殊為懽慰。……次日，始達那霸港。」㉖

　　上文所記，雖有提及過釣魚嶼和黃尾嶼的情形，但都未論及
其歸屬的問題。另對「琉球海槽」(黑水溝) 有重新認識之外，亦
別無論及中琉國境之事。這裡，所記的釣魚台列嶼，毋庸多言，
僅是屬於中琉航海路上的一個地理標識而已。

7. 汪楫《使琉球雜錄》，清康熙 22 年 (1683 年)

　　汪楫是清朝第二次冊封使。1683 年 6 月使琉，回國後著有《使

琉球雜錄》、《冊封疏抄》及《中山沿革志》二卷。其中《使琉球
雜錄》共五卷，內有記釣魚台列嶼，並首次提及「黑水溝」，是
否為「中外之界」的疑問？其文如下。

「及二十四日天明，見山，則彭佳山也。不知諸山何時飛
越？辰刻過彭佳山，酉刻，遂過釣魚嶼，……二十五日，見山，
應先黃尾而後赤嶼，不知何以遂至赤嶼，未見黃尾嶼也。薄暮
過郊（或作溝），風濤大作。投生豬、羊各一，潑五斗米粥，焚
紙船，鳴鉦擊鼓，諸軍皆甲，露刃俯舷作禦敵狀，久之始息。
問『郊』之意何取？曰：『中外之界也。』『界』於何辨？曰：『懸
揣耳』。然頃者恰當其處，非臆度也。」㉗

針對上文，當冊封使汪楫的船隻在經過一個叫「郊」（即前述
「烏水溝」或稱「琉球海槽」，其水深達 2,000 米左右）的界限時，他詢
問船手「郊」之意是什麼？船手答稱是「中外之界」。然而，當
汪楫再問如何分辨這個「郊」的界限時，船手答稱「只是靠猜測
而已。」可見，當時這條「郊」的定義是十分含糊不清的！但是
楊仲揆教授卻貿然強釋為「過赤尾（等於過郊：筆者）即出了中國
國境。」㉘亦即認為赤尾嶼已是中國的島嶼。然而，事實上，如
前述，當時釣魚嶼、黃尾嶼等都屬於「無主」地帶，何來更接近
琉球列嶼的赤尾嶼，會獨獨成為中國的領土呢？真是莫名其妙！
筆者在此要另舉一個史實，即汪楫出使琉球的同年（1683 年）
9 月 13 日，清施琅攻台。在台的鄭氏政權無力抵抗，終於無條
件的完全降伏，結束鄭氏三代 21 年的台灣統治。其時，如前述，
清廷立即下令要將台灣的漢人移民，全數遣反大陸原籍，明白表
示要放棄台灣。後來，聽取施琅的建議，才於 1684 年 5 月 27 日

(康熙23年4月14日)，清廷正式將台灣設爲一府，隸屬福建省管轄。台灣府下設台灣（包括澎湖群島）、諸羅、鳳山三縣實施統治。由此觀之，當年的中國清廷，怎會去認爲「黑水溝」是中外（琉球）的界線或國境；並主張那些比台灣更遙遠，區區不毛，無人居住的荒島—釣魚台列嶼爲中國的核心固有領土？這是既簡單又明顯的道理，也是千眞萬確的歷史史實。

## 8. 徐葆光《中山傳信錄》，康熙59年（1720年）

徐葆光是，清康熙58年（1719年）冊封琉球國中山王尙敬副使，正使是海寶。徐葆光在1719年5月22日至1720年2月26日，使琉期間獲得琉球著名的儒學者紫金大夫程順則的協助，編纂了一部有關琉球史地、政制及風俗的經典著作；書名《中山傳信錄》（共六卷），1720年該書在〈福州往琉球〉針路篇中，有引用如下程順則《指南廣義》之記述，並在其中加註（即括弧內的內容）。亦即：「《指南廣義》云：福州往琉球，由閩安鎮出五虎門東沙外開洋，用單（或作乙）辰針十更，取雞籠頭（見山，即從山北邊過船，以下諸山皆同），花瓶嶼、彭佳山；用乙卯並單卯針十更，取釣魚台；用甲卯針四更，取黃尾嶼；用甲寅（或作卯）針十更（或作一更），取赤尾嶼；用乙卯針六更，取姑米山（琉球西南方界上鎮山）；用單卯針，取馬齒；甲卯及甲寅針，收入琉球那霸港（福州五虎門至琉球姑米山，共四十更船）。」[29]

對上文，徐葆光將「取姑米山」加註爲「琉球西南方界上鎮山」這句話，原本應只有指稱姑米山是琉球西南方向的主山，並不是邊界上的界山。但中方學者則強詞用以論證姑米山爲琉球西南方的邊界。不過，對如此單方的論述，斯界黎蝸藤博士則指稱：「即便這裡的鎮山指的是界山，也只是說明了這裡是琉球的邊界，

而沒有說明這是中國的邊界。」[30]據此，持平而論，筆者認爲姑米山西南方的釣魚台列嶼，雖然不屬於琉球所有，但也不能強言這些島嶼，就必定要歸屬於台灣或中國！

其次，《中山傳信錄》卷四，有詳細記載〈琉球三十六島〉，但釣魚台列嶼並不在其中。[31]於是，楊仲揆教授據此，就很鐵定的說：「可見釣魚台之確實屬於中國，而非琉球也。」同時楊教授還引用該卷下文：「三十六島，前錄未見，惟張學禮記云：賜三十六姓，教化三十六島。其島名物產則未之及也。今從國王所，請示地圖。王命紫金大夫程順則爲圖，徑丈有奇，東西南北，方位略定。然但註三十六島土名而已。其水程之遠近，土產之磽瘠，有司受事之定制，則俱未詳焉。葆光周諮博采，絲聯黍合，又與中山人士，反覆互定，今雖略見眉準，恐舛漏尚多。加詳審定，請俟後之君子。」竟稱；「由此可見此三十六島圖及圖說，確爲中琉雙方官員共同審訂之官文書，應有官文書之法律效力。而將此圖及圖說及針路圖等三件對照研究，則釣魚台列嶼之不屬於琉球而屬於中國這一觀點，應該是符合法律原則而爲法庭所接受的。」[32]

筆者十分不解，琉球政府對徐葆光的修書協助，爲什麼竟會變成「中琉雙方官員共同審訂之官文書」呢？試問該官文書有無法定的簽署蓋章？既無法定的簽署蓋章，又何來有法律效力呢？既無法律效力，又何能使法庭接受呢？其實，釣魚台列嶼雖不被記載在琉球三十六島之內，但也沒有記載說明釣魚台列嶼是屬於台灣或中國的釣魚台列嶼。斯時，確實仍是屬於一群「無主」的荒島而已。

## 9. 黃叔璥《台海使槎錄》，康熙 61 年 (1722 年)

清康熙 61 年 (1722 年)，清廷巡視台灣御史黃叔璥著有《台灣使槎錄》一書 (前揭)。該書卷二〈赤嵌筆談〉，「武備」條內，在歷舉台灣府水師船艇的巡邏線、沿途哨所之後，特地指出:「山後大洋，北有山名釣魚台，可泊大船十餘；崇爻之薛坡蘭，可進杉板。」[33]

對上文黃叔璥所記載的釣魚台，中國學者一致指稱，該釣魚台即是今日的釣魚台。所以，當時已屬中國管轄的領土。但最近經由黎蝸藤博士的考證，指出黃叔璥所記的「釣魚台」，並不是今天有紛爭的釣魚台，而是台東中部沿海一帶，可能是今天成功鎮的三仙台。不過，筆者比較認同台灣史學者程大學所指稱的:「釣魚台即是今日之台東港。」[34]要之，以現今的釣魚台持實而論，何來「可泊大船十餘」呢？所以，黃叔璥記載之「釣魚台」，絕非今日之釣魚台是十分明白的！

## 10. 周煌《琉球國志略》，清．乾隆 21 年 (1756 年)

周煌是清乾隆 21 年 (1756 年) 出使琉球冊封副使，正使全魁。歸國後著書《琉球國志略》共 16 卷。其著卷五〈山川‧海〉，有述及釣魚台與過黑水溝的情況。但就中有這段文字:「(琉球) 環島皆海也。海面西距黑水溝與閩海界。福建開洋至琉球，必經滄水過黑水，古稱滄溟，溟與冥通，幽元之意，又日東溟琉地。」認爲黑水溝是琉球海面與福建海面的交界，而東溟的海域歸屬琉球。於是中國方面的學者，乃據理主張西溟既屬中國，那西溟至福建的海域，當然包括釣魚台列嶼在內，則應當都歸屬爲中國的島嶼。[35]然而，這樣單方的論著，縱使是屬於官方文獻的記述；

既無「先占」的事實，更無兩國間的交涉，在法理上，怎能「自我」規範兩國間的境界呢？這是絕對不能成立的！

事實上，稍後，即 1760 年（乾隆 25 年），十八世紀最為詳盡、最為權威的中國地圖冊《清代一統地圖》（總共有 103 幅圖），根本找不到釣魚台這個島嶼。㊱

## 11. 蔣友仁（Michel Benoist）《坤輿全圖》，乾隆 32 年（1767 年）

法國人 Michel Beoist 是一名傳教士，中文名叫蔣友仁。1760 年他為慶祝乾隆帝 50 歲生日，繪畫一幅世界地圖，取名為《坤輿全圖》。據說，後來經過莊親王、欽天監何國宗等中方要員，以及在京的西方傳教士審定之後，他在 1767 年（乾隆 32 年），重新畫出現存的第二版。該圖內有閩南語方言，書釣魚嶼為「好魚須」、黃尾嶼為「歡未須」、赤尾嶼為「車未須」等。據鄭海麟等諸中方學者的研究，稱該圖以顏色把釣魚台列嶼畫在中國界內。惟台灣斯界學者黎蝸藤則指稱，「儘管畫上了釣魚台（列嶼），但是在圖上卻沒有釣魚台歸屬的標誌。」並質疑，「這些島嶼一直以來都有正規的官方名稱；那麼為什麼由當時朝廷權威人士審核通過的地圖，沒有用上這些中國標準的地名呢？……因此唯一的解釋，就是當時中國官方地理學家對這些島嶼根本沒有認識。」㊲

筆者不是地理學的專家，對那張有爭議的地圖不敢多言。但如下述，若果只要憑某一張地圖，就要來決定某些土地或島嶼的歸屬，那麼日人林子平《三國通覽圖說》（1785 年），書中所繪畫的〈琉球三省并三十六嶋之圖〉，就要成為一個大問題了。因為該圖雖然亦將釣魚台列嶼的著色，畫在中國粉紅色界內，可是卻將已歸屬於中國的台灣畫為黃色，以區別中國。這將如何處理呢？㊳這裡，筆者認為當時的釣魚台列嶼，已日漸被知悉為中琉

航海路上的一個重要標誌。所以外國，傳教士們才會將這些島嶼，畫在世界地圖上。但是他們對這些島嶼的主權歸屬，並無特別留意。因為這些島嶼，在當時根本就是一群無人居住的荒島而已！

## 12. 林子平《三國通覽圖說》，日本天明 5 年 (1785 年)

林子平是一位日本江戶時代的經世論家。當他著書《三國通覽圖說》時，他是仙台藩伊達藩主之家臣。同書文中，附有一幅所謂「琉球三省并三十六嶋之圖」。該圖如上述，對釣魚台列嶼和中國大陸都用粉紅色作為標識。於是，支持中國的井上清教授等人，就認為這是可證明釣魚台列嶼在當時已歸屬於中國，並被日本政府承認。

然而，這幅「琉球三省并三十六嶋之圖」，如上述，竟將當時已歸屬於中國大陸的台灣，畫為黃色，而不同於中國大陸一樣的粉紅色。而且，也十分不正確地將台灣畫成僅有琉球本島三分之一大的面積。可見其著色的隨意及其對國界地理認識之不足。對此點，井上清教授雖有種種詭辯，但終難令人信服。其實，這本書籍出版之後，立即被當時日本政府 (德川幕府) 列為禁書，並將其版本書籍沒收。[39] 所以，很明顯地本書並不是日本政府的官方文獻，也不曾受日本政府支持承認。本書有如評論家石平氏的指稱：「僅可說是日本一介民間學者的立場及論述，不但不能代表當時日本政府的態度；更無權限在其所畫的地圖上，就要來決定琉球王國的國境，或釣魚台列嶼的領土歸屬。」[40]

## 13. 李鼎元《使琉球記》，嘉慶 5 年 (1800 年)

李鼎元是清嘉慶 5 年 (1800 年) 出使琉球冊封副使，正使是趙文楷。歸國後著書《使琉球記》(1800 年)。同書卷三，有關於

釣魚台列嶼及黑水溝的記載如下。

> 「初九日，庚寅，晴。卯刻，見彭家山，……申正，見釣
> 魚台，三峰離立如筆架，皆石骨。……入夜，星影橫斜，月色
> 破碎，海面盡作火焰，浮沉出沒；木華《海賦》所謂『陰火潛
> 燃』者也。舟人稟祭黑水溝。按：汪舟次《雜錄》：『過黑水溝，
> 投生羊、豕以祭，且威以兵。』今開洋已三日，莫知溝所。琉
> 球夥長云：『伊等往來不知有黑溝，但望見釣魚台，即酬神以
> 祭海。』隨令投生羊、豕，焚帛、奠酒以祭，無所用兵。連日
> 見二號船在前，約去數十里。初十日，辛卯，晴，……計彭家
> 至此行船十四更。辰正，見赤尾嶼，嶼方而赤，東西凸而中凹，
> 凹中又有小峰二。」[41]

中國清朝的琉球冊封使，如前述歸國後所著的《使琉球錄》，大多有提及黑水溝的祭祀，或認爲黑水溝是「中外之界」。但李鼎元出使琉球之後，如上文，雖仍有述及「過溝祭」的字眼。但祭祀的是琉球人，而琉人祭祀的準則是望見釣魚台；這完全與「中外之界」的事無關了。嗣後，隨著清朝勢力的衰退，特別是清末鴉片戰爭爆發（1840 年至 1842 年 8 月 14 日）之後，清廷已無力、更無暇再顧及其他海外的紛爭或細事。因此，之後的冊封使，對釣魚台列嶼的認知，亦日漸淡薄，不再關心。未久，1893 年，東亞新興的日本帝國，遂依「先占」的法理，占據了整個釣魚台列嶼。

又在此順道一提，當 1970 年，台日釣魚台爭議開始之後，突然出現了一份聲稱是 1893 年（光緒 19 年）慈禧太后的詔諭。內容是太常寺正卿盛宣懷的藥店，採用台灣海外釣魚台小島所配

製的風濕藥，醫治好了慈禧太后的風濕病。因此，慈禧太后在 1893 年 10 月，下詔把釣魚台、黃尾嶼、赤嶼等三島，賞賜給盛宣懷，以供其採藥之用。這項聲明當然引發了保釣人士的振奮。但這「詔諭」，旋即被斯界的學者，以文體不類、文白夾雜、用詞不合、鈴印不符；以及在清朝重要文獻裡，例如《清朝實錄》、《東華錄》、《東華統錄》等，都找不到記錄；所以被確認其為「後人偽作」的贗品。於是，明眼人乃不再提及此事。可是迄今，中方不恥的學人，仍然常有引用這個假「詔諭」，來做為釣魚台列嶼屬於台灣或是中國的一個鐵證。㊷真是令人喟嘆！

綜上所述，從近代中日歷史文獻的探討，雖可確認釣魚台列嶼不曾附屬於琉球王國；但也無法尋出所謂「自古釣魚台列嶼既屬於台灣」的依據 (儘管中國認為釣魚台列嶼自古既屬於台灣。但最近又有一例，亦即根據日本拓殖大學下條正男教授的研究指出：清朝在 1683 年 9 月，征服鄭氏王朝、併吞台灣之後；未久，康熙帝於 1699 年授命西洋傳教士，以近代測量方法所繪製而成的清朝最早全國地圖《皇輿全覽圖》1717 年完成。並沒有記載釣魚台列嶼附屬於台灣。因此，下條教授認為清朝自據有台灣以來，一直都沒有同時領有過釣魚台列嶼。〈產經新聞〉，2015 年 9 月 28 日刊)。當時，那些無人居住，而又險要的荒島，雖然日漸被認識為中琉航海路上的一個重要地理標誌。但其法律地位，迄至 1895 年 1 月 14 日，日本以「先占」據有為止 (詳後述)，都屬於一群「無主」的荒島地帶。今日這些島嶼的主權爭議，就如上述，實起因於其地下藏有豐富的重要石油資源之故。這是中國無理鴨霸的強權「政治爭論」，絕非正義理性的法律訴求！筆者在此願以一介小學人，真摯地盼望今後台灣當局，千萬不可再有所謂「保釣愛國」的戲劇行動，應持有明理、明智的決策才是！

# 第二節 釣魚台列嶼（尖閣諸島）被日本先占的 經緯

## 一、日本併吞琉球王國與日清糾葛

　　琉球王國如上述，從明朝洪武 5 年（1372 年）開始，實是因為與中國經濟交流的利益，接受中國的冊封，進行朝貢，形式上是屬於中國的藩屬國，但實際上，還是一個完全的獨立國家。[43]可是，1609 年（慶長 14 年）2 月，日本薩摩藩主島津家久獲得德川家康幕府的認可，於同年 3 月初，命令薩摩藩家老樺山久高帶領大軍 3 千餘人，分乘百艘戰船南下入侵琉球，擄走琉球尚寧王及其高官要員，並殺害其最高實力者三司官鄭迵（謝名利山），史稱「長慶之役」。結果，琉球除割讓奄美大島、鬼界島（喜界島）、德之島、與論島及沖永良部等五島給薩摩藩之外，也不得不接受薩摩藩的實質統治。[44]嗣後，表面上，琉球王國仍然維持接受中國的冊封，惟中國「宗主國」的地位，只不過是名義上而已。

　　1868 年 1 月 20 日，如周知，日本德川慶喜幕府還政天皇（史稱「大政奉還」），日本開始進行所謂「明治維新」大改革，由封建制度移入近代資本制，國力亦日漸壯大。1871 年（明治 4 年）8 月 29 日，日本政府實施「廢藩置縣」，薩摩藩被改稱為鹿兒島縣，琉球王國則繼續歸由鹿兒島縣管轄。而正巧，就在同年 12 月，琉球八重山群島漁民於台灣南部海岸遇難，54 名存活者全遭原住民殺害，引起了所謂「台灣事件」（筆者另書已有詳述，又本書第四章第四節、三，亦有略述）。1872 年（明治 5 年）10 月 16 日（陰曆 9 月 14 日），日本政府又將原先歸屬鹿兒島縣管治的琉球王國，

改爲「琉球藩」並於同年 10 月 28 日，將該藩的事務改由內務省管轄，並將其降格列爲與日本其他府縣同等。⑮

一方面，對琉球漁民遇難的「台灣事件」，清廷於 1873 年 (明治 6 年) 6 月 11 日，主張「台灣蕃民」爲「化外之民」，遂引發日本出兵遠征台灣。1874 年 (明治 7 年) 5 月，日本遠征軍登陸瑯瑀灣，進討牡丹社。同年 10 月 30 日，經由英公使的調停，日清紛爭獲得解決。翌日，雙方訂立「日清兩國間互換條款」及「互換憑單」(中方稱爲「北京專約」)。清國承認日本擁有琉球的主權，但日本也承認台灣東南部的領域歸屬清國統治 (前述)。

如是，日本既獲清廷承認琉球的主權，日本政府乃決意「處分琉球」。1875 年 (明治 8 年) 3 月 31 日至 5 月 4 日，日本內務大丞松田道之對上京的琉球使節池城親方安規、与那原親方、幸地親方朝常等人，提出日本政府處分琉球王國的方案；亦即包括改奉明治年號、停止向清廷進貢和冊封、改革刑法及使用日本法律、藩治官制的改革等等。琉球使節團聞悉這項「處分方案」，大爲震驚，雖力拒抗爭，懇求萬事一切如前，但爲日本政府峻拒。同年 7 月 14 日，內務大丞松田道之奉三條實美太政大臣之命，帶同伊地知等人及琉球使節團進入首里城南殿，向琉球王國重要官員數十人，宣讀日本政府如下的訓令，並撰成〈公文書〉，交付琉球政府。其內容共九項，即 1. 禁止再向清國朝貢、朝賀；2. 禁止再受清國冊封；3. 改奉日本正朔，遵行明治年號；4. 改行日本刑法，派遣有關人員兩至三名到東京研習；5. 改革琉球官制，使與明治維新官職制無異，並確立琉球藩王爲天皇的藩臣，琉球人亦爲日本國民；6. 選派約 10 名少壯學員赴東京學習；7. 關閉福州琉球館，與清國的商業往來和人民的居留，悉歸日本廈門領事館管轄；8. 琉球王須迅速上京爲朝廷出兵台灣保民、取得清國

撫恤金之事謝恩；9. 日本派遣鎮台分營駐屯琉球要地，琉球兵備乃日本國防之一部分等。⑯

　　毋庸多言，這項處分令即是完全剝奪了琉球王國的外交、內政權限。琉球政府除了震懾之餘，當然也表明無法完全接受，並迄至 1876 年（明治 9 年）10 月間，屢屢派員上京向日本政府陳情嘆願。可是，日本政府心意已決，先於 1876 年 8 月 1 日，將琉球藩的裁判權、警察權移管入內務省的琉球出張所。復於同年 9 月 3 日，派遣熊本鎮台步兵第一分隊屯駐那霸近郊古波藏地區，威壓藩府。⑰

　　另方面，琉球藩除了向日本政府嘆願之外，亦於 1876 年 12 月，派遣密使幸地親方朝常向清國請求干涉支援。同時也向美、法、荷蘭等國哀稟求助，琉球處分遂呈有國際化之趨勢。鑑於琉球藩的反抗與要求清國的干涉，日本政府原欲加速處分琉球，但 1877 年（明治 10 年）1 月 30 日，日本國內爆發了所謂「西南戰爭」，鹿兒島縣不滿新政府的士族，推西鄉隆盛起兵反亂。因此，明治政府為鎮壓平亂，暫時無暇顧及琉球事務，直至同年 9 月 24 日，西鄉兵困故里「城山」自刃亂平為止。隨後，日本政府乃決意要廢除琉球藩並將其改為沖繩縣。1879 年（明治 12 年）1 月 25 日，日本政府再度派遣內務大書記官松田道之帶同熊本鎮台及少數兵員抵達那霸。翌日，即於首里城南殿，向藩王代理今歸仁王子及按司親方等宣讀太政大臣的「督責書」，並限定琉球政府必須於同年 2 月 3 日上午 10 時前，答覆日本政府「廢藩置縣」的各種事宜。不料，2 月 3 日，松田大書記官所收到的琉球藩尚泰王之作覆，竟然不是什麼「遵命書」，而是搬出「清國乃富強大邦，向重威信，……（日本）政府若施暴於我，清國是必憤然起師來助」等相脅的強詞，拒絕從命。萬不得已，松田大書記官一行，

遂於同年2月13日，返抵東京復命。但此舉當然激怒了日本當局，同年3月11日，松田道之大書記官被加封爲「琉球處分官」，並於同年27日，率領共計600名的官僚、軍警，第三度南下琉球，浩浩蕩蕩地進入首里城。旋在書院廣場上，松田處分官向藩王的代理人今歸仁王子、三司官及衆官員，宣讀非常簡短的「廢藩置縣令」。其文即「廢琉球藩，並設置爲沖繩縣，謹此布達。而縣廳則設於首里城。」另除了下達「廢藩置縣令」之外，松田處分官更傳達其他的執行令。主要包括查封官家文案，交出民間的土地登記簿及封鎖首里城等。同時又下令尚泰王最遲於3月31日正午前，遷離首里城。職此，同年4月4日，日本政府公告廢除琉球藩，新設沖繩縣。翌5日，又宣布舊肥前鹿島藩主鍋島直彬爲沖繩縣之新縣令；而琉球藩王尚泰則必須遷往東京居留。同年6月17日，琉球尚泰王將藩印奉還日本政府。就這樣，日本完全併吞了琉球王國。⑱

然而，日本將琉球廢藩置縣，激起了部分琉球人的反對，引發琉球復國運動。同時亦於1879年5月20日，遭遇到清國的嚴重抗議，成爲外交上的一個難題。恰巧當其時，美國卸任總統格蘭特（Ulysses S. Grant）在環球旅行中到達中國，他接受清廷之託，試圖調停中日兩國間的爭議。隨後，以此爲契機，日本於1880年（明治13年）3月27日，向清廷提出「琉球分島」與「日清北京條約」（北京通商章程）兩案，共議爲題，進行協商。結果，日清雙方經過八次的會商協議，同年10月21日，「北京通商條約修改」（日本享受西方列強條約的「一體均霑」）及「琉球條約」（沖繩群島及以北的島嶼歸日本，宮古群島和八重山群島割讓清國）兩案，同時協商成立，並規定三個月內互換批准書。但是議約雖達成，中方主政者李鴻章卻認爲：「所稱八重、宮古二島，土產貧瘠，無

能自立，⋯⋯而以內地通商實惠，易一甌脫無用之荒島，於義奚取？」乃極力主張拖延簽約，採取擱置政策。於是協議終無正式簽署和確認。日本方面指責清國「欺弄」、「失信」。1881 年（明治 14 年）1 月 17 日，日本宣告中（清）日協議破裂，對琉球問題採取自由行動，終於將整個琉球王國完全併吞，歸屬日本所有。⑭

又順便一提，日清琉球分島案，所提到的島嶼都沒有釣魚台列嶼之名。從而可知當時釣魚台列嶼既不屬於琉球，也不屬於任何國家、包括中國在內。該列嶼仍然還是屬於一群「無主」的荒島地帶。

## 二、日本占有釣魚台列嶼的歷史經緯

日本在正式併吞整個琉球群島之前，如上述，從未有占據釣魚台列嶼的任何意圖。譬如，1877 年（明治 10 年）日本實際上已占據了琉球王國，而日人伊知貞馨所著的《沖繩志》一書（有代表日本官方的見解），對琉球王國的範圍和屬島，都作了很明確的界定。即北緯 24° 至 28°40′，東經 122°50′ 至 132°10′，轄區內為沖繩本島及 36 島。所附琉球群島全圖，包括沖繩島全圖、久米島全圖、宮古島全圖及八重山全圖等，但都無記載釣魚台列嶼（尖閣諸島）。⑮

然而，未久，在 1879 年（明治 12 年）3 月，日人松井忠兵衛所繪，經由日本內務省審核通過出版的《大日本全縣圖》，則首次把釣魚台列嶼劃入日本的版圖內。其中釣魚島被稱為「和平山」、北小島及南小島被稱為「凸島」、赤尾嶼被稱為「嵩尾礁」、黃尾嶼則稱為「黃尾礁」。同年 9 月 12 日，日本內務省地理局編《大日本府縣管轄圖》，亦正式將釣魚台列嶼編入日本版圖內，並

將該嶼歸爲沖繩縣管轄。惟當時可能是誤植，竟將應該歸屬於台灣北部三島之一的「花瓶嶼」稱爲釣魚嶼（餘則不變）。不過，旋於同年 12 月 3 日，由柳田赳編製刊行的《大日本全圖 JAPAN》，則再將「花瓶嶼「（釣魚嶼）改正爲「和平山」（即釣魚嶼），餘則將北小島及南小島稱爲「凸山」、黃尾嶼不變，赤尾嶼則爲「嵩尾嶼」。⑤

一方面，當日本政府正式將釣魚台列嶼劃入日本領土範圍時，清廷並未向日本政府提出任何異見或抗議。可是，平心而論，在法理上，有如前述，僅憑一張地圖的繪畫或記載，實亦不能達成所謂「先占」的條件。又日本政府爲何會在剛「處分」吞併琉球之後，突然做出這樣的決定呢？這個謎，筆者認爲當時環繞著「琉球處分」的爭議，日本既然有意分島割讓宮古、八重山兩群島給中國（清廷），爲了今後日清在東海疆界，不再發生任何爭議，乃預先繪製了這份沖繩縣的管轄圖。這應該別無他意或懷有任何深入的計謀。因爲，事實上如周知，當年的釣魚台列嶼，只不過是一群小小無人居住的荒島；在經濟上根本不是如今被確認擁有豐富的重要地下資源。至於清廷，當時也正值中俄伊犁紛爭之秋，根本就不在乎那些「無用荒島」的歸屬。更何況，事實上，那些島嶼從來也不是屬於清國的領土。總而言之，儘管當時日本官方編製的沖繩縣管轄區域，記載包括了釣魚台列嶼；但在近代的國際法法理上，這並不能達成「先占」的條件。日本之「先占」領有釣魚台列嶼（尖閣諸島），實是經過下記的歷史軌跡，才獲得的！茲依年代順序，摘要引述如下。

1859 年（安政 6 年），琉球王國（其時已歸屬薩摩藩統治）的官員大城永保，首次登陸魚釣島、黃尾嶼、赤尾嶼等三島，探查三島之地勢、植物及鳥類的分布等情形。稍後，1884 年（明治 17 年）

3月，琉球人古賀辰四郎乘大阪商船永康丸探查尖閣列島（釣魚台列嶼），並登陸黃尾嶼，發現島上有豐富的鳥類（信天翁）羽毛資源。隨後，他在石垣島設立基地，從事採集鳥羽及海產，並於翌 1885 年（明治 18 年）6 月，向沖繩縣當局申請開拓黃尾嶼的許可證。⑤

　　另方面，1885 年 1 月，日本內務卿山縣有朋下令沖繩縣令西村捨山勘查「散布在琉球及福州之間的無人島」，即釣魚台列嶼的狀況。同年 9 月，西村縣令派遣石沢兵吾前往釣魚台列嶼實地勘察諸島的狀況。而針對日本調查釣魚台列嶼的動向，同年 9 月 6 日（光緒 11 年 7 月 28 日），上海〈申報〉以「台島警信」爲題，揭露了其訊息。報導稱〈文匯報〉登有高麗傳來消息，謂台灣東北邊之海島，近有日本人懸日旗於其上，大有占據之勢。未悉是何意見，姑錄之以俟後聞。然而，對這項資訊，清廷既無反應，更無抗議。這代表了當時清廷並不認爲釣魚台列嶼是附屬於台灣的領土，而且那些毫無經濟價值的荒島，根本就不值得要動干戈去爭取或護衛。⑤③

　　其次，對內務卿山縣有朋於 1885 年 1 月所發的指令，9 月 22 日，沖繩縣令西村捨山回函稟告稱：「關於調查散落在本縣與清國福州間的無人島一事，（中略）其概要如附件所示。久米赤嶼、久場嶼及魚釣島，自古乃本縣所稱地名，又爲接近本縣所轄的久米、宮古、八重山等群島之無人島嶼，說屬沖繩縣未必有礙。但如日前呈報的大東島（位於本縣與小笠原島之間）地理位置不同，與《中山傳信錄》記載之魚釣島、黃尾嶼、赤尾嶼等，屬同一島嶼也不能排除懷疑。如果是同一物，則其不但爲清國冊封舊中山王之使船所詳悉，還分別付之名稱，以作爲琉球航海的目標。故對此次是否與大東島一樣，實地勘查並立即建立國標有所擔憂。

預定 10 月中旬，將雇汽船出雲丸號先行實地考察。至於建立國標之事，尚請指揮就是。」⑤

　　接獲西村縣令的回函，同年 10 月 9 日，內務卿山縣有朋致太政大臣三條實美之上申案，稱：「(前略) 上記群島 (即釣魚台列嶼) 雖然與《中山傳信錄》所記載的島嶼爲同一之物，但這只是爲了掌握針路的方向而已，別無些許歸屬清國之證跡。(中略) 因此，只要沖繩縣加以實地勘查，建立國標之事，當可無礙。」⑤

　　不過，對山縣內務卿的主張，同年 10 月 21 日，井上馨外務卿則認爲：「按此等島嶼接近清國國境，而且清國對各島已有命名。近時清國報紙刊登我政府占據台灣近傍清國所屬的島嶼，對我國抱持猜疑，目前只宜先作實地勘查；(中略) 至於建立國標及著手開拓等事，宜讓他日另覓機會，應予緩辦。」⑤

　　爲何此際，井上外務卿對占據釣魚台列嶼會持有如此愼重的態度？據黎蝸藤博士的見解，認爲是因爲 1884 年 12 月 7 日，朝鮮發生「甲申政變」，日本屈辱的敗北。爲了將來要與中國再決一勝負，在敏感的外交上，暫時有必要吞聲忍氣。⑤ 但是，環繞著「甲申政變」，日本雖然一時失利，最終並未敗北。倒是在 1884 年 12 月 30 日，日本派遣井上馨外務卿爲全權特使，率領陸軍二個大隊 (2,000 名)、七艘軍艦及隨員 62 名，登陸仁川。1885 年 1 月 4 日，在日軍的威壓下，朝鮮不得不簽下〈漢城條約〉，向日本謝罪及賠償日本 11 萬圓等。嗣後, 1885 年 3 月 14 日，爲處理「甲申政變」的善後，並避免日清正面衝突 (其時清國發生「中法戰爭」，而日本則考慮軍備未及充實)；伊藤博文日本全權大使與清國李鴻章全權大使，在天津舉行會談。4 月 18 日 (光緒 11 年 3 月 4 日)，日清簽署〈天津條約〉(三條)。約中第三款，日本獲得對朝鮮的同等監護權，這是日本的勝利。10 年後，朝鮮「東學黨」

之亂，日本即依據此條款出兵朝鮮，遂引爆日清「甲午戰爭」(請參閱本書第五章、第一節、一，已有述及)。所以井上外務卿之持慎重態度，並非受「甲申政變」的影響，此點黎博士諒有誤。而事實上，井上外務卿並不認為釣魚台列嶼是附屬於台灣的島嶼。井上外務卿之謹慎態度，實與伊藤博文參議持同樣的見解，認為其時日本的軍備與國力仍嫌不足；因此，對外的關係，為防萬一，務必提高警戒和保持低調為是。

　　要之，隨後經過井上外務卿與山縣內務卿的協商，1885 年 12 月 5 日，日本政府下達命令，指示西村沖繩縣令稱：「目前無需建立國標。」[58] 關於日本政府在釣魚台列嶼暫緩建立國標一事，中國方面的學者，常有錯覺，認為其時日本政府已承認釣魚台列嶼既是附屬於台灣的島嶼。這真是可謂對歷史與外交策謀的認識不足與無知。此外，當時清廷雖早已風聞日本探查釣魚台列嶼事項，而且報章也有記載；可是清廷既無做任何反應，更無提出任何反對或抗議之聲。這正巧可印證日方的主張：「釣魚台列嶼，別無些許歸屬清廷之證跡。」

　　如是，1885 年日本雖未克占有尖閣列島 (釣魚台列嶼)，但爾後，日本在該列嶼的勘察與活動，從不間斷。例如，1887 年 (明治 20 年) 6 月，日本軍艦金剛號先後赴宮古島、八重山島及釣魚台列嶼等地，調查各島嶼的狀況。1890 年(明治 23 年) 1 月 13 日，沖繩三代縣令丸岡莞爾再度請示中央，在久米赤島 (赤尾嶼)、久場島(黃尾嶼)、魚釣嶼(釣魚台)等地，建立國標以歸屬沖繩縣管轄。1891 年 (明治 24 年)，日人伊澤矢喜太赴魚釣島 (釣魚台)、久場島 (黃尾嶼) 採集信天翁羽毛。1892 年 (明治 25 年) 8 月，日本政府派軍艦「海門號」，赴釣魚台列嶼實地調查各島的狀況。1893 年 (明治 26 年) 日人永井喜右衛門太、松村仁之助登陸黃尾嶼 (久

場島），採集信天翁羽毛。同年伊澤矢喜太又赴黃尾嶼、魚釣島
(釣魚台)採集信天翁羽毛。另同年野田正也登陸魚釣島及黃尾嶼。
此外，同年 11 月 2 日，第四代沖繩縣令奈良原繁重新請示中央，
在久米赤島（赤尾嶼）、久場島（黃尾嶼）、魚釣島（釣魚台）等地，
建立歸屬於沖繩縣管轄之國標。⑤⑨

　　1894 年（明治 27 年）7 月，日清甲午戰爭爆發。戰爭出乎意
料之外，日本連戰連勝，到 9 月，勝負幾乎已底定。隨著在平壤
清軍的潰敗（9 月 16 日）及北洋艦隊的全軍覆沒（9 月 17 日），日
軍遂登陸遼東半島(10 月 24 日)，並對旅順港展開砲擊(11 月 20 日)。
(本書第五章第一節四、日清戰爭始末，已有詳述。) 於是，內務大臣野
村靖在 12 月 27 日，致函外務大臣陸奧宗光，就尖閣諸島國標建
設事宜進行協商，擬將納入尖閣諸島一事，交由內閣決議。其函
文稱:「久場島、魚釣島建設航標一事，如附件甲所示，沖繩縣
知事已經呈報。關係此件之附件乙，係明治十八年時，與貴省商
議之後，以指令下達無需建立。惟今昔情況已殊，故擬另文，將
此事提交內閣會議審議。」結果，1895 年（明治 28 年）1 月 14 日，
日本內閣通過決議，將久場島（黃尾嶼）、魚釣島（釣魚台）等尖
閣諸島，列入沖繩縣管轄，並建立國標。1 月 21 日，伊藤博文
總理大臣正式發布文件，批准沖繩縣在釣魚台列嶼建設航標的議
案。至此，經過漫長的歲月，日本終於達成「先占」這些無人的
荒島──尖閣諸島（釣魚台列嶼）。其間，中國政府都沒有提出任
何抗議或反對的行動。⑥⓪

　　再則，台灣的中國國民黨和大陸中國方面的學者，常常引用
日本親中派井上清教授的謬論，稱日本趁「甲午戰爭」，先行竊
取附屬台灣之釣魚台列嶼。⑥① 而「甲午」戰後所簽訂之「馬關條約」
第二條第二項，規定將「台灣全島及所附屬各島嶼」割讓予日本

（前述）；因此，法理上釣魚台列嶼亦隨台灣的割讓而給予日本。職是，二次大戰後，日本既然將台灣交還給「中華民國」(國民黨)，法律上釣魚台列嶼也當然應該包括在內歸還中國。⑥這種歪曲史實，又故意把釣魚台列嶼的歸屬，與日清「馬關條約」混爲一談，誠然令人喟嘆和費解。筆者在此要鄭重地強調：「釣魚台列嶼自古迄今，從來都不附屬於台灣，更不曾接受過台灣當局的任何管轄或統治。」今後，環繞著釣魚台列嶼的主權爭議，我們應該秉持理性的態度，並要自我克制。至於對該列嶼附近海域的漁業權，在歷史上，我們有足夠的權利，可與日本力爭。

# 三、日本對釣魚台列嶼達成「先占」的實體要件

在近代的國際公法上，先占的實體要件必須要有實效的占有。所謂實效占有，不僅必須要本國國民使用土地或是有居住的事實，更要建立統治該土地的地方權力。茲依年代的順序，簡要地來檢視日本對釣魚台列嶼的實效占有。

1895 年 1 月 14 日，日本內閣通過決議，將釣魚台列嶼歸爲沖繩縣管轄並建立國標。之後，6 月 14 日，古賀辰四郎向日本內務大臣提出尖閣列島租借申請。1896 年 (明治 29 年) 3 月 5 日，日本政府頒布關於沖繩縣郡制的敕令 13 號，4 月 1 日施行。沖繩縣知事依據此敕令，將尖閣列島編入八重山郡。魚釣島 (釣魚台)、久場島 (黃尾嶼)、南小島、北小島劃歸爲日本國有地。7 月 14 日，沖繩縣土地整理事務局官制公布。12 月，土地整理調查開始工作。又 9 月，日本內務大丞批准古賀辰四郎在釣魚島、久場島、南小島、北小島等四島的 30 年無償開採權。⑥

獲得政府對釣魚台四島的開採權之後，1897 年 (明治 30 年) 古賀氏派遣 50 名的開拓人員，前往釣魚台列嶼採集鳥類羽毛、

貝殼、海參、龜殼等物產。起初開拓的基地是設於久場島（黃尾嶼）及南小島，均稱為古賀村。未久，1902 年（明治 35 年）12 月，日本政府將尖閣列島（釣魚台列嶼）編入沖繩縣石垣市大濱間切字登野城。但是 1914 年（大正 3 年），由於八重山村的分割，尖閣列島再度被編入石垣村。⑥⑷

　　一方面，由於漁業的發達，在 1905 年（明治 38 年）以後，古賀氏開始了鰹魚的捕捉和鰹魚的製造；並在釣魚嶼（釣魚台）重新建立基地，開設鰹魚工廠，進行漁業加工。1907 年（明治 40 年）8 月 19 日，古賀氏又獲得政府的許可，在釣魚台列嶼開始採掘磷礦。除此之外，古賀氏又在島上進行了蔬果種植、養牛和養蠶、珊瑚的採集及鳥糞的開採等等。結果，島上日漸繁榮，人口亦日漸增多。於是，古賀氏遂又在釣魚嶼修建碼頭、海產加工廠和宿舍住宅等建築物。在 1909 年（明治 42 年）古賀氏向內務省提出的一份報告書中，尖閣列島的移民共有 90 戶、人口有 248 人，開墾面積共有 60 多畝。11 月 22 日，基於古賀氏在釣魚台列嶼開拓興業的功績，古賀氏獲得日本政府藍綬褒章的表揚。1918 年（大正 7 年）古賀辰四郎去世，其事業由其子古賀善次繼承。⑥⑸

　　1919 年（大正 8 年）冬，中國福建省惠安縣漁船「金合號」，在釣魚島附近遭遇暴風雨，漂流到釣魚島擱淺。得到古賀善次、石垣村村長豐川善佐和助役玉代勢孫伴等人的救助，船主郭合順及船員合計 31 人，平安的被護送經由台灣回到福建。1920 年 5 月 20 日，中華民國駐長崎領書馮冕向石垣村村長豐川善佐及古賀善次等 4 人，頒發感謝狀。其文如下。

　　「感謝狀：中華民國八年冬，福建省惠安縣漁民郭合順等

三十一人，遭風遇難，漂泊至日本帝國沖繩縣八重山郡尖閣列島內和洋島，承日本帝國八重山郡石垣村雇玉代勢孫伴君熱心救護，使得生還故國，洵屬救災恤鄰，當仁不讓，深堪感佩。特贈斯狀，以表謝忱。中華民國駐長崎領事馮冕（華駐長崎領事印），中華民國九年五月二十日（中華民國駐長崎領事印）。」

　　這封感謝狀之「和洋島」，即當時日本名稱的魚釣島（釣魚台、釣魚嶼）。所以當時中華民國政府已十分認識到釣魚台列嶼是歸屬於「日本帝國沖繩縣八重山郡」所管轄，並不是附屬於台灣的島嶼。[66]由此，更可知道日本對釣魚台列嶼的「先占」，在法理上也早已被中國接納、承認，絕非所謂「從台灣竊取」而獲得的！

　　對此姑置不論，1921 年（大正 10 年）7 月 25 日，日本政府再將久米赤島（大正島、赤尾嶼）指定爲國有地。至此，釣魚台列嶼五島全劃歸爲國有地。1926 年（大正 15 年）8 月，古賀善次在魚釣島等四島租借期滿後，沒有再取得免租金的租約。同年 9 月，古賀善次開始每年必須與政府交換租約，而且爲有償的契約。1932 年（昭和 7 年）古賀善次向日本政府申請購買魚釣島、久場島及南小島、北小島等四島嶼。同年 3 月 31 日，日本政府認可其申請；從此這四個島嶼由「國有」，轉爲私有地。古賀家族每年向日本政府交納土地稅。[67]

　　稍後，1937 年（昭和 12 年）7 月 7 日，中日（大東亞）戰爭爆發。因爲戰爭的影響，石油燃料的配給受到限制，1940 年（昭和 15 年）古賀善次不得不完全撤出長年在釣魚台列嶼經營的事業。不過，即使在二次大戰的激戰中，日本政府仍然有效地控制整個釣魚台列嶼。譬如，1939 年（昭和 14 年）5 月 23 日，迄 6 月 4 日，日本農林省派遣職員到尖閣諸島進行資源的調查。1943 年（昭和

18 年）9 月 21 至 29 日，沖繩縣石垣市氣象站的技師，被派往魚釣島調查是否能設立有人管理的氣象站。1945 年（昭和 20 年）4月 1 日，美軍登陸沖繩本島；8 月 15 日，如周知，日本向盟軍投降。1946 年（昭和 21 年）1 月 29 日，盟軍總部（G.H.Q）宣布北緯 30 度以南的南西諸島與日本本土分離。尖閣諸島（釣魚台列嶼）亦包含其中。[68]

綜上所述，日本自 1895 年 1 月 14 日，通過閣議正式兼併「先占」領有釣魚台列嶼以來，迄至二次大戰敗北，美軍於 1946 年1 月 29 日，開始託管爲止；日本領有該列嶼，可說已經過足足50 年的「有效實體」統治，這是任誰都不能否認或置疑地！所以，台灣的政府也罷、中國的政府也罷（其實中國政府是完全風馬牛不相干的），都無權利要求釣魚台列嶼的主權歸屬。今日，釣魚台列嶼的主權歸還給日本，實可稱是天經地義，理所當然的！

其次，在此又順道一提，1939 年台灣和琉球之間，發生了漁業糾紛。台灣方面稱地點在釣魚台附近，雙方並一直打官司，到東京地方法院。1944 年東京地方法院裁定釣魚台爲台北州所屬。但是這則報導，就如前述慈禧太后賜釣魚台給盛宣懷一樣的「烏龍事件」。當年台琉雙方紛爭的地點是在石垣島、西表島和與那國島之間海域，距離釣魚台頗遠。而且此事並沒有經由東京地方法院判決，而是由農林省和拓務省共同協商調停下，於 1940年獲得解決。最後是，雙方共同商定發生糾紛的地點爲公海，雙方都有捕魚的權利。[69]

# 第三節　二次大戰後釣魚台列嶼（尖閣諸島）的主權歸屬問題

## 一、二次大戰後琉球群島的美國託管

　　第二次大戰，日本於 1945 年 8 月 15 日，正式向盟軍投降。1946 年 1 月 29 日，盟軍總司令部（G.H.Q）發布第 67 號備忘錄，明定將北緯 30 度以南之琉球群島，包括釣魚台列嶼等地，交由美國託管。7 月 1 日，美國海軍將沖繩的管轄權，移交給美國陸軍。1950 年 8 月 4 日，美琉球軍政府依第 22 號命令，頒布〈群島政府組織法〉，規定釣魚台列嶼歸八重山群島管轄，為美國託管地之一。12 月 15 日，美國把軍政府改組為琉球群島美國民政府；由美軍指派武官擔任首長，地方政府首長由民選官員擔任。1951 年 9 月 8 日，同盟國對日正式簽署「對日和約」（即舊金山和約），出席會議的 52 國之中，有 49 國贊成、支持將台灣最終地位以未解決的狀態加以擱置（筆者另書及本書都有述及）。此外，其第二章領域第三條，則規定美國對北緯 29 度以南的西南群島，即包括琉球群島、大東群島、八重山群島及尖閣列島（釣魚台列嶼）等等在內，都擁有其行政、立法與司法的權限。[70]

　　1952 年 2 月 29 日，美國民政府頒布第 68 號法令〈琉球政府章典〉，再度規定尖閣列島的行政管轄權歸屬美國民政府。[71] 4 月 28 日，〈中日台北和約〉（日華和平條約）簽訂，如前述，日本僅明言放棄台澎主權，但其歸屬仍未定。又日華和平條約交涉中，中華民國的國民黨政府，都不曾提及琉球群島及尖閣列島（釣魚台列嶼）的法律歸屬。這很明顯地可說明國民黨政府深知那些島

嶼根本不是屬於台灣或中國的領土、領域。

一方面，在美國託管期間，琉球民政府對釣魚台列嶼的有效實體管治，也從未間斷。譬如，琉球民政府自 1950 年（昭和 25 年）3 月 28 日至 4 月 9 日，即派遣琉球大學調查團，前往尖閣諸島（釣魚台列嶼）進行該列嶼的生態考察。爾後，連續於 1952 年 3 月 27 日至 4 月 28 日，進行第二次考察；1953 年 7 月 27 日至 8 月 11 日，進行第三次考察；1963 年 5 月 15 日至 21 日，進行第四次考察。另 1968 年 5 月 25 日至 6 月 27 日，日本政府亦派遣調查團，前往魚釣島（釣魚台）進行調查考察。[72]

其次，在 1955 年 3 月 2 日，釣魚台附近海域，發生了所謂「第三清德丸襲擊事件」。該琉球第三清德丸遭受兩艘國籍不明的機帆船槍擊，致使三名的漁民傷亡。後來據說該事件是由當時從大陳島撤退暫居釣魚嶼的國府反共愛國軍所為。[73] 事後，3 月 5 日，琉球立法院通過決議，聲明琉球對釣魚台的主權之外，並要求美琉球民政府及聯合國調查此事件，以確保琉球領海內的航海安全。結果，經由美國和國府交涉，最後國府軍撤出釣魚嶼。同年 10 月 28 日，美琉球民政府也坦承失職，向被害漁民支付撫恤金，事件遂不了了之。隨後，1968 年 6 月，又有一艘巴拿馬籍船隻在南小島附近觸礁擱淺。台灣—公司「興南工程所」負責拆卸貨船。但台灣公司職員被琉球民政府，以非法入境罪被遣返。之後，這些工程人員在台重新申請出入境證，並經美國駐台大使館批准，終獲得再入境到南小島繼續工作。凡上述兩事件，都可證明琉球民政府對尖閣諸島（釣魚台列嶼）的實體有效管治；而台灣的國民黨政府也承認該列嶼的主權，歸屬於琉球民政府。1969 年（昭和 44 年）5 月 9 日，沖繩縣石垣市重新在尖閣諸島（五島）豎立地標，向國際顯示對該列嶼的主權擁有。[74]

　　除此之外，1954 年（昭和 29 年）7 月 6 日至 27 日，由長崎縣水產試驗場和琉球水產研究所的人員，乘坐「鶴丸號」調查船，進行琉球近海、包括魚釣島（釣魚台）的鯖魚漁場聯合調查。1959 年 2 月 21 日至 3 月 1 日，長崎縣水產試場和琉球水產研究所人員，又乘坐「鶴丸號」到包括釣魚台附近海域的東海南部進行調查。1964 年 4 月 7 日至 16 日，琉球漁業公會的人員乘坐「圖南號」，進行了專門針對釣魚台周邊和久米島西北漁場的漁業和海洋調查。而上述各團的調查報告，都明確地寫出釣魚嶼（魚釣島）、黃尾嶼和赤尾嶼的名稱。另在 1961 年及 1968 年，琉球氣象台前後兩次在釣魚台海域，進行黑潮研究。總之，凡對尖閣諸島的漁業調查及海洋科學調查，毋用贅言，即是琉球民政府對該嶼行使主權，並證實其有效地實體控制。⑦⑤

　　另方面，自 1951 年起，美軍指定久場島（黃尾嶼）和大正島（赤尾嶼）為美軍實彈射擊演習地。尤其是黃尾嶼更被指定為「特別演習區域」（即永久危險區域），居民絕對不能靠近。稍後，1955 年 10 月，美軍又將久場島（黃尾嶼）設為其海軍演習靶場。1956 年 4 月 11 日，又決定大正島（赤尾嶼）為美軍軍事演習靶場。1958 年（昭和 33 年）7 月 1 日，因為久場島（黃尾嶼）是古賀善次的私有地，駐沖繩美國行政長官（高等弁務官）乃發布 20 號命令，與古賀善次簽訂土地租借契約，年租金為 11,104 美金（另又分別與琉球民政府租借赤尾嶼）。1961 年（昭和 36 年）4 月 11 日，沖繩縣石垣市依據土地賃貸安定法，對尖閣諸島（釣魚台列嶼）進行土地等級設定，並派遣 11 人赴該列嶼實地調查。這些都顯示琉球民政府對釣魚台列嶼擁有其主權的標誌。⑦⑥

　　綜上所述，二次大戰後，美國琉球民政府都一直繼承「舊金山和約」（同盟國「對日和約」）第三條規定的權限亦即對琉球群島

所屬的大小島嶼（包含釣魚台列嶼在內），行使其行政、立法與司法的大權，並有效的實際統治。這不但被國府所承認，也不曾受中華人民共和國的任何否認或抗議。職此，如下述，1972年5月15日，即使尖閣諸島（釣魚台列嶼）已發生主權的糾紛，美國仍然不顧國府和中國的反對，將釣魚台列嶼視為琉球群島的一部分，一併將其移還給日本。

## 二、琉球群島歸還日本與初期釣魚台列嶼（尖閣諸島）的主權糾紛

### ㈠ 琉球群島歸還日本的經緯

　　二次大戰日本投降後，同盟國即美國乃派軍進駐日本。日本喪失主權，遭受半殖民地的「占領」統治。不過二次大戰雖宣告結束，戰火並未因此而熄滅。在遠東如前述，美國支持的蔣介石國民黨政權，於1949年被中國共產黨逐出大陸。10月1日，毛澤東在北京天安門宣告成立中華人民共和國，並在翌年2月14日，與蘇聯締結一邊倒的「中蘇友好同盟條約」，震撼了世界。而與此同時，在東歐亦有很多國家，加入蘇聯的國際共產陣營，形成了「東西冷戰」的局面。然而，在此一時期，最衝擊美國的是朝鮮半島的新情勢。亦即1950年6月25日，北韓以迅雷不及掩耳之勢，揮軍南下，三天就攻取了漢城，爆發「韓戰」。

　　韓戰爆發後，6月27日，美國迅速地將台灣「中立化」，並明言台灣的法律地位未定（前述）。同時朝鮮半島的激戰，也促使日本成為美軍的後勤補給基地。而日本則因為「朝鮮特需」，獲得戰後最大的經濟復甦，國力亦日漸恢復增長。於是，美國在檢討極東新情勢之後，轉而強烈希望日本成為太平洋反共防線的一

環，因此盡早推動對日締結和約，遂應運而生（前述）。1951 年 9
月 8 日，同盟國（49 國）對日簽署「舊金山和約」，1952 年 4 月
28 日生效。又同盟國對日簽署舊金山和約之後，時任國務院顧
問的杜勒斯帶同兩位重量級的參議員前往日本，要求日本與國府
締結和平條約。結果，在杜勒斯的強力勸說下，日本吉田茂首相
不得不接納其建議。1952 年 4 月 28 日，在「舊金山和約」生效
當天，「日華和平條約」亦談判成立，並進行簽署。然而，在領
土的處理問題上，「日華和平條約」係於第二條規定：「茲承認依
照 1951 年 9 月 8 日，在美利堅合眾國舊金山簽訂對日和平條約
第二條，日本業已放棄對於台灣及澎湖群島以及南沙群島及西沙
群島之一切權利、權利名義與要求。」因此，台澎的最終法律地
位如前述，並未獲得解決。而在此筆者必須強調的是，當國府與
日本在和約的談判中，從未有論及琉球群島歸屬問題，更隻字亦
未提及釣魚台列嶼。可是當今，國府與中國竟無恥的強辯他們仍
對琉球群島保有宗主權，並對釣魚台列嶼擁有「剩餘主權」。

　　如此莫名其妙的法理，姑且不論。在此必須附帶一提的是，
舊金山和約簽署當日（1951 年 9 月 8 日），日美間也同時簽署「日
美安保條約」。該約的前言聲稱：「因為日本目下仍被解除武裝無
法行使固有的自衛權，所以為了國家的安全，日本願意與美國訂
立安全保障條約。」於是，根據舊金山和約的第二章第三條及日
美安保條約的第一條規定（美國可在日本國內及其附近繼續駐留陸、海、
空等軍隊），⑦⑦美國乃繼續託管琉球群島及附屬的大小島嶼。1953
年 12 月 19 日，美國琉球民政府再次公布第 27 號法令〈琉球列
島之地理境界〉。其第一條以緯度明文將釣魚台列嶼（尖閣諸島）
劃入其管轄境內。⑦⑧又稍早，即 1953 年 8 月 28 日，美國為了緩
和日本對「沖繩回歸祖國」的強烈願望；同時也期待日本成為遠

東反共陣營的一個重要盟員，遂先將琉球群島北部的奄美大島歸還日本。

爾後，1957 年(昭和 32 年)6 月 22 日，艾森豪總統明確地表達：「日本擁有對琉球及小笠原群島的潛在主權。」[79]1961 年 10 月，日首相池田勇人援助琉球民政府 5 億 2 千萬美元，要求升掛日本國旗於群島內，獲得美方的同意。1962 年 3 月 19 日，美國總統甘迺迪發聲明：「承認沖繩群島為日本領土的一部分。(中略) 一旦自由世界的安全利益允許，將全面恢復日本的主權。」1967 年 9 月 7 日，佐藤榮作首相訪台，告知國府蔣介石其將對美國要求歸還沖繩群島的決意，希望求得蔣介石的事前諒解。[80]旋蔣介石召見日本駐國府大使，傳達其承認雙方對琉球群島的承諾，亦即承認同意琉球群島歸還日本。9 月 27 日，台灣〈經濟日報〉洩漏機密，刊登美國將把琉球群島歸還日本的消息，因而被國府明令封報，後懲處該報總編輯丁文治，6 日後始復刊。[81]

1967 年 11 月 15 日，訪美的日本佐藤首相和美國總統詹森發表聯合公報，提及返還琉球群島的時間表。其文稱：「總理大臣強調，歸還沖繩群島的施政權是日本政府和國民的強力願望。(中略) 兩國政府應該在最近兩、三年內，商定一個雙方均滿意的歸還時間。總統說，非常理解日本國民要求這些島嶼復歸本土的迫切願望。」又在本次的首腦會談中，美國同意再將小笠原群島正式歸還給日本。[82]

1969 年 1 月，美國尼克森新政權成立。日美間繼續討論美國歸還沖繩 (琉球) 群島的各項細節。就中，最難解決的就是「核武器的儲存」問題。結果，日方不得不讓步。1969 年 11 月 21 日，佐藤首相在華盛頓與尼克森總統會談，發表共同聲明。其第四項宣布美日將簽署沖繩群島之施政權歸還給日本。但在有事緊急狀

態之際，透過「事前協議制度」，美國可確保其搬入「核武器」的權利（此項是「密約」，不曾公開）。未久，1971 年 4 月 9 日，美國國務院發表：「將沖繩群島、包括釣魚台列嶼的施政權交還日本。」同年 6 月 17 日，美日正式簽署〈沖繩返還協定〉。1972 年（昭和 47 年）5 月 15 日，依據〈沖繩返還協定〉，美國正式交還沖繩（琉球）群島、包括尖閣諸島（釣魚台列嶼）給日本，結束其 27 年的託管統治。⑧

## (二) 初期尖閣諸島（釣魚台列嶼）的主權紛爭

關於釣魚台列嶼的主權紛爭，上文已略有述及。茲再依年代的順序，摘要將其說明如下。

1967 年 11 月，如前述，美日兩國首腦已達成「二、三年內」，要將琉球群島歸還日本的共識。其時，國府與中共政權，都不曾提出任何異議或反對。可是，1968 年 10 月 12 日至 11 月 29 日，聯合國亞洲遠東經濟委員（ECAFE）在美國的推動下，組成美、日、台、韓四國聯合考察團，對東海海底資源進行調查，確認東海富藏油礦。1969 年 5 月，ECAFE 在曼谷發表調查報告，稱：「台灣東北 20 萬平方公里，包括釣魚台列嶼海域可能富藏石油。」於是，7 月 17 日，國府蔣介石政權立即發表聲明稱：「中華民國係 1958 年，聯合國海洋法會議通過之大陸礁層公約之簽約國。（中略）對於鄰接在領海之外的海床及底土所有之天然資源，均得行使主權上的權利。」⑧如此、釣魚台列嶼的主權紛爭，浮上檯面。

1970 年 7 月，國府授權美國台灣石油公司在釣魚台列嶼海域開始地質調查。對此，8 月 10 日，日本外相愛知揆一在參議院沖澠及北方問題特別委員會上聲明：「尖閣列島是日本的領土，台灣當局授予尖閣列島海域的石油勘探權，違反國際法。」⑧

　　然而,1970 年 8 月 21 日, 國府立法院將擱置 12 年之久的「聯合國大陸架公約」(大陸棚條約) 批准, 成爲第 42 個締約國。並於同月 25 日通過〈釣魚台列島海底石油勘探條例〉, 允許中國石油公司與美國海灣石油公司等七家公司, 在釣魚台海域合作探勘開採石油。旋復於同年 9 月 2 日, 派遣台灣水產試驗所所屬的「海憲號」開往釣魚台, 讓四名〈中國時報〉的記者登上該島, 並插上國府國旗。9 月 5 日, 國府魏道明外交部長在立法院聲稱, 釣魚台列嶼是中國的領土。但是, 對國府外交部的發言和主張, 9 月 10 日, 美國國務院發言人馬庫勒斯基則聲明:「尖閣諸島 (釣魚台列嶼) 是琉球群島的一部分。」而琉球美國民政府也同時確認尖閣諸島是歸於琉球。結果, 經過美日兩政府的協商, 美琉球民政府派員將國府的國旗拆除。⑧⑥

　　一方面, 1969 年春, 中蘇於珍寶島發生武力衝突之後, 中國毛澤東政權無暇顧及外面的世界 (前述)。因此, 對釣魚台列嶼的爭議, 直至 1970 年 12 月 3 日, 中國新華社才首次報導:「美日反動派策劃略奪中國海底資源。」其評論的內容, 發表於 12 月 4 日的〈人民日報〉。但其情資實在太不正確。竟稱:「日本準備與蔣、朴集團開發中國台灣及其附屬島嶼和其他鄰近中國、朝鮮的淺海海域的海底石油資源;並準備把釣魚島等屬於中國的一些島嶼和海域劃入日本版圖。」同月 29 日,〈人民日報〉再發表一篇評論員的文章「決不容許美日反動派掠奪我國海底資源」。其趣旨與同月 4 日發表的文章大約相似。除對美日反動派明目張膽的海盜行爲, 表示十分憤慨之外, 文章並指出:「釣魚島、黃尾嶼、赤尾嶼、南小島、北小島等台灣附屬島嶼是中國的神聖領土。這些島嶼周圍海域及其他中國附近淺海海域的海底資源完全爲中國所有, 決不許他人染指。」⑧⑦就這樣, 釣魚台列嶼的主權紛爭,

半途又殺出了一個「程咬金」，情勢就更爲混亂了。

　　另方面，鑑於釣魚台列嶼的石油權益，國府海外的留美學生，亦於 1970 年 11 月 17 日，在美國普林斯頓大學成立保釣行動委員會。12 月 19 日，該委員會召開座談會，決定舉行遊行示威及募捐等事項，此即爲所謂「第一次保釣運動」的正式開始。1971 年 1 月 29 日至 30 日，國府和香港留美學生在華府、紐約、芝加哥、西雅圖、洛杉磯、檀香山等地舉行示威遊行，其中規模較大的是紐約，有一千多人。各地的遊行隊伍分別到日本駐美大使館和總領事館，甚至到日航公司等前示威抗議。[88]

　　不過，對國府留美學生的抗議，1971 年 2 月 22 日，美國國務院中國科科長修司密，代表尼克森總統回信給一位留美學生，重申美國將於 1972 年依約要將釣魚台列嶼之「行政權」交還日本。4 月 10 日，美國、加拿大各地華人及學生，共有約二千多人再前往華府示威遊行。其時（4 月 13 日），美國國家安全會議亞洲地區主任何志立（J. H. Holdridge）向國家安全事務助理季辛吉（H. A. Kissinger）提出備忘錄，指稱美國在 1972 年將琉球與尖閣諸島交還日本，但美國對主權的爭議不持立場，認爲應由爭議國家直接解決。然而對此建議，季辛吉手寫評語：「這是胡說，因爲我們把這些島嶼交給日本，我們怎能維持中立的立場？」（意即將擁護日本的主權）6 月 7 日，尼克森總統、季辛吉和總統的國際經濟事務助理彼得森（P. G. Peterson）三人，再共同討論如何處理尖閣諸島問題，最終仍決定將該諸島歸還日本。[89] 旋 6 月 17 日，美日簽訂〈沖繩返還（回歸）協定〉，將於 1972 年 5 月，歸還琉球及釣魚台列嶼的「施政權」（前述）。

　　這樣，釣魚台列嶼的風雲，暫告一段落。1971 年 9 月 21 日，聯合國大會揭幕。環繞著國府與中共代表權的爭奪，「保釣愛國

同盟」開始分裂爲左、右兩派。10 月 20 日，季辛吉二度進入中國，國府大勢已去。10 月 25 日，聯合國大會以 76 票對 35 票、棄權 17 票的結果，通過阿爾巴尼亞所提「招請中國、驅逐國府」案，國府被迫聲明退出聯合國（前述）。從此，「保釣愛國運動」也日漸式微。又獲得成功進入聯合國的中國外交部，遲遲才於 12 月 30 日，發表反對〈歸還沖繩協定〉之聲明。特別是對釣魚台列嶼，文中稱：「釣魚島、黃尾嶼、赤尾嶼、南小島、北小島等島嶼是台灣的附屬島嶼。它們和台灣一樣，自古以來就是中國領土不可分割的一部分。美日兩國政府在〈歸還沖繩協定〉中，把我國釣魚島等島嶼列入『歸還區域』，這完全是非法的，這絲毫不能改變中華人民共和國對釣魚島等島嶼的領土主權。中國人民一定要解放台灣！中國人民也一定要收復釣魚島等台灣的附屬島嶼。」⑨⓪

　　儘管中國表面上，嚴厲地批評反對美日之〈歸還沖繩協定〉。但當是時，由於中國備受「北極熊」（蘇聯）的軍事壓力（前述），急需與美日進行和解，以期拉攏兩國來對抗蘇聯。於是，在 1972 年 2 月 21 日，尼克森總統訪中之際，毛澤東自解中美最大的懸案稱：「台灣問題」百年後解決亦可（前述）。27 日，美中乃發表兩國關係正常化的聯合公報，即所謂「上海公報」（美國認識到中國主張台灣爲其一部分的立場，但並非承認）。延續美中的國交正常化，日中也經過公明黨竹入義勝委員長的折衝（所謂「竹入筆記」），田中角榮總理、太平正芳外相率團於 1972 年 9 月 25 日訪中。當日下午，不經預備折衝即直接進行會談。這在外交史上是極爲特異事例，也顯示中國急切的心態。對日中兩國最大的難關，即〈日米新安保條約〉的問題。對此，周恩來總理立即回答田中首相，稱「這不成問題，我們不干涉。」誠然，這與毛澤東化解中美「台

灣問題」，真可說是「異曲同工」。於是，中日雙方在 1972 年 9 月 29 日，發表兩國邦交正常化的「日中共同聲明」，國府受到莫大的衝擊。然而，在日中建交的公報裡，完全未提到釣魚台列嶼的主權爭議（前述）。

據說在 1972 年 9 月 27 日，中日首腦（田中、周恩來）於北京舉行第三次會談即將結束時，田中首相提起尖閣諸島問題。他想打聽中國政府的態度，其時，周恩來總理說：「這個問題這次不想談了，現在談沒有好處。這個問題就是因為有石油，才搞得很大。這次解決的問題是兩國關係正常化問題，有些問題要等到時間轉移後來談。」⑨

如是，日中邦交正常化成立。日本順利地解決外交上的重大事項，即終結戰爭狀態、美日安保條約、日華（台）條約終結、「台灣條款不變」等，並努力擴大日中雙方關係。惟在最重要的貿易協定方面，則因為國家利益的迥異，結果卻意外地難以進展。就中，在漁業交涉方面，雙方自始即出現極大的困難。最重要的爭議在於海域與自然資源方面，特別是釣魚台列嶼領有權問題，使台、日、中三邊發生嚴重對立。1974 年 10 月 3 日，鄧小平副總理對日本的中國訪問團提出下列三點的方案：1. 早日克服一切障礙，締結中日和平條約；2. 實務協定成立前，亦可同時進行中日和平條約的交涉；3. 釣魚台列嶼領有問題以擱置為宜。因此，在 1975 年 8 月 15 日，雙方終於協議成功，正式簽署「中日漁業協定」，克服了和議的一個重要障礙。

然而，「漁業協定」成立之後，中日雙方政壇突然發生極大的變化。和平條約談判，一時無法繼續推動。直至 1976 年 10 月 6 日，中國打倒「江青四人幫」、鄧小平副總理復權；日本方面，則在 12 月 24 日，福田赳夫新內閣成立，中日雙方才又恢復和議

會談。隨後，經過許多迂迴曲折，特別是「反霸條款」(即反蘇條約)的折衝，和約談判迄至 1978 年 3 月，才日漸成熟。可是，就在和約交涉接近尾聲時，4 月 12 日，約有百艘的中國武裝漁船集結在釣魚台附近，並高舉「釣魚台是中國領土」的布條。此事對日本的衝擊甚大，日本立即向中國提出抗議。4 月 15 日，中國副總理耿飆說明：「此爲偶發事件，這些小島留待日後解決爲宜。」再次提議擱置尖閣諸島的領有權問題。(92)

針對中國的提議，日方也認爲處理釣魚台的問題，仍須顧全大局，乃於 7 月 21 日，雙方重新展開會談。如此，條約的交涉，經過幾次的折衝後，形成大致的共識。8 月 6 日，福田首相對園田直外相下達最後五點指示。其中一至四的指示是，「反對霸權條款」的內容絕不可被中國捲入對抗蘇聯的戰略中。其第五點則稱：「從目前爲我國實際統治的事實，貫徹我國對釣魚台列嶼（尖閣諸島），主張其爲我國固有領土。」於是，1978 年 8 月 8 日，園田外相訪中與黃華外交部長進行最後的磋商。8 月 10 日園田外相會見鄧小平。兩人談及釣魚台問題時，園田外相按照福田首相的指示，說：「釣魚台自古以來是日本的領土，發生上次那種『偶然事件』，我無法向政府交待。」其時，鄧小平卻微笑地說：「之前的是偶然事件，絕不會再發生。對這個問題可以放它二、三十年、百年好了，我們不會動手。」(93)這樣，和約談判順利進行。8 月 12 日，「中日和平友好條約」(共五條)在北京簽字。中國外長黃華和日本外相園田直分別代表本國在條約上簽字。而條約上，確實對釣魚台列嶼問題隻字未提。日本認爲該列嶼的主權爭議，已告一段落，不復存在。因爲「和約」的締結，在現代的國際法上，是解決領土紛爭的最終決定。

1978 年 10 月 23 日，鄧小平副總理在條約簽訂後，前往日

本交換條約批准書，並與日本福田首相進行兩次會談。而在 10
月 25 日舉行的第二次會談中，對日美安保條約、反霸權問題、
越南問題、台灣問題、朝鮮半島問題等等，都有廣泛的討論，但
對釣魚台列嶼的問題，卻也未有提及。不過，在 10 月 25 日會談
後的記者招待會上，鄧小平副總理回答記者問到釣魚台問題時，
他則說：「我們把尖閣列島叫作釣魚島等島嶼。因此，從名稱來看，
稱呼也不同。關於這一點，雙方確實有意見分歧。中日邦交正常
化時，雙方約定不談這一問題。在這次進行中日和平友好條約談
判時，也一致同意不談這一問題。從中國人的智慧來說，只能考
慮採取這樣的方法。因為一談這個問題就說不清楚了。一部分人
想利用這一問題來挑撥中日兩國之間的關係。因此中日兩國政府
認為，進行談判時最好迴避這一問題。這個問題暫時擱置起來也
沒有關係。擱置十年也沒有關係。我們這一代人缺少智慧，談這
個問題達不成一致意見。下一代人肯定會比我們聰明。因此，那
時一定會找出雙方都能接受的好方法。」[94]

由此觀之，中國最高領導人鄧小平，事實上已承認釣魚台列
嶼是在日本的實際統治管轄之下。所以，他才會在兩國最高層會
談中，以及在國際記者會公開問答中，重覆說明中國願意「擱置」
釣魚台列嶼的爭議。而且 1978 年，中共外交部主編的《中國外
交概覽》，儘管詳列中日間未解決的問題，但其中亦無釣魚台列
嶼的項目。[95]

雖然如此，1979 年 5 月 31 日，當鄧小平副總理接見訪中的
自民黨眾議員鈴木善幸時，卻突然提出釣魚台列嶼「擱置主權、
共同開發」之新概念，希望鈴木議員將此意轉達給當時日本大平
正芳首相。[96] 於是，11 月 8 日至 9 日及 22 日，中日兩國在北京
就東海大陸架與深海海底開發、經濟專屬區等問題，舉行三次協

商，但都未能達到共識。⑨12月5日至9日，大平首相接受中
國國務院總理華國鋒之邀請，正式訪問中國；先後與華國鋒總理
和鄧小平副總理舉行會談，並於12月6日，發表中日兩國會談
的共同聲明。可是，會談的記錄，竟無隻字提及釣魚台列嶼開發
的問題。⑱毋庸多言，這很明顯地表示兩國對該列嶼開發問題，
未能達到共識存有異見。

1980年5月7日，中國政府果然發表聲明，指出日本決定
與韓國在東海大陸架片面劃定的「共同開發區」西側，開始進行
鑽探試掘，是無視「中國主權」，不以中日友好關係為重的行為，
中國政府保留對鑽探區的一切應有權利。⑲

一方面，日本右翼團體「日本青年社」，受到中國漁船進入
釣魚台海域的刺激；於1978年8月登陸魚釣島（釣魚台）在該
島建立燈塔，以此宣示日本對釣魚台列嶼的主權與實際的管轄。
1988年6月8日，「日本青年社」第三次登陸魚釣島再度建立第
二個燈塔。對此，國府與中國外交部發言人，都在1989年5月，
提出抗議，重申釣魚台列嶼自古以來是中國的固有領土。5月16
日，鄧小平會見來訪的蘇聯國家元首戈巴契夫，當談論及國際問
題時，他再次強調中日之間，有個懸案是釣魚島問題，但這個問
題可以先掛起來，等待以後解決，也可共同開發。⑳

鄧小平如此的發言，似甚理性平穩。然而，這是因為當時中
國內部已發生了「民主化要求運動」；5月13日，北京天安門廣
場聚集了近20萬人學生，開始進入「絕食抗議」之狀態，鄧小
平無暇再顧及釣魚台問題。事實上，6月4日清晨，蘇聯元首戈
巴契夫離北京之後，即發生了恐怖血腥的所謂「六四天安門事
件」。在全世界媒體眾目睽睽之下，鄧小平下達：「縱使殺害一百
萬人，也在所不惜」之軍令；於是，集結在北京市四周的人民解

放軍，開始朝向天安門廣場前進，冰冷的戰車與裝甲車恣意殘殺手無寸鐵的靜坐學生，而機槍竟從被迫撤退的示威隊伍背後開火掃射。天安門廣場剎時之間有形同煉獄，成千上萬的人民爲中國民主化流血犧牲。[101]

另方面，針對「日本青年社」建立第二個燈塔的問題，1990年10月12日，國府再度發表聲明，郝柏村行政院長稱，「釣魚台列嶼爲中華民國的領土，日本侵犯中國的主權，絕不能容忍。」而10月18日，「天安門事件」告一段落的中國外交部，也提出同樣的抗議聲明。10月21日，台灣漁船二艘舉行台灣區運會釣魚台聖火傳遞儀式，進入釣魚台領海。但日本海上保安廳馬上出動多艘巡邏船，將台灣漁船驅出釣魚台海域，並於22日，向台灣當局提出抗議。惟未幾，10月27日，中國外交部副部長齊懷遠，就釣魚台問題竟反而向日本駐中大使橋本恕提出抗議，眞是莫名其妙。另台灣方面則於10月28日，由「保釣」成員發動大規模的抗議行動，並將日本國旗焚燒示眾。同日，香港市民約四千人，也舉行第二次反日保釣的示威遊行，抗議日本驅逐台灣漁船。稍後，11月18日，在東京渋谷的華人，針對台灣漁船事件繼續舉行抗議活動，可是日本政府已完全不予理會或重視。[102]

如此，台灣漁船被驅逐事件，暫告一段落。可是，1992年2月25日，中國舉行第七次全國人民代表大會常務委員會第二十四回會議，卻突然採擇通過〈中華人民共和國領海及毗連法〉（共17條）。其中第二條明文規定：「中華人民共和國的陸地領土包括中華人民共和國大陸及其沿海島嶼、台灣及其包括釣魚島在內的附屬各島、澎湖列島、東沙群島、西沙群島、中沙群島、南沙群島以及其他一切屬於中華人民共和國的島嶼。」[103]

當然，對這樣毫無法理的片面宣言，翌日，日本駐中公使齊

藤正樹立即向中國外交部提出口頭抗議說：「尖閣列島從歷史及
國際法上，都毫無疑義地是屬於日本的固有領土。中國領海法
把尖閣列島明記爲中國領土的做法，深表遺憾，希求中國糾正
錯誤。」3 月 3 日，日本外務省報導官英正道也發表同樣的聲明，
認爲中國對尖閣列島的領有權主張，「分割了日本的主權」。不過，
針對日本的抗議，中國完全不予理會，仍然堅持所發布的片面宣
言，爭議終無法達成共識。[104]

　　未幾，1992 年 4 月 6 日，應日本政府之邀請，中國共產黨
總書記江澤民前往日本訪問。同日，宮澤喜一總理與江澤民總書
記舉行會談。其時，兩者也談及尖閣諸島的問題。宮澤總理要求
中國對該列嶼的問題應該顧及大局，不可影響中日關係。江澤民
總書記則答以，1978 年鄧小平副總理訪日之際，對該列嶼所表
明的立場、主張不變（即擱置爭議）。希望日本政府也應該冷靜地
處理該問題。[105]結果，爭議仍是不了了之、無法獲得最終的解決。

　　1994 年 11 月 16 日，聯合國所通過的〈聯合國海洋公約(United
Nations Convention on the Law of the Sea)、1982 年 4 月 20 日通過，12
月 10 日簽署，共 320 條，開始生效。[106]中國政府在 1996 年 5 月
15 日，批准聯合國海洋公約，並發表領海基線聲明，但對釣魚
台列嶼的領海基線沒有言及。同年 7 月 14 日，「日本青年社」又
在釣魚台列嶼的北小島建立一個簡易燈台。對此，日本政府聲明
不予干涉。7 月 20 日，日本政府聲明批准聯合國海洋公約，並
於即日起開始生效。7 月 23 日，日本依據聯合國海洋公約第 57
條「專屬經濟區的寬度」（專屬經濟區從測算領海寬度的基線量起，不
應超過二百海浬）之條文，設定二百海浬內專屬經濟區，將釣魚台
列嶼包括在內。同日，北京電台對日本把釣魚台列嶼包括在內之
舉提出譴責。此外，另同 7 月 23 日，中國外長錢其琛在雅加達

對「日本青年社」在北小島設立燈塔事件，向日本外相池田行彥提出抗議。24 日，台灣外交部亦隨同中國，向日本抗議其在北小島設立燈塔之事。⑩

　　若此，圍繞著日本將釣魚台列嶼設置在其二百海浬內專屬經濟區範圍內（即排他性經濟專屬區）及「日本青年社」在該列嶼的北小島建立燈塔（台）一事，中國、香港、台灣三地，復連手發動了一系列的第三次「保釣」抗日活動。其大要簡述如下。

　　1996 年 9 月 6 日，港台保釣船隻集結在釣魚台列嶼海域，與日本海上保安廳巡邏船對峙。同日，香港保釣團體在日本駐港總領事館前舉行抗議。9 月 7 日，香港民主派議員在日本人開辦的超市前，舉行抵制日貨活動。8 日，香港市民、學生四千餘人，舉行反日示威遊行。9 月 15 日、16 日，台灣、香港先後又舉行反日保釣萬人大遊行。9 月 22 日，港台保釣人士組織所謂「全球華人保釣大同盟」。同日，其突擊隊之「保釣號」貨船向釣魚台進發；23 日，在釣魚台海域受到日本海上保安廳巡視船的阻攔而折回，9 月 26 日，香港保釣行動委員會會長陳毓祥及數名保釣人士，再度乘「保釣號」貨船駛抵釣魚台海域時，又遭到日本巡邏艇的阻攔。陳敏祥等 5 名，先後跳入海中以示抗議，但因為風浪過大，陳敏祥不幸溺水身亡。他的遭難引起了兩岸三地的新一輪反日行動。即 10 月 7 日，港、台、澳門（首次參加）的保釣人士約 300 名，乘坐 49 艘貨船到達釣魚台海域進行抗議活動。其中三名台灣人及香港人一名，衝破日本海上保安廳的警戒，登陸釣魚台並插上台灣「青天白日旗」與中國的「五星紅旗」，但 50 分後，即自動撤退離去。⑩

　　鑑於台灣（國府）、中國的強烈反彈，日本政府於 1996 年 10 月 4 日，決定不批准在「北小島」設立的航標燈塔為合法。11

月 23 日，中國外長錢其琛與日本外相池田行彥在馬尼拉第八屆
亞太經合組織（APEC）部長級會議結束後，舉行會談。兩者在談
及釣魚台問題時，雙方達成同意「實質擱置爭議」。24 日，中國
國家主席江澤民及日本首相橋本龍太郎也在馬尼拉舉行元首會
談。兩首腦就中日關係也談及釣魚台問題，其時雙方都同意：「不
希望由於釣魚台問題上的分岐，而影響兩國關係的發展。」如此
這般，釣魚台列嶼的爭議，又「實質」的擱置下來。⑩

## 三、日本釣魚台列嶼（尖閣諸島）國有化的經緯與現狀

第三次保釣行動和「陳毓祥墜海事件」結束之後，中日雙方
對釣魚台列嶼的爭議，雖然仍呈現慢性病似的常態，但終不至於
有礙中日雙方關係的發展。然而，2003 年 1 月 3 日，中國政府
獲得日本政府已於 2002 年 4 月，向擁有魚釣島（釣魚台）、南小島、
北小島等三島的地權者栗原國起（原先擁有該三島的地權者古賀善次，
其時已先後將該三島的地權轉讓給栗原氏）⑩租借該三島，並改由政
府直接管轄時，立即於同月 3 日及 5 日，先後二次向駐中的公使、
大使提出抗議。聲稱：「此種行為有損中國的主權，這是日本政
府策劃竊取中國領土的陰謀，中國絕對不能容忍。」⑪

就這樣，日本政府承租釣魚台等三島之舉，再度引發了中國
的不滿與抗議。2003 年 6 月 23 日凌晨，中國民間保釣聯合會和
香港、台灣保釣人士共 18 人，乘坐一艘漁船，從浙江玉港出發
前往釣魚台列嶼。但同日午前 8 時 46 分，在釣魚台列嶼西北約
65 公里處，被日本海上保安廳巡視船發現攔截，勸其撤退。「日
本青年社」（右翼）聞此消息，乃於 8 月 25 日，以維修燈塔為藉
口，登陸釣魚台作為對抗。於是，事件就如螺旋式似地迅速升級。
2004 年 3 月 23 日，經過多次嘗試失敗後，中國浙江省 100 噸級

漁船，載乘 16 名保釣人士駛往釣魚台。24 日清晨，馮錦華等 7 名中國保釣人士終於成功登陸釣魚台。惟同日下午 7 時前後，該 7 名的登陸者，均被日警逮捕送往那霸警署訊問。旋在中國外交部的交涉下，26 日被拘留的 7 人，全都自那霸機場強制送回中國上海。而以此事件爲契機，石垣市當局終於在 2004 年 3 月 27 日，發布包括日本人在內，都禁止其隨意登陸釣魚台等各島嶼的政令。這個政令，後來著實有效地減少了中日之間因爲釣魚台而發生的摩擦。⑪⑫亦即隨後除了下述台灣漁船「聯合號被日艦撞沉事件」及中國漁船「閩晉漁 5179 號衝撞日艦被拿捕事件」以外，雖也有一些小風波，然將近 6 年半，台、日、中三方都可說「西線無戰事」，相安平靜。爰將上述兩事件，簡記如下。

　2008 年 6 月 10 日，台灣漁船「聯合號」之船長何鴻義故意入侵釣魚台海域，因爲無視日方勸退，遭日本巡邏船撞沉。事件發生後，經過台日雙方談判；日方最終對台灣侵犯領海表示遺憾之餘，亦正式爲撞船道歉，並賠償台幣 1,050 萬元。⑪⑬又爲此事件，台灣駐日代表許世楷被馬英九新政權召回，後請辭。

　另 2010 年 9 月 7 日，一艘名爲「閩晉漁 5179 號」的中國漁船，在釣魚台海域北端黃尾嶼（久場島）附近，即在日本專屬經濟區域內進行捕撈作業時，被日本巡視船「みずき號」發現，勸其撤離不從外，竟又對日本巡視船「みずき號」和「よなくに號」故意衝撞，致使兩巡視船的船體破損。船長詹其雄與其他 14 名船員，旋被帶返石垣島警署查問。9 月 10 日，根據日本法令，石垣簡易法院批准扣留船長詹其雄 10 天；其他 14 名船員和漁船則於 9 月 13 日被釋放。9 月 19 日，日本不顧中國的反對，批准延期扣留詹其雄 10 天。同月 21 日，又將詹其雄以國內法加以起訴。毋庸贅言，這一連串的處置，當然引起中國強烈地反彈，揚言恐

嚇要發動各項強硬的措施。但其時有鑑於中國的蠻橫，美國副總
統拜登（J. Biden）、國務卿希拉蕊（Hillary Clinton）以及參謀長聯
席會議主席馬倫（M. Mullen）等人都先後發表談話，明言釣魚台
列嶼是「日米安全保障條約」的適用地，並希望雙方妥善處理該
事件。9月24日，顧及大局、然實也迫於中國莫大的壓力，日
本那霸地方檢察廳無奈地釋放了被扣留的中國船長詹其雄。惟對
該事件如此儒弱的處理，據筆者長年居住日本的感覺，絕大多數
的日本國民，尤其是有識者，都對當時傾中民主黨政權，感到十
分憤慨與失望！然而令人更不敢置信地是，儘管日本已「屈辱」
的放人，中國方面卻還傲慢地，要求日本謝罪道歉並支付賠償
金。⑭

　　一方面，自從「詹其雄事件」發生以後，中國在東海的活動
日益頻繁。中國之目的十分明顯，就是要繼續造成「釣魚台列嶼
領土紛爭存在的事實」。這在國際法上是一項有效的外交手段。
對此，當時的日本民主黨政權感到十分懊惱和無奈。而且，由於
中國的國力日漸盛大，不僅在東海甚至在南海中國也以脅迫的方
式，不斷地排演出海洋霸權的強國姿態。職此，日本政界人士，
特別是東京都知事石原慎太郎（他是屬於比較右翼的民族主義者），
他深感日本太平洋通往南海的海上交通網，將受到中國巨大的威
脅，難以確保安全。於是，石原都知事認為日本在東海有需要進
一步加強對釣魚台列嶼的控制。而民主黨政權既然畏懼中國的干
擾，什麼都不敢做，那麼就由東京都來做好了。2011年10月，
石原都知事開始與釣魚台、北小島、南小島的地權所有者栗原國
起氏談論由東京都購買讓渡的事宜。栗原氏感受到石原都知事長
久以來既關心釣魚台列嶼的熱忱，乃答應將三島的地權轉讓給
東京都。2012年4月16日，在出訪美國華盛頓地區之際，石原

都知事遂發表東京都即將購買釣魚台等三島之構想。4 月 27 日，石原都知事正式公布東京都的銀行募捐帳號，呼籲民衆踴躍捐款支援購島。結果，石原都知事的計劃，獲得各界的熱烈反應，在 6 月 1 日，就募得 10 億円的巨款（迄至同年 9 月 13 日爲止，共募得近 15 億円之金額）。然而，6 月 14 日，日本防衛省副大臣渡邊周卻突然在電視媒體上表示，釣魚台列嶼應由國家持有和國有化。未幾，7 月 6 日，民主黨野田佳彥總理亦表明內閣正在討論擬將尖閣諸島（釣魚台列嶼）歸爲國有的事宜。[115]

　　另方面，當日本政府提出中央購島設想之後，中國外交部立即於 2012 年 7 月 7 日，發表聲明稱：「中國的神聖領土，決不允許任何人拿來買賣。中國政府將繼續採取必要措施，堅決維護釣魚島及其附屬島嶼的主權。」又 8 月 5 日，台灣馬英九總統就釣魚台列嶼問題，則提出「東海和平倡議」，主張應擱置爭議，以和平方式處理爭端，合作開發東海資源。隨後，8 月 15 日，在香港保釣行動委員會組織之下，香港保釣人士共 14 人，乘坐「啓峰二號」出海保釣。這次行動在日方嚴密的監控下，竟意外地居然有 7 人成功登陸釣魚台。不過，這時數十名的日警已在島上嚴陣戒備，遂以非法入境罪加以逮捕，準備繩之以法。惟經由中日雙方的交涉，日本政府最終在 8 月 17 日，決定對 14 人不追究刑事責任，僅將其強制遣返。[116]

　　再則，「啓峰二號事件」落幕之後，2012 年 8 月 19 日，針對釣魚台等三島擬歸爲中央購買一事，野田總理和石原都知事進行了一次秘密會談。斯時，石原都知事要求若由中央政府購買，希望最低限度政府應該在釣魚台興建一處可停泊船隻的設施及一座通信用的電波塔（台）。對此，野田總理答以「知道了」，但終未實現其諾言。[117]

　　未久，2012 年 9 月 7 日，日本媒體〈讀賣新聞〉報導，日本政府將在 9 月 10 日，召開內閣相關部會首長會議，決定要將釣魚台等三島國有化；並預定於 9 月 11 日，以 20 億 5 千萬日圓與島主締結買賣契約，正式將該三島收爲國有，交由國土交通省負責管理。日本政府宣稱，將尖閣諸島（釣魚台列嶼）國有化的目的，是要「平穩而且安定地管理尖閣諸島」。

　　可是，當台灣總統馬英九獲悉日本政府正式決定要將釣魚台等三島國有化之後，他立即於 2012 年 9 月 7 日，乘坐直升機浩浩蕩蕩地率領台灣媒體，登上台灣北方最近釣魚台列嶼的彭佳嶼，除宣示對釣魚台列嶼的主權之外，並發表談話強調日本把釣魚台列嶼國有化，我方的立場就是「一概不予承認」。[118] 又 2012 年 9 月 9 日，野田總理出席亞太經貿（APEC）領袖會議時，在俄羅斯遠東地區的海參崴與中國國家主席胡錦濤舉行了一次非正式會談。其時，胡錦濤表示：「不管日方採取任何方式購島，都是非法的、無效的、中方堅決反對。」並警告日本方面必須充分認清事態的嚴重性，不要做出錯誤的決定。[119]

　　儘管台灣、中國強烈的反對，日本仍然於 2012 年 9 月 10 日，通過內閣決議，以 20 億 5 千萬日圓，正式與三島的島主栗原國起簽定購買合約。從此，釣魚台列嶼五島全部歸爲國有，並交由國土交通省所屬的日本海上保安廳負責管理。

　　日本政府正式將釣魚台列嶼國有化之後，台灣外交部接獲消息，立即於 9 月 12 日上午，召喚日本駐台代表樽井澄夫到部，向日方表達強烈抗議，並要求撤回決定。外交部同時亦指示駐日代表沈斯淳向日本政府提出抗議，並電召其以最快速度回國，就釣魚台國有化事件向政府詳細報告。另宜蘭縣議會也立即通過組織船團登陸釣魚台，宣示台灣的主權。[120] 未幾，2012 年 9 月 24

日，蘇澳漁民在陳春生（漁會理事長）的帶領下，率領 50 餘艘的漁船開赴釣魚台宣示主權。25 日，船隊在台灣海巡署 12 艘艦艇的掩護下，逼進釣魚台 2.1 海浬的海域。日本當局也早有警戒，派出 21 艘公務船進行攔截。結果，掩護漁船的台灣艦艇與日本海巡署的艦艇，展開一場噴水大戰。這是台灣最爲激烈的一次保釣舉動。但是經過此次的保釣行動之後，台灣方面就不再傳出與日方有任何嚴重的杯葛。⑫

　　事實上，台灣的政界與一般民間的反應，都認爲根本不應該和日本爭奪釣魚台列嶼的主權。例如，台灣前總統李登輝在 2008 年 9 月 4 日，已表示釣魚台列嶼是日本的領土。基本上，台灣方面最爲關心的就是釣魚台列嶼附近海域的傳統漁業權。未久，日本政府有鑑於此，並希望台灣在釣魚台爭端中，對日保持親善而不和中國聯手。乃決定自 1996 年 8 月以來，與台灣談判猶未能達成協議的漁業權問題做出讓步。於是，在 2013 年 4 月 10 日，經過第 17 次會談後，雙方達成協議，簽訂〈台日漁業協定〉（同年 5 月 10 日，協定正式生效）。該協定表明雙方同意擱置釣魚台列嶼主權的爭議，兩國漁民可於北緯 27 度線以南海域，以及日本八重山漁場作業。這個漁業協定台灣取得了實際的最大利益。一來，在法理上無損於台灣在釣魚台列嶼的立場；二來，爭取了漁民最大限度的權益，他們既可以安心作業，也擴大了作業的範圍。此點，可給予馬英九政權「嘉許」。反而日本沖繩漁民對此協定十分不滿，認爲中央對台灣讓步過大。沖繩知事仲井眞弘多向中央提出抗議。不過，如若從整個日本的國家利益而言，簽訂這個協定不但有助於釣魚台局勢的單純化，而且可阻止中台聯手合作對抗日本。所以，對日本也是利多於弊。⑫

　　其次，日本釣魚台等三島的國有化，亦立即遭到中國強烈的

反應。中國國防部於 2012 年 9 月 12 日，聲明中國軍方將採取報復措施。9 月 13 日，中國向聯合國提出「新海圖」方案，將釣魚台列嶼周邊海域劃入其領海之內。9 月 15 日，北京等 50 個以上的城市舉行示威大遊行，日系企業遭受襲擊，損失慘重。9 月 18 日，即是 1931 年「滿洲事變──柳條湖事件」81 週年紀念日，中國民間的示威與暴力行為，擴展到 125 個城市；中方稱將近 100 萬人參加此次的示威抗議行動。9 月 19 日，在北京習近平國家副主席與美國國防部長潘內達（Leon Panetta）舉行會談。習近平要求美國不要介入釣魚台主權問題，但是潘內達答以「尖閣諸島適用於日米安全保障條約之範圍」，希望中日雙方和平處理該事件。9 月 25 日，日本外務次長河相周夫在北京與中國外交部副部長張志軍舉行會談，試圖打開雙方的僵局，可是徒勞無功，未見有任何進展。⑫

2012 年 9 月 26 日午後（日本時間 27 日黎明），野田佳彥首相出席聯合國大會演說後，在紐約舉行記者招待會。在該記者會上，野田首相針對釣魚台三島的主權問題表示：「原本是日本國民擁有的東西，現在被政府收購而已。說穿了只是所有權的移轉問題。我們已再三向中國政府進行說明，但中國政府還是無法理解我們。」他強調日本不會在相關的立場上，作出任何妥協；並呼籲中日兩國應透過各層次對話，避免為雙方關係帶來負面的影響。⑫

又與此同時，亦即 2012 年 9 月 27 日，美國國務卿希拉蕊和中國外長楊潔箎趁出席聯合國大會，舉行了一次簡要的會談。其時，希拉蕊敦促中日解決領土紛爭，宜保持冷靜透過對話平息爭議。然就在數小時之後，楊潔箎竟於聯合國大會上痛批日本竊取釣魚台，中國絕對不能容忍。對此，不用多言，日本駐聯合國副

代表兒玉和，立即予以駁斥。他指出釣魚台列嶼編入日本領土之際，曾確認中國的統治並未及於這些島嶼，中國的主張在論理上是站不住腳的。他同時又指出，中國與台灣當局從 1970 年代才開始對釣魚台提出主權宣示，「此前他們都未曾表達任何異議」。惟中國常駐聯合國大使李保東則反駁兒玉的說法，稱日本公然扭曲歷史，並痛批日本政府的購島，實質上就是洗錢，企圖透過這種非法手段，將竊取和霸占的中國領土合法化，在國際社會混淆視聽。⑫

圍繞著釣魚台三島國有化爭議的升溫，中國的橫暴脅迫，不只在陸地城市。2012 年 10 月 16 日，中國海軍驅逐艦共七艘，在與那國島附近鄰接海域北上，展開海上示威挑釁。幸未抵尖閣諸島海域，避免了中日一場海上軍事衝突。然接著在 10 月 19 日，新華社又報導中國海軍東海艦隊，即將在東海舉行聯合演習，以展示其海上強權。⑫此外，中國海洋監視船，據日方統計，自國有化以來，迄至 2013 年 7 月底，共駛入釣魚台日本領海 52 次。2013 年下半年，中國艦隊在東海的活動更為頻繁。從 10 月 18 日到 11 月 1 日，中國三大艦隊，即東海、南海和北海艦隊，在西太平洋進行為期 15 天的「機動五號」演習，規模之大，前所未聞。其次，中國飛機接近日本領空的次數也大為增加。2013 年前半年，日本為了應對中國飛機，總共急升空 215 次，真是疲於奔命。⑫

但是，最令日人痛恨也激起了世界公憤的，就是 2013 年 11 月 23 日，中國國防部突然片面地宣布設立東海防空識別區。該識別區與日本的防空識別區大面積的重疊，亦覆蓋了釣魚台列嶼全域。並且與韓國、台灣的防空識別區也有重疊。而更重要的是，中國的防空識別區違反了國際公共空域的國際法，要求各國

事先向其提交飛行計劃書，接受中國管理；否則，進入中國識別區的外國飛機，中國有權擊落。這種無視國際公法「唯吾獨尊」的惡霸橫行，令全世界震驚，也激起了國際撻伐。美日立即宣布不承認中國單方面設立的防空識別區。美國於 11 月 26 日，派出 B52 轟炸機在東海尖閣諸島上空飛行示威。日本自衛隊戰鬥機亦於 11 月 28 日，在中國設定的東海防空識別區飛行穿越。隨後，韓國、台灣、澳州、英國和菲律賓等，都紛紛明確地表態不承認中國的識別區。其他大國如俄羅斯、印度和歐洲國家的輿論也都陸續表達擔憂。未久，2014 年 2 月 14 日，美國國務卿凱利 (J. Kelly) 在北京與習近平國家主席等人舉行會談。凱利國務卿嚴肅地要求中國，對新設的「東海防空識別區」應該慎重自制。結果，在世界各國一致的批評和打臉之下，中國終於低調地宣稱，防空識別區不是領空，中國無權擊落外國飛機，云云。[128]

這樣，釣魚台三島國有化的危機，再度獲得模糊地解決。但是自此以後，中國的海監船 (公務船) 可說天天故意侵犯日本的釣魚台列嶼海域，真是讓美日兩國傷透腦筋。於是乎，2014 年 4 月 11 日，美軍駐日本沖繩司令魏斯勒 (J. Wissler) 中將表示，若中國強占釣魚台列嶼，美軍毋須登島，便能從海空攻擊、擊退中國軍隊。這是美軍高階將領首次公開警告，若中國奪島，美國將採取直接軍事行動，幫助日本奪回尖閣諸島 (釣魚台列嶼)。[129] 2015 年 6 月 30 日，日本政府總合海洋政策本部 (本部長安倍晉三首相) 亦發表「離島保全七點方針」。就中，對中國公務船頻頻侵犯尖閣諸島一事，聲明將確立尖閣「領海警備專從 (屬) 體制」，並迄至明年春，日本海上保安廳將追加配備六艘大型巡視船，加強尖閣諸島的領海管理與統制。[130]

如此，美日雖然都那樣強烈地表明對釣魚台列嶼的立場和態

度，可是，中方依舊吾行吾素，不予理會。迄今，中國對釣魚台列嶼的海域侵犯，眞是可稱「全年無休」。尤有甚者，例如 2016 年 7 月 12 日，環繞著中菲南海領土主權「國際仲裁訴訟」，中國全面敗訴。然而，中國不但不服、不承認，更責怪一切都是由日本作祟。乃於 8 月 6 日，集結 230 隻的漁船，並由中國 7 艘海監船的掩護下，浩浩蕩蕩的入侵釣魚台列嶼海域，以爲報復。[131] 隨後，經過日本再三嚴重的抗議，遂以此事件爲契機，中日雙方首腦習近平國家主席與安倍晉三首相，在中國杭州 20 國地域 (G20) 首腦會議 (2015 年 9 月 4 日至 5 日) 之後，舉行會談。兩國首腦都同意爲了「避免東海不測事態」的發生，將盡速由中日雙方防衛當局，設立「海空連絡機構」。[132]

　　綜上所述，目下，中日雙方對釣魚台列嶼主權的爭議，顯然無法達成最終的解決。至於孰是孰非，諒讀者已有自己的判斷，筆者不再贅言。最後在此，筆者眞摯地要向李登輝前總統致最深、最深的敬意！因爲他有崇高的政治道德與勇氣，敢說出：「釣魚台列嶼是日本的領土。」[133]

### 第十八章註

① 齊藤道彥《尖閣問題總論》，三省堂書店，2014 年，8-9 頁參照。
　《歷史人》，2012 年 12 月，No.27, KK ベストセラーズ（〈第一部——尖閣諸島の眞實〉，23 頁所收參照）。
　岡田充著・黃稔惠譯《釣魚台列嶼問題：領土民族主義的魔力》，聯經出版公司，2014 年，18-9 頁參照。
② 同上《歷史人》2012 年 12 月，No.27, 23 頁。
　浦野起央《尖閣諸島・琉球・中國——日中國際關係史》(增補版)，三和書籍，2005 年，56-7 頁。

③ 黎蝸藤《釣魚台是誰的──釣魚台的歷史與法理》，五南圖書出版股份有限公司，2014 年，4-5 頁（註1）、29 頁參照。

④ 浦野起英‧劉甦朝‧植榮邊等編修《釣魚台群島（尖閣諸島）問題‧研究資料匯編》，刀水書房，2001 年，3 頁。
鄭海麟《從歷史與國際法看釣魚台主權歸屬》，海峽學術出版社，2003 年，38-46 頁參照。

⑤ 鄭海麟《論釣魚台列嶼主歸屬》，海峽學術出版社，2011 年，2-14 頁參照。

⑥ 前揭《釣魚台群島（尖閣諸島）問題‧研究資料滙編》，379 頁。
中國國民黨中央委員會第四組編著《釣魚台列嶼問題資料彙編》，海峽學術出版社，2011 年，510 頁參照。

⑦ 前揭《從歷史與國際法看釣魚台主權歸屬》，53-5 頁。
同上《釣魚台群島（尖閣諸島）問題‧研究資料滙編》，6-7 頁。

⑧ 楊仲揆《琉球古今談──兼論釣魚台問題》，台灣商務印書館，民國 79 年，519 頁。

⑨ 前揭《論釣魚台列嶼主歸屬》，19 頁。

⑩ 奧原敏雄〈尖閣列島の領有權問題〉，1971 年 3 月（前揭《釣魚台群島（尖閣諸島）問題‧研究資料滙編》，353 頁所收參照）。
前揭《尖閣諸島‧琉球‧中國──日中國際關係史》（增補版），56-7 頁參照。
前揭《尖閣問題總論》，164-78 頁參照。

⑪ 原田禹雄《冊封使錄からみた琉球》，榕樹書林，2000 年，13 頁。
前揭《尖閣問題總論》，172-4 頁參照。
前揭《釣魚台是誰的──釣魚台的歷史與法理》，11 頁。

⑫ 同上《釣魚台是誰的──釣魚台的歷史與法理》，18 頁。

⑬ 前揭《從歷史與國際法看釣魚台主權歸屬》，83-6 頁。
前揭《釣魚台群島（尖閣諸島）問題‧研究資料滙編》，7 頁。

⑭ 同上《從歷史與國際法看釣魚台主權歸屬》，86-7 頁。

⑮ 前揭《琉球古今談──兼論釣魚台問題》，520 頁。

⑯ 前揭《從歷史與國際法看釣魚台主權歸屬》，87 頁。

⑰ 同上，57-9 頁參照。
前揭《釣魚台群島（尖閣諸島）問題‧研究資料滙編》，7-8 頁參照。
前揭《尖閣問題總論》，178-9 頁參照。

⑱ 井上清《尖閣列島──釣魚諸島の史的解明》，現代評論社，1972 年，28-31 頁參照。

前揭《琉球古今談——兼論釣魚台問題》，519 頁參照。

前揭《論釣魚台列嶼主權歸屬》，22-3 頁參照。

林田富《再論釣魚台列嶼主權爭論》，五南圖書出版社，2002 年，99-100 頁參照。

⑲ 前揭《尖閣問題總論》，179-81 頁參照。

前揭《釣魚台是誰的——釣魚台的歷史與法理》，12-5 頁參照。

⑳ 前揭《從歷史與國際法看釣魚台主權歸屬》，87-9 頁參照。

前揭《尖閣列島——釣魚諸島の史的解明》，31 頁參照。

㉑ 前揭《論釣魚台列嶼主歸屬》，47 頁，註⑭參照。

㉒ 前揭《尖閣列島——釣魚諸島の史的解明》，31-2 頁參照。

前揭《從歷史與國際法看釣魚台主權歸屬》，97-8 頁參照。

㉓ 前揭《尖閣問題總論》，183-4 頁參照。

前揭《釣魚台是誰的——釣魚台的歷史與法理》，30-1 頁參照。

㉔ 前揭《釣魚台群島（尖閣諸島）問題・研究資料滙編》，9-10 頁。

前揭《從歷史與國際法看釣魚台主權歸屬》，61-3 頁參照。

㉕ 前揭《釣魚台是誰的——釣魚台的歷史與法理》，544 頁參照。

㉖ 前揭《釣魚台群島（尖閣諸島）問題・研究資料滙編》，9 頁。

前揭《從歷史與國際法看釣魚台主權歸屬》，63-6 頁參照。

㉗ 前揭《再論釣魚台列嶼主權爭論》，123 頁。

同上《從歷史與國際法看釣魚台主權歸屬》，68-71 頁參照。

㉘ 前揭《琉球古今談——兼論釣魚台問題》，520 頁。

㉙ 前揭《釣魚台群島（尖閣諸島）問題・研究資料滙編》，10-2 頁參照。

㉚ 前揭《釣魚台是誰的——釣魚台的歷史與法理》，47-8 頁參照。

㉛ 前揭《釣魚台群島（尖閣諸島）問題・研究資料滙編》，15-6 頁參照。

㉜ 前揭《琉球古今談——兼論釣魚台問題》，524 頁。

㉝ 黃叔璥《台灣使槎錄》，前揭，34 頁。

㉞ 前揭《釣魚台是誰的——釣魚台的歷史與法理》，58-71 頁參照。

㉟ 前揭《從歷史與國際法看釣魚台主權歸屬》，75-8 頁參照。

前揭《釣魚台群島（尖閣諸島）問題・研究資料滙編》，17 頁。

前揭《再論釣魚台列嶼主權爭論》，127-30 頁參照。

㊱ 前揭《釣魚台是誰的——釣魚台的歷史與法理》，83-4 頁參照。

㊲ 同上，73-6 頁參照。

㊳ 藤岡信勝・加瀨英明《中國はなぜ尖閣を取りに來るのか》，自由社，平成 22 年（2010 年），114-6 頁參照。

㊴ 前揭《尖閣列島——釣魚諸島の史的解明》，42-9 頁參照。
㊵ 石平《尖閣問題 · 眞實のすべて》，海竜社，2012 年，32-3 頁參照。
㊶ 前揭《釣魚台群島（尖閣諸島）問題 · 研究資料滙編》，17 頁。
原田禹雄《李鼎元使琉球記》，榕樹書林，2007 年，19、208-10、537 頁參照。
㊷ 前揭《中國はなぜ尖閣を取りに來るのか》，97-8 頁參照。
前揭《釣魚台是誰的——釣魚台的歷史與法理》，102-5 頁。
楊麟書編著《釣魚台戰雲密佈、非打不可》，元神館出版社有限公司，2010 年，70-5 頁參照。
㊸ 前揭《冊封使錄からみた琉球》，32 頁參照。
㊹ 村田忠禧《日本領土問題の起源——公文書が語る不都合な眞實》，花傳社，2013 年，45-6 頁參照。
黃天《琉球沖繩交替考——釣魚台島歸屬尋源之一》，三聯書店, 2014 年，88-90 頁參照。
前揭《尖閣諸島 · 琉球 · 中國——日中國際關係史》（增補版），94-5 頁參照。
前揭《琉球古今談——兼論釣魚台問題》，46-55 頁參照。
㊺ 同上《尖閣諸島 · 琉球 · 中國——日中國際關係史》（增補版），103-4 頁參照。
㊻ 同上，105 頁參照。
前揭《琉球沖繩交替考——釣魚台島歸屬尋源之一》，167-70 頁參照。
㊼ 前揭《尖閣諸島 · 琉球 · 中國——日中國際關係史》（增補版），105-7 頁參照。
㊽ 同上，115-7 頁。
前揭《琉球沖繩交替考——釣魚台島歸屬尋源之一》，201-6 頁參照。
㊾ 日本外務省編纂《日本外交年表竝主要主書》，前揭，〈年表〉85-9 頁參照。〈文書〉74-85 頁參照。
前揭《尖閣諸島 · 琉球 · 中國——日中國際關係史》（增補版），118-21 頁參照。
前揭《日本領土問題の起源——公文書が語る不都合な眞實》，135-41 頁參照。
同上《琉球沖繩交替考——釣魚台島歸屬尋源之一》，214-53 頁參照。
㊿ 前揭《釣魚台群島（尖閣諸島）問題 · 研究資料滙編》，374-5 頁參照。
(51) 同上，375 頁參照。

前揭《尖閣諸島・琉球・中國——日中國際關係史》(增補版)，〈年表〉xxi 頁參照。

前揭《釣魚台是誰的——釣魚台的歷史與法理》，145-6 頁參照。

(52) 前揭《尖閣諸島・琉球・中國——日中國際關係史》(增補版)，128-9頁參照。

(53) 同上，128 頁參照。

前揭《日本領土問題の起源——公文書が語る不都合な眞實》，156-7 頁參照。

(54) 前揭《尖閣諸島・琉球・中國——日中國際關係史》(增補版)，128-9頁參照。

同上《日本領土問題の起源——公文書が語る不都合な眞實》, 160-1 頁。

前揭《釣魚台是誰的——釣魚台的歷史與法理》，148-9 頁參照。

(55) 同上《尖閣諸島・琉球・中國——日中國際關係史》(增補版)，129 頁參照。

同上《日本領土問題の起源——公文書が語る不都合な眞實》，163 頁參照。

同上《釣魚台是誰的——釣魚台的歷史與法理》，149-51 頁參照。

(56) 同上《尖閣諸島・琉球・中國——日中國際關係史》(增補版)，129 頁參照。

同上《日本領土問題の起源——公文書が語る不都合な眞實》，163-4 頁參照。

(57) 前揭《釣魚台是誰的——釣魚台的歷史與法理》，153-4 頁參照。

(58) 前揭《日本領土問題の起源——公文書が語る不都合な眞實》，171-6 頁參照。

(59) 同上，186-8 頁參照。

前揭《尖閣諸島・琉球・中國——日中國際關係史》(增補版)，131-3 頁參照。

(60) 前揭《日本領土問題の起源——公文書が語る不都合な眞實》，195-200 頁參照。

同上《尖閣諸島・琉球・中國——日中國際關係史》(增補版)，130、133 頁參照。

前揭《釣魚台是誰的——釣魚台的歷史與法理》，171-5 頁參照。

(61) 前揭《尖閣列島——釣魚諸島の史的解明》，115-8 頁參照。

(62) 前揭《釣魚台列嶼問題資料彙編》，XXIV。

(63) 前揭《釣魚台群島（尖閣諸島）問題・研究資料滙編》，377頁。
(64) 前揭《尖閣諸島・琉球・中國——日中國際關係史》（增補版），134-6頁參照。
前揭《歷史人》，2012年12月，No.27，27頁參照。
(65) 同上《尖閣諸島・琉球・中國——日中國際關係史》（增補版），136-7頁參照。
前揭《釣魚台群島（尖閣諸島）問題・研究資料滙編》，377頁。
前揭《釣魚台是誰的——釣魚台的歷史與法理》，210-1頁參照。
(66) 同上《尖閣諸島・琉球・中國——日中國際關係史》（增補版），139頁參照。
前揭《歷史人》，2012年12月，No.27，25頁參照。
(67) 同上《尖閣諸島・琉球・中國——日中國際關係史》（增補版），137頁參照。
(68) 前揭《釣魚台群島（尖閣諸島）問題・研究資料滙編》，377-8頁參照。
(69) 前揭《釣魚台是誰的——釣魚台的歷史與法理》，226-30頁參照。
(70) 每日新聞社編《對日平和條約》，前揭，5頁。
(71) 前揭《釣魚台群島（尖閣諸島）問題・研究資料滙編》，378頁。
(72) 前揭《尖閣諸島・琉球・中國——日中國際關係史》（增補版），148-9頁參照。
(73) 劉永寧《搶登釣魚台——歷史見證》，博客思出版社，2013年，108-10頁參照。
(74) 前揭《尖閣諸島・琉球・中國》——日中國際關係史》（增補版），146-8頁參照。
前揭《釣魚台是誰的——釣魚台的歷史與法理》，294-6、316-7頁參照。
(75) 同上《釣魚台是誰的——釣魚台的歷史與法理》，290-3頁參照。
(76) 前揭《釣魚台群島（尖閣諸島）問題・研究資料滙編》，378-9頁參照。
前揭《尖閣諸島・琉球・中國——日中國際關係史》（增補版），145頁參照。
(77) 入江啓四郎《日本講和條約の研究》，前揭，434-5頁。
(78) 前揭《尖閣諸島・琉球・中國——日中國際關係史》（增補版），142-3頁參照。
(79) 岸信介《岸信介回顧錄——保守合同と安保改定》，廣濟堂，昭和58年，323-7頁參照。
(80)〈朝日新聞〉，2000年5月29日刊。

○81 前揭《搶登釣魚台——歷史見證》，135 頁參照。
○82 川田侃‧大畠英樹編《國際政治辭典》，前揭，92 頁參照。
　　國際法學會編《國際關係法辭典》，三省堂，1995 年、2001 年，90 頁參照。
○83 同上《國際政治辭典》，同 92 頁參照。
　　同上《國際關係法辭典》，同 90 頁參照。
○84 前揭《釣魚台列嶼問題資料彙編》，1-14 頁參照。
○85 前揭《釣魚台群島（尖閣諸島）問題‧研究資料滙編》，379 頁。
○86 同上，380 頁。
　　前揭《尖閣諸島‧琉球‧中國——日中國際關係史》（增補版），154-5
　　頁參照。
○87 霞山會《日中關係基本資料集 1949 年—1997 年》，前揭，261-2、1046
　　頁參照。
　　前揭《釣魚台群島（尖閣諸島）問題‧研究資料滙編》，282 頁參照。
○88 愛盟編著《愛盟‧保釣——風雲歲月四十年》，風雲時代出版有限公司，
　　2011 年，22-32 頁參照。
　　邵玉銘《保釣風雲錄》，聯經出版公司，2013 年，18-20 頁參照。
○89 同上《保釣風雲錄》，50-3 頁參照。
○90 前揭《日中關係基本資料集 1949 年—1997 年》，401-2 頁。
　　〈人民日報〉，1971 年 12 月 31 日刊。
　　前揭《釣魚台是誰的——釣魚台的歷史與法理》，373-5 頁參照。
○91 前揭《釣魚台群島（尖閣諸島）問題‧研究資料滙編》，386 頁。
　　前揭《保釣風雲錄》，101-2 頁參照。
○92 霞山會《日中關係基本資料集 1970 年—1992 年》，前揭，592-3 頁參照。
○93 前揭《釣魚台群島（尖閣諸島）問題‧研究資料滙編》，388 頁參照。
　　〈產經新聞〉，2013 年 6 月 29 日刊參照。
　　孫崎享著／戴東陽譯《日本的國境問題：釣魚台、獨島、北方四島》，
　　香港中文大學出版社，2014 年，51-4 頁參照。
○94 前揭《日中關係基本資料集 1970 年—1992 年》，197 頁。
　　前揭《搶登釣魚台——歷史見證》，121-2 頁參照。
　　前揭《保釣風雲錄》，102-3 頁參照。
○95 同上《保釣風雲錄》，103 頁。
○96 前揭《尖閣諸島‧琉球‧中國——日中國際關係史》（增補版），資料
　　(23)，248-9 頁。
○97 前揭《釣魚台群島（尖閣諸島）問題‧研究資料滙編》，388 頁參照。

⑱ 前揭《日中關係基本資料集 1970 年— 1992 年》, 資料 (77)、(78)、(79)、(80)、(81)、(82), 200-15 頁參照。

⑲ 同上, 資料 (83), 216 頁。

⑳ 前揭《釣魚台群島 (尖閣諸島) 問題‧研究資料滙編》, 389 頁參照。
前揭《日中關係基本資料集 1970 年— 1992 年》, 748 頁參照。

⑩ 戴天昭著／李明峻譯《台灣國際政治史》(完整版), 前揭, 698-701 頁參照。

⑩ 前揭《日中關係基本資料集 1970 年— 1992 年》, 431-2 頁參照。
前揭《釣魚台群島 (尖閣諸島) 問題‧研究資料滙編》, 389-90 頁參照。
前揭《尖閣諸島‧琉球‧中國——日中國際關係史》(增補版), 169-71 頁參照。

⑩ 前揭《日中關係基本資料集 1949 年— 1997 年》, 944-6 頁。
前揭《日本的國境問題：釣魚台、獨島、北方四島》, 59-60 頁參照。

⑩ 前揭《釣魚台群島 (尖閣諸島) 問題‧研究資料滙編》, 390 頁參照。

⑩ 前揭《日中關係基本資料集 1949 年— 1997 年》, 780-2 頁參照。

⑩ 陳隆志‧許慶雄‧李明峻等編《當代國際法文獻選集》, 前揭, 199-289 頁參照。

⑩ 前揭《釣魚台群島 (尖閣諸島) 問題‧研究資料滙編》, 392 頁參照。

⑩ 同上, 393-5 頁參照。
前揭《尖閣諸島‧琉球‧中國——日中國際關係史》(增補版), 174-6 頁參照。
前揭《釣魚台列嶼問題：領土民族主義的魔力》, 138-9 頁參照。

⑩ 前揭《釣魚台群島 (尖閣諸島) 問題‧研究資料滙編》, 395-6 頁參照。

⑩ 前揭《歷史人》, 2012 年 12 月, No.27, 25 頁參照。

⑪ 前揭《尖閣諸島‧琉球‧中國——日中國際關係史》(增補版), 206-7 頁參照。

⑫ 同上, 212-5 頁參照。
前揭《釣魚台是誰的——釣魚台的歷史與法理》, 481-2 頁參照。

⑬ 同上《釣魚台是誰的——釣魚台的歷史與法理》, 498 頁參照。
張鈞凱《馬英九保釣運動——兼論馬政府時期的釣魚台問題》, 文英堂出版社, 2010 年, 30-3 頁參照。

⑭ 浦野起英《日本の領土問題》, 三和書籍, 2014 年, 42-3 頁參照。
前揭《釣魚台是誰的——釣魚台的歷史與法理》, 482-3、506 頁參照。

⑮ 前揭《歷史人》, 2012 年 12 月, No.27, 35-6 頁參照。

⑯ 前揭《釣魚台列嶼問題：領土民族主義的魔力》, 42-4 頁參照。

前揭《釣魚台是誰的——釣魚台的歷史與法理》，486-7、498-9 頁參照。
⑪ 前揭《歷史人》，2012 年 12 月，No.27，36 頁參照。
⑱〈自由時報〉，2012 年 9 月 8 日刊參照。
〈產經新聞〉，2012 年 9 月 8 日刊參照。
前揭《釣魚台列嶼問題：領土民族主義的魔力》，323-9 頁參照。
⑲ 前揭《釣魚台是誰的——釣魚台的歷史與法理》，488 頁。
同上《釣魚台列嶼問題：領土民族主義的魔力》，52 頁參照。
⑳〈自由時報〉，2012 年 9 月 12 日刊。
㉑ 前揭《搶登釣魚台——歷史見證》，145 頁參照。
㉒ 前揭《日本の領土問題》，48-9 頁參照。
前揭《釣魚台是誰的——釣魚台的歷史與法理》，498-501 頁參照。
㉓ 前揭《釣魚台列嶼問題：領土民族主義的魔力》，62-88 頁參照。
同上《日本の領土問題》，46-7 頁參照。
㉔〈自由時報〉，2012 年 9 月 28 日刊參照。
〈產經新聞〉，2012 年 9 月 28 日刊參照。
㉕〈自由時報〉，2012 年 9 月 29 日刊。
㉖ 前揭《釣魚台列嶼問題：領土民族主義的魔力》，63-4 頁參照。
㉗ 前揭《釣魚台是誰的——釣魚台的歷史與法理》，490-2 頁參照。
㉘ 同上，492-3 頁參照。
前揭《日本の領土問題》，102-3 頁參照。
㉙〈自由時報〉，2014 年 4 月 13 日刊。
㉚〈產經新聞〉，2015 年 7 月 1 日刊。
㉛〈產經新聞〉，2016 年 7 月 13 日，8 月 7 日刊參照。
㉜〈產經新聞〉，2016 年 9 月 6 日刊。
㉝ 李登輝《餘生：我的生命之旅與台灣民主之路》，大都會文化事業有限公司，2016 年，109-10 頁參照。李前總統在很多公眾的場合，都敢說出釣魚台列嶼是日本的領土。

# 台灣內外關係史年表

| 年 | 月日 | 事件 |
|---|---|---|
| 一萬五千多年前（或稱三到五萬年） | | 舊石器時代晚期，台灣已有人類居住 |
| 紀元前二、三千年前 | | 台灣原住民（包括平埔族）陸續由歐亞大陸或南洋群島渡海來台 |
| 五世紀 | | 沈瑩《臨海水土志》介紹台灣（待考） |
| 六世紀 | 後葉 | 現今台灣原住民（日本學界稱高砂族）陸續渡台 |
| 六一○ | | 陳稜遠征台灣 |
| 一一七一 | 4 | 澎湖島確認爲南宋的領地 |
| 十二世紀 | 後葉 | 台灣原住民攻擊福建沿岸（待考） |
| 十三世紀 | 初期 | 福建、廣東沿岸住民移居澎湖 |
| 一二二五 | | 趙汝适《諸蕃志》，約略提到台灣（南宋） |
| 一二六四一九四 | | 元朝於澎湖設巡檢司，徵收鹽稅 |
| 一二九二 | 3 | 楊祥試圖遠征台灣 |
| 一二九七 | 9 | 高興遠征台灣失敗 |
| 一三八八 | | 明朝政府強制澎湖住民撤離 |
| 十六世紀 | 中葉 | 葡萄牙人將台灣命名爲「福爾摩莎」（Ilha Formosa） |
| 一五六三 | | 俞大猷追擊林道乾進抵澎湖 |
| 一五七四 | | 林鳳等人以台灣爲據點攻打呂宋島 |
| 一五九三 | | 豐臣秀吉派遣原田喜右衛門要求台灣（高山國）進貢 |
| 一五九七 | 6 | 馬尼拉總督古佐曼建議占領台灣 |
| 一五九八 | | 西班牙艦隊遠征台灣失敗 |
| 一六○三 | 1・19 | 陳第到安平，後寫下第一篇台灣原住民民族誌〈東番記〉 |
| 一六○四 | 8・8 | 荷蘭艦隊遇颱風登陸澎湖島，隨即爲明軍驅離 |
| 一六○九 | 春 | 有馬晴信奉德川家康之命，以部下千千石采女率艦嘗試占領台灣未果 |
| 一六一○ | | 葡萄牙人計劃占領台灣 |
| 一六一三 | 1 | 平戶荷蘭商館館長布勞維爾威向博茨總督建議占領台灣 |

| 年 | 月日 | 事件 |
|---|---|---|
| 一六一六 | 5 | 德川家康再命村山等安占領台灣，但因颱風及原住民抵抗而失敗 |
| 一六二〇 | | 荷蘭東印度公司本部下令巴達維亞總督占領台灣 |
| 一六二二 | 7‧11 | 荷蘭艦隊占領澎湖，虐殺島民一千三百餘人 |
| 一六二三 | 10‧25 | 荷蘭人進占台員（安平），構築臨時堡壘 |
| 一六二四 | 9‧9 | 荷蘭人與明朝政府妥協，退出澎湖，轉而攻占台灣南部 |
| 一六二六 | 5 | 西班牙人占領台灣北部 |
| 一六二七 | 8 | 馬尼拉總督塔佛拉率艦隊攻打荷蘭人，但未能成功 |
| 一六二八 | 6‧29 | 台灣發生濱田彌兵衛事件，引起日、荷紛爭 |
| | 9 | 日本要求荷蘭交出熱蘭遮城或加以破壞 |
| 一六二九 | 8 | 荷蘭攻擊盤據台灣北部的西班牙人失敗 |
| 一六三一 | | 西班牙耶士基維神父來台致力傳教，後著有《淡水語辭彙》一書及譯有《淡水語教理書》 |
| 一六三二 | 9 | 日荷間的台灣紛爭結束 |
| 一六三六 | 2‧22 | 荷蘭普杜曼長官召集台南以北的諸羅山、新港等計28社代表，集合於新港社（赤嵌）舉行第一次「領邦會議」 |
| 一六四二 | 8‧26 | 荷蘭再度攻擊西班牙人大獲全勝，首次領有全台 |
| 一六四四 | | 荷人施行所謂「贌社」制度，貽害原住民無窮 |
| 一六五二 | 9 | 郭懷一事件爆發，台灣的漢人幾乎全遭荷蘭人虐殺（估計死者在一萬人以上） |
| 一六五九 | | 鄭成功進攻南京失敗 |
| 一六六一 | 4‧30 | 鄭成功進攻台灣 |
| 一六六二 | 2‧1 | 荷蘭人向鄭成功投降，鄭氏政權於焉成立 |
| | 4 | 鄭成功企圖攻打呂宋 |
| | 7‧2 | 鄭成功遽逝，鄭西紛爭自然解消 |
| 一六六三 | 10 | 荷清兩國交涉成立軍事同盟 |
| | 11‧19 | 荷清聯軍攻占金門、廈門兩島 |
| 一六六四 | 8‧27 | 荷蘭再度占領基隆 |
| | 12（陰） | 鄭經率軍三千往內山征討斗尾龍岸番，但無功而返 |
| 一六六八 | 12‧1 | 荷蘭放棄收復台灣，撤離基隆 |
| 一六七〇 | | 北路諸羅番社之沙轆原住民叛亂，劉國軒率軍征伐起盡殺絕，只餘六人 |
| 一六七〇 | 6 | 英國東印度公司與鄭氏政權進行貿易 |
| 一六七三 | | 三藩之亂展開 |
| 一六七四 | 4 | 鄭經攻入泉州 |

| 年 | 月日 | 事件 |
|---|---|---|
| 一六八〇 | 8 | 鄭經敗回台灣 |
| | 8 | 清國對台進行最後和平交涉 |
| 一六八二 | 3（陰） | 發生鄭氏時期最大規模的「番變」 |
| 一六八三 | 9‧13 | 施琅攻台，鄭氏政權滅亡 |
| 一六八四 | 5‧27 | 施琅諫阻台灣放棄論，台灣首次成為清國版圖，但採取隔離政策 |
| 一六八六 | | 英國關閉台灣商館 |
| 一六九六 | | 吳球、朱祐龍之亂 |
| 一六九九 | | 吞霄「番社」事變 |
| 一七〇二 | | 劉却之亂 |
| 一七一五 | | 麥拉等奉康熙之命，測量台灣西部地形 |
| 一七二一 | | 朱一貴之亂，閩粵分類械鬥伊始 |
| 一七二九 | | 山豬毛社蕃之亂 |
| 一七三二 | | 吳福生之亂、大甲「番社」事變 |
| 一七三五 | | 眉加臘社蕃之亂 |
| 一七七〇 | | 黃教之亂 |
| 一七七一 | 8 | 波蘭人貝納奧斯基探險台灣東部 |
| 一七七二 | 7 | 貝納奧斯基建議法王路易五世殖民台灣 |
| 一七八二 | | 漳泉最初之分類械鬥 |
| 一七八六 | | 林爽文之亂 |
| 一七九五 | | 陳周全之亂 |
| 一七九九 | | 閩屬漳泉、粵籍、原住民長期分類械鬥 |
| 一八〇九 | | 梅布倫向拿破崙皇帝獻策，主張以台灣為殖民地 |
| 一八二二 | | 林永春之亂 |
| 一八二四 | | 許尙之亂 |
| 一八三二 | | 張丙之亂 |
| 一八四〇 | | 鴉片戰爭爆發 |
| 一八四一 | 9 | 英艦窺探台灣港口 |
| | 10‧4 | 英艦納爾吓噠號砲擊基隆港，因觸礁遇難被俘一百三十餘人，旋即為清國政府殘殺 |
| 一八四二 | 3‧12 | 英船阿納號於台灣西岸遇難，倖存者五十餘人全遭清國政府殘殺 |
| | 8‧14 | 鴉片戰爭結束 |
| 一八四三 | | 台灣兵備道姚瑩，總兵達洪阿為殘殺英國俘虜負責，被清國政府革職逮捕 |
| 一八四七 | | 英美海軍調查台灣煤礦資源 |

| 年 | 月日 | 事件 |
|---|---|---|
| 一八四八 | | 美國商船水鬼號在台灣南部遇難 |
| 一八四九 | | 美艦麒鰍號抵基隆港，調查煤礦資源 |
| 一八五〇 | 3 | 英國要求開發台灣煤礦 |
| 一八五一 | | 台北泉州府異縣人「頂下郊拼」 |
| 一八五三 | | 李豆、林供之亂 |
| 一八五四 | | 哈厘士建議美國國務院購買台灣島 |
| | 7 | 貝里提督麾下馬其頓號及補給號抵達基隆，進行港內測量和調查附近炭坑 |
| 一八五五 | | 貝里提督返美後，敦促國務院占領台灣 |
| | | 美國威廉·安生公司取得對台貿易通商特權，派羅賓芮進入台灣 |
| 一八五六 | 12·12 | 美國駐清全權代表伯駕就雙方修約問題，建議國務院暫時占領台灣以為談判籌碼 |
| 一八五七 | 2 | 美商奈奇頓向伯駕報告台灣情勢，主張占領台灣 |
| | 3·10 | 伯駕全權代表接連三次促國務院占領台灣 |
| 一八五八 | | 台南、淡水開港 |
| 一八五九 | | 李希霍芬渡台調查淡水地質 |
| 一八六〇 | | 普魯士軍艦艾爾貝號於探查台灣之際，與原住民發生戰鬥 |
| 一八六二 | | 戴潮春之亂、宗姓間之械鬥 |
| 一八六七 | 3·12 | 美艦羅妹號事件爆發 |
| | 3·26 | 英艦柯摩蘭號與南部原住民交戰 |
| | 6·19 | 美國艦隊征台失敗，麥肯錫上尉遭原住民擊殺陣亡 |
| | 9·10 | 美國領事李仙得進入台灣蕃地 |
| | 10·10 | 十八蕃社大酋長卓杞篤與美國代表進行會談 |
| 一八六八 | 5 | 英人洪恩企圖殖民台灣東部 |
| | 11 | 英艦攻擊安平 |
| 一八六九 | 2·28 | 卓杞篤與美國政府正式締結「親善條約」 |
| 一八七〇 | | 肯貝爾進入台灣南部開始傳教 |
| 一八七一 | | 馬偕進入台灣北部開始傳教 |
| | 12 | 琉球八重山群島漁民於台灣南部海岸遇難，五十四名存活者全遭台灣高士猾·牡丹社原住民殺害，引起「台灣事件」 |
| 一八七二 | 10·23 | 日本副島種臣外相與美國駐日公使德朗就「台灣事件」交換意見，該公使示意日本占領台灣 |

| 年 | 月日 | 事件 |
|---|---|---|
| | 11 | 李仙得擔任征台之役顧問，受雇於日本政府 |
| 一八七三 | 6·11 | 清政府主張台灣蕃民為「化外之民」 |
| 一八七四 | 2·6 | 日本政府於閣議中提出「台灣蕃地處分要略」，決定出兵遠征台灣 |
| | 5 | 日本遠征軍登陸瑯𤩝灣，進討牡丹社 |
| | 8·6 | 李仙得於廈門遭美政府逮捕 |
| | 10·31 | 英國公使威妥瑪調停日清紛爭，「台灣事件」獲得解決 |
| 一八七五 | | 排灣族內、外獅頭社事變 |
| 一八七七 | | 阿美族奇密社事變 |
| 一八七八 | | 噶瑪蘭族加禮宛事變 |
| 一八八四 | 6·23 | 法清兩國在越南北黎發生武裝衝突 |
| | 8·5 | 法國艦隊攻擊基隆，法清戰爭於焉展開 |
| 一八八五 | 3·29 | 法國艦隊占領澎湖群島 |
| | 6·9 | 法清和議成立 |
| | 6·21 | 法軍自基隆撤退 |
| | 7·22 | 法軍自澎湖群島撤退 |
| | 10·12 | 清朝將台灣昇格為一省 |
| 一八八六 | | 劉銘傳出任首任台灣巡撫 |
| | | 東勢角泰雅族「北勢羣」「南勢羣」事變 |
| 一八八七 | | 泰雅族大嵙崁事變 |
| 一八八八 | | 施九段之亂 |
| | | 排灣族呂家望社與西拉雅平埔族大庄社事變 |
| 一八八九 | | 泰雅族南澳羣老狗社事變 |
| 一八九一 | 5·5 | 劉銘傳辭台灣巡撫 |
| | 11·25 | 湖南巡撫邵友濂被任命為第二任台灣巡撫 |
| 一八九四 | 2 | 朝鮮發生東學黨之亂 |
| | 7·25 | 在韓牙山港海上，日清戰艦開戰 |
| | 7·31 | 清廷通告對日斷交 |
| | 8·1 | 日清雙方同時正式宣布開戰，「甲午戰爭」爆發 |
| | 9·15 | 日軍攻擊駐平壤清軍 |
| | 9·16 | 清軍棄陣地逃鴨綠江邊界，傷亡慘重 |
| | 9·17 | 清北洋艦隊在黃海遭遇日本聯合艦隊，激戰5小時，清艦幾乎全滅 |
| | 10·13 | 邵友濂辭去台灣巡撫，空缺由布政使唐景崧繼任 |
| | 11·6 | 日軍攻遼東金州 |

| 年 | 月日 | 事件 |
|---|---|---|
| | 11・7 | 日軍輕取大連灣；同日，頤和園鐘鼓齊鳴，清廷慶祝慈禧 61 大壽 |
| | 11・22 | 旅順港完全被日軍占領；在美國公使田貝的折衝下，日清開始進行和談交涉 |
| | 12・23 | 福士達受邀擔任清國議和使節顧問 |
| 一八九五 | 1・14 | 日本內閣通過決議，將尖閣諸島（釣魚台列嶼）列入沖繩縣管轄，並建立國標，達成「先占」這些無人荒島──尖閣諸島 |
| | 2・1 | 日軍占領威海衛軍港要塞 |
| | 2・11 | 日軍水陸猛攻劉公島和日島 |
| | 2・12 | 北洋艦隊提督丁汝昌與統領張文宣仰藥自殺 |
| | 2・16 | 清劉公島北洋艦隊向日投降，日軍即將直衝京師 |
| | 2・24 | 日軍比志島支隊占領澎湖島 |
| | 3・20 | 在日本下關春帆樓伊藤博文首相、陸奧宗光外相和李鴻章舉行第一回會談 |
| | 4・17 | 日清共舉行六次會談，終於達成協議，雙方簽署日清講和條約（馬關條約），台灣、澎湖割讓給日本 |
| | 4・18 | 台灣士紳義勇軍統領丘逢甲等人，拜會唐巡撫託其向清廷，代奏一封台人堅決主張抗戰的電文 |
| | 4・20 | 台灣上下階層皆反對割讓，並要求英國在台實施信託統治 |
| | 4・28 | 台籍京官戶部主事葉題雁、翰林院庶吉士李清琦、台灣安平縣舉人汪春源、嘉義縣舉人羅秀惠、淡水縣舉人黃宗鼎等人，聯名向都察院遞呈堅決反對割台的強烈聲明 |
| | 5・5 | 日本正式向俄、德、法三國公使，提出接受放棄遼東半島之割讓 |
| | 5・8 | 日清兩國在俄、德勸告下，完成交換和約批准書，台、澎正式割讓日本 |
| | 5・10 | 伊藤內閣將樺山資紀中將晉升為海軍大將，同時授命其為首任台灣總督兼軍務司令官，並代表日本做為接收台灣的全權委員 |
| | 5・15 | 唐巡撫與台灣士紳達成協議，發布一篇〈台民布告〉，表明台民之獨立意願 |

| 年 | 月日 | 事件 |
|---|---|---|
| | 5・21 | 陳季同及台灣士紳丘逢甲、林朝棟、陳儒林等人，集結台北紳商，同赴巡撫衙門 |
| | 5・23 | 台人發表「台灣民主國獨立宣言」，並預告將於5月25日上午九時，舉行唐景崧總統就任儀式 |
| | 5・25 | 台灣士紳以丘逢甲為首、林朝棟、陳儒林及陳季同等人，將鐫有「台灣民主國總統之印」的金印及藍地黃虎旗呈獻唐景崧。這樣，亞洲第一個採取共和制的國家正式誕生，而年號定為「永清」 |
| | 5・29 | 近衛師團自澳底登陸台灣 |
| | 6・2 | 福士達陪同李經方全權代表，於台灣近海與日本樺山資紀總督舉行割台儀式 |
| | 6・3 | 日軍水陸攻陷基隆港的社寮東砲台及仙洞砲台並占領基隆市街 |
| | 6・4 | 清敗兵大量湧入台北城內，搶劫行人，姦淫婦女，無故地縱火民屋，其野蠻真禽獸不如！唐總統知大勢已去，只帶同數十名親信，趁夜變裝潛逃至滬尾英商達戈拉斯洋行藏匿 |
| | 6・6 | 午前8點30分，唐總統一行乘英國阿瑟號(懸掛德旗)出走廈門 |
| | | 同日，受台北士紳之託，辜顯榮隻身往基隆請求日軍早日入城，以維持治安 |
| | 6・7 | 日軍兵不血刃占領台北 |
| | 6・17 | 總督府舉行始政式 |
| | 6・29 | 劉永福於台南重新創設議院，呼籲台人徹底抗爭 |
| | 7・19 | 在俄德法三國要求下，日本聲明台灣海峽自由航行，並承諾不將台灣澎湖割與他國 |
| | 7・26 | 丘逢甲帶領家屬及麾下三、四十人，挾軍餉十萬兩，自台中塗堀港搭船逃亡至對岸泉州，再轉往原籍故里鎮平 |
| | 10・17 | 高島鞆之助中將所率領的南征軍，向台南發動總攻擊 |
| | 10・19 | 劉永福知無法抵抗，乃偽稱視察砲台防備，率親衛隊赴安平，而於是夜乘英輪鐵爾士號，帶同台中知府黎景嵩、安平知縣忠滿等人逃回廈門 |
| | 10・21 | 日軍在當地傳教士巴克禮等人的引導下，不戰而占領台南 |

| 年 | 月日 | 事件 |
|---|---|---|
| | 10・28 | 近衛師團長北白川宮能久親王，因罹患瘧疾，病歿於台南，享年49 |
| | 11・3 | 台灣人初期對日抗爭告終 |
| | 11・18 | 樺山總督向日本大本營報告台灣全島「平定」 |
| 一八九六 | 1・29 | 日本通告各國「台灣領有宣言」 |
| | 4・1 | 日本公布「六三法」，台灣總督成爲「土皇帝」。日本發布93號敕令「台灣總督府撫墾署官制」以治理蕃政 |
| 一八九七 | 1・21 | 總督府發布律令第二號「台灣阿片令」 |
| | 3・4 | 總督府發布府令第六號，訂定阿片令施行規則 |
| | 3・9 | 日本發布「台灣總督府特別會計規則」 |
| | 3・30 | 台灣總督府發布律令第38號「台灣銀行法」 |
| | 5・8 | 台灣人依馬關條約選擇國籍期限結束，同日，陳秋菊、詹振、徐祿等人襲擊台北 |
| 一八九八 | 4・22 | 日清交換「保證不割讓福建」公文 |
| | 4・25 | 美國向西班牙宣戰 |
| | 7・17 | 總督府發布律令第13號「台灣地籍規則」及律令第14號「台灣土地調查規則」，開始調查土地實況 |
| | 8・13 | 美軍占領馬尼拉 |
| | 8・31 | 總督府發布律令第21號「保甲條例」，實施連坐制 |
| | 11・5 | 總督府發布律令第24號「匪徒刑罰令」，被喻爲「秋霜烈日」的最殘酷惡法 |
| | 12・10 | 美西簽訂和平條約 |
| 一九〇〇 | 8・24 | 日本利用義和團之亂以陸戰隊登陸廈門，但旋即被迫撤退 |
| 一九〇一 | 10・25 | 日本發布敕令第196號「臨時台灣舊慣調查會規則」，開始調查台灣的舊慣風俗 |
| 一九〇二 | 4 | 霧社「人止關之役」 |
| | 5 | 林少貓之亂 |
| | | 第二期對日武力抗爭告終 |
| 一九〇三 | 10・5 | 「姊妹原事件」或稱「霧社膺懲事件」 |
| 一九〇四 | 2・10 | 日俄戰爭爆發 |
| | 3 | 台灣完成土地調查 |
| | 4・13 | 澎湖公布戒嚴令 |
| | 5・12 | 台灣公布戒嚴令 |
| | 5・15 | 俄國艦隊計劃占領台灣 |

| 年 | 月日 | 事件 |
|---|---|---|
| 一九〇五 | 5‧27<br>(至28) | 俄國波羅的海艦隊計 38 艘，在對馬海峽幾乎完全被日本聯合艦隊殲滅或拿捕 |
| | 9‧5 | 日俄簽署樸資茅斯和約 |
| | 10‧1<br>(至3日) | 全台首次舉行戶口調查 |
| 一九〇六 | 4‧11 | 日本公布「三一法」 |
| 一九〇七 | 1‧16 | 佐久間左馬太總督發布「五年理蕃計劃」（前期理蕃事業） |
| | 11‧15 | 北埔事件，「漢蕃聯盟」 |
| 一九〇八 | 11‧30 | 美日交換有關太平洋方面協議公文（高平‧路特協定） |
| 一九一〇 | 5 | 佐久間總督實施第二次「理蕃五年計劃」（或稱「後期五年理蕃計劃」） |
| 一九一二 | 3‧23 | 林杞埔事件 |
| | 6‧27 | 土庫事件 |
| 一九一三 | 9 | 佐久間總督大舉征討北部原住民部落 |
| | 10 | 羅福星等事件（苗栗事件） |
| 一九一四 | 2‧17 | 板垣退助伯爵來台 |
| | 5‧8 | 六甲事件 |
| | 8‧1 | 第一次世界大戰爆發 |
| | 12‧20 | 「同化運動」展開 |
| 一九一五 | 1‧18 | 日本向袁世凱政權，提出所謂「二十一條要求」 |
| | 1‧26 | 「同化會」被解散 |
| | 5‧1 | 佐久間總督「理蕃」事業完成，請辭獲准，5 月 13 日回國 |
| | 8‧3 | 西來庵事件（噍吧哖事件），對日武力抗爭終結 |
| 一九一八 | 1‧8 | 美國總統威爾遜在議會發表「民族自決權」 |
| | 11‧11 | 同盟國簽署對德停戰條約（第一次世界大戰結束） |
| | 12‧27 | 林獻堂等人在東京組織「啓發會」，並成立「六三法撤廢期成同盟會」；台灣人開始啓動「非暴力」的政治運動 |
| 一九一九 | 3‧1 | 朝鮮爆發所謂「萬歲事件」的獨立大暴動 |
| | 6‧28 | 凡爾賽條約簽署 |
| | 10 | 原敬內閣發布敕令第 393 號，改正台灣總督府官制，重新規定總督一職，應由文官選任 |
| | 10‧29 | 田健治郎男爵被任命爲台灣第八任首位文官總督 |

| 年 | 月日 | 事件 |
|---|---|---|
| 一九二〇 | 1・11 | 在東京渋谷蔡惠如寓所，成立「新民會」 |
| | 5・20 | 中華民國駐長崎領事馮冕向沖繩縣石垣村村長豐川善佐及古賀善次等四人頒發感謝狀，稱 1909 年冬，在日本釣魚台島救援遭受暴風擱淺的福建省惠安縣漁船「金合號」 |
| | 7・16 | 日本治下台灣人政治運動首份機關誌《台灣青年》(月刊)，在東京問世 |
| 一九二一 | 1・30 | 台灣議會設置請願運動展開 |
| | 3・15 | 日本公布「法 3 號」 |
| | 6・1 | 日本發布敕令第 241 號，明令在台設置官選的「台灣總督府評議會」 |
| | 10・17 | 「台灣文化協會」在台北大稻埕靜修女子學校舉行創立大會，會員總數達 1,032 名，推林獻堂爲總理 |
| | 11・12 | 華盛頓會議召開 |
| | 12・13 | 四國（美、日、英、法）簽署太平洋條約 |
| 一九二二 | 2・6 | 各國簽署海軍軍備限制條約（華盛頓條約） |
| 一九二三 | 2・21 | 「台灣議會期成同盟會」成立 |
| | 12・16 | 總督府警務局對台灣議會運動者，展開大檢舉 |
| 一九二七 | 1・3 | 台灣文化協會分裂，轉爲左翼團體 |
| | 7・10 | 台灣民眾黨成立 |
| 一九二八 | 4・5 | 謝雪紅等人於上海成立台灣共產黨 |
| 一九三〇 | 8・17 | 「台灣地方自治聯盟」成立 |
| | 10・27 | 發生「霧社事件」，日人 134 名及漢人 2 名（誤殺）遭霧社羣族人（計 6 社）慘殺。抗日領導人馬赫坡社頭目莫那・魯道 |
| | 10・29 | 花岡一郎和二郎義兄弟兩家族 21 人，集體殉節 |
| | 10・31 | 日軍警對霧社羣發動總攻擊 |
| | 11・2（以後） | 莫那・魯道率家人自殺身亡（正確的時日無法查證） |
| | 11・5 | 「一文字高地」（卜托茲）激戰 |
| | 11・8 | 日軍砲兵隊猛烈射擊馬赫坡岩窟，飛行隊亦投下 6 枚「瓦斯彈」（毒氣彈） |
| | 11・18 | 日軍對馬赫坡社展開最後總攻擊，「叛蕃」（族人）犧牲慘重，已無力抵抗 |
| | 11・27 | 屯巴拉（卜拉茲）之役，族人最後的搏鬥 |

| 年 | 月日 | 事件 |
|---|---|---|
| | 12‧8 | 達道‧莫那上吊身亡,台灣軍參謀服部兵次郎讚嘆其為「純眞的武士」。「霧社事件」告一段落 |
| 一九三一 | 1月至3月 | 第59屆帝國議會期間,在野黨衆議院有7人,貴族院有5人,先後提出嚴厲的質詢與批判,要求政府內閣負起「霧社事件」的政治道德上責任 |
| | 2‧18 | 台灣民衆黨被解散 |
| | 3‧15 | 台灣共產黨開始被檢舉,迄至同年8月,黨中央活動已告完全停頓 |
| | 4‧25 | 道澤羣各社,計210名的「奇襲隊」互通日警小島源治巡查部長,於同日黎明襲擊手無寸鐵的羅多夫及巴西鳥兩處收容所的「霧社保護蕃」。結果195名遭慘殺,另19名選擇自縊身亡,史稱「第二次霧社屠殺事件」 |
| | 5‧6 | 霧社羣殘存「保護蕃」298名(婦孺居大半),悉數被迫遷居「川中島」 |
| | 9‧18 | 滿洲事變(九一八事變) |
| | 12‧26 | 日當局對重新被逮捕的39名霧社羣族人判刑(科以1-3年的拘役),後悉數被極刑致死或慘殺,史稱「霧社第三次屠殺」 |
| 一九三四 | 9‧2 | 迫於時勢,台灣議會設置請願運動,不得不宣告結束解散 |
| | 11 | 「日月潭第一發電所」完成(共費時15年),發電量10萬瓩,「台灣工業化」啓動 |
| 一九三六 | | 毛澤東聲明支持台灣獨立 |
| 一九三七 | 7‧7 | 中日戰爭爆發 |
| | 8‧15 | 「台灣地方自治聯盟」自動發表解散宣言文。台灣人的所有政治運動,畫下惆悵的句點。「日月潭第二發電所」完工,發電量8萬瓩 |
| | 9‧10 | 總督府在台北設立「國民精神總運動本部」,積極展開「台灣皇民化運動」 |
| 一九三八 | 3‧30 | 南沙群島編入台灣高雄市 |
| 一九三九 | 9‧1 | 德軍入侵波蘭 |
| | 9‧3 | 英、法向德宣戰,揭開第二次世界大戰序幕 |
| 一九四〇 | 8‧1 | 松岡洋右外相正式宣布日本將以「皇道的大精神」,要開始建立「大東亞共榮圈」 |
| | 9‧27 | 德、意、日三國同盟簽署成立 |

| 年 | 月日 | 事件 |
|---|---|---|
| | 11・27 | 長谷川清海軍大將授命爲第18任台灣武官總督。12月16日，抵台蒞任 |
| 一九四一 | 4・19 | 台灣總督府設立「皇民奉公會」 |
| | 8・14 | 美英兩國發表大西洋憲章，宣示領土不擴大原則和尊重住民意思的主張 |
| | 12・8 | 太平洋戰爭爆發 |
| 一九四二 | 1・1 | 同盟國共同發表宣言，表明接受大西洋憲章的原則 |
| | 3・15 | 日本第一次徵召500名原住民志願兵，被稱爲「高砂挺身報國團」 |
| | 6・4 | 在中途島的日美海戰，日本聯合艦隊之南雲機動艦隊，幾乎被美太平洋艦隊殲滅。從此，美國在太平洋開始反攻 |
| 一九四三 | 3 | 美英於白宮舉行會談，討論台灣將來的歸屬問題 |
| | 10・18 | 總督府發表「台灣決戰態勢強化方策綱要」 |
| | 11・27 | 美英中發表開羅宣言 |
| 一九四四 | 3・25 | 總督府發布「台灣決戰非常措置綱要」，並實施「國民徵用制」。結果，共有90,274人被送往南洋 |
| | 7下旬 | 對於選擇攻占台灣或呂宋的問題，羅斯福在檀香山會談基於政治考慮決定攻略呂宋 |
| | 9・1 | 台灣實施徵兵制，首批徵集22,000餘人 |
| | 12・28 | 長谷川總督被迫請辭 |
| | 12・30 | 第十方面軍司令官安藤利吉大將被任命爲第19任，也是台灣最後一任的武官總督 |
| 一九四五 | 4・12 | 杜魯門總統就職 |
| | 5・7 | 德國無條件投降 |
| | 6・22 | 美軍攻占沖繩本島 |
| | 7・26 | 同盟國發表波茨坦宣言 |
| | 8・6 | 廣島投下原子彈 |
| | 8・9 | 長崎投下原子彈 |
| | 8・15 | 日本投降（太平洋戰爭結束）「八一五台灣獨立運動」謀議失敗 |
| | 8・29 | 蔣介石任命陳儀陸軍上將擔任台灣行政長官，並指命葛敬恩陸軍中將爲公署秘書長 |
| | 9・2 | 日本正式簽署降書，無條件投降。同日，麥克阿瑟盟軍最高司令發布「一般命令第一號」，規定台灣之日本部隊應向蔣介石投降 |

| 年 | 月日 | 事件 |
|---|---|---|
| | 9．20 | 台灣省行政長官公署組織條例公布 |
| | 10．2 | 陳儀任命長官公署秘書長葛敬恩及台灣省警備司令部副參謀長兩人為「台灣前進指揮所」正副主任 |
| | 10．5 | 葛敬恩在約百名美軍顧問團的護衛下，與 81 名先遣接收人員，搭乘美軍運輸機從重慶抵達台北，隨即成立「台灣前進指揮所」 |
| | 10．6 | 葛敬恩將第一號通告交付安藤總督 |
| | 10．7 | 由前進指揮所召集會議；林獻堂、黃朝琴等人組成「台灣慶祝國慶籌備委員會」 |
| | 10．10 | 上午 10 時，在台北公會堂（後改稱中山堂）舉行首次「國慶」慶祝活動 |
| | 10．17 | 在美國第七艦隊掩護下，中國第六十二軍和七十軍分別登陸基隆和高雄 |
| | 10．24 | 下午，陳儀台灣行政長官帶同嚴家淦等部下，搭乘美機自上海抵台北，台灣人熱烈地歡迎 |
| | 10．25 | 陳儀接受台灣總督安藤利吉的投降，完成接收手續美國戰略業務局（OSS）在台灣進行民意調查，得出台灣人不希望被中國統治的結論 |
| 一九四六 | 1．23 | 台灣地區日本戰犯上砂勝七少將等人遭逮捕 |
| | 4．19 | 前台灣總督安藤利吉自殺 |
| | 5．1 | 台灣省參議會成立 |
| 一九四七 | 2．27 | 晚 7 時半，台灣省專賣局查緝股職員葉德根、傅學通等六人，與稽查大隊警員四名，在台北市內，大肆查緝私菸小販。有一女販林江邁（40 歲寡婦），在延平路「天馬茶房」附近被緝擒，一切紙菸和現款 6 千餘元都悉數被奪。林女跪地苦求施恩饒恕，卻被查緝員葉德根用槍桿亂打，打得頭破血流，昏倒在地。當地民眾五百餘名，目睹如此殘酷行為，憤慨抗議，把查緝員包圍起來。不料，其中一名查緝員傅學通竟然向抗議的群眾開槍，打死一名青年陳文溪（20 歲或稱 27 歲）。於是，群眾激昂，湧至警察局及憲兵隊要求將凶犯逮捕、槍決。但警、憲不理，結果，直至天明，民眾愈集愈眾，把警察局和憲兵團包圍不離 |

| 年 | 月日 | 事件 |
|---|---|---|
| | 2・28 | 晨，昨夜包圍警察局和憲兵團的民眾，開始結隊遊行。上午9時左右衝至專賣局，將庫存菸酒搬出燒毀。下午一時左右，憤怒的群眾轉向長官公署陳情，卻被中國軍隊以機槍掃射，造成甚多手無寸鐵的台灣民眾死傷。至此，激憤的民眾，只要看到「外省人」，不分男女，均以拳腳相向。下午二時左右，民眾移師新公園召開民眾大會，占據公園內的廣播電台，向全島的人民報告此一殘酷的事件。而與此同時，下午3時，陳儀立即公布戒嚴令，並出動武裝軍車在市區來回巡邏，向聚集民眾瘋狂地開槍，造成許多市民及學生的犧牲。如此一來，台北市民的激憤一舉爆發，「打死阿山！」「趕出阿山！」之怒吼，整夜不息。「二二八事件」即是這樣發生 |
| | 3・1 | 上午10時，北市參議員、國大代表、省參議員、國民參政員等共同組成「緝菸血案調查委員會」，並派代表黃朝琴、王添灯等人，向陳儀提出五項要求。下午5時，陳儀接納要求，發表第一次廣播詞 |
| | 3・2 | 上午10時，台灣大學、私立延平學院、師範學院、法商學院等學生，揭櫫「政府民主化」、「台灣自治」等口號，集結中山堂召開學生大會。下午二時半左右，由「緝菸血案調查委員會」改組成的「二二八事件處理委員會」，在中山堂首次召開會議，做成四項決議，向陳儀提出。陳儀立即接受，並於下午三時，向民眾作第二次廣播。但同日，陳儀卻密電蔣介石，請求中央派兵來台鎮壓 |
| | 3・3 | 柯遠芬警總參謀長認定「處委會」是純粹的叛亂組織，開始衡量以軍力平息「暴亂」 |
| | 3・4 | 社會秩序有逐漸安定之跡象。同日下午，全省各線火車均已通行 |
| | 3・5 | 秩序已完全恢復，台北市各商店均開市營業，火車、公路局汽車、市營公車已全部通車，各國校學生也照常上課，治安也顯著好轉。但同日，國府的參謀總長陳誠向蔣介石報告，台灣鎮壓部隊包括第21師、步兵一團、憲兵二營等已經配置齊全，準備由上海、福州 |

| 年 | 月日 | 事件 |
|---|---|---|
| | | 兩地起運。於是蔣介石電告陳儀：「已派步兵一團、並派憲兵一營，限本月7日由滬啓運，勿念。」 |
| | 3‧6 | 陳儀再向蔣介石要求增派國府裝備最齊全的兩個師精銳部隊。同日下午2時，「處委會」對陳儀提出計32條要求。當晚8時半陳儀表面上接受「處委會」所有的請求，更透過第三次廣播，承諾要做進一步的改革。可是，當天下午2時，高雄要塞司令彭孟緝已下令其手下的軍隊向高雄市民發動攻擊 |
| | 3‧7 | 「處委會」終日開會，下午4時20分，在二次全體大會之後，「處委會」除重新決議通過原有32條要求之外，又增列10條，此即所謂「四十二條要求」。但新增十條要求，竟成爲「反抗中央政府，陰謀背棄國家」的大屠殺藉口。下午五時許，「處委會」代表黃朝琴、王添灯等15人，將42條要求面呈陳儀時，由於陳儀已經得到鎮壓部隊到達的消息，態度不變，悍然拒絕「處委會」的要求，並於當晚悄悄下達準備出擊命令 |
| | 3‧8 | 上午7時，由福州調來，搭乘海平輪的兩營憲兵部隊二千名，護同閩台監察使楊亮功抵基隆港，預定當夜上岸，隨後開赴台北。但下午三點多，基隆司令史宏熹已下令射殺許多在岸上抗議的無辜市民，老幼男女都有。另是晚，在台北圓山陸軍倉庫前面的廣場，警備總部已開始屠殺數百名手無寸鐵的十八、九歲青年學生 |
| | 3‧9 | 中共機關報〈解放日報〉聲明支持台灣的獨立運動 |
| | | 下午二時，在美軍的援助下，配置近代裝備的中國整編陸軍第21師八千餘人（師長劉雨卿中將），自上海搭乘「太康艦」抵達基隆陸續上岸，展開犧牲者多達三萬至五萬人的台灣各地大屠殺 |
| | 4‧18 | 美國駐華大使司徒雷登向蔣介石抗議在台灣進行的大屠殺和鎮壓政策 |
| | 4‧22 | 蔣介石將陳儀免職，同時廢除行政長官公署，確定台灣納入省制，任命外交官出身的魏道明爲台灣省主席 |
| | 8‧11 | 魏德邁將軍抵台 |
| | 8‧17 | 魏德邁將軍向艾契遜國務卿報告調查結果（台灣人希望受美國保護和聯合國託管） |

| 年 | 月日 | 事件 |
|---|---|---|
| 一九四八 | 5・20 | 蔣介石就任總統 |
| | 12・29 | 陳誠出任台灣省長，蔣介石準備流亡台灣 |
| 一九四九 | 1・21 | 蔣介石發表下野聲明，李宗仁代理總統 |
| | 1・31 | 國府北京守將傅作義向中共投誠，共軍無血進駐北京 |
| | 4・6 | 陳誠、蔣經國開始進行大整肅 |
| | | 「四六壓制學運事件」，逮捕約二百名學生，有 7 人在獄中被槍斃 |
| | 4・12 | 台灣省政府公布「台灣省私用耕地租用辦法」，實施「三七五減租」 |
| | 5・16 | 蔣介石由定海飛澎湖馬公 |
| | 5・19 | 台灣全島發布戒嚴令，約三萬名台灣菁英遭到逮捕、處刑與殺害 |
| | 6・1 | 蔣介石離開馬公飛台灣岡山，傍晚視察高雄要塞 |
| | 6・21 | 蔣介石離開高雄乘飛機抵桃園，轉至大溪 |
| | 6・24 | 蔣介石離開大溪遷居台北草山 |
| | 6 | 美英兩國積極討論台灣地位問題 |
| | 8・1 | 蔣介石總裁辦公室在草山正式開始辦公 |
| | 8・5 | 美國發表《中國白皮書》 |
| | 9 | 美國國內認真討論台灣問題 |
| | 10・1 | 中華人民共和國成立 |
| | 12・7 | 國府決定遷都台北 |
| | 12・9 | 行政院開始在台北辦公 |
| | 12・11 | 「澎湖兵運案」。山東流亡學生一百多人遭逮捕，其中張敏之（校長）、鄒鑑（煙台市黨部書記長）及 5 名學生被判處死刑，全部槍決。隨後又有數十人遭到分批槍決，其餘分別判刑下獄，被視為「外省白色恐怖第一大案」 |
| | 12・23 | 美國國務院決定放棄台灣，秘密發布「台灣政策情報指針」美國有識之士和共和黨集團激烈抨擊放棄台灣的決定 |
| 一九五〇 | 1・5 | 杜魯門總統發表「一・五聲明」，表明台灣不干涉原則 |
| | 1・12 | 艾契遜國務卿聲明台灣在美國西太平洋防衛圈之外 |
| | 1・末 | 由於國內輿論與中國遊說團的活躍，使杜魯門政府修正放棄台灣政策，並增加對台灣的經濟援助 |
| | 2・14 | 中蘇友好同盟條約簽署 |

| 年 | 月日 | 事件 |
|---|---|---|
| | 3‧1 | 蔣介石復行視事就任總統 |
| | 3初 | 共產黨「台灣省工作委員會案」。先後在台中、台北、高雄等地逮捕近五百人，並槍決數十人，餘則判處無期徒刑等 |
| | 6‧2 | 艾契遜國務卿表明阻止共產主義擴張，暗示要確保台灣 |
| | 6‧25 | 韓戰爆發 |
| | 6‧27 | 杜魯門總統發布「六‧二七聲明」，宣布台灣中立化，明言台灣的法律地位未定 |
| | 6‧28 | 中共批評杜魯門總統的「六‧二七聲明」（台灣中立化宣言） |
| | | 國府接受美國防衛台灣，但對台灣法律地位問題表示異議 |
| | 6‧29 | 國府公布「公地放領」條文 |
| | 7‧31 | 麥克阿瑟與蔣介石會談，引發「杜魯門‧麥克阿瑟論爭」 |
| | 8‧4 | 美琉球軍政府依第22號命令頒布將釣魚台列嶼歸為美國託管地之一 |
| | 12‧8 | 英美發表共同宣言，表示台灣問題的解決必須顧及台灣島民的利益 |
| 一九五一 | 4‧11 | 美國撤換盟軍最高統帥麥克阿瑟，並任命李奇威接任 |
| | 4‧23 | 美國軍事顧問團抵達台灣 |
| | 9‧8 | 舊金山和約簽署（台灣歸屬問題仍舊未定） |
| | 11‧17 | 日本於台北設置在外事務所 |
| | 12‧24 | 吉田首相向杜勒斯遞交書簡，表明以國府為講和對象 |
| 一九五二 | 1‧6 | 杜勒斯國務院顧問於參議院公布「吉田書簡」 |
| | 3‧8 | 美國國防部表明台灣列入美國太平洋艦隊管理範圍，並強調在韓戰結束後仍將防衛台灣 |
| | 4‧3 | 美國國家安全會議建議美國海軍必須無限期防衛台灣不受中共攻擊 |
| | 4‧28 | 在美國仲介下，台日雙方簽署日華和平條約（台灣法律地位依舊未定） |
| | 8‧5 | 台日分別於台北、東京設置大使館 |
| | 12‧28 | 鹿窟事件。逮捕六百多人，有許希寬、陳朝陽等遭判死刑槍決，餘分別判無期徒刑等 |
| 一九五三 | 1‧26 | 國府公布「耕者有其田條例」 |

| 年 | 月日 | 事件 |
|---|---|---|
| | 2・2 | 艾森豪總統在提交國會的咨文中，宣布解除台灣中立化 |
| | | 英、蘇、加拿大和中共相繼批判美國解除台灣中立化的政策 |
| | | 「西方企業」（CIA 的化身）訓練裝備國府的突擊部隊，將金門馬祖要塞化，引發其後中國沿岸諸島的問題 |
| | 7・25 | 國府聲明廢棄一九四五年簽署的中蘇友好同盟條約 |
| | 7・27 | 朝鮮休戰協定簽字 |
| | 11・8 | 美國副總統尼克森訪台 |
| 一九五四 | 4・17 | 「高砂族自治會案」或稱「湯守仁案」。整肅原住民菁英，湯守仁等 6 名遭槍決，餘 3 名判無期徒刑等 |
| | 7・21 | 各國簽署日內瓦協定 |
| | 7 | 由於東南亞集體防禦條約（SEATO）成立，中共唯恐國府參加此一集團防衛體系，刻意製造台灣海峽的緊張 |
| | 8・2 | 中共紅軍總司令朱德向全軍宣布要「解放台灣」 |
| | 8・11 | 周恩來聲明「台灣解放宣言」 |
| | 9・3 | 中共軍開始大規模砲擊金門 |
| | 9・12 | 美國國家安全會議中，艾森豪總統壓抑軍方主戰派，決定將中國沿岸諸島問題提交聯合國處理 |
| | 10・12 | 羅伯森助理國務卿訪問台北，交涉華（台）美共同防禦條約締結事宜 |
| | 12・2 | 華（台）美共同防禦條約簽署 |
| | 12・8 | 中共抨擊華（台）美共同防禦條約 |
| | 12・10 | 杜勒斯、葉公超進行換文，承認華（台）美共同防禦條約屬於防衛性質 |
| 一九五五 | 1・21 | 中共占領一江山島 |
| | 1・24 | 艾森豪總統考慮國府軍自大陳島撤退後的士氣與國內親蔣派的壓力，向國會提出通過「台灣決議案」的要求 |
| | 1・26 | 英國外相艾登於下院表示台灣地位未定，但大陸沿岸諸島則為中國領土的一部分 |
| | 1・28 | 美國參議院通過「台灣決議案」 |
| | | 紐西蘭駐聯合國大使向安理會提出「台灣海峽停戰決議案」 |

| 年 | 月日 | 事件 |
|---|---|---|
| | 1‧29 | 中共非難「台灣決議案」，指其百分之百是戰爭檄文 |
| | 2‧5 | 國府軍自大陳島撤退 |
| | 2‧7 | 美國參議院外交委員會於批准華（台）美共同防禦條約之際，聲明該條約並非對台灣‧澎湖群島的最終處分 |
| | 4‧20 | 瑞福德提督與羅伯森助理國務卿訪問蔣介石，說服其放棄大陸沿岸諸島 |
| | 4‧23 | 周恩來於萬隆會議呼籲美中進行直接會談 |
| | 5‧25 | 「匪諜郭廷亮案」或稱「孫立人兵變案」。同案株連者達 150 餘人 |
| | 7‧30 | 周恩來倡議第三次國共合作 |
| | 8‧1 | 美中會談於日內瓦展開 |
| | 8‧20 | 孫立人遭蔣經國軟禁（長達 33 年） |
| 一九五六 | 1 | 留美學生成立三 F 組織 |
| | 1‧18 | 中共公布美中會談內容，明示台灣問題是雙方的絆腳石 |
| | 1‧30 | 周恩來再度呼籲國共合作 |
| | | 英國國務相拿提漢克再度明言台灣歸屬未定 |
| | 2‧28 | 「台灣共和國臨時政府」在東京成立。廖文毅、吳振南任正副總統 |
| | 7‧7 | 美國副總統尼克森訪台 |
| | 10‧31 | 《自由中國》雷震等向蔣介石要求民主化 |
| 一九五七 | 5‧24 | 在蔣經國指示下，台北市爆發中國人的反美暴動 |
| | 5 | 台灣人政治家組成「台灣地方自治會」 |
| | 6‧2 | 日本岸信介首相訪台 |
| | 8‧1 | 雷震對「反攻大陸」提出批判 |
| 一九五八 | 7月中旬 | 中共為推動國內政策，無視蘇聯的反對，再度製造台灣海峽危機 |
| | | 國府為將美軍捲入戰爭以及獲取美援，刻意向中共挑釁 |
| | 8‧23 | 中共向大陸沿岸諸島進行猛烈砲轟 |
| | 8‧27 | 艾森豪總統於記者會中表示，大陸沿岸諸島與台灣的關係較前更為密切 |
| | 9‧4 | 杜勒斯聲明準備與中共進行折衝 |
| | 9‧6 | 周恩來回應杜勒斯的聲明，要求重開美中會談 |
| | 9‧7 | 赫魯雪夫以親筆函警告艾森豪中國可能發動攻擊 |
| | 9‧15 | 美中兩國於華沙重開會談 |

| 年 | 月日 | 事件 |
|---|---|---|
| | 9 | 英國外相麥克米蘭批評美國對大陸沿岸諸島的政策 |
| | 9・30 | 杜勒斯於記者會中表示，若中共停止砲擊金門，則國府於金門、馬祖集中大軍殊屬不智 |
| | | 國府表明反對撤出中國沿岸諸島 |
| | 10・6 | 中國國防部長彭德懷發表「告台灣同胞書」，呼籲國共雙方進行合作，並聲明停止砲擊大陸沿岸諸島一星期 |
| | 10・21 | 杜勒斯與蔣介石就大陸沿岸諸島問題進行會談 |
| | 10・23 | 杜・蔣發表不以武力反攻大陸的聯合公報 |
| | 10・25 | 中共基於政略發表對大陸沿岸諸島「單打雙不打」的隔日砲擊宣言，台海危機解除 |
| | 11・21 | 戴高樂當選法國第五共和總統 |
| 一九五九 | 9・16 | 甘迺迪參議員（其後任總統）主張金門、馬祖非武裝化或中立化 |
| | 9・21 | 史蒂文生（其後出任聯合國大使）於 CBS 電視台的訪談中指出，「台灣地位應由住民於聯合國監視下投票決定」 |
| | 9・25 | 美蘇元首舉行大衛營會談 |
| | 10・1 | 赫魯雪夫總理示意中共對台灣將仿照蘇聯處理遠東共和國事例 |
| | 10・22 | 艾森豪總統明言「台灣是獨立國家」 |
| | 12・27 | 前日本首相吉田茂訪台 |
| 一九六〇 | 1・19 | 美日安全保障條約簽字 |
| | 2・26 | 美日安保條約「遠東條款」包括台灣 |
| | 2・28 | 「台灣青年會」成立 |
| | 4 | 《台灣青年》在東京創刊 |
| | 4 | 鮑爾斯（其後出任副國務卿）於《外交事務》雜誌主張「中・台共和國」構想 |
| | 7・3 | 甘迺迪表示「台灣應被承認為獨立國家」 |
| | 9・4 | 「雷震案」。《自由中國》發行人雷震、編輯傅正、經理馬之驌以及已離職職員劉子英等四人遭逮捕。同年 10 月 8 日，雷震被判 10 年有期徒刑，劉子英 12 年有期徒刑，馬之驌 5 年有期徒刑，傅正感化 3 年等 |
| | 9・8 |〈人民日報〉於「中美第一百次大使級會談」社論中，闡明今後面對美會談的態度，並表示不討論基本問題（台灣問題）以外的議題 |

| 年 | 月日 | 事件 |
|---|---|---|
| 一九六一 | 10‧7 | 甘迺迪表示「台灣防衛線應以台灣周邊海域爲準」,有意放棄金門、馬祖 |
| | 1‧20 | 甘迺迪政權成立,中共、國府均採取警戒態度 |
| | 2 | 英國工黨發布〈中國與西方〉文件,提出「一中一台」構想 |
| | 3 | 國府收購李萬居創辦的〈公論報〉 |
| | 4‧5 | 美英於華盛頓會談,英國麥克米蘭首相提議將台灣交由聯合國託管 |
| | 5‧14 | 美國詹森副總統訪台 |
| | 6 | 鮑爾斯副國務卿提出「繼承國家理論」,但國府與中共均表反對 |
| | 6 | 池田首相向甘迺迪總統和加拿大迪芬貝克總理提議「一中一台」 |
| | 7‧3 | 美國與國府因外蒙承認問題而關係惡化,杜蘭萊特大使勸說蔣介石失敗 |
| | 7‧29 | 國府副總統訪美,與甘迺迪總統進行會談 |
| | 9‧19 | 「蘇東啓叛亂事件」。雲林縣議員蘇東啓(39歲)因激烈批判國民黨,遭警總以策劃台灣獨立之罪名加以逮捕。該案陸續受株連者達三百多人,爲二二八事變以來,規模最大之政治案件 |
| | | 1963年9月25日,蘇東啓、陳庚辛、張茂鐘、詹益仁等四人,被軍事法庭判處無期徒刑,其餘各處以12年有期徒刑等 |
| | 10‧24 | 國府放棄對外蒙行使否決權 |
| | 12‧8 | 加拿大駐聯合國大使布魯克斯主張「台灣人有權決定自身的將來」 |
| | 12‧15 | 聯合國大會決議中國代表權問題爲重要事項 |
| 一九六二 | 1 | 「台灣共和國」事件爆發,郭國基、楊金虎、黃紀男等數百人被捕 |
| | 2 | 爲牽制美國的「兩個中國」政策,國府計劃反攻大陸 |
| | 3‧6 | 親國府的杜蘭萊特大使遭解職 |
| | 3‧20 | 美國批判國府腐敗無能,公布《一九四三年美中關係外交文件》 |
| | 5 | 台灣獨立聯盟案。逮捕26人,宋景松判死刑,施明德、陳三興判無期徒刑,餘12年等徒刑 |

| 年 | 月日 | 事件 |
|---|---|---|
| 一九六三 | 6 | 台灣海峽再度告急 |
| | 6・26 | 藉由美中雙方的會談，台灣海峽戰爭危機解除 |
| | 5・28 | 「陳智雄海外綁架案」。1959年國府將在日從事獨立運動的陳智雄綁架回台。1962年8月，判陳氏死刑，本日，槍決陳氏 |
| | 8・5 | 美英蘇簽署部分核武禁止條約，國府與中共均表反對 |
| | 8・22 | 國府在美國壓力下簽署前述條約 |
| | 8・30 | 中共攻擊蘇聯，表示「讓國府簽署條約是蘇聯指導者參與『兩個中國』陰謀、出賣盟國的證據」 |
| | 9・3 | 蔣經國訪美，探詢美國的台灣政策 |
| | | 甘迺迪向蔣經國施壓，要求「台灣民主化」與「兩個中國」 |
| | 9・18 | 日本池田首相表明國府反攻大陸毫無希望 |
| | 9・21 | 國府不滿日本進出口銀行融資日中貿易，召回張厲生駐日大使 |
| | 10・7 | 周鴻慶事件發生 |
| | 11・13 | 國府威脅若將周鴻慶送回中國將殺害在台日人 |
| | 11・14 | 甘迺迪總統於記者會中表示「視中國的動向準備重新檢討對中政策」 |
| | 11・22 | 甘迺迪總統遭暗殺 |
| | 12・13 | 席爾斯曼遠東事務助理國務卿發表「重新檢討美國的中國政策」演說（表明詹森政權的中國・台灣政策） |
| 一九六四 | 1・9 | 周鴻慶送返中國 |
| | 1・14 | 國府派人至日本駐台大使館官邸投石示威 |
| | 1・17 | 加拿大總理皮爾森表示「若中共不再要求對台灣的主權，加拿大將重新考慮不承認中共的政策」 |
| | 1・27 | 法國與中共建立外交關係 |
| | 2・7 | 前法國首相佛爾指出，「國府既非中國政府，亦非台灣政府」 |
| | 2・10 | 國府發表與法國斷交聲明 |
| | 2・23 | 吉田茂以特使身分訪台 |
| | 3・25 | 美國參議院外交委員會傅爾布萊德委員長否定「兩個中國」的虛構政策 |
| | 4・16 | 魯斯克國務卿訪台 |
| | 4 | 法國龐畢度總理明言台灣最終地位未定 |

| 年 | 月日 | 事件 |
|---|---|---|
| | 5・7 | 日本以「吉田書簡」表示對中國的輸出將不使用輸出入銀行等政府資金 |
| | 6・22 | 「陳純眞間諜事件」發生 |
| | 9・11 | 英國工黨黨魁威爾森主張「台灣應由聯合國進行信託統治，以住民投票決定自身的將來」 |
| | 9・20 | 彭明敏、謝聰敏、魏廷朝「自救宣言」事件。著名的台灣大學法學院政治系主任彭明敏教授（41 歲）與其學生謝聰敏(32 歲、《今日中國》總編輯)、魏廷朝(29 歲、中研院助理) 等三人，遭警總以叛亂罪逮捕。1965 年 4 月 2 日，軍事法庭判謝氏 10 年有期徒刑、彭教授與魏氏各被判有期徒刑 8 年。同年 11 月 3 日，受國際輿論壓力，蔣介石特赦彭教授，並將謝、魏之刑期減半 |
| | 9・22 | 加拿大皮爾森總理表示「台灣問題的解決應尊重台灣住民的意思」 |
| | 10・16 | 中共核子試爆成功 |
| | 10・17 | 英國工黨贏得政權 |
| | 11・9 | 第一次佐藤內閣成立 |
| | 12・1 | 國府監察委員曹德宣極力主張「兩個中國」 |
| 一九六五 | 2・7 | 美國開始轟炸北越 |
| | 4 | 法國前首相佛爾言明台灣的歸屬應以民族自決解決 |
| | 4・26 | 台日間簽定一億五千萬美元借款 |
| | 5・14 | 廖文毅（台灣共和國臨時政府總統）向國府投降 |
| | 6・31 | 美國停止對國府的經濟援助 |
| | 7・28 | 前代總統李宗仁自美國返回中國 |
| | 9・23 | 「台灣青年會」改名爲「台灣青年獨立聯盟」（委員長辜寬敏） |
| | 9・26 | 李宗仁表示願爲國共合作前往台灣 |
| | 11・17 | 聯合國大會表決中共加入決議，結果是 47 對 47 同數 |
| 一九六六 | 2・28 | 台灣青年獨立聯盟首次在東京舉行大規模的二二八紀念遊行（約有三百多人參加） |
| | 3・8 | 美國參議院外交委員會舉行「中國公聽會」，出席的公述人多數支持台灣獨立與民族自決原則（―30 日） |
| | 3・16 | 魯斯克國務卿於下議院外交委員會對中國政策進行證言時，提出「非孤立化的圍堵政策」 |
| | 4・7 | 陳重光等省議員要求全面改選「中央民意代表」 |
| | 5・20 | 蔣介石、嚴家淦就任第四任國府總統、副總統 |

| 年 | 月日 | 事件 |
|---|---|---|
| | 6‧17 | 國府全體國民大會代表非難美國對中共「非孤立化的圍堵」新政策 |
| | 6月底 | 中共進行文化大革命 |
| | 7‧3 | 魯斯克與蔣介石在台北舉行會談 |
| | 7‧12 | 詹森總統宣言美國是「太平洋國家」 |
| | 8‧1 | 中共第八屆十一全會決定推行文化大革命 |
| | 8‧18 | 毛澤東於天安門接見「紅衛兵」，中國自此陷入大混亂 |
| | 9‧2 | 美國駐聯合國代表高德派克為保住國府席位進行演說 |
| | 11‧18 | 義大利提議設置中國代表權問題特別委員會 |
| | 11‧23 | 加拿大就中國代表權問題提議「兩個中國」 |
| | 12‧2 | 聯合國大會對中國代表權問題進行投票，結果以66對48通過美國等十五國提出的重要問題案 |
| | 12‧7 | 美國國務院成立中國諮詢委員會 |
| | 12‧8 | 魯斯克與蔣介石再於台北進行會談 |
| 一九六七 | 7月底起 | 林水泉、呂國民、顏尹謨等「全國青年團結促進會事件」（或稱「林水泉叛亂案」）。1967年至1968年元月，國府調查局以「意圖以非法之方法顛覆政府而著手實行」之罪名，先後逮捕台北市議員林水泉與留日東京大學之研究生顏尹謨、劉佳欽等274人。1970年1月10日，林水泉、顏尹謨、呂國民等三人，被處有期徒刑15年，其餘各被判12年有期徒刑等 |
| | 8 | 張榮魁、林啓旭遣送事件。張、林兩人在日本出入國管理局收容所內展開二百小時絕食抗議。筆者、黃昭堂等10名同志，也在收容所外，絕食聲援 |
| | 9‧7 | 佐藤榮作首相訪台 |
| | 11‧27 | 蔣經國訪日，旅日台灣人進行示威抗議 |
| 一九六八 | 1 | 鄧維楨創辦《大學雜誌》 |
| | 1‧8 | 美中進行第134次會談 |
| | 3‧27 | 日本強制遣送台灣獨立運動者柳文卿 |
| | 6‧8 | 蔣介石威脅日本，指出廢棄「吉田書簡」即等於廢除「日華和平條約」 |
| | 8‧20 | 蘇聯與東歐五國聯軍入侵捷克 |
| | 10 | 蘇聯要人維特‧路易斯訪台，國府企圖與蘇聯接近 |
| | 10‧19 | 尼克森強調美中接觸 |
| | 11‧1 | 詹森總統聲明停止轟炸北越 |
| 一九六九 | 1‧20 | 尼克森共和黨政權誕生 |

| 年 | 月日 | 事件 |
|---|---|---|
| | 2‧19 | 中共以廖和叔逃亡事件爲由，取消第135次中美會談 |
| | 3‧2 | 中蘇於珍寶島發生武力衝突 |
| | 4‧3 | 蘇聯駐美大使提議「台灣獨立」 |
| | 4‧28 | 中共於黨內九全大會中修改黨章，取消「解放台灣」文字 |
| | 5 | ECAFE在曼谷發表東海釣魚台列嶼海底可能富藏石油 |
| | 7‧17 | 國府蔣介石突然聲稱釣魚台列嶼主權屬於台灣，國府有權行使該列嶼海底採油權。如此，釣魚台列嶼的主權爭議，浮上檯面 |
| | 7‧21 | 美國緩和對中國的旅行限制 |
| | 11‧18 | 東京地院（裁判長杉本良吉）判決強制遣送柳文卿一事違法 |
| | 11‧21 | 佐藤與尼克森會談的聯合公報中，佐藤首相聲明「台灣對日本的安全是極爲重要的因素」 |
| | 12‧11 | 美中雙方大使在中斷二年後再於華沙正式展開會談 |
| | 12‧24 | 美國將第七艦隊警備台灣海峽的定期巡防，改爲不定期巡防 |
| 一九七〇 | 1‧1 | 海外各地結成「台灣獨立聯盟」（蔡同榮首任主席） |
| | 1‧2 | 美國副總統安格紐訪台，向蔣介石傳達美國將要求與北京對話之意 |
| | 1‧3 | 彭明敏教授脫出台灣 |
| | 1‧9 | 中共抗議蘇聯報導台灣爲國家 |
| | 1‧20 | 中美第135次會談重行召開 |
| | 1‧26 | 美國國會拒絕提供國府F4D機 |
| | 4‧24 | 台灣獨立運動者鄭自才、黃文雄暗殺訪美的蔣經國未遂 |
| | 4‧30 | 美國介入高棉問題 |
| | 5‧18 | 中國取消在華沙舉行的第137次美中大使級會談 |
| | 5‧20 | 毛澤東發表聲明，呼籲「全世界人民團結打破美帝侵略者與其爪牙」 |
| | 5‧26 | 蔣介石抨擊「台灣獨立運動」是中共的陰謀 |
| | 8 | 釣魚台問題成爲國際紛爭 |
| | 9‧23 | 加拿大外長謝普要求支持中共取得中國的聯合國代表權 |
| | 10‧12 | 台南市發生「美國文化新聞處」爆炸事件 |
| | | 國府與加拿大斷交 |

| 年 | 月日 | 事件 |
|---|---|---|
| 一九七一 | 10・13 | 中國與加拿大建立外交關係，加拿大表示「留意」（take note）中國對台灣的領有主張 |
| | 10・26 | 尼克森稱中國爲「中華人民共和國」 |
| | 11・6 | 中國與義大利建立外交關係 |
| | 11・7 | 國府與義大利斷交 |
| | 11・12 | 美國駐聯合國大使菲利普以正式國名「中華人民共和國」稱呼中國 |
| | 11・20 | 聯合國大會表決「招請中國・驅逐國府」案，首次出現贊成票過半數 |
| | 11・25 | 尼克森與嚴家淦進行會談 |
| | 1 | 《大學雜誌》改組，成員遍及學術界與企業界的新生代菁英 |
| | 2・25 | 尼克森於外交咨文正式稱中國爲「中華人民共和國」 |
| | 3・3 | 國府驅逐支持台灣獨立運動的美日人士 |
| | 3・4 | 國府駐美大使周書楷向美國國務院抗議使用「中華人民共和國」的稱呼 |
| | 3・15 | 美國國務院全面廢除中國簽證限制 |
| | 3・29 | 東京地院（裁判長高津環）判決取消張榮魁、林啓旭等台灣獨立運動者的強制遣送處分 |
| | 3・30 | 東京高院（裁判長久利馨）對台灣獨立運動者柳文卿強制遣送的損害賠償訴訟，駁回一審取消請求的判決 |
| | 4・6 | 世界桌球大會決賽時，中國方面表明希望美國代表團訪問中國，並表示將熱烈歡迎招待 |
| | 4・9 | 美國國務院聲明「將釣魚台列嶼的施政權交還日本」 |
| | 4・14 | 尼克森總統特別聲明改善對中國關係五項措施 |
| | 4・16 | 尼克森總統表明希望訪問中國 |
| | 4・25 | 艾德格於《生活雜誌》刊載訪問毛澤東手記，並言明「毛主席準備與尼克森總統見面」 |
| | 4・26 | 美國總統諮詢委員會建議讓中國加入聯合國 |
| | 4・28 | 美國國務院再確認「台灣主權問題尚未解決」 |
| | 6・15 | 蔣介石發表政策姿態的聲明 |
| | 7・9 | 季辛吉自巴基斯坦潛入中國 |
| | 7・15 | 美中兩國發表尼克森將於一九七二年五月以前訪問中國的計劃 |
| | 7・16 | 國府猛烈抨擊尼克森訪問中國的計劃 |

| 年 | 月日 | 事件 |
|---|---|---|
| | 7・21 | 美國參議院外交委員會廢除一九五五年一月通過的「台灣決議案」 |
| | 8・2 | 羅傑斯國務卿表明將於本年度支持中國加入聯合國 |
| | 8・5 | 國府聲明「中止」與土耳其的邦交 |
| | 8・6 | 中國與土耳其建交 |
| | 8・9 | 日本與國府就第二次提供借款事宜進行換文 |
| | 8・11 | 國府支持派於紐約討論複合雙重代表制 |
| | 8・17 | 美國向聯合國遞交中國代表權問題備忘錄，主張複合雙重代表制 |
| | 8・21 | 中國譴責美國所提備忘錄，主張將國府逐出聯合國 |
| | 9・9 | 美國邀請日本共同提出「逆重要事項指定」、「複合雙重代表制」兩決議案 |
| | 9・13 | 林彪於蒙古墜機死亡 |
| | 9・18 | 紐約出現「台灣獨立運動」示威遊行 |
| | 9・22 | 佐藤首相決定與美國共同提案前述兩項決議案 |
| | 10・16 | 東京出現「台灣獨立運動」示威遊行 |
| | 10・20 | 季辛吉再度進入中國 |
| | 10・25 | 聯合國大會以 76 對 35、棄權 17 票的結果，通過阿爾巴尼亞所提「招請中國・驅逐國府」案，國府聲明退出聯合國 |
| | 10・26 | 美國羅傑斯國務卿聲明遵從聯合國的表決，但防衛台灣的義務不變<br>國府批評聯合國的決定是不法行為<br>季辛吉返美，並發表尼克森將於翌年一月訪問中國 |
| | 10・31 | 中國以 China 名義在聯合國登記，其順位以 C 排列 |
| | 10 | 台灣民心動搖，大量台灣資金流入香港、新加坡 |
| | 11・2 | 美國參議院外交委員會聲明琉球交還協定與釣魚台列嶼的歸屬問題無關 |
| | 11・11 | 中國聯合國首席代表喬冠華等進入紐約，聲明以聯合國「保衛和平」 |
| | 11 | 國府在聯合國各機關的席位相繼被奪 |
| | 12・29 | 長老教會發表「國是聲明」 |
| 一九七二 | 2・21 | 尼克森訪中，毛澤東表明「台灣問題」百年後解決亦可 |
| | 2・27 | 美中上海公報發布（美國認識到中國主張台灣為其一部分的立場） |

| 年 | 月日 | 事件 |
|---|---|---|
| | 3・3 | 格林副國務卿訪台灣，對國府批判美中接近提出警告 |
| | 5・15 | 美國將釣魚台列嶼視爲琉球群島的一部分，一併將其移還給日本 |
| | 6・1 | 蔣經國就任行政院長，推動台灣化（本土化） |
| | 7・7 | 田中內閣成立 |
| | 7・27 | 毛澤東說明「林彪事件」 |
| | 7・29 | 日中做成「竹入筆記」 |
| | 9・17 | 自民黨椎名悅三郎副總裁訪台，表明日中邦交正常化 |
| | 9・25 | 田中總理一行訪中 |
| | 9・29 | 日中簽署共同聲明，日本在有關台灣問題的條文中，並未承認中國的台灣主權，而以未定方式處理 |
| | | 國府發布「對日斷交聲明」 |
| | 12・26 | 「財團法人交流協會」、「亞東關係協會」成立 |
| 一九七三 | 6 | 美國停止無償軍事援助 |
| | 10・25 | 蔣經國提出「九大建設」 |
| 一九七四 | 4・20 | 抗議「日中航空協定」，台日斷航 |
| | 8・9 | 福特副總統就任第 38 任美國總統 |
| | 9 | 蔣經國將「九大建設」，再加上核能發電成爲「十大建設」。爾後，台灣的經濟躋身「亞洲四小龍」之列 |
| | 12・9 | 三木內閣成立 |
| 一九七五 | 2・28 | 台灣人前日本兵在日本展開要求補償運動 |
| | 3・5 | 一萬名台灣民間人士組成「要求日本補償治台時期軍事郵政貯金代表委員會」 |
| | 4・5 | 蔣介石逝世，嚴家淦就任總統、蔣經國擔任黨主席 |
| | 6・9 | 菲律賓與中國建交 |
| | 7・1 | 泰國與中國建交 |
| | 7・9 | 台日航空協定簽署 |
| | 8 | 張俊宏、康寧祥、黃信介共同創辦《台灣政論》月刊 |
| | 12・20 | 白雅燦於立委選舉時公開向蔣經國質問 29 項問題而遭逮捕 |
| 一九七六 | 1・8 | 周恩來逝世 |
| | 9・9 | 毛澤東逝世 |
| | 10・6 | 江青四人幫被逮捕 |
| 一九七七 | 1・20 | 卡特政權成立 |
| | 8・16 | 長老教會發表「人權宣言」，向卡特政權要求台灣住民自決 |

| 年 | 月日 | 事件 |
|---|---|---|
| | 8‧22 | 范錫國務卿訪中 |
| | 11‧19 | 中壢事件發生，鎮暴部隊無法向人民開槍與黨外人士在地方選舉大勝 |
| 一九七八 | 5‧20 | 布里辛斯基等訪中 |
| | | 蔣經國就任總統 |
| | 8‧12 | 日中和平友好條約簽字，未提及台灣問題和釣魚台列嶼主權歸屬 |
| | 11‧24 | 「台灣黨外人士助選團」正式成立 |
| | 12‧15 | 美中發表國交正常化（建交聲明） |
| | 12‧31 | 中國全人大常務委員會發表「告台灣同胞書」 |
| 一九七九 | 1‧1 | 美中發表建交公報，台美斷交 |
| | | 中國徐向前國防部長表明停止砲擊金門、馬祖 |
| | 1‧21 | 國府逮捕余登發、余瑞言父子 |
| | 4‧10 | 卡特總統簽署台灣關係法 |
| | 10‧9 | 國府公布實施領海 12 海浬和 200 海浬經濟水域 |
| | 12‧10 | 高雄（美麗島）事件發生，黨外人士大量被捕 |
| | 12‧31 | 華（台）美共同防禦條約失效 |
| 一九八〇 | 2‧28 | 林義雄家族遭殘殺 |
| | 3 | 高雄事件判決，全員均為重刑 |
| | 12‧6 | 高雄事件家屬、辯護律師全員當選 |
| 一九八一 | 1‧20 | 雷根總統上任 |
| | 7‧2 | 陳文成博士遇害 |
| | 9‧30 | 葉劍英發表統一台灣「九條」方針政策 |
| | 10‧21 | 趙紫陽總理向雷根表示擔憂蘇聯向台灣發展 |
| 一九八二 | 3 | 「台灣人公共事務會」（FAPA）在美國成立 |
| | 4‧5 | 雷根總統致函中國高層 |
| | 5‧7 | 布希副總統訪中 |
| | 5‧20 | 甘迺迪參議員、歐尼爾眾院議長等 31 名議員聯名要求國府解除戒嚴 |
| | 7‧14 | 雷根對台六點保證 |
| | 7‧27 | 美國會贊同「對台六點保證」 |
| | 8‧17 | 美中簽署有關對台軍售的聯合公報（八一七公報），在中國採取「永久性和平政策」的前提下，逐年減少對台軍售 |
| 一九八三 | 5‧1 | 王昇失勢，國府最高特務機關「劉少康辦公室」解散 |
| | 11‧9 | 羅福全博士出席參議院「台灣前途決議案」公聽會 |

| 年 | 月日 | 事件 |
|---|---|---|
| | 11・14 | 美參議院外交委員會通過「台灣前途決議案」 |
| 一九八四 | 3・22 | 蔣經國、李登輝當選正副總統 |
| | 5・11 | 「黨外公政會」成立 |
| | 5・31 | 美眾院亞太小組要求國府解除戒嚴 |
| | 6 | 貝爾參議員公開支持台灣獨立 |
| | 10・15 | 江南暗殺事件 |
| 一九八五 | 2・8 | 十信弊案爆發 |
| | 3・10 | 戈巴契夫就任蘇聯總書記 |
| | 8・17 | 美參眾兩院通過第806號法案「台灣民主主義」，雷根總統簽署成為法律 |
| | 9 | 「黨外公政會」和「黨外編聯會」合組「黨外選舉後援會」，形成新政黨的基盤 |
| | 11・16 | 台灣地方選舉中，黨外人士獲大勝利 |
| 一九八六 | 2・25 | 菲律賓推翻獨裁者馬可仕，給台灣民心一大鼓勵 |
| | 5・19 | 「五一九綠色行動」（要求解嚴示威遊行） |
| | | 美國有力議員組成「台灣民主化促進委員會」 |
| | 6・25 | 美國眾議院外交委員會通過第2233號「台灣民主化決議案」 |
| | | 美國參議院外交委員會通過第121號法案「台灣民主化決議案」，聲援台灣黨外人士組黨 |
| | 9・28 | 民主進步黨成立 |
| | 10・7 | 蔣經國默認新政黨的成立 |
| | 10・15 | 國府下令解除戒嚴及黨禁 |
| | 10・16 | 李遠哲獲諾貝爾化學獎 |
| | 11・10 | 民進黨第一屆黨大會，選出江鵬堅為初任主席，通過基本綱領 |
| | 12・6 | 立委、國代部分改選，民進黨席次大幅增加，在野黨基盤穩固 |
| 一九八七 | 2・4 | 「二二八和平日促進會」（會長陳永興）成立，突破禁忌 |
| | 2・28 | 台灣首次二二八紀念集會 |
| | 4・18 | 鄭南榕台灣史上首次公然主張台灣獨立 |
| | 7・15 | 解除長達38年的戒嚴，公布「國家安全法」 |
| | 11・2 | 開放赴中國探親 |
| | 12・25 | 民進黨舉行「要求國會全面改選」示威遊行 |
| 一九八八 | 1・13 | 蔣經國逝世，李登輝繼任總統 |
| | 1・27 | 李登輝（代理）黨主席 |

| 年 | 月日 | 事件 |
|---|---|---|
| 一九八九 | 7・8 | 李登輝正式就任黨主席 |
| | 1・20 | 布希就任美國總統 |
| | | 台灣解除黨禁，開始政黨活動 |
| | 1・26 | 國府通過「第一屆資深中央民意代表自願退職條例」 |
| | 3・6 | 李登輝總統訪問新加坡 |
| | 4・7 | 追求百分之百言論自由，鄭南榕自焚 |
| | 4・15 | 胡耀邦總書記逝世，中國各地舉行追悼會，要求民主化 |
| | 6・4 | 天安門事件，鄧小平指示殺死百萬人亦無妨 |
| | 7 | 美國參議院全數通過「台灣前途修正案」，向中國發出警告 |
| | 7・15 | 第15屆主要工業國家高峰會在法國通過譴責中國宣言 |
| | 11・10 | 柏林圍牆拆除，東歐社會主義沒落 |
| 一九九〇 | 2 | 第八屆總統副總統選舉，國府內部發生「二月政爭」 |
| | 3・14 | 台灣首次大規模學生運動（野百合三月學運） |
| | 3・21 | 李登輝總統連任，接見學生代表，保證推行民主化 |
| | 6・1 | 軍頭郝柏村就任行政院長 |
| | 6・28 | 召開「國是會議」 |
| | 7・5 | 白樂琦就任美國在台協會理事長 |
| | | 日本發現部分二戰時的台灣人徵兵名冊（約2萬人） |
| | 8・2 | 伊拉克軍攻入科威特 |
| | 8・8 | 美國呼籲台灣共同制裁伊拉克 |
| | 10・7 | 「國家統一委員會」設置，民進黨召開第四次全國代表大會通過「台獨黨綱」，明言「台灣事實主權不及於中國大陸及蒙古」 |
| 一九九一 | 1・17 | 多國聯軍開始攻擊伊拉克 |
| | 1・18 | 「大陸委員會」（陸委會）設置 |
| | 2・8 | 「海峽交流基金會」（海基會）設置，3.9正式成立 |
| | 2・23 | 通過「國家統一綱領」修正案 |
| | 2・28 | 伊拉克停止戰鬥，波灣戰爭結束 |
| | 5・1 | 「動員勘亂時期」結束，廢除「臨時條款」，承認中國政府統治大陸（一中・一台） |
| | 5・9 | 「獨台會事件」 |
| | 5・22 | 正式廢止「懲治叛亂條例」 |
| | 12・16 | 「海峽兩岸關係協會」（海協會）成立 |
| 一九九二 | 5・15 | 通過「刑法一百條修正案」，「台獨份子」獲解放 |

| 年 | 月日 | 事件 |
|---|---|---|
| 一九九三 | 8・24 | 中韓建交 |
| | 9・2 | 布希總統決定售台 150 架 F-16 戰機 |
| | 11・1 | 彭明敏教授歸國 |
| | 11・18 | 法國售台幻象 2000-5 型戰機 60 架 |
| | 12・19 | 史上首次立委全面改選，民進黨獲 52 席 |
| | 1・20 | 柯林頓就任美國總統 |
| | 1・30 | 李登輝與民進黨合作，迫郝柏村辭職 |
| | 2・27 | 連戰內閣成立，李登輝體制確立 |
| | 4・27 | 海基會董事長辜振甫、海協會會長汪道涵於新加坡首次會談 |
| | 8・10 | 「新國民黨連線」組成「中國新黨」，台灣進入多黨政治時代 |
| | 9・21 | 柯林頓政權通過對中國的「擴大‧參與」政策 |
| | | 柯林頓總統以「台灣總統」名義，邀李登輝出席 APEC |
| 一九九四 | 1・27 | 美參院通過閣僚訪台 |
| | 2・2 | 美參院決議「台灣關係法」優位於「八一七公報」 |
| | 3・20 | 戈巴契夫前蘇聯總統訪台 |
| | 3・31 | 千島湖事件，台灣觀光客 24 人被殺 |
| | 4・9 | 李登輝批判中國為「土匪」 |
| | 4・24 | 李登輝、司馬遼太郎對談「生為台灣人的悲哀」 |
| | 4・28 | 美眾院決議「台灣關係法」優位於「八一七公報」 |
| | 4・30 | 〈自立晚報〉刊載李登輝、司馬遼太郎對談「生為台灣人的悲哀」，引起大反響 |
| | | 柯林頓簽署「台灣關係法修正案」，使其優位於八一七公報並立即生效 |
| | 5・4 | 李登輝在夏威夷加油被冷落，引起國會和輿論不滿 |
| | 6・10 | 美參院一致通過支持台灣加入聯合國 |
| | 8・5 | 美參院通過「在一定條件下，允諾台灣總統和高官訪美」法案 |
| | 8・12 | 美眾院超黨派 37 名議員聯名邀請李登輝訪美 |
| | 9・7 | 柯林頓總統發表「新台灣政策」，承認台灣元首的通過簽證 |
| | 9・8 | 中國批判美國的「新台灣政策」 |
| | 12・3 | 省長、直轄市長選舉，宋楚瑜當選省長、陳水扁台北市長、吳敦義高雄市長 |

| 年 | 月日 | 事件 |
|---|---|---|
| 一九九五 | 1‧30 | 中國江澤民國家主席提出「江八點」，內容爲中國一貫對台主張，毫無新意 |
| | 2‧3 | 美眾院議長金瑞契支持台灣自決，加入聯合國和李登輝訪美 |
| | 3‧6 | 美參眾兩院通過歡迎李登輝以私人身分訪美決議，向美政府提出要求 |
| | 4‧8 | 李登輝以「李六條」回應「江八點」，強調分裂、分治的現實 |
| | 4‧10 | 康乃爾大學羅斯校長訪台，邀請李登輝總統於同年6月返校演講 |
| | 5‧2 | 美國眾院院會一致通過李登輝訪美 |
| | 5‧9 | 美國參院以97對1通過李登輝訪美 |
| | 5‧22 | 柯林頓政府決定發給李登輝入境簽證 |
| | 5‧23 | 中國批評批准李登輝訪美 |
| | 5‧26 | 「海協會」副會長唐樹備訪台，表示李登輝訪美不成問題，中國遲浩田國防部長表示延後訪美行程 |
| | 6‧7 | 李登輝出發訪美<br>中國向美抗議，召回李道豫駐美大使 |
| | 6‧9 | 李登輝在康大演講「民之所欲，長在我心（Always in My Heart)」，披露台灣經驗，強力訴求與中國和平共存、回歸國際社會 |
| | 6‧12 | 李登輝歸國，〈人民日報〉文攻武嚇白熱化 |
| | 6‧16 | 中國延後原定7月下旬舉行的第二次辜汪會談 |
| | 7‧18 | 新華社發布解放軍將於7月21至28日在東海實施飛彈試射 |
| | 7‧21 | 中國遲浩田國防部長於建軍68週年紀念會上強調不放棄武力犯台 |
| | 8‧15 | 中國向台灣北部海域發射飛彈 |
| | 10 | 中國於福建省東山島實施大規模陸海空聯合登陸演習 |
| | 11 | 同上 |
| | 12‧3 | 第3屆立委選舉，國民黨85席、民進黨54席、新黨21席，國府確保多數 |
| 一九九六 | 1‧30 | 李鵬總理稱台灣的總統選舉爲「中國一個地區的領導人選舉」 |
| | 3‧5 | 新華社稱解放軍將於8至15日於台灣近海進行飛彈試射 |

| 年 | 月日 | 事件 |
|---|---|---|
| | 3・6 | 橋本首相憂慮飛彈演習，白宮警告中國<br>美國航空母艦獨立號前往台灣 |
| | 3・7 | 國務院外事辦公室主任劉華秋與美國培利國防部長會談 |
| | 3・8 | 劉華秋與雷克總統助理會談 |
| | 3・9 | 培利國防部長公布獨立號航空母艦航至台灣近海 |
| | 3・10 | 美國派遣尼米茲號航空母艦從波斯灣航向台灣 |
| | 3・12 | 中國於台灣海峽進行陸海空軍實彈演習（至20日為止） |
| | 3・13 | 中國向高雄外海發射一枚飛彈 |
| | 3月中旬 | 世界各國譴責中國進行武嚇一事，林洋港、郝柏村、新黨、〈聯合報〉、〈中國時報〉抨擊李登輝，勸其向中國道歉、投降 |
| | 3・23 | 台灣總統大選，李登輝以壓倒性優勢擊敗民進黨候選人彭明敏 |
| | 4・17 | 美國於東京發布「美日安全保障共同宣言」在「台灣有事」之際，日本將擔任後方支援 |
| | 5・20 | 李登輝與連戰就任台灣正副總統，表明準備訪問中國 |
| | 7・6 | 雷克國家安全助理訪中，提及「三不」政策 |
| | 8・5 | 中國裁軍會議代表團團長沙祖康恐嚇對台動用核武 |
| | 8・14 | 公布規制大陸投資方針 |
| | 12・28 | 「國家發展會議」決議廢省，闡明與中國「對等」的政治實態 |
| 一九九七 | 1・22 | 台灣與中國協議開設船舶直航路線 |
| | 4・25 | 台灣第一艘船隻直航抵廈門 |
| | 6・4 | 美日發表重新審視「美日防衛合作指針」中間報告 |
| | 7・16 | 加藤紘一自民黨幹事長表示「指針並非針對中國」 |
| | 8・17 | 梶山靜六官房長官指出「指針範圍當然涵蓋台海紛爭」，池田外相加以擁護 |
| | 9・4 | 李登輝訪問中南美州四國 |
| | 9・19 | 美國國防部負責亞太事務的坎培爾代理次長於記者會表示新指針不排除台灣 |
| | 9・23 | 美日防衛合作新指針於紐約公布，以「周邊事態」（第五條）模糊台灣焦點 |
| | 10・26 | 中國江澤民國家主席訪美 |
| | 10・29 | 美中共同聲明提及「戰略夥伴」的構築<br>柯林頓以口頭宣明「三不政策」 |

| 年 | 月日 | 事件 |
|---|---|---|
| 一九九八 | 1‧15 | 前國防部長培利訪台，建議台灣朝野領導人克制台灣獨立，引起台灣方面不滿 |
| | 3‧4 | 前總統助理雷克訪台，提議台灣獨立的自制與兩岸對話 |
| | 3‧8 | 奈伊發表「台灣交易」論文，遭全世界台灣人抨擊 |
| | 4‧30 | 歐布萊特國務卿訪中，公開提及「三不」的內容 |
| | 6‧25 | 柯林頓總統訪中，27日發表聯合聲明，確立兩國元首定期互訪等 |
| | 6‧30 | 柯林頓在上海正式言及「三不」，國府批判其為「不必要的發言」，民進黨抗議其侵害台灣主權 |
| | 7‧4 | 美國在台協會理事長卜睿哲訪台，與國府高層會談，傳達美國的台灣政策不變（6日會見李登輝） |
| | 7‧10 | 美國參院通過「確認美國對台約定」決議，表明擁護台灣 |
| | 7‧20 | 美國眾院通過「第301號共同決議案」，要求政府協助台灣參加國際組織、加入TMD和呼籲中國放棄行使武力 |
| | 10‧4 | 「辜汪會談」於上海召開，中國方面要求「政治對話」 |
| | 10‧9 | 立法院三讀通過〈台灣省政府功能業務與組織調整暫行條例〉，明訂省府為行政院派出機關，非地方自治團體 |
| | 11‧25 | 中國江澤民國家主席訪日，因態度「強硬傲慢」，遭日本人民批判（30日離日） |
| | 11‧26 | 發表「日中共同宣言」，表明「亞洲地區的一切紛爭應以和平手段解決」 |
| | 12‧1 | 台灣省長、省議會走入歷史 |
| | 12‧31 | 行政院公布台灣領海基線，明確表示台灣的領土主權 |
| 一九九九 | 1‧11 | 中國警告美國，反對台灣加入TMD |
| | 2‧25 | 美國國防部向國會提出「台灣海峽安全保障」報告，暗示台灣將加入TMD |
| | 3‧7 | 培利政策顧問訪台，8日與李登輝會談TMD構想中國外交部長唐家璇於記者會重申反對台灣加入TMD，並表明使用武力的決心 |
| | 3‧9 | 魯賓國務院發言人明示要求中國自制和台灣加入TMD |
| | 3‧15 | 朱鎔基總理首次表明反對台灣加入TMD |

| 年 | 月日 | 事件 |
|---|---|---|
| | 3・24 | 羅斯副國務卿於美國參院外交委員會表示，中國能無限制佈署飛彈，台灣當然有權加入 TMD |
| | 4・6 | 朱鎔基總理訪美（至 14 日），8 日與柯林頓總統會談時，強力反對台灣加入 TMD，並以美國「南北戰爭」為例，表明將以武力解放台灣，但遭到各方反彈 |
| | 4・10 | 「公民投票法絕食運動」展開（至 20 日結束） |
| | 4・29 | 美國國防部向國會提出「亞太地區 TMD 系統的選擇」報告書，公開說明台灣迎擊中國飛彈的 TMD 系統 |
| | 7・9 | 李登輝接受「德國之聲」專訪，將兩岸定位為特殊的「國與國的關係」，引起大迴響。中國再度文攻武嚇 |
| | 7・11 | 中國國務院對台辦公室譴責「兩國論」是「分裂中國的領土和主權」 |
| | 7・12 | 唐家璇外交部長、海協會汪道涵會長等相繼抨擊（譴責）李登輝 |
| | 7・14 | 中國國防部長遲浩田恐嚇不排除採取軍事行動 |
| | 7・15 | 中國軍方報紙威脅「李登輝不要玩火」，美國國務院發言人魯賓警告說「中國如果動武，美國將採取一切手段保衛台灣」 |
| | 7・18 | 柯林頓、江澤民電話會談。江澤民表示對李登輝的發言絕不會坐視和可能採取軍事行動，柯林頓則要求中國自制，但表明若發展至軍事緊張狀態，美國將基於台灣關係法，抱持嚴重關切 |
| | 7・20 | 美國分別派遣歐布萊特國務卿、羅斯副國務卿和美國在台協會卜睿哲前往北京和台北，調整兩國間的關係 |
| | 7・22 | 卜睿哲訪台，23 日與李登輝台灣高層會面，於 25 日的歸國記者會上中表示「一個中國如何實現，應基於雙方都能接受的基礎」，支持李登輝的發言 |
| | 7・26 | 中國外交部長唐家璇於東協區域論壇提及「台灣問題」，加深「台灣問題國際化」的印象 |
| | 8・2 | 中國發布最大射程 8,000 公里的洲際飛彈「東風 31 型」實驗成功 |
| | 8・4 | 中國發布至 2005 年為止，將配置最大射程 12,500 公里的「東風 41 型」洲際飛彈 |
| | 8・19 | 國府行政院院會決定導入 TMD 方針 |
| | 9・4 | 中國發表將於近期舉行兩天的聯合軍事演習 |

| 年 | 月日 | 事件 |
|---|---|---|
| | 9‧10 | 中國詳細報導聯合演習，軍委會張萬年副主席一再強調「絕不約定放棄使用武力」 |
| | 9‧11 | 柯林頓與江澤民在奧克蘭會談，爲顧及中國政府顏面，柯林頓指責李登輝，指其發言使美中關係變得困難 |
| | 9‧21 | 台灣中部發生本世紀最大地震（M7.6），造成許多人民犧牲 |
| | 9‧25 | 中國阻止世界各國救援台灣震災 |
| | 11‧16 | 國府開除宋楚瑜黨籍 |
| | 12‧9 | 宋楚瑜弊案爆發，總金額在 10 億元以上 |
| | 12‧15 | 美國在台協會卜睿哲會長表示「只要是人民選出的，不論是哪一位總統，均加以協助」 |
| 二〇〇〇 | 1‧5 | 第 17 代噶瑪巴活佛逃出西藏，中國頗受打擊 |
| | 1‧7 | 羅斯副國務卿重申美國將無差別地協助台灣於三月選出的任何一位總統 |
| | 2‧1 | 美國眾院以 341 對 70 的絕對多數通過「台灣安全加強法案」，行政部門與中國均大爲反彈 |
| | 2‧10 | 國府監察院發表宋楚瑜侵占款項達 11 億 7 千萬元 |
| | 2‧16 | 國府控告宋楚瑜僞造文書、侵吞公款 |
| | 2‧18 | 美國特使達爾波副國務卿、史洛孔副國防部長訪中，要求對台灣總統選舉自制 |
| | 2‧21 | 中國發表台灣白皮書，新提出「如果台灣當局無限期地拒絕通過談判和平解決兩岸統一問題」的動武條件 |
| | 2‧22 | 美國政府表示「拒絕任何武力行使和威脅」 |
| | 3‧10 | 中研院院長李遠哲表明支持陳水扁 |
| | 3‧15 | 朱鎔基總理表示「絕不容許台灣獨立」 |
| | 3‧17 | 美國柯恩國防部長「無論任何情況，絕對反對以武力解決台灣問題」 |
| | 3‧18 | 總統大選結果陳水扁當選，國府結束 55 年的占領統治陳水扁當選人呼籲兩岸永久和平，柯林頓總統祝賀 |
| | 3‧19 | 美國駐聯合國大使霍爾布魯克和羅斯副國務卿訪中，要求兩岸對話 |
| | 3‧22 | 美國特使漢米頓訪台，歸國後與柯林頓總統共同稱讚陳水扁 |
| | 3‧23 | 美國國會通過「美國在台協會」永久新館建築費 7,500 萬美元，祝賀陳水扁當選 |
| | 3‧24 | 李登輝辭去國民黨主席 |

| 年 | 月日 | 事件 |
|---|---|---|
| | 3・29 | 柏格國家安全特別顧問訪中，要求中國自制和傳達美國將繼續提供台灣武器 |
| | 3・31 | 宋楚瑜組成「親民黨」 |
| | 4・8 | 中國對下任副總統呂秀蓮展開一連串人身攻擊 |
| | 4・18 | 美國顧慮中國，在對台軍售名單中排除四艘神盾艦 |
| | 4・21 | 海基會發表長期調查，自認是中國人者僅一成多 |
| | 4・24 | 國民大會不再是常設機關 |
| | 5・20 | 陳水扁與呂秀蓮就任正副總統，陳發表對中政策「四不一沒有」。中國雖表達不滿，但暗爽 |
| | 5・24 | 美國眾院以 237 對 197 通過對中 PNTR 法案，使台灣與中國年內可能加入 WTO |
| | 5・28 | 江澤民國家主席致電柯林頓謝其通過 PNTR 法案，並傳達不對台灣施加威脅 |
| | 6・2 | 行政院長唐飛呼籲在「相互尊重的基礎上」台、中全面對話 |
| | | 呂秀蓮副總統表示「台灣法律地位未定」，中國開始加以攻擊 |
| | 6・20 | 以南北韓高峰會談為契機，陳總統提案台、中高峰會談 |
| | 7・13 | 江澤民國家主席對美國防部長柯恩明言不會武力犯台 |
| | | 錢其琛副總理表示「一中不是非彼即此」 |
| | 8・12 | 中國「北戴河會議」對陳水扁新政權訂出「善意善對、惡意惡對」新指針 |
| | 8・13 | 陳總統出訪中南美、西非等 6 國（至 25 日），在美國洛杉磯一宿，中國表示抗議 |
| | 8・29 | 錢其琛向親民黨代表團表示一中自古即已存在，「國統綱領」不應修正 |
| | 9・21 | 美國參院通過對中最惠國待遇（MFN）永久化法案 |
| | 9・22 | 呂秀蓮副總統訪問中美洲四國（至 10.4） |
| | 9・28 | 美國提供台灣 13 億 8 百萬美元的軍需品 |
| | 10・3 | 唐飛行政院長辭職，由張俊雄接任行政院長，翌（4）日美國眾院以壓倒性多數支持「台灣加入聯合國」 |
| | 10・12 | 朱鎔基總理訪日（至 17 日），13 日與森喜朗首相會談，表明堅持一中原則和反對李登輝訪日 |
| | 10・13 | 中國進行最大規模軍事演習 |
| | 10・16 | 中國發表「二〇〇〇年國防白皮書」 |

| 年 | 月日 | 事件 |
|---|---|---|
| | 10‧19 | 美國參院全體一致支持台灣加入聯合國 |
| | 10‧27 | 新政府發表停建核四（1998 年 1 月，國府以 1,697 億元預算興建核四） |
| | 11‧7 | 立法院通過「總統罷免法」 |
| | 11‧10 | 核四存廢問題交付大法官會議解釋 |
| | 11‧12 | 台灣各地反核四大遊行 |
| | 11‧26 | 對中超黨派諮問委員會提出「三個認識‧四個建策」 |
| | 11‧30 | 國台辦批評「三認‧四策」是「不三不四，不倫不類」 |
| | 12‧14 | 空前大混亂的美總統大選，共和黨 G‧W‧布希宣布當選 |
| | 12‧22 | 在野聯盟提出罷免陳總統‧呂副總統案 |
| 二〇〇一 | 1‧1 | 陳水扁總統提出「政治統合論」 |
| | | 金門、馬祖實施「小三通」 |
| | 1‧15 | 大法官會議裁定立法院重審核四 |
| | 1‧20 | 布希（George W. Bush）共和黨政權成立，中國發出警戒 興票案調查偵結，宋楚瑜等不起訴，輿論譁然 |
| | 1‧22 | 錢其琛副總理強調「統一前後均要尊重台灣人的意願」 |
| | 2‧5 | 朝野簽署核四重建協議書 |
| | 2 | 漫畫《台灣論》（作者小林善紀）在台出版，遭統派人士杯葛，奇美董事長等大受抨擊 |
| | 3‧2 | 小林善紀遭禁止入境，國策顧問金美齡批「開民主倒車」 |
| | 3‧8 | 鮑爾斯國務卿「雷根對台六大保證」仍有效 |
| | 3‧18 | 錢其琛赴美，會晤布希總統（22 日），力阻售台神盾艦 |
| | | 「三一八疼台灣，愛團結」大遊行，金美齡大受歡迎 |
| | 3‧31 | 西藏精神領袖達賴喇嘛抵台訪問十天，中國反彈 |
| | 4‧1 | 美 EP3 偵察機與中國戰機在南海上空擦撞，美機迫降海南島 |
| | 4‧22 | 李登輝前總統突破中國打壓赴日就醫 |
| | 4‧23 | 政治考慮，美今年仍暫緩售台四艘神盾艦 |
| | 4‧25 | 布希總統表示中國若武力犯台，美國將不惜一切協防台灣 |
| | 5‧21 | （至 6‧5）陳總統夫婦訪問中南美六國，途經紐約與波士頓，受到美方「快適、安全、至便」的優遇，極獲「尊嚴」 |

| 年 | 月日 | 事件 |
|---|---|---|
| | 7 | 「中俄善鄰友好條約」簽署，普丁總統將「四不」改為「三不」 |
| | 8．12 | 「台灣團結聯盟（台聯）」成立，「精神領袖」李登輝，黨主席為黃主文 |
| | 9．5 | 國民黨要求李登輝前總統脫黨，其後將其開除黨籍 |
| | 10．21 | 美國總統布希訪問中國，與江澤民國家主席進行首次高峰會談，於共同記者會上表示兩岸問題須和平解決與堅持「台灣關係法」的立場 |
| | 12．1 | 第五屆立委與縣市長選舉，執政的民進黨獲得87席，躍升成為最大黨，但未達安定多數 |
| 二〇〇二 | 2．1 | 立法院正副院長選舉，親民黨宋楚瑜獨排眾議，支持國民黨而使得王金平與江炳坤當選 |
| | 7．21 | 陳總統於兼任黨主席就職儀式表示：「如果中國繼續忽視台灣的善意，我們將走自己的道路。」 |
| | 8．3 | 世界台灣同鄉會在東京舉行年會，陳總統以視訊致詞，表示「台灣中國，一邊一國」 |
| | 8．5 | 陸委會主委蔡英文赴美說明「一邊一國」的真意，尋求美國當局的諒解 |
| | 8．8 | 美國表明「我們採取一中政策，不支持台灣獨立」，但強調若中國以武力攻擊台灣時，美國絕對會防衛台灣 |
| | 10．22 | 中國江澤民國家主席訪美，25日與布希總統會談，擱置「一邊一國」的議題 |
| 二〇〇三 | 1．29 | 連戰聲明「興票案」是因誤解而發生，向宋楚瑜道歉（政治交易） |
| | 2．14 | 宋楚瑜表明支持連戰出馬競選下任總統 |
| | 4．18 | 連戰宣布指名宋楚瑜為副總統候選人 |
| | 8．6 | 陳總統表明不撤回「一邊一國」 |
| | 9．6 | 舉行「台灣正名運動」大遊行 |
| | 9．28 | 陳總統首次言及制定新憲法 |
| | 10．25 | 舉行「全民公投，催生新憲」大遊行 |
| | 11．23 | 立法院三讀通過「公民投票法」，但限制「國旗、國歌、國號和領土變更」不得為公投對象 |
| | 11．30 | 陳總統表示將於總統選舉投票日舉行因應中國對台部署飛彈的首次公投 |
| | 12．1 | 美國國務院表示「美國反對台灣舉行變更地位、指向獨立的任何公民投票」 |

| 年 | 月日 | 事件 |
|---|---|---|
| | 12・9 | 中國溫家寶總理訪美，與布希總統舉行會談。對於台灣舉行公民投票一事，布希總統不表贊同，溫家寶則強烈批判 |
| | 12・10 | 民進黨提名陳水扁為下任總統候選人 |
| | 12・25 | 日本前首相森喜朗訪台，勸說陳總統重新思考舉辦公民投票一事 |
| | 12・29 | 日本交流協會台北事務所所長內田勝久赴總統府與邱義仁秘書長會談，以書面傳達日本政府的憂慮 |
| 二〇〇四 | 1・16 | 陳總統確定公民投票的兩個議題。美國國務卿鮑威爾表示「陳總統發言較以往緩和」，顯示不反對台灣舉辦公投 |
| | 1・27 | 中國胡錦濤國家主席訪問法國，法國席哈克總統於會談時表示反對台灣舉辦公民投票 |
| | 2・11 | 美國國務卿鮑威爾重新表示容認台灣舉辦公投的立場 |
| | 2・14 | 連戰、宋楚瑜成為正副總統候選人 |
| | 2・28 | 面對台灣總統大選，李前總統發動台灣史上最浩大的「二二八百萬人牽手護台灣」大遊行 |
| | 3・13 | 國親兩黨為求挽回頹勢，發動「換總統、救台灣」示威活動 |
| | 3・19 | 陳總統與呂副總統於選舉活動最終日遭鎗擊，立委陳文茜代表國親兩黨發言表示「鎗擊事件是自導自演」 |
| | 3・20 | 總統選舉結果陳總統以約三萬票的差距當選連任。同日深夜，國親兩黨主張選舉無效而進行抗議活動。兩項公民投票案因投票者未過半數而不成立 |
| | 3・26 | 中選會排除妨礙，宣告陳呂當選正副總統 |
| | 3・27 | 國親兩黨再進行大規模抗議集會。陳總統做成政治決定，同意重新審理被高等法院駁回的當選無效案 |
| | 3・29 | 雖然沒有任何事證，但在野陣營再提「當選無效」訴訟 |
| | 3・30 | 陳總統向高等法院提出重新計票同意書 |
| | 4・21 | 高等法院表明將於5月20日前完成重新計票驗票，7月結束審議，六個月內做出判決 |
| | 4・25 | 總統府秘書長赴美，就陳總統就職演說內容特別是制定新憲問題，與美國進行事前協議，以取得諒解 |
| | 5・17 | 中國政府挑釁說民進黨政府不是在一中前提下進行對話，就是將因主張分裂而自取滅亡 |

| 年 | 月日 | 事件 |
|---|---|---|
| | 5・19 | 國親兩黨爲聯合對抗陳總統，聲明將於7月合併 |
| | 5・20 | 陳水扁與呂秀蓮分別再度就任總統與副總統 |
| | 5・24 | 陳總統於就職演說強烈批評中國，主張中國不放棄一中，就不放棄台獨 |
| | 7・8 | 萊斯總統助理訪中，提及中國五百枚飛彈對準台灣 |
| | 8・23 | 立法院通過「憲法修正案」（五項內容） |
| | 8・30 | 美國共和黨政府發表新政策綱領，將助台自我防衛 |
| | 9・14 | 國親兩黨設置「眞調會」條例 |
| | 10・10 | 陳水扁提及1992年香港會談，呼籲兩岸重新進行對話，但遭中國拒絕 |
| | 11・2 | 布希總統再度當選連任成功 |
| | 11・4 | 台灣高等法院駁回國親兩黨「當選無效」訴訟 |
| | 12・11 | 立法委員選舉，執政的綠營僅取得101席未能過半，國親兩黨的在野聯盟共取得114席 |
| | 12・27 | 李登輝前總統訪日（至1月2日），中國強烈抗議 |
| | 12・29 | 中國全人代常務委員會通過「反國家分裂法」 |
| | 12・30 | 台灣高等法院駁回國親兩黨「選舉無效」訴訟 |
| 二〇〇五 | 1・17 | 台灣地檢署終結「興票案」偵查 |
| | 1・30 | 蘇貞昌當選民進黨主席 |
| | 2・1 | 謝長廷新內閣成立 |
| | 2・19 | 在華盛頓舉行的日美安保協議委員會將「促進台灣海峽問題的和平解決」列爲「戰略目標」之一 |
| | 2・24 | 陳水扁宋楚瑜發表「十項共識」聲明 |
| | 3・14 | 中國全人代通過「反國家分裂法」，國際輿論反彈 |
| | 3・26 | 台灣舉行反「反國家分裂法」大遊行，約有一百萬人參加 |
| | 4・9 | 中國進行反日示威（至16日），甚至向日本大使館投擲石塊 |
| | 4・29 | 胡錦濤與連戰發表五項共識聲明（包括「九二共識」與「反對台獨」） |
| | 5・9 | 李登輝批判扁宋會，陳水扁於12日道歉 |
| | 5・12 | 胡錦濤與宋楚瑜發表六項共識聲明（包括「九二共識」與「反對台獨」） |
| | 5・14 | 國民大會代表選舉，執政黨陣營獲得大勝。民意顯示支持台灣獨立的意願，以及反對連宋到中國朝貢 |
| | 5・30 | 任務型國民大會召開 |

| 年 | 月日 | 事件 |
|---|---|---|
| | 6‧7 | 國民大會以240票贊成、48票反對，通過憲法修正案 |
| | 6‧17 | 台灣最高法院駁回連宋的「當選無效」訴訟 |
| | 7‧16 | 馬英九當選國民黨新主席（8月19日就任） |
| | 9‧16 | 台灣最高法院駁回連宋的「選舉無效」訴訟 |
| | 12‧3 | 舉行「三合一」縣市長選舉，馬英九主席領軍的國民黨拿下包括台北縣、宜蘭縣、嘉義市在內的14個縣市長，大獲全勝。民進黨失去四個縣市，僅保住南台灣六個縣市長等 |
| 二〇〇六 | 2‧27 | 總統府裁示「國家統一委員會」終止運作，「國家統一綱領」也終止適用 |
| | 4‧7 | 陳哲男前總統府秘書長因涉及政治獻金案，遭檢方收押 |
| | 4‧11 | 爆發第一夫人吳淑珍的SOGO禮券案 |
| | 5‧15 | 「台開案」爆發 |
| | 5‧25 | 涉及「台開案」，陳總統女婿趙建銘遭拘押 |
| | 5‧30 | 國民黨立委丁守中完成罷免陳水扁連署（共有57名立委連署），正式向立法院提出「總統罷免案」，台灣史上第一次 |
| | 5‧31 | 陳總統鄭重宣布「權力下放」 |
| | 7‧15 | 親綠學者多人，要求陳水扁下台 |
| | 7‧31 | 法務部台北地方法院查緝黑金行動中心檢察官陳瑞仁率隊入總統府查扣近六年的國務機要費單據，引爆「倒扁」風潮 |
| | 8‧10 | 失意政客施明德發起「百萬人倒扁運動」 |
| | 9‧9 | 「紅衫軍」倒扁運動正式登場 |
| | 11‧3 | 台北地方法院檢察官將陳水扁、吳淑珍、馬永成（前總統府副秘書長）等四人，以侵占挪用國務機要費1,480萬元及偽造文書等罪加以起訴。隨後，又爆發了許多弊案。 |
| | 12‧9 | 北、高兩直轄市改選，台北市國民黨郝龍斌以54%的得票率當選；高雄市陳菊以微差險勝國民黨黃俊英 |
| 二〇〇七 | 2‧9 | 民進黨推動「正名」運動 |
| | 5‧2 | 國民黨中央委員會推舉馬英九為總統候選人 |
| | 5‧6 | 經過派系一場惡鬥，謝長廷被提名為民進黨總統候選人 |
| | 6‧24 | 國民黨代表大會決定馬英九、蕭萬長為正、副總統候選人 |

| 年 | 月日 | 事件 |
|---|---|---|
| | 7‧19 | 打破慣例，陳總統直接以「台灣」的名義向聯合國秘書處寄出加盟申請書，但遭中國強烈反對，終未被受理 |
| | 9‧21 | 「台灣」入聯的問題，共有140個會員國表達意見。最後，雖不被採納，但睽違36年，有關台灣加盟聯合國問題在大會被討論，備受國際注目 |
| 二〇〇八 | 1‧12 | 「新國會大選」，由於陳水扁第一家庭弊案連連，加上政策失敗，國民黨獲大勝，躍進為第一大黨獲81議席並復取得一黨獨大的局面。民進黨只有27席，台聯則從12席降至零席，台灣前途失去願景 |
| | 3‧22 | 台灣總統大選，如預料國民黨馬英九獲大勝，得票率高達約58%（765萬票）；民進黨謝長廷僅獲544萬票，與馬英九相比，足足有221萬票的巨大差距，外來政權復辟成功 |
| | 4‧17 | 蔡英文被推舉為民進黨主席，開始重整民進黨旗鼓 |
| | 5‧20 | 「黨國之子」馬英九總統在就職演說，發表「不統、不獨、不武」的三不政策 |
| | 9 | 馬英九宣稱「兩岸關係是特殊關係」，卻不是國與國的關係，示意終極統一 |
| | 11‧4 | 江（丙坤）、陳（雲林）在圓山飯店舉行第二次「三通」會談，爆發「野草莓學運」 |
| 二〇〇九 | 1‧4 | 野草莓學運落幕，另成立「台灣守護民主平台」 |
| | 12‧5 | 「三合一」17縣市長選舉國民黨大敗。國、民兩黨得票率的差距僅2.56% |
| | 12 | 《遠見雜誌》民調，馬總統不滿意度創新高62.2%，國人開始唾棄馬英九 |
| 二〇一〇 | 3‧2 | 溫家寶中國總理稱「商簽兩岸經濟合作架構協議，是為促進祖國和平統一的大政方針」 |
| | 5‧23 | 蔡英文連任民進黨主席 |
| | 6 | 民進黨集結15萬民眾，在台北抗議國共簽署ECFA |
| | 6‧29 | 在中國重慶海基會董事長江丙坤與海協會會長陳雲林簽署ECFA和「兩岸智慧財產權保護合作協議」（IPR） |
| | 11‧27 | 「五都合一」選舉，因為選前之夜（26日）發生連勝文槍擊案，民進黨在台北市（蘇貞昌）、新北市（蔡英文）、台中市（蘇嘉全）都惜敗。但台南市（賴清德）、高雄市（陳菊）則大勝國民黨候選人，而且得票總數， |

| 年 | 月日 | 事件 |
|---|---|---|
| | | 綠還大於藍。台灣人民用選票向馬的執政無能與「終極統一」政策說「不」 |
| 二〇一一 | 3・5 | 台南、高雄舉行立委補選（各1席），皆由民進黨拿下 |
| | 4・27 | 蔡英文獲民進黨提名爲第13屆總統候選人 |
| | 9・9 | 蔡英文提名前內政部長蘇嘉全爲副總統搭檔候選人 |
| | 11 初 | 國府監察院針對民進黨「小豬撲滿」募款，下令查辦，真是天下荒唐 |
| | 12 中旬 | 國民黨發動黨、政、國會、最高檢特偵組國家機器，偵辦所謂「宇昌案」，稱蔡英文「違法」圖利其家族。最可恥的是經建會主委劉憶如，竟然變造文書，硬要栽贓蔡英文 |
| 二〇一二 | 1・14 | 總統大選馬英九、吳敦義得票數6,891,139票（比上次減少75萬餘票）；蔡英文、蘇嘉全獲6,093,578票；宋楚瑜、林瑞雄獲369,588票。馬吳配卑劣地當選正、副總統。第八屆立委選舉結果，總席次113席中，國民黨獲64席（減少17席，但仍過半）、民進黨獲40席（增加13席）、台聯、親民黨各3席、無盟2席、無黨籍1席 |
| | 5・20 | 馬英九總統就職演說，提出「一個中華民國，兩個地區」的主張。亦即「憲法一中」，確認台灣與大陸「同屬一中」 |
| | 9・10 | 日本內閣決議以20億5千萬日圓，正式與釣魚台、南小島、北小島等三島的島主栗原國起簽訂購買合約。從此，釣魚台列嶼五島全部歸爲日本國有 |
| | 11 | 馬英九被英國知名雜誌《經濟學人週刊》，評論爲「笨蛋惡人」 |
| 二〇一三 | 6・21 | 國民黨海基會董事長江丙坤與海協會會長陳雲林在上海簽署〈海峽兩岸服務貿易協議〉（簡稱〈服貿協議〉） |
| | 7・3 | 陸軍義務役下士洪仲丘（23歲），離退伍僅三天，被虐待操到死亡 |
| | 7・20 | 憤怒的民眾，由「公民1985行動聯盟」（主導者柳林瑋醫師）號召之「公民教召」、「白衫軍」三萬人，前往國防部高呼「要真相！要人權！」 |
| | 7・28 | 賴中強律師號召成立「反黑箱服貿民主陣線」（簡稱「民主陣線」） |

| 年 | 月日 | 事件 |
|---|---|---|
| | 7・31 | 魏揚等人發起「占領立院，奪回未來，青年反服貿行動」 |
| | 8 | 魏揚、林飛帆、陳廷豪、黃郁芬等人成立「黑色島國青年陣線」（簡稱「黑島青」） |
| | 8・3 | 「萬人送仲丘」晚會，「白衫軍」再起，25 萬人大軍走上街頭，撼動馬政權 |
| | 8・31 | 馬英九於晚 9 點 27 分，在官邸內聽取檢察總長黃世銘洩密告知國會議長王金平「關說案」。當晚 10 點 9 分，馬英九電召行政院長江宜樺、總統府副秘書長羅智強到官邸，自己再洩密轉告王院長「關說案」 |
| | 9・1 | 黃世銘於中午，被馬邀約再入官邸與馬共進午餐，並再次洩密說明案情詳細。循馬、江、黃、羅「四人幫」策劃「鍘王滅柯」的政治追殺大戲 |
| | 9・8 | 「鍘王滅柯」正式展開，馬武斷王金平關說，並痛批這是台灣民主政治最恥辱的一天 |
| | 9・11 | 國民黨循「馬意」，撤銷立法院長王金平的黨籍。王立即向台北地院提出黨籍存在的假處分 |
| | 9・13 | 台北地院合議庭裁准王院長聲請之假處分案 |
| | 9・26 | 國民黨對「王案」，抗告高院 |
| | 9・30 | 高院駁回國民黨的抗告，王院長保留黨籍，馬揚言將再向最高法院提告 |
| | 10・3 | 台北地檢署對檢察總長黃世銘的洩密、濫權監聽等罪嫌，開始以「他字案」偵辦 |
| | 10・5 | 馬被台北地檢署傳訊後，終於宣布不再對王院長提告 |
| | 10・9 | 晚上，「黑島青」舉行占領凱道晚會 |
| | 10・10 | 「黑島青」發起「奪回國家，人民除害」行動 |
| | | 馬英九國慶演說，稱「兩岸人民同屬中華民族，兩岸關係不是國際關係」，披露其「歷史定位」、「終極統一」的第一聲 |
| | 11・26 | 中國海協會長陳德銘率團來台「經貿交流」（共八天），「黑島青」如影隨形持續抗議 |
| | 12・22 | 「民主陣線」在凱道舉行「立法破黑箱」，抗議服貿闖關 |
| 二〇一四 | 3・17 | 「民主陣線」、「黑島青」、「台灣教授協會」等 53 個 NGO 社團和學生團體，發起「捍衛民主 120 小時行動」。下午 2 時 39 分，發生國民黨內政委員召集人張慶忠之所謂「半分忠事件」 |

| 年 | 月日 | 事件 |
|---|---|---|
| | 3‧18 | 晚6時，反服貿團體和學生團體在立法院群賢樓外舉行「守護民主之夜」。當晚9點10分左右，林飛帆、陳爲廷等「黑島青」、NGO和公投盟三路數百名學生，「聲東擊西」，合攻立法院，在半小時內，即順利翻牆破窗攻占立法院議場；揭開撼動台灣社會，爲期24天，捲動數十萬人之所謂「太陽花學運」序幕 |
| | 3‧19 | 凌晨，警方三次攻堅，均告失敗。上午學生舉行記者會，提出「馬英九總統道歉、警察退出國會、行政院長江宜樺下台」等三項訴求。截至10點爲止，議場內外集結了九千名抗議群眾 |
| | 3‧21 | 立法院抗爭人數激增至二萬人左右 |
| | 3‧22 | 下午行政院長江宜樺出面與學生對話，但未能承諾要求，被學生請回 |
| | 3‧23 | 晚間7點多，學生、民眾千多名突擊占領行政院 |
| | 3‧24 | 凌晨，馬政府下令警方出動數千名鎮暴警察與兩台鎮暴水車，前後六次暴力驅離占領行政院的學生與群眾。學生領袖魏揚等多人被逮，移送偵辦 |
| | 3‧30 | 凱道「330反服貿」遊行，迄至下午三點多，人數已達50萬人 |
| | 4‧6 | 王金平院長進入議場內探望抗議學生 |
| | 4‧7 | 學運決策核心研擬退場時機 |
| | 4‧10 | 下午六時，占領議場的學生手持太陽花傳給在外等候的兩萬名支持群眾。退場晚會上，參與的各個公民團體代表抒發感言，並在全體合唱〈島嶼天光〉的歌聲中，占領議場的行動落幕 |
| | 5‧7 | 習近平總書記突然在北京召見親民黨主席宋楚瑜 |
| | 5‧25 | 蔡英文再度順利地當選民進黨主席，得票率高達93.71% |
| | 11‧29 | 全台舉行史上地方自治最大規模的「九合一」選舉。國民黨慘敗，22縣市剩六席，六都只保住新北市（險勝），台北市無黨籍柯文哲大勝當選。民進黨六都中攻下桃園、台中、台南、高雄；縣市則拿下13席獲大勝 |
| | 12‧3 | 馬英九在國民黨中常會正式請辭黨主席獲准 |
| 二〇一五 | 1‧5 | 陳水扁以「保外就醫」名義步出監獄 |
| | 1‧19 | 國民黨選出新北市長朱立倫爲黨主席 |

| 年 | 月日 | 事件 |
|---|---|---|
| | 4・15 | 民進黨正式提名蔡英文為 2016 年 1 月 16 日的總統大選參選人 |
| | 5・4 | 朱習會在中國北京人民大會堂登場，朱拋出「兩岸同屬一中」，被罵出賣台灣 |
| | 5・29 | 蔡英文自洛杉磯入境訪美（為期 12 天） |
| | 6・9 | 蔡英文圓滿訪美（被高規格招待），自舊金山返台 |
| | 6・17 | 國民黨 19 全代會鼓掌通過洪秀柱代表黨參選總統 |
| | 10・6 | 蔡英文帶同前國安會秘書長邱義仁等人訪日 |
| | 10・9 | 蔡英文受到最高規格的接待，進入日本「內閣府」，圓滿回台 |
| | 10・17 | 國民黨重新檢討總統提名人選，召開「拔柱換朱」臨時全代會（因洪秀柱主張「一中同表」、「兩岸分治不分裂」，並要與大陸「政治對話」等等，使國民黨主流無法接受）。結果，891 名黨代表，有 812 名贊成廢「柱」，並徵召「朱」（立倫），獲鼓掌通過 |
| | 11・3 | 深夜，馬政府突然發表 11 月 7 日，將赴新加坡與中國主子習近平會談 |
| | 11・7 | 馬英九、習近平在新加坡香格里拉飯店舉行戰後首次兩岸現任領導人的歷史會談。馬在公開談話中，將「九二共識」詮釋為「一中共識」；並在會談中還大言不慚地向其主子習近平表示，中華民國的憲法不容許「兩個中國、一中一台及台灣獨立」，真是「他馬的！」 |
| | 11・10 | 國民黨總統參選人朱立倫率團啓程訪美 7 天，同樣受到高規格招待。美方追問朱「馬習會」為何事前未通知美國，朱答以自己事前也不知情 |
| | 11・16 | 蔡英文提名中研院副院長陳建仁為其副手 |
| | 11・17 | 朱立倫宣布前勞動部長王如玄為其副手 |
| | 11・19 | 親民黨總統參選人宋楚瑜提名民國黨主席徐欣瑩為其副手 |
| 二〇一六 | 1・14 | 離大選僅二天，南韓女團 TWICE 成員，來自台灣 16 歲的女星周子瑜，被藝人黃安舉報是「台獨份子」，慘遭中國封殺 |
| | 1・15 | 楚楚可憐的少女周子瑜，被迫素顏手持聲明照稿表示，「中國只有一個，海峽兩岸是一體的，自己始終以身為中國人感到驕傲，願為這次風波道歉，並中止在中國 |

| 年 | 月日 | 事件 |
|---|---|---|
| | | 的活動，認眞反省。」台灣舉國譁然，國民黨最後的衝刺，也被潑了滿身的冷水 |
| | | 美國歐巴馬政府，先後表示「美國會與任何勝者合作」，暗示挺蔡英文 |
| | 1‧16 | 台灣第 14 任正副總統與第 9 屆立法委員選舉於同日舉行投開票。當晚 11 時許揭曉，民進黨蔡、陳配拿下 6 89 萬 4,740 票，得票率高達 56.12%；國民黨朱、王配居次，獲 381 萬 3,365 票，得票率爲 31.04%；英、仁配大贏 308 萬餘票，蔡英文成爲台灣首位女總統。而第 9 屆立委的國會版圖也大洗牌，總數 113 席中，民進黨單獨過半獲 68 席；國民黨由 64 席滑落爲 35 席；時代力量 5 席，親民黨 3 席，無盟、無黨籍各一席。當晚，朱立倫承認國民黨敗選，並辭去黨主席一職。另包括歐、美、日等各國，紛紛發表聲明，對蔡英文表達祝賀之意 |
| | 5‧16 | 蔡英文就職前夕，美眾議院院會正式通過 88 號共同決議案，支持「台灣關係法」與「六項保證」，送給蔡英文新總統一個大禮物（同年 7 月 6 日，參議院也通過 SCR38 號「對台六項保證決議案」） |
| | 5‧20 | 第三次政黨輪替正式啓動。蔡英文在就職演說中，強調新政府要承擔以下五大事項：1. 推動「新南向政策」；2. 促成內部和解，凝聚共識；3. 尊重 1992 年香港會談的歷史事實；4. 擱置東海及南海的爭議；5. 展開兩岸良性對話等 |
| | | 同日，國民黨主席選舉結果，洪秀柱以超過一半的得票率，當選國民黨新主席 |
| | 5‧21 | 國台辦發表聲明，稱蔡政權不接受「一中原則」，兩岸直接對話機構無法持續 |
| | 5‧23 | 蔡英文新政府撤告太陽花學運訴訟案 |
| | 6‧25 | 國台辦發表聲明，稱蔡英文不願意承認「九二共識」（即「一中原則」），所以兩岸已停止對話狀態；並限期要蔡英文公開表態承認 |
| | 7‧18 | 蔡英文接受〈華郵〉副主編萊利‧魏茂斯專訪，被問到兩岸設定同意「九二共識」的期限。蔡英文答以「設定期限，要求台灣政府違反民意去接受，其實不可能」 |

| 年 | 月日 | 事件 |
|---|---|---|
| | 7・25 | 經過 65 次的表決，立院三讀通過「政黨及其附隨組織不當取得財產處理條例」 |
| | 8・20 | 洪秀柱正式宣誓就任國民黨新黨魁 |
| | 10・4 | 蔡英文接受〈華爾街日報〉專訪，表示近來時常受到中國大陸的內外打壓，但她強調「維持現狀的承諾不變，善意也不變」，可是「我們不會屈服在壓力之下」 |
| | 10・7 | 蔡英文總統再接受〈讀賣新聞〉專訪時，對兩岸政策提出「三不會、一不想」，包括承諾不會改變、善意不會改變、台灣人不會在壓力下屈服；不想回到過去對抗關係 |
| | 10・30 | 國民黨主席洪秀柱率領百人大團前往北京參加「國共論壇」 |
| | 11・1 | 下午四時，舉行「洪習會」。習近平老調重彈，提出六點主張（包括一中原則的「九二共識」、反對「台獨」等）；洪秀柱則不敢提出「一中各表」，惟在「反台獨」的立場，則殺氣騰騰說要消除台獨因素 |
| | 11・9 | 美國共和黨總統參選人唐納川普大爆冷門，當選美國第 45 任總統，國會兩院亦保住多數地位，將完全執政 |
| | 12・2 | 透過台美溝通管道，實現有史以來第一次藉由祝賀川普當選，蔡英文直接經由熱線與川普通話，長達 10 多分鐘，備受國際媒體高度矚目（在雙方通話中，川普還稱小英為「台灣總統」） |
| | 12・3 | 中國外長王毅對「川蔡通話」，向歐巴馬政府提出嚴重的交涉 |
| | 12・6 | 新政府對吵吵鬧鬧的〈勞基法修正案〉（一例一休），提前在立法院強行三讀通過，留下民間、朝野不能修復的後遺症 |
| | 12・11 | 川普強調「我不要中國對我發號施令」 |
| | 12・23 | 歐巴馬總統正式簽署「2017 年國防授權法」。未來美國助理部長以上層級的官員及現役將官，都可訪問台灣，而台灣的國防部長也可突破不能訪問華府的限制；中國跳腳 |
| | 12・28 | 日本政府處理台灣事務的「公益財團法人交流協會」，宣布決定明年（2017 年）1 月 1 日起，將「正名」為「公益財團法人日本台灣交流協會」。中國不爽，但日本不予理會 |

| 年 | 月日 | 事件 |
|---|---|---|
| 二〇一七 | 3.14 | 台北地檢署起訴馬英九總統於 2013 年爲了政局安排，涉洩密、教唆洩密等罪 |
| | 4.6-7 | 在美佛州海湖山莊舉行首次「川習會」，川普總統對中明確表示不會改變美國對台政策，也不會停止對台軍售 |
| | 4.26 | 美太平洋司令哈里斯在眾院軍委會作證時表示，「美需協防台灣，不容中國武統」 |
| | 5.7 | 台灣處理日本事務的「亞東關係協會」，正名爲「台灣日本關係協會」 |
| | 5.20 | 國民黨主席選舉，吳敦義勝出，將於 8 月 20 日就職 |
| | 6.27 | 立院三讀通過〈公務人員退休資遣撫卹法〉，未來已退人員的 18% 優存將自 2021 年元旦起歸零，明年 7 月 1 日起實施 |
| | 6.29 | 立院三讀通過〈公立學校教職員退休資遣撫卹條例〉，18% 優存制度將於 2021 年全數歸零等，明年 7 月 1 日起施行 |
| | 6.30 | 立院三讀通過〈政務人員退職撫卹條例修正案〉，大幅調降平均月領近 13 萬元部長級「退職酬勞金」等 |
| | 8.17 | 行政院通過「原住民身分法修正草案」，平埔族獲正名 |
| | 8.20 | 吳敦義正式宣誓就任國民黨新黨魁 |
| | 8.25 | 馬英九洩密案一審判無罪 |
| | 9.4 | 行政院長林全以寬闊的胸襟稱「現階段性任務已見規模，爲利總統人力布局之需要」爲由，向蔡總統請辭獲准 |
| | 9.8 | 蔡總統提名台南市長賴清德爲新閣揆。而新內閣的閣員，幾乎都繼承前朝的布置 |
| | 9.12 | 賴內閣上任甫五天，立即宣布基於軍公教加薪可帶動民間薪資成長與刺激內需等考量，決定明年總預算納入軍公教調薪 3% 的經費，中央約需支出 180 億元的政策，朝野及工商界齊聲叫好 |
| | 9.17 | 民調有六成九贊同新內閣，蔡總統的聲望亦升至 46.4% |
| | 10.12 | 美眾院外交委員會通過「台灣旅行法（HR535）」，使美台間的高層互訪向前邁進一步 |
| | 10.18 | 中國共產黨舉行第 19 次代表大會，習近平國家主席老調重彈，倡言所謂「六個任何」（即不允許台灣從中國分裂出去）。台灣總統府回應善意不變，但不會在壓力下屈服 |

| 年 | 月日 | 事件 |
|---|---|---|
| | 10・28 | 同日起迄 11 月 4 日，蔡總統出訪馬紹爾群島、吐瓦魯與索羅門群島等太平洋三友邦。總統出訪將過境美國夏威夷、關島等地，中國竟然向美提出「蔡過境」的嚴正交涉 |
| | 11・9 | 川普美國總統首度訪問中國。同日與習近平國家主席在北京舉行一系列的雙邊、商業等會談。根據中國官媒「新華社」的報導，習近平在雙邊會談中表示：「台灣問題是中美關係最敏感的核心問題，也事關中美關係的政治基礎。」而川普總統則表示，美國政府堅持奉行「一個中國政策」。但在川習會談後的聯合記者會上，都未提及台灣問題 |
| | 12・5 | 晚，立院三讀通過「促進轉型正義條例」，將平復司法不法、還原歷史真相，處理不當黨產和其他轉型正義事項 |
| | 12・9 | 華府 8 日，中國駐美公使李克新恫嚇：「美艦抵高雄之日，就是共軍武統台灣之時。」但循受到各方強烈批評 |
| | 12・12 | 立院三讀通過「公民投票法部分條文修正案」，包括提案、連署、通過門檻全調降。打破久被詬病的所謂「鳥籠公投」，但仍然限制對憲法的許多修正，僅可稱為「狗籠公投」 |
| | 12・13 | 美國總統川普（美東 12 日）在白宮簽署「2018 年財政年度國防授權法」（NDAA）。未來美國可望強化美台軍事交流，讓台灣維持足夠的自我防禦能力，並考慮重新建構美台軍艦互訪等<br>同日，國台辦發言人安峰山在例行記者會上表示，中國堅決反對美台間任何形式的官方往來和軍事聯繫<br>「三中」交易案馬英九控告北檢（檢察長邢泰釗）洩密，聲請移轉管轄 |
| | 12・16 | 新北市第 12 選區「罷昌案」（立委黃國昌），同意票未達門檻沒過 |
| | 12・22 | 內政部長葉俊榮簽署撤免婦聯會主任委員辜嚴倬雲及副主委葉金鳳，並限期 10 天內改選 |
| | 12・29 | 婦聯會新任主委雷倩與內政部、黨產會簽署行政契約備忘錄，提出九成資產約 343 億元給國庫、旗下四基金會董事會改選 |

| 年 | 月日 | 事件 |
|---|---|---|
| 二〇一八 | 1‧4 | 中國逕行宣布啓用 M503 北上航路及相關銜接航路,意圖改變兩岸現狀,引起爭議 |
| | 1‧8 | 蔡總統呼籲北京盡速回復協商 |
| | 1‧10 | 在風風雨雨,爭論不休的鬧劇中,立法院臨時會終於三讀通過「勞動基準法部分條文修正案」。勞動部長林美珠表示,新法將於 3 月 1 日起施行 |
| | | 美東 9 日,美國眾議院無異議通過具有法律拘束力的「台灣旅行法」(HR533)。明確指出美國政府應鼓勵美台在各層面進行訪問等 |
| | 1‧13 | 蔡總統爲民進黨南投縣長參選人洪國浩站台,她說:「執政一年多來推動年金、轉型正義和司法、國防等改革,解決勞資爭議等問題。這些以前政府不敢做的,民進黨執政後就來做,雖然一年多來遭受外界很多的批評,也得罪很多人,但是不能怕批評就什麼都不敢做,不然大家選蔡英文當總統做什麼?」 |
| | 1‧16 | 立院臨時會同意陳師孟等 11 位被提名的新監委 |
| | 1‧17 | 凌晨,立院三讀通過「農田水利會組織通則部分條文糾正案」,停止辦理今年第五屆的水利會會長選舉,兩年後改由主管機關指派 |
| | 1‧18 | 立院三讀通過「所得稅法糾正案」,綜所稅大減,明年 5 月適用 |
| | 1‧31 | 婦聯會臨時會員代表大會,鷹派勢力翻盤拒簽行政契約 |
| | 2‧1 | 黨產會開鍘婦聯會,認定婦聯會爲國民黨的附隨組織,凍結該會 384 億資產,即日生效 |
| | 2‧6 | 晚 11 點 50 分,花蓮發生芮氏規模 6.26,震度達 7 級大地震,市區多棟高樓飯店塌陷傾斜半倒,死傷慘重 |
| | 2‧7 | 蔡總統偕國軍於 6 點半搭專機進災區勘災。國際包括美、日、加、新加坡、歐盟等多國政府都向我表達關懷慰問,以及提供救援物資或派遣搜救隊來台救災之意。唯獨中國國台辦、海協會卻跳過陸委會、海基會,直接與花蓮縣政府聯繫慰問,表達提供救災協助,但遭陸委會婉拒 |
| | | 美國參議院外交關係委員會無異議通過眾議院版本的「台灣旅行法」(HR535),鼓勵美台所有層級官員的互 |

| 年 | 月日 | 事件 |
|---|---|---|
| | | 訪，將提交到參院全院進行表決。對此，隨後中國外交部發言人耿爽表達北京強烈不滿說，「美國嚴重違反一個中國原則和中美三個聯合公報規定」 |
| | 2・8 | 日本首相安倍晉三向蔡總統發出慰問信函，並親手以毛筆寫下「台灣加油」 |
| | 2・9 | 日本首相安倍晉三在表達對花蓮地震的慰問時，使用「蔡英文總統」官銜，中國外交部發言人耿爽對此表示，「日方借賑災慰問之名，在國際上公然製造『一中一台』，中方對此極為不滿。」 |
| | 2・23 | 總統府與行政院發布人事異動。新任外交部長吳釗燮、新任國防部長嚴德發、新任陸委會主委陳明通、新任退輔會主委邱國正、新任勞動部長許銘春；李大維出任國安會秘書長，所謂「老藍男」退居第二線 |
| | 2・28 | 獨派青年突襲潑漆蔣介石陵寢 |
| | | 中國國台辦公布「關於促進兩岸經濟文化交流合作的若干措施」，共計 31 項（所謂 31 條惠台措施）。其目的不外就是要掏空台灣經濟，磁吸台灣的資金與人材，只不過是發揮其一貫統戰的伎倆而已美國參議院無異議投票通過「台灣旅行法」(HR535)，鼓勵美台更多高層互訪 |
| | 3・1 | 中國外交部發言人華春瑩在記者會表示，「台灣旅行法」嚴重違反一個中國原則和中美三個聯合公報規定，並以向美方提出嚴正交涉 |
| | 3・3 | 中國第 13 屆全國代表人民大會開幕，預定於 3 月 20 日閉幕 |
| | 3・5 | 美國國會將「台灣旅行法」送交白宮，總統簽署便成為法律；即使不簽，在國會開議期間十天內也會自動成為法律 |
| | 3・6 | 賴揆接受立委質詢時表示，希望國人瞭解九二共識，中國最終就是要併吞台灣 |
| | 3・9 | 黨產會正式告婦聯會前主委辜嚴倬雲等三人，涉犯「促進轉型條例」毀損政治檔案及「刑法」業務侵占、背信、毀損他人文書等四罪 |
| | 3・11 | 中共全國人大會議表決通過修憲案，將習近平思想等入憲；同時刪除「國家主席連任不得超過兩屆」內容，「習皇」時代正式來臨 |

| 年 | 月日 | 事件 |
|---|---|---|
| | 3‧13 | 美川普總統宣布撤換國務卿提勒森，由鷹派（親台）中央情報局局長龐皮歐（Mike Pompeo）接任 |
| | 3‧15 | 中國第13屆全國政協一次會議在北京閉幕並通過政治決議，決議中在涉台部分老調重彈，提到「堅持一中原則」、「絕不容忍任何台獨分裂圖謀和行徑」等 |
| | | 美國太平洋司令部哈里斯（Harry Harris）出席參議院軍委會國防預算聽政會表示，美國必須繼續幫助台灣自衛，不容大陸武統台灣 |
| | 3‧16 | 川普總統簽署「台灣旅行法」（HR535），正式生效成為美國法律文件。可望讓美台間高層級官員互訪解禁 |
| | 3‧17 | 中國外交部表示，堅決反對美方簽署「台灣旅行法」，並已向美方提出嚴正交涉 |
| | | 中國第13屆人代以2,970張的全部票數選出習近平連任國家主席、國家軍委主席等。習近平帝制正式成立 |
| | 3‧20 | 習近平中國國家主席在第13屆人代閉幕式上重申反台獨，強調「偉大祖國的每一寸領土，都絕對不可能從中國分裂出去。」但也重申堅持一個中國原則與「九二共識」，推動兩岸關係和平發展。對此，行政院長賴揆答以「九二共識」若是鑰匙，在台灣找不到 |
| | 3‧22 | 川普總統任命友台前駐聯合國大使波頓（John Bolton）接任美國國家安全顧問。同日，川普簽署了反制「中國經濟侵略」的總統備忘錄。根據「301條款」調查結果，宣布對中國課徵六百億美元懲罰性關稅方案，適用產品多達一千三百項 |
| | 3‧25-7 | 北韓領導人金正恩訪中，與中國國家主席習近平等高層人事會晤 |
| | 3‧26 | 新任中國國台辦主任劉結一在上海會見前國民黨主席、新北市長朱立倫。劉氏重申堅持一中原則的「九二共識」，朱氏回應堅持「九二共識」是國民黨一貫立場，但意涵有些不同。不過，朱的說法，卻被中國官媒「新華社」刻意消音 |
| | 3‧30 | 賴揆在立院答詢時，重申他是「台獨工作者」 |
| | 3‧31 | 中國官媒〈環球時報〉建議中國中央動用「反分裂國家法」，對賴揆發布「全球通緝令」，真是喪心病狂 |

| 年 | 月日 | 事件 |
|---|---|---|
| | 4・2 | 國台辦痛批賴揆「頑固堅持台獨立場是十分危險，也不自量力」 |
| | 4・3 | 賴揆再度重申他是「台獨工作者」，並強調言論自由是「普世價值」 |
| | 4・4 | 駐美中國大使崔天凱嗆美「沒人能阻止中國統一」 |
| | 4・7 | 民視董事長郭倍宏結合前總統李登輝、彭明敏教授及本土大老等等組的《喜樂島聯盟》，在高雄國際會議中心舉行盛大的成立大會，發表「獨立公投、正名入聯」宣言；目標是推動明年 4 月 6 日舉行獨立公投，會中並選出郭倍宏擔任聯盟總召集人 |
| | | 美將技術助我潛艦國造 |
| | 4・15 | 賴揆重申自己是「務實的台獨工作者」，並強調「務實」有三方面及六個具體工作內容。三方面即 1. 台灣是一個主權獨立的國家，不必另外宣布台灣獨立；2. 台灣前途只有兩千三百萬人可決定；3. 要建設國家、發展經濟、壯大台灣讓國人選擇台灣，支持台灣。六個具體內容，一言以蔽之，即是捍衛國家的主權，發展經濟，壯大台灣，展開兩岸和平交流，參與維護亞太區域的和平安全等 |
| | 4・17 | 蔡英文總統首次出訪非洲友邦史瓦濟蘭王國。 |
| | | 美太平洋司令提名人戴維森（Admiral Philip S. Davidson）在參院任命聽證會時表示，美對台軍售依照台灣關係法應常態化，並提供台灣可靠的海島防禦 |
| | 4・25 | 退伍軍人反年改活動的群眾，在立法院周邊襲擊記者、警察，並包圍台大兒童醫院，造成 10 餘名記者、80 餘名員警受傷，真是無法無天 |
| | 5・1 | 多明尼加邦交國，在毫無預警下，宣布與我國斷交並與中國建交。中國砸 900 億台幣買多明尼加，不恥 |
| | 5・5 | 中國施壓美航空公司以「政治正確」方式稱呼台灣（後更施壓世界各國），美國政府重批中國「無理取鬧」 |
| | 5・7 | 世界衛生大會（WHA）報名截止日，受中國「惡意」阻撓，我方本年度未收到邀請函，我將發抗議信 |
| | 5・15 | 高院審理前總統馬英九被控洩密案，改判馬有罪（四個月徒刑，可易科罰金），但馬表示一定會上訴 |
| | 5・16 | 美 172 名眾議員致函世衛，促邀台參加 WHA |

| 年 | 月日 | 事件 |
|---|---|---|
| | 5‧24 | 中國以 15 億美元買走布吉納法索，台灣邦交國只剩下 18 個，台灣更露曙光 |
| | 5‧30 | 美參議院（25／2）、眾議院（315／66）兩院表決通過 2019 年國防授權法案，要求美國防部強化台灣軍力 美國防部長馬提斯宣布美軍太平洋司令部改名為「美軍印太司令部」，以強化區域內國家的連結，確保自由、公平且互惠、貿易、抗衡中國「一帶一路」政策 |
| | 5‧31 | 「促進轉型正義委員會」揭牌成立，主委黃煌雄 |
| | 6‧2 | 美國國防部長馬提斯「在香格里拉對話中」，強調反對片面改變台海現狀，將提供台灣防衛 |
| | 6‧12 | AIT 內湖新館落成，蔡總統與美國務院助理國務卿瑪麗‧羅伊斯等，共同為新館揭幕。助卿瑪麗‧羅伊斯強調：象徵 21 世紀美台關係穩定與活力 |
| | 6‧13 | 新黨青年軍王炳忠等 4 人涉共諜，遭台北地檢署依法起訴 |
| | 6‧15 | 美國宣布「301」制裁，將對中國五百億美元，共 1,102 項商品加徵 25% 關稅，若中國採報復措施，將再加徵額外關稅，首波將於 7 月 6 日生效。美中貿易戰正式開打 |
| | 6‧20 | 立院陸海空軍軍官士官服役條例修正案三讀通過，7 月 1 日實施 |
| | 6‧29 | 國民黨婦聯會財產申告資料曝光，坐享存款 379 億元 |
| | 7‧1 | 「台灣省政府」正式走入歷史。員額與業務移撥至國發會等相關部會 |
| | 7‧7 | 美神盾驅逐艦二艘由南向北航行台灣海峽，台灣軍艦、軍機伴隨，展現美台軍事合作 |
| | 7‧10 | 台北地檢署偵結三中案，起訴馬英九賤賣黨產，造成國民黨損失 72.9 億餘元，並建請法院從重量刑 |
| | 7‧12 | 行政院內閣改組，內政部長徐國勇、財政部長蘇建榮、法務部長蔡清祥、教育部長葉俊榮、交通部長吳宏謀、故宮博物院院長陳其南、政院發言人谷辣斯尤達卡 |
| | 7‧13 | 第四次「連習會」（私會），老調重彈和平統一 |
| | 7‧20 | 政院促轉會鎖定 5 大懸案：林宅血案、陳文成案、雷震案、武漢大旅社案、鄭南榕自焚案追查 |
| | 7‧24 | 中國蠻橫主導拔我東亞青運主辦權 |

| 年 | 月日 | 事件 |
|---|---|---|
| | 8・7 | 行政院黨產會開鍘，認定救國團是國民黨之附隨組織，56億資產禁止處分 |
| | | 檢突襲紛擾台灣治安的黑幫統促黨，白狼—張安樂坦承資金來自中國，但錢是自己賺的 |
| | 8・10 | 教部重組新課綱建構台灣史觀，高中歷史分台灣史、世界史、東亞史，中國史下架為東亞史一部分，去中國化 |
| | 8・11 | AIT新處長酈英傑（William Brent Christensen）接梅建華抵台履新 |
| | 8・12 | 蔡總統「同慶之旅」下午啟程巴拉圭參加新總統阿布鐸就職式典，並將訪問貝里斯，陳菊秘書長等隨行 |
| | 8・13 | 川普總統簽署「2019財政年度國防授權法（NDAA）」，可望強化美台安全合作。北京跳腳，嗆美不得實施有關「涉華消極條款」 |
| | 8・16 | 「九合一選舉」公告，首投族60萬人 |
| | 8・17 | 國民黨將日產變黨產出售，拒繳國庫8.6億元，黨產會查封國民黨14筆建物與21筆土地 |
| | 8・19 | 蔡總統抵休士頓，訪美太空總署（NASA）參觀太空飛行控制室。首位台灣總統進入美國聯邦機構，僑宴湧千人 |
| | 8・21 | 中・薩爾瓦多建交，中國入侵美國中美洲後院，美將反制。台灣邦交國剩下17國 |
| | 8・29 | 美國會點名張安樂等是中國第五縱隊 |
| | 9・2 | 雅加達亞運閉幕，台灣代表團共獲17金、19銀、31銅，總統蔡英文（4日）承諾體育預算加倍 |
| | 9・5 | 陸委會主委陳明通稱：中華民國台灣是現狀，也是現階段最大公約數 |
| | 9・7 | 美挺台，召回駐多明尼加、薩爾瓦多大使及巴拿馬臨時代表，商討拉美情勢 |
| | 9・19 | 民進黨禁黨公職及候選人參加喜樂島聯盟10月20日活動（重修公投法），不可思議 |
| | 9・24 | 美國防部宣布對台軍售3.3億美元（約101億3千萬台幣），包括F-16等4款軍機備用零件。中國強烈不滿，向美提出嚴正交涉並要求美方撤銷 |
| | 10・4 | 美副總統彭斯發表演說，指責北京當局企圖干預美國政治，並譴責中國威脅台海穩定 |

| 年 | 月日 | 事件 |
|---|---|---|
| | 10‧5 | 共 1,270 位白色恐怖與二二八事件受難者的有罪判決撤銷、總統道歉 |
| | 10‧6 | 爲張天欽「東廠事件」負責，黃煌雄辭請促轉會主委 |
| | 10‧9 | 美國國務卿龐皮歐訪北京與中國外長王毅會談。會中論及台灣問題，中方要求對台三停（停止官方交往、軍售、約束台獨），但美方回擊，「美中有根本分歧」，不歡而散 |
| | | 行政院黨產會認定中影爲國民黨之附隨組織，凍結中影 118 億元總資產，將對國民黨追徵 31.4 億元 |
| | 10‧10 | 總統蔡英文國慶演說，強調在國際政經局勢劇烈變化下，對中不會升高對抗、不會屈從退讓、不會走向衝突、不會背離民意 |
| | 10‧11 | 美國防部亞太助理部長薛瑞福指出，美對台軍售將「更常態化」且是政府對政府的「外國軍售」關係發展 |
| | 10‧16 | 行政院促轉會由楊翠出任代理主委 |
| | 10‧18 | 因中國持續打壓，國際刑警組織函覆我方，拒邀台灣參與 11 月將召開的國際刑警組織大會 |
| | 10‧20 | 喜樂島聯盟（召集人郭倍宏）在民進黨中央黨部前舉辦大型活動，主張再次修改公投法納入更改國號、領土變更等項目的公投，以推動台灣正名。該活動雖遭民進黨禁止黨公職及候選人一律不得參加，但現場湧入超乎外界預期近 13 萬人 |
| | 10‧21 | 台鐵普悠瑪號列車宜蘭出軌，死 18、傷 187 人，近 40 年來台鐵死傷最嚴重的車禍 |
| | 10‧22 | 美再度派出兩艘神盾艦，一爲安提頓號巡洋艦、一爲柯蒂斯‧威爾伯驅逐艦由南向北航經台灣海峽。而在同一時間美航空母艦「雷根號」，也從台灣東部的太平洋海域北上，顯示美國維護台海安全穩定的決心 |
| | 10‧31 | 美國在台協會處長酈英傑宣示在台工作的優先項目爲「四個增進」，首要項目即爲「增進美台安全合作」等 |
| | | 台中世界花博開幕，盛況空前，首日吸引 52,000 人入場觀賞 |
| | 11‧6 | 美國期中選舉結果，共和黨參議院議席增加仍維持過半，衆議院民主黨則小勝占多數。川普總統宣稱共和黨大勝，政局不變 |

| 年 | 月日 | 事件 |
|---|---|---|
| | 11・7 | 「馬習會」三週年，馬英九拋出「新三不」，即「不排斥統一、不支持台獨、不使用武力」，再度暴露其傾中、投中的馬腳 |
| | 11・9 | 美中華府外交對話，美國務卿龐皮歐主動挺台：批中國升高壓迫台灣國際空間，強調美國與民主台灣的堅實關係；中共中央政治局委員楊潔篪則重申「一中原則」，但國防部長魏鳳和卻狂言，如果台灣從中國分裂出去，中國會像美國南北戰爭一樣，不惜一切代價維護主權 |
| | 11・13 | 美國副總統彭斯訪問日本首相安倍晉三在官邸會談，會後發表聯合聲明，雙方確認印太地區不容專制與侵略，將加強合作，共同投入該地區最高達七百億美元的基金建設援助資金，反制中國的「一帶一路」霸權 |
| | 11・17 | 國民黨主席吳敦義暗罵總統府秘書長陳菊「肥滋滋的大母豬、夭壽查某」，糟蹋台灣民主女鬥士，激起國人共憤 |
| | | 亞太經合會（APEC）領袖峰會在巴布亞紐幾內亞登場，美國彭斯副總統發表談話，砲轟中國貿易政策及「一帶一路」作為。另台灣領袖代表張忠謀，為 APEC 台美最高層級交流 |
| | 11・18 | 以《我們的青春・在台灣》勇奪本屆金馬最佳紀錄片，導演傅榆在頒獎典禮發表感言：「希望我們的國家可以被當作一個獨立的個體來看待！」中國影人涂們在頒獎典禮中則以「中國台灣」等矮化我方，立即引發國人反彈。蔡總統受訪強調，「我們從沒接受過中國台灣的說法，台灣就是台灣。」 |
| | | 亞太經合會（APEC）領袖峰會閉幕，因美中立場分歧，史上首次公報內容難達共識 |
| | 11・24 | 台灣舉行九合一地方選舉，亦即期中選舉。選舉在民進黨決策者的無知、傲慢、諸多失政之下，加上中國網際網路的介入、造假新聞、網路霸凌；以及島內再度掀起「黑金大結合」的所謂「韓流」大風暴，民進黨輸到「脫褲」不知所措。縣市長 6/22 席、議員 228/912，僅獲得約四分之一席次。當晚，蔡英文總統立即辭去兼任的黨主席一職，並向支持者道歉。閣揆賴清德與總統府秘書 |

| 年 | 月日 | 事件 |
|---|---|---|
| | | 長陳菊也向總統請辭，為敗選負政治責任，但考量穩定政局，兩人均獲蔡總統強烈慰留 |
| | 11・25 | 美國國務卿龐皮歐透過推特對九合一選舉表示，「你們得來不易的憲政民主是整個印太地區的典範。」 |
| | 11・28 | 民進黨中常會共同一致推舉基隆市長林右昌代理主席 |
| | 11・29 | 國民黨主席吳敦義表示，「一中各表」不能在中國的前面講 |
| | 12・1 | G20 在阿根廷峰會結束後，川習會舉行會談。川普總統宣布美中貿易戰停火 90 天，美暫不對中加徵關稅 |
| | 12・4 | 民進黨代理主席林右昌受訪表示，民進黨兩度成為執政者，人民不欠民進黨；這次民進黨慘敗，民進黨唯有反躬自省，才有改革進步的空間 |
| | 12・7 | 賴揆「2018 選舉的檢討」報告，列舉五大敗選原因，即：1. 未能深刻體會人民生活的辛苦；2. 政策規劃不夠周延完善；3. 改革做法引發重大爭議和不滿；4. 假訊息攻擊來勢洶洶，政府欠缺有效、快速的因應能力；5. 立法與行政的互動要領及政府用人皆有待改進等 |
| | 12・12 | 美國國會參眾兩院分別（參 4 日），一致表決通過「亞洲再保證倡議法案」（Asia Reassurance Initiative Act of 2018，簡稱 ARIA. S2737），重申對台安全承諾，再次將「六項保證」入法，並呼籲對台定期軍售與鼓勵資深官員訪台，顯示美國將台灣視為印太戰略重要基礎之一 |
| | 12・13 | 美共和黨參議院外交委員會亞太小組主席賈德納與民主黨的瑪斯托等 6 位跨黨派參議員共同致函美國務卿龐皮歐等中央官員，關切中國干預台灣選舉的相關指控，呼籲美國政府「盡一切努力」，採取必要行動，避免此類干預再次發生 |
| | 12・14 | 民進黨中生代桃園市長鄭文燦等 5 人，共推行政院秘書長卓榮泰登記參加黨主席補選。另曾任民進黨副秘書長游盈隆亦隻身登記參加黨主席補選 |
| | 12・18 | 中國總書記習近平在「慶祝改革開放 40 週年大會」上談及兩岸關係，除重申一中原則和九二共識、反台獨等對台政策基調，並針對台灣「九合一」選舉藍營大勝的結果，宣稱中國已「牢牢掌握兩岸關係發展的主導權和主動權」。同日，中國多架軍機和 2 艘軍艦再度 |

| 年 | 月日 | 事件 |
|---|---|---|
| | | 同步擾台 |
| | 12‧20 | 台北、上海「雙城論壇」開幕，上海副市長周波受訪時重申「九二共識」（一中原則）是政治基礎，也是兩岸城市交流的正確認知 |
| | 12‧24-25 | 葉俊榮教育部長不顧政治倫理，於 12 月 24 日，逕自宣布有爭議的管中閔出任台大校長，府院錯愕。翌 25 日，葉俊榮赴政院面見賴揆，當面遞辭呈，賴揆立刻諷刺地批准「勉予同意」 |
| | 12‧31 | 美國川普總統簽署「亞洲再保證倡議法案」（ARIA）生效，將台灣納入印太戰略一環，重申美對台的定期軍售，鼓勵美方高層訪台 |
| 二〇一九 | 1‧1 | 蔡總統元旦首度於總統府發表談話，提出「四個必須」與建立「三道防線」以守護台灣的安全 |
| | 1‧2 | 中國領導人習近平在「告台灣同胞書」40 週年紀念會上，拋出所謂「習五條」的對台統一方案。就中第二條倡議「兩制台灣方案」，蔡總統隨即召開記者會回嗆，台灣絕對不會接受「一國兩制」 |
| | 1‧3 | 彭明敏、吳灃培、李遠哲、高俊明等 4 位國之大老發表「致總統公開信－敬請不要參選連任」。引起綠營一陣風波 |
| | 1‧4 | 多名跨黨派美國參眾議員包括參議員甘迺迪、眾議員游賀等等，譴責中國武力迫台，並表示美國國會將會堅定支持台灣 |
| | 1‧6 | 長期支持台灣的參議員賈德納及魯比歐也分別發表挺台言論。賈德納表示，他將盡速在新一屆國會再度提出「台北法案」（Taipei Act）。該法案要求美國採取積極行動，支援台灣的外交關係 |
| | | 美國白宮發言人馬奇斯向中國喊話，呼籲「北京應停止其脅迫行為，並恢復與台灣民選政府之間的對話」 |
| | 1‧7 | 國際民主復興聯盟（ICDR）發表聯合聲明，強烈譴責習近平「好戰言論」 |
| | 1‧8 | 來自美國、加拿大、澳洲、英、法、丹麥、瑞士等國家的 40 名著名學者專家，聯名發表「致台灣人民公開信」，支持蔡總統嚴正拒絕習近平的「兩制台灣方案」，並呼籲台灣全體人民團結抗中 |

| 年 | 月日 | 事件 |
|---|---|---|
| | 1‧10 | AIT 發言人孟雨荷發表聲明，要求中國停止壓迫威嚇台灣，並恢復與台灣民選政府進行對話 |
| | 1‧11 | 賴揆召開臨時行政院院會，提出內閣總辭，蔡總統隨即宣布任命前行政院長蘇貞昌組閣 |
| | 1‧14 | 行政院長蘇貞昌宣誓就職，主持臨時院會時期許閣員「簡政便民」，以人民角度思考問題，當日即前往桃園機場視察非洲豬瘟防疫工作 |
| | 1‧15 | 監察院 15 日，以 7 比 4 通過彈劾台大校長管中閔。他在擔任政務官期間爲《壹週刊》匿名寫社論，獲取 190 萬元報酬，將移送司法院公務員懲戒委員會審理 |
| | 1‧16 | 歐盟德國外交部長馬斯在國會答詢時表示，無法接受中國武力威脅台灣的做法，將向中國清楚表達立場 |
| | 1‧17 | 美國五角大廈發言人羅根強調，美國將堅定支持台灣的自衛能力，也會抵抗任何可能危及台灣人民的安全 |
| | 1‧18 | 美國防部亞太事務助理部長薛瑞接受日本〈朝日新聞〉專訪時指出，台灣人民對於自身前途，應擁有發言權，不該被迫接受特定結果 |
| | | 美國海軍作戰部李察森上將在東京表示，台灣海峽是國際水域，美國海軍從未排除航空母艦穿越台海的可能性。充分表明美艦隨時都可能介入台海危機 |
| | 1‧22 | 文化部長鄭麗君出席關懷演藝人員春節餐會時，遭親中老藝人鄭惠中打了一巴掌，各界都譴責暴力 |
| | | 美眾院無異議挺台重返 WHO，強調將台灣排除，不公平且危害全球衛生 |
| | 1‧27 | 北市、中市兩席區域立委補選結果，分別由民進黨籍何志偉 38,591 票（北市）、國民黨籍沈智慧 49,230 票（中市）當選；代表「柯家軍」的北市無黨籍候選人陳思宇僅獲 9,689 票慘敗 |

# 參考文獻目錄 ——限直接引用之資料——

## 漢文參考文獻（台語發音順序）

### 一，公文書、條約集、同等資料

**A**

洪安全總編輯《清宮台灣巡撫史料》（上、下），國立故宮博物院，民國95年。

**C**

蔣廷黻《近代中國外交史資料輯要》上‧中卷，商務印書館，民國四十七～八年。

佐佐木正哉編《鴉片戰爭前中英交涉文書》，巖南堂，昭和四十二年。

左舜生編《中國近百年史資料》全二冊，中華書局，民國四十六年。

曾覺之編〈法國外交文牘〉第五卷（中國史學會主編，《中法戰爭》第七冊，上海人民出版社，一九六一年）。

**G**

岩生成一編纂《十七世紀台灣英國貿易史料》，台灣銀行，民國四十八年。

外交部編《中外條約輯編》民國十六年至四十六年，商務印書館，民國四十七年。

吳贊誠《吳光祿使閩奏編選錄》，台灣銀行復刻版，民國55年。

**K**

故宮博物院《籌辦夷務始末》全二百六十卷，北平，民國十九年。

故宮博物院編《清光緒朝中法交涉史料》全二十二卷，民國二十五年。

故宮博物院編〈中法越南交涉資料〉（《中法戰爭》第五冊）。

故宮博物院編《清光緒朝中日交涉史料》，文海出版社復刻版，民國二十一年。

郭立民編《中共對台政策資料選輯（一九四九～一九九一)》上冊，永業出版社，一九九二年。

許雪姬主編《保密局台灣站二二八史料彙編》（全五冊），中央研究院台灣

史研究所，民國 104 年～ 106 年。

**L**

李鴻章撰，吳汝綸編《李文忠公全集》，光緒三十一年。
劉璈《巡台退思錄》全三冊，台灣銀行復刻版，民國四十七年。
劉銘傳《劉壯肅公奏議》全十一卷，光緒三十二年。

**O**

王賽祺譯〈法國黃皮書〉（《中法戰爭》第七冊）。
王彥威編《清季外交史料》全二四二卷，民國二十一年。
王元穉《甲戌公牘鈔存》，台灣銀行復刻版，民國四十八年。
王正華編《中華民國與聯合國史料彙編——中國代表權》，國史館，民國
　　九十年。

**S**

世界知識出版社編《中華人民共和國對外關係文件集》第一集～第十集，
　　北京，同社，一九五七～一九六五年。
世續等修《大清聖祖仁皇帝實錄》全七帙，三百卷，大滿州帝國國務院，
　　康德四年（東京大學アジア資料センター藏）。
世續等修《大清德宗景皇帝實錄》全十一帙，五九七卷，大滿州帝國國務
　　院，康德四年（東京大學アジア資料センター藏）。
世續等修《大清穆宗毅皇帝實錄》全十四帙，三七四卷，大滿州帝國國務
　　院，康德四年（東京大學アジア資料センター藏）。

**T**

丁曰健《治台必告錄》全四冊，台灣銀行復刻版，民國四十八年。
張之洞《張文襄公全集》，北京，民國十七年。
台灣文獻叢刊第一九二種《法軍侵台檔》，台灣銀行，民國五十三年。
台灣文獻叢刊第二三六種《籌辦夷務始末選輯補編》，台灣銀行，民國
　　五十六年。
台灣文獻叢刊第一五四種《明季荷蘭人侵據澎湖殘檔》，台灣銀行，民國
　　五十一年。
台灣文獻叢刊第三八種《同治甲戌日兵侵台始末》全二冊，台灣銀行，民
　　國四十八年。

陳隆志・許慶雄・李明峻等編《當代國際法文獻選集》，前衛出版社，一九九八年。

中華民國五十年文獻編纂委員會《列強侵略》全四冊，正中書局，民國五十三年。

中國史學會主編《中日戰爭》全七冊，上海人民出版社，一九六一年。

中國史學會主編《中法戰爭》全七冊，上海人民出版社，一九六一年。

中國史學會主編《鴉片戰爭》全七冊，神州國光出版社，一九五四年。

中國戰區中國陸軍總司令部《處理日本投降文件彙編》上卷，同部，民國五十八年。

中央研究院近代史研究所編《二二八事件資料選輯》全六集，同所，民國八十一～六年。

台灣省文獻委員會編《二二八事件文獻輯錄》全二冊，同會，民國八十年。

台灣銀行經濟研究室編輯《清德宗實錄選輯》（全二冊），台灣銀行，民國53年。

台灣銀行經濟研究室編輯《清高宗實錄選輯》（全四冊），台灣銀行，民國53年。

台灣銀行經濟研究室編輯《清聖祖實錄選輯》，台灣銀行，民國52年。

台灣銀行經濟研究室編輯《清宣宗實錄選輯》（全三冊），台灣銀行，民國53年。

台灣銀行經濟研究室編輯《欽定平定台灣紀略》（全六冊），台灣銀行，民國50年。

台灣銀行經濟研究室編輯《清季外交史料選輯》（全三冊），台灣銀行，民國53年。

中華民國外交部編《中外條約輯編（民國16-46年）》，商務印書館，民國47年。

台灣文獻委員會《二二八事件文獻續錄》，同會，民國84年修訂版。

張炎憲總編輯・侯坤宏、許進發編《二二八事件檔案彙編》，全24卷，國史館，民國91年～106年。

**W**

魏永竹・李宣鋒主編《二二八事件文獻補錄》，台灣省文獻委員會，民國83年。

## Y

姚瑩《東溟奏稿》，台灣銀行復刻版，民國四十八年。

姚瑩《中復堂選集》，台灣銀行，民國四十九年。

姚瑩《東槎紀略》，台灣銀行復刻版，民國四十六年。

## Z

朱士嘉《十九世紀美國侵華檔案史料選輯》上．下冊，中華書局，
　　一九五九年。

## 二，傳記、日記、書翰集、紀行

## A

洪棄生〈中東戰記〉，北京，民國十一年（洪棄生《瀛海偕亡記》，台灣銀
　　行復刻版，民國四十八年）。

## C

蔣經國《負重致遠》，幼獅書店，民國五十六年。

徐鼐《小腆紀年附考》全二十卷，光緒丙戌（東京大學アジア資料センタ
　　ー藏）。

蔡爾康．林樂知編著《中東戰爭紀本末》全八卷，上海廣學會，光緒
　　二十二年。

蔣經國先生全集編輯委員會《蔣經國先生全集》全二十四冊，行政院新聞
　　局，民國八十一年。

徐鼐《小腆紀年》（全五冊），台灣銀行復刻版，民國 51 年。

徐博東．黃志平《邱逢甲傳》，海峽學術出版社，2003 年修訂本。

周凱《內自訟齋文選》，台灣銀行，民國 49 年。

莊金德．賀嗣章編譯《羅福星抗日革命案全檔》，台灣省文獻委員會，民
　　國 54 年。

## F

范曄《後漢書》，上海同文書局影印，光緒十年。

方豪〈陳第東番記考證〉（《國立台灣大學文學史哲學報》第七期，國立台
　　灣大學出版委員會，民國 45 年）。

**G**

魏徵等撰《隋書》，上海同文書局影印，光緒十年。

Garnot E. 著／黎烈文譯《法軍侵台始末》，台灣銀行，民國四十九年。

吳德功〈讓台記〉（《割台三記》）。

吳質卿〈台灣戰爭記〉（中國科學院近代史研究所近代史資料編輯組編輯《近代史資料》第三期，一九六二年）。

阮旻錫《海上見聞錄》，台灣銀行復刻版，民國四十七年。

吳德功《戴施兩案紀略》，台灣銀行復刻版，民國48年。

吳文星等主編《台灣總督田健治郎日記》（全三冊），中研院台史所籌備處，民國90年，95年，98年。

**H**

郝柏村《無愧》，天下文化出版，一九九三年。

韓家寶·鄭維中著《荷蘭時代台灣告令集·婚姻與洗禮登錄簿》，曹永和文教基金會，2005年。

何池《翁澤生傳》，海峽學術出版社，2005年。

春山明哲解說／川路祥代等譯《霧社事件日文史料》（全二冊），國立台灣歷史博物館，2010年。

何漢文〈台灣二二八起義見聞記略〉（李敖編著《二二八研究》，李敖研究社，1989年）。

**K**

顧維鈞著／中國社會科學院近代研究所譯《顧維鈞回憶錄》全十三冊，中華書局，一九八三～九四年。

江樹生譯註《熱蘭遮城日誌》全三冊，台南市政府文化局，民國九十二年。

高蔭祖主編《中華民國大事記》，世界社，民國46年。

葛敬恩〈接收台灣記略〉（收於李敖編著《二二八研究三集》，李敖出版社，1989年）。

邱家洪《政治豪情淡泊心——謝東閔傳》，木綿出版社，1999年。

辜寬敏口述／張炎憲·曾秋美採訪整理《逆風蒼鷹——辜寬敏的台獨人生》，財團法人吳三連台灣史料基金會，2015年。

## L

李登輝先生言論編輯委員會《李登輝先生言論集》全二十集，正中書局，
　　民國八十一、八十九年。
呂秀蓮《呂秀蓮非典型副總統》（全三冊），國史館，2016 年。
林元輝編註《二二八事件台灣本地新聞史料彙編》(全四冊)，二二八基金會，
　　2009 年。
林豪《東瀛紀事》，台灣銀行復刻版，民國 46 年。
林忠勝撰述《陳逸松回憶錄》，前衛出版社，2008 年修訂版。
林獻堂著／許雪姬等註解《灌園先生日記》（全 27 冊），中研院台史所籌
　　備處，民國 89 年～ 102 年。

## M

Mailla P. 稿／胡明遠譯〈台灣訪問記〉(《台灣經濟史五集》，台灣銀行，民
　　國四十六年)。
村上直次郎譯注‧中村孝志校注／郭輝‧程大學譯《巴達維亞城日記》(全
　　三冊)，台灣省文獻委員會，民國 59 年、79 年。
馬英九口述／蕭旭岑著《八年執政回憶錄》，遠見天下文化，2018 年。

## N

黃叔璥《台海使槎錄》，台灣銀行復刻版，民國四十六年。
梁廷枏〈夷氛聞記〉(《鴉片戰爭》第六冊)。

## O

翁同龢《翁文恭公日記》，民國十四年影印（國會圖書館，幣原平和文庫
　　藏）。
汪大淵〈島夷誌略〉(趙汝适《諸蕃志》，台灣銀行復刻版，民國 50 年)。
王金平口述／李靜宜著《橋》，河景書房，2019 年。

## P

彭明敏《自由的滋味──彭明敏回憶錄》，李敖出版社，一九九五年。
彭孟緝〈台灣省事件回憶錄〉(《二二八事件資料選輯》（一）)。

## R

羅香林輯校《劉永福歷史草》，正中書局，民國四十六年。

## S

施琅《靖海記事》，台灣銀行復刻版，民國四十七年。

宋濂等修《元史》，上海同文書局影印，光緒十年。

沈有容《閩海贈言》，台灣銀行復刻版，民國四十八年。

思痛子《台海思痛錄》，台灣銀行復刻版，民國四十八年。

沈劍虹《使美八年紀要——沈劍虹回憶錄》，聯經出版公司，民國七十一年。

謝雪紅口述／楊克煌筆錄《我的半生記》，楊翠華出版（台北），1997 年。

史明《史明回憶錄：追求理想不回頭》，前衛出版社，2016 年。

## T

台灣文獻叢刊第五七種《割台三記》，台灣銀行復刻版，民國四十八年。

台灣文獻叢刊第四三種《馬關議和中之伊李問答》，台灣銀行，民國四十八年。

台灣文獻叢刊第四六種《台灣番事物產與商務》，台灣銀行，民國四十九年。

台灣文獻叢刊第六七種《鄭成功傳》，台灣銀行復刻版，民國四十九年。

鄭亦鄒〈鄭成功傳〉（《鄭成功傳》）。

趙汝适《諸蕃志》，台灣銀行復刻版，民國五十年。

趙爾巽等撰《清史稿》上·下，香港文學研究社復刻版，民國四十九年。

張喜〈撫夷日記〉（《列強侵略》（二））。

張其昀主編《蔣總統集》全二冊，國防研究院出版部，民國四十九年。

張燮〈東西洋考〉（《諸蕃志》）。

唐景崧《請纓日記》全十卷，光緒十九年。

董顯光《蔣總統傳》，中華大典編印會，民國四十一年。

杜聰明《回憶錄》，杜聰明博士獎學金管理會印行，一九七三年。

陳第〈東番記〉（沈有容編《閩海贈言》，台灣銀行經濟研究室，民國 48 年復刻版）。

台灣總督府臨時舊慣調查會／中央研究院民族學研究所編譯《番族慣習調查報告書》第三卷賽夏族，同所，民國 87 年。

台灣總督府臨時舊慣調查會／中央研究院民族學研究所編譯《番族慣習調查報告書》第六冊布農族（前篇），中研院民族所，民國 90 年。

台灣總督府臨時舊慣調查會／中央研究院民族學研究所編譯《番族慣習調查報告書》第四卷鄒族，中研院民族所，民國 90 年。

台灣總督府臨時舊慣調查會／中央研究院民族學研究所編譯《番族慣習調查報告書》第一卷泰雅族，同所，民國 85 年。

台灣總督府臨時舊慣調查會／中央研究院民族學研究所編譯《番族慣習調查報告書》第五卷排灣族‧第四冊，同所，民國 93 年。

台灣總督府臨時舊慣調查會／中央研究院民族學研究所編譯《番族慣習調查報告書》第二卷阿美‧卑南族，中研院民族所，民國 89 年。

台灣總督府臨時舊慣調查會／中央研究院民族學研究所編譯《蕃族慣習調查報告書》第一冊阿美族南勢蕃‧阿美族馬蘭社‧卑南族卑南社，中研院民族所，民國 96 年。

台灣總督府臨時舊慣調查會／中央研究院民族學研究所編譯《蕃族慣習調查報告書》第三冊，鄒族—阿里山蕃、四社蕃、簡仔霧蕃，中研院民族所，民國 104 年。

鳥居龍藏著楊南郡譯註《探險台灣：鳥居龍藏的台灣人類學之旅》，遠流出版公司，1996 年。

程大學編著《余清芳傳》，台灣省文獻委員會，民國 67 年。

台灣銀行經濟研究室編輯《平台紀事本末》，台灣銀行，民國 47 年。

台灣憲兵隊／總監譯王洛林《台灣憲兵隊史》（全二冊），海峽學術出版社，2001 年。

台灣軍司令部編刊〈昭和五年台灣蕃地霧社事件史〉（《霧社事件日文史料》上冊）。

台灣軍參謀部編纂〈霧社事件陣中日誌〉，1931 年（《霧社事件日文史料》上冊）。

陳逸松口述‧吳君瑩紀錄《陳逸松回憶錄》，前衛出版社，1994 年。

張瑞成編撰《蔣經國先生全集記事年表 (1910-1988)》（全二冊），行政院新聞局，民國 81 年。

## Y

姚錫光《東方兵士紀略》全五卷，光緒丁酉（一八九七年），武昌。

俞明震〈台灣八日記〉（《割台三記》）。

楊肇嘉《楊肇嘉回憶錄》，三民書局，民國五十六年。

易順鼎《魂南記》，台灣銀行復刻版，民國五十年。

郁永河《裨海紀遊》，台灣銀行經濟研究室，民國 48 年復刻版。

楊英《從征實錄》，台灣銀行復刻版，民國 47 年。

楊肇嘉《楊肇嘉回憶錄》，三民書局，民國 56 年。

楊亮功‧何漢文〈二二八事件調查報告及處理經過〉（李敖編著《二二八研究》，李敖出版社，1989 年）。

葉振輝《劉銘傳傳》，台灣省文獻委員會，民國 87 年。

葉榮鐘編纂《林獻堂先生紀念集》（全三卷）年譜‧追思錄，林獻堂先生紀念編纂委員會，民國 49 年（海峽學術出版社，2005 年再版）。

## 三，一般參考書及論文

### A

Albrecht Wirth 著／周學普譯《台灣之歷史》（《台灣經濟史六集》，台灣銀行，民國四十九年）。

晏山農‧羅慧雯‧梁秋虹‧江昺崙等共著《這不是太陽花學運：318 運動全記錄》，允晨文化事業股份有限公司，2015 年。

### C

臧士俊《戰後日‧中‧台三角關係》，前衛出版社，一九九七年。

邵宗海《兩岸關係與兩岸對策》，時報文化，一九九六年。

周玉蔻《李登輝的一千天：一九八八～一九九二》，麥田出版社，民國八十二年。

石守謙主編《福爾摩沙——十七世紀的台灣‧荷蘭與東亞》，台灣國立故宮博物院，民國九十二年。

蔣廷黻〈崎善與鴉片戰爭〉（《列強侵略》（二））。

周格非‧胡定一合編《自由民主的台灣》，新中國文化出版社，民國四十八年。

曹永和〈荷蘭與西班牙占據時期的台灣〉（《台灣文化論集》（一），中華文化出版事業委員會，民國四十三年）。

曹永和《台灣早期歷史研究》，聯經，一九九七年。

川口長孺《台灣鄭氏記事》，台灣銀行復刻版，民國四十七年。

曾迺碩〈張之洞與台灣乙未抗日之關係〉（《台灣文獻》第十卷第二期）。

莊家農《憤怒的台灣》，智源書局發行，香港，一九四九年。

莊金德〈鄭清和議始末〉(《台灣文獻》第十二卷第四期)。

曹永和《台灣早期歷史研究續集》，聯經出版公司，2000 年。

周鐘瑄《諸羅縣志》(全二冊)，台灣銀行，民國 51 年復刻版。

周憲文〈台灣之原始經濟〉(台灣銀行經濟研究室《台灣之原始經濟》，台
灣銀行，民國 48 年)。

徐宗幹《斯未信齋文編》，台灣銀行復刻版，民國 49 年。

周憲文〈台灣之先住民〉(台灣銀行經濟研究室《台灣之原始經濟》，台灣
銀行，民國 48 年)。

莊松林〈荷蘭之台灣統治〉(《台灣文獻》第十卷第三期，台灣省文獻委員會，
民國 48 年)。

蔣毓英《台灣府志》，台灣省文獻委員會復刻版，民國 82 年。

謝國興《官迫民反：清代台灣三大民變》，自立晚報文化出版部，1993 年。

周璽《彰化縣志》，台灣銀行，民國 51 年。

蔡培火‧林柏壽‧陳逢源‧吳三連‧葉榮鐘等共著《台灣民族運動史》，
自立晚報，民國 60 年。

曾迺碩〈乙未之役邱逢甲事蹟考証〉(台灣省文獻委員會編纂《台灣文獻》
第七卷、第三‧四期，民國 45 年)。

蔣渭水著／王曉波編《蔣渭水全集》全二冊 (增訂版)，海峽學術出版社，
2005 年。

漆高儒《蔣經國的一生──從西伯利亞奴工到中華民國總統》，傳記文學
出版社，民國 80 年。

蔡英文《英派：點亮台灣的這一哩路》，圓神出版社，2015 年。

蔣永敬‧李雲漢‧許師慎等篇《楊亮功先生年譜》，聯經出版公司，民國
77 年。

鐘逸人《辛酸六十年》全三冊，前衛出版社，2009 年。

鄒景雯《李登輝執政告白實錄》，印刻出版社，2001 年。

徐鄂雲〈看台灣二二八問題在歷史的天秤上〉(《二二八事件資料選輯》
(二))。

周宏濤口述／江士淳撰寫《蔣公與我：見證中華民國關鍵變局》，天下遠
見出版公司，2003 年。

謝聰敏《談景美軍法看守所》，前衛出版社，2007 年。

周琇環‧陳世宏主編《戰後台灣民族運動史料彙編 (二) 組黨運動》，國
史館，民國 89 年。

周琇環編《台灣光復後美援史料──第一冊軍協計劃 (一)》，國史館，民

國 84 年。

周琇環編輯《戰後台灣政治案件：白雅燦案史料彙編》，國史館，2008 年。

臧士俊《戰後日・中・台三角關係》，前衛出版社，1997 年。

曾品滄・許瑞浩訪問／曾品滄記錄《1960 年代的獨立運動——全國青年團結促進會事件訪談》，國史館，民國 93 年。

## F

范文瀾《中國近代史》上編第一分冊，人民出版社，一九五三年。

方家慧《台灣史話》，台灣省文獻委員會，民國 53 年。

Philippus Danië Meij Van Meijensteen 著／江樹生譯注《梅氏日記：荷蘭土地測量師看鄭成功》，漢聲雜誌社，2003 年。

藤井志津枝〈日據時期「理番」政策〉（台灣省文獻委員會編印《台灣近代史——政治篇》，同會，民國 84 年）。

范雲編著《新生代的自我追尋——台灣學生運動文獻彙編》，前衛出版社，1993 年。

費邊社（葉柏祥）《民主黨為什麼失去政權？》，草根出版公司，2009 年。

## G

伍啓元《美國世紀》一九〇一～一九九〇，台灣商務印書館，一九九二年。

阮旻錫《海上見聞錄》，台灣銀行復刻版，民國 47 年。

吳密察《台灣近代史研究》，稻鄉出版社，民國 80 年，95 年再版。

吳密察・吳瑞雲編譯《台灣民報社論》，稻鄉出版社，民國 81 年。

吳相湘《第二次中日戰爭史》全二冊，綜合月刊社，民國 62 年、63 年。

阮芳華《中國赤禍四十年》全二冊，帕米爾書局，民國 56 年。

吳濁流《無花果》，草根出版社，1995 年。

## H

郝任德（Michael R. Hoare）〈紅毛城與二二八——英國外交部對於台灣一九四七的態度〉（張炎憲等編《二二八事件研究論文集》，吳三連基金會，一九九八年）。

何洛編著《李登輝全記錄》一九二三～一九九六，生活智庫出版有限公司，一九九六年。

何漢文〈台灣二二八起義見聞紀略〉（李敖編著《二二八研究》，李敖出版社，一九八九年）。

夏琳《海紀輯要》，台灣銀行復刻版，民國四十七年。

夏琳〈閩海紀要〉（《列強侵略》（二））。

霍爾德里奇著／楊立義‧林均紅譯《一九四五以來美中外交關係正常化》，上海譯文出版社，一九九七年。

行政院大陸委員會〈總統接受德國之聲專訪〉，同會，一九九九年七月。

行政院大陸委員會〈國家統一綱領的要旨與內涵〉，同會，民國八十一年。

行政院新聞局編〈加強中美團結杜勒斯應邀訪華〉，時事參考資料第十八號，民國四十七年。

行政院新聞局《李總統登輝先生八一～八七年言論選輯》，同局，民國八十二～八年。

行政院二二八事件小組《二二八事件研究報告》，時報文化出版公司，一九九四年。

侯坤宏《研究二二八》，博揚文化事業有限公司，2011年。

何幹之主編《中國現代革命史》1911-1956，高等教育出版社，1954年。

何東洪〈我的台北「野草莓」雜記〉（思想編輯委員會編著《民主社會如何可能？》思想11，聯經出版社，2009年）。

何榮幸《學運世代從野百合到太陽花》，時報文化，2014年。


**I**

移川子之藏等著／楊南郡譯註《台灣原住民族系統所屬之研究》，原住民委員會‧南天書局，2011年。

岩生成一編纂《十七世紀台灣英國貿易史料》，台灣銀行，民國48年。

伊能嘉矩著／溫吉編譯《台灣番政志》全二冊，台灣省文獻委員會，民國46年。

余光弘《清代的班兵與移民》，稻鄉出版社，民國87年。

於梨華〈林爽文革命研究〉（台灣省文獻委員會《文獻專刊》第四卷第三、四期，民國42年）。

愛盟編著《愛盟‧保釣——風雲歲月四十年》，風雲時代出版有限公司，2011年。


**J**

Jay Tayor著／李添貴譯《台灣現代化的推手——蔣經國傳》，時報文化出版，2000年。

James r. Lilley & chuck Downs編著／張國瑩等譯《台灣有沒有明天？》，先

覺出版社，1999 年。

## K

計六奇編輯《明季南略》全十八卷，康熙十年。

柯遠芬〈台灣二二八事變之眞相〉（中央研究院近代史研究所編《二二八事件資料選輯》（一））。

許介鱗《戰後台灣史記》全三卷，文英堂出版社，一九九七年。

江南《蔣經國傳》，李敖出版社，一九九五年。

邱家洪《政治豪情淡泊心──謝東閔傳》木棉，一九九九年

許伯埏《許丙・許伯埏回想錄》，中央研究院近代史研究所，民國八十五年。

郭崇武・蕭懷湘編撰《兩岸關係大事紀──民國八十七年》，法務部調查局共產問題研究中心，民國八十八年。

江日昇《台灣外記》，台灣銀行，民國四十九年。

卿汝輯《美國侵略台灣史》，中國青年出版社，北京，一九五五年。

勁雨《台灣事變與內幕》，建設書店，上海，民國三十六年。

金成前〈施琅黃梧降清對明鄭之影響〉（《台灣文獻》第十七卷第三期，民國 55 年）。

高日文〈台灣議會設置請願運動始末〉（《台灣文獻》第十六卷第二期）。

高拱乾《台灣府志》全三冊，台灣銀行復刻版，民國四十九年。

丘念台《嶺海微飆》，中華日報社，民國五十一年。

丘逢甲《嶺雲海日樓詩鈔》全三冊，台灣銀行，民國 49 年。

金關丈夫・國分直一著／譚繼山譯《台灣考古誌》，武陵出版有限公司，1990 年。鹿野忠雄著／宋文薰節譯《台灣考古學民族學概觀》，台灣省文獻委員會，民國 44 年。

許介鱗著／林道生譯《阿威赫拔哈的霧社事件證言》，台源出版社，2000 年。

勁雨《台灣事變與內幕》，建記書房，上海，民國 36 年。

江山淵〈丘逢甲傳〉（《列強侵略》（三））。

許極燉《台灣近代發展史》，前衛出版社，1996 年。

許雪姬等撰著《台灣歷史辭典》，行政院文建會，2004，2006 年版。

許雪姬《清代台灣的綠營》，中央研究院近代研究所，1987 年。

許雪姬等撰《高雄市二二八相關人物訪問紀錄》全三冊，中央研究院近代史研究所，民國 84 年。

許雪姬編纂《續修高雄市志・卷八社會志・二二八事件篇》，高雄市文獻

委員會，1995 年。

許雪姬主編《二二八事件期間上海、南京、台灣報紙資料選輯》，全二冊，中央研究院台灣史研究所，2016 年。

Kerr, G. H 著／詹麗茹‧柯翠園重譯／張炎憲等校註《被出賣的台灣》，台灣教授協會，2014 年。

許世楷著／李明峻‧賴郁君譯《日本統治下的台灣》，玉山社，2005 年。

簡炯仁《台灣民眾黨》，稻鄉出版社，民國 90 年。

康培德《殖民接觸與帝國邊陲：花蓮地區原住民十七至十九世紀的歷史變遷》，稻鄉出版社，民國 90 年。

康培德《台灣原住民史政策篇（一）荷西明鄭時期》，國史館台灣文獻館，民國 94 年。

根誌優《台灣原住民歷史變遷——泰雅族》，台灣原住民出版有限公司，2008 年。

郭明正《又見眞相：賽德克族與霧社事件》，遠流出版事業股份有限公司，2012 年。

邱國禎《近代台灣慘史檔案》，前衛出版社，2007 年。

郭惠娜‧許芳庭編《郭雨新先生照片暨史料集》，國史館，2008 年。

寇謐將（J. Michel Cole）著／李明、陳雅馨、劉燕玉等譯《黑色島嶼：一個外籍資深記者對台灣公民運動的調查性報導》，商周出版，2015 年。

## L

林木順《台灣二月革命》，一九四八年（前衛出版社復刻版，一九九〇年）。

林樹枝《白色恐怖X檔案》，前衛出版社，一九九七年。

劉大年等著《台灣歷史概述》，新華書店，一九五六年。

連雅堂《台灣通史》全三十六卷，台灣通史社，大正九年。

李昉等撰《太平御覽》第一一四冊，宋‧安政乙卯（東京大學アジア資料センター藏）。

李登輝《台灣的主張》，遠流出版公司，一九九九年。

李元春《台灣志略》，台灣銀行復刻版，民國四十七年。

李光縉〈卻西番記〉（《閩海贈言》）。

李定一《中美外交史》第一冊，力行書局，民國四十九年。

李稚甫《台灣人民革命鬥爭簡史》，華南人民出版社，一九五五年。

李翼中〈帽簷述事——台灣二二八事件日錄〉（《二二八事件資料選輯》（二））。

廖漢臣〈鴉片戰爭與台灣疑獄〉(《台灣文獻》第十六卷第一期)。

廖漢臣〈樟腦糾紛事件的眞相〉(《台灣文獻》第十七卷第三期)。

廖漢臣〈韋麻郎入據澎湖考〉(《台灣文獻》創刊號，台灣省文獻委員會，民國 38 年)。

連橫《台灣通史》全六冊，台灣銀行，民國 51 年。

林鶴亭〈隋代陳稜率兵進今安平港泊古「台江」破流求國〉(《台灣文物論集》，台灣省文獻委員會，民國五十五年)。

凌純聲〈古代閩越人與台灣土著〉(《台灣文化選集》(一)，中華文化出版專業委員會，民國四十三年)。

賴永祥等纂《台灣省通志稿》卷三‧政事志外事篇，台灣省文獻委員會，民國四十九年。

林蔭庭《追隨半世紀：李煥與經國先生》，天下文化出版，一九九八年。

賴永祥〈台灣鄭氏與英國通商關係史〉(台灣省文獻委員會《台灣文獻》第十六卷第二期，同會，民國 54 年)。

賴永祥《台灣史研究》初集，三民書局，民國五十九年。

李大維《台灣關係立法過程》，洞察出版社，一九八八年。

林金莖《戰後中日關係之實證研究》，台灣中日關係研究，一九八四年。

呂秀蓮《重審美麗島》，前衛出版社，一九九七年。

李永熾監修‧薛化元主編《台灣歷史年表》一九八九～一九九四年，業強出版社，一九九八年。

Lilley, James R. Chuck Downs 編著／張國瑩等譯《台灣有沒有明天？》，先覺出版社，一九九九年。

李筱峰《台灣民主運動四○年》，自立晚報，民國七十六年。

李筱峰《解讀二二八》，玉山社，一九九八年。

林啓旭《二二八事件綜合研究》，東京台灣公論報社，一九八四年。

李登輝《餘生：我的生命之旅與台灣民主之路》，大都會文化事業有限公司，2016 年。

林礽乾等總編輯《台灣文化事典》，師大人文中心，2004 年。

李壬癸《台灣南島民族的族羣與遷徙》，前衛出版社，2011 年。

劉益昌《台灣的史前文化與遺址》，台灣省文獻委員會，民國 85 年。

劉益昌《住民志‧考古篇》(《台灣全志》卷三)，國史館台灣文獻館，2011 年。

李亦園《台灣土著民族的社會與文化》，聯經出版公司，1982 年，2002 年。

劉斌雄〈日本學人之高山族研究〉(黃應貴主編《台灣土著社會文化研究

論文集》，聯經出版公司，1986，2005 年）。

林衡立〈清乾隆年台灣生番朝貢考〉（《文獻專刊》第四卷，第三、四期）。

林修澈等《平埔族的分布與人口》，行政院原住民族委員會，民國 91 年。

林修澈《賽德克族正名》，行政院原住民族委員會，2007 年。

林修澈《牡丹事件》，原住民族委員會，民國 106 年。

劉秀美《火神眷顧的未來：撒奇萊雅族口傳故事》，中國口傳文學學會，2012 年。

劉妮玲《清代台灣民變研究》，台灣師範大學歷史研究所，民國 72 年。

李筱峰《台灣全志》卷首——戰後台灣變遷史略，國史館台灣文獻館，民國 93 年。

李筱峰《台灣史 101 問》，玉山出版社，2013 年。

林美娜編《憤怒的野百合》，前衛出版社，1990 年。

林美容《台灣文化與歷史的重構》，前衛出版社，1996 年。

劉明修（伊藤潔）著／李明峻譯《台灣統治與鴉片問題》，前衛出版社，2008 年。

李翼中〈帽簷述事——台灣二二八事件日錄〉（《二二八事件資料選輯》（二））。李祖基《台灣歷史研究》，海峽學術出版社，2008 年。

連溫卿著／張炎憲・翁佳音編校《台灣政治運動史》，稻鄉出版社，1988 年。

李松林《蔣經國的台灣時代》，風雲時代出版公司，1993 年。

劉定綱主編《318 占領立法院》，奇異果文創，2014 年。

林秀幸・吳叡人主編《照破太陽花運動的振幅、縱深與視域》，左岸文化，2016 年。

林田富《再論釣魚台列嶼主權爭論》，五南圖書出版社，2002 年。

劉永寧《搶登釣魚台——歷史見證》，博客思出版社，2013 年。

## M

毛一波・黎仁共纂《台灣省通志稿》卷九，革命志拒清篇，台灣省文獻委員會，民國四十九年。

馬樹禮《使日十二年》，聯經出版公司，一九九七年。

梅孜主編《美台關係重要資料選編》，時事出版社，一九九七年。

Mann, James H. 著／林添貴譯《轉向——從尼克森到柯林頓美中關係揭密》，先覺出版社，一九九九年。

向山寬夫著／楊鴻儒・陳蒼杰・沈永嘉等譯《日本統治下的台灣民族運動

史》全二冊，福祿壽興業股份有限公司，1999 年。

文淋《我們的台灣》，海外出版社，民國五十四年。

勉之〈花蓮紛擾紀實〉（《二二八事件資料集》）。

宗像隆幸著／楊鴻儒譯《台灣建國——和台灣人共同走過的四十七年》，前衛出版社，2008 年。

港千尋著／林暉鈞譯《革命的做法：從太陽花看公民運動的創造性》，心靈工坊文化，2015 年。

**N**

中村孝治〈十七世紀台灣鹿皮之出產及對日貿易〉（《台灣銀行季刊》第十六卷第二期，民國四十七年）。

黃正銘《中國外交史》，正中書局，民國四十九年。

黃宗羲《賜姓始末》，台灣銀行復刻版，民國四十七年。

黃玉齋主編《台灣年鑑》（2），海峽學術出版社，二〇〇一年。

黃玉齋〈明永曆帝封朱成功為延平王考〉（《台灣文物論集》）。

黃玉齋〈明延平王三世〉（《台灣文獻》第十七卷第二期）。

黃玉齋〈明延平王世子鄭經光復閩粵〉（《台灣文獻》第十六卷第二期，民國 54 年）。

黃玉齋《明延平王三世》，海峽學術出版社，2004 年。

黃玉齋〈鄭克塽〉（《台灣文獻》第十七卷第三期）。

黃嘉謨《甲午戰爭之台灣煤務》，中央研究院近代史研究所，民國五十年。

黃嘉謨《美國與台灣》，中央研究院近代史研究所，民國五十五年。

黃旺成纂《台灣省通志稿》卷九，革命志抗日篇，台灣省文獻委員會，民國四十三年。

梁敬錞《開羅會議》，台灣商務印書館，民國六十六年。

梁嘉彬〈論隋書流求為台灣說的虛構過程及其影響——兼論東吳夷州為琉球〉（《琉球及東南諸海島與中國》，東海大學，民國五十四年）。

中村孝志著／吳密察・翁佳音・許賢瑤等編譯《荷蘭時代台灣史研究》全二冊，稻鄉出版社，民國 90 年。

中村孝志稿／卡鳳奎譯《中村孝志教授論文集——日本南進政策與台灣》，稻鄉出版社，民國 91 年。

梁志輝・鐘幼蘭《台灣原住民史——平埔族史篇（中）》，台灣省文獻委員會，民國 90 年。

黃典權〈鄭成功〉（鄭氏宗親會編《鄭成功復台三百週年紀念專輯》，同會，

民國 50 年)。

藍鼎元《平台紀略》,台灣銀行復刻版,民國 47 年。

內閣官房局《衆議院‧議事速記錄》第 5 號,昭和 6 年 1 月 25 日／王世慶譯〈日本國會紀錄中的霧社事變〉(台灣省文獻委員會《台灣文獻》第六卷第三期)。

黃頌顯《台灣文化協會的思想與運動》(1921-1931),海峽學術出版社,2008 年。

梁華璜《台灣總督府的「對岸」政策研究:日據時代台閩關係史》,稻鄉出版社,民國 90 年。

梁華璜《台灣總督府南進政策導論》,稻鄉出版社,民國 92 年。

黃秀政等著《台灣史》,五南圖書出版公司,2001 年。

黃秀政《台灣史志新論》,五南圖書出版有限公司,2007 年。

黃金島《二二八戰士:黃金島的一生》,前衛出版社,2004 年。

南方朔《馬政權的開場、中場與收場》全三冊,風雲時代出版社,2014 年。

黃恐龍《野生的太陽花》,玉山出版社,2014 年。

黃天《琉球沖繩交替考──釣魚台島歸屬尋源之一》,三聯書局,2014 年。

黃益中《思辨──熱血教師的十堂公民課》,寶瓶文化事業股份有限公司,2015 年。

永積洋子稿／許賢瑤譯〈荷蘭的台灣貿易〉上,下(《台灣風物》第 43 卷第一期,台灣風物雜誌社,1993 年 3 月,同第 43 卷第三期,1993 年 9 月)。

藍鼎元《東征集》,台灣銀行復刻版,民國 47 年。

黃秀政〈割讓與抗拒〉(台灣省文獻委員會《台灣近代史政治篇》,同委員會,民國 84 年)。

黃潘萬〈陳秋菊抗日事跡採訪記〉(台灣省文獻委員會《台灣文獻》第十卷第四期,同會,民國 48 年)。

黃昭堂著／廖爲智譯《台灣民主國研究》,前衛出版社,2006 年。

黃昭堂著／黃英哲譯《台灣總督府》,前衛出版社,2002 年。

黃師樵《台灣共產黨秘史》,1933 年初版;海峽學術出版社,1999 年重版。

# O

胡建偉《澎湖紀略》,台灣銀行復刻版,民國五十年。

王光祈譯〈三國干涉還遼秘聞〉(《列強侵略》(二))。

王信忠《中日甲午戰爭之外交背景》附日記‧條約附款,文海出版社,民

國五十三年。

王銘義《兩岸和談》，財訊出版社，一九九七年。

王建生‧陳婉眞‧陳湧泉合著《一九四七台灣二二八革命》，前衛出版社，一九九〇年。

王之春《清朝柔遠記選錄》，台灣銀行，民國五十年。

王思翔《台灣二月革命記》，泥土社，上海，一九五一年。

王詩琅纂修《增修台灣省通志稿》卷三，政事志行政篇（上冊），台灣省文獻委員會，民國五十五年。

汪東興《毛澤東與林彪反革命集團的鬥爭》，當代中國出版社，一九九七年。

歐陽泰（Tonio Andrade）著／鄭維中譯《福爾摩沙如何變成台灣府》，遠流出版公司，2007 年。

王佳涵《撒奇萊雅族裔揉雜交錯的認同想像》，東台灣研究會，民國 99 年。

王嵩山《阿里山鄒族的歷史與政治》，稻鄉出版社，民國 89 年。

翁佳音《荷蘭時代台灣史的連續性問題》，稻鄉出版社，民國 97 年。

翁佳音《台灣漢人武裝抗日史研究(1895-1902)》，稻鄉出版社，民國 96 年。

翁佳音〈被遺忘的台灣原住民史——Quat（大肚番王）初考〉（《台灣風物》42 卷 4 期，1992 年 12 月 31 日號）。

王育德著／黃國彥譯《台灣‧苦悶的歷史》，前衛出版社，1999 年。

王詩琅纂修《增修台灣省通志稿》卷三，政事志行政篇（上冊），台灣省文獻委員會，民國 55 年。

王詩琅著／張良澤編《清廷台灣棄留之議——台灣史論》，海峽學術出版社，2003 年。

王詩琅〈日本殖民地體制下的台灣〉（《台灣風物》第 27 卷第四期，民國 66 年）。

王必昌《重修台灣縣志》全四冊，台灣銀行復刻版，民國 50 年。

翁仕杰〈清代台灣漢人民變的理念分析〉（台灣風物編輯委員會《台灣風物》第 40 卷第一期，台灣風物雜誌社，1990 年 3 月）。

岡田充著／黃稔惠譯《釣魚台列嶼問題：領土民族主義的魔力》，聯經出版公司，2014 年。

王丹‧魏揚‧黃建爲等著《公共智識分子：太陽花學運專號》，公共知識分子出版社，2014 年。

One More Story 公民的聲音團隊《那時我在：公民聲音 318-410》，無限出版，2014 年。

**P**

馮承鈞《諸蕃志校注》，商務印書館，民國五十六年。

方豪〈康熙五十三年測繪台灣地圖考〉(《台灣文化論集》(二))。

卜幼夫《台灣風雲人物，新聞天地社，香港，民國六十年。

浦廉一稿／賴永祥譯〈清初遷界令考〉(《台灣文獻》第六卷第四期)。

彭孟緝〈台灣省二二八事件回憶錄〉(《二二八事件資料選輯》(一))。

潘英編著《台灣平埔族史》，南天書局，1996，2006 年版。

潘英編著《台灣原住民族的歷史源流》，台原出版社 1998，2000 年。

潘繼道《清代台灣後山平埔族移民之研究》，稻鄉出版社，民國 90 年。

彭懷恩《台灣政治變遷 40 年》，自立晚報，民國 76 年。

彭琳淞《馬英九這個人》，草根出版社，2007 年。

彭明敏《寫給台灣的備忘錄——彭明敏教授文集》，允晨文化事業股份有限公司，2017 年。

**Q**

郭廷以《台灣史事概說》，正中書局，民國四十七年。

郭海鳴纂修《台灣省通志稿》卷十，光復志，台灣省文獻委員會，民國 41 年。

郭海鳴‧王世慶編纂《台灣省通志稿》卷三政事志行政篇，台灣省文獻委員會，民國 46 年。

郭海鳴〈清代以前台灣土地之開墾〉(台灣省文獻委員會《台灣文獻》第九卷第二期，同會，民國 47 年)。

**R**

羅惇 〈割台記〉(《列強侵略》(二))。

盧德嘉《鳳山縣采訪冊》全三冊，台灣銀行，民國 49 年。

羅香林輯校《劉永福歷史草》，正中書局，民國 46 年。

六十七《番社采風圖考》，台灣銀行經濟研究室，民國 51 年復刻版。

黎仁纂修《台灣省通志稿》卷九革命志驅荷篇，台灣省文獻委員會，民國 43 年。

René Coppin 著／季茉莉（Julie Couderc）譯註《北圻回憶錄：清法戰爭與福爾摩沙，1884-1885》，國立台灣歷史博物館，2013 年。

雷震著／林淇瀁校註《雷震回憶錄之新黨運動黑皮書》，遠流出版公司，

2003 年。

黎蝸藤《釣魚台是誰的──釣魚台的歷史與法理》，五南圖書出版股份有限公司， 2014 年。

## S

沈雲《台灣鄭氏始末》，台灣銀行復刻版，民國四十七年。

孫家麒《蔣經國竊國內幕》，自力出版社，香港，一九六一年。

沈克勤編著《孫立人傳》上‧下，台灣學生書局，一九九八年。

孫萬國〈半山與二二八初探〉(張炎憲等編《二二八事件研究論文集》)。

蕭欣義〈一九四○年代中、美對台灣地位的大搬風〉(張炎憲等編《二二八事件研究論文集》)。

蕭一山《清代通史》上，商務印書館，民國十六年。

宋文薰著《台灣地區重要考古遺址初步評估：第一階段研究報告》，中國民族學會， 1992 年。

蘇瑤崇主編《台灣終戰事務處理資料集》，台灣古籍出版有限公司, 2007 年。

鹽見俊二著／日本文教基金會編譯《秘錄‧終戰前後的台灣》，文英堂出版社， 2001 年。

褚靜濤《二二八事件研究》全二冊，海峽學術出版社， 2011 年。

褚靜濤《二二八事件研究》，社會科學文獻出版社， 2012 年。

薛化元《「自由中國」與民主憲政》，稻鄉出版社，民國 85 年。

薛化元《台灣全志》卷四，政治志‧民主憲政篇，國史館台灣文獻館， 2007 年。

薛化元‧楊秀菁‧林果顯主編《戰後台灣民主運動史料彙編（十二）言論自由（四）》，國史館，民國 93 年。

蘇瑞鏘《戰後台灣組黨的濫觴──「中國民主黨」組黨運動》，稻鄉出版社，民國 94 年。

邵毓麟《勝利前後》，傳記文學出版社，民國五十六年。

邵宗海《兩岸關係與兩岸對策》，時報文化， 1996 年。

蕭李居編輯《戰後台灣政治案件：余登發案史料彙編》(一)，國史館， 2008 年。

邵玉銘《保釣風雲錄》，聯經出版社， 2013 年。

孫崎亨著／戴東陽譯《日本的國境問題：釣魚台、獨島、北方四島》，香港中文大學出版社， 2014 年。

施明德《總指揮的告白》，施明德講座基金會， 2009 年。

謝長廷《未來：不一樣的台灣》，新文化教室出版，2012 年。

**T**

陳儀深等編撰《台灣國家定位的歷史與理論》，玉山社，二〇〇四年。

陳佳宏《海外台獨運動史》，前衛出版社，一九九八年。

陳文達《台灣縣志》，台灣銀行復刻版，民國五十年。

陳漢先〈台灣移民史略〉（《台灣文化論集》（一））。

陳銘城《海外台獨運動四十年》，自立晚報，民國八十一年。

陳毓鈞《戰爭與平和》，環宇出版社，一九九七年。

陳隆志《台灣的獨立與建國》，美國耶魯大學法學院，一九七一年。

陳芳明《殖民地台灣》，麥田出版，一九九八年。

陳芳明《謝雪紅評傳》，前衛出版社，一九九一年。

陳芳明〈殖民歷史解釋下的蔣渭川〉（張炎憲等編《二二八事件研究論文集》）。

陳紹馨等纂修《台灣省通志稿》卷二，人民志人口篇，民國五十三年。

陳俐甫等譯《台灣·中國·二二八》，稻鄉出版社，民國八十一年。

陳翠蓮《派系鬥爭與權謀政治——二二八悲劇的另一面相》，時報文化出版公司，一九九五年。

張知本編《最新六法全書》，大中國圖書有限公司，民國四十九年。

張讚合《兩岸關係變遷史》，周知文化事業公司，一九九六年。

張亞中·孫刻祥《美國的中國政策》，生智文化事業有限公司，一九九九年。

張炎《鄭成功紀事編年》，台灣銀行，民國五十四年。

張炎憲·李筱峰編《二二八事件回憶錄》，稻鄉出版社，一九八九年。

張炎憲等採訪記錄《台北都會二二八》，吳三連基金會，一九九六年。

張炎憲等採訪記錄《嘉義驛前二二八》，吳三連基金會。

張德水《激動！台灣的歷史》，前衛出版社，一九九二年。

張奮前〈美援與台灣經濟建設〉（李汝和主編《台灣文獻》第十七卷第三期，台灣省文獻委員會，民國五十五年）。

戴國煇·葉芸芸《愛憎二二八》，遠流出版公司，一九九二年。

陳儀深《口述歷史》（第十期）——蘇東啓政治案專輯，中研院近代史研究所，民國 89 年。

陳儀深主持《濁水溪畔二二八——口述歷史訪談錄》，二二八事件紀念基金會，2009 年。

陳儀深訪問／林東璟等記錄《海外獨立運動相關人物口述史》續篇，中央研究院近代史研究所，民國 101 年。

台灣教授協會策劃‧執行編輯陳儀深《會診宋楚瑜》，前衛出版社，2000年。

陳翠蓮《台灣全志》卷四，政治志‧民意機關篇，國史館台灣文獻館，民國 96 年。

陳翠蓮《台灣人的抵抗與認同（1920-1950）》，遠流出版公司，2008 年。

陳翠蓮《重構二二八：戰後美中體制、中國統治模式與台灣》，衛城出版，2017 年。

張炎憲主編《二二八事件辭典》全二冊，國史館（二二八事件紀念基金會），2008 年。

張炎憲‧李筱峰編《二二八事件回憶集》，稻鄉出版社，1989 年。

張炎憲等採訪記錄《諸羅山城二二八》，吳三連台灣史料基金會，1995 年。

張炎憲‧胡慧玲‧黎澄貴等採訪記錄《淡水河域二二八》，吳三連基金會，1996 年。

張炎憲‧陳鳳華訪問‧陳鳳華整理《100 行動聯盟與言論自由》，國史館，2008 年。

張炎憲‧陳美蓉‧尤美琪採訪記錄《台灣自救宣言謝聰敏先生訪談錄》，國史館，2008 年。

張炎憲等執筆《二二八事件責任歸屬研究報告》，二二八事件紀念基金會，2006 年。

戴國煇編著／魏廷朝譯《台灣霧社蜂起事件研究與資料》（全二冊），國史館，國 91 年。

陳英杰‧周如萍《卡那卡那富部落史》，國史館、原住民族委員會、台灣文獻館，民國 105 年。

戴天昭著／李明峻譯《台灣國際政治史》，前衛出版社，1996 年。

戴天昭著／李明峻譯《台灣國際政治史》（完整版），前衛出版社，二〇〇二年。

戴天昭著／李明峻譯《台灣法律地位的歷史考察》，前衛出版社，2010 年。

丁日健《治台必告錄》全四冊，台灣銀行復刻版，民國 48 年。

程家穎《台灣土地制度考查報告書》，台灣銀行，民國 52 年。

杜正勝《番社采風圖題解——以台灣歷史初期平埔族之社會文化為中心》，中央研究院歷史語言研究所，民國 87 年。

杜正勝《台灣的誕生》，時芸多媒體傳播股份有限公司，二〇〇三年。

杜正勝〈揭開鴻濛：關於台灣古代史的一些思考〉(《福爾摩沙——十七世紀的台灣·荷蘭與東亞》，國立故宮博物院，民國 92 年)。

杜臻《澎湖台灣紀略》，台灣銀行復刻版，民國五十年。

中央日報社《蔣院長言論集》，同社，民國六十三年。

董兆馬《中美共同防禦條約與亞洲反共前途》，正中書局，民國四十四年。

丁名楠等著《帝國主義侵略史》第一卷，人民出版社，一九六二年。

鄧孔昭編《二二八事件資料集》，稻鄉出版社，民國八十年。

諸家《南疆繹史》第一冊，台灣銀行復刻版，民國五十一年。

唐賢龍《台灣事變內幕記》，中國新聞社，民國三十六年。

台灣新生報社編《台灣年鑑》，同社，民國三十六年。

台灣省文獻委員會編《增修台灣省通志稿》卷一，土地志地理篇，第二冊(下)，同會，民國五十五年。

台灣省文獻委員會編纂《台灣省通志稿》卷三，政事志行政篇，同會，民國 46 年。

台灣省文獻委員會編纂《台灣近代史政治篇》，同會，民國 84 年。

台灣省文獻委員會編·刊《增修台灣省通志稿》卷一，土地志氣候篇，民國 56 年。

台灣省文獻委員會編《台灣史》，眾文圖書公司，民國 98 年版。

涂照彥著／李明峻譯《日本帝國主義下的台灣》，人間出版社，2008 年。

戴炎輝《清代台灣之鄉治》，聯經出版事業公司，1979 年。

戴寶村《台灣政治史》，國立編譯館，2006 年。

戴寶村《台灣全志》卷四，政治志·黨國篇，國史館台灣文獻館，2007 年。

台灣銀行經濟研究室編輯《台灣通志》全四冊，台灣銀行，民國 51 年。

台灣經濟研究室編撰《安平縣雜記》，同室，民國 48 年復刻版。

台南縣立文化中心《台南縣左鎮菜寮溪化石研究專輯》，同文化中心，1991 年。

中央研究院近代史研究所《口述歷史》，同研究所，民國 82 年。

中央研究院近代研究所編輯委員會《口述歷史》4，同研究所，1993 年 2 月 1 日。

中國國民黨中央委員會第四組編著《釣魚台列嶼問題資料彙編》，海峽學術出版社，2011 年。

程紹剛譯註《荷蘭人在福爾摩莎》，聯經出版公司，2000 年。

程玉鳳·李福鐘編輯《戰後台灣民主運動史料彙編 (四) 國會改造》，國史館，民國 90 年。

鄧丕雲《八〇年代學運史》，前衛出版社，1993 年。

鄧相揚《霧社事件》，玉山社出版事業股份有限公司，1998 年。

鄧相揚《風中緋櫻——霧社事件眞相及花岡初子的故事》，玉山社出版事業股份有限公司，2000 年。

鄭維中《荷蘭時代的台灣社會》，前衛出版社，2004 年。

鄭海麟《從歷史與國際法看釣魚台主權歸屬》，海峽學術出版社，2003 年。

鄭梓〈戰後台灣的接收、復員與重建——從行政長官公署到台灣省政府〉（呂芳上主編《戰後初期的台灣——1945-1960s》，國史館，2015 年）。

鄭海麟《論釣魚台列嶼主歸屬》，海峽學術出版社，2011 年。

台邦‧撒沙勒《魯凱族好茶部落歷史研究》，國史館，原住民族委員會、國史館台灣文獻館，民國 105 年。

達英‧拿達弗‧撒萬‧葛斯阿門（根志優）《台灣原住民歷史變遷——泰雅族》，台灣原住民出版社，2008 年。

達西烏拉彎‧畢馬（田哲益）《台灣的原住民阿美族》，台原出版社，2001 年。

達西烏拉彎‧畢馬（田哲益）《台灣的原住民泰雅族》，台原出版社，2001 年。

達西烏拉彎‧畢馬（田哲益）《台灣的原住民達悟族》，台原出版社，2002 年。

達西烏拉彎‧畢馬（田哲益）《台灣的原住民魯凱族》，台原出版社，2002 年。

達西烏拉彎‧畢馬（田哲益）《台灣的原住民排灣族》，台原出版社，民國 91 年。

達西烏拉彎‧畢馬（田哲益）《台灣的原住民布農族》，台原出版社，2003 年。

達西烏拉彎‧畢馬（田哲益）《台灣的原住民鄒族》，台原出版社，2003 年。

張嘉麟（贊郎）主編《穿透黑暗的天光與阿扁總統的書信往來》，費邊社文創有限公司，2014 年。

張嘉麟主編《穿透黑暗的天空》，費邊社文創有限公司，2014 年。

張翰璧《台灣全志》卷九，社會志‧經濟與社會篇，國史館台灣文獻館，2006 年。

張瀞文《蔡英文——從談判桌到總統府》，商業周刊，2015 年。

張菼《鄭經鄭克塽紀事》，台灣銀行經濟研究室，民國 55 年。

張鈞凱《馬英九保釣運動——兼論馬政府時期的釣魚台問題》, 文英堂出
　　版社, 2010 年。

張耀錡纂修《台灣省通志稿》卷八同冑志第三冊 (第十三篇平埔族), 台
　　灣省文獻委員會, 民國 54 年。

張世賢《晚清治台政策》1874-1895, 海峽學術出版社, 2009 年版。

張文義・沈秀華採訪記錄《噶瑪蘭二二八——宜蘭 228 口述歷史》, 自立
　　晚報, 民國 81 年。

張世賢〈沈葆楨治台政策〉(《台灣風物》第 25 卷第 4 期, 台灣風物雜誌社,
　　民國 64 年)。

陳宗仁《雞籠山與淡水洋：東亞海域與台灣早期史研究 1400-1700》, 聯經
　　出版公司, 民國 94 年。

陳榮昇〈不堪回首「二二八」〉(《二二八事件文獻輯錄》)。

陳紹馨纂修《台灣省通志稿》卷二, 人民志人口篇, 台灣省文獻委員會,
　　民國 53 年。

陳淑均《噶瑪蘭廳志》全四冊, 台灣銀行, 民國 52 年。

陳衍《台灣通記》全二冊, 台灣銀行復刻版, 民國 50 年。

陳存恭訪問／萬麗鵑等紀錄《孫立人案相關人物訪問紀錄》, 中央研究院
　　近代史研究所, 民國 96 年。

陳奇祿《台灣土著文化研究》, 聯經出版社, 1992 年, 2003 年。

陳紹馨《台灣的人口變遷與社會變遷》, 聯經出版事業公司, 1979 年。

陳婉真《台灣尪仔》, 前衛出版社, 2006, 2010 年

陳明通《派系政治與台灣政治變遷》, 月旦出版社, 1995 年。

陳水扁《相信台灣》, 圓神出版社, 2004 年。

陳逸君・劉還月《挺立在風雨中的內優社羣》, 國史館台灣文獻館,
　　2011 年。


**W**

衛惠林〈台灣土著族的源流與分類〉(《台灣文化論集》(一), 中華文化出
　　版事業委員會, 民國 43 年)。

溫振華《台灣原住民史——政策篇 (清治時期)》, 國史館台灣文獻館, 民
　　國 96 年。


**Y**

楊陸榮《三藩紀事本末》全四卷, 康熙丁酉。

楊仲揆《琉球古今談──兼論釣魚台問題》，台灣商務印書館，民國 79 年。

楊彥杰《荷據時代台灣史》，聯經出版公司，2000 年。

楊逸舟著／張良澤譯《二二八民變──台灣與蔣介石》，前衛出版社，1991 年。

葉春榮〈平埔族的人類學研究〉（徐正光‧黃應貴主編《人類學在台灣的發展》，中央研究院民族學研究所，民國 89、91 年）。

葉碧苓《學術先鋒：台北帝國大學與日本南進政策之研究》，稻鄉出版社，民國 99 年。

楊麟書編著《釣魚台戰雲密佈、非打不可》，元神館出版社有限公司，2010 年，

葉柏祥《陳水扁有沒有罪？》，草根出版公司，2009 年。

葉柏祥《牛頭馬面，要把台灣帶往那裡去？》，草根出版公司，2009 年。

葉柏祥《太陽花學生教我們的事──24 堂街頭上的民主課》，費邊社文創有限公司，2014 年。

葉柏祥主編《小英的故事──蔡英文的翻轉人生攻略》，費邊社文創有限公司，2015 年。

楊翠《壓不扁的玫瑰：一位母親的三一八運動事件簿》，公共冊所，2014 年。

楊青矗口述原著／陳世宏訪問編註《楊青矗與美麗島事件》，國史館，2007 年。

## Z

朱景英《海東札記》，台灣銀行經濟研究室，民國 47 年復刻版。

人民教育出版社《中國人民解放戰爭和新中國五年簡史》，同社，1954 年。

詹素娟‧張素玢著《台灣原住民史──平埔族史篇（北）》，台灣省文獻委員會，民國 90 年。

## 四，雜誌、新聞

新生報，紅旗，徵信新聞，香港時報，聯合報，新聞天地，中華週報，中央日報，人民日報，自由中國，台灣青年，新華月報，民眾日報，自由時報，中國時報，台灣風物，台生報等。

# 日文參考文獻

## 一，公文書、條約及、同等資料

### A

アイゼンハワー・ダレス稿／長谷川才次譯《アメリカ外交の新基調》，時事
　　通信社，昭和二十八年。

アジア政經學會編《中華人民共和國外交資料總覽》，一橋書房，昭和三
　　十五年。

アメリカ學會譯・編《原典アメリカ史》全六卷，岩波書店，昭和三十
　　三年。

### G

外交時報社《支那關係條約集》，同社，昭和五年。

外務省記錄《華盛頓會議一件》「海軍軍備制限に關する條約」「太平洋
　　四國條約關係」（未發表）。

外務省編纂《大日本外交文書》第五卷、第七卷，日本國際協會，昭和十
　　四年。

外務省編纂《大日本外交文書》第十六卷、第二十八卷二冊、第二十九
　　卷、第三十一卷二冊、同別冊一、第四十卷、第四十一卷、明治年間
　　追補第一冊，日本國際連合協會，昭和二十八～三十八年。

外務省編《日本外交年表並主要文書》上・下卷，原書房，昭和四十一年。

外務省條約局編《二國間條約集》，同條約局，昭和三十二年。

外務省條約局編《多數國間條約集》上卷，同局，昭和三十七年。

外務省條約局法規課《律令總覽》（「外地法制誌」第三部の二），同
　　課，昭和三十五年。

外務省條約局法規課《台灣に施行すべき法令に關する法律（六三法、三一
　　法及び法三號）》，同課，昭和四十一年。

外務省國際資料部兼修・歐ア協會編《中ソ論爭主要文獻集》全二卷，日
　　刊勞働通信社，昭和四十年、四十二年。

外務省特別資料部編《日本占領及び管理重要文書集》第一卷基本編，東
　　洋經濟新報社，昭和二十四年。

外務省中國課監修《日中關係基本資料集》一九七〇～一九九二年，霞山

會，一九九三年。

外務省中國課監修《日中關係基本資料集》一九四九～一九六九年，霞山
　會，昭和四十五年。

**I**

伊藤博文編《台灣資料》，秘書類纂刊行會，昭和十一年。

伊藤博文編《秘書類纂》外交編中卷，秘書類纂刊行會，昭和九年。

伊藤博文編《機密日清戰爭》，原書房復刻版，昭和四十二年。

**K**

海軍大臣官房《明治三十三年清國事變海軍戰史》第五卷，明治三十九年。

霞山會《日中關係基本資料集》一九四九～一九九七年，同會，一九九
　八年。

ケネディ等稿／入江通雅譯《ニューフロンティア》全三卷，時事通信社，昭
　和三十八年。

國會圖書館憲政資料室藏《石室密稿》，番號二九一八九二，「征韓論と
　台灣事件」（未發表）。

**M**

毛里和子‧增田弘監譯《周恩來‧キッシンジャー機密會談錄》，岩波書
　店，二〇〇四年。

**N**

內閣官房局《第九回帝國議會眾議院議事速記錄》明治二十八～九年（國
　會圖書館法令議會資料室藏）。

日本國際問題研究所《新中國資料集成》第一卷、第二卷，同研究所，昭
　和三十八年、三十九年。

日中貿易促進議員聯盟《日‧台條約に関する國會審議》，同連盟，一九
　六九年。

野末賢三譯《米國上院外交委員會公聽會記錄‧中國本土に関する米國の
　政策》全二卷，日本國際問題研究所，昭和四十一年、四十二年。

**P**

北京外交出版社《二つの中國をつくるアメリカの陰謀に反対する》，同出版

社，一九六二年。

## S

參謀本部編《明治二十七‧八年日清戰史》第七卷，東京印刷株式會社，
　　明治四十年。

## T

台灣憲兵隊《台灣憲兵隊史》，昭和七年（東洋文庫藏）。

台灣總督府警務局《台灣總督府警察沿革誌》（二）上‧中卷，台灣總督
　　府，昭和十三年（法務局圖書室藏）。

台灣總督府殘物整理事務所《台灣統治終末報告書》，ガリ版刷，昭和二
　　十一年四月。

台灣總督府編《台灣統治概要》，原書房，昭和二十年復刻版。

台灣總督府警察本署《理蕃誌稿》全四卷，台灣日日新報社，大正7年～
　　昭和13年。

## Y

山辺健太郎編《現代史資料(22)──台灣（一）》，みすず書房，1971
　　年。

# 二，傳記、日記、書翰集、紀行

## A

アイゼンハワー著／仲晃等譯《アイゼンハワー回顧錄》第一卷，みすず書
　　房，昭和四十年。

アチソン著／吉澤清次郎譯《アチソン回顧錄》I、II，恒文社，一九七
　　九年。

アトリー著／和田博雄等譯《アトリー自傳》上‧下卷，〈新潮社〉，昭和三
　　十四年。

## C

カイゼル著／樋口麗陽譯《朕が作戰》，武田博勝堂，大正三年。

コイエット著／谷河梅人譯《閑却されたる台灣》，台灣日日新報社，昭和
　　五年。

**D**

田健治郎傳記編纂會《田健治郎傳記》，同會，昭和7年。

**F**

福田赳夫《回顧九十年》，岩波書店，一九九五年。

**G**

外務省《小村外交史》下卷，紅谷書店，昭和二十八年。

**H**

博文館編《日清戰爭實記》全五十編，同館，明治二十八年。

長谷川清傳刊行會《長谷川清傳》，同會，昭和四十七年。

平塚篤編《伊藤博文秘錄》，春秋社，昭和四年。

ヘディン著／高山洋吉譯《リヒトホーフェン傳》，慶應書房，昭和十六年。

**I**

伊藤金次郎《台灣欺むかぎるの記》，明倫閣，昭和二十三年。

伊藤隆・野村實編《海軍大將小林躋造覺書》，山川出版社，昭和五十
　　六年。

伊藤久昭《台灣戰爭記》五卷，吉田屋文三郎，明治七年。

稻葉正夫編《岡村寧次大將資料》上卷・戰場回想編，原書房，昭和四十
　　五年。

井上毅傳記編纂委員會《井上毅傳》史料編第二，國學院大學圖書館，昭
　　和四十三年。

伊藤博邦監修・平塚篤編《伊藤博文秘錄》，春秋社，昭和4年。

楢崎太郎《太魯閣蕃討伐誌》，台南新報社，大正3年。

石塚英藏〈霧社事件の顛末〉（山邊健太郎編著《現代史資料(22)》台灣
　　(二)，みすず書房，1971年）。

**K**

カーター著／日高義樹監譯《カーター回顧錄》上・下，日本放送出版協
　　會，昭和五十七年。

金井之恭〈使清弁理始末〉（《明治文化全集》第六卷外交編，日本評論

社，昭和三年）。

キッシンジャー著／斎藤弥三郎等譯《キッシンジャー秘錄》全六卷，小學
　　館，昭和五十四年。

ケナン著／奧畑稔譯《ジョージ・F・ケナン回顧錄》，讀賣新聞社，一九七
　　三年。

辜顯榮翁傳記編纂會《辜顯榮翁傳》，台灣日日新報社，昭和三年。

小森德治《明石元二郎》（下卷），原書房，昭和3年，昭和43年復
　　刻板。

小森德治《佐久間左馬太》，台灣救濟團，昭和8年。

舊參謀本部編纂《日清戰爭》，德間書店，昭和41年。

黑龍會編《東亞先覺志士記傳》上卷，原書房復刻板，昭和41年。

岸信介《岸信介回顧錄——保守合同と安保改定》，廣濟堂，昭和58年。

### M

マツカーサー著／津島一夫譯《マツカーサー回想記》上・下卷，朝日新聞
　　社，昭和三十九年。

陸奧宗光《蹇蹇錄》，岩波書店，昭和十六年。

村上直次郎《長崎オランダ商館日記》全三輯，岩波書店，昭和三十一年。

村上直次郎《出島蘭館日誌》上・中卷，文明協會，昭和十三年。

村上直次郎譯注《抄譯バタビア城日誌》上・中卷，日蘭交通史料研究
　　會，昭和十二年。

毛澤東《毛澤東選集》全四卷，北京外交出版社，一九六八年。

村上直次郎譯・中村孝志校注《バタヴィア城日誌》全三冊，平凡社，昭和
　　45年。

森口雄稔編著《伊能嘉矩の台灣踏查日記》，台灣風物雜誌社，1992年。

### N

永積洋子《平戶オランダ商館の日記》全四輯，岩波書店，昭和四十四～
　　五年。

ニクソン著／松尾文夫・斎田一路譯《ニクソン回顧錄》全三卷，小學館，
　　昭和五十三～四年。

ニミッツ・ポッター著／實松讓・富永謙吾譯《ニミッツの太平洋海戰史》，
　　恒文社，昭和三十七年。

生駒高常《霧社蕃騷擾事件調查復命書》，拓務省管理局，昭和5年11月

28日。

內閣官房局《貴族院·議事速記錄》第7號，昭和6年1月31日。

內閣官防局《眾議院·議事速記錄》第6號，昭和6年1月27日。

## O

大阪每日新聞社譯《前獨帝自傳》，同社，大正十二年。

大竹博吉譯《獨帝と露帝の往復書翰》，ロシア問題研究所，昭和四年。

落合泰藏編纂·發行《明治七年征蠻醫誌》，明治二十年。

落合泰藏編纂·發行《明治七年生蕃討伐回顧錄》，大正九年。

Oskar Nachod, Die Benziehungen der Niederländischen Ostindischen Kompagnie zu Japan im Siebzehnten Jahrhundert Berlin, 1897.富永牧太譯《十七世紀日蘭交涉史》，養德社，昭和31年。

## S

西鄉都督樺山總督紀念事業出版委員會《西鄉都督と樺山總督》，台灣日日新報社，昭和十一年。

蔡培火《日本國民に與ふ》，台灣問題研究會，昭和三年。

藤實子爵記念會編《子爵藤實傳》全四冊，同記念會，昭和十六～七年。

重光葵《昭和の動亂》上·下卷，中央公論社，昭和二十七年。

シャーウッド著／村上光彥譯《ルーズヴェルトとホプキンズ》，みすず書房，昭和三十二年。

謝春木《台灣人の要求》，台灣新民報社，昭和六年。

春畝公追頌會《伊藤博文傳》全三卷，統正社，昭和十九年。

スティルウェル著／石堂清倫譯《中國日記》，みすず書房，一九六六年。

宗代策《小林躋造傳》，帝國軍事教育會，昭和14年。

澤田謙《後藤新平傳》，大日本雄辯會講談社，昭和18年。

## T

台灣文化三百年記念會《台灣史料集成》，同會，昭和六年。

田代幹夫《台灣軍記》四編，三府，明治七年。

多田好問編《岩倉公實記》下卷，岩倉公舊蹟保存會，昭和二年再版。

鶴見祐輔《後藤新平》全四卷，後藤新平伯傳記編纂會，昭和十二年。

鄭永寧編纂〈副島大使適清概略〉（《明治文化全集》第六卷外交編，日本評論社，昭和三年）。

董顯光著／寺島正等譯《蔣介石》，日本外政學會，昭和三十一年。

德富猪一郎編《公爵桂太郎傳》乾・坤傳，故桂公爵記念事業會，大正
　　六年。

德富猪一郎《陸軍大將川上操六》，第一公論社，昭和十七年。

トルーマン著／堀江芳孝譯《トルーマン回顧錄》，恒文社，昭和四十
　　一年。

台灣總督府警務局《霧社事件誌》，同警務局油印，部外秘。編寫的年
　　代不詳，大約在昭和9年（1934年）以後。該文獻收錄於戴國輝編著
　　《台灣霧社蜂起事件研究と資料》，社會思想社，1981年。

台灣總督府法務部編纂《台灣匪亂小史》，同部，大正9年。

台灣總督府殘物整理事務所《台灣統治終末報告書》，ガリ版刷り，昭和21
　　年4月。

台灣總督府警務局理蕃課《高砂族調查書》(5)，同課，昭和13年。

帝國史學會藏版《日露戰爭》後編，帝國史學會，明治40年。

丹城寺清《大隈伯昔日譚》，富山房，昭和十三年。

**W**

ウィッテ著／ロシア問題研究所譯《ウィッテ回想記・日露戰爭と露西亞革命》
　　上・中・下卷，ロシア問題研究所，昭和五年。

早稻田大學社會科學研究所編《大隈文書》第一卷，同研究所，昭和三十
　　三年。

浦野起英・劉甦朝・植榮邊等編修《釣魚台群島（尖閣諸島）問題・研究
　　資料匯編》，刀水書房，2001年。

**Y**

山賀守治譯《キング元帥報告書》，國際特信社，昭和二十二年。

吉田茂《回想十年》全四卷，新潮社，昭和三十二年。

宿利重一《兒玉源太郎》，對胸舍，昭和13年。

## 三，一般參考書及論文

**A**

秋澤烏川《台灣匪誌》，杉田書店，大正十二年。

秋山謙藏《日支交涉史話》，內外書籍株式會社，昭和十年。

朝日新聞社編《戰後二十年‧世界の步み》（朝日年鑑一九六六年版別
　　冊），朝日新聞社，一九六六年。

朝日新聞調查研究室邊《台灣──その國際環境と政治經濟》上‧下卷，
　　朝日新聞社內用（一一六），一九六五年。

蘆田均《第二次世界大戰外交史》，時事通信社，昭和三十四年。

アジア政經學會編《中國政治經濟總覽》，昭和二十九年度版，一橋書
　　房；三十五年度版，一橋書房；三十七年度版，內外政治研究所；三
　　十九年度版，日刊勞働通信社。

阿部光藏〈日清講和と三國干涉〉（日本國際政治學會編《日本外交史研
　　究─日清‧日露戰》，有斐閣，昭和三十七年）。

安部明義《台灣地名研究》，蕃語研究會，昭和十三年。

バーネット著／鹿島守之助譯《中共とアジア──米國政策への挑戰》，
　　鹿島研究所出版會，昭和三十六年。

バーネット著／鹽崎潤驛《中國と東南アジアの主要國──ソ連‧日本‧ア
　　メリカ》，今日社，昭和五十四年。

ビーアド著／松島重治等譯《アメリカ合眾國史》，岩波書店，昭和三十
　　九年。

別枝行夫〈米中接近下の日中關係〉（宇野重昭‧天兒慧編《二○世紀の
　　中國》，東京大學出版會，一九九六年）。

馬淵東一〈高砂族の分類──學史的回顧〉（《民族學研究》，第18卷第
　　12號，台灣研究特集）。

## C

カイデン著／中條健譯《日米航空戰史》，經濟往來社，昭和四十二年。

コンディ著／陸井三郎監修譯《朝鮮戰爭の歷史》上‧下卷，太平出版社，
　　一九六九年。

中國研究所編《新中國年報》第一卷，日曜書房，一九四九年。

中國研究所調查部〈台灣問題と台灣經濟〉（《中國資料月報》第三十三
　　號，昭和二十五年）。

張德水《激動！台灣の歷史は語りつづける》，雄山閣出版，一九九二年。

陳崑樹《台灣統治問題》，寶文堂書店，昭和六年。

陳芳明著／森幹夫譯《謝雪紅‧野の花は枯れず》，社會評論社，一九九
　　八年。

## D

大日本文明協會譯編《米國の對東外交》，同協會，明治四十五年。

ジューコフ等著／相田重夫等譯《極東國際政治史》一八四〇～一九四九，
　　　上・下卷，平凡社，昭和三十二年。

田賢治〈現代米中關係の變容—アメリカ外交の視點から—〉（日本國際政
　　　治學會編《米中關係史》，1998年5月號）。

## E

衛藤瀋吉等著《中華民國を繞る國際關係》，アジア政經學會，昭和四十
　　　二年。

衛藤瀋吉《近代中國政治史研究》，東京大學出版會，一九六八年。

衛藤瀋吉〈中國・二十五年史稿〉（衛藤瀋吉編《アジア現代史》，每日
　　　新聞社，昭和四十七年）。

エニス著／大岩誠譯《印度支那——フランスの政策とその發展》，生活
　　　社，昭和十六年。

遠藤永吉《日清戰爭始末》，積信堂，明治三十年。

## F

藤崎濟之助《台灣全誌》，中文館書店，昭和三年。

藤村道生〈征韓論爭における外因と內因〉（日本國際政治學會編《日本外
　　　交史諸問題》III，有斐閣，昭和四十三年）。

古川萬太郎《日中戰爭關係史》，原書房，一九八八年。

藤崎濟之助《台灣の蕃族》，國史館刊行會，昭和11年。

藤清太郎《露國の東亞政策》，岩波書店，昭和8年。

藤井志津枝《日治時期台灣總督府理蕃政策》，文英堂，1997年。

藤岡信勝・加瀨英明《中國はなぜ尖閣を取りに來るのか》，自由社，平成
　　　22年（2010年）。

## G

外務省條約局法規課《日本統治下五十年の台灣》，同課，昭和三十九年。

外務省編纂《終戰史錄》，新聞月鑑社，昭和二十七年。

グリーン著／佐佐木謙一譯《アメリカの中國觀》，弘文堂，昭和四十年。

グリスウォルド著／柴田賢一譯《米國極東政策史》，ダイヤモンド社，昭和

十六年。

嚴家其‧高皋《文化大革命十年史》上‧下，岩波書店，一九九六年。

吳濁流《夜明け前の台灣──植民地からの告發》，社會思想社，1972年。

## H

橋本白水《台灣統治と其功勞者》，南國出版協會，昭和五年。

英修道〈一八七四年台灣蕃社事件〉（《法學研究》第二十四卷第九‧十
　　合併號，昭和二十六年十月）。

春山行夫《台灣風物誌》，生活社，昭和十七年。

平山勳編著《台灣社會經濟史全集》全十九卷，台灣經濟史學會，昭和八
　　～十年。

ヒルズマン著／淺野輔譯《ケネディ外交》上‧下，サイマル出版會，一九六
　　八年。

彭明敏‧黃昭堂《台灣の法的地位》，東京大學出版會，一九七六年。

細川嘉六《殖民史》，東洋經濟新報社出版部，昭和十六年。

細川千博《サンフランシスコ講和への道》，中央公論社，一九八四年。

細谷千博〈「二一條要求」とアメリカの對應〉（《一橋論叢》第四十三卷
　　第一號）。

堀川武夫《極東國際政治史序說》，有斐閣，昭和三十三年。

原田禹雄《冊封使錄からみた琉球》，榕樹書林，2000年。

原田禹雄《李鼎元使琉球記》，藤原書店，2008年。

Herbert Feis, The road to Pearl Harbar. Princeton University Press, 1950.同書大
　　窪愿二譯《真珠灣への道》，みすず書房，昭和31年。

## I

石田榮進〈對華二十一箇條約問題と列強の態度〉（《國際法外交雜誌》
　　第五卷第四號）。

石田榮進〈二十一箇條約問題と列強の抵抗〉（日本國際政治學會編《日
　　本外交史研究─大正時代》，有斐閣，一九五八年）。

石原道博《明末清初日本乞師の研究》，富山房，昭和二十年。

石原道博《鄭成功》，三省堂，昭和十七年。

井尻秀憲《台灣經濟と冷戰後のアジア》，勁草書房，一九九三年。

井尻秀憲編《中台危機の構造》，勁草書房，一九九七年。

市川恒三《終戰外交と講和問題》，政治經濟研究會，昭和二十五年。

市村瓚次郎〈唐以前の福建および台灣に就いて〉（《支那史研究》，春秋社，昭和十四年）。

井出季和太《興味の台灣史話》，萬報社，昭和十年。

井出季和太《台灣治績志》，台灣日日新報社，昭和十二年。

井出季和太《南進台灣史考》，誠美書閣，昭和十八年。

井出季和太《講和會議と台灣の歸趨》，南田書店，昭和二十五年。

井出季和太〈民族の動靜より見た台灣と南支那〉（《東洋》台灣特輯號，東京協會，昭和十九年九月）。

伊藤潔《李登輝傳》，文藝春秋社，平成八年。

伊藤潔《台灣——四百年の歷史と展望》，中央公論社，1993年。

伊能嘉矩・栗野傳之亟《台灣蕃人事情》，台灣總督府民政部文書課，明治33年，草風館復刻版，平成12年。

伊能嘉矩《台灣志》，文學社，明治三十五年。

伊能嘉矩《台灣蕃政志》，台灣總督府民政部殖產局，明治三十七年。

伊能嘉矩《台灣文化志》上・中・下卷，刀江書院，昭和三年。

伊原吉之助《台灣の政治改革年表・覺書》全五冊，帝塚山大學，一九八八～一九九四年。

入江啟四郎《日本講和條約の研究》，板垣書店，一九五一年。

入江寅次《明治南進史稿》，井田書店，昭和十八年。

岩波講座《冷戰——政治的考察》，岩波書店，一九六三年。

岩生成一〈豐臣秀吉の台灣征伐計畫について〉（《史學雜誌》第三八編第八號，史學會，昭和二年八月）。

岩生成一〈豐臣秀吉の台灣招諭計畫〉（台北帝國大學文政學部《史學科研究年報》第七輯，台灣三省堂，昭和十七年）。

岩生成一〈長崎代官村山等安の台灣遠征と遣明使〉（《史學科研究年報》第一輯，昭和九年）。

岩村成允《安南通史》，富山房，昭和十六年。

伊藤正德《帝國陸軍の最後》進攻編，決戰編，特攻編，文藝春秋社，昭和三十四年，三十五年，三十六年。

伊藤剛〈米中關係における"台灣問題"〉（日本國際政治學會編《米中關係史》，有斐閣，平成十年）。

衣斐釗吉《遼東還付の由來及真相》，外交時報社，大正四年。

稻垣孫兵衛《鄭成功》，台灣經世新潮社，昭和四年。

伊藤重郎《台灣製糖株式會社史》，台灣製糖株式會社，昭和14年。

井上清《尖閣列島——釣魚諸島の史的解明》，現代評論社，1972年。

移川子之藏・宮本延人、馬淵東一《台灣高砂族系統所屬の研究》，台北帝大土俗人種學研究室，昭和10年（南天書局復刻）。

移川子之藏〈台灣の土俗・人種〉（《日本地理大系——台灣篇》）。

井上伊之助《台灣山地傳道記》，新教出版社，1960年初版，1996年復刻。

## K

改造社版《日本地理大系——台灣編》，改造社，昭和五年。

鹿島守之助《日本外交政策の史的考察》，嚴松堂，昭和二十六年。

鹿島守之助《日英外交史》，鹿島研究所出版會，昭和三十二年。

鹿島守之助《日米外交史》，鹿島研究所出版會，昭和三十三年。

鹿島守之助譯《世界情勢と米國》一九五六～六六年，鹿島研究所出版會。

神谷不二〈朝鮮戰爭と國府軍使用問題〉（《法學雜誌》第九卷第三・四合併號，一九六三年三月）。

神川彥松《近代國際政治史》上・中・下卷，四冊，實業之日本社，昭和二十五年。

神川彥松《神川彥社全集》全九卷，勁草書房，一九六九～七一年。

川田侃・大畠英樹編《國際政治經濟辭典》改訂版，東京書籍株式會社，二〇〇三年。

菊田貞雄《征韓論の真相と其の影響》，東京日日新聞社，昭和十六年。

キッシンジャー著／岡崎久彥監譯《外交》上・下卷，日本經濟新聞社，一九九八年。

清澤洌《外政家としての大久保利通》，中央公論社，昭和十七年。

清澤洌〈日米關係史〉（國際關係研究會《米國の太平洋政策》，東洋經濟新報社，昭和十七年）。

許世楷《日本統治下の台灣—抵抗と彈壓—》，東京大學出版會，一九七二年。

許世楷〈台灣事件〉（日本國際政治學會編《日本外交史の諸問題》II，有斐閣，昭和四十年）。

許世楷〈台灣統治確立過程における抗日運動（一八九五～一九〇二年）〉（國家學會編・發行《國家學會雜誌》第八十一卷，第三百十八號，昭和四十三年九～十二月）。

草鹿龍之介《聯合艦隊》，每日新聞社，昭和二十七年。

草野茂松等編《蘇峰文選》，民友社，大正七年版。

クラウス著／NHK放送學研究室譯《大いなる論爭》，日本放送出版協會，
　　一九六三年。

栗林忠男《現代國際法》，慶應義塾大學出版會，二〇〇一年。

桑田六郎〈上代の台灣〉（《民族學研究》季刊第十八卷第一・二號，一
　　九五三年）。

經濟安定本部總裁官房調查課〈中共政府承認後の英華關係〉，經調會，
　　昭和二十五年。

ケネディ著／小谷秀二郎等譯《平和のための戰略》，日本外政學會，昭和
　　三十六年。

黃有仁〈ついに新黨を結成〉（收於《台灣青年》，1986年11月，第
　　313號）。

黃昭堂《台灣民主國の研究》，東京大學出版會，一九七〇年。

黃昭堂《台灣總督府》，株式會社教育社，一九八一年。

黃昭堂〈アメリカの台灣中立化政策決定過程〉（台灣青年獨立連盟發行
　　《台灣青年》第六十二・六十三・六十四號，東京，一九六六年）。

黃昭堂〈FAPA外交面での大活躍〉（《台灣青年》，一九八三年七月號）。

幸田成友《日歐通交史》，岩波書店，昭和十七年。

黃文雄〈朱鎔基の時代錯誤〉（《台灣青年》，一九九九年五月號）。

國際法學會編《平和條約の總和研究》上・下卷，有斐閣，昭和二十七年。

國際法學會編《國際關係法辭典》，三省堂，一九九五年。

國際情勢研究會《論叢》，同會，昭和三十六年。

國民の外交研究會編《戰後日本政治外交史》，三一書房，一九六七年。

黑龍會編《西南記傳》上卷(一)，同會，明治四十二年。

小松綠《明治外交秘話》，原書房，昭和四十一年。

近藤龍夫《米中大使級會談》，朝日新聞調查研究會，一九六六年。

近藤俊清《台灣の運命》，みすず書房，一九六一年。

近藤正己《總力戰と台灣》（日本植民地崩壞の研究），刀水書房，一九
　　九六年。

何義麟《二・二八事件——「台灣人」形成のエスノポリティクス》，東京大
　　學出版會，2003年。

鹿野忠雄《東南亞細亞民族學先史學研究》第二卷，矢島書房，昭和21
　　年。

草鹿龍之介《連合艦隊》，每日新聞社，昭和27年。

簡文介《台灣の獨立》，有紀書房，昭和37年。

柯其化《台灣監獄島》，イースト・プレス株式會社，1992年。

栗林忠男《現代國際法》，慶應義塾大學出版會，2001年。

近藤伸二《米中台現代三國志》，勉誠出版，2017年。

## L

ラティモア著／小川修譯《アジアの情勢》，日本評論社，昭和二十五年。

リゼンドル著／立嘉度譯《蕃地所屬論》上・下卷，三多舍藏梓，明治
　　七年。

李登輝・加瀨英明《これからのアジア》，光文社，一九九六年。

李登輝《台灣の主張》，PHP研究所，一九九九年。

李登輝・中嶋嶺雄《アジアの知略》，光文社，二〇〇〇年。

李長傳著／半谷高雄譯《支那殖民史》，生活社，昭和十四年。

李文〈スターウォーズはソ連帝國を崩壞させた──TMDは何を變えるだろ
　　う〉（《台灣青年》，一九九九年四月號）。

廖建龍〈第四原發紛爭と總統罷免騒動〉（《台灣青年》，二〇〇二年十
　　二月號）。

廖文毅《台灣民本主義》，台灣民報社，一九五七年。

林金莖《戰後の日華關係と國際法》，有斐閣，一九八七年。

林啟旭《二二八事件總合研究》，一九八八年。

林啟旭〈米國務省が見解──中國の武力侵攻から台灣を防衛するのは米國
　　の義務〉（《台灣青年》，一九八四年四月號）。

林啟旭〈蔣政權を搖るがす十信不正融資事件〉（《台灣青年》，一九八
　　六年一月號）。

林啟旭〈江南暗殺事件〉（收於《台灣青年》，1985年4月，第294號）。

歷史學研究會編《太平洋戰爭史》，東洋經濟新報社，昭和28年〜29年。

《歷史人》，2012年12月，No.27,KKベストセラーズ（〈第一部──
　　尖閣諸島の真實〉）。

林進發《台灣發達史》，民眾公論社，昭和十一年。

廖建龍〈京都抗議デモの行動日誌〉（《台灣青年》No.68，1966年7月
　　25日）。

## M

每日新聞社編《對日平和條約》，同新聞社，昭和二十七年。

每日新聞社譯編《太平洋戰爭秘史——米戰時指導者の回想》，同新聞
　　社，昭和四十年。

マイケル・グリーン；パイリック・クローニン編著／川上高司監譯《日米
　　同盟——米國の戰略》，勁草書房，一九九九年。

增田福太郎《南方民族の婚姻》，グイヤモド社，昭和十七年。

松本盛長〈鴉片戰爭と台灣の疑獄〉（《史學科研究年報》第四輯，昭和
　　十二年）。

松本正純《近衛師團台灣征討史》，長谷川書店，明治二十九年。

松本忠雄《近世日本外交史研究》，博報堂出版部，昭和十七年。

宮川次郎《台灣の政治運動》，台灣實業界社，昭和六年。

宮崎繁樹《出入國管理》，三省堂，昭和四十五年。

三好貞雄《周鴻慶之真相》，自由アジア社，昭和三十九年。

向山寬夫《日本統治下における台灣民族運動史》，中央經濟研究所，昭
　　和六十二年。

宗像隆幸《台灣獨立運動私記》，文藝春秋，一九九六年。

村上直次郎〈ゼーランヂャ築城史話〉（台灣文化三百年記念會《台灣文化
　　史說》，台南州共榮會台南支會，昭和十年改版）。

持地六三郎《台灣植民政策》，富山房，大正元年再版。

茂木秀一・登九福壽《倭寇の研究》，中央公論社，昭和十七年。

モリソン著／中野五郎譯《太平洋戰爭アメリカ海軍作戰史》第三卷，改造
　　社，昭和二十五年。

モルガ著／神吉敬三・箭內健次譯《フィリピン諸島誌》，岩波書店，一九
　　六六年。

村上直次郎〈蘭人の蕃社教化〉（台南州共榮會《台灣文化史說》，同會）。

村上直次郎〈台灣蕃語文書〉（《台灣文化史說》）。

向山寬夫《台灣における日本統治と戰後內外情勢》，東京，昭和38年。

向山寬夫《台灣高砂族の抗日蜂起——霧社事件》，中央經濟研究所，
　　1999年。

向山寬夫《日本の台灣むかし話》，中央經濟研究所，1998年。

マーチン・ケーテイン著／中條健譯《日米航空戰》，經濟往來社，昭和
　　42年。

毛里和子・增田弘監毅《周恩來・キッシンジャー機密會談錄》，岩波書
　　店，2004年。

三日月直之《台灣拓殖株式會社とその時代》，葦書房有限會社，1993年。

宗像隆幸《台灣建國──台灣人と共に歩いた四十七年》，有限會社まどか
　　出版，2008年。

村田忠禧《日本領土問題の起源──公文書が語る不都合な真實》，花
　　傳社，2013年。

港千尋《革命のつくり方：台灣ひまわり運動──對抗運動の創造性》，
　　株式會社インスクリプト，2014年。

**N**

內閣官房內閣調查室《ソヴィエト年報》一九五八～一九六五年，日刊勞働
　　通信社。

永積洋子〈鄭氏攻略をめぐるオランダ東インド會社の對清交涉（一六六二～
　　六四）〉（《東洋學報》第四十四卷第二號，一九六一年九月）。

中川八洋《中國の核戰爭計畫》，德間書店，一九九九年。

中川昌郎《台灣をみつめる眼》，田畑書店，一九九五年。

中島宗《印度支那民族誌》，滿鐵東亞經濟調查局，昭和十八年。

中村勝範等著《日米同盟と台灣》，早稻田出版，二〇〇三年。

中村孝志〈台灣における蘭人の農業獎勵と發達〉（《社會經濟史學》第七
　　卷第三號，昭和十二年六月）。

中村孝志〈台灣史概要〉（《民族學研究》季刊第十八卷第一・二號，一
　　九五三年）。

中村孝志〈台灣におけるオランダ人の採金事業〉（《天理大學學報》第一
　　卷第一號，天理大學，昭和二十四年五月）。

中村孝志〈オランダ人の台灣經營〉（《天理大學學報》第十五卷第四十
　　三輯，昭和三十九年）。

中村祐悅《白團──台灣軍をつくった日本軍將校たち》，芙蓉書房出版，
　　一九九五年。

中村哲〈植民地法〉（《日本近代法發達史》第五卷，勁草書房，一九五
　　八年）。

中村哲〈分類械鬥〉（金關丈夫博士古稀記念委員會編《日本民族と南方
　　文化》，平凡社，昭和四十三年）。

中村哲解題・後藤新平著《日本植民政策一斑・日本膨脹論》，日本評論
　　社，昭和十九年。

中村哲《政治史》，東洋經濟新報社，昭和三十八年。

ナホッポ著／富永牧太譯《十七世紀日蘭交涉史》，養德社，昭和三十

一年。

奈良靜馬《西班牙古書を通じて見たる日本と比律賓》，大日本雄弁會講談社，昭和十七年。

西村熊雄〈奇妙な台灣の法的地位〉（《世界週報》，一九六一年二月二十八日號）。

西村真次《日本海外發展史》，東京堂，昭和十七年。

日比慰靈會編《比島戰記》，同會，昭和三十三年。

日本國際問題研究所編《國際年報》第一卷～第六卷，同研究所，昭和三十六～四十一年。

日本國際政治學會編《太平洋戰爭への道》全七卷，朝日新聞社，昭和三十七～八年。

野間五造〈領台四十年の回顧〉（《東洋》台灣特級號，東京協會，昭和十年九月號）。

信夫清三郎《日清戰爭》，福田書房，昭和9年，昭和45年增補版（南窗社）。

中屋健一《美國史》，誠文堂新光社，昭和23年。

中村ふじえ《タイヤルの森をゆるがせた霧社事件——オビンの傳言》，梨の木舍，2000年。

## O

王育德・宗像隆幸《新しい台灣》，弘文堂，一九九〇年。

王育德《台灣——苦悶するその歷史》，弘文堂，昭和三十九年。

王芸生著／長野勳・波多野乾一譯編《日本外交六十年史》第一卷、第三卷，建設社，昭和九年。

大川周明《米英東亞侵略史》，第一書房，昭和十八年。

王曙光・唐亮等共著《現代中國》，柏書房，一九九八年。

大隈重信《開國大勢史》，實業之日本社，大正二年。

大藏省《日本人の海外活動に關する歷史的調查》台灣編（未公刊）。

大畑篤四郎《國際環境と日本外交》，東出版株式會社，昭和四十一年。

大村立三《二つの中國》，弘文堂，昭和三十六年。

大山梓〈北清事變と廈門出兵〉（《歷史教育》第十三卷第十二號）。

緒方貞子著／添谷芳秀譯《戰後日中・米中關係》，東京大學出版會，一九九二年。

小川琢治《台灣諸島誌》，東京地學協會，明治二十九年。

尾崎秀真〈台灣古代史の研究に就いて〉（《東洋》台灣特輯號所收）。

王育德《「昭和」を生きた台灣青年》，草思社，2001年。

奧原敏雄〈尖閣列島の領有權問題〉，1971年3月（前揭《釣魚台群島（尖閣諸島）問題・研究資料匯編》）。

オーエン・ラティモア著／小川修譯《アジアの情勢》，日本評論社，昭和25年。

**P**

ピホワリス（高永清）著／加藤實編譯《霧社緋櫻の狂い咲き》，教文館，1988年。

**R**

羅福全〈"台灣の前途"決議とは何か〉（《台灣青年》，一九八四年一月號）。

リース著／吉田藤吉譯《台灣島史》，富山房，明治三十一年。

ロバート著／深澤正策譯《仏領植民地》，西東社，昭和十八年。

ロマノフ著／ロシア問題研究所譯《露西亞帝國滿州侵略史》，ナウカ社，昭和九年。

劉明修（伊藤潔）《台灣統治と阿片問題》，山川出版社，1983年。

**S**

雜賀博愛編〈台灣島占領に關する建議〉（南洋經濟研究所《南洋資料》第六十四號，東半球協會發行，昭和十七年）。

藤清太郎《露國の東亞政策》，岩波書店，昭和八年。

藤元秀《ロシアの外交政策》，勁草書店，二〇〇四年。

佐藤紀久夫〈ケネディ政府の中共政策〉（《世界週報》第四十二卷第七號，一九六一年）。

產經新聞社《毛澤東秘錄》上・下，同社，一九九九年。

鹽見俊二《秘錄・終戰直後の台灣》，高知新聞社，昭和五十四年。

史明《台灣人四百年史》，音羽書房，昭和三十八年。

幣原坦〈國姓爺の台灣攻略〉（《史學雜誌》第四十二編第三號，昭和六年三月）。

幣原坦《南方文化の建設へ》，富山房，昭和十三年。

島田謹二〈贋造文學夜話——サイマナザーの《台灣誌》——〉（台灣愛

書會《愛書》第一輯，昭和八年）。

島田政雄・田家農《戰後日中關係五十年》，東方書店，一九九七年。

信夫清三郎《近代日本外交史》，中央公論社，昭和十七年。

信夫清三郎《日清戰爭》，福田書房，昭和九年。

清水董三《中共覺え書》，民族と政治社，昭和三十六年。

庄司萬太郎〈米國人の台灣領有計畫〉（《史學科研究年報》第一輯，一九三四年五月號）。

庄司萬太郎〈明治七年征台の役に於けるル・ジェンドル將軍の活躍〉（《史學科研究年報》第二輯，一九三五年）。

志波吉太郎《台灣の民族性と指導教化》，台灣日日新報社，昭和二年。

申國柱《近代朝鮮外交史研究》，有信堂，一九六六年。

杉山靖憲《台灣名勝舊蹟誌》，台灣總督府，大正五年。

ストーン著／內山敏譯《秘史朝鮮戰爭》，新評論社，昭和二十七年。

ソープ著／鹿島守之助譯《アメリカと極東》，鹿島研究所出版會，昭和三十八年。

孫明海〈台灣人留學生逮捕事件〉（《中央公論》，一九六四年十一月特大號）。

Stephen H. Roberts, History of French Colonial Policy, 1870-1925. 深沢正策譯《仏領植民地》，西東社，昭和18年。

鈴木作太郎《台灣の蕃族研究》，台灣史籍刊行會，昭和7年。

サミュエル・エリオット・モリソン著／中野五郎譯《太平洋戰爭アメリカ海軍作戰史》第三卷上，改造社，昭和25年。

重光葵《昭和の動亂》全二卷，中央公論社，昭和27年。

ソ連共產黨中央委員會附屬マルクス・レーニン主義研究所編／川內唯彥譯《第二次世界大戰史》全十卷，弘文堂，昭和38年～41年。

志方俊之《極東有事》，クレスト社，平成9年。

鈴木茂夫《台灣處分一九四五年》，同時代社，2002年。

齊藤道彥《尖閣問題總論》，三省堂書店，2014年。

石平《尖閣問題・真實のすべて》，海竜社，2012年。

石平・石井望《中國が反論できない真實の尖閣史》，扶桑社，2017年。

T

田中直吉《近代國際政治史》，大雅堂，昭和十八年。

田中直吉《世界外交史》，有信堂，昭和三十三年。

田中直吉《近代國際政治史》，有信堂，昭和三十年。

田中直吉《國際政治學概論》，弘文堂，昭和三十一年。

田中直吉《核時代の日本の安全保障》，鹿島研究所出版會，昭和四十一年。

田中直吉〈朝鮮をめぐる國際葛藤の一幕——京城甲申の變——〉（《法學志林》第五十五卷第二號，法政大學，昭和三十二年）。

田中直吉〈日本の安全保障の展望〉（日本國際問題研究所・鹿島研究所編《日本の安全保障》，鹿島研究會，昭和三十九年）。

田中直吉〈日米外交關係の概觀〉（日本國際政治學會編《日米關係の展開》，有斐閣，昭和三十六年）。

田中直吉〈中國外交の展望〉（《國際時評》，昭和四十二年八月號）。

田中直吉〈東南アジアの國際關係〉（《國際時評》，昭和四十二年十二月號）。

田中直吉〈日鮮關係の一斷面——京城王午の變—〉（日本國際政治學會編《日本外交史研究明治時代》有信堂，昭和32年）。

田中直吉先生追悼文集刊行委員會《情念の人——田中直吉先生》，同會，一九九七年。

田中直吉・戴天昭《米國の台灣政策》，鹿島研究所出版會，昭和四十三年。

戴天昭〈米中會談の台灣〉（日本國際政治學會編《軍縮問題の研究》，有斐閣，昭和四十二年）。

戴天昭〈日清戰役三國干涉と台灣〉（《法學志林》第六十六卷第三號，法政大學，昭和四十四年）。

戴天昭〈仏清戰爭と台灣〉（《法學志林》第六十七卷第一・二合併號，法政大學，昭和四十五年）。

戴天昭《台灣國際政治史研究》，法政大學出版局，一九七一年。

戴天昭《台灣戰後國際政治史》，行人社，二〇〇一年。

戴天昭《台灣法的地位の史的研究》，行人社，二〇〇五年。

戴國煇編著《台灣霧社蜂起事件》—研究と資料—，社會思想史，1981年。

田保橋潔《增訂近代日本外國關係史》，刀江書院，昭和十八年。

田保橋潔《日清戰役外交史の研究》，東洋文庫，昭和四十年再版。

太壽堂鼎《領土歸屬の國際法》，東信堂，一九九八年。

田村幸策《世界外交史》全二卷，有斐閣，昭和35年再版。

田中善立《台灣の南方支那》，修養社，大正二年。

田村幸策《太平洋戰爭外交史》，鹿島研究所出版會，昭和四十一年。

タン・ツオウ著／太田一郎譯《アメリカの失敗》，每日新聞社，昭和四十二年。

タン・モデルヌ誌／杉捷夫・白井健三郎譯《日本再登場》，月曜書房，昭和二十七年。

辻善之助《增訂海外交通史話》，內外書籍株式會社，昭和十七年版。

帝國史學會藏版《日露戰史》全二冊，同會，明治四十年。

寺廣映雄〈台灣民族運動の中國〉（論說資料保存會《中國關係論說資料》第四分冊，一九六四年七月～十二月）。

寺尾五郎《勝利なき戰爭》，三一書房，一九六〇年。

東鄉實・佐藤四郎《台灣植民發達史》，晃文館，大正五年。

德富猪一郎《台灣役始末編》，近世日本國民史刊行會，昭和三十六年。

東南アジア研究會《台灣の表情》，古今書院，昭和三十八年。

台北帝國大學土俗・人種學研究室調查《台灣高砂族系統所屬の研究》全二冊，刀江書院，昭和十年。

台南州共榮會台南支會編《台灣文化史說》，同會，昭和十年。

台灣經濟年報刊行會《台灣經濟年報》全四輯，國際日本協會，昭和十六～九年。

台灣經世新報社編輯《台灣大年表》，同社，大正十四年。

台灣總督府法務部編纂《台灣匪亂小史》，台灣新報支局印刷部，大正九年。

〈台灣征討圖繪〉第一編（《風俗畫報》，東陽堂，明治二十八年八月）。

高濱三郎《台灣統治概史》，新行社，昭和十一年。

瀧田賢治〈現代米中關係の變容——アメリカ外交の視點から——〉（日本國際政治學會編《米中關係史》，一九九八年五月）。

武內貞義《台灣》，台灣日日新報社，昭和二年改訂版。

竹越與三郎《台灣統治志》，博文館，明治三十八年。

立作太郎博士論行委員會編《立博士外交史論文集》，日本評論社，昭和二十一年。

Thomas E. Ennis, French Policy and Development in Indochina. Chicago Univ. Press, 1936. 大岩誠譯《印度支那——フランスの政策とその發展》，生活社，昭和16年。

台灣青年編輯委員會《台灣青年》第六號〈二二八特集號〉，台灣青年社，1961年2月20日。

台灣總督府官房文書課《台灣統治總覽》，同課，明治41年。

台灣銀行《台灣銀行二十年誌》，東京印刷株式會社，大正8年。

台灣經濟年報刊行會《台灣經濟年報》第一輯，國際日本協會，昭和16年。

台灣總督府編《台灣統治概要》，原書房，昭和20年復刻版。

涂照彥《日本帝國主義下の台灣》，東京大學出版會，1975年。

鄧相揚著／下村作次郎・魚住悅子共譯《抗日霧社事件の歷史》，日本機關紙出版，2000年。

## U

植田捷雄《東洋外交史概說》，日光書院，昭和二十四年。

植田捷雄〈台灣の地位〉（《國際問題ゼミナール》，日本國際問題研究所，昭和三十六年七月）。

植田捷雄《東洋外交史》上，東京大學出版會，一九六九年。

宇佐美滋《米中國交樹立交涉の研究》，國際書院，一九九六年。

嬉野滿州雄《ドゴールの言葉》，日本國際問題研究所，昭和三十九年。

海野芳郎〈ワシントン會議と外務省〉（《外務省調查月報》第八卷第九號）。

## W

若林正丈《台灣——分裂國家と民主化》，東京大學出版會，一九九四年。

鷲巢敦哉《台灣統治回顧談》，台灣警察協會，昭和十八年。

和田清《東亞史論藪》，生活社，昭和十七年。

渡邊洋三・岡倉古志郎編《日米安保條約》，勞働旬報社，昭和四十三年。

若林正丈《台灣抗日運動研究史》，研文出版，1983年。

浦野起央《尖閣諸島・琉球・中國——日中國際關係史》（增補版），三和書籍，2005年。

浦野起央《日本の領土問題》，三和書籍，2014年。

## Y

安田邦治《下之關談判始末》，輿論社，明治二十八年。

安田昭男〈日清戰爭前の大陸政策〉（日本國際政治學會編《日本外交史

研究》日清・日露戰爭，有斐閣，昭和三十七年）。

矢田俊雄〈ビスマルク時代〉（《世界歷史》第七卷ヨーロッパ帝國主義の
　　成立，河出書房，昭和十六年）。

宿利重一《兒玉源太郎》，對胸舍，昭和十三年。

矢內原忠雄《帝國主義下の台灣》，岩波書店，昭和9年。

矢野仁一《日清戰役後支那外交史》，東方文化學院京都研究所，昭和十
　　二年。

矢野仁一《アヘン戰爭と香港》，弘文堂，昭和十四年。

矢吹晋《人民解放軍》，講談社，一九九六年。

山川均〈植民政策下の台灣〉（山川均全集》第七卷，勁草書房，一九六
　　六年）。

山極晃〈大戰中の米華關係〉（アジア・アフリカ國際關係研究會編《朝鮮・
　　中國の民族運動と國際環境》第一卷，巖南堂，昭和四十二年）。

山本一夫（向山寬夫）《台灣における日本統治と戰後內外情勢》，東京，
　　昭和三十八年。

山本草二《國際法》（新版），有斐閣，二〇〇三年。

山下仲次郎《台灣海峽》，新高堂，大正五年。

山田浩《戰後アメリカの世界政策と日本》，法律文化社，一九六七年。

山崎繁樹・野上矯不《台灣史》，寶文館，昭和二年。

ヤング〈米中接觸の內幕を公開する〉（《潮》中國問題總特集，昭和四十
　　三年七月號）。

楊逸舟《台灣と蔣介石》，三一書房，一九七〇年。

橫山信《近代フランス外交序說》，東京大學出版會，一九六三年。

吉田茂《世界と日本》，番町書房，昭和三十八年。

山賀守治譯《キング元帥報告書》，國際特信社，昭和22年。

吉村曉・加藤芳男《自由中國の表情》，有信堂，昭和三十六年。

江川博通《昭和の大慘劇：霧社の血櫻》，昭和45年。

**Z**

時事通信社外信部編《北京・台灣・國際連合》，同社，昭和三十六年。

## 四，雜誌、新聞

アジア經濟，朝日新聞，朝日ジャーナル，潮，產經新聞，世界，世界週報，

中央公論, 東京新聞, 每日新聞, 讀賣新聞, 北京週報, 外交時報, 前衛, 中國月報, 台灣青年等。

# 歐文參考文獻

## 1.Official and Semi-official Publications

### C

Carlyle, Margaret, ed., *Documents on International Affairs. 1940-50.* Oxford Univ. Press, 1953.

Clyde, Paul Hibbert, *United States Policy toward China, Diplomatic and Public Documents, 1839-1939.* Duke Univ. Publications, 1940.

Commager, Henry Steele, ed., *Documents of American History.* Appleton-Century-Crofts, N.Y., 1963.

### D

*Documents on American Foreign Relations, 1949-65.* Princeton Univ. Press, Harper & Brothers, 1950-66.

Davids, Jules, ed. Documents on American Foreign Relations 1964. Harper & Row, 1955.

### F

Follot, Denise, *Documents on International Affairs 1953.* Oxford Univ. Press, 1956.

Foreign Office Records, Relating to China and Japan, M. S., F. O. 46/458(Preserved in Public Office, London).

Frankland, Noble, *Documents on International affairs, 1955.* Oxford Univ. Press, 1958.

### G

Grosse Politik, *Die Grosse Politik der Europäischen Kabinette, 1871-1914.* Berlin, 1922-27, Band 9.

**J**

Jose Eugenio Borao Mateo, etc., *Spaniards in Taiwan,* Vol.I, 1582-1641; Vol. II, 1642-1682, SMC Publishing Inc., Taipei, 2001, 2002.

**K**

Krasny Archiv, "First Steps of Russian Imperialism in Far East 1888-1903." *The Chinese Social and Political Science Review,* Vol.XVIII, No.2, July 1943.

**L**

Labour Party, "China and the West." Labour Party Looking Ahead Pamphlet, February 1961.

**M**

Ministère des Affairs étrangères, Documents diplomatiques, Affaires de Chine et du Tonkin, 1884-85. Paris, 1885.

Ministère des Affairs étrangères, Documents displomatiques Français (1871-1914) Ire série (1871-1900). Tome V.

**S**

Stebbins, Richard P, ed., Docments on American Foreign Relations, 1963.

**U**

U.S. Dept. of Army, *United States Army in World War II-China-Burma-India Theater,* Vol.II, Stilwell's Command Problems. Dept. of the Army, 1956.

U.S. Dept. of State, American Foreign Policy, 1950-1955, Basic Documents. 2 Vols. Gov't Printing Office, 1957.

U.S. Dept. of State, American Foreign Policy, Current Documents, 1958. Gov't Printing Office, 1962.

U.S. Dept. of State, Foreign Relations of the U.S. Diplomatic Papers, 1943. China. Gov't Printing Office, 1957.

U.S. Dept. of States, Foreign Relations of the U.S. Diplomatic Papers, The Conference at Cario and Teheran, 1943. Gov't Printing Office, 1961.

U.S. Dept. of State, National Archives: Diplomatic despatches, China, 1843-

1906, Microfilm, 131 Rolls.

U.S. Dept. of State, National Archives: Consular despatches, Amoy, 1844-1906. Microfilm, 15 Rolls, Hong Kong, 1844-1906. 21 Rolls, Macao, 1848-1969. 2 Rolls. （東洋文庫藏）

U.S. Dept. of State, United States Relations with China, with Special Reference to the Period, 1944-1949. Gov't Printing Office, 1949.

U.S. Senate, 89th Congress, 2nd Session, On U.S. Policy with Respect to Mainland China. Gov't Printing Office, 1996.

U.S. Dept. of State, Foreign Relations of the U.S. 1952-1954. Vol.XIV, China and Japan, Part I. U.S. Gov't Printing Office, 1985.

U.S. Senate 82nd Congress, 1st Session, Military Situation in the Far East. Gov't Printing Office, 1951.

U.S. Dept. of State, American Foreign Policy Basic Documents 1977-1980. U.S. Gov't Printing Office, 1983.

U.S. Dept. of State, American Foreign Policy Current Documents 1981. Gov't Printing Office, 1984.

U.S. Dept. of State, American Foreign Policy Current Documents 1982. Gov't Printing Office, 1985.

U.S. Dept. of Defense, "Report to Congress on Theater Missile Defense Architecture Options for the Asia-Pacific Region." Tokyo American Center, April 29, 1999.

U.S. Dept. of State, American Foreign Policy Current Documents 1989. Gov't Printing Office, 1990.

## 2.Memoirs, Diaries, Letters, Travel Accounts

### A

Attlee, C. R., *As It Happened.* William Heineman, Ltd., 1954.

### B

Band, Edward, *Barclay of Formosa.* Christian Literature Society, Ginza Tokyo, 1963.

Beal, John Ribinson, *John Foster Dulles, 1889-1959.* Harper and Brothers, N.Y., 1959.

Billot, A., *L' Affaire du Tonkin.* Paris, 1888.

# C

Carter, Jimmy, *Keeping Faith: Memoirs of a President.* Bantam Books, N.Y., 1982.

Churchill, Winstons, *The Second World War.* 6 Vols. Cassell and Co. Ltd., 1952.

Coyett, Et. Socii, *t́-Verwaerloos de Formosa.* Amsterdam, 1675.

# D

Dupuis, Jean, *Les origins de la question du Tongkin.* Challamel, Paris, 1898.

# E

Eden, Anthony, *The Memoirs of Sir Anthony Eden.* Cassel & Co. Ltd., London, 1960.

Eisenhower, Dwight D., *The White House Years, Mandate for Change, 1953-1956.* William Heinemann, Ltd., 1963.

Eisenhower, Dwight D., *The White House Years, Waging Peace 1956-1961.* Doubleday & Co. Inc., 1965.

Eichlberger, Robert L., *Out Jungle Road to Tokyo.* The Viking Press, N.Y., 1950.

# F

Foster, John W., *Diplomatic Memoirs.* 2 Vols, Houghton Mifflin Co., 1910.

# G

Garnot, E., *L'Expedition Française de Formosa, 1884-85.* Ch. Delagrave, Paris, 1894.

Gérard, A., *Ma Mission en Chine, 1893-97.* Paris, 1898.

# H

Hawks, Francis L., *Narrative of the Expedition of American Squadron to the China Seas and Japan.* Beverley Tucker, Senate Printer, Washington, 1895.

House, Edward H., *The Japanese Expedition to Formosa.* Tokyo, 1875.

Hull, Cordell, *The Memoirs of Cordell Hull.* 2 Vols. The Macmillan Co., 1948.

# I

Imbault-Hrart, Camille, *L'ile Formosa: Histoire et Description.* Paris, 1893, Reprinted by Cheng-wen Publishing Co., Taipei, 1968.

# K

Kennan, George F., *Memoirs G. F. Kennan 1950-1963.*

King, Ernest J., & Walter, M. Whitehill, *Fleet Admiral King—A Naval Record.* W. W. Norton & Co. Inc., N.Y., 1952.

Kissinger, Henry A., *White House Years.* Little Brown Co., Boston, 1979.

# L

LeGender, Charles W., "Report on Amoy and the Island of Formosa." Gov't Printing Office, 1871.

Lie, Trygve, *In the Cause of Peace.* Macmillan Co., N.Y., 1954.

Loir, M., *L'Escarde de l'Amiral Courbet,* notes et souvenirs. 9 me edition, Paris, 1892.

# M

MacArthur, Douglas, *Reminiscences.* McGraw-Hill Book Co., N.Y., 1964.

MacKay, G. L., *From Far Formosa.* Fleming H. Rovell Co., 1895.

Morse, Hosea Ballou, Letter Books, 1886-1903. 5 Vols, M. S., Vol. 3.(Deposited at Houghton Library, Harvard University.)

# N

Nimitz, Chester W., & Potter, E. B., *The Great Sea War.* Prentice-Hall, Inc., 1960.

Nixon, Richard M., *The Memoirs of Richard Nixon.* Grosset & Dunlap, N.Y., 1978.

# O

Oliver, Pasfield, ed., *The Memoir and Travels of Maurituis Augustus Count De Benyowsky.* Fisher Unwin, London, 1892.

## P

Pickering, W.A., *Pioneering in Formosa*. Hurst & Blackett, Ltd., London, 1898.
Perble, George Henry, *The Opening of Japan*. Oklahoma Univ. Press, 1962.

## R

Rankin, Karl Lott, *China Assignment*. Washington Univ. Press, 1964.
Reinsch, Paul S., *An American Diplomat in China*. N.Y., 1922.
Rosen, Baron, *Forty Years of Diplomacy*. Alfred A. Knopf, N.Y., 1922.

## S

Schlesinger, Arthur M. Jr., *A Thousand Days: John F. Kennedy in the White House*. Houghton Co., 1965.
Sherwood, Robert E., *Roosevelt and Hopkins, An Intimate History*. Harper & Brothers, N.Y., 1948.
Sorensen, Theodore C., *Kennedey*. Hodder & Soughton, 1965.
Stilwell, Joseph W., *The Stilwell Paper*. William Sloane Associates, N.Y., 1948.
Stuart, John Leighton, *Fifty Years in China*. Random House, N.Y., 1954.

## T

Truman, Harry S., *Memoir by Harry S. Truman*. 2 Vols. Hodder & Stoughton, 1956.

## V

Vanderberg, Arthur H., Jr., *The Private Papers of Senator Vandenberg*. Houghton Mifflin Co., Boston, 1952.

## 3. Books and Articles

## A

Acheson, Dean, *The Pattern of Responsibility*. Houghton Mifflin Co., Boston, 1952.
Adam, Sherman, *Firsthand Report: The Story of the Eisenhower Administration*. Harper and Brothers, N.Y., 1961.

Alsop, Joseph, "Quemoy: We Asked for it." New York Herald Tribune, Sept. 3, 1958.

American Assembly, *The United State and the Far East.* Columbia University, N.Y., 1956.

Angus, H. F., *Canada and the Far East, 1940-1953.* University of Toronto Press, 1953.

Aptheker, Harbert, *American Foreign Policy and the Cold War.* New Century Publishers, N.Y., 1962.

**B**

Ballantine, Joseph W., *Formosa –A Problem for United States Foreign Policy.* The Brookings Institution, 1952.

Barnes, Harry Elmer, ed., *Perpetual War for Perpetual Peace.* The Canton Printers, Ltd., 1953.

Barnett, A. Doak, *Communist China and Asia – Challenge to American Policy.* Harper & Brothers, N.Y., 1960.

Barnett, A, Doak, *Communist China in Perspective.* Frederick A. Praeger, Inc.,N.Y., 1962.

Barnett A. Doak, *China on the Eve of Communist Takeover.* Frederick A. Praeger, Inc., N.Y., 1963.

Barone J. Lewe Van Aduard, Japan From Surrender to Peace. The Hague Martinus Nijhoff, 1953.

Barraclough, Geoffrey, & Rachel F. Wall, *Survey of International Affairs, 1955-58.* Oxford Univ. Press, London, 1960.

Bate, H. Maclear, *Report from Formosa.* E. P. Dutton, N.Y., 1952.

Beard, Charles A., & Mary R. Beard, *The Rise of American Civilization.* The Macmillan Co., N.Y., 1930.

Bemis, Samuel Flagg, *A Diplomatic History of the United States.* Henry Holt and Co., N.Y., 1950.

Bohn, Henry G., *China.* Corent Garden, London, 1853.

Bowles, Chester, "The China Problem Reconsidered." *Foreign Affairs,* Vols.38, April 1960.

Brzezinski, Zbigniew, *Power and Principle.* Farrar Straus & Girous, N.Y., 1985.

# C

Caidin, Mastin, *The Ragged, Rugged Warriors.* E. P. Dutton, 1960.

Caillaud, F. R., *Histore de L'Intervention Française au Tongking de 1872-1874.* Paris, 1880.

Camille Imbault-Huart, L'ile Formose: Histoire et Description, Paris, 1893.

Chen, Lung-chu. Harold D. Lasswell, Formosa, China, and the United Nations. St. Martin's Press, N.Y. 1967.

Campbell, W., "The Island of Formosa Its Past and Future." *The Scottish Geographical Magazine,* August, 1891.

Campbell, W., *Formosa under the Dutch.* London, 1903, Reprinted by Cheng-wen Publishing Co., Taipei, 1967.

Carroll, E, M., *French Public Opinion and Foreign Affairs, 1870-1914.* Archon Books, 1964.

China Handbook Editorial Board, *China Handbook,* 1951; 1952-53; 1953-54; 1954-55; 1955-56; 1956-57. *China Publishing Co.,* Taipei, 1951-1957.

China Yearbook Editorial Board, *China Yearbook,* 1957-58; 1958-59; 1959-60; 1960-61; 1961-62; 1962-63; 1963-64; 1964-65. China Publishing Co., Taipei, 1958-1966.

Chinese and Japanese Repository, Vol.I, April 3, 1864. "The Conquest of the Island Taiwan Formosa by the Chinese Kosenya or Coshings, A.D. 1662."

Chinese Repository, 20 Vols. Printed for the Proprietors, Canton, 1832-51.

Clark, Gerald, *Impatient Giant Red China Today.* David Mckay, N.Y., 1959.

Clubb, O. Edmund, "Chiang's Shadow over Warsaw." *The Reporter,* Oct. 2, 1958.

Clubb, O. Edmund, "Sino-American Relations and Future of Formosa." *Political Science Quaterly,* Vol.LXXX, No.1, March, 1965.

Cohen, Bernard C., *The Political Process and Foreign Policy: The Making of the Japanese Peace Settlement.* Princeton Univ. Press, 1957.

Colquhoun, A. R., J. H. Stewart-Lockhart, "A Sketch of Formosa." *China Review,* Vol.XIII, July 1884 to July 1885.

Condey, David W., *Untold History of Modern Korea.* 3 Vols. 1966.

Copp, Dweitt, & Marshall Peck, *The Odd Day.* William Morrow & Co., N.Y., 1962.

Coral, Bell, *Survey of International Affairs, 1954.* Oxford Univ. Press, 1957.

Cordier, Henri, *Histoire des Relations de la Chine avec les Puissances Occidentales, 1860-1900.* 3me. Paris, 1902, Republished by Chéng-wen Publishing Co., 1966.

Couling, Samuel, ed., *The New China Review.* Vol. 1, 1919. Literature House, Ltd., Taipei, 1964.

Courtney, Whitney, *MacArthur, His Rendezvous with History.* Alfred A. Knopf, N.Y. 1956.

Crabb, Cecil V., Jr., *Bipartisan Foreign Policy Myth or Reality?* Evanston, Row and Paterson, 1958.

Crowl, Phillp A., *The War in the Pacific: Campaign in the Marianas.* Office of the Chief of Millitary History Department of Army, 1960.

## D

Davidson, James W., *The Island of Formosa Past and Present.* Macmillan & Co., N.Y.,1903.

Davis, Forest, & Robert, A. Hunter, *The Red China Lobby.* Fleet Publishing Corporation, N.Y., 1963.

Dean, Arthur H., "United States Foreign Policy and Formosa." *Foreign Affairs,* Vol.33, April 1955.

Dennett, Tyler, *American in Eastern Asia.* Barnes & Noble, Inc., N.Y., 1963.

Dewey, Thomas Edmund, *Journey to the Far Pacific.* Garden City Doubleday, 1952.

Dulles, Foster Rhea, *American Rise to World Power, 1898-1954.* Harper & Brothers, N.Y., 1955.

Durdin Peggy, "Mao's China." Headline Series. Foreign Policy Association, No.136. July-August 1959.

## E

Ennis, Thomas E., *French Policy and Development in Indochina.* Chicago Univ. Press, 1936.

## F

Feis, Herbert, *Churchill-Roosevelt-Stalins, The War They Wage and the Peace*

*They Sought.* Princeton Univ. Press, 1957.

Feis, Herbert, *The China Tangle.* Princeton Univ. Press, 1953.

Ferrell, Robert H., *American Diplomacy.* W. W. Norton & Co., Inc., N.Y., 1959.

Foster, John W., *American Diplomacy in the Orient.* Houghton Mifflin Co., N.Y., 1903.

Freda, Utley, The *China story.* Chicago Regnery, 1951.

## G

Goddard, W. G., *Formosa: A Study in Chinese History.* Macmillan Co., 1966.

Golovin, N., *The Problem of the Pacific in the Twentieth Century.* Gyldendal, 1922.

Gordon, Leornard, "Japan Abortive Colonial Venture in Taiwan 1874." *The Journal of Modern History,* Vol.XXXVII. No.2.June. 1965.

Grajdanzev, Andrew J., *Formosa Today.* Institute of Pacific Relations, N.Y., 1942.

Green, Felix, *A Curtain of Ignorance.* Doubleday, 1964.

Green, Michael J., Cronin Patrick M., ed., *The U.S.-Japan Alliance: Past, Present, and Future.* Council on Foreign Relations, Inc., 1999.

Green, Marshall; Holdrige, John H; and Stokes, William N., *War and Peace with China: First-Hand Experiences in the Foreign Service of the United States.* Dacor- Bacon House, 1994.

Griswold, A Whitney, *The Far Eastern Policy of the United States.* N.Y., 1930.

Gavshon, Arthur L., "U.K. View on Red China." The Japan Times, April 12, 1961.

## H

Haig Jr., Alexander M., *Caveat: Realism, Reagan and Foreign Policy.* Macmillan, N.Y., 1984.

Hilsman, Roger, *To Move a Nation.* Dell Publishing Co., Inc., 1964.

Holdridge, John H.; Zheng Chang Hua, *Normalization of Dioplomatic Relations Between the United States and China's 1945 to the Present.*

Hsieh, Alice Langley, *Communist China's Strategy in the Nuclear Era.* Englewood Cliffs, Prentice-Hill, 1962.

Hughes, Emmet John, *The Ordeal of Power: A Political Memoir of the*

*Eisenhower Years.* Atheneum. N.Y., 1962.

House, Edward H., The Japanese Expedition to Formosa. Tokyo, 1875.

## J

Jain, J. P., "The Legal Status of Formosa." *The American Journal of International Law,* Vol.57, No.1, January 1963.

José Eugenio Borao Mateo, etc., Spaniards in Taiwan, Vol.1, 1582-1641, SMC Publishing Inc. Taipei, 2001. Vol.II, 1642-1682, 2002.

## K

Kennan, George F., "Japanese Security and American Policy." *Foreign Affairs,* Oct. 1964.

Kennedy, John F., *The Strategy of Peace.* Harper and Brothers, 1960.

Kerr, George H., *Formosa Betrayed.* Houghton Mifflin Co., 1965.

Kissinger, Henry A., *Diplomacy.* Simon & Schuster, N.Y., 1994.

Koen, Ross Y., *The China Lobby in American Politics.* The Macmillan Co., 1960.

Koenig, Louis W., *The Truman Administration: Its Principles and Practice.* New York Univ. Press, 1964.

Kraus, Sidney, *The Great Debates.* Indiana Univ. Press, 1962.

## L

LaFargue, Thomas Edward, *China and the World War.* Hoover War Library Publications, No. 12, Standford, 1937.

Langley, Harold D., "Gideon Nye and the Formosa Annexation Scheme." *Pacific Historical Review,* Vol.XXXIV, No.4. November 1965.

Langer, William L., *The Diplomacy of Imperialism 1890-1902.* 2 Vols. Alfred A. Knopf, 1935.

Latham, Earl, *The Communist Contoversy in Washington: From the New Deal to McCarthy.* Harvard University Press, 1966.

Lawrence, K. Rosinger, & Associates, *The State of Asia: A Contemporary Survey.* American Institute of Pacific Relations, N.Y., 1951.

Lecomte, Lang-son, *Combats, Retraite et Négociation.* Paris, 1895.

Lederer, William J., *A Nation of Sheep.* W. W. Norton & Co., N. Y., 1961.

Lee Teng-Hai, "Understanding Taiwan: On Taiwan National Identity." *Foreign Affairs,* Vol.78, No.6. Nov/Dec. 1999.

LeGendre, Charles W., *Is Aboriginal Formosa a Part of the Chinese Empire?* G. Lane & Co., Shanghai, 1874.

Levi, Werner, *Modern China's Foreign Policy.* University of Minnesota, 1953.

Lobanov-Rostovsky, A., *Russia and Asia.* The Macmillan Co., N.Y., 1933.

Luard, Evan, *Britain & China.* Chatto & Windus, London, 1962.

## M

Malozemoff, Andrew, *Russian Far Eastern Policy, 1881-1904.* Calif. Univ. Press, 1958.

Mancall, Mark, *Formosa Today.* Frederick A. Praeger Inc., 1964.

Morgenthaw, Hans J., *The Impasse of American Foreign Policy.* Chicago Univ. Press, 1962.

Morison, Samuel Eliot, *American Contribution to the Strategy of World War II.* Oxford Univ. Press, 1958.

Morison, Samuel Eliot, *History of U.S. Naval Operations in World War II: Coral Sea Midway and Submarine Actions, May 1942-August 1942.* Little Brown & Co., 1949.

Morison, Samuel Eliot, *History of U.S. Naval Operations World War II: The Liberation of the Philippines Luzon, Mindanao the Visayas, 1944-1945.* Little Brown & Co., 1963.

Morison, Samuel Eliot, *History of U.S. Naval Operations in World War II: The Rising Sun in the Pacific 1931-April 1942.* Little Brown & Co., 1948.

Morse, Hosea Ballou, *The International Relations of the Chinese Empire.* 3 Vols. Kelly and Walsh, Shanghai, 1910-1918.

Morse, Hosea Ballou, "A Short lived Republic Formosa, May 24th to June 3rd. 1895." *The New China Review.* Vol.1, 1919.

Morse, Hosea Ballou, *The Chronicles of the East India Company Trading to China, 1635-1834.* 3 Vols. Oxford at the Clarendon Press, 1926.

## N

Nachod, Osakar, *Die Beziehungen der Niederländischen Ostindischen Kompagnie zu Japan im Siebzehnten Jahrhundert.* Berlin, 1897.

Newman, Robert P., *Recognition of Communist China?* Macmillan Co., N.Y., 1961.

Nicholas, H. G., *Britaion and the United State.* Chatto & Windus, London, 1963.

Norman C. B., *Tonkin or France in the Far East.* London. 1884.

## O

O'conor, John F., *Cold War Liberation.* Vantage Press, Inc., N.Y., 1961.

Opotowsky, Stan, *The Kennedy Government.* E. P. Dutton Co., 1961.

## P

Phillips, Goe, "Notes on the Dutch Occupation of Formosa." *China Review,* Vol. X, July 1881 to June 1882.

Psalmanaarzaar, George, *A Historical and Geographical Description of Formosa, an Island Subject to the Emperor of Japan.* Robert Holden & Co., 1926.

Potter, E. B. & Chester W. Nimitz, the Great Sea War. N. J. Prentice-Hall, Inc., Englewood Cliffs, 1960.

Pask-Smith, M., Western Barbarian in Japan and Formosa in Tokugawa Days, 1603-1868. J. L. Thompson & Co., Kobe, 1930.

## Q

Quaker Proposals, *A New China Policy.* Yale Univ. Press, 1965.

Quiqley, Harold Scott, *China's Politics in Perspective.* Univ. of Minnesota Press, Minneapolis, 1962.

Quo, F. Q., "British Diplomacy and the Cession of Formosa, 1894-95." *Modern Asia Studies,* Vol.II, No.2, April 1968.

## R

Ragot, Ernest, *Le Blocus de L'ile de Formosa.* Imprimerie A. Mellottée, Paris, 1903.

Reischauer, Edwin O., *The United State and Japan.* Harvard Univ. Press, 1957.

Riggs, Fred W., *Formosa under Chinese Nationalist Rule.* The Macmillan Co., N.Y., 1952.

Robert, Chalmers M., "Caught in A Trap of Our Own Making." *The Reporter,*

Oct.2, 1958.

Rovere, Richard H., *Senator Joe McCarthy.* Methuen & Co., London, 1959.

Rovere, Richard H. & Arthur Schlesinger, Jr., *The MacArthur Controversy and American Foreign Policy.* Farrar Straus & Girox, N.Y., 1965.

Robert Swinhoe, H. B. Morse, "General Description of the Island of Formosa." Chinese and Japanese repository, Vol.II, April 1, 1865.

Reinsch, Paul S. An American Diplomat in China. N. Y., 1922.

## S

Schwarzenberger, George, "Formosa and China Examination of Legal Status." *The Times,* Feb.2, 1955.

Shepley, James, "How Dulles Averted War." *Life,* Jan.16, 1956.

Shields, Mary Lou, "John Carter Vinvcent Interviewed." *Independent Formosa,* N.Y., Fall 1968.

Smith, M. Paske, *Western Barbarians in Japan and Formosa in Tokugawa Days, 1603-1868.* J. L. Thompson & Co., Ltd., Kobe, 1930.

Snow, Edgar, *Red Star Over China.* Random House, N.Y., 1938.

Snow, Edgar, *The Other Side of the River, Red China Today.* Random House, N.Y., 1961.

Spanier, John W., *American Foreign Policy Since World War II.* Frederick A. Praeger, Inc., N.Y., 1965.

Spanier, John W., *The Trman-MacArhur Controversy and the Korea War.* Harvard Univ. Press, 1959.

Stevenson, Adlai E., "Putting First Thing First." *Foreign Affairs,* Jan. 1960.

Stone, I. F., *The Hidden History of the Korean War.* Monthly Review Press, N.Y., 1952.

Swinhoe, Robert & H. B. Morse, "General Description of the Island of Formosa." *Chinese and Japanese Repository.* Vol. II, April 1, 1865.

## T

Thorp, Willard L. ed., *The United States and the Far East.* Prentice-Hall, Inc., 1962.

Treat, Payson J., *Diplomatic Relations Between the United States and Japan, 1853-1895.* 3 Vols, Standford Univ. Press, 1938, Reprinted by Gloucester,

Mass. Peter Smith, 1963.

Tsou, Tang, *America's Failure in China, 1941-50.* Chicago Univ. Press, 1963.

Tully, Andrew, *C.I.A.: The Inside Story.* William Marrow & Co., N.Y., 1962.

**U**

*United States in World Affairs,* Annual, 1945-1966. Harper & Borthers.

Utley, Freda, *The China Story.* Henry Reguery, Chicago, 1951.

**V**

Van Aduard, Barnone J. Lewe, *Japan From Surrender to Peace.* Martinus Nijhoff, 1953.

Vance, Cyrus, *Hard Chocies.* Simon & Schuster, N.Y., 1983.

Vinacke Harold M., *A History of the Far East in Modern Times.* Appleton, Century-Crofts, Inc., N.Y., 1959.

**W**

Westerfield N. Bradford, *Foreign Policy and Party Politics— Pearl Harbor to Korea.* Yale Univ. Press, New Havan, 1955.

William, Edward Thomas, *Short History of China.* N.Y., 1928.

William, W. Appleman, *The Shaping of American Diplomacy.* Rand McNally & Co., 1956.

Willhoughby, Charles A., John Chamberlain, *MacArthur, 1941-1951.* Mcgraw-Hill Book Co., Inc., N.Y., 1954.

Wirth, Albrecht, *Geschichte Formosa's bis Anfang.* Bonn, 1898.

**Y**

Yen, Sophia Su-fei, *Taiwan in China's Foreign Relations, 1836-1874.* The Shoe String Press, Inc., 1965.

Young, Kenneth T., "American Dealing with Peking." *Foreign Affairs,* Vol. 45, No.1, Oct. 1966.

**Z**

Zagoria, Donald S., *The Sino-Soviet Conflict, 1956-1961.* Princeton Univ. Press, 1962.

## 4. Newspaper and Periodicals

*Annals, Facts on File, Foreign Affairs, Japan Times, Journal of Asian Studies, Journal of International Affairs, Life, Nation, New Republic, Newsweek, New York Times, Political Science Quarterly, Reporter, Time, U.S. News & World Report,* etc.

# 索引

## 七畫

# 戴天昭

## 作者略歷

| | | |
|---|---|---|
| 1935 年 12 月 | 台灣出生 |
| 1959 年 07 月 | 台灣大學法學院政治學系卒業 |
| 1962 年 04 月 | 明治大學大學院修士課程政經科入學 |
| 1964 年 03 月 | 明治大學大學院修士課程政經科修了、政治學修士 |
| 1964 年 04 月 | 法政大學大學院社會學研究科博士課程政治學專攻入學 |
| 1970 年 04 月 | 東京大學社會學研究科博士課程國際關係論專攻入學 |
| 1971 年 02 月 | 法政大學大學院社會學研究科博士課程政治學專攻修了、政治學博士 |
| 1971 年 04 月 | 法政大學講師、1973 年辭任 |
| 1974 年 03 月 | 東京大學社會學研究科博士課程國際關係論專攻修了 |

## 日文著書

《米國的台灣政策》（共著，鹿島研究所出版會，1964 年）、《台灣國際政治史研究》（法政大學出版局，1971 年）、《台灣戰後國際政治史》（行人社，2001 年）、《台湾 法的地位の史的研究》（行人社，2005 年）。

## 漢文譯本

《台灣國際政治史》（前衛，2002 年）
《台灣法律地位的歷史考察》（前衛，2010 年）

國家圖書館出版品預行編目（CIP）資料

台灣政治社會變遷史
戴天昭著.
-- 初版.-- 台北市：前衛，2019.05
面；15×21公分

ISBN 978-957-801-873-0(精裝)

1.台灣史　2.社會變遷

733.21　　　　　　　　　　　　108002674

# 台灣政治社會變遷史

作　　者　　戴天昭
責任編輯　　楊佩穎
封面設計　　盧卡斯
美術編輯　　宸遠彩藝

出 版 者　　前衛出版社
　　　　　　10468 台北市中山區農安街 153 號 4 樓之 3
　　　　　　電話：02-25865708　傳真：02-25863758
　　　　　　郵撥帳號：05625551
　　　　　　業務信箱：a4791@ms15.hinet.net
　　　　　　投稿信箱：avanguardbook@gmail.com
　　　　　　官方網站：http://www.avanguard.com.tw
出版總監　　林文欽
法律顧問　　南國春秋法律事務所
經 銷 商　　紅螞蟻圖書有限公司
　　　　　　11494 台北市內湖區舊宗路二段 121 巷 19 號
　　　　　　電話：02-27953656　傳真：02-27954100
出版日期　　2019 年 5 月初版一刷
定　　價　　新台幣 1,800 元